D1666132

Christliche Verlagsgesellschaft mbH

Nachweis der Karten und Übersichten
Seite XVII (»Der Kalender Israels«): © E. Platte, Wuppertal
Seite XVIII-XXXI (ausgenommen »Der Tempel des Tausendjährigen Reiches«,
S. XXVII, © Christliche Verlagsgesellschaft mbH, Dillenburg):
© SCM R.Brockhaus im SCM-Verlag GmbH & Co.KG
Verwendung und Abdruck mit freundlicher Genehmigung.

Gesamtausgabe (Altes und Neues Testament)

© 2010, Karl-Heinz Vanheiden
www.kh-vanheiden.de
Alle Rechte vorbehalten

ISBN 978-3-89436-986-6 »Leuchtturm«   ISBN 978-3-89436-988-0 »Grafitti«
ISBN 978-3-89436-987-3 »Kompass«   ISBN 978-3-89436-989-7 »Köpfe«
ISBN 978-3-89436-867-8 »Kunstleder«   ISBN 978-3-89436-990-3 »Blume«
ISBN 978-3-89436-862-3 »E-Book«   ISBN 978-3-89436-991-0 »Tagebuch«

Textstand 12 02
3. Auflage 2012

© Copyright 2010-2012 sämtlicher Print-Ausgaben:
Christliche Verlagsgesellschaft mbH, Dillenburg
Postfach 1251, 35683 Dillenburg,
info@cv-dillenburg.de / www.cv-dillenburg.de
Satz: CV Dillenburg und K.-H.Vanheiden, Gefell
Druck: C.H. Beck, Nördlingen

Printed in Germany

Inhalt

Inhalt

Das Neue Testament

Vorwort des Übersetzers

Die *Neue evangelistische Übersetzung* (NeÜ) ist eine Übertragung der Bibel ins heutige Deutsch (bibel.heute). Sie wurde unter Zuhilfenahme deutsch- und englischsprachiger Übersetzungen und Kommentare und unter Beachtung des hebräischen, aramäischen und griechischen Grundtextes erarbeitet. Die Übersetzung versucht Sinn und Struktur des Textes zu erfassen und auch für einen Leser aus nichtchristlichem Umfeld verständlich wiederzugeben. Dabei legt sie wesentlich größeren Wert auf die sprachliche Klarheit, als auf eine wörtliche Wiedergabe.

Diese Übersetzung verzichtet darauf, bestimmte Begriffe des Grundtextes immer gleich zu übersetzen, sondern passt sie dem jeweiligen Textzusammenhang und dem deutschen Sprachgefühl an. Bei den poetischen Stücken der Bibel haben wir versucht, die Texte in einem gewissen Sprachrhythmus wiederzugeben, der durch »/« oder die Versnummer gekennzeichnet ist und den man beim lauten Lesen gut erkennt. Überhaupt ist die *NeÜ bibel.heute* bewusst für hörbares Lesen konzipiert. Deshalb ist sie auch gut zum Vorlesen geeignet.

Die Übersetzung ist als Einführung in die Bibel gedacht, die ein großflächiges Lesen ermöglicht. Sie soll einen Eindruck von der lebendigen Kraft, aber auch von der Schönheit des Wortes Gottes vermitteln. Letztlich soll sie – wie jede Übersetzung – zum Glauben an Jesus Christus, den Messias Israels und Sohn Gottes, führen.

Die Fußnoten

Die Anmerkungen in den Fußnoten versuchen die Begriffe und Hintergründe zu erklären, die nicht aus dem unmittelbaren Textzusammenhang heraus verständlich sind, sobald sie das erste Mal in einem biblischen Buch auftauchen.

Die Grundlage aller unserer Bibelausgaben bilden Handschriften, Abschriften von Abschriften der inspirierten Originale. Aus den Tausenden von erhaltenen Handschriften des Alten und Neuen Testaments kann man den Grundtext so gut rekonstruieren, dass man praktisch vom Original ausgehen kann. Es gibt nur wenige Textstellen, an denen die Quellen kein eindeutiges Bild vermitteln. Auf solche abweichenden Lesarten wird in den Anmerkungen verwiesen.

Der alttestamentliche Gottesname

In dieser Übersetzung wird der alttestamentliche Gottesname, der im Hebräischen nur aus den vier Buchstaben JHWH besteht, mit *Jahwe* wiedergegeben. Damit schließt sie sich an die alten Übersetzungen an, die den Gottesnamen allerdings mit *Jehovah* wiedergaben. Die letztere Aussprache beruht auf einem Missverständnis, das durch spätere Bearbeiter und Kopisten des hebräischen Textes hervorgerufen wurde. Diese sogenannten Masoreten fügten zwischen 780 und 930 n.Chr. dem ursprünglich nur aus Konsonanten bestehenden Bibeltext Vokalzeichen bei, weil damals die richtige Aussprache nicht mehr geläufig war. Und weil die Juden schon in neutestamentlicher Zeit den Namen *Jahwe* aus Furcht vor Versündigung überhaupt nicht mehr aussprachen, sondern stattdessen *Adonaj,* Herr, sagten, fügten die Masoreten bei JHWH die Vokalzeichen von *Adonaj* hinzu (bzw. von *Elohim,* Gott, wenn das Wort *Adonaj* schon mit JHWH im Bibeltext stand). Zusammen gelesen ergibt JHWH plus Vokalzeichen *Jehowah* (oder *Jehowih*), was ein Jude aber niemals so ausgesprochen hat.

Die vorliegende Übersetzung folgt nicht dem Trend der Übersetzungen, die in Anlehnung an die Masoreten den Namen Gottes durch einen Begriff »HERR« ersetzen. Dadurch vermeidet sie auch die unschöne Konstruktion »Herr HERR«, wo der Bibeltext selbst den Begriff *Herr* mit dem Gottesnamen *Jahwe* verbindet, was immerhin 281 Mal im Alten Testament vorkommt.

Der Messias (Christus)

Der hebräische Begriff *Messias* bedeutet der *Gesalbte* und heißt auf Griechisch *Christus.* In Israel wurden Könige und Hohe Priester durch eine feierliche Salbung in ihr Amt eingeführt. Gott hatte seinem Volk Israel nun einen Messiaskönig versprochen, der ein Nachkomme Davids und gleichzeitig Hoher Priester sein würde. Der Begriff *Christus* wird im Neuen Testament noch einige Male im Sinn des Messiaskönigs verwendet, tendiert in seinem Gebrauch aber mehr und mehr zum Eigennamen. Gemeint ist immer *Jesus Christus,* der alle rettet, die an ihn glauben.

Biblische Chronologie

Durch ihre vielfältigen Zeitangaben (Lebensalter, Alter bei Geburt des ersten Sohnes, bei Herrschaftsantritt eines Königs, Regierungsjahre u.a.) ermöglicht es die Bibel, eine nahezu lückenlose Chronologie des Alten Testaments von der Geburt Abrahams bis zur Zeit Nehemias zu erstellen. Die Ereignisse werden dabei in Beziehung zueinander gesetzt, z.B. so:

> »Im fünften Regierungsjahr von Joram Ben-Ahab, dem König von Israel, trat Joram Ben-Joschafat, der bis dahin nur Mitregent war, die Herrschaft über Juda an. Er war damals 32 Jahre alt und regierte acht Jahre in Jerusalem.« (2. Könige 8,16-17)

Auf diese Weise entsteht unter Berücksichtigung von Mitregentschaften, unterschiedlichen Datierungsarten, Zählweisen und Kalendersystemen eine chronologische Kette. Manchmal werden Ereignisse auch zu wesentlich früheren Zeiten in

Beziehung gesetzt, wie der Beginn des Tempelbaus in Jerusalem zum Auszug Israels aus Ägypten:

»Im April des 4. Jahres, in dem Salomo über Israel regierte – es war das 480. Jahr nach dem Auszug der Israeliten aus Ägypten –, begann der König das Haus für Jahwe zu bauen.« (1. Könige 6,1)

Wenn man diese Angabe ernst nimmt und außerdem beachtet, dass im Richterbuch einige Richter nur regionale Bedeutung hatten und teilweise gleichzeitig regierten, bekommt man eine relative Chronologie bis zum Auszug Israels aus Ägypten. Dieser hätte dann 1446 v.Chr stattgefunden. (Diese Frühdatierung gewinnt neuerdings wieder archäologische Relevanz durch eine Revision der Chronologie Ägyptens und die daraus folgende Neueinordnung archäologischer Epochen im Gebiet Israels.)

Für noch weiter zurückliegende Ereignisse können keine genauen Angaben gemacht werden, weil hierfür nur die Geschlechtsregister vorliegen, deren Strukturen (wie z.B. Matthäus 1,1-17) Lücken nicht generell ausschließen. Wenn hier dennoch Jahreszahlen für diesen Zeitraum angeben werden, um die Ereignisse in eine chronologische Ordnung zu bringen, so richten sich diese ausschließlich nach den biblischen Angaben.

Um die relative alttestamentliche Chronologie in eine absolute Chronologie umzuwandeln, benötigt man mindestens einen Fixpunkt, an dem die biblischen Angaben mit unabhängig überlieferten außerbiblischen Angaben zusammentreffen, deren Datum man genau angeben kann. Für das Alte Testament bietet die Schlacht von Karkar dieses Datum, das mit Hilfe assyrischer Aufzeichnungen und einer astronomisch datierbaren Sonnenfinsternis (15. Juni 763 v.Chr.) auf das Jahr 853 v.Chr. festgelegt werden kann, das Todesjahr des Königs Ahab von Israel.

Für das Neue Testament, das nur einen Zeitraum von etwa 100 Jahren umfasst, stehen als Fixpunkte der Chronologie das 15. Jahr des Kaisers Tiberius zur Verfügung, das ins Jahr 27 n.Chr. für den Beginn der Wirksamkeit Johannes des Täufers führt (Lukas 3,1) und vor allem der Aufenthalt Gallios als Prokonsul in Korinth, der unter anderem durch eine Inschrift bezeugt ist und auf den 1. Juli 51 bis 30. Juni 52 datiert werden kann. In dieser Zeit ist Paulus ihm dort begegnet (Apostelgeschichte 18,12-17).

Maße und Gewichte

Für Maße, Gewichte, Geld- und Zeiteinheiten sind grundsätzlich Umrechnungen und Begriffe verwendet worden, die im deutschsprachigen Umfeld verständlich und vorstellbar sind. Dabei wurde gewöhnlich auf- oder abgerundet. Die Originalangaben finden sich dann in den Fußnoten.

Abkürzungen

LXX   Griechische Übersetzung des Alten Testaments, die im 3.-2. Jahrhundert v.Chr. in Alexandria entstand, die sogenannte Septuaginta (=LXX). Sie hatte Jahrhunderte lang eine große Bedeutung für Juden und Christen.

n.Chr.   nach Christus. Die Zählung wurde erst im Jahr 532 n.Chr. eingeführt (im 248. Jahr nach der Thronbesteigung des römischen Kaisers Diokletian) und hat sich allgemein durchgesetzt, obwohl sie heute meist mit »u. Z.« (unsere Zeitrechnung) wiedergegeben wird.

v.Chr.   vor Christus. Man beachte, dass es ein Jahr Null nie gegeben hat. Dem Jahr 1 v.Chr. folgt in den Berechnungen unmittelbar das Jahr 1 n.Chr.

Der Übersetzer bedankt sich herzlich bei allen, die durch Korrekturen und Verbesserungsvorschläge mitgeholfen haben, dass das Werk so weit gedeihen konnte. Er ist aber nach wie vor für jeden Hinweis dankbar.

Karl-Heinz Vanheiden
www.kh-vanheiden.de
bibel@kh-vanheiden.de

Vorwort des Herausgebers

Mit der *NeÜ bibel.heute* liegt die Bibel in einer Übersetzung vor, die sich durch große Nähe zum Grundtext auszeichnet, gleichzeitig aber auch dem modernen Sprachgebrauch und -empfinden entgegenkommt.

Wir haben uns zur Herausgabe dieser Bibel entschlossen, um damit einem heute so verbreitetem Bedürfnis entgegenzukommen, die Bibel selbst zu lesen und auch ohne großen Studieraufwand unmittelbar zu verstehen. Dabei ist natürlich klar, dass dies nur ein erster, aber vielleicht entscheidender Zugang zur Bibel ist, dass jedoch die Tiefe und Weite göttlicher Offenbarung in seinem Wort ohne ein detaillierteres Studieren nicht ausreichend erfasst werden kann. Dennoch bietet eine solche Übertragung eine wertvolle Hilfe, indem sie den Zugang zur Welt der Bibel und ihrer Botschaft erleichtert. Selbst diejenigen, die sich als fortgeschrittene Bibelleser einstufen, werden beim Lesen dieser Bibel Gewinn haben, da sie sich hervorragend für ein paralleles Lesen zu einer wortgenauen Übersetzung und dem darauf gründenden detaillierten Schriftstudium anbietet.

Wer die biblischen Bücher schnell und leicht erfassen und kennenlernen möchte, kann genau dies mit Hilfe der *NeÜ bibel.heute* erreichen. Ein großflächiges Lesen geht erstaunlich gut vonstatten. Man gewinnt schnell einen Überblick, und das Ziel, jedes Buch der Bibel kennenzulernen und seinen Inhalt wirklich zu verstehen, wird realistisch. Das Leben mit der Bibel fällt leichter. Die Komplexität der Bibel mit ihrer Spannweite über riesige Zeiträume der Geschichte hinweg ist müheloser zu bewältigen.

Und genau das ist die Absicht vom Autor und vom Herausgeber der *NeÜ bibel.heute*. Bibellesen, Gott und sein Wort näher kennenlernen, das zu fördern, ist unser Wunsch. Aus diesem Grund gibt es auch so verschiedene Ausgaben, die ganz unterschiedliche Zielgruppen ansprechen und mit denen eine Art Bibellesekampagne in Gang gesetzt und unterstützt werden soll – die *NeÜ bibel.heute* soll helfen, Veränderung zu schaffen, Veränderung im persönlichen Leben; Veränderung, für die Gott in seinem Wort die entscheidenden Akzente setzt! Der erste Schritt, eine solche Veränderung in Gang zu setzen, beginnt mit dem Lesen, Verstehen und Anwenden der Bibel.

Wir wünschen allen Lesern der *NeÜ bibel.heute*, dass sie Veränderung in ihrem Leben erfahren im Sinne des von Gott gewollten und in seinem Sohn Jesus Christus gnädig herbeigeführten Heils für uns Menschen.

Christliche Verlagsgesellschaft mbH
Dillenburg, im Februar 2012

Tipps zum Bibellesen

1 **Regelmäßig lesen.** Am besten legt man sich eine ganz bestimmte Zeit am Tag fest, die für das Bibellesen reserviert bleibt. Viele Menschen haben schon die Erfahrung gemacht, dass solch eine regelmäßige »Stille Zeit« ihnen hilft.

2 **Systematisch lesen.** Wer die Bibel an irgendeiner Stelle aufschlägt und zu lesen beginnt, ist schnell verwirrt. Kleine, fortlaufende »Happen« sind besser, z. B. eines der Evangelien. Viele Christen benutzen einen fortlaufenden Bibelleseplan.

3 **Die ganze Bibel berücksichtigen.** Wenn ich versuche, einen Text zu verstehen, dann darf ich mich ruhig daran erinnern, was in den anderen Texten stand. Die Bibeltexte geben mir ein Bild von Gott wie bei einem Puzzlespiel. Alle Texte gehören irgendwie zusammen.

4 **Lesen mit Phantasie.** Was wollte der Schreiber? Was die handelnden Personen? Was haben die ersten Zuhörer oder Leser gedacht? Viele notieren sich nach dem Bibellesen ein oder zwei Merksätze.

5 **Meine Antwort.** Gott redet zu mir durch die Bibel. Und er wünscht sich meine Antwort. Wenn ich Gottes Reden gehört habe, soll ich in meinem Alltag danach leben – und Gott dankbar sein für sein Reden. Es kommt nicht darauf an, wie viel ich gelesen habe, sondern ob ich nach dem Gelesenen handle.

6 **Schwierige Bibelstellen.** Nicht alle Bibelstellen muss ich gleich verstehen. Schlaue Leute haben meterweise Bücher zur Bibel geschrieben – und haben immer noch viele Fragen. Aber es gibt genug Texte, die ich verstehen kann – und die gilt es zu erforschen.

7 **Keine großen Geheimnisse.** Natürlich redet die Bibel in vielen Bildern. Aber nicht hinter jedem Wort steht ein großes Geheimnis. Wir müssen also nicht endlos stöbern, um alles ganz genau zu begreifen.

8 **Kein Glücksbringer-Horoskop.** Die Bibel ist kein Zauberbuch. Wir können sie nicht an einer beliebigen Stelle aufschlagen und dann eine göttliche Zauberantwort erwarten. Die Bibel ist Gottes Botschaft an uns. Sie enthält alles, was wir brauchen.

9 **Keine Bibeldiät.** Gott will uns vieles sagen. Darum sollen wir nicht immer nur dieselben Texte lesen, sondern uns mutig auch mal an neue Abschnitte heranwagen. Bibellesehilfen sind auch gerade dafür sehr nützlich.

10 **Bibelgespräch.** Mit Freunden, Bekannten oder in der Familie über das zu sprechen, was man beim Bibellesen entdeckt hat, lässt andere teilhaben an den gefundenen Schätzen und festigt gleichzeitig das erworbene Wissen.

DAS ALTE TESTAMENT

Genesis, das erste Buch Mose

Das erste Buch der Bibel wird auch Genesis (d.h. Ursprung oder Entstehung) genannt. Es zeigt uns den Anfang der Schöpfung, der Menschheitsgeschichte, des Volkes Israel und der Geschichte Gottes mit den Menschen überhaupt. Es ist grundlegend für das Verständnis der ganzen Bibel, denn alle späteren biblischen Bücher nehmen in irgendeiner Weise auf dieses Buch Bezug.

Der Verfasser des Pentateuch, also aller fünf Mosebücher, ist nach biblischer Aussage Mose, der am ägyptischen Königshof erzogene Führer Israels. Er lebte wahrscheinlich von 1527-1407 v.Chr. Alle Versuche, den Text verschiedenen Quellen zuzuordnen und seine Entstehung in verschiedenen Schichten herauszuarbeiten, haben bisher nur zu Spekulation und Subjektivität geführt. Tatsächlich hätte niemand eine bessere Qualifikation zum Schreiben der Bücher gehabt als Mose.

Der Anfang der Welt

1 *1* Im Anfang schuf Gott* Himmel und Erde.

2 Die Erde war formlos und leer. Finsternis lag über der Tiefe, und der Geist Gottes schwebte über dem wogenden Wasser. *3* Da sprach Gott: »Es werde Licht!« Und das Licht entstand. *4* Gott sah es an: Es war gut. Da trennte Gott das Licht von der Finsternis. *5* Das Licht nannte er »Tag« und die Finsternis »Nacht«. Es wurde Abend und wieder Morgen – ein Tag.

6 Dann sprach Gott: »Im Wasser soll eine Wölbung* entstehen, eine Trennung zwischen den Wassermassen!« *7* So geschah es auch. Gott machte die Wölbung und trennte die Wassermassen unterhalb der Wölbung von denen darüber. *8* Die Wölbung nannte Gott »Himmel«. Es wurde Abend und wieder Morgen – zweiter Tag.

9 Dann sprach Gott: »Die Wassermassen unter dem Himmel sollen sich an einer Stelle sammeln. Das Land soll zum Vorschein kommen.« So geschah es. *10* Und Gott nannte das trockene Land »Erde«. Die Ansammlung der Wasser aber nannte er »Meer«. Gott sah alles an. Es war gut. *11* Dann sprach Gott: »Die Erde lasse Gras hervorsprießen. Pflanzen und Bäume jeder Art sollen wachsen und Samen und samenhaltige Früchte tragen.« So geschah es. *12* Die Erde brachte frisches Grün hervor, alle Sorten samentragender Pflanzen und

---

1,1 *schuf Gott.* Im Hebräischen steht das Verb *bara (schuf)* in der Einzahl, *Gott* und *Himmel* aber in der Mehrzahl. *Bara* im Sinn von »schaffen« wird im Alten Testament nur für das Schaffen Gottes verwendet. Nie wird dabei ein Stoff erwähnt, aus dem Gott schafft.

1,6 *Wölbung.* Hebräisch *rakia*, wahrscheinlich etwas sehr Festes und sehr Dünnes; vielleicht das, was wir heute Atmosphäre nennen, siehe Vers 6-8.

jede Art von Bäumen mit samenhaltigen Früchten. Gott sah es an: Es war gut. 13 Es wurde Abend und wieder Morgen – dritter Tag.

14 Dann sprach Gott:»An der Wölbung des Himmels sollen Lichter erscheinen. Sie sollen Tag und Nacht voneinander trennen, und als leuchtende Zeichen sollen sie die Zeiten bestimmen: Tage, Feste und Jahre. 15 Außerdem sollen sie als Lichter am Himmelsgewölbe die Erde beleuchten.« So geschah es. 16 Gott machte die beiden großen Lichter: das größere, das den Tag regiert, und das kleinere für die Nacht; und dazu die Sterne. 17 Er setzte sie an das Himmelsgewölbe, damit sie über die Erde leuchten. 18 Sie sollten den Tag und die Nacht regieren und Licht und Finsternis voneinander trennen. Gott sah es an: Es war gut. 19 Es wurde Abend und wieder Morgen – vierter Tag.

20 Dann sprach Gott:»Im Wasser soll es von Lebewesen aller Art wimmeln und am Himmel sollen Vögel fliegen!« 21 Da schuf Gott die großen Seeungeheuer und Wesen aller Art, von denen die Wasser wimmeln, dazu alle Arten von geflügelten Tieren. Gott sah es an. Es war gut. 22 Da segnete Gott seine Geschöpfe:»Seid fruchtbar und vermehrt euch und füllt das Wasser in den Meeren! Und auch ihr Vögel, vermehrt euch auf der Erde!« 23 Es wurde Abend und wieder Morgen – fünfter Tag.

24 Dann sprach Gott:»Die Erde soll alle Arten von Lebewesen hervorbringen: Herdenvieh und wilde Tiere und alles, was kriecht!« So geschah es. 25 Gott machte alle Arten von wilden Tieren, von Herdenvieh und von allem, was sich auf der Erde regt. Gott sah es an: Es war gut.

26 Dann sprach Gott:»Lasst uns* Menschen* machen als Abbild von uns, uns ähnlich*. Sie sollen über die Fische im Meer herrschen, über die Vögel am Himmel und über die Landtiere, über die ganze Erde und alles, was auf ihr kriecht!« 27 Da schuf Gott den Menschen nach seinem Bild, als sein Ebenbild schuf er ihn. Er schuf sie als Mann und Frau.* 28 Und Gott segnete sie:»Seid fruchtbar und vermehrt euch!* Füllt die Erde und macht sie euch untertan! Herrscht über die Fische im Meer, über die Vögel am Himmel und über alle Tiere, die auf der Erde leben!«

29 Gott sagte:»Zur Nahrung gebe ich euch alle samentragenden Pflanzen und alle samenhaltigen Früchte von Bäumen – überall auf der Erde. 30 Allen Landtieren, allen Vögeln und allen Lebewesen, die auf dem Boden

---

1,26 uns. Die Mehrzahl könnte hier schon ein erster Hinweis auf die Dreieinheit Gottes sein.

Menschen. Hebräisch adam (= der vom Erdboden [adamah] Genommene) bedeutet Mensch im Allgemeinen und ist zugleich der Name des ersten Menschen. Das Wort wird nur in der Einzahl gebraucht, auch wenn von mehreren Menschen die Rede ist.

ähnlich. Das deutet eine Ähnlichkeit wie zwischen Adam und seinem Sohn an (siehe 1. Mose 5,3, wo das gleiche Wort gebraucht wird), vor allem aber eine Ähnlichkeit des Wesens.

1,27 Wird im Neuen Testament von Jesus Christus zitiert: Matthäus 19,4; Markus 10,6.

1,28 vermehrt euch. Nach jüdischer Tradition ist dies das erste der 613 Gebote.

kriechen, gebe ich Gras und Blätter zur Nahrung.« So geschah es. *31* Gott sah alles an, was er gemacht hatte: Es war sehr gut. Es wurde Abend und wieder Morgen – sechster Tag.

2,2 Wird im Neuen Testament zitiert: Hebräer 4,4.

2,4 *Fortsetzung der Geschichte.* Das hebräische *toledot* bedeutet Weiterentwicklung aus Vorhandenem, es zeigt, wie die Geschichte weitergeht (oder weitere Einzelheiten), und wird gewöhnlich als Überschrift gebraucht, siehe 1. Mose 5,1; 6,9; 10,1; 11,10.27; 25,12.19; 36,1; 37,2. Es handelt sich hier also nicht um die Nahtstelle zu einem zweiten Schöpfungsbericht.

JHWH. Aus vier Konsonanten besteht der Name Gottes, der besonders die persönliche Nähe zum Menschen ausdrückt. Ausgesprochen wird er wahrscheinlich *Jahwe*. Siehe das Vorwort des Übersetzers, sowie die Fußnote zu 2. Mose 6,3.

2,7 *Gesicht.* Das hebräische *appaw* bedeutet nicht nur Nase, sondern das ganze Gesicht im Allgemeinen. Je nach Zusammenhang sind Nase, Wangen oder Mund gemeint.

Wesen oder *Seele.* Der gleiche Ausdruck wird 1. Mose 1,20.24; 2,19 auf die Tiere bezogen. Der Mensch hat durchaus körperliche Ähnlichkeiten mit Säugetieren. Doch als sein Ebenbild stellte Gott den Menschen über alle anderen Lebewesen. Es ist auch zu beachten, dass hier nicht steht: Ein Lebewesen wurde Mensch. Der Mensch ist eine gesonderte Schöpfung Gottes und geht nicht aus vormenschlichem Leben hervor. – Der Satz wird im Neuen Testament von Paulus zitiert: 1. Korinther 15,45.

2,8 *Eden.* Eden bedeutet *Wonne.* Gott hatte ein *Land der Wonne* für den Menschen geschaffen.

2,11 *Hawila.* Eine solche Gegend ist in Westarabien südlich von Medina belegt, wo es auch Goldvorkommen gibt. Kürzlich wurde mit Hilfe von Satellitenaufnahmen die Existenz eines Flusses ermittelt, der Nordarabien von dort aus nach Osten durchfloss und vor mehr als 4000 Jahren ausgetrocknet ist. Es könnte der *Pischon* gewesen sein.

2 *1* So entstanden Himmel und Erde mit all ihren Lebewesen. *2* Am siebten Tag hatte Gott das Werk vollendet und ruhte von seiner Arbeit aus.* *3* Gott segnete ihn. Er machte ihn zu einem besonderen Tag, der ihm geweiht ist, denn an diesem Tag ruhte Gott, nachdem er sein Schöpfungswerk vollendet hatte.

Der Anfang der Geschichte

4 Es folgt die Fortsetzung der Geschichte* von Himmel und Erde, wie Gott sie geschaffen hat.

Als Jahwe*, Gott, Himmel und Erde machte, *5* gab es zunächst weder Sträucher noch Feldpflanzen auf der Erde, denn Jahwe, Gott, hatte es noch nicht regnen lassen. Es gab auch noch keinen Menschen, der das Land bearbeiten konnte. *6* Grundwasser stieg in der Erde auf und befeuchtete den Boden. *7* Da formte Jahwe, Gott, den Menschen. Er nahm lose Erde vom Ackerboden und hauchte Lebensatem in sein Gesicht*. So wurde der Mensch ein lebendes Wesen*.

8 Nun hatte Jahwe, Gott, im Osten, in Eden*, einen Garten angelegt. Dorthin versetzte er den von ihm gebildeten Menschen. *9* Aus dem Erdboden hatte er verschiedenartige Bäume wachsen lassen. Sie sahen prachtvoll aus und trugen wohlschmeckende Früchte. Mitten im Garten stand der Baum des Lebens und der Baum, der Gut und Böse erkennen ließ. *10* In Eden entsprang auch ein Strom, der den Garten bewässerte und sich dann in vier Arme teilte. *11* Der erste davon heißt Pischon. Er umfließt das ganze Land Hawila*, wo das Gold vorkommt, *12* – das Gold dieses Landes ist besonders rein – das Bedolach-Harz* und der Schoham-Stein*. 13 Der zweite Strom heißt Gihon. Er umfließt das Land Kusch*. 14 Der dritte Strom heißt Tigris. Er fließt östlich von Assyrien. Der vierte Strom ist der Euphrat.

15 Jahwe, Gott, brachte also den Menschen in den Garten Eden, damit er diesen bearbeite und beschütze, 16 und wies ihn an:»Von allen Bäumen im Garten darfst du nach Belieben essen, 17 nur nicht von dem Baum, der dich Gut und Böse erkennen lässt. Sobald du davon isst, musst du sterben.«

18 Dann sagte Jahwe, Gott:»Es ist nicht gut, dass der Mensch so allein ist. Ich will ihm eine Hilfe machen, die ihm genau entspricht.« 19 Jahwe, Gott, hatte nämlich alle Landtiere und Vögel aus dem Erdboden gebildet und zu dem Menschen gebracht, um zu sehen, wie er sie nennen würde. Genauso sollten all die Lebewesen dann heißen. 20 So hatte der Mensch dem Herdenvieh, den Vögeln und allen Landtieren Namen gegeben. Aber für sich selbst fand er nichts, was ihm als Hilfe entsprochen hätte. 21 Da ließ Jahwe, Gott, einen Tiefschlaf über den Menschen kommen. Er nahm die eine seiner Seiten und verschloss deren Stelle mit Fleisch. 22 Aus der Seite baute er eine Frau und brachte sie zum Menschen. 23 Da rief der Mensch:

»Diesmal ist sie es! / Sie ist genau wie ich, / und sie gehört zu mir, / sie ist ein Stück von mir!«*

24 Aus diesem Grund verlässt ein Mann seinen Vater und seine Mutter, verbindet sich mit seiner Frau und wird völlig eins mit ihr.* 25 Der Mann und seine Frau waren nackt, aber sie schämten sich nicht voreinander.

Die erste Sünde und ihre Folgen

3 1 Die Schlange war listiger als all die Tiere, die Jahwe, Gott, gemacht hatte. Sie fragte die Frau:»Hat Gott wirklich gesagt, dass ihr von keinem Baum im Garten essen dürft?« 2 »Natürlich essen wir von den Früchten«, entgegnete die Frau, 3 »nur von den Früchten des Baumes in der Mitte des Gartens hat Gott gesagt: ›Davon dürft ihr nicht essen – sie nicht einmal berühren – sonst müsst ihr sterben.‹« 4 »Sterben?«, widersprach die Schlange, »sterben werdet ihr nicht. 5 Aber Gott weiß genau, dass euch die Augen aufgehen, wenn ihr davon esst. Ihr werdet wissen, was Gut und Böse ist, und werdet sein wie Gott.«

2,12 *Bedolach* ist ein kostbares, wohlriechendes Harz. *Schoham* ein Edelstein, vielleicht Onyx oder Karneol.

2,13 *Kusch.* Vermutlich handelt es sich hier um das Land der Kassiten, ein Gebiet in den Bergen östlich von Mesopotamien, was auch zu 1. Mose 10,8-12 passen würde. Es könnte der Gihon östlich des Tigris zu finden sein.

2,23 *ein Stück von mir.* Der freudige Ausruf, mit der der Mann seine Frau begrüßt, ist das erste poetisch-rhythmische Stück der Bibel. Die Zugehörigkeit ist im Hebräischen in der Namensgebung ausgedrückt: *Isch-scha, Frau,* soll sie heißen, denn vom *Isch,* dem *Mann,* ist sie genommen.

2,24 Wird im Neuen Testament von Jesus Christus und Paulus zitiert: Matthäus 19,5; Markus 10,7-8; 1. Korinther 6,16; Epheser 5,31.

6 Als die Frau nun sah, wie gut von dem Baum zu essen wäre, was für eine Augenweide er war und wie viel Einsicht er versprach, da nahm sie eine Frucht und aß. Sie gab auch ihrem Mann davon, der neben ihr stand. Auch er aß. 7 Da gingen beiden die Augen auf. Sie merkten auf einmal, dass sie nackt waren. Deshalb machten sie sich Lendenschurze aus zusammengehefteten Feigenblättern.

8 Am Abend, als es kühler wurde, hörten sie Gott durch den Garten gehen. Da versteckten sich der Mann und seine Frau vor Gott zwischen den Bäumen. 9 Doch Jahwe, Gott, rief den Menschen*: »Wo bist du?« 10 Der antwortete: »Ich hörte dich durch den Garten gehen und bekam Angst, weil ich nackt bin. Deshalb habe ich mich versteckt.« 11 »Wer hat dir gesagt, dass du nackt bist?«, fragte Gott. »Hast du etwa von dem verbotenen Baum gegessen?« 12 Der Mensch erwiderte: »Die Frau, die du mir zur Seite gestellt hast, gab mir etwas davon; da habe ich gegessen.« 13 »Was hast du da getan?«, fragte Jahwe, Gott, die Frau. »Die Schlange hat mich verführt«, entgegnete sie. 14 Da sagte Jahwe, Gott, zur Schlange:

»Weil du das getan hast, / sei verflucht vor allem Herdenvieh / und vor all den wilden Tieren! / Kriech auf dem Bauch / und friss den Staub* dein Leben lang! 15 Ich stelle Feindschaft zwischen dich und die Frau, / deinem Nachwuchs und ihrem. / Er wird dir den Kopf zertreten, / und du wirst ihm die Ferse zerbeißen.«

16 Zur Frau sprach er:
    »Ich mache dir viele Beschwerden und lasse deine Schwangerschaften zahlreich sein. / Mit Schmerzen wirst du Kinder gebären. / Deinem Mann wirst du befehlen* wollen, / doch er wird über dich herrschen.«

17 Zu Adam* sagte er: »Weil du auf deine Frau gehört und von dem Baum gegessen hast, obwohl ich dir das ausdrücklich verboten habe, vernimm das Folgende:

›Wegen dir sei der Acker verflucht! / Um dich von ihm zu ernähren, / musst du dich lebenslang mühen. 18 Dornen und Disteln werden dort wachsen, / doch du bist angewiesen auf die Frucht. 19 Mit Schweiß wirst du dein Brot verdienen, / bis du zurückkehrst zur Erde*, / von der du genommen bist. / Denn Staub bist du, / und zu Staub wirst du werden.‹«

3,9 *Mensch.* Siehe Fußnote zu Vers 17.

3,14 Das heißt nicht, dass sie sich vom *Staub* ernähren muss, sondern durch ihre Fortbewegungsart wird sie immer auch Staub aufnehmen müssen.

3,16 *befehlen.* Der hebräische Begriff meint *die Anstrengung, jemand zu beherrschen; sich jemandes bemächtigen.*

3,17 *Adam* ist das hebräische Wort für *Mensch* und kann gleichzeitig als Eigenname des ersten Menschen verstanden werden.

3,19 *Erde.* Aus dem hebräischen Wort für den Erdboden *Adama* ist Adam abgeleitet.

20 Adam gab seiner Frau den Namen Eva, Leben, denn sie sollte die Mutter aller lebenden Menschen werden. 21 Dann bekleidete Jahwe, Gott, Adam und seine Frau mit Gewändern aus Fell 22 und sagte: »Nun ist der Mensch wie einer von uns geworden. Er erkennt Gut und Böse. Auf keinen Fall darf er jetzt auch noch vom Baum des Lebens essen, um ewig zu leben.« 23 Deshalb schickte Jahwe, Gott, ihn aus dem Garten Eden hinaus. Er sollte den Ackerboden bearbeiten, von dem er genommen war. 24 So vertrieb er den Menschen. Östlich vom Garten Eden stellte er Cherubim auf, Engelwesen mit Flammenschwertern, die den Weg zum Baum des Lebens bewachen.

Der erste Mord und seine Folgen

4 1 Adam hatte mit seiner Frau Eva geschlafen. Nun wurde sie schwanger und gebar Kain. Da sagte sie:»Ich habe einen Mann erworben*, Jahwe*.« 2 Danach bekam sie seinen Bruder Abel*. Abel wurde ein Schafhirt*, Kain ein Landwirt. 3 Nach geraumer Zeit brachte Kain vom Ertrag seines Feldes Jahwe ein Opfer. 4 Auch Abel brachte ihm ein Opfer, das Beste von den erstgeborenen Lämmern seiner Herde. Jahwe sah freundlich auf Abel und sein Opfer. 5 Aber auf Kain und seine Opfergabe achtete er nicht. Da geriet Kain in heftigen Zorn und senkte finster sein Gesicht. 6 Jahwe fragte ihn:

»Warum bist du so zornig? / Was soll dein finsterer Blick? / Hast du Gutes im Sinn, / dann heb den Kopf hoch! 7 Wenn aber nicht, / dann lauert die Sünde vor der Tür / und will dich verschlingen. / Aber du, du musst sie bezwingen.«

8 Doch Kain sprach seinen Bruder an.* Und als sie auf dem Feld waren, fiel er über Abel her und schlug ihn tot. 9 Da sagte Jahwe zu Kain:»Wo ist Abel, dein Bruder?« Der entgegnete:»Ich weiß nicht. Bin ich etwa sein Aufpasser?« – »Was hast du da getan!«, erwiderte Gott, 10 »Hörst du nicht das Blut deines Bruders aus dem Ackerboden zu mir schreien? 11 Verflucht seiest du, verbannt vom Ackerboden, den du mit dem Blut deines Bruders getränkt hast! 12 Wenn du ihn künftig bebaust, wird er dir keinen Ertrag mehr bringen. Als ruheloser Flüchtling wirst du auf der Erde umherirren.« 13 Da sagte Kain zu Jahwe:»Die Strafe ist zu schwer für mich. Ich werde sie nicht ertragen können. 14 Du vertreibst mich vom fruchtbaren Land, und auch vor dir muss ich mich verstecken. Als ruheloser Flüchtling werde ich umherirren, und jeder, der mich sieht*, kann mich ungestraft töten.« 15 »Nein«, erwiderte

---

4,1 *erworben.* Wortspiel mit Kain (*qajin – qanah*).

Jahwe. Die meisten ergänzen: Mit (Hilfe) Jahwes. Doch vielleicht gibt Eva ihrem Erstgeborenen den Gottesnamen Jahwe, weil sie hofft, dass er der verheißene Mann sein würde, der der Schlange den Kopf zertritt.

4,2 *Abel.* Der Name klingt an *Hauch, Nichtigkeit* an (*habäl – häbäl*).

Schafhirt. Eigentlich *Kleinviehhirt.* Kleinvieh meinte Schafe und Ziegen.

4,8 *sprach ... an.* Eine hebräische Handschrift und einige alte Übersetzungen fügen hier ein:»Lass uns aufs Feld gehen!«

Jahwe, »ich ordne an: Wer Kain erschlägt, wird siebenfach bestraft!« Und er machte ein Zeichen an Kain, damit niemand es wagen würde, ihn zu erschlagen, wenn er ihm begegnete. ¹⁶ So verließ Kain die Nähe Jahwes und siedelte sich östlich von Eden an, im Land der Heimatlosigkeit, in Nod. ¹⁷ Da schlief Kain mit seiner Frau. Sie wurde schwanger und gebar Henoch. Als Kain dann eine Stadt gründete, benannte er sie nach seinem Sohn Henoch. ¹⁸ Dem Henoch wurde dann Irad geboren. Irad zeugte Mehujael und der wiederum Metuschael. Metuschael wurde der Vater von Lamech. ¹⁹ Lamech aber nahm sich zwei Frauen: Eine hieß Ada, die andere Zilla. ²⁰ Ada gebar ihm Jabal. Das wurde der Stammvater aller Nomaden, die in Zelten wohnen und mit ihren Herden umherziehen. ²¹ Sein Bruder hieß Jubal. Er wurde der Stammvater aller Zither- und Flötenspieler. ²² Auch Zilla bekam einen Sohn, Tubal-Kain, den Schmied. Er war der erste, der Kupfer und Eisen bearbeitete. Seine Schwester hieß Naama. ²³ Lamech sagte zu seinen Frauen:

»Ada und Zilla, hört meine Rede! / Lamechs Frauen, lauscht meinem Spruch! / Ich habe den Mann erschlagen, der mich verwundet hat, / und den Jungen getötet, der mich berührte. ²⁴ Wird Kain siebenfach gerächt, / dann Lamech siebenundsiebzigfach!«

²⁵ Nachdem Adam wieder mit seiner Frau Eva geschlafen hatte, gebar sie ihm einen Sohn und nannte ihn Seth, Setzling. »Gott hat mir wieder einen Sprössling geschenkt«, sagte sie, »anstelle von Abel, weil Kain ihn erschlug.« ²⁶ Auch Seth wurde ein Sohn geboren. Enosch, Menschlein, nannte er ihn. Damals fing man an, den Namen Jahwes anzurufen*.

Wie es nach Adam weiterging

5 ¹ Es folgt das Verzeichnis der Nachkommen* Adams.
Als Gott den Menschen schuf, gestaltete er ihn nach seinem Abbild. ² Er schuf ihn als Mann und Frau.* Dann segnete er sie und gab ihnen noch am Tag ihrer Erschaffung den Namen »Mensch«.

³ Als Adam 130 Jahre gelebt hatte, zeugte er einen Sohn namens Set, der ihm wie sein Ebenbild ähnlich war. ⁴ Nach der Geburt Sets lebte Adam noch 800 Jahre und zeugte weitere Söhne und Töchter, ⁵ bis er im Alter von 930 Jahren starb.

⁶ Set war 105 Jahre alt, als er Enosch zeugte. ⁷ Nach dessen Geburt lebte er noch 807 Jahre und zeugte weitere Söhne und Töchter, ⁸ bis er im Alter von 912 Jahren starb.

⁹ Als Enosch 90 Jahre gelebt hatte, zeugte er Kenan. ¹⁰ Nach dessen

4,14 *jeder, der mich sieht.* Das meint natürlich jüngere Verwandte von ihm (siehe Kapitel 5,4), die ihm wegen der Langlebigkeit der ersten Generationen noch gefährlich werden konnten. Die damalige Weltbevölkerung vermehrte sich enorm schnell.

4,26 *anzurufen.* Oder: *auszurufen.* Das heißt, zu ihm zu beten oder von ihm zu predigen.

5,1 *Nachkommen.* Hebräisch *toledot*, siehe 1. Mose 2,4.

5,2 Wird im Neuen Testament von Jesus Christus zitiert: Matthäus 19,4; Markus 10,6.

Geburt lebte er noch 815 Jahre und zeugte weitere Söhne und Töchter, 11 bis er im Alter von 905 Jahren starb.
12 Kenan war 70 Jahre alt, als er Mahalalel zeugte. 13 Nach dessen Geburt lebte er noch 840 Jahre und zeugte weitere Söhne und Töchter, 14 bis er im Alter von 910 Jahren starb.
15 Als Mahalalel 65 Jahre alt war, zeugte er Jered. 16 Nach dessen Geburt lebte er noch 830 Jahre und zeugte weitere Söhne und Töchter, 17 bis er im Alter von 895 Jahren starb.
18 Jered war 162 Jahre alt, als er Henoch zeugte. 19 Nach dessen Geburt lebte er noch 800 Jahre und zeugte weitere Söhne und Töchter, 20 bis er im Alter von 962 Jahren starb.
21 Als Henoch 65 Jahre alt war, zeugte er Metuschelach*. 22 Nach dessen Geburt lebte er noch 300 Jahre mit Gott und zeugte weitere Söhne und Töchter, 23 bis er 365 Jahre alt war.* 24 Henoch hatte beständig mit Gott gelebt, und dann war er plötzlich nicht mehr da, weil Gott ihn weggenommen hatte.*
25 Metuschelach war 187 Jahre alt, als er Lamech zeugte. 26 Nach dessen Geburt lebte er noch 782 Jahre und zeugte weitere Söhne und Töchter, 27 bis er im Alter von 969 Jahren starb*.
28 Als Lamech 182 Jahre alt war*, zeugte er einen Sohn, 29 den er Noah, Tröster, nannte, und sagte:»Der wird uns Trost verschaffen bei der harten Arbeit auf dem Ackerboden, den Jahwe verflucht hat.« 30 Nach Noahs Geburt lebte Lamech noch 595 Jahre und zeugte weitere Söhne und Töchter, 31 bis er im Alter von 777 Jahren starb.

32 Noah war 500 Jahre alt. Er zeugte Sem, Ham und Jafet.*

Noah vor der großen Flut

6 1 Als die Menschen immer zahlreicher wurden und sich auf der Erde ausbreiteten, 2 sahen die Gottessöhne*, wie schön die Töchter der Menschen waren, und nahmen sich die zu Frauen, die

---

5,21 *Metuschelach.* Der Mensch, der offenbar am längsten auf der Erde gelebt hat, siehe Vers 26. Als *Methusalem* ist er sprichwörtlich geworden.

5,23 *bis er 365 Jahre alt war.* Das war im Jahr 987 nach Adam.

5,24 Wird im Neuen Testament zitiert: Hebräer 11,5.

5,27 *im Alter von 969 Jahren.* Das war im Jahr 1656 nach Adam, im Jahr der Sintflut.

5,28 *182 Jahre alt war.* Das Geburtsjahr Noahs wäre also das Jahr 1056 nach Adam.

5,32 *Sem, Ham und Jafet.* Das meint nicht, dass Noahs Söhne Drillinge waren, sondern dass sie nach dem 500. Lebensjahr Noahs geboren wurden. Nach 1. Mose 11,10 kann man das Geburtsjahr Sems auf 1558 nach Adam berechnen, das entspricht dem 502. Jahr Noahs. Nach 1. Mose 9,24 war Ham der jüngste Sohn Noahs. Demnach wird Jafet als der Älteste im 500. Jahr Noahs geboren worden sein. Siehe Fußnote zu 1. Mose 10,21.

6,2 *Gottessöhne.* Der Begriff kann in der Bibel sowohl Engelwesen als auch Menschen bezeichnen. Vielleicht bezieht er sich hier auf damalige despotische Herrscher, die sich Städte bauen ließen und den Lebensstil und die Grausamkeit Lamechs nachahmten. Sie fingen an, sich *Göttersöhne* zu nennen und hatten Umgang mit dämonischen Mächten (vergleiche Hesekiel 28,11-15; Daniel 10,13). Gegen die Deutung, dass es sich bei ihnen um Engel handeln würde, spricht Matthäus 22,30 und Judas 6-7. Außerdem wären dann Menschen für das bestraft worden, was Engel verschuldet haben. Gegen die Deutung *Menschen der Linie Set* spricht, dass sie sich eben nicht *Töchter Kains*, sondern *Töchter der Menschen* nahmen.

ihnen gefielen. *3* Da sagte Jahwe: »Mein Geist soll nicht ewig im Menschen bleiben, er ist ja sterblich. Ich gebe ihm noch eine Frist* von 120 Jahren.« *4* Damals lebten die Riesen auf der Erde und auch dann noch, als die Gottessöhne Kinder mit den Menschentöchtern hatten. Das wurden die Helden der Vorzeit, berühmte Männer.

5 Jahwe aber sah, wie groß die Bosheit der Menschen auf der Erde war. Ihr ganzes Denken und Streben, alles, was aus ihrem Herzen kam, war immer nur böse. *6* Da beklagte Jahwe es, den Menschen erschaffen zu haben, und es schmerzte ihn bis in sein Innerstes hinein. *7* Er beschloss: »Ich werde den Menschen, den ich geschaffen habe, vom Erdboden wegwischen, samt dem Vieh, den Kriech-

---

6,3 *Frist.* Manche Übersetzungen beziehen die 120 Jahre auf das Lebensalter. Das ist aber nicht sinnvoll, weil auch nach der Flut Menschen noch viel älter wurden und Gott ja auch nicht androhte, das Lebensalter zu verringern, sondern die Menschen zu vernichten. Die 120 Jahre beziehen sich eher auf die Zeit bis zur Flut.

6,9 *Geschichte.* Hebräisch *toledot,* siehe 1. Mose 2,4.

Der *Gerechte* im Alten Testament ist ein Mensch, der mit Gott und Menschen im richtigen Verhältnis lebt und sich nach Gottes Geboten richtet. Er steht im Gegensatz zu dem, der sich an Gott und Menschen schuldig macht, dem Gottlosen, dem Frevler.

6,14 *Asphalt.* Siehe Fußnote zu 1. Mose 14,10.

6,15 *131 Meter.* Die biblischen Maßangaben (300 x 50 x 30 Ellen) sind nach dem Ellenmaß des Schiloachtunnels in Jerusalem umgerechnet, dessen Länge 525 m beträgt (Inschrift: 1200 Ellen). Das ergibt rund 44 cm pro Elle.

tieren und Vögeln, denn ich bedaure, sie gemacht zu haben.« *8* Nur Noah fand Gnade vor Jahwe.

9 Es folgt die Geschichte* Noahs. Noah war ein gerechter* Mann. Seine Zeitgenossen fanden nichts Tadelnswertes an ihm. Er lebte beständig mit Gott. *10* Drei Söhne hatte er: Sem, Ham und Jafet. *11* Die Erde aber verdarb vor Gott und füllte sich mit Verbrechen. *12* Gott sah sich das an: Die Erde war vollkommen verdorben, denn alle Menschen waren vom rechten Weg abgekommen. *13* Da sagte Gott zu Noah:»Ich habe beschlossen, Mensch und Tier zu vernichten, denn durch sie ist die Erde von Gewalttat erfüllt. *14* Baue dir eine Arche, einen Kasten aus Tannenholz! Teile ihn in mehrere Räume ein und dichte ihn innen und außen mit Asphalt* ab! *15* Er soll 131 Meter* lang sein, 22 Meter breit und 13 Meter hoch. *16* Sorge auch für eine Lichtöffnung! Sie darf bis zu einem halben Meter unter den Dachrand reichen. Setze eine Tür in die Mitte ihrer Längsseite. Drei Stockwerke soll die Arche insgesamt haben. *17* Denn ich, ich werde die Flut kommen lassen, eine Wasserflut über die Erde. Alles Lebendige soll darin umkommen, alle Menschen und Tiere. *18* Mit dir aber schließe ich folgenden Bund: Du sollst mit deiner Frau, deinen Söhnen und ihren Frauen in die Arche gehen. *19* Und von allen Tieren sollst du je ein Männchen und ein Weibchen in die Arche bringen, damit sie zusammen mit dir am Leben bleiben. *20* Von jeder Art der Vögel, der Land- und Kriechtiere soll je ein Pärchen in die Arche kommen, damit sie überleben können. 21 Lege ausreichend Vorräte an, dass ihr und die Tiere damit versorgt werden können.« 22 Noah machte alles genauso, wie Gott es ihm befohlen hatte.

Die große Flut kommt über die Erde

7 1 Dann sagte Jahwe zu Noah: »Komm du mit deiner ganzen Familie in die Arche, denn du bist der einzige Gerechte in dieser Generation. 2 Nimm dir von allen reinen Tieren* je sieben Männchen und Weibchen mit, von den unreinen aber nur je ein Pärchen. 3 Auch von den Vögeln bringe je sieben Männchen und Weibchen mit, dass jede Art auf der ganzen Erde erhalten bleibt und sich vermehren kann. 4 In sieben Tagen werde ich einen Regen über die Erde kommen lassen, der 40 Tage lang, Tag und Nacht, andauern wird. So werde ich alles Bestehende, alles, was ich gemacht habe, von der Erdoberfläche wegwischen.« 5 Noah machte alles genauso, wie Jahwe es ihm befohlen hatte.

6 Als die Flut über die Erde hereinbrach, war Noah 600 Jahre alt. 7 Er ging also mit seiner Frau, seinen Söhnen und deren Frauen in die Arche, um sich vor den Wassermassen in Sicherheit zu bringen. 8 Alle reinen und unreinen Tiere, die Vögel und die Kriechtiere 9 kamen paarweise in die Arche, je ein Männchen und ein Weibchen, wie Gott es Noah befohlen hatte. 10 Sieben Tage später kamen die Fluten über die Erde.

11 Im 600. Lebensjahr Noahs, am 17. Tag des zweiten Monats, wurden die Schleusen des Himmels geöffnet, und alle Quellen der großen Tiefe* brachen auf. 12 Es regnete in Strömen 40 Tage lang, Tag und Nacht. 13 An dem oben genannten Tag also war Noah mit seinen Söhnen Sem, Ham und Jafet, mit seiner Frau und den Frauen seiner Söhne in die Arche gegangen 14 und mit allen Arten von Wildtieren und Herdenvieh, Kriechtieren und vielfältig gefiederten Vögeln. 15 Alle Lebewesen, alle, die Atem in sich hatten, waren paarweise zu Noah in die Arche gekommen. 16 Es war immer ein Männchen und ein Weibchen, wie Gott es Noah befohlen hatte. Dann schloss Jahwe hinter ihm zu.

17 40 Tage lang ergoss sich die Flut über die Erde. 18 Das Wasser stieg und hob die Arche vom Boden ab. 19 Es stieg immer höher und höher, bis alle hohen Berge auf der ganzen Welt zugedeckt waren. 20 Mehr als sieben Meter hoch* deckte das Wasser die Berge zu. 21 Da ging alles zugrunde, was auf der Erde lebte und sich regte: Vögel, Herdenvieh und wilde Tiere und alle Menschen. 22 Alles, was einen Lebenshauch in sich trug und auf dem Festland lebte, ging zugrunde. 23 So löschte Gott alles aus, was auf dem Erdboden bestand: vom Menschen bis zum Herdenvieh, von den Vögeln bis zu den

---

7,2 Was *reine* und unreine *Tiere* sind, wird in 3. Mose 11 definiert. Reine Tiere waren für das Volk Israel zur Speise freigegeben.

7,11 *Tiefe.* Dasselbe Wort wie 1. Mose 1,2.

7,20 *sieben Meter hoch.* Das könnte der Tiefgang der Arche gewesen sein.

Kriechtieren. Alle fanden den Tod. Nur Noah und alle, die mit ihm in der Arche waren, blieben übrig. 24 150 Tage lang überflutete das Wasser die Erde.

Das Ende der Flut

8 1 Gott dachte an Noah und an all die Wildtiere und das Herdenvieh, das mit ihm in der Arche war, und ließ einen Wind über die Erde wehen. Da zog sich das Wasser zurück, 2 die Quellen der Tiefe und die Schleusen des Himmels wurden verschlossen und der Regen zurückgehalten. 3 Allmählich verliefen sich die Wassermassen. Im Lauf von 150 Tagen nahmen sie immer mehr ab, 4 und am 17. Tag des siebten Monats setzte die Arche irgendwo auf dem Gebirge Ararat auf. 5 Das Wasser nahm immer weiter ab, sodass man am ersten Tag des zehnten Monats die Bergspitzen sehen konnte. 6 40 Tage später öffnete Noah das Fenster, das er in die Arche eingelassen hatte, und ließ einen Raben hinaus. 7 Der flog hin und zurück, immer wieder, bis die Erde trocken war. 8 Später ließ Noah eine Taube fliegen, um zu sehen, ob sich das Wasser vom Erdboden verlaufen hätte. 9 Doch die Taube fand keinen Ruheplatz für sich, überall stand noch Wasser auf der Erde. Da kehrte sie zu ihm zurück. Er langte mit dem Arm hinaus und holte sie wieder in die Arche. 10 Dann wartete er weitere sieben Tage und ließ sie noch einmal fliegen. 11 Gegen Abend kam die Taube. Im Schnabel hatte sie ein frisch abgerissenes Olivenblatt. Noah erkannte jetzt, dass sich das Wasser von der Erde verlaufen hatte.

12 Er wartete noch einmal sieben Tage und ließ die Taube wieder hinaus. Jetzt kehrte sie nicht mehr zu ihm zurück. 13 Im 601. Lebensjahr Noahs, am ersten Tag des ersten Monats, war das Wasser von der Erde abgetrocknet. Als Noah jetzt das Dach der Arche entfernte und Ausschau hielt, sah er, dass kein Wasser mehr auf der Erde stand. 14 Am 27. Tag des zweiten Monats war die Erde trocken. 15 Da sagte Gott zu Noah: 16 »Verlass jetzt die Arche mit deiner Frau, deinen Söhnen und ihren Frauen. 17 Und lass alle Tiere, die bei dir sind, mit hinausziehen: die Vögel, das Herdenvieh und alles, was sich auf der Erde regt. Sie sollen fruchtbar sein und sich vermehren. Auf der Erde soll es wieder wimmeln von ihnen.« 18 Da ging Noah mit seinen Söhnen, seiner Frau und seinen Schwiegertöchtern ins Freie. 19 Auch alle Art von Tieren, alles, was kriecht und fliegt und sich auf der Erde regt, zog aus der Arche.

20 Dann baute Noah Jahwe einen Altar. Dort opferte er ihm einige von den reinen Tieren und Vögeln als Brandopfer. 21 Jahwe roch den angenehmen Duft und sagte sich: »Nicht noch einmal werde ich nur wegen des Menschen den Erdboden verfluchen. Alles, was aus seinem Herzen kommt, ist ja böse – von seiner frühesten Jugend an. Nicht noch einmal werde ich alles Lebendige auslöschen, wie ich es tat.

22 Von jetzt an, / solange die Erde besteht, / soll nicht aufhören: / Saat und Ernte, / Frost und Hitze, / Sommer und Winter, / Tag und Nacht.«

Gottes Bund mit Noah und mit allen Menschen

9 *1* Dann segnete Gott Noah und seine Söhne. Er sagte: »Seid fruchtbar, vermehrt euch und füllt die Erde. *2* Alle Tiere, alle Vögel, alles, was sich auf der Erde regt, und auch alle Fische sind in eure Gewalt gegeben. Sie werden vor euch erschrecken und sich fürchten. *3* Und alles, was da lebt und sich regt, soll euch wie die Pflanzen zur Nahrung dienen. *4* Nur das Fleisch, das sein Lebensblut noch in sich hat, dürft ihr nicht essen.

5 Euer eigenes Blut darf auf keinen Fall vergossen werden, denn ich wache darüber und werde es wieder einfordern, vom Tier genauso wie vom Menschen. Ich werde Rechenschaft für das Leben jedes Menschen fordern.

6 Wer das Blut von Menschen vergießt – durch Menschen werde vergossen sein Blut! / Denn der Mensch ist zum Abbild Gottes gemacht.

7 Und ihr, seht zu, dass ihr viele Nachkommen habt! Bevölkert die Erde!« *8* Und dann sagte Gott zu Noah und seinen Söhnen: *9* »Ich schließe diesen Bund mit euch und euren Nachkommen *10* und auch mit allen Lebewesen bei euch, mit den Tieren, die in der Arche waren. *11* Und ich sichere euch zu: Nie wieder werde ich das Leben durch eine Wasserflut vernichten. Nie mehr wird eine Flut die Erde zerstören. *12* Dieser Bund zwischen mir und euch gilt jeder kommenden Generation und jedem Lebewesen bei euch. *13* Und als Zeichen dafür setze ich meinen Bogen in die Wolken. *14* Jedes Mal, wenn ich Wolken über der Erde zusammenziehe und wenn dann der Bogen erscheint, *15* werde ich an mein Versprechen denken, das ich euch und allen Lebewesen gegeben habe: Nie mehr sollen die Wassermassen zu einer Flut werden, die alles Leben vernichtet. *16* Der Regenbogen wird in den Wolken stehen, und ich werde ihn ansehen und an den ewigen Bund denken, den ich mit euch und allen Lebewesen auf der Erde geschlossen habe. *17* Und dieser Bogen«, sagte Gott zu Noah, »ist das Zeichen für den gültigen Bund.«

18 Zusammen mit Noah hatten auch Sem, Ham und Jafet die Arche verlassen. Ham war übrigens der Stammvater von Kanaan. *19* Von diesen drei Söhnen Noahs stammen alle Völker der Erde ab. *20* Noah begann als Ackerbauer und legte auch Weinberge an. *21* Eines Tages trank er so viel von seinem Wein, dass er betrunken wurde und entblößt in seinem Zelt lag. *22* Ham, der Stammvater Kanaans, sah ihn in seiner Nacktheit daliegen und erzählte es seinen Brüdern draußen. *23* Aber Sem und Jafet nahmen einen Mantel, hingen ihn zwischen ihre Schultern und gingen rückwärts ins Zelt. Das Gesicht abgewandt deckten sie ihren Vater zu, denn sie wollten seine Nacktheit nicht sehen. *24* Als Noah seinen Rausch ausgeschlafen hatte, erfuhr er von dem beschämenden Verhalten seines jüngsten Sohnes *25* und sagte über einen von dessen Nachkommen:

»Verflucht sei Kanaan! / Der niedrigste Sklave wird er seinen Brüdern sein! *26* Doch gepriesen sei Jahwe, Sems Gott! /

Und Kanaan sei ein Sklave von Sem! 27 Gott kehre ein* zu Jafet / und wohne in den Zelten von Sem! / Und Kanaan wird auch sein Sklave sein.«

28 Nach der Flut lebte Noah noch 350 Jahre. 29 Er starb im Alter von insgesamt 950 Jahren.

10 1 Es folgt das Verzeichnis der Nachkommen* von Sem, Ham und Jafet, den Söhnen Noahs, deren Söhne aber erst nach der großen Flut geboren wurden.

Die Jafetiten

2 Die Söhne Jafets waren Gomer, Magog, Madai, Jawan, Tubal, Meschech und Tiras. 3 Gomers Söhne waren Aschkenas, Rifat und Togarma. 4 Die Nachkommen Jawans waren Elischa und Tarschisch, außerdem die Kittäer und die Rodaniter. 5 Jawans Nachkommen breiteten sich in den Küstenländern bis zum Rand der Erde aus. Sie wuchsen zu Völkern mit eigenen Sprachen heran und lebten in ihren Gebieten in Sippen zusammen.

Die Hamiten

6 Die Söhne Hams waren Kusch, Mizrajim, Put und Kanaan. 7 Von Kusch stammen Seba, Hawila, Sabta, Ragma und Sabtecha ab. Ragmas Söhne waren Saba und Dedan. 8 Kusch war auch der Vater von Nimrod, dem ersten Gewaltherrscher auf der Erde. 9 Der war ein kühner Jäger. Deshalb sagt man heute noch* sprichwörtlich: »Er ist ein gewaltiger Jäger vor Jahwe wie Nimrod.« 10 Zuerst herrschte er über die Städte Babel, Erech* und Akkad, die im Gebiet von Schinar* liegen. 11 Von da aus zog er in das Land Assur und gründete dort Ninive mit seinen weiten offenen Plätzen* und Kelach* 12 sowie Resen zwischen Ninive und Kelach. Das war das große Städtezentrum.

13 Von Mizrajim stammen die Luditer, Anamiter, Lehabiter und Naftuhiter, 14 die Patrusiter und die Kasluhiter, von denen die Philister herkommen, und die Kaftoriter.

15 Kanaan war der Vater von Sidon und Het. Sidon war sein Erstgeborener. 16 Außerdem stammen von ihm die Jebusiter, die Amoriter und die Girgaschiter ab, 17 die Hiwiter, Arkiter, Siniter, 18 Arwaditer, Zemariter und Hamatiter. Später haben sich die Sippen der Kanaaniter weiter

---

9,27 *Gott kehre ein.* Hebräisch *jaft*, was an Jafet anklingt. Das Verb kann noch nicht befriedigend erklärt werden. Es wird hier in Anlehnung an das arabische *fata* mit *einkehren* wiedergegeben.

10,1 *Verzeichnis der Nachkommen.* Hebräisch *toledot*, siehe 1. Mose 2,4. Hier in Kapitel 10, der »Völkertafel«, werden insgesamt 70 Namen aufgeführt. Deshalb symbolisiert die Zahl 70 in der Theologie der Rabbinen die Völkerwelt.

10,9 *heute noch.* Das meint den Zeitpunkt, als das Buch verfasst wurde.

10,10 *Babel, Erech.* Die Städte lagen im Umkreis von 100 km um Babylon. Erech (oder *Uruk*, heute: *Warka*) war eine der wichtigsten Städte im alten Mesopotamien.

Schinar. Anderer Name für Babylonien.

10,11 *offenen Plätzen.* Hebräisch: *Rehobot-Ir*. Das ist wahrscheinlich eine nähere Beschreibung von Ninive.

Kelach. Die Städte liegen etwa 500 km nördlich von Babel. Kelach (heute: *Nimrud*) befindet sich 40 km südlich von Ninive am Ostufer des Tigris.

ausgebreitet, *19* sodass ihr Gebiet von Sidon* bis nach Gerar und Gaza* reichte und ostwärts bis nach Sodom und Gomorra, Adma, Zebojim und Lescha*. *20* Die Nachkommen Hams wuchsen zu Völkern mit eigenen Sprachen heran und lebten in ihren Gebieten in Sippen zusammen.

Die Semiten

21 Auch Sem, dem Bruder des älteren Jafet*, wurden Söhne geboren. Er ist der Stammvater aller Nachkommen Ebers. *22* Die Söhne Sems waren Elam, Assur, Arpachschad, Lud und Aram. *23* Arams Söhne hießen Uz, Hul, Geter und Masch. *24* Arpachschad war der Vater von Schelach und Schelach der Vater von Eber. *25* Eber wurden zwei Söhne geboren. Der eine hieß Peleg, Teilung, weil zu seiner Zeit die Erde geteilt wurde,* und der andere Joktan. *26* Joktans Söhne waren Almodad, Schelef, Hazarmawet und Jerach, *27* Hadoram, Usal und Dikla, *28* Obal, Abimael und Saba, *29* Ofir, Hawila und Jobab. Das waren also die Nachkommen Joktans. *30* Ihr Gebiet reicht von Mescha über Sefar bis an das Gebirge im Osten.* *31* Die Nachkommen Sems wuchsen zu Völkern mit eigenen Sprachen heran und lebten in ihren Gebieten in Sippen zusammen. *32* Diese Sippen sind Nachkommen der Söhne Noahs. Von ihnen stammen alle Völker ab, die sich nach der Flut auf der ganzen Erde ausgebreitet haben.

Der Turm von Babel

11

1 Die Menschen hatten damals alle noch dieselbe Sprache und dieselben Wörter. *2* Als sie nach Osten zogen, fanden sie eine Ebene im Land Schinar und ließen sich dort nieder. *3* Sie sagten zueinander: »Los! Wir machen Ziegel aus Lehm und brennen sie zu Stein!« Die Ziegel wollten sie als Bausteine verwenden und Asphalt als Mörtel. *4* Dann sagten sie: »Los! Bauen wir eine Stadt und einen Turm, der bis an den Himmel reicht! So werden wir uns einen Namen machen und verhindern, dass wir uns über die ganze Erde zerstreuen.«

5 Jahwe kam herab, um sich anzusehen, was die Menschen da bauten – eine Stadt mit einem Turm! *6* Da sagte er: »Es ist offensichtlich: Sie sind ein einziges Volk und sprechen nur eine Sprache. Und was sie jetzt begonnen haben, zeigt, dass ihnen künftig nichts unmöglich sein wird. Sie werden alles tun, was sie sich ausdenken.

10,19 *Sidon* war eine Stadt in Phönizien, heute Saida im Libanon.

Gaza. Das Gebiet, in dem sich später die Philister ansiedelten. 300 km südlich von Sidon.

Lescha. Fünf kanaanäische Stadtstaaten, die in dem Gebiet lagen, das heute vom südlichen Teil des Toten Meeres bedeckt wird.

10,21 *älteren Jafet.* Kann theoretisch auch übersetzt werden: *älteren Bruder Jafets.* Doch wegen 1. Mose 9,24; 11,10 wird Jafet der Älteste gewesen sein. Siehe Fußnote zu 1. Mose 5,32!

10,25 *geteilt wurde.* Das könnte man im Sinn einer Aufteilung der Erdoberfläche unter Völker verstehen wie sie in 1. Mose 11 berichtet ist. Manche sehen hier aber auch einen Hinweis auf den Beginn der Kontinentalverschiebung, was geologisch allerdings sehr problematisch ist.

10,30 *Gebiet ... Osten.* Das Gebiet lag vermutlich in Arabien, südlich von Israel.

7 Los! Steigen wir hinunter und verwirren ihre Sprache, dass keiner mehr den anderen versteht!« 8 So zerstreute Jahwe die Menschen von dort aus über die ganze Erde, und sie mussten aufhören, die Stadt zu bauen. 9 Deswegen gab man der Stadt den Namen Babel, Verwirrung, denn Jahwe hatte dort die Sprache der Menschen verwirrt und sie von diesem Ort aus über die ganze Erde zerstreut.

Von Sem bis Abram

10 Es folgt das Verzeichnis der Nachkommen Sems: Zwei Jahre nach der Flut wurde Sem der Vater von Arpachschad. Er war damals 100 Jahre alt 11 und lebte noch 500 Jahre, in denen er weitere Söhne und Töchter zeugte. 12 Arpachschad wurde mit 35 Jahren der Vater von Schelach 13 und lebte noch 403 Jahre, in denen er ebenfalls weitere Söhne und Töchter zeugte.

14 Mit 30 Jahren zeugte Schelach Eber 15 und lebte danach noch 403 Jahre, in denen ihm weitere Söhne und Töchter geboren wurden. 16 Eber war 34 Jahre alt, als er Peleg zeugte, 17 und lebte dann noch 430 Jahre, in denen er weitere Söhne und Töchter zeugte. 18 Peleg wurde mit 30 Jahren der Vater von Regu. 19 Er lebte noch 209 Jahre, in denen er ebenfalls weitere Söhne und Töchter zeugte. 20 Regu zeugte mit 32 Jahren Serug 21 und lebte dann noch 207 Jahre, in denen er Söhne und Töchter zeugte. 22 Mit 30 Jahren wurde Serug der Vater von Nahor 23 und lebte dann noch 119 Jahre, in denen er weitere Söhne und Töchter zeugte. 24 Mit 29 Jahren wurde Nahor der Vater von Terach. 25 Danach lebte er noch 119 Jahre und bekam weitere Söhne und Töchter. 26 Und mit 70 Jahren wurde Terach der Vater von Abram, Nahor und Haran.

27 Es folgt das Verzeichnis der Nachkommen Terachs. Terach wurde der Vater von Abram, Nahor und Haran. Haran war der Vater Lots 28 und starb noch zu Lebzeiten seines Vaters Terach in seiner Heimatstadt Ur* in Chaldäa*. 29 Abram und Nahor heirateten dann. Abrams Frau hieß Sarai*, Nahors Frau Milka. Sie war die Tochter Harans* und Schwester von Jiska. 30 Doch Sarai konnte keine Kinder bekommen. 31 Terach brach aus Ur in Chaldäa auf, um nach Kanaan* zu ziehen. Er nahm seinen Sohn Abram, seinen Enkel Lot und seine Schwiegertochter Sarai mit. Doch als sie nach Haran* gekommen waren, ließen sie sich dort nieder. 32 Dort starb auch Terach im Alter von 205 Jahren.

11,28 Ur war wohl die bedeutendste Stadt im südlichen Zweistromland (Mesopotamien). Nach Ausgrabungen zu urteilen hatte sie schon vor Abrams Zeit eine hohe Kulturstufe erreicht.

Chaldäa. So wurde das Gebiet des südlichen Zweistromlandes bezeichnet. Der Begriff konnte später auch für ganz Babylonien stehen.

11,29 *Sarai.* Nach 1. Mose 20,12 war das seine Halbschwester. Im Gesetz Moses wurde das später verboten (vergleiche 3. Mose 18,9; 20,17; 5. Mose 27,22).

Tochter Harans. Nahor heiratete also seine Nichte, was auch später im Gesetz des Mose nicht verboten war.

11,31 *Kanaan.* Das Land umfasste etwa das Gebiet des heutigen Libanon und Israel.

In *Haran* wurde genauso wie in Ur der Mondgott verehrt. Die Stadt lag aber noch 800 km von Kanaan entfernt.

Abrams Berufung

12 ¹ Da sagte Jahwe zu Abram: »Zieh du aus deinem Land weg! Verlass deine Sippe und auch die Familie deines Vaters und geh in das Land, das ich dir zeigen werde!* ² Ich will dich zu einem großen Volk werden lassen; ich werde dich segnen und deinen Namen bekannt machen. Du wirst ein Segen für andere sein. ³ Ich will segnen, die dich segnen, und verfluchen, die dir fluchen. Alle Sippen der Erde werden durch dich gesegnet sein.«*

Abram in Kanaan

⁴ Abram gehorchte dem Befehl Jahwes und brach auf. Lot zog mit ihm. Abram war 75 Jahre alt, als er Haran verließ. ⁵ Seine Frau Sarai und sein Neffe Lot begleiteten ihn. Sie nahmen alle Menschen, die sie in Haran erworben hatten, und ihren ganzen Besitz mit. So zogen sie nach Kanaan. ⁶ Abram durchzog das Land bis zu einem Platz bei Sichem* in der Nähe des Wahrsagebaums*. Damals waren ja noch die Kanaaniter im Land. ⁷ Dort ließ sich Jahwe von Abram sehen* und sagte zu ihm: »Dieses Land will ich deinen Nachkommen geben!« Da baute Abram an dieser Stelle einen Altar für Jahwe, der ihm erschienen war. ⁸ Später zog er in das Bergland östlich von Bet-El und schlug seine Zelte so auf, dass er Bet-El im Westen und Ai im Osten hatte. Auch dort baute er Jahwe einen Altar und machte so den Namen Jahwes bekannt*. ⁹ Dann brach er wieder auf und zog immer weiter in den Negev* hinein.

Abram und Sarai in Ägypten

¹⁰ Als eine schwere Hungersnot im Land ausbrach, suchte Abram Zuflucht in Ägypten. ¹¹ Kurz vor der ägyptischen Grenze sagte er zu seiner Frau Sarai: »Ich weiß, dass du eine sehr schöne Frau bist. ¹² Wenn die Ägypter dich sehen, werden sie sagen: ›Das ist seine Frau!‹, und sie werden mich totschlagen, um dich zu bekommen. ¹³ Sag doch, dass du meine Schwester bist, dann werden sie mich deinetwegen gut behandeln und am Leben lassen!«

¹⁴ Tatsächlich geschah es so, als Abram nach Ägypten kam. Überall fiel seine Frau durch ihre Schönheit auf. ¹⁵ Die Hofleute rühmten sie vor dem Pharao, und der ließ sie in seinen Palast holen. ¹⁶ Ihretwegen überhäufte er Abram mit Geschenken. Er ließ ihm

---

12,1 Wird im Neuen Testament von Stephanus zitiert: Apostelgeschichte 7,3.

12,3 Wird im Neuen Testament mit 1. Mose 18,18 von Paulus zitiert: Galater 3,8.

12,6 *Sichem* war eine strategisch und religiös bedeutende Stadt auf dem Pass (*Sichem* = Schulter) zwischen den Bergen Ebal im Norden und Garizim im Süden.

Wahrsagebaum. Wörtlich: Orakelterebinthe. Unter solchen Bäumen vernahmen die Wahrsager angeblich die Stimme Gottes im Rauschen der Zweige.

12,7 *Jahwe ... sehen.* Bei dieser und anderen Gotteserscheinungen lässt Jahwe sich von Menschen (manchmal von mehreren gleichzeitig) in einer Art und Weise sehen, die diese (oft gerade noch) ertragen und verstehen können. Nie offenbart er sich in ganzer Herrlichkeit, denn das wäre für jeden Menschen tödlich (2. Mose 33,20). Vergleiche auch die Fußnote zu 1. Mose 15,1!

12,8 *machte ... bekannt.* Das hebräische Wort kann *an*rufen (=beten) oder *aus*rufen (=bekannt machen) bedeuten.

12,9 *Negev* bezeichnet das Südland Kanaans.

Schafe, Ziegen, Rinder und Esel zukommen, Sklaven und Sklavinnen, Eselstuten und Kamele. *17* Doch weil der Pharao Abrams Frau zu sich genommen hatte, schlug Jahwe ihn und seine Familie mit schweren Krankheiten. *18* Da ließ der Pharao Abram zu sich rufen.»Was hast du mir da angetan?«, warf er ihm vor.»Warum hast du mir nicht gesagt, dass sie deine Frau ist? *19* Du hast sie als deine Schwester ausgegeben, und nur deshalb habe ich sie mir zur Frau genommen! Nun, hier ist deine Frau! Nimm sie und geh!« *20* Dann gab der Pharao seinen Männern Befehl, Abram und seinen Besitz sicher aus dem Land zu bringen.

Abram und Lot

13 *1* Von Ägypten kehrte Abram mit seiner Frau, seinem Besitz und seinem Neffen Lot wieder in den Negev zurück. *2* Abram war sehr reich. Eine Menge Vieh und Silber und Gold gehörten ihm. *3* Er zog von einem Lagerplatz zum anderen, bis er wieder an die Stelle kam, wo sein Zelt zuerst gestanden hatte, zwischen Bet-El und Ai, wo er früher den Altar gebaut hatte. Dort rief er den Namen Jahwes an. *5* Auch Lot, der mit Abram gezogen war, besaß Kleinvieh, Rinder und Zelte.

6 Doch das Weideland reichte nicht für beide aus. Ihr Herdenbesitz war zu groß. So konnten sie unmöglich beisammen bleiben. *7* Es gab immer Streit zwischen den Hirten von Abrams und Lots Vieh. Damals wohnten ja auch noch die Kanaaniter und Perisiter* im Land. *8* Abram besprach das mit Lot. Er sagte:»Es soll kein Streit zwischen uns sein, auch nicht zwischen unseren Hirten. Wir sind doch Brüder! *9* Steht dir nicht das ganze Land offen? Trenn dich doch von mir! Willst du nach links, dann gehe ich nach rechts, und willst du nach rechts, dann gehe ich nach links.«

10 Lot schaute sich um und sah, dass es in der Jordanebene reichlich Wasser gab. Bevor Jahwe nämlich Sodom und Gomorra zerstörte, war diese Gegend bis nach Zoar* hin wie der Garten Jahwes und wie Ägypten. *11* Deshalb entschied sich Lot für die Jordangegend und zog nach Osten. So trennten sich beide: *12* Abram blieb im Land Kanaan, Lot zog ins Gebiet der Jordanstädte und kam mit seinen Zelten bis nach Sodom. *13* Doch die Einwohner von Sodom waren sehr böse und sündigten schwer gegen Jahwe.

14 Nachdem Lot weggezogen war, sagte Jahwe zu Abram:»Blick auf und schau dich nach allen Seiten gründlich um! *15* Das ganze Land, das du siehst, will ich dir und deinen Nachkommen* für immer geben. *16* Und deine Nachkommen werde ich zahlreich machen wie den Staub der Erde. Nur wenn jemand die Staubkörner zählen könnte, können auch deine Nachkommen gezählt werden. *17* Mach dich auf, und durchziehe das Land nach allen Richtungen! Denn dir will ich es geben.« *18* Abram zog mit seinen

13,7 *Perisiter.* Bewohner Kanaans; manche verstehen sie nicht als eigenen Stamm, sondern als die Dorfbewohner.

13,10 *Zoar.* Stadt am Südende des Toten Meeres, die beim Gericht über Sodom und Gomorra wegen Lot verschont wurde.

13,15 *deinen Nachkommen.* Wörtlich: *deinem Samen* (Singular). Wird im Neuen Testament von Paulus zitiert: Galater 3,16.

Zelten weiter und nahm seinen Wohnsitz unter den Terebinthen* von Mamre* bei Hebron. Dort baute er Jahwe einen Altar.

14 ¹ In dieser Zeit führten die Könige Amrafel von Schinar, Arjoch von Ellasar, Kedor-Laomer von Elam sowie der Völkerkönig Tidal* ² Krieg gegen die Könige Bera von Sodom, Birscha von Gomorra, Schinab von Adma, Schemeber von Zebojim und den König von Bela, das heute Zoar heißt.* ³ Diese fünf hatten sich verbündet und waren in das Tal Siddim gezogen, wo heute das Salzmeer* ist. ⁴ Zwölf Jahre waren sie Kedor-Laomer untertan gewesen, doch im dreizehnten hatten sie gegen seine Herrschaft rebelliert. ⁵ Jetzt im vierzehnten Jahr rückten Kedor-Laomer und die mit ihm verbündeten Könige heran. Zuerst besiegten sie die Refaïter bei Aschterot-Karnajim*, die Susiter bei Ham*, die Emiter in der Ebene von Kirjatajim* ⁶ und die Horiter, die im Bergland von Seïr* bis nach El-Paran am Rand der Wüste lebten. ⁷ Dann zogen sie in nordwestlicher Richtung bis nach En-Mischpat, das jetzt Kadesch* heißt, und verwüsteten das ganze Gebiet der Amalekiter und auch die Gegend von Hazezon-Tamar*, die von Amoritern* besiedelt war. ⁸ Im Tal Siddim stellten sich ihnen die fünf Stadtkönige entgegen ⁹ und kämpften gegen die vier angreifenden Könige. ¹⁰ Nun war das Siddimtal voll von Asphaltgruben*, und als die Könige von Sodom und Gomorra flohen, gerieten sie da hinein. Die anderen Könige flohen ins Gebirge. ¹¹ Die Sieger plünderten Sodom und Gomorra und nahmen alle Lebensmittelvorräte mit. ¹² Auch Abrams Neffen Lot, der inzwischen in Sodom wohnte, schleppten sie mit und dazu seinen ganzen Besitz.

13,18 Terebinthen. Belaubter Baum mit breitem Wipfel, der nicht mehr als 7 m hoch und als Schattenspender geschätzt wird.

Mamre liegt dem heutigen Hebron gegenüber. Damals hat es dort wenigstens einen Brunnen und einen Hain von Terebinthen gegeben.

14,1 ... Tidal. Es handelt sich offenbar um Könige aus dem syrisch-babylonischen Raum.

14,2 ... Zoar heißt. Die Namen der Stadtkönige aus dem Tal des Toten Meeres sind amoritisch.

14,3 Salzmeer. Gemeint ist das Tote Meer, das einen Salzgehalt von 25% hat, sodass kein Fisch darin leben kann.

14,5 Aschterot und *Karnajim* lagen etwa 35 km östlich des Sees Gennesaret.

Ham liegt etwa 65 km nördlich von Amman im Ostjordanland.

Die *Ebene von Kirjatajim* liegt vermutlich östlich vom Toten Meer.

14,6 Das *Bergland von Seïr* erstreckt sich östlich der Araba bis nach Eilat (*El-Paran*) am Roten Meer.

14,7 Kadesch (Kadesch-Barnea) lag an der Südgrenze von Kanaan, etwa 80 km südwestlich von Beerscheba.

Hazezon-Tamar liegt etwa 43 km südwestlich vom Toten Meer.

Amoriter kann sowohl für einen einzelnen Stamm als auch für alle Bewohner Kanaans stehen. Es waren semitische Einwanderer aus der Arabischen Wüste, die um 2000 v.Chr. ins Kulturland eindrangen.

14,10 Asphaltgruben. Asphalt entsteht auch auf natürliche Weise aus Erdöl, das durch Verdunstung und Oxydation zu Bitumen wird und sich dabei mit Mineralstoffen vermischt. Es wurde als Mörtel und zum Abdichten von Schiffen und Gefäßen verwendet.

13 Einer von denen, die entkommen konnten, berichtete dem Hebräer* Abram, was geschehen war. Abram wohnte damals noch unter den Terebinthen des Amoriters Mamre. Das war ein Bruder von Eschkol und Aner, Abrams Verbündeten. 14 Als Abram hörte, dass sein Brudersohn in Gefangenschaft geraten war, rief er die kampferprobten Leute zusammen, die in seinen Zelten geboren worden waren, das waren 318 Mann*. Mit ihnen verfolgte er den Heerhaufen. In Dan* holte er sie ein 15 und überfiel sie in der Nacht. Er hatte seine Männer in zwei Gruppen geteilt.

14,13 *Hebräer.* In der Bibel wird der Begriff meist von Nichtisraeliten als herabsetzende Bezeichnung für die Nachkommen Abrahams gebraucht.

14,14 *318 Mann.* Wenn Abram so viel kriegstüchtige Männer von seinen hausgeborenen Sklaven aufbieten konnte, muss er über einen Hausstand von mindestens 1000 Mann verfügt haben.

Die Stadt *Dan* lag an der Nordgrenze Israels, am Fuß des Berges Hermon, etwa 250 km von Abrams Siedlungsplatz entfernt.

14,15 Die genaue Lage von *Hoba* ist unbekannt, die Stadt muss etwa 80 km nordöstlich von Dan gelegen haben.

14,17 *Königstal.* Zur Zeit der Niederschrift des 1. Buches Mose und mindestens bis zur Zeit Absaloms (vergleiche 2. Samuel 18,18) hieß das Kidrontal, das auf der Ostseite von Jerusalem liegt, *Königstal.*

14,18 *Melchisedek* bedeutet: »Mein König ist Gerechtigkeit«, vergleiche Hebräer 7,2.

Schalem ist eine Kurzform von Jerusalem, vergleiche Psalm 76,3, und klingt an das hebräische Wort für »Frieden« an, vergleiche Hebräer 7,2.

15,1 *Vision.* Übernatürliche visuell-akustische Erfahrung eines einzelnen Menschen, durch die ihm Gott eine Botschaft mitteilt. Sie unterscheidet sich deutlich von einem Traum. Vergleiche auch die Fußnote zu 1. Mose 12,7!

So schlug er sie in die Flucht und verfolgte sie noch bis nach Hoba*, das nördlich von Damaskus liegt. 16 Er nahm ihnen die ganze Beute ab und befreite seinen Neffen Lot, die Frauen und alle anderen Gefangenen.

17 Als Abram nach seinem Sieg über Kedor-Laomer und die anderen Könige zurückkehrte, zog ihm der König von Sodom entgegen ins Schawetal, das heute Königstal* heißt. 18 Auch Melchisedek*, der König von Schalem*, kam dorthin und brachte Brot und Wein mit. Er war Priester Gottes, des Höchsten, 19 und segnete Abram. Er sagte:

»Gesegnet sei Abram von Gott,
dem Höchsten, dem Himmel und
Erde gehört. 20 Und gepriesen
sei Gott, der Höchste, der deine
Feinde dir ausgeliefert hat.«

Abram gab ihm den zehnten Teil von aller Beute. 21 Da sagte der König von Sodom zu Abram: »Gib mir meine Leute zurück, alles andere kannst du behalten!« 22 Doch Abram erwiderte: »Ich schwöre bei Jahwe, bei Gott, dem Höchsten, dem Himmel und Erde gehört: 23 Nicht einen Faden oder Schuhriemen werde ich von dem behalten, was dir gehört! Du sollst niemals sagen können: ›Ich habe Abram reich gemacht.‹ 24 Ich nehme nichts für mich. Nur das behalte ich, was meine Männer verzehrt haben und was meinen Bundesgenossen Aner, Eschkol und Mamre zusteht. Die sollen ihren Anteil an der Beute erhalten.«

Gottes Bund mit Abram

15 1 Nach diesen Ereignissen empfing Abram folgende Botschaft Jahwes in einer Vision*: »Hab keine Angst, Abram! Ich selbst bin dein Schutz. Du wirst reich belohnt werden.« ² Da erwiderte Abram: »Jahwe, mein Herr, was willst du mir denn geben? Ich werde ja kinderlos sterben, und meinen Besitz erbt Eliëser von Damaskus*. ³ Du hast mir doch keinen Sohn gegeben. Der Sklave, der in meinem Haus geboren wurde, wird mich beerben.« ⁴ Da kam das Wort Jahwes zu ihm:»Nein, er wird nicht dein Erbe sein, sondern einer, den du zeugen wirst, der soll dich beerben.« ⁵ Darauf führte er ihn ins Freie und sagte:»Blick doch zum Himmel auf und zähle die Sterne*, wenn du es kannst!« Und fügte hinzu:»So wird deine Nachkommenschaft sein!«*

⁶ Abram glaubte Jahwe, und das rechnete er ihm als Gerechtigkeit an.* ⁷ Dann sagte er:»Ich, Jahwe, habe dich aus Ur in Chaldäa geführt, um dir dieses Land als Eigentum zu geben.« ⁸ »Jahwe, mein Herr«, erwiderte Abram,»woran könnte ich erkennen, dass ich es je besitzen werde?« ⁹ Da sagte er:»Bring mir eine dreijährige Kuh, eine dreijährige Ziege, einen dreijährigen Schafbock, eine Turteltaube und eine junge Taube!« ¹⁰ Abram holte die Tiere, zerteilte jedes in zwei Hälften und legte die Teile einander gegenüber.* Nur die Vögel zerteilte er nicht. ¹¹ Da fielen Raubvögel über die Fleischstücke her, doch Abram verscheuchte sie.

¹² Als nun die Sonne unterging, fiel ein Tiefschlaf auf Abram, und eine unheimliche, erdrückende Angst legte sich auf ihn. ¹³ Da sagte Jahwe zu ihm:»Du sollst jetzt erfahren, dass deine Nachkommen als Fremde in einem Land leben werden, das ihnen nicht gehört. Dort werden sie unterdrückt und zu Sklavendiensten gezwungen – vierhundert Jahre lang.* ¹⁴ Aber auch das Volk, dem sie dienen müssen, wird mein Strafgericht treffen. Und dann werden sie mit großem Besitz von dort wegziehen. ¹⁵ Du selbst wirst ein hohes Alter erreichen und in Frieden sterben und begraben werden. ¹⁶ Erst die vierte Generation wird hierher zurückkehren, denn die Schuld der Amoriter* hat noch nicht ihr volles Maß erreicht.«

¹⁷ Als dann die Sonne untergegangen und es ganz finster geworden war, fuhr auf einmal etwas zwischen den zerteilten Tieren hindurch, das wie ein rauchender Schmelzofen aussah und wie eine brennende Fackel. ¹⁸ So schloss

---

15,2 *Eliëser von Damaskus* war offenbar der oberste Verwalter von Abrams Besitztümern, vgl. 1. Mose 24,2. Abram hatte ihn nach damaligem Recht als Wahlerbe eingesetzt, der allerdings zurücktreten musste, wenn doch noch ein Sohn geboren wurde.

15,5 *Sterne.* Siehe Anmerkung zu 1. Mose 22,17!
Wird im Neuen Testament von Paulus zitiert: Römer 4,18.

15,6 Wird im Neuen Testament von Paulus und Jakobus zitiert: Römer 4,3; Galater 3,6; Jakobus 2,23.

15,10 *zerteilte ... gegenüber.* Damit wurde ein feierlich beschworener Vertrag vorbereitet. Die Vertragspartner gingen dann mit einer brennenden Fackel zwischen den zerschnittenen Tierkörpern hindurch. Damit erklärten sie: Im Fall eines Meineides soll es mir so wie diesen Tieren ergehen.

15,13 Wird im Neuen Testament von Stephanus zitiert: Apostelgeschichte 7,6-7. Es handelt sich um eine runde Zahl, siehe 2. Mose 12,40.

15,16 *Schuld der Amoriter.* Vergleiche 1. Mose 14,7.

15,18 *Strom Ägyptens.* Nach Josua 15,4 war der *Bach Ägyptens* die Grenze zwischen Israel und Ägypten. Heute: Wadi El Arisch. Dies ist wohl hier auch gemeint.

Jahwe damals einen Bund mit Abram und versprach ihm: »Deinen Nachkommen gebe ich dieses Land, vom Strom Ägyptens* bis an den Euphrat, 19 das ganze Gebiet der Keniter, Kenasiter und Kadmoniter, 20 der Hetiter, Perisiter und Refaïter, 21 der Amoriter, Kanaaniter, Girgaschiter und Jebusiter.«

Hagar und Ismaël

16 1 Doch Abrams Frau Sarai blieb kinderlos. Nun hatte sie eine ägyptische Sklavin, namens Hagar. 2 Da sagte sie zu Abram: »Du siehst, dass Jahwe mich keine Kinder bekommen lässt. Wenn du dich jedoch mit meiner Sklavin einlässt, komme ich vielleicht durch sie zu einem Kind.« Abram war einverstanden. 3 Da gab Sarai ihm ihre ägyptische Sklavin zur Frau. Abram lebte damals schon zehn Jahre im Land Kanaan. 4 Er schlief mit Hagar, und sie wurde schwanger. Als sie merkte, dass sie schwanger war, begann sie, auf ihre Herrin herabzusehen. 5 Da sagte Sarai zu Abram: »Du sollst das Unrecht tragen, das mir geschieht! Ich habe dir meine Sklavin überlassen. Kaum merkt sie, dass sie schwanger ist, verachtet sie mich. Jahwe richte zwischen dir und mir!*« 6 Abram

erwiderte: »Hier ist deine Sklavin. Mach mit ihr, was du willst!« Da behandelte Sarai sie so hart, dass sie ihr davonlief.

7 Doch der Engel Jahwes* fand sie an einer Wasserstelle in der Wüste, bei dem Brunnen, der am Weg nach Schur* liegt, 8 und fragte sie: »Hagar, Sklavin Sarais! Wo kommst du her, und wo willst du hin?« – »Ich bin meiner Herrin davongelaufen«, erwiderte sie. 9 Da sagte der Engel Jahwes zu ihr: »Geh zu deiner Herrin zurück und ertrage ihre harte Behandlung! 10 Ich werde dir so viele Nachkommen schenken, dass man sie nicht mehr zählen kann.« 11 Dann fügte er hinzu: »Du bist schwanger und wirst einen Sohn bekommen, den du Ismaël, ›Gott hört‹, nennen sollst, denn Jahwe hat dein Jammern gehört. 12 Er wird ein Wildesel von Mann sein, im Streit mit allen und von allen bekämpft. Und er wird seinen Brüdern auf der Nase herumtanzen.« 13 Da rief Hagar den Namen Jahwes an, der mit ihr geredet hatte. »Du bist der Gott des Schauens!«, sagte sie und rief: »Habe ich denn wirklich dem nachgeschaut, der nach mir schaute?« 14 Darum nennt man den Brunnen jetzt Beer-Lahai-Roi, ›Brunnen des Lebendigen, der nach mir schaut‹. Er liegt zwischen Kadesch und Bered.

15 Hagar gebar Abram einen Sohn und Abram nannte ihn Ismaël. 16 Abram war damals 86 Jahre alt.

Gottes Bund mit Abraham

17 1 Als Abram 99 Jahre alt war, erschien ihm Jahwe und sagte: »Ich bin El-Schaddai, ›Gott, der Allmächtige‹, geh deinen Weg vor

---

16,5 *richte zwischen dir und mir.* Ein Ausdruck von Feindschaft oder Misstrauen.

16,7 *Engel Jahwes.* Hebräisch *Malach Jahwe.* Das war kein gewöhnlicher Engel, sondern eine Erscheinung Gottes.

Die Wüste *Schur* liegt zwischen dem »Bach Ägyptens« und dem heutigen Suez-Kanal. Der Ort *Schur* war eventuell das heutige Tell Fara, ein Vorposten der Ägypter. Hagar war also auf dem Weg nach Ägypten.

mir und halte dich ganz an mich! 2 Ich schließe meinen Bund mit dir und werde dir unermesslich viele Nachkommen geben.« 3 Da warf sich Abram vor Gott nieder mit dem Gesicht auf die Erde, und Gott sagte zu ihm: 4 »Pass auf! Mein Bund sieht so aus: Du wirst zum Vater vieler Völker werden. 5 Deshalb sollst du auch nicht mehr Abram* heißen, sondern Abraham*! Denn ich habe dich zum Vater vieler Völker bestimmt.* 6 Ich werde dich überaus fruchtbar machen, sodass deine Nachkommen zu ganzen Völkern werden. Selbst Könige werden von dir abstammen. 7 Ich richte meinen Bund zwischen mir und dir und deinen Nachkommen* auf durch alle Generationen hindurch, einen ewigen Bund, um dein und deiner Nachkommen Gott zu sein. 8 Ich werde euch das ganze Land Kanaan geben, in dem du jetzt als Fremder lebst. Es wird deinen Nachkommen für immer gehören. Und ich werde ihr Gott sein.«

9 Weiter sagte Gott: »Doch du, du sollst meinen Bund halten, du und deine Nachkommen, durch alle Generationen hindurch! 10 Eure Verpflichtung mir gegenüber besteht darin, dass ihr jeden Mann und jeden eurer männlichen Nachkommen beschneiden müsst. 11 Bei allen müsst ihr die Vorhaut am Geschlechtsteil entfernen. Das ist das Zeichen für den Bund zwischen mir und euch. 12 Am achten Tag muss jeder männliche Neugeborene beschnitten werden. Das gilt auch für die Sklaven, die bei euch geboren werden oder die ihr von Fremden kauft, auch dann, wenn sie nicht zu deiner Nachkommenschaft

gehören. 13 Sie müssen unbedingt beschnitten werden! Ihr sollt das Zeichen meines Bundes am Körper tragen, denn mein Bund gilt für alle Zeit. 14 Ein Unbeschnittener, ein Mann, bei dem die Vorhaut nicht entfernt wurde, muss von seinem Stammesverband beseitigt* werden. Er hat meinen Bund gebrochen.«

15 Dann sagte Gott zu Abraham: »Sarai, deine Frau, sollst du nicht mehr Sarai nennen. Von jetzt an soll sie Sara heißen*. 16 Ich werde sie segnen und dir einen Sohn von ihr schenken. Ich segne sie so, dass sie die Mutter ganzer Völker wird, selbst Könige werden von ihr stammen.« 17 Da warf sich Abraham vor Gott nieder und lachte innerlich. Er dachte: »Einem Hundertjährigen soll noch ein Sohn geboren werden, und eine Neunzigjährige soll noch ein Kind bekommen?« 18 Dann sagte er zu Gott: »Wenn nur Ismaël vor dir leben kann!« 19 Aber Gott sagte: »Nein, deine Frau Sara wird dir einen Sohn gebären, den du Isaak, Lacher, nennen

---

17,5 *Abram* heißt: Gott, der Vater, ist erhaben. Es war ein Bekenntnis von Abrams Eltern zu Gott.

Abraham heißt: Vater einer großen Menge. Das war ein Bekenntnis Gottes zu Abraham.

Wird im Neuen Testament von Paulus zitiert: Römer 4,17.

17,7 *deinen Nachkommen.* Wörtlich: *deinem Samen* (Singular). Wird im Neuen Testament von Paulus zitiert: Galater 3,16.

17,14 *beseitigt.* Entweder durch Verbannung oder Tod.

17,15 *Sarai* bedeutet »meine Fürstin«, *Sara* »Fürstin«, oder »Prinzessin«, was offenbar eine umfassendere Bedeutung hat, denn von ihr würden Könige abstammen.

sollst. Ihm und seinen Nachkommen gilt mein Bund für alle Zeiten. 20 Doch auch wegen Ismaël habe ich dich erhört. Ich werde ihn segnen und fruchtbar machen, und er wird sehr viele Nachkommen haben. Zwölf Fürsten wird er zeugen, und ich mache ihn zum Vater eines großen Volkes. 21 Aber meinen Bund richte ich mit Isaak auf, den Sara dir im nächsten Jahr um diese Zeit schenken wird.« 22 Als Gott das Gespräch mit Abraham beendet hatte, fuhr er wieder in den Himmel auf.

23 Noch am gleichen Tag beschnitt Abraham seinen Sohn Ismaël und alle Sklaven, die in seinem Haus geboren oder bei Fremden gekauft worden waren, wie Gott es ihm gesagt hatte. 24 Auch er selbst ließ sich beschneiden. Damals war er 99 Jahre alt, 25 und sein Sohn Ismaël war dreizehn. 26 Abraham und Ismaël wurden also am gleichen Tag beschnitten 27 zusammen mit allen Männern, die zu Abrahams Haushalt gehörten.

Jahwes Besuch bei Abraham

18 1 Dann erschien Jahwe Abraham bei den Terebinthen von Mamre, als dieser in der Mittagshitze gerade am Eingang seines Zeltes saß. 2 Abraham blickte hoch und sah auf einmal drei Männer vor sich stehen.

18,6 *drei Maß.* Hebräisch: Sea. 1 Sea = 1/3 Epha = 7 Liter = 4 Kilogramm. Ein Maß Mehl wäre mehr als genug für alle gewesen.

Fladenbrote wurden auf heißen Steinen gebacken, sie waren bis zu 1 cm dick und hatten einen Durchmesser von 20-30 cm.

18,10 Wird im Neuen Testament von Paulus zitiert: Römer 9,9.

Sofort sprang er auf, verneigte sich vor ihnen bis zur Erde 3 und sagte zu dem, der voranging: »Mein Herr, wenn ich Gnade vor dir gefunden habe, dann geh doch nicht an deinem Sklaven vorüber! 4 Man wird gleich ein wenig Wasser bringen, damit ihr euch die Füße waschen könnt. Dann macht es euch bequem unter dem Baum. 5 Ich hole inzwischen einen Bissen Brot, damit ihr euch stärken und dann euren Weg fortsetzen könnt. Wozu seid ihr sonst bei eurem Sklaven vorbeigekommen?« – »Tu, was du vorhast«, sagten die Männer.

6 Da eilte Abraham zu Sara ins Zelt und rief: »Schnell, drei Maß* vom feinsten Mehl! Mach Teig und back Fladenbrot*!« 7 Er lief weiter zum Vieh, suchte ein schönes, zartes Kalb heraus und befahl seinem Sklaven, es schnell zuzubereiten. 8 Dann holte er saure und süße Milch, nahm das gekochte Fleisch und setzte alles seinen Gästen vor. Während sie aßen, stand er unter dem Baum und bediente sie.

9 Dann fragten sie ihn: »Wo ist deine Frau Sara?« – »Im Zelt«, erwiderte er. 10 Da sagte Jahwe: »Nächstes Jahr um diese Zeit komme ich wieder zu dir, dann wird deine Frau Sara einen Sohn haben.«* Sara horchte am Zelteingang hinter Abraham. 11 Beide waren damals schon alt, und Sara war lange über die Wechseljahre hinaus. 12 Da lachte Sara innerlich und dachte: »Jetzt, wo ich verwelkt bin, soll ich noch Liebeslust haben? Und mein Ehemann ist ja auch alt.« 13 Da sagte Jahwe zu Abraham: »Warum hat Sara denn gelacht und denkt: ›Soll ich alte Frau wirklich noch Mutter werden können?‹ 14 Sollte für Jahwe denn

irgendetwas unmöglich sein? Nächstes Jahr, zur genannten Zeit, komme ich wieder, dann hat Sara einen Sohn.« 15 »Ich habe doch nicht gelacht«, leugnete Sara, denn sie hatte Angst bekommen. Aber er sagte: »Doch, du hast gelacht.«

Abraham bittet für Sodom

16 Dann brachen die Männer auf. Abraham begleitete sie. Als sie die Ebene von Sodom unter sich liegen sahen, 17 dachte Jahwe: »Soll ich Abraham verheimlichen, was ich vorhabe? 18 Er soll doch der Vater eines großen und mächtigen Volkes werden, und durch ihn sollen alle Völker der Erde Segen empfangen.* 19 Denn mit ihm habe ich Verbindung aufgenommen, damit er seinen Söhnen und seinen weiteren Nachkommen aufträgt, den Geboten Jahwes zu folgen, das Recht zu achten und Gerechtigkeit zu üben. So kann Jahwe auch seine Zusage an ihn einlösen.«

20 Jahwe sagte also: »Schwere Klagen sind über Sodom und Gomorra zu mir gedrungen. Ihre Sünde ist offenbar gewaltig groß. 21 Darum will ich hinabsteigen und sehen, ob ihr Tun wirklich dem Schreien entspricht, das zu mir gedrungen ist. Ich will wissen, ob es so ist oder nicht.« 22 Da wandten sich die Männer ab und gingen nach Sodom, während Jahwe noch bei Abraham stehen blieb.

23 Nun trat Abraham vor und sagte: »Willst du wirklich den Gerechten mit dem Gottlosen umbringen? 24 Vielleicht gibt es 50 Gerechte in der Stadt. Willst du die mit umkommen lassen und den Ort nicht wegen der 50 verschonen? 25 Du kannst doch den Gerechten nicht mit dem Gottlosen töten und die einen nicht genauso wie die anderen behandeln! Das kannst du auf keinen Fall tun! Sollte sich der Richter der ganzen Welt nicht selbst an das Recht halten?« 26 »Wenn ich 50 Gerechte in der Stadt finde«, erwiderte Jahwe, »werde ich ihretwegen dem ganzen Ort vergeben.« 27 Da nahm Abraham wieder das Wort: »Ich habe mich nun einmal vorgewagt, zu meinem Herrn zu reden, obwohl ich nur Staub und Asche bin. 28 Vielleicht fehlen an den 50 Gerechten nur fünf. Willst du wegen dieser fünf die ganze Stadt vernichten?« – »Nein, ich werde sie nicht vernichten, wenn ich 45 dort finde«, erwiderte er. 29 Abraham fuhr fort: »Und wenn es nur 40 sind?« – »Dann verschone ich sie wegen der 40«, erwiderte er. 30 »Bitte, mein Herr«, sagte Abraham, »werde nicht zornig, wenn ich weiterrede! Vielleicht finden sich nur 30?« – »Dann verschone ich sie wegen der 30.« 31 Da fing er wieder an: »Ich habe es nun einmal gewagt, zu meinem Herrn zu reden: Vielleicht finden sich 20 dort.« – »Auch wenn es nur 20 sind, vernichte ich sie nicht.« 32 »Bitte, werde nicht zornig, Herr!«, sagte Abraham. »Ich will nur noch einmal reden: Vielleicht findet man auch nur zehn.« – »Ich verschone sie auch wegen der zehn«, antwortete Jahwe.

18,18 Wird mit 1. Mose 12,3 im Neuen Testament von Paulus zitiert: Galater 3,8.

19,1 Der Platz *im Tor* ist der geräumige Durchgang der turmartigen Torbefestigungen und der anschließende Platz. Tagsüber wurde hier Markt gehalten und Recht gesprochen, abends trafen sich die Männer dort.

33 Dann brach er das Gespräch ab und ging weg. Abraham kehrte nach Hause zurück.

Gottes Gericht über Sodom und Gomorra

19 *1* Am Abend trafen die beiden Gottesboten in Sodom ein. Lot saß gerade im Tor* der Stadt. Als er sie kommen sah, ging er ihnen entgegen und warf sich nieder mit dem Gesicht zur Erde. *2* »Meine Herren«, sagte er, »ich bin euer Diener. Mein Haus steht euch offen. Ihr könnt eure Füße waschen und bei mir übernachten. Und morgen früh könnt ihr weiterziehen.« – »Nein, auf keinen Fall!«, erwiderten sie. »Wir wollen hier auf dem Platz übernachten.« *3* Er redete ihnen aber so lange zu, bis sie in sein Haus mitkamen. Dann machte er ihnen etwas zu essen und backte ungesäuertes Fladenbrot für sie. Nach der Mahlzeit *4* wollten sie sich gerade niederlegen, da kamen die Männer von Sodom herbei und umstellten das Haus. Es waren alle Männer der Stadt, alte und junge. *5* Sie schrien nach Lot und riefen: »Wo sind die Männer, die heute Abend zu dir gekommen sind? Los, gib sie heraus! Wir wollen es ihnen besorgen!«* *6* Da trat Lot vor die Tür und schloss sie hinter sich zu. *7* »Ach, meine Brüder!«, rief er. »Tut doch nicht so etwas Böses! *8* Seht, ich habe zwei Töchter,

die noch kein Mann berührt hat; die will ich zu euch herausbringen. Macht mit ihnen, was ihr wollt, aber tut diesen Männern nichts. Sie sind meine Gäste und stehen unter meinem Schutz.« *9* Doch sie schrien: »Weg mit dir! Da kommt dieser Fremde hierher und spielt sich schon als Richter auf! Pass mal auf, wir werden es mit dir noch schlimmer treiben, als mit denen!« Sie fielen über Lot her und versuchten, die Tür aufzubrechen. *10* Da zogen die beiden Männer Lot zurück ins Haus und verschlossen die Tür. *11* Und all die Männer draußen schlugen sie mit Blindheit, sodass diese es schließlich aufgaben, den Eingang zu suchen.

12 Die Männer sagten zu Lot: »Hast du noch andere Verwandte hier – einen Schwiegersohn, Söhne, Töchter? Wer auch immer zu dir gehört, schaff sie aus der Stadt hinaus! *13* Denn wir werden diesen Ort vernichten. Dazu hat Jahwe uns nämlich geschickt, denn über seine Bewohner sind schwere Klagen vor ihn gekommen.« *14* Da ging Lot zu seinen künftigen Schwiegersöhnen* und sagte: »Schnell, ihr müsst diese Stadt verlassen! Jahwe wird den Ort vernichten!« Aber sie nahmen ihn nicht ernst, sie dachten nur, er mache Spaß.

15 Im Morgengrauen drängten die Männer Lot zur Eile: »Schnell, nimm deine Frau und deine beiden Töchter hier, sonst wird die Schuld der Stadt auch euch umbringen!« *16* Als er immer noch zögerte, packten die Männer Lot bei der Hand, dazu seine Frau und seine Töchter, und führten ihn aus dem Ort. Erst draußen ließen sie ihn wieder los, weil Jahwe ihn verschonen wollte. *17* Als sie dann auf

---

19,5 *es ihnen besorgen.* Die Männer Sodoms wollten ihre homosexuelle Gier befriedigen.

19,11 *künftige Schwiegersöhne.* Die Sprachform lässt auch zu, hier an schon verheiratete Schwiegersöhne zu denken. Dann hätte Lot wenigstens vier Töchter gehabt.

dem freien Feld waren, sagte er: »Lauf, so schnell du kannst! Es geht um dein Leben! Bleib nicht stehen und schaue dich nicht um! Rette dich auf die Berge, sonst bist du verloren!« *18* Aber Lot sagte: »Ach nein, mein Herr! *19* Du warst so gnädig zu deinem Sklaven, und du hast mir die Gunst erwiesen, dass ich am Leben bleiben kann. Aber ich kann nicht auf die Berge fliehen, sonst erreicht mich das Unheil doch noch und ich müsste sterben. *20* Sieh doch, diese Stadt ist ganz in der Nähe. Bis da hin könnten wir es schaffen, und sie ist ja nur so klein. Dürfen wir uns nicht dorthin retten, um am Leben zu bleiben? Es ist doch nur eine kleine Stadt.« *21* »Gut«, sagte er, »auch das will ich dir gewähren. Ich vernichte die Stadt nicht. *22* Schnell, rette dich dorthin! Denn ich kann nichts tun, bevor du da bist.« Deshalb nennt man die Stadt Zoar*.

23 Die Sonne ging gerade auf, als Lot nach Zoar kam. *24* Da ließ Jahwe Feuer und Schwefel auf Sodom und Gomorra regnen. Es kam von ihm, vom Himmel herab, *25* und verwüstete die Städte und ihre ganze Umgebung. Alle Menschen dort kamen um, und alles, was auf den Feldern wuchs, wurde vernichtet. *26* Lots Frau aber hatte sich hinter seinem Rücken umgeschaut und war zu einer Salzsäule erstarrt.

27 Früh am nächsten Morgen ging Abraham wieder an die Stelle, wo er vor Jahwe gestanden hatte, *28* und schaute auf die Tiefebene mit Sodom und Gomorra herab. Da sah er eine Rauchwolke vom Land aufsteigen wie von einem Schmelzofen. *29* Aber Gott hatte an Abraham gedacht, als er die Städte in der Ebene vernichtete. Er sorgte dafür, dass Lot, der mitten in diesen Städten gewohnt hatte, der Katastrophe entging.

Lot und seine Töchter

30 Aber Lot hatte Angst, in Zoar zu bleiben. Deshalb zog er mit seinen beiden Töchtern ins Gebirge und wohnte in einer Höhle. *31* Eines Tages sagte die ältere Tochter zur jüngeren: »Unser Vater ist alt, und es gibt weit und breit keinen Mann, der mit uns schlafen könnte, wie es überall gemacht wird. *32* Komm, wir geben unserem Vater Wein zu trinken und legen uns dann zu ihm, damit wir von ihm Kinder bekommen.« *33* Noch am selben Abend machten sie ihren Vater betrunken. Dann legte sich die Ältere zu ihm. Doch ihr Vater merkte nichts davon, weder wie sie zu ihm kam noch wie sie von ihm aufstand. *34* Am Morgen sagte sie zu ihrer Schwester: »Siehst du, ich habe heute Nacht mit unserem Vater geschlafen. Wir wollen ihn auch heute Abend mit Wein betrunken machen, und dann legst du dich zu ihm, damit wir von ihm Kinder bekommen.« *35* Am Abend machten sie ihren Vater wieder betrunken. Dann legte sich die Jüngere zu ihm. Doch ihr Vater merkte wieder nichts davon, weder wie sie zu ihm kam noch wie sie von ihm aufstand. *36* So wurden die beiden Töchter Lots von ihrem eigenen Vater schwanger. *37* Die Ältere bekam einen Sohn und nannte ihn Moab, »Vom Vater«.

19,22 *Zoar* bedeutet so viel wie »Winzig« und liegt etwa 8 km vom Süd-Ende des Toten Meeres entfernt in der Tiefebene. Zum Gebirge wäre es kaum weiter gewesen.

Er gilt bis heute als der Stammvater der Moabiter. *38* Als auch die Jüngere einen Sohn bekam, nannte sie ihn Ben-Ammi, Sohn meiner Leute. Er gilt bis heute als der Stammvater der Ammoniter.

Abraham bei Abimelech

20 *1* Abraham brach nun von Mamre auf und zog weiter in den Negev. Er schlug sein Lager zwischen Kadesch und Schur* auf und lebte dann eine Zeitlang in Gerar*. *2* Dort gab er seine Frau Sara wieder als seine Schwester aus. Da ließ Abimelech*, der König von Gerar, Sara zu sich holen. *3* Aber in der Nacht kam Gott im Traum zu Abimelech und sagte: »Du musst sterben, weil du diese Frau genommen hast, denn sie ist verheiratet und gehört einem anderen.« *4* Abimelech hatte sie noch nicht berührt und erwiderte: »Herr, willst du denn unschuldige Leute umbringen? *5* Er hat doch selbst zu mir gesagt: ›Sie ist meine Schwester.‹ Und auch sie hat das bestätigt und mir gesagt: ›Er ist mein Bruder.‹ Ich habe das mit reinem Gewissen und unschuldigen Händen getan.« *6* »Das weiß ich auch«, sagte Gott im Traum zu ihm. »Ja, du hast das mit reinem Gewissen getan. Deshalb habe ich dich auch davon abgehalten, vor mir schuldig zu werden,

und dir nicht gestattet, sie zu berühren. *7* Doch jetzt gib die Frau dem Mann zurück! Er ist nämlich ein Prophet und wird für dich beten, damit du am Leben bleibst. Wenn du sie aber behältst, wirst du sterben, du und alles, was zu dir gehört.«

8 Am nächsten Morgen stand Abimelech früh auf, rief seine Leute zusammen und berichtete ihnen, was geschehen war. Da bekamen es alle mit der Angst zu tun. *9* Abimelech ließ Abraham rufen und sagte zu ihm: »Was hast du uns da angetan? Womit habe ich mich an dir versündigt, dass du mich und mein Volk in diese schwere Schuld gestürzt hast? Du hast mir etwas angetan, was man einfach nicht tun darf! *10* Was hast du dir dabei nur gedacht?« *11* Abraham entgegnete: »Ich dachte, an diesem Ort hat man bestimmt keine Ehrfurcht vor Gott, und man wird mich umbringen wegen meiner Frau. *12* Außerdem ist sie wirklich meine Schwester. Sie ist die Tochter meines Vaters, hat aber eine andere Mutter. Darum konnte ich sie heiraten. *13* Als Gott mich dann aus meiner Heimat in die Fremde schickte, sagte ich zu ihr: ›Tu mir den Gefallen und gib mich überall, wo wir hinkommen, als deinen Bruder aus!‹«

14 Da machte Abimelech Abraham ein Geschenk und ließ Kleinvieh, Rinder, Sklaven und Sklavinnen zu ihm bringen. Auch seine Frau Sara gab er ihm zurück. *15* Dabei sagte er: »Mein ganzes Land steht dir offen. Du kannst dich niederlassen, wo es dir gefällt.« *16* Und an Sara gewandt, sagte er: »Ich gebe deinem Bruder 1000 Silberstücke. Damit sei vor allen

20,1 *Kadesch und Schur.* Vergleiche die Anmerkungen zu Kapitel 14,7 und 16,7.

Gerar liegt in der Nähe von Gaza, 27 km nordwestlich von Beerscheba.

20,2 *Abimelech* heißt »mein Vater ist König«. Das war der Titel vieler kanaanäischer Stadtkönige.

Leuten bestätigt, dass deine Ehre nicht angetastet worden ist und niemand dir etwas nachsagen kann.« [17] Nun betete Abraham zu Gott. Daraufhin nahm Gott die Strafe von Abimelech, seiner Frau und seinen Sklavinnen weg, dass sie wieder Kinder bekommen konnten. [18] Denn wegen Abrahams Frau Sara hatte Jahwe im ganzen Haushalt Abimelechs jeden Mutterleib verschlossen.

Die Geburt Isaaks

21 [1] Jahwe dachte an Sara und tat an ihr, was er zugesagt hatte. [2] Sie wurde schwanger und gebar Abraham in seinem Alter noch einen Sohn. Es war genau zu der Zeit, die Gott angegeben hatte. [3] Abraham nannte den Sohn, den Sara ihm geboren hatte, Isaak. [4] Als sein Sohn acht Tage alt geworden war, beschnitt Abraham ihn, wie Gott es angeordnet hatte. [5] Hundert Jahre alt war er bei der Geburt Isaaks. [6] Sara sagte: »Gott hat mir ein Lachen geschenkt! Jeder, der es hört, wird mit mir lachen. [7] Wer hätte Abraham je zugeraunt: ›Sara wird ein Söhnchen stillen!‹ Und doch habe ich ihm in seinem Alter noch einen Sohn geboren!«

[8] Das Kind wuchs heran. Als es von der Mutterbrust entwöhnt wurde, feierte Abraham ein großes Fest.

Hagar und Ismaël müssen fort

[9] Eines Tages bemerkte Sara, wie Ismaël, der Sohn der Ägypterin Hagar, den diese Abraham geboren hatte, herumtollte. [10] Da sagte sie zu Abraham: »Jag mir die Sklavin und ihren Sohn weg! Der Sohn dieser Sklavin darf nicht gemeinsam mit meinem Sohn Isaak das Erbe antreten!«* [11] Abraham missfiel das sehr, denn Ismaël war sein Sohn. [12] Aber Gott sagte zu ihm: »Gräm dich nicht wegen des Jungen und wegen deiner Sklavin. Hör auf alles, was Sara dir sagt! Denn Isaaks Nachkommen werden dein genannt werden.* [13] Doch auch den Sohn der Sklavin mache ich zu einem Volk, weil er von dir abstammt.« [14] Am frühen Morgen stand Abraham auf, nahm Brot und einen Schlauch mit Wasser, packte Hagar alles auf die Schulter, übergab ihr das Kind und schickte sie fort. Hagar ging weg, doch verirrte sie sich in der Wüste von Beerscheba*. [15] Als ihnen das Wasser im Schlauch ausgegangen war, legte sie den Jungen unter einen Strauch [16] und setzte sich einen Bogenschuss weit entfernt auf die Erde. Denn sie sagte sich: »Ich kann es nicht mit ansehen, wie der Junge stirbt!« So saß sie ihm dort gegenüber und weinte. [17] Aber Gott hörte den Jungen. Da rief der Engel Gottes Hagar vom Himmel aus zu: »Was ist mit dir, Hagar? Hab keine Angst! Gott hat den Jungen gehört, wo er jetzt liegt. [18] Steh auf und nimm ihn bei der Hand! Ich werde ihn zu einem großen Volk werden lassen.« [19] Dann öffnete Gott ihr die Augen, und sie sah einen Wasserbrunnen. Da ging sie hin, füllte den Schlauch mit

---

21,10 Wird im Neuen Testament von Paulus zitiert: Galater 4,30.

21,12 Wird im Neuen Testament von Paulus und im Hebräerbrief zitiert: Römer 9,7; Hebräer 11,18.

21,14 *Beerscheba* wurde später die wichtigste Stadt im Negev und liegt etwa 40 km südwestlich von Hebron.

Wasser und gab dem Jungen zu trinken. 20 Gott kümmerte sich auch weiter um ihn. Er wuchs in der Wüste heran und wurde ein Bogenschütze. 21 Es war die Wüste Paran*, in der er lebte und wo seine Mutter ihm eine Ägypterin zur Frau gab.

Der Vertrag mit Abimelech

22 Um diese Zeit kam Abimelech mit seinem Heerführer Pichol zu Abraham und sagte zu ihm:»Gott ist mit dir und lässt dir alles gelingen, was du tust. 23 So schwöre mir jetzt bei Gott, dass du weder mich noch meine Kinder und Kindeskinder betrügen wirst. Ich habe dir nur Gutes erwiesen. Handle du ebenso an mir und dem Land, in dem du als Fremder lebst!« 24»Ja, ich schwöre es«, sagte Abraham.

25 Er beklagte sich aber bei Abimelech, dass dessen Leute ihm gewaltsam einen Brunnen weggenommen hatten. 26»Ich weiß nicht, wer das war«, sagte Abimelech.»Du hast mir bis heute nichts davon gesagt, und ich habe auch sonst noch nichts davon gehört.« 27 Da übergab Abraham Abimelech eine Anzahl Kleinvieh und Rinder, und die beiden schlossen einen Bund. 28 Abraham hatte aber noch sieben Schaflämmer aus seiner Herde ausgesondert. 29»Was sollen diese sieben Lämmer?«, fragte Abimelech. 30 Abraham erwiderte:»Die musst du extra von mir annehmen, damit du auf diese Weise bestätigst, dass der Brunnen mir gehört.« 31 Deshalb nennt man diesen Ort Beerscheba, ›Brunnen des Siebenschwurs‹, weil beide dort ihren Vertrag beschworen hatten. 32 Nachdem sie so einen Bund in Beerscheba geschlossen hatten, kehrten Abimelech und sein Heerführer Pichol ins Land der Philister zurück. 33 Abraham aber pflanzte eine Tamariske* und rief dort den Namen Jahwes, des ewigen Gottes, an. 34 Er hielt sich noch lange als Fremder im Land der Philister auf.

Abrahams Opfergang

22 1 Einige Zeit danach* stellte Gott Abraham auf die Probe.»Abraham«, sagte er zu ihm.»Ja?«, antwortete er. 2»Nimm deinen Sohn, deinen einzigen, den du lieb hast, den Isaak! Zieh ins Land Morija und opfere ihn als Brandopfer auf dem Berg*, den ich dir zeigen werde!«

3 Am nächsten Morgen stand Abraham früh auf. Er spaltete Holz für das Brandopfer und sattelte seinen Esel. Dann nahm er zwei seiner Leute und seinen Sohn Isaak und machte sich mit ihnen auf den Weg zu dem Ort, den Gott ihm genannt hatte.

21,21 Die *Wüste Paran* liegt irgendwo im Zentral-Sinai.

21,33 Die *Tamariske* ist ein reich verzweigter immergrüner Baum, der bis zu 10 Meter hoch wird. Er ist im Sandgebiet des Negev verbreitet.

22,1 *Zeit danach.* Nach biblischer Chronologie (siehe Vorwort des Übersetzers) wurde Isaak im Jahr 2066 v.Chr. geboren, als Abraham 100 Jahre alt war (1. Mose 21,5). Frühestmöglicher Zeitpunkt von Abrahams Opfergang wäre 2057 v.Chr. (Isaak neun Jahre alt), spätestmöglicher das Todesjahr Saras 2029 v.Chr. (Isaak 37 Jahre alt).

22,2 *Berg.* Nach 2. Chronik 3,1 ist das der Tempelberg in Jerusalem. Das *Land Morija* meint dann die Gegend um den Berg herum. Der Berg lag damals außerhalb der alten Jebusiterstadt.

4 Am dritten Tag erblickte er den Berg aus der Ferne. 5 Da sagte er zu seinen Leuten:»Ihr bleibt mit dem Esel hier! Ich werde mit dem Jungen dort hinaufgehen, um anzubeten. Dann kommen wir wieder zurück.« 6 Abraham lud seinem Sohn die Holzscheite auf den Rücken. Er selbst nahm den Topf mit den glühenden Kohlen und das Messer. So gingen beide miteinander. 7 Da sagte Isaak:»Vater!« –»Ja, mein Sohn?« –»Schau, wir haben Feuer und Holz. Aber wo ist das Lamm zum Brandopfer?« 8 »Gott wird schon für ein Lamm sorgen, mein Sohn.« So gingen beide miteinander.

9 Als sie die Stelle erreichten, die Gott ihm genannt hatte, baute Abraham den Altar. Dann schichtete er das Holz auf, fesselte seinen Sohn Isaak und legte ihn auf den Altar, oben auf das Holz. 10 Und dann griff er nach dem Messer, um seinen Sohn zu schlachten. 11 Da rief der Engel Jahwes vom Himmel her:»Abraham! Abraham!« –»Ja?«, erwiderte er. 12 »Halt ein! Tu dem Jungen nichts zuleide! Jetzt weiß ich, dass du Gott gehorchst, denn du hast mir deinen einzigen Sohn nicht verweigert.« 13 Als Abraham dann aufblickte, sah er einen Schafbock, der sich mit seinen Hörnern im Gebüsch hinter ihm verfangen hatte. Abraham holte das Tier und opferte es anstelle seines Sohnes auf dem Altar. 14 Abraham nannte den Ort»Jahwe sorgt vor«. Noch heute sagt man:»Auf dem Berg Jahwes ist vorgesorgt.«

15 Noch einmal rief der Engel Jahwes Abraham vom Himmel herab zu: 16 »Ich schwöre bei mir selbst, sagt Jahwe: Weil du das getan und mir deinen einzigen Sohn nicht verweigert hast, 17 werde ich dich mit Segen überschütten und deine Nachkommen überaus zahlreich machen,* so wie die Sterne am Himmel und die Sandkörner am Strand.* Sie werden ihre Feinde besiegen und ihre Städte erobern. 18 Und durch deinen Nachkommen werden alle Völker der Erde gesegnet sein,* weil du mir gehorcht hast.«

19 Abraham kehrte wieder zu seinen Leuten zurück, und sie gingen miteinander nach Beerscheba. Dort blieb Abraham wohnen.

Die Nachkommen Nahors

20 Einige Zeit später erhielt Abraham die Nachricht:»Milka hat deinem Bruder Nahor Söhne geboren!« 21 Es waren Uz, sein Erstgeborener, dann Bus und Kemuël, von dem die Syrer abstammen, 22 Kesed und Haso, Pildasch, Jidlaf und Betuël, der Vater von Rebekka. 23 Diese acht Söhne hatte Milka Nahor, dem Bruder Abrahams, geboren. 24 Auch von seiner Nebenfrau Rëuma hatte Nahor Kinder: Tebach, Gaham, Tahasch und Maacha.

22,17 Wird im Neuen Testament zitiert: Hebräer 6,13-14.

Sterne ... Sandkörner. Die Zahl der Sterne, die man mit bloßem Auge erkennen kann, beträgt etwa 5000. Die Gesamtzahl der Sterne, die man prinzipiell mit modernen Teleskopen sichtbar machen kann, schätzt man heute auf 70 Trilliarden. Das entspricht der Zahl Sieben mit 22 Nullen. Die Zahl aller Sandkörner der Erde dürfte nach neueren Abschätzungen noch weit höher sein.

22,18 Wird im Neuen Testament von Petrus zitiert: Apostelgeschichte 3,25

Saras Tod und Begräbnis

23 ¹ Sara wurde 127 Jahre alt, ² dann starb sie* in Kirjat-Arba, dem späteren Hebron, im Land Kanaan. Abraham trauerte um sie und hielt die Totenklage. ³ Dann ging er von seiner Toten weg und redete mit den Hetitern: ⁴ »Ich bin ein Ausländer und lebe nur als Gast unter euch. Verkauft mir ein Stück Land als Grabstätte für meine Familie, dass ich meine Tote dort bestatten kann.« ⁵ Die Hetiter erwiderten Abraham: ⁶ »Hör uns an, Herr! Du bist ein Fürst Gottes unter uns. Bestatte deine Tote im vornehmsten unserer Gräber! Keiner von uns wird dir sein Grab verweigern, damit du deine Tote begraben kannst.« ⁷ Da stand Abraham auf, verneigte sich vor den Leuten des Landes ⁸ und sagte: »Wenn ihr also damit einverstanden seid, dass ich meine Tote hier bei euch bestatte, dann legt bitte bei Efron Ben-Zohar ein Wort für mich ein. ⁹ Ich bitte ihn um die Höhle Machpela, die am Rand seines Grundbesitzes liegt. Ich bezahle ihm dafür, was er verlangt, damit ich ein Familiengrab unter euch bekomme.«

¹⁰ Efron saß selbst unter den Hetitern, die sich im Tor ihrer Stadt versammelt hatten. In ihrer Gegenwart sagte er zu Abraham: ¹¹ »Nein, mein Herr, hör mir zu! Ich schenke dir das Grundstück und die Höhle! Hier vor meinen Landsleuten schenke ich sie dir, damit du deine Tote bestatten kannst!« ¹² Da verneigte sich Abraham vor den Leuten des Landes ¹³ und sagte in ihrer Gegenwart zu Efron: »Bitte, hör mich doch an! Ich zahle dir den Preis für das Land. Nimm ihn von mir an, damit ich meine Tote dort bestatten kann.« ¹⁴ Efron erwiderte: ¹⁵ »Hör mich an, Herr! Was bedeutet schon ein Stück Land zwischen dir und mir, das 400 Silberstücke* wert ist? Du kannst deine Tote dort bestatten.«

¹⁶ Abraham ging darauf ein und wog dem Efron die Menge Silber ab, von der dieser gesprochen hatte, 400 Silberstücke nach dem bei den Händlern üblichen Gewicht. ¹⁷ So ging das Grundstück Efrons, das bei Machpela gegenüber von Mamre liegt, in den Besitz Abrahams über: die Höhle und das dazugehörende Land mit allen Bäumen darauf. ¹⁸ Vor den Augen aller Männer, die im Tor versammelt waren, wurde es als Eigentum Abrahams bestätigt.

¹⁹ Dort in der Höhle von Machpela gegenüber von Mamre bei Hebron im Land Kanaan begrub Abraham seine Frau Sara. ²⁰ So kam das Feld und die Höhle der Hetiter als Grabstätte für seine Familie in den Besitz Abrahams.

Eine Braut für Isaak

24 ¹ Abraham war inzwischen sehr alt geworden, und Jahwe hatte ihn in jeder Hinsicht gesegnet. ² Da sagte Abraham zu seinem ältesten Diener, der alles verwaltete, was er besaß: »Schwöre bei meiner Nachkommenschaft!* ³ Ich will dich

---

23,1 *dann starb sie.* Nach biblischer Chronologie 2029 v.Chr.

23,15 *400 Silberstücke.* Das war ein sehr hoher Preis. Vergleiche 1. Könige 16,24; Jeremia 32,9!

24,2 *Schwöre ... Nachkommenschaft.* Wörtlich: *Lege deine Hand unter meine Hüfte.* Das ist offenbar symbolisch gemeint – nicht als Berührung des Geschlechtsteils, wie in heidnischen Fruchtbarkeitsriten. Solch eine Vorstellung ist dem Alten Testament fremd. Die Schwurgeste bestand in der erhobenen Hand, vergleiche 1. Mose 14,22.

schwören lassen bei Jahwe, dem Gott des Himmels und der Erde, dass du meinem Sohn keine Frau auswählst, die hier aus dem Land Kanaan stammt. *4* Du sollst in meine Heimat gehen und dort unter meiner Verwandtschaft eine Frau für meinen Sohn Isaak suchen!« *5* Der Diener erwiderte: »Was soll ich aber tun, wenn die Frau mir nicht in dieses Land hier folgen will? Soll ich dann deinen Sohn in deine Heimat zurückbringen?« *6* »Auf keinen Fall!«, sagte Abraham. »Mein Sohn soll niemals dorthin zurück! *7* Jahwe, der Gott des Himmels, der mich aus meiner Sippe und Heimat geholt, der mir geschworen hat, meinen Nachkommen* dieses Land hier zu geben, der wird seinen Engel vor dir herschicken, dass du eine Frau für meinen Sohn von dort holen kannst. *8* Wenn die Frau dir nicht folgen will, bist du von dem Schwur frei. Aber meinen Sohn darfst du nicht dorthin zurückbringen!« *9* Da schwor der Diener bei der Nachkommenschaft Abrahams, seines Herrn, so zu handeln.

10 Dann nahm er zehn von den Kamelen seines Herrn und machte sich mit allerlei kostbaren Geschenken aus dem Besitz seines Herrn auf den Weg. Er reiste nach Mesopotamien in die Stadt Nahors. *11* In der Nähe des Brunnens vor der Stadt ließ er die Kamele niederknien. Es war gegen Abend um die Zeit, wenn die Frauen zum Wasserholen herauskommen. *12* Dann betete er: »Jahwe, Gott meines Herrn Abraham, lass es mir doch heute gelingen und erfülle den Wunsch meines Herrn! *13* Du siehst, ich stehe hier an der Quelle und gleich kommen die jungen Frauen aus der Stadt, um Wasser zu holen. *14* Dann will ich eine von ihnen bitten: ›Neig doch deinen Krug, dass ich trinken kann!‹ Wenn sie dann sagt: ›Trink nur! Ich will auch deine Kamele tränken!‹, dann lass es die sein, die du für deinen Diener Isaak bestimmt hast. Daran werde ich erkennen, dass du meinem Herrn gnädig bist.«

15 Er hatte noch nicht zu Ende gebetet, als Rebekka mit einem Wasserkrug auf der Schulter aus der Stadt kam. Sie war die Tochter von Betuël und Enkelin von Milka, der Frau von Abrahams Bruder Nahor. *16* Rebekka war sehr schön, eine unberührte junge Frau; noch hatte kein Mann mit ihr geschlafen. Sie stieg die Stufen zur Quelle hinunter, füllte ihren Krug und kam wieder herauf. *17* Da lief der Diener ihr entgegen und sagte: »Lass mich doch ein wenig Wasser aus deinem Krug schlürfen!« *18* »Trink nur, Herr!«, sagte sie, nahm den Krug von der Schulter in die Hand und ließ ihn trinken. *19* Als er genug getrunken hatte, sagte sie: »Ich will auch für deine Kamele schöpfen, bis sie ausreichend getränkt sind.« *20* Schnell goss sie ihren Krug in die Tränkrinne aus und eilte zur Quelle zurück. Sie schöpfte so lange, bis alle Kamele genug hatten.

21 Der Mann beobachtete sie, schwieg aber, um zu sehen, ob Jahwe seine Reise gelingen lassen würde. *22* Als alle Kamele genug hatten, holte

---

24,7 *meinen Nachkommen.* Wörtlich: *deinem Samen* (Singular). Wird im Neuen Testament von Paulus zitiert: Galater 3,16.

er einen kostbaren* goldenen Nasenring heraus, sowie zwei schwere* goldene Armreifen 23 und fragte sie: »Wessen Tochter bist du? Und gibt es vielleicht im Haus deines Vaters einen Platz zum Übernachten für uns?« 24 »Ich bin die Tochter von Betuël«, erwiderte sie, »den Milka dem Nahor geboren hat. 25 Wir haben jede Menge Stroh und Futter und auch Platz zum Übernachten.« 26 Da kniete sich der Mann hin, verbeugte sich vor Jahwe 27 und betete: »Gepriesen sei Jahwe, der Gott meines Herrn Abraham! Er hat ihm seine Güte und Treue nicht entzogen, denn er hat mich zum Haus der Verwandten meines Herrn geführt.«

28 Das Mädchen war inzwischen ins Haus ihrer Mutter gelaufen und hatte alles erzählt. 29 Nun hatte Rebekka einen Bruder namens Laban. Der lief gleich zu dem Mann an die Quelle hinaus, 30 denn er hatte den Nasenring und die Armreifen an seiner Schwester gesehen und gehört, was sie von ihm erzählt hatte. Als er hinauskam, stand der Mann tatsächlich noch bei den Kamelen an der Quelle. 31 »Komm herein zu uns!«, rief Laban. »Du bist von Jahwe gesegnet. Warum bleibst du draußen? Ich habe schon alles herrichten lassen, und auch für die Kamele ist Platz!« 32 Da ging der Mann mit ins Haus. Man sattelte die Kamele ab, gab ihnen

Stroh und Futter und brachte ihm und seinen Männern Wasser, damit sie sich die Füße waschen konnten. 33 Dann wurde ihm zu essen vorgesetzt. Doch er sagte: »Ich will nicht essen, bevor ich meine Botschaft ausgerichtet habe.« – »Sprich!«, sagte Laban.

34 Er begann: »Ich bin Abrahams Diener. 35 Jahwe hat meinen Herrn reich gesegnet und ihm ein großes Vermögen geschenkt. Er gab ihm Kleinvieh und Rinder, Silber und Gold, Sklaven und Sklavinnen, Kamele und Esel. 36 Dazu hat Sara, die Frau meines Herrn, ihm noch im Alter einen Sohn geschenkt. Ihm hat er seinen ganzen Besitz vermacht. 37 Nun hat mein Herr mich schwören lassen und mir aufgetragen: ›Du darfst meinem Sohn keine Frau auswählen, die hier aus dem Land Kanaan stammt, 38 sondern du sollst zur Familie meines Vaters gehen und dort unter meiner Verwandtschaft eine Frau für meinen Sohn suchen!‹ 39 Als ich einwandte, dass die Frau mir vielleicht nicht folgen will, 40 sagte er zu mir: ›Jahwe, vor dem ich lebe, wird seinen Engel mit dir schicken und deine Reise gelingen lassen, dass du eine Frau für meinen Sohn aus meiner Verwandtschaft, der Familie meines Vaters, holen kannst. 41 Wenn meine Verwandten dir die Frau nicht geben, bist du von dem Schwur frei.‹ 42 So kam ich heute zu der Quelle und betete: ›Jahwe, Gott meines Herrn Abraham, lass doch meine Reise gelingen! 43 Du siehst, ich stehe hier an der Quelle, lass es doch bitte geschehen, dass die junge Frau, die herauskommt, um Wasser zu holen, und die

---

24,22 *kostbaren.* Wörtlich: von einem halben Schekel Gewicht, rund 6 Gramm.

schwere. Wörtlich: mit einem Gewicht von 10 Schekel, etwa 115 Gramm, wenn man von einem Schekelgewicht von 11,5 Gramm ausgeht.

ich um einen Schluck Wasser aus ihrem Krug bitte, *44* dass sie dann sagt: ›Trink nur! Ich will auch deine Kamele tränken!‹, dass es die ist, die du für deinen Diener Isaak bestimmt hast. *45* Ich hatte in meinem Herzen noch nicht zu Ende gebetet, als Rebekka mit einem Wasserkrug auf der Schulter herauskam, zur Quelle hinunterstieg und Wasser schöpfte. Da sagte ich zu ihr: ›Gib mir doch etwas zu trinken!‹ *46* Da nahm sie gleich den Krug von der Schulter und sagte: ›Trink nur, ich werde auch deine Kamele tränken!‹ Ich trank, und sie tränkte auch die Kamele. *47* Als ich sie fragte, wessen Tochter sie sei, sagte sie: ›Ich bin die Tochter von Betuël, den Milka dem Nahor geboren hat.‹ Da legte ich den Ring an ihre Nase und die Reifen an ihre Arme. *48* Dann kniete ich mich hin und verbeugte mich vor Jahwe. Ich dankte Jahwe, dem Gott meines Herrn Abraham, dass er mich in Treue den Weg geführt hat, dass ich die Tochter vom Bruder meines Herrn als Frau für seinen Sohn erbitten kann. *49* Wenn ihr nun meinem Herrn Gunst und Vertrauen schenken wollt, sagt es mir! Und wenn nicht, sagt es mir auch! Dann werde ich anderswo suchen.«

50 Da antworteten Laban und Betuël: »Das hat Jahwe gefügt! Wir können weder Ja noch Nein dazu sagen. *51* Hier ist Rebekka, nimm sie mit! Sie soll den Sohn deines Herrn heiraten, wie es Jahwe gefügt hat.«

52 Als Abrahams Diener das hörte, warf er sich auf die Erde und huldigte Jahwe. *53* Dann packte er Silber- und Goldschmuck aus, holte festliche Kleider hervor und schenkte alles Rebekka. Auch ihrem Bruder und ihrer Mutter gab er kostbare Geschenke. *54* Dann aß und trank er zusammen mit seinen Männern, und sie legten sich schlafen.

Am nächsten Morgen sagte Abrahams Diener: »Lasst mich nun zu meinem Herrn zurückkehren!« *55* Doch Rebekkas Bruder und ihre Mutter sagten: »Lass das Mädchen doch noch zehn Tage oder so bei uns bleiben, dann mag sie mit dir gehen!« *56* Doch er erwiderte: »Haltet mich nicht auf, nachdem Jahwe meine Reise hat gelingen lassen. Lasst mich zu meinem Herrn zurückkehren!« *57* Da sagten sie: »Wir rufen das Mädchen und fragen sie selbst!« *58* Sie riefen Rebekka und fragten: »Willst du mit diesem Mann reisen?« – »Ja, das will ich«, erwiderte sie. *59* So verabschiedeten sie ihre Schwester Rebekka mit ihrer Amme und den Diener Abrahams mit seinen Männern. *60* Sie segneten Rebekka mit den Worten:

»Du, unsere Schwester, / werde zu tausendmal Tausenden! / Deine Nachkommen sollen siegreich sein / und das Tor ihrer Feinde besetzen!«

61 So brach Rebekka mit ihren Dienerinnen auf. Sie bestiegen die Kamele und folgten dem Mann. Der Diener nahm Rebekka mit und trat die Rückreise an.

62 Isaak kam gerade von einem Gang zum Brunnen Lahai-Roi*, denn er wohnte zu dieser Zeit im Negev.

24,62 *Lahai-Roi.* Vergleiche 1. Mose 16,14.

63 Am späten Nachmittag war er hinausgegangen, um mit seinen Gedanken allein zu sein. Da sah er auf einmal Kamele kommen. 64 Auch Rebekka hatte Isaak erblickt. Sie glitt vom Kamel herab und fragte den Diener: 65 »Wer ist der Mann, der uns dort entgegenkommt?« – »Das ist mein Herr«, erwiderte dieser. Da nahm sie den Schleier und verhüllte sich. 66 Der Diener erzählte Isaak, wie alles gegangen war, 67 und Isaak führte Rebekka ins Zelt seiner Mutter Sara. Er nahm sie zur Frau und gewann sie lieb und tröstete sich über den Verlust seiner Mutter.

Weitere Nachkommen Abrahams

25 1 Auch Abraham heiratete wieder. Seine Frau hieß Ketura. 2 Sie gebar ihm Simran, Jokschan, Medan, Midian, Jischbak und Schuach. 3 Jokschan zeugte Saba und Dedan. Von Dedan stammen die Aschuriter, die Letuschiter und die Lëummiter ab. 4 Midians Söhne waren Efa, Efer, Henoch, Abida und Eldaga. Sie alle waren Nachkommen von Ketura.

5 Abraham hatte Isaak seinen ganzen Besitz vermacht. 6 Den Söhnen seiner Nebenfrauen gab er eine Abfindung und schickte sie noch zu seinen Lebzeiten von Isaak weg, ostwärts ins Ostland.

25,8 *starb.* Nach biblischer Chronologie 1991 v.Chr.

25,18 *Hawila.* Wahrscheinlich irgendwo in Arabien.

25,20 *vierzig ... heiratete.* Die Hochzeit Isaaks fand also drei Jahre nach Saras Tod 2026 v.Chr. statt.

Abrahams Tod

7 Abraham wurde 175 Jahre alt. 8 Er starb* nach einem erfüllten Leben und wurde im Tod mit seinen Stammesgenossen vereint. 9 Seine Söhne Isaak und Ismaël bestatteten ihn in der Höhle Machpela. Sie liegt auf dem Grundstück, das Efron Ben-Zohar gehört hatte, gegenüber von Mamre, 10 das Abraham damals von den Hetitern gekauft hatte. Dort also sind Abraham und seine Frau Sara bestattet. 11 Nach Abrahams Tod segnete Gott dessen Sohn Isaak, der sich beim Brunnen Lahai-Roi niedergelassen hatte.

Die Nachkommen Ismaëls

12 Es folgt das Verzeichnis der Nachkommen von Ismaël Ben-Abraham, den die ägyptische Sklavin Hagar Abraham geboren hatte, 13 die Namen der Nachkommen Ismaëls nach ihrer Geschlechterfolge: Nebajot, der Erstgeborene, Kedar, Adbeel, Mibsam, 14 Mischma, Duma, Massa, 15 Hadad, Tema, Jetur, Nafisch und Kedma. 16 Das sind die Söhne Ismaëls und ihre Namen in den Niederlassungen und Zeltlagern: Sie waren die Begründer von zwölf Stämmen.

17 Ismaël starb im Alter von 137 Jahren und wurde im Tod mit seinen Stammesgenossen vereint. 18 Sie schlugen ihre Zelte zwischen Hawila* und Schur auf, das östlich von Ägypten am Weg nach Assur liegt. So setzte er sich seinen Brüdern vor die Nase.

Die Nachkommen Isaaks

19 Es folgt die Geschichte der Nachkommen von Isaak Ben-Abraham: Abraham war der Vater Isaaks. 20 Isaak war vierzig Jahre alt, als er heiratete.*

Seine Frau hieß Rebekka und war die Tochter des Aramäers Betuël aus dem oberen Mesopotamien, die Schwester Labans. *21* Isaak betete eindringlich für seine Frau zu Jahwe, denn sie bekam keine Kinder. Jahwe erhörte ihn und Rebekka wurde schwanger. *22* Als die Kinder in ihrem Bauch einander wegstießen, sagte sie:»Wenn es so steht, warum bin ich dann schwanger geworden?« Sie ging, um Jahwe zu befragen.* *23* Jahwe sagte zu ihr:

»Zwei Völker trägst du jetzt in
deinem Leib, / zwei Stämme
scheiden sich in deinem Schoß, /
ein Volk wird stärker als das
andere sein, / und der Ältere wird
dem Jüngeren dienen.«*

24 Und tatsächlich! Als die Stunde der Geburt kam, brachte sie Zwillinge zur Welt. *25* Der erste, der herauskam, war am ganzen Körper mit rötlichen Haaren bedeckt. Sie nannten ihn Esau, den Behaarten. *26* Danach war sein Bruder herausgekommen, der Esau an der Ferse festhielt. Ihn nannten sie Jakob, den Fersenhalter. Bei ihrer Geburt war Isaak sechzig Jahre alt.* *27* Die Kinder wuchsen heran. Esau wurde ein Jäger, ein Mann der freien Steppe. Jakob wurde ein gesitteter Mann, der bei den Zelten blieb. *28* Ihr Vater Isaak hatte eine Vorliebe für Esau, weil er gern Wild aß. Jakob war der Liebling der Mutter.

Esau verkauft sein Erstgeburtsrecht

29 Eines Tages hatte Jakob ein Gericht gekocht, als Esau erschöpft nach Hause kam. *30* »Lass mich doch schnell etwas von dem Roten da hinunterschlingen«,

rief Esau, »dem roten Zeug da, ich bin ganz erschöpft!« Deshalb nannte man ihn auch Edom, den Roten. *31* Doch Jakob erwiderte: »Nur wenn du mir dein Erstgeburtsrecht verkaufst!« *32* »Ich sterbe vor Hunger«, erwiderte Esau, »was nützt mir da mein Erstgeburtsrecht!« *33* »Schwöre es mir!«, verlangte Jakob. Esau schwor es ihm und verkaufte so sein Erstgeburtsrecht an Jakob. *34* Da gab Jakob Esau Brot und eine Schüssel gekochter Linsen. Esau aß und trank, stand auf und ging davon. So missachtete er sein Erstgeburtsrecht.

Isaak und Abimelech

26 *1* Wieder einmal brach eine Hungersnot über das Land herein, wie schon damals zur Zeit Abrahams. Da zog Isaak nach Gerar zu Abimelech, dem Philisterkönig. *2* Jahwe war ihm nämlich erschienen und hatte gesagt: »Zieh nicht nach Ägypten, bleib in dem Land, das ich dir sage! *3* Lebe als Fremder in diesem Land, dann werde ich mit dir sein und dich segnen. Denn dir und deinen Nachkommen werde ich all diese Länder geben. Ich halte den Eid, den ich deinem Vater Abraham geschworen habe. *4* Ich mache deine Nachkommen so zahlreich wie die Sterne am

---

25,22 Jahwe zu befragen. Vielleicht ging sie zu Abraham, der zu dieser Zeit noch am Leben und auch ein Prophet war, vergleiche 1. Mose 20,7.

25,23 Wird im Neuen Testament von Paulus zitiert: Römer 9,12.

25,26 sechzig Jahre alt. Die Kinder werden 20 Jahre nach Isaaks Eheschließung 2006 v.Chr. geboren.

Himmel und gebe ihnen all diese Länder. Und durch deine Nachkommen werden alle Völker der Erde gesegnet sein, *5* weil Abraham auf mich gehört und meine Befehle, Gebote und Weisungen befolgt hat.« *6* So blieb Isaak in Gerar.

7 Als nun die Männer am Ort sich nach seiner Frau erkundigten, sagte er:»Sie ist meine Schwester«, denn er dachte:»Die Männer hier werden mich wegen Rebekka umbringen, sie ist ja so schön.« *8* Als er schon längere Zeit dort war, schaute der Philisterkönig Abimelech einmal aus dem Fenster und sah, wie Isaak mit Rebekka schmuste. *9* Da ließ er ihn zu sich rufen und sagte:»Sie ist ja doch deine Frau! Wie konntest du nur sagen:›Sie ist meine Schwester‹?« – »Ich befürchtete, wegen ihr umgebracht zu werden«, erwiderte Isaak. *10* »Was hast du uns da angetan?«, rief Abimelech.»Wie leicht hätte es geschehen können, dass einer meiner Leute mit ihr geschlafen hätte! Dann hättest du uns in schwere Schuld gestürzt!« *11* Darauf ließ Abimelech dem ganzen Volk bekannt machen:»Wer diesen Mann oder seine Frau antastet, wird in jedem Fall mit dem Tod bestraft.«

12 Isaak säte in diesem Land Getreide aus und erntete in jenem Jahr das Hundertfache. So segnete Jahwe ihn. *13* Sein Besitz vermehrte sich immer mehr, und er wurde ein sehr reicher Mann. *14* Er hatte Kleinvieh- und Rinderherden und ein zahlreiches Gesinde. Da wurden die Philister neidisch auf ihn. *15* Deshalb schütteten sie alle Brunnen zu,* die von den Leuten seines Vaters Abraham gegraben worden waren, und füllten sie mit Schutt. *16* Und Abimelech sagte zu Isaak:»Zieh von uns weg, denn du bist uns zu mächtig geworden!« *17* Da verließ Isaak die Stadt und schlug sein Lager im Tal von Gerar auf.

18 Danach legte er die Brunnen wieder frei, die zur Zeit seines Vaters Abraham gegraben worden waren und die die Philister nach dessen Tod zugeschüttet hatten. Er gab ihnen die gleichen Namen, die sein Vater ihnen gegeben hatte. *19* Isaaks Leute gruben auch im Talgrund und stießen dabei auf Quellwasser. *20* Doch die Hirten von Gerar fingen Streit mit den Hirten Isaaks an und erklärten:»Das Wasser gehört uns!« Deshalb nannte Isaak den Brunnen Esek, Zank, weil sie sich mit ihm herumgezankt hatten. *21* Sie gruben einen anderen Brunnen; aber auch um den stritten sie. Da nannte er ihn Sitna, Anklage. *22* Danach zog er von dort weiter und grub noch einen Brunnen. Um den gab es keinen Streit. Deshalb nannte Isaak ihn Rehobot, Weite, und sagte:»Jetzt hat Jahwe uns freien Raum gegeben, dass wir uns im Land ausbreiten können.«

23 Von dort zog er nach Beerscheba hinauf. *24* In derselben Nacht erschien ihm Jahwe und sagte:»Ich bin der Gott deines Vaters Abraham. Hab keine Angst, denn ich stehe dir bei! Wegen Abraham werde ich dich segnen und deine Nachkommenschaft zahlreich machen.« *25* Isaak baute

---

26,15 *schütteten ... Brunnen zu.* Das war in wasserarmen Gegenden eine der schwersten Verletzungen des Eigentumsrechts.

dort einen Altar und rief den Namen Jahwes an. Er schlug sein Lager in der Nähe auf, und seine Leute begannen, einen Brunnen zu graben.

26 Da besuchte ihn Abimelech aus Gerar zusammen mit seinem Ratgeber Ahusat und seinem Heerführer Pichol. 27 »Warum kommt ihr zu mir?«, fragte Isaak sie. »Ihr habt mich doch wie einen Feind behandelt und von euch fortgejagt!« 28 »Wir haben deutlich gesehen, dass Jahwe auf deiner Seite steht«, erwiderten sie. »Deshalb haben wir uns gedacht: ›Es müsste eine eidliche Verpflichtung zwischen uns stehen!‹ Wir wollen einen Vertrag mit dir schließen, 29 dass du uns keinen Schaden zufügst. Wir haben dir ja auch nichts zuleide getan; wir haben dir nur Gutes erwiesen und dich in Frieden ziehen lassen. Du bist nun einmal von Jahwe gesegnet.« 30 Daraufhin ließ Isaak ihnen ein Mahl zubereiten, und sie aßen und tranken. 31 Früh am nächsten Morgen leisteten sie einander den Schwur. Dann ließ Isaak sie in Frieden ziehen.

32 Am selben Tag kamen seine Leute, die den Brunnen gegraben hatten, und meldeten: »Wir haben Wasser gefunden!« 33 Da nannte Isaak den Brunnen Schiba, Schwur. Deshalb heißt die Stadt bis heute Beerscheba, Schwurbrunnen.

Esaus Frauen

34 Als Esau vierzig Jahre alt war, heiratete er zwei Frauen: Jehudit, die Tochter des Hetiters Beeri, und Basemat, die Tochter des Hetiters Elon. 35 Das war ein schwerer Kummer für Isaak und Rebekka.

Der Erstgeburtssegen

27 1 Isaak war alt geworden und konnte nicht mehr sehen. Da rief er eines Tages seinen älteren Sohn Esau zu sich und sagte: »Mein Sohn!« – »Ja, ich bin hier«, erwiderte dieser. 2 »Ich bin alt geworden und weiß nicht, wie lange ich noch lebe. 3 Nimm dein Jagdzeug, deinen Köcher und deinen Bogen und jage ein Stück Wild für mich. 4 Dann mach mir einen Leckerbissen zurecht, wie ich ihn liebe, und bring ihn mir zum Essen herein, damit ich dich segne, bevor ich sterbe.«

5 Rebekka hatte das Gespräch zwischen Isaak und seinem Sohn Esau mitgehört. Als Esau nun in die Steppe hinauszog, um ein Stück Wild für seinen Vater zu erjagen, 6 sagte Rebekka zu ihrem Sohn Jakob: »Pass auf! Ich habe gehört, wie dein Vater zu deinem Bruder Esau sagte: 7 ›Bring mir ein Stück Wild und mach mir ein schmackhaftes Mahl, dass ich esse und dich dann vor Jahwe segne, bevor ich sterbe!‹ 8 Nun hör genau zu, mein Sohn, und tu, was ich dir sage! 9 Hol mir von der Herde zwei gute Ziegenböckchen! Ich werde einen Leckerbissen für deinen Vater daraus machen, so wie er es mag. 10 Das bringst du ihm dann zum Essen, damit er dich vor seinem Tod segnet.« 11 »Aber Esau ist doch überall behaart, und ich habe eine glatte Haut«, erwiderte Jakob seiner Mutter. 12 »Vielleicht betastet mich mein Vater, dann würde ich als Betrüger vor ihm stehen und einen Fluch statt Segen auf mich bringen.« 13 Doch seine Mutter erwiderte: »Den Fluch nehme ich auf mich, mein Sohn. Tu nur, was ich dir gesagt habe!«

14 Jakob holte die Böckchen und brachte sie seiner Mutter. Die machte einen Leckerbissen daraus, wie sein Vater ihn mochte. *15* Dann nahm Rebekka die guten Kleider von Esau, ihrem Ältesten, die sie im Haus hatte, und zog sie ihrem jüngeren Sohn Jakob an. *16* Mit den Fellen der Ziegenböckchen umwickelte sie seine Arme und seinen glatten Hals. *17* Dann gab sie ihm das leckere Fleisch und das Brot, das sie frisch gebacken hatte.

18 So ging er zu seinem Vater hinein und sagte: »Vater!« – »Ja«, sagte Isaak, »welcher von meinen Söhnen bist du?« *19* »Ich bin Esau, dein Erstgeborener«, erwiderte Jakob, »ich habe gemacht, was du mir aufgetragen hast. Setz dich doch auf und iss von meinem Wild und segne mich nachher.« *20* Doch Isaak fragte: »Wie hast du so schnell etwas gefunden, mein Sohn?« – »Jahwe, dein Gott, hat es mir über den Weg laufen lassen«, erwiderte Jakob. *21* Da sagte Isaak: »Komm her, mein Sohn! Ich will fühlen, ob du wirklich mein Sohn Esau bist.« *22* Jakob trat zu seinem Vater heran. Der betastete ihn und sagte: »Die Stimme ist die von Jakob, aber die Hände sind die von Esau.« *23* Er erkannte Jakob nicht, weil seine Hände behaart waren wie die von seinem Bruder Esau. Und so segnete er ihn. *24* Er fragte noch einmal: »Bist du wirklich mein Sohn Esau?« – »Ja, der bin ich«, erwiderte Jakob. *25* »Dann reich es mir her!«,

sagte Isaak. »Ich will vom Wild meines Sohnes essen und ihn dann segnen.« Jakob reichte es ihm und Isaak aß. Dann brachte er ihm Wein und er trank. *26* Darauf sagte Isaak: »Komm her und küss mich, mein Sohn!« *27* Als Isaak nun herantrat und ihn küsste, roch er den Duft seiner Gewänder. Da segnete er ihn. Er sagte:

»Ja, der Duft meines Sohnes /
ist wie der Duft eines Feldes, /
das Jahwe gesegnet hat. *28* So gebe
dir Gott / vom Tau des Himmels /
und vom Fett des Erdbodens /
Korn und Most im Überfluss.
29 Nationen sollen dir dienen /
und Völker sich vor dir verneigen. /
Du wirst der Herr über deine
Brüder sein! / Die Söhne deiner
Mutter müssen sich beugen vor
dir! / Wer dir flucht, der sei
verflucht, / wer dich segnet,
soll gesegnet sein!«

30 Als Isaak den Segen über Jakob zu Ende gesprochen hatte und Jakob eben von seinem Vater weggegangen war, kam sein Bruder Esau von der Jagd. *31* Auch er bereitete ein leckeres Mahl, brachte es zu seinem Vater und sagte: »Mein Vater, setz dich auf und iss von meinem Wild, damit du mich segnen kannst!« *32* »Wer bist denn du?«, sagte Isaak zu ihm. »Ich bin dein Sohn, dein Erstgeborener, Esau«, bekam er zur Antwort. *33* Da erschrak Isaak sehr und begann heftig zu zittern. »Wer war denn der, der das Wild gejagt und mir gebracht hat, bevor du kamst? Ich habe ihn gesegnet – und er wird auch gesegnet bleiben.« *34* Als Esau das hörte, schrie er voller Bitterkeit laut auf. »Vater«, rief er, »segne

---

27,36 *betrogen.* Hebräisch *jaakob* (Jakob), *jaakebeni* (betrügen, an der Ferse packen, hintergehen). Jedoch beim Erstgeburtsrecht hatte Jakob nicht betrogen. Siehe auch Hebräer 12,16!

mich, segne auch mich!« 35 Aber Isaak erwiderte: »Dein Bruder ist gekommen und hat dich mit Hinterlist um deinen Segen gebracht.« 36 »Heißt er deshalb Jakob, weil er mich nun schon zweimal betrogen* hat?«, sagte Esau. »Erst nahm er mir das Erstgeburtsrecht und jetzt auch noch meinen Segen! Hast du denn keinen Segen mehr für mich übrig?« 37 Isaak erwiderte: »Ich habe ihn zum Herrn über dich gesetzt, und alle seine Brüder müssen ihm dienen. Mit Korn und Most habe ich ihn versehen. Was kann ich da noch für dich tun, mein Sohn?« 38 Esau sagte: »Hast du nur diesen einen Segen, mein Vater? Segne mich, segne auch mich, Vater!« Und Esau fing an, laut zu weinen. 39 Da sagte sein Vater Isaak:

»Fern vom Fett der Erde wird dein Wohnsitz sein, / fern vom Tau des Himmels oben. 40 Von deinem Schwert wirst du dich ernähren, / und du wirst Sklave deines Bruders sein. / Doch wenn du dich losreißt, / wirfst du sein Joch von deinen Schultern ab.«

41 Esau feindete Jakob wegen des Segens an, den dieser von seinem Vater erhalten hatte. Er dachte: »Mein Vater lebt nicht mehr lange. Wenn dann die Trauerzeit vorbei ist, werde ich meinen Bruder Jakob erschlagen.« 42 Rebekka wurde zugetragen, dass ihr älterer Sohn solche Reden führte. Da ließ sie ihren jüngeren Sohn Jakob rufen und sagte zu ihm: »Dein Bruder Esau will sich an dir rächen und dich erschlagen. 43 Darum hör auf mich, mein Sohn! Flieh zu meinem Bruder Laban nach Haran 44 und bleib einige

Zeit dort, bis sich der Zorn deines Bruders gelegt hat 45 und er nicht mehr wütend auf dich ist und vergisst, was du ihm angetan hast. Dann werde ich hinschicken und dich wieder holen lassen. Ich will euch doch nicht beide an einem Tag verlieren!«

46 Und zu Isaak sagte Rebekka: »Diese Hetiterinnen* verleiden mir das Leben. Wenn Jakob auch noch eine Frau aus dem Land hier nimmt, was soll mir dann noch mein Leben!«

Jakobs Flucht nach Haran

28 1 Da ließ Isaak Jakob zu sich rufen. Er segnete ihn und sagte: »Du darfst dir keine Frau aus dem Land Kanaan nehmen. 2 Zieh ins obere Mesopotamien zur Sippe Betuëls, des Vaters deiner Mutter, und nimm dir eine Frau von den Töchtern Labans, des Bruders deiner Mutter. 3 El-Schaddai, der allmächtige Gott, wird dich segnen. Er mache dich fruchtbar und lasse dich zahlreich werden, sodass aus dir eine ganze Schar von Völkern wird. 4 Er gebe dir und deinen Nachkommen den Segen Abrahams, damit du das Land in Besitz nimmst, das Gott Abraham gegeben hat und in dem du jetzt noch als Fremder lebst!« 5 So ließ Isaak Jakob ziehen, und dieser machte sich auf den Weg ins obere Mesopotamien zu Laban, dem Sohn des Aramäers Betuël, dem Bruder Rebekkas, seiner und Esaus Mutter.

6 Als nun Esau erfuhr, dass Isaak Jakob gesegnet und ins obere

---

27,46 *Hetiterinnen*, vergleiche 1. Mose 26,34!

Mesopotamien geschickt hatte, damit er sich dort eine Frau suche, und dass er ihm beim Segnen befohlen hatte: »Du darfst dir keine Frau aus dem Land Kanaan nehmen!«, 7 und dass Jakob seinem Vater und seiner Mutter gehorcht hatte und bereits aufgebrochen war, 8 da begriff Esau, dass die Frauen Kanaans seinem Vater zuwider waren. 9 Er ging zu Ismaël und nahm zu seinen Frauen noch eine weitere hinzu, nämlich Mahalat, die Tochter Ismaëls, die Schwester Nebajots und Enkelin Abrahams.

10 Jakob hatte sich von Beerscheba auf den Weg nach Haran gemacht. 11 Dabei kam er an einen bestimmten Ort und übernachtete dort, weil die Sonne schon untergegangen war. Er nahm einen der Steine des Platzes, machte ihn zu seinem Kopflager und legte sich schlafen. 12 Im Traum sah er einen Treppenaufgang*, dessen Spitze bis an den Himmel reichte. Engel stiegen auf ihm hinauf und herab. 13 Und auf einmal stand Jahwe über ihm und sagte:»Ich bin Jahwe, der Gott deines Vaters Abraham und der Gott Isaaks. Das Land, auf dem du liegst, will ich dir und deinen Nachkommen geben. 14 Deine Nachkommen werden zahlreich sein wie der Staub auf der Erde. Du wirst dich ausbreiten nach Westen und Osten, Norden und Süden. Durch dich und deine Nachkommenschaft sollen alle Sippen der Erde gesegnet werden. 15 Und ich werde dir beistehen. Ich beschütze dich überall, wo du hingehst, und bringe dich wieder in dieses Land zurück. Ich werde dich nicht verlassen und tue alles, was ich dir versprochen habe.«

16 Da erwachte Jakob und sagte: »Tatsächlich, Jahwe ist an diesem Ort, und ich habe es nicht gewusst.« 17 Er fürchtete sich und rief:»Ehrfurcht gebietet dieser Ort! Hier ist wirklich das Haus Gottes, das Tor des Himmels.« 18 Früh am Morgen stand Jakob auf. Er stellte den Stein, der an seinem Kopfende gelegen hatte, als Gedenkstein auf, goss Öl auf seine Spitze 19 und gab dem Ort den Namen Bet-El, Haus Gottes. Vorher hieß der Ort Lus. 20 Dann legte Jakob ein Gelübde ab:»Wenn Gott mir beisteht und mich auf meiner Reise behütet, wenn er mir Nahrung und Kleidung gibt 21 und ich wohlbehalten zu meiner Familie zurückkomme, dann soll Jahwe mein Gott sein. 22 Und hier an dieser Stelle, wo ich den Stein aufgestellt habe, soll ein Haus Gottes stehen. Und von allem, was du mir gibst, werde ich dir treu den zehnten Teil zurückgeben.«

Jakob arbeitet um zwei Frauen

29 1 Jakob setzte seine Wanderung fort und zog in das Land im Osten. 2 Eines Tages sah er einen Brunnen auf dem freien Feld. Drei Herden Schafe und Ziegen lagerten an ihm, denn aus diesem Brunnen tränkte man sie. Doch auf der Öffnung des Brunnens lag ein schwerer Stein. 3 Die Hirten warteten, bis alle Herden beisammen waren, dann wälzten sie den Stein von der

---

28,12 Treppenaufgang. Das hebräische Wort, das nur hier vorkommt, könnte am ehesten mit *Aufschüttung* übersetzt werden. Man sollte sich nicht eine Leiter mit Sprossen, sondern eher Stufen wie bei einem Zikkurat, einem Tempelturm, vorstellen.

Öffnung, tränkten das Kleinvieh und brachten ihn dann wieder an seinen Platz. *4* »Meine Brüder, wo seid ihr her?«, fragte Jakob die Hirten. »Wir sind von Haran«, erwiderten sie. *5* »Kennt ihr Laban Ben-Nahor?«, fragte er weiter. »Gewiss«, sagten sie. *6* »Geht es ihm gut?« – »O ja«, antworteten sie. »Da kommt gerade seine Tochter Rahel mit dem Kleinvieh.« *7* Darauf sagte er: »Aber es ist noch mitten am Tag und viel zu früh, die Herden zusammenzutreiben. Tränkt sie und lasst sie wieder weiden!« *8* »Das geht nicht«, erwiderten die Hirten, »erst müssen die anderen Herden hier sein. Dann wälzen wir den Stein von der Brunnenöffnung und tränken die Tiere.«

9 Während er noch mit ihnen redete, war Rahel schon mit dem Kleinvieh ihres Vaters herangekommen. Sie war nämlich Hirtin. *10* Sobald Jakob Rahel, die Tochter Labans, des Bruders seiner Mutter, und dessen Herde sah, ging er zum Brunnen, wälzte den Stein von dessen Öffnung und tränkte die Tiere seines Onkels. *11* Dann küsste er Rahel und weinte laut. *12* Er sagte ihr, dass er der Neffe ihres Vaters und der Sohn Rebekkas sei. Da lief sie zu ihrem Vater und erzählte es ihm. *13* Als Laban hörte, dass der Sohn seiner Schwester gekommen war, lief er ihm entgegen, umarmte und küsste ihn und führte ihn in sein Haus. Jakob erzählte ihm alles, was geschehen war. *14* Da sagte Laban zu ihm: »Ja, du bist wirklich mein Fleisch und Blut.«

Jakob war nun schon einen Monat bei ihm, *15* da sagte Laban zu ihm: »Du sollst nicht umsonst bei mir arbeiten, nur weil du mein Neffe bist. Was willst

du als Lohn?« *16* Nun hatte Laban zwei Töchter. Die ältere hieß Lea, die jüngere Rahel. *17* Lea hatte ausdruckslose Augen, Rahel hatte eine schöne Gestalt und ein schönes Gesicht. *18* Jakob liebte Rahel und sagte deshalb: »Gib mir Rahel, deine jüngere Tochter, zur Frau. Dafür will ich sieben Jahre bei dir arbeiten.« *19* Laban erwiderte: »Es ist besser, ich gebe sie dir, als einem Fremden. Bleib also bei mir.« *20* So arbeitete Jakob sieben Jahre für Rahel, und weil er sie liebte, kam ihm die Zeit wie ein paar Tage vor.

21 Dann sagte er zu Laban: »Gib mir nun meine Frau, denn meine Zeit ist um, und ich möchte sie heiraten.« *22* Da lud Laban alle Leute des Ortes zur Hochzeitsfeier ein. *23* Und am Abend führte er seine Tochter Lea* ins Brautgemach. Jakob schlief mit ihr. *24* Als Dienerin hatte Laban ihr seine Sklavin Silpa mitgegeben. *25* Am Morgen stellte Jakob aber fest, dass Lea neben ihm lag. Da stellte er Laban zur Rede: »Was hast du mir da angetan? Ich habe doch um Rahel für dich gearbeitet! Warum hast du mich betrogen?« *26* Laban erwiderte: »Es ist hierzulande nicht üblich, die Jüngere vor der Älteren wegzugeben. *27* Verbringe jetzt mit dieser die Hochzeitswoche, dann soll dir auch die andere gegeben werden. Dafür wirst du noch einmal sieben Jahre bei mir arbeiten.«

29,23 *Lea.* Die Verschleierung der Braut, die Dunkelheit der Nacht und vielleicht auch der Wein ließen Jakob den Betrug nicht erkennen.

29,29 *Sklavin Bilha.* Die eine Sklavin war das Mindeste, was eine Tochter erwarten konnte. Sie wurde mitgegeben, falls die Ehe kinderlos blieb.

28 Jakob ging darauf ein und vollendete die Hochzeitswoche mit Lea. Dann gab Laban ihm auch seine Tochter Rahel zur Frau. 29 Und als Dienerin gab er Rahel seine Sklavin Bilha.* 30 Da schlief Jakob auch mit Rahel, und er hatte sie lieber als Lea. Dann arbeitete er noch einmal sieben Jahre für Laban.

Jakobs Kinder

31 Als Jahwe sah, dass Lea ungeliebt war, machte er sie fruchtbar, während Rahel kinderlos blieb. 32 So wurde Lea schwanger. Sie bekam einen Sohn und sagte:»Jahwe hat meinen Kummer gesehen, jetzt wird mein Mann mich lieben.« Deshalb nannte sie ihn Ruben*. 33 Danach wurde sie wieder schwanger und gebar einen zweiten Sohn. Sie sagte:»Jahwe hat gehört, dass ich ungeliebt bin. So hat er mir auch den gegeben.« Sie nannte ihn Simeon*. 34 Wieder wurde sie schwanger und bekam einen Sohn. Da sagte sie:»Jetzt endlich wird mein Mann sich mir anschließen, denn ich habe ihm drei Söhne geboren.« Darum nannte sie ihn Levi*. 35 Dann wurde sie noch einmal schwanger und bekam

einen Sohn. »Diesmal will ich Jahwe preisen!«, sagte sie. Darum gab sie ihm den Namen Juda*. Dann bekam sie lange Zeit keine Kinder mehr.

30 1 Als Rahel merkte, dass sie keine Kinder für Jakob bekommen konnte, wurde sie auf ihre Schwester eifersüchtig. »Sorge dafür, dass ich Kinder bekomme!«, sagte sie zu Jakob. »Wenn nicht, sterbe ich!« 2 Da wurde Jakob zornig auf Rahel und sagte:»Stehe ich etwa an Gottes Stelle, der dir Kinder versagt hat?« 3 Sie sagte:»Nimm meine Sklavin Bilha und schlafe mit ihr. Wenn sie das Kind dann auf meinem Schoß zur Welt bringt, ist es wie mein eigenes.« 4 So gab sie ihm ihre Sklavin Bilha zur Frau und er schlief mit ihr. 5 Da wurde Bilha schwanger und gebar Jakob einen Sohn. 6 Rahel sagte:»Gott hat mir Recht verschafft, er hat meine Bitten gehört und mir einen Sohn geschenkt!« Darum nannte sie ihn Dan*. 7 Darauf wurde Rahels Sklavin Bilha noch einmal schwanger und schenkte Jakob noch einen Sohn. 8 Da sagte Rahel:»Einen Gotteskampf habe ich mit meiner Schwester ausgefochten und habe auch gesiegt.« Sie nannte ihn Naftali*.

9 Als Lea nun sah, dass sie keine Kinder mehr bekam, gab sie Jakob ihre Sklavin Silpa zur Frau. 10 Auch Silpa schenkte Jakob einen Sohn. 11 Da sagte Lea:»Das Glück ist gekommen!« und nannte ihn Gad, Glück. 12 Als Silpa Jakob einen zweiten Sohn schenkte, 13 sagte Lea:»Ich Glückliche! Alle Frauen werden mich glücklich preisen!« Darum nannte sie ihn Ascher*.

29,32 *Ruben. Seht, ein Sohn!* Der Name klingt aber auch an hebr. *raa* (sehen) und *beonji* (Kummer) an.

29,33 *Simeon.* Von hebr. *schama* (gehört) abgeleitet.

29,34 *Levi.* Von hebr. *jillawe* (anschließen).

29,35 *Juda.* Von hebr. *ode* (huldigen, preisen) abgeleitet.

30,6 *Dan.* Von hebr. *dananni* (Recht verschaffen) abgeleitet.

30,8 *Naftali.* Von hebr. *naftule* Kampf

30,13 *Ascher.* Von hebr. *oschri* (ich Glückliche) abgeleitet.

14 Zur Zeit der Weizenernte fand Ruben einmal Alraunfrüchte* auf dem Feld und brachte sie seiner Mutter Lea. Da bat Rahel ihre Schwester: »Gib mir doch ein paar von den Liebesäpfeln, die dein Sohn gefunden hat!« 15 Aber Lea sagte zu ihr: »Reicht es dir nicht, dass du mir meinen Mann weggenommen hast? Musst du auch noch die Liebesäpfel meines Sohnes haben?« Rahel erwiderte: »Wenn du sie mir gibst, soll er heute Nacht bei dir schlafen!« 16 Als Jakob abends vom Feld kam, ging Lea ihm entgegen und sagte: »Heute musst du mit mir schlafen, denn ich habe bezahlt. Ich habe dich mit den Liebesäpfeln meines Sohnes erkauft.« Da schlief Jakob in dieser Nacht mit ihr; 17 und Gott erhörte Leas Bitte, sodass sie schwanger wurde und Jakob einen fünften Sohn schenkte. 18 Sie sagte: »Gott hat mich dafür belohnt, dass ich meine Sklavin meinem Mann gegeben habe.« Darum nannte sie ihn Issachar, mein Lohn.

19 Als Lea noch einmal schwanger wurde und Jakob einen sechsten Sohn schenkte, 20 sagte sie: »Gott hat mir ein schönes Geschenk gemacht; diesmal wird mein Mann mich annehmen, denn ich habe ihm sechs Söhne geboren.« Deshalb gab sie ihm den Namen Sebulon*. 21 Danach gebar sie eine Tochter und gab ihr den Namen Dina.

22 Nun dachte Gott aber auch an Rahel. Er erhörte sie und öffnete ihren Mutterschoß. 23 Sie wurde daraufhin schwanger und brachte einen Sohn zur Welt. Da sagte sie: »Gott hat meine Schande weggenommen.« 24 Sie nannte ihn Josef* und sagte: »Jahwe gebe mir noch einen anderen Sohn.«

Jakob kommt zu Vermögen

25 Als Rahel Josef geboren hatte, sagte Jakob zu Laban: »Entlass mich, ich will in meine Heimat ziehen! 26 Gib mir meine Frauen und Kinder, für die ich bei dir gearbeitet habe und lass mich gehen! Du weißt ja selbst, was ich mit meiner Arbeit für dich geleistet habe.« 27 Aber Laban erwiderte: »Könnte ich doch dein Wohlwollen finden und dich zum Bleiben bewegen! Durch Wahrsagung habe ich erfahren, dass Jahwe mich deinetwegen gesegnet hat. 28 Was willst du als Lohn? Ich gebe dir, was du verlangst.« 29 Jakob sagte: »Du weißt ja, wie ich für dich geschuftet habe und was aus deinem Vieh bei mir geworden ist. 30 Das wenige, das du vor meiner Zeit hattest, hat sich gewaltig vermehrt, und Jahwe hat dich bei jedem meiner Schritte gesegnet. Jetzt muss ich endlich für meine Familie sorgen!« 31 Da fragte Laban: »Was verlangst du als Lohn?« – »Du sollst mir gar nichts geben«, erwiderte Jakob, »wenn du mir Folgendes zugestehst, werde ich auch weiterhin für dein Kleinvieh sorgen: 32 Ich will

---

30,14 *Alraunfrüchte.* Die Frucht der Alraune ähnelt einem kleinen Apfel, riecht scharf und galt damals als Mittel zur Förderung der Fruchtbarkeit (»Liebesapfel«).

30,20 *Sebulon.* Vielleicht von hebräisch *jisbeleni* (mich annehmen) abgeleitet. Die Übersetzung ist unsicher, weil der Begriff nur einmal in der Bibel vorkommt.

30,24 *Josef.* Von hebr. *josef* (hinzufügen), nochmals tun).

30,32 *gesprenkelte Ziege.* Schafe waren in der Regel weiß, Ziegen schwarzbraun, gesprenkelte und gefleckte Tiere selten.

heute aus deinen Herden jedes dunkel gesprenkelte und gefleckte Schaf entfernen, sowie jede hell gefleckte und gesprenkelte Ziege*. Das soll mein Lohn sein! *33* Meine Redlichkeit wird für mich zeugen, wenn du morgen kommst, um meinen Lohn anzusehen: Alle Ziegen, die nicht hell gefleckt und gesprenkelt und alle Schaflämmer, die nicht braun sind, sollen als gestohlen gelten, wenn sie bei mir sind.« *34* Da sagte Laban: »Gut, es soll so sein, wie du gesagt hast.« *35* Aber er suchte noch am selben Tag alle Ziegen und Ziegenböcke heraus, an denen etwas Helles, und alle Schafe, an denen etwas Dunkles war, und gab sie seinen Söhnen. *36* Dann entfernte er sich mit ihnen von Jakob, und zwar drei Tagereisen weit. Jakob weidete nun die restlichen Tiere Labans.

37 Nun schnitt sich Jakob frische Zweige von Silberpappeln, Mandelbäumen und Platanen und schälte Streifen von der Rinde ab. Diese hellgestreiften Stöcke *38* legte er in die Tränkrinnen.* Wenn dann die Tiere, die zum Tränken kamen, brünstig wurden *39* und sich besprangen, warfen sie lauter gestreifte, gesprenkelte und gefleckte Junge. *40* Diese Lämmer sonderte Jakob aus und machte alle gestreiften und braunen Tiere zu einer eigenen Herde. So züchtete er sich eine besondere Herde, die er nicht zu den Tieren Labans gab.

30,38 Zweige ... Tränkrinnen. Dieser Trick wurde im Orient bei der Züchtung angewandt und galt als Kunstgriff eines klugen, versierten Hirten. Doch später erkannte Jakob, dass es Gott selbst war, der eingegriffen hatte (1. Mose 31,7-12).

41 Jakob legte die Stäbe aber nur dann in die Tränkrinnen, wenn die kräftigen Tiere sich besprangen; *42* bei den schwächlichen tat er das nicht. So blieben die schwächlichen Tiere bei Laban und Jakob bekam die kräftigen. *43* Auf diese Weise wurde Jakob reicher und reicher und besaß schließlich sehr viele Schafe und Ziegen, dazu Sklaven und Sklavinnen und ebenso Kamele und Esel.

Jakobs Flucht

31 *1* Da hörte Jakob, was die Söhne Labans über ihn redeten. »Jakob hat alles an sich gerissen, was unserem Vater gehörte. Sein Reichtum stammt aus unserem Besitz.« *2* Auch Laban war ihm nicht mehr so zugetan wie früher. Das konnte er ihm ansehen. *3* Da sagte Jahwe zu Jakob: »Kehre ins Land deiner Vorfahren und zu deinen Verwandten zurück! Ich werde bei dir sein.«

4 Da ließ Jakob Rahel und Lea zu sich auf die Weide rufen. *5* Er sagte zu ihnen: »Ich sehe die Miene eures Vaters und merke, dass er nicht mehr so zu mir ist wie früher. Aber es war der Gott meines Vaters, der mir beistand. *6* Ihr wisst selbst, dass ich mit ganzer Kraft für euren Vater gearbeitet habe. *7* Doch er hat mich betrogen und meinen Lohn zehnmal verändert. Aber Gott hat ihm nicht erlaubt, mir zu schaden. *8* Wenn euer Vater sagte: ›Die Gesprenkelten sollen dein Lohn sein‹, dann wurden lauter gesprenkelte Lämmer geboren. Und wenn er sagte: ›Nein, die Gestreiften‹, warf die ganze Herde gestreifte Lämmer. *9* Es war Gott, der eurem Vater das Vieh weggenommen und mir gegeben hat. ¹⁰ Während der Brunstzeit der Tiere sah ich einmal im Traum, dass alle Böcke, die die Tiere besprangen, gestreift, gesprenkelt und gescheckt waren. ¹¹ Da sagte der Engel Gottes im Traum zu mir: ›Jakob!‹ ›Ja!‹, erwiderte ich. ¹² ›Sieh genau hin‹, sagte er, ›schau dir die Böcke an‹, die die Tiere bespringen, sie sind alle gestreift, gesprenkelt und gescheckt. Ich habe alles gesehen, was Laban dir antut. ¹³ Ich bin der Gott, der dir in Bet-El begegnet ist, wo du den Stein gesalbt und mir ein Gelübde abgelegt hast. Brich jetzt auf, verlass dieses Land und kehre zu deiner Verwandtschaft zurück!‹ ¹⁴ Rahel und Lea antworteten:»Haben wir denn noch Teil am Erbe unseres Vaters? ¹⁵ Hat er uns nicht wie Fremde behandelt? Er hat uns ja verkauft und das Geld völlig für sich verbraucht. ¹⁶ Der ganze Reichtum, den Gott unserem Vater entzogen hat, gehört uns und unseren Kindern. Tu, was Gott dir gesagt hat!«

¹⁷ Da brach Jakob auf. Er setzte seine Frauen und Kinder auf die Kamele, ¹⁸ führte all sein Vieh weg, sein ganzes Hab und Gut und die Tiere, die er in Mesopotamien erworben hatte, um ins Land Kanaan zu seinem Vater Isaak heimzukehren. ¹⁹ Als Laban gerade zur Schafschur gegangen war, stahl Rahel den Hausgott* ihres Vaters. ²⁰ Jakob aber bestahl das Herz des Aramäers Laban, indem er ihm seine Flucht verheimlichte. ²¹ Er entfloh mit allem, was ihm gehörte, überquerte den Euphrat und zog auf das Bergland von Gilead* zu. ²² Erst am dritten Tag erfuhr Laban, dass

Jakob geflohen war. ²³ Da nahm er seine Verwandten mit und jagte hinter ihm her. Nach sieben Tagen holte er ihn im Bergland von Gilead ein. ²⁴ Doch da erschien Gott dem Aramäer Laban im Traum und sagte zu ihm:»Hüte dich, mit Jakob anders als freundlich zu reden!«

²⁵ Laban erreichte Jakob, als dieser gerade seine Zelte im Bergland aufgeschlagen hatte. Auch Laban und seine Verwandten bauten ihr Lager dort auf. ²⁶ Laban sagte zu Jakob:»Warum hast du mein Herz gestohlen und meine Töchter wie Kriegsgefangene weggeschleppt? ²⁷ Warum bist du heimlich geflohen? Warum hast du mich getäuscht und mir nichts gesagt? Ich hätte dir mit Gesang, mit Tamburin und Zithern das Geleit gegeben! ²⁸ Du hast mir nicht einmal gestattet, meine Enkel und meine Töchter zum Abschied zu küssen. Das hast du dir nicht gut überlegt! ²⁹ Ich hätte sehr wohl die Macht, euch übel mitzuspielen, aber der Gott eures Vaters hat mich letzte Nacht gewarnt und mir gesagt: ›Hüte dich, mit Jakob anders als freundlich zu reden!‹ ³⁰ Nun gut, du bist nun einmal weggezogen, weil du dich so sehr nach deiner Verwandtschaft sehntest. Aber warum hast du mir auch noch meinen Hausgott gestohlen?«

³¹ Jakob erwiderte:»Ich hatte Angst, du würdest mir deine Töchter weg-

---

31,19 Hausgott. Hebräisch *Terafim*, eine geschnitzte Figur oder Figurengruppe, die als Schutzgott des Hauses galt.

31,21 *Gilead* bezeichnet das mittlere, manchmal auch das ganze Ostjordanland.

nehmen. *32* Bei wem du aber deinen Hausgott findest, der soll nicht am Leben bleiben! Durchsuche alles in Gegenwart unserer Verwandten und nimm, was dir gehört!« Jakob wusste nicht, dass Rahel ihn gestohlen hatte. *33* Da durchsuchte Laban das Zelt Jakobs, das Zelt Leas und das Zelt der beiden Sklavinnen und fand nichts. Dann ging er in das Zelt Rahels. *34* Sie hatte den Hausgott in die Tasche des Kamelsattels gesteckt und sich darauf gesetzt. Laban tastete das ganze Zelt ab, fand aber nichts. *35* Rahel aber sagte zu ihrem Vater:»Sei nicht zornig, mein Herr, wenn ich nicht vor dir aufstehe. Ich habe meine Tage und mir geht es nicht gut.« Laban durchsuchte alles, konnte aber nichts finden.

36 Da wurde Jakob zornig und begann mit Laban zu streiten.»Was habe ich denn verbrochen?«, sagte er. »Was habe ich dir angetan, dass du so hitzig hinter mir her bist? *37* Nun hast du alle meine Sachen durchwühlt. Und was hast du gefunden, das dir gehört? Lege es hierher vor meine und deine Verwandten! Sie sollen entscheiden, wer von uns beiden im Recht ist! *38* Zwanzig Jahre bin ich bei dir gewesen. Deine Schafe und Ziegen haben nie fehlgeworfen. Nicht einen Schafbock deiner Herde habe ich für mich geschlachtet. *39* Wenn ein Stück von wilden Tieren gerissen wurde, durfte ich dir damit nicht kommen. Ersetzen musste ich es, egal ob es bei

Tag oder bei Nacht geraubt worden war! *40* Am Tag verging ich vor Hitze, und nachts litt ich unter der Kälte. Oft konnte ich nicht schlafen. *41* Zwanzig Jahre habe ich das auf mich genommen; vierzehn Jahre habe ich um deine Töchter gearbeitet und sechs um die Herde; und zehnmal hast du meinen Lohn verändert! *42* Wenn ich nicht den Gott meines Vaters auf meiner Seite gehabt hätte, den Gott Abrahams und den, den Isaak fürchtete, dann würdest du mich jetzt mit leeren Händen fortschicken! Aber Gott hat gesehen, wie ich mich für dich abgemüht und geschuftet habe, und hat gestern Nacht entschieden.«

43 Da antwortete Laban:»Es sind meine Töchter, meine Kinder und meine Tiere. Alles, was du hier siehst, gehört mir! Aber was kann ich jetzt noch für meine Töchter und die Söhne tun, die sie geboren haben? *44* Doch komm jetzt, lass uns einen Vertrag schließen, der als Zeuge zwischen mir und dir dienen kann!«

45 Da packte Jakob einen Stein und wuchtete ihn als Gedenkstein hoch. *46* Dann forderte er seine Verwandten auf, Steine zu sammeln und sie zu einem Hügel zu schichten. Und auf diesem Steinhügel hielten sie ein gemeinsames Mahl. *47* Laban nannte ihn Jegar-Sahaduta und Jakob Gal-Ed, Zeugenhügel*. *48* »Dieser Steinhügel ist Zeuge für unseren Vertrag«, sagte Laban. Deshalb bekam er den Namen Gal-Ed. *49* Er nannte ihn aber auch Mizpa, Wachtturm, denn er sagte:»Jahwe möge ein wachsames Auge auf uns haben, wenn wir uns aus dem Gesicht verlieren! *50* Hüte dich, meine Töchter zu kränken oder noch

---

31,47 *Zeugenhügel. Gal-Ed* ist hebräisch. *Jegar-Sahaduta* bedeutet dasselbe auf aramäisch.

weitere Frauen zu nehmen! Kein Mensch ist hier dabei, aber Gott ist unser Zeuge!« 51 Weiter sagte Laban zu Jakob:»Dieser Steinhügel und dieser Gedenkstein, den ich zwischen uns errichtet habe, 52 seien Zeugen, dass keiner von uns über diesen Hügel hinaus in böser Absicht zum anderen zieht. 53 Der Gott Abrahams und der Gott Nahors, der Gott ihres Vaters soll den bestrafen, der sich nicht daran hält.«

So leistete Jakob einen Eid bei dem Gott, den sein Vater Isaak fürchtete. 54 Dann schlachtete er dort auf dem Berg ein Opfertier und lud seine Verwandten zur Opfermahlzeit ein. Sie aßen miteinander und verbrachten die Nacht auf dem Berg.

32 1 Früh am nächsten Morgen küsste Laban zum Abschied seine Enkel und seine Töchter und segnete sie. Dann kehrte er in seine Heimat zurück.

2 Als dann auch Jakob weiterzog, begegneten ihm Engel Gottes. 3 »Hier ist das Lager Gottes!«, sagte er, als er sie sah. Deshalb nannte er jenen Ort Mahanajim, Doppellager.

Jakob nähert sich Esau

4 Nun schickte Jakob Boten zu seinem Bruder Esau voraus, der sich im Bergland von Seïr* im Gebiet Edoms aufhielt. 5 Er befahl ihnen: »Wenn ihr zu meinem Herrn, zu Esau kommt, sollt ihr sagen:›Dein Diener Jakob lässt dir sagen: Die ganze Zeit über habe ich mich als Fremder bei Laban aufgehalten. 6 Ich habe Rinder, Esel und Kleinvieh erworben, Sklaven und Sklavinnen. Das wollte ich dir,

meinem Herrn, mitteilen, um dein Wohlwollen zu gewinnen.« 7 Als die Boten zurückkamen, berichteten sie: »Wir waren bei deinem Bruder, bei Esau. Er ist schon unterwegs und zieht dir mit vierhundert Mann entgegen.« 8 Jakob wurde angst und bange. Er teilte die Leute, die er bei sich hatte, in zwei Lager, dazu das Kleinvieh, die Rinder und die Kamele, 9 denn er sagte sich:»Wenn Esau auf das eine Lager trifft und alles erschlägt, kann doch das andere entkommen.«

10 Dann betete Jakob:»Jahwe, Gott meines Vaters Abraham und Gott meines Vaters Isaak! Du hast zu mir gesagt:›Kehr in deine Heimat und zu deiner Verwandtschaft zurück; ich werde es dir gut gehen lassen!‹ 11 Ich bin zu gering für alle Barmherzigkeit und Treue, die du an mir, deinem Sklaven, erwiesen hast. Denn nur mit meinem Stab bin ich über diesen Jordan gegangen, und nun bin ich zu zwei Lagern geworden. 12 Rette mich doch vor meinem Bruder, vor Esau. Ich habe Angst vor ihm, dass er nicht etwa kommt und uns alle umbringt, auch die Mütter und die Kinder. 13 Du hast mir doch versprochen:›Ich will dir viel Gutes tun, und deine Nachkommen sollen werden wie der Sand am Meer, den niemand zählen kann.‹«

14 Er blieb die Nacht über dort und stellte aus seinem Besitz ein Geschenk für seinen Bruder Esau zusammen: 15 200 Ziegen und 20 Ziegenböcke, 200 Mutterschafe und 20 Schafböcke, 16 30 Kamelstuten mit ihren Jungen,

---

32,4 Seïr. Siehe 1. Mose 14,6!

40 Kühe, 10 Stiere, 20 Eselinnen und 10 Esel. *17* Jede dieser Herden übergab er einem seiner Leute und sagte: »Zieht voraus und lasst einen Abstand zwischen den Herden!« *18* Dem ersten befahl er: »Wenn mein Bruder Esau dir entgegenkommt, wird er fragen: ›Wem gehörst du und wohin gehst du? Und wem gehören die Tiere, die du treibst?‹, *19* dann sollt ihr sagen: ›Es gehört alles deinem Diener Jakob, und es ist ein Geschenk, das er meinem Herrn Esau macht. Er selbst kommt hinter uns her.‹« *20* Dieselbe Anweisung gab er auch dem zweiten, dem dritten und allen anderen, die hinter den Herden gingen: »Genau dasselbe sollt ihr zu Esau sagen, wenn ihr ihn trefft. *21* Und sagt immer: ›Dein Diener Jakob kommt auch noch hinter uns her.‹« Denn er dachte: »Ich will ihn durch das Geschenk, das vor mir herzieht, versöhnen. Erst dann will ich ihm selbst unter die Augen treten. Vielleicht nimmt er mich freundlich auf.« *22* So zog das Geschenk ihm voraus, während er die Nacht über im Lager blieb.

Jakob ringt mit Gott

23 Doch mitten in der Nacht stand er auf, nahm seine beiden Frauen, die beiden Sklavinnen und seine elf Söhne und überquerte mit ihnen den Jabbok an einer Furt. *24* Auch alle seine Herden und seinen Besitz brachte er über den Fluss. *25* Nur Jakob selbst blieb zurück. Da rang ein Mann mit ihm, bis die Morgenröte heraufzog. *26* Als jener merkte, dass Jakob sich nicht niederringen ließ, schlug er auf dessen Hüftgelenk, sodass es sich ausrenkte. *27* Dann sagte er: »Lass

mich los, die Morgenröte zieht schon herauf!« Doch Jakob erwiderte: »Ich lass dich nicht los, wenn du mich nicht vorher segnest!« *28* »Wie heißt du?«, fragte der Mann. »Jakob«, erwiderte er. *29* Da sagte er: »Du sollst nicht mehr Jakob heißen, sondern Israel, Gotteskämpfer! Denn du hast mit Gott und mit Menschen gekämpft und hast gesiegt.« *30* Da bat Jakob: »Sag mir doch, wie du heißt!« Doch er erwiderte nur: »Warum fragst du?«; und er segnete ihn. *31* »Ich habe Gott ins Gesicht gesehen«, sagte Jakob, »und ich lebe noch!« Darum nannte er jenen Ort Pnuël, Gottes Gesicht. *32* Als Jakob Pnuël verließ, ging die Sonne über ihm auf. Er hinkte wegen seiner Hüfte. *33* Deshalb lehnen es die Israeliten bis heute ab, den Muskel zu essen, der über dem Hüftgelenk liegt, weil Jakob an dieser Stelle von Gott geschlagen worden war.

Jakob versöhnt sich mit Esau

33

1 Als Jakob aufblickte, sah er Esau mit seinen 400 Männern kommen. Da verteilte er die Kinder auf Lea, Rahel und die beiden Sklavinnen. *2* Dann stellte er die Sklavinnen mit ihren Kindern voran, dahinter Lea und ihre Kinder und zuletzt Rahel mit Josef. *3* Er selbst ging vor ihnen her und warf sich siebenmal zur Erde, bis er zu seinem Bruder kam.

4 Da lief Esau ihm entgegen und umarmte ihn; er fiel ihm um den Hals und küsste ihn; beide weinten. *5* Dann sah Esau die Frauen und die Kinder und fragte: »Wer sind die dort bei dir?« – »Das sind die Kinder, die Gott deinem Sklaven geschenkt hat«, sagte er. 6 Dann traten die Sklavinnen mit ihren Kindern heran und verneigten sich, 7 ebenso Lea mit ihren Kindern und zuletzt Rahel mit Josef. 8 »Was wolltest du denn mit dem ganzen Lager, auf das ich gestoßen bin?«, fragte Esau. »Gnade finden vor meinem Herrn!«, erwiderte Jakob. 9 Da sagte Esau: »Ich habe genug, mein Bruder! Behalte nur, was dir gehört.« 10 »Nein, nein!«, sagte Jakob. »Wenn ich überhaupt Gnade vor dir gefunden habe, dann nimm mein Geschenk an! Denn ich habe dein Gesicht gesehen, wie man Gottes Angesicht schaut: So freundlich warst du zu mir! 11 Nimm doch mein Geschenk an! Denn Gott war mir gnädig, und ich habe alles.« So drängte er seinen Bruder, bis er es annahm.

12 Dann schlug Esau vor: »Lass uns aufbrechen und weiterziehen! Ich werde dich begleiten.« 13 Doch Jakob erwiderte: »Mein Herr, du siehst ja, dass die Kinder noch zart sind und ich auch säugende Schafe und Rinder bei mir habe. Wenn man sie nur einen Tag zu schnell treiben würde, ginge mir die ganze Herde ein. 14 Mein Herr, zieh du ruhig voraus! Ich werde dir nach Seïr folgen, will das aber ganz gemächlich tun, wie es dem Vieh und meinen Kindern angemessen ist.« 15 »Dann lasse ich wenigstens ein paar von meinen Leuten bei dir«, sagte Esau. »Wozu das?«, erwiderte Jakob. »Hauptsache, ich habe Gnade vor dir, meinem Herrn, gefunden.« 16 Da machte sich Esau auf den Rückweg nach Seïr.

Jakob in Sichem

17 Jakob zog weiter nach Sukkot*. Dort baute er sich ein Haus und Hütten für sein Vieh. Deshalb nannte er den Ort Sukkot, Hütten. 18 Später zog Jakob in friedlicher Absicht nach Sichem im Land Kanaan. Draußen vor der Stadt schlug er sein Lager auf. 19 Dann kaufte er von den Söhnen Hamors, des Stadtgründers, das Stück Land, auf dem er seine Zelte aufgeschlagen hatte. Er bezahlte ihnen 100 große Silberstücke* dafür. 20 Dort errichtete er auch einen Altar und nannte ihn: »Gott ist der Gott Israels«.

Dinas Vergewaltigung und das Blutbad in Sichem

34 1 Eines Tages wollte Dina, die Tochter von Lea und Jakob, sich unter den Mädchen des Landes umsehen. 2 Als Sichem sie sah – er war der Sohn von Hamor, dem führenden Mann der ganzen Gegend –, fiel er über sie her und vergewaltigte sie. 3 Er hatte aber eine Zuneigung zu Dina gefasst. Deshalb redete er mit ihr und suchte ihr Herz zu gewinnen. Er liebte das Mädchen 4 und sagte zu seinem Vater Hamor: »Sorge dafür, dass ich dieses Mädchen heiraten kann!« 5 Als Jakob hörte, dass seine Tochter Dina vergewaltigt worden war, verhielt er sich ruhig, bis seine Söhne heimkamen. Sie waren nämlich bei den Tieren auf der Weide. 6 Sichems Vater Hamor kam zu Jakob heraus, um mit ihm über die Sache zu reden. 7 Als die Söhne Jakobs nach

---

33,17 *Sukkot.* Das ist in westliche statt in südliche Richtung nach Seïr (=Edom). Er überquerte dabei erneut den Jabbok und später den Jordan auf dem Weg nach Sichem.

33,19 *Silberstücke.* Hebräisch: *kesita.* Gewicht und Wert ist unbekannt.

Hause kamen und von der Sache hörten, fühlten sich die Männer schwer gekränkt. Sie wurden sehr zornig, denn durch die Vergewaltigung einer Tochter Jakobs hatte Sichem eine Schandtat in Israel verübt. So etwas durfte nicht geschehen. 8 Doch Hamor redete ihnen zu. »Mein Sohn Sichem hängt an dem Mädchen. Gebt sie ihm doch zur Frau! 9 Warum sollen wir uns nicht mit euch verschwägern? Gebt uns eure Töchter und ihr heiratet unsere. 10 Siedelt euch unter uns an; das Land steht euch offen! Bewohnt es, bereist es und macht euch darin ansässig!« 11 Und Sichem sagte zu Dinas Vater und zu ihren Brüdern: »Lasst mich Gnade vor euch finden! Ich will euch alles geben, was ihr verlangt. 12 Ihr könnt den Preis für die Braut und die Hochzeitsgabe so hoch machen, wie ihr wollt. Ich werde es bezahlen. Nur gebt mir das Mädchen zur Frau!« 13 Doch die Söhne Jakobs gaben Sichem und seinem Vater eine hinterhältige Antwort, weil Sichem ihre Schwester Dina entehrt hatte. 14 »Wir können unsere Schwester keinem Mann geben, der eine Vorhaut hat. Das wäre eine Schande für uns. 15 Nur unter einer Bedingung können wir eurem Wunsch entsprechen: Ihr müsst so werden wie wir! Alle männlichen Personen müssen sich beschneiden* lassen! 16 Dann geben wir euch unsere Töchter und können auch eure Töchter heiraten; dann wollen wir bei euch wohnen bleiben und mit euch zusammen ein Volk bilden. 17 Doch wenn ihr nichts davon wissen wollt, nehmen wir unsere Tochter und gehen.« 18 Hamor und sein Sohn waren mit dem Vorschlag einverstanden.

19 Der junge Mann nahm die Sache gleich in die Hand, denn er hatte Gefallen an der Tochter Jakobs. Und im ganzen Haus seines Vaters hörten alle auf ihn. 20 So gingen Hamor und Sichem ans Tor ihrer Stadt und redeten zu den dort versammelten Männern: 21 »Diese Männer sind uns friedlich gesinnt. Lassen wir sie doch bei uns im Land wohnen und darin umherziehen. Das Land ist ja weit genug für sie. Wir können uns durch gegenseitige Heirat mit ihnen verbinden. 22 Jedoch sind sie nur dann bereit, bei uns zu bleiben und ein Volk mit uns zu werden, wenn sich alle männlichen Personen unter uns beschneiden lassen, wie es bei ihnen der Fall ist. 23 Wir sollten auf ihren Vorschlag eingehen, damit sie bei uns bleiben. Ihre Herden, ihr Besitz und all ihr Lastvieh wird dann doch uns gehören!« 24 Die Männer der Stadt hörten auf Hamor und seinen Sohn Sichem; und alle männlichen Personen, die zur Stadt gehörten, ließen sich beschneiden.

25 Drei Tage später, als sie im Wundfieber lagen, nahmen die Brüder Dinas, die Jakobssöhne Simeon und Levi, ihre Schwerter, überfielen die sorglose Stadt und töteten alle männlichen Bewohner. 26 Sie erschlugen auch Hamor und seinen Sohn Sichem, holten ihre Schwester aus Sichems Haus und nahmen sie mit. 27 Dann plünderten die Söhne Jakobs die Stadt und raubten die Erschlagenen aus, weil sie ihre Schwester entehrt hatten.

34,15 beschneiden. Vergleiche 1. Mose 17,9-14!

²⁸ Sie nahmen ihr Kleinvieh, ihre Rinder und Esel, alles, was in der Stadt und auf dem freien Feld war, ²⁹ und raubten alles, was sie in den Häusern fanden. Auch ihre Kinder und Frauen schleppten sie als Beute weg.

³⁰ Da sagte Jakob zu Simeon und Levi:»Ihr stürzt mich ins Unglück, denn ihr habt mich bei den Bewohnern des Landes verhasst gemacht, bei den Kanaanitern und Perisitern. Ich habe doch nur eine zählbare Mannschaft. Wenn sie sich gegen mich zusammentun, werden sie mich erschlagen, dann bringen sie mich und meine Familie um.« ³¹ Aber sie erwiderten:»Durfte er unsere Schwester denn wie eine Hure behandeln?«

Jakob in Bethel

35 ¹ Gott sagte zu Jakob: Zieh nach Bet-El hinauf, lass dich dort nieder und baue einen Altar für den Gott, der dir erschienen ist, als du vor deinem Bruder Esau geflohen bist.« ² Da befahl Jakob seiner ganzen Familie und allen, die bei ihm waren:»Schafft die fremden Götter weg, die ihr noch habt! Reinigt euch und zieht frische Sachen an! ³ Wir werden nach Bet-El hinaufziehen, und ich werde dort einen Altar bauen für den Gott, der mich in meiner Not erhört hat und mir auf meinem ganzen Weg zur Seite stand. ⁴ Da gaben sie Jakob ihre Götterfiguren und ihre Ohrringe*, und er vergrub sie unter der Terebinthe bei Sichem. ⁵ Dann brachen sie auf. Niemand wagte es, sie zu verfolgen, denn auf den umliegenden Städten lag ein Schrecken Gottes. ⁶ So kam Jakob mit seinen Leuten nach Lus im Land Kanaan, das jetzt Bet-El heißt. ⁷ Dort baute er einen Altar und nannte die Opferstätte El-Bet-El*, denn hier war ihm Gott erschienen, als er vor seinem Bruder Esau floh.

⁸ Während sie dort waren, starb Debora, die Amme Rebekkas. Sie begruben sie unterhalb von Bet-El unter der Steineiche, die davon den Namen Allon Bachut, Klageeiche, erhielt.

⁹ Da erschien Gott Jakob und segnete ihn. Es war das zweite Mal seit seiner Rückkehr aus Mesopotamien. ¹⁰ Gott sagte:»Du heißt Jakob. Doch von jetzt an sollst du nicht mehr Jakob, sondern Israel genannt werden!« So gab er ihm den Namen Israel. ¹¹ Weiter sagte Gott zu ihm:»Ich bin El-Schaddai, der allmächtige Gott. Sei fruchtbar und vermehre dich! Ein Volk, ja eine ganze Schar von Völkern wird von dir abstammen, selbst Könige werden unter deinen direkten Nachkommen sein. ¹² Das Land, das ich Abraham und Isaak zugesprochen habe, werde ich dir und deinen Nachkommen geben.« ¹³ Als Gott das Gespräch mit ihm beendet hatte, fuhr er von diesem Ort wieder in den Himmel auf. ¹⁴ Jakob stellte einen Gedenkstein dorthin, wo Gott mit ihm geredet hatte. Er goss ein Trankopfer darüber und salbte ihn mit Öl. ¹⁵ Die Stelle, wo Gott mit ihm geredet hatte, nannte er Bet-El, Haus Gottes.

Die schwere Geburt Benjamins

¹⁶ Dann brachen sie wieder von Bet-El auf. Als sie nur noch ein Stück von

---

35,4 *Ohrringe* wurden offenbar als Amulette getragen.

35,7 *El-Bet-El.* Das heißt »Gott von Bet-El«, bzw. »Gott vom Haus Gottes«.

Efrata entfernt waren, setzten die Wehen bei Rahel ein. Sie hatte eine sehr schwere Geburt. *17* Als ihr die Geburt so schwer wurde, sagte die Hebamme zu ihr:»Hab keine Angst, es wird wieder ein Sohn!« *18* Aber Rahel spürte, dass ihr das Leben entwich und sie sterben würde. Da nannte sie ihn Ben-Oni, Sohn meiner Totenklage. Sein Vater aber nannte ihn Benjamin, Sohn meines Glücks. *19* So starb Rahel und wurde dort am Weg nach Efrata begraben, das jetzt Bethlehem heißt. *20* Jakob errichtete einen Gedenkstein auf ihrem Grab, der noch heute als Grabmal Rahels dort steht.

Jakobs Söhne

21 Dann zog Israel weiter und schlug seine Zelte jenseits von Migdal-Eder* auf. *22* Dort geschah es, dass Ruben mit Bilha, der Nebenfrau seines Vaters, schlief. Und Israel erfuhr davon. Jakob hatte zwölf Söhne. *23* Die Söhne Leas: Ruben, der Erstgeborene Jakobs, Simeon, Levi, Juda, Issachar und Sebulon. *24* Die Söhne Rahels: Josef und Benjamin. *25* Die Söhne Bilhas, der Sklavin Rahels: Dan und Naftali. *26* Die Söhne Silpas, der Sklavin Leas: Gad und Ascher. Alle wurden noch in Mesopotamien geboren.

***

35,21 *Migdal-Eder* heißt Herdenturm. Es war ein Platz mit Wachtturm, von dem aus die Herden überwacht werden konnten. Die Lage dieses Ortes ist nicht mehr festzustellen, vermutlich war es in der Nähe von Jerusalem.

36,1 *Verzeichnis der Nachkommen.* Hebräisch *toledot,* siehe 1. Mose 2,4.

36,8 *Gebirge Seïr.* Siehe die Fußnote zu 1. Mose 14,6.

Isaaks Tod

27 Jakob kam dann zu seinem Vater Isaak nach Mamre bei Kirjat-Arba, das jetzt Hebron heißt. Dort hatten Abraham und Isaak sich niedergelassen. *28* Isaak wurde 180 Jahre alt. *29* Er starb nach einem langen und erfüllten Leben und wurde im Tod mit seinen Stammesgenossen vereint. Seine beiden Söhne Esau und Jakob begruben ihn.

Esaus Nachkommen

36 *1* Es folgt das Verzeichnis der Nachkommen* Esaus, der auch Edom heißt. *2* Esau hatte Frauen aus dem Land Kanaan geheiratet. Es waren Ada, die Tochter des Hetiters Elon, Oholibama, eine Tochter Anas und Enkelin des Hiwiters Zibon, *3* und Basemat. Das war eine Tochter Ismaëls und die Schwester von Nebajot. *4* Ada gebar Elifas, Basemat gebar Reguël, *5* und Oholibama gebar Jëusch, Jalam und Korach. Diese Söhne wurden Esau im Land Kanaan geboren.

6 Später zog Esau von seinem Bruder Jakob weg in ein anderes Land. Seine Frauen, seine Söhne und Töchter nahm er mit und alle seine Leute, seine Herden und den ganzen Besitz, den er im Land Kanaan erworben hatte. *7* Ihr Besitz war nämlich viel zu groß, um zusammenbleiben zu können, denn in dem Land, in dem sie als Fremde wohnten, gab es nicht genügend Weiden für ihr Vieh. *8* So ließ sich Esau, also Edom, im Gebirge Seïr* nieder.

9 Es folgt das Verzeichnis der Nachkommen von Esau, dem Stammvater der Edomiter, die im Gebirge Seïr leben. *10* Die Namen der Söhne Esaus waren: Elifas, Sohn der Ada, und Reguël, Sohn der Basemat. *11* Elifas wurde der Vater von Teman, Omar, Zefo, Gatam und Kenas. *12* Von seiner Nebenfrau Timna hatte Elifas noch Amalek. Sie alle stammen von Esaus Frau Ada ab. *13* Reguël wurde der Vater von Nahat, Serach, Schamma und Misa. Sie stammen von Esaus Frau Basemat ab. *14* Von Oholibama, der Tochter Anas und Enkelin Zibons, stammen Esaus Söhne Jëusch, Jalam und Korach.

15 Es folgen die Namen der Stammesfürsten, die sich von Esau herleiten. Von Elifas, dem Erstgeborenen Esaus, stammen: Teman, Omar, Zefo, Kenas, *16* Korach, Gatam und Amalek. Sie alle gehen auf Esaus Frau Ada zurück. *17* Von Esaus Sohn Reguël stammen: Nahat, Serach, Schamma und Misa. Sie gehen auf Esaus Frau Basemat zurück. *18* Von Esaus Frau Oholibama stammen Jëusch, Jalam und Korach. *19* Das sind also die Edomiter, Esaus Nachkommen und ihre Stammesfürsten.

20 Es folgen die Namen der dort ansässigen Bewohner, Nachkommen des Horiters Seïr. Seine Söhne hießen Lotan, Schobal, Zibon, Ana, *21* Dischon, Ezer und Dischan. Das waren die Stammesfürsten der Horiter. *22* Lotans Söhne hießen Hori und Heman. Lotans Schwester war Timna. *23* Die Söhne Schobals hießen Alwan, Manahat, Ebal, Schefo und Onam. *24* Die Söhne Zibons waren Aja und Ana. Ana war es, der Jemim* in der Wildnis fand, als er die Esel seines Vaters hütete. *25* Anas Sohn hieß Dischon, seine Tochter Oholibama. *26* Die Söhne Dischons hießen Hemdan, Eschban,

Jitran und Keran. *27* Die Söhne Ezers waren Bilhan, Saawan und Akan. *28* Die Söhne Dischans waren Uz und Aran. *29* Das sind also die Stammesfürsten der Horiter: Lotan, Schobal, Zibon, Ana, *30* Dischon, Ezer und Dischan, aufgeführt in der Reihenfolge ihrer Stammväter.

31 Folgende Könige herrschten nacheinander über das Land Edom, noch bevor es einen König in Israel gab: *32* Bela, der Sohn Beors, in der Stadt Dinhaba; *33* Jobab, der Sohn Serachs, aus der Stadt Bozra; *34* Huscham aus dem Gebiet des Stammes Teman; *35* Hadad, der Sohn Bedads, in der Stadt Awit; er besiegte die Midianiter in einer Schlacht auf dem Gebiet von Moab; *36* Samla aus der Stadt Masreka; *37* Schaul aus Rehobot am Strom; *38* Baal-Hanan, der Sohn Achbors; *39* Hadar in der Stadt Pagu; seine Frau Mehetabel war eine Tochter Matreds und Enkelin Me-Sahabs.

40 Folgende Fürsten der Nachkommen Esaus haben ihren Sippen und Städten den Namen gegeben: Timna, Alwa, Jetet, *41* Oholibama, Ela, Pinon, *42* Kenas, Teman, Mibzar, *43* Magdiël und Iram. Das waren die Fürsten Edoms nach ihren Siedlungsgebieten in dem Land, das sie besaßen. So viel zu Esau, dem Stammvater der Edomiter.

Josefs Träume

37 *1* Jakob hatte seinen Wohnsitz im Land Kanaan, wo

36,24 Jemim. Die Bedeutung des hebräischen Wortes, das nur einmal in der Bibel vorkommt, ist unsicher (heiße Quellen?, Vipern?).

schon sein Vater als Fremder gelebt hatte. *2* Es folgt die Geschichte der Nachkommen* Jakobs.

Josef war noch ein junger Bursche von 17 Jahren, als er mit seinen Brüdern, den Söhnen von Bilha und Silpa, das Kleinvieh hütete. Er hinterbrachte seinem Vater, was die Leute Schlechtes über sie redeten. *3* Doch Israel hatte Josef lieber als alle seine anderen Söhne, weil er ihm erst im Alter geboren worden war. Deshalb ließ er ihm ein prächtiges Gewand machen. *4* Als seine Brüder sahen, dass ihr Vater ihn mehr liebte als sie alle, hassten sie ihn und konnten kein freundliches Wort mehr mit ihm reden.

5 Einmal hatte Josef einen Traum und erzählte ihn seinen Brüdern. Da wurde ihr Hass noch größer. *6* »Hört doch, was ich geträumt habe!«, sagte er zu ihnen. *7* »Wir waren auf dem Feld und banden das Getreide in Garben zusammen. Auf einmal stellte sich meine Garbe auf und blieb stehen. Und zu meiner Überraschung stellten sich eure Garben ringsherum auf und verneigten sich vor meiner.« *8* Seine Brüder sagten zu ihm: »Du möchtest wohl noch König über uns werden und über uns herrschen?« Wegen seiner Träume und Reden hassten sie ihn noch mehr.

9 Er hatte nämlich noch einen anderen Traum und erzählte ihnen auch den. »Passt auf! Ich hatte noch einen Traum«, sagte er. »Ich sah die Sonne, den Mond und elf Sterne. Und auf einmal verneigten sie sich vor mir.« *10* Als er dies seinem Vater und seinen Brüdern erzählte, fuhr sein Vater ihn an. »Was soll dieser Traum!«, rief er. »Sollen wir uns vielleicht alle vor dir niederwerfen, ich, deine Mutter und deine Brüder?« *11* Seine Brüder waren eifersüchtig auf Josef, aber sein Vater vergaß die Sache nicht.

Josef wird als Sklave verkauft

12 Einmal weideten Josefs Brüder das Kleinvieh ihres Vaters in der Nähe von Sichem. *13* Da sagte Israel zu Josef: »Du weißt, dass deine Brüder mit den Herden in der Nähe von Sichem sind. Komm, ich will dich zu ihnen schicken!« – »Ich bin bereit«, erwiderte er. *14* »Schau nach, ob es deinen Brüdern und den Herden gut geht, und bring mir Nachricht!«, sagte sein Vater. Er schickte ihn aus dem Tal von Hebron nach Sichem. *15* Als Josef dort auf dem freien Feld umherirrte, traf ihn ein Mann. »Was suchst du?«, fragte er ihn. *16* »Ich suche meine Brüder«, erwiderte er, »kannst du mir sagen, wo sie mit den Herden sind?« *17* »Sie sind von hier fortgezogen. Ich hörte sie sagen: ›Wir wollen nach Dotan* gehen!‹« Da ging Josef seinen Brüdern nach und fand sie bei Dotan.

18 Sie sahen ihn schon von weitem. Und noch bevor er herangekommen war, hatten sie sich verschworen, ihn zu töten. *19* »Seht, da kommt ja der Meister der Träume!«, sagten sie zueinander. *20* »Los, wir schlagen ihn tot und werfen ihn in die Zisterne dort! Wir sagen einfach: ›Ein wildes

---

37,2 *Geschichte der Nachkommen.* Hebräisch *toledot,* siehe 1. Mose 2,4.

37,17 Die Stadt *Dotan* lag auf einem Hügel in der Jesreel-Ebene, 18 km nördlich von Samaria.

Tier hat ihn gefressen!‹, dann werden wir schon sehen, was aus seinen Träumen wird.«
21 Als Ruben das hörte, wollte er Josef retten. »Nein, lassen wir ihn leben!«, sagte er. 22 »Vergießt kein Blut! Werft ihn in die Zisterne dort in der Steppe, aber vergreift euch nicht an ihm!« Er wollte ihn aus ihrer Gewalt retten und zu seinem Vater zurückbringen.
23 Als Josef bei seinen Brüdern ankam, zogen sie ihm das Obergewand aus, das Prachtstück, das er anhatte. 24 Dann packten sie ihn und warfen ihn in die Zisterne. Sie war leer, ohne Wasser. 25 Dann setzten sie sich zum Essen nieder. Auf einmal sahen sie eine Karawane von Ismaëliten*, die aus Gilead kamen. Ihre Kamele waren mit kostbaren Harzen, mit Tragakant, Mastix und Ladanum* beladen. 26 Da sagte Juda zu seinen Brüdern: »Was haben wir davon, wenn wir unseren Bruder erschlagen und die Bluttat verheimlichen müssen. 27 Verkaufen wir ihn doch an die Ismaëliten und vergreifen uns nicht an ihm! Schließlich ist er unser Bruder, unser eigenes Fleisch und Blut.« Seine Brüder hörten auf ihn. 28 Als die midianitischen* Händler herankamen, zogen sie Josef aus der Zisterne. Sie verkauften ihn für 20 Silberstücke an die Ismaëliten, die ihn nach Ägypten mitnahmen.
29 Als nun Ruben zu der Zisterne zurückkam, war Josef auf einmal nicht mehr da. Da riss er seine Gewänder ein*, 30 ging zu seinen Brüdern und rief: »Der Junge ist nicht mehr da! Was soll ich jetzt bloß machen?«
31 Da schlachteten sie einen Ziegenbock und tauchten Josefs Obergewand in das Blut. 32 Dann schickten sie das prächtige Gewand zu ihrem Vater und ließen ihm sagen: »Das haben wir gefunden. Ist es vielleicht das Gewand deines Sohnes?« 33 Er erkannte es und schrie auf: »Das Gewand meines Sohnes! Ein böses Tier hat ihn gefressen! Zerfleischt, zerfleischt ist Josef!« 34 Er machte einen Riss in seine Kleider, band den Sack* um die Hüfte und trauerte lange Zeit um Josef. 35 Alle seine Söhne und Töchter kamen, um ihn zu trösten, aber er wollte sich nicht trösten lassen. »Nein«, sagte er, »trauernd werde ich zu meinem Sohn ins Totenreich hinunterfahren!« So weinte sein Vater um ihn.
36 Die Midianiter brachten Josef nach Ägypten und verkauften ihn dort

---

37,25 *Ismaëliten* sind Nachkommen Ismaëls, siehe 1. Mose 16. Weil diese als Nomaden in der Wüste lebten (siehe 1. Mose 25,12-18; Richter 8,24), wurden damals alle Wüstenstämme so bezeichnet.

37,25 *Tragakant, Mastix* und *Ladanum* sind Gummiharze, die als Grundstoffe für Medikamente und zur Parfümherstellung dienten. In Ägypten wurden sie vor allem zum Einbalsamieren verwendet.

37,28 Die *Midianiter* waren ein Nomadenvolk, das in der Araba und in Transjordanien umherzog. Die Ismaëliten (=Wüstennomaden) hier gehörten also speziell zum Stamm der Midianiter.

37,29 *riss er seine Gewänder ein.* Als Zeichen von Trauer und Entsetzen riss man das Kleidungsstück vom Halsausschnitt an mit einem heftigen Ruck etwa eine Handlänge ein.

37,34 Der *Sack* war ein grobes, einfaches Trauergewand.

an Potifar, einen Hofbeamten des Pharao, den Befehlshaber der Leibwache.

Juda und Tamar

38 ¹ Damals trennte sich Juda von seinen Brüdern und zog zu einem Mann aus Adullam*, namens Hira. ² Dort sah er die Tochter eines Kanaaniters namens Schua. Er heiratete sie und schlief mit ihr. ³ Sie wurde schwanger und brachte einen Sohn zur Welt. Juda nannte ihn Er. ⁴ Dann wurde Schua wieder schwanger und gebar einen zweiten Sohn; den nannte sie Onan. ⁵ Ihren dritten Sohn nannte sie Schela. Zur Zeit seiner Geburt wohnten sie in Kesib*.

⁶ Juda verheiratete seinen ältesten Sohn Er mit einer Frau namens Tamar. ⁷ Doch sein Erstgeborener tat, was Jahwe missfiel, und Jahwe ließ ihn sterben. ⁸ Da sagte Juda zu Onan: »Schlafe mit der Frau deines Bruders und vollziehe die Schwagerehe mit ihr. Du bist verpflichtet, deinem Bruder Nachkommen zu verschaffen.« ⁹ Weil Onan wusste, dass das Kind nicht ihm gehören würde, ließ er jedes Mal, wenn er mit Tamar schlief, den Samen auf die Erde ausfließen und verderben. Er wollte seinem Bruder keine Nachkommen verschaffen. ¹⁰ Das missfiel Jahwe, und er ließ auch Onan sterben. ¹¹ Da sagte Juda zu seiner Schwiegertochter Tamar: »Bleib jetzt als Witwe im Haus deines Vaters, bis mein Sohn Schela alt genug ist.« Denn er befürchtete, dass auch dieser sterben würde wie seine Brüder. So ging Tamar zur Familie ihres Vaters zurück.

¹² Jahre vergingen. Da starb Judas Frau, die Tochter Schuas. Als die Trauerzeit vorüber war, ging Juda mit seinem Freund Hira aus Adullam nach Timna* zu den Schafscherern. ¹³ Als Tamar erfuhr, dass ihr Schwiegervater zur Schafschur nach Timna ging, ¹⁴ legte sie ihre Witwenkleider ab, verhüllte sich mit einem Schleier und setzte sich an den Eingang von Enajim, das am Weg nach Timna liegt. Denn sie hatte bemerkt, dass Schela erwachsen geworden war und sie ihm doch nicht als Frau gegeben wurde. ¹⁵ Als Juda sie so verschleiert erblickte, hielt er sie für eine Hure. ¹⁶ Er ging zu ihr hin und sagte: »Lass mich mit dir schlafen!« Denn er merkte nicht, dass es seine Schwiegertochter war. »Was gibst du mir, wenn ich dich lasse?«, erwiderte sie. ¹⁷ »Ich schicke dir ein Ziegenböckchen von meiner Herde«, versprach er. »Gut«, sagte sie, »du musst mir nur ein Pfand dalassen.« ¹⁸ »Was für ein Pfand willst du denn haben?«, fragte er. »Dein Rollsiegel mit Schnur* und den Stab* in deiner Hand«, erwiderte sie. Er gab ihr, was sie wollte, und kam zu ihr, und sie wurde von ihm schwanger.

38,1 *Adullam* lag 26 km westlich von Jerusalem.

38,5 *Kesib* lag 4 km südwestlich von Adullam; heute: Tel el-beda.

38,12 *Timna* liegt im Hügelland Judäas, etwa 35 km westlich von Jerusalem.

38,18 *Rollsiegel* waren kleine Hohlzylinder, die an einer Schnur um den Hals getragen wurden. Mit ihnen wurden Tontäfelchen durch Abrollen in den weichen Ton signiert.

Der *Stab* besaß einen geschnitzten Knauf mit dem Wahrzeichen des Besitzers.

[19] Dann ging sie von dort weg, legte den Schleier ab und zog die Witwenkleider wieder an. [20] Nun schickte Juda seinen Freund aus Adullam mit dem Ziegenböckchen los, um das Pfand einzulösen. Aber die Frau war nicht mehr zu finden. [21] Er fragte die Leute im Ort: »Wo ist denn die Geweihte*, die hier in Enajim am Weg saß?« – »Hier gibt es keine Geweihte«, sagten sie. [22] Da kehrte er zu Juda zurück und sagte: »Ich habe sie nicht gefunden. Auch die Leute dort kennen keine Geweihte.« [23] »Soll sie die Sachen behalten«, sagte Juda, »sonst machen wir uns noch zum Gespött. Ich habe ja das Böckchen geschickt, aber du hast sie nicht gefunden.«

[24] Etwa drei Monate später wurde Juda berichtet: »Deine Schwiegertochter Tamar hat sich mit einem Mann eingelassen und ist sogar schwanger geworden!« – »Führt sie aus dem Ort hinaus!«, befahl Juda. »Sie soll verbrannt werden.« [25] Als man sie hinausführen wollte, schickte sie jemand zu ihrem Schwiegervater und ließ ihm sagen: »Schau dir dieses Rollsiegel, die Schnur und den Stab genau an! Von dem Mann, dem das gehört, bin ich schwanger.« [26] Juda sah sich die Sachen genau an und sagte: »Sie ist im Recht, die Schuld liegt bei mir. Ich hätte sie meinem Sohn Schela zur Frau geben müssen.« Er nahm sie bei sich auf, schlief aber nicht wieder mit ihr.

[27] Kurz vor der Entbindung stellte sich heraus, dass Tamar Zwillinge bekam. [28] Während der Geburt streckte einer seine Hand heraus. Die Hebamme band einen roten Faden um das Handgelenk und sagte: »Das ist der Erstgeborene.« [29] Der zog seine Hand aber wieder zurück, und sein Bruder kam zuerst heraus. »Mit was für einem Riss hast du dir den Vortritt verschafft!«, sagte die Hebamme. Deshalb nannte man ihn Perez, Riss. [30] Erst dann kam sein Bruder heraus, an dessen Handgelenk der rote Faden war. Ihn nannte man Serach, Rotglanz.

Josef bei Potifar

39 [1] Josef war von den Ismaëliten nach Ägypten gebracht worden. Sie verkauften ihn an einen ägyptischen Hofbeamten des Pharao namens Potifar. Er war der Befehlshaber der Leibwache. [2] Doch Jahwe stand Josef bei, sodass ihm alles gelang, was er tat. Er durfte im Haus seines ägyptischen Herrn bleiben. [3] Und weil der Ägypter sah, dass Jahwe Josef beistand und ihm alles gelingen ließ, [4] schenkte er ihm seine Gunst und machte ihn zu seinem persönlichen Diener. Er übergab ihm die Aufsicht über sein Hauswesen und vertraute ihm die Verwaltung seines ganzen Besitzes an. [5] Und von diesem Zeitpunkt an segnete Jahwe das Haus des Ägypters. Wegen Josef ruhte der Segen Jahwes auf allem, was er besaß, im Haus und auf dem Feld. [6] So überließ Potifar Josef alles, was er hatte, und kümmerte sich um nichts mehr, außer um sein eigenes Essen.

Doch Josef war ein außergewöhnlich schöner Mann. [7] So kam es, dass die Frau seines Herrn ein Auge auf ihn

---

38,21 *Geweihte.* Eine Tempelprostituierte im Dienst der Fruchtbarkeitsgöttin Astarte.

warf. »Schlaf mit mir!«, sagte sie zu ihm. *8* Doch er weigerte sich und erwiderte: »Sieh doch, mein Herr verlässt sich auf mich und kümmert sich um nichts mehr, was im Haus vorgeht, und hat mir alles anvertraut, was ihm gehört. *9* In diesem Haus gilt er nicht mehr als ich. Nichts hat er mir vorenthalten als nur dich, seine Frau. Wie könnte ich da ein so großes Unrecht begehen! Ich würde mich an Gott versündigen!« *10* Obwohl sie Tag für Tag auf Josef einredete, mit ihr zu schlafen und ihr zu Willen zu sein, hörte er nicht auf sie. *11* Einmal hatte Josef im Haus zu tun, und niemand von der Dienerschaft war dort. *12* Da fasste sie ihn am Gewand. »Komm mit mir ins Bett!«, drängte sie. Doch er riss sich los und flüchtete hinaus. Das Gewand blieb in ihrer Hand zurück. *13* Als ihr bewusst wurde, dass er fort war, aber sein Gewand in ihrer Hand zurückgelassen hatte, *14* rief sie die Dienerschaft herbei und sagte: »Seht euch das an! Er hat uns diesen Hebräer ins Haus gebracht, der nun seinen Mutwillen mit uns treibt! Er ist zu mir gekommen und wollte mit mir schlafen. Da habe ich laut geschrien. *15* Als er meinen Aufschrei hörte, ließ er sein Gewand bei mir liegen und rannte hinaus.« *16* Sie ließ Josefs Gewand neben sich liegen, bis sein Herr nach Hause kam. *17* Ihm erzählte sie dieselbe Geschichte: »Der hebräische Sklave, den du uns ins Haus gebracht hast, ist zu mir gekommen, um seinen

Mutwillen mit mir zu treiben. *18* Als ich zu schreien anfing, ließ er sein Gewand neben mir liegen und rannte hinaus.« *19* Als Potifar hörte, was sie seinem Sklaven vorwarf, packte ihn der Zorn. *20* Er ließ Josef ergreifen und ins Gefängnis bringen. So kam Josef ins königliche Gefängnis.

Josef im Gefängnis

21 Aber Jahwe in seiner Treue stand Josef bei. Er sorgte dafür, dass der Gefängnisverwalter ihm sein Wohlwollen schenkte. *22* Er übertrug Josef die Aufsicht über alle Gefangenen und alles, was man dort zu tun hatte. *23* Der Gefängnisverwalter vertraute ihm völlig und gab ihm freie Hand, denn Jahwe stand Josef bei und ließ ihm alles gelingen, was er unternahm.

Traumdeutung im Gefängnis

40 *1* Bald darauf ließen sich der Mundschenk des Königs von Ägypten und sein Bäcker* etwas gegen ihren Herrn, den Pharao, zuschulden kommen. *2* Der wurde über seine beiden Beamten zornig *3* und ließ sie in das Gefängnis bringen, in dem auch Josef war. Der Befehlshaber der Leibwache hatte dort die Oberaufsicht. *4* Dieser beauftragte Josef mit ihrer Bedienung. Als sie einige Zeit in Haft waren, *5* hatte jeder von ihnen in derselben Nacht einen Traum, der für ihn von Bedeutung war. *6* Als Josef am Morgen zu ihnen kam, bemerkte er gleich, dass sie schlecht aussahen. *7* »Warum lasst ihr heute den Kopf hängen?«, fragte er die Beamten des Pharao. *8* »Wir haben beide einen Traum gehabt«, erwiderten sie, »aber

---

40,1 *Bäcker.* Die Ägypter waren Feinschmecker und kannten 57 verschiedene Brotsorten und 38 verschiedene Arten von Kuchen.

es gibt niemand, der ihn deuten kann.« Da sagte Josef: »Deutungen sind Gottes Sache. Erzählt mir doch!« ⁹ Da erzählte der oberste Mundschenk seinen Traum: »Ich sah einen Weinstock vor mir. ¹⁰ Er hatte drei Ranken. Kaum wuchs er, da trieb er auch schon seine Blüte, und seine Trauben reiften heran. ¹¹ Ich hatte den Becher des Pharao in der Hand, nahm die Trauben, presste sie in den Becher aus und gab ihn dem Pharao in die Hand.« ¹² Da sagte Josef zu ihm: »Die Deutung ist so: Die drei Ranken sind drei Tage. ¹³ In drei Tagen wird der Pharao dich herausholen und wieder in dein Amt einsetzen. Du wirst dem Pharao den Becher reichen wie früher, als du noch Mundschenk bei ihm warst. ¹⁴ Aber vergiss mich nicht, wenn es dir gut geht. Erweise mir die Freundlichkeit und mache den Pharao auf mich aufmerksam, damit ich aus diesem Haus herauskomme. ¹⁵ Man hat mich nämlich aus dem Land der Hebräer entführt, und auch hier habe ich nichts getan, wofür ich eingesperrt werden müsste.«

¹⁶ Als der Oberbäcker merkte, dass Josef eine gute Deutung gegeben hatte, sagte er: »Auch ich sah in meinem Traum etwas Ähnliches: Ich hatte drei Körbe mit Weißbrot auf meinem Kopf. ¹⁷ Im obersten Korb lagen Backwaren für den Pharao. Da kamen Vögel und fraßen den Korb leer.« ¹⁸ Josef sagte: »Die Deutung ist so: Die drei Körbe sind drei Tage. ¹⁹ In drei Tagen wird der Pharao dich herausholen und an einen Baum hängen lassen, und die Vögel werden dein Fleisch von dir wegfressen.«

²⁰ Am dritten Tag darauf hatte der Pharao Geburtstag. Er gab ein Fest für alle seine Beamten und lud dabei den obersten Mundschenk und den Oberbäcker vor. ²¹ Den obersten Mundschenk setzte er wieder in sein Amt ein, sodass er ihm den Becher reichen durfte. ²² Den Oberbäcker ließ er hängen. Es war genauso, wie Josef es ihnen gedeutet hatte. ²³ Aber der oberste Mundschenk dachte nicht mehr an Josef, er vergaß ihn.

Die Träume des Pharao

41 ¹ So vergingen zwei Jahre. Da träumte der Pharao, dass er plötzlich am Nil stand. ² Aus dem Strom stiegen sieben schöne, wohlgenährte Kühe und weideten im Riedgras. ³ Auf einmal stiegen sieben andere Kühe aus dem Strom, hässlich und mager, und stellten sich neben sie. ⁴ Und die hässlichen, mageren Kühe fraßen die sieben schönen, wohlgenährten auf. Da erwachte der Pharao. ⁵ Er schlief aber wieder ein und hatte noch einen Traum. Er sah, wie sieben dicke, volle Ähren auf einem einzigen Halm wuchsen. ⁶ Nach ihnen wuchsen sieben andere Ähren auf, mager und vom Ostwind versengt. ⁷ Und die mageren Ähren verschlangen die sieben dicken und vollen Ähren. Da erwachte der Pharao und merkte, dass es ein Traum war. ⁸ Am Morgen war er sehr beunruhigt und ließ alle Gelehrten und

41,8 Die *Magier* waren sternkundige Priester, die auch die Hieroglyphenschrift Ägyptens beherrschten. Sie standen in dem Ruf, die Zukunft voraussagen zu können.

Magier* Ägyptens rufen. Er erzählte ihnen, was er geträumt hatte, doch keiner von ihnen konnte es ihm deuten. *9* Da sagte der oberste Mundschenk zum Pharao: »Ich muss heute an meine Verfehlung erinnern. *10* Als der Pharao über seine Diener aufgebracht war, ließ er mich im Gefängnis vom Befehlshaber der Leibwache festsetzen, mich und den Oberbäcker. *11* Dort hatte jeder von uns in einer Nacht einen Traum, der für ihn von Bedeutung war. *12* Nun war dort ein junger Hebräer bei uns, ein Sklave des Befehlshabers der Leibwache. Ihm erzählten wir unsere Träume, und er deutete sie jedem von uns. *13* Und so, wie er es uns gedeutet hatte, traf es auch ein: Ich wurde wieder in mein Amt eingesetzt und der andere wurde gehängt.«

14 Da schickte der Pharao nach Josef. Man holte ihn schnell aus dem Gefängnis. Er ließ sich Haar und Bart scheren und wechselte die Kleider. Dann trat er vor den Pharao. *15* Der sagte zu Josef: »Ich habe etwas geträumt, aber niemand kann mir sagen, was es bedeutet. Nun wurde mir von dir berichtet, dass du einen Traum nur hören musst, um ihn zu deuten.« *16* »Nein, nicht ich«, erwiderte Josef, »Gott wird eine Antwort geben, die dem Pharao zum Guten ist.«

17 Da sagte der Pharao: »In meinem Traum stand ich am Nil *18* und sah sieben schöne, wohlgenährte Kühe aus dem Strom steigen und im Riedgras weiden. *19* Auf einmal stiegen sieben andere Kühe aus dem Strom, dürr und sehr hässlich. Sie waren bis auf die Knochen abgemagert. Ich habe in ganz Ägypten noch nie so hässliche gesehen. *20* Und die mageren, hässlichen Kühe fraßen die sieben wohlgenährten auf. *21* Als sie diese verschlungen hatten, merkte man nichts davon, dass sie in ihren Bauch gekommen waren. Sie waren so hässlich wie zuvor. Da wachte ich auf. *22* Danach sah ich im Traum, wie sieben dicke, volle Ähren auf einem einzigen Halm wuchsen. *23* Nach ihnen wuchsen sieben andere Ähren auf, mager und vom Ostwind versengt. *24* Und die mageren Ähren verschlangen die sieben schönen Ähren. Ich habe es den Magiern erzählt, aber keiner konnte mir sagen, was es bedeutet.«

25 Da sagte Josef zum Pharao: »Die beiden Träume bedeuten dasselbe. Gott hat dem Pharao mitgeteilt, was er tun will. *26* Es ist eigentlich ein einziger Traum. Die sieben schönen Kühe und die sieben schönen Ähren bedeuten sieben Jahre. *27* Auch die sieben mageren und hässlichen Kühe, die nach ihnen kamen, bedeuten sieben Jahre. Und die sieben kümmerlichen, vom Ostwind versengten Ähren, werden sieben Hungerjahre sein. *28* Wie ich es dem Pharao schon gesagt habe: Gott hat ihn sehen lassen, was er tun will. *29* In den nächsten sieben Jahren wird in ganz Ägypten Überfluss herrschen. *30* Aber dann kommen sieben Hungerjahre, wo aller Überfluss in Ägypten vergessen sein wird. Die Hungersnot wird das Land erschöpfen. *31* Man wird nichts mehr von dem Überfluss merken, der vorher im Land war. Die Hungersnot wird sehr schwer sein. *32* Dass der Pharao zweimal die gleiche Botschaft im Traum erhalten hat, bedeutet: Gott ist fest entschlossen, seinen Plan unverzüglich auszuführen.«

Josefs Rat

33 »Deshalb rate ich dem Pharao, sich nach einem einsichtigen und weisen Mann umzusehen, dem man die Verantwortung über Ägypten übertragen kann. 34 Dann sollte der Pharao in den sieben Jahren des Überflusses den fünften Teil der Ernte als Steuer erheben. Dazu sollte er Aufseher über das Land einsetzen, 35 die das Getreide in den guten Jahren einsammeln und in den Städten als Nahrungsmittel speichern. 36 Dann ist ein Vorrat da für die sieben Jahre des Hungers, die über Ägypten kommen werden, und das Land wird nicht an Hunger zugrunde gehen.«

Josef wird Herr über Ägypten

37 Die Rede gefiel dem Pharao und allen seinen Beratern. 38 Er sagte zu ihnen: »Werden wir noch so einen Mann wie diesen finden, in dem der Geist Gottes wohnt?« 39 Zu Josef sagte er: »Nachdem dich Gott das alles hat wissen lassen, gibt es keinen, der so einsichtig und weise wäre wie du. 40 Du also sollst über mein Haus gesetzt sein, und deinem Wort soll sich mein ganzes Volk beugen; nur um den Thron will ich höher sein als du. 41 Hiermit stelle ich dich über das ganze Land Ägypten!« 42 Mit diesen Worten zog der Pharao seinen Siegelring vom Finger und steckte ihn Josef an. Dann ließ er ihn in feinstes ägyptisches Leinen kleiden und legte ihm eine goldene Halskette um. 43 Er ließ ihn auf seinen zweiten Wagen steigen

und vor ihm her ausrufen: »Abrek, Achtung!*« So machte er ihn zum Herrn über ganz Ägypten. 44 »Ich bin und bleibe der Pharao«, sagte er zu Josef, »aber ohne deine Erlaubnis soll keiner in Ägypten Hand oder Fuß rühren.« 45 Er verlieh Josef den Namen Zafenat-Paneach* und gab ihm Asenat, die Tochter des Priesters von Heliopolis*, zur Frau. So wurde Josef Herr über ganz Ägypten.

Josefs Macht über Ägypten

46 Josef war dreißig Jahre alt, als er in den Dienst des Pharao, des Königs von Ägypten, trat. Bald darauf verließ er den Königshof und bereiste das ganze Land.

47 Die sieben Jahre des Überflusses brachten dem Land überreiche Ernten. 48 Josef ließ während dieser Jahre alle Nahrungsmittel in die Städte bringen, das heißt, den Ertrag der Felder, die in ihrem Umkreis lagen. 49 Josef speicherte Getreide wie Sand am Meer. Die Menge überstieg jedes Maß, sodass man mit Zählen und Messen aufhörte.

50 Bevor die Hungerjahre herankamen, gebar Asenat, die Tochter des Priesters von Heliopolis, Josef zwei Söhne. 51 Den Ältesten nannte Josef

---

41,43 *Abrek.* Vielleicht: *Achtung!* Die genaue Bedeutung des Begriffs ist bis heute unbekannt.

41,45 *Zafenat-Paneach.* Das heißt vielleicht: »Gott spricht: Er lebt!«, oder nach einer anderen Deutung: »Retter des Weltkreises«.

41,45 *Heliopolis,* Sonnenstadt. Die Stadt lag 16 km nordöstlich des modernen Kairo. Dort stand ein Tempel für die Verehrung des Sonnengottes Ra.

Manasse, Vergessen-Macher. »Denn Gott«, sagte er, »hat mich alle Not und den Verlust meines Vaterhauses vergessen lassen.« 52 Den zweiten nannte er Efraïm, Fruchtbar-Macher. »Denn Gott hat mich im Land meines Elends fruchtbar gemacht«, sagte er. 53 Dann waren die sieben Jahre des Überflusses vorüber, 54 und die Hungerjahre begannen, wie es Josef vorausgesagt hatte. In allen Ländern ringsherum herrschte Hungersnot, nur im Land Ägypten gab es Brot. 55 Als nun der Hunger in Ägypten begann und die Menschen zum Pharao nach Brot schrien, ließ dieser verkünden: »Wendet euch an Josef und tut, was er euch sagt!« 56 Die Hungersnot erstreckte sich über das ganze Land. Da öffnete Josef die Kornspeicher und verkaufte den Ägyptern Getreide. Die Hungersnot aber wurde immer drückender in Ägypten. 57 Und alle Welt kam, um bei Josef Getreide zu kaufen, denn auch in den anderen Ländern herrschte der Hunger.

**Josefs Brüder
kommen nach Ägypten**

42 1 Als Jakob erfuhr, dass es in Ägypten Getreide gab, sagte er zu seinen Söhnen: »Was seht ihr euch einander an? 2 Ich habe gehört, dass es in Ägypten Getreide gibt. Zieht hin und kauft uns welches, damit wir nicht verhungern!« 3 Da zogen die zehn Brüder Josefs nach Ägypten. 4 Nur Benjamin, den direkten Bruder Josefs, schickte Jakob nicht mit, denn er fürchtete, dass ihm etwas zustoßen könnte. 5 So waren auch die Söhne Jakobs unter denen, die in Ägypten Getreide kaufen woll-

ten, denn die Hungersnot herrschte auch in Kanaan.
6 Josef war der Machthaber im Land; er war es, der den Getreideverkauf an das Volk überwachte. Als nun die Brüder Josefs kamen, warfen sie sich vor ihm auf den Boden. 7 Er erkannte sie sofort, ließ sich aber nichts anmerken und redete hart mit ihnen. »Wo kommt ihr her?«, fragte er sie. »Aus dem Land Kanaan«, erwiderten sie. »Wir möchten Getreide kaufen.« 8 Josef erkannte zwar seine Brüder, aber sie begriffen nicht, wer er war. 9 Da musste er daran denken, was er von ihnen geträumt hatte, und fuhr sie an: »Spione seid ihr! Ihr seid nur gekommen, um das Land auszukundschaften!« 10 »Nein, Herr!«, riefen sie. »Deine Sklaven sind nur gekommen, um Nahrungsmittel zu kaufen. 11 Wir alle sind Söhne eines einzigen Mannes, ehrliche Leute. Deine Sklaven sind keine Spione!« 12 »Das glaube ich nicht!«, sagte er. »Ihr wollt nur das Land auskundschaften!« 13 Sie erwiderten: »Deine Sklaven sind zwölf Brüder, Söhne eines einzigen Mannes aus dem Land Kanaan. Der Jüngste blieb bei unserem Vater und einer – er ist nicht mehr da.« 14 »Nein, ihr seid Spione, wie ich es gesagt habe! 15 Ich werde eure Behauptung prüfen! Und ich schwöre euch beim Leben des Pharao, dass ihr hier nicht wieder herauskommt, wenn ihr nicht euren jüngsten Bruder herbeischafft! 16 Einer von euch soll euren Bruder holen! Ihr anderen bleibt so lange gefangen. Dann wird man ja sehen, ob ihr die Wahrheit gesagt habt! Und wenn nicht: Beim Pharao, dann seid ihr doch Spione!«

17 Dann ließ er sie für drei Tage ins Gefängnis schaffen. 18 Doch am dritten Tag sagte er zu ihnen:»Wenn ihr tut, was ich euch sage, bleibt ihr am Leben, denn ich fürchte Gott. 19 Wenn ihr wirklich aufrichtig seid, dann lasst einen von euch hier im Gefängnis zurück. Ihr anderen kehrt heim und nehmt das Getreide für den Hunger in euren Häusern mit. 20 Aber ihr müsst mir euren jüngsten Bruder herbringen, damit sich zeigt, ob ihr die Wahrheit gesagt habt, und ihr nicht sterben müsst!« Sie gingen darauf ein, 21 sagten aber zueinander: »Das büßen wir für unseren Bruder. Wir sahen, welche Angst er hatte, als er um Erbarmen flehte. Aber wir haben nicht darauf gehört. Deshalb sind wir jetzt in diese Bedrängnis gekommen.« 22 Ruben entgegnete ihnen: »Ich habe euch doch gesagt: ›Vergreift euch nicht an dem Jungen!‹ Aber ihr wolltet nicht hören! Jetzt müssen wir für sein Blut büßen.« 23 Sie ahnten nicht, dass Josef sie verstand, denn er hatte durch einen Dolmetscher mit ihnen gesprochen. 24 Er wandte sich von ihnen ab und weinte. Als er wieder sprechen konnte, ließ er Simeon festnehmen und vor ihren Augen fesseln.

25 Dann befahl er, ihre Säcke mit Getreide zu füllen und jedem sein Geld, das er bezahlt hatte, wieder oben hinein zu legen. Außerdem sollte man ihnen Verpflegung für die Reise mitgeben. Als das geschehen war, 26 luden die Brüder das Getreide auf ihre Esel und zogen davon. 27 Als einer von ihnen an dem Platz, wo sie übernachten wollten, seinen Sack öffnete, um dem Esel Futter zu geben, da sah er obenauf sein Geld liegen. 28 »Mein Geld ist zurückgegeben worden!«, berichtete er seinen Brüdern. »Seht, hier im Sack!« Da verließ sie der Mut. Erschrocken sahen sie sich an und sagten:»Was hat Gott uns da angetan?«

29 So kamen sie zu ihrem Vater Jakob zurück und berichteten ihm alles, was passiert war. Sie sagten: 30 »Der Mann, der in Ägypten die Macht hat, fuhr uns hart an und behandelte uns wie Spione. 31 Wir sagten zwar zu ihm: ›Wir sind ehrliche Leute, keine Spione. 32 Zwölf Brüder sind wir, Söhne unseres Vaters. Einer von uns ist nicht mehr, und der Jüngste ist bei unserem Vater im Land Kanaan.‹ 33 Aber der Mann sagte zu uns: ›Ich werde sehen, ob ihr ehrliche Leute seid. Lasst einen eurer Brüder bei mir, ihr anderen kehrt heim und nehmt mit, was ihr für den Hunger in euren Häusern braucht. 34 Aber euren jüngsten Bruder müsst ihr mir herbringen! Dann sehe ich, dass ihr keine Spione, sondern ehrliche Leute seid. Und dann werde ich euch euren anderen Bruder zurückgeben und ihr könnt euch ungehindert im Land bewegen.‹«

35 Als sie ihre Säcke ausschütten wollten, fand jeder den Geldbeutel oben im Sack. Und als sie sahen, dass es ihre Beutel waren, erschraken sie und ihr Vater auch. 36 Jakob rief:»Ihr raubt mir meine Kinder! Josef ist weg, Simeon ist weg und Benjamin wollt ihr mir wegnehmen! Nichts bleibt mir erspart!« 37 Da sagte Ruben zu seinem Vater:»Wenn ich ihn dir nicht wiederbringe, darfst du meine beiden Söhne töten. Vertraue ihn mir an! Ich

bringe ihn dir zurück!« 38 »Mein Sohn wird nicht mit euch ziehen«, sagte Jakob. »Sein Bruder* ist tot, und ich habe nur noch ihn. Sollte ihm unterwegs etwas zustoßen, würdet ihr mein graues Haar mit Kummer ins Totenreich bringen.«

Juda bürgt für Benjamin

43 1 Der Hunger lastete schwer auf dem Land. 2 Das Getreide, das sie aus Ägypten geholt hatten, war inzwischen völlig aufgezehrt. Da sagte ihr Vater zu ihnen: »Geht noch einmal hin und kauft uns etwas zu essen!« 3 Juda entgegnete: »Der Mann hat uns ernstlich verwarnt. ›Kommt mir nicht unter die Augen ohne euren Bruder!‹, hat er gesagt. 4 Wenn du unseren Bruder mitgehen lässt, ziehen wir hin und kaufen Nahrung für dich; 5 wenn nicht, bleiben wir hier, denn der Mann hat gesagt: ›Kommt mir nicht unter die Augen ohne euren Bruder!‹« 6 Da sagte Israel: »Warum habt ihr mir das Leid angetan und ihm verraten, dass ihr noch einen Bruder habt?« 7 Sie erwiderten: »Der Mann erkundigte sich genau nach uns und unserer Familie. ›Lebt euer Vater noch?‹, wollte er wissen. ›Habt ihr noch einen Bruder?‹ Da haben wir ihm gesagt, wie es sich verhält. Wir konnten doch nicht ahnen, dass er sagen würde: ›Bringt euren Bruder her!‹« 8 Da sagte Juda zu seinem Vater Israel: »Schick den Jungen mit mir, damit wir aufbrechen können und nicht alle sterben müssen, wir und du und unsere Kinder. 9 Ich selbst will Bürge für ihn sein. Von mir sollst du ihn zurückfordern. Mein Leben lang will ich vor dir schuldig sein, wenn ich ihn nicht lebend zu dir zurückbringe! 10 Hätten wir nicht so lange gezögert, wären wir schon zweimal wieder da.« 11 Da sagte Israel, ihr Vater, zu ihnen: »Wenn es also sein muss, nehmt ihn mit. Aber nehmt dem Mann ein Geschenk vom Besten unseres Landes mit: ein wenig Mastix, Tragakant und Ladanum*, ein wenig Traubenhonig*, Pistazien und Mandeln! 12 Nehmt auch den doppelten Geldbetrag mit und bringt das Geld, das sich oben in euren Säcken fand, eigenhändig zurück. Vielleicht war es ein Versehen. 13 Und dann nehmt euren Bruder mit und kehrt zu dem Mann zurück! 14 El-Schaddai, der allmächtige Gott, lasse euch Erbarmen bei dem Mann finden, dass er euren anderen Bruder und Benjamin wieder mit euch heimkehren lässt. Und ich – wenn ich kinderlos sein soll, muss ich eben kinderlos sein.«

Zweite Reise nach Ägypten

15 Dann packten die Männer das doppelte Geld und die Geschenke ein und reisten mit Benjamin nach Ägypten. So kamen sie zu Josef. 16 Als Josef Benjamin bei ihnen sah, sagte er zu seinem Hausverwalter: »Lass die Männer ins Haus kommen, lass schlachten und zurichten, denn sie sollen bei mir zu Mittag essen!« 17 Der gehorchte und führte die Männer zum

---

42,38 *Bruder.* Gemeint ist der von der gleichen Mutter geborene Josef.

43,11 Zu *Mastix, Tragakant* und *Ladanum* siehe 1. Mose 37,25.

Traubenhonig war ein dick eingekochter Sirup, der mit Wasser vermischt auch als Wein getrunken wurde.

Haus Josefs. *18* Als sie merkten, dass sie dorthin geführt wurden, bekamen sie Angst und sagten zueinander: »Das ist wegen des Geldes, das wieder in unsere Säcke geraten ist. Sie werden über uns herfallen, uns die Esel wegnehmen und uns zu Sklaven machen.« *19* Darum wandten sie sich an den Verwalter Josefs und sprachen ihn noch vor dem Tor an. *20* »Bitte Herr«, sagten sie zu ihm, »wir sind das vorige Mal wirklich nur hergekommen, um Getreide zu kaufen. *21* Als wir dann aber in die Herberge kamen und unsere Säcke öffneten, fanden wir das ganze Geld, das wir bezahlt hatten, oben im Sack liegen. Darum haben wir es wieder mitgebracht *22* und dazu neues Geld, um Nahrungsmittel zu kaufen. Wir wissen nicht, wer uns das Geld wieder in die Säcke gelegt hat.« *23* Doch er sagte: »Friede sei mit euch! Habt keine Angst! Euer Gott, der Gott eures Vaters, hat euch einen Schatz in eure Säcke gegeben! Euer Geld habe ich erhalten.« Dann brachte er Simeon zu ihnen *24* und führte sie alle miteinander in Josefs Haus. Er ließ ihnen Wasser bringen, damit sie ihre Füße waschen konnten, und ihren Eseln ließ er Futter geben. *25* Sie legten inzwischen die Geschenke zurecht, bis Josef am Mittag käme, denn sie hatten gehört, dass sie dort essen sollten.

26 Als Josef nach Hause kam, brachten sie ihm die Geschenke und warfen sich vor ihm auf den Boden. *27* Josef erkundigte sich nach ihrem Wohlergehen und fragte dann: »Geht es eurem alten Vater wohl, von dem ihr gesprochen habt? Lebt er noch?« *28* Sie sagten: »Es geht deinem Sklaven, unserem Vater, gut. Ja, er lebt noch.« Und noch einmal warfen sie sich vor ihm nieder. *29* Da erblickte er seinen Bruder Benjamin, den Sohn seiner eigenen Mutter. »Ist das euer jüngster Bruder, von dem ihr gesprochen habt?«, fragte er und sagte: »Gott segne dich, mein Sohn!« *30* Dann lief er schnell hinaus, denn beim Anblick seines Bruders wurde er sehr bewegt und war nahe daran zu weinen. Er ging in sein Privatzimmer und weinte dort. *31* Dann wusch er sich das Gesicht und kam zurück. Er nahm sich zusammen und befahl: »Tragt das Essen auf!« *32* Man trug das Essen auf, getrennt für ihn, für sie und für die anwesenden Ägypter. Ägypter essen nicht an einem Tisch mit Hebräern, denn das gilt ihnen als Gräuel. *33* Die Brüder kamen vor Josef zu sitzen, genau nach ihrem Alter geordnet. Da sahen sie sich staunend an. *34* Josef ließ ihnen von den Gerichten servieren, die auf seinem eigenen Tisch aufgetragen wurden. Die Portion Benjamins war fünfmal größer als die der anderen. Sie tranken mit ihm, bis sie in ausgelassener Stimmung waren.

Der Becher

44 *1* Später befahl Josef seinem Hausverwalter: »Füll die Säcke der Männer mit Getreide. Gib ihnen, so viel sie tragen können, und lege ihr Geld wieder oben hinein. *2* In den Sack des Jüngsten legst du noch meinen Kelch dazu, den silbernen!« Der Verwalter machte es genau, wie Josef es ihm befohlen hatte. *3* Am Morgen, als es hell wurde, schickte man die Männer mit ihren Eseln nach

schnell auf den Weg zu meinem Vater und sagt ihm: ›So spricht dein Sohn Josef: Gott hat mich zum Herrn von ganz Ägypten gemacht. Komm her zu mir, lass dich nicht aufhalten! 10 Du sollst im Land Goschen* wohnen, ganz in meiner Nähe. Bring deine Kinder und Enkel mit, deine Schafe, deine Rinder und alles, was du hast. 11 Ich will dich dort versorgen, damit du mit deiner Familie nicht in Armut gerätst, denn die Hungersnot dauert noch fünf Jahre.‹ 12 Ihr seht es doch mit eigenen Augen, dass ich es bin, der mit euch redet, und auch du, mein Bruder Benjamin! 13 Ihr müsst meinem Vater von meiner Stellung hier in Ägypten erzählen. Berichtet ihm alles, was ihr gesehen habt! Und beeilt euch und bringt meinen Vater zu mir her!« 14 Dann fiel er seinem Bruder Benjamin um den Hals, und beide weinten. 15 Danach küsste er unter Tränen auch seine anderen Brüder. Erst dann fanden diese ihre Sprache wieder und redeten mit ihm.

16 »Josefs Brüder sind gekommen!« Als diese Nachricht den Hof des Pharao erreichte, löste sie bei ihm und seinen Beamten Freude aus. 17 Der Pharao sagte zu Josef: »Sag deinen Brüdern, sie sollen ihre Tiere beladen, ins Land Kanaan reisen 18 und euren Vater und eure Familien herholen. Ich will euch das Beste geben, was Ägypten zu bieten hat, ihr sollt die besten Erzeugnisse des Landes genießen. 19 Du bist berechtigt, sie anzuweisen: ›Nehmt euch Wagen aus Ägypten für eure Frauen und Kinder mit und lasst euren Vater

aufsteigen und kommt! 20 Bedauert nicht den Verlust eures Hausrats, denn das Beste, was Ägypten zu bieten hat, soll euch gehören.‹« 21 Die Söhne Israels machten es so. Nach Weisung des Pharao gab Josef ihnen Wagen und Verpflegung für die Reise mit. 22 Jedem schenkte er ein Festgewand. Doch Benjamin gab er fünf Festgewänder und 300 Silberstücke dazu. 23 Seinem Vater schickte er zehn Esel, beladen mit dem Besten Ägyptens, und zehn Eselinnen, beladen mit Getreide, Brot und anderen Nahrungsmitteln für die Reise. 24 Dann verabschiedete er seine Brüder, und sie zogen los. »Streitet euch nicht auf dem Weg!«, rief er ihnen nach.

25 Sie zogen also von Ägypten hinauf und kamen nach Kanaan zu ihrem Vater Jakob. 2 »Josef lebt!«, riefen sie. »Er ist sogar der Herr über ganz Ägypten!« Aber sein Herz blieb kalt. Er glaubte ihnen nicht. 27 Da erzählten sie ihm ausführlich alles, was Josef ihnen aufgetragen hatte. Und als ihr Vater die Wagen sah, die Josef mitgeschickt hatte, um ihn zu holen, kam wieder Leben in ihn. 28 »Genug!«, rief er. »Mein Sohn Josef lebt noch! Ich will hin und ihn sehen, bevor ich sterbe!«

Jakobs Übersiedlung nach Ägypten

46 1 Israel brach auf mit allem, was er hatte. Als er nach Beerscheba kam, schlachtete er einige Tiere und brachte sie dem Gott seines Vaters Isaak als Opfer. 2 In der Nacht sprach Gott zu ihm in einer Vision: »Jakob! Jakob!« – »Ja?«, antwortete er. 3 »Ich bin Gott, der Gott deines

Vaters. Hab keine Angst, nach Ägypten zu ziehen, denn ich lasse dich dort zu einem großen Volk werden. *4* Ich selbst ziehe mit dir nach Ägypten und werde dich auch wieder hier heraufbringen. Und Josef wird dir die Augen zudrücken.« *5* Dann brach Jakob von Beerscheba auf. Seine Söhne setzten ihn und ihre Kinder und Frauen auf die Wagen, die der Pharao mitgeschickt hatte, um sie zu holen. *6* Mit ihren Herden und allem, was sie in Kanaan erworben hatten, kamen sie nach Ägypten, Jakob und seine ganze Familie, *7* seine Söhne und Töchter, seine Enkel und Enkelinnen. Seine ganze Nachkommenschaft brachte Israel mit nach Ägypten.

8 Es folgen die Namen der Söhne Israels, die nach Ägypten kamen: Zunächst Jakob selbst und sein Sohn Ruben, der Erstgeborene. *9* Dann dessen Söhne Henoch, Pallu, Hezron und Karmi. *10* Simeon und seine Söhne Jemuël, Jamin, Ohad, Jachin, Zohar und Schaul, der Sohn einer Kanaaniterin. *11* Levi und seine Söhne Gerschon, Kehat und Merari. *12* Juda und seine Söhne Er, Onan, Schela, Perez und Serach; die beiden ersten waren schon in Kanaan gestorben; Perez hatte zwei Söhne: Hezron und Hamul. *13* Issachar und seine Söhne Tola, Puwa, Jaschub und Schimron. *14* Sebulon und seine Söhne Sered, Elon und Jachleel. *15* Das sind die Nachkommen, die Lea dem Jakob noch in Mesopotamien geboren hatte, dazu eine Tochter: Dina. Es waren also 33 Söhne und Töchter. *16* Die Söhne Gads waren Zifjon, Haggi, Schuni, Ezbon, Eri, Arod und

Areli. *17* Die Söhne Aschers: Jimna, Jischwi, Jischwi und Beria, dazu seine Tochter Serach; Beria hatte zwei Söhne: Heber und Malkiël. *18* Das sind die Nachkommen der Sklavin Silpa, die Laban seiner Tochter Lea mitgegeben hatte: 16 Personen. *19* Von Jakobs Frau Rahel stammen Josef und Benjamin. *20* Von Josef stammen Manasse und Efraïm, die ihm Asenat, die Tochter des Priesters Potifera aus Heliopolis, in Ägypten geboren hatte. *21* Die Söhne Benjamins waren Bela, Becher, Aschbel, Gera, Naaman, Ehi, Rosch, Muppim, Huppim und Ard. *22* Die Nachkommen Rahels waren also 14 Personen. *23* Dans Sohn hieß Huschim. *24* Naftalis Söhne waren Jachzeel, Guni, Jezer und Schillem. *25* Das sind die Nachkommen der Sklavin Bilha, die Laban seiner Tochter Rahel mitgeben hatte: sieben Personen. *26* Die Gesamtzahl der Personen, die mit Jakob nach Ägypten kamen und von ihm abstammten, betrug ohne die Frauen der Söhne Jakobs 66 Personen. *27* Dazu kommen die Söhne Josefs, die ihm in Ägypten geboren wurden, zwei Personen. Insgesamt waren 70 Personen* von der Familie Jakobs nach Ägypten gekommen.

46,27 70 Personen. Die griechische Übersetzung des Alten Testaments, die im 3. Jahrhundert v.Chr. in Alexandria entstand, die sogenannte Septuaginta (=LXX), fügt in Vers 20 noch einen Sohn und einen Enkel von Manasse und zwei Söhne und einen Enkel von Ephraim hinzu - insgesamt fünf Personen, sodass die Familie Jakobs 75 Personen umfasste, siehe auch Apostelgeschichte 7,14.

²⁸ So kam Jakob ins Land Goschen. Er hatte Juda zu Josef vorausgeschickt, damit dieser die entsprechenden Anweisungen gebe und sie nach Goschen ziehen könnten. ²⁹ Josef ließ seinen Wagen anspannen und zog seinem Vater Israel nach Goschen entgegen. Als er ihn zu Gesicht bekam, fiel er ihm um den Hals und weinte lange. ³⁰ »Nun will ich gerne sterben!«, sagte Israel zu ihm, »nachdem ich dich wiedergesehen habe und weiß, dass du noch am Leben bist.« ³¹ Dann sagte Josef zu seinen Brüdern und ihren Familien: »Ich gehe jetzt zum Pharao und werde ihm sagen: ›Die ganze Familie meines Vaters, die im Land Kanaan lebte, ist zu mir gekommen. ³² Die Männer sind Schafhirten, Viehzüchter seit eh und je. Sie haben ihren ganzen Besitz, ihre Schafe, Ziegen und Rinder mitgebracht.‹ ³³ Wenn der Pharao euch dann zu sich rufen lässt und euch nach eurer Tätigkeit fragt, ³⁴ sagt ihm: ›Deine Sklaven sind von Jugend an Viehzüchter gewesen wie unsere Vorfahren.‹ Dann könnt ihr hier im Land Goschen bleiben. Den Ägyptern sind Kleinviehhirten nämlich ein Gräuel.«

47 ¹ Josef ging zum Pharao und berichtete ihm: »Mein Vater und meine Brüder sind aus dem Land Kanaan hier eingetroffen. Sie haben ihren ganzen Besitz, ihr Kleinvieh und ihre Rinder mitgebracht und sind im Land Goschen angekommen.« ² Er hatte fünf Männer aus dem Kreis seiner Brüder mitgebracht und stellte sie dem Pharao vor. ³ Der fragte sie: »Was ist eure Tätigkeit?« – »Deine Sklaven sind Kleinviehhirten wie schon unsere Vorfahren.« ⁴ Weiter sagten sie: »Wir möchten als Gäste im Land bleiben, denn in Kanaan gibt es wegen der Dürre keine Weiden mehr für unsere Herden. Erlaube uns doch, im Land Goschen zu siedeln!« ⁵ Da sagte der Pharao zu Josef: »Dein Vater und deine Brüder sind also zu dir gekommen. ⁶ Ägypten steht dir offen. Lass sie im besten Teil des Landes wohnen. Sie können in Goschen bleiben. Und wenn tüchtige Leute unter ihnen sind, dann setze sie als Oberhirten für mein eigenes Vieh ein.«

⁷ Dann brachte Josef auch seinen Vater Jakob hinein und stellte ihn dem Pharao vor. Und Jakob segnete den Pharao. ⁸ Dieser fragte ihn: »Wie hoch ist eigentlich die Zahl deiner Lebensjahre?« ⁹ »130 Jahre lebe ich als Fremder auf dieser Erde«, erwiderte Jakob. »Die Zeit meines Lebens war kurz und mühselig und reicht nicht an die Lebensjahre meiner Väter heran, die ebenso heimatlos auf der Erde lebten.« ¹⁰ Mit einem Segenswunsch verabschiedete sich Jakob vom Pharao.

¹¹ Josef wies seinem Vater und seinen Brüdern Wohnsitze an und gab ihnen Grundbesitz im Land Ägypten, im besten Teil des Landes in der Gegend von Ramses*, wie der Pharao befohlen hatte. ¹² Er sorgte dafür, dass seine Angehörigen entsprechend ihrer Kopfzahl Nahrungsmittel bekamen.

47,11 *Ramses* war eine Stadt im östlichen Nildelta, etwa 30 km südlich von Tanis/Zoan.

Josefs Verwaltung von Ägypten

13 Im ganzen Land gab es kein Brot, und die Hungersnot wurde immer schlimmer. Auch das Land Ägypten war vom Hunger erschöpft, Kanaan ebenso. 14 Durch das Getreide, das Josef verkaufte, brachte er schließlich alles Geld zusammen, das in beiden Ländern in Umlauf war, und übergab es dem Pharao. 15 Als dann in Ägypten und Kanaan das Geld ausgegangen war, kamen die Ägypter zu Josef und sagten: »Schaff uns Brot her! Oder sollen wir hier vor deinen Augen verhungern? Wir haben kein Geld mehr.« 16 Da sagte Josef: »Bringt mir statt Geld euer Vieh, dann gebe ich euch dafür Getreide.« 17 Da brachten sie ihr Vieh zu Josef, ihre Pferde, ihre Schaf- und Rinderherden, ihre Esel; und Josef versorgte sie das ganze Jahr über mit Nahrung.

18 Im folgenden Jahr kamen sie wieder und sagten: »Wir können es dir, unserem Herrn, nicht verschweigen: Unser Geld ist ausgegangen, unser Vieh ist in deinem Besitz. Wir haben nur noch uns selbst und unsere Felder. 19 Sollen wir hier vor deinen Augen sterben – so wie unser Ackerland stirbt? Kaufe uns und unsere Felder für den Pharao, dann wollen wir auf unserem Ackerland für ihn arbeiten. Aber gib uns Getreide, damit wir leben können und Saatgut für unsere Felder haben, und damit das Ackerland nicht verödet.« 20 So kaufte Josef das ganze Land auf und machte es zum Eigentum des Pharao. Weil die Hungersnot so groß war, musste jeder Ägypter sein Ackerland verkaufen. 21 Von einem Ende Ägyptens bis zum anderen ließ Josef das Volk dazu in die Städte kommen*. 22 Nur das Land der Priester kaufte er nicht auf, denn die Priester lebten von einem festen Einkommen, das der Pharao für sie festgesetzt hatte; deshalb mussten sie ihr Land nicht verkaufen. 23 Zum Volk sagte Josef: »Heute habe ich euch und euer Ackerland für den Pharao erworben. Hier habt ihr Saatgut, bestellt eure Felder! 24 Von der Ernte müsst ihr den fünften Teil an den Pharao abgeben*, die anderen vier Teile sind für neues Saatgut und zur Ernährung für euch und eure Familien bestimmt.« 25 Sie sagten: »Du hast uns das Leben erhalten! Wenn wir Gunst vor dir finden, wollen wir gern Sklaven des Pharao sein.« 26 Josef machte es zum Gesetz, dass ein Fünftel der Ernte dem Pharao abzuliefern war. Das gilt bis zum heutigen Tag. Nur das Land der Priester kam nicht an den Pharao.

Jakobs letzter Wille

27 So wohnte Israel* also in Ägypten. Die Israeliten machten sich im Land Goschen ansässig, waren fruchtbar und vermehrten sich sehr. 28 Jakob

---

47,21 Volk ... kommen. Offenbar, um die Grundstücksangelegenheiten zu regeln und Saatgut zu erhalten. Die LXX liest hier: ... machte Josef das Volk zu dessen Sklaven.

47,24 fünften Teil ... abgeben. Josef machte die Bevölkerung nicht zu Sklaven, sondern zu Pächtern. 20% Abgaben waren keinesfalls überhöht, andernorts lagen sie bei 40% oder sogar 60%.

47,27 Israel. Der Name, den Jakob von Gott erhalten hatte, geht hier schon auf seine Nachkommen über.

47,29 Nachkommenschaft. Siehe Fußnote zu 1. Mose 24,2.

lebte noch 17 Jahre in Ägypten. Er wurde 147 Jahre alt. *29* Als das Ende nahte, ließ er seinen Sohn Josef rufen und sagte zu ihm: »Erweise mir die Gunst und schwöre bei meiner Nachkommenschaft*, dass du mit Liebe und Treue an mir handelst und mich nicht in Ägypten begräbst! *30* Wenn ich im Tod mit meinen Vorfahren vereint bin, dann bring mich aus Ägypten weg und begrabe mich bei meinen Vorfahren!« Josef versprach ihm: »Ich werde tun, was du gesagt hast!« *31* »Schwöre es mir!«, sagte Jakob, und Josef schwor es ihm. *31* Dann verneigte sich Israel ehrfürchtig zum Kopfende seines Bettes hin.*

Jakobs Segen

48 *1* Einige Zeit danach sagte man Josef: »Dein Vater ist krank.« Da nahm er seine beiden Söhne Manasse und Efraïm und machte sich auf den Weg. *2* Als Jakob gesagt wurde: »Dein Sohn Josef kommt zu dir«, nahm er alle seine Kraft zusammen und setzte sich im Bett auf. *3* Er sagte zu Josef: »El-Schaddai, der allmächtige Gott, erschien mir in Lus im Land Kanaan. Er segnete mich *4* und sagte: ›Ich will dich fruchtbar machen und vermehren. Zu einer ganzen Schar von Völkern sollst du werden. Und dieses Land werde ich deiner Nachkommenschaft für alle Zeiten zum Besitz geben.‹ *5* Deine beiden Söhne, die dir hier in Ägypten geboren wurden,

bevor ich ins Land kam, nehme ich als meine Söhne an. Efraïm und Manasse sollen genauso viel gelten wie Ruben und Simeon. *6* Aber die Kinder, die dir später geboren werden, gelten als deine Nachkommen. Sie bekommen jedoch Anteil am Landbesitz ihrer älteren Brüder. *7* Und ich – als ich aus Mesopotamien ins Land Kanaan zurückkam, starb Rahel kurz vor Efrata. Und ich begrub sie dort am Weg nach Efrata, das jetzt Bethlehem heißt.« *8* Israel bemerkte Josefs Söhne und fragte: »Wen hast du da mitgebracht?« *9* »Das sind die Söhne, die Gott mir hier geschenkt hat«, erwiderte Josef. »Bring sie her«, sagte Jakob, »ich will sie segnen!« *10* Seine Augen waren altersschwach geworden, und er konnte nicht mehr sehen. Josef ließ seine Söhne zu ihm herantreten und Israel küsste und umarmte sie. *11* Dann sagte er zu Josef: »Ich hätte nie geglaubt, dich wiederzusehen, und nun hat Gott mich sogar deine Nachkommen sehen lassen!« *12* Josef nahm sie von seinen Knien weg und beugte sich nieder, mit dem Gesicht bis zur Erde. *13* Dann nahm er Efraïm an die rechte Hand – von Jakob aus gesehen links – und Manasse an die linke – von Jakob aus gesehen rechts – und brachte sie so zu seinem Vater. *14* Doch Israel kreuzte seine Hände und legte seine rechte Hand auf Efraïms Kopf – obwohl er der Jüngere war – und die linke auf den Kopf Manasses, obwohl dies der Erstgeborene war. *15* Dann segnete er Josef und sagte:

»Gott, vor dem meine Väter
Abraham und Isaak lebten, /
Gott, der mein Leben lang und bis

47,31 Es sollte deutlich werden, dass er sich vor Gott (siehe 1. Könige 1,47-48) verneigt, nicht vor seinem Sohn Josef.

heute mein Hirt ist, *16* der Engel, der mich von allem Übel erlöst hat, / segne die Jungen. / In ihnen lebe mein Name weiter / und der meiner Väter Abraham und Isaak. / Zahlreich sollen sie werden, / mitten im Land!«

17 Josef hatte gesehen, dass sein Vater die rechte Hand auf Efraïms Kopf legte. Das missfiel ihm und er nahm sie, um sie auf Manasses Kopf zu legen. *18* »Nicht so, mein Vater!«, sagte er. »Dies ist der Erstgeborene. Leg deine rechte Hand auf ihn!« *19* Aber sein Vater weigerte sich und sagte: »Ich weiß es, mein Sohn, ich weiß es. Auch er wird zu einem Volk werden, auch er wird groß sein. Aber sein jüngerer Bruder wird noch größer werden als er. Seine Nachkommen werden zu einer Menge von Völkern.« *20* So segnete er sie an jenem Tag und sagte zu Josef: »Mit dir wird Israel sich segnen und sagen: ›Gott mache dich wie Efraïm und Manasse!‹« So stellte er Efraïm vor Manasse.

21 Dann sagte Israel zu Josef: »Ich sterbe jetzt. Doch Gott wird bei euch sein und euch zurückführen in das Land eurer Väter. *22* Und ich gebe dir ein Stück Land* über deine Brüder hinaus, das ich den Amoritern* mit Schwert und Bogen* weggenommen habe.«

Jakob segnet seine zwölf Söhne

49 *1* Dann rief Jakob alle seine Söhne zu sich und sagte: »Versammelt euch, damit ich verkünde, / was euch begegnet in künftiger Zeit. *2* Kommt und hört, ihr Jakobssöhne, / hört auf euren Vater Israel!

3 Ruben, du mein Erstgeborener, / meine Stärke und der Erstling meiner Kraft! / Erster an Hoheit und Erster an Macht! *4* Du brodeltest wie Wasser. / Du sollst nicht der Erste sein, / denn du bestiegst das Bett deines Vaters, / da hast du es entweiht, / du, der mein Lager bestieg!

5 Die Brüder Simeon und Levi, / ihre Waffen sind Werkzeuge der Gewalt. *6* Mit ihren Plänen habe ich nichts zu tun, / meine Ehre ist nicht eins mit ihrer Schar, / denn im Zorn haben sie Männer gemordet, / mutwillig Stiere gelähmt. *7* Verflucht sei ihr zorniges Wüten, / weil es roh und grausam ist! / Ich teile sie unter Jakob auf, / ich zerstreue sie in Israel.

8 Dich, Juda, preisen deine Brüder, / weil du den Feind im Nacken packst! / Dir beugen sich die Söhne deines Vaters. *9* Du gleichst dem jungen Löwen, Juda. / Vom Raub kommst du, mein Sohn, herauf. / Er kauert hingestreckt, / dem Löwen und der Löwin gleich. / Wer wagt ihn aufzustören? *10* Nie weicht das

---

48,22 *ein Stück Land*. Wörtlich: *Schulter*, hebräisch: *schechäm*. Es meint das Stück Land bei Sichem, das Jakob nach 1. Mose 33,18 gehörte und wo Josef nach Josua 24,32 später endgültig bestattet wurde.

Amoriter. Siehe Fußnote zu 1. Mose 14,7.

Schwert und Bogen. Davon wird sonst nichts berichtet. Wahrscheinlich ist es hier im übertragenen Sinn zu verstehen: *mit eigener Kraft*.

Zepter von Juda, / der Herrscherstab von seinem Schoß, / bis der
kommt, dem er gehört. / Und ihm
werden die Völker gehorchen.
11 Am Weinstock bindet er sein
Reittier fest, / sein Eselsfohlen
an der Edelrebe*. Sein Gewand
wäscht er in Wein, / in Traubenblut den Mantel. *12* Die Augen
sind dunkler als Wein, / die Zähne
weißer als Milch.
13 Sebulon wohnt nah am
Meer, / an der Küste bei den
Schiffen, / den Rücken an Sidon*
gelehnt.
14 Issachar ist ein knochiger
Esel, / der zwischen seinen Sattelkörben liegt.* *15* Er sah die schöne
Ruhe / und dieses freundliche
Land, / da beugte er seine Schulter zum Tragen / und leistete
Zwangsarbeit.
16 Dan wird Richter sein in
seinem Volk / wie nur einer von
Israels Stämmen. *17* Dan ist wie
eine Schlange am Weg, / eine
Hornotter am Pfad. / Sie beißt das
Pferd in die Fesseln, / sein Reiter
stürzt rücklings herab.
18 – Ich warte auf deine Hilfe,
Jahwe! –
19 Gad wird von Räuberscharen
umdrängt, / doch er bedrängt
ihre Ferse.

20 Aschers Nahrung ist die beste,
die es gibt, / er liefert Speise für
den Tisch des Königs.
21 Naftali, die flüchtige Hirschkuh, / versteht sich auf gefällige
Rede.
22 Ein junger Fruchtbaum ist
Josef, / ein junger Fruchtbaum
am Quell, / seine Zweige ranken
über die Mauer. *23* Da reizten ihn
die Bogenschützen, / feindselig
beschossen sie ihn. *24* Aber sein
Bogen bleibt fest, / mit rascher
Hand schießt er zurück, / gelenkt
von den Händen des Mächtigen, /
von Jakobs Gott, / dem Hirten und
dem Stein von Israel, *25* vom Gott
deines Vaters, der dir hilft, / dem
Allmächtigen, der dich segnet. /
Er segnet dich mit Regen aus dem
Himmel / und mit Wasser aus der
Tiefe, / mit Überfluss aus Mutter-
brüsten / und Fruchtbarkeit
vom Mutterschoß. *26* Der Segen
deines Vaters übertrifft den Segen
der uralten Berge / und das
Begehrenswerte der ewigen
Hügel. / Dieser Segen sei auf
Josefs Haupt, / dem Auserwählten
seiner Brüder.
27 Benjamin ist wie ein reißender
Wolf: / Am Morgen frisst er die
Beute, / am Abend teilt er den
Raub.«

28 Diese alle sind die Stämme Israels,
und das ist es, was ihr Vater zu ihnen
sagte, als er sie segnete. Jeden von
ihnen bedachte er mit dem Segen, der
ihm zukam. *29* Dann befahl er ihnen:
»Wenn ich zu meinem Volk eingeholt
worden bin, begrabt mich bei meinen
Vätern in der Höhle, die auf dem Feld

49,11 *an der Edelrebe*. Der achtlose Umgang
mit kostbaren Dingen ist ein Zeichen von
Wohlstand.

49,13 *Sidon* war eine Stadt in Phönizien,
heute Saida im Libanon.

49,14 *Sattelkörben liegt*. Packesel legten sich
oft störrisch mitsamt den beiden Sattelkörben nieder.

des Hetiters Efron liegt; *30* in der Höhle auf dem Feld Machpela östlich von Mamre im Land Kanaan auf dem Grundstück, das Abraham als Grabstätte für seine Familie von dem Hetiter Efron erworben hat. *31* Dort wurden Abraham und seine Frau Sara begraben; dort liegen Isaak und Rebekka, und auch Lea habe ich dort beigesetzt. *32* Das Feld und die Höhle darauf sind unser rechtmäßiges Eigentum, das wir von den Hetitern erworben haben.« *33* Nachdem Jakob seinen Söhnen diese Anweisungen gegeben hatte, zog er seine Füße aufs Bett herauf. Er starb und wurde im Tod mit seinen Vorfahren vereint.

Jakobs Begräbnis

50 *1* Josef warf sich über seinen Vater, weinte um ihn und küsste ihn. *2* Dann befahl er den Ärzten, die ihm dienten, seinen Vater Israel einzubalsamieren. *3* Das dauerte wie üblich vierzig Tage. Ganz Ägypten trauerte siebzig Tage um Israel. *4* Als die Trauerzeit vorüber war, bat Josef die königlichen Hofbeamten: »Wenn ihr mir eine Gunst erweisen wollt, dann richtet dem Pharao aus: *5* ›Mein Vater hat mich schwören lassen, ihn im Land Kanaan beizusetzen, in dem Grab, das er für sich vorbereitet hat. Lass mich hinziehen und meinen Vater dort begraben! Dann komme ich wieder zurück.‹« *6* Der Pharao ließ ihm antworten: »Zieh hin und begrabe deinen Vater, wie du es ihm geschworen hast!« *7* Josef machte sich auf den Weg. Die hohen Beamten des Pharao und die führenden Männer Ägyptens begleiteten ihn. *8* Dazu kam das ganze Haus

Josefs, alle seine Brüder und die Familie seines Vaters. Nur ihre Kinder und ihre Schafe und Rinder ließen sie im Land Goschen zurück. *9* Sogar Streitwagen und Reiter zogen mit ihm hinauf. Es wurde ein gewaltiges Heerlager.

10 Als sie bis nach Goren-Atad* in der Nähe des Jordan gekommen waren, hielten sie eine sehr große und würdige Trauerfeier. Sieben Tage lang ließ Josef die Totenklage für seinen Vater dauern. *11* Die Einheimischen, die Bewohner des Landes Kanaan, beobachteten die Trauerfeier in Goren-Atad und sagten: »Eine würdige Trauer ist das für Ägypten!« Darum nannten sie den Platz Abel-Mizrajim, Trauer der Ägypter.

12 So erfüllten Jakobs Söhne den letzten Wunsch ihres Vaters. *13* Sie brachten ihn ins Land Kanaan und begruben ihn in der Höhle des Grundstücks von Machpela. Abraham hatte dieses Grundstück gegenüber von Mamre als eigene Grabstätte von dem Hetiter Efron gekauft. *14* Nachdem Josef seinen Vater beigesetzt hatte, kehrte er mit seinen Brüdern und allen, die mit ihm gezogen waren, nach Ägypten zurück.

Bestätigung der Vergebung

15 Nach dem Tod ihres Vaters gerieten Josefs Brüder in Sorge: »Was ist, wenn Josef sich nun feindlich gegen uns stellt und uns das Böse heimzahlt, das wir ihm angetan haben?« *16* So ließen sie Josef sagen: »Dein Vater hat

---

50,10 *Goren-Atad* heißt *Stechdorn-Tenne*, seine Ortslage ist unbekannt.

uns vor seinem Tod aufgetragen: *17* ›Bittet Josef: Vergib doch die Sünde und das Verbrechen deiner Brüder; vergib, dass sie dir Böses angetan haben!‹ Deshalb bitten wir dich: Vergib doch das Verbrechen der Sklaven, die dem Gott deines Vaters dienen!« Als Josef das hörte, weinte er. *18* Danach kamen die Brüder selbst zu Josef, fielen vor ihm nieder und sagten:»Wir sind deine Sklaven!« *19* Aber Josef erwiderte:»Habt keine Angst! Bin ich denn an Gottes Stelle? *20* Ihr hattet zwar Böses mit mir vor, aber Gott hat es zum Guten gewendet, um zu erreichen, was heute geschieht: ein großes Volk am Leben zu erhalten. *21* Habt also keine Angst! Ich werde euch und eure Kinder versorgen.« So beruhigte er sie und redete ihnen zu Herzen.

Josefs Ende

22 Josef blieb mit allen Nachkommen seines Vaters in Ägypten. Er wurde 110 Jahre alt *23* und sah noch Efraïms Söhne und Enkel. Auch die Söhne von Machir Ben-Manasse, wurden auf Josefs Knien geboren*. *24* Josef sagte zu seinen Brüdern:»Ich muss sterben, aber Gott wird euch nicht vergessen. Er wird euch aus diesem Land wieder in das Land bringen, das er Abraham, Isaak und Jakob zugeschworen hat.« *25* Dann ließ Josef die Söhne Israels schwören:»Wenn Gott sich euer annimmt, dann nehmt meine Gebeine von hier mit!« *26* Josef starb im Alter von 110 Jahren. Man balsamierte ihn ein und legte ihn in einen Sarg in Ägypten.

50,23 *auf Josefs Knien geboren.* Das heißt, sie wurden von Josef adoptiert.

Exodus, das zweite Buch Mose

Das zweite Buch Mose wird auch »Exodus« genannt, »Auszug«, denn es beinhaltet die Geschichte vom Auszug des Volkes Israel aus der Sklaverei in Ägypten. Das Buch ist in zwei Hauptteile gegliedert: Kapitel 1-19: Auszug aus Ägypten; Kapitel 20-40: Gesetzgebung am Berg Sinai und Bau des Heiligtums. In diesem Buch wird der Verfasser, Mose, selbst zum Träger der Handlung.

Man kann davon ausgehen, dass er dieses Buch während oder kurz nach dem Aufenthalt des Volkes am Sinai 1446 v.Chr. niederschrieb. Gott hatte ihn verschiedentlich dazu aufgefordert (2. Mose 17,14; 34,27). Auch andere biblische Bücher und Jesus selbst bestätigen die Verfasserschaft Moses (1. Könige 2,3; Nehemia 8,1; Markus 7,10; 12,26).

Israels Unterdrückung in Ägypten

1 *1* Das sind die Namen der Israeliten, die mit ihrem Vater Jakob und ihren Familien nach Ägypten gekommen waren: *2* Ruben und Simeon, Levi und Juda, *3* Issachar, Sebulon und Benjamin, *4* Dan und Naftali, Gad und Ascher. *5* Zusammen waren es 70 Personen, die alle von Jakob abstammten.* Josef war schon vorher nach Ägypten gekommen. *6* Dann starben Josef und seine Brüder. Auch von ihren Zeitgenossen lebte niemand mehr. *7* Aber die Israeliten waren fruchtbar und vermehrten sich und wurden überaus stark. Das Land füllte sich mit ihnen.

8 Da trat ein neuer König die Herrschaft über Ägypten an, der Josef nicht mehr kannte. *9* Er sagte zu seinen Leuten: »Passt auf! Das Volk der Israeliten ist zahlreicher und stärker als wir. *10* Wir müssen geschickt gegen sie vorgehen, damit sie nicht noch stärker werden! Sonst laufen sie in einem Krieg womöglich zu unseren Feinden über und kämpfen gegen uns und ziehen dann aus dem Land weg.«

11 Deshalb setzten die Ägypter Aufseher ein, um die Israeliten mit Zwangsarbeit unter Druck zu setzen. Sie mussten die Vorratsstädte Pitom* und Ramses* für den Pharao* bauen. *12* Aber je mehr sie die Israeliten unterdrückten, umso stärker vermehrten sich diese. Sie breiteten sich derartig aus, dass die Ägypter das Grauen vor den Israeliten packte. *13* Darum gingen sie hart gegen sie vor und zwangen sie zu Sklavendiensten. *14* Sie machten ihnen das Leben zur Hölle. Die Israeliten mussten

---

1,5 *70 Personen.* Siehe Fußnote zu 1. Mose 46,27. Jakobs Ankunft in Ägypten könnte um das Jahr 1867 v.Chr. stattgefunden haben.

1,11 *Pitom.* Stadt im Nordosten Ägyptens.

Ramses. Stadt im östlichen Nildelta, etwa 30 km südlich von Tanis/Zoan.

Pharao. Das ägyptische Wort bedeutet »großes Haus« und ist ein königlicher Titel.

in Schwerstarbeit Ziegel aus Lehm herstellen und harte Feldarbeiten verrichten.

15 Dann ließ der König von Ägypten die Hebammen für die Hebräer,* Schifra und Pua, zu sich rufen 16 und befahl ihnen: »Wenn ihr den hebräischen Frauen bei der Entbindung helft und seht, dass ein Junge zur Welt kommt, dann tötet ihn sofort! Mädchen dürft ihr am Leben lassen.« 17 Aber die Hebammen fürchteten Gott und befolgten den Befehl des ägyptischen Königs nicht. Sie ließen die Jungen am Leben. 18 Da rief der König sie wieder zu sich und fragte sie: »Warum tut ihr das und lasst die Jungen am Leben?« 19 Sie erwiderten dem Pharao: »Weil die hebräischen Frauen nicht so wie die ägyptischen sind. Sie sind kräftig und haben ihre Kinder schon zur Welt gebracht, ehe die Hebamme zu ihnen kommt.« 20 So vermehrte sich das Volk und wurde sehr stark. Gott tat den Hebammen Gutes. 21 Und weil sie Ehrfurcht vor ihm hatten, schenkte er ihnen Nachkommenschaft. 22 Da ließ der Pharao einen Befehl an sein ganzes Volk ergehen: »Werft jeden Jungen, der den Hebräern geboren wird, in den Nil! Nur die Mädchen dürfen am Leben bleiben.«

1,15 *für die Hebräer.* Entweder gehörten die Hebammen zu den Israeliten (Hebräer) oder es waren gottesfürchtige Ägypterinnen.

2,3 *Kästchen.* Das gleiche Wort wird nur noch einmal in der Bibel für Noahs Arche verwendet.

2,10 *Mose* erinnert im Hebräischen an »herausziehen«.

Moses Kindheit

2 1 Ein Mann von den Nachkommen Levis heiratete eine Frau aus dem gleichen Stamm. 2 Sie wurde schwanger und brachte einen Sohn zur Welt. Als sie sah, wie schön der Junge war, hielt sie ihn drei Monate lang versteckt. 3 Länger konnte sie ihn nicht verbergen. Deshalb nahm sie ein Kästchen* aus Papyrusrohr, dichtete es mit Erdharz und Pech ab und legte das Kind hinein. Dann setzte sie es im Schilf am Nilufer aus. 4 Seine Schwester blieb in der Nähe stehen, um zu sehen, was mit ihm geschehen würde.

5 Da kam die Tochter des Pharao an den Nil, um zu baden. Ihre Dienerinnen gingen am Ufer hin und her. Auf einmal sah sie das Kästchen mitten im Schilf und schickte eine Dienerin hin, um es zu holen. 6 Als sie es öffnete, fand sie einen weinenden Jungen darin. Mitleidig rief sie: »Das ist ja eins von den Kindern der Hebräer!« 7 Da sagte seine Schwester zur Tochter des Pharao: »Soll ich eine hebräische Frau holen, die das Kind für dich stillen kann?« 8 »Ja, hole sie!«, sagte die Tochter des Pharao. Da holte das Mädchen die Mutter des Kindes. 9 Die Pharaostochter sagte zu ihr: »Nimm dieses Kind und stille es für mich! Ich werde dich dafür bezahlen.« Da nahm die Frau das Kind zu sich und stillte es. 10 Als der Junge größer geworden war, übergab sie ihn der Tochter des Pharao, die ihn als ihren Sohn annahm. Sie nannte ihn Mose und sagte: »Ich habe ihn ja aus dem Wasser gezogen.«*

Mose entdeckt seine Brüder

11 Als Mose erwachsen war, ging er einmal zu seinen Brüdern* hinaus und schaute ihnen bei ihren Lastarbeiten zu. Da wurde er Zeuge, wie ein ägyptischer Mann einen von seinen Stammesbrüdern misshandelte*. 12 Mose schaute sich nach allen Seiten um, und als er sah, dass niemand in der Nähe war, erschlug er den Ägypter und verscharrte ihn im Sand. 13 Am nächsten Tag ging er wieder hinaus. Da sah er zwei Hebräer miteinander streiten. Er sagte zu dem, der im Unrecht war:»Warum schlägst du einen Mann aus deinem eigenen Volk?« 14 »Wer hat dich denn zum Aufseher und Richter über uns eingesetzt?«, erwiderte dieser.»Willst du mich auch umbringen wie den Ägypter?« Da erschrak Mose.»Also ist es doch herausgekommen«, dachte er.

Mose in Midian

15 Als der Pharao davon hörte, wollte er Mose töten lassen. Mose aber entkam ihm und hielt sich im Land Midian* auf. Eines Tages saß er dort an einem Brunnen. 16 Da kamen die sieben Töchter des Priesters von Midian zu dem Brunnen, um das Kleinvieh* ihres Vaters zu tränken. Als sie gerade die Tränkrinnen voll Wasser geschöpft hatten, 17 kamen Hirten und trieben sie weg. Da stand Mose auf und half ihnen, ihre Herde zu tränken. 18 Als sie zu ihrem Vater Reguël* zurückkamen, fragte er:»Warum seid ihr heute so früh gekommen?« 19 »Ein ägyptischer Mann hat uns gegen die Hirten verteidigt«, erwiderten sie.»Er hat uns sogar beim Tränken geholfen und auch selbst

Wasser geschöpft.« 20 »Und wo ist er?«, fragte er seine Töchter.»Warum habt ihr den Mann draußen gelassen? Ladet ihn zum Essen ein!« 21 Mose willigte dann ein, bei dem Mann zu bleiben. Dieser gab ihm später seine Tochter Zippora zur Frau. 22 Als sie einen Sohn zur Welt brachte, nannte Mose ihn Gerschom, Gast in der Öde, und sagte:»Ich bin Gast in einem fremden Land geworden.«

Gott hört den Hilferuf der Israeliten

23 Jahre später starb der König von Ägypten. Die Israeliten stöhnten unter der Zwangsarbeit und schrien um Hilfe. Ihr Schreien wegen der Arbeit drang zu Gott. 24 Gott hörte ihr Stöhnen und dachte an den Bund, den er mit Abraham, Isaak und Jakob geschlossen hatte. 25 Gott sah also nach den Israeliten und kümmerte sich um sie.

Moses Berufung

3 1 Mose war Hirt für das Kleinvieh seines Schwiegervaters Jitro*, des Priesters von Midian. Als er die

---

2,11 *Brüder* meint hier seine hebräischen Volksgenossen.

misshandelte. Das hebräische Wort kann auch »erschlug« bedeuten.

2,15 Die *Midianiter* waren ein Nomadenvolk, das in der Araba (südliches Jordantal) und in Transjordanien umherzog.

2,16 *Kleinvieh.* Gemeint sind Schafe und/ oder Ziegen.

2,18 *Reguël* heißt »Freund Gottes«. Sein anderer Name *Jitro* (2. Mose 3,1) könnte ein Titel sein mit der Bedeutung »seine Exzellenz«.

3,1 *Jitro.* Siehe Fußnote zu *Reguël* (2. Mose 2,18).

Herde hinter die Steppe führte, kam er an den Gottesberg, den Horeb*. *2* Dort erschien ihm der Engel Jahwes* in einer lodernden Flamme, die aus einem Dornbusch herausschlug. Mose sah, dass der Busch brannte, aber nicht von den Flammen

---

3,1 *Horeb.* Anderer Name für den Berg Sinai oder einen anderen Gipfel in derselben Bergregion. Der Sinai wird meist mit dem Dschebel Musa im Südosten der Sinai-Halbinsel identifiziert, was aber nicht sicher ist.

3,2 *Engel Jahwes.* Hebräisch *Mal´ach Jahwe.* Das war kein gewöhnlicher Engel, sondern eine Erscheinung Gottes.

3,6 Wird im Neuen Testament von Jesus Christus und von Stephanus zitiert: Matthäus 22,32; Markus 12,26; Lukas 20,37; Apostelgeschichte 7,32.

Gott anzusehen. Das heißt hier: in die Flamme hineinzusehen, mit der Gott sich verhüllte.

3,8 *Kanaaniter.* Bewohner des Landes Kanaan auf dem Gebiet des heutigen Israel. Sie besaßen eine gemeinsame Sprache, Religion und Kultur, waren politisch aber in viele Kleinkönigtümer und Stadtstaaten - zersplittert.

Das Reich der *Hetiter* erstreckte sich nach Norden weit bis in die heutige Türkei.

Amoriter kann sowohl für einen einzelnen Stamm als auch für alle Bewohner Kanaans stehen. Es waren semitische Einwanderer aus der Arabischen Wüste, die um 2000 v.Chr. ins Kulturland eindrangen.

Perisiter. Nicht näher bekanntes Volk in Kanaan; möglicherweise die bäuerliche Bevölkerung.

Hiwiter. Bewohner Kanaans. Die Einwohner der Städte Gibeon, Kefira, Beerot und Kirjat-Jearim gehörten zu ihnen. Ihr Hauptsiedlungsgebiet scheint am Libanon zwischen Hermon und Hamat gelegen zu haben.

Jebusiter siedelten auf dem Gebirge in Kanaan und bewohnten auch die Stadt Jerusalem.

verzehrt wurde. *3* »Warum verbrennt der Dornbusch nicht?«, dachte Mose. »Das muss ich mir aus der Nähe ansehen!«

4 Als Jahwe sah, dass Mose näher kam, rief Gott ihm aus dem Dornbusch heraus zu: »Mose! Mose!« – »Hier bin ich«, erwiderte dieser. *5* »Komm nicht näher!«, sagte Gott. »Zieh deine Sandalen aus, denn der Ort, auf dem du stehst, ist heiliges Land.« *6* Dann sagte er: »Ich bin der Gott deines Vaters, ich bin der Gott Abrahams, Isaaks und Jakobs.«* Da verhüllte Mose sein Gesicht, denn er fürchtete sich, Gott anzusehen*. *7* Doch Jahwe sprach weiter: »Ich habe sehr wohl gesehen, wie mein Volk Israel in Ägypten misshandelt wird, und habe sein Schreien wegen der Antreiber gehört. Ja, ich kenne seine Schmerzen. *8* Nun bin ich gekommen, um es aus der Gewalt der Ägypter zu befreien. Ich will es aus Ägypten herausführen in ein gutes und geräumiges Land. Ich bringe es in ein Land, das von Milch und Honig überfließt. Es ist das Land der Kanaaniter*, Hetiter*, Amoriter*, Perisiter*, Hiwiter* und Jebusiter*. *9* Ja, die Hilfeschreie der Israeliten sind bei mir angekommen, und ich habe auch gesehen, wie grausam die Ägypter sie unterdrücken. *10* Und nun geh! Ich will dich zum Pharao senden. Du sollst mein Volk, die Israeliten, aus Ägypten herausführen!«

11 Mose erwiderte Gott: »Wer bin ich denn, dass ich zum Pharao gehen und die Israeliten aus Ägypten führen könnte?« *12* Da sagte Gott: »Ich werde dir ja beistehen. Und das hier ist das Zeichen, dass ich dich beauftragt habe: Wenn du das Volk aus Ägypten herausgeführt hast, werdet ihr an diesem Berg Gott anbeten.« ¹³ Mose sagte zu Gott: »Wenn ich nun zu den Israeliten komme und ihnen sage: ›Der Gott eurer Vorfahren hat mich zu euch geschickt‹, und sie mich dann fragen: ›Wie heißt er denn?‹, was soll ich ihnen sagen?« ¹⁴ Da sagte Gott zu Mose: »Ich bin der, der ist und immer sein wird. Sag den Israeliten: Der ›Ich-bin‹* hat mich zu euch geschickt.« ¹⁵ Weiter sagte Gott zu Mose: »Sag den Israeliten: ›Jahwe, der Gott eurer Vorfahren, der Gott Abrahams, Isaaks und Jakobs, hat mich zu euch geschickt.‹ Das ist mein Name für immer. Mit diesem Namen sollen mich auch die kommenden Generationen ansprechen.«

Moses Auftrag

¹⁶ »Nun geh, ruf die Ältesten Israels zusammen und sag ihnen: ›Jahwe, der Gott eurer Vorfahren, der Gott Abrahams, Isaaks und Jakobs, ist mir erschienen und hat gesagt: Ich habe genau auf euch Acht gegeben und gesehen, was man euch in Ägypten antut, ¹⁷ und mich entschlossen, euch aus dem Elend Ägyptens herauszuführen. Ich bringe euch in das Land der Kanaaniter, Hetiter, Amoriter, Perisiter, Hiwiter und Jebusiter, in ein Land, das von Milch und Honig überfließt.‹ ¹⁸ Wenn du ihnen das sagst, werden sie auf dich hören. Dann sollst du mit den Ältesten Israels zum König von Ägypten gehen und ihm sagen: ›Jahwe, der Gott der Hebräer, ist uns erschienen. Nun lass uns doch drei Tagereisen* weit in die Wüste ziehen, damit wir Jahwe,

unserem Gott, dort Opfertiere schlachten.‹ ¹⁹ Ich weiß wohl, dass der König von Ägypten euch nicht ziehen lassen will. Auch durch eine starke Hand will er sich nicht zwingen lassen. ²⁰ Deshalb werde ich meine Hand ausstrekken und die Ägypter schlagen. Schreckenerregende Wunder werde ich unter ihnen tun. Dann erst wird er euch ziehen lassen. ²¹ Ich werde euch bei den Ägyptern Achtung verschaffen. Ihr werdet das Land nicht mit leeren Händen verlassen. ²² Jede israelitische Frau soll von ihrer Nachbarin Silber- und Goldschmuck und Obergewänder verlangen. Das können dann eure Söhne und Töchter tragen. So sollt ihr die Ägypter ausplündern.«

Moses Einwände

4 ¹ Da erwiderte Mose: »Und was ist, wenn sie mir nicht glauben, wenn sie nicht auf mich hören und sagen: ›Jahwe ist dir gar nicht erschienen!‹?« ² »Was hast du da in der Hand?«, fragte Jahwe ihn. »Einen Stab«, erwiderte Mose. ³ »Wirf ihn auf die Erde!«, befahl Jahwe. Mose tat es. Da wurde der Stab zu einer Schlange, und Mose lief vor ihr davon. ⁴ Jahwe rief: »Pack sie beim Schwanz!« Mose griff nach ihr, und sie wurde in seiner Hand wieder zum Stab. ⁵ »So werden sie glauben, dass Jahwe dir erschienen ist, der Gott ihrer Vorfahren, der Gott Abrahams, Isaaks und

---

3,14 Das Hebräische (*Ehje = Ich bin*) klingt an den Gottesnamen Jahwe an. Die Juden verstehen *Ehje* jedoch als zusätzlichen Gottesnamen.

3,18 Eine *Tagesreise* entspricht etwa dreißig Kilometern.

Jakobs.« 6 Dann befahl Jahwe ihm: »Steck deine Hand in dein Gewand!« Mose tat es, und als er die Hand wieder hervorzog, war sie voller Aussatz*, weiß wie Schnee. 7 Da befahl er ihm: »Steck deine Hand noch einmal ins Gewand!« Mose tat es, und als er sie hervorzog, war sie wieder gesund. 8 »Wenn sie dir auf das erste Zeichen hin nicht glauben, werden sie sich durch das zweite überzeugen lassen. 9 Und wenn sie selbst diesen beiden Zeichen nicht glauben und nicht auf dich hören wollen, dann nimm etwas Nilwasser und schütte es auf den Boden. Es wird dort zu Blut werden.«

10 Doch Mose erwiderte Jahwe: »Ach Herr, ich bin kein Redner. Ich konnte das noch nie. Und auch seit du mit deinem Sklaven sprichst, ist es nicht besser geworden. Ich bin schwerfällig und unbeholfen, wenn ich reden soll.« 11 Da sagte Jahwe zu ihm: »Wer hat dem Menschen denn den Mund gemacht? Wer macht Menschen stumm oder taub, sehend oder blind? Doch wohl ich, Jahwe! 12 Also geh jetzt! Ich werde deinem Mund schon beistehen und dir beibringen, was du sagen sollst.« 13 Doch Mose erwiderte: »Ach Herr, schick doch lieber einen anderen!«

14 Da wurde Jahwe zornig über Mose und sagte: »Hast du nicht noch einen Bruder, den Leviten Aaron? Er kann reden, das weiß ich. Er ist schon auf dem Weg zu dir und wird sich freuen, wenn er dich wiedersieht. 15 Dann teilst du ihm alles mit, was er sagen soll. Ich helfe dir dabei und werde auch ihm helfen und sage euch auch, was ihr tun sollt. 16 Wenn er für dich zum Volk redet, wird das so sein, als ob er dein Sprecher ist und du sein Gott* bist. 17 Und diesen Stab hier nimm in deine Hand! Mit ihm sollst du die Wunderzeichen tun.«

Moses Rückkehr nach Ägypten

18 Daraufhin kehrte Mose zu seinem Schwiegervater Jitro zurück und sagte: »Ich möchte gern zu meinen Brüdern nach Ägypten zurückkehren und sehen, ob sie noch am Leben sind.« – »Zieh in Frieden!«, sagte Jitro zu Mose.

19 Noch im Land Midian hatte Jahwe zu Mose gesagt: »Du kannst ruhig nach Ägypten zurückkehren, denn alle, die dich töten wollten, sind gestorben.« 20 So ließ Mose seine Frau mit den kleinen Kindern auf dem Esel reiten und machte sich mit ihnen auf den Weg nach Ägypten. Den Stab Gottes hatte er in der Hand.

21 Jahwe sagte zu Mose: »Wenn du wieder nach Ägypten kommst, dann sollst du vor dem Pharao die Wunderzeichen vollbringen, zu denen ich dich bevollmächtigt habe. Ich werde ihn allerdings starrsinnig machen, sodass er das Volk nicht ziehen lassen wird. 22 Dann sollst du dem Pharao verkünden: ›So spricht Jahwe: Israel ist mein erstgeborener Sohn. 23 Und ich sage dir: Lass meinen Sohn ziehen, dass er mir dient. Wenn du dich weigerst, ihn ziehen zu lassen, pass

---

4,6 *Aussatz.* Bezeichnung für rasch um sich greifende Hautkrankheiten, Lepra eingeschlossen.

4,16 *du sein Gott.* Der Pharao sollte glauben, dass Mose ein Gott ist, der mit seinem Sprecher vor ihm auftritt (siehe 2. Mose 7,1).

auf: Dann werde ich deinen erstgeborenen Sohn umbringen.‹« 24 Unterwegs am Rastplatz fiel Jahwe über Mose her und wollte ihn töten.* 25 Da nahm Zippora einen scharfen Stein, schnitt die Vorhaut am Glied ihres Sohnes ab und berührte damit die Scham von Mose.* Dabei sagte sie: »Du bist mir wirklich ein Blutsbräutigam!« 26 Wegen der Beschneidung sagte sie »Blutsbräutigam« zu ihm. Da ließ Jahwe von Mose ab.

27 Zu Aaron hatte Jahwe gesagt: »Geh in die Wüste, Mose entgegen!« Aaron machte sich auf den Weg. Am Berg Gottes traf er Mose und begrüßte ihn mit einem Kuss. 28 Mose berichtete Aaron in allen Einzelheiten, was Jahwe ihm aufgetragen hatte und welche Wunderzeichen er tun sollte. 29 Dann gingen beide nach Ägypten und riefen die Ältesten des Volkes Israel zusammen. 30 Aaron wiederholte vor ihnen alle Worte, die Jahwe zu Mose gesagt hatte, und Mose tat die Wunderzeichen vor dem Volk. 31 Da glaubten die Israeliten und begriffen, dass Jahwe ihr Elend gesehen und zu ihnen gekommen war. Sie verneigten sich und beteten Gott an.

Mose und Aaron vor dem Pharao – Verschlimmerung der Lage

5 1 Dann gingen Mose und Aaron zum Pharao und sagten: »So spricht Jahwe, der Gott Israels: Lass mein Volk ziehen, damit es in der Wüste ein Fest für mich feiern kann!« 2 »Jahwe, wer ist das überhaupt«, erwiderte der Pharao. »dass er mir befehlen will, Israel ziehen zu lassen?

Ich kenne Jahwe nicht und werde Israel auch nicht ziehen lassen!« 3 Da sagten sie: »Er ist der Gott der Hebräer, der uns begegnet ist. Darum wollen wir drei Tagereisen weit in die Wüste ziehen und Jahwe, unserem Gott, Opfer schlachten, damit er nicht mit Pest oder Schwert über uns herfällt.« 4 Der Ägypterkönig erwiderte: »Warum wollt ihr das Volk von seiner Arbeit abhalten, Mose und Aaron? Macht euch an die Arbeit!« 5 Dann fügte er noch hinzu: »Es gibt schon mehr als genug von diesem Volk, und da wollt ihr sie auch noch von ihrer Arbeit abhalten?«

6 Noch am selben Tag gab der Pharao den ägyptischen Sklaventreibern und den israelitischen Aufsehern die Anweisung: 7 »Ab sofort dürft ihr den Leuten kein Häcksel* mehr zur Herstellung der Ziegel liefern. Sie sollen sich das Stroh selbst zusammensuchen! 8 Aber sie müssen genauso viele Ziegel abliefern wie bisher! Ihr dürft ihnen nichts erlassen, denn sie sind faul. Darum schreien sie ja: ›Wir wollen losziehen und unserem Gott Opfer schlachten!‹ 9 Die Arbeit muss den Männern Druck machen! Wenn sie

4,24 *töten.* Mose hatte es versäumt, dem Gebot Gottes zu gehorchen und seinen Sohn zu beschneiden (1. Mose 17,9-14). Deswegen ließ Gott offenbar eine tödliche Krankheit über ihn kommen.

4,25 *Scham von Mose.* Das war möglicherweise ein symbolischer Akt, in dem der Gehorsam den Ungehorsam ersetzte.

5,7 Das Stroh wurde zu *Häcksel* geschnitten und diente bei der Ziegelherstellung als Bindemittel für den Lehm. Die Ziegel waren 38 x 18 x 11 cm groß und wurden in der Sonne getrocknet.

daran genug zu schaffen haben, kümmern sie sich nicht um leeres Geschwätz!«

¹⁰ So kamen die Sklaventreiber und die Aufseher des Volkes zu den Israeliten und sagten: »Der Pharao hat befohlen, dass ihr kein Häcksel mehr bekommt. ¹¹ Geht selbst und sucht euch Stroh, wo ihr es finden könnt! Doch euer Soll wird nicht gekürzt!« ¹² Daraufhin verteilte sich das Volk im ganzen Land Ägypten, um Strohstoppeln für Häcksel zu sammeln. ¹³ Die Sklaventreiber drängten sie und sagten: »Ihr müsst jeden Tag genauso viele Ziegel abliefern wie früher, als es noch Häcksel gab!« ¹⁴ Auch die israelitischen Aufseher, die die Sklaventreiber des Pharao eingesetzt hatten, wurden geschlagen und angeschrien: »Warum habt ihr gestern und heute euer Soll an Ziegeln nicht erfüllt?«

¹⁵ Da gingen die israelitischen Aufseher zum Pharao und beklagten sich: »Warum tust du das mit deinen Dienern? ¹⁶ Man liefert unseren Leuten kein Häcksel mehr und verlangt dennoch, dass sie Ziegel herstellen. Sie werden sogar geschlagen, und dabei sind deine Leute daran schuld!« ¹⁷ »Faul seid ihr«, erwiderte der Pharao, »faul! Deswegen schreit ihr: ›Wir wollen losziehen und Jahwe Opfer schlachten!‹ ¹⁸ Macht euch wieder an die Arbeit! Häcksel bekommt ihr nicht, aber euer Soll an Ziegeln müsst ihr erfüllen!«

¹⁹ Da sahen sich die Aufseher aus dem Volk Israel in einer üblen Lage, weil man ihnen sagte: »Nichts von eurem täglichen Soll an Ziegeln wird euch erlassen!«

²⁰ Als sie vom Pharao kamen, trafen sie Mose und Aaron, die auf sie warteten. ²¹ »Jahwe möge euch bestrafen!«, sagten sie zu beiden. »Ihr habt uns beim Pharao und seinen Leuten verhasst gemacht. Ihr habt ihnen eine Waffe in die Hand gegeben, mit der sie uns umbringen werden!« ²² Da wandte sich Mose an Jahwe und sagte: »Herr, warum behandelst du dieses Volk so schlecht? Wozu hast du mich denn hergeschickt? ²³ Seit ich zum Pharao gegangen bin und in deinem Namen gesprochen habe, misshandelt er das Volk nur noch mehr. Du hast dein Volk keineswegs gerettet!«

Gottes Zusagen für Israel

6 ¹ Da sagte Jahwe zu Mose: »Jetzt wirst du erleben, was ich mit dem Pharao machen werde. Eine starke Hand wird ihn zwingen, sie ziehen zu lassen, ja, er wird sie sogar aus seinem Land fortjagen.« ² Gott fuhr fort: »Ich bin Jahwe! ³ Ich bin Abraham, Isaak und Jakob als Gott, der Allmächtige, erschienen. Aber unter meinem Namen Jahwe habe ich mich ihnen noch nicht zu erkennen gegeben.* ⁴ Und dann habe ich auch meinen Bund mit ihnen geschlossen und habe versprochen, ihnen das Land Kanaan zu

---

6,3 *erkennen gegeben.* Das heißt nicht, dass sie den *Namen Jahwe* noch nicht kannten (siehe 1. Mose 12,8), sondern dass sie dessen eigentliche Bedeutung noch nicht erfassen konnten, weil Jahwe auch der ist, der sein Volk befreien wird (2. Mose 3,8.13-15). Das konnte erst das aus Ägypten befreite Volk richtig verstehen. Der Name *Jahwe* selbst kann aus der Wurzel *haja* (»sein«) abgeleitet werden (2. Mose 3,14). Die Kausativform dieser Wurzel lautet *jahwe* (»der, der ins Sein bringt«).

geben, das Land, in dem sie als Fremde lebten. 5 Auch das Stöhnen der Israeliten, die von den Ägyptern wie Sklaven behandelt werden, habe ich gehört. Da habe ich an meinen Bund gedacht. 6 Sag deshalb zu den Israeliten: ›Ich bin Jahwe. Ich befreie euch von der Zwangsarbeit für die Ägypter. Ich rette euch aus der Sklaverei. Mit starker Hand und durch große Strafgerichte werde ich euch erlösen. 7 Ich nehme euch als mein Volk an und werde euer Gott sein. Ihr sollt erkennen, dass ich Jahwe bin, euer Gott, der euch von der Zwangsarbeit für die Ägypter befreit hat. 8 Ich bringe euch in das Land, das ich Abraham, Isaak und Jakob unter Eid versprochen habe, und gebe es euch zum bleibenden Besitz, ich, Jahwe.‹«

9 Mose sagte das alles den Israeliten. Aber sie glaubten ihm nicht, so entmutigt und erschöpft waren sie von der schweren Arbeit. 10 Da sagte Jahwe zu Mose: 11 »Geh zum Pharao, dem König von Ägypten, und verlange von ihm, die Israeliten aus seinem Land ziehen zu lassen.« 12 Doch Mose erwiderte Jahwe: »Nicht einmal die Israeliten haben auf mich gehört, wie sollte es da der Pharao tun! Ich bin nun einmal ungeschickt im Reden.« 13 Aber Jahwe schickte Mose und Aaron erneut zu den Israeliten und zum Pharao, weil er sein Volk aus dem Land Ägypten herausführen wollte.

Die Herkunft von Mose und Aaron

14 Es folgt die Liste der Sippenoberhäupter: Die Nachkommen Rubens, des erstgeborenen Sohnes Israels, unterteilen sich in die Sippen Henoch, Pallu, Hezron und Karmi, 15 die Nachkommen Simeons in die Sippen Jemuël, Jamin, Ohad, Jachin, Zohar und Schaul – Schaul war der Sohn einer Kanaaniterin. 16 Mit Levi ging es folgendermaßen weiter: Seine Söhne waren Gerschon, Kehat und Merari. Levi selbst war 137 Jahre alt geworden. 17 Die Nachkommen Gerschons unterteilten sich in die Sippen Libni und Schimi, 18 die Nachkommen Kehats in die Sippen Amram, Jizhar, Hebron und Usiël – Kehat wurde 133 Jahre alt. 19 Die Nachkommen Meraris unterteilten sich in die Sippen Machli und Muschi.

20 Amram* heiratete Jochebed, die Schwester seines Vaters*. Sie gebar ihm Aaron und Mose. Amram wurde 137 Jahre alt. 21 Jizhars Söhne hießen: Korach, Nefeg und Sichri; 22 Usiëls Söhne: Mischaël, Elizafan und Sitri. 23 Aaron heiratete Elischeba, eine Tochter Amminadabs und Schwester Nachschons. Sie brachte ihm vier Söhne zur Welt: Nadab, Abihu, Eleasar und Itamar. 24 Die Nachkommen Korachs unterteilten sich in die Sippen Assir, Elkana und Abiasaf. 25 Aarons Sohn Eleasar heiratete eine Tochter Putiëls. Sie gebar

6,20 *Amram* ist nicht identisch mit dem in Vers 18 genannten, denn Kehat, der Vater dieses Amrams, war schon geboren, bevor Jakob nach Ägypten kam (1. Mose 46,11). Zwischen diesem Datum und dem des Auszugs aus Ägypten lagen 430 Jahre (2. Mose 12,40-41). Auf jeden Fall will Gottes Wort deutlich machen, dass Mose zur Sippe Amram gehörte.

Schwester seines Vaters. Eine Ehe mit so nahen Verwandten hat Gott später gesetzlich verboten (3. Mose 18,12).

ihm einen Sohn namens Pinhas. Damit sind die Familienhäupter der Leviten aufgezählt. 26 Die hier genannten Aaron und Mose sind diejenigen, denen Jahwe befohlen hatte: »Führt die Israeliten in geordneten Scharen aus Ägypten hinaus.« 27 Es sind die, die mit dem Pharao redeten, um die Israeliten aus Ägypten herauszuführen. 28 Jahwe hatte in Ägypten zu Mose gesagt: 29 »Ich bin Jahwe! Sag dem König von Ägypten alles, was ich dir auftrage!« 30 Mose aber hatte eingewandt: »Ich bin so ungeschickt im Reden, wie sollte der Pharao da auf mich hören?«

Aaron, der Sprecher Moses

7 1 Jahwe sagte zu Mose: »Pass auf! Für den Pharao habe ich dich zu einem Gott gemacht und Aaron wird dein Prophet sein. 2 Du gibst ihm alles weiter, was ich dir befehle, und dein Bruder Aaron wird dann vom Pharao fordern, dass er die Israeliten aus seinem Land ziehen lässt. 3 Ich selbst werde den Pharao starrsinnig machen und werde viele Zeichen und Wunder im Land Ägypten tun. 4 Der Pharao wird nicht auf euch hören. Deshalb wird Ägypten meine Macht zu spüren bekommen, und ich werde meine Scharen, mein Volk, die Israeliten, unter gewaltigen Strafgerichten aus dem Land Ägypten herausführen. 5 Die Ägypter sollen erkennen, dass ich es bin, Jahwe, wenn ich sie meine Macht spüren lasse und die Israeliten aus ihrem Land wegführe.« 6 Mose und Aaron taten, was Jahwe ihnen befohlen hatte. 7 Mose war damals 80 Jahre alt und Aaron 83 Jahre. 8 Jahwe hatte Mose und Aaron noch gesagt: 9 »Wenn der Pharao verlangt, dass ihr euch durch ein Wunder ausweist, dann sagst du zu Aaron: ›Wirf deinen Stab vor dem Pharao auf den Boden!‹ Dann wird er zu einer Schlange werden.«

10 Da gingen Mose und Aaron zum Pharao und taten, was Jahwe ihnen aufgetragen hatte. Aaron warf den Stab vor dem Pharao und seinen Hofbeamten hin und er wurde zur Schlange. 11 Da rief der Pharao seine Weisen und Zauberer. Diese seine Magier vollbrachten mit ihren Zauberkünsten dasselbe. 12 Jeder warf seinen Stab auf den Boden, und es wurden Schlangen daraus. Doch Aarons Stab verschlang ihre Stäbe. 13 Der Pharao aber blieb hart. Er hörte nicht auf Mose und Aaron, wie Jahwe es gesagt hatte.

1. Plage: Wasser wird Blut

14 Jahwe sagte zu Mose: »Der Pharao bleibt hart. Er weigert sich, das Volk ziehen zu lassen. 15 Geh morgen früh zu ihm, wenn er ans Wasser hinunter geht. Nimm den Stab mit, der sich in eine Schlange verwandelt hat, und tritt dem Pharao am Ufer des Nils entgegen! 16 Sag zu ihm: ›Jahwe, der Gott der Hebräer, hat mich zu dir geschickt und fordert dich auf: Lass mein Volk ziehen, damit es mir in der Wüste dient! Aber bis jetzt hast du nicht darauf gehört. 17 So spricht Jahwe: Jetzt wirst du merken, dass ich, Jahwe, es bin. Pass auf! Ich werde mit dem Stab in meiner Hand auf das Wasser im Nil schlagen, und es wird sich in Blut verwandeln. 18 Dann werden die Fische im Nil verenden und der Fluss wird stinken, sodass

die Ägypter sich ekeln, Nilwasser zu trinken.‹« ¹⁹ Dann sagte Jahwe zu Mose: »Sag Aaron: ›Strecke deinen Stab über alle Gewässer Ägyptens aus, über die Flüsse und Kanäle, die Sümpfe* und alle Wasserstellen! Dann wird alles Wasser in Ägypten zu Blut, selbst in den entlegenen Ecken*.‹« ²⁰ Mose und Aaron taten, was Jahwe ihnen aufgetragen hatte. Aaron hob den Stab und schlug vor den Augen des Pharao und seiner Hofbeamten auf das Wasser im Nil. Da verwandelte sich alles Wasser im Strom zu Blut. ²¹ Die Fische starben, und das Wasser begann zu stinken, sodass die Ägypter das Nilwasser nicht mehr trinken konnten. Im ganzen Land war das Wasser zu Blut geworden.* ²² Aber die ägyptischen Magier machten es mit ihren Zauberkünsten nach. Deshalb blieb der Pharao hart. Er hörte nicht auf Mose und Aaron, wie Jahwe es gesagt hatte. ²³ Er drehte ihnen den Rücken zu und ging in seinen Palast zurück. Er nahm es nicht ernst. ²⁴ Alle Ägypter aber gruben in der Umgebung des Nil nach Trinkwasser, denn das Nilwasser* war ungenießbar geworden, ²⁵ nachdem Jahwe den Nil geschlagen hatte.* So vergingen sieben Tage.

2. Plage: Frösche

²⁶ Da sagte Jahwe zu Mose: »Geh zum Pharao und sage ihm: ›So spricht Jahwe: Lass mein Volk ziehen, damit es mir dienen kann! ²⁷ Wenn du dich weigerst, dann pass auf! Ich werde eine Froschplage über dein ganzes Land kommen lassen. ²⁸ Der Nil wird von Fröschen wimmeln; sie werden das Wasser verlassen und in deinen Palast kommen, in dein Schlafzimmer und in dein Bett. Auch in die Häuser deiner Beamten und des ganzen Volkes werden sie kommen und sich in die Backtröge und Backöfen setzen. ²⁹ Über dich und alle deine Untertanen wird diese Froschplage kommen.‹«

8 ¹ Dann sagte Jahwe zu Mose: »Sag Aaron: ›Strecke deinen Stab über alle Gewässer Ägyptens aus, über die Flüsse, Kanäle und Sümpfe, und lass die Frösche über das Land Ägypten kommen!‹« ² Aaron streckte seine Hand über die Gewässer Ägyptens aus. Da kamen so viele Frösche*

7,19 *Sümpfe*, die nach der Nilüberschwemmung an einzelnen Stellen zurückblieben.

entlegenen Ecken. Wörtlich: Holz und Stein. Das war ein Synonym für entlegene unfruchtbare Gegenden.

7,21 *Blut geworden*. Vielleicht benutzte Gott dazu Unmengen an Flaggellaten, Mikroorganismen, die sowohl die Rotfärbung des Wassers als auch den Verwesungsgeruch verursachen konnten. Außerdem hätten sie dem Wasser nachts große Mengen an Sauerstoff entzogen, sodass die Fische sterben mussten.

7,24 *Nilwasser*. Das heißt: alle mit dem Nil verbundenen Gewässer.

7,25 *Nil geschlagen*. Offenbar sollten das die Ägypter als Angriff auf Hapi, den Gott des Nils, und die zahlreichen Fischgottheiten verstehen.

8,2 *Frösche* wurden von den Ägyptern als heilige Tiere angesehen. Auch eine der ägyptischen Hauptgöttinnen, Heqet, wurde in Froschgestalt oder mit einem Froschkopf dargestellt. Sie war für die Entbindung zuständig. Frösche durften nicht getötet werden. Ihr Quaken galt als Signal, dass die Götter das Land durch die Nilüberschwemmung wieder fruchtbar gemacht hatten. Doch hier brachten sie die gewohnte Ordnung aus dem Tritt.

heraus, dass sie das ganze Land bedeckten. *3* Aber die ägyptischen Magier machten es mit ihren Zauberkünsten nach und ließen Frösche über Ägypten kommen.* *4* Da ließ der Pharao Mose und Aaron rufen und sagte zu ihnen: »Bittet Jahwe für mich,* dass er die Frösche von mir und meinem Volk wegschafft. Dann will ich euer Volk ziehen lassen, damit sie Jahwe Opfer schlachten können.« *5* Mose erwiderte dem Pharao: »Verfüge über mich! Wann sollen die Frösche aus euren Häusern verschwinden und nur noch im Nil übrig bleiben? Für welche Zeit also soll ich für dich, deine Beamten und dein Volk beten?«*6* »Für morgen«, erwiderte er. »Gut, es wird nach deinem Wunsch geschehen«, sagte Mose, »denn du sollst erkennen, dass niemand Jahwe, unserem Gott, gleicht. *7* Die Frösche

---

8,3 *ließen ... kommen.* Sie machten also die Plage noch schlimmer, anstatt sie rückgängig zu machen.

8,4 *bittet Jahwe.* Es war eine Demütigung für den »göttlichen« Pharao, dass andere für ihn zu einem anderen Gott beten mussten.

8,12 *Mücken.* Vielleicht sind die kleinen Stechmücken gemeint, die man mit bloßem Auge kaum sehen kann. Möglicherweise sahen die Ägypter das als Angriff auf den Wüstengott Set und auf die Priester, die ihre penible Reinheit durch die überall sitzenden Mücken nicht mehr aufrecht halten konnten.

8,15 *Gottes Finger.* Bildhafte Ausdrucksweise für die Macht Gottes, die auch Jesus gebraucht (Lukas 11,20).

8,17 *Stechfliegen.* Wahrscheinlich sind Hundsfliegen gemeint, die für ihr unangenehmes Stechverhalten bekannt sind. Welche Gottheit sie für die Ägypter repräsentierten, ist nicht bekannt.

werden aus deinem Palast verschwinden und dich, deine Hofbeamten und dein Volk in Ruhe lassen. Nur im Nil werden noch welche übrig bleiben.«
8 Mose und Aaron verließen den Pharao, und Mose bat Jahwe dringend, der Froschplage ein Ende zu machen. *9* Jahwe erhörte Mose, und überall in den Häusern, auf den Gehöften und Feldern starben die Frösche. *10* Haufenweise schüttete man sie zusammen, und das ganze Land war von Gestank erfüllt. *11* Als der Pharao sah, dass er wieder Luft hatte, verschloss er sein Herz und hörte nicht auf Mose und Aaron, wie Jahwe es gesagt hatte.

3. Plage: Mücken

12 Jahwe sagte zu Mose: »Sag Aaron, dass er seinen Stab ausstrecken und damit auf die Erde schlagen soll. Dann wird der Staub zu Mücken* werden.« *13* Sie taten es. Aaron schlug mit seinem Stab auf den Staub der Erde. Da wurde der ganze Staub in Ägypten zu Mücken. Sie überfielen Menschen und Tiere. *14* Die Magier versuchten mit ihren Zauberkünsten ebenfalls Mücken hervorzubringen. Aber sie konnten es nicht, und die Mücken setzten Mensch und Vieh zu. *15* Da sagten sie zum Pharao: »Das ist Gottes Finger*!« Aber der Pharao blieb hart und hörte nicht auf sie, wie Jahwe es gesagt hatte.

4. Plage: Stechfliegen

16 Jahwe sagte zu Mose: »Geh morgen früh zum Pharao, wenn er ans Wasser hinausgeht, und sag zu ihm: ›So spricht Jahwe: Lass mein Volk ziehen, damit es mir dient! *17* Sonst werde ich die Stechfliegen* zu dir ziehen lassen. Sie werden über dich, deine Hofbeamten und dein Volk kommen. Eure Häuser werden voller Fliegen sein, selbst der Boden, auf dem sie gebaut sind. *18* Aber das Land Goschen, in dem sich mein Volk aufhält, werde ich davon ausnehmen. Dort werden keine Stechfliegen sein, damit du erkennst, dass ich, Jahwe, mitten in deinem Land bin. *19* Ich werde ein Zeichen der Erlösung zwischen mein und dein Volk stellen. Morgen wird es geschehen.‹«

20 Jahwe machte es so. Die Stechfliegen kamen in großen Schwärmen in den Palast des Pharao und seiner Hofbeamten und verheerten ganz Ägypten. *21* Da ließ der Pharao Mose und Aaron zu sich rufen und sagte: »Geht und schlachtet eurem Gott Opfer. Es muss aber hier im Land geschehen!« *22* »Das können wir nicht«, erwiderte Mose, »denn unsere Art, Opfer für Jahwe, unseren Gott, zu schlachten, wäre für die Ägypter ein Gräuel. Wenn sie das zu sehen bekämen, würden sie uns gewiss steinigen. *23* Drei Tagereisen weit wollen wir in die Wüste ziehen und Jahwe, unserem Gott, Opfer schlachten, wie er es uns befohlen hat.« *24* Da sagte der Pharao: »Gut, ich will euch gehen lassen, damit ihr Jahwe, eurem Gott, in der Wüste Opfer schlachten könnt. Entfernt euch aber nicht zu weit und betet auch für mich!« *25* Mose erwiderte: »Pass auf! Wenn ich jetzt von dir weggehe, werde ich zu Jahwe beten, dass der Pharao, seine Hofbeamten und sein Volk morgen von den Stechfliegen befreit werden. Aber der Pharao möge uns nicht wieder täuschen, dass er das Volk doch nicht zie-

hen und Jahwe Opfer bringen lässt!« *26* Mose verließ den Pharao und betete zu Jahwe. *27* Jahwe erhörte Moses Gebet und befreite den Pharao, seine Beamten und sein Volk von den Stechfliegen. Keine einzige blieb übrig. *28* Aber der Pharao blieb auch diesmal hart und ließ das Volk nicht ziehen.

5. Plage: Viehpest

9 *1* Da sagte Jahwe zu Mose: »Geh zum Pharao und sag ihm: ›So spricht Jahwe, der Gott der Hebräer: Lass mein Volk ziehen, damit es mir dient! *2* Denn wenn du dich weigerst und es weiter festhältst, *3* dann pass auf! Jahwe wird eine schwere Seuche über deine Viehherden auf den Weiden bringen, über Pferde, Esel, Kamele, Rinder* und das Kleinvieh. *4* Außerdem wird Jahwe einen Unterschied zwischen dem Vieh Israels und dem Vieh der Ägypter machen. Vom Vieh, das den Israeliten gehört, wird auch nicht ein Stück verenden. *5* Jahwe hat eine bestimmte Zeit dafür festgesetzt und zwar morgen!‹«

6 Am nächsten Tag schickte Jahwe die Seuche. Da verendete das ganze Herdenvieh der Ägypter, aber vom Vieh der Israeliten kam kein einziges Tier um. *7* Der Pharao ließ es nachprüfen, und tatsächlich war bei den

---

9,3 Rinder. Vielleicht verstanden das die Ägypter als Angriff auf ihre Göttin Hator, die Liebe, Freude und Schönheit repräsentierte und als Frau mit Kuhkopf dargestellt wurde. Auch Khnum, eine Gottheit, die als Schafbock dargestellt wurde, könnte gemeint sein, ebenso die Stiergötter Apis, Buchis und Month und selbst der Pharao, der häufig in Stiergestalt abgebildet war.

Israeliten nicht ein einziges Stück Vieh eingegangen. Dennoch blieb der Pharao starrsinnig und ließ das Volk nicht ziehen.

6. Plage: Geschwüre

8 Da sagte Jahwe zu Mose und Aaron: »Nehmt beide Hände voll Ofenruß. Mose soll ihn vor den Augen des Pharao hochwerfen! 9 Er wird dann als feiner Staub auf ganz Ägypten niedergehen und an Menschen und Tieren Geschwüre hervorrufen, die in Blasen aufbrechen.« 10 Da nahmen sie Ruß und traten vor den Pharao. Mose warf ihn in die Luft. Schon nach kurzer Zeit litten Menschen und Tiere an aufbrechenden Geschwüren*. 11 Wegen ihrer Geschwüre konnten die Magier Mose nicht entgegentreten, denn sie waren genauso davon befallen wie alle Ägypter. 12 Doch Jahwe machte den Pharao starrsinnig, sodass er auch diesmal nicht auf Mose und Aaron hörte, wie Jahwe es gesagt hatte.

7. Plage: Hagel

13 Jahwe sagte zu Mose: »Geh morgen früh zum Pharao und sag zu ihm: ›So spricht Jahwe, der Gott der Hebräer: Lass mein Volk ziehen, damit es mir dient! 14 Diesmal werde ich dich mit meinen Plagen ins Herz treffen, dich, deine Hofbeamten und dein Volk. Du sollst erkennen, dass niemand auf der ganzen Erde mir gleichkommt. 15 Denn schon jetzt hätte ich dich mit der Pest schlagen können. Dann wärst du vom Erdboden verschwunden. 16 Aber ich habe dich am Leben gelassen, um meine Macht an dir zu beweisen, damit mein Name in der ganzen Welt bekannt gemacht wird.* 17 Du stellst dich immer noch gegen mein Volk und lässt es nicht ziehen. 18 Morgen um diese Zeit werde ich einen so schweren Hagel kommen lassen, wie es ihn noch nie gegeben hat, solange Ägypten besteht. 19 Lass dein Vieh in Sicherheit bringen und alles, was du noch im Freien hast! Alle Menschen und Tiere, die im Freien bleiben und nicht ins Haus kommen, wird der Hagel erschlagen.‹« 20 Die Minister des Pharao, die das Wort Jahwes fürchteten, ließen ihre Sklaven und ihr Vieh in die Häuser flüchten. 21 Wer das Wort Jahwes aber nicht ernst nahm, ließ seine Sklaven und sein Vieh draußen.

22 Jahwe sagte zu Mose: »Streck deine Hand zum Himmel aus! Dann wird in ganz Ägypten ein Hagel auf Menschen, Tiere und Pflanzen niedergehen.« 23 Mose hob seinen Stab zum Himmel hoch. Da ließ Jahwe es donnern und hageln. Blitze fuhren auf die Erde herab. So ließ Jahwe den Hagel auf Ägypten niedergehen, 24 und mitten im Hagel zuckten die Blitze. Einen so schweren Hagel hatte es noch nie gegeben, solange Ägypten eine Nation war. 25 Überall im Land tötete der Hagel die Menschen und Tiere,

---

9,10 *Geschwüren.* Nach dem Glauben der Ägypter war die löwenköpfige Göttin Sechmet sowohl für das Ausbrechen als auch für die Heilung von Seuchen zuständig. Auch der Hauptgott von Theben, Amon-Re, war für das Heilen von Krankheiten zuständig. Beide waren offensichtlich machtlos.

9,16 Wird im Neuen Testament von Paulus zitiert: Römer 9,17.

die sich im Freien befanden. Er zerschlug alles, was auf den Feldern wuchs, und brach die Äste von den Bäumen. *26* Nur im Land Goschen, wo die Israeliten lebten, fiel kein Hagel.

27 Da ließ der Pharao Mose und Aaron rufen und sagte ihnen: »Diesmal habe ich mich schuldig gemacht. Jahwe ist im Recht, ich und mein Volk sind im Unrecht. *28* Betet zu Jahwe! Die Donnerstimme Gottes und der Hagel, das ist zu viel.* Ich will euch ziehen lassen. Niemand wird euch zurückhalten.« *29* Da sagte Mose zu ihm: »Sobald ich die Stadt verlassen habe, werde ich meine Hände zu Jahwe ausbreiten. Dann wird der Donner aufhören und kein neuer Hagel mehr entstehen. Daran wirst du erkennen, dass Jahwe die ganze Erde gehört. *30* Aber ich weiß: Du und deine Hofbeamten, ihr fürchtet euch immer noch nicht vor Gott, vor Jahwe!«

31 Flachs und Gerste waren zerschlagen, denn die Gerste hatte schon Ähren angesetzt und der Flachs stand in Blüte. *32* Weizen und Dinkel blieben verschont, weil sie später reif werden.

33 Mose verließ den Pharao und ging aus der Stadt hinaus. Dort breitete er seine Hände zu Jahwe aus. Da hörten Donner und Hagel auf, und es regnete auch nicht mehr. *34* Als der Pharao sah, dass das Unwetter aufgehört hatte, blieb er bei seiner Sünde. Er und seine Hofbeamten verschlossen ihr Herz. *35* So blieb der Pharao hart und ließ die Israeliten nicht ziehen, wie Jahwe es durch Mose angekündigt hatte.

8. Plage: Heuschrecken

10 *1* Nun sagte Jahwe zu Mose: »Geh zum Pharao! Ich selbst habe ihn und seine Hofbeamten hart gemacht, denn ich wollte diese Wunderzeichen unter ihnen tun. *2* Du sollst deinen Kindern und Enkeln einmal erzählen, wie ich den Ägyptern mitgespielt und welche Wunderzeichen ich unter ihnen getan habe. So werdet ihr erkennen, dass ich, Jahwe, es bin.«

3 Mose und Aaron gingen wieder zum Pharao und sagten ihm: »So spricht Jahwe, der Gott der Hebräer: Wie lange dauert es noch, bis du dich vor mir beugst? Lass mein Volk ziehen, dass es mir dient! *4* Wenn du dich weigerst, mein Volk ziehen zu lassen, schicke ich morgen Heuschrecken über dein Land. *5* Sie werden das Land so bedecken, dass man den Boden nicht mehr sehen kann. Alles, was der Hagel verschont hat, werden sie abfressen, selbst die Bäume auf euren Feldern. *6* Deine Paläste und die Häuser deiner Hofbeamten und aller Ägypter werden voller Heuschrecken* sein. So etwas haben deine Väter und Vorväter noch nie gesehen, seit sie auf diesem Boden sesshaft wurden.« Damit drehte Mose sich um und verließ den Pharao. *7* Da

---

9,28 *Hagel* war in Ägypten etwas ganz Außergewöhnliches. Gewitter waren gefürchtet, weil man sie für Manifestationen der Götter hielt. Die Ägypter merkten, dass Osiris, ihr Gott der Ernte und der Fruchtbarkeit, die Feldfrüchte nicht schützen konnte.

10,6 Um *Heuschrecken* abzuschrecken, beteten die Ägypter zu Senehem, der zusammen mit anderen Göttern dafür zuständig war.

sagten die Hofbeamten zum Pharao: »Wie lange soll der uns noch zum Fallstrick sein? Lass die Leute ziehen, dass sie Jahwe, ihrem Gott, dienen! Siehst du nicht, dass Ägypten zugrunde geht?« *8* Darauf wurden Mose und Aaron zum Pharao zurückgebracht. Er sagte zu ihnen: »Zieht hin und dient Jahwe, eurem Gott! Wer soll denn alles mitgehen?« *9* Mose erwiderte: »Mit unseren Jungen und Alten wollen wir gehen, mit unseren Söhnen und Töchtern, mit unserm Kleinvieh und mit unseren Rindern, denn es ist ein Fest Jahwes für uns!« *10* »Dann möge Jahwe so wenig mit euch sein, wie ich euch mit euren Kindern ziehen lasse!«, sagte der Pharao. »Es ist doch klar, dass ihr Böses im Schild führt! *11* Nein, so nicht! Zieht ihr Männer hin und dient Jahwe, denn das wolltet ihr doch!« Damit ließ der Pharao sie hinauswerfen.

12 Da sagte Jahwe zu Mose: »Streck deine Hand über Ägypten aus, um die Heuschrecken kommen zu lassen. Sie sollen alles abfressen – alles, was der Hagel übrig gelassen hat!« *13* Mose streckte seinen Stab über Ägypten aus. Da ließ Jahwe den ganzen Tag und die ganze Nacht einen Ostwind über das Land wehen. Am nächsten Morgen hatte der Ostwind die Heuschrecken gebracht. *14* Sie kamen über ganz Ägypten und ließen sich in riesigen Schwärmen nieder. Eine solche Menge Heuschrecken hatte es noch nie gegeben und wird es auch nie wieder geben. *15* Sie verfinsterten den Himmel und bedeckten den ganzen Boden. Sie fraßen alles Grüne am Boden ab, die Früchte der Bäume, überhaupt alles, was der Hagel verschont hatte. In ganz Ägypten blieb nichts Grünes übrig. *16* Da ließ der Pharao in aller Eile Mose und Aaron herbeirufen und sagte: »Ich habe mich an Jahwe, eurem Gott, versündigt und auch an euch. *17* Vergebt mir meine Sünde nur noch dieses eine Mal! Bittet Jahwe, euren Gott, dass er diese tödliche Plage von mir nimmt.« *18* Mose verließ den Pharao wieder und betete zu Jahwe. *19* Da ließ Jahwe den Wind umschlagen. Ein sehr starker Westwind trug die Heuschrecken weg und warf sie ins Schilfmeer. In ganz Ägypten blieb nicht eine davon übrig. *20* Aber Jahwe machte den Pharao starrsinnig, sodass er die Israeliten nicht ziehen ließ.

9. Plage: Finsternis

21 Darauf sagte Jahwe zu Mose: »Streck deine Hand zum Himmel aus! Dann wird eine solche Finsternis* über Ägypten kommen, dass man sie mit Händen greifen kann.« *22* Mose erhob seine Hand, und drei Tage lang wurde es stockfinster in ganz Ägypten. *23* Keiner sah den anderen. Drei Tage lang stand niemand von seinem Platz auf. Nur die Israeliten hatten Licht in ihren Siedlungen. *24* Da ließ der Pharao Mose rufen und sagte: »Geht und dient Jahwe! Eure Kinder dürfen mit. Nur eure Schafe, Ziegen

10,21 Die *Finsternis* werden die Ägypter als Angriff auf ihren Hauptgott Re verstanden haben, der, begleitet von seinem Wesir Thot, dem ägyptischen Mondgott, und seiner Tochter Maat, der Verkörperung der kosmischen Ordnung, den Himmelsozean überquert.

und Rinder müssen zurückbleiben.« 25 Mose erwiderte: »Willst du uns vielleicht Tiere zur Verfügung stellen, die wir Jahwe, unserem Gott, als Schlacht- und Brandopfer* darbringen können? 26 Nein, auch unser Vieh zieht mit! Nicht eine Klaue bleibt zurück. Denn davon werden wir das nehmen, womit wir Jahwe dienen. Wir wissen ja erst, wenn wir dort sind, welche Tiere wir zur Verehrung Jahwes brauchen.« 27 Aber Jahwe machte den Pharao starrsinnig, sodass er nicht bereit war, sie ziehen zu lassen. 28 »Verschwinde!«, rief der Pharao. »Hüte dich, mir jemals wieder unter die Augen zu kommen, sonst bist du ein toter Mann!« 29 »Du hast Recht«, erwiderte Mose. »Ich werde dir nie wieder unter die Augen kommen.«

Ankündigung der 10. Plage

11 1 Nun hatte Jahwe zu Mose gesagt: »Noch eine Plage will ich über den Pharao und ganz Ägypten bringen. Dann wird er euch ziehen lassen. Ja, er wird euch nicht nur ziehen lassen, sondern euch regelrecht von hier fortjagen. 2 Sag dem Volk, dass jeder Mann seinen Nachbarn und jede Frau ihre Nachbarin um silberne und goldene Schmuckstücke bitten soll.« 3 Jahwe hatte dem Volk hohes Ansehen bei den Ägyptern verschafft. Und Mose wurde in ganz Ägypten sehr hoch geachtet, sowohl von den Hofbeamten des Pharao als auch von der Bevölkerung.

4 Bevor Mose ging, sagte er zum Pharao: »So spricht Jahwe: ›Um Mitternacht werde ich durch Ägypten gehen. 5 Dann werden alle Erstgeborenen in Ägypten sterben,* vom

ältesten Sohn des Pharao an, der einmal auf seinem Thron sitzen soll, bis zum Erstgeborenen der Sklavin, die an der Handmühle kniet. Selbst beim Vieh wird alle Erstgeburt sterben. 6 Dann wird es ein großes Geschrei in ganz Ägypten geben, wie es keins je gegeben hat oder geben wird.‹ 7 Aber keiner der Israeliten wird auch nur ein Hund anknurren. Weder Menschen noch Tieren wird etwas geschehen. Denn ihr sollt merken, dass Jahwe einen Unterschied zwischen den Ägyptern und den Israeliten macht. 8 Dann werden deine Hofbeamten zu mir kommen und mich auf Knien anflehen: ›Zieht endlich weg, du und das ganze Volk, das dir folgt!‹ Und dann werden wir das Land verlassen!« Glühend vor Zorn ging er vom Pharao weg.

9 Jahwe hatte allerdings zu Mose gesagt: »Der Pharao wird nicht auf euch hören, damit meine Wunder sich im Land Ägypten mehren.« 10 Mose und Aaron haben all diese Wunderzeichen vor dem Pharao gewirkt. Doch Jahwe hatte den Pharao hart gemacht, sodass er die Israeliten nicht aus seinem Land ziehen ließ.

10,25 *Schlachtopfer.* Allgemeine Bezeichnung für jedes Opfer, bei dem ein Tier geschlachtet wurde. Beim *Brandopfer* wurde das geschlachtete Tier vollständig auf dem Altar verbrannt.

11,5 *Erstgeborenen ... sterben.* Diese Plage traf den *Pharao* direkt, der nach dem Glauben der Ägypter als Gott auf Erden eine Vermittlerfunktion zwischen der diesseitigen und jenseitigen Welt hatte. Ihr Pharaonen-Gott war völlig machtlos.

Das Passafest

12 ¹ Jahwe sagte zu Mose und Aaron, als sie noch in Ägypten waren: ²»Dieser Monat soll von jetzt an der Beginn des Jahres* für euch sein. ³ Sagt der ganzen Gemeinschaft Israels: ›Am 10. dieses Monats soll jeder ein Lamm für seine Familie auswählen, ein Lamm für jedes Haus. ⁴ Ist die Familie zu klein, um ein ganzes Tier zu essen, dann soll sie sich mit der Nachbarsfamilie zusammentun. Es sollen so viele Menschen von dem Lamm essen, dass es für alle reicht und nichts übrig bleibt. ⁵ Es muss ein Schaf- oder Ziegenböckchen sein, einjährig und ohne Fehler. ⁶ Ihr sollt es bis zum 14. des Monats gesondert halten und am späten Nachmittag* dieses Tages schlachten. ⁷ Dann sollen sie etwas von dem Blut nehmen und es an den Türsturz und die beiden Türpfosten streichen. Das muss bei den Häusern geschehen, wo sie das Lamm essen. ⁸ Das Fleisch muss am Feuer gebraten und noch in derselben Nacht zusammen mit ungesäuertem Fladenbrot und bitteren Kräutern gegessen werden. ⁹ Ihr dürft das Fleisch nicht roh* oder im Wasser gekocht essen. Es muss über dem Feuer gebraten sein, und zwar das ganze Tier mit Kopf, Unterschenkeln und Innereien. ¹⁰ Es darf nichts davon bis zum Morgen übrig bleiben. Die Reste müsst ihr verbrennen. ¹¹ Ihr sollt euch beim Essen beeilen und schon für die Reise angezogen* sein, Sandalen tragen und den Wanderstab in der Hand haben. Es ist ein Passa für Jahwe. ¹² In dieser Nacht werde ich durch Ägypten gehen und jede männliche Erstgeburt bei Mensch und Vieh töten. An allen Göttern Ägyptens werde ich das Gericht vollstrecken,* ich, Jahwe. ¹³ Das Blut an den Häusern, in denen ihr euch befindet, soll ein Schutzzeichen für euch sein. Wenn ich das Blut sehe, werde ich vorübergehen*, und der Schlag, mit dem ich das Land Ägypten treffe, wird euch nicht verderben. ¹⁴ Dieser Tag soll für euch ein Gedenktag sein. Ihr sollt ihn als Fest für Jahwe feiern. Das gilt für euch und alle Generationen nach euch.‹«

12,2 *Beginn des Jahres.* Gemeint ist das heilige Jahr, das mit dem ersten Erscheinen der schmalen Mondsichel nach der Tag-und-Nacht-Gleiche im Frühjahr (März/April) begann. Der Monat wurde Abib, später Nisan genannt. Das bürgerliche Jahr begann nach der Tag-und-Nacht-Gleiche im Herbst.

12,6 *späten Nachmittag.* Wörtlich: Zwischen den zwei Abenden. Gemeint ist wahrscheinlich die Zeit zwischen Niedergang (15 Uhr) und Untergang der Sonne.

12,9 *roh.* Oder: *halbgar.* Das Wort ist in diesem Sinn sonst nirgends im Alten Testament belegt. Seine Bedeutung kann nur aus dem Zusammenhang geschlossen werden.

12,11 *angezogen.* Wörtlich: Die Lenden gegürtet. Das fußlange Obergewand wurde mit einem Gurt um die Hüften hochgerafft.

12,12 *Göttern ... Gericht vollstrecken.* Viele Götter Ägyptens wurden durch Tiere repräsentiert und viele Tiere waren den Göttern geweiht. Wenn die Götter nicht einmal »ihre« Tiere schützen konnten, geschweige denn die Menschen, offenbarte das ihre völlige Nutzlosigkeit.

12,13 *vorübergehen.* Hebräisch: *pasachti,* wovon Passa abgeleitet ist.

Das Fest der ungesäuerten Brote

¹⁵ »Vom Passa-Abend an sollt ihr sieben Tage lang ungesäuerte Brotfladen essen. Vorher müsst ihr den Sauerteig

aus euren Häusern entfernen. Jeder, der in diesen sieben Tagen etwas mit Sauerteig isst, muss sterben und so aus Israel beseitigt werden. *16* Am ersten und am siebten Tag sollt ihr euch zu einem heiligen Fest versammeln. Da muss jede Arbeit ruhen. Nur das Essen darf zubereitet werden. *17* Haltet das Fest der ungesäuerten Brote auch in allen kommenden Generationen, denn am ersten Tag dieses Festes habe ich euch in geordneten Scharen aus dem Land Ägypten herausgeführt. *18* Vom Abend des 14. bis zum Abend des 21. Tages im ersten Monat müsst ihr ungesäuerte Brotfladen essen. *19* Sieben Tage lang darf kein Sauerteig in euren Häusern zu finden sein. Denn jeder, der etwas mit Sauerteig isst, muss sterben und so aus der Gemeinschaft Israels beseitigt werden. Das gilt für den Einheimischen genauso wie für den Fremden. *20* In dieser Zeit dürft ihr nichts essen, was mit Sauerteig zubereitet ist. Das gilt für alle eure Wohnsitze.«

10. Plage:
Tötung der Erstgeborenen

21 Mose rief die Ältesten Israels zusammen und sagte zu ihnen:»Sucht euch ein Schaf- oder Ziegenböckchen für eure Sippen heraus und schlachtet es für das Passa! *22* Nehmt dann ein Büschel Ysop* und taucht ihn in das Blut, das ihr in einer Schüssel aufgefangen habt! Bestreicht damit den Türsturz und die beiden Türpfosten. Danach darf bis zum nächsten Morgen niemand mehr das Haus verlassen. *23* Jahwe wird durch das Land gehen, um die Ägypter zu töten. Wenn er das Blut am Türsturz und den beiden Türpfosten sieht, wird er an dieser Tür vorübergehen und dem todbringenden Engel nicht gestatten, eure Häuser zu betreten. *24* Haltet euch an diese Anweisungen! Sie gelten euch und euren Nachkommen als feste Regel. *25* Auch wenn ihr in das Land kommt, das Jahwe euch geben wird, sollt ihr an diesem Brauch festhalten. *26* Und wenn euch eure Kinder fragen, was das bedeutet, *27* dann erklärt ihnen: ›Es ist das Passaopfer für Jahwe, der in Ägypten an den Häusern der Israeliten vorüberging und uns verschonte, als er den Schlag gegen die Ägypter führte.‹«

Da warf sich das Volk zur Anbetung nieder. *28* Dann gingen die Israeliten und machten alles genauso, wie Jahwe es Mose und Aaron befohlen hatte.

29 Um Mitternacht erschlug Jahwe alle Erstgeburt in Ägypten vom ältesten Sohn des Pharao an, der einmal auf seinem Thron sitzen sollte, bis zum Erstgeborenen des Sträflings im Gefängnis, ja selbst die Erstgeburt beim Vieh. *30* Der Pharao und alle seine Hofbeamten fuhren aus dem Schlaf, ganz Ägypten schreckte in dieser Nacht hoch. Überall im Land hörte man Wehgeschrei, denn es gab kein Haus, in dem nicht ein Toter war.

12,22 Ysop, ein Busch mit stark riechenden Blättern, der bei Reinigungsopfern zum Besprengen verwendet wurde. Seine Stängel werden bis zu 80 Zentimeter lang.

Der Auszug Israels

31 Noch in der Nacht ließ der Pharao Mose und Aaron zu sich rufen und sagte zu ihnen:»Verlasst sofort mein Volk, ihr und die Israeliten! Geht und dient Jahwe, wie ihr es wolltet! 32 Nehmt eure Schafe, Ziegen und Rinder mit, wie ihr es verlangt habt! Geht und segnet auch mich!« 33 Die Ägypter drängten das Volk und wollten sie so schnell wie möglich aus dem Land haben.»Sonst kommen wir alle noch um«, sagten sie.

34 So nahmen die Israeliten ihren noch ungesäuerten Brotteig in Backschüsseln mit. Sie wickelten die Schüsseln in ihre Kleidung und trugen sie auf den Schultern. 35 Auf Moses Anweisung hatten sie sich von den Ägyptern silberne und goldene Schmuckstücke und festliche Kleider erbeten. 36 Jahwe hatte ihnen bei den Ägyptern Achtung verschafft, sodass sie ihnen gaben, was sie verlangten. Auf diese Weise plünderten sie die Ägypter aus.

37 Die Israeliten brachen von Ramses* in Richtung Sukkot* auf. Es waren etwa 600.000 Männer zu Fuß, die Kinder nicht mitgerechnet. 38 Auch eine Menge Nichtisraeliten hatte sich ihnen angeschlossen. Dazu kamen große Herden an Schafen, Ziegen und Rindern. 39 Aus dem ungesäuerten Teig, den sie aus Ägypten mitgenommen hatten, backten sie Fladenbrote. Sie waren ja aus Ägypten vertrieben worden und hatten nicht warten können. So hatten sie auch keine Verpflegung für unterwegs vorbereitet.

40 430 Jahre* hatten die Israeliten in Ägypten zugebracht. 41 Nach Ablauf dieser Zeit zogen die Heerscharen Jahwes aus dem Land Ägypten weg. 42 Jahwe wachte über sie, als er sie in der Nacht aus Ägypten führte. Seitdem gilt diese Nacht für die Israeliten als Nacht des Wachens zur Ehre Jahwes.

Vorschriften für das Passafest

43 Jahwe sagte zu Mose und Aaron:»Beim Passa sollt ihr folgende Vorschriften beachten: Es darf kein Fremder daran teilnehmen. 44 Doch ein ausländischer Sklave, der von einem Israeliten gekauft und auch beschnitten* worden ist, darf mitessen, 45 aber kein ausländischer Nachbar oder Lohnarbeiter. 46 Das Lamm muss in dem Haus gegessen werden, in dem es zubereitet wurde. Weder darfst du ein Stück davon nach draußen bringen noch einen Knochen an ihm zerbrechen.* 47 Die ganze Gemeinschaft Israels soll das Passa feiern. 48 Wenn ein Fremder bei euch lebt und das Passa für Jahwe mitfeiern will, muss er alle männlichen Familienangehörigen beschneiden lassen. Dann gilt er

---

12,37 *Ramses* war eine Stadt im östlichen Nildelta, etwa 30 km südlich von Tanis/Zoan.

Sukkot war vielleicht das heutige Tell el-Maskuta im Wadi Tumilat, 14 km westlich von Ismailia im Nordosten Ägyptens.

12,40 *430 Jahre.* Abraham war die Zahl von rund 400 Jahren genannt worden (1. Mose 15,13).

12,44 *beschnitten.* Vergleiche 1. Mose 17, 10-14!

12,46 Wird im Neuen Testament von Johannes in Bezug auf Jesus zitiert: Johannes 19,36.

als Einheimischer und darf das Passa mitessen. Kein Unbeschnittener darf davon essen. *49* Ein und dasselbe Gesetz gilt für den Einheimischen und den Fremden, der bei euch lebt.«

50 Alle Israeliten machten es genauso, wie Jahwe es Mose und Aaron befohlen hatte. *51* An diesem Tag führte Jahwe die Israeliten in geordneten Scharen aus Ägypten heraus.

13 *1* Jahwe hatte auch zu Mose gesagt: *2*»Jede Erstgeburt soll mir geweiht werden!* Alles, was das erste Mal aus einem Mutterschoß kommt, gehört mir! Das soll bei den Israeliten für Mensch und Tier gelten!«

Das Fest der ungesäuerten Brote

3 Mose sagte nun zum Volk: »Erinnert euch immer wieder an diesen Tag, an dem ihr aus dem Sklavenhaus Ägypten gezogen seid! Denn Jahwe hat euch mit starker Hand von dort herausgeführt. Darum soll nichts gegessen werden, worin Sauerteig ist. *4* Heute im Ährenmonat* zieht ihr aus. *5* Jahwe hat euren Vätern geschworen, euch das Land zu geben, das von Milch und Honig überfließt. Wenn Jahwe euch dann in das Land bringt, das jetzt den Hetitern, Amoritern, Hiwitern und Jebusitern gehört, dann sollt ihr das Fest immer in diesem Monat begehen. *6* Sieben Tage lang sollt ihr ungesäuerte Brotfladen essen, und am siebten Tag ein Fest für Jahwe feiern. *7* Während dieser sieben Tage dürft ihr nur ungesäuerte Brotfladen essen. Nichts, was mit Sauerteig zubereitet wurde, soll bei euch und in eurem ganzen Wohngebiet gesehen werden! *8* Dei-

nem Sohn sollst du es so erklären: ›Wir tun das zur Erinnerung an das, was Jahwe für uns getan hat, als wir aus Ägypten zogen.‹ *9* Das soll dir wie ein Zeichen auf Hand und Stirn sein, damit du das Gesetz Jahwes in deinem Mund führst! Denn Jahwe hat euch mit starker Hand aus Ägypten herausgeführt. *10* Jahr für Jahr zur festgesetzten Zeit sollt ihr euch an diese Ordnung halten!«

Bestimmungen für die Erstgeburten

11 Weiter sagte Mose: »Wenn Jahwe euch in das Land der Kanaaniter bringt und es euch übergibt, wie er das euren Vorfahren und euch selbst geschworen hat, *12* dann sollt ihr jedes männliche Erstgeborene Jahwe übergeben. Auch jeder erste männliche Wurf eines Muttertiers gehört Jahwe. *13* Jede Erstgeburt eines Esels sollt ihr mit einem Lamm auslösen. Wer das nicht tun will, muss dem Fohlen das Genick brechen. Auch für eure erstgeborenen Söhne müsst ihr Jahwe einen Ersatz geben. *14* Wenn dein Sohn dich künftig fragt, was das bedeutet, dann sollst du ihm sagen: ›Jahwe hat uns mit starker Hand aus dem Sklavenhaus von Ägypten herausgeführt. *15* Denn als der Pharao sich weigerte, uns ziehen zu lassen, brachte Jahwe alle Erstgeborenen im Land Ägypten bei Mensch und Vieh um. Darum opfere ich Jahwe jede

---

13,2 Wird im Neuen Testament von Lukas zitiert: Lukas 2,23.

13,4 *Ährenmonat*. Hebräisch: Abib = März/April.

männliche Erstgeburt, aber meinen erstgeborenen Sohn löse ich durch ein Ersatzopfer aus.‹ 16 Das soll euch wie ein Zeichen auf Hand und Stirn sein, denn Jahwe hat euch mit starker Hand aus Ägypten herausgeführt.«

Zug zum Rand der Wüste

17 Als der Pharao das Volk ziehen ließ, führte Gott es nicht den Weg durch das Land der Philister,* obwohl das der kürzeste Weg gewesen wäre, denn Gott dachte:»Wenn das Volk merkt, dass es kämpfen muss, könnte es seine Meinung ändern und nach Ägypten zurückkehren.« 18 Aus diesem Grund ließ Gott das Volk einen Umweg machen und führte es den Wüstenweg zum Schilfmeer. Die Israeliten zogen wie ein Kriegsheer aus Ägypten. 19 Mose nahm die Gebeine Josefs mit, denn dieser hatte es die

---

13,17 *Weg ... Philister.* Es wäre der Weg an der Küste des Mittelmeeres entlang gewesen, der bei ungestörter Reise nur zehn Tage gedauert hätte. Er war aber einerseits durch eine Kette ägyptischer Festungen gesichert und hätte andererseits in Kanaan zuerst durch das Gebiet der kriegerischen Philister geführt.

13,19 *Gebeine ... mit.* Siehe 1. Mose 50,25!

13,20 *Etam.* Das ägyptische Wort bedeutet »Festung«. Wahrscheinlich handelte es sich um eine der Festungen, die die Ostgrenze von Ägypten bewachten.

14,2 *Migdol* ist das semitische Wort für Festung. Alle genannten Orte können Festungen meinen, die in der Nähe des heutigen Suez-Kanals lagen. *Pi-Hahirot* und Migdol werden in ägyptischen Quellen genannt.

14,7 *Wagenkämpfer.* Die Streitwagenbesatzung bestand normalerweise aus dem Wagenlenker und einem Bogenschützen.

Söhne Israels ausdrücklich schwören lassen und gesagt:»Gott wird euch gewiss wieder aufsuchen. Nehmt dann meine Gebeine von hier mit!«* 20 Von Sukkot zogen sie nach Etam*. Dort, am Rand der Wüste, schlugen sie ihr Lager auf. 21 Jahwe zog vor ihnen her, um ihnen den Weg zu zeigen. Tagsüber führte er sie in einer Wolkensäule und nachts in einer Feuersäule, um ihnen zu leuchten. So konnten sie Tag und Nacht weiterziehen. 22 Tagsüber sahen sie die Wolkensäule vor sich, nachts die Feuersäule.

Israel am Schilfmeer

14 1 Jahwe sagte zu Mose: 2 »Befiehl den Israeliten umzukehren und ihr Lager vor Pi-Hahirot zwischen Migdol* und dem Meer aufzuschlagen, gegenüber von Baal-Zefon. 3 Der Pharao wird denken: ›Sie irren ziellos im Land herum und sitzen in der Wüste fest.‹ 4 Ich werde ihn so starrsinnig machen, dass er euch verfolgen wird. Dann will ich ihm und seinem ganzen Heer meine Macht zeigen. Die Ägypter sollen erkennen, dass ich Jahwe bin.« Die Israeliten folgten dem Befehl.

5 Als man dem König von Ägypten meldete, Israel sei geflohen, bereuten er und seine Hofbeamten ihre Nachgiebigkeit. Sie sagten:»Wie konnten wir Israel nur aus unserem Dienst entlassen!« 6 So ließ er seinen Streitwagen anspannen und bot seine ganze Kriegsmacht auf. 7 Alle verfügbaren Streitwagen Ägyptens folgten den 600 Wagen seiner Elitetruppe. Auf allen war ein dritter zusätzlicher Wagenkämpfer*. 8 Jahwe hatte den Pharao,

den König von Ägypten, starrsinnig gemacht, sodass er die Israeliten verfolgte, die kühn* aus dem Land zogen. 9 Die Ägypter jagten mit allen Pferden und Streitwagen des Pharao, mit seinen Reitern und seiner ganzen Streitmacht hinter ihnen her und holten sie ein, während sie bei Pi-Hahirot gegenüber Baal-Zefon am Meer lagerten. 10 Als der Pharao sich näherte und die Israeliten sahen, dass die Ägypter sie verfolgten, wurden sie von Angst gepackt und schrien zu Jahwe. 11 Mose warfen sie vor: »Es gab wohl keine Gräber in Ägypten, dass du uns zum Sterben in die Wüste geführt hast? Was hast du uns da angetan! Warum hast du uns aus Ägypten herausgeführt? 12 Haben wir es dir nicht schon dort gesagt: ›Lass uns in Ruhe, wir wollen den Ägyptern dienen!‹? Wir wären besser Sklaven der Ägypter, als hier in der Wüste umzukommen!« 13 Mose antwortete ihnen: »Habt keine Angst! Stellt euch auf und schaut euch an, wie Jahwe euch heute retten wird! Denn die Ägypter, die ihr heute noch seht, werdet ihr nie wieder erblicken. 14 Jahwe wird für euch kämpfen, ihr selbst braucht gar nichts zu tun.«

Israels Rettung durch das Schilfmeer hindurch

15 Jahwe sagte zu Mose: »Was schreist du zu mir? Sag den Israeliten, sie sollen aufbrechen. 16 Und du heb deinen Stab hoch und streck deine Hand über das Meer aus! Spalte es, damit die Israeliten auf dem Trockenen ins Meer hineingehen können!

17 Ich aber werde die Ägypter so starrsinnig machen, dass sie hinter ihnen her jagen. Dann werde ich am Pharao und seiner ganzen Heeresmacht, an seinen Streitwagen und Reitern meine Macht beweisen. 18 Die Ägypter sollen erkennen, dass ich Jahwe bin, wenn ich am Pharao, seinen Wagen und Männern meine Macht beweise.«

19 Der Engel Gottes, der den Zug der Israeliten anführte, ging nun ans Ende der Kolonne, und die Wolkensäule, die sonst immer vor ihnen war, stellte sich hinter sie. 20 So kam sie zwischen die beiden Heerlager. Auf der Seite der Ägypter stand eine finstere Wolke, aber auf der Seite der Israeliten erhellte sie die Nacht. So konnten die Ägypter ihnen die ganze Nacht nicht näherkommen. 21 Mose streckte seine Hand über das Meer aus, und Jahwe ließ die ganze Nacht einen starken Ostwind wehen, der das Wasser zurücktrieb. So verwandelte sich das Meer in trockenes Land. Das Wasser hatte sich geteilt. 22 Die Israeliten gingen auf dem Trockenen mitten durchs Meer. Das Wasser stand wie eine Mauer auf beiden Seiten. 23 Die Ägypter verfolgten sie. Alle Pferde und Streitwagen des Pharao und alle seine Reiter jagten ins Meer. 24 Kurz vor Tagesanbruch schaute Jahwe in der Feuer- und Wolkensäule auf das Heer der Ägypter herab und brachte es durcheinander. 25 Er ließ die Räder ihrer Streitwagen sich lockern und sie nur mühsam vorankommen. Da sagten die Ägypter: »Wir

---

14,8 kühn. Wörtlich: *Mit erhobener Hand.*

müssen fliehen! Jahwe kämpft für Israel und ist gegen uns.«
26 Da sagte Jahwe zu Mose: »Streck deine Hand über das Meer aus! Dann wird das Wasser zurückfluten und die Ägypter, ihre Streitwagen und ihre Reiter bedecken.« 27 Mose streckte seine Hand aus, und bei Tagesanbruch strömte das Wasser zurück. Die fliehenden Ägypter rannten geradewegs hinein. Jahwe trieb sie mitten ins Meer. 28 Das Wasser kehrte zurück und bedeckte Wagen und Reiter, die ganze Heeresmacht des Pharao, die den Israeliten ins Meer gefolgt war. Nicht einer von ihnen entkam. 29 Die Israeliten aber waren auf dem Trockenen mitten durchs Meer gegangen, während das Wasser wie eine Mauer links und rechts neben ihnen stand. 30 So rettete Jahwe an diesem Tag die Israeliten aus der Gewalt der Ägypter. Israel sah die Ägypter nur noch tot am Strand liegen. 31 Als den Israeliten bewusst wurde, dass Jahwe seine große Macht an den Ägyptern demonstriert hatte, fürchteten sie Jahwe. Sie glaubten an ihn und vertrauten seinem Diener Mose.

Das Danklied der Befreiten

15 1 Damals sangen Mose und die Israeliten ein Lied zur Ehre Jahwes:

Jahwe will ich singen, / denn hoch ist er und unerreicht. / Pferd und Reiter warf er ins Meer. 2 Jahwe* ist meine Stärke und mein Lied, /

denn er ist mein Retter geworden. / Er ist mein Gott, / ihn will ich preisen. / Er war schon der Gott meines Vaters, / er, den ich lobe. 3 Jahwe ist ein Kämpfer, / Jahwe ist sein Name! 4 Pharaos Wagen und seine ganze Macht, / die warf er ins Meer. / Die Elite seiner Wagenkämpfer / ist im Schilfmeer versunken. 5 Die Fluten haben sie bedeckt. / Sie fuhren in die Tiefe wie ein Stein.

6 Jahwe, deine Rechte ist mit Kraft geschmückt, / deine Hand zerschmettert den Feind! 7 In deiner unerreichten Größe / wirfst du deine Gegner zu Boden. / Du schickst deinen glühenden Zorn; / er frisst sie wie Feuer das Stroh. 8 Du schnaubtest vor Zorn, / da türmten sich die Wasser, / da standen die Wogen als Wall. / Die Fluten erstarrten mitten im Meer.

9 Es prahlte der Feind: »Ich will sie jagen, ich hole sie ein, / verteile die Beute, stille die Gier! / Ich zücke mein Schwert und lösche sie aus!« 10 Doch als dein Atem blies, verschlang sie das Meer. / Sie versanken wie Blei in den mächtigen Wogen.

11 Wer von allen Göttern ist dir gleich, Jahwe? / Wer ist so herrlich und heilig wie du, / der Furcht erregt und Lobgesänge weckt, / der Wunderbares tut? 12 Du strecktest die Hand aus, / und schon verschlang sie die Erde.

13 Du lenkst mit Liebe das gerettete Volk, / führst es in Kraft zu deiner heiligen Wohnung. 14 Als die Völker das hörten, erzitterten sie; / ein Schütteln packte die

---

15,2 *Jahwe.* Eigentlich: Jah (=Kurzform von Jahwe).

Philister. *15* Da erschraken die Anführer Edoms, / die Mächtigen Moabs begannen zu zittern, / Kanaans Bewohner verloren den Mut. *16* Furcht und Schrecken packte sie. / Vor deinem mächtigen Arm / wurden sie starr wie Stein, / bis dein Volk hindurchzog, Jahwe, / bis hindurchzog das Volk, das dir gehört. *17* Du bringst sie hin, du pflanzt sie ein / auf dem Berg, der dir gehört, / am Ort, wo du wohnst, Jahwe, / beim Heiligtum, das du errichtet hast. *18* Jahwe ist König für immer und ewig!

19 Die Pferde und Streitwagen des Pharao waren also mit den Reitern ins Meer gezogen, und Jahwe hatte das Wasser über sie zurückfluten lassen. Die Israeliten aber waren auf dem Trockenen mitten durchs Meer gegangen.

Das Lied der Mirjam

20 Dann nahm die Prophetin Mirjam, Aarons Schwester, ihr Tamburin zur Hand. Alle Frauen schlossen sich ihr an. Sie schlugen ihre Handpauken und zogen im Reigentanz hinter ihr her. *21* Mirjam sang ihnen zu:

Singt Jahwe, denn hoch ist er und unerreicht! / Pferd und Reiter warf er ins Meer.

Das Wasser von Mara und von Elim

22 Mose ließ Israel vom Schilfmeer aufbrechen. Sie zogen los und kamen in die Wüste Schur*. Drei Tage waren sie in der Wüste unterwegs und fanden kein Wasser. *23* Dann kamen sie nach Mara*. Dort gab es Wasser, aber man konnte es nicht trinken, weil es bitter war. Deshalb hatte der Ort auch den Namen Mara, Bitterwasser. *24* Da stellte sich das Volk gegen Mose und murrte: »Was sollen wir nun trinken?« *25* Mose schrie zu Jahwe, und Jahwe zeigte ihm ein Stück Holz. Das warf Mose ins Wasser. Da wurde es zu Süßwasser.

Dort legte Gott Vorschriften und Rechte für das Volk fest und stellte es auf die Probe. *26* Er sagte: »Wenn du auf Jahwe, deinen Gott, hörst und tust, was ihm gefällt, wenn du seinen Geboten folgst und dich an seine Vorschriften hältst, dann werde ich dir keine von den Krankheiten schicken, die ich den Ägyptern auferlegt habe. Denn ich bin Jahwe, dein Arzt.«
27 Dann kamen sie nach Elim*. Dort am Wasser schlugen sie ihr Lager auf. In Elim gab es nämlich zwölf Quellen und siebzig Palmen.

Wachteln und Manna

16 *1* Von Elim aus zogen die Israeliten weiter und kamen in die Wüste Sin*, die zwischen Elim und Sinai liegt. Es war am 15. Tag im

---

15,22 *Schur.* Die Wüste liegt im nordwestlichen Teil der Halbinsel Sinai. In 4. Mose 33,8 wird sie Wüste *Etam* genannt. *Schur* ist das hebräische und *Etam* das ägyptische Wort für »Festungswall«.

15,23 *Mara* war eine Oase, ungefähr drei Tagereisen von Ägypten entfernt, vielleicht identisch mit Ain Hawarah, 75 km südöstlich von Suez.

15,27 *Elim* lag elf Kilometer südlich von Ain Hawarah im gut bewässerten Tal von Gharandel. Die Identifikation der Orte hängt allerdings davon ab, welcher Berg mit dem Sinai identifiziert wird.

2. Monat nach ihrem Auszug aus Ägypten. *2* Hier in der Wüste stellte sich die ganze Gemeinschaft der Israeliten gegen Mose und Aaron. Sie ärgerten sich: *3* »Hätte Jahwe uns doch in Ägypten sterben lassen, als wir an Fleischtöpfen saßen und genug Brot zu essen hatten! Aber ihr habt uns dort herausgeführt und in diese Wüste gebracht, damit wir alle verhungern!« *4* Da sagte Jahwe zu Mose: »Pass auf! Ich werde euch Brot vom Himmel regnen lassen. Dann sollen die Leute aus dem Lager hinausgehen und so viel sammeln, wie sie für einen Tag brauchen, aber nicht mehr. Ich will das Volk prüfen, ob es nach meiner Weisung leben wird oder nicht. *5* Wenn sie am sechsten Tag die eingesammelte Nahrung zubereiten, werden sie entdecken, dass es doppelt so viel ist, wie sie sonst gesammelt haben.«

6 Mose und Aaron sagten zu allen Israeliten: »Heute Abend werdet ihr erfahren, dass Jahwe es war, der euch aus Ägypten herausgeführt hat. *7* Und morgen früh werdet ihr die Herrlichkeit Jahwes erkennen. Er hat euer Murren gehört. Denn wer sind wir schon, dass ihr gegen uns murrt!«

8 Weiter sagte Mose: »Er wird euch am Abend Fleisch zu essen geben und am Morgen Brot, dass ihr euch satt essen könnt, weil Jahwe euer Murren gehört hat. Denn wer sind wir schon? Euer Murren hat sich nicht gegen uns gerichtet, sondern gegen Jahwe.«

9 Dann sagte Mose zu Aaron: »Befiehl der ganzen Gemeinschaft Israels: ›Kommt her und stellt euch vor Jahwe auf, denn er hat euer Murren gehört!‹« *10* Während Aaron noch zu den Israeliten redete und alle zur Wüste hinschauten, erschien die Herrlichkeit Jahwes in der Wolke. *11* Jahwe sagte zu Mose: *12* »Ich habe das Murren der Israeliten gehört. Sag zu ihnen: ›Am späten Nachmittag werdet ihr Fleisch essen können und am Morgen Brot, bis ihr satt seid. So werdet ihr erkennen, dass ich Jahwe, euer Gott, bin.‹«

13 Gegen Abend kamen Wachteln und ließen sich überall im Lager nieder. Und am Morgen lag Tau rings um das Lager. *14* Als der Tau verdunstet war, blieben auf dem Wüstenboden feine Körner zurück, die aussahen wie Reif. *15* Als die Israeliten das sahen, sagten sie zueinander: »Was ist das?«* Denn sie wussten nicht, was es war. Mose sagte zu ihnen: »Das ist das Brot, das Jahwe euch zu essen gibt. *16* Und er befiehlt euch: ›Sammelt davon so viel wie ihr braucht, etwa zwei Liter* pro Kopf, je nachdem, wie viele Personen ihr im Zelt habt.‹«

17 Die Israeliten sammelten es also, der eine mehr, der andere weniger. *18* Als sie es zu Hause abmaßen, hatte keiner, der viel gesammelt hatte, zu viel, und keiner, der wenig gesammelt hatte, zu wenig.* Jeder hatte genau

---

16,1 Die Wüste *Sin* lag wahrscheinlich im südwestlichen Teil der Sinaihalbinsel in dem Gebiet, das heute Debbet-er-Ramleh genannt wird.

16,15 *Was ist das?* Hebräisch: *Man hu.* Damit wird bereits der Name *Manna* angedeutet.

16,16 *zwei Liter.* Wörtlich: ein Gomer = 2,2 Liter.

16,18 Wird im Neuen Testament von Paulus zitiert: 2. Korinther 8,15.

so viel gesammelt, wie er brauchte. [19] Mose sagte zu ihnen: »Niemand darf bis morgen etwas davon übrig lassen!« [20] Einige hörten nicht auf ihn und legten etwas für den nächsten Tag zurück. Aber am nächsten Morgen war es voller Maden und stank. Mose war zornig über sie. [21] Morgen für Morgen sammelte nun jeder so viel er brauchte. Wenn es heiß wurde, zerschmolz das, was draußen lag.

[22] Am sechsten Tag hatten sie doppelt so viel Brot gesammelt, etwa vier Liter pro Person. Die Vertreter der Gemeinschaft kamen zu Mose und berichteten es ihm. [23] Er erwiderte: »Damit ist genau eingetroffen, was Jahwe gesagt hat. Morgen ist ein Ruhetag, ein Sabbat, der Jahwe geweiht ist. Backt, was ihr backen wollt, und kocht, was ihr kochen wollt, und bewahrt den Rest für morgen auf.« [24] Sie bewahrten es also bis zum nächsten Morgen auf, wie Mose es angeordnet hatte. Tatsächlich fing es nicht an zu stinken, und es waren auch keine Maden darin. [25] Mose sagte: »Esst das heute! Heute ist ein Sabbat für Jahwe. Heute werdet ihr draußen nichts finden. [26] Sechs Tage sollt ihr es sammeln, aber am siebten Tag ist Sabbat; da gibt es nichts.«

[27] Trotzdem gingen am siebten Tag einige Leute vom Volk hinaus und wollten sammeln. Aber sie fanden nichts. [28] Da sagte Jahwe zu Mose: »Wie lange wollt ihr euch noch weigern, meine Gebote und Anordnungen zu befolgen? [29] Ihr seht, Jahwe hat euch den Sabbat gegeben. Deshalb gibt er euch am sechsten Tag Brot für zwei Tage. Jeder bleibe also am siebten Tag zu Hause und gehe nicht hinaus!« [30] Da hielt das Volk den siebten Tag als Ruhetag ein.

Eine Probe Manna zur Erinnerung

[31] Die Israeliten nannten es Manna*. Es war weiß wie Koriandersamen* und schmeckte wie Honigkuchen. [32] Mose sagte: »Jahwe hat befohlen, einen Gomer* voll Manna für eure Nachkommen aufzubewahren. Sie sollen das Brot sehen, das er euch in der Wüste zu essen gab, nachdem er euch aus Ägypten herausgeführt hatte.« [33] Dann sagte er zu Aaron: »Nimm ein Gefäß und füll es mit einem Gomer Manna. Dann stell es vor Jahwe, damit es für künftige Generationen aufbewahrt wird.« [34] Aaron tat es und stellte es zur Aufbewahrung vor die Bundeslade*. [35] Vierzig Jahre lang aßen die Israeliten das Manna, bis sie an der Grenze des Landes Kanaan in bewohntes Land kamen.* [36] Ein Gomer ist der zehnte Teil eines Efa*.

Wasser aus dem Felsen

17 [1] Nach dem Befehl Jahwes brach die Gemeinschaft der Israeliten das Lager in der Wüste Sin

---

16,31 *Manna.* Siehe Vers 15!

Koriander. Die Übersetzung des hebräischen Wortes *gad* mit Koriander, dessen 2-3 Millimeter große Samenkörner braun sind, ist nicht sicher.

16,32 *Gomer.* Siehe Verse 16 und 36!

16,34 *Bundeslade.* Wörtlich: Zeugnis. Die Anweisung ab Vers 32 bezieht sich offenbar auf die Zeit nach dem Bau des heiligen Zeltes.

16,35 Siehe Josua 5,12!

16,36 *Efa* ist ein Hohlmaß von 22 Litern.

ab. Sie zogen weiter, von einem Lagerplatz zum anderen. Als sie ihr Lager in Refidim* aufschlugen, fanden sie kein Trinkwasser. ² Da machten sie Mose schwere Vorwürfe und forderten: »Gib uns Wasser zum Trinken!« Mose erwiderte: »Was streitet ihr mit mir? Warum stellt ihr Jahwe auf die Probe?« ³ Aber die Israeliten quälte der Durst. So murrten sie gegen Mose und sagten: »Wozu hast du uns überhaupt aus Ägypten herausgeführt? Willst du uns und unsere Kinder und unser Vieh vor Durst umkommen lassen?«

⁴ Da schrie Mose zu Jahwe: »Was soll ich nur mit diesem Volk machen? Es fehlt nicht viel, dann steinigen sie mich!« ⁵ Jahwe antwortete ihm: »Ruf einige von den Ältesten Israels und geh mit ihnen dem Volk voran. Nimm den Stab in die Hand, mit dem du auf das Nilwasser geschlagen hast. ⁶ Dort drüben, auf dem Felsen am Horeb* werde ich vor dir stehen. Dann sollst du an den Felsen schlagen. Es wird Wasser herauskommen, und das Volk kann trinken.« Mose machte es so,

---

17,1 *Refidim.* Vielleicht das Wadi Refajid oder Wadi Feiran im Süden der Sinai-Halbinsel. Die Lage des Ortes hängt davon ab, wo der biblische Berg Sinai liegt.

17,6 *Horeb.* Siehe Fußnote zu 2. Mose 3,1!

17,8 Die *Amalekiter* lebten als Nomaden im Negev, südlich von Beerscheba.

17,9 *Josua* bedeutet: Jahwe ist Rettung (griechisch: Jesus). Er war Moses Diener und späterer Nachfolger.

17,10 *Hur* Ben-Kaleb war der Großvater von Bezaleel, einem der Erbauer der Stiftshütte (siehe 2. Mose 31,2-11).

und zwar vor den Augen der Ältesten Israels. ⁷ Dann nannte er den Ort Massa und Meriba, Versuchung und Vorwurf. Denn dort hatten die Israeliten Vorwürfe gemacht und Jahwe auf die Probe gestellt. Sie hatten nämlich gesagt: »Ist Jahwe nun unter uns oder nicht?«

Abwehr der Amalekiter

⁸ Bei Refidim geschah es auch, dass die Amalekiter* anrückten, um gegen Israel zu kämpfen. ⁹ Mose sagte zu Josua*: »Wähl uns Männer aus und zieh in den Kampf gegen die Amalekiter! Ich selbst werde morgen oben auf dem Hügel stehen und den Stab Gottes in der Hand halten.« ¹⁰ Josua tat, was Mose ihm aufgetragen hatte, und zog in den Kampf gegen die Amalekiter. Mose, Aaron und Hur* stiegen auf die Spitze des Hügels. ¹¹ Solange Mose seine Hand erhob, hatte Israel die Oberhand. Wenn er seine Hand sinken ließ, waren die Amalekiter überlegen. ¹² Als Mose die Hände immer schwerer wurden, brachten Aaron und Hur einen Stein herbei, auf dem Mose sitzen konnte. Sie selbst standen rechts und links neben ihm und stützten seine Arme. So blieben seine Hände erhoben, bis die Sonne unterging. ¹³ Auf diese Weise konnte Josua das Heer der Amalekiter mit dem Schwert besiegen.

¹⁴ Danach sagte Jahwe zu Mose: »Schreib es in ein Buch, damit es nicht in Vergessenheit gerät, und präge es Josua ein: ›Ich werde das Andenken an Amalek in der ganzen Welt vollständig auslöschen.‹« ¹⁵ Mose baute einen Altar und nannte ihn: »Mein Feldzeichen ist Jahwe!« ¹⁶ Er

rief: »Hand zum Thron* Jahwes! Krieg Jahwes gegen Amalek in jeder Generation!«

Jitros Rat: Berufung von Richtern

18 ¹ Jitro, der Priester von Midian und Schwiegervater Moses, erfuhr, was Gott alles für Mose und für sein Volk Israel getan und dass er sie aus Ägypten herausgeführt hatte. ² Da machte er sich mit Zippora, Moses Frau, auf den Weg. Mose hatte sie nämlich zu ihrem Vater zurückgeschickt. ³ Jitro nahm auch die beiden Söhne Zipporas mit. Der eine hieß Gerschom, Gast in der Öde, weil Mose gesagt hatte: »Ich bin Gast in einem fremden Land geworden.« ⁴ Der andere hieß Eliëser, Gotthilf, denn Mose hatte gesagt: »Der Gott meines Vaters hat mir geholfen, denn er hat mich vom Schwert des Pharao gerettet.« ⁵ So kam Jitro, der Schwiegervater Moses, also mit dessen Frau und seinen Söhnen zu ihm an den Lagerplatz in der Wüste beim Gottesberg. ⁶ Er ließ Mose ausrichten: »Dein Schwiegervater Jitro kommt zusammen mit deiner Frau und deinen beiden Söhnen zu dir.« ⁷ Da ging Mose seinem Schwiegervater entgegen, verneigte sich und küsste ihn. Sie fragten einander nach dem Wohlergehen und gingen ins Zelt. ⁸ Mose erzählte seinem Schwiegervater alles, was Jahwe am Pharao und den Ägyptern getan hatte, um Israel zu befreien. Er erzählte von den vielen Schwierigkeiten unterwegs, und wie Jahwe ihnen herausgeholfen hatte. ⁹ Da freute sich Jitro, dass Jahwe so viel Gutes an den Israeliten getan und sie aus der Gewalt der Ägypter gerettet hatte. ¹⁰ Er sagte:

»Jahwe sei gepriesen, der euch aus der Gewalt des Pharao und der Ägypter und von ihrer Unterdrückung befreit hat. ¹¹ Jetzt weiß ich, dass Jahwe größer ist als alle Götter, denn das hat sich gerade an der Vermessenheit der Ägypter gezeigt.« ¹² Dann opferte er Gott ein Brand- und ein Schlachtopfer. Aaron und alle Ältesten Israels nahmen an dem Opfermahl in der Gegenwart Gottes teil.

¹³ Am nächsten Tag setzte sich Mose hin, um Recht zu sprechen. Die Leute standen vom Morgen bis zum Abend vor ihm. ¹⁴ Als Moses Schwiegervater das alles sah, fragte er ihn: »Was machst du da mit dem Volk? Warum sitzt du allein hier, und die Leute stehen vom Morgen bis zum Abend um dich herum?« ¹⁵ Mose erwiderte: »Die Leute kommen zu mir, um Gott zu befragen. ¹⁶ Auch wenn sie einen Streitfall haben, kommen sie zu mir. Ich entscheide ihren Fall und mache sie mit den Vorschriften und Weisungen Gottes bekannt.« ¹⁷ Da sagte sein Schwiegervater: »Das machst du nicht besonders gut. ¹⁸ Es ist viel zu viel für dich und auch für die Leute, die vor dir stehen. Die Aufgabe ist zu schwer, du kannst sie nicht allein bewältigen! ¹⁹ Hör auf meinen Rat, und Gott möge mit dir sein: Du solltest das Volk vor Gott vertreten und ihre Anliegen vor ihn bringen. ²⁰ Erkläre ihnen die Vorschriften und Weisungen Gottes und zeig ihnen, was sie tun und lassen sollen. ²¹ Sieh

---

17,16 *Hand zum Thron.* Die Bedeutung der Wendung ist unbekannt. Es handelt sich vielleicht um eine Schwurformel.

dich aber im ganzen Volk nach tüchtigen und zuverlässigen Männern um. Sie müssen Gott fürchten, die Wahrheit lieben und Bestechung hassen. Setze sie als Verantwortliche für je tausend, hundert, fünfzig oder zehn ein. *22* Sie sollen die alltäglichen Streitigkeiten schlichten und nur mit den schwierigeren Fällen zu dir kommen. Mach dir die Last leichter und lass sie mittragen. *23* Wenn du das tust, sofern Gott es dir befiehlt, wirst du bei Kräften bleiben, und dieses Volk wird seinen Bestimmungsort sicher erreichen.« *24* Mose nahm den Rat seines Schwiegervaters an und handelte danach. *25* Er wählte zuverlässige Männer aus ganz Israel aus und setzte sie als Verantwortliche für je tausend, hundert, fünfzig und zehn ein. *26* Von nun an konnten sie jederzeit Recht sprechen und regelten die einfachen Streitfälle selbst. Nur mit den schwierigen Fällen kamen sie zu Mose. *27* Dann ließ Mose seinen Schwiegervater ziehen, und der kehrte heim in sein Land.

Israel am Sinai

19 *1* Genau am dritten Neumondstag nach ihrem Auszug aus Ägypten erreichten die Israeliten die Wüste Sinai. *2* Sie waren von Refidim aufgebrochen und schlugen nun ihr Lager in der Wüste dem Berg gegenüber auf. *3* Mose stieg hinauf, um Gott zu begegnen. Da rief ihm

Jahwe vom Berg aus zu: »Sage es den Nachkommen Jakobs, rede zu den Israeliten: *4* ›Ihr habt gesehen, was ich mit den Ägyptern gemacht habe. Ihr habt erlebt, dass ich euch wie auf Adlersflügeln getragen und bis hierher zu mir gebracht habe. *5* Wenn ihr nun auf mich hört und meinen Bund haltet, dann sollt ihr unter allen Völkern mein persönliches Eigentum sein. Denn mir gehört die ganze Erde. *6* Ihr sollt mir ein Königreich von Priestern sein, ein heiliges Volk!‹* Das sollst du den Israeliten sagen!«

7 Da ging Mose zurück und rief die Ältesten des Volkes zusammen. Er legte ihnen vor, was Jahwe ihm aufgetragen hatte. *8* Das ganze Volk war sich einig: »Wir wollen alles tun, was Jahwe gesagt hat!« Mose ging, um Jahwe die Antwort des Volkes zu überbringen. *9* Jahwe sagte zu ihm: »Pass auf! Ich werde in einer dichten Wolke zu dir kommen, damit das Volk es hören kann, wenn ich mit dir rede, und damit sie dir immer glauben.« Nun teilte Mose Jahwe die Antwort des Volkes mit.

10 Dann sagte Jahwe zu Mose: »Geh zum Volk und sorge dafür, dass sie sich heute und morgen auf die Begegnung mit mir vorbereiten!* Sie sollen ihre Kleider waschen, *11* damit sie für den dritten Tag bereit sind. Denn am dritten Tag wird Jahwe vor den Augen des ganzen Volkes auf den Berg Sinai herabsteigen. *12* Du musst das Volk ringsum abgrenzen und ihnen einschärfen: ›Nehmt euch in Acht! Steigt nicht auf den Berg, kommt nicht einmal an seinen Fuß!‹ Jeder, der den Berg antastet, muss getötet werden. *13* Keine Hand darf ihn berühren!

19,6 Wird im Neuen Testament von Petrus zitiert: 1. Petrus 2,9.

19,10 *auf ... vorbereiten.* Wörtlich: *Heilige das Volk!* So auch Vers 14.

Und wer es dennoch tut, darf nicht am Leben bleiben! Er muss mit schweren Steinen erschlagen oder mit Pfeilen erschossen werden, ganz egal, ob Mensch oder Tier.* Erst wenn das Widderhorn* anhaltend dröhnt, dürfen sie auf den Berg steigen.«

14 Mose stieg wieder zum Volk hinunter und ordnete an, dass die Leute ihre Kleider wuschen und sich darauf vorbereiteten, Gott zu begegnen. 15 Er sagte zu ihnen:»Haltet euch für den dritten Tag bereit! Bis dahin darf niemand mit seiner Frau schlafen!« 16 Im Morgengrauen des dritten Tages begann es zu donnern und zu blitzen. Eine schwere Wolke lag auf dem Berg, und das überlaute Dröhnen des Schofar war zu hören. Das Volk im Lager zitterte vor Angst. 17 Doch Mose führte es aus dem Lager heraus, Gott entgegen. Am Fuß des Berges stellten sie sich auf. 18 Der ganze Berg Sinai war in dichten Rauch gehüllt, weil Jahwe im Feuer auf ihn herabgekommen war. Rauch stieg von ihm auf wie von einem Schmelzofen. Der ganze Berg wurde von einem gewaltigen Beben geschüttelt. 19 Das Dröhnen des Schofar wurde immer lauter. Mose rief, und Gott antwortete ihm mit Donnerstimme. 20 Dann stieg Jahwe ganz auf den Gipfel des Berges herab und rief Mose zu sich. Mose stieg hinauf. 21 Jahwe sagte zu ihm:»Geh noch einmal zurück und warne das Volk, dass sie ja nicht zu Jahwe durchbrechen, um ihn zu sehen. Sonst würden viele von ihnen den Tod finden. 22 Auch die Priester*, die sich Jahwe nähern, müssen sich dafür weihen, sonst ist ihr Leben in Gefahr.« 23 Mose sagte

zu Jahwe:»Das Volk kann gar nicht auf den Berg Sinai steigen, denn du hast uns ja gewarnt und befohlen, eine Grenze um den Berg zu ziehen und ihn für heilig zu erklären.« 24 Doch Jahwe sagte zu ihm:»Geh und steig hinunter! Und komm dann mit Aaron wieder herauf! Aber die Priester und das Volk dürfen nicht durchbrechen, um zu Jahwe hinaufzusteigen, damit er keine Bresche in ihre Linie bricht.« 25 Da stieg Mose hinunter und warnte das Volk.

Die zehn Gebote

20 1 Dann redete Gott. Er sagte: 2 »Ich bin Jahwe, dein Gott! Ich habe dich aus dem Sklavenhaus Ägyptens befreit. 3 Du wirst* keine anderen Götter vor mich stellen!

4 Du wirst dir kein Götterbild machen, kein Abbild von irgendetwas im Himmel, auf der Erde oder im Meer! 5 Wirf dich niemals vor ihnen nieder und verehre sie auf keinen Fall! Denn

---

19,13 Wird im Neuen Testament vom Hebräerbrief zitiert: Hebräer 12,20.

Widderhorn. Hebräisch: *Jobel.* Signalhorn, das aus den gewundenen Hörnern von Schafböcken hergestellt wurde.

19,16 Der *Schofar* wurde aus den gewundenen Hörnern des männlichen Fettschwanzschafes hergestellt und brachte einen dumpfen, durchdringenden Ton hervor.

19,22 *Priester.* Siehe auch Vers 24! Bevor es die offizielle aaronitische Priesterschaft in Israel gab (2. Mose 28,1), wurden priesterliche Funktionen von den Ältesten (2. Mose 3,18; 18,12) oder von jungen Männern wahrgenommen (2. Mose 24,5).

20,3 *wirst.* Das heißt:»Ich habe dich befreit, deshalb sollte es undenkbar für dich sein, das zu tun.« Es meint aber auch ein unbedingtes Verbot.

ich, Jahwe, ich, dein Gott, bin ein eifersüchtiger Gott. Wer mich verachtet und beiseite stellt, bei dem verfolge ich die Schuld der Väter noch bis zur dritten und vierten Generation. *6* Doch wer mich liebt und meine Gebote hält, dem schenke ich meine Gunst auf tausend Generationen hin. *7* Du wirst den Namen Jahwes, deines Gottes, nie missbrauchen! Denn Jahwe wird jeden bestrafen, der seinen Namen mit Nichtigkeiten in Verbindung bringt. *8* Denk an den Sabbattag und reserviere ihn für Gott! *9* Sechs Tage hast du, um all deine Arbeit zu tun, *10* aber der siebte Tag ist Sabbat für Jahwe, deinen Gott. An diesem Tag sollst du nicht arbeiten, weder du, noch dein Sohn oder deine Tochter, weder dein Sklave noch deine Sklavin, nicht einmal dein Vieh oder der Fremde, der in deinem Ort wohnt. *11* Denn in sechs Tagen hat Jahwe den Himmel und die Erde gemacht, das Meer und alles, was dazugehört. Am siebten Tag aber ruhte er. Deshalb hat er den Sabbattag gesegnet und für sich bestimmt.

20,13 Wird im Neuen Testament von Jesus Christus und Jakobus zitiert: Matthäus 5,21; Jakobus 2,11.

20,14 Wird im Neuen Testament von Jesus Christus und Jakobus zitiert: Matthäus 5,27; Jakobus 2,11.

20,17 Wird im Neuen Testament von Paulus zitiert: Römer 7,7.

20,17 Die Verse 13-17 werden im Neuen Testament von Paulus zitiert: Römer 13,9.

20,24 Beim *Freudenopfer* wurde im Gegensatz zum Brandopfer nur das Fett auf dem Altar verbrannt. Der größte Teil des Tieres durfte bei einer fröhlichen Opfermahlzeit gemeinsam mit Verwandten und Freunden verzehrt werden.

12 Ehre deinen Vater und deine Mutter! Dann wirst du lange in dem Land leben, das Jahwe, dein Gott, dir gibt. *13* Morde nicht!* *14* Brich die Ehe nicht!* *15* Stiehl nicht! *16* Sag nichts Unwahres über deinen Mitmenschen! *17* Begehre nichts*, was deinem Mitmenschen gehört,* weder seine Frau noch seinen Sklaven oder seine Sklavin, sein Rind oder seinen Esel oder sonst etwas, das ihm gehört!« *18* Als das ganze Volk den Donner und die Flammen wahrnahm, das Dröhnen des Schofar und den rauchenden Berg, da zitterte es vor Angst. Es hielt sich in der Ferne *19* und sagte zu Mose: »Rede du mit uns! Wir werden auf dich hören. Gott soll nicht mit uns reden, sonst müssen wir sterben.« *20* Da sagte Mose zum Volk: »Ihr müsst keine Angst haben. Gott ist nur gekommen, um euch auf die Probe zu stellen. Die Furcht vor ihm sollte über euch kommen, damit ihr nicht sündigt.« *21* So blieb das Volk in der Ferne stehen. Mose aber näherte sich dem Dunkel, wo Gott war.

Das Altargesetz

22 Jahwe sagte zu Mose: »Sag den Israeliten: ›Ihr habt erlebt, wie ich vom Himmel her zu euch gesprochen habe. *23* Darum sollt ihr keine selbst gemachten Götter neben mich stellen, weder aus Silber noch aus Gold. *24* Macht mir einen Altar aus Erde und bringt darauf eure Schafe und Rinder als Brand- und Freudenopfer* dar. An jedem Ort, wo ihr durch ein Opfer an mich denkt, werde ich euch nahe sein und euch segnen. *25* Wenn ihr mir einen Altar aus Steinen bauen wollt, dürft ihr nur unbehauene Steine dafür verwenden. Wenn ihr sie mit einem Meißel bearbeiten würdet, hättet ihr den Altar entweiht. 26 Du sollst nicht auf Stufen zu meinem Altar hinaufsteigen, damit deine Nacktheit unter dem Gewand nicht zum Vorschein kommt.‹«

Das Bundesbuch (Kapitel 21-23)

21 1 »Folgende Rechtsordnungen sollst du ihnen vorlegen:

Hebräische Sklaven

2 ›Wenn du einen hebräischen Sklaven kaufst, soll er dir sechs Jahre lang dienen. Im siebten Jahr soll er unentgeltlich als freier Mann entlassen werden. 3 Ist er allein gekommen, soll er allein gehen. War er verheiratet, soll seine Frau mitgehen. 4 Falls sein Herr ihm eine Frau gegeben hat, bleiben die Frau und ihre Kinder Eigentum ihres Herrn. Nur er selbst ist frei. 5 Wenn der Sklave aber sagt:»Ich liebe meinen Herrn, meine Frau und meine Kinder; ich will nicht freigelassen werden!«, 6 dann soll sein Herr ihn in der Gegenwart Gottes an die Tür oder den Türpfosten stellen und ihm das Ohr mit einer Ahle durchbohren. So wird er für immer sein Sklave sein.

7 Wenn jemand seine Tochter als Sklavin verkauft hat, darf sie nicht so wie ein Sklave freigelassen werden. 8 Hatte ihr Herr sie für sich selbst bestimmt, aber sie gefiel ihm nicht, dann soll er sie zurückkaufen lassen. Er hat nicht das Recht, sie an Fremde zu verkaufen, weil er seine Zusage nicht eingehalten hat. 9 Hat er sie als Frau für seinen Sohn bestimmt, muss er ihr die Rechte einer Tochter einräumen. 10 Heiratet er sie und später noch eine andere, dann darf er sie in Nahrung, Kleidung und sexueller Gemeinschaft nicht benachteiligen. 11 Vernachlässigt er eine dieser drei Pflichten, muss er sie unentgeltlich freilassen.‹

Totschlag und Mord

12 ›Wer einen Menschen so schlägt, dass er stirbt, wird mit dem Tod bestraft. 13 Hat er ihn nicht absichtlich getötet, sondern Gott hat es durch seine Hand geschehen lassen, dann werde ich dir einen Ort bestimmen, wohin er fliehen kann. 14 Doch wenn jemand seinen Mitmenschen vorsätzlich und hinterhältig umbringt, findet er nicht einmal an meinem Altar Schutz. Er muss von dort weggeholt und getötet werden.‹

Misshandlung der Eltern

15 ›Wer seinen Vater oder seine Mutter schlägt, wird mit dem Tod bestraft.‹

Menschenraub

16 ›Wer einen Menschen raubt, wird mit dem Tod bestraft, gleichgültig, ob er ihn schon verkauft oder noch in seiner Gewalt hat.‹

Verfluchung der Eltern

17 ›Wer seinen Vater oder seine Mutter verflucht, wird mit dem Tod bestraft.‹*

Körperverletzung

18 ›Wenn Männer in Streit geraten und einer verletzt den anderen mit einem Stein oder der Faust, sodass er

bettlägerig wird, *19* aber später wieder aufstehen und draußen am Stock umherlaufen kann, ist der Täter nicht körperlich zu bestrafen. Er muss den Verletzten aber für seine Arbeitsunfähigkeit entschädigen und ihm die Heilungskosten erstatten.

20 Wenn jemand seinen Sklaven mit einem Stock so schlägt, dass er ihm unter der Hand stirbt, dann muss das bestraft werden. Dasselbe gilt bei einer Sklavin. *21* Wenn der Sklave aber noch einen oder zwei Tage am Leben bleibt, muss die Tat nicht bestraft werden, denn er schadet sich ja selbst.*

22 Wenn Männer sich prügeln und dabei eine schwangere Frau stoßen, sodass sie eine Fehlgeburt hat, aber sonst kein weiterer Schaden entstanden ist, dann muss der Schuldige eine Geldstrafe bezahlen. Die Höhe wird vom Ehemann der betreffenden Frau bestimmt und nach gerichtlicher Bestätigung bezahlt. *23* Ist aber ein weiterer Schaden entstanden, dann muss gegeben werden: Leben für Leben, *24* Auge für Auge, Zahn für Zahn,* Hand für Hand, Fuß für Fuß, *25* Brandmal für Brandmal, Wunde für Wunde, Strieme für Strieme. *26* Wenn jemand

seinem Sklaven ein Auge oder einen Zahn ausschlägt, muss er ihn als Entschädigung dafür freilassen. *27* Dasselbe gilt bei einer Sklavin.‹

Körperverletzung durch Haustiere

28 ›Wenn ein Rind einen Mann oder eine Frau stößt, sodass sie sterben, muss das Rind mit schweren Steinen erschlagen werden. Sein Fleisch darf man nicht essen. Der Besitzer jedoch bleibt straffrei. *29* Hat das Rind aber schon früher Menschen gestoßen und sein Besitzer hat es nicht eingesperrt, obwohl man ihn gewarnt hatte, dann muss nicht nur das Rind gesteinigt, sondern auch sein Besitzer getötet werden. *30* Wenn ihm die Zahlung eines Sühngeldes erlaubt wird, dann muss er als Lösegeld für sein Leben alles bezahlen, was man ihm auferlegt. *31* Der gleiche Grundsatz gilt auch, wenn das Rind einen Jungen oder ein Mädchen tödlich verletzt. *32* Bei einem Sklaven oder einer Sklavin muss der Besitzer des Rindes ihrem Herrn dreißig Silberstücke* zahlen, und das Rind muss gesteinigt werden.‹

Schadenersatz bei fremdem Vieh

33 ›Wenn jemand eine Zisterne offen lässt oder eine gräbt und nicht abdeckt, und ein Rind oder ein Esel fällt hinein, *34* dann muss er das Tier seinem Besitzer bezahlen. Das tote Tier kann er behalten. *35* Wenn jemandes Rind das Rind eines anderen stößt, sodass es verendet, dann sollen beide Besitzer das lebende Tier verkaufen und den Erlös teilen. Auch das tote Tier sollen sie sich teilen. *36* Hat das Rind aber schon früher gestoßen und

---

21,17 Wird im Neuen Testament von Jesus Christus zitiert: Matthäus 15,4; Markus 7,10.

21,21 *schadet sich ja selbst.* Wörtlich: es ist sein eigenes Geld. Wenn der Sklave stirbt, hat der Herr eine Arbeitskraft verloren.

21,24 Wird im Neuen Testament von Jesus Christus in der Bergpredigt zitiert: Matthäus 5,38.

21,32 *Silberstücke.* Wörtlich: Schekel. Nach archäologischen Funden kann das Durchschnittsgewicht eines Schekel mit 11,5 Gramm angenommen werden.

sein Besitzer hat es nicht eingesperrt, muss er ein lebendes Rind für das tote erstatten. Das tote darf er behalten.‹

Schadenersatz bei Diebstahl

37 ›Wenn jemand ein Rind oder ein Stück Kleinvieh stiehlt und es schlachtet oder verkauft, dann muss er für das Rind fünffachen Ersatz leisten und für das Schaf oder die Ziege vierfachen.‹

22 1 ›Wenn der Dieb beim Einbruch ertappt und so geschlagen wird, dass er stirbt, so liegt keine Blutschuld vor. 2 War jedoch die Sonne schon aufgegangen, zählt es als Mord. Ein Dieb jedenfalls muss vollen Ersatz leisten. Ist er dazu nicht imstande, wird er als Sklave verkauft. 3 Findet man das Gestohlene aber noch lebend in seinem Besitz, sei es Rind, Esel, Schaf oder Ziege, dann muss er doppelten Ersatz leisten.‹

Schadenersatz bei Ernteschädigung

4 ›Wenn jemand ein Feld oder einen Weinberg abweiden lässt und sein Vieh dabei nicht beaufsichtigt, sodass es auch das Feld eines anderen abweidet, muss er es mit dem Besten vom Ertrag seines eigenen Feldes oder Weinbergs ersetzen. 5 Wenn jemand Feuer macht und es erfasst eine Dornenhecke und greift auf einen Garbenhaufen über oder es vernichtet stehendes Getreide, dann muss er vollen Ersatz leisten.‹

Haftung für fremdes Eigentum

6 ›Wenn jemand einem anderen Geld oder Gegenstände zur Aufbewahrung übergibt und es wird etwas davon aus dessen Haus gestohlen, dann muss der Dieb den doppelten Wert erstatten, falls er gefunden wird. 7 Kann der Dieb nicht ermittelt werden, muss der Hausbesitzer vor Gott erscheinen, damit festgestellt wird, ob er das Eigentum seines Nächsten unterschlagen hat. 8 Bei jedem Fall von Veruntreuung, ganz gleich, ob es sich um ein Rind, einen Esel, ein Schaf, eine Ziege oder ein Kleidungsstück handelt, von dem jeder Beteiligte behauptet, es sei sein Eigentum, muss die Sache vor Gott entschieden werden. Wen Gott für schuldig erklärt, der muss seinem Nächsten das Doppelte erstatten. 9 Wenn jemand einem anderen einen Esel, ein Rind, ein Schaf oder ein anderes Tier in Verwahrung gibt und es stirbt oder bricht sich etwas oder es wird von Feinden weggetrieben, ohne dass es jemand gesehen hat, 10 dann soll der, dem es anvertraut wurde, vor Jahwe einen Eid schwören, dass er sich nicht an dem fremden Eigentum vergriffen hat. Der Besitzer muss das gelten lassen und darf keinen Ersatz fordern. 11 Ist es jedoch nachweislich gestohlen worden, muss er es dem Besitzer voll erstatten. 12 Ist es von wilden Tieren gerissen worden und kann er es als Beweis herbeibringen, muss er es nicht erstatten. 13 Wenn jemand sich von einem anderen ein Stück Vieh leiht und es bricht sich etwas oder stirbt, muss er es erstatten, wenn sein Besitzer nicht dabei war. 14 War der Besitzer dabei, muss er es nicht erstatten. Und wenn es gemietet war, ist es durch den Mietpreis abgegolten.‹

Verführung eines Mädchens

15 ›Wenn jemand ein noch nicht verlobtes Mädchen verführt und mit ihm schläft, muss er den Brautpreis bezahlen und sie heiraten. 16 Falls sich ihr Vater weigert, sie ihm zu geben, muss er ihm dennoch den üblichen Brautpreis für ein unberührtes Mädchen bezahlen.‹

Todeswürdige Verbrechen

17 ›Eine Zauberin* darfst du nicht am Leben lassen! 18 Jeder, der mit einem Tier Geschlechtsverkehr hat, muss getötet werden. 19 Wer einer Gottheit Opfer bringt, außer Jahwe, soll dem Bann verfallen*.‹

Schutz der Schwachen

20 ›Einen Fremden darfst du weder ausbeuten noch unterdrücken. Ihr seid ja selbst Fremde im Land Ägypten gewesen. 21 Keine Witwe oder Waise dürft ihr benachteiligen. 22 Wenn du sie dennoch in irgendeiner Weise bedrückst, und sie zu mir um Hilfe schreien, werde ich bestimmt auf sie hören. 23 Dann wird mein Zorn auflodern, und ich werde euch durch das Schwert umkommen lassen. Eure Frauen werden dann zu Witwen werden und eure Kinder zu Waisen.

24 Wenn du einem Armen aus meinem Volk Geld leihst, dann verhalte dich nicht wie ein Wucherer. Verlange keine Zinsen von ihm! 25 Falls du wirklich den Mantel eines anderen zum Pfand nimmst, dann gib ihn noch vor Sonnenuntergang zurück, 26 denn das ist seine einzige Decke für die Nacht. Womit soll er sich sonst zudecken? Wenn er dann zu mir um Hilfe schreit, werde ich ganz bestimmt auf ihn hören, denn ich bin gnädig.‹

Pflichten gegen Gott

27 ›Gott sollst du nicht lästern und einen Fürsten in deinem Volk nicht verfluchen.* 28 Hinterzieht nicht den Ertrag eurer Felder und Weinberge! Eure erstgeborenen Söhne sollt ihr mir übereignen. 29 Ebenso sollt ihr es mit euren Rindern und dem Kleinvieh machen. Sieben Tage soll das erstgeborene Jungtier bei seiner Mutter bleiben, am achten Tag sollst du es mir übereignen. 30 Ihr seid Menschen, die mir geweiht sind. Deshalb dürft ihr kein Fleisch essen, das von Raubtieren gerissen wurde. Das kannst du deinen Hunden hinwerfen.‹

Gerechtigkeit und Nächstenliebe

23 1 ›Verbreite kein falsches Gerücht! Lass dich nicht von einem Schuldigen zur Falschaussage verleiten! 2 Schließ dich nicht der Mehrheit an, wenn sie im Unrecht ist! Und wenn du vor Gericht aussagen musst, richte dich nicht nach der Mehrheit, wenn sie das Recht verdreht. 3 Aber auch einen Armen darfst du vor Gericht nicht begünstigen.

22,17 *Zauberin.* Eine Frau, die okkulte und magische Praktiken betreibt.

22,19 *dem Bann verfallen.* Das heißt, er müsste mit seinem ganzen Besitz vernichtet werden.

22,27 Wird im Neuen Testament von Paulus zitiert: Apostelgeschichte 23,5.

4 Wenn du einem verirrten Rind oder Esel deines Feindes begegnest, dann bringe ihm das Tier ohne Zögern zurück. 5 Wenn der Esel deines Feindes unter seiner Last zusammengebrochen ist, dann geh nicht einfach vorbei, sondern hilf ihm, das Tier wieder auf die Beine zu bringen. 6 Du darfst das Recht eines Armen vor Gericht nicht beugen! 7 Halte dich von einer Lügensache fern! Hilf nie dabei, einen, der unschuldig und gerecht ist, umzubringen! Denn ich gebe dem Schuldigen nicht Recht. 8 Nimm keine Bestechung an, denn das trübt das Urteilsvermögen und verdreht das Recht. 9 Unterdrücke die Fremden nicht! Ihr wisst doch, wie einem Fremden zumute ist, denn auch ihr seid Fremde in Ägypten gewesen.‹

Sabbatjahr und Feiertage

10 ›Sechs Jahre sollst du dein Land bearbeiten und seinen Ertrag ernten. 11 Doch im siebten Jahr sollst du es brachliegen lassen, damit die Armen deines Volkes davon essen können. Den Rest überlass dem Wild! Ebenso sollst du es mit deinen Weinbergen und Ölbäumen halten. 12 Sechs Tage sollst du deine Arbeit tun, aber am siebten Tag sollst du alles ruhen lassen! Auch dein Rind und dein Esel sollen sich ausruhen. Auch der Sohn deiner Sklavin und der Fremde sollen aufatmen können. 13 Haltet euch an alles, was ich euch gesagt habe! Den Namen einer anderen Gottheit dürft ihr nicht erwähnen, er soll nicht über eure Lippen kommen!

14 Dreimal im Jahr sollst du mir ein Fest feiern, 15 als erstes das Fest der ungesäuerten Brote. Dabei sollst du zur festgesetzten Zeit sieben Tage lang ungesäuerte Brotfladen essen, wie ich es dir befohlen habe. Das soll im Ährenmonat geschehen, dem Monat deines Auszugs aus Ägypten. Keiner soll mit leeren Händen vor mir erscheinen. 16 Dann kommt das Erntefest, wenn du das erste Getreide einbringst, das du ausgesät hast, und schließlich das Wein- und Obstlesefest im Herbst, wenn ihr die Früchte von den Weinbergen und Obstplantagen geerntet habt. 17 Dreimal im Jahr soll alles, was männlich ist, vor dem Herrn, vor Jahwe, erscheinen. 18 Das Blut eines Schlachtopfers darfst du nicht zusammen mit gesäuerten Brotfladen vor mich bringen. Und das Fett eines Opfertiers darf nicht bis zum nächsten Morgen aufgehoben werden. 19 Die Besten von deinen ersten Feldfrüchten sollst du in das Haus Jahwes, deines Gottes, bringen. Ein Böckchen darfst du nicht in der Milch seiner Mutter kochen.‹

Schlussmahnungen

20 ›Pass auf! Ich werde einen Engel vor dir her schicken, der dich unterwegs behütet und dich an den Ort bringt, den ich für dich bestimmt habe. 21 Hüte dich vor ihm und hör auf das, was er sagt! Lehn dich nicht gegen ihn auf! Er würde euch das nicht vergeben, denn mein Name ist in ihm. 22 Doch wenn du ihm aufs Wort gehorchst, wenn du alles tust, was ich durch ihn sage, dann werde

ich deine Feinde befeinden und deine Bedränger bedrängen.

²³ Mein Engel geht vor dir her und bringt dich zu den Amoritern, Hetitern, Perisitern, Kanaanitern, Hiwitern und Jebusitern, die ich alle beseitigen werde. ²⁴ Folge nicht dem Beispiel dieser Völker! Wirf dich nicht vor ihren Göttern nieder und diene ihnen nicht! Stürze ihre Götterbilder um und zerschlage ihre Steinmale! ²⁵ Dient Jahwe, eurem Gott! Dann wird er dein Brot und Wasser segnen. Ich werde Krankheiten von dir fernhalten. ²⁶ Keine Frau in deinem Land wird eine Fehlgeburt haben oder kinderlos bleiben. Niemand wird vor der Zeit sterben.

²⁷ Angst und Schrecken schicke ich vor dir her. Alle Völker, zu denen du kommst, werden in Verwirrung geraten. Ich werde dafür sorgen, dass du nur den Rücken deiner Feinde siehst. ²⁸ Ich lasse Panik vor dir ausbrechen. Sie wird die Hiwiter, Kanaaniter und Hetiter vor dir her treiben. ²⁹ Allerdings werde ich sie nicht in einem einzigen Jahr vertreiben, sonst würde das Land verwildern und die wilden Tiere würden überhand nehmen. ³⁰ Ich werde sie nach und nach vertreiben, bis du dich so vermehrt hast, dass du das Land in Besitz nehmen kannst. ³¹ Dein Gebiet wird vom Golf von Elat* bis zum Mittelmeer* reichen,

von der Wüste bis an den Euphrat. Ich gebe die Bewohner dieses Landes in deine Gewalt, dass du sie vertreiben kannst. ³² Doch du darfst weder mit ihnen noch mit ihren Göttern einen Bund schließen. ³³ Sie dürfen nicht bei dir wohnen bleiben, denn sonst würden sie dich verführen, mir untreu zu werden und ihre Götter zu verehren. Das würde zu einer Falle für dich.‹«

Gott schließt seinen Bund mit Israel

24 ¹ Jahwe hatte zu Mose gesagt: »Steig zu mir herauf und nimm Aaron, Nadab, Abihu* und siebzig von den Ältesten Israels mit. Werft euch in gebührender Entfernung vor mir nieder! ² Nur Mose darf in die Nähe Jahwes kommen, die anderen nicht. Das Volk darf überhaupt nicht auf den Berg steigen.«

³ Dann trat Mose vor das Volk und gab ihm alle Worte und Bestimmungen Jahwes weiter. Das ganze Volk antwortete wie aus einem Mund: »Wir wollen alles tun, was Jahwe uns befohlen hat.« ⁴ Daraufhin schrieb Mose alle Worte Jahwes auf. Am nächsten Morgen errichtete er am Fuß des Berges einen Altar aus zwölf Gedenksteinen, nach der Zahl der Stämme Israels. ⁵ Dann beauftragte er junge israelitische Männer, Jahwe Brandopfer zu bringen und Stiere als Freudenopfer zu schlachten. ⁶ Die Hälfte des Blutes goss Mose in Schalen, die andere Hälfte sprengte er an den Altar. ⁷ Anschließend nahm er die Buchrolle mit dem Bundesgesetz in die Hand und las alles dem Volk vor. Es erwiderte: »Alles, was Jahwe gesagt hat, wollen

---

23,31 *Golf von Elat.* Wörtlich: Schilfmeer. Hier ist das Rote Meer am Golf von Akaba/Elat gemeint.

Mittelmeer. Wörtlich: Meer der Philister.

24,1 *Nadab* und *Abihu* waren die beiden ältesten Söhne Aarons.

wir gehorsam tun.« ⁸ Darauf nahm Mose die Schalen mit dem Blut und sprengte es über das Volk. Dabei rief er: »Seht, das ist das Blut des Bundes, den Jahwe aufgrund dieser Gebote mit euch geschlossen hat!«*

⁹ Danach stiegen Mose und Aaron, Nadab, Abihu und siebzig von den Ältesten Israels den Berg hinauf. ¹⁰ Da sahen sie den Gott Israels. Der Boden unter seinen Füßen sah aus, als ob er mit Saphirplatten belegt wäre, klar und leuchtend wie der Himmel. ¹¹ Gott griff diese ausgewählten Männer Israels nicht an, sondern sie durften ihn sehen* und aßen und tranken in seiner Gegenwart.

¹² Jahwe sagte zu Mose: »Steig nun zu mir auf den Berg herauf und bleib dort, damit ich dir die Steintafeln geben kann, auf die ich das Gesetz und die Gebote für die Unterweisung Israels geschrieben habe.« ¹³ Da machte sich Mose mit seinem Diener Josua bereit, auf den Gottesberg zu steigen. ¹⁴ Zu den Ältesten sagte er: »Wartet hier auf uns, bis wir zurück sind. Ihr seht ja, dass Aaron und Hur bei euch sind. Wenn jemand einen Streitfall hat, soll er sich an sie wenden.«

¹⁵ Als Mose auf den Berg stieg, war dieser von der Wolke verhüllt. ¹⁶ Die Herrlichkeit Jahwes ließ sich auf den Berg Sinai herab. Sechs Tage lang bedeckte die Wolke den Berg. Dann, am siebten Tag, rief Gott Mose aus der Wolke heraus zu sich. ¹⁷ Für die Israeliten sah die Herrlichkeit Jahwes wie ein rasendes Feuer aus, das auf dem Gipfel loderte. ¹⁸ Jetzt ging Mose in die Wolke hinein und stieg auf den Berg. 40 Tage und 40 Nächte blieb er dort.

Anordnungen für das Heiligtum
(Kapitel 25-30)

25 ¹ Jahwe sagte zu Mose: ² »Sag den Israeliten, dass sie mir freiwillige Gaben bringen. Von jedem, der es gern gibt, sollt ihr diese Opfergabe annehmen. ³ Sie kann aus Gold, Silber oder Bronze bestehen. ⁴ Es kann blauer oder roter Purpur sein, Karmesinstoff, Leinen oder Ziegenhaar. ⁵ Lasst rot gefärbte Felle von Schafböcken bringen, Tachasch-Häute* und Akazienholz, ⁶ Öl für den Leuchter, wohlriechende Zutaten für das Salböl und die Weihrauchmischung, ⁷ dazu Edelsteine und Onyx zum Schmuck für das Efod* und die Brusttasche. ⁸ Sie sollen mir ein Heiligtum bauen, weil ich unter ihnen wohnen will. ⁹ Ich habe dir das Modell dieser Wohnung samt ihren Einrichtungsgegenständen gezeigt. Dementsprechend sollt ihr sie bauen.«

Die Bundeslade

¹⁰ »Sie sollen eine Lade aus Akazienholz machen: eineinviertel Meter lang, dreiviertel Meter* breit und ebenso hoch. ¹¹ Innen und außen soll

---

24,8 Wird im Neuen Testament im Hebräerbrief zitiert: Hebräer 9,20.

24,11 *ihn sehen.* Nach Vers 10 sahen sie nur den Fußboden, auf dem sein Thron stand. Gott selbst verhüllt sich in strahlendem Licht, denn Gottes Gesicht zu sehen ist für jeden Menschen tödlich (2. Mose 33,20-23).

25,5 *Tachasch-Häute.* Weichgegerbtes Leder aus Tümmler oder Dachshäuten.

25,7 *Efod.* Ein sehr kostbares ärmelloses Gewand, das der Hohe Priester über dem Obergewand trug (2. Mose 39). Am Efod waren die mit Edelsteinen besetzten Schulterstücke und das Brustschild befestigt.

sie mit reinem Gold überzogen sein und oben mit einer Goldleiste verziert. *12* Lass vier Ringe aus Gold gießen und so an den vier Ecken anbringen, dass an jeder Längsseite zwei Ringe sind. *13* Lass dann Stangen aus Akazienholz anfertigen und mit Gold überziehen. *14* Diese Stangen sollen in die Ringe an der Längsseite gesteckt werden, damit man die Lade tragen kann. *15* Die Stangen müssen in den Ringen bleiben und dürfen nicht herausgezogen werden.

16 In die Lade sollst du die Tafeln mit dem Zeugnis des Bundes legen, die ich dir geben werde. *17* Lass dann eine Deckplatte* aus reinem Gold herstellen: einenviertel Meter lang und dreiviertel Meter breit. *18* Weiter lass zwei Cherubim-Figuren* aus getriebenem Gold herstellen. *19* Sie sollen sich an den beiden Enden der Deckplatte befinden und fest mit ihr verbunden sein. *20* Die Cherubim sollen ihre Flügel nach oben über die Deckplatte ausgebreitet halten. Ihre Gesichter sollen einander zugewandt und ihr Blick auf die Deckplatte gerichtet sein. *21* In die Lade sollst du die beiden Tafeln legen, die ich dir geben werde. Verschließ

dann die Lade mit der Deckplatte. *22* Dort über der Deckplatte werde ich dir begegnen und von der Stelle zwischen den zwei Cherubim aus mit dir reden und dir die Anweisungen für die Israeliten geben.«

Der Tisch für die geweihten Brote

23 »Lass einen Tisch aus Akazienholz machen, einen Meter lang, einen halben Meter breit und dreiviertel Meter hoch! *24* Lass ihn mit Gold überziehen und mit einer goldenen Schmuckleiste einfassen! *25* Er soll auch einen Rahmen von zehn Zentimeter Höhe haben, der ebenfalls von einer goldenen Schmuckleiste eingefasst ist. *26* Lass vier goldene Ringe für ihn anfertigen und an den Kanten der vier Füße befestigen! *27* Die Ringe sollen dicht an dem Rahmen sein und als Ösen für die Stangen dienen, damit man den Tisch tragen kann. *28* Die Tragstangen sollen aus Akazienholz sein und ebenfalls mit Gold überzogen werden. *29* Lass schließlich die Schüsseln und Schalen, die Kannen und Kellen anfertigen, die für das Trankopfer gebraucht werden. Auch sie müssen aus reinem Gold hergestellt werden. *30* Auf dem Tisch sollen immer die geweihten Brote vor mir ausgelegt sein.«

Der goldene Leuchter

31 »Lass einen Leuchter aus reinem Gold machen. Der Leuchter, sein Fußgestell und sein Schaft, seine Kelche, Knäufe und Blüten sollen aus einem Stück getrieben sein. *32* Von seinem Schaft sollen je drei Arme nach beiden Seiten ausgehen, *33* jeder von ihnen mit drei Kelchen in

---

25,10 *Meter.* Die biblischen Maßangaben sind nach dem Ellenmaß des Schiloachtunnels in Jerusalem umgerechnet, dessen Länge 525 m beträgt (Inschrift: 1200 Ellen). Das ergibt rund 44 cm pro Elle.

25,17 *Deckplatte.* Das hebräische Wort ist von einem Verb abgeleitet, das ursprünglich »verdecken«, gewöhnlich aber »sühnen, versöhnen« bedeutet. Vergleiche Hebräer 9,5!

25,18 *Cherub,* Mehrzahl: *Cherubim*: Majestätisches (Engel-)Wesen, das Gottes Herrlichkeit repräsentiert.

Form von Mandelblüten verziert und jede mit einem Knauf darunter. *34* Auch auf dem Schaft selbst sollen sich vier solcher Blütenkelche mit Knauf befinden, *35* drei davon unter den Ansatzstellen der Armpaare. *36* Der ganze Leuchter mit seinen Knäufen und Armen soll aus einem Stück gearbeitet sein und aus reinem Gold bestehen. *37* Lass dann sieben Lampen machen und setze sie so darauf, dass sie ihr Licht nach vorn fallen lassen. *38* Auch seine Dochtscheren und Pfännchen sollen aus reinem Gold sein. *39* Aus einem Block* reinen Goldes sollst du ihn und seine Geräte anfertigen lassen. *40* Und achte darauf, dass alles genau nach dem Modell angefertigt wird, das dir hier auf dem Berg gezeigt worden ist!«

Die Zeltdecken für das Heiligtum

26 *1* »Für die Wohnung sollst du zehn Zeltdecken anfertigen lassen. Sie sollen aus gezwirnten Leinenfäden gewebt und künstlerisch mit Cherubim aus blauer, roter und karmesinroter Wolle bestickt sein. *2* Jede dieser Zeltdecken soll vierzehn Meter lang und zwei Meter breit sein. *3* Je fünf Zeltdecken sollen an den Längsseiten miteinander vernäht werden. *4* Auch die so entstandenen Stücke sollen zusammengefügt werden können. Lass deshalb an den beiden Längsseiten je fünfzig Schlaufen aus blauem Purpur anbringen, *5* die sich genau gegenüber stehen, wenn man die Stücke nebeneinander legt. *6* Dann lass fünfzig Haken aus Gold herstellen, mit denen man beide Zeltdecken verbinden kann, sodass es ein Ganzes wird.

7 Weiterhin sollst du für die Überdachung elf Zeltbahnen aus Ziegenhaar herstellen lassen. *8* Jede einzelne Bahn muss fünfzehn Meter lang und zwei Meter breit sein. *9* Fünf dieser Zeltbahnen sollen miteinander verbunden werden und ebenso die anderen sechs. Die sechste Bahn soll dann an der Vorderseite des Zeltes doppelt gelegt werden. *10* Am Ende der beiden großen Stücke, die verbunden werden sollen, lass je fünfzig Schlaufen anbringen. *11* Dann lass fünfzig Bronzehaken herstellen und in die Schlaufen einfügen, sodass es ein Ganzes wird. *12* Die halbe Zeltbahn, die übersteht, soll dann über der Rückseite der Wohnung hängen. *13* Und was von der Länge der Bahnen übersteht, soll links und rechts an den Seiten der Wohnung je einen halben Meter überhängen. *14* Lass schließlich noch eine Decke aus rot gefärbten Fellen von Schafböcken herstellen und oben darüber eine Decke aus Tachasch-Häuten.«

Die Holzwände des Heiligtums

15 »Lass auch Bretter für die Wohnung herstellen! Sie sollen aus Akazienholz sein und aufrecht stehen. *16* Jedes Brett muss fünf Meter lang und dreiviertel Meter breit sein *17* und unten zwei nebeneinander stehende Zapfen haben. *18* Zwanzig Bretter sollen die Südseite der Wohnung bilden. *19* Unter jedem Brett müssen zwei Bodenplatten aus Silber angebracht sein, für jeden Zapfen eine,

---

25,39 *einem Block.* Wörtlich: Talent, etwa 34,5 Kilogramm.

vierzig insgesamt. *20* Auch die andere Längsseite der Wohnung, die Nordseite, wird aus zwanzig Brettern *21* mit ihren vierzig silbernen Bodenplatten gebildet, je zwei unter einem Brett. *22* Für die Rückwand nach Westen lass sechs Bretter machen. *23* Dazu kommen zwei Bretter für die Ecken an der Rückseite. *24* Sie sollen die Rückwand mit den Seitenwänden verbinden.* *25* Es sollen also acht Bretter mit sechzehn silbernen Bodenplatten sein, zwei unter jedem Brett.

26 Lass auch Riegel aus Akazienholz anfertigen, um die Bretter der Wohnung zusammenzuhalten, *27* je fünf für die beiden Längsseiten und fünf für die nach Westen gerichtete Rückseite. *28* Der jeweils mittlere Riegel soll in der Mitte der Bretter von einem Ende bis zum anderen durchlaufen.* *29* Die Bretter selbst sollen mit Gold überzogen werden, ebenso die Riegel. Die Ösen für die Riegel sollen aus Gold hergestellt werden. *30* So lass die Wohnung nach dem Bauplan aufrichten, der dir auf dem Berg gezeigt worden ist.«

Die Vorhänge für das Heiligtum

31 »Lass einen Vorhang aus gezwirntem Leinen anfertigen, der künstlerisch mit Cherubim aus blauer, roter und karmesinroter Wolle bestickt ist. *32* Den sollst du an vier Säulen aus Akazienholz hängen, die mit Gold überzogen sind, Haken aus Gold haben und auf silbernen Bodenplatten stehen. *33* Häng den Vorhang an die Haken. Er soll das Heilige vom Höchstheiligen trennen. Hinter den Vorhang stellst du die Bundeslade *34* und legst dort im Höchstheiligen die Deckplatte darauf. *35* Vor den Vorhang stellst du den Tisch an die Nordseite der Wohnung und ihm gegenüber an die Südseite den Leuchter. *36* Für den Eingang des Zeltes lass einen Vorhang aus gezwirntem Leinen machen, worin blaue, rote und karmesinrote Wollfäden eingewebt sind. *37* Für den Vorhang lass fünf Säulen aus Akazienholz herstellen, die mit Gold überzogen sind. Sie sollen Haken aus Gold haben, und jede soll auf einer aus Bronze gegossenen Bodenplatte stehen.«

Der tragbare Brandopferaltar

27 *1* »Lass den Altar aus Akazienholz anfertigen. Er soll viereckig sein, zweieinhalb Meter lang und ebenso breit und eineinhalb Meter hoch. *2* An seinen vier oberen Ecken sollen Hörner aufragen, die aus einem Stück mit dem Altar bestehen. Lass ihn mit Bronzeblechen beschlagen. *3* Auch die Töpfe, die man braucht, um ihn von der Fettasche* zu reinigen, die Schaufeln, die Schalen zum Auffangen des Blutes, die Fleischgabeln und Feuerbecken sollen aus Bronze hergestellt werden. *4* Lass ein netzartiges Gitter aus Bronze anfertigen und befestige vier

---

26,24 *verbinden.* Die Ausdrücke für die genaue Beschreibung der Eckbohlen sind unverständlich.

26,28 *durchlaufen.* Manche nehmen an, dass der mittlere Riegel durch eine Bohrung der Bretter lief, wofür es aber sonst keinen Hinweis gibt.

27,3 *Fettasche* bildete sich aus den verbrannten Holz- und Fettstücken.

Ringe an seinen Ecken. 5 Dieses Gitter soll von unten her in die Einfassung des Altars geführt werden, dass es innen bis zur halben Höhe des Altars reicht. 6 Lass auch Stangen aus Akazienholz für den Altar machen und mit Bronze überziehen. 7 Die Stangen werden durch die Ringe gesteckt, sodass sie sich an beiden Seiten des Altars befinden, wenn man ihn trägt. 8 Der Altar soll aus Brettern zusammengefügt und innen hohl sein. Lass ihn so machen, wie es dir auf dem Berg gezeigt worden ist.«

Der Vorhof des Heiligtums

9 »Lass den Vorhof der Wohnung mit einer Abgrenzung umgeben. Auf seiner Südseite sollen auf fünfzig Meter Länge Planen aus gezwirnter Leinwand hängen, 10 die von zwanzig Säulen gehalten werden. Die Säulen müssen Sockel aus Bronze haben. Die Haken und die Verbindungsstangen sollen jedoch aus Silber bestehen. 11 Genauso soll die fünfzig Meter lange Nordseite aussehen. 12 Auf der Westseite soll der Vorhof 25 Meter breit sein. Seine Planen sollen von zehn Säulen gehalten werden. 13 Auch die dem Sonnenaufgang zugekehrte Ostseite soll 25 Meter breit sein. 14 Auf ihrer linken Seite sollen Planen auf siebeneinhalb Meter Länge an drei Säulen hängen 15 und ebenso auf ihrer rechten Seite. 16 Das Tor des Vorhofs soll eine Plane von zehn Meter Breite haben, die aus gezwirntem Leinen besteht, worin blaue, rote und karmesinrote Wollfäden eingewebt sind. Sie soll an vier Säulen aufgehängt werden. 17 Alle Säulen des Vorhofs sollen Verbindungsstangen und Haken aus Silber und Sockel aus Bronze haben. 18 Der ganze Vorhof ist also fünfzig Meter lang und 25 Meter breit. Die Planen aus dem gezwirnten Leinen ringsherum sind zweieinhalb Meter hoch. Die Sockel müssen alle aus Bronze sein. 19 Alle Geräte der Wohnung, die zu irgendeiner Sache gebraucht werden, auch die Zeltpflöcke für die Wohnung und den Vorhof, sollen aus Bronze sein.«

Das Öl für den Leuchter im Heiligtum

20 »Nun befiehl den Israeliten, dass sie dir reines Öl aus zerstoßenen Oliven für den Leuchter bringen, um das Licht am Brennen zu halten. 21 Aaron und seine Söhne sollen dafür sorgen, dass die Lampen im Zelt der Gottesbegegnung, außerhalb des Vorhangs vor der Bundeslade, vom Abend bis zum Morgen brennen. Das ist eine beständige Ordnung für die Israeliten, auch in künftigen Generationen.«

Die Amtskleidung des Hohen Priesters

28 1 »Du sollst nun deinen Bruder Aaron und seine Söhne aus der Mitte der Israeliten zu dir kommen lassen, denn sie sollen mir als Priester dienen: Aaron und seine Söhne Nadab, Abihu, Eleasar und Itamar. 2 Lass für deinen Bruder Aaron besondere Gewänder anfertigen, die Würde und Schönheit ausdrücken. 3 Rede mit allen, die etwas davon verstehen und von mir mit Weisheit erfüllt wurden. Sie sollen die Gewänder für Aaron anfertigen, die zeigen, dass er mir als geweihter Priester dient. 4 Folgende Kleidungsstücke sollen sie für deinen Bruder Aaron und seine Nachfolger anfertigen: eine Brusttasche, ein Efod, ein Obergewand, ein Hemd mit eingewebten Mustern, einen Kopfbund und einen Gürtel. 5 Als Material sollen sie Gold, blaue, rote und karmesinrote Wolle und Leinen nehmen.

6 Das Efod sollen sie aus gezwirntem Leinen machen und künstlerisch mit Goldfäden, blauer, roter und karmesinroter Wolle besticken. 7 Es soll auf beiden Seiten ein Paar mit ihm verbundene Schulterstücke haben. 8 Der Gürtel, mit dem es befestigt wird, soll aus demselben Material bestehen und mit ihm verbunden sein. 9 Dann sollst du auf zwei Onyxsteinen die Namen der Söhne Israels eingravieren lassen, 10 auf jeden Stein sechs Namen nach der Reihenfolge ihrer Geburt. 11 Die Namen sollen wie bei der Siegelgravur in die mit Gold eingefassten Steine eingearbeitet werden. 12 Die beiden Steine müssen an den Schulterstücken des Efods befestigt werden, die Steine, die Jahwe an die Israeliten erinnern. Aaron soll ihre Namen auf den Schulterstücken tragen und sie so vor Jahwe in Erinnerung bringen. 13 Lass goldene Einfassungen machen 14 und zwei Kettchen aus reinem Gold anfertigen, die wie Schnüre gedreht und an den Einfassungen befestigt sind.«

Die Brusttasche des Hohen Priesters

15 »Lass die Brusttasche für den Schiedsspruch anfertigen. Sie soll wie das Efod aus gezwirntem Leinen gemacht und künstlerisch mit Goldfäden und blauer, roter und karmesinroter Wolle bestickt sein. 16 Sie muss quadratisch, 25 mal 25 Zentimeter* groß und doppelt gelegt sein. 17 Lass sie mit eingefassten Edelsteinen in vier Reihen besetzen. In der ersten Reihe ein Karneol, ein Topas und ein Smaragd, 18 in der zweiten Reihe ein Rubin, ein Saphir und ein Jaspis, 19 in der dritten Reihe ein Hyazinth, ein Achat und ein Amethyst, 20 und in der vierten Reihe ein Türkis, ein Onyx und ein Nephrit. Alle sollen mit Gold eingefasst sein. 21 In die Steine sollen die Namen der zwölf Söhne Israels eingraviert sein, in jedem Stein ein Name für einen Stamm. 22 Lass zwei gedrehte Kettenschnüre aus reinem Gold für das Brustschild herstellen. 23 An den beiden oberen Ecken des Brustschilds lass zwei goldene Ringe anbringen 24 und die beiden goldenen Schnüre dort befestigen. 25 Die Enden dieser beiden Schnüre sollen an der Vorderseite der Schulterstücke befestigt werden. 26 Lass auch zwei goldene Ringe an den beiden unteren Enden der Brusttasche anbringen, und zwar auf der Rückseite, 27 und noch einmal zwei Goldringe für die beiden Schulterstücke des Efods. Sie sollen dicht an seiner Naht, aber oberhalb des Gürtels vom Efod befestigt werden. 28 Man soll das Brustschild mit einer blauen Schnur von seinen Ringen aus mit den Ringen des Efods

---

28,16 25 mal 25 Zentimeter. Wörtlich: eine Spanne lang und eine Spanne breit. Es ist das Maß vom Daumen bis zum kleinen Finger, wenn die Hand gespreizt ist (= eine halbe Elle = 23-25 cm).

verknüpfen, sodass es über dem Gurt des Efods sitzt und sich nicht verschieben kann. *29* So soll Aaron auf der Brusttasche für den Schiedsspruch die Namen der Söhne Israels zur ständigen Erinnerung vor Jahwe auf seinem Herzen tragen, wenn er ins Heiligtum hineingeht. *30* In die Brusttasche für den Schiedsspruch lege die Urim und Tummim*, damit sie auf dem Herzen Aarons sind, wenn er hineingeht, um vor Jahwe zu stehen. So soll Aaron den Schiedsspruch für die Israeliten immer vor Jahwe auf dem Herzen tragen.«

Das Obergewand

31 »Das Obergewand, das unter dem Efod getragen wird, soll ganz aus purpurblauem Stoff bestehen. *32* Die Öffnung für den Kopf in der Mitte soll wie bei der Halseinfassung eines Panzerhemdes mit einer gewebten Borte eingefasst sein, damit sie nicht einreißt. *33* Am unteren Saum sollst du Granatäpfel aus blauer, roter und karmesinroter Wolle befestigen und dazwischen goldene Glöckchen anbringen, *34* sodass um den ganzen Saum herum immer ein Glöckchen auf einen Granatapfel folgt. *35* Aaron soll das Gewand beim Dienst im Heiligtum tragen. Man soll die Glöckchen hören, wenn er zu Jahwe hineingeht und wieder herauskommt, damit er nicht stirbt.«

Weitere Teile der Kleidung

36 »Dann lass ein Stirnblatt aus reinem Gold herstellen und darauf eingravieren: ›Heilig für Jahwe‹. *37* Das soll mit einer blauen Schnur vorn am Kopfbund befestigt werden, *38* damit es an Aarons Stirn sei. Denn er trägt die Verantwortung für die Verfehlungen im Zusammenhang mit den heiligen Gaben, die die Israeliten zum Opfer bringen. Es soll immer an seiner Stirn sein, damit die Gaben Jahwe gefallen.

39 Lass das leinene Hemd mit eingewebten Mustern anfertigen und den Kopfbund ebenfalls aus Leinen, schließlich den bunt gewirkten Gürtel.«

Die Ausstattung der Priester

40 »Auch den Söhnen Aarons sollst du Hemden, Gürtel und Kopfbunde machen, die Würde und Schönheit ausdrücken. *41* Dann sollst du Aaron und seinen Söhnen die Priesterkleidung anlegen. Salbe sie, setze sie ins Amt ein und weihe sie, damit sie mir als Priester dienen. *42* Lass auch leinene Kniehosen für sie anfertigen, damit ihre Scham bedeckt ist. *43* Aaron und seine Söhne sollen sie tragen, wenn sie in das Zelt der Gottesbegegnung gehen oder am Brandopferaltar Dienst tun, damit sie nicht schuldig werden und sterben. Diese Vorschrift gilt ihm und allen seinen Nachkommen für immer.«

28,30 Urim und Tummim waren die heiligen Lose, die bei schwierigen Entscheidungen den Schiedsspruch herbeiführten. Die Bedeutung der hebräischen Begriffe ist unsicher. Nach der LXX, der griechischen Übersetzung des Alten Testaments, bedeuteten sie *Licht und Recht*.

Regeln für die Einsetzung der Priester

29 *1* »Tu folgendes, um sie in den Priesterdienst einzusetzen: Wähle einen Jungstier und zwei Schafböcke aus, fehlerfreie Tiere, *2* dazu ungesäuertes Lochbrot* und ungesäuertes mit Öl zubereitetes Kuchenbrot und mit Öl bestrichene Fladen aus feinem Weizenmehl. *3* Die legst du in einen Korb und bringst sie im Korb herbei, dazu den Jungstier und die beiden Schafböcke. *4* Führe Aaron und seine Söhne dann an den Eingang vom Zelt der Gottesbegegnung und wasche sie dort mit Wasser. *5* Dann lege Aaron die Priesterkleider an: das Priesterhemd und das Obergewand mit dem Efod und der Brusttasche. Binde ihm den Gürtel um, der am Efod befestigt ist. *6* Setze ihm den Kopfbund auf und befestige das heilige Stirnblatt daran. *7* Dann gieß ihm das Salböl über den Kopf und weihe ihn. *8* Lass auch seine Söhne herantreten und bekleide sie mit dem Priesterhemd. *9* Dann legst du ihnen den Gürtel an und bindest ihnen die Kopfbunde um. So setzt du Aaron und seine Söhne zum Priesterdienst ein, der ihnen nun für immer übertragen ist.

10 Lass dann den Jungstier vor das Zelt der Gottesbegegnung bringen. Aaron und seine Söhne sollen ihre Hände fest auf den Kopf des Stiers legen. *11* Dann schlachte den Stier vor Jahwe am Eingang des Zeltes. *12* Nimm etwas von dem Blut und streiche es mit dem Finger an die Hörner des Altars. Das restliche Blut schütte unten an den Altar. *13* Alles Fett an den Eingeweiden, den Fettlappen über der Leber, die beiden Nieren mit ihrem Fett lass auf dem Altar in Rauch aufsteigen. *14* Das Fleisch des Jungstiers, seine Haut und seine Eingeweide samt Inhalt sollst du außerhalb vom Lager verbrennen. Es ist ein Sündopfer für Jahwe.

15 Aaron und seine Söhne sollen nun ihre Hände fest auf den Kopf des einen Schafbocks legen. *16* Dann schlachte das Tier und sprenge sein Blut ringsum an den Altar. *17* Zerlege es und leg die Stücke und den Kopf auf den Altar. Die Eingeweide und Unterschenkel wäschst du vorher ab. *18* Lass dann den ganzen Schafbock in Rauch aufgehen, es ist ein Brandopfer für Jahwe, ein Feueropfer für ihn, ein Geruch, der ihm angenehm ist.

19 Aaron und seine Söhne sollen ihre Hände dann ebenso auf den Kopf des zweiten Schafbocks legen. *20* Anschließend musst du das Tier schlachten. Nimm etwas von seinem Blut und tupfe es auf das rechte Ohrläppchen, den rechten Daumen und die rechte große Zehe Aarons und seiner Söhne. Das übrige Blut sprengst du ringsum an den Altar. *21* Nimm dann etwas von diesem Blut am Altar und von dem Salböl und sprenge es auf Aaron und seine Kleider und auch auf seine Söhne und ihre Kleider, damit sie samt ihren Kleidern zum Dienst geweiht sind.

22 Dieser zweite Schafbock ist das Einsetzungsopfer. Nimm sein Fett,

---

29,2 *Lochbrot.* Ein runder Brotlaib, der in der Mitte durchstoßen ist und so auf einer Stange aufgehängt werden kann zum Schutz gegen Schimmel und Tierfraß.

den Fettschwanz, das Fett an den Eingeweiden, den Fettlappen an der Leber, die beiden Nieren mit ihrem Fett sowie die rechte Hinterkeule, 23 dazu ein Rundbrot, einen Ölkuchen und einen mit Öl bestrichenen Fladen aus dem Korb der ungesäuerten Brote, der vor Jahwe steht, 24 und leg das alles Aaron und seinen Söhnen in die Hände. Sie sollen es Jahwe hin- und herschwingend darbieten. 25 Dann nimmst du es ihnen wieder aus den Händen und lässt es auf dem Altar über dem Brandopfer in Rauch aufgehen, ein Geruch, der Jahwe angenehm ist. Es ist ein Feueropfer für Jahwe. 26 Nimm dann die Brust von dem Einsetzungsopfer für Aaron und biete sie Jahwe schwingend dar. Das soll dein Anteil sein. 27 Dann sondere von dem Einsetzungsopfer für Aaron und seine Söhne das Bruststück des Schwingopfers und die Hinterkeule des Hebopfers ab, welche geschwungen und dann emporgehoben worden sind. 28 Sie gehören Aaron und seinen Söhnen als dauerndes Anrecht gegenüber den Israeliten, denn es ist ein Hebopfer. Auch bei den Freudenopfern der Israeliten sind diese Stücke ein Hebopfer für Jahwe.

29 Die heiligen Gewänder Aarons gehen nach ihm auf seine Nachfolger über. In ihnen sollen sie gesalbt und geweiht werden. 30 Derjenige von seinen Nachkommen, dem es zufällt, als sein Nachfolger ins Zelt der Gottesbegegnung zu gehen und im Heiligtum Dienst zu tun, soll die Kleider bei seiner Einsetzung sieben Tage lang tragen.

31 Das Fleisch des Einsetzungsopfers sollst du im Bereich des Heiligtums kochen. 32 Dann sollen Aaron und seine Söhne das Fleisch und das Brot im Korb am Eingang vom Zelt der Gottesbegegnung essen. 33 Sie sollen die Stücke essen, mit denen die Sühne vollzogen wurde, um sie zum Dienst zu weihen. Niemand sonst darf davon essen, es ist heilig. 34 Was vom Fleisch des Einsetzungsopfers und vom Brot am nächsten Morgen noch übrig ist, muss verbrannt werden. Man darf es nicht essen, es ist heilig.

35 An sieben Tagen nacheinander sollst du das ganze Einsetzungsopfer wiederholen. 36 Täglich sollst du einen Jungstier als Sündopfer schlachten und den Altar entsündigen. Du sollst die Sühne an ihm vollziehen und ihn durch Salbung heiligen. 37 An sieben Tagen sollst du das wiederholen. Dann wird der Altar höchst heilig sein: Alles, was ihn berührt, ist dem Heiligtum verfallen.«

Die täglichen Opfer

38 »Jeden Tag sollst du zwei einjährige Lämmer als Brandopfer darbringen lassen, 39 das eine am Morgen, das zweite am späten Nachmittag. 40 Dazu kommen als Speisopfer jeweils zwei Litergefäße* mit Feinmehl, das mit einem knappen Liter* Öl aus zerstoßenen Oliven vermengt ist, und als Trankopfer je einen knappen Liter Wein. 41 Das ist ein Feueropfer für Jahwe, ein Geruch, der ihm angenehm ist. 42 Ihr sollt das als

---

29,40 *Litergefäße.* Wörtlich: ein Zehntel (Efa) = 2,2 Liter.

Litergefäße. Wörtlich: ein Viertel Hin = 0,9 Liter

regelmäßiges Brandopfer vor Jahwe darbringen, und zwar am Eingang vom Zelt der Gottesbegegnung, also dort, wo ich euch begegnen werde, um mit dir zu reden. *43* Dort werde ich den Israeliten begegnen, und das Zelt wird durch meine Herrlichkeit geheiligt sein. *44* Ich werde das Zelt der Gottesbegegnung und den Altar heiligen. Auch Aaron und seine Söhne mache ich heilig, damit sie mir als Priester dienen können. *45* Und ich werde mitten unter den Israeliten wohnen und ihr Gott sein. *46* Und sie werden erkennen, dass ich, Jahwe, ihr Gott bin, der sie aus Ägypten herausgeführt hat, um in ihrer Mitte zu wohnen; ich, Jahwe, ihr Gott.«

Der Räucheraltar

30 *1* »Du sollst auch einen Räucheraltar machen lassen, auf dem Weihrauch verbrannt wird. Er muss aus Akazienholz bestehen *2* und viereckig, einen halben Meter lang, ebenso breit und einen Meter hoch sein. Seine Hörner müssen aus einem Stück mit ihm bestehen. *3* Lass ihn mit reinem Gold überziehen, seine Platte, seine Wände und seine Hörner, und lass ringsum eine goldene Leiste anbringen. *4* Unter dieser Leiste müssen an beiden Seiten je zwei goldene Ringe angebracht sein, durch die die Tragstangen gesteckt werden können. *5* Die Stangen müssen aus Akazienholz sein und mit Gold überzogen werden. *6* Stell diesen Altar vor dem Vorhang auf, hinter dem sich die Bundeslade und ihre Deckplatte befinden, von der aus ich dir begegnen will. *7* Aaron soll jeden Morgen, wenn er die Lam-

pen zurichtet, wohlriechenden Weihrauch auf ihm verbrennen. *8* Auch wenn er am späten Nachmittag die Lampen aufsetzt, soll er Weihrauch aufsteigen lassen. Dieses Räucheropfer soll auch in künftigen Generationen regelmäßig vor Jahwe aufsteigen. *9* Ihr dürft keine fremden Duftstoffe auf diesem Altar verbrennen, auch kein Brand- oder Speisopfer. Auch kein Trankopfer darf über ihm ausgegossen werden. *10* Einmal im Jahr soll Aaron mit dem Blut des Sündopfers der Versöhnung an seinen Hörnern die Sühne vollziehen. Das gilt auch für alle weiteren Generationen, denn der Altar ist höchst heilig für Jahwe.«

Die Kopfsteuer für das Heiligtum

11 Jahwe sagte zu Mose: *12* »Wenn du die Gesamtzahl der Israeliten ermittelst, dann soll jeder Gemusterte Jahwe ein Lösegeld für sein Leben zahlen, damit bei der Musterung keine Seuche über das Volk kommt. *13* Jeder, der bei der Musterung erfasst wird, soll ein halbes Silberstück geben, wobei ein Silberstück nach dem Gewicht des Heiligtums zwölf Gramm wiegt. Es ist eine Abgabe für Jahwe. *14* Jeder männliche Israelit ab zwanzig Jahren, der durch die Musterung geht, soll sie für Jahwe geben. *15* Ein Reicher soll nicht mehr und ein Armer nicht weniger als ein halbes Silberstück geben, wenn ihr Jahwe diese Abgabe bringt, um Sühne für euer Leben zu erwirken. *16* Du sollst dieses Sühnegeld von den Israeliten für die Arbeit am Zelt der Gottesbegegnung nehmen. So bringt es die Israeliten vor Jahwe in Erinnerung und wird euer Leben bewahren.«

Das Wasserbecken

17 Jahwe sagte zu Mose: 18 »Lass ein Wasserbecken aus Bronze und dazu einen bronzenen Untersatz anfertigen. Stell es zwischen das Zelt der Gottesbegegnung und den Altar und füll es mit Wasser. 19 Aaron und seine Söhne sollen ihre Hände und Füße dort waschen. 20 Sie sollen sich waschen, wenn sie ins Zelt der Gottesbegegnung gehen, damit sie nicht sterben. Auch wenn sie an den Altar herantreten, um ein Opfer für Jahwe dort in Rauch aufgehen zu lassen, 21 sollen sie Hände und Füße waschen, damit sie nicht sterben. Diese Anordnung gilt für Aaron und alle seine Nachkommen.«

Salböl und Weihrauch

22 Jahwe sagte zu Mose: 23 »Nimm dir Balsamöle von bester Sorte: sechs Kilogramm selbst ausgeflossene Myrrhe*, je drei Kilogramm wohlriechenden Zimt, Würzrohr* 24 und Kassia*, wie es dem Gewicht des Heiligtums entspricht, dazu dreieinhalb Liter Olivenöl. 25 Lass daraus ein wohlriechendes Salböl für heilige Salbungen herstellen, wie Salbenmischer das machen. 26 Damit sollst du das Zelt der Gottesbegegnung und die Bundeslade salben, 27 auch den Tisch mit seinen Gegenständen, den Leuchter mit allem, was dazu gehört, und den Räucheraltar, 28 den Brandopferaltar mit allen Gegenständen, die dazu gehören, und schließlich das Wasserbecken und sein Gestell. 29 Dadurch wird alles mir geweiht und höchst heilig sein. Jeder Unbefugte, der etwas davon berührt, ist dem Heiligtum verfallen. 30 Auch

Aaron und seine Söhne sollst du mit dem Öl salben, wenn du sie in den Priesterdienst einsetzt.

31 Den Israeliten aber sollst du sagen: ›Das ist ein Öl, das nur für mich bestimmt ist und nur für die heilige Salbung gebraucht werden darf. 32 Es darf nicht auf die Haut gewöhnlicher Menschen kommen. Ihr dürft auch nichts herstellen, was diesem Öl in seiner Zusammensetzung gleicht. Es ist heilig und ihr sollt es auch so achten. 33 Wer eine solche Mischung herstellt oder etwas von dem Öl auf einen Unbefugten streicht, soll von der Gemeinschaft des Volkes beseitigt* werden.‹«

34 Jahwe sagte zu Mose: »Nimm dir Duftstoffe zu gleichen Teilen: Staktetropfen*, Räucherklaue*, wohlriechendes Galbanum* und reines Weihrauchharz 35 und lass daraus eine Mischung für das Räucheropfer herstellen, wie es

---

30,23 *Myrrhe.* Ein sehr kostbares wohlriechendes Harz afrikanisch-arabischer Herkunft, das in Salbölen und Arzneien verarbeitet wurde.

Würzrohr. Gemeint ist das Mark aus den Wurzeln einer Schilfpflanze.

30,24 *Kassia.* Gemeint sind wahrscheinlich Duftstoffe und das Öl, das aus der Rinde des Zimt-Kassienbaums in Südchina gewonnen wurde.

30,33 *beseitigt.* Das bedeutete entweder Verbannung oder Tod.

30,34 *Staktetropfen.* Wahrscheinlich ein wohlriechendes Harz.

Räucherklaue. Gehäuse einer Meeresschneckenart, das beim Verbrennen stark riecht.

Galbanum. Saft aus einem in Syrien heimischen Arzneikraut.

Salbenmischer machen. Füge auch etwas Salz hinzu und verwende nur reine Stoffe. *36* Zerstoße jeweils einen Teil davon zu Pulver und leg es vor die Bundeslade im Zelt der Gottesbegegnung, also dorthin, wo ich dir begegnen werde. Es soll euch als etwas Höchstheiliges gelten. *37* Ihr dürft nichts herstellen, was dieser Weihrauchmischung gleicht. Es soll euch als etwas Heiliges gelten, das Jahwe gehört. *38* Wer es nachmacht, um daran zu riechen, soll von der Gemeinschaft des Volkes beseitigt werden.«

Die Berufung der Kunsthandwerker

31 *1* Jahwe sagte zu Mose: *2* »Pass auf! Ich habe Bezalel Ben-Uri, den Enkel von Hur aus dem Stamm Juda, berufen *3* und ihn mit dem Geist Gottes erfüllt, mit Weisheit und Verstand und kunsthandwerklichem Geschick. *4* Er kann Pläne entwerfen und danach Gegenstände aus Gold, Silber und Bronze anfertigen. *5* Er kann Edelsteine schneiden und einfassen, er versteht sich auf Holzschnitzerei und ist in jeder künstlerischen Technik erfahren.

6 Ich habe ihm Oholiab Ben-Ahisamach aus dem Stamm Dan zur Seite gestellt. Dazu habe ich alle kunstbegabten Handwerker befähigt, alles herzustellen, was ich angeordnet habe: *7* das Zelt der Gottesbegegnung, die Bundeslade und die Deckplatte darauf und alle Gegenstände, die zum Zelt gehören; *8* dazu den Tisch mit seinen Gegenständen, den Leuchter aus reinem Gold und alles, was dazugehört, den Räucheraltar, *9* den Brandopferaltar und alles, was dazugehört, das Becken und sein Gestell, *10* die Dienstkleider und die heiligen Gewänder für Aaron und die Priesterkleider für seine Söhne, *11* das Salböl und die Weihrauchmischung für das Heiligtum. Sie sollen alles genauso machen, wie ich es dir befohlen habe.«

Das Sabbatgebot

12 Jahwe sagte zu Mose: *13* »Du sollst den Israeliten einschärfen, dass sie nur ja meine Sabbate halten. Denn sie sind ein Zeichen für den Bund zwischen mir und euch, auch für alle späteren Generationen. Daran soll man erkennen, dass ich Jahwe bin, der euch heiligt. *14* Haltet also den Sabbat! Ja, als heilig soll er euch gelten! Jeder, der an diesem Tag eine Arbeit verrichtet, soll von der Gemeinschaft des Volkes beseitigt werden. *15* Sechs Tage in der Woche soll man arbeiten, aber am siebten Tag ist Sabbat, ein Tag völliger Ruhe, der Jahwe gehört. Jeder, der am Sabbat arbeitet, muss unbedingt getötet werden. *16* Die Israeliten sollen also den Sabbat halten. Und auch all ihre Nachkommen sollen ihn als ewigen Bund feiern. *17* Er ist ein Zeichen des Bundes zwischen mir und den Israeliten für immer. Denn in sechs Tagen hat Jahwe Himmel und Erde gemacht. Am siebten Tag jedoch hat er geruht und Atem geschöpft.«

18 Als Jahwe Mose auf dem Berg Sinai alles gesagt hatte, übergab er ihm die beiden Tafeln mit dem Bundesgesetz, auf die der Finger Gottes geschrieben hatte.

Das goldene Kalb: der Bundesbruch

32 *1* Als dem Volk das Warten auf die Rückkehr Moses zuviel wurde, sammelten sie sich bei Aaron und sagten zu ihm:»Los! Mach uns einen Gott, der vor uns herzieht! Denn was aus diesem Mose geworden ist, der uns aus Ägypten hergeführt hat, wissen wir nicht.« *2* Aaron erwiderte:»Nehmt euren Frauen, Söhnen und Töchtern die goldenen Ringe ab und bringt sie mir!« *3* Da zerrten sich alle die goldenen Ohrringe ab und brachten sie zu Aaron. *4* Der nahm den Schmuck entgegen, stellte eine Form her und machte ein gegossenes Stierkalb daraus. Da riefen alle:»Hier ist dein Gott, Israel, der dich aus dem Land Ägypten herausgeführt hat!« *5* Als Aaron das sah, baute er einen Altar davor und rief:»Morgen ist ein Fest für Jahwe!« *6* Am folgenden Tag standen sie früh auf und opferten Brand- und Freudenopfer. Dann setzten sie sich hin, um zu essen und zu trinken. Anschließend standen sie auf, um sich zu vergnügen.*

7 Da sagte Jahwe zu Mose:»Geh, steig hinunter, denn dein Volk, das du aus Ägypten hierher geführt hast, läuft ins Verderben! *8* Sie sind schnell von dem Weg abgewichen, den ich ihnen vorgeschrieben habe. Ein gegossenes Stierkalb haben sie sich gemacht und sind vor ihm niedergefallen. Sie haben ihm Opfer gebracht und gesagt:›Das ist dein Gott, Israel, der dich aus dem Land Ägypten hierher geführt hat.‹«

9 Weiter sagte Jahwe zu Mose:»Ich habe gesehen, wie eigensinnig dieses Volk ist. *10* Lass mich jetzt meinen Zorn über sie ausschütten und sie vernichten. Dafür werde ich dich zu einem großen Volk machen.« *11* Doch Mose flehte Jahwe, seinen Gott, an und sagte:»O Jahwe, warum willst du deinen Zorn über dein Volk ausschütten, das du eben erst mit großer Macht und starker Hand aus Ägypten herausgeführt hast? *12* Warum sollen die Ägypter sagen dürfen:›Er hat sie nur herausgeführt, um sie dort am Berg umzubringen und vom Erdboden verschwinden zu lassen.‹? Lass ab von deinem glühenden Zorn und lass das Unheil nicht über dein Volk kommen! *13* Denk an deine Diener Abraham, Isaak und Israel, denen du bei dir selbst geschworen hast, ihre Nachkommen so zahlreich zu machen wie die Sterne am Himmel. Du hast ihnen zugesichert, dass ihre Nachkommen dieses Land für immer in Besitz nehmen werden.« *14* Da tat es Jahwe leid, seinem Volk das angedrohte Unheil anzutun.

15 Mose kehrte um und stieg den Berg hinunter. In der Hand hielt er die beiden Tafeln mit dem Bundesgesetz. Sie waren vorn und hinten beschrieben. *16* Diese Tafeln waren Gottes Werk, und die Schrift darauf war von Gott selbst eingraviert worden.

17 Als Josua den Lärm hörte, den das Volk im Lager machte, sagte er zu Mose:»Es muss Krieg im Lager sein!« *18* »Nein«, sagte Mose,»das klingt nicht wie Siegesjubel und auch nicht wie das Klagegeschrei nach

---

32,6 Wird im Neuen Testament von Paulus zitiert: 1. Korinther 10,7.

einer Niederlage. Was ich höre, klingt nach Festgesang!« ¹⁹ Als Mose dem Lager näher kam und das Stierkalb erblickte und die Reigentänze sah, packte ihn der Zorn, und er zerschmetterte die Tafeln unten am Berg. ²⁰ Dann nahm er das Stierkalb, das sie gemacht hatten, und warf es ins Feuer. Schließlich zermalmte er alles zu Staub und streute ihn auf das Wasser, das die Israeliten trinken mussten.

²¹ Zu Aaron sagte er: »Was hat dir das Volk angetan, dass du es in so schwere Sünde gebracht hast?« ²² Aaron erwiderte: »Werde bitte nicht zornig, mein Herr. Du weißt doch, wie böse dieses Volk ist. ²³ Sie haben zu mir gesagt: ›Mach uns einen Gott, der vor uns herzieht! Denn wir wissen nicht, was aus diesem Mose geworden ist, der uns aus Ägypten hierher geführt hat.‹ ²⁴ Da fragte ich sie: ›Wer hat Gold?‹ Da rissen sie es sich ab und gaben es mir. Ich habe es ins Feuer geworfen, und da ist dieses Stierkalb daraus geworden.«

²⁵ Mose begriff, dass das Volk zügellos geworden war, denn Aaron hatte die Zügel schleifen lassen – zur Schadenfreude ihrer Feinde. ²⁶ Mose stellte sich an den Eingang des Lagers und rief: »Her zu mir, wer für Jahwe ist!« Da sammelten sich alle Leviten* um ihn. ²⁷ Er sagte zu ihnen: »So spricht Jahwe, der Gott Israels: Jeder von euch hole sein Schwert! Dann geht ihr durch das ganze Lager hin und her von einem Tor zum andern und erschlagt alle Götzendiener*, selbst wenn es der eigene Bruder, Freund oder Verwandte ist.« ²⁸ Die Leviten führten den Befehl Moses aus und töteten an jenem Tag etwa dreitausend Mann. ²⁹ Darauf sagte Mose zu ihnen: »Weiht euch heute für Jahwe, damit er seinen Segen auf euch legt, denn keiner von euch hat den eigenen Sohn oder Bruder verschont.«

³⁰ Am nächsten Tag sagte Mose zum Volk: »Ihr habt gesündigt, schwer gesündigt! Darum will ich jetzt zu Jahwe hinaufsteigen. Vielleicht darf ich eure Sünde zudecken.« ³¹ Darauf kehrte Mose zu Jahwe zurück und sagte: »Ach, dieses Volk hat eine schwere Sünde begangen: Sie haben sich einen Gott aus Gold gemacht. ³² Wenn du ihnen doch ihre Sünde vergeben könntest! Wenn aber nicht, dann lösch meinen Namen aus dem Buch, das du geschrieben hast.« ³³ Doch Jahwe sagte: »Ich lösche nur den aus meinem Buch, der sich an mir vergangen hat. ³⁴ Geh jetzt und führ das Volk an den Ort, den ich dir genannt habe! Pass auf, mein Engel wird vor dir hergehen. Wenn die Zeit gekommen ist, werde ich sie für ihre Sünde zur Rechenschaft ziehen.« ³⁵ Jahwe schlug die Israeliten, weil sie Aaron verleitet hatten, das Stierkalb zu machen.

33 ¹ Jahwe sagte zu Mose: »Ihr brecht jetzt auf! Bring das Volk, das du aus Ägypten hierher geführt hast, in das Land, das ich Abraham, Isaak und Jakob unter Eid für ihre Nachkommen versprochen habe.

32,26 *Leviten* sind die Nachkommen des Stammes Levi (2. Mose 1,2).

32,27 *Alle Götzendiener.* Hinzugefügt nach der Aussage von 1. Korinther 10,7, die sich auf dieses Geschehen hier bezieht.

2 Ich werde einen Engel vor dir herschicken und die Kanaaniter, Amoriter, Hetiter, Perisiter, Hiwiter und Jebusiter vertreiben. 3 Ihr kommt in ein Land, das von Milch und Honig überfließt. Aber ich selbst werde nicht mit euch ziehen, denn ihr seid ein widerspenstiges Volk, und vielleicht müsste ich euch deshalb unterwegs vernichten.« 4 Als die Israeliten diese harten Worte vernahmen, trauerten sie. Keiner legte seinen Schmuck an. 5 Denn Jahwe hatte zu Mose gesagt: »Sag den Israeliten: Ihr seid ein widerspenstiges Volk. Würde ich auch nur einen Augenblick in eurer Mitte sein, müsste ich euch vernichten. Aber wenn ihr jetzt euren Schmuck ablegt, werde ich sehen, was ich für euch tun kann.« 6 Da trugen die Israeliten vom Berg Horeb an keinen Schmuck mehr.

Die Erneuerung des Bundes

7 Von da an schlug Mose das Zelt jedes Mal entfernt vom Lager auf. Er nannte es Zelt der Gottesbegegnung.* Jeder, der Jahwe suchte, musste aus dem Lager hinaus zu diesem Zelt gehen. 8 Wenn Mose zu dem Zelt ging, standen alle auf. Sie traten an den Eingang ihrer Zelte und sahen Mose nach, bis er im Zelt verschwunden war. 9 Und wenn Mose dort hineinging, kam die Wolkensäule herab und blieb am Eingang des Zeltes stehen. Dann redete Gott mit Mose. 10 Wenn die Israeliten die Wolkensäule am Eingang des Zeltes stehen sahen, standen sie alle auf und warfen sich am Eingang ihrer Zelte nieder. 11 Jahwe redete direkt mit Mose, so, wie ein Mann mit seinem Freund redet. Dann kehrte Mose ins Lager zurück.

Sein Diener Josua Ben-Nun, ein junger Mann, blieb ständig im Zelt.* 12 Mose sagte zu Jahwe: »Du befiehlst mir, dieses Volk in sein Land zu führen, aber du hast mir nicht offenbart, wen du mitschicken wirst. Dabei hast du mir doch gesagt, dass du mich mit Namen kennst und mir deine Gunst geschenkt hast. 13 Wenn ich also wirklich deine Gunst genieße, dann lass mich doch erkennen, was du vorhast. Ich möchte dich besser verstehen und auch weiter in deiner Gunst bleiben. Denk doch daran: Dieses Volk ist dein Volk!« 14 Jahwe erwiderte: »Wenn ich mitgehe, würde dich das dann beruhigen?« 15 Mose entgegnete: »Wenn du nicht mitgehst, dann bring uns lieber nicht von hier weg! 16 Woran soll man denn sonst erkennen, dass wir in deiner Gnade stehen, ich und dein Volk? Doch nur daran, dass du mit uns ziehst und uns dadurch vor allen anderen Völkern der Welt auszeichnest, mich und dein Volk!« 17 Jahwe erwiderte: »Auch diese Bitte werde ich dir erfüllen, denn du stehst in meiner Gunst und ich kenne dich genau!«

18 Doch er bat ihn weiter: »Lass mich doch deine Herrlichkeit sehen!« 19 Er antwortete: »Ich selbst werde all meine Güte an dir vorüberziehen lassen und den Namen Jahwe vor dir ausrufen. Ich entscheide, wem ich gnädig

---

33,7 *Zelt der Gottesbegegnung.* Damit ist noch nicht das Heiligtum gemeint, denn dessen Bau wird erst in den folgenden Kapiteln berichtet; es stand mitten im Lager.

33,11 *blieb ... im Zelt.* Josua hatte offenbar die Aufgabe, sich um dieses Zelt zu kümmern.

Jahwe ihm auf dem Berg Sinai gegeben hatte. ³³ Als er ihnen alles gesagt hatte, verhüllte er sein Gesicht. ³⁴ Immer wenn er ins Zelt ging, um mit Jahwe zu reden, nahm er die Verhüllung ab, bis er wieder hinausging. Draußen sagte er den Israeliten, was ihm aufgetragen war. ³⁵ Da sahen sie das Leuchten auf der Gesichtshaut von Mose. Dann verhüllte Mose sein Gesicht, bis er wieder ins Zelt ging, um mit Gott zu reden.

Das Sabbatgebot

35 ¹ Mose rief die ganze Gemeinschaft der Israeliten zusammen und sagte zu ihnen:»Folgendes hat Jahwe euch befohlen zu tun: ² Sechs Tage sollt ihr arbeiten, aber der siebte Tag soll euch heilig sein. Da feiert ihr Sabbat für Jahwe. Wer an diesem Tag arbeitet, muss getötet werden. ³ Ihr dürft am Sabbat auch kein Herdfeuer anzünden, egal, wo ihr wohnt.«

Spenden für das Heiligtum

⁴ Weiter sagte Mose der ganzen Gemeinschaft der Israeliten:»Folgendes hat Jahwe euch befohlen: ⁵ Bringt Jahwe eine freiwillige Gabe aus eurem Besitz! Jeder, der es gern gibt, soll diese Opfergabe für Jahwe herbringen. Es kann Gold, Silber oder Bronze sein, ⁶ blauer oder roter Purpur, Karmesinstoff, Leinen oder Ziegenhaar. ⁷ Ihr könnt rot gefärbte Felle von Schafböcken bringen, Tachasch-Häute und Akazienholz, ⁸ Öl für den Leuchter, wohlriechende Zutaten für das Salböl und die Weihrauchmischung, ⁹ dazu Edelsteine und Onyx zum Schmuck für das Efod und die Brusttasche.

¹⁰ Jeder kunstbegabte Handwerker soll kommen und alles anfertigen, was Jahwe befohlen hat: ¹¹ die Wohnung, ihr Zeltdach und ihre Hülle, ihre Haken, Bretter, Riegel, Säulen und Sockel, ¹² die Bundeslade und ihre Stangen, die Deckplatte und den alles verhüllenden Vorhang; ¹³ den Tisch mit Stangen und Zubehör für die heiligen Brote; ¹⁴ den Leuchter mit seinen Lampen und allem Zubehör und das Öl für die Lampen; ¹⁵ auch den Räucheraltar mit seinen Stangen, das Salböl und die Weihrauchmischung und den Eingangsvorhang für das Zelt; ¹⁶ den Brandopferaltar mit seinem Gitter aus Bronze, seinen Stangen und allem Zubehör, das Wasserbecken und sein Gestell; ¹⁷ die Behänge für den Vorhof, die Säulen und ihre Sockel und den Vorhang für den Eingang zum Vorhof; ¹⁸ die Pflöcke für die Wohnung und den Vorhof mit den dazugehörigen Seilen; ¹⁹ die Kleider für den Dienst im Heiligtum, die heiligen Gewänder, die Aaron und seine Söhne beim Priesterdienst tragen sollen.«

²⁰ Da ging die versammelte Gemeinschaft der Israeliten von Mose weg. ²¹ Dann kamen alle wieder, die gern etwas geben wollten, und die es aus innerem Antrieb taten. Sie brachten ein freiwilliges Opfer für Jahwe. Es war für die Arbeit am Zelt der Gottesbegegnung und den ganzen Dienst darin und für die heiligen Gewänder. ²² Männer und Frauen brachten bereitwillig Spangen, Ohr- und Siegelringe, Halskettchen und goldene Schmucksachen. Jeder brachte das Gold hin- und herschwingend vor Jahwe. ²³ Und jeder, bei dem sich

blauer oder roter Purpur vorfand, Karmesinstoff, Leinen oder Ziegenhaar, rot gefärbte Felle von Schafböcken oder Tachasch-Häute, brachte es herbei. 24 Jeder, der Jahwe eine Opfergabe aus Silber oder Bronze geben wollte, brachte sie herbei; und jeder, bei dem sich Akazienholz vorfand, das für irgendetwas beim Bau gebraucht werden konnte, brachte es. 25 Alle begabten Frauen spannen in Handarbeit und brachten das Gesponnene: blauen und roten Purpur, Karmesinstoff und Leinen. 26 Und begabte Frauen, die sich dazu angespornt fühlten, spannen Ziegenhaar. 27 Die führenden Männer brachten Onyx und andere Edelsteine für das Efod und die Brusttasche, 28 außerdem Balsam, Öl für den Leuchter und Duftstoffe für das Salböl und die Weihrauchmischung. 29 Alle Männer und Frauen Israels, die gern zu dem Werk beitragen wollten, das Jahwe durch Mose angeordnet hatte, brachten Jahwe eine freiwillige Gabe.

Mose beauftragt die Kunsthandwerker

30 Nun sagte Mose zu den Israeliten: »Seht, Jahwe hat Bezalel Ben-Uri, den Enkel von Hur aus dem Stamm Juda, berufen. 31 Er hat ihn mit dem Geist Gottes erfüllt, mit Weisheit und Verstand und kunsthandwerklichem Geschick. 32 Er kann Pläne entwerfen und danach Gegenstände aus Gold, Silber und Bronze anfertigen. 33 Er kann Edelsteine schneiden und einfassen, er versteht sich auf Holzschnitzerei und ist in jeder künstlerischen Technik erfahren. 34 Dazu hat Jahwe ihm und Oholiab Ben-Ahisamach aus dem Stamm Dan die Gabe geschenkt, andere zu unterweisen. 35 Beiden hat er die Fähigkeit gegeben, jeden Entwurf eines Kunsthandwerkers, Kunststickers oder Buntwirkers ausführen zu können, ob es um blauen und roten Purpur, Karmesinstoff oder Leinen geht, um Weberei oder Stickerei. Sie können alle möglichen Entwürfe machen und sie ausführen.

36 1 Bezalel und Oholiab und alle begabten Männer, denen Jahwe Weisheit und Einsicht gegeben hat, sollen nun alle Arbeiten zum Bau des Heiligtums ausführen, wie es Jahwe befohlen hat.« 2 Mose berief also Bezalel und Oholiab und jeden begabten Mann, dem Jahwe Weisheit und Einsicht gegeben hatte und den sein Herz antrieb, sich ans Werk zu machen. 3 Sie nahmen von Mose alle freiwilligen Gaben der Israeliten entgegen, die für den Bau des Heiligtums gegeben worden waren. Auch weiterhin brachten die Leute Morgen für Morgen freiwillige Gaben. 4 Da ließen die Kunsthandwerker, die das Heiligtum errichten sollten, ihre Arbeit liegen, 5 gingen zu Mose und sagten: »Die Leute bringen zu viel. Es ist mehr da, als für die Arbeit benötigt wird, die uns Jahwe aufgetragen hat.« 6 Darauf ließ Mose im Lager ausrufen: »Ihr Männer und Frauen, ihr braucht nichts mehr für den Bau des Heiligtums herzustellen!« So hörte das Volk auf, noch mehr zu bringen. 7 Es war bereits mehr als genug Material für alle Arbeiten vorhanden.

Die Ausführung aller Anweisungen für das Heiligtum und die Priesterkleidung (Kapitel 36 – 39)

Der Bau des Heiligtums

8 So machten sich alle, die etwas davon verstanden, an die Arbeit. Sie stellten die Wohnung aus zehn Zeltdecken her. Die Zeltbahnen waren aus gezwirnten Leinenfäden gewebt und künstlerisch mit Cherubim aus blauer, roter und karmesinroter Wolle bestickt. 9 Jede dieser Zeltbahnen war vierzehn Meter lang und zwei Meter breit. 10 Je fünf Zeltdecken vernähte man an den Längsseiten miteinander. 11 An den beiden Längsseiten der so entstandenen Stücke brachte man Schlaufen aus blauem Purpur an, 12 je fünfzig, die sich genau gegenüber standen, wenn man die Stücke nebeneinander legte. 13 Dann wurden fünfzig Haken aus Gold hergestellt, mit denen man beide Zeltdecken verbinden konnte, sodass es ein Ganzes wurde.

14 Die Männer webten elf Zeltbahnen aus Ziegenhaar. 15 Jede einzelne Bahn war fünfzehn Meter lang und zwei Meter breit. 16 Sie verbanden einmal fünf und einmal sechs dieser Zeltbahnen miteinander. 17 Am Ende der beiden großen Stücke brachten sie je fünfzig Schlaufen an. 18 Dann stellten sie fünfzig Bronzehaken her und fügten sie in die Schlaufen ein, sodass es ein Ganzes wurde. 19 Sie fertigten schließlich noch eine Decke aus rot gefärbten Fellen von Schafböcken an und oben darüber eine Decke aus Tachasch-Häuten.

20 Die Bretter für die Wohnung machten sie aus Akazienholz. Sie standen aufrecht. 21 Jedes Brett war fünf Meter lang, dreiviertel Meter breit 22 und hatte unten zwei nebeneinander stehende Zapfen. 23 Zwanzig Bretter bildeten die Südseite der Wohnung. 24 Unter jedem Brett waren zwei Bodenplatten aus Silber angebracht, für jeden Zapfen eine, also insgesamt vierzig. 25 Auch die andere Längsseite der Wohnung, die Nordseite, bestand aus zwanzig Brettern 26 mit ihren vierzig silbernen Bodenplatten, je zwei unter einem Brett. 27 Für die Rückwand nach Westen machten sie sechs Bretter, 28 dazu die zwei Bretter für die Ecken an der Rückseite. 29 Sie verbanden die Rückwand mit den Seitenwänden. 30 Es waren also acht Bretter mit sechzehn silbernen Bodenplatten, zwei unter jedem Brett. 31 Dann fertigten sie Riegel aus Akazienholz an, um die Bretter der Wohnung zusammenzuhalten, 32 je fünf für die beiden Längsseiten und fünf für die nach Westen gerichtete Rückseite. 33 Der jeweils mittlere Riegel lief in der Mitte der Bretter von einem Ende bis zum anderen durch. 34 Die Bretter selbst wurden mit Gold überzogen, ebenso die Riegel. Die Ösen für die Riegel wurden aus Gold hergestellt.

35 Dann fertigten sie den Vorhang aus gezwirntem Leinen an und bestickten ihn künstlerisch mit Cherubim aus blauer, roter und karmesinroter Wolle. 36 Dazu machten sie vier Säulen aus Akazienholz und überzogen sie mit Gold. Auch ihre Haken waren aus Gold. Sie standen auf silbernen Bodenplatten. 37 Für den Eingang des Zeltes fertigten sie einen Vorhang aus gezwirntem Leinen,

worin blaue, rote und karmesinrote Wollfäden eingewebt waren. *38* Er wurde an fünf Säulen aus Akazienholz gehängt, deren Köpfe und Bindestäbe mit Gold überzogen waren. Die Bodenplatten waren hier aus Bronze.

Die Bundeslade

37 *1* Die Lade stellte Bezalel aus Akazienholz her. Sie war eineinviertel Meter lang, dreiviertel Meter breit und ebenso hoch. *2* Innen und außen überzog er sie mit reinem Gold und verzierte sie oben mit einer Goldleiste. *3* Dann goss er vier Ringe aus Gold und machte sie so an den vier Ecken fest, dass an jeder Längsseite zwei Ringe waren. *4* Er fertigte Stangen aus Akazienholz an und überzog sie mit Gold. *5* Diese Stangen steckte er in die Ringe an der Längsseite, damit man die Lade tragen konnte. *6* Dann stellte er eine Deckplatte aus reinem Gold her, eineinviertel Meter lang und dreiviertel Meter breit. *7* An beide Enden dieser Platte stellte er zwei Cherubim-Figuren, die aus getriebenem Gold gefertigt waren. *8* Sie standen einander gegenüber und waren fest mit der Platte verbunden. *9* Die Cherubim hielten ihre Flügel nach oben über die Deckplatte ausgebreitet. Ihre Gesichter waren einander zugewandt, und ihr Blick war auf die Deckplatte gerichtet.

Der Tisch

10 Den Tisch machte er aus Akazienholz, einen Meter lang, einen halben Meter breit und dreiviertel Meter hoch. *11* Er überzog ihn mit reinem Gold und fasste ihn mit einer goldenen Schmuckleiste ein. *12* Dazu machte er einen Rahmen von zehn Zentimetern Höhe, der ebenfalls von einer goldenen Schmuckleiste eingefasst war. *13* Dann fertigte er vier goldene Ringe für ihn an und befestigte sie an den Kanten der vier Füße. *14* Die Ringe waren dicht an dem Rahmen befestigt und dienten als Ösen für die Stangen, damit man den Tisch tragen konnte. *15* Die Tragstangen machte er aus Akazienholz und überzog sie mit Gold. *16* Dann fertigte er die Schüsseln und Schalen, die Kannen und Kellen an, die für das Trankopfer gebraucht werden, alles aus reinem Gold.

Der Leuchter

17 Den Leuchter machte er aus reinem Gold. Er war mit seinem Fußgestell, seinem Schaft, seinen Kelchen, Knäufen und Blüten aus einem Stück getrieben. *18* Von seinem Schaft gingen je drei Arme nach beiden Seiten aus. *19* Jeder von ihnen war mit drei Kelchen in Form von Mandelblüten verziert, jede mit einem Knauf darunter. *20* Auf dem Schaft selbst befanden sich vier solcher Blütenkelche mit Knauf, *21* drei davon unter den Ansatzstellen der Armpaare. *22* Der ganze Leuchter mit seinen Knäufen und Armen war aus einem Stück gearbeitet und bestand aus reinem Gold. *23* Auch seine sieben Lampen, seine Dochtscheren und Pfännchen waren aus reinem Gold. *24* Aus einem Block reinen Goldes fertigte er ihn und seine Geräte an.

Der Räucheraltar

25 Er machte auch einen Räucheraltar aus Akazienholz. Der war viereckig, einen halben Meter lang, ebenso breit und einen Meter hoch. Seine Hörner bestanden aus einem Stück mit ihm. 26 Dann überzog er ihn mit reinem Gold: seine Platte, seine Wände und seine Hörner, und brachte ringsum eine goldene Leiste an. 27 Unter dieser Leiste waren an beiden Seiten je zwei goldene Ringe angebracht, durch die Tragstangen gesteckt werden konnten. 28 Die Stangen wurden aus Akazienholz gemacht und mit Gold überzogen.

29 Von kundigen Salbenmischern ließ er das heilige Salböl und den wohlriechenden Weihrauch herstellen.

Der Brandopferaltar

38 1 Den Brandopferaltar fertigte er aus Akazienholz. Er war viereckig, zweieinhalb Meter lang, ebenso breit und eineinhalb Meter hoch. 2 An seinen vier oberen Ecken ließ er Hörner aufragen, die aus einem Stück mit dem Altar bestanden. Dann beschlug er ihn mit Bronzeblechen. 3 Auch die Töpfe, Schaufeln und Schalen, die Fleischgabeln und Feuerbecken waren aus Bronze. 4 Er fertigte auch ein netzartiges Gitter aus Bronze an, das von unten her in die Einfassung des Altars geführt wurde

---

38,8 *Spiegel* bestanden im Altertum aus poliertem Metall, hier aus Bronze.

Eingang vom Zelt meint hier wie auch an einigen anderen Stellen nicht den Eingang zum Heiligtum, sondern den Platz vor dem Eingang zum Vorhof, wo sich auch das ganze Volk versammeln konnte (3. Mose 8,3; 4. Mose 10,3; 25,6).

Frauen ... zusammenscharten. Das Verb bedeutet eigentlich: kämpfen gegen, in den Krieg ziehen. Was diese Frauen, die auch in 1. Samuel 2,22 erwähnt werden, wirklich taten, ist unbekannt.

und bis zu seiner halben Höhe reichte. 5 Dann goss er vier Ringe und befestigte sie an seinen Ecken. Sie dienten als Ösen für die Tragstangen, 6 die er aus Akazienholz machte und mit Bronze überzog. 7 Die Stangen wurden in die Ringe an den Seiten des Altars gesteckt, damit er so getragen werden konnte. Er war aus Brettern zusammengefügt und innen hohl.

Das Wasserbecken

8 Dann stellte er aus den Spiegeln* der Frauen, die sich am Eingang vom Zelt* der Gottesbegegnung zusammenscharten*, ein Wasserbecken aus Bronze und dazu einen bronzenen Untersatz her.

Der Vorhof

9 Als Abgrenzung des Vorhofs an der Südseite ließ er auf fünfzig Metern Länge Planen aus gezwirnter Leinwand aufhängen, 10 die von zwanzig Säulen gehalten wurden. Die Säulen hatten Sockel aus Bronze. Die Haken und Verbindungsstangen waren jedoch aus Silber. 11 Genauso war es bei der fünfzig Meter langen Nordseite. 12 Auf der Westseite war der Vorhof 25 Meter breit. Seine Planen wurden von zehn Säulen gehalten. Auch sie hatten Sockel aus Bronze und Haken und Verbindungsstangen aus Silber. 13 Auch die dem Sonnenaufgang zugekehrte Ostseite war 25 Meter breit. 14 Links vom Tor waren Planen auf siebeneinhalb Meter Länge an drei Säulen aufgehängt 15 und ebenso rechts davon. 16 Die Planen waren aus gezwirnter Leinwand gefertigt. 17 Alle Säulen des Vorhofs hatten Verbindungsstangen und Haken aus Silber und Sockel aus

Bronze. Ihre Köpfe waren mit Silber überzogen. *18* Das Tor des Vorhofs war eine Plane von zehn Meter Breite und zweieinhalb Meter Höhe, die aus gezwirntem Leinen bestand, worin blaue, rote und karmesinrote Wollfäden eingewebt waren. *19* Sie war an vier Säulen aufgehängt, deren Sockel aus Bronze bestanden. Die Köpfe und Verbindungsstangen waren jedoch mit Silber überzogen, und die Haken bestanden aus Silber. *20* Alle Zeltpflöcke für die Wohnung und den Vorhof waren aus Bronze.

Das verwendete Material

21 Es folgt eine Liste des Materials, das für die Wohnung des Bundesbuches* verwendet wurde. Man hatte sie auf Anweisung Moses unter der Leitung von Itamar, dem Sohn des Priesters Aaron, aufgestellt. *22* Bezalel Ben-Uri, der Enkel von Hur aus dem Stamm Juda, hatte alle Arbeiten ausgeführt, die Jahwe Mose befohlen hatte. *23* Unterstützt wurde er von Oholiab Ben-Ahisamach aus dem Stamm Dan, einem Kunsthandwerker, der sich besonders auf das kunstfertige Weben und Sticken mit blauer, roter und karmesinroter Wolle und gezwirntem Leinen verstand.

24 Die Goldmenge, die zum Bau des Heiligtums gespendet und verarbeitet worden war, betrug nach dem Gewicht des Heiligtums 1009 Kilogramm*. *25* Das Silber von den Männern, die gemustert worden waren, wog insgesamt 3470 Kilogramm, *26* es war das halbe Silberstück für die 603.550 Männer der Gemeinschaft, die zwanzig Jahre und älter waren.* *27* 3450 Kilogramm waren zum

Gießen der 100 silbernen Bodenplatten verwendet worden, die die Wände des Heiligtums und die Säulen für die Vorhänge trugen. *28* Aus den übriggebliebenen 14 Kilogramm wurden die Haken für die Säulen hergestellt und außerdem die Köpfe der Säulen und die Tragstangen versilbert.

29 Die gespendete Kupfermenge hatte ein Gewicht von 2443 Kilogramm. *30* Daraus wurden die Sockel für den Eingang vom Zelt der Gottesbegegnung gemacht, der Metallüberzug für den Altar, sein Bronzegitter und alle seine Geräte, *31* die Sockel für die Säulen rund um den Vorhof und für seinen Eingang, sowie die Pflöcke für das Zelt und die Abgrenzung des Vorhofs.

Die Kleidung der Priester

39
1 Nach der Anweisung, die Mose von Jahwe erhalten hatte, wurden die heiligen Gewänder hergestellt, wie sie Aaron für den Dienst im Heiligtum benötigte. Man nahm dazu blauen und roten Purpur und Karmesinstoff*.

Das Efod

2 Das Efod machten sie aus Gold, blauer, roter und karmesinroter Wolle und gezwirntem Leinen. *3* Sie hämmerten dünne Goldbleche und zer-

---

38,21 *Wohnung des Bundesbuches.* Anderer Name für Zelt der Gottesbegegnung.

38,24 *1009 Kilogramm.* Wörtlich: 29 Talente und 730 Schekel. Ein Talent hatte 3000 Schekel. Ein Schekel wog etwa 11,5 Gramm.

38,26 Siehe 2. Mose 30,13!

39,1 *Karmesinstoff.* Siehe Fußnote zu 2. Chronik 2,13!

schnitten sie zu schmalen Streifen, um sie künstlerisch in das Material einzuarbeiten. *4* Sie machten auch die beiden mit ihm verbundenen Schulterstücke *5* und den Gürtel, mit dem es befestigt wird. Er bestand aus demselben Material und war mit ihm verbunden, so, wie es Jahwe Mose befohlen hatte.

6 Dann fassten sie die zwei Onyxsteine in Gold, gravierten in die Steine die Namen der Söhne Israels *7* und brachten sie auf den Schulterstücken des Efods an – die Steine zur Erinnerung an die Israeliten; so wie Jahwe es Mose befohlen hatte.

Das Brustschild

8 Die Brusttasche machte man wie das Efod aus gezwirntem Leinen. Sie wurde mit Goldfäden, blauer, roter und karmesinroter Wolle künstlerisch bestickt. *9* Sie war quadratisch, 25 mal 25 Zentimeter groß, und doppelt gelegt. *10* Dann wurde sie mit Edelsteinen in vier Reihen besetzt. In der ersten Reihe ein Karneol, ein Topas und ein Smaragd; *11* in der zweiten Reihe ein Rubin, ein Saphir und ein Jaspis; *12* in der dritten Reihe ein Hyazinth, ein Achat und ein Amethyst; *13* und in der vierten Reihe ein Türkis, ein Onyx und ein Nephrit. Alle waren mit Gold eingefasst. *14* In die Steine waren die Namen der zwölf Söhne Israels eingraviert, in jedem Stein ein Name für einen Stamm. *15* Dann wurden zwei gedrehte Kettenschnüre aus reinem Gold für das Brustschild hergestellt. *16* An den beiden oberen Ecken des Brustschilds wurden zwei goldene Ringe angebracht *17* und die beiden goldenen Schnüre dort befestigt.

18 Die Enden dieser beiden Schnüre wurden an der Vorderseite der Schulterstücke befestigt. *19* Auch an den beiden unteren Enden der Brusttasche wurden zwei goldene Ringe angebracht, *20* ebenso an den beiden Schulterstücken des Efods. Sie wurden dicht an ihrer Naht, aber oberhalb des Gürtels vom Efod befestigt. *21* Man verknüpfte das Brustschild mit einer blauen Schnur von seinen Ringen aus mit den Ringen des Efods, sodass es über dem Gurt des Efods saß und sich nicht verschieben konnte; so wie Jahwe es Mose befohlen hatte.

Andere Kleidungsstücke

22 Das Obergewand, das unter dem Efod getragen wurde, bestand aus purpurblauem Stoff. *23* Die Öffnung für den Kopf in der Mitte war wie bei der Halseinfassung eines Panzerhemdes mit einer gewebten Borte eingefasst, damit sie nicht einriss. *24* Am unteren Saum waren Granatäpfel aus blauer, roter und karmesinroter Wolle befestigt. *25* Dazwischen hatte man goldene Glöckchen angebracht, *26* sodass um den ganzen Saum herum immer ein Glöckchen auf einen Granatapfel folgte. In diesem Gewand sollte der Dienst im Heiligtum verrichtet werden, wie Jahwe es Mose befohlen hatte.

27 Weiter machten sie aus Leinen für Aaron und seine Söhne Hemden, *28* Kopfbünde, turbanartige Kopfbedeckungen und Kniehosen. *29* Auch der bunt gewirkte Gürtel bestand aus gezwirntem Leinen; so wie Jahwe es Mose befohlen hatte.

30 Schließlich machten sie das Stirnblatt, das heilige Diadem, aus reinem Gold und gravierten darauf ein: »Heilig für Jahwe«. *31* Das wurde mit einer blauen Schnur vorn am Kopfbund befestigt, wie Jahwe es Mose befohlen hatte.

Mose besichtigt das Heiligtum

32 So wurde die ganze Arbeit für die Wohnung, das Zelt der Gottesbegegnung, vollendet. Die Israeliten machten es genauso, wie Jahwe es Mose befohlen hatte. *33* Dann brachten sie alles zu Mose: das Zelt und alles, was dazu gehörte; seine Haken, Bretter, Riegel, Säulen und Bodenplatten, *34* die Decke aus rot gefärbten Fellen von Schafböcken, die Decke aus Tachasch-Häuten, den Vorhang, der alles verhüllte, *35* die Lade für das Bundesgesetz, ihre Tragstangen und die Deckplatte, *36* den Tisch für die geweihten Brote mit allem, was dazu gehört; *37* den Leuchter mit seinen Lampen, dem Öl und allem Zubehör, *38* den goldenen Altar, das Salböl, den Weihrauch und den Vorhang für den Eingang, *39* den Bronzealtar, sein Bronzegitter, seine Tragstangen und alles Zubehör, das Becken und sein Gestell, *40* die Planen für den Vorhof, dazu die Säulen und Bodenplatten, die Plane für den Eingang zum Vorhof, dazu die Seile, Pflöcke und was sonst noch dazugehört; *41* die gewirkten Gewänder für den Priesterdienst im Heiligtum, die heiligen Gewänder für Aaron und die für seine Söhne. *42* Die Israeliten hatten alles genauso gemacht, wie Jahwe es Mose befohlen hatte. *43* Mose sah sich alles an, was sie gemacht hatten. Es war alles genauso geworden, wie Jahwe es befohlen hatte. Da segnete Mose sie.

Der Aufbau des Heiligtums

40 *1* Jahwe sagte zu Mose: *2* »Am ersten Tag des ersten Monats* sollst du die Wohnung, das Zelt der Gottesbegegnung, aufrichten. *3* Bring die Lade mit dem Bundesbuch hinein und verdecke sie mit dem Vorhang! *4* Dann stell den Tisch auf und richte alles her, was dazu gehört! Bring auch den Leuchter hinein und setze seine Lichtschalen darauf. *5* Stell dann den goldenen Räucheraltar der Lade mit dem Bundesgesetz gegenüber und hänge den Vorhang am Eingang zur Wohnung auf! *6* Den Brandopferaltar stell vor dem Eingang zum Zelt der Gottesbegegnung auf! *7* Dann stell das Becken zwischen das Zelt und den Altar und füll es mit Wasser! *8* Errichte die Abgrenzung rings um den Vorhof und häng die Plane an seinem Eingang auf!

9 Nimm dann das Salböl und salbe damit die Wohnung und alles, was darin ist! Dadurch wird sie mit allem, was darin ist, heilig. *10* Salbe auch den Brandopferaltar und alles, was dazu gehört, damit der Altar höchst heilig wird! *11* Salbe auch das Becken und sein Gestell und heilige es!

12 Dann lass Aaron und seine Söhne an den Eingang vom Zelt der Gottesbegegnung treten und wasch sie mit Wasser! *13* Leg Aaron die heiligen Gewänder an und salbe ihn. Dadurch heiligst du ihn zum Priesterdienst für mich. *14* Lass auch seine Söhne

---

40,2 ersten ... Monats. Genau ein Jahr nach Einsetzung des Passa (2. Mose 12,2).

herantreten und bekleide sie mit den Priesterhemden! ¹⁵ Salbe sie dann, wie du ihren Vater gesalbt hast, damit sie mir als Priester dienen. Damit überträgst du ihnen und ihren Nachkommen den Priesterdienst für immer.« ¹⁶ Mose machte alles genauso, wie Jahwe es ihm aufgetragen hatte.

¹⁷ Am 1. April* im zweiten Jahr nach dem Auszug aus Ägypten wurde die Wohnung aufgerichtet. ¹⁸ Mose stellte die Bretter auf die Bodenplatten, setzte ihre Riegel ein und stellte auch die Säulen auf. ¹⁹ Dann breitete er das Zeltdach aus und legte noch die Schutzdecke darüber. ²⁰ Anschließend legte er die Tafeln mit dem Bundesbuch in die Lade. Er steckte die Tragstangen in die Ringe und legte die Deckplatte auf. ²¹ Dann brachte er die Lade in die Wohnung, hängte den verhüllenden Vorhang auf und verdeckte so den Blick zur Bundeslade, wie Jahwe es ihm befohlen hatte.

²² Dann trug er den Tisch in das Zelt der Gottesbegegnung und stellte ihn an die Nordseite vor den Vorhang. ²³ Schließlich legte er die Brote übereinander geschichtet darauf, wie Jahwe es ihm befohlen hatte.

²⁴ Den Leuchter stellte er an der Südseite im Zelt der Gottesbegegnung auf, dem Tisch gegenüber. ²⁵ Er legte vor Jahwe die Lichtschalen darauf, ganz wie er es ihm befohlen hatte.

²⁶ Dann stellte er den goldenen Altar im Zelt der Gottesbegegnung vor den inneren Vorhang ²⁷ und verbrannte Weihrauch darauf, wie Jahwe es ihm befohlen hatte. ²⁸ Schließlich brachte er den Vorhang am Eingang der Wohnung an.

²⁹ Den Brandopferaltar stellte er vor den Eingang der Wohnung. Dann opferte er Brand- und Speisopfer darauf, wie Jahwe es ihm befohlen hatte.

³⁰ Schließlich stellte er das Becken zwischen das Zelt der Gottesbegegnung und den Altar und füllte es mit Wasser. ³¹ Mose selbst, Aaron und seine Söhne wuschen Hände und Füße darin. ³² Immer wenn sie ins Zelt der Gottesbegegnung gingen oder an den Altar traten, wuschen sie sich, wie Jahwe es Mose befohlen hatte.

³³ Zuletzt errichtete Mose die Abgrenzung des Vorhofs um die Wohnung und den Altar herum und brachte die Plane am Eingang zum Vorhof an. So vollendete Mose das ganze Werk.

Die Herrlichkeit Jahwes

³⁴ Da verhüllte die Wolke das Zelt der Gottesbegegnung und die Herrlichkeit Jahwes erfüllte die ganze Wohnung. ³⁵ Weil die Wolke sich auf dem Zelt niedergelassen hatte und die Herrlichkeit Jahwes alles erfüllte, konnte Mose nicht hineingehen.

³⁶ Während der ganzen Wanderschaft richteten sich die Israeliten nach der Wolke. Immer wenn sie sich erhob, brachen sie auf; ³⁷ und wenn sie ruhte, blieben sie an ihrem Lagerplatz. Wenn sie sich wieder erhob, zogen sie weiter. ³⁸ Bei Tag schwebte die Wolke Jahwes über der Wohnung. Bei Nacht war ein Feuer in ihr, das alle Israeliten während ihrer ganzen Wanderung sehen konnten.

40,17 *Am 1. April.* Wörtlich: Am 1. des 1. Monats. Es handelte sich wahrscheinlich um das Jahr 1444 v.Chr.

Leviticus, das dritte Buch Mose

Das dritte Buch Mose heißt auch Leviticus, weil in ihm die Priestergesetze aufgeschrieben sind und die Priester aus dem Stamm Levi kamen. Die Botschaft, die in den vorgeschriebenen Opfern und Festen liegt, lautet: »Bring dein Leben mit Gott in Ordnung und bleib in seiner Gegenwart!« Die Opfer sind dabei keine Leistung, die der Israelit bringen musste, sondern eine Heilsgabe Gottes an Israel, um für entstandene Schuld Sühne zu schaffen. Das Buch handelt von Heiligkeit und Heiligung. Dieser Grundgedanke spiegelt sich mehrfach in den Worten: »Seid heilig, denn ich bin heilig!« (11,45; 19,2; 20,7.26).

1 *1* Jahwe rief Mose und sprach dann aus dem Zelt der Gottesbegegnung zu ihm: *2* »Sag den Israeliten Folgendes: Wenn jemand von euch Jahwe eine Opfergabe bringen möchte, sollt ihr dafür ein Rind, ein Schaf oder eine Ziege nehmen.

Anweisungen für das Brandopfer

3 Wenn er ein Rind als Brandopfer bringen will, muss es ein fehlerfreies männliches Tier sein. Er muss das Tier zum Eingang des Zeltes der Gottesbegegnung bringen, wenn es Jahwe gefallen soll. *4* Dann soll er seine Hand auf den Kopf des Brandopfers stützen, damit es wohlgefällig angenommen wird und Sühnung für ihn erwirkt. *5* Anschließend soll er das junge Rind vor Jahwe schlachten. Ein Priester* aus der Nachkommenschaft Aarons soll das Blut des Opfertiers ringsherum an den Altar sprengen, der vor dem Eingang zum Zelt der Gottesbegegnung steht. *6* Dann soll er dem Brandopfer die Haut abziehen und es in Stücke zerlegen. *7* Die Priester aus der Nachkommenschaft Aarons sollen Feuer auf den Altar tun und Holz darüber schichten. *8* Auf das Holz über dem Feuer sollen sie die Stücke, den Kopf und die Fettteile legen. *9* Die Eingeweide und die Unterschenkel muss der Betreffende vorher mit Wasser gewaschen haben. Der Priester lässt dann alles auf dem Altar verbrennen. So ist es ein Brandopfer, ein Feueropfer, dessen Geruch Jahwe befriedigt.

10 Wenn jemand ein Schaf oder eine Ziege als Brandopfer bringen will, muss es ein männliches Tier ohne Fehler sein. *11* Er soll es an der Nordseite des Altars vor Jahwe schlachten, und ein Priester aus der Nachkommenschaft Aarons soll sein Blut ringsherum an den Altar sprengen. *12* Er soll es in seine Stücke, den Kopf und die Fettteile zerlegen. Der Priester soll sie dann auf das Holz über dem Altar-

---

1,5 *ein Priester.* Wörtlich: *Die Priester.* Die Mehrzahl bedeutet nicht, dass mehrere oder gar alle Priester an der Opferhandlung beteiligt waren. Es soll vielmehr deutlich werden, dass nur Nachkommen Aarons den Priesterdienst tun durften.

feuer schichten. 13 Die Eingeweide und die Unterschenkel muss der Betreffende vorher mit Wasser gewaschen haben. Der Priester lässt dann alles auf dem Altar verbrennen. So ist es ein Brandopfer, ein Feueropfer, dessen Geruch Jahwe befriedigt.

14 Wenn jemand vom Geflügel ein Brandopfer bringen will, dann soll es eine Turteltaube oder eine andere junge Taube sein. 15 Der Priester bringe sie zum Altar, kneife ihr den Kopf ab und verbrenne ihn im Altarfeuer. Ihr Blut drücke er an der Wand des Altars aus. 16 Dann soll er den Kropf samt Inhalt abtrennen und ihn neben den Altar Richtung Osten auf den Haufen mit der Fettasche* werfen. 17 Er reiße die Taube an den Flügeln ein, trenne sie aber nicht ab. Dann soll der Priester sie auf dem Holz über dem Altarfeuer verbrennen. So ist es ein Brandopfer, ein Feueropfer, dessen Geruch Jahwe befriedigt.

Anweisungen für das Speisopfer

2 1 Wenn jemand Jahwe ein Speisopfer bringen möchte, dann soll es aus Feinmehl bestehen, auf das er Öl gießen und Weihrauch legen muss. 2 Er soll es zu den Priestern aus der Nachkommenschaft Aarons bringen. Dann nehme er eine Handvoll von dem mit Öl durchtränkten Mehl und dem Weihrauch, und der Priester verbrenne diesen Teil der Gabe auf dem Altar. Es ist ein Feueropfer, dessen Geruch Jahwe befriedigt. 3 Der Rest der Gabe fällt den Priestern aus der Nachkommenschaft Aarons zu. Es ist etwas Höchstheiliges, weil es von den Feueropfern Jahwes stammt.

4 Wenn du ein Ofengebäck als Speisopfer bringen willst, dann soll es aus Feinmehl sein und ohne Sauerteig zubereitet werden, entweder ein Lochbrot* mit Öl angefeuchtet oder ein Fladenbrot, das mit Öl bestrichen ist. 5 Wenn deine Opfergabe auf einer Eisenplatte gebacken wurde, soll sie ohne Sauerteig aus Feinmehl und mit Öl vermengt zubereitet sein. 6 Du sollst sie in Stücke zerbrechen und Öl darauf gießen. Es ist ein Speisopfer. 7 Wenn du etwas in der Pfanne Gebackenes als Speisopfer bringen willst, soll es aus Feinmehl zubereitet und in Öl gebacken sein.

8 Du sollst die so zubereitete Gabe Jahwe bringen und dem Priester überreichen. Der soll es zum Altar tragen. 9 Dann hebe er den zum Verbrennen bestimmten Teil davon ab und lasse ihn auf dem Altar in Rauch aufgehen. So ist es ein Feueropfer, dessen Geruch Jahwe befriedigt. 10 Der Rest der Gabe fällt den Priestern aus der Nachkommenschaft Aarons zu. Es ist etwas Höchstheiliges, weil es von den Feueropfern Jahwes stammt.

11 Kein Speisopfer, das ihr Jahwe bringt, darf mit Sauerteig zubereitet sein. Denn weder vom Sauerteig noch vom Honig darf etwas als Feueropfer in Rauch aufgehen. 12 Nur als Erstlingsgabe dürft ihr sie Jahwe bringen. Auf den Altar aber dürfen sie nicht zum befriedigenden Geruch beitragen.

1,16 *Fettasche* bildete sich aus den verbrannten Holz- und Fettstücken.

2,4 *Lochbrot.* Ein runder Brotlaib, der in der Mitte durchstoßen ist und so auf einer Stange zum Schutz gegen Schimmel und Tierfraß aufgehängt werden kann.

13 Alle Speisopfer und überhaupt alle Opfergaben müssen gesalzen werden. Denn das Salz ist das Zeichen des Gottesbundes.

14 Wenn du Jahwe eine Gabe von den ersten reifen Früchten bringen willst, dann sollen es frische Körner sein, die geröstet zerstoßen werden. 15 Gieß Öl darüber und leg Weihrauch darauf. Es ist ein Speisopfer. 16 Der Priester verbrennt einen Teil davon samt dem Weihrauch. Es ist ein Feueropfer für Jahwe.

Anweisungen für das Freudenopfer

3 1 Wenn jemand ein Freudenopfer* bringen möchte und seine Opfergabe für Jahwe aus einem Rind besteht, dann kann er ein männliches oder weibliches Tier bringen. Es muss aber fehlerfrei sein. 2 Er soll seine Hand auf den Kopf des Opfers stützen und es am Eingang vom Zelt der Gottesbegegnung schlachten. Ein Priester aus der Nachkommenschaft Aarons soll das Blut des Opfertiers ringsherum an den Altar sprengen. 3 Ein Teil des Freudenopfers soll für Jahwe verbrannt werden, und zwar alles Fett an den Eingeweiden, 4 die beiden Nieren mit ihrem Fett und das Fett an den Lenden. Den Lappen über der Leber trenne er mit den Nieren ab. 5 Der Priester aus der Nachkommenschaft Aarons soll es zusammen mit den Brandopfern auf dem Altar in Rauch aufgehen lassen. So ist es ein Feueropfer, dessen Geruch Jahwe befriedigt.

6 Wenn jemand ein Schaf oder eine Ziege als Freudenopfer bringen will, kann es ein männliches oder weibliches Tier sein. Es darf aber keine Fehler haben.

7 Wenn seine Opfergabe ein Schaf ist, soll er es zu Jahwe bringen, 8 seine Hand auf den Kopf des Opfers stützen und es vor dem Zelt der Gottesbegegnung schlachten. Einer von den Nachkommen Aarons soll sein Blut ringsherum an den Altar sprengen. 9 Das Fett des Freudenopfers soll als Feueropfer für Jahwe verbrannt werden: der Fettschwanz* – er soll dicht beim Schwanzwirbel abgetrennt werden – und alles Fett, das an den Eingeweiden ist, 10 dazu die beiden Nieren mit ihrem Fett und das Fett an den Lenden. Den Lappen über der Leber trenne er mit den Nieren ab. 11 Der Priester soll es auf dem Altar in Rauch aufgehen lassen. So ist es eine Speise für das Feueropfer Jahwes.

12 Wenn seine Opfergabe eine Ziege ist, soll er sie zu Jahwe bringen, 13 seine Hand auf ihren Kopf stützen und sie vor dem Zelt der Gottesbegegnung schlachten. Einer von den Nachkommen Aarons soll ihr Blut ringsherum an den Altar sprengen. 14 Das Fett des Freudenopfers soll als Feueropfer für Jahwe verbrannt werden: alles Fett, das an den Eingeweiden ist, 15 dazu die beiden Nieren mit

---

3,1 Beim Freudenopfer wurde im Gegensatz zum Brandopfer nur das Fett auf dem Altar verbrannt. Der größte Teil des Tieres durfte bei einer fröhlichen Opfermahlzeit gemeinsam mit Verwandten und Freunden verzehrt werden.

3,9 Fettschwanz. Im Orient gab es Schafe mit schwerem Fettschwanz, der mehr als fünf Kilogramm wiegen konnte und als besondere Delikatesse galt.

ihrem Fett und das Fett an den Lenden. Den Lappen über der Leber trenne er mit den Nieren ab. *16* Der Priester soll es auf dem Altar in Rauch aufgehen lassen. So ist es eine Speise für das Feueropfer, ein Geruch der Befriedigung.

Alles Fett gehört Jahwe. *17* Das soll eine ewige Ordnung bei allen euren Nachkommen sein, überall, wo sie wohnen: Keiner von euch darf irgendwelches Fett* oder Blut essen!«

Das Sündopfer für unabsichtliche Sünden ...

4 *1* Jahwe sagte zu Mose: *2* »Gib den Israeliten weiter: Wenn jemand unabsichtlich etwas tut, was Jahwe verboten hat, und gegen irgendein Gebot Jahwes verstößt, gilt Folgendes:

... eines Priesters

3 Wenn der gesalbte Priester sich verfehlt und dadurch Schuld über das ganze Volk bringt, dann muss er für seine begangene Sünde Jahwe einen fehlerfreien jungen Stier als Sündopfer bringen. *4* Er muss den Stier an den Eingang vom Zelt der Gottesbegegnung zu Jahwe bringen, seine Hand auf dessen Kopf stützen und den Stier vor Jahwe schlachten. *5* Dann bringe er einen Teil des Blutes

ins Zelt der Gottesbegegnung. *6* Er tauche seinen Finger in das Blut und sprenge siebenmal etwas davon in Richtung des Vorhangs*. *7* Dann streiche er etwas von dem Blut an die Hörner* des Altars, der im Zelt der Gottesbegegnung vor Jahwe steht und auf dem wohlriechender Weihrauch verbrannt wird. Den Rest des Blutes schütte er an den Fuß des Brandopferaltars, der vor dem Zelt der Gottesbegegnung steht. *8* Dann soll er das ganze Fett vom Stier des Sündopfers abheben: das gesamte Fett an den Eingeweiden, *9* dazu die beiden Nieren mit ihrem Fett und das Fett an den Lenden. Den Lappen über der Leber trenne er mit den Nieren ab. *10* Er soll es genauso abheben, wie es beim Stier des Freudenopfers gemacht wird. Dann soll der Priester es auf dem Brandopferaltar in Rauch aufgehen lassen. *11* Aber die Haut des Stiers und sein ganzes Fleisch, auch seinen Kopf, die Unterschenkel, die Eingeweide und den Mageninhalt, *12* also den ganzen übrigen Stier, soll er aus dem Lager hinausbringen an den abgesonderten Ort, wo man die Fettasche hinschüttet. Dort, auf dem Schutthaufen der Fettasche, soll er den Stier auf Holzscheiten verbrennen.

... der Gemeinschaft

13 Wenn die ganze Gemeinschaft Israels unabsichtlich sündigt und die Sache der Versammlung verborgen geblieben ist, dass sie irgendetwas von dem tut, was Jahwe verboten hat, und dadurch schuldig wird, *14* dann muss sie, sobald die Sünde erkannt wird, einen jungen Stier als Sündopfer vor das Zelt der Gottesbegegnung

---

3,17 *Fett.* Gemeint ist das Hartfett, das lose aufliegt und sich leicht ablösen lässt.

4,6 Es ist der *Vorhang* vor dem Höchstheiligen, so auch Vers 17.

4,7 Die *Hörner* waren Vorsprünge an den vier Ecken des Altars.

bringen. *15* Die Ältesten der Gemeinschaft sollen vor Jahwe ihre Hände auf den Kopf des Stiers stützen und den Stier dann vor Jahwe schlachten. *16* Der gesalbte Priester bringe dann etwas von dem Blut des Stiers ins Zelt der Gottesbegegnung. *17* Er tauche seinen Finger in das Blut und sprenge siebenmal etwas davon in Richtung des Vorhangs. *18* Dann streiche er etwas von dem Blut an die Hörner des Altars, der vor Jahwe, also im Zelt der Gottesbegegnung, steht. Den Rest des Blutes schütte er am Fuß des Brandopferaltars aus, der vor dem Zelt steht. *19* All sein Fett soll er von ihm abheben und auf dem Altar in Rauch aufgehen lassen. *20* Er soll mit dem jungen Stier genauso verfahren wie mit dem Stier des Sündopfers. So erwirke der Priester Sühnung für die Gemeinschaft und es wird ihr vergeben werden. *21* Dann soll man den Stier nach draußen vor das Lager bringen und ihn verbrennen, wie man es mit dem ersten Stier getan hat. Es ist ein Sündopfer der Versammlung.

... eines Oberen

22 Wenn einer der Oberen sündigt und unabsichtlich irgendetwas von dem tut, was Jahwe, sein Gott, verboten hat, wird er schuldig. *23* Sobald ihm seine Schuld bewusst wird, muss der Betreffende einen fehlerfreien Ziegenbock als Opfergabe bringen. *24* Er soll seine Hand auf den Kopf des Ziegenbocks stützen und ihn am Platz des Brandopfers vor Jahwe schlachten. Es ist ein Sündopfer. *25* Der Priester streiche dann mit dem Finger etwas von dem Blut an die Hörner des Brandopferaltars und gieße den Rest an dessen Fuß aus. *26* Das ganze Fett aber soll er auf dem Altar in Rauch aufgehen lassen so wie das Fett des Freudenopfers. Auf diese Weise erwirke der Priester ihm Sühne für seine Sünde, und es wird ihm vergeben werden.

... eines einzelnen Israeliten

27 Wenn irgendjemand aus dem Volk unabsichtlich sündigt, indem er etwas von dem tut, was Jahwe verboten hat, wird er schuldig. *28* Sobald ihm seine Schuld bewusst wird, soll er eine fehlerfreie Ziege als Opfergabe für seine Sünde bringen, ein weibliches Tier. *29* Er soll seine Hand auf den Kopf des Sündopfers legen und es dort schlachten, wo man das Brandopfer schlachtet. *30* Der Priester streiche dann mit dem Finger etwas von dem Blut an die Hörner des Brandopferaltars und gieße den Rest am Fuß des Altars aus. *31* Alles Fett soll er abtrennen, wie das auch beim Freudenopfer geschieht. Der Priester lasse es auf dem Altar in Rauch aufgehen als einen Geruch, der Jahwe befriedigt. So erwirke der Priester ihm Sühne, und es wird ihm vergeben werden.

32 Wenn er ein Schaf als Sündopfer bringen will, dann soll es ein fehlerloses weibliches Tier sein. *33* Er soll seine Hand auf den Kopf des Sündopfers legen und es am Platz des Brandopfers schlachten. *34* Der Priester streiche dann mit dem Finger etwas von dem Blut an die Hörner des Brandopferaltars und gieße den Rest an dessen Fuß aus. *35* Alles Fett soll er abtrennen, wie das auch beim Freudenopfer geschieht. Der Priester lasse es auf dem Altar in Rauch aufgehen als einen Geruch, der Jahwe befriedigt. So erwirke der Priester ihm Sühne für die Sünde, die er begangen hat, und es wird ihm vergeben werden.

Gesetze vom Sünd- und Schuldopfer

5 *1* Wenn jemand dadurch sündigt, dass er als Zeuge die feierliche Verfluchung* am Beginn eines Prozesses zwar hört, aber dennoch keine Zeugenaussage macht, lädt er Schuld auf sich. *2* Wenn jemand etwas Unreines berührt, zum Beispiel das Aas irgendeines Tieres, wird er schuldig, sobald er es erkennt. *3* Oder wenn jemand mit der Unreinheit eines Menschen in Berührung kommt – egal, wodurch sie verursacht wurde, – wird er schuldig, sobald er es erkennt. *4* Oder wenn jemand unbedacht schwört, ohne es wahrzunehmen, egal ob zum Schaden oder zum Nutzen, so wie ein Schwur eben unbedacht über die Lippen kommen kann, auch durch so etwas wird er schuldig, sobald er es erkennt. *5* Wenn also jemand in einem dieser Fälle schuldig wird, soll er bekennen, wodurch er gesündigt hat. *6* Er muss

---

5,1 *feierliche Verfluchung.* Ein Prozess in Israel wurde durch Zeugen entschieden. Deshalb wurden am Beginn des Prozesses alle Zeugen unter den Anwesenden aufgerufen, auch tatsächlich auszusagen (und nicht aus Sympathie mit dem Angeklagten zu schweigen), denn sonst würden sie sich vor Gott schuldig machen.

5,11 *zwei Liter.* Wörtlich: ein Zehntel Efa. Efa ist ein Hohlmaß von 22 Litern.

Jahwe ein Schuldopfer für die begangene Sünde bringen, ein weibliches Tier vom Kleinvieh, ein Schaf oder eine Ziege. So soll der Priester Sühne für ihn erwirken. *7* Wenn seine Mittel für ein Lamm nicht ausreichen, soll er Jahwe als Schuldopfer für seine Verfehlung zwei Turteltauben oder zwei junge Tauben bringen, eine zum Sündopfer und eine zum Brandopfer. *8* Der Priester nehme zuerst die zum Sündopfer bestimmte und kneife ihr den Kopf am Genick ab. Er soll ihn aber nicht völlig abtrennen. *9* Dann sprenge er etwas vom Blut des Sündopfers an die Wand des Altars. Das übrige Blut drücke er am Fuß des Altars aus. Es ist ein Sündopfer. *10* Die zweite Taube soll er als Brandopfer nach Vorschrift darbringen. So erwirke der Priester ihm Sühne für die Sünde, die er begangen hat, und es wird ihm vergeben werden. *11* Wenn seine Mittel für zwei Turteltauben oder Jungtauben nicht ausreichen, dann bringe er als Sündopfer zwei Liter* Feinmehl. Er soll aber kein Öl darauf gießen und keinen Weihrauch darauf legen, denn es ist ein Sündopfer. *12* Der Priester nimmt eine Handvoll davon und lässt diesen Teil auf dem Altar, über den Feueropfern Jahwes, in Rauch aufgehen. Es ist ein Sündopfer. *13* So erwirke der Priester ihm Sühne für die Sünde, die er in einem der Fälle begangen hat, und es wird ihm vergeben werden. Das übrige Mehl gehört dem Priester wie beim Speisopfer.«

Das Schuldopfer

14 Jahwe sagte zu Mose: *15* »Wenn jemand ohne Absicht etwas veruntreut und sich so an den heiligen Gaben für Jahwe versündigt, dann soll er Jahwe sein Schuldopfer bringen: einen fehlerfreien Schaf- oder Ziegenbock im Wert von einigen Silberstücken nach dem Gewicht des Heiligtums. *16* Und die Gaben, die der Betreffende schuldig geblieben ist, muss er dem Priester erstatten und noch ein Fünftel dazugeben. Mit dem Bock soll der Priester ihm Sühne erwirken, dann wird ihm vergeben werden.

17 Wenn jemand sich verfehlt und etwas tut, was Jahwe verboten hat, hat er damit Schuld auf sich geladen, auch, wenn er es nicht erkannte. *18* Der Betreffende soll dem Priester einen fehlerlosen Schaf- oder Ziegenbock im üblichen Wert als Schuldopfer bringen. Der Priester soll ihm Sühne für das Vergehen erwirken, das er, ohne es zu erkennen, begangen hat. Dann wird ihm vergeben werden. *19* Es handelt sich um ein Schuldopfer. Er ist auf jeden Fall an Jahwe schuldig geworden.«

20 Jahwe sagte zu Mose: *21* »Wenn jemand sündigt und Jahwe untreu wird, indem er etwas, das sein Nächster ihm zur Aufbewahrung anvertraut hat, ableugnet oder ein Darlehen, das dieser ihm gab, nicht zurückzahlt, oder etwas von ihm raubte oder erpresste, *22* oder wenn er etwas Verlorenes gefunden hat und das ableugnet, oder wenn er falsch schwört oder wenn er sonst etwas tut und sich versündigt, *23* dann ist er schuldig geworden. Er muss das Geraubte oder Erpresste, das ihm Anvertraute oder das Gefundene zurückerstatten, *24* auch alles, was er durch falschen Eid bekam. Er muss es erstatten und

noch ein Fünftel hinzufügen. Am Tag seines Schuldopfers soll er es zurückgeben. *25* Und sein Schuldopfer soll er Jahwe bringen, indem er dem Priester einen fehlerfreien Schaf- oder Ziegenbock übergibt. *26* Der Priester soll ihm vor Jahwe Sühne erwirken, dann wird ihm alles vergeben werden, wodurch er schuldig geworden ist.«

Opfervorschriften für die Priester ...

6 *1* Jahwe sagte zu Mose: *2* »Gib Aaron und seinen Söhnen folgende Weisungen weiter:

... für das Brandopfer

Für das Brandopfer gilt folgende Anordnung: Es muss die ganze Nacht über auf dem Altarfeuer bleiben und das Feuer muss bis zum Morgen in Brand gehalten werden. *3* Dann soll der Priester das Gewand aus Leinen und die leinene Kniehose anziehen. Anschließend nehme er die Fettasche des Brandopfers vom Feuer und schütte sie neben den Altar. *4* Dann wechsle er seine Kleider und trage die Fettasche hinaus vor das Lager an einen abgesonderten Ort. *5* Das Feuer auf dem Altar muss immer in Brand gehalten werden, es darf nicht erlöschen. Der Priester soll jeden Morgen Holz anzünden und die Fettstücke der Freudenopfer auf ihm in Rauch aufgehen lassen. *6* Auf dem Altar muss ein beständiges Feuer in Brand gehalten werden. Es darf nicht erlöschen.

... für das Speisopfer

7 Für das Speisopfer gilt folgende Anordnung: Die Nachkommen Aarons müssen es Jahwe auf dem Altar darbringen. *8* Der Priester nehme eine Handvoll von dem mit Öl durchtränkten Feinmehl, auf dem sich der Weihrauch befindet, und lasse es auf dem Altar in Rauch aufgehen. Der Geruch von diesem, zum Verbrennen bestimmten Teil, befriedigt Jahwe. *9* Den Rest davon müssen die Priester essen. Es muss aber ohne Sauerteig zubereitet und an heiliger Stätte, im Vorhof zum Heiligtum, gegessen werden. *10* Es darf nicht mit Sauerteig verbacken werden, denn es ist ihr Anteil von meinen Feueropfern, es ist höchst heilig wie das Sünd- und das Schuldopfer. *11* Nur die männlichen Nachkommen Aarons dürfen davon essen. Das gilt für jede Generation. Es ist ihr immerwährendes Anrecht an den Feueropfern Jahwes. Alles, was mit ihnen in Berührung kommt, wird heilig.«

... für das Opfer bei der Priesterweihe

12 Jahwe sagte zu Mose: *13* »Folgende Opfergabe sollen Aaron und seine Nachkommen Jahwe bringen, und zwar vom Tag ihrer Salbung an: zwei Liter Feinmehl als regelmäßiges Speisopfer, die eine Hälfte am Morgen, die andere am Abend. *14* Es soll in einer Pfanne mit Öl eingerührt und zu einem Fladen verbacken werden. Dieser Fladen soll dann in Stücke zerbrochen und so Jahwe gebracht werden, damit daraus ein Geruch entsteht, der ihn befriedigt. *15* Der Priester, der an Aarons Stelle zum Hohen Priester gesalbt wird, soll es opfern. Das ist eine immerwährende Ordnung: Es soll für Jahwe ganz in Rauch

aufgehen. *16* Jedes Speisopfer eines Priesters ist ein Ganzopfer. Es darf nicht gegessen werden.«

... für das Sündopfer

17 Jahwe sagte zu Mose: *18* »Gib Aaron und seinen Söhnen folgende Anweisung für das Sündopfer weiter: Dort, wo das Brandopfer geschlachtet wird, muss auch das Sündopfer vor Jahwe geschlachtet werden. Es ist höchst heilig. *19* Der Priester, der das Tier als Sündopfer darbringt, darf es essen. Es muss allerdings an heiliger Stätte gegessen werden, im Vorhof vom Zelt der Gottesbegegnung. *20* Alles, was mit dem Fleisch in Berührung kommt, wird geheiligt sein. Wenn ein Spritzer von seinem Blut auf ein Kleidungsstück kommt, muss der Fleck an heiliger Stätte ausgewaschen werden. *21* Wenn es in einem Tongefäß gekocht wird, muss dieses anschließend zerbrochen werden, ein Metallgefäß muss anschließend gescheuert und mit Wasser gespült werden. *22* Nur die männlichen Mitglieder der Priesterfamilien dürfen davon essen. Es ist höchst heilig. *23* Aber jedes Sündopfer, von dessen Blut etwas ins Zelt der Gottesbegegnung gebracht wird, um dort im Heiligtum Sühne zu bewirken, darf man nicht essen. Es muss verbrannt werden.

... für das Schuldopfer

7 *1* Folgende Anordnung gilt für das Schuldopfer: Es ist höchst heilig. *2* Dort, wo das Brandopfer geschlachtet wird, muss auch das Schuldopfer geschlachtet werden. Der Priester soll das Blut des Opfertiers ringsherum an den Altar sprengen.

3 Alles Fett davon muss er opfern: das Fett an den Eingeweiden, *4* die beiden Nieren mit ihrem Fett und das Fett an den Lenden. Den Lappen über der Leber trenne er mit den Nieren ab. *5* Der Priester soll es auf dem Altar als ein Feueropfer für Jahwe in Rauch aufgehen lassen. Es ist ein Schuldopfer. *6* Nur die männlichen Mitglieder der Priesterfamilien dürfen davon essen. Und es darf nur an heiliger Stätte gegessen werden, denn es ist höchst heilig. *7* Für das Schuldopfer gilt dieselbe Ordnung wie für das Sündopfer. Es gehört dem Priester, der damit Sühnung erwirkt. *8* Dem Priester, der ein Brandopfer für jemand darbringt, gehört die Haut des Opfers. *9* Auch jedes Speisopfer, das im Ofen gebacken oder in der Pfanne oder auf einer Eisenplatte zubereitet wird, gehört dem Priester, der es darbringt. *10* Alle übrigen Speisopfer, die mit Öl vermengt oder trocken sind, sollen unter allen Priestern aus der Nachkommenschaft Aarons aufgeteilt werden.

... für das Freudenopfer

11 Für das Freudenopfer, das man Jahwe bringt, gilt folgende Anordnung: *12* Wird es als Dankopfer gebracht, sollen außerdem noch mit Öl gebackene Lochbrote und mit Öl bestrichene Brotfladen gebracht werden, beides ohne Sauerteig zubereitet. Dazu kommt Lochbrot aus Feinmehl, das mit Öl vermengt worden ist. *13* Außer dem Lochbrot soll man auch gesäuertes Brot als Gabe zu dem Friedens-Dankopfer bringen. *14* Von jeder Art Brot hebe der Opfernde ein Stück für Jahwe ab und übergebe es dem Priester, der das Blut des Freudenopfers versprengt. Ihm soll es gehören. *15* Das Fleisch des Friedens-Dankopfers soll an dem Tag gegessen werden, an dem das Opfer gebracht wird. Es darf nichts davon bis zum nächsten Morgen liegengelassen werden. *16* Wenn es sich um ein Gelübde oder ein freiwilliges Opfer handelt, soll das Fleisch des Schlachtopfers ebenfalls an dem Tag gegessen werden, an dem es gebracht wurde. Hiervon darf man allerdings auch am nächsten Tag noch essen, was übriggeblieben ist. *17* Wenn am dritten Tag immer noch etwas davon übrig ist, muss es verbrannt werden. *18* Wenn vom Fleisch des Freudenopfers am dritten Tag noch etwas gegessen wird, wird der, der es darbringt, kein Wohlgefallen finden. Es wird ihm nicht angerechnet werden. Es gilt als unrein. Und wer davon isst, wird sich Schuld aufladen.

19 Fleisch, das mit irgendetwas Unreinem in Berührung kommt, darf nicht gegessen, sondern muss verbrannt werden. Alles andere Fleisch aber darf von jedem gegessen werden, der rein ist.

20 Wenn aber eine Person im Zustand der Unreinheit vom Fleisch des Freudenopfers isst, das Jahwe geweiht wurde, muss diese Person aus dem Volk beseitigt werden. *21* Wenn eine Person etwas Unreines berührt, sei es die Unreinheit an einem Menschen, einem Stück Vieh oder eine unreine Abscheulichkeit, und isst vom Fleisch des Freudenopfers, das Jahwe geweiht wurde, muss diese Person aus dem Volk beseitigt werden.«

Das Verbot von Fett- und Blutgenuss

22 Jahwe sagte zu Mose: 23 »Gib den Israeliten Folgendes weiter: Ihr dürft keinerlei Fett essen, weder vom Stier noch vom Schaf noch von der Ziege. 24 Das Fett von verendeten oder zerrissenen Tieren dürft ihr für irgendwelche Zwecke verwenden, aber ihr dürft es auf keinen Fall essen. 25 Jeder, der dennoch vom Fett eines Tieres isst, das Jahwe als Opfer gebracht werden kann: Diese Person muss aus dem Volk beseitigt werden. 26 Ihr dürft auch kein Blut verzehren, weder von Vögeln noch vom Vieh, wo immer ihr auch wohnt. 27 Jede Person, die irgendwelches Blut isst, muss aus dem Volk beseitigt werden.«

Der Priesteranteil am Opfer

28 Jahwe sagte zu Mose: 29 »Gib den Israeliten Folgendes weiter: Wer Jahwe ein Freudenopfer bringt, soll folgende Opfergaben davon für Jahwe herbeibringen: 30 Mit seinen Händen bringe er das, was zum Feueropfer gehört: das Fett zusammen mit der Brust. Die Brust soll er hin- und herschwingend Jahwe darbieten. 31 Das Fett soll der Priester auf dem Altar in Rauch aufgehen lassen, die Brust aber soll den Priestern gehören. 32 Auch die rechte Hinterkeule sollt ihr von euren Freudenopfern abheben und dem Priester geben. 33 Wer von den Nachkommen Aarons das Blut und das Fett des Freudenopfers darbringt, dem steht auch die rechte Hinterkeule zu. 34 Denn die Brust der Schwinggabe und die Gabe der rechten Hinterkeule nehme ich von ihren Freudenopfern und gebe sie den Priestern

aus der Nachkommenschaft Aarons. Diese Anordnung gilt für alle in Israel und für immer. 35 Das also ist der Anteil, der Aaron und seinen Nachkommen von den Feueropfern Jahwes zusteht, und zwar von dem Tag an, an dem sie zum Priesterdienst gesalbt wurden. 36 Aufgrund der Anordnung Jahwes sind die Israeliten verpflichtet, den Priestern diesen Anteil zu geben. Das ist eine immerwährende Ordnung von Generation zu Generation.« 37 Das sind die Anordnungen für das Brandopfer, das Speisopfer und das Sündopfer, für das Schuldopfer, das Einweihungsopfer und das Freudenopfer. 38 Jahwe gab diese Anweisungen Mose auf dem Berg Sinai an dem Tag, als er den Israeliten in der Wüste Sinai befahl, ihm Opfer zu bringen.

Die Priesterweihe

8 1 Jahwe sagte zu Mose: 2 »Nimm Aaron und seine Söhne mit dir, dazu die Priesterkleider, das Salböl, den Stier für das Sündopfer, die beiden Schafböcke und den Korb mit den ungesäuerten Broten 3 und lass die ganze Gemeinschaft Israels zum Eingang vom Zelt der Gottesbegegnung kommen!« 4 Mose machte es so, wie Jahwe es ihm befohlen hatte, und die Gemeinschaft versammelte sich am Eingang vom Zelt der Gottesbegegnung. 5 Dann sagte Mose zu ihnen: »Was ihr mich jetzt tun seht, hat Jahwe befohlen.« 6 Mose ließ Aaron und seine Söhne herantreten und begoss sie mit Wasser. 7 Dann zog er Aaron das Priesterhemd an und band ihm den Gürtel um. Er legte ihm das

Obergewand an, darüber das Efod* und band es mit dem dazugehörenden Gürtel fest. *8* Dann hängte er ihm die Brusttasche um, welche die Urim und Tummim* enthielt. *9* Er band ihm den Kopfbund um und befestigte daran das heilige Diadem, das Stirnblatt aus Gold, so wie Jahwe es ihm befohlen hatte. *10* Danach salbte Mose mit dem Öl die Wohnstätte und alles, was darin war, und weihte sie damit. *11* Sieben Mal sprengte er von dem Öl auf den Altar und salbte ihn so, um ihn zu weihen, ebenfalls alle dazugehörenden Geräte, auch das Becken und sein Gestell. *12* Dann goss er etwas von dem Öl über den Kopf Aarons und salbte ihn auf diese Weise, um ihn zum Priester zu weihen. *13* Anschließend ließ Mose die Söhne Aarons herantreten, bekleidete sie mit Priesterhemd, Gürtel und Kopfbund, wie Jahwe es ihm befohlen hatte.

14 Dann ließ er den jungen Stier für das Sündopfer herbeiführen, und Aaron und seine Söhne stützten ihre Hände auf den Kopf des Sündopferstiers. *15* Dann schlachtete Mose den Stier, nahm Blut von ihm und strich es mit dem Finger an die Hörner des Altars. Auf diese Weise entsündigte er den Altar. Den Rest des Blutes schüttete er am Fuß des Altars aus. Auf diese Weise erwirkte er Sühne für ihn und heiligte ihn. *16* Dann nahm er das ganze Fett, das an den Eingeweiden ist, den Lappen an der Leber und die beiden Nieren mit ihrem Fett und ließ sie auf dem Altar in Rauch aufgehen. *17* Den Rest des jungen Stiers, seine Haut, sein Fleisch und seine Eingeweide, verbrannte er draußen vor dem Lager, wie Jahwe es ihm befohlen hatte.

18 Dann ließ er den Schafbock für das Brandopfer herbeibringen. Aaron und seine Söhne stützten ihre Hände auf dessen Kopf. *19* Anschließend schlachtete Mose den Bock und sprengte sein Blut ringsum an den Altar. *20* Er zerlegte das Tier und ließ den Kopf, die Rumpfstücke und das Fett in Rauch aufgehen. *21* Die Eingeweide und Unterschenkel spülte er im Wasser ab und verbrannte auch sie auf dem Altar. So war es ein Brandopfer, dessen Geruch Jahwe befriedigte, ein Feueropfer für Jahwe, genauso, wie er es befohlen hatte.

22 Dann ließ er den zweiten Schafbock, den Bock zur Priesterweihe, herbeibringen. Aaron und seine Söhne stützten ihre Hände auf dessen Kopf. *23* Mose schlachtete ihn, nahm etwas von dem Blut und betupfte damit Aarons rechtes Ohrläppchen, seinen rechten Daumen und seine rechte große Zehe. *24* Anschließend ließ er die Söhne Aarons hervortreten und betupfte auch bei ihnen das rechte

---

8,7 *Efod.* Ein sehr kostbares ärmelloses Gewand, das der Hohepriester über dem Obergewand trug (2. Mose 39). Am Efod waren die mit Edelsteinen besetzten Schulterstücke und das Brustschild befestigt.

8,8 *Urim und Tummim* waren die heiligen Lose, die bei schwierigen Entscheidungen den Schiedsspruch herbeiführten. Die Bedeutung der hebräischen Begriffe ist unsicher. Nach der griechischen Übersetzung des Alten Testaments, die im 3. Jahrhundert vor Christus in Alexandria entstand, der sogenannten Septuaginta (=LXX), bedeuten sie *Licht und Recht.*

Ohrläppchen, den rechten Daumen und die rechte große Zehe. Das übrige Blut sprengte Mose ringsum an den Altar.

²⁵ Darauf nahm er die Fettstücke, den Fettschwanz, alles Fett an den Eingeweiden, den Lappen an der Leber, die beiden Nieren samt ihrem Fett und die rechte Hinterkeule. ²⁶ Aus dem Korb mit den ungesäuerten Broten, der vor Jahwe stand, nahm er ein gewöhnliches Lochbrot, eins, das mit Öl bestrichen war, und ein Fladenbrot und legte es auf die Fettstücke und die rechte Hinterkeule. ²⁷ Das alles gab er Aaron und seinen Söhnen in die Hände und ließ es vor Jahwe als Weihgabe hin- und herschwingen. ²⁸ Dann nahm Mose es wieder aus ihren Händen und ließ es auf dem Altar über dem Brandopfer in Rauch aufgehen. Es war ein Einweihungsopfer, dessen Geruch Jahwe befriedigte, ein Feueropfer für Jahwe.

²⁹ Dann nahm Mose das Bruststück und schwang es als Weihgabe vor Jahwe hin und her. Jahwe hatte bestimmt, dass dieser Teil des Einweihungsopfers Mose gehören sollte. ³⁰ Mose nahm etwas von dem Salböl und etwas vom Blut auf dem Altar und sprengte beides auf Aaron und seine Söhne und ihre Gewänder und heiligte sie so. ³¹ Dann sagte er zu ihnen: »Kocht das Fleisch am Eingang vom Zelt der Gottesbegegnung und esst es dort, ebenso das Brot, das im Korb für das Einweihungsopfer liegt, denn ich habe es mit diesen Worten angeordnet: ›Aaron und seine Nachkommen sollen davon essen!‹ ³² Den Rest vom Fleisch und Brot sollt ihr verbrennen.

³³ Sieben Tage lang sollt ihr am Eingang vom Zelt der Gottesbegegnung bleiben. Ihr dürft euch nicht davon entfernen, bis die Tage für das Einweihungsopfer vorbei sind, denn sieben Tage wird man euch die Hände füllen, ³⁴ wie man es heute gemacht hat. So hat Jahwe es befohlen, um euch Sühne zu erwirken. ³⁵ Bleibt also sieben Tage lang, Tag und Nacht, am Eingang vom Zelt der Gottesbegegnung und beachtet die Anweisungen, damit ihr nicht sterben müsst. So hat Jahwe es mir befohlen.« ³⁶ Aaron und seine Söhne machten es so, wie Jahwe es durch Mose angeordnet hatte.

Der erste Opfergottesdienst

9 ¹ Am achten Tag rief Mose Aaron, dessen Söhne und die Ältesten Israels zusammen. ² Dann sagte er zu Aaron: »Nimm dir ein Stierkalb zum Sündopfer und einen Schafbock zum Brandopfer und bringe sie vor Jahwe. Die Tiere müssen ohne Fehler sein. ³ Sag auch den Israeliten: ›Bringt einen Ziegenbock für das Sündopfer, ein Stierkalb und ein Schaf zum Brandopfer. Es müssen fehlerfreie einjährige Tiere sein. ⁴ Dazu noch einen Stier und einen Schafbock für das Freudenopfer, um sie vor Jahwe zu schlachten, und ein Speisopfer, das mit Öl vermengt wurde. Denn heute wird Jahwe euch erscheinen.‹«

⁵ Sie brachten alles vor das Zelt der Gottesbegegnung, wie Mose es angeordnet hatte. Und die ganze Gemeinschaft versammelte sich dort vor Jahwe. ⁶ Mose sagte: »Das ist es, was Jahwe euch zu tun befohlen hat. Nun wird euch die Herrlichkeit Jahwes erscheinen.« ⁷ Zu Aaron sagte Mose:

»Tritt an den Altar und bring das Sünd- und das Brandopfer für dich dar. Erwirke Sühne für dich und das Volk! Bring die Opfer für die Schuld des Volkes und erwirke Sühnung für sie, wie Jahwe es befohlen hat!« 8 Aaron trat an den Altar und schlachtete das Stierkalb für seine eigene Sünde. 9 Seine Söhne brachten ihm das Blut. Er tauchte seinen Finger hinein und strich etwas davon an die Hörner des Altars. Den Rest goss er am Fuß des Altars aus. 10 Die Fettstücke, die Nieren und den Lappen an der Leber ließ er auf dem Altar in Rauch aufgehen, so wie Jahwe es Mose befohlen hatte. 11 Das Fleisch und die Haut verbrannte er draußen vor dem Lager. 12 Dann schlachtete er das Brandopfer. Seine Söhne brachten ihm das Blut, und er sprengte es ringsherum an den Altar. 13 Dann reichten sie ihm die Stücke des Opfertiers und den Kopf, und er ließ alles auf dem Altar in Rauch aufgehen. 14 Die Eingeweide und die Unterschenkel wusch er im Wasser und verbrannte sie ebenfalls auf dem Altar. 15 Dann ließ er die Opfergabe des Volkes herbringen. Er schlachtete den Ziegenbock als Opfer für die Sünden des Volkes so, wie er das Sündopfer für sich geschlachtet hatte. 16 Auch das Brandopfer brachte er nach der Vorschrift dar. 17 Vom Speisopfer nahm er eine Handvoll und ließ es auf dem Altar in Rauch aufgehen, zusätzlich zu dem Morgen-Brandopfer. 18 Anschließend schlachtete er den Stier und den Schafbock als Freudenopfer für das Volk. Seine Söhne brachten ihm das Blut, und er sprengte es ringsherum an den Altar. 19 Sie brachten ihm auch die Fettstücke von beiden Tieren, den Fettschwanz, das Fett, das die Eingeweide bedeckt, die Nieren mit ihrem Fett und den Lappen an der Leber 20 und legten es auf die Bruststücke, damit Aaron sie auf dem Altar in Rauch aufgehen lassen würde. 21 Die Bruststücke und die rechte Hinterkeule schwang Aaron als Weihgabe vor Jahwe hin und her, wie Mose es angeordnet hatte.

22 Nachdem Aaron das Sünd-, das Brand- und das Freudenopfer dargebracht hatte, erhob er seine Hände und segnete alles Volk. Dann stieg er herab. 23 Mose und Aaron gingen anschließend in das Zelt der Gottesbegegnung hinein. Als sie wieder herauskamen, segneten sie das Volk. Da zeigte sich die Herrlichkeit Jahwes dem ganzen Volk. 24 Flammen gingen von ihm aus und verzehrten das Brandopfer auf dem Altar und die Fettstücke. Bei diesem Anblick brach das Volk in Jubel aus, und alle warfen sich zu Boden.

Ein unerlaubtes Opfer

10 1 Zwei Söhne Aarons, es waren Nadab und Abihu, nahmen ihre Räucherpfannen, legten Glut und Räucherwerk darauf und brachten Jahwe ein unerlaubtes Feueropfer, das er ihnen nicht geboten hatte. 2 Da ging Feuer von Jahwe aus und verzehrte sie. So starben sie vor Jahwe. 3 Mose sagte zu Aaron: »Das ist es, was Jahwe meinte, als er sagte:

An denen, die mir nahe sind, /
erweise ich mich als heilig. /

Und vor dem ganzen Volk /
will ich verherrlicht sein!«

Aaron schwieg. *4* Mose rief Mischaël
und Elizafan, die Söhne von Aarons
Onkel Usiël, und sagte zu ihnen:
»Kommt her und schafft die Leichen
eurer Verwandten vom Heiligtum
weg! Bringt sie aus dem Lager hinaus!« *5* Sie gehorchten dem Befehl
Moses und schafften die Toten in
ihren Priesterhemden aus dem Lager
hinaus. *6* Mose sagte zu Aaron und
dessen Söhnen Eleasar und Itamar:
»Ihr dürft euer Haupthaar jetzt nicht
ungepflegt herunterhängen lassen
und eure Kleidung nicht zerreißen,*
damit ihr nicht auch sterben müsst
und Gott über die ganze Gemeinschaft zornig wird. Lasst eure Brüder,
die anderen Israeliten, diesen Brand
beweinen, den Jahwe angerichtet hat.
7 Entfernt euch nicht vom Eingang
des Zeltes der Gottesbegegnung,
damit ihr nicht sterben müsst, denn
das Öl der Salbung Jahwes ist auf
euch.« Sie taten, wie Mose es gesagt
hatte.

**Besondere Bestimmungen
für Priester**

8 Jahwe sagte zu Aaron: *9* »Wenn ihr
ins Zelt der Gottesbegegnung hineingeht, dürft ihr weder Wein noch Bier
trinken, sonst müsst ihr sterben. Das
ist eine ewige Ordnung für dich und
deine Nachkommen. *10* Denn ihr sollt
unterscheiden zwischen dem, was
heilig und dem, was nicht heilig ist,
zwischen dem, was rein, und dem,
was unrein ist. *11* Und ihr sollt die Israeliten unterweisen in all den Ordnungen, die Jahwe euch durch Mose
gegeben hat.«

12 Mose sagte zu Aaron und seinen
überlebenden Söhnen Eleasar und
Itamar: »Was von den Speisopfern
übrig bleibt und nicht als Feueropfer
für Jahwe verbrannt wird, dürft ihr
nehmen und als ungesäuerte Fladen
in der Nähe des Altars essen, denn es
ist höchst heilig. *13* Ihr müsst es an
heiliger Stätte essen, denn es ist der
Anteil, der dir und deinen Söhnen von
den Feueropfern Jahwes zusteht. So
ist es mir geboten worden. *14* Das
Bruststück und die Hinterkeule, die
dir und deinen Söhnen und Töchtern
von den Freudenopfern der Israeliten
zustehen, könnt ihr auch an einem anderen reinen Ort verzehren. *15* Die
Hinterkeule und die Brust sollt ihr zusammen mit den Fettstücken für das
Feueropfer zum Altar bringen und
dort vor Jahwe hin- und herschwingen. Danach gehören sie dir und deinen Nachkommen. Das steht euch für
alle Zeit als Anteil zu. So hat Jahwe es
befohlen.«

16 Als Mose nach dem Ziegenbock
für das Sündopfer suchte, stellte sich
heraus, dass er schon verbrannt worden war. Da wurde Mose zornig auf
Eleasar und Itamar, die Söhne, die
Aaron geblieben waren. *17* »Warum
habt ihr das Sündopfer nicht an geweihter Stätte gegessen? Es ist doch
höchst heilig! Jahwe hat es euch gegeben, um die Schuld von der Gemeinschaft wegzunehmen, indem ihr
Sühne für sie erwirkt. *18* Sein Blut ist
nicht ins Heiligtum hineingebracht

10,6 nicht zerreißen. Das heißt: Ihr dürft die
herkömmlichen Trauerbräuche nicht anwenden.

worden. Ihr hättet es auf jeden Fall im Heiligtum essen sollen, wie ich es angewiesen habe.« 19 Aaron erwiderte Mose: »Du weißt doch, dass meine Söhne ihr Sünd- und Brandopfer Jahwe gebracht haben. Und da ist mir so etwas zugestoßen*. Meinst du, es hätte Jahwe gefallen, wenn ich heute das Sündopfer gegessen hätte?« 20 Als Mose das hörte, gab er sich zufrieden.

Reine und unreine Tiere

11 1 Jahwe sagte zu Mose und Aaron: 2 »Gebt den Israeliten weiter: Folgende Landtiere dürft ihr essen: 3 Alle, die deutlich gespaltene Hufe haben und ihre Nahrung wiederkäuen. 4 Es gibt aber einige von den wiederkäuenden Arten, die ihr nicht essen dürft, weil sie keine gespaltenen Hufe haben. Sie sollen euch als unrein gelten. Dazu gehört das Kamel, 5 der Klippdachs 6 und der Hase*. 7 Auch das Schwein soll euch als unrein gelten, denn es hat zwar gespaltene Hufe, käut aber nicht wieder. 8 Ihr dürft nichts von ihrem Fleisch essen und sie auch nicht berühren, wenn sie verendet sind. Sie sollen euch als unrein gelten.

9 Von den Wassertieren dürft ihr alles essen, was Flossen und Schuppen hat, egal ob sie in Flüssen, Seen oder im Meer leben. 10 Aber alles, was keine Flossen oder Schuppen hat und in Süß- oder Salzwasser lebt, jedes andere Lebewesen dort, soll euch etwas Abscheuliches sein. 11 Ihr sollt euch voller Ekel davon abwenden, ihr Fleisch nicht essen und das Verendete verabscheuen. 12 Alle Tiere im Wasser, die keine Flossen und Schuppen

haben, sollen für euch etwas Abscheuliches sein.

13 Von den fliegenden Tieren dürfen Folgende nicht gegessen werden, ihr sollt sie verabscheuen: den Gänsegeier, den Lämmergeier und den Mönchsgeier, 14 den Milan und alle Arten von Habichten, 15 alle Arten von Raben, 16 den Strauß, die Schwalbe, die Möwe und alle Arten von Falken, 17 das Käuzchen, die Fischeule und den Uhu, 18 die Schleiereule, die Ohreule und den Aasgeier, 19 den Storch, alle Arten von Reihern, den Wiedehopf und die Fledermaus.

20 Alles geflügelte vierfüßige Kleingetier sollt ihr verabscheuen, 21 mit Ausnahme derer, die Sprungbeine haben und damit auf der Erde hüpfen können. 22 Von den Folgenden aber dürft ihr alle Arten essen: von den Wanderheuschrecken, den Feldheuschrecken, den Laubheuschrecken und Springheuschrecken. 23 Alles übrige geflügelte vierbeinige Kleingetier sollt ihr verabscheuen.

24 An all den folgenden Tieren verunreinigt ihr euch. Jeder, der ihr Aas berührt, ist bis zum Abend unrein,

---

10,19 *zugestoßen.* Er hatte mit einem Schlag zwei seiner Söhne verloren.

11,6 *Hasen* werden zoologisch nicht zu den rinderartigen Wiederkäuern gerechnet, trotzdem kauen sie einen Teil ihrer Nahrung zweimal. Neben ihrem üblichen Kot scheiden sie nämlich von einem Vlies umgebene vitaminreiche Kügelchen aus, so genannte Caecotrophe. Diese werden sofort wieder aufgenommen und an einer bestimmten Stelle des Magens, der Cardiaregion, noch einmal verdaut.

25 und jeder, der etwas von dem Aas aufhebt, muss seine Kleider waschen und ist bis zum Abend unrein. 26 Jedes Tier, das gespaltene, aber nicht ganz gespaltene Klauen hat und nicht wiederkäut, ist unrein für euch. Jeder, der sie berührt, wird unrein. 27 Alle Vierbeiner, die auf Tatzen gehen, sollen euch unrein sein. Jeder, der ihr Aas berührt, wird unrein bis zum Abend. 28 Wer ihr Aas trägt, muss seine Kleider waschen und ist bis zum Abend unrein. Sie sind für euch unrein.

29 Von den kleinen Landtieren, die auf der Erde wimmeln, sind die Folgenden unrein für euch: der Maulwurf und die Springmaus, alle Arten von Dornschwanzechsen, 30 der Gecko, der Waran, die Eidechse, die Blindschleiche und das Chamäleon. 31 Von dem Kleingetier sind diese also unrein für euch. Jeder, der sie berührt, wenn sie verendet sind, ist bis zum Abend unrein.

32 Und jeder Gegenstand, auf den ein solches totes Tier fällt, wird unrein sein, ob es ein Holzgerät ist, ein Kleid, ein Stück Leder, ein Sack, jeder Gegenstand, mit dem man eine Arbeit verrichtet. Er muss ins Wasser gelegt werden und bleibt unrein bis zum Abend. Dann wird er wieder rein. 33 Fällt solch ein totes Tier in ein Tongefäß, wird alles, was sich darin befindet, unrein, und das Gefäß muss zerschlagen werden. 34 Jede Speise, die man essen will und die mit Wasser aus solch einem Gefäß in Berührung kommt, wird unrein sein. Auch jedes Getränk aus solch einem Gefäß wird unrein. 35 Alles, worauf etwas von dem Aas fällt, wird unrein. Ein Backofen und ein Herd muss eingerissen

werden. Sie sind unrein und sollen euch als unrein gelten. 36 Nur Quellen und Zisternen, in denen sich Wasser sammelt, bleiben rein. Wer aber das Aas darin berührt, wird unrein sein. 37 Wenn solches Aas auf Saatgut fällt, bleibt es rein. 38 Wenn man aber Wasser auf das Saatgut gießt und es fällt solches Aas darauf, wird es unrein sein.

39 Und wenn eins von den Tieren verendet, die ihr eigentlich essen dürft, wird derjenige, der das Aas berührt, unrein bis zum Abend. 40 Wer von dem Aas isst, muss seine Kleider waschen und bleibt unrein bis zum Abend. Wer das Aas aufhebt, muss ebenfalls seine Kleider waschen und bleibt unrein bis zum Abend.

41 Und alles Kleingetier, das auf der Erde wimmelt, ist etwas Abscheuliches. Es darf nicht gegessen werden. 42 Alles, was auf dem Bauch kriecht, und alles, was auf vier oder mehr Füßen läuft, alles Kleingetier, das auf der Erde wimmelt, dürft ihr nicht essen. Es ist etwas Abscheuliches. 43 Macht euch selbst nicht zu etwas Abscheulichem durch das wimmelnde Kleingetier, verunreinigt euch nicht an ihnen und lasst euch nicht verunreinigen durch sie. 44 Denn ich bin Jahwe, euer Gott. Heiligt euch! Ihr sollt heilig sein, denn ich bin heilig! Und ihr sollt euch nicht selbst verunreinigen durch all das Kleingetier, das sich auf der Erde regt. 45 Denn ich bin Jahwe, der euch aus Ägypten geführt hat, um euer Gott zu sein: So sollt ihr heilig sein, denn ich bin heilig!«

46 Das ist die Weisung über das Vieh, die Vögel und alle Lebewesen,

die sich im Wasser regen, und alles, was auf der Erde wimmelt, *47* damit man unterscheiden kann zwischen rein und unrein, zwischen Tieren, die gegessen werden dürfen, und solchen, die man nicht essen darf.

Reinheitsvorschriften für Wöchnerinnen

12 *1* Jahwe sagte zu Mose: *2* »Gebt den Israeliten Folgendes weiter: Wenn eine Frau einen Sohn zur Welt bringt, ist sie sieben Tage lang unrein, so wie während ihrer monatlichen Blutung. *3* Am achten Tag soll der Sohn beschnitten* werden. *4* Dann soll sie noch 33 Tage zur Reinigung von ihrem Blut zu Hause bleiben. Sie darf nichts Heiliges berühren und nicht ins Heiligtum kommen, bis die Zeit ihrer Reinigung vorbei ist. *5* Wenn sie eine Tochter zur Welt bringt, ist sie zwei Wochen lang unrein, so wie während ihrer monatlichen Blutung. Und 66 Tage soll sie zur Reinigung von ihrem Blut zu Hause bleiben. *6* Wenn die Zeit ihrer Reinigung für einen Sohn oder eine Tochter vorbei ist, soll sie ein einjähriges Lamm als Brandopfer und eine Taube oder eine Turteltaube als Sündopfer zum Priester an den Eingang zum Zelt der Gottesbegegnung bringen. *7* Dieser soll es Jahwe darbringen und Sühne für sie erwirken. Dann wird sie rein von ihrem Blutfluss sein. Das sind die Reinheitsvorschriften für Wöchnerinnen. *8* Reichen ihre Mittel für ein Schaf aber nicht aus, soll sie zwei Turteltauben oder zwei junge Tauben bringen,* eine zum Brandopfer und eine zum Sündopfer.

Der Priester soll Sühne für sie erwirken, dann wird sie rein.«

Aussatz an Menschen

13 *1* Jahwe sagte zu Mose und Aaron: *2* »Wenn sich auf der Haut eines Menschen eine Schwellung, ein schuppiger Ausschlag oder ein heller Fleck bildet und somit der Verdacht auf Aussatz besteht, dann muss er zum Priester gebracht werden, zu Aaron oder einem seiner Söhne. *3* Der Priester muss die befallene Stelle auf der Haut besehen. Hat sich das Haar an dieser Stelle weiß gefärbt und erscheint sie tiefer als die übrige Haut, dann handelt es sich um Aussatz. Wenn der Priester das sieht, soll er denjenigen für unrein erklären. *4* Falls es ein heller Fleck auf seiner Haut ist, der nicht tiefer als die Haut erscheint und dessen Haar nicht weiß geworden ist, dann soll der Priester ihn für sieben Tage isolieren. *5* Am siebten Tag soll der Priester ihn untersuchen. Wenn der Fleck in seinen Augen unverändert ist und nicht um sich gegriffen hat, soll der Priester ihn für weitere sieben Tage isolieren. *6* Am siebten Tag soll der Priester ihn noch einmal untersuchen. Ist der Fleck dann blass geworden und hat sich auf der Haut nicht ausgebreitet, soll der Priester ihn für rein erklären. Es ist ein Ausschlag. Derjenige soll seine Kleider waschen und ist dann rein. *7* Wenn der Ausschlag auf der

---

12,3 *beschnitten.* Siehe 1. Mose 17,9-14.

12,8 Wird im Neuen Testament von Lukas zitiert: Lukas 2,24.

Haut sich aber ausgebreitet hat, nachdem der Betreffende sich dem Priester zeigte, dann muss er sich dem Priester ein zweites Mal zeigen. *8* Der Priester soll es untersuchen. Wenn sich der Ausschlag auf der Haut ausgebreitet hat, muss der Priester ihn für unrein erklären.

9 Wenn sich ein Aussatzmal bei einem Menschen bildet, dann soll er zum Priester gebracht werden. *10* Stellt der Priester fest, dass sich eine weiße Schwellung auf der Haut zeigt, dass die Haare heller geworden sind und sich an dieser Stelle eine Wucherung aus rohem Fleisch befindet, *11* dann ist das ein fortgeschrittener Aussatz auf seiner Haut. Der Priester braucht ihn nicht erst zu isolieren, sondern muss ihn gleich für unrein erklären, denn er ist unrein. *12* Breitet sich der Aussatz aber über die ganze Haut aus und bedeckt den Kranken von Kopf bis Fuß, soweit der Priester es sehen kann, *13* soll er es untersuchen. Wenn der Aussatz den ganzen Körper bedeckt, soll er den Kranken für rein erklären. Weil die ganze Haut weiß geworden ist, gilt er als rein. *14* Sobald sich aber eine Wucherung an ihm zeigt, ist er unrein. *15* Wenn der Priester die Wucherung sieht, soll er ihn für unrein erklären. Es ist Aussatz. *16* Wenn die Wucherung zurückgeht und weiß wird, soll der Kranke zum Priester kommen, *17* und der Priester soll ihn untersuchen. Wenn die Stelle weiß geworden ist, soll er ihn für rein erklären. Er ist rein.

18 Wenn auf der Haut eines Menschen ein Geschwür entsteht und wieder abheilt, *19* aber an der Stelle des Geschwürs bildet sich eine weiße Erhöhung oder ein weiß-rötlicher Fleck, dann soll derjenige sich dem Priester zeigen. *20* Der Priester soll es untersuchen. Erscheint der Fleck tiefer als die übrige Haut und sind die Haare dort weiß geworden, soll der Priester ihn für unrein erklären. Es ist ein Aussatzmal, das sich in dem Geschwür gebildet hat. *21* Untersucht der Priester aber die Stelle und es findet sich kein weißes Haar darauf und sie ist auch nicht tiefer als die übrige Haut, soll der Priester ihn für sieben Tage isolieren. *22* Hat das Mal sich danach ausgedehnt, muss der Priester den Kranken für unrein erklären. Es ist ein Aussatzmal. *23* Bleibt der Fleck jedoch an seiner Stelle und breitet sich nicht aus, dann ist es die Narbe des Geschwürs, und der Priester soll ihn für rein erklären.

24 Wenn jemand eine Brandwunde auf der Haut hat und darin bildet sich ein weiß-rötlicher oder ein weißer Fleck, *25* soll der Priester ihn untersuchen. Erscheint der Fleck tiefer als die übrige Haut und sind die Haare dort weiß geworden, dann ist Aussatz in der Brandwunde aufgebrochen. Der Priester soll ihn für unrein erklären. Es ist ein Aussatzmal. *26* Untersucht er aber die Stelle und es findet sich kein weißes Haar darauf und sie ist auch nicht tiefer als die übrige Haut, soll er ihn für sieben Tage isolieren. *27* Am siebten Tag soll der Priester ihn wieder untersuchen. Wenn sich der Fleck auf der Haut ausbreitet, soll er ihn für unrein erklären. Es ist ein Aussatzmal. *28* Wenn der Fleck sich nicht ausgebreitet hat und blass aussieht, so ist es eine Schwellung der Brandwunde, und der Priester soll ihn für rein erklären. Es ist nur eine Wundnarbe. 29 Wenn ein Mann oder eine Frau einen Ausschlag auf dem Kopf oder unter dem Bart bekommt, 30 soll der Priester das Übel untersuchen. Erscheint es tiefer liegend als die Haut, und goldglänzende dünne Haare wachsen darauf, dann muss der Priester die Person für unrein erklären. Es ist eine Flechte, ein Aussatz des Kopfes oder Bartes. 31 Wenn der Priester aber die von der Flechte befallene Stelle untersucht und sie nicht tiefer als die übrige Haut erscheint und sich keine schwarzen Haare darauf befinden, dann soll der Priester die Person für sieben Tage isolieren. 32 Am siebten Tag soll er die Stelle wieder untersuchen. Hat die Flechte nicht um sich gegriffen und ist kein goldglänzendes Haar darin und erscheint sie nicht tiefer als die Haut, 33 dann soll die Person sich das Haar rund um die Stelle abrasieren lassen. Der Priester isoliere sie noch einmal sieben Tage. 34 Wenn er die Flechte am siebten Tag untersucht und sie hat nicht um sich gegriffen und erscheint nicht tiefer als die Haut, dann soll er die Person für rein erklären. Sie soll ihre Kleider waschen und ist rein. 35 Wenn die Flechte nach der Reinigung aber doch um sich greift, 36 soll der Priester die Person noch einmal untersuchen. Wenn die Flechte in der Haut um sich gegriffen hat, muss der Priester nicht nach goldglänzenden Haaren suchen. Die Person ist unrein. 37 Ist die Flechte aber in seinen Augen unverändert geblieben und schwarze Haare sind darin gewachsen, ist

die Flechte geheilt. Die Person ist rein und der Priester soll sie für rein erklären.

38 Zeigen sich bei einem Mann oder einer Frau weiße Flecken auf der Haut, 39 soll der Priester sie untersuchen. Sind es nur blassweiße Flecken, dann ist es ein gutartiger Ausschlag, der auf der Haut ausgebrochen ist. Die Person ist rein.

40 Wenn ein Mann auf dem Hinterkopf kahl wird, hat er eine Glatze. Er ist rein. 41 Wenn sein Kopf auf der Vorderseite kahl wird, hat er eine Stirnglatze. Er ist rein. 42 Wenn an den kahlen Stellen hinten oder vorn ein weiß-rötlicher Fleck entsteht, dann ist Aussatz bei ihm ausgebrochen. 43 Der Priester soll ihn untersuchen. Wenn das erhöhte Mal auf seiner hinteren oder vorderen Glatze weiß-rötlich aussieht wie Aussatz auf der Haut, 44 dann ist er ein aussätziger Mann. Der Priester soll ihn unbedingt für unrein erklären. Er hat auf seinem Kopf ein Aussatzmal.

45 Der Aussätzige, an dem ein solches Mal ist, muss zerrissene Kleider tragen, sein Kopfhaar verwildern lassen und den Lippenbart verhüllen, und er soll rufen: Unrein, unrein. 46 Solange er die Krankheit an sich hat, bleibt er unrein. Er ist unrein und soll abgesondert leben. Seine Wohnung soll außerhalb vom Lager sein.«

Aussatz an Kleidern

47 »Wenn an einem Kleid aus Leinen oder Wolle ein Aussatzmal entsteht 48 oder an einem gewebten oder gewirkten Stoff aus Leinen oder Wolle oder an Leder oder etwas, das aus Leder angefertigt ist, 49 und das Mal

am Kleid, am Leder, am gewebten oder gewirkten Stoff oder am ledernen Gegenstand ist grünlich oder rötlich, dann ist es ein Aussatzmal und muss dem Priester gezeigt werden. 50 Der Priester untersuche das Mal und schließe das Stück sieben Tage lang ein. 51 Untersucht er es am siebten Tag und sieht, dass das Mal sich am Kleid, am gewebten oder gewirkten Stoff, am Leder oder am ledernen Gegenstand ausgeweitet hat, dann ist es ein bösartiger Aussatz. Das Stück ist unrein. 52 Man soll das Kleid oder den gewebten oder gewirkten Stoff aus Wolle oder Leinen oder den ledernen Gegenstand verbrennen, denn es handelt sich um bösartigen Aussatz. Das Stück muss verbrannt werden. 53 Wenn der Priester das Mal untersucht und sieht, dass es auf dem Kleid, dem gewebten oder gewirkten Stück oder dem ledernen Gegenstand nicht um sich gegriffen hat, 54 dann soll der Priester anordnen, dass man das, woran das Mal ist, wäscht. Dann soll er es noch einmal sieben Tage lang einschließen. 55 Wenn der Priester das Mal nach dem Waschen untersucht und es hat sich nicht verändert, auch nicht um sich gegriffen, ist das Stück dennoch unrein. Es muss verbrannt werden. Es ist eine eingefressene Vertiefung auf seiner Vorder- oder Rückseite. 56 Wenn der Priester das Mal untersucht und es ist nach dem Waschen blass geworden, dann soll er es vom Kleid, vom Leder, vom Gewebten oder Gewirkten abreißen. 57 Zeigt sich der Befall aber erneut an dem Kleid, am Gewebten oder Gewirkten oder einem Gegenstand aus Leder, ist es ein neu ausbrechender Aussatz. Dann muss das Stück mit dem Mal verbrannt werden. 58 Aber das Kleid, der gewebte oder gewirkte Stoff oder ein Gegenstand aus Leder, von denen das Mal nach dem Waschen verschwindet, soll noch einmal gewaschen werden und ist dann rein. 59 Das ist die Weisung für ein Aussatzmal an einem Kleid aus Wolle oder Leinen oder an einem gewebten oder gewirkten Stoff oder an einem Gegenstand aus Leder, nach der man diese für rein oder unrein erklären muss.«

Reinigungsopfer für Geheilte

14 1 Jahwe sagte zu Mose: 2 »Folgende Bestimmung gilt für einen Aussätzigen an dem Tag, an dem er für rein erklärt wird: Er muss zum Priester gebracht werden. 3 Dazu muss der Priester nach draußen vor das Lager gehen und den Aussätzigen untersuchen. Wenn das Aussatzmal verheilt ist, 4 lasse der Priester für den, der sich reinigen lässt, zwei reine, lebende Vögel holen, Zedernholz, Karmesin* und Ysop*. 5 Der Priester soll den reinen Vogel über einem Tongefäß mit frischem Wasser schlachten lassen. 6 Dann soll er den lebenden Vogel nehmen, das Zedernholz, das Karmesinrot und den Ysopzweig und dies alles, auch den lebenden Vogel, in das Blut des Vogels tauchen, der über dem frischen Wasser

---

14,4 *Karmesin,* (scharlach)roter Farbstoff, der aus getrockneten weiblichen Kochenilleläusen gewonnen wird.

Ysop. Busch mit stark riechenden Blättern.

geschlachtet wurde. *7* Nun besprenge er den, der vom Aussatz zu reinigen ist, sieben Mal damit und reinige ihn so. Den lebenden Vogel lasse er fortfliegen. *8* Der, der sich reinigen lässt, soll seine Kleider waschen, alle seine Haare scheren und sich mit Wasser übergießen. Dann ist er rein. Danach darf er ins Lager kommen, muss aber noch sieben Tage außerhalb seines Zeltes zubringen. *9* Am siebten Tag soll er wieder sein Haar scheren, seinen Kopf, seinen Bart, seine Augenbrauen und all sein übriges Haar. Er soll seine Kleider waschen und sich mit Wasser übergießen. Dann ist er rein.

10 Am achten Tag soll er zwei makellose männliche Schaflämmer und ein fehlerloses einjähriges weibliches Lamm nehmen, dazu sieben Liter* Feinmehl, das mit Öl zum Speisopfer angerührt ist, und ein drittel Liter* Olivenöl. *11* Der Priester, der die Reinigung vollzieht, soll den Mann mit seinen Opfergaben an den Eingang zum Zelt der Gottesbegegnung bringen. *12* Dann soll der Priester das eine männliche Lamm nehmen und es zusammen mit dem drittel Liter Olivenöl als Schuldopfer darbringen. Er schwinge sie als Weihgabe vor Jahwe hin und her *13* und schlachte das Lamm an der Stelle, wo man das Sünd- und Brandopfer schlachtet, an heiligem Ort. Genau wie das Sündopfer gehört das Schuldopfer dem Priester. Es ist höchst heilig. *14* Der Priester nehme etwas von dem Blut des Schuldopfers und betupfe damit das rechte Ohrläppchen, den rechten Daumen und die rechte große Zehe von dem, der zu reinigen ist. *15* Dann

gieße er sich etwas von dem Öl in die hohle linke Hand, *16* tauche seinen rechten Finger hinein und versprenge damit siebenmal etwas vor Jahwe. Dann betupfe er damit das rechte Ohrläppchen, den rechten Daumen und die rechte große Zehe von dem, der zu reinigen ist, *18* und streiche ihm den Rest davon auf den Kopf. *19* Dann soll der Priester das Sündopfer für ihn darbringen. Danach schlachte er das Brandopfer. *20* Das Brand- und Speisopfer bringe er auf den Altar. So erwirke er Sühne für den Betreffenden, dann ist er rein.

21 Wenn er arm ist und seine Mittel dafür nicht ausreichen, dann soll er ein Lamm als Schuldopfer nehmen, als Weihgabe, um Sühne für sich zu erwirken. Als Speisopfer bringe er zwei Liter Feinmehl, das er mit Öl angerührt hat und ein drittel Liter Öl, *22* dazu zwei Turteltauben oder zwei junge Tauben, was er eben aufbringen kann, die eine als Sündopfer, die andere als Brandopfer. *23* Er bringe dies alles zu seiner Reinigung am achten Tag vor den Priester an den Eingang zum Zelt der Gottesbegegnung und trete damit vor Jahwe. *24* Der Priester nehme das Lamm des Schuldopfers und das Öl und schwinge es als Weihgabe vor Jahwe hin und her. *25* Dann schlachte er das Lamm für das Schuldopfer. Er nehme etwas von dessen Blut und betupfe damit das rechte

---

14,10 *sieben Liter.* Wörtlich: *drei Zehntel* (Efa).

ein drittel Liter. Wörtlich: *ein Log.* Die vermutlich kleine Maßeinheit kommt nur in diesem Kapitel vor.

Ohrläppchen, den rechten Daumen und die rechte große Zehe von dem, der zu reinigen ist. *26* Dann gieße er sich etwas von dem Öl in die hohle linke Hand, *27* versprenge mit seinem rechten Finger siebenmal etwas davon vor Jahwe. *28* Dann betupfe er damit das rechte Ohrläppchen, den rechten Daumen und die rechte große Zehe von dem, der zu reinigen ist, dorthin, wo auch das Blut vom Schuldopfer kam. *29* Den Rest davon streiche er dem, der zu reinigen ist, auf den Kopf, um Sühne für ihn zu erwirken. *30* Dann soll dieser zusammen mit dem Speisopfer eine von den Turteltauben oder den Jungtauben, die er sich leisten konnte, bringen, *31* die eine als Sündopfer, die andere als Brandopfer; und der Priester erwirke Sühne für ihn. *32* Das ist die Anordnung für den, der ein Aussatzmal hat, wenn seine Mittel zur Reinigung nicht für mehr ausreichen.«

Aussatz an Häusern

33 Jahwe sagte zu Mose und Aaron: *34* »Wenn ihr in das Land Kanaan kommt, das ich euch zum Besitz gebe, und ich ein Aussatzmal an ein Haus eures Landbesitzes kommen lasse, *35* dann muss der Besitzer des Hauses zum Priester gehen und melden: ›An meinem Haus zeigt sich etwas wie ein Aussatzmal.‹ *36* Der Priester muss das Haus ausräumen lassen, bevor er hineingeht, um das Mal zu untersuchen, damit nicht alles unrein wird, was sich im Haus befindet. Erst danach geht er hinein und sieht sich das Haus an. *37* Stellt er fest, dass an den Wänden grünliche oder rötliche Flecken sind, die tiefer erscheinen als die übrige

Wand, *38* dann soll er hinausgehen und das Haus für sieben Tage versperren. *39* Am siebten Tag soll der Priester wiederkommen und das Haus untersuchen. Wenn sich das Mal an den Wänden des Hauses ausgebreitet hat, *40* soll er die befallenen Steine herausbrechen und außerhalb der Stadt an einen unreinen Platz bringen lassen. *41* Dann muss das Haus innen vollständig abgekratzt werden. Den abgekratzten Lehm muss man ebenfalls vor die Stadt an den unreinen Platz bringen. *42* Dann soll man andere Steine anstelle der alten einsetzen und das Haus neu verputzen. *43* Wenn das Mal dann aber von neuem erscheint, obwohl man die alten Steine entfernt, das Haus abgekratzt und neu verputzt hat, *44* muss der Priester wiederkommen. Wenn sich das Mal am Haus ausgebreitet hat, ist es ein bösartiger Aussatz am Haus. Es ist unrein *45* und muss niedergerissen werden. Steine, Holz und aller Lehmputz muss an einen unreinen Platz außerhalb der Stadt geschafft werden.

46 Wenn jemand das Haus betritt, während es abgesperrt ist, wird er unrein bis zum Abend. *47* Wer in dem Haus schläft oder isst, soll seine Kleider waschen. *48* Wenn der Priester aber hineinkommt und feststellt, dass das Mal, nachdem der Putz erneuert wurde, nicht wieder aufgetreten ist, dann soll er das Haus für rein erklären, denn der Befall ist beseitigt. *49* Um das Haus zu entsündigen, soll er zwei Vögel, Zedernholz, Karmesin und Ysop herbeibringen. *50* Er schlachte den einen Vogel über einem Tongefäß mit frischem Wasser. *51* Dann soll er das Zedernholz nehmen, den Ysop, die Karmesinfarbe und den lebenden Vogel und alles zusammen in das Blut des geschlachteten Vogels und das frische Wasser tauchen und dann damit das Haus siebenmal besprengen. *52* So entsündigt er das Haus mit dem Blut des Vogels, mit dem frischen Wasser, dem lebenden Vogel, dem Zedernholz, dem Ysop und dem Karmesin. *53* Dann soll er den lebenden Vogel aus der Stadt hinaus ins offene Feld fliegen lassen. So erwirkt er Sühne für das Haus, und es wird rein.

54 Das ist die Weisung, die für jedes Aussatzmal und jede Flechte gilt, *55* für den Aussatz an Kleidern und an Häusern, *56* für Schwellungen, den schuppigen Ausschlag und die hellen Flecken, *57* damit man beurteilen kann, wann etwas für rein oder unrein zu erklären ist. Das ist die Weisung für Aussatz.«

Unreinheit bei Männern

15 *1* Jahwe sagte zu Mose und Aaron: *2* »Gib den Israeliten Folgendes weiter: Jeder Mann, der einen krankhaften Ausfluss aus seinem Glied hat, wird dadurch unrein. *3* Hat er diesen Ausfluss, so bleibt die Unreinheit bestehen, ob sein Glied den Ausfluss fließen lässt oder ihn zurückhält. *4* Alles, worauf der Kranke liegt oder sitzt, wird unrein. *5* Wer dessen Lager berührt, soll seine Kleider waschen und sich mit Wasser übergießen. Er wird bis zum Abend unrein sein. *6* Wer sich auf einen Gegenstand setzt, auf dem der an Ausfluss Leidende zu sitzen pflegt, soll seine Kleider waschen und sich mit Wasser übergießen. Er wird bis zum Abend unrein sein. *7* Auch wer den Körper des Kranken berührt, soll seine Kleider waschen und sich mit Wasser übergießen. Er wird bis zum Abend unrein sein. *8* Und wenn der Kranke einen Reinen anspuckt, soll dieser seine Kleider waschen und sich mit Wasser übergießen. Er wird bis zum Abend unrein sein. *9* Jeder Sattel, auf dem der an Ausfluss Leidende sitzt, ist unrein. *10* Jeder, der irgendetwas berührt, was dieser unter sich hatte, wird bis zum Abend unrein sein. Und wer es trägt, soll seine Kleider waschen und sich mit Wasser übergießen. Er wird bis zum Abend unrein sein. *11* Und jeder, der den an Ausfluss Leidenden berührt, ohne sich anschließend die Hände abzuspülen, muss seine Kleider waschen und sich mit Wasser übergießen. Er wird bis zum Abend unrein sein. *12* Jedes Tongefäß, das der Kranke berührt, muss zerschlagen und jedes Holzgefäß muss im Wasser abgespült werden.

13 Wird dieser Mann von seinem Ausfluss rein, dann soll er noch sieben Tage auf seine Reinigung warten. Er soll seine Kleider waschen und sich mit frischem Wasser übergießen. Dann wird er rein sein. *14* Am achten Tag nehme er sich zwei Turteltauben oder zwei junge Tauben, komme an den Eingang zum Zelt der Gottesbegegnung vor Jahwe und übergebe sie dem Priester. *15* Der Priester soll sie opfern, eine als Sündopfer und eine als Brandopfer. So erwirke der Priester vor Jahwe Sühne für ihn wegen seines Ausflusses.

16 Wenn ein Mann einen Samenerguss hat, soll er sich mit Wasser übergießen und ist unrein bis zum Abend. *17* Und jedes Kleid und jedes Lederstück, auf das etwas von dem Samenerguss gekommen ist, soll im Wasser gewaschen werden. Es ist bis zum Abend unrein. *18* Und wenn ein Mann mit einer Frau schläft und dabei einen Samenerguss hat, sollen sich beide mit Wasser übergießen und sind bis zum Abend unrein.

Unreinheit bei Frauen

19 Wenn eine Frau einen Ausfluss hat und Blut aus ihrer Scheide fließt, ist sie sieben Tage lang unrein. Jeder, der sie berührt, wird bis zum Abend unrein sein. *20* Alles, worauf sie sich während ihrer monatlichen Blutung legt oder setzt, wird unrein sein. *21* Wer ihr Lager berührt, muss seine Kleider waschen und sich mit Wasser übergießen und ist bis zum Abend unrein. *22* Jeder, der einen Gegenstand berührt, worauf sie zu sitzen pflegt, muss seine Kleider waschen und sich mit Wasser übergießen und ist bis zum Abend unrein. *23* Auch wer irgendetwas auf ihrem Lager oder ihrer Sitzgelegenheit berührt, wird bis zum Abend unrein sein. *24* Hat ein Mann Geschlechtsverkehr mit ihr, kommt ihre Unreinheit auch auf ihn. Dann wird auch er sieben Tage lang unrein und alles, worauf er liegt, wird unrein. *25* Wenn eine Frau Blutungen außerhalb ihrer monatlichen Regel oder über die normale Zeit hinaus hat,

ist sie während dieser Zeit genauso unrein wie während ihrer Monatsblutung.* *26* Jedes Lager, auf dem sie liegt, und jeder Gegenstand, auf den sie sich setzt, wird dann unrein wie während ihrer Regel. *27* Und jeder, der diese Dinge berührt, wird unrein. Er muss seine Kleider waschen und sich mit Wasser übergießen und ist bis zum Abend unrein. *28* Ist die Frau rein geworden von ihrem Ausfluss, soll sie sieben Tage abwarten, dann ist sie rein. *29* Am achten Tag nehme sie sich zwei Turteltauben oder zwei junge Tauben und bringe sie zum Priester an den Eingang zum Zelt der Gottesbegegnung. *30* Der Priester soll sie opfern, eine als Sündopfer und eine als Brandopfer. So erwirke er Sühne vor Jahwe für sie wegen ihres unreinen Ausflusses.

31 Ihr sollt die Israeliten vor ihrer eigenen Unreinheit warnen, damit sie nicht ihrer Unreinheit wegen sterben, wenn sie meine Wohnung, die unter ihnen ist, verunreinigen.

32 Das ist die Weisung für einen Mann, der durch einen Ausfluss oder einen Samenerguss unrein wurde, *33* und für die Frau, die ihre monatliche Blutung hat, und für alle, die einen Ausfluss haben, Mann oder Frau, und für den Mann, der mit einer unrein gewordenen Frau schläft.«

Der Versöhnungstag

16 *1* Nach dem Tod der beiden Söhne Aarons, die starben, als sie in die Nähe Jahwes kamen, redete Jahwe zu Mose. *2* Er sagte zu ihm: »Sprich mit deinem Bruder Aaron, dass er nicht zu jeder Zeit ins Heiligtum hinter den Vorhang geht,

---

15,25 *unrein ... Monatsblutung.* Das war der Zustand jener Frau, die Jesus berührte (Matthäus 9,20; Markus 5,25).

vor die Deckplatte auf der Lade. Sonst muss er sterben. Denn ich zeige mich in der Wolke über der Deckplatte. *3* Er darf nur ins Heiligtum hineingehen, wenn er vorher einen jungen Stier als Sündopfer und einen Schafbock als Brandopfer dargebracht hat. *4* Er soll ein Priesterhemd aus Leinen anhaben und leinene Kniehosen tragen, die seine Scham bedecken. Auch Gürtel und Kopfbund müssen aus Leinen bestehen. Es sind heilige Gewänder. Bevor er sie anzieht, muss er sich mit Wasser übergießen. *5* Von der Gemeinschaft der Israeliten lasse er sich zwei Ziegenböcke für das Sündopfer und einen Schafbock für das Brandopfer geben. *6* Für sich selbst soll er den Stier des Sündopfers bereithalten, mit dem er Sühne für sich und seine Familie erwirkt. *7* Die beiden Ziegenböcke bringe er vor Jahwe an den Eingang vom Zelt der Gottesbegegnung. *8* Dann soll er das Los entscheiden lassen, welcher Bock für Jahwe und welcher für Asasel* bestimmt ist. *9* Den Ziegenbock, auf den das Los für Jahwe gefallen ist, soll Aaron als Sündopfer schlachten. *10* Der Ziegenbock, auf den das Los für Asasel gefallen ist, soll lebend vor Jahwe gestellt werden, damit man über ihm die Sühnehandlung vollziehe und ihn dann für Asasel in die Wüste treibe.

11 Aaron soll nun den jungen Stier darbringen, der als Sündopfer für ihn bestimmt ist. Er soll ihn schlachten und Sühne für sich und seine Familie erwirken. *12* Dann nehme er von dem Altar, der vor Jahwe steht, eine Räucherpfanne voll glühender Kohlen, dazu zwei Handvoll von der zerstoßenen wohlriechenden Weihrauchmischung und bringe es in den Raum innerhalb des Vorhangs. *13* Dort, vor Jahwe, streue er den Weihrauch über die Glut, damit der aufsteigende Rauch die Deckplatte über der Lade mit dem Bundesgesetz verhüllt und er nicht sterben muss. *14* Dann nehme er etwas von dem Blut des jungen Stiers und sprenge es mit dem Finger auf die Vorderseite der Deckplatte in Richtung Osten und siebenmal vor ihr auf den Boden. *15* Danach schlachte er den Ziegenbock für das Sündopfer, das für das Volk bestimmt ist, und bringe dessen Blut hinter den Vorhang. Davon sprenge er etwas auf die Deckplatte und vor sie hin, wie er es mit dem Blut des Stiers getan hat. *16* Auf diese Weise erwirke er Sühne für das Heiligtum wegen der Unreinheiten der Israeliten und ihrer Vergehen, mit denen sie sich versündigt haben. Ebenso soll er mit dem Zelt der Gottesbegegnung verfahren, das bei ihnen steht, mitten in ihren Unreinheiten. *17* Kein Mensch darf im Zelt der Gottesbegegnung sein, wenn Aaron hineingeht, um im Heiligtum die Sühnehandlung zu vollziehen, bis er wieder herauskommt. Auf diese Weise soll er Sühne erwirken für sich,

---

16,8 *Asasel* könnte ein Eigenname für eine teuflische Macht sein, sodass die Sünden symbolisch zu ihrem eigentlichen Urheber zurückgeschickt wurden. Die LXX deutet den Begriff, der nur hier vorkommt, als »Ziegenbock der Vertreibung«, andere meinen, es wäre ein abstrakter Begriff für »völlige Beseitigung«. Von der im Text beschriebenen Handlungsweise kommt der Begriff »Sündenbock«.

seine Familie und die ganze Versammlung Israels. ^18 Dann soll er zu dem Altar hinausgehen, der vor Jahwe steht, und für ihn die Sühnehandlung vollziehen. Er nehme etwas von dem Blut des Stiers und vom Blut des Ziegenbocks und bestreiche damit die Hörner des Altars. ^19 Dann sprenge er mit seinem Finger siebenmal etwas von dem Blut an den Altar. So soll er ihn von den Unreinheiten der Israeliten reinigen und ihn heiligen. ^20 Wenn Aaron die Sühnehandlung für das Heiligtum, das Zelt der Gottesbegegnung und den Altar vollzogen hat, soll er den lebenden Ziegenbock herbeibringen. ^21 Er stütze beide Hände auf den Kopf dieses Ziegenbocks und bekenne über ihm alle Schuld der Israeliten und all ihre Vergehen, mit denen sie sich schuldig gemacht haben. Er soll sie auf den Kopf des Bocks legen und ihn dann durch einen bereitstehenden Mann in die Wüste schaffen lassen, ^22 damit der Ziegenbock all ihre Schuld mit sich in die Öde trägt. Dann schicke er den Bock in die Wüste.

^23 Anschließend soll Aaron in das Zelt der Gottesbegegnung gehen und die Kleidungsstücke aus Leinen ausziehen, die er angezogen hatte, als er in das Heiligtum hineinging, und soll sie dort niederlegen. ^24 Dann soll er sich an heiliger Stätte mit Wasser übergießen und seine eigenen Kleider anziehen. Er soll anschließend herauskommen und das Brandopfer für sich und das Volk darbringen, um so für sich und das Volk Sühne zu erwirken. ^25 Auch die Fettstücke des Sündopfers soll er auf dem Altar in Rauch aufgehen lassen.

^26 Der Mann, der den Ziegenbock zu Asasel hinausgetrieben hat, soll seine Kleider waschen und sich mit Wasser übergießen, bevor er wieder ins Lager zurückkommt. ^27 Die Reste von dem jungen Stier und dem Ziegenbock für das Sündopfer, deren Blut ins Heiligtum gebracht wurde, um Sühne zu erwirken, bringe man vor das Lager. Dort soll man ihre Häute, ihr Fleisch und ihre Eingeweide verbrennen. ^28 Der, der sie verbrannt hat, soll seine Kleider waschen und sich selbst mit Wasser übergießen, bevor er wieder ins Lager zurückkommt.

^29 Diese Bestimmungen gelten für alle Zukunft. Am 10. Tag des 7. Monats* sollt ihr euch selbst demütigen und dürft an diesem Tag keine Arbeit verrichten. Das gilt auch für die Fremden, die bei euch leben. ^30 Denn an diesem Tag erwirkt man Sühne für euch, um euch zu reinigen. Vor Jahwe sollt ihr von all euren Sünden rein werden. ^31 Ein Sabbat, ein Feiertag ist es für euch, an dem ihr euch selbst demütigen sollt. Das ist eine ewige Ordnung. ^32 Die Sühnehandlung soll der Priester vollziehen, den man anstelle seines Vaters gesalbt und eingesetzt hat. Er soll dabei die Kleider aus Leinen anziehen, die dafür bestimmt sind, ^33 und für das gesamte Heiligtum Sühne erwirken, für das Zelt der Gottesbegegnung und den Altar, für

---

16,29 *Am ... Monats.* In einem idealen Sonnenjahr mit 365 Tagen (in Israel richtete man sich nach dem Mondjahr mit 354 Tagen) würde dieser Tag auf den 15. September fallen.

die Priester und die ganze Volksversammlung. *34* Das soll eine ewige Ordnung für euch sein, einmal im Jahr Sühne für alle Sünden der Israeliten zu erwirken.« Aaron führte alles so aus, wie Jahwe es Mose befohlen hatte.

Blut

17 *1* Jahwe sagte dann zu Mose: *2* »Gib Aaron, seinen Söhnen und allen Israeliten folgende Anordnungen Jahwes weiter: *3* Jeder Israelit, der ein Rind, ein Schaf oder eine Ziege schlachtet, sei es im Lager oder außerhalb davon, *4* und das Tier nicht an den Eingang zum Zelt der Gottesbegegnung bringt, um es dort vor der Wohnung Jahwes als Opfergabe für ihn zu schlachten, dem soll es als Blutschuld angerechnet werden. Er hat Blut vergossen und muss aus der Mitte seines Volkes entfernt* werden. *5* Deshalb sollen die Israeliten ihre Opfer, die sie jetzt noch auf dem freien Feld schlachten, zu Jahwe an den Eingang zum Zelt der Gottesbegegnung bringen und ihm als Freudenopfer schlachten. *6* Der Priester soll das Blut an den Altar Jahwes vor dem Zelt der Gottesbegegnung sprengen und das Fett in Rauch aufgehen lassen als einen Geruch, der Jahwe befriedigt. *7* Sie sollen ihre Tiere nicht mehr als Opfer für die Dämonen schlachten, denen sie nachlaufen. Das ist eine ewige Ordnung für alle ihre Generationen.

8 Weiter sollst du ihnen sagen: Jeder Israelit und jeder Fremde, der unter ihnen lebt, der ein Brand- oder Schlachtopfer darbringt *9* und es nicht zum Eingang vom Zelt der Gottesbegegnung bringt, um es Jahwe zu opfern, soll von seinem Volk beseitigt werden.

10 Genauso geht es jedem Israeliten und jedem Fremden unter euch, der irgendwelches Blut isst. Ich selbst wende mich gegen jede Person, die Blut isst, und werde sie aus ihrem Volk beseitigen. *11* Denn das Leben des Körpers ist in seinem Blut. Ich habe bestimmt, dass es auf den Altar gegeben wird, um Sühne für euch zu erwirken. Denn das Blut bewirkt Sühne durch das Leben darin. *12* Darum habe ich zu den Israeliten gesagt: Niemand von euch darf Blut essen, auch die Fremden nicht, die bei euch leben.

13 Und jeder von den Israeliten oder den Fremden, die bei euch leben, der Wild oder Vögel jagt, die ihr essen dürft, soll ihr Blut ausfließen lassen und es mit Erde bedecken. *14* Denn das Leben allen Fleisches ist sein Blut, und ich habe zu den Israeliten gesagt: Es ist euch nicht erlaubt, das Blut irgendeines Wesens aus Fleisch zu essen, denn das Leben allen Fleisches ist sein Blut. Jeder, der es isst, muss beseitigt werden.

15 Und jeder, der ein verendetes oder gerissenes Tier isst, er sei Einheimischer oder Fremder, muss seine Kleider waschen und sich mit Wasser übergießen und bleibt bis zum Abend unrein. *16* Wenn er seine Kleider nicht wäscht und seinen Körper nicht mit Wasser übergießt, muss er seine Schuld tragen.«

17,4 *entfernt.* Entweder durch Verbannung oder Tod.

Verbotene sexuelle Beziehungen

18 ¹ Jahwe sagte weiter zu Mose: ² »Sprich zu den Israeliten: Ich bin Jahwe, euer Gott! ³ Lebt nicht nach den Sitten des Landes Ägypten, wo ihr gewohnt habt, auch nicht nach den Gewohnheiten des Landes Kanaan, wohin ich euch bringe. Ihr sollt nicht nach ihren Ordnungen leben. ⁴ Meine Vorschriften sollt ihr befolgen und euch nach meinen Ordnungen richten! Ich bin Jahwe, euer Gott! ⁵ Ihr sollt euch nach meinen Vorschriften und Ordnungen richten. Wer sie befolgt, wird durch sie leben.* Ich bin Jahwe!

⁶ Niemand von euch soll mit einem seiner Blutsverwandten eine sexuelle Beziehung haben. Ich bin Jahwe! ⁷ Die Scham deines Vaters und die Scham deiner Mutter sollst du nicht entblößen. Es ist deine Mutter und du sollst ihre Scham nicht entblößen. ⁸ Die Scham der Frau deines Vaters sollst du nicht entblößen, es ist die Scham deines Vaters. ⁹ Die Scham deiner Schwester, der Tochter deines Vaters oder deiner Mutter, sollst du nicht entblößen, egal ob sie in der Familie oder außerhalb von ihr geboren wurde. ¹⁰ Die Scham deiner Enkeltochter sollst du nicht entblößen, denn es ist deine eigene Scham. ¹¹ Die Scham der Tochter von einer der Frauen deines Vaters sollst du nicht entblößen. Sie ist deine Schwester. ¹² Die Scham der Schwester deines Vaters darfst du nicht entblößen. Sie ist die Blutsverwandte deines Vaters. ¹³ Die Scham der Schwester deiner Mutter darfst du nicht entblößen. Sie ist die Blutsverwandte deiner Mutter. ¹⁴ Die Scham des Bruders deines Vaters sollst du nicht entblößen und dich seiner Frau nicht nähern. Sie ist deine Tante. ¹⁵ Die Scham deiner Schwiegertochter sollst du nicht entblößen. Sie ist die Frau deines Sohnes. ¹⁶ Die Scham der Frau deines Bruders sollst du nicht entblößen, es ist die Scham deines Bruders. ¹⁷ Du sollst nicht die Scham einer Frau und ihrer Tochter entblößen. Die Tochter ihres Sohnes oder ihrer Tochter sollst du nicht nehmen und ihre Scham entblößen. Sie sind deine Blutsverwandten. Es wäre eine Schandtat. ¹⁸ Und solange eine Frau lebt, sollst du ihre Schwester nicht zur Nebenfrau nehmen und ihre Scham neben ihr entblößen.

¹⁹ Du darfst dich einer Frau, die wegen ihrer monatlichen Blutung unrein ist, nicht nähern und ihre Scham entblößen. ²⁰ Mit der Frau eines anderen Mannes darfst du nicht schlafen, denn dadurch wirst du unrein. ²¹ Keinen von deinen Nachkommen darfst du dem Moloch* als Opfer verbrennen. Du sollst den Namen Jahwes, deines Gottes, nicht entweihen. Ich bin Jahwe! ²² Du darfst mit keinem anderen Mann* Geschlechtsverkehr haben. Das verabscheue ich. ²³ Du sollst nicht mit einem Tier Geschlechtsverkehr haben. Dadurch verunreinigst du dich. Und eine Frau soll sich nicht vor ein Tier stellen, um

---

18,5 Wird im Neuen Testament von Paulus zitiert: Römer 10,5; Galater 3,12.

18,21 *Moloch* war ein ammonitischer Götze, dem Kinder geopfert wurden.

18,22 *Mann.* Wörtlich: männlichen. Gemeint ist ein Mensch männlichen Geschlechts, gleich welchen Alters.

sich mit ihm zu paaren. Das ist schändlich. 24 Verunreinigt euch nicht durch solche Dinge! Denn durch all dieses haben sich die Völker verunreinigt, die ich vor euch vertreibe. 25 Sie haben das Land unrein gemacht, und ich habe es zur Rechenschaft gezogen, sodass es seine Bewohner ausgespuckt hat.

26 Ihr aber sollt euch an meine Ordnungen und Vorschriften halten, ebenso die Fremden, die bei euch leben. Tut nicht solch abscheuliche Dinge 27 wie die Menschen, die vor euch im Land waren. Denn dadurch ist das Land unrein geworden. 28 Sonst wird euch das Land ebenso ausspucken, wie es das Volk ausgespuckt hat, das vor euch da war. 29 Jeder, der irgendetwas von diesen Abscheulichkeiten tut, soll von seinem Volk beseitigt werden. 30 Gehorcht also meinen Anweisungen, keine dieser abscheulichen Bräuche zu übernehmen, die man vor euch ausgeübt hat, und verunreinigt euch nicht durch sie. Ich bin Jahwe, euer Gott.«

Heiligung des täglichen Lebens

19 1 Jahwe sagte weiter zu Mose: 2 »Gib der ganzen Versammlung der Israeliten Folgendes weiter: Ihr sollt heilig sein, denn ich, Jahwe, euer Gott, bin heilig.* 3 Jeder von euch soll seine Mutter und seinen Vater ehren. Haltet meine Sabbate ein. Ich bin Jahwe, euer Gott. 4 Ihr sollt euch nicht den Götzen zuwenden und euch auch keine Götter aus Metall gießen. Ich bin Jahwe, euer Gott!

5 Wenn ihr Jahwe ein Freudenopfer schlachtet, sollt ihr es so tun, dass ihr Wohlwollen findet. 6 Es muss am Tag der Schlachtung gegessen werden und auch noch am Tag danach. Wenn am dritten Tag noch etwas übrig ist, muss es verbrannt werden. 7 Wird noch am dritten Tag von dem Fleisch gegessen, ist es unrein geworden und das Opfer wird nicht mein Gefallen finden. 8 Wer davon isst, lädt Schuld auf sich, denn er hat entweiht, was Jahwe heilig ist. Diese Person muss von ihrem Volk beseitigt werden.

9 Wenn ihr eure Ernte einbringt, sollst du das Feld nicht bis an den Rand abernten. Du sollst auch keine Nachlese halten. 10 Auch in deinem Weinberg sollst du nicht nachlesen und das Heruntergefallene nicht aufheben. Lass es für die Armen und Fremden übrig. Ich bin Jahwe, euer Gott!

11 Ihr sollt nicht stehlen, nicht lügen und einander nicht betrügen. 12 Missbraucht meinen Namen nicht, um falsch zu schwören, denn damit entweiht ihr ihn.* Ich bin Jahwe! 13 Du sollst deinen Nächsten weder unterdrücken noch berauben. Den Lohn eines Tagelöhners darfst du nicht über Nacht bis zum nächsten Morgen behalten. 14 Einen Tauben sollst du nicht schmähen und vor einen Blinden kein Hindernis legen. Du sollst dich vor deinem Gott fürchten, denn ich bin Jahwe!

15 Tut kein Unrecht im Gericht. Einen Geringen darfst du nicht bevorzugen

---

19,2 Wird im Neuen Testament von Petrus zitiert: 1. Petrus 1,16.

19,12 Wird zusammen mit 4. Mose 30,3 im Neuen Testament von Jesus Christus zitiert: Matthäus 5,33.

und einen Großen nicht ehren. Du sollst ein gerechtes Urteil über deinen Nächsten sprechen. 16 Du sollst nicht als Verleumder in deiner Sippe umhergehen. Trete nicht gegen das Leben deines Nächsten auf. Ich bin Jahwe! 17 Du sollst im Herzen keinen Hass gegen deinen Bruder tragen. Weise deinen Nächsten ernstlich zurecht, damit du nicht seinetwegen Schuld auf dich lädst. 18 Räche dich nicht selbst und trage deinen Volksgenossen nichts nach. Deinen Nächsten sollst du lieben wie dich selbst.* Ich bin Jahwe!

19 Ihr sollt euch an meine Ordnungen halten. Kreuzt nicht Tiere verschiedener Art miteinander. Besät eure Felder nicht mit zweierlei Samen. Tragt keine Kleider aus zweierlei Stoff.

20 Wenn ein Mann mit einer Sklavin schläft, die für einen anderen Mann bestimmt ist, aber noch nicht losgekauft oder freigelassen wurde, muss er Schadenersatz leisten. Die beiden müssen nicht getötet werden, denn die Frau ist nicht frei gewesen. 21 Der Mann muss Jahwe einen Schafbock als Schuldopfer an den Eingang zum Zelt der Gottesbegegnung bringen. 22 Der Priester soll ihm damit vor Jahwe Sühne für die begangene Sünde erwirken. Dann wird ihm vergeben werden.

23 Wenn ihr in das Land kommt und Fruchtbäume pflanzt, dann sollt ihr die Früchte wie eine Vorhaut unbeschnitten lassen. Drei Jahre lang sollen sie euch als unbeschnitten gelten. Sie dürfen nicht gegessen werden. 24 Im vierten Jahr sollt ihr sie Jahwe als Festgabe weihen. 25 Vom fünften Jahr an dürft ihr die Früchte der Fruchtbäume genießen. So wird ihr Ertrag umso größer sein. Ich bin Jahwe, euer Gott! 26 Ihr dürft nichts Blutiges essen. Treibt keine Wahrsagerei und deutet keine Zeichen. 27 Rasiert euch das Haar nicht rings um den Kopf ab, stutzt auch nicht eure Bärte 28 und macht euch keine Einschnitte am Körper wegen eines Toten. Ihr sollt euch auch keine Zeichen eintätowieren. Ich bin Jahwe! 29 Entehre deine Tochter nicht und treibe sie nicht zur Prostitution, damit das Land nicht sexueller Unmoral verfällt und voller Schandtaten ist.

30 Meine Sabbate sollt ihr halten und mein Heiligtum fürchten. Ich bin Jahwe! 31 Wendet euch nicht an Totengeister und sucht keine Wahrsager auf. Denn durch sie verunreinigt ihr euch. Ich bin Jahwe, euer Gott! 32 Vor grauem Haar stehe auf und begegne alten Menschen mit Respekt. Fürchte dich vor deinem Gott. Ich bin Jahwe!

33 Wenn ein Fremder mit euch zusammen in eurem Land lebt, dürft ihr ihn nicht unterdrücken. 34 Wie ein Einheimischer soll er euch gelten. Du sollst ihn lieben wie dich selbst, denn ihr seid selber Fremde in Ägypten gewesen. Ich bin Jahwe, euer Gott! 35 Ihr sollt niemand Unrecht zufügen im Gericht, beim Messen, beim

---

19,18 Wird im Neuen Testament von Jesus Christus zitiert: Matthäus 19,19; 22,39; Markus 12,31, ebenso von Paulus (Galater 5,14) und Jakobus (Jakobus 2,8).

Wiegen und Abmessen. *36* Eure Waage muss stimmen, die Gewichte und die Hohlmaße* müssen dem Grundmaß entsprechen. Ich bin Jahwe, euer Gott, der euch aus Ägypten herausgeführt hat! *37* Ihr sollt auf alle meine Ordnungen und Vorschriften achten und euch danach richten. Ich bin Jahwe, euer Gott!«

Strafe für schwere Vergehen

20 *1* Jahwe sagte dann zu Mose: *2* »Gib den Israeliten Folgendes weiter: Wenn ein Israelit oder ein Fremder, der in Israel lebt, eins von seinen Kindern dem Moloch opfert, muss er getötet werden. Das Volk des Landes soll ihn steinigen. *3* Ich werde mich gegen diesen Mann wenden und ihn aus seinem Volk beseitigen, denn er hat eins von seinen Kindern dem Moloch gegeben, mein Heiligtum unrein gemacht und meinen heiligen Namen entweiht. *4* Und wenn das Volk des Landes die Augen vor diesem Mann verschließt, der einen seiner Nachkommen dem Moloch opferte, wenn es ihn nicht tötet, *5* dann werde ich selbst mich gegen diesen Mann und seine Sippe wenden und gegen alle, die es ihm nachmachen und sich mit dem Moloch einlassen. Ich werde sie aus ihrem Volk beseitigen.

6 Ich werde mich auch gegen jede Person stellen, die sich mit Totengeistern oder Wahrsagern einlässt, und sie aus ihrem Volk beseitigen. *7* So sondert euch von alldem ab und lebt heilig, denn ich bin Jahwe, euer Gott! *8* Ihr sollt euch nach meinen Ordnungen richten! Ich bin Jahwe, der euch heiligt!

9 Jeder, der seinen Vater oder seine Mutter verflucht, muss getötet wer-den. Die Blutschuld dafür lastet auf ihm selbst.

10 Wenn jemand mit der Frau eines anderen Ehebruch begeht, müssen beide getötet werden: der Ehebrecher und die Ehebrecherin. *11* Und wenn jemand mit einer der Frauen seines Vaters schläft, hat er die Scham seines Vaters entblößt. Beide müssen getötet werden. Die Blutschuld dafür lastet auf ihnen. *12* Wenn jemand mit seiner Schwiegertochter schläft, müssen beide getötet werden. Sie haben sich auf schändliche Weise befleckt. Die Blutschuld dafür lastet auf ihnen. *13* Wenn ein Mann mit einem anderen Mann* Geschlechtsverkehr hat, haben sich beide auf abscheuliche Weise vergangen. Sie müssen getötet werden. Die Blutschuld dafür lastet auf ihnen. *14* Wenn ein Mann eine Frau und ihre Mutter heiratet, ist das ein schändliches Vergehen. Man soll ihn und beide Frauen verbrennen. Etwas so Schändliches darf es bei euch nicht geben.

15 Wenn ein Mann mit einem Vieh geschlechtlich verkehrt, muss er getötet werden. Auch das Tier müsst ihr umbringen. *16* Wenn eine Frau sich irgendeinem Stück Vieh nähert, um mit ihm geschlechtlich zu verkehren, müsst ihr die Frau und das Tier umbringen. Sie müssen unbedingt getötet werden. Die Blutschuld für ihren Tod lastet auf ihnen selbst.

19,36 Hohlmaße. Wörtlich: *Efa und Hin*, die Grundmaße für Getreide und Flüssigkeiten.

20,13 Mann. Wörtlich: männlichen. Gemeint ist ein Mensch männlichen Geschlechts, gleich welchen Alters.

17 Wenn ein Mann seine Schwester nimmt, eine Tochter seines Vaters oder seiner Mutter, und ihre Scham sieht, und sie sieht seine Scham, dann ist das eine Schandtat. Beide sollen vor dem versammelten Volk getötet werden. Der Mann hat die Scham seiner Schwester aufgedeckt. Die Blutschuld dafür lastet auf ihm. *18* Wenn ein Mann mit einer menstruierenden Frau schläft und so ihre Scham entblößt, hat er ihre Quelle entblößt, und sie hat die Quelle ihres Blutes aufgedeckt. Beide müssen von ihrem Volk beseitigt werden. *19* Auch die Scham der Schwester deiner Mutter oder der Schwester deines Vaters darfst du nicht aufdecken. Denn wer das tut, hat seine Blutsverwandte entblößt. Beide müssen ihre Schuld tragen. *20* Wenn ein Mann mit der Frau seines Onkels schläft, hat er die Scham seines Onkels entblößt. Die beiden müssen ihre Sünde tragen und sollen kinderlos sterben. *21* Wenn jemand mit der Frau seines Bruders schläft, ist das eine Befleckung. Er hat die Scham seines Bruders entblößt. Sie werden kinderlos bleiben.

22 Haltet euch an meine Ordnungen und lebt nach meinen Geboten, damit euch das Land, in das ich euch bringen will, nicht ausspuckt. *23* Ihr sollt die Sitten der Leute, die ich vor euch vertreibe, nicht annehmen. Denn sie haben all diese Dinge getan und ekelten mich damit an. *24* Deshalb habe ich zu euch gesagt: ›Ihr sollt ihr Land in Besitz nehmen, euch werde ich das Land geben, das von Milch und Honig überfließt.‹ Ich bin Jahwe, euer Gott! Ich habe euch zu einem besonderen Volk gemacht. *25* Ihr sollt zwischen reinen und unreinen Tieren unterscheiden, zwischen unreinen und reinen Vögeln, und euch selbst nicht zum Abscheu machen durch das Vieh, die Vögel und das, was sich auf dem Erdboden regt, was von mir für unrein erklärt wurde. *26* Ihr sollt heilig für mich sein, denn ich, Jahwe, bin heilig. Ich habe euch von den Völkern unterschieden, dass ihr mir gehört.

27 Und wenn in einem Mann oder einer Frau ein Toten- oder Wahrsagegeist ist, müssen sie getötet werden. Man soll sie steinigen. Die Blutschuld dafür lastet auf ihnen.«

Anweisungen für Priester

21 *1* Jahwe sagte zu Mose: Gib den Priestern, den Nachkommen Aarons, Folgendes weiter: »Kein Priester darf sich verunreinigen, indem er einen Toten aus seinem Volk berührt. *2* Ausgenommen davon sind nur seine Mutter und sein Vater, sein Sohn und seine Tochter, sein Bruder *3* und seine unverheiratete Schwester, wenn sie in seinem Haushalt lebt. *4* Als Herr unter seinen Volksleuten darf er sich nicht unrein machen. Er würde dadurch entweiht. *5* Priester dürfen sich weder den Kopf kahl scheren noch den Bart stutzen oder Einschnitte am Körper machen. *6* Sie sollen ihrem Gott geheiligt sein und den Namen ihres Gottes nicht entweihen. Denn sie bringen die Feueropfer Jahwes dar, die Speise ihres Gottes, und müssen deshalb heilig sein.

7 Sie dürfen keine Prostituierte oder Vergewaltigte heiraten, auch keine von ihrem Mann verstoßene Frau, denn ein Priester ist seinem Gott geweiht. *8* Du sollst ihn als Gott geweiht

ansehen, denn er bringt die Opfer-
speise deines Gottes dar. Er soll heilig
für dich sein, denn ich bin heilig, ich
bin Jahwe, der euch für sich geheiligt
hat. ⁹ Wenn die Tochter eines Priesters sich durch sexuelle Unmoral entweiht, so entweiht sie ihren Vater. Sie
soll im Feuer verbrannt werden.

¹⁰ Der Hohe Priester, auf dessen
Kopf das Salböl gegossen wurde und
den man bei seiner Einsetzung mit
den entsprechenden Gewändern bekleidet hat, darf auch bei einem Trauerfall* sein Haupthaar nicht ungepflegt herunterhängen lassen und
seine Kleidung zerreißen. ¹¹ Er darf
zu keinem Leichnam gehen, auch
wenn es sein Vater oder seine Mutter
ist, damit er sich nicht verunreinigt.
¹² In diesem Fall* soll er das Heiligtum nicht verlassen, denn sonst
würde er das Heiligtum seines Gottes
entweihen. Die Weihe des Salböls
Gottes ist ja auf ihm. Ich bin Jahwe!
¹³ Er darf nur eine Frau heiraten, die
noch unberührt ist. ¹⁴ Eine Witwe,
eine Verstoßene, eine Vergewaltigte
oder eine Prostituierte darf er nicht
zur Frau nehmen. Es muss eine unberührte junge Frau aus seinem eigenen
Volk sein. ¹⁵ Sonst würde er seine
Nachkommen unter seinem Volk entweihen. Denn ich bin Jahwe, der ihn
heiligt!«

¹⁶ Jahwe sagte zu Mose: ¹⁷ »Gib
Aaron Folgendes weiter: Sollte einer
deiner künftigen Nachkommen mit
einem Gebrechen behaftet sein, darf
er nicht zum Altar kommen, um die
Speise seines Gottes zu opfern.
¹⁸ Denn keiner, der ein Gebrechen
hat, darf in meine Nähe kommen: kein
Blinder oder Lahmer, keiner, der eine

Scharte hat oder missgebildet ist,
¹⁹ keiner, der Arm oder Bein gebrochen hat, ²⁰ kein Buckliger oder
Kleinwüchsiger, keiner, der eine
Augen- oder Hautkrankheit hat, auch
keiner mit zerquetschten Hoden.
²¹ Von den Nachkommen des Priesters Aaron darf keiner, der ein Gebrechen hat, herantreten, um die Feueropfer Jahwes darzubringen. Er hat
ein Gebrechen und soll nicht herantreten, um die Speise seines Gottes zu
opfern. ²² Doch von den Opfern, die
seinem Gott gebracht werden, darf er
essen, sowohl vom Heiligen, als auch
dem Höchstheiligen. ²³ Aber weil er
ein Gebrechen hat, darf er nicht zum
Vorhang kommen und sich auch dem
Altar nicht nähern, damit er meine
heiligen Dinge nicht entweiht. Denn
ich bin Jahwe, der sie heiligt!«
²⁴ Mose sagte dies Aaron und allen
Israeliten.

Anweisungen für den Genuss von Opfergaben

22 ¹ Jahwe sagte zu Mose:
² »Sag Aaron und seinen
Söhnen, dass sie achtsam mit den
heiligen Gaben umgehen, welche die
Israeliten mir aussondern, dass sie
meinen heiligen Namen nicht entwei-
hen. Ich bin Jahwe! ³ Sag zu ihnen:
Wenn jemand von euch oder euren
Nachkommen sich im Zustand der
Unreinheit diesen heiligen Gaben

21,10 *auch bei einem Trauerfall.* Zusatz des
Übersetzers zur Verdeutlichung.

21,12 *In diesem Fall.* Gemeint ist offenbar der
Fall, dass der Leichnam seines Vaters oder
seiner Mutter in seinem Haus aufgebahrt ist.

nähert, die die Israeliten für Jahwe aussondern, muss diese Person beseitigt und aus meiner Gegenwart weggeschafft werden. Ich bin Jahwe! ⁴ Wer von den Nachkommen Aarons Aussatz hat oder an Ausfluss leidet, darf nicht von den heiligen Gaben essen, bis er wieder rein ist. Und wenn jemand irgendetwas berührt, das durch einen Toten unrein wurde, oder wer einen Samenerguss hatte ⁵ oder wer Kleingetier berührt, das für ihn unrein ist, oder einen Menschen, der durch irgendeinen Grund für ihn unrein ist, ⁶ wer so etwas berührt, wird bis zum Abend unrein sein. Er darf nicht von den heiligen Gaben essen, sondern soll seinen Körper mit Wasser übergießen. ⁷ Erst wenn die Sonne untergegangen ist, ist er wieder rein. Dann darf er von den heiligen Gaben essen, es ist ja seine Speise. ⁸ Er darf kein verendetes oder zerrissenes Tier essen, denn daran wird er unrein. Ich bin Jahwe! ⁹ So sollen sie meine Anweisungen befolgen, damit sie deswegen keine Schuld auf sich laden und sterben müssen, weil sie das Geheiligte entweihen. Ich bin Jahwe, der sie heiligt! ¹⁰ Kein Unbefugter darf etwas Heiliges essen, auch nicht, wenn er bei einem Priester wohnt oder für Lohn bei ihm arbeitet. ¹¹ Wenn der Priester aber jemand für Geld kauft, dann darf diese Person davon essen, ebenfalls der im Haus geborene Sklave. ¹² Wenn die Tochter eines Priesters einen Mann heiratet, der kein Priester ist, darf sie nicht von den heiligen Gaben essen. ¹³ Wenn sie aber als Witwe oder Verstoßene in ihr Vaterhaus zurückkehrt und keine Kinder hat, darf sie wie früher von der Speise ihres Vaters essen. Aber kein Unbefugter darf davon essen.

¹⁴ Wenn jemand aus Versehen etwas Heiliges isst, muss er ein Fünftel hinzufügen und das Heilige dem Priester erstatten. ¹⁵ Die Priester dürfen die heiligen Gaben nicht entweihen, die die Israeliten Jahwe bringen. ¹⁶ Wenn sie andere Israeliten davon essen lassen, würden sie ihnen eine schwere Schuld aufladen. Denn ich bin Jahwe, der sie heiligt!«

Die Tauglichkeit der Opfertiere

¹⁷ Jahwe sagte zu Mose: ¹⁸ »Gib Aaron, seinen Söhnen und allen Israeliten Folgendes weiter: Wenn ein Israelit oder ein Fremder, der in Israel lebt, Jahwe ein Brandopfer bringt, ob es nach einem Gelübde ist oder eine freiwillige Gabe, ¹⁹ dann muss es ein fehlerfreies männliches Tier von den Rindern, Schafen oder Ziegen sein, damit ihr Wohlwollen bei Gott findet. ²⁰ Alles, was einen Fehler hat, dürft ihr nicht bringen, denn es wird euch nicht wohlgefällig machen. ²¹ Auch wenn jemand Jahwe ein Freudenopfer bringt, um ein Gelübde zu erfüllen oder wenn er ihm eine freiwillige Gabe vom Rind oder vom Kleinvieh bringt, muss das Tier ohne Fehler sein, damit ihr Wohlwollen findet. Es darf kein Makel daran sein. ²² Ein blindes, verletztes oder verstümmeltes Tier dürft ihr Jahwe nicht bringen, auch dann nicht, wenn es Warzen, die Krätze oder eine Flechte hat. Nichts davon darf auf Jahwes Altar kommen. ²³ Einen Stier oder ein Schaf, das missgebildet oder verkümmert ist, kannst du als freiwillige Gabe opfern.

Zur Erfüllung eines Gelübdes aber wird es kein Gefallen finden. 24 Ein Tier, dessen Hoden zerquetscht, zerstoßen, abgerissen oder abgeschnitten sind, dürft ihr Jahwe nicht bringen. Ihr dürft in eurem Land kein Tier kastrieren. 25 Selbst wenn solche Tiere aus dem Besitz eines Ausländers stammen, dürft ihr sie eurem Gott nicht als Speise darbringen. Sie haben einen Schaden, ein Makel, und werden euch kein Wohlwollen bringen.«

26 Jahwe sagte zu Mose: 27 »Wenn ein Stierkalb, ein Schaf- oder Ziegenlamm geboren wird, muss es sieben Tage bei seinem Muttertier bleiben. Erst vom achten Tag an findet es als Feueropfer Jahwes Gefallen. 28 Ihr dürft auch nicht das Muttertier am gleichen Tag wie sein Junges schlachten. 29 Wenn ihr Jahwe ein Dankopfer schlachtet, sollt ihr es so tun, dass ihr Wohlwollen findet. 30 Es muss noch am selben Tag gegessen werden. Ihr dürft nichts davon bis zum Morgen übriglassen. Ich bin Jahwe! 31 Beachtet und befolgt meine Gebote! Ich bin Jahwe! 32 Entweiht meinen heiligen Namen nicht, damit ich unter den Israeliten heilig gehalten werde. Ich bin Jahwe, der euch heiligt 33 und euch aus Ägypten geführt hat, um euer Gott zu sein. Ich bin Jahwe!«

23 1 Jahwe sagte zu Mose: 2 »Gib den Israeliten weiter: Die Feste Jahwes, meine Feste, die ihr als heilige Versammlungen ausrufen sollt, sind die Folgenden:

Der Sabbat

3 Sechs Tage darf man eine Arbeit tun, aber am siebten Tag ist Sabbat, ein Feiertag, eine heilige Versammlung. Da dürft ihr keinerlei Arbeit tun. Es ist ein Sabbat für Jahwe, wo immer ihr wohnt.

Passa- und Mazzenfest

4 Folgende Feste Jahwes sind heilige Versammlungen, die ihr zu bestimmten Zeiten ausrufen sollt: 5 Das Passa* Jahwes beginnt am späten Nachmittag* des 14. Tages vom ersten Monat*. 6 Am 15. Tag dieses Monats beginnt das Mazzenfest Jahwes, an dem ihr sieben Tage lang Mazzen, ungesäuertes Brot, essen sollt. 7 Am ersten Tag sollt ihr eine heilige Versammlung abhalten und dürft keinerlei Arbeit verrichten. 8 Und an jedem der sieben Tage sollt ihr Jahwe ein Feueropfer bringen. Am siebten Tag sollt ihr wieder eine heilige Versammlung abhalten und dürft keinerlei Arbeit verrichten.«

Das Fest der Ersten Garbe

9 Jahwe sagte zu Mose: 10 »Gib den Israeliten Folgendes weiter: Wenn ihr in dem Land, das ich euch gebe, die Ernte einbringt, sollt ihr die erste Garbe eurer Ernte dem Priester bringen. 11 Dieser soll sie am Tag nach dem Sabbat vor Jahwe hin- und herschwingen, damit ihr sein Wohlwollen erlangt. 12 An dem Tag, an dem

---

23,5 *Passa.* Siehe 2. Mose 12-13.

Am späten Nachmittag. Wörtlich: Zwischen den zwei Abenden. Gemeint ist wahrscheinlich die Zeit zwischen Niedergang (15 Uhr) und Untergang der Sonne.

14. Tages ... Monat. In einem idealen Sonnenjahr mit 365 Tagen wäre das der 28. März.

ihr die Garbe hin- und herschwingen lasst, sollt ihr ein fehlerfreies einjähriges Lamm als Brandopfer zu Jahwe bringen, 13 dazu als Speisopfer vier Liter Feinmehl mit Ölivenöl vermengt, beides als Feueropfer für Jahwe, damit der Geruch ihn befriedigt. Als Trankopfer bringt einen Liter Wein. 14 Bis zu dem Tag, an dem ihr Gott diese Gaben gebracht habt, dürft ihr von der neuen Ernte weder Brot noch geröstete Körner noch Jungkorn essen. Das gilt für alle Zukunft und überall, wo ihr wohnt.

Das Wochenfest (Pfingsten)

15 Vom Tag nach dem Sabbat, an dem ihr die Garbe für das Schwingopfer gebracht habt, sollt ihr sieben volle Wochen zählen. 16 Bis zum Tag nach dem siebten Sabbat sollen es fünfzig Tage sein. Dann sollt ihr Jahwe ein Speisopfer von der neuen Ernte bringen. 17 Von euren Wohnstätten bringt Jahwe zwei geweihte Brote als Erstlinge. Sie sollen aus vier Litern Feinmehl mit Sauerteig gebacken sein. 18 Außer dem Brot sollt ihr Jahwe sieben fehlerlose einjährige Lämmer, einen jungen Stier und zwei Schafböcke als Brandopfer bringen, dazu die vorgeschriebenen Speis- und Trankopfer. So ist es ein Feueropfer,

dessen Geruch Jahwe befriedigt. 19 Als Sündopfer sollt ihr einen Ziegenbock bringen und als Freudenopfer zwei einjährige Lämmer. 20 Der Priester soll die beiden Lämmer zusammen mit dem Erstlingsbrot vor Jahwe hin- und herschwingen. Sie sind Jahwe geweiht und fallen dem Priester zu. 21 An diesem Tag sollt ihr eine heilige Versammlung ausrufen und dürft keinerlei Arbeit verrichten. Diese Weisung gilt für alle Zeiten und an allen euren Wohnorten. 22 Und wenn ihr die Ernte eures Landes einbringt, sollst du das Feld nicht bis an den Rand abernten. Du sollst auch keine Nachlese halten. Lass es für die Armen und Fremden übrig. Ich bin Jahwe, euer Gott!«

Der Neujahrstag

23 Jahwe sagte zu Mose: 24 »Gib den Israeliten Folgendes weiter: Der 1. des 7. Monats* soll ein Ruhetag für euch sein, eine heilige Versammlung, in Erinnerung gerufen durch Hörnerschall. 25 Ihr dürft keinerlei Arbeit verrichten und sollt Jahwe ein Feueropfer darbringen.«

Der Versöhnungstag

26 Jahwe sagte Mose noch Folgendes: 27 »Doch am 10. dieses 7. Monats* ist der Versöhnungstag. Da sollt ihr eine heilige Versammlung abhalten, euch demütigen und Jahwe ein Feueropfer bringen. 28 Ihr dürft an diesem Tag keinerlei Arbeit verrichten, denn es ist der Versöhnungstag, an dem für euch vor Jahwe, eurem Gott, Sühne erwirkt wird. 29 Denn jede Person, die sich an diesem Tag nicht demütigt, soll vom Volk beseitigt werden.* 30 Und

---

23,24 *1. des 7. Monats.* In einem idealen Sonnenjahr mit 365 Tagen wäre das der 15. September.

23,27 *10. dieses 7. Monats.* In einem idealen Sonnenjahr mit 365 Tagen wäre das der 24. September.

23,29 Wird im Neuen Testament von Petrus zitiert: Apostelgeschichte 3,23.

jede Person, die an diesem Tag irgendeine Arbeit tut, werde ich aus ihrem
Volk beseitigen. *31* Ihr dürft am Versöhnungstag keinerlei Arbeit verrichten. Das gilt für alle Zukunft und überall, wo ihr wohnt. *32* Es soll ein Sabbat,
ein Feiertag, für euch sein und ihr sollt
euch demütigen. Am 9. des Monats*,
am Abend, sollt ihr diesen Sabbat
feiern, von diesem Abend bis zum
nächsten Abend.«

Das Laubhüttenfest

33 Jahwe sagte zu Mose: *34* »Gib den
Israeliten Folgendes weiter: Am 15.
dieses 7. Monats ist sieben Tage lang*
Laubhüttenfest für Jahwe. *35* Am ersten Tag soll eine heilige Versammlung
sein. Ihr dürft keinerlei Arbeit verrichten. *36* Sieben Tage lang sollt ihr
Jahwe täglich Feueropfer bringen. Am
achten Tag soll wieder eine heilige
Versammlung stattfinden, eine Festversammlung. Ihr sollt Jahwe ein Feueropfer bringen und dürft keinerlei
Arbeit verrichten.
37 Das sind die Festzeiten Jahwes,
die ihr als heilige Versammlungen
ausrufen sollt, um Jahwe Feueropfer
zu bringen: Brandopfer und Speisopfer, Schlachtopfer und Trankopfer,
jedes an seinem Tag. *38* Die Sabbate
Jahwes und die anderen Gaben, sowie
die Opfer, die ihr Jahwe durch ein Gelübde zugesagt oder ihm freiwillig gebracht habt, bleiben davon unberührt.
39 Am 15. Tag des 7. Monats, wenn
ihr die Ernte eingebracht habt, sollt
ihr sieben Tage lang das Fest Jahwes
feiern. Der erste und der achte Tag soll
ein Ruhetag sein. *40* Am ersten Tag
sollt ihr euch die schönsten Baum-
früchte nehmen, Palmwedel und

Zweige von Laubbäumen und Bach-
weiden und sollt euch sieben Tage
lang vor Jahwe, eurem Gott, freuen.
41 Jedes Jahr sollt ihr dieses Fest im
7. Monat sieben Tage lang für Jahwe
feiern. Das ist eine immerwährende
Ordnung für alle Generationen.
42 Während dieser sieben Tage sollen
alle Einheimischen in Israel in Laubhütten wohnen, *43* damit eure Nachkommen wissen, dass ich die Israeliten in Laubhütten wohnen ließ, als ich
sie aus Ägypten herausführte. Ich bin
Jahwe, euer Gott!«
44 So verkündete Mose den Israeliten die Festzeiten Jahwes.

Leuchter und Schaubrote

24 *1* Jahwe sagte zu Mose:
2 »Befiehl den Israeliten, dir
reines Öl aus zerstoßenen Oliven zu
bringen, damit man einen Leuchter
aufstellen kann, dessen Lampen ständig brennen. *3* Aaron soll diesen
Leuchter im Zelt der Gottesbegegnung vor dem Vorhang zur Lade mit
dem Bundesgesetz aufstellen und
dafür sorgen, dass seine Lampen
ständig vor Jahwe brennen, vom
Abend bis zum Morgen. Diese Anordnung gilt für alle Zukunft. *4* Auf dem
reinen Leuchter soll er die Lampen
herrichten, dass sie ständig vor Jahwe
sind. *5* Dann sollst du aus je vier
Litern Feinmehl zwölf Lochbrote

23,32 *9. des Monats.* In einem idealen Sonnenjahr mit 365 Tagen wäre der *Versöhnungstag* der 23. September.

23,34 *15. dieses 7. Monats.* In einem idealen
Sonnenjahr mit 365 Tagen wäre das *Laubhüttenfest* vom 29. September bis 5. Oktober.

backen 6 und sie auf dem reinen Tisch vor Jahwe in zwei Stapeln aufschichten, sechs auf jedem Stapel. 7 Auf jeden Stapel sollst du reinen Weihrauch legen, der dann vom Brot als der zu verbrennende Teil genommen wird. So wird es ein Feueropfer für Jahwe. 8 An jedem Sabbat soll Aaron die Brote immer wieder neu vor Jahwe auflegen, als ewige Bundesverpflichtung der Israeliten. 9 Das Brot soll Aaron und seinen Nachkommen gehören. Für alle Zukunft steht ihnen das zu. Es muss aber an heiliger Stätte gegessen werden, denn es ist ein höchst heiliger Teil von den Feueropfern Jahwes.«

Gotteslästerung, Totschlag und Körperverletzung

10 Der Sohn einer Israelitin und eines Ägypters ging unter die Israeliten und geriet im Lager mit einem israelitischen Mann in Streit. 11 Dabei lästerte der Sohn der Israelitin den Namen Jahwes und verfluchte ihn. Seine Mutter war Schelomit, eine Tochter Dibris aus dem Stamm Dan. Man brachte den Mann zu Mose. 12 Der ließ ihn einsperren, bis Jahwe eine Weisung für diesen Fall geben würde. 13 Jahwe sagte Mose: 14 »Bring den Flucher aus dem Lager hinaus! Dort sollen alle, die seine Lästerung gehört haben, ihre Hände auf seinen Kopf stützen, und die ganze Gemeinschaft muss ihn steinigen. 15 Zu den Israeliten aber sollst du sagen: ›Jeder, der seinen Gott verflucht, muss seine Schuld tragen. 16 Wer den Namen Jahwes lästert, muss getötet werden. Die ganze Gemeinschaft soll ihn steinigen. Das gilt für die Fremden unter euch genauso wie für die Einheimischen: Wer den Namen lästert, muss getötet werden.

17 Wenn jemand einen Menschen erschlägt, muss er getötet werden. 18 Wer ein Stück Vieh totschlägt, muss es erstatten, Leben für Leben. 19 Wenn jemand seinem Nächsten einen Schaden zufügt, soll man ihm antun, was er getan hat. 20 Knochenbruch für Knochenbruch, Auge für Auge, Zahn für Zahn.* Der Schaden, den er einem Menschen zufügt, soll ihm zugefügt werden. 21 Wer ein Stück Vieh totschlägt, soll es erstatten, wer aber einen Menschen totschlägt, soll selbst getötet werden. 22 Ein und dasselbe Recht gilt für euch alle, für den Fremden wie für den Einheimischen. Denn ich bin Jahwe, euer Gott!‹« 23 Mose sagte dies alles den Israeliten. Da brachten sie den Flucher aus dem Lager hinaus und steinigten ihn. Die Israeliten machten alles so, wie Jahwe es Mose befohlen hatte.

Das Sabbatjahr

25 1 Auf dem Berg Sinai sagte Jahwe zu Mose: 2 »Gib den Leuten von Israel Folgendes weiter: Wenn ihr in das Land kommt, das ich euch gebe, soll das Land einen Sabbat für Jahwe feiern. 3 Sechs Jahre sollst du dein Feld bestellen und deinen Weinberg beschneiden und ihre Erträge einbringen. 4 Aber im siebten Jahr soll das Land einen Sabbat

---

24,20 Wird im Neuen Testament von Jesus Christus zitiert: Matthäus 5,38.

haben, ein Ruhejahr, einen Sabbat für Jahwe. Dann sollst du dein Feld nicht bestellen und deinen Weinberg nicht beschneiden. 5 Was nach deiner Ernte wächst, sollst du nicht einsammeln, und die Trauben deines unbeschnittenen Weinstocks sollst du nicht abschneiden. Es soll ein Sabbatjahr sein für das Land. 6 Was das Land aber während des Sabbats hervorbringt, soll euch und allen, die bei euch leben, zur Nahrung dienen, deinen Sklaven und Sklavinnen, deinen Tagelöhnern und Gastarbeitern. 7 Auch deinem Vieh und dem Wild in deinem Land soll sein Ertrag zur Speise dienen.«

Das Jubeljahr

8 »Zähl dir sieben Sabbatjahre ab, also sieben mal sieben Jahre, sodass insgesamt 49 Jahre vergangen sind. 9 Dann sollst du am 10. Tag des 7. Monats* den Schofar*, das Signalhorn, blasen. Am Versöhnungstag sollt ihr den Schofar im ganzen Land erschallen lassen. 10 Dieses 50. Jahr sollt ihr für heilig erklären und überall im Land eine Freilassung für seine Bewohner ausrufen. Es soll ein Jubeljahr* für euch sein, denn jeder wird wieder zu seinem Eigentum kommen und jeder soll zu seiner Sippe zurückkehren. 11 Das 50. Jahr soll ein Jubeljahr für euch sein. Ihr sollt nicht säen und, was nachwächst, nicht ernten, und die Trauben der unbeschnittenen Weinstöcke nicht lesen. 12 Denn es ist ein Jubeljahr: Es soll euch heilig sein. Nur was das Feld von selber trägt, sollt ihr essen.

13 In diesem Jubeljahr soll jeder wieder zu seinem Eigentum kommen. 14 Das müsst ihr unbedingt beachten, wenn ihr eurem Nächsten etwas verkauft oder etwas von ihm kauft. 15 Der Preis soll sich nach der Zahl der Jahre richten, die seit dem Jubeljahr vergangen sind. Nach der Zahl der Jahre, die es dir Ertrag bringt, soll er es dir verkaufen. 16 Je mehr Jahre es noch sind, desto höher soll der Kaufpreis sein, und je weniger Jahre, desto niedriger soll der Kaufpreis sein. Denn er verkauft dir eine Anzahl von Jahreserträgen. 17 Niemand soll seinen Nächsten übervorteilen. Fürchte dich vor deinem Gott, denn ich bin Jahwe, euer Gott!

18 Haltet euch an meine Ordnungen und richtet euch nach meinen Geboten! Dann werdet ihr ruhig und sicher in eurem Land wohnen. 19 Das Land wird seine Frucht geben, und ihr werdet euch satt essen können und sicher wohnen. 20 Wenn ihr aber sagt: ›Was sollen wir im 7. Jahr essen? Wir dürfen ja nicht säen und den Ertrag nicht ernten‹, 21 so werde ich im 6. Jahr meinen Segen für euch aufbieten, dass es den Ertrag von drei Jahren bringt. 22 Wenn ihr im 8. Jahr ausgesät habt, könnt ihr noch von diesem

---

25,9 *10. Tag des 7. Monats.* In einem idealen Sonnenjahr mit 365 Tagen wäre das der 24. September.

Der *Schofar* war aus den gewundenen Hörnern des männlichen Fettschwanzschafes hergestellt und brachte einen dumpfen, durchdringenden Ton hervor.

25,10 *Jubeljahr.* Hebräisch: *jobel* = Horn eines Schafbocks. Das deutsche Wort Jubel ist davon abgeleitet. Durch das Blasen dieser Signalhörner, die Schofar hießen, wurde das Jubeljahr eingeleitet.

Ertrag essen. Bis der Ertrag des 9. Jahres eingebracht ist, werdet ihr noch vom alten Getreide essen. ²³ Das Land darf nicht endgültig verkauft werden, denn das Land gehört mir. Für mich seid ihr nur wie Fremde und Gastarbeiter. ²⁴ Im ganzen Land sollt ihr ein Rückkaufsrecht auf Grund und Boden gewähren.

²⁵ Wenn dein Bruder verarmt und etwas von seinem Grundbesitz verkauft, muss sein nächster Verwandter als Löser eintreten und das Veräußerte zurückkaufen. ²⁶ Wenn jemand keinen Löser hat und später selbst genug zum Rückkauf aufbringt, ²⁷ dann soll er die Jahre seit dem Verkauf berechnen und dem Käufer den Restbetrag erstatten und so wieder zu seinem Besitz kommen. ²⁸ Kann er die Mittel zum Rückkauf nicht aufbringen, dann bleibt sein Besitz bis zum Jubeljahr in der Hand des Käufers und fällt dann wieder an ihn als den ursprünglichen Besitzer zurück.

²⁹ Wenn jemand ein Wohnhaus in einer ummauerten Stadt verkauft, bleibt sein Rückkaufsrecht vom Zeitpunkt des Verkaufs an ein volles Jahr bestehen. ³⁰ Kauft er es innerhalb dieser Frist nicht zurück, dann geht es unwiderruflich in den Besitz des Käufers und seiner Erben über. Auch im Jubeljahr fällt es nicht an den ursprünglichen Besitzer zurück. ³¹ Doch die Häuser in Dörfern, die nicht von einer Mauer umgeben sind, werden zum freien Feld des Landes gerechnet. Für solch ein Haus besteht Rückkaufsrecht, und es fällt im Jubeljahr an den ursprünglichen Besitzer zurück. ³² Auch in den Levitenstädten besteht ein unbefristetes Rückkaufsrecht. ³³ Einer der Leviten kann als Löser auftreten oder das Haus fällt im Jubeljahr an seinen ursprünglichen Besitzer zurück. Denn die Häuser der Leviten sind ihr Erbbesitz unter den Israeliten. ³⁴ Das Weideland aber, das zu ihren Städten gehört, darf nicht verkauft werden, denn es gehört ihnen als ewiger Besitz.

³⁵ Wenn dein Bruder neben dir verarmt und sich nicht mehr neben dir halten kann, dann sollst du ihn unterstützen. Er soll wie ein Fremder oder Gastarbeiter sein Leben bei dir fristen können. ³⁶ Fordere keine Zinsen von ihm, sondern fürchte dich vor deinem Gott, damit dein Bruder neben dir leben kann. ³⁷ Verlange keine Zinsen für dein Geld und keinen Zuschlag, wenn du ihm Nahrungsmittel leihst. ³⁸ Ich bin Jahwe, euer Gott, der euch aus Ägypten geführt hat, um euch das Land Kanaan zu geben und euer Gott zu sein.

³⁹ Wenn dein Bruder neben dir so verarmt, dass er sich selbst an dich verkauft, sollst du ihn nicht wie einen Sklaven behandeln, ⁴⁰ sondern wie einen Tagelöhner oder Gastarbeiter. Bis zum nächsten Jubeljahr soll er für dich arbeiten. ⁴¹ Dann soll er samt seiner Familie frei werden, zu seiner Sippe zurückkehren und seinen Erbbesitz wiederbekommen. ⁴² Denn es sind meine Leute, die ich aus Ägypten herausgeführt habe. Sie dürfen nicht wie Sklaven verkauft werden. ⁴³ Du sollst also nicht mit Gewalt über ihn herrschen, sondern dich vor deinem Gott fürchten. ⁴⁴ Wenn ihr Sklaven und Sklavinnen braucht, könnt ihr sie von euren Nachbarvölkern kaufen.

45 Auch von den Gastarbeitern, die bei euch leben, und von deren Nachkommen, die in eurem Land geboren sind, könnt ihr Sklaven kaufen und dürft sie besitzen. 46 Ihr dürft sie sogar euren Söhnen als dauernden Besitz vererben. *Sie* dürft ihr als Sklaven arbeiten lassen. Aber über eure Brüder, die Israeliten, dürft ihr nicht mit Gewalt herrschen.

47 Wenn ein Fremder oder Gastarbeiter neben dir zu Vermögen kommt, und dein Bruder neben ihm verarmt so, dass er sich dem Fremden oder Gastarbeiter oder dem Nachkommen eines Fremden verkauft, 48 dann soll jederzeit das Lösungsrecht für ihn bestehen. Einer seiner Brüder kann ihn freikaufen. 49 Es kann auch sein Onkel sein, der Sohn seines Onkels oder einer seiner näheren Verwandten. Und wenn er das Geld selbst aufbringt, kann er sich selbst freikaufen. 50 Er soll mit seinem Käufer von dem Jahr an, in dem er sich verkauft hat, bis zum nächsten Jubeljahr rechnen. Und sein Verkaufspreis soll sich nach der Zahl der Jahre richten. Den Jahressatz berechne man nach dem Lohn eines Tagelöhners. 51 Sind es noch viele Jahre, soll er für seinen Loskauf einen entsprechenden Teil des Kaufpreises erstatten. 52 Wenn nur noch wenige Jahre bis zum Jubeljahr übrig sind, soll man es ihm anrechnen. Seinen Dienstjahren entsprechend soll er sich loskaufen. 53 Sein Herr soll ihn wie einen Tagelöhner behandeln. Du darfst nicht zulassen, dass er wie ein Sklave behandelt wird. 54 Wird er nicht auf diese Weise losgekauft, sollen er und seine Kinder im Jubeljahr freigelassen werden. 55 Denn die Israeliten sind meine Leute, es sind meine Sklaven, die ich aus Ägypten herausgeführt habe. Ich bin Jahwe, euer Gott!«

Segen und Fluch

26 1 »Ihr sollt euch keine nichtigen Götzen machen, euch kein Gottesbild und keine Steinsäule aufstellen, auch keine Steine mit eingemeißelten Bildern, um euch davor niederzuwerfen, denn ich bin Jahwe, euer Gott. 2 Ihr sollt meine Sabbate halten und mein Heiligtum fürchten. Ich bin Jahwe! 3 Wenn ihr nach meinen Vorschriften lebt und meine Gebote befolgt, 4 werde ich euch den Regen schicken zur rechten Zeit, sodass euer Land seinen Ertrag gibt und die Bäume ihre Frucht. 5 Die Dreschzeit wird sich bis zur Weinlese ausdehnen und die Weinlese bis zur Aussaat. Ihr werdet genug zu essen haben und sicher in eurem Land wohnen. 6 Ich werde für Frieden in eurem Land sorgen, dass ihr euch niederlegen könnt und niemand euch aufschreckt. Ich werde die bösen Tiere im Land ausrotten, und kein Schwert wird durchs Land ziehen. 7 Ihr werdet eure Feinde verfolgen. Vor euren Augen fallen sie durch das Schwert. 8 Fünf von euch werden hundert verfolgen, und hundert von euch zehntausend. Eure Feinde fallen durch das Schwert. 9 Ich wende mich euch zu und mache euch fruchtbar und stehe zu meinem Bund mit euch. 10 Ihr werdet noch vom alten Getreide zu essen haben, wenn ihr Platz für das neue schaffen müsst. 11 Ich werde meine Wohnung mitten unter euch haben und mich nicht mit Abscheu von euch wenden.

12 Ich werde unter euch leben und euer Gott sein. Und ihr seid mein Volk.* 13 Ich bin Jahwe, euer Gott, der euch aus Ägypten herausgeführt hat, wo ihr Sklaven gewesen seid. Ich habe die Hölzer eures Jochs zerbrochen und euch wieder aufrecht gehen lassen.

14 Wenn ihr mir aber nicht gehorcht und diese Gebote nicht befolgt, 15 wenn ihr meine Vorschriften missachtet und meine Rechtsordnungen verabscheut, sodass meine Gebote unbeachtet bleiben und mein Bund gebrochen wird, 16 dann werde ich euch Folgendes antun: Ich werde Entsetzen über euch bringen, Schwindsucht und Fieber, die euch die Augen erlöschen und die Seele verkümmern lassen. Vergeblich werdet ihr eure Saat ausbringen, denn eure Feinde werden sie verzehren. 17 Ich werde mich gegen euch stellen und lasse eure Feinde über euch siegen. Die euch hassen, werden über euch herrschen. Ihr werdet fliehen, obwohl euch niemand verfolgt.

18 Und wenn ihr auch dann noch nicht auf mich hört, werde ich euch noch siebenmal härter für eure Sünden bestrafen. 19 Ich werde euren maßlosen Stolz brechen und mache euren Himmel wie Eisen und eure Erde wie Erz. 20 Umsonst verbraucht ihr dann eure Kraft: Euer Land wird seinen Ertrag nicht geben, und die Bäume des Landes werden keine Früchte tragen. 21 Und wenn ihr euch

mir entgegenstellt und mir nicht gehorchen wollt, werde ich euch noch siebenmal härter für eure Sünden bestrafen. 22 Dann lasse ich die Raubtiere auf euch los. Sie werden euch kinderlos machen, euer Vieh ausrotten und eure Zahl gering machen, sodass die Wege bei euch verlassen sind.

23 Und wenn ihr euch dadurch nicht zurechtweisen lasst und euch weiter gegen mich stellt, 24 dann werde auch ich mich gegen euch stellen und euch noch siebenmal härter für eure Sünden bestrafen. 25 Ich werde ein Schwert über euch kommen lassen, das die Rache des Bundes vollstreckt. Zieht ihr euch dann in eure Städte zurück, schicke ich die Pest unter euch und lasse euch von Feinden belagern. 26 Wenn ich dann euren Brotvorrat vernichte, werden zehn Frauen nur noch einen einzigen Backofen brauchen. Dann bringen sie euch das Brot abgewogen zurück. Und wenn ihr gegessen habt, seid ihr nicht satt.

27 Wenn ihr mir dann immer noch nicht gehorcht und euch immer noch weiter gegen mich stellt, 28 dann trete ich im Zorn gegen euch an und bestrafe euch noch siebenmal härter für eure Sünden. 29 Dann werdet ihr das Fleisch eurer eigenen Söhne und Töchter essen. 30 Ich werde eure Höhenheiligtümer zerstören und die Räucheraltäre zerschlagen. Ich werde euch verabscheuen und eure Leichen auf die Trümmer eurer Mistgötzen werfen. 31 Eure Städte werde ich in Schutt und Asche legen und eure Heiligtümer öde machen. Den befriedigenden Geruch eurer Opfer will ich dann nicht mehr riechen. 32 Ich werde das Land so verwüsten, dass sich

---

26,12 Wird im Neuen Testament von Paulus zitiert: 2. Korinther 6,16.

selbst eure Feinde, die sich darin niederlassen, darüber entsetzen. 33 Euch werde ich unter die Völker zerstreuen. Mit gezücktem Schwert bin ich hinter euch her. Euer Land wird veröden und eure Städte werden Trümmerhaufen sein. 34 Dann, wenn das Land verödet daliegt, holt es seine Sabbatjahre nach. Während ihr im Land eurer Feinde leben müsst, wird das Land endlich ruhen und seine Sabbate ersetzt bekommen. 35 Während der ganzen Zeit, in der es öde daliegt, wird es ruhen, wie es an den Sabbaten nicht ruhen konnte, als ihr darin wohntet. 36 Und die von euch, die das überleben, werde ich im Land ihrer Feinde so schreckhaft machen, dass sie von einem raschelnden Blatt aufgescheucht werden. Sie werden fliehen, wie man vor dem Schwert flieht, und fallen, obwohl sie niemand verfolgt. 37 Einer wird über den anderen stürzen wie auf der Flucht vor dem Schwert, obwohl sie niemand verfolgt. Ihr könnt vor euren Feinden nicht bestehen 38 und werdet in der Fremde zugrunde gehen. Das Land eurer Feinde wird euch fressen. 39 Die Restlichen von euch werden im Land eurer Feinde verfaulen wegen ihrer Schuld, dahinsiechen wegen der Schuld ihrer Väter. 40 Dann werden sie ihre Schuld und die Schuld ihrer Väter bekennen, dass sie mir die Treue gebrochen und sich mir widersetzt haben. 41 Doch ich werde mich ihnen widersetzen und sie in das Land ihrer Feinde bringen, bis sich ihr trotziges Herz endlich beugt und sie ihre Schuld bezahlen.

42 Dann werde ich an meinen Bund mit Jakob denken, mich erinnern an meinen Bund mit Isaak und Abraham, und dann denke ich auch an das Land. 43 Das Land aber muss zunächst von ihnen verlassen werden, damit es seine Sabbatjahre nachholt, wenn es verödet daliegt ohne sie. Und sie müssen ihre Schuld bezahlen, weil sie meine Vorschriften missachtet und meine Ordnungen verabscheut haben. 44 Doch selbst, wenn sie dann im Land ihrer Feinde sind, verwerfe ich sie nicht und hege keinen Widerwillen gegen sie. Ich gebe sie nicht dem Untergang preis, denn sonst müsste ich meinen Bund mit ihnen brechen. Ich bin doch Jahwe, ihr Gott! 45 Nein, um ihretwillen denke ich an meinen Bund mit ihren Vorfahren, die ich vor den Augen der Völker aus Ägypten herausgeführt habe, um ihr Gott zu sein. Ich bin Jahwe!«

46 Das sind die Rechtsordnungen, Gebote und Gesetze, die Jahwe auf dem Berg Sinai zwischen sich und dem Volk Israel durch Mose erlassen hat.

Die Auslösung von Gelübden und Weihgaben

27 1 Jahwe sagte zu Mose: 2 »Gib den Israeliten Folgendes weiter: Wenn jemand Jahwe einen Menschen geweiht hat und sein Gelobtes einlösen will, 3 beträgt der Wert eines zwanzig- bis sechzigjährigen Mannes fünfzig Silberstücke, wie es dem Gewicht des Heiligtums entspricht. 4 Der Richtwert für eine Frau beträgt dreißig Silberstücke. 5 Wenn die Person zwischen fünf und zwanzig Jahre alt ist, beträgt der Richtwert für die männliche Person zwanzig Silberstücke, für die weibliche zehn. 6 Im Alter von einem Monat bis zu fünf Jahren ist der Richtwert für einen Knaben fünf Silberstücke, für ein Mädchen drei. 7 Für Personen von sechzig Jahren und darüber beträgt der Richtwert für einen Mann fünfzehn Silberstücke, für eine Frau zehn. 8 Wenn jemand zu arm ist, um den Richtwert zu zahlen, soll er die Person vor den Priester treten lassen, und der Priester soll sie nach dem Vermögen dessen einschätzen, der das Gelübde abgelegt hat.

9 Wenn es sich um ein Stück Vieh handelt, das man Jahwe opfern darf, dann soll alles, was man Jahwe davon gibt, heilig sein. 10 Man soll es nicht auswechseln und austauschen, ein gutes Tier nicht gegen ein schlechtes und ein schlechtes nicht gegen ein gutes. Wenn man es dennoch tut, soll das eine wie das andere Tier Jahwe geweiht sein. 11 Handelt es sich um ein unreines Tier, das man Jahwe nicht opfern darf, dann soll man es vor den Priester stellen. 12 Der Priester soll es nach seinen Vorzügen und Mängeln einschätzen, und bei seiner Schätzung soll es bleiben. 13 Wenn der Besitzer das Tier zurückhaben will, muss er ein Fünftel zum Schätzwert dazuzahlen.

14 Wenn jemand Jahwe sein Haus als heilige Gabe weiht, dann soll der Priester es nach seinen Vorzügen und Mängeln einschätzen, und bei seiner Schätzung soll es bleiben. 15 Wenn der Betreffende das Haus zurückkaufen will, muss er ein Fünftel zum Schätzwert dazuzahlen, dann gehört es wieder ihm.

16 Wenn jemand einen Teil seines Feldbesitzes Jahwe weiht, soll sich der Wert nach der Aussaat richten: Fünfzig Silberstücke für 165 Kilogramm Gerste*. 17 Weiht er sein Feld vom Jubeljahr an, soll dieser Schätzwert gelten. 18 Weiht er es nach dem Jubeljahr, soll der Priester ihm den Preis nach den Jahren berechnen, die bis zum nächsten Jubeljahr bleiben und die Summe ermäßigen. 19 Wenn der Betreffende das Feldstück unbedingt wieder zurückkaufen will, muss er ein Fünftel zum Schätzwert dazuzahlen, dann gehört es wieder ihm. 20 Wenn er das Feldstück aber nicht wieder einlöst und es einem anderen verkauft wird, kann es nicht mehr zurückgekauft werden. 21 Wird es dann im Jubeljahr frei, ist es wie ein Feld unter Bann für immer Jahwe geweiht. Es geht in den Besitz des Priesters über.

22 Wenn jemand Jahwe ein gekauftes Feldstück weiht, das nicht zu seinem Erbbesitz gehört, 23 soll ihm der Priester die Höhe des Schätzwertes bis zum Jubeljahr berechnen. Der Betrag gehört Jahwe und muss noch am gleichen Tag bezahlt werden. 24 Im Jubeljahr fällt das Feldstück an den zurück, von dem es der Betreffende gekauft hat. 25 Allen Schätzwerten sollst du das Gewicht des Heiligtums zugrunde legen, ein Silberstück zu zwölf Gramm*.

27,16 *Kilogramm Gerste.* Hebräisch: *ein Homer* = 10 Efa = 220 Liter = 165 Kilogramm Gerstenkörner.

27,25 *zwölf Gramm.* Wörtlich: *ein Schekel zu zwanzig Gera.* Das Gewicht eines Schekels betrug nach archäologischen Funden durchschnittlich etwa 11,5 Gramm, ein Gera demnach rund 0,6 Gramm.

26 Eine Erstgeburt von den Rindern, Schafen oder Ziegen gehört als Erstlingsgabe sowieso Jahwe und darf ihm nicht noch einmal geweiht werden. 27 Handelt es sich aber um unreines Vieh, soll man es nach dem Schätzwert auslösen und noch ein Fünftel hinzufügen. Wird es nicht ausgelöst, soll es nach dem Schätzwert verkauft werden.

28 Doch alles mit einem Bann belegte Gut, das jemand Jahwe weiht, sei es ein Mensch, ein Tier oder ein Stück Land, darf nicht ausgelöst oder verkauft werden. Es ist höchst heilig und gehört Jahwe. 29 Kein Mensch, der mit dem Bann belegt wird, darf ausgelöst werden. Man muss ihn töten.

30 Der Zehnte von jeder Ernte, auch von den Baumfrüchten, ist Jahwe geweiht und gehört ihm. 31 Will jemand etwas von seinem Zehnten zurückkaufen, muss er zum Gegenwert noch ein Fünftel hinzuzahlen. 32 Jedes zehnte Tier von Rindern, Schafen oder Ziegen, das unter dem Hirtenstab hindurchgeht, soll Jahwe geweiht sein. 33 Man soll nicht untersuchen, ob es gut oder schlecht ist, und darf es nicht austauschen. Tauscht man dennoch eins aus, sind beide Tiere Jahwe geweiht und können nicht mehr ausgelöst werden.«

34 Das sind die Gebote, die Jahwe Mose für die Israeliten auf dem Berg Sinai gegeben hat.

Numeri, das vierte Buch Mose

D as vierte Buch Mose wird auch »Numeri«, d.h. »Zählungen« genannt. Es bekam seinen Namen, weil es von zwei Volkszählungen Israels berichtet und eine Menge Statistiken und Listen enthält. Man hätte es aber auch »das Murren des Volkes« nennen können, denn es ist die traurige Geschichte von Klagen, Unzufriedenheit und göttlichem Gericht. Das Buch umfasst die 38 Jahre der Geschichte Israels, in denen das Volk in der Wüste Sinai umherzog, und hat deshalb in der hebräischen Bibel den Namen »Bemidbar«, »in der Wüste«, nach dem fünften Wort im ersten Kapitel. Die ganze Schilderung der Wüstenwanderung geht offensichtlich auf einen Augenzeugen zurück. Wer anders als Mose könnte dafür in Betracht kommen? Er müsste das Buch dann im Jahr 1406 v.Chr., einige Zeit vor seinem Tod, vollendet haben.

Die Volks- und Heeresordnung am Sinai

1 [1] Jahwe redete zu Mose. Es geschah in der Wüste Sinai, im Zelt der Gottesbegegnung. Ein Jahr und ein Monat waren seit dem Auszug aus Ägypten vergangen.* Er sagte: [2] »Ermittelt die Gesamtzahl der Gemeinschaft der Israeliten, geordnet nach ihren Sippen und Familien, Name für Name, Kopf für Kopf, alle Männer, [3] die zwanzig Jahre und älter sind, alle wehrfähigen Israeliten. Mustert sie für ihre Heeresverbände, du und Aaron. [4] Und von jedem Stamm soll euch ein Mann dabei helfen, der ein Sippenoberhaupt ist. [5] Folgende Männer sollen euch beistehen: aus dem Stamm Ruben Elizur Ben-Schedëur, [6] aus dem Stamm Simeon

Schelumiël Ben-Zurischaddai, [7] aus dem Stamm Juda Nachschon Ben-Amminadab, [8] aus dem Stamm Issachar Netanel Ben-Zuar, [9] aus dem Stamm Sebulon Eliab Ben-Helon, [10] aus den Stämmen Josefs für Efraïm Elischama Ben-Ammihud und für Manasse Gamliël Ben-Pedazur, [11] aus dem Stamm Benjamin Abidan Ben-Gidoni, [12] aus dem Stamm Dan Ahiëser Ben-Ammischaddai, [13] aus dem Stamm Ascher Pagiël Ben-Ochran, [14] aus dem Stamm Gad Eljasaf Ben-Dëuël, [15] aus dem Stamm Naftali Ahira Ben-Enan.«

[16] Das sind die Berufenen der Gemeinschaft, die Fürsten der Stämme ihrer Väter, die Häupter der Heereseinheiten Israels.

[17] Mose und Aaron holten diese Männer, die namentlich bestimmt worden waren [18] und ließen die ganze Gemeinschaft am ersten Tag des zweiten Monats* zusammenkommen. Da wurden die Männer in die Geburtsverzeichnisse nach ihren

---

1,1 *Jahr ... vergangen.* Nach biblischer Chronologie (siehe Vorwort des Übersetzers) geschah das im April 1445 v.Chr.

1,18 *ersten ... Monats.* Das könnte dann am 1. Mai 1445 v.Chr. gewesen sein.

Sippen und Familien eingetragen, Name für Name, Kopf für Kopf, und zwar alle, die zwanzig Jahre und älter waren. ¹⁹ So hatte Jahwe es Mose befohlen. Und so musterte er sie in der Wüste Sinai.

²⁰ Zuerst kamen die Nachkommen Rubens, des Erstgeborenen Israels: Man ermittelte ihre Geschlechterfolge nach Sippen und Familien, Name für Name, Kopf für Kopf, und zwar alle, die zwanzig Jahre und älter und wehrfähig waren. ²¹ Vom Stamm Ruben waren es 46.500 Mann.

²² Dann kamen die Nachkommen Simeons: Man ermittelte ihre Geschlechterfolge nach Sippen und Familien, Name für Name, Kopf für Kopf, und zwar alle, die zwanzig Jahre und älter und wehrfähig waren. ²³ Vom Stamm Simeon waren es 59.300 Mann.

²⁴ Dann die Nachkommen Gads: Man ermittelte ihre Geschlechterfolge nach Sippen und Familien, Name für Name, Kopf für Kopf, und zwar alle, die zwanzig Jahre und älter und wehrfähig waren. ²⁵ Vom Stamm Gad waren es 45.650 Mann.

²⁶ Die Nachkommen Judas: Man ermittelte ihre Geschlechterfolge nach Sippen und Familien, Name für Name, Kopf für Kopf, und zwar alle, die zwanzig Jahre und älter und wehrfähig waren. ²⁷ Vom Stamm Juda waren es 74.600 Mann.

²⁸ Die Nachkommen Issachars: Man ermittelte ihre Geschlechterfolge nach Sippen und Familien, Name für Name, Kopf für Kopf, und zwar alle, die zwanzig Jahre und älter und wehrfähig waren. ²⁹ Vom Stamm Issachar waren es 54.400 Mann.

³⁰ Die Nachkommen Sebulons: Man ermittelte ihre Geschlechterfolge nach Sippen und Familien, Name für Name, Kopf für Kopf, und zwar alle, die zwanzig Jahre und älter und wehrfähig waren. ³¹ Vom Stamm Sebulon waren es 57.400 Mann.

³² Von den Söhnen Josefs kamen die Nachkommen Efraïms. Man ermittelte ihre Geschlechterfolge nach Sippen und Familien, Name für Name, Kopf für Kopf, und zwar alle, die zwanzig Jahre und älter und wehrfähig waren. ³³ Vom Stamm Efraïm waren es 40.500 Mann.

³⁴ Und dann die Nachkommen Manasses: Man ermittelte ihre Geschlechterfolge nach Sippen und Familien, Name für Name, Kopf für Kopf, und zwar alle, die zwanzig Jahre und älter und wehrfähig waren. ³⁵ Vom Stamm Manasse waren es 32.200 Mann.

³⁶ Dann kamen die Nachkommen Benjamins: Man ermittelte ihre Geschlechterfolge nach Sippen und Familien, Name für Name, Kopf für Kopf, und zwar alle, die zwanzig Jahre und älter und wehrfähig waren. ³⁷ Vom Stamm Benjamin waren es 35.400 Mann.

³⁸ Die Nachkommen Dans: Man ermittelte ihre Geschlechterfolge nach Sippen und Familien, Name für Name, Kopf für Kopf, und zwar alle, die zwanzig Jahre und älter und wehrfähig waren. ³⁹ Vom Stamm Dan waren es 62.700 Mann.

⁴⁰ Die Nachkommen Aschers: Man ermittelte ihre Geschlechterfolge nach Sippen und Familien, Name für Name, Kopf für Kopf, und zwar alle, die zwanzig Jahre und älter und wehrfähig waren. ⁴¹ Vom Stamm Ascher waren es 41.500 Mann.

42 Die Nachkommen Naftalis: Man ermittelte ihre Geschlechterfolge nach Sippen und Familien, Name für Name, Kopf für Kopf, und zwar alle, die zwanzig Jahre und älter und wehrfähig waren. 43 Vom Stamm Naftali waren es 53.400 Mann.

44 Das waren die von Mose, Aaron und den Fürsten Israels gemusterten wehrfähigen Israeliten nach ihren Familien 45 und zwar alle, die zwanzig Jahre und älter waren. 46 Ihre Gesamtzahl betrug 603.550.

Die Sonderstellung der Leviten

47 Der Stamm Levi wurde nicht mit den anderen Stämmen erfasst. 48 Jahwe hatte nämlich zu Mose gesagt: 49 »Nur den Stamm Levi sollst du nicht mit den Israeliten mustern und zählen. 50 Die Leviten sollst du mit der Sorge für die Wohnung des Bundesgesetzes beauftragen und für alles, was dazu gehört. Sie sollen für die Wohnung und all ihr Gerät sorgen, sie tragen und sich um die Wohnung herum lagern. 51 Wenn die Wohnung weiterzieht, sollen die Leviten sie abbauen, und wenn die Wohnung Halt macht, sollen die Leviten sie aufbauen. Jeder Unbefugte, der sich ihr nähert, soll getötet werden. 52 Die übrigen Israeliten sollen sich bei ihrer Heeresabteilung um ihr Feldzeichen lagern. 53 Doch die Leviten sollen ihr Lager rings um die Wohnung des Bundesgesetzes herum aufschlagen, damit nicht mein Zorn über die Menge der Israeliten kommt. Und die Leviten sollen ihren Dienst an der Wohnung verrichten.«

54 Die Israeliten machten alles so, wie Jahwe es Mose befohlen hatte.

Die Lagerordnung

2 1 Jahwe sagte zu Mose und Aaron: 2 »Die Israeliten sollen ihre Zelte bei ihren Verbänden, den Zeichen ihrer Familien, aufschlagen, und zwar rings um das Zelt der Gottesbegegnung herum und mit Blick darauf.«

3 Vorn, im Osten, hatten die Verbände des Lagers von Juda ihren Platz. Fürst der Nachkommen Judas war Nachschon Ben-Amminadab. 4 Sein Heer zählte 74.600 Mann. 5 Neben ihm sollte der Stamm Issachar sein Lager aufschlagen. Fürst der Nachkommen Issachars war Netanel Ben-Zuar. 6 Sein Heer zählte 54.400 Mann. 7 Dann kam der Stamm Sebulon mit seinem Fürsten Eliab Ben-Helon. 8 Sein Heer zählte 57.400 Mann. 9 Zum Lager Juda gehörten also insgesamt 186.400 Mann. Diese Abteilung sollte beim Weitermarsch zuerst aufbrechen.

10 Auf der Südseite hatten die Verbände des Lagers von Ruben ihren Platz. Fürst der Nachkommen Rubens war Elizur Ben-Schedëur. 11 Sein Heer zählte 46.500 Mann. 12 Neben ihm schlug der Stamm Simeon sein Lager auf. Fürst der Nachkommen Simeons war Schelumiël Ben-Zurischaddai. 13 Sein Heer zählte 59.300 Mann. 14 Dann kam der Stamm Gad mit seinem Fürsten Eljasaf Ben-Dëuël. 15 Sein Heer zählte 45.650 Mann. 16 Zum Lager Ruben gehörten also insgesamt 151.450 Mann. Diese Abteilung sollte beim Weitermarsch als zweite aufbrechen.

17 Dann sollte das Zelt der Gottesbegegnung aufbrechen, das Lager der Leviten in der Mitte der anderen Lager. Wie sie ihre Zelte aufgeschla-

gen hatten, so sollten sie aufbrechen, jeder an seiner Stelle, Feldzeichen um Feldzeichen. 18 Auf der Westseite hatten die Verbände des Lagers von Efraïm ihren Platz. Fürst der Nachkommen Efraïms war Elischama Ben-Ammihud. 19 Sein Heer zählte 40.500 Mann. 20 Neben ihm schlug der Stamm Manasse sein Lager auf. Fürst der Nachkommen Manasses war Gamliël Ben-Pedazur. 21 Sein Heer zählte 32.200 Mann. 22 Dann kam der Stamm Benjamin mit seinem Fürsten Abidan Ben-Gidoni. 23 Sein Heer zählte 35.400 Mann. 24 Zum Lager Efraïm gehörten also insgesamt 108.100 Mann. Diese Abteilung sollte beim Weitermarsch als dritte aufbrechen.

25 Auf der Nordseite hatten die Verbände des Lagers von Dan ihren Platz. Fürst der Nachkommen Dans war Ahiëser Ben-Ammischaddai. 26 Sein Heer zählte 62.700 Mann. 27 Neben ihm schlug der Stamm Ascher sein Lager auf. Fürst der Nachkommen Aschers war Pagiël Ben-Ochran. 28 Sein Heer zählte 41.500 Mann. 29 Dann kam der Stamm Naftali mit seinem Fürsten Ahira Ben-Enan. 30 Sein Heer zählte 53.400 Mann. 31 Zum Lager Dan gehörten also insgesamt 157.600 Mann. Diese Abteilung sollte beim Weitermarsch zuletzt aufbrechen.

32 Das waren die Gemusterten der Israeliten nach ihren Familien. Die Gesamtzahl aller Verbände aller Lager betrug 603.550. 33 Aber die Leviten wurden nicht mit den Israeliten gemustert, wie Jahwe es Mose befohlen hatte. 34 Die Israeliten machten alles genauso,

wie Jahwe es Mose befohlen hatte. Sie schlugen ihr Lager nach ihren Verbänden auf und brachen auf, jeder bei seiner Sippe mit seiner Familie.

Die Musterung der Leviten

3 1 Es folgt das Verzeichnis der Stammesverwandten von Aaron und Mose, die zu der Zeit lebten, als Jahwe auf dem Berg Sinai mit Mose redete. 2 Aarons Söhne waren Nadab, der Erstgeborene, dann Abihu, Eleasar und Itamar. 3 Sie waren durch Salbung zu Priestern geweiht und eingesetzt worden. 4 Nadab und Abihu starben vor Jahwe, als sie ihm in der Wüste Sinai ein unerlaubtes Feueropfer brachten. Sie hatten keine Söhne. So versahen Eleasar und Itamar den priesterlichen Dienst unter Aufsicht ihres Vaters Aaron.

5 Jahwe sagte zu Mose: 6 »Lass die Männer des Stammes Levi herkommen und vor den Priester Aaron treten. Sie sollen seine Helfer sein. 7 Sie sollen ihm und der ganzen Gemeinschaft vor dem Zelt der Gottesbegegnung dienen und die notwendigen Arbeiten an der Wohnung verrichten. 8 Sie sollen alle Gegenstände, die zum Zelt der Gottesbegegnung gehören, in Ordnung halten und stellvertretend für die Israeliten die Arbeit an der Wohnung verrichten. 9 Du sollst die Leviten Aaron und seinen Söhnen übergeben, denn sie sind ihnen von den übrigen Israeliten gegeben* worden. 10 Aaron und seine

---

3,9 *gegeben.* Wörtlich: »Gegebene«. Dieser Begriff wurde später zur Bezeichnung für die Tempeldiener.

Nachkommen sollst du mit dem Priesterdienst beauftragen. Jeder Unbefugte, der sich das anmaßt, soll getötet werden.«

11 Jahwe sagte weiter zu Mose: 12 »Pass auf! Ich selbst habe die Leviten anstelle eurer erstgeborenen Söhne für mich ausgesondert. Sie gehören mir. 13 Denn jede Erstgeburt gehört mir. Als ich im Land Ägypten jede Erstgeburt tötete, habe ich mir alles vorbehalten, was zuerst aus dem Mutterschoß kommt. Es gehört mir, Jahwe.«

14 In der Wüste Sinai sagte Jahwe noch zu Mose: 15 »Mustere die Nachkommen Levis nach ihren Familien und Sippen, und zwar alle männlichen, die älter als einen Monat sind.« 16 Mose tat, was Jahwe ihm befohlen hatte. 17 Die Söhne Levis waren Gerschon, Kehat und Merari. 18 Die Söhne Gerschons waren Libni und Schimi, 19 die Söhne Kehats Amram, Jizhar, Hebron und Usiël, 20 und die Söhne Meraris Machli und Muschi. Das sind die Sippen der Leviten nach ihren Familien geordnet.

21 Zu Gerschon gehörten die Sippen Libni und Schimi. 22 Die Gesamtzahl ihrer männlichen Angehörigen, die älter waren als einen Monat, betrug 7500. 23 Die Sippen der Gerschoniten schlugen ihr Lager hinter der Wohnung im Westen auf. 24 Ihr Oberhaupt war Eljasaf Ben-Laël. 25 Die Gerschoniten hatten beim Zelt der Gottesbegegnung für die Wohnung und das Zeltdach zu sorgen, für seine Decke und den Vorhang am Eingang zum Zelt, 26 für die Behänge des Vorhofs, der die Wohnung und den Altar umgibt,

und die dazugehörigen Seile, und für den Vorhang am Eingang des Vorhofs.

27 Zu Kehat gehörten die Sippen Amram, Jizhar, Hebron und Usiël. 28 Die Gesamtzahl ihrer männlichen Angehörigen, die älter als einen Monat und für den Dienst im Heiligtum bestimmt waren, betrug 8600. 29 Die Sippen der Kehatiten schlugen ihr Lager an der Südseite der Wohnung auf. 30 Ihr Oberhaupt war Elizafan Ben-Usiël. 31 Sie hatten für die Lade zu sorgen, für den Tisch, den Leuchter, die Altäre und die heiligen Geräte, mit denen man den Dienst versieht, sowie den Vorhang, samt aller Arbeit daran.

32 Über den Oberhäuptern der Leviten stand der Priester Eleasar Ben-Aaron. Er hatte die Aufsicht über alle, die mit einer Aufgabe beim Heiligtum betraut waren.

33 Zu Merari gehörten die Sippen Machli und Muschi. 34 Die Gesamtzahl ihrer männlichen Angehörigen, die älter waren als einen Monat, betrug 6200. 35 Ihr Oberhaupt war Zuriël Ben-Abihajil. Sie schlugen ihr Lager an der Nordseite der Wohnung auf. 36 Die Merariten hatten für die Bretter der Wohnung zu sorgen, für ihre Riegel, Säulen, Bodenplatten und alles weitere Zubehör, samt aller Arbeit daran, 37 ebenso für die Säulen des Vorhofs ringsum und ihre Sockel, Pflöcke und Seile.

38 An der Ostseite der Wohnung, vor dem Zelt der Gottesbegegnung, schlugen Mose, Aaron und dessen Söhne ihr Lager auf. Sie erfüllten ihre Aufgabe für das Heiligtum, wie es den Israeliten aufgetragen war. Doch

jeder andere, der sich das anmaßte, musste getötet werden.

39 Die Gesamtzahl der Leviten, die Mose und Aaron nach Jahwes Befehl musterten, alle männlichen Personen, die älter als einen Monat waren, betrug 22.000.

40 Jahwe sagte zu Mose: »Mustere alle männlichen Erstgeborenen der Israeliten, die älter als einen Monat sind und nimm ihre Zahl auf. 41 Dann beanspruche für mich die Leviten anstelle aller Erstgeborenen bei den Israeliten – ich bin Jahwe – und das Vieh der Leviten anstelle aller erstgeborenen Tiere der Israeliten.« 42 Da musterte Mose alle Erstgeborenen bei den Israeliten, wie Jahwe es ihm befohlen hatte 43 und kam auf eine Gesamtzahl von 22.273.

44 Da sagte Jahwe zu Mose: 45 »Beanspruche die Leviten anstelle aller Erstgeborenen bei den Israeliten und das Vieh der Leviten anstelle ihres Viehs. Die Leviten sollen mir gehören, ich bin Jahwe! 46 Zur Auslösung der 273 Erstgeborenen, die die Zahl der Leviten übersteigen, 47 sollst du pro Kopf je fünf Silberstücke nehmen, die dem Gewicht des Heiligtums entsprechen, zwölf Gramm das Stück*. 48 Das Geld sollst du zur Auslösung der überzähligen Israeliten Aaron und seinen Söhnen geben.« 49 Mose nahm das Lösegeld von den Überzähligen, die durch die Leviten nicht ausgelöst waren. 50 Von den Erstgeborenen der Israeliten nahm er das Geld, 1365 Silberstücke nach dem Gewicht des Heiligtums. 51 Mose gab das Lösegeld Aaron und seinen Söhnen, wie Jahwe es ihm befohlen hatte.

Die Kehatiten

4 1 Jahwe sagte zu Mose und Aaron: 2 »Ermittelt die Zahl der Kehatiten unter den Leviten nach ihren Sippen und Familien. 3 Es geht um alle, die zwischen 30 und 50 Jahre alt und zum Dienst am Zelt der Gottesbegegnung verpflichtet sind. 4 Sie sind für das Höchstheilige verantwortlich. 5 Wenn das Lager weiterzieht, sollen Aaron und seine Söhne hineingehen, den verhüllenden Vorhang abnehmen und über die Lade mit dem Bundesgesetz decken. 6 Dann sollen sie eine Decke aus Tachasch-Leder* darüber ausbreiten und oben darauf ein Tuch aus violettem Purpur. Zum Schluss sollen sie die Stangen anbringen. 7 Auch über den Tisch, auf dem das geweihte Brot ausgelegt ist, sollen sie ein Tuch aus violettem Purpur ausbreiten und darauf die Schüsseln und Schalen, die Opferschalen und die Kannen zum Trankopfer stellen. Auch das beständige Brot soll darauf liegen. 8 Darüber sollen sie ein Tuch aus Karmesin ausbreiten und dies mit einer Decke aus Tachasch-Leder bedecken. Zum Schluss sollen sie die Stangen anbringen. 9 Dann sollen sie den Leuchter samt seinen Lichtschalen in ein Tuch aus violettem Purpur einhüllen, außerdem die Dochtscheren, Feuerbecken und Ölgefäße, die dazugehören. 10 Dann müssen sie alles zusammen in eine

---

3,47 *zwölf Gramm das Stück.* Wörtlich: zwanzig Gera der Schekel. Nach archäologischen Funden kann das Durchschnittsgewicht eines Schekel mit 11,5 Gramm angenommen werden.

4,6 *Tachasch-Leder.* Weichgegerbtes Leder aus Tümmler- oder Dachshäuten.

Decke aus Tachasch-Leder wickeln und es auf die Trage legen. *11* Auch über den goldenen Altar sollen sie ein Tuch aus violettem Purpur ausbreiten, eine Decke aus Tachasch-Leder darüberlegen und seine Stangen anbringen. *12* Alle anderen Geräte, die man zum Dienst im Heiligtum braucht, sollen sie in ein Tuch aus violettem Purpur hüllen, dann in eine Decke aus Tachasch-Leder einwickeln und es auf die Trage legen. *13* Dann sollen sie den Altar von der Fettasche* reinigen und ein Tuch aus rotem Purpur darüber ausbreiten. *14* Auf dieses Tuch sollen sie alle Geräte legen, die zum Dienst am Altar gebraucht werden: die Feuerbecken, Fleischgabeln, Schaufeln und Sprengschalen. Schließlich müssen sie eine Decke aus Tachasch-Leder darüber decken und seine Stangen anbringen. *15* Erst wenn Aaron und seine Söhne beim Aufbruch des Lagers das Heiligtum und alle seine Gegenstände vollständig bedeckt haben, sollen die Nachkommen Kehats kommen, um sie zu tragen. Sie dürfen das Heilige nicht berühren, sonst müssen sie sterben. Das alles haben die Kehatiten vom Zelt der Gottesbegegnung zu tragen.

16 Eleasar, der Sohn des Priesters Aaron, hat die Aufsicht über das Öl für das Licht, die Weihrauchmischung, das regelmäßige Speisopfer und das Salböl, die Verantwortung für die ganze Wohnung und alles, was darin ist, das Heiligtum und alle seine Gegenstände.«

17 Jahwe sagte zu Mose und Aaron: *18* »Ihr müsst Sorge dafür tragen, dass der Stamm der Kehatitensippen unter den Leviten nicht ausgerottet wird. *19* Ihr müsst Folgendes für sie tun, damit sie am Leben bleiben und nicht sterben, wenn sie in die Nähe des Höchstheiligen kommen: Aaron und seine Söhne sollen hineingehen und jedem Einzelnen zuweisen, was er zu tun und zu tragen hat. *20* Sie dürfen nicht von sich aus hineingehen, damit sie nicht einen Augenblick lang das Heilige sehen. Sonst müssen sie sterben.«

Die Gerschoniten

21 Jahwe sagte zu Mose: *22* »Ermittle auch die Zahl der Gerschoniten nach ihren Sippen und Familien. *23* Es geht um alle, die zwischen 30 und 50 Jahre alt und zum Dienst am Zelt der Gottesbegegnung verpflichtet sind. *24* Die Gerschoniten haben Folgendes zu tun und zu tragen: *25* Sie sollen die Zeltbahnen der Wohnung und das Zelt tragen, seine Decke und die Tachasch-Decke, die darüber liegt, und den Vorhang vom Eingang des Zeltes, *26* dazu die Behänge des Vorhofs, der die Wohnung und den Altar umgibt, den Vorhang vom Eingang, die Seile und alle Arbeitsgeräte. Sie sollen alles tun, was dabei anfällt. *27* Die Arbeit der Gerschoniten soll auf Anordnung Aarons und seiner Söhne hin geschehen. Sie sollen sie anweisen, was sie zu tragen und zu tun haben.« *28* Das ist die Arbeit der Gerschoniten am Zelt der Gottesbegegnung, die unter der Aufsicht des Priesters Itamar Ben-Aaron getan werden soll.

4,13 *Fettasche* bildet sich aus verbrannten Holz- und Fettstücken.

Die Merariten

29 Auch die Merariten sollst du nach ihren Sippen und Familien mustern. 30 Es geht um alle, die zwischen 30 und 50 Jahre alt und zum Dienst am Zelt der Gottesbegegnung verpflichtet sind. 31 Bei ihrem Dienst am Zelt haben sie die Bretter der Wohnung zu tragen, ihre Riegel, Säulen und Bodenplatten, 32 die Säulen des Vorhofs ringsum, ihre Sockel, Pflöcke und Seile und alle Arbeitsgeräte dazu. Ihr sollt ihnen die Gegenstände, die sie zu tragen haben, mit Namen einzeln zuweisen.« 33 Das ist die Arbeit der Merariten am Zelt der Gottesbegegnung, die unter der Aufsicht des Priesters Itamar Ben-Aaron getan werden soll.

Die Zahl der dienstfähigen Leviten

34 Mose, Aaron und die Oberhäupter der Gemeinschaft musterten nun die Kehatiten nach ihren Sippen und Familien 35 und zwar alle, die zwischen 30 und 50 Jahre alt und zum Dienst am Zelt der Gottesbegegnung verpflichtet waren. 36 Es waren 2750 Männer 37 von den Sippen der Kehatiten, die am Zelt der Gottesbegegnung dienten und nach Anordnung Jahwes an Mose von Mose und Aaron gemustert wurden. 38 Von den Gerschoniten wurden nach ihren Sippen und Familien alle gemustert, 39 die zwischen 30 und 50 Jahre alt und zum Dienst am Zelt der Gottesbegegnung verpflichtet waren. 40 Es waren 2630 Männer 41 von den Sippen der Gerschoniten, die am Zelt der Gottesbegegnung dienten und nach Anordnung Jahwes von Mose und Aaron gemustert wurden.

42 Von den Merariten wurden nach ihren Sippen und Familien alle gemustert, 43 die zwischen 30 und 50 Jahre alt und zum Dienst am Zelt der Gottesbegegnung verpflichtet waren. 44 Es waren 3200 Männer 45 von den Sippen der Merariten, die nach Anordnung Jahwes an Mose von Mose und Aaron gemustert wurden. 46 Die Gesamtzahl der gemusterten Leviten 47 zwischen 30 und 50 Jahren, die zum Dienst am Zelt der Gottesbegegnung verpflichtet wurden, 48 war 8580. 49 Nach dem Befehl Jahwes betraute man jeden von ihnen unter Moses Leitung mit dem, was er zu tun und zu tragen hatte.

Wenn jemand unrein ist

5 1 Jahwe sagte zu Mose: 2 »Befiehl den Israeliten, dass sie alle aus dem Lager weisen, die an Aussatz oder Ausfluss leiden oder sich durch die Berührung einer Leiche unrein gemacht haben. 3 Das gilt für Männer und Frauen. Ihr sollt sie vor das Lager schicken, damit sie das Lager, in dem ich wohne, nicht verunreinigen.« 4 Die Israeliten machten es so und wiesen die Betroffenen vor das Lager hinaus, wie Jahwe es Mose angewiesen hatte.

Eigentumsvergehen

5 Jahwe befahl Mose, 6 den Israeliten zu sagen: »Wenn ein Mann oder eine Frau irgendeine Sünde begeht – so wie die Menschen sie begehen und dadurch Jahwe untreu werden – wird diese Person schuldig. 7 Dann sollen sie ihre Sünde bekennen, die sie begangen haben. Dann soll man voll erstatten, was man schuldig ist, und

noch ein Fünftel hinzufügen. Man soll es dem geben, an dem man schuldig geworden ist. *8* Gibt es aber keinen nahen Verwandten*, dem man die Schuld zurückerstatten kann, dann gehört der erstattete Schuldbetrag Jahwe und fällt dem Priester zu, zusätzlich zu dem Schafbock, mit dem er Sühne für ihn erwirkt. *9* Und jede Abgabe von allen heiligen Gaben der Israeliten, die sie zum Priester bringen, soll diesem gehören. *10* Jede heilige Gabe soll ihm gehören, was jemand dem Priester gibt, soll diesem gehören.«

Verdacht auf Ehebruch

11 Jahwe befahl Mose, *12* den Israeliten zu sagen:»Wenn eine Ehefrau auf Abwege gerät und ihrem Mann untreu wird, *13* wenn sie also mit einem anderen Mann schläft und es bleibt ihrem Ehemann verborgen; sie bleibt unentdeckt, obwohl sie sich verunreinigt hat, es gibt keinen Zeugen und sie ist nicht ertappt worden; *14* und wenn dann ein Geist der Eifersucht über ihn kommt, dass er eifersüchtig auf seine Frau wird, weil sie sich wirklich verunreinigt hat, oder es kommt ein Geist der Eifersucht über ihn, dass er eifersüchtig auf seine Frau wird, obwohl sie sich nicht verunreinigt hat, *15* dann soll der Mann seine Frau zum Priester bringen und als Opfergabe für sie gut zwei Liter* Gerstenmehl mitbringen. Er darf kein Öl darauf gießen und keinen Weihrauch darauf legen, denn es ist ein Eifersuchtsopfer, ein Erinnerungsopfer, das Schuld aufdeckt. *16* Der Priester soll die Frau herantreten lassen und vor Jahwe stellen. *17* Er soll ein Tongefäß mit geweihtem Wasser nehmen und Staub vom Boden der Wohnung hineinstreuen. *18* Dann muss er die Frau vor Jahwe stellen. Er soll ihr das Haar auflösen und ihr das Erinnerungsopfer in die Hände legen, das Opfer der Eifersucht. Das bittere, fluchbringende Wasser soll der Priester in der Hand halten. *19* Dann soll er die Frau schwören lassen und zu ihr sagen: ›Wenn kein fremder Mann mit dir geschlafen hat und du deinen Mann nicht betrogen hast, dann bleibst du unversehrt von diesem bitteren, fluchbringenden Wasser. *20* Wenn du aber deinen Mann mit einem anderen betrogen hast, wenn du auf Abwege geraten bist und dich verunreinigt hast, wenn ein anderer als dein Mann mit dir geschlafen hat‹ – *21* jetzt soll der Priester die Frau den Fluch schwören lassen und zu ihr sagen – ›dann mache Jahwe dich zum Schwur- und Fluchwort in deinem Volk, indem Jahwe deine Hüfte einfallen und deinen Bauch anschwellen lässt. *22* Dieses fluchbringende Wasser soll in deine Eingeweide kommen, deinen Bauch anschwellen und deine Hüfte schwinden lassen.‹ Die Frau soll sprechen: ›Amen, Amen!‹* *23* Danach soll der Priester diese Flüche auf ein Blatt schreiben und sie im bitteren Wasser abwaschen. *24* Er soll die Frau das bittere, fluchbringende Wasser trinken

---

5,8 *Verwandten.* Das setzt offenbar voraus, dass der Geschädigte nicht mehr am Leben ist.

5,15 *zwei Liter.* Wörtlich: 1/10 Efa = 2,2 Liter = bei Mehl etwa 1 Kilogramm.

5,23 *Amen.* Hebräisch: *Es werde wahr!* Oder: *So sei es!*

lassen, damit dieses Fluchwasser in sie eindringt und ihr bittere Schmerzen bereitet. 25 Dann soll der Priester aus der Hand der Frau das Eifersuchtsopfer nehmen, es vor Jahwe hin und her schwingen und zum Altar bringen. 26 Von diesem Opfer soll er eine Handvoll zum Verbrennen nehmen und auf dem Altar in Rauch aufgehen lassen. Danach soll er der Frau das Wasser zu trinken geben. 27 Wenn das geschehen ist, wird das Wasser in ihr wirken. Falls sie sich verunreinigt hat und ihrem Mann untreu geworden ist, wird das fluchbringende Wasser in sie eindringen und ihr bittere Schmerzen verursachen. Ihr Bauch wird anschwellen und ihre Hüfte einfallen. Die Frau wird zum Fluchwort in ihrem Volk werden. 28 Falls sich die Frau aber nicht verunreinigt hat und rein ist, wird sie unversehrt und fruchtbar bleiben.«

29 Das ist das Eifersuchtsgesetz für eine Frau, die ihren Mann betrügt und sich verunreinigt, 30 oder wenn der Geist der Eifersucht über einen Mann kommt und er eifersüchtig auf seine Frau wird, soll er sie vor Jahwe bringen und der Priester soll mit ihr nach diesem Gesetz verfahren. 31 Der Mann wird von Schuld frei sein, die Frau aber muss ihre Schuld tragen.

Wenn Menschen sich Gott weihen

6 1 Jahwe befahl Mose, 2 den Israeliten zu sagen: »Wenn ein Mann oder eine Frau das besondere Gelübde eines Nasiräers ablegt, um sich Jahwe zu weihen, 3 dann soll er sich von Wein und Bier enthalten. Er soll nichts trinken, was aus Wein oder Bier zubereitet wurde, auch keinen Traubensaft. Er darf weder frische noch getrocknete Weintrauben essen. 4 Während seiner ganzen Weihezeit darf er nichts zu sich nehmen, was vom Weinstock stammt, nicht einmal Kerne oder Schalen. 5 Während der ganzen Zeit seines Gelübdes darf er sich Haar und Bart nicht schneiden. Bis die Zeit um ist, für die er sich Jahwe geweiht hat, soll er sein Haupthaar frei wachsen lassen. 6 Die ganze Zeit, für die er sich Jahwe geweiht hat, darf er sich keinem Toten nähern. 7 Nicht einmal an seinem Vater, seiner Mutter, seinem Bruder oder seiner Schwester darf er sich verunreinigen, wenn sie sterben, denn die Weihe seines Gottes ist über ihm.

8 Während der ganzen Zeit seiner Weihe ist der Nasiräer Jahwe geweiht. 9 Wenn nun jemand ganz plötzlich neben ihm stirbt und sein geweihtes Haupt dadurch unrein wird, dann soll er am siebten Tag, an dem er wieder rein wird, seine Haare abschneiden*. 10 Am achten Tag soll er zwei Turteltauben oder zwei andere Tauben zum Priester an den Eingang zum Zelt der Gottesbegegnung bringen. 11 Der Priester soll die eine als Sünd- und die andere als Brandopfer* darbringen und so Sühne für den Betroffenen erwirken, weil er sich wegen des Toten versündigt hat. Dann soll er dessen

---

6,9 Haare abschneiden. Nach rabbinischer Tradition musste das abgeschnittene Haar begraben werden, weil es als verunreinigt galt.

6,11 Beim *Brandopfer* wurde das geschlachtete Tier vollständig auf dem Altar verbrannt.

Haupt an diesem Tag wieder heiligen. *12* Der Betreffende muss sich noch einmal für die gleiche Zeit Jahwe weihen und ein einjähriges Lamm als Schuldopfer* bringen, denn die erste Zeit ist verfallen, weil seine Weihe unrein gemacht worden ist.

13 So lautet das Nasiräergesetz: Wenn die Zeit seiner Weihe um ist, soll man ihn an den Eingang zum Zelt der Gottesbegegnung bringen. *14* Dort soll er Jahwe seine Gabe übergeben: ein einjähriges männliches Lamm als Brandopfer, ein einjähriges weibliches Lamm als Sündopfer* und einen Schafbock als Freudenopfer*. Alle Tiere müssen ohne Fehler sein.

15 Dazu einen Korb mit ungesäuerten Broten, es sollen Lochbrote* von Feinmehl sein, das vor dem Backen mit Öl vermengt wurde, und Fladenbrote, die mit Öl bestrichen wurden, und die dazugehörigen Speis- und Trankopfer.

6,12 Beim *Schuldopfer* wurde die Sünde auf ein Opfertier übertragen, und es musste Wiedergutmachung geleistet werden.

6,14 Beim *Sündopfer* musste das Opfertier die Sünde und die Todesstrafe dafür auf sich nehmen und wurde zum Teil auf dem Altar und zum Teil außerhalb vom Lager verbrannt.

Beim *Freudenopfer* wurde im Gegensatz zum Brandopfer nur das Fett auf dem Altar verbrannt. Der größte Teil des Tieres durfte bei einer fröhlichen Opfermahlzeit gemeinsam mit Verwandten und Freunden verzehrt werden.

6,15 *Lochbrot.* Ein runder Brotlaib, der in der Mitte durchstoßen ist und so auf einer Stange aufgehängt werden kann zum Schutz gegen Schimmel und Tierfraß.

6,18 *in das Feuer werfen.* Es wurde nicht als Opfer verbrannt, sondern nur, um seine Entweihung zu verhindern.

16 Das alles soll der Priester zu Jahwe bringen und sowohl das Sünd- als auch das Brandopfer vollziehen. *17* Den Schafbock soll er Jahwe als Freudenopfer darbringen, samt dem Korb mit den ungesäuerten Broten. Dann soll er das Speis- und Trankopfer darbringen. *18* Der Nasiräer soll am Eingang vom Zelt der Gottesbegegnung sein geweihtes Haar abschneiden und in das Feuer werfen*, das unter dem Freudenopfer brennt. *19* Der Priester aber soll das gekochte Schulterstück des Schafbocks nehmen, ein ungesäuertes Lochbrot und ein Fladenbrot aus dem Korb und alles auf die Hände des Nasiräers legen, dem das Weihezeichen geschoren wurde. *20* Der Priester soll sie dann selbst in die Hand nehmen und vor Jahwe hin und her schwingen. Es ist eine heilige Gabe für den Priester, samt der geweihten Brust und der als Abgabe bestimmten Keule. Danach darf der Nasiräer wieder Wein trinken.

21 Das ist das Gesetz für den Nasiräer, der ein Gelübde ablegt, für seine Opfergabe, die er Jahwe bringt, abgesehen von dem, was er sonst noch aufbringen kann. Seinem Gelübde gemäß soll er handeln. So entspricht es dem Gesetz seiner Weihe.«

Der priesterliche Segen

22 Jahwe befahl Mose, *23* Aaron und seinen Söhnen zu sagen: »So sollt ihr die Israeliten segnen. Sagt:

24 Jahwe segne dich / und behüte dich! *25* Möge sein Angesicht über dir leuchten / und er dir gnädig sein! *26* Jahwe blicke dich freundlich an / und gebe dir Frieden!

27 So sollen sie meinen Namen auf die Israeliten legen, und ich werde sie segnen.«

Die Weihgaben der Stammesfürsten

7 1 An dem Tag, als Mose die Wohnung fertig aufgerichtet, sie mit all ihren Gegenständen, dem Altar und allen dazugehörigen Geräten gesalbt und geheiligt hatte, 2 brachten die Fürsten Israels, die Oberhäupter ihrer Sippen, die Fürsten der Stämme und Führer der Gemusterten 3 ihre Gaben vor Jahwe. Es waren sechs Planwagen und zwölf Rinder, je einen Wagen von zwei Fürsten und je ein Rind von einem Fürst. Sie brachten sie vor die Wohnung.

4 Jahwe sagte zu Mose: 5 »Nimm sie von ihnen an. Sie sollen am Zelt der Gottesbegegnung Verwendung finden. Übergib sie den Leviten entsprechend den Anforderungen ihrer Arbeit.« 6 Da nahm Mose die Wagen und die Rinder an und übergab sie den Leviten. 7 Zwei Wagen und vier Rinder gab er den Gerschoniten für ihren Dienst. 8 Vier Wagen und acht Rinder gab er den Merariten entsprechend ihrem Dienst unter der Leitung des Priesters Itamar Ben-Aaron. 9 Den Kehatiten gab er nichts, denn ihr Dienst bezog sich auf die Gegenstände im Heiligtum, die nur auf den Schultern getragen werden durften. 10 Außerdem brachten die Fürsten an dem Tag, an dem der Altar gesalbt wurde, Gaben zu seiner Einweihung. 11 Doch Jahwe sagte zu Mose: »Jeden Tag soll nur ein Fürst seine Gabe zur Einweihung des Altars bringen.«

12 Am ersten Tag brachte Nachschon Ben-Amminadab vom Stamm Juda seine Gabe. 13 Es war eine Silberschüssel im Gewicht von 1500 Gramm* und eine 800 Gramm* schwere Sprengschale aus Silber, nach dem Gewicht des Heiligtums. Beide enthielten als Speisopfer Feinmehl, das mit Olivenöl vermengt war. 14 Dazu kam noch eine 115 Gramm* schwere Schale aus Gold, die mit Weihrauch gefüllt war. 15 Dann brachte er noch einen jungen Stier, einen Schafbock und ein einjähriges Lamm zum Brandopfer, 16 einen Ziegenbock zum Sündopfer 17 und zwei Rinder, fünf Schafböcke, fünf Ziegenböcke und fünf einjährige Lämmer zum Freudenopfer. Das war die Gabe von Nachschon Ben-Amminadab.

18 Am zweiten Tag brachte Netanel Ben-Zuar, der Fürst des Stammes Issachar, seine Gabe. 19 Es war eine Silberschüssel im Gewicht von 1500 Gramm und eine 800 Gramm schwere Sprengschale aus Silber nach dem Gewicht des Heiligtums. Beide enthielten als Speisopfer Feinmehl, das mit Olivenöl vermengt war. 20 Dazu kam noch eine 115 Gramm schwere Schale aus Gold, die mit Weihrauch gefüllt war. 21 Dann brachte er noch einen jungen Stier, einen Schafbock und ein einjähriges Lamm zum

---

7,13 *1500 Gramm.* Wörtlich: 130 Schekel. Nach dem Gewicht des Heiligtums (4. Mose 3,47) waren das 11,5 Gramm pro Schekel = 1495 Gramm.

800 Gramm. Wörtlich: 70 Schekel.

7,14 *115 Gramm.* Wörtlich: 10 Schekel.

Brandopfer, 22 einen Ziegenbock zum Sündopfer 23 und zwei Rinder, fünf Schafböcke, fünf Ziegenböcke und fünf einjährige Lämmer zum Freudenopfer. Das war die Gabe von Netanel Ben-Zuar. 24 Am dritten Tag brachte der Fürst des Stammes Sebulon, Eliab Ben-Helon, seine Gabe. 25 Es war eine Silberschüssel im Gewicht von 1500 Gramm und eine 800 Gramm schwere Sprengschale nach dem Gewicht des Heiligtums. Beide enthielten als Speisopfer Feinmehl, das mit Olivenöl vermengt war. 26 Dazu kam noch eine 115 Gramm schwere Schale aus Gold, die mit Weihrauch gefüllt war. 27 Dann brachte er noch einen jungen Stier, einen Schafbock und ein einjähriges Lamm zum Brandopfer, 28 einen Ziegenbock zum Sündopfer 29 und zwei Rinder, fünf Schafböcke, fünf Ziegenböcke und fünf einjährige Lämmer zum Freudenopfer. Das war die Gabe von Eliab Ben-Helon. 30 Am vierten Tag brachte der Fürst des Stammes Ruben, Elizur Ben-Schedëur, seine Gabe. 31 Es war eine Silberschüssel im Gewicht von 1500 Gramm und eine 800 Gramm schwere Sprengschale nach dem Gewicht des Heiligtums. Beide enthielten als Speisopfer Feinmehl, das mit Oliven-öl vermengt war. 32 Dazu kam noch eine 115 Gramm schwere Schale aus Gold, die mit Weihrauch gefüllt war. 33 Dann brachte er noch einen jungen Stier, einen Schafbock und ein einjähriges Lamm zum Brandopfer, 34 einen Ziegenbock zum Sündopfer 35 und zwei Rinder, fünf Schafböcke, fünf Ziegenböcke und fünf einjährige Lämmer zum Freudenopfer.

Das war die Gabe von Elizur Ben-Schedëur. 36 Am fünften Tag brachte der Fürst des Stammes Simeon, Schelumiël Ben-Zurischaddai, seine Gabe. 37 Es war eine Silberschüssel im Gewicht von 1500 Gramm und eine 800 Gramm schwere Sprengschale nach dem Gewicht des Heiligtums. Beide enthielten als Speisopfer Feinmehl, das mit Olivenöl vermengt war. 38 Dazu kam noch eine 115 Gramm schwere Schale aus Gold, die mit Weihrauch gefüllt war. 39 Dann brachte er noch einen jungen Stier, einen Schafbock und ein einjähriges Lamm zum Brandopfer, 40 einen Ziegenbock zum Sündopfer 41 und zwei Rinder, fünf Schafböcke, fünf Ziegenböcke und fünf einjährige Lämmer zum Freudenopfer. Das war die Gabe von Schelumiël Ben-Zurischaddai. 42 Am sechsten Tag brachte der Fürst des Stammes Gad, Eljasaf Ben-Dëuël, seine Gabe. 43 Es war eine Silberschüssel im Gewicht von 1500 Gramm und eine 800 Gramm schwere Sprengschale nach dem Gewicht des Heiligtums. Beide enthielten als Speisopfer Feinmehl, das mit Olivenöl vermengt war. 44 Dazu kam noch eine 115 Gramm schwere Schale aus Gold, die mit Weihrauch gefüllt war. 45 Dann brachte er noch einen jungen Stier, einen Schafbock und ein einjähriges Lamm zum Brandopfer, 46 einen Ziegenbock zum Sündopfer 47 und zwei Rinder, fünf Schafböcke, fünf Ziegenböcke und fünf einjährige Lämmer zum Freudenopfer. Das war die Gabe von Eljasaf Ben-Dëuël. 48 Am siebten Tag brachte der Fürst des Stammes Efraïm, Elischama Ben-

Ammihud, seine Gabe. *49* Es war eine Silberschüssel im Gewicht von 1500 Gramm und eine 800 Gramm schwere Sprengschale nach dem Gewicht des Heiligtums. Beide enthielten als Speisopfer Feinmehl, das mit Olivenöl vermengt war. *50* Dazu kam noch eine 115 Gramm schwere Schale aus Gold, die mit Weihrauch gefüllt war. *51* Dann brachte er noch einen jungen Stier, einen Schafbock und ein einjähriges Lamm zum Brandopfer, *52* einen Ziegenbock zum Sündopfer *53* und zwei Rinder, fünf Schafböcke, fünf Ziegenböcke und fünf einjährige Lämmer zum Freudenopfer. Das war die Gabe von Elischama Ben-Ammihud.

54 Am achten Tag brachte der Fürst des Stammes Manasse, Gamliël Ben-Pedazur, seine Gabe. *55* Es war eine Silberschüssel im Gewicht von 1500 Gramm und eine 800 Gramm schwere Sprengschale nach dem Gewicht des Heiligtums. Beide enthielten als Speisopfer Feinmehl, das mit Olivenöl vermengt war. *56* Dazu kam noch eine 115 Gramm schwere Schale aus Gold, die mit Weihrauch gefüllt war. *57* Dann brachte er noch einen jungen Stier, einen Schafbock und ein einjähriges Lamm zum Brandopfer, *58* einen Ziegenbock zum Sündopfer *59* und zwei Rinder, fünf Schafböcke, fünf Ziegenböcke und fünf einjährige Lämmer zum Freudenopfer. Das war die Gabe von Gamliël Ben-Pedazur.

60 Am neunten Tag brachte der Fürst des Stammes Benjamin, Abidan Ben-Gidoni, seine Gabe. *61* Es war eine Silberschüssel im Gewicht von 1500 Gramm und eine 800 Gramm schwere Sprengschale nach dem Gewicht des Heiligtums. Beide enthielten als Speisopfer Feinmehl, das mit Olivenöl vermengt war. *62* Dazu kam noch eine 115 Gramm schwere Schale aus Gold, die mit Weihrauch gefüllt war. *63* Dann brachte er noch einen jungen Stier, einen Schafbock und ein einjähriges Lamm zum Brandopfer, *64* einen Ziegenbock zum Sündopfer *65* und zwei Rinder, fünf Schafböcke, fünf Ziegenböcke und fünf einjährige Lämmer zum Freudenopfer. Das war die Gabe von Abidan Ben-Gidoni.

66 Am zehnten Tag brachte der Fürst des Stammes Dan, Ahiëser Ben-Ammischaddai, seine Gabe. *67* Es war eine Silberschüssel im Gewicht von 1500 Gramm und eine 800 Gramm schwere Sprengschale nach dem Gewicht des Heiligtums. Beide enthielten als Speisopfer Feinmehl, das mit Olivenöl vermengt war. *68* Dazu kam noch eine 115 Gramm schwere Schale aus Gold, die mit Weihrauch gefüllt war. *69* Dann brachte er noch einen jungen Stier, einen Schafbock und ein einjähriges Lamm zum Brandopfer, *70* einen Ziegenbock zum Sündopfer *71* und zwei Rinder, fünf Schafböcke, fünf Ziegenböcke und fünf einjährige Lämmer zum Freudenopfer. Das war die Gabe von Ahiëser Ben-Ammischaddai.

72 Am elften Tag brachte der Fürst des Stammes Ascher, Pagiël Ben-Ochran, seine Gabe. *73* Es war eine Silberschüssel im Gewicht von 1500 Gramm und eine 800 Gramm schwere Sprengschale nach dem Gewicht des Heiligtums. Beide enthielten als Speisopfer Feinmehl, das mit Olivenöl vermengt war. *74* Dazu kam noch eine

115 Gramm schwere Schale aus Gold, die mit Weihrauch gefüllt war. 75 Dann brachte er noch einen jungen Stier, einen Schafbock und ein einjähriges Lamm zum Brandopfer, 76 einen Ziegenbock zum Sündopfer 77 und zwei Rinder, fünf Schafböcke, fünf Ziegenböcke und fünf einjährige Lämmer zum Freudenopfer. Das war die Gabe von Pagiël Ben-Ochran.

78 Am zwölften Tag brachte der Fürst des Stammes Naftali, Ahira Ben-Enan, seine Gabe. 79 Es war eine Silberschüssel im Gewicht von 1500 Gramm und eine 800 Gramm schwere Sprengschale nach dem Gewicht des Heiligtums. Beide enthielten als Speisopfer Feinmehl, das mit Olivenöl vermengt war. 80 Dazu kam noch eine 115 Gramm schwere Schale aus Gold, die mit Weihrauch gefüllt war. 81 Dann brachte er noch einen jungen Stier, einen Schafbock und ein einjähriges Lamm zum Brandopfer, 82 einen Ziegenbock zum Sündopfer 83 und zwei Rinder, fünf Schafböcke, fünf Ziegenböcke und fünf einjährige Lämmer zum Freudenopfer. Das war die Gabe von Ahira Ben-Enan.

84 Das war die Gabe der Fürsten Israels zur Salbung und Einweihung des Altars: zwölf Silberschüsseln, zwölf Sprengschalen aus Silber und zwölf goldene Schalen. 85 Eine Silberschüssel wog 1500 Gramm und eine Sprengschale 800 Gramm. Insgesamt waren es nach dem Gewicht des Heiligtums rund 28 Kilogramm* Silber. 86 Dazu kamen die mit Weihrauch gefüllten zwölf goldenen Schalen mit einem Goldgewicht von insgesamt rund 1400 Gramm*. 87 Es waren zum Brandopfer: zwölf Stiere, zwölf Schafböcke, zwölf einjährige Lämmer und die dazugehörigen Speisopfer, und zwölf Ziegenböcke zum Sündopfer. 88 Zum Freudenopfer waren es insgesamt 24 Stiere, 60 Schafböcke, 60 Ziegenböcke und 60 einjährige Lämmer. Das war die Gabe zur Einweihung des Altars, nachdem er gesalbt worden war.

89 Wenn Mose in das Zelt der Gottesbegegnung hineinging, um mit Gott zu reden, hörte er dessen Stimme von der Deckplatte herab zu ihm sprechen, die auf der Bundeslade lag, zwischen den beiden Cherubim* hervor.

Die Pflege des goldenen Leuchters

8 1 Jahwe sagte zu Mose, 2 er solle Aaron Folgendes weitergeben: »Wenn du die sieben Lampen aufsetzt, dann sollen sie ihr Licht nach vorn fallen lassen.« 3 Aaron machte es so: Er setzte die Lampen so auf, dass ihr Licht vor den Leuchter* fiel, wie Jahwe es Mose gesagt hatte. 4 Der Leuchter bestand aus reinem Gold und war vom Fuß bis zu den Blüten aus einem Stück getrieben. Nach dem Bild, das Jahwe Mose gezeigt hatte, war der Leuchter hergestellt worden.

7,85 *28 Kilogramm.* Wörtlich: 2400 Schekel.

7,86 *1400 Gramm.* Wörtlich: 120 Schekel.

7,89 *Cherub*, Mehrzahl: *Cherubim.* Majestätisches (Engel)Wesen, das Gottes Herrlichkeit repräsentiert. Zwei Cherubim-Figuren waren auf dem Deckel der Bundeslade angebracht.

8,3 *Leuchter.* Hebräisch: *menorah.* Die genaue Beschreibung findet sich in 2. Mose 25,31-40.

Die Einsetzung der Leviten

⁵ Jahwe sagte zu Mose: ⁶ »Sondere die Leviten aus den Israeliten aus und reinige* sie! ⁷ Das sollst du folgendermaßen tun: Besprenge sie mit Entsündigungswasser und sorge dafür, dass sie ihren ganzen Körper rasieren und ihre Kleider waschen, damit sie rein werden. ⁸ Dann sollen sie einen jungen Stier nehmen und das dazugehörige Speisopfer: mit Öl vermengtes Feinmehl. Auch du sollst einen jungen Stier zum Sündopfer nehmen. ⁹ Lass dann die Leviten vor das Zelt der Gottesbegegnung treten und die ganze Gemeinde der Israeliten zusammenkommen. ¹⁰ Du sollst die Leviten vor Jahwe stellen, und die Israeliten sollen ihre Hände auf sie legen. ¹¹ Aaron soll Jahwe die Leviten als Weihgabe der Israeliten darbringen, damit sie den Dienst für Jahwe tun. ¹² Und die Leviten sollen ihre Hände auf den Kopf der jungen Stiere stützen. Einen der beiden Stiere sollst du Jahwe als Sündopfer und den anderen als Brandopfer darbringen, um Sühne für die Leviten zu erwirken. ¹³ Auf diese Weise sollst du die Leviten vor Aaron und seine Söhne stellen und sie als Weihgabe Jahwe bringen. ¹⁴ So werden sie von den Israeliten ausgesondert, damit sie mir gehören.

¹⁵ Danach sollen die Leviten mit ihrem Dienst am Zelt der Gottesbegegnung beginnen. Du sollst sie also reinigen und Jahwe als Weihgabe bringen. ¹⁶ Denn sie sind mir von den Israeliten als besonderes Eigentum gegeben, als Ersatz für alle erstgeborenen Söhne Israels habe ich sie angenommen. ¹⁷ Denn mir gehört alles, was zuerst aus dem Mutterschoß kommt, von Mensch und Tier. An dem Tag, als ich jede Erstgeburt in Ägypten erschlug, habe ich sie für mich geweiht ¹⁸ und die Leviten anstelle der Erstgeborenen Israels angenommen. ¹⁹ Dann habe ich die Leviten Aaron und seinen Nachkommen als Gabe der Israeliten übergeben, damit sie den Dienst am Zelt der Gottesbegegnung anstelle der Israeliten tun, um für sie Sühne zu erwirken. So wird keine Plage über die Israeliten kommen, wenn diese sich dem Heiligtum nähern.«

²⁰ Mose, Aaron und die ganze Menge der Israeliten machten es so mit den Leviten, genauso, wie Jahwe es Mose befohlen hatte. ²¹ Die Leviten ließen sich entsündigen und wuschen ihre Kleider. Aaron brachte sie dann als Weihgabe vor Jahwe dar und erwirkte Sühne für sie, um sie zu reinigen. ²² Danach traten die Leviten ihren Dienst bei Aaron und seinen Söhnen im Zelt der Gottesbegegnung an. So wie Jahwe es Mose für die Leviten aufgetragen hatte, machten es die Israeliten.

Das Dienstalter der Leviten

²³ Jahwe sagte zu Mose: ²⁴ »Für die Leviten gilt Folgendes: Mit 25 Jahren*

8,6 *reinige.* Leviten wurden nur gereinigt, nicht geweiht wie die Priester.

8,24 *Mit 25 Jahren.* In 4. Mose 4,3.23.30 wurde das Alter mit 30 Jahren angegeben, was sich dort aber auf das Tragen verschiedener Teile der Stiftshütte bezog. Ihren allgemeinen Hilfsdienst begannen die Leviten schon mit 25 Jahren. David setzte später das Eintrittsalter auf 20 Jahre herab (1. Chronik 23,24.27; Esra 3,8).

soll ein Levit in die Arbeit am Zelt der Gottesbegegnung eintreten. 25 Wer 50 Jahre alt ist, soll von der Dienstverpflichtung zurücktreten und keinen Dienst mehr tun. 26 Er kann seinen Brüdern bei der Arbeit am Zelt helfen, soll aber keinen Dienst mehr tun. So sollst du es mit den Leviten und ihren Aufgaben halten.«

Zur Passaordnung

9 1 Im April* des zweiten Jahres nach dem Auszug aus Ägypten redete Jahwe in der Wüste Sinai zu Mose. Er sagte: 2 »Die Israeliten sollen das Passa* zur festgesetzten Zeit feiern 3 und zwar am 14. Tag dieses Monats am späten Nachmittag* zur festgelegten Zeit. Ihr sollt es nach allen Ordnungen und Vorschriften tun.« 4 Mose sagte den Israeliten, dass sie das Passa feiern sollten. 5 So feierten sie das Fest am späten Nachmittag des 14. April in der Wüste Sinai, wie Jahwe es Mose angewiesen hatte. Genauso taten sie es.

6 Es gab aber Männer, die an einem Toten unrein geworden waren und das Passa an diesem Tag nicht feiern konnten. Sie kamen zu Mose und Aaron 7 und sagten zu ihnen: »Wir sind an einem Toten unrein geworden. Warum soll es uns verwehrt sein, die Opfergabe für Jahwe zur festgesetzten Zeit zu bringen?« 8 Mose entgegnete: »Wartet, ich will hören, was Jahwe für euch anordnet.«

9 Jahwe befahl Mose, 10 den Israeliten zu sagen: »Wenn jemand bei euch oder euren nachfolgenden Generationen an einem Toten unrein geworden ist oder sich auf einer weiten Reise befindet und trotzdem Jahwe das Passa feiern will, 11 der soll es am 14. Tag des nächsten Monats am späten Nachmittag tun. Man soll es zu ungesäuerten Broten und bitteren Kräutern essen. 12 Sie dürfen nichts bis zum nächsten Morgen übrig lassen und keinen seiner Knochen zerbrechen. Sie müssen die Passaordnung einhalten. 13 Wer aber rein ist und sich nicht auf einer Reise befindet und es trotzdem unterlässt, das Passa zu feiern, soll von der Volksgemeinschaft beseitigt werden, denn er hat die Opfergabe für Jahwe nicht zur festgesetzten Zeit gebracht. Dieser Mann muss seine Schuld tragen. 14 Wenn ein Fremder bei euch lebt und Jahwe das Passa feiern will, soll er es nach den Ordnungen und Vorschriften des Passafestes tun. Für den Fremden und den Einheimischen im Land gilt dieselbe Ordnung.«

Die Wolken- und Feuersäule

15 An dem Tag, als man die Wohnung, das Zelt der Gottesbegegnung, aufrichtete, wurde sie von der Wolke bedeckt – der Wolke, die vom Abend bis zum Morgen wie ein Feuerschein leuchtete. 16 So war es ständig: Tagsüber stand die Wolke über der Wohnung, nachts war es der Feuerschein. 17 Immer, wenn die Wolke sich vom Zelt erhob, brachen die Israeliten auf.

9,1 *April*. Wörtlich: *im ersten Monat.*

9,2 *Passa*. Siehe 2. Mose 12-13.

9,3 *späten Nachmittag*. Wörtlich: *Zwischen den zwei Abenden*. Gemeint ist wahrscheinlich die Zeit zwischen Niedergang (15 Uhr) und Untergang der Sonne.

Und dort, wo die Wolke sich niederließ, lagerten sie. *18* Nach dem Befehl Jahwes brachen die Israeliten auf und nach seinem Befehl schlugen sie ihr Lager auf. Sie blieben immer so lange, wie die Wolke auf dem Zelt ruhte. *19* Wenn die Wolke viele Tage auf der Wohnung stehen blieb, folgten die Israeliten der Weisung Jahwes und machten einen längeren Aufenthalt. *20* Blieb sie nur wenige Tage, zogen sie entsprechend früher weiter, immer nach Jahwes Befehl. *21* Es kam auch vor, dass die Wolke nur eine Nacht blieb oder nur einen Tag und eine Nacht. Wenn die Wolke sich erhob, brachen sie auf. *22* Oder es waren zwei Tage oder einen Monat oder längere Zeit – wenn die Wolke auf der Wohnung ruhte, schlugen die Israeliten ihr Lager auf und blieben so lange, bis sie sich wieder erhob. *23* Nach dem Befehl Jahwes blieben sie und nach dem Befehl Jahwes brachen sie auf. Sie befolgten die Anweisung, die Jahwe ihnen durch Mose gegeben hatte.

Die silbernen Trompeten

10 *1* Jahwe sagte zu Mose: *2* »Lass zwei Trompeten aus getriebenem Silber anfertigen. Sie sollen dazu dienen, die Gemeinschaft zusammenzurufen und das Zeichen zum Aufbruch zu geben. *3* Wenn man beide bläst, soll sich die ganze Gemeinschaft bei dir am Eingang zum Zelt der Gottesbegegnung versammeln. *4* Wenn man nur eine bläst, sollen sich die Fürsten, die Oberhäupter der Heereseinheiten Israels bei dir versammeln. *5* Wenn ihr das Signal blast, sollen die Stämme aufbrechen, die im Osten lagern. *6* Blast ihr das Signal zum zweiten Mal, sollen die Stämme aufbrechen, die im Süden lagern. *7* Wenn aber die Versammlung einberufen werden soll, dürft ihr nicht dieses Signal blasen. *8* Die Trompeten sollen von den Nachkommen Aarons, den Priestern, geblasen werden. Das ist eine immerwährende Ordnung, die auch für nachfolgende Generationen gilt. *9* Und wenn ihr gegen einen Feind, der in euer Land einfällt, in den Krieg ziehen müsst, dann sollt ihr mit den Trompeten das Signal geben. Dann wird bei Jahwe, eurem Gott, an euch gedacht werden, und ihr werdet vor euren Feinden gerettet. *10* Auch bei freudigen Anlässen, an den Festen und Neumondstagen, sollt ihr die Trompeten zu euren Brand- und Freudenopfern blasen. Sie sollen euch vor Gott in Erinnerung bringen. Ich bin Jahwe, euer Gott.«

Aufbruch vom Sinai

11 Im zweiten Jahr nach dem Auszug aus Ägypten, am 20. Mai*, erhob sich die Wolke von der Wohnung des Bundesgesetzes. *12* Da zogen die Israeliten aus der Wüste Sinai weiter von Lagerplatz zu Lagerplatz, bis sich die Wolke in der Wüste Paran* niederließ. *13* So brachen sie zum ersten Mal auf, wie Jahwe es Mose befohlen hatte.

14 Zuerst brach die Abteilung unter dem Feldzeichen des Stammes Juda auf. Judas Heeresverband wurde von

10,11 *am 20. Mai.* Wörtlich: am 20. des 2. Monats. Als Jahr können wir 1444 v.Chr. annehmen.

10,12 *Die Wüste Paran* liegt irgendwo im Zentral-Sinai.

Nachschon Ben-Amminadab geführt. *15* Der Heeresverband des Stammes Issachar wurde von Netanel Ben-Zuar geführt *16* und der Heeresverband des Stammes Sebulon von Eliab Ben-Helon. *17* Nachdem die Wohnung abgebaut war, brachen die Gerschoniten und die Merariten auf, die die Wohnung trugen.

18 Dann kam die Abteilung unter dem Feldzeichen des Stammes Ruben. Rubens Heeresverband wurde von Elizur Ben-Schedëur geführt. *19* Der Heeresverband des Stammes Simeon wurde von Schelumiël Ben-Zurischaddai geführt und *20* der Heeresverband des Stammes Gad von Eljasaf Ben-Dëuël. *21* Dann brachen die Kehatiten auf, die das Heilige trugen. Und man baute die Wohnung auf, bis sie ankamen.

22 Hinter ihnen zog die Abteilung unter dem Feldzeichen des Stammes Efraïm. Efraïms Heeresverband wurde von Elischama Ben-Ammihud geführt. *23* Der Heeresverband des Stammes Manasse wurde von Gamliël Ben-Pedazur geführt und *24* der Heeresverband des Stammes Benjamin von Abidan Ben-Gidoni.

25 Die Nachhut für alle Lager bildete die Abteilung unter dem Feldzeichen des Stammes Dan. Dans Heeresverband wurde von Ahiëser Ben-Ammischaddai geführt. *26* Der Heeresverband des Stammes Ascher wurde von Pagiël Ben-Ochran geführt *27* und der Heeresverband des Stammes Naftali von Ahira Ben-Enan. *28* So brachen die Israeliten auf, Heerschar um Heerschar.

29 Mose sagte zu Hobab*, dem Sohn seines midianitischen Schwiegervaters Reguel: »Wir machen uns jetzt auf den Weg zu dem Ort, den Jahwe uns versprochen hat. Geh mit uns! Wir werden dir Gutes tun, denn Jahwe hat Israel Gutes zugesagt.« *30* Doch Hobab erwiderte: »Nein, ich werde nicht mitkommen, sondern in mein Land und zu meiner Verwandtschaft gehen.« *31* »Verlass uns doch nicht!«, bat Mose. »Du weißt, wo wir uns in der Wüste lagern können, und sollst uns als Auge dienen. *32* Wenn du mit uns kommst und all das Gute geschieht, das Jahwe uns zugesagt hat, werden wir auch dir Gutes tun.«

33 So zogen sie vom Berg Jahwes aus drei Tagereisen weit. Die Bundeslade Jahwes zog vor ihnen her, um den Lagerplatz zu bestimmen, *34* und die Wolke Jahwes war über ihnen, wenn sie auszogen. *35* Immer wenn die Lade aufbrach, sagte Mose:

»Steh auf, Jahwe! / Dann laufen
deine Feinde auseinander, / dann
fliehen die, die dich hassen.«

36 Und wenn sie Halt machte, sagte er:
»Komm wieder Jahwe, / zu den
Abertausenden* Israels!«

Unzufriedenheit unter dem Volk

11 *1* Das Volk lag Jahwe mit schweren Klagen in den Ohren. Als Jahwe das vernahm, entflammte sein Zorn. Er schickte ein Feuer, das am Rand des Lagers

---

10,29 *Hobab.* Siehe 2. Mose 2,18-21!

10,36 *Abertausenden.* Wörtlich: Zehntausenden der Tausenden (Heereseinheiten).

aufloderte und um sich fraß. ² Da schrie das Volk zu Mose um Hilfe. Mose betete zu Jahwe und das Feuer fiel in sich zusammen. ³ Den Ort nannte man Tabera, Brand, weil das Feuer Jahwes gegen sie aufgelodert war.

⁴ Doch das hergelaufene Volk*, das unter ihnen war, wurde gierig. Aber auch die Israeliten fingen wieder an zu jammern und sagten: »Wer gibt uns Fleisch zu essen? ⁵ Wir denken an die Fische, die wir in Ägypten umsonst bekamen, an die Gurken und Melonen, den Porree, die Zwiebeln und den Knoblauch. ⁶ Uns ist jetzt der Appetit vergangen, denn nichts von alldem ist da. Hier sehen wir immer nur das Manna.«

⁷ Das Manna war wie Koriandersamen* und sah aus wie Bedolach-Harz*. ⁸ Die Leute streiften umher, sammelten es ein, zermahlten es in Handmühlen oder zerstampften es in Mörsern, sie kochten es im Topf oder machten Brotfladen daraus. Es hatte einen Geschmack wie Ölkuchen. ⁹ Wenn nachts der Tau auf das Lager fiel, fiel auch das Manna.

¹⁰ Mose hörte die Leute jammern, eine Sippe wie die andere. Sie standen vor ihren Zelten und der Zorn Jahwes flammte heftig auf. Das missfiel Mose sehr. ¹¹ Er sagte zu Jahwe: »Warum behandelst du deinen Diener so schlecht und womit habe ich es verdient, dass du die Last dieses ganzen Volkes auf mich legst? ¹² Bin ich denn mit diesem Volk schwanger gegangen oder habe ich es geboren, dass du von mir verlangst, es wie ein Wärter an der Brust zu tragen und in das Land zu bringen, das du ihren Vätern zugesagt hast? ¹³ Woher soll ich denn Fleisch

nehmen, um es diesem ganzen Volk zu geben? Sie liegen mir in den Ohren mit ihrem Geschrei und wollen Fleisch zu essen haben. ¹⁴ Ich allein kann dieses Volk nicht tragen. Das ist mir zu schwer. ¹⁵ Wenn du aber weiter so mit mir umgehen willst, dann töte mich lieber, wenn du mir gnädig bist, damit ich mein Unglück nicht länger ansehen muss.«

¹⁶ Da sagte Jahwe zu Mose: »Versammle mir siebzig Männer von den Ältesten Israels, von denen du weißt, dass sie sich als Aufseher des Volkes bewährt haben, und nimm sie mit zum Zelt der Gottesbegegnung. Dort sollen sie sich mit dir hinstellen. ¹⁷ Dann komme ich herab und rede dort mit dir. Ich nehme von dem Geist, der auf dir ruht, und lege ihn auf sie. So können sie zusammen mit dir an der Last des Volkes tragen, und du musst es nicht mehr allein tun. ¹⁸ Zum Volk aber sollst du sagen: ›Heiligt euch für morgen, da werdet ihr Fleisch zu essen haben, denn ihr habt Jahwe die Ohren vollgejammert und gefragt, wer euch Fleisch zu essen gibt, denn in Ägypten wäre es euch ja gut gegangen.‹ Jahwe wird euch Fleisch geben, das ihr essen könnt. ¹⁹ Und das nicht nur ein, zwei Tage lang, auch nicht nur fünf, zehn oder zwanzig Tage, ²⁰ sondern einen gan-

---

11,4 *hergelaufenes Volk.* Siehe 2. Mose 12,38!

11,7 *Koriandersamen.* Die Übersetzung des hebräischen Wortes »gad« mit Koriander, dessen 2-3 Millimeter große Samenkörner grau-weiß sind, ist nicht sicher.

Bedolach. Ein duftendes durchscheinendes Edelharz.

zen Monat, bis es euch zum Hals heraushängt und euch übel davon wird. Denn ihr habt Jahwe verworfen, der unter euch gegenwärtig ist, und vor ihm gesagt: ›Warum sind wir nur aus Ägypten gezogen?‹« 21 Da erwiderte Mose: »Das Volk, zu dem ich gehöre, zählt allein 600.000 wehrfähige Männer, und du sagst, dass du ihnen einen Monat lang Fleisch zu essen geben willst? 22 Können denn so viele Schafe, Ziegen und Rinder für sie geschlachtet werden, dass es für alle genug ist? Oder soll man alle Fische des Meeres für sie fangen, dass es reicht?« 23 Jahwe sagte zu Mose: »Ist die Hand Jahwes etwa zu kurz? Jetzt wirst du sehen, ob mein Wort eintrifft oder nicht.«

24 Mose ging hinaus und teilte dem Volk mit, was Jahwe ihm gesagt hatte. Dann versammelte er siebzig Männer von den Ältesten Israels und stellte sie rings um das Zelt auf. 25 Da kam Jahwe in der Wolke herab und sprach mit ihm. Er nahm von dem Geist, der auf ihm ruhte, und legte ihn auf die siebzig Männer, die Ältesten. Als der Geist Gottes über sie kam, redeten sie auf einmal wie Propheten, aber nur für kurze Zeit. 26 Zwei von den Männern, die auf der Liste standen, waren nicht zum Zelt hinausgegangen, sondern im Lager zurückgeblieben. Einer hieß Eldad, der andere Medad. Auch auf sie kam der Geist und sie redeten wie Propheten im Lager. 27 Da lief ein junger Mann zu Mose und berichtete ihm: »Im Lager reden Eldad und Medad wie Propheten.« 28 Josua Ben-Nun, der von Jugend an Moses Diener war, sagte: »Lass das nicht zu, mein Herr, Mose!« 29 Aber Mose sagte zu ihm: »Was eiferst du für mich? Könnten doch alle im Volk Jahwes Propheten sein, weil Jahwe seinen Geist auf sie legt!« 30 Dann zog Mose sich mit den Ältesten Israels ins Lager zurück.

31 Nun brach ein Wind los, von Jahwe geschickt. Er trieb Wachteln vom Meer heran und ließ sie ins Lager einfallen. Sie flatterten im Umkreis von etwa 30 Kilometern in einem Meter* Höhe über dem Boden. 32 Den ganzen Rest des Tages, die folgende Nacht und noch den nächsten Tag sammelte das Volk die Wachteln ein. Das wenigste, was einer zusammenbrachte, waren etwa eine halbe Tonne* Fleisch. Sie breiteten die Tiere rings um das Lager zum Dörren aus. 33 Doch hatten sie das Fleisch noch zwischen den Zähnen, es war noch nicht zerkaut, da flammte Jahwes Zorn gegen sie auf. Er schlug zu und traf das Volk mit einem schweren Schlag. 34 Deshalb nannte man den Ort Kibrot-Taawa, Lustgräber, weil man dort die Leute begrub, die von der Gier gepackt worden waren. 35 Von Kibrot-Taawa zog das Volk nach Hazerot* und schlug dort sein Lager auf.

11,31 30 ... *Meter*. Wörtlich: *einen Tagesmarsch weit und zwei Ellen Höhe.* Andere verstehen den Text so, dass die Vögel einen Meter hoch auf dem Boden lagen und die Israeliten hindurchwaten mussten, was aber nicht zu Vers 32 passt.

11,32 *eine halbe Tonne.* Wörtlich: 10 Homer (Eselsladungen) = 2200 Liter Hohlraum = etwa 5000 Wachteln.

11,35 *Hazerot.* Dritter Lagerplatz, nachdem die Israeliten den Sinai verlassen hatten. Vielleicht En Khadra, 64 Kilometer nordöstlich von Dschebel Musa, wenn dies der Berg Sinai bzw. Horeb war (2. Mose 3,1).

Rebellion der eigenen Geschwister

12 *1* Mirjam und Aaron* redeten schlecht über Mose, weil er eine kuschitische* Frau geheiratet hatte. *2* Sie sagten: »Spricht Jahwe wirklich nur durch Mose? Spricht er nicht auch durch uns?« Jahwe hörte es. *3* Mose war ein demütiger Mann, bescheidener als alle anderen Menschen auf der Welt.

4 Da sagte Jahwe plötzlich zu Mose, Aaron und Mirjam: »Geht zum Zelt der Gottesbegegnung hinaus, ihr drei!« So gingen sie aus dem Lager. *5* Da kam Jahwe in einer Wolkensäule herab, stellte sich an den Eingang des Zeltes und rief Aaron und Mirjam. Beide traten vor, *6* und er sagte: »Hört her! Wenn ein Prophet Jahwes unter euch ist, dann offenbare ich mich ihm in einer Vision oder ich spreche im Traum zu ihm. *7* Mit meinem Diener Mose aber ist es anders. Ihm habe ich die Verwaltung über mein ganzes Volk anvertraut. *8* Mit ihm rede ich von Mund zu Mund, in klaren und eindeutigen Worten. Er nimmt sogar Jahwes Gestalt wahr. Wie konntet ihr es wagen, schlecht über meinen Knecht Mose zu reden?« *9* Der Zorn Jahwes flammte gegen sie auf, und er ging weg.

10 Als die Wolke das Zelt verlassen hatte, stellte sich plötzlich heraus, dass Mirjam von Aussatz überschneit war. Aaron drehte sich zu ihr um, und wirklich: Sie war aussätzig. *11* Da sagte er zu Mose: »Bitte, mein Herr, leg nicht die Schuld dafür auf uns, dass wir uns erdreistet und gesündigt haben. *12* Lass Mirjam doch nicht wie eine Totgeburt sein, deren Körper schon halb verwest ist, wenn sie aus dem Mutterschoß kommt!«

13 Da schrie Mose zu Jahwe: »Gott, lass sie doch wieder gesund werden!« *14* Jahwe antwortete: »Wenn ihr Vater ihr ins Gesicht gespuckt hätte, müsste sie sich sieben Tage lang schämen. Deshalb soll sie auch sieben Tage lang außerhalb des Lagers eingeschlossen bleiben. Dann könnt ihr sie wieder aufnehmen.« *15* So wurde Mirjam sieben Tage außerhalb vom Lager eingeschlossen. Das Volk zog aber nicht weiter, bis Mirjam wieder aufgenommen war. *16* Dann verließen sie Hazerot und schlugen ihr Lager in der Wüste Paran auf.

Die Erkundung des Landes Kanaan

13 *1* Jahwe sagte zu Mose: *2* »Du kannst einige Männer losschicken*, die das Land Kanaan erkunden sollen, das ich den Nachkommen Israels geben will! Nimm dazu aus jedem Stamm je einen der führenden Männer!« *3* Da schickte Mose die Männer von der Wüste Paran aus los, wie Jahwe es ihm erlaubt hatte. Sie

---

12,1 *Mirjam und Aaron* waren ältere Geschwister von *Mose.* Mirjam war etwa sieben Jahre älter (2. Mose 2,4), Aaron drei Jahre (2. Mose 7,7). Mose war zu diesem Zeitpunkt (ein reichliches Jahr nach dem Auszug aus Ägypten) 81 Jahre alt.

Kuschitisch. Gemeint ist wohl nicht das Land Kusch (Nubien), sondern Kuschan in der Nachbarschaft von Midian (Habakuk 3,7). Dann würde es sich um die midianitische Priestertochter (2. Mose 2,15-22) handeln, die Anstoß erregte.

13,1 *losschicken.* Die Verbform macht deutlich, dass Gott hier keinen Befehl, sondern eine Erlaubnis gab (vgl. 5. Mose 1,22).

alle waren Führer unter den Israeliten. *4* Es waren aus dem Stamm Ruben: Schammua Ben-Sakkur; *5* aus dem Stamm Simeon: Schafat Ben-Hori; *6* aus dem Stamm Juda: Kaleb Ben-Jefunne; *7* aus dem Stamm Issachar: Jigal Ben-Josef; *8* aus dem Stamm Efraïm: Hoschea Ben-Nun; *9* aus dem Stamm Benjamin: Palti Ben-Rafu; *10* aus dem Stamm Sebulon: Gaddiël Ben-Sodi; *11* aus dem Stamm Manasse: Gaddi Ben-Susi; *12* aus dem Stamm Dan: Ammiël Ben-Gemalli; *13* aus dem Stamm Ascher: Setur Ben-Michael; *14* aus dem Stamm Naftali: Nachbi Ben-Wofsi; *15* aus dem Stamm Gad: Gëuël Ben-Machi. *16* Diese zwölf Männer schickte Mose aus, um das Land zu erkunden. Hoschea Ben-Nun gab er den Namen Josua*.

17 Als Mose sie losschickte, sagte er zu ihnen:»Nehmt den Weg durch den Negev* und steigt dann auf das Gebirge. *18* Seht euch das Land und die Menschen dort genau an. Findet heraus, ob sie stark oder schwach, wenig oder zahlreich sind, *19* ob das Land gut oder schlecht ist! Achtet darauf, ob sie in offenen Siedlungen wohnen oder in befestigten Städten. *20* Seht, ob das Land fruchtbar ist und ob es dort Wälder gibt. Fasst Mut und bringt Proben von den Früchten des Landes mit!« Es war gerade die Jahreszeit, in der die ersten Trauben reif werden.

21 So zogen sie hinauf und erkundeten das Land von der Wüste Zin* bis Rehob bei Lebo-Hamat*. *22* Sie zogen durch den Negev und kamen nach Hebron*. Dort wohnten Ahiman, Scheschai und Talmai, die Nachkommen Anaks. Die Stadt Hebron war noch vor Zoan* in Ägypten gegründet worden. *23* Als die Männer schließlich ins Traubental* kamen, schnitten sie eine Weinranke mit einer Traube ab und trugen sie an einer Stange, auch Granatäpfel und Feigen nahmen sie mit. *24* Das Tal bekam erst später den Namen Wadi Eschkol, Traubental, weil die Israeliten dort eine Traube abgeschnitten hatten. *25* Vierzig Tage lang hatten sie das Land erkundet *26* und kehrten dann zu Mose und Aaron und der ganzen Gemeinschaft Israels nach Kadesch* in die Wüste Paran zurück.

13,16 Josua. Hebräisch: *Jehoschua.* Hoschea bedeutet: Rettung. Durch Hinzufügung des J verweisen die ersten beiden Konsonanten JH jetzt auf Jahwe. Also bedeutet Josua: Jahwe ist Rettung.

13,17 Negev. Das heiße Südland Israels, zum Teil gebirgige Wüste. In biblischer Zeit war der Negev noch fruchtbar und besaß 29 Städte (Josua 15,21-32).

13,21 Zin. Wüste südlich von Kanaan, offenbar ein Teil der Wüste Paran.

Rehob bei Lebo-Hamat. Orte im Libanon, etwa 70 Kilometer nördlich vom Gipfel des Hermon entfernt.

13,22 Hebron. Die Stadt liegt etwa 35 km südlich von Jerusalem und 30 km westlich vom Toten Meer.

Zoan. Die Stadt ist wahrscheinlich mit Tanis identisch, das im nordöstlichen Teil des Nildeltas lag.

13,23 Traubental. Offenbar auf der Rückreise kamen die Kundschafter durch dieses Bach- oder Flusstal (Wadi), das nur in der Regenzeit Wasser führte. Das muss wieder in der Nähe von Hebron gewesen sein.

13,26 Kadesch (Kadesch-Barnea) lag an der Südgrenze von Kanaan, etwa 80 km südwestlich von Beerscheba.

Sie erstatteten ihnen Bericht und zeigten die mitgebrachten Früchte. 27 Sie berichteten Mose: »Wir sind in dem Land gewesen, in das du uns geschickt hast. Es ist wirklich ein Land, das von Milch und Honig überfließt. Sieh dir nur diese Früchte an! 28 Allerdings ist das Volk, das dort wohnt, stark, und seine Städte sind groß und gut befestigt. Und dann haben wir auch noch die Söhne Anaks dort gesehen! 29 Im Negev wohnen die Amalekiter, im Bergland die Hetiter, Jebusiter und Amoriter, am Meer und in der Jordanebene die Kanaaniter.« 30 Kaleb beschwichtigte das Volk, das über Mose aufgebracht war. Er sagte: »Wir werden hinaufziehen und das Land in Besitz nehmen! Wir können es sehr wohl erobern.« 31 Aber die anderen Kundschafter sagten: »Wir können es nicht! Das Volk im Land ist stärker als wir.« 32 Sie erzählten den Israeliten schreckliche Dinge über das Land, das sie erkundet hatten. »Dieses Land verschlingt seine Bewohner«, sagten sie. »Alle Leute, die wir gesehen haben, sind sehr groß, 33 besonders die Nachkommen Anaks, die Riesen. Ihnen gegenüber kamen wir uns wie Heuschrecken vor. Und so haben sie auch uns angesehen.«

Aufruhr im Volk

14 1 Da fing die ganze Volksgemeinschaft an, laut zu schreien. Und sie weinten die ganze Nacht. 2 Alle Israeliten beklagten sich über Mose und Aaron, und die ganze Menge sagte zu ihnen: »Wären wir doch im Land Ägypten gestorben oder hier in der Wüste. 3 Wozu bringt uns Jahwe in dieses Land? Sollen wir jetzt im Kampf umkommen, sollen unsere Frauen und unsere kleinen Kinder zur Beute werden? Wäre es nicht besser für uns, nach Ägypten zurückzukehren?« 4 Schon sagten einige zueinander: »Lasst uns einen neuen Anführer wählen und nach Ägypten zurückkehren!«

5 Da warfen sich Mose und Aaron vor den Augen der ganzen Versammlung der Israeliten nieder, mit dem Gesicht zum Boden. 6 Doch Josua Ben-Nun und Kaleb Ben-Jefunne von den Kundschaftern rissen entsetzt ihre Gewänder ein* 7 und sagten der ganzen Menge der Israeliten: »Das Land, das wir erkundet haben, ist sehr, sehr gut. 8 Wenn Jahwe Gefallen an uns hat, wird er uns in dieses Land bringen, ein Land, das von Milch und Honig überfließt. 9 Lehnt euch doch nicht gegen ihn auf! Und habt doch keine Angst vor dem Volk dieses Landes! Wir werden sie verschlingen wie Brot, denn ihr Schutz ist von ihnen gewichen und Jahwe ist mit uns! Fürchtet euch doch nicht vor ihnen!« 10 Schon sprach die ganze Menge davon, sie zu steinigen, da erschien die Herrlichkeit Jahwes allen Israeliten am Zelt der Gottesbegegnung.

11 Jahwe sagte zu Mose: »Wie lange will mich dieses Volk noch verachten? Wie lange noch wollen sie mir nicht glauben, obwohl ich ihnen so viele Zeichen meiner Macht und Fürsorge

---

14,6 *rissen ... ein*. Als Zeichen von Trauer und Entsetzen riss man vom Halsausschnitt an das Gewand mit einem heftigen Ruck etwa eine Handlänge ein.

gab? *12* Ich will sie mit der Pest schlagen und beseitigen. Aber dich werde ich zu einem Volk machen, größer und stärker als sie.« *13* Doch Mose sagte zu Jahwe:»Aber das werden die Ägypter hören. Denn aus ihrer Mitte hast du dieses Volk durch deine Kraft herausgeführt. *14* Und sie werden zu den Bewohnern dieses Landes sagen, sie hätten gehört, dass du, Jahwe, bei diesem Volk bist, dass du ihnen Auge in Auge erscheinst, dass deine Wolke über ihnen steht und du in einer Wolkensäule vor ihnen hergehst bei Tag und in einer Feuersäule bei Nacht. *15* Wenn du nun dieses Volk auf einen Schlag tötest, werden die Völker, die von deinen Taten gehört haben, sagen: *16* ›Weil Jahwe dieses Volk nicht in das Land bringen konnte, das er ihnen mit Eid zugesichert hatte, schlachtete er sie in der Wüste ab.‹ *17* Gerade jetzt möge die Kraft Jahwes sich als groß erweisen, wie du gesagt hast: *18* ›Jahwe ist sehr geduldig und gnädig, er vergibt Schuld und Vergehen, lässt aber nicht ungestraft, sondern sucht die Schuld der Väter an den Söhnen heim bis zur dritten und vierten Generation.‹ *19* Vergib doch die Schuld dieses Volkes, wie es deiner großen Gnade entspricht und wie du diesem Volk von Ägypten an bis hierher immer wieder vergeben hast!«

20 Da sagte Jahwe:»Ich vergebe nach deinem Wort! *21* Aber so gewiss ich lebe, und die ganze Erde von der Herrlichkeit Jahwes erfüllt werden wird: *22* Alle Männer, die meine Herrlichkeit und meine Wunderzeichen gesehen haben, die ich in Ägypten und in der Wüste tat, und die mich nun zehnmal auf die Probe gestellt und

nicht auf mich gehört haben, *23* sie werden das Land nicht sehen, das ich ihren Vorfahren unter Eid zugesagt habe. Alle, die mich verachten, werden es nicht sehen. *24* Aber meinen Diener Kaleb, in dem ein anderer Geist war und der treu zu mir gehalten hat, ihn werde ich in das Land bringen, das er schon betreten hat, und seine Nachkommen werden es in Besitz nehmen. *25* Die Amalekiter und Kanaaniter bleiben in der Ebene wohnen. Brecht also morgen auf und zieht durch die Wüste in Richtung Schilfmeer.«

Vierzig Jahre Wüste

26 Jahwe sagte zu Mose und Aaron: *27*»Wie lange soll es mit dem Murren dieser bösen Versammlung von Israeliten noch weitergehen? Ich habe wohl gehört, wie sie gegen mich murren. *28* Sag zu ihnen: ›So wahr ich lebe, spricht Jahwe, ich werde genau das mit euch machen, was ihr vor mir gesagt habt: *29* In dieser Wüste werden eure Leichen zerfallen, alle wehrfähigen Männer, die zwanzig Jahre und älter sind, weil ihr gegen mich gemurrt habt. *30* Niemals werdet ihr in das Land kommen, das ich euch mit Eid zugesichert habe. Ausgenommen sind nur Kaleb Ben-Jefunne und Josua Ben-Nun. *31* Aber eure kleinen Kinder, von denen ihr gesagt habt, sie würden zur Beute werden, sie werde ich hinbringen, sie sollen das Land kennenlernen, das ihr verschmäht habt. *32* Doch eure Leichen werden hier in der Wüste zerfallen. *33* Und eure Kinder werden vierzig Jahre lang in der Wüste Hirten sein und eure Hurereien tragen müssen, bis eure

Leichen in der Wüste vollzählig sind. *34* Nach der Zahl der Tage, die ihr das Land erkundet habt, werdet ihr nun vierzig Jahre, für jeden Tag ein Jahr, eure Schuld tragen müssen. Ihr sollt merken, wie es ist, wenn ich mich abwende!‹ *35* Ich, Jahwe, habe es gesagt. Das werde ich dieser ganzen bösen Gemeinschaft antun, die sich gegen mich zusammengerottet hat! Hier in dieser Wüste werden sie umkommen, hier sollen sie sterben!«

36 Die Männer, die Mose geschickt hatte, um das Land zu erkunden, und die zurückgekehrt die ganze Menge dazu gebracht hatten, gegen ihn aufzubegehren, indem sie ein böses Gerücht über das Land verbreiteten, *37* diese Männer, die das böse Gerücht über das Land aufgebracht hatten, starben auf einen Schlag vor Jahwe. *38* Von denen, die das Land erkundet hatten, blieben nur Josua Ben-Nun und Kaleb Ben-Jefunne am Leben.

39 Mose brachte allen Israeliten die Antwort Jahwes, und das Volk trauerte sehr. *40* Früh am anderen Morgen aber rüsteten sie sich, um zum Kamm des Gebirges hinaufzuziehen. Sie sagten: »Jetzt sind wir bereit. Wir ziehen zu dem Ort hinauf, von dem Jahwe geredet hat. Ja, wir haben gesündigt.« *41* Aber Mose sagte zu ihnen: »Warum wollt ihr den Befehl Jahwes schon wieder übertreten? Es wird euch nicht gelingen! *42* Zieht nicht hinauf, sonst werdet ihr von euren Feinden geschlagen, denn Jahwe ist nicht bei euch! *43* Dort stehen euch die Amalekiter und Kanaaniter entgegen, und ihr werdet im Kampf umkommen. Jahwe wird nicht mit euch sein, denn ihr habt euch von ihm abgekehrt.«

44 Aber sie hatten es sich in den Kopf gesetzt, zum Kamm des Gebirges hinaufzuziehen. Doch Mose und die Lade des Bundes mit Jahwe verließen das Lager nicht. *45* Die Amalekiter und Kanaaniter, die das Gebirge bewohnten, griffen die Israeliten von oben her an, schlugen sie in die Flucht und versprengten sie bis Horma*.

Vorschriften für Speis- und Trankopfer

15 *1* Jahwe befahl Mose, *2* den Israeliten zu sagen: »Wenn ihr einmal in das Land eurer Wohnstätten kommt, das ich euch gebe, *3* und ihr Jahwe ein Feueropfer von Rindern, Schafen oder Ziegen darbringt, ein Brand- oder Schlachtopfer, um ein Gelübde zu erfüllen oder als freiwillige Gabe, oder an euren Festen, um Jahwe einen Geruch zu bereiten, der ihm angenehm ist, *4* dann soll der, der Jahwe seine Opfergabe bringt, auch ein Speisopfer dabei haben: zwei Litergefäße* mit Feinmehl, das mit einem knappen Liter* Öl vermengt ist. *5* Wenn du ein Lamm als Brand- oder Schlachtopfer bringst, muss als Trankopfer auch ein knapper Liter Wein dabei sein. *6* Bei einem Schafbock sollst du als Speisopfer viereinhalb Liter* Feinmehl

---

14,45 *Horma* war eine Stadt, 27 km südlich von Hebron.

15,4 *zwei Litergefäße.* Wörtlich: ein Zehntel (Efa) = 2,2 Liter

ein knapper Liter. Wörtlich: ein Viertel Hin = 0,9 Liter

15,6 *viereinhalb Liter.* Wörtlich: zwei Zehntel (Efa) = 4,4 Liter

bringen, das mit eineindrittel Liter* Öl vermengt wurde, *7* und als Trankopfer eineindrittel Liter Wein: ein Geruch, der Jahwe angenehm ist. *8* Wenn du ein junges Rind als Brand- oder Schlachtopfer bringst, um ein besonderes Gelübde zu erfüllen oder einfach als Freudenopfer für Jahwe, *9* dann sollst du dazu sechseinhalb Liter* Feinmehl bringen, das mit knapp zwei Litern* Öl vermengt wurde, *10* und als Trankopfer knapp zwei Liter Wein. Es ist ein Feueropfer zum angenehmen Geruch für Jahwe. *11* So soll man es bei jedem Rind und jedem Schafbock, bei jedem Schaf und jeder Ziege machen, *12* und zwar bei jedem einzelnen Tier, wie viel ihr auch opfert. *13* Das gilt für jeden Einheimischen, der ein Feueropfer zum angenehmen Geruch für Jahwe darbringt. *14* Wenn ein Fremder, der bei euch weilt oder schon seit Generationen unter euch lebt, Jahwe ein Feueropfer zum angenehmen Geruch bringen will, dann soll er es genauso machen wie ihr. *15* Im ganzen Reich soll ein und dieselbe Ordnung für euch und den Fremden gelten, der bei euch lebt. Das gilt auch für alle kommenden Generationen. Vor Jahwe ist der Fremde euch gleich. *16* Ein und dasselbe Gesetz, ein und dasselbe Recht gelten für euch und den Fremden, der bei euch wohnt.«

Das erste Brot

17 Jahwe befahl Mose, *18* den Israeliten zu sagen: »Wenn ihr in das Land kommt, in das ich euch bringe, *19* und vom Brot des Landes esst, sollt ihr eine Abgabe für Jahwe entrichten. *20* Als erste Gabe eures Teigs sollt ihr ein Lochbrot als Abgabe entrichten, genauso wie die Abgabe vom Dreschplatz. *21* Das erste Brot der neuen Ernte gehört Jahwe. Das gilt auch für alle kommenden Generationen.«

Opfer für Vergehen aus Versehen

22 »Und wenn ihr oder eure Nachkommen aus Versehen gegen eins dieser Gebote sündigt, die Jahwe Mose mitgeteilt hat, *23* und zwar von dem Zeitpunkt an, als er damit begann, *24* falls es von der Gemeinschaft unbemerkt aus Versehen geschehen ist, dann soll die ganze Versammlung Jahwe einen jungen Stier als Brandopfer zum angenehmen Geruch bringen und dazu gemäß der Vorschrift das Speis- und Trankopfer und einen Ziegenbock als Sündopfer. *25* Der Priester soll für die ganze Versammlung der Israeliten Sühne erwirken. Dann wird ihnen vergeben werden, denn es war ein Versehen, und sie haben ihre Opfergabe, ein Feueropfer für Jahwe und das Sündopfer, für ihr Versehen vor Jahwe gebracht. *26* Der ganzen Gemeinschaft der Israeliten und den Fremden, die unter ihnen leben, wird vergeben werden, denn es passierte dem Volk aus Versehen. *27* Wenn eine Einzelperson aus Versehen sündigt, dann soll sie eine einjährige Ziege als Sündopfer bringen. *28* Der Priester soll Sühne für die Person erwirken, die aus Versehen vor

---

15,6 *eineindrittel Liter.* Wörtlich: ein Drittel Hin = 1,3 Liter

15,9 *sechseinhalb Liter.* Wörtlich: drei Zehntel (Efa) = 6,6 Liter

zwei Liter. Wörtlich: ein halbes Hin = 1,9 Liter

Jahwe gesündigt hat, dann wird ihr vergeben. 29 Für den Einheimischen bei den Israeliten und für den Fremden, der unter ihnen lebt, soll ein und dasselbe Gesetz gelten, wenn jemand etwas aus Versehen tut.

30 Wenn jemand aber mit Absicht handelt, der lästert Jahwe. Diese Person muss vom Volk beseitigt werden, sei es ein Einheimischer oder ein Fremder. 31 Denn sie hat das Wort Jahwes verachtet und sein Gebot ungültig gemacht. Diese Person muss unbedingt beseitigt werden. Die Schuld dafür liegt auf ihr selbst.«

Ein Fall von Sabbatschändung

32 Als die Israeliten noch in der Wüste waren, ertappten sie einen Mann, der am Sabbat Holz aufsammelte. 33 Die Leute, die ihn ertappt hatten, brachten ihn zu Mose und Aaron vor die ganze Versammlung. 34 Sie sperrten ihn ein, denn es war noch nicht entschieden, was mit ihm geschehen sollte. 35 Da sagte Jahwe zu Mose: »Der Mann muss unbedingt getötet werden. Die ganze Menge soll ihn außerhalb vom Lager steinigen.« 36 Da führte ihn die ganze Menge vor das Lager und steinigte ihn dort, dass er starb, wie Jahwe es Mose befohlen hatte.

Quasten an der Kleidung

37 Jahwe sagte zu Mose: 38 »Sag den Israeliten, dass sie sich Quasten an die Zipfel ihrer Obergewänder nähen. Das gilt auch für die kommenden Generationen. Und an jeder Quaste soll eine violette Kordel sein. 39 Und wenn ihr die Quasten seht, sollt ihr an alle Gebote Jahwes denken und sie einhalten. Ihr sollt euch nicht von euren Herzen und Augen zur Untreue verführen lassen, 40 sondern an alle meine Gebote denken und sie tun. Ihr sollt eurem Gott heilig sein. 41 Ich bin Jahwe, euer Gott, der euch aus Ägypten herausgeführt hat, um euer Gott zu sein. Ich bin Jahwe, euer Gott!«

Aufruhr der Anhänger Korachs

16 1 Korach Ben-Jizhar, ein Levit von den Nachkommen Kehats, erhob sich zusammen mit den Rubeniten Datan und Abiram, den Söhnen Eliabs, und On Ben-Pelet 2 gegen Mose. Hinter ihnen standen 250 führende Israeliten, Berufene der Gemeinschaft, angesehene Männer. 3 Sie rotteten sich gegen Mose und Aaron zusammen und warfen ihnen vor: »Ihr nehmt euch zu viel heraus! Die ganze Gemeinschaft ist heilig, und zwar alle. Und Jahwe ist in ihrer Mitte. Warum erhebt ihr euch über die Gemeinde Jahwes?« 4 Als Mose das hörte, warf er sich nieder, mit dem Gesicht zum Boden. 5 Dann sagte er zu Korach und seiner ganzen Versammlung: »Morgen wird Jahwe zeigen, wer zu ihm gehört und wer heilig ist, dass er ihn in seine Nähe kommen lässt. 6 Macht Folgendes, du, Korach, und ihr, seine Anhänger: Nehmt euch Räucherpfannen, 7 tut morgen früh Glut hinein und legt Weihrauch vor Jahwe darauf. Und der Mann, den Jahwe erwählen wird, der ist heilig. Ihr nehmt euch zu viel heraus, ihr Leviten!«

8 Dann sagte Mose zu Korach: »Hört zu, ihr Leviten! 9 Ist es euch zu wenig, dass Israels Gott euch aus der Menge der Israeliten ausgesondert

hat, sodass ihr in seine Nähe kommen und den Dienst an der Wohnung Jahwes ausüben dürft und dass ihr vor der Gemeinde steht, um ihr zu dienen? ¹⁰ Er ließ dich und deine Brüder, die Leviten, in seine Nähe kommen. Und jetzt wollt ihr auch noch das Priesteramt! ¹¹ Du und dein ganzer Anhang, ihr habt euch gegen Jahwe zusammengerottet. Denn wer ist schon Aaron, dass ihr gegen ihn murrt?« ¹² Mose ließ Datan und Abiram, die Söhne Eliabs, rufen. Aber sie ließen ihm sagen:»Wir kommen nicht! ¹³ Ist es dir zu wenig, dass du uns aus einem Land, wo Milch und Honig fließen, heraufgeführt hast, um uns in der Wüste sterben zu lassen? Musst du dich auch noch als Herrscher aufspielen? ¹⁴ Hast du uns denn in ein Land geführt, wo Milch und Honig fließen, hast uns Äcker und Weinberge zum Besitz gegeben? Hältst du uns denn für blind? Nein, wir kommen nicht!« ¹⁵ Da wurde Mose sehr zornig und sagte zu Jahwe: »Wende dich ihrem Opfer nicht zu! Nicht einen einzigen Esel habe ich ihnen weggenommen. Keinem Einzigen von ihnen habe ich etwas angetan.«

¹⁶ Zu Korach sagte Mose:»Morgen wirst du mit deinem Anhang vor Jahwe erscheinen, du, sie und Aaron! ¹⁷ Jeder nehme seine Räucherpfanne, lege Weihrauch darauf und bringe sie vor Jahwe, 250 Räucherpfannen, auch du und Aaron, jeder seine Räucherpfanne!« ¹⁸ So nahm jeder seine Räucherpfanne, legte Glut und Weihrauch darauf und trat an den Eingang vom Zelt der Gottesbegegnung, auch Mose und Aaron. ¹⁹ Korach hatte seine ganze Anhängerschaft gegen Mose und Aaron am Eingang vom Zelt der Gottesbegegnung zusammengebracht. Da erschien die Herrlichkeit Jahwes vor der ganzen Versammlung.

²⁰ Und Jahwe sagte zu Mose und Aaron: ²¹ »Entfernt euch aus dieser Versammlung! Ich will sie in einem Augenblick vernichten.« ²² Da warfen die beiden sich nieder und sagten: »Gott, du Gott des Lebens aller Menschen! Ein einziger Mann hat gesündigt, und du wirst zornig über die ganze Versammlung?«

²³ Da befahl Jahwe Mose, ²⁴ der Versammlung zu sagen:»Entfernt euch aus dem Umkreis der Wohnungen von Korach, Datan und Abiram!« ²⁵ Mose stand auf und ging mit den Ältesten Israels zu Datan und Abiram. ²⁶ Er sagte zu der ganzen Versammlung:»Entfernt euch von den Zelten dieser gottlosen Männer! Fasst nichts an, was ihnen gehört! Sonst werdet ihr samt ihnen und ihren Sünden weggerissen!« ²⁷ Alle entfernten sich aus dem Umkreis der Wohnungen von Korach, Datan und Abiram. Datan und Abiram waren herausgekommen und standen mit ihren Frauen, ihren Söhnen und kleinen Kindern am Eingang ihrer Zelte. ²⁸ Mose sagte:»An dem, was jetzt geschieht, sollt ihr erkennen, dass Jahwe mich beauftragt hat, all diese Taten zu vollbringen, und dass ich das nicht eigenmächtig getan habe. ²⁹ Wenn diese hier sterben, wie alle Menschen sterben; wenn sie zur Rechenschaft gezogen werden, wie das bei allen Menschen geschieht, dann hat Jahwe mich nicht beauftragt. ³⁰ Wenn Jahwe aber etwas

Unerhörtes schafft, wenn die Erde ihren Rachen aufsperrt und sie mit allem, was zu ihnen gehört, verschlingt und sie lebendig zu den Toten hinabstürzen, dann werdet ihr erkennen, dass diese Männer Jahwe verachtet haben.« ³¹ Kaum hatte er das gesagt, da spaltete sich der Boden unter ihnen, ³² die Erde öffnete ihren Rachen und verschlang sie mit allem Hab und Gut, mit ihren Familien und allen Anhängern Korachs. ³³ So stürzten sie mit allem, was zu ihnen gehörte, lebendig zu den Toten hinab, und die Erde schloss sich über ihnen. So wurden sie mitten aus der Versammlung weggerissen. ³⁴ Ganz Israel, das um sie herumstand, floh bei ihrem Geschrei. »Dass uns nur die Erde nicht verschlingt!«, riefen sie. ³⁵ Und die 250 Männer, die das Rauchopfer dargebracht hatten, verzehrte ein Feuer, das von Jahwe ausging.

17 ¹ Dann sagte Jahwe zu Mose: ² »Befiehl dem Priester Eleasar Ben-Aaron, die Räucherpfannen aus der Brandstätte aufzuheben – sie sind nun einmal geheiligt – und die glühenden Kohlen darin weit umher zu verstreuen. ³ Aus den Räucherpfannen dieser Männer, die durch ihre Sünde das Leben verloren haben, lass Bleche zum Überzug für den Altar schmieden. Denn sie haben die Pfannen vor Jahwe gebracht, und so sind sie heilig geworden. Nun sollen sie den Israeliten zu einem Zeichen sein.« ⁴ Da hob der Priester Eleasar die Räucherpfannen aus Bronze auf, die die Verbrannten mitgebracht hatten, und ließ sie als Überzug für den Altar

breithämmern. ⁵ Es wurde ein Erinnerungszeichen für die Israeliten, damit kein Unbefugter, jemand, der nicht zu den Nachkommen Aarons gehört, in die Nähe Jahwes kommt, um Weihrauch aufsteigen zu lassen, damit es ihm nicht ergehe wie Korach und seinen Anhängern. So hatte Jahwe es durch Mose befohlen.

Dauerndes Murren

⁶ Am nächsten Tag murrte die ganze Menge der Israeliten gegen Mose und Aaron. »Ihr habt das Volk Jahwes sterben lassen!«, warfen sie ihnen vor. ⁷ Als die Versammlung, die sich gegen Mose und Aaron gestellt hatte, zum Zelt der Gottesbegegnung blickte, sahen sie es auf einmal von der Wolke bedeckt und die Herrlichkeit Jahwes erschien. ⁸ Da traten Mose und Aaron vor das Zelt der Gottesbegegnung. ⁹ Jahwe sagte zu Mose: ¹⁰ »Entfernt euch aus dieser Versammlung! Ich will sie in einem Augenblick vernichten.« Da warfen die beiden sich nieder. ¹¹ Mose sagte zu Aaron: »Nimm die Räucherpfanne und Glut vom Altar und gib Weihrauch darauf und bring es schnell zur Versammlung, um Sühne für sie zu erwirken. Denn der Zorn ist von Jahwe ausgegangen und das Sterben hat schon begonnen.« ¹² Aaron nahm die Räucherpfanne, wie Mose es gesagt hatte, und lief mitten in die Versammlung hinein. Tatsächlich hatte das Sterben schon begonnen. Aaron legte den Weihrauch auf und erwirkte so Sühne für das Volk. ¹³ Er stand zwischen den Toten und den Lebenden. Da hörte das Sterben auf. ¹⁴ 14.700 Menschen waren gestorben, nicht gerechnet die,

die wegen Korach umgekommen waren. ¹⁵ Aaron kehrte zu Mose an den Eingang vom Zelt der Gottesbegegnung zurück. Dem Sterben war Einhalt geboten.

Der blühende Stab Aarons

¹⁶ Jahwe sagte zu Mose: ¹⁷ »Rede zu den Israeliten und lass dir von jeder Familie einen Stab geben, von ihren Fürsten, Familie um Familie, insgesamt zwölf. Schreib auf jeden Stab den Namen des Stammes. ¹⁸ Aarons Namen schreibst du auf den Stab Levis, denn je ein Stab soll für ein Stammesoberhaupt stehen. ¹⁹ Dann sollst du die Stäbe ins Zelt der Gottesbegegnung bringen und vor dem Bundesgesetz niederlegen, dort, wo ich euch begegne. ²⁰ Der Stab von dem Mann, den ich auswähle, wird Blätter treiben. So werde ich das Murren der Israeliten gegen euch zum Schweigen bringen.« ²¹ Mose sagte das alles den Israeliten, und ihre Fürsten gaben ihm je einen Stab für ein Stammesoberhaupt. Es waren zwölf Stäbe, und der Stab Aarons war dabei. ²² Mose legte die Stäbe im Zelt der Gottesbegegnung vor Jahwe nieder. ²³ Am nächsten Morgen, als Mose in das Zelt hineinging, hatte der Stab Aarons auf einmal ausgeschlagen, Knospen hervorgebracht, Blüten getrieben und Mandeln reifen lassen. ²⁴ Mose brachte alle Stäbe von Jahwe zu allen Israeliten hinaus. Sie sahen sie und jeder nahm seinen Stab.

²⁵ Jahwe sagte zu Mose: »Bring den Stab Aarons zurück vor das Bundesgesetz. Er soll dort als Zeichen für Widerspenstige aufbewahrt werden.

So sollst du ihrem Murren vor mir ein Ende machen, damit sie nicht sterben.« ²⁶ Mose machte es, wie Jahwe ihm befohlen hatte. ²⁷ Die Israeliten aber sagten zu Mose: »Wir werden alle noch umkommen, wir sind verloren. Bald wird keiner von uns mehr übrig sein. ²⁸ Jeder, der in die Nähe von Jahwes Wohnung kommt, stirbt. Sollen wir denn allesamt umkommen?«

Die Verantwortung der Priester und Leviten

18 ¹ Jahwe sagte zu Aaron: »Du, deine Söhne und dein ganzes Vaterhaus, ihr müsst die Schuld tragen, wenn sich jemand am Heiligtum vergeht. Und wenn sich jemand im Priesterdienst vergeht, dann musst du mit deinen Söhnen die Schuld tragen. ² Lass auch deine Brüder vom Stamm Levi, deinem väterlichen Stamm, sich dir anschließen und dir dienen, während du mit deinen Söhnen vor dem Zelt des Bundesgesetzes bist. ³ Sie sollen ihre Aufgaben für dich und das Zelt erfüllen, aber sie dürfen nicht in die Nähe der Gegenstände im Heiligtum und zum Altar kommen, damit sie nicht sterben, und ihr mit ihnen. ⁴ Sie sollen dir beigeordnet sein und den Dienst am Zelt der Gottesbegegnung verrichten, alle Arbeiten, die dort anfallen. Aber kein Unbefugter darf eure Nähe kommen. ⁵ Ihr sollt eure Aufgaben am Heiligtum und am Altar verrichten, damit kein Zorngericht mehr über die Israeliten kommt. ⁶ Seht, ich habe eure Brüder, die Leviten, von den Israeliten ausgesondert und euch als Geschenk für Jahwe

übergeben, damit sie die Arbeit am Zelt der Gottesbegegnung tun. 7 Du und deine Söhne mit dir, ihr sollt den Priesterdienst am Altar und innerhalb des Vorhangs tun. Das Priesteramt habe ich euch als Geschenk übergeben. Jeder Unbefugte, der sich nähert, muss getötet werden.«

8 Jahwe sagte zu Aaron: »Pass auf, ich habe dir die Verwaltung der für mich bestimmten Abgaben übertragen. Von allen heiligen Opfergaben der Israeliten habe ich dir und deinen Söhnen einen Anteil gegeben. Das gilt für alle Zeiten. 9 Vom Höchstheiligen soll dir alles gehören, was nicht verbrannt wird: von allen Speisopfern, Sündopfern und Schuldopfern, die die Israeliten mir bringen. Als Höchstheiliges gehört es dir und deinen Nachkommen. 10 Die männlichen Angehörigen der Priesterfamilien sollen es am höchst heiligen Ort essen, denn es soll dir heilig sein. 11 Die Weihgaben der Israeliten gehören dir und allen deinen Nachkommen, Söhnen und Töchtern. Diese Ordnung gilt für alle Zeit. Jede Person in deinem Haus, die rein ist, darf davon essen. 12 Das Beste vom Öl und das Beste von Most und Getreide, die ersten Gaben jeder Ernte, die sie Jahwe bringen, habe ich dir gegeben. 13 Die ersten Früchte von allem, was auf ihrem Land wächst, die sie Jahwe bringen, sollen dir gehören. Jede Person in deinem Haus, die rein ist, darf davon essen. 14 Alles geweihte Gut in Israel soll dir gehören. 15 Alles, was zuerst aus dem Mutterschoß kommt, von Mensch und Tier, das sie Jahwe darbringen, soll dir gehören. Nur die Erstgeburt bei Menschen und bei

unreinen Tieren musst du auslösen lassen. 16 Das soll im Alter von einem Monat geschehen. Je nach deiner Schätzung soll der Wert fünf Silberstücke betragen, gewogen nach dem Vollgewicht des Heiligtums, ein Silberstück zu zwölf Gramm*. 17 Die Erstgeburten von Rindern, Schafen oder Ziegen dürft ihr nicht auslösen lassen. Sie sind heilig. Ihr Blut sollst du an den Altar sprengen, und ihr Fett sollst du als Feueropfer in Rauch aufgehen lassen zum angenehmen Geruch für Jahwe. 18 Ihr Fleisch soll dir gehören, so wie die Brust beim Schwingopfer und die rechte Keule. 19 Alle Abgaben von den heiligen Gaben, die die Israeliten Jahwe bringen, habe ich dir und deinen Familienangehörigen gegeben. Diese Ordnung gilt für alle Zeit. Es ist ein ewiger Salzbund* vor Jahwe für dich und deine Nachkommen.«

20 Jahwe sagte zu Aaron: »Wenn die Israeliten in ihr Land kommen, wirst du keinen Grundbesitz unter ihnen erhalten, denn ich bin dein Anteil und dein Besitz unter ihnen. 21 Den Leviten weise ich als Erbgut für ihre Arbeit und ihren Dienst am Zelt der Gottesbegegnung den gesamten Zehnten

---

18,16 *zwölf Gramm.* Wörtlich: *ein Schekel zu zwanzig Gera.* Das Gewicht eines Schekels betrug nach archäologischen Funden durchschnittlich etwa 11,5 Gramm, ein Gera demnach rund 0,6 Gramm.

18,19 *Salzbund.* Nach 3. Mose 2,13 war Salz ein Zeichen des Gottesbundes. Vielleicht sollte es die Priesterfamilien immer an diesen Bund erinnern, wenn sie von dem Opferfleisch aßen.

Israels zu. *22* Die Israeliten aber sollen dem Zelt der Gottesbegegnung nicht mehr nahe kommen, sonst laden sie Schuld auf sich und müssen sterben. *23* Vielmehr sollen die Leviten die Arbeit am Zelt der Gottesbegegnung tun, und sie allein sollen die Verantwortung dafür tragen. Diese Ordnung gilt auch für die nachfolgenden Generationen. Aber einen Grundbesitz unter den Israeliten sollen sie nicht erhalten, *24* denn ich habe ihnen den Zehnten der Israeliten gegeben, den diese als Abgabe für Jahwe entrichten. Deshalb sagte ich, dass sie keinen Erbbesitz unter den Israeliten erhalten.«

25 Jahwe befahl Mose, *26* den Leviten zu sagen:»Wenn ihr den Zehnten von den Israeliten nehmt, den ich euch als euren Erbanteil gegeben habe, dann sollt auch ihr eine Abgabe davon für Jahwe entrichten, den Zehnten vom Zehnten. *27* Das wird euch als eure Abgabe angerechnet werden, so wie das Getreide vom Dreschplatz und der Ertrag von der Kelter. *28* Auf diese Weise sollt auch ihr eine Abgabe für Jahwe von dem Zehnten entrichten, den ihr von den Israeliten nehmt, und sie als Abgabe für Jahwe dem Priester Aaron geben. *29* Von allen Gaben, die euch zufallen, sollt ihr die ganze Abgabe Jahwe entrichten, vom Besten den heiligen Teil. *30* Wenn ihr das Beste davon entrichtet, wird es den Leviten angerechnet werden wie der Ertrag vom Dreschplatz und der Ertrag von der Kelter. *31* Ihr dürft es mit euren Familien essen, wo ihr wollt. Das ist der Lohn für eure Arbeit am Zelt der Gottesbegegnung. *32* Wenn ihr das Beste davon entrichtet, werdet ihr keine Sünde auf euch laden und die heiligen Gaben der Israeliten nicht entweihen und nicht sterben müssen, wenn ihr davon esst.«

Das Reinigungswasser

19 *1* Jahwe sagte zu Mose und Aaron: *2* »Das ist die gesetzliche Anordnung*, die Jahwe erlassen hat: Sag den Israeliten, dass sie dir eine rote junge Kuh bringen, die ohne Fehler ist, an der sich kein Makel findet und die noch kein Joch getragen hat. *3* Übergebt sie dem Priester Eleasar. Der soll sie vor das Lager führen, und man soll sie dort in seiner Gegenwart schlachten. *4* Dann soll der Priester Eleasar mit dem Finger von ihrem Blut siebenmal etwas in Richtung auf die Vorderseite des Zeltes der Gottesbegegnung hin sprengen. *5* Anschließend soll man die junge Kuh vor seinen Augen verbrennen: Ihr Fell, ihr Fleisch, ihr Blut und den Inhalt ihres Magens soll man verbrennen. *6* In dieses Feuer hinein soll der Priester Zedernholz, Ysop* und Karmesin* werfen. *7* Dann soll der Priester seine

---

19,2 *gesetzliche Anordnung.* Hebräisch: *Tora,* was auf die Wurzel *jarah* = lehren/leiten zurückgeht und Belehrung, Unterweisung, Gesetz bedeutet.

19,6 *Ysop,* ein Busch mit stark riechenden Blättern, der bei Reinigungsopfern zum Besprengen verwendet wurde. Seine Stängel werden bis zu 80 Zentimeter lang.

Karmesin, (scharlach)roter Farbstoff, der aus getrockneten weiblichen Koschenilleläusen gewonnen wird.

Kleider waschen und sich mit Wasser übergießen. Danach darf er ins Lager zurückgehen. Er wird aber bis zum Abend unrein bleiben. *8* Auch derjenige, der die Kuh verbrannt hat, soll seine Kleider waschen und sich mit Wasser übergießen. Auch er wird bis zum Abend unrein sein. *9* Jemand, der rein ist, soll dann die Asche der jungen Kuh einsammeln und an einen reinen Platz außerhalb vom Lager bringen. Dort soll die Asche für die Gemeinschaft der Israeliten aufbewahrt werden. Sie ist für das Reinigungswasser bestimmt. Es ist ein Sündopfer. *10* Derjenige, der die Asche der jungen Kuh eingesammelt hat, soll seine Kleider waschen. Er wird bis zum Abend unrein sein.

Und das soll eine immerwährende Ordnung sein für die Israeliten und die Fremden bei ihnen: *11* Wer einen Toten berührt, den Leichnam eines Menschen, wird für sieben Tage unrein sein. *12* Am dritten Tag soll er sich mit diesem Wasser entsündigen. Am siebten Tag wird er dann rein sein. Wenn er das nicht tut, wird er auch am siebten Tag nicht rein werden. *13* Jeder, der einen Toten berührt, die Leiche eines Menschen, der gestorben ist, und sich nicht entsündigt, hat die Wohnung Jahwes unrein gemacht. Er soll aus Israel beseitigt werden. Weil das Reinigungswasser nicht auf ihn gesprengt wurde, ist und bleibt er unrein.

14 Folgendes Gesetz gilt, wenn ein Mensch in einem Zelt stirbt: Jeder, der dieses Zelt betritt, und jeder, der sich darin befindet, wird für sieben Tage unrein sein. *15* Jedes offene Gefäß, auf dem kein Deckel festgebunden ist, wird unrein sein. *16* Und jeder, der auf dem freien Feld einen berührt, der mit dem Schwert erschlagen wurde, oder einen Verstorbenen oder die Knochen eines Menschen oder ein Grab, wird für sieben Tage unrein sein. *17* Um die Unreinheit zu beseitigen, nehmt ihr etwas Asche des verbrannten Sündopfers in ein Gefäß und gießt frisches Wasser darüber. *18* Dann soll ein reiner Mann ein Ysopbüschel in die Hand nehmen, ihn in das Wasser eintauchen und damit das Zelt, die Gefäße und die Menschen, die dort gewesen sind, besprengen, auch die Person, die die Knochen oder den Erschlagenen, den Verstorbenen oder das Grab berührt hat. *19* Ein Reiner soll den Unreinen am dritten und am siebten Tag besprengen und ihn so entsündigen. Dieser soll seine Kleider waschen und sich mit Wasser übergießen. Am Abend wird er dann rein sein. *20* Wenn aber jemand unrein wird und sich nicht entsündigt, ein solcher Mensch muss von der Gemeinschaft beseitigt werden, denn er hat das Heiligtum Jahwes unrein gemacht. Es ist kein Reinigungswasser auf ihn gesprengt worden. Er ist unrein. *21* Das soll eine immerwährende Ordnung für sie sein. Auch der, der das Reinigungswasser versprengt hat, soll seine Kleider waschen. Und wer mit dem Reinigungswasser in Berührung kommt, ist bis zum Abend unrein. *22* Alles, was ein Unreiner berührt, wird unrein sein, und wer einen Unreinen berührt, wird bis zum Abend unrein sein.«

Nach 40 Jahren
an der Grenze des Landes

Das Wasser von Meriba

20 ¹ Die ganze Menge der Israeliten kam nun in die Wüste Zin. Das war im ersten Monat*. Sie blieben in Kadesch. Dort starb Mirjam und wurde auch dort begraben. ² Als das Volk kein Wasser mehr hatte, rotteten sich die Leute gegen Mose und Aaron zusammen. ³ Sie waren wütend auf Mose und sagten: »Wären wir doch umgekommen wie die anderen, die Jahwe sterben ließ! ⁴ Warum habt ihr die Gemeinde Jahwes in diese Wüste gebracht? Damit wir hier sterben, samt unserem Vieh? ⁵ Warum habt ihr uns überhaupt aus Ägypten herausgeführt? Um uns an diesen bösen Ort hier zu bringen? Hier kann man nicht säen, es gibt keine Feigenbäume, keine Weinstöcke, keine Granatapfelbäume, nicht einmal Wasser zum Trinken!« ⁶ Mose und Aaron gingen aus der Versammlung weg zum Eingang vom Zelt der Gottesbegegnung und warfen sich dort nieder, mit dem Gesicht zum Boden. Da erschien ihnen die Herrlichkeit Jahwes.

⁷ Jahwe sagte zu Mose: ⁸ »Nimm den Stab und versammle die Gemeinde, du und dein Bruder Aaron. Sprecht dann vor ihren Augen zu dem Felsen, dass er sein Wasser hergebe. So wirst du ihnen aus dem Felsen Wasser hervorbringen und Menschen und Vieh zu trinken geben.« ⁹ Mose nahm den Stab, der im Heiligtum vor Jahwe lag, und tat, wie ihm befohlen war. ¹⁰ Zusammen mit Aaron brachte er die Menge vor dem Felsen zusammen und rief: »Hört her, ihr Widerspenstigen! Können wir denn aus diesem Felsen Wasser für euch hervorkommen lassen?« ¹¹ Mose hob den Stab und schlug damit zweimal gegen den Felsen. Da kam viel Wasser heraus, sodass Menschen und Vieh genug zu trinken hatten.

¹² Da sagte Jahwe zu Mose und Aaron: »Weil ihr mir nicht vertraut und mich den Israeliten nicht als heilig vor Augen gestellt habt, dürft ihr diese Gemeinschaft nicht in das Land bringen, das ich ihnen gegeben habe.« ¹³ Das ist die Quelle von Meriba, Vorwurf, weil die Israeliten hier Jahwe Vorwürfe machten und er sich ihnen als der Heilige erwies.

Die Edomiter
verweigern den Durchzug

¹⁴ Von Kadesch aus schickte Mose Boten an den König von Edom. Sie sollten ihm Folgendes ausrichten: »So spricht dein Bruder Israel: Du weißt, was wir alles durchgemacht haben. ¹⁵ Unsere Vorfahren zogen nach Ägypten und haben lange dort gewohnt. Aber die Ägypter behandelten uns und unsere Väter schlecht. ¹⁶ Da schrien wir zu Jahwe, und er hat uns gehört. Er schickte einen Engel, der uns aus Ägypten herausführte. Und nun sind wir in Kadesch, einer Stadt am Rand deines Gebiets. ¹⁷ Lass uns doch durch dein Land ziehen! Wir werden eure Felder und Weinberge

---

20,1 *erster Monat.* Ein Vergleich von V. 22-29 mit Kapitel 33,38 zeigt, dass es sich um das 40. Jahr nach dem Auszug aus Ägypten handelte, April 1406 v.Chr.

nicht betreten und auch kein Wasser aus den Brunnen trinken. Wir werden auf der Königsstraße bleiben und keinen Schritt von ihr abweichen, solange wir durch dein Gebiet ziehen.« 18 Doch Edom ließ Mose sagen: »Du wirst nicht bei mir durchziehen, sonst werde ich gegen dich kämpfen.« 19 Die Israeliten versicherten noch einmal: »Wir wollen auf der festen Straße bleiben. Und wenn wir oder unser Vieh Wasser brauchen, werden wir es euch bezahlen. Wir kommen zu Fuß und wollen nur durch euer Land hindurch, weiter nichts.« 20 Doch Edom sagte: »Du wirst nicht durchziehen!« und rückte mit starker Heeresmacht gegen sie aus. 21 So weigerte sich Edom, Israel durch sein Gebiet ziehen zu lassen. Deshalb wählten die Israeliten einen anderen Weg.

Aarons Tod

22 Sie brachen von Kadesch auf, und die ganze Gemeinschaft der Israeliten kam zum Berg Hor*, 23 der an der Grenze des Landes Edom liegt. Dort sagte Jahwe zu Mose und Aaron: 24 »Aaron wird nun mit seinen Vorfahren vereint werden, denn er soll nicht in das Land kommen, das ich den Israeliten gegeben habe, weil ihr euch am Wasser von Meriba gegen meinen Befehl aufgelehnt habt. 25 Steig mit Aaron und seinem Sohn Eleasar auf den Berg Hor! 26 Dort ziehst du Aaron die Amtsgewänder aus und legst sie seinem Sohn Eleasar an. Aaron wird dort sterben und mit seinen Vorfahren vereint werden.« 27 Mose machte es so, wie Jahwe ihm befohlen hatte. Vor den Augen der ganzen Gemeinschaft stiegen sie auf den Berg Hor. 28 Mose streifte Aaron die Amtsgewänder ab und legte sie dessen Sohn Eleasar an. Aaron starb dort auf dem Gipfel des Berges. Und Mose stieg mit Eleasar wieder den Berg hinab. 29 Die ganze Versammlung sah nun, dass Aaron gestorben war. Dreißig Tage lang trauerte das ganze Haus Israel um Aaron.

Die Zerstörung von Arad

21 1 Als der Kanaaniterkönig von Arad* im Negev erfuhr, dass Israel auf dem Weg der Kundschafter heranzog, griff er die Israeliten an und nahm einige von ihnen gefangen. 2 Da legte Israel Jahwe ein Gelübde ab und sagte: »Wenn du dieses Volk wirklich in meine Hand gibst, werde ich seine Städte mit dem Bann belegen.*« 3 Jahwe hörte auf Israel und gab die Kanaaniter preis. Israel vernichtete sie und ihre Städte und nannte den Ort Horma, Bann.

Die Bronzeschlange

4 Als die Israeliten vom Berg Hor weiterzogen, wandten sie sich zunächst in Richtung Schilfmeer, um das Land Edom zu umgehen. Doch auf dem Weg wurde das Volk ungeduldig. 5 Es lehnte sich gegen Gott und Mose auf und sagte: »Wozu habt

---

20,22 *Berg Hor.* Vielleicht ist der Hor Hahar im Massiv des Dschebel Madeira südlich vom Toten Meer gemeint.

21,1 *Arad.* Stadt an der Südgrenze Kanaans. Heute Tell Arad, 27 km südlich von Hebron.

21,2 *mit dem Bann belegen.* Das bedeutete die vollständige Vernichtung von Menschen, Tieren und Gütern.

ihr uns aus Ägypten heraufgeführt? Damit wir in der Wüste sterben? Hier gibt es weder Brot noch Wasser, und es ekelt uns vor diesem elenden Manna.« 6 Da schickte Jahwe Brandnattern unter das Volk, sodass viele der Israeliten gebissen wurden und starben. 7 Da lief das Volk zu Mose und sagte:»Wir haben gesündigt, dass wir uns gegen Jahwe und gegen dich aufgelehnt haben. Bete doch zu Jahwe, dass er uns von den Schlangen befreit!« Mose betete für das Volk. 8 Und Jahwe sagte zu ihm:»Mach dir eine Brandnatter und befestige sie an einer Stange. Dann wird jeder, der gebissen wurde und sie ansieht, am Leben bleiben.« 9 So fertigte Mose eine Bronzeschlange und machte sie am Ende einer Stange fest. Wenn nun

---

21,10 *Obot.* Vermutlich ist die heutige Oase Ain el-Weibe (neuhebräisch: *Ein Yahav*) gemeint.

21,11 *Ije-Abarim*, die Hügel von Abarim. Vielleicht das heutige Mahai, südöstlich vom Toten Meer.

Die *Moabiter* lebten östlich des Toten Meeres zwischen den Flüssen Arnon und Zered.

21,12 *Sered-Bach.* Wadi el-Hesa, das ins südöstliche Ende des Toten Meeres mündet.

21,14 *Buch der Kriege Jahwes.* Dieses Buch wird nur hier erwähnt. Es enthielt wahrscheinlich Loblieder auf Gott.

Waheb in Sufa. Vielleicht Orte in der Arnon-Schlucht.

21,15 *Ar.* Stadt oder Region in Moab in der Nähe des Arnon.

21,19 *Mattana ... Bamot.* Die erwähnten Orte müssen östlich des Toten Meeres und nördlich des Arnon gelegen haben.

21,20 *Pisga.* Berg oder Bergkette, wahrscheinlich in der Nähe des Nebo, 14 km östlich vom Nordende des Toten Meeres.

die Schlangen jemanden gebissen hatten, blickte derjenige zur Bronzeschlange auf und blieb am Leben.

Die Siege über die Könige Sihon und Og

10 Die Israeliten zogen weiter und schlugen ihr Lager in Obot* auf. 11 Ihr nächstes Lager schlugen sie in Ije-Abarim* auf, in der Wüste, die östlich von Moab* liegt. 12 Von dort aus zogen sie ins Tal des Sered-Bachs* 13 und von da aus weiter bis an den Arnon, der durch die Wüste fließt und im Gebiet der Amoriter entspringt. Denn der Arnon bildet die Grenze zwischen Moab und den Amoritern. 14 Darum heißt es im Buch der Kriege Jahwes*:

Waheb in Sufa* und die Bäche des Arnon 15 und den Hang der Täler, / der sich neigt zur Wohnstatt von Ar* / und sich lehnt an die Grenze von Moab.

16 Von dort aus ging es weiter nach Beër. Das ist der Brunnen, von dem Jahwe zu Mose gesagt hatte:»Versammle das Volk, ich will ihnen Wasser geben.« 17 Damals sang Israel dieses Lied:

Brunnen, steige auf, / singt von ihm, 18 dem Brunnen, den Fürsten gegraben, / den die Edlen des Volkes gebohrt / mit dem Führerstab und mit ihren Stäben.

Aus der Wüste zogen sie weiter nach Mattana, 19 von dort nach Nahaliël und dann weiter nach Bamot*. 20 Von Bamot zogen sie in das Tal, das im Gebiet von Moab liegt beim Gipfel des Pisga*, der auf das Ödland schaut.

21 Israel schickte Boten zu Sihon, dem König der Amoriter, und ließ ihm sagen: 22 »Lass uns durch dein Land ziehen! Wir werden eure Felder und Weinberge nicht betreten und auch kein Wasser aus den Brunnen trinken. Wir werden auf der Königsstraße bleiben, solange wir durch dein Gebiet ziehen.« 23 Aber Sihon gab Israel den Durchzug nicht frei, sondern rief sein Heer zusammen und zog Israel in die Wüste entgegen. Bei Jahaz kam es zur Schlacht. 24 Aber Israel brachte ihm eine schwere Niederlage bei und nahm sein Land in Besitz vom Arnon bis an den Jabbok. Dort begann das Gebiet der Ammoniter, deren Grenze gut gesichert war. 25 Israel besetzte die Städte der Amoriter, besonders Heschbon* und seine Tochterstädte und ließ sich darin nieder. 26 Heschbon war die Stadt des Amoriterkönigs Sihon gewesen. Dieser hatte gegen den früheren König der Moabiter gekämpft und ihm das ganze Gebiet bis zum Arnon weggenommen. 27 Darum sagen die Spruchdichter:

Kommt nach Heschbon! / Baut Sihons Stadt und macht sie stark! 28 Feuer ging von Heschbon aus, / eine Flamme von der Stadt Sihons. / Sie fraß Ar-Moab, / die Herren der Höhen am Arnon. 29 Weh dir Moab! / Volk des Kemosch*, du bist verloren! / Seine Söhne gab er als Flüchtlinge hin, / seine Töchter als Gefangene / von Sihon, dem König der Amoriter. 30 Aber wir haben sie beschossen. / Bis nach Dibon* ist Heschbon verloren, / wir haben es bis Nofach verwüstet, / das bei Medeba* liegt.

31 So ließ Israel sich im Land der Amoriter nieder. 32 Mose ließ die Stadt Jaser* erkunden. Die Israeliten eroberten ihre Tochterstädte und vertrieben die Amoriter, die dort wohnten. 33 Dann zogen sie nordwärts zum Baschan*. Og, der König von Baschan, trat ihnen mit seinem Heer bei Edrei* entgegen. 34 Jahwe sagte zu Mose: »Hab keine Angst vor ihm. Denn in deine Hand habe ich ihn, sein Volk und sein Land gegeben. Mach mit ihm, was du mit dem Amoriterkönig Sihon gemacht hast, der in Heschbon thronte.« 35 Da schlugen sie ihn, seine Söhne und sein ganzes Volk. Nicht ein Einziger entkam. Und sie nahmen sein Land in Besitz.

21,25 *Heschbon.* Hauptstadt der Amoriter, später der Moabiter, 25 km östlich der Jordanmündung.

21,29 *Kemosch.* Gott der Moabiter und zeitweise auch der Amoriter.

21,30 *Dibon.* Eine der bedeutendsten Städte Moabs. Heute: Dhiban, 21 km östlich vom Toten Meer und 5 km nördlich der Arnon-Schlucht.

Medeba. Moabitische Stadt. Heute: Madeba in Jordanien, 32 km südlich von Amman, 20 km östlich vom Toten Meer.

21,32 *Jaser.* Vielleicht Khirbet es Sar, 10 km westlich von Amman.

21,33 *Baschan.* Fruchtbare Bergregion östlich vom See Gennesaret.

Edrei. Heute: Dera, 96 km südlich von Damaskus.

Balaks Auftrag an den Seher Bileam

22 ¹ Die Israeliten brachen wieder auf und schlugen ihr Lager in den Steppen Moabs auf, gegenüber von Jericho, auf der Ostseite des Jordan. ² Als Balak Ben-Zippor sah, was Israel den Amoritern angetan hatte ³ und wie groß das Volk war, bekam ganz Moab Angst vor den Israeliten, das Grauen packte sie. ⁴ Die Moabiter ließen den Ältesten von Midian sagen: »Nun wird dieser Haufen alles um uns herum abfressen, wie das Rind das letzte Grün auf dem Feld abfrisst.« Balak Ben-Zippor war damals König von Moab. ⁵ Da schickte er Boten zu Bileam Ben-Beor nach Petor* am Euphrat, wo Leute aus seinem Volk lebten, um ihn zu rufen. Er ließ ihm sagen: »Da ist ein Volk aus Ägypten herangezogen, das das ganze Land bedeckt. Es hat sich direkt neben mir niedergelassen. ⁶ Komm doch und verfluche dieses Volk, denn es ist mir zu stark! Vielleicht kann ich es dann schlagen und aus dem Land vertreiben. Ich weiß ja: Wen du segnest, der ist gesegnet, und wen du verfluchst, der ist verflucht.« ⁷ Da gingen die Ältesten von Moab und Midian los. Den Wahrsagerlohn nahmen sie mit. Als sie zu Bileam kamen, richteten sie ihm die Botschaft Balaks aus. ⁸ Der sagte zu ihnen: »Bleibt heute Nacht hier, dann will ich euch Bescheid geben, wie Jahwe zu mir gesprochen hat.« Da blieben die Abgesandten von Moab bei Bileam.

⁹ Gott kam zu Bileam und fragte: »Wer sind diese Männer bei dir?« ¹⁰ Bileam erwiderte: »König Balak Ben-Zippor von Moab hat sie zu mir geschickt: ¹¹ Da ist ein Volk aus Ägypten herangezogen, das das ganze Land bedeckt. Komm doch und verfluche es mir! Vielleicht kann ich es dann bekämpfen und aus dem Land vertreiben.« ¹² Doch Gott sagte zu Bileam: »Du sollst nicht mitgehen! Du sollst das Volk nicht verfluchen, denn es ist gesegnet.« ¹³ Am Morgen stand Bileam auf und sagte zu den Fürsten Balaks: »Ihr müsst allein in euer Land zurück. Jahwe hat sich geweigert, mir zu gestatten, mit euch zu gehen.« ¹⁴ Da machten sich die Abgesandten Moabs wieder auf den Weg. Als sie zu Balak kamen, sagten sie: »Bileam hat sich geweigert, mit uns zu gehen.«

¹⁵ Da schickte Balak eine noch größere Gesandtschaft von Männern, die noch angesehener waren. ¹⁶ Als sie zu Bileam kamen, sagten sie zu ihm: »So spricht Balak Ben-Zippor: Lass dich doch nicht abhalten, zu mir zu kommen! ¹⁷ Ich werde dich reich belohnen und alles tun, was du von mir verlangst. Komm doch und verfluche dieses Volk für mich!« ¹⁸ Doch Bileam erwiderte den Gesandten Balaks: »Selbst wenn Balak mir sein Haus voll Silber und Gold geben würde, könnte ich den Befehl meines Gottes Jahwe nicht übertreten, weder im Kleinen noch im Großen. ¹⁹ Aber bleibt auch ihr die Nacht über bei mir. Dann werde ich erfahren, was Jahwe mir noch sagt.« ²⁰ In der Nacht kam Gott zu Bileam und sagte: »Wenn die

---

22,5 *Petor.* Vielleicht Tell el-Abmar, 19 km südlich von Karkemisch am Westufer des oberen Euphrat.

Männer gekommen sind, um dich zu holen, dann mach dich auf den Weg! Aber du darfst nur das tun, was ich dir sage!«

Bileams Eselin

21 Am Morgen brach Bileam auf, sattelte seine Eselin und machte sich mit der Gesandtschaft Moabs auf den Weg. 22 Da flammte Gottes Zorn auf, weil er mitging, und der Engel Jahwes stellte sich ihm als Gegner in den Weg. Bileam ritt gerade auf seiner Eselin und wurde von zwei Dienern begleitet. 23 Die Eselin sah den Engel Jahwes mit dem gezückten Schwert auf dem Weg stehen. Sie wich vom Weg ab und ging auf dem Feld weiter. Bileam schlug sie und trieb sie auf den Weg zurück. 24 Da stellte sich der Engel Jahwes in einen Hohlweg zwischen den Weinbergen. Links und rechts waren Mauern. 25 Die Eselin sah den Engel Jahwes und drückte sich an die Mauer. Dabei drückte sie den Fuß Bileams an die Wand. Da schlug er sie wieder. 26 Der Engel Jahwes ging nochmals ein Stück weiter und trat an eine so enge Stelle, dass es keine Möglichkeit zum Ausweichen gab, weder rechts noch links. 27 Als die Eselin ihn sah, legte sie sich unter Bileam hin. Bileam schlug wütend mit dem Stock auf sie ein. 28 Da ließ Jahwe die Eselin sprechen. Sie sagte zu Bileam: »Was habe ich dir denn getan, dass du mich nun schon dreimal geschlagen hast?« 29 »Weil du mich zum Narren hältst«, schrie Bileam. »Hätte ich nur ein Schwert in der Hand, wärst du jetzt schon tot.« 30 Das Tier erwiderte: »Bin ich nicht deine Eselin, auf der du

zeitlebens geritten bist? Habe ich jemals so reagiert wie heute?« – »Nein«, sagte er. 31 Da öffnete Jahwe ihm die Augen, und er sah den Engel Jahwes mit dem gezückten Schwert auf dem Weg. Bileam verneigte sich und kniete sich hin mit dem Gesicht zum Boden. 32 Der Engel Jahwes sagte zu ihm: »Warum hast du deine Eselin nun schon dreimal geschlagen? Ich selbst habe mich gegen dich gestellt, denn dein Weg ist ganz gegen mich. 33 Die Eselin sah mich und wich vor mir aus, nun schon dreimal! Hätte sie das nicht getan, dann hätte ich dich erschlagen und sie am Leben gelassen.« 34 Da sagte Bileam zu dem Engel Jahwes: »Ich habe Unrecht getan. Ich habe nicht gemerkt, dass du dich mir entgegengestellt hast. Wenn dir nun die Sache missfällt, will ich umkehren.« 35 »Geh mit den Männern!«, sagte der Engel Jahwes. »Aber du darfst nur das aussprechen, was ich dir sage!« So zog Bileam mit der Gesandtschaft Balaks weiter.

Bileam trifft Balak

36 Als Balak hörte, dass Bileam zu ihm unterwegs war, zog er ihm bis zur Grenzstadt Moabs am Arnonfluss entgegen. 37 »Warum bist du nicht gleich gekommen?«, sagte er zu Bileam. »Ich habe doch dringend nach dir geschickt! Kann ich dich vielleicht nicht angemessen belohnen?« 38 »Nun bin ich ja hier«, erwiderte Bileam. »Ob ich aber wirklich etwas sagen kann, weiß ich nicht. Ich werde nur das sagen, was Gott mir befiehlt.« 39 Bileam ging mit Balak bis nach Kirjat-Huzot*. 40 Dort ließ der König Rinder, Schafe und Ziegen für ein Opfer-

mahl schlachten und bewirtete Bileam und die Fürsten, die bei ihm waren. *41* Am nächsten Morgen ging Balak mit Bileam auf die Baalshöhen. Von dort aus konnte er ein kleines Stück von Israel sehen.

Bileams erster Spruch

23 *1* Bileam sagte zu Balak: »Errichte mir hier sieben Altäre und halte mir sieben Stiere und sieben Schafböcke bereit.« *2* Balak tat, was Bileam gesagt hatte, und beide opferten auf jedem Altar einen Stier und einen Schafbock. *3* Dann sagte Bileam zu Balak: »Bleib hier neben deinem Brandopfer stehen! Ich aber will ein Stück weggehen. Vielleicht wird Jahwe mir begegnen. Und was er mich sehen lassen wird, werde ich dir berichten.« Bileam stieg auf eine kahle Anhöhe. *4* Gott kam Bileam entgegen. Dieser sagte zu ihm: »Die sieben Altäre habe ich errichtet und auf jedem Altar einen Stier und einen Schafbock geopfert.« *5* Jahwe wies Bileam an, was er sagen sollte, und schickte ihn zu Balak zurück. *6* Balak stand noch bei seinem Brandopfer. Und alle Fürsten Moabs waren bei ihm. *7* Bileam begann seinen Spruch:

»Aus Syrien führte Balak mich her, / Moabs König von den Bergen des Ostens: / Komm, verfluche Jakob für mich, / ja, komm, verfluche Israel. *8* Wie kann ich fluchen, wem Gott nicht flucht, / wie soll ich drohen, wem Jahwe nicht droht? *9* Vom Gipfel der Felsen sehe ich es, / ich erblicke es vom Hügel aus. / Seht, ein Volk, das abgesondert wohnt / und sich nicht zu den anderen Völkern zählt. *10* Wer weiß die Zahl von Jakobs Staub / und wer kann Israels Gewimmel ermessen? / Den Tod der Aufrechten möchte ich sterben, / mein Ende sei dem ihren gleich.«

11 Da sagte Balak zu Bileam: »Was hast du mir da angetan? Ich habe dich holen lassen, um meine Feinde zu verfluchen, und nun segnest du sie!« *12* Bileam antwortete: »Ich darf doch nur das aussprechen, was Jahwe mir zu sagen befiehlt!«

Bileams zweiter Spruch

13 Da sagte Balak zu ihm: »Komm mit an eine andere Stelle, von wo aus du das Volk sehen kannst. Du wirst freilich nur einen Bruchteil von ihm sehen, ganz überblicken kannst du es nicht. Und dort verfluche es für mich.« *14* Er nahm ihn mit zum Beobachtungsplatz auf den Gipfel des Pisga. Auch dort ließ er sieben Altäre bauen und opferte einen Stier und einen Schafbock auf jedem. *15* Bileam sagte zu Balak: »Stell dich hier neben dein Brandopfer, ich aber will dort auf eine Begegnung warten.« *16* Jahwe kam zu Bileam, wies ihn an, was er sagen sollte, und schickte ihn zu Balak zurück. *17* Balak stand noch bei seinem Brandopfer und fragte: »Was hat Jahwe gesagt?« Die Fürsten Moabs waren bei ihm. *18* Bileam begann seinen Spruch:

22,39 *Kirjat-Huzot.* Die genaue Ortslage ist unbekannt.

»Steh auf, Balak, und höre, / Ben-Zippor, hör zu! 19 Gott ist ja kein Mensch, der lügt, / kein Menschensohn, der etwas bereut. / Wenn er etwas sagt, dann tut er es auch, / und was er verspricht, das hält er gewiss. 20 Er wies mich an, das Volk zu segnen. / Er hat gesegnet, ich kann es nicht ändern! 21 Er sieht nichts Böses in Jakob, / kein Unglück wird Israel treffen. / Denn Jahwe, sein Gott, ist mit ihm, / und diesem König jubeln sie zu. 22 Gott hat sie aus Ägypten geführt, / stark wie die Hörner des Wildstiers sind sie. 23 Gegen Jakob wirkt keine Zauberei, / gegen Israel hilft Wahrsagen nicht. / Jetzt sagt man von ihnen: / Was hat Gott gewirkt! 24 Ein Volk wie ein Löwe, der aufsteht, / wie eine Löwin, die sich erhebt. / Es legt sich nicht hin, bis es Beute verzehrt / und das Blut der Erschlagenen trinkt.«

25 Da sagte Balak zu Bileam: »Wenn du sie schon nicht verfluchen kannst, dann segne sie nicht auch noch!« 26 Aber Bileam erwiderte: »Ich habe dir doch schon gesagt, dass ich nur das tun kann, was Jahwe mir befiehlt.«

Bileams dritter Spruch

27 Da sagte Balak zu Bileam: »Komm mit an eine andere Stelle. Vielleicht ist es Gott recht, wenn du mir das Volk von dort aus verfluchst.« 28 Balak führte Bileam auf den Gipfel des Peor, von dem aus man das untere Jordantal sieht. 29 Bileam sagte zu Balak:

»Errichte mir hier sieben Altäre und halte mir sieben Stiere und sieben Schafböcke bereit.« 30 Balak tat, was Bileam gesagt hatte, und opferte einen Stier und einen Schafbock auf jedem Altar.

24 1 Bileam wusste nun, dass Jahwe Israel segnen wollte. So ging er nicht wie die vorigen Male aus, um Wahrsagezeichen zu finden, sondern wandte sein Gesicht der Wüste zu. 2 Er richtete seinen Blick auf die Israeliten, die dort nach ihren Stämmen geordnet lagerten. Da kam der Geist Gottes über ihn, 3 und er begann seinen Spruch:

»Es spricht Bileam Ben-Beor, / der Mann mit offenen Augen. 4 Es spricht der, der Gottesworte hört, / der eine Schau des Allmächtigen hat, / hingesunken mit entschleiertem Blick. 5 Wie schön sind deine Zelte, Jakob, / und deine Heime, Israel! 6 Wie Täler ziehen sie sich hin, / wie Gärten am Strom, / wie Aloebäume* von Jahwe gepflanzt, / wie Zedern*, die am Wasser stehn. 7 Wasser strömt aus seinen Schöpfeimern, / und seine Saat steht gut bewässert da. / Sein König wird mächtiger als Agag sein. / Sein Königtum wird sich erheben. 8 Gott hat es aus Ägypten geführt, / stark wie die Hörner

---

24,6 *Aloebäume.* Schlanke Bäume, wegen ihres Öls und Dufts sehr gefragt.

Zeder. Prächtiger Nadelbaum mit ausgebreiteter Krone, kann mehr als 1000 Jahre alt und bis zu 40 m hoch werden.

des Wildstiers ist es. / Seine Feinde, ganze Völker, wird es fressen / und ihre Gebeine zermalmen. / Seine Pfeile reißen tödliche Wunden. *9* Es kauert, liegt da wie ein Löwe / und wie eine Löwin – wer stört es auf? / Ja, wer dich segnet, ist gesegnet / und wer dir flucht, ist verflucht.«

10 Da wurde Balak wütend über Bileam, er schlug seine Hände zusammen und sagte:»Meine Feinde zu verfluchen habe ich dich gerufen. Und jetzt hast du sie schon dreimal gesegnet! *11* Mach, dass du fortkommst, wo du hingehörst! Ich hatte dir reiche Belohnung versprochen. Du siehst, Jahwe hat sie dir verwehrt.« *12* Bileam erwiderte Balak:»Schon zu deinen Boten, die du mir geschickt hast, habe ich gesagt: *13* ›Selbst wenn Balak mir sein Haus voll Silber und Gold geben würde, könnte ich den Befehl Jahwes nicht übertreten, um irgendetwas von mir aus zu tun. Ich muss das sagen, was Jahwe mir befiehlt.‹ *14* Pass auf, ich gehe jetzt zu meinem Volk. Vorher werde ich dir aber verkünden, was dieses Volk deinem Volk in Zukunft antun wird.« *15* Er begann seinen Spruch:

»Es spricht Bileam Ben-Beor, / der Mann mit offenen Augen.
16 Es spricht der, der Gottesworte hört, / der Erkenntnisse vom Höchsten hat, / eine Schau des Allmächtigen, / hingesunken mit entschleiertem Blick. *17* Ich sehe ihn, aber nicht jetzt, / ich schaue ihn, aber nicht nah. / Ein Stern tritt aus Jakob hervor, / ein Zepter erhebt sich aus Israel, / das die Schläfen Moabs zerschlägt / und niederwirft die Söhne Sets. *18* Das ganze Seïr nimmt er in Besitz, / das Land seiner edomitischen Feinde. / Israel wird mächtig sein. *19* Und einer aus Jakob wird herrschen / und vernichten, die aus der Stadt fliehen.«

20 Dann sah er Amalek vor sich und begann seinen Spruch:

»Amalek ist der Erstling der Völker, / doch zuletzt geht es unter.«

21 Er sah die Keniter vor sich und begann seinen Spruch:

»Dein Wohnsitz, Kain, ist sicher und fest, / dein Nest ist auf Felsen gebaut. *22* Doch es wird der Verwüstung verfallen, / wenn Assyrien dich in Gefangenschaft führt.«

23 Er begann seinen Spruch:

»Weh, wer bleibt am Leben, wenn Gott das tut? *24* Schiffe von der Küste der Kittäer* / beugen Assyrien nieder und auch Eber*. / Doch auch das führt zum Untergang.«

25 Bileam machte sich auf den Weg und kehrte an seinen Ort zurück. Auch Balak ging seines Wegs.

24,24 *Kittäer.* Bewohner der Insel Zypern. Hier sind vielleicht auch alle westlichen Mittelmeermächte gemeint.

Eber ist hier wohl eine poetische Beschreibung Israels, von Hebräer abgeleitet.

Verführung zum Götzendienst

25 [1] Als Israel sich in Schittim aufhielt, begann das Volk, sich sexuell mit moabitischen Frauen einzulassen. [2] Diese luden die Israeliten zu den Opferfesten ihres Gottes ein. Sie kamen und aßen mit ihnen und warfen sich vor ihrem Gott nieder. [3] So ließ sich Israel in das Joch des Baal-Peor einspannen. Da flammte Jahwes Zorn gegen Israel auf. [4] Er sagte zu Mose:»Nimm alle Anführer des Volkes fest und richte sie im Licht der Sonne vor Jahwe hin, damit Jahwes glühender Zorn sich von Israel abwendet.« [5] Mose befahl den Richtern Israels:»Jeder töte die von seinen Leuten, die sich an den Baal-Peor gehängt haben!«

[6] Die ganze Gemeinschaft der Israeliten hatte sich inzwischen bei Mose vor dem Zelt der Gottesbegegnung versammelt und weinte. Da kam ein Israelit und brachte vor aller Augen eine Midianiterin ins Lager seiner Sippe. [7] Als der Priester Pinhas Ben-Eleasar, der Enkel Aarons, das sah, stand er auf und verließ die Versammlung. Er nahm einen Speer, [8] ging den beiden nach in den innersten Raum des Zeltes und stieß ihn dem Israeliten und der Frau durch den Bauch. Da hörte die Plage, die unter den Israeliten wütete, auf. [9] An dieser Plage waren bereits 24.000 Menschen gestorben.

[10] Jahwe sagte zu Mose: [11] »Der Priester Pinhas Ben-Eleasar, der Enkel des Priesters Aaron, hat meinen Grimm von den Israeliten abgewendet, weil er an meiner Statt unter ihnen geeifert hat. So habe ich die Israeliten in meinem Zorneseifer nicht völlig vernichtet. [12] Darum sag ihm, dass ich ihm meinen Friedensbund gewähre. [13] Ihm und seinen Nachkommen soll ein Bund dauerhaften Priestertums zuteil werden, weil er für seinen Gott geeifert und Sühne für die Israeliten erwirkt hat.« [14] Der Israelit, der zusammen mit der Midianiterin getötet wurde, war Simri Ben-Salu, das Oberhaupt einer Sippe der Simeoniten. [15] Die Midianiterin war Kosbi, die Tochter Zurs, dem Oberhaupt einer midianitischen Stammesgruppe.

[16] Jahwe sagte zu Mose: [17] »Greift die Midianiter an und schlagt sie! [18] Denn sie haben euch durch ihre List in der Sache mit dem Peor heimtückisch angegriffen und auch in der Sache mit Kosbi, der Tochter eines Oberhaupts von Midian, die am Tag der Plage wegen des Peor erschlagen wurde.«

Die zweite Volkszählung

[19] Nach der Plage

26 [1] sagte Jahwe zu Mose und dem Priester Eleasar Ben-Aaron: [2] »Zählt die ganze Gemeinschaft der Israeliten. Erfasst alle wehrfähigen Männer ab 20 Jahren nach ihren Sippen geordnet.« [3] Mose und Eleasar sagten das den Israeliten. Das geschah in der Jordanebene bei Jericho, dem moabitischen Steppengebiet. [4] Es ging um die Männer ab 20 Jahren, wie Jahwe es Mose befohlen hatte. Nun folgt die Liste der Männer Israels, die aus Ägypten ausgezogen waren:

[5] Ruben, der Erstgeborene Israels. Von seinen Söhnen Henoch, Pallu, Hezron und Karmi [6] stammen die

Sippen der Henochiten, Palluiten, Hezroniten und Karmiten ab. *7* Insgesamt waren es 43.730 Wehrfähige. *8* Von Pallu stammten Eliab *9* und dessen Söhne Nemuel, Datan und Abiram ab, die Berufene der Gemeinschaft waren und sich zusammen mit den Anhängern Korachs gegen Mose und Aaron aufgelehnt hatten, als jene Gruppe gegen Jahwe rebellierte. *10* Damals hatte sich die Erde geöffnet und sie und Korach verschlungen, damals, als Korachs Rotte von 250 Männern durch das Feuer starb. Sie wurden zu einem warnenden Beispiel. *11* Aber die Söhne Korachs starben nicht.

12 Von Simeons Söhnen Jemuël, Jamin, Jachin, Serach und Schaul *13* stammen die Sippen der Jemuëliten, Jaminiten, Jachiniten, Serachiten und Schauliten ab. *14* Insgesamt waren es 22.200 Männer.

15 Von Gads Söhnen Zifjon, Haggi, Schuni, Osni, Eri, Arod und Areli *16* stammen die Sippen der Zifjoniten, Haggiten, Schuniten, Osniten, Eriten, *17* Aroditen und Areliten ab. *18* Insgesamt waren es 40.500 Wehrfähige.

19 Judas Söhne Er und Onan starben schon im Land Kanaan. *20* Von Judas Söhnen Schela, Perez, Serach, Hezron und Hamul *21* stammen die Sippen der Schelaniten, Pereziten, Serachiten, Hezroniten und Hamuliten ab. *22* Insgesamt waren es 76.500 Wehrfähige.

23 Von den Söhnen Issachars Tola, Puwa, Jaschub und Schimron *24* stammen die Sippen der Tolaiten, Puwaniten, Jaschubiten und Schimroniten ab. *25* Insgesamt waren es 64.300 Wehrfähige.

26 Von Sebulons Söhnen Sered, Elon und Jachleel stammen die Sippen der Serediten, Eloniten und Jachleeliten ab. *27* Insgesamt waren es 60.500 Wehrfähige.

28 Die Söhne Josefs waren Manasse und Efraïm.

29 Von Manasses Sohn Machir stammt die Sippe der Machiriten ab. Machir wurde der Vater von Gilead, vom dem die Sippe der Gileaditer abstammt. *30* Von Gileads Söhnen Ieser, Helke, Asriel, Sichem, Schemida und Hefer *31* stammen die Sippen der Iesriten, Helekiten, Asrieliten, *32* der Sichemiten, Schemidaiten und Hefriten ab. *33* Zelofhad, der Sohn Hefers, hatte keine Söhne, sondern Töchter. Es waren Machla, Noa, Hogla, Milka und Tirza. *34* Insgesamt waren es 52.700 Wehrfähige.

35 Von Efraïms Söhnen Schutelach, Becher und Tahan stammen die Sippen der Schutelachiten, Becheriten und Tahaniten ab. *36* Von Schutelachs Sohn Eran stammt die Sippe der Eraniten ab. *37* Insgesamt waren es 32.500 Männer.

Das waren die Sippen der Nachkommen Josefs.

38 Von Benjamins Söhnen Bela, Aschbel, Ahiram, Schufam und Hufam *39* stammen die Sippen der Belaiten, Aschbeliten, Ahiramiten, Schufamiten und Hufamiten ab. *40* Von Belas Söhnen Arad und Naaman stammen die Sippen der Araditen und Naamaniten ab. *41* Insgesamt waren es 45.600 Wehrfähige.

42 Von Dans Sohn Schuham stammen die Sippen der Schuhamiten ab. *43* Insgesamt waren es 64.400 Wehrfähige.

⁴⁴ Von Aschers Söhnen Jimna, Jischwi und Beria stammen die Sippen der Jimnaiten, Jischwiten und Beriiten ab. ⁴⁵ Von Berias Söhnen Heber und Malkiël stammen die Sippen der Heberiten und Malkiëliten ab. ⁴⁶ Aschers Tochter hieß Serach. ⁴⁷ Insgesamt waren es 53.400 Wehrfähige. ⁴⁸ Von Naftalis Söhnen Jachzeel, Guni, Jezer und Schillem ⁴⁹ stammen die Sippen der Jachzeeliten, Guniten, Jezeriten und Schillemiten ab. ⁵⁰ Insgesamt waren es 45.400 Wehrfähige. ⁵¹ Die Gesamtzahl der wehrfähigen Männer Israels betrug 601.730.

⁵² Jahwe sagte zu Mose: ⁵³ »Diesen soll das Land als Erbbesitz zugeteilt werden, und zwar entsprechend ihrer Anzahl. ⁵⁴ Einem großen Stamm sollst du einen großen Erbbesitz zuteilen und einem kleinen einen kleinen. Jedem Stamm soll sein Erbbesitz nach der Zahl seiner Gemusterten zugeteilt werden. ⁵⁵ Die Verteilung selbst soll dann durch das Los geschehen. Nach dem Namen der Stämme ihrer Vorfahren sollen sie Erbbesitz erhalten. ⁵⁶ Nach dem Losentscheid soll der Erbbesitz zwischen den größeren und kleineren Stämmen verteilt werden.«

⁵⁷ Von Levis Söhnen Gerschon, Kehat und Merari stammen die Sippen der Gerschoniten, Kehatiten und Merariten ab. ⁵⁸ Zu Levi gehören auch die Sippen der Libniten, Hebroniten, Machliten, Muschiten und Korachiten. Kehat war der Vater von Amram. ⁵⁹ Dessen Frau hieß Jochebed. Sie war eine Tochter Levis und wurde schon in Ägypten geboren. Mit Amram bekam sie Mose, Aaron und deren Schwester Mirjam. ⁶⁰ Aaron wurde der Vater von Nadab, Abihu, Eleasar und Itamar. ⁶¹ Nadab und Abihu starben, als sie Jahwe ein unerlaubtes Feueropfer brachten. ⁶² Die Gesamtzahl aller männlichen gemusterten Leviten betrug 23.000. Sie wurden nicht zusammen mit den Israeliten erfasst, weil ihnen kein Erbbesitz zustand.

⁶³ Das waren diejenigen, die durch Mose und Eleasar im moabitischen Steppengebiet der Jordanebene gegenüber von Jericho gemustert wurden. ⁶⁴ Es war keiner unter ihnen, der schon von Mose und Aaron in der Wüste Sinai erfasst worden war. ⁶⁵ Denn Jahwe hatte ihnen gesagt, sie müssten alle in der Wüste sterben. Nur Kaleb Ben-Jefunne und Josua Ben-Nun waren von ihnen allen übrig geblieben.

Das Erbrecht von Töchtern

27 ¹ Da kamen die Töchter von Zelofhad Ben-Hefer, dem Enkel Gileads, der über Machir und Manasse von Josef abstammte. Es waren Machla, Noa, Hogla, Milka und Tirza. ² Sie traten vor den Eingang vom Zelt der Gottesbegegnung und sagten zu Mose und Eleasar, den Oberen und der ganzen Versammlung: ³ »Unser Vater ist in der Wüste gestorben. Er gehörte aber nicht zu den Anhängern Korachs, die sich gegen Jahwe auflehnten, sondern ist wie alle anderen seiner Generation an seiner Sünde gestorben. Aber er hatte keine Söhne. ⁴ Warum soll der Name unseres Vaters aus seiner Sippe verschwinden, nur weil er keinen Sohn hat? Gib uns Grundbesitz bei den Brüdern unseres Vaters!« *5* Mose brachte ihre Rechtssache vor Jahwe. *6* Jahwe erwiderte ihm: *7* »Die Töchter Zelofhads haben Recht, du sollst ihnen erblichen Grundbesitz bei den Brüdern ihres Vaters geben und seinen Erbbesitz auf seine Töchter übergehen lassen! *8* Zu den Israeliten sollst du Folgendes sagen: Wenn ein Mann stirbt und keinen Sohn hat, soll sein Erbbesitz auf seine Tochter übergehen. *9* Hat er aber keine Tochter, soll sein Erbbesitz seinen Brüdern zufallen. *10* Hat er keine Brüder, dann fällt der Erbbesitz den Brüdern seines Vaters zu. *11* Hat auch sein Vater keine Brüder, dann fällt der Erbbesitz dem Nächstverwandten aus seiner Sippe zu. Das soll bei den Israeliten gültiges Recht werden, wie Jahwe es Mose befohlen hat.«

Die Einsetzung Josuas

12 Jahwe sagte zu Mose: »Steig auf das Abarim-Gebirge* und sieh dir das Land an, das ich den Israeliten gegeben habe! *13* Wenn du es gesehen hast, wirst auch du mit deinen Vorfahren vereint werden wie dein Bruder Aaron, *14* weil ihr euch in der Wüste Zin, als die Menge Israels aufbegehrte, meinem Befehl widersetzt habt. Ihr

habt mich ihnen durch das Wasser nicht als heilig vor Augen gestellt. Das ist das Wasser von Meriba bei Kadesch in der Wüste Zin.«

15 Mose sagte zu Jahwe: *16* »Jahwe, der Gott, von dem alles Leben kommt, setze einen Mann ein, der die Gemeinschaft führt, *17* der vor ihnen her auszieht und vor ihnen her einzieht, der sie hinausführt und sie heimführt, damit die Gemeinde Jahwes nicht wie eine Schafherde ohne Hirten ist.« *18* Jahwe sagte zu Mose: »Nimm Josua Ben-Nun, einen Mann, in dem der Geist ist, und lege deine Hand auf ihn! *19* Stell ihn vor den Priester Eleasar und die ganze Versammlung und beauftrage ihn vor ihren Augen. *20* Und gib ihm von deiner Autorität ab, damit die ganze Gemeinschaft der Israeliten auf ihn hört. *21* Er soll bei jeder Entscheidung vor den Priester Eleasar treten, und der soll vor Jahwe die Entscheidung der Urim* für ihn einholen. Nach diesem Befehl sollen sie ausziehen und nach diesem Befehl zurückkehren. Das gilt für Josua und alle Israeliten, die ganze Gemeinschaft.« *22* Mose machte es, wie Jahwe ihm befohlen hatte. Er holte Josua, stellte ihn vor den Priester Eleasar und die ganze Versammlung. *23* Er legte ihm die Hände auf und beauftragte ihn, wie Jahwe es ihm gesagt hatte.

Die täglichen Opfer

28 *1* Jahwe sagte zu Mose: *2* »Befiehl den Israeliten, darauf zu achten, mir meine Opfergaben zur festgesetzten Zeit zu bringen, meine Speise als Feueropfer zum angenehmen Geruch. *3* Sag zu ihnen: Das

---

27,12 *Abarim-Gebirge.* Bergkette in Transjordanien, östlich vom Nordende des Toten Meeres. Der Berg Nebo war Teil dieser Bergkette.

27,21 *Urim (und Tummim)* waren die heiligen Lose, die bei schwierigen Entscheidungen den Schiedsspruch herbeiführten. Die Bedeutung der hebräischen Begriffe ist unsicher. Nach der LXX, der griechischen Übersetzung des Alten Testaments, bedeuteten sie *Licht und Recht.*

Feueropfer, das ihr Jahwe bringen sollt, besteht täglich aus zwei makellosen einjährigen Lämmern als regelmäßiges Brandopfer. *4* Das erste Lamm sollst du am Morgen bringen und das andere am späten Nachmittag. *5* Dazu kommen als Speisopfer jeweils zwei Litergefäße* voll Feinmehl, das mit einem knappen Liter* Öl aus zerstoßenen Oliven vermengt ist. *6* Das ist das ständige Brandopfer, wie es zum ersten Mal am Berg Sinai dargebracht wurde. Es ist ein Feueropfer für Jahwe zum angenehmen Geruch. *7* Das dazugehörige Trankopfer: ein knapper Liter Wein je Lamm. Dieses berauschende Getränk sollst du im Heiligtum für Jahwe ausgießen. *8* Das zweite Lamm sollst du am späten Nachmittag zurichten. Mit dem gleichen Speisopfer wie am Morgen und dem dazugehörigen Trankopfer sollst du es bringen als Feueropfer angenehmen Geruchs für Jahwe.«

Die Sabbat-Opfer

9 »Am Sabbat bringe zwei einjährige makellose Lämmer, dazu als Speisopfer viereinhalb Liter* Feinmehl, das mit Öl vermengt ist, und das dazugehörige Trankopfer. *10* Es ist das Sabbat-Brandopfer, das an jedem Sabbat zusätzlich zum ständigen Brandopfer und dem dazugehörigen Trankopfer gebracht werden soll.«

Die monatlichen Opfer

11 »Am Anfang jedes Monats sollt ihr Jahwe ein Brandopfer bringen: zwei junge Stiere, einen Schafbock und sieben makellose einjährige Lämmer. *12* Zu jedem Stier gehören als Speisopfer sechseinhalb Liter* mit Öl

vermengtem Feinmehl und zu jedem Schafbock viereinhalb Liter. *13* Auch zu jedem Lamm gehören als Speisopfer zwei Liter mit Öl vermengtem Feinmehl. Es ist ein Brandopfer zum angenehmen Geruch, ein Feueropfer für Jahwe. *14* Dazu kommen noch die Trankopfer: Zum Stier gehören knapp zwei Liter* Wein, zum Schafbock ein guter Liter* und zum Lamm ein knapper Liter. Das ist das Brandopfer an jedem Neumondstag des Jahres. *15* Zusätzlich zum regelmäßigen Brand- und Trankopfer soll Jahwe ein Ziegenbock als Sündopfer gebracht werden.«

Das Passaopfer

16 »Am 14. Tag des ersten Monats* ist Passa für Jahwe. *17* Am 15. Tag dieses Monats ist ein Fest. Sieben Tage lang sollt ihr ungesäuerte Brotfladen essen. *18* Am ersten Tag sollt ihr euch zu einem heiligen Fest versammeln. Da muss jede Arbeit ruhen. *19* Ihr sollt ein

---

28,5 *zwei Litergefäße.* Wörtlich: ein Zehntel (Efa) = 2,2 Liter

ein knapper Liter. Wörtlich: ein Viertel Hin = 0,9 Liter

28,9 *viereinhalb Liter.* Wörtlich: zwei Zehntel (Efa) = 4,4 Liter

28,12 *sechseinhalb Liter.* Wörtlich: drei Zehntel (Efa) = 6,6 Liter

28,14 *knapp zwei Liter.* Wörtlich: ein halbes Hin = 1,9 Liter

ein guter Liter. Wörtlich: ein Drittel Hin = 1,3 Liter

28,16 *14. Tag ... Monats.* In einem idealen Sonnenjahr mit 365 Tagen (in Israel richtete man sich nach dem Mondjahr mit 354 Tagen) würde das Datum auf den 28. März fallen.

Feueropfer bringen, ein Brandopfer für Jahwe: zwei junge Stiere, einen Schafbock und sieben einjährige makellose Lämmer. 20 Dazu als Speisopfer mit Öl vermengtes Feinmehl: sechseinhalb Liter für einen Stier und viereinhalb Liter für einen Schafbock 21 und für jedes der sieben Lämmer zwei Liter. 22 Dazu kommt noch ein Ziegenbock als Sündopfer, um Sühne für euch zu erwirken. 23 Diese Opfer sollen zusätzlich zu den normalen Brandopfern am Morgen gebracht werden. 24 Dieselben Opfer sollt ihr jeden Tag sieben Tage lang bringen, als eine Feueropferspeise, zum angenehmen Geruch für Jahwe. Das soll zusätzlich zu dem regelmäßigen Brandopfer und den dazugehörigen Trankopfern dargebracht werden. 25 Am siebten Tag sollt ihr euch zu einem heiligen Fest versammeln. Da muss jede Arbeit ruhen.«

Das Wochenfest

26 »Am Tag der Erstlingsfrüchte, wenn ihr Jahwe ein neues Speisopfer bringt, an eurem Wochenfest, sollt ihr zu einer heiligen Versammlung zusammenkommen. Da muss jede Arbeit ruhen. 27 Ihr sollt zum angenehmen Geruch für Jahwe ein Brandopfer bringen: zwei junge Stiere, einen Schafbock, sieben einjährige Lämmer 28 und das dazugehörige Speisopfer, mit Öl vermengtes Feinmehl: sechs-

einhalb Liter zu jedem Stier, viereinhalb Liter zu jedem Schafbock 29 und je zwei Liter für jedes der sieben Lämmer. 30 Dazu kommt noch ein Ziegenbock, um Sühne für euch zu erwirken. 31 Das soll zusätzlich zu dem regelmäßigen Brandopfer und den dazugehörigen Speisopfern mit den Trankopfern dargebracht werden. Alles soll makellos sein.«

Der Neujahrstag

29 1 »Am 1. Tag des 7. Monats* sollt ihr euch zu einem heiligen Fest versammeln. Da muss jede Arbeit ruhen. Es soll ein Tag des Signalblasens für euch sein. 2 Ihr sollt ein Brandopfer zum angenehmen Geruch für Jahwe bringen: einen jungen Stier, einen Schafbock und sieben makellose einjährige Lämmer, 3 und das dazugehörende Speisopfer, mit Öl vermengtes Feinmehl: sechseinhalb Liter zu jedem Stier, viereinhalb Liter zu jedem Schafbock 4 und zwei Liter für jedes der sieben Lämmer. 5 Dazu kommt noch ein Ziegenbock als Sündopfer, um Sühne für euch zu erwirken. 6 Das soll zusätzlich zu dem Brandopfer am Neumondstag und dem dazugehörigen Speisopfer gebracht werden und dem regelmäßigen Brandopfer und den dazugehörigen Speis- und Trankopfern nach den für sie geltenden Vorschriften als angenehmen Geruch, ein Feueropfer für Jahwe.«

Der Versöhnungstag

7 »Am 10. Tag des 7. Monats* sollt ihr euch zu einem heiligen Fest versammeln und euch demütigen. Da muss jede Arbeit ruhen. 8 Ihr sollt Jahwe ein

---

29,1 *1. Tag des 7. Monats.* In einem idealen Sonnenjahr würde dieser Tag auf den 14. September fallen.

29,7 *10. Tag des 7. Monats.* In einem idealen Sonnenjahr würde dieser Tag auf den 24. September fallen.

Brandopfer zum angenehmen Geruch bringen: einen jungen Stier, einen Schafbock und sieben makellose einjährige Lämmer, ⁹ und das dazugehörige Speisopfer, mit Öl vermengtes Feinmehl: sechseinhalb Liter zu jedem Stier, viereinhalb Liter zu jedem Schafbock ¹⁰ und zwei Liter für jedes der sieben Lämmer. ¹¹ Dazu kommt noch ein Ziegenbock als Sündopfer, zusätzlich zu dem Sündopfer der Versöhnung und dem regelmäßigen Brandopfer und den dazugehörigen Speis- und Trankopfern.«

Das Laubhüttenfest

¹²»Am 15. Tag des 7. Monats sollt ihr euch zu einem heiligen Fest versammeln. Da muss jede Arbeit ruhen. Sieben Tage lang* sollt ihr Jahwe ein Fest feiern. ¹³ Ihr sollt ihm ein Brandopfer bringen, ein Feueropfer zum angenehmen Geruch: dreizehn junge Stiere, zwei Schafböcke und vierzehn makellose einjährige Lämmer, ¹⁴ und das dazugehörige Speisopfer, mit Öl vermengtes Feinmehl: sechseinhalb Liter zu jedem der dreizehn Stiere, viereinhalb Liter zu jedem der beiden Schafböcke ¹⁵ und zwei Liter für jedes der vierzehn Lämmer. ¹⁶ Dazu kommt noch ein Ziegenbock als Sündopfer, zusätzlich zu dem regelmäßigen Brandopfer und den dazugehörigen Speis- und Trankopfern.

¹⁷ Am zweiten Tag sollt ihr zwölf junge Stiere, zwei Schafböcke und vierzehn makellose einjährige Lämmer bringen, ¹⁸ und das dazugehörige Speis- und Trankopfer zu den Stieren, den Schafböcken und den Lämmern entsprechend ihrer Anzahl und Vorschrift. ¹⁹ Dazu kommt noch ein

Ziegenbock als Sündopfer, zusätzlich zu dem regelmäßigen Brandopfer und den dazugehörigen Speis- und Trankopfern.

²⁰ Am dritten Tag sollt ihr elf junge Stiere, zwei Schafböcke und vierzehn makellose einjährige Lämmer bringen, ²¹ und das dazugehörige Speis- und Trankopfer zu den Stieren, den Schafböcken und den Lämmern entsprechend ihrer Anzahl und Vorschrift. ²² Dazu kommt noch ein Ziegenbock als Sündopfer, zusätzlich zu dem regelmäßigen Brandopfer und den dazugehörigen Speis- und Trankopfern.

²³ Am vierten Tag sollt ihr zehn Stiere, zwei Schafböcke und vierzehn makellose einjährige Lämmer bringen, ²⁴ und das dazugehörige Speis- und Trankopfer zu den Stieren, den Schafböcken und den Lämmern entsprechend ihrer Anzahl und Vorschrift. ²⁵ Dazu kommt noch ein Ziegenbock als Sündopfer, zusätzlich zu dem regelmäßigen Brandopfer und den dazugehörigen Speis- und Trankopfern.

²⁶ Am fünften Tag sollt ihr neun Stiere, zwei Schafböcke und vierzehn makellose einjährige Lämmer bringen, ²⁷ und das dazugehörige Speis- und Trankopfer zu den Stieren, den Schafböcken und den Lämmern entsprechend ihrer Anzahl und Vorschrift. ²⁸ Dazu kommt noch ein Ziegenbock als Sündopfer, zusätzlich zu dem regelmäßigen Brandopfer

---

29,12 *15. Tag des 7. Monats.* In einem idealen Sonnenjahr wäre das vom 29. September bis 5. Oktober.

und den dazugehörigen Speis- und Trankopfern.

29 Am sechsten Tag sollt ihr acht Stiere, zwei Schafböcke und vierzehn makellose einjährige Lämmer bringen, 30 und das dazugehörige Speis- und Trankopfer zu den Stieren, den Schafböcken und den Lämmern entsprechend ihrer Anzahl und Vorschrift. 31 Dazu kommt noch ein Ziegenbock als Sündopfer, zusätzlich zu dem regelmäßigen Brandopfer und den dazugehörigen Speis- und Trankopfern.

32 Am siebten Tag sollt ihr sieben Stiere, zwei Schafböcke und vierzehn makellose einjährige Lämmer bringen, 33 und das dazugehörige Speis- und Trankopfer zu den Stieren, den Schafböcken und den Lämmern entsprechend ihrer Anzahl und Vorschrift. 34 Dazu kommt noch ein Ziegenbock als Sündopfer, zusätzlich zu dem regelmäßigen Brandopfer und den dazugehörigen Speis- und Trankopfern.

35 Am achten Tag sollt ihr euch zu einem heiligen Fest versammeln. Da muss jede Arbeit ruhen. 36 Ihr sollt ein Brandopfer bringen, ein Feueropfer für Jahwe zum angenehmen Geruch: einen Stier, einen Schafbock und sieben makellose einjährige Lämmer, 37 und das dazugehörige Speis- und Trankopfer zu dem Stier, dem Schafbock und den Lämmern entsprechend ihrer Anzahl und Vorschrift. 38 Dazu kommt noch ein Ziegenbock als Sündopfer, zusätzlich zu dem regelmäßigen Brandopfer und den dazugehörigen Speis- und Trankopfern. 39 Das sollt ihr an euren Festtagen Jahwe opfern, zusätzlich zu dem, was

ihr gelobt und was ihr freiwillig gebt an Brand- und Speisopfern, an Trank- und Freudenopfern.«

30 1 Mose sagte den Israeliten alles genauso, wie Jahwe es ihm geboten hatte.

Die Gültigkeit von Gelübden

2 Mose sagte zu den Stammeshäuptern der Israeliten:»Folgendes hat Jahwe geboten: 3 Wenn ein Mann Jahwe etwas gelobt oder einen Eid ablegt, sich von etwas zu enthalten, dann darf er sein Wort nicht brechen. Er muss alles genauso machen, wie er es ausgesprochen hat.

4 Wenn eine Frau Jahwe etwas gelobt oder ein Enthaltungsgelübde auf sich nimmt und sie ist noch ledig und lebt im Haus ihres Vaters, 5 dann ist ihr Gelübde gültig, wenn ihr Vater, sobald er davon hört, keinen Einspruch erhebt. 6 Hat ihr Vater aber an dem Tag, als er davon hörte, seine Zustimmung versagt, so sind alle Gelübde und Enthaltungen, die sie sich auferlegt hat, ungültig. Jahwe wird ihr vergeben, weil ihr Vater seine Zustimmung versagt hat. 7 Heiratet sie einen Mann, während sie durch ein Gelübde oder ein unbedachtes Wort gebunden ist, 8 dann ist ihr Gelübde gültig, wenn ihr Mann, sobald er davon hört, keinen Einspruch erhebt. 9 Wenn ihr Mann aber am gleichen Tag, an dem er davon hört, seine Zustimmung verweigert, setzt er das Gelübde oder das unbedachte Wort außer Kraft und Jahwe wird ihr vergeben. 10 Aber das Gelübde einer Witwe oder einer Geschiedenen ist in allem gültig.

11 Wenn eine verheiratete Frau etwas gelobt oder ein Enthaltungsgelübde auf sich nimmt 12 und ihr Mann sagt nichts dagegen, dann gelten alle ihre Gelübde. 13 Wenn ihr Mann aber am gleichen Tag, an dem er davon hörte, sie ausdrücklich aufgehoben hat, dann ist alles, was seine Frau gelobt hat, ungültig geworden. Ihr Mann hat ihre Gelübde aufgehoben und Jahwe wird ihr vergeben. 14 Ihr Mann kann jedes Gelübde und jeden Eid, der sie zu einer Enthaltung verpflichtet, bestätigen oder außer Kraft setzen. 15 Schweigt ihr Mann dazu bis zum nächsten Tag, bestätigt er alle ihre Gelübde. 16 Wenn er sie aber ausdrücklich aufhebt, nachdem er davon gehört hat, muss er die Folgen tragen.«

17 Das sind die Anweisungen, die Jahwe Mose gegeben hat. Sie gelten für einen Mann gegenüber seiner Frau und für einen Vater gegenüber seiner Tochter, solange sie noch bei ihm zu Hause ist.

Die Bestrafung der Midianiter

31 1 Jahwe sagte zu Mose: 2 »Bestrafe die Midianiter für das, was sie Israel angetan haben. Danach wirst du mit deinen Vorfahren vereint werden.« 3 Daraufhin sagte Mose zum Volk: »Ein Teil eurer Männer soll sich zum Kriegsdienst bewaffnen. Sie werden gegen die Midianiter ziehen, um die Rache Jahwes an ihnen zu vollstrecken. 4 Von jedem Stamm sollen 1000 Mann in den Kampf ziehen.« 5 So wählten sie aus jedem Stamm der vielen Israeliten tausend Kämpfer aus, sodass ein Heer von 12.000 Mann zusammenkam. 6 Mose schickte auch Pinhas, den Sohn des Priesters Eleasar,

mit den heiligen Geräten und den Signaltrompeten zum Heer. 7 Sie kämpften gegen Midian, wie Jahwe es Mose befohlen hatte, und brachten alle Männer um, 8 auch die fünf Könige der Midianiter: Ewi, Rekem, Zur, Hur und Reba. Auch Bileam Ben-Beor töteten sie. 9 Die Frauen und Kinder der Midianiter nahmen sie gefangen. Sie erbeuteten ihre Viehherden und ihren ganzen Besitz. 10 Doch all ihre Städte und Dörfer brannten sie nieder. 11 Die ganze Beute, auch alle Menschen und das Vieh 12 brachten sie zu Mose und Eleasar und der Gemeinschaft der Israeliten ins Lager in der moabitischen Steppe am Jordan bei Jericho.

13 Mose ging ihnen mit Eleasar und den Oberhäuptern der Gemeinschaft entgegen. 14 Als er sie sah, wurde er zornig über die Befehlshaber des Heeres, die Führer der Tausend- und Hundertschaften, die aus dem Krieg kamen. 15 Er sagte zu ihnen: »Warum habt ihr die Frauen am Leben gelassen? 16 Gerade sie brachten doch auf den Rat Bileams die Israeliten dazu, in der Sache mit dem Peor von Jahwe abzufallen, sodass sein schwerer Schlag die Gemeinde Jahwes traf. 17 Tötet jetzt alle Kinder männlichen Geschlechts und alle Frauen, die schon mit einem Mann geschlafen haben. 18 Alle Mädchen, die noch nicht mit einem Mann Verkehr hatten, dürft ihr für euch am Leben lassen. 19 Ihr bleibt sieben Tage vor dem Lager. Und jeder, der einen Menschen erschlagen hat, und jeder, der einen Toten berührte, soll sich am dritten und am siebten Tag samt seinen Gefangenen entsündigen. 20 Auch alle Kleidungsstücke, alles Lederzeug

und alles, was aus Ziegenhaar oder Holz hergestellt ist, muss entsündigt werden.« 21 Der Priester Eleasar sagte den Männern, die aus dem Kampf heimgekehrt waren:»Folgende gesetzliche Verordnung hat Jahwe uns durch Mose gegeben: 22 Alle Beutestücke aus Gold, Silber, Bronze, Eisen, Zinn und Blei, 23 also alles, was nicht verbrennen kann, sollt ihr ins Feuer halten und anschließend mit dem Reinigungswasser entsündigen. Alles, was verbrennen kann, sollt ihr ins Wasser tauchen. 24 Am siebten Tag sollt ihr eure Kleider waschen. Dann seid ihr wieder rein und dürft ins Lager zurückkommen.«

Die Verteilung der Beute

25 Jahwe sagte zu Mose: 26 »Zähle mit dem Priester Eleasar und den Oberen der Gemeinschaft, was als Beute mitgebracht worden ist, Menschen und Vieh. 27 Dann gib die eine Hälfte der Beute denen, die ins Feld gezogen sind und gekämpft haben, und die andere Hälfte der ganzen übrigen Gemeinschaft. 28 Von den Kämpfern, die in den Krieg gezogen sind, sollst du darüber hinaus eine Abgabe für Jahwe erheben: je eins von 500 bei Menschen, Rindern, Eseln oder Kleinvieh. 29 Das sollst du von der Hälfte nehmen, die ihnen zusteht, und es dem Priester Eleasar als Opfer für Jahwe übergeben. 30 Von der Hälfte, die den übrigen Israeliten zusteht, sollst du je eins von 50 erheben, bei Menschen und Vieh, bei Rindern, Eseln, Schafen oder Ziegen, und sollst es den Leviten übergeben, die den Dienst an der Wohnung Jahwes tun.«

31 Mose und Eleasar machten, was Jahwe Mose befohlen hatte. 32 Die Zählung der gesamten Beute erbrachte 675.000 Schafe und Ziegen, 33 72.000 Rinder, 34 61.000 Esel 35 und 32.000 Menschen, unberührte Mädchen. 36 Die Hälfte davon, der Anteil für die Kämpfer, betrug 337.500 Stück Kleinvieh 37 und die Abgabe für Jahwe: 675 Stück; 38 36.000 Rinder und die Abgabe für Jahwe: 72; 39 30.500 Esel und die Abgabe für Jahwe: 61; 40 16.000 Menschen und die Abgabe für Jahwe: 32 Menschen. 41 Mose übergab diesen Anteil dem Priester Eleasar als Opfergabe für Jahwe, so wie Jahwe es ihm befohlen hatte.

42 Von der Hälfte für die Israeliten, die Mose von der Beute der Kämpfer abgezogen hatte, 43 also von der Hälfte, die für die Gemeinschaft bestimmt war, nämlich 337.500 Stück Kleinvieh, 44 36.000 Rinder, 45 30.500 Esel 46 und 16.000 Menschen, 47 von dieser den Israeliten gehörenden Hälfte nahm Mose von 50 Menschen und Tieren je eins heraus und übergab sie den Leviten, die den Dienst an der Wohnung Jahwes versahen, so wie Jahwe es ihm befohlen hatte.

48 Da traten die Befehlshaber des Heeres an Mose heran, die Führer der Tausend- und Hundertschaften, 49 und sagten zu ihm: »Deine Diener haben die Krieger gezählt, die unter unserem Befehl standen, und es fehlt nicht ein einziger Mann. 50 So bringen wir das als Opfergabe für Jahwe, was jeder von uns an Goldschmuck gefunden hat: Schrittkettchen und Armspangen, Siegelringe, Ohrringe und Halsschmuck, um Sühne vor

Jahwe für uns zu erwirken.« 51 Mose und der Priester Eleasar nahmen das Gold von ihnen an, alles kunstvoll gearbeitete Schmuckstücke. 52 Das Gold, das sie als Abgabe von den Führern der Tausend- und Hundertschaften für Jahwe erhoben, hatte ein Gewicht von fast 193 Kilogramm*. 53 Die Krieger hatten auch jeder für sich Beute gemacht. 54 Mose und der Priester Eleasar nahmen das Gold von den Oberen und brachten es in das Zelt der Gottesbegegnung. Es sollte vor Jahwe die Erinnerung an die Israeliten wach halten.

Die Verteilung des Ostjordanlandes

32 1 Die Stämme Ruben und Gad hatten sehr große Viehherden. Als sie nun das Land Jaser* und Gilead* sahen, erkannten sie, dass die Gegend für Herden geeignet war. 2 Da kamen die Gaditen und Rubeniten und sagten zu Mose, zu dem Priester Eleasar und den Fürsten der Gemeinschaft: 3 »Atarot und Dibona, Jaser und Nimra, Heschbon und Elale, Sibma, Nebo und Beon, 4 das Land, das Jahwe für die Gemeinschaft des Volkes Israel erobert hat, ist gutes Weideland. Und deine Diener haben Herden. 5 Wenn wir dein Wohlwollen gefunden haben, dann lass doch dieses Land deinen Dienern als Eigentum geben! Lass uns nicht über den Jordan ziehen!« 6 Mose sagte zu den Gaditen und Rubeniten: »Sollen etwa eure Brüder in den Kampf ziehen, während ihr hier bleibt? 7 Warum wollt ihr die Israeliten davon abhalten, in das Land hinüberzuziehen, das Jahwe ihnen gegeben hat? 8 Das haben ja schon eure Väter getan, als

ich sie von Kadesch-Barnea losschickte, um das Land auszukundschaften. 9 Sie kamen bis ins Traubental und sahen sich das Land an. Und dann nahmen sie den Israeliten den Mut, sodass sie nicht in das Land ziehen wollten, das Jahwe ihnen gegeben hatte. 10 Damals entflammte Jahwes Zorn und er schwor: 11 ›Keiner der Männer, die aus Ägypten gezogen und jetzt älter als 20 Jahre sind, wird das Land sehen, das ich Abraham, Isaak und Jakob unter Eid versprochen habe. Denn sie haben nicht treu zu mir gehalten. 12 Ausgenommen sind nur Kaleb Ben-Jefunne aus der Sippe Kenas und Josua Ben-Nun, die treu zu mir gehalten haben.‹ 13 So traf Jahwes Zorn die Israeliten, und er ließ sie vierzig Jahre lang in der Wüste umherirren, bis diese ganze Generation aufgerieben war, die getan hatte, was vor Jahwe böse ist. 14 Seht doch, nun seid ihr an die Stelle eurer Väter getreten, eine Brut von sündigen Männern, um den glühenden Zorn Jahwes gegen Israel noch zu vermehren. 15 Wenn ihr euch von ihm abkehrt, wird er das Volk noch länger in der Wüste lassen, und ihr habt es dann zugrunde gerichtet!«

16 Da traten sie näher zu Mose und sagten:»Wir wollen ja nur Gehege für unser Kleinvieh hier bauen und feste

---

31,52 *193 Kilogramm.* Wörtlich: 16.750 Schekel, das Schekel zu 11,5 Gramm gerechnet.

32,1 *Jaser* bezeichnete hier vielleicht die Gegend um die Stadt Jaser (4. Mose 21,32) in der Nähe des heutigen Amman.

Gilead bezeichnete das mittlere, manchmal auch das ganze Ostjordanland.

Städte für unsere Familien. *17* Wir selbst wollen für den Kampf bewaffnet vor den Israeliten herziehen, bis wir sie an ihren Ort gebracht haben. Nur unsere Familien sollen wegen der Bewohner des Landes in den befestigten Städten bleiben. *18* Wir kehren nicht in unsere Häuser zurück, bis jeder Israelit seinen Erbbesitz erhalten hat. *19* Wir verlangen keinen Erbbesitz auf der anderen Seite des Jordan, wenn wir ihn diesseits des Jordan im Osten bekommen.«

20 Da sagte Mose zu ihnen: »Wenn ihr das tut, wenn ihr euch vor Jahwe bewaffnet *21* und jeder Bewaffnete von euch vor Jahwe über den Jordan zieht, bis er seine Feinde vor sich her vertrieben hat *22* und das Land für Jahwe unterworfen ist, wenn ihr erst danach zurückkehrt, sollt ihr frei sein von den Verpflichtungen gegenüber Jahwe und Israel, und dieses Land hier soll vor Jahwe euch gehören. *23* Wenn ihr das aber nicht so tut, versündigt ihr euch gegen Jahwe. Und seid gewiss, dass eure Sünde euch einholen wird. *24* Baut euch feste Städte für eure Familien und Gehege für eure Schafe und tut, was ihr versprochen habt!«

25 Da sagten die Gaditen und Rubeniten zu Mose: »Deine Diener werden tun, was du verlangst. *26* Unsere Kinder, unsere Frauen, unsere Herden und unser ganzes Vieh werden in den Städten Gileads bleiben. *27* Deine Diener aber werden alle zum Heeresdienst gerüstet sein und vor Jahwe hinüberziehen in den Kampf, wie du gesagt hast.«

28 Daraufhin gab Mose dem Priester Eleasar, Josua Ben-Nun und den Oberhäuptern der Stämme Israels die Anweisung: *29* »Wenn die Gaditen und Rubeniten vor Jahwe zum Kampf gerüstet mit euch den Jordan überschreiten und wenn das Land euch unterworfen sein wird, dann sollt ihr ihnen das Land Gilead zum Eigentum geben. *30* Ziehen sie aber nicht bewaffnet mit euch hinüber, dann müssen sie sich unter euch im Land Kanaan ansässig machen.« *31* Da erwiderten die Gaditen und Rubeniten: »Was Jahwe deinen Dienern gesagt hat, wollen wir tun. *32* Für unseren Erbbesitz diesseits des Jordan werden wir vor Jahwe gerüstet in das Land Kanaan hinüberziehen.«

33 So gab Mose den Gaditen, den Rubeniten und dem halben Stamm des Josefssohns Manasse das Gebiet des Amoriterkönigs Sihon und das Gebiet des Königs Og von Baschan, das ganze Land mit seinen Städten und den dazugehörigen Gebieten. *34* Die Gaditen befestigten die Städte Dibona, Atarot und Aroer, *35* Atrot-Schofan, Jaser, Jogboha, *36* Bet-Nimra und Bet-Haran und errichteten Einfriedungen für ihre Herden. *37* Die Männer des Stammes Ruben befestigten die Städte Heschbon, Elale, Kirjatajim, *38* Nebo, Baal-Meon und Sibma und gaben ihnen andere Namen.

39 Die Nachkommen von Machir Ben-Manasse zogen nach Gilead. Sie eroberten es und vertrieben die Amoriter dort. *40* Mose gab ihnen Gilead als Besitz, und sie siedelten sich dort an. *41* Jaïr vom Stamm Manasse eroberte eine Reihe von Zeltdörfern und nannte sie »Zeltdörfer Jaïrs«. *42* Nobach eroberte Kenach und dessen Tochterstädte und nannte es nach seinem eigenen Namen: Nobach.

Die Lagerplätze des Wüstenzugs

33 ¹ Es folgt das Verzeichnis der Lagerplätze der Israeliten, die unter der Führung von Mose und Aaron nach Heerscharen geordnet aus dem Land Ägypten ausgezogen waren. ² Nach Jahwes Befehl schrieb Mose die Stationen ihrer Wanderung auf. ³ Am 15. Tag des ersten Monats*, am Morgen nach dem Passamahl, brachen sie voller Mut* und vor den Augen aller Ägypter in Ramses* auf. ⁴ Die Ägypter begruben währenddessen ihre Erstgeborenen, die Jahwe unter ihnen erschlagen hatte. Auch an ihren Göttern hatte Jahwe Strafgerichte vollstreckt. ⁵ Von Ramses zogen die Israeliten weiter und schlugen ihr Lager in Sukkot* auf. ⁶ Von Sukkot zogen sie weiter nach Etam* am Rand der Wüste. ⁷ Von dort wandten sie sich nach Pi-Hahirot gegenüber von Baal-Zefon und schlugen ihr Lager bei Migdol* auf. ⁸ Dann zogen sie mitten durch das Meer und weiter drei Tagesmärsche weit durch die Wüste von Etam bis nach Mara*. ⁹ Von dort zogen sie nach Elim*, wo es zwölf Wasserquellen und siebzig Palmen gab. ¹⁰ Von Elim zogen sie weiter und schlugen ihr Lager am Schilfmeer* auf. ¹¹ Von dort aus zogen sie in die Wüste Sin* ¹² und von dort nach Dofka, ¹³ dann nach Alusch ¹⁴ und schließlich nach Refidim, wo sie kein Trinkwasser fanden. ¹⁵ Von Refidim zogen sie weiter und schlugen ihr Lager in der Wüste Sinai auf. ¹⁶ Von dort ging es nach Kibrot-Hattaawa, ¹⁷ dann weiter nach Hazerot. ¹⁸ Von dort aus kamen sie nach Ritma, ¹⁹ dann nach Rimmon-Perez, ²⁰ nach Libna ²¹ und Rissa. ²² Ihr nächstes Lager schlugen sie in Kehelata auf, ²³ dann am Berg Schefer, ²⁴ in Harada, ²⁵ Makhelot ²⁶ und Tahat. ²⁷ Von dort ging es nach Tatach, ²⁸ dann nach Mitka, ²⁹ nach Haschmona, ³⁰ nach Moserot, ³¹ Bene-Jaakan, ³² Hor-Gidgad, ³³ Jotbata, ³⁴ Abrona ³⁵ und Ezjon-Geber. ³⁶ Dann kamen sie nach Kadesch in der Wüste Zin ³⁷ und schlugen ihr Lager schließlich am Berg Hor an der Grenze des Landes Edom auf. ³⁸ Dort stieg der Priester Aaron nach dem Befehl Jahwes

---

33,3 *15. Tag des ersten Monats.* Das entspricht etwa dem 15. April 1445 v.Chr.

voller Mut. Wörtlich: mit erhobener Hand.

Ramses. Stadt im östlichen Nildelta, etwa 30 km südlich von Tanis/Zoan.

33,5 *Sukkot* war vielleicht das heutige Tell el-Maskuta im Wadi Tumilat, 14 km westlich von Ismailia im Nordosten Ägyptens.

33,6 *Etam.* Das ägyptische Wort bedeutet »Festung«. Wahrscheinlich handelte es sich um eine der Festungen, die die Ostgrenze von Ägypten bewachten.

33,7 *Migdol* ist das semitische Wort für Festung. Alle genannten Orte können Festungen meinen, die in der Nähe des heutigen Suez-Kanals lagen. Pi-Hahirot und Migdol werden in ägyptischen Quellen genannt.

33,8 *Mara,* Bitterwasser, war eine Oase, ungefähr drei Tagereisen von Ägypten entfernt, vielleicht identisch mit Ain Hawarah, 75 km südöstlich von Suez.

33,9 *Elim* lag elf Kilometer südlich von Ain Hawarah im gut bewässerten Tal von Gharandel. Die Identifikation der Orte hängt allerdings davon ab, welcher Berg mit dem Sinai identifiziert wird.

33,10 *Schilfmeer.* Hier ist nicht der Schauplatz des Meerwunders von Vers 8 und 2. Mose 14,2 gemeint, sondern der Golf von Akaba, der zum Roten Meer gehört.

33,11 Die *Wüste Sin* lag wahrscheinlich im südwestlichen Teil der Sinaihalbinsel in dem Gebiet, das heute Debbet-er-Ramleh genannt wird.

auf den Berg Hor und starb. Das war im 40. Jahr nach dem Auszug aus Ägypten, am 1. des 5. Monats.* 39 Aaron war 123 Jahre alt, als er auf dem Berg Hor starb. 40 Der Kanaaniterkönig von Arad, das lag im Süden des Landes Kanaan, hörte vom Kommen der Israeliten. 41 Diese brachen vom Berg Hor auf und kamen nach Zalmona. 42 Von dort kamen sie nach Punon, 43 dann nach Obot 44 und schließlich nach Ije-Abarim im Gebiet von Moab. 45 Von Ijim zogen sie weiter nach Dibon-Gad, 46 von dort nach Almon-Diblatajim 47 und von dort zum Gebirge Abarim, östlich von Nebo. 48 Vom Gebirge Abarim zogen sie weiter in das moabitische Steppengebiet der Jordanebene gegenüber von Jericho. 49 Ihr Lager erstreckte sich von Bet-Jeschimot* bis Abel-Schittim*.

Anweisungen für die Verteilung des Landes

50 Dort im moabitischen Steppengebiet der Jordanebene, gegenüber von Jericho, befahl Jahwe Mose, 51 den Israeliten zu sagen: »Wenn ihr über den Jordan in das Land Kanaan zieht, 52 müsst ihr alle seine Bewohner vertreiben, alle ihre Götzenbilder und Bildwerke vernichten und ihre Höhenheiligtümer zerstören. 53 Nehmt das Land in Besitz und lasst euch dort nieder, denn ich habe es euch als Eigentum gegeben. 54 Durchs Los soll es euren Sippen als Erbbesitz zugeteilt werden. Einem großen Stamm sollt ihr einen großen Grundbesitz zuteilen, einem kleinen Stamm einen kleinen. Durchs Los sollt ihr es unter die Stämme eurer Väter verteilen. 55 Wenn ihr die Einwohner des Landes aber nicht vor euch her vertreibt, dann werden die, die ihr von ihnen übrig lasst, zu Splittern in euren Augen und zu Stacheln in euren Seiten. Sie werden euch in dem Land, in dem ihr wohnt, bedrängen. 56 Dann werde ich mit euch machen, was ich mit ihnen machen wollte.«

Die Grenzen von Israels Gebiet

34 1 Jahwe wies Mose an, 2 den Israeliten zu befehlen:»Wenn ihr in das Land Kanaan kommt, dann liegt euer Erbbesitz in folgenden Grenzen: 3 Im Süden wird euer Land von der Wüste Zin und dem Gebiet von Edom begrenzt, sodass eure Südgrenze im Osten vom Ende des Salzmeeres* ausgeht. 4 Dann soll sie südlich vom Skorpionensteig abbiegen, sich nach Zin hinüberziehen und bis südlich von Kadesch-Barnea* weiterlaufen. Dann soll sie weiter über Hazar-Addar* nach Azmon gehen 5 und von dort bis zum Bach Ägyptens*, der zum Mittelmeer hin ausläuft. 6 Eure Westgrenze soll das Küstengebiet des großen Meeres sein. 7 Eure Nordgrenze sollt ihr vom

---

33,38 40. Jahr ... Monats. Das könnte am 1. August 1406 v.Chr. gewesen sein.

33,49 Bet-Jeschimot. Sieben Kilometer nordöstlich vom Toten Meer.

Abel-Schittim. 14 km nordöstlich vom Toten Meer.

34,3 Salzmeer. Gemeint ist das Tote Meer, das einen Salzgehalt von 25% hat, sodass kein Fisch darin leben kann.

34,4 Kadesch-Barnea. Ort an der Südgrenze Kanaans, etwa 80 km südwestlich von Beerscheba.

Hazar-Addar. Die Festung liegt etwa 82 km südlich von Beerscheba.

34,5 Bach Ägyptens. Heute: Wadi El-Arisch.

großen Meer bis zum Berg Hor ziehen 8 und weiter bis dorthin, wo es nach Hamat geht. In Zadad soll sie enden. 9 Dann soll die Grenze über Sifron weitergehen und bei Hazar-Enan enden. 10 Die Ostgrenze verläuft von Hazar-Enan bis Schefam 11 über den Ort Ribla, östlich von Ajin, bis zu den Höhenzügen am Ostufer des Sees Kinneret*. 12 Dann soll die Grenze zum Jordan hinabgehen und am Salzmeer enden. Das soll euer Land in seinen Grenzen sein.«

Weitere Anweisungen für die Verteilung des Landes

13 Da befahl Mose den Israeliten: »Das ist das Land, das ihr durch Los als Erbbesitz erhalten sollt. Jahwe hat befohlen, es den neuneinhalb Stämmen zu geben. 14 Denn der Stamm der Rubeniten mit ihren Familien, der Stamm der Gaditen mit ihren Familien und die Hälfte des Stammes Manasse haben ihren Erbbesitz schon erhalten, 15 und zwar auf der Ostseite des Jordan, gegenüber von Jericho.«

16 Jahwe sagte zu Mose: 17 »Der Priester Eleasar und Josua Ben-Nun sollen das Land an Israel verteilen. 18 Zur Verteilung sollt ihr noch je einen der Oberen aus jedem Stamm hinzuziehen. 19 Es sind folgende Männer: Kaleb Ben-Jefunne für den Stamm Juda, 20 Schemuël Ben-Ammihud für den Stamm Simeon, 21 Elidad Ben-Kislon für den Stamm Benjamin, 22 Fürst Bukki Ben-Jogli für den Stamm Dan, 23 für die Josefstämme: Fürst Hanniël Ben-Efod für den Stamm Manasse 24 und Fürst Kemuël Ben-Schiftan für den Stamm Efraïm, 25 Fürst Elizafan Ben-Parnach für den Stamm Sebulon, 26 Fürst Paltiël Ben-Asan für den Stamm Issachar, 27 Fürst Ahihud Ben-Schelomi für den Stamm Ascher 28 und Fürst Pedahel Ben-Ammihud für den Stamm Naftali.« 29 Das sind die, denen Jahwe befahl, den Israeliten ihren Erbbesitz im Land Kanaan auszuteilen.

Die Leviten- und Asylstädte

35 1 Im moabitischen Steppengebiet der Jordanebene gegenüber von Jericho sagte Jahwe zu Mose: 2 »Befiehl den Israeliten, dass sie den Leviten von ihrem Erbbesitz Städte zum Wohnen geben. Auch Weideland soll um die Städte herum sein. 3 Die Städte sollen ihnen als Wohnsitz gehören und die dazugehörigen Weideflächen sollen für ihr Vieh, ihre Herden und für alle ihre Tiere bestimmt sein. 4 Die Weideflächen, die ihr den Leviten gebt, sollen von der Stadtmauer aus jeweils etwa 500 Meter* hinaus reichen. 5 Dann messt ihr außerhalb der Stadt parallel zur Ost-, Süd-, West- und Nordseite je 1000 Meter* ab, sodass die Stadt in der Mitte dieser Flächen liegt. Das alles soll den Leviten als Weidefläche*

34,11 *Kinneret.* Früherer Name des Sees Gennesaret.

35,4 *500 Meter.* Wörtlich: 1000 Ellen.

35,5 *1000 Meter.* Wörtlich: 2000 Ellen.

Die *Weideflächen* sind nicht als großes Quadrat um die Stadt zu denken, sondern als vier rechteckige Stücke von je 1000 x 500 Meter, die an der Stadtmauer angesetzt wurden, wobei sie je nach Länge der Mauer nach einer Seite überstehen konnten. Die Juden haben übrigens aus diesen Maßangaben die Länge eines Sabbatweges (Apostelgeschichte 1,12) bestimmt.

vor den Städten dienen. 6 Von den Städten, die ihr den Leviten gebt, sollen sechs Asylstädte sein, in die jeder fliehen kann, der unabsichtlich einen Menschen getötet hat. 42 andere Städte müsst ihr ihnen noch geben, 7 insgesamt also 48 Städte mit ihren Weideflächen. 8 Wenn ihr die Städte an die Leviten abgebt, sollt ihr von einem großen Stamm viele nehmen und von einem kleinen wenige. Jeder Stamm soll entsprechend der Größe seines Erbbesitzes Städte an die Leviten abgeben.«

9 Jahwe befahl Mose, 10 den Israeliten zu sagen:»Wenn ihr über den Jordan ins Land Kanaan zieht, 11 sollt ihr Asylstädte bestimmen, in die jeder fliehen kann, der unabsichtlich einen Menschen getötet hat. 12 Die Städte sollen als Zuflucht vor dem Bluträcher dienen, damit der Totschläger nicht umgebracht wird, bevor er in der Gemeinschaft vor Gericht gestanden hat. 13 Sechs Asylstädte sollt ihr haben, 14 drei diesseits des Jordan und drei im Land Kanaan. 15 Diese Städte sollen sowohl einem Israeliten als auch einem Fremden als Zuflucht dienen. Jeder, der einen Menschen aus Versehen erschlagen hat, soll dahin fliehen können.

16 Wenn aber jemand einen anderen mit einem eisernen Gegenstand schlägt, sodass dieser daran stirbt, dann ist er ein Mörder und muss mit dem Tod bestraft werden. 17 Ebenso ist es, wenn er einen Stein in die Hand nimmt, durch den man sterben kann,

und ihn damit schlägt, 18 oder mit einem Gegenstand aus Holz, durch den man sterben kann. Wenn der Geschlagene stirbt, ist er ein Mörder und muss mit dem Tod bestraft werden. 19 Der Bluträcher* soll den Mörder töten, sobald er ihn trifft.

20 Wer einen anderen aus Hass stößt oder ihm in böser Absicht etwas nachwirft, sodass er stirbt, 21 oder wer ihn aus Feindschaft mit der Hand schlägt, sodass er stirbt, muss mit dem Tod bestraft werden. Er ist ein Mörder. Der Bluträcher soll den Mörder töten, sobald er ihn trifft.

22 Wenn er ihn aber aus Unachtsamkeit ohne feindliche Absicht gestoßen oder ohne Hintergedanken einen Gegenstand auf ihn geworfen hat, 23 oder wenn er, ohne ihn zu sehen, einen Stein auf ihn fallen ließ, der einen Menschen töten kann, sodass er starb, obwohl er nicht sein Feind war und ihn nicht schädigen wollte, 24 dann soll die Gemeinschaft zwischen dem Totschläger und dem Bluträcher nach diesen Rechtsbestimmungen entscheiden. 25 Die Gemeinschaft soll den Totschläger aus der Hand des Bluträchers retten und ihn in die Asylstadt zurückbringen, in die er geflohen ist. In ihr soll er bleiben bis zum Tod des Hohen Priesters, den man mit dem heiligen Öl salbte. 26 Verlässt der Totschläger aber das Gebiet seiner Asylstadt, in die er geflohen ist, 27 und der Bluträcher findet ihn und tötet ihn dort, dann lädt er keine Blutschuld auf sich. 28 Denn der Totschläger muss bis zum Tod des Hohen Priesters in seiner Asylstadt bleiben. Erst danach darf er auf seinen Grund und Boden zurückkehren.

35,19 *Bluträcher.* Die Sühne eines Mordes stand damals dem nächsten Verwandten des Toten zu.

²⁹ Das soll als Rechtsordnung für euch gelten in jeder Generation und überall, wo ihr wohnt.

³⁰ Wenn jemand einen Menschen erschlägt, soll man auf die Aussage von Zeugen hin den Mörder töten. Doch durch die Aussage eines einzigen Zeugen darf niemand sterben. ³¹ Ihr dürft kein Lösegeld annehmen für das Leben eines Mörders, er muss hingerichtet werden. ³² Auch von einem, der in seine Asylstadt geflohen ist, dürft ihr kein Lösegeld annehmen, damit er noch vor dem Tod des Priesters nach Hause zurückkehren kann. ³³ Ihr dürft das Land, in dem ihr lebt, nicht entweihen! Denn Blut entweiht das Land. Und dem Land kann für einen Mord keine Sühne erwirkt werden, außer durch das Blut dessen, der den Mord begangen hat. ³⁴ Lasst das Land, in dem ihr lebt, nicht unrein werden! Denn auch ich, Jahwe, wohne mitten unter euch.«

Das Gesetz für Erbtöchter

36 ¹ Die Familienoberhäupter der Nachkommen von Gilead Ben-Machir, dem Enkel Manasses aus der Josefsippe, kamen zu Mose und den Oberhäuptern des Volkes ² und sagten: »Jahwe hat dir, unserem Herrn, befohlen, das Land durchs Los unter die Israeliten aufzuteilen. Er hat dir auch befohlen, den Erbbesitz unseres Verwandten Zelofhad seinen Töchtern zu geben. ³ Wenn sie aber nun einen Mann aus einem der anderen Stämme Israels heiraten, dann wird ihr Land dem Erbbesitz unserer Vorfahren entzogen und in den Besitz des Stammes kommen, zu dem sie dann gehören. ⁴ Und wenn dann das Jubeljahr für Israel kommt, wird ihr Erbbesitz endgültig in den Besitz des Stammes übergehen, in den sie eingeheiratet haben, und ihr Besitz wird dem Erbbesitz unserer Vorfahren entzogen.«

⁵ Da befahl Mose nach Anweisung Jahwes den Israeliten: »Die Männer vom Stamm der Söhne Josefs haben Recht. ⁶ Folgendes hat Jahwe bestimmt: Die Töchter Zelofhads dürfen den heiraten, der ihnen gefällt. Doch es muss ein Mann sein, der zu einer der Sippen ihres Stammes gehört, ⁷ damit kein Grundbesitz von einem Stamm zum anderen übergeht. Jeder Israelit soll mit dem Erbbesitz seines väterlichen Stammes verbunden bleiben. ⁸ Und jede Tochter, die in einem der Stämme Israels zu Erbbesitz kommt, soll einen Mann aus den Sippen ihres väterlichen Stammes heiraten, damit jeder Israelit den Erbbesitz seiner Vorfahren behält. ⁹ Es darf kein Erbbesitz von einem Stamm auf den anderen übergehen. Jeder Stamm der Israeliten soll mit seinem Erbbesitz verbunden bleiben.«

¹⁰ Die Töchter Zelofhads machten es so, wie Jahwe es Mose gesagt hatte. ¹¹ Machla, Tirza, Hogla, Milka und Noa heirateten ihre Vettern, ¹² Männer aus den Sippen der Nachkommen des Josefsohns Manasse. So blieb ihr Erbbesitz bei den Sippen ihres väterlichen Stammes.

¹³ Das sind die Gebote und Rechte, die Jahwe den Israeliten durch Mose im moabitischen Steppengebiet der Jordanebene gegenüber von Jericho gegeben hat.

Deuteronomium, das fünfte Buch Mose

Das fünfte Buch Mose wird auch Deuteronomium, zweites Gesetz, genannt, weil in ihm aufgeschrieben ist, wie Mose am Ende seines Lebens dem Volk das ganze Gesetz noch einmal vor Augen stellt und in drei großen Reden und einer Zusammenfassung erklärt. Inzwischen war eine neue Generation herangewachsen, die im Begriff stand, das Land Kanaan zu erobern. Aus diesem Grund musste ihnen das Gesetz, das die Väter 38 Jahre vorher angenommen hatten, neu erklärt werden, damit sie sich verbindlich dazu stellten. Für das junge Israel hing alles von seiner Treue zum Gesetz ab, auch der Besitz des verheißenen Landes. Mose schrieb diese Reden kurz vor seinem Tod im Jahr 1406 v.Chr. nieder. Das letzte Kapitel wurde wahrscheinlich von Josua hinzugefügt. Das Buch folgt in seinem Aufbau offenbar einem altorientalischen Vasallenvertrag mit Präambel, historischer Einleitung, allgemeinem Gebot, speziellen Geboten sowie Segen und Fluch.

1,1 Als *Araba* wird der Jordangraben bezeichnet, der sich von Norden nach Süden durch ganz Israel bis nach Eilat am Roten Meer zieht. Sein Boden ist zwischen 12,5 und 22,5 km breit und befindet sich fast überall unter der Höhe des Meeresspiegels, am Toten Meer 394 m unter NN.

... Di-Sahab. Die genaue Lage dieser Orte ist unbekannt. Die Beschreibung im Ganzen verweist auf das Gebiet Moabs.

1,2 Das *Gebirge Seïr* erstreckt sich östlich der Araba vom Toten Meer bis nach Eilat und wurde von Edomitern bewohnt.

Kadesch-Barnea lag an der Südgrenze von Kanaan, etwa 80 km südwestlich von Beerscheba.

1,3 *nach dem Auszug aus Ägypten.* Vom Übersetzer hinzugefügt. Mose hielt diese Rede am 1. Tag des elften Monats, umgerechnet 1. Februar 1406 v.Chr.

1,4 *Heschbon* lag 25 km östlich der Jordanmündung ins Tote Meer.

Baschan war das Gebiet östlich und nördlich vom See Gennesaret.

1,6 *Horeb.* Anderer Name für den Berg Sinai oder ein anderer Gipfel in derselben Bergregion. Der Sinai wird meist mit dem Dschebel Musa im Südosten der Sinai-Halbinsel identifiziert, was aber nicht sicher ist.

Ort und Zeit

1 *1* Folgende Worte sprach Mose zu ganz Israel, als es sich jenseits des Jordan in der Araba* befand, in der Steppe gegenüber von Suf, zwischen Paran, Tofel, Laban, Hazerot und Di-Sahab.* *2* Elf Tagereisen sind es vom Berg Horeb auf dem Weg zum Gebirge Seïr* bis Kadesch-Barnea*. *3* Am 1. Februar des 40. Jahres nach dem Auszug aus Ägypten* sagte Mose den Israeliten, was Jahwe ihm für sie aufgetragen hatte. *4* Vorher hatte er den Amoriterkönig Sihon besiegt, der in Heschbon* wohnte, und Og, den König von Baschan*, der in Aschtarot und Edrei lebte. *5* Dort im Land Moab, jenseits des Jordan, begann Mose das Gesetz auszulegen. Er sagte:

Der Aufbruch vom Horeb

6 Jahwe, unser Gott, hat am Horeb* zu uns gesagt: »Lange genug habt ihr euch an diesem Berg aufgehalten.

7 Macht euch auf und zieht weiter ins Bergland der Amoriter* und zu allen ihren Nachbarn in der Araba, im Gebirge, in der Schefela*, im Negev* und an der Meeresküste, zieht ins Land der Kanaaniter, zum Libanon bis an den großen Strom, den Euphrat! 8 Seht, dieses Land übergebe ich euch. Zieht hinein und nehmt es in Besitz! Es ist das Land, das Jahwe euren Vorfahren Abraham, Isaak und Jakob unter Eid versprochen hat, es ihnen und ihren Nachkommen zu geben.«

Wie Mose Richter einsetzte

9 Damals sagte ich zu euch:»Ich allein kann euch nicht tragen. 10 Jahwe, euer Gott, hat euch zahlreich werden lassen. Und seht, ihr seid heute so zahlreich wie die Sterne am Himmel. 11 Jahwe, der Gott eurer Vorfahren, möge euch noch tausendmal zahlreicher machen und euch segnen, wie er es euch zugesagt hat. 12 Wie könnte ich allein die Bürde und Last eurer Streitigkeiten tragen? 13 Schafft weise, verständige und erfahrene Männer aus euren Stämmen herbei, die ich als Oberhäupter über euch einsetzen kann.« 14 Ihr gabt mir zur Antwort: »Ja, dein Vorschlag ist gut!« 15 Ich wählte also in euren Stämmen weise und erfahrene Männer aus und setzte sie als Oberhäupter über euch ein, Obere über Tausend, Hundert, Fünfzig und Zehn, und als Verwalter für eure Stämme. 16 Sie sollten als Richter in Streitfällen entscheiden. Ich befahl ihnen: »Hört euren Brüdern genau zu und richtet gerecht, egal, ob ein Mann mit seinem Bruder oder einem Fremden streitet.

17 Urteilt ohne Ansehen der Person und hört euch die kleinen Leute genauso wie die großen an. Lasst euch von keinem einschüchtern, denn beim Gericht geht es um Gottes Sache. Ist euch ein Rechtsfall zu schwer, dann legt ihn mir vor, dass ich ihn anhöre.« 18 Damals habe ich euch angewiesen, all diese Dinge zu tun.

Die Kundschafter

19 Dann brachen wir vom Horeb auf und zogen durch diese ganze große und schreckliche Wüste – ihr habt sie gesehen – auf dem Weg zum Bergland der Amoriter. So hatte Jahwe, unser Gott, es uns befohlen, und wir kamen bis Kadesch-Barnea. 20 Da sagte ich zu euch:»Ihr seid bis zum Bergland der Amoriter gekommen, das Jahwe, unser Gott, uns gibt. 21 Schau, Jahwe, dein Gott, hat das Land, das vor dir liegt, in deine Gewalt gegeben. Zieh hinauf und nimm es in Besitz, wie Jahwe, der Gott deiner Väter, es dir gesagt hat. Hab keine Angst und fürchte dich nicht!«

22 Da tratet ihr alle an mich heran und sagtet:»Lasst uns ein paar Männer vorausschicken, die das Land erkunden. Sie sollen uns sagen, welchen

---

1,7 *Amoriter* kann sowohl für einen einzelnen Stamm als auch für alle Bewohner Kanaans stehen. Es waren semitische Einwanderer aus der Arabischen Wüste, die um 2000 v.Chr. ins Kulturland eindrangen.

Schefela. Niedriges, sehr fruchtbares Hügelland, das sich in nordsüdlicher Richtung zwischen dem Gebirge und der Küstenebene des Mittelmeeres erstreckt.

Negev. Das heiße Südland Israels, zum Teil gebirgige Wüste.

Weg wir am besten einschlagen und was für Städte wir dort antreffen.« 23 Ich fand den Vorschlag gut und wählte zwölf Männer von euch aus, einen aus jedem Stamm. 24 Die machten sich auf den Weg ins Bergland und erkundeten es bis ins Traubental. 25 Als sie zurückkamen, brachten sie Früchte von dort mit und erklärten: »Das Land ist gut, das Jahwe, unser Gott, uns gibt.« 26 Aber ihr habt euch dem Befehl Jahwes, eures Gottes, widersetzt und wolltet nicht hinaufziehen. 27 Ihr habt in euren Zelten gemurrt und gesagt: »Weil Jahwe uns hasst, hat er uns aus Ägypten geführt, um uns den Amoritern auszuliefern, damit sie uns vernichten. 28 Wohin sollen wir denn ziehen? Unsere Brüder haben uns allen Mut genommen, denn sie sagten: ›Ein Volk, größer und höher gewachsen als wir, große Städte mit Mauern bis an den Himmel und sogar Anakiter* haben wir dort gesehen.‹« 29 Da sagte ich zu euch: »Erschreckt doch nicht und habt keine Angst vor ihnen! 30 Jahwe, euer Gott, der vor euch herzieht, er wird für euch kämpfen, genauso wie er es in Ägypten für euch getan hat, 31 und in der Wüste, wo du gesehen hast, dass Jahwe, dein Gott, dich trug, wie ein Mann seinen Sohn trägt, und zwar auf dem ganzen Weg, den ihr gezogen seid, bis ihr hierher kamt.« 32 Aber trotzdem hattet ihr kein Vertrauen zu Jahwe, eurem Gott, 33 der auf dem

Weg vor euch herzog, um einen Lagerplatz für euch zu suchen: bei Nacht im Feuer, damit ihr etwas sehen konntet auf dem Weg, den ihr gehen solltet, und bei Tag in einer Wolke. 34 Jahwe hörte euer lautes Reden. Da wurde er zornig und schwor: 35 »Von diesen Männern, von dieser bösen Generation, wird keiner das gute Land sehen, das ich euren Vorfahren unter Eid versprochen habe. 36 Nur Kaleb Ben-Jefunne soll es sehen. Ihm und seinen Kindern werde ich das Land geben, das er betreten hat, weil er unbeirrt hinter mir stand.« 37 Euretwegen wurde Jahwe auch über mich zornig. »Auch du wirst nicht dort hineinkommen«, sagte er. 38 »Doch Josua Ben-Nun, dein Diener, er soll hineinkommen. Ermutige ihn, denn er soll Israel das Land als Erbbesitz verteilen! 39 Und eure kleinen Kinder, von denen ihr sagtet, sie würden zur Beute werden, und eure Kinder, die heute noch nicht wissen, was gut und böse ist, sie werden in das Land kommen. Ihnen werde ich es geben und sie sollen es in Besitz nehmen. 40 Ihr sollt jetzt umkehren und wieder in die Wüste ziehen, Richtung Schilfmeer!« 41 Da habt ihr zu mir gesagt: »Wir haben gegen Jahwe gesündigt. Wir wollen hinaufziehen und kämpfen, wie Jahwe, unser Gott, es uns befohlen hat.« Jeder legte seine Waffen an, und es schien euch leicht, ins Bergland hinaufzuziehen. 42 Da sagte Jahwe zu mir: »Sag ihnen, sie sollen nicht hinaufziehen und kämpfen, denn ich werde nicht mit euch gehen und ihr werdet von euren Feinden geschlagen werden!« 43 Ich sagte

---

1,28 *Anakiter.* Sippe von riesenhaften Menschen in der Umgebung von Hebron, vgl. 4. Mose 13,33.

euch das, aber ihr habt nicht darauf gehört. Ihr habt euch dem Befehl Jahwes widersetzt und seid in eurer Vermessenheit ins Bergland hinaufgezogen. *44* Da stellten sich die Amoriter, die dort im Bergland wohnten, euch entgegen und verjagten euch, wie es die Bienen tun. Sie versprengten euch vom Gebirge Seïr bis nach Horma* hin. *45* So seid ihr zurückgekommen und habt vor Jahwe geweint. Aber Jahwe hörte nicht auf euer Klagen und schenkte euch kein Gehör. *46* So seid ihr eine lange Zeit in Kadesch geblieben, eben so lange, wie ihr dort bleiben musstet.

Der Zug ins Ostjordanland

2 *1* Dann wanderten wir wieder zurück in die Wüste auf dem Weg Richtung Schilfmeer, wie Jahwe es mir gesagt hatte. Eine lange Zeit zogen wir um das Bergland von Seïr herum. *2* Dann sagte Jahwe zu mir: *3* »Ihr seid jetzt lange genug um dieses Gebirge herumgezogen, wendet euch nun nach Norden. *4* Befiehl dem Volk: ›Ihr zieht nun durch das Gebiet eurer Brüder, der Nachkommen Esaus, die in Seïr wohnen. Sie werden sich vor euch fürchten. Nehmt euch aber sehr in Acht! *5* Lasst euch auf keinen Streit mit ihnen ein, denn ich werde euch von ihrem Land keinen Fußbreit geben. Denn das Bergland von Seïr habe ich für Esau zum Erbbesitz bestimmt. *6* Wenn ihr Nahrungsmittel oder Wasser braucht, sollt ihr es ihnen bezahlen.‹ *7* Denn Jahwe, dein Gott, hat dich in allem deinem Tun gesegnet. Er hat auf deine Wanderung durch diese große Wüste achtgegeben. Vierzig Jahre ist Jahwe, dein Gott, nun schon mit dir. Und es hat dir an nichts gefehlt.«

8 So zogen wir von Elat und Ezjon-Geber aus an unseren Brüdern vorüber, den Nachkommen Esaus in Seïr, auf dem Weg durch die Araba und weiter auf dem Weg in die Wüste von Moab. *9* Da sagte Jahwe zu mir: »Greift die Moabiter* nicht an und lasst euch auf keinen Krieg mit ihnen ein. Auch von ihrem Land gebe ich euch nichts, denn Ar* habe ich den Nachkommen Lots zum Erbbesitz gegeben.« *10* Früher haben die Emiter dort gewohnt, ein großes, zahlreiches und hochgewachsenes Volk wie die Anakiter. *11* Sie werden wie die Anakiter zu den Refaïtern gezählt; die Moabiter aber nennen sie Emiter. *12* Und in Seïr wohnten früher die Horiter. Aber die Nachkommen Esaus haben sie vernichtet und ihren Besitz übernommen. Sie ließen sich an ihrer Stelle nieder, so wie es Israel mit dem Land gemacht hat, das Jahwe ihnen zum Besitz gab. *13* »Nun brecht auf und überschreitet das Tal des Sered.« Wir taten es. *14* Seit unserem Aufbruch von Kadesch-Barnea waren 38 Jahre vergangen. Inzwischen war die ganze Generation der kriegstüchtigen Männer des Lagers gestorben, wie Jahwe es ihnen geschworen hatte. *15* Er hatte dafür gesorgt, dass sie vollständig aus dem Lager beseitigt

---

1,44 *Horma* war ein Ort im Umkreis von Beerscheba.

2,9 Die *Moabiter* lebten östlich des Toten Meeres zwischen den Flüssen Arnon und Zered.

Ar war eine wichtige moabitische Stadt.

wurden. ¹⁶ Als nun alle Krieger aus dem Volk weggestorben waren, ¹⁷ sagte Jahwe zu mir: ¹⁸ »Du wirst nun durch das Gebiet von Moab und Ar ziehen ¹⁹ und in die Nähe der Ammoniter* kommen. Greif sie nicht an und lass dich auf keinen Streit mit ihnen ein, denn ich werde dir vom Land der Ammoniter nichts geben, weil ich es den Nachkommen Lots zum Erbbesitz gab.« ²⁰ – Auch dieses Gebiet gilt als Land der Refaïter. Sie hatten vorher dort gewohnt. Die Ammoniter nannten sie Samsummiter. ²¹ Es war ein großes, zahlreiches und hochgewachsenes Volk wie die Anakiter. Jahwe vernichtete sie vor ihnen und sie übernahmen deren Besitz und wohnten an ihrer Stelle dort, ²² so wie Jahwe es für die Nachkommen Esaus getan hat, die in Seïr wohnen, vor denen er die Horiter vernichtete, sodass sie deren Besitz übernahmen und sich an ihrer Stelle niederließen. ²³ Das Gleiche machten die Kaftoriter mit den Awitern, die in den Dörfern bei Gaza wohnten. Als sie aus Kaftor* kamen, vernichteten sie die Awiter und ließen sich an ihrer Stelle dort nieder. – ²⁴ »Brecht jetzt auf«, sagte Jahwe, »und überquert den Arnonfluss. Ich habe den Amoriterkönig Sihon von Heschbon und sein Land in deine Gewalt gegeben. Fang an, nimm es in Besitz und lass dich auf einen Krieg mit ihm ein. ²⁵ Von heute an will ich Schrecken und Furcht vor euch über alle Völker auf der ganzen Welt bringen. Alle, die davon hören, werden vor euch zittern.«

Die Eroberung von Sihons Reich

²⁶ Da schickte ich Boten von der Wüste Kedemot zu König Sihon von Heschbon mit friedlichen Worten. Ich ließ ihm sagen: ²⁷ »Ich möchte durch dein Land ziehen. Wir werden nur die Straße benutzen und weder rechts noch links vom Weg abweichen. ²⁸ Was wir an Nahrungsmitteln und Wasser brauchen, werden wir bezahlen. Wir wollen weiter nichts, als durch euer Land ziehen. ²⁹ Auch die Nachkommen Esaus, die in Seïr wohnen, und die Moabiter von Ar haben uns das erlaubt. Ich will nur über den Jordan in das Land ziehen, das Jahwe, unser Gott, uns gibt.« ³⁰ Aber König Sihon von Heschbon wollte uns nicht bei sich durchziehen lassen, denn Jahwe, dein Gott, hatte ihn starrsinnig und hart gemacht, um ihn dir auszuliefern, wie es ja auch geschehen ist. ³¹ Jahwe sagte zu mir: »Schau, ich habe begonnen, Sihon und sein Land dir preiszugeben. Fang an, nimm es in Besitz, es soll dir gehören.« ³² Sihon zog uns mit all seinen Streitkräften nach Jahaz* entgegen. ³³ Aber Jahwe, unser Gott, gab ihn uns preis. Wir töteten ihn, seine Söhne und sein ganzes Volk. ³⁴ Damals nahmen wir alle seine Städte ein und vollstreckten den Bann an ihren Bewohnern, an Männern, Frauen und Kindern. Keinen ließen wir lebend entkommen. ³⁵ Nur das Vieh behielten wir für uns als Beute und das Raubgut aus den

---

2,19 Die *Ammoniter* lebten nordöstlich vom Toten Meer.

2,23 *Kaftor.* Heimat der Vorfahren der Philister, vermutlich Zypern.

2,32 *Jahaz.* Stadt, östlich vom Toten Meer, 15 km nordöstlich von Dibon.

Städten, die wir eingenommen hatten. ³⁶ Von Aroer an, das am Rand des Arnontals liegt, und von der Stadt im Flusstal bis nach Gilead* gab es keine Stadt, die uns zu stark gewesen wäre, alle lieferte Jahwe, unser Gott, uns aus. ³⁷ Nur vom Land der Ammoniter, dem ganzen Gebiet am Fluss Jabbok, hast du dich ferngehalten, auch von den Städten im Bergland, wie Jahwe, unser Gott, es befohlen hat.

Der Sieg über König Og von Baschan

3 ¹ Dann zogen wir den Weg nach Baschan* hinauf. König Og von Baschan zog uns mit seinem ganzen Heer nach Edrei* zum Kampf entgegen. ² Jahwe sagte zu mir: »Hab keine Angst vor ihm, denn ich habe ihn, sein ganzes Volk und sein Land in deine Hand gegeben. Du kannst mit ihm tun, was du mit dem Amoriterkönig Sihon getan hast, der in Heschbon regierte.« ³ So gab Jahwe, unser Gott, auch Og, den König von Baschan, und sein ganzes Volk in unsere Gewalt. Wir erschlugen ihn und ließen keinen von seinem Volk lebend entkommen. ⁴ Damals nahmen wir alle seine Städte ein, insgesamt 60. Wir eroberten das ganze Gebiet von Argob, also das Königreich Ogs im Baschan. ⁵ Alle Städte waren befestigt und mit hohen Mauern, mit Toren und Riegeln versehen. Dazu kamen noch viele Ortschaften auf dem Land. ⁶ Wir vollstreckten den Bann an ihnen, wie wir es bei König Sihon von Heschbon gemacht hatten, und töteten alle Männer, Frauen und Kinder. ⁷ Nur das Vieh behielten wir für uns als Beute und das Raubgut aus den Städten.

⁸ So nahmen wir damals den beiden Königen der Amoriter das Land östlich des Jordan ab, vom Flusstal des Arnon bis an den Berg Hermon. – ⁹ Von den Sidoniern wird der Hermon übrigens Sirjon und von den Amoritern Senir genannt. – ¹⁰ Wir eroberten alle Städte in der Ebene, das ganze Gilead, ganz Baschan bis nach Salcha und Edrei und alle Städte im Reich des Königs Og von Baschan. ¹¹ König Og war der letzte vom Geschlecht der Refaïter. Sein eisernes Bett steht ja noch in Rabba, der Hauptstadt von Ammon. Es ist viereinhalb Meter lang und zwei Meter* breit.

Die Verteilung des Ostjordanlandes

¹² Dieses Land haben wir damals in Besitz genommen. Ich gab das Gebiet von Aroer im Flusstal des Arnon und die Hälfte des Gebirges Gilead mit seinen Städten den Rubeniten und Gaditen. ¹³ Den Rest von Gilead und das ganze Baschan, das Reich des Königs Og, gab ich dem halben Stamm Manasse, also die ganze Landschaft Argob. Das ganze Baschan heißt Land der Refaïter. ¹⁴ Jaïr Ben-Manasse nahm die ganze Landschaft Argob bis zum Gebiet der Geschuriter und Maachiter ein und nannte sie nach seinem Namen: Zeltdörfer Jaïrs. – So

---

2,36 *Gilead* bezeichnet das mittlere, manchmal auch das ganze Ostjordanland.

3,1 *Baschan.* Fruchtbare Bergregion östlich vom See Gennesaret.

Edrei. Das heutige Dera, 96 km südlich von Damaskus.

3,11 *viereinhalb ... Meter.* Wörtlich: *neun* bzw. *vier Ellen nach der Elle eines Mannes.*

heißen sie bis heute. – *15* Dem Machir gab ich Gilead, *16* den Rubeniten und Gaditen gab ich das Gebiet von Gilead bis zum Arnontal – die Mitte des Flusstals war die Grenze – und bis zum Flusstal des Jabbok, das die Grenze zu den Ammonitern bildet, *17* und die Araba mit dem Jordan als Grenze, von Kinneret* an bis zum Meer der Araba, dem Salzmeer, unterhalb der Berghänge des Pisga Richtung Osten.

Vorbereitung zur Eroberung des Westjordanlandes

18 Damals wies ich euch an:»Jahwe, euer Gott, hat euch dieses Land gegeben. Ihr sollt es in Besitz nehmen. Alle Kampftüchtigen von euch sollen gerüstet vor euren israelitischen Brüdern hinüberziehen. *19* Nur eure Frauen, eure Kinder und euer Vieh – ich weiß, dass ihr viele Herden habt – sollen in den Städten bleiben, die ich euch gegeben habe. *20* Erst wenn Jahwe auch euren Brüdern Ruhe verschafft hat und sie das Land auf der anderen Seite des Jordan in Besitz genommen haben, das Jahwe, euer Gott, ihnen gibt, dürft ihr wieder zu eurem Erbbesitz zurückkehren, den ich jedem von euch zuteilte.« *21* Und Josua befahl ich damals:»Du hast alles gesehen, was Jahwe, euer Gott, an diesen beiden Königen getan hat. Genau das wird Jahwe allen König-

reichen antun, gegen die du ziehst. *22* Hab keine Angst vor ihnen! Jahwe, euer Gott, wird selbst für euch kämpfen.«

Warum Mose das Land nicht betreten darf

23 Damals flehte ich Jahwe um sein Erbarmen an. *24* »Jahwe, mein Herr«, sagte ich, »du hast begonnen, deinem Diener deine Größe und Macht zu zeigen. Welcher Gott im Himmel und auf der Erde könnte es deinen Werken und gewaltigen Taten gleichtun? *25* Lass mich doch auch hinübergehen und das gute Land auf der anderen Seite des Jordan sehen, das gute Bergland und den Libanon!« *26* Doch wegen euch war Jahwe zornig über mich und hörte nicht auf mich. Er sagte: »Genug! Kein Wort mehr davon! *27* Steig auf den Gipfel des Pisga* und sieh nach Westen, Norden, Süden und Osten, und schau mit deinen Augen, denn du wirst diesen Jordan nicht überschreiten! *28* Beauftrage Josua, stärke und ermutige ihn! Er soll vor dem Volk hinübergehen und ihnen das Land als Erbbesitz austeilen, das du sehen darfst.« *29* So blieben wir im Tal gegenüber von Bet-Peor.

Aufforderung zum Gehorsam

4 *1* Nun höre, Israel! Ich werde euch die Ordnungen und Rechte lehren, nach denen ihr handeln sollt. Befolgt sie, dann werdet ihr am Leben bleiben und das Land in Besitz nehmen, das Jahwe, der Gott eurer Väter, euch gibt! *2* Ihr sollt zu dieser Anweisung nichts hinzufügen und nichts davon wegnehmen, sondern ihr sollt

---

3,17 *Kinneret.* Früherer Name des Sees Gennesaret und einer Ortschaft an seinem Westufer.

3,27 *Pisga.* Berg oder Bergkette, wahrscheinlich in der Nähe des Nebo, 14 km östlich vom Nordende des Toten Meeres.

die Gebote Jahwes, eures Gottes, halten, wie ich sie euch sage! 3 Ihr habt ja gesehen, was Jahwe wegen des Baal-Peor getan hat. Jahwe, dein Gott, hat jeden, der sich mit diesem Götzen einließ, aus deiner Mitte beseitigt.* 4 Doch ihr habt an Jahwe, eurem Gott, festgehalten. Deshalb seid ihr alle heute noch am Leben.

5 Seht, ich habe euch Ordnungen und Rechte gelehrt, so wie Jahwe, mein Gott, es mir befahl, damit ihr danach handelt in dem Land, das ihr in Besitz nehmen werdet. 6 So haltet sie und handelt danach! Denn darin besteht eure Weisheit und Einsicht in den Augen der Völker. Wenn sie von diesen Ordnungen hören, werden sie sagen: »Was für ein weises und einsichtiges Volk ist diese große Nation!« 7 Denn welche große Nation hätte Götter, die ihr so nahe sind wie Jahwe, unser Gott, wann immer wir zu ihm rufen? 8 Und wo gibt es eine große Nation, die so gerechte Ordnungen und Vorschriften hätte wie dieses Gesetz, das ich euch heute vorlege. 9 Nur hüte dich und achte gut auf dich selbst, dass du nicht vergisst, was du mit eigenen Augen gesehen hast, dass dir diese Dinge dein ganzes Leben lang nicht aus dem Sinn kommen! Erzähle deinen Kindern und Enkeln davon! 10 Denk an den Tag, an dem du vor Jahwe, deinem Gott, am Horeb standest, als Jahwe zu mir sagte: »Ruf das Volk zusammen, damit sie meine Worte hören und lernen, mich zu fürchten* ihr ganzes Leben lang, und das auch ihre Kinder lehren!« 11 Da kamt ihr heran und standet unten am Berg. Der Berg brannte lichterloh bis in den Himmel hinein und war von Finsternis, Wolken und Dunkel umgeben. 12 Mitten aus dem Feuer sprach Jahwe zu euch. Ihr hörtet den Schall seiner Worte, aber ihr habt keine Gestalt gesehen, sondern nur eine Stimme gehört. 13 Er verkündete euch seinen Bund, den er euch zu halten befahl: die zehn Gebote. Er schrieb sie auf zwei Tafeln aus Stein. 14 Und mir befahl Jahwe damals, euch die Ordnungen und Vorschriften zu lehren, damit ihr euch in dem Land, das ihr in Besitz nehmen wollt, danach richtet.

Warnung vor Götzendienst

15 Als Jahwe am Horeb aus dem Feuer zu euch sprach, habt ihr keine Gestalt gesehen. So hütet euch um eures Lebens willen, 16 dass ihr nicht in euer Verderben rennt und euch ein Gottesbild macht, das irgendetwas darstellt, eine Statue, das Abbild eines männlichen oder weiblichen Wesens, 17 das Abbild eines Landtiers oder eines fliegenden Vogels, 18 das Abbild eines Kriechtiers oder eines Fischs im Wasser. 19 Und wenn ihr zum Himmel aufblickt und die Sonne, den Mond und die Sterne seht, das ganze Himmelsheer, dann lasst euch ja nicht verleiten, sie anzubeten und ihnen zu dienen. Jahwe, dein Gott, hat sie doch allen Völkern auf der ganzen Welt zugeteilt. 20 Aber euch hat Jahwe aus

---

4,3 *Gott hat jeden ... beseitigt.* Vergleiche 4. Mose 25!

4,10 *fürchten.* Das hebräische Wort bedeutet Ehrfurcht, Respekt, Erstaunen, Erzittern und Furcht.

dem eisernen Schmelzofen Ägyptens herausgeführt, damit ihr sein eigenes Volk sein solltet, wie es heute der Fall ist. 21 Doch wegen euch ist Jahwe über mich zornig geworden und hat geschworen, dass ich den Jordan nicht überschreiten und in das gute Land kommen darf, das Jahwe, dein Gott, dir als Erbbesitz gibt. 22 Denn ich sterbe in diesem Land hier. Ich gehe nicht über den Jordan. Aber ihr werdet hinüberziehen und dieses gute Land in Besitz nehmen. 23 Nehmt euch in Acht! Vergesst ja nicht den Bund, den Jahwe, euer Gott, mit euch geschlossen hat, dass ihr euch ein Gottesbild macht, das irgendetwas darstellt, was Jahwe, dein Gott, dir verboten hat. 24 Denn Jahwe, dein Gott, ist ein verzehrendes Feuer, ein eifersüchtiger Gott*! 25 Und wenn du Kinder und Enkel hast und ihr im Land heimisch geworden seid und euch dann ein Gottesbild in irgendeiner Gestalt macht und tut, was vor Jahwe, deinem Gott, böse ist und ihn reizt, 26 so rufe ich heute den Himmel und die Erde als Zeugen gegen euch auf: Dann werdet ihr schnell wieder aus dem Land beseitigt sein, in das ihr über den Jordan zieht, um es in Besitz zu nehmen. Dann werdet ihr nicht lange darin wohnen, sondern völlig daraus entfernt werden. 27 Dann wird Jahwe euch unter die

Völker zerstreuen, und nur eine geringe Zahl von euch wird unter den Nationen übrig bleiben, zu denen Jahwe euch dann führt. 28 Dort werdet ihr Göttern dienen, die Machwerke von Menschenhand sind, Göttern aus Holz und Stein, die nicht sehen, hören, essen oder riechen können. 29 Und von dort aus werdet ihr Jahwe, euren Gott, suchen. Du wirst ihn finden, wenn du von ganzem Herzen und ganzer Seele nach ihm fragst. 30 Wenn du in Not bist und all dies dich trifft am Ende der Zeit, dann wirst du zu Jahwe, deinem Gott, umkehren und auf ihn hören. 31 Denn Jahwe, dein Gott, ist ein barmherziger Gott. Er wird dich nicht fallen lassen und dem Verderben preisgeben. Er wird den Bund mit deinen Vorfahren nicht vergessen, den er ihnen geschworen hat.

Jahwe ist Gott

32 Frag doch nach den früheren Zeiten, die vor dir gewesen sind, von der Zeit an, als Gott den Menschen auf der Erde schuf; frag von einem Ende des Himmels bis zum anderen, ob je so große Dinge geschehen sind oder je dergleichen gehört worden ist. 33 Hat je ein Volk die Stimme Gottes aus dem Feuer reden hören, wie du sie gehört hast, und ist am Leben geblieben? 34 Hat jemals ein Gott es unternommen, sich eine Nation mitten aus einer anderen herauszuholen durch Prüfungen, Zeichen, Wunder und Krieg, mit starker Hand und ausgestrecktem Arm, mit großen und furchtbaren Taten, wie Jahwe, euer Gott, es vor deinen Augen in Ägypten für euch getan hat? 35 Du hast es zu sehen

---

4,24 *eifersüchtiger Gott.* Das meint: ein leidenschaftlich liebender Gott, der nicht hinnimmt, wenn man etwas anderes als ihn verehrt. Der Vers wird im Neuen Testament zitiert: Hebräer 12,29.

bekommen, damit du erkennst, dass Jahwe Gott ist und sonst keiner. 36 Vom Himmel her hat er dich seine Stimme hören lassen, um dich zurechtzuweisen; und auf der Erde hat er dich sein großes Feuer sehen lassen. Seine Worte hast du mitten aus dem Feuer gehört. 37 Und weil er deine Vorfahren geliebt und ihre Nachkommen erwählt hat, führte er dich in eigener Person und mit großer Kraft aus Ägypten heraus, 38 um Nationen, größer und stärker als du, vor dir zu vertreiben, um dich herkommen zu lassen und dir ihr Land als Eigentum zu geben, wie es heute der Fall ist.

39 So begreif es heute endlich und nimm es dir zu Herzen, dass Jahwe oben im Himmel und unten auf der Erde allein Gott ist, keiner sonst! 40 Halte dich an seine Ordnungen und Gebote, auf die ich dich heute verpflichte, damit es dir und deinen Nachkommen gut geht und du lange lebst in dem Land, das Jahwe, dein Gott, dir für immer gibt.

Die Asylstädte im Ostjordanland

41 Damals sonderte Mose drei Städte im Ostjordanland aus, 42 damit ein Totschläger, der seinen Nächsten ohne Vorsatz totgeschlagen hat, ohne ihn schon vorher zu hassen, dorthin fliehen kann. Er soll in einer dieser Städte sein Leben retten können. 43 Es sind Bezer im Wüstengebiet der Hochebene für Ruben, Ramot in Gilead für Gad und Golan im Baschan für Manasse.

Einleitung zum Gesetz

44 Es folgt jetzt das Gesetz, das Mose den Israeliten vorlegte, 45 die Weisungen, Vorschriften und Bestimmungen, die Mose den Israeliten vortrug, als sie nach ihrem Auszug aus Ägypten 46 in der Tiefebene des Ostjordanlands, gegenüber von Bet-Peor, angekommen waren, im Land des Amoriterkönigs Sihon, der in Heschbon regierte und den Mose und die Israeliten besiegten. 47 Nachdem sie sein Land in Besitz genommen hatten, eroberten sie auch das Land des Königs Og von Baschan, das waren die beiden Amoriterkönige, die im Ostjordanland herrschten. Sie eroberten das ganze Gebiet 48 von Aroer an, das am Rand des Arnontals liegt, bis an den Berg Sion, also den Hermon, 49 die ganze Ebene des Ostjordanlandes bis ans Tote Meer unterhalb der Hänge des Pisga.

Die zehn Gebote

5 1 Mose rief ganz Israel zusammen und sagte: Höre, Israel, auf die Vorschriften und Bestimmungen, die ich euch heute verkünde! Lernt sie, bewahrt sie und tut sie! 2 Jahwe, unser Gott, hat am Horeb einen Bund mit uns geschlossen. 3 Er schloss diesen Bund nicht mit unseren Vätern, sondern mit uns, die wir heute und hier am Leben sind. 4 Auf dem Berg hat Jahwe mitten aus dem Feuer direkt mit euch geredet. 5 Ich stand damals zwischen Jahwe und euch, um euch seine Worte weiterzugeben, denn ihr habt euch vor Jahwe gefürchtet und seid nicht auf den Berg gestiegen. Er sagte:

6 »Ich bin Jahwe, dein Gott! Ich habe dich aus dem Sklavenhaus Ägyptens befreit. 7 Du wirst* keine anderen Götter vor mich stellen!

⁸ Du wirst dir kein Götterbild machen, kein Abbild von irgendetwas im Himmel, auf der Erde oder im Meer! ⁹ Wirf dich niemals vor ihnen nieder und verehre sie auf keinen Fall! Denn ich, Jahwe, ich, dein Gott, bin ein eifersüchtiger Gott. Wer mich verachtet und beiseite stellt, bei dem verfolge ich die Schuld der Väter noch bis zur dritten und vierten Generation. ¹⁰ Doch wer mich liebt und meine Gebote hält, dem schenke ich meine Gunst auf tausend Generationen hin.

¹¹ Du wirst den Namen Jahwes, deines Gottes, nie missbrauchen! Denn Jahwe wird jeden bestrafen, der seinen Namen mit Nichtigkeiten in Verbindung bringt.

¹² Achte auf den Sabbattag und reserviere ihn für Gott! Denn so hat Jahwe, dein Gott, es dir befohlen. ¹³ Sechs Tage hast du, um all deine Arbeit zu tun, ¹⁴ aber der siebte Tag ist Sabbat für Jahwe, deinen Gott. An diesem Tag sollst du nicht arbeiten, weder du, noch dein Sohn oder deine Tochter, weder dein Sklave noch deine Sklavin, nicht einmal dein Rind oder Esel oder dein Vieh oder der Fremde, der in deinem Ort wohnt. Auch dein Sklave und deine Sklavin sollen ruhen wie du! ¹⁵ Denk daran, dass du selbst Sklave in Ägypten warst und dass Jahwe, dein Gott, dich mit starker Hand und ausgestrecktem Arm von dort herausgeführt hat! Deshalb hat

Jahwe, dein Gott, dir befohlen, den Sabbat zu feiern.

¹⁶ Ehre deinen Vater und deine Mutter, wie Jahwe, dein Gott, es dir geboten hat! Dann wirst du lange in dem Land leben, das Jahwe, dein Gott, dir gibt.

¹⁷ Morde nicht!
¹⁸ Brich die Ehe nicht!
¹⁹ Stiehl nicht!
²⁰ Sag nichts Unwahres über deinen Mitmenschen!
²¹ Begehre nicht die Frau deines Mitmenschen! Begehre auch nicht sein Haus, sein Feld, seinen Sklaven oder seine Sklavin, sein Rind oder seinen Esel oder sonst etwas, das ihm gehört!«

²² Diese Worte sagte Jahwe auf dem Berg zu eurer ganzen Versammlung aus dem Feuer, den Wolken und dem Dunkel heraus mit gewaltiger Stimme und nichts weiter. Er schrieb sie auf zwei Steintafeln und gab sie mir.

Mose zwischen Gott und dem Volk

²³ Als ihr die Stimme aus der Finsternis hörtet, während ihr den Berg in Flammen saht, kamt ihr zu mir. Es waren eure Stammesoberen und eure Ältesten. ²⁴ Sie sagten: »Jahwe, unser Gott, hat uns seine Herrlichkeit und Größe gezeigt. Wir haben seine Stimme aus dem Feuer gehört. Heute haben wir gesehen, dass Gott mit den Menschen reden kann, ohne dass sie sterben müssen. ²⁵ Aber warum sollen wir jetzt sterben? Dieses große Feuer wird uns vernichten. Wenn wir noch länger die Stimme Jahwes, unseres Gottes, hören, werden wir sterben. ²⁶ Welcher sterbliche Mensch hätte wie wir die Stimme des lebendigen

---

5,7 *wirst.* Das heißt: »Ich habe dich befreit, deshalb sollte es undenkbar für dich sein, das zu tun.« Es meint aber auch ein unbedingtes Verbot.

Gottes aus dem Feuer gehört und wäre am Leben geblieben? 27 Geh du allein hin und höre, was Jahwe, unser Gott, uns sagt. Du sollst uns dann alles weitergeben, was Jahwe, unser Gott, dir sagt. Und wir wollen es hören und tun.«

28 Jahwe hörte euer Geschrei, als ihr auf mich eingeredet habt, und sagte zu mir:»Ich habe das Geschrei dieses Volkes gehört. Alles, was sie gesagt haben, ist gut. 29 Mögen sie diese Gesinnung behalten, dass sie mich allezeit fürchten und meine Gebote halten, damit es ihnen und ihren Kindern immer gut geht! 30 Geh und sag ihnen: ›Kehrt in eure Zelte zurück!‹ 31 Du aber bleib hier bei mir stehen! Ich will dir das ganze Gebot verkünden, die Vorschriften und Bestimmungen, die du sie lehren sollst, damit sie danach handeln in dem Land, das ich ihnen zum Besitz gebe.« 32 Achtet nun darauf, es so zu tun, wie Jahwe, euer Gott, es euch befohlen hat, und weicht nicht rechts oder links davon ab. 33 Bleibt genau auf dem Weg, den er euch mit seinen Geboten gewiesen hat, damit ihr am Leben bleibt und es euch gut geht und ihr lange in dem Land lebt, das ihr in Besitz nehmt.

Gott über alles lieben

6 1 Das ist das Gesetz mit seinen Vorschriften und Bestimmungen, die Jahwe, euer Gott, geboten hat, euch zu lehren, damit ihr danach handelt, wenn ihr das Land in Besitz genommen habt, in das ihr jetzt hinüberzieht, 2 und damit du Jahwe, deinen Gott, dein Leben lang fürchtest und alle seine Vorschriften und Bestimmungen, die ich dir heute

anbefehle, hältst, du, deine Kinder und deine Enkel, und damit du lange lebst. 3 Deshalb sollst du sie hören, Israel, sie halten und tun, damit es dir gut geht und ihr überaus zahlreich werdet in einem Land, das von Milch und Honig überfließt. So hat es Jahwe, der Gott deiner Vorfahren, dir gesagt.

4 Höre Israel: Jahwe ist unser Gott, Jahwe allein!* 5 Und du sollst Jahwe, deinen Gott, mit ganzem Herzen lieben, von ganzer Seele und ganzer Kraft.* 6 Und die Worte, die ich dir heute verkünde, sollen in deinem Herzen sein. 7 Präge sie deinen Kindern ein und rede davon, ob du in deinem Haus bist oder unterwegs, ob du dich hinlegst oder aufstehst. 8 Du sollst sie als Zeichen auf deine Hand binden und als Merkzeichen auf deiner Stirn tragen. 9 Du sollst sie auf die Türpfosten deines Hauses schreiben und an deine Tore.

10 Jahwe, dein Gott, bringt dich jetzt in das Land, wie er es deinen Vorfahren Abraham, Isaak und Jakob geschworen hat. Es sind große und schöne Städte, die du nicht gebaut hast, 11 Häuser voller Güter, die du nicht erworben hast, Zisternen, die du nicht ausgehauen hast, Weinberge und Olivenhaine, die du nicht angelegt

---

6,4 *allein.* Das hebräische *echad* hat die Bedeutung von allein, einer, einzig, einzigartig. Es kann also auch heißen: »Jahwe ist unser Gott, ein unteilbarer Jahwe«, oder: »Jahwe, unser Gott, ist der einzige Jahwe«, oder: »Jahwe ist unser Gott, Jahwe ist einzigartig.«

6,4-5 Wird im Neuen Testament von Jesus Christus zitiert: Markus 12,29-30.

hast. Wenn du dann davon isst und satt wirst, 12 dann hüte dich, Jahwe, deinen Gott, zu vergessen, der dich aus Ägypten, dem Sklavenhaus, geführt hat. 13 Jahwe, deinen Gott, sollst du fürchten, ihm sollst du dienen* und bei seinem Namen sollst du schwören. 14 Lauft nicht hinter den Göttern her, die die Völker um euch herum verehren, 15 denn Jahwe, der Gott in deiner Mitte, ist ein eifersüchtiger Gott. Sein Zorn könnte gegen dich auflodern. Dann würde er dich vom Erdboden weg vernichten. 16 Stellt Jahwe, euren Gott, nicht auf die Probe,* wie ihr es in Massa getan habt.*

17 Die Gebote, die Jahwe, euer Gott, euch gegeben hat, sollt ihr unbedingt halten, und zwar alle Gesetze und Vorschriften. 18 Du sollst das tun, was recht und gut vor Jahwe ist. Dann wird es dir gut gehen und du wirst das gute Land in Besitz nehmen, das Jahwe deinen Vorfahren unter Eid versprochen hat. 19 Du wirst alle deine Feinde vertreiben, so wie Jahwe es gesagt hat.

20 Wenn dich morgen dein Sohn fragt: »Was sind das für Gesetze, Vorschriften und Bestimmungen, die Jahwe, unser Gott, euch geboten hat?«, 21 dann sollst du deinem Sohn sagen: »Sklaven waren wir, Sklaven des Pharao in Ägypten. Doch Jahwe hat uns mit starker Hand aus Ägypten herausgeführt. 22 Er hat vor unseren Augen gewaltige Zeichen und Wunder getan und Unheil über die Ägypter gebracht, den Pharao und seine ganze Familie. 23 Uns hat er von dort herausgeführt, um uns das Land zu geben, wie er es unseren Vorfahren geschworen hat. 24 Jahwe befahl uns, all diese Vorschriften zu halten und ihn, unseren Gott, zu fürchten, damit es uns immer gut geht und er uns am Leben erhält, wie es heute der Fall ist. 25 Wenn wir darauf achten, dieses ganze Gesetz vor Jahwe, unserem Gott, zu befolgen, wird das unsere Gerechtigkeit* sein.«

Israel und die Kanaaniter

7 1 Wenn Jahwe, dein Gott, dich in das Land bringt, in das du jetzt ziehst, um es in Besitz zu nehmen, wenn er viele Völker vor dir vertreibt – die Hetiter, Girgaschiter, Amoriter, Kanaaniter, Perisiter, Hiwiter und Jebusiter, sieben Völker, die größer und stärker sind als du –, 2 wenn Jahwe, dein Gott, sie dir ausliefert und du sie schlägst, musst du unbedingt den Bann* an ihnen vollstrecken. Du darfst sie nicht verschonen und keinen Bund mit ihnen schließen. 3 Du darfst dich auf keinen Fall mit ihnen verschwägern, dass du deine Tochter einem Mann von ihnen gibst oder eine ihrer Töchter für deinen Sohn nimmst. 4 Denn sie würden deine Kinder verführen, sich von Jahwe

6,13 Wird im Neuen Testament von Jesus Christus dem Satan gegenüber zitiert: Matthäus 4,10; Lukas 4,8.

6,16 Wird im Neuen Testament von Jesus Christus dem Satan gegenüber zitiert: Matthäus 4,7; Lukas 4,12.

in Massa getan habt. Siehe 2. Mose 17,1-7.

6,25 *unsere Gerechtigkeit.* Das heißt: Dann stimmt unser Verhältnis zu Gott, und auch unter uns wird es gerecht zugehen.

7,2 *Bann.* Das bedeutete die vollständige Vernichtung von Menschen, Tieren und Gütern.

abzuwenden und anderen Göttern zu dienen; dann würde Jahwe zornig über euch werden und euch schnell vernichten. ⁵ Für euch gibt es nur eins: Reißt ihre Altäre nieder, zerschlagt ihre Steinmale, haut ihre Aschera-Pfähle* um und verbrennt ihre Götterbilder. ⁶ Denn du bist ein Volk, das ausschließlich Jahwe gehört. Jahwe, dein Gott, hat dich aus allen Völkern der Erde ausgewählt und zu seinem Eigentum gemacht. ⁷ Jahwe war euch nicht deshalb zugeneigt, weil ihr größer als alle Völker wärt – ihr seid ja das kleinste unter ihnen –, ⁸ sondern weil er euch liebte und den Eid halten wollte, den er euren Vätern geschworen hat. Nur deshalb hat er euch mit starker Hand aus dem Sklavenhaus geführt, aus der Gewalt des ägyptischen Pharao. ⁹ Daran sollst du erkennen, dass Jahwe, dein Gott, allein der wahre Gott ist. Er steht zu seinem Wort und erweist seine Güte an denen, die ihn lieben und seine Gebote halten auf tausend Generationen hin. ¹⁰ Doch die, die ihn hassen, bestraft er auf der Stelle und lässt sie umkommen. Bei einem, der ihn hasst, zögert er nicht; er vergilt es ihm direkt. ¹¹ Darum halte das Gesetz, seine Vorschriften und Bestimmungen, die ich dir heute gebe und handle danach!

Gehorsam bringt Segen

¹² Wenn ihr auf diese Rechtsbestimmungen hört, sie haltet und danach handelt, wird Jahwe, dein Gott, den Bund halten und dir seine Güte bewahren, wie er es deinen Vorfahren geschworen hat. ¹³ Er wird dich lieben, dich segnen und dich zahlreich werden lassen. Er wird die Frucht deines Leibes segnen und die Frucht deines Bodens, dein Korn, deinen Wein, dein Öl, die Zucht deiner Rinder und den Nachwuchs deiner Schafe in dem Land, das er euch geben wird, wie er es deinen Vorfahren geschworen hat. ¹⁴ Mehr als alle Völker wirst du gesegnet sein. Niemand wird bei dir unfruchtbar sein, kein Mann, keine Frau und kein Vieh. ¹⁵ Vor jeder Krankheit wird Jahwe dich schützen. Keine der bösen Seuchen der Ägypter wird er über dich kommen lassen, sondern wird sie über die bringen, die dich hassen. ¹⁶ Du wirst alle Völker vernichten, die Jahwe, dein Gott, dir preisgibt. Ihr dürft kein Mitleid mit ihnen haben und ihren Göttern auf keinen Fall dienen. Denn das wäre eine Falle für dich.

¹⁷ Wenn du denkst: »Diese Völker sind größer als ich; wie könnte ich sie vertreiben?«, ¹⁸ dann fürchte dich nicht vor ihnen. Denk daran, was Jahwe, dein Gott, dem Pharao und allen Ägyptern angetan hat. ¹⁹ Denk an die großen Prüfungen, die du mit eigenen Augen gesehen hast, an die Zeichen und Wunder, an die starke Hand und den ausgestreckten Arm, mit denen dich Jahwe, dein Gott, herausgeführt hat. Das wird Jahwe allen Völkern antun, vor denen du dich fürchtest. ²⁰ Panische Angst wird er über sie kommen lassen, bis auch die Übriggebliebenen vernichtet sind und

---

7,5 Die *Aschera* war eine Fruchtbarkeitsgöttin, die in handlichen Figuren, geweihten Bäumen oder Pfählen verehrt wurde.

die, die sich vor dir versteckt haben. 21 Erschrick nicht vor ihnen, denn Jahwe, dein Gott, ist in deiner Mitte, ein großer und furchtbarer Gott. 22 Er wird diese Nationen nach und nach vor dir vertreiben. Du sollst sie nicht schnell vernichten, sonst vermehren sich die wilden Tiere zu sehr und schaden dir. 23 Jahwe, dein Gott, wird dir die Völker im Land preisgeben; er wird sie in große Bestürzung versetzen, bis sie vernichtet sind. 24 Er wird ihre Könige in deine Hand geben, und du wirst jede Spur von ihnen auslöschen. Keiner wird vor dir standhalten. Du wirst sie alle vernichten.

25 Die Standbilder ihrer Götter müsst ihr ins Feuer werfen! Lass dich nicht von dem Silber oder Gold verleiten, das an ihnen ist! Das würde dir zum Fallstrick werden, denn Jahwe, dein Gott, verabscheut das. 26 Bringe keinen solchen Gräuel in dein Haus, sonst bist du genauso wie dieser der Vernichtung verfallen. Ekel und Abscheu sollst du davor haben, denn er ist dem Untergang geweiht.

Ermahnung zur Dankbarkeit

8 1 Das ganze Gesetz, das ich dir heute verkünde, sollt ihr halten und danach tun. Dann bleibt ihr am Leben, werdet zahlreich und nehmt das Land in Besitz, wie es Jahwe euren Vorfahren geschworen hat. 2 Du sollst immer daran denken, wie Jahwe, dein Gott, dich diese vierzig Jahre lang in der Wüste umherziehen ließ, um dich demütig zu machen und dich auf die Probe zu stellen. Er wollte deine Gesinnung erkennen und sehen, ob du seine Gebote halten würdest oder nicht. 3 Er demütigte dich und ließ dich hungern. Er gab dir das Manna zu essen, das du und deine Vorfahren nicht kannten, um dir zu zeigen, dass der Mensch nicht vom Brot allein lebt, sondern von allem, was aus dem Mund Jahwes kommt.* 4 In diesen vierzig Jahren ist deine Kleidung nicht verschlissen und dein Fuß nicht geschwollen. 5 Daran kannst du erkennen, dass Jahwe, dein Gott, dich erzieht wie ein Mann seinen Sohn. 6 Achte darum auf seine Weisungen, bleib auf seinem Weg und hab Ehrfurcht vor ihm!

7 Denn Jahwe, dein Gott, bringt dich in ein gutes Land, ein Land mit Bächen, Quellen und Wasser, das im Tal und aus den Bergen strömt, 8 ein Land mit Weizen und Gerste, mit Weinstöcken, Feigen- und Granatapfelbäumen, ein Land mit Ölbäumen und Honig, 9 ein Land, in dem du dich nicht kümmerlich ernähren musst, in dem es dir an nichts fehlen wird, ein Land, dessen Steine Eisen sind und in dessen Bergen du Kupfer gewinnst. 10 Wenn du dich dann satt essen kannst, sollst du Jahwe, deinen Gott, für das gute Land preisen, das er dir gab. 11 Hüte dich, ihn zu vergessen und das, was ich dir heute verkünde, zu missachten: seine Gebote, Bestimmungen und Vorschriften.

12 Wenn du dich satt isst und schöne Häuser baust und darin wohnst, 13 wenn deine Rinder, Schafe und

---

8,3 Wird im Neuen Testament von Jesus Christus dem Satan gegenüber zitiert: Matthäus 4,4; Lukas 4,4.

Ziegen sich vermehren, wenn dein Silber und Gold sich häuft und alles, was du hast, sich mehrt, *14* dann könntest du übermütig werden und Jahwe, deinen Gott, vergessen. Er hat dich doch aus dem Sklavenhaus Ägyptens herausgeführt; *15* er ließ dich durch diese große und schreckliche Wüste gehen, wo es Brandnattern und Skorpione gibt, wo alles dürr und ohne Wasser ist, und er ließ dir Wasser aus dem harten Fels hervorquellen. *16* Er gab dir in der Wüste Manna zu essen, das deine Vorfahren nicht kannten, um dich demütig zu machen und auf die Probe zu stellen und um dir am Ende Gutes zu tun. *17* Dann sollst du nicht denken: Diesen Reichtum habe ich mir selbst zu verdanken, der Kraft meiner Hände. *18* Denk vielmehr an Jahwe, deinen Gott, denn er gibt dir die Kraft, Vermögen zu schaffen, weil er den Bund hält, den er deinen Vorfahren geschworen hat, wie er es heute tut.

19 Doch wenn du Jahwe, deinen Gott, vergisst, wenn du anderen Göttern nachläufst, ihnen dienst und sie anbetest, dann sage ich euch heute: Ihr werdet unweigerlich zugrunde gehen! *20* Wie die Völker, die Jahwe vor euch vernichtet, so werdet ihr vernichtet werden, wenn ihr nicht auf die Stimme Jahwes, eures Gottes, hört.

Warnung vor Überheblichkeit

9 *1* Höre Israel! Du stehst im Begriff, den Jordan zu überschreiten, um dort Völker zu vertreiben, die größer und stärker sind als du, und um große, himmelhoch befestigte Städte in Besitz zu nehmen. *2* Du kommst zu einem großen und hoch-gewachsenen Volk, den Anakitern, von denen du weißt und oft hast sagen hören:»Mit den Anakitern nimmt es keiner auf!« *3* Aber ihr werdet sehen, dass es Jahwe, dein Gott, ist, der vor dir hergeht wie ein verzehrendes Feuer. Er wird sie vernichten, er wird sie so vor dir demütigen, dass du sie leicht besiegen und auslöschen kannst, wie Jahwe es dir versprochen hat. *4* Wenn Jahwe, dein Gott, sie vor dir verjagt, sollst du nicht denken, dass Jahwe dich wegen deiner Gerechtigkeit hierher gebracht hat, um dieses Land in Besitz zu nehmen. Nein, er vertreibt diese Völker wegen ihrer Gottlosigkeit vor dir. *5* Nicht wegen deiner Gerechtigkeit und Aufrichtigkeit kannst du ihr Land in Besitz nehmen, sondern wegen der Bosheit dieser Völker vertreibt Jahwe, dein Gott, sie vor dir, um wahr zu machen, was er deinen Vorfahren Abraham, Isaak und Jakob geschworen hat. *6* Du kannst leicht einsehen, dass Jahwe, dein Gott, dir dieses gute Land nicht wegen deiner Gerechtigkeit zum Besitz gibt, denn du bist ein stures Volk.

Das goldene Kalb

7 Erinnere dich und vergiss es nie, wie du Jahwe, deinen Gott, in der Wüste erzürnt hast, als du aus Ägypten gezogen bist. Bis ihr hierher gekommen seid, habt ihr euch ständig Jahwe widersetzt. *8* Am Horeb habt ihr Jahwe so sehr herausgefordert, dass er euch im Zorn vernichten wollte. *9* Als ich auf den Berg stieg, um die Steintafeln zu empfangen, die Tafeln des Bundes, den Jahwe mit euch geschlossen hatte, blieb ich 40 Tage und

Nächte dort auf dem Berg, ohne etwas zu essen und zu trinken. *10* Da gab mir Jahwe die beiden Steintafeln, beschrieben mit dem Finger Gottes. Auf ihnen standen alle Worte, die Jahwe am Tag der Zusammenkunft auf dem Berg aus dem Feuer heraus zu euch gesprochen hatte. *11* Nach den vierzig Tagen und Nächten gab mir Jahwe die beiden Steintafeln, die Tafeln des Bundes, *12* und sagte zu mir: »Los, steig schnell hinunter, weg von hier! Dein Volk, das du aus Ägypten herausgeführt hast, hat Böses getan. Sie sind schnell von dem Weg abgewichen, den ich ihnen gewiesen habe. Sie haben sich ein gegossenes Bild gemacht.«

13 Dann sagte Jahwe zu mir: »Ich sehe nun, was für ein stures Volk das ist! *14* Halte mich nicht ab, sie zu vernichten und ihren Namen unter dem Himmel auszulöschen! Dafür will ich dich zu einem Volk machen, größer und stärker als sie.«

15 Da stieg ich wieder herab vom Berg, der im Feuer brannte, und hielt die beiden Tafeln des Bundes in den Händen. *16* Dann sah ich, was geschehen war. Ihr hattet gegen Jahwe, euren Gott, gesündigt. Ihr hattet euch ein gegossenes Stierkalb gemacht. Schnell wart ihr von dem Weg abgewichen, den Jahwe euch gewiesen hatte. *17* Da schleuderte ich die beiden Tafeln zu Boden und zerschmetterte sie vor euren Augen.

18 Und wie das erste Mal warf ich mich wegen eurer Sünden vierzig Tage und Nächte vor Jahwe nieder, ohne zu essen und zu trinken. Ihr hattet getan, was böse vor ihm war, und ihn schwer beleidigt. *19* Denn ich hatte Angst vor dem glühenden Zorn Jahwes.* Er war so zornig über euch, dass er euch vernichten wollte. Aber Jahwe erhörte mich auch dieses Mal. *20* Auch über Aaron war er zornig und wollte ihn töten. Ich betete damals auch für ihn. *21* Doch das Machwerk eurer Sünde, das Stierkalb, warf ich ins Feuer. Ich schlug es in Stücke und zermalmte es zu feinem Staub. Den streute ich in den Bach, der vom Berg herabfließt.

22 Auch in Tabera*, in Massa und in Kibrot-Hattaawa* habt ihr Jahwe zornig gemacht. *23* Und als Jahwe, euer Gott, in Kadesch-Barnea zu euch sagte: »Zieht los und erobert das Land, das ich euch zugesagt habe!«, da habt ihr euch seinem Befehl widersetzt. Ihr habt ihm nicht vertraut und ihm nicht gehorcht. *24* Seit ich euch kenne, habt ihr euch Jahwe widersetzt.

25 Ich warf mich also vor Jahwe nieder und lag vierzig Tage und Nächte vor ihm. Denn Jahwe hatte gesagt, dass er euch vernichten wollte. *26* Ich betete zu ihm und sagte: »Herr, Jahwe! Vernichte dieses Volk doch nicht, dein Eigentum, das du mit deiner großen Macht befreit und aus Ägypten herausgeführt hast! *27* Denk an deine Diener Abraham, Isaak und Jakob! Achte nicht auf die Sturheit dieses Volkes, auf seine Gottlosigkeit und Sünde, *28* damit man in dem Land, aus dem du uns herausgeführt

---

9,19 Wird im Neuen Testament zitiert: Hebräer 12,21.

9,22 *Tabera.* Siehe 4. Mose 11,1-3.

Kibrot-Hattaawa. Siehe 4. Mose 11,4-34.

hast, nicht sagt: ›Weil Jahwe sie nicht in das Land bringen konnte, das er ihnen versprochen hat, und weil er sie hasste, hat er sie hinausgeführt, um sie sterben zu lassen.‹ 29 Sie sind doch dein Volk und dein Eigentum, das du mit deiner großen Kraft und deinem ausgestreckten Arm herausgeführt hast!«

Die Erneuerung des Bundes

10 1 Damals sagte Jahwe zu mir: »Haue dir zwei Steintafeln zurecht wie die ersten und steig zu mir auf den Berg. Fertige auch eine hölzerne Lade an. 2 Dann werde ich auf die Tafeln die Worte schreiben, die auf den ersten Tafeln standen, die du zerbrochen hast; und dann legst du sie in die Lade.« 3 Ich machte eine Lade aus Akazienholz und hieb die zwei Steintafeln zurecht. Dann stieg ich mit ihnen in der Hand auf den Berg. 4 Er schrieb auf die Tafeln dasselbe wie das erste Mal, die zehn Worte, die Jahwe am Tag der Versammlung auf dem Berg aus dem Feuer heraus zu euch gesprochen hatte. Jahwe gab sie mir. 5 Ich stieg wieder vom Berg herab und legte die Tafeln in die Lade, die ich gemacht hatte. Und da blieben sie nach dem Wort Jahwes.

6 Die Israeliten zogen von Beerot-Bene-Jaakan* nach Moser*. Dort starb Aaron und dort wurde er auch begraben. Nachfolger im Priesterdienst wurde sein Sohn Eleasar. 7 Die Israeliten zogen weiter nach Gudgoda und von dort nach Jotbata*, wo es reichlich Wasser gab. 8 Damals sonderte Jahwe den Stamm Levi aus. Die Leviten sollten die Lade des Bundes mit Jahwe tragen, sie sollten ihm im Heiligtum dienen und die Israeliten in seinem Namen segnen. So ist es bis heute geblieben. 9 Deshalb fiel Levi kein Anteil am Erbbesitz bei seinen Brüdern zu. Jahwe selbst ist sein Erbbesitz, so wie es Jahwe, dein Gott, ihm versprochen hat.

10 Ich war vierzig Tage und Nächte auf dem Berg wie beim ersten Mal. Und Jahwe erhörte mich auch diesmal und beschloss, euch nicht zu vernichten. 11 Er sagte zu mir: »Geh jetzt und stell dich an die Spitze des Volkes, damit sie losziehen und das Land in Besitz nehmen, denn ich habe ihren Vorfahren geschworen, dass sie es bekommen.«

Was Gott will

12 Und nun, Israel, was fordert Jahwe, dein Gott, von dir? Es ist nur, dass du Ehrfurcht vor ihm hast und auf seinen Wegen gehst, dass du ihn liebst und ihm mit Herz und Seele dienst 13 und dass du nach seinen Geboten und Vorschriften lebst, was dir ja selbst zugutekommt. 14 Schau doch! Jahwe, deinem Gott, gehört der Himmel und das ganze Universum, die Erde und alles, was darauf ist! 15 Doch nur deinen Vorfahren hat er sich zugewandt und sie so geliebt, dass er euch, ihre Nachkommen, aus allen Völkern auswählte, wie es heute der Fall ist. 16 Deshalb sollt ihr eure Herzen

---

10,6 *Beerot-Bene-Jaakan.* Dieser Lagerplatz Israels ist geografisch unbekannt.

Moser. Ort in der Nähe des Berges Hor oder sogar damit identisch.

10,7 *... Jotbata.* Die geografische Lage der Orte ist unbekannt.

beschneiden und nicht mehr so stur sein, *17* denn Jahwe, euer Gott, ist der Gott aller Götter und der Herr aller Herren. Er ist der große, mächtige und furchtbare Gott, der keinen bevorzugt und keine Bestechung annimmt, *18* der den Waisen und Witwen zu ihrem Recht verhilft und auch den Fremden liebt, dass er ihn mit Nahrung und Kleidung versorgt. *19* Darum sollt auch ihr die Fremden lieben, denn in Ägypten seid ihr auch Fremde gewesen. *20* Jahwe, deinen Gott, sollst du fürchten, an ihm festhalten und bei seinem Namen schwören. *21* Er ist dein Ruhm und er ist dein Gott, der wegen dir diese großen und furchtbaren Dinge getan hat, die du mit eigenen Augen gesehen hast. *22* Mit siebzig Personen* sind deine Vorfahren nach Ägypten gekommen, doch jetzt hat Jahwe, dein Gott, dich zahlreich wie die Sterne am Himmel gemacht.

Gott hat seine Macht gezeigt

11 *1* Darum sollst du Jahwe, deinen Gott, lieben und dich dein Leben lang an seine Vorschriften, Ordnungen, Rechtsbestimmungen und Gebote halten. *2* Denkt daran, die ihr jetzt vor mir steht, dass ich nicht zu euren Nachkommen rede, die die Erziehung durch Jahwe, euren Gott, nicht kennen und seine Größe nicht erfahren haben, seine starke Hand und seinen ausgestreckten Arm, *3* seine Zeichen und Taten. Sie wissen nicht, was er mit Pharao, dem König

von Ägypten, und seinem ganzen Land getan hat; *4* was er mit dem Heer der Ägypter machte, mit ihren Pferden und Wagen, über die er das Wasser des Schilfmeers fluten ließ, als sie euch verfolgten. Jahwe richtete sie so zu Grunde, dass niemand mehr von ihnen zu sehen war. *5* Sie wissen nicht, was er dann in der Wüste mit euch gemacht hat, bis ihr an diesen Ort gekommen seid. *6* Sie wissen auch nicht, was er mit Datan und Abiram, den Söhnen von Eliab Ben-Ruben, machte: Wie die Erde ihr Maul aufriss und sie mitten im Volk samt ihren Familien, ihren Zelten und allem, was ihnen gehörte, verschlang. *7* Ich rede mit euch, die mit ihren eigenen Augen die großen Taten Jahwes gesehen haben.

Segen und Fluch

8 Beachtet also alle Gebote, die ich euch jetzt gebe, damit ihr in der Lage seid, in das Land hineinzugehen und es in Besitz zu nehmen, wozu ihr jetzt den Jordan überquert; *9* und damit ihr lange lebt in diesem Land, das von Milch und Honig überfließt. Es ist das Land, von dem Jahwe euren Vorfahren geschworen hat, es ihnen und ihren Nachkommen zu geben. *10* Denn das Land, in das du jetzt kommst, um es in Besitz zu nehmen, ist nicht wie das Land Ägypten, aus dem ihr ausgezogen seid. Die Aussaat deines Samens hast du damals mühsam bewässern müssen wie einen Gemüsegarten. *11* Nein, das Land, in das ihr jetzt kommt, ist ein Land mit Bergen und Tälern, das vom Regen bewässert wird, *12* ein Land, auf das Jahwe, dein Gott, achtet, auf dem

---

10,22 *siebzig Personen.* Siehe Fußnote zu 1. Mose 46,27.

seine Augen ständig ruhen, vom Anfang bis zum Ende des Jahres. 13 Wenn ihr also auf Jahwes Gebote hört, die ich euch heute weitergebe, dass ihr ihn, euren Gott, liebt und ihm mit Herz und Seele dient, 14 dann gibt er eurem Land Regen zur richtigen Zeit im Herbst und im Frühjahr*, und du wirst dein Korn, deinen Most und dein Öl einbringen. 15 Er wird dem Vieh auf deinem Land Gras geben, und du wirst dich satt essen können. 16 Aber nehmt euch in Acht und lasst euch ja nicht dazu verleiten, abzuweichen und anderen Göttern zu dienen und sie anzubeten! 17 Dann wird nämlich Jahwes Zorn über euch kommen. Er wird den Himmel verschließen, dass kein Regen mehr fällt. Dann bringt der Boden keinen Ertrag mehr, und ihr werdet bald aus dem Land, das Jahwe euch jetzt gibt, beseitigt sein. 18 Nehmt diese Worte also in Herz und Seele auf, bindet sie als Zeichen auf eure Hand und tragt sie als Merkzeichen auf der Stirn. 19 Präge sie deinen Kindern ein und rede davon, ob du in deinem Haus bist oder unterwegs, ob du dich hinlegst oder aufstehst. 20 Du sollst sie auf die Türpfosten deines Hauses schreiben und an deine Tore, 21 dann werdet ihr und eure Kinder lange leben in dem Land, das Jahwe euch gibt, solange der Himmel über der Erde steht. So hat er es euren Vorfahren geschworen.

22 Denn wenn ihr dieses Gebot haltet, das ich euch gebe, wenn ihr danach handelt und Jahwe, euren Gott, liebt, auf allen seinen Wegen bleibt und an ihm festhaltet, 23 dann wird Jahwe alle diese Völker vor euch vertreiben; ja, ihr werdet Völker vertreiben, die größer und stärker sind als ihr. 24 Jeder Ort, auf den eure Fußsohle tritt, soll euch gehören: von der Wüste bis zum Libanon und vom großen Strom, dem Euphrat, bis ans Mittelmeer soll euer Gebiet reichen. 25 Niemand wird vor euch standhalten können, denn Jahwe, euer Gott, wird Furcht und Schrecken vor euch über das ganze Land kommen lassen, das ihr betreten werdet, wie er es euch versprochen hat.

26 Seht, ich lege euch heute den Segen vor und den Fluch: 27 den Segen, wenn ihr die Gebote Jahwes, eures Gottes, die ich euch heute verkünde, befolgt; 28 den Fluch, wenn ihr den Geboten Jahwes, eures Gottes, nicht gehorcht und den Weg verlasst, den ich euch weise, und euch anderen Göttern zuwendet, die ihr nicht kennt. 29 Wenn Jahwe, dein Gott, dich dann in das Land bringt, das du jetzt in Besitz nehmen willst, dann sollst du den Segen auf dem Berg Garizim erteilen und den Fluch auf dem Berg Ebal.* 30 Das sind die beiden Berge auf der anderen Seite des Jordan, hinter dem Weg nach Westen in der Landschaft der Kanaaniter, die in der Araba*

11,14 *Herbst ... Frühjahr.* Wörtlich: Früh- und Spätregen. Der Frühregen fällt Ende Oktober/Anfang November, der Spätregen Ende März/Anfang April.

11,29 *Garizim ... Ebal.* Der Berg Ebal ist 940 m hoch und liegt nördlich von Sichem (50 km nördlich von Jerusalem). Der Berg Garizim liegt südlich vom Ebal und ist 881 m hoch.

11,30 *Araba.* Siehe Fußnote zu 5. Mose 1,1.

bei den Terebinthen More wohnen, gegenüber von Gilgal. *31* Denn ihr werdet den Jordan überschreiten und das Land in Besitz nehmen, das Jahwe, euer Gott, euch gibt. Ja, ihr werdet es in Besitz nehmen und darin wohnen. *32* Haltet euch dann an alle Vorschriften und Bestimmungen, die ich euch heute vorlege!

Gottes Gebote für das Leben im Land

12 *1* Das sind die Vorschriften und Bestimmungen, die ihr halten und nach denen ihr handeln sollt in dem Land, das Jahwe, der Gott eurer Vorfahren, euch zum Besitz geben wird, solange ihr auf dem Erdboden lebt.

2 Ihr sollt all die Stätten zerstören, wo die Nationen, die ihr vertreiben sollt, ihren Göttern gedient haben: auf den hohen Bergen, auf den Hügeln und unter jedem üppig belaubten Baum. *3* Ihr sollt ihre Altäre abreißen, ihre Steinmale zerbrechen, ihre Aschera-Pfähle verbrennen und ihre Götterbilder zerstören. Nichts darf mehr an sie erinnern.

4 Mit Jahwe, eurem Gott, sollt ihr es anders halten. *5* Ihr sollt nur die Stätte aufsuchen, die Jahwe, euer Gott, aus euren Stämmen zu seiner Wohnung auswählen wird, um seinen Namen dort wohnen zu lassen. Dorthin sollt ihr kommen. *6* Und dorthin sollt ihr eure Brand- und Schlachtopfer* bringen, eure Zehnten, eure Hebopfer, was ihr gelobt habt und was ihr freiwillig gebt, und die Erstgeburten von euren Rindern, Schafen und Ziegen. *7* Dort, vor Jahwe, eurem Gott, sollt ihr das Opfermahl halten und euch mit euren Familien an allem freuen, was ihr durch den Segen Jahwes erworben habt.

8 Ihr dürft es dann nicht mehr so tun, wie es heute hier geschieht: Jeder macht es, wie es ihm gefällt. *9* Denn ihr seid bisher noch nicht zur Ruhe gekommen, zu dem Erbbesitz, den Jahwe, euer Gott, euch gibt. *10* Wenn ihr aber den Jordan überschritten habt und in dem Land wohnt, das Jahwe, euer Gott, euch als Erbbesitz zuteilt, wenn er euch Ruhe verschafft hat vor allen Feinden ringsum und ihr sicher wohnt, *11* dann sollt ihr alle eure Brand- und Schlachtopfer, eure Zehnten, eure Hebopfer und die auserlesenen Gaben, die ihr Jahwe feierlich versprochen habt, ausschließlich an den Ort bringen, den Jahwe, euer Gott, auswählen wird, um seinen Namen dort wohnen zu lassen. *12* Dort, in der Gegenwart Jahwes, sollt ihr mit euren Söhnen und Töchtern zusammen fröhlich feiern, mit euren Sklaven und Sklavinnen und dem Leviten aus eurem Ort, denn er hat ja keinen Erbbesitz unter euch.

13 Hüte dich, deine Brandopfer an irgendeinem Ort darzubringen, der dir gerade in die Augen fällt! *14* Nur an dem Ort, den Jahwe aus einem deiner Stämme auswählt, sollst du deine Brandopfer darbringen und alles tun, was ich dir vorschreibe. *15* Doch kannst du in all deinen Ort-

---

12,6 Schlachtopfer. Allgemeine Bezeichnung für jedes Opfer, bei dem ein Tier geschlachtet wurde. Beim *Brandopfer* wurde das geschlachtete Tier vollständig auf dem Altar verbrannt.

schaften nach Herzenslust schlachten und Fleisch essen, so wie Jahwe, dein Gott, dich gesegnet hat. Der Unreine* darf genauso davon essen wie der Reine, so wie ihr es bei der Gazelle und beim Hirsch* tut. ¹⁶ Nur das Blut dürft ihr nicht essen. Ihr müsst es wie Wasser auf die Erde fließen lassen. ¹⁷ Aber Folgendes darfst du nicht in deinen Ortschaften essen: den Zehnten von deinem Korn, deinem Most und deinem Öl; die Erstgeburten deiner Rinder, Schafe und Ziegen; etwas, das du als Gelübde geben willst; deine freiwilligen Gaben und dein Hebopfer. ¹⁸ Das sollst du vor Jahwe, deinem Gott, an dem Ort essen, den Jahwe auswählen wird. Du sollst es zusammen mit deinen Söhnen und Töchtern tun, deinen Sklaven und Sklavinnen und dem Leviten, der an deinem Ort wohnt. Und du sollst dich vor Jahwe, deinem Gott, über alles freuen, was du mit deiner Hände Arbeit schaffen konntest. ¹⁹ Hüte dich, den Leviten zu vergessen, solange du in deinem Land lebst.

²⁰ Wenn Jahwe, dein Gott, dein Gebiet erweitern wird, wie er es dir versprochen hat, und du gern Fleisch essen möchtest, dann kannst du das nach Herzenslust tun. ²¹ Wenn der Ort, den Jahwe auswählen wird, um seinen Namen dort wohnen zu lassen, zu weit von dir entfernt ist, darfst du dort, wo du wohnst, von deinen Rindern, Schafen und Ziegen, die Jahwe dir gegeben hat, nach Herzenslust essen, so, wie ich es angewiesen habe. ²² Unreine und Reine dürfen davon essen wie von Gazelle und Hirsch. ²³ Achte aber unbedingt darauf, kein Blut zu essen. Denn das Blut ist das

Leben. Du darfst niemals Fleisch essen, in dem noch Leben ist. ²⁴ Lass das Blut auf die Erde fließen wie Wasser. Du darfst es nicht essen. ²⁵ Und zwar deshalb nicht, damit es dir und deinen Nachkommen gut geht, weil du tust, was vor Jahwe richtig ist.

²⁶ Was jedoch die heiligen Gaben betrifft und die, die du als Gelübde geben willst: Mit denen sollst du zu dem Ort kommen, den Jahwe auswählen wird. ²⁷ Auch deine Brandopfer, das Fleisch und das Blut, sollst du auf dem Altar Jahwes zurichten. Und bei deinen Schlachtopfern muss das Blut an den Altar Jahwes gegossen werden. Das Fleisch kannst du essen. ²⁸ Hab acht und höre auf alles, was ich dir gebiete, damit es dir und deinen Nachkommen für immer gut geht, weil du tust, was richtig vor Jahwe, deinem Gott, ist.

²⁹ Wenn Jahwe, dein Gott, die Völker vernichtet, in deren Gebiet du kommst, um sie zu vertreiben, und du ihren Besitz übernimmst, wenn du dich in ihrem Land niederlässt, ³⁰ dann hüte dich und lass dich ja nicht verführen, es ihnen nachzumachen, nachdem sie beseitigt sind; dass du ja nicht nach ihren Göttern fragst und sagst: »Wie haben diese Völker ihren Göttern gedient? So will ich es auch machen!« ³¹ Jahwe, deinem

---

12,15 Unrein. Das ist in rituellem Sinn gemeint. Unrein war man z.B. durch Berührung eines Toten oder während der Menstruation.

Gazelle und Hirsch waren reine Tiere, die zwar nicht geopfert, wohl aber gegessen werden durften.

Gott, sollst du so etwas nicht antun. Denn alles, was Jahwe verabscheut und hasst, haben diese Völker für ihre Götter getan. Sogar ihre Söhne und Töchter haben sie für ihre Götter verbrannt.

13 ¹ Haltet euch genau an die Weisungen, die ich euch gebe! Du darfst nichts hinzufügen und nichts davon weglassen.

Falsche Propheten

² Wenn ein Prophet oder ein Traumseher in deiner Mitte auftritt und dir ein Zeichen oder Wunder ankündigt ³ und dabei sagt: »Lass uns anderen Göttern folgen und ihnen dienen!«, Göttern, die du nicht kennst; und wenn das Zeichen oder das Wunder, das er dir genannt hat, eintrifft, ⁴ dann sollst du nicht auf die Worte jenes Propheten hören oder auf den, der die Träume hat. Denn Jahwe, euer Gott, prüft euch, ob ihr ihn mit Herz und Seele liebt. ⁵ Ihr sollt Jahwe, eurem Gott, folgen und Ehrfurcht vor ihm haben. Seine Gebote sollt ihr halten, seinen Weisungen gehorchen, ihm dienen und ihm treu sein. ⁶ Jener Prophet oder Traumseher aber muss getötet werden. Denn er wollte euch zum Abfall von Jahwe, eurem Gott, verleiten, der euch aus Ägypten herausführte und aus dem Sklavenhaus erlöste. Er wollte dich von dem Weg abbringen, auf dem Jahwe, dein Gott, dir zu gehen befohlen hat. Du sollst das Böse aus deiner Mitte beseitigen.

Verführung zum Götzendienst

⁷ Wenn dich dein leiblicher Bruder, dein Sohn, deine Tochter, deine Frau in deinen Armen oder dein bester Freund verführen will und sagt: »Komm, lass uns anderen Göttern dienen!« – Göttern, die weder du noch deine Vorfahren gekannt haben, ⁸ Göttern der Völker, die um euch her wohnen, mögen sie nah oder fern von euch sein, von einem Ende der Erde bis zum andern –, ⁹ dann sollst du ihm nicht nachgeben und nicht auf ihn hören. Du sollst ihn nicht schonen, ihn nicht schützen und kein Mitleid mit ihm haben, ¹⁰ sondern du musst ihn unbedingt umbringen. Du sollst als Erster Hand an ihn legen, um ihn zu töten, und danach das ganze Volk. ¹¹ Du musst ihn zu Tode steinigen, denn er hat versucht, dich von Jahwe, deinem Gott, abzubringen, der dich doch aus dem Sklavenhaus Ägyptens herausgeführt hat. ¹² Ganz Israel soll es hören, damit sie sich fürchten und nie mehr solch eine böse Sache in deiner Mitte tun.

¹³ Wenn du aus einer deiner Städte, die Jahwe, dein Gott, dir zur Wohnung gibt, die Nachricht hörst, ¹⁴ es sei ein übles Gesindel aus deiner Mitte hervorgegangen und habe die Einwohner der Stadt verführt und gesagt: »Kommt, lasst uns anderen Göttern dienen!« – Göttern, die ihr nicht gekannt habt –, ¹⁵ dann sollst du das genau untersuchen, nachforschen und nachfragen. Und wenn sich der Bericht als wahr erweist, wenn es stimmt, dass diese Schandtat in deiner Mitte verübt worden ist, ¹⁶ dann sollst du an den Einwohnern dieser Stadt den Bann vollstrecken, du sollst sie mit dem Schwert erschlagen, auch ihr Vieh. ¹⁷ Sämtliche Beute sollst du mitten auf dem Platz aufhäufen und

dann die Stadt und ihre ganze Beute anzünden. Sie soll als Ganzopfer für Jahwe, deinen Gott, völlig verbrennen und ewig ein Schutthaufen bleiben. Niemals darf sie wieder aufgebaut werden. *18* Von dem Gebannten darf nicht das Geringste in deiner Hand hängen bleiben, damit Jahwe von seinem glühenden Zorn abläset und dir Barmherzigkeit schenkt; dass er sich über dich erbarmt und dich zahlreich macht, wie er es deinen Vorfahren geschworen hat; *19* sofern du auf Jahwe, deinen Gott, hörst und alle seine Gebote hältst, die ich dir heute gebe, dass du tust, was vor Jahwe, deinem Gott, richtig ist.

Heidnische Trauerbräuche

14 *1* Ihr seid Kinder Jahwes, eures Gottes. Ihr dürft euch also wegen eines Toten keine Schnittwunden beibringen und euch auch nicht über der Stirn kahl scheren. *2* Denn du bist Jahwe, deinem Gott, ein heiliges Volk. Dich hat Jahwe aus allen Völkern der Erde für sich als sein eigenes Volk erwählt.

Reine und unreine Speisen

3 Du sollst nichts Abscheuliches essen. *4* Folgende Tiere dürft ihr essen: Rind, Schaf, Ziege, *5* Hirsch, Gazelle, Damhirsch, Wildziege und alle Arten von Antilopen. *6* Alle Tiere, die deutlich gespaltene Hufe haben und ihre Nahrung wiederkäuen, dürft ihr essen. *7* Doch folgende, die bloß wiederkäuen oder bloß gespaltene Hufe haben, sollt ihr nicht essen: das Kamel, den Hasen* und den Klippdachs, denn sie käuen zwar wieder, haben aber keine deutlich gespaltenen Hufe. Sie sollen euch als unrein gelten. *8* Auch das Schwein soll euch als unrein gelten, denn es hat zwar gespaltene Hufe, ist aber kein Wiederkäuer. Ihr dürft nichts vom Fleisch solcher Tiere essen und sie auch nicht berühren, wenn sie verendet sind. *9* Von den Wassertieren dürft ihr alles essen, was Flossen und Schuppen hat. *10* Aber alles, was keine Flossen oder Schuppen hat, soll euch als unrein gelten. *11* Alle reinen Vögel dürft ihr essen. *12* Doch folgende sollt ihr nicht essen: den Gänsegeier, den Lämmergeier und den Mönchsgeier, *13* den Milan, den Habicht und alle Arten von Raubvögeln, *14* alle Arten von Raben, *15* den Strauß, die Schwalbe, die Möwe und alle Arten von Falken, *16* das Käuzchen, den Uhu und die Schleiereule, *17* die Ohreule, den Aasgeier und die Fischeule, *18* den Storch, alle Arten von Reihern, den Wiedehopf und die Fledermaus. *19* Alles geflügelte Kleingetier* soll euch als unrein gelten. Es darf nicht gegessen werden. *20* Alles reine Geflügel dürft ihr essen. *21* Verendete Tiere dürft

---

14,7 *Hasen* werden zoologisch nicht zu den rinderartigen Wiederkäuern gerechnet, trotzdem kauen sie einen Teil ihrer Nahrung zweimal. Neben ihrem üblichen Kot scheiden sie nämlich von einem Vlies umgebene vitaminreiche Kügelchen aus, sogenannte *Caecotrophe.* Diese werden sofort wieder aufgenommen und an einer bestimmten Stelle des Magens, der *Cardiaregion,* noch einmal verdaut.

14,19 *Kleingetier.* Wörtlich: *Gewimmel.* Vermutlich sind hier die verbotenen Heuschreckenarten gemeint oder andere geflügelte Insekten.

ihr nicht essen. Du kannst sie dem Fremden an deinem Ort zum Essen überlassen oder sie einem Ausländer verkaufen, denn du bist Jahwe, deinem Gott, ein heiliges Volk. Du sollst ein Böckchen nicht in der Milch seiner Mutter kochen.*

Der Zehnte

22 Vom ganzen Ertrag deiner Saat sollst du den Zehnten geben, von dem, was Jahr für Jahr auf dem Feld wächst. 23 Bring ihn an den Ort, den Jahwe, dein Gott, erwählen wird, um seinen Namen dort wohnen zu lassen. Dort, vor ihm, sollst du von deinem Zehnten essen, von Getreide, Most und Öl, von den Erstgeborenen deiner Rinder, Schafe und Ziegen, damit du es lernst, zu aller Zeit Ehrfurcht vor Jahwe, deinem Gott, zu haben. 24 Es ist möglich, dass der Ort, den Jahwe, dein Gott, erwählen wird, um seinen Namen dort wohnen zu lassen, zu weit für dich ist, sodass du deinen Zehnten nicht hinbringen kannst. 25 Dann mach den zehnten Teil von dem, womit Jahwe dich gesegnet hat zu Geld. Nimm es mit und geh an den Ort, den Jahwe, dein Gott, erwählen wird. 26 Kauf dort für das Geld alles, worauf du Lust hast: Rinder, Schafe, Wein, Bier und was du sonst noch magst. Genieße alles dort, in der Gegenwart Jahwes, und freue dich. 27 Vergiss aber den Leviten nicht, der an deinem Ort wohnt, denn er hat

keinen Erbbesitz neben dir. 28 Am Ende jedes dritten Jahres sollst du den Zehnten deines Einkommens von jenem Jahr in deinem Ort niederlegen. 29 Er ist für den Leviten bestimmt, der kein eigenes Land besitzt, und für den Fremden, die Waise und die Witwe, die in deinem Ort leben. Sie sollen sich davon satt essen, damit Jahwe, dein Gott, die Arbeit deiner Hände segnet.

Das Jahr des Schulderlasses

15 1 Am Ende jedes siebten Jahres sollst du einen Schulderlass gewähren. 2 Das soll folgendermaßen geschehen: Jeder Gläubiger soll seinem Schuldner die Rückzahlung erlassen. Er soll seinen Nächsten und Bruder nicht zur Bezahlung anhalten, sobald das Erlassjahr Jahwes ausgerufen ist. 3 Einen Ausländer darfst du drängen. Aber was du deinem Bruder geliehen hast, sollst du ihm überlassen. 4 Eigentlich sollte es gar keinen Armen bei dir geben, denn Jahwe wird dich reich segnen in dem Land, das er dir zum Erbbesitz gibt. 5 Doch nur dann, wenn du wirklich auf Jahwe, deinen Gott, hörst, wenn du das Gesetz hältst, das ich dir heute gebe, und danach lebst, 6 wird Jahwe, dein Gott, dich segnen, wie er es versprochen hat. Dann wirst du den vielen Völkern leihen, brauchst aber selbst nichts zu borgen, du wirst über viele Völker herrschen, sie aber nicht über dich.

7 Wenn aber in dem Land, das Jahwe, dein Gott, dir gibt, in irgendeiner Ortschaft einer deiner Brüder verarmt, dann sollst du dein Herz nicht hart werden lassen und deine

---

14,21 ... kochen. Einen jungen Bock in der Milch der Mutter zu kochen, war ein heidnischer Ritus, denn die Milch wurde anschließend auf die Erde gegossen, um ihre Fruchtbarkeit zu garantieren.

Hand nicht vor ihm verschließen, ⁸ sondern sie ihm großzügig öffnen und ihm leihen, so viel er braucht. ⁹ Hüte dich davor, dass dir der böse Gedanke in den Sinn kommt: »Bald kommt ja das siebte Jahr, das Erlassjahr!«, und du dann deinen armen Bruder unfreundlich ansiehst und ihm nichts gibst. Wenn er Jahwe gegen dich anruft, würde es dir zur Sünde werden. ¹⁰ Gib ihm bereitwillig und sei nicht missmutig, wenn du ihm gibst. Denn dafür wird Jahwe, dein Gott, dich segnen in all deinem Tun und in allem, was du unternimmst. ¹¹ Die Armen werden niemals ganz aus deinem Land verschwinden. Darum befehle ich dir: Unterstütze deinen armen und bedürftigen Bruder in deinem Land!

Die Freilassung von Sklaven

¹² Wenn dein Bruder, ein Hebräer oder eine Hebräerin, sich dir verkauft, dann soll er dir sechs Jahre lang dienen. Im siebten Jahr sollst du ihn als frei entlassen. ¹³ Und wenn du ihn freilässt, sollst du ihn nicht mit leeren Händen ziehen lassen. ¹⁴ Von deinem Kleinvieh, deinem Korn und Wein sollst du ihm mitgeben, was er tragen kann. Du sollst ihm von dem geben, womit Jahwe, dein Gott, dich gesegnet hat. ¹⁵ Denk daran, dass auch du Sklave in Ägypten warst und dass Jahwe, dein Gott, dich befreit hat. Darum gebe ich dir heute dieses Gebot. ¹⁶ Wenn dein Sklave aber sagt, dass er nicht von dir weggehen will, weil er dich und deine Familie liebt, weil es ihm gut bei dir geht, ¹⁷ dann sollst du eine Ahle durch sein Ohr in die Tür stechen. Dann wird er für

immer dein Sklave sein. Auch deine Sklavin sollst du so behandeln. ¹⁸ Es soll dir nicht schwerfallen, wenn du ihn freilassen musst. Denn er hat dir sechs Jahre lang doppelt so viel wie ein Tagelöhner eingebracht. Und Jahwe, dein Gott, wird dich segnen in allem, was du tust.

Die Heiligung der Erstgeburt

¹⁹ Jede männliche Erstgeburt von deinen Rindern, Schafen und Ziegen sollst du Jahwe, deinem Gott, weihen. Mit dem Erstgeborenen deines Rindes sollst du nicht arbeiten und das Erstgeborene von Schaf oder Ziege nicht scheren. ²⁰ Vor Jahwe, deinem Gott, sollst du sie verzehren, du und deine Familie, und zwar jedes Jahr an dem Ort, den Jahwe auswählen wird. ²¹ Wenn das Tier jedoch ein Gebrechen hat, dass es lahm oder blind ist oder sonst einen Makel aufweist, darfst du es Jahwe, deinem Gott, nicht opfern. ²² Du kannst es wie eine Gazelle oder einen Hirsch an deinem Ort verzehren, ob du rein oder unrein bist. ²³ Nur sein Blut darfst du nicht essen. Du musst es wie Wasser auf die Erde fließen lassen.

Das Passafest

16 ¹ Beachte den Ährenmonat* und feiere das Passa* für Jahwe, deinen Gott. Denn im Ährenmonat hat Jahwe, dein Gott, dich nachts aus Ägypten herausgeführt.

16,1 *Ährenmonat.* Der Frühlingsmonat *Abib*, später *Nisan* genannt, März/April.

Passa. Siehe 2. Mose 12-13.

2 Komm an den Ort, den Jahwe auswählen wird, um seinen Namen dort wohnen zu lassen. Dort sollst du für Jahwe, deinen Gott, das Passaopfer schlachten: ein Schaf, eine Ziege oder ein Rind. 3 Du darfst aber kein Brot dazu essen, das mit Sauerteig zubereitet wurde. Sieben Tage lang sollst du ungesäuerte Brotfladen essen, Brot des Elends, – denn in angstvoller Eile bist du aus dem Land Ägypten ausgezogen – damit du dein Leben lang an den Tag deines Auszugs aus Ägypten denkst. 4 Sieben Tage lang soll nichts, was mit Sauerteig zubereitet wurde, bei euch und in eurem ganzen Wohngebiet gesehen werden! Auch von dem Fleisch, das du am Abend des ersten Tages schlachtest, soll nichts bis zum nächsten Morgen übrig bleiben. 5 Du darfst das Passaopfer nicht an irgendeinem deiner Orte schlachten, die Jahwe, dein Gott, dir gibt. 6 Sondern an dem Ort, den Jahwe, dein Gott, auswählen wird, um seinen Namen dort wohnen zu lassen, dort sollst du das Passaopfer schlachten. Das soll am Abend geschehen, beim Untergang der Sonne, zur Zeit deines Auszugs aus Ägypten. 7 Bereite das Fleisch zu und iss es an dem Ort, den Jahwe, dein Gott, auswählen wird. Am nächsten Morgen kannst du nach Hause reisen. 8 Sechs Tage sollst du ungesäuerte Brotfladen essen. Am siebten Tag ist eine Festversammlung für Jahwe, deinen Gott. Da darfst du keinerlei Arbeit verrichten.

Das Wochenfest

9 Sieben Wochen sollst du vom Beginn der Getreideernte an abzählen, sieben Wochen. 10 Dann sollst du für Jahwe, deinen Gott, das Fest der Wochen feiern. Dabei bringst du ihm eine freiwillige Gabe mit, je nachdem, wie Jahwe, dein Gott, dich gesegnet hat. 11 Vor Jahwe, deinem Gott, sollst du mit deinen Söhnen und Töchtern zusammen fröhlich feiern, mit deinen Sklaven und Sklavinnen, dem Leviten, dem Fremden, der Waise und der Witwe in deinem Wohnort. Das soll an dem Ort geschehen, den Jahwe auswählen wird, um seinen Namen dort wohnen zu lassen. 12 Denk daran, dass du Sklave in Ägypten warst, richte dich nach diesen Weisungen und halte sie ein.

Das Laubhüttenfest

13 Das Laubhüttenfest sollst du sieben Tage lang feiern, wenn Getreideernte und Weinlese beendet sind. 14 Als Freudenfest sollst du es begehen mit deinen Söhnen und Töchtern, deinen Sklaven und Sklavinnen, dem Leviten, dem Fremden, der Waise und der Witwe in deinem Wohnort. 15 Sieben Tage lang sollst du Jahwe, deinem Gott, das Fest feiern und zwar an dem Ort, den Jahwe auswählen wird. Denn Jahwe, dein Gott, wird dich segnen in allem Ertrag und der Arbeit deiner Hände, sodass du dich der Freude überlassen kannst.

16 Dreimal im Jahr soll alles, was männlich ist, vor Jahwe, deinem Gott, erscheinen an dem Ort, den Jahwe auswählen wird: am Fest der ungesäuerten Brote, am Wochenfest und am Laubhüttenfest. Aber man soll nicht mit leeren Händen vor Jahwe erscheinen. 17 Jeder bringe das mit, was er geben kann, je nachdem, wie Jahwe ihn gesegnet hat.

Richter und Aufseher

18 In allen deinen Ortschaften in jedem deiner Stämme sollst du Richter und Aufseher einsetzen. Sie sollen dem Volk mit gerechtem Urteil Recht sprechen. 19 Du sollst das Recht nicht beugen, die Person nicht ansehen und kein Bestechungsgeschenk annehmen, denn Bestechung macht weise Leute blind und verdreht die Worte der Gerechten. 20 Du sollst der Gerechtigkeit und nur der Gerechtigkeit folgen, damit du am Leben bleibst und das Land in Besitz nimmst, das Jahwe, dein Gott, dir gibt.

Reinheit des Gottesdienstes

21 Neben den Altar Jahwes, deines Gottes, den du dir errichten wirst, darfst du keinen Aschera-Pfahl aufstellen und auch keinen Baum pflanzen. 22 Du darfst dir keine Gedenksteine aufrichten, denn Jahwe, dein Gott, hasst das.

17 1 Du sollst Jahwe, deinem Gott, kein Rind oder Schaf opfern, an dem ein Makel ist, irgendetwas Schlimmes, denn das verabscheut er.

Verfahren bei Götzendienst

2 Wenn sich in einer deiner Ortschaften, die Jahwe, dein Gott, dir gibt, jemand findet, ein Mann oder eine Frau, die etwas tun, was Jahwe, dein Gott, als böse ansieht, wenn jemand seinen Bund übertritt 3 und anfängt, anderen Göttern zu dienen und sie anzubeten: die Sonne oder den Mond oder das ganze Heer der Sterne, was ich verboten habe, 4 und es wird dir berichtet und du hörst davon, dann sollst du das genau untersuchen. Und wenn sich der Bericht als wahr erweist, wenn es stimmt, dass diese Schandtat in Israel verübt worden ist, 5 dann sollst du jenen Mann oder jene Frau, die diese böse Sache getan haben, aus deinem Ort hinausführen und zu Tode steinigen. 6 Aufgrund der Aussage von zwei oder drei Zeugen muss sterben, wer den Tod verdient. Er darf aber nicht auf die Aussage eines einzelnen Zeugen hin getötet werden. 7 Die Zeugen müssen zuerst Hand an ihn legen, um ihn zu töten, danach das versammelte Volk. Du musst das Böse aus deiner Mitte entfernen.

Das oberste Gericht

8 Wenn dir an deinem Ort ein Rechtsstreit zu schwierig ist, bei dem es um Mord und Totschlag, um Hab und Gut oder um Körperverletzung geht, dann mach dich zu dem Ort auf, den Jahwe, dein Gott, auswählen wird. 9 Dort sollst du zu den Priestern aus dem Stamm Levi gehen oder zu dem Richter, der gerade im Amt ist, und sie fragen. Dann werden sie dir sagen, wie das Urteil lautet. 10 Du musst dich aber an ihren Spruch halten, den sie dir an dem Ort, den Jahwe auswählen wird, verkünden. Beachte genau, was sie dich lehren, und mach es so. 11 An die Weisung, die sie dir geben, und an das Recht, das sie dir verkünden, musst du dich halten. Du darfst in keiner Hinsicht von ihrem Urteil abweichen. 12 Wer so vermessen ist, dass er weder auf den Priester, der Jahwe, deinem Gott, dient, noch auf den Richter hört, der muss sterben. Du musst das Böse aus Israel entfernen. 13 Das ganze Volk soll davon

hören, damit alle sich fürchten und nicht wieder hochmütig sind.

Das Königsgesetz

14 Wenn du in das Land kommst, das Jahwe, dein Gott, dir gibt, wenn du es in Besitz genommen und dich darin niedergelassen hast, wenn du dann auf die Idee kommst, einen König haben zu wollen wie alle anderen Völker ringsum, 15 dann sollst du nur den König über dich setzen, den Jahwe, dein Gott, auswählt. Es muss einer von deinen Brüdern sein. Einen Ausländer darfst du nicht zum König über dich setzen. 16 Der König soll sich nicht zu viele Pferde halten, und das Volk nicht wieder nach Ägypten führen*, um viele Pferde anzuschaffen, denn Jahwe hat euch gesagt, ihr sollt diesen Weg niemals wieder betreten. 17 Der König soll sich auch nicht viele Frauen nehmen, damit er nicht auf Abwege gerät. Er soll sich auch nicht zu viel Gold und Silber anhäufen. 18 Und wenn er dann auf dem Königsthron sitzt, soll er sich eine Abschrift von diesem Gesetz, das bei den Priestern und Leviten liegt, anfertigen. 19 Diese Schriftrolle soll er stets bei sich haben und sein Leben lang täglich darin lesen, damit er es lernt, Jahwe, seinen Gott, zu fürchten, um alle Worte dieses Gesetzes und seiner Vorschriften genau einzuhalten. 20 Das wird ihn davor bewahren, sich über seine Brüder zu erheben oder sich in irgendeiner Weise über

---

17,16 *nach Ägypten führen.* Möglicherweise sollte hier eine Sendung von Söldnern im Austausch gegen Pferde verboten werden.

das Gebot hinwegzusetzen. Und dann wird er mitten in Israel lange König bleiben und seine Söhne ebenso.

Die Einkünfte der Priester

18 1 Die levitischen Priester und der ganze Stamm Levi sollen keinen Teil und keinen Erbbesitz unter den Israeliten erhalten. Von den Feueropfern Jahwes und den Abgaben für ihn sollen sie ihren Unterhalt bekommen. 2 Ein Levit soll keinen Erbbesitz unter seinen Brüdern haben. Jahwe ist sein Erbbesitz, wie es ihm versprochen hat. 3 Auf dies aber hat ein Priester Anrecht beim Volk: Wenn jemand ein Rind oder ein Schaf als Schlachtopfer bringt, gehören dem Priester das Schulterstück, die Kinnbacken und der Magen. 4 Weiter sollst du ihm die ersten Erträge von deinem Getreide, deinem Most und deinem Öl geben und die erste Schur deiner Schafe. 5 Denn Jahwe, dein Gott, hat ihn aus allen deinen Stämmen ausgewählt, dass er und seine Nachkommen im Namen Jahwes ihren Dienst verrichten, und zwar für immer. 6 Ein Levit, der sich in irgendeiner Ortschaft in Israel aufhält, kann nach eigenem Belieben an die Stätte kommen, die Jahwe auswählen wird, 7 und im Namen Jahwes, seines Gottes, Dienst tun wie alle seine levitischen Brüder, die dort vor Jahwe stehen. 8 Er soll die gleiche Zuteilung wie sie erhalten, unabhängig vom Verkaufserlös seines Familienbesitzes.

Zauberei und Wahrsagerei

9 Wenn du in das Land kommst, das Jahwe, dein Gott, dir gibt, dann

versuche ja nicht, so abscheuliche Dinge zu tun wie seine Bewohner. *10* Bei dir soll keiner gefunden werden, der seinen Sohn oder seine Tochter durchs Feuer gehen* lässt, keiner, der wahrsagt, kein Zauberer, Beschwörer oder Magier, *11* kein Bannsprecher oder Totenbeschwörer und keiner, der einen Totengeist oder Wahrsager befragt. *12* Denn Jahwe verabscheut jeden, der so etwas tut. Und wegen dieser Abscheulichkeiten vertreibt Jahwe, dein Gott, sie vor dir. *13* Du sollst dich ungeteilt an Jahwe, deinen Gott, halten. *14* Denn diese Völker, die du vertreiben wirst, hören auf Zauberer und Wahrsager. Dir aber hat Jahwe, dein Gott, das nicht erlaubt.

Wahre und falsche Propheten

15 Einen Propheten wird Jahwe, dein Gott, aus deiner Mitte, aus deinen Brüdern, für dich erstehen lassen so wie mich. Auf ihn sollt ihr hören.* *16* So hast du es von Jahwe, deinem Gott, am Tag der Zusammenkunft erbeten: »Ich möchte die Stimme Jahwes, meines Gottes, nicht mehr hören und dieses große Feuer nicht länger sehen, damit ich nicht sterben muss.« *17* Da sagte Jahwe zu mir: »Was sie gesagt haben, ist gut. *18* Einen Propheten werde ich ihnen aus der Mitte ihrer Brüder erstehen lassen so wie dich. Durch seinen Mund werde ich zu ihnen sprechen. Er wird euch alles verkünden, was ich ihm befehle. *19* Wer nicht befolgt, was ich durch ihn sage, den ziehe ich dafür zur Rechenschaft. *20* Doch der Prophet, der sich anmaßt, etwas in meinem Namen zu verkünden, das ich ihm nicht aufgetragen habe, oder der im Namen anderer Götter spricht, dieser Prophet muss sterben. *21* Wenn du aber denkst: ›Woran soll ich erkennen, welches Wort nicht von Jahwe kommt?‹ – *22* Wenn der Prophet etwas im Namen Jahwes sagt, das sich nicht erfüllt und nicht eintrifft, dann hat Jahwe nicht durch ihn gesprochen. Der Prophet hat es sich angemaßt. Du brauchst dich vor ihm nicht zu fürchten.«

Die Asylstädte für Totschläger

19 *1* Wenn Jahwe, dein Gott, die Völker ausmerzt, deren Land er dir geben wird, wenn du ihren Besitz übernimmst und dich in ihren Städten und Häusern niederlässt, *2* dann sollst du drei von diesen Städten auswählen. *3* Achte darauf, dass sie gleichmäßig über das Land verteilt sind, das Jahwe, dein Gott, dir gibt, und teile das Land dazu in drei Bezirke ein. Jeder, der zum Mörder geworden ist, soll dorthin fliehen können. *4* Gemeint ist einer, der unabsichtlich zum Mörder wurde und seinen Nächsten nicht schon vorher hasste. *5* Es kann zum Beispiel vorkommen, dass einer mit seinem Nachbarn in den Wald geht, um Holz zu schlagen. Da löst sich, während er mit der Axt ausholt, das Eisen vom Stiel und trifft den anderen tödlich. In diesem Fall kann der Totschläger in eine dieser Städte fliehen, um sein Leben zu retten.

18,10 *durchs Feuer gehen.* Das heißt, Kinder für die Götzen lebendig verbrennen.

18,15 Wird im Neuen Testament von Petrus zitiert: Apostelgeschichte 3,22.

6 Der Weg dorthin darf nicht zu weit sein, damit der Bluträcher, der den Totschläger in der ersten Hitze verfolgt, ihn nicht einholen kann und ihn erschlägt, obwohl dieser den Tod nicht verdient, weil er die getötete Person nicht hasste. 7 Darum befehle ich dir, zunächst drei Städte auszusondern. 8 Wenn Jahwe, dein Gott, dein Gebiet erweitern wird, wie er es deinen Vorfahren geschworen hat, und dir das ganze Land gibt, das er ihnen versprochen hat – 9 vorausgesetzt, du hältst all diese Gebote, die ich dir heute gebe und handelst danach, indem du Jahwe, deinen Gott, liebst und allezeit auf seinen Wegen gehst –, dann sollst du noch drei weitere Asylstädte auswählen. 10 So sollst du dafür sorgen, dass in dem Land, das Jahwe, dein Gott, dir gibt, kein unschuldiges Blut vergossen wird und keine Blutschuld auf dich kommt.

11 Wenn aber jemand seinen Nächsten hasst, ihm auflauert, ihn überfällt und erschlägt und dann in eine dieser Städte flieht, 12 dann müssen die Ältesten seiner Heimatstadt ihn von dort holen lassen und dem Bluträcher ausliefern. 13 Du darfst kein Mitleid mit ihm haben. Du musst Israel vom Blut des Unschuldigen befreien, damit es dir gut geht.

Schutz der Grundstücksgrenzen

14 Wenn du das Land in Besitz genommen hast, das Jahwe, dein Gott, dir gibt, und du auf deinem Grundstück lebst, darfst du die Grenze zu deinem Nächsten, die die Vorfahren gezogen haben, nicht verändern.

Zeugen vor Gericht

15 Die Aussage eines einzelnen Zeugen darf nicht ausschlaggebend sein, wenn es um ein Verbrechen, eine Sünde oder irgendeine Verfehlung geht. Auf die Aussage von zwei oder drei Zeugen hin soll eine Entscheidung getroffen werden.* 16 Wenn ein falscher Zeuge gegen jemand auftritt, um ihn einer Übertretung zu beschuldigen, 17 dann sollen die beiden Männer, zwischen denen der Streit besteht, vor Jahwe treten, vor die Priester und die Richter, die zu jener Zeit da sein werden. 18 Die Richter sollen den Fall genau untersuchen. Wenn der Zeuge wissentlich falsch gegen seinen Bruder ausgesagt hat, 19 dann sollst du ihm antun, was er seinem Bruder zu tun gedachte. Du sollst das Böse aus deiner Mitte entfernen. 20 Die Übrigen sollen es hören, damit sie sich fürchten und nie mehr solch eine böse Sache in deiner Mitte tun. 21 Da sollst du kein Mitleid kennen: Leben für Leben, Auge für Auge, Zahn für Zahn, Hand für Hand, Fuß für Fuß.

Kriegsgesetze

20 1 Wenn du gegen deine Feinde in den Krieg ziehst, die mit Pferden und Streitwagen ausgerüstet und zahlreicher sind als du, dann fürchte dich nicht vor ihnen, denn Jahwe, dein Gott, der dich aus Ägypten herausgeführt hat, ist mit dir. 2 Wenn ihr zum Kampf ausrückt, soll der Priester herzutreten und zum Volk sprechen. 3 Er soll sagen: »Höre,

---

19,15 Wird im Neuen Testament von Jesus und Paulus zitiert: Matthäus 18,16; 2. Korinther 13,1.

Israel! Ihr rückt heute zum Kampf gegen eure Feinde aus. Verliert nicht den Mut, fürchtet euch nicht, habt keine Angst und erschreckt nicht vor ihnen! 4 Denn es ist Jahwe, euer Gott, der mit euch zieht, um selbst gegen eure Feinde zu kämpfen und euch zu retten.« 5 Anschließend sollen die Oberen zum Volk sprechen. Sie sollen sagen:»Ist jemand hier, der ein neues Haus gebaut und noch nicht eingeweiht hat? Der kehre in sein Haus zurück, damit er nicht in der Schlacht stirbt und ein anderer sein Haus einweiht. 6 Ist jemand da, der einen neuen Weinberg angelegt und noch nicht davon geerntet hat? Er kehre in sein Haus zurück, damit er nicht in der Schlacht stirbt und ein anderer die erste Lese* hält. 7 Ist jemand hier, der sich verlobt*, aber noch nicht geheiratet hat? Er kehre in sein Haus zurück, damit er nicht in der Schlacht stirbt und ein anderer seine Braut bekommt.« 8 Und weiter sollen die Oberen zum Volk sagen:»Ist jemand da, der sich fürchtet, der den Mut verloren hat? Er kehre in sein Haus zurück, damit er seinen Brüdern nicht auch noch den Mut nimmt.« 9 Wenn die Oberen das alles gesagt haben, soll man Heerführer an die Spitze des Volkes stellen.

10 Wenn du vor eine Stadt ziehst, um gegen sie zu kämpfen, sollst du ihr zunächst Frieden anbieten. 11 Geht sie auf das Friedensangebot ein und öffnet dir ihre Tore, dann soll die Bevölkerung Zwangsarbeit verrichten und dir untertan sein. 12 Lehnen sie das Friedensangebot ab und wollen kämpfen, dann belagere sie. 13 Wenn Jahwe, dein Gott, sie in deine Gewalt gibt, dann bringe alles Männliche in der Stadt mit dem Schwert um. 14 Die Frauen, die Kinder und das Vieh und alles, was sich in der Stadt plündern lässt, darfst du dir als Beute nehmen. Du darfst die Vorräte deiner Feinde, die Jahwe, dein Gott, dir ausgeliefert hat, verzehren. 15 So sollst du es mit allen Städten machen, die weit von dir entfernt sind, nicht aber mit den Städten der Völker Kanaans. 16 In diesen Städten, die Jahwe, dein Gott, dir als Erbbesitz gibt, sollst du nichts und niemand am Leben lassen. 17 An allen Völkern im Land musst du unbedingt den Bann vollstrecken, wie Jahwe, dein Gott, es dir befohlen hat: an den Hetitern, Amoritern, Kanaanitern, Perisitern, Hiwitern und Jebusitern. 18 Sonst werden sie euch dazu verführen, gegen Jahwe, euren Gott, zu sündigen und die Abscheulichkeiten nachzuahmen, die sie zu Ehren ihrer Götter begangen haben.

19 Wenn du lange Zeit vor einer Stadt liegen musst, um sie zu bekämpfen, dann sollst du ihre Bäume nicht verderben, indem du die Axt gegen sie schwingst. Du kannst ja von ihren Früchten essen und sollst sie nicht abhauen. Der Baum auf dem Feld ist doch kein Mensch, den du bekämpfen musst. 20 Nur die Bäume, von denen du weißt, dass sie nichts Essbares tragen, darfst du abhauen und mit

---

20,6 *erste Lese.* Das konnte erst vier Jahre nach der ersten Anpflanzung geschehen (3. Mose 19,23-25).

20,7 *verlobt.* Er galt rechtlich bereits als verheiratet, obwohl er noch nicht mit seiner Frau zusammenlebte.

dem Holz Belagerungsanlagen gegen die Stadt bauen, die mit dir Krieg führt, bis sie gefallen ist.

Sühne bei unbekanntem Täter

21 *1* Wenn man in dem Land, das Jahwe, dein Gott, dir zum Erbbesitz gibt, einen Erschlagenen auf dem freien Feld findet, ohne dass man weiß, wer ihn erschlagen hat, *2* dann sollen deine Ältesten und Richter hinausgehen und die Strecke bis zu den Städten im Umkreis abmessen. *3* In der Stadt, die dem Erschlagenen am nächsten liegt, sollen die Ältesten eine junge Kuh heraussuchen, mit der noch nicht gearbeitet worden ist und die noch nicht am Joch gezogen hat. *4* Die Ältesten jener Stadt sollen das Kalb zu einem immerfließenden Bach führen, an dem nichts gesät und kein Ackerbau getrieben werden kann, und ihr dort das Genick brechen. *5* Dann sollen die Priester aus dem Stamm Levi herzutreten. Denn sie hat Jahwe, dein Gott, ausgewählt, ihm zu dienen und in seinem Namen zu segnen. Nach ihrem Spruch soll bei jedem Rechtsstreit und jeder Körperverletzung verfahren werden. *6* In ihrer Gegenwart sollen die Ältesten der Stadt, die dem Erschlagenen am nächsten liegt, die Hände waschen, und zwar über dem Kalb, dem am Bach das Genick gebrochen wurde. *7* Dabei sollen sie bezeugen:»Unsere Hände haben dieses Blut nicht vergossen und unsere Augen haben es nicht gesehen. – *8* Jahwe, vergib deinem Volk Israel, das du erlöst hast, und lass nicht unschuldig vergossenes Blut in deinem Volk Israel bleiben.«* Dann ist die Blutschuld für sie gesühnt. *9* So kannst du das unschuldig vergossene Blut aus deiner Mitte wegschaffen und tun, was vor Jahwe richtig ist.

Familiengesetze

10 Wenn du gegen deine Feinde in den Krieg ziehst und Jahwe, dein Gott, sie in deine Hand gibt, kann es sein, dass du Gefangene machst. *11* Wenn du unter ihnen eine schöne Frau siehst, die dir gefällt, und du willst sie heiraten, *12* dann darfst du sie mit nach Hause nehmen. Sie soll sich den Kopf scheren und ihre Nägel beschneiden. *13* Sie soll die Kleider ablegen, die sie als Gefangene trug, und einen Monat lang um ihren Vater und ihre Mutter weinen. Dann kannst du zu ihr kommen, mit ihr schlafen und sie deine Frau sein lassen. *14* Sollte sie dir nicht mehr gefallen, musst du sie freigeben. Du darfst sie nicht als Sklavin verkaufen oder selbst als Sklavin behalten, weil du ihr Gewalt angetan hast.

15 Wenn ein Mann zwei Frauen hat, eine, die er liebt, und eine, die er nicht liebt, und beide ihm Söhne gebären, und wenn der erstgeborene Sohn von der ungeliebten Frau ist, *16* dann darf er bei der Verteilung des Erbes den Sohn der geliebten Frau nicht als Erstgeborenen behandeln zum Nachteil des Sohnes der ungeliebten, der doch der Erstgeborene ist. *17* Er muss den wirklichen Erstgeborenen, den Sohn der ungeliebten Frau, anerkennen und ihm den doppelten Anteil am

---

21,8 Jahwe ... bleiben. Möglicherweise sollte dieser Satz von den Priestern gesprochen werden.

Erbe geben. Denn er ist der Erstling seiner Kraft, ihm gebührt das Recht der Erstgeburt.

18 Wenn jemand einen störrischen und widerspenstigen Sohn hat, der auf seinen Vater und seine Mutter nicht mehr hört und selbst dann nicht gehorcht, wenn sie ihn züchtigen, 19 dann sollen seine Eltern ihn zu den Ältesten der Stadt, ans Tor ihres Ortes, bringen 20 und zu ihnen sagen: »Unser Sohn hier ist störrisch und widerspenstig, er hört nicht auf uns, er ist ein Verschwender und Säufer.« 21 Dann sollen ihn alle Leute der Stadt zu Tode steinigen. Du musst das Böse aus deiner Mitte entfernen. Ganz Israel soll davon hören und sich fürchten.

22 Wenn jemand ein todeswürdiges Verbrechen begeht und hingerichtet wird und du ihn an einen Pfahl hängst, 23 dann darf seine Leiche nicht über Nacht am Pfahl bleiben. Du musst ihn noch am selben Tag begraben. Denn ein Gehängter ist von Gott verflucht.* Du sollst das Land nicht unrein werden lassen, das Jahwe, dein Gott, dir gibt.

Nachbarschaft

22 1 Wenn du siehst, dass ein Rind oder ein Schaf deines Bruders sich verirrt hat, musst du dich darum kümmern und es deinem Bruder unbedingt zurückbringen. 2 Wenn dein Bruder nicht in der Nähe wohnt oder wenn du ihn nicht kennst, sollst du das Tier in dein Haus aufnehmen. Es soll bei dir bleiben, bis dein Bruder es sucht. Dann gib es ihm zurück. 3 So sollst du es auch mit seinem Esel machen, seinem Ober-

gewand und mit allem, was dein Bruder verliert. Du darfst das, was du findest, nicht behalten. 4 Und wenn du siehst, dass der Esel deines Bruders oder sein Rind auf dem Weg stürzt, dann darfst du dich nicht abwenden, sondern musst deinem Bruder helfen, sie aufzurichten.

Verschiedenes

5 Eine Frau soll keine Männersachen* tragen und ein Mann soll keine Frauenkleider anziehen, denn Jahwe, dein Gott, verabscheut jeden, der so etwas tut.*

6 Wenn du unterwegs zufällig ein Vogelnest auf einem Baum oder auf der Erde mit Jungen oder Eiern findest und die Mutter sitzt auf den Jungen oder den Eiern, dann darfst du nicht die Mutter mit den Jungen wegnehmen. 7 Die Mutter musst du fliegen lassen, die Jungen kannst du dir nehmen. Dann wird es dir gut gehen und du wirst lange leben.

8 Wenn du ein neues Haus baust, sollst du ein Geländer um die Dachterrasse ziehen, damit du nicht Blutschuld auf dein Haus lädst, wenn jemand herunterfällt.

9 Du sollst deinen Weinberg nicht mit verschiedenen Gewächsen bepflanzen, sonst fällt der ganze Ertrag

---

21,23 Wird im Neuen Testament von Paulus zitiert: Galater 3,13.

22,5 *Männersachen.* Das hebräische Wort ist sehr allgemein gehalten. Es schließt auch Ausrüstung und Waffen ein.

so etwas tut. Gott verbietet hier vor allem den Transvestismus, der manchmal religiöse Züge trug. Er will, dass die Unterschiede zwischen Mann und Frau erkennbar bleiben.

jener Gewächse und des ganzen Weinbergs ans Heiligtum. *10* Du sollst nicht mit Rind und Esel zusammen pflügen. *11* Du sollst kein Gewebe tragen, in dem Wolle und Leinen vermischt ist. *12* Du sollst dir Quasten an den vier Zipfeln deines Mantels machen, in den du dich einhüllst.

Rechtsschutz für eine verleumdete Frau

13 Wenn jemand eine Frau heiratet, mit ihr verkehrt, sie dann aber nicht mehr liebt *14* und sie deshalb in schlechten Ruf bringt, indem er öffentlich erklärt:»Als ich mit dieser Frau die Ehe vollziehen wollte, stellte ich fest, dass sie keine Jungfrau mehr war!«, *15* dann sollen der Vater und die Mutter der jungen Frau das Beweisstück* ihrer Jungfräulichkeit zu den Ältesten der Stadt ans Tor bringen. *16* Der Vater der jungen Frau soll zu den Ältesten dort sagen:»Ich habe meine Tochter diesem Mann zur Frau gegeben, aber er liebt sie nicht mehr *17* und bringt sie in schlechten Ruf, indem er öffentlich erklärt: ›Als ich mit dieser Frau die Ehe vollziehen wollte, stellte ich fest, dass sie keine Jungfrau mehr war!‹ Dies hier ist das Beweisstück für die Jungfräulichkeit meiner Tochter.« Dabei sollen sie das Tuch vor den Ältesten der Stadt ausbreiten. *18* Dann sollen die Ältesten sich den Mann vornehmen und auspeitschen. *19* Außerdem sollen sie ihm eine Geldbuße von 100 Silberstücken auferlegen, weil er eine Jungfrau aus Israel in schlechten Ruf gebracht hat, und diese dem Vater der jungen Frau geben. Er aber muss die Frau zeitlebens behalten und darf sie nicht verstoßen.

20 Erweist sich die Sache aber als wahr und lassen sich keine Beweise für ihre Jungfräulichkeit beibringen, *21* dann soll man die junge Frau vor die Tür ihres Vaterhauses führen. Dort sollen die Männer der Stadt sie zu Tode steinigen, weil sie eine Schandtat in Israel begangen und im Haus ihres Vaters gehurt hat. Du musst das Böse aus deiner Mitte entfernen.

22 Wenn ein Mann dabei ertappt wird, dass er mit der Ehefrau eines anderen schläft, müssen alle beide sterben, der Mann, der mit der Frau geschlafen hat, und die Frau. Du musst das Böse aus Israel entfernen.

23 Wenn ein unberührtes junges Mädchen verlobt ist, und es trifft sie ein Mann in der Stadt und schläft mit ihr, *24* dann sollt ihr beide zum Stadttor hinausführen und dort zu Tode steinigen. Das Mädchen, weil es in der Stadt nicht um Hilfe geschrien, und den Mann, weil er der Frau* eines anderen Gewalt angetan hat. *25* Wenn der Mann das verlobte Mädchen aber draußen auf dem Feld trifft und sie vergewaltigt, dann muss nur er sterben. *26* Dem Mädchen sollst du nichts tun, denn es hat keine Sünde begangen, die den Tod verdient. Denn in diesem Fall ist es so, wie wenn einer seinen Nächsten überfällt und tot-

22,15 Beweisstück der Jungfräulichkeit war das Betttuch der Hochzeitsnacht, gewöhnlich das letzte vorhochzeitliche Gewand der Tochter, das Blutspuren aufweisen musste.

22,24 Frau. Eine Verlobte galt rechtlich bereits als verheiratet. Der Brautpreis war schon bezahlt.

schlägt. *27* Denn er traf sie draußen auf dem Feld. Das verlobte Mädchen hat vielleicht um Hilfe geschrien, aber es war niemand da, der ihr hätte helfen können.

28 Wenn jemand ein unberührtes Mädchen vergewaltigt, das noch nicht verlobt ist, und dabei ertappt wird, *29* dann soll der Mann, der das tat, ihrem Vater 50 Silberstücke geben, und er muss das Mädchen zur Frau nehmen, weil er sie vergewaltigt hat. Er darf sie sein Leben lang nicht verstoßen.

23

1 Ein Mann darf nicht eine Frau seines Vaters heiraten, denn damit entehrt* er seinen Vater.

Wer zur Gemeinde Jahwes gehört

2 Es darf keiner in die Gemeinde Jahwes aufgenommen werden, dessen Hoden zerquetscht oder dessen Glied abgeschnitten ist. *3* Es darf auch kein Mischling aufgenommen werden, selbst in der zehnten Generation darf kein Nachkomme von ihm in die Gemeinde Jahwes aufgenommen werden. *4* Dasselbe gilt für einen Ammoniter oder Moabiter. Sie sind für immer von der Gemeinde Jahwes ausgeschlossen, selbst noch in der zehnten Generation. *5* Denn sie haben sich geweigert, euch Brot und Wasser zu geben, als ihr von Ägypten kamt, und haben sogar Bileam Ben-Beor aus Petor in Mesopotamien gerufen, um dich zu verfluchen. *6* Doch Jahwe, dein Gott, wollte nicht auf Bileam hören und verwandelte den Fluch in Segen für dich, denn er hatte dich lieb. *7* Darum sollst du niemals ihr Wohl und Glück zu fördern suchen.

8 Edomiter oder Ägypter aber sollst du nicht verabscheuen, denn ein Edomiter ist dein Bruder, und in Ägypten hast du einmal als Fremder gelebt. *9* Ihre Kinder aus der dritten Generation dürfen in die Gemeinde Jahwes aufgenommen werden.

Die Reinhaltung des Feldlagers

10 Wenn du gegen deine Feinde in den Krieg ziehst und ein Feldlager aufschlägst, dann hüte dich vor allem Bösen. *11* Wenn jemand infolge eines nächtlichen Vorfalls* nicht rein ist, muss er das Lager verlassen und sich draußen aufhalten. *12* Gegen Abend soll er sich dann mit Wasser übergießen, und beim Untergang der Sonne darf er wieder ins Lager kommen. *13* Außerhalb vom Lager sollst du einen Platz haben, wo du austreten kannst. *14* Und bei deinem Gepäck musst du einen kleinen Spaten haben, damit du ein Loch graben kannst und deine Ausscheidung wieder bedeckst, wenn du dich draußen hingehockt hast. *15* Denn Jahwe, dein Gott, hält sich mitten in deinem Lager auf, um dich zu retten und dir deine Feinde preiszugeben. Darum muss dein Lager heilig sein, damit er bei dir nichts Anstößiges sieht und sich von dir abwendet.

Flüchtige Sklaven

16 Wenn sich ein ausländischer Sklave zu dir flüchtet, sollst du ihn seinem

---

23,1 *entehrt.* Wörtlich: *die Decke seines Vaters aufdecken.* Damit setzt er sich selbst an die Stelle seines Vaters.

23,11 *Vorfall.* Das meint einen Samenerguss, der nach 3. Mose 15,16 unrein macht.

Herrn nicht ausliefern. *17* Er soll in Freiheit bei dir an einem Ort wohnen dürfen, wo es ihm gefällt. Du darfst ihn nicht unterdrücken.

Sakrale Prostitution

18 Unter den Frauen und Männern Israels darfst du keine Hurerei im Dienst irgendeines Gottes dulden. *19* Auch ins Haus deines Gottes Jahwe darfst du keinen Hurenlohn und kein Hundegeld* bringen, auch nicht, um ein Gelübde damit zu erfüllen. Denn Jahwe, dein Gott, verabscheut so etwas.

Zinsen

20 Von deinem Bruder darfst du keine Zinsen nehmen, weder für Geld noch für Getreide oder sonst etwas, wofür man Zinsen nehmen kann. *21* Von einem Ausländer magst du Zinsen nehmen, nicht aber von deinem Bruder, damit Jahwe, dein Gott, dich in dem Land segnet, das du in Besitz nehmen wirst, und er deine Arbeit gelingen lässt.

Gelübde

22 Wenn du Jahwe, deinem Gott, ein Gelübde ablegst, dann sollst du es ohne Verzögerung erfüllen. Denn Jahwe, dein Gott, wird es sonst von dir einfordern und es wird dir als Sünde angelastet. *23* Wenn du es unterlässt,

etwas zu geloben, wird dir keine Sünde angelastet. *24* Was über deine Lippen gegangen ist, musst du halten und tun, wie du es Jahwe, deinem Gott, freiwillig gelobt und mit deinem Mund ausgesprochen hast.

Erlaubter Mundraub

25 Wenn du in den Weinberg deines Nächsten kommst, kannst du so viel Trauben essen, wie du willst, bis du satt bist. Aber du darfst nichts in ein Gefäß sammeln. *26* Wenn du in das Getreidefeld deines Nächsten kommst, darfst du mit der Hand Ähren abreißen, du darfst aber keine Sichel dabei benutzen.

Scheidung und Wiederheirat

24 *1* Wenn ein Mann eine Frau heiratet, sie ihm dann aber nicht mehr gefällt, weil er etwas Schändliches an ihr gefunden hat, und er ihr einen Scheidebrief ausstellt* und sie wegschickt, *2* wenn sie dann sein Haus verlässt und einen anderen Mann heiratet, *3* und wenn auch der zweite Mann sie nicht mehr liebt, ihr einen Scheidebrief ausstellt und sie wegschickt, oder wenn dieser zweite Mann stirbt, *4* dann darf ihr erster Mann, der sie verstoßen hat, sie nicht wieder zur Frau nehmen, nachdem sie also unrein geworden ist. Denn das verabscheut Jahwe. Du darfst das Land, das Jahwe, dein Gott, dir als Erbbesitz gibt, nicht mit Sünde beflecken.

Verschiedene Schutzbestimmungen

5 Wenn ein Mann erst kurz verheiratet ist, muss er nicht mit dem Heer aus-

---

23,19 *Hundegeld.* Bezahlung männlicher Prostituierter.

24,1 Wird im Neuen Testament von Jesus und den Pharisäern zitiert: Matthäus 5,31; 19,7.

ziehen, und man soll ihm nichts auferlegen. Er soll ein Jahr für sein Haus frei sein und soll seine Frau, die er geheiratet hat, glücklich machen.

6 Man darf die Handmühle oder den oberen Mühlstein nicht als Pfand nehmen, denn damit pfändet man das Leben.

7 Findet ihr heraus, dass jemand einen anderen Israeliten, einen seiner Brüder, entführt hat und als Sklaven behandelt oder verkauft, dann muss dieser Räuber sterben. Du sollst das Böse aus deiner Mitte beseitigen.

8 Wenn es um die Plage des Aussatzes geht, musst du sorgfältig sein und sehr genau auf das achten, was dich die levitischen Priester lehren. Denn sie tun das nach dem, was ich ihnen verordnet habe, und ihr sollt es unbedingt beachten. 9 Denk daran, was Jahwe, dein Gott, an Mirjam getan* hat, als ihr von Ägypten hierher unterwegs wart.

Schutz der Schwachen

10 Wenn du deinem Nächsten irgendetwas leihst, sollst du nicht zu ihm ins Haus gehen, um ihm ein Pfand abzunehmen. 11 Draußen sollst du stehen bleiben, und der Mann, dem du leihst, soll dir das Pfand herausbringen. 12 Wenn es ein armer Mann ist, behalte sein Pfand nicht über Nacht, 13 sondern bringe es ihm bei Sonnenuntergang zurück, damit er sich zum Schlafen mit seinem Obergewand zudecken kann und dich dabei segnet. Das gilt als Gerechtigkeit vor Jahwe, deinem Gott.

14 Du sollst einen armen und bedürftigen Tagelöhner nicht unterdrücken, ganz gleich, ob es einer

deiner Brüder oder ein Ausländer ist, der bei dir in deinem Land lebt. 15 Noch am selben Tag vor Sonnenuntergang sollst du ihm seinen Lohn geben. Er ist dringend darauf angewiesen. Sonst beklagt er sich bei Jahwe über dich, und du bist schuldig geworden.

16 Die Väter sollen nicht für die Söhne und die Söhne nicht für die Väter hingerichtet werden. Jeder muss für sein eigenes Verbrechen sterben.

17 Das Recht eines Fremden oder einer Waise darfst du nicht beugen, und den Mantel einer Witwe darfst du nicht als Pfand nehmen. 18 Denk daran, dass du Sklave in Ägypten gewesen bist und Jahwe, dein Gott, dich von dort befreit hat. Deshalb befehle ich dir, so zu handeln.

19 Wenn du bei der Ernte eine Garbe auf deinem Feld vergessen hast, sollst du nicht umkehren, um sie zu holen. Sie soll dem Fremden, der Waise und der Witwe gehören, damit Jahwe, dein Gott, dich in all deinem Tun segnet. 20 Wenn du Oliven von deinem Ölbaum abklopfst, sollst du nicht anschließend noch die Zweige absuchen. Was hängen bleibt, soll dem Fremden, der Waise und der Witwe gehören. 21 Wenn du in deinem Weinberg die Weinlese hältst, sollst du keine Nachlese halten. Dem Fremden, der Waise und der Witwe soll es gehören. 22 Denk daran, dass du Sklave in Ägypten gewesen bist. Deshalb befehle ich dir, so zu handeln.

24,9 *an Mirjam getan.* Siehe 4. Mose 12,10-15.

Begrenzung der Prügelstrafe

25 *1* Wenn Männer einen Streit miteinander haben und kommen vor Gericht, wo man ihnen Recht spricht, dann soll man dem Recht geben, der im Recht ist, und den Schuldigen verurteilen. *2* Hat der Schuldige Schläge verdient, soll der Richter ihn veranlassen, sich hinzulegen, und ihm nach seinem Vergehen eine bestimmte Zahl Schläge geben lassen. *3* Vierzig Schläge darf er ihm geben lassen, nicht mehr. Dein Bruder würde vor dir entehrt werden, wenn er noch mehr Schläge bekommt.

Tierschutz

4 Du sollst dem Ochsen nicht das Maul verbinden, wenn er drischt*.

Schwagerehe

5 Wenn Brüder auf demselben Grundbesitz wohnen und einer von ihnen stirbt, ohne einen Sohn zu hinterlassen, dann soll seine Witwe keinen Fremden außerhalb der Familie heiraten. Ihr Schwager soll zu ihr kommen, sie zur Frau nehmen und die Schwagerehe mit ihr vollziehen.* *6* Der erste Sohn, den sie dann zur Welt bringt, soll den Namen des verstorbenen Bruders weiterführen, damit dessen Name in Israel nicht untergeht. *7* Will der Mann seine Schwägerin aber nicht heiraten, soll sie zum Versammlungsplatz am Stadttor gehen und zu den Ältesten sagen:»Mein Schwager weigert sich, den Namen seines Bruders in Israel zu erhalten. Er will die Schwagerehe mit mir nicht eingehen.« *8* Dann sollen die Ältesten der Stadt ihn rufen lassen und mit ihm reden. Doch wenn er sich hinstellt und erklärt:»Ich habe keine Lust, sie zu heiraten!«, *9* dann soll seine Schwägerin ihm dort vor den Ältesten den Schuh abziehen, ihm ins Gesicht spucken und sagen:»So behandelt man jemand, der die Familie seines Bruders nicht erhalten will!« *10* In Israel wird man seine Familie dann nur noch die »Barfüßer« nennen.

Übergriff beim Streit

11 Wenn zwei Männer im Streit heftig aneinander geraten, und die Frau des einen will ihren Mann aus der Hand des Schlägers retten und packt diesen dabei an seinen Geschlechtsteilen, *12* dann dürft ihr kein Mitleid mit ihr haben. Ihr müsst ihr die Hand abhauen.

Rechtes Maß und Gewicht

13 Du sollst nicht zweierlei Gewichtssteine in deinem Beutel haben, einen größeren und einen kleineren. *14* Du sollst nicht zweierlei Hohlmaße in deinem Haus haben, ein größeres und ein kleineres. *15* Volle und richtige Gewichte sollst du haben und ein volles und gerechtes Hohlmaß, damit du lange lebst in dem Land, das Jahwe, dein Gott, dir gibt. *16* Denn Jahwe,

---

25,4 *drischt.* Das Tier wurde an einen Drehzapfen gebunden und drehte Runden, um das Korn zu zertreten oder einen Dreschschlitten zu ziehen. Dabei sollte es ihm erlaubt sein, zu fressen. – Der Vers wird im Neuen Testament von Paulus zitiert: 1. Korinther 9,9; 1. Timotheus 5,18.

25,5 Wird im Neuen Testament von den Sadduzäern zitiert: Matthäus 22,24; Markus 12,19.

dein Gott, verabscheut jeden, der so etwas tut und andere betrügt.

Ausrottung der Amalekiter

17 Denk daran, was Amalek dir angetan hat, als ihr aus Ägypten zogt, 18 wie er dich überfiel und hinter dir her ohne Gottesfurcht alle Schwachen erschlug, als du erschöpft und müde warst. 19 Wenn Jahwe, dein Gott, dir in dem Land, das er dir geben will, Ruhe verschafft hat vor all deinen Feinden ringsum, dann sollst du jede Spur von Amalek auslöschen. Vergiss es nicht!

Abgabe der Erstlingsfrüchte

26 1 Wenn du in das Land kommst, das Jahwe, dein Gott, dir als Erbbesitz gibt, wenn du es dann in Besitz genommen hast und darin wohnst, 2 dann sollst du einige von den ersten Früchten deines Bodens in einen Korb legen und an den Ort bringen, an dem Jahwe, dein Gott, seinen Namen wohnen lassen wird. 3 Du sollst zu dem Priester gehen, der zu dieser Zeit da sein wird, und ihm sagen: »Ich bezeuge heute Jahwe, deinem Gott, dass ich in das Land gekommen bin, das Jahwe unseren Vorfahren unter Eid versprochen hat.« 4 Wenn dann der Priester den Korb entgegengenommen und vor den Altar Jahwes gestellt hat, 5 sollst du vor Jahwe, deinem Gott, sagen: »Mein Vater war ein heimatloser Aramäer. Er zog nach Ägypten und lebte dort mit wenigen Leuten als Fremder. Aber er wurde zu einer großen, starken und zahlreichen Nation. 6 Die Ägypter behandelten uns schlecht, unterdrückten uns und zwangen uns

zu harter Arbeit. 7 Da schrien wir zu Jahwe, dem Gott unserer Vorfahren. Er hörte uns und sah unser Elend, unsere Qualen und die Unterdrückung 8 und führte uns mit starker Hand und ausgestrecktem Arm aus Ägypten heraus, mit großen furchterregenden Taten, mit Zeichen und Wundern. 9 Er brachte uns an diesen Ort und gab uns dieses Land, das von Milch und Honig überfließt. 10 Hier bringe ich nun die ersten Früchte der Ernte, die ich in dem Land eingebracht habe, das du, Jahwe, mir gegeben hast.« Hiermit legst du es vor Jahwe, deinem Gott, nieder und betest ihn an. 11 Genieße voll Freude all das Gute, das Jahwe dir und deiner Familie gegeben hat zusammen mit dem Leviten und dem Fremden, der bei dir wohnt.

Abgabe des Zehnten für die Armen

12 Wenn du im dritten Jahr, dem Jahr des Zehnten, den ganzen Zehnten deines Einkommens vollständig entrichtest und ihn dem Leviten, dem Fremden und der Waise gegeben hast, damit sie sich in deinem Ort satt essen können, 13 dann sollst du vor Jahwe, deinem Gott, erklären: »Ich habe das Geweihte aus dem Haus weggebracht und es dem Leviten, dem Fremden, der Waise und der Witwe gegeben, wie du es mir geboten hast. Ich habe deine Gebote nicht übertreten und nicht vergessen. 14 Ich habe nichts davon gegessen, als ich in Trauer war, nichts davon zu unreinem Gebrauch verwendet und nichts davon einem Toten gegeben*. Ich bin der Stimme Jahwes, meines Gottes, gehorsam gewesen. Ich habe alles getan, was du mir befohlen hast. 15 Blick herab von

deiner heiligen Wohnung, vom Himmel, und segne dein Volk Israel und den Boden, den du uns gegeben hast, wie du es unseren Vorfahren unter Eid versprachst: ein Land, das von Milch und Honig überfließt.«

Schlussermahnung

16 An diesem Tag befiehlt dir Jahwe, dein Gott, diese Vorschriften und Bestimmungen zu beachten, dass du sie mit Herz und Seele befolgst und tust. 17 Du hast heute Jahwe erklären lassen, dass er dein Gott sein will und dass du auf seinen Wegen gehen, seine Vorschriften, Gebote und Bestimmungen bewahren und auf seine Stimme hören sollst. 18 Und Jahwe hat dich heute erklären lassen, dass du sein eigenes Volk sein willst, wie er es dir versprochen hat, und dass du alle seine Gebote halten willst, 19 und dass er dich zum Lob, zum Ruhm und zur Zierde erhöhen soll über alle Nationen, die er geschaffen hat, und dass du ein Volk sein willst, das Jahwe, deinem Gott, geweiht ist. So hat er es versprochen.

Gedenksteine mit dem Gesetz

27 1 Zusammen mit den Ältesten Israels befahl Mose dem Volk: »Haltet das ganze Gebot, das ich euch heute gebe. 2 Wenn ihr über den Jordan hinüberkommt und das Land betretet, das Jahwe, dein Gott, dir gibt, sollst du große Steine aufrichten und sie mit Kalk bestreichen. 3 Sobald du hinübergegangen bist, sollst du alle Worte dieser Weisung darauf schreiben. So wirst du in das Land kommen, das Jahwe, dein Gott, dir gibt, das von Milch und Honig überfließt, wie es Jahwe, der Gott deiner Vorfahren, dir versprochen hat. 4 Wenn ihr über den Jordan gezogen seid, sollt ihr diese Steine, wie ich es jetzt befehle, auf dem Berg Ebal aufrichten und mit Kalk bestreichen. 5 Dort sollst du auch einen Altar für Jahwe, deinen Gott, bauen, einen Altar aus Steinen. Du sollst sie nicht mit Eisen bearbeiten. 6 Aus unbehauenen Steinen sollst du den Altar für Jahwe, deinen Gott, bauen und ihm Brandopfer darauf opfern. 7 Auch Freudenopfer sollst du dort schlachten und essen und dich vor Jahwe, deinem Gott, freuen. 8 Und auf die Steine sollst du alle Worte dieses Gesetzes klar und deutlich schreiben.«

9 Weiter sagte Mose zusammen mit den Priestern aus dem Stamm Levi zum ganzen Volk: »Sei still und höre Israel! Heute bist du Jahwe, deinem Gott, zum Volk geworden. 10 Höre darum auf das Wort Jahwes, deines Gottes, und richte dich nach seinen Geboten und Vorschriften, die ich dir heute gegeben habe.«

Die Fluchworte

11 Mose befahl dem Volk an diesem Tag: 12 »Wenn ihr über den Jordan gezogen seid, sollen die Stämme Simeon, Levi, Juda, Issachar, Josef und Benjamin auf dem Berg Garizim stehen, um das Volk zu segnen. 13 Die Stämme Ruben, Gad, Ascher, Sebulon, Dan und Naftali sollen auf dem Berg Ebal stehen, um die Flüche aus-

---

26,14 *einem Toten gegeben.* In Ägypten war es üblich, den Toten Proviant für ihre Reise ins Jenseits mitzugeben.

zusprechen. *14* Die Leviten sollen mit lauter Stimme zu allen Männern Israels sprechen:

15 ›Verflucht ist, wer ein geschnitztes oder gegossenes Bild macht, das Jahwe verabscheut, ein Werk von Künstlerhand, und es heimlich aufstellt!‹ Das ganze Volk soll darauf antworten und sprechen: ›Amen!‹*

16 ›Verflucht ist, wer Vater oder Mutter verachtet!‹ Und das ganze Volk soll sprechen: ›Amen!‹

17 ›Verflucht ist, wer die Grenze zu seinem Nächsten verändert!‹ Und das ganze Volk soll sprechen: ›Amen!‹

18 ›Verflucht ist, wer einen Blinden auf den falschen Weg führt!‹ Und das ganze Volk soll sprechen: ›Amen!‹

19 ›Verflucht ist, wer das Recht des Fremden, der Waise oder der Witwe beugt!‹ Und das ganze Volk soll sprechen: ›Amen!‹

20 ›Verflucht ist, wer mit der Frau seines Vaters schläft, denn er hat seinen Vater entehrt!‹ Und das ganze Volk soll sprechen: ›Amen!‹

21 ›Verflucht ist, wer mit einem Tier geschlechtlich verkehrt!‹ Und das ganze Volk soll sprechen: ›Amen!‹

22 ›Verflucht ist, wer mit seiner Schwester schläft, der Tochter seines Vaters oder seiner Mutter!‹ Und das ganze Volk soll sprechen: ›Amen!‹

23 ›Verflucht ist, wer mit seiner Schwiegermutter schläft!‹ Und das ganze Volk soll sprechen: ›Amen!‹

24 ›Verflucht ist, wer seinen Nächsten heimlich erschlägt!‹ Und das ganze Volk soll sprechen: ›Amen!‹

25 ›Verflucht ist, wer Bestechung annimmt, damit ein unschuldiger Mensch getötet wird!‹ Und das ganze Volk soll sprechen: ›Amen!‹

26 ›Verflucht ist, wer die Worte dieser Weisung nicht annimmt, um danach zu handeln!‹* Und das ganze Volk soll sprechen: ›Amen!‹‹‹

Der Segen für Gehorsam

28 *1* »Wenn du genau auf die Stimme Jahwes, deines Gottes, hörst und alle seine Gebote, die ich dir heute gebe, sorgfältig beachtest, dann wird Jahwe, dein Gott, dich hoch über alle Völker der Erde erheben. *2* All diese Segnungen werden über dich kommen und dich erreichen, wenn du auf die Stimme Jahwes, deines Gottes, hörst:

3 Gesegnet wirst du sein in der Stadt und gesegnet auf dem Feld. *4* Gesegnet wird sein die Frucht deines Leibes, die Frucht deines Ackerlands, die Frucht deines Viehs, die Zucht deiner Rinder und der Nachwuchs deines Kleinviehs. *5* Gesegnet wird sein dein Korb und dein Backtrog. *6* Gesegnet wirst du sein, wenn du heimkommst und wenn du wieder losgehst.

27,15 *Amen.* Hebräisch: *Es werde wahr!* Oder: *So sei es!*

27,26 Wird im Neuen Testament von Paulus nach der LXX zitiert: Galater 3,10.

7 Jahwe wird die Feinde, die sich gegen dich erheben, vor dir niederstoßen. Auf einem Weg werden sie gegen dich anrücken, und auf sieben Wegen werden sie vor dir fliehen. 8 Auf Jahwes Befehl wird der Segen in deine Scheunen kommen und in alle Geschäfte, die du anpackst. So wirst du in dem Land, das Jahwe, dein Gott, dir gibt, lauter Segen haben. 9 Jahwe wird dich zu einem heiligen Volk für sich erheben, wie er es dir geschworen hat, wenn du seine Gebote hältst und auf seinen Wegen gehst. 10 Alle Völker der Erde werden sehen, dass du nach seinem Namen genannt bist, und sich vor dir fürchten.

11 Jahwe wird dir Gutes im Überfluss geben, Frucht deines Leibes, Frucht deines Viehs, Frucht deines Ackerlands in dem Land, das Jahwe deinen Vorfahren geschworen hat, dir zu geben. 12 Jahwe wird dir sein Schatzhaus, den Himmel, öffnen, um deinem Land zur rechten Zeit Regen zu geben und alle Arbeit deiner Hände zu segnen. Du wirst vielen Völkern leihen können, selbst aber nicht leihen müssen. 13 Jahwe wird dich zum Kopf machen und nicht zum Schwanz, du wirst immer die Oberhand haben und nicht unterliegen, solange du den Geboten Jahwes, deines Gottes, gehorchst, die ich dir heute zu beachten gebe, 14 und solange du von den Worten, die ich euch heute gebiete, weder rechts noch links abweichst, um anderen Göttern nachzulaufen und ihnen zu dienen.«

Der Fluch für Ungehorsam

15 »Wenn du aber nicht auf die Stimme Jahwes, deines Gottes, hörst und seine Gebote und Vorschriften, die ich dir heute verkünde, nicht befolgst, dann werden all diese Flüche über dich kommen und dich treffen: 16 Verflucht wirst du sein in der Stadt und verflucht auf dem Feld. 17 Verflucht wird sein dein Korb und dein Backtrog. 18 Verflucht wird sein die Frucht deines Leibes, die Frucht deines Ackerlands, die Zucht deiner Rinder und der Nachwuchs deines Kleinviehs. 19 Verflucht wirst du sein, wenn du heimkommst und wenn du wieder losgehst. 20 Jahwe wird dir Fluch, Bestürzung und Verwünschung schicken in allen Geschäften, die du anpackst, bis du vernichtet bist, bis du schnell zugrunde gehst wegen der Bosheit deiner Taten, die zeigen, dass du mich verlassen hast.

21 Jahwe wird dir die Pest anhängen, bis er dich wieder aus dem Land entfernt hat, das du jetzt in Besitz nehmen willst. 22 Jahwe wird dich mit Schwindsucht, Fieberglut und Hitze schlagen, mit Entzündung, Dürre, Getreidebrand* und Vergilben des Korns. Das alles wird dich verfolgen, bis du zugrunde gehst. 23 Der Himmel über dir wird wie aus Bronze sein und die Erde unter dir wie Eisen. 24 Statt Regen wird Jahwe Staub und Sand vom Himmel kommen lassen, bis du umgekommen bist. 25 Jahwe wird deinen Feinden erlauben, dich zu schlagen. Auf einem Weg wirst du gegen sie ausrücken und auf sieben Wegen vor ihnen fliehen. Zum Schreckensbild wirst du für alle Reiche der Erde. 26 Dein Leichnam

---

28,22 *Getreidebrand* ist eine Pilzerkrankung der Pflanze.

wird den Vögeln und den wilden Tieren zum Fraß, und niemand wird sie verscheuchen. 27 Mit den Geschwüren Ägyptens wird Jahwe dich schlagen, mit Beulen, Krätze und Schorf, von denen du nicht geheilt werden kannst. 28 Mit Wahnsinn und mit Blindheit wird Jahwe dich schlagen und mit Verwirrung. 29 Am hellen Mittag tappst du wie ein Blinder umher. Deine Wege führen nicht zum Erfolg. Dein Leben lang wirst du unterdrückt und ausgebeutet sein und niemand wird dir helfen.

30 Du verlobst dich mit einer Frau, doch ein anderer wird sie schänden. Du baust ein Haus, wirst aber nicht darin wohnen. Du pflanzt einen Weinberg, wirst ihn aber nicht nutzen. 31 Dein Rind wird vor deinen Augen geschlachtet, aber du wirst nichts davon essen. Dein Esel wird vor deiner Nase geraubt, und du siehst ihn nie wieder. Dein Kleinvieh wird deinen Feinden gegeben, und du hast niemand, der dir hilft. 32 Deine Söhne und Töchter werden einem anderen Volk preisgegeben und du musst zusehen. Du wirst dich täglich nach ihnen sehnen, aber völlig machtlos sein. 33 Die Früchte deines Ackerlands und aller deiner Arbeit werden Leute genießen, die du nicht kennst. Du wirst immerzu nur unterdrückt und misshandelt werden.

34 Du wirst wahnsinnig werden vom Anblick dessen, was du siehst. 35 An Knien und Schenkeln wird Jahwe dich schlagen mit bösen Geschwüren, die niemand heilen kann. Von der Sohle bis zum Scheitel wirst du krank. 36 Jahwe wird dich und deinen König, den du über dich setzen wirst, zu einem Volk führen, das du und deine Vorfahren nicht gekannt haben. Dort wirst du anderen Göttern dienen, Göttern aus Holz und aus Stein. 37 Du wirst zum Entsetzen werden, zum Sprichwort und zum Gespött bei allen Völkern, zu denen Jahwe dich treibt. 38 Viel Saatgut bringst du aufs Feld, sammelst aber wenig ein, denn die Heuschrecke wird es fressen. 39 Du wirst Weinberge anlegen und pflegen, aber den Wein weder trinken noch einkellern, denn der Wurm frisst alles kahl. 40 Ölbäume wachsen überall in deinem Land, aber du wirst dich nicht mit Öl salben, denn die Oliven fallen ab. 41 Söhne und Töchter wirst du zeugen, aber sie bleiben dir nicht, denn sie gehen in die Gefangenschaft. 42 Das Ungeziefer wird all deine Bäume und die Früchte deines Ackers verderben. 43 Der Fremde, der sich bei dir aufhält, wird sich immer mehr über dich erheben, und du wirst immer weiter herunterkommen. 44 Er wird dir leihen, du ihm aber nicht. Er wird zum Kopf, und du wirst zum Schwanz.

45 All diese Flüche werden über dich kommen, dich verfolgen und einholen, bis du vernichtet bist, weil du nicht auf die Stimme Jahwes, deines Gottes, gehört und seine Gebote und Vorschriften nicht gehalten hast. 46 Diese Flüche werden als Zeichen und Beweis für immer an dir und deinen Nachkommen haften. 47 Weil du Jahwe, deinem Gott, nicht mit Freude und fröhlichem Herzen gedient hast, als du in allem Überfluss lebtest, 48 wirst du deinen Feinden dienen müssen, die Jahwe auf dich loslassen wird. Dabei wirst du

Hunger und Durst haben, an Kleidung und allem anderen Mangel leiden. Jahwe wird ein eisernes Joch auf dich legen, bis er dich vernichtet hat. *49* Ein Volk aus weiter Ferne, vom Ende der Erde, wird er über dich bringen. Wie ein Adler wird diese Nation auf dich herabstoßen, deren Sprache du nicht verstehst, *50* eine Nation ohne jedes Erbarmen, die keine Rücksicht auf die Alten nimmt und für die Jungen keine Gnade kennt. *51* Sie verzehrt alles, was dein Vieh und dein Ackerland hervorgebracht haben, bis du vernichtet bist. Sie wird dir nichts, weder Getreide noch Most oder Öl übrig lassen, weder das Jungvieh deiner Rinder noch die Zucht deines Kleinviehs, bis sie dich zugrunde gerichtet hat. *52* Sie wird dich in allen deinen Städten belagern, bis deine hohen und festen Mauern, auf die du dich verlässt, überall im ganzen Land gefallen sind. Sie wird dich in allen deinen Städten belagern, im ganzen Land, das Jahwe, dein Gott, dir gegeben hat.

53 In der Belagerung und Enge, in die der Feind dich treiben wird, wirst du die Frucht deines Leibes essen, das Fleisch deiner Söhne und Töchter, die Jahwe, dein Gott, dir gegeben hat. *54* Der weichlichste und verwöhnteste deiner Männer wird begehrlich auf seinen Bruder blicken, auf seine Frau, die er liebt, und die Kinder, die ihm noch geblieben sind. *55* Keinem wird er von dem Fleisch seiner Kinder, die er isst, etwas geben wollen, weil ihm in der Belagerung und Bedrängnis, mit der dein Feind dich in allen deinen Städten bedrängt, nichts weiter übrig geblieben ist. *56* Die weichlichste und

verwöhnteste Frau, die vor lauter Verwöhntheit und Verzärtelung noch nie versucht hat, ihren Fuß auf die Erde zu setzen, wird begehrlich auf den Mann an ihrem Busen blicken und ihrem Sohn und ihrer Tochter *57* die Nachgeburt missgönnen, die zwischen ihren Beinen hervorkommt, und die Kinder, die sie gebiert. Denn aus Mangel an allem wird sie das heimlich essen in der Belagerung und Bedrängnis, mit der dein Feind dich in allen deinen Städten bedrängt.

58 Wenn du nicht alle Worte dieses Gesetzes, die in diesem Buch niedergeschrieben sind, sorgfältig beachtest, dass du Jahwe, deinen Gott, diesen furchtbaren und herrlichen Namen, fürchtest, *59* dann wird Jahwe dich und deine Nachkommen mit außergewöhnlichen Plagen, mit bösen und hartnäckigen Krankheiten schlagen. *60* Er wird alle Seuchen Ägyptens über dich bringen, vor denen dir graut, und sie werden an dir haften bleiben. *61* Auch alle Krankheiten und Plagen, die in diesem Gesetzbuch nicht erwähnt werden: Jahwe wird sie über dich bringen, bis du vernichtet bist. *62* Wenn du nicht auf die Stimme Jahwes, deines Gottes, hörst, werden nur wenige von euch übrig bleiben, statt dass ihr zahlreich seid wie die Sterne am Himmel. *63* Und so wie Jahwe seine Freude daran hatte, euch Gutes zu tun und euch zahlreich werden zu lassen, wird er seine Freude daran haben, euch zugrunde zu richten und euch zu vernichten. Ihr werdet aus dem Erdreich herausgerissen werden, das du jetzt in Besitz nehmen willst. *64* Jahwe wird dich unter alle Völker zerstreuen von einem Ende der Erde bis zum anderen. Dort wirst du anderen Göttern dienen, die weder du noch deine Vorfahren gekannt haben, Göttern aus Holz und Stein. *65* Unter diesen Völkern wirst du nicht ruhig wohnen können, dein Fuß wird keine Bleibe finden. Jahwe wird dir dort ein zitterndes Herz, erlöschende Augen und eine verzweifelte Seele geben. *66* Dein Leben wird in Gefahr schweben. Du wirst dich Tag und Nacht fürchten und deines Lebens nicht mehr sicher sein. *67* Am Morgen wirst du sagen: ›Wäre es doch Abend!‹, und am Abend wirst du sagen: ›Wäre es doch Morgen!‹. So voller Furcht wird dein Herz sein, und so schrecklich wird sein, was du sehen musst. *68* Jahwe wird dich auf Schiffen wieder nach Ägypten führen auf dem Weg, von dem ich dir gesagt habe: ›Du sollst ihn nie mehr sehen.‹ Und dort müsst ihr euch euren Feinden als Sklavinnen und Sklaven zum Kauf anbieten, doch es wird kein Käufer da sein.«

Gott erneuert seinen Bund mit Israel

69 Das sind die Worte des Bundes, den Mose nach Jahwes Befehl mit den Israeliten im Land Moab geschlossen hat, neben dem Bund, den er am Horeb mit ihnen schloss.

29

1 Mose rief alle Israeliten zusammen und sagte zu ihnen: »Ihr habt alles gesehen, was Jahwe in Ägypten vor euren Augen getan hat, vor dem Pharao, seinen Dienern und an seinem ganzen Land. *2* Mit eigenen Augen habt ihr die großen Prüfungen gesehen, die großen Zeichen und Wunder. *3* Aber Jahwe hat euch bis heute noch kein verständiges Herz gegeben, weder sehende Augen noch hörende Ohren.* *4* Und ich habe euch vierzig Jahre lang in der Wüste geführt: Eure Kleider sind nicht zerschlissen und eure Schuhe haben sich nicht abgenutzt. *5* Ihr hattet weder Brot zu essen noch Wein und Bier zu trinken, damit ihr erkennt, dass ich, Jahwe, euer Gott bin. *6* Und als ihr an diesen Ort kamt, zogen die Könige Sihon von Heschbon und Og von Baschan gegen uns in den Krieg, doch wir konnten sie besiegen. *7* Wir nahmen ihnen das Land weg und gaben es den Rubeniten, den Gaditen und dem halben Stamm Manasse als Erbbesitz. *8* So haltet nun die Worte dieses Bundes und handelt danach, damit euch alles, was ihr tut, gelingt.

9 Ihr habt euch heute alle vor Jahwe, eurem Gott, aufgestellt: eure Stammesführer, eure Ältesten, eure Aufseher, alle Männer von Israel, *10* eure Kinder, eure Frauen und der Fremde in deinem Lager, vom Holzhauer bis zum Wasserschöpfer, *11* um in den Bund mit Jahwe, deinem Gott, und in seine Fluchbestimmungen* einzutreten, in den Bund, den er heute mit dir schließt. *12* Er nimmt dich heute als sein Volk an, so wie er dein Gott ist. Das hat er dir und deinen Vorfahren Abraham, Isaak und Jakob geschworen. *13* Er schließt diesen Bund mit diesen Fluchbestimmungen aber

---

29,3 Wird im Neuen Testament von Paulus zitiert: Römer 11,8.

29,11 *Fluchbestimmungen.* Siehe Kapitel 27,15-26.

nicht mit euch allein, *14* sondern sowohl mit dem, der heute hier mit uns vor Jahwe, unserem Gott, steht, als auch mit dem, der heute nicht hier ist.

15 Denn ihr wisst selbst, wie wir im Land Ägypten gewohnt haben und dann durch die verschiedenen Völker gezogen sind, die wir angetroffen haben. *16* Da habt ihr ihre Scheusale gesehen, ihre Mistgötzen* aus Holz und Stein, Silber und Gold. *17* Es soll ja niemand unter euch sein, kein Mann und keine Frau, keine Sippe und kein Stamm, dessen Herz sich heute von Jahwe, unserem Gott, abwendet, um den Göttern jener Völker zu dienen. Lasst ja keine Wurzel unter euch wachsen, die ein so giftiges und bitteres Kraut hervorbringt! *18* Und niemand, der die Worte dieses Eidfluches hört, soll sich in seinem Herzen segnen und sagen:»Mir wird es gut gehen, auch wenn ich meinem sturen Herzen folge!« Denn dann würde das bewässerte Land mitsamt dem dürren zugrunde gehen. *19* Jahwe wird nicht bereit sein, ihm zu vergeben, sondern vor Zorn und Eifersucht schnauben. Und der ganze Fluch, der in diesem Buch niedergeschrieben ist, wird ihn treffen. Jahwe wird seinen Namen unter dem Himmel auslöschen. *20* Er wird ihn aus allen Stämmen Israels zum Unheil herausnehmen und es werden ihn alle Eidflüche treffen, die in diesem Gesetzbuch aufgeschrieben sind.

21 Und die zukünftige Generation, eure Kinder, die nach euch kommen werden, und der Ausländer, der aus einem fremden Land kommt: Wenn sie die Plagen dieses Landes sehen und seine Krankheiten, mit denen Jahwe es geschlagen hat, *22* den Erdboden eine Brandstätte voll Schwefel und Salz, die nicht besät werden kann und nichts hervorbringt, nicht einmal Unkraut aufschießen lässt wie nach der Zerstörung von Sodom und Gomorra, Adma und Zebojim, die Jahwe in Zorn und Grimm zerstört hat, *23* dann werden sie wie alle Völker sagen:»Warum hat Jahwe diesem Land so etwas angetan? Weshalb dieser große, glühende Zorn?« *24* Man wird ihnen erwidern:»Weil sie den Bund mit Jahwe, dem Gott ihrer Väter, verlassen haben, den er mit ihnen schloss, als er sie aus Ägypten herausführte, *25* und weil sie anfingen, anderen Göttern zu dienen und sich vor ihnen niederzuwerfen, Göttern, die sie nicht kannten und die er ihnen nicht zugewiesen hatte, *26* deshalb loderte der Zorn Jahwes gegen dieses Land auf, sodass er alle Flüche darüber kommen ließ, die in diesem Buch niedergeschrieben sind. *27* Jahwe riss sie mit Zorn und Grimm aus ihrem Land heraus und warf sie in ein anderes Land, wie es jetzt geschehen ist.« *28* Was noch verborgen ist, steht bei Jahwe, unserem Gott. Was schon offenbar ist, geht uns und unsere Kinder an, damit wir nach allen Worten dieses Gesetzes handeln.«

»Du darfst zurückkehren«

30 *1* »Wenn einmal all dies über dich kommt, der Segen und

29,16 *Mistgötzen.* Wörtlich: *Mistkugel,* eine bewusst verächtliche Bezeichnung für die Götzenbilder.

der Fluch, alles, was ich dir vorgelegt habe, und wenn du es dir bei den Völkern, unter die Jahwe, dein Gott, dich versprengt hat, zu Herzen nimmst 2 und zu Jahwe, deinem Gott, umkehrst und auf seine Stimme hörst, wie ich es dir heute sage, wenn du es zusammen mit deinen Kindern mit Herz und Seele tust, 3 dann wird Jahwe, dein Gott, dein Geschick wenden. Er wird sich über dich erbarmen und dich wieder sammeln aus allen Völkern, unter die Jahwe, dein Gott, dich zerstreut hat. 4 Selbst wenn du bis ans Ende der Welt versprengt wurdest, wird dich Jahwe, dein Gott, auch von dort holen und sammeln. 5 Jahwe, dein Gott, wird dich in das Land bringen, das deine Vorfahren besessen haben, und du wirst es in Besitz nehmen. Er wird dir Gutes tun und dich zahlreicher machen, als es deine Vorfahren gewesen sind. 6 Jahwe, dein Gott, wird dein und deiner Nachkommen Herz beschneiden, damit du Jahwe, deinen Gott, mit Herz und Seele liebst und am Leben bleibst. 7 Und all diese Flüche wird Jahwe, dein Gott, auf deine Feinde legen, auf die, die dich hassen und dich verfolgt haben. 8 Doch du wirst umkehren, auf die Stimme Jahwes hören und nach seinen Geboten handeln, die ich dir heute übergebe. 9 Im Überfluss wird Jahwe, dein Gott, dir vom Ertrag deiner Arbeit geben, von der Frucht deines Leibes, der Frucht deines Viehs und der Frucht deines Ackers, und es wird dir zum Guten sein. Denn Jahwe wird sich wieder über dich freuen und dir Gutes tun, wie er sich über deine Vorfahren gefreut hat, 10 weil du auf das Wort Jahwes, deines Gottes,

hörst, um seine Gebote und Vorschriften zu halten, die in diesem Gesetzbuch aufgeschrieben sind, und weil du mit Leib und Seele zu Jahwe, deinem Gott, umkehrst.«

»Das Gesetz in deiner Nähe«

11 »Denn das Gesetz, das ich dir heute gebe, ist nicht zu schwer für dich und nicht zu fern. 12 Es ist nicht im Himmel, dass du sagen müsstest: Wer steigt für uns in den Himmel hinauf und holt es herunter und lässt es uns hören, damit wir es befolgen können? 13 Es ist auch nicht auf der anderen Seite des Meeres, sodass du sagen müsstest: Wer fährt für uns hinüber und holt es her und lässt es uns hören, damit wir es befolgen können? 14 Nein, das Wort ist dir ganz nah. Du hast es schon auf den Lippen und im Herzen, und du kannst es befolgen.«*

Segen und Fluch – Leben und Tod

15 »Pass auf! Ich habe dir heute Leben und Glück vorgelegt, Tod und Unglück. 16 Und ich gebiete dir heute, Jahwe, deinen Gott, zu lieben, seinen Weisungen zu folgen und dich an seine Anordnungen, Gebote und Bestimmungen zu halten! Dann wirst du leben und dich vermehren, und Jahwe, dein Gott, wird dich segnen in dem Land, das du jetzt in Besitz nimmst. 17 Doch wenn du dein Herz abwendest und ihm nicht gehorchst, wenn du dich verführen lässt, andere Götter anzubeten und ihnen zu dienen,

---

30,12-14 Wird im Neuen Testament von Paulus zitiert: Römer 10,6-8.

18 dann werdet ihr zugrunde gehen. Lasst es euch gesagt sein, dass ihr dann nicht lange in dem Land bleibt, das ihr jetzt in Besitz nehmen wollt, wenn ihr über den Jordan zieht. 19 Ich rufe Himmel und Erde als Zeugen gegen euch an: Ich habe dir heute Leben und Tod vorgelegt, Segen und Fluch. Wähle das Leben, damit du am Leben bleibst, du und deine Nachkommen! 20 Das geschieht, indem du Jahwe, deinen Gott, liebst, ihm gehorchst und ihm treu bleibst. Denn das bedeutet Leben und hohes Alter für dich, und du wirst in dem Land wohnen bleiben, das Jahwe deinen Vorfahren Abraham, Isaak und Jakob unter Eid versprochen hat.«

Die Einsetzung Josuas

31 1 Mose fuhr fort und sagte zum ganzen Volk Israel: 2 »Ich bin jetzt 120 Jahre alt und kann nicht mehr euer Anführer sein. Jahwe hat mir verboten, diesen Jordan zu überschreiten. 3 Er selbst wird aber vor dir hinüberziehen und die Nationen vor dir vernichten, sodass du ihren Besitz übernehmen kannst. Josua wird euer Anführer sein, wie Jahwe es befohlen hat. 4 Jahwe wird mit den Völkern dieses Landes genauso umgehen wie mit den Amoriterkönigen Sihon und Og, die er vernichtet hat. 5 Und wenn Jahwe sie euch preisgibt, sollt ihr mit ihnen so verfahren, wie ich es euch befohlen habe.

6 Seid stark und mutig, fürchtet euch nicht und erschreckt nicht vor ihnen! Es ist Jahwe, dein Gott, der mit dir geht. Er lässt dich nicht fallen und verlässt dich nicht.*« 7 Mose rief Josua und sagte vor allen Israeliten zu ihm: »Sei stark und mutig! Denn du wirst mit diesem Volk in das Land kommen, das Jahwe ihren Vorfahren unter Eid zugesagt hat. Und du, du wirst es ihnen als Erbe austeilen. 8 Jahwe selbst wird vor dir herziehen. Er wird mit dir sein, er lässt dich nicht fallen und verlässt dich nicht. Fürchte dich nicht und hab keine Angst!«

Verlesung des Gesetzes im Sabbatjahr

9 Mose schrieb dieses ganze Gesetz auf und übergab es den Priestern, den Nachkommen Levis, die die Lade des Jahwe-Bundes trugen, und den Ältesten Israels. 10 Mose befahl ihnen: »Alle sieben Jahre, im Erlassjahr beim Laubhüttenfest, 11 wenn ganz Israel vor Jahwe, deinem Gott, an dem Ort erscheint, den er auswählen wird, sollt ihr dieses Gesetz öffentlich vorlesen! 12 Ruft dazu das ganze Volk zusammen, Männer, Frauen und Kinder, auch die Fremden an euren Orten, damit sie hören und lernen und vor Jahwe, eurem Gott, Ehrfurcht haben und damit sie alle Bestimmungen dieses Gesetzes genau beachten. 13 Auch ihre Kinder, die dieses Gesetz noch nicht kennen, sollen zuhören, damit sie Ehrfurcht vor Jahwe, eurem Gott, haben, solange ihr in dem Land lebt, das ihr jetzt in Besitz nehmen werdet, wenn ihr über den Jordan gezogen seid.«

31,6 Wird im Neuen Testament zitiert: Hebräer 13,5.

Gottes Befehl zum Schreiben des Moseliedes

14 Jahwe sagte dann zu Mose: »Deine Zeit ist gekommen. Du wirst jetzt bald sterben. Rufe Josua und komm mit ihm zum Zelt der Gottesbegegnung, damit ich ihm meine Befehle erteile.« Mose und Josua gingen hin und traten ins Zelt. 15 Da erschien Jahwe im Zelt der Gottesbegegnung in einer Wolkensäule. Die Wolkensäule stand über dem Eingang des Zeltes. 16 Jahwe sagte zu Mose: »Du wirst jetzt bald mit deinen Vorfahren vereint sein. Und dieses Volk wird sich in dem Land, in das es kommt, auflehnen. Und wie eine Hure wird es sich den fremden Göttern anbieten. Es wird mich verlassen und den Bund, den ich mit ihnen geschlossen habe, brechen. 17 Dann wird mein Zorn gegen sie losbrechen. Ich werde sie verlassen und mich vor ihnen verbergen. Sie werden anderen zum Fraß sein und von schweren Unglücksfällen und Not getroffen werden. Dann werden sie sagen: ›Hat uns nicht all das Unglück getroffen, weil unser Gott nicht mehr unter uns ist?‹ 18 Doch ich werde mich an diesem Tag völlig vor ihnen verbergen, weil sie so viel Böses getan und sich anderen Göttern zugewandt haben.

19 Schreibt euch nun dieses Lied auf und lehrt es die Israeliten! Sie sollen es lernen, damit das Lied ein Zeuge für mich gegen die Israeliten sein wird. 20 Denn ich werde sie in das Land bringen, das von Milch und Honig überfließt, wie ich es ihren Vorfahren geschworen habe. Sie werden sich satt essen und fett werden. Und dann werden sie sich anderen Göttern zuwenden und ihnen dienen. Mich werden sie verwerfen und meinen Bund brechen. 21 Wenn sie dann von schweren Unglücksfällen und Not getroffen sind, soll dieses Lied als Zeuge gegen sie aussagen, denn es wird auch von ihren Nachkommen nicht vergessen werden. Ich weiß ja, wonach ihnen schon heute der Sinn steht, noch ehe ich sie in das Land gebracht habe, das ich ihnen versprach.«

22 Damals schrieb Mose dieses Lied auf und brachte es den Israeliten bei. 23 Und Jahwe sagte zu Josua Ben-Nun: »Sei stark und mutig! Denn du wirst die Israeliten in das Land bringen, das ich ihnen unter Eid versprach. Ich werde mit dir sein!«

Gesetzbuch und Lied als Zeugen gegen das Volk

24 Als Mose alle Worte des Gesetzes fertig aufgeschrieben hatte, 25 befahl er den Leviten, die die Lade des Bundes mit Jahwe trugen: 26 »Legt dieses Buch mit dem Gesetz neben die Lade des Bundes, den Jahwe mit uns geschlossen hat, damit es ein Zeuge gegen euch Israeliten ist. 27 Denn ich kenne euren Ungehorsam und eure Sturheit sehr wohl. Seht, heute schon, wo ich noch unter euch lebe, habt ihr euch Jahwe widersetzt, wie viel mehr nach meinem Tod? 28 Ruft eure Stammesführer und eure Aufseher hier vor mir zusammen, dass ich ihnen diese Worte verkünde und den Himmel und die Erde als Zeugen gegen sie aufrufe! 29 Denn ich weiß, dass ihr nach meinem Tod ins Verderben stürzen und von dem Weg abweichen werdet, den ich euch vorgeschrieben habe. Am

Ende wird euch das Unglück treffen, weil ihr Böses vor Jahwe tun werdet und ihn durch euer Machwerk zornig macht.«

30 Dann las Mose vor der ganzen Versammlung Israels folgendes Lied bis zum Ende vor:

Das Lied Moses

32 1 Höre, Himmel, ich will reden! / Die Erde höre meinen Spruch! 2 Meine Lehre ströme wie Regen, / wie Tau sollen meine Worte fallen, / wie Regentropfen auf das Gras, / wie ein Guss auf welkes Kraut. 3 Den Namen Jahwes rufe ich aus: / Gebt unserem Gott die Ehre! 4 Der Fels: Vollkommen ist sein Tun, / ja, alle seine Wege sind recht! / Ein treuer Gott, der niemals betrügt, / gerecht und gerade ist er!

5 Doch dieses Volk ist treulos und verkehrt, / sie wollten nicht mehr seine Kinder sein. / Eine Schande sind sie für sich selbst. 6 Ist das euer Dank an Jahwe, / du dummes, verblendetes Volk? / Ist er nicht dein Vater, der dich erwarb, / der dich geformt und hingestellt hat? 7 Denk an die Tage der Vorzeit, / an Generationen, die nicht mehr sind! / Frag deinen Vater, dass er es dir sagt, / denn deine Alten verkünden es dir!

8 Als der Höchste Nationen einsetzte, / als er Adams Kinder verteilte, / bestimmte er die Grenzen der Völker / nach der Zahl der Söhne Israels*. 9 Der Anteil Jahwes ist sein Volk, / Jakob ist sein Erbbesitz. 10 Er hat ihn im Land der Wüste gefunden, / im grässlichen Geheul der Einsamkeit. / Er hat ihn umringt, hat auf ihn geachtet, / ihn wie seinen Augapfel beschützt. 11 Wie der Adler sein Nest aufscheucht, / wie er über seinen Jungen schwebt, / seine Flügel unter sie breitet, / sie aufnimmt und sie auf den Schwingen trägt, 12 so leitete Jahwe dies Volk, / kein fremder Gott war bei ihm.

13 Er ließ es die Höhen der Erde ersteigen, / die Früchte des Ackers verzehren, / ließ es Honig aus dem Felsen saugen, / Öl aus hartem Kieselstein, 14 Rahm von Kühen, Milch von Ziegen, / fette Lämmer, Baschans Böcke / und den besten Weizen. / Traubenblut hast du getrunken, feurigen Wein. 15 Du wurdest fett und bockig, Jeschurun*, / ja, fett bist du geworden, dick und feist. / Und dann verließ er den Gott, der ihn schuf, / verachtete den Fels seiner Rettung.

16 Sie reizten ihn zur Eifersucht durch fremde Götter, / durch Scheusale beleidigten sie ihn. 17 Sie opferten Dämonen, die nicht Gott sind, / Göttern, die sie früher nicht kannten, / neuen, die erst vor kurzem aufgekommen sind, / von denen eure Väter nichts wussten. 18 Den Fels, der dich

---

32,8 *Söhne Israels.* Jüdische Ausleger beziehen das auf die 70 Nationen der Völkertafel (1. Mose 10), die den 70 Nachkommen Jakobs entsprechen (1. Mose 46,27; 2. Mose 1,5), die nach Ägypten gekommen waren.

32,15 *Jeschurun* ist ein Ehrenname für Israel und bedeutet vielleicht: der Redliche.

zeugte, hast du verlassen, / vergaßest Gott, der dich zur Welt gebracht. 19 Jahwe sah es und ergrimmte, / gekränkt von seinen Söhnen und Töchtern. 20 Er sagte:»Ich ziehe mich von ihnen zurück, / will sehen, wohin sie das führt! / Denn sie sind ein verkehrtes Geschlecht, / Kinder, die Treue nicht kennen. 21 Mich haben sie mit Ungöttern gereizt, / mit Nichtsen haben sie mich gekränkt. / So reize ich sie durch ein Nicht-Volk, / kränke sie durch Menschen, die nichts von mir wissen.* 22 Der helle Zorn hat mich gepackt, / ein Feuer, das bis ins Totenreich brennt, / es frisst den Boden und was darauf wächst, / entzündet die Grundfesten der Berge. 23 Ich will Unglück über Unglück auf sie häufen, / all meine Pfeile schieße ich auf sie. 24 Sind sie vor Hunger verschmachtet, / aufgezehrt von Fieber und giftiger Pest, / dann lasse ich die Raubtierzähne auf sie los / und das Gift der im Staube Kriechenden. 25 Draußen rafft das Schwert sie dahin / und drinnen die Todesangst, / den jungen Mann, die junge Frau, / den Säugling und den Greis. 26 Ich dachte: ›Ich will sie vernichten, / ich lösche ihr Andenken unter den Menschen!‹ 27 Doch ich scheute die Kränkung durch den Feind, / die Gegner würden die Wahrheit verdrehen. / Sie würden sagen: ›Unsere Macht war groß! / Jahwe hat das nicht getan.‹ 28 Sie sind ein Volk, dem jeder Rat

fehlt, / Einsicht haben sie nicht. 29 Wären sie weise, würden sie es verstehen, / dann würden sie ihre Zukunft bedenken. 30 Wie könnte einer Tausend jagen / und zwei Zehntausend vertreiben, / wenn ihr Fels sie nicht verkauft, / wenn Jahwe sie nicht preisgegeben hat? 31 Ihr Fels ist nicht wie unser Fels, / so urteilen selbst unsere Feinde. 32 Sie sind ein Weinstock, der von Sodom stammt, / und von den Terrassen Gomorras.* / Ihre Beeren sind von giftiger Art, / es sind ja vergiftete Trauben. 33 Drachenspucke ist ihr Wein, / grausame Galle von Ottern. 34 Liegt dies nicht bei mir verborgen, / bei meinen Schätzen versiegelt? 35 Mein ist die Rache und das Vergelten* / zu der Zeit, wenn ihr Fuß wankt. / Denn ihr Unglückstag wird kommen, / ihre Zukunft eilt herbei.

36 Wenn Jahwe seinem Volk zu Hilfe kommt, / wenn er sich über seine Diener erbarmt, / wenn er sieht, dass alle Kraft geschwunden ist, / dass es aus ist mit Sklaven und Freien, 37 dann wird er sagen: »Wo sind nun ihre Götter, / der Fels, der ihre Zuflucht war?

32,21 Wird im Neuen Testament von Paulus zitiert: Römer 10,19.

32,32 *Sodom ... Gomorra.* Städte im Tal Siddim, die wegen der Sünde ihrer Bewohner von Gott vernichtet wurden, heute vermutlich unter dem Toten Meer; vgl. 1. Mose 13,10-13 und 1. Mose 19.

32,35 Wird im Neuen Testament von Paulus zitiert: Römer 12,19.

38 Wo sind, die das Fett ihrer Schlachtopfer aßen / und den Wein ihrer Trankopfer tranken? / Sollen sie doch aufstehen und euch helfen, / sollen sie ein Schirm über euch sein! *39* Seht ihr nun, dass ich es bin, / ich und kein Gott neben mir? / Ich bin es, der tötet, / und ich, ich mache lebendig! / Ich, ich habe verwundet / und ich bin es, der wieder heilt! / Aus meiner Hand rettet euch keiner! *40* Ich hebe meine Hand zum Himmel empor / und sage: ›So wahr ich ewig lebe!‹ *41* Habe ich erst mein Schwert geschliffen / und nehme das Recht in die Hand, / dann übe ich Rache an meinen Gegnern, / vergelte es denen, die mich verachten. *42* Meine Pfeile mache ich berauscht von Blut, / und mein Schwert frisst sich ins Fleisch, / betrunken vom Blut derer, die erschlagen und gefangen sind, / vom zerschmetterten Schädel des Feindes.« *43* Ihr Nationen, preist glücklich sein Volk!* / Denn er rächt das Blut seiner Diener, / nimmt Rache an seinen Feinden, / und nimmt den Fluch von Land und Volk.

32,43 Wird im Neuen Testament von Paulus nach der LXX zitiert: Römer 15,10.

32,49 *Nebo.* Berg in der Nähe der gleichnamigen Stadt, 15 km östlich vom Nordende des Toten Meeres.

32,51 *mich nicht ... geehrt.* Vergleiche 4. Mose 20,12-13.

Moses letzte Ermahnung

44 Zusammen mit Josua trug Mose dem Volk das Lied im vollen Wortlaut vor. *45* Als Mose damit zu Ende war, *46* sagte er zu ganz Israel: »Nehmt euch die Worte zu Herzen, mit denen ich euch heute ermahne! Verpflichtet eure Kinder darauf, dass sie sich an dieses Gesetz halten und nach diesem Wort handeln! *47* Es ist kein leeres Wort für euch, sondern es ist euer Leben. Durch dieses Wort könnt ihr lange in dem Land bleiben, wohin ihr jetzt über den Jordan zieht, um es in Besitz zu nehmen.«

Moses Vorbereitung auf den Tod

48 An diesem Tag sagte Jahwe zu Mose: *49* »Steig auf das Gebirge Abarim hier, auf den Berg Nebo*, der in Moab liegt, gegenüber von Jericho und betrachte das Land Kanaan, das ich den Israeliten zum Besitz geben will! *50* Dann wirst du sterben auf dem Berg, den du besteigst, und wirst mit deinen Vorfahren vereint, so wie auch dein Bruder Aaron gestorben ist und mit seinen Vorfahren vereint wurde. *51* Denn ihr habt euch mitten unter den Israeliten gegen mich vergangen an der Quelle des Gezänks bei Kadesch in der Wüste Zin, und ihr habt mich nicht als den Heiligen geehrt* mitten unter den Israeliten. *52* Du darfst das Land sehen, das dir gegenüberliegt, du wirst aber nicht in das Land hineinkommen, das ich den Israeliten gebe.«

Der Segen Moses

33 *1* Folgenden Segen sprach Mose, der Mann Gottes, vor seinem Tod über die Israeliten aus:

2 »Jahwe kam vom Sinai her / und leuchtete ihnen von Seïr auf. / Er strahlte aus dem Bergland Paran hervor, / trat aus Millionen Engeln heraus, / ein flammendes Gesetz in der Hand.* 3 Ja, du bist es, der die Völker liebt, / alle Geheiligten gehören dir. / Sie haben sich dir zu Füßen geworfen / und jeder achtet auf dein Wort. 4 Ein Gesetz hat uns Mose gegeben, / der Versammlung Jakobs einen Besitz. 5 Da wurde er König über Jeschurun, / als sich die Führer des Volkes versammelten, / die Stämme Israels gesamt.«

Der Segen über die Stämme

6 »Lass Ruben leben und nicht untergehen, / dass seine Anzahl ihm erhalten bleibt.«

7 Über Juda sagte er:
»Hör, Jahwe, die Stimme Judas, / führ ihn heim zu seinem Volk! / Seine Macht sei ihm genug, / sei du ihm Hilfe gegen den Feind!«

8 Über Levi sagte er:
»Seine Urim und Tummim* sollen deinem Getreuen gehören, / den du erprobt hast in Massa, / mit dem du gestritten hast am Wasser von Meriba*, 9 der von Vater und Mutter sagte: / ›Ich habe sie nicht gesehen!‹, der seine Brüder nicht ansah, / seine Kinder nicht kannte.* / Denn sie haben dein Wort geachtet / und hielten treu zu deinem Bund. 10 Sie lehren Jakob deine Rechte / und Israel dein Gesetz. / Sie lassen

Weihrauchdüfte zu dir kommen, / legen Ganzopfer auf deinen Altar. 11 Segne, Jahwe, seine Kraft / und lass dir sein Tun gefallen. / Zerschlag seinen Feinden die Hüften, / lass die, die ihn hassen, / nie mehr gegen ihn stehn!«

12 Über Benjamin sagte er:
»Er ist der Liebling Jahwes. / Durch ihn wohnt er in Sicherheit. / Er beschirmt ihn jeden Tag, / den, der zwischen seinen Berghängen* wohnt.«

13 Über Josef sagte er:
»Sein Land ist von Jahwe gesegnet / mit Segen vom Himmel, mit Tau, / mit Wasser aus den Speichern der Tiefe, 14 mit Köstlichkeiten in der Sonne gereift, / mit Früchten aus dem ganzen Jahr, 15 mit dem Besten der uralten Berge, / dem Köstlichsten der ewigen Hügel, 16 mit den Köstlichkeiten eines gesegneten Landes / und der Gnade dessen, der im

---

33,2 *trat ... Hand.* Der hebräische Text ist in den letzten beiden Satzteilen nicht sicher zu deuten.

33,8 *Urim und Tummim* waren die heiligen Lose, die bei schwierigen Entscheidungen den Schiedsspruch herbeiführten. Die Bedeutung der hebräischen Begriffe ist unsicher. Nach der LXX bedeuteten sie *Licht und Recht.*

Meriba. Vergleiche 2. Mose 17,1-7.

33,9 *nicht kannte.* Vergleiche 2. Mose 32,26-29.

33,12 *Berghängen.* Wörtlich: Schultern. Gemeint ist: in Gottes Schutz.

Dornbusch erschien.* / Das alles sei Josef geschenkt, / dem Erwählten unter seinen Brüdern. *17* Er ist herrlich wie ein erstgeborener Stier, / seine Hörner wie die eines Wildstiers. / Mit ihnen durchbohrt er die Völker, / selbst die am Ende der Welt. / Das sind die Zehntausende von Efraïm / und die Tausende des Stammes Manasse*.«

18 Über Sebulon sagte er: »Freu dich, Sebulon, wenn die Schifffahrt beginnt, / und du, Issachar, über deine Zelte! *19* Völker laden sie ein auf den Berg, / gerechte Opfer bringen sie dort. / Denn sie nähren sich vom Reichtum des Meeres / und den verborgenen Schätzen des Sandes.«

20 Über Gad sagte er: »Gesegnet sei, wer Raum schafft für Gad! / Wie eine Löwin legte er sich hin, / Arm und Kopf reißt er seiner Beute ab. *21* Das erste Stück hat er sich ausgesucht, / denn wo der Anteil des Anführers war, / sammelten sich die Führer des Volkes. / Er vollstreckte die Gerechtigkeit Jahwes, / zusammen mit Israel seine Gerichte.«

22 Über Dan sagte er: »Dan ist wie ein junger Löwe, / der aus dem Baschan hervorspringt.«

23 Über Naftali sagte er: »Naftali ist mit Gnade gesättigt, / erfüllt mit dem Segen Jahwes. / Westen und Süden nimmt er in Besitz.«

24 Über Ascher sagte er: »Auf Ascher blicken liebevoll die Brüder, / er ist noch mehr gesegnet als sie. / In Öl taucht er seinen Fuß. *25* Deine Riegel seien aus Eisen und Erz, / und deine Kraft möge dir lebenslang bleiben.«

Schluss

26 »Niemand ist so wie Jeschuruns Gott, / der in den Himmel steigt, um dir zu helfen, / in seiner erhabenen Macht in die Wolken. *27* Der Gott der Urzeit ist deine Zuflucht / und darunter sind ewige Arme. / Er vertrieb deine Feinde / und sagte: ›Vernichte!‹ *28* So wohnt Israel in Sicherheit, / abgesondert Jakobs Quell, / in einem Land voll Korn und Most, / dessen Himmel von Tau nur so trieft. *29* Wie glücklich bist du, Israel! / Wer ist dir gleich, / du Volk, durch Jahwe gerettet, / den Schild, der dich schirmt, / das Schwert, das dich erhöht. / Deine Feinde schmeicheln dir, / du schreitest auf ihren Höhen einher.«

33,16 *im Dornbusch erschien.* Vergleiche 2. Mose 3,1-6.
33,17 *Efraïm* und *Manasse* waren die beiden Söhne Josefs.

Moses Tod

34 ¹ Vom Steppengebiet Moabs aus stieg Mose auf den Berg Nebo und zwar auf den Pisga-Gipfel, der Jericho gegenüber liegt. Dort zeigte ihm Jahwe das ganze Land von Gilead bis Dan*, ² das ganze Gebiet des Stammes Naftali, das Gebiet der Stämme Efraïm und Manasse, das ganze Gebiet des Stammes Juda bis zum westlichen Meer, ³ den Negev und die Tiefebene des Jordan von der Palmenstadt Jericho bis nach Zoar*. ⁴ Dann sagte Jahwe zu ihm:»Das ist das Land, das ich Abraham, Isaak und Jakob unter Eid versprochen habe. Ich hatte gesagt:›Deinen Nachkommen werde ich es geben.‹ Ich habe es dich jetzt mit eigenen Augen sehen lassen, aber betreten darfst du es nicht.«

⁵ So starb Mose, der Diener Jahwes, im Land Moab, wie Jahwe es gesagt hatte, ⁶ und er begrub ihn dort im Tal gegenüber von Bet-Peor*. Bis heute weiß niemand, wo sein Grab ist.

⁷ Mose war 120 Jahre alt geworden. Sein Sehvermögen hatte nicht nachgelassen und seine Kraft war nicht geschwunden. ⁸ Dreißig Tage lang hielt das ganze Volk im Steppengebiet Moabs Totenklage für ihn.

⁹ Aber auch Josua Ben-Nun war mit dem Geist der Weisheit erfüllt, denn Mose hatte ihm die Hände aufgelegt. Die Israeliten gehorchten ihm, wie Jahwe ihnen das durch Mose befohlen hatte.*

¹⁰ In Israel stand kein Prophet mehr auf wie Mose, dem Jahwe so persönlich begegnet ist ¹¹ und den er solche Zeichen und Wunder am Pharao tun ließ, an seinen Beamten und dem ganzen Land Ägypten, ¹² und der Israel mit so starker Hand geführt und all die großen und furchterregenden Dinge vor den Augen des ganzen Volkes getan hat.

34,1 Die Stadt *Dan* lag an der Nordgrenze Israels, am Fuß des Berges Hermon.

34,3 *Zoar*. Stadt am Südende des Toten Meeres, die beim Gericht über Sodom und Gomorra verschont wurde

34,6 *Bet-Peor*. Ort im Steppengebiet Moabs. Die genaue Lage ist unbekannt.

34,9 *durch Mose befohlen hatte.* Vergleiche 4. Mose 27,18-23.

Das Buch Josua

Das Buch Josua ist das Kriegs- und Siegesbuch des Alten Testaments. Es ist die Fortsetzung des 5. Buches Mose, auf das es häufig Bezug nimmt. Sein Generalthema ist die Eroberung des verheißenen Landes, was Israel allein der Treue Gottes zu verdanken hat. Kapitel 1-12 umspannen die ersten 5-6 Jahre nach Moses Tod. Die beiden letzten Kapitel beschreiben Ereignisse, die etwa 20 Jahre später stattfanden. Dazwischen geht es um die Verteilung des Landes. Der Verfasser ist bis auf die letzten Verse wahrscheinlich Josua selbst, der um 1480 v.Chr. in der ägyptischen Sklaverei geboren wurde und im Alter von 110 Jahren um 1370 v.Chr. als Nachfolger Moses in Kanaan starb.

Josuas Berufung

1 ¹ Nachdem nun Mose, der Diener* Jahwes, gestorben war, sagte Gott zu Josua Ben-Nun, dem Helfer von Mose: ²»Mein Diener Mose ist gestorben. Mach dich jetzt mit dem ganzen Volk bereit, den Jordan zu überqueren und in das Land zu ziehen, das ich den Israeliten geben will. ³ Jedes Stück Land, das ihr betretet, wird euch gehören – wie ich es Mose versprochen habe – ⁴ und zwar von der Wüste im Süden bis zum Libanongebirge* im Norden. Euer Land wird nach Osten hin das ganze Gebiet der Hetiter* bis zum Euphrat umfassen und im Westen bis ans Mittelmeer reichen. ⁵ Dein Leben lang wird sich kein Feind gegen dich behaupten können. So, wie ich Mose beistand, werde ich auch dir beistehen. Ich werde dich nie im Stich lassen, dich niemals vergessen.

⁶ Sei stark und sei mutig! Du wirst diesem Volk das Land, das ich ihren Vorfahren unter Eid versprochen habe, als bleibenden Besitz austeilen. ⁷ Halte dich mutig und fest an das Gesetz, das mein Diener Mose dir übergeben hat! Weiche weder rechts noch links davon ab, damit dir alles gelingt, was du unternimmst. ⁸ Du sollst die Weisungen dieses Gesetzbuches immer vor dir hersagen und Tag und Nacht darüber nachdenken, damit

---

1,1 *Diener.* Wörtlich: Sklave (hebr. *äbäd*). Das ist ein Mensch, dessen Leben und Arbeit völlig von einem ihm übergeordneten Willen abhängt. In der allgemeinen Wertschätzung wurde er mit Häusern und Vieh gleichgesetzt (1. Mose 24,35). Wer sich selbst als Sklave bezeichnet, anerkennt über sich eine fremde Macht. Auch der höchste Beamte ist dem König gegenüber Sklave. So kann der Titel *Sklave* auch zum Ehrennamen werden, den Männer wie Mose, David oder die Propheten tragen; sie heißen *Sklaven Gottes.*

1,4 *Libanongebirge.* Das »weiße Gebirge«. 170 km lange und 25 km breite Gebirgskette am Mittelmeer nördlich von Israel, deren höchste Gipfel (über 3000 m) fast ganzjährig mit Schnee bedeckt sind. Berühmt sind die bis zu 40 m hohen Zedern.

Die *Hetiter* waren eine kleinasiatische Völkergruppe, die weder in Sprache noch Herkunft eine erkennbare Einheit bildeten. Zu dieser Zeit bestanden in Nordsyrien verschiedene hetitische Staaten.

dein Tun ganz von dem bestimmt ist, was darin steht. Dann wirst du Erfolg haben, und was du anpackst, wird dir gelingen. *9* Ich habe es dir gesagt! Sei stark und sei mutig! Lass dir keine Angst einjagen, lass dich nicht einschüchtern, denn Jahwe, dein Gott, steht dir bei, wo du auch bist.«

10 Da befahl Josua den Hauptleuten des Volkes *11* durchs Lager zu gehen und überall bekannt zu machen: »Versorgt euch mit Verpflegung, denn in drei Tagen werden wir den Jordan überqueren und das Land in Besitz nehmen, das Jahwe, unser Gott, uns zum Eigentum gibt.«

12 Zu den Stämmen Ruben, Gad und dem halben Stamm Manasse sagte Josua: *13* »Denkt daran, was euch Mose, der Diener Jahwes, gesagt hat: ›Jahwe, euer Gott, gibt euch hier in diesem Land eure Heimat.‹ *14* Eure Frauen, eure Kinder und euer Vieh können auf dieser Seite des Jordan bleiben. Doch ihr sollt mit allen kampffähigen Männern bewaffnet vor euren Bruderstämmen hinüberziehen und ihnen helfen, *15* das Land einzunehmen, das Jahwe, ihr Gott, ihnen gibt. Wenn sie dann ihre Heimat gefunden haben, könnt ihr zurückkommen und euch hier, östlich vom Jordan, in dem Land ansiedeln, das Mose, der Diener Jahwes, euch zugeteilt hat.«

16 Sie antworteten Josua: »Wir wollen alles tun, was du uns befohlen hast, und überall hingehen, wohin du uns schickst. *17* Wir werden dir genauso gehorchen, wie wir Mose gehorcht haben. Möge Jahwe, dein Gott, so mit dir sein, wie er mit Mose war. *18* Jeder, der sich deinem Befehl widersetzt und deinen Weisungen nicht folgt, soll mit dem Tod bestraft werden. Sei nur stark und sei mutig!«

Kundschafter in Jericho

2 *1* Von Schittim* aus hatte Josua heimlich zwei Männer als Kundschafter losgeschickt und sie beauftragt, das Land und besonders Jericho* zu erkunden. Die Kundschafter kamen in die Stadt und kehrten im Haus einer Hure namens Rahab ein, um dort zu übernachten. *2* Kurz darauf wurde dem König von Jericho gemeldet: »Kundschafter von den Israeliten sind heute Nacht in die Stadt gekommen.« *3* Da schickte der König einige Wachen zu Rahab und befahl: »Gib die Männer heraus, die bei dir eingekehrt sind. Sie sind nur gekommen, um das Land auszukundschaften.« *4* Die Frau hatte die beiden Männer jedoch versteckt und sagte: »Ja, die Männer sind bei mir gewesen, aber ich wusste nicht, woher sie waren. *5* Kurz vor dem Schließen des Stadttors, bei Einbruch der Dunkelheit, sind sie wieder gegangen. Ich weiß aber nicht, wohin. Wenn ihr sie gleich verfolgt, werdet ihr sie bestimmt einholen.« *6* Rahab hatte die

---

2,1 Der Ort (Abel-)*Schittim* (= viell. »Akazienbach«) lag 12 km östlich vom Jordan in der Steppe Moabs, am Rand des Jordan-Grabens.

Jericho. Die alte Kanaanitersiedlung war die Schlüsselfestung des Jordangrabens, die alle Wege ins Gebirge kontrollierte. Es war eine fruchtbare Oase mit viel Wasser. Infolge ihrer geschützten Lage, 250 m unter dem Meeresspiegel, besaß die Stadt ein fast tropisches Klima.

beiden aber auf das flache Dach ihres Hauses gebracht und unter aufgeschichteten Flachsstängeln versteckt. 7 Da nahmen die Wachen die Verfolgung auf und suchten den ganzen Weg bis zu den Jordanfurten ab. Sobald sie aus der Stadt waren, wurde das Tor wieder geschlossen.

8 Noch bevor die beiden Israeliten sich schlafen gelegt hatten, kam Rahab zu ihnen aufs Dach 9 und sagte:»Ich weiß, dass Jahwe euch das Land geben wird. Uns hat ein derartiges Entsetzen vor euch überfallen, dass alle Bewohner des Landes wie gelähmt sind. 10 Denn wir haben gehört, dass Jahwe das Wasser des Schilfmeeres vor euch ausgetrocknet hat, als ihr aus Ägypten zogt, und wir wissen auch, was ihr mit den beiden Königen der Amoriter* auf der anderen Jordanseite gemacht habt, mit Sihon und Og. Ihr habt den Bann* an ihnen vollstreckt und sie vernichtet. 11 Als wir das hörten, haben wir allen Mut verloren. Keiner von uns wagt es noch, gegen euch zu kämpfen. Ja, euer Gott, Jahwe, er ist Gott im Himmel oben und auf der Erde unten. 12 Nun bitte ich euch, schwört mir bei Jahwe, dass ihr meine Familie genauso verschont, wie ich euch verschont

habe, und gebt mir ein sicheres Zeichen, 13 dass ihr meine Angehörigen, meinen Vater, meine Mutter, meine Brüder und Schwestern und alle, die zu ihnen gehören, am Leben lasst, dass ihr uns rettet vom Tod.« 14 Da sagten die Kundschafter zu ihr: »Unser Leben steht für euer Leben! Wenn ihr unsere Sache nicht verratet, werden wir dich und deine Angehörigen verschonen, wenn Jahwe uns dieses Land gibt.«

15 Bevor Rahab die beiden Männer nun durchs Fenster an einem Seil die Mauer hinunterließ, – ihr Haus war nämlich an die Stadtmauer gebaut, sie wohnte praktisch direkt in der Mauer – 16 sagte sie zu ihnen:»Geht zuerst ins Gebirge und versteckt euch dort drei Tage, damit ihr nicht den Verfolgern in die Arme lauft. Wenn sie dann zurückgekommen sind, könnt ihr gehen, wohin ihr wollt.« 17 Und die Kundschafter sagten:»Damit wir unseren Eid halten können, musst du Folgendes tun: 18 Binde diese rote Schnur an das Fenster, durch das du uns herunterlassen wirst, und hole deinen Vater, deine Mutter, deine Brüder und alle deine Verwandten zu dir ins Haus. 19 Niemand darf das Haus verlassen, sonst ist er selbst für seinen Tod verantwortlich und wir sind von unserem Eid frei. Doch für jeden, der im Haus bleibt, tragen wir die Verantwortung, dass niemand ihn antastet. 20 Natürlich darfst du auch unsere Sache nicht verraten, sonst sind wir nicht mehr an den Eid gebunden, den wir dir geschworen haben.« 21 »Einverstanden«, sagte sie,»so soll es sein«, und ließ sie gehen. Dann band sie die rote Schnur ans Fenster.

2,10 *Amoriter.* Bewohner des Landes Kanaan. Der Begriff kann sowohl für einen einzelnen Stamm als auch für alle Bewohner Kanaans stehen. Es waren semitische Einwanderer aus der Arabischen Wüste, die um 2000 v.Chr. ins Kulturland eindrangen.

Bann. Das bedeutete die vollständige Vernichtung von Menschen, Tieren und Gütern. Im Fall von Sihon und Og betraf es nur die Menschen.

²² Die Männer versteckten sich drei Tage lang in den Bergen, bis die Verfolger in die Stadt zurückgekehrt waren. Sie hatten alle Wege abgesucht und sie nicht gefunden. ²³ Jetzt machten sich die Kundschafter auf den Rückweg. Sie stiegen vom Gebirge herab und überquerten den Jordan. Als sie wieder bei Josua Ben-Nun waren, berichteten sie ihm alles, was sie erlebt hatten. ²⁴ Sie versicherten ihm:»Jahwe hat das ganze Land in unsere Hand gegeben. Alle Einwohner zittern vor uns.«

Der Weg durch den Jordan

3 ¹ Früh am nächsten Morgen brach Josua von Schittim auf und zog mit dem ganzen Volk Israel bis an den Jordan. Sie überquerten den Fluss aber noch nicht, sondern übernachteten dort. ² Am dritten Tag schickte Josua die Hauptleute mit dem Befehl durchs Lager: ³ »Sobald ihr seht, dass die Lade Jahwes, die Lade eures Bundes mit Gott, von Priestern aus dem Stamm Levi getragen wird, dann brecht auf und zieht hinter ihr her. ⁴ Sie wird euch einen Weg zeigen, den ihr vorher noch nie gegangen seid. Ihr dürft der Lade aber nicht zu nahe kommen, sondern müsst einen Abstand von etwa tausend Metern* zu ihr halten.« ⁵ Weiter ließ Josua dem Volk sagen: »Heiligt euch*, denn morgen wird Jahwe in eurer Mitte Wunder tun.«

⁶ Am nächsten Tag befahl Josua den Priestern: »Nehmt die Bundeslade auf und zieht dem Volk voran!« Da hoben sie die Bundeslade auf und zogen vor dem Volk her.

⁷ Da sagte Jahwe zu Josua: »Heute will ich anfangen, dich vor dem ganzen Volk Israel groß zu machen. Sie sollen merken, dass ich dir beistehe, wie ich Mose zur Seite stand. ⁸ Befiehl den Priestern, die die Bundeslade tragen: ›Wenn ihr an den Rand des Wassers kommt, bleibt ihr im Jordan stehen!‹« ⁹ Dann rief Josua das Volk Israel zu sich:»Kommt her und hört, was Jahwe, euer Gott, euch sagt! ¹⁰ Ihr werdet gleich sehen, dass der lebendige Gott unter euch ist und dass er die Völker des Landes, die Kanaaniter*, Hetiter, Hiwiter*, Perisiter*, Girgaschiter*, Amoriter und Jebusiter* vor euch vertreiben wird. ¹¹ Passt auf! Die Bundeslade Jahwes, des Herrschers über die ganze Erde,

---

3,4 *etwa 1000 Metern.* Wörtlich: 2000 Ellen.

3,5 *Heiligt euch.* Das bedeutete für die Israeliten, dass sie ihre Kleider und sich selbst waschen mussten und keinen Geschlechtsverkehr haben durften (vgl. 2. Mose 19,10. 14-15; 3. Mose 16, 4.24).

3,10 *Kanaaniter.* Bewohner des Landes Kanaan auf dem Gebiet des heutigen Israel. Sie besaßen eine gemeinsame Sprache, Religion und Kultur, waren politisch aber in viele Kleinkönigtümer und Stadtstaaten zersplittert.

Hiwiter. Bewohner Kanaans. Die Einwohner der Städte Gibeon, Kefira, Beerot und Kirjat-Jearim gehörten zu ihnen. Ihr Hauptsiedlungsgebiet scheint am Libanon zwischen Hermon und Hamat gelegen zu haben.

Perisiter. Nicht näher bekanntes Volk in Kanaan; möglicherweise die bäuerliche Bevölkerung.

Girgaschiter. Das Volk kommt nur in der Aufzählung der kanaanitischen Stämme vor, ihr Wohnsitz ist nicht bekannt.

Jebusiter. Bewohner Kanaans, die auf dem Gebirge und in Jebus (Jerusalem) siedelten.

wird jetzt durch den Jordan ziehen. *12* Wählt zwölf Männer aus, von jedem Stamm einen! *13* Wenn dann die Priester, die diese Lade Jahwes, des Herrn der ganzen Erde, tragen, ihre Füße ins Jordanwasser setzen, wird kein Wasser mehr nachfließen. Der Fluss wird sich weiter oben anstauen wie vor einem Damm.« *14* Nun brach das Volk auf, um durch den Jordan zu ziehen. An der Spitze des Zuges trugen die Priester die Bundeslade. *15* Als sie ihre Füße ins Wasser setzten – der Jordan führt während der ganzen Erntezeit Hochwasser –, *16* da staute sich der Fluss sehr weit oben bei der Stadt Adam*, in der Nähe von Zaretan. Dort richtete sich ein Damm auf. Und das Wasser, das zum Meer der Araba*, dem Toten Meer, hinabfloss, verlief sich völlig. So konnte das Volk gegenüber von Jericho trockenen Fußes durch den Jordan gehen. *17* Die Priester blieben mit der Bundeslade Jahwes mitten im Flussbett stehen, bis die ganze Nation den Jordan überschritten hatte.

3,16 *Adam.* Die Stadt liegt etwa 30 km nördlich von der Übergangsstelle in der Jordanebene, 2 km südlich der Mündung des Jabbok.

Als *Araba* wird der Jordangraben bezeichnet, der sich von Norden nach Süden durch ganz Israel bis nach Eilat am Roten Meer zieht. Sein Boden ist zwischen 12,5 und 22,5 km breit und befindet sich fast überall unter der Höhe des Meeresspiegels, am Toten Meer 394 m unter NN.

4,9 *heute.* Zum Zeitpunkt der Abfassung des Buches Josua.

Das Denkmal

4 *1* Als das ganze Volk den Jordan durchzogen hatte, sagte Jahwe zu Josua: *2* »Befiehl den zwölf Männern, die aus jedem Stamm ausgewählt worden sind, *3* zwölf Steine mitten aus dem Jordan zu holen und zwar von der Stelle, wo die Priester stehen. Sie sollen die Steine mit euch hinüberschaffen und dort hinlegen, wo ihr das Nachtlager aufschlagt.« *4* Da rief Josua die zwölf Männer *5* und sagte zu ihnen: »Geht jetzt bis vor die Lade Jahwes, eures Gottes, in den Jordan, und jeder von euch soll einen großen Stein auf die Schulter heben – so viel Steine, wie Israel Stämme hat. *6* Die Steine sollen ein Denkmal für euch sein. Wenn später eure Kinder fragen, was es mit diesen Steinen auf sich hat, *7* dann sollt ihr ihnen erzählen, wie das Wasser des Jordan abriss, als die Bundeslade Jahwes hindurchzog. Die Steine sollen euch in aller Zukunft daran erinnern.«

8 Die Männer gehorchten Josua und hoben zwölf Steine aus dem Jordan, für jeden Stamm einen, wie Jahwe es befohlen hatte. Sie trugen sie bis zum Lagerplatz und legten sie dort nieder. *9* Josua aber schichtete mitten im Jordan, an der Stelle, wo die Priester mit der Bundeslade standen, ebenfalls zwölf Steine auf. Dort liegen sie heute* noch. *10* Während der ganzen Zeit blieben die Priester mit der Bundeslade mitten im Jordan stehen, bis alles ausgeführt war, was Jahwe dem Volk durch Josua befohlen hatte, genauso, wie es schon Mose Josua aufgetragen hatte. Das Volk beeilte sich, durch das trockene Flussbett zu kommen. *11* Sobald alle den Fluss überquert hatten, kamen auch die Priester mit der Bundeslade Jahwes ans andere Ufer. Das ganze Volk sah zu. *12* Die Männer von den Stämmen Ruben, Gad und vom halben Stamm Manasse waren bewaffnet vor den Israeliten hergezogen, wie Mose es ihnen befohlen hatte. *13* Etwa vierzigtausend Bewaffnete zogen so vor Jahwe zum Kampf in die Ebene von Jericho.

14 An diesem Tag machte Jahwe Josua vor dem ganzen Volk groß. Die Israeliten hatten den gleichen Respekt vor ihm, wie sie ihn vor Mose gehabt hatten. Und so blieb es sein Leben lang. *15* Dann sagte Jahwe zu Josua: *16* »Befiehl den Priestern, mit der Bundeslade aus dem Jordan herauszukommen.« *17* Josua gab den Befehl, *18* und kaum hatten die Fußsohlen der Priester das trockene Ufer betreten, da kehrte das Wasser des Jordan in sein Bett zurück, und der Fluss trat wieder über seine Ufer.

19 Es war am 10. Tag des 1. Monats*, als das Volk durch den Jordan zog und sein Lager bei Gilgal* an der Ostgrenze des Stadtgebietes von Jericho aufschlug. *20* Dort richtete Josua die zwölf Steine auf*, die sie aus dem Jordan geholt hatten, *21* und sagte zu den Israeliten: »Wenn eure Kinder später ihre Väter fragen, was diese Steine bedeuten, *22* dann sollt ihr es ihnen so erklären: ›Diesen Jordan hat Israel trockenen Fußes durchquert.‹ *23* Denn Jahwe, euer Gott, hat das Wasser des Jordan vor euch austrocknen lassen, bis ihr hindurchgezogen wart, genauso, wie er auch das Schilfmeer vor uns austrocknete, damit wir durchziehen konnten. *24* Alle Völker

der Erde sollen daran erkennen, wie groß die Macht Jahwes ist, damit auch ihr eurem Gott Jahwe immer mit Ehrfurcht begegnet.«

5 *1* Alle Amoriterkönige westlich des Jordan und alle Kanaaniterkönige an der Küste des Mittelmeers hörten, dass Jahwe das Wasser des Jordan vor den Israeliten hatte vertrocknen lassen, bis sie durchgezogen waren. Da wurden sie von Angst gepackt und verloren allen Mut vor Israel.

Beschneidung in Gilgal

2 In dieser Zeit sagte Jahwe zu Josua: »Mach dir Steinmesser und wiederhole die Beschneidung an allen männlichen Israeliten!« *3* Da fertigte sich Josua Steinmesser an und beschnitt alle männlichen Israeliten an einem Platz, der seitdem »Hügel der Vorhäute« heißt. *4* Das geschah aus folgendem Grund: Alle männlichen Israeliten, die Ägypten im wehrfähigen Alter verließen, waren in der Wüste gestorben. *5* Sie waren beschnitten gewesen. Während der Wüstenwanderung aber waren die Neugeborenen

---

4,19 *10. Tag des 1. Monats.* In einem idealen Sonnenjahr mit 365 Tagen würde dieser Tag auf den 25. März fallen.

Gilgal. Der Ort wird gewöhnlich mit den Ruinen von Kirbet el-Mafjer identifiziert, 3 km nordöstlich von Jericho. »Gilgal« klingt an das hebr. Wort für Kreis an (Steinkreis wie viell. Kap. 4,20) oder an »rollen, wälzen« wie Josua 5,9.

4,20 *richtete ... auf.* Entweder als Kreis (siehe Gilgal) oder als Steinhaufen.

nicht beschnitten worden. 6 Das Volk Israel musste ja vierzig Jahre in der Wüste umherziehen, bis alle Männer, die Ägypten im wehrfähigen Alter verlassen hatten, umgekommen waren. Sie waren Jahwe ungehorsam gewesen, und er hatte ihnen geschworen: »Sie sollen das Land nicht sehen, das ich ihren Vätern versprochen habe, das Land, das von Milch und Honig überfließt!« 7 Jahwe hatte ihre Söhne an ihre Stelle treten lassen. Diese beschnitt Josua jetzt, denn sie waren unterwegs nicht beschnitten worden. 8 Nachdem nun alle beschnitten waren, blieben sie im Lager, bis ihre Wunden wieder heilten. 9 Jahwe sagte zu Josua: »Heute habe ich die ägyptische Schmach von euch abgewälzt.« Deshalb wird der Ort bis heute Gilgal, Abwälzung, genannt.

10 Während die Israeliten noch in der Ebene von Jericho bei Gilgal lagerten, feierten sie das Passafest*. Das war am 14. des Monats. 11 Und am Tag nach dem Passa aßen sie vom Ertrag des Landes: ungesäuertes Fladenbrot und geröstete Getreidekörner. 12 Von diesem Tag an blieb das Manna aus. Die Israeliten fanden keins mehr und aßen schon in diesem Jahr das, was in Kanaan gewachsen war.

Die Zerstörung Jerichos

13 In der Nähe von Jericho sah Josua sich plötzlich einem Mann gegenüberstehen, der ein gezogenes Schwert in der Hand hatte. Josua ging auf ihn zu und fragte: »Gehörst du zu uns oder zu unseren Feinden?« 14 »Zu keinem von beiden«, sagte der Fremde, »ich bin der Befehlshaber des Heeres Jahwes und bin gerade angekommen.« Da warf sich Josua voller Ehrfurcht vor ihm auf den Boden und sagte: »Ich bin dein Sklave. Was befiehlst du mir, Herr?« 15 »Zieh deine Schuhe aus«, erwiderte der Befehlshaber des Heeres Gottes, »du stehst auf heiligem Boden!« Josua gehorchte.

6 1 Wegen der Israeliten hatte Jericho alle Tore geschlossen und fest verriegelt. Niemand konnte mehr heraus und hinein. 2 »Pass auf!«, sagte Jahwe zu Josua: »Ich gebe Jericho mitsamt seinem König und allen seinen Kämpfern in deine Gewalt. 3 Sechs Tage lang sollt ihr jeden Tag einmal mit allen bewaffneten Männern um die Stadt herumziehen. 4 Sieben Priester sollen mit sieben Schofar-Hörnern* vor der Bundeslade hergehen. Am siebten Tag sollt ihr sieben Mal um die Stadt herumziehen, wobei die Priester den Schofar blasen sollen. 5 Wenn dann der langgezogene Ton des Widderhorns dröhnt, soll das ganze Volk ein lautes Kriegsgeschrei anstimmen. In diesem Moment wird die Mauer in sich zusammenstürzen und jeder soll von der Stelle aus, wo er sich gerade befindet, in die Stadt eindringen.« 6 Josua rief die Priester zu sich und befahl ihnen: »Nehmt die

5,10 Passa. Siehe 2. Mose 12-13.

6,4 Der Schofar wurde aus den gewundenen Hörnern des männlichen Fettschwanzschafes hergestellt und brachte einen dumpfen, durchdringenden Ton hervor.

Bundeslade Jahwes auf eure Schultern! Sieben von euch sollen mit je einem Schofar-Horn vor ihr herziehen.« 7 Zum Volk sagte er: »Zieht um die Stadt herum und lasst die Vorhut der Bewaffneten vor der Lade Jahwes hergehen.«

8 Als Josua dem Volk diesen Befehl erteilt hatte, setzten sich die sieben Priester in Bewegung. Sie trugen je ein Schofar-Horn vor Jahwe her und bliesen es immerfort. Die Bundeslade Jahwes folgte ihnen. 9 Vor den Priestern zog die Vorhut der Bewaffneten. Als Nachhut folgte das übrige Heer. Sie gingen und die Priester stießen unentwegt in den Schofar. 10 Dem Volk hatte Josua befohlen, keinen Lärm zu machen und sich ganz still zu verhalten. Erst auf seinen Befehl hin sollten sie das Kriegsgeschrei anstimmen.

11 So zogen sie mit der Lade Jahwes einmal um die Stadt und kehrten anschließend in ihr Lager zurück, wo sie übernachteten. 12 Früh am nächsten Morgen ließ Josua sie wieder aufbrechen: Die Priester trugen die Lade Jahwes, 13 sieben von ihnen zogen vor ihr her und bliesen dabei ständig das Schofar-Horn. Vor ihnen her zog die Vorhut der Bewaffneten und nach der Lade Jahwes folgte als Nachhut das übrige Heer. Es war ein Gehen unter ständigem Schofar-Getön. 14 Wie am Vortag zogen sie einmal um die Stadt und kehrten dann in ihr Lager zurück. So machten sie es sechs Tage lang. 15 Am siebten Tag machten sie sich beim Morgengrauen in derselben Ordnung auf und zogen sieben Mal um die Stadt. Nur an diesem Tag umrundeten sie die Stadt sieben Mal.

16 Als die Priester das siebte Mal in die Hörner stoßen wollten, befahl Josua dem Volk: »Jetzt müsst ihr mit dem Kriegsgeschrei beginnen, denn Jahwe hat Jericho in unsere Gewalt gegeben! 17 Aber die ganze Stadt mit allem, was darin ist, soll dem Bann Jahwes verfallen sein. Nur Rahab, die Hure, die unsere Kundschafter versteckt hatte, soll mit allen Menschen in ihrem Haus verschont werden. 18 Hütet euch davor, irgendetwas von dem Gebannten zu begehren und an euch zu nehmen, sonst bringt ihr das Lager Israels unter den Bann und stürzt es ins Verderben! 19 Alles Gold und Silber und alle Gegenstände aus Bronze und Eisen sind für Jahwe bestimmt und kommen in den Schatz seines Heiligtums!« 20 Da stießen sie in die Hörner, und das Volk begann mit einem gewaltigen Kriegsgeschrei. In diesem Moment brach die ganze Mauer in sich zusammen*. Da stürmten die Israeliten von allen Seiten in die Stadt und eroberten sie. 21 Mit dem scharfen Schwert in der Hand vollstreckten sie den Bann an allem, was in der Stadt lebte: an Männern und Frauen, Alten und Jungen, Rindern, Schafen und Eseln.

22 Den beiden Kundschaftern hatte Josua gesagt: »Geht in das Haus der Prostituierten und holt sie samt ihren Angehörigen heraus, wie ihr es geschworen habt.« 23 Da gingen die jungen Männer hin und brachten

---

6,20 *brach ... zusammen.* Neuere Untersuchungen der Ausgrabungen Jerichos belegen, dass die Stadt Anfang des 15. Jahrhunderts v.Chr. zerstört wurde.

Rahab zusammen mit ihrem Vater, ihrer Mutter, ihren Geschwistern und allen Verwandten aus der Stadt und wiesen ihnen einen Platz außerhalb vom Lager Israels an. ²⁴ Dann wurde die ganze Stadt niedergebrannt, nur das Gold und das Silber, die eiser-nen und die bronzenen Gegenstände brachte man in den Schatz im Heiligtum Jahwes. ²⁵ So verschonte Josua die Hure Rahab und ihre ganze Familie, weil sie die Kundschafter in Jericho versteckt hatte. Bis zum heutigen Tag wohnen ihre Nachkommen in Israel.

²⁶ Damals ließ Josua das Volk diesen Eid schwören: »Verflucht sei der Mann, der sich erhebt und diese Stadt Jericho wieder baut! Wenn er ihre Fundamente legt, kostet es ihn seinen ältesten Sohn, und wenn er ihre Tore einsetzt, seinen jüngsten.« ²⁷ Jahwe

---

7,2 *Ai.* 1995 wurde in Kirbet el-Maqatir, etwa 1 km westlich von Et-Tell eine Festung ausgegraben, die um 1400 v.Chr. durch Feuer zerstört wurde. Weil auch die Topografie des Gebietes mit den Angaben von Josua 7-8 übereinstimmt, handelt es sich höchstwahrscheinlich um Ai.

Bet-Awen. Das bedeutet: *Haus des Unheils,* kleiner Ort östlich von Bet-El. In späterer Zeit wurde Bet-El wegen seines Götzendienstes so bezeichnet.

Bet-El. Hebr.: *Haus Gottes.*

7,4 *hinauf.* Jericho liegt im Jordangraben etwa 250 Meter unter dem Meeresspiegel. Ai liegt 913 Meter über NN. Die Israeliten mussten eine Entfernung von etwa 20 Kilometern und einen Höhenunterschied von mehr als 1100 Metern bewältigen.

7,6 *zerrissen ihre Gewänder.* Trauerbrauch. Man riss das Gewand vom Halssaum auf und entblößte die Brust.

stand Josua zur Seite, und im ganzen Land sprach man von ihm.

Achans Vergehen

⁷ ¹ Aber die Israeliten veruntreuten etwas von dem Gebannten. Achan Ben-Karmi, der von Sabdi und Serach abstammte und aus dem Stamm Juda war, vergriff sich an dem, was Gott gehörte. Da flammte Jahwes Zorn gegen die Israeliten auf.

² Josua schickte einige Männer von Jericho nach Ai*, das bei Bet-Awen* liegt, östlich von Bet-El*, und befahl ihnen, die Umgebung der Stadt Ai zu erkunden. Die Männer führten den Auftrag aus ³ und berichteten Josua: »Die Stadt ist nicht groß. Du musst nicht das ganze Heer aufbieten, um Ai zu erobern, zwei- bis dreitausend Mann genügen völlig. ⁴ So zogen etwa 3000 Männer dort hinauf* und griffen die Stadt an. Doch sie wurden in die Flucht geschlagen. ⁵ Die Männer von Ai verfolgten sie vom Stadttor an bis zu den Steinbrüchen und dem Aufstieg. Sie erschlugen etwa 36 Mann. Da verlor das Volk allen Mut. ⁶ Josua und die Ältesten zerrissen ihre Gewänder*, streuten sich Erde auf den Kopf und warfen sich vor der Lade Jahwes auf den Boden. So lagen sie bis zum Abend. ⁷ Josua betete: »Ach Herr, Jahwe! Warum hast du uns nur über den Jordan geführt, wenn du uns nun in die Hände der Amoriter fallen lässt, damit sie uns vernichten? Hätten wir uns doch daran genügen lassen, auf der anderen Jordanseite zu bleiben! ⁸ Bitte, Herr, was soll ich denn jetzt sagen, nachdem Israel vor seinen Feinden geflohen ist? ⁹ Wenn das die Kanaaniter und die anderen

Bewohner des Landes hören, werden sie uns umbringen und unseren Namen in diesem Land auslöschen. Was wirst du dann für die Ehre deines großen Namens tun?« 10 Da sagte Jahwe zu Josua: »Steh auf! Warum liegst du hier auf dem Boden? 11 Israel hat gesündigt! Das Volk hat den Bund gebrochen, den ich mit ihm geschlossen habe. Sie haben etwas von dem Gebannten genommen. Sie haben es gestohlen und heimlich bei sich versteckt. 12 Die Israeliten werden ihren Feinden nicht mehr standhalten können. Sie werden vor ihnen fliehen müssen, denn sie selbst sind zum Bann geworden. Ich werde nicht mehr mit euch sein, wenn ihr nicht alles, was ihr aus dem Gebannten genommen habt, vernichtet. 13 Steh auf und sorge dafür, dass das Volk sich heiligt! Befiehl ihnen: ›Heiligt euch für morgen! Denn so spricht Jahwe, Israels Gott: Gebanntes ist in deinem Besitz, Israel! Du wirst vor deinen Feinden nicht bestehen können, bis du das Gebannte aus deiner Mitte entfernt hast. 14 Morgen früh sollt ihr euch in Stammesverbänden geordnet vor Jahwe hinstellen. Dann soll der Stamm vortreten, den Jahwe treffen wird*, dann die Sippe und dann die Familie. 15 Derjenige, bei dem man etwas von dem Gebannten findet, soll mit allem, was zu ihm gehört, verbrannt werden! Das muss sein, denn er hat den Bund Jahwes gebrochen und eine Schandtat in Israel begangen.‹«

16 Früh am nächsten Morgen ließ Josua das Volk nach seinen Stammesverbänden geordnet antreten. Getroffen wurde der Stamm Juda. 17 Als Juda mit seinen Sippen vortrat, wurde die Sippe Serach getroffen. Aus der Sippe Serach traf es die Familie Sabdi. 18 Unter den Männern dieser Familie wurde schließlich Achan Ben-Karmi getroffen. Seine Vorfahren waren Sabdi und Serach aus dem Stamm Juda. 19 Josua sagte zu Achan: »Mein Sohn, gib Jahwe, dem Gott Israels, Ehre und leg vor ihm ein Geständnis ab. Sag mir offen, was du getan hast, und verschweige nichts.« 20 »Es ist wahr«, erwiderte Achan, »ich habe gegen Jahwe, den Gott Israels gesündigt. Und das habe ich getan: 21 Unter den Beutestücken sah ich einen schönen babylonischen Mantel, mehr als zwei Kilogramm Silberstücke und einen Goldbarren von einem halben Kilogramm Gewicht*. Ich bekam Lust nach diesen Dingen und nahm sie mir. Sie sind alle unter meinem Zelt vergraben, das Silber ganz unten.« 22 Da schickte Josua einige Männer zu Achans Zelt. Sie fanden das Gestohlene, wie er es beschrieben hatte, 23 nahmen es aus dem Zelt und brachten es zu Josua und dem ganzen Volk. Sie schütteten es vor Jahwe aus.

24 Dann führten Josua und ganz Israel Achan Ben-Serach mitsamt dem Silber, dem Mantel und dem Goldbarren und dazu auch seine

---

7,14 *den Jahwe treffen wird.* Offenbar durch die heiligen Lose, die sich in der Brusttasche des Hohenpriesters befanden.

7,21 *Gewicht.* Wörtlich: *200 Schekel Silber und einen Goldbarren von 50 Schekel Gewicht.* Das waren noch keine Münzen, sondern Silberstücke mit festen Gewichtseinheiten. Ein Schekel entspricht etwa 11,5 Gramm.

Söhne und Töchter, seine Rinder, Esel und Schafe, sein Zelt und alles, was ihm sonst noch gehörte, in das Tal Achor*. 25 Dort sagte Josua: »So, wie du uns ins Unglück gebracht hast, wird Jahwe heute dich ins Unglück bringen!« Dann steinigte ganz Israel ihn und alles, was zu ihm gehörte. Anschließend verbrannten sie alles 26 und errichteten einen großen Steinhaufen darüber, der noch heute zu sehen ist. Da ließ Jahwe von seinem glühenden Zorn ab. Bis heute nennt man diesen Ort deshalb Tal Achor, Unglückstal.

Die Vernichtung von Ai

8 1 Nun sagte Jahwe zu Josua: »Hab keine Angst und sei nicht niedergeschlagen! Nimm das ganze Heer mit und zieh nach Ai hinauf. Ich habe den König von Ai, sein Volk, seine Stadt und sein Gebiet in deine Hand gegeben. 2 Du sollst mit Ai und seinem König dasselbe tun, was du mit Jericho und seinem König gemacht hast. Aber die Beute und das Vieh dürft ihr diesmal für euch behalten. Leg einen Hinterhalt im Rücken der Stadt!« 3 Bevor sich Josua mit dem Heer auf den Weg machte, wählte er dreißigtausend erfahrene Kämpfer aus und schickte sie in der Nacht 4 mit folgender Anweisung los: »Legt euch auf der anderen Seite der Stadt in einen Hinterhalt, aber nicht zu weit von ihr entfernt. Dort haltet euch bereit. 5 Ich werde mit dem Hauptheer vor die Stadt ziehen. Wenn sie dann einen Ausfall machen wie beim ersten Mal, werden wir uns vor ihnen zurückziehen. 6 Sie werden uns nachsetzen. Doch so werden wir sie von der Stadt abschneiden. Sie werden denken, dass wir wie beim ersten Mal vor ihnen fliehen. 7 Wenn das geschieht, sollt ihr aus dem Hinterhalt hervorbrechen und die Stadt erobern. Jahwe, euer Gott, wird sie in eure Hand geben. 8 Und wenn ihr dann die Stadt eingenommen habt, steckt sie in Brand, wie Jahwe es angeordnet hat. Haltet euch genau an meinen Befehl!« 9 So hatte Josua sie losgeschickt. Sie umgingen die Stadt und legten sich im Westen zwischen Bet-El und Ai in den Hinterhalt. Josua aber verbrachte die Nacht beim Hauptheer.

10 Früh am Morgen stand er auf, ließ das Volk antreten, stellte sich mit den Ältesten an die Spitze und führte das Heer gegen Ai. 11 Sie näherten sich der Stadt von Norden her und rückten so nahe heran, dass nur noch ein Tal zwischen ihnen und Ai war. 12 Josua hatte außerdem noch 5000 Mann westlich der Stadt in einen Hinterhalt zwischen Bet-El und Ai gelegt*. 13 Das Hauptlager stand nördlich der Stadt, die Sperre* westlich. Noch in der Nacht rückte Josua auf die Talebene vor.

14 Als der König von Ai das sah, rückte er in aller Eile früh mit seinen Männern zum Kampf gegen Israel aus. Er wollte das Schlachtfeld in der Ebene erreichen, wusste aber nichts

---

7,24 *Achor.* Das unfruchtbare Tal liegt in der Nähe von Jericho, wahrscheinlich an der Nordostgrenze von Juda, südlich von Jericho.

8,12 *Hinterhalt ... gelegt.* Offenbar, um eine Hilfe von Bet-El aus zu unterbinden.

8,13 *Sperre.* wörtlich: *Ferse*

von dem Hinterhalt. *15* Josua und die Männer Israels ließen sich von ihm schlagen und flohen in Richtung Wüste. *16* Darauf wurden alle in der Stadt verbliebenen Männer aufgeboten, um die Fliehenden zu verfolgen. Sie jagten Josua nach und wurden dabei von der Stadt abgeschnitten. *17* Nicht ein Mann war in Ai oder Bet-El* zurückgeblieben. Alle jagten hinter den Israeliten her und ließen die Stadt ohne Schutz mit offenen Toren zurück. *18* Nun sagte Jahwe zu Josua: »Strecke das Schwert in deiner Hand gegen Ai aus! Ich gebe die Stadt in deine Gewalt.« Josua tat es. *19* Sobald er seine Hand ausstreckte, brach der Hinterhalt aus seiner Stellung hervor. Die Männer überfielen die Stadt, eroberten sie und steckten sie schnell in Brand. *20* Als die Männer von Ai zurückblickten, sahen sie den Rauch aus ihrer Stadt zum Himmel aufsteigen. Doch sie hatten keine Möglichkeit zur Flucht, sie konnten weder vor noch zurück, denn die Truppen, die zur Wüste hin geflohen war, kehrten um und wandten sich gegen ihre Verfolger. *21* Als Josua und die Israeliten nämlich sahen, dass der Rauch der Stadt aufstieg, machten sie kehrt und griffen die Männer von Ai an. *22* Diese hatten ja ihre Stadt verlassen und sie verfolgt. Doch auf einmal waren sie von beiden Seiten eingeschlossen. Sie wurden vollständig aufgerieben. Keiner kam mit dem Leben davon. *23* Den König von Ai hatten die Israeliten lebendig gefasst und zu Josua gebracht. *24* Als sie dann alle ihre Gegner auf dem Schlachtfeld in der Wüste getötet hatten, drangen sie erneut in die Stadt ein und brachten alle Einwohner mit dem Schwert um. *25* An diesem Tag starben alle Leute von Ai, etwa zwölftausend Männer und Frauen. *26* Josua hatte nämlich seine Hand mit dem ausgestreckten Langschwert nicht zurückgezogen, bis der Bann an allen Bewohnern von Ai vollstreckt war. *27* Das Vieh und das sonstige Beutegut aus der Stadt behielten die Israeliten diesmal für sich, wie es Josua von Jahwe befohlen worden war. *28* Josua ließ Ai vollständig niederbrennen und machte es für immer zu einem Schutthaufen*. Er ist noch heute zu sehen. *29* Den Leichnam des Königs von Ai ließ er bis zum Abend an einen Baum hängen. Bei Sonnenuntergang befahl Josua, ihn abzunehmen und in den Durchgang des Stadttores zu werfen. Die Männer Israels errichteten dann einen großen Steinhaufen über ihm, der noch heute zu sehen ist.

Der Altar auf dem Ebal

30 Damals baute Josua auf dem Berg Ebal* Jahwe, dem Gott Israels, einen Altar, *31* und zwar so, wie es Mose, der Diener Jahwes, den Israeliten befohlen hatte und wie es auch im Gesetzbuch des Mose steht. Es entstand ein Altar aus unbehauenen Steinen, die noch kein eisernes Werkzeug berührt hatte. Auf diesem Altar brachten die Israeliten Jahwe Brandopfer dar und aßen von den Freudenopfern*. *32* Auf die Steine dort schrieb Josua in

---

8,17 *oder Bet-El.* Es gab offenbar einen Beistandspakt zwischen den benachbarten Städten.

8,28 *Ai* bedeutet *Schutthaufen.*

8,30 *Ebal.* Nördlich von Sichem, 940 m hoch.

Gegenwart des Volkes eine Abschrift vom Gesetz des Mose nieder. *33* Dann stellte sich das ganze Volk Israel mit seinen Ältesten, Anführern und Richtern sowie den Fremden, die sich ihnen angeschlossen hatten, auf beiden Seiten der Bundeslade auf. Die eine Hälfte stand mit dem Rücken zum Berg Garizim* und die andere zum Berg Ebal. Zwischen ihnen, an der Bundeslade Jahwes, standen die Priester aus dem Stamm Levi. So sollte das Volk Israel nach der Anweisung von Mose, dem Diener Jahwes, gesegnet werden. *34* Danach las Josua das ganze Gesetz laut vor, den Segen wie den Fluch, genauso wie es im Gesetzbuch geschrieben steht. *35* Er ließ kein einziges Wort davon aus. Die ganze Versammlung Israels, auch die Frauen, die Kinder und die Fremden, die bei ihnen lebten, hörten jedes Wort, das Mose befohlen hatte.

8,31 Beim *Freudenopfer* wurde im Gegensatz zum Brandopfer nur das Fett auf dem Altar verbrannt. Der größte Teil des Tieres durfte bei einer fröhlichen Opfermahlzeit gemeinsam mit Verwandten und Freunden verzehrt werden.

8,33 *Garizim.* Südlich vom Ebal, 881 m hoch, 50 km nördlich von Jerusalem.

9,1 *Schefela.* Niedriges, sehr fruchtbares Hügelland, das sich in nordsüdlicher Richtung zwischen dem Gebirge und der Küstenebene des Mittelmeeres erstreckt.

9,3 *Gibeon.* Die Stadt liegt 9 km nordwestlich von Jerusalem.

9,7 *Hiwiter.* Siehe Fußnote zu Josua 3,10.

9,10 *Heschbon.* Stadt, 25 km östlich der Jordanmündung ins Tote Meer, 19 km südwestlich von Rabba (heute Amman).

Baschan. Gebiet östlich und nördlich vom See Gennesaret.

Die List der Gibeoniten

9 *1* Alle Könige im Westjordanland hörten von den Siegen Israels, ob sie im Gebirge, in der Schefela* oder in der Küstenebene des Mittelmeeres bis zum Libanon hin lebten, die Hetiter, die Amoriter, die Kanaaniter, die Perisiter, die Hiwiter und die Jebusiter. *2* Da taten sie sich zusammen, um gemeinsam gegen Josua und Israel zu kämpfen. *3* Als die Einwohner von Gibeon* jedoch hörten, was Josua mit Jericho und Ai gemacht hatte, *4* griffen sie zu einer List. Sie wollten sich als Boten ausgeben. Deshalb nahmen sie abgenutzte Säcke für ihre Esel und abgenutzte und geflickte Weinschläuche *5* und zogen zerschlissene und geflickte Schuhe und abgetragene Kleidung an. Das Brot, das sie als Wegzehrung dabeihatten, war vertrocknet und zerbröselt. *6* So kamen sie ins Lager nach Gilgal. »Wir kommen aus einem fernen Land«, sagten sie zu Josua und den Männern von Israel, »und möchten, dass ihr einen Bund mit uns schließt.« *7* Da sagten die Israeliten zu den Hiwitern*: »Wir können doch nicht einfach ein Bündnis mit euch schließen. Vielleicht wohnt ihr ja ganz in unserer Nähe.« *8* »Wir sind deine Sklaven«, sagten sie zu Josua. Der fragte: »Wer seid ihr und woher kommt ihr?« *9* »Deine Sklaven kommen aus einem sehr weit entfernten Land, weil der Ruhm von Jahwe, deinem Gott, bis zu uns gedrungen ist. Wir haben alles gehört, was er in Ägypten getan hat, *10* und auch das, was er mit den beiden Amoriterkönigen im Ostjordanland gemacht hat, mit König Sihon von Heschbon* und König Og von Baschan*, der in

Aschtarot* lebte. *11* Da sagten unsere Ältesten und alle Bewohner des Landes zu uns: ›Nehmt Verpflegung mit auf den Weg, zieht ihnen entgegen und sagt zu ihnen: Wir sind eure Sklaven, schließt einen Bund mit uns!‹ *12* Hier, seht euch das Brot an! Es war noch warm, als wir von zu Hause aufbrachen. Jetzt ist es vertrocknet und zerbröselt. *13* Und diese zerrissenen Weinschläuche hier waren neu, als wir sie füllten. Auch unsere Kleidung und die Schuhe sind durch die lange Reise verschlissen.« *14* Die Israeliten untersuchten das Brot, aber sie versäumten es, Jahwe zu befragen. *15* So gewährte Josua ihnen Frieden und sicherte zu, sie am Leben zu lassen. Die Führer des Volkes bekräftigten den Vertrag mit einem Eid.

16 Drei Tage später kam es heraus, dass sie ganz in ihrer Nähe wohnten. *17* Die Israeliten waren nämlich weitergezogen und auf die Städte gestoßen, aus denen die Boten gekommen waren: Gibeon, Kefira, Beerot und Kirjat-Jearim. *18* Doch sie konnten ihnen nichts antun, weil die Führer des Volkes ihnen im Namen Jahwes Frieden geschworen hatten. Da murrte die ganze Volksversammlung über ihre Führer. *19* Die verteidigten sich: »Wir haben ihnen im Namen Jahwes Frieden geschworen und können sie jetzt nicht antasten. *20* Wir müssen sie am Leben lassen, damit kein Zorngericht wegen des Eides über uns kommt.« *21* Aber sie sicherten den Israeliten zu, die Hiwiter zu Holzhauern und Wasserträgern für ganz Israel zu machen.

22 Dann bestellte Josua die Boten aus Gibeon zu sich und sagte zu ihnen: »Warum habt ihr uns getäuscht und behauptet, von sehr weit her zu kommen, wo ihr doch ganz in unserer Nähe wohnt? *23* Darum sollt ihr verflucht und für alle Zeit Sklaven für das Haus meines Gottes sein – Holzhauer und Wasserträger!« *24* Sie antworteten Josua: »Deinen Sklaven wurde zuverlässig berichtet, dass Jahwe, dein Gott, seinem Diener Mose geboten habe, euch das ganze Land zu geben und alle seine Bewohner zu töten. Darum fürchteten wir sehr um unser Leben. *25* Nun, wir sind in deiner Hand; mach mit uns, was du für richtig hältst.« *26* Josua stand zu seinem Wort und bewahrte die Gibeoniten davor, von den Männern Israels getötet zu werden. *27* Doch verpflichtete er sie an diesem Tag zum Dienst am Altar Jahwes als Holzhauer und Wasserträger. Sie tun das noch heute an dem Ort, den Jahwe für seinen Altar erwählt hat.

Israel kämpft für Gibeon

10 *1* Als Adoni-Zedek, der König von Jerusalem, und seine Leute hörten, dass Josua Ai erobert und zerstört hatte, dass dessen König dasselbe Schicksal erlitten hatte wie der König von Jericho, und dass die Bewohner von Gibeon mit Israel Frieden geschlossen hatten und nun zu ihnen gehörten, *2* bekamen sie es mit der Angst zu tun. Gibeon war ja so groß wie eine Königsstadt, größer als Ai, und seine Männer waren als

---

9,10 *Aschtarot.* 35 km östlich vom See Gennesaret, später Levitenstadt.

tapfere Krieger bekannt. *3* Da schickte Adoni-Zedek Boten zu den Nachbarkönigen Hoham von Hebron*, Piram von Jarmut*, Jafia von Lachisch* und Debir von Eglon* und ließ ihnen ausrichten: *4* »Die Leute von Gibeon haben mit Josua und den Israeliten Frieden geschlossen. Kommt und helft mir, sie zu bestrafen!« *5* Da vereinigten sich die fünf Amoriterkönige und zogen mit ihrer ganzen Heeresmacht vor Gibeon. Sie erklärten Gibeon den Krieg und begannen die Stadt zu belagern. *6* Da schickten die Männer von Gibeon Boten nach Gilgal ins Lager der Israeliten und baten Josua: »Lass deine Sklaven jetzt nicht im Stich! Komm schnell zur Hilfe und rette uns! Alle

---

10,3 *Hebron.* Die Stadt liegt etwa 35 km südlich von Jerusalem und 30 km westlich vom Toten Meer.

Jarmut. Stadt in der Schefela, 5 km südlich von Bet-Schemesch.

Lachisch. Wichtige kanaanäische Königsstadt, seit dem 3. Jahrtausend v.Chr. besiedelt, 25 km westlich von Hebron.

Eglon. Vermutlich 10 km westlich von Lachisch.

10,10 *Steige von Bet-Horon.* Wichtiger Passweg vom Gebirge in die Schefela Judas, der von den Orten *Oberes Bet-Horon* (617 m ü. NN) und *Unteres Bet-Horon* (399 m ü. NN) beherrscht wird.

Aseka. 9 km östlich von Gat, 24 km nordwestlich von Hebron.

Makkeda. Vermutlich *Kirbet el-Kum*, 14 km westlich von Hebron.

10,12 *Ajalon.* Stadt in der Schefela, 21 km nordwestlich von Jerusalem.

10,13 *Buch der Heldenlieder.* Hebräisch: Buch Jaschar. Wörtlich: *Buch des Redlichen*, vermutlich eine Sammlung von Liedern auf die Helden Israels.

Amoriterkönige aus dem Bergland belagern unsere Stadt.« *7* Da rief Josua die kriegstüchtigen Männer von Israel zusammen und brach mit dem Heer von Gilgal auf. *8* Und Jahwe sagte zu Josua: »Fürchte dich nicht vor ihnen, denn ich habe sie alle in deine Hand gegeben. Niemand wird vor dir standhalten können.« *9* Als Josua die Amoriter nun plötzlich überfiel – die ganze Nacht hindurch waren sie von Gilgal aus marschiert – *10* ließ Jahwe unter ihnen einen Schrecken vor Israel entstehen, und Josua konnte ihnen bei Gibeon eine schwere Niederlage beibringen. Er verfolgte sie bis zur Steige von Bet-Horon* und noch weiter bis nach Aseka* und Makkeda*. *11* Und als sie die Steige von Bet-Horon hinabflohen und auf dem ganzen Weg nach Aseka, ließ Jahwe große Steine vom Himmel auf sie herabfallen. Es kamen mehr durch die Hagelsteine um, als die Israeliten mit dem Schwert töteten.

12 Damals hatte Josua zu Jahwe gebetet – es war an dem Tag, als Jahwe ihnen die Amoriter auslieferte – und hatte dann vor den Israeliten gesagt:

»Sonne halt still über Gibeon /
und Mond über'm Tal von
Ajalon*!«

13 Da hielt die Sonne still, und auch der Mond blieb stehen, bis das Volk sich an seinen Feinden gerächt hatte. So wird es auch im Buch der Heldenlieder* beschrieben. Die Sonne blieb mitten am Himmel stehen und beeilte sich nicht unterzugehen, ungefähr einen ganzen Tag lang. *14* Weder vorher noch nachher hat es solch einen Tag gegeben, dass Jahwe auf das Gebet eines Menschen hin so etwas gewirkt hätte. Doch damals kämpfte Jahwe selbst für Israel. 15 Nach dem Sieg kehrte Josua mit dem ganzen Heer ins Lager nach Gilgal zurück. 16 Die fünf Amoriterkönige jedoch waren entkommen und hatten sich in einer Höhle bei Makkeda versteckt. 17 Das wurde Josua noch während der Schlacht gemeldet, 18 und er hatte befohlen, große Steine an den Eingang der Höhle zu wälzen und sie mit einigen Wachtposten zu sichern. 19 Zu den anderen aber hatte er gesagt: »Bleibt nicht stehen, sondern verfolgt die Feinde, und macht auch noch die Nachhut nieder! Lasst sie nicht in ihre Städte entkommen, denn Jahwe, euer Gott, hat sie euch in die Hand gegeben!« 20 So brachten Josua und die Männer Israels den Amoritern eine vernichtende Niederlage bei. Nur wenige konnten entkommen und die festen Städte erreichen. 21 Dann kehrte das Heer wohlbehalten zu Josua ins Feldlager bei Makkeda zurück. Jetzt wagte niemand mehr, den Mund gegen die Israeliten aufzumachen. 22 Dann befahl Josua: »Öffnet den Höhleneingang und bringt die fünf Könige zu mir heraus!« 23 Man wälzte die Steine beiseite und brachte die Könige von Jerusalem, von Hebron, von Jarmut, von Lachisch und von Eglon heraus. 24 Als sie vor Josua standen, rief dieser alle Männer Israels herbei und sagte zu den Anführern des Heeres: »Kommt her und setzt euren Fuß auf den Nacken dieser Könige!« Als sie das taten, 25 sagte Josua zu ihnen: »Ihr müsst euch vor niemand fürchten! Lasst euch nicht einschüchtern, seid mutig und entschlossen! So wird es Jahwe mit allen euren Feinden machen, gegen die ihr kämpft.« 26 Danach ließ Josua die Könige töten und ihre Leichen bis zum Abend an fünf Bäume hängen. 27 Als die Sonne unterging, ließ er sie abnehmen und in die Höhle werfen, in der sie sich versteckt hatten. Dann wälzten sie große Steine vor den Eingang. Sie liegen heute noch dort.

Die Eroberung von Süd-Kanaan

28 Noch am selben Tag eroberte Josua die Stadt Makkeda und ließ alles Lebendige mit dem Schwert umbringen. Er vollstreckte an ihr und ihrem König den Bann wie bei dem König von Jericho. 29 Dann führte Josua das israelitische Heer von Makkeda nach Libna* und griff auch diese Stadt an. 30 Jahwe gab sie und ihren König in die Hand Israels. Alles Leben darin wurde mit dem Schwert getötet, und sein König fand das gleiche Ende wie der von Jericho. 31 Danach zog Josua mit dem Heer nach Lachisch und belagerte die Stadt. 32 Jahwe gab auch sie in die Hand Israels. Am zweiten Tag eroberten sie die Stadt und erschlugen alles Lebendige darin mit dem Schwert, wie sie es in Libna gemacht hatten. 33 Als dann König Horam von Geser* mit seinen Männern heraufzog, um Lachisch zu helfen, wurde er von Josua vernichtend geschlagen. Keiner entkam. 34 Von Lachisch führte Josua das Heer nach Eglon. Sie umzingelten die Stadt,

---

10,29 *Libna.* Stadt in der Schefela, vermutlich 13 km nordöstlich von Lachisch.

10,33 *Geser.* Stadt im nördlichen Teil der Schefela, 27 km südöstlich von Joppe.

35 nahmen sie noch am selben Tag ein und vollstreckten wie in Lachisch an allem Lebendigen den Bann. 36 Von Eglon aus zogen sie nach Hebron hinauf und griffen es an. 37 Sie eroberten die Stadt und erschlugen die Bewohner samt ihrem König. Auch an den dazugehörenden Ortschaften vollstreckten sie den Bann und vernichteten alles Leben darin. 38 Dann

---

10,38 *Debir.* 14 km südwestlich von Hebron.

10,40 *östlichen Berghänge.* Offenbar die Abhänge zum Toten Meer hin.

10,41 *Kadesch-Barnea.* Ort an der Südgrenze Kanaans, etwa 80 km südwestlich von Beerscheba.

Gaza. Bedeutendste Stadt der Philister, 6 km vom Mittelmeer entfernt.

Goschen. Nach Josua 15,51 eine Stadt und ein Gebiet in Südkanaan, bisher nicht identifiziert. Nicht zu verwechseln mit Goschen in Ägypten (1. Mose 45,10).

11,1 *Hazor.* Wichtigste kanaanitische Festung im Norden, 14 km nördlich vom See von Galiläa.

Madon. Galiläische Stadt, vielleicht identisch mit Merom, 12 km nordwestlich von Hazor.

Schimron. Galiläische Stadt, 15 km westlich vom Berg Tabor.

Achschaf. Galiläische Stadt, 16 km südlich von Akko.

11,2 *Kinneret.* Früherer Name des Sees Gennesaret und einer Ortschaft an seinem Westufer.

Dor. Hafenstadt am Mittelmeer, 13 km nördlich von Cäsarea.

11,3 *Hermon.* Drei fast gleich hohe (über 2800 m) schneebedeckte Gipfel im Libanon. Der Hermon wurde von den vorisraelischen Bewohnern als heilig verehrt, deshalb auch *Baal-Hermon* genannt.

Mizpa. Offenbar identisch mit *Mizpe* in V. 8. Gebiet im Südlibanon.

wandte sich Josua von Hebron ab und griff mit dem Heer Israels Debir* an. 39 Er nahm die Stadt und die dazugehörigen Orte ein und ließ wie in Hebron an allem Lebendigen den Bann vollstrecken und wie in Libna auch den König töten. 40 So eroberte Josua das ganze Land, das Gebirge, den Negev im Süden, die Schefela und die östlichen Berghänge*. Keiner, der dort lebte, entging dem Gericht Gottes. An allem vollstreckte er den Bann, wie es Jahwe, Israels Gott, befohlen hatte. 41 Das eroberte Land reichte von Kadesch-Barnea* bis nach Gaza*, von der Landschaft Goschen* bis nach Gibeon. 42 Weil Jahwe, der Gott Israels, für sein Volk kämpfte, konnte Josua in einem einzigen Feldzug alle Könige dort besiegen und ihr Land erobern. 43 Dann kehrte Josua mit dem Heer Israels ins Lager nach Gilgal zurück.

Der nördliche Feldzug

11 1 Als Jabin, der König von Hazor*, das hörte, schickte er Boten zu König Jobab von Madon*, zu den Königen von Schimron* und Achschaf*, 2 zu den Königen im nördlichen Bergland, in der Ebene südlich von Kinneret*, in der Schefela und im Küstengebiet von Dor*, 3 zu den Kanaanitern im Osten und Westen, zu den Amoritern, den Hetitern, den Perisitern und den Jebusitern im Gebirge und zu den Hiwitern am Fuß des Hermon* im Gebiet von Mizpa*. 4 Alle diese Könige brachen mit ihren Truppen auf, es war eine riesige Menge, unzählbar wie der Sand am Meeresstrand; und sie hatten sehr

viele Pferde und Streitwagen* dabei. 5 Ihr gemeinsames Feldlager zum Kampf gegen Israel schlugen sie am Wasser von Merom* auf. 6 Da sagte Jahwe zu Josua: »Hab keine Angst vor ihnen! Ich werde dafür sorgen, dass ihr sie morgen um diese Zeit alle erschlagen habt. Du wirst ihre Pferde lähmen* und ihre Streitwagen in Brand stecken!« 7 Josua führte Israels Heer zu einem Überraschungsangriff auf das feindliche Lager am Wasser von Merom, 8 und Jahwe gab sie in ihre Hand. Sie schlugen sie in die Flucht und verfolgten sie bis zu der großen Stadt Sidon*, bis nach Misrefot-Majim* und in die Talebene von Mizpe* im Osten. Keiner der Fliehenden entkam. 9 Nach Jahwes Befehl ließ Josua ihre Pferde lähmen und die Streitwagen verbrennen. 10 Dann kehrte er um und eroberte Hazor, die Hauptstadt dieser Vereinigung von Stadtkönigen, und erschlug ihren König. 11 An allem Lebendigen ließ er den Bann vollstrecken. Alle Bewohner wurden mit dem Schwert getötet, und die Stadt wurde in Brand gesteckt. 12 Auch alle anderen Städte dieser Vereinigung eroberte Josua und vollstreckte an ihren Königen und Einwohnern den Bann, wie es Mose, der Diener Jahwes, befohlen hatte. 13 Niederbrennen ließ Josua aber nur Hazor. Die anderen Städte auf den Hügeln ließ er stehen. 14 Die Beute aus diesen Städten und das Vieh nahmen die Israeliten für sich, aber von den Menschen ließen sie niemand am Leben. Sie vernichteten sie völlig und erschlugen alle mit dem Schwert.

Die eroberten Gebiete

15 Wie Jahwe es seinem Diener Mose befohlen hatte, so trug Mose es Josua auf. Und Josua hielt sich genau an alle Weisungen, die Mose von Jahwe bekommen hatte. 16 Josua nahm das ganze Land ein, das Gebirge, den ganzen Negev und ganz Goschen, die Schefela, die Jordantiefebene und das Bergland Israels, 17 alles Land vom kahlen Berg Seïr* bis hin nach Baal-Gad* im Libanontal am Fuß des Hermon. Alle Könige, die dort regierten, nahm er gefangen und tötete sie. 18 Er musste jedoch lange gegen sie kämpfen, 19 denn außer der Hiwiterstadt Gibeon ergab sich keine Stadt den Israeliten freiwillig. Alle mussten sie im Kampf erobern. 20 Jahwe hatte sie starrsinnig zum Krieg gegen Israel

---

11,4 *Streitwagen.* Einachsige, von Pferden gezogene schnelle Wagen, die von einem Wagenlenker, einem Bogenschützen und evtl. noch einem Schildhalter besetzt waren, die Panzer des Altertums.

11,5 *Merom.* Wahrscheinlich 13 km südwestlich von Hazor, in einer waldreichen Gegend unter dem Har-Merom (1208 m), dem höchsten Berg Nordgaliläas.

11,6 *Pferde lähmen.* Man durchschnitt ihnen die Fußsehnen.

11,8 *Sidon.* Bedeutendste Stadt Phöniziens, 40 km nördlich von Tyrus. Ihre Einwohner und die der Umgebung werden Sidonier genannt.

Misrefot-Majim. Das meint vielleicht das Gebiet des Flusses Litani im Libanon.

Mizpe. Gegend in der Nähe des Hermon

11,17 *Seïr* heißt eigentlich »bewaldet« und meint hier wohl einen Berg in Juda (sonst ein Gebirge in Edom).

Baal-Gad. Stadt im Libanontal.

gemacht, damit er den Bann an ihnen vollstrecken konnte. Es sollte keine Gnade für sie geben. Israel musste sie vernichten, wie Jahwe es Mose befohlen hatte. *21* Damals vernichtete Josua

***11,21** Anakiter:* Eine Sippe von riesenhaften Menschen in der Umgebung von Hebron, vgl. 4. Mose 13,33.

Anab. Stadt 20 km südwestlich von Hebron.

***11,22** Gat.* Eine der fünf Philisterstädte, spätere Heimatstadt des Goliat.

Aschdod. Bedeutende Philisterstadt, 5 km vom Mittelmeer entfernt.

***12,1** Arnon.* Fluss, etwa 44 km lang, mündet ins Tote Meer. Er bildete die Südgrenze Israels im Ostjordangebiet.

***12,2** Aroer.* Stadt am Nordufer des Arnon, 23 km östlich des Toten Meeres.

Gilead. Landschaft östlich des Jordan, Wohnsitz der Stämme Ruben, Gad und halb Manasse.

Ammoniter. Nordöstliche Nachbarn der Moabiter.

***12,3** Bet-Jeschimot.* Letzter Lagerplatz Israels vor dem Zug durch den Jordan (4. Mose 33,49), 7 km nordöstlich vom Toten Meer.

Pisga. Wahrscheinlich in der Nähe des Nebo, 14 km östlich vom Nordende des Toten Meeres.

***12,4** Refaïter.* Volksstamm von außergewöhnlich hohem Wuchs.

Edrei. Die Residenzstadt lag 96 km südlich von Damaskus und 50 km östlich vom Jordan.

***12,5** Salcha.* Die Stadt liegt etwa 100 km südöstlich vom See Gennesaret.

Geschur. Kleines syrisches Königreich nördlich und östlich vom See Gennesaret, das unabhängig von Israel blieb.

Maacha. Kleines syrisches Königreich im Norden Israels, dessen Gebiet dem halben Stamm Manasse zugeteilt wurde, obwohl die Einwohner nicht vertrieben wurden.

auch die Anakiter*, die im Gebirge, in Hebron, Debir und Anab* wohnten, und in allen anderen Städten im Gebirge Juda und Israel. Josua vollstreckte den Bann an ihnen, *22* sodass in dem eroberten Land niemand von ihnen übrig blieb. Nur in Gaza, Gat* und Aschdod* entkamen sie dem Untergang. *23* So eroberte Josua das ganze Land, wie es Jahwe zu Mose gesagt hatte, und gab es Israel zum Eigentum, jedem Stamm sein Gebiet. Das Land hatte nun Ruhe vor dem Krieg.

Die besiegten Könige

12 *1* Die Israeliten hatten folgende Könige besiegt und deren Land im Ostjordangebiet vom Fluss Arnon* bis zum Berg Hermon in Besitz genommen, einschließlich der ganzen östlichen Tiefebene des Jordan:

2 Zunächst den Amoriterkönig Sihon aus Heschbon. Er herrschte von Aroer* am Arnon, von der Mitte des Arnontals an über das halbe Gilead* bis zum Fluss Jabbok, wo das Gebiet der Ammoniter* beginnt, *3* über das östliche Jordantal bis an den See Kinneret und nach Süden zu bis an das Meer der Araba, das Salzmeer, und bis nach Bet-Jeschimot* und den Abhängen des Berges Pisga*.

4 Dann das Land des Königs Og von Baschan, dem letzten vom Geschlecht der Refaïter*, der in Aschtarot und Edrei* regierte. *5* Er herrschte über das Hermongebirge, über das Gebiet von Salcha* und Baschan bis an die Grenze zu den Königreichen Geschur* und Maacha* und über die andere Hälfte Gileads bis an die Grenze von König Sihons Herrschaftsgebiet.

6 Diese beiden Könige waren unter der Führung Moses von den Israeliten besiegt worden. Und Mose, der Diener Jahwes, gab ihr Land den Stämmen Ruben, Gad und dem halben Stamm Manasse als Erbbesitz.

7 Es folgen die Könige, die unter der Führung Josuas von den Israeliten im Westjordanland besiegt worden sind, und zwar von Baal-Gad am Fuß des Libanon-Gebirges bis zum kahlen Berg Seïr. Josua gab es den Stämmen Israels zum Besitz: 8 das Gebirge, die Schefela, die Abhänge zur Araba hin mit der Wüste Juda und den Negev im Süden, das ganze Gebiet der Hetiter, Amoriter, Kanaaniter, Perisiter, Hiwiter und Jebusiter. 9 Es waren der König von Jericho, der König von Ai, das neben Bet-El liegt, 10 der König von Jerusalem, der König von Hebron, 11 der König von Jarmut und der von Lachisch, 12 der König von Eglon und der von Geser; 13 der König von Debir und der von Geder, 14 der von Horma* und der von Arad*, 15 der von Libna und der von Adullam*; 16 der König von Makkeda und der von Bet-El, 17 der von Tappuach und der von Hefer*, 18 der von Afek* und der von Scharon; 19 der König von Madon, der von Hazor, 20 der von Schimron-Meron* und der von Achschaf; 21 der König von Taanach*, der von Megiddo*, 22 der von Kedesch* und der von Jokneam* am Karmel*; 23 der König von Dor im Hügelland von Dor, der König von Haroschet-Gojim in Galiläa* 24 und der König von Tirza*. Insgesamt 31 Könige.

Noch nicht eroberte Gebiete

13 1 Inzwischen war Josua sehr alt geworden. Da sagte Jahwe zu ihm: »Du bist schon sehr alt, und sehr viel Land ist noch in Besitz zu nehmen. 2 Folgende Gebiete sind noch zu erobern: Alle Bezirke der Philister* und ganz Geschur, 3 das Gebiet vom Schihor* vor Ägypten bis zur Grenze von Ekron* im Norden,

---

12,14 *Horma.* Ort im Umkreis von Beerscheba.

Arad. Stadt, 27 km südlich von Hebron.

12,15 *Adullam.* Stadt in der Schefela, 26 km westlich von Jerusalem.

12,17 *Hefer.* Stadt, 40 km nördlich von Joppe in der Nähe der Mittelmeerküste.

12,18 *Afek.* Stadt in der Scharon-Ebene, 18 km östlich von Joppe.

12,20 *Meron.* Vermutlich ist Schimron gemeint, 15 km nördlich von Megiddo.

12,21 *Taanach.* Die Stadt liegt 6 km südöstlich von Megiddo.

Megiddo. Bedeutende kanaanitische Stadt am Südwestrand des Jesreel-Tales. Die Festung bewachte einen wichtigen Pass, der durch die Karmel-Bergkette verlief.

12,22 *Kedesch* in Galiläa, 27 km nördlich vom See Gennesaret.

Jokneam. 11 km nordwestlich von Megiddo.

Karmel. Berg, der die Mittelmeerebene unterbricht, Symbol für Schönheit und Fruchtbarkeit.

12,23 *Haroschet-Gojim* in Galiläa. Vermutlich Ort im Jesreel-Tal, wörtlich: *Gojim in Gilgal,* was aber unverständlich ist.

12,24 *Tirza.* 10 km nordöstlich von Sichem.

13,2 *Die Philister* bewohnten die südliche Küstenebene von Kanaan.

13,3 *Schihor.* Einer der Nilkanäle in der Nähe des heutigen Suez-Kanals.

Ekron. Philisterstadt in der Küstenebene, 32 km südöstlich von Joppe.

das den Kanaanitern zugerechnet wird, die fünf Fürstentümer der Philister: Gaza, Aschdod, Aschkelon, Gat und Ekron und das Gebiet der Awiter* 4 im Süden. Weiter gehört dazu das ganze Gebiet der Kanaaniter von der Sidonierstadt Meara bis nach Afek und zur Grenze der Amoriter; 5 das Gebiet der Gebaliter* und der ganze Libanon im Osten von Baal-Gad am Fuß des Hermon bis dorthin, wo es nach Hamat* geht, 6 alle Gebirgsbewohner vom Libanon an bis nach Misrefot-Majim, alle Sidonier. Ich selbst werde sie vor den Israeliten vertreiben. Verlose ruhig das ganze Land als Erbbesitz für Israel, wie ich es dir befohlen habe. 7 Verteile es als bleibenden

---

13,3 *Awiter.* Volk in der Nähe von Gaza.

13,5 *Geba* ist eine Stadt an der phönizischen Küste, 60 km nördlich von Sidon.

Hamat. Heute: Labwe, etwa 70 km nördlich vom Berg Hermon.

13,9 *Medeba.* Moabitische Stadt, 32 km südlich vom heutigen Amman.

Dibon. Bedeutende Stadt Moabs, 21 km östlich vom Toten Meer, 5 km nördlich der Arnon-Schlucht.

13,17 *Bamot-Baal.* Nordöstlich des Toten Meeres. Genaue Ortslage unbekannt.

Bet-Baal-Meon. 10 km östlich vom Toten Meer, 37 km südwestlich vom heutigen Amman.

13,18 *Jahaz.* Moabitische Stadt auf der Hochfläche des Ostjordanlandes, 17 km südöstlich von Medeba.

Kedemot. 32 km östlich vom Toten Meer, nördlich des Arnon.

Mefaat. Vielleicht identisch mit Jahwah, 11 km südlich vom heutigen Amman.

13,19 *Kirjatajim.* Vielleicht 14 km östlich vom Toten Meer.

Besitz an die neun Stämme und den halben Stamm Manasse.«

Das Ostjordanland

8 Die andere Hälfte des Stammes Manasse hatte zusammen mit den Rubeniten und Gaditen ihren Erbbesitz schon im Ostjordanland angenommen, so wie Mose, der Diener Jahwes, es ihnen ausgeteilt hat: 9 von Aroer am Rand des Arnontals an und der Stadt, die direkt am Fluss liegt; die ganze Hochebene zwischen Medeba* und Dibon* 10 und alle Städte des Amoriterkönigs Sihon, der von Heschbon aus geherrscht hatte bis zur ammonitischen Grenze; 11 die Landschaft Gilead und das Land der Geschuriter, das Land der Maachatiter und das ganze Hermongebirge, ganz Baschan bis nach Salcha; 12 das ganze Reich von König Og, der in Aschtarot und Edrei regierte, der Letzte aus dem Geschlecht der Refaïter, die von Mose geschlagen und vertrieben worden waren. 13 Aber die Geschuriter und Maachatiter vertrieben die Israeliten nicht. Sie leben bis heute mitten in Israel. 14 Nur dem Stamm Levi gab Mose keinen Erbbesitz. Ihm wurden die Opfergaben für Jahwe, den Gott Israels, als Anteil zugesichert.

15 Den Sippen des Stammes Ruben hatte Mose folgendes Gebiet zugeteilt: 16 von Aroer an, das am Rand des Arnontals liegt, und der Stadt direkt am Fluss, über die ganze Hochebene bis Medeba 17 und Heschbon mit all den Städten des Hochlandes: Dibon, Bamot-Baal*, Bet-Baal-Meon*, 18 Jahaz*, Kedemot*, Mefaat*, 19 Kirjatajim*, Sibma, Zeret-Schahar

im Bergland östlich des Salzmeeres und ²⁰ Bet-Peor*. Dazu kamen die Siedlungen auf den Abhängen des Pisga, Bet-Jeschimot ²¹ und alle anderen Städte der Hochebene. Es umfasste das ganze Herrschaftsgebiet des Amoriterkönigs Sihon aus Heschbon, den Mose ebenso besiegt hatte wie die midianitischen* Stammesfürsten: Ewi, Rekem, Zur, Hur und Reba, die dort lebten und in Sihons Diensten standen. ²² Neben vielen anderen töteten die Israeliten damals auch den Wahrsager Bileam Ben-Beor* mit dem Schwert. ²³ Die Westgrenze des Stammes Ruben bildete der untere Jordan und seine Uferlandschaft. Diese Städte und Dörfer waren den Sippen des Stammes Ruben zugeteilt worden.

²⁴ Den Sippen des Stammes Gad hatte Mose folgendes Gebiet zugeteilt: ²⁵ Jaser* und alle Städte Gileads, das halbe Land der Ammoniter bis nach Aroer*, das Rabba* gegenüber liegt; ²⁶ von Heschbon bis Ramat-Mizpe* und Betonim*, von Mahanajim* bis an das Gebiet von Debir; ²⁷ in der östlichen Tiefebene des Jordan: Bet-Haram*, Bet-Nimra*, Sukkot und Zafon, also das restliche Gebiet des Reiches von Sihon, der in Heschbon regiert hatte, bis zum Südende des Sees Kinneret. ²⁸ Diese Städte und Dörfer waren den Sippen des Stammes Gad zugeteilt worden.

²⁹ Den Sippen des halben Stammes Manasse hatte Mose das Gebiet zugeteilt, ³⁰ das von Mahanajim an das ganze Reich des Königs Og von Baschan umfasste, dazu alle Zeltdörfer Jaïrs – das waren 60 Ortschaften –, ³¹ das halbe Gilead, dazu die Städte

Aschtarot und Edrei, die zum Königreich Ogs gehört hatten. Dieses Gebiet wurde der Hälfte der Sippen zugeteilt, die von Machir Ben-Manasse abstammten.

³² Die Verteilung des Landes hatte Mose im Steppengebiet von Moab im Ostjordanland gegenüber von Jericho vorgenommen. ³³ Aber dem Stamm Levi gab Mose keinen Anteil am Landbesitz. Jahwe, der Gott Israels, sollte selbst ihr Erbbesitz sein und für sie sorgen, wie er es versprochen hatte.

Das Westjordanland

14 ¹ Es folgt eine Liste mit den Gebieten im Land Kanaan, die der Priester Eleasar und Josua Ben-Nun und die Oberhäupter der einzelnen Stämme an die Israeliten als Erbbesitz austeilten. ² So wie Jahwe

---

13,20 *Bet-Peor.* 29 km westlich vom heutigen Amman.

13,21 *Midianitern.* Nomadenvolk, das in der Araba (Jordantal) und in Transjordanien umherzog.

13,22 *Bileam Ben-Beor.* Siehe 4. Mose 22-24.

13,25 *Jaser.* Vermutlich Khirbet es-Sar, 10 km westlich vom heutigen Amman.

Aroer. Stadt an der Grenze zwischen Israel und Ammon.

Rabba. Hauptstadt der Ammoniter, 38 km östlich vom Jordan, heute: Amman.

13,26 *Ramat-Mizpe.* Eventuell 18 km westlich vom heutigen Amman.

Betonim. 26 km nordöstlich von Jericho.

Mahanajim. Wahrscheinlich 11 km östlich vom Jordan am Jabbok.

13,27 *Bet-Haram.* 29 km westlich vom heutigen Amman.

Bet-Nimra. Vielleicht identisch mit Nimrim, 8 km östlich des Jordan.

es Mose befohlen hatte, wurden sie durchs Los an die neuneinhalb Stämme aufgeteilt. *3* Die anderen zweieinhalb Stämme hatten ihren Erbbesitz ja schon im Ostjordanland von Mose zugeteilt bekommen. Nur den Leviten war kein Land zugeteilt worden. *4* Die Nachkommen Josefs bildeten nämlich zwei Stämme: Manasse und Efraïm. Und die Leviten erhielten keinen Anteil am Land; sie bekamen jedoch Städte, in denen sie wohnen konnten, und Weideplätze für ihr Vieh. *5* Die Israeliten verteilten das Land so, wie Jahwe es Mose befohlen hatte.

6 In Gilgal kamen die Männer des Stammes Juda zu Josua. Und Kaleb Ben-Jefunne aus der Sippe von Kenas sagte zu ihm:»Du weißt ja, was Jahwe zu Mose, dem Mann Gottes, über mich und dich in Kadesch-Barnea gesagt hat. *7* Ich war damals 40 Jahre alt, als Mose, der Diener Jahwes, mich von Kadesch-Barnea als Kundschafter in dieses Land hier geschickt hatte. Und ich erstattete ihm Bericht, wie ich es in meinem Herzen hatte. *8* Doch meine Brüder, die mit mir gezogen waren, machten dem Volk Angst. Aber ich ließ mich nicht beirren, sondern vertraute auf Jahwe, meinen Gott. *9* An diesem Tag hatte Mose mir unter Eid versprochen:›Der Teil des Landes, den du als Kundschafter betreten hast, soll dir und deinen Nachkommen für immer gehören! Denn du bist Jahwe, meinem Gott, treu gefolgt.‹ *10* Das ist jetzt 45 Jahre her und Jahwe hat mich tatsächlich am Leben erhalten, wie er es mir damals in der Wüste durch Mose versprochen hatte. Heute bin ich 85 Jahre alt *11* und noch genauso stark wie damals als Kundschafter. Ich kann immer noch kämpfen und in den Krieg ziehen. *12* Gib mir nun dieses Gebirge, von dem Jahwe geredet hat. Du hast damals selbst gehört, dass die Anakiter dort in großen stark befestigten Städten wohnten. Vielleicht steht Jahwe mir bei, dass ich sie vertreiben kann. Er hat es mir ja zugesagt.« *13* Da segnete Josua Kaleb und erklärte Hebron zu seinem Erbbesitz. *14* Die Stadt gehört noch heute seinen Nachkommen, weil Kaleb Ben-Jefunne aus der Sippe von Kenas Jahwe, dem Gott Israels, treu gefolgt war. *15* Hebron hieß damals übrigens noch Kirjat-Arba, Stadt des Arba. Das war der größte Mann unter den Anakitern gewesen. Danach war der Krieg zu Ende, und das Land kam zur Ruhe.

Der Stamm Juda

15 *1* Den Sippen des Stammes Juda wurde durch Losentscheid folgendes Gebiet zugewiesen: Im Süden grenzte es an die Wüste Zin, die zu Edom* gehört. *2* Ihre südliche Grenze begann an der Südspitze des Salzmeeres *3* und lief in südlicher Richtung am Fuß der Skorpionensteige vorüber nach Zin. Sie führte dann weiter südlich an Kadesch-Barnea vorbei über Hezron hinauf nach Addar, wo sie einen Bogen nach Karka machte. *4* Sie ging weiter durch Azmon und lief am Bach Ägyptens* aus, dem sie bis zum Meer folgte. Das soll eure Südgrenze sein!

15,1 *Edom.* Land östlich der Araba und südlich vom Toten Meer, bewohnt von den Nachkommen Esaus.

15,4 *Bach Ägyptens.* Heute: Wadi El-Arisch.

⁵ Die Ostgrenze bildete das Salzmeer bis zur Einmündung des Jordan. Von dieser Stelle führte die Nordgrenze ⁶ nach Bet Hogla hinauf, lief nördlich an Bet-Araba vorbei bis zum Stein Bohans, des Rubeniten. ⁷ Vom Tal Achor führte sie nach Debir hinauf, wandte sich nordwärts zu den Steinmalen* gegenüber dem Pass von Adummim, der südlich des Baches verläuft. Dann erreichte die Grenze En-Schemesch, die Sonnenquelle, und dann En-Rogel, die Bleicherquelle. ⁸ Sie führte durchs Ben-Hinnom-Tal, südlich um den Abhang herum, auf dem die Jebusiterstadt, das heutige Jerusalem, liegt, bis zum Gipfel des Berges, der sich westlich des Hinnom-Tals am Nordrand der Refaïm-Ebene erhebt. ⁹ Von dort zog sie sich herum auf die Quelle Neftoach zu und lief dann in Richtung der Städte des Berglandes von Efron und weiter nach Baala, dem heutigen Kirjat-Jearim. ¹⁰ Von Baala aus ging sie in westliche Richtung zum Gebirge Seïr, lief den Nordhang des Berges Jearim – das ist Kesalon – hinab nach Bet-Schemesch und hinüber nach Timna. ¹¹ Dann verlief sie an der Nordflanke von Ekron in einem Bogen nach Schikkaron hinüber zum Berg Baala und lief bei Jabneel an der Küste des Meeres aus. ¹² Das große Meer bildete die Westgrenze. Dies war das Gebiet, das der Stamm Juda mit seinen Sippen erhielt.

¹³ Nach Befehl Jahwes überließ Josua Kaleb Ben-Jefunne einen Teil des Stammesgebietes von Juda, nämlich Hebron. Damals hieß es noch Kirjat-Arba, die Stadt des Arba, nach dem Stammvater der Anakiter.

¹⁴ Kaleb vertrieb die drei Sippen der Anakiter von dort: Scheschai, Ahiman und Talmai. ¹⁵ Dann zog er vor die Stadt Debir, die früher noch Kirjat-Sefer hieß. ¹⁶ »Wer Kirjat-Sefer erobert«, versprach er seinen Männern, »bekommt meine Tochter Achsa zur Frau!«* ¹⁷ Es war Otniel Ben-Kenas, der Sohn von Kalebs Bruder, der die Stadt einnahm und Achsa zur Frau nehmen durfte. ¹⁸ Als sie ihm zugeführt wurde, rang sie ihm die Erlaubnis ab, gleich noch ein Stück Land von ihrem Vater fordern zu dürfen. Dann glitt sie von ihrem Esel, und Kaleb fragte: »Was hast du?« ¹⁹ Sie erwiderte: »Wenn du mich schon in den heißen Negev verheiratet hast, dann gib mir auch ein paar Wasserbecken als Segensgeschenk dazu!« Da schenkte ihr Kaleb die oberen und die unteren Teichanlagen bei Hebron.

Die zwölf Bezirke Judas

²⁰ Zu dem Land, das dem Stamm Juda und seinen Sippen als Erbbesitz zugeteilt wurde*, ²¹ gehörten auch die folgenden Städte:
Im Negev an der Grenze von Edom waren es Kabzeel, Eder, Jagur, ²² Kina, Dimona, Adada*, ²³ Kedesch, Hazor,

---

15,7 *Steinmale.* Wörtlich: *Gelilot.* Die LXX liest hier *Gilgal.*

15,16 *Achsa zur Frau.* Der Sieg im Kampf war eine Möglichkeit, den Brautpreis zu zahlen.

15,20 *zugeteilt wurde.* Das Siedlungsgebiet lag hauptsächlich zwischen dem Toten Meer und dem Mittelmeer.

15,22 *Adada.* Wahrscheinlich identisch mit Aroer.

Jitnan, 24 Sif, Telma, Bealot, 25 Ha-
zor-Haddata, Kirjat-Hezron – das ist
Hazor –, 26 Amam, Schema, Molada,
27 Hazar-Gadda, Heschmon, Bet-
Pelet, 28 Hazar-Schual, Beerscheba
und Bisjotja*. 29 Baala, Ijim, Ezem,
30 Eltolad, Kesil, Horma, 31 Ziklag,
Mandmanna, Sansanna, 32 Lebaot,
Schilhim, Ajin und Rimmon. Das sind
29 Städte* mit Dörfern.

33 In der Schefela Eschtaol, Zora,
Aschna, 34 Sanoach, En-Gannim,
Tappuach, Enam, 35 Jarmut, Addu-
lam, Socho, Aseka, 36 Schaarajim,
Aditajim, Gedera und Gederotajim –
14 Städte mit ihren Dörfern.

37 Außerdem: Zenan, Hadascha,
Migdal-Gad, 38 Dilan, Mizpe, Jokteel,
39 Lachisch, Bozkat, Eglon, 40 Kab-
bon, Lachmas, Kitlisch, 41 Gederot,
Bet-Dagon, Naama und Makkeda –
16 Städte mit ihren Dörfern.

42 Weiter: Libna, Eter, Aschan,
43 Jiftach, Aschna, Nezib, 44 Keila,
Achsib und Marescha – neun Städte
mit ihren Dörfern.

45 Dann: Ekron mit seinen Tochterstädten und Dörfern 46 und die Ortschaften westlich davon, die auf der
Seite von Aschdod liegen, 47 dann
Aschdod mit seinen Tochterstädten
und Dörfern, Gaza mit seinen Tochterstädten und Dörfern bis zum

großen Meer und nach Süden bis zum
Bach Ägyptens.

48 Im Gebirge: Schamir, Jattir,
Socho, 49 Danna, Kirjat-Sefer – das
heutige Debir –, 50 Anab, Eschtemoa,
Anim, 51 Goschen, Holon, Gilo – elf
Städte mit ihren Dörfern.

52 Außerdem: Arab, Duma, Eschan,
53 Janum, Bet-Tappuach, Afeka,
54 Humta, Kirjat-Arba – das heutige
Hebron – und Zior: neun Städte mit
ihren Dörfern.

55 Dann: Maon, Karmel, Sif, Jutta,
56 Jesreel, Jokdeam, Sanoach, 57 Kain,
Gibea, und Timna – zehn Städte mit
ihren Dörfern.

58 Weiter: Halhul, Bet-Zur, Gedor,
59 Maarat, Bet-Anot und Eltekon –
sechs Städte mit ihren Dörfern.

Außerdem: Tekoa, Efrata – das ist
Bethlehem –, Peor, Etam, Kulon,
Tatam, Schoresch, Kerem, Gallim,
Bet-Ter und Manocho – elf Städte mit
ihren Dörfern.*

60 Weiter: Kirjat-Baal – das ist Kirjat-Jearim – und Rabba – zwei Städte
mit ihren Dörfern.

61 In der Wüste: Bet-Araba, Middin,
Sechacha, 62 Nibschan und Ir-Me-
lach, die Salzstadt, und En-Gedi –
sechs Städte mit ihren Dörfern.
63 Nur die Jebusiter, die in Jerusalem
wohnten, konnten die Männer des
Stammes Juda nicht vertreiben. Bis
heute wohnen sie mit den Judäern
zusammen.

Die Josefstämme

16 1 Für die Nachkommen Josefs bestimmte das Los folgendes Gebiet: Die Grenze begann am
Jordan auf der Höhe von Jericho und
lief an den Quellen östlich der Stadt

15,28 *Bisjotja.* Das meint vielleicht: die dazugehörigen Dörfer.

15,32 *29 Städte.* Die Zahl der genannten
Ortschaften ist höher. Vielleicht waren einige der genannten Ortschaften wichtige Dörfer, vgl. Hazor V. 23 mit V. 25.

15,59 *Außerdem ... Dörfern.* Der Text dieses
Absatzes ist nur in der LXX überliefert.

vorbei durch die Wüste, die sich ins Gebirge hinaufzieht bis nach Bet-El. 2 Von dort lief sie weiter nach Lus* und zog sich zum Gebiet der Arkiter* hinüber nach Atarot*, 3 zog sich bergab nach Westen zum Gebiet der Jafletiter* und zum unteren Bet-Horon über Geser bis zum Meer. 4 Das war die Südgrenze des Gebiets, das die Nachkommen Josefs, die Stämme Efraïm und Manasse, erhielten.

Der Stamm Efraïm

5 Der Stamm Efraïm erhielt folgendes Gebiet: Seine Südgrenze begann östlich von Atarot-Addar, lief durch das obere Bet-Horon 6 und von dort zum Meer. Die Nordgrenze ging von Michmetat ostwärts nach Taanat-Schilo bis nach Janoach. 7 Von Janoach stieg sie hinunter nach Atarot und Naara, stieß auf Jericho und lief am Jordan aus. 8 Von Tappuach aus lief die Grenze westwärts zum Bach Kana und endete am Meer. Das ist der Erbbesitz für den Stamm Efraïm mit seinen Sippen. 9 Dazu kamen noch die Städte und Dörfer, die den Efraïmiten zugesprochen wurden, obwohl sie im Stammesgebiet von Manasse lagen. 10 Doch sie vertrieben die Kanaaniter von Geser nicht. So kam es, dass diese bis heute dort wohnen, aber Zwangsarbeiten verrichten müssen.

Der halbe Stamm Manasse

17 1 Ein Teil der Nachkommen von Manasse, dem ältesten Sohn Josefs, hatte Gilead und Baschan erhalten. Das waren die Nachkommen von Manasses ältestem Sohn Machir und dessen Sohn Gilead, einem kampferprobten Mann. 2 Auch

den anderen Söhnen Manasses und ihren Sippen wurden Gebiete zugewiesen: den Nachkommen von Abiëser, Helek, Asriël, Schechem, Hefer und Schemida. 3 Doch Zelofhad, der Sohn Hefers und Enkel Gileads aus der Sippe von Machir Ben-Manasse, hatte keine Söhne, sondern nur Töchter. Sie hießen Machla, Noa, Hogla, Milka und Tirza. 4 Diese Frauen gingen zum Priester Eleasar und zu Josua Ben-Nun und den Stammesoberhäuptern und sagten:»Jahwe hat Mose angewiesen, uns einen Erbbesitz unter unseren Brüdern zu geben.« Da gab er ihnen nach der Anweisung Jahwes einen Erbbesitz unter der Sippe ihres Vaters. 5 So kam es, dass der Stamm Manasse außer dem Land Gilead und Baschan auch westlich des Jordan zehn Anteile besaß, 6 denn die Sippen der weiblichen Nachkommen Manasses erhielten dort ebenso einen Anteil wie die der männlichen. Das Land Gilead wurde aber nur unter die männlichen Nachkommen aufgeteilt. 7 Das Gebiet Manasses grenzte im Norden an das des Stammes Ascher. Die Südgrenze verlief von Michmetat gegenüber von Sichem zum Siedlungsgebiet von En-Tappuach. 8 Die Umgebung von Tappuach gehörte Manasse, Tappuach selbst gehörte zu

---

16,2 *Lus.* Kanaanitischer Ort nahe bei Bet-El.

Arkiter. Sippe aus den Nachkommen Kanaans.

Atarot. Die Lage des Ortes ist unbekannt.

16,3 *Jafletiter.* Vielleicht die Nachkommen von Jaflet 1. Chronik 17,32.

Efraïm. *9* Die Grenze verlief dann südlich vom Kanatalbach bis zum Meer. Nördlich des Baches begann das Gebiet Manasses. Im Westen reichte es bis ans Meer. Die Städte südlich des Baches gehören zu Efraïm, obwohl sie noch im Stammesgebiet von Manasse lagen. *10* Das Bachtal bildete also die Grenze zwischen den beiden Stämmen. Das Meer war für beide die Westgrenze. Im Norden stieß das Land Manasses an das Gebiet des Stammes Ascher und im Osten an das von Issachar. *11* Und in den Stammesgebieten von Issachar und Ascher gehörten einige Städte mit den umliegenden Dörfern zu Manasse: Bet-Schean, Jibleam, der ganze Bezirk von Dor, En-Dor, Taanach und Megiddo. *12* Die Männer von Manasse konnten diese Städte allerdings nicht erobern. So gelang es den Kanaanitern, in diesem Gebiet wohnen zu bleiben. *13* Auch als die Israeliten stärker wurden, vertrieben sie die Kanaaniter nicht, verpflichteten sie aber zu Zwangsarbeiten.

14 Da beschwerten sich die Nachkommen Josefs bei Josua: »Warum hast du uns bei der Landverteilung nur den Anteil für einen einzigen Stamm gegeben? Wir sind doch so viele Leute. Jahwe hat uns reich gesegnet und zu einem großen Volk gemacht.« *15* Da sagte Josua: »Wenn ihr so viele seid und euch das Gebirge Efraïm nicht ausreicht, dann zieht doch in das Waldgebiet der Perisiter und Refaïter und rodet euch dort Land.« *16* Da sagten die Nachkommen Josefs: »Das Gebirge ist zu klein für uns, und die Kanaaniter in der Ebene Jesreel bis nach Bet-Schean haben eiserne Streitwagen.« *17* Da erwiderte Josua den Nachkommen Josefs, den Stämmen Efraïm und Manasse: »Ja, ihr seid ein großes und starkes Volk und sollt nicht nur einen Losanteil haben. *18* Ihr bekommt ein bewaldetes Bergland mit seinen Ausläufern dazu. Den Wald könnt ihr roden, und die Kanaaniter werdet ihr vertreiben, auch wenn sie stark sind und eiserne Streitwagen haben.«

Die Aufteilung des restlichen Landes

18 *1* Die ganze Gemeinschaft Israels versammelte sich in Schilo* und richtete dort das Zelt der Begegnung mit Gott auf. Das Land war jetzt erobert. *2* Allerdings hatten sieben Stämme ihr Land noch nicht in Besitz genommen. *3* Da sagte Josua zu den Israeliten: »Wie lange wollt ihr noch warten, bis ihr das Land, das Jahwe, der Gott eurer Väter, euch gegeben hat, nun auch in Besitz nehmt? *4* Wählt drei Männer aus jedem Stamm aus, die ich durchs Land schicken kann. Sie sollen die Gebiete erfassen, in denen sie wohnen wollen, und dann zu mir zurückkommen. *5* Das ganze Land sollen sie in sieben Gebiete aufteilen, wobei sie die Wohngebiete von Juda im Süden und den Josefstämmen im Norden aussparen. *6* So sollt ihr die sieben Teile schriftlich aufnehmen und mir die Liste herbringen. Dann werde ich sie hier vor

---

18,1 Schilo. Religiöses Zentrum im Hügelland von Efraïm, 32 km nördlich von Jerusalem.

Jahwe, unserem Gott, für euch auslosen. *7* Nur die Leviten bekommen kein eigenes Land unter euch, denn ihr Erbbesitz ist das Priestertum für Jahwe. Auch die Stämme Gad, Ruben und halb Manasse bekommen nichts mehr zugeteilt, denn sie haben ihren Erbbesitz schon im Ostjordanland von Mose, dem Dienern Jahwes, erhalten.« *8* Da machten sich die Männer auf den Weg. Josua hatte ihnen befohlen: »Zieht durch das ganze Land und nehmt es schriftlich auf! Wenn ihr fertig seid, bringt ihr eure Verzeichnisse zu mir! Ich werde dann hier vor Jahwe in Schilo die Gebiete für euch auslosen.« *9* Die Männer durchzogen also das ganze Land und fertigten eine Liste aller Städte an, die in jedem der sieben Teile lagen. Dann kehrten sie ins Lager bei Schilo zurück und überreichten die entstandene Buchrolle Josua. *10* Dieser ließ Jahwe durch das Los entscheiden und teilte den restlichen Stämmen Israels das Land zu.

Der Stamm Benjamin

11 Das Los für den Stamm Benjamin und seine Sippen fiel auf das Gebiet zwischen dem Stamm Juda und den Josefstämmen*. *12* Seine Nordgrenze begann am Jordan und stieg dann nördlich von Jericho auf das Gebirge nach Westen zu und endete im Weidegebiet von Bet-Awen. *13* Dann zog sie sich hinüber nach Lus, dem heutigen Bet-El, lief südlich der Stadt über den Höhenzug bis nach Atarot-Addar hinunter zu dem Berg, der südlich vom unteren Bet-Horon liegt. *14* Von seiner Westseite aus wandte sie sich nach Süden und lief bis nach Kirjat-Baal, dem heutigen Kirjat-Jearim, das zu Juda gehört. Das war seine Westgrenze. *15* Die Südgrenze begann am westlichen Ende von Kirjat-Jearim und führte ostwärts zur Quelle Neftoach, *16* dann senkte sie sich zum Fuß des Berges an der Nordseite der Ebene Refaïm, hinter dem das Hinnom-Tal beginnt, und führte dann durch das Hinnom-Tal am Südabhang der Jebusiterstadt entlang zur Bleicherquelle En-Rogel. *17* Von dort lief sie nordwärts zur Sonnenquelle En-Schemesch und weiter zu den Bezirken, die der Adummim-Steige gegenüber liegen, bis hinab zum Stein Bohans, des Rubeniten. *18* Sie ging nördlich am Bergrücken von Bet-Araba vorbei und führte dann weiter in die Araba hinunter. *19* Dann lief die Grenze nördlich am Bergrücken von Bet-Hogla vorbei und endete an der Einmündung des Jordan in das Salzmeer. *20* Die Ostgrenze des Gebietes, das den Sippen des Stammes Benjamin zugeteilt wurde, bildete der Jordan.

21 Dem Stamm und seinen Sippen gehörten folgende Städte: Jericho, Bet-Hogla, Emek-Keziz, *22* Bet-Araba, Zemarajim, Bet-El, *23* Awim, Para, Ofra, *24* Kefar-Ammoni, Ofni und Geba. Das waren zwölf Städte mit ihren Dörfern. *25* Dazu kamen noch Gibeon, Rama, Beerot, *26* Mizpe, Kefira, Moza, *27* Rekem, Jirpeel, Tarala, *28* Zela, Elef, die Jebusiterstadt, das heutige Jerusalem, Gibea und Kirjat.

18,11 *zwischen ... Josefstämmen.* Ein relativ kleines, aber strategisch wichtiges Gebiet zwischen den mächtigen Stämmen Juda und Efraïm.

Das sind 14 Städte mit ihren Dörfern. Das war der Erbbesitz der Sippen des Stammes Benjamin.

Der Stamm Simeon

19 ¹ Das zweite Los fiel auf den Stamm Simeon mit seinen Sippen. Sein Erbbesitz befand sich mitten im Stammesgebiet von Juda.* ² Ihm gehörten die Städte Beerscheba oder Scheba*, Molada ³ Hazar-Schual, Baala, Ezem, ⁴ Eltolad, Betul, Horma, ⁵ Ziklag, Bet-Markabot, Hazar-Susa, ⁶ Bet-Lebaot und Scharuhen. Das waren 13 Städte mit ihren Dörfern. ⁷ Dazu kamen noch weitere vier Städte mit ihren Dörfern: Ajin, Rimmon, Eter und Aschan ⁸ und die Dörfer, die in dem ganzen Gebiet um diese Städte herum bis nach Baalat-Beer und Ramat-Negev liegen. Das war der Erbbesitz der Sippen des Stammes Simeon. ⁹ Sein Anteil wurde also vom Land des Stammes Juda genommen, weil Judas Anteil zu groß für ihn allein war. Deswegen lag das Gebiet Simeons mitten in Juda.

Der Stamm Sebulon

¹⁰ Das dritte Los fiel auf den Stamm Sebulon* mit seinen Sippen. Sein Gebiet reichte bis nach Sarid. ¹¹ Von dort aus stieg die Grenze westwärts nach Marala, stieß an Dabbeschet und folgte dem Bach, der vor Jokneam fließt. ¹² Nach Osten zu lief die Grenze von Sarid am Gebiet von Kislot-Tabor vorbei nach Daberat und hinauf nach Jafia. ¹³ Von dort aus führte sie nach Osten über Gat-Hefer, Et-Kazin und Rimmon bis nach Nea. ¹⁴ Von dort verlief die Nordgrenze über Hannaton zum Tal von Jiftach-El. ¹⁵ Außerdem gehören noch die Städte Kattat, Nahalal, Schimron, Jidala und Bethlehem* dazu. Das waren insgesamt zwölf Städte mit ihren Dörfern. ¹⁶ Diese Städte und Dörfer waren der Erbbesitz der Sippen des Stammes Sebulon.

Der Stamm Issachar

¹⁷ Das vierte Los fiel auf den Stamm Issachar* mit seinen Sippen. ¹⁸ Sein Gebiet umfasste folgende Städte: Jesreel, Kesulot, Schunem, ¹⁹ Hafarajim, Schion, Anaharat, ²⁰ Daberat, Kischjon, Ebez, ²¹ Remet, En-Gannim, En-Hadda und Bet-Pazzez. ²² Die Grenze führte über Tabor*, Schahazajim, Bet-Schemesch und endete am Jordan. Das waren 16 Städte mit ihren Dörfern. ²³ Diese Städte und Dörfer waren der Erbbesitz der Sippen des Stammes Issachar.

Der Stamm Ascher

²⁴ Das fünfte Los fiel auf den Stamm Ascher mit seinen Sippen. ²⁵ Sein

---

19,1 *Simeon ... Juda.* Simeon siedelte überwiegend im westlichen Negev, zwischen Beerscheba und dem Mittelmeer.

19,2 *Scheba.* Möglicherweise handelt es sich um die gleiche Stadt, weil die Liste nur 13 Städte zählt.

19,10 *Sebulon.* Sein Stammesgebiet lag in der südlichen Mitte Galiläas, also nördlich der Jesreel-Ebene, wobei einige Städte wohl auch in der Ebene selbst lagen.

19,15 *Bethlehem.* Gemeint ist Bethlehem in Sebulon, 11 km westlich von Nazaret.

19,17 *Issachar* siedelte im östlichen Jesreel-Tal und im östlichen Niedergaliläa.

19,22 *Tabor.* Hier ist wahrscheinlich ein Ort namens Tabor gemeint, nicht der Berg.

Gebiet* umfasste die Städte Helkat, Hali, Beten, Achschaf, 26 Alammelech, Amat und Mischal. Seine Grenze führte um das Karmelgebirge bis zum Fluss Libnat. 27 Dort wandte sie sich ostwärts nach Bet-Dagon, erreichte das Gebiet Sebulons und folgte dessen Grenze bis zum Tal Jiftach-El im Norden. Sie lief links weiter nach Kabul, 28 Abdon, Rehob, Hammon und Kana bis zum Gebiet der großen Stadt Sidon. 29 Dort bog die Grenze nach Rama ab und erreichte die befestigte Stadt Tyrus. Hier machte sie einen Bogen in Richtung Hosa und endete am Meer. Auch die Städte Mahaleb, Achsib, 30 Umma, Afek und Rehob gehörten dazu. Das waren 22 Städte mit ihren Dörfern. 31 Diese Städte und Dörfer waren der Erbbesitz der Sippen des Stammes Ascher.

Der Stamm Naftali

32 Das sechste Los fiel auf den Stamm Naftali* mit seinen Sippen. 33 Seine Grenze ging von Helef aus ostwärts nach der Terebinthe* bei Zaanajim über den Adami-Pass und Jabneel bis Lakkum und endete am Jordan. 34 In westlicher Richtung führte die Grenze über Asnot-Tabor nach Hukkok. Im Süden grenzte das Gebiet Naftalis an Sebulon, im Westen an Ascher und am Jordan an das Land, das von Juda erobert* worden war. 35 Die befestigten Städte in diesem Gebiet waren Ziddim, Zer, Hammat, Rakkat, Kinneret, 36 Adama, Rama, Hazor, 37 Kedesch, Edrei, En-Hazor, 38 Jiron, Migdal-El, Horem, Bet-Anat und Bet-Schemesch. Das waren 19 Städte mit ihren Dörfern. 39 Diese Städte und Dörfer waren der Erbbesitz der Sippen des Stammes Naftali.

Der Stamm Dan

40 Das siebte Los fiel auf den Stamm Dan mit seinen Sippen. 41 Zu seinem Gebiet* gehörten die Städte Zora, Eschtaol, Ir-Schemesch, 42 Schaalbim, Ajalon, Jitla, 43 Elon, Timna, Ekron, 44 Elteke, Gibbeton, Baalat, 45 Jehud, Bene-Berak, Gat-Rimmon, 46 Me-Jarkon mit dem Gebiet gegenüber von Jafo. 47 Aber dieses Gebiet ging ihnen verloren.* So zogen die Daniten nach Norden gegen Leschem*. Sie eroberten die Stadt, erschlugen deren Bewohner mit dem Schwert und nahmen sie in Besitz. Dann benannten sie Leschem in Dan um – nach dem Namen ihres Stammvaters. 48 Diese

---

19,25 *Sein Gebiet.* Das war die nordwestliche Ecke Israels. In Aschers Gebiet lag der einzige natürliche Hafen Israels: Akko. Erst unter David und Salomo kam das Gebiet ganz unter die Herrschaft Israels.

19,32 *Naftali* besiedelte östlich von Ascher das Hügelland von Galiläa. Seine Ostgrenze verlief vom See Gennesaret bis zu den Quellen des Jordan.

19,33 *Terebinthe.* Belaubter Baum mit breitem Wipfel, der nicht mehr als 7 m hoch wird und als Schattenspender geschätzt ist.

19,34 *von Juda erobert.* Wörtlich: das Land Juda. Gemeint ist vielleicht das Land, das von der Sippe des Judäers Jair erobert worden war, jetzt allerdings im Gebiet Manasses lag, vgl. 1. Chronik 2,22.

19,41 *Gebiet.* Das war westlich des Stammes Benjamin.

19,47 *Gebiet ... verloren.* Siehe Richter 1,34.

Leschem. Das ist Lajisch, vgl. Richter 18,29.

Städte und Dörfer waren der Erbbesitz der Sippen des Stammes Dan.

Josuas Erbe

49 Als das ganze Land verteilt war, gaben die Israeliten auch Josua Ben-Nun einen Erbbesitz in ihrer Mitte. 50 Auf Anweisung Jahwes gaben sie ihm die Stadt, die er wollte. Es war Timnat-Serach* im Gebirge Efraïm. Er baute die Stadt aus und ließ sich dort nieder.

51 Das sind die erblichen Anteile, die der Priester Eleasar und Josua Ben-Nun zusammen mit den Stammes-oberhäuptern den Israeliten durch Losentscheid zuwiesen. Das geschah in der Gegenwart Jahwes in Schilo vor dem Eingang vom Zelt der Gottesbe-gegnung. So wurde die Verteilung des Landes abgeschlossen.

Die Asylstädte

20 1 Jahwe sagte zu Josua: 2 »Bestimmt jetzt die Asyl-städte, von denen ich durch Mose zu euch gesprochen habe. 3 Sie sollen demjenigen Schutz bieten, der aus Versehen, ohne Vorsatz, einen Men-schen getötet hat. An diesen Orten ist er vor dem Bluträcher* sicher. 4 Er soll in eine dieser Städte fliehen und sich am Stadttor dem Ältestenrat stellen und seinen Fall schildern. Dann soll er in die Stadt aufgenommen

werden und eine Unterkunft erhalten. 5 Wenn er von einem Bluträcher ver-folgt wird, darf er nicht ausgeliefert werden, denn er hat die Tat nicht vor-sätzlich, sondern aus Versehen began-gen. 6 Wenn seine Angaben vom Ge-richt der Gemeinschaft bestätigt wur-den, soll er bis zum Tod des Hohen-priesters in dieser Stadt bleiben. Dann kann er in seine Heimatstadt, aus der er geflohen ist, zurückkehren.«

7 Sie bestimmten dazu Kedesch in Galiläa auf dem Gebirge Naftali, außerdem Sichem auf dem Gebirge Efraïm und Kirjat-Arba, das heutige Hebron, auf dem Gebirge Juda. 8 Im Ostjordanland bestimmten sie Bezer, das in der Wüste östlich von Jericho liegt und zum Stamm Ruben gehört, außerdem Ramot in Gilead, das zum Stamm Gad gehört, und Golan in Baschan, das zum Stamm Manasse gehört. 9 Das waren die Städte, die den Israeliten und den Fremden, die unter ihnen lebten, als Zufluchtsorte dienten. Jeder, der unabsichtlich einen Menschen getötet hatte, konnte dorthin fliehen, damit er nicht vom Bluträcher getötet wurde, bevor er vor dem Gericht der Gemeinschaft gestanden hatte.

Die Levitenstädte

21 1 Dann kamen die Sippen-oberhäupter des Stammes Levi zum Priester Eleasar, zu Josua Ben-Nun und den Oberhäuptern der Stämme Israels. 2 Das war in Schilo im Land Kanaan. Sie sagten: »Jahwe hat durch Mose befohlen, dass wir Städte bekommen sollen, in denen wir wohnen können und wo wir Wei-deland für unser Vieh haben.« 3 Da

---

19,50 *Timnat-Serach.* 29 km nordwestlich von Jerusalem.

20,3 Der *Bluträcher* war ein Verwandter des Getöteten. Diese Regelung verhinderte ein endloses Blutvergießen durch die jeweiligen Familienmitglieder.

traten ihnen die Israeliten von ihrem Erbbesitz bestimmte Städte mit ihrem Weideland ab.

4 Als das Los für die Sippen der Kehatiter fiel, erhielten die Nachkommen Aarons unter den Leviten von den Stämmen Juda, Simeon und Benjamin durch das Los 13 Städte. 5 Die übrigen Nachkommen Kehats erhielten von den Stämmen Efraïm, Dan und dem halben Stamm Manasse durch das Los zehn Städte. 6 Die Sippe Gerschon bekam 13 Städte von den Sippen der Stämme Issachar, Ascher, Naftali und Ost-Manasse in Baschan. 7 Die Sippe Merari erhielt von den Stämmen Ruben, Gad und Sebulon zwölf Städte. 8 Diese Städte mit ihrem Weideland teilten die Israeliten den Leviten zu, wie Jahwe es durch Mose angeordnet hatte und es das Los nun bestimmte.

9 Die Stämme Juda und Simeon gaben folgende namentlich aufgezählte Städte 10 an die Nachkommen Aarons, die Leviten aus der Sippe Kehat, ab, denn diese bekamen das erste Los. 11 Sie erhielten die Stadt des Arba, des Stammvaters der Anakiter, das heutige Hebron, im Gebirge Juda samt seinen Weideplätzen. 12 Das Ackerland der Stadt und die Dörfer der Umgebung hatten die Israeliten ja schon Kaleb Ben-Jefunne als Erbbesitz gegeben. 13 Gleichzeitig diente Hebron als Asylstadt für Totschläger. Die Kehatiter erhielten also folgende Städte mit ihren Weideplätzen: Hebron, Libna, 14 Jattir, Eschtemoa, 15 Holon, Debir, 16 Ajin, Jutta, Bet-Schemesch. Das waren neun Städte von diesen beiden Stämmen. 17 Dazu vom Stamm Benjamin: Gibeon, Geba, 18 Anatot, und

Almon – vier Städte. 19 Damit besaß das Priestergeschlecht Aarons 13 Städte mit Weideland.

20 Die übrigen Familien der Sippe Kehat aus dem Stamm Levi erhielten einige Städte aus dem Stamm Efraïm durch Los zugesprochen: 21 Sichem* auf dem Gebirge Efraïm, das zugleich Asylstadt für Totschläger war, Geser, 22 Kibzajim und Bet-Horon – vier Städte. 23 Vom Stamm Dan erhielten sie Elteke, Gibbeton, 24 Ajalon und Gat-Rimmon – vier Städte. 25 Und von West-Manasse erhielten sie zwei Städte: Taanach und Gat-Rimmon*. 26 Das waren insgesamt zehn Städte mit Weideland für die restlichen Familien der Sippe Kehat.

27 Die Nachkommen Gerschons aus dem Stamm Levi erhielten zwei Städte mit Weideplätzen in Ost-Manasse: Golan, die Asylstadt für Totschläger in Baschan, und Beëschtera*. 28 Vom Stamm Issachar bekamen sie Kischjon, Daberat, 29 Jarmut und En-Gannim – vier Städte. 30 Vom Stamm Ascher: Mischal, Abdon, 31 Helkat und Rehob – vier Städte. 32 Vom Stamm Naftali: Kedesch in Galiläa, die Asylstadt für Totschläger, Hammot-Dor und Kartan – drei Städte. 33 Das waren insgesamt 13 Städte mit Weideland für die Familien der Sippe Gerschon.

21,21 *Sichem.* 48 km nördlich von Jerusalem.

21,25 *Gat-Rimmon.* Wahrscheinlich ist Jibleam nach der Parallele in 1. Chronik 6,55 gemeint.

21,27 *Beëschtera.* Vermutlich ein anderer Name für Aschtarot.

34 Die Nachkommen Meraris, zu denen alle übrigen Leviten gehörten, erhielten vom Stamm Sebulon Jokneam, Karta, 35 Dimna* und Nahalal – vier Städte.

36 Vom Stamm Ruben: Bezer, Jahaz, 37 Kedemot und Mefaat – vier Städte. 38 Vom Stamm Gad: Ramot in Gilead, die Asylstadt für Totschläger, Mahanajim, 39 Heschbon und Jaser – vier Städte. 40 Das Los der Sippe Merari aus dem Stamm Levi umfasste insgesamt zwölf Städte mit Weideland.

41 Alle Leviten erhielten zusammen 48 Städte im Stammesgebiet Israels mit Weideland. 42 Jede dieser Städte war von Weideland umgeben.

43 So gab Jahwe den Israeliten das ganze Land, das er ihren Vorfahren unter Eid versprochen hatte. Sie nahmen es in Besitz und siedelten sich darin an. 44 Außerdem verschaffte ihnen Jahwe an allen Grenzen Ruhe, wie er es ihren Vorfahren unter Eid zugesagt hatte. Kein Feind konnte vor ihnen bestehen. Er gab sie alle in ihre Gewalt. 45 So hatte Jahwe alle seine Zusagen erfüllt, keines seiner Versprechen an Israel war ausgeblieben. Alles traf ein.

Ruhe für das ganze Land

22 1 Damals rief Josua die Männer von Ruben, Gad und Ost-Manasse zusammen 2 und sagte zu ihnen: »Ihr habt alles getan, was Mose, der Diener Jahwes, euch befohlen hat. Auch mir seid ihr immer gehorsam gewesen. 3 Ihr habt eure Bruderstämme bis heute nie im Stich gelassen und habt den Auftrag Jahwes, eures Gottes, während dieser ganzen langen Zeit treu ausgeführt. 4 Jetzt hat Jahwe euren Brüdern Ruhe verschafft, wie er es ihnen versprochen hatte. Kehrt nun in euer eigenes Land auf der anderen Seite des Jordan zurück, das Mose, der Diener Jahwes, euch gegeben hat. 5 Doch vergesst nie, was euch Mose im Auftrag Jahwes eingeschärft hat: Ihr sollt Jahwe, euren Gott, lieben und auf seinen Wegen gehen. Ihr sollt euch an seine Gebote halten, ihm treu sein und ihm mit ganzem Herzen und allen Kräften dienen!« 6 Dann segnete Josua sie und ließ sie nach Hause ziehen.

7 Der einen Hälfte des Stammes Manasse hatte schon Mose das Land östlich des Jordan in Baschan gegeben. Der anderen Hälfte hatte nun Josua ihr Land bei ihren Brüdern westlich des Jordan zugewiesen. Als Josua die Männer von Ost-Manasse entließ, 8 sagte er ihnen: »Ihr kommt mit reichen Schätzen nach Hause, mit großen Viehherden, mit einer Menge Silber, Gold, Bronze, Eisen und Kleidern. Teilt diese Kriegsbeute mit euren Stammesbrüdern.«

Der Altar am Jordan

9 So verließen die Männer der Stämme Ruben, Gad und Ost-Manasse die übrigen Israeliten in Schilo, das in Kanaan liegt, und zogen in Richtung des Landes Gilead, wo sie sich aufgrund der Zusage Jahwes durch Mose angesiedelt hatten. 10 Als sie zu den Stein-

---

21,35 Dimna. Anderer Name für Rimmon, vgl. Josua 19,13; 1. Chronik 6,62.

22,10 Steinmale. Wörtlich: *Gelilot.* Die Bezeichnung ist nicht eindeutig, vielleicht: Steinkreis oder zusammengerollte Steine.

malen* des Jordan kamen, die noch in Kanaan liegen, bauten die Männer von Ruben, Gad und Ost-Manasse dort einen großen Altar. *11* Als die Israeliten die Nachricht erhielten: »Die Stämme Ruben, Gad und Ost-Manasse haben bei den Steinmalen im Jordantal einen Altar vor das Land Kanaan gebaut, der noch auf unserer Seite steht«, *12* versammelten sich alle Männer Israels in Schilo, um gegen die Oststämme Krieg zu führen. *13* Sie schickten Pinhas, den Sohn des Priesters Eleasar, nach Gilead zu den Stämmen Ruben, Gad und Ost-Manasse. *14* Er wurde von zehn Männern aus den Stämmen Israels begleitet. Jeder von ihnen war das Oberhaupt einer ganzen Sippe in den Heereseinheiten Israels. *15* In Gilead angekommen stellten sie die Oststämme zur Rede und fragten sie *16* im Namen der ganzen Gemeinde Jahwes: »Warum habt ihr dem Gott Israels die Treue gebrochen? Warum wendet ihr euch von Jahwe ab und baut euch einen Altar? Damit habt ihr euch heute gegen ihn aufgelehnt! *17* Haben wir denn noch nicht genug an der Sünde mit dem Baal-Peor, die bis heute auf uns liegt? Ihr wisst, dass die ganze Gemeinde Jahwes schwer dafür zu büßen hatte.* *18* Und was tut ihr? Ihr wendet euch heute von Jahwe ab! Doch wenn ihr das tut, wird schon morgen sein Zorn die ganze Gemeinde Israels treffen. *19* Wenn ihr aber denkt, dass euer Land unrein ist, dann kommt herüber in das Land, das Jahwe gehört und wo er seine Wohnung aufgeschlagen hat, und siedelt euch unter uns an. Aber gegen Jahwe dürft ihr euch nicht auflehnen und auch nicht gegen uns,

indem ihr euch einen anderen Altar als den Altar Jahwes, unseres Gottes, baut. *20* Denkt an Achan Ben-Serach, der sich an dem Gebannten vergriff! Seine Schuld hat nicht nur ihm, sondern auch vielen anderen von uns das Leben gekostet.«*

21 Da erwiderten die Männer von Ruben, Gad und Ost-Manasse den Oberhäuptern der Heereseinheiten Israels: *22* »Jahwe, der Gott und Herr aller Götter, ja, Gott, der Herr aller Götter, weiß es, und Israel soll es auch wissen: Wenn das Untreue und Auflehnung gegen Jahwe gewesen war, dann soll er uns heute nicht retten. *23* Ob wir uns einen Altar gebaut haben, um uns von Jahwe abzuwenden, und ob wir Brand- und Speisopfer darauf opfern oder Freudenopferfeste feiern wollten, möge Jahwe selbst entscheiden! *24* Nein, wir haben das aus Sorge um unsere Nachkommen getan. Wir fürchteten, dass eure Kinder eines Tages zu unseren sagen könnten: ›Was habt ihr denn mit Jahwe, dem Gott Israels, zu tun? *25* Jahwe hat doch eine Grenze zwischen euch und uns gesetzt, ihr Söhne von Ruben und Gad, nämlich den Jordan. Ihr habt keinen Anspruch darauf, Jahwe zu dienen!‹ So könnten eure Kinder unsere davon abbringen, Jahwe zu fürchten. *26* Darum haben wir diesen Altar gebaut. Er ist nicht für Brand- oder Schlachtopfer bestimmt, *27* sondern soll auch für unsere Nachkommen

---

22,17 zu büßen hatte. Siehe 4. Mose 25,1-18.
22,20 das Leben gekostet. Siehe Josua 7.

ein Zeuge zwischen uns und euch sein. Er soll uns daran erinnern, Jahwe mit Brand- und Schlachtopfern und Opfermahlen zu dienen. Dann können eure Kinder nicht zu unseren sagen, sie würden nicht zur Gemeinde Jahwes gehören. 28 Und sollten sie es doch eines Tages tun, dann könnten wir sagen: ›Seht euch diese Nachbildung von Jahwes Altar an! Unsere Väter haben sie gemacht. Sie wollten aber keine Opfer darauf bringen, sondern ihn als Denkmal zwischen uns stellen.‹ 29 Wir haben nicht im Entferntesten daran gedacht, uns gegen Jahwe aufzulehnen und ihm den Rücken zu kehren, indem wir neben dem Altar vor der Wohnung Jahwes noch ei-nen Altar für Brand-, Speis- oder Schlachtopfer bauten.«

30 Als der Priester Pinhas und die Fürsten der Gemeinschaft, die als Häupter der Heereseinheiten Israels bei ihm waren, hörten, was die Männer von Ruben, Gad und Ost-Manasse zu ihrer Verteidigung vorbrachten, waren sie beruhigt. 31 Pinhas, der Sohn des Priesters Eleasar, sagte zu ihnen:»Jetzt wissen wir, dass Jahwe weiter in unserer Mitte ist, denn ihr habt ihm nicht die Treue gebrochen. Damit habt ihr die Israeliten vor der Strafe Jahwes bewahrt.« 32 Dann kehrten Pinhas und die Abgesandten Israels ins Land Kanaan zurück und brachten den Israeliten die Antwort von den Männern der Stämme Ruben und Gad aus Gilead. 33 Diese freuten

sich über die Antwort und dankten Gott. Jetzt dachten sie nicht mehr daran, gegen sie in den Krieg zu ziehen und ihr Land zu verwüsten. 34 Die Rubeniten und die Gaditen gaben dem Altar einen Namen und erklärten:»Er steht als Zeichen zwischen uns und bezeugt, dass Jahwe Gott ist.«

Josuas Mahnung

23 1 Seit Jahwe Israel Ruhe vor all seinen Feinden verschafft hatte, war eine lange Zeit vergangen. Josua war inzwischen sehr alt geworden. 2 Da rief er noch einmal ganz Israel zusammen, die Ältesten, die Oberhäupter, die Richter und die Aufseher*. Er sagte zu ihnen:»Ich bin nun alt und habe nicht mehr lange zu leben. 3 Ihr habt mit eigenen Augen gesehen, was Jahwe, euer Gott, mit allen Völkern hier gemacht hat, denn er war es, der für euch kämpfte. 4 Und ich habe euch auch das noch nicht eroberte Land dieser Völker zwischen dem Jordan und dem Großen Meer im Westen zugeteilt. 5 Jahwe, euer Gott, wird auch diese Völker vor euch vertreiben, und ihr werdet deren Land in Besitz nehmen, wie er es versprochen hat. 6 Lasst euch deshalb nicht davon abbringen, alles zu befolgen, was im Gesetzbuch des Mose geschrieben steht. Haltet euch ganz fest daran und weicht weder rechts noch links davon ab, 7 damit ihr euch nicht mit den Völkern vermischt, die noch übriggeblieben sind. Nehmt die Namen ihrer Götter nicht in den Mund und schwört nicht bei ihnen! Dient ihnen nicht und betet sie nicht an. 8 Nur

---

23,2 Aufseher. Aufsichtsbeamte mit bestimmten polizeilichen Vollmachten.

Jahwe, eurem Gott, sollt ihr anhängen und ihm die Treue halten, wie ihr es bis jetzt getan habt. *9* Jahwe hat große und starke Völker vor euch vertrieben, und bis heute konnte euch niemand standhalten. *10* Ein Einziger von euch jagt tausend, denn Jahwe, euer Gott, kämpft für euch, wie er es versprochen hat. *11* Euer Leben hängt davon ab, dass ihr Jahwe, euren Gott, liebt! *12* Denn wenn ihr euch von ihm abwendet und euch mit den Völkern einlasst, die bei euch noch übriggeblieben sind, wenn ihr euch mit ihnen verschwägert und vermischt, *13* dann sollt ihr mit Sicherheit wissen: Jahwe, euer Gott, wird sie nicht weiter vor euch vertreiben. Dann werden sie für euch zum Fangnetz und zur Falle, zu Stachelpeitschen in euren Seiten und zu Dornen im Gesicht, bis ihr zugrunde geht und aus diesem guten Land fort müsst, das euer Gott euch gegeben hat. *14* Ich werde bald den Weg alles Irdischen gehen. Doch ihr habt ja mit Herz und Seele erkannt, dass all die guten Worte, die Jahwe, euer Gott, euch gesagt hat, eingetroffen sind; kein einziges davon ist ausgeblieben. *15* Aber genauso, wie sich jedes gute Wort Jahwes bei euch erfüllt hat, wird sich auch all das Böse erfüllen, das er euch angedroht hat – bis er euch wieder aus diesem schönen Land entfernt hat, das er euch gab. *16* Wenn ihr den Bund brecht, den Jahwe, euer Gott, mit euch geschlossen hat, wenn ihr also anderen Göttern dient und euch vor ihnen niederwerft, dann wird euch Jahwes brennender Zorn treffen, und ihr werdet schnell aus dem guten Land verschwunden sein, das er euch gab.«

Die Volksversammlung in Sichem

24 *1* Josua rief alle Stämme Israels nach Sichem zusammen: alle Ältesten, die Oberhäupter, Richter und Aufseher. Gemeinsam traten sie vor Gott, *2* und Josua sagte zum Volk:»So spricht Jahwe, der Gott Israels: ›Vor langer Zeit wohnten eure Vorfahren auf der anderen Seite des Stromes* und dienten fremden Göttern. Dazu gehörte auch Terach, der Vater von Abraham und Nahor. *3* Aber dann holte ich euren Stammvater Abraham aus dem Land jenseits des Stromes und ließ ihn im ganzen Land Kanaan umherziehen. Ich schenkte ihm viele Nachkommen: Ich gab ihm Isaak, *4* Isaak schenkte ich Jakob und Esau. Esau erhielt das Gebirge Seïr, doch Jakob und seine Söhne wanderten nach Ägypten aus. *5* Dann schickte ich Mose und Aaron zu euren Vorfahren. Ich ließ schweres Unheil über Ägypten kommen und führte eure Vorfahren wieder aus dem Land. *6* Ich brachte sie von Ägypten bis ans Schilfmeer. Doch die Ägypter verfolgten sie mit Streitwagen und Reitern. *7* Da schrien sie zu Jahwe, und er ließ zwischen ihnen und den Ägyptern eine Finsternis hereinbrechen; und dann ließ er das Meer über die Ägypter kommen, sodass sie untergingen. Ihr habt selbst gesehen, was ich mit Ägypten gemacht habe. Anschließend lebtet ihr lange Zeit in der Wüste. *8* Ich brachte euch dann in das Land der Amoriter östlich des Jordan. Sie kämpften gegen euch, doch

---

24,2 Strom. Das ist der Euphrat.

ich gab sie in eure Hand. Ich vernichtete sie, und ihr konntet ihr Land in Besitz nehmen. *9* Auch der Moabiterkönig Balak Ben-Zippor kämpfte gegen Israel. Er ließ Bileam Ben-Beor rufen, um euch zu verfluchen. *10* Aber ich wollte nicht auf Bileam hören, und er musste euch nachdrücklich segnen. So rettete ich euch vor seinen Anschlägen. *11* Dann habt ihr den Jordan überschritten und seid bis nach Jericho gekommen. Doch die Bürger von Jericho und die Amoriter, die Perisiter, die Kanaaniter, die Hetiter, die Girgaschiter, die Hiwiter und die Jebusiter kämpften gegen euch. Aber ich gab sie alle in eure Hand. *12* Ich sandte Angst und Schrecken vor euch her. Die vertrieben sie vor euch, genau wie vorher die beiden Amoriterkönige. Es war nicht dein Schwert und dein Bogen! *13* Ich gab euch ein Land, das ihr nicht nutzbar machen musstet, und Städte, die ihr nicht gebaut hattet. Jetzt wohnt ihr darin und esst von Weinbergen und Ölbäumen, die ihr nicht gepflanzt habt.‹«

14 »Darum fürchtet Jahwe«, fuhr Josua fort, »und dient ihm aufrichtig und treu! Trennt euch von den Göttern, denen eure Vorfahren im Land jenseits des Stromes und in Ägypten gedient haben! Dient allein Jahwe! *15* Wenn euch das aber nicht gefällt, dann entscheidet euch heute, wem ihr dienen wollt: den Göttern, die eure Vorfahren jenseits des Stromes verehrt haben, oder den Göttern der Amoriter, in deren Land ihr lebt. Doch ich und meine ganze Familie – wir werden Jahwe dienen!« *16* Da erwiderte das Volk: »Nein, wir wollen Jahwe nicht verlassen, um anderen Göttern zu dienen! *17* Es war doch Jahwe, der unsere Vorfahren aus der Sklaverei in Ägypten befreit hat, es war unser Gott, der vor unseren Augen so große Wunder getan und uns auf dem ganzen Weg quer durch das Gebiet fremder Völker beschützt hat. *18* Jahwe war es doch, der alle Völker und auch die Amoriter, die dieses Land bewohnten, vor uns vertrieben hat. Auch wir wollen Jahwe dienen, denn er ist unser Gott!«

19 Aber Josua sagte zum Volk: »Ihr seid nicht in der Lage, Jahwe zu dienen, denn er ist ein heiliger Gott, der eifersüchtig darüber wacht, dass ihr allein ihm gehört. Er wird euch nicht vergeben, wenn ihr ihm untreu werdet. *20* Wenn ihr Jahwe verlasst und anfangt, fremden Göttern zu dienen, wird er sich gegen euch wenden. Er wird euch Böses antun und euch vernichten, obwohl er euch vorher Gutes erwiesen hat.« *21* Aber das Volk erwiderte: »Wir wollen trotzdem Jahwe dienen!« *22* Da sagte Josua: »Ihr seid Zeugen gegen euch selbst, dass ihr euch für Jahwe entschieden habt und ihm dienen wollt!« – »Ja, wir sind Zeugen!«, riefen sie. *23* »Dann schafft auch die fremden Götter weg, die ihr noch bei euch habt«, sagte Josua, »und wendet euch mit ganzem Herzen Jahwe, dem Gott Israels, zu!« *24* Das Volk erwiderte: »Jahwe, unserem Gott, wollen wir dienen! Auf seine Stimme wollen wir hören!« *25* An diesem Tag in Sichem verpflichtete Josua das Volk auf den Bund mit Gott und legte ihnen die Gebote und Rechtsordnungen vor. *26* Dann schrieb er alles in das Gesetzbuch Gottes. Schließlich nahm er einen großen Stein und richtete ihn unter der Terebinthe auf, die beim Heiligtum Jahwes steht. *27* »Seht diesen Stein!«, rief er dem Volk zu, »er ist Zeuge, denn er hat alles gehört, was Jahwe zu uns gesagt hat. Er soll euch erinnern und mahnen, euren Gott nicht zu verleugnen!« *28* Dann entließ Josua das Volk, und jeder kehrte in seinen Erbbesitz zurück.

Josuas Tod

29 Nach diesen Ereignissen starb Josua Ben-Nun, der Diener Jahwes, im Alter von 110 Jahren. *30* Man begrub ihn in Timnat-Serach, das im Gebirge Efraïm nördlich vom Berg Gaasch liegt, auf dem Grundstück, das zu seinem Erbbesitz gehörte.

31 Solange Josua gelebt hatte und auch solange die Ältesten noch lebten, die alles miterlebt hatten, was Jahwe für Israel tat, blieb das Volk seinem Gott treu.

32 Sie begruben auch die Gebeine Josefs, die sie aus Ägypten mitgebracht* hatten, und zwar in Sichem auf dem Grundstück, das Jakob von den Söhnen Hamors, des Vaters von Sichem, für 100 Kesita* gekauft hatte und das jetzt zum Erbbesitz der Nachkommen Josefs zählte.

33 Dann starb auch Eleasar, der Sohn Aarons. Er wurde in Gibea begraben, einer Stadt im Gebirge Efraïm, die seinem Sohn Pinhas als Wohnsitz zugeteilt worden war.

24,32 *Gebeine ... mitgebracht.* Die waren 400 Jahre vorher dort einbalsamiert worden, vgl. 1. Mose 50,25-26.

Kesita. Geldeinheit bzw. -gewicht, dessen Größe uns unbekannt ist.

Das Buch der Richter

Das Buch der Richter ist die Fortsetzung des Buches Josua, dessen Tod hier noch einmal berichtet wird. Seinen Namen hat es von den Führern, die militärische und richterliche Funktionen in einzelnen Stämmen, manchmal auch für ganz Israel erfüllten. Wahrscheinlich überlappen sich die Zeiten einiger Unterdrückungs- und Richterperioden. Insgesamt können je sieben Perioden der Unterdrückung und Befreiung verfolgt werden. Geistlich gesehen kann man die Zeit am besten durch die Worte in Richter 17,6 und 21,25 wiedergeben: *»Damals gab es noch keinen König in Israel. Jeder tat, was er für richtig hielt.«* Das Buch wurde vermutlich am Anfang der Königszeit zwischen 1040 und 1020 v.Chr. möglicherweise von Samuel geschrieben.

Die Stämme Juda und Simeon erobern ihr Gebiet

1 **1** Nachdem Josua gestorben war, fragten die Israeliten Jahwe*: »Wer von uns soll zuerst gegen die Kanaaniter* in den Kampf ziehen?« **2** Jahwe antwortete: »Der Stamm Juda soll es tun! Ich gebe das Land in seine Gewalt.« **3** Da sagten die Männer von Juda zu ihren Brüdern aus dem Stamm Simeon*: »Kommt mit und helft uns im Kampf um das Gebiet, das uns zugeteilt worden ist! Wir werden euch dann auch im Kampf um euer Gebiet helfen.« Da schlossen sich die Männer von Simeon Juda an. **4** Sie zogen in den Kampf und Jahwe schenkte ihnen den Sieg über die Kanaaniter und Perisiter*. Bei der Stadt Besek* schlugen sie ein Heer von zehntausend Mann. **5** Dabei stießen sie auch auf deren König Adoni-Besek*. Als dieser merkte, dass sein Heer geschlagen war, **6** floh er. Doch sie verfolgten ihn und nahmen ihn gefangen. Dann hackten sie ihm die Daumen und die beiden großen Zehen ab. **7** Da sagte Adoni-Besek: »Siebzig Könige* ohne Daumen und große Zehen haben unter meinem Tisch die Abfälle aufgelesen. Jetzt hat Gott mir dasselbe Schicksal bereitet.« Seine Leute brachten ihn dann nach Jerusalem, wo er starb, **8** denn die Männer von Juda griffen auch Jerusalem an

1,1 *Jahwe.* Name Gottes, der die persönliche Nähe zum Menschen ausdrückt, siehe 1. Mose 2,4.

Kanaaniter. Bewohner des Landes Kanaan auf dem Gebiet des heutigen Israel. Sie besaßen eine gemeinsame Sprache, Religion und Kultur, waren politisch aber in viele Kleinkönigtümer und Stadtstaaten zersplittert.

1,3 *Simeon.* Josua teilte dem Stamm Städte im Gebiet von Juda zu, siehe Josua 19,1-9.

1,4 *Perisiter.* Bewohner Kanaans; manche verstehen sie nicht als eigenen Stamm, sondern als die Dorfbewohner.

Besek. Ort im Stammesgebiet von Juda, vielleicht Chirbet Buzqa 6 km nordöstlich von Geser.

1,5 *Adoni-Besek.* Das heißt so viel wie »Herr von Besek«.

1,7 *Könige.* Kanaan war in viele kleine Stadtstaaten aufgeteilt, die von »Königen« regiert wurden.

und eroberten es. Sie töteten die Bewohner und steckten die Stadt in Brand.*

9 Danach kämpften sie gegen die Kanaaniter, die das Bergland bewohnten, den Negev, das heiße Land im Süden, und die Schefela, das Hügelland im Westen. 10 Anschließend griffen sie die kanaanitischen Bewohner der Stadt Hebron* an, die damals noch Kirjat-Arba* hieß, und besiegten die Sippenverbände Scheschai, Achiman und Telmai*. 11 Dann zogen sie gegen die Stadt Debir, die damals noch Kirjat-Sefer* hieß. 12 Dort sagte Kaleb zu seinen Truppen: »Wer Kirjat-Sefer erobert, bekommt meine Tochter Achsa zur Frau!«* 13 Kalebs Neffe Otniel – er war der Sohn von dessen jüngerem Bruder Kenas – eroberte die Stadt. Daraufhin durfte er Achsa zur Frau nehmen. 14 Als sie ihm zugeführt wurde, rang sie ihm die Erlaubnis ab, gleich noch ein Stück Land von ihrem Vater fordern zu dürfen. Dann glitt sie von ihrem Esel, und Kaleb fragte: »Was hast du?« 15 Sie erwiderte: »Wenn du mich schon in den heißen Negev verheiratet hast, dann gib mir auch ein paar Wasserbecken als Segensgeschenk dazu!« Da schenkte ihr Kaleb die oberen und die unteren Teichanlagen bei Hebron.

16 Die Nachkommen von Moses Schwager* – das waren Keniter –, waren mit den Männern Judas aus der Palmenstadt aufgebrochen und in das Steppengebiet gezogen, das im Süden von Arad* liegt. Als Halbnomaden hielten sie sich im Gebiet Judas auf. 17 Dann halfen die Männer Judas ihren Stammesbrüdern von Simeon, die Kanaaniter in Zefat zu besiegen.

Sie vollstreckten den Bann* an der Stadt und nannten sie Horma, Bann. 18 Doch die Städte Gaza, Aschkelon und Ekron* mit den dazugehörigen Gebieten konnten die Männer Judas nicht einnehmen, 19 denn die Bewohner der Küstenebene hatten eiserne Streitwagen*. So konnten sie sie nicht vertreiben. Jahwe half ihnen aber, das Bergland zu erobern.

1,8 *Stadt in Brand.* Offenbar hatten sie nur einen Teil der Stadt, nicht die Zitadelle erobert (siehe Vers 21). Erst 400 Jahre später, zur Zeit Davids, wurde Jerusalem endgültig für die Juden erobert.

1,10 *Hebron.* 35 km südlich von Jerusalem und 30 km westlich vom Toten Meer.

Kirjat-Arba. »Stadt der Vier«, weist auf ein altes Bündnis hin, denn *Hebron* bedeutet auch »Bündnis«.

Telmai. Nach V. 20 und 4. Mose 13,22 waren das Söhne Anaks.

1,11 *Kirjat-Sefer.* »Stadt der Bücher« (oder: »der Schreiber«) liegt 25 km südwestlich von Hebron.

1,12 *Achsa zur Frau.* Der Sieg im Kampf war eine Möglichkeit, den Brautpreis zu zahlen.

1,16 *Schwager.* Manche übersetzen hier: Schwiegervater. Doch die hebr. Wurzel *htn* kann jede Schwiegerbeziehung meinen: Schwiegervater, Schwiegersohn, Schwager. Nach 4. Mose 10,29 war Hobab der *Schwager* von Mose.

Arad. Stadt im Negev.

1,17 *Bann.* Das bedeutete meistens die vollständige Vernichtung von Menschen, Tieren und Gütern.

1,18 *... Ekron.* Diese Philisterstädte bildeten mit Aschdod und Gat den Fünfstädtebund, vgl. Richter 3,3.

1,19 *Streitwagen.* Einachsige, von Pferden gezogene schnelle Wagen, die von einem Wagenlenker, einem Bogenschützen und evtl. noch einem Schildhalter besetzt waren – die Panzer des Altertums.

20 Nach der Anordnung Moses wurde dann die Stadt Hebron Kaleb zugesprochen, der die drei Sippen der Anakssöhne* von dort vertrieben hatte. 21 Doch die Jebusiter, die Bewohner Jerusalems, wurden auch von den Männern des Stammes Benjamin nicht vertrieben.* Bis heute* leben sie dort unter den Benjaminiten.

1,20 Anakssöhne. Vergleiche Vers 10.

1,21 nicht vertrieben. Jerusalem lag an der Grenze des Stammesgebietes von Juda und Benjamin. Als Folge des vorher erwähnten begrenzten Sieges (V. 8) konnten sich die Jebusiter in der Stadt halten.

Heute – meint den Zeitpunkt der Abfassung dieses Buches, der zwischen der Krönung Sauls 1051 v.Chr. und der Eroberung durch David 1004 v.Chr. liegen muss. Das Buch der Richter blickt von der Königszeit zurück, siehe zum Beispiel Richter 17,6.

1,22 Bet-El. Haus Gottes. Jakob hatte hier einen Altar gebaut, vgl. 1. Mose 35,1-15. Der Ort lag etwa 19 km nördlich von Jerusalem auf dem Gebirge Efraïm.

1,26 Hetiter. Eine kleinasiatische Völkergruppe, die weder in Sprache noch in Herkunft eine erkennbare Einheit bildeten. Zu dieser Zeit bestanden in Nordsyrien verschiedene hetitische Staaten.

1,27 Bet-Schean, 24 km südlich vom See Gennesaret, war eine bedeutende kanaanitische Stadt und wurde später eine Festung der Philister.

Megiddo. Bedeutende kanaanitische Stadt am Südwestrand des Jesreel-Tales. Die Festung bewachte einen wichtigen Pass, der durch die Karmel-Bergkette verlief.

1,30 Nahalal. Vermutlich Orte im Nordwesten der Ebene Jesreel.

1,31 Akko. bedeutendster Hafen am Mittelmeer, später in Ptolemaïs umbenannt.

Sidon. Bedeutendste Stadt Phöniziens, 40 km nördlich von Tyrus. Ihre Einwohner und die der Umgebung werden Sidonier genannt.

Der Norden Kanaans wird nur zum Teil erobert

22 Auch die Männer der Josefstämme Efraïm und Manasse zogen los und griffen Bet-El* an. Jahwe stand ihnen bei. 23 Zuerst erkundeten sie die Stadt, die damals noch Lus hieß. 24 Als die Späher einen Mann herauskommen sahen, hielten sie ihn fest und sagten:»Wenn du uns einen Zugang in die Stadt zeigst, werden wir dich belohnen.« 25 Er zeigte ihnen eine Stelle, wo sie eindringen konnten. Auf diese Weise eroberten die Männer der Josefstämme die Stadt. Sie töteten alle Einwohner mit dem Schwert, doch den Mann und seine ganze Sippe ließen sie gehen. 26 Der zog daraufhin ins Land der Hetiter* und gründete eine Stadt, die er Lus nannte, wie sie heute noch heißt.

27 Der Stamm Manasse vertrieb die Einwohner von Bet-Schean*, Taanach, Dor, Jibleam und Megiddo* und den dazugehörenden Ortschaften nicht. Die Kanaaniter setzten alles daran, in dieser Gegend wohnen zu bleiben. 28 Als die Israeliten dann stärker wurden, verpflichteten sie sie zu Zwangsarbeiten, vertrieben sie aber nicht.

29 Auch der Stamm Efraïm vertrieb die Kanaaniter nicht aus der Stadt Geser, denn sie hielten stand und blieben mitten in seinem Gebiet ansässig. 30 Der Stamm Sebulon vertrieb die Einwohner von Kitron und Nahalal* nicht, sodass die Kanaaniter auch unter ihnen wohnen blieben. Später jedoch verpflichtete man sie zu Zwangsarbeiten.

31 Der Stamm Ascher vertrieb die Einwohner von Akko* und Sidon*

nicht, und auch nicht die von Mahaleb*, Achsib, Helba*, Afek und Rehob*. *32* Deshalb lebten die Leute von Ascher mitten unter den Kanaanitern, die in der Gegend wohnen blieben, weil man sie nicht vertrieben hatte.

33 Der Stamm Naftali vertrieb die Einwohner von Bet-Schemesch und Bet-Anat* nicht, sondern lebte in seinem Stammesgebiet mit den Kanaanitern zusammen. Sie mussten ihnen jedoch Zwangsarbeiten leisten.

34 Als die Männer des Stammes Dan in die Ebene vordringen wollten, wurden sie von den Amoritern* ins Hügelland zurückgedrängt.* *35* Die Amoriter konnten sich in Har-Heres*, Ajalon und Schaalbim behaupten. Als die beiden Josefstämme später die Oberhand gewannen, verpflichteten sie sie zu Zwangsarbeiten. *36* Die Grenze zum Gebiet der Amoriter verläuft von der Skorpionensteige* bis nach Sela* und darüber hinaus.

Der Engel Jahwes

2 *1* Der Engel Jahwes* kam von Gilgal* nach Bochim* herauf und sagte zu den Israeliten:»Ich habe euch aus Ägypten herausgeführt und euch in das Land gebracht, das ich euren Vätern unter Eid zugesichert hatte. Ich hatte gesagt: ›Niemals werde ich meinen Bund mit euch brechen, nie! *2* Aber ihr dürft keinen Bund mit den Bewohnern dieses Landes schließen und müsst ihre Altäre niederreißen.‹ Doch ihr habt mir nicht gehorcht. Wie konntet ihr das nur tun? *3* So muss ich euch jetzt sagen: ›Ich werde die Bewohner dieses Landes nicht vor euch vertreiben!

Sie werden euch Widerstand leisten und ihre Götter werden zur Falle für euch.« *4* Als der Engel Jahwes das gesagt hatte, schrien die Israeliten auf und begannen zu weinen. *5* Darum nannten sie jenen Ort Bochim, die Weinenden. Dort brachten sie Jahwe Opfer.

1,31 Mahaleb. Wahrscheinlich 8 km nordöstlich von Tyrus an der Mittelmeerküste.

Helba. Unbekannte Stadt im Norden Israels.

Rehob. vielleicht Tell el-Balat, 19 km südöstlich von Tyrus.

1,33 Bet-Anat. Stadt im oberen Galiläa, 24 km südöstlich von Tyrus.

1,34 Amoriter. Bewohner des Landes Kanaan. Amoriter kann sowohl für einen einzelnen Stamm als auch für alle Bewohner Kanaans stehen. Es waren semitische Einwanderer aus der Arabischen Wüste, die um 2000 v.Chr. ins Kulturland eindrangen.

zurückgedrängt. Das führte später zur Wanderung der Daniten nach Lajisch, siehe Richter 18.

1,35 Har-Heres, Sonnenberg, vielleicht mit Bet-Schemesch identisch.

1,36 Skorpionensteige. Die genaue Lage unbekannt. Vielleicht 32 km südwestlich von der Südspitze des Toten Meeres.

Sela. Edomitische Festung 37 km südöstlich von der Südspitze des Toten Meeres.

2,1 Engel Jahwes. Hebräisch: *Malach Jahwe.* Das war kein gewöhnlicher Engel, sondern eine Erscheinung Gottes.

Gilgal. Wird gewöhnlich mit den Ruinen von Kirbet el-Mafjer identifiziert, 3 km nördlich von Jericho. *Gilgal* klingt an das hebräische Wort für Kreis an.

Bochim. Ort ungewiss, vielleicht in der Nähe von Beth-El (1. Mose 35,8).

2,6 Sichem. Strategisch und religiös bedeutende Stadt auf dem Pass (*Sichem* = Schulter) zwischen den Bergen Ebal im Norden und Garizim im Süden.

Israels Untreue

6 Als Josua damals die Versammlung bei Sichem* aufgelöst hatte, waren die Israeliten in die ihnen zugeteilten Gebiete gezogen, um sie in Besitz zu nehmen. 7 Solange Josua lebte, diente das Volk Jahwe, und auch noch solange die Ältesten lebten, die die großen Taten Jahwes für Israel gesehen hatten. 8 Doch dann starb Josua Ben-Nun, der Diener Jahwes, 110 Jahre alt. 9 Sie bestatteten ihn auf seinem Erbbesitz in Timnat-Heres*, im Gebirge Efraïm*, nördlich vom Berg Gaasch*. 10 Schließlich starb jene ganze ältere Generation und es wuchs eine neue heran, die Jahwe nicht kannte und seine großen Taten für Israel nicht miterlebt hatte. 11 Die Israeliten fingen an, den Baalen* zu dienen, was Jahwe als sehr böse ansah. 12 So verließen sie Jahwe, den Gott ihrer Vorfahren, der sie aus Ägypten herausgeführt hatte und liefen fremden Göttern nach. Sie warfen sich vor den Göttern ihrer Nachbarvölker nieder und reizten Jahwe auf diese Weise zum Zorn, 13 denn sie verließen ihn dadurch, dass sie Baal und Astarte* verehrten. 14 Da wurde Jahwe zornig über Israel. Er ließ räuberische Beduinen über sie herfallen, die sie ausplünderten. Er lieferte sie der Gewalt ihrer feindlichen Nachbarvölker aus, so dass sie ihnen keinen Widerstand mehr leisten konnten. 15 Sooft sie auch in den Kampf zogen, stellte sich Jahwe gegen sie, wie er es ihnen mit einem Schwur angedroht hatte. So gerieten sie in schwere Bedrängnis. 16 Aber dann ließ Jahwe ihnen immer wieder besondere Führer erstehen, die Richter, die sie aus der Gewalt der plündernden Nachbarstämme befreiten. 17 Aber auch auf ihre Richter hörten sie nicht lange, sondern gaben sich wie Huren immer wieder anderen Göttern hin und warfen sich vor ihnen nieder. Schnell kamen sie vom rechten Weg ab, den ihre Väter gegangen waren und gehorchten den Geboten Jahwes nicht mehr. 18 Trotzdem ließ Jahwe ihnen immer wieder Richter erstehen und stand diesen zur Seite. Er befreite sein Volk aus der Gewalt ihrer Feinde, solange die Richter lebten, denn er hatte Mitleid mit ihnen, wenn sie unter ihren Unterdrückern und Peinigern ächzten. 19 Doch sobald der Richter gestorben war, wurden die Israeliten rückfällig und trieben es noch schlimmer als ihre Vorfahren. In ihrem Trotz hörten sie einfach nicht auf, den anderen Göttern nachzurennen, ihnen zu dienen und sich vor ihnen niederzuwerfen. 20 Da flammte Jahwes Zorn gegen Israel auf. Er fasste den

---

2,9 Timnat-Heres. Andre Form für Timnat-Serach, 29 km nordwestlich von Jerusalem.

Efraïm. Zentrale Bergkette des Westjordanlandes, damals dicht bewaldet

Gaasch. Der Berg und die gleichnamige Stadt liegen etwa 30 km südwestlich von Sichem.

2,11 Baalen. Kanaanitischer Name für den syrischen Gott Hadad, den Gott des Sturmes und der Kriege. Die Mehrzahlform (Hebräisch: *Baalim*) verweist auf die zahlreichen Modifikationen der Verehrung Baals, z.B. als Baal-Peor (4. Mose 25,3); Baal-Gad (Josua 11,17); Baal-Berit, (Richter 9,4); Baal-Sebub (2. Könige 1,2).

2,13 Astarte. In Kanaan Gemahlin Baals, wurde als Fruchtbarkeitsgöttin verehrt.

Beschluss: »Weil dieses Volk ständig den Bund bricht, den ich mit ihren Vorfahren geschlossen habe, weil es mir einfach nicht gehorchen will, 21 werde auch ich kein einziges Volk mehr vor ihnen vertreiben. Die Völker, die Josua bis zu seinem Tod nicht vertreiben konnte, lasse ich im Land, 22 um die Israeliten auf die Probe zu stellen, ob sie wie ihre Vorfahren auf meinem Weg bleiben oder nicht.« 23 Deshalb hatte Jahwe diese Völker im Land bleiben lassen und sie nicht so schnell vertrieben; und deshalb hatte er sie auch Josua nicht in die Hand gegeben.

Fremde Völker unter den Israeliten

3 1 Einige Völker ließ Jahwe im Land bleiben, um durch sie die späteren Generationen der Israeliten zu prüfen, die von den Kämpfen um Kanaan nichts mehr wussten. 2 Er wollte erkennen, wie sich diese Generationen, die den Krieg nicht mehr kannten, verhalten würden, wenn er sie den Krieg zu führen lehrte. 3 Dazu gebrauchte er die fünf Fürsten der Philister*, alle Kanaaniter und Sidonier* und die Hiwiter*, die im Libanongebirge* zwischen dem Baal-Hermon* und Lebo-Hamat* wohnen. 4 Durch sie sollten die Israeliten auf die Probe gestellt werden, damit in Erfahrung gebracht würde, ob sie den Geboten Jahwes, die er ihren Vorfahren durch Mose gegeben hatte, gehorchen würden. 5 Die Israeliten wohnten also unter den Kanaanitern, Hetitern, Amoritern, Perisitern, Hiwitern und Jebusitern*. 6 Und was taten sie? Sie nahmen sich deren Töchter zu Frauen und verheirateten ihre eigenen Töchter mit deren Söhnen. Und sie dienten deren Göttern.

Der Richter Otniel

7 Ja, die Israeliten taten, was Jahwe als böse ansah. Sie vergaßen Jahwe, ihren Gott, und dienten den Baalen und den Ascheren*. 8 Da flammte Jahwes Zorn gegen Israel auf, und er lieferte sie der Gewalt von Kuschan-Rischatajim* aus, einem König im oberen Mesopotamien*. Acht Jahre lang mussten die Israeliten ihm dienen. 9 Da schrien sie zu Jahwe um

---

3,3 *Die Philister* bewohnten die südlichen Küstenstädte Aschdod, Askalon, Ekron, Gat und Gaza.

Sidonier. Einwohner der Stadt Sidon, hier wohl für Phönizier, Bewohner des Libanon.

Hiwiter. Auch die Einwohner der Städte Gibeon, Kefira, Beerot und Kirjat-Jearim gehörten zu den *Hiwitern.*

Libanongebirge. Das *weiße Gebirge.* 170 km lange und 25 km breite Gebirgskette am Mittelmeer nördlich von Israel, deren höchste Gipfel (über 3000 m) fast ganzjährig mit Schnee bedeckt sind. Berühmt sind die bis zu 40 m hohen Zedern.

Baal-Hermon. Drei fast gleich hohe (über 2800 m) schneebedeckte Gipfel in Nordgaliläa. Der *Hermon* wurde von den vorisraelischen Bewohnern als heilig verehrt, deshalb *Baal-Hermon.*

Lebo-Hamat. Heute: Labwe, etwa 70 km nördlich vom Hermon.

3,5 *Die Jebusiter* siedelten auf dem Gebirge Kanaans und in Jebus (Jerusalem).

3,7 *Aschera.* Kanaanitische Muttergottheit, oft durch geweihte Pfähle repräsentiert.

3,8 *Kuschan-Rischatajim.* Das bedeutet: *Mohr der doppelten Bosheit.*

Mesopotamien. Zweistromland, Landschaft zwischen den Flüssen Euphrat und Tigris, die heute größtenteils zum Irak gehört.

Hilfe und er ließ ihnen einen Retter erstehen: Otniel, der Sohn von Kalebs jüngerem Bruder Kenas. ¹⁰ Der Geist Gottes erfüllte ihn, und er wurde Richter in Israel. Dann zog er gegen den Syrerkönig Kuschan-Rischatajim in den Kampf und brachte ihm eine schwere Niederlage bei, weil Jahwe ihn in seine Gewalt gegeben hatte. ¹¹ Daraufhin hatte das Land 40 Jahre lang Ruhe vor seinen Feinden, bis Otniel starb.

Der Richter Ehud

¹² Aber die Israeliten taten weiterhin Böses vor Jahwe. Da gab Jahwe Eglon, dem König der Moabiter*, Macht über Israel, und zwar weil sie taten, was Jahwe missfiel. ¹³ Eglon verbündete sich mit den Ammonitern* und Amalekitern*. Er besiegte Israel und besetzte die Palmenstadt Jericho*. ¹⁴ Achtzehn Jahre lang

---

3,12 Die *Moabiter* lebten östlich vom Toten Meer zwischen den Flüssen Arnon und Zered.

3,13 Die *Ammoniter* waren nordöstliche Nachbarn der Moabiter.

Die *Amalekiter* waren Todfeinde Israels und lebten als Nomaden im Negev, südlich von Beerscheba.

Jericho. Eine der ältesten Städte der Erde, 250 m unter dem Meeresspiegel im Jordangraben gelegen. Sehr fruchtbare Oase, viele Palmen.

3,19 Diese *Götterbilder* trugen religiöse Inschriften und waren wahrscheinlich von den Moabitern aufgestellt worden, um die Grenze zu Israel zu markieren und gleichzeitig das eigene Land vor fremden Göttern zu schützen.

3,20 *Sache Gottes.* Das kann auch bedeuten: Ein *Wort* Gottes. Ehud wird aber an sein Schwert gedacht haben.

mussten die Israeliten dem Moabiterkönig Eglon Tribut zahlen. ¹⁵ Da schrien sie zu Jahwe um Hilfe und er ließ ihnen einen Retter erstehen: Ehud Ben-Gera, einen Linkshänder aus dem Stamm Benjamin. Die Israeliten hatten ihn ausgewählt, den Tribut an König Eglon zu überbringen. ¹⁶ Da ließ sich Ehud einen beidseitig geschliffenen Dolch schmieden und gürtete ihn an seine rechte Hüfte unter sein Gewand. ¹⁷ So vorbereitet ließ er dem König von Moab den Tribut überbringen. Dieser Eglon war übrigens ein sehr fetter Mann. ¹⁸ Nach der Übergabe schickte Ehud die Leute, die den Tribut getragen hatten, nach Hause. ¹⁹ Er selbst kehrte bei den Götterbildern*, die in der Nähe von Gilgal standen, wieder um und ging noch einmal zurück. »Ich habe eine geheime Botschaft an dich, o König!«, sagte er. »Pst! Ksch!«, machte Eglon. Da gingen alle Diener des Königs hinaus. ²⁰ Nun trat Ehud an den König heran – er saß nämlich in dem kühlen Obergemach, das für ihn allein bestimmt war – und sagte: »Eine Sache Gottes* habe ich für dich!« Sogleich erhob sich dieser vom Sitz. ²¹ Da fasste Ehud mit der linken Hand den Dolch, der an seiner rechten Seite hing, und stieß ihn dem König in den Bauch. ²² Die Klinge drang so tief ein, dass das Fett auch den Griff noch umschloss, denn Ehud riss den bis zum Gesäß eingedrungenen Dolch, nicht wieder heraus. ²³ Danach verriegelte er die Tür des Obergemachs, stieg durchs Fenster und ging über die Vorhalle hinaus. ²⁴ Als er gegangen war, kamen Eglons Diener und sahen, dass die Türflügel des Obergemachs verriegelt waren. »Er verrichtet wohl gerade seine Notdurft in der kühlen Kammer«, meinten sie. 25 Sie warteten aber vergeblich, denn er öffnete die Tür nicht. Schließlich holten sie einen Schlüssel und schlossen auf. Da lag ihr Herr tot auf dem Boden. 26 Während die Diener gewartet hatten, war Ehud entkommen. Er war schon an den Götterbildern vorbei und konnte sich nach Seira* in Sicherheit bringen. 27 Sobald er dort angekommen war, blies er überall auf dem Gebirge Efraïm das Signalhorn*. Da zogen die Männer Israels hinter ihm her vom Gebirge hinab. 28 »Folgt mir!«, rief er, »Jahwe hat eure Feinde, die Moabiter in eure Hand gegeben.« So folgten sie ihm bis ins Jordantal hinunter und besetzten die Flussübergänge, sodass die Moabiter nicht entkommen konnten. 29 Damals erschlugen sie an die zehntausend Moabiter, alles starke und kriegstüchtige Männer. Keiner entkam. 30 An diesem Tag musste sich Moab der Gewalt Israels unterwerfen. Daraufhin hatte das Land 80 Jahre lang Ruhe vor seinen Feinden.

Schamgar

31 Nach Ehud trat Schamgar Ben-Anat auf. Er erschlug 600 Philister mit einem Stab, der eine scharfe Spitze hatte, und normalerweise zum Antreiben von Rindern verwendet wurde. Auch er rettete die Israeliten vor ihren Feinden.

Die Richterin Debora

4 1 Nach dem Tod Ehuds taten die Israeliten weiter, was Jahwe als böse ansah. 2 Da lieferte er sie dem Kanaaniterkönig Jabin aus, der in Hazor* regierte. Dessen Heerführer Sisera hatte sein Hauptquartier in Haroschet-Gojim*. 3 Jabin besaß nämlich 900 eiserne Streitwagen und hatte die Israeliten 20 Jahre lang grausam unterdrückt. Da schrien sie zu Jahwe um Hilfe. 4 Damals war Debora Richterin in Israel. Sie war die Frau Lappidots und eine Prophetin. 5 Ihren Sitz hatte sie unter der Debora-Palme zwischen Rama* und Bet-El im Gebirge Efraïm. Die Israeliten kamen zu ihr hinauf, um sich von ihr Recht sprechen zu lassen. 6 Eines Tages ließ sie Barak Ben-Abinoam aus Kedesch in Naftali* zu sich holen und sagte zu ihm:»Jahwe, der Gott Israels befiehlt: ›Nimm zehntausend Mann aus den Stämmen Naftali und Sebulon und zieh mit ihnen auf den Berg Tabor*! 7 Ich werde Sisera, den Heerführer Jabins, mit seinen Wagen und

---

3,26 *Seira.* Unbekannter Ort im Gebirge Efraïm.

3,27 Das *Signalhorn* (Hebräisch: *Schofar*) war aus den gewundenen Hörnern des männlichen Fettschwanzschafes hergestellt und brachte einen dumpfen, durchdringenden Ton hervor.

4,2 *Hazor.* Wichtigste kanaanitische Festung im Norden, 14 km nördlich vom See von Galiläa.

Haroschet-Gojim. Vielleicht Tell el-Amar, 16 km nordwestlich von Megiddo.

4,5 *Rama.* 9 km nördlich von Jerusalem im Stammesgebiet von Benjamin.

4,6 *Kedesch in Naftali.* Gewöhnlich mit einem Ort 8 km westlich des Hulesees identifiziert.

Tabor. Kegelförmiger Berg, 8 km östlich von dem späteren Nazarat gelegen, 588 m über N.N.

seiner Streitmacht an den Bach Ki-schon* locken und ihn dort in deine Hand geben.‹« ⁸ »Wenn du mit-gehst«, erwiderte Barak, »will ich gehen, sonst gehe ich nicht!« ⁹ »Gut, ich gehe mit«, erwiderte Debora, »doch der Ruhm für den Sieg wird dann nicht dir gehören, denn Jahwe wird Sisera in die Hände einer Frau fallen lassen.« Debora machte sich fertig und ging mit Barak nach Ke-desch. ¹⁰ Dort rief Barak die Männer von Sebulon und Naftali zusammen. zehntausend Mann folgten seinem Ruf und zogen mit ihm auf den Tabor. Auch Debora kam mit.

¹¹ Einige Zeit vorher hatte sich der Keniter Heber von seinem Stamm ge-trennt, den Nachkommen von Moses Schwager Hobab. Er hatte sein Zelt bei der Terebinthe* von Zaanajim aufgeschlagen, das in der Nähe von Kedesch liegt.

¹² Nun berichtete man Sisera, dass Barak Ben-Abinoam eine Armee auf den Berg Tabor geführt hatte. ¹³ Da beorderte er seine 900 Streitwagen und seine ganze Heeresmacht, die sich in Haroschet-Gojim befand, an den Bach Kischon. ¹⁴ Als sie einge-troffen waren, sagte Debora zu Barak: »Los, greif an! Heute hat Jahwe dir den Sieg über Sisera in die Hand gege-ben. Er selbst zieht vor dir her.« Da stürmte Barak vom Berg Tabor hinun-ter, und die Zehntausend folgten ihm. ¹⁵ Als sie mit gezücktem Schwert auf ihre Feinde zukamen, ließ Jahwe das ganze feindliche Heer samt ihrem Anführer und den Streitwagen in Panik geraten. Sisera selbst sprang von seinem Wagen und floh zu Fuß. ¹⁶ Barak verfolgte die Wagen und das Heer bis nach Haroschet-Gojim. So wurde die ganze Armee Siseras vernichtet. Kein einziger entkam.

¹⁷ Sisera war auf seiner Flucht zu Fuß inzwischen bis zum Zelt Jaels ge-kommen, das war die Frau des Keni-ters Heber. Die Sippe Hebers unter-hielt freundschaftliche Beziehungen zu Jabin, dem König von Hazor. ¹⁸ Jael trat aus dem Zelt, ging Sisera entgegen und sagte: »Kehr ruhig bei mir ein, mein Herr! Komm herein! Hab keine Angst!«* So ging er mit ihr ins Zelt, und sie deckte ihn mit einem Vorhang zu. ¹⁹ »Gib mir ein wenig Wasser!«, sagte er zu ihr. »Ich habe Durst.« Da holte sie einen Schlauch mit Milch und gab ihm zu trinken. Dann deckte sie ihn wieder zu. ²⁰ »Stell dich doch an den Zeltein-gang!«, sagte er noch zu ihr. »Wenn jemand kommt und dich fragt, ob jemand hier ist, dann sag: ›Nein!‹« ²¹ Doch Jael, die Frau Hebers, holte einen Zeltpflock, nahm einen Ham-mer in die Hand und ging leise zu Sisera hin, der vor Erschöpfung in tiefen Schlaf gefallen war. Sie trieb ihm den Zeltpflock so durch die Schläfen, dass er noch in die Erde drang. Auf diese Weise starb Sisera. ²² Da kam auch schon Barak, der

---

4,7 *Kischon.* Kleiner Fluss im westlichen Teil der Jesreel-Ebene.

4,11 *Terebinthe.* Belaubter Baum mit breitem Wipfel, der nicht mehr als 7 m hoch wird und als Schattenspender geschätzt wird.

4,18 *keine Angst.* Im Orient durfte kein ande-rer Mann das Zelt einer Frau betreten außer ihrem Vater und ihrem Ehemann. So bot sie ihm ein ideales Versteck an.

Sisera verfolgt hatte. Jael trat aus dem Zelt, ging ihm entgegen und sagte: »Komm mit, ich zeige dir den Mann, den du suchst!« Barak ging mit ihr ins Zelt und fand Sisera mit einem Zeltpflock im Kopf tot auf der Erde liegen. ²³ So zwang Gott an jenem Tag den Kanaaniterkönig Jabin in die Knie. ²⁴ Und in der Folgezeit lag die Faust Israels immer härter auf seinem Stamm, bis er ganz vernichtet war.

Deboras Lied

5 ¹ An jenem Tag sangen Debora und Barak Ben-Abinoam das folgende Lied:

² Dass Führer Israel führten / und das Volk freiwillig kämpfte, / preist Jahwe dafür! ³ Ihr Könige, hört her! / Ihr Fürsten, merkt auf! / Ich will singen zur Ehre Jahwes, / die Saiten klingen lassen für Israels Gott. ⁴ Als du auszogst, Jahwe, von Seïr*, / und durch Edoms* Steppen kamst, / da bebte die Erde, / da brach der Himmel, / aus den Wolken ergoss sich die Flut. ⁵ Die Berge wankten vor Jahwe, / als Gott seinem Volk am Sinai* erschien.

⁶ Zur Zeit von Schamgar Ben-Anat* / und jetzt in den Tagen von Jael, / da waren alle Wege menschenleer. / Wer reisen wollte musste auf versteckten Pfaden gehen. ⁷ Felder und Dörfer lagen verwaist – bis ich mich erhob, / bis aufstand eine Mutter in Israel. ⁸ Mein Volk hatte sich neue Götter erwählt, / und dann brach der

Feind durch die Tore herein. / Hat einer wohl Schild und Lanze gesehen / bei vierzigtausend Männern in Israel? ⁹ Mein Herz gehört Israels Führern / und den Freiwilligen im Volk. / Preist Jahwe!

¹⁰ Singt, die ihr auf weißen Eseln reitet / und auf kostbaren Decken sitzt! / Singt, die ihr durch die Straßen zieht! ¹¹ Hört, wie sie jubeln zwischen den Tränken! / Dort besingt man die rettenden Taten Jahwes. / Sie erzählen, wie er seinem Volk half.

Dann zog sein Volk zu den Toren hinab: ¹² Auf, auf Debora! / Wach auf und singe ein Lied! Auf, Barak, Abinoams Sohn! / Führe deine Gefangenen vor! ¹³ Es kamen alle, die noch übrig waren / und schlossen sich den Führern Israels an. / Gerüstet kam das Volk Jahwes zu mir. ¹⁴ Aus Efraïm, das stark und heiß wie Amalek ist, / zogen die Scharen ins Tal, / auch Benjamins Männer folgten der Spur. / Von Machir* stiegen die Führer herab, / von Sebulon die mit dem Befehlshaberstab. ¹⁵ Auch

---

5,4 *Seïr.* Gebirge südöstlich vom Toten Meer.

Edoms. Land östlich der Araba und südlich vom Toten Meer, bewohnt von den Nachkommen Esaus.

5,5 *Sinai.* Berg der Gesetzgebung in der Wüste Sinai (2. Mose 19).

5,6 *Schamgar Ben-Anat.* Siehe Kapitel 3,31.

5,14 *Machir.* Teil des Stammes Manasse im Ostjordanland.

Issachars Fürsten kamen zu Debora, / und Barak mit seinem ganzen Gefolge. / So stürmten sie hinunter ins Tal. – Doch an Rubens Bächen überlegte man lang. 16 Warum bist du bei deinen Herden geblieben / und hörtest den Flöten der Hirten zu? / Ja, an Rubens Bächen überlegte man lang. 17 Gilead* blieb hinter dem Jordan stehen. / Und warum hielt sich Dan bei den Schiffen auf? / Die von Ascher saßen am Strand, / blieben faul in ihren Buchten am Meer. 18 Doch Sebulon ist ein Volk, / das sein Leben aufs Spiel gesetzt hat. / Auch Naftali zog aufs Schlachtfeld hinaus / und hatte keine Furcht vor dem Tod.

19 Könige kamen und kämpften, / Kanaans Könige führten Krieg – bei Taanach und bei Megiddos Bach – doch silberne Beute holten sie nicht. 20 Von himmlischen Bahnen her kämpften die Sterne, / gegen Sisera stellten sie ihre Macht. 21 Der Bach Kischon schwemmte sie fort, / der uralte Bach riss die Feinde hinweg.* / Vorwärts, meine Seele, sei stark! 22 Die Pferde donnerten im Galopp vorbei, / unter ihren Hufen dröhnte die Erde. 23 »Ihr sollt Meros* verfluchen«, / spricht der Engel Jahwes. / Verflucht die Bewohner der Stadt! / Denn sie eilten nicht zur Hilfe herbei, / zu Jahwe unter den Helden.

24 Preist Jael, die Frau des Keniters Heber, / rühmt sie mehr als jede andere Frau! / Gesegnet sei sie unter den Frauen im Zelt! 25 Als Sisera um Wasser bat, reichte sie Milch, / in kostbarer Schale gab sie ihm Rahm. 26 Dann griff sie mit der Linken den Pflock. / Den schweren Hammer in rechter Hand schlug sie zu, / durchbohrte die Schläfe und zerschmetterte Siseras Kopf. 27 Er krümmte sich zu ihren Füßen, / erschlagen lag er da. / Er krümmte sich zu ihren Füßen und war tot.

28 Seine Mutter späht zum Fenster hinaus, / blickt durch das Gitter von Sorge erfüllt. / Warum sehe ich seinen Wagen noch nicht? / Wo ist der Hufschlag seines Gespanns? 29 Die Klügste ihrer Edelfrauen antwortet ihr, / und sie selbst wiederholt ihren Trost: 30 »Gewiss haben sie die Beute verteilt, / ein oder zwei Mädchen pro Mann, / für Sisera den teuren Stoff. / Ja, bunte Kleider bringen sie mit, / zwei kostbare Tücher für deinen Hals.« 31 So möge es all deinen Feinden ergehen, Jahwe! / Doch die ihn lieben, sollen sein wie die Sonne, / die aufgeht in ganzer Pracht!

Daraufhin hatte das Land 40 Jahre lang Ruhe vor seinen Feinden.

5,17 *Gilead.* Landschaft östlich des Jordan, Wohnsitz der Stämme Ruben, Gad und halb Manasse.

5,21 *Bach riss ... hinweg.* Gott hatte einen Platzregen kommen lassen, der das Wadi Kischon zu einem reißenden Bach machte.

5,23 *Meros.* Ort im Stammesgebiet von Naftali viell. das heutige Chirbet Marus, etwa 10 km südlich von Kedesch.

Gideons Berufung

6 *1* Von neuem taten die Israeliten, was Jahwe als böse ansah. Da lieferte er sie den Midianitern* aus – sieben Jahre lang. *2* Die Midianiter setzten ihnen derartig zu, dass sich die Israeliten Felslöcher zurecht machten, Höhlen und unzugängliche Plätze in den Bergen. *3* Denn immer, wenn sie ihre Felder bestellt hatten, kamen die Midianiter mit den Amalekitern und Nomaden aus dem Osten *4* und machten sich im Land breit. Sie vernichteten die Ernte bis zu der Stelle, wo es nach Gaza geht, und ließen nichts Essbares zurück. Sie raubten Schafe, Rinder und Esel. *5* Mit ihren Herden und Zelten kamen sie wie Heuschrecken über das Land und verwüsteten alles. Sie und ihre Kamele waren nicht zu zählen. *6* Die Israeliten wurden bettelarm durch sie. Da schrien sie zu Jahwe um Hilfe. *7* Als sie das taten, *8* schickte Jahwe ihnen einen Propheten, der Folgendes sagte: »So spricht Jahwe, Israels Gott: Ich habe euch aus dem Sklavenhaus Ägypten herausgeholt. *9* Ich habe euch aus seiner Gewalt befreit. Und alle eure Peiniger vertrieb ich vor euch, und ich gab euch ihr Land. *10* Ich sagte: Ich bin Jahwe, euer Gott! Ihr sollt die Götter der Amoriter nicht verehren, in deren Land ihr jetzt wohnt! Aber ihr habt nicht auf mich gehört!«

11 Da kam der Engel Jahwes und setzte sich unter die Terebinthe bei Ofra*, die Joasch gehörte, einem Mann aus der Abiëser-Sippe. Dessen Sohn Gideon war gerade dabei, Weizen in einer Kelter* zu dreschen, um ihn vor den Midianitern in Sicherheit zu bringen. *12* Der Engel Jahwes zeigte sich ihm und sprach ihn an: »Jahwe ist mit dir, du tapferer Held!« *13* »Ach mein Herr«, erwiderte Gideon, »wenn Jahwe wirklich mit uns ist, warum hat uns dann das alles getroffen? Wo sind denn alle seine Wunder, von denen uns unsere Väter erzählt haben? Sie sagten, Jahwe habe uns aus Ägypten hierher geführt. Aber jetzt hat er uns im Stich gelassen und den Midianitern ausgeliefert.« *14* Da wandte sich Jahwe ihm zu und sagte: »Du sollst gehen und mit der Kraft, die du hast, Israel aus der Faust der Midianiter befreien! Ja, ich sende dich!« *15* »Aber mein Herr«, rief Gideon, »womit soll ich Israel denn befreien? Meine Heereseinheit ist die kleinste im ganzen Stamm Manasse und ich bin der Jüngste in unserer Familie.« *16* »Ich werde mit dir sein«, sagte Jahwe, »und du wirst die Midianiter schlagen wie einen einzelnen Mann.« *17* »Wenn du mir so viel Gunst erweisen willst, dann gib mir doch ein Zeichen, dass du wirklich mit mir redest. *18* Geh bitte nicht weg, bis ich zurückkomme; ich will eine Gabe bringen und vor dir niederlegen.« – »Ich warte, bis du wiederkommst«, versicherte er.

19 Da ging Gideon nach Hause, bereitete ein Ziegenböckchen zu und backte ungesäuertes Brot aus einem

---

6,1 *Midianiter.* Nomadenvolk, das in der Araba (Jordantal) und in Transjordanien umherzog.

6,11 *Ofra.* Ort im Stammesgebiet von Manasse, 8 km südlich von Megiddo.

Kelter. In den Fels gehauene Grube, die zum Weinpressen diente.

Backtrog* voll Mehl. Dann legte er das Fleisch in einen Korb, goss die Brühe in einen Topf und brachte alles unter die Terebinthe, um es dem Engel Jahwes anzubieten. ²⁰ Doch dieser sagte:»Nimm das Fleisch und die Brote und leg sie da auf den Felsen, aber die Brühe schütte weg!« Gideon tat es. ²¹ Dann berührte der Engel Jahwes mit der Spitze seines Stabes das Fleisch und die Brote. Da schlug Feuer aus dem Felsen und verzehrte alles. Gleichzeitig verschwand der Engel Jahwes. ²² Als nun Gideon sah, dass es wirklich der Engel Jahwes gewesen war, rief er:»Weh mir, Herr, mein Gott! Ich habe dem Engel Jahwes in die Augen gesehen!« ²³ Doch Jahwe sagte zu ihm:»Schalom*, beruhige dich! Hab keine Angst! Du musst nicht sterben.« ²⁴ Da baute Gideon an derselben Stelle einen Altar und nannte ihn»Jahwe-Schalom«. Der Altar steht heute noch in Ofra, der Stadt der Abiëser-Sippe.

Zerstörung des Baal-Altars

²⁵ In derselben Nacht sagte Jahwe zu Gideon:»Nimm den siebenjährigen Stier deines Vaters, das zweitbeste Tier aus seiner Herde! Reiß den Altar Baals nieder, der auf dem Grundstück deines Vaters steht und haue den Aschera-Pfahl* daneben um. ²⁶ Dann baue dort oben, auf der höchsten Stelle eurer Bergfestung, einen Altar für Jahwe, indem du Steine aufeinander schichtest, und opfere mir darauf den Stier als Brandopfer*. Als Brennholz sollst du den umgehauenen Aschera-Pfahl benutzen.« ²⁷ Da nahm Gideon zehn seiner Sklaven mit und machte das, was Jahwe ihm gesagt hatte. Er tat es jedoch im Schutz der Nacht, weil er sich vor seinen Angehörigen und den Männern der Stadt fürchtete. ²⁸ Am nächsten Morgen entdeckten diese, dass der Altar Baals umgerissen und der Aschera-Pfahl daneben umgehauen war. Sie stellten auch fest, dass der zweitbeste Stier auf dem neuen Altar geopfert worden war. ²⁹»Wer hat das getan?«, fragten sie sich. Sie fingen an, nachzuforschen und erfuhren:»Es war Gideon Ben-Joasch.« ³⁰ Da verlangten die Männer der Stadt von Joasch:»Gib deinen Sohn heraus! Er muss sterben, weil er den Altar des Baal niedergerissen und den Aschera-Pfahl umgehauen hat.« ³¹ Doch Joasch widersprach den Versammelten:»Wollt ihr etwa den Baal verteidigen? Wollt ihr ihn vielleicht retten? Wenn ihr das tut, wird keiner von euch bis morgen früh am Leben bleiben! Wenn er wirklich ein Gott ist, soll er sich doch selber für das Einreißen seines Altars rächen.« ³² Von dem Tag an nannte man Gideon Jerub-Baal – das heißt: Baal setze sich mit ihm auseinander –, weil er den Baals-Altar niedergerissen hatte.

6,19 *Backtrog.* Wörtlich: *ein Efa,* Hohlmaß von etwa 22 Litern.

6,23 *Schalom.* Frieden, Wohlergehen, Wohlbefinden, Unversehrtheit; auch als Grußformel gebraucht.

6,25 *Aschera-Pfahl.* Die *Aschera* war eine Fruchtbarkeitsgöttin, die in handlichen Figuren, geweihten Bäumen oder Pfählen verehrt wurde.

6,26 *Brandopfer.* Bei dieser Opferart wurde das Tier vollständig auf dem Altar verbrannt.

Bestätigungszeichen

33 Und wieder taten sich die Midianiter, die Amalekiter und die Nomaden aus dem Osten zusammen. Sie überschritten den Jordan und machten sich in der Ebene Jesreel* breit. 34 Da wurde Gideon vom Geist Jahwes erfüllt. Er blies das Horn, und die Männer der Abiëser-Sippe folgten seinem Ruf. 35 Dann schickte er Boten in das ganze Stammesgebiet von Manasse und zu den Stämmen Ascher, Sebulon und Naftali. Von überall her ließen die Männer sich rufen und schlossen sich Gideons Truppe an. 36 Inzwischen betete Gideon zu Gott: »Ich weiß, dass du versprochen hast, Israel durch mich zu befreien, aber gib mir doch bitte noch eine Bestätigung dafür! 37 Schau, ich lege gerade frisch geschorene Wolle auf die Tenne*. Wenn die Schafwolle morgen früh nass sein wird und ringsherum alles trocken, dann werde ich sicher sein, dass du Israel durch mich retten willst, wie du es gesagt hast.« 38 Als Gideon früh am nächsten Morgen aufstand und den Tau aus der Wolle ausdrückte, füllte das Wasser eine ganze Schale. 39 Doch Gideon betete noch einmal zu Gott: »Sei mir nicht böse, wenn ich dich noch ein einziges Mal um ein Zeichen bitte. Lass es mich doch noch einmal mit der Wolle versuchen und lass sie morgen früh trocken sein, aber ringsum alles nass vom Tau!« 40 Gott erfüllte ihm auch diese Bitte in der kommenden Nacht: Die Wolle blieb trocken und der ganze Boden war nass vom Tau.

Die richtigen Kämpfer

7 1 Am frühen Morgen brach Jerub-Baal, also Gideon, mit seinem ganzen Heer auf. Ihr Lager errichteten sie bei der Harod-Quelle*. Das Lager der Midianiter befand sich nördlich davon, in der Ebene am Hügel More*. 2 Aber Jahwe sagte zu Gideon: »Dein Heer ist zu groß! So kann ich euch den Sieg über die Midianiter nicht geben. Die Israeliten sollen sich nicht vor mir rühmen können und sagen: ›Wir haben uns aus eigener Kraft befreit!‹ 3 Lass daher im ganzen Lager ausrufen, dass alle, die Angst haben, nach Hause gehen* sollen.« Da machten 22.000 Mann kehrt, und nur 10.000 blieben zurück. 4 Doch Jahwe sagte zu Gideon: »Dein Heer ist immer noch zu groß. Führe die Männer ans Wasser hinunter, dort will ich sie für dich mustern. Ich werde dir sagen, wer mit dir gehen soll und wer nicht.« 5 Gideon führte die Leute ans Wasser. Dann sagte Jahwe: »Alle, die das Wasser mit der Zunge aufschlürfen wie ein Hund, stell auf die eine Seite, und alle, die sich zum Trinken hinknien, auf die andere.« 6 Dreihundert Männer schlürften das Wasser aus der hohlen Hand*, die

---

6,33 *Jesreel.* Sehr fruchtbare Ebene, 40 km nördlich von Samaria, Schauplatz vieler Schlachten.

6,37 *Tenne.* Dreschplatz für Getreide unter freiem Himmel.

7,1 *Harod-Quelle.* Wahrscheinlich En Harod am Fuß des Berges Gilboa. Der Bach windet sich von dort aus Richtung Jordan.

More. Der Hügel ragt wie ein Wächter auf und bewacht den Eingang zum Tal Jesreel. Er ist etwa 5 km von der Harod-Quelle entfernt.

7,3 *nach Hause gehen.* Wörtlich: *sich vom Gebirge Gilead abwenden.* Dieses Gebirge liegt allerdings auf der Ostjordanseite, aber es war wohl vom Lager aus zu sehen.

7,6 *hohlen Hand.* Sie hatten das Wasser offenbar stehend geschöpft.

anderen knieten sich zum Trinken hin. 7 Da sagte Jahwe zu Gideon: »Durch die dreihundert Mann, die das Wasser geschlürft haben, will ich Israel retten und die Midianiter in deine Hand geben. Die anderen sollen nach Hause gehen.« 8 Gideon entließ die Israeliten und behielt nur die dreihundert Männer bei sich. Diese übernahmen den Proviant und die Hörner* von den anderen. Das geschah oberhalb der Ebene, in der sich das Lager der Midianiter befand.

Noch eine Bestätigung

9 In der Nacht sagte Jahwe zu Gideon: »Greif das Lager dort unten an! Ich gebe es in deine Hand. 10 Wenn du aber Angst hast, schleich dich vorher mit deinem Burschen Pura hinunter 11 und hör dir an, was sie miteinander reden. Das wird dir Mut machen, sie anzugreifen.« Da schlich sich Gideon mit seinem Burschen bis an die bewaffneten Vorposten heran. 12 Die Midianiter, die Amalekiter und die Nomaden aus dem Osten waren wie Heuschrecken in die Talebene eingefallen. Ihre Kamele waren zahllos wie der Sand am Meeresstrand. 13 Als Gideon sich angeschlichen hatte, erzählte gerade einer seinem Kameraden einen

Traum. »Hör zu«, sagte er, »ich habe geträumt, dass ein Laib Gerstenbrot sich in unser Lager herunterwälzte und das Zelt umriss, so dass alles durcheinander flog und zu Boden stürzte.« 14 Sein Kamerad erwiderte: »Das kann nur eins bedeuten: Das Schwert von Gideon Ben-Joasch aus Israel. Gott hat die Midianiter und das ganze Lager in seine Hand gegeben.« 15 Als Gideon den Traum und seine Deutung gehört hatte, warf er sich nieder und betete Gott an. Dann kehrte er ins Lager Israels zurück und rief: »Steht auf! Jahwe hat das Lager der Midianiter in eure Hand gegeben.«

Gideons Sieg

16 Gideon teilte die 300 Mann in drei Gruppen auf. Jeder Kämpfer bekam ein Horn, eine Fackel und einen leeren Krug, um die brennende Fackel zu verbergen. 17 »Achtet genau auf das, was ich tue, wenn ich mit meinen Leuten an den Rand des feindlichen Lagers komme«, sagte Gideon, »und macht es uns genau nach. 18 Und wenn ich dann ins Horn stoße, sollt auch ihr rings um das Lager das Horn blasen und rufen: ›Für Jahwe und Gideon!‹« 19 Zu Beginn der mittleren Nachtwache* erreichte Gideon mit seinen 100 Mann das Lager. Die Posten waren gerade abgelöst worden. Da stießen sie in die Hörner und zerschlugen die Krüge, die sie mitgebracht hatten. 20 Alle drei Gruppen bliesen die Hörner und zerschlugen ihre Krüge. Dann packten sie mit der linken Hand die Fackel. Mit der rechten hielten sie die Hörner zum Blasen an den Mund und zwischendurch

---

7,8 *Hörner.* Hebräisch: *Schofarot.* Der Schofar wurde aus den gewundenen Hörnern des männlichen Fettschwanzschafes hergestellt und brachte einen dumpfen, durchdringenden Ton hervor.

7,19 *Nachtwache.* Im Altertum teilten viele Völker die Nacht in drei Wachen ein: Sonnenuntergang bis 22 Uhr, 22 Uhr bis 2 Uhr, 2 Uhr bis 6 Uhr. Es war also kurz nach 22 Uhr, das feindliche Heer hatte sich schlafen gelegt.

riefen sie: »Schwert Jahwes und Gideons!« 21 Dabei blieben sie um das Lager herum stehen. Da rannte das ganze feindliche Lager durcheinander. Alle schrien laut und flohen. 22 Denn als die 300 Mann in die Hörner stießen, ließ Jahwe eine Panik im ganzen Lager entstehen. Jeder ging mit seinem Schwert auf den anderen los. So floh das ganze Heer auf Bet-Schitta* zu, um nach Zereda* zu entkommen und den Jordanübergang von Abel-Mehola* bei Tabbat* zu erreichen.

23 Nun wurden Israels Mannschaften aus den Stämmen Naftali, Ascher und ganz Manasse aufgeboten, um die Midianiter zu verfolgen. 24 Gideon hatte auch Boten im Bergland von Efraïm umhergeschickt und sagen lassen: »Kommt herab und stellt euch den Midianitern entgegen! Besetzt die Wasserstellen bis nach Bet-Bara* und die Übergänge des Jordan!« Die Männer von Efraïm waren der Aufforderung gefolgt und hatten die Wasserstellen und Jordanfurten abgeriegelt. 25 Dabei konnten sie zwei midianitische Fürsten, Oreb und Seeb*, gefangen nehmen. Oreb töteten sie am Rabenfelsen und Seeb an der Wolfskelter. Dann verfolgten sie die Midianiter. Die abgeschlagenen Köpfe der beiden Fürsten brachten sie zu Gideon auf die andere Jordanseite.

Ein Stamm fühlt sich übergangen

8 1 Doch dabei machten die Männer des Stammes Efraïm Gideon heftige Vorwürfe: »Was hast du uns da angetan? Warum hast du uns nicht rufen lassen, als du zum Kampf gegen die Midianiter aufgebrochen bist?«

2 Doch Gideon antwortete: »Was habe ich denn schon geleistet im Vergleich zu euch? Ist die Nachlese Efraïms nicht besser als die ganze Weinlese Abiësers? 3 Euch hat Gott doch die Fürsten der Midianiter, Oreb und Seeb, in die Hand gegeben! Das stellt alles in den Schatten, was ich getan habe.« Mit diesen Worten besänftigte er sie, und sie gaben sich zufrieden.

Der Feldzug im Ostjordanland

4 Als Gideon mit seinen 300 Männern erschöpft von der Verfolgung den Jordan überquert hatte, 5 bat er die Bewohner von Sukkot*: »Gebt meinen Leuten doch ein paar Brotlaibe. Sie sind ganz erschöpft. Wir verfolgen die Midianiterkönige Sebach und Zalmunna.« 6 Doch die Stadtobersten erwiderten: »Hast du Sebach und Zalmunna denn schon in der Hand? Warum sollen wir deiner Truppe Brot geben?« 7 Da sagte Gideon: »Das werdet ihr mir büßen! Wenn Jahwe

---

7,22 *Bet-Schitta.* Heute: *Schatta*, westlich von Bet Schean.

Zereda. Wahrscheinlich *Zaretan* auf der Ostseite des Jordan.

Abel-Mehola. Heimatort des Propheten Elisa.

Tabbat. Der Ort auf der Anhöhe Ras Abu Tabat liegt am Rand eines Weges, der von einer Jordanfurt nach Osten führt.

7,24 *Bet-Bara.* Vermutlich gegenüber der Einmündung des Jabbok in den Jordan.

7,25 *Oreb und Seeb.* Hebräisch: »Rabe« und »Wolf«.

8,5 *Sukkot.* Ort im Ostjordanland zwischen Jabbok und Jordan.

die beiden Könige in meine Hand gegeben hat, werde ich euch mit Wüstendorn und Stechdistel zerdreschen.« ⁸ Dann zog er nach Pnuel* weiter und bat auch dort um Brot. Doch er bekam die gleiche Antwort wie in Sukkot. ⁹ »Wenn ich heil zurückkomme, reiße ich eure Burg nieder«, drohte Gideon.

¹⁰ Sebach und Zalmunna hatten mit ihren Truppen – etwa 15.000 Mann – in Karkor* Halt gemacht. Das war alles, was von dem ganzen Heerlager der östlichen Nomaden übrig geblieben war. 120.000 Kämpfer waren gefallen. ¹¹ Gideon folgte ihnen auf der Beduinenstraße, die östlich von Nobach und Jogboha* verläuft, und griff das feindliche Heer, das sich in Sicherheit wähnte, völlig unerwartet an. ¹² Das ganze Lager geriet in Panik, und die beiden Könige Sebach und Zalmunna flohen. Gideon verfolgte sie und nahm beide gefangen.

¹³ Nach der Schlacht machte sich Gideon Ben-Joasch auf den Rückweg. Als er den Pass von Heres hinabstieg, ¹⁴ traf er einen jungen Mann aus Sukkot. Er hielt ihn fest und ließ sich von ihm die Namen der führenden Männer und der Stadtoberen aufschreiben, insgesamt 77 Namen. ¹⁵ Als er nach Sukkot kam, sagte er zu den Männern der Stadt: »Hier sind Sebach und Zalmunna, mit denen ihr mich verspottet und gesagt habt: ›Hast du Sebach und Zalmunna denn schon in der Hand? Warum sollen wir deiner erschöpften Truppe Brot geben?‹ ¹⁶ Dann ließ er die führenden Männer der Stadt ergreifen und zahlte es ihnen mit Wüstendorn und Stechdisteln heim. ¹⁷ In Pnuel ließ er die Männer der Stadt erschlagen und die Burg niederreißen.

¹⁸ Schließlich wandte er sich an Sebach und Zalmunna: »Wie sahen die Männer aus, die ihr am Berg Tabor erschlagen habt?« – »Sie waren wie du«, antworteten sie, »jeder sah aus wie ein Königssohn.« ¹⁹ Da rief Gideon: »Es waren meine eigenen Brüder! So wahr Jahwe lebt: Hättet ihr sie am Leben gelassen, würde ich euch nicht umbringen!« ²⁰ Er wandte sich an Jeter, seinen ältesten Sohn: »Töte sie!« Doch Jeter war noch jung und zögerte, sein Schwert zu ziehen; er hatte Angst davor. ²¹ Da sagten Sebach und Zalmunna: »Steh doch auf und tu es selbst! Hier braucht es den ganzen Mann!« Da sprang Gideon auf und erschlug beide. Dann nahm er die Halbmonde an sich, die an den Hälsen ihrer Kamele hingen.

Gideons Efod

²² Die Israeliten sagten zu Gideon: »Du sollst unser Herrscher sein, du, dein Sohn und dein Enkel, denn du hast uns von den Midianitern befreit.« ²³ Doch Gideon erwiderte: »Ich will nicht über euch herrschen, und auch mein Sohn soll es nicht; Jahwe soll euer König sein! ²⁴ Ich habe jedoch eine Bitte an euch: Gebt mir die geweihten Ringe, die ihr erbeutet habt!« Die Midianiter hatten nämlich goldene

8,8 *Pnuel*. Amoritische Festung an einer Furt des Jabbok, 8 km östlich von Sukkot.
8,10 *Karkor*. Ortslage unbekannt.
8,11 *Jogboha*. 24 km südlich von Pnuel. Heute: El-Jubeihat.

Ringe getragen, weil sie Ismaeliten waren. 25 »Das tun wir gern«, sagten sie. Sie breiteten einen Umhang aus, und jeder warf den Weihring von seiner Beute darauf. 26 Das Gold, das auf diese Weise zusammenkam, wog etwa 20 Kilogramm*. Dazu kamen noch die Halbmonde, Ohrgehänge und Purpurkleider, die die Midianiterkönige getragen hatten, und der kostbare Halsschmuck der Kamele. 27 Gideon ließ daraus ein Efod* machen und stellte es in seiner Heimatstadt Ofra auf. Ganz Israel kam dorthin und verehrte es. Das wurde Gideon und seiner Familie zum Verhängnis.

Gideons Tod

28 So wurden die Midianiter gezwungen, sich vor Israel zu beugen. Sie wagten nicht mehr, den Kopf hoch zu tragen. So lange Gideon lebte, hatte das Land Ruhe vor seinen Feinden, 40 Jahre lang. 29 Und Gideon Jerub-Baal Ben-Joasch kehrte nach Hause zurück. 30 Von seinen vielen Frauen hatte er 70 Söhne. 31 Eine seiner Nebenfrauen wohnte in Sichem. Sie bekam einen Sohn von ihm, den er Abimelech, »mein Vater ist König«, nannte. 32 Gideon starb in hohem Alter und wurde in der Grabstätte seines Vaters Joasch in Ofra, der Stadt der Abiëser-Sippe, beigesetzt.

33 Bald nach Gideons Tod fingen die Israeliten wieder an, es mit den Baalen zu treiben, und machten sich den Bundes-Baal zum Gott. 34 Sie vergaßen Jahwe, ihren Gott, der sie aus der Gewalt aller ihrer Feinde ringsum gerettet hatte. 35 Auch der Familie von Gideon, der auch Jerub-Baal genannt wurde, erwiesen sie keinen Dank für all das Gute, was er an Israel getan hatte. Das kam so:

Abimelech wird König

9 1 Abimelech, der Sohn von Jerub-Baal* ging nach Sichem zu den Brüdern seiner Mutter und zu ihren anderen Verwandten und bat sie: 2 »Fragt doch die Bürger von Sichem, ob es ihnen lieber ist, von 70 Männern regiert zu werden, von allen Söhnen Jerub-Baals oder nur von einem. Und erinnert sie daran, dass ich ja euer Fleisch und Blut bin.« 3 Als die Brüder seiner Mutter vor den Bürgern Sichems auf diese Weise für Abimelech eintraten, ließen diese sich für ihn gewinnen, denn sie sagten sich: »Er ist ja einer von uns!« 4 Sie gaben ihm 70 Silberstücke* aus dem Tempel des Bundes-Baal. Mit diesem Geld heuerte Abimelech eine Bande gewissenloser Männer an, die ihm folgten. 5 Er zog mit ihnen nach Ofra, wo die Familie seines Vaters lebte, und brachte seine Brüder um. Alle 70 Söhne Jerub-Baals ließ er auf ein und demselben Felsblock öffentlich hinrichten. Nur Jerub-Baals jüngster Sohn Jotam kam mit dem Leben davon, weil er sich versteckt hatte. 6 Danach versammelten

---

8,26 *20 Kilogramm.* Wörtlich: 1700 Schekel. Nach archäologischen Funden kann das Durchschnittsgewicht eines Schekels mit 11,5 Gramm angenommen werden.

8,27 *Efod.* Es handelt sich offenbar um eine Nachbildung des hohenpriesterlichen Efods (2. Mose 39), das als Symbol für Jahwe verehrt wurde.

9,1 *Jerub-Baal.* Zweiter Name Gideons.

9,4 Das waren noch keine Münzen, sondern *Silberstücke* mit festen Gewichtseinheiten.

sich alle Bürger von Sichem und die Besatzung der Festung bei der Terebinthe am Steinpfeiler von Sichem. Dort machten sie Abimelech zu ihrem König.

Jotams Fabel

7 Als Jotam davon erfuhr, stieg er auf den Gipfel des Berges Garizim und rief zu den Bürgern von Sichem hinüber:*

»Hört auf mich, Bürger von Sichem, / damit Gott auch auf euch hört! 8 Einst machten sich die Bäume auf / und wollten einen König über sich. / Sie sagten zum Olivenbaum: / ›Sei du der König über uns!‹ 9 Da erklärte der Olivenbaum: / ›Sollte ich mein Fett aufgeben, / mit dem man Götter und Menschen ehrt, / und anfangen über euch zu thronen?‹ 10 Da sagten die Bäume zum Feigenbaum: / ›Komm, sei du der König über uns!‹ 11 Doch der Feigenbaum meinte: / ›Soll mir denn die Süße stocken / und meine gute Frucht, / nur, damit ich über euch schwebe?‹ 12 Dann wurde der Weinstock gefragt: / ›Willst du nicht unser König sein?‹ 13 Doch der Weinstock erklärte: /

›Soll ich meinen Wein aufgeben, / der Götter und Menschen erfreut, / und anfangen, über euch zu schweben?‹ 14 Nun fragten die Bäume den Wegdorn: / ›Komm, sei du der König über uns!‹ 15 Der Wegdorn sagte zu den Bäumen: / ›Wollt ihr wirklich mich als König über euch? / Nun denn, sucht unter meinem Schatten Schutz. / Sonst geht Feuer aus von mir / und frisst die Zedern Libanons.‹

16 »Hört zu!«, fuhr Jotam fort, »War es wirklich recht von euch, Abimelech zu eurem König zu machen? Habt ihr vergessen, was ihr Jerub-Baal und seiner Familie verdankt? 17 Mein Vater hat für euch gekämpft und sein Leben aufs Spiel gesetzt, um euch von den Midianitern zu befreien. 18 Aber ihr habt euch gegen seine Familie gestellt und seine Söhne erschlagen. 70 Mann habt ihr auf ein und demselben Felsblock hingerichtet. Und dann habt ihr diesen Abimelech, den Sohn seiner Sklavin, zum König von Sichem gemacht, nur weil er euer Bruder ist. 19 Wenn das gut und richtig war, was ihr mit Jerub-Baal und seiner Familie gemacht habt, dann sollt ihr eure Freude an Abimelech haben und er an euch! 20 Wenn es aber Unrecht war, dann möge Feuer von Abimelech ausgehen und die Bürger von Sichem samt der Festungsbesatzung fressen. Und von den Bürgern Sichems und der Besatzung der Festung soll Feuer ausgehen und Abimelech fressen.« 21 Dann machte sich Jotam davon und brachte sich vor seinem Bruder Abimelech nach Beer* in Sicherheit.

9,7 *rief hinüber.* Er sprach vielleicht von einem Felsvorsprung auf der einen Seite des Garizim, der im Volksmund »Jotams Kanzel« genannt wird. Das Gebiet zwischen Garizim und Ebal bildet ein natürliches Amphitheater mit erstaunlichen akustischen Eigenschaften.

9,21 *Beer.* Das heißt *Brunnen,* wie viele Orte in Israel.

Abimelechs Ende

²² Als Abimelech drei Jahre über Israel geherrscht hatte, ²³ schickte Gott einen bösen Geist zwischen ihn und die Bürger von Sichem. Die Einwohner der Stadt lehnten sich gegen Abimelech auf. ²⁴ Er sollte nämlich für das Verbrechen an seinen eigenen Brüdern, den 70 Söhnen Jerub-Baals, bestraft werden. Und auch die Einwohner Sichems, die ihn dazu ermutigt hatten, sollten jetzt dafür büßen. ²⁵ Um den Hass auf Abimelech zu schüren, legten sich die Bürger Sichems auf den Bergen rings um ihre Stadt auf die Lauer. Sie raubten jeden aus, der vorüberkam. Das wurde Abimelech gemeldet.

²⁶ Um diese Zeit ließ sich Gaal Ben-Ebed mit seinen Brüdern in Sichem nieder und gewann das Vertrauen der Bürger. ²⁷ Nach der Weinlese, als sie neuen Wein gekeltert hatten, veranstalteten sie ein Freudenfest im Tempel ihres Gottes. Sie aßen und tranken und verwünschten Abimelech. ²⁸ »Wer ist schon Abimelech?«, rief Gaal übermütig. »Und wer ist Sichem, dass sie dem Sohn des Jerub-Baal dienen sollte? Sollen wir etwa diesem Sebul gehorchen, den er uns als Aufpasser vor die Nase gesetzt hat? Dienen wir lieber den Nachkommen von Hamor, dem Gründer der Stadt! Wozu sollten wir Abimelech folgen? ²⁹ Wenn ich hier das Sagen hätte, würde ich Abimelech schon beseitigen. Ich würde ihm sagen: ›Ruf deine Truppe zusammen und stell dich zum Kampf!‹«

³⁰ Als der Stadthauptmann Sebul hörte, was Gaal gesagt hatte, wurde er zornig ³¹ und schickte heimlich Boten zu Abimelech. Die sollten ihm ausrichten: »Gaal Ben-Ebed ist mit seinen Brüdern nach Sichem gekommen und wiegelt die Stadt gegen dich auf. ³² Bring deshalb im Schutz der Nacht deine Truppen her und haltet euch in der Nähe der Stadt versteckt. ³³ Bei Sonnenaufgang greifst du die Stadt an. Wenn Gaal dir dann mit seinen Leuten entgegenzieht, kannst du mit ihm abrechnen.«

³⁴ Abimelech brach sofort auf und zog in der Nacht mit seinen Truppen herbei. Er teilte sie in vier Gruppen ein, die sich um Sichem herum versteckten. ³⁵ Als Gaal am Morgen aus dem Stadttor trat, brachen Abimelech und seine Männer aus ihren Verstecken hervor. ³⁶ Gaal entdeckte sie und sagte zu Sebul: »Siehst du das? Da steigen doch Truppen von den Bergen herab!« – »Du hältst den Schatten der Berge für Männer«, entgegnete ihm dieser. ³⁷ Doch Gaal beharrte darauf: »Schau doch nur, da kommen Krieger vom Nabel des Landes* herab! Und dort kommt eine Abteilung auf dem Weg vom Orakelbaum her!« ³⁸ Da sagte Sebul zu ihm: »Wo ist nun dein Großmaul geblieben, das so sicher verkündet hat: ›Wer ist schon Abimelech, dass wir ihm dienen sollten!‹? Ja, dort kommen die Leute, die du verspottet hast. Zieh nur los und kämpfe mit ihnen!« ³⁹ Da rückte Gaal an der Spitze der Bürger von Sichem aus und kämpfte gegen Abimelech. ⁴⁰ Doch

---

9,37 *Nabel des Landes.* Der runde Gipfel des Garizim, galt als zentraler Berg des kanaanitischen Berglandes.

der trieb sie in die Stadt zurück, sodass der Weg bis ans Tor mit Leichen übersät war. *41* Abimelech kehrte mit seinen Truppen nach Aruma* zurück. Sebul aber vertrieb Gaal und seine Brüder aus Sichem.

42 Am nächsten Morgen gingen die Leute von Sichem wieder auf ihre Felder hinaus. Abimelech hörte davon. *43* Er teilte seine Truppen in drei Abteilungen und legte sich auf dem freien Feld in einen Hinterhalt. Als er die Leute wieder aus der Stadt herauskommen sah, brach er hervor und schlug sie nieder. *44* Mit einer Abteilung stürmte er vor und besetzte das Stadttor. Die anderen beiden Abteilungen trieben die Leute auf den Feldern zusammen und erschlugen sie. *45* Den ganzen Tag lang kämpfte Abimelech gegen die Stadt. Als er sie erobert hatte, ließ er alle Bewohner töten. Dann zerstörte er die Stadt und streute Salz* auf die Trümmer. *46* Als die Bewohner der Burg hörten, wie Abimelech in die Stadt einbrach, hatten sie sich in das Kellergewölbe unter dem Tempel des Bundes-Baal geflüchtet. *47* Sobald Abimelech das gemeldet wurde, *48* ging er mit den Leuten, die er bei sich hatte, zum Berg

Zalmon*, hieb mit der Axt einen Ast vom Baum und nahm ihn auf die Schulter. »Macht es mir nach!«, rief er. »Aber schnell!« *49* Jeder seiner Leute hackte seinen Ast ab und schleppte ihn hinter Abimelech her. Sie schichteten alles Holz über dem Kellergewölbe auf und steckten es in Brand. So starben alle Bewohner der Tempelburg, etwa tausend Männer und Frauen.

50 Anschließend zog Abimelech gegen Tebez*. Er belagerte die Stadt und nahm sie ein. *51* Mitten in der Stadt lag jedoch eine stark befestigte Burg. Alle Bewohner, Männer wie Frauen, waren dort hinein geflüchtet. Sie hatten die Tore geschlossen und waren auf das flache Dach gestiegen. *52* Abimelech versuchte, die Burg zu erobern. Als er sich dem Tor näherte, um es in Brand zu stecken, *53* warf eine Frau den Drehstein einer Handmühle auf seinen Kopf und zerschmetterte ihm den Schädel. *54* Schnell rief er seinen jungen Waffenträger herbei und sagte: »Zieh dein Schwert und töte mich! Sonst wird es heißen: ›Eine Frau hat ihn umgebracht.‹« Sein Waffenträger gehorchte und erstach ihn. *55* Als die Israeliten sahen, dass Abimelech tot war, kehrte jeder wieder nach Hause zurück. *56* So ließ Gott das Verbrechen von Abimelech, das er an seinem Vater begangen hatte, als er seine 70 Brüder umbrachte, auf ihn selbst zurückfallen. *57* Auch auf die Bewohner von Sichem ließ Gott ihre Bosheit zurückfallen, und der Fluch, den Jotam Ben-Jerub-Baal über sie ausgesprochen hatte, ging in Erfüllung.

9,41 *Aruma.* Wird mit Kirbet el-Urma, zwischen Sichem und Schilo identifiziert, etwa 9 km von Sichem entfernt.

9,45 *streute Salz.* Er tat das offenbar, um sie zu bleibender Unfruchtbarkeit zu verdammen, siehe 5. Mose 29,22; Jeremia 17,6.

9,47 *Zalmon.* Offenbar ein bewaldeter Hügel in der Nähe der Stadt. Hebr. *Zalmon* = Beschatter.

9,50 *Tebez.* Heute: Tubas, 15 km nordöstlich von Nablus (Sichem).

Die Richter Tola und Jaïr

10 ¹ Nach Abimelech stand Tola Ben-Pua auf, um Israel zu helfen. Er stammte aus Issachar und wohnte in Schamir*, im Gebirge Efraïm. Sein Großvater hieß Dodo. ² 23 Jahre lang war er der Richter Israels. Dann starb er und wurde in Schamir begraben.

³ Nach ihm stand Jaïr aus Gilead, dem Ostjordanland, auf. Er war 22 Jahre Richter in Israel ⁴ und hatte dreißig Söhne, die auf dreißig Eseln ritten und dreißig Ortschaften besaßen. Man nennt sie bis heute die »Zeltdörfer Jaïrs«. Sie liegen in Gilead, dem Ostjordanland. ⁵ Als Jaïr starb, wurde er in Kamon* begraben.

Von den Ammonitern unterdrückt

⁶ Und wieder taten die Israeliten, was Jahwe als böse ansah. Sie dienten den Baalen, den Astarten, den Göttern der Syrer und Sidonier, den Göttern der Moabiter, Ammoniter und Philister. Sie kehrten Jahwe den Rücken und wollten nichts mehr von ihm wissen. ⁷ Da flammte Jahwes Zorn gegen Israel auf. Er gab sie in die Gewalt der Philister und der Ammoniter. ⁸ Noch im selben Jahr eroberten die Ammoniter das Gebiet in Gilead, in dem sie früher gelebt hatten, und unterdrückten die Israeliten dort grausam. ⁹ Die Ammoniter überschritten sogar den Jordan und griffen die Stämme Juda, Benjamin und Efraïm an. So gerieten die Israeliten in große Bedrängnis. ¹⁰ Da schrien sie zu Jahwe um Hilfe. »Wir haben gegen dich gesündigt!«, riefen sie. »Dich, unseren Gott, haben wir verlassen und den Baalen gedient!« ¹¹ Jahwe antwortete: »Habe ich euch nicht von den Ägyptern befreit, den Amoritern, Ammonitern und Philistern? ¹² Habe ich euch nicht gerettet, als ihr wegen der Sidonier zu mir geschrien habt, und als die Amalekiter und Maoniter* euch quälten? ¹³ Doch ihr habt mich verlassen und anderen Göttern gedient. Darum werde ich euch jetzt nicht mehr helfen. ¹⁴ Geht und schreit doch zu den Göttern, die ihr euch ausgesucht habt! Sollen sie euch doch retten aus eurer Not!« ¹⁵ Da sagten die Israeliten zu Jahwe: »Wir haben gesündigt. Bestrafe uns, wenn du willst, aber rette uns diesmal noch!« ¹⁶ Darauf entfernten sie die fremden Götterbilder aus ihrer Mitte und verehrten Jahwe. Da konnte er sein Erbarmen mit dem Elend Israels nicht länger zurückhalten.

Jiftach wird Richter

¹⁷ Die Ammoniter hatten ihre Truppen zusammengezogen und ihr Lager in Gilead aufgeschlagen. Die Männer Israels hatten ein Lager bei Mizpa* bezogen. ¹⁸ Da sagten sich die führenden

---

10,1 *Schamir.* Der Ort lag wahrscheinlich an der Stelle des späteren Samaria.

10,5 *Kamon.* Vielleicht identisch mit Qamm, das 18 km südöstlich vom See Gennesaret liegt.

10,12 *Maoniter.* Das meint nach der LXX vielleicht die Midianiter.

10,17 *Mizpa.* D.h. *Wachtturm.* Verschiedene Orte trugen diesen Namen. Gemeint ist wahrscheinlich das, wo Jakob und Laban einst einen Steinhaufen errichteten (1. Mose 31,45-49).

Männer von Gilead*: »Wir brauchen einen Heerführer, der den Kampf gegen die Ammoniter aufnimmt.« Und sie beschlossen: »Diesen Mann werden wir zum Oberhaupt aller Bewohner Gileads machen.«

11 ¹ Nun gab es dort einen ausgezeichneten Krieger namens Jiftach. Allerdings war er der Sohn einer Prostituierten mit einem Mann namens Gilead. ² Dieser Gilead hatte auch Söhne von seiner Ehefrau. Als diese herangewachsen waren, vertrieben sie Jiftach: »Du hast keinen Anteil an unserem Familienbesitz«, sagten sie, »denn du stammst von einer anderen Frau.« ³ So war Jiftach von seinen Brüdern weggegangen und lebte im Gebiet von Tob*. Er sammelte Männer um sich, die nichts mehr zu verlieren hatten, und durchstreifte mit ihnen das Land. ⁴ Einige Zeit später hatten die Ammoniter den Krieg mit Israel angefangen. ⁵ Da machten sich die führenden Männer von Gilead auf den Weg, um Jiftach aus dem Land Tob zurückzuholen. ⁶ »Komm, sei du unser Anführer

gegen die Ammoniter!«, sagten sie zu ihm. ⁷ Doch Jiftach entgegnete: »Habt ihr mich nicht verachtet und aus dem Haus meines Vaters vertrieben? Und jetzt, wo ihr in Not seid, kommt ihr ausgerechnet zu mir?« ⁸ Doch die Ältesten von Gilead erwiderten: »Wir haben dich aufgesucht, damit du mit uns gegen die Ammoniter kämpfst. Du sollst unser Oberhaupt und Anführer aller Bewohner Gileads werden.« ⁹ »Ihr meint also, wenn Jahwe mir den Sieg über die Ammoniter schenkt, soll ich tatsächlich euer Oberhaupt werden?«, fragte Jiftach. ¹⁰ »Ja«, sagten die Ältesten, »wir schwören es vor Jahwe! So soll es geschehen!« ¹¹ Da ging Jiftach mit den Ältesten von Gilead, und das Volk setzte ihn als Oberhaupt und Anführer ein. Und in Mizpa brachte Jiftach noch einmal alle seine Anliegen vor Jahwe.

Verhandlung mit dem König von Ammon

¹² Dann schickte Jiftach Boten zum König der Ammoniter und ließ ihm sagen: »Warum führst du Krieg gegen mein Land? Was ist zwischen uns passiert?« ¹³ Der König ließ ihm antworten: »Weil Israel mir mein Land genommen hat, als es aus Ägypten kam, das ganze Gebiet zwischen den Flüssen Arnon* und Jabbok* und im Westen bis an den Jordan. Gebt mir das Land jetzt freiwillig zurück!« ¹⁴ Da schickte Jiftach noch einmal Boten an den ammonitischen König ¹⁵ und ließ ihm sagen: »So spricht Jiftach: Israel hat weder das Land Moab noch das der Ammoniter an sich genommen. ¹⁶ Es war vielmehr

---

10,18 *Männer von Gilead.* Das müssen Vertreter der Stämme Ruben, Gad und Ost-Manasse gewesen sein, die in diesem Gebiet lebten.

11,3 *Tob.* Gebiet um die Stadt Tob, nördlich vom Königreich Ammon und östlich vom Stammesgebiet Manasses.

11,13 *Arnon.* Fluss, etwa 44 km lang. Er mündet ins Tote Meer und bildete die Südgrenze Israels im Ostjordangebiet.

Jabbok. Fluss, mündet etwa 80 km nördlich vom Arnon in den Jordan.

so: Als Israel Ägypten verlassen hatte, durchquerte es die Wüste bis zum Schilfmeer und kam bis nach Kadesch*. *17* Von dort schickte Israel Boten zum König von Edom und bat ihn, durch sein Land ziehen zu dürfen. Doch der erlaubte es nicht. Auch zum König von Moab schickte Israel Boten. Aber auch der wollte nicht. So blieben die Israeliten in Kadesch. *18* Später umgingen sie das Land der Edomiter* und Moabiter auf dem Weg durch die Wüste und kamen dann von Osten wieder an die Grenze des Landes Moab, an den Arnon. Sie drangen jedoch nicht ins Land ein, sondern lagerten östlich vom Fluss. *19* Dann schickten sie Boten zum Amoriterkönig Sihon nach Heschbon* und baten ihn, durch sein Land bis an ihren Bestimmungsort ziehen zu dürfen. *20* Doch Sihon glaubte nicht, dass Israel nur durch sein Land ziehen wollte, und rief alle seine Truppen nach Jahaz* zusammen und kämpfte gegen Israel. *21* Aber Jahwe, Israels Gott, gab Sihon und sein ganzes Heer in Israels Hand. So konnte es das Land der Amoriter in Besitz nehmen, denn die Amoriter wohnten damals *22* in diesem Gebiet, das vom Fluss Arnon bis an den Jabbok und von der Wüste bis an den Jordan reichte. *23* Jahwe, der Gott Israels, hat die Amoriter vor seinem Volk vertrieben, und da willst du uns wieder aus diesem Land verdrängen? *24* Wenn dein Gott Kemosch jemand vor dir vertreibt, dann nimmst du doch auch sein Land in Besitz. Und wenn unser Gott Jahwe irgendjemand vor uns vertreibt, machen wir es genauso. Wir nehmen sein Land in Besitz.

25 Glaubst du wirklich, dass du besser bist, als Balak Ben-Zippor, der König von Moab*? Hat er es vielleicht gewagt, einen Streit mit Israel anzufangen oder gar einen Krieg? *26* Seit 300 Jahren wohnt Israel jetzt in Heschbon und Aroer* und den dazugehörigen Ortschaften und in all den Städten am Arnon. Warum habt ihr uns diese in all den Jahren nicht weggenommen? *27* Ich habe dir kein Unrecht getan, sondern du tust Unrecht, wenn du ohne Ursache Krieg anfängst. Jahwe ist Richter! Er soll jetzt zwischen Israel und Ammon entscheiden.« *28* Doch der König von Ammon hörte nicht auf die Botschaft Jiftachs.

Sieg über die Ammoniter

29 Da kam der Geist Jahwes über Jiftach. Er durchzog das ganze Gebiet von Gilead und Manasse, um seine Truppen zu sammeln, und kehrte dann nach Mizpa zurück. Von dort aus zog er in den Kampf gegen die Ammoniter. *30* Dabei gelobte er Jahwe: »Wenn du die Ammoniter wirklich in meine Hand gibst, *31* und

---

11,16 *Kadesch.* Im Süden des Negev an der Grenze zum Königreich Edom, etwa 80 km südwestlich von Beerscheba.

11,18 Die *Edomiter* waren Nachkommen Esaus und bewohnten das Land östlich der Araba und südlich vom Toten Meer.

11,19 *Heschbon.* Die Stadt liegt 25 km östlich der Jordanmündung ins Tote Meer, 19 km südwestlich von Rabba (heute Amman).

11,20 *Jahaz.* Moabitische Stadt auf der Hochfläche des Ostjordanlandes, östlich vom Toten Meer.

11,25 *Balak ... Moab.* Siehe 4. Mose 22-24.

11,26 *Aroer.* Stadt am Nordufer des Arnon.

ich wohlbehalten zurückkehre, dann soll das, was mir als Erstes aus der Haustür entgegenkommt, dir, Jahwe, gehören. Ich will es dir als Opfer verbrennen.« *32* Dann zog Jiftach in den Kampf gegen die Ammoniter. Und Jahwe gab sie in seine Gewalt. *33* Er besiegte sie von Aroer an bis nach Minnit* und eroberte zwanzig Städte bis nach Abel-Keramim*. Das war eine vernichtende Niederlage für die Ammoniter, und sie mussten sich vor den Israeliten beugen.

34 Dann kehrte Jiftach nach Mizpa zurück. Als er sich seinem Haus näherte, lief seine Tochter tanzend und das Tamburin schlagend heraus, ihm entgegen. Es war seine einzige; er hatte sonst kein Kind. *35* Als er sie sah, zerriss er vor Schmerz sein Gewand* und rief:»Ach, meine Tochter, du brichst mir das Herz! Dass gerade du es sein musst, die mich ins Unglück stürzt! Ich habe Jahwe mein Wort gegeben, und ich kann nicht zurück!« *36* Doch sie sagte zu ihm:»Mein Vater, wenn du Jahwe etwas versprochen hast, dann tu an mir, was du gelobt hast! Jahwe hat dir ja auch den Sieg über deine Feinde, die Ammoniter, geschenkt.« *37* Dann fügte sie hinzu:»Nur eine Bitte habe ich: Gib mir noch zwei Monate Zeit. Ich möchte

mit meinen Freundinnen in die Berge gehen und meine Jungfrauschaft betrauern.« *38* »Geh nur«, sagte ihr Vater, und gab ihr zwei Monate Zeit. So ging sie mit ihren Freundinnen in die Berge und weinte darüber, nie verheiratet gewesen zu sein. *39* Als die zwei Monate um waren, kehrte sie zu ihrem Vater zurück, und er erfüllte sein Gelübde an ihr. Sie hatte nie mit einem Mann geschlafen. Daraus entstand in Israel der Brauch, *40* dass die jungen Frauen jedes Jahr vier Tage lang zusammen weggehen und die Tochter Jiftachs von Gilead besingen.

Jiftach gegen den Stamm Efraïm

12 *1* Die Männer des Stammes Efraïm sammelten sich*, zogen über den Jordan nach Norden und machten Jiftach schwere Vorwürfe: »Warum bist du ohne uns gegen die Ammoniter in den Krieg gezogen? Warum hast du uns nicht zu Hilfe gerufen? Wir werden dir das Haus über dem Kopf anzünden!« *2* Da sagte Jiftach:»Ich musste mit meinen Leuten einen schweren Kampf gegen die Ammoniter bestehen. Ich habe euch ja gerufen, aber ihr habt mir nicht geholfen. *3* Als mir klar wurde, dass ich nicht mit euch rechnen konnte, wagte ich mein Leben. Ich zog gegen die Ammoniter und habe sie mit Jahwes Hilfe besiegt. Warum kommt ihr jetzt und bedroht mich?« *4* Jiftach rief die Männer Gileads zusammen und kämpfte mit ihnen gegen den Stamm Efraïm. Sie waren erbittert, weil die Männer von Efraïm gesagt hatten: »Ihr seid ja nur Flüchtlinge aus Efraïm! Gilead liegt doch mitten

---

11,33 *Minnit.* Ammonitischer Ort an der Straße von Heschbon nach Rabba.

Abel-Keramim liegt 8 km südlich von Rabba.

11,35 *zerriss ... sein Gewand.* Trauerbrauch: man riss das Gewand vom Halssaum an auf und entblößte die Brust.

12,1 *sammelten sich.* Sie strebten wahrscheinlich nach der Vorherrschaft über die Stämme Israels.

zwischen Efraïm und Manasse!« Die Gileaditer besiegten die Efraïmiten 5 und besetzten dann die Furten des Jordan. Wenn nun ein efraïmitischer Flüchtling bat: »Lasst mich hinüber!«, dann fragten sie ihn: »Stammst du aus Efraïm?« Wenn er das verneinte, 6 forderten sie ihn auf: »Sag doch einmal Schibbolet, Wasserschwall!« Sagte er dann »Sibbolet«, weil er es nicht richtig aussprechen* konnte, packten sie ihn und machten ihn an Ort und Stelle nieder. Auf diese Weise wurden damals 42.000 Männer aus Efraïm an den Jordanübergängen getötet. 7 Sechs Jahre lang war Jiftach Israels Richter. Als er starb, wurde er in einer der Städte Gileads begraben.

Die Richter Ibzan, Elon und Abdon

8 Nach ihm war Ibzahn von Bethlehem* Richter von Israel. 9 Er hatte dreißig Söhne und dreißig Töchter. Alle Töchter verheiratete er nach auswärts, und dreißig Töchter führte er von auswärts seinen Söhnen zu. Sieben Jahre lang war er der Richter Israels, 10 dann starb er und wurde in Bethlehem begraben. 11 Nach ihm übernahm Elon aus dem Stamm Sebulon das Richteramt. Er war zehn Jahre Richter über Israel. 12 Als er starb, wurde er in Ajalon, im Gebiet Sebulons, begraben. 13 Sein Nachfolger war Abdon Ben-Hillel aus Piraton. 14 Er hatte 40 Söhne und 30 Enkel, die auf 70 Eseln ritten. Acht Jahre war er Richter über Israel. 15 Als er starb, wurde er in Piraton, im Gebiet Efraïms, am Amalekiterberg begraben.

Die Geburt Simsons

13 1 Wieder taten die Israeliten, was vor Jahwe böse war. Da gab er sie 40 Jahre lang in die Gewalt der Philister. 2 Zu dieser Zeit lebte in Zora ein Mann aus dem Stamm Dan. Er hieß Manoach. Seine Frau konnte keine Kinder bekommen. 3 Eines Tages erschien der Engel Jahwes und sagte zu der Frau: »Du konntest bisher keine Kinder bekommen, aber jetzt wirst du schwanger werden und einen Sohn zur Welt bringen. 4 Pass auf, dass du während der Schwangerschaft weder Wein noch Bier trinkst und auch nichts Unreines isst. 5 Denn dein Sohn wird schon im Mutterleib ein Nasiräer, ein Gott Geweihter, sein. Niemals dürfen ihm die Haare geschnitten werden. Er wird anfangen, Israel aus der Gewalt der Philister zu retten.« 6 Da lief die Frau zu ihrem Mann und sagte: »Ein Gottesmann ist zu mir gekommen. Er sah aus wie der Engel Gottes selbst, und ich bekam es mit der Angst zu tun. Ich wagte nicht einmal, ihn zu fragen, woher er kommt. Und er hat mir seinen Namen auch nicht gesagt. 7 Aber er sagte zu mir: ›Du wirst schwanger werden und einen Sohn bekommen. Von jetzt an darfst du weder Wein noch Bier trinken und auch nichts Unreines essen, denn dein Sohn wird von Mutterleib an bis zum Tag seines Todes ein Nasiräer sein.‹« 8 Da betete Manoach zu Jahwe und sagte: »Herr, schick deinen

---

12,6 *aussprechen.* Im Dialekt Efraïms wurde »s« statt »sch« gesprochen.

12,8 *Bethlehem.* Stadt im Gebiet des Stammes Juda, 8 km südlich von Jerusalem.

Boten doch bitte noch einmal zu uns, damit er uns genau sagt, was wir mit dem Jungen tun sollen, den wir bekommen werden.« 9 Gott hörte auf Manoach, und der Engel Gottes kam noch einmal zu der Frau, als sie gerade allein auf dem Feld war. 10 Da lief sie schnell zu ihrem Mann und sagte: »Eben ist der Mann, der damals zu mir gekommen ist, wieder erschienen!« 11 Manoach stand auf und folgte seiner Frau. Als er zu dem Mann kam, fragte er: »Bist du es, der neulich mit meiner Frau gesprochen hat?« – »Ja, ich bin es«, erwiderte er. 12 Da fragte Manoach: »Wenn deine Ankündigung eintrifft, wie sollen wir es dann mit dem Jungen halten? Was darf er tun und was nicht?« 13 Der Engel Jahwes erwiderte: »Deine Frau soll alles meiden, was ich ihr genannt habe. 14 Sie darf nichts zu sich nehmen, was vom Weinstock kommt. Sie soll weder Wein noch Bier trinken und nichts Unreines essen und soll alle meine Anweisungen befolgen.« 15 »Bleib doch noch ein wenig hier«, sagte Manoach zum Engel Jahwes, »wir möchten dir gern ein Ziegenböckchen zubereiten.« 16 Doch der Engel Jahwes erwiderte: »Auch wenn du mich drängst, würde ich von deiner Speise nichts essen. Doch wenn du willst, kannst du es Jahwe als Brandopfer bringen.« Manoach hatte nämlich noch nicht erkannt, dass er es mit dem Engel Jahwes zu tun hatte. 17 Dann fragte er ihn: »Wie heißt du? Wir wollen dich ehren, wenn deine

Ankündigung eintrifft.« 18 Doch der Engel Jahwes erwiderte: »Was fragst du mich nach meinen Namen? Er ist zu wunderbar!« 19 Da nahm Manoach das Ziegenböckchen und brachte es ihm auf einem Felsblock zusammen mit dem Brot als Opfer dar. Dann tat Jahwe etwas Wunderbares, bei dem Manoach und seine Frau zusehen konnten. 20 Als nämlich die Flamme vom Altar in den Himmel stieg, stieg der Engel Jahwes in der Flamme mit nach oben. Da warfen sich Manoach und seine Frau erschrocken zu Boden. 21 Sie sahen ihn nie wieder, doch Manoach begriff jetzt, dass es der Engel Jahwes gewesen war. 22 Bestürzt sagte er zu seiner Frau: »Jetzt müssen wir sterben! Wir haben ja Gott gesehen!« 23 Aber seine Frau entgegnete: »Wenn Jahwe uns hätte töten wollen, dann hätte er nicht das Brand- und Speisopfer von uns angenommen. Dann hätte er uns auch nicht all das sehen und so eine Ankündigung hören lassen.«

24 Die Frau brachte einen Sohn zur Welt und nannte ihn Simson. Der Junge wuchs heran, und Jahwe segnete ihn. 25 Dann fing der Geist Jahwes an, ihn umzutreiben. Das geschah im Lager Dans, zwischen Zora und Eschtaol.

Simsons Hochzeit

14 1 Als Simson einmal nach Timna* hinunterging, sah er dort eine junge Philisterin, die ihm gut gefiel. 2 Er ging nach Hause und sagte zu seinen Eltern: »Ich habe in Timna eine junge Philisterin gesehen. Sorgt dafür, dass ich sie heiraten kann!« 3 Seine Eltern erwiderten: »Gibt es

14,1 Timna liegt im Hügelland Judäas, etwa 35 km westlich von Jerusalem.

denn in unserem Stamm und in unserem ganzen Volk kein Mädchen für dich? Musst du unbedingt eine Philisterin zur Frau nehmen, eine von diesen Unbeschnittenen*?« Doch Simson sagte zu seinem Vater: »Sorge dafür, dass ich sie bekomme! Sie gefällt mir!« 4 Seine Eltern konnten nicht wissen, dass das von Jahwe so geplant war, weil er einen Anlass haben wollte, gegen die Philister vorzugehen, die damals über Israel herrschten. 5 Simson machte sich also mit seinem Vater und seiner Mutter auf den Weg. In der Nähe der Weinberge von Timna – Simson war vom Weg abgebogen – stand ihm plötzlich ein junger Löwe brüllend gegenüber. 6 Da kam der Geist Jahwes über Simson. Er packte den Löwen und zerriss ihn mit bloßen Händen, als würde er ein Ziegenböckchen zerlegen. Seinen Eltern erzählte er aber nichts davon. 7 Als er nach Timna kam, sprach er mit der Philisterin. Sie gefiel ihm gut. 8 Einige Zeit später ging er wieder nach Timna, um die Hochzeit zu feiern. Dabei bog er vom Weg ab, um nach dem toten Löwen zu sehen. Da fand er in dem vertrockneten Kadaver einen Bienenschwarm und Honig. 9 Er löste den Honig heraus und begann, im Weitergehen davon zu essen. Dann ging er zu seinem Vater und seiner Mutter und gab ihnen ebenfalls davon. Er sagte ihnen aber nicht, dass er den Honig aus dem Kadaver des Löwen herausgeschält hatte. 10 In Timna kümmerte sich sein Vater um den Ehevertrag*, während Simson das Fest vorbereitete, wie es damals üblich war. 11 Sobald Simson

angekommen war, stellten sie ihm dreißig junge Männer* an die Seite. 12 Simson sagte zu ihnen: »Ich will euch ein Rätsel aufgeben. Wenn ihr es innerhalb der Festwoche lösen könnt, werde ich jedem von euch ein Leinenhemd und ein Festgewand geben. 13 Wenn ihr es aber nicht herausbekommt, dann müsst ihr mir dreißig Leinenhemden und dreißig Festgewänder geben.« – »Gut«, sagten sie, »lass uns dein Rätsel hören!« 14 Er sagte: »Vom Fresser kam Fraß, vom Starken kam Süßes.« Drei Tage lang grübelten sie über dem Rätsel und konnten es nicht lösen. 15 Am vierten* Tag bedrohten sie Simsons Frau: »Bring deinen Mann dazu, dir die Lösung zu verraten, und sag sie uns, sonst werden wir dich mit der ganzen Familie deiner Eltern verbrennen. Habt ihr uns denn eingeladen, um uns arm zu machen?« 16 Die Frau ging zu Simson und brach in Tränen aus. »Verabscheust du mich denn so?«,

---

14,3 *Unbeschnittene.* Verächtlicher Ausdruck für Menschen, die nicht zum Bund Gottes gehörten. Siehe 1. Mose 17,9-14!

14,10 *Ehevertrag.* Es handelte sich wahrscheinlich um eine *sadiqa*-Ehe, bei der die Frau in ihrer eigenen Familie blieb und von ihrem Ehemann nur von Zeit zu Zeit besucht wurde (Richter 15,1). Die Kinder gehörten dann zur Familie der Mutter. Ähnlich war es wohl bei der Nebenfrau Gideons, die in Sichem wohnte (Richter 8,31).

14,11 *junge Männer.* Die Gefährten des Bräutigams, früher vielleicht eine Art symbolische Leibwache; hier scheint sie eher die Anwesenden vor dem Bräutigam geschützt zu haben.

14,15 *vierten.* So mit den alten griechischen und syrischen Übersetzungen. Im hebräische Text steht »siebten«.

schluchzte sie. »Du liebst mich ja gar nicht! Du hast meinen Landsleuten ein Rätsel aufgegeben und verschweigst mir die Lösung.« – »Ich habe sie nicht einmal meinem Vater und meiner Mutter gesagt«, erwiderte er, »warum sollte ich sie dann bei dir ausplaudern?« 17 Doch sie weinte die ganze Festwoche, wenn sie bei ihm war. Am siebten Tag schließlich verriet er ihr die Lösung, weil sie ihm so zusetzte. Sie gab diese den jungen Philistern weiter, 18 und die sagten noch am gleichen Tag zu Simson: »Was ist süßer als Honig und stärker als ein Löwe?« Simson erwiderte: »Hättet ihr nicht mein Kälbchen genommen, wärt ihr nie auf die Lösung gekommen!« 19 Da kam der Geist des Herrn über Simson. Er ging nach Aschkelon* hinunter, erschlug dort dreißig Männer, zog ihnen ihre Gewänder aus und brachte sie den jungen Männern, die sein Rätsel gelöst hatten. Dann kehrte er voller Zorn in das Haus seiner Eltern zurück. 20 Simsons Frau aber wurde mit dem Brautführer, einem der dreißig Männer, verheiratet.

Simsons Rache

15 1 Zur Zeit der Weizenernte wollte Simson seine Frau besuchen. Er brachte ihr ein Ziegenböckchen mit und sagte zu ihrem

Vater: »Lass mich zu meiner Frau in die Kammer!« Doch ihr Vater ließ ihn nicht hinein. 2 »Das geht nicht!«, sagte er. »Ich habe sie deinem Brautführer gegeben, weil ich dachte, du wolltest nichts mehr mit ihr zu tun haben. Aber sieh doch! Ihre jüngere Schwester ist noch viel schöner als sie. Du kannst sie an ihrer Stelle haben.« 3 »Das werde ich euch Philistern heimzahlen«, rief Simson, »und ihr seid selbst daran schuld!« 4 Er zog los, fing 300 Füchse, band sie paarweise an den Schwänzen zusammen und steckte eine Fackel in den Knoten. 5 Dann zündete er die Fackeln an und ließ die Füchse in das stehende Getreide der Philister laufen. So gingen die Garbenhaufen und das reife Getreide auf den Feldern in Flammen auf, ja selbst Weinberge und Olivenhaine.

6 »Wer hat das getan?«, fragten die Philister. Und bald kam es heraus: »Es war Simson, der Schwiegersohn des Timniters. Das ist die Rache dafür, dass der ihm seine Frau weggenommen und sie dem Brautführer gegeben hat.« Da zogen die Philister nach Timna und verbrannten die Frau und ihren Vater. 7 »Wenn ihr das so macht«, rief Simson da, »werde ich erst aufhören, wenn ich mich an euch gerächt habe!« 8 Er schlug sie gründlich zusammen, bis sie alle am Boden lagen, und zog sich dann in die Felsspalte bei Etam* zurück.

9 Da fielen die Philister in Juda ein und schlugen in der Gegend von Lehi* ihr Lager auf. 10 »Warum seid ihr gegen uns heraufgezogen?«, fragten die Männer von Juda. Sie erwiderten: »Wir wollen Simson gefangen nehmen. Wir haben eine Rechnung

---

14,19 *Aschkelon.* Die Philisterstadt an der Küste war etwa 35 km entfernt.

15,8 *Etam.* Vermutlich die Felshöhle über dem Wadi Ismain, 4 km südöstlich von Zora.

15,9 *Lehi.* Hebr. *Kieferknochen*, vermutlich in der Nähe von Etam.

mit ihm zu begleichen.« 11 Da zogen 3000 Judäer zur Felsspalte Etam und sagten zu Simson: »Weißt du denn nicht, dass die Philister über uns herrschen? Warum hast du uns in solche Gefahr gebracht?« – »Ich habe ihnen nur heimgezahlt, was sie mir angetan haben«, erwiderte Simson. 12 Da sagten die Männer Judas: »Wir sind hergekommen, um dich zu fesseln und den Philistern auszuliefern.« – »Schwört mir«, erwiderte Simson, »dass ihr mir aber nichts weiter antut!« 13 »Nein, wir wollen dich nur fesseln und ausliefern«, sagten sie, »töten wollen wir dich nicht!« So ließ er sich von ihnen fesseln und aus der Felsspalte herausführen. 14 Als er nach Lehi kam, liefen ihm die Philister mit großem Geschrei entgegen. Da kam der Geist Jahwes über ihn. Er zerriss die Stricke an seinen Armen, als wären es von Feuer versengte Flachsfäden. Die Fesseln fielen von seinen Händen. 15 Dann fand er einen frischen Eselskinnbacken. Er hob ihn auf und erschlug tausend Mann damit. 16 »Mit einem Eselsknochen habe ich sie verprügelt«, sagte Simson, »mit dem Kinnbacken eines Esels habe ich tausend Mann erschlagen.« 17 Danach warf er den Knochen weg. Seitdem heißt der Ort Ramat-Lehi, Kinnbackenhöhe. 18 Aber Simson war am Verdursten und rief Jahwe an: »Du hast mir, deinem Sklaven, diesen großen Sieg geschenkt. Lass mich jetzt nicht vor Durst sterben und in die Hand dieser Unbeschnittenen fallen!« 19 Da ließ Gott in einer Bodensenke bei Lehi einen Spalt entstehen, aus dem Wasser herausquoll. Simson trank davon, und seine Lebensgeister kehrten zurück; er lebte wieder auf. Die Quelle ist noch heute bei Lehi zu finden. Man nennt sie En-Hakore, Ruferquelle. 20 Als die Philister das Land beherrschten, war Simson für 20 Jahre Richter in Israel.

Simson und Delila

16 1 Einmal kam Simson nach Gaza. Dort sah er eine Prostituierte und ging zu ihr ins Haus. 2 Bald erfuhr die ganze Stadt, dass Simson in Gaza sei. Da suchten die Philister nach ihm und legten sich die Nacht über am Stadttor auf die Lauer. Sie beschlossen: »Solange es dunkel ist, unternehmen wir nichts. Morgen früh bringen wir ihn um.« 3 Simson aber stand schon um Mitternacht auf, ging zum Stadttor, packte die beiden Torflügel und riss sie samt Pfosten und Riegel heraus. Dann nahm er sie auf seine Schultern und trug sie auf den Gipfel des Hügels, der in Richtung Hebron liegt.

4 Einige Zeit später verliebte er sich in eine Frau aus dem Tal Sorek*. Sie hieß Delila. 5 Da gingen die Fürsten der Philister zu ihr und sagten: »Du kannst ihn verführen! Sieh zu, dass du herausbekommst, woher seine große Kraft kommt und was wir tun müssen, um ihn in unsere Gewalt zu bringen. Du bekommst dafür von jedem von uns 1100 Silberstücke*.« 6 Delila fragte Simson: »Willst du mir nicht anvertrauen, warum du so

---

16,4 *Sorek*. Heute: Wadi es-Sarar, das ist der Oberlauf des Flusses Nahr Rubin, der in der Nähe Jerusalems entspringt, durch das judäische Hügelland fließt und 13 km südlich von Jaffa ins Mittelmeer mündet.

stark bist? Gibt es Fesseln, die du nicht zerreißen kannst?« [7] »Wenn man mich mit sieben frischen Bogensehnen fesseln würde, die noch nicht ausgetrocknet sind«, erwiderte Simson, »werde ich schwach wie ein anderer Mensch sein.« [8] Die Fürsten der Philister besorgten ihr sieben solcher Sehnen. Und Delila fesselte Simson damit, [9] während einige Männer bei ihr in der Kammer lauerten. Doch als sie dann rief:»Simson, die Philister!«, zerriss er die Sehnen wie Flachsfäden, wenn sie Feuer riechen. Er hatte ihr nicht preisgegeben, woher seine Kraft kam. [10] Da warf Delila ihm vor:»Du hast mich zum Narren gehalten und mir Lügen erzählt! Nun verrate mir doch, womit man dich fesseln kann!« [11] »Wenn man mich ganz fest mit neuen Stricken binden würde, die noch nie benutzt worden sind«, sagte Simson,»würde ich schwach werden wie andere Menschen auch.« [12] Da nahm Delila neue Stricke und fesselte Simson damit. Wieder lagen einige Männer bei ihr auf der Lauer. Doch als sie rief:»Simson, die Philister kommen!«, riss er die Stricke wie Flachsfäden von seinen Armen. [13] Da sagte Delila:»Immer hältst du mich zum Narren und erzählst mir Lügen! Nun verrate mir doch endlich, womit man dich fesseln kann!« – »Du musst

meine sieben Haarflechten im Webstuhl einweben«, erwiderte Simson. [14] Sie tat das, als er schlief, und klopfte sie mit dem Weberblatt fest ins Gewebe. Dann rief sie wieder:»Simson, die Philister!« Da fuhr er hoch und riss das ganze Gewebe samt Weberbaum heraus. [15] »Wie kannst du nur behaupten, dass du mich liebst!«, warf Delila ihm vor.»Du vertraust mir ja nicht einmal! Dreimal hast du mich jetzt schon getäuscht und mir nicht verraten, woher deine große Kraft kommt.« [16] Tag für Tag redete sie auf ihn ein und quälte ihn so sehr, dass ihm das ganze Leben verleidet war. [17] Da öffnete er ihr sein Herz und sagte:»Noch nie sind mir die Haare geschnitten worden. Ich bin nämlich von Geburt an ein Nasiräer Gottes. Würde man mir die Haare abschneiden, würde ich meine Kraft verlieren und schwach werden wie andere Menschen auch.« [18] Delila merkte, dass er ihr jetzt alles offenbart hatte. Sie schickte jemand zu den Philisterfürsten und ließ ihnen ausrichten:»Diesmal müsst ihr selbst herkommen, denn er hat mir alles anvertraut!« Da kamen sie und brachten das versprochene Silber mit. [19] Delila ließ Simson auf ihren Knien einschlafen. Dann winkte sie einen von den Männern herbei und ließ die sieben Haarflechten Simsons abschneiden. So fingen sie an, ihn zu bezwingen, und Simson verlor seine Kraft. [20] Delila rief:»Simson, die Philister!« Simson fuhr aus dem Schlaf hoch und dachte:»Ich werde auch diesmal davonkommen wie bisher und mich frei schütteln.« Er wusste aber nicht, dass Jahwe nicht mehr mit ihm war. [21] Da

---

16,5 1100 Silberstücke. Eine ungeheure Summe. Schon mit 70 Silberstücken konnte Abimelech eine Bande Männer anheuern (Richter 9,4), und der Levit, den Micha anstellte (Richter 17,10), erhielt ganze zehn Silberstücke im Jahr (dazu Nahrung und Kleidung).

packten ihn die Philister, stachen ihm die Augen aus und brachten ihn nach Gaza ins Gefängnis. Dort legten sie ihm Doppelfesseln aus Bronze an und zwangen ihn, die Mühle zu drehen. 22 Aber sein Haar begann langsam wieder zu wachsen.

Simsons Tod

23 Nach einiger Zeit kamen die Fürsten der Philister zu einem großen Freudenfest zusammen. Sie wollten ihrem Gott Dagon* ein großes Opfer schlachten. Dabei sangen sie:

»Unserm Gott sei es gedankt, /
Simson ist in unsrer Hand!«

24 Als das Volk Simson sah, rühmten sie ihren Gott und sangen:

»Unserm Gott sei es gedankt, /
Simson ist in unsrer Hand! /
Er verheerte unser Land, / legte
viele Krieger in den Sand.«

25 Und als sie richtig in Stimmung waren, grölten sie: »Ruft Simson her! Er soll uns vortanzen!« Man brachte Simson herbei und stellte ihn zwischen die Säulen*. Und sie hatten ihren Spaß mit ihm. 26 Simson bat den Jungen, der ihn führte: »Lass meine Hand kurz los. Ich möchte die Säulen betasten, die das Haus tragen, und mich ein wenig anlehnen.« 27 Das Gebäude war voller Menschen, die zusahen, wie Simson verspottet wurde. Allein auf dem Flachdach saßen 3000 Männer und Frauen. Auch alle Fürsten der Philister waren da. 28 Simson betete: »Herr, Jahwe, denk doch an mich und gib mir nur

noch einmal meine alte Kraft! Ich will mich an den Philistern rächen – nur eine Rache für meine beiden Augen!« 29 Dann tastete Simson nach den beiden Mittelsäulen, auf denen das Dach ruhte, und stemmte sich gegen die eine mit der rechten und gegen die andere mit der linken Hand. 30 »Sollen die Philister mit mir sterben!«, rief er und riss die Säulen mit aller Kraft um. Da stürzte das ganze Haus über den Philistern und ihren Fürsten zusammen. Dabei starben mehr Menschen, als Simson in seinem ganzen Leben getötet hatte. 31 Simsons Brüder und alle Männer im Haushalt seines Vaters holten seinen Leichnam und begruben ihn zwischen Zora und Eschtaol im Grab seines Vaters Manoach.

Michas Privatheiligtum

17 1 Im Gebirge Efraïm lebte ein Mann namens Micha. 2 Eines Tages sagte er zu seiner Mutter: »Die 1100 Silberstücke, die dir gestohlen worden sind und wegen denen du vor meinen Ohren den Fluch ausgesprochen hast, die habe ich genommen. Das Silber ist bei mir.« – »O mein Sohn!«, rief da die Mutter, »Jahwe segne dich!« 3 Als Micha ihr die 1100 Silberstücke zurückgab, erklärte sie: »Hiermit weihe ich das Geld Jahwe. Es soll ein geschnitztes Gottesbild

---

16,23 *Dagon.* Semitischer Fruchtbarkeitsgott, der für das Getreidewachstum sorgen sollte.

16,25 *Säulen.* Man hat einen Philister-Tempel mit einem langgezogenen Innenraum ausgegraben, der zwei dicht beieinanderstehende hölzerne Hauptsäulen besaß, die das Dach stützten.

davon gemacht werden, mit Silber belegt! Damit kommt es auch dir zugute.« ⁴ Sie nahm 200 Silberstücke von dem Geld und ließ vom Goldschmied ein Gottesbild* aus Holz schnitzen und mit Silber belegen. Micha stellte die Figur bei sich auf. ⁵ So kam Micha zu einem eigenen Heiligtum. Er ließ auch ein Efod und einige Terafim* anfertigen und setzte dann einen von seinen Söhnen als Priester ein. ⁶ Damals gab es noch keinen König in Israel. Jeder tat, was er für richtig hielt.

⁷ Ein junger Levit* aus der Sippe Juda wohnte zu dieser Zeit als Fremder im judäischen Bethlehem. ⁸ Er verließ die Stadt, um sich an einem anderen Ort niederzulassen. Auf seinem Weg durch das Gebirge Efraïm kam er an Michas Haus vorbei. ⁹ Micha sprach ihn an:»Wo kommst du her?« Der antwortete:»Ich bin ein Levit aus dem judäischen Bethlehem und suche irgendwo ein Unterkommen.« ¹⁰ Da sagte Micha zu ihm:»Bleib doch bei mir und sei mein geistlicher Vater und mein Priester! Ich gebe dir jährlich zehn Silberstücke,

dazu die Kleidung, die du brauchst und den Lebensunterhalt.« ¹¹ Der Levit willigte ein und blieb. Micha behandelte ihn wie einen seiner Söhne. ¹² Dann setzte er ihn feierlich als Priester ein und ¹³ dachte:»Jetzt bin ich sicher, dass Jahwe mir Gutes tun wird, denn ich habe ja einen Leviten zum Priester.«

Die Kundschafter aus Dan

18 ¹ Damals gab es noch keinen König in Israel. Der Stamm Dan war gerade dabei, sich ein eigenes Wohngebiet zu suchen, denn bis dahin war ihm noch kein Eigentum innerhalb der Stämme Israels zugefallen. ² Deshalb wählten die Daniten fünf Männer aus ihrer Mitte aus, die das Land auskundschaften sollten. Es waren tüchtige Leute aus Zora und Eschtaol, die den Auftrag erhielten, das Land zu erforschen. Sie kamen ins Gebirge Efraïm zum Haus Michas und übernachteten dort. ³ Dabei fiel ihnen der Levit durch seinen Dialekt auf. Sie gingen zu ihm und fragten:»Wie bist du hierher gekommen? Was machst du hier und was hast du hier verloren?« ⁴ Der junge Mann erzählte ihnen seine Geschichte.»Micha hat mich in Lohn und Brot genommen, und so bin ich sein Priester geworden«, schloss er. ⁵ Da baten sie ihn:»Frag doch Gott für uns, ob unsere Reise Erfolg haben wird.« ⁶ Der Priester sagte ihnen:»Zieht in Frieden weiter! Jahwe ist mit eurer Reise einverstanden.« ⁷ Die fünf Männer zogen weiter und kamen nach Lajisch*. Sie sahen, dass die Menschen dort ruhig und sorglos wie die Sidonier lebten. Es gab niemand,

---

17,4 *Gottesbild.* Es ist nicht sicher zu entscheiden, ob es sich in dieser Geschichte um ein oder zwei Götzenbilder handelt.

17,5 *Terafim.* Abbilder oder Figuren von Schutzgeistern bzw. Hausgötzen, die auch zu Orakelzwecken benutzt wurden.

17,7 *Levit.* Angehöriger des Stammes Levi, der während der Wüstenwanderung Israels von Gott zum Dienst am Heiligtum ausgewählt wurde.

18,7 *Lajisch.* Ort an einem der Quellflüsse des Jordan, später Dan. Siehe Josua 19, 47-48.

der sie im Land bedroht hätte. Die Sidonier waren weit entfernt*, und sie lebten ganz für sich. 8 Als die Kundschafter nach Zora und Eschtaol zurückkehrten, fragten ihre Stammesbrüder: »Was bringt ihr?« 9 Sie erwiderten: »Auf, lasst uns über sie herfallen! Wir haben das Land gesehen, es ist wirklich sehr gut. Was steht ihr noch herum? Los, machen wir uns auf den Weg und nehmen das Land in Besitz! 10 Ihr werdet ein sorgloses Volk vorfinden und ein geräumiges Land, wo es alles gibt, was ihr euch vorstellen könnt. Gott hat es in eure Hand gegeben!«

Ein Stamm raubt ein Heiligtum

11 Mit 600 bewaffneten Männern brachen die Daniten von Zora und Eschtaol auf. 12 Ihr erstes Lager schlugen sie bei Kirjat-Jearim* im Gebiet des Stammes Juda auf. Deshalb nennt man diesen Ort westlich von Kirjat-Jearim bis heute Mahane-Dan, Lager Dans. 13 Die Daniten zogen von dort weiter ins Gebirge Efraïm und kamen auch an Michas Ansiedlung vorbei. 14 Da sagten die fünf Kundschafter zu ihren Stammesbrüdern: »Wisst ihr, dass es in diesen Häusern ein Efod und Terafim gibt und außerdem ein geschnitztes, mit Silber überzogenes Gottesbild? Bedenkt, was das für eine Gelegenheit ist!« 15 Da bogen sie vom Weg ab und die Kundschafter gingen zum Haus des Leviten, das zum Besitz Michas gehörte, und begrüßten ihn. 16 Aber die 600 bewaffneten Daniten blieben vor dem Tor stehen. 17 Als dann der Levit zu ihnen herausgekommen war und bei ihnen stand, gingen die Kundschafter ins Haus und nahmen das Gottesbild, das Efod und die Terafim an sich. 18 Als der Priester sah, dass sie in Michas Haus eindrangen, sagte er zu ihnen: »Was macht ihr da?« 19 »Sei still! Halt den Mund und zieh mit uns!«, gaben sie zurück. »Du sollst der geistliche Vater und Priester für uns werden! Ist es denn besser für dich, Hauspriester für eine Familie oder der Priester für einen ganzen Stamm und ein Geschlecht in Israel zu sein?« 20 Das gefiel dem Priester gut. Er nahm das Efod, die Terafim und das Schnitzbild und schloss sich den Daniten an. 21 Beim Weitermarsch ließen sie ihre Kinder, das Vieh und ihren wertvollen Besitz an die Spitze des Zuges bringen. 22 Sie hatten sich schon ein Stück vom Haus Michas entfernt, als sie von ihm und den Männern eingeholt wurden, die er aus der Nachbarschaft aufgetrieben hatte. 23 Sie schrien den Daniten hinterher. Die drehten sich um und sagten zu Micha: »Warum machst du ein solches Geschrei?« 24 »Ihr habt mir meine Götter weggenommen«, rief er, »und den Priester dazu! Ihr habt mich ausgeraubt! Da fragt ihr noch, was los ist!« 25 Aber die Daniten entgegneten ihm: »Belästige uns nicht mit deinem Geschrei! Sonst bekommst du es mit erbitterten Leuten zu tun. Das würde dich und deine Männer das Leben

---

18,7 *weit entfernt.* Von Phönizien waren die Bewohner von Lajisch durch den Gebirgszug des Libanon getrennt und von Syrien durch den Hermon und den Antilibanon.

18,12 *Kirjat-Jearim.* 11 km westlich von Jerusalem an der Grenze zu Benjamin.

kosten.« 26 Dann setzten sie ihren Weg fort. Micha sah, dass er gegen ihre Übermacht nichts ausrichten konnte, und kehrte nach Hause zurück. 27 So nahmen die Daniten mit, was Micha sich hatte anfertigen lassen, und auch seinen Priester. Dann überfielen sie die Einwohner von Lajisch, die ruhig und sorglos dahinlebten. Sie erschlugen sie mit dem Schwert und brannten ihre Stadt nieder. 28 Niemand konnte den Leuten von Lajisch zu Hilfe kommen, denn Sidon war zu weit entfernt. Sie lebten ganz für sich. Die Stadt lag nämlich in der Ebene von Bet-Rechob*. Die Daniten aber bauten die Stadt wieder auf, 29 nannten sie aber nicht mehr Lajisch, sondern gaben ihr den Namen ihres Stammvaters Dan, der ein Sohn von Israel* gewesen war. 30 Dort stellten sie das geschnitzte Gottesbild auf und machten Jonathan, der von Moses Sohn Gerschom abstammte, zu ihrem Priester. Auch seine Söhne versahen den Priesterdienst für die Daniten, bis die Bewohner der ganzen Gegend in die Gefangenschaft geführt wurden. 31 Sie stellten sich also das Schnitzbild Michas auf und verehrten es so lange, wie

___

18,28 *Bet-Rechob.* Zwischen dem Berg Hermon und dem Libanon-Gebirge

18,29 *Israel.* Das heißt von Jakob, der später Israel genannt wurde, vgl. 1. Mose 32,29.

18,31 *Schilo.* Heute: *Seilon,* 30 km nördlich von Jerusalem. Dort wurde die Stiftshütte aufgestellt und durch feste Bauwerke ergänzt. Diese wurden vermutlich nach der Schlacht bei Afek um 1050 v.Chr. zerstört (vgl. 1. Samuel 4,10).

auch das Heiligtum von Schilo* Bestand hatte.

Der Schwiegervater

19 1 Zu dieser Zeit, als es in Israel noch keinen König gab, lebte ganz im Norden des Gebirges Efraïm ein Levit, der sich eine Nebenfrau aus Bethlehem genommen hatte. 2 Doch diese wurde ihm untreu und ging fremd. Dann lief sie ihm weg und kehrte ins Haus ihres Vaters nach Bethlehem zurück. Vier Monate später 3 machte ihr Mann sich auf, um mit ihr zu sprechen und sie zurückzugewinnen. Er hatte noch einen Sklaven und ein paar Esel mitgenommen. Die junge Frau brachte ihn zu ihrem Vater ins Haus. Als dieser ihn sah, kam er ihm freudig entgegen. 4 Sein Schwiegervater wollte ihn gar nicht wieder gehen lassen. So blieben sie drei Tage da, aßen, tranken und übernachteten bei ihm. 5 Am vierten Tag standen sie früh auf, um sich auf den Weg zu machen. Da sagte der Vater der jungen Frau zu seinem Schwiegersohn: »Iss doch noch eine Kleinigkeit und stärke dich für den Weg! Dann könnt ihr gehen.« 6 So setzten sich die beiden Männer hin und aßen und tranken. »Tu mir doch den Gefallen«, sagte der Schwiegervater dann, »und bleib noch eine Nacht. Lass es dir bei mir gut gehen!« 7 Doch der Levit erhob sich, um zu gehen. Sein Schwiegervater aber drängte ihn, dass er doch noch eine Nacht blieb. 8 Am fünften Tag stand der Levit wieder früh auf, um sich auf den Weg zu machen. Da sagte der Vater der jungen Frau: »Stärke dich doch erst noch und bleib hier, bis der Tag

kühler wird!« So aßen sie noch einmal miteinander. 9 Dann erhob sich der Levit, um sich mit seiner Frau und seinem Sklaven auf den Weg zu machen. Doch der Vater der jungen Frau versuchte es noch einmal: »Schau, es wird schon wieder Abend. Übernachte doch noch einmal. Bleib noch eine Nacht und lass es dir wohl sein. Morgen früh könnt ihr dann aufbrechen und nach Hause zurückkehren.« 10 Aber der Levit wollte nicht noch einmal übernachten. Er stand auf und machte sich mit seiner Nebenfrau und den beiden gesattelten Eseln auf den Heimweg.

Nachtquartier gesucht

Als sie nach Jebus, dem heutigen Jerusalem, kamen, 11 war der Tag schon fast zu Ende gegangen. Da sagte der Sklave zu seinem Herrn: »Lass uns doch in die Jebusiterstadt hier gehen und dort übernachten!« 12 Doch sein Herr erwiderte: »Nein, wir kehren nicht bei Fremden ein, die keine Israeliten sind. Lasst uns nach Gibea* hinübergehen! 13 Wenn wir uns beeilen, können wir Gibea oder sogar Rama* erreichen und dort übernachten.« 14 So zogen sie weiter. Als sie in die Nähe von Gibea gekommen waren, das zu Benjamin gehört, ging ihnen die Sonne unter. 15 Da bogen sie vom Weg ab und betraten die Stadt. Doch es gab niemand, der sie zum Übernachten in sein Haus aufgenommen hätte. So ließen sie sich auf dem Marktplatz nieder. 16 Es war schon Abend, da kam ein alter Mann von seiner Feldarbeit nach Hause. Er stammte vom Gebirge Efraïm und lebte als Fremder unter den Benjaminiten im Ort. 17 Als er den Wanderer im Freien rasten sah, sprach er ihn an: »Wohin gehst du und woher kommst du?« 18 »Wir kommen aus dem judäischen Bethlehem und wollen an das andere Ende des Gebirges Efraïm. Ich stamme von dort und habe eine Reise nach Bethlehem in Juda unternommen und bin jetzt auf dem Rückweg nach Hause. Aber hier in Gibea will uns niemand aufnehmen, 19 obwohl wir Stroh und Futter für die Esel und Brot und Wein für mich, meine Frau und meinen Sklaven mitgenommen haben. Wir sind wirklich mit allem versorgt.« 20 Da sagte der alte Mann: »Schalom, seid mir willkommen! Lasst mich für euch sorgen und übernachtet nicht hier auf dem Platz!« 21 Er führte sie in sein Haus und schüttete den Eseln Futter vor. Dann wuschen sie ihre Füße und aßen und tranken miteinander.

Das Verbrechen von Gibea

22 Während sie noch fröhlich beisammen saßen, umstellten plötzlich die Männer der Stadt das Haus. Es war ein übles Gesindel. Sie trommelten gegen die Tür und schrien nach dem alten Mann, dem Hausherrn: »Los, bring uns den Mann heraus, der bei dir ist! Wir wollen es mit ihm treiben!« 23 Da ging der alte Mann, der Besitzer des Hauses, zu ihnen hinaus und sagte: »Nein, meine Brüder,

---

19,12 *Gibea,* 6 km nördlich von Jerusalem; war später Heimat und Regierungssitz von König Saul.

19,13 *Rama* war noch 3 km weiter entfernt.

so etwas Schändliches dürft ihr nicht tun! Der Mann ist doch mein Gast! *24* Eher gebe ich euch meine unberührte Tochter heraus, und dazu die Nebenfrau des Fremden, damit ihr sie vergewaltigen könnt. Macht mit ihnen, was ihr wollt! Aber diesem Mann dürft ihr nicht so etwas Schändliches antun!« *25* Doch die Männer wollten nicht auf ihn hören. Da packte der Mann seine Nebenfrau und brachte sie zu ihnen hinaus. Sie fielen über sie her und vergewaltigten sie die ganze Nacht. Erst als der Tag anbrach, ließen sie von ihr ab. *26* Die Frau schleppte sich noch bis zum Eingang des Hauses, in dem ihr Mann war, und brach dort zusammen. So lag sie, bis es hell wurde. *27* Als der Mann am Morgen aus der Tür trat, um weiterzuziehen, sah er die Frau, seine Nebenfrau. Sie lag am Eingang des Hauses, die ausgestreckten Hände auf der Schwelle. *28* »Steh auf«, sagte er zu ihr, »wir müssen weiter!« Aber er bekam keine Antwort. Da lud er sie auf den Esel und reiste nach Hause. *29* Dort angekommen, nahm er ein Messer, zerteilte den Leichnam seiner Frau in zwölf Stücke und schickte diese im ganzen Gebiet Israels herum. *30* Jeder, der so ein Stück sah, sagte: »Solch ein Verbrechen hat es in Israel noch nie gegeben, seit unsere Vorfahren aus Ägypten hierher gekommen

---

20,1 *Gilead.* Das meint ganz Israel vom Norden bis zum Süden und dazu das Ostjordanland.

Mizpa. 12 km nördlich von Jerusalem, nicht zu verwechseln mit dem Mizpa von Kapitel 10,17.

---

sind. Bedenkt das und überlegt genau, was ihr jetzt tun müsst!«

Das Böse muss beseitigt werden

20 *1* Da versammelten sich alle Männer Israels von Dan bis Beerscheba und ganz Gilead* in Mizpa*. Sie erschienen wie ein Mann vor Jahwe. *2* Die Oberhäupter des ganzen Volkes traten zusammen und nahmen ihren Platz in der Versammlung aller Stämme Israels ein. 400.000 mit Schwertern bewaffnete Männer hatten sich zusammengefunden. *3* Auch die Benjaminiten erfuhren von dem Treffen in Mizpa. Die versammelten Israeliten fragten nun: »Wie ist dieses Verbrechen geschehen?« *4* Da berichtete der Levit, dessen Frau ermordet worden war: »Ich kam mit meiner Nebenfrau nach Gibea, das zu Benjamin gehört, um dort zu übernachten. *5* In der Nacht umringten die Männer der Stadt das Haus meines Gastgebers. Sie hatten es aber auf mich abgesehen. Mich wollten sie umbringen, und meine Nebenfrau haben sie so vergewaltigt, dass sie gestorben ist. *6* Da zerteilte ich ihren Leichnam und schickte die Stücke durch ganz Israel. Jeder sollte sehen, was für ein abscheuliches Verbrechen in unserem Land begangen wurde. *7* Nun seid ihr alle hier, ihr Israeliten: Bildet euch eine Meinung und schafft Rat!« *8* Da standen sie alle auf wie ein Mann und erklärten: »Keiner von uns darf nach Hause zurückkehren, *9* bevor wir die Strafe an den Leuten von Gibea vollstreckt haben. Wir wollen das Los werfen, *10* und jeder zehnte Mann soll sich um die Verpflegung für die anderen kümmern, damit wir gleich nach

Gibea in Benjamin ziehen können, um ihre Bewohner für dieses schändliche Verbrechen zu bestrafen. ¹¹ So zogen die Israeliten wie ein Mann gegen die Stadt. ¹² Gleichzeitig hatten sie Boten an den Stamm Benjamin geschickt, die ihnen ausrichten sollten:»Was ist da für eine schreckliche Untat unter euch begangen worden! ¹³ Liefert uns die Männer von Gibea aus! Wir werden dieses gottlose Gesindel töten und so das Böse aus Israel entfernen.« Doch die Benjaminiten wollten nicht auf ihre Brüder, die Israeliten, hören. ¹⁴ Sie kamen aus ihren Städten nach Gibea, um gegen die Israeliten zu kämpfen. ¹⁵ Noch am selben Tag stellten sie ein Heer von 26.000 mit Schwertern bewaffneten Männern auf. Dazu kamen noch die Männer von Gibea, 700 geübte Krieger. ¹⁶ Im Heer Benjamins gab es 700 Elitekämpfer, die sogar mit der linken Hand Steine schleudern konnten und ihr Ziel nie verfehlten. ¹⁷ Die Israeliten hatten 400.000 mit Schwertern bewaffnete und geübte Krieger aufgeboten.

Der Sieg der Benjaminiten

¹⁸ Dann zogen die Israeliten nach Bet-El, um Gott zu fragen, wer von ihnen zuerst gegen die Benjaminiten in den Kampf ziehen sollte. Jahwe antwortete:»Juda soll anfangen!« ¹⁹ Am nächsten Morgen machten sich die Israeliten auf, zogen vor Gibea ²⁰ und stellten sich zum Kampf gegen die Männer von Benjamin. ²¹ Da stürmten die Benjaminiten heraus und streckten an jenem Tag 22.000 Mann von ihnen zu Boden.* ²² Doch die Männer Israels fassten Mut und stellten sich noch einmal an der gleichen Stelle zum Kampf, wo sie am ersten Tag gestanden hatten. ²³ Sie waren nämlich wieder nach Bet-El gezogen und hatten bis zum Abend vor Jahwe über ihre Niederlage geweint. Dann hatten sie Jahwe befragt, ob sie wieder in den Kampf gegen die Benjaminiten, ihre Brüder, ziehen sollten. Jahwe hatte geantwortet:»Ja, zieht gegen sie!« ²⁴ Am zweiten Tag rückten sie wieder gegen die Männer von Benjamin vor. ²⁵ Doch die Benjaminiten brachen erneut aus der Stadt hervor und erschlugen noch einmal 18.000 Israeliten, alles mit dem Schwert bewaffnete Kämpfer. ²⁶ Da zogen die Männer Israels wieder ab und gingen nach Bet-El hinauf. Dort saßen sie klagend vor Jahwe. Sie fasteten jenen Tag bis zum Abend und brachten Jahwe dann Brand- und Freudenopfer*. ²⁷ Dann befragten sie Jahwe, denn die Bundeslade Jahwes war damals gerade dort ²⁸ und Pinhas Ben-Eleasar, der Enkel Aarons, diente als Priester. Sie fragten:»Sollen wir noch einmal gegen unsere Brüder in den Kampf ziehen, gegen die Männer aus Benjamin, oder sollen wir es aufgeben?« Da sagte Jahwe:»Ja, zieht hin! Morgen gebe ich sie in eure Hand.«

20,21 Gibea lag auf einem Hügel und war sehr gut zu verteidigen.

20,26 Beim *Freudenopfer* wurde im Gegensatz zum Brandopfer nur das Fett auf dem Altar verbrannt. Der größte Teil des Tieres durfte bei einer fröhlichen Opfermahlzeit gemeinsam mit Verwandten und Freunden verzehrt werden.

Ein Stamm fast ausgelöscht

29 Darauf legten die Israeliten rings um Gibea Leute in den Hinterhalt 30 und stellten sich wie an den anderen Tagen zum Kampf gegen die Benjaminiten auf. 31 Wieder brachen die Benjaminiten aus der Stadt hervor und erschlugen wie die vorigen Male einige von den Israeliten. Dabei entfernten sie sich immer weiter von der Stadt in Richtung Bet-El und Gibeon*. Sie hatten schon etwa 30 Mann auf dem freien Feld erschlagen 32 und riefen:»Wir schlagen sie wie beim ersten Mal!« Aber die Israeliten hatten verabredet: Lasst uns fliehen, damit wir sie von der Stadt zu den Landstraßen weglocken. 33 So gingen die Männer Israels zurück und ordneten sich bei Baal-Tamar* neu. Gleichzeitig brachen die Männer aus dem Hinterhalt westlich von Gibea hervor. 34 Es waren 10.000 aus ganz Israel ausgesuchte Krieger. Sie gingen gegen die Stadt vor, und es kam zu einem schweren Kampf. Die anderen Benjaminiten ahnten nicht, dass das Unglück sie schon erreicht hatte. 35 An diesem Tag tötete Jahwe durch die Israeliten 25.100 bewaffnete Kämpfer aus dem Stamm Benjamin.

36 Schließlich mussten die Benjaminiten einsehen, dass sie geschlagen waren.

Der Kampf war so verlaufen: Die Israeliten hatten den Benjaminiten Raum gegeben, weil sie sich auf den Hinterhalt verließen, den sie in der Nähe der Stadt gelegt hatten. 37 Die Männer des Hinterhalts stürmten auf Gibea zu und eroberten die Stadt. Alle Bewohner töteten sie mit dem Schwert. 38 Sie hatten mit den Israeliten vereinbart, dass sie dann eine Rauchwolke aus der Stadt aufsteigen lassen wollten. 39 Als nun die Mannschaft Israels vor den Benjaminiten zurückwich, hatten diese angefangen, einige von ihnen zu erschlagen, etwa 30 Mann. Sie riefen:»Wir werden sie besiegen wie im ersten Kampf!« 40 Doch da begann eine Wolke aus der Stadt aufzusteigen, die zu einer Rauchsäule wurde. Und als die Benjaminiten sich umschauten, sahen sie, dass die ganze Stadt wie ein Ganzopfer in Flammen aufgegangen war. 41 Da machten auch die Israeliten wieder kehrt und stellten sich zum Kampf. Die Männer Benjamins waren entsetzt und merkten, dass sie verloren waren. 42 Da versuchten sie, vor den Israeliten in Richtung Wüste zu fliehen, aber die Schlacht holte sie ein. Und die israelitischen Männer, die aus Gibea kamen, nahmen sie in die Zange. 43 So umzingelten die Israeliten die Benjaminiten. Sie verfolgten sie ohne Rast bis östlich von Gibea und machten sie nieder. 44 Auf diese Weise fielen 18.000 benjaminitische Krieger. 45 Der Rest versuchte weiter in Richtung Wüste zum Felsen Rimmon* zu fliehen. Doch die Israeliten

20,31 *Gibeon.* 9 km nordwestlich von Jerusalem und 6 km von Gibea entfernt.

20,33 *Baal-Tamar.* Ort an der Grenze zwischen Juda und Benjamin, dicht bei Gibea.

20,45 *Rimmon.* Der Felsen liegt 18 km nordöstlich von Jerusalem und ist auf drei Seiten durch tiefe Täler von der Umgebung abgeschnitten. Die Höhlen dort konnten 600 Männern monatelang Schutz und Unterkunft bieten.

schlugen auf den Straßen noch einmal 5000 Mann nieder und bei der weiteren Verfolgung noch einmal 2000 Mann. *46* So waren an diesem Tag 25.000 bewaffnete Benjaminiten gefallen, alles tapfere Krieger. *47* Nur 600 Mann erreichten den Felsen Rimmon und verschanzten sich dort vier Monate lang. *48* Die Israeliten aber zogen durch das ganze Stammesgebiet von Benjamin und töteten alle Menschen und Tiere, die sie fanden, und brannten alle Ortschaften nieder.

Benjamin darf nicht untergehen

21 *1* In Mizpa hatten die Israeliten geschworen: »Keiner von uns wird jemals seine Tochter einem Benjaminiten zur Frau geben!« *2* Und nun kamen sie nach Bet-El und saßen bis zum Abend klagend vor Gott. Weinend sagten sie: *3* »O Jahwe, du Gott Israels, warum musste das geschehen? Ein ganzer Stamm fehlt heute in Israel.« *4* Am nächsten Morgen in aller Frühe baute das Volk einen Altar und brachte Brand- und Freudenopfer auf ihm dar. *5* Dann fragten die Israeliten: »Wer ist dem Aufruf an alle Stämme Israels zur Versammlung vor Jahwe nicht gefolgt?« Sie hatten nämlich einen feierlichen Eid geschworen: »Wer nicht zu Jahwe nach Mizpa heraufkommt, wird unbedingt mit dem Tod bestraft!« *6* Den Israeliten tat es sehr leid um ihren Bruderstamm Benjamin. »Heute ist ein ganzer Stamm von Israel abgehauen worden!«, sagten sie. *7* »Wie können wir den Überlebenden nur zu Frauen verhelfen? Wir haben ja vor Jahwe geschworen, dass keiner von uns seine Tochter einem von ihnen

zur Frau gibt.« *8* Deshalb fragten sie: »Wer ist dem Aufruf an alle Stämme Israels, zu Jahwe nach Mizpa heraufzukommen, nicht gefolgt?« Da stellte man fest, dass niemand von Jabesch* in Gilead in die Versammlung gekommen war, *9* denn als sie ihre Truppen musterten, fehlten die Männer aus Jabesch. *10* Da schickte die Versammlung 12.000 Mann nach Jabesch mit dem Auftrag, alle Einwohner der Stadt mit dem Schwert zu töten, auch die Frauen und Kinder: *11* »An jedem Mann und an jeder Frau, die schon mit einem Mann geschlafen hat, sollt ihr den Bann vollstrecken!« *12* Die Männer Israels fanden unter den Bewohnern von Jabesch in Gilead 400 unberührte Mädchen, mit denen noch kein Mann geschlafen hatte, und brachten sie ins Lager nach Schilo im Land Kanaan. *13* Dann schickte die ganze Versammlung Boten zu den Männern Benjamins, die sich noch am Felsen Rimmon aufhielten, und machten ihnen ein Friedensangebot. *14* So kehrten die 600 Männer zurück und bekamen die Mädchen, die die Israeliten in Jabesch am Leben gelassen hatten. Aber es waren nicht genug für sie alle.

Frauenraub in Schilo

15 Das Volk hatte Mitleid mit Benjamin, weil Jahwe eine Lücke in die Stämme Israels gerissen hatte. *16* »Was können wir nur tun, um den Übriggebliebenen zu Frauen zu

---

21,8 Jabesch lag 15 km südöstlich von Bet-Schean im Ostjordanland.

verhelfen?«, fragten die Ältesten. »In Benjamin ist ja keine Frau am Leben geblieben.« ¹⁷ Und sie beschlossen: »Der Besitz der Überlebenden muss bei Benjamin bleiben, denn es darf kein Stamm aus Israel aussterben. ¹⁸ Wir können ihnen aber keine von unseren Töchtern zur Frau geben, denn wir alle haben feierlich geschworen: ›Wer einem Mann aus Benjamin eine Frau gibt, sei verflucht!‹« ¹⁹ Schließlich meinten sie: »Es gibt doch jedes Jahr ein Fest Jahwes in Schilo.« – Schilo liegt nördlich von Bet-El und östlich der Straße, die von Bet-El nach Sichem hochführt, und südlich von Lebona*. – ²⁰ Und sie forderten die Männer Benjamins auf: »Legt euch in den Weinbergen dort auf die Lauer! ²¹ Wenn dann die Mädchen aus Schilo zum Reigentanz herauskommen, dann fange sich jeder eine Frau und nehme sie mit in seine Heimat. ²² Wenn ihre Väter und Brüder sich dann bei uns beschweren, werden wir ihnen sagen: ›Lasst ihnen die Mädchen, uns zuliebe! Wir konnten im Krieg gegen Jabesch nicht für jeden von ihnen eine Frau gewinnen. Und ihr habt euch auch nicht schuldig gemacht, denn ihr habt sie ihnen ja nicht selbst gegeben.« ²³ Die Benjaminiten gingen auf den Vorschlag ein, und jeder raubte sich eine Frau von den tanzenden Mädchen. Dann kehrten sie in ihren Erbbesitz zurück, bauten die Städte wieder auf und wohnten darin. ²⁴ Nun zogen auch die Israeliten wieder heim, jeder zu seinem Stamm, seiner Sippe und seinem Erbbesitz.

²⁵ Damals gab es noch keinen König in Israel. Jeder tat, was er für richtig hielt.

21,19 *Lebona*. Kleiner Ort 5 km nördlich von Schilo, das zur Zeit der Abfassung des Buches zerstört war.

Das Buch Rut

Rut ist das einzige biblische Buch, das nach einer nichtjüdischen Frau benannt wurde. Aufgeschrieben wurde es vielleicht noch vor der Salbung Davids zum König, eventuell von Samuel. Die Geschichte spielt in der Richterzeit, als eine Hungersnot im Land herrschte. Es könnte die Zeit Gideons gewesen sein (2. Hälfte des 12. Jahrhunderts v.Chr.). Das Buch beinhaltet die Botschaft von der Gnade Gottes, der mit zwei armen, verlassenen Frauen die Geschichte der Familie Davids beginnt, aus der später der Messias, der Christus, hervorgehen wird. Der Name Rut bedeutet: »Freundschaft«.

Noomi und Rut

1 *1* Als Israel noch von den Richtern geführt wurde, brach einmal eine Hungersnot im Land aus. Da zog ein Mann mit seiner Frau und seinen beiden Söhnen von Bethlehem/Juda weg, um sich als Fremder im Grünland Moabs* niederzulassen. *2* Der Mann hieß Elimelech*, seine Frau Noomi* und seine Söhne Machlon* und Kiljon*. Sie gehörten zur Sippe Efrat aus Bethlehem/Juda. Als sie im Grünland Moabs wohnten, *3* starb Elimelech, und Noomi blieb mit ihren beiden Söhnen allein zurück. *4* Diese heirateten zwei moabitische Frauen, Orpa und Rut. Doch zehn Jahre später *5* starben auch Machlon und Kiljon, sodass die Frau ohne Mann und Söhne allein zurückblieb.

6 Da entschloss sie sich, mit ihren Schwiegertöchtern das Gebiet von Moab zu verlassen. Sie hatte nämlich gehört, dass Jahwe seinem Volk wieder zu essen gegeben hatte. *7* So brach sie mit ihren beiden Schwiegertöchtern auf. *8* Doch unterwegs sagte Noomi zu ihnen: »Kehrt um und geht wieder in euer Elternhaus zurück! Jahwe möge euch all das Gute

vergelten, das ihr den Verstorbenen und mir erwiesen habt! *9* Er möge euch wieder einen Mann geben und ein neues Zuhause.« Dann küsste sie beide zum Abschied. Doch diese weinten *10* und sagten zu ihr: »Nein, wir wollen mit dir zu deinem Volk gehen!« *11* »Kehrt doch um, meine Töchter!«, entgegnete Noomi. »Warum wollt ihr mit mir gehen? Habe ich etwa noch Söhne zu erwarten, die eure Männer werden könnten? *12* Geht, meine Töchter, kehrt um! Ich bin zu alt, um noch einmal zu heiraten. Und selbst wenn ich noch Hoffnung hätte, ja

---

1,1 Die *Moab*iter lebten östlich vom Toten Meer zwischen den Flüssen Arnon und Zered. Sie waren über Lot (1. Mose 19, 36-37) mit Israel verwandt. Auch Rut, die zur Urgroßmutter Davids wurde, war eine Moabiterin, vgl. Rut 4,13.17; 1. Samuel 22,3-4.

1,2 Elimelech bedeutet »mein Gott ist König«.

Noomi bedeutet »meine Liebliche«, siehe Vers 20!

Machlon bedeutet »der Schwächliche«.

Kiljon bedeutet »der Gebrechliche«.

selbst, wenn ich in dieser Nacht mit einem Mann schlafen und dann Söhne zur Welt bringen würde, 13 wollt ihr etwa warten, bis sie groß geworden sind? Wollt ihr euch so lange abschließen und ohne Mann leben? Nein, meine Töchter! Ich kann euch nicht das gleiche bittere Schicksal zumuten, das Jahwe mir aufgebürdet hat.« 14 Da weinten sie noch mehr. Dann küsste Orpa ihre Schwiegermutter und nahm Abschied, Rut aber wollte sie auf keinen Fall verlassen. 15 Noomi redete ihr zu: »Du siehst, deine Schwägerin kehrt heim zu ihrem Volk und ihrem Gott. Folge ihr doch!« 16 Aber Rut sagte: »Dränge mich nicht, dich zu verlassen. Ich gehe nicht weg von dir! Denn wo du hingehst, gehe auch ich hin, und wo du bleibst, da bleibe auch ich. Dein Volk ist mein Volk und dein Gott ist mein Gott. 17 Wo du stirbst, will auch ich sterben und begraben werden. Jahwe möge mir alles Mögliche antun, aber nur der Tod wird mich von dir trennen!«

18 Als Noomi sah, dass Rut fest entschlossen war, mit ihr zu gehen, gab sie es auf, sie zur Umkehr zu überreden. 19 So kamen beide miteinander nach Bethlehem. Da geriet die ganze Stadt in Bewegung und die Frauen riefen: »Ist das nicht Noomi?« 20 »Nennt mich nicht mehr Noomi, die Liebliche, nennt mich Mara, die Bittere, denn der Allmächtige hat es mir sehr bitter gemacht. 21 Voll bin ich losgezogen und leer hat Jahwe mich zurückkehren lassen. Warum nennt ihr mich noch Noomi? Jahwe hat sich gegen mich gewandt, der Allmächtige hat mir böse mitgespielt.«

22 So kehrte Noomi mit ihrer moabitischen Schwiegertochter nach Bethlehem zurück. Dort hatte gerade die Gerstenernte begonnen.

Rut trifft Boas

2 1 Noomi hatte von ihrem Mann her einen wohlhabenden Verwandten namens Boas. Er gehörte ebenfalls zur Sippe Elimelechs.

2 Eines Tages sagte die Moabiterin Rut zu Noomi: »Ich möchte gern hinausgehen und die Ähren auflesen, die auf dem Feld liegen geblieben sind. Irgendjemand wird es mir sicher erlauben.« – »Geh nur, meine Tochter!«, sagte Noomi. 3 Rut kam zu einem Feld und las Ähren hinter den Schnittern auf. Es fügte sich, dass das Feldstück zum Besitz von Boas gehörte. 4 Im Lauf des Tages kam Boas aus der Stadt zu seinen Leuten hinaus. »Jahwe sei mit euch!«, begrüßte er seine Schnitter. »Jahwe segne dich!«, erwiderten sie. 5 Boas fragte den Mann, der die Aufsicht führte: »Zu wem gehört diese junge Frau?« 6 »Es ist eine Moabiterin, die mit Noomi aus dem Grünland Moabs zurückgekommen ist«, erwiderte der junge Mann. 7 »Sie hat gefragt, ob sie hinter den Schnittern her die Ähren auflesen darf. Vom Morgen an bis jetzt war sie auf den Beinen und hat sich kaum in den Schatten gesetzt.«

8 Da sagte Boas zu Rut: »Hör zu, meine Tochter! Geh nicht auf ein anderes Feld zum Ährenlesen. Bleib hier und halte dich zu meinen Mägden. 9 Geh hier auf dem Feld hinter ihnen her. Ich habe meinen Leuten befohlen, dich nicht anzutasten. Und wenn du

Durst hast, dann geh zu den Krügen und trink von dem Wasser, das meine Leute sich dort schöpfen.« 10 Rut warf sich vor ihm zu Boden und sagte: »Womit habe ich das verdient? Warum beachtest du mich, obwohl ich eine Ausländerin bin?« 11 Boas entgegnete: »Man hat mir genau berichtet, was du nach dem Tod deines Mannes an deiner Schwiegermutter getan hast. Du hast Vater, Mutter und Heimat verlassen und bist zu einem Volk gegangen, das du vorher nicht kanntest. 12 Jahwe möge dir dein Tun vergelten und dich reich dafür belohnen, Jahwe, der Gott Israels, zu dem du gekommen bist, um Schutz unter seinen Flügeln zu finden!« 13 »Du bist so gütig zu mir, Herr!«, erwiderte Rut. »Du hast mir Mut gemacht und so freundlich zu deiner Magd gesprochen, obwohl ich noch viel geringer bin als eine deiner Mägde.«
14 Zur Essenszeit sagte Boas zu ihr: »Komm zu uns, und iss von dem Brot. Du kannst es auch in den Weinessig tunken.« Da setzte sie sich zu seinen Leuten. Boas gab ihr so viel Röstkorn, dass sie sich satt essen konnte und sogar noch übrig behielt. 15 Als sie wieder zum Ährenlesen aufstand, befahl Boas seinen Leuten: »Lasst sie auch zwischen den Garben sammeln und treibt sie nicht weg! 16 Ihr könnt sogar Ähren aus den Garben fallen lassen, damit sie sie auflesen kann. Und beschimpft sie nicht!«
17 So sammelte Rut auf dem Feld bis zum Abend und klopfte dann ihre Ähren aus. Sie hatte etwa 17 Kilogramm* Getreide zusammengebracht. 18 Sie nahm es auf und brachte es in die Stadt. Ihre Schwiegermutter

sah, was sie aufgelesen hatte. Dann holte Rut heraus, was von ihrer Mahlzeit übrig geblieben war, und gab es ihr. 19 Da fragte Noomi: »Wo hast du heute Ähren gelesen? Auf wessen Feld bist du gewesen? Gott segne den, der es dir erlaubt hat!« Sie berichtete ihrer Schwiegermutter alles und sagte: »Der Mann, auf dessen Feld ich heute war, hieß Boas.« 20 Da sagte Noomi zu ihr: »Er sei gesegnet von Jahwe, der uns seine Gnade nicht entzogen hat, weder uns Lebenden, noch unseren Toten! Du musst wissen«, fuhr sie fort, »Boas ist mit uns verwandt. Er ist einer von unseren Lösern*«. 21 Rut, die Moabiterin, erzählte weiter: »Schließlich hat er noch zu mir gesagt, dass ich mich zu seinen Leuten halten soll, bis sie die ganze Ernte eingebracht haben.« 22 Da sagte Noomi: »Es ist gut, meine Tochter, wenn du mit seinen Mägden aufs Feld gehst. Dann wird man dich auf einem anderen Feld nicht belästigen.«
23 So hielt sich Rut zu den Mägden des Boas und las Ähren auf, bis die Gersten- und auch die Weizenernte vorbei war. Dann blieb sie bei ihrer Schwiegermutter.

2,17 17 *Kilogramm.* Wörtlich: ein Efa. Das war ein Hohlmaß von etwa 22 Litern und entsprach für Getreidekörner einem Gewicht von 16-17 Kilogramm.

2,20 Der *Löser* ist der nächststehende männliche Verwandte, der einem in Not geratenen Sippenangehörigen zum Beispiel durch *Auslösung* des verkauften oder verpfändeten Grundbesitzes beizustehen hat.

Rut und Boas auf der Tenne

3 *1* Eines Tages sagte Noomi zu ihr: »Meine Tochter, sollte ich dir nicht ein Zuhause suchen, wo du es gut hast? *2* Du weißt, dass Boas, mit dessen Mägden du auf dem Feld warst, mit uns verwandt ist. Pass auf! Heute Abend worfelt* er die Gerste auf dem Dreschplatz. *3* Nimm ein Bad, salbe dich, zieh deine besten Kleider an und geh dorthin. Pass auf, dass er dich nicht entdeckt, bevor er mit Essen und Trinken fertig ist. *4* Merk dir die Stelle, wo er sich hinlegt. Dort gehst du dann hin, deckst seine Füße auf und legst dich nieder. Er wird dir schon sagen, was du tun sollst.« *5* »Ich werde alles so machen, wie du gesagt hast«, antwortete Rut.

6 Sie ging zum Dreschplatz hinunter und machte alles so, wie ihre Schwiegermutter sie angewiesen hatte. *7* Als Boas gegessen und getrunken hatte, legte er sich gutgelaunt am Rand des Getreidehaufens schlafen. Da kam sie leise, deckte seine Füße auf und legte sich hin. *8* Um Mitternacht zitterte der Mann vor Kälte, beugte sich vor und entdeckte eine Frau an seinem Fußende.

9 »Wer bist du?«, fragte er. »Ich bin Rut, deine Sklavin«, sagte sie. »Breite doch den Zipfel deines Gewands über deine Sklavin aus, denn du bist der Löser!« *10* Da sagte er: »Jahwe segne dich, meine Tochter! Was du jetzt getan hast, zeigt deine Treue noch mehr als vorher. Denn du bist nicht den jungen Männern nachgelaufen, weder armen noch reichen. *11* Und nun, sei unbesorgt, meine Tochter! Alles, was du gesagt hast, werde ich für dich tun. Jeder in der Stadt weiß ja, dass du eine tüchtige Frau bist. *12* Es stimmt, dass ich Löser bin, aber es gibt da noch einen Löser, der näher mit dir verwandt ist als ich. *13* Bleib heute Nacht hier. Ich werde es morgen früh klären, ob er dich lösen will oder nicht. Wenn er keine Lust dazu hat, werde ich es tun, so wahr Jahwe lebt. Bleib jetzt liegen bis zum Morgen.«

14 So blieb sie bis zum Morgen an seinem Fußende liegen. Und noch bevor einer den anderen erkennen konnte, stand sie auf. Denn Boas hatte gesagt: »Es darf nicht bekannt werden, dass eine Frau auf der Tenne war.« *15* Nun sagte er: »Gib dein Umschlagtuch her und halt es auf!« Er füllte 33 Kilogramm* Gerste hinein und hob es ihr auf die Schulter. Dann ging er in die Stadt.

16 Sie aber ging zu ihrer Schwiegermutter. Die fragte: »Wie ist es dir ergangen, meine Tochter?« Rut erzählte ihr alles, was Boas für sie getan hatte, *17* und fügte hinzu: »Diese Menge Gerste hat er mir gegeben und gesagt: ›Du sollst nicht mit leeren Händen zu deiner Schwiegermutter kommen.‹« *18* Da sagte sie: »Bleib hier, meine Tochter, bis du siehst, wie die Sache ausgeht! Der Mann wird nicht ruhen, bis er sie heute noch zu Ende geführt hat.«

3,2 *Worfeln.* Mit einer Worfschaufel wurde das gedroschene Getreide in die Luft geworfen, damit der Wind die Spreu von den Körnern trennte.

3,15 *33 Kilogramm.* Im Hebräischen steht nur »sechs« ohne Maßeinheit. Vermutlich sind 6 Maß = 2 Efa gemeint.

Boas heiratet Rut

4 *1* Boas war zum Stadttor gegangen und hatte sich dort hingesetzt. Da kam jener Löser vorbei, von dem er gesprochen hatte. »Komm her und setz dich!«, rief Boas ihm zu. Der Mann tat es. *2* Dann holte Boas zehn Männer von den Ältesten der Stadt und sagte: »Setzt euch hierher zu uns!« Nachdem sie saßen, *3* sagte er zu dem Löser: »Noomi, die aus Moab zurückgekehrt ist, will das Feldstück verkaufen, das unserem Bruder Elimelech gehörte. *4* Ich habe nun gedacht, dir folgenden Vorschlag zu machen: Erwirb es in Gegenwart der hier sitzenden Männer und Ältesten meines Volkes! Du hast das Vorkaufsrecht, weil du der nächste Verwandte bist. Ich komme erst nach dir. Wenn du es lösen willst, dann löse es, wenn nicht, dann teile es mir hier mit.« – »Ja, ich löse es«, erwiderte dieser. *5* Boas fuhr fort: »Wenn du das Feld von Noomi erwirbst, hast du auch die Verpflichtung übernommen, für die Moabiterin Rut zu sorgen und mit ihr einen Sohn zu zeugen, dem das Erbstück dann zufällt.« *6* Da sagte der Löser: »Wenn das so ist, kann ich es nicht lösen, denn dann würde ich meinen eigenen Erbbesitz schädigen. Übernimm du mein Lösungsrecht, denn ich kann es nicht wahrnehmen.« *7* Früher gab es in Israel den Brauch, bei einem Loskaufverfahren oder einem Tauschgeschäft den Schuh auszuziehen und ihn dem anderen als Bestätigung der Sache zu übergeben. *8* Als nun der Löser zu Boas sagte: »Erwirb du es!«, zog er den Schuh aus. *9* Da sagte Boas zu den Ältesten und dem anwesenden Volk: »Ihr seid heute Zeugen, dass ich von Noomi alles erworben habe, was Elimelech und seinen Söhnen Kiljon und Machlon gehörte. *10* Damit habe ich auch Machlons Witwe, die Moabiterin Rut, als Frau erhalten. Ich verpflichte mich, an Machlons Stelle einen Sohn zu zeugen, dem Machlons Erbbesitz dann gehören wird. So wird der Name des Verstorbenen in seiner Sippe und in seinem Heimatort nicht vergessen. Dafür seid ihr Zeugen!« *11* Das ganze Volk, das sich beim Tor versammelt hatte, und die Ältesten sagten: »Wir sind Zeugen! Jahwe mache die Frau, die in dein Haus kommt so wie Rahel und Lea*, von denen das Volk Israel abstammt. Wir wünschen dir Reichtum und Einfluss in deiner Sippe Efrat und deinem Namen Ansehen in Bethlehem. *12* Durch die Nachkommen, die Jahwe dir von dieser jungen Frau geben wird, soll deine Familie so werden wie die des Perez*, dem Sohn von Tamar und Juda.«

13 So nahm Boas Rut zur Frau. Er schlief mit ihr und Jahwe ließ sie schwanger werden. Als sie einen Sohn zur Welt brachte, *14* sagten die Frauen zu Noomi: »Jahwe sei gepriesen! Er hat dir in diesem Kind einen Löser geschenkt. Möge sein Name in Israel berühmt werden! *15* Du wirst einen haben, der dein Herz erfreut und dich im Alter versorgt. Er ist ja der Sohn deiner Schwiegertochter, die dich liebt. Ja, an ihr hast du mehr als an sieben Söhnen!«

4,11 *Rahel und Lea.* Siehe 1. Mose 35,23-24.
4,12 *Perez.* Siehe 4. Mose 26,21.

16 Noomi drückte das Kind an ihre Brust und wurde seine Betreuerin. 17 Die Nachbarinnen kamen dann zur Namensgebung. »Noomi ist ein Sohn geboren worden!«, sagten sie und nannten ihn Obed, Diener. Obed wurde der Vater Isais und Isai der Vater Davids.

18 Es folgt das Verzeichnis der Nachkommen* von Perez. Perez zeugte Hezron, 19 Hezron zeugte Ram, Ram zeugte Amminadab, 20 Amminadab zeugte Nachschon, Nachschon zeugte Salmon, 21 Salmon zeugte Boas, Boas zeugte Obed, 22 Obed zeugte Isai, und Isai zeugte David.

4,18 *Nachkommen.* Hebräisch *toledot.* Siehe 1. Mose 2,4!

Das erste Buch Samuel

In den ältesten hebräischen Handschriften sind die beiden Samuelbücher nicht getrennt. Erst die im 3. Jahrhundert v.Chr. entstandene griechische Übersetzung des Alten Testaments (Septuaginta) nahm die Teilung vor, die seitdem in allen Bibelausgaben (auch den hebräischen) beibehalten wurde. Das erste Buch Samuel beschreibt einen Zeitraum von ungefähr 100 Jahren. Es beginnt mit der Geburt Samuels (um 1120 v.Chr.) und beschreibt die geschichtlichen Ereignisse des beginnenden Königtums in Israel. Nach 1. Chronik 29,29 hat Samuel wenigstens einen Teil des Buches geschrieben. Der eigentliche Verfasser ist uns aber unbekannt. Er müsste mindestens noch im Jahr 931 v.Chr. gelebt haben, als Israel sich in Nord- und Südreich teilte, was 1. Samuel 27,6 durch die Erwähnung der Könige von Juda (nicht Israel) angedeutet ist. Samuel ist die zentrale Gestalt in den ersten Kapiteln. Er hat die Aufgabe, die weiteren Hauptpersonen Saul und David auf ihren Dienst vorzubereiten.

Eine Frau betet um einen Sohn

1 ¹ Der Mann stammte aus dem Rama* der Zufiten im Gebirge Efraïm* und hieß Elkana Ben-Jerocham. Er war ein Enkel Elihus und Urenkel von Tohu, dem Sohn des Efraïmiters Zuf. ² Elkana hatte zwei Frauen, Hanna und Peninna. Peninna hatte Kinder, doch Hanna war kinderlos. ³ Einmal im Jahr ging Elkana nach Schilo hinauf, um Jahwe anzubeten und ihm ein Opfer zu bringen. Als Priester Jahwes wirkten die beiden Söhne Elis, Hofni und Pinhas dort. ⁴ Beim Opfermahl gab Elkana seiner Frau Peninna und ihren Söhnen und Töchtern immer die Anteile, die ihnen zukamen, ⁵ Hanna jedoch gab er einen doppelten Anteil, denn er liebte sie. Doch Jahwe hatte ihr eigene Kinder versagt. ⁶ Ihre Rivalin kränkte sie schwer und demütigte sie wegen ihrer Kinderlosigkeit. ⁷ Das wiederholte sich jedes Jahr. Immer wenn sie zum Haus Jahwes hinaufzogen, kränkte sie sie derartig, dass sie weinte und nichts aß. ⁸ Elkana, ihr Mann, sagte dann zu ihr: »Hanna, warum weinst du denn? Warum isst du nichts? Warum bist du so traurig? Bin ich dir nicht mehr wert als zehn Söhne?«

⁹ Eines Tages jedoch stand Hanna nach dem Opfermahl in Schilo auf. Der Priester Eli saß auf einem Stuhl neben dem Eingang zum Heiligtum Jahwes. ¹⁰ Hanna war im Innersten verbittert. Sie betete zu Jahwe und weinte sehr. ¹¹ Dabei legte sie ein Gelübde ab und sagte: »Jahwe, du Allmächtiger! Sieh doch das Elend

---

1,1 *Rama*, eigentlich: Ramatajim (= Doppel-Rama). Es gab sechs verschiedene Orte, die Rama (= Höhe) genannt wurden.

Das *Gebirge Efraïm* war die zentrale Bergkette des Westjordanlandes.

deiner Sklavin an, denk an mich und vergiss mich nicht! Wenn du mir einen Sohn schenkst, dann soll er sein Leben lang dir, Jahwe, gehören. Und niemals soll sein Haar geschnitten werden.« 12 Sie betete auf diese Weise lange vor Jahwe, und Eli beobachtete sie. Er sah, wie sich ihre Lippen bewegten, 13 konnte aber nichts hören, weil sie still für sich betete. Darum hielt er sie für betrunken 14 und fuhr sie an: »Wie lange willst du dich hier als Betrunkene aufführen? Sieh zu, dass du deinen Rausch los wirst!« 15 »Nein, mein Herr«, erwiderte Hanna. »Ich bin nicht betrunken, ich bin nur eine unglückliche Frau und habe Jahwe mein Herz ausgeschüttet. 16 Denk nicht so schlecht von deiner Dienerin. Denn aus großem Kummer und lauter Verzweiflung habe ich so lange gebetet.« 17 Da erwiderte Eli: »Geh in Frieden! Der Gott Israels wird deine Bitte erfüllen.« 18 Sie sagte: »Lass deine Dienerin Gnade vor dir finden!« Dann ging sie ihres Weges. Sie aß wieder und sah nicht mehr so traurig aus. 19 Früh am nächsten Morgen brachen sie auf, beteten noch einmal vor Jahwe und kehrten in ihr Haus nach Rama zurück. Als Elkana das nächste Mal mit ihr schlief, erhörte Jahwe ihr Gebet. 20 Sie wurde schwanger und bekam einen Sohn. »Ich habe ihn von Jahwe erbeten«, sagte sie und nannte ihn Samuel*.

21 Als dann Elkana mit seiner ganzen Familie wieder hinaufzog, um Jahwe das jährliche Opfer und die Gaben, die er ihm versprochen hatte, zu bringen, 22 reiste Hanna nicht mit. »Ich werde den Jungen erst zu Jahwe bringen, wenn ich ihn abgestillt habe«, sagte sie zu ihrem Mann. »Dann soll er für immer dort bleiben.« 23 Elkana sagte zu ihr: »Tu, was du für richtig hältst. Bleib zu Hause, bis du ihn entwöhnt hast. Möge Jahwe dann auch sein Wort wahr machen.« So blieb die Frau zu Hause und versorgte ihren Sohn.

24 Als sie ihn abgestillt hatte, brachte sie ihn ins Haus Jahwes nach Schilo, dazu einen dreijährigen Stier, einen kleinen Sack* Mehl und einen Schlauch Wein. Das Kind war aber noch sehr jung. 25 Sie schlachteten den Stier und brachten den Jungen zu Eli. 26 Hanna sagte: »Verzeihung, mein Herr! So wahr du lebst, mein Herr, ich bin die Frau, die hier bei dir stand, um zu Jahwe zu beten. 27 Hier ist das Kind, um das ich damals gebetet habe. Jahwe hat mein Gebet erhört; er gab mir, worum ich ihn bat. 28 So will auch ich mein Versprechen erfüllen und übergebe ihn Jahwe. Sein Leben lang soll er Jahwe gehören.« Dann warfen sie sich zum Gebet vor Jahwe nieder.

Hannas Loblied

2 1 Hanna betete:
Jahwe hat mich wieder fröhlich gemacht, / er hat mich aufgerichtet und gestärkt. / Jetzt kann ich meine Feinde verspotten, / denn deine Hilfe machte mich froh. 2 Jahwe allein

---

1,20 *Samuel* klingt im Hebräischen wie »von Gott erhört«.

1,24 *kleinen Sack*. Wörtlich: *ein Efa* = 12 Kilogramm.

ist heilig, / ja keiner außer dir, / keiner ist ein Fels wie unser Gott. *3* Spielt euch doch nicht so auf, / tut nicht so groß, / prahlt nicht so frech! / Denn Jahwe ist ein Gott, der alles weiß, / vor ihm werden die Taten gewogen. *4* Die Bogen der Helden zerbrechen, / doch die Schwachen gürten sich mit Kraft. *5* Die Satten arbeiten jetzt für ihr Brot, / und die Hungrigen ruhen sich aus. / Die kinderlose Frau bringt sieben Kinder zur Welt, / die kinderreiche welkt dahin.

6 Jahwe tötet und macht lebendig, / schickt zu den Toten und holt wieder zurück. *7* Jahwe macht arm und macht reich, / er erniedrigt und erhöht. *8* Er hebt den Geringen aus dem Staub, / holt den Armen aus dem Schmutz, / um ihn unter die Edlen zu setzen, / den Thron der Ehre lässt er sie erben.

Die Fundamente der Welt gehören Jahwe, / auf sie hat er den Erdkreis gegründet. *9* Er behütet die Schritte seiner Frommen, / doch die Frevler enden im Dunkel, / denn niemand ist stark durch die eigene Kraft. *10* Die mit Jahwe streiten, zerbrechen. / Über sie donnert er im Himmel. / Über die ganze Erde hält Jahwe Gericht. / Seinem König verleiht er Macht, / stärkt und erhöht seinen Gesalbten.

Missstände am Heiligtum

11 Elkana kehrte nach Rama in sein Haus zurück. Der Junge aber diente Jahwe unter der Aufsicht des Priesters Eli. *12* Elis Söhne aber waren boshafte Männer. Sie kannten Jahwe nicht. *13* Die Priester hatten es sich zur Gewohnheit gemacht, ihre Diener zu jedem aus dem Volk zu schicken, der ein Schlachtopfer brachte. Während das Fleisch für das Opfermahl noch kochte, kam der Diener mit einer dreizinkigen Gabel in der Hand *14* und stieß damit in den Tiegel, den Kessel, die Pfanne oder den Topf. Und alles, was er mit der Gabel herauszog, nahm er den Leuten weg. So machten sie es mit allen Israeliten, die nach Schilo kamen. *15* Jetzt kamen sie sogar schon, bevor man das Fett auf dem Altar verbrannt hatte, und sagten zu dem Opfernden: »Gib Fleisch zum Braten für den Priester! Er will kein gekochtes Fleisch von dir nehmen, sondern nur rohes.« *16* Wenn der Mann entgegnete: »Man muss doch erst das Fett zum Rauchopfer verbrennen; dann kannst du dir nehmen, was du willst«, erwiderte der Diener: »Nein, sofort gibst du es her, sonst nehme ich es mit Gewalt!« *17* Die Schuld der jungen Männer wog schwer vor Jahwe, denn sie verachteten die Opfer, die ihm gebracht wurden.

18 Samuel aber tat seinen Dienst vor Jahwe, ein Knabe, der ein leinenes Efod* trug. *19* Seine Mutter machte ihm jedes Jahr ein kleines Obergewand

---

2,19 Das *Efod* aus Leinen war offenbar ein ärmelloses Gewand und gehörte zur Dienstkleidung eines Priesters, muss aber von dem Efod des Hohenpriesters (2. Mose 39) unterschieden werden, das aus anderem Material hergestellt wurde.

und brachte es mit, wenn sie mit ihrem Mann zum jährlichen Opferfest hinaufzog. 20 Eli segnete Elkana und seine Frau:»Jahwe gebe dir noch andere Kinder von dieser Frau«, sagte er,»anstelle des einen, den sie von Jahwe erbeten hat!« Dann gingen sie nach Hause zurück. 21 Jahwe nahm sich Hannas an. Sie wurde noch mehrmals schwanger und bekam noch drei Söhne und zwei Töchter. Samuel aber wuchs bei Jahwe auf. 22 Eli war sehr alt geworden. Als er hörte, was seine Söhne den Israeliten antaten und dass sie mit den Frauen schliefen, die sich am Eingang zum Zelt* der Gottesbegegnung zusammenscharten*, 23 sagte er zu ihnen: »Warum tut ihr so etwas? Warum muss ich von allen Leuten so schlimme Dinge über euch hören? 24 Hört auf damit, meine Söhne! Es ist nicht gut, was man im Volk Jahwes über euch verbreitet. 25 Wenn jemand gegen einen Menschen sündigt, wird Gott über ihn entscheiden. Wenn aber jemand gegen Jahwe sündigt, wer soll dann noch für ihn eintreten?« Doch sie hörten nicht auf ihren Vater, denn Jahwe war entschlossen, sie zu töten. 26 Samuel aber wuchs zu einem jungen Mann heran, der Gott und den Menschen gefiel.

Gerichtsankündigung für Elis Familie

27 Eines Tages kam ein Gottesmann zu Eli und sagte:»So spricht Jahwe: Habe ich mich deinen Vorfahren nicht deutlich offenbart, als sie noch Sklaven des Pharao in Ägypten waren? 28 Sie habe ich mir aus allen Stämmen Israels zum Priesterdienst erwählt. Sie sollten auf meinem Altar Räucheropfer bringen, und sie sollten das Efod vor mir tragen. Deiner Sippe habe ich das Recht auf einen Anteil an allen Feueropfern der Israeliten gegeben. 29 Warum verachtet ihr meine Schlacht- und Speisopfer so? Sie sollen doch nach meinem Befehl in meine Wohnung gebracht werden. Du ehrst deine Söhne mehr als mich, Eli, und lässt es geschehen, dass ihr euch von den Erstlingsgaben* meines Volkes Israel mästet. 30 Darum lautet der Spruch Jahwes folgendermaßen:

Ich hatte allerdings zugesagt, dass deine Familie und die deiner Vorfahren immer vor mir sein dürfen. Aber nun sage ich, Jahwe: Das wird auf keinen Fall geschehen! Denn die mich ehren, ehre auch ich, und die mich verachten, gebe ich der Verachtung preis. 31 Pass auf! Die Zeit wird kommen, da werde ich deine Lebenskraft brechen und die deiner Nachkommen, sodass es in deiner Familie keinen alten Mann mehr gibt. 32 Du

---

2,22 *Eingang zum Zelt* meint hier wie auch an einigen anderen Stellen nicht den Eingang zum Heiligtum, sondern den Platz vor dem Eingang zum Vorhof, wo sich auch das ganze Volk versammeln konnte (3. Mose 8,3; 4. Mose 10,3; 25,6).

Frauen ... zusammenscharten. Das Verb bedeutet eigentlich: *kämpfen gegen, in den Krieg ziehen.* Was diese Frauen, die auch in 2. Mose 38,8 erwähnt werden, wirklich taten, ist unbekannt.

2,29 *Erstlingsgaben.* Das Erlesenste und Beste einer Sache, das Gott geopfert wurde, bevor der Rest für den eigenen Gebrauch verwendet werden durfte; vergleiche 4. Mose 15,18-21. Dadurch wurde das Ganze geheiligt.

wirst den Feind in der Wohnung Gottes erblicken, obwohl Jahwe Israel Gutes tun wird. Aber in deiner Familie wird es niemand mehr zu Alter und Ansehen bringen. 33 Ich werde zwar nicht jeden deiner Nachkommen, der am Altar stehen darf, beseitigen, denn sonst würdest du vor Kummer und Schmerz vergehen, aber die große Mehrzahl deiner Familie soll im besten Mannesalter sterben. 34 Zum Zeichen wird dir das sein, was über deine beiden Söhne Hofni und Pinhas kommt: Beide werden am gleichen Tag sterben. 35 Dann werde ich einen Priester berufen, der mir treu bleibt, der mir dient und tut, was mir gefällt. Ihm werde ich eine beständige Nachkommenschaft schenken, und er wird immer bei meinem Gesalbten* sein. 36 Jeder, der dann von deiner Familie noch lebt, wird zu diesem Priester kommen und auf den Knien um etwas Geld und Brot betteln. ›Bitte lass mich doch beim Priesterdienst helfen‹, wird er sagen, ›damit ich wenigstens etwas zu essen habe!‹«

Samuels Berufung

3 1 Der junge Samuel diente Jahwe unter Aufsicht des Priesters Eli. Damals waren Worte Jahwes und Visionen selten. 2 Eines Nachts geschah es: Eli schlief an seinem gewohnten Platz. Er war schon fast erblindet. 3 Samuel schlief im Heiligtum, wo sich auch die Bundeslade befand. Die Lampe Gottes brannte noch, 4 als Jahwe rief: »Samuel!« – »Ja«, antwortete er 5 und lief zu Eli. »Hier bin ich! Du hast mich gerufen!« – »Nein«, sagte Eli, »ich habe dich nicht gerufen. Leg dich wieder hin!«

Samuel tat es. 6 Jahwe rief noch einmal: »Samuel!« Wieder stand Samuel auf, ging zu Eli und sagte: »Hier bin ich! Du hast mich gerufen!« – »Nein«, sagte Eli, »ich habe dich nicht gerufen, mein Sohn. Leg dich wieder hin!« 7 Samuel hatte Jahwe noch nicht kennengelernt und seine Stimme noch nie gehört. 8 Dann rief Jahwe ihn zum dritten Mal. Wieder stand Samuel auf, ging zu Eli und sagte: »Hier bin ich! Du hast mich gerufen!« Da merkte Eli, dass Jahwe den Jungen rief. 9 Er sagte zu Samuel: »Leg dich wieder hin! Und wenn du noch einmal gerufen wirst, dann sag: ›Sprich, Jahwe, dein Diener hört.‹« 10 Da trat Jahwe an Samuel heran und rief wie vorher: »Samuel, Samuel!« Der Junge erwiderte: »Sprich, dein Diener hört.« 11 Da sagte Jahwe zu ihm: »Pass auf! Ich werde in Israel etwas tun, dass jedem, der davon hört, beide Ohren gellen. 12 Ich werde alles eintreffen lassen, was ich Eli und seiner Familie angedroht habe. 13 Ich habe ihm angekündigt, dass ich seine Familie immer bestrafen werde. Denn er wusste, dass seine Söhne den Fluch über sich brachten, aber er hat sie nicht daran gehindert. 14 Darum habe ich Elis Familie geschworen: Kein Schlacht- oder Speisopfer kann diese Schuld jemals sühnen!«

15 Bis zum Morgen blieb Samuel auf seinem Lager. Dann öffnete er die Türen des Hauses Jahwes. Doch er fürchtete sich, Eli von der Erscheinung

---

2,35 *Gesalbter.* Hier und in Vers 10 wird zum ersten Mal in der Bibel der Messias-König als Gesalbter bezeichnet. Griechisch: *Christus.*

zu berichten. 16 Da rief Eli:»Samuel, mein Sohn!« – »Hier bin ich«, erwiderte Samuel. 17 »Was hat er dir gesagt? Verschweige mir ja nichts! Gottes Zorn soll dich treffen, wenn du mir etwas von dem verschweigst, was er dir gesagt hat!« 18 Da teilte ihm Samuel alles mit. Er verschwieg nichts. Eli aber sagte:»Er ist Jahwe. Er soll tun, was er für richtig hält.«
19 Samuel wuchs heran. Jahwe stand ihm bei und ließ alles in Erfüllung gehen, was er durch Samuel sagen ließ. 20 Ganz Israel von Dan bis Beerscheba* erkannte, dass Jahwe ihn zu seinem Propheten bestimmt hatte. 21 Jahwe offenbarte sich Samuel auch weiterhin in Schilo und ließ sein Wort zu ihm kommen. Und in ganz Israel hörte man auf Samuel.

Der Verlust der Bundeslade

4 1 Damals mussten die Israeliten gegen die Philister in den Krieg ziehen. Sie schlugen ihr Lager bei Eben-Eser* auf, während die Philister bei Afek* lagerten. 2 Die Philister griffen an. Nach einem langen, erbitterten Kampf gewannen sie die Oberhand. Israel wurde geschlagen

und verlor auf dem Schlachtfeld etwa 4000 Mann. 3 Als das Heer ins Lager zurückkam, fragten sich die Ältesten Israels:»Warum hat Jahwe zugelassen, dass die Philister uns heute besiegt haben? Lasst uns die Bundeslade aus Schilo holen! Dann wird Jahwe unter uns sein und uns aus der Gewalt unserer Feinde retten.«
4 Sie schickten einige Männer nach Schilo und ließen die Lade holen, die Lade des Bundes mit Jahwe, der über den Cherubim* thront. Die beiden Söhne Elis, Hofni und Pinhas, begleiteten die Bundeslade Gottes. 5 Als die Lade Jahwes ins Lager kam, brach unter den Israeliten ein Jubelsturm los, dass die Erde dröhnte. 6 Die Philister hörten den Lärm und riefen:»Was ist das für ein lauter Jubel im Lager der Hebräer*?« Als sie herausfanden, dass die Lade Jahwes im Lager Israels angekommen war, 7 bekamen sie Angst.»Gott ist ins Lager gekommen«, sagten sie.»Weh uns! Das hat es noch nie gegeben! 8 Weh uns! Wer wird uns vor solch einem mächtigen Gott retten? Das ist der Gott, der den Ägyptern in der Wüste einen Schlag nach dem anderen versetzt hat. 9 Auf, ihr Philister, macht euch stark und seid Männer! Sonst müsst ihr den Hebräern dienen, wie sie euch gedient haben. Zeigt, dass ihr Männer seid, und kämpft!« 10 Da kämpften die Philister, und Israel erlitt eine vernichtende Niederlage. Das Heer löste sich auf, und jeder floh nach Hause. 30.000 Mann blieben tot auf dem Schlachtfeld. 11 Die Philister erbeuteten auch die Lade Gottes, und Hofni und Pinhas, die beiden Söhne Elis, fanden dabei den Tod.

3,20 *Dan bis Beerscheba.* Das meint ganz Israel vom nördlichsten bis zum südlichsten Ort.

4,1 *Eben-Eser.* Der Ort lag wahrscheinlich 21 Kilometer östlich von Joppe.

Das *Afek* in der Scharon-Ebene lag 18 km östlich von Joppe.

4,4 *Cherub,* Mehrzahl: *Cherubim.* Majestätisches (Engel)Wesen, das Gottes Herrlichkeit repräsentiert.

4,6 *Hebräer.* In der Bibel wird der Begriff meist von Nichtisraeliten als herabsetzende Bezeichnung für die Nachkommen Abrahams gebraucht.

Elis Tod

12 Ein Mann aus dem Stamm Benjamin lief vom Schlachtfeld weg und kam noch am selben Tag nach Schilo. Seine Kleider waren zerrissen, und er hatte Erde auf dem Kopf.* 13 Als er ankam, saß Eli auf einem Stuhl neben der Straße und hielt Ausschau, denn er hatte Angst um die Lade Gottes. Als der Bote in die Stadt kam und berichtete, schrie die ganze Stadt auf. 14 Eli hörte das laute Schreien und fragte: »Was ist das für ein großer Lärm?« Da eilte der Bote zu ihm, um zu berichten. 15 Eli war inzwischen 98 Jahre alt und seine Augen waren starr geworden. Er konnte nichts mehr sehen. 16 Der Mann sagte: »Ich komme vom Schlachtfeld und bin heute von dort geflohen.« – »Wie ist es ausgegangen, mein Sohn?«, fragte Eli. 17 »Israel ist vor den Philistern geflohen«, erwiderte der Bote. »Es hat eine große Niederlage gegeben. Deine beiden Söhne Hofni und Pinhas sind tot. Die Lade Gottes ist erbeutet worden.« 18 Als er die Lade Gottes erwähnte, fiel Eli rückwärts von seinem Stuhl an der Seite des Tores. Dabei brach er sich das Genick und starb, denn er war ein alter und schwerer Mann.

19 Seine Schwiegertochter, die Frau des Pinhas, war hochschwanger. Als sie die Nachricht hörte, dass die Lade Gottes erbeutet worden war und dass ihr Schwiegervater und ihr Mann tot waren, brach sie zusammen. Die Wehen hatten sie überfallen und es kam zur Geburt. 20 Als sie schon im Sterben lag, sagten die Frauen, die um sie herumstanden: »Hab keine Angst! Du hast einen Sohn geboren.«

Aber sie gab keine Antwort und lag völlig teilnahmslos da. 21 Sie nannte nur den Namen des Jungen: Ikabod*. Dabei dachte sie an den Verlust der Lade Gottes und den Tod ihres Schwiegervaters und ihres Mannes 22 und sagte: »Die Herrlichkeit Gottes ist aus Israel fort, denn die Lade Gottes ist verloren!«

Die Bundeslade bei den Philistern

5 1 Die Philister brachten die erbeutete Lade Gottes von Eben-Eser nach Aschdod* 2 in den Tempel ihres Gottes Dagon* und stellten sie neben dessen Standbild auf. 3 Als die Einwohner Aschdods am nächsten Morgen in den Tempel kamen, war Dagon auf einmal umgestürzt und lag mit dem Gesicht zur Erde vor der Lade Jahwes. Sie nahmen sich seiner an und stellten ihn wieder an seinen Platz. 4 Doch am nächsten Morgen lag Dagon wieder vor der Lade Jahwes am Boden. Aber nur sein Rumpf war übrig geblieben. Sein Kopf und seine Hände waren abgehauen und lagen auf der Schwelle. 5 Deshalb tritt bis heute kein Priester Dagons und kein

---

4,12 *Kleider ... Kopf.* Das waren Zeichen von Trauer und Entsetzen.

4,21 *Ikabod* bedeutet etwa: »Wo ist die Herrlichkeit?«

5,1 *Aschdod.* Bedeutende Philisterstadt, 35 km südlich von Joppe, 5 km vom Mittelmeer entfernt.

5,2 *Dagon.* Im Götterglauben der Kanaanäer galt Dagon als der Vater von Baal. Er wurde als Wetter- und besonders als Getreidegott (*dagan* = Getreide) in Tempeln der Philisterstädte Gaza, Aschdod und Bet-Schean verehrt.

Besucher des Tempels auf die Türschwelle. 6 Die Leute von Aschdod bekamen die Macht Jahwes zu spüren. Er schlug die Bewohner der ganzen Umgebung mit schmerzhaften Beulen. 7 Da sagten sie: »Die Lade des Gottes Israels muss fort! Seine Hand liegt zu schwer auf uns und Dagon, unserem Gott.« 8 Sie riefen alle Philisterfürsten zusammen und berieten, was sie mit der Lade des Gottes Israels machen sollten. »Bringen wir sie nach Gat*!«, entschieden sie; und so wurde die Lade dorthin gebracht. 9 Aber nachdem sie dort angekommen war, legte Jahwe seine Hand auch auf diese Stadt. Es entstand eine große Panik, denn er ließ bei allen Leuten, klein und groß, schmerzhafte Beulen aufbrechen. 10 Da schickten sie die Lade Gottes nach Ekron. Als sie dort ankam, schrien die Einwohner von Ekron um Hilfe. »Jetzt haben sie die Lade des Gottes Israels zu uns gebracht!«, riefen sie. »Sie werden uns noch alle umbringen!« 11 Sie riefen die Philisterfürsten zusammen und sagten: »Schickt die Lade des Gottes Israels dahin zurück, woher sie gekommen ist, damit sie nicht unser ganzes Volk umbringt!« Denn die Hand Gottes lastete schwer auf ihnen und versetzte die ganze Stadt in Todesangst. 12 Die Leute, die nicht starben, waren mit Beulen bedeckt. Der Notschrei der Stadt stieg zum Himmel auf.

5,8 Gat. Bedeutendste der fünf Philisterstädte, 40 km südlich von Joppe. Sie hatte einen König und war die spätere Heimatstadt des Goliat.

Die Bundeslade kommt zurück

6 1 Sieben Monate lang war die Lade Jahwes im Gebiet der Philister. 2 Schließlich riefen die Philister ihre Priester und Wahrsager und fragten sie: »Was sollen wir mit der Lade Jahwes machen? Sagt uns, auf welche Art und Weise wir sie an ihren Ort zurückschicken sollen.« 3 Sie sagten: »Wenn ihr die Lade des Gottes Israels zurückschickt, dann müsst ihr ihm auf jeden Fall ein Versöhnungsgeschenk dazutun. Dann werdet ihr wieder gesund und erfahrt auch, warum seine Hand nicht von euch lässt.«

4 »Was für ein Versöhnungsgeschenk sollen wir ihm schicken?«, fragten sie. Die Antwort lautete: »Schickt für jeden der fünf Fürsten der Philister eine Beule und eine Maus aus Gold. Denn alle fünf Fürstentümer waren von der Plage betroffen. 5 Macht also Nachbildungen von euren Beulen und den Mäusen, die euch das Land zugrunde gerichtet haben. Ehrt den Gott Israels damit! Vielleicht wird er dann den Druck, der auf euch, eurem Gott und eurem Land liegt, zurücknehmen. 6 Warum wollt ihr so starrsinnig sein wie die Ägypter und ihr Pharao? Als Jahwe ihnen damals übel mitgespielt hatte, hielten sie die Israeliten nicht mehr zurück und ließen sie ziehen. 7 Schafft jetzt einen neuen Wagen herbei und spannt zwei Kühe davor, Muttertiere, auf denen noch nie ein Joch gelegen hat. Nehmt ihnen aber die Kälber weg und bringt sie in den Stall zurück. 8 Stellt dann die Lade Jahwes auf den Wagen. Die goldenen Gegenstände, die ihr ihm als Versöhnungsgeschenk zuwendet, legt in ein Kästchen und stellt es daneben.

Lasst dann die Kühe laufen, wohin sie wollen. *9* Dann werdet ihr es sehen: Wenn sie den Weg hinauf nach Bet-Schemesch* wählen, dann hat er uns diese Plage geschickt. Wenn sie eine andere Richtung nehmen, dann sehen wir, dass nicht er uns geschlagen hat. Dann hat die Plage uns zufällig getroffen.«

10 Genauso machten es die Männer: Sie nahmen zwei säugende Kühe, spannten sie vor den Wagen und sperrten ihre Kälber im Stall ein. *11* Dann stellten sie die Lade Jahwes auf den Wagen und dazu das Kästchen mit den goldenen Mäusen und den Nachbildungen ihrer Beulen aus Gold. *12* Die Kühe schlugen genau den Weg nach Bet-Schemesch ein und gingen geradeaus auf ihm weiter. Dabei brüllten sie fortwährend, wichen aber weder rechts noch links vom Weg ab. Die Fürsten der Philister folgten ihnen bis zum Gebiet von Bet-Schemesch. *13* Die Leute von Bet-Schemesch waren gerade bei der Weizenernte im Tal. Als sie aufblickten, sahen sie die Bundeslade herankommen und freuten sich. *14* Auf einem Feldstück, das einem gewissen Joschua aus Bet-Schemesch gehörte, blieb der Wagen neben einem großen Felsblock stehen. Da spalteten sie das Holz des Wagens und schlachteten die Kühe zum Brandopfer für Jahwe. *15* Vorher hatten Leviten die Lade Jahwes und das Kästchen mit den goldenen Gegenständen vom Wagen genommen und beides auf den Felsen gestellt. Die Männer von Bet-Schemesch opferten Jahwe an diesem Tag Brandopfer und schlachteten Tiere für ein Opfermahl. *16* Die fünf Fürsten der Philister sahen zu und kehrten noch am selben Tag nach Ekron zurück.

17 Fünf Beulen aus Gold hatten die Philister Jahwe als Versöhnungsgeschenk mitgeschickt: eine für Aschdod, eine für Gaza, eine für Aschkelon, eine für Gat und eine für Ekron. *18* Dazu eine größere Anzahl Mäuse aus Gold nach der Zahl aller Ortschaften, die zu den fünf Fürstentümern der Philister gehörten. Noch heute liegt der große Felsblock, auf den sie damals die Lade Jahwes stellten, als Zeuge auf dem Feld des Joschua aus Bet-Schemesch. *19* Doch Jahwe schlug die Leute von Bet-Schemesch, weil sie sich die Lade Jahwes angeschaut* hatten. Siebzig* Männer mussten sterben. Das ganze Volk trauerte, weil Jahwe sie so schwer geschlagen hatte. *20* Und die Leute von Bet-Schemesch sagten: »Kann überhaupt jemand in der Nähe von diesem heiligen Gott, Jahwe, leben? Er soll von uns wegziehen! Aber zu wem?« *21* Sie schickten Boten nach Kirjat-Jearim* und ließen sagen: »Die Philister haben die Lade Jahwes zurückgebracht. Kommt herunter und holt sie zu euch herauf!«

6,9 *Bet-Schemesch* liegt 24 km westlich von Jerusalem.

6,19 *angeschaut.* Die meisten englischen Übersetzungen und Kommentare gehen davon aus, dass sie in die Lade *hineingeschaut* hatten.

Siebzig. So mit einigen hebräischen Handschriften. Die meisten haben hier Zahlworte für 50.070, was aber weder grammatikalisch noch archäologisch passt und wohl auf eine Textverderbnis zurückgeht.

7

¹ Da kamen die Männer von Kirjat-Jearim und holten die Lade Jahwes zu sich hinauf. Sie brachten sie ins Haus Abinadabs, das auf einem Hügel stand. Seinen Sohn Eleasar weihten sie zum Wächter über die Lade Jahwes.

Samuel als Richter

² Nachdem die Bundeslade nach Kirjat-Jearim gekommen war, verging viel Zeit. Zwanzig Jahre wurden daraus. Als dann das ganze Volk Israel Jahwe seine Not klagte, ³ sagte Samuel zu ihnen:»Wenn ihr mit eurem ganzen Herzen zu Jahwe umkehren wollt, dann schafft die fremden Götter und Astarten* fort! Wendet euer Herz Jahwe zu und dient ihm allein. Dann wird er euch aus der Gewalt der Philister befreien.« ⁴ Da schafften die Israeliten die Baale* und Astarten fort und verehrten Jahwe allein.

⁵ Dann sagte Samuel:»Holt alle Männer Israels nach Mizpa* zusammen! Dort will ich Jahwe um Hilfe für euch bitten.« ⁶ Sie kamen alle, schöpften Wasser und gossen es vor Jahwe aus.* An diesem Tag fasteten sie auch und bekannten:»Wir haben uns an Jahwe versündigt.« In Mizpa schlichtete Samuel auch die Streitfälle der Israeliten.

⁷ Als die Philister erfuhren, dass die Männer Israels sich in Mizpa versammelt hatten, rückten die Fürsten der Philister mit einem Heer gegen Israel an. Die Israeliten bekamen Angst vor den Philistern, als sie davon Nachricht erhielten. ⁸ Sie sagten zu Samuel:»Hör nicht auf, für uns zu Jahwe um Hilfe zu schreien, dass er uns aus der Gewalt der Philister befreit!« ⁹ Samuel nahm ein Milchlamm und verbrannte es vollständig auf dem Altar für Jahwe. Dabei rief er zu Jahwe um Hilfe für Israel, und Jahwe erhörte ihn.

¹⁰ Während Samuel noch opferte, rückten die Philister zum Kampf gegen Israel heran. Aber Jahwe ließ es über den Philistern so schrecklich donnern, dass sie in Panik gerieten und sich vor Israel geschlagen sahen. ¹¹ Die Männer Israels verfolgten und schlugen sie von Mizpa aus bis unterhalb von Bet-Kar*. ¹² Zur Erinnerung daran stellte Samuel einen Stein zwischen Mizpa und Schen* auf. »Bis hierher hat Jahwe geholfen«, sagte er und nannte ihn Eben-Eser, Stein der Hilfe.

¹³ Nachdem die Philister so gedemütigt worden waren, kamen sie

---

6,21 *Kirjat-Jearim,* »Wälderstadt«, lag 14 km westlich von Jerusalem.

7,3 Die *Astarte* wurde in Kanaan als Fruchtbarkeits- und Liebesgöttin verehrt. Ihr Kult war möglicherweise mit sexuellen Riten verbunden.

7,4 *Baal* bedeutet »Herr« oder »Gebieter«. Er wurde als Fruchtbarkeitsgott in Kanaan verehrt.

7,5 *Mizpa.* Stadt im Stammesgebiet von Benjamin, 12 km nördlich von Jerusalem.

7,6 *schöpften ... aus.* Für diese Zeremonie gibt es keine Parallele in der Bibel. Vielleicht symbolisiert es das Ausschütten des Herzens in Beugung und Buße vor Gott.

7,11 *Bet-Kar.* Der Ort liegt vermutlich im westlichen Benjamin. Seine genaue Lage ist bis heute unbekannt.

7,12 *Schen,* Felszahn. Unbekannter Ort, vielleicht eine Schreibweise von Jeschana, das 25 km nördlich von Jerusalem liegt.

nicht mehr in das Gebiet Israels. Solange Samuel lebte, stellte Jahwe sich gegen die Philister. *14* Alle Städte zwischen Ekron und Gat, die die Philister Israel abgenommen hatten, fielen wieder an Israel zurück, auch das ganze Gebiet, das dazu gehörte. Mit den Amoritern* lebte Israel ebenfalls in Frieden. *15* Sein Leben lang war Samuel der Richter Israels. *16* Einmal im Jahr besuchte er die Orte Bet-El*, Gilgal* und Mizpa, um den Israeliten dort Recht zu sprechen. *17* Die übrige Zeit richtete er Israel in seiner Heimatstadt Rama. Dort baute er auch einen Altar für Jahwe.

Israel bekommt einen König

8 *1* Als Samuel alt wurde, setzte er seine Söhne als Richter über Israel ein. *2* Sein Erstgeborener hieß Joël, der zweite Abija. Sie übten ihr Amt in Beerscheba aus. *3* Seine Söhne folgten aber nicht seinem Vorbild. Sie waren auf Gewinn aus, nahmen Bestechung an und beugten das Recht.

4 Da kamen alle Ältesten Israels bei Samuel in Rama zusammen. *5* Sie sagten zu ihm: »Du bist alt geworden, und deine Söhne folgen nicht deinem Beispiel. Setz deshalb einen König über uns ein, damit er für Recht bei uns sorgt, wie es bei allen Völkern üblich ist.« *6* Aber Samuel missfiel sehr, was sie forderten, und er betete zu Jahwe. *7* Jahwe antwortete ihm: »Hör auf alles, was sie dir sagen. Denn dieses Volk lehnt nicht dich ab, sondern mich. Ich soll nicht länger ihr König sein. *8* So haben sie es immer wieder gemacht, seit ich sie aus Ägypten geführt habe. Immer wieder sind sie mir

untreu geworden und haben anderen Göttern gedient. Das ist bis heute so geblieben. Und mit dir machen sie es jetzt genauso. *9* Hör ruhig auf sie, aber warne sie auch mit aller Deutlichkeit und mach sie mit den Rechten des Königs vertraut, der dann über sie herrschen wird.«

10 Samuel gab dem Volk, das einen König von ihm haben wollte, alles weiter, was Jahwe ihm gesagt hatte. *11* Er sagte: »Wenn ein König über euch herrscht, wird er folgende Rechte haben: Er wird eure Söhne in seinen Dienst holen, damit sie für seine Pferde und Wagen sorgen und vor ihm herlaufen, wenn er ausfährt. *12* Er wird sie zu Hauptleuten und Truppenführern machen, sie müssen seine Felder bestellen und seine Ernte einbringen, sie werden Waffen und Streitwagen herstellen. *13* Eure Töchter wird er holen, damit sie Salben für ihn mischen, für ihn backen und kochen. *14* Eure besten Felder, Weinberge und Olivenhaine wird er seinen Beamten geben. *15* Vom Ertrag eurer Kornfelder und Weinberge wird er den Zehnten fordern und damit seine Hofleute und Diener bezahlen.

7,14 *Amoriter* kann sowohl für einen einzelnen Stamm als auch für alle Bewohner Kanaans stehen. Es waren semitische Einwanderer aus der Arabischen Wüste, die um 2000 v.Chr. ins Kulturland eindrangen.

7,16 *Bet-El*, der Ort, wo Jakob von der Himmelsleiter träumte, liegt 19 km nördlich von Jerusalem.

Gilgal wird gewöhnlich mit den Ruinen von Kirbet el-Mafjer identifiziert, 3 km nordöstlich von Jericho. Der Name klingt an das hebr. Wort für Kreis an.

16 Auch eure Knechte und Mägde, eure besten jungen Männer und eure Esel wird er holen und für sich arbeiten lassen. *17* Auch von euren Schafen wird er den Zehnten nehmen. Und ihr alle werdet seine Sklaven sein. *18* Wenn ihr dann wegen eures Königs um Hilfe schreit, den ihr jetzt unbedingt haben wollt, wird euch Jahwe nicht antworten.« *19* Aber das Volk wollte nicht auf Samuel hören. »Nein, wir wollen einen König!«, riefen sie. *20* »Dann werden wir wie die anderen Völker sein: Unser König wird uns richten, er wird vor uns herziehen und uns im Krieg anführen.« *21* Samuel hörte sich alles an, was das Volk ihm sagte, und trug es Jahwe vor. *22* Jahwe sagte zu ihm: »Hör auf sie und setz einen König über sie ein!« Dann schickte Samuel die Männer Israels wieder nach Hause.

Saul kommt zu Samuel

9 *1* Damals lebte im Gebiet von Benjamin ein Mann namens Kisch Ben-Abiël. Er war wohlhabend und angesehen. Seine Vorfahren waren Zeror, Bechorat und Afiach aus dem Stamm Benjamin. *2* Er hatte einen Sohn namens Saul. Der war jung und stattlich und schöner als alle anderen jungen Männer in Israel.

9,4 *Schalischa.* Wahrscheinlich das Gebiet um die Stadt Baal-Schalischa, 26 km nordöstlich von Jerusalem.

Schaalim. Wahrscheinlich ein Gebiet nördlich des Stammes Benjamin.

9,5 *Zuf.* Gebiet, wo die Zufiter lebten, vermutlich in der Gegend von Rama.

Außerdem war er einen Kopf größer als alle.

3 Einmal waren Sauls Vater Kisch die Eselinnen weggelaufen. Da sagte er zu Saul: »Nimm einen von den jungen Männern mit und suche sie.« *4* Da zogen sie durch das Bergland von Efraïm und das Gebiet von Schalischa*, fanden sie aber nicht. Dann zogen sie durch die Gegend von Schaalim* und das Gebiet von Benjamin.

5 Als sie in die Gegend von Zuf* kamen, sagte Saul zu seinem Diener: »Komm, lass uns umkehren. Sonst macht sich mein Vater mehr Sorgen um uns als um die Eselinnen.« *6* Doch der erwiderte: »In dieser Stadt dort lebt doch ein angesehener Gottesmann. Alles, was er sagt, trifft sicher ein. Lass uns zu ihm gehen! Vielleicht kann er uns sagen, wo wir uns hinwenden sollen.« *7* »Aber wenn wir hingehen«, entgegnete Saul, »was wollen wir ihm mitbringen? Unsere Brotbeutel sind leer, und wir haben auch sonst nichts, was wir ihm geben könnten.« *8* »Schau her, ich habe noch ein kleines Silberstück bei mir«, erwiderte der junge Mann. »Das will ich dem Mann Gottes geben, damit er uns sagt, wohin wir gehen sollen.« *9* Damals sagte man in Israel: »Komm, lass uns zum Seher gehen!«, wenn man etwas von Gott wissen wollte. Früher wurden die Propheten nämlich »Seher« genannt.

10 »Gut«, sagte Saul zu seinem Diener, »lass uns gehen!« So gingen sie zu dem Gottesmann in die Stadt. *11* Auf dem Weg zur Stadt trafen sie einige Mädchen, die herunterkamen, um Wasser zu holen. »Ist der Seher in der Stadt?«, fragten sie die Mädchen. *12* »Ja, er ist da«, erwiderten sie. »Beeilt euch, denn gerade heute ist er gekommen, weil das Volk ein Opferfest auf der Höhe feiert. *13* Wenn ihr in die Stadt geht, werdet ihr ihn treffen, bevor er zum Opfermahl hinaufsteigt. Alle werden mit dem Essen auf ihn warten, denn erst, wenn er das Mahl gesegnet hat, dürfen die Gäste davon essen. Wenn ihr euch jetzt beeilt, trefft ihr ihn noch!« *14* Sie taten es. Als sie die Stadt betraten, kam ihnen Samuel entgegen. Er wollte gerade zur Opferhöhe hinaufsteigen.

15 Jahwe hatte Samuel schon am Tag vorher offenbart: *16* »Morgen um diese Zeit werde ich einen Mann aus Benjamin zu dir schicken. Den sollst du zum Anführer meines Volkes Israel salben. Er wird es aus der Gewalt der Philister befreien, denn ich habe mein Volk angesehen und seinen Hilfeschrei gehört.« *17* Als nun Samuel Saul sah, sagte Jahwe zu ihm: »Das ist der Mann, von dem ich dir gesagt habe, dass er über mein Volk herrschen soll.« *18* Da trat Saul im Stadttor auch schon auf Samuel zu und bat: »Zeig mir doch, wo hier der Seher wohnt!«

19 Samuel erwiderte ihm: »Ich bin der Seher. Steig vor mir auf die Opferhöhe hinauf, denn ihr sollt heute mit mir essen. Morgen früh lass ich dich weiterziehen, und dann sage ich dir auch alles, was du auf dem Herzen hast. *20* Wegen der Eselinnen, die dir heute vor drei Tagen verloren gegangen sind, brauchst du dir keine Gedanken zu machen. Man hat sie gefunden. Aber weißt du, auf wen sich die ganze Hoffnung Israels richtet? –

Auf dich und deine Familie!« *21* »Aber ich bin doch ein Benjaminit«, erwiderte Saul. »Mein Stamm ist der kleinste in Israel und meine Sippe die geringste im ganzen Stamm. Wie kannst du mir so etwas sagen?«

22 Samuel führte Saul und seinen Diener in die Halle und wies ihnen die Ehrenplätze an der Tafel zu. Etwa dreißig Mann waren eingeladen. *23* Dann bat er den Koch: »Bring das Stück her, das ich zurücklegen ließ!« *24* Da servierte der Koch die Keule und alles, was dazugehörte, und legte es Saul vor. Samuel sagte: »Lass es dir schmecken! Es ist extra für dich aufbewahrt worden, als ich das Volk einlud.« So war Saul an diesem Tag Samuels Gast. *25* Dann gingen sie von der Opferhöhe wieder in die Stadt und unterhielten sich noch lange auf der Dachterrasse. *26* Am nächsten Morgen standen sie früh auf. Schon als die Morgendämmerung anfing, hatte Samuel Saul auf der Dachterrasse zugerufen: »Steh auf, ich will dich noch ein Stück begleiten!« *27* Als sie an die Grenze des Stadtgebietes gekommen waren, sagte er zu Saul: »Lass deinen Diener vorausgehen!« Als dieser gegangen war, fuhr Samuel fort: »Bleib stehen! Ich will dir ein Gotteswort verkünden.«

Saul wird zum König gesalbt

10 *1* Samuel nahm die Ölflasche heraus und goss das Öl auf Sauls Kopf. Dann küsste er ihn und sagte: »Hiermit hat Jahwe dich zum Herrscher über sein Eigentum gesalbt. *2* Wenn du jetzt weggehst, wirst du beim Rahelsgrab bei Zelzach* an der Grenze von Benjamin zwei Männer treffen. Sie werden dir sagen: ›Die Eselinnen, die du suchen gegangen bist, sind gefunden. Dein Vater sorgt sich jetzt nicht mehr um die Eselinnen, sondern um dich, und überlegt, was er wegen dir unternehmen soll.‹ *3* Wenn du weitergehst, wirst du zur Terebinthe* von Tabor* kommen. Dort werden dir drei Männer begegnen, die zu Gott nach Bet-El hinaufgehen. Einer trägt drei Böckchen, einer drei Brote und der dritte einen Schlauch mit Wein. *4* Sie werden dich nach deinem Wohlergehen fragen und dir zwei Brote geben. Die sollst du von ihnen annehmen. *5* Danach wirst du zum Hügel Gottes kommen, wo Wachposten der Philister stehen. Gleich am Stadtrand begegnest du einer Gruppe Propheten, die von der Opferhöhe herabkommen. Vor ihnen her werden Harfe, Tamburin, Flöte und Zither gespielt, und sie weissagen*. *6* Dann wird der Geist Jahwes über dich kommen und du wirst mit ihnen weissagen. Von da an wirst du ein ganz anderer Mensch sein. *7* Wenn diese Zeichen bei dir eintreffen, dann tu einfach, was dir vor die Hände kommt, denn Gott ist bei dir! *8* Dann sollst du mir voraus nach Gilgal gehen und sieben Tage auf mich warten. Ich werde zu dir hinabkommen, um Brand- und Freudenopfer* zu schlachten. Dann werde ich dich wissen lassen, was du tun sollst.«

9 Als Saul von Samuel wegging, verwandelte Gott sein Herz. Alle Zeichen trafen am selben Tag ein. *10* Als sie an den Hügel kamen, begegnete ihnen eine Gruppe von Propheten. Der Geist Gottes kam über Saul, sodass er mit ihnen weissagte. *11* Und alle, die ihn von früher kannten und sahen, dass er weissagte, fragten einander: »Was ist denn mit dem Sohn von Kisch geschehen? Wie kommt Saul unter die Propheten?« *12* Einer der Umstehenden meinte: »Von denen kennt man nicht einmal den Anführer!« Von daher kommt das Sprichwort: »Ist denn auch Saul unter den Propheten?« *13* Als Saul mit dem Weissagen aufgehört hatte, kam er zur Opferstätte.

14 »Wo seid ihr gewesen?«, fragte Sauls Onkel ihn und seinen Diener. »Wir haben die Eselinnen gesucht«, antwortete er. »Und als wir sie nicht finden konnten, gingen wir zu Samuel.« *15* »Was hat er euch denn gesagt?«, wollte der Onkel wissen. *16* Saul erwiderte: »Er hat uns mitgeteilt, dass die Eselinnen gefunden seien.« Was Samuel ihm über das Königtum gesagt hatte, erwähnte er aber nicht.

10,2 *Zelzach.* Die genaue Lage des Ortes ist nicht bekannt.

10,3 *Terebinthe.* Belaubter Baum mit breitem Wipfel, der nicht mehr als 7 m hoch wird und als Schattenspender geschätzt ist.

Tabor. Hier: Ort in der Nähe von Bet-El.

10,5 *Weissagen* bedeutet normalerweise »als Sprecher Gottes reden«, hier könnte auch die Entstehung und Wiedergabe geistlicher Musik gemeint sein (wie 1. Chronik 25,1-3, siehe auch 1. Samuel 19,20-24).

10,8 Beim *Freudenopfer* wurde im Gegensatz zum Brandopfer nur das Fett auf dem Altar verbrannt. Der größte Teil des Tieres durfte bei einer fröhlichen Opfermahlzeit gemeinsam mit Verwandten und Freunden verzehrt werden.

Saul wird König über Israel

17 Samuel rief das Volk zu Jahwe nach Mizpa. 18 Dort sagte er zu den Israeliten: »So spricht Jahwe, der Gott Israels: Ich habe Israel aus Ägypten hierhergeführt, ich habe euch aus der Gewalt der Ägypter und aller anderen Mächte befreit, die euch bedrängt haben. 19 Doch ihr habt heute euren Gott verworfen, der euch aus aller Not und Bedrängnis gerettet hat. Ihr habt zu ihm gesagt: ›Nein, setze einen König über uns!‹ Nun denn, stellt euch hier vor Jahwe nach Stämmen und Heereseinheiten geordnet auf!« 20 Samuel ließ alle Stämme Israels antreten. Das Los fiel auf den Stamm Benjamin. 21 Dann ließ er den Stamm Benjamin nach seinen Sippen antreten. Da fiel das Los auf die Sippe Matri, und dann traf es Saul Ben-Kisch. Man suchte ihn, doch er war nicht zu finden. 22 Da fragten sie Jahwe noch einmal: »Ist noch ein Mann hierher gekommen?« Doch Jahwe erwiderte: »Schaut nach, er hat sich beim Gepäck versteckt!« 23 Sie liefen hin und holten ihn. Als er dann in der Menge stand, war er einen Kopf größer als alle. 24 Samuel sagte zum Volk: »Seht ihr, wen Jahwe ausgewählt hat? Keiner im ganzen Volk ist wie er.« Da jauchzte das Volk auf und rief: »Es lebe der König!« 25 Samuel trug ihnen nun die Rechte des Königtums vor und schrieb sie anschließend in eine Buchrolle, die dann im Heiligtum Jahwes niedergelegt wurde. Dann löste er die Versammlung auf und schickte die Leute nach Hause. 26 Auch Saul ging heim nach Gibea. Mit ihm zog eine Schar von Männern, deren Herz Gott berührt hatte. 27 Aber einige niederträchtige Leute sagten: »Wie soll der uns helfen können?« Sie hatten nur Verachtung für ihn übrig und brachten ihm auch kein Geschenk. Doch er tat, als hörte er nichts.

Sauls Sieg über die Ammoniter

11 1 Der Ammoniter* Nahasch zog mit einem Heer vor die Stadt Jabesch* in Gilead* und belagerte sie. Die Männer von Jabesch sagten zu Nahasch: »Wenn du einen Vertrag mit uns schließt, wollen wir uns dir unterwerfen.« 2 Doch der Ammoniter Nahasch erwiderte ihnen: »Unter einer Bedingung lasse ich mich darauf ein: Ich werde jedem von euch das rechte Auge ausstechen, denn ich will Schande über ganz Israel bringen.« 3 »Gib uns sieben Tage Zeit«, sagten die Ältesten von Jabesch zu ihm. »Wir wollen Boten in alle Gegenden Israels schicken. Wenn uns niemand hilft, kommen wir zu dir hinaus.« 4 Die Boten kamen auch nach Gibea, dem Heimatort Sauls. Als sie dem Volk die Lage schilderten, brachen alle in Tränen aus. 5 Saul kam gerade mit seinen Rindern vom Feld und fragte: »Was ist mit den Leuten los? Warum weinen sie alle?« Sie berichteten ihm, was die Männer von Jabesch gesagt hatten.

11,1 Die *Ammoniter* lebten nordöstlich vom Toten Meer.

Jabesch. Stadt am Nordufer des Jabbok, 15 km südöstlich von Bet-Schean und 11 km vom Jordan entfernt.

Gilead bezeichnet das mittlere, manchmal auch das ganze Ostjordanland.

6 Als Saul das hörte, kam der Geist Gottes über ihn, und er wurde sehr zornig. 7 Er schlachtete zwei seiner Rinder und zerstückelte sie. Dann schickte er Boten mit den Stücken in alle Gegenden Israels. Sie sollten sagen:»Wer nicht mit Saul und Samuel in den Kampf zieht, dessen Rindern wird es ebenso ergehen!«Da fiel der Schrecken Jahwes auf das ganze Volk, und es meldete sich geschlossen zum Kampf. 8 Bei Besek* musterte er sie. Es waren 300.000 Mann aus Israel und 30.000 Mann aus Juda. 9 Die Boten aus Jabesch schickte man mit der Nachricht zurück:»Morgen, wenn die Sonne heiß wird, werdet ihr befreit.« Die Botschaft löste große Freude bei den Männern der Stadt aus. 10 Sie ließen den Ammonitern sagen:»Morgen kommen wir zu euch hinaus. Dann könnt ihr mit uns machen, was ihr wollt.«

11 Am nächsten Tag teilte Saul das Heer in drei Abteilungen auf. Noch vor der Morgendämmerung* überfielen sie das Lager. Als der Tag heiß wurde, hatten sie die Ammoniter vernichtend geschlagen. Von den wenigen, die entkamen, blieben nicht zwei beieinander.

12 Da sagte das Volk zu Samuel:»Wer hat damals gesagt:›Soll etwa Saul über uns herrschen?‹ Her mit den Männern! Wir werden sie töten.«

11,8 *Besek.* Ort im Stammesgebiet von Juda, vielleicht Chirbet Buzqa, 54 km nördlich von Jerusalem.

11,11 *Morgendämmerung.* Wörtlich: *Morgenwache,* d.h. zwischen 2 und 6 Uhr morgens.

13 Aber Saul wehrte ab:»An diesem Tag soll niemand von uns getötet werden, denn heute hat Jahwe seinem Volk Israel Rettung geschenkt!« 14 Und Samuel sagte zu ihnen:»Kommt, lasst uns nach Gilgal ziehen und dort das Königtum erneuern!« 15 So zogen alle nach Gilgal und bestätigten dort in der Gegenwart Jahwes Saul zum König. Dann schlachteten sie Freudenopfer vor Jahwe. Saul und alle Männer Israels waren glücklich.

Samuels Abschiedsrede

12 1 Samuel sagte dann zu ganz Israel:»Seht her, alles, was ihr von mir wolltet, habe ich getan und euch einen König gegeben. 2 Von jetzt an wird er euch vorangehen. Ich bin alt und grau geworden, meine Söhne sind ja unter euch. Von meiner Jugend an habe ich euch geführt, bis heute. 3 Hier stehe ich vor euch, vor Jahwe und seinem gesalbten König. Sprecht es aus, wenn ihr etwas gegen mich habt! Wem habe ich je ein Rind weggenommen oder einen Esel? Wen habe ich erpresst und wen unterdrückt? Von wem habe ich mich bestechen lassen und dann beide Augen zugedrückt? Ich bin bereit, alles zu erstatten!«

4»Du hast uns nicht erpresst«, erwiderten sie,»du hast uns nicht misshandelt, du hast von niemand etwas angenommen.« 5 Da sagte er:»Jahwe und sein Gesalbter sind heute Zeugen, dass ihr kein Unrecht an mir gefunden habt.« –»Ja, so ist es!«, riefen sie.

6 Dann sagte Samuel zum Volk:»Es war Jahwe, der Mose und Aaron eingesetzt und eure Väter aus Ägypten geführt hat. 7 Nun tretet her, dass ich

vor Jahwe mit euch ins Gericht gehe wegen allem, was Jahwe in seiner Treue für euch und eure Väter getan hat.

8 Als Jakob nach Ägypten gekommen war, schrien eure Vorfahren um Hilfe zu Jahwe. Da schickte er ihnen Mose und Aaron, die eure Väter aus Ägypten führten und sie in dieser Gegend hier wohnen ließen. 9 Aber bald vergaßen sie Jahwe, ihren Gott. Da gab er sie ihren Feinden preis: Sisera, dem Heerführer von Hazor*, den Philistern und dem König von Moab*, die gegen sie kämpften. 10 Da schrien sie zu Jahwe um Hilfe. ›Es war Unrecht‹, riefen sie dann, ›dass wir dich verlassen haben, Jahwe, und dass wir die Baale und Astarten verehrten. Befreie uns von unseren Feinden, dann wollen wir dir dienen!‹ 11 Da schickte Jahwe Jerub-Baal*, Bedan*, Jiftach und schließlich Samuel, um euch von euren Feinden zu befreien und euch sicher im Land wohnen zu lassen.

12 Als ihr dann aber gesehen habt, dass der Ammoniterkönig Nahasch mit seinem Heer gegen euch zog, sagtet ihr zu mir: ›Nein, ein König soll über uns regieren!‹, obwohl doch Jahwe, euer Gott, euer König ist. 13 Seht, da ist der König, den ihr haben wolltet! Seht, Jahwe hat einen König über euch gestellt! 14 Wenn ihr nun Jahwe fürchtet und ihm dient, wenn ihr ihm gehorcht und euch nicht gegen seine Anordnungen stellt, wenn ihr und der König, der über euch herrscht, Jahwe treu bleibt, ist es gut. 15 Wenn ihr Jahwe aber nicht gehorcht und euch seinen Anordnungen widersetzt, wird er sich mit seiner Macht gegen euch stellen wie gegen eure Väter.

16 So tretet jetzt her und seht, welch großes Wunder Jahwe vor euren Augen tun wird! 17 Es ist gerade Weizenernte. Ich will Jahwe anrufen, dass er Donner und Regen schickt. Dann erkennt ihr, ja, dann werdet ihr sehen, wie groß eure Bosheit in Jahwes Augen war, einen König für euch zu verlangen.«

18 Samuel rief Jahwe an und Jahwe ließ es an diesem Tag donnern und regnen. Da fürchtete sich das Volk sehr vor Jahwe und Samuel, 19 und sie sagten zu Samuel: »Bitte Jahwe, deinen Gott, für deine Sklaven, dass wir nicht sterben müssen! Denn zu all unseren Sünden haben wir noch die Bosheit hinzugetan, einen König zu verlangen.«

20 Samuel erwiderte ihnen: »Habt keine Angst! Ihr habt zwar all das Böse getan, doch haltet in Zukunft nur treu zu Jahwe und dient ihm von ganzem Herzen! 21 Weicht ja nicht ab und fangt nicht an, den Nichtsen* nachzulaufen. Sie nützen euch nichts und können euch auch nicht retten, eben weil sie Nichtse sind. 22 Und weil es um seinen Namen geht, wird Jahwe sein Volk nicht verlassen, denn es hat ihm nun einmal gefallen, euch

---

12,9 *Hazor.* Wichtigste kanaanitische Festung im Norden, 14 km nördlich vom See von Galiläa.

Die *Moabiter* lebten östlich des Toten Meeres zwischen den Flüssen Arnon und Zered.

12,11 *Jerub-Baal,* besser bekannt als Gideon (Richter 6,32).

Bedan wird sonst nicht erwähnt; vielleicht ist Barak (Richter 4,6-7) gemeint.

12,21 *Nichtse.* Gemeint sind irgendwelche Götzen.

zu seinem Volk zu machen. *23* Auch ich werde auf keinen Fall aufhören, für euch zu beten! Denn dann würde ich mich an Jahwe versündigen. Ich werde euch weiter den guten und richtigen Weg zeigen. *24* Ehrt nur Jahwe und dient ihm treu von ganzem Herzen! Seht doch, was für große Dinge er an euch getan hat! *25* Wenn ihr aber trotzdem Böses tut, werdet ihr samt eurem König weggerafft.«

Samuel widersteht Saul

13 *1* Saul war 30* Jahre alt, als er König wurde, und regierte 42* Jahre über Israel. *2* Saul wählte sich 3000 Israeliten aus. 2000 sollten unter seinem Befehl in Michmas* und auf den Höhen von Bet-El stehen und

---

13,1 30. Die Zahl fehlt im hebräischen Text. In den meisten Handschriften der LXX fehlt der ganze Vers. Nur einige Manuskripte nennen die Zahl 30.

42. Hebräisch: *zwei.* Vierzig wurde nach der Angabe in Apostelgeschichte 13,21 ergänzt. Eventuell kann die *Zwei* auch auf den folgenden Vers bezogen werden:»Nachdem er *zwei* Jahre in Israel regiert hatte, wählte er sich ...«

13,2 *Michmas* war ein Dorf im Stammesgebiet von Benjamin, 12 km nördlich von Jerusalem.

13,3 *Geba* liegt zwischen Michmas und Gibea, etwa 12 km nördlich von Jerusalem.

13,5 *3000.* So mit der griechischen Übersetzung des Alten Testaments, die im 3. Jh. v.Chr. in Alexandria entstand, der sogenannten Septuaginta (=LXX). Hebräisch: 30.000.

Bet-Awen. Stadt an der Nordgrenze von Benjamin, 12 km nordöstlich von Jerusalem.

13,7 *Gad.* Stammesgebiet nordöstlich des Toten Meeres an der Ostseite des Jordan-Tals.

1000 unter Jonatan bei Gibea in Benjamin. Den Rest des Volkes entließ er wieder nach Hause. *3* Jonatan erschlug die Wachposten der Philister in Geba*. Als das bei den Philistern bekannt wurde, ließ Saul im ganzen Land das Widderhorn blasen, denn er wollte, dass die Hebräer es hörten. *4* Überall in Israel wurde ausgerufen: »Saul hat die Wachposten der Philister geschlagen! Dadurch hat sich Israel bei den Philistern verhasst gemacht.« So wurde das Volk nach Gilgal zusammengerufen, um unter Sauls Führung zu kämpfen.

5 Auch die Philister sammelten sich zum Kampf gegen Israel. 3000* Streitwagen und 6000 Gespanne, dazu Fußkämpfer wie Sand am Meer. Ihr Lager schlugen sie bei Michmas, östlich von Bet-Awen* auf. *6* Als die Israeliten sahen, dass sie durch diese Menge in Not kommen würden, versteckten sie sich in Höhlen und in Dornengestrüpp, in Felsen, Grabkammern und Zisternen. *7* Einige Hebräer flohen sogar über den Jordan ins Gebiet von Gad* und Gilead. Saul war immer noch in Gilgal. Und das ganze Volk, das bei ihm war, zitterte vor Angst. *8* Er wartete sieben Tage bis zu der von Samuel bestimmten Zeit. Als Samuel nicht nach Gilgal kam, fingen die Leute an wegzulaufen. *9* Da sagte Saul: »Bringt mir die Tiere für das Brand- und Freudenopfer her!« Dann brachte er selbst das Opfer dar. *10* Als er gerade mit dem Brandopfer fertig war, kam Samuel. Saul ging ihm zum Segensgruß entgegen.

11 »Was hast du da getan?«, fragte Samuel. »Ich sah, dass das Volk mir davonlief«, erwiderte Saul, »und du kamst nicht zur vereinbarten Zeit, und die Philister standen schon in Michmas. 12 Da dachte ich: Nun werden sie nach Gilgal herunterkommen, und ich habe Jahwe noch nicht gnädig gestimmt. Da habe ich es gewagt und das Brandopfer selbst dargebracht.« 13 »Das war sehr dumm von dir!«, sagte Samuel. »Du hast den Befehl von Jahwe, deinem Gott, nicht ausgeführt. Denn gerade jetzt hätte er dein Königtum über Israel für immer bestätigt. 14 Aber nun wird es keinen Bestand haben. Jahwe hat sich einen Mann gesucht, der ihm gefällt, und ihn zum Führer über sein Volk bestimmt. Denn du hast dich nicht an das Gebot Jahwes gehalten.«

Israel ohne Waffen

15 Samuel verließ Gilgal und ging nach Gibea in Benjamin. Als Saul seine Leute musterte, waren es noch etwa 600 Mann. 16 Saul und sein Sohn Jonatan blieben bei Geba in Benjamin. Die Philister hatten ihr Lager bei Michmas. 17 Jetzt brachen aus dem Lager der Philister drei Abteilungen auf, die das Land verwüsten sollten. Eine Truppenabteilung zog in Richtung Ofra*, im Gebiet von Schual. 18 Die zweite zog in Richtung Bet-Horon* und die dritte in Richtung des Höhenzuges, von dem aus das Hyänental und die Wüste zu sehen sind.

19 Damals gab es in ganz Israel keinen Schmied, denn die Philister wollten verhindern, dass die Hebräer sich Schwerter oder Speere machten. 20 Deshalb musste jeder Israelit zu den Philistern gehen, wenn er seine Pflugschar, einen Spaten, ein Beil

oder eine Sichel schärfen lassen wollte. 21 Bei Pflugschar und Spaten kostete das zwei Drittel eines Silberstücks, bei einem Dreizink, einem Beil und dem Ochsenstachel* ein Drittel. 22 So kam es, dass am Tag des Kampfes keiner von den Männern Israels, die Saul und Jonatan folgten, ein Schwert oder einen Speer hatte. Nur Saul und sein Sohn besaßen welche. 23 Ein Posten der Philister sollte den Pass bei Michmas sichern.

Jonatans Heldentat

14 1 Eines Tages sagte Jonatan zu seinem Waffenträger: »Los, gehen wir zu dem Posten der Philister dort drüben!« Seinem Vater aber sagte er nichts davon. 2 Saul saß zu dieser Zeit unter dem Granatapfelbaum, der am Rand von Gibea steht. Etwa 600 Mann waren bei ihm. 3 Ahija Ben-Ahitub, der Bruder von Ikabod und Sohn von Pinhas Ben-Eli, dem Sohn von Jahwes Priester in Schilo, trug das Efod. Auch von den Männern Sauls wusste niemand, dass Jonatan weggegangen war.

4 Um zu dem Posten der Philister hinüberzugelangen, wählte Jonatan einen Weg zwischen zwei Felszacken

---

13,17 Ofra. Das heutige *et Tajibe*, das auf einer Anhöhe 9 km nördlich von Michmas liegt.

13,18 Bet-Horon. Wichtiger Passweg vom Gebirge in die Schefela, das fruchtbare Hügelland Judas Er wird von den Orten *Oberes Bet-Horon* (617 m ü. NN) und *Unteres Bet-Horon* (399 m ü. NN) beherrscht.

13,21 Ochsenstachel. Zum Antreiben der Rinder verwendete man einen Stab mit einer scharfen Spitze.

hindurch. Einen nannte man Bozez, den Glänzenden, den anderen Senne, den Stachel. *5* Sie ragten wie Säulen auf, die eine im Norden auf der Seite von Michmas, die andere im Süden auf der Seite von Geba.

6 Jonatan sagte zu seinem Waffenträger: »Komm, wir gehen zum Posten dieser Unbeschnittenen* dort drüben. Vielleicht wird Jahwe etwas für uns tun, denn für ihn spielt es keine Rolle, ob wir viele oder wenige sind.« *7* »Tu, was du für richtig hältst«, erwiderte sein Waffenträger, »ich bin immer dabei!« *8* »Pass auf!«, sagte Jonatan. »Wir gehen ganz offen auf die Männer zu. *9* Wenn sie dann zu uns sagen: ›Bleibt stehen, bis wir bei euch sind!‹, dann bleiben wir stehen und steigen nicht zu ihnen hinauf. *10* Wenn sie aber sagen: ›Kommt herauf zu uns!‹, dann klettern wir hinauf, denn dann hat Jahwe sie in unsere Hand gegeben. Das soll uns das Zeichen sein.«

11 So zeigten sich beide dem Posten der Philister. »Sieh da!«, riefen die Philister. »Die Hebräer kommen aus den Löchern hervor, in die sie sich verkrochen haben.« *12* Die Wachen riefen Jonatan und seinem Waffenträger

zu: »Kommt rauf zu uns, dann werden wir es euch schon zeigen!« Da sagte Jonatan zu seinem Waffenträger: »Steig mir nach, denn Jahwe hat sie in die Hand Israels gegeben!« *13* Auf allen Vieren kletterte Jonatan hinauf und sein Waffenträger hinter ihm her. Jonatan schlug die Philister nieder und sein Waffenträger versetzte ihnen den Todesstoß. *14* Dieser erste Schlag, den Jonatan mit seinem Waffenträger führte, traf etwa 20 Mann – auf einer Fläche von der Größe eines halben Ackers*.

15 Da brach eine Panik im ganzen Heer der Philister aus: bei denen im Lager und bei denen im Gelände, auch bei der Postenkette und bei denen, die zur Verwüstung des Landes ausgezogen waren. Dazu bebte die Erde. Ein Schrecken Gottes war auf sie gefallen.

Der Sieg über die Philister

16 Die Späher Sauls in Gibea in Benjamin bemerkten das lärmende Getümmel, das hin und her wogte. *17* Saul befahl seinen Leuten: »Lasst antreten und seht nach, wer von uns weggegangen ist!« Da stellte sich heraus, dass Jonatan und sein Waffenträger fehlten. *18* »Bring die Lade Gottes* her!«, sagte Saul zu Ahija. Die Bundeslade befand sich nämlich im Lager der Israeliten. *19* Aber während er noch mit dem Priester redete, steigerte sich der Tumult im Lager der Philister so sehr, dass Saul zu ihm sagte: »Nein, lass es!«

20 Saul und seine Leute sammelten sich und liefen zu dem Kampfgeschehen. Da sahen sie, dass einer gegen den anderen kämpfte. Es war ein großes Durcheinander. *21* Und die

---

14,6 *Unbeschnittene.* Verächtlicher Ausdruck für Menschen, die nicht zum Bund Gottes gehörten. Siehe 1. Mose 17,9-14!

14,14 *Acker.* Wörtlich: der halben Pflugstrecke eines Ackerjochs. Ein *Joch* ist die Fläche, die von einem Joch Ochsen an einem Tag gepflügt werden konnte, etwa 3000 Quadratmeter, die Hälfte davon also 1500.

14,18 *Lade Gottes.* Die LXX übersetzt hier und auch im nächsten Satz: *das Efod.*

Hebräer, die sich bisher zu den Philistern gehalten hatten und mit ihnen in den Kampf gezogen waren, wollten jetzt bei den Israeliten sein, die zu Saul und Jonatan standen. 22 Und als die Israeliten, die sich im Bergland von Efraïm versteckt hatten, von der Flucht der Philister hörten, nahmen auch sie die Verfolgung auf. 23 So rettete Jahwe Israel an diesem Tag. Der Kampf zog sich bis über Bet-Awen hinaus.

Sauls voreiliger Schwur

24 Vorwärtsgetrieben wurden die Männer Israels an jenem Tag durch einen Schwur Sauls. Saul hatte gesagt:»Verflucht sei jeder, der vor dem Abend etwas isst, bis ich mich an meinen Feinden gerächt habe!« Daher nahm keiner von den Leuten etwas zu sich. 25 Zu dieser Zeit gab es überall in der Gegend Honig von wilden Bienen. 26 Als die Leute an den Stöcken vorbeikamen, flossen diese von Honig über. Aber niemand wagte es, davon zu kosten, denn sie fürchteten Sauls Fluch. 27 Jonatan wusste nichts von dem Fluch, mit dem sein Vater das Volk belegt hatte. Er tauchte den Stab, den er in der Hand hatte, mit der Spitze in eine Honigwabe und aß von dem Honig. Da leuchteten seine Augen auf. 28 Einer von den Männern sagte zu ihm:»Dein Vater hat jeden mit einem Fluch bedroht, der heute etwas isst. Darum sind wir alle so erschöpft.« 29 Da sagte Jonatan:»Mein Vater bringt das Land ins Unglück. Seht doch, wie meine Augen leuchten, weil ich dieses bisschen Honig gekostet habe. 30 Wie viel größer wäre unser Sieg gewesen, wenn die Leute sich an der Beute ihrer Feinde hätten satt essen können. So ist der Schlag gegen die Philister nicht heftig genug.« 31 Sie verfolgten die Philister an jenem Tag bis nach Ajalon*. Dann waren alle erschöpft. 32 Sie stürzten sich nun auf die Beutetiere und schlachteten Schafe, Rinder und Kälber einfach auf der Erde und aßen das blutige Fleisch. 33 Man berichtete Saul:»Pass auf! Das Volk macht sich schuldig vor Jahwe. Sie essen Fleisch, das noch blutig ist!« – »Ihr seid Gott untreu geworden!«, rief Saul.»Wälzt sofort einen großen Stein zu mir her!« 34 Dann ordnete er an:»Geht unter das Volk und sagt jedem, dass er sein Rind oder Schaf zu mir bringen und es hier schlachten soll. Dann können sie es essen, ohne sich an Jahwe zu versündigen.« Deshalb brachten in dieser Nacht alle ihre Tiere zum Schlachten an diesen Platz. 35 Dann baute Saul Jahwe einen Altar. Das war der erste, den er für ihn gebaut hatte.

36 Saul sagte:»Lasst uns noch in der Nacht den Philistern nachjagen. Wir wollen sie ausplündern und keinen von ihnen bis zum Morgen übrig lassen!« – »Tu, was du für richtig hältst!«, riefen die Männer. Aber der Priester sagte:»Lasst uns erst hier vor Gott treten!« 37 Saul fragte Gott:»Soll ich die Philister bis in die Ebene verfolgen? Wirst du sie in die Hand Israels geben?« Aber Gott gab Saul keine Antwort.

14,31 Ajalon. Stadt in der Schefela, 21 km nordwestlich von Jerusalem.

38 Da rief Saul alle Truppenführer zu sich und sagte:»Es muss heute jemand Schuld auf sich geladen haben. Findet heraus, wer es war! *39* So wahr Jahwe lebt, der Israel gerettet hat, der Schuldige muss sterben, und wenn es mein Sohn Jonatan wäre!« Aber niemand aus dem Volk antwortete ihm. *40* Da sagte er zu den Israeliten:»Stellt euch hier auf die eine Seite! Ich werde mit meinem Sohn Jonatan auf der anderen stehen.« –»Tu, was du für richtig hältst«, entgegnete das Volk. *41* Da rief Saul zu Jahwe:»Gott Israels, gib uns volle Klarheit!« Da wurden Jonatan und Saul getroffen. Das Volk ging frei aus. *42*»Werft jetzt das Los zwischen mir und meinem Sohn!«, befahl Saul. Da wurde Jonatan getroffen. *43*»Sag mir, was hast du getan?«, forderte Saul seinen Sohn Jonatan auf. Dieser bekannte:»Ich habe die Spitze meines Stabs in Honig getaucht und ein wenig davon gekostet und muss nun dafür sterben.« *44*»Gott soll mir dies und jenes antun: Ja, du musst sterben!«, sagte Saul.

45 Aber das Volk rief:»Soll Jonatan sterben, der diesen großen Sieg für Israel errungen hat? Auf keinen Fall! So wahr Jahwe lebt, kein Haar soll ihm gekrümmt werden! Diese Taten heute

hat er nur mit Gott vollbringen können.« So löste das Volk Jonatan aus, dass er nicht sterben musste. *46* Saul verfolgte die Philister nicht weiter und kehrte um. Auch die Philister kehrten in ihr Gebiet zurück.

Sauls Kriege

47 Nachdem Saul die Königsherrschaft über Israel bekommen hatte, kämpfte er gegen alle seine Feinde ringsum: gegen die Moabiter, die Ammoniter, die Edomiter*, gegen die Könige von Zoba* und gegen die Philister. Und alle bestrafte er. *48* Er war ein tapferer Mann und besiegte die Amalekiter*. Er befreite Israel von allen, die es ausplünderten.

Sauls Familie

49 Sauls Söhne hießen Jonatan, Jischwi und Malkischua. Seine beiden Töchter hießen Merab und Michal. Merab war die Erstgeborene. *50* Sauls Frau hieß Ahinoam und war eine Tochter von Ahimaaz. Sein Heerführer war Abner Ben-Ner, der Sohn seines Onkels, *51* denn Kisch, der Vater Sauls und Ner, der Vater Abners, waren Söhne von Abiël.

52 Der harte Krieg mit den Philistern hörte nicht auf, solange Saul lebte. Darum nahm Saul jeden tapferen und kriegstüchtigen Mann, den er finden konnte, in seinen Dienst.

Sauls Sieg und seine Verwerfung

15 *1* Samuel kam zu Saul und sagte:»Jahwe hatte mich beauftragt, dich zum König über sein Volk Israel zu salben. So höre nun auf die Worte Jahwes! *2* So spricht Jahwe,

---

14,47 Die *Edomiter* waren Nachkommen Esaus und bewohnten das Land östlich der Araba und südlich vom Toten Meer.

Zoba war ein kleines Königreich nördlich von Damaskus, das David später besiegt hatte (2. Samuel 8,3-12; 10,6-19).

14,48 Die *Amalekiter* lebten als Nomaden im Negev, südlich von Beerscheba.

der Allmächtige: ›Ich habe bedacht, was die Amalekiter Israel angetan haben, wie sie sich dem Volk in den Weg stellten, als es aus Ägypten heraufzog. *3* Nun zieh gegen sie in den Kampf, schlage sie und vollstrecke den Bann an ihnen. Schone keinen, sondern töte Mann und Frau, Kind und Säugling, Rind und Schaf, Kamel und Esel!‹« *4* Da bot Saul das Volk auf und musterte es in Telem*. Es waren 200.000 Mann zu Fuß und 10.000 Männer aus Juda. *5* Saul kam bis zur Stadt der Amalekiter und legte sich im Tal auf die Lauer. *6* Den Kenitern* ließ er sagen:»Zieht weg, trennt euch von den Amalekitern, dass wir euch nicht mit ihnen vernichten. Ihr seid uns damals freundlich begegnet, als wir aus Ägypten kamen.« Da verließen die Keniter das Gebiet Amaleks.

7 Saul schlug die Amalekiter von Hawila* bis nach Schur* an der ägyptischen Grenze. *8* Agag, den König der Amalekiter, fing er lebendig. An seinem ganzen Volk vollstreckte er den Bann und ließ alle mit dem Schwert töten. *9* Aber an Agag und an den besten Schafen und Rindern, auch an denen vom zweiten Wurf und den Lämmern und an allem, was wertvoll war, wollten sie den Bann nicht vollstrecken. Sie vollstreckten den Bann nur an dem Zeug, das man verachtet und wegwirft.

10 Da kam das Wort Jahwes zu Samuel: *11* »Es ist mir leid, Saul zum König gemacht zu haben, denn er hat sich von mir abgewandt und meine Befehle nicht befolgt.« Samuel war tief betroffen und schrie die ganze Nacht zu Jahwe. *12* Früh am Morgen machte er sich auf den Weg zu Saul.

Man berichtete ihm:»Saul ist nach Karmel* gekommen, und – stell dir vor –, er hat sich dort ein Denkmal aufgerichtet! Dann ist er nach Gilgal weitergezogen.«

13 Als Samuel zu Saul kam, empfing dieser ihn mit den Worten:»Jahwe segne dich! Ich habe den Befehl Jahwes ausgeführt.« *14* »Aber was höre ich da für Schafe blöken und welche Rinder höre ich brüllen?«, entgegnete Samuel. *15* »Man hat sie von den Amalekitern mitkommen lassen«, erwiderte Saul.»Das Volk hat die besten Schafe und Rinder verschont, um sie Jahwe, deinem Gott, zu opfern. An allen anderen haben wir den Bann vollstreckt.« *16* »Hör auf!«, sagte Samuel zu Saul.»Ich will dir verkünden, was Jahwe mir in dieser Nacht mitgeteilt hat.« – »Sprich!«, erwiderte Saul, *17* und Samuel sagte:»Als du noch gering von dir dachtest, wurdest du das Oberhaupt der Stämme Israels. Zum König hat Jahwe dich gesalbt. *18* Dann schickte er dich los und sagte: ›Geh und vollstrecke den Bann an diesen sündigen Amalekitern! Kämpfe mit ihnen, bis du sie vernich-

---

15,4 *Telem.* Stadt im Negev im Süden von Juda, etwa 18 km östlich von Beerscheba.

15,6 Die *Keniter* waren ein mit den Midianitern verwandter Beduinenstamm vom Sinai. Mose hatte eine Keniterin geheiratet (2. Mose 2,16.21-22) und einige Keniter hatten sich den Israeliten angeschlossen (Richter 1,16; 4,17-23).

15,7 *Hawila.* Das Gebiet lag wahrscheinlich im Nordosten der Sinai-Halbinsel.

Die Wüste *Schur* lag zwischen dem »Bach Ägyptens« und dem heutigen Suez-Kanal. Der Ort *Schur* war eventuell das heutige Tell Fara, ein Vorposten der Ägypter.

tet hast!‹ ¹⁹ Warum hast du nicht auf
Jahwe gehört? Warum bist du über
die Beute hergefallen und hast getan,
was Jahwe missfällt?«
²⁰ »Aber ich habe doch auf Jahwe
gehört«, erwiderte Saul. »Ich bin den
Weg gegangen, auf den er mich geschickt hat. Ich habe Agag, den König
von Amalek, hergebracht und an allen
Amalekitern den Bann vollstreckt.
²¹ Aber das Volk hat die besten von
den erbeuteten Schafen und Rindern
am Leben gelassen, um sie Jahwe, deinem Gott, in Gilgal zu opfern.« ²² Doch
Samuel erwiderte:

»Freut Jahwe sich mehr über
Opfer, / die man schlachtet und
verbrennt, / als daran, dass man
ihm gehorcht? / Merk dir:
Gehorsam ist ihm wichtiger als
Opfer, / auf ihn zu hören, ist ihm
mehr wert als das Fett vieler Schafböcke. ²³ Ungehorsam ist für ihn
eine Sünde wie die Zauberei, /
Auflehnung gegen ihn so schlimm
wie Götzendienst. / Weil du das
Wort Jahwes verworfen hast, /
verwirft er auch dich als König.«

²⁴ Da sagte Saul zu Samuel: »Ich habe
gesündigt, denn ich habe mich über
den Befehl Jahwes und über deine
Anweisungen hinweggesetzt. Ich habe

mich vor meinen Leuten gefürchtet
und ihnen ihren Willen gelassen.
²⁵ Vergib mir bitte meine Sünde und
komm mit mir zurück, dass ich vor
Jahwe anbete!« ²⁶ Aber Samuel sagte
zu ihm: »Ich gehe nicht mit dir zurück. Du hast das Wort Jahwes verworfen, und Jahwe hat nun auch dich
verworfen. Du kannst nicht mehr
König über Israel sein.«
²⁷ Samuel drehte sich um und wollte
weggehen. Aber Saul hielt ihn am
Mantel fest, sodass ein Zipfel davon
abriss. ²⁸ Da sagte Samuel zu ihm:
»Genauso hat Jahwe heute das Königtum Israels von dir abgerissen und es
einem anderen gegeben, der besser ist
als du. ²⁹ Er, der Ruhm seines Volkes
Israel, lügt nicht, und es tut ihm auch
nicht leid. Er ist nicht wie ein Mensch,
der seine Entscheidung bereut.«
³⁰ »Ja, ich habe gesündigt«, sagte
Saul. »Aber ehre mich doch vor den
Ältesten meines Volkes und vor Israel
und kehre mit mir um, dass ich vor
Jahwe, deinem Gott, anbete!« ³¹ Samuel tat es und ging mit Saul zurück.
Und Saul warf sich vor Jahwe nieder.
³² Dann sagte Samuel: »Bringt Agag,
den König von Amalek zu mir her!«
Agag ging gelassen* auf ihn zu und
sagte: »Sei's drum, die Todesgefahr
ist vorbei!« ³³ Aber Samuel sagte:

»So, wie dein Schwert Frauen
um die Kinder brachte, / sei
auch deine Mutter um ihr Kind
gebracht!«

Vor Jahwe in Gilgal hieb Samuel Agag
in Stücke. ³⁴ Dann kehrte Samuel
nach Rama zurück. Und auch Saul
ging nach Hause in seine Stadt Gibea.

15,12 *Karmel.* Hier ist wahrscheinlich der Ort gemeint, der 12 km südöstlich von Hebron am Rand der Judäischen Wüste liegt.

15,32 *gelassen.* Die Bedeutung des hebräischen Wortes ist unklar. Vielleicht bedeutet es wie Hiob 38,31 »in Fesseln«. Dann müsste auch die Aussage negativ übersetzt werden: »Ja, der Tod ist sehr bitter.«

35 Samuel sah Saul bis zu seinem Tod nicht mehr. Er trauerte um ihn, weil es Jahwe wehtat, dass er Saul zum König über Israel gemacht hatte.

David wird zum König gesalbt

16 1 Jahwe sagte zu Samuel: »Wie lange willst du noch um Saul trauern? Ich habe ihn verworfen. Er soll nicht mehr König über Israel sein. Füll dein Horn mit Salböl und mach dich auf den Weg! Ich schicke dich zu Isai von Bethlehem, weil ich mir einen seiner Söhne als König ausgesucht habe.« 2 »Aber wie kann ich denn gehen?«, erwiderte Samuel. »Saul wird es erfahren und mich umbringen.« Jahwe sagte: »Nimm ein Kalb mit und sage dort: ›Ich bin gekommen, um Jahwe ein Opfer zu bringen.‹ 3 Lade Isai zu dem Schlachtopfer ein. Dann werde ich dir zeigen, was du tun musst. Du sollst mir den salben, den ich dir nennen werde.«

4 Samuel tat, was Jahwe ihm befohlen hatte, und ging nach Bethlehem. Da eilten ihm die Ältesten der Stadt voller Angst entgegen. »Bringst du Frieden?«, fragten sie. 5 »Ja, Frieden«, antwortete er. »Ich bin gekommen, um Jahwe zu opfern. Heiligt* euch und kommt mit mir zum Schlachtopfer!« Dann heiligte er Isai und seine Söhne und lud sie zum Opfermahl ein.

6 Als sie dann kamen und er Eliab sah, dachte er: »Hier steht Jahwes Gesalbter vor Gott.« 7 Aber Jahwe sagte zu Samuel: »Sieh nicht auf seine Erscheinung und seinen hohen Wuchs! Ich habe ihn verworfen. Es ist nicht so, wie der Mensch es sieht. Ein Mensch sieht, was vor Augen ist, Jahwe aber sieht auf das Herz.« 8 Dann rief Isai Abinadab und ließ ihn vor Samuel treten. Doch dieser sagte: »Auch ihn hat Jahwe nicht erwählt.« 9 Nun ließ Isai Schamma kommen, aber Samuel sagte: »Auch ihn hat Jahwe nicht erwählt.« 10 So ließ Isai sieben seiner Söhne an Samuel vorbeigehen. Aber Samuel sagte zu ihm: »Von diesen hat Jahwe keinen erwählt.« 11 Deshalb fragte er: »Sind das alle deine Söhne?« Isai sagte: »Der Jüngste ist noch übrig. Aber er hütet gerade die Schafe.« Da sagte Samuel: »Schick jemand hin und lass ihn holen! Wir werden uns nicht zum Mahl hinsetzen, bevor er gekommen ist.«

12 So schickte Isai einen Boten und ließ David kommen. Der Junge war rotblond, hatte schöne Augen und sah gut aus. Da sagte Jahwe: »Auf, salbe ihn! Er ist es.« 13 Samuel nahm das Ölhorn und salbte David im Kreis seiner Brüder. Von diesem Tag an kam der Geist Gottes über David und verließ ihn nicht mehr. Samuel kehrte nach Rama zurück.

David am Hof Sauls

14 Von Saul jedoch wich der Geist Jahwes. Und ein böser Geist, den Jahwe geschickt hatte, begann ihn zu ängstigen. 15 Sauls Diener sagten zu ihm: »Offenbar hat Gott dir einen bösen Geist geschickt, der dir Angst macht. 16 Unser Herr möge seinen Sklaven

---

16,5 *Sich heiligen* bedeutet, sich geistlich darauf einstellen und die Reinigungsvorschriften für den Opfernden einhalten (vgl. Josua 3,5).

hier befehlen, dass sie einen Mann suchen, der Zither spielen kann. Wenn dann der böse Geist von Gott über dich kommt, kann er dir vorspielen, und es wird dir besser gehen.« *17* Da sagte Saul zu seinen Dienern: »Sucht mir einen guten Zitherspieler und bringt ihn her.« *18* Einer der jungen Männer sagte: »Ich kenne einen Sohn Isais aus Bethlehem, der gut spielen kann und außerdem ein tüchtiger Kämpfer ist. Er versteht es, immer das richtige Wort zu sagen, und sieht auch noch gut aus. Jahwe ist mit ihm.« *19* Da schickte Saul Boten zu Isai und ließ ihm sagen: »Schick mir deinen Sohn David, der die Schafe hütet.« *20* Isai holte einen Esel und belud ihn mit Broten. Dazu gab er einen Schlauch Wein und ein Ziegenböckchen und schickte alles mit David zu Saul. *21* So kam David zu Saul und trat in seinen Dienst. Saul gewann ihn

sehr lieb und machte ihn zu seinem Waffenträger. *22* Isai ließ er sagen: »Lass David in meinem Dienst bleiben. Ich bin sehr zufrieden mit ihm.« *23* Immer, wenn dieser Geist von Gott über Saul kam, nahm David die Zither und spielte darauf. So fand Saul Erleichterung. Es ging ihm besser, und der böse Geist verließ ihn.

David besiegt Goliat

17 *1* Die Philister zogen ihre Streitmacht bei Socho* zusammen, das zum Gebiet von Juda gehörte. Ihr Lager schlugen sie bei Efes-Dammim* auf, das zwischen Socho und Aseka* liegt. *2* Saul hatte die wehrfähigen Männer Israels um sich versammelt und das Lager im Terebinthental aufgeschlagen. Als sie zum Kampf antraten, stellten sie sich den Philistern gegenüber *3* am Abhang auf. Am gegenüberliegenden Hang standen die Philister. Dazwischen lag das Tal.

4 Da trat ein Vorkämpfer aus den Reihen der Philister heraus. Er hieß Goliat und stammte aus Gat. Er war etwa drei Meter* groß. *5* Sein Helm und sein Schuppenpanzer waren aus Bronze. Letzterer wog fast 58 Kilogramm*. *6* Aus Bronze waren auch seine Beinschienen und sein Langschwert, das er über die Schulter gehängt hatte. *7* Der Schaft seines Spießes war wie ein Weberbaum*, und seine Spitze wog fast sieben Kilogramm* und war aus Eisen. Vor ihm her ging der Schildträger.

8 So trat er hin und rief zu den Reihen der Israeliten hinüber: »Warum stellt ihr euch in Schlachtordnung auf? Ich stehe für die Philister, und ihr

17,1 Dieses *Socho* lag 27 km westlich von Jerusalem.

Efes-Dammim lag wahrscheinlich auf der Südseite des Terebinthentals, etwa 1,5 km südöstlich von Aseka.

Aseka. Stadt an der Grenze zwischen Juda und der Küstenebene am Mittelmeer, 24 km nordwestlich von Hebron.

17,4 *drei Meter.* Wörtlich: 6 Ellen und eine Spanne. Die Elle betrug 46 cm, die Spanne eine halbe Elle.

17,5 *58 Kilogramm.* Wörtlich: 5000 Schekel = 57,5 kg, wenn der Schekel 11,5 g wog, wie man aus gefundenen Gewichten entnehmen kann.

17,7 *Weberbaum.* So heißen die Querstangen an den beiden Enden des Webstuhls, an denen die Kettfäden befestigt wurden. Sie mussten eine beträchtliche Dicke haben.

sieben Kilogramm. Wörtlich: 600 Schekel.

seid die Knechte Sauls. Bestimmt einen von euch, dass er zu mir herunterkommt! ⁹ Wenn er imstande ist, mit mir zu kämpfen und mich zu töten, dann werden wir eure Sklaven. Wenn ich ihn aber besiege und ihn töte, müsst ihr unsere Sklaven werden und uns dienen. ¹⁰ Ja, ich mache die Reihen Israels heute lächerlich!«, rief er. »Schickt mir einen Mann, dann wollen wir miteinander kämpfen!« ¹¹ Als Saul und die Männer Israels den Philister so reden hörten, verloren sie den Mut und bekamen große Angst.

¹² David war also ein Sohn jenes Mannes aus Bethlehem in Juda von der Sippe Efrat, der insgesamt acht Söhne hatte und Isai hieß. Dieser war in der Zeit Sauls für den Kriegsdienst schon zu alt. ¹³ Aber seine drei ältesten Söhne Eliab, Abinadab und Schamma waren mit Saul in den Krieg gezogen. ¹⁴ David war sein Jüngster, und nur die drei Ältesten waren Saul gefolgt. ¹⁵ David ging ab und zu von Saul weg, um die Schafe seines Vaters in Bethlehem zu weiden. ¹⁶ Der Philister kam jeden Morgen und Abend und stellte sich kampfbereit hin, vierzig Tage lang. ¹⁷ Eines Tages sagte Isai zu David: »Geh zu deinen Brüdern ins Lager und bring ihnen schnell dieses Getreidemaß* voll gerösteter Körner und zehn Brote. ¹⁸ Nimm auch die zehn Käse hier für den Obersten über Tausend mit. Erkundige dich, wie es deinen Brüdern geht, und bring ein Pfand von ihnen mit! ¹⁹ Sie stehen mit Saul und allen Männern Israels im Terebinthenthal und sind im Kampf mit den Philistern.«

²⁰ David brach früh am Morgen auf. Die Herde überließ er einem Hüter. Er packte den Esel und machte sich auf den Weg, wie Isai es ihm aufgetragen hatte. Als er zum Lager kam, stellte sich das Heer gerade zum Kampf auf und brüllte den Schlachtruf. ²¹ Die Schlachtreihen der Israeliten und der Philister standen sich gegenüber. ²² David ließ sein Gepäck bei der Lagerwache und lief in die Schlachtreihe. Als er zu seinen Brüdern kam, fragte er sie nach ihrem Wohlergehen. ²³ Während er noch mit ihnen sprach, trat Goliat aus Gat, der Vorkämpfer der Philister, wieder vor. Er sagte das Gleiche wie zuvor, und David hörte es. ²⁴ Als die Männer Israels den Mann sahen, bekamen sie große Angst und wichen vor ihm zurück. ²⁵ »Habt ihr gesehen, wie er heraufkommt?«, riefen sie einander zu. »Und wie er Israel verhöhnt! Wer ihn tötet, wird vom König reich belohnt. Er bekommt seine Tochter zur Frau, und seine ganze Familie wird von allen Abgaben befreit.« ²⁶ David erkundigte sich bei den Männern, die dort standen: »Welche Belohnung bekommt der, der diesen Philister da erschlägt und die Schande von Israel nimmt? Dieser unbeschnittene Philister darf doch nicht das Heer des lebendigen Gottes verhöhnen!« ²⁷ Sie erklärten ihm noch einmal die Belohnung.

²⁸ Sein ältester Bruder Eliab hörte, wie er mit den Männern redete, und wurde zornig auf ihn. »Was hast du überhaupt hier zu suchen? Wem

---

17,17 *Getreidemaß.* Wörtlich: Efa = 16-17 kg Getreidekörner.

hast du unsere paar Schafe in der Wildnis überlassen? Ich weiß genau, wie hochnäsig und eitel du im Grunde deines Herzens bist! Du bist nur hergekommen, um einmal dem Kampf zuzuschauen!« ²⁹ David erwiderte: »Was habe ich denn getan? Ich frage doch nur.« ³⁰ Er drehte sich zu einem anderen um und wiederholte die Frage. Und wieder bekam er dieselbe Antwort.

³¹ Es sprach sich herum, was David gefragt hatte. Man berichtete es auch Saul, und der ließ ihn gleich zu sich rufen. ³² »Niemand soll den Mut wegen dieses Philisters sinken lassen«, sagte David zu Saul. »Dein Sklave wird hingehen und mit ihm kämpfen.« ³³ Aber Saul erwiderte: »Das kannst du nicht! Du bist ein junger Mann, und er ist von Jugend an im Kampf erprobt.« ³⁴ Da sagte David: »Dein Sklave hütete die Schafe für seinen Vater. Wenn dann ein Löwe oder Bär kam und ein Lamm aus der Herde packte, ³⁵ lief ich ihm nach, schlug auf ihn ein und riss es aus seinem Rachen. Wenn er mich dann angriff, packte ich ihn am Bart und schlug ihn tot. ³⁶ So hat dein Sklave Löwen und Bären erschlagen. Diesem unbeschnittenen Philister soll es genauso ergehen wie einem von ihnen. Denn er hat das Heer des lebendigen Gottes verhöhnt. ³⁷ Und Jahwe«, fuhr David fort, »der mich aus den Klauen von Löwen und Bären gerettet hat, wird mich auch aus der Hand dieses Philisters retten!« – »Gut«, sagte Saul, »dann geh! Jahwe sei mit dir!«

³⁸ Saul gab David seine eigene Rüstung, zog ihm den Brustpanzer an und setzte ihm einen Bronzehelm auf.

³⁹ David hängte sich Sauls Schwert über die Rüstung und machte ein paar Schritte. Doch er war es nicht gewohnt. »Ich kann darin nicht gehen«, sagte er zu Saul. »Ich habe es noch nie versucht.« Dann legte er alles wieder ab.

⁴⁰ Er nahm seinen Hirtenstab, suchte fünf glatte Steine aus dem Bach und steckte sie in seine Hirtentasche, die ihm als Schleudersteintasche diente. Dann nahm er seine Schleuder in die Hand und ging dem Philister entgegen. ⁴¹ Auch der Philister kam David immer näher. Sein Schildträger ging vor ihm her. ⁴² Als er sah, wer ihm da entgegenkam, verachtete er ihn. David war noch ein junger Mann, rotblond, und sah gut aus. ⁴³ Aber der Philister brüllte: »Bin ich denn ein Hund, dass du mit Stöcken zu mir kommst?« und verfluchte David im Namen seiner Götter. ⁴⁴ »Komm nur her«, sagte er, »dass ich dein Fleisch den Vögeln und den wilden Tieren vorwerfe!«

⁴⁵ David rief zurück: »Du kommst zu mir mit Kurzschwert, Spieß und Langschwert. Ich aber komme zu dir im Namen Jahwes, des Allmächtigen, des Gottes der Heere Israels, den du verhöhnt hast. ⁴⁶ Jahwe wird dich heute in meine Hand geben. Ich werde dich erschlagen und dir den Kopf abhauen. Und die Leichen des Philisterheers werde ich heute noch den Vögeln und den wilden Tieren zum Fraß vorwerfen. Die ganze Welt soll erkennen, dass Israel einen Gott hat. ⁴⁷ Und diese ganze Menge hier soll sehen, dass Jahwe weder Schwert noch Spieß braucht, um sein Volk zu retten. Denn Jahwe bestimmt den

Kampf, und er wird euch in unsere Hände geben.«

⁴⁸ Der Philister kam David immer näher, und auch David lief auf ihn zu. ⁴⁹ Dann griff er in seine Hirtentasche, holte einen Stein heraus, schleuderte ihn und traf den Philister an der Stirn. Der Stein drang in die Stirn ein, und der Philister stürzte vornüber auf die Erde. ⁵⁰ So besiegte David mit Schleuder und Stein den Philister. Er hatte kein Schwert in der Hand. ⁵¹ Da lief er zu dem Philister hin, zog dessen Schwert aus der Scheide und hieb ihm den Kopf damit ab.

Als die Philister sahen, dass ihr stärkster Mann tot war, liefen sie davon. ⁵² Die Männer von Israel und Juda aber stimmten das Kriegsgeschrei an und verfolgten sie bis nach Gat und an die Tore von Ekron. Auf dem ganzen Weg von Schaarajim* bis nach Gat und Ekron lagen die Leichen der Philister. ⁵³ Dann kehrten die Israeliten zurück und plünderten ihr Lager. ⁵⁴ David nahm den Kopf des Philisters und brachte ihn nach Jerusalem*. Seine Waffen bewahrte er in seinem Zelt auf.

⁵⁵ Saul hatte zugesehen, wie David dem Philister entgegenging, und seinen Heerführer Abner gefragt: »Wessen Sohn ist doch dieser junge Mann, Abner?« – »So wahr du lebst, mein König, ich weiß es nicht«, erwiderte dieser. ⁵⁶ »Dann finde es heraus!«, sagte der König. ⁵⁷ Als David nach der Tötung des Philisters zurückkehrte, nahm Abner ihn in Empfang und brachte ihn zu Saul. David hatte den Kopf des Philisters noch in der Hand. ⁵⁸ Saul fragte ihn: »Aus welcher Familie kommst du, junger Mann?« – »Ich bin der Sohn deines Dieners Isai aus Bethlehem«, antwortete David.

Davids Freundschaft mit Jonatan

18 ¹ Nach diesem Gespräch fühlte sich Jonatan innerlich stark mit David verbunden. Er gewann ihn so lieb wie sein eigenes Leben. ² Saul nahm David von diesem Tag an ganz zu sich und ließ ihn nicht mehr zu seiner Familie zurückkehren. ³ Jonatan schloss einen Freundschaftsbund mit David, weil er ihn lieb hatte wie sein eigenes Leben. ⁴ Dabei zog er Mantel und Rüstung aus und bekleidete David damit. Er schenkte ihm sogar sein Schwert, seinen Bogen und seinen Gürtel.

Sauls Eifersucht auf David

⁵ David zog für Saul in den Kampf und hatte bei allem, was dieser ihm auftrug, Erfolg. Saul setzte ihn an die Spitze seiner Truppe. Er war beim ganzen Volk beliebt, auch bei den Dienern Sauls. ⁶ Als das Heer zusammen mit David vom Sieg über den Philister heimkehrte, zogen Frauen aus allen Städten Israels mit Reigentänzen und Gesang König Saul entgegen. Sie hatten Tamburine und Triangeln bei sich und jubelten ihm zu. ⁷ Tanzend und singend riefen sie:

17,52 *Schaarajim* war eine Stadt im Hügelland von Juda, 17 km nordöstlich von Lachisch.

17,54 *Jerusalem* war zu dieser Zeit von den Israeliten noch nicht erobert. Entweder hat David die Trophäe nach der Eroberung in die Stadt gebracht oder er hatte sie schon damals als Warnung vor der Stadt aufgestellt.

»Saul hat seine tausend Mann erschlagen, / David aber zehnmal tausend.«

8 Da wurde Saul ganz heiß vor Zorn, denn diese Worte missfielen ihm sehr. »David haben sie Zehntausende gegeben und mir nur Tausende«, sagte er, »jetzt fehlt ihm nur noch das Königtum.« 9 Seit diesem Tag blickte Saul mit Argwohn auf David. 10 Am nächsten Tag geriet der böse Geist, den Gott geschickt hatte, über Saul und er fing an, in seinem Haus zu weissagen. David begann wie gewöhnlich auf der Zither zu spielen. Plötzlich hatte Saul einen Speer in der Hand 11 und warf ihn nach David. Er wollte ihn an die Wand spießen. Doch David wich ihm zweimal aus.

12 Da begann Saul sich vor David zu fürchten, weil Jahwe auf dessen Seite stand. Ihn aber hatte er verlassen. 13 Darum entfernte er David aus seiner Umgebung und machte ihn zum Befehlshaber einer Tausendschaft. An ihrer Spitze unternahm David seine Streifzüge. 14 Bei allen Unternehmungen hatte er Erfolg, denn Jahwe stand ihm bei. 15 Als Saul den großen Erfolg sah, bekam er Angst vor ihm. 16 Aber in ganz Israel und Juda war David beliebt, denn er zog bei allen Streifzügen voran.

17 Saul sagte zu David: »Pass auf! Ich bin bereit, dir meine älteste Tochter Merab zur Frau zu geben. Dafür sollst du mir als tapferer Kämpfer dienen und die Kriege führen, die

Jahwe befiehlt!« Im Stillen dachte er: »Ich selbst will mich nicht an ihm vergreifen. Das sollen die Philister tun!« 18 David erwiderte: »Wer bin ich schon, dass ich Schwiegersohn des Königs werden soll? Und was hat meine Familie und die Sippe meines Vaters in Israel schon zu bedeuten?« 19 Als es dann aber so weit war, dass Merab, die Tochter Sauls, mit David verheiratet werden sollte, wurde sie stattdessen Adriël aus Mehola* zur Frau gegeben.

20 Aber Michal, Sauls jüngere Tochter, liebte David. Als man Saul davon berichtete, kam ihm das gerade recht. 21 Er sagte sich: »Ich will sie ihm geben, damit sie zur Falle für ihn wird und er den Philistern in die Hände fällt.« Zu David sagte er: »Ich biete dir heute noch einmal an, mein Schwiegersohn zu werden.« 22 Er hatte seine Leute angewiesen, David heimlich folgende Botschaft zuzuspielen: »Du weißt, dass der König große Stücke auf dich hält und auch alle seine Diener haben dich gern. Willst du nicht sein Schwiegersohn werden?« 23 Die Leute Sauls redeten in diesem Sinn mit David, aber der sagte: »Bedeutet es euch so wenig, Schwiegersohn des Königs zu sein? Ich bin nur ein armer und geringer Mann.« 24 Die Männer meldeten es Saul, 25 und dieser wies sie an, David beizubringen: »Der König will keine andere Heiratsgabe als die Vorhäute von 100 Philistern, um sich so an seinen Feinden zu rächen.« Saul hoffte nämlich, dass David im Kampf gegen die Philister umkommen würde. 26 Als die Diener das Angebot Sauls David überbrachten, war es ihm recht, auf diese Weise

---

18,19 *Mehola.* Wahrscheinlich ist *Abel-Mehola* gemeint, 25 km nordöstlich von Sichem.

Sauls Schwiegersohn zu werden. Und noch war Zeit. 27 David brach mit seinen Leuten auf und erschlug 200 Philister. Er kehrte mit deren Vorhäuten zurück und lieferte sie dem König vollzählig ab, um dessen Schwiegersohn werden zu können. Da gab Saul ihm seine Tochter Michal zur Frau.

28 Saul sah und wusste jetzt, dass Jahwe auf der Seite Davids stand und dass Michal, seine Tochter, ihn liebte. 29 Da fürchtete er sich noch mehr vor David und wurde für immer zu seinem Feind.

30 Die Fürsten der Philister zogen immer wieder gegen Israel. Aber sooft es zum Kampf kam, hatte David mehr Erfolg als alle anderen Heerführer Sauls. Sein Name wurde sehr berühmt.

Saul versucht David zu töten

19 1 Saul sprach vor seinem Sohn Jonatan und seinen Dienern offen davon, David zu töten. Doch Jonatan hatte David lieb gewonnen 2 und warnte ihn: »Mein Vater will dich umbringen«, sagte er. »Nimm dich morgen früh in Acht und bleib im Versteck! 3 Ich werde mit meinem Vater hinausgehen und auf dem Gelände, wo du bist, neben ihm stehen. Dann werde ich mit ihm über dich reden. Wenn ich etwas herausbekomme, werde ich es dir berichten.«

4 Jonatan setzte sich bei seinem Vater für David ein und sagte: »Der König soll doch wegen seinem Diener David keine Schuld auf sich laden! Er hat dir ja nichts getan, im Gegenteil: Seine Taten nützen dir sehr! 5 Er hat sein Leben aufs Spiel gesetzt und den Philister erschlagen. Durch ihn hat

Jahwe Israel einen großen Sieg verschafft. Du hast es selbst gesehen und dich darüber gefreut. Warum willst du dich schuldig machen und einen Unschuldigen ohne Grund umbringen?« 6 Saul hörte auf Jonatan und schwor: »So wahr Jahwe lebt: Er soll nicht getötet werden!« 7 Da rief Jonatan David und erzählte ihm alles. Dann brachte er ihn zu Saul, und David diente Saul wie früher.

8 Es kam wieder zum Kampf mit den Philistern. David zog gegen sie aus und brachte ihnen eine schwere Niederlage bei, sodass sie vor ihm flohen.

9 Da kam der böse Geist, den Jahwe geschickt hatte, wieder über Saul. Er saß gerade in seinem Haus und hatte den Speer in der Hand. David spielte ein Saiteninstrument vor ihm. 10 Da versuchte Saul, David mit dem Speer an die Wand zu spießen. Doch David konnte ausweichen, sodass der Speer in die Wand stieß. David floh und konnte sich in dieser Nacht retten. 11 Da schickte Saul Wachtposten zu Davids Haus, um ihn am nächsten Morgen töten zu lassen. Doch Michal hatte David gewarnt: »Wenn du dich nicht heute Nacht in Sicherheit bringst, bist du morgen früh tot.« 12 So ließ sie David durchs Fenster hinab, dass er fliehen und entkommen konnte. 13 Dann legte sie die Schnitzfigur des Hausgottes aufs Bett, bedeckte sie mit einem Tuch und packte ein Geflecht aus Ziegenhaar ans Kopfende. 14 Als nun Sauls Leute kamen, um David zu holen, sagte sie zu ihnen: »Er ist krank.« 15 Da schickte Saul die Männer noch einmal zu David und sagte: »Dann bringt ihn eben samt

Bett zu mir, damit ich ihn töten kann!« 16 Als sie hineinkamen, fanden sie die Götterfigur mit dem Geflecht aus Ziegenhaar in Davids Bett. 17 Saul stellte Michal zur Rede: »Warum hast du mich so hintergangen und meinen Feind entkommen lassen?« – »Er hat gedroht, mich zu töten, wenn ich ihn nicht gehen lasse«, erwiderte sie.

18 Durch seine Flucht hatte David sich in Sicherheit gebracht. Er kam zu Samuel nach Rama und berichtete ihm alles, was Saul ihm angetan hatte. Dann ging er mit ihm zur Wohnsiedlung der Propheten und blieb dort. 19 Saul wurde gesagt: »Pass auf! David hält sich in der Wohnsiedlung der Propheten auf.« 20 Da schickte Saul Männer los, die David festnehmen sollten. Als diese aber die Gesellschaft der weissagenden Propheten sahen und Samuel, der an ihrer Spitze stand, kam der Geist Gottes auch über die Männer Sauls, sodass sie ebenfalls weissagten*. 21 Als man es Saul berichtete, schickte er noch einmal andere los. Doch auch die begannen zu weissagen. Da schickte Saul ein drittes Mal Leute. Doch denen erging es nicht anders. 22 Nun machte sich Saul selbst auf den Weg nach Rama. Als er an die große Zisterne in Sechu kam, erkundigte er sich nach Samuel und David. »Sie halten sich in der Prophetensiedlung von Rama auf«, sagte man ihm. 23 Schon auf dem Weg dorthin kam der Geist Gottes auch über ihn. Er weissagte im Gehen, bis er in der Prophetensiedlung ankam. 24 Dann warf er auch noch seine Oberkleider ab und weissagte vor Samuel, bis er erschöpft zu Boden fiel. Den ganzen Tag und die folgende Nacht lag er so entblößt auf der Erde. Daher sagt man: »Ist denn auch Saul unter den Propheten?«

Jonatans Freundschaft

20 1 David flüchtete aus der Prophetensiedlung von Rama und kam zu Jonatan. »Was habe ich nur getan?«, fragte er ihn. »Was ist meine Schuld? Was wirft dein Vater mir vor, dass er mich umbringen will?« 2 »Das wird auf keinen Fall geschehen«, erwiderte Jonatan. »Du wirst nicht sterben. Sieh doch, mein Vater sagt mir immer, was er vorhat, Großes und auch Kleines. Warum sollte mein Vater ausgerechnet diese Sache vor mir verheimlichen? Es ist nicht so, wie du denkst!« 3 Doch David widersprach: »Dein Vater weiß genau, dass ich deine Gunst gewonnen habe. Deshalb denkt er: ›Jonatan soll das nicht wissen, denn es könnte ihn schmerzen.‹ So wahr Jahwe lebt und so gewiss du lebst: Es war nur ein Schritt zwischen mir und dem Tod!«

4 Jonatan fragte: »Was willst du? Was kann ich für dich tun?« 5 Da sagte David: »Morgen ist Neumondstag, da erwartet mich der König eigentlich an seinem Tisch. Lass mich gehen, dass ich mich in der Umgebung bis übermorgen Abend verstecke. 6 Sollte dein Vater mich vermissen, dann sag zu ihm: ›David hat mich dringend gebeten, in seine Vaterstadt Bethlehem laufen zu dürfen. Dort wird für seine ganze Familie das jährliche Opferfest

---

19,20 weissagten. Siehe 1. Samuel 10,5!

gefeiert.‹ 7 Wenn dein Vater sagt: ›Es ist gut‹, dann droht mir keine Gefahr. Wenn er aber zornig wird, weißt du, dass er Böses beschlossen hat. 8 Erweise deinem Sklaven doch diese Gunst! Denn du hast deinen Sklaven in einen Bund Jahwes mit dir treten lassen. Wenn ich aber wirklich schuldig bin, dann töte du mich! Warum willst du mich erst deinem Vater ausliefern?« 9 Jonatan erwiderte: »Wie kannst du mir so etwas nur zutrauen? Warum sollte ich es dir nicht sagen, wenn ich sicher weiß, dass mein Vater dir Böses antun will?« 10 »Und wer wird mir die Nachricht bringen, wenn dein Vater dir eine harte Antwort gibt?«, fragte David.

11 »Komm, wir gehen nach draußen«, sagte Jonatan zu ihm. Während sie miteinander gingen, 12 sagte er: »Vor Jahwe, dem Gott Israels, verspreche ich dir: Ich werde meinen Vater morgen oder übermorgen um diese Zeit aushorchen. Wenn ich feststelle, dass es gut um David steht und ich dir keine Nachricht schicken sollte, 13 dann möge Jahwe mir dies und jenes antun! Wenn mein Vater aber wirklich deinen Tod beschlossen hat, dann werde ich es dir persönlich mitteilen und dich ziehen lassen, damit du dich in Sicherheit bringen kannst. Und Jahwe möge mit dir sein, wie er mit meinem Vater gewesen ist. 14 Und nicht wahr, solange ich lebe, wirst du mich die Güte Jahwes spüren lassen, dass ich nicht sterben muss? 15 Entziehe auch meiner Familie niemals deine Gunst, auch dann nicht, wenn Jahwe die Feinde Davids Mann für Mann beseitigen wird.« 16 So schloss Jonatan einen Bund mit David und seiner Familie. Er sagte: »Möge Jahwe Davids Feinde zur Rechenschaft ziehen!« 17 Jonatan ließ nun auch David bei seiner Liebe zu ihm schwören, denn er liebte ihn wie sein eigenes Leben.

18 Dann sagte Jonatan zu David: »Morgen am Neumondstag wird man dich vermissen, weil dein Platz leer bleibt. 19 Warte bis übermorgen und komm dann schnell herunter an die Stelle, wo du dich schon einmal* versteckt hast, und bleib bei dem Steinhaufen dort. 20 Ich werde drei Pfeile nach dieser Seite schießen und so tun, als wollte ich ein Ziel treffen. 21 Dann werde ich den Jungen schicken, die Pfeile zu suchen. Wenn ich ihm dann nachrufe: ›Pass auf, die Pfeile liegen näher bei mir!‹, dann kannst du hervorkommen, denn es steht gut um dich. Du bist nicht in Gefahr, so wahr Jahwe lebt. 22 Wenn ich aber zu dem Jungen sage: ›Pass auf! Die Pfeile liegen weiter weg!‹, dann geh, denn Jahwe schickt dich weg! 23 Für das, was wir miteinander geredet haben, soll Jahwe für alle Zeiten Zeuge zwischen mir und dir sein!«

24 David versteckte sich im Gelände. Am Neumondstag setzte sich der König an die Festtafel. 25 Er saß auf seinem Platz an der Wand, wo er sich immer hinsetzte. Als Jonatan einmal aufstand, saß nur noch Abner an der Seite Sauls. Davids Platz blieb leer. 26 Saul sagte an diesem Tag nichts, denn er dachte: »Es wird etwas

---

20,19 *schon einmal.* Wörtlich: am Tag der Tat. Siehe 1. Samuel 19,1-3!

vorgefallen sein, dass er den Reinheitsvorschriften nicht genügen kann.« 27 Als aber der Platz auch am zweiten Festtag leer war, fragte er Jonatan:»Warum ist der Sohn Isais gestern und heute nicht zum Essen gekommen?« 28 Jonatan erwiderte: »David hat mich dringend gebeten, nach Bethlehem gehen zu dürfen. 29 Er sagte: ›Lass mich doch gehen! Wir haben ein Opferfest für die ganze Familie in der Stadt, und mein Bruder hat darauf bestanden, dass ich komme. Wenn ich deine Gunst gefunden habe, dann lass mich doch gehen, dass ich meine Brüder wiedersehe!‹ Deshalb ist er nicht zum Tisch des Königs gekommen.«

30 Da packte Saul der Zorn und er schrie Jonatan an:»Du elender Bastard!* Ich weiß genau, dass du zu diesem Sohn Isais hältst zu deiner Schande und zur Scham und Schande deiner Mutter! 31 Denn so lange der Sohn Isais lebt, wirst du ganz sicher keinen Bestand haben, weder du, noch dein Königtum. Schick also hin und lass ihn zu mir bringen; er ist ein Kind des Todes!« 32 Doch Jonatan erwiderte seinem Vater:»Warum soll er sterben? Was hat er denn getan?« 33 Da schleuderte Saul den Speer nach ihm. Er wollte ihn durchbohren. Nun wusste Jonatan, dass sein Vater fest entschlossen war, David zu töten.

34 Glühend vor Zorn stand er vom Tisch auf und aß an diesem zweiten Tag des Neumondfestes keinen Bissen mehr. Er war traurig wegen David, und es tat ihm weh, dass sein Vater ihn so beschimpft hatte.

35 Am nächsten Morgen ging Jonatan mit einem jungen Diener zu der Stelle, wo er sich mit David verabredet hatte. 36 Er sagte zu dem Jungen:»Lauf und such die Pfeile, die ich abschieße!« Während der Junge loslief, schoss er den Pfeil über ihn hinweg. 37 Als er an die Stelle kam, wo der Pfeil niedergegangen war, rief Jonatan ihm nach:»Liegt der Pfeil nicht noch weiter von dir weg? 38 Los, beeile dich und bleib nicht stehen!« Der Junge hob den Pfeil auf und brachte ihn zu seinem Herrn zurück. 39 Er wusste aber von nichts, nur Jonatan und David wussten um die Sache. 40 Dann gab Jonatan dem Jungen seine Waffen und sagte:»Geh, bring sie in die Stadt!«

41 Als er gegangen war, kam David aus seinem Versteck hinter dem Steinhaufen vor. Er kniete sich vor Jonatan hin und beugte sich dreimal zur Erde nieder. Dann küssten sie einander und weinten einer über den anderen. David weinte immer noch heftig, 42 als Jonatan zu ihm sagte:»Geh in Frieden! Was wir beide im Namen Jahwes geschworen haben, dafür sei Jahwe Zeuge zwischen uns und zwischen unseren Nachkommen.«

David bei den Priestern in Nob

21 1 David machte sich rasch auf den Weg, und Jonatan kehrte in die Stadt zurück. 2 Auf seiner Flucht kam David nach Nob* zum

---

20,30 *elender Bastard.* Wörtlich: Sohn einer widerspenstigen Hure!

21,2 *Nob.* Die Stadt lag wahrscheinlich 2,5 km nordöstlich von Jerusalem. Nach der Zerstörung von Schilo (Jeremia 7,12) war das Zelt der Gottesbegegnung dort aufgebaut worden.

Priester Ahimelech. Dieser lief ihm aufgeregt entgegen und fragte: »Warum kommst du allein? Weshalb ist niemand bei dir?« 3 David erwiderte: »Der König hat mir einen Auftrag gegeben, von dem niemand etwas erfahren darf. Die Leute habe ich an einen bestimmten Ort bestellt. 4 Aber jetzt: Hast du etwas zur Hand? Kannst du mir fünf Brotfladen geben oder was sich sonst auftreiben lässt?« 5 »Ich habe aber kein gewöhnliches Brot hier, nur heiliges Brot ist da«, wandte der Priester ein. »Wenn sich deine Männer nur von Frauen ferngehalten haben!« 6 »Seit vorgestern sind wir mit keiner Frau in Berührung gekommen«, sagte David. »Seit unserem Aufbruch sind auch die Waffen der Leute rein*. Auch wenn es nur ein gewöhnliches Unternehmen ist, so werden sie heute erst recht rein sein.« 7 Da gab der Priester ihm die heiligen Brote, die man eben vom Tisch im Heiligtum abgeräumt hatte, um frisches Brot aufzulegen. Andere Brote waren nicht da.

8 An diesem Tag hielt sich dort vor Jahwe auch ein Mann aus dem Gefolge Sauls auf. Es war der Aufseher über die Hirten Sauls, er hieß Doëg und war ein Edomiter.

9 David fragte Ahimelech: »Hast du nicht einen Speer oder ein Schwert für mich? Ich konnte meine Waffen nicht mitnehmen, weil die Sache des Königs so dringend war.« 10 »Doch«, sagte der Priester, »wir haben das Schwert des Philisters Goliat hier, den du im Terebinthental erschlagen hast. Es ist in einen Mantel gewickelt und liegt hinter dem Efod*. Wenn du willst, kannst du es haben. Eine andere Waffe ist nicht hier.« – »Gib es mir!«, sagte David. »Solch ein Schwert gibt es nicht noch einmal.«

David bei Achisch von Gat

11 Noch am selben Tag setzte David seine Flucht fort und kam zu Achisch, dem König von Gat. 12 Doch die Hofbeamten des Achisch warnten den König: »Ist das nicht David, der König von Israel? Ist das nicht der, von dem sie bei Reigentänzen singen:

›Saul hat seine tausend Mann erschlagen, / David aber zehnmal tausend.‹«

13 David nahm sich diese Worte sehr zu Herzen und geriet in große Furcht vor Achisch, dem König von Gat. 14 Darum stellte er sich wahnsinnig und tobte, als man ihn festhalten wollte. Er kritzelte auf die Torflügel und ließ Speichel in seinen Bart laufen. 15 Da sagte Achisch zu seinen Leuten: »Gibt es hier nicht schon genug Verrückte, dass ihr mir den herbringen müsst? 16 Soll er sich doch woanders austoben, aber nicht in meinem Haus!«

David findet Schicksalsgenossen

22 1 David floh aus Gat in eine Höhle bei Adullam*. Als seine Brüder und seine ganze Sippe davon hörten, kamen sie dort zu ihm

---

21,6 *rein.* Das meint hier rein von Blut und rein im kultischen Sinn. Siehe auch Markus 2,25-26.

21,10 *Efod.* Siehe 1. Samuel 2,18!

22,1 *Adullam.* Stadt in der Schefela, dem Hügelland von Juda, 26 km westlich von Jerusalem.

hin. *2* Bald scharten sich noch andere um ihn: Menschen, die bedrängt, verschuldet oder verbittert waren. Er wurde ihr Anführer. Schließlich waren es etwa 400 Mann.

3 Von dort aus ging David nach Mizpe* in Moab und bat den König der Moabiter:»Lass doch meinen Vater und meine Mutter bei euch wohnen, bis ich weiß, was Gott mit mir vorhat!« *4* So brachte er beide zum König von Moab. Solange David auf der Bergfestung war, blieben sie am Königshof.

5 Dann sagte der Prophet Gad zu David:»Bleib nicht auf der Bergfestung! Kehr ins Land Juda zurück!« Da zog David in den Wald von Heret*.

Sauls Rache an den Priestern von Nob

6 Saul erfuhr, dass David und seine Männer entdeckt worden waren. Er saß gerade auf der Anhöhe bei Gibea unter der Tamariske* und hatte den Speer in der Hand. Sein Gefolge stand um ihn herum. *7* Da sagte er zu ihnen:»Hört her, ihr Benjaminiten! Wird der Sohn Isais euch wohl Felder und Weinberge geben, wird er euch wohl zu Hauptleuten und Obersten machen? *8* Oder warum sonst habt ihr euch alle gegen mich verschworen?

22,3 *Mizpe.* »Wachtturm«. Die genaue Lage dieses Ortes ist unbekannt.

22,5 *Heret.* Die Lage des Waldes ist unbekannt, vielleicht westlich oder südwestlich von Jerusalem.

22,6 Die *Tamariske* ist ein reich verzweigter immergrüner Baum, der bis zu 10 Meter hoch wird.

Keiner von euch hat mir gesagt, dass mein Sohn einen Bund mit dem Sohn Isais geschlossen hat. Keinen von euch kümmert es, dass mein Sohn meinen Sklaven gegen mich aufhetzt, sodass der mich verrät und mir auflauert, wie es jetzt offenbar ist. Warum hat mir das denn keiner gesagt?«

9 Da sagte der Edomiter Doëg, der ebenfalls beim Gefolge Sauls stand: »Ich sah den Sohn Isais, wie er zu Ahimelech Ben-Ahitub nach Nob kam. *10* Der hat Jahwe für ihn befragt, hat ihm Proviant und das Schwert des Philisters Goliat gegeben.«

11 Da ließ der König den Priester Ahimelech Ben-Ahitub und seine ganze Verwandtschaft holen, die Priester von Nob. Als sie vor ihm standen, *12* sagte Saul:»Hör zu, Ben-Ahitub!« – »Ich höre, mein Herr«, antwortete dieser. *13* »Warum habt ihr euch gegen mich verschworen, du und dieser Sohn von Isai?«, fuhr Saul ihn an. »Du hast ihm Proviant und ein Schwert gegeben und Gott für ihn befragt, sodass er mich verrät und mir auflauert, wie es jetzt offenbar ist.« *14* Ahimelech erwiderte dem König: »Aber David ist doch der treuste Gefolgsmann, den du hast. Er ist Schwiegersohn des Königs, der Anführer deiner Elitetruppe und wird in deinem ganzen Haus geehrt. *15* Es war doch keineswegs das erste Mal, dass ich Gott für ihn befragt habe. Das kann der König seinem Sklaven doch nicht zur Last legen, und auch nicht meiner Verwandtschaft! Dein Sklave hat von allem nicht das Geringste gewusst.« *16* Aber der König sagte:»Du musst sterben, Ahimelech, du und deine ganze Sippschaft!« *17* Er befahl den Wachen, die bei ihm standen: »Umstellt diese Priester Jahwes und tötet sie! Denn auch sie haben sich mit David verbündet. Und sie wussten, dass er auf der Flucht war, und haben es mir nicht gemeldet.« Aber die Diener des Königs weigerten sich, die Priester Jahwes umzubringen. 18 Da sagte der König zu Doëg: »Mach du es, und schlag die Priester tot!« Der Edomiter Doëg tat es. Er fiel über die Priester her und tötete an diesem Tag 85 Männer. Sie hatten alle das leinene Efod getragen. 19 Außerdem ließ Saul alle Einwohner der Priesterstadt Nob mit dem Schwert umbringen: Männer und Frauen, Kinder und Säuglinge, dazu auch Rinder und Esel, Schafe und Ziegen. 20 Es entkam nur ein Sohn von Ahimelech Ben-Ahitub, das war Abjatar. Er floh zu David 21 und berichtete ihm, dass Saul die Priester Jahwes umgebracht hatte. 22 Da sagte David zu ihm: »Ich hätte schon an jenem Tag wissen müssen, als ich Doëg in Nob sah, dass er es Saul verraten würde. Ich bin schuld am Tod deiner ganzen Verwandtschaft. 23 Bleib jetzt bei mir und hab keine Angst! Denn der, der es auf dich abgesehen hat, will auch mich umbringen. Bei mir bist du also am sichersten.«

David befreit Keïla

23 1 Eines Tages wurde David gemeldet: »Die Philister führen Krieg gegen Keïla* und rauben die Tennen aus.« 2 Da fragte David Jahwe: »Soll ich hinziehen und diese Philister schlagen?« Jahwe sagte ihm: »Geh hin, schlag die Philister und befreie Keïla.« 3 Aber seine Leute hielten ihm entgegen: »Wir haben schon hier in Juda Angst und nun sollen wir gar nach Keïla ziehen und die Truppen der Philister angreifen?« 4 Da fragte David Jahwe ein zweites Mal und erhielt die Antwort: »Auf, zieh nach Keïla hinunter. Ich werde die Philister in deine Hände geben.« 5 So zog David mit seinen Männern nach Keïla und griff die Philister an. Er trieb ihr Vieh weg, brachte ihnen eine schwere Niederlage bei und befreite die Bewohner der Stadt.

6 Abjatar hatte nämlich das Efod mitgebracht, als er zu David floh und mit ihm nach Keïla zog.

7 Als Saul gemeldet wurde, dass David nach Keïla gekommen war, sagte er: »Gott hat ihn verworfen und mir ausgeliefert. Jetzt sitzt er in der Falle, denn er ist in eine Stadt mit Mauern und Toren gekommen.« 8 Saul rief das ganze Volk zum Kampf gegen Keïla und zur Belagerung der Stadt auf. 9 Als David erfuhr, dass Saul Böses gegen ihn plante, sagte er zum Priester Abjatar: »Bring das Efod her!« 10 Dann sagte er: »Jahwe, Gott Israels, dein Sklave hat die sichere Nachricht bekommen, dass Saul nach Keïla kommen und die Stadt nur deshalb vernichten will, weil ich hier bin. 11 Werden die Bürger von Keïla mich ihm ausliefern? Wird Saul tatsächlich herkommen, wie dein Sklave es gehört hat? Jahwe, Gott Israels, lass es deinen Sklaven doch wissen!« Jahwe

---

23,1 *Keïla* lag 29 km südwestlich von Jerusalem.

sagte: »Er wird herabkommen.« ¹² David fragte weiter: »Werden die Leute der Stadt mich und meine Männer an ihn ausliefern?« – »Sie werden es tun«, sagte Jahwe. ¹³ Da verließen David und seine Männer Keïla und streiften hin und her durch das Land.

David in der Wüste Sif

¹⁴ David hielt sich hauptsächlich in den natürlichen Bergfestungen der Wüste auf, vor allem im Gebirge der Wüste Sif*. Saul war die ganze Zeit hinter ihm her, aber Gott ließ David nicht in seine Hände fallen. ¹⁵ David wusste, dass Saul ausgezogen war, um ihn umzubringen. Als er nun in Horescha* war, in der Wüste Sif, ¹⁶ kam Sauls Sohn Jonatan zu ihm und ermutigte ihn, Gott zu vertrauen. ¹⁷ »Hab keine Angst!«, sagte er zu ihm. »Mein Vater wird dich nicht finden. Du wirst König über Israel werden, und ich werde der zweite Mann nach dir sein. Das weiß auch mein Vater Saul genau.« ¹⁸ Beide schlossen einen Bund vor Jahwe. Dann kehrte Jonatan nach Hause zurück, während David in Horescha blieb.

David wird verraten

¹⁹ Einige Leute von Sif kamen zu Saul und sagten: »David hält sich bei uns in den Bergfestungen versteckt. Er ist jetzt in Horescha, auf dem Hügel Hachila südlich von Jeschimon*. ²⁰ Der König möge nun kommen, wenn er es will. Wir werden dafür sorgen, dass er dem König in die Hände fällt.« ²¹ »Jahwe segne euch dafür«, sagte Saul, »dass ihr Mitleid mit mir hattet! ²² Geht und erkundet alles noch genauer! Stellt fest, wo er sich aufhält und wer ihn dort gesehen hat! Denn man hat mir gesagt, dass er sehr schlau ist. ²³ Passt genau auf und erkundet jeden Schlupfwinkel, in dem er sich versteckt halten könnte! Wenn ihr ganz sicher seid, kommt wieder zu mir. Dann will ich mit euch ziehen. Und wenn er noch im Land ist, werde ich ihn aufspüren, selbst wenn ich ganz Juda durchkämmen müsste.« ²⁴ Die Männer gingen Saul voraus nach Sif zurück. David und seine Männer waren in der Wüste Maon, in der Ebene südlich von Jeschimon.

²⁵ Saul zog dann mit seinen Männern los, um David zu suchen. Als dieser davon hörte, wollte er sich in das Felsenversteck in der Wüste Maon zurückziehen. Das wurde Saul gemeldet, und er folgte David in die Wüste hinein. ²⁶ Saul ging an der einen Seite des Berges entlang, David und seine Männer auf der anderen. David versuchte verzweifelt, Saul zu entkommen, während Saul und seine Männer schon dabei waren, ihn zu umzingeln. ²⁷ Da kam ein Bote zu Saul und meldete: »Die Philister sind ins Land eingefallen!« ²⁸ Da brach Saul die Verfolgung ab und zog gegen die Philister. Deshalb nennt man diesen Ort Sela-Machlekot, Trennungsfels.

23,14 Der Ort *Sif* liegt 8 km südöstlich von Hebron. Die *Wüste Sif* liegt östlich davon.

23,15 *Horescha* lag wahrscheinlich östlich von Sif, 8 km südöstlich von Hebron.

23,19 *Jeschimon.* Wildnis östlich von Sif.

Davids Großmut

24 ¹ David zog sich von dort in die Bergfestungen von En-Gedi* zurück. ² Und als Saul von der Verfolgung der Philister zurückgekehrt war, wurde ihm gemeldet: »David ist jetzt in der Bergwüste bei En-Gedi.« ³ Saul nahm 3000 der besten Männer Israels mit und zog auf der Suche nach David auf die Steinbockfelsen zu. ⁴ Als er an den Schafhürden vorbeikam, ging er zum Austreten in die Höhle dort. Hinten in der Höhle saß David mit seinen Männern. ⁵ Die flüsterten ihm zu: »Sieh doch, das ist der Tag, von dem Jahwe dir gesagt hat: Pass auf, ich werde deinen Feind in deine Hände geben, und du kannst mit ihm machen, was du willst.« Da stand David auf und schnitt heimlich einen Zipfel von Sauls Obergewand ab. ⁶ Danach aber schlug ihm das Gewissen, weil er das getan hatte. ⁷ Er sagte zu seinen Männern: »Jahwe behüte mich davor, dass ich Hand an meinen Herrn, den Gesalbten Jahwes, legen sollte, denn er ist doch der gesalbte König Jahwes!« ⁸ David wies seine Männer zurecht und erlaubte ihnen nicht, sich an Saul zu vergreifen. Als Saul die Höhle wieder verließ, um seinen Weg fortzusetzen, ⁹ kam David aus der Höhle heraus und rief ihm nach: »Mein Herr und König!« Saul drehte sich um, und David fiel auf die Knie und neigte sein Gesicht zur Erde. ¹⁰ Er sagte zu Saul: »Warum hörst du auf das Gerede von Menschen, die behaupten, dass David dich ins Verderben stürzen will? ¹¹ Heute konntest du dich mit eigenen Augen überzeugen, dass Jahwe dich in der Höhle in meine Hände gegeben

hatte. Meine Leute drängten mich, dich umzubringen. Aber ich habe dich verschont, weil ich dachte: ›Ich will mich nicht an meinem Herrn vergreifen, denn er ist der Gesalbte Jahwes!‹ ¹² Sieh doch, mein Vater, siehst du hier den Zipfel deines Gewands in meiner Hand? Ich hätte dich töten können, aber ich habe nur einen Zipfel deines Obergewands abgeschnitten. Daran siehst du doch, dass ich kein Rebell bin und dir nichts Böses tun will. Ich habe mich nicht an dir versündigt, und doch verfolgst du mich und willst mir das Leben nehmen! ¹³ Jahwe soll Richter zwischen uns sein! Er mag mich an dir rächen, aber ich werde meine Hand nicht gegen dich erheben! ¹⁴ Wie das alte Sprichwort sagt: ›Nur Verbrecher begehen Verbrechen.‹ Aber ich werde dich nicht antasten. ¹⁵ Hinter wem ist der König von Israel denn her? Wen verfolgst du denn? Einen toten Hund, einen einzelnen Floh! ¹⁶ Jahwe soll als Richter zwischen dir und mir entscheiden! Er soll meinen Prozess gegen dich führen und mir mein Recht verschaffen!«

¹⁷ Als David ausgeredet hatte, sagte Saul: »Ist das wirklich deine Stimme, mein Sohn David?« Und er begann laut zu weinen. ¹⁸ Dann sagte er zu David: »Du bist gerechter als ich, denn du hast mir Gutes erwiesen, obwohl ich dir Böses angetan habe. ¹⁹ Heute hast du es bewiesen, denn Jahwe hatte mich in deine Hand gegeben, und du hast mich nicht umge-

---

24,1 *En-Gedi* (Ziegenquell) ist eine Oase etwa in der Mitte des Westufers vom Toten Meer. Heute ist es ein Naturschutzgebiet.

bracht. *20* Wenn jemand seinen Feind findet, lässt er ihn dann unbehelligt weiterlaufen? Jahwe möge dich für das belohnen, was du heute an mir getan hast! *21* Jetzt aber – ich weiß ja, dass du König wirst, ja König, und in deiner Hand wird das Königtum Israels festen Bestand haben, *22* jetzt aber schwöre mir bei Jahwe, dass du meine Nachkommen nicht beseitigst und meinen Namen in meiner Sippe nicht auslöschen wirst!« *23* David schwor es. Dann kehrte Saul nach Hause zurück. David und seine Männer stiegen auf die Bergfestung.

David und Abigajil

25 *1* Samuel starb. Ganz Israel versammelte sich und trauerte um ihn. Dann begruben sie ihn auf seinem Besitz in Rama. David zog sich damals weiter in Richtung der Wüste Paran* zurück. *2* In Maon* lebte ein Mann, der sein Gewerbe in Karmel* ausübte. Er befand sich gerade dort, um seine Schafe zu scheren. Der Mann war sehr vermögend, ihm gehörten 3000 Schafe und 1000 Ziegen. *3* Er hieß Nabal und war ein Nachkomme Kalebs. Seine Frau hieß Abigajil. Sie war schön und hatte einen klaren Verstand, er selbst aber war grob und gemein. *4* Als David in der Wüste hörte, dass Nabal seine Schafe schor, *5* schickte er zehn junge Männer mit dem Auftrag los: »Geht nach Karmel hoch und fragt

---

25,1 Die *Wüste Paran* liegt irgendwo im Zentral-Sinai.

25,2 *Maon* lag 13 km südlich von Hebron.

Gemeint ist das Dorf *Karmel* in Juda, 12 km südöstlich von Hebron.

Nabal in meinem Namen nach seinem Wohlergehen. *6* Richtet ihm aus: ›Ich wünsche dir alles Gute! Friede sei mit dir, mit deiner Familie und mit allem, was du besitzt. *7* Ich habe gerade gehört, dass du Schafschur hast. Du weißt doch, dass deine Hirten in unserer Nähe waren und wir ihnen nichts zuleide getan haben. Und während der ganzen Zeit in Karmel ist ihnen nichts abhanden gekommen. *8* Frag deine Leute, sie werden es dir bestätigen. Nimm also meine jungen Leute freundlich auf, denn wir kommen doch zu einem Fest! Gib ihnen mit, was du für deinen Sohn David erübrigen kannst!‹« *9* Davids junge Leute kamen zu Nabal, richteten ihm alles im Namen Davids aus und warteten dann ab. *10* Aber Nabal entgegnete ihnen: »David, wer ist das? Der Sohn Isais, wer soll das sein? Heutzutage gibt es viele Knechte, die ihrem Herrn davongelaufen sind. *11* Da soll ich mein Brot und Wasser nehmen und die Tiere, die ich für meine Schafscherer geschlachtet habe, und es Leuten geben, von denen ich nicht einmal weiß, woher sie kommen?« *12* Die jungen Männer kehrten zu David zurück und berichteten ihm alles. *13* Da befahl David seinen Männern: »Schnallt eure Schwerter um!« Auch er nahm sein Schwert und zog los. 400 Mann folgten ihm, 200 ließ er beim Gepäck.

14 Einer von den Leuten Nabals berichtete Abigajil: »David hat Boten aus der Wüste zu Nabal geschickt, um unserem Herrn alles Gute zu wünschen, aber er hat sie nur angeschrien. *15* Dabei waren die Männer Davids immer sehr gut zu uns. Sie haben uns nicht belästigt und die ganze Zeit, in der wir in ihrer Nähe waren, haben wir nicht das Geringste vermisst. 16 Sie waren Tag und Nacht wie eine schützende Mauer um uns, solange wir die Herden in ihrer Nähe weideten. 17 Sieh zu, ob du noch etwas tun kannst, sonst ist unser Herr und sein ganzer Haushalt verloren. Er ist ja so boshaft, dass man nicht mit ihm reden kann.«

18 Da ließ Abigajil schnell einige Esel beladen. Sie nahm 200 Fladenbrote, zwei Schläuche Wein, fünf zubereitete Schafe, fünf Getreidemaße voll Röstkorn, 100 Rosinenkuchen und 200 Feigenkuchen. 19 Dann sagte sie zu ihren Knechten: »Geht mit den Eseln voraus, ich komme gleich nach!« Ihrem Mann aber sagte sie nichts davon. 20 Als sie auf ihrem Esel den Berg hinunterritt, kamen David und seine Männer ihr schon entgegen.

21 David hatte eben noch gesagt: »Für nichts und wieder nichts habe ich in der Wüste alles beschützt, was dem gehört. Nicht das Geringste von seinem Besitz ist weggekommen. Und er hat mir Gutes mit Bösem vergolten. 22 So möge es Gott den Feinden Davids antun, so und noch mehr! Bis morgen früh werde ich nicht einen einzigen von diesen Wandpissern* übrig lassen!«

23 Als Abigajil David sah, stieg sie schnell vom Esel, kniete sich hin und beugte sich mit dem Gesicht zur Erde nieder. 24 Sie blieb vor seinen Füßen liegen und sagte: »Es ist alles meine Schuld, mein Herr! Bitte hör deine Sklavin an, bitte lass es mich erklären! 25 Mein Herr ärgere sich doch nicht über Nabal, diesen boshaften Menschen. Er ist genau das, was sein Name bedeutet. Nabal* heißt er und niederträchtig ist er. Leider habe ich, deine Sklavin, die jungen Leute, die mein Herr geschickt hat, nicht gesehen. 26 Nun aber, mein Herr, so wahr Jahwe lebt und du selbst lebst: Jahwe hat dich daran gehindert, in Blutschuld zu geraten, indem du dir mit eigener Hand hilfst. Mögen deine Feinde und alle, die dir schaden wollen, so wie Nabal werden! 27 Hier ist nun der Segensgruß, den deine Sklavin meinem Herrn brachte. Möge er an die Leute im Gefolge meines Herrn verteilt werden! 28 Vergib doch deiner Sklavin die Anmaßung! Ich weiß, dass Jahwe meinem Herrn ein beständiges Königshaus errichten wird, weil mein Herr die Kriege Jahwes führt. Dein Leben lang möge dir niemand ein Unrecht vorwerfen können. 29 Und wenn dich jemand verfolgt, um dich umzubringen, soll das Leben meines Herrn bei denen verwahrt sein, die Jahwe, dein Gott, am Leben erhält! Aber das Leben deiner Feinde schleudere er mit der Schleuder weg! 30 Wenn dann Jahwe meinem Herrn all das Gute tun wird, das er dir zugesagt hat, und dich zum Fürsten über Israel bestellt, 31 dann soll es dir, meinem Herrn, nicht zur Falle werden und nicht zum Vorwurf in deinem Gewissen führen, dass du ohne Grund Blut vergossen und dir selbst geholfen hast. Und wenn Jahwe meinem Herrn

---

25,22 *Wandpisser*. Das ist ein bewusst verächtlicher Ausdruck für einen erwachsenen Mann.

25,25 *Nabal* heißt Torheit und Niedertracht.

wohl tun wird, denk auch an deine Sklavin!«

32 »Gepriesen sei Jahwe, der Gott Israels«, rief David vor Abigajil, »dass er dich mir heute entgegengeschickt hat! 33 Und gepriesen sei deine Klugheit! Gesegnet sollst du sein, dass du mich heute davor zurückgehalten hast, in Blutschuld zu geraten und mir selbst zu helfen! 34 Aber so wahr Jahwe, der Gott Israels, lebt, der mich davor bewahrt hat, dir Böses zu tun: Wenn du mir nicht so schnell entgegengekommen wärst, dann hätte Nabal bis zum Morgenlicht keinen seiner Wandpisser übrig behalten!«

35 Dann nahm David die Gaben an, die sie ihm mitgebracht hatte, und sagte zu ihr: »Geh in Frieden nach Hause! Ich habe auf dich gehört, und du kannst mir ins Gesicht schauen.«

36 Als Abigajil nach Hause kam, saß Nabal mit seinen Leuten beim Festmahl; er feierte wie ein König, war gut gelaunt und völlig betrunken. Sie sagte ihm kein Wort von dem, was vorgefallen war. 37 Erst am nächsten Morgen, als er wieder nüchtern war, erzählte seine Frau ihm alles. Da traf ihn der Schlag, und er war wie gelähmt. 38 Zehn Tage später ließ Jahwe ihn sterben.

39 Als David davon hörte, sagte er: »Gepriesen sei Jahwe, der den Prozess gegen Nabals Unverschämtheit geführt und mich, seinen Sklaven, von einer bösen Tat abgehalten hat. Er hat Nabals Schlechtigkeit auf ihn selbst zurückfallen lassen.« Dann schickte David Boten zu Abigajil und bat sie, seine Frau zu werden.

40 Die Diener Davids kamen nach Karmel und sagten zu Abigajil: »David schickt uns, er will dich zur Frau nehmen.« 41 Da stand sie auf, kniete sich nieder, das Gesicht zur Erde, und sagte: »Deine Sklavin ist bereit, den Dienern meines Herrn zu dienen und ihnen die Füße zu waschen.« 42 Schnell machte sie sich reisefertig und setzte sich auf ihren Esel. Ihre fünf Mägde begleiteten sie. Sie folgte den Boten Davids und wurde seine Frau.

43 David hatte bereits Ahinoam aus Jesreel* zur Frau genommen und war nun mit zwei Frauen verheiratet. 44 Davids Frau Michal, die Tochter Sauls, hatte Saul mit Palti Ben-Lajisch aus Gallim* verheiratet.

David beschämt Saul zum zweiten Mal

26 1 Ein paar Männer aus Sif kamen erneut zu Saul nach Gibea und sagten: »David hält sich auf dem Hügel Hachila gegenüber von Jeschimon versteckt.« 2 Saul nahm 3000 der besten Männer Israels mit und machte sich auf den Weg in die Wüste Sif, um David dort zu suchen. 3 Sie schlugen ihr Lager am Hügel Hachila auf, der gegenüber von Jeschimon liegt. David befand sich noch in der Wüste. Als er hörte, dass Saul wieder hinter ihm her war, 4 schickte er Kundschafter aus und erfuhr mit Gewissheit, dass Saul gekommen war. 5 Darauf erkundete David selbst den Lagerplatz Sauls. Er sah die Stelle, wo Saul sich neben Abner Ben-Ner,

---

25,43 Die Stadt *Jesreel* befindet sich mitten in der sehr fruchtbaren Jesreel-Ebene etwa 40 km nördlich von Samaria.

25,44 *Gallim* war ein Dorf im Gebiet von Benjamin, 7-8 km nördlich von Jerusalem.

seinem Heerführer, zum Schlafen niedergelegt hatte. Saul lag im innersten Lagerring, seine Männer im Kreis um ihn herum. 6 Mit David waren Ahimelech, der Hetiter, und Abischai, der Sohn der Zeruja und Bruder Joabs, gekommen. David fragte sie: »Wer geht mit mir zu Saul ins Lager hinunter?« – »Ich komme mit«, sagte Abischai.

7 In der Nacht schlichen David und Abischai ins Lager an den schlafenden Männern und an Abner vorbei. Sie fanden Saul im innersten Lagerring schlafend vor. An seinem Kopfende steckte der Speer in der Erde. 8 Abischai flüsterte David zu: »Heute hat Gott dir deinen Feind in die Hände gegeben! Ich will ihn mit dem Speer an den Boden spießen. Ich brauche nur einen Stoß dazu, keinen zweiten.« 9 Aber David entgegnete ihm: »Nein, bring ihn nicht um! Denn wer sich am Gesalbten Jahwes vergreift, wird nicht ungestraft bleiben.« 10 Dann sagte David: »So wahr Jahwe lebt: Sicher wird Jahwe ihn schlagen, wenn die Zeit gekommen ist, dass er sterben muss. Vielleicht kommt er auch in einem Krieg ums Leben. 11 Jahwe bewahre mich davor, seinen Gesalbten anzutasten! Nimm jetzt den Speer an seinem Kopfende und seinen Wasserkrug – und dann lass uns hier verschwinden!« 12 David nahm beides an sich, dann machten sie sich davon. Niemand sah etwas, niemand merkte etwas und niemand wachte auf, denn Jahwe hatte alle in einen tiefen Schlaf fallen lassen.

13 David ging auf die andere Seite des Tals hinüber und stellte sich in sicherer Entfernung auf den Gipfel des Berges. 14 Von dort aus rief er zum Kriegslager und zu Abner Ben-Ner hinüber: »Abner, hörst du nicht?« – »Wer bist du, der da so zum König hin schreit?«, rief Abner zurück. 15 Da sagte David: »Du bist doch ein Mann, mit dem es keiner in Israel aufnehmen kann! Warum hast du deinen Herrn, den König, so schlecht bewacht? Vorhin ist jemand ins Lager eingedrungen, um deinen Herrn, den König, umzubringen. 16 Das hast du nicht sehr gut gemacht! So wahr Jahwe lebt: Ihr habt den Tod verdient, weil ihr nicht über euren Herrn, den Gesalbten Jahwes, gewacht habt. Sieh doch einmal an seinem Kopfende nach, wo der Speer des Königs und sein Wasserkrug geblieben sind!«

17 Da erkannte Saul die Stimme Davids und rief: »Ist das nicht deine Stimme, mein Sohn David?« – »Es ist meine Stimme, mein Herr und König!«, erwiderte David 18 und fuhr fort: »Warum jagt denn mein Herr seinem Sklaven nach? Was habe ich dir denn getan? Welches Unrecht habe ich begangen? 19 Nun hör doch auf die Worte deines Sklaven, mein Herr und König! Wenn Jahwe dich gegen mich aufgebracht hat, so müssen wir ihn durch ein Opfer versöhnen. Wenn es aber Menschen sind, so sollen sie vor Jahwe verflucht sein! Denn sie lassen mich nicht am Erbe Jahwes teilhaben, als wollten sie sagen: ›Geh fort und diene fremden Göttern!‹ 20 Nein, mein Blut soll nicht fern von der Gegenwart Jahwes auf die Erde fließen, weil der König von Israel losgezogen ist, um einen einzelnen Floh zu fangen. Warum jagst du mich denn wie ein Rebhuhn in den Bergen?«

21 Saul entgegnete: »Ich habe versagt! Komm zurück, mein Sohn David! Ich werde dir nie mehr etwas Böses antun, weil du mein Leben heute so hoch geschätzt hast. Ich habe versagt und dir schweres Unrecht zugefügt.« *22* David sagte darauf: »Hier ist dein Speer, mein König! Einer von deinen Leuten soll herkommen und ihn holen! *23* Jahwe wird jedem seine Gerechtigkeit und Treue vergelten! Denn Jahwe hat dich heute in meine Hände gegeben, aber ich wollte mich nicht an seinem Gesalbten vergreifen. *24* So wie dein Leben mir heute wertvoll war, so möge mein Leben Jahwe wertvoll sein, dass er mich aus aller Bedrängnis rettet.« *25* Saul sagte: »Gesegnet bist du, mein Sohn David! Alles, was du dir vornimmst, wird zustande kommen!« David setzte seinen Weg fort, und Saul kehrte nach Hause zurück.

David bei den Philistern

27 *1* David dachte sich: »Eines Tages werde ich doch noch von Saul umgebracht. Es bleibt mir

nichts anderes übrig, als mich im Land der Philister in Sicherheit zu bringen. Dann wird Saul aufhören, mich im ganzen Gebiet Israels zu suchen. Dann bin ich vor ihm sicher.« *2* So zog David mit seinen 600 Mann zu Achisch Ben-Maoch, dem König von Gat. *3* Er ließ sich mit seinen Männern bei ihm nieder. Jeder hatte seine Familie dabei. Auch Davids beide Frauen waren mitgekommen: Ahinoam aus Jesreel und Abigajil, die Witwe Nabals aus Karmel. *4* Als Saul erfuhr, dass David nach Gat geflohen war, suchte er ihn nicht länger.

5 Nun sagte David zu Achisch: »Wenn ich deine Gunst gefunden habe, dann lass mich doch in eine deiner Städte auf dem Land ziehen. Warum soll dein Sklave bei dir in der Königsstadt sitzen?« *6* Darauf überließ ihm Achisch noch am selben Tag Ziklag. Das ist der Grund, warum Ziklag bis heute den Königen von Juda* gehört. *7* Ein Jahr und vier Monate lebte David im Gebiet der Philister.

8 Von dort aus unternahm David mit seinen Männern Raubzüge gegen die Geschuriter*, die Girsiter* oder die Amalekiter, die von Alters her das Gebiet bis nach Schur* und an die Grenze Ägyptens bewohnten. *9* Bei diesen Überfällen ließ David weder Mann noch Frau am Leben, aber die Schafe, Rinder, Esel, Kamele und auch die Kleider nahm er als Beute mit. *10* Wenn Achisch fragte: »Wohin habt ihr heute den Streifzug gemacht?«, dann erwiderte David: »In den Süden von Juda«, oder: »In den Negev*, ins Gebiet der Jerachmeëliter!«, oder: »Ins südliche Gebiet der Keniter!« *11* David ließ niemand am

27,6 *heute ... Juda.* Das meint den Zeitpunkt, als das Buch verfasst wurde und Israel schon in Nord- und Südreich geteilt war.

27,8 Die hier erwähnten *Geschuriter* bewohnten ein Gebiet südlich des Philisterlandes und sind von dem Königreich Geschur (Josua 12,5) zu unterscheiden.

Die *Girsiter* werden sonst im Alten Testament nicht erwähnt.

Die Wüste *Schur* liegt zwischen dem »Bach Ägyptens« und dem heutigen Suez-Kanal. Der Ort *Schur* war eventuell das heutige Tell Fara, ein Vorposten der Ägypter.

27,10 *Negev.* Das heiße Südland Israels, zum Teil gebirgige Wüste.

Leben und brachte auch keinen Gefangenen mit nach Gat, weil er verhindern wollte, dass sie gegen ihn aussagten. So machte David es während seiner ganzen Zeit bei den Philistern. ¹² Achisch glaubte David und dachte: »Er hat sich bei seinem eigenen Volk, bei Israel, verhasst gemacht. Nun wird er für immer mein Diener sein.«

28 ¹ Damals zogen die Philister wieder ihre Truppen zusammen, um gegen Israel zu kämpfen. Achisch sagte zu David: »Du bist dir doch im Klaren darüber, dass du mit deinen Männern auf unserer Seite in den Kampf ziehen musst.« ² »Natürlich«, antwortete David, »du wirst selbst sehen, was dein Diener leisten kann.« – »Gut«, sagte Achisch, »ich mache dich zu meinem ständigen Leibwächter!«

Saul sucht Rat bei einem Toten

³ Samuel war gestorben und in seiner Heimatstadt Rama begraben worden. Ganz Israel hatte ihn betrauert. Die Totenbeschwörer und Wahrsager jedoch hatte Saul im ganzen Land beseitigt. ⁴ Als die Philister ihre Truppen gesammelt hatten, schlugen sie ihr Lager bei Schunem* auf. Saul rief ganz Israel zusammen und ließ das Kriegslager auf den Bergen von Gilboa* aufschlagen. ⁵ Als Saul das Heer der Philister sah, erschrak er und wurde ganz entmutigt. ⁶ Er fragte Jahwe, doch Jahwe gab ihm keine Antwort, weder durch Träume noch durchs Los, noch durch einen Propheten. ⁷ Da befahl Saul seinen Dienern: »Sucht mir eine Totenbeschwörerin!

Ich will zu ihr gehen und sie um Rat fragen!« Seine Diener sagten: »In En-Dor* lebt eine solche Frau.« ⁸ Saul machte sein Gesicht unkenntlich, zog fremde Kleider an und ging mit zwei Begleitern dorthin. Es war Nacht, als sie ankamen. »Ich möchte, dass du mir durch den Geist eines Toten meine Zukunft voraussagst«, sagte er zu ihr. »Lass den heraufkommen, den ich dir nennen werde!« ⁹ Aber die Frau erwiderte: »Du weißt doch selbst, dass Saul die Totenbeschwörer und Wahrsager im ganzen Land beseitigt hat. Warum stellst du mir eine Falle? Willst du mich töten?« ¹⁰ Aber Saul schwor bei Jahwe: »So wahr Jahwe lebt, in dieser Sache wird dich keine Strafe treffen!« ¹¹ »Wen soll ich dir denn heraufkommen lassen?«, fragte die Frau. Saul erwiderte: »Ruf Samuel!« ¹² Als die Frau dann wirklich Samuel sah, schrie sie auf und sagte zu Saul: »Warum hast du mich betrogen? Du bist ja Saul!« ¹³ »Du hast nichts zu befürchten«, sagte der König zu ihr. »Sag mir, was du siehst!« – »Ich sehe einen Geist aus der Erde heraufsteigen«, sagte sie. ¹⁴ »Wie sieht er aus?«, fragte er. »Es ist ein alter Mann«, sagte sie. »Er hat sich in einen Mantel gehüllt.« Daran erkannte Saul, dass es Samuel war, und kniete sich nieder mit dem Gesicht zur Erde.

28,4 *Schunem* lag 15 km östlich von Megiddo am Fuß des Berges More. Heute: Solem.

Gilboa bezeichnet eine Bergkette östlich der Ebene von Jesreel.

28,7 *En-Dor* lag etwa 10 km nordwestlich von Schunem und 5 km südlich vom Tabor. Heute: Endur.

15 »Warum hast du meine Ruhe gestört und mich heraufkommen lassen?«, sagte Samuel. Saul erwiderte: »Ich bin in großer Angst! Die Philister kämpfen gegen mich, und Gott hat mich verlassen. Er antwortet mir nicht mehr, weder durch Propheten noch durch Träume. Da ließ ich dich rufen, damit du mich wissen lässt, was ich tun soll.«
16 Samuel sagte: »Warum fragst du mich? Jahwe hat sich von dir abgewandt und ist dein Feind geworden. *17* Er führt jetzt das aus, was er durch mich angekündigt hat: Er reißt das Königtum aus deiner Hand und gibt es David, deinem Nächsten. *18* Weil du ihm nicht gehorcht hast, tut er dir das heute an. Du hast seinen glühenden Zorn an Amalek nicht vollstreckt. *19* Jahwe wird das ganze Heer Israel zusammen mit dir in die Hände der Philister geben. Morgen wirst du mit deinen Söhnen bei mir sein.«
20 Da stürzte Saul der Länge nach zu Boden. Die Worte Samuels hatten ihn zutiefst erschreckt. Es war auch keine Kraft mehr in ihm, weil er den ganzen Tag und die ganze Nacht nichts gegessen hatte. *21* Die Frau eilte zu ihm. Als sie sah, dass er ganz verstört war, sagte sie: »Deine Sklavin hat auf dich gehört. Ich habe mein Leben aufs Spiel gesetzt, als ich deine Bitte erfüllte. *22* Nun hör doch auch auf mich! Ich werde dir eine Kleinigkeit zu essen bringen. Iss, damit du wieder zu Kräften kommst und deines Weges gehen kannst!« *23* Aber er weigerte sich und sagte: »Ich will nichts essen!« Doch seine Diener und die Frau nötigten ihn, bis er auf sie hörte. Er stand auf und setzte sich aufs Bett. *24* Die Frau hatte ein gemästetes Kalb im Stall. Das schlachtete sie jetzt in aller Eile. Dann nahm sie Mehl, machte einen Teig und backte ungesäuertes Fladenbrot. *25* Das setzte sie Saul und seinen Dienern vor. Die aßen und gingen noch in derselben Nacht weg.

David muss nicht gegen Israel kämpfen

29 *1* Die Philister sammelten ihre Heere bei Afek, und die Israeliten lagerten sich an der Quelle bei Jesreel. *2* Die Fürsten der Philister ließen ihre Truppen nach Hunderten und Tausenden an sich vorbeimarschieren. Mit Achisch zogen zuletzt auch David und seine Männer vorüber. *3* Da fragten die Oberen der Philister: »Was sollen diese Hebräer hier?« Achisch erwiderte ihnen: »Das ist doch David, der früher dem Israelitenkönig Saul gedient hat und nun schon seit Jahr und Tag bei mir ist. Seit er zu mir übergelaufen ist, hatte ich bis heute nicht das Geringste an ihm auszusetzen.« *4* Doch die Oberen der Philister wurden zornig über ihn und sagten: »Schick den Mann zurück! Er soll an dem Ort bleiben, den du ihm zugewiesen hast, und nicht mit uns in den Krieg ziehen, sonst wird er uns noch zum Gegner in der Schlacht. Denn womit könnte er die Gunst seines Herrn besser zurückgewinnen als mit den Köpfen dieser Männer! *5* Das ist doch derselbe David, von dem sie bei den Reigentänzen sangen:

›Saul hat seine tausend Mann erschlagen, / David aber zehnmal tausend!‹«

6 Da rief Achisch David zu sich und sagte: »So wahr Jahwe lebt, ja, du bist ein aufrichtiger Mann. Es wäre mir lieb gewesen, wenn du mit mir im Heer bleiben könntest. Denn seitdem du bei mir bist, habe ich nichts an dir auszusetzen. Aber die Fürsten trauen dir nicht. 7 Kehr deshalb wieder um und geh in Frieden, damit du die Philisterfürsten nicht verärgerst.« 8 David erwiderte ihm: »Was habe ich denn getan? Hast du irgendetwas an mir auszusetzen, seit ich in deinen Dienst getreten bin? Weshalb soll ich nicht gegen die Feinde meines Herrn und Königs kämpfen?« 9 Achisch erwiderte: »Ich weiß es ja. Du bist mir so lieb wie ein Engel Gottes. Aber die Oberen der Philister haben nun einmal gesagt: ›Er darf nicht mit uns in den Kampf ziehen!‹ 10 Mach dich morgen früh auf und nimm alle mit, die früher einmal Saul gedient haben und mit dir gekommen sind! Zieht fort, sobald es hell wird!« 11 So machte sich David bei Tagesanbruch auf den Weg und kehrte mit seinen Männern ins Land der Philister zurück. Die Philister aber zogen nach Jesreel hinauf.

David vernichtet die Amalekiter

30 1 Als David und seine Männer zwei Tage später in Ziklag ankamen, fanden sie die Stadt in Schutt und Asche gelegt. Die Amalekiter waren in den Negev eingefallen und hatten Ziklag verwüstet. 2 Sie hatten alle Frauen und Kinder in der Stadt als Gefangene verschleppt, aber niemand getötet. 3 Als David und seine Männer die niedergebrannte Stadt sahen und feststellten, dass ihre Frauen und Kinder gefangen weggeschleppt worden waren, 4 schrien sie laut auf und weinten, bis sie nicht mehr konnten. 5 Auch die beiden Frauen Davids waren unter den Gefangenen: Ahinoam aus Jesreel und Abigajil, die Witwe Nabals aus Karmel. 6 David kam in schwere Bedrängnis, denn die Leute sprachen davon, ihn zu steinigen, so erbittert waren sie über den Verlust ihrer Söhne und Töchter. Aber David holte sich Mut bei Jahwe, seinem Gott. 7 Er befahl dem Priester Abjatar Ben-Ahimelech, das Efod zu bringen. 8 Dann fragte er Jahwe: »Soll ich diese Räuberbande verfolgen? Werde ich sie einholen?« – »Ja, verfolge sie! Du wirst sie gewiss einholen und die Gefangenen befreien!«, erhielt er zur Antwort. 9 Da brach David mit seinen 600 Männern sofort auf. Als sie den Bach Besor* erreichten, machten die Zurückbleibenden dort Halt. 10 200 Mann waren einfach zu erschöpft, um den Bach zu überqueren, und blieben zurück. David setzte die Verfolgung mit 400 Mann fort.

11 Unterwegs fanden sie einen Ägypter und brachten ihn zu David. Sie gaben ihm Brot und Wasser. 12 Dann reichten sie ihm eine Portion gepresste Feigen und zwei Rosinenkuchen. Als er gegessen hatte, kam er wieder zu Kräften und sagte, dass er drei Tage lang nichts zu essen und zu trinken gehabt hätte. 13 David fragte ihn: »Zu wem gehörst du und woher kommst du?« –

30,9 Besor. Bachtal im Negev, südwestlich von Beerscheba.

»Ich bin ein Ägypter«, erwiderte er, »der Sklave eines Amalekiters. Mein Herr hat mich vor drei Tagen hier zurückgelassen, weil ich krank wurde. *14* Wir sind ins Südland der Kreter* eingefallen, in das südliche Gebiet Judas, wo die Nachkommen Kalebs wohnen, und haben auch Ziklag eingeäschert.« *15* »Kannst du mich zu dieser Räuberbande hinführen?«, fragte David. Der Sklave erwiderte: »Schwöre mir bei Gott, dass du mich nicht tötest oder meinem Herrn auslieferst! Dann werde ich dich zu dieser Bande hinunterführen.«

16 Er führte sie hin, und sie fanden die Amalekiter über die ganze Gegend zerstreut. Sie aßen und tranken und tanzten, weil sie bei den Philistern und in Juda so reiche Beute gemacht hatten. *17* David fiel über sie her und schlug sie von der Morgendämmerung an bis zum Abend des folgenden Tages. Alle wurden niedergemacht, nur 400 junge Männer konnten auf Kamelen fliehen. *18* David befreite alle Gefangenen und auch seine beiden Frauen. *19* Niemand wurde vermisst, weder Söhne noch Töchter, noch irgendwelche Beute. Alles, was die Amalekiter weggenommen hatten, brachte David zurück. *20* Die Schafe, Ziegen und Rinder der Amalekiter nahm David für sich. Seine Leute trieben sie vor ihrem eigenen Vieh her und sagten: »Das ist Davids Beute!«

21 Die 200 Männer, die zu erschöpft gewesen waren, um David zu folgen, und am Besorbach zurückgeblieben waren, kamen nun David und seinen Männern entgegen. David ging auf sie zu und fragte sie nach ihrem Wohlergehen. *22* Aber unter denen, die mit David gezogen waren, gab es ein paar bösartige und niederträchtige Männer, die sagten: »Sie sind nicht mit uns in den Kampf gezogen, also geben wir ihnen auch nichts von der Beute, die wir gemacht haben. Sie sollen ihre Frauen und Kinder nehmen und verschwinden.« *23* Doch David sagte: »Nein, meine Brüder, so machen wir es nicht mit dem, was Jahwe uns schenkte! Er war es doch, der uns beschützt und diese Räuberbande in unsere Hände gegeben hat. *24* Wer sollte denn in dieser Sache auf euch hören? Nein, der eine zieht in den Kampf, der andere schützt den Tross, und die Beute wird ehrlich unter alle geteilt!« *25* Von da an wurde es immer so gehandhabt. David machte es zu einem festen Recht in Israel, und es wird bis heute befolgt.

26 Als David dann nach Ziklag zurückkam, schickte er einen Teil der Beute an die Ältesten Judas, seine Nachbarn, und ließ ihnen ausrichten: »Hier ist ein Segensgruß aus der Beute der Feinde Jahwes für euch!« *27* Er schickte solche Geschenke nach Betuël, nach Ramot im Negev, nach Jattir, *28* Aroer, Sifmot, Eschtemoa *29* und Rakal, in die Städte der Jerachmeëliter und Keniter, *30* nach Horma, Bor-Aschan, Atach *31* und Hebron, und außerdem in alle Orte, in denen er sich mit seinen Leuten aufgehalten hatte.

30,14 Kreter. Das ist ein Hinweis darauf, dass die Philister ursprünglich von Kreta kamen.

Sauls Ende

31 ¹ Zwischen den Philistern und Israel kam es zur Schlacht. Die Männer Israels mussten vor den Philistern fliehen, und viele von ihnen blieben erschlagen auf den Bergen von Gilboa liegen. ² Die Philister holten schließlich auch Saul und seine Söhne ein. Sie erschlugen die drei Söhne Sauls Jonatan, Abinadab und Malkischua. ³ Um Saul herum tobte ein erbitterter Kampf. Die Bogenschützen hatten ihn getroffen und schwer verwundet. ⁴ Da sagte Saul zu seinem Waffenträger: »Zieh dein Schwert und töte mich, damit nicht diese Unbeschnittenen es tun und ihren Spott mit mir treiben!« Sein Waffenträger aber wollte es nicht tun, er scheute sich davor. Da nahm Saul sein Schwert und stürzte sich hinein. ⁵ Als der Waffenträger sah, dass Saul tot war, stürzte auch er sich in sein Schwert und starb neben ihm. ⁶ So starben Saul, seine drei Söhne, sein Waffenträger und alle seine Männer an diesem einen Tag. ⁷ Als die Israeliten der Jesreel-Ebene und der umliegenden Gegenden sahen, dass die Männer Israels geflohen und Saul

und seine Söhne tot waren, verließen sie ihre Städte und flohen. Die Philister nahmen sie in Besitz und wohnten darin.

⁸ Am Tag nach der Schlacht kamen die Philister, um die Gefallenen zu plündern. Dabei fanden sie Saul und seine drei Söhne auf den Bergen von Gilboa. ⁹ Sie hieben Saul den Kopf ab und zogen ihm seine Rüstung aus. Beides ließen sie im Land der Philister herumzeigen, um die Freudenbotschaft in ihren Götzentempeln und unter dem Volk zu verkünden. ¹⁰ Seine Rüstung legten sie in den Tempel der Astarte und seine Leiche hefteten sie an die Mauer von Bet-Schean*.

¹¹ Als die Bewohner von Jabesch in Gilead* hörten, was die Philister Saul angetan hatten, ¹² machten sich alle wehrfähigen Männer auf, marschierten die ganze Nacht hindurch und nahmen die Leichen Sauls und auch die seiner Söhne von der Mauer von Bet-Schean ab. Sie brachten sie nach Jabesch und verbrannten sie dort. ¹³ Ihre Gebeine begruben sie unter der Tamariske von Jabesch und fasteten sieben Tage lang.

31,10 *Bet-Schean* lag 24 km südlich vom See Gennesaret in der Ebene Jesreel und war eine Festung der Philister.

31,11 *Jabesch in Gilead* lag 15 km südöstlich von Bet-Schean im Ostjordanland.

Das zweite Buch Samuel

D as zweite Buch Samuel, das ursprünglich mit dem ersten eine Einheit bildete, berichtet zunächst, wie David König über ganz Israel wurde und die Bundeslade nach Jerusalem brachte. Das Buch zeigt dann, wie das Königtum Davids sich im Aufstand seines Sohnes Abschalom bewährte und schließt mit dem Kauf eines Platzes zum Dreschen von Getreide, an dessen Stelle später der Tempel gebaut wurde.

David erfährt von
Sauls und Jonatans Tod

1 *1* Als David nach dem Tod Sauls von seinem Sieg über die Amalekiter* zurückgekehrt war, hielt er sich zwei Tage lang in Ziklag* auf. *2* Am dritten Tag kam einer von Sauls Leuten aus dem Heerlager. Seine Kleider waren zerrissen und er hatte Erde auf dem Kopf.* Als er zu David kam, warf er sich ehrfürchtig auf den Boden vor ihn. *3* »Wo kommst du her?«, fragte ihn David. »Ich habe mich aus dem Heerlager Israels in Sicherheit gebracht«, erwiderte er. *4* »Wie steht es?«, fragte David. »Berichte es mir!« Er sagte: »Das ganze Heer wurde in die Flucht geschlagen, und viele sind gefallen. Auch Saul und sein Sohn Jonatan sind tot.« *5* Da fragte David den jungen Mann: »Saul und Jonatan sind tot? Woher weißt du das?« *6* Der junge Mann berichtete: »Ich geriet zufällig auf die Berge von Gilboa. Da sah ich Saul stehen, wie er sich auf seinen Speer stützte. Die Streitwagen hatten ihn schon fast erreicht. *7* Da drehte er sich um, sah mich und rief mich zu sich. ›Ja, Herr‹, sagte ich. *8* ›Wer bist du?‹, fragte er. ›Ein Amalekiter‹, antwortete ich. *9* Da sagte er zu mir: ›Komm her und gib mir den Todesstoß! Mit mir geht es zu Ende.‹ *10* Da trat ich zu ihm und gab ihm den Todesstoß, denn ich sah, dass er seinen Fall nicht überleben würde. Dann nahm ich ihm den Stirnreif und die Armspange ab. Hier sind sie, Herr.«

11 Da riss David seine Gewänder ein.* Dasselbe taten auch die Männer, die bei ihm waren. *12* Sie trauerten, weinten und fasteten bis zum Abend um Saul und seinen Sohn Jonatan, um das Volk Jahwes und die Männer Israels, die in der Schlacht gefallen waren. *13* Dann fragte David den jungen Mann, der ihm das berichtet hatte: »Woher stammst du?« – »Ich bin der Sohn eines amalekitischen Einwanderers«, erwiderte dieser. *14* Da fuhr David ihn an: »Wie konntest du es wagen, Jahwes gesalbten König anzutasten und ihn umzubringen?«

1,1 Die *Amalekiter* lebten als Nomaden im Negev, südlich von Beerscheba.

Ziklag. Stadt im Gebiet der Philister (1. Samuel 27,6).

1,2 *Kleider ... Kopf.* Das waren Zeichen von Trauer und Entsetzen.

1,11 *riss ... ein.* Als Zeichen von Trauer und Entsetzen riss man das entsprechende Kleidungsstück vom Halsausschnitt mit einem heftigen Ruck etwa eine Handlänge ein.

15 Er rief einem seiner jungen Männer zu: »Komm her und mach ihn nieder!« Der ging hin und erschlug ihn. 16 David sagte noch zu dem Amalekiter: »Dein Blut komme auf dich selbst zurück! Du hast dir selbst das Urteil gesprochen, als du sagtest: ›Ich habe Jahwes gesalbtem König den Todesstoß gegeben.‹« 17 Dann stimmte David über Saul und dessen Sohn Jonatan die Totenklage an 18 und ordnete an, man solle es die Söhne Judas als Bogenlied lehren. Es ist im Buch der Heldenlieder* aufgenommen worden:

19 Die Zierde Israels liegt erschlagen auf deinen Höhen! / Wie sind die Helden gefallen! 20 Berichtet es nicht in Gat, / verkündet es nicht in Aschkelons Gassen, / sonst freuen sich die Töchter der Philister, / sonst jubeln die Töchter dieser Unbeschnittenen*.

21 Ihr Berge von Gilboa, / Felder des Todes, / kein Tau und kein Regen falle auf euch! / Denn dort wurde der Schild der Helden besudelt, / Sauls Schild, nicht mit Öl gesalbt, nein, 22 mit dem Blut von Erschlagenen, / dem Körperfett von Helden. / Jonatans Bogen wich niemals zurück, / Sauls Schwert kehrte nie erfolglos heim! 23 Saul und Jonatan, / geliebt und liebenswert, solange sie lebten, / sind nun auch im Tod noch vereint. / Sie waren schneller als Adler / und stärker als Löwen.

24 Ihr Töchter Israels, / um Saul müsst ihr weinen, / er hat euch in köstlichen Purpur gekleidet, / er heftete Goldschmuck an euer Gewand.

25 Wie sind die Helden gefallen / mitten im Kampf! / Auch Jonatan / liegt tot auf deinen Bergen. 26 Mein Bruder Jonatan, / es tut mir leid um dich! / Deine Freundschaft war mir viel mehr, / als Frauenliebe je bedeuten kann. 27 Wie sind die Helden gefallen, / dahin die Waffen des Kampfes!

David wird König von Juda

2 1 Bald danach fragte David Jahwe: »Soll ich jetzt in eine der Städte Judas hinaufziehen?« Jahwe sagte: »Zieh hinauf!« David fragte weiter: »Wohin soll ich gehen?« – »Nach Hebron«, war die Antwort. 2 Da zog David dort hinauf. Seine beiden Frauen Ahinoam aus Jesreel und Abigajil, die Witwe Nabals aus Karmel, nahm er mit. 3 Auch seine Truppe ließ er samt ihren Familien mitziehen. Sie ließen sich in der Umgebung von Hebron nieder. 4 Dann kamen die Männer des Stammes Juda und salbten David dort zu ihrem König.

Als man David berichtete, dass die Männer von Jabesch in Gilead* Saul begraben* hätten, 5 schickte er Boten dorthin und ließ ihnen sagen: »Jahwe möge euch segnen, dass ihr Saul, eurem Herrn, die Liebe erwiesen habt,

---

1,18 *Heldenlieder.* Hebräisch: Buch Jaschar. Wörtlich: *Buch des Redlichen,* vermutlich eine Sammlung von Liedern auf die Helden Israels.

1,20 *Unbeschnittene.* Verächtlicher Ausdruck für Menschen, die nicht zum Bund Gottes gehörten. Siehe 1. Mose 17,9-14!

2,4 *Gilead* bezeichnet das mittlere, manchmal auch das ganze Ostjordanland.

Saul begraben. 1. Samuel 31,11-13.

ihn zu begraben! *6* Jahwe erweise euch nun auch seine Liebe und Treue! Und ich will euch ebenfalls Gutes tun, weil ihr das getan habt. *7* Nun zeigt euren Mut und seid tapfer, denn Saul, euer Herr, ist tot, und das Haus Juda hat mich zu seinem König gesalbt.*«

Isch-Boschet wird König über Israel

8 Doch Abner Ben-Ner, Sauls Heerführer, hatte sich mit Isch-Boschet*, einem Sohn Sauls, nach Mahanajim* zurückgezogen. *9* Dort machte er ihn zum König über Gilead, über die Leute des Stammes Ascher, über Jesreel*, die Stämme Efraïm und Benjamin und so über ganz Israel. *10* Isch-Boschet Ben-Saul war vierzig Jahre alt, als er König über Israel wurde, und regierte zwei Jahre. Der Stamm Juda jedoch stand hinter David.

2,7 *Juda hat mich ... gesalbt.* Das war eine versteckte Einladung an die Leute von Jabesch, ihn als König anzuerkennen, was diese aber ignorierten.

2,8 *Isch-Boschet* heißt »Mann der Schande« und ist offensichtlich eine bewusste Veränderung seines ursprünglichen Namens Eschbaal = »Mann des Herrn« (1. Chronik 8,33), aus dem man aber auch den Namen des Gottes Baal heraushören konnte (»Mann des Baal«).

Mahanajim lag im Ostjordanland, wahrscheinlich 11 Kilometer östlich vom Jordan am Jabbok.

2,9 *Jesreel.* Es könnte die Stadt Jesreel mitsamt der fruchtbaren Ebene gemeint sein, in der sie lag.

2,12 *Gibeon* lag im Stammesgebiet von Benjamin, zu dem Saul und seine Familie gehörten.

2,13 *Zeruja* war die ältere Schwester Davids (1. Chronik 2,16), sodass Joab, Abischai und Asaël (V. 18) Davids Neffen waren.

11 Sieben Jahre und sechs Monate regierte David in Hebron als König über Juda.

Krieg zwischen Isch-Boschet und David

12 Abner Ben-Ner zog mit den Soldaten des Saulssohnes Isch-Boschet von Mahanajim nach Gibeon*. *13* Auch Joab Ben-Zeruja* zog mit Davids Truppe aus. Beim Teich von Gibeon trafen sie aufeinander. Die einen blieben diesseits, die anderen jenseits des Teiches. *14* Da sagte Abner zu Joab: »Lassen wir unsere jungen Männer doch zu einem Kampfspiel antreten!«– »Einverstanden«, sagte Joab. *15* So standen sie auf und traten gegeneinander an: zwölf für Benjamin und Isch-Boschet und zwölf von den Männern Davids. *16* Die Kämpfenden packten sich gegenseitig beim Kopf, und jeder stieß seinem Gegner das Schwert in die Seite, sodass sie alle gleichzeitig umkamen. Den Ort in der Nähe von Gibeon, wo das geschah, nannte man Steinklingenfeld. *17* Nun kam es zwischen den Truppen zum erbitterten Kampf. Die Männer Israels unter Abner wurden von den Männern Davids besiegt.

18 Alle drei Söhne der Zeruja waren an dem Kampf beteiligt: Joab, Abischai und Asaël. Asaël war schnell wie eine wilde Gazelle. *19* Er jagte Abner hinterher und ließ sich durch nichts von ihm ablenken. *20* Als Abner sich umblickte, rief er: »Bist du das, Asaël?« Dieser bejahte. *21* Da sagte Abner zu ihm: »Geh nach rechts oder links und pack dir einen von den jungen Leuten. Dem kannst du die Rüstung abnehmen.« Aber Asaël wollte nicht von ihm lassen. *22* Da sagte Abner noch einmal zu ihm: »Lass ab von mir, sonst muss ich dich zu Boden schlagen. Dann kann ich deinem Bruder Joab nicht mehr unter die Augen kommen.« *23* Doch Asaël wollte nicht. Da stieß ihm Abner das stumpfe Ende seines Speers in den Bauch, sodass der Speer hinten wieder herauskam. Asaël stürzte zu Boden und starb an dieser Stelle. Und jeder, der an die Stelle kam, wo Asaël gefallen war, blieb betroffen stehen. *24* Joab und Abischai aber jagten hinter Abner her. Als die Sonne unterging, kamen sie zum Hügel Amma, der östlich von Giach am Weg in die Steppe von Gibeon liegt. *25* Die Männer von Benjamin sammelten sich um Abner und stellten sich dicht geschlossen auf dem Gipfel des frei stehenden Hügels auf. *26* Da rief Abner Joab zu: »Soll das Schwert denn unaufhörlich weiterfressen? Weißt du nicht, dass am Ende Bitterkeit bleibt? Wann willst du endlich deinen Leuten befehlen, von der Verfolgung ihrer Brüder abzulassen?« *27* Joab erwiderte: »So wahr Gott lebt, hättest du jetzt nichts gesagt, dann hätten meine Leute sich erst am Morgen von der Verfolgung ihrer Brüder zurückgezogen.« *28* Darauf blies Joab das Signalhorn*. Da gaben seine Männer die Verfolgung auf und stellten den Kampf gegen Israel ein.

29 Abner und seine Leute marschierten die ganze Nacht durch die Jordanebene. Sie überquerten den Fluss und kehrten durch die Schlucht nach Mahanajim zurück. *30* Als Joab die Verfolgung Abners abgebrochen hatte, sammelte er die ganze Truppe um sich. Da wurden von Davids Leuten außer Asaël noch 19 Mann vermisst. *31* Seine Leute aber hatten vom Stamm Benjamin und von den Männern Abners 360 Mann erschlagen. *32* Sie nahmen Asaël mit und bestatteten ihn im Grab seines Vaters in Bethlehem. Joab und seine Männer marschierten noch die ganze Nacht hindurch und kamen bei Tagesanbruch in Hebron an.

3 *1* Der Krieg zwischen dem Königshaus Sauls und dem Königshaus Davids zog sich lange hin. David wurde dabei fortwährend stärker, während das Haus Sauls immer schwächer wurde.

Davids Frauen und Söhne in Hebron

2 In Hebron wurden David folgende Söhne geboren: Sein Ältester war Amnon von seiner Frau Ahinoam aus Jesreel, *3* sein zweiter Kilab von Abigajil, der Witwe Nabals aus Karmel, sein dritter Abschalom, den ihm Maacha, die Tochter von König Talmai aus Geschur, geboren hatte. *4* Der vierte war Adonija, Sohn der Haggit, der fünfte Schafatja, Sohn der Abital, *5* und der sechste Jitream von Davids Frau Egla. Diese Söhne wurden David in Hebron geboren.

David und Abner

6 Solange der Krieg zwischen den Königshäusern Saul und David dauerte,

---

2,28 Das *Signalhorn* (Hebräisch: *Schofar*) war aus den gewundenen Hörnern des männlichen Fettschwanzschafes hergestellt und brachte einen dumpfen, durchdringenden Ton hervor.

stand Abner dem Haus Sauls treu zur Seite. *7* Saul hatte eine Nebenfrau gehabt, Rizpa Bat-Aja. Eines Tages stellte Isch-Boschet Abner zur Rede und sagte:»Warum hast du mit der Nebenfrau meines Vaters geschlafen?« *8* Über diese Frage wurde Abner so wütend, dass er Isch-Boschet anfuhr:»Bin ich vielleicht so ein Hundesohn, der es mit Juda hält? Bis heute kämpfe ich mit aller Kraft für das Haus deines Vaters, für seine Brüder und Freunde, und bewahrte es davor, in die Hand Davids zu fallen, und da wirfst du mir diese Frauengeschichte vor? *9* Jahwe soll mir alles Mögliche antun, wenn ich jetzt nicht genau das tue, was Jahwe David geschworen hat. *10* Er wird nämlich das Königtum vom Haus Sauls wegnehmen und Davids Thron über Israel und Juda von Dan bis Beerscheba* aufrichten.« *11* Isch-Boschet konnte Abner kein Wort mehr erwidern, solche Angst hatte er vor ihm.

12 Darauf schickte Abner in eigener Sache Boten zu David und ließ ihm sagen:»Wem steht denn das Land zu? Ich schlage vor: Schließ einen Bund mit mir, und ich werde alles für dich tun, dass ganz Israel zu dir übergeht.« *13* David antwortete ihm:»Gut, ich schließe einen Bund mit dir, aber nur unter einer Bedingung: Du musst Michal, die Tochter Sauls, mitbringen. Sonst brauchst du dich nicht

bei mir sehen zu lassen.« *14* Gleichzeitig schickte David Boten zu Isch-Boschet Ben-Saul und ließ ihm sagen:»Gib mir meine Frau Michal heraus, für die ich als Brautpreis hundert Vorhäute der Philister bezahlt habe.« *15* Da ließ Isch-Boschet sie von ihrem Mann Paltiel Ben-Lajisch wegholen. *16* Ihr Mann ging mit ihr. Er lief laut weinend hinter ihr her bis nach Bahurim*. Schließlich sagte Abner zu ihm:»Geh nun, kehr um!« Da kehrte er zurück.

17 Zuvor hatte sich Abner mit den Ältesten Israels getroffen und ihnen gesagt:»Ihr wolltet doch schon lange, dass David euer König wird. *18* Jetzt könnt ihr es haben. Denn Jahwe hat von David gesagt: ›Durch meinen Diener David will ich mein Volk Israel aus der Gewalt der Philister und aller seiner Feinde retten.‹« *19* Auch zu den Leuten des Stammes Benjamin hatte Abner so gesprochen. Dann ging er nach Hebron, um David alles vorzutragen, was die Israeliten und Benjaminiten für gut hielten. *20* Als Abner nun von zwanzig Männern begleitet nach Hebron kam, gab David ein Festessen für sie. *21* Dann sagte Abner zu David:»Ich gehe jetzt und werde ganz Israel zu meinem Herrn und König versammeln, damit sie einen Bund mit dir schließen und du König über alles bist, wonach du Verlangen hast.« David verabschiedete Abner, und er zog in Frieden weg.

Abners Tod

22 Inzwischen kamen die Leute Davids mit Joab von einem Streifzug und brachten viel Beute mit. Abner befand sich zu diesem Zeitpunkt nicht mehr

---

3,10 *Dan bis Beerscheba* meint vom nördlichsten bis zum südlichsten Ort in Israel.

3,16 *Bahurim* lag am östlichen Hang des Ölbergs, etwa 2,5 km von Jerusalem entfernt, auf dem Weg zum Jordan.

bei David in Hebron. David hatte ihn verabschiedet, und er war in Frieden weggezogen. 23 Kaum war Joab mit dem Heer angekommen, berichtete man ihm: »Abner Ben-Ner ist zum König gekommen, und der hat ihn in Frieden ziehen lassen.« 24 Da ging Joab zum König und sagte: »Was hast du da getan? Abner ist zu dir gekommen, und du hast ihn ungehindert wieder ziehen lassen? 25 Du kennst doch Abner Ben-Ner! Er ist nur gekommen, um dich zu beschwatzen und zu erfahren, was du vorhast.«

26 Joab ging von David weg und schickte Abner Boten nach. Die holten ihn bei der Zisterne von Sira ein und ließen ihn umkehren. David wusste nichts davon. 27 Als Abner wieder nach Hebron kam, führte ihn Joab beiseite in eine der Torkammern, als wollte er ungestört mit ihm reden. Dort stach er ihn in den Bauch, so dass er starb. So rächte er seinen Bruder Asaël.

28 Als David später davon hörte, sagte er: »Vor Jahwe trifft mich und mein Königtum auf ewig keine Schuld am Blut von Abner Ben-Ner! 29 Es breche über Joab herein, es falle auf seine Familie! In Joabs Familie soll immer jemand an krankhaften Ausflüssen leiden oder Aussatz haben, an Krücken gehen, gewaltsam umkommen oder hungern müssen!« 30 Joab und Abischai hatten Abner umgebracht, weil er ihren Bruder Asaël in der Schlacht bei Gibeon getötet hatte.

31 David befahl Joab und allen seinen Männern: »Reißt eure Kleider ein, legt den Trauersack an und haltet die Totenklage im Trauerzug! Ihr geht vor Abner her!« Der König selbst ging hinter der Bahre. 32 Sie bestatteten Abner in Hebron. Der König weinte laut an seinem Grab, und das ganze Volk weinte mit. 33 Dann sang der König ein Klagelied für Abner:

»Musste Abner sterben, / wie ein Dummkopf stirbt? 34 Deine Hände waren nicht gebunden, / deine Füße nicht in Ketten gelegt. / Du bist gefallen, / wie man durch Verbrecher fällt!«

Da weinte das Volk noch mehr über ihn. 35 Dann kamen die Leute, um David Brot zu reichen, weil der Tag noch nicht zu Ende war. Doch David schwor: »Gott möge mir dies und jenes antun, wenn ich vor Sonnenuntergang auch nur einen Bissen Brot oder sonst etwas esse!« 36 Alle Leute nahmen das zur Kenntnis und es gefiel ihnen gut, wie überhaupt alles, was der König tat. Es hatte den Beifall des ganzen Volkes. 37 An diesem Tag erkannten alle, die dabei waren, und ganz Israel, dass der König nichts mit dem Mord an Abner zu tun gehabt hatte. 38 Der König sagte zu seinen Dienern: »Es ist euch doch klar, dass heute ein Fürst, ein bedeutender Mann in Israel gefallen ist? 39 Ich bin, obwohl zum König gesalbt, heute noch zu schwach und diesen Söhnen der Zeruja nicht gewachsen. Sie sind härter als ich. Möge Jahwe den, der Böses tut, nach seiner Bosheit bestrafen!«

Isch-Boschets Tod

4 1 Als Isch-Boschet Ben-Saul hörte, dass Abner in Hebron umgekommen war, verlor er jeden Mut. Auch ganz Israel war bestürzt. 2 Zwei Truppenführer hatte er in seinem Dienst. Der eine hieß Baana, der andere

Rechab. Es waren Söhne Rimmons, Benjaminiten aus Beerot, denn auch Beerot* wird zu Benjamin gerechnet. 3 Die früheren Bewohner der Stadt waren nach Gittajim* geflohen und leben heute noch als Fremde dort. 4 Es gab auch noch einen Sohn von Jonatan Ben-Saul, der an beiden Füßen gelähmt war. Er war fünf Jahre alt gewesen, als die Nachricht von Saul und Jonatan aus Jesreel kam. Da hatte ihn seine Amme auf den Arm genommen, um mit ihm zu fliehen. Aber in ihrer Hast ließ sie ihn fallen. Seitdem war er gelähmt. Er hieß Mefi-Boschet*.

5 Rechab und Baana also, die Söhne von Rimmon aus Beerot, gingen zum Haus von Isch-Boschet. In der Nachmittagshitze kamen sie dort an, als Isch-Boschet gerade seinen Mittagsschlaf hielt. 6 Sie taten so, als ob sie Weizen aus der Vorratskammer holen wollten. So gelangten sie ins Innere

---

4,2 *Beerot* gehörte ursprünglich zu den Städten der Gibeoniter (Josua 9,17).

4,3 *Gittajim.* Die geografische Lage ist unbekannt. Jedoch wurde die Stadt später von Benjaminiten bewohnt (Nehemia 11,33).

4,4 *Mefi-Boschet* heißt »aus dem Mund der Schande« und ist offensichtlich eine bewusste Veränderung seines ursprünglichen Namens Merib-Baal = »Vom Herrn (oder von Baal) geliebt« (1. Chronik 8,34). Der Verfasser macht mit diesem Vers deutlich, dass es im Königshaus Sauls nach dem Tod von Isch-Boschet keinen weiteren Anwärter auf den Thron gab.

4,7 Als *Araba* wird der Jordangraben bezeichnet, der sich von Norden nach Süden durch ganz Israel bis nach Elat am Roten Meer zieht. Er ist zwischen 12,5 und 22,5 km breit und befindet sich fast überall unter der Höhe des Meeresspiegels, am Toten Meer 394 m unter NN.

des Hauses, stachen ihn in den Bauch und konnten wieder entkommen. 7 Sie waren bis in das Schlafzimmer vorgedrungen, in dem Isch-Boschet auf dem Bett lag. Dort hatten sie ihn getötet und ihm den Kopf abgetrennt. Den Kopf nahmen sie mit und marschierten anschließend die ganze Nacht durch die Araba* hindurch. 8 So kamen sie mit dem Kopf Isch-Boschets nach Hebron zu David. »Hier ist der Kopf von Isch-Boschet, dem Sohn deines Feindes Saul, der dir nach dem Leben getrachtet hat! So hat Jahwe unserem Herrn und König an diesem Tag Rache an Saul und seinen Nachkommen verschafft.«

9 Da erwiderte David Rechab und Baana, den Söhnen von Rimmon aus Beerot: »So wahr Jahwe lebt, der mich aus jeder Not gerettet hat: 10 Den Mann, der sich für einen Freudenboten hielt und mir in Ziklag meldete: ›Saul ist tot!‹, ließ ich umbringen. Das war der Botenlohn für ihn. 11 Wie soll ich dann erst mit Verbrechern verfahren, die einen gerechten Mann auf seinem Bett umgebracht haben? Sollte ich dann nicht sein Blut von euch zurückfordern und euch von der Erde wegschaffen?« 12 David befahl seinen Männern, die beiden hinzurichten. Sie taten es, hieben ihnen dann Hände und Füße ab und hingen ihre Leichen am Teich von Hebron auf. Isch-Boschets Kopf aber bestatteten sie im Grab Abners in Hebron.

David wird König über ganz Israel

5 1 Alle Stämme Israels kamen zu David nach Hebron und sagten zu ihm: »Wir sind doch dein Fleisch und Blut. 2 Schon früher, als Saul

noch unser König war, hast du Israels Heer in den Kampf geführt und wieder heimgebracht. Und Jahwe hat zu dir gesagt: ›Du sollst der Hirt meines Volkes Israel sein, du sollst Israels Fürst werden!‹« 3 Das sagten die Ältesten Israels, die zum König nach Hebron gekommen waren. Und König David schloss vor Jahwe einen Bund mit ihnen. Daraufhin salbten sie David zum König über Israel. 4 David war 30 Jahre alt, als er König wurde, und regierte 40 Jahre, 5 siebeneinhalb Jahre über Juda in Hebron und 33 Jahre über ganz Israel und Juda in Jerusalem.

David erobert Jerusalem

6 Der König zog nun mit seinen Männern nach Jerusalem. Die Jebusiter, die damals noch dort wohnten, sagten zu ihm: »Du wirst hier nie hereinkommen. Selbst Blinde und Lahme werden dich vertreiben.« Sie waren sich sicher, dass David die Stadt nicht erobern könnte. 7 Aber David nahm die Bergfestung Zion ein, und sie wurde zur Davidsstadt. 8 Er sagte damals: »Wer in den Wasserschacht* gelangt und die Jebusiter überwältigt, soll diese Blinden und Lahmen erschlagen, die mir so verhasst sind!« Deshalb sagt man: »Ein Blinder und ein Lahmer, die dürfen nicht ins Haus!‹« 9 David machte die Bergfestung zu seinem Wohnsitz und nannte sie »Davidsstadt«. Er baute sie ringsum aus, vom Stadtwall an nach innen. 10 So wurde David immer mächtiger, und Jahwe, der allmächtige Gott, stand ihm bei. 11 König Hiram von Tyrus* schickte eine Gesandtschaft zu David. Er lieferte ihm Zedernholz für seinen Palast und schickte Zimmerleute und Steinmetze zum Bauen. 12 So erlebte David, wie Jahwe ihn als König über Israel bestätigte und aus Liebe zu seinem Volk Israel sein Königtum zu Ansehen brachte.

13 Nachdem David von Hebron nach Jerusalem gezogen war, nahm er noch weitere Nebenfrauen und Frauen aus Jerusalem und bekam noch mehr Söhne und Töchter. 14 Seine in Jerusalem geborenen Söhne waren Schammua, Schobab, Natan und Salomo, 15 Jibhar, Elischua, Nefeg und Jafia, 16 Elischama, Eljada und Elifelet.

Der Krieg mit den Philistern

17 Als die Philister hörten, dass David zum König über Israel gesalbt worden war, kamen sie mit ihrem ganzen Heer, um David zu stellen. Sobald David das erfuhr, verschanzte er sich in einer der Bergfestungen. 18 Die Philister breiteten sich in der Ebene von Refaïm* aus. 19 Da fragte David Jahwe: »Soll ich die Philister angreifen? Wirst du sie in meine Hand geben?« Jahwe erwiderte David: »Greif sie an! Ich gebe sie in deine Gewalt!« 20 Da zog David aus und besiegte die Philister bei Baal-Perazim.

5,8 *Wasserschacht.* Wahrscheinlich hatte David Kenntnis von einem geheimen Wassertunnel bekommen, durch den die Jebusiter das Wasser aus der Gihon-Quelle in die Stadt leiteten.

5,11 *Tyrus* war die wichtigste Hafenstadt an der phönizischen Küste, 56 km nördlich vom Berg Karmel.

5,18 Die *Ebene Refaïm* ist ein fruchtbares Gebiet westlich von Jerusalem.

Er sagte: »Wie Wasser einen Damm durchbricht, hat Jahwe die Schlachtreihen meiner Feinde vor mir durchbrochen.« Deshalb nannte man jenen Ort Baal-Perazim, Herr der Durchbrüche. *21* Die fliehenden Philister ließen sogar ihre Götzenbilder zurück. David und seine Männer nahmen sie als Beute mit.

22 Doch einige Zeit später kamen die Philister wieder und breiteten sich in der Ebene Refaïm aus. *23* David fragte Jahwe, was er tun solle, und dieser antwortete:»Greif sie diesmal nicht direkt an, sondern umgehe sie und fall ihnen von den Bakabäumen* her in den Rücken. *24* Sobald du ein Geräusch hörst, so als ob jemand durch die Baumwipfel schreitet, dann beeile dich! Denn dann ist Jahwe vor dir her in die Schlacht gezogen, um das Heerlager der Philister zu schlagen.« *25* David machte es so, wie Jahwe es ihm befohlen hatte. Er schlug die Philister von Geba* zurück bis dahin, wo es nach Geser* geht.

5,23 *Bakabaum.* Vielleicht ein anderes Wort für den Maulbeerbaum (Sykomore).

5,25 *Geba* lag 9 km nordöstlich von Jerusalem an der Grenze Judas.

Geser. Die alte kanaanitische Königsstadt lag 27 km südöstlich von Joppe und gehörte zu dieser Zeit wahrscheinlich den Philistern.

6,2 *Baala in Juda* ist ein anderer Name für Kirjat-Jearim, wo sich die Bundeslade während der Zeit Sauls befand (1. Samuel 7,1).

Cherub, Mehrzahl: *Cherubim*: Majestätisches (Engel-)Wesen, das Gottes Herrlichkeit repräsentiert.

6,8 *bis heute.* Vom Standpunkt des Verfassers der Samuelbücher aus.

Die Bundeslade kommt nach Jerusalem

6 *1* David brachte erneut alle zusammen, die in Israel ausgewählt worden waren, 30.000 Mann. *2* Dann zog er mit allen, die bei ihm waren, nach Baala* in Juda, um von dort die Lade Gottes nach Jerusalem zu holen, die Lade, die dem Namen Jahwes geweiht ist, dem Namen des Allmächtigen, der über den Cherubim* thront. *3* Sie luden die Lade auf einen neuen unbenutzten Wagen und brachten sie aus dem Haus Aminadabs fort. Aminadabs Haus stand auf einem Hügel. Seine Söhne Usa und Achjo führten den Wagen. *4* Usa ging neben der Lade, während Achjo vor der Lade herging. *5* David und die Männer Israels tanzten vor Jahwe zu Schlaghölzern, Zithern und Harfen, Tamburin, Rasseln und Zimbeln. *6* Als sie zur Tenne Nachons kamen, drohten die Rinder den Wagen umzuwerfen. Da griff Usa nach der Lade Gottes und hielt sie fest. *7* Sofort flammte Jahwes Zorn gegen Usa auf. Gott schlug ihn wegen seiner Respektlosigkeit, sodass er dort neben der Lade Gottes starb. *8* Aber auch David überwallte es heiß, weil Jahwe Usa so aus dem Leben gerissen hatte. Darum nannte er den Platz Perez-Usa, Usas Riss, und so heißt er bis heute*. *9* David bekam an diesem Tag Angst vor Jahwe und sagte:»Wie kann die Lade Jahwes überhaupt zu mir kommen?« *10* Er gab den Plan auf, die Lade Jahwes zu sich in die Davidsstadt zu bringen, und führte sie stattdessen in das Haus Obed-Edoms, der aus Gat stammte. *11* Dort blieb die Lade Jahwes drei Monate stehen. Da segnete Jahwe Obed-Edom und sein ganzes Haus.

12 König David wurde das berichtet. Man sagte ihm: »Weil die Lade Gottes bei Obed-Edom ist, hat Jahwe sein Haus und alles, was er besitzt, gesegnet.« Da ging David hin und überführte die Lade Gottes mit großer Freude aus dem Haus Obed-Edoms in die Davidsstadt. 13 Als die Träger der Lade Jahwes sechs Schritte gegangen waren, opferte David einen Stier und ein Mastkalb. 14 David tanzte mit ganzer Hingabe vor Jahwe her. Dabei war er mit einem leinenen Efod* bekleidet. 15 So brachten David und die Israeliten die Lade Jahwes mit Jubelgeschrei und Hörnerschall hinauf.

16 Als die Lade Jahwes in die Stadt getragen wurde, schaute Michal, die Tochter Sauls, aus dem Fenster. Und als sie sah, wie König David vor Jahwe hüpfte und tanzte, verachtete sie ihn innerlich. 17 Man brachte die Lade in das Zelt, das David für sie errichtet hatte, und stellte sie dort an ihren Platz. David brachte Jahwe Brandopfer und ließ Tiere vor Jahwe zum Dankopfer schlachten. 18 Nach dem Opfermahl segnete er das Volk im Namen Jahwes, des Allmächtigen. 19 Dann ließ er an die ganze große Menge der Israeliten, die Männer und Frauen, je einen Brotfladen, eine Portion Dattelkuchen und eine Portion Rosinenkuchen verteilen. So machten sich die Leute auf den Heimweg.

20 Als David heimkam, um seinem Haus den Segensgruß zu bringen, kam ihm Michal, die Tochter Sauls, entgegen und spottete: »Wie würdevoll hat sich der König von Israel heute benommen, als er sich vor den Frauen seiner Diener schamlos entblößte, wie es sonst nur das niedrigste Gesindel tut!« 21 Doch David erwiderte ihr: »Vor Jahwe, der mich deinem Vater und allen seinen Nachkommen vorgezogen hat, der mich zum Fürsten über sein Volk Israel gemacht hat, ja, vor ihm will ich tanzen! 22 Und ich will mich noch geringer als diesmal machen und auch vor mir selbst niedrig erscheinen. Aber bei den Frauen, von denen du sprichst, werde ich zu Ehren kommen.« 23 Michal, die Tochter Sauls, blieb ihr Leben lang kinderlos.

Gottes Zusagen an David

7 1 Als nun der König in seinem Palast wohnte und Jahwe ihm Ruhe vor all seinen Feinden ringsum verschafft hatte, 2 sagte er eines Tages zum Propheten Natan: »Sieh doch, ich wohne hier in einem Palast aus Zedernholz, und die Lade Gottes steht nur in einem Zelt.« 3 Natan sagte zum König: »Geh ruhig ans Werk und tu, was du auf dem Herzen hast, denn Jahwe ist mit dir!« 4 Aber in der folgenden Nacht kam das Wort Jahwes zu Natan: 5 »Geh zu meinem Diener David und richte ihm aus: ›So spricht Jahwe: Du willst mir ein Haus bauen, in dem ich wohnen soll? 6 Seit ich die Söhne Israels aus Ägypten herausführte, habe ich noch nie in einem Haus gewohnt, sondern bin bis heute in einer Zeltwohnung umhergezogen.

6,14 Das *Efod* aus Leinen war offenbar ein ärmelloses Gewand und gehörte zur Dienstkleidung eines Priesters, muss aber von dem Efod des Hohenpriesters (2. Mose 39) unterschieden werden, das aus anderem Material hergestellt wurde.

7 Habe ich während dieser ganzen Zeit jemals von euch verlangt, mir ein Haus aus Zedernholz zu bauen? Von keinem der Führer Israels, denen ich aufgetragen hatte, mein Volk Israel zu weiden, habe ich so etwas verlangt.‹ 8 Darum sollst du meinem Diener David ausrichten: ›So spricht Jahwe, der Allmächtige: Ich selbst habe dich von der Schafherde weggeholt und dich zum Herrscher über mein Volk Israel gemacht. 9 Und wohin du auch gegangen bist, bin ich bei dir gewesen und habe alle deine Feinde vor dir beseitigt. Ich habe deinen Namen berühmt gemacht. Du wirst zu den Großen der Erde gezählt. 10 Ich habe meinem Volk Israel eine Heimat gegeben, ein Land, in dem es sicher leben kann und nicht mehr zittern muss. Böse Menschen werden es nicht mehr unterdrücken wie früher 11 und auch noch zu der Zeit, als ich Richter über mein Volk Israel einsetzte. Ich habe dir Ruhe vor all deinen Feinden verschafft. Und nun kündigt Jahwe dir an, dass er dir ein Haus bauen wird.

12 Wenn deine Zeit abgelaufen ist und du gestorben bist, werde ich dir einen deiner eigenen Nachkommen auf dem Thron folgen lassen und seine Herrschaft festigen. 13 Der wird dann ein Haus für meinen Namen bauen. Und seinem Königtum werde ich ewigen Bestand geben. 14 Ich werde sein Vater sein, und er soll mir Sohn sein.* Wenn er Unrecht begeht,

---

7,14 Wird im Neuen Testament im Hebräerbrief zitiert: Hebräer 1,5.

werde ich ihn mit menschlicher Rute und auf menschliche Weise züchtigen. 15 Aber meine Gnade entziehe ich ihm nicht, wie ich sie Saul entzog, den ich vor dir beseitigt habe. 16 Dein Königshaus und deine Königsherrschaft sollen für immer vor mir Bestand haben. Dein Thron steht fest auf ewig.‹«

Davids Dankgebet

17 Natan gab David alles genauso weiter, wie es ihm gesagt und offenbart worden war. 18 Da ging David in das Zelt, setzte sich vor Jahwe nieder und sagte: »Wer bin ich schon, Jahwe, mein Herr, und was bedeutet meine Familie, dass du mich bis hierher gebracht hast? 19 Und das war dir noch zu wenig, mein Herr, Jahwe! Du hast sogar Zusagen gemacht, die noch meinen fernen Nachkommen gelten – und das für jemand wie mich, Herr, Jahwe? 20 Was soll David da noch weiter sagen? Du kennst ja deinen Sklaven, Herr, Jahwe! 21 Weil du es versprochen hattest und weil es dein Wille war, hast du all das Große getan, um es deinen Sklaven erkennen zu lassen. 22 Darum bist du groß, Jahwe, mein Gott! Niemand ist dir gleich. Nach allem, was wir gehört haben, gibt es keinen Gott außer dir. 23 Und welches Volk gleicht deinem Volk Israel? Es ist die einzige Nation auf der Erde, die Gott aus der Sklaverei befreit und zu seinem eigenen Volk gemacht hat. So hat er sich einen Namen gemacht und für dieses Volk große und furchterregende Dinge getan. Aus Ägypten hast du es erlöst und hast andere Nationen samt ihren Göttern vor ihm vertrieben. 24 Für alle

Zeiten hast du dir Israel zu deinem Volk gemacht, und du selbst, Jahwe, bist sein Gott geworden. 25 Und nun, Jahwe, Gott, lass die Zusage, die du deinem Sklaven und seinen Nachkommen gemacht hast, für immer gültig sein, und tu, was du versprochen hast! 26 Dann wird dein Name groß für alle Zeiten sein, und man wird sagen: ›Jahwe, der Allmächtige, ist Gott über Israel!‹ Und auch das Königshaus deines Sklaven David wird vor dir bestehen. 27 Denn du, Jahwe, allmächtiger Gott Israels, du hast dem Ohr deines Sklaven offenbart: ›Ich werde dir ein Haus bauen!‹ Darum hat dein Sklave sich ein Herz gefasst, so zu dir zu beten. 28 Und nun, Jahwe, mein Herr, du allein bist wirklich Gott, und deine Worte sind Wahrheit, und du hast deinem Sklaven all das Gute versprochen. 29 So lass es dir nun gefallen und segne bitte das Königshaus deines Sklaven, dass es für immer vor dir bestehe! Denn du, Herr, Jahwe, du hast es gesagt, und mit deinem Segen wird das Haus deines Sklaven für immer gesegnet sein!«

Davids Siege

8 1 Einige Zeit später schlug David die Philister. Er unterwarf sie und nahm ihnen die Zügel der Herrschaft aus der Hand. 2 Er schlug auch die Moabiter*. Die Besiegten mussten sich nebeneinander auf die Erde legen, und er ließ die Messschnur über Leben und Tod entscheiden. Je zwei Schnurlängen Menschen wurden getötet und eine volle Schnurlänge am Leben gelassen. So unterwarf sich David die Moabiter und

machte sie tributpflichtig. 3 David besiegte auch König Hadad-Eser Ben-Rechob von Zoba*, der gerade ausgezogen war, um seine Macht am oberen Euphrat wiederherzustellen. 4 David nahm 1700 Reiter und 20.000 Fußsoldaten von ihm gefangen. Alle Streitwagen ließ er unbrauchbar machen, nur 100 behielt er für sich.

5 Als die Syrer von Damaskus König Hadad-Eser von Zoba zu Hilfe kamen, besiegte David auch sie und tötete 20.000 Mann. 6 David legte Besatzungen in das damaszenische Syrien. So wurden die Syrer David untertan und mussten ihm regelmäßig Tribut zahlen. Jahwe half David überall, wohin er auch zog.

7 David erbeutete die goldenen Schilde, die Hadad-Esers Offiziere getragen hatten, und brachte sie nach Jerusalem. 8 Aus den Städten Betach und Berotai, die zu Hadad-Esers Gebiet gehörten, nahm er eine große Menge Bronze mit. 9 Als König Toï von Hamat hörte, dass David die ganze Streitmacht Hadad-Esers vernichtet hatte, 10 schickte er seinen Sohn Joram zu ihm. Er sollte König David Grüße ausrichten und ihn zu seinem Sieg über Hadad-Eser beglückwünschen. Hadad-Eser hatte nämlich ständig gegen Toï Krieg geführt. Joram brachte Geräte aus Gold, Silber und Bronze mit. 11 Auch diese weihte König David Jahwe, ebenso

---

8,2 Die *Moabiter* lebten östlich vom Toten Meer zwischen den Flüssen Arnon und Zered.

8,3 *Zoba* war ein kleines Königreich nördlich von Damaskus.

wie das Silber und Gold, das er von den Völkern bekam, die er unterworfen hatte, 12 von den Syrern, den Moabitern und Ammonitern*, von den Philistern, den Amalekitern, und das, was er König Hadad-Eser Ben-Rechob von Zoba abgenommen hatte. 13 Einen Namen aber machte sich David, als er die Edomiter im Salztal schlug. 18.000 Mann waren es da. 14 Im ganzen Land Edom setzte er Statthalter ein und machte die Bewohner zu seinen Untertanen. So half Jahwe David überall, wohin er auch zog.

15 David regierte als König über ganz Israel und sorgte für Recht und Gerechtigkeit in seinem Volk.

Davids Beamte

16 Joab Ben-Zeruja war Oberbefehlshaber über das Heer. Joschafat Ben-Ahilud war Kanzler. 17 Zadok Ben-Ahitub und Ahimelech Ben-Abjatar waren Priester, Seraja war Staatsschreiber. 18 Benaja Ben-Jojada befehligte die Leibgarde*. Alle Söhne Davids hatten den Rang von Priestern.

David und Mefi-Boschet

9 1 Eines Tages fragte David: »Ist eigentlich von Sauls Familie noch

jemand am Leben? Um Jonatans willen möchte ich ihm Gutes tun.« 2 Saul hatte einen Gefolgsmann namens Ziba gehabt, der nun zu David gerufen wurde. Der König fragte ihn: »Bist du Ziba?« – »Ja, ich bin dein Sklave«, antwortete er. 3 Der König fragte ihn:»Ist denn keiner von Sauls Familie mehr am Leben? Ich möchte ihm die Güte Gottes erweisen.« Ziba erwiderte:»Es gibt noch einen Sohn Jonatans, der an beiden Füßen gelähmt ist.« 4 »Wo ist er?«, fragte der König. »Er lebt im Haus von Machir Ben-Ammiël in Lo-Dabar*«, erwiderte Ziba.

5 Da schickte der König Leute hin und ließ ihn holen. 6 So kam Mefi-Boschet Ben-Jonatan, der Enkel Sauls, zu David und fiel vor ihm auf die Knie mit dem Gesicht auf dem Boden. »Mefi-Boschet!«, sagte David. »Ja, ich bin dein Sklave«, erwiderte dieser. 7 »Hab keine Angst!«, sagte David zu ihm. »Um deines Vaters Jonatan willen möchte ich dir Gutes tun. Ich werde dir alle Ländereien deines Großvaters Saul zurückgeben. Und du darfst immer an meinem Tisch essen.« 8 Da warf er sich erneut nieder und sagte: »Was ist dein Sklave schon, dass du dich mir so zuwendest? Ich bin doch nur ein toter Hund!«

9 Dann ließ der König Ziba, den Gefolgsmann Sauls, zu sich kommen und sagte zu ihm: »Alles, was Saul und seiner Familie gehört hat, habe ich dem Enkel deines Herrn zurückgegeben. 10 Du wirst mit deinen Söhnen und Knechten das Land bearbeiten und die Ernte einbringen, damit der Enkel deines Herrn seinen Lebens-

---

8,12 Die *Ammoniter* waren nordöstliche Nachbarn der Moabiter.

8,18 *Leibgarde.* Wörtlich: Die *Kreter und Pleter.* Vielleicht sind damit Männer von zwei aus Kreta stammenden Philisterstämmen gemeint, die David als Leibwächter in der königlichen Leibgarde dienten.

9,4 *Lo-Dabar*, Stadt im Ostjordanland, 16 km südöstlich vom See Gennesaret.

unterhalt hat. Mefi-Boschet selbst wird immer an meinem Tisch essen.« Ziba hatte fünfzehn Söhne und zwanzig Knechte. *11* Da sagte Ziba zum König: »Dein Sklave wird alles tun, was mein Herr, der König, ihm befiehlt.«

Mefi-Boschet wurde also an der Königstafel versorgt wie einer der Königssöhne. *12* Er hatte auch noch einen kleinen Sohn namens Micha. Und alle, die zum Haushalt Zibas gehörten, wurden zu Dienern Mefi-Boschets. *13* Er wohnte in Jerusalem, denn er aß ständig an der Tafel des Königs, und er war an beiden Füßen gelähmt.

Krieg gegen die Ammoniter

10 *1* Einige Zeit später starb der König der Ammoniter und sein Sohn Hanun wurde König. *2* David dachte: »Ich will Hanun Ben-Nahasch Freundlichkeit erweisen, wie sein Vater auch mir gegenüber Freundlichkeit gezeigt hat.« So schickte er eine Gesandtschaft zu Hanun, um ihm sein Beileid auszusprechen. Als die Gesandten Davids im Ammoniterland ankamen, *3* sagten die Oberen der Ammoniter zu ihrem Herrn: »Denkst du wirklich, dass David deinen Vater ehren will, wenn er dir sein Beileid ausspricht? Er hat seine Gesandten doch nur geschickt, um die Stadt zu erkunden. Er will sie ausspionieren, um sie später zerstören zu können.« *4* Da ließ Hanun die Gesandten Davids ergreifen, ihnen die Hälfte des Bartes abscheren und die Kleider unten bis zum Gesäß abschneiden, und schickte sie so zurück. *5* Als David erfuhr,

wie schwer seine Männer beschämt worden waren, schickte er ihnen Boten entgegen und ließ ihnen sagen: »Bleibt in Jericho, bis euer Bart wieder gewachsen ist, und kommt dann zurück.«

6 Als die Ammoniter merkten, dass sie sich bei David verhasst gemacht hatten, warben sie Soldaten an: 20.000 Mann bei den Syrern von Bet-Rechob* und Zoba, 12.000 Mann von Tob* und den König von Maacha* mit 1000 Mann. *7* Als David davon hörte, ließ er Joab mit dem ganzen Heer und der Elitetruppe ausrücken. *8* Die Ammoniter bezogen Stellung vor dem Tor ihrer Stadt. Aber die Syrer von Zoba und Rechob und die Männer von Tob und Maacha stellten sich in einiger Entfernung auf offenem Feld zur Schlacht auf. *9* Als Joab sah, dass er eine Front vor sich und eine im Rücken hatte, wählte er seine besten Leute aus und stellte sich mit ihnen den Syrern entgegen. *10* Die übrigen sollten sich unter dem Kommando seines Bruders Abischai den Ammonitern entgegenstellen. *11* Joab sagte: »Wenn die Syrer stärker sind als ich, kommst du mir zu Hilfe. Und wenn dir die Ammoniter zu stark werden, helfe ich dir. *12* Hab Mut und lass uns stark sein für unser Volk und die Städte

---

10,6 Bet-Rechob liegt zwischen dem Berg Hermon und dem Libanon-Gebirge.

Tob. Die Stadt lag nördlich vom Königreich Ammon und östlich vom Stammesgebiet Manasse.

Maacha war ein kleines syrisches Königreich nördlich und östlich vom See Gennesaret.

unseres Gottes! Dann soll Jahwe tun, was ihm gefällt.« *13* Joab rückte mit seiner Truppe zur Schlacht gegen die Syrer vor. Da flohen sie vor ihm. *14* Als die Ammoniter sahen, dass die Syrer flohen, ergriffen auch sie vor Abischai die Flucht und zogen sich in die Stadt zurück. Da stellte Joab den Kampf gegen die Ammoniter ein und kehrte nach Jerusalem zurück.

Krieg gegen die Syrer

15 Die Syrer jedoch sammelten sich wieder, nachdem sie von Israel geschlagen worden waren. *16* Hadad-Eser ließ auch die syrischen Truppen von jenseits des Euphrat anrücken. Unter dem Befehl seines Heerführers Schobach rückten sie bis Helam* vor. *17* Als David das gemeldet wurde, rief er alle wehrfähigen Männer Israels zusammen, überquerte mit ihnen den Jordan und kam nach Helam. Dort stellten sich ihm die Syrer entgegen, und es kam zur Schlacht. *18* Die Syrer wurden von Israel in die Flucht geschlagen. Davids Männer erschlugen 700 syrische Wagenkämpfer und 40.000 Mann vom Fußvolk. Auch Schobach, ihren Heerführer, verwundeten sie, dass er dort starb. *19* Als nun all die Könige, die unter der Oberherrschaft Hadad-Esers gestanden hatten, sahen, dass sie geschlagen waren, schlossen sie Frieden mit

10,16 *Helam* lag 56 km östlich vom See Gennesaret an der Nordgrenze des israelischen Ostjordanlandes.
11,1 *Rabba* war die Hauptstadt der Ammoniter und lag 38 km östlich vom Jordan, heute: Amman.

Israel und unterwarfen sich. Die Syrer wagten es nicht, den Ammonitern noch einmal zu helfen.

David bricht die Ehe

11 *1* Als der Frühling kam, begann wieder die Zeit, in der die Könige ihre Feldzüge unternahmen. Auch David schickte Joab mit seinen Leuten und dem ganzen Heer Israels los. Sie verwüsteten das Land der Ammoniter und belagerten Rabba*. David selbst blieb in Jerusalem. *2* Eines Tages, es war schon gegen Abend, erhob sich David von seiner Mittagsruhe und ging auf der Dachterrasse seines Palastes auf und ab. Da fiel sein Blick auf eine Frau, die sich gerade mit Wasser übergoss. Sie war sehr schön. *3* David schickte jemand hin und erkundigte sich nach der Frau. Man sagte ihm: »Das ist doch Batseba Bat-Eliam, die Frau des Hetiters Urija.« *4* David schickte Boten und ließ sie holen. Sie kam zu ihm, und er schlief mit ihr. Sie hatte gerade die vorgeschriebene Reinigung nach ihrer Monatsblutung vorgenommen. Danach ging sie in ihr Haus zurück. *5* Aber die Frau wurde schwanger. Sie schickte jemand zu David und ließ ihm ausrichten: »Ich bin schwanger.«

6 Da schickte David eine Botschaft zu Joab: »Lass den Hetiter Urija zu mir kommen!« Joab tat es. *7* Als Urija zu David kam, erkundigte sich der König nach dem Ergehen Joabs und des Heeres und nach dem Stand des Krieges. *8* Dann sagte er zu ihm: »Geh nach Hause und lass dir die Füße baden!« Als Urija den Palast verließ, wurde ein Geschenk des Königs hinter ihm hergetragen. *9* Doch Urija ging nicht nach Hause, sondern übernachtete bei den Dienern seines Herrn am Palasteingang. *10* Als David gemeldet wurde, dass Urija nicht nach Hause gegangen war, fragte er ihn: »Warum bist du nicht nach Hause gegangen? Du hast doch einen langen Weg hinter dir.« *11* Urija erwiderte David: »Die Lade* und die Männer von Israel und Juda wohnen in Zelten, selbst Joab, mein Herr, und seine Offiziere übernachten auf offenem Feld, und da sollte ich in mein Haus gehen, essen und trinken und mit meiner Frau schlafen? So wahr du lebst – bei deinem Leben, das werde ich nicht tun.«

12 Da sagte David zu Urija: »So bleib auch heute noch hier, morgen lass ich dich gehen!« Also blieb Urija an diesem und am folgenden Tag in Jerusalem. *13* David lud ihn ein, bei ihm zu essen und zu trinken, und er machte ihn betrunken. Aber am Abend ging Urija wieder nicht nach Hause, sondern legte sich auf sein Lager bei den Dienern seines Herrn.

David lässt den Ehemann ermorden

14 Am nächsten Morgen schrieb David einen Brief an Joab und ließ ihn durch Urija überbringen. *15* Darin stand: »Stellt Urija an die vorderste Front, wo der Kampf am härtesten ist, und zieht euch dann hinter ihm zurück, dass er getroffen wird und stirbt!«

16 Joab hatte die Stadt ständig im Blick und wusste, wo ihre besten Kämpfer standen. Dort setzte er Urija ein. *17* Als die Belagerten einen Ausfall machten und Joab ein Gefecht lieferten, fielen einige von Davids Leuten. Auch Urija, der Hetiter, fand dabei den Tod. *18* Joab ließ David über den Verlauf des Kampfes genau unterrichten. *19* Er sagte zu dem Boten: »Wenn du dem König alle Einzelheiten über den Kampf berichtet hast, *20* wird er vielleicht wütend werden und dich fragen: ›Warum seid ihr beim Kampf so nahe an die Stadt gerückt? Habt ihr nicht gewusst, dass sie von der Mauer herab schießen? *21* Wer hat denn Abimelech Ben-Jerubbeschet* erschlagen? War es nicht eine Frau, die den Mahlstein einer Handmühle von der Mauer herab auf ihn warf? So kam er vor Tebez um.* Aus welchem Grund seid ihr so nah an die Mauer herangerückt?‹ Dann sollst du sagen: ›Auch dein Knecht Urija, der Hetiter, ist tot.‹«

22 Der Bote ging zu David und berichtete ihm alles, was Joab ihm aufgetragen hatte. *23* Er sagte: »Weil die Männer uns überlegen waren, machten sie einen Ausfall und griffen uns auf freiem Feld an. Doch wir drängten sie bis dicht ans Stadttor zurück. *24* Da wurden wir von den Schützen auf der Mauer beschossen, und einige von deinen Leuten starben. Auch dein Knecht Urija, der Hetiter, ist tot.«

11,11 *Lade.* Offenbar wurde die Bundeslade mit in das Feldlager genommen wie schon in 1. Samuel 4,4-8.

11,21 *Jerubbeschet.* Gemeint ist Jerubbaal, also Gideon (Richter 7,1). »Baal« soll wie in 2. Samuel 2,8 vermieden werden.

kam er ... um. Richter 9,50-53.

25 Da sagte David dem Boten: »Richte Joab aus: ›Nimm die Sache nicht so schwer, denn das Schwert frisst mal so und mal so! Verstärke deinen Kampf gegen die Stadt und zerstöre sie!‹ So sollst du ihm Mut machen.« 26 Als Urijas Frau hörte, dass ihr Mann tot war, hielt sie die Totenklage für ihn. 27 Nach Ablauf der Trauerzeit holte David sie zu sich in seinen Palast. Sie wurde seine Frau und gebar ihm einen Sohn. Doch Jahwe missfiel sehr, was David getan hatte.

Natans Seelsorge

12 1 Jahwe schickte Natan zu David. Der ging zu ihm und sagte: »Zwei Männer lebten in einer Stadt. Der eine war reich, der andere arm. 2 Der Reiche hatte sehr viele Schafe und Rinder. 3 Der Arme hatte nur ein einziges kleines Lämmchen. Er hatte es gekauft und zog es auf. Es wurde zusammen mit seinen Kindern bei ihm groß. Es aß von seinem Bissen, trank aus seinem Becher und schlief in seinem Schoß. Es war für ihn wie eine Tochter. 4 Da kam ein Besucher zu dem reichen Mann. Doch der brachte es nicht übers Herz, eins von seinen Schafen oder Rindern zu nehmen, um es für den Wanderer zuzurichten. Darum nahm er dem Armen das Lamm weg und setzte es seinem Gast vor.«

5 David wurde sehr zornig über diesen Mann und sagte zu Natan: »So wahr Jahwe lebt: Der Mann, der das getan hat, ist ein Kind des Todes! 6 Dazu muss er das Lamm vierfach ersetzen. Das ist die Strafe dafür, dass er diese Untat beging und kein Mitleid hatte.« 7 Da sagte Natan zu David: »*Du* bist der Mann! So spricht Jahwe, der Gott Israels: ›Ich habe dich zum König über Israel gesalbt, ich habe dich aus der Hand Sauls gerettet, 8 ich habe dir den ganzen Besitz deines Herrn gegeben und die Frauen deines Herrn in deinen Schoß gelegt. Ich habe dich zum König über Israel und Juda gemacht. Und wenn das noch zu wenig war, hätte ich dir noch dies und das dazu gegeben. 9 Warum hast du das Wort Jahwes verachtet und getan, was ihm missfällt? Du hast Urija, den Hetiter, mit dem Schwert erschlagen, und dann hast du dir seine Frau genommen! Ihn selbst hast du ja durch das Schwert der Ammoniter umgebracht. 10 Darum wird das Schwert auch von deiner Familie niemals weichen. Denn du hast mich verachtet und die Frau des Hetiters Urija zu deiner Frau gemacht.‹ 11 So spricht Jahwe: ›Aus deiner eigenen Familie lasse ich Unglück über dich kommen. Unter deinen Augen werde ich deine Frauen wegnehmen und sie deinem Nächsten geben, dass er am helllichten Tag mit ihnen schlafen wird. 12 Denn du, du hast es im Verborgenen getan, aber ich werde es in aller Öffentlichkeit vor ganz Israel tun.‹«

13 Da sagte David zu Natan: »Ich habe gegen Jahwe gesündigt.« Und Natan sagte zu ihm: »So hat auch Jahwe deine Sünde weggenommen, dass du nicht sterben musst. 14 Weil du aber den Feinden Jahwes durch diese Sache Anlass zur Lästerung gegeben hast, muss der Sohn, der dir geboren wird, sterben.«

Davids Kampf um das Kind

¹⁵ Dann ging Natan nach Hause. Jahwe ließ das Kind, das Urijas Frau David geboren hatte, schwer krank werden. ¹⁶ David suchte Gott um des Jungen willen und hielt ein strenges Fasten. Wenn er zum Schlafen heimkam, legte er sich auf den nackten Boden. ¹⁷ Die Ältesten seines Hofes versuchten ihn zum Aufstehen zu bewegen. Aber er ließ es nicht zu und aß auch nicht mit ihnen. ¹⁸ Am siebten Tag starb das Kind. Davids Diener wagten es nicht, ihm zu sagen, dass das Kind tot war. »Schon als das Kind noch lebte«, sagten sie zueinander, »hat er nicht auf uns gehört. Wie können wir ihm jetzt sagen, dass das Kind tot ist? Es würde Unheil anrichten.« ¹⁹ Als David merkte, dass seine Diener miteinander flüsterten, wurde ihm klar, dass das Kind tot war. Er fragte sie: »Ist es tot?« – »Ja«, erwiderten sie. ²⁰ Da stand David vom Boden auf, wusch und salbte sich und zog frische Kleider an. Dann ging er ins Haus Jahwes und warf sich nieder. Wieder in sein Haus zurückgekehrt, ließ er sich etwas zu essen bringen. ²¹ Da fragten seine Diener ihn: »Was machst du da für eine Sache? Als das Kind noch lebte, hast du gefastet und geweint. Doch nun, wo es gestorben ist, stehst du auf und isst!« ²² Da sagte er: »Als das Kind noch lebte, habe ich gefastet und geweint, weil ich dachte: ›Wer weiß, vielleicht wird Jahwe mir gnädig sein und lässt es am Leben.‹ ²³ Aber jetzt ist es tot. Wozu soll ich dann noch fasten? Kann ich es damit etwa zurückbringen? Ich werde ihm einmal nachfolgen – aber zu mir kommt es nicht wieder zurück.«

Die Geburt Salomos

²⁴ David tröstete seine Frau Batseba. Er schlief mit ihr, und sie bekam wieder einen Sohn, den er Salomo nannte. Jahwe liebte ihn. ²⁵ Deshalb schickte er den Propheten Natan zu David und ließ dem Jungen den Namen Jedidja geben, Liebling Jahwes.

Die Eroberung von Rabba

²⁶ Joab kämpfte weiter gegen Rabba, die Königsstadt der Ammoniter, und hatte bereits einen Teil davon erobert. ²⁷ Dann schickte er Boten zu David und ließ ihm sagen: »Ich habe Rabba bekämpft und die Wasserstadt* bereits erobert. ²⁸ Komm du nun mit dem Rest der Wehrfähigen und vollende die Belagerung der Stadt, damit nicht ich die Stadt erobere und mein Name über ihr ausgerufen wird!« ²⁹ Da zog David mit allen übrigen Männern nach Rabba, griff die Stadt an und eroberte sie. ³⁰ Er nahm ihrem König die Krone vom Kopf und setzte sie selbst auf. Ihr Gewicht betrug 34 Kilogramm*. Sie bestand ganz aus Gold und war mit einem kostbaren Edelstein besetzt. Außerdem nahm er reiche Beute aus der Stadt mit. ³¹ Die Bevölkerung der Stadt ließ David Zwangsarbeiten verrichten. Er stellte sie an Steinsägen, eiserne Pickel, eiserne Beile und Ziegelformen. So machte er es auch mit den anderen

---

12,27 *Wasserstadt.* Der untere Teil der Stadt, der am Bach, dem heutigen Sel Amman, lag.

12,30 *34 Kilogramm.* Wörtlich: *ein Talent.* Die Krone wurde offenbar nur kurz bei besonderen Anlässen getragen.

Städten der Ammoniter. Dann kehrte er mit dem ganzen Heer nach Jerusalem zurück.

Amnons Schandtat

13 ¹ Davids Sohn Abschalom hatte eine schöne Schwester. Sie hieß Tamar. Eines Tages verliebte sich Amnon, ein anderer Sohn Davids, in sie. ² Amnon begehrte sie so sehr, dass er krank wurde. Sie war noch unberührt, und er sah keine Möglichkeit, an sie heranzukommen. ³ Nun hatte er einen Freund namens Jonadab. Das war der Sohn von Davids Bruder Schima. Er war ein sehr kluger Mann. ⁴ Er sagte zu Amnon: »Was ist los mit dir, Prinz? Warum bist du Morgen für Morgen so elend? Willst du es mir nicht sagen?« – »Ich habe mich in Tamar, die Schwester meines Bruders Abschalom, verliebt«, erwiderte er. ⁵ Da riet Jonadab ihm: »Leg dich auf dein Bett und stell dich krank. Wenn dann dein Vater nach dir sieht, sag zu ihm: ›Könnte nicht meine Schwester* Tamar zu mir kommen und mir die Krankenkost bringen? Wenn sie sie hier vor meinen Augen zubereitet, dass ich zusehen kann, werde ich essen, was sie mir gibt.‹« ⁶ Amnon legte sich also hin und stellte sich krank. Als der König ihn besuchte, sagte Amnon zu ihm: »Könnte nicht meine Schwester Tamar kommen und vor meinen Augen zwei Herzkuchen formen? Was

sie mir gibt, werde ich essen.« ⁷ Da schickte David jemand zu Tamar ins Haus und ließ ihr sagen: »Geh doch ins Haus deines Bruders Amnon und mach ihm etwas zu essen!« ⁸ So ging Tamar ins Haus Amnons, während er sich hingelegt hatte. Sie nahm Teig, knetete ihn, formte vor seinen Augen die Herzkuchen und backte sie. ⁹ Dann nahm sie die Pfanne und richtete es ihm zu. Aber er weigerte sich zu essen. »Es sollen erst alle hinausgehen!«, verlangte er. Als alle weg waren, ¹⁰ sagte er zu Tamar: »Bring die Krankenkost ins Schlafzimmer. Ich werde nur essen, wenn du es mir direkt gibst.« Da nahm Tamar die Herzkuchen, die sie gebacken hatte, und brachte sie ihrem Bruder ans Bett. ¹¹ Als sie ihm etwas davon reichte, packte er sie und sagte: »Komm Schwester, schlaf mit mir!« ¹² »Nicht doch, mein Bruder!«, rief sie. »Zwing mich nicht zu so etwas! Das darf man in Israel nicht tun! Diese Schandtat darfst du nicht begehen! ¹³ Und ich, wo sollte ich mit meiner Schande hin? Und du würdest als einer der Niederträchtigsten in Israel dastehen. Sprich doch mit dem König! Er wird mich dir sicher nicht verweigern.« ¹⁴ Doch Amnon wollte nicht auf sie hören. Er fiel über sie her und vergewaltigte sie. ¹⁵ Danach aber wurde Amnon wütend auf sie und fing an, sie regelrecht zu hassen. Sein Hass auf sie war größer als sein Verlangen vorher. »Steh auf und mach dich fort!«, schrie er sie an. ¹⁶ »Nein, jag mich jetzt nicht weg!«, flehte sie. »Das Unrecht wäre noch schlimmer als das andere, das du mir angetan hast.« Aber er wollte nicht auf sie hören, ¹⁷ sondern rief den jun-

---

13,5 *meine Schwester.* Tamar war die Halbschwester Amnons, weil sie eine andere Mutter als er hatte.

gen Mann, der in seinen Diensten stand, und sagte: »Schaff mir die da fort! Los, weg mit ihr! Hinaus! Und schließ die Tür hinter ihr zu!« 18 Sie trug ein Kleid mit langen Ärmeln, denn solche Gewänder zogen die Töchter des Königs an, solange sie noch unberührt waren. Als nun der Diener sie hinausbrachte und die Tür hinter ihr zuschloss, 19 streute Tamar Staub auf ihren Kopf, zerriss das langärmlige Kleid, das sie anhatte, legte eine Hand auf den Kopf und lief schreiend davon.

Abschaloms Rache

20 Ihr Bruder Abschalom fragte sie: »War dein Bruder Amnon mit dir zusammen? Nun denn, sprich nicht darüber, meine Schwester. Er ist ja dein Bruder. Nimm dir diese Sache nicht zu Herzen.« Da blieb Tamar vereinsamt und verstört im Haus ihres Bruders Abschalom wohnen. 21 Als König David erfuhr, was geschehen war, wurde er sehr zornig.

22 Abschalom aber sprach kein Wort mehr mit Amnon, denn er hasste ihn, weil er seine Schwester Tamar vergewaltigt hatte. 23 Zwei Jahre später hatte Abschalom Schafschur in Baal-Hazor in der Nähe von Efraïm*. Dazu hatte er alle Königssöhne eingeladen. 24 Das kam so: Er war zum König gegangen und hatte gesagt: »Dein Diener hat gerade die Schafscherer bei sich. Darf ich den König und seine Diener einladen, mit mir zu feiern?« 25 Aber der König sagte zu ihm: »Nein, mein Sohn. Wir können doch nicht alle zusammen hingehen. Wir wollen dir nicht zur Last fallen.« Abschalom drängte ihn, aber der König

wollte nicht und entließ ihn mit einem Segenswunsch. 26 Da sagte Abschalom noch: »Kann nicht wenigstens mein Bruder Amnon mitkommen?« – »Wozu denn das?«, sagte der König. 27 Abschalom aber drängte ihn. Da ließ er schließlich Amnon und alle anderen Königssöhne mitgehen.

28 Abschalom befahl seinen Gefolgsleuten: »Passt auf! Wenn der Wein bei Amnon zu wirken beginnt und ich euch sage, dass ihr ihn erschlagen sollt, dann tötet ihn! Habt keine Angst, denn schließlich gebe ich euch den Befehl dazu! Seid mutig und zeigt, dass ihr tapfere Männer seid!« 29 Die Leute Abschaloms gehorchten seinem Befehl und töteten Amnon. Da sprangen alle anderen Königssöhne auf, bestiegen ihre Maultiere und flohen. 30 Sie waren noch unterwegs, als David schon das Gerücht erreichte, Abschalom hätte alle Königssöhne erschlagen, keiner wäre entkommen. 31 Da stand der König auf, riss sein Gewand ein und warf sich zu Boden. Seine Diener standen mit eingerissenen Gewändern um ihn herum. 32 Aber Jonadab, der Sohn von Davids Bruder Schima, sagte: »Mein Herr muss nicht denken, dass all die jungen Männer, die Königssöhne, umgebracht worden sind. Amnon allein wird tot sein. Von dem Tag an, als Tamar vergewaltigt wurde, war es Abschalom doch anzusehen, dass er entschlossen war, sich an Amnon zu rächen. 33 Der König nehme sich die

13,23 *Efraïm.* Gemeint ist wahrscheinlich der Ort Efron, 21 km nördlich von Jerusalem.

Sache nicht so zu Herzen. Er soll nicht glauben, dass alle Königssöhne tot sind. Bestimmt wurde nur Amnon getötet.« ³⁴ Abschalom war zu dieser Zeit schon geflohen. Der junge Mann, der Ausschau hielt, sah jetzt auf dem Weg vom Westen eine größere Menschenmenge den Berg herabkommen. ³⁵ Da sagte Jonadab zum König:»Schau, die Königssöhne kommen! Es war genauso, wie dein Sklave es gesagt hat.« ³⁶ Kaum hatte er das ausgesprochen, da waren die Königssöhne auch schon da und fingen an, laut zu weinen. Auch der König und seine Leute brachen in Tränen aus. ³⁷ Abschalom war zu Talmai* Ben-Ammihud, dem König von Geschur*, geflohen. David trug die ganze Zeit Leid um seinen Sohn.

Abschaloms Rückkehr

³⁸ Abschalom war also nach Geschur geflohen. Dort blieb er drei Jahre. ³⁹ Dann hörte David auf, sich über Abschalom zu erregen, denn er hatte sich mit Amnons Tod abgefunden.

14 ¹ Joab Ben-Zeruja merkte, dass der König seinen Sohn Abschalom zu vermissen begann. ² Da ließ er eine kluge Frau aus Tekoa* holen und sagte zu ihr:»Du sollst die Rolle einer Trauernden spielen. Zieh Trauerkleider an, salbe dich nicht und benimm dich wie eine Frau, die schon lange um einen Toten trauert. ³ Geh dann zum König und erzähle ihm das, was ich dir jetzt sage.« Joab gab ihr seine Anweisungen. ⁴ Als die Frau aus Tekoa zum König kam, fiel sie vor ihm nieder, mit dem Gesicht zur Erde, und sagte:»Hilf, mein König!« ⁵ »Was fehlt dir?«, fragte der König. Da sagte sie:»Ach, ich bin Witwe, mein Mann ist gestorben. ⁶ Deine Sklavin hatte zwei Söhne. Die gerieten eines Tages in Streit auf dem Feld. Und weil niemand in der Nähe war, der dazwischentreten konnte, schlug der eine den anderen tot. ⁷ Und nun ist die ganze Sippe gegen deine Sklavin aufgestanden. Sie fordern, dass ich ihnen den herausgebe, der seinen Bruder erschlagen hat. Sie wollen ihn töten, weil er seinen Bruder umgebracht hat, und so auch den Erben beseitigen. So werden sie den letzten Funken ersticken, der mir noch geblieben ist. Mein Mann wird dann keinen Nachkommen auf der Erde mehr haben, keinen, der seinen Namen weiterträgt.« ⁸ Da sagte der König zu der Frau:»Geh nach Hause, ich kümmere mich um die Sache!« ⁹ »Mein Herr und König«, sagte die Frau,»aber auf mir und der Familie meines Vaters wird die Schuld liegen bleiben. Der König und sein Thron sind nicht betroffen.« ¹⁰ Da sagte der König:»Wer darüber etwas zu dir sagt, den bring zu mir! Er wird dich künftig in Ruhe lassen.« ¹¹ Aber sie sagte:»Mein König, sag es doch bitte vor Jahwe, deinem Gott, damit der Bluträcher nicht noch mehr

---

13,37 *Talmai* war der Vater seiner Mutter Maacha (2. Samuel 3,3).

Geschur war ein kleines syrisches Königreich, östlich und nordöstlich vom See Gennesaret.

14,2 *Tekoa*, der Heimatort des Propheten Amos, lag 16 km südlich von Jerusalem.

Verderben anrichtet und sie meinen Sohn nicht beseitigen!« Da sagte er: »So wahr Jahwe lebt: Kein Haar soll deinem Sohn gekrümmt werden!« ¹² Darauf sagte die Frau: »Lass doch deine Sklavin noch ein Wort zu meinem Herrn, dem König, sagen!« – »Sprich!«, sagte er. ¹³ Da sagte sie: »Warum hast du dann das Gleiche gegen das Volk Gottes im Sinn? Denn nach dem, was der König eben gesagt hat, steht er selbst wie ein Schuldiger da, weil er seinen verstoßenen Sohn nicht wiederkommen lässt. ¹⁴ Ja, wir sterben gewiss und sind wie Wasser, das in der Erde verrinnt und das man nicht wieder aufsammeln kann. Aber Gott will das Leben nicht nehmen und möchte auch nicht, dass der Verstoßene von ihm verstoßen bleibt. ¹⁵ So bin ich nun hergekommen, um meinem Herrn, dem König, dieses Wort zu sagen, weil die Leute mir Angst machen. Da sagte sich deine Sklavin: ›Ich will mit dem König reden, vielleicht hört er auf das Wort seiner Sklavin.‹ ¹⁶ Ja, der König wird mir Gehör schenken, um seine Sklavin aus der Gewalt des Mannes zu retten, der meinen Sohn töten und mich aus meinem Erbbesitz drängen will. ¹⁷ Und deine Sklavin sagte sich: ›Das Wort meines Herrn und Königs soll mir Beruhigung verschaffen.‹ Denn mein Herr, der König, ist wie der Engel Gottes und hört heraus, was das Gute ist und was das Böse. Jahwe, dein Gott, sei mit dir!« ¹⁸ Der König antwortete der Frau: »Ich will dich noch etwas fragen, aber du darfst mir jetzt nichts verschweigen!« – »Mein Herr und König möge fragen«, erwiderte sie. ¹⁹ »Hat hier nicht Joab seine Hand im Spiel?«, fragte er. Da rief die Frau: »So wahr du lebst, mein Herr und König: Wenn du etwas sagst, ist es unmöglich nach rechts oder links auszuweichen! Ja, dein Diener Joab hat mich hergeschickt, und er war es, der deiner Sklavin genau erklärt hat, was sie sagen sollte. ²⁰ Um der Sache ein anderes Aussehen zu geben, hat dein Diener Joab so gehandelt. Aber mein Herr ist weise wie der Engel Gottes und durchschaut alles, was auf der Erde vor sich geht.«

²¹ Da sagte der König zu Joab: »Gut, ich entscheide die Sache jetzt: Geh also und lass den Jungen, den Abschalom, zurückkehren!« ²² Da warf sich Joab zu Boden mit dem Gesicht zur Erde und dankte dem König: »Jetzt weiß ich, dass dein Sklave deine Gunst gefunden hat, mein Herr und König, denn du hast meine Bitte erfüllt.« ²³ Joab reiste also nach Geschur und brachte Abschalom nach Jerusalem zurück. ²⁴ Dann aber sagte der König: »Er darf wieder in seinem Haus wohnen, aber empfangen werde ich ihn nicht.« So lebte Abschalom wieder in seinem Haus, aber zum König durfte er nicht kommen.

Abschalom setzt sich durch

²⁵ In ganz Israel gab es keinen Mann von so rühmenswerter Schönheit wie Abschalom. Vom Scheitel bis zur Sohle war alles vollkommen an ihm.

14,26 *zweieinhalb Kilogramm.* Wörtlich: 200 Schekel nach königlichem Gewicht. Der königliche Schekel wog 13 Gramm.

26 Wenn er sich das Kopfhaar schneiden ließ – das geschah einmal im Jahr – dann wog es zweieinhalb Kilogramm*. 27 Drei Söhne hatte Abschalom und eine Tochter namens Tamar. Sie war eine sehr schöne Frau. 28 Nun lebte Abschalom schon zwei volle Jahre in Jerusalem, ohne beim König gewesen zu sein. 29 Da ließ er Joab zu sich rufen, um ihn zum König zu schicken. Doch der wollte nicht kommen. Er bat ihn noch ein zweites Mal zu sich, aber er war nicht bereit, zu ihm zu kommen. 30 Da sagte Abschalom zu seinen Dienern: »Passt auf! Das Feld Joabs liegt gleich neben meinem. Er hat dort Gerste stehen. Los, steckt das Getreide in Brand!« Abschaloms Diener gingen hin und zündeten das Feldstück an. 31 Darauf kam Joab sofort zu Abschalom ins Haus und sagte: »Warum haben deine Knechte meine Gerste angezündet?« 32 »Weil du nicht gekommen bist, als ich dich zu mir bat«, erwiderte Abschalom. »Ich wollte dich zum König schicken, um ihm zu sagen: ›Wozu bin ich eigentlich von Geschur zurückgekommen? Es wäre besser für mich, wenn ich dort geblieben wäre.‹ Jetzt will ich zum König vorgelassen werden. Wenn er mich für schuldig hält, dann soll er mich töten.« 33 Da ging Joab zum König und richtete ihm die Botschaft aus. Der König ließ Abschalom rufen. Der kam und warf sich vor ihm auf den Boden mit dem

Gesicht zur Erde. Und der König küsste Abschalom.

Abschaloms Aufstand beginnt

15 1 Einige Zeit später schaffte sich Abschalom Wagen und Pferde an und eine fünfzig Mann starke Leibwache. 2 Jeden Morgen stand er zeitig auf und stellte sich neben den Torweg. Wer einen Streitfall hatte und damit zum König ging, um Recht zu bekommen, kam hier vorbei. Abschalom sprach jeden von ihnen an und fragte: »Aus welcher Stadt bist du?« Wenn der dann erwiderte: »Dein Sklave kommt aus einem der Stämme Israels«, 3 sagte Abschalom zu ihm: »Deine Sache ist gut und recht, aber du hast niemand beim König, der dich anhört.« 4 Dann fügte er hinzu: »Wenn man doch mich als Richter im Land einsetzen würde! Zu mir könnte jeder kommen, der einen Streitfall oder eine Rechtssache hat. Ich würde ihm zum Recht verhelfen.« 5 Und wenn jemand zu ihm kam, um sich vor ihm niederzuwerfen, zog er ihn an sich und küsste ihn. 6 So machte es Abschalom bei allen Israeliten, die zum König kamen, um ihr Recht zu suchen. Auf diese Weise stahl er dem König das Herz der Männer von Israel.

7 Nach vier* Jahren sagte Abschalom zum König: »Ich möchte nach Hebron gehen und das Gelübde einlösen, das ich Jahwe gegeben habe. 8 Denn als dein Sklave noch in Geschur in Syrien war, habe ich gelobt: ›Wenn Jahwe mich wirklich nach Jerusalem zurückbringt, dann will ich ihm das abdienen.‹« 9 »Geh in Frieden«, sagte der König zu ihm. Darauf

---

15,7 *vier.* So mit einigen Manuskripten der syrischen Übersetzung, der LXX (siehe Josua 15,7), sowie Josephus. Im Hebräischen Text steht *vierzig*, was man eventuell auf das Alter Abschaloms beziehen könnte.

ging Abschalom nach Hebron. *10* Von dort aus schickte er Geheimboten in alle Stämme Israels und ließ sagen: »Sobald ihr das Signalhorn hört, ruft: ›Abschalom ist in Hebron König geworden!‹« *11* Zweihundert Mann aus Jerusalem begleiteten Abschalom. Sie waren als Festgäste eingeladen worden und gingen arglos mit. Von der ganzen Sache wussten sie nichts. *12* Abschalom ließ auch Ahitofel*, den Berater Davids, aus seinem Wohnort Gilo* kommen. Als er nun die Tiere zum Opferfest schlachten ließ, wurde die Verschwörung sehr stark und das Volk bei Abschalom immer zahlreicher.

Davids Flucht aus Jerusalem

13 Als ein Bote zu David kam und meldete: »Das Herz der Männer Israels gehört Abschalom!«, *14* sagte David zu seinen Gefolgsleuten in Jerusalem: »Los, wir müssen fliehen! Es gibt keine andere Rettung vor Abschalom. Beeilt euch wegzukommen, bevor er hier ist! Wenn er uns einholt, wird er Unheil über uns bringen und ein Blutbad in der Stadt anrichten.« *15* Die Gefolgsleute des Königs erwiderten: »Unser Herr und König entscheidet, wir folgen.« *16* So zog der König mit seiner ganzen Familie und seinem Gefolge aus der Stadt. Nur zehn Nebenfrauen ließ er zurück. Sie sollten sich um den Palast kümmern. *17* Beim letzten Haus machte der König mit seinem Gefolge Halt *18* und ließ alle seine Leute und seine Leibgarde an sich vorüberziehen, auch die 600 Mann, die ihm aus Gat gefolgt waren. *19* Da sagte der König zu Ittai, ihrem Anführer: »Warum willst du mit uns ziehen? Kehr um und schließ dich dem neuen König an. Du warst ja als Fremder bei uns und bist sogar aus deinem Heimatort verbannt. *20* Gestern erst bist du gekommen und heute sollte ich dich schon wieder aufscheuchen, dass du mit uns ziehst? Ich muss gehen, wohin ich eben gehe. Aber du, kehr um und nimm auch deine Landsleute mit. Erweise ihnen Güte und Treue!« *21* Aber Ittai erwiderte dem König: »So wahr Jahwe lebt und mein Herr und König lebt: Dort, wo mein Herr und König sein wird, werde auch ich sein, im Leben oder im Tod!« *22* Da sagte David zu Ittai: »Dann komm und zieh weiter!« So zogen Ittai und seine Männer mit ihrem ganzen Tross am König vorbei. *23* Alle, die zurückblieben, weinten laut, als der König mit der ganzen Truppe den Kidronbach überquerte und den Weg in die Wüste einschlug.

24 Und dann war auch Zadok* da und mit ihm alle Leviten, die die Bundeslade trugen. Sie setzten sie ab, und Abjatar* ließ Opferrauch aufsteigen, bis alle Kämpfer aus der Stadt vorbeigezogen waren. *25* Dann

---

15,12 *Ahitofel* war der Großvater Batsebas (vgl. Kapitel 11,3; 23,34).

Gilo war eine Stadt im südlichen Hügelland von Juda, wahrscheinlich nicht weit von Hebron entfernt. Ihre genaue Lage ist unbekannt.

15,24 *Zadok* war ein Nachkomme Eleasars, des dritten Sohnes Aarons. Er war schon von Saul eingesetzt, Priester an Davids Hof und verantwortlich für die Bundeslade.

Abjatar war ein Nachkomme Itamars, des vierten Sohnes Aarons. Er teilte sich mit Zadok das Amt des Hohenpriesters.

sagte der König zu Zadok: »Bring die Lade Gottes wieder in die Stadt. Wenn Jahwe mir gnädig ist, wird er mich zurückbringen und mich sie und ihre Stätte wiedersehen lassen. 26 Wenn er aber sagt: ›Ich habe kein Gefallen mehr an dir!‹ – hier bin ich, er soll mit mir machen, was er für gut hält.« 27 Der König fügte noch hinzu: »Ich lasse dich als Beobachter hier. Kehrt in Frieden in die Stadt zurück, du und dein Sohn Ahimaaz und auch Abjatar mit seinem Sohn Jonatan. 28 Ich werde an den Jordanfurten zur Wüste hin warten, bis eine Botschaft von euch kommt, die mir Nachricht gibt.« 29 So brachten Zadok und Abjatar die Lade Gottes nach Jerusalem zurück und blieben dort.

30 David aber stieg weinend den Ölberg hinauf. Er ging barfuß und hatte sein Gesicht verhüllt. Auch alle, die bei ihm waren, hatten ihr Gesicht verhüllt und weinten. 31 Währenddessen meldete man David: »Auch Ahitofel ist unter den Verschwörern bei Abschalom.« Da sagte David: »O Jahwe, mach doch den Rat Ahitofels zunichte!«

32 Als David auf dem Gipfel angekommen war, kam ihm der Arkiter* Huschai entgegen. Er hatte sein Gewand eingerissen und sich Erde auf den Kopf gestreut. 33 David sagte zu ihm: »Wenn du mit mir ziehst, würdest du mir nur zur Last fallen. 34 Wenn du aber in die Stadt zurück-

kehrst, kannst du mir den Rat Ahitofels zunichte machen. Sag einfach zu Abschalom: ›Ich will dir dienen, mein König! So, wie ich früher deinem Vater gedient habe, will ich nun auch dir dienen.‹ 35 Auch die Priester Zadok und Abjatar sind auf deiner Seite. Alles, was du aus dem Königspalast in Erfahrung bringen kannst, sollst du ihnen mitteilen. 36 Sie werden es mir durch ihre beiden Söhne Ahimaaz Ben-Zadok und Jonatan Ben-Abjatar weitermelden.« 37 So kam Davids Freund Huschai in die Stadt, als Abschalom gerade in Jerusalem einzog.

David und Ziba

16 1 Als David die Höhe überschritten hatte, kam ihm Ziba, der Verwalter Mefi-Boschets, entgegen. Er hatte zwei gesattelte Esel bei sich und darauf 200 Brote, 100 Rosinenkuchen, 100 Bündel Sommerobst und einen Schlauch Wein. 2 »Was willst du damit?«, fragte der König Ziba. Dieser erwiderte: »Die Esel sind für die Familie des Königs zum Reiten, das Brot und das Sommerobst für deine Männer zum Essen und der Wein zum Trinken für den, der in der Wüste müde wird.« 3 »Und wo ist der Sohn deines Herrn?«, fragte der König. »Ach, der ist in Jerusalem geblieben«, sagte Ziba. »Er denkt, dass die Israeliten ihm heute die Königsherrschaft seines Vaters zurückgeben.« 4 Da sagte der König zu Ziba: »Alles, was Mefi-Boschet gehörte, übergebe ich dir.« – »Ich beuge mich nieder«, sagte Ziba. »Möge ich weiter Gunst vor meinem Herrn und König finden!«

15,32 Die *Arkiter* gehörten zu einer Sippe aus den Nachkommen Kanaans, die ein Gebiet südwestlich von Bet-El bewohnten.

David und Schimi

5 Als König David nach Bahurim* kam, lief ihm ein Mann unter beständigem Fluchen entgegen. Er gehörte zur Sippe Sauls und hieß Schimi Ben-Gera. 6 Er bewarf David und seine Leute mit Steinen, obwohl David von der Leibgarde und den Soldaten umgeben war. 7 »Hau ab, hau ab, du Bluthund, du Verbrecher!«, schrie und fluchte er. 8 »Jahwe hat deine Schuld am Blut der Familie Sauls nun über dich gebracht. Du hast ihm ja das Königtum genommen, und nun hat Jahwe es in die Hand deines Sohnes Abschalom gegeben. Jetzt erlebst du die Strafe, du Bluthund!« 9 Da sagte Abischai Ben-Zeruja zum König: »Wie kommt dieser tote Hund dazu, meinem Herrn und König zu fluchen? Lass mich hinübergehen, dass ich ihm den Kopf abschlage!« 10 Aber der König sagte: »In was für eine Sache wollt ihr mich da hineinziehen, ihr Söhne der Zeruja? Soll er doch fluchen! Wenn Jahwe ihm gesagt hat, dass er David fluchen soll, wer darf ihn da zur Rechenschaft ziehen?« 11 Dann sagte David zu Abischai und all seinen Leuten: »Seht doch, mein leiblicher Sohn trachtet mir nach dem Leben! Was kann man da von diesem Benjaminiten erwarten? Lasst ihn, mag er fluchen, wenn Jahwe es ihm gesagt hat. 12 Vielleicht sieht Jahwe auf mein Elend und erweist mir Gutes für den Fluch an diesem Tag.« 13 David und seine Männer gingen weiter, während Schimi am Berghang fluchend neben ihm herging und mit Steinen und Erdklumpen nach ihm warf. 14 Der König und seine Leute kamen erschöpft am Fluss an. Dort erholte er sich wieder.

Abschalom schläft mit Davids Frauen

15 Abschalom war mit seinen Leuten und den Männern von Israel in Jerusalem eingezogen. Auch Ahitofel begleitete ihn. 16 Als der Arkiter Huschai, der Freund Davids, zu Abschalom kam, sagte er: »Es lebe der König! Es lebe der König!« 17 Doch Abschalom erwiderte: »Ist das deine Liebe zu deinem Freund? Warum bist du nicht mit ihm gegangen?« 18 »Nein«, antwortete Huschai, »ich gehöre zu dem, den Jahwe erwählt hat und den alle Männer Israels zu ihrem König gemacht haben. Bei ihm will ich bleiben. 19 Und außerdem: Wem sollte ich denn sonst dienen, wenn nicht seinem Sohn? Wie ich deinem Vater gedient habe, will ich auch dir dienen.«

20 Nun sagte Abschalom zu Ahitofel: »Gib einen Rat! Was sollen wir jetzt tun?« 21 Ahitofel sagte: »Schlaf mit den Nebenfrauen deines Vaters, die den Palast hüten sollten! Wenn sich in Israel herumspricht, dass du dich auf diese Weise bei deinem Vater verhasst gemacht hast, wird das deine Anhänger stärken.« 22 So wurde auf der Dachterrasse des Palastes ein Zelt für Abschalom aufgeschlagen. Vor den Augen von ganz Israel ging Abschalom hinein und schlief mit den Nebenfrauen seines Vaters. 23 Ein Rat Ahitofels war damals so, als hätte man das Wort Gottes befragt. So viel galt sein Rat schon bei David und nun auch bei Abschalom.

16,5 *Bahurim* lag am östlichen Hang des Ölbergs, etwa 2,5 km von Jerusalem entfernt, auf dem Weg zum Jordan.

Huschai und Ahitofel

17 *1* Ahitofel sagte zu Abschalom: »Lass mich 12.000 Mann auswählen und noch in dieser Nacht David verfolgen! *2* Ich werde über ihn kommen, solange er noch erschöpft und entmutigt ist, und ihn so aufschrecken, dass alle seine Leute fliehen. Dann muss ich nur den König erschlagen. *3* Auf diese Weise kann ich das ganze Volk zurückbringen. Denn wenn du diesen Mann zu fassen bekommst, gewinnst du alle anderen zurück. Dann wird das ganze Volk Frieden haben.« *4* Der Vorschlag erschien Abschalom und allen Ältesten Israels gut. *5* Doch Abschalom sagte: »Ruft auch den Arkiter Huschai her, damit wir hören, was er zu sagen hat!« *6* Als Huschai kam, eröffnete Abschalom ihm, was Ahitofel vorgeschlagen hatte, und fragte: »Sollen wir es so machen? Wenn nicht, rede du!« *7* Da sagte Huschai zu Abschalom: »Der Rat, den Ahitofel diesmal gegeben hat, ist nicht gut.« *8* Und er fuhr fort: »Du kennst doch deinen Vater und seine Männer. Es sind Helden. Und jetzt sind sie verbittert wie eine Bärin, der man die Jungen geraubt hat. Dein Vater ist ein erfahrener Kämpfer. Er wird seinen Leuten keine Nachtruhe gönnen. *9* Gewiss hat er sich jetzt in irgendeiner Höhle oder sonst einem Hinterhalt versteckt. Und wenn dann gleich am Anfang einige von deinen Leuten fallen, wird

es heißen: ›Die Anhänger Abschaloms haben eine Niederlage erlitten!‹ *10* Dann würde selbst ein tapferer Mann mit dem Herzen eines Löwen den Mut verlieren. Ganz Israel weiß doch, dass dein Vater ein Held ist und dass erprobte Kämpfer bei ihm sind. *11* Deshalb rate ich: Lass ganz Israel von Dan bis Beerscheba zu dir kommen. Mit diesem Heer, so zahlreich wie der Sand am Meer, musst du selbst in den Kampf ziehen. *12* Wenn wir dann auf ihn stoßen, egal, wo er sich gerade befindet, werden wir über ihn herfallen, so wie der Tau auf den Erdboden fällt. Dann wird von ihm und seinen Leuten keiner übrig bleiben. *13* Und wenn er sich in eine Stadt zurückzieht, dann werden die Israeliten Seile an sie legen und sie ins Tal hinunterschleifen, bis kein Kiesel mehr von ihr zu finden ist.« *14* Da riefen Abschalom und alle Männer Israels: »Der Rat des Arkiters Huschai ist besser als der Rat Ahitofels.« Doch Jahwe hatte es so kommen lassen, um den guten Rat Ahitofels zunichte zu machen und Unheil über Abschalom zu bringen.

15 Huschai berichtete den Priestern Zadok und Abjatar vom Rat Ahitofels und dem, den er selbst Abschalom und den Ältesten Israels gegeben hatte. *16* »Schickt schnell eine Botschaft zu David«, sagte er. »Er soll ja nicht auf dieser Seite der Wüstenfurten bleiben, sondern in jedem Fall hinübergehen, damit der König und seine Leute nicht vernichtet werden.« *17* Jonatan und Ahimaaz warteten bei der Rogelquelle*, denn sie durften sich nicht in der Stadt sehen lassen. Eine Magd ging zu ihnen und brachte

---

17,17 Die *Rogelquelle* liegt 1,5 km südlich von Jerusalem im Kidrontal.

die Nachricht, die sie dem König übermitteln sollten. 18 Doch ein junger Mann sah sie und berichtete es Abschalom. Da rannten beide fort und kamen bis zum Haus eines Mannes in Bahurim. Er hatte einen Brunnen in seinem Hof, in den sie hineinstiegen. 19 Seine Frau legte eine Decke über die Öffnung und streute Getreidekörner darüber aus, sodass nichts zu erkennen war. 20 Als die Männer Abschaloms zu der Frau kamen, fragten sie: »Wo sind Ahimaaz und Jonatan?« – »Sie sind von hier zum Wasser weitergegangen«, sagte die Frau. Sie durchsuchten alles, fanden aber niemand und kehrten schließlich nach Jerusalem zurück. 21 Sobald sie gegangen waren, stiegen die beiden aus dem Brunnen und brachten die Nachricht zu König David. »Ihr müsst sofort aufbrechen und den Fluss überqueren«, sagten sie und berichteten vom Rat Ahitofels gegen David und seine Leute. 22 Sofort brach David mit allen seinen Leuten auf und überquerte den Jordan. Bei Tagesanbruch war auch der letzte von ihnen am anderen Ufer angelangt.

23 Als Ahitofel sah, dass sein Rat nicht befolgt wurde, sattelte er seinen Esel und kehrte in seine Heimatstadt zurück. Dort regelte er die letzten Dinge mit seiner Familie. Dann erhängte er sich. Er wurde im Grab seines Vaters beigesetzt.

24 David hatte Mahanajim* erreicht, als Abschalom mit dem ganzen Heer Israels den Jordan überschritt. 25 Abschalom hatte Amasa an Stelle von Joab über das Heer eingesetzt. Amasa war der Sohn des Ismaeliten Jeter*,

der mit Abigal Bat-Nahasch* geschlafen hatte, der Schwester von Joabs Mutter Zeruja. 26 Das Heer Israels unter Abschalom schlug sein Lager im Gebiet von Gilead auf.

Unterstützung für David in Mahanajim

27 Als David nach Mahanajim kam, erwarteten ihn dort Schobi Ben-Nahasch aus dem ammonitischen Rabba sowie Machir Ben-Ammiël aus Lo-Dabar und Barsillai aus Roglim in Gilead. 28 Sie hatten Schlafmatten, Metallgefäße und Tongeschirr mitgebracht, Weizen, Gerste und Mehl, geröstete Körner, Bohnen und Linsen, 29 Honig, Butter, Käse und Schafe. Sie hatten sich gedacht, dass Davids Leute nach dem Marsch durch die Wüste hungrig, durstig und müde sein würden.

Davids Vorbereitungen zum Kampf

18 1 David musterte das Heer, das bei ihm war, und setzte Offiziere über Tausend- und Hundertschaften ein. 2 Ein Drittel von ihnen unterstellte er Joab, ein Drittel Abischai Ben-Zeruja, und ein Drittel Ittai aus Gat. »Ich bin entschlossen, mit

---

17,24 *Mahanajim.* Siehe Kapitel 2,8!

17,25 *Ismaeliten Jeter.* So mit 1. Chronik 2,17 und der LXX. Hebräisch: *Israeliten Jitra.*

Nahasch. In 1. Chronik 2,13-17 gelten Abigal und Zeruja als Töchter Isais. Es scheint so zu sein, dass Nahasch ihr leiblicher Vater war und Isai ihre Mutter nach dem Tod von Nahasch geheiratet hatte.

euch zu ziehen«, sagte er vor dem ganzen Heer. *3* Aber die Männer sagten:»Du darfst nicht mit uns ziehen. Denn sollten wir fliehen müssen, werden sie sich um uns keine Mühe machen. Selbst wenn die Hälfte von uns fällt, hat das nichts zu bedeuten, denn du bist so viel wert wie zehntausend von uns. Es wäre besser, wenn du uns von der Stadt aus hilfst.« *4*»Ich will tun, was ihr für richtig haltet«, sagte der König. Dann stellte er sich neben das Tor und ließ seine Truppen in Abteilungen geordnet vorbeiziehen. *5* Alle konnten hören, wie der König Joab, Abischai und Ittai befahl:»Geht mir schonend mit dem Jungen um, mit Abschalom!«

Abschaloms Tod

6 So zogen Davids Truppen den Israeliten ins offene Land entgegen. Im Wald von Efraïm* kam es zur Schlacht. *7* Dort erlitten die Männer Israels eine schwere Niederlage. 20.000 Mann von ihnen fielen. *8* Der Kampf hatte sich über die ganze Gegend ausgebreitet. Und der Wald forderte mehr Opfer als der Kampf

---

18,6 *Wald von Efraïm.* Dass dieses Gebiet in Gilead *so* heißt, hängt wahrscheinlich damit zusammen, dass die Efraïmiten es einst beansprucht hatten (Richter 12,1-4).

18,9 Ein *Maultier* ist die Kreuzung von Eselhengst und Pferdestute. Als Reit- und Tragtiere sind sie ausdauernd und trittsicher besonders auf trockenem Boden. Seit David benutzte man sie als Reittiere im Königs-Haus.

Die *Terebinthe* ist ein belaubter Baum mit breitem Wipfel, der nicht mehr als sieben Meter hoch wird.

selbst. *9* Auch Abschalom geriet in die Nähe der Soldaten Davids. Er ritt auf einem Maultier*. Als er damit unter die verschlungenen Zweige einer großen Terebinthe* kam, verfing sich sein Kopf in der Terebinthe, sodass er zwischen Himmel und Erde hing, denn das Maultier unter ihm war weitergelaufen. *10* Einer von den Männern Davids hatte das gesehen und meldete Joab:»Ich habe Abschalom an einer Terebinthe hängen sehen.« *11*»Wie, du hast ihn gesehen?«, rief Joab.»Und warum hast du ihn nicht sofort zu Boden geschlagen? Ich hätte dir zehn Silberstücke und einen Gürtel dafür geschenkt.« *12* Aber der Mann erwiderte:»Auch für tausend Silberstücke hätte ich meine Hand nicht gegen den Sohn des Königs erhoben. Denn vor unseren Ohren hat der König dir, Abischai und Ittai befohlen, vorsichtig mit seinem Jungen, mit Abschalom, umzugehen. *13* Und hätte ich heimtückisch gehandelt und ihm etwas angetan – der König hätte es ja doch erfahren –, dann hättest du dich herausgehalten.« *14* Da sagte Joab:»Ich will nicht so viel Zeit mit dir vergeuden!« Er nahm drei Speere mit und stieß sie Abschalom ins Herz, der immer noch lebend an der Terebinthe hing. *15* Die zehn Waffenträger Joabs umringten Abschalom und schlugen ihn vollends tot. *16* Dann blies Joab das Signalhorn und hielt seine Truppen von der weiteren Verfolgung Israels ab, denn er wollte das Volk schonen. *17* Die Männer Joabs warfen Abschalom in eine tiefe Grube im Wald und errichteten einen großen Steinhaufen über ihm, während das Heer Israels sich auflöste und jeder nach Hause floh. *18* Abschalom hatte schon zu Lebzeiten einen Gedenkstein für sich errichten lassen. Denn er hatte sich gesagt: »Ich habe keinen Sohn, in dem mein Name fortleben könnte.« Deshalb gab er dem Stein seinen Namen. Er steht bis heute im Königstal*, und man nennt ihn den Abschalom-Stein.

David erfährt von Abschaloms Tod

19 Ahimaaz Ben-Zadok sagte: »Ich will zum König laufen und ihm die Freudenbotschaft bringen, dass Jahwe ihm aus der Gewalt seiner Feinde zum Recht verholfen hat!« *20* Aber Joab sagte zu ihm: »Heute bist du nicht der richtige Mann für die Botschaft. Ein andermal kannst du der Freudenbote sein, an diesem Tag nicht, denn der Sohn des Königs ist ja tot.« *21* Joab wandte sich an den Nubier*, der im Dienst des Königs stand: »Lauf zum König und melde ihm, was du gesehen hast.« Der Nubier warf sich vor Joab nieder und lief los. *22* Aber Ahimaaz Ben-Zadok fing noch einmal an und sagte zu Joab: »Komme, was will, ich möchte doch hinter dem Nubier her laufen.« – »Wozu willst du denn laufen?«, erwiderte Joab. »Du hast doch keine Freudenbotschaft mehr.« *23* »Komme, was da will, ich laufe!«, rief Ahimaaz. »Dann lauf!«, sagte Joab zu ihm. Ahimaaz nahm den Weg durch die Jordanebenen und überholte den Nubier.

24 David hielt sich zwischen dem äußeren und inneren Stadttor auf, als der Wächter auf die Mauer stieg, den Beobachtungsstand über dem Tor. Als dieser sich umschaute, sah er einen Mann auf die Stadt zulaufen. *25* Der Wächter rief es aus und meldete es dem König. Dieser sagte: »Wenn er allein ist, bringt er gute Nachricht.« Während der Mann näher kam, *26* sah der Wächter noch einen anderen laufen. Er rief ins Tor hinein: »Da kommt noch ein Mann, der allein läuft!« Der König sagte: »Auch das ist ein Bote!« *27* Da sagte der Wächter: »So, wie ich sehe, läuft der erste wie Ahimaaz Ben-Zadok.« Der König sagte: »Das ist ein guter Mann. Er kommt gewiss mit einer guten Nachricht!« *28* Ahimaaz rief: »Schalom!«, und warf sich vor dem König nieder, mit dem Gesicht zur Erde. »Gepriesen sei Jahwe, dein Gott!«, stieß er hervor. »Er hat alle, die sich gegen dich erhoben haben, ausgeliefert.« *29* »Und was ist mit meinem Jungen, mit Abschalom?«, fragte der König. »Er ist doch hoffentlich unversehrt!« Ahimaaz erwiderte: »Ich sah das große Gedränge, als Joab den Diener des Königs und mich, deinen Sklaven, fortschickte. Aber ich konnte nicht erkennen, was es war.« *30* »Stell dich hier neben mich«, sagte der König zu ihm. *31* Da kam auch schon der Nubier und rief: »Mein König und Herr lasse sich die gute Nachricht bringen: Jahwe hat dir heute zum Recht verholfen aus der Gewalt aller, die sich gegen dich erhoben haben.« *32* »Ist mein Junge, ist Abschalom, unversehrt?«, fragte der

---

18,18 Das *Königstal* ist in der Nähe von Jerusalem (1. Mose 14,17).

18,21 *Nubier.* Der Mann stammte aus Nubien (Hebräisch: Kusch), einem Land am Oberlauf des Nil, südlich von Ägypten.

König den Nubier. Dieser erwiderte: »Möge es den Feinden meines Herrn und Königs und allen, die sich böswillig gegen dich erhoben haben, so ergehen, wie dem Jungen!«

Davids Trauer um Abschalom

19 ¹ Da durchfuhr es den König, und er stieg weinend in die Wachstube über dem Tor hinauf. »Mein Sohn Abschalom! Mein Sohn Abschalom!«, rief er im Gehen. »Wäre ich doch an deiner Stelle gestorben! Abschalom, mein Sohn, mein Sohn!« ² Man berichtete Joab: »Schau, der König weint und trauert um Abschalom.« ³ So wurde der Sieg an diesem Tag zur Trauer für das Volk, denn es hatte sich herumgesprochen: »Der König grämt sich um seinen Sohn.« ⁴ Da stahlen sich an diesem Tag die Kämpfer in die Stadt, wie Männer sich davonstehlen, wenn sie sich schämen, weil sie in der Schlacht geflohen sind. ⁵ Der König hatte sein Gesicht verhüllt und schrie immer wieder: »Mein Sohn Abschalom! Abschalom, mein Sohn, mein Sohn!« ⁶ Da kam Joab zum König ins Haus und sagte: »Du hast heute alle deine Diener schwer beleidigt. Dabei haben sie dir, deinen Söhnen und Töchtern, deinen Frauen und Nebenfrauen das Leben gerettet! ⁷ Du beschämst sie, wenn du liebst, die dich hassen, und hasst, die dich lieben. Du hast heute deutlich gemacht, dass dir deine Oberen und Diener nichts bedeuten. Ja, ich sehe jetzt: Es wäre dir ganz recht, wenn Abschalom noch am Leben wäre, wir alle aber tot! ⁸ Steh jetzt auf, geh hinaus und rede zum Herzen deiner Leute! Denn bei Jahwe schwöre ich dir: Wenn du nicht gleich hinausgehst, dann bleibt heute Nacht nicht ein Mann bei dir! Und das wäre schlimmer für dich als alles, was seit deiner Jugendzeit über dich gekommen ist.« ⁹ Da erhob sich der König und setzte sich ins Tor. Als man den Männern berichtete: »Seht, der König sitzt im Tor!«, kamen sie alle vor den König.

Davids Rückkehr nach Jerusalem

Die Israeliten waren alle nach Hause geflohen. ¹⁰ Und nun stritten sie sich in ihren Stämmen. Sie sagten: »Der König hat uns aus der Gewalt unserer Feinde befreit, auch vor den Philistern hat er uns gerettet. Und jetzt ist er vor Abschalom aus dem Land geflohen. ¹¹ Doch Abschalom, den wir zum König über uns gesalbt hatten, ist tot. Warum zögert ihr jetzt, den König zurückzuholen?«

¹² Auch König David hatte den Priestern Zadok und Abjatar sagen lassen: »Richtet den Ältesten von Juda aus: ›Warum wollt ihr die Letzten sein, die daran denken, den König in sein Haus zurückzuholen, wo doch schon von ganz Israel der Wunsch an den König herangetragen wurde? ¹³ Ihr seid doch meine Brüder, mein eigenes Fleisch und Blut! Warum wollt ihr die Letzten sein, den König zurückzuholen?‹ ¹⁴ Und zu Amasa sollt ihr sagen: ›Bist du nicht mein eigenes Fleisch und Blut? Gott möge mir dies und jenes antun, wenn du nicht von jetzt ab und für immer an Joabs Stelle Heerführer sein wirst.‹« ¹⁵ So stimmte er das Herz aller Männer von Juda um. Sie traten geschlossen auf seine Seite und ließen dem König ausrichten: »Komm bitte mit all deinen Leuten zu uns zurück!«

16 Da kehrte der König zurück und kam bis an den Jordan. Die Männer von Juda waren ihm bis Gilgal entgegengekommen, um ihn über den Jordan zu geleiten.

17 Schimi Ben-Gera, der Benjaminit aus Bahurim, eilte zusammen mit den Männern von Juda herbei, um David zu empfangen. 18 Tausend Männer waren mit ihm gekommen, darunter auch Ziba, der Gefolgsmann Sauls, mit seinen fünfzehn Söhnen und zwanzig Dienern. Noch bevor der König kam, waren sie durch den Jordan gewatet 19 und halfen nun, den ganzen Haushalt des Königs über den Fluss zu führen und alles zu tun, was der König für gut hielt. Als David gerade den Jordan überqueren wollte, fiel Schimi Ben-Gera vor ihm nieder. 20 Er sagte zum König: »Bitte, mein Herr, rechne mir die Schuld nicht an und denk nicht mehr daran, wie ich, dein Sklave, mich verfehlt habe, als mein Herr und König aus Jerusalem auszog. Der König möge es sich nicht zu Herzen nehmen! 21 Denn dein Sklave hat erkannt: ›Ja, ich habe gesündigt!‹ Halte es mir bitte zugute, dass ich heute als Erster vom Haus Josefs gekommen bin, um meinen Herrn, den König, zu empfangen.« 22 Da erwiderte Abischai Ben-Zeruja: »Soll Schimi etwa nicht getötet werden? Er hat doch den Gesalbten Jahwes verflucht!« 23 David aber sagte: »In was wollt ihr mich da hineinziehen, ihr Söhne der Zeruja? Wollt ihr heute als Ankläger auftreten? Soll heute ein Mann in Israel getötet werden? Weiß ich denn nicht, dass ich heute König über Israel geworden bin?« 24 Der König sagte zu Schimi:

»Du musst nicht sterben!« Und er schwor es ihm.

25 Auch Mefi-Boschet, der Nachkomme Sauls, kam dem König entgegen. Seit dem Tag, als der König weggegangen war, bis zum Tag, an dem er in Frieden zurückkehren würde, hatte er seine Füße nicht zurechtgemacht, seinen Bart nicht gepflegt und seine Kleider nicht gewaschen. 26 Als er dem König von Jerusalem aus entgegen kam, sagte dieser zu ihm: »Warum bist du nicht mit mir gekommen, Mefi-Boschet?« 27 »Mein Herr und König«, erwiderte dieser, »mein Diener hat mich betrogen! Denn dein Sklave hatte sich gesagt: ›Ich will mir den Esel satteln lassen und mit dem König ziehen!‹ Dein Sklave ist ja gelähmt. 28 Aber der da hat deinen Sklaven bei meinem Herrn und König verleumdet. Doch mein Herr, der König, ist wie der Engel Gottes. Tu mit mir, was du für richtig hältst! 29 Alle, die zu meinem Vaterhaus gehören, hätten damit rechnen müssen, von dir getötet zu werden. Doch du hast deinen Sklaven zu denen gesetzt, die an deinem Tisch essen. Welches Recht hätte ich denn, noch etwas vom König zu erbitten?« 30 Da sagte der König zu ihm: »Was redest du noch von deiner Sache? Ich bestimme, dass du mit Ziba den Landbesitz teilst.« 31 »Er kann ruhig alles nehmen!«, erwiderte Mefi-Boschet dem König. »Hauptsache ist, dass mein Herr und König in Frieden wieder nach Hause gekommen ist!«

32 Barsillai war aus Roglim in Gilead gekommen und mit dem König bis an den Jordan gegangen, um ihn dort zu verabschieden. 33 Er war ein sehr

reicher Mann und hatte den König versorgt, als dieser sich in Mahanajim aufhielt. Mit seinen 80 Jahren war er aber schon sehr alt. *34* Der König sagte zu ihm: »Geh mit mir hinüber, und ich werde dich bei mir in Jerusalem versorgen!« *35* Doch Barsillai erwiderte: »Wie lange habe ich wohl noch zu leben, dass ich mit dem König nach Jerusalem hinaufziehen sollte? *36* Ich bin heute schon 80 Jahre alt, da macht es keinen Unterschied mehr, ob etwas gut oder schlecht für mich ist. Kann dein Sklave denn noch schmecken, was er isst oder trinkt? Kann ich etwa noch auf die Stimmen der Sänger und Sängerinnen hören? Wozu sollte ich meinem Herrn und König noch zur Last fallen? *37* Nur für kurze Zeit könnte dein Sklave mit dem König über den Jordan gehen. Warum sollte der König mir das so reich vergelten? *38* Lass mich umkehren und in meiner Stadt sterben, beim Grab meines Vaters und meiner Mutter! Aber schau, hier ist dein Diener Kimham! Der mag mit meinem Herrn und König hinübergehen. Tu an ihm, was du für richtig hältst!« *39* »Gut«, sagte der König, »Kimham soll mit mir hinübergehen und ich werde für ihn tun, was du willst. Und wenn du noch etwas von mir möchtest, will ich es gern für dich tun!« *40* Davids Truppen waren schon über den Jordan gezogen. Nun ging auch der König hinüber, nachdem er Barsillai geküsst und gesegnet hatte. Barsillai kehrte nach Hause zurück. *41* Der König zog weiter nach Gilgal. Kimham ging mit ihm. Das ganze Volk von Juda und die Hälfte des Volkes Israel gaben dem König das Geleit.

42 Da kamen die Männer von Israel zum König und beschwerten sich. »Weshalb haben unsere Brüder, die Männer von Juda, dich gestohlen?«, sagten sie. »Warum durften sie den König und seine Familie und alle seine Leute über den Jordan führen?« *43* Die Männer Judas erwiderten den Männern Israels: »Weil uns der König näher steht! Warum regt ihr euch darüber auf? Haben wir etwa ein Stück vom König gegessen, oder hat er uns irgendein Geschenk gemacht?« *44* Aber die Männer von Israel erwiderten: »Wir haben zehn Anteile am König, und auch an David haben wir einen größeren Anteil als ihr! Warum habt ihr uns übergangen? Haben wir nicht zuerst daran gedacht, den König zurückzuholen?« Da wurde das Reden der Männer von Juda noch härter als das der Israeliten.

Schebas Aufstand

20 *1* Nun gab es dort gerade einen niederträchtigen Benjaminiten namens Scheba Ben-Bichri. Er blies das Signalhorn und rief:

»Was geht uns dieser David an? /
Seit wann gehört Ben-Isai zu
uns? / Auf, nach Hause, Männer
Israels!«

2 Da liefen alle Männer Israels von David zu Scheba Ben-Bichri über. Die Männer Judas aber hielten an ihrem König fest und geleiteten ihn vom Jordan bis nach Jerusalem. *3* So kam David in sein Haus nach Jerusalem. Dort befahl er, die zehn Nebenfrauen, die er zum Hüten des Palastes zurückgelassen hatte, in ein bewachtes Haus zu bringen. Er ließ sie gut versorgen, schlief aber nicht mehr mit ihnen. Bis zu ihrem Tod blieben sie eingeschlossen als Witwen zu Lebzeiten des Mannes.

4 Dann sagte der König zu Amasa: »Biete mir die Männer von Juda auf! Drei Tage, dann bist du hier zur Stelle!« 5 Amasa ging, um die Männer Judas zusammenzurufen. Aber er überzog die Frist, die David ihm gesetzt hatte. 6 Da sagte David zu Abischai: »Jetzt wird uns Scheba Ben-Bichri noch gefährlicher als Abschalom. Nimm du meine Leute und verfolge ihn, damit er keine Festungsstädte für sich gewinnt und uns empfindlich schadet.« 7 Da zogen die Männer Joabs, die Leibgarde und die Elitetruppe mit Abischai los. Sie verließen Jerusalem, um Scheba Ben-Bichri zu verfolgen. 8 Als sie den großen Stein bei Gibeon erreichten, trafen sie Amasa, der auch gerade dort eingetroffen war. Joab trug wie gewöhnlich seinen Waffenrock. Darüber hatte er einen Stoffgürtel gebunden, in dem sein Kurzschwert mit Scheide befestigt war. Wenn er vortrat, glitt dieses heraus. 9 Joab sagte nun zu Amasa: »Geht es dir gut, mein Bruder?« Dabei fasste er ihn mit der rechten Hand am Bart, um ihn zu küssen. 10 Amasa hatte aber nicht auf das Schwert geachtet, das Joab in der anderen Hand hielt. Damit stieß dieser ihn so in den Bauch, dass seine Eingeweide auf die Erde quollen. Ein zweites Mal war nicht nötig. So starb er. Dann jagten Joab und sein Bruder Abischai weiter hinter Scheba Ben-Bichri her. 11 Einer von Joabs Leuten blieb bei Amasa stehen und rief: »Wer es mit Joab hält und für David ist, los, Joab nach!« 12 Amasa wälzte sich in seinem Blut mitten auf dem Weg. Als der Mann sah, dass die Soldaten stehen blieben, schaffte er Amasa auf die Seite ins Feld und warf ein Kleidungsstück über ihn, damit nicht jeder, der vorbeikam, stehen blieb. 13 Als er ihn so beiseite geschafft hatte, folgten alle Joab und nahmen die Verfolgung Schebas wieder auf. 14 Dieser durchzog alle Stämme Israels bis nach Abel und Bet-Maacha*. Doch nur die Berim* hatten sich ihm angeschlossen. 15 Als Joab und seine Soldaten Abel-Bet-Maacha erreicht hatten, schlossen sie Scheba darin ein und schütteten eine Angriffsrampe gegen die Stadt auf, die zuletzt bis an die Vormauer stieß. Gleichzeitig unterwühlten sie die Hauptmauer, um sie zum Einsturz zu bringen. 16 Da rief eine kluge Frau aus der Stadt den Belagerern zu: »Hallo, hört her! Hört her! Sagt Joab, er soll herkommen, ich muss mit ihm reden!« 17 Als dieser kam, fragte die Frau: »Bist du Joab?« – »Ja, der bin ich«, erwiderte er. Da sagte sie zu ihm: »Bitte hör die Worte deiner Sklavin an!« – »Ich höre«, erwiderte Joab. 18 Sie begann: »Früher pflegte man zu sagen: ›Man frage nur in Abel, schon ist man am Ziel!‹ 19 Meine Stadt gehört zu den Friedlichen und Treuen in Israel. Warum

---

20,14 *Abel und Bet-Maacha.* Stadt ganz im Norden Israels, die wahrscheinlich aus zwei Ortsteilen bestand.

Berim. Das Wort kommt nur hier in der Bibel vor. Seine Bedeutung ist bis heute unbekannt.

willst du diese Stadt, eine Mutter in Israel, töten? Warum willst du ein Erbstück Jahwes verschlingen?« 20 »Auf gar keinen Fall will ich verschlingen und vernichten«, erwiderte Joab. 21 »So ist die Sache nicht! Es geht nur um einen Mann aus dem Bergland von Efraïm. Er heißt Scheba Ben-Bichri und hat sich gegen den König, gegen David erhoben. Wenn ihr ihn herausgebt, ziehe ich von der Stadt ab.« – »Gut«, sagte die Frau, »man wird dir seinen Kopf über die Mauer werfen«. 22 Mit ihrer Weisheit überzeugte sie die Leute in der Stadt. Sie schlugen Scheba Ben-Bichri den Kopf ab und warfen ihn zu Joab über die Mauer. Da blies dieser das Signalhorn, und seine Männer brachen die Belagerung ab. Jeder ging wieder nach Hause, und Joab kehrte zum König nach Jerusalem zurück.

Davids oberste Beamte

23 Joab war der Oberbefehlshaber über das Heer Israels, Benaja Ben-Jojada befehligte die königliche Leibgarde, 24 Adoram hatte die Aufsicht über die Zwangsarbeiter, Joschafat Ben-Ahilud war Kanzler, 25 Schewa Staatsschreiber, Zadok und Abjatar waren Priester. 26 Auch Ira aus Jaïr war Priester in Davids Diensten.

Die Rache der Gibeoniten

21 1 Während der Regierungszeit Davids gab es einmal eine schwere Hungersnot, die drei Jahre lang dauerte. Da suchte David die Gegenwart Jahwes, und Jahwe nannte ihm den Grund: »Es ist wegen der Blutschuld, die auf Saul und seinem Haus lastet, weil er so viele Gibeoniten umgebracht hat.« 2 Die Gibeoniten gehörten nicht zu Israel, sondern zum Rest der Amoriter im Land. Die Israeliten hatten ihnen geschworen, sie zu verschonen.* Aber Saul in seinem Eifer für Israel und Juda hatte versucht, sie alle umzubringen. David ließ die Gibeoniten herbeirufen 3 und fragte sie: »Was soll ich für euch tun? Womit kann ich Sühne leisten, damit ihr das Erbe Jahwes segnet?« 4 Die Gibeoniten erwiderten: »Es geht uns nicht um das Silber und Gold der Nachkommen Sauls, und es ist uns auch nicht erlaubt, jemand in Israel zu töten.« – »Was soll ich dann für euch tun?«, fragte David. 5 Sie erwiderten: »Von dem Mann, der geplant hat, uns auszurotten, der uns vernichten wollte, sodass wir in Israel keinen Platz mehr zum Leben gehabt hätten, 6 aus dessen Nachkommenschaft liefere man uns sieben Männer aus. Wir wollen sie vor Jahwe hinrichten und zwar in Gibea, der Heimatstadt Sauls, dem Erwählten Jahwes.« Der König sagte: »Ich will sie euch geben.« 7 Er verschonte jedoch Mefi-Boschet, den Sohn Jonatans und Enkel Sauls, weil er Jonatan, dem Sohn Sauls, vor Jahwe geschworen hatte, seine Nachkommen nicht auszurotten. 8 So nahm der König die beiden Söhne, die Rizpa Bat-Aja Saul geboren hatte: Armoni und Mefi-Boschet, und die fünf Söhne der Saulstochter Merab, die sie Adriel Ben-Barsillai aus Mehola geboren hatte. 9 Er lieferte sie

21,2 *sie zu verschonen.* Siehe Josua 9,15!

den Gibeoniten aus. Alle sieben wurden am selben Tag auf dem Berg vor Jahwe hingerichtet. So starben sie in den ersten Tagen der Erntezeit, die Gerstenernte hatte gerade begonnen. *10* Da nahm Rizpa Bat-Aja Sackleinwand, breitete sie auf dem Felsen aus und setzte sich darauf. Sie blieb dort vom Beginn der Ernte, bis der erste Regen fiel. Tagsüber verscheuchte sie die Vögel und nachts hielt sie die wilden Tiere von den Leichen fern.

11 Als David hörte, was Rizpa Bat-Aja, die Nebenfrau Sauls, tat, *12* ging David nach Jabesch in Gilead und ließ sich die Gebeine von Saul und dessen Sohn Jonatan aushändigen. Die Bürger von Jabesch hatten sie einst vom Markt in Bet-Schean gestohlen, wo die Philister sie nach ihrem Sieg auf dem Gilboa aufgehängt hatten.* *13* Als David die Gebeine Sauls und seines Sohnes Jonatan überführt hatte, ließ er die Gebeine der Hingerichteten einsammeln *14* und alle zusammen in Zela im Gebiet von Benjamin im Grab von Sauls Vater Kisch beisetzen. Danach ließ Gott sich für das Land erbitten.

Davids Helden und ihre Taten

15 Wieder einmal hatten die Philister Krieg mit Israel angefangen. David zog ihnen mit seinem Heer entgegen und kämpfte gegen sie. Als er vom Kampf ermüdet war, *16* griff ihn Jischbi-Benob an und wollte ihn erschlagen. Allein das Gewicht seiner Lanzenspitze aus Bronze betrug dreieinhalb Kilogramm* und er trug eine neue Rüstung. *17* Doch Abischai Ben-Zeruja kam ihm zu Hilfe und

erschlug den Philister. Damals beschworen Davids Männer den König: »Du darfst nicht wieder mit uns in den Kampf ziehen, denn wenn wir dich verlieren, erlischt die Leuchte Israels.« *18* Später kam es bei Gob* wieder zum Kampf mit den Philistern. Damals erschlug Sibbechai aus Huscha den Saf*, der zu den Nachkommen des Rafa* gehörte. *19* Bei einem weiteren Kampf in Gob erschlug der Weber Elhanan Ben-Jaïr aus Bethlehem den Philister Goliat* aus Gat, dessen Speer so dick wie ein Weberbaum* war. *20* Wieder kam es zum Kampf bei Gat. Da trat ein streitsüchtiger Mann hervor, der an jeder Hand sechs Finger und an jedem Fuß sechs Zehen hatte, insgesamt also 24. Auch er war ein Nachkomme Rafas. *21* Er verhöhnte Israel. Da erschlug ihn

---

21,12 *aufgehängt hatten.* Siehe 1. Samuel 31,11-12!

21,16 *3,5 Kilogramm.* Wörtlich: 300 Schekel (= 3450 Gramm).

21,18 *Gob* lag vermutlich in der Nähe von Geser, wo 1. Chronik 20,4 denselben Kampf lokalisiert, 27 km südöstlich von Joppe.

Saf. In 1. Chronik 20,4 wird er Sippai genannt.

Rafa gilt als Stammvater der Refaïter, das sind Riesen.

21,19 *Goliat.* Es ist möglich, dass hier ein Kopist irrtümlicherweise »Lahmi, den Bruder von« für »der Bethlehemit« gelesen hat. In 1. Chronik 20,5 steht wahrscheinlich der Originaltext.

Weberbaum. So hießen die Querstangen an den beiden Enden des Webstuhls, an denen die Kettfäden befestigt wurden. Sie mussten eine beträchtliche Dicke haben.

Jonatan Ben-Schima, der Neffe Davids. 22 Diese vier waren Nachkommen von Rafa in Gat und wurden von David und seinen Männern erschlagen.

Davids Danklied*

22 1 David dichtete dieses Lied für Jahwe, nachdem dieser ihn vor Saul und allen anderen Feinden gerettet hatte. An dem Tag sang er: 2 Jahwe, mein Fels, mein Schutz und mein Retter, 3 mein Gott, meine Burg, in der ich mich berge, / mein Schild und mein sicheres Heil! / Er ist mir Zuflucht und hochragende Festung, / mein Retter, der mich schützt vor Gewalt. 4 Ich rufe: »Jahwe sei gelobt!« / Schon bin ich von meinen Feinden befreit. 5 Ich war in den Fesseln des Todes gefangen, / Sturzbäche des Unheils erschreckten mich. 6 Mit Stricken des Todes war ich gebunden, / die Todesfalle schlug über mir zu. 7 Ich rief zu Jahwe in meiner Angst, / schrie um Hilfe zu meinem Gott.

Er hörte mich in seinem Tempel, / mein Hilfeschrei drang an sein Ohr. 8 Da wankte und schwankte die Erde, / die Grundlagen des Himmels erbebten. / Sie zitterten, denn er wurde zornig. 9 Rauch stieg auf von seiner Nase / und Feuer schoss aus seinem Mund, / glühende Kohlen sprühten hervor. 10 Er neigte den Himmel tief auf die Erde / und fuhr auf dunklen Wolken herab. 11 Er flog auf einem Cherub*, / er schwebte auf den Schwingen des Sturms.

12 Er hüllte sich in Finsternis wie in ein Zelt, / in Regendunkel und schwarzes Gewölk. 13 Durch seinen Glanz flammten Kohlen glühend auf. 14 Im Himmel ließ Jahwe den Donner grollen, / laut dröhnte die Stimme des Höchsten. 15 Er schoss seine Pfeile und verjagte die Feinde, / er schleuderte Blitze und verwirrte sie. 16 Da zeigten sich die Meeresgründe, / die Fundamente der Welt wurden entblößt / vor dem Drohen Jahwes, / vor dem Schnauben seines zornigen Atems.

17 Aus der Höhe griff seine Hand nach mir, / fasste mich und zog mich aus der Flut. 18 Er entriss mich den mächtigen Feinden, / die stärker waren als ich und mich hassten. 19 Sie überfielen mich am Tag meines Unglücks, / doch Jahwe wurde mein Halt. 20 Er führte mich hinaus ins Weite, / befreite mich, weil er mich mochte.

21 Jahwe hat mir meine Treue vergolten, / mich nach der Reinheit meiner Hände beschenkt. 22 Denn ich hielt mich an die Wege Jahwes, / fiel nicht schuldig von meinem Gott ab. 23 Seine Gebote standen mir immer vor Augen, /

Kap. 22 Danklied. Das Lied ist auch in Psalm 18 überliefert.

22,11 Cherub (Mehrzahl: *Cherubim*): Majestätisches (Engel-)Wesen, das Gottes Herrlichkeit repräsentiert.

seine Befehle wies ich nicht von mir weg. *24* Ich lebte ohne Tadel vor ihm / und nahm mich vor der Sünde in Acht. *25* So hat Jahwe mir meine Treue vergolten, / denn er hatte meine Reinheit im Blick.

26 Einem Treuen zeigst du dich treu, / einem ehrlichen Mann ehrlich. *27* Dem Reinen zeigst du dich rein, / doch dem Falschen bist du verdreht. *28* Ja, du rettest das demütige Volk, / doch stolze Menschen zwingst du nieder. *29* Ja, du bist meine Leuchte, Jahwe. / Jahwe macht das Dunkel mir hell. *30* Ja, mit dir überrenn ich ein Heer, / mit meinem Gott überspring ich die Mauer.

31 Ja, Gott – sein Weg ist tadellos, / Jahwes Wort ist unverfälscht. / Ein Schild ist er für alle, / die Schutz bei ihm suchen. *32* Ja, wer ist Gott, wenn nicht Jahwe! / Wer ist ein Fels, wenn nicht unser Gott! *33* Dieser Gott ist meine Festung, / er macht meinen Weg tadellos. *34* Er macht meine Füße gazellenflink / und standfest auf allen Höhen. *35* Er lehrt meine Hände das Kämpfen / und meine Arme, den Bogen zu spannen.

36 Du gabst mir den Schild deines Heils, / und dein Zuspruch machte mich groß! / *37* Du schafftest Raum meinen Schritten, / meine Knöchel blieben fest. *38* Ich jagte meinen Feinden nach und überwältigte sie. / Erst als sie vernichtet waren, kehrte ich um. *39* Zerschmettert habe ich sie, / sie stehen nicht wieder auf. / Tot fielen sie vor meine Füße. *40* Du versorgtest mich mit Kraft zum Kampf, / zwangst meine Gegner unter mich nieder.

41 Du hast meine Feinde zur Flucht gezwungen, / ich konnte meine Hasser vernichten. *42* Sie blickten umher, aber da war kein Retter, / zu Jahwe, doch er hörte sie nicht. *43* Ich zerrieb sie wie Staub auf der Erde, / zerstampfte sie wie Straßendreck. *44* Du hast mich den Streitigkeiten des Volkes entrissen, / hast mich zum Haupt über Völker gesetzt. / Ein Volk, das ich nicht kannte, dient mir. *45* Ausländer kamen und krochen vor mir. / Sie hörten mir zu und gehorchten sofort. *46* Zitternd kamen sie aus ihren Burgen / und gaben ihren Widerstand auf.

47 Jahwe lebt! Gepriesen sei mein Fels, / erhoben der Gott meines Heils! *48* Denn Gott hat mir Rache verschafft, / hat mir die Völker unterworfen / *49* und mich meinen Feinden entrissen. / Du hast mich über meine Gegner erhoben, / mich vom Mann der Gewalttat befreit. *50* Darum will ich dich loben, Jahwe, / deinen Ruhm vor den Völkern besingen,* *51* der seinem König große Siege verschafft, / der seinem Gesalbten Gnade erweist, / David und seinem Nachwuchs für immer.

22,50 Wird im Neuen Testament von Paulus zitiert: Römer 15,9.

Davids Vermächtnis

23 *1* Dies sind die letzten Aussagen Davids:
»Das sagt David Ben-Isai, / so spricht der hochgestellte Mann, / der Gesalbte des Gottes Jakobs, / der Israels Lieder singt und spielt. *2* Der Geist Jahwes hat durch mich gesprochen, / seine Rede war in meinem Mund. *3* Israels Gott hat geredet, / Israels Fels sprach zu mir: / ›Wer gerecht über die Menschen herrscht, / wer das in Ehrfurcht vor Gott tut, *4* der ist wie das Morgenlicht, / wenn die Sonne aufstrahlt, / wenn ihr Glanz den Nebel vertreibt, / wenn das Grün aus regennasser Erde sprosst.‹ *5* Steht nicht so mein Königshaus zu Gott? / Für alle Zeit hat er mir einen Bund gesetzt, / hat alles wohl geordnet, gut verwahrt. / Ja, all mein Heil und all meine Freude, / er ließ sie wachsen. *6* Doch wer von Gott nichts wissen will, / ist wie abgestorbenes Dorngestrüpp, / entwurzelt und vom Wind verweht. / Mit bloßen Händen fasst es niemand an. *7* Mit Eisen und Speerschaft wird es gepackt / und ins Feuer geworfen, wo es gründlich verbrennt.«

23,8 *Wagenkämpfer.* Wörtlich: der Dritten. Das war eine feststehende Bezeichnung für den dritten Mann auf dem Streitwagen, einem Offizier.

23,13 *Adullam* lag 26 km westlich von Jerusalem.

Refaïm. Fruchtbares Gebiet westlich von Jerusalem.

Davids Elitetruppe

8 Es folgen die Namen der Elitetruppe Davids: Jischbaal aus der Sippe Hachmoni, Anführer der Wagenkämpfer*. Er schwang seinen Speer über 800 Mann, die er in einer Schlacht durchbohrte. *9* Der zweite nach ihm war Eleasar Ben-Dodo, ein Nachkomme Ahoachs. Er war einer der drei, die David bei sich hatte, als sie die Philister verhöhnten, die sich dort zum Kampf versammelt hatten. Als die Männer Israels sich zurückzogen, *10* stand er aufrecht und schlug auf die Philister ein, bis sein Arm erlahmte und seine Hand am Schwert kleben blieb. So schenkte Jahwe damals einen großen Sieg, und die Kämpfer kehrten um, ihm nach, doch nur noch, um zu plündern. *11* Der dritte war Schamma Ben-Age aus Harar. Die Philister hatten sich zu einer Truppe gesammelt, und das Volk floh vor ihnen. Nun gab es dort ein Linsenfeld. *12* Schamma stellte sich mitten in das Feldstück, entriss es den Philistern und schlug sie. So schaffte Jahwe eine große Rettung.

13 Drei von den dreißig Helden Davids kamen einmal zu David in die Höhle bei Adullam*. Es war in der Erntezeit, und die Philister hatten die Ebene Refaïm* besetzt. *14* Auch in Bethlehem lagen sie. David hielt sich gerade in der Bergfestung auf, *15* als ihn ein großes Verlangen überkam und er sagte: »Wer bringt mir Wasser aus der Zisterne am Tor von Bethlehem?« *16* Da drangen die drei Helden ins Lager der Philister ein, schöpften Wasser aus der Torzisterne von Bethlehem und brachten es David. Doch David wollte es nicht trinken, sondern goss es als Trankopfer vor Jahwe aus. 17 Er sagte: »Jahwe bewahre mich davor, so etwas zu tun! Es ist das Blut der Männer, die unter Lebensgefahr dort hingegangen sind.« Deshalb wollte er es nicht trinken. Das hatten die drei Helden getan. 18 Abischai Ben-Zeruja, der Bruder Joabs, war der Anführer der Dreißig und hochgeachtet unter ihnen. Er tötete 300 Feinde mit dem Speer 19 und war angesehener als die Dreißig, aber an die Drei reichte er nicht heran. 20 Benaja Ben-Jojada war ein tapferer Mann, der große Taten vollbrachte. Er erschlug die beiden Kriegshelden von Moab. Und an einem Schneetag stieg er in eine Zisterne und erschlug den Löwen, der dort hineingeraten war. 21 Er war es auch, der den gewaltigen mit einem Speer bewaffneten Ägypter erschlug. Mit einem Stock ging er zu dem Ägypter hinunter, riss ihm den Speer aus der Hand und durchbohrte ihn damit. 22 Solche Taten vollbrachte Benaja Ben-Jojada. Er war hochgeachtet unter den dreißig Helden 23 und wurde mehr als sie geehrt. Aber an die Drei reichte er nicht heran. David machte ihn zum Anführer seiner Leibgarde.

24 Zu den Dreißig gehörten Joabs Bruder Asaël, Elhanan Ben-Dodo aus Bethlehem, 25 Schamma und Elika aus Harod, 26 Helez aus Bet-Pelet, Ira Ben-Ikkesch aus Tekoa, 27 Abieser aus Anatot, Mebunnai* aus Huscha, 28 Zalmon aus Ahoach, Mahrai aus Netofa, 29 Heled Ben-Baana, ebenfalls aus Netofa, Ittai Ben-Ribai aus dem Gibea der Benjaminiten, 30 Benaja aus Piraton, Hiddai aus Nahale-Gasch, 31 Abialbon aus Bet-Araba, Asmawet aus Bahurim, 32 Eljachba aus Schaalbon und Jonatan von den Söhnen Jaschens, 33 Schamma aus Harar, Ahiam Ben-Scharar aus Arar, 34 Elifelet Ben-Ahasbai aus Maacha, Eliam Ben-Ahitofel aus Gilo, 35 Hezro aus Karmel, Paarai aus Arab, 36 Jigal Ben-Natan aus Zoba, Bani aus Gad, 37 der Ammoniter Zelek, Nachrai aus Beerot, der Waffenträger von Joab Ben-Zeruja, 38 Ira und Gareb aus Jattir 39 und der Hetiter Urija, zusammen 37.

Davids Volkszählung

24 1 Da flammte der Zorn Jahwes wieder gegen Israel auf. Er verleitete David, Israel und Juda zu zählen, und zwar zum Schaden seines Volkes. 2 Der König sagte also zu Joab, seinem Heerführer, der gerade bei ihm war: »Zieh doch durch alle Stämme Israels, von Dan bis Beerscheba, und lass die wehrfähigen Männer zählen. Ich will wissen, wie viele es sind.« 3 Doch Joab sagte zum König: »Jahwe, dein Gott, möge das Volk noch hundertmal zahlreicher machen, als es schon ist, und dass du es noch mit eigenen Augen siehst, mein Herr und König! Aber warum nur willst du so etwas tun?« 4 Doch der König blieb bei seinem Entschluss. Er ließ sich von Joab und den Heerführern nicht davon abbringen. So zog Joab mit seinen Offizieren vor dem König los, um das Volk Israel zu zählen. 5 Sie gingen über den Jordan

---

23,27 Mebunnai. In 21,18 und 1. Chronik 11,29 wird er Sibbechai genannt.

24,5 Jaser. Vermutlich Khirbet es-Sar, 10 km westlich vom heutigen Amman.

und begannen bei Aroer, der Stadt, die mitten im Arnontal liegt, gingen dann auf das Stammesgebiet von Gad zu und kamen nach Jaser*. 6 Sie zogen weiter durch Gilead* bis in die Gegend von Tachtim-Hodschi*. Über Dan und Ijon* kamen sie in die Gegend von Sidon*. 7 Dann kamen sie zur befestigten Stadt Tyrus, den Städten der Hiwiter und Kanaaniter und zogen in den Süden von Juda nach Beerscheba. 8 So durchstreiften sie das ganze Land. Nach Ablauf von neun Monaten und zwanzig Tagen kamen sie nach Jerusalem zurück. 9 Joab teilte dem König das Ergebnis der Musterung mit: die Gesamtzahl der wehrfähigen Männer, die mit dem Schwert umgehen konnten, betrug in Israel 800.000 und in Juda 500.000.

Gottes Gericht: die Pest

10 Aber jetzt schlug David das Gewissen, weil er das Volk gezählt hatte, und er sagte zu Jahwe: »Ich habe mich

---

24,6 siebenjährige. In 2. Samuel (1. Chronik 21,12: *dreijährige*) wird wahrscheinlich die dreijährige Hungersnot, die gerade vergangen war (2. Samuel 21,1), mitgezählt und wegen der inklusiven Zählweise der Juden (das aktuelle Jahr zählt mit) ergibt das zusammen mit den angedrohten drei Jahren insgesamt sieben Jahre Hungersnot.

24,6 Gilead bezeichnet hier das mittlere Ostjordanland.

Tachtim-Hodschi. Vermutlich handelt es sich um eine Gegend im Norden von Israel. Beide Begriffe kommen nur an dieser Stelle vor und sind unbekannt.

Dan und Ijon. Die Städte liegen ganz im Norden Israels.

Sidon war eine Stadt in Phönizien, heute Saida im Libanon.

schwer versündigt mit dem, was ich getan habe. Jahwe, vergib doch bitte die Schuld deines Sklaven. Ich habe sehr unbesonnen gehandelt.«

11 Als David am Morgen aufstand, kam das Wort Jahwes zu dem Propheten Gad, dem Seher Davids: 12 »Geh zu David und richte ihm aus: ›So spricht Jahwe: Dreierlei lege ich dir vor. Wähl dir aus, was ich dir antun soll!‹« 13 Gad kam zu David und überbrachte die Botschaft. »Soll dir eine siebenjährige* Hungersnot ins Land kommen?«, fragte er. »Oder willst du drei Monate vor deinen Verfolgern fliehen? Oder soll drei Tage lang die Pest in deinem Land wüten? Überleg es dir gut und sag mir, welche Antwort ich dem überbringen soll, der mich gesandt hat.« 14 David sagte zu Gad: »Ich habe große Angst. Dann will ich lieber in die Hand Jahwes fallen, denn sein Erbarmen ist groß. In die Hand von Menschen will ich nicht geraten.« 15 Da ließ Jahwe die Pest in Israel ausbrechen. Sie wütete von jenem Morgen an bis zu der von ihm bestimmten Zeit. Vom ganzen Volk zwischen Dan und Beerscheba starben 70.000 Mann. 16 Als der Engel im Begriff stand, sein grausiges Werk auch in Jerusalem zu tun und die Stadt zu vernichten, hatte Jahwe Mitleid. Er sagte dem Engel, der seine Opfer unter dem Volk suchte: »Genug! Hör auf damit!« Der Engel Jahwes war gerade bei der Tenne von Arauna, dem Jebusiter. 17 Als David den Engel sah, der die Leute umbrachte, sagte er zu Jahwe: »*Ich* habe doch gesündigt! *Ich* habe verkehrt gehandelt! Was haben denn diese Schafe getan? Bestrafe doch mich und meine Familie!«

David baut einen Altar auf dem Dreschplatz

18 An diesem Tag kam Gad zu David und sagte zu ihm:»Geh hinauf zum Dreschplatz des Jebusiters Arauna und errichte dort einen Altar für Jahwe!« 19 Da zog David nach dem Befehl Jahwes, der durch Gad zu ihm gekommen war, hinauf. 20 Als Arauna hinausblickte und den König mit seinem Gefolge zu sich kommen sah, ging er hinaus und warf sich vor ihm nieder, mit dem Gesicht zur Erde. 21 Er fragte:»Weshalb kommt mein Herr und König zu seinem Sklaven?« –»Um die Tenne von dir zu kaufen«, sagte David.»Ich will Jahwe einen Altar bauen, damit die Seuche vom Volk abgewehrt wird.« 22 Da sagte Arauna zu David:»Mein Herr und König nehme und opfere, was er will. Hier sind die Rinder zum Brandopfer. Die Dreschschlitten und die Rindergeschirre können das Brennholz sein. 23 Ich schenke dir das alles, mein König«, sagte Arauna und fügte hinzu:»Möge Jahwe, dein Gott, dich gnädig annehmen!« 24 »Nein«, sagte der König,»ich will es zum vollen Preis von dir kaufen. Ich will Jahwe, meinem Gott, keine kostenlosen Opfer bringen.« So kaufte David den Dreschplatz für 50 Silberstücke. 25 Er baute dort einen Altar für Jahwe und opferte Brand- und Freudenopfer*. Da ließ Jahwe sich für das Land erbitten und machte der Seuche in Israel ein Ende.

24,25 Beim *Freudenopfer* wurde im Gegensatz zum Brandopfer nur das Fett auf dem Altar verbrannt. Der größte Teil des Tieres durfte bei einer fröhlichen Opfermahlzeit gemeinsam mit Verwandten und Freunden verzehrt werden.

Das erste Buch von den Königen

Ursprünglich waren beide Königsbücher ein einziges Buch auf einer langen Schriftrolle. Erst nach der Übersetzung des Alten Testaments aus dem Hebräischen ins Griechische, in der so genannten Septuaginta, haben die Übersetzer es aus praktischen Gründen in zwei Schriftrollen geteilt. Das Buch von den Königen ist die Fortsetzung der Geschichte, die mit den Samuelbüchern begann. Die beiden Königsbücher verzeichnen die Regierungen aller Könige von Israel und Juda, außer der von Saul. Sie zeigen die drei großen Perioden der Königsgeschichte: das vereinte Königreich, das in Juda und Israel aufgeteilte Reich und das überlebende Reich Juda bis zu seiner Deportation in die Gefangenschaft nach Babylon. Die Königsbücher sind zwischen den Jahren 560 und 537 v.Chr. vollendet worden, wahrscheinlich schon kurz nach 560. Die Befreiung aus der babylonischen Gefangenschaft 538 v.Chr. wird jedenfalls nicht mehr erwähnt. Ihr inspirierter Verfasser lebte wahrscheinlich im Exil in Babylonien. Sein Name wird uns aber nicht genannt. Er arbeitete viele Quellen ein, wie sie zum Beispiel in 1. Könige 11,41 und 14,19 erwähnt werden.

Adonija will an die Macht

1 1 König David war sehr alt geworden. Obwohl man ihn in Decken hüllte, wurde es ihm nicht warm. 2 Da sagten seine Diener zu ihm: »Gestatte uns doch, für dich, unseren Herrn und König, ein junges, unberührtes Mädchen zu suchen, das dich bedient und pflegt. Wenn sie dann in deinen Armen schläft, wird es dir, unserm Herrn und König, wieder warm werden.« 3 So suchten sie in ganz Israel nach einem schönen Mädchen. Sie fanden Abischag aus Schunem* und brachten sie zum König. 4 Das Mädchen war außerordentlich schön. Sie wurde Pflegerin des Königs und bediente ihn. Der König hatte jedoch keinen sexuellen Verkehr mit ihr.

5 Damals wurde Adonija, der Sohn von Davids Frau Haggit, überheblich und erklärte: »Ich bin der künftige König!« Dann schaffte er sich Wagen und Pferde an und legte sich eine Leibwache von fünfzig Mann zu, die vor ihm her liefen. 6 Sein Vater David hatte ihm sein Leben lang nie Vorhaltungen gemacht und ihn nie wegen irgendetwas zur Rede gestellt. Adonija war ein stattlicher Mann und nach Abschalom der Älteste der Davidsöhne. 7 Er hatte mit Joab Ben-Zeruja* und dem Priester Abjatar gesprochen und sie für sich gewinnen können. 8 Den Priester Zadok und Benaja Ben-Jojada* konnte er aber nicht auf seine Seite ziehen, auch den Propheten Natan nicht und auch nicht Schimi und Rei und die Elitetruppe Davids.

1,3 *Schunem* lag 15 km östlich von Megiddo am Fuß des Berges More. Heute: Solem.

1,7 *Zeruja* war die Halbschwester Davids.

1,8 *Benaja* war Befehlshaber der königlichen Leibwache (2. Samuel 20, 23).

⁹ Nun veranstaltete Adonija am Schlangenstein bei der Rogelquelle* ein Opfermahl. Er ließ Schafe, Rinder und Mastkälber schlachten und lud alle seine Brüder, die Königssöhne, ein, dazu alle Männer von Juda, die im Dienst des Königs standen, ¹⁰ nicht aber den Propheten Natan, auch nicht Benaja und die Elitetruppe und seinen Bruder Salomo.

¹¹ Da ging Natan zu Batseba, der Mutter Salomos, und sagte: »Hast du nicht gehört, dass Adonija, der Sohn der Haggit, sich zum König gemacht hat? Und David, unser Herr, weiß nichts davon. ¹² Komm, ich will dir einen Rat geben, damit du dein Leben und das deines Sohnes Salomo retten kannst. ¹³ Geh zum König David und sag zu ihm: ›Mein Herr und König, hast du nicht selbst deiner Magd geschworen: Dein Sohn Salomo und kein anderer soll mir auf dem Königsthron folgen! Warum ist jetzt aber Adonija König geworden?‹ ¹⁴ Und während du noch mit ihm sprichst, werde ich selbst kommen und deine Worte bekräftigen.«

¹⁵ Da ging Batseba ins Gemach des Königs. Dieser war sehr alt geworden, und Abischag aus Schunem bediente ihn. ¹⁶ Batseba verneigte sich vor dem König und warf sich dann ganz vor ihm nieder. »Was hast du?«, fragte der König. ¹⁷ »Mein Herr«, erwiderte sie, »du hast doch deiner Magd bei Jahwe, deinem Gott, geschworen: ›Dein Sohn Salomo und kein anderer soll mir auf dem Königsthron folgen!‹ ¹⁸ Aber sieh doch, jetzt ist Adonija König geworden – und du, mein Herr und König, weißt nicht einmal davon! ¹⁹ Er hat eine Menge Rinder, Mastkälber und Schafe schlachten lassen und alle Königssöhne dazu eingeladen, auch den Priester Abjatar und den Heerführer Joab, nur deinen Diener Salomo nicht. ²⁰ Ganz Israel blickt jetzt auf dich, mein Herr und König. Sie warten darauf, dass du ihnen bekannt gibst, wer dir auf dem Königsthron folgen soll. ²¹ Sonst werden ich und mein Sohn es büßen müssen, wenn du eines Tages nicht mehr lebst.«

²² Während sie noch mit ihm sprach, kam der Prophet Natan in den Palast. ²³ Man meldete dem König: »Der Prophet Natan ist da!« Er trat ein und warf sich vor dem König nieder, sodass sein Gesicht den Boden berührte. ²⁴ »Mein Herr und König«, sagte er, »du hast wohl angeordnet, dass Adonija der Nachfolger auf deinem Thron werden soll? ²⁵ Denn er ist heute hinuntergegangen und hat eine Menge Rinder, Mastkälber und Schafe schlachten lassen. Er hat alle Königssöhne eingeladen, die Truppenführer und den Priester Abjatar. Sie essen und trinken als seine Gäste und rufen: ›Es lebe König Adonija!‹ ²⁶ Aber mich, deinen Diener, den Priester Zadok, Benaja Ben-Jojada und deinen Diener Salomo hat er nicht eingeladen. ²⁷ Wenn diese Sache wirklich von meinem Herrn, dem König, ausgegangen ist, dann hast du deine treuen Diener also nicht wissen lassen, wer dir auf dem Königsthron nachfolgen soll.«

1,9 Die *Rogelquelle* liegt 1,5 km südlich von Jerusalem im Kidrontal.

Salomo wird zum König gesalbt

28 »Ruft mir Batseba!«, befahl König David. Sie kam herein und trat vor ihn hin. 29 Da schwor der König und sagte:»So wahr Jahwe lebt, der mich aus jeder Not gerettet hat: 30 Ja, ich habe dir bei Jahwe, dem Gott Israels, geschworen, dass dein Sohn Salomo nach mir König sein soll, dass er und kein anderer mein Nachfolger auf dem Thron wird. Und so werde ich es heute wahr machen.« 31 Da verneigte sich Batseba vor dem König, dass ihr Gesicht den Boden berührte, und sagte:»Lang lebe mein Herr, der König David!«

32 Dann sagte David:»Ruft mir den Priester Zadok, den Propheten Natan und Benaja Ben-Jojada!« Als sie hereingekommen waren, 33 befahl er ihnen:»Lasst meinen Sohn Salomo auf meiner eigenen Mauleselin reiten; nehmt meine Leibgarde und geleitet ihn zur Gihonquelle* hinunter! 34 Der Priester Zadok und der Prophet Natan sollen ihn dort zum König über Israel salben*. Dann sollt ihr das Signal-

horn* blasen und rufen: ›Es lebe König Salomo!‹ 35 Anschließend zieht ihr hinter ihm her wieder herauf. Er soll hereinkommen und sich auf meinen Thron setzen. Er und kein anderer soll an meiner Stelle König sein. Ihn habe ich zum Herrscher über Israel und Juda bestimmt.« 36 »Amen«, sagte Benaja Ben-Jojada, »so bestätige es Jahwe, der Gott meines Königs und Herrn! 37 So wie Jahwe meinem Herrn und König zur Seite stand, möge er auch Salomo zur Seite stehen und ihn noch größer machen als meinen Herrn und König David!«

38 Zadok, Natan und Benaja ließen Salomo auf der Mauleselin des Königs reiten und gaben ihm mit der königlichen Leibgarde* das Geleit zur Gihonquelle. 39 Der Priester Zadok hatte das Horn mit dem Salböl aus dem heiligen Zelt geholt und salbte Salomo nun damit. Dann wurden die Widderhörner geblasen, und alles Volk rief:»Es lebe König Salomo!« 40 Nun zog das ganze Volk hinter ihm her in die Stadt hinauf. Sie spielten auf Flöten und waren außer sich vor Freude. Von ihrem Jubelgeschrei barst schier die Erde.

41 Auch Adonija und seine Gäste hörten den Lärm, als sie gerade ihr Festmahl beendet hatten. Joab fragte, als er die Hörner hörte:»Was ist das für ein Lärm in der Stadt?« 42 Da kam auch schon Jonatan, der Sohn des Priesters Abjatar. Adonija sagte:»Komm her, du bist ein zuverlässiger Mann und bringst sicher eine gute Nachricht!« 43 »Nein!«, erwiderte Jonatan. »Unser Herr, König David, hat Salomo zum König gemacht. 44 Er hat den Priester Zadok und den

---

1,33 Die *Gihonquelle* war die bedeutendste Wasserquelle für die Stadt Jerusalem. Sie lag genau östlich der Stadt im Kidrontal.

1,34 *salben.* Bei einer zeremoniellen Salbung wurde der Person kostbares duftendes Öl über den Kopf gegossen. In diesem Fall war es vergleichbar mit einer Krönung zum König.

Das *Signalhorn* (Hebräisch: *Schofar*) war aus den gewundenen Hörnern des männlichen Fettschwanzschafes hergestellt und brachte einen dumpfen, durchdringenden Ton hervor.

1,38 *Leibwache*: Wörtlich: *den Kretern und Pletern.* Es waren ausländische Söldner, hauptsächlich Philister, die ausschließlich dem König dienten.

Propheten Natan, Benaja Ben-Jojada und die Leibgarde mit ihm geschickt, und sie haben ihn auf der Mauleselin des Königs reiten lassen. *45* Zadok und Natan haben ihn an der Gihonquelle zum König gesalbt. Dann sind alle mit Freudengeschrei wieder hinaufgezogen. Die ganze Stadt ist in Bewegung. Das ist der Lärm, den ihr gehört habt. *46* Und darüber hinaus hat Salomo auf dem Königsthron Platz genommen. *47* Die Dienstleute des Königs sind auch schon hineingegangen, um König David, unserem Herrn, ihre Segenswünsche zu überbringen. Sie sagen: ›Dein Gott mache den Namen Salomos noch berühmter als deinen Namen und seine Herrschaft noch größer als deine!‹ Und der König hat sich auf seinem Lager vor Gott verneigt. *48* Und außerdem hat der König gesagt: ›Gepriesen sei Jahwe, der Gott Israels, der es heute geschenkt hat, dass einer meiner Söhne auf meinem Thron sitzt und meine Augen es noch sehen dürfen.‹« *49* Da erschraken alle Gäste Adonijas. Sie standen auf und liefen auseinander; jeder ging seinen eigenen Weg.

50 Adonija selbst bekam auch Angst vor Salomo. Er lief zum Brandopferaltar und ergriff dessen Hörner*. *51* Salomo wurde gemeldet: »Sieh doch, Adonija hat Angst vor dem König Salomo. Er hat die Hörner des Altars umklammert und sagt: ›König Salomo soll mir heute schwören, dass er seinen Diener nicht mit dem Schwert töten lässt.‹« *52* Salomo sagte: »Wenn er sich als redlicher Mann erweist, wird ihm kein Haar gekrümmt. Doch wenn er sich etwas zuschulden kommen lässt, muss er sterben.« *53* Damit ließ ihn Salomo vom Altar herunterholen. Adonija kam zum König und warf sich vor ihm nieder. »Geh nach Hause!«, sagte dieser zu ihm.

Davids letzte Anweisungen

2 *1* Als es nun mit Davids Leben zu Ende ging, gab er seinem Sohn Salomo folgende Weisungen: *2* »Ich gehe nun den Weg alles Irdischen. Sei stark und erweise dich als Mann! *3* Halte dich an das, was Jahwe, dein Gott, von dir fordert. Geh auf seinen Wegen und beachte seine Ordnungen und Gebote, seine Anweisungen und Zeugnisse, wie sie im Gesetz Moses aufgeschrieben sind. Dann wirst du in allem Erfolg haben, was du auch planst und unternimmst. *4* Dann wird auch Jahwe sein Versprechen halten, das er mir gegeben hat. Er sagte: ›Wenn deine Söhne auf ihren Weg achten und wahrhaftig mit ganzem Herzen und ganzer Seele vor mir leben, dann wird es dir nie an einem Nachkommen auf dem Thron Israels fehlen.‹

5 Noch etwas: Du weißt selbst, was mir Joab Ben-Zeruja angetan hat. Er hat die beiden Heerführer Israels Abner Ben-Ner und Amasa Ben-Jeter kaltblütig umgebracht. So hat er Kriegsblut auf den Frieden gegossen und sich selbst mit dem Blut an Gürtel und Schuhen besudelt. *6* Sorge in deiner Weisheit dafür, dass sein graues Haar nicht in Frieden zu den Toten kommt!

1,50 Die *Hörner* waren Vorsprünge an den vier Ecken des Altars, an die das Opferblut gestrichen wurde. Offenbar galten sie auch als Zufluchtsstellen.

7 Doch die Söhne des Barsillai aus Gilead* sollst du freundlich behandeln. Sie sollen mit zu denen gehören, die an deinem Tisch essen, denn sie haben auch mich versorgt, als ich vor deinem Bruder Abschalom fliehen musste. 8 Da ist auch noch Schimi Ben-Gera, der Benjaminit aus Bahurim*. Das ist der, der mich damals, als ich nach Mahanajim* ging, böse verflucht hat. Doch ist er mir dann an den Jordan entgegengekommen, und ich habe ihm bei Jahwe geschworen, dass ich ihn nicht töten lasse. 9 Aber jetzt muss er seine Strafe bekommen. Du bist ein kluger Mann und weißt, was du mit ihm tun musst. Sorge dafür, dass sein graues Haar blutig zu den Toten kommt!«

10 Bald darauf starb David und wurde in der Davidsstadt* beigesetzt. 11 Vierzig Jahre lang war er König über Israel, sieben Jahre in Hebron und 33 in Jerusalem. 12 Salomo saß nun auf dem Thron seines Vaters David und hatte die Herrschaft fest in der Hand.

2,7 *Gilead* bezeichnet das mittlere, manchmal auch das ganze Ostjordanland.

2,8 *Bahurim* war ein Ort östlich vom Ölberg.

Mahanajim lag wahrscheinlich 11 km östlich vom Jordan am Jabbok.

2,10 Die *Davidsstadt* umfasste das Gebiet des alten Jebus, das von David erobert worden war. Es bildete den Kern Jerusalems.

2,13 *Schalom* war der Friedensgruß in Israel und bedeutete gleichzeitig: Es ist alles in Ordnung!

2,22 *Fordere ... Bruder.* Salomo hatte sofort verstanden, dass Adonijas Bitte ein indirekter Anspruch auf den Thron war, denn der Nachfolger des Königs übernahm gewöhnlich den Harem des Vorgängers, zu dem Abischag gehörte, obwohl sie noch unberührt war.

Salomos erste Maßnahmen

13 Eines Tages kam Adonija Ben-Haggit zu Salomos Mutter Batseba. »Kommst du in Frieden?«, fragte sie ihn. »Ja, Schalom*«, erwiderte er, 14 »ich habe nur eine Bitte an dich.« – »Sprich!«, erwiderte sie. 15 Da sagte er: »Du weißt, dass eigentlich mir das Königtum zustand. Ganz Israel erwartete, dass ich König würde. Aber nun kam es anders, und das Königtum ist meinem Bruder zugefallen. Jahwe hatte es eben für ihn bestimmt. 16 Jetzt habe ich nur eine einzige Bitte; schlag sie mir nicht ab!« – »Sprich!«, erwiderte sie. 17 Da begann er: »Rede doch mit König Salomo, dich wird er nicht abweisen. Bitte ihn, mir Abischag aus Schunem zur Frau zu geben.« 18 »Gut«, sagte Batseba, »ich will mit dem König reden.«

19 Als Batseba zu König Salomo hineinging, um wegen Adonija mit ihm zu reden, stand der König auf und verneigte sich tief vor ihr. Dann setzte er sich wieder auf seinen Thron und ließ auch einen Thron für die Königsmutter aufstellen. So saß sie an seiner rechten Seite. 20 »Ich habe nur eine einzige kleine Bitte an dich«, sagte sie, »schlag sie mir nicht ab!« – »Sprich nur, Mutter«, sagte der König, »ich werde dir nichts abschlagen.« 21 Sie sagte: »Man könnte doch Abischag von Schunem deinem Bruder Adonija zur Frau geben.« 22 Da erwiderte König Salomo seiner Mutter: »Warum bittest du für Adonija nur um Abischag von Schunem? Fordere doch gleich das Königtum für ihn, er ist schließlich mein älterer Bruder!* Auch der Priester Abjatar und Joab Ben-Zeruja hätten sicher nichts dagegen.«

23 Dann schwor er bei Jahwe: »Gott soll mich strafen, wenn Adonija dieses Ansinnen nicht mit seinem Leben büßt! 24 So wahr Jahwe lebt, der mich als König bestätigt und auf den Thron meines Vaters David gesetzt hat, der sein Wort gehalten und auch meinen Nachkommen das Königtum zugesagt hat: Noch heute muss Adonija sterben!« 25 König Salomo beauftragte Benaja Ben-Jojada damit. Der stach ihn nieder. So starb Adonija.

26 Zum Priester Abjatar sagte der König: »Geh auf dein Landgut nach Anatot! Du hast zwar den Tod verdient, aber heute will ich dich nicht töten lassen, weil du die Bundeslade Jahwes, unseres Herrn, vor meinem Vater David getragen und alle Leiden mit ihm geteilt hast.« 27 Damit entzog Salomo Abjatar das Recht, Jahwe als Priester zu dienen. So erfüllte sich das Wort Jahwes, das er der Familie des Priesters Eli in Schilo angekündigt hatte.*

28 Als Joab davon hörte, floh er zum Zelt Jahwes und umklammerte die Hörner des Altars. Er hatte sich zwar nicht auf die Seite Abschaloms gestellt, wohl aber auf die Adonijas. 29 König Salomo wurde gemeldet: »Joab ist zum Zelt Jahwes an den Altar geflohen.« Da schickte Salomo Benaja Ben-Jojada mit dem Befehl los, Joab zu töten. 30 Benaja ging ins Zelt Jahwes* und sagte zu Joab: »Der König befiehlt: Verlass diesen Ort!« – »Nein«, erwiderte dieser, »dann will ich hier sterben!« Benaja ging zum König zurück und berichtete ihm, was Joab gesagt hatte. 31 »Tu, was er gesagt hat«, erwiderte der König. »Stoß ihn nieder und begrabe ihn. So

nimmst du die Blutschuld von mir und der Familie meines Vaters, die Joab auf uns gebracht hat. 32 Jahwe wird diese Blutschuld auf ihn selbst zurückbringen. Denn er hat zwei Männer getötet, die gerechter und besser waren als er. Er hat Abner Ben-Ner, den Heerführer Israels, und Amasa Ben-Jeter, den Heerführer Judas, mit dem Schwert umgebracht, ohne dass mein Vater David davon wusste. 33 Diese Blutschuld soll für immer auf Joab und seinen Nachkommen lasten. Aber auf David und seinen Nachkommen, seiner Familie und seinem Thron möge immer der Frieden Jahwes ruhen.« 34 Da ging Benaja wieder hin und erstach Joab. Man begrub ihn auf seinem Grundstück in der Wüste. 35 Der König setzte dann Benaja an Joabs Stelle über das Heer und den Priester Zadok an die Stelle Abjatars.

36 Dann ließ der König Schimi rufen und sagte zu ihm: »Bau dir ein Haus in Jerusalem und wohne dort! Du darfst die Stadt nicht mehr verlassen. 37 Du sollst genau wissen: Sobald du den Bach Kidron* überquerst, musst du sterben! Dann wirst du selbst an deinem Tod Schuld sein.« 38 »Ja, das ist gut«, erwiderte Schimi, »dein Sklave wird tun, was mein Herr, der

---

2,27 angekündigt hatte. Siehe 1. Samuel 2,30-35.

2,30 Zelt Jahwes. Gemeint ist der umzäunte Vorhof, in dem auch der Brandopferaltar stand.

2,37 Der Bach Kidron floss im Osten Jerusalems dem Toten Meer zu und führte nur während der winterlichen Regenzeit Wasser.

König, gesagt hat.« So wohnte Schimi eine Zeit lang in Jerusalem. *39* Drei Jahre später entliefen ihm zwei seiner Sklaven. Sie flohen zu Achisch Ben-Maacha, dem König von Gat*. Als Schimi hörte, dass seine Sklaven in Gat waren, *40* sattelte er seinen Esel und ritt zu Achisch nach Gat, um seine Sklaven zu suchen. Er zog also hin und holte sie aus Gat zurück. *41* Man berichtete Salomo, dass Schimi von Jerusalem nach Gat geritten und wieder zurückgekehrt sei. *42* Da ließ der König Schimi zu sich rufen und sagte zu ihm: »Habe ich dich nicht gewarnt und dir gesagt: ›Sobald du die Stadt verlässt, musst du sterben!‹ Und du hast geantwortet: ›Ja, das ist gut, ich gehorche!‹ Ich habe dich sogar bei Jahwe schwören lassen. *43* Warum hast du diesen Eid gebrochen und meinen Befehl missachtet?« *44* Dann fuhr der König fort: »Du weißt außerdem ganz genau, was du meinem Vater David angetan hast. So wird Jahwe deine Bosheit jetzt auf dich selbst zurückbringen. *45* Der König Salomo aber wird gesegnet sein, und Jahwe wird dafür sorgen, dass die Königsherrschaft für alle Zeiten Davids Nachkommen gehört.« *46* Der König gab Benaja den Befehl, und dieser führte Schimi hinaus und erstach ihn. Nun war die Herrschaft fest in der Hand Salomos.

2,39 *Gat* war eine der fünf Philisterstädte und lag etwa 55 km südwestlich von Jerusalem.

3,4 *Gibeon* lag etwa 10 km nordwestlich von Jerusalem. Nach 1. Chronik 21,29 und 2. Chronik 1,2-6 standen dort das Zelt der Gottesbegegnung und der ursprüngliche Bronzealtar aus der Zeit Moses.

Salomos Gebet um Weisheit

3 *1* Salomo wurde Schwiegersohn des Pharao, des Königs von Ägypten. Er nahm dessen Tochter zur Frau und ließ sie in der Davidsstadt wohnen, bis er seinen Palast, den Bau des Hauses Jahwes und die Stadtmauer vollendet hatte.

2 Das Volk opferte bis dahin auf den Opferhöhen, denn bis zu diesem Zeitpunkt war dem Namen Jahwes noch kein Haus gebaut worden. *3* Salomo liebte Jahwe und richtete sich nach den Anordnungen seines Vaters David. Aber auch er musste diese Opferhöhen benutzen, um Schlacht- und Räucheropfer darzubringen. *4* So ging er nach Gibeon*, um die Opfer zu bringen, denn dort war die größte Opferstätte. Tausend Brandopfer legte Salomo auf den Altar.

5 Dort in Gibeon erschien Jahwe Salomo in der Nacht im Traum. Gott sagte: »Sprich aus, was ich dir geben soll!« *6* Salomo erwiderte: »Du hast deinem Sklaven David, meinem Vater, große Gnade erwiesen, weil er treu und gerecht war und aufrichtig vor dir gelebt hat. Du hast ihm diese große Gunst erhalten und ihm einen Sohn geschenkt, der heute auf seinem Thron sitzt. *7* Und nun, Jahwe, mein Gott, du selbst hast deinen Diener anstelle meines Vaters zum König gemacht. Doch ich bin noch sehr jung und weiß weder aus noch ein. *8* Dein Diener steht mitten in dem Volk, das du erwählt hast. Es ist ein großes Volk mit vielen Menschen, die niemand zählen kann. *9* So gib deinem Diener ein Herz, das auf dich hört, damit er dein Volk recht richten und zwischen Gut und Böse unterscheiden kann.

Wie kann ich sonst dieses schwierige Volk regieren?« *10* Jahwe freute sich über diese Bitte Salomos. *11* Deshalb sagte er zu ihm: »Weil du gerade um diese Sache gebeten hast und nicht um ein langes Leben, Reichtum oder den Tod deiner Feinde, sondern um Verstand zum Hören auf das Recht, *12* darum werde ich deinen Wunsch erfüllen. Pass auf! Ich gebe dir ein weises und verständiges Herz, sodass kein Mensch vor oder nach dir mit dir verglichen werden kann. *13* Und auch das, was du nicht erbeten hast, gebe ich dir, nämlich Reichtum und Ehre, sodass zu deinen Lebzeiten keiner von den Königen dir gleich kommt. *14* Und wenn du auf meinen Wegen gehst, dich nach meinen Ordnungen und Geboten richtest, wie es dein Vater David getan hat, schenke ich dir auch ein langes Leben.« *15* Da erwachte Salomo und merkte, dass es ein Traum war. Er ging nach Jerusalem, trat vor die Bundeslade des Herrn und opferte Brandopfer. Er ließ auch Tiere für das Freudenopfer* schlachten und ein Festmahl für seine Diener zubereiten.

Das salomonische Urteil

16 Eines Tages traten zwei Prostituierte vor den König. *17* Die eine sagte: »Bitte, mein Herr! Diese Frau wohnt mit mir zusammen in einem Haus. Sie war dabei, als mein Kind geboren wurde. *18* Zwei Tage später bekam auch sie ein Kind. Wir beide waren ganz allein im Haus, kein Fremder war bei uns. *19* Eines Nachts starb der Sohn dieser Frau, weil sie ihn im Schlaf erdrückt hatte. *20* Da stand sie mitten in der Nacht auf, holte meinen Sohn von meiner Seite weg und legte ihn zu sich, während ich, deine Sklavin, schlief. Ihren toten Sohn aber legte sie neben mich. *21* Als ich nun am Morgen erwachte und meinen Sohn stillen wollte, merkte ich auf einmal, dass er tot war. Doch als ich ihn genauer ansah, entdeckte ich, dass es gar nicht das Kind war, das ich geboren hatte.« *22* »Das ist nicht wahr!«, rief die andere Frau. »Mein Sohn ist der lebende, und deiner der tote!« – »Nein«, rief die erste, »dein Sohn ist der tote und meiner der lebendige!« So stritten sie sich vor dem König.

23 Da sagte der König: »Die eine behauptet: ›Der hier, der lebende ist mein Sohn. Dein Sohn ist der tote!‹, die andere sagt: ›Nein, dein Sohn ist der tote und mein Sohn der lebende!‹« *24* Dann befahl er: »Holt mir ein Schwert!« Sie brachten es dem König. *25* Er sagte: »Teilt das lebendige Kind in zwei Teile und gebt die eine Hälfte der einen und die andere Hälfte der anderen.« *26* Da rief die Frau, deren Sohn der lebende war – denn es wurde ihr heiß vor Angst um ihren Sohn: »Bitte, mein Herr! Gebt ihr das lebende Kind, aber tötet es ja nicht!« Die andere aber sagte: »Es soll weder dir noch mir gehören, zerschneidet es nur!« *27* Da befahl der König: »Gebt der ersten das lebende Kindchen und tötet es ja nicht! Sie ist seine Mutter.«

3,15 Beim *Freudenopfer* wurde im Gegensatz zum Brandopfer nur das Fett auf dem Altar verbrannt. Der größte Teil des Tieres durfte bei einer fröhlichen Opfermahlzeit gemeinsam mit Verwandten und Freunden verzehrt werden.

28 Ganz Israel hörte von dem Urteil, das der König gefällt hatte, und alle bekamen große Ehrfurcht vor ihm. Denn sie sahen, dass Gott ihm seine Weisheit geschenkt hatte, sodass er gerechte Urteile fällen konnte.

Die Verwaltung des Reiches

4 1 Salomo war nun König über ganz Israel. 2 Als oberste Beamte hatte er folgende Männer eingesetzt: Asarja Ben-Zadok als Priester, 3 Elihoref und Ahija, die Söhne von Schischa, als Staatsschreiber, Joschafat Ben-Ahilud als Kanzler, 4 Benaja Ben-Jojada als Heerführer, Zadok und Abjatar als Priester, 5 Asarja Ben-Natan als Vorsteher der Vögte, den Priester Sabud Ben-Natan als Freund des Königs, 6 Ahischar als Palastverwalter und Adoniram Ben-Abda als Beauftragter für die Zwangsarbeit.

7 Salomo hatte Israel in zwölf Bezirke eingeteilt, die von Vögten verwaltet wurden. Diese hatten reihum je einen Monat lang die Versorgung des königlichen Hofs zu übernehmen. 8 Hier sind ihre Namen: Ben-Hur für das Bergland von Efraïm; 9 Ben-Deker für das Gebiet der Städte Makaz, Schaalbim, Bet-Schemesch, Ajalon und Bet-Hanan; 10 Ben-Hesed für die Stadt Arubbot, das Gebiet von Socho und das ganze Land Hefer; 11 Ben-Abinadab – seine Frau war Salomos Tochter Tafat – für das Hügelland von Dor; 12 Baana Ben-Ahilud für Taanach und Megiddo, das ganze Gebiet um Bet-Schean in der Nähe von Zaretan, unterhalb von Jesreel, von Bet-Schean bis Abel-Mehola gegenüber von Jokneam; 13 Ben-Geber für die Stadt Ramot in Gilead, für die Zeltdörfer Jaïr Ben-Manasses in Gilead und das Gebiet von Argob in Baschan mit 60 großen Städten, die Mauern und Torriegel aus Bronze hatten; 14 Ahinadab Ben-Iddo für das Gebiet um Mahanajim; 15 Ahimaaz – seine Frau war Salomos Tochter Basemat – für das Stammesgebiet von Naftali; 16 Baana Ben-Huschai für das Stammesgebiet von Ascher und das Gebiet um Bealot; 17 Joschafat Ben-Paruach für das Stammesgebiet von Issachar; 18 Schimi Ben-Ela für das Stammesgebiet von Benjamin; 19 Geber Ben-Uri für das Gebiet von Sihon, dem König der Amoriter, und Og, dem König von Baschan im Land Gilead. Für das Land Juda war nur ein Vogt zuständig.

20 Das Volk von Juda und Israel war zahlreich wie der Sand am Meer. Es hatte zu essen und zu trinken und war glücklich.

Salomos Hofhaltung

5 1 Salomo herrschte über alle Königreiche vom Euphrat bis zum Gebiet der Philister und zur Grenze Ägyptens. Sie zahlten ihm Tribut und erkannten seine Oberherrschaft an, so lange er lebte. 2 Für seine Hofhaltung benötigte Salomo täglich drei Tonnen Feinmehl und sechs Tonnen* gewöhnliches Mehl, 3 zehn gemästete Rinder, zwanzig Weiderinder und hundert Schafe. Dazu kamen noch Hirsche, Gazellen, Damhirsche und gemästete Vögel. 4 Salomo herrschte

---

5,2 *drei ... sechs Tonnen.* Wörtlich: 30 und 60 Kor. 1 Kor = 10 Efa. 1 Efa Mehl = 10 bis 12 Kilogramm.

über das ganze Gebiet diesseits des Euphrat von Tifsach* bis Gaza* und über alle Könige, die dort regierten. Mit allen Völkern ringsum hatte er Frieden. 5 Solange Salomo lebte, ging es Juda und Israel gut. Von Dan bis Beerscheba* konnte jeder ungestört unter seinem Weinstock und Feigenbaum sitzen. 6 Salomo hatte 4000* Stallplätze für seine Streitwagengespanne und 12.000 Pferde.

7 Die Vögte versorgten den König und alle, die an seiner Tafel speisen durften. Jeder war für einen Monat verantwortlich. Sie ließen es an nichts fehlen. 8 Sie schafften auch Gerste und Stroh für die Pferde und die Wagenpferde heran, jeweils an den Ort, für den jeder zuständig war.

Salomos Weisheit

9 Gott schenkte Salomo Weisheit, sehr viel Verstand und ein umfassendes Wissen wie Sand am Ufer des Meeres. 10 Salomos Weisheit übertraf die Weisheit aller im Osten lebenden Menschen und auch die Weisheit Ägyptens. 11 Er war weiser als alle Menschen und übertraf selbst Etan, den Esrachiter, und Heman, Kalkol und Darda, die Söhne Mahols. Sein Ruhm verbreitete sich bei allen Völkern ringsum. 12 Er verfasste 3000 Weisheitssprüche und 1005 Lieder. 13 Er beschrieb die Bäume von der Zeder auf dem Libanon bis zum Ysop, der an der Mauer wächst, das Vieh, die Vögel, das Gewürm und die Fische. 14 Aus allen Völkern kamen Menschen, um die Weisheit Salomos zu vernehmen, und alle Könige der Erde, die von seiner Weisheit gehört hatten, schickten Gesandte zu ihm.

Vorbereitungen für den Tempelbau

15 König Hiram von Tyrus* war immer ein Freund Davids gewesen. Als er hörte, dass man Salomo als Nachfolger seines Vaters zum König gesalbt hatte, schickte er eine Gesandtschaft zu ihm. 16 Und Salomo ließ Hiram ausrichten: 17 »Du weißt ja, dass mein Vater David wegen der Kriege, die ihm seine Feinde ringsherum aufzwangen, für Jahwe, seinen Gott, kein Haus bauen konnte. Doch schließlich hatte Jahwe ihm seine Feinde unter die Füße gelegt. 18 Und mir hat Jahwe, mein Gott, ringsherum Ruhe verschafft. Es gibt keinen Gegner und kein böses Hindernis mehr. 19 Darum habe ich mich entschlossen, für den Namen meines Gottes, für Jahwe, ein Haus zu bauen. Denn so hatte es Jahwe meinem Vater David gesagt: ›Dein Sohn, den ich als deinen Nachfolger auf den Thron setzen werde, soll meinem Namen ein Haus bauen.‹ 20 So lass nun auf dem Libanon Zedern für mich schlagen. Meine Arbeiter werden deinen Leuten zur Hand gehen. Natürlich erstatte ich dir den Lohn für deine Leute, du musst nur sagen, wie viel. Du weißt ja, dass

5,4 *Tifsach* lag am Westufer des Euphrat an der großen Biegung.

Gaza war die bedeutendste Stadt der Philister, sechs Kilometer vom Mittelmeer entfernt.

5,5 *Dan bis Beerscheba.* Das meint vom nördlichsten bis zum südlichsten Ort in Israel.

5,6 *4000.* So mit LXX und 2. Chronik 9,25. MT liest 40.000, was wohl durch ungenaues Abschreiben entstand.

5,15 *Tyrus* war die wichtigste Hafenstadt an der phönizischen Küste, 56 km nördlich vom Berg Karmel.

wir hier keinen haben, der Bauholz so zu schlagen versteht wie die Sidonier.«

21 Als Hiram die Botschaft Salomos vernahm, freute er sich sehr und sagte: »Heute sei Jahwe gelobt, der David einen weisen Sohn für dieses große Volk geschenkt hat.« 22 Und an Salomo schickte Hiram folgende Antwort: »Es ist gut angekommen, was du mir übermittelt hast. Ich bin gern bereit, dir deinen Wunsch nach Zedern- und Zypressenholz zu erfüllen. 23 Meine Leute sollen die Stämme vom Libanon zum Meer hinunterschaffen. Dann lasse ich sie zu Flößen zusammenbinden und sie an der Küste entlang an den Ort bringen, den du mir angibst. Dort lasse ich die Flöße wieder auseinandernehmen und du kannst das Holz abholen lassen. Dafür sollst du meinen Wunsch erfüllen und mir Lebensmittel für

meinen Hof liefern.« 24 Hiram lieferte Salomo also das Zedern- und Zypressenholz, das er brauchte. 25 Dafür lieferte Salomo Hiram jährlich 3200 Tonnen* Weizen und 4400 Hektoliter* reines Olivenöl.

26 Jahwe hatte Salomo Weisheit geschenkt, wie er es ihm versprochen hatte. Es herrschte Frieden zwischen Hiram und Salomo, und die beiden schlossen ein Bündnis.

27 König Salomo ließ in ganz Israel 30.000 Zwangsarbeiter einziehen 28 und stellte sie unter die Leitung Adonirams. Jeweils 10.000 mussten einen Monat auf dem Libanon arbeiten und waren dann zwei Monate zu Hause. 29 Darüber hinaus hatte Salomo 70.000 Lastträger und 80.000 Steinhauer im Gebirge. 30 Dazu kamen 3300 Aufseher, die den Vögten unterstellt waren und die Arbeiten überwachten. 31 Der König ordnete an, große quaderförmige Steinblöcke von bester Qualität für die Grundmauern des Hauses zu brechen. 32 Die Bauleute von Salomo und Hiram bearbeiteten zusammen mit den Männern von Byblos* die Steinblöcke und Stämme.

Der Tempelbau

6 1 Im April* des vierten Jahres, in dem Salomo über Israel regierte* – es war das 480. Jahr nach dem Auszug der Israeliten aus Ägypten* –, begann der König das Haus für Jahwe zu bauen. 2 Dieses Haus, das Salomo für Jahwe baute, war 30 Meter lang, 10 Meter breit und 15 Meter hoch.* 3 Die Halle vor dem Haus war zehn Meter breit und fünf Meter tief. 4 Im Haus waren auch Fensteröff-

---

5,25 *3.200 Tonnen.* Wörtlich: 20.000 Kor. 1 Kor = 10 Efa. 1 Efa Getreidekörner = 16 bis 17 Kilogramm.

4.400 Hektoliter. Wörtlich: 20 Kor. Bei 1 Kor = 220 Liter ergeben sich 4.400 Liter. Mit 2. Chronik 2,9 liest die LXX 20.000 Bat. Bei 1 Bat = 22 Liter ergeben sich 4.400 Hektoliter.

5,32 *Männern von Byblos.* Wörtlich: Gebaliter. Das waren Bewohner der Stadt Gebal = Byblos nördlich von Beirut.

6,1 *Im April.* Wörtlich: Im Monat Siw, das ist der zweite Monat.

vierten Jahres ... regierte. Es war das Jahr 966 v.Chr.

Der Auszug *aus Ägypten* muss nach biblischer Chronologie (siehe Vorwort des Übersetzers) also 1445 v.Chr. stattgefunden haben. Das entspricht auch Jiftachs Aussage in Richter 11,26.

6,2 *Meter hoch.* Hebräisch: Ellen. 1 Elle = 46 cm bzw. 52 cm (Großelle).

nungen mit Rahmen und Gitterwerk. *5* Außen an den Seitenwänden und der Hinterwand ließ er einen mehrstöckigen Anbau errichten. *6* Der untere Anbau war zweieinhalb Meter breit, der mittlere drei Meter und der obere dreieinhalb Meter, weil sich die Mauer des Tempelhauses in diesen Stufen nach oben verjüngte. So mussten die Balken nicht in die Tempelmauer eingelassen werden, sondern konnten aufliegen.

7 Beim Bau des Hauses wurden Steine verwendet, die man schon im Steinbruch fertig behauen hatte. So waren weder Hämmer noch Meißel oder sonstige eiserne Werkzeuge auf der Baustelle zu hören.

8 Der Eingang zum Anbau war auf der rechten Seite des Hauses. Über Wendeltreppen gelangte man zum mittleren und oberen Stockwerk. *9* Als die Mauern fertig waren, ließ Salomo das Haus mit Balken und Bohlen aus Zedernholz decken. *10* Der Anbau fasste das Haus ganz mit Zedernbalken ein. Jedes Stockwerk war zweieinhalb Meter hoch.

11 Damals kam folgendes Wort Jahwes zu Salomo: *12* »Du baust mir dieses Haus. Wenn du nach meinen Ordnungen lebst, meine Vorschriften befolgst und meine Gebote hältst und darin lebst, dann werde ich auch zu meinem Wort stehen, das ich deinem Vater David gegeben habe. *13* Ich werde mitten unter den Israeliten wohnen und mein Volk Israel nicht verlassen.«

Der Innenausbau

14 Nachdem Salomo den Rohbau vollendet hatte, *15* ließ er die Wände des Hauses mit Zedernholz täfeln, und zwar vom Fußboden bis zu den Deckbalken. Den Fußboden selbst ließ er mit Zypressenholz auslegen. *16* Zehn Meter vor der Rückwand des Hauses ließ er eine Zwischenwand aus Zedernholz errichten, um hinten einen Raum für das Höchstheilige zu schaffen. *17* Der Tempelraum davor war noch 20 Meter lang. *18* Er war ganz mit Zedernholz getäfelt, so dass keine Mauer mehr zu sehen war. Die Täfelung war mit Schnitzereien von wilden Kürbissen und Blütenkelchen versehen. *19* Den hinteren Raum im Haus ließ Salomo herrichten, weil er dort die Bundeslade Jahwes aufstellen wollte. *20* Dieser Raum war zehn Meter lang, zehn Meter breit und zehn Meter hoch. Er ließ ihn mit reinem Gold überziehen. Auch den Zedernholzaltar überzog er damit, *21* ebenso die Wände des Tempelhauses. Vor dem hinteren Raum ließ Salomo goldene Ketten anbringen. *22* So überzog er das ganze Haus vollständig mit Gold, auch den Altar, der zum hinteren Raum gehörte.

23 Im hinteren Raum ließ er zwei fünf Meter hohe Cherubim* aus Olivenholz anfertigen. *24* Ihre Flügel maßen je zweieinhalb Meter, so dass sie ausgespannt fünf Meter breit waren. *25* So war es auch bei dem anderen Cherub. Beide Cherubim hatten genau die gleiche Größe und Gestalt. *26* Beide waren fünf Meter hoch. *27* Er ließ die Cherubim mitten in

---

6,23 *Cherub* (Mehrzahl: *Cherubim*). Majestätisches (Engel-)Wesen, das Gottes Herrlichkeit repräsentiert.

diesem innersten Teil des Hauses aufstellen, sodass ihre ausgespannten Flügel sich in der Mitte berührten und außen bis an die Seitenwände reichten. *28* Auch die Cherubim wurden mit Gold überzogen. *29* Alle Wände des Hauses im inneren und im äußeren Raum wurden mit eingeschnitzten Reliefs von Cherubim, Palmen und Blumengebinden geschmückt. *30* Die Fußböden wurden mit Gold überzogen. *31* Der Eingang zum hinteren Raum bekam Türflügel aus Olivenholz, die von einem fünffach gestaffelten Türrahmen eingefasst waren. *32* Auf die beiden Türflügel waren Cherubim, Palmen und Blumengebinde eingeschnitzt. Sie wurden dann ganz mit Gold überzogen. In die Cherubim- und Palmenornamente wurde das Gold aufgehämmert. *33* Ebenso war es mit dem Eingang zum Tempelraum. Die vierfach gestaffelten Türrahmen waren aus Olivenholz. *34* Die beiden Türflügel, von denen jeder zwei drehbare Blätter besaß, bestanden aber aus Zypressenholz. *35* Sie waren mit eingeschnitzten Cherubim, Palmen und Blumengebinden verziert, deren Vertiefungen mit Gold ausgeschlagen wurden.

36 Den inneren Vorhof ließ Salomo mit einer Mauer von drei Lagen Quadern und einer Lage Zedernholzbalken umgeben.

37 Im April seines vierten Regierungsjahrs war die Grundmauer für das Haus Jahwes gelegt worden, *38* und im November seines elften Jahres war es mit seiner gesamten Einrichtung vollendet. Sieben Jahre hatte Salomo daran gebaut.

Die königlichen Paläste

7 *1* An seiner eigenen Palastanlage baute Salomo 13 Jahre, bis alles fertig war. *2* Er baute das Libanonwaldhaus, das 50 Meter lang, 25 Meter breit und 15 Meter hoch war. Seine Tragbalken waren aus Zedernholz und ruhten auf vier Reihen von Zedernsäulen. *3* Im Obergeschoss befanden sich 45 Räume, die mit Zedernbrettern gedeckt waren, je 15 in einer Reihe. *4* Die Saalfenster waren in drei Reihen angebracht, die sich genau gegenüberstanden. *5* Die Rahmen aller Türen waren vierfach abgestuft. Auch an dieser Seite standen je dreimal ein Fenster dem anderen gegenüber.

6 Er baute auch die Säulenvorhalle, 25 Meter lang und 15 Meter breit. Sie hatte noch einen Vorbau mit Säulen und davor einen Aufgang.

7 Er baute die Vorhalle zum Thronsaal, in der er Gericht hielt. Deshalb hieß sie auch Gerichtshalle. Sie war vom Boden bis zur Decke mit Zedernholz getäfelt.

8 Das Haus, in dem Salomo selbst wohnte, lag hinter der Vorhalle im anderen Hof. Es war von derselben Bauart, ebenso auch das Haus für die Tochter des Pharao, die er geheiratet hatte.

9 Alle diese Gebäude waren vom Grund bis zum Gesims aus besten Quadersteinen errichtet, die außen und innen mit der Steinsäge geschnitten waren. *10* Die Fundamente bestanden aus wertvollen, mächtigen Steinblöcken, einige fünf und andere vier Meter lang. *11* Darauf wurden Mauern aus Quadersteinen errichtet, auf denen Zedernbalken lagen. *12* Der große Hof war wie der Vorhof und die Vorhalle vom Haus Jahwes von einer Mauer umgeben, die aus drei Lagen Quadersteinen und einer Lage Zedernbalken bestand.

Die Ausstattung des Tempels

13 König Salomo ließ Hiram aus Tyrus kommen. 14 Er war der Sohn einer Witwe aus dem Stamm Naftali. Sein Vater war Tyrer, ein Bronzeschmied. Hiram war sehr begabt, ein Meister seines Fachs, und konnte alle möglichen Gegenstände aus Bronze herstellen. Er kam zu König Salomo und führte alle Arbeiten für ihn aus. 15 Er formte die beiden Bronzesäulen, jede neun Meter hoch. Ihr Umfang betrug sechs Meter. 16 Oben auf jede Säule setzte er ein in Bronze gegossenes Kapitell von zweieinhalb Metern Höhe. 17 Für die Kapitelle wurden kettenartige Bänder angefertigt und je sieben davon an jedem angebracht. 18 Dann machte er die Granatäpfel und befestigte sie in zwei Reihen auf dem Geflecht, das die Kapitelle oben bedeckte. 19 Die Kapitelle sahen wie zwei Meter hohe Blütenkelche aus, 20 die die Säulen über der Ausbuchtung krönten. Dazu kamen die 200 Granatäpfel in Reihen ringsherum. 21 Dann wurden die Säulen vor der Eingangshalle des Tempels aufgestellt. Die rechte wurde Jachin, »Er richtet auf«, genannt und die linke Boas, »In ihm ist Stärke«. 22 Als dann die lilienförmigen Gebilde auf den Säulenköpfen ruhten, war die Arbeit an den Säulen vollendet.

23 Dann machte Hiram das sogenannte Meer, ein gegossenes Becken mit einem Durchmesser von fünf Metern. Seine Höhe betrug zweieinhalb Meter, und eine Schnur von 15 Metern Länge umspannte es. 24 Unterhalb des Randes war es mit zwei Reihen von Buckeln verziert, von denen zehn auf einen halben Meter kamen. Diese Buckelverzierungen waren aus einem Guss mit dem Becken. 25 Das Becken selbst stand auf zwölf Rindern, deren Hinterteile nach innen gekehrt waren. Jeweils drei von ihnen schauten nach Norden, Westen, Süden und Osten. 26 Der Rand des Beckens war wie bei einem Kelch oder einer Lilienblüte nach außen gewölbt und etwa eine Handbreit dick. Das Becken fasste 44.000 Liter*.

27 Hiram machte auch zehn Gestelle aus Bronze, jedes zwei Meter lang, zwei Meter breit und anderthalb Meter hoch. 28 Und so waren die Gestelle gebaut: Sie bestanden aus Leisten. Zwischen den Eckleisten waren Verschlussplatten angebracht. 29 Darauf befanden sich Abbilder von Löwen, Rindern und Cherubim. Oben und unten waren sie von gehämmerten Kränzen eingefasst. 30 Jedes Gestell hatte zwei Achsen und vier Räder aus Bronze. Die vier Füße waren durch Seitenstücke mit der unteren verzierten Leiste vergossen. 31 Der Aufsatz, der den Kessel innerhalb der Umkrönung aufnahm, ragte noch 50 Zentimeter darüber hinaus. Er war in einen viereckigen Untersatz von 75 Zentimetern Seitenlänge eingesetzt und mit Schnitzwerk verziert.* 32 Die

---

7,26 *44.000 Liter.* Hebräisch: 2000 Bat. 1 Bat = 22 Liter.

7,31 Der hebräische Text in diesem Vers ist nicht sicher zu deuten.

vier Räder befanden sich unterhalb der Leisten, und die Radzapfen waren am Gestell befestigt. Die Räder selbst hatten einen Durchmesser von 75 Zentimetern. *33* Sie waren wie Wagenräder gebaut. Achsen, Felgen, Speichen und Naben waren gegossen. *34* Die vier Eckpfosten und der Wagenkasten waren aus einem Guss. *35* Der ringförmige Aufsatz auf dem Gestell ragte 25 Zentimeter darüber hinaus und war durch Halter mit dem Gestell fest verbunden. *36* Auf den Seitenplatten und den Haltern waren Cherubim, Löwen und Palmen eingraviert, und ringsherum waren Kränze angebracht. *37* Auf diese Weise machte Hiram alle zehn Gestelle aus derselben Gussform nach demselben Plan und Maß. *38* Dann machte er für jedes Gestell einen Kessel aus Bronze. Jeder Kessel fasste 880 Liter und hatte einen Durchmesser von zwei Metern. *39* Fünf der Kesselwagen erhielten ihren Platz auf der rechten Seite und fünf auf der linken Seite des Hauses. Das sogenannte Meer wurde an der Südostecke aufgestellt.

40 Hiram fertigte auch die Töpfe, Schaufeln und Sprengschalen und vollendete alle Arbeiten, die König Salomo ihm für das Haus Jahwes aufgetragen hatte: *41* zwei Säulen und die wulstförmigen Kapitelle, die auf den Säulen ruhten; dazu die Geflechte, um die beiden Kapitelle zu bedecken; *42* die 400 Granatäpfel, die in zwei Reihen an den Geflechten hingen;

43 die zehn Gestelle mit den Kesseln darauf; *44* das so genannte Meer und die zwölf Rinder darunter *45* und die Töpfe, Schaufeln und Sprengschalen. Alle diese Gegenstände waren aus blanker Bronze. *46* In der Jordanebene hatte der König sie gießen lassen und zwar in den Tonablagerungen zwischen Sukkot und Zaretan*. *47* Allen Gegenständen gab Salomo ihren Platz. Wegen ihrer übergroßen Menge war das Gewicht der verarbeiteten Bronze nicht festzustellen.

48 Salomo ließ auch die Gegenstände anfertigen, die zum Haus Jahwes gehören: den goldenen Altar und den goldenen Tisch für die geweihten Brote, *49* die Leuchter aus reinem Gold, von denen fünf rechts und fünf links vor dem hinteren Raum standen. Dazu die blütenförmigen Aufsätze für die Lichtschalen und die Dochtscheren, alles aus Gold. *50* Dann die Becken, Messer, Schalen, Schüsseln und Feuerpfannen aus reinem Gold, die Angeln für die Türflügel des Tempelraums und des Höchstheiligen, ebenfalls aus Gold.

51 So wurden alle Arbeiten, die König Salomo für das Haus Jahwes ausführen ließ, vollendet. Dann brachte Salomo die heiligen Gaben seines Vaters David hinein. Das Silber und das Gold und alle Gegenstände kamen in die Schatzkammern des Hauses Jahwes.

Die Überführung der Bundeslade

8 *1* Dann ließ Salomo die Ältesten von Israel, die Oberhäupter der Stämme und die Fürsten der Sippen Israels nach Jerusalem kommen. Sie sollten die Bundeslade Jahwes aus

7,46 Sukkot und Zaretan liegen etwa 34 km nordöstlich von Jericho auf der Ostseite des Jordan und der Nordseite des Jabbok.

der Davidsstadt Zion in den Tempel hinaufbringen. *2* Am Laubhüttenfest, das im Oktober* stattfindet, versammelten sich alle Männer Israels beim König. *3* In Gegenwart der Ältesten Israels nahmen die Priester die Lade *4* und trugen sie zum Tempel hinauf. Auch das Zelt der Gottesbegegnung und die heiligen Gegenstände, die im Zelt waren, wurden von den Priestern und Leviten hinaufgebracht. *5* König Salomo und die ganze Gemeinschaft Israels, die sich bei ihm vor der Lade eingefunden hatte, opferten eine unzählbare Menge von Schafen und Rindern. *6* Dann brachten die Priester die Bundeslade Jahwes an ihren Platz im hintersten Raum des Hauses, dem Höchstheiligen, unter die Flügel der Cherubim. *7* Die Cherubim hielten ihre Flügel nämlich über dem Platz der Lade ausgebreitet und überspannten damit die Lade und ihre Tragestangen. *8* Die Stangen waren so lang, dass man ihre Enden vom Heiligtum aus nur sehen konnte, wenn man direkt vor dem hinteren Raum stand. Sonst waren sie vom Heiligtum aus nicht zu sehen. Die Lade befindet sich noch heute* dort. *9* In ihr waren nur die beiden Tafeln, die Mose am Horeb hineingelegt hatte, als Jahwe den Bund mit den Israeliten bei deren Auszug aus Ägypten schloss*. *10* Als die Priester aus dem Heiligtum auszogen, erfüllte die Wolke das ganze Haus Jahwes. *11* Die Priester konnten ihren Dienst nicht fortsetzen, denn die Herrlichkeit Jahwes erfüllte das Haus Jahwes. *12* Da betete Salomo: »Jahwe hat gesagt, dass er im Wolkendunkel wohnen will. *13* Ich habe dir nun ein Herrscherhaus gebaut, eine Stätte, wo du für immer wohnen sollst.«

Die Ansprache Salomos

14 Dann drehte sich der König um und segnete die ganze Versammlung Israels. Alle standen. *15* Dann sagte er: »Gepriesen sei Jahwe, der Gott Israels, der wahr machte, was er meinem Vater David versprach: *16* ›Seit der Zeit, als ich mein Volk aus Ägypten führte, habe ich in keinem der Stämme Israels eine Stadt erwählt, um dort einen Wohnsitz für meinen Namen errichten zu lassen. Aber David habe ich bestimmt, Herrscher über mein Volk zu sein.‹ *17* Nun war es meinem Vater David ein Anliegen, dem Namen Jahwes, des Gottes Israels, ein Haus zu bauen. *18* Doch Jahwe sagte zu meinem Vater David: ›Wenn du dir vorgenommen hast, meinem Namen ein Haus zu bauen, hast du einen guten Entschluss gefasst. *19* Aber nicht du, sondern dein leiblicher Sohn soll dieses Haus meinem Namen bauen.‹ *20* Und Jahwe hat dieses Versprechen gehalten. Ich bin an die Stelle meines Vaters David getreten und habe den Thron Israels bestiegen, wie Jahwe es zugesagt hat. Und ich habe nun das Haus für den Namen Jahwes, des Gottes Israels, gebaut *21* und einen Platz für die Lade hergerichtet, in der die Tafeln des Bundes liegen, den Jahwe mit den Israeliten schloss, nachdem er sie aus Ägypten herausgeführt hatte.«

8,2 *im Oktober.* Wörtlich: Im Monat Etanim, das ist der siebente Monat. Salomo hatte mit der Einweihung offenbar fast ein Jahr gewartet, siehe Kapitel 6,38.

8,8 *heute.* Das meint den Zeitpunkt, als die Königsbücher verfasst wurden.

8,9 *Tafeln ... schloss.* Vergleiche 2. Mose 25,21; 32,19-20; 34,1-4.28-29.

Salomos Gebet zur Tempelweihe

22 Dann trat Salomo vor den Augen der Versammlung Israels zum Altar Jahwes. Er breitete seine Hände zum Himmel aus 23 und sagte: »Jahwe, Gott Israels! Kein Gott ist dir vergleichbar, weder im Himmel noch auf der Erde. Du stehst zu deinem Bund und erhältst deinen Dienern deine Güte, denen, die vor dir leben und dir mit ganzem Herzen dienen. 24 Du hast auch deinem Diener, meinem Vater David, deine Versprechen gehalten. Was du mit dem Mund versprachst, hast du mit der Hand erfüllt, wie es dieser Tag zeigt. 25 Jahwe, Gott Israels, nun erfülle auch die andere Zusage, die du meinem Vater David gegeben hast, als du sagtest: ›Es soll dir nie an einem Mann fehlen, der vor mir auf dem Thron Israels sitzt, wenn nur deine Söhne darauf achten, so nach meinen Weisungen zu leben, wie du das getan hast.‹ 26 Jahwe, Gott Israels, lass doch in Erfüllung gehen, was du deinem Diener David, meinem Vater, zugesagt hast! 27 Aber will Gott wirklich bei den Menschen auf der Erde wohnen? Selbst der Himmel und das ganze Universum können dich nicht fassen, geschweige denn dieses Haus, das ich gebaut habe! 28 Trotzdem bitte ich dich, Jahwe, mein Gott, achte doch auf das Gebet deines Sklaven und höre auf sein Flehen und seine Bitte, die er vor dich bringt. 29 Halte deine Augen Tag und Nacht über diesem Haus offen, von dem du gesagt hast, dass dein Name dort wohnen soll, und höre auf das Gebet, das dein Sklave zu dieser Stätte hin richtet! 30 Höre doch auf das Flehen, das dein Sklave und dein Volk zu dieser Stätte hin richten werden! Höre du es selbst in deiner himmlischen Wohnung, dort, wo du thronst! Ja, erhöre uns und vergib! 31 Wenn jemand sich an seinem Nächsten versündigt und dieser einen Eid von ihm verlangt* und er kommt vor deinen Altar in dieses Haus und spricht diesen Eid aus, 32 dann höre es vom Himmel her und greife ein! Verschaff deinen Dienern Recht! Bestrafe den Schuldigen und lass sein böses Tun auf ihn selbst zurückfallen, den Schuldlosen aber sprich frei und gib ihm, was seiner Gerechtigkeit entspricht.

33 Und wenn dein Volk Israel von Feinden besiegt wird, weil es gegen dich gesündigt hat, und dann wieder umkehrt und deinen Namen preist und in diesem Haus zu dir betet und fleht, 34 dann höre du es im Himmel und vergib deinem Volk Israel seine Schuld und bringe es wieder in das Land zurück, das du ihnen und ihren Vorfahren gegeben hast.

35 Wenn sich der Himmel verschließt, dass es nicht regnet, weil sie gegen dich gesündigt haben, und sie dann zu dieser Stätte hin beten und deinen Namen preisen und von ihrer Sünde umkehren, weil du sie gedemütigt hast, 36 dann höre du es im Himmel und vergib deinen Dienern und deinem Volk Israel die Sünde – denn du führst sie den rechten Weg – und lass es wieder regnen auf dein Land, das du deinem Volk zum Eigentum gegeben hast.

8,31 *Eid ... verlangt.* Siehe 2. Mose 22,10-12; 4. Mose 5,11-31.

37 Wenn eine Hungersnot im Land ausbricht, wenn die Pest wütet, wenn das Getreide durch Brand- oder Rostpilze, Heuschrecken oder andere Schädlinge vernichtet wird, wenn der Feind ins Land einfällt, wenn irgendeine Krankheit oder Plage sie trifft, 38 dann höre du jedes Gebet und Flehen. Sei es ein Einzelner oder dein ganzes Volk, je nachdem, was einer als seine Plage oder seinen Schmerz erkennt, wenn er seine Hände nach diesem Haus hin ausbreitet, 39 dann höre du es im Himmel, dem Ort, wo du thronst! Und vergib; und gib jedem, was er verdient! Denn du kennst die verborgenen Gedanken der Menschen und siehst ihnen ins Herz. 40 Dann werden sie dich fürchten und auf deinen Wegen gehen, solange sie in dem Land leben, das du unseren Vätern gegeben hast.

41 Auch wenn ein Ausländer, der nicht zu deinem Volk Israel zählt, wegen deinem Namen aus einem fernen Land kommt, 42 denn sie werden von deinem großen Namen hören und von dem, was du mit deiner starken Hand und deinem ausgestreckten Arm getan hast – wenn er kommt und zu diesem Haus hin betet, 43 dann höre du es im Himmel, dem Ort, wo du thronst, und erfülle seine Bitte! So werden alle Völker der Erde deinen Namen erkennen und dich fürchten, wie dein Volk Israel es tut. Und sie werden wissen, dass dein Name über diesem Haus, das ich gebaut habe, ausgerufen ist.

44 Wenn dein Volk gegen seine Feinde in den Krieg zieht, egal wohin du sie schickst, und sie dann zu dir beten in Richtung dieser Stadt, die du erwählt hast, und dieses Hauses, das ich deinem Namen gebaut habe, 45 dann höre ihr Gebet und Flehen im Himmel und verschaffe ihnen ihr Recht!

46 Wenn sie gegen dich sündigen – denn es gibt keinen Menschen, der nicht sündigt – und du über sie zornig wirst und sie ihren Feinden auslieferst, und diese sie in ein fernes oder nahes Land verschleppen, 47 und sie es sich dort zu Herzen nehmen und kehren um und flehen im Land ihrer Gefangenschaft zu dir und sagen: ›Wir haben gesündigt, wir haben Unrecht getan, wir haben gottlos gehandelt!‹; 48 wenn sie in dem Land, in dem sie gefangen sind, anhaltend und mit ganzem Herzen und ihrer ganzen Seele zu dir umkehren und beten in Richtung dieses Landes, das du ihren Vätern gegeben hast, und dieser Stadt, die du erwählt hast, und dieses Hauses, das ich deinem Namen gebaut habe, 49 dann höre ihr Gebet und Flehen im Himmel, dem Ort, wo du thronst, und schaffe ihnen ihr Recht! 50 Und vergib deinem Volk, was es gegen dich gesündigt hat und womit es sich an dir verging, und lass sie bei ihren Bezwingern Erbarmen finden! 51 Sie sind doch dein Volk und dein Eigentum, das du aus Ägypten, diesem glühenden Schmelzofen, herausgeführt hast! 52 Lass deine Augen über dem Flehen deines Sklaven und deines Volkes Israel offen sein, dass du auf sie hörst, sooft sie zu dir rufen! 53 Denn du hast dir Israel aus allen Völkern der Welt zum Eigentum erwählt, wie du es schon durch deinen Diener Mose gesagt hast, als du unsere Vorfahren aus Ägypten herausführtest, Herr, Jahwe!«

Salomos Segen

54 Als Salomo dieses Gebet und sein Flehen zu Jahwe beendet hatte, stand er wieder auf. Er hatte sich nämlich beim Beten vor dem Altar Jahwes hingekniet und seine Hände zum Himmel ausgebreitet. *55* Nun trat er vor die Versammlung Israels und segnete sie. Er rief laut:

56 »Gepriesen sei Jahwe, der seinem Volk Israel Ruhe verschafft hat, wie er es versprochen hatte. All die guten Worte, die er uns durch seinen Diener Mose zugesagt hat, sind eingetroffen; kein einziges davon ist ausgeblieben. *57* Möge Jahwe, unser Gott, mit uns sein, wie er auch mit unseren Vätern war. Er möge uns nie verlassen, uns niemals verstoßen! *58* Er lasse unsere Herzen auf ihn gerichtet sein, damit wir auf seinen Wegen gehen und die Gebote, Vorschriften und Rechte einhalten, die er unseren Vorfahren gegeben hat. *59* Mögen diese Worte, mit denen ich vor Jahwe um Gnade gefleht habe, ihm, unserem Gott, Tag und Nacht gegenwärtig sein, damit er seinem Sklaven und seinem Volk Recht verschaffe, wie jeder Tag es erfordert. *60* Dann werden alle Völker der Welt erkennen, dass Jahwe der alleinige Gott ist.

61 Und ihr sollt mit ungeteiltem Herzen bei Jahwe, unserem Gott, bleiben, nach seinen Vorschriften leben und seine Gebote halten, wie ihr es heute tut.«

Abschluss der Feier

62 Dann feierten der König und das ganze Volk ein Opfermahl vor Jahwe. *63* Salomo ließ zu diesem Anlass 22.000 Rinder und 120.000 Schafe schlachten. So weihten sie das Haus Jahwes ein. *64* Zu diesem besonderen Anlass weihte Salomo den mittleren Teil des Vorhofs vor dem Haus Jahwes zum Opferaltar. Denn dort ließ er die Brandopfer und die Fettstücke der Freudenopfer verbrennen, weil der Bronzealtar, den er hatte anfertigen lassen, für die Menge der Brand- und Speisopfer und Fettstücke zu klein war. *65* Salomo feierte damals auch noch das Laubhüttenfest mit ganz Israel sieben Tage lang. Es war eine sehr große Versammlung aus dem ganzen Land zusammengekommen, von Lebo-Hamat* bis zum Bach Ägyptens*. Sie feierten insgesamt 14 Tage lang. *66* Am Tag nach dem Laubhüttenfest verabschiedete Salomo das Volk. Alle dankten dem König und freuten sich über das Gute, das Jahwe seinem Diener David und seinem Volk Israel geschenkt hatte, und zogen voller Zuversicht nach Hause.

Gottes Antwort

9 *1* Als nun Salomo das Haus Jahwes und das Haus für den König vollendet hatte und alles gut gelungen war, was er sich vorgenommen hatte, *2* erschien ihm Jahwe ein zweites Mal, so wie er ihm in Gibeon erschienen war. *3* Jahwe sagte zu ihm:

»Ich habe dein Gebet und dein Flehen zu mir erhört und habe dieses Haus, das du gebaut hast, für mich

---

8,65 *Lebo-Hamat.* Heute: Labwe, etwa 70 km nördlich vom Berg Hermon.

Bach Ägyptens. Nach Josua 15,4 war das die Grenze zwischen Israel und Ägypten. Heute: Wadi El-Arisch.

ausgesondert. Ich werde meinen Namen für immer mit diesem Haus verbinden. Meine Augen und mein Herz werden immer dort sein.

4 Und du, wenn du so vor mir lebst wie dein Vater David, und meine Gebote, Vorschriften und Rechte beachtest, 5 dann werde ich deine Herrschaft über Israel bestehen lassen, wie ich es deinem Vater David zugesagt habe, als ich den Bund mit ihm schloss: ›Es soll dir nie an einem Mann auf dem Thron Israels fehlen.‹

6 Wenn ihr euch aber von mir abwendet, wenn ihr meine Vorschriften und Gebote nicht mehr beachtet und stattdessen anderen Göttern nachlauft und euch vor ihnen niederwerft, 7 dann werde ich Israel aus dem Land, das ich ihnen gegeben habe, herausreißen. Dann werde ich dieses Haus, das ich meinem Namen geheiligt habe, keines Blickes mehr würdigen. Dann wird Israel zum Gespött und zum Hohn für alle Völker. 8 Und dieses Haus wird ein Trümmerhaufen sein. Jeder, der vorübergeht, wird sich dann entsetzt fragen: ›Warum hat Jahwe das diesem Land und diesem Haus angetan?‹ 9 Dann wird man ihnen antworten: ›Weil sie Jahwe, ihren Gott, der ihre Väter aus Ägypten herausführte, verlassen und sich anderen Göttern zugewandt haben. Weil sie ihnen gedient und sich vor ihnen niedergeworfen haben, hat er all dieses Unheil über sie gebracht.‹«

Salomos Unternehmungen

10 Zwanzig Jahre lang hatte Salomo am Haus Jahwes und an seinem Regierungspalast gebaut. 11 König Hiram von Tyrus hatte ihm nach seinem Wunsch Zedern- und Zypressenholz und Gold geliefert. Damals trat König Salomo Hiram zwanzig Städte in Galiläa ab. 12 Hiram kam von Tyrus, um sie sich anzusehen, aber sie gefielen ihm nicht. 13 »Was sind das für Städte, die du mir da gegeben hast, mein Bruder«, sagte er zu Salomo. Er nannte sie Land Kabul, Ramsch-Land. So heißt die Gegend bis heute. 14 Hiram hatte Salomo immerhin vier Tonnen Gold geliefert.*

15 Salomo setzte bei allen Bauarbeiten Zwangsarbeiter ein: beim Bau des Hauses Jahwes und bei seinem eigenen Palast, beim Ausbau der Verteidigungsanlagen und der Stadtmauern von Jerusalem, Hazor*, Megiddo* und Geser*. 16 Die Kanaaniterstadt Geser war vom Pharao, dem König von Ägypten, erobert und eingeäschert worden. Er hatte alle Einwohner töten lassen und dann die Stadt seiner Tochter als Mitgift in die Ehe mit Salomo gegeben. 17 Salomo ließ Geser wieder

---

9,14 *Was ... geliefert.* Hiram wollte seine Lebensmittelversorgung auch nach Fertigstellung der Bauten für Salomo sichern. Deshalb war er mit dem Landstrich nicht zufrieden. Offenbar gab Salomo Hiram noch einiges kultiviertes Land in der Küstenebene dazu und erhielt im Gegenzug ein Gebiet im Hochland, das der Stamm Ascher eigentlich erobert haben sollte, und besiedelte es (2. Chronik 8,2).

9,15 *Hazor.* Wichtigste Festung im Norden, 14 km nördlich vom See von Galiläa.

Megiddo war eine bedeutende Stadt am Südwestrand des Jesreel-Tales. Die Festung bewachte einen wichtigen Pass, der durch die Karmel-Bergkette verlief.

Geser. Stadt im nördlichen Teil der Schefela, 27 km südöstlich von Joppe.

aufbauen, dazu das untere Bet-Horon*
18 und Baalat* und Tamar* im Wüstenland, 19 außerdem alle seine Vorratsstädte und die Städte, in denen er seine Streitwagentruppen stationiert

9,17 *Bet-Horon.* Die Zwillingsstädte waren nur 3 km voneinander entfernt und beherrschten die wichtige Zugangsstraße von der Küstenebene ins Hügelland. Sie lagen 19 km nordwestlich von Jerusalem.

9,18 *Baalat* ist der ältere Name für *Kirjat-Jearim* an der Grenze von Juda und Benjamin. Heute: *Deir el-Azar,* 14 km westlich von Jerusalem.

Tamar. Wahrscheinlich ist nach 2. Chronik 8,4 *Tadmor* gemeint, eine große Oase in der nordsyrischen Wüste. Heute: *Palmyra,* 208 km nordöstlich von Damaskus.

9,21 *Bann.* Das bedeutete normalerweise die vollständige Vernichtung von Menschen, Tieren und Gütern.

Zwangsarbeit. Israeliten wurden nur zeitweise dazu herangezogen (1. Könige 5,28), die genannten Sklaven dauerhaft.

9,26 *Ezjon-Geber* und *Elat* lagen am Norden de des Golfs von Akaba in der Nähe der Stadt Akaba.

Edom. Land östlich der Araba und südlich vom Toten Meer, bewohnt von den Nachkommen Esaus.

9,28 *Ofir.* Josephus, LXX und Vulgata (Hiob 28,16) verstanden darunter Indien. Dafür spricht, dass es alle in der Bibel erwähnten Güter (Gold, Silber, Edelsteine, Hölzer, Elfenbein, Affen und Pfauen) im alten Indien gab. Ferner ist bekannt, dass vom 2. Jahrtausend v. Chr. an ein lebhafter Handel zwischen dem Persischen Golf und Indien getrieben wurde. Dazu waren Hochseeschiffe (1. Könige 22,48: Tarschisch-Schiffe) nötig. Eine andere Theorie besagt, dass *Ofir* eine Stadt war, die vermutlich an der südwestlichen Küste Arabiens oder 75 km nördlich von Bombay (Supura) lag.

16 Tonnen. Hebräisch: 450 Talente. Als Gewichtseinheit entspricht 1 Talent etwa 34,5 Kilogramm.

hatte. Auch alles, was Salomo sonst noch in Jerusalem, auf dem Libanon und in seinem ganzen Herrschaftsgebiet bauen wollte, ließ er von Zwangsarbeitern errichten. 20 Das waren Amoriter, Hetiter, Perisiter, Hewiter und Jebusiter, also keine Israeliten. 21 Es waren Nachkommen der Bewohner des Landes, an denen die Israeliten nicht den Bann* vollstrecken konnten. Die machte Salomo zu Sklaven und zog sie zur Zwangsarbeit* heran. So ist es bis heute. 22 Von den Israeliten machte Salomo keine Sklaven, sondern sie waren seine Soldaten, seine Beamten, seine Truppenführer und Streitwagenkämpfer. 23 Im Dienst seiner Vögte standen 550 Beamte, die für die Bauarbeiten Salomos verantwortlich waren und die Zwangsarbeiter beaufsichtigten.

24 Als die Tochter des Pharao aus der Davidstadt in den Palast gezogen war, den Salomo für sie gebaut hatte, begann er mit den Arbeiten am Stadtwall.

25 Dreimal im Jahr opferte Salomo Brand- und Freudenopfer auf dem Altar, den er für Jahwe gebaut hatte. Auch Räucheropfer verbrannte er auf diesem Altar vor Jahwe. So erfüllte das Haus seinen Zweck.

26 In Ezjon-Geber bei Elat*, das an der Küste des Schilfmeeres in Edom* liegt, ließ Salomo eine Flotte bauen. 27 Hiram stellte erfahrene Seeleute zur Verfügung, die mit den Männern Salomos fuhren. 28 So segelten sie bis nach Ofir* und brachten von dort 16 Tonnen* Gold zum König Salomo.

Die Königin von Saba zu Besuch

10 1 Als der Ruf Salomos und der Name Jahwes bis zur Königin von Saba* drang, kam sie, um Salomo mit schwierigen Fragen zu prüfen. ² Sie reiste mit einem gewaltigen Gefolge nach Jerusalem. Ihre Kamele waren schwer mit duftenden Ölen, Gold und Edelsteinen beladen. Als sie zu Salomo kam, besprach sie alles mit ihm, was sie sich überlegt hatte. ³ Salomo beantwortete alle ihre Fragen. Es gab nichts, was ihm verborgen war und worauf er keine Antwort gewusst hätte. ⁴ Als die Königin von Saba die Weisheit Salomos erkannte, als sie den Palast sah, den er gebaut hatte, ⁵ die Speisen an seiner Tafel, die Sitzplätze seiner Beamten, die gute Bedienung und die kostbaren Gewänder seiner Diener und Mundschenke und das Brandopfer, das er im Haus Jahwes opfern ließ, verschlug es ihr den Atem. ⁶ Sie sagte zum König: »Es ist tatsächlich alles wahr, was ich in meinem Land über dich und deine Weisheit gehört habe! ⁷ Ich wollte es nicht glauben, bis ich es mit eigenen Augen gesehen hatte. Und nun sehe ich: Man hat mir nicht einmal die Hälfte gesagt. Deine Weisheit und dein Reichtum übertrifft alles, was ich je über dich gehört habe. ⁸ Was für ein Vorrecht haben deine Männer, deine Minister, die täglich bei dir sind und deine weisen Worte hören. ⁹ Gepriesen sei Jahwe, dein Gott, dem es gefiel, dich auf den Thron Israels zu setzen. Weil Jahwe Israel ewig liebt, hat er dich zum König gemacht, damit du für Recht und Gerechtigkeit sorgst.«

¹⁰ Dann übergab sie dem König mehr als vier Tonnen* Gold, eine Menge duftender Öle und Edelsteine. Nie wieder hat es so viel kostbares Öl gegeben wie dieses, das die Königin von Saba Salomo als Geschenk überbrachte.

¹¹ Die Flotte Hirams, die Gold aus Ofir holte, hatte eine große Menge Algummimholz* und Edelsteine mitgebracht. ¹² Der König hatte aus dem Algummimholz Geländer für das Haus Jahwes und den Regierungspalast anfertigen lassen und Zithern und Harfen für die Tempelsänger. Bis heute ist nie mehr so viel Algummimholz nach Juda gekommen und hier gesehen worden.

¹³ König Salomo erfüllte der Königin von Saba jeden Wunsch, den sie äußerte, und beschenkte sie darüber hinaus so reich, wie er nur konnte. Danach kehrte sie mit ihrem Gefolge wieder in ihr Land zurück.

Salomos Reichtum

¹⁴ In einem einzigen Jahr gingen bei Salomo 23 Tonnen* Gold ein. ¹⁵ Dazu kam noch das, was die Händler einbrachten und was von allen Königen Arabiens und den Statthaltern des Landes einging.

10,1 *Saba.* Land im Süden Israels (siehe Matthäus 12,42), vielleicht auf der südwestlichen arabischen Halbinsel in der Nähe des heutigen Jemen. Die genaue Lage ist ungewiss.

10,10 *vier Tonnen.* Hebräisch: 120 Talente.

10,11 *Algummim* bezeichnet eine nicht näher bestimmbare sehr wertvolle Holzart.

10,14 *23 Tonnen.* Hebräisch: 666 Talente.

10,16 *sieben Kilogramm.* Wörtlich: 600 (Schekel). Der königliche Schekel wog etwa 13 Gramm, der Schekel nach gefundenen Gewichten 11,5 Gramm.

10,17 Das Libanonwaldhaus war eine große Halle, die Salomo neben seinem Regierungspalast hatte bauen lassen, siehe Kapitel 7,2.

16 König Salomo ließ 200 Langschilde anfertigen und mit Gold überziehen. Sieben Kilogramm* gehämmertes Gold verwendete er für jeden Schild. 17 Dazu ließ er noch 300 Kleinschilde machen und jeden mit dreieinhalb Kilogramm gehämmertem Gold überziehen. Er brachte sie alle in das Libanonwaldhaus*. 18 Weiter ließ der König einen großen Thron aus Elfenbein anfertigen und mit purem Gold überziehen. 19 Der Thron hatte sechs Stufen und ein rundes Kopfstück hinten. Zu beiden Seiten des Sitzes befanden sich Armlehnen, neben denen zwei Löwenfiguren standen. 20 Auch auf jeder der sechs Stufen stand rechts und links je eine Löwenfigur. Noch nie ist so etwas für ein Königreich geschaffen worden. 21 Alle Trinkgefäße Salomos waren

10,22 *Tarschisch* war die phönizische Kolonie Tartessus in Südspanien, wo Silber abgebaut wurde. Doch konnte offenbar auch ein anderes Gebiet im südlichen Teil des Roten Meeres, wo kostbare Metalle abgebaut wurden, so genannt werden (siehe 2. Chronik 20,36). Die großen hochseetüchtigen Handelsschiffe der Phönizier nannte man generell Tarschisch-Schiffe.

10,29 *600 Silberstücke.* Wörtlich: Schekel. Das entspricht etwa 6,9 kg Silber für einen Streitwagen und 1,7 kg Silber (150 Schekel) für ein Pferd.

11,1 Die *Moabiter* lebten östlich des Toten Meeres zwischen den Flüssen Arnon und Zered.

Die *Ammoniter* waren nordöstliche Nachbarn der Moabiter.

Das Land *Edom* lag östlich der Araba im Süden des Toten Meeres und wurde von den Nachkommen Esaus, den *Edomitern*, bewohnt.

aus reinem Gold und auch sämtliche Gegenstände, die zum Libanonwaldhaus gehörten. Silber war zur Zeit Salomos wertlos, 22 denn der König hatte hochseetüchtige Schiffe, die mit den Schiffen Hirams fuhren. Alle drei Jahre kam die Tarschisch-Flotte* und brachte Gold und Silber, Elfenbein, Affen und Pfauen. 23 Somit übertraf König Salomo alle anderen Könige der Erde an Reichtum und Weisheit. 24 Menschen aus aller Welt suchten ihn auf, um sich persönlich von der Weisheit zu überzeugen, die Gott ihm verliehen hatte. 25 Alle brachten ihm Geschenke: silberne und goldene Gegenstände, Festgewänder und Waffen, kostbare Öle, Pferde und Maultiere. So ging es Jahr um Jahr. 26 Salomo beschaffte sich 1400 Streitwagen und 12.000 Pferde. Er stationierte sie in den Wagenstädten und bei sich in Jerusalem. 27 Unter seiner Regierung war Silber in Jerusalem so viel wert wie Steine, und Zedern so viel wie die Maulbeerfeigenbäume, die in der Niederung wachsen. 28 Die Pferde bekam Salomo aus Ägypten und aus allen möglichen anderen Ländern. Seine Händler kauften sie dort auf. 29 Bei der Ausfuhr aus Ägypten wurde ein Streitwagen mit 600 Silberstücken* gehandelt und ein Pferd mit 150. Seine Händler belieferten auch die Könige der Hetiter und Syrer.

Salomos Frauen und sein Götzendienst

11 1 König Salomo liebte aber viele ausländische Frauen, denn er hatte neben der Tochter des Pharao Frauen von den Moabitern*, den Ammonitern*, den Edomitern*,

den Sidoniern* und den Hetitern* genommen. *2* Jahwe hatte den Israeliten verboten, sich mit diesen Völkern zu vermischen. »Sonst würden sie euch dazu verführen, auch ihre Götter zu verehren«, hatte er gesagt. Doch Salomo hing mit Liebe an diesen Frauen. *3* Insgesamt hatte er 700 vornehme Frauen und 300 Nebenfrauen, die ihn immer mehr beeinflussten. *4* Als er älter wurde, brachten sie ihn dazu, andere Götter zu verehren. Da war sein Herz nicht mehr ungeteilt Jahwe, seinem Gott, ergeben wie das Herz seines Vaters David. *5* So verehrte Salomo Astarte*, die Göttin der Sidonier, und Milkom*, das Scheusal der Ammoniter. *6* Auf diese Weise tat Salomo, was Jahwe missfiel. Er folgte ihm nicht so treu wie sein Vater David. *7* Damals baute er auf einem Hügel östlich von Jerusalem ein Höhenheiligtum für Kemosch, das Scheusal der Moabiter, und für Moloch, das Scheusal der Ammoniter. *8* Ebenso machte er es für alle seine ausländischen Frauen, damit sie ihren Göttern Räucheropfer bringen und Opfermahle feiern konnten.

Jahwes Zorn über Salomo

9 Da wurde Jahwe zornig über Salomo, weil sich dessen Herz von ihm abgewandt hatte. Zweimal war er ihm erschienen *10* und hatte ihm verboten, anderen Göttern zu folgen. Doch Salomo hatte nicht darauf gehört. *11* Da sagte Jahwe zu Salomo: »Weil dir das alles bewusst war und du trotzdem meinen Bund und meine Weisungen nicht beachtet hast, werde ich dir das Königtum wegnehmen und es einem deiner Diener geben. *12* Nur deinem Vater David zuliebe mache ich das nicht schon zu deinen Lebzeiten. Ich werde es tun, wenn dein Sohn die Herrschaft übernehmen will. *13* Doch ich werde ihm nicht die ganze Herrschaft wegnehmen. Einen der zwölf Stämme werde ich ihm lassen, meinem Diener David und meiner erwählten Stadt Jerusalem zuliebe.«

14 Jahwe ließ Salomo einen erbitterten Feind* erstehen. Er hieß Hadad und stammte aus der königlichen Familie von Edom. *15* Das kam so: David war im Krieg mit Edom, weil diese einige Israeliten erschlagen hatten.* Als nun sein Heerführer Joab in Edom einmarschierte, um die Erschlagenen zu begraben, brachte er außerdem alle männlichen Edomiter um. *16* Sechs Monate blieb er mit dem ganzen Heer dort, bis alles getan war. *17* Hadad war damals im jugendlichen Alter und konnte mit einigen edomitischen Männern, Gefolgsleuten seines Vaters, nach Ägypten entkommen.

11,1 *Sidon*, heute Saida im Libanon, war eine bedeutende Stadt Phöniziens, 40 km nördlich von Tyrus. Ihre Einwohner und die des ganzen Gebiets werden Sidonier genannt.

Die aus Kleinasien stammenden *Hetiter* lebten damals in verschiedenen Stadtstaaten im Norden Syriens.

11,5 *Astarte* wurde als Fruchtbarkeits- und Liebesgöttin verehrt. Ihr Kult war möglicherweise mit sexuellen Riten verbunden.

Milkom ist ein anderer Name für Moloch, dem auch Kinder geopfert wurden.

11,14 *Feind*. Hebräisch: *Satan*. Der Inbegriff für den Todfeind schlechthin.

11,15 *erschlagen hatten*. Der mutmaßliche Kriegsgrund wurde zum besseren Verständnis eingefügt. Die Begebenheit wird sonst im Alten Testament nicht berichtet.

18 Sie waren über das Land Midian in die Oase Paran gelangt. Dort fanden sie ortskundige Männer, die sie zum Pharao nach Ägypten führten. Der ägyptische König gab ihm ein Haus und ein Stück Land und sorgte für seinen Unterhalt. 19 Hadad gefiel ihm so gut, dass er ihm sogar die Schwester seiner Frau, also die Schwester der Königin Tachpenes, zur Frau gab. 20 Diese schenkte ihm einen Sohn namens Genubat. Die Entwöhnung von der Mutterbrust feierte Tachpenes im Palast des Pharao. Von da an wuchs Genubat gemeinsam mit den Königssöhnen beim Pharao auf. 21 Als nun Hadad in Ägypten hörte, dass David beigesetzt worden war und dass auch dessen Heerführer Joab tot war, sagte er zum Pharao: »Lass mich bitte in mein Land zurückkehren!« 22 »Was fehlt dir denn bei mir?«, fragte der Pharao. »Warum willst du in dein Land zurück?« – »Nicht doch«, sagte Hadad, »entlass mich bitte!«

23 Gott ließ Salomo noch einen anderen unerbittlichen Feind erstehen, Reson Ben-Eljada. Er hatte im Dienst Hadad-Esers, des Königs von Zoba*, gestanden und war geflohen, 24 als David die syrischen Hilfstruppen niedermachte. Er sammelte Männer um sich und wurde Führer einer Schar von Rebellen. Sie zogen nach Damaskus, nahmen die Stadt in Besitz und herrschten dort wie Könige. 25 Solange Salomo lebte, war er sein erbitterter Feind und verabscheute Israel. Er vermehrte das Unheil, das von Hadad ausging, und wurde schließlich sogar König über Syrien.

26 Auch Jerobeam Ben-Nebat, ein Beamter Salomos, erhob sich gegen den König. Er stammte aus Zereda in Efraïm. Seine Mutter war Witwe und hieß Zerua. 27 Seine Rebellion gegen den König hatte folgende Ursache: Salomo hatte den Stadtwall bauen lassen, um die Lücke in der Stadt seines Vaters David zu schließen. 28 Jerobeam war ein tüchtiger Mann. Als Salomo sah, wie der junge Mann arbeitete, übertrug er ihm die Aufsicht über alle Zwangsarbeiter des Hauses Josef*. 29 Als Jerobeam einmal Jerusalem verließ, begegnete er dem Propheten Ahija von Schilo, der einen neuen Mantel trug. Als beide allein auf dem freien Feld waren, 30 nahm Ahija seinen neuen Mantel und zerriss ihn in zwölf Stücke. 31 Dann sagte er zu Jerobeam: »Nimm dir zehn Stücke, denn so spricht Jahwe, der Gott Israels: ›Pass auf! Ich will Salomo die Herrschaft entreißen und dir zehn Stämme geben. 32 Nur einen Stamm* lasse ich ihm, meinem Diener David zuliebe und meiner aus allen Stämmen Israels erwählten Stadt Jerusalem. 33 So bestrafe ich die Israeliten dafür, dass sie mir den Rücken kehrten und sich niedergebeugt haben vor Astarte, der Göttin der Sidonier, vor Kemosch, dem Gott der Moabiter, und vor Milkom, dem Gott der Ammoniter. Sie sind nicht auf meinen Wegen geblieben

---

11,23 *Zoba* war ein kleines Königreich nördlich von Damaskus, das David besiegt hatte (2. Samuel 8,3-12; 10,6-19).

11,28 *Haus Josef* meint die Stämme Efraïm und Manasse, die aus den Söhnen Josefs hervorgegangen waren.

11,32 *einen Stamm.* Das meint Juda und den mit ihm verbundenen kleinen Stamm Benjamin, siehe Kapitel 12,21.

und lebten nicht so, wie es mir gefällt. Salomo hat meine Vorschriften und Rechte nicht so beachtet wie sein Vater David. *34* Und meinem Diener David zuliebe, den ich erwählt habe und der sich an meine Gebote und Vorschriften gehalten hat, werde ich Salomo das Königreich nicht nehmen, sondern ihn, solange er lebt, Fürst meines Volkes sein lassen. *35* Aber seinem Sohn werde ich das Königtum wegnehmen und dir die Herrschaft über die zehn Stämme geben. *36* Ihm lasse ich einen Stamm, damit mein Diener David stets einen Nachkommen vor mir in Jerusalem hat, der Stadt, die ich erwählt habe, dass mein Name dort wohnt. *37* Dich aber mache ich zum König über alles, was du nur wünschen kannst. Du sollst König über Israel werden. *38* Und wenn du auf das hörst, was ich dir gebiete, wenn du auf meinen Wegen gehst und tust, was mir gefällt, wenn du meine Vorschriften und Gebote beachtest wie mein Diener David, dann werde ich mit dir sein. Dann wird auch deine Nachkommenschaft bestehen bleiben, so wie ich es David für seine Nachkommen garantiert habe. Und dir gebe ich Israel. *39* So werde ich Davids Nachkommenschaft demütigen, aber nicht für immer.‹«

40 Salomo wollte Jerobeam umbringen lassen, doch dieser entkam und floh nach Ägypten zu Schischak, dem ägyptischen König. Dort blieb er bis zu Salomos Tod.

41 Was sonst noch über Salomo zu sagen ist, über seine Taten und seine Weisheit, findet man in der Chronik Salomos*. *42* Vierzig Jahre lang regierte Salomo über ganz Israel in Jerusalem. *43* Als er gestorben war, bestattete man ihn in der Davidsstadt,

und sein Sohn Rehabeam trat die Herrschaft an.

Die Reichsteilung

12 *1* Rehabeam reiste nach Sichem*, denn ganz Israel war dorthin gekommen, um ihn als König zu bestätigen. *2* Als Jerobeam Ben-Nebat davon gehört hatte, war er aus Ägypten zurückgekehrt, wohin er vor Salomo hatte fliehen müssen. *3* Nun ließen die Stämme Israels ihn rufen. Da stellte er sich zusammen mit ihnen vor Rehabeam und sagte: *4* »Dein Vater hat uns ein hartes Joch auferlegt. Erleichtere uns jetzt die Last, die dein Vater uns aufgebürdet hat, und seine harte Zwangsarbeit, dann wollen wir dir untertan sein.« *5* »Kommt in drei Tagen wieder zu mir!«, erwiderte Rehabeam. Als das Volk gegangen war, *6* beriet sich König Rehabeam mit den Alten, die bereits im Dienst seines Vaters Salomo gestanden hatten. Er fragte sie: »Was ratet ihr mir? Welche Antwort soll ich dem Volk geben?« *7* Sie sagten: »Wenn du ihnen heute zu Willen bist, wenn du ihnen entgegenkommst und freundlich mit ihnen redest, werden sie dir für immer gehorchen.« *8* Doch er verwarf den Rat der Alten und fragte die jungen Leute, die mit ihm aufgewachsen waren und jetzt in seinem Dienst

---

11,41 *Chronik Salomos.* Das war eine schriftliche Quelle über das Leben und die Regierung Salomos, die dem Verfasser der Königsbücher zur Verfügung stand.

12,1 *Sichem* war eine strategisch und religiös bedeutende Stadt auf dem Pass (*Sichem* = Schulter) zwischen den Bergen Ebal im Norden und Garizim im Süden.

standen. *9* »Was ratet ihr mir? Was sollen wir diesem Volk sagen, das von mir verlangt hat, das Joch zu erleichtern, das mein Vater auf sie gelegt hat?« *10* Da sagten ihm die jungen Leute, die mit ihm aufgewachsen waren: »Dem Volk, das von dir verlangt, das schwere Joch zu erleichtern, das dein Vater ihm auferlegt hat, sollst du sagen: ›Mein kleiner Finger ist dicker als die Hüften meines Vaters! *11* Mein Vater hat euch eine schwere Last aufgeladen, ich werde sie noch schwerer machen! Mein Vater hat euch mit Peitschen gezüchtigt, ich werde es mit Stachelpeitschen tun!‹«

12 Am dritten Tag kamen Jerobeam und das ganze Volk wieder zu Rehabeam, wie der König ihnen gesagt hatte. *13* König Rehabeam gab ihnen eine harte Antwort. Er verwarf die Empfehlung der Alten *14* und richtete sich nach dem Rat der jungen Leute. Er sagte: »Mein Vater hat euch eine schwere Last aufgeladen, ich werde sie noch schwerer machen! Mein Vater hat euch mit Peitschen gezüchtigt, ich werde es mit Stachelpeitschen tun!« *15* Der König hörte also nicht auf das Volk. Jahwe hatte es so gefügt, um das Wort wahr zu machen, das er, Jahwe, durch Ahija von Schilo zu Jerobeam Ben-Nebat gesprochen hatte. *16* Als nun die Männer Israels sahen, dass der König nicht auf sie hören wollte, riefen sie:

»Was geht uns Davids Sippe an? /
Isais Sohn gehört nicht zu uns! /
Auf, nach Hause, Israel! /
Mag Davids Sippe doch sehen,
wo sie bleibt!«

So löste sich die Versammlung auf und jeder ging nach Hause. *17* Rehabeam blieb nur über die Israeliten König, die in den Städten Judas wohnten. *18* Als König Rehabeam dann auch noch Hadoram, den Beauftragten für die Zwangsarbeit, hinschickte, steinigten ihn die Israeliten zu Tode. Der König selbst konnte sich gerade noch auf seinen Wagen retten und nach Jerusalem entkommen. *19* So sagten sich die Nordstämme Israels vom Königshaus David los und sind bis zum heutigen Tag von ihnen getrennt.

Jerobeam wird König von Israel

20 Als es sich in Israel herumgesprochen hatte, dass Jerobeam zurückgekehrt war, ließen ihn die Nordstämme in ihre Volksversammlung rufen und machten ihn zu ihrem König. Nur der Stamm Juda hielt sich noch zum Königshaus Davids.

21 Als Rehabeam in Jerusalem angekommen war, stellte er aus den Stämmen Juda und Benjamin ein Heer von 180.000 Soldaten zusammen. Sie sollten gegen Israel kämpfen, um die Königsherrschaft für Rehabeam zurückzuerobern. *22* Da kam das Wort Jahwes zu einem Mann Gottes namens Schemaja: *23* »Sag zu Rehabeam Ben-Salomo, dem König von Juda, und zu dem Rest des Volkes in Juda und Benjamin: *24* ›So spricht Jahwe: Zieht nicht los! Kämpft nicht gegen eure Brüder! Kehrt allesamt nach Hause zurück! Ich selbst habe es so gefügt.‹« Da gehorchten sie den Worten Jahwes, kehrten um und gingen nach Hause.

25 Jerobeam baute Sichem im Bergland von Efraïm aus und machte es zu seiner Residenz. Später ließ er auch Pnuël* ausbauen.

Jerobeams falscher Gottesdienst

26 Jerobeam fürchtete, dass das Königtum doch wieder an das Königshaus Davids zurückfallen könnte. 27 »Wenn das Volk regelmäßig nach Jerusalem zieht«, dachte er, »und dort im Haus Jahwes Opferfeste feiert, dann werden sich die Leute bald wieder ihrem früheren Herrn, dem König von Juda, zuwenden und Rehabeam als ihren König anerkennen. Mich werden sie umbringen und sich Rehabeam unterstellen.« 28 So beschloss er, zwei goldene Stierbilder anfertigen zu lassen. Zum Volk sagte er: »Ihr müsst nicht länger nach Jerusalem gehen. Hier sind deine Götter, Israel, die dich aus Ägypten herausgeführt haben!« 29 Das eine Stierbild ließ er in Bet-El* aufstellen, das andere in Dan*. 30 Doch diese Sache wurde zur Sünde. In einer großen Prozession zog das Volk vor dem einen Standbild her bis nach Dan. 31 Jerobeam ließ auch ein Höhenheiligtum bauen und setzte Priester aus dem Volk ein, die nicht zum Stamm Levi gehörten. 32 Dann richtete er ein Fest ein, das am 29. Oktober* stattfinden und dem Laubhüttenfest in Jerusalem entsprechen sollte. Dabei stieg er in Bet-El auf den Altar, um seinem Stierbild zu opfern. Die Priester, die er eingesetzt hatte, wirkten dabei mit. 33 Am 29. Oktober, dem Tag, den er eigenmächtig festgesetzt hatte, veranstaltete Jerobeam ein Fest für die Israeliten. Dazu stieg er auf den Altar, den er in Bet-El aufgestellt hatte, um ein Räucheropfer darzubringen.

Der Gottesmann aus Juda

13 1 Noch während Jerobeam auf dem Altar stand, kam ein Mann Gottes aus Juda, der von Jahwe geschickt worden war. 2 Im Auftrag Jahwes rief er zum Altar hin: »Altar! Altar! So spricht Jahwe: ›Pass auf! Ein Sohn wird dem Königshaus David geboren werden mit Namen Joschija. Der wird die Priester schlachten, die auf dir Opfer gebracht haben, und wird Menschenknochen auf dir verbrennen lassen!‹« 3 Gleichzeitig kündigte er ein Wunderzeichen an und rief: »Als Zeichen dafür, dass Jahwe gesprochen hat, wird der Altar zerbersten und die Asche darauf verschüttet werden.« 4 Als König Jerobeam noch auf dem Altar stehend das hörte, streckte er die Hand aus und rief: »Packt ihn!« Im gleichen Augenblick wurde sein Arm steif, dass er die Hand nicht mehr zurückziehen konnte. 5 Der Altar zerbarst und die Asche darauf wurde verschüttet, wie der Mann Gottes es angekündigt hatte. 6 Da bat der König den Mann Gottes: »Besänftige doch Jahwe, deinen Gott, und bete für mich, dass ich meine Hand wieder zurückziehen kann.« Der Mann Gottes tat es und der

---

12,25 Pnuël. Strategisch bedeutende Stadt im Ostjordanland an einer Furt des Jabbok.

12,29 Bet-El (Haus Gottes). Jakob hatte hier einen Altar gebaut, vgl. 1. Mose 35,1-15. Der Ort lag etwa 19 km nördlich von Jerusalem auf dem Gebirge Efraïm, der südlichste Punkt des Nordreiches.

Dan. Die Stadt lag ganz im Norden des Landes in der Nähe des Berges Hermon.

12,32 29. Oktober. Wörtlich: am 15. des achten Monats.

König konnte seine Hand wieder benutzen wie vorher. 7 Dann sagte der König zu dem Mann Gottes:»Komm doch mit mir ins Haus und stärke dich! Ich möchte dir auch ein Geschenk mitgeben.« 8 Doch dieser erwiderte dem König:»Selbst wenn du mir die Hälfte deines Besitzes geben würdest, käme ich nicht mit. Ich werde hier an diesem Ort weder essen noch trinken. 9 Denn Jahwe hat mir befohlen: ›Du darfst dort nichts essen und nichts trinken und auch nicht auf dem Weg zurükkgehen, auf dem du hingehst!‹« 10 So verließ er Bet-El auf einem anderen Weg, als er gekommen war.

11 Nun wohnte in Bet-El ein alter Prophet. Dessen Söhne kamen heim und erzählten, was der Mann Gottes aus Juda getan und was er zum König gesagt hatte. 12 »Welchen Weg ist er gegangen?«, fragte ihr Vater. Seine Söhne hatten beobachtet, welchen Weg der Mann Gottes eingeschlagen hatte, und sagten es ihm. 13 Da sagte er:»Sattelt mir den Esel!« Dann stieg er auf 14 und folgte dem Mann Gottes. Er fand ihn unter einer Terebinthe* sitzend.»Bist du der Mann Gottes aus Juda?«, fragte er ihn. »Ja«, sagte dieser. 15 »Komm mit in mein Haus und iss etwas!«, bat er ihn dann. 16 Doch er erwiderte:»Ich darf nicht mit dir umkehren. Ich darf hier an diesem Ort nichts essen und nichts trinken. 17 Denn Jahwe hat mir das ausdrücklich befohlen und außerdem gesagt, dass ich auf einem anderen Weg nach

Hause zurückkehren soll.« 18 Da sagte der Alte zu ihm:»Ich bin auch ein Prophet wie du, und ein Engel hat mir im Auftrag Jahwes gesagt: ›Bring ihn mit nach Hause und gib ihm zu essen und zu trinken.‹« Doch das war gelogen. 19 Da kehrte der Mann Gottes mit ihm zurück und aß und trank bei ihm.

20 Während sie zu Tisch saßen, kam das Wort Jahwes zu dem Propheten, der den Mann Gottes aus Juda zurückgeholt hatte. 21 Er rief seinem Gast zu: »So spricht Jahwe: ›Weil du gegen den Befehl Jahwes gehandelt und das Gebot übertreten hast, das dir Jahwe, dein Gott, auferlegte, 22 weil du umgekehrt bist und an diesem Ort gegessen und getrunken hast, obwohl er dir gesagt hat: Du sollst weder essen noch trinken! Deshalb wird deine Leiche nicht ins Grab deiner Vorfahren kommen!‹« 23 Nach der Mahlzeit sattelte man für ihn den Esel des Propheten, der ihn zurückgebracht hatte. 24 Er zog fort; doch unterwegs fiel ihn ein Löwe an und tötete ihn. Seine Leiche lag am Weg und der Esel stand daneben. Auch der Löwe blieb neben dem Toten stehen. 25 Die Männer, die vorbeikamen, sahen den Toten am Weg liegen und den Löwen daneben stehen. Sie erzählten es in der Stadt, in der der alte Prophet lebte. 26 Als der es hörte, sagte er:»Das ist der Mann Gottes, der gegen den Befehl Jahwes gehandelt hat. Darum hat Jahwe ihn dem Löwen preisgegeben. Der hat ihn zerrissen und getötet, wie Jahwe es angekündigt hatte.« 27 Dann befahl er seinen Söhnen, ihm einen Esel zu satteln, 28 und ritt zu der Stelle, wo die Leiche auf dem Weg lag. Esel und

---

13,14 *Terebinthe.* Belaubter Baum mit breitem Wipfel, der nicht mehr als 7 m hoch wird und als Schattenspender geschätzt wird.

Löwe standen neben dem Toten. Der Löwe hatte den Toten nicht gefressen und den Esel nicht zerrissen. 29 Da hob der alte Prophet die Leiche des Gottesmannes auf den Esel und brachte ihn zurück in seine Stadt, um ihn zu betrauern und zu bestatten. 30 Er legte ihn in seine eigene Grabkammer und ließ die Totenklage »Ach, mein Bruder!« über ihn anstimmen. 31 Nachdem er ihn so begraben hatte, sagte er zu seinen Söhnen: »Wenn ich gestorben bin, legt mich in dasselbe Grab, in dem der Gottesmann liegt! Lasst meine Gebeine neben seinen ruhen! 32 Denn was er im Auftrag Jahwes gegen den Altar in Bet-El und alle Opferhöhen in den Städten Samarias gesagt hat, wird gewiss eintreffen.«

33 Jerobeam ließ sich durch diese Vorfälle nicht von seinem bösen Weg abbringen, sondern setzte weiterhin Leute aus dem gesamten Volk als Priester für die Opferhöhen ein. Wer Lust hatte, den weihte er zu einem Höhenpriester. 34 Diese Sache wurde zur Sünde für das Haus Jerobeams. Es führte zu seiner Vernichtung und zur Auslöschung seiner Familie.

Ahijas Weissagung gegen Jerobeam

14 1 Damals wurde Abija, der Sohn Jerobeams, krank. 2 Da sagte Jerobeam zu seiner Frau: »Verkleide dich, damit dich niemand als Königin erkennt, und geh nach Schilo* zu dem Propheten Ahija. Er hat mir einst verkündet, dass ich König über dieses Volk werden soll. 3 Nimm zehn Brote, einen Kuchen und einen Krug Honig mit. Der Prophet wird dir

sagen, was mit dem Jungen geschieht.« 4 Jerobeams Frau ging nach Schilo und kam in das Haus von Ahija. Der Prophet konnte sie nicht sehen, weil er altersblind geworden war. 5 Doch Jahwe hatte zu Ahija gesagt: »Pass auf! Die Frau Jerobeams wird hereinkommen. Sie will Auskunft über ihren kranken Sohn haben. Doch wird sie sich dir nicht zu erkennen geben. Das und das sollst du ihr sagen.«

6 Als Ahija hörte, wie sie zur Tür hereinkam, sagte er: »Komm nur herein, du Ehefrau Jerobeams! Weshalb hast du dich unkenntlich gemacht? Ich habe eine harte Botschaft für dich. 7 Geh heim und sag zu Jerobeam: ›So spricht Jahwe, Israels Gott: Ich habe dich mitten aus dem Volk erhoben und dir die Herrschaft über mein Volk Israel gegeben. 8 Ich habe das Königtum von den Nachkommen Davids weggerissen und es dir übertragen. Aber du bist nicht so wie mein Diener David gewesen, der meine Gebote hielt, mir mit ganzem Herzen folgte und nur das tat, was mir gefällt. 9 Du hast es noch schlimmer getrieben als irgendjemand vor dir. Du hast dir andere Götter gemacht, Gussbilder, und hast mich dadurch verworfen und zum Zorn gereizt. 10 Deshalb werde ich Unglück über das Haus Jerobeams bringen und aus seiner Familie jeden Wandpisser* beseitigen, egal ob er

---

14,2 *Schilo.* Religiöses Zentrum im Hügelland von Efraïm, 32 km nördlich von Jerusalem.

14,10 *Wandpisser.* Ein bewusst verächtlicher Ausdruck für einen erwachsenen Mann.

gebunden oder frei* ist. Ich fege die Nachkommen Jerobeams weg, wie man Kotballen wegfegt, bis nichts mehr da ist. *11* Wer von ihnen in der Stadt stirbt, den werden die Hunde fressen, und wer auf dem freien Feld stirbt, den werden die Vögel fressen, denn Jahwe hat es gesagt.‹ *12* Und du, geh jetzt wieder nach Hause. Sobald du die Stadt betrittst, wird der Junge sterben. *13* Ganz Israel wird ihn betrauern und beklagen. Man wird ihn bestatten, und er wird der einzige aus der Familie Jerobeams sein, der in ein Grab kommt. Denn er ist der einzige, in dem sich etwas Gutes in Bezug auf Jahwe, den Gott Israels, fand. *14* Jahwe wird einen König über Israel einsetzen, der die Nachkommen Jerobeams beseitigen wird. Schon heute beginnt sich das zu erfüllen. *15* Jahwe wird Israel einen solchen Schlag versetzen, dass es wie ein Schilfrohr im Wasser schwankt. Er wird Israel aus diesem guten Land, das er ihren Vor-

---

14,10 *gebunden oder frei.* Wörtlich: »den Festgehaltenen und Losgelassenen in Israel«. Das war offenbar ein Pauschalausdruck für alle Arten und Klassen von Menschen. Speziell könnte es Unmündige und Mündige meinen oder Sklaven und Freie.

14,15 Die *Aschera* war eine Fruchtbarkeitsgöttin, die in handlichen Figuren, geweihten Bäumen oder Pfählen verehrt wurde.

14,17 *Tirza* lag neun Kilometer östlich von Samaria und war bis zur Zeit von König Omri die Hauptstadt des Nordreichs, wahrscheinlich das heutige Tell-el-far'ah.

14,19 *Chronik.* Oder: Jahrbüchern, Annalen.

14,20 *regierte 22 Jahre.* 930-909 v.Chr.

14,21 *regierte 17 Jahre.* 931-913 v.Chr.

fahren gegeben hat, herausreißen und es wegschleudern bis über den Euphrat hinaus. Denn sie haben sich Aschera-Pfähle* gemacht und Jahwe damit erzürnt. *16* Wegen der Sünden, die Jerobeam begangen hat und mit denen er Israel zur Sünde verführte, wird Jahwe Israel preisgeben.«

17 Jerobeams Frau kehrte in ihr Haus nach Tirza* zurück. Gerade, als sie über die Schwelle trat, starb der Junge. *18* Man bestattete ihn und ganz Israel betrauerte und beklagte ihn, wie es Jahwe durch seinen Diener, den Propheten Ahija, gesagt hatte.

Jerobeams Tod

19 Was sonst noch über Jerobeam zu sagen ist, wie er Kriege geführt und geherrscht hat, steht in der Chronik* der Könige von Israel. *20* Er regierte 22 Jahre*. Dann starb er, und sein Sohn Nadab trat die Herrschaft an seiner Stelle an.

König Rehabeam von Juda

21 Rehabeam Ben-Salomo regierte über Juda. Er war 41 Jahre alt, als er König wurde, und regierte 17 Jahre* in Jerusalem, der Stadt, die Jahwe aus allen Stämmen Israels erwählt hatte, um seinen Namen dort wohnen zu lassen. Seine Mutter hieß Naama; sie war eine Ammoniterin. *22* Auch die Leute von Juda taten, was Jahwe missfiel. Durch die Sünden, die sie begingen, reizten sie ihn zur Eifersucht. Sie trieben es noch schlimmer als ihre Väter. *23* Denn auch sie bauten sich Opferhöhen und stellten geweihte Steinmale und Aschera-Pfähle auf jedem hohen Hügel und unter jedem üppigen Baum auf. *24* Es gab sogar männliche Prostituierte für den Fruchtbarkeitskult. In allem folgten sie den abscheulichen Bräuchen der Völker, die Jahwe vor den Israeliten vertrieben hatte. 25 Im fünften Regierungsjahr Rehabeams* zog König Schischak* von Ägypten gegen Jerusalem. 26 Er raubte die Schätze aus dem Haus Jahwes und dem Königspalast. Auch die goldenen Schilde, die Salomo hatte anfertigen lassen, nahm er mit. 27 An deren Stelle ließ König Rehabeam Bronzeschilde anfertigen, die er dem Kommandanten der Leibwache übergab, die am Eingang des Palastes stationiert war. 28 Jedes Mal, wenn der König in das Haus Jahwes ging, trugen seine Leibwächter die Schilde und brachten sie anschließend wieder in ihre Unterkunft zurück. 29 Was sonst noch über Rehabeam und seine Taten zu sagen ist, steht in der Chronik der Könige von Juda. 30 Die Auseinandersetzungen zwischen Rehabeam und Jerobeam dauerten an, solange sie lebten. 31 Als Rehabeam gestorben war, bestattete man ihn in der Davidsstadt. Seine Mutter war die Ammoniterin Naama. Sein Sohn Abija trat die Herrschaft an.

König Abija von Juda

15 1 Im 18. Regierungsjahr des Königs Jerobeam Ben-Nebat trat Abija die Herrschaft über Juda an. 2 Er regierte drei Jahre lang in Jerusalem. Seine Mutter hieß Maacha und war die Tochter Abischaloms*. 3 Er folgte in allem den Sünden seines Vaters. Sein Herz war nicht ungeteilt Jahwe, seinem Gott, ergeben wie das

Herz seines Vorfahren David. 4 Doch David zuliebe gab Jahwe ihm einen Thronfolger in Jerusalem, indem er seinen Sohn König werden und Jerusalem bestehen ließ. 5 Denn David hatte Zeit seines Lebens getan, was Jahwe gefiel, und ihm in allen Dingen gehorcht – außer in der Sache mit Urija, dem Hetiter*. 6 Solange Abija lebte, hatte Krieg zwischen Rehabeam und Jerobeam geherrscht. 7 Auch zwischen Abija und Jerobeam war Krieg. Was sonst noch über Abija und seine Taten zu sagen ist, findet man in der Chronik der Könige von Juda. 8 Als Abija starb, bestattete man ihn in der Davidsstadt und sein Sohn Asa trat die Herrschaft an.

König Asa von Juda

9 Im 20. Regierungsjahr des Königs Jerobeam von Israel wurde Asa König über Juda. 10 Er regierte 41 Jahre lang in Jerusalem. Seine Großmutter hieß

14,25 *fünften ... Rehabeams.* 925 v.Chr.

Schischak wird gewöhnlich mit Pharao Scheschonk I. identifiziert, was aber auf schwerwiegende Probleme stößt, wenn man den Feldzugsbericht des Pharaos mit den biblischen Angaben vergleicht. Neuerdings wird eine Revision der ägyptischen Chronologie diskutiert. Der entsprechende Pharao wäre dann vielleicht Ramses II., der angibt, in seinem 8. Regierungsjahr Jerusalem geplündert zu haben.

15,2 *Abischalom* ist eine Variante des Namens Abschalom. *Maacha* war offenbar die Enkelin Abschaloms und stammte aus der Ehe zwischen Tamar, der Tochter Abschaloms (2. Samuel 14,27) und Uriël (2. Chronik 13,2).

15,5 *Urija, dem Hetiter.* Siehe 2. Samuel 11.
15,10 *Abischaloms.* Siehe Fußnote zu Vers 2.

Maacha und war die Tochter Abischaloms*. *11* Asa tat wie sein Vorfahr David, was recht vor Jahwe war. *12* Er schaffte alle Männer, die sich für den Fruchtbarkeitskult prostituiert hatten, aus dem Land, und beseitigte auch diese Mistgötzen*, die seine Väter aufgestellt hatten. *13* Selbst seine Großmutter Maacha entfernte er aus ihrer Stellung als Königsmutter, weil sie der Aschera ein abscheuliches Götzenbild gemacht hatte. Er ließ dieses Götzenbild in Stücke hauen und im Kidrontal verbrennen. *14* Nur die Opferhöhen ließ er weiter bestehen. Doch sein Leben lang war sein Herz ganz bei Jahwe. *15* Das Gold und Silber und die Gegenstände, die sein Vater Gott geweiht hatte, brachte er ins Haus Jahwes, dazu auch seine eigenen geweihten Gaben. *16* Zwischen Asa und König Bascha von Israel herrschte Krieg, solange sie lebten. *17* So rückte Bascha gegen Juda vor und baute die Stadt Rama* zur Festung aus, um die Wege von und nach Juda kontrollieren zu können. *18* Da schickte Asa Boten mit Gold und Silber aus den Schatzkammern des Tempels und des Königshauses zu Ben-Hadad, dem Sohn Tabrimmons und Enkel Hesjons, dem König von Syrien, nach Damaskus und ließ ihm sagen: *19* »Zwischen mir und dir, zwischen meinem und deinem Vater soll ein Bündnis sein! Darum habe ich dir Silber und Gold geschickt. Brich deinen Bund mit König Bascha von Israel, damit er von meiner Grenze abzieht!« *20* Ben-Hadad ging darauf ein und schickte seine Heerführer gegen Israels Städte. Sie verwüsteten die Städte Ijon, Dan und Abel-Bet-Maacha*, die Gegend um Kinneret* und das ganze Land des Stammes Naftali. *21* Als Bascha das erfuhr, brach er den Ausbau von Rama ab und blieb in Tirza. *22* König Asa bot alle Männer von Juda auf. Sie mussten die Steine und das Bauholz, das Bascha verwenden wollte, aus Rama abtransportieren. Asa ließ damit die Städte Geba in Benjamin und Mizpa* befestigen. *23* Was es sonst noch über Asa und seine Machttaten zu berichten gibt und die Städte, die er gebaut hat, findet man in der Chronik der Könige von Juda. Doch im Alter erkrankte Asa an einem Fußleiden. *24* Als er starb, wurde er in der Grabstätte seiner Vorfahren in der Davidsstadt bestattet und sein Sohn Joschafat trat die Herrschaft an.

König Nadab von Israel

25 Im zweiten Regierungsjahr des Königs Asa von Juda wurde Nadab Ben-Jerobeam König über Israel. *26* Er tat, was Jahwe missfiel, und folgte dem bösen Beispiel seines Vaters. Er hielt an den sündhaften Gottesdiensten fest, mit denen dieser

---

15,12 *Mistgötzen.* Wörtlich: *Mistkugel,* eine bewusst verächtliche Bezeichnung für die Götzenbilder.

15,17 *Rama* liegt nur 8 km nördlich von Jerusalem.

15,20 *Ijon ... Abel-Bet-Maacha.* Das sind drei Orte ganz im Norden Israels. *Abel-Bet-Maacha* ist auch unter dem Namen Abel-Majim bekannt.

Kinneret. Früherer Name des Sees Gennesaret und einer Ortschaft an seinem Westufer.

15,22 *Geba ... Mizpa.* Die Städte liegen ganz in der Nähe Ramas.

Israel verführt hatte. 27 Da zettelte Bascha Ben-Ahija aus dem Stamm Issachar eine Verschwörung gegen ihn an und erschlug ihn bei Gibbeton. Nadab belagerte mit Israel nämlich gerade Gibbeton*, das den Philistern gehörte. 28 Es war im dritten Regierungsjahr* des Königs Asa von Juda, als Bascha ihn tötete und sein Nachfolger wurde. 29 Sobald er die Herrschaft angetreten hatte, beseitigte er die ganze Familie Jerobeams. Keinen von seinen Nachkommen ließ er am Leben. So erfüllte sich das Wort Jahwes, das durch Ahija von Schilo verkündigt worden war. 30 Das geschah wegen Jerobeams sündhaften Gottesdiensten, mit denen er Israel zur Sünde verführt und den Zorn Jahwes herausgefordert hatte. 31 Was es sonst noch von Nadab und seinem Tun zu berichten gibt, findet man in der Chronik der Könige von Israel. 32 Zwischen Asa und König Bascha von Israel herrschte Krieg, solange sie lebten.

König Bascha von Israel

33 Im dritten Regierungsjahr des Königs Asa von Juda wurde Bascha Ben-Ahija König über ganz Israel. 24 Jahre lang regierte er von Tirza aus 34 und tat, was Jahwe missfiel. Er folgte dem bösen Beispiel Jerobeams und hielt an den sündhaften Gottesdiensten fest, mit denen dieser Israel verführt hatte.

16 1 Da kam das Wort Jahwes zu Jehu Ben-Hanani. Er musste Bascha ausrichten: 2 »Ich habe dich aus dem Staub erhoben und zum Führer meines Volkes Israel gemacht.

Aber du bist trotzdem Jerobeams bösem Beispiel gefolgt und hast mein Volk Israel zur Sünde verführt, sodass sie mich durch ihr Sündigen zum Zorn gereizt haben. 3 Pass auf! Jetzt werde ich hinter Bascha und seiner Familie genauso ausfegen, wie ich es hinter Jerobeams Familie getan habe. 4 Wer von ihnen in der Stadt stirbt, den werden die Hunde fressen, und wer auf dem freien Feld stirbt, den werden die Vögel fressen.«

5 Was es sonst noch von Bascha und seinen Machttaten zu sagen gibt, findet man in der Chronik der Könige Israels. 6 Als er starb, wurde er in Tirza begraben. Sein Sohn Ela wurde sein Nachfolger. 7 Durch den Propheten Jehu Ben-Hanani war das Wort Jahwes an Bascha und seine Familie ergangen, weil er getan hatte, was Jahwe missfiel, und ihn durch seine Taten ebenso wie die Familie Jerobeams zum Zorn reizte und auch deshalb, weil er Jerobeams Nachkommen erschlagen hatte.

König Ela von Israel

8 Im 26. Regierungsjahr des Königs Asa von Juda wurde Ela Ben-Bascha König über Israel. Er regierte zwei Jahre lang in Tirza. 9 Dann zettelte Simri, der Befehlshaber über die Hälfte seiner Streitwagen, eine Verschwörung gegen ihn an. Ela hatte gerade im Haus seines Palastvorstehers Arza

---

15,27 *Gibbeton* lag zwischen Jerusalem und Joppe und war vermutlich schon in der Richterzeit den Philistern in die Hände gefallen.

15,28 *dritten Regierungsjahr.* 908 v.Chr.

gezecht und war schon betrunken, [10] als Simri hereinkam und ihn erschlug. Das geschah im 27. Regierungsjahr des Königs Asa von Juda. So wurde Simri Elas Nachfolger. [11] Als er die Macht in den Händen hatte, erschlug er die ganze Familie Baschas. Weder von seinen Verwandten noch von seinen Freunden ließ er einen Wandpisser übrig. [12] So löschte Simri das Haus Baschas aus, wie es Jahwe Bascha durch den Propheten Jehu angekündigt hatte. [13] Das geschah wegen Baschas sündhaften Gottesdiensten und denen seines Sohnes Ela, mit denen sie Israel zur Sünde verführt und den Zorn Jahwes, des Gottes Israels, durch ihre nichtigen Götzen herausgefordert hatten. [14] Was es sonst noch von Ela und seinem Tun zu berichten gibt, findet man in der Chronik der Könige von Israel.

König Simri von Israel

[15] Im 27. Regierungsjahr des Königs Asa von Juda wurde Simri für sieben Tage König in Tirza, während das Heer Israels immer noch die Philisterstadt Gibbeton belagerte. [16] Als im Heerlager bekannt wurde, dass Simri eine Verschwörung angezettelt und den König erschlagen hatte, riefen die Männer Israels noch am selben Tag ihren Heerführer Omri zum König aus. [17] Omri zog mit dem Heer Israels von Gibbeton nach Tirza und begann die Stadt zu belagern. [18] Als Simri sah, dass die Stadt bezwungen wurde, zog er sich in den Palast des Königshauses zurück. Er ließ das ganze Königshaus über sich anzünden und fand in den Flammen den Tod. [19] Das geschah wegen seiner Sünden, und weil er getan hatte, was Jahwe missfiel, indem er dem bösen Beispiel Jerobeams und seinen sündhaften Gottesdiensten folgte, mit denen er Israel zur Sünde verführt hatte. [20] Was es sonst noch von Simri und seiner Verschwörung zu sagen gibt, findet man in der Chronik der Könige von Israel.

König Omri von Israel

[21] Damals hielt jedoch nur ein Teil des Volkes Israel zu Omri. Der andere Teil wollte Tibni Ben-Ginat zum König machen. [22] Doch die Anhänger Omris waren stärker als die von Tibni Ben-Ginat. So musste Tibni sterben, und Omri trat die Herrschaft an. [23] Im 31. Regierungsjahr des Königs Asa von Juda wurde Omri König über Israel und regierte zwölf Jahre, sechs davon in Tirza.* [24] Danach kaufte er den Berg von Samaria für 70 Kilogramm Silber und baute darauf eine Stadt. Nach dem früheren Besitzer des Berges, einem Mann namens Schemer, nannte er sie Samaria. [25] Auch Omri tat, was Jahwe missfiel. Er trieb es sogar schlimmer als seine Vorgänger. [26] In allem folgte er dem bösen Beispiel von Jerobeam Ben-Nebat, der die Israeliten zur Sünde verführt hatte, so dass sie den Zorn Jahwes durch ihre nichtigen Götzen herausforderten. [27] Was es sonst noch über Omris Taten und Erfolge zu sagen gibt, findet man in der Chronik der Könige von Israel. [28] Als Omri starb, wurde er in Samaria begraben,

---

16,23 zwölf ... Tirza. 885-874 v.Chr.

und sein Sohn Ahab trat die Herrschaft an.

König Ahab von Israel

29 Im 38. Regierungsjahr des Königs Asa von Juda wurde Ahab Ben-Omri König über Israel und regierte 22 Jahre* in Samaria. 30 Ahab Ben-Omri trieb es schlimmer als alle seine Vorgänger und tat, was Jahwe missfiel. 31 Nicht genug, dass er an den sündhaften Gottesdiensten von Jerobeam Ben-Nebat festhielt, er heiratete auch noch Isebel, eine Tochter des Sidonierkönigs Etbaal. Er ging sogar so weit, dass er dem Götzen Baal diente und sich vor ihm niederwarf. 32 In Samaria hatte er ein Baalshaus gebaut und errichtete nun noch einen Altar für ihn. 33 Außerdem ließ er eine Aschera aufstellen und tat noch vieles andere, womit er Jahwe, den Gott Israels, schwerer beleidigte als alle Könige Israels vor ihm.

34 In seiner Regierungszeit baute Hiël aus Bet-El die Stadt Jericho wieder auf. Als er die Fundamente legte, kostete ihn das seinen ältesten Sohn Abiram. Und als er die Tore einsetzte, kostete ihn das seinen jüngsten Sohn Segub. So erfüllte sich das Wort Jahwes, das er durch Josua Ben-Nun hatte sagen lassen.*

Elija am Bach Krit

17 1 Elija aus Tischbe in Gilead sagte zu Ahab: »So wahr Jahwe, der Gott Israels, lebt, in dessen Dienst ich stehe: In den nächsten Jahren wird es weder Tau noch Regen geben, bis ich es sage!« 2 Darauf kam das Wort Jahwes zu Elija: 3 »Geh hinüber ins Ostjordanland und versteck dich am Bach Krit! 4 Ich habe den Raben befohlen, dich dort mit Nahrung zu versorgen, und aus dem Bach kannst du trinken.« 5 Elija gehorchte dem Wort Jahwes, ging auf die andere Jordanseite und hielt sich im Tal des Krit auf. 6 Morgens und abends brachten ihm die Raben Brot und Fleisch. Wasser bekam er aus dem Bach. 7 Einige Zeit später vertrocknete der Bach, weil es im ganzen Land keinen Regen gab.

Elija in Zarpat

8 Da kam das Wort Jahwes zu Elija: 9 »Geh nach Zarpat*, das zu Sidon gehört, und bleib dort. Ich habe einer Witwe in dem Ort befohlen, dich zu versorgen.« 10 Elija machte sich auf den Weg und ging nach Zarpat. Als er ans Stadttor kam, begegnete ihm eine Witwe, die gerade Holz sammelte. Er sprach sie an und bat: »Hol mir doch ein wenig Wasser zum Trinken!« 11 Als sie ging, um es zu holen, rief er ihr nach: »Bring doch bitte einen Bissen Brot mit!« 12 Da sagte sie: »So wahr Jahwe, dein Gott, lebt: Ich habe keinen Vorrat mehr, nur noch eine Handvoll Mehl im Topf und ein bisschen Öl im Krug. Ich sammle gerade ein paar Holzstücke auf, um mir und meinem Sohn etwas zuzubereiten. Wenn wir das gegessen haben, bleibt uns nur noch der Tod.« 13 Da sagte

---

16,29 regiere 22 Jahre. 874-853 v.Chr.

16,34 So ... lassen. Siehe Josua 6,26.

17,9 Zarpat oder Sarepta (Lukas 4,26) war ein Küstenort zwischen Tyrus und Sidon in der Gegend, von wo aus der Götzendienst jetzt gerade nach Israel gekommen war.

Elija zu ihr: »Hab keine Angst, mach nur, was du gesagt hast! Aber back zuerst einen kleinen Brotfladen für mich und bring ihn mir heraus! Den Rest kannst du für dich und deinen Sohn zubereiten. *14* Denn so spricht Jahwe, der Gott Israels: ›Das Mehl im Topf wird nicht ausgehen, und das Öl im Krug wird nicht abnehmen, bis Jahwe wieder Regen gibt.‹« *15* Da ging sie und machte, was Elija ihr aufgetragen hatte. So hatten sie und Elija und ihr Sohn für viele Tage zu essen. *16* Das Mehl im Topf ging nicht aus und das Öl im Krug nahm nicht ab, wie es Jahwe durch Elija versprochen hatte.

17 Einige Zeit später wurde der Sohn dieser Frau, der Hausherrin, krank. Seine Krankheit verschlimmerte sich immer mehr, sodass er zuletzt nicht mehr atmete. *18* Da sagte sie zu Elija: »Was habe ich eigentlich mit dir zu schaffen, Mann Gottes? Du bist nur zu mir gekommen, um Gott an meine Schuld zu erinnern und meinen Sohn zu töten.« *19* »Gib mir deinen Sohn!«, sagte er zu ihr. Er nahm ihr das Kind vom Schoß und brachte es in den Raum auf der Dachterrasse. Dort legte er es auf sein Bett. *20* Dann rief er zu Jahwe und sagte: »Jahwe, mein Gott, willst du nun auch diese Frau, bei der ich wohne, ins Unglück bringen und ihren Sohn sterben lassen?« *21* Dann streckte er sich dreimal über das Kind hin und rief dabei: »Jahwe, mein Gott, lass doch das Leben dieses Kindes wiederkommen!« *22* Jahwe hörte auf Elija und gab dem Kind das Leben zurück. Es wurde wieder lebendig. *23* Da nahm Elija das Kind und brachte es ins Haus

hinunter. Er gab es seiner Mutter und sagte: »Sieh her, dein Sohn lebt!« *24* Da sagte die Frau zu Elija: »Jetzt weiß ich, dass du ein Mann Gottes bist und dass das Wort Jahwes wirklich aus deinem Mund kommt.«

Elija stellt sich dem König

18 *1* Viele Tage später, im dritten Jahr der Hungersnot, kam das Wort Jahwes zu Elija: »Geh jetzt und zeig dich Ahab! Ich werde dem Land wieder Regen geben.« *2* Elija machte sich auf den Weg zu Ahab. In Samaria war die Hungersnot besonders schwer. *3* Ahab hatte seinen Palastvorsteher Obadja zu sich rufen lassen. – Obadja war sehr gottesfürchtig. *4* Als Isebel nämlich die Propheten Jahwes ermorden ließ, hatte er hundert von ihnen in zwei Höhlen versteckt und sie mit Brot und Wasser versorgt. – *5* Ahab hatte zu Obadja gesagt: »Zieh durchs Land zu allen Wasserquellen und Bächen! Vielleicht findet sich irgendwo noch etwas Gras, dass wir Pferde und Maultiere am Leben erhalten können. Sonst müssen wir einen Teil der Tiere töten.« *6* Dann teilten sie das Land unter sich auf und gingen jeder für sich auf die Suche. *7* Als Obadja auf dem Weg war, kam ihm Elija entgegen. Er erkannte ihn und warf sich vor ihm nieder. »Bist du es, mein Herr Elija?«, fragte er. *8* »Ja, ich bin es«, erwiderte dieser. »Geh jetzt zu deinem Herrn und sag ihm: Elija ist da!« *9* »Was habe ich mir denn zuschulden kommen lassen«, erwiderte Obadja, »dass du mich Ahab in die Hand gibst? Er wird mich umbringen. *10* So wahr Jahwe, dein Gott, lebt: Es gibt kein Volk und kein Reich, in dem mein Herr dich nicht suchen ließ. Wenn es hieß: ›Er ist nicht hier‹, ließ er das Volk oder Reich schwören, dass man dich nicht gefunden habe. 11 Und nun soll ich zu meinem Herrn gehen und sagen: ›Schau, Elija ist da!‹ 12 Was ist, wenn der Geist Jahwes dich in der Zwischenzeit an einen Ort bringt, den ich nicht kenne? Ahab wird mich umbringen, wenn er dich nicht findet. Dein Diener fürchtet doch Jahwe von Jugend auf. 13 Ist meinem Herrn nicht berichtet worden, was ich getan habe, als Isebel die Propheten Jahwes umbringen ließ? Hundert Mann von den Propheten habe ich versteckt, je fünfzig in einer Höhle, und habe sie mit Brot und Wasser versorgt. 14 Und nun sagst du: ›Geh zu deinem Herrn und sag ihm, dass Elija da ist!‹ Er wird mich umbringen.« 15 Elija aber sagte: »So wahr Jahwe, der Allmächtige, lebt, dem ich diene: Heute noch werde ich mich ihm zeigen!«

16 Da ging Obadja Ahab entgegen und sagte es ihm. 17 Als Ahab dann Elija erblickte, sagte er zu ihm: »Bist du das, du Unglücksbringer für Israel?« 18 Elija erwiderte: »Nicht ich habe Israel ins Unglück gebracht, sondern du und deine Familie! Ihr habt die Gebote Jahwes verlassen und seid den Baalen nachgelaufen. 19 Schick jetzt Boten aus und versammle ganz Israel zu mir an den Berg Karmel, auch die 450 Propheten des Baal und die 400 der Aschera, die von Isebel versorgt werden.« 20 Da ließ Ahab die Männer Israels und die Propheten zum Berg Karmel kommen.

Elija auf dem Karmel

21 Dann trat Elija vor das Volk und sagte: »Wie lange hinkt ihr noch auf beiden Seiten? Wenn Jahwe Gott ist, dann folgt ihm allein, wenn es Baal ist, dann folgt nur ihm!« Aber das Volk zeigte keine Reaktion. 22 Da fuhr Elija fort: »Ich allein bin als Prophet Jahwes übrig geblieben. Die Propheten Baals sind 450 Mann. 23 Bringt zwei junge Stiere her! Sie sollen sich den einen auswählen, ihn zerteilen und die Stücke auf das Holz schichten. Sie dürfen das Holz aber nicht anzünden. Und ich, ich werde den anderen Stier herrichten, ihn auf das Holz schichten und es ebenfalls nicht anzünden. 24 Dann ruft ihr den Namen eures Gottes an! Und ich, ich werde den Namen Jahwes anrufen. Der Gott, der mit Feuer antwortet, ist der wahre Gott.« Da rief das ganze Volk: »Das ist gut!«

25 Nun sagte Elija zu den Propheten des Baal: »Wählt euch den einen Stier aus und bereitet ihn zu! Ihr seid ja in der Überzahl. Dann ruft den Namen eures Gottes an! Ihr dürft aber kein Feuer daran legen!« 26 So nahmen sie den jungen Stier, den man ihnen übergab, und bereiteten ihn zu. Dann riefen sie den Namen Baals an: »Baal, höre uns!« Sie riefen vom Morgen bis zum Mittag. Aber es war kein Laut zu hören, es kam keine Antwort. Dabei hinkten und hüpften sie um ihren Altar. 27 Als es Mittag wurde, machte sich Elija über sie lustig. »Ruft lauter!«, spottete er. »Er ist ja ein Gott. Er ist sicher in Gedanken, oder er ist gerade austreten gegangen. Vielleicht ist er auch auf Reisen, oder er schläft gerade, dann sollte er aufwachen!«

28 Da schrien sie immer lauter und ritzten sich nach ihrem Brauch mit Schwertern und Lanzen, bis Blut an ihnen herabfloss. *29* Als der Mittag vorüber war, weissagten sie wie Propheten. Das dauerte bis zur Zeit des Abendopfers*. Aber es gab keinen Laut, keine Antwort, kein Aufmerken. *30* Da rief Elija dem Volk zu: »Her zu mir!« Das Volk trat zu ihm hin. Dann begann er, den niedergerissenen Altar Jahwes wieder aufzubauen. *31* Er nahm zwölf Steine nach der Zahl der Stämme der Söhne Jakobs, an den einst das Wort Jahwes ergangen war: »Du sollst Israel heißen!« *32* Aus diesen Steinen baute er dem Namen Jahwes einen Altar. Rings herum zog er einen Graben, der so breit war, dass man 12 Kilogramm* Getreide dort hätte einsäen können. *33* Dann schichtete er das Holz auf, zerteilte den Stier und legte die Stücke auf das Holz. *34* Schließlich ließ er vier Eimer Wasser über das Brandopfer und das Holz gießen. Das ließ er noch einmal tun und noch ein drittes Mal. *35* Das Wasser floss über den Altar und füllte auch den Graben. *36* Um die Zeit des Abendopfers trat Elija vor den Altar und sagte: »Jahwe, Gott Abrahams, Isaaks und Israels! Heute sollen alle erkennen, dass du Gott in Israel bist und dass ich dein Diener bin und nach deinem Wort all das getan habe. *37* Antworte mir Jahwe, antworte mir, damit dieses Volk erkennt, dass du,

Jahwe, allein Gott bist und dass du sie wieder auf den rechten Weg zurückbringen willst.« *38* Da kam ein Feuer Jahwes herab und verzehrte das Brandopfer, das Holz, die Steine und die Erde und leckte auch das Wasser im Graben auf. *39* Als das Volk das sah, warfen sich alle nieder, das Gesicht auf dem Boden, und riefen: »Jahwe, er allein ist Gott! Jahwe, er allein ist Gott!« *40* Da sagte Elija zu ihnen: »Packt die Propheten des Baal! Keiner darf entkommen!« Sie taten es. Dann ließ Elija sie zum Bach Kischon hinabführen und dort hinrichten.

Das Ende der Trockenheit

41 Dann sagte Elija zu Ahab: »Geh nun hinauf, iss und trink! Denn es rauscht schon, als wollte es reichlich regnen.« *42* Da ging Ahab zum Essen, Elija aber stieg auf den Gipfel des Karmel, kauerte sich auf den Boden und verbarg sein Gesicht zwischen den Knien. *43* Dann sagte er zu seinem Diener: »Steig hoch und halte Ausschau in Richtung Meer.« Der tat es und sagte dann: »Es ist nichts zu sehen!« Elija sagte: »Geh noch einmal!« Siebenmal schickte er ihn so. *44* Beim siebten Mal meldete er: »Ich sehe eine Wolke aus dem Meer aufsteigen, so klein wie eine Hand.« Da sagte Elija: »Geh zu Ahab und sag: ›Lass anspannen und fahr los, damit du nicht vom Regen überrascht wirst!‹« *45* Inzwischen war Wind aufgekommen und schwarze Wolken verfinsterten den Himmel. Dann kam ein starker Regenguss herunter. Ahab stieg auf seinen Wagen und fuhr los. *46* Da kam die Kraft Jahwes über Elija.

18,29 *Zeit des Abendopfers.* Wörtlich: »bis man das Speisopfer darbringt«, das war gegen 15 Uhr.

18,32 *12 Kilogramm.* Wörtlich: zwei Maß.

Er band sein Obergewand mit dem Gürtel hoch und lief vor Ahab her bis nach Jesreel.*

Elija am Horeb

19 ¹ Ahab erzählte Isebel alles, was Elija getan und wie er die Propheten mit dem Schwert umgebracht hatte. ² Da schickte Isebel einen Boten zu Elija und ließ ihm ausrichten:»Die Götter sollen mich strafen, wenn ich morgen um diese Zeit dein Leben nicht einem von ihnen gleich mache.« ³ Da packte Elija die Angst und er lief um sein Leben. Als er nach Beerscheba* kam, das zu Juda gehört, ließ er seinen Diener dort zurück ⁴ und ging eine Tagereise weit in die Wüste hinein. Dann setzte er sich unter einen Ginsterstrauch und wünschte sich zu sterben.»Jetzt ist es genug, Jahwe!«, sagte er.»Nimm mein Leben von mir! Ich bin auch nicht besser als meine Väter.« ⁵ Dann legte er sich hin und schlief unter dem einsamen Ginsterbusch ein. Da rührte ihn auf einmal ein Engel an und sagte:»Steh auf und iss!« ⁶ Als Elija sich umschaute, sah er neben seinem Kopf ein Fladenbrot, das auf heißen Steinen gebacken war, und einen Krug Wasser. Er aß und trank und legte sich wieder hin. ⁷ Doch der Engel Jahwes kam noch einmal und weckte ihn.»Steh auf und iss!«, sagte er.»Du hast einen weiten Weg vor dir.« ⁸ Er erhob sich, aß und trank und machte sich auf den Weg. Die Speise gab ihm so viel Kraft, dass er vierzig Tage und Nächte hindurch gehen konnte, bis er zum Gottesberg Horeb* kam. ⁹ Er ging in die Höhle dort und legte sich schlafen.

Plötzlich kam das Wort Jahwes zu ihm:»Was machst du hier, Elija?« ¹⁰»Mit ganzem Eifer habe ich mich für Jahwe, den allmächtigen Gott, eingesetzt«, sagte er.»Die Israeliten haben den Bund mit dir gebrochen, deine Altäre niedergerissen und deine Propheten mit dem Schwert erschlagen. Ich allein bin übrig geblieben, nur ich allein. Und jetzt wollen sie auch mich noch umbringen.« ¹¹ Da sagte Jahwe:»Geh hinaus und stell dich auf den Berg vor mich hin! Pass auf! Jahwe wird an dir vorübergehen.« Da kam ein heftiger Sturm herauf, der Felsen aus den Bergen riss und vor Jahwe zerschmetterte. Doch Jahwe war nicht im Sturm. Nach dem Sturm bebte die Erde, aber Jahwe war nicht im Beben. ¹² Nach dem Erdbeben ein Feuer, doch Jahwe war nicht im Feuer. Nach dem Feuer der Ton eines dahinschwebenden Schweigens. ¹³ Als Elija das hörte, verhüllte er sein Gesicht mit dem Mantel und stellte sich in den Eingang der Höhle. Da fragte ihn eine Stimme:»Was tust du hier, Elija?« ¹⁴ Er sagte:»Mit ganzem Eifer habe ich mich für Jahwe, den allmächtigen Gott, eingesetzt. Denn die Israeliten haben den Bund mit dir gebrochen, deine Altäre niedergerissen und deine Propheten mit dem

---

18,46 *bis nach Jesreel.* Das waren etwa 35 km.

19,3 *nach Beerscheba.* Das waren mindestens 180 km in südlicher Richtung. Als er in Beerscheba, der südlichsten Stadt Judas ankam, hatte er das Herrschaftsgebiet von Ahab und Isebel lange verlassen.

19,8 *Horeb* ist ein anderer Name für den Berg Sinai. Er liegt etwa 430 km südlich von Beerscheba.

Schwert erschlagen. Ich allein bin übrig geblieben, nur ich allein. Und jetzt wollen sie auch mich noch umbringen.«* 15 Da sagte Jahwe zu ihm: »Geh den Weg durch die Wüste wieder zurück! Geh bis nach Damaskus und salbe dort Hasaël zum König über Syrien. 16 Dann sollst du Jehu Ben-Nimschi zum König über Israel salben und schließlich Elischa Ben-Schafat aus Abel-Mehola zum Propheten an deiner Stelle. 17 Wer dem Schwert Hasaëls entkommt, den wird Jehu töten, und wer dem Schwert Jehus entkommt, den wird Elischa töten. 18 Ich habe 7000 in Israel übrig gelassen, die sich nicht vor Baal hingekniet und sein Bild nicht geküsst haben.«*

Elischas Berufung

19 Als Elija von dort weggegangen war, traf er Elischa Ben-Schafat gerade beim Pflügen an. Elf Rindergespanne arbeiteten vor ihm, er selbst führte das zwölfte. Im Vorbeigehen warf Elija ihm seinen Prophetenmantel über. 20 Da verließ Elischa sein Gespann und folgte Elija.»Lass mich doch zum Abschied meinen Vater und meine Mutter küssen«, bat er ihn,»dann will ich dir folgen.« – »Geh nur«, erwiderte Elija,»ich habe dich ja nicht gezwungen!« 21 Da wandte sich Elischa von Elija ab, nahm die beiden Rinder seines

---

19,14 Wird im Neuen Testament von Paulus zitiert (Römer 11,3).
19,18 Wird im Neuen Testament von Paulus zitiert (Römer 11,4).

Gespanns und schlachtete sie. Mit dem Holz des Geschirrs machte er Feuer, briet das Fleisch und gab es seinen Leuten. Dann machte er sich auf, folgte Elija und diente ihm.

Ahabs Siege über die Syrer

20 1 Ben-Hadad, der König von Syrien, bot seine ganze Heeresmacht auf. 32 Vasallenkönige folgten ihm mit Pferd und Wagen. Er zog vor Samaria, schloss die Stadt ein und bereitete den Angriff vor. 2 Dann schickte er Boten zu König Ahab von Israel in die Stadt 3 und ließ ihm sagen:»So spricht Ben-Hadad: ›Dein Silber und dein Gold gehören mir, ebenso deine Frauen und deine besten Söhne‹« 4 Der König von Israel ließ ihm antworten:»Ich unterwerfe mich dir mit allem, was ich habe.« 5 Aber die Boten kamen zurück und sagten: »So spricht Ben-Hadad: ›Ja, ich habe dir gesagt: Gib mir dein Silber und Gold, deine Frauen und deine Söhne. 6 Pass auf! Morgen um diese Zeit schicke ich meine Leute zu dir. Sie werden deinen Palast und die Paläste deiner Minister gründlich durchsuchen und alles mitnehmen, woran du Freude hast.‹« 7 Da rief der König von Israel alle Ältesten des Landes zu sich und sagte zu ihnen:»Ihr seht ja, dass dieser Syrer nur Böses will. Ich habe ihm nichts verweigert, weder meine Frauen und Söhne noch mein Silber und Gold.« 8 Da riefen ihm die Ältesten und alles Volk zu:»Hör nicht auf ihn! Geh nicht darauf ein!« 9 So gab er den Boten Ben-Hadads Bescheid:»Sagt meinem Herrn und König: ›Alles, was du zuerst von mir verlangt hast, werde ich tun. Aber

diese Forderung kann ich nicht erfüllen.‹« Die Boten überbrachten die Antwort. *10* Da ließ Ben-Hadad ihm ausrichten:»Die Götter sollen mich strafen, wenn der Schutt von Samaria auch nur für die hohlen Hände meiner Soldaten ausreicht!« *11* Doch der König von Israel ließ ihm antworten:»Wer eine Sache beginnt, soll nicht so angeben wie einer, der sie schon erledigt hat!« *12* Ben-Hadad zechte gerade im Zeltlager mit den Vasallenkönigen, als ihm die Antwort überbracht wurde. Da befahl er seinen Leuten:»Rammböcke ansetzen!« Sie brachten die Mauerbrecher in Stellung.

13 Da trat auf einmal ein Prophet zu König Ahab von Israel und sagte zu ihm:»Siehst du diese ganze gewaltige Menge? Ich gebe sie heute in deine Hand. Du sollst erkennen, dass ich Jahwe bin.« *14* »Durch wen soll das geschehen?«, fragte Ahab. Er erwiderte:»So spricht Jahwe:›Durch die Leute der Provinzstatthalter.‹« – »Und wer soll den Kampf eröffnen?« – »Du!« *15* Da ließ er die Leute der Provinzstatthalter antreten. Es waren 232 Mann. Danach musterte er das ganze Volk, alle Israeliten. Es waren 7000 Mann.

16 Gegen Mittag rückten sie aus. Im Zeltlager zechte Ben-Hadad mit den 32 Vasallenkönigen und war schon betrunken. *17* Zuerst waren die Leute der Provinzstatthalter losgezogen. Ben-Hadad hatte Beobachter aufgestellt, die ihm jetzt meldeten:»Es kommen Männer aus Samaria.« *18* Er befahl:»Wenn sie um Frieden bitten wollen, greift sie lebendig! Wenn sie zum Kampf ausgezogen sind, nehmt sie gefangen!« *19* Als die Leute der Provinzstatthalter jedoch herauskamen und hinter ihnen das ganze Heer Israels, *20* machte jeder im Kampf Mann gegen Mann seinen Gegner nieder. Da ergriffen die Syrer die Flucht, und die Israeliten folgten ihnen. König Ben-Hadad von Syrien jedoch entkam auf einem Pferd mit den Reitern. *21* Dann rückte der König von Israel aus und vernichtete die ganze Streitwagenmacht. So brachte er den Syrern eine schwere Niederlage bei.

22 Da kam der Prophet wieder zum König von Israel und sagte:»Sammle deine Kräfte und überlege gut, was du tun musst, denn im nächsten Frühjahr wird der König von Syrien wieder gegen dich ziehen.« *23* Die Ratgeber des syrischen Königs hatten nämlich zu ihrem König gesagt:»Die Götter Israels sind Berggötter, darum waren sie uns überlegen. Wenn wir in der Ebene gegen sie kämpfen, werden wir sie bestimmt besiegen. *24* Wir raten dir nur, deine Vasallenkönige abzusetzen und sie durch Statthalter zu ersetzen. *25* Stell ein Heer auf, das ebenso groß ist wie das, das du verloren hast, und schaff dir genauso viele Pferde und Streitwagen an, wie du vorher hattest. Dann wollen wir in der Ebene mit ihnen kämpfen und einmal sehen, ob wir ihnen nicht überlegen sind.« Der König hörte auf sie. *26* Im folgenden Frühjahr musterte er die Syrer und zog mit seinen Truppen nach Afek*, um gegen Israel zu kämpfen. *27* Auch die Israeliten wurden gemustert und mit Vorräten versorgt und zogen ihnen entgegen. Sie schlugen ihr Lager den Syrern gegenüber auf. Im Vergleich zu den Syrern, die das ganze Land bedeckten, sahen sie aus wie zwei kleine Ziegenherden. 28 Wieder kam der Mann Gottes zum König von Israel und sagte zu ihm: »So spricht Jahwe: ›Weil die Syrer gesagt haben, Jahwe sei ein Gott der Berge, hätte aber keine Macht in den Tälern, will ich diese ganze gewaltige Menge in deine Hand geben. Ihr sollt erkennen, dass ich Jahwe bin.‹« 29 Sieben Tage lagen die beiden Heere einander gegenüber, am siebten Tag kam es zum Kampf. Die Israeliten besiegten die Syrer und erschlugen an diesem einen Tag 100.000 Fußsoldaten. 30 Die übrigen 27.000 Mann flohen in die Stadt Afek. Aber sie alle wurden von der einstürzenden Stadtmauer erschlagen. Auch Ben-Hadad war in die Stadt geflohen und suchte nach einem sicheren Schlupfwinkel.

Ahab verschont seinen Feind

31 Da sagten seine Ratgeber zu ihm: »Wir haben gehört, dass die Könige Israels milde Könige sind. Lass uns doch den Trauersack anlegen und einen Strick um unseren Hals binden und so zum König von Israel hinausgehen. Vielleicht lässt er dich am Leben.« 32 So gürteten die Ratgeber Sackleinwand um, legten einen Strick um den Hals und gingen zum König von Israel. »Dein Sklave Ben-Hadad lässt dir sagen: Lass mich doch bitte am Leben!«, richteten sie ihm aus. »Lebt er denn noch?«, fragte Ahab. »Er ist doch mein Bruder!« 33 Das nahmen die Männer als gutes Vorzeichen und legten ihn gleich darauf fest: »Gewiss, Ben-Hadad ist dein Bruder!« – »Geht und holt ihn!«, sagte der König. Als Ben-Hadad dann zu ihm herauskam, ließ er ihn zu sich auf den Wagen steigen. 34 Ben-Hadad sagte: »Ich werde dir die Städte zurückgeben, die mein Vater deinem Vater weggenommen hat. Du kannst auch Handelsgassen* in Damaskus anlegen, wie mein Vater das in Samaria tat.« »Gut«, sagte der König, »wenn du mir das schwörst, lasse ich dich gehen.« Er schloss einen Vertrag mit ihm und ließ ihn ziehen.

35 Einer von den Prophetenjüngern* sagte zu einem anderen im Auftrag Jahwes: »Schlage mich!« Doch der weigerte sich, ihn zu schlagen. 36 Da sagte er zu ihm: »Du hast dich dem Befehl Jahwes widersetzt. Pass auf! Wenn du jetzt weggehst, wird ein Löwe dich schlagen.« Als der andere wegging, fiel ihn ein Löwe an und tötete ihn. 37 Der Prophetenjünger traf einen anderen Mann und sagte zu ihm: »Schlage mich!« Der Mann schlug ihn grün und blau. 38 Da stellte sich der Prophet an den Weg, wo er den König treffen konnte. Er hatte sich den Kopf verbunden, sodass man ihn nicht erkannte. 39 Als der König vorüberkam, rief er ihn an und sagte: »Dein Sklave war

---

20,26 *Afek* meint wahrscheinlich das heutige Afiq, das einige Kilometer östlich des Sees Gennesaret liegt.

20,34 *Handelsgassen.* Offenbar lukrative Privilegien, die mit einer Monopolstellung in bestimmten Handelsbereichen verbunden waren.

20,35 *Prophetenjünger* stammten aus Prophetengruppen, die zusammenlebten und von Elija oder Elischa geleitet wurden, siehe 2. Könige 2; 4; 6.

mitten in den Kampf geraten. Da brachte mir auf einmal jemand einen Gefangenen und sagte: ›Bewach diesen Mann! Sollte er vermisst werden, kostet es dein Leben oder 35 Kilo Silberstücke.‹ 40 Während dein Sklave nun hier und da zu tun hatte, war der Gefangene auf einmal fort.« Der König sagte: »Du hast dir selbst das Urteil gesprochen.« 41 Da nahm er schnell die Binde ab, und der König von Israel erkannte, dass es einer der Propheten war. 42 »So spricht Jahwe«, sagte der Prophet: »Du hast den Mann freigelassen, auf den ich meinen Bann gelegt hatte.* Deshalb wirst du mit deinem Leben für seins einstehen und mit deinem Volk für sein Volk!« 43 Wütend ging der König weiter und kam schlecht gelaunt zu Hause in Samaria an.

Nabots Weinberg

21 1 Einige Zeit später passierte Folgendes: Ein Mann namens Nabot, Einwohner der Stadt Jesreel*, besaß dort einen Weinberg. Dieser lag unmittelbar neben einem Haus, das König Ahab aus Samaria gehörte. 2 Eines Tages sagte Ahab zu Nabot: »Überlass mir doch deinen Weinberg! Er grenzt direkt an mein Haus und ich möchte gern einen Gemüsegarten daraus machen. Ich gebe dir dafür einen besseren Weinberg als den hier, oder wenn es dir lieber ist, gebe ich dir den Preis dafür in Silber.« 3 Aber Nabot erwiderte: »Jahwe behüte mich davor, dir das Erbe meiner Vorfahren zu geben!« 4 Wütend und schlecht gelaunt, weil dieser Jesreeliter Nabot sich geweigert hatte, ihm das Erbe seiner Vorfahren abzutreten, kam

Ahab in sein Haus. Er legte sich auf sein Bett, drehte sich zur Wand und wollte nichts essen. 5 Da kam seine Frau Isebel zu ihm herein und fragte: »Warum bist du so verstimmt? Warum isst du nichts?« 6 Ahab erwiderte: »Weil dieser Nabot aus Jesreel mir seinen Weinberg nicht geben will. Ich wollte ihn bezahlen oder ihm dafür einen anderen geben. Aber er sagte nur: ›Meinen Weinberg bekommst du nicht!‹« 7 Da sagte seine Frau Isebel zu ihm: »Als König von Israel bist du doch der Herr im Land. Steh auf und iss etwas und vergiss deinen Ärger! Ich werde dir Nabots Weinberg schon verschaffen.«

8 Dann schrieb sie Briefe im Namen Ahabs und verschloss sie mit seinem Siegel. Sie waren an Nabots Mitbürger, die Ältesten und die Vornehmen in Jesreel gerichtet. 9 In den Briefen hatte sie Folgendes geschrieben:

»Ruft einen Fasttag aus* und lasst Nabot in der Versammlung ganz vorn sitzen. 10 Dann setzt ihm zwei gewissenlose Männer gegenüber, die als Zeugen gegen ihn aussagen sollen, dass er Gott und den König gelästert habe. Dann führt ihn vor die Stadt hinaus und steinigt ihn zu Tode.«

20,42 *Bann gelegt hatte.* Das heißt: Er sollte mit all seinen Gütern vernichtet werden.

21,1 Die *Stadt Jesreel* befindet sich mitten in der sehr fruchtbaren Jesreel-Ebene etwa 40 km nördlich von Samaria.

21,9 *ruft ... aus.* Ein allgemeines Fasten konnte bei Unglück oder Trauer, aber auch zur Unterstützung einer Bitte oder Aufdeckung einer Schuld angeordnet werden.

11 Die Männer der Stadt, die Ältesten und die Vornehmen, die Nabots Mitbürger waren, machten es genauso, wie Isebel es in ihren Briefen verlangt hatte. *12* Sie riefen einen Fasttag aus und ließen Nabot in der Versammlung ganz vorn sitzen. *13* Dann kamen die beiden boshaften und gewissenlosen Männer und setzten sich ihm gegenüber. Vor dem ganzen Volk traten sie als Zeugen gegen Nabot auf und behaupteten:»Nabot hat Gott und den König gelästert!« Daraufhin wurde Nabot vor die Stadt geführt und gesteinigt. *14* Die Verantwortlichen ließen Isebel ausrichten:»Nabot ist tot, er wurde gesteinigt.« *15* Als Isebel diese Nachricht erhalten hatte, sagte sie zu Ahab:»Auf, nimm den Weinberg in Besitz! Dieser Nabot aus Jesreel, der sich geweigert hat, dir seinen Weinberg zu verkaufen, lebt nicht mehr. Er ist tot.« *16* Als Ahab das hörte, wollte er den Weinberg Nabots gleich in Besitz nehmen und ging zu ihm hinunter.

17 Da kam das Wort Jahwes zu Elija aus Tischbe: *18* »Mach dich auf den Weg und geh Ahab entgegen, dem König von Israel, der in Samaria residiert. Er ist gerade in den Weinberg Nabots hinuntergegangen, um sich ihn anzueignen. *19* Sag zu ihm: ›So spricht Jahwe: Hast du gemordet und schon geerbt? Jahwe sagt dir: Wo die Hunde das Blut Nabots aufgeleckt haben, dort werden sie auch dein Blut auflecken, ja deins.‹« *20* Als sie sich trafen, sagte Ahab zu Elija:»Hast du mich gefunden, mein Feind?« Elija erwiderte:»Ich musste dich finden, denn du hast dich anstiften lassen, Böses vor Jahwe zu tun. Darum lässt er dir sagen: *21* ›Pass auf! Ich bringe Unheil über dich. Ich werde deine Familie wegfegen. Von deiner Nachkommenschaft werde ich jeden Wandpisser beseitigen, egal ob er gebunden oder frei ist. *22* Weil du mich zum Zorn gereizt und Israel zur Sünde verführt hast, werde ich mit deiner Familie genauso verfahren wie mit der von Jerobeam Ben-Nebat und Bascha Ben-Ahija.‹ *23* Und über Isebel lässt Jahwe dir sagen: ›Die Hunde werden sie fressen an der Vormauer von Jesreel.‹ *24* Wer von Ahabs Familie in der Stadt stirbt, wird von Hunden gefressen; und wer auf dem freien Feld stirbt, den fressen die Vögel.«

25 In der Tat gab es keinen, der sich wie Ahab dazu hergab, Böses vor Jahwe zu tun. Seine Frau Isebel hatte ihn dazu verführt. *26* Was er tat, war überaus verwerflich, denn er lief diesen Mistgötzen* nach genauso wie die Amoriter, die Jahwe vor den Israeliten vertrieben hatte.

27 Als Ahab das hörte, riss er vor Entsetzen seine Gewänder ein*. Dann legte er den Trauersack an und fastete. Er schlief sogar auf Sacktuch und ging bedrückt umher. *28* Da kam das Wort Jahwes zu Elija aus Tischbe: *29* »Hast du gemerkt, dass Ahab sich vor mir gedemütigt hat? Weil er das

21,26 *Mistgötzen.* Siehe Fußnote zu Kapitel 15,12!

21,27 *riss ... Gewänder ein.* Als Zeichen von Trauer und Entsetzen riss man das Kleidungsstück vom Halsausschnitt an mit einem heftigen Ruck etwa eine Handlänge ein.

tat, lasse ich das Unheil noch nicht zu seinen Lebzeiten über sein Haus kommen, sondern erst, wenn sein Sohn König ist.«

Micha gegen Ahabs Propheten

22 ¹ Drei Jahre lang verhielten die Syrer sich ruhig. Es gab keinen Krieg zwischen Syrien und Israel. ² Im dritten Jahr besuchte König Joschafat von Juda den König von Israel. ³ Dieser hatte zu seinen Beratern gesagt:»Wisst ihr nicht, dass Ramot in Gilead uns gehört? Warum bleiben wir still, anstatt es dem König von Syrien wieder wegzunehmen?« ⁴ Dann fragte er Joschafat:»Machst du mit, wenn ich Ramot in Gilead angreife?« –»Ja, ich mache mit«, erwiderte Joschafat, »meine Truppen sollen mit deinen gehen und meine Pferde ebenso.«

⁵ Doch dann sagte Joschafat zum König von Israel:»Du solltest aber zuerst fragen, was Jahwe dazu sagt!« ⁶ Da ließ der König von Israel die Propheten kommen, 400 Mann. Er fragte sie:»Soll ich in den Kampf gegen Ramot in Gilead ziehen oder soll ich es lassen?« –»Zieh hinauf«, erwiderten sie,»Gott wird es in die Hand des Königs geben!« ⁷ Aber Joschafat sagte:»Gibt es hier sonst keinen Propheten Jahwes mehr, durch den wir Gott fragen können?« ⁸»Es gibt schon einen, durch den man Jahwe befragen kann«, erwiderte der König von Israel,»aber ich hasse ihn, weil er mir niemals Gutes, sondern immer nur Schlimmes prophezeit. Es ist Micha Ben-Jimla.« Doch Joschafat erwiderte:»Der König sage das nicht!« ⁹ Da rief der König von Israel einen Hofbeamten herbei und befahl

ihm:»Schnell, hole Micha Ben-Jimla!«

¹⁰ Der König von Israel und König Joschafat von Juda saßen im königlichen Gewand auf zwei Thronsesseln, die man für sie auf dem freien Platz am Toreingang von Samaria aufgestellt hatte. Und die Propheten weissagten vor ihnen. ¹¹ Ein gewisser Zidkija Ben-Kenaana hatte sich eiserne Hörner gemacht und rief:»So spricht Jahwe: ›Damit wirst du die Syrer niederstoßen, bis du sie vernichtet hast!‹« ¹² Die anderen Propheten weissagten ebenso:»Greif Ramot in Gilead an und führe Israel zum Sieg! Jahwe wird die Stadt in die Hand des Königs geben!«

¹³ Der Bote, der Micha holen sollte, sagte unterwegs zu ihm:»Hör zu! Die Worte der Propheten sind einstimmig und sprechen für den König. Schließ dich doch ihrem Wort an und sage Gutes!« ¹⁴ Micha erwiderte:»So wahr Jahwe lebt, ich sage nur das, was Jahwe mir aufträgt!«

¹⁵ Als er zum König kam, fragte ihn dieser:»Micha, sollen wir in den Kampf gegen Ramot in Gilead ziehen oder sollen wir es lassen?« –»Zieh nur hin und führe Israel zum Sieg!«, sagte er.»Jahwe wird es in die Hand des Königs geben.« ¹⁶ Doch der König entgegnete:»Wie oft muss ich dich noch beschwören, dass du mir nichts als die Wahrheit im Namen Jahwes verkündest!« ¹⁷ Da sagte Micha:»Ich sah ganz Israel über die Berge zerstreut wie Schafe, die keinen Hirten haben. Und Jahwe sagte: ›Sie haben keinen Anführer mehr! Jeder kehre wohlbehalten in sein Haus zurück!‹« ¹⁸ Da sagte der König von Israel zu Joschafat:»Habe

ich dir nicht gesagt, dass er mir nichts Gutes prophezeit, sondern immer nur Schlimmes?«

¹⁹ Micha fuhr fort: »Darum hört das Wort Jahwes: Ich sah Jahwe sitzen auf seinem Thron. Das ganze Heer des Himmels stand rechts und links neben ihm. ²⁰ Jahwe fragte: ›Wer ködert Ahab, dass er loszieht und bei Ramot in Gilead fällt?‹ Der eine sagte dies, der andere das. ²¹ Zuletzt trat ein Geist vor. Er stellte sich vor Jahwe und sagte: ›Ich werde ihn ködern.‹ ›Womit?‹, fragte Jahwe. ²² ›Ich werde als Lügengeist aus dem Mund aller seiner Propheten sprechen‹, erwiderte er. ›Gut, du darfst ihn verführen‹, sagte er, ›und du wirst es auch schaffen. Geh los und tu es!‹ ²³ Du siehst also, dass Jahwe deinen Propheten einen Lügengeist eingegeben hat, denn Jahwe hat dein Unheil beschlossen.«

²⁴ Da kam Zidkija Ben-Kenaana zu Micha, gab ihm eine Ohrfeige und sagte: »Auf welche Weise soll der Geist Jahwes mich denn verlassen haben und nur noch mit dir reden?« ²⁵ »Du wirst es ja sehen«, erwiderte Micha, »und zwar an dem Tag, an dem du von einer Kammer in die andere flüchtest, um dich zu verstecken.« ²⁶ Da sagte der König: »Nehmt ihn fest und führt ihn zum Stadtkommandanten Amon und zum Prinzen Joasch. ²⁷ Meldet ihnen: ›So spricht der König: Setzt diesen Mann ins Gefängnis und haltet ihn knapp bei Brot und Wasser, bis ich wohlbehalten zurückkomme!‹« ²⁸ Da sagte Micha: »Wenn du je wohlbehalten zurückkehrst, hat Jahwe nicht durch mich gesprochen.« Dann fügte er noch hinzu: »Hört es, ihr Völker alle!«

Ahabs Tod

²⁹ Der König von Israel und König Joschafat von Juda zogen also nach Ramot in Gilead. ³⁰ Unterwegs sagte der König von Israel zu Joschafat: »Ich will verkleidet in den Kampf ziehen, aber du kannst deine königlichen Kleider tragen!« So zog er verkleidet in die Schlacht. ³¹ Der König von Syrien hatte den zweiunddreißig Führern seiner Streitwagen befohlen: »Kämpft nicht gegen Kleine oder Große, sondern greift allein den König von Israel an!« ³² Als die Streitwagenführer Joschafat entdeckten, sagten sie: »Das ist der König von Israel!« und griffen ihn von allen Seiten an. Da schrie Joschafat um Hilfe. ³³ Als die Wagenführer merkten, dass er nicht der König von Israel war, ließen sie ihn in Ruhe. ³⁴ Einer ihrer Kämpfer aber schoss auf gut Glück einen Pfeil ab und traf den König von Israel zwischen Gurt und Panzer. »Dreh um und bring mich aus der Schlacht!«, sagte der König zu seinem Wagenlenker. »Ich bin verwundet.« ³⁵ Weil der Kampf an dem Tag immer heftiger wurde, hielt der König bis zum Abend durch und blieb den Syrern gegenüber in seinem Wagen aufrecht stehen, während das Blut aus seiner Wunde in den Wagen floss. Gegen Abend starb er. ³⁶ Als die Sonne unterging, ließ man im Lager ausrufen: »Jeder kehre in seine Stadt und auf sein Land zurück!« ³⁷ So starb der König. Man brachte ihn nach Samaria und begrub ihn dort. ³⁸ Als man den Wagen am Teich von Samaria abspülte, leckten

die Hunde sein Blut auf, und die Huren wuschen sich in dem Wasser, wie Jahwe es angekündigt hatte. ³⁹ Was es sonst noch über Ahab und seine Taten zu berichten gibt, das Elfenbeinhaus und die Städte, die er gebaut hat, findet man in der Chronik der Könige von Israel. ⁴⁰ Nachdem Ahab gestorben war, trat sein Sohn Ahasja die Herrschaft an.

König Joschafat von Juda

⁴¹ Im 4. Regierungsjahr des Königs Ahab von Israel wurde Joschafat Ben-Asa König über Juda. ⁴² Als er die Herrschaft übernahm, war er 35 Jahre alt. Er regierte 25 Jahre in Jerusalem. Seine Mutter hieß Asuba und war eine Tochter von Schilhi. ⁴³ Er folgte in allem konsequent dem Beispiel seines Vaters Asa, indem er tat, was Jahwe gefiel. ⁴⁴ Nur die Opferhöhen bestanden weiter, und die Leute brachten dort Schlacht- und Räucheropfer dar. ⁴⁵ Joschafat machte Frieden mit dem König von Israel. ⁴⁶ Was sonst noch über Joschafat, seine Machttaten und Kriege zu sagen ist, steht in der Chronik der Könige von Juda.

⁴⁷ Er schaffte auch die Männer, die sich für den Fruchtbarkeitskult prostituiert hatten, aus dem Land, denn es

waren noch welche aus der Zeit seines Vaters Asa übrig geblieben. ⁴⁸ Damals hatte Edom keinen eigenen König. Es wurde von einem Statthalter Judas regiert.

⁴⁹ Joschafat hatte auch eine Tarschisch-Flotte bauen lassen, die nach Ofir* fahren sollte, um Gold zu holen. Es kam aber nicht dazu, weil die Flotte bei Ezjon-Geber* zerschellte. ⁵⁰ König Ahasja Ben-Ahab wollte damals seine Leute auf Joschafats Schiffen mitfahren lassen. Doch Joschafat hatte es abgelehnt. ⁵¹ Als Joschafat starb, bestattete man ihn in der Davidsstadt, und sein Sohn Joram trat die Herrschaft an.

König Ahasja von Israel

⁵² Im 17. Regierungsjahr des Königs Joschafat von Juda wurde Ahasja Ben-Ahab für zwei Jahre* König über Israel. ⁵³ Er tat, was Jahwe missfiel, und folgte dem bösen Beispiel seines Vaters und seiner Mutter und hielt auch an den sündhaften Gottesdiensten fest, mit denen Jerobeam Ben-Nebat Israel verführt hatte. ⁵⁴ Außerdem verehrte er den Baal und warf sich vor ihm nieder. Damit beleidigte er Jahwe, den Gott Israels, genauso, wie sein Vater es getan hatte.

22,49 *Ofir.* Siehe Fußnote zu 2. Chronik 8,18.

Ezjon-Geber. Hafenstadt am Golf von Elat/Akaba, in der Nähe des heutigen Elat.

22,52 *zwei Jahre.* 853-852 v.Chr.

Das zweite Buch von den Königen

Ursprünglich waren beide Königsbücher ein einziges Buch auf einer langen Schriftrolle. Siehe deshalb die Einführung bei 1. Könige!

Ahasja und Elija

1 ¹ Nach König Ahabs Tod* sagten sich die Moabiter* von Israel los. ² Eines Tages stürzte Ahasja, der neue König, durch das Gitterfenster im Obergeschoss seines Palastes in Samaria und verletzte sich schwer. Da schickte er Boten mit dem Auftrag los, Baal-Sebub*, den Gott der Philisterstadt Ekron, zu befragen, ob er wieder gesund würde. ³ Aber der Engel Jahwes befahl dem Propheten Elija aus Tischbe*: »Geh den Boten des Königs von Samaria entgegen und sag zu ihnen: ›Gibt es denn keinen Gott in Israel, dass ihr fortgehen müsst, um den Gott von Ekron zu befragen? ⁴ Darum lässt Jahwe dem König Folgendes ausrichten: Du wirst nicht mehr aus deinem Bett herauskommen, sondern sterben. Ja, sterben musst du!‹« Elija gehorchte. ⁵ Da kehrten die Boten zum König zurück. »Wie kommt es,

dass ihr so schnell wieder hier seid?«, fragte er sie. ⁶ Sie erwiderten: »Ein Mann kam uns entgegen; er schickte uns zu dir zurück und lässt dir ausrichten: ›So spricht Jahwe: Gibt es denn keinen Gott in Israel, dass du den Baal-Sebub von Ekron befragen musst? Darum wirst du nicht mehr aus deinem Bett herauskommen sondern sterben. Ja, sterben musst du!‹« ⁷ Der König fragte: »Wie sah der Mann aus, der das zu euch sagte?« ⁸ »Er trug einen Mantel aus Ziegenhaaren und hatte einen Ledergürtel umgebunden«, erwiderten sie. »Dann war es Elija von Tischbe«, sagte der König.

⁹ Sofort schickte er einen Offizier mit fünfzig Mann nach ihm los. Der fand ihn oben auf einem Berg. Er stieg zu ihm hinauf und befahl: »Im Namen des Königs: Komm herunter, Gottesmann!« ¹⁰ Elija erwiderte: »Wenn ich wirklich ein Mann Gottes bin, dann soll Feuer vom Himmel herabfallen und dich und deine fünfzig Mann fressen!« Da fiel Feuer vom Himmel herab und verbrannte sie alle. ¹¹ Daraufhin schickte der König einen anderen Offizier mit fünfzig Mann los. Auch dieser rief Elija an: »Im Namen des Königs: Komm sofort herunter, Gottesmann!« ¹² Doch Elija erwiderte: »Wenn ich wirklich ein Mann Gottes bin, dann soll Feuer vom Himmel herabfallen und dich und

---

1,1 *Ahabs Tod.* Ahab regierte von 874-853 v.Chr.

Die Moabiter lebten östlich vom Toten Meer in dem Gebiet zwischen den Flüssen Arnon und Zered.

1,2 *Baal-Sebub* heißt »Herr der Fliegen« und ist wahrscheinlich eine bewusste Entstellung von *Baal-Sebul* »Fürst Baal«. Bei den Juden in neutestamentlicher Zeit galt *Beelzebub* als der Oberste der Dämonen.

1,3 *Tischbe* liegt nach 1. Könige 17,1 im Ostjordanland (Gilead). Die genaue Lage des Ortes ist unbekannt.

deine fünfzig Mann fressen!« Da fiel Feuer Gottes vom Himmel herab und verbrannte sie alle. *13* Zum dritten Mal schickte der König einen Offizier mit fünfzig Mann los. Der stieg auf den Berg, kniete sich vor Elija hin und flehte ihn an: »Du Mann Gottes, lass mich und meine fünfzig Männer am Leben! *14* Es ist doch Feuer vom Himmel gefallen und hat die beiden Offiziere vor mir und alle ihre Leute vernichtet. Bitte, lass mein Leben etwas wert sein vor dir!« *15* Da sagte der Engel Jahwes zu Elija: »Geh mit ihm hinunter! Du musst dich nicht vor dem König fürchten.«

Elija stand auf und ging mit dem Offizier zum König. *16* Er sagte ihm: »So spricht Jahwe: ›Weil du Boten losgeschickt hast, um den Baal-Sebub, den Gott von Ekron, zu befragen, – als ob es keinen Gott in Israel gäbe, den man befragen kann – darum wirst du nicht mehr aus deinem Bett herauskommen sondern sterben. Ja, sterben musst du!‹« *17* So starb er denn, wie Jahwe durch Elija hatte sagen lassen. Weil er aber keinen Sohn hatte, wurde sein Bruder Joram König. Das geschah im zweiten Regierungsjahr von König Joram Ben-Joschafat von Juda. *18* Was sonst noch über Ahasjas Herrschaft zu sagen ist, findet man in der Chronik* der Könige von Israel.

Elija und Elischa

2 *1* An dem Tag, als Jahwe Elija im Sturm zum Himmel auffahren lassen wollte, hatte der Prophet gerade Gilgal* verlassen. Elischa folgte ihm. *2* Da sagte Elija zu Elischa: »Bleib doch hier! Denn Jahwe schickt

mich nach Bet-El*.« Doch Elischa erwiderte: »So wahr Jahwe lebt, und so wahr du lebst: Ich verlasse dich nicht!« So gingen sie nach Bet-El hinab. *3* Dort wohnten einige Prophetenjünger. Sie kamen zu Elischa heraus und sagten zu ihm: »Weißt du, dass Jahwe heute deinen Lehrer wegnehmen und zu sich holen wird?« – »Ja, ich weiß es auch«, antwortete Elischa, »redet nicht darüber!« *4* Da sagte Elija noch einmal zu ihm: »Elischa, bleib doch hier! Denn Jahwe schickt mich nach Jericho.« Doch Elischa erwiderte: »So wahr Jahwe lebt, und so wahr du lebst: Ich verlasse dich nicht!« So kamen sie nach Jericho. *5* Auch dort wohnten einige Prophetenjünger. Sie kamen ebenfalls zu Elischa heraus und sagten zu ihm: »Weißt du, dass Jahwe heute deinen Lehrer wegnehmen und zu sich holen wird?« – »Ja, ich weiß es auch«, erwiderte Elischa, »redet nicht darüber!« *6* Da sagte Elija noch einmal zu ihm: »Bleib doch hier! Denn Jahwe schickt mich an den Jordan.« Doch Elischa erwiderte: »So wahr Jahwe lebt, und so wahr du lebst: Ich verlasse dich nicht!« So gingen beide miteinander. *7* Auch 50 Mann von den Prophetenjüngern folgten ihnen. Sie blieben

---

1,18 *Chronik.* Oder: Jahrbüchern, Annalen.

2,1 Mit *Gilgal* ist hier nicht der Ort in der Nähe des Jordan gemeint, sondern wahrscheinlich Jiljillia, 12 km nordwestlich von Bethel.

2,2 *Bet-El* liegt 19 km nördlich von Jerusalem und war das Zentrum des pervertierten israelitischen Gottesdienstes geworden, in dem Jahwe durch ein goldenes Kalb verehrt wurde.

aber in einiger Entfernung stehen, als die beiden an den Jordan traten. *8* Elija zog seinen Mantel aus, wickelte ihn zusammen und schlug damit auf das Wasser. Da teilte es sich nach beiden Seiten, und sie gingen trockenen Fußes durch den Fluss.

9 Am anderen Ufer sagte Elija zu Elischa:»Kann ich noch etwas für dich tun, bevor ich weggenommen werde?« Elischa bat:»Es wäre schön, wenn ich den doppelten Anteil* von deinem Geist erhalten könnte!« *10* »Das zu erfüllen, liegt nicht in meiner Macht«, erwiderte Elija,»doch wenn du mit ansehen darfst, wie ich von dir weggenommen werde, dann wird Jahwe deine Bitte erfüllen, sonst nicht.« *11* Während sie weitergingen und miteinander redeten, fuhr plötzlich ein feuriger Streitwagen mit Pferden aus Feuer zwischen sie und trennte sie voneinander. Im Sturm fuhr Elija zum Himmel hinauf. *12* Als Elischa das sah, schrie er auf:»Mein Vater, mein Vater! Du Streitwagen Israels, du sein Gespann!«* Dann sah er ihn nicht mehr. Er packte seine Gewänder und zerriss sie in zwei Stücke.

13 Dann hob er den Mantel Elijas auf, der zu Boden gefallen war, und kehrte an den Jordan zurück. *14* Dort nahm er den Mantel, schlug damit aufs Wasser und rief:»Wo ist Jahwe, Elijas

Gott?« Als er so wie Elija auf das Wasser geschlagen hatte, teilte es sich nach beiden Seiten, sodass Elischa hindurchgehen konnte. *15* Die Prophetenjünger aus Jericho, die am anderen Ufer standen, hatten zugesehen und sagten:»Der Geist Elijas ist jetzt auf Elischa!« Sie liefen ihm entgegen, warfen sich vor ihm nieder *16* und sagten:»Bei deinen Dienern hier sind 50 kräftige Männer. Sollten sie nicht losgehen und deinen Lehrer suchen? Vielleicht hat der Geist Jahwes ihn ja nur weggetragen und auf irgendeinen Berg oder in eine Schlucht geworfen.« –»Nein, das ist nicht nötig!«, sagte Elischa. *17* Doch sie bestanden heftig darauf, bis er verlegen wurde und sagte:»So geht schon!« Die 50 suchten drei Tage lang, fanden Elija aber nicht. *18* Dann kehrten sie zu Elischa zurück, der sich noch in Jericho aufhielt. Der sagte zu ihnen:»Ich habe euch doch gesagt, dass ihr nicht gehen müsst!«

Hilfe in Jericho, Gericht in Bet-El

19 Die Einwohner der Stadt sagten zu Elischa:»Herr, wie du siehst, hat unsere Stadt eine ausgezeichnete Lage. Aber das Wasser ist schlecht und verursacht immer wieder Fehlgeburten.« *20* Da sagte Elischa:»Holt mir eine neue Schale und füllt sie mit Salz!« Als sie ihm die Schale gebracht hatten, *21* ging er damit vor die Stadt hinaus zur Quelle, schüttete das Salz hinein und rief:»So spricht Jahwe: ›Ich habe dieses Wasser gesund gemacht. Es wird keinen Tod und keine Fehlgeburten mehr verursachen!‹« *22* Seitdem ist das Wasser gut, und es ist bis heute* so geblieben, genau wie Elischa es gesagt hat.

2,9 doppelten Anteil. Das meinte wohl den Erbanteil des Erstgeborenen, der doppelt so viel erhielt wie ein anderer Sohn.

2,12 sein Gespann. Für Elischa war sein geistlicher Vater das eigentliche Werkzeug der Macht Gottes.

2,22 bis heute. Das meint den Zeitpunkt, als das Buch verfasst wurde.

23 Von dort aus ging Elischa hinauf ins Bergland nach Bet-El. Wie er nun den Weg weiter hinaufstieg, kam eine Horde Jungen aus der Stadt und machte sich über ihn lustig. »Komm doch rauf, du Glatzkopf!«, riefen sie. »Komm doch rauf, Glatzkopf!«* 24 Elischa schaute sich um, und als er sie erblickte, verfluchte er sie im Namen Jahwes. Da kamen zwei Bärinnen aus dem Wald und zerrissen 42 von den Kindern. 25 Elischa ging von dort zum Berg Karmel und kehrte dann nach Samaria zurück.

Joram von Israel

3 1 Im 18. Regierungsjahr des Königs Joschafat von Juda wurde Joram Ben-Ahab König über Israel. Er regierte zwölf Jahre in Samaria 2 und tat, was Jahwe verabscheute, wenn auch nicht in dem Ausmaß, wie sein Vater und seine Mutter das getan hatten. Er ließ nämlich das Steinmal, das sein Vater zu Ehren des Baal* aufgestellt hatte, wieder beseitigen. 3 Doch von dem sündhaften Gottesdienst, zu dem Jerobeam Ben-Nebat Israel verführt hatte, wollte er nicht lassen. 4 König Mescha von Moab war ein Schafzüchter und musste dem König von Israel 100.000 Lämmer und ebenso viele ungeschorene Schafböcke als Tribut* liefern. 5 Nach dem Tod Ahabs widersetzte sich Mescha dem König von Israel. 6 Da zog Joram von Samaria aus und rief ganz Israel zu den Waffen. 7 Zugleich sandte er Boten zu König Joschafat von Juda und ließ ihm sagen: »Der König von Moab ist von mir abgefallen. Willst du zusammen mit mir gegen ihn kämpfen?« – »Ich mache mit«, ließ dieser ihm ausrichten, »du kannst auf meine Soldaten und Pferde wie auf deine eigenen zählen.« 8 »Welchen Weg schlägst du zum Anmarsch vor?«, fragte Joram. »Den Weg durch die Wüste von Edom«, meldete Joschafat zurück.

9 So rückten der König von Israel und der König von Juda zusammen mit dem König von Edom aus. Als sie sieben Tagereisen weit gezogen waren, fand sich kein Wasser mehr für das Heer und die mitgeführten Tiere. 10 »Weh uns!«, sagte der König von Israel. »Jahwe hat uns drei Könige nur gerufen, um uns den Moabitern in die Hände fallen zu lassen!« 11 Doch Joschafat sagte: »Ist denn kein Prophet Jahwes hier, durch den wir Jahwe um Rat fragen könnten?« Da sagte ein Diener des Königs von

---

2,23 ... *Glatzkopf.* Das drückt eine vollkommene Verachtung dem Repräsentanten Gottes gegenüber aus, den sie wegen seiner Kahlköpfigkeit als Schwächling ansahen. Elischa wurde in dieser Hochburg des von König Jerobeam eingeführten götzendienerischen Jahwekults offenbar nicht nur von den Erwachsenen, sondern auch von den Kindern abgelehnt. Als Nachfolger Elijas würde er diesen falschen Gottesdienst weiterhin bekämpfen.

3,2 *Baal* bedeutet »Herr« oder »Gebieter«. Er wurde als Fruchtbarkeitsgott in Kanaan verehrt.

3,4 *Tribut.* Bereits David hatte die Moabiter tributpflichtig gemacht (2. Samuel 8,2). 100 Jahre später waren es dann der mächtige König des Nordreichs, Omri, und sein Sohn Ahab, wie aus der 1868 gefundenen Basaltstele des Königs Mescha hervorgeht: »*Omri war König von Israel und hatte Moab lange Zeit gedemütigt. Und sein Sohn folgte ihm, und auch er sprach:* ›*Ich werde Moab demütigen.*‹«

Israel: »Doch, Elischa Ben-Schafat ist hier, der seinerzeit im Dienst Elijas stand.« 12 »Bei ihm werden wir das Wort Jahwes finden«, sagte Joschafat. Da stiegen die drei Könige zu Elischa hinab. 13 Doch der sagte zum König von Israel: »Was habe ich mit dir zu schaffen? Geh doch zu den Propheten deines Vaters und deiner Mutter!« – »Nein«, sagte der König, »es ist doch Jahwe, der uns drei Könige den Moabitern in die Hände liefern will!« 14 Da sagte Elischa: »So wahr Jahwe, der allmächtige Gott*, lebt, in dessen Dienst ich stehe: Nur König Joschafat von Juda zuliebe sehe ich dich überhaupt an. Sonst wärst du Luft für mich! 15 Doch nun schafft mir einen Harfespieler her!« Als der Spieler in die Saiten griff, kam die Hand Jahwes über Elischa. 16 Er sagte: »So spricht Jahwe: ›Hebt in diesem Trockental überall Gruben aus, eine neben der anderen!‹ 17 Denn Jahwe sagt: ›Ihr werdet keinen Windhauch spüren und auch keinen Regen fallen sehen, und doch wird sich dieses Tal mit Wasser füllen, sodass ihr mit eurem ganzen Heerlager und den Tieren daraus trinken

könnt. 18 Und weil Jahwe das noch nicht genügt, wird er euch auch die Moabiter ausliefern. 19 Ihr werdet alle Festungen und ihre besten Städte erobern, ihr werdet ihre Fruchtbäume fällen, ihre Quellen zuschütten und ihr fruchtbares Ackerland mit Steinen verderben.‹« 20 Und wirklich, am nächsten Morgen, zur Zeit des Morgenopfers*, kam auf einmal Wasser aus den Bergen Edoms und überschwemmte die ganze Gegend.

21 Als die Moabiter erfahren hatten, dass drei Könige gegen sie anrückten, wurden alle aufgeboten, die irgend Waffen tragen konnten. Sie stellten sich an der Landesgrenze auf. 22 Als sie an jenem Morgen aufstanden und die Sonne über dem Wasser aufging, erschien ihnen das Wasser im Tal rot wie Blut. 23 »Das ist Blut!«, sagten sie. »Ganz sicher sind die Könige mit dem Schwert aneinander geraten und haben ein Blutbad unter sich angerichtet. Auf, ihr Moabiter, holt euch die Beute!« 24 Doch als sie zum Lager Israels kamen, stürmten die Israeliten ihnen entgegen und schlugen sie in die Flucht. Dann drang Israel ins Land der Moabiter ein und schlug sie vernichtend. 25 Sie zerstörten die Städte, jeder warf seinen Stein auf jeden Acker, bis alle ganz bedeckt waren. Sie schütteten die Wasserquellen zu und fällten die Fruchtbäume. Nur die Mauer von Kir-Heres* hielt dem Angriff noch stand. Doch die Stadt war umzingelt und wurde mit Steinschleudern beschossen. 26 Als der König von Moab sah, dass er die Stadt nicht mehr lange halten konnte, sammelte er 700 Schwertträger um sich und versuchte an der Stelle

---

3,14 *der allmächtige Gott.* Hebräisch: *Zebaoth*, das heißt »Heere« oder »Kriege«. In der LXX wird der Begriff immer mit »*pantokrator*«, »Allherrscher« oder »Allmächtiger« wiedergegeben.

3,20 *Morgenopfer.* Es wurde täglich gegen 10 Uhr im Tempel dargebracht.

3,25 *Kir-Heres.* Die bedeutende moabitische Stadt lag 16 km östlich vom südlichen Teil des Toten Meeres.

durchzubrechen, wo der König von Edom stand. Doch es gelang ihnen nicht. 27 Da nahm er seinen erstgeborenen Sohn, der einmal nach ihm König werden sollte, und verbrannte ihn als Opfer auf der Stadtmauer, sodass ein großer Zorn* über Israel kam. Sie brachen die Belagerung ab und kehrten in ihr Land zurück.

Elischa und das Öl der Witwe

4 1 Die Witwe von einem der Prophetenjünger rief Elischa um Hilfe an: »Mein Mann ist gestorben, und du weißt, dass er Jahwe treu gedient hat. Nun ist der Gläubiger gekommen und will für das Geld, das wir ihm schulden, meine beiden Söhne als Sklaven nehmen.« 2 Elischa erwiderte: »Was soll ich für dich tun? Sag mir, was du noch im Haus hast!« – »Deine Dienerin hat nichts mehr im Haus als nur ein klein wenig Öl«, erwiderte sie. 3 »Dann geh und leihe dir von all deinen Nachbarinnen leere Gefäße aus, alles, was du bekommen kannst. 4 Geh dann ins Haus, schließ die Tür hinter dir und deinen Söhnen ab und gieß das Öl in die Gefäße. Wenn eins voll ist, stell es beiseite!« 5 Sie machte es so und schloss die Tür ab. Dann reichten die Jungen ihr die Gefäße, und sie goss ein. 6 Als alle Gefäße voll waren, sagte sie zu dem einen Jungen: »Gib mir noch eins!« – »Es ist keins mehr da«, sagte er. Da hörte das Öl auf zu fließen. 7 Die Frau ging zu dem Mann Gottes und berichtete es ihm. Der sagte: »Nun geh, verkaufe das Öl und bezahle deine Schulden! Von dem, was übrig bleibt, kannst du mit deinen Söhnen leben.«

Elischa und die Frau aus Schunem

8 Eines Tages kam Elischa durch das Dorf Schunem*. Dort lebte eine wohlhabende Frau, die ihn zum Essen einlud. Von da an war er jedes Mal in ihrem Haus zu Gast, wenn er dort durchkam. 9 Einmal sagte sie zu ihrem Mann: »Ich weiß, dass unser regelmäßiger Gast ein heiliger Mann Gottes ist. 10 Wir sollten auf der Dachterrasse ein kleines Zimmer für ihn ausbauen und ein Bett, einen Tisch, einen Stuhl und einen Leuchter hineinstellen. Wenn er dann zu uns kommt, kann er sich dorthin zurückziehen.« 11 Als Elischa eines Tages wieder vorbeikam, ruhte er sich in diesem Zimmer aus. 12 Dann befahl er seinem Diener Gehasi, die Frau heraufzubitten. Sie kam und blieb draußen vor der Tür stehen. 13 Elischa ließ ihr durch seinen Diener sagen: »Du hast dir so viel Mühe mit uns gemacht! Was kann man denn für dich tun? Soll man beim König oder beim Heerführer ein gutes Wort für dich einlegen?« Doch sie sagte: »Mir geht

---

3,27 *Zorn.* Der Ausdruck bezieht sich normalerweise auf den Zorn Gottes. Vielleicht wurde Gott zornig, weil das Kriegsziel längst erreicht war und erst der massive Druck der Verbündeten den moabitischen König zu diesem schrecklichen Menschenopfer für seinen Gott Kemosch getrieben hatte. Andere meinen, dass Zorn hier Abscheu und Entsetzen der Israeliten vor dieser schrecklichen Tat ausdrückt. Schließlich denken einige, dass die Israeliten damals so abergläubisch waren, dass sie sich vor dem Zorn des Moabitergottes fürchteten.

4,8 *Schunem* ist ein Ort in der fruchtbaren Jesreel-Ebene, 15 km östlich von Megiddo am Fuß des Berges More.

es gut, ich wohne ja hier mitten unter meiner Sippe.« *14* Elischa fragte seinen Diener: »Was können wir denn sonst für sie tun?« – »Nun, die Frau hat keinen Sohn, und ihr Mann ist schon alt«, erwiderte Gehasi. *15* »Ruf sie her!«, sagte Elischa. Daraufhin kam sie näher und trat in die Tür. *16* »Im nächsten Jahr um diese Zeit wirst du einen Sohn liebkosen«, sagte Elischa zu ihr. »Ach Herr, du Mann Gottes«, erwiderte sie, »mach deiner Magd doch keine falschen Hoffnungen!« *17* Doch die Frau wurde wirklich schwanger und brachte ein Jahr später um die Zeit, von der Elischa geredet hatte, einen Sohn zur Welt.

18 Als der Junge größer geworden war, ging er eines Tages zu seinem Vater auf das Feld hinaus, wo die Schnitter arbeiteten. *19* Auf einmal klagte er ihm: »Mein Kopf! Mein Kopf!« Der Vater befahl einem seiner Leute: »Trag ihn zu seiner Mutter!« *20* Der Sklave brachte das Kind heim. Seine Mutter nahm es auf ihre Knie und hielt es bis zum Mittag, dann starb es. *21* Da trug sie es hinauf und legte es auf das Bett des Gottesmanns. Sie schloss die Tür zu und ging aufs Feld. *22* Dort rief sie ihren Mann und sagte: »Gib mir einen Sklaven und eine Eselin! Ich muss schnell zu dem Gottesmann und werde bald wieder

zurück sein.« *23* »Warum gehst du ausgerechnet heute?«, fragte er. »Es ist doch weder Neumondstag noch Sabbat.« – »Schalom!«*, sagte sie nur, *24* sattelte die Eselin und befahl dem Sklaven: »Treib das Tier tüchtig an, damit wir schnell vorankommen! Halte erst an, wenn ich es dir sage!«

25 So kam sie zu dem Gottesmann auf den Berg Karmel. Der sah sie schon von weitem und sagte zu seinem Diener Gehasi: »Schau an, die Schunemitin! *26* Lauf ihr entgegen und frage sie, ob es ihr und ihrem Mann und dem Kind gut geht!« Doch sie sagte nur: »Schalom!« *27* Als sie aber auf dem Berg bei Elischa angekommen war, umklammerte sie seine Füße. Gehasi wollte sie zurückstoßen, doch der Gottesmann sagte: »Lass sie! Sie ist ja ganz verzweifelt, und Jahwe hat mir nicht gesagt, was geschehen ist.« *28* Sie sagte: »Habe ich dich, mein Herr, denn um einen Sohn gebeten? Habe ich nicht gesagt, du sollst mir keine falschen Hoffnungen machen?« *29* Da sagte Elischa zu Gehasi: »Mach dich fertig, nimm meinen Stab mit und geh so schnell du kannst nach Schunem. Wenn du jemand begegnest, grüße ihn nicht, und wenn dich jemand grüßt, antworte ihm nicht!* Dann halte meinen Stab auf das Gesicht des Jungen!« *30* Doch die Mutter des Kindes sagte: »So wahr Jahwe lebt und so wahr du lebst: Ich gehe nicht ohne dich von hier weg!« Da stand er auf und ging hinter ihr her.

31 Gehasi war vorausgeeilt und hatte den Stab auf das Gesicht des Jungen gehalten. Aber der gab kein Lebenszeichen von sich. Er rührte

---

4,23 Schalom war der Friedensgruß in Israel und bedeutete gleichzeitig: Es ist alles in Ordnung!

4,29 grüße ... nicht. Das Grüßen war im Orient mit Erkundigungen nach dem gegenseitigen Wohlergehen und dem der Familien verbunden, eine zeitaufwändige Angelegenheit.

sich nicht. Da kehrte er um, ging Elischa entgegen und sagte: »Der Junge ist nicht aufgewacht!«

32 Als Elischa ins Haus kam, fand er den Jungen tot auf seinem Bett liegen. 33 Er schloss die Tür hinter sich ab und betete zu Jahwe. 34 Dann legte er sich auf den Jungen, sodass sein Mund dessen Mund berührte, seine Augen vor dessen Augen waren und seine Hände auf dessen Händen lagen. Als er sich so über ihn hinstreckte, erwärmte sich der Körper des Kindes. 35 Dann stand Elischa auf, ging im Zimmer hin und her und legte sich dann wieder auf das Kind. Da nieste der Junge sieben Mal und schlug seine Augen auf. 36 Nun rief Elischa Gehasi und befahl ihm: »Ruf mir unsere Schunemitin!« Als sie kam, sagte er zu ihr: »Hier hast du deinen Sohn!« 37 Sie trat heran und warf sich ihm zu Füßen. Dann nahm sie ihren Sohn und verließ das Zimmer.

Elischa und die Hungernden

38 Elischa kehrte nach Gilgal zurück. Im Land herrschte damals Hungersnot. Als die dortigen Prophetenjünger einmal im Unterricht vor ihm saßen, befahl er seinem Diener: »Setz den großen Topf auf und koche ihnen etwas zu essen!« 39 Da ging einer hinaus aufs Feld, um etwas Essbares zu holen. Dabei fand er ein Rankengewächs mit wilden Kürbissen* und pflückte davon, so viel er in seinem Gewandbausch tragen konnte. Wieder zurück schnitt er sie in Stücke und warf sie in den Topf, obwohl keiner von ihnen die Früchte kannte. 40 Dann teilte man den Männern das Gericht aus. Doch kaum hatten sie davon gegessen, schrien sie auf: »Mann Gottes, der Tod ist im Topf!« Sie konnten nichts davon essen. 41 Da sagte Elischa: »Bringt mir etwas Mehl!« Er schüttete es in den Topf und sagte zu seinem Diener: »Teil es jetzt den Leuten zum Essen aus!« Nun war nichts Schädliches mehr im Topf.

42 Einmal kam ein Mann aus Baal-Schalischa und brachte dem Gottesmann zwanzig Fladenbrote und einen Beutel voll Getreidekörner als Gaben vom ersten Korn der Ernte. Da sagte dieser zu seinem Diener: »Gib es unseren Leuten zum Essen!« 43 Doch der erwiderte: »Wie soll das für 100 Männer reichen?« Elischa wiederholte: »Gib es unseren Leuten zum Essen! Denn so spricht Jahwe: ›Man wird sich satt essen und noch übrig lassen!‹« 44 Nun setzte er es ihnen vor. Sie aßen sich satt und ließen noch davon übrig, wie Jahwe es gesagt hatte.

Elischa und Naaman

5 1 Naaman, der Heerführer des Königs von Syrien, wurde von seinem Herrn sehr geschätzt. Auch sonst war er sehr angesehen, denn durch ihn hatte Jahwe den Syrern zum Sieg verholfen. Der Mann war ein Kriegsheld, aber aussätzig. 2 Bei

---

4,39 *Der wilde Kürbis* (auch *Koloquinte* genannt) bringt apfelgroße Früchte hervor, die bitter schmecken und drastisch abführend wirken. Heute werden die Früchte als Heilmittel gegen Magenschmerzen verwendet und in der Pharmaindustrie verarbeitet.

einem ihrer Raubzüge nach Israel hatten die Syrer ein junges Mädchen entführt. Das war als Sklavin zu Naamans Frau gekommen. *3* Einmal sagte sie zu ihrer Herrin:»Wenn mein Herr doch zu dem Propheten gehen könnte, der in Samaria wohnt! Der würde ihn von seinem Aussatz* heilen*.« *4* Da ging Naaman zu seinem Herrn und berichtete ihm, was die junge Israelitin gesagt hatte. *5*»Geh doch hin!«, sagte der König*.»Ich werde dir einen Brief an den König von Israel* mitgeben!« Da machte sich Naaman auf den Weg. Er nahm 340 Kilogramm Silber mit, 70 Kilogramm Gold* und zehn Festgewänder. *6* Beim König von Israel angekommen, überreichte er den Brief, in dem es hieß:»Wenn dieser Brief zu dir kommt, sollst du wissen: Ich habe meinen Diener Naaman zu dir geschickt, damit du ihn vom Aussatz befreist.« *7* Als der König von Israel

---

5,3 *Aussatz.* Bezeichnung für rasch um sich greifende Hautkrankheiten, Lepra eingeschlossen.

heilen. Wörtlich: Von seinem Aussatz (weg in die menschliche Gesellschaft wieder) aufnehmen.

5,5 *der König.* Das war Ben-Hadad II (860-843 v.Chr.) von Syrien.

König von Israel. Das war Joram (851-845 v.Chr.).

... Gold. Hebräische Maßangaben: 10 Talente Silber und 6000 Schekel Gold.

5,7 *riss ... ein.* Als Zeichen von Trauer und Entsetzen riss man das Kleidungsstück vom Halsausschnitt an mit einem heftigen Ruck etwa eine Handlänge ein.

5,14 *Jordan hinab.* Von Samaria bis zum Jordan sind es etwa 45 km. Der Jordangraben liegt etwa 300 m unter N.N.

den Brief gelesen hatte, riss er seine Gewänder ein* und rief:»Bin ich denn Gott, dass ich Macht über Tod und Leben hätte? Verlangt der doch tatsächlich von mir, einen Menschen vom Aussatz zu befreien! Da sieht doch jeder, dass er nur einen Vorwand sucht, um Krieg anzufangen!«

8 Als der Gottesmann Elischa davon hörte, ließ er dem König sagen:»Warum hast du deine Gewänder eingerissen? Lass ihn doch zu mir kommen! Er soll merken, dass es einen Propheten in Israel gibt!« *9* Da fuhr Naaman mit seinen Pferden und Wagen bei Elischa vor. *10* Dieser schickte einen Boten zu ihm hinaus und ließ ihm sagen:»Fahre an den Jordan und tauche dich sieben Mal darin unter! Dann wird dein Aussatz verschwinden und du wirst gesund sein!« *11* Da kehrte Naaman zornig um und sagte:»Ich hatte gedacht, er würde zu mir herauskommen, sich vor mich hinstellen und den Namen Jahwes, seines Gottes, anrufen. Dabei würde er die Hand über die kranke Stelle schwingen und so den Aussatz verschwinden lassen. *12* Ist denn das Wasser der Flüsse von Damaskus, von Abana und Parpar nicht besser als alle Gewässer Israels?« So entfernte er sich voller Zorn. *13* Aber seine Diener redeten ihm zu:»Herr, wenn der Prophet etwas Schwieriges von dir verlangt hätte, hättest du es bestimmt getan. Aber nun hat er nur gesagt: ›Bade dich, dann wirst du rein sein!‹ Solltest du das nicht noch viel eher tun?« *14* Da fuhr Naaman doch zum Jordan hinab* und tauchte sieben Mal im Wasser unter, wie es der Gottesmann gesagt hatte. Und tatsächlich wurde seine Haut wieder glatt und rein wie die eines Kindes. Er war gesund.

15 Mit seinem ganzen Gefolge kehrte er zu dem Gottesmann zurück. Er trat vor ihn hin und sagte: »Jetzt weiß ich, dass es auf der ganzen Welt keinen Gott gibt, außer in Israel. Nimm darum ein Dankesgeschenk von mir, deinem Diener, an!« 16 Doch dieser sagte: »So wahr Jahwe lebt, vor dem ich stehe: Ich nehme nichts von dir an!« So sehr er ihm auch zuredete, etwas zu nehmen, er weigerte sich. 17 Da sagte Naaman: »Wenn du also nichts annimmst, dann lass deinen Diener doch die Traglast eines Maultiergespanns Erde mitnehmen. Denn dein Diener wird künftig keinem anderen Gott mehr Brand*- oder Schlachtopfer bringen als nur Jahwe. 18 Nur das eine möge Jahwe deinem Diener verzeihen: Wenn mein Herr in den Tempel Rimmons* geht, um sich dort niederzuwerfen, dann stützt er sich auf meinen Arm und auch ich muss mich dort mit niederwerfen. Das möge Jahwe mir bitte verzeihen!« 19 »Geh in Frieden!«, sagte Elischa.

Als sich Naaman schon ein Stück entfernt hatte, 20 sagte sich Elischas Diener Gehasi: »Mein Herr lässt diesen Syrer ungeschoren davonkommen. Er hätte ihm ruhig etwas von seinen Geschenken abnehmen können. So wahr Jahwe lebt: Ich laufe ihm hinterher und lasse mir etwas von ihm geben!« 21 So rannte Gehasi Naaman nach. Als dieser sah, dass ihm jemand nachlief, sprang er vom Wagen ab, ging ihm entgegen und sagte: »Ist alles in Ordnung?« 22 »Ja«, sagte dieser, »aber mein Herr lässt dir sagen:

›Eben sind zwei junge Prophetenjünger aus dem Bergland von Efraïm zu mir gekommen. Gib mir doch ein Talent Silber* und zwei Festgewänder für sie!« 23 »Ich bitte dich, nimm zwei Talente!«, erwiderte Naaman. Er packte die 68 Kilogramm Silberstücke in zwei Beutel, legte die beiden Festgewänder dazu und schickte zwei seiner Leute mit, die das Geschenk vor Gehasi hertragen sollten. 24 Als sie an den Stadthügel* kamen, schickte Gehasi die beiden Männer zurück und versteckte die Geschenke im Haus. 25 Er ging dann wieder zu seinem Herrn. Da fragte ihn Elischa: »Woher kommst du, Gehasi?« – »Dein Diener war doch die ganze Zeit hier!«, erwiderte er. 26 Aber Elischa entgegnete ihm: »Bin ich nicht im Geist mit dir gegangen, als der Mann von seinem Wagen stieg und dir entgegenkam? Ist es jetzt an der Zeit, Geld und Festkleider anzunehmen und davon Olivenhaine und Weinberge, Schafe und Rinder, Sklaven und Sklavinnen zu kaufen? 27 Der Aussatz Naamans wird dich und alle deine Nachkommen für immer befallen.« Als Gehasi

---

5,17 Brandopfer. Bei dieser Opferart wurde das Tier vollständig auf dem Altar verbrannt.

5,18 Rimmon heißt »Donnerer« und war die aramäische (syrische) Gottheit des Sturms und des Krieges und ist auch unter dem Namen Hadad bekannt.

5,22 ein Talent Silber. Das sind Silberstücke im Gewicht von 34 Kilogramm.

5,24 Stadthügel. Der Hügel, auf dem die Stadt Samaria gebaut war, erhob sich etwa 100 m über das Umland.

ihn verließ, war er vom Aussatz weiß wie Schnee.

Elischa und die Axt

6 ¹ Einst sagten die Prophetenjünger zu Elischa: »Der Unterrichtsraum ist zu eng für uns geworden. ² Könnten wir nicht an den Jordan gehen, damit jeder von uns einen Balken heranschafft und wir hier einen neuen Versammlungsraum bauen können?« – »Geht nur!«, sagte Elischa. ³ Aber einer der Männer sagte: »Tu uns doch den Gefallen und komm mit!« – »Gut, ich komme mit«, erwiderte er. ⁴ So gingen sie miteinander an den Jordan und begannen Bäume zu fällen. ⁵ Bei der Arbeit rutschte einem das Eisen vom Stiel und fiel ins Wasser. »O weh!«, schrie er und sagte zu Elischa: »Mein Herr, die Axt war auch noch geliehen!« ⁶ Der Gottesmann fragte ihn: »Wohin ist es denn gefallen?« Er zeigte ihm die Stelle. Darauf schnitt sich Elischa ein Stück Holz ab, warf es dort ins Wasser und brachte so das Eisen zum Schwimmen. ⁷ »Hol es dir heraus!«, sagte er. Der Mann bückte sich und nahm es.

Elischa und die Syrer

⁸ Der König von Syrien kämpfte immer wieder gegen Israel. Er beriet sich mit seinen Truppenführern und sagte: »Da und da legt einen Hinterhalt!« ⁹ Aber der Gottesmann ließ dem König von Israel sagen: »Zieh nicht an dieser Stelle vorbei, denn dort wollen die Syrer dich angreifen!« ¹⁰ Daraufhin ließ der König von Israel die Gegend auskundschaften, vor der ihn der Gottesmann gewarnt hatte, und war dort besonders vorsichtig. Das passierte nicht nur ein oder zwei Mal. ¹¹ Den König von Syrien beunruhigte die Sache sehr. Er ließ seine Truppenführer kommen und sagte: »Könnt ihr mir nicht sagen, wer von den Unsern zum König von Israel hält?« ¹² »Nein, mein Herr und König«, sagte einer von ihnen, »es ist der Prophet Elischa. Der meldet seinem König sogar das, was du in deinem Schlafzimmer sagst.« ¹³ Da befahl der König: »Findet heraus, wo er ist! Dann werde ich ihn mir schon holen.« Man meldete ihm: »Er ist in Dotan*.«

¹⁴ Da schickte er ein ganzes Heer dorthin mit Pferden und Streitwagen, eine starke Truppe. Sie rückten bei Nacht an und umzingelten die Stadt. ¹⁵ Als der Diener des Gottesmannes früh am Morgen aufstand, sah er die Stadt plötzlich von einem Heer, von Pferden und Streitwagen umringt. »Ach, mein Herr, was sollen wir jetzt machen?«, rief er. ¹⁶ Doch dieser sagte: »Hab keine Angst, denn auf unserer Seite stehen viel mehr als bei ihnen.« ¹⁷ Dann betete Elischa: »Jahwe, öffne ihm doch die Augen!« Da öffnete Jahwe die Augen des Dieners, und er sah auf einmal, dass der ganze Berg rings um Elischa von Pferden und Streitwagen aus Feuer wimmelte.

¹⁸ Als dann die Syrer anrückten, betete Elischa: »Schlag sie doch mit Blindheit!« Jahwe tat, was Elischa

6,13 Die Stadt *Dotan* lag auf einem Hügel in der Jesreel-Ebene, 18 km nördlich von Samaria.

erbeten hatte, und machte sie blind. ¹⁹ Elischa ging ihnen entgegen und sagte: »Das ist nicht der Weg und auch nicht die richtige Stadt. Folgt mir! Ich bringe euch zu dem Mann, den ihr sucht.« Er führte sie nach Samaria. ²⁰ Als sie dort angekommen waren, betete Elischa: »Jahwe, öffne ihnen wieder die Augen!« Da öffnete Jahwe ihre Augen und sie erkannten, dass sie sich mitten in der Stadt Samaria befanden. ²¹ Als der König von Israel sie sah, fragte er Elischa: »Soll ich losschlagen, mein Vater? Soll ich sie erschlagen?« ²² »Nein, das sollst du nicht!«, erwiderte dieser. »Du würdest doch auch niemand erschlagen, den du mit Schwert und Bogen gefangen genommen hast! Gib ihnen lieber etwas zu essen und zu trinken und lass sie dann zu ihrem Herrn ziehen!« ²³ Da ließ der König ein reiches Mahl für sie bereiten. Sie aßen und tranken und durften dann wieder zu ihrem Herrn zurückkehren. Seitdem unternahmen die Syrer keine Raubzüge mehr in das Gebiet Israels.

Elischa im belagerten Samaria

²⁴ Einige Zeit später mobilisierte der syrische König Ben-Hadad* sein ganzes Heer und belagerte Samaria. ²⁵ In der Stadt kam es dadurch zu einer schweren Hungersnot, sodass ein Eselskopf schließlich 80 Silberstücke* kostete und ein drittel Liter* Taubendreck* fünf Silberstücke. ²⁶ Als der König eines Tages auf der Stadtmauer entlangging, schrie eine Frau zu ihm hoch: »Hilf mir, mein Herr und König!« ²⁷ Doch er erwiderte: »Wenn dir Jahwe nicht hilft, wie soll ich dir dann helfen – vielleicht

mit etwas von der Tenne oder aus der Kelter?« ²⁸ Dann fragte der König: »Was hast du?« Sie erwiderte: »Diese Frau dort hat zu mir gesagt: ›Gib deinen Sohn her, den essen wir heute! Morgen essen wir dann meinen Sohn.‹ ²⁹ So haben wir also meinen Sohn gekocht und aufgegessen. Als ich aber am nächsten Tag zu ihr sagte: ›Nun gib deinen Sohn her, wir wollen ihn essen!‹, da hatte sie ihn versteckt.« ³⁰ Als der König das hörte, riss er seine Gewänder ein. Und weil er oben auf der Mauer stand, konnten alle sehen, dass er darunter den Trauersack auf dem bloßen Leib trug. ³¹ Da schwor er: »Gott soll mich strafen, wenn Elischa Ben-Schafat heute seinen Kopf behält!«

³² Elischa saß gerade in seinem Haus zusammen mit den Ältesten der Stadt. Der König hatte einen Mann vorausgeschickt. Und noch bevor der Bote zu ihm kam, sagte Elischa zu den Ältesten: »Seht ihr, wie dieser Mördersohn jemand hergeschickt hat, der mir den Kopf abschlagen soll? Passt auf! Wenn der Bote kommt, verschließt die Tür und stemmt euch dagegen, denn ich höre schon die Fußtritte seines Herrn hinter ihm!« ³³ Elischa redete noch mit ihnen, da

---

6,24 Ben-Hadad II. regierte etwa von 860-843 v.Chr. Die Belagerung Samarias fand wahrscheinlich um 844 v.Chr. statt.

6,25 80 Silberstücke. Das war etwa 1 Kilogramm Silber.

ein drittel Liter. Hebräisch: ¼ Kab. 1Kab = 1/18 Efa = 1,2 Liter.

Taubendreck. Wahrscheinlich Bezeichnung für ein ganz minderwertiges Nahrungsmittel.

war der König schon bei ihm und rief: »Seht doch, Jahwe hat uns alle ins Unglück gestürzt! Was soll ich noch länger auf seine Hilfe warten!«

7 ¹ Da sagte Elischa: »Hört das Wort Jahwes! So spricht Jahwe: ›Morgen um diese Zeit werden im Tor von Samaria ein Eimer* voll Feinmehl und zwei Eimer voll Gerste für ein Silberstück zu kaufen sein.‹« ² Der Adjutant des Königs erwiderte: »Selbst wenn Jahwe Schleusen am Himmel anbringen würde – das ist unmöglich!« Elischa entgegnete: »Pass auf! Du wirst es mit eigenen Augen sehen, aber nicht mehr davon essen.«

³ Nun gab es da vier aussätzige Männer, die draußen vor dem Stadttor saßen. Sie sagten zueinander: »Sollen wir hier sitzen bleiben bis wir sterben? ⁴ Wenn wir in die Stadt gehen, verhungern wir auch nur. Bleiben wir hier, sterben wir ebenfalls. Kommt, wir gehen ins Lager der Syrer! Wenn sie uns am Leben lassen, leben wir, und wenn sie uns töten, sterben wir eben.« ⁵ So gingen sie bei Anbruch der Dunkelheit ins Lager der Syrer. Schon am Rand merkten sie, dass das Lager verlassen war. ⁶ Jahwe hatte die Syrer ein Getöse von Wagen und Pferden hören lassen, das wie der Lärm eines großen Heeres klang. Da hatten sie sich gesagt: »Seht, der König von Israel hat die Könige der Hetiter* und Ägypter angeworben, dass sie uns jetzt überfallen!« ⁷ So hatten sie bei Anbruch der Dunkelheit die Flucht ergriffen und waren um ihr Leben gelaufen. Ihre Zelte, ihre Pferde, ihre Esel und das ganze Lager hatten sie zurückgelassen, wie es war. ⁸ Die Aussätzigen gingen nun in eins der Zelte, aßen und tranken, nahmen Silber, Gold und Gewänder mit und versteckten alles. Dann gingen sie in ein anderes Zelt und nahmen auch von dort etwas mit und versteckten es. ⁹ Doch dann sagten sie zueinander: »Es ist nicht richtig, was wir machen. Heute ist ein Tag guter Botschaft. Wenn wir das auch nur bis morgen für uns behalten, machen wir uns schuldig. Lasst uns in die Stadt zum Palast des Königs gehen und dort melden, was passiert ist!«

¹⁰ So liefen sie zur Stadt, riefen die Torwächter an und berichteten ihnen: »Wir sind im Lager der Syrer gewesen und haben dort keinen Menschen mehr gefunden und auch keine Menschenstimme gehört. Wir fanden nur Pferde und Esel angebunden und die Zelte so stehen, wie sie waren.« ¹¹ Die Torwächter meldeten es im Palast des Königs. ¹² Obwohl es mitten in der Nacht war, stand der König auf und beriet sich mit seinen Offizieren. »Ich will euch sagen, was die Syrer vorhaben«, begann der König. »Weil sie wissen, dass wir am Verhungern sind, haben sie das Lager verlassen und sich im Gelände versteckt. Sie haben gedacht: ›Wenn die aus der Stadt herauskommen, werden wir sie lebendig fangen und in die Stadt eindringen!‹«

7,1 *Eimer.* Hebräisch: Sea. 1 Sea = 7,3 Liter.

7,6 *Könige der Hetiter.* Könige verschiedener Stadtstaaten, die im Norden Syriens nach dem Zerfall des Hetitischen Reichs um 1200 v.Chr. entstanden waren.

13 Da schlug einer der Offiziere vor: »Wir könnten doch fünf unserer letzten Pferde anspannen und nachsehen lassen. Es wird ihnen ja doch nicht anders ergehen als dem Rest der Israeliten, die ohnehin am Ende sind.« 14 Der König ließ also zwei Streitwagen anspannen und sagte den Männern: »Fahrt hin und seht nach!« 15 Sie verfolgten die Spur des Heeres bis an den Jordan. Der ganze Weg war mit Kleidungsstücken und Waffen übersät, die die Syrer auf der hastigen Flucht weggeworfen hatten.

Als die Boten zurückgekehrt waren und dem König Bericht erstattet hatten, 16 stürmte das ganze Volk aus der Stadt hinaus und plünderte das Lager der Syrer. Und nun kosteten ein Eimer Feinmehl und zwei Eimer Gerste tatsächlich nur noch ein Silberstück, wie Jahwe es angekündigt hatte. 17 Der König hatte seinem Adjutanten die Aufsicht über das Tor übertragen. Doch das Volk trampelte ihn zu Tode, so wie der Gottesmann es ihm gesagt hatte, als der König in sein Haus gekommen war. 18 Denn als Elischa dem König gesagt hatte: »Morgen um diese Zeit werden im Tor von Samaria ein Eimer Feinmehl und zwei Eimer Gerste für ein Silberstück zu kaufen sein«, 19 hatte der Adjutant entgegnet: »Selbst wenn Jahwe Schleusen am Himmel anbringen würde – das ist unmöglich!« Darauf hatte Elischa ihm erwidert: »Pass auf! Du wirst es mit eigenen Augen sehen, aber nicht mehr davon essen.« 20 Genauso kam es: Das Volk trampelte ihn im Tordurchgang zu Tode.

Elischa und die Frau aus Schunem (Fortsetzung)

8 1 Elischa hatte der Frau, deren Sohn er wieder lebendig gemacht hatte, den Rat gegeben:»Zieh mit deiner ganzen Familie von hier weg und bleib irgendwo im Ausland! Denn Jahwe hat eine siebenjährige Hungersnot über das Land verhängt.« 2 Die Frau hatte den Rat des Gottesmannes befolgt und war mit ihren Angehörigen ins Land der Philister gezogen. 3 Als die sieben Jahre vorüber waren, kehrte sie nach Israel zurück und wandte sich an den König, um ihr Haus und ihre Ländereien zurück zu bekommen. 4 Der König hatte gerade mit Gehasi*, dem Diener des Gottesmannes, gesprochen und ihn gebeten, all die großen Taten Elischas zu erzählen. 5 Und gerade, als er erzählte, wie Elischa den Toten lebendig gemacht hatte, erschien die Frau vor dem König und rief ihn um Hilfe wegen ihres Hauses und ihrer Ländereien an. Da sagte Gehasi: »Das ist die Frau und auch der Sohn, den Elischa wieder lebendig gemacht hat.« 6 Der König ließ sich alles noch einmal von der Frau selbst erzählen. Dann gab er ihr einen Hofbeamten mit und befahl ihm: »Gib ihr alles zurück, was ihr gehört. Erstatte ihr auch den Ertrag, den ihr Land in den Jahren ihrer Abwesenheit hervorgebracht hat.«

8,4 *mit Gehasi.* Offenbar geschah dies alles noch vor der Heilung Naamans, denn Gehasi war noch nicht aussätzig. Sonst hätte er nicht vor dem König erscheinen dürfen.

Elischa und Hasaël von Damaskus

7 Einmal kam Elischa nach Damaskus. Ben-Hadad, der König von Syrien, war gerade krank.* Als er erfuhr, dass der Gottesmann in der Stadt sei, 8 befahl er Hasaël:»Nimm Geschenke mit, geh zu dem Mann Gottes und frag Jahwe durch ihn, ob ich wieder gesund werde.«9 Hasaël ließ vierzig Kamele mit Kostbarkeiten aus Damaskus beladen und kam damit zu Elischa. Er sagte:»Dein Sohn* Ben-Hadad, der König von Syrien, schickt mich zu dir und lässt fragen, ob er wieder gesund wird.« 10 Elischa sagte zu ihm:»Richte ihm aus:›Ja, du wirst wieder gesund.‹ Aber Jahwe hat mich sehen lassen, dass er sterben muss.«* 11 Bei diesen Worten wurde sein Gesicht starr vor Entsetzen. Dann brach der Gottesmann in Tränen aus. 12 »Warum weinst du, mein Herr?«, fragte Hasaël.»Weil ich erkannt habe, wie viel Böses du über die Israeliten bringen wirst. Du wirst ihre festen Städte in Brand stecken, ihre jungen Männer mit dem Schwert erschlagen, ihre Kinder am Boden zerschmettern und Schwangeren den Leib aufschlitzen.« 13 »Aber dein Diener ist doch nur ein armer Hund«, erwiderte Hasaël,»wie sollte der etwas so Gewaltiges zustande bringen?« Elischa sagte:»Jahwe hat mich wissen lassen, dass du König über Syrien wirst.« 14 Dann kehrte Hasaël zu seinem Herrn zurück. Der fragte ihn: »Was hat Elischa dir gesagt?«–»Er hat gesagt:›Ja, du wirst wieder gesund‹«, erwiderte er. 15 Am folgenden Tag nahm er eine Decke, tauchte sie in Wasser und breitete sie so über das Gesicht des Königs aus, dass er starb. Und Hasaël wurde an seiner Stelle König.

Joram von Juda

16 Im fünften Regierungsjahr von Joram Ben-Ahab, dem König von Israel, trat Joram Ben-Joschafat, der bis dahin nur Mitregent* war, die Herrschaft über Juda an. 17 Er war damals 32 Jahre alt und regierte acht Jahre* in Jerusalem. 18 Wie die Familie Ahabs folgte er dem bösen Beispiel der Könige von Israel und tat, was Jahwe verabscheute. Seine Frau war nämlich eine Tochter Ahabs. 19 Doch Jahwe wollte Juda nicht vernichten, hatte er doch seinem Diener David versprochen, dass er auch in Zukunft stets einen Nachkommen haben würde. 20 In dieser Zeit rebellierten die Edomiter gegen die Oberherrschaft Judas und setzten einen eigenen König ein. 21 Daraufhin zog Joram mit all seinen Streitwagen bis in die Gegend von Zaïr*. Doch die Edomiter schlossen ihn und die

---

8,7 *gerade krank.* Dieses Geschehen ist zeitlich wohl nach der Heilung Naamans einzuordnen und nach dem Sieg des Assyrerkönigs Salmanasser III. über Ben-Hadad 846 v.Chr., also etwa um das Jahr 843 v.Chr.

8,9 *Sohn* drückt hier kein Verwandtschaftsverhältnis aus, sondern ist eine ehrerbietige Anrede, vgl. 6,21.

8,10 *sterben muss.* Die Krankheit würde er überwinden können, aber er muss eines unnatürlichen Todes sterben.

8,16 *Mitregent.* 853 v.Chr., bevor Joschafat mit Ahab in den Krieg gegen Ramot zog, macht er seinen Sohn Joram zum *Mitregenten.* Erst 848 v.Chr. begann dessen Alleinherrschaft über Juda.

8,17 *acht Jahre.* Von 848-841 v.Chr.

8,21 Die Lage von *Zaïr* ist nicht bekannt; vermutlich eine Stadt in Edom.

Offiziere seiner Streitwagen ein. Da schlug er in der Nacht los und durchbrach den Ring. Sein Heer floh nach Hause zurück. ²² Bis heute blieb Edom unabhängig von Juda. Damals sagte sich auch die Stadt Libna* von Judas Herrschaft los. ²³ Was es sonst noch über Jorams Herrschaft zu berichten gibt, steht in der Chronik der Könige von Juda. ²⁴ Nach seinem Tod wurde er in der Grabstätte der Königsfamilie in der Davidsstadt* beigesetzt. Sein Sohn Ahasja folgte ihm auf dem Thron.

Ahasja von Juda

²⁵ Im zwölften Regierungsjahr des Königs Joram Ben-Ahab von Israel wurde Ahasja Ben-Joram König von Juda. ²⁶ Er war bei Herrschaftsantritt 22 Jahre alt und regierte nur ein Jahr in Jerusalem. Seine Mutter Atalja war eine Enkelin des Königs Omri von Israel. ²⁷ Er folgte dem bösen Beispiel der Sippe Ahabs, denn er war ja auch mit ihnen verschwägert. Er tat, was Jahwe verabscheute. ²⁸ Gemeinsam mit Joram Ben-Ahab zog er in den Kampf gegen König Hasaël von Syrien. Aber bei der Schlacht um Ramot* in Gilead* verwundeten die Syrer Joram. ²⁹ Deshalb zog sich der König nach Jesreel* zurück, um seine Wunden dort ausheilen zu lassen. Und dort besuchte ihn König Ahasja von Juda.

Jehus Aufstand

9 ¹ Der Prophet Elischa rief einen der Prophetenjünger zu sich und sagte zu ihm: »Mach dich reisefertig, nimm diese Flasche mit Salböl und geh nach Ramot in Gilead. ² Sieh dich dort nach Jehu Ben-Joschafat um,

dem Enkel von Nimschi. Bitte ihn aus dem Kreis seiner Offiziere heraus und führe ihn in einen Raum, wo ihr allein seid. ³ Dort gieße ihm das Salböl über den Kopf und sage: ›So spricht Jahwe: Hiermit habe ich dich zum König über Israel gesalbt!‹ Dann mach die Tür auf und lauf weg, so schnell du kannst!« ⁴ Der Prophetenjünger, der ein Diener Elischas war, ging nach Ramot in Gilead. ⁵ Als er ankam, saßen die Truppenführer beisammen. Er sagte: »Ich habe eine Botschaft an dich, Oberst!« Jehu fragte: »An wen von uns?« – »An dich, Oberst!«, erwiderte er. ⁶ Da stand Jehu auf und ging ins Haus. Dort goss der Prophetenjünger das Salböl über seinen Kopf und sagte: »So spricht Jahwe: Hiermit habe ich dich zum König über Israel, das Volk Jahwes, gesalbt! ⁷ Du sollst die ganze Familie deines Herrn Ahab umbringen, denn so will ich das Blut meiner Propheten an Isebel rächen und das Blut aller Diener Jahwes. ⁸ Ja, das

---

8,22 *Libna* war als Levitenstadt dem Stamm Juda zugeteilt worden und lag 32 km südwestlich von Jerusalem.

8,24 Die *Davidsstadt* umfasste das Gebiet des alten Jebus, das von David erobert worden war. Es bildete den Kern Jerusalems.

8,28 *Ramot* war als Levitenstadt dem Stamm Gad zugeteilt worden, befand sich jetzt aber in der Hand der Syrer. Die Stadt lag 58 km nördlich von Amman in Jordanien.

Gilead war die Landschaft östlich des Jordan, Wohnsitz der Stämme Ruben, Gad und halb Manasse.

8,29 *Jesreel*. Stadt zwischen Bet-Schean und Megiddo in der Jesreel-Ebene.

9,8 *Wandpisser*. Das ist ein bewusst verächtlicher Ausdruck für einen erwachsenen Mann.

ganze Haus Ahabs soll umkommen! Jeden Wandpisser* aus seiner Familie werde ich auslöschen, egal ob er gebunden oder frei* ist. 9 Der Familie Ahabs soll es so ergehen wie den Familien von Jerobeam Ben-Nebat und Bascha Ben-Ahija*. 10 Isebels Leiche werden die Hunde im Stadtgebiet von Jesreel fressen, niemand wird sie begraben.« Dann öffnete er die Tür und rannte weg. 11 Als Jehu zu den anderen Offizieren seines Königs herauskam, fragten sie ihn:»Ist alles in Ordnung? Warum ist dieser Verrückte zu dir gekommen?« –»Ihr wisst doch, was das für einer ist!«, entgegnete er.»Gebt nichts auf sein Geschwätz!« 12 Doch sie riefen:»Ausflüchte! Heraus mit der Sprache!« Da erwiderte Jehu:»Er hat zu mir gesagt:›So spricht Jahwe: Ich habe dich zum König über Israel gesalbt!‹« 13 Sofort nahmen sie ihre Mäntel und breiteten sie als Teppich auf der Treppe vor ihm aus. Sie bliesen das Signalhorn* und riefen:»Jehu ist König!«

Jehu tötet Joram und Ahasja

14 So zettelte Jehu Ben-Joschafat, der Enkel Nimschis, eine Verschwörung zum Sturz Jorams an. – König Joram hatte mit ganz Israel Ramot in Gilead gegen König Hasaël von Syrien bewacht. 15 In diesem Kampf war Joram aber verwundet worden und hatte sich nach Jesreel zurückgezogen, um dort seine Wunden ausheilen zu lassen. – Jehu sagte:»Wenn ihr einverstanden seid, lassen wir niemand aus der Stadt entkommen, der etwas in Jesreel berichten kann.« 16 Jehu jagte mit ein paar Streitwagen nach Jesreel, wo sich der kranke Joram befand. Auch König Ahasja von Juda war gerade dort, um ihn zu besuchen.

17 Der Wächter auf dem Turm von Jesreel sah die Streitwagen Jehus herankommen.»Eine Truppe mit Streitwagen kommt!«, meldete er dem König.»Schick ihnen einen Reiter entgegen!«, befahl ihm Joram.»Er soll fragen, ob sie in friedlicher Absicht kommen.« 18 Der Reiter kam zu der Truppe und sagte dem Anführer:»Der König lässt fragen, ob dein Kommen Frieden bedeutet.« –»Was geht dich der Frieden an?«, erwiderte Jehu.»Reih dich hinter mir ein!« Der Wächter berichtete:»Der Bote ist zu ihnen gekommen, kehrt aber nicht zurück.« 19 Da schickte der König einen zweiten Reiter los. Der kam hin und sagte:»Der König lässt fragen, ob dein Kommen Frieden bedeutet.« –»Was geht dich der Frieden an?«, erwiderte Jehu.»Reih dich hinter mir ein!« 20 Der Wächter berichtete:»Er ist zu ihnen gekommen, kehrt aber nicht zurück. Der Anführer von ihnen fährt wie ein Verrückter. Das kann nur Jehu sein!«

21 Da befahl Joram:»Spannt meinen Wagen an!« Auch der Wagen des

---

9,8 *gebunden oder frei.* Wörtlich:»den Festgehaltenen und Losgelassenen in Israel«. Das war offenbar ein Pauschalausdruck für alle Arten und Klassen von Menschen. Speziell könnte es Unmündige und Mündige meinen oder Sklaven und Freie.

9,9 *... Ben-Ahija.* Frühere Könige Israels, siehe 1. Könige 14,7-11; 16,1-12.

9,13 Das *Signalhorn* (Hebräisch: *Schofar*) war aus den gewundenen Hörnern des männlichen Fettschwanzschafes hergestellt und brachte einen dumpfen, durchdringenden Ton hervor.

Königs Ahasja von Juda wurde angespannt. So zogen beide Könige Jehu entgegen. Auf dem Grundstück Nabots* von Jesreel trafen sie mit ihm zusammen. ²² Als Joram Jehu erkannte, rief er:»Ist Frieden, Jehu?« Doch der schrie zurück:»Wie kann Frieden sein, solange deine Mutter mit Götzen herumhurt und sich nur mit Zaubereien abgibt?« ²³ Da wendete Joram seinen Wagen und schrie:»Verrat, Ahasja!« und floh. ²⁴ Aber Jehu spannte seinen Bogen und traf Joram zwischen die Schulterblätter, sodass der Pfeil das Herz durchbohrte. Joram brach tot in seinem Wagen zusammen.

²⁵ Jehu befahl seinem Adjutanten Bidkar, dem dritten Mann im Wagen:»Wirf ihn auf das Grundstück Nabots! Erinnerst du dich noch daran, wie wir zweispännig hinter seinem Vater herfuhren und Jahwe diese Drohung über ihn aussprach: ²⁶ ›Ich habe gesehen, wie man Nabot und seine Söhne gestern ermordet hat‹, spricht Jahwe. ›Hier, auf diesem Grundstück werde ich es dir vergelten*!‹, spricht Jahwe. Lade ihn also jetzt auf und wirf ihn auf das Grundstück, wie Jahwe es gesagt hat.«

²⁷ Als König Ahasja von Juda sah, was passierte, floh er in Richtung Bet-Gan*. Jehu jagte ihm nach und befahl seinen Leuten:»Schießt auch ihn nieder!« Sie verwundeten ihn auf seinem Wagen am Aufstieg von Gur in der Nähe von Jibleam*. Er kam noch bis Megiddo*; dort starb er. ²⁸ Seine Männer brachten ihn im Wagen nach Jerusalem und bestatteten ihn in der Davidsstadt, in der Grabstätte der Königsfamilie. ²⁹ Ahasja war im 11. Regierungsjahr von Joram Ben-Ahab König über Juda geworden.

Isebels Ende

³⁰ Jehu kehrte nach Jesreel zurück. Sobald Isebel davon gehört hatte, schminkte sie ihre Augenlider, schmückte den Kopf und lehnte sich aus dem Fenster. ³¹ Als Jehu dann durchs Tor fuhr, sagte sie:»Na, hast du nun Frieden, du Simri*, Mörder deines Herrn?« ³² Er blickte zum Fenster hoch und rief:»Wer hält zu mir, wer?« Ein paar Hofbeamte schauten zu ihm hinunter. ³³ Da rief er:»Werft sie runter!« Sie taten es. Dabei spritzte ihr Blut an die Wand und an die Pferde, von denen Jehu sie zertreten ließ. ³⁴ Danach ging er in den Palast und ließ sich Essen und Trinken vorsetzen. Nach dem Mahl sagte er:»Seht doch nach dieser Verfluchten und begrabt sie! Sie ist immerhin eine Königstochter.« ³⁵ Aber die Diener, die sie begraben wollten, fanden nur noch ihren Schädel, die Füße und die Hände. ³⁶ Sie berichteten es Jehu. Da sagte er:»So hat sich erfüllt, was Jahwe durch seinen Diener Elija von Tischbe sagen ließ: ›Auf

---

9,21 *Grundstück Nabots.* Siehe 1. Könige 21,1-16.

9,26 *vergelten.* Siehe 1. Könige 21,19.

9,27 *Bet-Gan* lag 18 km südöstlich von Megiddo, am Südrand der Ebene Jesreel.

Jibleam. Stadt 19 km südöstlich von Megiddo.

Megiddo, bedeutende Stadt am südwestlichen Rand der Jesreel-Ebene. Die Festungsanlage überwachte einen wichtigen Pass durch die Bergkette des Karmel.

9,31 *du Simri.* Siehe 1. Könige 16,9-15!

dem Boden von Jesreel sollen die Hunde das Fleisch Isebels fressen, *37* und ihre Leiche soll wie Mist auf dem Acker werden, dass niemand mehr sagen kann: Das ist Isebel!«*

Untergang der Familie Ahabs

10 *1* Jehu schickte Briefe nach Samaria, wo siebzig Söhne und Enkel von Ahab lebten. Er schrieb an die Bevollmächtigten von Jesreel, an die Ältesten der Stadt und die Erzieher der Söhne Ahabs: *2* »Bei euch sind die Söhne eures Herrn, ihr verfügt über Streitwagen und Pferde, habt Waffen und eine gut befestigte Stadt. Wenn dieser Brief euch erreicht, *3* dann wählt den fähigsten unter den Söhnen eures Herrn aus, setzt ihn auf den Thron seines Vaters und kämpft für das Königtum eures Herrn!« *4* Aber sie bekamen große Angst und sagten sich: »Seht doch, mit den beiden Königen ist er schon fertig geworden, wie wollen wir denn da bestehen?« *5* Da ließen der Palastvorsteher, der Stadtkommandant, die Ältesten und die Erzieher Jehu ausrichten: »Wir stehen dir zu Diensten und werden alles tun, was du von uns verlangst. Wir wollen hier niemand zum König machen. Tu, was du für richtig hältst!«

6 Da schrieb Jehu einen zweiten Brief, in dem es hieß: »Wenn ihr auf meiner Seite steht und bereit seid, mir zu gehorchen, dann kommt morgen um diese Zeit zu mir nach Jesreel und bringt die Köpfe der Söhne eures

Herrn mit.« Die siebzig Prinzen wurden nämlich von den Großen der Stadt aufgezogen. *7* Als der Brief sie erreichte, ließen sie die siebzig Nachkommen des Königs enthaupten, packten ihre Köpfe in Körbe und ließen sie nach Jesreel bringen.

8 Als Jehu gemeldet wurde, dass man die Köpfe der Prinzen gebracht hatte, befahl er: »Stapelt sie in zwei Haufen vor dem Stadttor auf und lasst sie bis morgen früh dort liegen!« *9* Am nächsten Morgen trat er vor das Tor und sagte zu dem dort versammelten Volk: »Ihr seid ohne Schuld! Ich habe mich ja gegen meinen Herrn verschworen und ihn umgebracht. Aber wer hat die hier alle umgebracht? *10* Daran könnt ihr erkennen, dass alles eintrifft, was Jahwe der Familie Ahabs angedroht hat. Jahwe hat getan, was er durch seinen Diener Elija angekündigt hatte.« *11* Danach ließ Jehu auch in Jesreel die Angehörigen von Ahab umbringen, ebenso seine hohen Beamten, seine Vertrauten und seine Priester. Keiner kam mit dem Leben davon.

12 Dann machte er sich auf den Weg nach Samaria. Bei Bet-Eked-Roïm *13* traf er auf Verwandte des Königs Ahasja von Juda. »Wer seid ihr?«, fragte er. »Wir sind Verwandte Ahasjas und wollen die Söhne des Königs und auch die der Königsmutter besuchen«, antworteten sie. *14* »Packt sie lebendig!«, befahl Jehu. Seine Männer nahmen alle gefangen und erschlugen sie bei der Zisterne von Bet-Eked. Es waren 42 Mann, keiner kam mit dem Leben davon.

15 Als Jehu seinen Weg fortsetzte, traf er auf Jonadab von der Sippe

9,37 Das ist Isebel. Siehe 1. Könige 21,23!

Rechab*. Er grüßte ihn und fragte: »Du denkst doch so wie ich. Kann ich dir trauen?« – »Ja«, erwiderte Jonadab. »Dann gib mir deine Hand!«, sagte Jehu. Jonadab reichte ihm die Hand. Dann ließ Jehu ihn zu sich auf den Wagen steigen 16 und sagte: »Komm mit mir und sieh dir mein leidenschaftliches Eintreten für Jahwe an!« Jonadab fuhr mit. 17 Als Jehu in Samaria ankam, brachte er alle um, die dort von Ahabs Verwandtschaft noch übrig geblieben waren. Die ganze Familie Ahabs wurde ausgelöscht, wie es Jahwe schon zu Elija gesagt hatte.

Beseitigung der Baalspriester

18 Nun versammelte Jehu das ganze Volk von Samaria und kündigte ihm an: »Ahab hat Baal nur wenig gedient, Jehu wird ihm viel mehr Verehrung zukommen lassen. 19 Ruft alle Propheten Baals zu mir! Alle seine Diener und alle seine Priester sollen kommen! Niemand darf fehlen! Ich will nämlich ein großes Opferfest für Baal veranstalten. Wer vermisst wird, muss mit dem Tod rechnen.« Das war nur eine List, denn Jehu wollte alle Diener Baals umbringen. 20 Er befahl, eine Festversammlung zu Ehren des Baal auszurufen, 21 und schickte Boten in ganz Israel umher. Da kamen alle Baalsdiener in Samaria zusammen. Sie versammelten sich im Tempel des Baal, der sich von einem Ende bis zum anderen mit Menschen füllte. 22 Dann befahl er dem Verwalter der Kleiderkammer: »Gib für alle Diener Baals Festgewänder aus!« Nachdem das geschehen war, 23 ging er zusammen mit Jonadab, dem Nachkommen Rechabs, in den Götzentempel und rief den Anhängern Baals zu: »Seht euch gründlich um und sorgt dafür, dass kein Diener Jahwes hier ist! Nur Leute, die den Baal verehren, dürfen anwesend sein!« 24 Dann traten beide an den Altar, um Schlacht- und Brandopfer für Baal darzubringen. Draußen hatte Jehu 80 Mann aufgestellt und ihnen gesagt: »Wer von euch einen der Baalsdiener entkommen lässt, bezahlt das mit seinem Leben!« 25 Als man mit der Zubereitung der Opfer fertig war, befahl Jehu seiner Leibwache und den Offizieren: »Kommt herein und erschlagt sie alle! Keiner darf entkommen!« Da brachten sie alle Baalsdiener um und warfen ihre Leichen hinaus. Dann gingen sie in den innersten Bereich des Tempels, 26 holten die geweihten Steinbilder heraus und warfen sie ins Feuer. 27 Auch die Steinsäule, die zu Ehren des Baal aufgestellt worden war, stürzten sie um und rissen den ganzen Tempel nieder. Bis heute wird der Platz als öffentlicher Abort genutzt. 28 So beseitigte Jehu den Baal aus Israel. 29 Doch von dem sündhaften Gottesdienst vor den goldenen Stierbildern* in Bet-El und Dan, zu dem Jerobeam Ben-Nebat Israel verführt hatte, wollte er nicht lassen.

10,15 Die Angehörigen der *Sippe Rechab* waren extrem konservativ und lehnten den Baalskult ab. Sie lebten wie Nomaden in Israel und weigerten sich, in Häusern zu wohnen, Felder zu bebauen und Wein zu trinken. Jonadab war das damalige Oberhaupt dieser Sippe, vgl. Jeremia 35.

30 Jahwe sagte zu Jehu: »Weil du bereit warst, das Rechte vor mir zu tun und an Ahabs Familie zu vollstrecken, was ich ihr zugedacht hatte, sollen deine Nachkommen bis in die vierte Generation Könige Israels sein.« *31* Aber Jehu achtete nicht darauf, das Gesetz Jahwes, des Gottes Israels, mit ganzem Herzen zu befolgen. Er ließ nicht von dem sündhaften Gottesdienst ab, zu dem Jerobeam Israel verführt hatte. *32* In dieser Zeit begann Jahwe Israel zu verstümmeln. Hasaël durfte sie in dem Gebiet Israels schlagen, *33* das östlich vom Jordan liegt, von der Stadt Aroer am Arnon an, das Land Gilead hinauf bis nach der Landschaft Baschan, was dem ganzen Stammesgebiet von Gad, Ruben und Ost-Manasse entsprach. *34* Was sonst noch über Jehus Herrschaft zu sagen ist, über seine Taten und Erfolge, findet man in der Chronik der Könige von Israel. *35* Jehu starb und wurde in Samaria bestattet. Sein Sohn Joahas trat die Herrschaft an. *36* 28 Jahre lang hatte Jehu in Samaria über Israel regiert.

10,29 Diese *Stierbilder* sollten wie das goldene Kalb auf der Wüstenwanderung Symbole für Jahwe sein, die jedoch einem Abfall von ihm gleichkamen. Jerobeam hatte eins davon im Süden seines Reiches (Bet-El) und eins im Norden (Dan) aufgestellt.

11,2 Nach 2. Chronik 22,11 war *Joscheba* die Frau des Hohen Priesters Jojada.

11,4 Wörtlich: *Karer*. Die *Leibgarde* bestand aus karischen Söldnern, die aus dem Südwesten Kleinasiens stammten.

Atalja und Joasch

11 *1* Als Atalja, die Mutter von Ahasja, erfuhr, dass ihr Sohn tot war, ließ sie die ganze königliche Nachkommenschaft umbringen. *2* Doch Joscheba*, die Tochter von König Joram und Schwester Ahasjas, hatte dessen kleinen Sohn Joasch aus der Mitte der Prinzen, die getötet werden sollten, heimlich beiseite geschafft. Sie hatte ihn und seine Amme in der Bettenkammer versteckt und so vor Atalja in Sicherheit gebracht. *3* Sechs Jahre lang hielt sie ihn dann im Bereich des Tempels verborgen, während Atalja das Land regierte.

4 Im siebten Jahr ließ der Priester Jojada die Offiziere der königlichen Leibgarde* und der Palastwache zu sich in den Tempel Jahwes kommen. Dort schloss er ein Bündnis mit ihnen. Er ließ sie Treue schwören und zeigte ihnen den Sohn des Königs. *5* Dann gab er ihnen folgende Weisung: »Ein Drittel von euren Leuten, die am Sabbat den Dienst antreten, soll den Palast des Königs bewachen, *6* ein weiteres Drittel soll am Tor Sur Wache halten und das letzte Drittel am Tor hinter dem Haus der Palastwache. So sollt ihr abwechselnd die Bewachung des Tempels übernehmen. *7* Die zwei Abteilungen von euch, die ihren Dienst am Sabbat gerade beenden, sollen im Tempel bleiben und den König beschützen. *8* Ihr sollt mit der Waffe in der Hand den König umgeben und jeden töten, der in den Kreis einzudringen versucht. Auf Schritt und Tritt müsst ihr den König begleiten.« *9* Die Offiziere befolgten genau die Anweisungen des Priesters. Jeder nahm seine Männer zusammen und zwar die, die am Sabbat ihren Dienst antraten, und die, die ihn beendeten. So kamen sie zu Jojada. *10* Der Priester übergab den Offizieren die Speere und Schilde, die noch von König David stammten und im Tempel Jahwes aufbewahrt wurden. *11* Daraufhin stellten sich die Leibwächter auf, jeder mit den Waffen in der Hand, von der rechten Seite des Tempelhofes am Altar und dem Tempelhaus vorbei bis zur linken Seite, um den König nach allen Seiten abzusichern. *12* Dann führte Jojada den Prinzen heraus. Er setzte ihm die Krone auf und überreichte ihm die Urkunde. Dann wurde er gesalbt und so zum König gemacht. Alle klatschten in die Hände und riefen: »Es lebe der König!«

13 Als Atalja die Jubelrufe der Palastwache und des Volkes hörte, kam auch sie zum Haus Jahwes. *14* Da sah sie den König nach dem Brauch auf der obersten Stufe des Tempeleingangs stehen, umgeben von den Offizieren und Trompetern. Das Volk jubelte vor Freude, und die Trompeten schmetterten. Da riss Atalja ihre Gewänder ein und schrie: »Verrat! Verschwörung!« *15* Doch Jojada befahl den Offizieren, die das Kommando über die Truppen hatten: »Führt sie durch die Reihen eurer Leute hinaus. Wer ihr folgt, den tötet mit dem Schwert!« Er wollte nämlich nicht, dass man sie im Tempelhof umbrachte. *16* Da packten sie Atalja und brachten sie auf dem Reiterweg in den Palastbezirk. Dort wurde sie getötet.

17 Inzwischen ließ Jojada den König und das Volk in den Bund mit Jahwe eintreten. Sie verpflichteten sich, das Volk Jahwes zu sein. Auch zwischen König und Volk wurde ein Bund geschlossen. *18* Dann zog das ganze Volk zum Baalstempel und riss ihn nieder. Sie zertrümmerten seine Altäre und Götzenbilder und erschlugen den Baalspriester Mattan dort vor den Altären.

Nachdem der Priester Wachen zum Schutz des Tempels Jahwes aufgestellt hatte, *19* rief er die Offiziere, die Leibgarde, die Palastwache und das ganze Volk zusammen. Dann geleiteten sie den König durch das Tor der Palastwache in den Königspalast. Dort nahm er auf dem Königsthron Platz. *20* Das ganze Volk freute sich und die Stadt blieb ruhig, obwohl Atalja im Palastbezirk mit dem Schwert getötet worden war.

Joasch von Juda

12 *1* Joasch war bei Regierungsantritt sieben Jahre alt. *2* Er wurde im siebten Regierungsjahr des Königs Jehu von Israel König und regierte 40 Jahre* in Jerusalem. Seine Mutter hieß Zibja und stammte aus Beerscheba. *3* Joasch tat sein ganzes Leben lang, was Jahwe gefiel, weil der Priester Jojada ihn unterwiesen hatte. *4* Die Opferstätten auf den Höhen ließ er allerdings bestehen, sodass das Volk dort auch weiterhin Schlacht- und Räucheropfer brachte.

5 Eines Tages erklärte Joasch den Priestern: »Alles Geld, das als Weihegabe in den Tempel Jahwes gebracht wird – das Geld, das bei der Musterung

---

12,2 *40 Jahre.* 835-796 v.Chr.

zu zahlen ist,* das Geld, das jemand bei der Einlösung von Gelübden zahlt*, und das Geld, das jemand freiwillig dem Haus Jahwes zukommen lässt –, *6* sollen die Priester in Empfang nehmen, und zwar jeder von seinem Geldeinnehmer*. Davon sollen sie die Reparaturen am Tempel ausführen lassen.« *7* Aber im 23. Regierungsjahr von König Joasch* hatten die Priester immer noch nichts am Tempel ausgebessert. *8* Da rief der König Jojada und die anderen Priester zu sich und fragte: »Warum habt ihr den Tempel immer noch nicht ausbessern lassen? Ab sofort sollt ihr von den Geldeinnehmern kein Geld mehr in Empfang nehmen, denn dieses Geld ist ganz für die Instandsetzung des Tempels bestimmt.« *9* Die Priester waren einverstanden, kein Geld mehr vom Volk anzunehmen, dann aber auch nicht mehr für die Instandsetzung des Tempels verantwortlich zu sein.

12,5 *zu zahlen ist.* Siehe 2. Mose 30,11-16.

Gelübden zahlt. Siehe 3. Mose 27,2-8

12,6 Diese *Geldeinnehmer* (wörtlich: *Kaufleute*) gingen den Priestern bei den finanziellen Angelegenheiten des Tempels zur Hand, z.B. bei der Festsetzung von Kosten oder dem Wert eines Opfertiers.

12,7 *23 ... Joasch.* Der König hatte diesen Plan zur Renovierung des Tempels einige Jahre vorher in Kraft gesetzt, aber er funktionierte nicht. Jetzt, im Alter von 30 Jahren, ordnete er die Sache neu.

12,18 *Damals.* Das muss gegen Ende der Regierungszeit Joaschs gewesen sein, jedenfalls nach dem Tod des Priesters Jojada, vgl. 2. Chronik 24,17-24.

Um *Gat* anzugreifen, musste er mit seiner Armee quer durch Judäa ziehen.

10 Der Priester Jojada ließ nun einen Kasten anfertigen, in dessen Deckel man ein Loch gebohrt hatte, und stellte ihn neben den Altar, rechts vom Tempeleingang auf. In diesen Kasten legten die Priester, die den Eingang bewachten, alles Geld, das in den Tempel gebracht wurde. *11* Wenn der Kasten voll war, ließen sie den Staatsschreiber und den Hohen Priester kommen. Unter deren Aufsicht wurde das Silber in Beutel gepackt und gewogen. *12* Danach wurde es den Meistern ausgehändigt, die für die Bauarbeiten am Tempel verantwortlich waren. Diese bezahlten damit die Handwerker, die am Tempel Jahwes arbeiteten, die Zimmerleute, *13* die Maurer und die Steinhauer. Und diese wiederum kauften davon das Bauholz, die Steine und was sonst noch für die Ausbesserung des Tempels gebraucht wurde. *14* Man ließ von diesem Geld aber keine Silberschüsseln, Messer, Sprengschalen, Trompeten oder andere Gegenstände aus Gold oder Silber anfertigen, *15* sondern gab alles den Meistern für die Ausbesserungsarbeiten am Tempel Jahwes. *16* Von diesen Männern wurde keine Rechenschaft über die Ausgaben verlangt. Sie handelten auf Treu und Glauben. *17* Doch das Geld, das von den Schuld- und Sündopfern einkam, wurde nicht für die Instandsetzung des Tempels verwendet. Es war für die Priester.

18 Damals* griff König Hasaël von Syrien die Philisterstadt Gat an* und eroberte sie. Danach wollte er auch Jerusalem angreifen. *19* Doch der König von Juda nahm alle Weihgaben, die seine Vorgänger Joschafat, Joram und

Ahasja für das Heiligtum gestiftet hatten, seine eigenen Weihgaben und alles Gold, das sich in den Schatzkammern des Tempels und seines Palastes befand, und ließ es dem König von Syrien überbringen. Da zog Hasaël seine Truppen von Jerusalem ab. ²⁰ Was sonst noch über Joaschs Herrschaft zu sagen ist, findet man in der Chronik der Könige von Juda. ²¹ Er fiel einer Verschwörung seiner Hofbeamten zum Opfer und wurde in einem Haus des Stadtwalls ermordet und zwar dort, wo der Weg nach Silla* hinabführt. ²² Die Tat wurde von Josachar Ben-Schimat und Josabat Ben-Schomer begangen. Joasch wurde in der Grabstätte seiner Vorfahren in der Davidsstadt beigesetzt und sein Sohn Amazja trat die Herrschaft an.

Joahas von Israel

13 ¹ Im 23. Regierungsjahr von Joasch Ben-Ahasja, dem König von Juda, wurde Joahas Ben-Jehu König von Israel und regierte 17 Jahre* in Samaria. ² Was er tat, war böse vor Jahwe. Er hörte nicht mit dem sündhaften Gottesdienst auf, zu dem Jerobeam Ben-Nebat Israel verführt hatte. ³ Das erregte den Zorn Jahwes gegen Israel, und er gab sie immer wieder in die Gewalt des Syrerkönigs Hasaël und seines Sohnes Ben-Hadad. ⁴ Als Joahas jedoch Jahwe um Hilfe anrief, hörte Jahwe auf ihn, denn er sah, wie sehr die Israeliten vom Syrerkönig unterdrückt wurden. ⁵ Da schickte er ihnen einen Retter, so dass sie sich aus der Gewalt der Syrer befreien und wie vorher in Frieden leben konnten. ⁶ Dennoch hörten sie nicht mit dem sündhaften Gottesdienst auf, zu dem Jerobeam Ben-Nebat Israel verführt hatte. Sie wollten einfach nicht davon lassen. Und auch das Pfahlbild der Aschera* blieb in Samaria.

⁷ Jahwe hatte Joahas von seinem ganzen Heer nur noch 50 Gespannpferde übrig gelassen, 10 Streitwagen und 10.000 Mann zu Fuß. Alles andere hatte der Syrerkönig vernichtet. Er hatte sie wie Staub zertreten. ⁸ Was sonst noch über die Herrschaft von Joahas zu sagen ist, über seine Taten und Erfolge, findet man in der Chronik der Könige von Israel. ⁹ Als Joahas starb, wurde er in Samaria bestattet und sein Sohn Joasch trat die Herrschaft an.

Joasch und der sterbende Elischa

¹⁰ Im 37. Regierungsjahr des Königs Joasch von Juda wurde Joasch Ben-Joahas König über Israel und regierte 16 Jahre* in Samaria. ¹¹ Er tat, was Jahwe verabscheute, und machte mit dem sündhaften Gottesdienst weiter, zu dem Jerobeam Ben-Nebat Israel verführt hatte. ¹² Was sonst noch über die Herrschaft von Joasch zu sagen ist, über seine Taten und Erfolge, auch über den Krieg gegen Amazja von Juda, findet man in der Chronik der Könige von Israel. ¹³ Als Joasch starb,

---

12,21 Die Bezeichnung *Silla* ist unbekannt. Es muss ein bestimmter Weg ins Kidrontal hinab gewesen sein.

13,1 *17 Jahre.* 814-796 v.Chr.

13,6 Die *Aschera* war eine Fruchtbarkeitsgöttin, die in handlichen Figuren, geweihten Bäumen oder Pfählen verehrt wurde.

13,10 *16 Jahre.* 798-782 v.Chr.

kam Jerobeam auf den Thron. Joasch wurde in der Grabstätte der Könige von Israel in Samaria bestattet.

14 Zu der Zeit, als Elischa schwer krank wurde und im Sterben lag, war König Joasch von Israel zu ihm gekommen. Weinend beugte er sich über ihn und sagte:»Mein Vater, mein Vater! Du Streitwagen Israels, du, sein Gespann!« *15* Da sagte Elischa zu ihm:»Hol einen Bogen und Pfeile!« Der König tat es. *16* Dann sagte er: »Spann den Bogen!« Joasch tat es. Nun legte Elischa seine Hände auf die Hände des Königs. *17* Dann sagte er: »Öffne das Fenster, das nach Osten geht!« Nachdem der König das getan hatte, sagte Elischa:»Schieß!« Der König schoss den Pfeil ab und Elischa sagte:»Dieser Pfeil ist ein Zeichen für die Rettung, die von Jahwe kommt, ein Pfeil der Rettung durch den Sieg über die Syrer. Bei Afek* wirst du sie vernichtend schlagen!« *18* Dann befahl ihm Elischa:»Nimm jetzt die übrigen Pfeile in die Hand!« Joasch nahm sie und Elischa sagte:»Schlag damit auf den Boden!« Er schlug dreimal und hielt dann inne. *19* Da wurde der Gottesmann zornig über ihn und

sagte:»Fünf oder sechsmal hättest du schlagen sollen, dann hättest du die Syrer vernichtet! Jetzt wirst du sie nur dreimal besiegen.« *20* Elischa starb und wurde in einer Grabhöhle bestattet*.

Als es Frühling wurde, machten moabitische Räuberbanden das Land unsicher. *21* Einmal wollte man gerade einen Mann bestatten, als solch eine Räuberbande auftauchte. Da warfen die Leute den Leichnam einfach in die Grabhöhle Elischas. Als der Tote mit den Gebeinen Elischas in Berührung kam, wurde er wieder lebendig und stand auf.

22 So lange Joahas regierte, bedrängte König Hasaël von Syrien Israel. *23* Aber Jahwe schenkte den Israeliten wieder seine Gnade. Er erbarmte sich über sie und half ihnen wegen seines Bundes mit Abraham, Isaak und Jakob. Er wollte sie nicht zugrunde gehen lassen und hatte sie bis jetzt auch noch nicht aus seiner Gegenwart verbannt. *24* Als daher König Hasaël von Syrien starb und sein Sohn Ben-Hadad die Herrschaft antrat, *25* konnte Joasch Ben-Joahas Ben-Hadad die Städte wieder entreißen, die sein Vater Joahas an dessen Vater verloren hatte. Dreimal besiegte Joasch ihn und eroberte die Städte zurück.

Amazja von Juda

14 *1* Im zweiten Regierungsjahr von König Joasch Ben-Joahas von Israel wurde Amazja Ben-Joasch König von Juda. *2* Er war bei Herrschaftsantritt 25 Jahre alt und regierte 29 Jahre lang in Jerusalem.* Seine Mutter stammte aus Jerusalem und

13,17 *Afek* lag vermutlich am Ostufer des Sees Gennesaret. 60 Jahre vorher hatte König Ahab dort einen entscheidenden Sieg über die Syrer unter Ben-Hadad II. errungen, vgl. 1. Könige 20,26-30.

13,20 *Grabhöhle bestattet.* Wörtlich: *begraben.* Elischa wurde vermutlich wie die meisten Israeliten der Frühzeit in Leinen eingewickelt und in einem aus Felsen gehauenen Grab oder einer Höhle (V. 21) bestattet.

14,2 *29 ... Jerusalem.* 796-767 v.Chr. In den 29 Jahren ist die 24-jährige Mitregentschaft mit seinem Sohn Asarja eingeschlossen.

hieß Joaddan. 3 Er tat wie sein Vater Joasch, was Jahwe gut gefiel, nur nicht ganz so wie sein Vorfahr David. 4 Die Opferstätten auf den Höhen ließ er nämlich bestehen, sodass das Volk auch weiterhin dort Schlacht- und Räucheropfer brachte.

5 Als Amazja die Herrschaft fest in Händen hatte, ließ er die Hofbeamten töten, die seinen Vater Joasch ermordet hatten. 6 Doch ihre Söhne ließ er am Leben, wie es das Gebot Jahwes besagt, das im Gesetzbuch des Mose steht: »Die Väter sollen nicht für die Schuld ihrer Söhne sterben und die Söhne nicht für die Schuld ihrer Väter. Jeder soll nur für seine eigene Sünde bestraft werden.«*

7 Amazja schlug die Edomiter im Salztal*, die mit einem 10.000 Mann starken Heer gegen ihn angetreten waren. Er eroberte auch die Stadt Sela* und nannte sie Jokteel. So heißt sie bis heute.

8 Darauf schickte Amazja Boten zu König Joasch Ben-Joahas von Israel, dem Enkel Jehus, und ließ ihm ausrichten: »Komm, wir wollen unsere Kräfte messen!« 9 Doch König Joasch ließ ihm sagen: »Der Dornstrauch auf dem Libanon sagte zur Zeder: ›Gib meinem Sohn deine Tochter zur Frau!‹ Aber die wilden Tiere auf dem Libanon liefen über den Dornstrauch und zertrampelten ihn. 10 Ist dir der Sieg über die Edomiter zu Kopf gestiegen? Genieße deinen Ruhm und bleib zu Hause! Warum willst du dich ins Unglück stürzen und reißt ganz Juda mit hinein?« 11 Doch Amazja wollte nicht hören. Da zog König Joasch von Israel mit einem Heer nach Juda. Bei Bet-Schemesch* kam es zur Schlacht zwischen ihm und König Amazja von Juda. 12 Die Männer Judas wurden von den Israeliten besiegt und flüchteten nach Hause. 13 König Joasch von Israel nahm König Amazja Ben-Joasch von Juda, den Enkel Ahasjas, bei Bet-Schemesch gefangen. Anschließend rückte er nach Jerusalem vor und ließ die Stadtmauer auf einer Länge von 200 Metern zwischen dem Ephraïmtor und dem Ecktor niederreißen. 14 Er räumte alles Gold und Silber und alle kostbaren Gegenstände aus dem Tempel und den Schatzkammern des Palastes aus und nahm dazu eine Anzahl von Geiseln nach Samaria mit. 15 Was sonst noch über die Herrschaft von Joasch zu sagen ist, über seine Taten und Erfolge, auch über den Krieg gegen Amazja von Juda, findet man in der Chronik der Könige von Israel. 16 Als Joasch starb, wurde er in der Grabstätte der Könige von Israel in Samaria bestattet und sein Sohn Jerobeam trat die Herrschaft an. 17 König Amazja Ben-Joasch von Juda überlebte König Joasch Ben-Joahas von Israel um 15 Jahre. 18 Was sonst noch über die Herrschaft

---

14,6 ... bestraft werden. 5. Mose 24,16

14,7 Salztal ist dasselbe Schlachtfeld, auf dem schon David die Edomiter schlug, vgl. 2. Samuel 8,13, das 15 km breite Tal der Araba südlich des Toten Meeres.

Sela heißt Felsen. Nach Richter 1,36 lag die edomitische Festung 37 km südöstlich von der Spitze des Toten Meeres in der Araba und ist nicht identisch mit Petra.

14,11 Bet-Schemesch liegt 24 km westlich von Jerusalem in der Nähe der Grenze zwischen Juda und Dan, vgl. Josua 15,10.

Amazjas zu sagen ist, findet man in der Chronik der Könige von Juda. 19 Als es in Jerusalem zu einer Verschwörung gegen ihn kam, floh er nach Lachisch. Aber die Verschwörer ließen ihn bis dorthin verfolgen und umbringen. 20 Man brachte ihn auf Pferden nach Jerusalem und bestattete ihn in der Davidsstadt in der Grabstätte seiner Vorfahren. 21 Das ganze Volk Judas hatte seinen Sohn Asarja schon mit 16 Jahren zum König gemacht*. 22 Nach dem Tod seines Vaters eroberte Asarja die Stadt Elat* für Juda zurück und baute sie wieder auf.

Jerobeam II. von Israel

23 Im 15. Regierungsjahr von König Amazja Ben-Joasch von Juda* wurde Jerobeam Ben-Joasch König von Israel. Er regierte 41 Jahre in Samaria 24 und tat, was Jahwe verabscheute. Er hörte nicht mit dem sündhaften Gottesdienst auf, zu dem Jerobeam Ben-Nebat Israel verführt hatte. 25 Doch es gelang ihm, die Gebiete zurückzuerobern, die zu Israel gehörten, von Lebo-Hamat* bis hinunter zum Meer der Araba*. Damit erfüllte sich, was Jahwe, der Gott Israels, durch seinen Diener Jona Ben-Amittai* aus Gat-Hefer* angekündigt hatte. 26 Denn Jahwe hatte das bittere Elend Israels gesehen, dass sie allesamt am Ende waren und dass niemand da war, der ihnen half. 27 Jahwe hatte es nicht im Sinn, den Namen Israels in der Welt verschwinden zu lassen. Darum half er ihnen durch Jerobeam Ben-Joasch.

28 Was sonst noch über die Herrschaft von Jerobeam zu sagen ist, über seine Taten und Erfolge, wie er Krieg geführt hat und Damaskus und Hamat* für Israel zurückgewann, findet man in der Chronik der Könige von Israel. 29 Als Jerobeam starb, wurde er in der Grabstätte der Könige von Israel bestattet und sein Sohn Secharja trat die Herrschaft an.

Asarja (Usija) von Juda

15 1 Im 27. Regierungsjahr des Königs Jerobeam von Israel wurde Asarja Ben-Amazja König von Juda. 2 Er war 16 Jahre alt gewesen, als er Mitregent wurde, und regierte insgesamt 52 Jahre lang in Jerusalem. Seine Mutter hieß Jecholja und stammte aus Jerusalem. 3 Wie sein Vater Amazja tat auch er, was Jahwe gefiel. 4 Die Opferstätten auf den Höhen ließ er allerdings bestehen, sodass das Volk dort auch weiterhin

---

14,21 *zum König gemacht.* Das geschah bereits 24 Jahre vor dem Tod Amazjas. Entweder war Asarja seitdem Mitregent oder sogar Gegenkönig.

14,22 *Elat* liegt an der Nordspitze des Golfs von Akaba, etwa 175 km südlich von der Südspitze des Toten Meeres.

14,23 *15. Regierungsjahr.* 782 v.Chr. In diesem Jahr begann *Jerobeams* Alleinherrschaft. Seine gesamte Regierungszeit dauerte von 793-753 v.Chr.

14,25 *Lebo-Hamat.* Heute: Labwe, etwa 70 km nördlich vom Hermon-Gebirge.

Araba meint den bis zu 20 km breiten Jordangraben zwischen dem See Gennesaret und dem Toten Meer. Das *Meer der Araba* ist das Tote Meer.

Jona Ben-Amittai. Siehe dazu das Buch des Propheten Jona.

Das Dorf *Gat-Hefer* liegt 5 km nordöstlich vom heutigen Nazaret.

14,28 *Hamat.* 72 km nördlich von Damaskus.

Schlacht- und Räucheropfer brachte. 5 Jahwe schlug den König mit Aussatz. Er musste bis zu seinem Tod in einem abgesonderten Haus wohnen. Die Regierungsgeschäfte und die Aufsicht über den Palast übergab er seinem Sohn Jotam.

6 Was sonst noch über die Herrschaft von Asarja zu sagen ist, über seine Taten und Erfolge, findet man in der Chronik der Könige von Juda. 7 Als Asarja starb, wurde er in der Grabstätte seiner Väter in der Davidsstadt bestattet und sein Sohn Jotam trat die Herrschaft an.

Secharja von Israel

8 Im 38. Jahr des Königs Asarja von Juda wurde Secharja Ben-Jerobeam König über Israel. Er regierte sechs Monate lang in Samaria. 9 Wie seine Vorfahren tat er, was Jahwe verabscheute. Von dem sündhaften Gottesdienst, zu dem Jerobeam Ben-Nebat Israel verführt hatte, ließ er nicht ab. 10 Schallum Ben-Jabesch zettelte eine Verschwörung gegen ihn an und erschlug ihn in aller Öffentlichkeit. Er wurde sein Nachfolger. 11 Was sonst noch über die Herrschaft Secharjas zu sagen ist, findet man in der Chronik der Könige von Israel. 12 Damit erfüllte sich die Zusage Jahwes an Jehu: »Deine Nachkommen werden bis in die vierte Generation auf dem Thron Israels sitzen.« So war es auch geschehen.

Schallum von Israel

13 Schallum Ben-Jabesch wurde im 39. Regierungsjahr des Königs Usija von Juda König und regierte einen Monat lang in Samaria. 14 Da zog Menahem Ben-Gadi aus der Stadt Tirza* nach Samaria herauf, drang in die Stadt ein, erschlug Schallum und wurde selbst König. 15 Was sonst noch über die Herrschaft Schallums und seine Verschwörung zu sagen ist, findet man in der Chronik der Könige von Israel. 16 Von Tirza aus zog Menahem gegen die Stadt Tifsach*, weil sie sich ihm nicht unterworfen hatte. Er richtete ein Blutbad unter ihren Bewohnern an; allen Schwangeren ließ er den Leib aufschlitzen.

Menahem von Israel

17 Im 39. Regierungsjahr des Königs Usija von Juda wurde Menahem Ben-Gadi König über Israel und regierte zehn Jahre in Samaria. 18 Er tat sein Leben lang, was Jahwe verabscheute. Von dem sündhaften Gottesdienst, zu dem Jerobeam Ben-Nebat Israel verführt hatte, ließ er nicht ab. 19 Als König Tiglat-Pileser* von Assyrien gegen Israel anrückte, zahlte ihm Menahem 35 Tonnen Silber*, damit dieser seine Herrschaft über Israel bestätigte.

15,14 *Tirza* war berühmt für ihre Schönheit und Sitz einer Garnison. Die Stadt lag 12 km östlich von Samaria.

15,16 *Tifsach.* Es gab mehrere Orte dieses Namens. Einer davon liegt etwa 20 km südlich von Samaria. Möglicherweise hatten die Anhänger Schallums sich in diese Stadt zurückgezogen.

15,19 *Tiglat-Pileser.* Wörtlich: *Pul.* So nannte sich Tiglat-Pileser III. (745-727 v.Chr.) seit der Eroberung Babylons, wie eine babylonische und eine ägyptische Königsliste bezeugen.

35 Tonnen Silber. Wörtlich: *1000 Kikkar.* Das sind drei Millionen Schekel (Silberstücke zu je 11,5 Gramm).

²⁰ Das Geld brachte er zusammen, indem er allen vermögenden Leuten in Israel eine Steuer von einem halben Kilogramm* Silber auferlegte. Daraufhin zog der König von Assyrien aus Israel ab. ²¹ Was sonst noch über Menahems Herrschaft zu sagen ist, findet man in der Chronik der Könige von Israel. ²² Als Menahem starb, wurde sein Sohn Pekachja König.

Pekachja von Israel

²³ Im 50. Regierungsjahr des Königs Asarja von Juda wurde Pekachja Ben-Menahem König über Israel. Er regierte zwei Jahre* in Samaria ²⁴ und tat, was Jahwe verabscheute. Von dem sündhaften Gottesdienst, zu dem Jerobeam Ben-Nebat Israel verführt hatte, ließ er nicht ab. ²⁵ Sein Adjutant Pekach Ben-Remalja zettelte eine Verschwörung gegen ihn an und erschlug ihn im Wohnturm des Königspalastes von Samaria*. Unterstützt

---

15,20 Wörtlich: *50 Schekel.*

15,23 *zwei Jahre.* 742-740 v.Chr.

15,25 *Samaria.* Im Hebräischen folgt hier: »Argob und Arje«. Die Begriffe sind bis heute nicht geklärt. Man kann sie als Personen, möglicherweise Prinzen, oder als Ortsnamen auffassen.

15,27 *52. Regierungsjahr.* 740 v.Chr.

20 Jahre in Samaria. Dabei sind die Jahre einer Gegenregierung ab 752 v.Chr. in Gilead mitgezählt. Er regierte bis 732 v.Chr.

15,29 *... Hazor.* Das sind Städte in Nordgaliläa.

nach Assyrien. Diese erste Deportation der Israeliten fand um das Jahr 733 v.Chr. statt.

15,33 *... Jerusalem.* Von 750-740 war Jotam Mitregent neben seinem aussätzigen Vater Usija (in V. 15,1 ff. Asarja genannt). Allein regierte er bis 735 v.Chr.

wurde er dabei von 50 Männern aus Gilead. Er tötete ihn und wurde König an seiner Stelle. ²⁶ Was sonst noch über Pekachjas Herrschaft zu sagen ist, findet man in der Chronik der Könige von Israel.

Pekach von Israel

²⁷ Im 52. Regierungsjahr* des Königs Asarja von Juda wurde Pekach Ben-Remalja König über Israel und regierte insgesamt 20 Jahre in Samaria*. ²⁸ Er tat, was Jahwe verabscheute, und ließ nicht von dem sündhaften Gottesdienst ab, zu dem Jerobeam Ben-Nebat Israel verführt hatte. ²⁹ Während Pekachs Regierungszeit fiel der Assyrerkönig Tiglat-Pileser in Israel ein. Er eroberte die Städte Ijon, Abel-Bet-Maacha, Janoach, Kedesch und Hazor*, sowie die Landschaften Gilead und Galiläa und das ganze Stammesgebiet Naftalis. Die Bewohner dieser Gebiete verschleppte er nach Assyrien*.

³⁰ Hoschea Ben-Ela zettelte eine Verschwörung gegen Pekach Ben-Remalja an. Er erschlug ihn und wurde an seiner Stelle König. Das geschah im 20. Regierungsjahr von König Jotam Ben-Usija. ³¹ Was sonst noch über Pekachs Herrschaft zu sagen ist, findet man in der Chronik der Könige von Israel.

Jotam von Juda

³² Im zweiten Regierungsjahr des Königs Pekach Ben-Remalja von Israel wurde Jotam Ben-Usija Mitregent von Juda. ³³ Er war damals 25 Jahre alt und regierte insgesamt 16 Jahre in Jerusalem*. Seine Mutter hieß Jeruscha und war eine Tochter Zadoks.

34 Er tat, was Jahwe gefiel, und folgte in allem dem Vorbild seines Vaters Usija. *35* Die Opferstätten auf den Höhen ließ er allerdings bestehen, sodass das Volk dort auch weiterhin Schlacht- und Räucheropfer brachte. Jotam war es, der das obere Tor am Haus Jahwes baute. *36* Was sonst noch über Jotams Herrschaft zu sagen ist, findet man in der Chronik der Könige von Juda. *37* Damals begann Jahwe die Könige Rezin von Syrien und Pekach Ben-Remalja gegen Juda loszuschicken. *38* Als Jotam starb, wurde er in der Grabstätte seiner Väter in der Davidsstadt bestattet und sein Sohn Ahas trat die Herrschaft an.

Ahas von Juda

16 *1* Im 17. Regierungsjahr von Pekach Ben-Remalja wurde Ahas Ben-Jotam König über Juda. *2* Er war damals 20 Jahre alt* und regierte nach dem Tod Jotams* 16 Jahre in Jerusalem. Er handelte nicht nach dem Vorbild seines Vorfahren David und tat nicht, was Jahwe gefiel, *3* sondern folgte dem schlechten Beispiel der Könige von Israel. Er ließ sogar einen seiner Söhne als Opfer verbrennen, wie es der grauenvollen Gewohnheit der heidnischen Völker entsprach, die Jahwe vor den Israeliten aus dem Land vertrieben hatte. *4* Außerdem brachte er an den Opferstätten auf den Höhen und unter jedem grünen Baum Schlacht- und Räucheropfer dar.

5 Damals zogen König Rezin von Syrien und König Pekach Ben-Remalja von Israel gegen Jerusalem, um die Stadt zu belagern.* Doch es kam nicht zum Kampf. *6* Rezin konnte in dieser Zeit jedoch Elat* wieder unter syrische Kontrolle bringen. Er vertrieb die Juden aus der Stadt. Später kamen die Edomiter nach Elat zurück und machten sich dort sesshaft. So ist es bis heute geblieben. *7* Ahas schickte Boten an König Tiglat-Pileser von Assyrien und ließ ihm ausrichten: »Ich unterwerfe mich dir und stelle mich unter deinen Schutz. Die Könige von Syrien und Israel greifen mich an. Komm doch und rette mich aus ihrer Gewalt!« *8* Zugleich ließ Ahas dem Assyrerkönig alles Silber und Gold überbringen, das sich im Haus Jahwes und den Schatzkammern des Königs befand. *9* Der König von Assyrien hörte auf die Bitte des Ahas und zog gegen Damaskus. Er eroberte die Stadt und führte ihre Bewohner nach Kir* in die Verbannung. König Rezin tötete er.

10 Da zog König Ahas nach Damaskus, um dort mit Tiglat-Pileser zusammenzutreffen. Als er den Altar in der Stadt sah, schickte er dem Priester Urija ein Modell samt einer genauen

---

16,2 20 Jahre alt. Das war 735 v.Chr. Ahas war zunächst Mitregent.

Nach dem Tod Jotams ist eingefügt. Die 16 Jahre der Regierungszeit von Ahas (= Kurzform von Joahas) rechnen sich wohl erst nach dem Tod seines Vaters Jotam (732-716 v.Chr.), denn sonst wäre Ahas bei der Geburt seines Sohnes erst 11 Jahre alt gewesen.

16,5 zu belagern. Das war gleich, nachdem Ahas Mitregent geworden war, 735 oder 734 v.Chr.

16,6 Elat. Vgl. 14,21.

16,9 Kir. Ort in Mesopotamien, Identität unbekannt.

Beschreibung davon. *11* Nach diesen Angaben baute Urija einen Altar und hatte ihn fertig, bevor der König aus Damaskus zurückkam. *12* Als Ahas dann wieder in Jerusalem war, sah er sich den Altar an. Er stieg die Stufen hinauf *13* und brachte selbst die ersten Opfer dar. Er ließ sein Brand- und Speisopfer in Rauch aufgehen, goss ein Trankopfer aus und sprengte das Blut der Tiere, die für die Opfermahlzeit geschlachtet wurden, an die Wand des Altars. *14* Den Bronzealtar, der vor dem Haus Jahwes stand, ließ er von der Vorderseite des Hauses wegrücken – er stand zwischen dem Haus Jahwes und dem neuen Altar – und auf der Nordseite rechts neben dem neuen Altar aufstellen. *15* Dem Priester Urija befahl er:»Auf dem großen neuen Altar werden von jetzt an alle Brand- und Speisopfer dargebracht, die Morgen- und Abendopfer, ebenso die Brand-, Speis- und Trankopfer für den König und das ganze Volk. Und alles Blut der Tiere, die für Brand- und Freudenopfer* geschlachtet werden, soll an diesen Altar

gesprengt werden. Den Bronzealtar will ich benutzen, um dort die Opferschau* vorzunehmen.« *16* Der Priester Urija ließ alles nach Anordnung des Königs ausführen.

17 König Ahas ließ auch die Leisten und die Kessel von den bronzenen Kesselwagen aus dem Tempel entfernen. Ebenso ließ er die zwölf Bronzerinder unter dem großen runden Becken, dem so genannten »Meer«, wegnehmen und dieses auf einen Unterbau aus Stein setzen. *18* Auch die Sabbathalle, die man am Haus Jahwes gebaut hatte, und den besonderen Eingang für den König ließ er mit Rücksicht auf den assyrischen König abreißen.

19 Was sonst noch über die Herrschaft des Ahas zu sagen ist, findet man in der Chronik der Könige von Juda. *20* Als er starb, wurde er in der Grabstätte seiner Vorfahren beigesetzt und sein Sohn Hiskija trat die Herrschaft an.

Hoschea von Israel

17 *1* Im zwölften Regierungsjahr des Königs Ahas von Juda wurde Hoschea Ben-Ela König über Israel und regierte neun Jahre* in Samaria. *2* Er tat, was Jahwe verabscheute, doch nicht so schlimm wie seine Vorgänger. *3* Als König Salmanassar von Assyrien mit einem Heer gegen ihn zog, unterwarf sich Hoschea und zahlte Tribut. *4* Aber der Assyrerkönig entdeckte, dass Hoschea sich gegen ihn verschworen hatte, denn dieser hatte Boten an König So* von Ägypten geschickt und die Tributzahlungen eingestellt. Daraufhin ließ Salmanassar ihn verhaften

---

16,15 Beim *Freudenopfer* wurde im Gegensatz zum Brandopfer nur das Fett auf dem Altar verbrannt. Der größte Teil des Tieres durfte bei einer fröhlichen Opfermahlzeit gemeinsam mit Verwandten und Freunden verzehrt werden.

Opferschau. Ein heidnischer Ritus, bei dem aus der Betrachtung der Eingeweide eines Opfertiers günstige oder ungünstige Vorzeichen herausgelesen wurden.

17,1 *neun Jahre.* 732-722 v.Chr.

17,4 *So.* Vielleicht Osorkon IV., etwa 727-716 v. Chr.

und ins Gefängnis werfen. *5* Er war nämlich mit seinem Heer ins Land eingefallen und hatte Samaria belagert. Im dritten Jahr der Belagerung, *6* dem neunten Regierungsjahr Hoscheas, eroberte der Assyrer die Stadt und verschleppte* die Bevölkerung Israels nach Assyrien. Dort siedelte er sie in der Provinz Halach* an, am Fluss Habor*, in der Provinz Gosan und in den Städten Mediens*.

Israels Schuld an seiner Wegführung

7 Das alles geschah, weil die Israeliten gegen Jahwe, ihren Gott, gesündigt hatten, der sie aus Ägypten herausgeführt und aus der Gewalt des Pharao befreit hatte. Sie verehrten andere Götter *8* und übernahmen die heidnischen Bräuche der Völker, die Jahwe vor ihnen aus dem Land vertrieben hatte, und die Gottesdienste, die von den Königen Israels eingeführt worden waren. *9* Sie erdachten sich gegen den Willen von Jahwe, ihrem Gott, eigene Gottesdienste. Sie richteten überall Höhenheiligtümer ein, vom einsamen Wachtturm bis zur befestigten Stadt. *10* Auf jeden höheren Hügel und unter jedem größeren Baum stellten sie geweihte Steinmale und Aschera-Pfähle auf. *11* Dort verbrannten sie Opfergaben wie die Völker, die Jahwe vor ihnen vertrieben hatte. Sie taten böse Dinge und forderten den Zorn Jahwes heraus. *12* Sie verehrten diese Mistgötzen*, obwohl Jahwe ihnen das ausdrücklich untersagt hatte.

13 Außerdem hatte Jahwe Israel und Juda durch seine Propheten und Seher immer wieder gewarnt. »Kehrt um von euren bösen Wegen!«, hatte er ihnen gesagt. »Haltet meine Gebote! Richtet euch nach den Vorschriften meines Gesetzes, das ich euren Vorfahren gab, und das ich euch durch meine Propheten, die mir dienen, immer wieder ausrichten ließ.« *14* Aber sie wollten nicht hören und zeigten sich genauso halsstarrig wie ihre Väter, die Jahwe, ihrem Gott, kein Vertrauen geschenkt hatten. *15* Sie verachteten seine Vorschriften, verwarfen den Bund, den er mit ihren Vätern geschlossen hatte, und schlugen seine Warnungen in den Wind. Den Nichtsen liefen sie hinterher und wurden dabei selbst zu Nichts. Sie trieben es wie ihre Nachbarvölker, obwohl Jahwe ihnen das verboten hatte. *16* Die Gebote Jahwes, ihres Gottes, missachteten sie. Sie fertigten sich zwei gegossene Stierbilder an und stellten der Aschera geweihte Pfähle auf. Sie verehrten das Heer der Sterne am Himmel und dienten dem Götzen Baal. *17* Ihre eigenen Kinder ließen sie als Opfer für die Götzen verbrennen. Sie trieben Wahrsagerei und Zauberei

---

17,6 *verschleppte.* Diese zweite Deportation der Israeliten fand im Jahr 722 v.Chr. statt.

Halach. Die Lage der Provinz ist unbekannt.

Habor. Es handelt sich um den Fluss Khabur, einen von Norden kommenden Nebenfluss des Euphrat.

Die *Städte Mediens* lagen im Gebiet östlich von Ninive und südlich des Kaspischen Meeres.

17,12 *Mistgötzen.* Wörtlich: *Mistkugel,* eine bewusst verächtliche Bezeichnung für die Götzenbilder.

und gaben sich dazu her, alles zu tun, was Jahwe verabscheute und ihn beleidigen musste. *18* Da wurde Jahwe so zornig über die Israeliten, dass er sie aus seiner Nähe vertrieb und nur noch den Stamm Juda im Land wohnen ließ.

19 Aber auch die Judäer missachteten die Gebote Jahwes, ihres Gottes, und folgten den Ordnungen, die die Israeliten eingeführt hatten. *20* Da verstieß Jahwe die ganze Nachkommenschaft Israels. Er demütigte sie und ließ sie von fremden Heeren ausplündern, bis er sie aus seiner Nähe weggeschafft hatte.

21 Jahwe selbst hatte nämlich Israel vom Königshaus David losgerissen, und die Israeliten hatten Jerobeam Ben-Nebat zum König gemacht. Jerobeam aber hatte sie dazu gebracht, sich von Jahwe abzuwenden, und sie so zu einer schweren Sünde verführt. *22* Die Israeliten verfielen dem sündhaften Gottesdienst, den Jerobeam eingeführt hatte, und wollten nicht davon lassen, *23* bis Jahwe sie aus seiner Nähe vertrieb. Das hatte er ihnen durch alle seine Propheten, die ihm dienten, immer wieder ankündigen lassen. Schließlich wurden die Israeliten aus ihrem Land nach Assyrien weggeführt. Das ist bis heute* noch so.

Samaria wird wieder besiedelt

24 Der König von Assyrien ließ nun Leute aus den Städten Babylon, Kuta, Awa, Hamat und Sefarwajim* kommen. Sie nahmen anstelle der Israeliten das Land Samaria und seine Städte in Besitz. *25* In der ersten Zeit, als sie dort wohnten, verehrten sie Jahwe nicht. Deshalb ließ Jahwe Löwen in die Gegend kommen, die viele Menschen töteten. *26* Dem König von Assur wurde gemeldet:»Die Leute, die du aus ihrem Land weggeführt und in Samarien angesiedelt hast, wissen nicht, auf welche Weise der Gott dieses Landes verehrt werden will. Deshalb hat er Löwen unter sie geschickt, die schon viele von ihnen getötet haben. Und das nur, weil sie nicht wissen, wie der Gott dieses Landes verehrt werden muss.« *27* Da befahl der Assyrerkönig:»Schickt einen der Priester, die ihr von dort weggeführt habt, in seine Heimat zurück! Er soll bei den Leuten dort wohnen und ihnen beibringen, wie der Gott dieses Landes verehrt werden will!« *28* So kam einer der Priester, die man aus Samaria gefangen weggeführt hatte, zurück und ließ sich in Bet-El nieder. Er zeigte den Leuten, wie sie Jahwe verehren sollten. *29* Aber die Siedler hielten weiterhin auch an ihren eigenen Göttern fest. Sie machten sich Götzenbilder und stellten sie in den vielen Höhenheiligtümern auf, die die Samaritaner überall errichtet hatten. Jede Volksgruppe hatte ihren eigenen Gott: *30* Die Leute aus Babylon errichteten eine Statue von Sukkot-Benot, die Leute aus Kuta stellten Nergal auf und die aus Hamat eine Aschima.

17,23 bis heute. Vom Standpunkt des Verfassers der Königsbücher aus.

17,24 ... Sefarwajim. Die genannten Städte lagen (außer Babylon) wahrscheinlich alle in Syrien um Hamat am Orontes herum.

31 Die Leute aus Awa stellten Bilder der Götter Nibhas und Tartak auf, und die aus Sefarwajim verbrannten sogar ihre eigenen Kinder als Opfer für die Götter Adrammelech und Anammelech. 32 Daneben verehrten sie aber auch Jahwe und setzten aus ihren eigenen Reihen Priester ein, die den Opferdienst in den Höhenheiligtümern versahen. 33 So verehrten sie Jahwe, dienten aber gleichzeitig ihren eigenen Göttern. Sie hielten an den Bräuchen ihrer Heimat fest, aus der man sie vertrieben hatte. 34 So machen sie es bis heute. Sie verehren Jahwe nicht wirklich, denn sie richten sich keineswegs nach seinen Anweisungen und Ordnungen. Sie kümmern sich nicht um das Gesetz, das Jahwe den Nachkommen Jakobs gegeben hat, des Jakob, den er später Israel nannte. 35 Mit seinen Nachkommen hatte Jahwe nämlich einen Bund geschlossen und sie dabei ausdrücklich angewiesen: »Ihr dürft keine fremden Götter verehren! Werft euch nicht vor ihnen nieder, dient ihnen nicht und bringt ihnen keine Opfer! 36 Dient allein Jahwe, der euch mit großer Kraft und ausgestrecktem Arm aus Ägypten herausgeführt hat! Ihn sollt ihr verehren, vor ihm euch niederwerfen und ihm eure Opfer bringen! 37 Die Ordnungen und Rechtsbestimmungen, die Weisungen und Gebote, die er für euch aufgeschrieben hat, sollt ihr jeden Tag sorgfältig beachten! Verehrt keine fremden Götter! 38 Denkt an den Bund, den ich mit euch geschlossen habe, und fürchtet keine fremden Götter, 39 sondern verehrt allein Jahwe, euren Gott! Nur er wird euch aus der Gewalt aller eurer Feinde retten.« 40 Doch sie wollten nicht hören und hielten an ihren früheren Bräuchen fest. 41 So fürchteten diese Stämme zwar Jahwe, zugleich aber auch ihre Götzen. Ihre Kinder und Enkel machten es genauso. Und so ist es bis heute geblieben.

Hiskija von Juda

18 1 Im dritten Regierungsjahr des Königs Hoschea Ben-Ela von Israel wurde Hiskija Ben-Ahas Mitregent* von Juda. 2 Als er König wurde, war er 25 Jahre alt und regierte 29 Jahre* in Jerusalem. Seine Mutter hieß Abi und war eine Tochter Secharjas. 3 Wie sein Vorfahr David tat Hiskija, was Jahwe gefiel. 4 Er beseitigte die Opferstätten auf den Höhen, ließ die geweihten Steinmale zerschlagen und das Pfahlbild der Aschera umhauen. Auch die Bronzeschlange, die Mose einst angefertigt hatte, schlug er in Stücke. Denn bis zu dieser Zeit hatten die Israeliten immer wieder Weihrauch vor ihr verbrannt. Man nannte sie Nehuschtan*. 5 Hiskija vertraute auf Jahwe, den Gott Israels, wie kein König von Juda vor oder nach ihm. 6 Sein Leben lang hielt er treu an Jahwe fest und befolgte die Gebote, die Jahwe Mose gegeben hatte. 7 So war denn auch Jahwe mit ihm und gab ihm Erfolg in allem, was er unternahm. Es

---

18,1 *Mitregent.* Wörtlich: König. Das war 729 v. Chr. Damals war er erst 11 Jahre alt.

18,2 *29 Jahre.* Von 715-686 v.Chr.

18,4 In *Nehuschtan* klingen die hebräischen Worte für Bronze, Schlange und Unreinheit an.

gelang ihm auch, sich von der Herrschaft des Königs von Assyrien zu befreien. *8* Er schlug die Philister bis nach Gaza zurück und verwüstete die ganze Gegend vom Wachtturm bis zur befestigten Stadt.

Die Assyrer erobern Samaria

9 Im vierten Regierungsjahr Hiskijas - es war das siebte Jahr des Königs Hoschea Ben-Ela von Israel – zog König Salamanassar von Assyrien nach Samaria und belagerte die Stadt. *10* Nach fast drei Jahren eroberte er sie. Das war im sechsten Regierungsjahr Hiskijas und im neunten Hoscheas. *11* Der Assyrerkönig verschleppte die Bevölkerung Israels nach Assyrien und siedelte sie in der Provinz Halach an, am Fluss Habor, in der Provinz Gosan und in den Städten Mediens. *12* Das alles geschah, weil die Israeliten nicht auf Jahwe, ihren Gott, gehört hatten. Sie brachen seinen Bund und befolgten die Gebote nicht mehr, die Mose, der Diener Gottes, ihnen verkündet hatte.

18,13 *Im 14. Regierungsjahr* seiner Alleinregierung, 701 v.Chr. *Hiskija* war von 729 v.Chr. an Mitregent und regierte von 715-696 allein.

Sanherib war von 705-681 v.Chr. König von Assyrien.

... Städte. In seinen Annalen rühmte sich Sanherib, 46 befestigte Städte in Juda eingenommen, zahllose Dörfer erobert und mehr als 200.000 Gefangene gemacht zu haben. Er habe Hiskija zu einem »Gefangenen in Jerusalem, seiner eigenen Residenz, gemacht, wie einen Vogel im Käfig«.

18,14 *Lachisch.* Stadt im Hügelland, 46 km südwestlich von Jerusalem. Sie wurde von König Rehabeam zur Festung ausgebaut.

... Tonne. Wörtlich: 300 Talente Silber und 30 Talente Gold.

Assyrer vor Jerusalem

13 Im 14. Regierungsjahr* Hiskijas marschierte der assyrische König Sanherib* in Juda ein und eroberte alle befestigten Städte*. *14* Da schickte König Hiskija Boten zum Assyrerkönig, der mit seinem Heer vor Lachisch* stand, und ließ ihm ausrichten:»Ich habe einen schweren Fehler gemacht. Zieh bitte aus meinem Land wieder ab! Ich will auch alles tragen, was du mir auferlegst!« Der Assyrerkönig forderte einen Tribut von zehn Tonnen Silber und einer Tonne* Gold. *15* Hiskija musste ihm alles Silber abliefern, das sich im Haus Jahwes und in den Schatzkammern des Königs befand. *16* Außerdem ließ er damals das Goldblech an den Türen und Pfosten vom Haus Jahwes abreißen, das er selbst erst hatte überziehen lassen, und übergab es dem Assyrerkönig. *17* Doch dieser schickte von Lachisch aus den Tartan, seinen obersten Feldherrn, zusammen mit dem Rabsaris und dem Rabschake, seinen höchsten Würdenträgern, mit einem gewaltigen Heer zu Hiskija nach Jerusalem. Die Würdenträger stellten sich an der Straße auf, die zu dem Feld führt, wo die Tuchmacher ihre Stoffe bleichen, an das Ende der Wasserleitung beim oberen Teich. *18* Dort riefen sie nach dem König. Da kamen Eljakim Ben-Hilkija, der Palastvorsteher, der Staatsschreiber Schebna und der Kanzler Joach Ben-Asaf zu ihnen heraus. *19* Der Rabschake trug ihnen eine Botschaft an Hiskija auf:

»Der Großkönig, der König von Assyrien, lässt dir sagen: Worauf vertraust du eigentlich, dass du dich so sicher fühlst? *20* Meinst du, der

Ausgang eines Krieges wird von Worten bestimmt? Auf wen vertraust du denn, dass du es wagst, gegen mich zu rebellieren? _21_ Verlässt du dich etwa auf Ägypten, dieses zerbrochene Bambusrohr, das jedem die Hand verletzt, der sich darauf stützt? Der Pharao von Ägypten ließ noch jeden im Stich, der sich auf ihn verließ. _22_ Vielleicht wirst du jetzt behaupten: Wir vertrauen auf Jahwe, unseren Gott! Aber hat Hiskija nicht gerade dessen Höhenheiligtümer und Altäre beseitigt? Hat er nicht den Leuten in Juda und Jerusalem befohlen, nur noch vor dem einen Altar anzubeten? – _23_ Mein Herr, der König von Assyrien, bietet dir eine Wette an: ›Ich will dir 2000 Pferde geben, wenn du die Reiter dazu stellen kannst!‹ _24_ Wie willst du auch nur einen einzigen Provinzstatthalter vertreiben, einen der geringsten Diener meines Herrn? Aber du verlässt dich ja auf die Macht der ägyptischen Pferde und Streitwagen! _25_ Und noch etwas: Bin ich etwa gegen den Willen Jahwes in dieses Land einmarschiert, um es in Schutt und Asche zu legen? Jahwe selbst hat mir gesagt: Greif dieses Land an und verwüste es!«

_26_ Da unterbrachen Eljakim, Schebna und Joach den Würdenträger und baten ihn: »Sprich doch bitte aramäisch mit uns! Wir verstehen es. Sprich nicht hebräisch! Die Leute auf der Stadtmauer hören uns zu.« _27_ Doch der Rabschake erwiderte: »Hat mich mein Herr etwa nur zu dir und deinem Herrn gesandt? Nein, gerade diese Männer, die da oben auf der Mauer sitzen, sollen es hören. Denn bald werden sie zusammen mit euch ihren eigenen Kot fressen und ihren Harn saufen.«

_28_ Da trat der Rabschake noch ein Stück vor und rief laut auf Hebräisch: »Hört, was der Großkönig, der König von Assyrien, euch sagen lässt: _29_ Lasst euch nicht von Hiskija täuschen! Er kann euch nicht retten. _30_ Lasst euch von ihm auch nicht auf Jahwe vertrösten: ›Jahwe wird uns bestimmt retten; diese Stadt wird dem Assyrerkönig nicht in die Hände fallen!‹ _31_ Hört nicht auf Hiskija! Denn der König von Assyrien sagt euch: Kommt heraus und ergebt euch mir! Dann kann jeder von seinem Weinstock und Feigenbaum essen und aus seiner Zisterne trinken, _32_ bis ich euch in ein Land bringe, das ebenso gut wie eures ist, wo es Korn und Most, Brot und Weinberge gibt. So werdet ihr am Leben bleiben und nicht umkommen. Lasst euch von Hiskija nicht an der Nase herumführen, wenn er behauptet: ›Jahwe wird uns retten!‹ _33_ Hat denn irgendein Gott der anderen Völker sein Land vor dem König von Assyrien retten können? _34_ Wo sind denn die Götter von Hamat und Arpad? Wo sind die Götter von Sefarwajim*, Hena* und Awa*? Wo sind die Götter des Landes Samarien? Haben sie etwa Samaria vor mir beschützt? _35_ Wer von allen Göttern hat sein Land vor mir retten können? Und dann soll Jahwe Jerusalem vor mir beschützen?«

18,34 _Sefarwajim._ Ort in Syrien, Lage unbekannt. Die Einwohner wurden von den Assyrern im Norden Israels angesiedelt, vgl. 2. Könige 17,24.31.

Hena. Vermutlich Stadt in Nordsyrien.

Awa. Stadtstaat in Nordsyrien, aus dem der Assyrerkönig Salmanassar Leute nach Israel umsiedelte, vgl. 2. Könige 17,24.

36 Die Männer auf der Mauer schwiegen und gaben ihm keine Antwort, wie es der König befohlen hatte. *37* Die drei Unterhändler gingen mit zerrissenen Kleidern zu Hiskija und berichteten ihm, was der Rabschake gesagt hatte.

Jahwe ermutigt Hiskija

19 *1* Als der König das hörte, riss er seine Gewänder ein, zog den Trauersack an und ging ins Haus Jahwes. *2* Dann schickte er den Palastvorsteher Eljakim und den Staatsschreiber Schebna mit den Ältesten der Priesterschaft, ebenfalls im Trauersack zu Jesaja Ben-Amoz. *3* Im Namen des Königs sollten sie ihm sagen:»Heute ist ein schrecklicher Tag, wir sind gezüchtigt und geschmäht. Die Kinder sind bis an den Muttermund gekommen, aber zum Gebären ist keine Kraft mehr da.

19,9 *Nubien.* Land am Oberlauf des Nil.
Der 20-jährige *Tirhaka* wird elf Jahre später König von Ägypten sein (690-664).

19,11 *Bann.* Das bedeutete die vollständige Vernichtung von Menschen, Tieren und Gütern.

19,12 *Gosan.* Stadt in Nordmesopotamien, in die einige Israeliten von den Assyrern deportiert worden waren.

Haran. Stadt, westlich von Gosan, in der Abraham einige Jahre lebte, vgl. 1. Mose 11,31.

Rezef. Stadt zwischen Haran und dem Euphrat.

Eden. Aramäisches Fürstentum in der Nähe des oberen Euphrat-Tals.

Telassar. Noch nicht identifizierte Stadt in Eden zwischen den Flüssen Euphrat und Balich.

4 Wenn doch Jahwe, dein Gott, die Worte des Rabschake hören wollte, den der König von Assyrien geschickt hat, um ihn, den lebendigen Gott, zu verhöhnen. Vielleicht bestraft er den König wegen dieser Worte, die er gehört hat. Bete doch für die, die von Gottes Volk noch übrig geblieben sind.«

5 Die Männer kamen zu Jesaja und erhielten folgende Antwort: *6* »Sagt eurem Herrn: ›So spricht Jahwe: Hab keine Angst vor den Drohungen, die du gehört hast! Fürchte dich nicht vor den Lästerungen der Boten des assyrischen Königs! *7* Pass auf, ich werde dafür sorgen, dass er ein Gerücht hört und in sein Land zurückkehrt! Dort werde ich ihn umbringen lassen.‹«

8 Der Rabschake kehrte zu seinem König zurück. Er hatte erfahren, dass dieser von Lachisch aufgebrochen war und inzwischen gegen Libna kämpfte. *9* Sein König hatte nämlich gehört, dass der nubische* König Tirhaka* mit einem Heer gegen ihn heranrücken würde. Deshalb schickte er wieder Boten zu Hiskija *10* und ließ ihm ausrichten:»Lass dich von deinem Gott nicht täuschen, auch wenn du ihm vertraust! Denke nicht, dass Jerusalem dem König von Assyrien niemals in die Hände fällt! *11* Du hast ja gehört, was die Könige von Assyrien mit all den anderen Ländern gemacht haben, an denen sie den Bann* vollstreckten. Und da willst ausgerechnet du verschont bleiben? *12* Haben die Götter der Völker, die meine Vorfahren vernichtet haben, ihre Nationen etwa retten können: Gosan*, Haran*, Rezef* und die Bevölkerung Edens* in Telassar*? *13* Wo sind denn die Könige, die in Hamat und Arpad regierten? Wo sind die Könige von Sefarwajim, Hena und Awa?«

14 Hiskija nahm das Schreiben der Boten in Empfang und las es. Dann ging er in den Tempel, breitete es vor Jahwe aus 15 und betete:»Jahwe, du allmächtiger Gott Israels, der über den Cherubim* thront, du allein bist Gott und Herr über alle Reiche der Welt. Du hast Himmel und Erde geschaffen. 16 Schenk mir Gehör, Jahwe! Sieh doch, wie es uns geht! Hör doch, wie Sanherib dich, den lebendigen Gott, verhöhnt! 17 Es ist wahr, Jahwe, die Könige von Assyrien haben alle diese Länder verwüstet. 18 Sie haben deren Götter ins Feuer geworfen. Aber das waren ja keine Götter, sondern Machwerke aus Holz und Stein. Die konnten sie vernichten. 19 Doch jetzt, Jahwe, unser Gott, rette uns vor ihm, damit alle Königreiche der Welt erkennen, dass du, Jahwe, allein Gott bist.«

20 Da ließ Jesaja Ben-Amoz Hiskija ausrichten: »So spricht Jahwe, der Gott Israels: Ich habe gehört, was du zu mir wegen Sanherib, dem König von Assyrien, gebetet hast. 21 Höre nun, was Jahwe über ihn sagt:

›Zion, die unberührte junge Frau, / verachtet dich und spottet über dich, / die Tochter Jerusalem schüttelt den Kopf. 22 Wen hast du verhöhnt und geschmäht, / gegen wen die Stimme erhoben? / Mit wem ließest du dich ein? – Mit Israels heiligem Gott! 23 Durch deine Boten verhöhntest du ihn. / Du prahlst: Mit den Streitwagen bezwang ich die Berge, / ich stieg bis zum Gipfel des Libanon. / Den Hochwald seiner Zedern habe ich gefällt, / seine schönsten Zypressen dazu. / Ich kam in das entlegenste Versteck, / drang in jedes Dickicht vor. 24 Ich grub nach fremdem Wasser und trank davon. / Mit meiner Fußsohle trocknete ich Ägyptens Flüsse aus.

25 Hast du es nicht gehört? / Schon vor langer Zeit habe ich es gewollt. / Seit uralten Tagen habe ich es geplant, / jetzt ließ ich es kommen, / dass du befestigte Städte zerstörst, / sie zu öden Steinhaufen machst. 26 Machtlos waren ihre Bewohner, / von Schrecken erfüllt. / In Schande sind sie gestoßen. / Sie waren wie Kraut auf dem Feld, / wie grünes Gras, / wie Gras auf den Dächern, / vom Ostwind verdorrt. 27 Ich weiß, ob du ruhst oder gehst oder kommst. / Ich kenne auch dein Toben gegen mich. 28 Und weil du so gegen mich tobst, / ziehe ich dir einen Ring durch die Nase / und lege dir einen Zaum ins Maul / und führe dich auf dem Weg zurück, / auf dem du gekommen bist.‹

29 Und du, Hiskija, wirst daran erkennen, dass es so geschieht: ›In diesem

---

19,15 *Cherubim.* Majestätische (Engel-)Wesen, die Gottes Herrlichkeit repräsentieren. Geschnitzte Abbilder von ihnen breiteten ihre Flügel über die Bundeslade Israels aus und bildeten im Tempel die sichtbare Basis für den unsichtbaren Thron Gottes.

Jahr werdet ihr den Nachwuchs der Ernte essen, im nächsten Jahr den Wildwuchs, aber im dritten Jahr werdet ihr wieder säen und ernten, Weinberge pflanzen und ihre Früchte genießen.‹ 30 Und die Bewohner Judas, die mit dem Leben davongekommen sind, werden wieder Wurzeln schlagen und Früchte tragen. 31 Denn ein Rest wird aus Jerusalem kommen, Übriggebliebene vom Berg Zion. Das wird Jahwe, der allmächtige Gott, in seinem Liebeseifer tun.

32 Darum sagt Jahwe Folgendes über den assyrischen König: ›Er wird nicht in diese Stadt eindringen, nicht einen Pfeil wird er hineinschießen. Er wird sie nicht mit Schilden berennen und keinen Wall gegen sie aufschütten. 33 Auf demselben Weg, auf dem er gekommen ist, wird er wieder heimkehren. Er wird ganz bestimmt nicht in diese Stadt eindringen, spricht Jahwe. 34 Um meiner Ehre willen und meinem Diener David zuliebe werde ich diese Stadt retten und beschützen.‹«

35 In dieser Nacht tötete ein Engel Jahwes im Lager der Assyrer 185.000 Mann. Am nächsten Morgen war alles mit Leichen übersät. 36 Da brach König Sanherib den Feldzug ab und kehrte in seine Heimat nach Ninive zurück. 37 Als er eines Tages im Tempel seines Gottes Nisroch betete, erschlugen ihn seine Söhne Adrammelech und Sarezer mit dem Schwert. Daraufhin mussten sie in das Land Ararat* fliehen, und Sanheribs Sohn Asarhaddon trat die Herrschaft an.

Hiskijas Krankheit

20 1 In dieser Zeit wurde Hiskija todkrank.* Da kam der Prophet Jesaja Ben-Amoz zu ihm und sagte: »Jahwe lässt dir sagen: ›Bereite dich auf dein Ende vor und regle deine Angelegenheiten, du kannst nicht am Leben bleiben!‹« 2 Da drehte sich Hiskija zur Wand und betete: 3 »Ach Jahwe, denk doch daran, dass ich dir immer treu war, dass ich mit ganzer Hingabe tat, was dir gefällt!« Dann begann er laut zu weinen. 4 Jesaja hatte die Innenstadt noch nicht verlassen, da kam das Wort Jahwes zu ihm: 5 »Kehr um und sage zu Hiskija, dem Fürsten meines Volkes: ›Jahwe, der Gott deines Vorfahren David, lässt dir sagen: Ich habe dein Gebet gehört und deine Tränen gesehen. Ich werde dich gesund machen. Übermorgen kannst du wieder ins Haus Jahwes gehen. 6 Ich gebe dir noch fünfzehn Jahre Lebenszeit hinzu. Außerdem werde ich dich und diese Stadt vor dem Assyrerkönig retten. Um meiner Ehre willen werde ich Jerusalem beschützen und weil ich es meinem Diener David zugesagt habe.« 7 Dann befahl Jesaja: »Holt einen Brei aus Feigen her!« Sie brachten ihn und strichen ihn auf das Geschwür. So wurde der König gesund. 8 Hiskija hatte Jesaja noch gefragt: »An welchem Zeichen kann ich erkennen, dass Jahwe

---

19,37 *Land Ararat.* Armenien, nördlich von Assyrien.

20,1 *Hiskija todkrank.* Dieses Geschehen und der anschließende Besuch der babylonischen Delegation fanden etwa ein Jahr vor dem Feldzug Sanheribs statt, wie Jesaja 38,6 zeigt (siehe Fußnote zu Jesaja 38,1).

mich wirklich wieder gesund macht und ich übermorgen ins Haus Jahwes gehen kann?« 9 Jesaja sagte: »Jahwe wird dich an folgendem Zeichen erkennen lassen, dass er seine Zusage wahr macht: Soll der Schatten auf der Treppe zehn Stufen vorwärts oder zehn Stufen zurückgehen?« 10 Da sagte Hiskija: »Es ist nichts Besonderes, wenn der Schatten zehn Stufen vorwärts geht. Nein, er soll um zehn Stufen zurückgehen.« 11 Da betete der Prophet zu Jahwe, und dieser ließ den Schatten auf der Treppe, die König Ahas gebaut hatte, um zehn Stufen zurückgehen.

Gesandte aus Babylon

12 In dieser Zeit kam eine Gesandtschaft des babylonischen Königs Merodach-Baladan, dem Sohn Baladans*, zu Hiskija. Der König hatte gehört, dass Hiskija krank gewesen war. Er ließ ihm ein Schreiben und Geschenke überbringen.* 13 Hiskija freute sich sehr darüber und zeigte ihnen seinen ganzen Besitz: Silber, Gold, die Vorräte an Balsam und feinem Öl, sein Waffenlager und alle seine anderen Schätze. Er zeigte ihnen alles in seinem Haus und in seinem ganzen Reich.

14 Da kam der Prophet Jesaja zu ihm und fragte: »Was wollten diese Männer von dir? Woher sind sie gekommen?« – »Sie kamen aus einem sehr fernen Land«, erwiderte Hiskija, »aus Babylonien.« 15 »Was haben sie in deinem Palast gesehen?«, fragte Jesaja weiter. »Sie haben alles gesehen, was ich besitze«, erwiderte Hiskija. »Ich habe sie in alle Schatzkammern schauen lassen.«

16 Da sagte Jesaja: »Höre, was Jahwe, der allmächtige Gott, dir sagen lässt: 17 ›Eines Tages wird der ganze Reichtum in deinem Palast, alles, was du und deine Vorfahren angehäuft haben, nach Babylon weggeschafft werden. Nichts wird übrig bleiben, spricht Jahwe. 18 Und von deinen Enkelsöhnen, deinen Nachfahren, die du gezeugt haben wirst, wird man einige nach Babylon bringen. Sie werden den König dort in seinem Palast bedienen.‹«

19 Da sagte Hiskija zu Jesaja: »Das Wort Jahwes, das du mir gesagt hast, ist gut.« Und er fügte hinzu: »Wenn nur zu meinen Lebzeiten Frieden und Sicherheit herrschen!«

20 Was sonst noch über Hiskijas Herrschaft zu sagen ist, über seine Taten und Erfolge, wie er den Teich anlegen und die Wasserleitung bauen ließ, um die Stadt mit Wasser zu versorgen, findet man in der Chronik der Könige von Juda. 21 Als Hiskija starb, trat sein Sohn Manasse die Herrschaft an.

Manasse von Juda

21 1 Manasse war zwölf Jahre alt gewesen, als er Mitregent wurde, und regierte insgesamt 55

20,12 *Sohn Baladans.* Regierte von 721-710 v.Chr. über Babylon. Danach musste er sich der assyrischen Herrschaft unter Sargon II. beugen. Einige Zeit nach Sargons Tod, 705 v.Chr., konnte er kurz die babylonische Unabhängigkeit wiederherstellen, bis er 702 v.Chr. vor Sanherib fliehen musste.

... überbringen. Offenbar wollte Merodach-Baladan Hiskija in eine anti-assyrische Allianz bringen, als er um das Jahr 702 v.Chr. eine Delegation zu Hiskija schickte.

Jahre* in Jerusalem. Seine Mutter hieß Hefzi-Bah. ² Er tat, was Jahwe verabscheute, und übernahm die schrecklichen Bräuche der Völker, die Jahwe vor den Israeliten vertrieben hatte. ³ Er baute die Höhenheiligtümer wieder auf, die sein Vater Hiskija zerstört hatte, er ließ Altäre für Baal errichten und ein Pfahlbild der Aschera aufstellen, wie es König Ahab von Israel gemacht hatte. Er warf sich vor dem Heer der Sterne am Himmel nieder und brachte ihm Opfer. ⁴ Und im Haus Jahwes, das dieser zur Wohnstätte seines Namens bestimmt hatte, stellte er ihre Altäre auf. ⁵ In den beiden Vorhöfen des Tempels errichtete er Altäre zur Verehrung der Sterne. ⁶ Einen seiner Söhne verbrannte er als Opfer. Er gab sich mit Zeichendeutung und Wahrsagerei ab, ließ sich mit Toten- und mit Sehergeistern ein.* So tat er vieles, was Jahwe verabscheute, und forderte seinen Zorn heraus. ⁷ Er stellte das Bild der Göttin Aschera im Tempel auf, von dem Jahwe zu David und seinem Sohn Salomo gesagt hatte: »In diesem Haus und in Jerusalem, das ich mir aus allen Stämmen Israels ausgesucht habe,

soll mein Name für immer wohnen. ⁸ Ich will die Israeliten nicht mehr aus dem Land vertreiben, das ich ihren Vorfahren gegeben habe, wenn sie mir nur gehorchen und das Gesetz befolgen, das mein Diener Mose ihnen verordnet hat.« ⁹ Aber sie hörten nicht darauf, und Manasse verführte sie, mehr Böses zu tun als die Völker, die Jahwe vor den Israeliten beseitigt hatte.

¹⁰ Da ließ Jahwe ihnen durch seine Diener, die Propheten, sagen: ¹¹ »Weil König Manasse von Juda diese Gräueltaten verübt und Schlimmeres getan hat als die Amoriter, die früher hier gewohnt haben, und weil er ganz Juda durch seine Mistgötzen zur Sünde verführt hat, ¹² darum spricht Jahwe, der Gott Israels: ›Passt auf, ich werde ein Unheil über Juda und Jerusalem bringen, dass jedem, der davon hört, beide Ohren gellen! ¹³ Über Jerusalem wird dieselbe Messschnur gespannt wie über Samaria; sein Königshaus wird mit derselben Waage gewogen wie das Haus Ahab. Ich werde Jerusalem auswischen, so wie man eine Schüssel auswischt und umstülpt. ¹⁴ Und den Rest, der dann noch übrig geblieben ist, werde ich verstoßen. Ich gebe sie in die Gewalt ihrer Feinde, die sie ausrauben und plündern. ¹⁵ Denn von dem Tag an, als ihre Vorfahren aus Ägypten gezogen sind, haben sie Böses getan und meinen Zorn herausgefordert – bis heute.‹«

¹⁶ Manasse ließ auch sehr viele Menschen unschuldig umbringen; Ströme von Blut* flossen in Jerusalem. Das kam noch zu dem Götzendienst hinzu, mit dem er ganz Juda zur

---

21,1 *55 Jahre.* 697-642 v.Chr. Das war die längste Regierungszeit eines Königs im gesamten Israel. Die ersten zehn Jahre bis Hiskijas Tod war er Mitregent.

21,6 *... Sehergeistern.* Damit verstieß Manasse ausdrücklich gegen das Verbot dieser Dinge in 5. Mose 18,10.

21,16 *Ströme von Blut.* Josephus überliefert, dass Manasse täglich Menschen umbrachte. Auch der Prophet Jesaja soll ihm zum Opfer gefallen sein und in einem hohlen Baum zersägt worden sein, vgl. Hebräer 11,37.

Sünde verführte, sodass sie taten, was Jahwe verabscheute.

17 Was sonst noch über Manasses Herrschaft, seine Taten und seine Sünde zu sagen ist, findet man in der Chronik der Könige von Juda. 18 Als Manasse starb, wurde er im Garten seines Palastes, dem Garten, der einmal Usa gehört hatte, begraben. Die Herrschaft ging auf seinen Sohn Amon über.

Amon von Juda

19 Als Amon die Herrschaft antrat, war er 22 Jahre alt. Er regierte zwei Jahre* in Jerusalem. Seine Mutter hieß Meschullemet. Sie war eine Tochter von Haruz aus Jotba. 20 Wie sein Vater Manasse tat er, was Jahwe verabscheute. 21 In allem folgte er seinem Beispiel. Wie sein Vater opferte er den Götzen und warf sich vor ihnen nieder. 22 Er verließ Jahwe, den Gott seiner Vorfahren, und kümmerte sich nicht um seine Gebote. 23 Einige seiner Hofbeamten verschworen sich gegen ihn und töteten ihn in seinem Haus. 24 Doch das Volk brachte alle Verschwörer um und setzte Amons Sohn Joschija zum König ein. 25 Was sonst noch über Amons Herrschaft zu sagen ist, findet man in der Chronik der Könige von Juda. 26 Man bestattete ihn in seinem Familiengrab im Garten Usas und sein Sohn Joschija trat die Herrschaft an.

Joschija von Juda und das Gesetzbuch

22 1 Joschija war bei Herrschaftsantritt acht Jahre alt und regierte 31 Jahre in Jerusalem*. Seine Mutter hieß Jedida. Sie war eine Tochter Adajas und stammte aus Bozkat. 2 Joschija tat, was Jahwe gefiel. Er folgte dem Vorbild seines Vorfahren David und ließ sich durch nichts davon abbringen.

3 In seinem 18. Regierungsjahr* schickte er den Staatsschreiber Schafan Ben-Azalja, den Enkel Meschullams, mit dem folgenden Auftrag in Jahwes Haus: 4 »Geh zum Hohen Priester Hilkija und bitte ihn, das Geld bereitzuhalten, das in den Tempel Jahwes gebracht und von den Torhütern eingesammelt worden ist. 5 Er soll es den Meistern aushändigen, die für die Ausbesserungsarbeiten am Haus Jahwes verantwortlich sind. Diese sollen davon den Lohn für die Handwerker zahlen, 6 für die Zimmerleute, Bauarbeiter und Maurer, und davon auch die Kosten für das Baumaterial begleichen, für das Holz und die behauenen Steine. 7 Die Meister müssen keine Rechenschaft über die Ausgaben ablegen. Man soll auf ihre Ehrlichkeit vertrauen.«

8 Als der Staatsschreiber dem Hohen Priester alles ausgerichtet hatte, sagte dieser zu ihm: »Ich habe die Schriftrolle mit dem Gesetz* im Haus Jahwes gefunden!« und gab sie ihm. Schafan nahm sie entgegen und las darin. 9 Dann ging er zum König und

---

21,19 *zwei Jahre.* 642-640 v.Chr.

22,1 *31 Jahre.* 640-609 v.Chr.

22,3 *18. Regierungsjahr.* 622 v.Chr.

22,8 *Schriftrolle mit dem Gesetz.* Hier ist wohl das ganze 5. Buch Mose gemeint, das sich als geschlossenes Bundesgesetz darstellt.

meldete: »Deine Diener haben das Geld, das sich im Tempel vorfand, abgepackt und den Meistern ausgehändigt, die für die Ausbesserungsarbeiten am Haus Jahwes verantwortlich sind.« *10* Er berichtete dem König auch, dass der Hohe Priester Hilkija ihm eine Schriftrolle gegeben hatte, und las sie dem König vor.

11 Als der König hörte, was in dieser Schriftrolle mit dem Gesetz stand, riss er seine Kleider ein *12* und befahl dem Hohen Priester Hilkija, Ahikam Ben-Schafan, Achbor Ben-Michaja, Schafan, dem Staatsschreiber, und Asaja, dem Vertrauten des Königs: *13* »Geht und fragt Jahwe um Rat wegen der Worte in dieser Schriftrolle. Fragt ihn für mich, für das Volk und für ganz Juda. Denn Jahwe muss sehr zornig auf uns sein, weil unsere Vorfahren nicht auf die Worte in dieser Schriftrolle gehört und sich nicht nach dem gerichtet haben, was dort für uns geschrieben steht.«

14 Da gingen die fünf Männer zu der Prophetin Hulda, die in der Neustadt von Jerusalem wohnte, und redeten mit ihr. Sie war die Frau von Schallum Ben-Tikwa, dem Enkel von Harha, dem Aufseher über die Kleiderkammern. *15* Sie sagte ihnen im Namen Jahwes: »Richtet dem Mann, der euch zu mir geschickt hat, Folgendes aus: *16* ›So spricht Jahwe: Passt auf, ich werde Unglück über diese Stadt und ihre Bewohner bringen, wie es in der

Schriftrolle steht, die der König von Juda gelesen hat. *17* Sie haben mir die Treue gebrochen und anderen Göttern Rauchopfer gebracht. Mit ihren selbstgemachten Götzenbildern haben sie mich zum Zorn gereizt. Mein Grimm hat sich an dieser Stadt entzündet und wird sie verbrennen!‹ *18* Doch zum König selbst, der euch hergeschickt hat, um Jahwe zu befragen, sollt ihr sagen: ›So spricht Jahwe, Israels Gott: Du hast die Worte gehört, *19* die ich gegen diese Stadt und ihre Bewohner gerichtet habe, dass sie zu einem abschreckenden Beispiel und zum Fluchwort werden sollen. Doch du hast dich vor mir gebeugt, du hast deine Kleider eingerissen und vor mir geweint. Darum habe ich dein Gebet erhört, sagt Jahwe. *20* Du wirst in Frieden sterben und im Grab deiner Väter bestattet werden. Du wirst das Unheil, das ich über diese Stadt bringen werde, nicht mit ansehen müssen.‹« Die Abgesandten richteten dem König alles aus.

Joschijas Reformen

23 *1* Da ließ der König alle Ältesten von Jerusalem und Juda zu sich kommen *2* und ging mit allen Männern von Juda in den Tempel hinauf und mit ihm alle Einwohner Jerusalems, die Priester und Propheten und überhaupt das ganze Volk, klein und groß. Dort ließ er ihnen das ganze Bundesgesetz* vorlesen, das im Haus Jahwes gefunden worden war. *3* Der König stand auf der obersten Stufe und schloss einen Bund mit Jahwe. Er verpflichtete das ganze Volk, Jahwe nachzufolgen, seine Gebote, Anweisungen und Ordnungen mit ganzem

---

23,3 *Bundesgesetz.* Die kürzeste Zusammenfassung davon sind die Zehn Gebote (5. Mose 5).

Herzen und ganzer Seele zu befolgen, alles zu erfüllen, was in der Schriftrolle gefordert war. Das ganze Volk trat in den Bund ein.

4 Der König befahl dem Hohen Priester Hilkija, den Oberpriestern und den Torhütern, alle Spuren des Götzendienstes aus dem Tempel zu entfernen. Alle Gegenstände und Einrichtungen, die für den Baal, die Aschera und das Heer der Sterne bestimmt waren, ließ er hinausbringen und außerhalb Jerusalems in den Terrassengärten am Kidrontal verbrennen. Die Asche ließ er nach Bet-El schaffen. *5* Er setzte die Götzenpriester ab, die von den Königen Judas eingesetzt worden waren und in den Höhenheiligtümern der Städte Judas und der Umgebung von Jerusalem Räucheropfer brachten. Er entließ auch alle, die dem Baal, der Sonne, dem Mond, den Tierkreiszeichen und dem ganzen Sternenheer geräuchert hatten. *6* Er schaffte die Aschera aus dem Haus Jahwes hinaus und verbrannte sie im Kidrontal. Die Überreste ließ er zu Staub zerstoßen und auf die Gräber des einfachen Volkes streuen. *7* Er ließ im Tempelgelände die Häuser der Männer abreißen, die sich für den Fruchtbarkeitskult prostituiert hatten. Auch Frauen hatten dort Gewänder für die Aschera gewebt. *8* Joschija ließ alle Priester aus den Städten Judas nach Jerusalem kommen und alle Höhenheiligtümer von Geba bis Beerscheba*, wo sie Räucheropfer dargebracht hatten, entweihen. Er riss auch die Altäre vor dem Tor des Stadtkommandanten Joschua nieder. Sie standen auf der linken Seite, wenn man zum Tor hereinkam. *9* Die Priester der Höhenheiligtümer durften

zwar keinen Opferdienst am Altar Jahwes tun, bekamen aber Anteil an den ungesäuerten Broten, die den Priestern zustehen. *10* Der König entweihte auch die Opferstätte des Tofet* im Ben-Hinnom-Tal, damit dort niemand mehr seinen Sohn oder seine Tochter als Opfer für den Moloch verbrennen konnte. *11* Außerdem ließ er die Standbilder der Pferde abreißen, die die Könige von Juda zu Ehren der Sonne im Haus Jahwes aufgestellt hatten. Sie standen in den Arkaden beim Dienstraum des Hofbeamten Netan-Melech. Und die dazugehörigen Sonnenwagen ließ er verbrennen. *12* Auch die Altäre, die die Könige von Juda auf dem Dach des von Ahas erbauten Obergeschosses errichtet hatten, ließ der König abbrechen, zertrümmern und ihren Schutt ins Kidrontal werfen. *13* Der König entweihte auch die Höhenheiligtümer, die östlich vor Jerusalem und südlich vom Berg des Verderbens* standen. König Salomo hatte sie einst für Astarte, die Missgestalt der Sidonier*, für Kemosch, das Scheusal der Moabiter, und für Milkom, den Gräuel der Ammoniter*, bauen lassen. *14* Er ließ die Steinmale zerbrechen und die Aschera-Pfähle umhauen.

23,8 *Geba* lag an der Nordgrenze des damaligen Reiches, *Beerscheba* an der Südgrenze.

23,10 *Tofet* bedeutet so viel wie Gräuel oder Gespei.

23,13 *Berg des Verderbens.* Gemeint ist wohl der Ölberg, denn *Verderben* und *Salböl* klingen im Hebräischen sehr ähnlich.

Sidonier waren Einwohner der Stadt *Sidon* und ihres Herrschaftsbereichs in Phönizien, heute Saida im Libanon.

Die *Moabiter* lebten östlich vom Toten Meer und die *Ammoniter* nordöstlich davon.

Überall, wo sie gestanden hatten, ließ er Menschenknochen hinwerfen.* 15 Auch den Altar in dem Höhenheiligtum Bet-El, das Jerobeam Ben-Nebat gebaut und damit Israel zur Sünde verführt hatte, ließ der König zerstören. Den Altar ließ er abreißen, den Tempel und die Aschera niederbrennen und alles zu Staub zermalmen. 16 Vorher noch hatte er den Altar entweiht. Er hatte sich umgesehen und die Grabhöhlen am Hang entdeckt. Da ließ er die Gebeine herausholen und auf dem Altar verbrennen. So ging das Wort Jahwes in Erfüllung, das der Mann Gottes damals ausrief.* 17 Der Blick des Königs war gerade auf dessen Grabmal gefallen, und er fragte die Bewohner der Stadt danach. Sie erwiderten: »Das ist das Grab des Gottesmannes, der aus Juda gekommen ist und genau diese Dinge vorausgesagt hat, die du jetzt mit diesem Altar getan hast.« 18 Da befahl der König: »Lasst ihn ruhen! Niemand soll sich an seinen Gebeinen vergreifen!« So wurden seine Gebeine verschont,* ebenso die Gebeine des anderen Propheten, der aus Samaria stammte. 19 Joschija beseitigte auch alle anderen Höhenheiligtümer der Städte Samarias. Die Könige Israels hatten sie bauen lassen und ihren Gott damit herausgefordert. Er

verfuhr mit diesen Heiligtümern genauso wie mit dem in Bet-El. 20 Er ließ ihre Priester auf den Altären abschlachten und außerdem Menschenknochen darauf verbrennen. Daraufhin kehrte er nach Jerusalem zurück.

21 Dann befahl der König dem ganzen Volk: »Feiert Jahwe, eurem Gott, ein Passafest*, wie es in unserem Bundesbuch beschrieben ist!« 22 Denn so war das Fest seit der Zeit der Richter, die Israel angeführt hatten, und die ganze Zeit der Könige Israels und Judas hindurch nicht mehr gefeiert worden. 23 Aber jetzt, im 18. Regierungsjahr* von König Joschija wurde dieses Passa für Jahwe in Jerusalem gefeiert. 24 Joschija hatte alle Totenbeschwörer und Wahrsager, die Hausgötter und alle anderen Scheusale in Juda und Jerusalem abgeschafft, um alles nach dem Wortlaut des Gesetzes in der Schriftrolle zu erfüllen, die der Priester Hilkija im Haus Jahwes gefunden hatte. 25 Weder vor Joschija noch nach ihm gab es einen König, der mit ganzem Herzen, ganzer Seele und ganzer Kraft zu Jahwe umgekehrt wäre und sich so wie er nach dem ganzen Gesetz Moses richtete.

Das Ende Joschijas

26 Trotzdem löschte Jahwe die gewaltige Glut seines Zornes über Juda nicht mehr aus. Dieser war wegen der schweren Beleidigungen ausgebrochen, die Manasse ihm zugefügt hatte. 27 So blieb Jahwe bei seinem Entschluss: »Auch Juda will ich mir aus den Augen schaffen, wie ich Israel verstoßen habe. Und mit dieser Stadt, die ich erwählt habe, mit Jerusalem, will ich nichts mehr zu tun haben!

23,14 *Menschenknochen hinwerfen.* So wurden diese Stätten entweiht.

23,16 *damals ausrief.* Siehe 1. Könige 13,2. Das Geschehen lag mehr als 300 Jahre zurück.

23,18 *Gebeine verschont.* Siehe 1. Könige 13,30-32.

23,21 *Passafest.* Siehe 5. Mose 16,1-8.

23,23 *18. Regierungsjahr.* 622 v.Chr. Joschija war damals 26 Jahre alt.

Ebenso wenig mit dem Haus, von dem ich einst sagte, dass mein Name dort wohnen soll!«

²⁸ Was es sonst noch über Joschijas Herrschaft zu berichten gibt, findet man in der Chronik der Könige von Juda. ²⁹ Während seiner Regierungszeit zog Pharao Necho*, der König von Ägypten, mit seinem Heer zum König von Assyrien* an den Euphrat. Doch Joschija stellte sich ihm bei Megiddo entgegen* und wurde gleich zu Beginn des Kampfes getötet. ³⁰ Seine Diener brachten den toten König auf einem Wagen nach Jerusalem und bestatteten ihn in der vorbereiteten Gruft. Das Volk salbte seinen Sohn Joahas zum König und setzte ihn als Nachfolger ein.

Joahas und Jojakim

³¹ Joahas war bei Herrschaftsantritt 23 Jahre alt und regierte drei Monate* in Jerusalem. Seine Mutter hieß Hamutal und war die Tochter von Jirmeja aus Libna. ³² Er tat, was Jahwe verabscheute, genau wie seine Vorfahren. ³³ Pharao Necho setzte ihn jedoch ab und nahm ihn in Ribla* in der Provinz Hamat gefangen. Das Land musste einen Tribut von dreieinhalb Tonnen Silber und 34 Kilogramm Gold an ihn zahlen. ³⁴ Dann setzte Pharao Necho Eljakim, einen anderen Sohn Joschijas, zum König ein und änderte seinen Namen in Jojakim. Joahas nahm er nach Ägypten mit, wo dieser bis zu seinem Tod blieb. ³⁵ Jojakim lieferte dem Pharao das Silber und Gold ab. Um die verlangte Summe aufbringen zu können, musste er das Land besteuern. Von jedem Einwohner forderte er

einen Betrag entsprechend seinem Vermögen.

³⁶ Jojakim war bei Herrschaftsantritt 25 Jahre alt und regierte elf Jahre* in Jerusalem. Seine Mutter hieß Sebuda und war die Tochter von Pedaja aus Ruma*. ³⁷ Auch er tat, was Jahwe verabscheute, genau wie seine Vorgänger.

24

¹ Während seiner Regierungszeit zog König Nebukadnezzar* von Babylon mit einem Heer heran. Jojakim unterwarf sich ihm.* Drei Jahre später jedoch lehnte er sich gegen ihn auf.* ² Da ließ

23,29 *Necho II.* herrschte von 610-595 v.Chr. über Ägypten.

zum König von Assyrien. Necho wollte König Assur-Ubalit II., dem letzten assyrischen König, gegen die wachsende babylonische Macht unter Nabopolassar helfen. Das muss im Jahr 609 v.Chr. gewesen sein.

bei Megiddo entgegen. Wahrscheinlich sperrte Joschija den Pass von Megiddo für die ägyptische Armee.

23,31 *drei Monate.* Das war 609 v.Chr.

23,33 In *Ribla* am Orontes, etwa 105 km nördlich von Damaskus, hatte Necho sein Hauptquartier aufgeschlagen.

23,36 *elf Jahre.* 609-598 v.Chr.

Ruma lag 10 km nördlich des späteren Nazaret.

24,1 *Nebukadnezzar* war der mächtigste König von Babylon und regierte von 605-562 v.Chr.

unterwarf sich ihm. Das muss im Jahr 605 v.Chr. gewesen sein und war der Beginn der babylonischen Gefangenschaft der Juden, weil hier schon die ersten Geiseln (unter denen sich auch Daniel befand, vgl. Daniel 1,1-3) weggeführt wurden.

lehnte sich auf. Vielleicht war sein Entschluss davon beeinflusst, dass sich Ägypten 601 v.Chr. erfolgreich gegen Nebukadnezzar verteidigt hatte.

Jahwe Räuberbanden der Chaldäer* und solche aus Syrien, Moab und Ammon in Juda einfallen, um es zu Grunde zu richten. So hatte es Jahwe durch seine Propheten, die ihm dienten, angekündigt. *3* Ja, das alles geschah ausdrücklich auf den Befehl Jahwes hin, denn er wollte sich die Judäer aus den Augen schaffen. Manasses Sünden und sein ganzes Tun, *4* die vielen unschuldig umgebrachten Menschen, die Ströme von Blut, die in Jerusalem geflossen waren, wollte Jahwe nicht mehr vergeben.

5 Was sonst noch über Jojakims Herrschaft zu sagen ist, findet man in der Chronik der Könige von Juda. *6* Als er starb, wurde sein Sohn Jojachin* König. *7* Zu dieser Zeit wagte es der König von Ägypten nicht mehr, die Grenzen seines Landes zu überschreiten, denn der König von Babylon hatte ihm alle Gebiete vom Bach Ägyptens* bis an den Euphrat abgenommen.

Jojachin von Juda

8 Jojachin war bei Herrschaftsantritt 18 Jahre alt* und regierte drei Monate in Jerusalem. Seine Mutter hieß Nehuschta und war die Tochter Elnatans aus Jerusalem. *9* Er tat, was Jahwe verabscheute, genau wie seine Vorgänger.

10 Damals war das Heer des Königs Nebukadnezzar von Babylon erneut gegen Jerusalem gezogen und hatte die Stadt belagert. *11* Während der Belagerung erschien Nebukadnezzar selbst vor der Stadt. *12* Da ergab sich Jojachin. Zusammen mit seiner Mutter, seinen Beamten, seinen Offizieren und Hofleuten ging er zum König von Babylon hinaus, der ihn sogleich gefangen nahm. Das geschah im 8. Regierungsjahr Nebukadnezzars. *13* Und wie Jahwe es angedroht hatte, ließ Nebukadnezzar alle Schätze, die sich im Tempel Jahwes und im Königspalast befanden, wegschaffen und alle goldenen Gegenstände zerschlagen, die König Salomo von Israel für den Tempel hatte anfertigen lassen. *14* Aus Jerusalem führte er alle Offiziere und erfahrenen Soldaten in die Verbannung, alle Bau- und Metallhandwerker, insgesamt zehntausend Mann. Zurück blieb nur das einfache Volk. *15* Auch Jojachin ließ er nach Babylon schaffen, ebenso seine Mutter, seine Frauen, seine Hofleute und die wohlhabenden Bürger des Landes. Sie alle schickte er von Jerusalem in die Verbannung nach Babylonien, *16* dazu siebentausend Soldaten und tausend Bauhandwerker und Schmiede, alle, die mit Waffen umgehen konnten. *17* In Jerusalem setzte er an Jojachins Stelle dessen Onkel Mattanja als König ein und änderte seinen Namen in Zidkija.

24,2 Die *Chaldäer* waren aramäisch (syrisch) sprechende Semiten aus dem südlichen Zweistromland.

24,6 *Jojachin* wird auch *Jechonja* (1. Chronik 3,16) und *Konja* (Jeremia 22,4) genannt.

24,7 Nach Josua 15,4 war der *Bach Ägyptens* die Grenze zwischen Israel und Ägypten. Heute: Wadi El-Arisch.

24,8 *König wurde.* Weil babylonische Schriften den Fall Jerusalems auf den 16. März 597 datieren, muss Jojachin im Dezember 598 König geworden sein.

Zidkija von Juda

18 Als Zidkija die Herrschaft antrat, war er 21 Jahre alt. Er regierte elf Jahre in Jerusalem. Seine Mutter hieß Hamutal; sie war eine Tochter von Jirmeja und stammte aus Libna. 19 Zidkija tat wie Jojakim, was Jahwe verabscheute. 20 Doch jetzt war das Maß voll. Jahwe war so zornig über die Leute von Juda und Jerusalem, dass er sie aus seinen Augen wegschaffen ließ.

Dann lehnte sich Zidkija gegen den König von Babylon auf.

25 1 Da zog Nebukadnezzar erneut mit einem Heer gegen Jerusalem und ließ einen Belagerungswall rings um die Stadt aufschütten. Die Belagerung begann im neunten Regierungsjahr Zidkijas, am 15. Januar*, 2 und dauerte bis ins elfte Regierungsjahr Zidkijas.* 3 Zuletzt hatte der Hunger in der Stadt überhand genommen. Für das einfache Volk war nichts mehr zu essen da. Am 18. Juli* 4 wurde eine Bresche in die Stadtmauer geschlagen. In der Nacht darauf floh der König mit seinen Soldaten durch den Torweg zwischen den beiden Mauern am Königsgarten und durchbrach den Belagerungsring. Er versuchte, in Richtung der Araba* zu entkommen. 5 Doch die chaldäischen Truppen nahmen die Verfolgung auf und holten Zidkija in der Araba bei Jericho* ein. 6 Sie nahmen den König gefangen und brachten ihn nach Ribla* vor den König von Babylon, der das Urteil über ihn sprach. 7 Zidkija musste zusehen, wie seine Söhne abgeschlachtet wurden; dann stach man ihm die Augen aus und brachte ihn in Ketten nach Babylon.

Die Zerstörung Jerusalems

8 Es war das 19. Regierungsjahr des Königs Nebukadnezzar von Babylon. Am 14. August dieses Jahres* traf Nebusaradan, der Befehlshaber der königlichen Leibwache, einer der engsten Vertrauten des Königs, in Jerusalem ein. 9 Er ließ den Tempel Jahwes, den Königspalast und alle großen Häuser niederbrennen. 10 Seine Truppen zerstörten auch die ganze Stadtmauer. 11 Dann ließ Nebusaradan den Rest der Einwohner und alle, die zum König von Babel übergelaufen waren, gefangen nehmen und in die Verbannung führen. 12 Nur einige Leute vom einfachen Volk ließ er zurück, um die Äcker und Weinberge zu bestellen.

25,1 *15. Januar.* Wörtlich: am zehnten des zehnten Monats.

25,2 *elfte Regierungsjahr Zidkijas.* 588-586 v.Chr.

25,3 *18. Juli.* Wörtlich: am neunten des vierten Monats. Die Belagerung dauerte also (mit Unterbrechung, vgl. Jeremia 37,5) zweieinhalb Jahre.

25,4 Als *Araba* wird der Jordangraben bezeichnet, der sich von Nord nach Süden durch ganz Israel zieht, sogar noch über das Tote Meer hinaus bis nach Elat. Er ist zwischen 12,5 und 22,5 km breit und befindet sich fast überall unter dem Meeresspiegel, im Toten Meer 394 m unter NN.

25,5 *bei Jericho.* Das war eine Strecke von etwa 25 km bei einem Höhenunterschied von mehr als 1000 m.

25,6 *Ribla.* Vergleiche 2. Könige 23,33.

25,8 *14. August dieses Jahres.* Wörtlich: am siebten des fünften Monats. Es war das Jahr 586 v.Chr.

25,13 *Meer.* Vergleiche 2. Könige 16,17.

13 Die Chaldäer zertrümmerten die beiden Bronzesäulen, die vor dem Haus Jahwes standen, ebenso die Kesselwagen und das bronzene »Meer«* und schafften das Metall nach Babylon. 14 Sie nahmen auch die Töpfe und Schaufeln, die Messer, die Schalen und alle anderen Bronzegegenstände mit, die für den Tempeldienst gebraucht worden waren. 15 Auch die Feuerpfannen und Sprengschalen, überhaupt alles, was aus reinem Gold und Silber war, nahm der Befehlshaber der Leibwache mit. 16 Für die beiden Säulen, das »Meer« und die Kesselwagen im Haus Jahwes hatte Salomo eine ungeheure Menge Bronze verarbeitet. 17 Jede der Säulen war neun Meter hoch, und auf jeder ruhte ein Kapitell von anderthalb Meter Höhe*, das ringsum mit einem Gitterwerk und mit Granatäpfeln verziert war, alles aus Bronze.

18 Der Befehlshaber der Leibwache ließ den obersten Priester Seraja festnehmen, dazu seinen Stellvertreter Zefanja und die drei für die Torwache verantwortlichen Priester. 19 In der Stadt fanden sich noch der Hofbeam-

te, der für die Soldaten zuständig gewesen war, fünf Männer, die zu den Vertrauten des Königs gehört hatten, der Beamte, der für die Musterung des Heeres verantwortlich war, und 60 seiner Männer. 20 Nebusaradan, der Befehlshaber der Leibwache, brachte sie nach Ribla zum König von Babel. 21 Dieser ließ sie dort, in der Provinz Hamat, hinrichten. – So wurde das Volk von Juda in die Verbannung geführt.

Der Statthalter Gedalja

22 Über den Rest der Bevölkerung von Juda, die Nebukadnezzar im Land übrig gelassen hatte, setzte er Gedalja Ben-Ahikam, den Enkel Schafans, als Statthalter ein. 23 Als nun die Truppenführer, die entkommen waren, davon erfuhren, kamen sie mit ihren Leuten zu Gedalja nach Mizpa*. Es waren Jischmaël Ben-Netanja, Johanan Ben-Kareach, Seraja Ben-Tanhumet aus Netofa und Jaasanja aus Maacha. 24 Gedalja versprach ihnen unter Eid: »Ihr müsst keine Angst vor den Chaldäern haben. Bleibt im Land und dient dem König von Babylon! Dann wird euch nichts geschehen.«

25 Doch im Oktober* kam Jischmaël Ben-Netanja wieder nach Mizpa. Er war der Enkel von Elischama und stammte aus der königlichen Familie und hatte zehn Männer mitgebracht. Sie töteten Gedalja und alle Judäer und Chaldäer, die bei ihm waren. 26 Daraufhin floh die ganze Bevölkerung Judas, klein und groß, mit den Truppenführern nach Ägypten, denn sie fürchteten die Rache der Chaldäer.

25,17 *anderthalb Meter Höhe.* Wörtlich: 3 Ellen. Nach 1. Könige 7,15-22 und Jeremia 52,22 waren die Kapitelle 5 Ellen, also etwa 2,50 m hoch. Wenn man diese Angaben und die aus 1. Könige 7 zugrunde legt, betrug das Gewicht jeder Säule insgesamt etwa 40 Tonnen.

25,23 *Mizpa* liegt 12 km nördlich von Jerusalem.

25,25 *im Oktober.* Wörtlich: im siebten Monat. Es war immer noch das Jahr 586 v.Chr.

Jojachins Begnadigung

27 In dem Jahr, als Ewil-Merodach König von Babylonien wurde, begnadigte er König Jojachin von Juda und holte ihn aus dem Gefängnis. Das geschah im 37. Jahr der Gefangenschaft Jojachins, am 22. März*. *28* Er behandelte ihn freundlich und gab ihm eine Ehrenstellung unter den Königen, die nach Babylon gebracht worden waren. *29* Jojachin durfte seine Gefängniskleidung ablegen und zeitlebens an der Tafel des Königs speisen. *30* Der König sorgte auch sonst für seinen Unterhalt. Bis zu seinem Lebensende bekam er täglich, was er brauchte.

25,27 *22. März.* Wörtlich: am 27. des 12. Monats. Es war im Jahr 561 v.Chr.

Das erste Buch der Chronik

In der hebräischen Bibel bilden die beiden Chronikbücher ein einziges Werk, das an den Schluss des hebräischen Kanons gestellt wurde, um ihm besonderes Gewicht zu verleihen. Das Werk beginnt mit der Schöpfung und schließt mit dem Ende der babylonischen Gefangenschaft, konzentriert sich aber vor allem auf die Geschichte der jüdischen Könige. Es ist fast ausschließlich eine Bearbeitung aus vorhandenem Quellenmaterial. Damit sollte den aus dem Exil heimgekehrten Juden eine geistliche Orientierung durch Rückbesinnung auf die Vergangenheit gegeben werden.

Das erste Buch beginnt bei Adam und enthält viele Geschlechtsregister, um sicher nachweisen zu können, welche Familien in diesem zweiten Staat vertreten waren. Denn Gottes Erlösungsplan war an sie gebunden.

Es gibt eine Anzahl Argumente dafür, dass der Priester Esra beide Bücher um 430 v.Chr. zusammengestellt hat.

Von Adam bis Noah

1 ¹ Adam, Set, Enosch, ² Kenan, Mahalalel, Jered, ³ Henoch, Metuschelach, Lamech, ⁴ Noah. Noah hatte drei Söhne: Sem, Ham und Jafet.

Die Jafetiten

5 Die Söhne Jafets waren: Gomer, Magog, Madai, Jawan, Tubal, Meschech und Tiras. 6 Von Gomer stammen ab: Aschkenas, Rifat und Togarma. 7 Von Jawan: Elischa, Tarschisch, die Kittäer und die Rodaniter.

Die Hamiten

8 Die Söhne Hams waren: Kusch, Mizrajim, Put und Kanaan. 9 Von Kusch stammen ab: Seba, Hawila, Sabta, Ragma und Sabtecha. Von Ragma: Saba und Dedan. 10 Kusch zeugte auch Nimrod, den ersten Gewaltherrscher auf der Erde. 11 Mizrajim war der Stammvater der Luditer, Anamiter, Lehabiter, Naftuhiter, 12 Patrositer, Kasluhiter sowie der Kaftoriter, von denen die Philister herkommen. 13 Die Nachkommen Kanaans waren: Sidon, sein Erstgeborener, und Het, 14 außerdem die Jebusiter, Amoriter, Girgaschiter, 15 Hiwiter, Arkiter, Siniter, 16 Arwaditer, Zemariter und Hamatiter.

Die Semiten

17 Die Söhne Sems waren: Elam, Assur, Arpachschad, Lud, Aram, Uz, Hul, Geter und Meschech. 18 Arpachschad zeugte Schelach, Schelach zeugte Eber. 19 Eber wurden zwei Söhne geboren, einer hieß Peleg, Teilung, weil zu seiner Zeit die Erde geteilt wurde*, sein Bruder Joktan.

1,19 geteilt wurde. Das wird meist im Sinn einer Aufteilung der Erde unter die Völker verstanden, wie sie in 1. Mose 11 berichtet ist. Manche sehen hier aber auch einen Hinweis auf den Beginn der geologischen Kontinentalverschiebung, was durch neuere Modellrechnungen plausibel gemacht werden kann.

20 Joktans Nachkommen waren: Almodad, Schelef, Hazarmawet, Jerach, 21 Hadoram, Usal, Dikla, 22 Obal, Abimaël, Saba, 23 Ofir, Hawila und Jobab. Sie alle sind Nachkommen Joktans.

Von Sem bis Abraham

24 Sem, Arpachschad, Schelach, 25 Eber, Peleg, Regu, 26 Serug, Nahor, Terach, 27 Abram, der später Abraham genannt wurde. 28 Die Söhne Abrahams waren Isaak und Ismaël.

Die Nachkommen Ismaëls

29 Es folgt das Verzeichnis ihrer Nachkommen*: Ismaëls Erstgeborener war Nebajot, dann folgten Kedar, Adbeel, Mibsam, 30 Mischma, Duma, Massa, Hadad, Tema, 31 Jetur, Nafisch und Kedma. Sie alle waren Nachkommen Ismaëls.

Die Nachkommen Keturas

32 Auch von seiner Nebenfrau Ketura hatte Abraham Söhne. Sie gebar Simran, Jokschan, Medan, Midian, Jischbak und Schuach. Die Söhne von Jokschan waren Saba und Dedan. 33 Die Söhne von Midian waren Efa, Efer, Henoch, Abida und Eldaga. Sie alle waren Nachkommen Keturas.

Die Nachkommen Esaus

34 Abrahams Sohn Isaak hatte zwei Söhne: Esau und Israel*. 35 Die Söhne von Esau waren: Elifas, Reguël, Jëusch, Jalam und Korach. 36 Die Söhne von Elifas waren: Teman, Omar, Zefo, Gatam, Kenas, Timna und Amalek. 37 Die Söhne Reguëls: Nahat, Serach, Schamma und Misa. 38 Die Söhne von Seïr waren: Lotan, Schobal, Zibon, Ana, Dischon, Ezer und Dischan. 39 Die Söhne Lotans: Hori und Hemam. Lotans Schwester war Timna. 40 Die Söhne Schobals: Alwan, Manahat, Ebal, Schefi und Onam. Die Söhne Zibons: Aja und Ana. 41 Der Sohn von Seïrs Sohn Ana war Dischon. Die Söhne von Seïrs Sohn Dischon: Hemdan, Eschban, Jitran und Keran. 42 Die Söhne Ezers waren Bilhan, Saawan und Akan. Die Söhne Dischans: Uz und Aran.

Die Könige von Edom

43 Bevor es in Israel einen König gab, herrschten folgende Könige über das Land Edom: Zuerst war es Bela, der Sohn Beors, in der Stadt Dinhaba. 44 Nach dem Tod Belas wurde Jobab, der Sohn Serachs, aus der Stadt Bozra König. 45 Nach dem Tod Jobabs wurde Huscham aus dem Gebiet des Stammes Teman König. 46 Nach dem Tod Huschams wurde Hadad, der Sohn Bedads, in der Stadt Awit König. Er besiegte die Midianiter in einer Schlacht auf dem Gebiet von Moab. 47 Nach seinem Tod wurde Samla aus der Stadt Masreka König. 48 Als Samla starb, wurde Schaul aus der Stadt Rehobot am Fluss König. 49 Als Schaul starb, wurde Baal-Hanan, der Sohn Achbors König. 50 Nach dem Tod Baal-Hanans wurde Hadad in der Stadt Pagu König. Seine

---

1,29 Nachkommen. Hebräisch toledot, siehe 1. Mose 2,4.

1,34 Israel hieß ursprünglich Jakob (1. Mose 32,28-29).

Frau Mehetabel war eine Tochter Matreds und Enkelin Me-Sahabs. 51 Als Hadad starb, gab es folgende Stammesfürsten in Edom: Timna, Alwa, Jetet, 52 Oholibama, Ela, Pinon, 53 Kenas, Teman, Mibzar, 54 Magdiël und Iram. Das waren die Fürsten Edoms.

Die Söhne Jakobs (Israels)

2 1 Die Söhne Israels waren: Ruben, Simeon, Levi, Juda, Issachar, Sebulon, 2 Dan, Josef, Benjamin, Naftali, Gad und Ascher.

Die Nachkommen Judas

3 Die Söhne Judas waren: Er, Onan und Schela. Diese drei hatte ihm die Tochter von Schua, eine Kanaaniterin, geboren. Aber Er, sein Erstgeborener, tat, was Jahwe missfiel, und Jahwe ließ ihn sterben.* 4 Judas Schwiegertochter Tamar gebar ihm dann noch Perez und Serach. Insgesamt hatte Juda fünf Söhne. 5 Die Söhne von Perez waren: Hezron und Hamul. 6 Die Söhne Serachs: Simri, Etan, Heman, Kalkol und Darda, insgesamt fünf. 7 Karmi hatte einen Sohn namens Achan, der Israel ins Unglück stürzte, weil er sich an Gütern vergriff, die mit einem Bann belegt waren.* 8 Etan hatte einen Sohn namens Asarja. 9 Die Söhne, die Hezron geboren wurden, waren Jerachmeël, Ram und Kaleb.*

2,3 ... *sterben.* Siehe 1. Mose 38,1-11.

2,7 *Bann belegt waren.* Vergleiche Josua 6-7!

2,9 ... *Kaleb.* Die in diesem Abschnitt genannten Namen wurden aus mehreren Generationen repräsentativ ausgewählt.

Die Nachkommen Rams

10 Ram zeugte Amminadab, Amminadab zeugte Nachschon, das Oberhaupt des Stammes Juda. 11 Nachschon zeugte Salmon, Salmon Boas, 12 Boas Obed, Obed Isai. 13 Isai zeugte als Erstgeborenen Eliab, danach als zweiten Abinadab, als dritten Schima, 14 als vierten Netanel, als fünften Raddai, 15 als sechsten Ozem, als siebten David. 16 Die sieben hatten als Schwestern Zeruja und Abigal. Zeruja hatte drei Söhne: Abischai, Joab und Asaël. 17 Abigal gebar Amasa, dessen Vater der Ismaëlit Jeter war.

Die Nachkommen Kalebs

18 Kaleb, der Sohn Hezrons, zeugte Söhne mit Asuba, seiner Frau, und mit Jeriot. Deren Söhne waren Jescher, Schobab und Ardon. 19 Nach Asubas Tod verheiratete Kaleb sich mit Efrata, die gebar ihm Hur. 20 Hur zeugte Uri, und Uri zeugte Bezalel. 21 Später heiratete Kalebs Vater Hezron noch einmal im Alter von 60 Jahren. Seine Frau, eine Tochter Machirs, des Stammvaters von Gilead, gebar ihm Segub. 22 Segub zeugte Jaïr. Ihm gehörten 23 Ortschaften im Land Gilead, 23 die »Zeltdörfer Jaïrs«. Aber die Geschuriter und Syrer nahmen sie ihm ab, ebenso die Stadt Kenat mit den dazugehörenden Dörfern, insgesamt 60 Orte, die alle den Nachkommen Machirs gehört hatten.

24 Nach dem Tod Hezrons in Kaleb-Efrata brachte dessen Frau Abija noch einen Sohn zu Welt. Er hieß Aschhur und gründete Tekoa.

Die Nachkommen Jerachmeëls

25 Jerachmeël, der erstgeborene Sohn Hezrons, hatte folgende Söhne: Ram, seinen Erstgeborenen, dann Buna, Oren, Ozem von Ahija. 26 Er hatte noch eine zweite Frau namens Atara, die war die Mutter seines Sohnes Onam. 27 Die Söhne seines Erstgeborenen Ram waren Maaz, Jamin und Eker. 28 Die Söhne Onams waren Schammai und Jada. Die Söhne Schammais Nadab und Abischur. 29 Die Frau Abischurs hieß Abihajil, sie gebar ihm Achban und Molid. 30 Die Söhne Nadabs waren Seled und Appajim. Seled starb, ohne Kinder zu hinterlassen. 31 Der Sohn Appajims war Jischi, der Sohn Jischis Scheschan, und der Sohn Scheschans war Achlai. 32 Jada, der Bruder von Schammai, hatte zwei Söhne: Jeter und Jonatan. Jeter starb kinderlos. 33 Die Söhne Jonatans waren Pelet und Sasa. Diese alle waren Nachkommen Jerachmeëls.

34 Scheschan hatte übrigens keine Söhne, sondern nur Töchter. 35 Eine von ihnen gab er seinem ägyptischen Sklaven Jarha zur Frau, und sie gebar ihm Attai. 36 Von ihm stammen in direkter Linie ab: Natan, Sabad, 37 Eflal, Obed, 38 Jehu, Asarja, 39 Helez, Elasa, 40 Sismai, Schallum, 41 Jekamja und Elischama.

Zweite Liste der Nachkommen Kalebs

42 Die Söhne Kalebs, des Bruders von Jerachmeël, waren Mescha, sein Erstgeborener – er war der Stammvater von Sif –, und die Söhne Mareschas, des Stammvaters von Hebron. 43 Die Söhne Hebrons waren: Korach, Tappuach, Rekem und Schema. 44 Schema zeugte Raham, den Stammvater von Jorkoam. Rekem zeugte Schammai, 45 dessen Sohn war Maon, der Stammvater von Bet-Zur.

46 Efa, eine Nebenfrau Kalebs, gebar ihm die Söhne Haran, Moza und Gases. Haran zeugte Jahdai; 47 dessen Söhne waren: Regem, Jotam, Geschan, Pelet, Efa und Schaaf. 48 Maacha, eine andere Nebenfrau Kalebs, gebar ihm Scheber und Tirhana, 49 später auch Schaaf, den Stammvater von Madmanna, und Schewa, den Stammvater von Machbena und von Gibea. Kaleb hatte auch eine Tochter Achsa.

50 Das waren die Nachkommen Kalebs: Die Söhne Hurs, des Erstgeborenen von Kalebs Frau Efrata: Schobal, der Gründer von Kirjat-Jearim, 51 Salmon, der Stammvater von Bethlehem, und Haref, der Stammvater von Bet-Gader. 52 Schobal, der Stammvater von Kirjat-Jearim, hatte als Nachkommen die Sippe Reaja und die Hälfte der Bewohner von Manahat. 53 In Kirjat-Jearim wohnten die Sippen der Jeteriter, Putiter, Schumatiter und Mischraïter. Von ihnen stammten auch die Bewohner von Zora und Eschtaol ab. 54 Die Nachkommen Salmons waren die Bewohner von Bethlehem, von Netofa und Atrot-Bet-Joab sowie die andere Hälfte der Bewohner von Manahat, die aus Zora kamen.

55 In Jabez wohnten die Sippen der Schreiber: die Tiratiter, Schimatiter und Suchatiter. Sie gehörten alle zu den Kenitern und stammten von Hammat ab, dem Stammvater von Bet-Rechab.

Die Nachkommen Davids

3 *1* Folgende Söhne wurden David in Hebron geboren: als Erstgeborener Amnon, seine Mutter war Ahinoam aus Jesreel; als zweiter Daniel, seine Mutter war Abigajil aus Karmel; *2* als dritter Abschalom, seine Mutter war Maacha, die Tochter des Königs Talmai von Geschur; als vierter Adonija, seine Mutter war Haggit; *3* als fünfter Schefatja, seine Mutter war Abital; als sechster Jitream, seine Mutter war Davids Frau Egla. *4* Diese sechs wurden David in Hebron geboren. Dort regierte er siebeneinhalb Jahre. Danach regierte David 33 Jahre in Jerusalem.

5 Dort wurden ihm folgende Söhne geboren: vier von Batseba, der Tochter Ammiëls: Schammua, Schobab, Natan und Salomo; *6* neun Söhne von anderen Frauen: Jibhar, Elischua, Elifelet, *7* Nogah, Nefeg, Jafia, *8* Elischama, Eljada und Elifelet. *9* Sie alle waren rechtmäßige Söhne Davids; dazu kamen noch die Söhne der Nebenfrauen. Ihre Schwester war Tamar.

10 Die Nachkommen und Thronerben von König Salomo in direkter Linie waren Rehabeam, Abija, Asa, Joschafat, *11* Joram, Ahasja, Joasch, *12* Amazja, Asarja, Jotam, *13* Ahas, Hiskija, Manasse, *14* Amon und Joschija.

15 Die Söhne von Joschija: der erstgeborene Johanan, der zweite Jojakim, der dritte Zidkija, der vierte Schallum. *16* Die Söhne von Jojakim waren Jechonja* und Zidkija. *17* Die Söhne von Jechonja, der in die Gefangenschaft fortgeführt wurde, waren Schealtiël, *18* Malkiram, Pedaja, Schenazzar, Jekamja, Hoschama und Nedabja. *19* Die Söhne von Pedaja: Serubbabel und Schimi. Die Söhne von Serubbabel: Meschullam und Hananja; ihre Schwester war Schelomit. *20* Fünf weitere Söhne von ihm waren: Haschuba, Ohel, Berechja, Hasadja und Juschab-Hesed. *21* Die Söhne von Hananja: Pelatja, Jesaja, Refaja, Arnan, Obadja und Schechanja. *22* Die sechs Söhne von Schechanja: Schemaja und dessen Söhne Hattusch, Jigal, Bariach, Nearja und Schafat. *23* Die drei Söhne von Nearja: Eljoënai, Hiskija und Asrikam. *24* Und schließlich die sieben Söhne von Eljoënai: Hodawja, Eljaschib, Pelaja, Akkub, Johanan, Delaja und Anani.

Die Familien des Stammes Juda

4 *1* Die Nachkommen Judas über seinen Sohn Perez waren in direkter Linie: Hezron, Karmi, Hur, Schobal, *2* Reaja und Jahat. Die Söhne Jahats waren: Ahumai und Lahad. Von ihnen stammten die Sippen ab, die in Zora wohnten. *3* Die Stammväter von Etam waren: Jesreel, Jischma und Jidbasch; ihre Schwester hieß Hazlelponi. *4* Penuël war der Stammvater von Gedor, Eser war der Vater von Huscha. Beide waren Nachkommen von Hur, dem Erstgeborenen von Kalebs Frau Efrata, dem Stammvater von Bethlehem. *5* Aschhur, der Stammvater von Tekoa, hatte zwei Frauen: Hela und Naara.

3,16 *Jechonja* war ein anderer Name für Jojachin.

6 Naara gebar ihm die Söhne Ahusam, Hefer, Temni und Ahaschtari. 7 Die Söhne von Hela waren Zeret, Zohar und Etnan. 8 Von Koz stammten Anub und Zobeba ab sowie die Sippen Aharhels, des Sohnes Harums.

9 Ein Mann namens Jabez war der angesehenste unter seinen Brüdern. Bei seiner Geburt hatte seine Mutter gesagt: »Ich habe ihn mit Schmerzen geboren«, und deshalb hatte sie ihn Jabez* genannt. 10 Jabez rief den Gott Israels an und sagte: »Segne mich und erweitere mein Gebiet! Steh mir bei und halte Unglück und Schmerz von mir fern!« Diese Bitte erhörte Gott.

11 Kelub, ein Bruder von Schuha, zeugte Mehir, den Vater von Eschton. 12 Dessen Söhne waren Bet-Rafa, Paseach und Tehinna, der Stammvater von Ir-Nahasch. Ihre Sippen wohnten in Recha. 13 Die Söhne von Kenas waren Otniël und Seraja, die Söhne von Otniël Hatat und Meonotai, 14 der Sohn von Meonotai Ofra. Der Sohn von Seraja war Joab, der Stammvater des »Tales der Bauhandwerker«. Es wurde so genannt, weil alle dort Handwerker waren.

15 Die Söhne von Kaleb Ben-Jefunne waren Iru, Ela und Naam; der Sohn von Ela war Kenas. 16 Die Söhne von Jehallelel waren Sif, Sifa, Tirja und Asarel. 17 Die Söhne von Esra waren Jeter, Mered, Efer und Jalon. Jeter zeugte Mirjam, Schammai und Jischbach, den Stammvater von Eschtemoa. 18 Seine jüdische Frau gebar ihm Jered, den Stammvater von Gedor, Heber, den Stammvater von Socho, und Jekutiël, den Stammvater von Sanoach. Die anderen Söhne waren von Bitja, einer Tochter des Pharao. 19 Hodija heiratete eine Schwester von Naham. Deren Nachkommen waren Hagarmi, der Stammvater von Keïla, und Eschtemoa.

20 Die Söhne Schimons waren Amnon, Rinna, Ben-Hanan und Tilon. Der Sohn von Jischi war Sohet. Auch dieser hatte einen Sohn.

21 Von Schela Ben-Juda stammten ab: Er, der Stammvater von Lecha, und Lada, der Stammvater von Marescha, außerdem die Sippen, die in Aschbea wohnten. Sie waren Weber und stellten feines weißes Leinen her. 22 Zu den Nachkommen Schelas gehörten auch Jokim und die Bewohner von Koseba, außerdem Joasch und Saraf, die eine Zeitlang in Moab gelebt hatten und dann wieder nach Bethlehem zurückgekehrt waren. Die Berichte darüber sind alt. 23 Ihre Nachkommen wohnten in Netaïm und Gedera und arbeiteten dort als Töpfer in den königlichen Werkstätten.

Der Stamm Simeon

24 Die Söhne Simeons waren Jemuël, Jamin, Jarib, Serach und Schaul. 25 Schauls Sohn war Schallum. Auf ihn folgten als weitere Nachkommen in dieser Linie Mibsam, Mischma, 26 Hammuël, Sakkur und Schimi. 27 Schimi hatte sechzehn Söhne und sechs Töchter; seine Brüder dagegen hatten nur wenige Kinder. Überhaupt war der Stamm Simeon nicht so zahlreich wie der Stamm Juda.

4,9 *Jabez* erinnert an das hebräische Wort für Schmerz.

28 Die Nachkommen Simeons wohnten in Beerscheba, Molada, Hazar-Schual, *29* Baala, Ezem, Eltolad, *30* Betuël, Horma, Ziklag, *31* Bet-Markabot, Hazar-Susim, Bet-Biri und Schaarajim. Sie bewohnten diese Städte und die dazugehörenden Dörfer bis zu der Zeit, als David König wurde. *32* Außerdem gehörten ihnen die fünf Städte Etam, Ajin, Rimmon, Tochen und Aschan *33* mit allen dazugehörenden Dörfern bis nach Baal. So steht es in den Listen ihrer Familien und Wohnorte.

34 Ihre Sippenoberhäupter* waren Meschobab, Jamlech, Joscha, der Sohn von Amazja, *35* Joël, Jehu, der Sohn von Joschibja und Enkel von Seraja und Urenkel von Asiël, *36* weiter: Eljoënai, Jaakoba, Jeschohaja, Asaja, Adiël, Jesimiël, Benaja *37* und Sisa, der in aufsteigender Linie von Schifi, Allon, Jedaja, Schimri und Schemaja abstammte. *38* Diese Sippen hatten sich stark vermehrt. *39* Um neue Weideplätze für ihre Schafherden zu suchen, zogen sie deshalb in den östlichen Teil des Tales, nach Gedor zu. *40* Dort fanden sie gute, saftige Weiden. Das Land dehnte sich nach allen Seiten weit aus, es war sicher und ruhig. Die früheren Bewohner waren Nachkommen von Noahs Sohn Ham. *41* In der Zeit, als Hiskija König von Juda war, kamen jene Sippen und überfielen die Nachkommen Hams

in ihren Zeltlagern und ebenso die Mëuniter, die dort wohnten. Sie vernichteten sie völlig und ließen sich an ihrer Stelle nieder. Sie wohnen dort bis zum heutigen Tag*.

42 Eine andere Gruppe aus dem Stamm Simeon, etwa 500 Mann, zog in das Bergland Seïr. Ihre Anführer waren Pelatja, Nearja, Refaja und Usiël, die Söhne von Jischi. *43* Sie töteten den Rest der Amalekiter, die sich einst dorthin gerettet* hatten, ließen sich dort nieder und wohnen dort bis zum heutigen Tag.

Die Stämme jenseits des Jordan: Ruben

5 *1* Ruben war der erste Sohn Israels. Weil er aber mit einer Nebenfrau seines Vaters geschlafen hatte, wurde sein Erstgeburtsrecht auf die beiden Söhne seines Bruders Josef übertragen. Man konnte ihn nicht dem Erstgeburtsrecht entsprechend eintragen. *2* Juda war am mächtigsten unter allen Bruderstämmen und aus ihm sollte der Fürst kommen. Das Erstgeburtsrecht aber gehörte Josef. *3* Die Söhne von Ruben, dem Erstgeborenen Israels, waren Henoch, Pallu, Hezron und Karmi. *4* Von einem seiner Nachkommen namens Joël stammte Schemaja ab. Auf ihn folgten in direkter Linie: Gog, Schimi, *5* Micha, Reaja, Baal *6* und Beera, der von dem Assyrerkönig Tiglat-Pileser in die Verbannung weggeführt wurde. Er war damals das Oberhaupt des Stammes Ruben.

7 Weiter waren in den Verzeichnissen der Nachkommen Rubens folgende Männer mit ihren Sippen

---

4,34 *Sippenoberhäupter* ist aus Vers 38 vorweggenommen.

4,41.43 *bis zum heutigen Tag.* Vom Standpunkt des Verfassers aus.

4,43 *dorthin gerettet.* Siehe 1. Samuel 30,17.

aufgeführt: als Oberhaupt Jëiël, dann Secharja *8* und Bela, der Sohn von Asa und Enkel von Schema aus der Sippe Joël. Der Stamm Ruben wohnte in dem Gebiet von Aroer bis Nebo und Baal-Meon *9* und in östlicher Richtung bis an den Rand der Wüste, die sich vom Euphrat her erstreckt. Die Nachkommen Rubens hatten große Herden im ganzen Land Gilead. *10* In der Zeit Sauls führten sie Krieg gegen die Hagariten*, besiegten sie und besetzten ihr Wohngebiet am östlichen Rand von Gilead.

Die Stämme jenseits des Jordan: Gad

11 Die Nachkommen Gads wohnten angrenzend an den Stamm Ruben in der Landschaft Baschan bis nach Salcha. *12* Ihr Oberhaupt war Joël, an zweiter Stelle kam Schafam, dann folgten Janai und Schafat. Diese Sippen wohnten in Baschan. *13* Dazu kamen sieben weitere Männer mit ihren Sippen: Michael, Meschullam, Scheba, Jorai, Jakan, Sia und Eber. *14* Sie waren die Nachkommen Abihajils, des Sohnes von Huri. Abihajils weitere Vorfahren in aufsteigender Linie waren: Jaroach, Gilead, Michael, Jeschischai, Jachdo und Bus. *15* Das Oberhaupt dieser Gruppe war Ahi, der Sohn von Abdiël und Enkel von Guni. *16* Diese Sippen wohnten in Gilead, Baschan und in den Städten, die zu dieser Gegend gehörten; ebenso an allen Weideplätzen der Landschaft Scharon bis hin an ihre Grenzen. *17* Sie alle wurden in der Zeit der Könige Jotam von Juda und Jerobeam von Israel in die Verzeichnisse des Stammes Gad eingetragen.*

Der Krieg mit den Nachbarstämmen

18 Das Heer der Stämme Ruben und Gad und des halben Stammes Manasse, die alle im Ostjordanland wohnten, bestand aus 44.760 kriegstüchtigen Männern. Sie waren mit Schild, Schwert und Bogen bewaffnet *19* und kämpften gegen die hagaritischen Stämme Jetur, Nafisch und Nodab. *20* Sie setzten ihr Vertrauen auf Gott und riefen ihn um Hilfe an. Er erhörte sie und stand ihnen im Kampf zur Seite, sodass sie die Hagariter und ihre Verbündeten besiegen konnten. *21* Sie erbeuteten von ihnen 50.000 Kamele, 250.000 Schafe und 2000 Esel und nahmen 100.000 Mann gefangen. *22* Viele von den Gegnern waren gefallen, denn der Krieg war von Gott. Sie blieben in diesem Gebiet wohnen, bis sie selbst in die Verbannung weggeführt wurden.

Die Stämme jenseits des Jordan: halb Manasse

23 Die eine Hälfte des Stammes Manasse wohnte in dem Gebiet von Baschan bis Baal-Hermon und bis zum Senir- und zum Hermongebirge. Dieser Teil des Stammes Manasse war sehr zahlreich. *24* Die Oberhäupter der einzelnen Sippen waren: Efer, Jischi, Eliël, Asriël, Jirmeja, Hodawja

---

5,10 *Hagariten.* Dieser Stammes- oder Sippenverband lebte östlich des von Israel bewohnten Gebiets im Ostjordanland. Eventuell waren es Nachkommen Hagars.

5,17 *Verzeichnisse ... eingetragen.* Die Liste ab Vers 11 kommt sonst in der Bibel nicht vor. Sie stammt aus der Zeit Jotams (750-732 v.Chr.) und Jerobeams (793-753 v.Chr.).

und Jachdiël. Alle diese Männer waren tapfere Krieger und geachtete Leute. 25 Aber sie wurden Jahwe, dem Gott ihrer Vorfahren, untreu und verehrten die Götter der früheren Bewohner, die Gott vor den Israeliten vertrieben hatte. 26 Darum gab Jahwe, der Gott Israels, dem König Pul, das heißt Tiglat-Pileser von Assyrien, den Gedanken ein, den halben Stamm Manasse wie auch die Stämme Ruben und Gad in die Verbannung zu führen. Er ließ sie nach Halach, an den Fluss Habor, nach Hara und ins Tal von Gosan bringen. Dort leben sie heute noch.

Der Stamm Levi:
die Linie der Hohen Priester

27 Die Söhne Levis waren Gerschon, Kehat und Merari, 28 die Söhne Kehats Amram, Jizhar, Hebron und Usiël. 29 Die Nachkommen Amrams waren Aaron, Mose und Mirjam. Die Söhne Aarons: Nadab und Abihu, Eleasar und Itamar.

30 Eleasar zeugte Pinhas, und Pinhas zeugte Abischua; 31 Abischua zeugte Bukki, und Bukki zeugte Usi; 32 Usi zeugte Serachja, und Serachja zeugte Merajot; 33 Merajot zeugte Amarja, und Amarja zeugte Ahitub; 34 Ahitub zeugte Zadok, und Zadok zeugte Ahimaaz; 35 Ahimaaz zeugte Asarja, und Asarja zeugte Johanan. 36 Johanan zeugte Asarja, der als

Erster den Priesterdienst in dem Tempel ausübte, den Salomo in Jerusalem gebaut hatte. 37 Asarja zeugte Amarja, und Amarja zeugte Ahitub; 38 Ahitub zeugte Zadok, und Zadok zeugte Schallum; 39 Schallum zeugte Hilkija, und Hilkija zeugte Asarja; 40 Asarja zeugte Seraja, und Seraja zeugte Jozadak. 41 Jozadak musste mit in die Verbannung, als Jahwe die Bewohner von Juda und Jerusalem durch Nebukadnezzar wegführen ließ.

Die Nachkommen Levis

6 1 Die Söhne Levis waren Gerschon, Kehat und Merari; 2 die Söhne Gerschons: Libni und Schimi. 3 Die Söhne Kehats waren Amram, Jizhar, Hebron und Usiël; 4 die Söhne Meraris: Machli und Muschi.

Es folgen die Sippenoberhäupter der Leviten in den Hauptlinien der Nachkommen Levis. 5 Die Gruppe Gerschon: Auf Gerschon folgten in absteigender Linie Libni, Jahat, Simma, 6 Joach, Iddo, Serach und Jeotrai.

7 Die Gruppe Kehat: Auf Kehat folgten in absteigender Linie Amminadab, Korach, Assir, 8 Elkana, Abiasaf, Assir, 9 Tahat, Uriël, Usija und Schaul. 10 Die Söhne Elkanas waren Amasai, Ahimot 11 und Elkana. Auf diesen folgten in direkter Linie Zuf, Nahat, 12 Eliab, Jeroham, Elkana und Samuel.* 13 Die Söhne Samuels waren sein Erstgeborener Joël* und der zweite Abija.

14 Die Gruppe Merari: Auf Merari folgten in absteigender Linie Machli, Libni, Schimi, Usa, 15 Schima, Haggija und Asaja.

6,12 *und Samuel* findet sich nur in einem Teil der LXX-Handschriften.

6,13 *Joël.* So mit alten Übersetzungen. Hebräisch: Waschni.

Die Abstammung der levitischen Sänger

16 Ein Teil der Nachkommen Levis erhielt von David den Auftrag, den Chorgesang im Heiligtum Jahwes zu übernehmen, nachdem die Bundeslade dort ihren festen Platz gefunden hatte. 17 Sie versahen diesen Dienst vor dem Zelt der Gottesbegegnung, bis Salomo das Haus Jahwes in Jerusalem gebaut hatte. Sie richteten sich dabei genau nach den Vorschriften. 18 Folgende Leviten wurden zusammen mit den übrigen Männern ihrer Sippen dazu berufen: Leiter der ersten Sängergruppe war Heman von den Nachkommen Kehats. Er war der Sohn Joëls und Enkel Samuels. 19 Seine weiteren Vorfahren waren Elkana, Jeroham, Eliël, Tohu, 20 Zuf, Elkana, Mahat, Amasai, 21 Elkana, Joël, Asarja, Zefanja, 22 Tahat, Assir, Abiasaf, Korach, 23 Jizhar und Kehat, der Sohn Levis und Enkel Israels.

24 Rechts neben Heman stand Asaf von den Nachkommen Gerschons, der Leiter der zweiten Sängergruppe. Er war der Sohn von Berechja und ein Enkel von Schima. 25 Seine weiteren Vorfahren waren: Michael, Maaseja, Malkija, 26 Etni, Serach, Adaja, 27 Etan, Simma, Schimi, 28 Jahat und Gerschon, der Sohn Levis.

29 Links neben Heman stand Etan von den Nachkommen Meraris, der Leiter der dritten Sängergruppe. Er war der Sohn von Kischi und Enkel von Abdi. Seine weiteren Vorfahren waren: *Malluch*, 30 Haschabja, Amazja, Hilkija, 31 Amzi, Bani, Schemer, 32 Machli, Muschi und Merari, der Sohn Levis. 33 Die anderen Leviten,

ihre Brüder, hatten den Dienst an der Wohnung, am Haus Gottes, zu verrichten.

Die Priester aus der Nachkommenschaft Aarons

34 Der Priesterdienst aber war den Nachkommen Aarons vorbehalten. Diese verbrannten die Opfer auf dem Brandopferaltar und den Weihrauch auf dem Räucheraltar. Sie allein durften die Arbeiten im Höchstheiligen verrichten und Sühnehandlungen für die Israeliten vollziehen, genau wie es Mose, der Diener Gottes, festgelegt hatte. 35 Die Nachkommen Aarons in direkter Abstammungslinie waren Eleasar, Pinhas, Abischua, 36 Bukki, Usi, Serachja, 37 Merajot, Amarja, Ahitub, 38 Zadok und Ahimaaz.

Die Wohnorte der Leviten

39 Die Wohnorte und die Weideplätze für die Viehherden wurden den Nachkommen Levis durch das Los zugeteilt. Das erste Los fiel auf die Nachkommen Aarons, die zu den Nachkommen Kehats gehörten. 40 Sie erhielten im Gebiet des Stammes Juda die Stadt Hebron mit dem Weideland ringsum. 41 Aber das Ackerland der Stadt und die dazugehörenden Dörfer bekam Kaleb, der Sohn von Jefunne. 42 Hebron war eine von den Asylstädten, in denen ein Totschläger Zuflucht finden konnte. Außerdem erhielten die Nachkommen Aarons Libna, Jattir und Eschtemoa mit ihren Weideflächen, 43 Holon und Debir, 44 Aschan und Bet-Schemesch mit dem dazugehörenden Weideland. 45 Dazu bekamen sie im Stammes-

gebiet von Benjamin Geba, Alemet und Anatot mit ihren Weideflächen. Insgesamt waren es dreizehn Städte.

46 Die übrigen Sippen der Nachkommen Kehats bekamen durch das Los zehn Städte in der westlichen Hälfte des Stammesgebiets von Manasse. 47 Die verschiedenen Sippen der Nachkommen Gerschons erhielten dreizehn Städte im Gebiet der Stämme Issachar, Ascher und Naftali sowie in der östlichen Hälfte des Stammesgebiets von Manasse, in Baschan. 48 Die Sippen der Nachkommen Meraris bekamen durch das Los zwölf Städte im Gebiet der Stämme Ruben, Gad und Sebulon.

49 Die Israeliten übergaben also den Nachkommen Levis diese Städte mit dem dazugehörenden Weideland. 50 Die Priester erhielten durch das Los die bereits genannten Städte im Gebiet der Stämme Juda, Simeon und Benjamin.

51 Die anderen Sippen der Nachkommen Kehats erhielten folgende Städte mit dem dazugehörenden Weideland: Im Stammesgebiet von Efraïm 52 die Asylstadt Sichem im Bergland von Efraïm, weiter Geser, 53 Kibzajim*, Bet-Horon, 54 Ajalon und Gat-Rimmon; 55 im Stammesgebiet von West-Manasse Aner und Jibleam.

56 Die Nachkommen Gerschons bekamen folgende Städte mit dem dazugehörenden Weideland: Im Gebiet von Ost-Manasse: Golan in Baschan und Aschtarot; 57 im Gebiet von Issachar: Kedesch, Daberat, 58 Ramot und Anem; 59 im Gebiet von Ascher: Mischal, Abdon, 60 Hukok und Rehob; 61 und im Gebiet von Naftali: Kedesch in Galiläa, Hammon und Kirjatajim.

62 Die Nachkommen Meraris schließlich bekamen folgende Städte mit dem dazugehörenden Weideland. Im Stammesgebiet von Sebulon: Rimmon und Tabor; 63 auf der Ostseite des Jordan im Stammesgebiet von Ruben: die Stadt Bezer, die gegenüber von Jericho in der Steppe liegt, dazu Jahaz, 64 Kedemot und Mefaat; 65 im Stammesgebiet von Gad: Ramot in Gilead, Mahanajim, 66 Heschbon und Jaser.

Der Stamm Issachar

7 1 Die Söhne Issachars waren Tola, Puwa, Jaschub und Schimron, 2 die Söhne Tolas: Usi, Refaja, Jeriël, Jachmai, Jibsam und Schemuël. Sie waren die Oberhäupter ihrer Sippen und tüchtige Krieger. In der Zeit Davids betrug die Zahl der Nachkommen Tolas nach ihren Verzeichnissen 22.600 Mann. 3 Usi hatte einen Sohn namens Jisrachja. Er und seine Söhne Michael, Obadja, Joël und Jischija waren insgesamt fünf Sippenoberhäupter. 4 Sie hatten so viele Frauen und Kinder, dass ihre Sippen in der Lage waren, 36.000 Mann für das Heer zu stellen. 5 Auch ihre Brüder aus den übrigen Sippen Issachars waren alles tüchtige Krieger. Insgesamt ergab ihre Registrierung 87.000 Mann.

6,53 *Kibzajim.* So mit Josua 21,22. Hebräisch: Jokmemam.

Die Stämme
Benjamin und Naftali

6 Benjamin hatte drei Söhne: Bela, Becher und Jediaël. 7 Die Söhne Belas waren Ezbon, Usi, Usiël, Jerimot und Ir. Diese fünf waren die Oberhäupter ihrer Sippen und tüchtige Krieger. Im Verzeichnis ihrer Nachkommen waren 22.034 Mann eingetragen. 8 Die Söhne von Becher waren Semira, Joasch, Eliëser, Eljoënai, Omri, Jerimot, Abija, Anatot und Alemet. 9 Im Verzeichnis ihrer Nachkommen waren, nach Sippen geordnet, 20.200 kriegstüchtige Männer eingetragen. 10 Jediaël hatte einen Sohn namens Bilhan, dessen Söhne waren Jëusch, Benjamin, Ehud, Kenaana, Setan, Tarschisch und Ahischahar. 11 Auch sie waren Oberhäupter ihrer Sippen und tüchtige Krieger. Sie stellten im Kriegsfall 17.200 Mann für das Heer. 12 Die Söhne von Ir waren Huppim und Schuppim. Der Sohn von Aher war Huschim.

13 Die Söhne Naftalis waren: Jachzeel, Guni, Jezer und Schallum. Sie alle stammten von Naftalis Mutter Bilha ab.

Der Stamm Manasse

14 Manasse hatte einen Sohn namens Asriël. Seine aramäische Nebenfrau gebar ihm Machir, den Vater Gileads. 15 Machir nahm eine Schwester von Huppim und Schuppim zur Frau, sie hieß Maacha. Sein zweiter Sohn war Zelofhad; dieser hatte nur Töchter. 16 Maacha, die Frau Machirs, gebar einen Sohn, den sie Peresch nannte. Sein Bruder hieß Scheresch. Die Söhne von Scheresch waren Ulam und Rekem. 17 Ulam hatte einen Sohn namens Bedan. Das sind die Nachkommen von Gilead, dem Sohn von Machir und Enkel von Manasse. 18 Seine Schwester Molechet gebar Ischhod, Abiëser und Machla. 19 Die Söhne von Schemida waren Achjan, Schechem, Likhi und Aniam.

Der Stamm Efraïm

20 Efraïm hatte einen Sohn namens Schutelach, dessen Sohn war Bered, und als weitere Nachkommen in direkter Linie folgten: Tahat, Elada, Tahat 21 und Sabad. Außer Schutelach hatte Efraïm noch zwei Söhne namens Eser und Elad. Sie zogen aber nach Gat* hinunter, um den dortigen Bewohnern ihre Viehherden zu rauben, und wurden dabei erschlagen. 22 Ihr Vater Efraïm trauerte lange Zeit um sie, und seine Verwandten kamen zu ihm, um ihn zu trösten. 23 Dann schlief er wieder mit seiner Frau, und sie wurde schwanger und gebar einen Sohn. Er nannte ihn Beria, weil er in dieser Unglückszeit seiner Familie geboren wurde.* 24 Efraïms Tochter war Scheera. Sie ließ das untere und das obere Bet-Horon sowie Usen-Scheera erbauen. 25 Berias Sohn war Refach, und dessen weitere Nachkommen waren Reschef, Telach, Tahan, 26 Ladan, Ammihud, Elischama 27 und Nun; dessen Sohn war Josua.

7,21 Gat. Eine der fünf Philisterstädte, Heimatstadt des Goliat.

7,23 Beria erinnert an das hebräische beraah = »im Unglück«.

28 Der Grundbesitz, den die Nachkommen Efraïms bewohnten, umfasste Bet-El mit den dazugehörenden Dörfern, östlich davon Naara, in westlicher Richtung Geser, und im Norden reichte er bis Sichem und Aja, jeweils mit den zugehörigen Dörfern. *29* Im Besitz der Nachkommen von Manasse befanden sich Bet-Schean, Taanach, Megiddo und Dor, ebenfalls mit den Dörfern ringsum. Alle diese Orte wurden von den Nachkommen Josefs, den Söhnen Israels, bewohnt.

Der Stamm Ascher

30 Die Söhne von Ascher waren Jimna, Jischwa, Jischwi und Beria; ihre Schwester war Serach. *31* Die Söhne von Beria waren Heber und Malkiël. Dieser war der Stammvater von Birsajit. *32* Heber zeugte Jaflet, Schemer und Hotam sowie eine Tochter namens Schua. *33* Die Söhne Jaflets waren Pasach, Bimhal und Aschwat. *34* Die Söhne Schemers: Ahi, Rohga, Hubba und Aram. *35* Und die Söhne seines Bruders Helem: Zofach, Jimna, Schelesch und Amal. *36* Die Söhne Zofachs waren Suach, Harnefer, Schual, Beri, Jimra, *37* Bezer, Hod, Schamma, Schilscha, Jitran und Beera. *38* Die Söhne Jitrans waren Jefunne, Pispa und Ara. *39* Die Söhne von Ulla waren Arach, Hanniël und Rizja. *40* Sie alle waren Nachkommen von Ascher, hervorragende Führer ihrer Sippen und tapfere Krieger. In den Listen der wehrfähigen Männer waren von den Nachkommen Aschers 26.000 Mann eingetragen.

**Noch einmal
der Stamm Benjamin**

8 *1* Benjamins Erstgeborener war Bela, sein zweiter Sohn Aschbel, der dritte Achrach, *2* der vierte Noha, der fünfte Rafa. *3* Die Söhne von Bela waren Addar, Gera, Abihud, *4* Abischua, Naaman, Ahoach, *5* Gera, Schefufan und Huram. *6* Die Söhne Ehuds waren die Oberhäupter der Sippen, die in Geba wohnten und von dort nach Manahat verschleppt wurden, *7* nämlich Naaman, Ahija und Gera. Gera war es, der sie dorthin verschleppte. Gera zeugte Usa und Ahihud. *8* Schaharajim wohnte im Hochland von Moab, nachdem er seine Frauen Huschim und Baara verstoßen hatte. *9* Mit seiner Frau Hodesch zeugte er Jobab, Zibja, Mescha, Malkam, *10* Jëuz, Sacheja und Mirma. Jeder von ihnen wurde das Oberhaupt einer eigenen Sippe. *11* Von seiner früheren Frau Huschim stammten seine Söhne Abitub und Elpaal. *12* Die Söhne Elpaals waren: Eber, Mischam und Schemed. Dieser erbaute Ono, Lod und die dazugehörenden Orte. *13* Die Brüder Beria und Schema waren die Oberhäupter der Sippen, die in Ajalon wohnten. Sie vertrieben die Einwohner von Gat. *14* Ihre übrigen Brüder hießen Elpaal, Schaschak und Jeroham. *15* Die Söhne von Beria waren: Sebadja, Arad, Eder, *16* Michael, Jischpa und Joha. – *17* Sebadja, Meschullam, Hiski, Heber, *18* Jischmerai, Jislia und Jobab waren die Söhne von Elpaal. *19* Jakim, Sichri, Sabdi, *20* Eliënai, Zilletai, Eliël, *21* Adaja, Beraja und Schimrat waren die Söhne von Schimi. *22* Jischpan, Eber, Eliël,

23 Abdon, Sichri, Hanan, 24 Hananja, Elam, Antotija, 25 Jifdeja und Penuël waren die Söhne von Schaschak. 26 Schamscherai, Scheharja, Atalja, 27 Jaareschja, Elija und Sichri waren die Söhne von Jeroham. 28 Sie waren die Oberhäupter der Sippen ihrer Nachkommen und wohnten in Jerusalem.

Die Familie Sauls

29 In Gibeon wohnte der Stammvater* dieser Stadt; seine Frau hieß Maacha. 30 Sein erstgeborener Sohn war Abdon, als weitere Söhne folgten: Zur, Kisch, Baal, Nadab, 31 Gedor, Achjo, Secher und Miklot; 32 dieser hatte einen Sohn namens Schima. Auch sie ließen sich wie ihre Stammesbrüder in Jerusalem nieder. 33 Ner zeugte Kisch und Kisch zeugte Saul. Die Söhne Sauls waren Jonatan, Malkischua, Abinadab und Eschbaal. 34 Der Sohn Jonatans war Merib-Baal*, und dieser zeugte Micha. 35 Die Söhne von Micha waren Piton, Melech, Tachrea und Ahas. 36 Ahas zeugte Joadda, und Joadda zeugte Alemet, Asmawet und Simri. Simri zeugte Moza. 37 Seine weiteren Nachkommen waren Bina, Rafa, Elasa und Azel. 38 Azel hatte sechs Söhne: Asrikam, Bochru, Jischmaël, Schearja, Obadja und Hanan. 39 Die Söhne von Azels Bruder Eschek waren Ulam, sein Erstgeborener, Jëusch, der zweite, und Elifelet, der dritte. 40 Die Söhne Ulams waren tapfere Krieger, die den Bogen spannten. Sie hatten viele Söhne und Enkel, insgesamt 150 Mann. Alle genannten Sippen gehörten zu den Nachkommen Benjamins.

9 1 So hatte sich ganz Israel in die Stammeslisten eintragen lassen. Aufgeschrieben sind sie im Buch der Könige von Israel. Weil die Bewohner von Juda Gott untreu geworden waren, wurden sie nach Babylonien in die Verbannung geführt.

Die Bewohner Jerusalems nach dem Exil

2 Die ersten Ansiedler, die sich wieder auf ihrem Grundbesitz in ihren Städten niederließen, waren Leute aus dem Volk sowie Priester, Leviten und Tempeldiener. 3 Damals ließen sich in Jerusalem folgende Leute aus den Stämmen Juda, Benjamin, Efraïm und Manasse nieder:

4 Aus dem Stamm Juda: Utai, der Sohn Ammihuds; er stammt über Omri, Imri und Bani von Judas Sohn Perez ab; 5 von den Nachkommen Schelas: Asaja, der Erstgeborene, und seine Söhne; 6 von den Nachkommen Serachs: Jëuël. Zusammen mit seinen Brüdern waren es 690.

7 Aus dem Stamm Benjamin: Sallu, der Sohn Meschullams; seine weiteren Vorfahren waren Hodawja und Senua. 8 Dazu Jibneja, der Sohn Jerohams, Ela, der Sohn von Usi und Enkel von Michri, Meschullam, der Sohn von Schefatja, dessen weitere Vorfahren Reguël und Jibnija waren. 9 Zusammen mit ihren Brüdern und nach ihren Sippen waren es 956 Sippenoberhäupter.

8,29 *Stammvater.* Nach 9,35 hieß er Jëiël.

8,34 *Merib-Baal.* Anderer Name für Mefi-Boschet (2. Samuel 9,12).

10 Von den Priestern: Jedaja, Jojarib, Jachin; 11 Asarja, der Sohn von Hilkija, der Fürst des Gotteshauses; seine weiteren Vorfahren waren Meschullam, Zadok, Merajot und Ahitub. 12 Dazu Adaja, der Sohn Jerohams, dessen weitere Vorfahren Paschhur und Malkija waren; Masai, der Sohn Adiëls, dessen weitere Vorfahren Jachsera, Meschullam, Meschillemot und Immer waren. 13 Zusammen mit ihren Brüdern waren es 1760 angesehene Männer, alle befähigt zum Dienst im Haus Gottes.

14 Von den Leviten waren es Schemaja von der Gruppe Merari, dessen Vorfahren Haschub, Asrikam, und Haschabja waren. 15 Dann Bakbakar, Heresch, Galal und Mattanja, der Sohn von Micha und Enkel von Sichri, ein Nachkomme Asafs; 16 Abda, der Sohn von Schammua und Enkel von Galal, ein Nachkomme Jedutuns; Berechja, der Sohn von Asa und Enkel von Elkana, der früher in den Siedlungen von Netofa gewohnt hatte.

17 Dazu die Torwächter: Schallum, Akkub, Talmon und Ahiman. Ihr Oberhaupt war Schallum. 18 Seine Sippe bewacht bis zum heutigen Tag das Königstor auf der Ostseite. Sie waren schon die Torwächter in den Lagern der Söhne Levis. 19 Auch den Dienst als Wächter am Eingang des Zelts versahen Schallum und die Männer seiner Sippe, sämtlich Nachkommen Korachs; Schallum stammte über Kore und Abisaf von Korach ab.

Seine Vorfahren hatten in der Wüste den Eingang zum Lager Jahwes bewacht. 20 Pinhas, der Sohn Eleasars, war ihr Oberhaupt gewesen. Jahwe stand ihm bei. 21 Secharja, der Sohn von Meschelemja, war Torhüter am Eingang vom Zelt der Gottesbegegnung. 22 Insgesamt waren es 212 Mann, die zu Torwächtern ausgewählt worden waren. Ihre Eintragung erfolgte in ihren Gehöften. David und der Seher* Samuel hatten sie in ihr Amt eingesetzt. 23 Sie und ihre Söhne hatten als Wachen die Aufsicht über die Tore vom Zelthaus und später vom Haus Jahwes. 24 Die Wachen waren nach den vier Himmelsrichtungen aufgestellt, nach Osten, Westen, Norden und Süden. 25 Ihre Brüder, die in ihren Gehöften wohnten, mussten jeweils für sieben Tage mit ihnen zusammen zum Dienst erscheinen, wenn sie an der Reihe waren. 26 Denn nur die vier Oberen der Torhüter waren ständig in Jerusalem. Auch sie waren Leviten. Die Leviten verwalteten außerdem die Vorratskammern und die Schätze vom Haus Gottes. 27 Und die Nacht verbrachten sie rings um das Haus Gottes, denn ihnen war der Wachdienst übertragen, und sie mussten jeden Morgen die Tore aufschließen.

28 Einige von ihnen hatten die Aufsicht über die Geräte für den Dienst. Abgezählt brachten sie diese hinein und abgezählt wieder heraus. 29 Andere hatten die Aufsicht über die sonstigen Geräte und Gefäße des Heiligtums und über das Feinmehl, den Wein, das Öl, den Weihrauch und die Balsam-Öle. 30 Aber das Mischen der Balsam-Öle zu einer Salbe war die

---

9,22 *Seher.* Anderes Wort für *Prophet* (1. Samuel 9,9).

Aufgabe der Priester. *31* Dem Leviten Mattitja – er war der Erstgeborene Schallums aus der Nachkommenschaft Korachs – war das Pfannen-Backwerk anvertraut. *32* Einige seiner Brüder aus der Nachkommenschaft Kehats waren für die geweihten Brote zuständig, die Sabbat für Sabbat zugerichtet werden mussten.

33 Die levitischen Sippenoberhäupter, die für den Gesang verantwortlich waren, wohnten in den Kammern am Tempel und waren von anderen Diensten befreit, weil sie Tag und Nacht bereit sein mussten.

34 All die genannten Sippenoberhäupter der Leviten waren in den Geschlechtsregistern aufgeführt. Sie wohnten in Jerusalem.

Die Familie Sauls

35 In Gibeon wohnte Jëiël, der Stammvater dieser Stadt. Seine Frau hieß Maacha, *36* sein erstgeborener Sohn war Abdon, die anderen hießen Zur, Kisch, Baal, Ner, Nadab, *37* Gedor, Achjo, Secher und Miklot. *38* Miklot hatte einen Sohn namens Schima. Auch sie ließen sich wie ihre Stammesbrüder in Jerusalem nieder. *39* Ner zeugte Kisch, und Kisch zeugte Saul. Die Söhne Sauls waren: Jonatan, Malkischua, Abinadab und Eschbaal. *40* Jonatans Sohn war Merib-Baal und dessen Sohn Micha. *41* Die Söhne von Micha waren: Piton, Melech, Tachrea und Ahas. *42* Der Sohn von Ahas hieß Joadda, und dessen Söhne waren Alemet, Asmawet und Simri. Der Sohn von Simri war Moza, *43* und als weitere Nachkommen in dieser Linie folgten Bina, Refaja, Elasa und Azel. *44* Azel hatte sechs Söhne: Asrikam, Bochru, Jischmaël, Schearja, Obadja und Hanan.

Sauls Niederlage und Tod

10 *1* Zwischen den Philistern und Israel kam es zur Schlacht. Die Männer Israels mussten vor den Philistern fliehen, und viele von ihnen blieben erschlagen auf den Bergen von Gilboa liegen. *2* Die Philister setzten auch Saul und seinen Söhnen nach. Sie erschlugen die drei Söhne Sauls Jonatan, Abinadab und Malkischua. *3* Um Saul herum tobte ein erbitterter Kampf. Die Bogenschützen hatten ihn getroffen und schwer verwundet. *4* Da sagte Saul zu seinem Waffenträger: »Zieh dein Schwert und töte mich, damit nicht diese Unbeschnittenen* kommen und ihren Spott mit mir treiben!« Sein Waffenträger aber wollte es nicht tun, er scheute sich davor. Da nahm Saul sein Schwert und stürzte sich hinein. *5* Als der Waffenträger sah, dass Saul tot war, stürzte auch er sich in sein Schwert und starb neben ihm. *6* So starben Saul, seine drei Söhne, sein Waffenträger und alle seine Männer an diesem einen Tag. *7* Als die Israeliten der Jesreel-Ebene sahen, dass die Männer Israels geflohen und Saul und seine Söhne tot waren, verließen sie ihre Städte und flohen. Die Philister nahmen sie in Besitz und wohnten darin.

8 Am Tag nach der Schlacht kamen die Philister, um die Gefallenen zu plündern. Dabei fanden sie Saul und

---

10,4 *Unbeschnittene.* Verächtlicher Ausdruck für Menschen, die nicht zum Bund Gottes gehörten. Siehe 1. Mose 17,9-14!

seine drei Söhne auf den Bergen von Gilboa. *9* Sie zogen Saul aus und nahmen seinen Kopf und seine Rüstung. Beides ließen sie im Land der Philister herumzeigen, um die Freudenbotschaft in ihren Götzentempeln und unter dem Volk zu verkünden. *10* Seine Rüstung legten sie in den Tempel ihres Gottes und seinen Schädel spießten sie im Haus Dagons auf.

11 Als die Bewohner von Jabesch in Gilead* hörten, was die Philister Saul angetan hatten, *12* machten sich alle wehrfähigen Männer auf und holten die Leichen Sauls und seiner Söhne nach Jabesch. Sie begruben ihre Gebeine unter der Terebinthe von Jabesch und fasteten sieben Tage lang.

13 So kam Saul ums Leben, weil er Jahwe untreu geworden war und das Wort Jahwes nicht beachtet hatte und auch weil er den Totengeist befragt hatte, um Rat zu holen, *14* anstatt sich an Jahwe zu wenden. Darum ließ dieser ihn umkommen und übergab das Königtum David, dem Sohn Isais.

David wird König über Israel

11 *1* Ganz Israel versammelte sich bei David in Hebron und sagte: »Wir sind doch dein Fleisch und Blut. *2* Schon früher, als Saul noch unser König war, hast du Israels Heer in den Kampf geführt und wieder heimgebracht. Und Jahwe, dein Gott, hat zu dir gesagt: ›Du sollst der Hirt meines Volkes Israel sein, du sollst Israels Fürst werden!‹« *3* Das sagten die Ältesten Israels, die zum König nach Hebron gekommen waren. Und König David schloss vor Jahwe einen Bund mit ihnen. Daraufhin salbten sie David zum König über Israel, wie Jahwe es durch Samuel angekündigt hatte.

David erobert Jerusalem

4 David zog nun mit allen Männern Israels nach Jerusalem, das damals noch Jebus hieß. Die Jebusiter waren die Bewohner des Landes. *5* Die Einwohner von Jebus riefen David zu: »Da wirst du nicht hineinkommen!« Aber David nahm die Bergfestung Zion ein, und sie wurde zur Davidsstadt. *6* David hatte gesagt: »Wer den ersten Jebusiter erschlägt, soll Oberhaupt und Anführer werden.« Da stieg Joab Ben-Zeruja als Erster in die Burg hinauf und wurde zum Oberhaupt. *7* David machte die Bergfestung zu seinem Wohnsitz und nannte sie »Davidsstadt«. *8* Er baute sie vom Stadtwall her ringsum aus. Joab stellte den Rest der Stadt wieder her. *9* David wurde immer mächtiger, und Jahwe, der allmächtige Gott, stand ihm bei.

Davids Elitetruppe

10 Das sind die Anführer der Elitetruppe Davids, die ihm während seiner Königsherrschaft zusammen mit ganz Israel mutig beistanden, um ihn zum König zu machen, wie Jahwe es für Israel angeordnet hatte. *11* Es folgt die Aufzählung der Elitetruppe Davids: Joschobam Ben-Hachmoni, Anführer der Offiziere. Er schwang seinen Speer über 300 Mann, die er in einer Schlacht durchbohrt hatte. *12* Der zweite nach ihm war Eleasar

---

10,11 *Jabesch in Gilead* lag 15 km südöstlich von Bet-Schean im Ostjordanland.

Ben-Dodo, ein Nachkomme Ahoachs. Er gehörte zu den drei Helden der Elitetruppe. *13* Er war dabei, als die Philister sich bei Pas-Dammim zum Kampf gegen David sammelten. Dort war ein Feldstück mit Gerste. Als das Volk vor den Philistern floh, *14* stellten sie sich mitten auf das Feld, entrissen es den Philistern und schlugen sie. So schaffte Jahwe eine große Rettung.

15 Drei von den dreißig Helden gingen einmal zu dem Felsen hinunter, wo sich David befand, in der Höhle bei Adullam. Die Philister hatten die Ebene Refaïm besetzt. *16* Auch in Bethlehem lagen sie. David hielt sich gerade in der Bergfestung auf, *17* als ihn ein großes Verlangen überkam und sagte: »Wer bringt mir Wasser aus der Zisterne am Tor von Bethlehem?« *18* Da drangen die drei Helden ins Lager der Philister ein, schöpften Wasser aus der Zisterne am Tor von Bethlehem und brachten es zu David. Doch David wollte es nicht trinken, sondern goss es als Trankopfer vor Jahwe aus. *19* Er sagte: »Jahwe bewahre mich davor, so etwas zu tun! Das wäre, als wollte ich das Blut dieser Männer trinken, die unter Lebensgefahr hingegangen sind. Sie haben ihr Leben eingesetzt, um mir das Wasser zu bringen.« Deshalb wollte er es nicht trinken. Das hatten die drei Helden getan.

20 Abischai, der Bruder Joabs, war der Anführer der Dreißig. 300 Feinde hatte er mit dem Speer getötet, und er war angesehen unter den Dreien. *21* Von den Dreien der zweiten Reihe* war er der berühmteste, sodass er ihr Anführer wurde, doch an die ersten Drei reichte er nicht heran.

22 Benaja Ben-Jojada war ein tapferer Mann, der große Taten vollbrachte. Er erschlug die beiden Kriegshelden von Moab. Und an einem Schneetag stieg er in eine Zisterne und erschlug den Löwen, der dort hineingeraten war. *23* Er war es auch, der den 2,30 Meter* großen Ägypter erschlug, der einen Speer wie einen Weberbaum in der Hand hatte. Mit einem Stock ging er zu dem Ägypter hinunter, riss ihm den Speer aus der Hand und durchbohrte ihn damit. *24* Solche Taten vollbrachte Benaja Ben-Jojada. Er war hochgeachtet unter den dreißig Helden *25* und wurde mehr als sie geehrt. Aber an die Drei reichte er nicht heran. David machte ihn zum Anführer seiner Leibgarde.

26 Zur Elitetruppe gehörten Asaël, der Bruder von Joab; Elhanan Ben-Dodo aus Bethlehem, *27* Schammot aus Harod, Helez, ein Peloniter; *28* Ira Ben-Ikkesch aus Tekoa, Abiëser aus Anatot, *29* Sibbechai aus Huscha, Ilai aus Ahoach, *30* Mahrai und Heled Ben-Baana aus Netofa, *31* Ittai Ben-Ribai aus Gibea im Gebiet Benjamins, Benaja aus Piraton, *32* Hiddai aus Nahale-Gaasch, Abiël aus Bet-Araba, *33* Asmawet aus Bahurim, Eljachba aus Schaalbim, *34* Haschem* aus Gison, Jonatan Ben-Schage und *35* Ahiam Ben-Sachar aus Harar; Elifal Ben-Ur, *36* Hefer aus Mechera,

---

11,21 *zweiten Reihe.* Wahrscheinlich gab es mehr als eine Dreiergruppe berühmter Soldaten.

11,23 *2,30 Meter.* Wörtlich: fünf Ellen.

11,34 *Haschem.* Wörtlich: Söhne des Haschem.

Ahija aus Pelon, *37* Hezro aus Karmel, Naarai Ben-Esbai, *38* Joël, der Bruder Natans; Mibhar Ben-Hagri, *39* Zelek, der Ammoniter*, Nachrai aus Beerot, der Waffenträger Joabs; *40* Ira und Gareb aus Jattir, *41* Urija, der Hetiter*; Sabad Ben-Achlai, *42* Adina Ben-Schisa, einer der Oberen des Stammes Ruben und Anführer von dreißig Mann; *43* Hanan Ben-Maacha, Joschafat aus Meten, *44* Usija aus Aschtarot, Schama und Jëiël, die Söhne Hotams, aus Aroer; *45* Jediaël Ben-Schimri, und sein Bruder Joha aus Tiz, *46* Eliël aus Mahanajim, Jeribai und Joschawja, die Söhne Elnaams; Jitma, der Moabiter*, *47* Eliël, Obed und Jaasiël aus Zoba.

Davids Mitkämpfer in Ziklag

12 *1* Als David sich noch in Ziklag* aufhielt, um sich von König Saul Ben-Kisch fernzuhalten, schlossen sich ihm schon damals heldenhafte Männer an, um ihm in seinem Kampf zu helfen. *2* Sie waren mit Bogen ausgerüstet und konnten sowohl mit der rechten als auch mit der linken Hand Steine schleudern und Pfeile schießen. Von Sauls eigenen Stammesbrüdern aus Benjamin kamen *3* als Oberhaupt Ahiëser und sein

Bruder Joasch, die Söhne von Schemaa aus Gibea; weiter Jesiël und Pelet, die Söhne von Asmawet; Beracha und Jehu aus Anatot, *4* Jischmaja aus Gibeon, später war er einer von den »Dreißig« und ihr Anführer; *5* Jirmeja, Jahasiël, Johanan und Josabad aus Gedera; *6* Elusai, Jerimot, Bealja, Schemarja und Schefatja aus Haruf; *7* Elkana, Jischija, Asarel, Joëser und Jaschobam von den Nachkommen Korachs; *8* Joëla und Sebadja, die Söhne von Jeroham, aus Gedor.

9 Auch aus dem Stamm Gad ging eine Anzahl tapferer Männer zu David über, als er in seiner Bergfestung in der Wüste Juda war. Sie waren mit Schild und Speer bewaffnet, kampferprobt, mutig wie Löwen und in den Bergen flink wie Gazellen. *10* Ihr Oberhaupt war Eser, der zweite Obadja, der dritte Eliab, *11* der vierte Mischmanna, der fünfte Jirmeja, *12* der sechste Attai, der siebte Eliël, *13* der achte Johanan, der neunte Elsabad, *14* der zehnte Jirmeja, der elfte Machbannai. *15* Sie alle waren Anführer im Heer. Der Schwächste von ihnen nahm es mit hundert Gegnern auf, der Stärkste aber mit tausend. *16* Schon im März* überschritten sie den Jordan, als er Hochwasser führte und alle Nebentäler auf beiden Seiten abgeschnitten waren.

17 Auch aus den Stämmen Benjamin und Juda kamen einige zu David in die Bergfestung. *18* David ging zu ihnen hinaus und sagte: »Wenn ihr als Freunde zu mir kommt, um mir zu helfen, dann seid ihr herzlich willkommen. Wenn ihr mich aber an meine Feinde verraten wollt, obwohl kein Blut an meinen Händen klebt,

---

11,39 Die *Ammoniter* lebten nordöstlich vom Toten Meer.

11,41 Das Reich der *Hetiter* erstreckte sich nach Norden bis weit in die heutige Türkei.

11,46 Die *Moabiter* lebten östlich vom Toten Meer zwischen den Flüssen Arnon und Zered.

12,1 *Ziklag* war eine Stadt im Gebiet der Philister (1. Samuel 27,6).

12,16 *März*. Wörtlich: Im ersten Monat.

dann möge der Gott unserer Vorfahren es sehen und strafen.« ¹⁹ Da kam der Geist Gottes über Amasai, der später das Oberhaupt der Offiziere wurde, und er rief:

> »David, wir gehören zu dir, /
> und zu dir stehen wir, Ben-Isai! /
> Friede, Friede dir / und Frieden
> dem, der dir hilft! / Denn dir hilft
> dein Gott!«

Da nahm David sie auf und reihte sie unter die Oberhäupter der Streifschar ein.

²⁰ Auch von Manasse liefen einige Männer zu David über. Das geschah zu der Zeit, als David mit den Philistern gegen Saul in den Kampf zog. Es kam allerdings nicht dazu, denn nach einer Beratung schickten ihn die Fürsten der Philister wieder weg. Sie sagten nämlich: »Um den Preis unserer Köpfe könnte er zu seinem früheren Herrn Saul überlaufen.« ²¹ Als er nach Ziklag zog, liefen folgende Männer aus Manasse zu ihm über: Adnach, Josabad, Jediaël, Michael, Josabad, Elihu und Zilletai. Sie waren Oberhäupter von Heereseinheiten des Stammes Manasse gewesen. ²² Sie halfen David im Kampf gegen die Streifschar*, denn sie waren kriegstüchtige Männer und wurden später Obere im Heer. ²³ Tag für Tag kamen Leute zu David, um ihm zu helfen, bis es ein großes Heerlager wurde, ein Heerlager Gottes.

Davids Heer in Hebron

²⁴ Es folgt ein Verzeichnis aller wehrfähigen Männer, die zu David nach Hebron kamen, um das Königtum Sauls nach dem Befehl Jahwes auf ihn zu übertragen. ²⁵ Vom Stamm Juda waren es 6800 mit Schild und Lanze Bewaffnete, ²⁶ von Simeon 7100 Wehrtüchtige, ²⁷ von den Leviten 4600, ²⁸ dazu Jojada, das Oberhaupt der Nachkommen Aarons, und mit ihm 3700 Mann, ²⁹ sowie Zadok, ein junger tapferer Krieger mit seiner Sippe: 22 Anführer. ³⁰ Von den Benjaminiten, den Stammesbrüdern Sauls, kamen 3000, aber der größte Teil des Stammes hielt bis dahin treu zur Familie Sauls. ³¹ Von Efraïm kamen 20.800 Wehrtüchtige, Männer, die in ihren Familien sehr geachtet wurden. ³² Vom halben Stamm Manasse kamen 18.000 Männer, die namentlich bestimmt waren, dass sie kommen und David zum König machen sollten. ³³ Von Issachar kamen solche, die das Gebot der Stunde verstanden und wussten, was Israel zu tun hatte: 200 Anführer mit ihren Männern. ³⁴ Von Sebulon kamen 50.000 Mann mit einmütigem Herzen, kriegsmäßig ausgerüstet und kampfbereit, um David zu helfen. ³⁵ Von Naftali kamen 1000 Anführer und 37.000 Mann, mit Schild und Speer bewaffnet, ³⁶ von Dan 28.600 kampfbereite Männer. ³⁷ Von Ascher kamen 40.000 kampfbereite Wehrfähige, ³⁸ und vom Ostjordanland kamen von Ruben, Gad und dem halben Stamm Manasse 120.000 Mann in voller Kriegsbewaffnung.

³⁹ Sie alle kamen in Heeresordnung nach Hebron, mit der einmütigen Absicht, David zum König über ganz

---

12,22 *Streifschar.* Wahrscheinlich sind die Amalekiter gemeint, die Ziklag überfallen hatten (1. Samuel 30,1).

Israel zu machen. Auch alle übrigen Israeliten waren sich in diesem Wunsch einig. *40* Drei Tage blieben sie dort bei David und aßen und tranken, denn ihre Brüder hatten alles für sie bereitgestellt. *41* Auch die, die in ihrer Nähe lebten, bis hin zu den Stammesgebieten von Issachar, Sebulon und Naftali brachten Lebensmittel auf Eseln und Kamelen, auf Maultieren und Rindern: Mehlspeisen, Feigenkuchen, Rosinenkuchen, Wein und Öl, Rinder und Schafe in großer Zahl, denn es herrschte Freude in Israel.

Die erste Überführung der Bundeslade

13 *1* David beriet sich mit den Anführern der Tausend- und Hundertschaften und mit allen Fürsten. *2* Dann sagte er zu der ganzen Versammlung Israels:»Wenn es euch gut erscheint und wenn es Jahwe, unserem Gott, gefällt, dann lasst uns Boten zu unseren Brüdern in alle Gegenden des Landes schicken und außerdem zu den Priestern und Leviten in ihren Wohnorten, dass sie sich bei uns versammeln. *3* Dann wollen wir die Lade unseres Gottes zu uns herüberholen, denn in der Zeit Sauls haben wir nicht nach ihr gefragt.« *4* Die ganze Versammlung stimmte dem Vorhaben zu, denn der Plan gefiel dem Volk.

5 So brachte David ganz Israel zusammen, vom Schihor* vor Ägypten bis dorthin, wo man nach Hamat* kommt, um die Lade Gottes aus Kirjat-Jearim* zu holen. *6* Dann zog er mit ganz Israel nach Baala* in Juda, also nach Kirjat-Jearim, um von dort die Lade Gottes nach Jerusalem zu holen, die Lade, die Jahwe geweiht ist, dem Namen des Allmächtigen, der über den Cherubim* thront. *7* Auf einem neuen unbenutzten Wagen holten sie die Lade Gottes aus dem Haus Abinadabs weg. Usa und Achjo führten den Wagen. *8* David und ganz Israel tanzten voller Hingabe vor Gott und sangen dazu unter Begleitung von Zithern und Harfen, Tamburin, Zimbeln und Trompeten. *9* Als sie zum Dreschplatz Kidons kamen, griff Usa nach der Lade Gottes und hielt sie fest, denn die Rinder hatten sich losgerissen. *10* Da flammte Jahwes Zorn gegen Usa auf. Er schlug ihn, weil er nach der Lade Gottes gegriffen hatte, sodass er dort vor Gott starb. *11* Aber auch David stieg es heiß hoch, weil Jahwe Usa so aus dem Leben gerissen hatte. Darum nannte man den Platz Perez-Usa, Usas Riss, und so heißt er bis heute*. *12* David bekam an diesem Tag Angst vor Gott und sagte:»Wie kann ich die Lade Gottes überhaupt zu mir bringen?« *13* Deshalb ließ er die Lade nicht zu sich in die Davidsstadt bringen, sondern führte sie in

---

13,5 *Schihor.* Einer der Nilkanäle in der Nähe des heutigen Suez-Kanals.

Hamat. Heute: Labwe, etwa 70 km nördlich vom Hermon.

Kirjat-Jearim, »Wälderstadt«, lag 14 km westlich von Jerusalem.

13,6 *Baala in Juda* ist ein anderer Name für Kirjat-Jearim, wo sich die Bundeslade während der Zeit Sauls befand (1. Samuel 7,1).

Cherub, Mehrzahl: *Cherubim.* Majestätisches (Engel-)Wesen, das Gottes Herrlichkeit repräsentiert. Cherubim-Figuren waren auf dem Deckel der Bundeslade befestigt.

13,11 *bis heute.* Vom Standpunkt des Verfassers der Chronikbücher aus.

das Haus Obed-Edoms, der aus Gat stammte. ¹⁴ Dort blieb die Lade Gottes drei Monate stehen. Da segnete Jahwe Obed-Edom und sein ganzes Haus.

David in Jerusalem

14 ¹ König Hiram von Tyrus* schickte eine Gesandtschaft zu David. Er lieferte ihm Zedernholz für seinen Palast und schickte Zimmerleute und Steinmetze zum Bauen. ² Daran erkannte David, dass Jahwe ihn zum König über Israel eingesetzt hatte und aus Liebe zu seinem Volk sein Königtum zu Ansehen brachte. ³ David nahm noch weitere Frauen in Jerusalem und bekam noch mehr Söhne und Töchter. ⁴ Seine in Jerusalem geborenen Söhne waren Schammua, Schobab, Natan, Salomo, ⁵ Jibhar, Elischua, Elpelet, ⁶ Nogah, Nefeg, Jafia, ⁷ Elischama, Beeljada und Elifelet.

Krieg mit den Philistern

⁸ Als die Philister hörten, dass David zum König über Israel gesalbt worden war, kamen sie mit ihrem ganzen Heer, um David zu stellen. Sobald David das erfuhr, zog er ihnen entgegen. ⁹ Die Philister hatten sich in der Ebene von Refaïm* ausgebreitet. ¹⁰ Da fragte David Gott: »Soll ich die Philister angreifen? Wirst du sie in meine Hand geben?« Jahwe sagte zu ihm: »Greif sie an! Ich gebe sie in deine Gewalt!« ¹¹ Da zog David aus und besiegte die Philister bei Baal-Perazim. Er sagte: »Wie Wasser einen Damm durchbricht, hat Gott die Reihen meiner Feinde vor mir durchbrochen.« Deshalb nannte man jenen Ort

Baal-Perazim, Herr der Durchbrüche. ¹² Die fliehenden Philister ließen sogar ihre Götzenbilder zurück. David aber befahl, sie zu verbrennen.

¹³ Doch einige Zeit später kamen die Philister wieder und breiteten sich in der Ebene Refaïm aus. ¹⁴ David fragte Gott, was er tun solle, und dieser antwortete: »Greif sie nicht direkt an, sondern umgehe sie und fall ihnen von den Bakabäumen* her in den Rücken. ¹⁵ Sobald du ein Geräusch hörst, als ob jemand durch die Wipfel der Bakabäume schreitet, dann schlägst du los! Denn Gott ist vor dir her in die Schlacht gezogen, um das Heerlager der Philister zu schlagen.« ¹⁶ David machte es so, wie Gott es ihm befohlen hatte. Er schlug die Philister von Gibeon bis nach Geser*. ¹⁷ Der Name Davids wurde in allen Ländern bekannt und Jahwe sorgte dafür, dass alle Völker ihn fürchteten.

Die zweite Überführung der Bundeslade

15 ¹ David baute sich Häuser in der Davidsstadt. Auch für die Lade Gottes richtete er einen Platz her und schlug ein Zelt für sie auf. ² Damals sagte David: »Niemand außer

---

14,1 *Tyrus* war die wichtigste Hafenstadt an der phönizischen Küste, 56 km nördlich vom Berg Karmel.

14,9 Die *Ebene Refaïm* ist ein fruchtbares Gebiet westlich von Jerusalem.

14,14 *Bakabaum.* Vielleicht ein anderes Wort für den Maulbeerbaum (Sykomore).

14,16 *Geser.* Die alte kanaanitische Königsstadt lag 27 km südöstlich von Joppe und gehörte zu dieser Zeit wahrscheinlich den Philistern.

den Leviten darf die Lade Gottes tragen, denn sie hat Jahwe dazu erwählt, seine Lade zu tragen und ihm zu dienen.« ³ David hatte ganz Israel nach Jerusalem zusammengerufen, um die Lade Jahwes an den Platz hinaufzubringen, den er für sie hergerichtet hatte.

⁴ Dann holte er die Nachkommen Aarons und die Leviten heran. ⁵ Von den Nachkommen Kehats war es Uriël mit 120 Mann; ⁶ von den Nachkommen Meraris: Asaja mit 220 Mann; ⁷ von den Nachkommen Gerschons: Joël mit 130 Mann; ⁸ von den Nachkommen Elizafans: Schemaja mit 200 Mann; ⁹ von den Nachkommen Hebrons: Eliël mit 80 Mann; ¹⁰ von den Nachkommen Usiëls: Amminadab mit 112 Mann. ¹¹ David ließ die Priester Zadok und Abjatar und die Leviten Uriël, Asaja und Joël, Schemaja und Eliël und Amminadab zu sich kommen ¹² und sagte zu ihnen: »Ihr seid die Oberhäupter der levitischen Familien. Heiligt euch* und eure Brüder und bringt die Lade Jahwes, des Gottes Israels, zu dem Platz hinauf, den ich für sie vorbereitet habe. ¹³ Weil ihr es beim ersten Mal nicht getan habt, hat Jahwe, unser Gott, eine Lücke in unsere Reihen gerissen, weil wir ihn nicht der Vorschrift entsprechend befragt hatten.« ¹⁴ Da heiligten sich die Priester und die Leviten, um die Lade von Jahwe, dem Gott Israels, heraufzubringen. ¹⁵ Die Leviten trugen die Lade Gottes auf ihren Schultern mit den Tragstangen, wie Mose es nach dem Wort Jahwes angeordnet hatte. ¹⁶ David hatte auch den Oberhäuptern der Leviten befohlen, ihre Brüder, die Sänger, mit Musikinstrumenten, Harfen und Zithern und Zimbeln aufzubieten, damit sie laute Freudenklänge erschallen ließen.

¹⁷ Sie beauftragten damit Heman Ben-Joël, sowie Asaf Ben-Berechja und Etan Ben-Kuschaja, der zu den Nachkommen Meraris gehörte. ¹⁸ Hinzu kamen folgende Leviten der zweiten Ordnung: Secharja, Jaasiël, Schemiramot, Jehiël, Unni, Eliab, Benaja, Maaseja, Mattitja, Elifelehu, Mikneja, Obed-Edom und Jëiël, die Torwächter. ¹⁹ Die Sänger Heman, Asaf und Etan ließen sich mit bronzenen Zimbeln hören. ²⁰ Secharja, Jaasiël, Schemiramot, Jehiël, Unni, Eliab, Maaseja und Benaja spielten Harfe in der hohen Tonlage. ²¹ Mattitja, Elifelehu, Mikneja, Obed-Edom, Jëiël und Asasja spielten Laute in der tiefen Tonlage. Damit leiteten sie den Gesang. ²² Kenanja war der Verantwortliche der Leviten für Tragearbeiten. Weil er sich darauf verstand, gab er auch die Anweisungen für den Transport der Bundeslade. ²³ Berechja und Elkana gingen als Wächter voraus. ²⁴ Vor der Lade gingen die Priester Schebanja, Joschafat, Netanel, Amasai, Secharja, Benaja und Eliëser und bliesen auf ihren Trompeten, und hinter ihr folgten Obed-Edom und Jehija als Wächter.

²⁵ So zog David mit den Ältesten von Israel und den Anführern der

15,12 *Heiligt euch.* Das bedeutete für die Israeliten, dass sie ihre Kleider und sich selbst waschen mussten und keinen Geschlechtsverkehr haben durften (siehe 2. Mose 19,10.14-15; 3. Mose 16,4.24).

- 599 -

Heereseinheiten freudig aus, um die Bundeslade Jahwes aus dem Haus Obed-Edoms abzuholen. *26* Weil Gott es den Leviten, die die Bundeslade Jahwes trugen, gelingen ließ, opferte man sieben Stiere und sieben Schafböcke. *27* David trug ein Obergewand aus feinem weißen Linen, ebenso wie die Leviten, die die Lade trugen, die Sänger und Kenanja, der den Transport beaufsichtigte. David trug außerdem ein leinenes Efod*. *28* So brachte ganz Israel die Bundeslade Jahwes jubelnd und mit Hörnerschall unter dem Klang von Trompeten und Zimbeln, Harfen und Zithern hinauf. *29* Als die Bundeslade Jahwes in die Stadt getragen wurde, schaute Michal, die Tochter Sauls, aus dem Fenster. Und als sie sah, wie König David hüpfte und tanzte, verachtete sie ihn innerlich.

16 *1* Man brachte die Lade Gottes in das Zelt, das David für sie errichtet hatte. Dann wurden Brand- und Freudenopfer* vor Gott geschlachtet. *2* Nach dem Opfermahl segnete David das Volk im Namen Jahwes. *3* Dann ließ er an jeden Israeliten, Mann und Frau, je einen Brotfladen, eine Portion Dattelkuchen und eine Portion Rosinenkuchen verteilen. *4* Einige Leviten setzte er zum Dienst vor der Lade Jahwes ein, um Jahwe, den Gott Israels, auch weiterhin zu rühmen, zu preisen und zu loben. *5* Als Oberhaupt bestimmte er Asaf, als seinen Stellvertreter Secharja, dann Jaasiël, Schemiramot, Jehiël, Mattitja, Eliab, Benaja, Obed-Edom und Jëiël. Sie sollten sich mit Harfen und Zithern hören lassen, Asaf auf der

Zimbel, *6* und die Priester Benaja und Jahasiël ständig mit Trompeten vor der Bundeslade Gottes.

Davids Danklied

7 Damals, an jenem Tag, beauftragte David Asaf und seine Brüder zum ersten Mal, Jahwe so zu loben:*

8 Preist Jahwe! Ruft aus seinen Namen, / macht den Völkern seine Taten bekannt! *9* Singt ihm, spielt ihm / und redet von all seinen Wundern! *10* Rühmt euch seines heiligen Namens! / Die ihn suchen, können sich freuen!

11 Fragt nach Jahwe und seiner Macht, / sucht seine Nähe zu aller Zeit! *12* Denkt an die Wunder, die er tat, / die Beweise seiner Macht und seine Rechtsentscheide. *13* Ihr Nachkommen seines Dieners Israel, / ihr Söhne Jakobs, seine Erwählten: *14* Das ist Jahwe, unser Gott! / Seine Rechtsentscheide gelten in der ganzen Welt.

15 Denkt immer wieder an seinen Bund / – sein Versprechen gilt tausend Generationen –, *16* den er

---

15,27 Das *Efod* aus Linen war offenbar ein ärmelloses Gewand und gehörte zur Dienstkleidung eines Priesters, muss aber von dem Efod des Hohen Priesters (2. Mose 39) unterschieden werden, das aus anderem Material hergestellt wurde.

16,1 Beim *Freudenopfer* wurde im Gegensatz zum Brandopfer, bei dem das ganze Tier verbrannt wurde, nur das Fett auf dem Altar verbrannt. Der größte Teil des Tieres durfte bei einer fröhlichen Opfermahlzeit gemeinsam mit Verwandten und Freunden verzehrt werden.

16,7 *Verse 8-22:* Siehe Psalm 105,1-15! *Verse 23-33:* Siehe Psalm 96!

mit Abraham schloss, / und an seinen Eid mit Isaak! *17* Er gab ihn Jakob als Ordnung, / Israel als ewigen Bund. *18* Er sagte: Dir will ich das Land Kanaan geben, / als Erbland, das euch zugeteilt ist.

19 Ihr wart damals leicht zu zählen, / nur wenig Leute und Fremde dabei. *20* Sie zogen von einem Volk zum anderen, / von einem Reich zu einem anderen Volk. *21* Er erlaubte keinem Menschen, sie zu bedrücken, / ihretwegen wies er Könige zurecht: *22* »Tastet meine Gesalbten nicht an, / tut meinen Propheten nichts Böses!«

23 Singe Jahwe, ganze Erde! / Verkündet seine Rettung jeden Tag! *24* Erzählt bei den Völkern von seiner Herrlichkeit, / von seinen Wundern bei allen Nationen!

25 Denn Jahwe ist groß und sehr zu loben, / mehr zu fürchten als alle Götter. *26* Denn alle Götter der Völker sind Nichtse, / doch Jahwe hat den Himmel gemacht. *27* Macht und Hoheit strahlt er aus, / Pracht und Herrlichkeit in seinem Heiligtum.

28 Gebt Jahwe, ihr Völkerstämme, / gebt Jahwe Ehre und Macht! *29* Gebt ihm seines Namens Herrlichkeit! / Bringt ihm seine Gaben, kommt zu ihm! / Huldigt Jahwe in heiliger Pracht!

30 Die ganze Welt erzittere vor ihm! / Doch die Erde steht fest und wankt nicht. *31* Der Himmel freue sich, es jauchze die Erde! / Man sage den Völkern: »Jahwe ist König!« *32* Es tose das Meer und was es erfüllt! / Es jauchze das Feld und alles darauf! *33* Auch die Bäume im Wald sollen jubeln vor Jahwe. / Denn er kommt, um die Erde zu richten.

34 Preist Jahwe! Denn er ist gut / und seine Gnade hört niemals auf. *35* Sagt: »Rette uns, Gott unserer Rettung, / sammle uns und befreie uns aus den Nationen, / dass dein heiliger Name gepriesen wird / und wir uns deines Lobes rühmen!« *36* Gelobt sei Jahwe, der Gott Israels, / in alle Zeit und Ewigkeit! / Das ganze Volk sagte: Amen!* und lobte Jahwe.

Die Aufgaben der Leviten

37 David ließ Asaf und die Männer seiner Sippe ständig vor der Bundeslade Jahwes bleiben, um dort den täglich notwendigen Dienst zu tun. *38* Obed-Edom, den Sohn Jedutuns, und die 68 Männer seiner Sippe ließ er ebenso wie Hosea ihren Dienst als Torwächter aufnehmen. *39* Den Priester Zadok und die anderen Priester ließ David bei der Wohnung Jahwes ihren Dienst verrichten, die auf der Höhe bei Gibeon* steht. *40* Sie sollten Jahwe jeden Morgen und Abend die Brandopfer bringen und alles tun, was im Gesetz Jahwes für die Israeliten

---

16,36 *Amen.* Hebräisch: *Es werde wahr!* Oder: *So sei es!*

16,39 *Wohnung Jahwes ... bei Gibeon.* Das Zelt der Gottesbegegnung hatte normalerweise seinen Platz in Schilo (Josua 18,1). Nach der Zerstörung Schilos durch die Philister (Jeremia 7,12-14) wurde sie mit dem Altar nach Gibeon gebracht.

vorgeschrieben ist. *41* Bei ihnen waren Heman und Jedutun und die, die namentlich dazu bestimmt worden waren, Jahwe für seine ewige Gnade zu preisen. *42* Heman und Jedutun hatten Trompeten und Zimbeln und die anderen Musikinstrumente für das Lob Gottes dabei. Torwächter in Gibeon waren die Söhne Jedutuns. *43* Dann kehrten alle Israeliten wieder nach Hause zurück. Auch David ging, um seiner Familie den Segensgruß zu bringen.

Gottes Verheißung für David

17 *1* Als nun David in seinem Palast wohnte, sagte er eines Tages zum Propheten Natan: »Sieh doch, ich wohne hier in einem Palast aus Zedernholz, und die Bundeslade Jahwes steht nur in einem Zelt.« *2* Natan sagte: »Tu, was du auf dem Herzen hast, denn Gott ist mit dir!« *3* Aber in der folgenden Nacht kam das Wort Gottes zu Natan: *4* »Geh zu meinem Diener David und richte ihm aus: ›So spricht Jahwe: Nicht du wirst mir das Haus zur Wohnung bauen. *5* Seit ich Israel aus Ägypten herausführte, habe ich noch nie in einem Haus gewohnt, sondern bin bis heute in einer Zeltwohnung umhergezogen. *6* Habe ich während dieser ganzen Zeit jemals zu einem der Führer Israels, denen ich aufgetragen hatte, mein Volk Israel zu weiden, gesagt: ›Warum baut ihr mir kein Haus aus Zedernholz?‹ *7* Darum sollst du meinem Diener David ausrichten: ›So *spricht Jahwe, der Allmächtige:* Ich selbst habe dich von der Schafherde weggeholt und dich zum Herrscher über mein Volk Israel gemacht. *8* Und

wohin du auch gegangen bist, bin ich bei dir gewesen und habe alle deine Feinde vor dir beseitigt. Ich habe deinen Namen berühmt gemacht. Du wirst zu den Großen der Erde gezählt. *9* Ich habe meinem Volk Israel eine Heimat gegeben, ein Land, in dem es sicher leben kann und nicht mehr zittern muss. Böse Menschen werden es nicht mehr unterdrücken wie früher *10* und auch noch zu der Zeit, als ich Richter über mein Volk Israel einsetzte. Ich habe alle deine Feinde gedemütigt. Und nun kündigt Jahwe dir an, dass er dein Königsgeschlecht bestehen lassen wird. *11* Wenn deine Zeit abgelaufen ist und du gestorben bist, werde ich dir einen deiner eigenen Nachkommen auf dem Thron folgen lassen und seine Herrschaft festigen. *12* Der wird dann ein Haus für meinen Namen bauen. Und seinem Königtum werde ich ewigen Bestand geben. *13* Ich werde sein Vater sein und er soll mir Sohn sein. Meine Gnade entziehe ich ihm nicht, wie ich sie deinem Vorgänger entzog. *14* Ich werde ihn für immer bestehen lassen in meinem Haus und meinem Königtum, und sein Thron soll allezeit fest stehen.‹« *15* Natan gab David alles genauso weiter, wie es ihm gesagt und offenbart worden war.

Davids Dankgebet

16 Da ging David in das Zelt, setzte sich vor Jahwe nieder und sagte: »Wer bin ich schon, Jahwe, mein Gott, und was bedeutet meine Familie, dass du mich bis hierher gebracht hast? *17* Und das war dir noch zu wenig, mein Gott! Du hast sogar Zusagen gemacht, die noch meinen fernen

Nachkommen gelten. Und mich siehst du als Menschen von hohem Rang an, Herr, mein Gott. *18* Was soll David da noch weiter sagen von der Ehre, die du deinem Sklaven erweist? Du kennst ja deinen Sklaven. *19* Weil du mich liebst, Jahwe, und weil es dein Wille war, hast du all das Große getan, um es deinen Sklaven erkennen zu lassen. *20* Niemand ist dir gleich, Jahwe. Nach allem, was wir gehört haben, gibt es keinen Gott außer dir. *21* Und welches Volk gleicht deinem Volk Israel? Es ist die einzige Nation auf der Erde, die Gott aus der Sklaverei befreit und zu seinem Volk gemacht hat. So hast du dir mit großen und furchterregenden Dingen einen Namen gemacht. Aus Ägypten hast du es befreit und hast andere Völker vor ihm vertrieben. *22* Für alle Zeiten hast du dir Israel zu deinem Volk gemacht, und du selbst, Jahwe, bist sein Gott geworden. *23* Und nun, Jahwe, lass die Zusage, die du deinem Sklaven und seinem Königshaus gemacht hast, für immer gültig sein, und tu, was du versprochen hast! *24* Dann wird dein Name als zuverlässig gelten und groß für alle Zeiten sein, und man wird sagen: ›Jahwe, der Allmächtige, Israels Gott, ist Gott über Israel!‹ Und auch das Königshaus deines Sklaven David wird vor dir gesichert sein. *25* Denn du, Jahwe, mein Gott, du hast

deinem Sklaven enthüllt: ›Ich werde dein Königsgeschlecht bestehen lassen!‹ Darum hat dein Sklave es gewagt, so zu dir zu beten. *26* Und nun, Jahwe, du allein bist wirklich Gott, und du hast deinem Sklaven all das Gute versprochen. *27* Und nun hat es dir gefallen, das Königshaus deines Sklaven zu segnen, dass es für immer vor dir bestehe! Denn du, Jahwe, du hast es gesegnet, es wird für immer gesegnet sein!«

Davids Kriege und Siege

18 *1* Einige Zeit später besiegte David die Philister. Er unterwarf sie und nahm ihnen die Stadt Gat und ihre umliegenden Ortschaften aus der Hand. *2* Er unterwarf auch die Moabiter* und machte sie tributpflichtig. *3* Ebenso besiegte David König Hadad-Eser von Zoba* bei Hamat, der gerade ausgezogen war, um seine Macht am oberen Euphrat wiederherzustellen. *4* David nahm 1000 Wagen, 7000 Reiter und 20.000 Fußsoldaten von ihm gefangen. Alle Streitwagen ließ er unbrauchbar machen, nur 100 behielt er für sich.

5 Als die Syrer von Damaskus König Hadad-Eser von Zoba zu Hilfe kamen, besiegte David auch sie und tötete 22.000 Mann. *6* David legte Besatzungen in das damaszenische Syrien. So wurden die Syrer David untertan und mussten ihm regelmäßig Tribut zahlen. Jahwe half David überall, wohin er zog.

7 David erbeutete die goldenen Schilde, die Hadad-Esers Offiziere getragen hatten, und brachte sie nach Jerusalem. *8* Aus den Städten Tibhat und Kun, die zu Hadad-Esers

---

18,2 Die *Moabiter* lebten östlich vom Toten Meer zwischen den Flüssen Arnon und Zered.

18,3 *Zoba* war ein kleines Königreich nördlich von Damaskus.

Gebiet gehörten, nahm er eine große Menge Bronze mit. Daraus ließ Salomo später das »bronzene Meer«, die Säulen und die Gegenstände aus Bronze* gießen. 9 Als König Toï von Hamat hörte, dass David die ganze Streitmacht des Königs Hadad-Eser von Zoba vernichtet hatte, 10 schickte er seinen Sohn Joram zu ihm. Er sollte König David Grüße ausrichten und ihn zu seinem Sieg über Hadad-Eser beglückwünschen. Hadad-Eser hatte nämlich ständig gegen Toï Krieg geführt. Joram brachte Geräte aus Gold, Silber und Bronze mit. 11 Auch diese weihte König David Jahwe, ebenso wie das Silber und Gold, das er von den Völkern bekam, die er unterworfen hatte: von den Edomitern, den Moabitern und Ammonitern*, von den Philistern und den Amalekitern.

12 Abischai Ben-Zeruja besiegte die Edomiter im Salztal. 18.000 Mann erschlug er dort. 13 Im ganzen Land Edom setzte David dann Statthalter ein und machte die Edomiter zu seinen Untertanen. So half Jahwe David überall, wohin er zog. 14 David regierte als König über ganz Israel und sorgte für Recht und Gerechtigkeit in seinem Volk.

Davids Beamte

15 Joab Ben-Zeruja war Oberbefehlshaber über das Heer. Joschafat Ben-Ahilud war Kanzler. 16 Zadok Ben-Ahitub und Ahimelech Ben-Abjatar waren Priester, Schawscha war Staatsschreiber. 17 Benaja Ben-Jojada befehligte die Leibgarde*. Die Söhne Davids nahmen führende Stellungen im königlichen Dienst ein.

Krieg gegen die Ammoniter

19 ¹ Einige Zeit später starb König Nahasch von Ammon, und sein Sohn trat die Nachfolge an. 2 David dachte: »Ich will Hanun Ben-Nahasch Freundlichkeit erweisen, wie sein Vater auch mir gegenüber Freundlichkeit gezeigt hat.« So schickte er eine Gesandtschaft, um ihm sein Beileid auszusprechen. Als die Gesandten Davids im Ammoniterland ankamen, 3 sagten die Oberen der Ammoniter zu Hanun: »Denkst du wirklich, dass David deinen Vater ehren will, wenn er dir sein Beileid ausspricht? Er hat die Gesandten doch nur geschickt, um das Land zu erkunden. Er will es auskundschaften, um es später zerstören zu können.« 4 Da ließ Hanun die Gesandten Davids ergreifen, ließ sie scheren und ihnen die Kleider unten bis zum Gesäß abschneiden und schickte sie weg. 5 Als man David berichtete, wie schwer seine Männer beschämt worden waren, schickte er ihnen Boten entgegen und ließ ihnen sagen: »Bleibt in Jericho, bis euer Bart wieder gewachsen ist, und kommt dann zurück.«

6 Als König Hanun und die Ammoniter merkten, dass sie sich bei David verhasst gemacht hatten, schickten

---

18,8 *Gegenstände aus Bronze.* Alles war für den späteren Tempel bestimmt.

18,11 Die *Ammoniter* waren nordöstliche Nachbarn der Moabiter.

18,17 *Leibgarde.* Wörtlich: Die *Kreter und Pleter.* Vielleicht sind damit Männer von zwei aus Kreta stammenden Philisterstämmen gemeint, die David als Leibwächter in der königlichen Leibgarde dienten.

sie Unterhändler mit 35.000 Kilogramm Silber nach Mesopotamien, nach Maacha in Syrien und nach Zoba, um Streitwagen und Wagenkämpfer anzuwerben. *7* Sie machten sich 32.000 Wagenkämpfer dienstbar und gewannen den König von Maacha mit seinem Volk dazu. Sie alle kamen und schlugen ihr Lager bei Medeba auf. *8* Als David davon hörte, ließ er Joab mit dem ganzen Heer und der Elitetruppe ausrücken. *9* Die Ammoniter bezogen Stellung vor dem Tor ihrer Stadt. Aber die Könige, die gekommen waren, stellten sich in einiger Entfernung auf offenem Feld zur Schlacht auf. *10* Als Joab sah, dass er eine Front vor sich und eine im Rücken hatte, wählte er seine besten Leute aus und stellte sich mit ihnen den Syrern entgegen. *11* Die übrigen sollten sich unter dem Kommando seines Bruders Abischai den Ammonitern entgegenstellen. *12* Joab sagte: »Wenn die Syrer stärker sind als ich, kommst du mir zu Hilfe. Und wenn dir die Ammoniter zu stark werden, helfe ich dir. *13* Hab Mut und lass uns stark sein für unser Volk und die Städte unseres Gottes! Dann soll Jahwe tun, was ihm gefällt.« *14* Joab rückte mit seiner Truppe zur Schlacht gegen die Syrer vor. Da flohen sie vor ihm. *15* Als die Ammoniter sahen, dass die Syrer flohen, ergriffen auch sie vor Abischai die Flucht und zogen sich in die Stadt zurück. Da kehrte Joab wieder nach Jerusalem heim.

16 Als die Syrer erkannten, dass sie von Israel besiegt worden waren, ließen sie auch die syrischen Truppen von jenseits des Euphrat zu Hilfe kommen. Unter dem Befehl Schobachs, des Heerführers von Hadad-Eser, rückten sie an. *17* Als David das gemeldet wurde, rief er alle wehrfähigen Männer Israels zusammen, überquerte mit ihnen den Jordan und stellte sich den Syrern zur Schlacht. Als es zum Kampf kam, *18* wurden die Syrer von Israel in die Flucht geschlagen. Davids Männer erschlugen 7000 syrische Wagenkämpfer und 40.000 Mann vom Fußvolk. Auch Schobach, ihren Heerführer, töteten sie. *19* Als nun die Vasallen Hadad-Esers sahen, dass sie von Israel geschlagen waren, schlossen sie Frieden mit David und unterwarfen sich. Die Syrer wagten es nicht, den Ammonitern noch einmal zu helfen.

20 *1* Als der Frühling kam, begann wieder die Zeit, in der die Könige ihre Feldzüge unternahmen. Auch Joab zog mit dem ganzen Heer Israels los und verwüstete das Land der Ammoniter und belagerte Rabba*. David selbst blieb in Jerusalem. Joab eroberte Rabba und zerstörte es. *2* David nahm ihrem König die Krone vom Kopf und setzte sie selbst auf. Ihr Gewicht betrug 34 Kilogramm*. Sie bestand ganz aus Gold und war mit einem kostbaren Edelstein besetzt. Außerdem nahm er reiche Beute aus der Stadt mit. *3* Die Bevölkerung der Stadt ließ David

---

20,1 *Rabba* war die Hauptstadt der Ammoniter und lag 38 km östlich vom Jordan, heute: Amman.

20,2 *34 Kilogramm.* Wörtlich: ein Kikkar. Die Krone wurde offenbar nur kurz bei besonderen Anlässen getragen.

Zwangsarbeiten verrichten. Er stellte sie an Steinsägen, eiserne Pickel, eiserne Beile und Ziegelformen. So machte er es auch mit den anderen Städten der Ammoniter. Dann kehrte er mit dem ganzen Heer nach Jerusalem zurück.

Davids Helden und ihre Taten

4 Danach kam es bei Geser zum Kampf mit den Philistern. Damals tötete Sibbechai aus Huscha den Sippai, der zu den Nachkommen des Rafa* gehörte, und die Philister wurden in die Knie gezwungen. 5 Bei einem weiteren Kampf erschlug Elhanan Ben-Jaïr den Bruder Goliats aus Gat, dessen Speer so dick wie ein Weberbaum* war. 6 Wieder kam es zum Kampf bei Gat. Da trat ein besonders großer Mann hervor, der an jeder Hand sechs Finger und an jedem Fuß sechs Zehen hatte, insgesamt also 24. Auch er war ein Nachkomme Rafas. 7 Er verhöhnte Israel. Da erschlug ihn Jonatan Ben-Schima, der Neffe Davids. 8 Diese vier waren Nachkommen von Rafa in Gat und wurden von David und seinen Männern erschlagen.

Davids Volkszählung

21 1 Der Satan stellte sich gegen Israel und verleitete David, das Volk zu zählen.* 2 David sagte zu Joab und den Oberen des Volkes: »Geht durch das ganze Land von Beerscheba bis Dan und zählt die Israeliten. Sagt mir das Ergebnis, ich will wissen, wie viele es sind.« 3 Doch Joab sagte: »Möge Jahwe das Volk noch hundertmal zahlreicher machen, als es schon ist! Und sind sie

nicht alle deine treuen Diener, mein Herr und König? Warum nur willst du so etwas tun? Warum soll Israel schuldig werden?« 4 Doch der König bestand vor Joab auf seinem Befehl. So machte sich dieser auf den Weg. Er durchzog ganz Israel und kam dann nach Jerusalem zurück. 5 Joab teilte dem König das Ergebnis der Zählung mit: die Gesamtzahl der Männer, die mit dem Schwert umgehen konnten, betrug in ganz Israel 1.100.000 und in Juda 470.000. 6 Die Stämme Levi und Benjamin hatte er nicht gezählt, denn der Befehl des Königs war Joab ein Gräuel.

7 Auch Gott missfiel diese Sache und er bestrafte Israel. 8 Da sagte David zu Gott: »Ich habe mich schwer versündigt mit dem, was ich getan habe. Vergib doch bitte die Schuld deines Sklaven. Ich habe sehr unbesonnen gehandelt.« 9 Da sagte Gott zu Gad, dem Seher Davids: 10 »Geh zu David und richte ihm aus: ›So spricht Jahwe: Dreierlei lege ich dir vor. Wähl dir aus, was ich dir antun soll!‹« 11 Gad kam zu David und sagte: »So spricht Jahwe: 12 ›Soll eine dreijährige Hungersnot kommen? Oder willst du drei Monate vor deinen Verfolgern fliehen und zugrunde gerichtet werden, wenn das Schwert

---

20,4 *Rafa* gilt als Stammvater der Refaïter, das sind Riesen.

20,5 *Weberbaum.* So hießen die Querstangen an den beiden Enden des Webstuhls, an denen die Kettfäden befestigt wurden. Sie mussten eine beträchtliche Dicke haben.

21,1 *Satan ... zählen.* Gott (2. Samuel 24,1) prüfte David, um ihm eine Lehre zu erteilen und benutzte dazu den Satan, der Israel schaden wollte.

dich einholt? Oder soll drei Tage lang das Schwert Jahwes, die Pest, im Land wüten, dass der Engel Jahwes im ganzen Gebiet Israels Verderben bringt?‹ Nun sag mir, welche Antwort ich dem überbringen soll, der mich gesandt hat.« *13* David sagte zu Gad: »Ich habe große Angst. Dann will ich lieber in die Hand Jahwes fallen, denn sein Erbarmen ist groß. In die Hand von Menschen will ich nicht geraten.« *14* Da ließ Jahwe die Pest in Israel ausbrechen. 70.000 Mann starben in Israel. *15* Gott schickte den Engel auch nach Jerusalem, um die Stadt zu vernichten. Als dieser im Begriff stand, dort sein Vernichtungswerk zu tun, hatte Jahwe Mitleid. Er sagte dem Todesengel: »Genug! Hör auf damit!«

Der Engel Jahwes war gerade bei der Tenne Araunas, einem Jebusiter. *16* Als David aufblickte, sah er den Engel Jahwes zwischen Erde und Himmel stehen, das Schwert gezückt und über Jerusalem ausgestreckt. David und die Ältesten der Stadt hatten den Trauersack angezogen. Sie warfen sich nieder mit dem Gesicht zur Erde. *17* David sagte zu Gott: »*Ich* habe doch befohlen, das Volk zu zählen, *ich* habe doch gesündigt, *ich* habe doch das Böse getan. Was haben denn diese Schafe getan? Jahwe, mein Gott, bestrafe doch *mich* und *meine* Familie, aber verschone dein Volk mit dieser Plage!«

21,18 *Arauna*. Wörtlich: *Ornan*, was eine andere Form desselben Namens ist.

21,25 *Platz*. Offenbar hat David den Platz des ganzen späteren Tempelareals gekauft, nicht nur den Dreschplatz. Das erklärt auch den Preisunterschied zu 2. Samuel 24,24.

David baut einen Altar auf dem Dreschplatz

18 Der Engel Jahwes hatte Gad befohlen, David zu sagen, er solle zum Dreschplatz des Jebusiters Arauna* hinaufgehen und dort einen Altar errichten. *19* Da ging David hinauf, wie Gad ihm im Namen Jahwes befohlen hatte. *20* Arauna drosch gerade Weizen aus. Als er sich umblickte, hatte er den Engel gesehen. Seine vier Söhne waren weggelaufen und hatten sich versteckt. *21* Nun kam David zu Arauna. Als dieser aufschaute und ihn erkannte, ging er ihm vom Dreschplatz aus entgegen und warf sich vor David nieder, mit dem Gesicht auf den Boden. *22* David sagte zu ihm: »Gib mir den Dreschplatz, denn ich möchte Jahwe einen Altar darauf bauen. Ich will ihn dir zum vollen Preis abkaufen, damit die Plage vom Volk abgewehrt wird.« *23* Arauna erwiderte: »Nimm ihn dir! Mein Herr und König möge tun, was er für richtig hält. Hier sind die Rinder zum Brandopfer. Die Dreschschlitten können das Brennholz sein und der Weizen das Speisopfer. Ich schenke dir das alles.« *24* »Nein«, sagte der König, »ich will es zum vollen Preis von dir kaufen. Ich will dir dein Eigentum nicht für Jahwe wegnehmen, ich will keine kostenlosen Opfer bringen.« *25* David gab Arauna 600 Goldstücke für den Platz*.

26 Dort baute David Jahwe einen Altar und opferte Brand- und Freudenopfer. Dabei rief er zu Jahwe. Und Jahwe antwortete ihm mit Feuer, das vom Himmel auf den Brandopferaltar fiel. *27* Jahwe befahl dem Engel, das Schwert wieder einzustecken, und der steckte es in die Scheide. 28 Damals erkannte David, dass Jahwe ihn erhört hatte und dass er ihm auf dem Dreschplatz des Jebusiters Arauna opfern durfte. 29 Die Wohnung Jahwes, die Mose in der Wüste angefertigt hatte, und der Brandopferaltar befanden sich zu dieser Zeit noch auf der Anhöhe bei Gibeon. 30 David wagte es nicht mehr, dorthin zu gehen, um Gott zu befragen, so sehr hatte ihn die Angst vor dem Schwert des Engels Jahwes gepackt. 22,1 Deshalb sagte David: »Hier soll das Haus Gottes, das Haus Jahwes, stehen und der Brandopferaltar für Israel.«

Vorbereitungen für den Tempelbau

22 2 David ließ die Fremden aus dem ganzen Land zusammenholen und setzte sie als Steinhauer ein. Sie mussten die Quadersteine behauen, die für den Bau des Hauses Gottes bestimmt waren. 3 David ließ eine Menge Eisen heranschaffen für die Nägel an den Torflügeln und die Klammern und so viel Bronze, dass es nicht zu wiegen war, 4 dazu ungezählte Zedernstämme. Denn die Tyrer und Sidonier* brachten große Mengen an Zedernholz zu David. 5 David sagte: »Mein Sohn Salomo ist noch jung und schwach. Aber das Haus, das für Jahwe gebaut werden soll, muss überaus groß werden zum Ruhm und zum Preis in allen Ländern. So will ich denn alles für ihn bereitstellen.« Auf diese Weise traf David vor seinem Tod viele Vorbereitungen für den Bau.

6 Dann rief er seinen Sohn Salomo und trug ihm auf, Jahwe, dem Gott Israels, ein Haus zu bauen. 7 Er sagte: »Mein Sohn, es lag mir am Herzen, dem Namen Jahwes, meines Gottes, ein Haus zu bauen. 8 Aber das Wort Jahwes kam zu mir: ›Du hast viel Blut vergossen und große Kriege geführt. Du wirst kein Haus für meinen Namen bauen, denn du hast zu viel Blut vor mir auf die Erde fließen lassen. 9 Doch du wirst einen Sohn haben, der ein Mann der Ruhe sein wird. Ihm werde ich Ruhe vor all seinen Feinden ringsum verschaffen. Er wird Salomo, der Friedliche, heißen. Und ich werde Israel Frieden und Ruhe geben, so lange er lebt. 10 Er soll ein Haus für mich bauen. Er wird ein Sohn für mich sein und ich ein Vater für ihn. Seiner Herrschaft über Israel werde ich für immer Bestand geben.‹ 11 Nun, mein Sohn, Jahwe möge mit dir sein, dass es dir nach seiner Zusage gelingt, das Haus für Jahwe, deinen Gott, zu bauen. 12 Jahwe gebe dir Einsicht und Verstand, dass du die Weisung von Jahwe, deinem Gott, beachtest, und er setze dich zum Herrscher über Israel ein. 13 Wenn du die Ordnungen und Rechtsbestimmungen genau befolgst, die Jahwe Mose für Israel gegeben hat, wird es dir gelingen. Sei stark und mutig, fürchte dich nicht und hab keine Angst! 14 Und sieh, trotz meiner Mühsal habe ich für das Haus Jahwes 3500 Tonnen Gold und 35.000 Tonnen Silber* bereitgestellt, dazu solche

---

22,4 *Tyrer und Sidonier* waren die Einwohner der phönizischen Städte Tyrus und Sidon, die etwa 60 bzw. 90 Kilometer nordwestlich vom See Gennesaret lagen.

22,14 *3500 ... Silber.* Wörtlich: 100.000 Talente Gold und 1 Million Talente Silber.

Mengen an Bronze und Eisen, dass man sie nicht wiegen kann. Auch Holz und Steine habe ich bereitgestellt, und du wirst noch mehr hinzufügen. 15 Handwerker stehen dir reichlich zur Verfügung: Steinmetze, Bauleute, Zimmerleute, dazu jede Menge Kunsthandwerker, 16 die Arbeiten in Gold, Silber, Bronze und Eisen ausführen können. Geh also ans Werk! Jahwe wird mit dir sein!« 17 David befahl auch allen Oberen in Israel, seinem Sohn Salomo beizustehen. 18 Er sagte: »Ist Jahwe, euer Gott, nicht bei euch? Hat er euch nicht Ruhe ringsum verschafft? Er hat ja die Bewohner des Landes in meine Hand gegeben, und das Land ist nun Jahwe und seinem Volk unterworfen. 19 Richtet Herz und Sinn darauf, Jahwe, euren Gott, zu suchen! Und macht euch auf, das Heiligtum Gottes zu bauen, dass die Lade des Bundes mit Jahwe und die heiligen Gegenstände Gottes in das Haus kommen, das dem Namen Jahwes gebaut werden soll.«

Die Einteilung der Leviten

23 1 Als David alt war und lebenssatt, setzte er seinen Sohn Salomo zum König über Israel ein. 2 Er ließ dazu alle führenden Männer Israels, die Priester und die Leviten zusammenrufen. 3 Alle Leviten von dreißig Jahren an aufwärts wurden gezählt. Es waren 38.000 Männer. 4 Von diesen bestimmte David 24.000 zur Aufsicht für die Arbeit am Haus Jahwes, 6000 sollten Schriftführer und Richter sein. 5 4000 Torwächter und 4000, die Jahwe mit den Instrumenten preisen und loben

sollten, die er selbst zum Lobgesang hatte anfertigen lassen. 6 David teilte die Leviten nach ihrer Abstammung von Gerschon, Kehat und Merari in Abteilungen ein.

7 Zu den Gerschoniten gehörten Ladan und Schimi. 8 Ladan hatte drei Söhne. Das Oberhaupt war Jehiël, ihm folgten Setam und Joël. 9 Schimi hatte drei Söhne: Schelomit, Hasiël und Haran. Sie alle waren die Oberhäupter der Sippen, die von Ladan abstammten. 10 Schimi hatte vier Söhne: Jahat, Sisa, Jëusch und Beria. 11 Das Oberhaupt war Jahat, an zweiter Stelle stand Sisa. Jëusch und Beria hatten nur wenige Söhne und bildeten deshalb eine einzige Sippe und auch nur eine Dienstgruppe.

12 Kehat hatte vier Söhne: Amram, Jizhar, Hebron und Usiël. 13 Die Söhne Amrams waren Mose und Aaron. Aaron und seine Söhne wurden für immer dazu bestimmt, das Höchstheilige zu heiligen, Rauchopfer vor Jahwe zu verbrennen, ihm zu dienen und allezeit in seinem Namen zu segnen. 14 Die Nachkommen des Gottesmannes Mose wurden den Leviten zugerechnet. 15 Die Söhne Moses waren Gerschom und Eliëser. 16 Von den Söhnen Gerschoms war Schubaël das Oberhaupt. 17 Von den Söhnen Eliësers war sein einziger Sohn Rehabja das Oberhaupt. Dieser hatte aber sehr viele Söhne. 18 Von den Söhnen Jizhars war Schelomit das Oberhaupt. 19 Von den Söhnen Hebrons war Jerija das Oberhaupt, Amarja der zweite, Jahasiël der dritte und Jekamam der vierte. 20 Von den Söhnen Usiëls war Micha das Oberhaupt und Jischija der zweite.

21 Die Söhne Meraris waren Machli und Muschi, die Söhne Machlis: Eleasar und Kisch. 22 Als Eleasar starb, hinterließ er keine Söhne, sondern nur Töchter. Sie wurden aber von den Söhnen ihres Onkels Kisch geheiratet. 23 Muschi hatte drei Söhne: Machli, Eder und Jeremot.

Die Aufgaben der Leviten

24 Das waren die Nachkommen Levis nach ihren Familien, die Oberhäupter der Familien nach ihren Dienstgruppen, wie sie Kopf für Kopf bestellt worden waren, um die Arbeit im Dienst für das Haus Jahwes zu tun, von zwanzig Jahren* an aufwärts. 25 David sagte: »Jahwe, der Gott Israels, hat seinem Volk Ruhe verschafft und wohnt nun für immer in Jerusalem. 26 So müssen auch die Leviten die Wohnung mit allen Gegenständen, die für den Dienst gebraucht werden, nicht mehr tragen.« – 27 Denn nach den letzten Anordnungen Davids wurden die Leviten von zwanzig Jahren an und darüber gezählt. – 28 »Denn ihr Platz ist an der Seite der Nachkommen Aarons im Dienst für das Haus Jahwes. Sie sollen die Vorhöfe und Kammern in Ordnung halten, die heiligen Gegenstände reinigen und alles erledigen, was sonst noch im Haus Gottes anfällt. 29 Sie haben für die geweihten Brote zu sorgen, für das Feinmehl zum Speisopfer, die ungesäuerten Fladenbrote, das Pfannengebäck und den Teig. Außerdem müssen sie die Hohl- und Längenmaße überwachen. 30 Sie müssen jeden Morgen und Abend bereitstehen, um Jahwe zu preisen und zu loben, 31 und auch immer dann, wenn Jahwe Brandopfer gebracht werden an den Sabbaten, den Neumondstagen und den Festen, ohne Ausnahme nach der für sie vorgeschriebenen Zahl. 32 So sollen sie die Aufgaben beim Zelt der Gottesbegegnung und beim Heiligtum erfüllen und die Nachkommen Aarons bei ihren Pflichten für das Haus Jahwes unterstützen.«

Die Dienstgruppen der Priester

24 1 Auch die Nachkommen Aarons wurden in Dienstgruppen eingeteilt. Aarons Söhne waren Nadab und Abihu, Eleasar und Itamar. 2 Nadab und Abihu starben noch vor ihrem Vater und hatten selbst keine Söhne. Deshalb übten nur Eleasar und Itamar den Priesterdienst aus. 3 Zusammen mit Zadok von den Nachkommen Eleasars und Ahimelech, einem Nachkommen Itamars, teilte David die Priester in Dienstgruppen ein.

4 Dabei stellte sich heraus, dass die Zahl der Männer bei den Nachkommen Eleasars höher war als bei denen Itamars. Deshalb teilte man sie so ein, dass die Oberhäupter der Nachkommen Eleasars mit ihren Sippen sechzehn Dienstgruppen bildeten und die der Nachkommen Itamars acht. 5 Die Einteilung geschah dann durch Lose, denn die Oberen des Heiligtums, die Oberen vor Gott, stammten sowohl von den Nachkommen Eleasars als auch von denen Itamars. 6 Der Schreiber

---

23,24 *zwanzig Jahre.* Siehe die Fußnote zu 4. Mose 8,24.

Schemaja Ben-Netanel, ein Levit, schrieb sie auf im Beisein des Königs und der Oberen, des Priesters Zadok und Ahimelech Ben-Abjatar und vor den Sippenoberhäuptern der Priester und Leviten: Abwechselnd wurden zwei Sippen von Eleasar und eine von Itamar ausgelost.

7 Das erste Los fiel auf Jojarib, das zweite auf Jedaja, 8 das dritte auf Harim, das vierte auf Seorim, 9 das fünfte auf Malkija, das sechste auf Mijamin, 10 das siebte auf Hakkoz, das achte auf Abija, 11 das neunte auf Jeschua, das zehnte auf Schechanja, 12 das elfte auf Eljaschib, das zwölfte auf Jakim, 13 das 13. auf Huppa, das 14. auf Jeschebab, 14 das 15. auf Bilga, das 16. auf Immer, 15 das 17. auf Hesir, das 18. auf Pizez, 16 das 19. auf Petachja, das 20. auf Jeheskel, 17 das 21. auf Jachin, das 22. auf Gamul, 18 das 23. auf Delaja, das 24. auf Maasja.

19 Das waren ihre Dienstgruppen, nach denen sie zum Dienst ins Haus Jahwes kommen mussten. Es geschah nach der Vorschrift, die ihnen ihr Stammvater Aaron auf Befehl Jahwes, des Gottes Israels, gegeben hatte.

Weitere Dienstgruppen der Leviten

20 Von den übrigen Leviten wurde Schubaël von den Nachkommen Amrams genannt und Jechdeja von den Söhnen Schubaëls. 21 Jischija war das Oberhaupt der Söhne Rehabjas. 22 Dann kam Schelomit von den Nachkommen Jizhars und Jahat von den Söhnen Schelomits. 23 Jerija war das Oberhaupt der Söhne Hebrons, Amarja der zweite, Jahasiël der dritte und Jekamam der vierte. 24 Dann Micha von den Söhnen Usiëls, Schamir von den Söhnen Michas, 25 Secharja von den Söhnen Jischijas, einem Bruder Michas. 26 Die Nachkommen Meraris waren Machli und Muschi und die Söhne von Meraris Sohn Jaasija. 27 Weitere Nachkommen Meraris über Jaasija waren Schoham, Sakkur und Ibri. 28 Die Söhne Machlis waren Eleasar, der keine Söhne hatte, 29 und Kisch. Der Sohn von Kisch war Jerachmeël. 30 Die Söhne Muschis waren Machli, Eder und Jerimot. Das waren die Söhne der Leviten nach ihren Sippen. 31 So wie ihre Brüder, die Nachkommen Aarons, warfen auch sie Lose in Gegenwart von König David, Zadok, Ahimelech und den Sippenoberhäuptern der Priester und Leviten. Dabei wurden die Familien der Sippenoberhäupter nicht anders behandelt als die ihrer jüngsten Brüder.

Dienstgruppen der Sänger und Musiker

25 1 David sonderte nun zusammen mit den Heerobersten die Nachkommen Asafs, Hemans und Jedutuns aus, die auf Zithern, Harfen und Zimbeln weissagten*. Folgende Männer taten diesen Dienst: 2 Sakkur, Josef, Netanja und Asarela von den Söhnen Asafs. Sie standen unter der

---

25,1 *Weissagen* bedeutet normalerweise »als Sprecher Gottes reden«, hier könnte auch die Entstehung und Wiedergabe geistlicher Musik gemeint sein (wie 1. Samuel 10,5; siehe auch 1. Samuel 19,20-24).

Leitung ihres Vaters, der nach Anleitung des Königs weissagte. *3* Von den Söhnen Jedutuns waren es Gedalja, Zeri, Jesaja, Schimi, Haschabja und Mattitja, zusammen sechs. Sie sollten unter der Leitung ihres Vaters, der auf der Zither weissagte, Jahwe preisen und loben. *4* Von den Söhnen Hemans waren es Bukkija, Mattanja, Usiël, Schubaël, Jerimot, Hananja, Hanani, Eliata, Giddalti, Romamti-Eser, Joschbekascha, Malloti, Hotir und Mahasiot. *5* Diese alle waren Söhne von Heman, dem Seher des Königs, dem Gott zugesagt hatte, ihn zu einem angesehenen Mann* zu machen. Gott hatte ihm vierzehn Söhne und drei Töchter geschenkt. *6* Alle Genannten spielten unter der Leitung ihrer Väter Asaf, Jedutun und Heman zum Gesang im Haus Jahwes auf Zimbeln, Harfen und Zithern. Das war nach Anweisung des Königs ihr Dienst im Haus Gottes. *7* Zusammen mit ihren Stammesbrüdern, die im Gesang für Jahwe ausgebildet waren, zählten sie 288 Mann, alles Meister.

8 Auch sie losten ihre Dienste aus, der Jüngste wie der Älteste, der Meister wie der Schüler. *9* Das erste Los für Asaf fiel auf Josef, das zweite auf Gedalja. Er bildete zusammen mit seinen Brüdern und Söhnen eine Zwölfergruppe, wie es auch bei den nachstehend Genannten der Fall war*. *10* Das dritte Los fiel auf Sakkur, *11* das vierte auf Zeri, *12* das fünfte auf Netanja, *13* das sechste auf Bukkija, *14* das siebte auf Asarela, *15* das achte auf Jesaja, *16* das neunte auf Mattanja, *17* das zehnte auf Schimi, *18* das elfte auf Usiël, *19* das zwölfte auf Haschabja, *20* das 13. auf Schubaël, *21* das 14.

auf Mattitja, *22* das 15. auf Jeremot, *23* das 16. auf Hananja, *24* das 17. auf Joschbekascha, *25* das 18. auf Hanani, *26* das 19. auf Malloti, *27* das 20. auf Eliata, *28* das 21. auf Hotir, *29* das 22. auf Giddalti, *30* das 23. auf Mahasiot, *31* das 24. auf Romamti-Eser.

Dienstgruppen der Torwächter

26 *1* Auch die Torwächter waren in Dienstgruppen aufgeteilt: Aus der Sippe Korach war es Meschelemja Ben-Kore von den Nachkommen Asafs. *2* Meschelemjas Söhne waren Secharja, der Erstgeborene, der zweite Jediaël, der dritte Sebadja, der vierte Jatniël, *3* der fünfte Elam, der sechste Johanan und der siebte Eljoënai.

4 Obed-Edoms Söhne waren Schemaja, der Erstgeborene, der zweite Josabad, der dritte Joach, der vierte Sachar, der fünfte Netanel, *5* der sechste Ammiël, der siebte Issachar und der achte Peulletai. Denn Gott hatte ihn gesegnet. *6* Auch seinem Sohn Schemaja wurden Söhne geboren. Sie bekamen führende Stellungen in ihrer Sippe, denn sie waren tüchtige Männer. *7* Es waren Otni, Refaël, Obed und Elsabad sowie ihre Brüder Elihu und Semachja, zwei sehr tüchtige

---

25,5 *angesehenen Mann.* Wörtlich: sein Horn zu erhöhen.

25,9 *wie es auch bei den nachstehend Genannten der Fall war.* Eingefügt anstelle der ständigen Wiederholung »Zusammen mit seinen Brüdern und Söhnen bildeten sie eine Zwölfergruppe« in jedem der folgenden Verse.

Männer. *8* Diese alle waren Nachkommen Obed-Edoms. Sie, ihre Söhne und Brüder, waren insgesamt 62 tüchtige Männer, bestens geeignet für ihren Dienst. *9* Meschelemjas Söhne und Brüder waren insgesamt 18 fähige Leute. *10* Auch Hosa aus der Sippe Merari hatte Söhne. Ihr Oberhaupt war Schimi. Obwohl er nicht der Erstgeborene war, hatte sein Vater ihn zum Anführer der Dienstgruppe gemacht. *11* Der zweite Hilkija, der dritte Tebalja und der vierte Secharja. Hosas Söhne und Brüder waren insgesamt 13.

12 Diesen Abteilungen der Torwächter fiel nach der Zahl der Oberhäupter unter den Männern ebenso wie ihren Brüdern die Aufgabe zu, im Haus Jahwes zu dienen. *13* Sie losten aus, welche Familien die einzelnen Tore bewachen sollten. Dabei wurde der Jüngste ebenso wie der Älteste behandelt. *14* Auf Meschelemja fiel das Los für den Osten und auf seinen Sohn Secharja, der als ein kluger Ratgeber bekannt war, das für den Norden. *15* Auf Obed-Edom fiel das Los für den Süden und das für das Vorratshaus auf seine Söhne. *16* Auf Schuppim und Hosa fiel das Los für den Westen mit dem Schallechet-Tor*, wo die Straße hinaufgeht. Eine Wache entsprach der anderen: *17* An der Ostseite sollten täglich sechs Leviten stehen, an der Nord- und Südseite je vier und am Vorratshaus zwei, *18* am

Parbar* an der Straße vier und am Parbar selbst zwei. *19* Das waren die Abteilungen der Torwächter von den Nachkommen Korachs und Meraris.

Die Schatzmeister

20 Einige andere Leviten hatten die Aufsicht über die Schätze des Gotteshauses und die geweihten Gaben. *21* Die Söhne Ladans, die Nachkommen der Gerschoniten, die zu Ladan gehörten, waren die Jehiëliten. *22* Die Söhne Jehiëls, Setam und sein Bruder Joël, hatten die Aufsicht über die Schätze im Haus Jahwes. *23* Von den Nachkommen Amrams, Jizhars, Hebrons und Usiëls *24* war Schubaël Ben-Gerschom, ein Enkel Moses, Oberaufseher über die Schätze. *25* Gerschoms Bruder Eliëser hatte einen Sohn namens Rehabja. Die weiteren Nachkommen in direkter Linie waren Jesaja, Joram, Sichri und Schelomit. *26* Dieser Schelomit und seine Brüder hatten die Aufsicht über alle Schätze der geheiligten Gaben, die König David und die Familienoberhäupter, die Anführer der Tausend- und Hundertschaften und die Heeroberen geweiht hatten. *27* Sie hatten es aus ihrer Kriegsbeute zur Unterstützung für das Haus Jahwes gespendet. *28* Auch alles, was der Seher Samuel, Saul Ben-Kisch, Abner Ben-Ner und Joab Ben-Zeruja gespendet hatten, stand unter der Obhut Schelomits und seiner Brüder.

Die Verwaltungsdienste

29 Von den Nachkommen Jizhars waren Kenanja und seine Söhne draußen im Land Israel als Schriftführer und Richter eingesetzt. *30* Von den

---

26,16 *Schallechet-Tor.* Dieses Tempeltor wird nur hier erwähnt.

26,18 *Parbar.* Wahrscheinlich ein Anbau an der Westseite des Tempelvorhofs.

Nachkommen Hebrons hatten Haschabja und seine Brüder, 1700 tüchtige Leute, die Aufsicht über die Verwaltung Israels im Gebiet westlich des Jordan, und zwar über jede Arbeit, die für Jahwe und im Dienst des Königs getan wurde. *31* Das Oberhaupt der Nachkommen Hebrons mit all ihren Sippen und Familien war Jerija. Im 40. Regierungsjahr Davids suchte man den ganzen Sippenverband ab und fand dabei in Jaser im Land Gilead* viele tüchtige Männer, *32* es waren 2700 Familienoberhäupter. David setzte auch sie als Aufseher für die Angelegenheiten Gottes und des Königs ein und zwar über die Rubeniten, die Gaditen und den halben Stamm Manasse.

Die Heerführer Davids

27 *1* Es folgt ein Verzeichnis der Sippenoberhäupter Israels, der Anführer der Tausend- und Hundertschaften und ihrer Schriftführer, die dem König in allen Angelegenheiten der Abteilungen dienten, die jeden Monat im Jahr antraten und abtraten. Jede Abteilung war 24.000 Mann stark. *2* Der ersten Abteilung für den ersten Monat stand Jaschobam Ben-Sabdiël vor, *3* ein Nachkomme von Perez. Er war der Befehlshaber über alle Offiziere seiner Abteilung. *4* Der Abteilung des zweiten Monats stand Dodai aus Ahoach vor. Der höchste Offizier seiner Abteilung war Miklot. *5* Der Heerführer für den dritten Monat war Benaja, der Sohn des Priesters Jojada. *6* Er war einer der »Dreißig Helden«. Als er ihr Anführer wurde, übernahm sein Sohn Ammisabad den Befehl über seine Abteilung. *7* Der vierte für den vierten Monat war Asaël, der Bruder Joabs, später sein Sohn Sebadja. *8* Der fünfte für den fünften Monat war Schamhut, ein Nachkomme Serachs, *9* der sechste für den sechsten Monat war Ira Ben-Ikkesch aus Tekoa, *10* der siebte für den siebten Monat war Helez aus Pelon vom Stamm Efraïm, *11* der achte für den achten Monat war Sibbechai, ein Nachkomme Serachs, aus Huscha, *12* der neunte für den neunten Monat war Abiëser aus Anatot, vom Stamm Benjamin, *13* der zehnte für den zehnten Monat war Mahrai, ein Nachkomme Serachs, aus Netofa, *14* der elfte für den elften Monat war Benaja aus Piraton vom Stamm Efraïm *15* und der zwölfte für den zwölften Monat war Heldai, ein Nachkomme Otniëls, aus Netofa.

Die Stammesoberhäupter

16 Die Stämme Israels wurden von folgenden Männern geführt. Ruben: Eliëser Ben-Sichri; Simeon: Schefatja Ben-Maacha; *17* Levi: Haschabja Ben-Kemuël; Aaron: Zadok; *18* Juda: Elihu, ein Bruder Davids; Issachar: Omri Ben-Michael; *19* Sebulon: Jischmaja Ben-Obadja; Naftali: Jerimot Ben-Asriël; *20* Efraïm: Hoschea Ben-Asasja; West-Manasse: Joël Ben-Pedaja; *21* Ost-Manasse in Gilead: Jiddo Ben-Secharja; Benjamin: Jaasiël Ben-Abner; *22* Dan: Asarel Ben-Jeroham. Dies waren die Anführer der Stämme Israels.

26,31 *Gilead* bezeichnete das mittlere, manchmal auch das ganze Ostjordanland.

23 Die Zahl derer, die 20 Jahre alt und jünger waren, nahm David nicht mit auf, denn Jahwe hatte gesagt, dass er Israel zahlreich machen werde wie die Sterne am Himmel. 24 Joab Ben-Zeruja hatte die Zählung begonnen, sie aber nicht vollendet, weil wegen dieser Sache ein Zorn über Israel kam. Deshalb stehen diese Zahlen nicht in der Chronik des Königs David.

Die Verwalter des königlichen Besitzes

25 Über die Vorräte des Königs in Jerusalem hatte Asmawet Ben-Adiël die Aufsicht und über die Vorräte auf dem Land, in den Städten, Dörfern und Schutztürmen war Jonatan Ben-Usija eingesetzt. 26 Über die Landarbeiter hatte Esri Ben-Kelub die Aufsicht, 27 über die Weinberge Schimi aus Rama und über die Weinvorräte in den Weinbergen Sabdi aus Schefam. 28 Über die Oliven- und Maulbeerfeigenbäume, die in der Schefela* wuchsen, hatte Baal-Hanan aus Bet-Gader die Aufsicht und über die Ölvorräte Joasch. 29 Über die Rinder, die in der Scharon-Ebene* weideten, hatte Schitrai die Aufsicht, der auch von dort stammte, und über die Rinder in den Tälern Schafat Ben-Adlai. 30 Über die Kamele hatte der Ismaëlit Obil die Aufsicht, über die Eselinnen Jechdeja

---

27,28 Schefela. Niedriges, sehr fruchtbares Hügelland, das sich in nordsüdlicher Richtung zwischen dem Gebirge und der Küstenebene des Mittelmeeres erstreckt.

27,29 Die *Scharon-Ebene* ist ein 15 km breiter und 75 km langer sehr fruchtbarer Streifen am Mittelmeer von Lydda im Süden bis zum Berg Karmel im Norden.

aus Meronot 31 und über die Schafherden der Hagariter Jasis. Das waren die Verwalter des königlichen Besitzes zur Zeit Davids.

Die engsten Berater Davids

32 Davids Onkel Jonatan, ein verständiger und schriftkundiger Mann, war Ratgeber. Jehiël Ben-Hachmoni war der Erzieher der Königssöhne. 33 Ahitofel war ebenfalls königlicher Berater und der Arkiter Huschai war Freund des Königs. 34 Nachfolger Ahitofels waren Jojada Ben-Benaja und Abjatar. Joab war Heerführer des Königs.

Davids Plan zum Tempelbau

28 1 David ließ alle Oberen Israels nach Jerusalem kommen: die Anführer der Stämme und die Anführer der Abteilungen, die im Dienst des Königs standen, die Anführer der Tausend- und Hundertschaften, die Verwalter über alle Güter und Herden, die dem König und seinen Söhnen gehörten, dazu die Hofbeamten, die Elitetruppe und alle tüchtigen Krieger. 2 Der König David stand auf und sagte: »Hört zu, meine Brüder und mein Volk! Es liegt mir am Herzen, ein Haus der Ruhe für die Lade des Bundes mit Jahwe und den Fußschemel unseres Gottes zu bauen. Und ich habe Vorbereitungen für den Bau getroffen. 3 Doch Gott hat zu mir gesagt: ›Nicht du wirst meinem Namen ein Haus bauen! Denn du bist ein Mann der Kriege und hast Blut vergossen.‹ 4 Jahwe, der Gott Israels, hat mich aus der ganzen Familie meines Vaters dazu erwählt, für immer König über Israel zu sein. Denn schon Juda erwählte er zum

Fürsten und im Stamm Juda die Familie meines Vaters, und unter den Söhnen meines Vaters hat er an mir Gefallen gefunden und mich zum König über ganz Israel gemacht. 5 Und von den vielen Söhnen, die Jahwe mir geschenkt hat, erwählte er meinen Sohn Salomo, der auf dem Thron der Königsherrschaft Jahwes über Israel sitzen soll. 6 Er sagte zu mir: ›Dein Sohn Salomo soll mein Haus und meine Vorhöfe bauen! Denn ich habe ihn mir als Sohn erwählt, und ich selbst werde ihm Vater sein. 7 Sein Königtum werde ich für alle Zeit fest machen, wenn auch er daran festhält, nach meinen Geboten und Rechtsordnungen zu handeln, wie es heute der Fall ist.‹ 8 Und nun, vor den Augen von ganz Israel, der Versammlung Jahwes und vor den Ohren unseres Gottes: Achtet auf alle Gebote Jahwes, unseres Gottes, und erforscht sie, damit ihr im Besitz dieses schönen Landes bleibt und es euren Nachkommen für alle Zeiten weitervererben könnt.

9 Und du, mein Sohn Salomo, erkenne den Gott deines Vaters und diene ihm mit ganzem Herzen und verlangender Seele! Denn Jahwe erforscht alle Herzen und kennt unsere geheimsten Gedanken. Wenn du ihn suchst, lässt er sich von dir finden. Wenn du ihn aber verlässt, wird er dich für immer verstoßen. 10 Sieh nun: Jahwe hat dich erwählt, ihm ein Haus als Heiligtum zu bauen. Sei stark und handle!«

Der Plan des Tempels

11 Darauf übergab David seinem Sohn Salomo den Plan für die Vorhalle und die dazugehörenden Bauten, die Schatzkammern, die oberen und die inneren Räume und den Plan für den Sühnedeckel*. 12 Er gab ihm den Plan für alles, was in seinem Sinn war: für die Vorhöfe am Haus Jahwes und alle Räume ringsherum, für die Schatzkammern des Gotteshauses und die Schatzkammern für die geheiligten Gaben, 13 für die Abteilungen der Priester und Leviten und für alle Dienstarbeiten im Haus Jahwes und für alle Gegenstände, die für den Dienst im Haus Jahwes gebraucht werden. 14 Er bestimmte auch das Gewicht für alle Gegenstände aus Gold und Silber, die zum Dienst gebraucht wurden: 15 für die goldenen und silbernen Leuchter und ihre Lampen, je nachdem für welchen Zweck sie bestimmt waren; 16 für die Tische, auf denen die geweihten Brote lagen, und die silbernen Tische; 17 für die Gabeln, Becken und Kannen aus reinem Gold; für die goldenen und silbernen Becher; 18 für den Rauchopferaltar aus reinstem Gold und den Bau des Thronwagens mit den goldenen Cherubim, die mit ihren ausgebreiteten Flügeln die Bundeslade Jahwes beschirmen. 19 »All das«, sagte David, »habe ich in schriftlicher Form aus der Hand Jahwes, die über mir war. Er gab mir Verständnis für alle Details in dem Plan.« 20 Noch einmal sagte David zu seinem Sohn Salomo: »Sei

---

28,11 Sühnedeckel, der die Bundeslade bedeckte (2. Mose 25,10-22). Das hebräische Wort ist von einem Verb abgeleitet, das ursprünglich »verdecken«, gewöhnlich aber »sühnen, versöhnen« bedeutet. Vergleiche Hebräer 9,5!

stark und mutig und handle! Fürchte dich nicht und hab keine Angst! Denn Gott, Jahwe, mein Gott, ist mit dir. Er wird dich nicht fallen lassen und auch nicht im Stich lassen, bis alle Arbeiten für den Dienst im Haus Jahwes vollendet sind. *21* Schau her! Hier sind die Abteilungen der Priester und Leviten für jeden Dienst im Haus Gottes. Und für jede Arbeit hast du willige und sachkundige Leute zur Seite. Auch die Oberen und das ganze Volk sind bereit für deine Befehle.«

Gaben für den Tempelbau

29 *1* Dann sagte der König zu der ganzen Versammlung: »Gott hat meinen Sohn Salomo, der noch jung und zart ist, als Einzigen erwählt. Das Werk aber ist groß, denn dieses Bauwerk ist nicht für einen Menschen, sondern für Gott bestimmt, für Jahwe. *2* Ich habe meine ganze Kraft eingesetzt und für das Haus meines Gottes Gold für Goldenes, Silber für Silbernes, Bronze für Bronzenes, Eisen für Eisernes und Holz für Hölzernes bereitgestellt, Onyxsteine mit Einfassungen, Steine zur Verzierung, Mosaiksteine, alle möglichen Edelsteine und Alabastersteine in Massen. *3* Und darüber hinaus, weil mir das Haus meines Gottes am Herzen liegt, gebe ich das Gold und Silber, das ich persönlich besitze,

zusätzlich für das Haus meines Gottes, abgesehen von dem, was ich schon für das Haus des Heiligtums bereitgestellt habe: *4* 100 Tonnen Ofirgold und 240 Tonnen* Silber, um die Wände der Bauten zu überziehen, *5* Gold für das Goldene und Silber für das Silberne und für jede Arbeit von Künstlerhand. Und wer ist nun von euch bereit, Jahwe Gaben zu weihen?«

6 Da zeigten die Oberen der Sippen und der Stämme Israels, die Anführer der Tausend- und Hundertschaften und die Oberen im königlichen Dienst ihre Großzügigkeit. *7* Sie gaben für die Arbeit am Haus Gottes 173 Tonnen Gold, 10.000 Goldstücke, 345 Tonnen Silber, 621 Tonnen Bronze und 3450 Tonnen* Eisen. *8* Wer Edelsteine besaß, gab sie in den Schatz vom Haus Jahwes, der von Jehiël, einem Nachkommen Gerschons, verwaltet wurde. *9* Das Volk freute sich über die eigene Spendenbereitschaft, denn von ganzem Herzen spendeten sie für Jahwe. Auch König David war hocherfreut.

Davids Dankgebet

10 Und David lobte Jahwe vor der ganzen Versammlung. Er betete: »Gepriesen seist du, Jahwe, Gott unseres Vaters Israel, von Ewigkeit zu Ewigkeit! *11* Dir, Jahwe, gehören Größe und Kraft, Ehre, Ruhm und Hoheit! Denn alles im Himmel und auf der Erde ist dein. Dir, Jahwe, gehört das Reich, und du bist es, der als Haupt über alles erhoben ist. *12* Reichtum und Ehre kommen von dir und du bist der Herr über alles. In deiner Hand sind Stärke und Macht, und in deiner Hand liegt

---

29,4 *100 ... Tonnen.* Wörtlich: 3000 Kikkar Gold und 7000 Kikkar Silber. Ein Kikkar entspricht etwa einem Talent = 34,5 Kilogramm.

29,7 *173 ... Tonnen.* Wörtlich: 5000 Kikkar Gold, 10.000 Kikkar Silber, 18.000 Kikkar Bronze und 100.000 Kikkar Eisen.

es, alles groß und stark zu machen.
13 Und nun, unser Gott, danken wir
dir und preisen deinen herrlichen
Namen. 14 Denn wer bin ich und was
ist mein Volk, dass wir die Kraft
haben, so freigebig zu spenden? Denn
von dir kommt alles, und aus deiner
Hand haben wir dir gegeben. 15 Denn
vor dir sind wir Ausländer und Fremde
wie alle unsere Vorfahren. Unser
Leben auf der Erde vergeht wie ein
Schatten, und es gibt keine Hoffnung.
16 Jahwe, unser Gott, all das, was wir
bereitgestellt haben, um deinem heiligen Namen ein Haus zu bauen, ist ja
aus deiner Hand gekommen. Und das
alles gehört dir. 17 Ich weiß, mein
Gott, dass du das Herz prüfst, und
dass Aufrichtigkeit dir gefällt. Ich
habe das alles mit aufrichtigem Herzen gegeben und habe jetzt mit Freude
gesehen, dass auch dein hier versam-
meltes Volk dir bereitwillig gegeben
hat. 18 Jahwe, Gott unserer Väter Abraham, Isaak und Israel, erhalte diese
Gesinnung für alle Zeiten im Herzen
deines Volkes und richte ihre Herzen
fest auf dich. 19 Und gib auch meinem
Sohn Salomo ein ungeteiltes Herz,
dass er deine Gebote, Mahnungen und
Ordnungen beachtet und alles ausführt und diesen Tempel baut, den ich
vorbereitet habe.« 20 David forderte
die ganze Versammlung auf: »Preist
doch Jahwe, euren Gott!« Da pries die
ganze Versammlung Jahwe, den Gott
ihrer Väter. Sie verneigten sich und
warfen sich vor Jahwe und dem König
nieder.

Salomos Thronbesteigung

21 Am nächsten Tag brachten sie Jahwe
Opfer. Sie schlachteten 1000 Stiere,
1000 Schafböcke und 1000 Lämmer.
Dazu kamen die Trankopfer sowie massenhaft Schlachtopfer für ganz Israel.
22 An diesem Tag aßen und tranken sie
vor Jahwe mit großer Freude, und zum
zweiten Mal riefen sie Salomo Ben-
David zum König aus. Vor Jahwe salbten sie ihn zum Fürsten und Zadok zum
Priester. 23 So setzte sich Salomo anstelle seines Vaters David als König auf
den Thron Jahwes. Und er hatte Erfolg.
Ganz Israel hörte auf ihn. 24 Alle Anführer, die Elitetruppe und auch die
anderen Söhne von König David unterwarfen sich dem König Salomo.
25 Jahwe machte Salomo überaus groß
vor den Augen der Israeliten, er gab
ihm eine königliche Hoheit, wie sie kein
König über Israel hatte.

Zusammenfassung
der Regierung Davids

26 So hatte David Ben-Isai über ganz
Israel geherrscht. 27 Er regierte insgesamt 40 Jahre, sieben Jahre in Hebron
und 33 Jahre in Jerusalem. 28 Er starb
in einem guten Alter, lebenssatt und
satt an Reichtum und Ehre. Sein
Sohn Salomo wurde sein Nachfolger.
29 Was sonst noch über David zu sagen
ist, seine frühere und spätere Geschichte, findet man in der Chronik des Sehers
Samuel, des Propheten Natan und der
Geschichte Gads, des Schauenden,
30 zusammen mit der Geschichte seiner
ganzen Königsherrschaft, seiner Macht
und der Zeiten, die über ihn, über Israel
und die anderen Königreiche hingegangen sind.

Das zweite Buch der Chronik

Ursprünglich bildeten beide Chronikbücher ein einziges Werk. Das erste Buch beginnt bei Adam und behandelt die Zeit bis zum Tod von König Saul nur in Stammbäumen mit eingefügten Kurzgeschichten. Erst mit David wird es ausführlicher. Das zweite Buch berichtet nach der Reichsteilung (Kapitel 11) praktisch nur von der Herrschaft der Nachkommen Davids im Südreich Juda.

Die Chronik ist nicht einfach eine Wiederholung der Königsbücher, sondern bietet eine Vogelperspektive der Geschichte Israels. Sie betont die Erhabenheit Gottes, der trotz menschlichem Versagen seine Pläne erfüllt.

Die jüdische Überlieferung nennt Esra als Verfasser. Sein Bericht stützt sich auf viele frühere Quellen, zum Beispiel auf die »Chronik des Königs David« (1. Chronik 27,24), das »Buch der Könige von Juda und Israel« (2. Chronik 16,11), die »Geschichte der Könige von Israel« (2. Chronik 33,18) die »Geschichte des Propheten Natan« usw. Viele Elemente, die in den Samuel- und Königsbüchern berichtet werden, ließ der Verfasser weg, weil sie für seine eigentliche Absicht unwesentlich waren. Er wollte vor allem die bewahrende Gnade Gottes für sein Bundesvolk durch den messianischen König David zeigen.

Salomos Bitte um Weisheit

1 ¹ Als Salomo Ben-David seine Königsherrschaft gefestigt hatte – Jahwe, sein Gott, stand ihm nämlich bei und ließ ihn sehr mächtig werden –, ² da ließ er die Vertreter von ganz Israel zusammenrufen: die Befehlshaber der Tausend- und Hundertschaften, die Richter, die Fürsten und die Sippenoberhäupter. ³ Mit der ganzen Versammlung ging er zu der Anhöhe bei Gibeon*, denn dort stand das Offenbarungszelt* Gottes, das Jahwes Diener Mose in der Wüste hatte anfertigen lassen. ⁴ Für die Lade Gottes jedoch hatte David ein Zelt in Jerusalem aufbauen lassen und sie von Kirjat-Jearim* herbeigeholt. ⁵ Doch der Bronzealtar, den Bezalel Ben-Uri, der Enkel von Hur, gemacht hatte, stand in Gibeon vor der Wohnstätte Jahwes. Dorthin begab sich Salomo mit allen Versammelten. ⁶ Auf diesem Bronzealtar vor dem Offenbarungszelt opferte Salomo tausend Tiere als Brandopfer* für Jahwe.

⁷ In der folgenden Nacht erschien ihm Gott und sagte: »Sag mir, was ich dir geben soll!« ⁸ Salomo sagte zu Gott: »Du hast meinem Vater David

---

1,3 *Gibeon.* Heute *El-Jib*, 10 km nordwestlich von Jerusalem.

Offenbarungszelt. Wörtlich: Zelt der Begegnung.

1,4 *Kirjat-Jearim*, »Wälderstadt«, lag 14 km westlich von Jerusalem. Zum Geschehen siehe 1. Chronik 13 und 15.

1,6 *Brandopfer.* Bei dieser Opferart wurde das Tier mit Ausnahme der Haut vollständig auf dem Altar verbrannt.

sehr viel Güte erwiesen, und hast mich nun zum König gemacht. 9 Möge sich dein Wort an meinen Vater David als wahr erweisen, Jahwe, mein Gott! Denn du selbst hast mich zum König über ein Volk gemacht, das so zahlreich ist wie der Staub auf der Erde. 10 Gib mir daher Weisheit und Wissen, dass ich sehe, wie ich mit diesem Volk umgehen soll. Wie könnte ich sonst dein großes Volk regieren?« 11 Da sagte Gott zu Salomo: »Weil dir das am Herzen lag und du nicht um Reichtum, Besitz und Ehre, um den Tod deiner Feinde oder langes Leben für dich gebeten hast, sondern um Weisheit und Wissen, damit du mein Volk regieren kannst, über das ich dich zum König eingesetzt habe, 12 so gebe ich dir Weisheit und Wissen. Und dazu gebe ich dir Reichtum, Besitz und Ehre, wie sie noch kein König vor dir besessen hat und auch keiner nach dir haben wird.« 13 Dann kam Salomo vom Offenbarungszelt, das auf der Anhöhe bei Gibeon stand, nach Jerusalem. Und von dort aus regierte er über Israel.

Salomos Reichtum

14 Salomo schaffte Streitwagen und Pferde an und stationierte sie in den Wagenstädten und in Jerusalem. Er besaß schließlich 1400 Streitwagen und 12.000 Pferde*. 15 Der König brachte es soweit, dass man in Jerusalem Silber und Gold wie Steine zählte und Zedern wie die Maulbeerfeigenbäume, die in der Niederung wachsen. 16 Die Pferde ließ Salomo aus Ägypten einführen. Seine Händler kauften sie aber auch in Koë* zum Marktpreis auf. 17 Bei der Ausfuhr aus Ägypten kostete ein Streitwagen 600 Silberstücke, ein Pferd 150. Die Händler Salomos belieferten auch die Könige der Hetiter und Syrer mit Streitwagen und Pferden.

Vorbereitung für den Tempelbau

18 Salomo beschloss, ein Haus zur Ehre Jahwes zu bauen sowie einen Regierungspalast für sich selbst.

2 1 Dazu ließ er 70.000 Lastträger und 80.000 Steinhauer in den Bergen antreten. 3600 Mann setzte er als Aufseher über sie ein. 2 Er schickte eine Gesandtschaft zu König Hiram von Tyrus und ließ ihm sagen: »Du hast schon meinem Vater David geholfen und ihm Zedern geliefert, als er sich einen Palast bauen wollte. 3 Ich möchte jetzt ein Haus für den Namen meines Gottes Jahwe bauen, ein Haus, das ihm geweiht ist. Dort soll ihm Weihrauch als Opfer aufsteigen, und die geweihten Brote werden aufgeschichtet sein. Jeden Morgen und jeden Abend, an den Sabbaten, am Neumondfest und den anderen Festen Jahwes sollen dort Brandopfer dargebracht werden, wie es Israel für immer auferlegt wurde. 4 Das Haus, das ich bauen will, wird groß sein, denn groß ist unser Gott über alle Götter hinaus. 5 Selbst der Himmel und das ganze Universum können ihn nicht fassen. Wer ist überhaupt berechtigt, ihm ein Haus zu bauen? Und

---

1,14 Pferde. Das hebräische Wort in diesem Vers kann auch mit *Reiter* übersetzt werden.

1,16 Koë lag im Gebiet von Zilizien, im Südosten der heutigen Türkei.

wer bin ich, dass ich das könnte, es sei denn, es gäbe ein Heiligtum, in dem Weihrauch als Opfer zu ihm aufsteigt. 6 Schick mir nun einen fähigen Mann, der alle Arbeiten in Gold, Silber, Bronze und Eisen ausführen kann! Ebenso muss er Rotpurpur, Karmesin und Blaupurpur verarbeiten können und sich aufs Gravieren verstehen. Er soll mit den Künstlern aus Juda und Jerusalem zusammenarbeiten, die schon mein Vater David angestellt hat. 7 Schick mir dazu vom Libanon Zedern-, Zypressen- und Algummimholz*! Ich weiß ja, wie gut deine Leute dort Holz schlagen können. Meine Leute sollen deinen dabei helfen. 8 Es muss eine Menge Bauholz bereitgestellt werden, denn das Haus, das ich bauen will, wird groß und wunderbar werden. 9 Ich will deinen Leuten dafür je 3300 Tonnen* Weizen und Gerste

und je 4400 Hektoliter* Olivenöl und Wein liefern.«

10 König Hiram von Tyrus antwortete Salomo mit folgendem Schreiben: »Weil Jahwe sein Volk liebt, hat er dich zum König gemacht!« 11 Weiter schrieb er: »Gepriesen sei Jahwe, der Gott Israels, der Himmel und Erde erschuf, dass er König David einen weisen Sohn mit Einsicht und Verstand geschenkt hat, der ein Haus für Jahwe bauen will und eins für seine Regierungsgeschäfte. 12 Ich kann dir einen erfahrenen Künstler schicken: Hiram-Abi. 13 Seine Mutter kommt aus dem Stamm Dan, sein Vater ist Tyrer. Er versteht sich auf alle Arbeiten in Gold, Silber, Bronze, Eisen, Stein und Holz. Er kann Rotpurpur, Blaupurpur*, Byssus und Karmesin* verarbeiten, alle Gravierungen ausführen und alles entwerfen, was ihm aufgetragen wird. Er ist bereit, mit deinen Künstlern und denen deines verehrten Vaters David zusammenzuarbeiten. 14 Mein Herr möge nun die angekündigte Sendung von Weizen, Gerste, Öl und Wein an seine Diener liefern. 15 Wir unsererseits werden Holz im Libanon schlagen, so viel du brauchst, und es dir in Flößen über das Meer nach Jafo* bringen. Von dort kannst du es nach Jerusalem schaffen lassen.«

16 Salomo ließ nun alle Fremden in Israel zählen, nachdem schon sein Vater David solch eine Zählung vorgenommen hatte. Es waren 153.600 Männer. 17 70.000 von ihnen machte er zu Lastträgern, 80.000 zu Steinhauern im Gebirge und 3600 zu Aufsehern, um die Leute zur Arbeit anzuhalten.

2,7 *Algummim* bezeichnet eine nicht näher bestimmbare wertvolle Holzart.

2,9 *3300 Tonnen.* Hebräisch: 20.000 Kor. 1 Kor = 10 Efa = 220 Liter. Das entspricht etwa 165 kg Getreide.

4400 Hektoliter. Hebräisch: 20.000 Bat. 1 Bat = 22 Liter.

2,13 *Blaupurpur.* Tyrus war bekannt für die Herstellung und den Handel mit dem wertvollsten aller Farbstoffe, dem Purpur, der aus den dort gezüchteten Murex-Schnecken gewonnen wurde. Die Farbe Blau bis Violett entsteht durch Enzymreaktionen und Mischung von rotem und blauem Purpur.

Karmesin ist ein (scharlach)roter Farbstoff, der aus getrockneten weiblichen Kochenilleläusen gewonnen wird.

2,15 *Jafo.* Hafenstadt am Mittelmeer; heute: Jaffa.

Der Tempelbau

3 ¹ Dann begann Salomo, das Haus Jahwes in Jerusalem auf dem Berg Morija zu bauen. Die Stelle hatte schon sein Vater David bestimmt, denn dort, auf der Tenne des Jebusiters Ornan, war ihm Jahwe erschienen. ² Im zweiten Monat seines vierten Regierungsjahres* begann der Bau. ³ Die Grundmaße, die Salomo für den Bau des Gotteshauses festgelegt hatte, betrugen dreißig mal zehn Meter*. ⁴ Die Halle vor dem Haus war zehn Meter breit und zehn Meter* hoch. Ihre Innenwände ließ er mit reinem Gold überziehen. ⁵ Das Tempelhaus selbst ließ er innen mit Zypressenholz verkleiden und mit Gold überziehen. Darauf waren Palmen und Zierketten angebracht. ⁶ Salomo ließ das ganze Haus mit Edelsteinen schmücken. Das verwendete Gold stammte aus Parwajim*. ⁷ Damit wurde das Haus innen verkleidet: die Balken, Schwellen, Wände und Türflügel. In die Wände ließ er außerdem Bilder von Cherubim* einschnitzen.

Das Höchstheilige

⁸ Den Raum des Höchstheiligen machte Salomo zehn Meter lang und zehn Meter breit. Er überzog ihn mit reinem Gold im Gewicht von 21 Tonnen*. ⁹ Allein für den Goldüberzug der Nagelköpfe wurde ein halbes Kilogramm* gebraucht. Auch die oberen Räume wurden mit Gold verkleidet. ¹⁰ Für das Höchstheilige ließ er dann in *Bildhauerarbeit* zwei Cherubim anfertigen und überzog sie mit Gold. ¹¹ Die Flügel der Cherubim hatten zusammen eine Spannweite von zehn Metern. Der eine zweieinhalb Meter lange Flügel des einen Cherub berührte die Wand und der andere den Flügel des zweiten. ¹² Beim zweiten Cherub war es ebenso. Einer der zweieinhalb Meter langen Flügel berührte die Wand, der andere berührte den Flügel des ersten. ¹³ Das ergab die Gesamtspannweite von zehn Metern. Die Cherubim standen auf ihren Füßen und hatten ihre Gesichter dem Heiligtum zugewandt. ¹⁴ Auch den Vorhang ließ Salomo anfertigen. Er bestand aus blauem und rotem Purpur, blutroter Wolle und feiner Baumwolle. Cherubim waren darauf gestickt.

Die Bronzesäulen

¹⁵ Vor dem Haus ließ Salomo zwei Säulen anfertigen, die zusammen achtzehn Meter* hoch waren. Jede

---

3,2 *Im ... Regierungsjahrs.* Das war im Frühjahr 966 v.Chr.

3,3 *dreißig ... Meter.* Wörtlich: *Die Länge 60 Ellen und die Breite 20 Ellen nach dem früheren Ellenmaß.* Die sogenannte Großelle betrug etwa 52 cm, sonst nur 46 cm.

3,4 *zehn ... Meter.* So mit einigen griechischen und syrischen Handschriften. Hebräisch: 120 Ellen (60 Meter).

3,6 *Parwajim* ist eventuell ein Ort in Südarabien. Der Begriff kann aber auch eine besondere Goldqualität meinen (Parwajimgold).

3,7 *Cherub,* Mehrzahl: *Cherubim.* Majestätisches (Engel-)Wesen, das Gottes Herrlichkeit repräsentiert.

3,8 *21 Tonnen.* Hebräisch: 600 Kikkar = Barren. 1 Barren = 34,5 Kilogramm.

3,9 *halbes Kilogramm.* Hebräisch: 50 Schekel. 1 Schekel = 11,5 Gramm.

3,15 *Achtzehn.* Wörtlich: 35 Ellen. Nach 1. Könige 7,15; 2. Könige 25,17 und Jeremia 52,21 war jede Säule neun Meter hoch.

hatte ein Kapitell von zweieinhalb Metern Höhe. *16* Oben ließ er Zierketten anbringen, an denen 100 Nachbildungen von Granatäpfeln befestigt waren. *17* Die Säulen ließ er links und rechts vor dem Tempel aufstellen. Die rechte nannte er Jachin, »er richtet auf«, und die linke Boas, »in ihm ist Stärke«.

Die Ausstattung des Tempels

4 *1* Salomo ließ einen Altar aus Bronze anfertigen, der zehn Meter lang, zehn Meter breit und fünf Meter hoch war. *2* Dann kam das sogenannte Meer an die Reihe. Es wurde aus Bronze gegossen und hatte einen Durchmesser von fünf Metern. Seine Höhe betrug zweieinhalb Meter und eine Schnur von 15 Metern Länge umspannte es. *3* Zwei Reihen von rinderähnlichen Formen verzierten das Meer ringsum unterhalb des Randes. Sie waren aus einem Guss mit dem Becken. Auf einen halben Meter kamen zehn solcher Rinder*. *4* Das Becken selbst stand auf zwölf Rindern, deren Hinterteile nach innen gekehrt waren. Jeweils drei von ihnen schauten nach Norden, Westen, Süden und Osten. *5* Der Rand des Beckens war wie bei einem Kelch oder einer Lilienblüte nach außen gewölbt und etwa eine Handbreit dick. Das Becken fasste 66.000 Liter*.

4,3 Diese *Rinder* waren so stark stilisiert, dass sie in 1. Könige 7,24 mit Buckeln (oder wilden Kürbissen) beschrieben werden konnten.

4,5 *66.000 Liter.* Hebräisch: 3000 Bat. 1 Bat = 22 Liter.

6 Salomo ließ auch zehn Kessel anfertigen. Fünf stellte er rechts und fünf links vom Meer auf. Darin wusch man alles, was zum Brandopfer gehörte. Das Meer selbst war nur für die Waschungen der Priester bestimmt.

7 Er ließ auch zehn goldene Leuchter genau nach Vorschrift anfertigen und in die Tempelhalle stellen, fünf an die rechte und fünf an die linke Seite. *8* Weiterhin ließ er zehn Tische machen und in die Halle stellen, fünf an die rechte und fünf an die linke Seite. Außerdem ließ er hundert goldene Opferschalen anfertigen.

9 Dann richtete er den Vorhof ein, der nur von den Priestern betreten werden durfte, sowie den großen Vorhof mit seinen Toren. Die Torflügel ließ er mit Bronze überziehen. *10* Das Meer wurde an der Südostecke rechts vom Eingang des Tempels aufgestellt.

11 Schließlich machte Hiram die Töpfe, die Schaufeln und die Opferschalen und vollendete so für König Salomo die Arbeit am Haus Gottes. *12* Er hatte zwei Säulen mit ihren becherförmigen Kapitellen angefertigt, dazu die Zierketten, die die Kapitelle bedeckten, *13* und die 400 Granatäpfel für die beiden Zierketten, die in zwei Reihen an jeder Kette befestigt waren, um die beiden Kapitelle zu bedecken. *14* Er hatte die zehn Gestelle gemacht und die Kessel darauf gestellt; *15* außerdem das sogenannte Meer und die zwölf Rinder darunter, *16* die Töpfe, Schaufeln, Fleischgabeln und alles, was noch dazu gehörte. All diese Teile fertigte Hiram-Abi dem König Salomo für das Haus Jahwes aus polierter Bronze an. *17* In der Jordanebene hatte der König sie gießen lassen, in den Tonablagerungen zwischen Sukkot und Zaretan*. *18* Und Salomo hatte all diese Stücke in großer Menge anfertigen lassen. Auf das Gewicht der verarbeiteten Bronze kam es dabei nicht an.

19 Nun ließ Salomo alle Gegenstände anfertigen, die zum Haus Gottes gehörten: den goldenen Altar, die Tische, auf denen die geweihten Brote lagen, *20* die Leuchter mit ihren Lampen aus reinem Gold, damit sie vorschriftsmäßig vor dem hinteren Raum angezündet würden, *21* die blütenförmigen Aufsätze für die Lichtschalen und die Dochtscheren – alles aus reinstem Gold –, *22* die Lichtmesser und die Opferschalen, die Schüsseln und die Feuerbecken aus reinem Gold. Auch der Eingang des Hauses, die Türflügel zum Höchstheiligen hin und die Türflügel zum Tempelraum waren aus Gold.

5 *1* Schließlich waren alle Arbeiten für das Haus Jahwes vollendet. Da brachte Salomo die Gaben, die sein Vater David Gott geweiht hatte, in die Schatzkammern des Gotteshauses: das Silber, das Gold und alle Gegenstände.

Die Überführung der Bundeslade

2 Dann ließ Salomo die Ältesten von Israel, die Oberhäupter der Stämme und die Fürsten der Sippen Israels nach Jerusalem kommen. Sie sollten die Bundeslade Jahwes aus der Davidsstadt* Zion in den Tempel hinaufbringen. *3* Am Laubhüttenfest, das im siebten Monat* stattfindet, versammelten sich alle Männer Israels beim König. *4* In Gegenwart der Ältesten Israels nahmen die Leviten die Lade *5* und trugen sie zum Tempel hinauf. Auch das Zelt der Gottesbegegnung und die heiligen Gegenstände, die im Zelt waren, wurden von den Priestern und Leviten hinaufgebracht. *6* König Salomo und die ganze Gemeinschaft Israels, die sich bei ihm vor der Lade eingefunden hatte, opferten eine unzählbare Menge von Schafen und Rindern. *7* Dann brachten die Priester die Bundeslade Jahwes an ihren Platz im hintersten Raum des Hauses, dem Höchstheiligen, unter die Flügel der Cherubim. *8* Die Cherubim hielten ihre Flügel nämlich über dem Platz der Lade ausgebreitet und überspannten damit die Lade und ihre Tragestangen. *9* Die Stangen waren so lang, dass man ihre Enden vom Heiligtum aus nur sehen konnte, wenn man direkt vor dem hinteren Raum stand. Sonst waren sie vom Heiligtum aus nicht zu sehen. Die Lade befindet sich noch heute* dort. *10* In der Lade waren nur die beiden Tafeln, die Mose am Horeb hineingelegt hatte, als

---

4,17 *Sukkot und Zaretan* liegen etwa 34 km nordöstlich von Jericho auf der Ostseite des Jordan und der Nordseite des Jabbok.

5,2 Die *Davidsstadt* umfasste das Gebiet des alten Jebus, das von David erobert worden war. Es bildete den Kern Jerusalems.

5,3 *siebten Monat.* Nach 1. Könige 6,38 war der Tempel schon im 8. Monat des Vorjahres fertiggestellt worden, Anfang November 959 v.Chr. Salomo hatte aber noch 11 Monate bis zum Laubhüttenfest mit der Einweihung gewartet, also bis Anfang Oktober 958.

5,9 *Heute* meint den Zeitpunkt, als 2. Chronik verfasst wurde.

Jahwe den Bund mit den Israeliten bei deren Auszug aus Ägypten schloss.*

11 Dann zogen die Priester aus dem Heiligtum aus. Alle anwesenden Priester hatten sich geheiligt, unabhängig davon, ob sie Dienst hatten oder nicht. 12 Und alle anwesenden Tempelsänger, die Leviten Asaf, Heman und Jedutun mit allen ihren Söhnen und Brüdern, waren in feines weißes Leinen gekleidet und standen mit ihren Zimbeln, Harfen und Zithern an der Ostseite des Altars. Neben ihnen standen etwa 120 Priester mit Trompeten. 13 Als die Trompeter und die Sänger einstimmig begannen, Jahwe zu loben und zu preisen, als der gemeinsame Klang von Trompeten, Zimbeln und den anderen Instrumenten beim Lob Jahwes erklang – »Denn er ist gütig und seine Güte hört niemals auf!« –, da wurde das ganze Haus, das Haus Jahwes, mit einer Wolke erfüllt. 14 Und die Priester konnten wegen der Wolke nicht hingehen, um ihren Dienst zu tun, weil die Herrlichkeit Jahwes das Haus Gottes erfüllte.

Salomos Ansprache

6 1 Damals sagte Salomo: »Jahwe hat beschlossen, im Wolkendunkel zu wohnen. 2 Doch ich, ich habe dir ein Herrscherhaus gebaut, eine Wohnstätte für ewige Zeiten.«

3 Die ganze Versammlung Israels stand dabei. Dann wandte sich der König der Versammlung zu und segnete sie. 4 Er sagte: »Gepriesen sei Jahwe, der Gott Israels, der mit seiner Hand wahr machte, was er meinem Vater David mit dem Mund versprach: 5 ›Seit der Zeit, als ich mein Volk aus Ägypten führte, habe ich in keinem der Stämme Israels eine Stadt erwählt, um dort einen Wohnsitz für meinen Namen errichten zu lassen. Ich habe auch niemand als Herrscher über mein Volk bestimmt. 6 Aber jetzt habe ich Jerusalem als Wohnsitz für meinen Namen erwählt und David zum Herrscher über mein Volk Israel.‹ 7 Nun war es meinem Vater David ein Anliegen, dem Namen Jahwes, des Gottes Israels, ein Haus zu bauen. 8 Doch Jahwe sagte zu meinem Vater David: ›Wenn du dir vorgenommen hast, meinem Namen ein Haus zu bauen, hast du einen guten Entschluss gefasst. 9 Aber nicht du, sondern dein leiblicher Sohn soll dieses Haus für meinen Namen bauen.‹ 10 Und Jahwe hat dieses Versprechen gehalten. Ich bin an die Stelle meines Vaters David getreten und habe den Thron Israels bestiegen, wie Jahwe es zugesagt hat. Und ich habe nun das Haus für den Namen Jahwes gebaut 11 und die Lade hineingestellt, in der die Tafeln des Bundes liegen, den Jahwe mit den Israeliten schloss.«

Salomos Weihegebet

12 Dann trat Salomo vor den Augen der Versammlung Israels zum Altar Jahwes und breitete seine Hände aus. 13 Salomo hatte ein Podest aus Bronze anfertigen lassen und mitten in den Vorhof gestellt. Es war zweieinhalb Meter lang, zweieinhalb Meter breit

---

5,10 *Bund ... schloss.* Vergleiche 2. Mose 24; 2. Mose 32-34.

und anderthalb Meter hoch. Er stieg auf dieses Podest, kniete sich vor der ganzen Versammlung Israels hin, breitete seine Hände zum Himmel aus *14* und sagte:

»Jahwe, Gott Israels! Kein Gott ist dir vergleichbar, weder im Himmel noch auf der Erde. Du stehst zu deinem Bund und erhältst deinen Dienern deine Güte, denen, die vor dir leben und dir mit ganzem Herzen dienen. *15* Du hast auch deinem Diener, meinem Vater David, deine Versprechen gehalten. Was du mit dem Mund versprachst, hast du mit der Hand wahr gemacht, wie es dieser Tag zeigt. *16* Jahwe, Gott Israels, nun erfülle auch die andere Zusage, die du meinem Vater David gegeben hast, als du sagtest: ›Es soll dir nie an einem Mann fehlen, der vor mir auf dem Thron Israels sitzt, wenn nur deine Söhne darauf achten, so nach meinen Weisungen zu leben, wie du das getan hast.‹ *17* Jahwe, Gott Israels, lass doch in Erfüllung gehen, was du deinem Diener David zugesagt hast.

18 Aber will Gott wirklich bei den Menschen auf der Erde wohnen? Selbst der Himmel und das ganze Universum können dich nicht fassen, geschweige denn dieses Haus, das ich gebaut habe! *19* Trotzdem bitte ich dich, Jahwe, mein Gott, achte doch auf das Gebet deines Sklaven und höre auf sein Flehen und seine Bitte, die er vor dich bringt. *20* Halte deine Augen Tag und Nacht über diesem Haus offen, von dem du gesagt hast, dass dein Name dort wohnen soll, und höre auf das Gebet, das dein Sklave zu dieser Stätte hin richtet! *21* Höre doch auf das Flehen, das dein

Sklave und dein Volk zu dieser Stätte hin richten werden! Höre du es selbst in deiner himmlischen Wohnung, dort, wo du thronst! Ja, erhöre uns und vergib!

22 Wenn sich jemand an seinem Nächsten versündigt und dieser einen Eid von ihm verlangt und er kommt vor deinen Altar in dieses Haus und spricht die Selbstverfluchung* aus, *23* dann höre es vom Himmel her und greife ein! Verschaff deinen Dienern Recht! Bestrafe den Schuldigen und lass sein böses Tun auf ihn selbst zurückfallen, den Schuldlosen aber sprich frei und gib ihm, was seiner Gerechtigkeit entspricht.

24 Und wenn dein Volk Israel von Feinden besiegt wird, weil es gegen dich gesündigt hat, und dann wieder umkehrt und deinen Namen preist und in diesem Haus zu dir betet und fleht, *25* dann höre du es im Himmel und vergib deinem Volk Israel seine Schuld und bring es wieder in das Land zurück, das du ihnen und ihren Vorfahren gegeben hast.

26 Wenn sich der Himmel verschließt, dass es nicht regnet, weil sie gegen dich gesündigt haben, und sie dann zu dieser Stätte hin beten und deinen Namen preisen und von ihrer Sünde umkehren, weil du sie gedemütigt hast, *27* dann höre du es im Himmel und vergib deinen Dienern und deinem Volk Israel die Sünde – denn du führst sie den rechten Weg –, und lass es wieder regnen auf dein Land,

---

6,22 *Selbstverfluchung.* Siehe 2. Mose 22, 10-12; 4. Mose 5,11-31.

das du deinem Volk zum Eigentum gegeben hast.

²⁸ Wenn eine Hungersnot im Land ausbricht, wenn die Pest wütet, wenn das Getreide durch Brand- oder Rostpilze, Heuschrecken oder andere Schädlinge vernichtet wird, wenn der Feind ins Land einfällt, wenn irgendeine Krankheit oder Plage sie trifft, ²⁹ dann höre du jedes Gebet und Flehen. Sei es ein Einzelner oder dein ganzes Volk, je nachdem, was einer als seine Plage oder seinen Schmerz erkennt, wenn er seine Hände nach diesem Haus hin ausbreitet, ³⁰ dann höre du es im Himmel, dem Ort wo du thronst! Und vergib; und gib jedem, was er verdient! Denn du kennst die verborgenen Gedanken der Menschen und siehst ihnen ins Herz. ³¹ Dann werden sie dich fürchten und auf deinen Wegen gehen, solange sie in dem Land leben, das du unseren Vätern gegeben hast.

³² Auch wenn ein Ausländer, der nicht zu deinem Volk Israel zählt, aus einem fernen Land kommt, weil er von deinem großen Namen gehört hat und von dem, was du mit deiner starken Hand und deinem ausgestreckten Arm getan hast – wenn er kommt und zu diesem Haus hin betet, ³³ dann höre du es im Himmel, dem Ort wo du thronst, und erfülle seine Bitte! So werden alle Völker der Erde deinen Namen erkennen und dich fürchten, wie dein Volk Israel es tut. Und sie werden wissen, dass dein Name über diesem Haus, das ich gebaut habe, ausgerufen ist.

³⁴ Wenn dein Volk gegen seine Feinde in den Krieg zieht, egal wohin du sie schickst, und sie dann zu dir beten in Richtung dieser Stadt, die du erwählt hast, und dieses Hauses, das ich deinem Namen gebaut habe, ³⁵ dann höre ihr Gebet und Flehen im Himmel und verschaffe ihnen ihr Recht!

³⁶ Wenn sie gegen dich sündigen – denn es gibt keinen Menschen, der nicht sündigt – und du zornig über sie wirst und sie ihren Feinden preisgibst, und diese sie in ein fernes oder nahes Land verschleppen, ³⁷ und sie fangen an, es sich dort zu Herzen zu nehmen, und kehren um und flehen im Land ihrer Gefangenschaft zu dir und sagen: ›Wir haben gesündigt, wir haben Unrecht getan, wir haben gottlos gehandelt!‹; ³⁸ wenn sie in dem Land, in dem sie gefangen sind, anhaltend und mit ganzem Herzen und ihrer ganzen Seele zu dir umkehren und beten in Richtung dieses Landes, das du ihren Vätern gegeben hast, und dieser Stadt, die du erwählt hast, und dieses Hauses, das ich deinem Namen gebaut habe, ³⁹ dann höre ihr Gebet und Flehen im Himmel, dem Ort wo du thronst, und schaffe ihnen ihr Recht! Und vergib deinem Volk, was es gegen dich gesündigt hat. ⁴⁰ Nun denn, mein Gott, lass deine Augen offen sein und deine Ohren hören auf das Gebet an diesem Ort.«

⁴¹ »Und jetzt ziehe ein, Jahwe, unser Gott, / komm zu deinem Ruheplatz / und begleite deine Lade, / das Symbol deiner Macht! / Lass an deinen Priestern, Jahwe, Gott, / die Rettung sichtbar sein. / Mögen deine Frommen des Guten sich freuen! ⁴² Und weise deinen Gesalbten

nicht ab, Jahwe, Gott! / Denk an die Beweise deiner Gnade, / die du David, deinem Diener, zugesagt hast!«

Salomos Festopfer

7 ¹ Als Salomo sein Gebet beendet hatte, fiel Feuer vom Himmel und verzehrte das Brand- und die Freudenopfer*, und die Herrlichkeit Jahwes erfüllte das Haus. ² Die Priester konnten das Haus Jahwes nicht betreten, weil die Herrlichkeit Jahwes es ausfüllte. ³ Alle Israeliten sahen, wie das Feuer herabfiel und die Herrlichkeit Jahwes sich über dem Haus zeigte. Da knieten sie sich hin und beugten sich mit dem Gesicht auf das Pflaster nieder und beteten an. Sie priesen Jahwe, weil er gütig ist und seine Gnade niemals aufhört.

⁴ Der König und das ganze Volk feierten vor Jahwe ein großes Opfermahl. ⁵ Salomo ließ zu dem Anlass 22.000 Rinder und 120.000 Schafe schlachten. So weihten sie das Haus Gottes ein. ⁶ Die Priester versahen ihren Dienst, und die Leviten hatten sich mit den Musikinstrumenten aufgestellt, die König David für das Lob Jahwes hatte anfertigen lassen – »Denn seine Güte hört niemals auf!« Die Leviten begleiteten damit die Danklieder Davids. Die Priester standen ihnen gegenüber und bliesen ihre Trompeten, und ganz Israel stand dabei. ⁷ Zu diesem besonderen Anlass weihte Salomo den mittleren Teil des Vorhofs vor dem Haus Jahwes zum Opferaltar. Denn dort ließ er die Brandopfer und die Fettstücke der Freudenopfer verbrennen, weil der Bronzealtar, den er hatte anfertigen lassen, für die

Menge der Brand- und Speisopfer und Fettstücke zu klein war.

⁸ Salomo feierte damals auch das Laubhüttenfest mit ganz Israel sieben Tage lang. Es war eine sehr große Versammlung aus dem ganzen Land zusammengekommen, von Lebo-Hamat* bis zum Bach Ägyptens*. ⁹ Am achten Tag fand die Abschlussfeier statt. Sie hatten zuerst sieben Tage lang die Einweihung des Altars gefeiert und dann noch sieben Tage lang das Laubhüttenfest. ¹⁰ Am 5. Oktober* verabschiedete Salomo das Volk. Alle freuten sich über das Gute, das Jahwe David, Salomo und seinem Volk Israel getan hatte, und zogen voller Zuversicht nach Hause.

Gottes Antwort

¹¹ Als nun Salomo das Haus Jahwes und das Haus für den König vollendet hatte und alles gut gelungen war, was er sich vorgenommen hatte, ¹² erschien ihm Jahwe in der Nacht und sagte zu ihm: »Ich habe dein Gebet

---

7,1 Beim *Freudenopfer* wurde im Gegensatz zum Brandopfer nur das Fett auf dem Altar verbrannt. Der größte Teil des Tieres durfte bei einer fröhlichen Opfermahlzeit gemeinsam mit Verwandten und Freunden verzehrt werden.

7,8 *Lebo-Hamat.* Heute *Labwe*, etwa 70 km nördlich vom Hermon.

Nach Josua 15,4 war der *Bach Ägyptens* die Grenze zwischen Israel und Ägypten. Heute: Wadi El-Arisch.

7,10 *5. Oktober.* Wörtlich: 23. Tag des 7. Monats. In einem idealen Sonnenjahr mit 365 Tagen (in Israel richtete man sich nach dem Mondjahr mit 354 Tagen) würde das Laubhüttenfest vom 29. September bis zum 5. Oktober stattfinden.

erhört und dieses Haus als Opferstätte angenommen. *13* Wenn ich den Himmel verschließe und es nicht mehr regnet, wenn ich den Heuschrecken befehle, das Land kahl zu fressen, und wenn ich die Pest unter mein Volk sende, *14* und wenn dann mein Volk, über dem mein Name ausgerufen ist, sich demütigt und zu mir betet, wenn es meine Gegenwart sucht und von seinen bösen Wegen umkehrt, dann werde ich es vom Himmel her hören, ihre Sünden vergeben und ihr Land heilen. *15* Jetzt lasse ich meine Augen offen sein über diesem Ort, und meine Ohren werden auf die Gebete hier hören. *16* Jetzt habe ich dieses Haus erwählt und zu meiner heiligen Stätte gemacht. Hier soll mein Name für immer wohnen, und meine Augen und mein Herz werden jeden Tag dort sein.

17 Und du, wenn du so vor mir lebst wie dein Vater David und meine Gebote, Vorschriften und Rechte beachtest, *18* dann werde ich deine Herrschaft bestehen lassen, wie ich es deinem

---

8,2 *Hiram ihm gegeben.* Siehe die Fußnote zu 1. Könige 9,14.

8,3 *Hamat-Zoba.* Unbekannte Stadt im Libanon.

8,4 *Tadmor* ist ein Karawanenplatz, eine große Oase in der nordsyrischen Wüste. Heute: *Palmyra,* 208 km nordöstlich von Damaskus.

Hamat galt als nördlichster Punkt des »idealen« Israel. Heute: *Lebweh* im libanesischen Beqa-Tal, 72 km nördlich von Damaskus.

8,5 *Bet-Horon.* Die Zwillingsstädte waren nur 3 km voneinander entfernt und beherrschten die wichtige Zugangsstraße von der Küstenebene ins Hügelland. Sie lagen 19 km nordwestlich von Jerusalem.

Vater David zugesagt habe, als ich den Bund mit ihm schloss: ›Es soll dir nie an einem Mann fehlen, der über Israel herrscht.‹

19 Wenn ihr euch aber von mir abwendet, wenn ihr meine Vorschriften und Gebote nicht mehr beachtet und stattdessen anderen Göttern nachlauft und euch vor ihnen niederwerft, *20* dann werde ich Israel aus meinem Land, das ich ihnen gegeben habe, herausreißen. Dann werde ich dieses Haus, das ich meinem Namen geheiligt habe, keines Blickes mehr würdigen und es zum Gespött und zum Hohn für alle Völker machen, *21* ja, dieses Haus, das so erhaben war. Jeder, der vorübergeht, wird sich dann entsetzt fragen: ›Warum hat Jahwe das diesem Land und diesem Haus angetan?‹ *22* Dann wird man ihnen antworten: ›Weil sie Jahwe, den Gott ihrer Väter, der sie aus Ägypten herausführte, verlassen und sich anderen Göttern zugewandt haben, weil sie ihnen gedient und sich vor ihnen niedergeworfen haben, hat er all dieses Unheil über sie gebracht.‹«

Salomos Unternehmungen

8 *1* Nachdem Salomo zwanzig Jahre lang am Haus Jahwes und an seinem Regierungspalast gebaut hatte, *2* baute er auch die Städte aus, die Hiram ihm gegeben* hatte, und siedelte Israeliten dort an.

3 Hierauf zog Salomo nach Hamat-Zoba* und eroberte die Stadt. *4* Dann baute er Tadmor* in der Wüste aus und legte Vorratsstädte um Hamat* herum an. *5* Das obere und das untere Bet-Horon* baute er zu Festungen aus, die mit Mauern, Toren und Riegeln gesichert waren. *6* Ebenso befestigte er Baalat* und alle anderen Vorratsstädte sowie alle Städte, in denen seine Streitwagentruppen stationiert waren. Auch in Jerusalem, im Libanon und in seinem ganzen Reich baute er alles, was er wollte.

7 Alle Nachkommen der Hetiter, Amoriter, Perisiter, Hiwiter und Jebusiter, die von Israel nicht beseitigt worden waren *8* und noch in Israel lebten, verpflichtete Salomo zur Zwangsarbeit. So ist es bis heute geblieben. *9* Israeliten machte Salomo nicht zu Sklaven* für seine Arbeiten. Sie waren seine Soldaten, die Obersten seiner Wagenkämpfer und seiner Reiter. *10* König Salomo hatte 250 Oberaufseher, die das Volk bei der Arbeit beaufsichtigten.

11 Salomo brachte die Tochter des Pharao von der Davidsstadt in das Haus hinauf, das er eigens für sie hatte bauen lassen, denn er sagte: »Meine Frau soll nicht im Haus des Königs von Israel wohnen, im Haus Davids, denn es ist heilig, weil dort einmal die Bundeslade Jahwes gestanden hat.«

12 Von da an opferte Salomo die Brandopfer für Jahwe auf dem Altar Jahwes, den er vor der Halle des Tempelhauses gebaut hatte, *13* so wie es der Anordnung Moses für jeden Tag entsprach. Auch an den Sabbaten, den Neumondstagen und den drei Jahresfesten tat er das: dem Fest der ungesäuerten Brote*, dem Wochenfest* und dem Laubhüttenfest. *14* Nach den Anweisungen seines Vaters David wies er die Abteilungen der Priester in ihren Dienst ein, ebenso

die Leviten, die für den Gesang verantwortlich waren und den Priestern und Torwächtern in ihren Dienstabteilungen halfen, genauso, wie es David, der Mann Gottes, festgelegt hatte. *15* Man wich in keinem Punkt von den Anordnungen ab, die der König für die Priester, die Leviten, für die Tempelschätze und für alles andere gegeben hatte. *16* So wurde das ganze Werk Salomos planmäßig ausgeführt, vom Tag der Grundsteinlegung des Hauses Jahwes an bis zu

---

8,6 *Baalat* ist der ältere Name für *Kirjat-Jearim* an der Grenze von Juda und Benjamin. Heute: *Deir el-Azar,* 14 km westlich von Jerusalem.

8,9 *Sklaven.* Israeliten wurden nur zeitweise zu Zwangsarbeiten herangezogen (1. Könige 5,27-28), die Vorgenannten aber dauerhaft.

8,13 Das *Fest der ungesäuerten Brote* folgte unmittelbar auf das Passafest und dauerte eine Woche.

Das Wochenfest oder Pfingstfest wurde 50 Tage nach dem Passa als Erntefest gefeiert. Gleichzeitig gedachte man dabei besonders der Gabe des Gesetzes Gottes.

8,17 *Ezjon-Geber und Elat* lagen am Nordende des Golfs von Akaba in der Nähe der Stadt Akaba.

8,18 *Ofir.* Die LXX verstand das als Indien. Dafür spricht, dass es alle in der Bibel erwähnten Güter (Gold, Silber, Edelsteine, Hölzer, Elfenbein, Affen und Pfauen) im alten Indien gab. Ferner ist bekannt, dass vom 2. Jahrtausend v. Chr. an lebhafter Handel zwischen dem Persischen Golf und Indien getrieben wurde. Dazu waren Hochseeschiffe (1. Könige 22,48: Tarschisch-Schiffe) nötig. Eine andere Theorie besagt, dass *Ofir* eine Stadt war, die vermutlich an der südwestlichen Küste Arabiens oder 75 km nördlich von Bombay (Supura) lag.

seiner Vollendung. Das Haus Jahwes war fertig. *17* Damals kam Salomo auch nach Ezjon-Geber und Elat* an der Küste des Roten Meeres im Land Edom. *18* Hiram schickte ihm Schiffe mit erfahrenen Seeleuten dorthin. Zusammen mit den Männern Salomos segelten sie bis nach Ofir* und brachten Salomo von dort 16 Tonnen* Gold.

Die Königin von Saba

9 *1* Als die Königin von Saba* vom Ruhm Salomos hörte, kam sie mit einem gewaltigen Gefolge nach Jerusalem. Ihre Kamele waren schwer mit duftenden Ölen, Gold und Edelsteinen beladen. Sie wollte Salomo mit schwierigen Fragen prüfen und besprach mit ihm alles, was sie sich überlegt hatte. *2* Salomo beantwortete alle ihre Fragen. Es gab nichts, was ihm verborgen war, worauf er keine Antwort gewusst hätte. *3* Als die Königin von Saba die Weisheit Salomos erkannte, als sie den Palast sah, den er gebaut hatte, *4* die Speisen an seiner Tafel, die Sitzplätze seiner Beamten, die gute Bedienung und die kostbaren Gewänder seiner Diener und Mundschenke und die prunkvolle Prozession, wenn er in das Haus Jahwes ging, da verschlug es ihr den Atem.

8,18 *16 Tonnen.* Hebräisch: 450 Kikkar.

9,1 *Saba.* Land südlich von Israel (siehe Matthäus 12,42), vielleicht auf der südwestlichen arabischen Halbinsel in der Nähe des heutigen Jemen. Die genaue Lage ist ungewiss.

9,9 *vier Tonnen.* Hebräisch: 120 Kikkar.

9,10 *Algummimholz.* Siehe 2. Chronik 2,7.

5 Sie sagte zum König: »Es ist tatsächlich alles wahr, was ich in meinem Land über dich und deine Weisheit gehört habe. *6* Ich wollte es nicht glauben, bis ich es mit eigenen Augen gesehen hatte. Und nun sehe ich: Man hat mir nicht einmal die Hälfte gesagt. Deine Weisheit übertrifft alles, was ich je über dich gehört habe. *7* Was für ein Vorrecht haben deine Männer und deine Minister, die täglich bei dir sind und deine weisen Worte hören! *8* Gepriesen sei Jahwe, dein Gott, dem es gefiel, dich auf deinen Thron zu setzen als König für Jahwe, deinen Gott. Dein Gott liebt sein Volk und will, dass es für immer besteht. Deshalb hat er dich zum König gemacht, dass du für Recht und Gerechtigkeit sorgst.«

9 Dann übergab sie dem König mehr als vier Tonnen* Gold, eine Menge duftender Öle und Edelsteine. Nie wieder hat es so kostbares Öl gegeben wie dieses, das die Königin von Saba Salomo als Geschenk überbrachte.

10 Die Leute Hirams und Salomos, die Gold aus Ofir geholt hatten, brachten Algummimholz* und Edelsteine. *11* Der König hatte aus dem Algummimholz Geländer für das Haus Jahwes und den Regierungspalast anfertigen lassen und Zithern und Harfen für die Tempelsänger. Vorher war so etwas im Land Juda nie gesehen worden.

12 König Salomo erfüllte der Königin von Saba jeden Wunsch, den sie äußerte, zusätzlich zu der Gegengabe für das, was sie dem König mitgebracht hatte. Danach kehrte sie mit ihrem Gefolge wieder in ihr Land zurück.

Salomos Reichtum

13 In einem einzigen Jahr erhielt Salomo 23 Tonnen* Gold als Steuerabgabe. 14 Dazu kam noch das, was die Händler einbrachten. Auch alle Könige Arabiens und die Statthalter des Landes brachten Salomo Gold und Silber.
15 König Salomo ließ 200 Langschilde anfertigen und mit Gold überziehen. Sieben Kilogramm* gehämmertes Gold verwendete er für jeden Schild. 16 Dazu ließ er noch 300 Kleinschilde machen und jeden mit dreieinhalb Kilogramm gehämmertem Gold überziehen. Er brachte sie alle in das Libanonwaldhaus*.
17 Weiter ließ der König einen großen Thron aus Elfenbein anfertigen und mit purem Gold überziehen. 18 Der Thron hatte sechs Stufen und einen goldenen Fußschemel. Zu beiden Seiten des Sitzes befanden sich Armlehnen, neben denen zwei Löwenfiguren standen. 19 Auch auf jeder der sechs Stufen stand rechts und links je eine Löwenfigur. Noch nie ist so etwas für ein Königreich geschaffen worden.
20 Alle Trinkgefäße Salomos waren aus reinem Gold und auch sämtliche Gegenstände, die zum Libanonwaldhaus gehörten. Silber war zur Zeit Salomos wertlos; 21 denn der König hatte eine Flotte, die mit den Leuten Hirams bis nach Tarschisch* fuhr. Alle drei Jahre kam die Tarschisch-Flotte und brachte Gold und Silber, Elfenbein, Affen und Pfauen.
22 Somit übertraf König Salomo alle anderen Könige der Erde an Reichtum und Weisheit; 23 und alle Könige suchten ihn auf, um sich persönlich von der Weisheit zu überzeugen, die

Gott ihm verliehen hatte. 24 Alle brachten ihm Geschenke mit: silberne und goldene Gegenstände, Festgewänder und Waffen, kostbare Öle, Pferde und Maultiere. So ging es Jahr um Jahr.
25 Salomo hatte 4000 Stallplätze für seine Pferde und Streitwagen sowie 12.000 Pferde. Er stationierte sie in den Wagenstädten und bei sich in Jerusalem. 26 Er herrschte über alle Könige vom Euphrat bis zum Land der Philister und bis zur Grenze Ägyptens. 27 Unter seiner Regierung war Silber in Jerusalem so viel wert wie Steine, und Zedern wie die Maulbeerfeigenbäume, die in der Niederung wachsen. 28 Die Pferde bekam Salomo aus Ägypten und aus allen möglichen anderen Ländern.

Salomos Tod

29 Was sonst noch über Salomo zu sagen ist, seine frühere und spätere Geschichte, findet man in der Chronik

---

9,13 23 Tonnen. Hebräisch: 666 Kikkar.

9,15 Sieben Kilogramm. Wörtlich: 600 (Schekel). Der königliche Schekel wog etwa 13 Gramm, der Schekel nach gefundenen Gewichten 11,5 Gramm.

9,16 Das Libanonwaldhaus war eine große Halle, die Salomo neben seinem Regierungspalast hatte bauen lassen, siehe 1. Könige 7,2.

9,21 Tarschisch war die phönizische Kolonie Tartessus in Südspanien, wo Silber abgebaut wurde. Doch konnte offenbar auch ein anderes Gebiet im südlichen Teil des Roten Meeres, wo kostbare Metalle abgebaut wurden, so genannt werden (siehe 2. Chronik 20,36). Die großen hochseetüchtigen Handelsschiffe der Phönizier nannte man generell Tarschisch-Schiffe.

des Propheten Natan, den Weissa-gungen Ahias von Schilo und in den Visionen des Sehers Jedo, die dieser über Jerobeam Ben-Nebat erhalten hat. *30* Vierzig Jahre lang regierte Salomo über ganz Israel in Jerusa-lem. *31* Als er gestorben war, bestat-tete man ihn in der Davidsstadt, und sein Sohn Rehabeam trat die Herr-schaft an.

Die Teilung Israels

10 *1* Rehabeam reiste nach Si-chem*, denn ganz Israel war dorthin gekommen, um ihn als König zu bestätigen. *2* Als Jerobeam Ben-Nebat davon gehört hatte, war er aus Ägypten zurückgekehrt, wohin er vor Salomo hatte fliehen müssen. *3* Nun ließen die Stämme Israels ihn rufen. Da stellte er sich zusammen mit ihnen vor Rehabeam und sagte: *4* »Dein Vater hat uns ein hartes Joch auf-erlegt. Erleichtere uns jetzt die Last, die dein Vater uns aufgebürdet hat, und seinen harten Arbeitsdienst, dann wollen wir dir untertan sein.« *5* »Kommt in drei Tagen wieder zu mir!«, erwiderte Rehabeam. Als das Volk gegangen war, *6* beriet sich König Rehabeam mit den Alten, die bereits im Dienst seines Vaters Salo-mo gestanden hatten. Er fragte sie: »Was ratet ihr mir? Welche Antwort soll ich dem Volk geben?« *7* Sie sag-ten: »Wenn du ihnen entgegen-kommst und sie mit Güte behandelst,

werden sie dir für immer gehorchen.« *8* Doch er verwarf den Rat der Alten und fragte die jungen Leute, die mit ihm aufgewachsen waren und jetzt in seinem Dienst standen. *9* »Was ratet ihr mir? Was sollen wir diesem Volk sagen, das von mir verlangt, das Joch zu erleichtern, das mein Vater auf sie gelegt hat?« *10* Da sagten ihm die jun-gen Leute, die mit ihm aufgewachsen waren: »Dem Volk, das von dir ver-langt, das schwere Joch zu erleich-tern, das dein Vater ihm auferlegt hat, sollst du sagen: ›Mein kleiner Finger ist dicker als die Hüften meines Va-ters! *11* Mein Vater hat euch eine schwere Last aufgeladen, ich werde sie noch schwerer machen! Mein Vater hat euch mit Peitschen gezüch-tigt, ich werde es mit Stachelpeit-schen tun!‹«

12 Am dritten Tag kamen Jerobeam und das ganze Volk wieder zu Reha-beam, wie der König gesagt hatte. *13* König Rehabeam gab ihnen eine harte Antwort. Er verwarf die Emp-fehlung der Alten *14* und richtete sich nach dem Rat der jungen Leute. Er sagte: »Mein Vater hat euch eine schwere Last aufgeladen, ich werde sie noch schwerer machen! Mein Vater hat euch mit Peitschen gezüch-tigt, ich werde es mit Stachelpeit-schen tun!« *15* Der König hörte also nicht auf das Volk. Gott hatte es so ge-fügt, um das Wort wahr zu machen, das er, Jahwe, durch Ahija von Schilo zu Jerobeam Ben-Nebat gesprochen hatte. *16* Als nun die Männer Israels sahen, dass der König nicht auf sie hören wollte, riefen sie:

Was geht uns Davids Sippe an? /
Isais Sohn gehört nicht zu uns! /

10,1 *Sichem* war eine strategisch und religiös bedeutende Stadt auf dem Pass (*Sichem* = Schulter) zwischen den Bergen Ebal im Norden und Garizim im Süden.

Auf, nach Hause, Israel! / Mag
Davids Sippe doch sehen, wo sie
bleibt!

So löste sich die Versammlung auf,
und jeder ging nach Hause. *17* Nur
über die Israeliten, die in den Städten Judas wohnten, blieb Rehabeam
König. *18* Als König Rehabeam dann
Hadoram hinschickte, den Beauftragten für die Zwangsarbeit, steinigten
ihn die Israeliten zu Tode. Der König
selbst konnte sich gerade noch auf
seinen Wagen retten und nach Jerusalem entkommen. *19* So sagten sich die
Nordstämme Israels vom Königshaus
David los und sind bis zum heutigen
Tag von ihnen getrennt.

Rehabeam von Juda

11 *1* Als Rehabeam in Jerusalem
angekommen war, stellte er
aus den Stämmen Juda und Benjamin ein Heer von 180.000 Soldaten
zusammen. Sie sollten gegen Israel
kämpfen, um die Königsherrschaft
für Rehabeam zurück zu erobern.
2 Da kam das Wort Jahwes zu einem
Mann Gottes namens Schemaja:
3 »Sage zu Rehabeam Ben-Salomo,
dem König von Juda, und zu ganz
Israel in Juda und Benjamin:
4 ›So spricht Jahwe: Zieht nicht los!
Kämpft nicht gegen eure Brüder!
Kehrt allesamt nach Hause zurück!
Ich selbst habe es so gefügt.‹« Da gehorchten sie den Worten Jahwes,
kehrten um und zogen nicht gegen
Jerobeam.

5 So blieb Rehabeam in Jerusalem
und ließ verschiedene Städte in Juda
zu Festungen ausbauen. *6* Es waren:
Bethlehem, Etam, Tekoa, *7* Bet-Zur,
Socho, Adullam, *8* Gat, Marescha, Sif,
9 Adorajim, Lachisch, Aseka, *10* Zora,
Ajalon und Hebron. *11* Er ließ diese
Städte stark befestigen, setzte Kommandanten ein und ließ Vorräte an
Lebensmitteln, Olivenöl und Wein anlegen. *12* In jeder Stadt befanden sich
Schilde und Spieße, sodass die Städte
in jeder Hinsicht stark waren. So
herrschte er über Juda und Benjamin.

13 Die Priester und Leviten, die
überall in Israel wohnten, standen zu
Rehabeam. *14* Die Leviten verließen
ihre Weideplätze und ihren Besitz
und kamen nach Juda und Jerusalem,
weil Jerobeam und seine Söhne sie
aus dem Priesterdienst für Jahwe verstoßen hatten. *15* Jerobeam hatte
nämlich eigene Priester für die Höhenheiligtümer angestellt, für die
Bocksdämonen und die Stierbilder,
die er hatte anfertigen lassen. *16* Aus
allen Stämmen Israels folgten den
Leviten die Israeliten, die Jahwe, den
Gott Israels, von Herzen suchten. Sie
kamen nach Jerusalem, um dem Gott
ihrer Vorfahren Opfer zu bringen.
17 Und sie trugen dazu bei, das Königreich Juda zu stärken und Rehabeams
Herrschaft zu festigen. Das taten sie
drei Jahre, so lange, wie alle dem Vorbild Davids und Salomos folgten.

18 Rehabeam heiratete Mahalat, die
Tochter von Jerimot Ben-David und
seiner Frau Abihajil, der Tochter von

11,20 *Tochter.* Ebenso wie *Sohn* in vielen Fällen auch Enkel oder Nachkomme allgemein
bedeuten kann, meint Tochter hier offenbar
Enkelin (ebenso Vers 22). Maacha war also
wahrscheinlich eine Tochter von Abschaloms Tochter Tamar, die mit Uriel verheiratet war; siehe 2. Chronik 13,2.

Eliab Ben-Isai. *19* Sie gebar ihm die Söhne Jëusch, Schemarja und Saham. *20* Danach heiratete er Maacha, die Tochter* Abschaloms. Von ihr wurden ihm Abija, Attai, Sisa und Schelomit geboren. *21* Rehabeam liebte Maacha mehr als seine anderen Frauen. Insgesamt hatte er nämlich 18 Frauen und 60 Nebenfrauen genommen und mit ihnen 28 Söhne und 60 Töchter gezeugt. *22* Deshalb gab er Abija, dem Sohn von Maacha, eine führende Stellung unter seinen Brüdern und bestimmte ihn zum Thronfolger. *23* Rehabeam handelte wohlüberlegt und verteilte seine Söhne auf die befestigten Städte von Juda und Benjamin, gab ihnen ein sehr gutes Einkommen und suchte eine Menge Frauen für sie aus.

Einfall der Ägypter

12 *1* Als Rehabeams Herrschaft gesichert war und er mächtig wurde, hielt er sich nicht mehr an

---

12,1 *Israel* ist hier und in Vers 6 im allgemeinen Sinn gebraucht und nicht auf das Nordreich bezogen.

12,2 *fünften ... Rehabeams*. 925 v.Chr.

Schischak wird gewöhnlich mit Pharao Scheschonk I identifiziert, was aber auf schwerwiegende Probleme stößt, wenn man den Feldzugsbericht des Pharaos mit den biblischen Angaben vergleicht. Neuerdings wird eine Revision der ägyptischen Chronologie diskutiert. Der entsprechende Pharao wäre dann vielleicht Ramses II, der angibt, in seinem 8. Regierungsjahr Jerusalem geplündert zu haben.

12,3 *sukkijitischen ... Hilfstruppen*. Nach ägyptischen Texten eine Söldnertruppe aus Libyen.

Nubien. Land am Oberlauf des Nil.

die Weisung Jahwes. Ganz Israel* folgte ihm darin. *2* Da zog im fünften Regierungsjahr Rehabeams* König Schischak* von Ägypten gegen Jerusalem in den Krieg, denn die Israeliten waren Jahwe untreu geworden. *3* Schischak kam mit 1.200 Streitwagen, 60.000 Pferden und einer ungezählten Menge von libyschen, sukkijitischen* und nubischen* Hilfstruppen. *4* Er eroberte die Festungen in Juda und rückte gegen Jerusalem vor.

5 Da trat der Prophet Schemaja vor Rehabeam und die führenden Männer von Juda, die sich vor Schischak nach Jerusalem zurückgezogen hatten, und sagte zu ihnen: »So spricht Jahwe: ›Ihr habt mich verlassen, darum überlasse auch ich euch der Gewalt Schischaks.‹« *6* Da beugten sich die führenden Männer Israels mit dem König und sagten: »Jahwe ist gerecht!« *7* Als Jahwe sah, dass sie sich demütigten, kam sein Wort zu Schemaja: »Sie haben sich gedemütigt. Darum werde ich sie nicht beseitigen, sondern schenke ihnen ein wenig Rettung. Schischak soll nicht meinen Zorn über Jerusalem bringen. *8* Doch sie müssen sich ihm unterwerfen, damit sie erkennen, was für ein Unterschied es ist, ob sie mir dienen oder den Königen anderer Länder.«

9 König Schischak von Ägypten marschierte also in Jerusalem ein und eignete sich die Schätze aus dem Haus Jahwes und dem Königspalast an. Auch die goldenen Schilde, die Salomo hatte anfertigen lassen, nahm er mit. *10* An deren Stelle ließ König Rehabeam Bronzeschilde anfertigen, die er dem Kommandanten der Leibwache übergab, die am Eingang des Palastes stationiert war. *11* Jedes Mal, wenn der König in das Haus Jahwes ging, trugen seine Leibwächter die Schilde und brachten sie anschließend an ihren Platz zurück. *12* Weil Rehabeam sich gedemütigt hatte, ließ der Zorn Jahwes von ihm ab, sodass er ihn nicht völlig vernichtete. Es gab ja auch noch manches Gute in Juda.

Das Ende Rehabeams

13 König Rehabeam festigte seine Herrschaft und regierte weiter in Jerusalem. Er war 41 Jahre alt, als er die Herrschaft antrat. Siebzehn Jahre* regierte er in Jerusalem, der Stadt, die Jahwe aus allen Stämmen Israels als Wohnsitz für seinen Namen bestimmt hatte. Seine Mutter war die Ammoniterin Naama. *14* Doch er tat Böses und war nicht darauf bedacht, Jahwe zu suchen.

15 Was sonst noch über Rehabeam zu sagen ist, seine frühere und spätere Geschichte, findet man in der Chronik des Propheten Schemaja und in der des Sehers Iddo. Sie enthalten auch seinen Stammbaum. Die Auseinandersetzungen zwischen Rehabeam und Jerobeam dauerten die ganze Zeit an. *16* Als Rehabeam gestorben war, bestattete man ihn in der Davidsstadt; und sein Sohn Abija trat die Herrschaft an.

Abija von Juda

13 *1* Im 18. Regierungsjahr des Königs Jerobeam von Israel trat Abija die Herrschaft über Juda an. *2* Er regierte drei Jahre lang in Jerusalem. Seine Mutter hieß Maacha* und war die Tochter von Uriël aus Gibea.

Auch Abija führte Krieg gegen Jerobeam. *3* Er eröffnete ihn mit einem Heer von 400.000 kampferprobten Soldaten. Jerobeam stellte sich ihm mit 800.000 wehrtüchtigen Männern entgegen. *4* Vor dem Kampf stieg Abija auf den Berg Zemarajim*, der zum Bergland von Efraïm gehört, und rief: »Hört mich an, Jerobeam und ganz Israel! *5* Ihr müsst doch wissen, dass Jahwe, der Gott Israels, David und seinen Nachkommen die Herrschaft über Israel in einem Salzbund* für alle Zeiten verliehen hat. *6* Aber Jerobeam Ben-Nebat, ein Diener von Salomo Ben-David, rebellierte gegen seinen Herrn. *7* Er scharte eine Gruppe von nichtswürdigen Abenteurern um sich und widersetzte sich Rehabeam Ben-Salomo. Rehabeam war damals noch zu jung, um ihnen standzuhalten. *8* Und jetzt meint ihr, ihr könnt dem Königtum Jahwes standhalten, das den Nachkommen Davids übertragen ist? Meint ihr, das gelingt, weil ihr so viele seid und weil ihr die goldenen Kälber bei euch habt, die Jerobeam

---

12,13 Rehabeam regierte von 931-913 v.Chr.

13,2 *Maacha.* So mit der LXX und 2. Chronik 11,20; 1. Könige 15,2. Der hebräische Text hat hier: *Michaja.* Vielleicht hatte Maacha, wie nicht selten in der Bibel, einen zweiten Namen.

13,4 Der *Berg Zemarajim*, der zur gleichnamigen benjaminitischen Stadt gehört, liegt etwa 15 km nördlich von Jerusalem.

13,5 Ein *Salzbund* konnte nicht gebrochen werden, siehe 4. Mose 18,19. Der Begriff kommt vielleicht daher, dass Salz bei allen Opfern verwendet werden musste (3. Mose 2,13; Hesekiel 43,24) und deshalb wohl auch beim Bundesmahl Verwendung fand (2. Mose 24,5-11).

euch zu Göttern machte? *9* Habt ihr nicht die Priester Jahwes, die Nachkommen Aarons und die Leviten verstoßen und euch neue Priester eingesetzt, wie es die anderen Völker auch tun? Jeder, der mit einem jungen Stier und sieben Schafböcken kam, konnte sich zum Priester für die Nicht-Götter weihen lassen. *10* Doch unser Gott ist Jahwe. Wir haben ihn nicht verlassen. Bei uns dienen ihm die Nachkommen Aarons, und auch die Leviten tun, was ihnen aufgetragen ist. *11* Jeden Morgen und jeden Abend bringen sie Jahwe Brandopfer und wohlriechendes Räucherwerk dar. Sie sorgen für das Schichtbrot auf dem reinen Opfertisch und zünden jeden Abend die Lampen auf dem goldenen Leuchter an. Denn wir halten uns an die Anordnungen von Jahwe, unserem Gott. Doch ihr habt ihn verlassen. *12* Seht, Gott ist mit uns, er steht an unserer Spitze! Bei uns sind auch seine Priester mit den Lärmtrompeten, um gegen euch Kriegslärm zu blasen. Ihr Männer von Israel, kämpft nicht gegen Jahwe, den Gott eurer Väter! Das wird euch nicht gelingen.«

13 Aber Jerobeam ließ die Männer im Hinterhalt eine Umgehung machen, um den Leuten von Juda in den Rücken zu fallen. So stand ein Teil seines Heeres vor den Judäern, der Hinterhalt aber in ihrem Rücken. *14* Als die Männer von Juda sahen, dass sie an zwei Fronten kämpfen

mussten, schrien sie zu Jahwe. Die Priester bliesen die Trompeten, *15* und die Männer von Juda stimmten das Kriegsgeschrei an. Da schlug Gott Jerobeam und ganz Israel durch Abija und Juda. *16* Die Männer Israels mussten vor Juda fliehen. Gott gab sie in ihre Gewalt. *17* Abija und seine Männer brachten ihnen eine schwere Niederlage bei. 500.000 wehrtüchtige Männer blieben erschlagen liegen. *18* Damals wurden die Israeliten in die Knie gezwungen, und die Leute von Juda hatten die Oberhand, denn sie vertrauten auf Jahwe, den Gott ihrer Väter. *19* Abija verfolgte Jerobeam noch weiter und nahm ihm die Städte Bet-El, Jeschana und Efron samt den dazugehörigen Ortschaften ab. *20* Solange Abija lebte, kam Jerobeam nicht wieder zu Kräften, und Jahwe ließ ihn schließlich sterben.

21 Abija aber wurde mächtig. Er nahm sich 14 Frauen und zeugte insgesamt 22 Söhne und 16 Töchter. *22* Was sonst noch über Abija, seine Taten und Reden zu sagen ist, findet man in der Chronik des Propheten Iddo. *23* Als Abija starb, bestattete man ihn in der Davidsstadt; und sein Sohn Asa trat die Herrschaft an. Unter seiner Regierung hatte das Land zehn Jahre Ruhe.

König Asas Erfolge

14 *1* Asa tat, was gut und recht war und was Jahwe, seinem Gott, gefiel. *2* Er beseitigte die fremden Altäre und die Opferhöhen, ließ die geweihten Steinmale zerschlagen und die Aschera-Pfähle* umhauen. *3* Er befahl den Judäern, Jahwe, den Gott ihrer Väter, zu suchen und seine

---

14,2 Die *Aschera* war eine Fruchtbarkeitsgöttin, die in handlichen Figuren, geweihten Bäumen oder Pfählen verehrt wurde.

Weisung und seine Gebote zu befolgen. *4* Auch in den anderen Städten Judas beseitigte er die Opferhöhen und die Räucheraltäre. In diesen Jahren hatte das Land Frieden, *5* weil Jahwe dafür sorgte, dass niemand mit Asa Krieg führte. Damals ließ Asa einige Städte in Juda befestigen. *6* Er sagte zu den Leuten von Juda:»Lasst uns diese Städte ausbauen, sie mit Mauern umgeben und mit Türmen, Toren und Riegeln sichern. Noch haben wir freie Hand im Land, denn wir haben Jahwe, unseren Gott, gesucht, und er hat uns ringsherum Ruhe verschafft.« So konnten sie bauen und hatten Erfolg. *7* Asa hatte ein Heer von 300.000 Mann aus Juda, die Speer und Langschild trugen, und 280.000 Mann aus Benjamin, die Rundschilde trugen und mit Bogen ausgerüstet waren, alles wehrtüchtige Männer.

8 Da rückte der Nubier Serach mit einem Heer von tausendmal tausend Mann und dreihundert Streitwagen gegen Juda vor und kam bis Marescha*. *9* Asa zog ihm entgegen, und die beiden Heere stellten sich im Zefata-Tal bei Marescha in Schlachtordnung auf. *10* Asa betete zu Jahwe, seinem Gott:»Jahwe«, sagte er,»außer dir gibt es keinen, der helfen könnte, wenn ein Schwacher gegen einen Mächtigen bestehen muss. Hilf uns, Jahwe, unser Gott! Wir vertrauen auf dich, sind wir doch in deinem Namen gegen diese Menge gezogen. Du bist unser Gott, Jahwe! Kein Mensch kommt gegen dich an!« *11* Da schlug Jahwe die Nubier vor Asa und Juda zurück, dass sie flohen. *12* Asa verfolgte sie mit seinen Männern bis nach Gerar*. Dabei fielen von den Nubiern so viele, dass sie sich von diesem Verlust nicht wieder erholen konnten. Sie wurden durch Jahwe und sein Heer vernichtend geschlagen. Die Judäer aber machten reiche Beute. *13* Sie konnten auch alle Städte rings um Gerar* erobern, denn der Schrecken Jahwes war über sie gekommen. Sie plünderten alle diese Orte, denn es gab dort reiche Beute. *14* Auch die Zeltlager der Hirten überwältigten sie. Und als sie wieder nach Jerusalem zurückkehrten, nahmen sie eine Menge Schafe, Ziegen und Kamele als Beute mit.

König Asas Reformen

15 *1* Da kam der Geist Gottes über Asarja Ben-Oded, *2* sodass er Asa entgegenging und zu ihm sagte:»Hört mir zu, Asa und ihr alle von Juda und Benjamin! Jahwe ist bei euch, solange ihr bei ihm seid. Wenn ihr ihn sucht, wird er sich von euch finden lassen. Wenn ihr ihn aber verlasst, wird auch er euch verlassen. *3* Lange Zeit war Israel ohne den wahren Gott. Da hatten sie auch keine Priester, die sie lehrten, und kannten das Gesetz nicht. *4* Doch jedes Mal, wenn die Israeliten bedrängt wurden, kehrten sie zu Jahwe, dem Gott Israels, um. Sie suchten ihn, und er ließ sich von ihnen finden. *5* Damals

---

14,8 *Marescha* war eine der von Asa befestigten Städte im Hügelland von Juda. Sie liegt 21 km nordwestlich von Hebron.

14,12 *Gerar* liegt in der Nähe von Gaza. Asa verfolgte die Feinde also etwa 50 km weit.

14,13 *Städte ... Gerar.* Das waren Ortschaften, die den Philistern gehörten.

konnte niemand ungefährdet reisen, denn es gab viele Unruhen in den Ländern. 6 Die Völker bedrängten sich gegenseitig, und die Städte lagen im Streit, denn Gott hatte sie durch verschiedene Bedrängnisse verunsichert. 7 Darum fasst Mut und legt die Hände nicht in den Schoß, denn euer Tun wird seinen Lohn finden!« 8 Als Asa die prophetischen Worte vom Sohn Odeds* hörte, fasste er Mut. Er ließ die scheußlichen Götzenbilder aus dem ganzen Land entfernen, aus Juda, aus Benjamin und den Städten, die er auf dem Bergland von Efraïm erobert hatte. Auch den Altar Jahwes vor der Vorhalle des Tempels ließ er erneuern. 9 Dann ließ er ganz Juda und Benjamin zusammenrufen sowie die Leute von Efraïm, Manasse und Simeon, die sich bei ihnen aufhielten. Es waren nämlich viele zu ihm übergelaufen, als sie sahen, dass Jahwe, sein Gott, auf

---

15,8 *Sohn Odeds.* Wörtlich: *von dem Propheten Oded,* siehe aber V. 1.

15,10 *dritten ... Asa.* Frühjahr 895 v.Chr.

15,16 *entzog ... Rang.* Siehe 2. Chronik 11,20-22.

15,19 *35. Regierungsjahr.* Es muss wohl heißen: 15. Regierungsjahr, siehe Fußnote zu Kapitel 16,1

16,1 *36. Regierungsjahr.* Es muss wohl heißen: 16. Regierungsjahr, denn nach 1. Könige 16,6.8 war Bascha damals schon 10 Jahre tot. Die Spannung kann dadurch aufgelöst werden, dass man entweder annimmt, dass hier das 36. Jahr des Königreiches Juda gemeint sei, oder dass es sich um einen Abschreibfehler handelt, wobei die Vorlage die Zahlen als numerische Zeichen stehen hatte, die man im Althebräischen leicht verwechseln konnte.

Rama liegt nur 8 km nördlich von Jerusalem.

---

seiner Seite war. 10 Im dritten Monat des 15. Regierungsjahrs von Asa* versammelten sich alle in Jerusalem 11 und opferten Jahwe von der Beute, die sie heimgebracht hatten, 700 Rinder und 7000 Schafe. 12 Sie legten sich die Verpflichtung auf, Jahwe, dem Gott ihrer Vorfahren, mit ganzem Herzen und ganzer Person zu folgen. 13 Und wer Jahwe, den Gott Israels, nicht verehren würde, sollte mit dem Tod bestraft werden, egal ob Mann oder Frau, klein oder groß. 14 Das gelobten sie Jahwe laut, unter Jubelrufen und dem Schall von Trompeten und Hörnern. 15 Ganz Juda freute sich über den Schwur, denn sie hatten aus ganzer Überzeugung eingestimmt. Mit ganzem Willen hatten sie Jahwe gesucht, und er hatte sich ihnen zugewandt. Und er gab ihnen ringsherum Frieden.

16 König Asa entzog sogar der Königsmutter Maacha* ihren Rang, weil sie der Aschera ein Schandbild aufgestellt hatte. Asa ließ das Scheusal umhauen, in Stücke schlagen und im Kidrontal verbrennen. 17 Die Opferhöhen in Israel blieben allerdings bestehen, doch Asas Herz war sein Leben lang ungeteilt auf Gott ausgerichtet. 18 Er brachte die Weihgaben seines Vaters in das Haus Gottes und dazu seine eigenen Gaben: goldene und silberne Gegenstände. 19 Bis zum 35. Regierungsjahr* Asas gab es keinen Krieg.

Asas Bündnis mit Syrien

16 1 Im 36. Regierungsjahr* Asas baute König Bascha von Israel die Stadt Rama* zur Festung aus, um die Wege von und nach Juda kontrollieren zu können. 2 Da schickte

Asa Boten mit Gold und Silber aus den Schatzkammern des Tempels und des Königshauses zu König Ben-Hadad von Syrien nach Damaskus und ließ ihm sagen: *3* »Zwischen mir und dir, zwischen meinem und deinem Vater soll ein Bündnis sein! Darum habe ich dir Silber und Gold geschickt. Brich deinen Bund mit König Bascha von Israel, damit er von meiner Grenze abzieht!« *4* Ben-Hadad ging darauf ein und schickte seine Heerführer gegen Israels Städte. Sie verwüsteten Ijon, Dan und Abel-Majim* und alle Vorratslager der Städte im Stamm Naftali. *5* Als Bascha das erfuhr, stellte er die Arbeiten ein und brach den Ausbau von Rama ab. *6* König Asa bot alle Männer von Juda auf. Sie mussten die Steine und das Bauholz, das Bascha verwenden wollte, aus Rama abtransportieren. Asa ließ damit die Städte Geba und Mizpa* befestigen.

7 Zu dieser Zeit kam der Seher Hanani zu König Asa von Juda und sagte zu ihm: »Du hast dich auf den König von Syrien verlassen und nicht auf Jahwe, deinen Gott! Damit hast du dich um die Möglichkeit gebracht, auch das Heer der Syrer zu besiegen. *8* Hatten die Nubier und die Libyer nicht auch ein gewaltiges Heer mit vielen Streitwagen und Reitern? Doch weil du dich auf Jahwe verlassen hattest, gab er sie in deine Gewalt. *9* Denn Jahwe hat die ganze Erde im Blick, damit er denen beistehen kann, die ihm uneingeschränkt vertrauen. In diesem Fall hast du töricht gehandelt, denn von jetzt an hast du ständig Krieg.« *10* Asa ärgerte sich sehr über den Seher und ließ ihn ins Gefängnis werfen. Damals fing er auch an, einige aus dem Volk zu misshandeln.

11 Asas frühere und spätere Geschichte findet man in der Chronik der Könige von Juda und Israel. *12* Im 39. Jahr seiner Regierung erkrankte Asa schwer an den Füßen. Obwohl sein Leiden sehr ernst war, suchte er die Hilfe nicht bei Jahwe, sondern bei den Ärzten. *13* Asa starb in seinem 41. Regierungsjahr*. *14* Man bestattete ihn in der Gruft, die er sich in der Davidsstadt hatte aushauen lassen. Dort wurde er auf ein Lager gebettet, das man mit Balsamöl, speziell zubereiteten Salben und anderen wohlriechenden Stoffen ausgestattet hatte. Auch wurde ein gewaltiges Feuer zu seiner Ehre angezündet.*

König Joschafat

17 *1* Sein Sohn Joschafat trat die Herrschaft an. Er zeigte sich stark gegenüber Israel *2* und stationierte Truppen in allen befestigten Städten Judas. Außerdem setzte er in ganz Juda Statthalter ein, ebenso in den Städten, die sein Vater Asa in

---

16,4 *Ijon ... Abel-Majim.* Das sind drei Orte ganz im Norden Israels. Abel-Majim ist auch unter dem Namen Abel-Bet-Maacha bekannt.

16,6 *Geba und Mizpa.* Die Städte liegen ganz in der Nähe Ramas.

16,13 *41. Regierungsjahr.* 870 v.Chr.

16,14 *Feuer ... angezündet.* Das war keine Leichenverbrennung, sondern eine von den Nachbarvölkern übernommene Sitte, bei der Gewürze und Aromen, aber auch vom Herrscher benutzte Gebrauchsgegenstände verbrannt wurden. Diese Sitte hielt sich bis zu Herodes dem Großen.

Efraïm erobert hatte. *3* Jahwe stand Joschafat bei, denn er folgte den früheren Wegen seines Vorfahren David. Er verehrte nicht die Baale*, *4* sondern hielt sich an den Gott seines Vaters und befolgte im Gegensatz zu den Israeliten Gottes Gebote. *5* Jahwe bestätigte Joschafats Königtum, sodass ganz Juda ihm Geschenke brachte. Er wurde reich und war angesehen. *6* Im Lauf der Zeit wurde er immer mutiger in der Nachfolge Jahwes. So ließ er in Juda die Opferhöhen und die Aschera-Pfähle wieder beseitigen.

7 Im dritten Regierungsjahr schickte er seine Beamten Ben-Hajil, Obadja, Secharja, Netanel und Michaja zur Belehrung des Volkes in die Städte Judas. *8* Mit ihnen gingen die Leviten Schemaja, Netanja, Sebadja, Asaël, Schemiramot, Jonatan, Adonija, Tobija und Tob-Adonija sowie die Priester Elischama und Joram. *9* Sie hatten die Schriftrolle mit dem Gesetz Jahwes bei sich, zogen in allen Städten Judas umher und belehrten das Volk.

10 Der Schrecken Jahwes fiel auf alle Königreiche rings um Juda, sodass niemand es wagte, gegen Joschafat zu kämpfen. *11* Selbst von den Philistern wurden Geschenke und Silber als Tributzahlungen an Joschafat überbracht. Auch die Araber brachten ihm 7700 Schaf- und ebenso viele Ziegenböcke. *12* So wurde Joschafat immer mächtiger. Er baute Burgen und Vorratsstädte in Juda. *13* Auch in den übrigen Städten hatte er große Vorräte angelegt. Und in Jerusalem waren seine besten Kämpfer stationiert. *14* Ihre Diensteinteilung richtete sich nach den Sippenverbänden. Die Truppenführer für Juda waren Adna, Oberst über 300.000 wehrtüchtige Männer, *15* Johanan, Oberst über 280.000, *16* und Amasja Ben-Sichri, der sich freiwillig mit 200.000 wehrtüchtigen Männern Jahwe zur Verfügung gestellt hatte. *17* Truppenführer für Benjamin waren Eljada, ein tapferer Mann mit 200.000 Bewaffneten, die mit Bogen und Schild ausgerüstet waren, *18* und Josabad mit 180.000 Bewaffneten. *19* Sie alle standen im Dienst des Königs, abgesehen von den Besatzungen in den befestigten Städten Judas.

Joschafats Bündnis mit Ahab

18 *1* Joschafat hatte also jede Menge Reichtum und Ehre; doch ließ er seinen Sohn eine Tochter Ahabs heiraten. *2* Nach einigen Jahren besuchte er Ahab in Samaria. Ahab ließ eine Menge Rinder für ihn und sein Gefolge schlachten und überredete ihn zu einem gemeinsamen Feldzug gegen Ramot* in Gilead*. *3* König Ahab von Israel fragte also König Joschafat von Juda: »Willst du mit mir in den Kampf gegen Ramot in Gilead ziehen?« Der erwiderte: »Ich ziehe mit dir, und mein Volk wird mit deinem Volk sein. Ja, ich ziehe mit in den Kampf!«

17,3 *Baal* bedeutet »Herr« oder »Gebieter«. Er wurde als Fruchtbarkeitsgott in Kanaan verehrt.

18,2 *Ramot* war eine levitische Zufluchtsstadt, die Gad zugeteilt wurde. Das heutige *Tel Ramith* liegt 58 km nördlich von Amman in Jordanien.

Gilead war die Landschaft östlich des Jordan, Wohnsitz der Stämme Ruben, Gad und halb Manasse.

4 Dann sagte Joschafat zum König von Israel: »Du solltest aber zuerst fragen, was Jahwe dazu sagt!« 5 Da ließ der König von Israel die Propheten kommen, 400 Mann. Er fragte sie: »Sollen wir in den Kampf gegen Ramot in Gilead ziehen, oder soll ich es lassen?« – »Zieh hinauf«, erwiderten sie, »Gott wird es in die Gewalt des Königs geben!«

6 Aber Joschafat sagte: »Gibt es hier sonst keinen Propheten Jahwes mehr, durch den wir Gott fragen können?« 7 »Es gibt noch einen, durch den man Jahwe befragen kann«, erwiderte der König von Israel, »aber ich hasse ihn, weil er mir niemals Gutes, sondern immer nur Schlimmes prophezeit. Es ist Micha Ben-Jimla.« Doch Joschafat sagte: »Der König sage das nicht!« 8 Da rief der König von Israel einen Hofbeamten herbei und befahl ihm: »Schnell, hole Micha Ben-Jimla!«

9 Der König von Israel und König Joschafat von Juda saßen im königlichen Ornat auf zwei Thronsesseln, die man für sie auf dem freien Platz am Toreingang von Samaria aufgestellt hatte. Und die Propheten weissagten vor ihnen. 10 Ein gewisser Zidkija Ben-Kenaana hatte sich eiserne Hörner gemacht und rief: »So spricht Jahwe: ›Damit wirst du die Syrer niederstoßen, bis du sie vernichtet hast!‹« 11 Die anderen Propheten weissagten ebenso. »Greif Ramot in Gilead an und führe Israel zum Sieg! Jahwe wird die Stadt in die Hand des Königs geben!«

12 Der Bote, der Micha holen sollte, sagte unterwegs zu ihm: »Hör zu! Die Worte der Propheten sind einstimmig und sprechen für den König. Schließ dich doch ihrem Wort an und sage Gutes!« 13 Micha erwiderte: »So wahr Jahwe lebt, ich sage nur das, was mein Gott mir aufträgt!«

14 Als er zum König kam, fragte ihn dieser: »Micha, sollen wir in den Kampf gegen Ramot in Gilead ziehen, oder soll ich es lassen?« – »Zieh nur hin und führe Israel zum Sieg!«, sagte er. »Sie sollen euch in die Hand gegeben werden.« 15 Doch der König entgegnete: »Wie oft muss ich dich noch beschwören, dass du mir nichts als die Wahrheit im Namen Jahwes verkündest!« 16 Da sagte Micha: »Ich sah ganz Israel über die Berge zerstreut, wie Schafe, die keinen Hirten haben. Und Jahwe sagte: ›Sie haben keinen Anführer mehr! Jeder kehre wohlbehalten in sein Haus zurück!‹« 17 Da sagte der König von Israel zu Joschafat: »Habe ich dir nicht gesagt, dass er mir nichts Gutes prophezeit, sondern immer nur Schlimmes?«

18 Micha fuhr fort: »Darum hört das Wort Jahwes: Ich sah Jahwe sitzen auf seinem Thron. Das ganze Heer des Himmels stand rechts und links neben ihm. 19 Jahwe fragte: ›Wer ködert Ahab, den König von Israel, dass er loszieht und bei Ramot in Gilead fällt?‹ Der eine sagte dies, der andere das. 20 Zuletzt trat ein Geist vor. Er stellte sich vor Jahwe und sagte: ›Ich werde ihn ködern.‹ ›Womit?‹, fragte Jahwe. 21 ›Ich werde als Lügengeist aus dem Mund aller seiner Propheten sprechen‹, erwiderte er. ›Gut, du darfst ihn verführen‹, sagte er, ›und du wirst es auch schaffen. Geh los und tu es!‹ 22 Du siehst also, dass Jahwe deinen Propheten einen Lügen-

geist eingegeben hat, denn Jahwe hat dein Unheil beschlossen.«

23 Da kam Zidkija Ben-Kenaana zu Micha, gab ihm eine Ohrfeige und sagte: »Auf welche Weise soll der Geist Jahwes mich denn verlassen haben und nur noch mit dir reden?« 24 »Du wirst es ja sehen«, erwiderte Micha, »und zwar an dem Tag, an dem du von einer Kammer in die andere flüchtest, um dich zu verstecken.« 25 Da sagte der König: »Nehmt ihn fest und führt ihn zum Stadtkommandanten Amon und zum Prinzen Joasch. 26 Meldet ihnen: ›So spricht der König: Setzt diesen Mann ins Gefängnis und haltet ihn knapp bei Brot und Wasser, bis ich wohlbehalten zurückkomme!‹« 27 Da sagte Micha: »Wenn du je wohlbehalten zurückkehrst, hat Jahwe nicht durch mich gesprochen.« Dann fügte er noch hinzu: »Hört es, ihr Völker alle!«

28 Der König von Israel und König Joschafat von Juda zogen also nach Ramot in Gilead. 29 Unterwegs sagte der König von Israel zu Joschafat: »Ich will verkleidet in den Kampf ziehen, aber du kannst deine königlichen Kleider tragen!« So zog er verkleidet in die Schlacht. 30 Der König von Syrien hatte den Führern seiner Streitwagen befohlen: »Kämpft nicht gegen Kleine oder Große, sondern greift allein den König von Israel an!« 31 Als die Streitwagenführer Joschafat entdeckten, sagten sie: »Das ist der König von Israel!«, und griffen ihn von allen Seiten an. Da schrie Joschafat, und Jahwe half ihm, indem er sie von ihm ablenkte. 32 Als die Wagenführer nämlich merkten, dass er nicht der König von Israel war, ließen sie ihn in Ruhe.

33 Einer ihrer Kämpfer schoss aber auf gut Glück einen Pfeil ab und traf den König von Israel zwischen Gurt und Panzer. »Dreh um und bring mich aus der Schlacht!«, sagte der König zu seinem Wagenlenker. »Ich bin verwundet.« 34 Weil aber der Kampf an dem Tag immer heftiger wurde, hielt der König bis zum Abend durch und blieb den Syrern gegenüber in seinem Wagen aufrecht stehen. Als die Sonne unterging, starb er.

19 1 König Joschafat von Juda kehrte jedoch wohlbehalten in sein Haus nach Jerusalem zurück. 2 Da trat ihm der Seher Jehu Ben-Hanani entgegen und sagte zu ihm: »Musstest du dem Gottlosen helfen und die lieben, die Jahwe hassen? Deswegen ist Jahwe zornig auf dich! 3 Aber er hat bei dir auch etwas Gutes gefunden: Du hast die Aschera-Pfähle aus dem Land weggeschafft und dich bemüht, Gott nachzufolgen.«

Joschafat sorgt für das Recht

4 Nachdem Joschafat eine Zeit lang in Jerusalem geblieben war, bereiste er sein Land von Beerscheba bis zum Bergland von Efraïm und führte sein Volk zurück zu Jahwe, dem Gott ihrer Väter. 5 In allen befestigten Städten Judas setzte er Richter ein 6 und sagte zu ihnen: »Achtet genau auf das, was ihr tut! Denn ihr seid nicht von Menschen zum Richteramt berufen worden, sondern von Jahwe. Er wird euch beistehen, wenn ihr Recht sprecht. 7 Lasst euch leiten von der Furcht vor Jahwe und übt euer Amt gewissenhaft aus! Denn bei Jahwe, unserem Gott, gibt es

keine Ungerechtigkeit, keine Bevorzugung und keine Bestechlichkeit.«

⁸ In Jerusalem setzte Joschafat einen obersten Gerichtshof ein, der aus Priestern, Leviten und den Sippenhäuptern Israels bestand, um im Namen Jahwes Recht zu sprechen. Gleichzeitig war er für die Rechtsstreitigkeiten der Einwohner Jerusalems zuständig. ⁹ Er gab ihnen folgende Anweisung: »Führt euer Amt in der Furcht vor Jahwe mit aller Treue und ungeteiltem Herzen! ¹⁰ Bei jedem Streitfall, den euch eure Brüder aus den anderen Städten vorlegen, ob es sich um Mord oder Totschlag handelt oder um Verstöße gegen Gesetze, Gebote, Bestimmungen und Anordnungen, sollt ihr sie verwarnen. Weder ihr noch sie dürfen an Jahwe schuldig werden. Sonst trifft euch sein Zorn. ¹¹ In allen Angelegenheiten, die Jahwe betreffen, hat der Hohe Priester Amarja den Vorsitz, in allen Angelegenheiten des Königs aber Sebadja Ben-Ismaël, der Fürst aus dem Haus Juda. Als Verwalter stehen euch die Leviten zur Verfügung. Geht mit Vertrauen ans Werk! Jahwe wird mit den Gerechten sein!«

Gott schenkt Joschafat den Sieg

20 ¹ Einige Zeit danach zogen die Moabiter*, die Ammoniter* und einige von den Mëunitern* zum Krieg gegen Joschafat heran. ² Man meldete dem König: »Ein riesiges Heer ist gegen dich heraufgezogen. Sie kommen von der anderen Seite des Toten Meeres aus Edom* und stehen schon in Hazezon-Tamar.« Das ist ein anderer Name für En-Gedi*. ³ Da erschrak Joschafat. Er beschloss, sich an

Jahwe zu wenden, und ließ ein Fasten in ganz Juda ausrufen. ⁴ Die Leute von Juda kamen nach Jerusalem zusammen, um die Hilfe Jahwes zu erbitten, selbst aus den Städten kamen sie herzu. ⁵ Die Bevölkerung von Juda und Jerusalem versammelte sich im Haus Jahwes vor dem neuen Vorhof. Joschafat stand auf ⁶ und betete:

»Jahwe, du Gott unserer Väter! Du bist doch der Gott im Himmel, du bist doch der Herrscher über alle Reiche der Welt! In deiner Hand sind Kraft und Macht, und niemand kann vor dir bestehen! ⁷ Du, unser Gott, hast doch die früheren Bewohner dieses Landes vor deinem Volk Israel vertrieben und es den Nachkommen deines Freundes Abraham für immer gegeben! ⁸ Sie haben sich darin niedergelassen und dort ein Heiligtum für deinen Namen gebaut. Sie sagten: ⁹ ›Wenn ein Unglück über uns kommt, ein Krieg als Strafgericht, die Pest oder eine Hungersnot, und wir treten vor dieses Haus und so vor dich – denn dein Name wohnt in diesem Haus – und

---

20,1 Die *Moabiter* lebten östlich des Toten Meeres zwischen den Flüssen Arnon und Zered.

Die *Ammoniter* waren nordöstliche Nachbarn der Moabiter.

Die *Mëuniter* lebten im Gebirge Seïr in Edom.

20,2 *Edom.* So mit einer Handschrift und der altlateinischen Übersetzung. Andere Handschriften lesen Aram = Syrien. Das Wort unterscheidet sich nur durch einen Buchstaben von Edom.

En-Gedi war eine Stadt und Oase an der Westküste des Toten Meeres, 40 km südöstlich von Jerusalem.

schreien zu dir aus unserer Not, dann wirst du uns hören und helfen.‹ *10* Da stehen nun die Ammoniter und Moabiter und die vom Gebirge Seïr. Als Israel aus dem Land Ägypten kam, hast du nicht erlaubt, diese Völker anzugreifen. Israel musste ihnen ausweichen und hat sie nicht beseitigt. *11* Zum Dank dafür kommen sie jetzt und wollen uns aus deinem Besitz vertreiben, den du uns zum Erbe gegeben hast. *12* Unser Gott, willst du sie nicht richten? Denn in uns ist ja keine Kraft vor dieser riesigen Menge, die gegen uns marschiert. Wir wissen nicht, was wir tun sollen, und richten deshalb unsere Augen auf dich!«

13 So standen die Judäer mit ihren Frauen und Kindern vor Jahwe. *14* Da kam der Geist Jahwes auf Jachasiel Ben-Secharja, den Enkel Benajas, der wiederum ein Sohn von Jehiël Ben-Mattanja war. Er war ein Levit aus der Sippe Asafs und stand mitten in der Versammlung. *15* Er rief: »Hört her, ihr Judäer, ihr Einwohner von Jerusalem und du, König Joschafat! So spricht Jahwe zu euch: ›Habt keine Angst und erschreckt nicht vor dieser großen Masse! Denn das wird nicht euer Kampf sein, sondern es ist Gottes Sache! *16* Zieht ihnen morgen entgegen! Passt auf, sie werden die Steigung von Ziz* heraufkommen. Am Ausgang des Tals vor der Wüste

Jeruël* werdet ihr sie finden. *17* Doch ihr müsst nicht kämpfen, Juda und Jerusalem. Stellt euch auf, tretet vor und schaut euch an, wie Jahwe euch rettet. Habt keine Angst und erschreckt nicht! Zieht ihnen morgen entgegen, und Jahwe wird bei euch sein!‹« *18* Da beugte sich Joschafat nieder mit dem Gesicht bis zur Erde. Auch das ganze Volk von Juda und die Bewohner Jerusalems warfen sich vor Jahwe nieder und beteten ihn an. *19* Danach standen die Leviten von der Sippe der Kehatiter und Korachiter auf und priesen Jahwe, den Gott Israels, mit mächtiger Stimme.

20 Früh am nächsten Morgen brachen sie zur Wüste Tekoa auf. Bei ihrem Auszug trat Joschafat vor und rief: »Hört zu, ihr Judäer und ihr Jerusalemer! Glaubt an Jahwe, euren Gott, dann werdet ihr bestehen! Glaubt seinen Propheten, dann habt ihr Gelingen!« *21* Nachdem er sich mit dem Volk beraten hatte, stellte er Sänger für Jahwe an die Spitze der Gerüsteten. Sie sangen in ihren heiligen Gewändern Loblieder. »Preist Jahwe, denn seine Güte hört niemals auf!« *22* Und zu derselben Zeit, als sie mit dem Jubel und Lobgesang anfingen, legte Jahwe einen Hinterhalt gegen die nach Juda anrückenden Ammoniter, Moabiter und die vom Gebirge Seïr, was zu ihrer Vernichtung führte. *23* Denn die Ammoniter und Moabiter kämpften auf einmal gegen die Bewohner vom Gebirge Seïr. Als sie diese vollständig vernichtet hatten, fielen sie übereinander her und brachten sich gegenseitig um.

24 Als nun die Judäer an die Stelle kamen, von wo aus man die Wüste

---

20,16 *Ziz.* Es handelt sich vielleicht um das Wadi Hasasa, das 14 km südöstlich von Tekoa, nördlich von En-Gedi ins Tote Meer mündete.

Jeruël. Wüstenlandschaft südöstlich von Tekoa. Tekoa liegt im Hügelland Judas, nur 16 km südlich von Jerusalem.

überblicken kann, und sich nach dem Heerhaufen umschauten, sahen sie nur noch Leichen auf dem Boden liegen. Niemand war davongekommen. 25 Joschafat und seine Leute sammelten die Beute ein. Sie fanden bei den Gefallenen eine Menge Dinge, auch kostbare Gegenstände. Sie plünderten so viel für sich, dass sie es nicht mehr tragen konnten. Drei Tage brauchten sie, um die riesige Beute einzusammeln. 26 Am vierten Tag versammelten sie sich im Beracha-Tal*, um Jahwe zu preisen. Daher bekam es seinen Namen »Lobpreistal«; so heißt es heute noch. 27 Schließlich kehrte die ganze Mannschaft von Juda und Jerusalem mit Joschafat an der Spitze wieder nach Jerusalem zurück. Sie waren voller Freude, denn Jahwe hatte ihnen diese Freude an ihren Feinden geschenkt. 28 So zogen sie mit Harfen, Zithern und Trompeten in Jerusalem ein bis vor den Tempel. 29 Der Schrecken Gottes fiel auf die umliegenden Königreiche, als sie hörten, dass Jahwe mit den Feinden Israels gekämpft hatte. 30 Von da an konnte Joschafat in Ruhe regieren, Gott schaffte ihm Ruhe an allen Grenzen.

Das Ende der Regierung Joschafats

31 Joschafat war also König von Juda. Als er an die Herrschaft kam, war er 35 Jahre alt. Er regierte 25 Jahre in Jerusalem. Seine Mutter hieß Asuba und war eine Tochter von Schilhi. 32 Er folgte konsequent dem Beispiel seines Vaters Asa, indem er tat, was Jahwe gefiel. 33 Nur die Opferhöhen bestanden weiter, denn das Volk war noch nicht von Herzen auf den Gott seiner Väter ausgerichtet. 34 Was sonst

noch über Joschafat zu sagen ist, seine frühere und spätere Geschichte, findet man in der Chronik von Jehu Ben-Hanani, die ins Buch der Könige von Israel aufgenommen wurde.

35 Einmal schloss König Joschafat von Juda eine Übereinkunft mit König Ahasja von Israel, der ein verwerfliches Leben führte. 36 Sie beschlossen, in Ezjon-Geber* gemeinsam Schiffe zu bauen, die nach Tarschisch fahren sollten. 37 Da sagte Eliëser Ben-Dodawa aus Marescha ein Prophetenwort gegen Joschafat: »Weil du dich mit Ahasja verbündet hast, wird Jahwe dein Werk zerstören.« Die Flotte erlitt wirklich Schiffbruch und kam nie in Tarschisch an.

König Joram von Juda

21 1 Als Joschafat starb, bestattete man ihn neben seinen Vorfahren in der Davidsstadt, und sein Sohn Joram trat die Herrschaft an. 2 Seine Brüder hießen Asarja, Jehiël, Secharja, Asarjahu, Michael und Schefatja. Sie alle waren Söhne des Königs Joschafat von Israel*. 3 Ihr Vater hatte ihnen großzügige Geschenke gemacht: Gold, Silber und andere Kostbarkeiten. Außerdem gab er ihnen befestigte Städte in Juda. Aber das Königtum gab er Joram, weil er der Erstgeborene war. 4 Als Joram das Reich seines Vaters übernommen und die Herrschaft fest in der Hand

---

20,26 *Beracha* heißt Segen oder Lobpreis.

20,36 *Ezjon-Geber*. Hafenstadt am Golf von Elat/Akaba, in der Nähe des heutigen Elat.

21,2 *Israel* ist hier im allgemeinen Sinn gebraucht und nicht auf das Nordreich bezogen, ebenso in V. 4.

hatte, ließ er alle seine Brüder und auch einige führende Männer Israels mit dem Schwert hinrichten. 5 Joram war 32 Jahre alt, als er die Herrschaft antrat. Er regierte acht Jahre in Jerusalem 6 und tat, was Jahwe missfiel. Wie die Familie Ahabs folgte er dem bösen Beispiel der Könige von Israel und tat, was Jahwe verabscheute. Seine Frau war nämlich eine Tochter Ahabs. 7 Doch Jahwe wollte das Haus Davids nicht zugrunde richten, weil er einen Bund mit David geschlossen und ihm den Fortbestand seines Königtums zugesagt hatte.

8 Während Jorams Regierungszeit lösten sich die Edomiter von der Herrschaft Judas und setzten einen eigenen König ein. 9 Daher zog Joram mit seinen Truppenführern und Streitwagen gegen sie. Doch die Edomiter schlossen ihn und die Offiziere seiner Streitwagen ein. Da schlug Joram in der Nacht los und durchbrach den Ring. 10 Damals sagte sich Edom von Judas Herrschaft los. So ist es noch bis heute. Auch die Stadt Libna sagte sich von Judas Herrschaft los. Der Grund war, dass Joram Jahwe, den Gott seiner Väter, verlassen hatte. 11 Joram richtete sogar Opferhöhen auf den Bergen Judas ein. Er verführte die Jerusalemer zu unsittlichen Götzendiensten und die Judäer zur Untreue gegenüber Gott.

12 Damals erhielt er ein Schreiben des Propheten Elija, das lautete: »So spricht Jahwe, der Gott deines Vorvaters David: Du bist nicht den Weg deines Vaters Joschafat und deines Großvaters Asa gegangen, 13 sondern bist dem bösen Beispiel der Könige von Israel gefolgt. Du hast die Judäer und die Jerusalemer nach dem unmoralischen Beispiel des Hauses Ahab zu unsittlichen Götzendiensten verführt und hast deine eigenen Brüder umgebracht, die besser waren als du. 14 Darum wird Jahwe dein Volk, deine Söhne, deine Frauen und all deinen Besitz mit schweren Plagen strafen. 15 Du selbst wirst eine qualvolle Krankheit in deinen Eingeweiden bekommen, die im Verlauf der Krankheit aus dir heraustreten werden.«

16 Jahwe gab es den Philistern und den Arabern, die neben den Nubiern wohnen, in den Sinn, Joram anzugreifen. 17 Sie zogen gegen Juda heran, drangen in das Land ein und schleppten alles Hab und Gut weg, das sich im Königspalast befand, dazu auch Jorams Söhne und Frauen. Nur sein jüngster Sohn Joahas blieb ihm. 18 Nach all dem ließ Jahwe eine unheilbare Krankheit in seinen Eingeweiden entstehen, 19 die sich lange hinzog. Nach zwei Jahren traten die Eingeweide aus ihm heraus, und er starb unter furchtbaren Schmerzen. Das Volk zündete kein Feuer zu seiner Ehre an, wie es bei seinen Vätern geschehen war. 20 Er war mit 32 Jahren König geworden und hatte acht Jahre in Jerusalem regiert. Er starb, ohne bedauert zu werden. Man bestattete ihn zwar in der Davidsstadt, aber nicht in den Grüften der Könige.

König Ahasja von Juda

22 1 Die Einwohner von Jerusalem riefen Jorams jüngsten Sohn Ahasja* zum König aus.

22,1 *Ahasja* ist eine andere Form des Namens Joahas.

Denn alle älteren Söhne hatte die Räuberhorde umgebracht, die mit den Arabern ins Heerlager Judas eingedrungen war. So wurde also Ahasja, der Sohn des Königs Joram von Juda, König. *2* Ahasja war bei Herrschaftsantritt 22 Jahre* alt und regierte ein Jahr in Jerusalem. Seine Mutter war Atalja, die Enkeltochter Omris. *3* Auch er folgte dem schlechten Beispiel des Hauses Ahab, denn seine Mutter beeinflusste ihn zu gottlosem Handeln. *4* Wie das Haus Ahabs tat er, was Jahwe missfiel, denn von dort kamen seine Berater nach dem Tod seines Vaters. Das führte zu seinem Untergang. *5* Er folgte ihrem Rat und zog mit König Joram Ben-Ahab von Israel in den Krieg gegen König Hasaël von Syrien. Bei Ramot in Gilead kam es zum Kampf. Dabei wurde Joram von den Syrern verwundet. *6* Da zog er sich nach Jesreel* zurück, um seine Wunden dort ausheilen zu lassen. König Ahasja Ben-Joram von Juda besuchte ihn in Jesreel. *7* Aber Gott hatte es so gefügt, dass dieser Besuch für Ahasja zum Verhängnis wurde. Denn als er dort angekommen war, fuhr er mit Joram zusammen Jehu, dem Enkel von Nimschi, entgegen. Dieser war von Jahwe zum König gesalbt worden, um die Nachkommen Ahabs auszurotten. *8* Als Jehu das Gericht über die Nachkommen Ahabs vollstreckte, traf er die Obersten von Juda und die Neffen Ahasjas, die in dessen Dienst standen, und brachte sie um. *9* Dann ließ er Ahasja, der sich in Samaria versteckt hielt, suchen und gefangen nehmen. Er wurde zu Jehu gebracht und getötet.

Doch ihm gewährte man ein Begräbnis, denn man sagte: »Er war immerhin ein Enkel Joschafats, der Jahwe von ganzem Herzen folgte.« In der Familie Ahasjas war nun keiner mehr übrig, der fähig war, die Königsherrschaft zu übernehmen.

Ataljas Herrschaft

10 Als Atalja, die Mutter von Ahasja erfuhr, dass ihr Sohn tot war, ließ sie die ganze Nachkommenschaft des Königshauses von Juda umbringen. *11* Doch Joscheba, die Frau des Priesters Jojada – sie war König Jorams Tochter und Ahasjas Schwester –, schaffte dessen kleinen Sohn Joasch von den Prinzen, die getötet werden sollten, heimlich beiseite. Sie versteckte ihn und seine Amme in der Bettenkammer und brachte ihn vor Atalja in Sicherheit, sodass er nicht getötet wurde. *12* Sechs Jahre lang blieb er im Bereich des Tempels verborgen, während Atalja das Land regierte.

Ataljas Sturz und Tod

23 *1* Im siebten Jahr fasste Jojada einen mutigen Entschluss. Er verbündete sich mit den Hauptleuten Asarja Ben-Jeroham, Jischmaël Ben-Johanan, Asarja Ben-Obed, Maaseja Ben-Adaja und Elischafat Ben-Sichri. *2* Sie zogen durch alle Städte

---

22,2 *22 Jahre.* So mit 2. Könige 8,26. Der uns vorliegende hebräische Text hat hier, wahrscheinlich durch einen Abschreibefehler verursacht, 42 Jahre.

22,6 *Jesreel.* Stadt zwischen Bet-Schean und Megiddo in der Jesreel-Ebene.

Judas und brachten die Leviten und Familienoberhäupter von Israel in Jerusalem zusammen. *3* Dort, im Haus Gottes, schloss die ganze Versammlung einen Bund mit dem König. Jojada sagte zu ihnen: »Seht hier den Sohn des Königs! Er soll König sein, wie Jahwe es den Nachkommen Davids zugesagt hat. *4* Wir sollten jetzt Folgendes tun: Ein Drittel der Priester und Leviten, die am nächsten Sabbat ihren Dienst antreten, bewachen die Eingänge des Tempels, *5* das zweite Drittel den Königspalast und das letzte Drittel das Grundtor. Alles Volk soll sich in den Vorhöfen vom Haus Jahwes aufhalten. *6* Außer den Priestern und den diensttuenden Leviten soll niemand ins Haus Jahwes hineingehen. Nur sie sind von Gott dazu bestimmt. Und alles Volk soll sich an die Vorschriften Jahwes halten. *7* Die Leviten sollen mit der Waffe in der Hand den König umgeben und jeden töten, der ins Haus hinein will. Auf Schritt und Tritt müsst ihr den König beschützen.«

8 Die Leviten und alle Judäer befolgten die Anweisungen des Priesters Jojada. Jeder rief seine Männer zusammen, und zwar die, die am Sabbat ihren Dienst antraten, und die, die ihn beendeten. Denn der Priester Jojada hatte die Abteilungen nicht entlassen. *9* Dann gab Jojada den Offizieren die Speere, Schilde und Rundschilde, die

noch von König David stammten und im Haus Gottes aufbewahrt wurden. *10* Daraufhin stellten sich die Leibwächter auf, jeder mit seiner Waffe in der Hand. Sie bildeten eine Kette von der Südseite des Tempelhauses am Altar und dem Tempelhaus vorbei bis zu seiner Nordseite, um den König nach allen Seiten abzusichern. *11* Dann führte man den Prinzen heraus. Man setzte ihm die Krone auf, überreichte ihm die Urkunde und machte ihn so zum König. Jojada und seine Söhne salbten ihn und riefen: »Es lebe der König!«

12 Als Atalja die Jubelrufe des herbeilaufenden Volkes hörte, kam auch sie zum Haus Jahwes. *13* Da sah sie den König auf der obersten Stufe des Tempeleingangs stehen, umgeben von den Offizieren und Trompetern. Das Volk jubelte vor Freude, und die Trompeten schmetterten. Auch die Tempelsänger standen mit ihren Instrumenten dort und leiteten den Lobgesang. Da riss Atalja ihre Gewänder ein* und schrie: »Verrat! Verschwörung!« *14* Doch Jojada ließ die Offiziere, die das Kommando über die Truppen hatten, vortreten und sagte zu ihnen: »Führt sie durch die Reihen eurer Leute hinaus. Wer ihr folgt, den tötet mit dem Schwert!« Er wollte nämlich nicht, dass man sie im Haus Jahwes umbrachte. *15* Da packten sie Atalja und brachten sie zum Eingang des Rosstores am königlichen Palast. Dort wurde sie getötet.

16 Jojada schloss einen Bund zwischen sich, dem Volk und dem König. Sie verpflichteten sich, das Volk Jahwes zu sein. *17* Dann zog das ganze Volk zum Baalstempel und riss ihn

---

23,13 *riss ... ein.* Als Zeichen von Trauer und Entsetzen riss man das Kleidungsstück vom Halsausschnitt an mit einem heftigen Ruck etwa eine Handlänge ein.

nieder. Sie zertrümmerten seine Altäre und Götzenbilder und erschlugen den Baalspriester Mattan dort vor den Altären. *18* Dann übertrug Jojada den Priestern und Leviten die Aufsicht über das Haus Jahwes. David hatte sie in Dienstgruppen eingeteilt, damit sie Jahwe die Brandopfer unter Freudengesängen und Liedern darbringen konnten, wie es im Gesetz Moses vorgeschrieben ist. *19* Er stellte auch Wachen an die Tore des Hauses Jahwes, damit niemand den Tempel betrat, der irgendwie mit einer Unreinheit behaftet war. *20* Nun rief er die Offiziere, die Vornehmen und Großen des Volkes und das ganze Volk zusammen. Dann geleiteten sie den König aus dem Haus Jahwes durch das obere Tor in den Königspalast. Dort nahm er auf dem Königsthron Platz. *21* Das ganze Volk freute sich, und die Stadt blieb ruhig, obwohl Atalja mit dem Schwert getötet worden war.

König Joasch von Juda

24 *1* Joasch war bei Herrschaftsantritt sieben Jahre alt und regierte 40 Jahre lang in Jerusalem. Seine Mutter hieß Zibja und stammte aus Beerscheba. *2* Solange der Priester Jojada lebte, tat Joasch, was Jahwe gefiel. *3* Er heiratete die zwei Frauen, die Jojada für ihn ausgewählt hatte, und zeugte Söhne und Töchter mit ihnen.

4 Einige Zeit später lag es Joasch am Herzen, das Haus Jahwes zu erneuern. *5* Er rief die Priester und Leviten zusammen und sagte zu ihnen: »Geht in die Städte Judas und sammelt von ganz Israel Geld ein, damit ihr jedes Jahr die nötigen Reparaturen am Haus

Gottes durchführen könnt. Beeilt euch damit!« Aber die Leviten ließen sich Zeit. *6* Da ließ der König den Oberpriester Jojada rufen und sagte zu ihm: »Warum hast du nicht dafür gesorgt, dass die Leviten die Abgabe einsammeln, die schon Jahwes Diener Mose den Israeliten für das heilige Zelt auferlegt hat? *7* Denn die gottlose Atalja und ihre Anhänger haben das Haus Gottes verkommen lassen und haben selbst die heiligen Gaben, die für das Haus Jahwes bestimmt waren, für den Baalskult verwendet.«

8 Der König ließ nun einen Kasten anfertigen und am Außentor des Hauses Jahwes aufstellen. *9* Dann wurde in Juda und Jerusalem bekannt gegeben, dass jeder die Abgabe beisteuern sollte, die Mose, der Diener Gottes, den Israeliten in der Wüste auferlegt hatte. *10* Alle führenden Männer und auch das Volk freuten sich darüber. Sie brachten ihre Gaben und warfen sie in den Kasten, bis er voll war. *11* In bestimmten Abständen ließ man den Kasten durch die Leviten zur Verwaltung des Königs bringen. Wenn man sah, dass viel Geld im Kasten war, kamen der Schreiber des Königs und der Beauftragte des Oberpriesters. Sie leerten den Kasten gemeinsam aus und brachten ihn dann an seinen Platz zurück. So machte man es jeden Tag. Auf diese Weise kam viel Geld zusammen. *12* Der König und Jojada übergaben das Geld den Handwerksmeistern, die für die Bauarbeiten am Tempel verantwortlich waren. Diese stellten Steinmetze und Zimmerleute ein, sowie Handwerker, die mit Eisen und Bronze umgehen konnten. Sie sollten das Haus Jahwes ausbessern. *13* Die

Meister gingen ans Werk, und die Arbeit machte gute Fortschritte. Sie stellten das Haus Gottes nach seinen ursprünglichen Maßen wieder her und machten es stabil. *14* Als sie fertig waren, brachten sie den Rest des Geldes dem König und Jojada zurück. Jojada ließ davon Geräte für das Haus Jahwes anfertigen, die für den Dienst und die Brandopfer gebraucht wurden: Schalen sowie goldene und silberne Gegenstände.

So lange Jojada lebte, wurden die Brandopfer im Haus Jahwes regelmäßig gebracht. *15* Jojada wurde sehr alt. Er starb nach einem erfüllten Leben mit 130 Jahren. *16* Man begrub ihn in der Davidsstadt neben den Königen, denn er hatte für Gott und sein Haus viel Gutes in Israel bewirkt.

17 Nach dem Tod Jojadas kamen die führenden Männer Judas zum König und warfen sich vor ihm nieder. Und der König hörte auf sie. *18* Da gingen sie nicht mehr in das Haus Jahwes. Sie verließen den Gott ihrer Väter und verehrten stattdessen geweihte Pfähle und Götzenbilder. Wegen dieser Schuld kam Gottes Zorn über Juda und Jerusalem.

19 Jahwe schickte Propheten zu ihnen, um sein Volk zurückzugewinnen. Die Propheten warnten sie, aber niemand hörte darauf. *20* So kam der Geist Gottes über Secharja Ben-Jojada, den Sohn des Priesters. Er trat vor das Volk und sagte: »So spricht Gott: ›Warum übertretet ihr die Gebote Jahwes und bringt euch selbst um euer Glück?‹ Weil ihr Jahwe verlassen habt, hat er auch euch verlassen.« *21* Darauf taten sie sich gegen ihn zusammen und steinigten ihn auf Befehl des Königs im Vorhof des Hauses Jahwes. *22* König Joasch dachte nicht mehr daran, wie viel er dessen Vater Jojada zu verdanken hatte, und brachte den Sohn um. Im Sterben rief Secharja noch: »Jahwe sieht es und wird es vergelten!«

23 Um die Jahreswende rückte eine Heeresgruppe der Syrer gegen Joasch heran. Sie drangen in Juda und Jerusalem ein, brachten alle führenden Männer um und schickten die gesamte Beute, die sie bei ihnen gemacht hatten, zum König nach Damaskus. *24* Obwohl die Syrer nur mit wenigen Männern gekommen waren, gab Jahwe ein viel größeres Heer in ihre Gewalt, weil die Judäer Jahwe, den Gott ihrer Väter, verlassen hatten. So vollzogen die Syrer Gottes Strafgericht an Joasch. *25* Als sie abzogen, ließen sie Joasch schwer verwundet zurück. Da verschworen sich einige seiner Hofbeamten wegen des Mordes am Sohn des Priesters Jojada und erschlugen Joasch auf seinem Krankenbett. Er wurde in der Davidsstadt begraben, aber nicht in den Königsgräbern. *26* Die Verschwörer waren Sabat, ein Sohn der Ammoniterin Schimat, und Josabad, ein Sohn der Moabiterin Schimrit. *27* Was seine Söhne betrifft und die vielen auf ihm lastenden Prophetenworte und die Beschreibung der grundlegenden Instandsetzung des Hauses Gottes, findet man in den Erläuterungen zum Buch der Könige. Sein Sohn Amazja trat die Herrschaft an.

König Amazja von Juda

25 *1* Amazja war bei Herrschaftsantritt 25 Jahre alt und regierte 29 Jahre lang in Jerusalem. Seine

Mutter hieß Joaddan und stammte aus Jerusalem. 2 Er tat, was Jahwe gefiel, wenn auch nicht mit ungeteiltem Herzen. 3 Sobald er die Herrschaft fest in der Hand hatte, ließ er die Hofbeamten töten, die seinen Vater Joasch umgebracht hatten. 4 Doch ihre Söhne verschonte er, wie es im Gesetzbuch von Mose geschrieben steht, wo Jahwe geboten hat: »Die Väter sollen nicht für ihre Söhne und die Söhne nicht für ihre Väter mit dem Tod bestraft werden, sondern jeder soll nur für sein eigenes Verbrechen sterben.«*

5 Amazja ließ die Männer aus Juda und Benjamin zusammenrufen, ordnete sie nach Sippenverbänden und unterstellte sie Befehlshabern und Hauptleuten. Dann ließ er alle Männer ab 20 Jahre mustern und fand heraus, dass er über ein Heer von 300.000 Wehrtüchtigen verfügte, die mit Spieß und Langschild bewaffnet waren. 6 Zusätzlich ließ er aus Israel 100.000 Männer für 3,4 Tonnen* Silberstücke anwerben.

7 Da kam ein Mann Gottes zu ihm und sagte: »Mein König, lass die Soldaten aus Israel nicht mit dir ziehen! Denn Jahwe ist nicht mit Israel, mit all diesen Leuten aus Efraïm. 8 Sondern zieh du nur entschlossen in den Kampf! Gott wird dich sonst vor dem Feind zu Fall bringen. Denn Gott hat die Macht, dir zu helfen oder dich zu Fall zu bringen.« 9 »Und was wird aus den hundert Talenten, die ich den Söldnern aus Israel bezahlt habe?«, fragte Amazja den Mann Gottes. »Jahwe hat genug, um dir mehr als das zu geben«, erwiderte dieser. 10 Da entließ Amazja die Söldner, die aus

Efraïm zu ihm gekommen waren, und schickte sie nach Hause. Diese wurden sehr zornig über Juda und kehrten wütend zurück.

11 Amazja fasste Mut und führte sein Volk in den Kampf. Sie zogen ins Salztal und erschlugen 10.000 Männer von Seïr. 12 Weitere 10.000 nahmen sie gefangen. Die Männer von Juda führten die Gefangenen auf die Höhe der Stadt Sela und stürzten sie von dort hinab, sodass alle zerschmettert wurden. 13 Inzwischen überfielen die Söldner, die Amazja nicht mitkämpfen ließ, sondern zurückgeschickt hatte, die Städte zwischen Samaria und Bet-Horon, die Juda gehörten. Sie töteten dabei 3000 Männer und machten große Beute.

14 Nach seiner Rückkehr vom Sieg über die Edomiter stellte Amazja die Götter aus Seïr, die er mitgebracht hatte, für sich als Götter auf. Er warf sich vor ihnen nieder und verbrannte ihnen Weihrauch. 15 Da entflammte Jahwes Zorn gegen ihn. Er schickte einen Propheten und ließ Amazja sagen: »Warum suchst du Hilfe bei den Göttern dieses Volkes, die nicht einmal ihr eigenes Volk vor dir beschützen konnten?« 16 Aber Amazja ließ ihn nicht ausreden und rief: »Haben wir dich etwa zum Ratgeber des Königs gemacht? Lass das, wenn du keine Schläge bekommen willst!« Da unterbrach der Prophet seine Botschaft, sagte aber noch: »Ich weiß, dass Gott deinen Untergang beschlossen hat, weil du die Götzen angebetet

---

25,4 5. Mose 24,16
25,6 *3,4 Tonnen.* Hebräisch: 100 Kikkar.

und nicht auf meinen Rat gehört hast.«

17 Dann entschloss sich König Amazja von Juda, König Joasch Ben-Joahas von Israel, den Enkel Jehus, herauszufordern. »Komm, wir wollen unsere Kräfte messen!«, ließ er ihm ausrichten. *18* Doch König Joasch von Israel ließ ihm sagen: »Der Dornstrauch auf dem Libanon sagte zur Zeder: ›Gib meinem Sohn deine Tochter zur Frau!‹ Aber die wilden Tiere auf dem Libanon liefen über den Dornstrauch und zertrampelten ihn. *19* Ist dir der Sieg über die Edomiter zu Kopf gestiegen? Genieße deinen Ruhm und bleib zu Hause! Warum willst du dich ins Unglück stürzen und reißt ganz Juda mit hinein?« *20* Doch Amazja wollte nicht hören. Gott hatte es so gefügt, denn er wollte sie ausliefern, weil sie Hilfe bei den Göttern der Edomiter gesucht hatten.

21 Da zog König Joasch von Israel mit einem Heer nach Juda. Bei Bet-Schemesch*, das zu Juda gehört, kam es zur Schlacht zwischen ihm und König Amazja von Juda. *22* Die Männer Judas wurden von den Israeliten besiegt und flüchteten nach Hause. *23* König Joasch von Israel nahm König Amazja Ben-Joasch von Juda, den Enkel des Joahas, bei Bet-Schemesch gefangen und nahm ihn mit nach Jerusalem. Dort ließ er die Stadtmauer auf einer Länge von 200 Metern zwischen dem Ephraïmtor und dem Ecktor niederreißen. *24* Er räumte alles Gold und Silber und alle kostbaren Gegenstände aus dem Haus Gottes aus, die sich unter der Obhut von Obed-Edom befanden, dazu alles, was sich in den Schatzkammern des Palastes befand. Außerdem nahm er eine Anzahl von Geiseln nach Samaria mit.

25 König Amazja Ben-Joasch von Juda überlebte König Joasch von Israel 15 Jahre. *26* Was sonst noch über Amazja zu sagen ist, seine frühere und spätere Geschichte, findet man im Buch der Könige von Juda und Israel. *27* Von der Zeit an, als Amazja von der Nachfolge Jahwes abgewichen war, kam es in Jerusalem zu einer Verschwörung gegen ihn. Da floh er nach Lachisch. Aber die Verschwörer ließen ihn bis dorthin verfolgen und umbringen. *28* Man brachte ihn auf Pferden in die Hauptstadt Judas zurück und bestattete ihn in der Grabstätte seiner Vorfahren.

König Usija von Juda

26 *1* Das ganze Volk Judas hatte Usija* Ben-Amazja schon mit 16 Jahren zum König gemacht*. Er trat nun die Nachfolge seines Vaters an. *2* Nach dessen Tod eroberte Usija die Stadt Elat für Juda zurück und baute sie wieder auf. *3* Usija war 16 Jahre alt, als er Mitregent wurde, und regierte insgesamt 52 Jahre lang in Jerusalem. Seine Mutter hieß Jecholja und stammte aus Jerusalem.

25,21 *Bet-Schemesch* liegt 24 km westlich von Jerusalem in der Nähe der Grenze zwischen Juda und Dan, vgl. Josua 15,10.

26,1 *Usija.* In 2. Könige 15 wird er Asarja genannt. Wahrscheinlich war Asarja sein persönlicher Name und *Usija* sein Thronname.

zum König gemacht. Das geschah bereits 24 Jahre vor dem Tod Amazjas. Entweder war Asarja seitdem Mitregent oder sogar Gegenkönig.

4 Wie sein Vater Amazja tat auch er, was Jahwe gefiel. *5* Solange Secharja lebte, der ihn zur Gottesfurcht anhielt, folgte er Gott. Und solange er Jahwe suchte, gab Gott ihm Gelingen. *6* Er unternahm einen Feldzug gegen die Philister und riss die Mauern von Gat, Jabne und Aschdod nieder. Andere Städte im Gebiet von Aschdod und im Philisterland baute er zu Festungen aus. *7* Gott stand ihm bei im Kampf gegen die Philister, gegen die Araber von Gur-Baal und gegen die Mëuniter. *8* Auch die Ammoniter zahlten Usija Tribut. Er wurde so mächtig, dass sein Name selbst in Ägypten bekannt wurde.

9 In Jerusalem baute Usija Türme am Ecktor, am Taltor und am Winkel und befestigte sie stark. *10* Auch in der Steppe ließ er Türme bauen und Zisternen graben, weil er in der Schefela* und der Hochebene große Viehherden besaß und in der fruchtbaren Niederung Bauern und Weingärtner beschäftigte. Er hatte nämlich viel für die Landwirtschaft übrig.

11 Usija hatte ein wehrfähiges Heer, das nach Abteilungen gegliedert war. Es rückte in der Stärke aus, die der Staatsschreiber Jëiël und der Verwalter Maaseja unter der Aufsicht von Hananja, einem der obersten königlichen Beamten, bei der Musterung erfasst hatten. *12* Die Gesamtzahl der Familienoberhäupter der Wehrtüchtigen war 2600. *13* Sie befehligten ein Heer von 307.500 Mann, stark und schlagkräftig genug, dass der König es mit jedem Feind aufnehmen konnte. *14* Usija rüstete sein Heer mit Schilden, Spießen, Helmen, Brustpanzern, Bogen und Schleudersteinen aus. *15* Er ließ in Jerusalem auch raffinierte Wurfmaschinen bauen, mit denen man Pfeile abschießen und große Steine schleudern konnte. Sie sollten auf Türmen und Eckzinnen aufgestellt werden. Sein Ruhm drang bis in die Ferne, denn er empfing außergewöhnliche Hilfe. So wurde er immer mächtiger.

16 Doch die Macht stieg ihm zu Kopf. Er wurde überheblich und verging sich an Jahwe, seinem Gott, indem er in den Tempel Jahwes eindrang, um Weihrauch auf dem Räucheraltar zu verbrennen. *17* Doch der Priester Asarja ging hinter ihm her, und 80 Priester Jahwes kamen mit ihm, lauter beherzte Männer. *18* Sie widerstanden König Usija und sagten: »Dir, Usija, steht es nicht zu, Jahwe Räucheropfer zu bringen. Das ist nur den geweihten Priestern, den Söhnen Aarons, erlaubt. Verlass das Heiligtum! Du hast dich gegen Jahwe vergangen! Bei ihm kannst du damit keinen Ruhm ernten.« *19* Aber Usija, der bereits die Räucherpfanne in der Hand hielt, wurde wütend. Als er sich zornig gegen die Priester umdrehte, brach der Aussatz* an seiner Stirn aus. Es geschah vor den Augen der Priester im Haus Jahwes, neben dem Räucheraltar. *20* Als der Oberpriester

---

26,10 *Schefela.* Niedriges, sehr fruchtbares Hügelland, das sich in nordsüdlicher Richtung zwischen dem Gebirge und der Küstenebene des Mittelmeeres erstreckt.

26,19 *Aussatz.* Bezeichnung für rasch um sich greifende Hautkrankheiten, Lepra eingeschlossen.

Asarja und die anderen Priester sahen, wie der Aussatz auf einmal an seiner Stirn ausbrach, trieben sie ihn schleunigst von dort weg. Auch Usija selbst beeilte sich, hinauszukommen, weil Jahwe ihn gestraft hatte. 21 Bis zu seinem Tod blieb König Usija aussätzig. Deshalb musste er in einem abgesonderten Haus wohnen und durfte das Haus Jahwes nie mehr betreten. Die Regierungsgeschäfte und die Aufsicht über den Palast übergab er seinem Sohn Jotam.

22 Was sonst noch über Usija zu sagen ist, seine frühere und spätere Geschichte, hat der Prophet Jesaja Ben-Amoz aufgeschrieben. 23 Als Usija starb, wurde er, weil er aussätzig war, auf dem Gelände neben der Grabstätte der Könige bestattet. Sein Sohn Jotam trat die Herrschaft an.

König Jotam von Juda

27 1 Jotam war bei Herrschaftsantritt 25 Jahre alt und regierte insgesamt 16 Jahre in Jerusalem*. Seine Mutter hieß Jeruscha und war eine Tochter Zadoks. 2 Er tat, was Jahwe gefiel, und folgte in allem dem Vorbild seines Vaters Usija. Allerdings ging er nicht wie dieser in den Tempel Jahwes. Das Volk blieb jedoch bei seinem Verderben bringenden Tun.

3 Jotam baute das obere Tor am Haus Jahwes und verstärkte die Mauern des Ofel* an vielen Stellen. 4 Er baute außerdem einige Städte auf dem Gebirge Juda aus und errichtete Burgen und Türme in den Waldgebieten. 5 Er war es auch, der mit dem König der Ammoniter kämpfte. Er besiegte die Ammoniter, und sie mussten ihm jenes Jahr 3,4 Tonnen Silberstücke abliefern, dazu 1700 Tonnen Weizen und 1700 Tonnen Gerste. Und das gleiche noch einmal im nächsten und übernächsten Jahr. 6 Jotam wurde mächtig, denn er richtete sich in dem, was er tat, nach Jahwe, seinem Gott. 7 Was es sonst noch über Jotam zu berichten gibt, seine Kriege und Unternehmungen, ist in der Chronik der Könige von Israel und Juda nachzulesen. 8 Er war bei Herrschaftsantritt 25 Jahre alt und regierte insgesamt 16 Jahre in Jerusalem. 9 Als Jotam starb, wurde er in der Davidsstadt bestattet. Sein Sohn Ahas trat die Herrschaft an.

König Ahas von Juda

28 1 Im Alter von 20 Jahren wurde Ahas König, und er regierte 16 Jahre in Jerusalem. Anders als sein Vorfahr David richtete er sich nicht nach dem, was Jahwe gefiel, 2 sondern folgte dem schlechten Beispiel der Könige von Israel. Er ließ Gussbilder für die Baale anfertigen 3 und brachte im Ben-Hinnom-Tal Räucheropfer. Er ließ sogar seine eigenen Söhne als Opfer verbrennen, wie es der grauenvollen Gewohnheit der heidnischen Völker entsprach, die Jahwe vor den Israeliten aus dem Land vertrieben hatte. 4 Außerdem

---

27,1 Von 750-740 v.Chr. war Jotam Mitregent neben seinem aussätzigen Vater Usija (in 2. Könige 15,1 ff. Asarja genannt). Allein regierte er bis 735 v.Chr.

27,3 Der *Ofel* war der befestigte Hügel südlich vom Tempelberg zwischen dem Tempel und der Davidsstadt.

brachte er auf den Opferstätten der Höhen, auf den Hügeln und unter jedem grünen Baum Schlacht- und Räucheropfer dar.

5 Da ließ ihn Jahwe, sein Gott, in die Gewalt des Königs von Syrien geraten. Die Syrer besiegten ihn und brachten eine große Anzahl gefangener Judäer nach Damaskus. Er geriet auch in die Gewalt des Königs von Israel, der ihm eine schwere Niederlage beibrachte. 6 Es war Pekach Ben-Remalja, der an einem einzigen Tag 120.000 Mann umbrachte, alles hervorragende Soldaten, weil sie Jahwe, den Gott ihrer Väter, verlassen hatten. 7 Sichri, ein efraïmitischer Held, erschlug den Prinzen Maaseja, den Sohn des Königs, den Palastvorsteher Asrikam und Elkana, den Zweiten nach dem König. 8 Die Männer Israels nahmen aus ihrem Brudervolk 200.000 Frauen und Kinder als Gefangene mit. Außerdem machten sie reiche Beute und brachten sie nach Samaria.

9 Dort lebte ein Prophet namens Oded. Als das Heer nach Samaria heimkam, ging er ihm entgegen und sagte: »Passt auf! Im Zorn über Juda gab Jahwe, der Gott eurer Väter, sie in eure Gewalt. Aber ihr habt sie mit einer Wut umgebracht, dass es zum Himmel schreit. 10 Und nun wollt ihr diese Leute aus Juda und Jerusalem auch noch zu Sklaven und Sklavinnen machen. Habt ihr denn eurem Gott Jahwe gegenüber noch nicht genug Schuld auf euch geladen? 11 Hört jetzt auf mich und schickt die Gefangenen zurück, die ihr aus eurem Brudervolk weggeführt habt, denn ein glühender Zorn Jahwes droht über euch loszubrechen!«

12 Auch einige der führenden Männer aus dem Stamm Efraïm traten dem heimkehrenden Heer entgegen. Es waren Asarja Ben-Johanan, Berechja Ben-Meschillemot, Jehiskija Ben-Schallum und Amasa Ben-Hadlai. 13 Sie sagten: »Lasst die Gefangenen nicht hierher kommen! Denn was ihr vorhabt, wird unsere Sünde und Schuld nur noch vermehren. Dabei ist sie schon groß genug, und es liegt bereits eine Zornesglut über Israel!«

14 Da gaben die Bewaffneten in Gegenwart der Oberen und der ganzen Versammlung die Gefangenen und die Beute frei. 15 Männer, die namentlich dazu bestimmt wurden, nahmen sich der Gefangenen an, von denen manche kaum etwas auf dem Leib trugen. Sie gaben ihnen Kleidung und Schuhe aus der Beute. Dann gaben sie ihnen zu essen und zu trinken. Sie salbten die Schwachen unter ihnen und setzten sie auf Esel. Dann brachten sie die Gefangenen in die Palmenstadt Jericho, in die Nähe ihrer Stammesbrüder. Anschließend kehrten sie nach Samaria zurück.

16 Damals schickte König Ahas eine Botschaft an den Königshof von Assyrien und bat um Hilfe, 17 weil die Edomiter wieder ins Land eingedrungen waren. Sie hatten die Judäer besiegt und Gefangene gemacht. 18 Die Philister fielen in die Städte der Niederung und des Südens von Juda ein. Sie eroberten Bet-Schemesch, Ajalon und

---

28,19 *Israel* ist hier im allgemeinen Sinn gebraucht und nicht auf das Nordreich bezogen.

Gederot, sowie Socho, Timna und Gimso mit den dazugehörigen Ortschaften und setzten sich dort fest. 19 Jahwe ließ das geschehen, weil er Juda wegen König Ahas von Israel* demütigen wollte, denn dieser hatte ihm die Treue gebrochen und Zügellosigkeit in Juda geduldet. 20 Dann zog Tiglat-Pileser, der König von Assyrien, tatsächlich mit einem Heer heran. Doch bedrängte er Ahas, anstatt ihn zu unterstützen. 21 Obwohl dieser das Haus Jahwes, den Königspalast und die Häuser der Oberen geplündert und alles dem König von Assyrien übergeben hatte, bekam er nicht die erwartete Hilfe. 22 Aber selbst in dieser Bedrängnis blieb König Ahas Jahwe ungehorsam, er trieb es sogar noch schlimmer. 23 Er opferte den Göttern von Damaskus, die ihn geschlagen hatten, und sagte: »Diese Götter haben den Königen von Syrien geholfen. Denen will ich opfern, dann werden sie auch mir helfen.« Doch gerade sie waren es, die ihn und ganz Israel zu Fall brachten. 24 Ahas ließ die Gegenstände aus dem Haus Jahwes zusammentragen und zerschlagen. Dann ließ er die Tore von Jahwes Haus schließen und errichtete Altäre an allen Ecken Jerusalems. 25 Außerdem ließ er in allen Städten Judas Opferhöhen errichten, um anderen Göttern Räucheropfer zu bringen. So forderte er Jahwe, den Gott seiner Väter, heraus.

26 Was es sonst noch über ihn zu berichten gibt, seine frühere und spätere Geschichte, ist in der Chronik der Könige von Juda und Israel nachzulesen. 27 Als Ahas starb, wurde er in Jerusalem beigesetzt, innerhalb der Stadt, nicht in der Grabstätte der Könige von Israel. Sein Sohn Hiskija trat die Herrschaft an.

König Hiskija von Juda

29 1 Als Hiskija 25 Jahre alt war, wurde er König* von Juda. Er regierte 29 Jahre lang in Jerusalem. Seine Mutter hieß Abija und war eine Tochter Secharjas. 2 Wie sein Vorfahr David tat Hiskija, was Jahwe gefiel. 3 Noch im ersten Jahr seiner Regierung ließ er die Tore vom Haus Jahwes wieder öffnen und instand setzen. 4 Dann ließ er die Priester und Leviten kommen. Sie sollten sich auf dem Ostplatz versammeln.

5 Er sagte zu ihnen: »Hört zu, ihr Leviten! Heiligt euch jetzt und heiligt auch das Haus Jahwes, des Gottes eurer Väter, und schafft das Abscheuliche aus dem Heiligtum hinaus. 6 Unsere Vorfahren sind Jahwe untreu geworden und taten, was ihm missfiel. Sie haben ihn verlassen und seiner Wohnung den Rücken gekehrt. 7 Dann haben sie die Tore der Vorhalle geschlossen, die Lampen ausgelöscht und dem Gott Israels im Heiligtum kein Räucheropfer und kein Brandopfer mehr gebracht. 8 Darum ist Jahwes Zorn über Juda und Jerusalem gekommen, und er hat sie zum Schreckensbild gemacht, zu einer Stätte des Entsetzens und zum Gespött, wie ihr mit eigenen Augen seht. 9 Deshalb fielen unsere Väter dem

---

29,1 *König.* Das war 715 v.Chr. Seit 729 war er Mitregent gewesen. Als Alleinherrscher regierte er bis 686 v.Chr.

Schwert zum Opfer, und unsere Frauen und Kinder kamen in Gefangenschaft. ¹⁰ Ich habe nun vor, einen Bund mit Jahwe, dem Gott Israels, zu schließen, damit sein glühender Zorn von uns ablässt. ¹¹ Nun los, meine Söhne, verliert keine Zeit! Euch hat Jahwe doch erwählt, dass ihr als seine Diener vor ihm steht und ihm Räucheropfer bringt.«

¹² Da machten sich die Leviten auf. Es waren Mahat Ben-Amasai und Joël Ben-Asarja von den Nachkommen Kehats, Kisch Ben-Abdi und Asarja Ben-Jehallelel von den Nachkommen Meraris, Joach Ben-Simma und Eden Ben-Joach von den Nachkommen Gerschons. ¹³ Von den Nachkommen Elizafans waren es Schimri und Jëiël, von den Nachkommen Asafs: Secharja und Mattanja. ¹⁴ Von den Nachkommen Hemans waren es Jehiël und Schimi, von den Nachkommen Jedutuns: Schemaja und Usiël. ¹⁵ Sie riefen ihre Stammesbrüder zusammen und heiligten sich für ihren Dienst. Dann gingen sie nach der Anordnung des Königs und den Worten Jahwes entsprechend ins Haus Jahwes, um es zu reinigen. ¹⁶ Die Priester betraten das Innere des Hauses und brachten alles Besudelte aus dem Tempel in den Vorhof hinaus, wo es die Leviten in Empfang nahmen, um es ins Kidrontal zu schaffen. ¹⁷ Am 17. März begannen sie mit der Reinigung. Nach einer Woche kamen sie zu der Vorhalle Jahwes. Während der folgenden acht Tage reinigten sie das Haus Jahwes, und am 1. April* waren sie fertig. ¹⁸ Dann gingen sie zum König Hiskija und meldeten: »Wir haben das Haus Jahwes gereinigt, auch den Brandopferaltar und den Tisch für die geweihten Brote und alle dazugehörigen Gegenstände. ¹⁹ Wir haben auch all die anderen Gegenstände wieder hergerichtet und geweiht, die König Ahas während seiner Herrschaft entweiht hatte, als er Jahwe untreu wurde. Sie stehen am Altar Jahwes bereit.«

²⁰ Am nächsten Morgen rief Hiskija die führenden Männer der Stadt zu sich und ging mit ihnen zum Haus Jahwes hinauf. ²¹ Man führte sieben Stiere, sieben Schafböcke, sieben Lämmer und sieben Ziegenböcke als Sündopfer für das Königshaus, das Heiligtum und für Juda mit. Der König befahl den Priestern, den Nachkommen Aarons, sie auf dem Altar Jahwes zu opfern. ²² Man schlachtete die Rinder; die Priester nahmen das Blut in Empfang und sprengten es an den Altar. Ebenso taten sie es bei den Schafböcken und den Lämmern. ²³ Dann brachten sie die Ziegenböcke für das Sündopfer vor den König und die Versammlung. Diese legten ihre Hände auf die Opfertiere. ²⁴ Dann schlachteten die Priester die Böcke und sprengten ihr Blut als Sündopfer an den Altar, um für ganz Israel Sühne zu erwirken, denn der König hatte das Brand- und das Sündopfer für ganz Israel angeordnet. ²⁵ Er hatte auch die Leviten mit Zimbeln, Harfen und Lauten wieder im Haus Jahwes eingesetzt. So war es von König David angeordnet worden nach dem Befehl Jahwes, der ihm durch seinen Seher

---

29,17 *17. März ... 1. April.* Wörtlich: Am 1. des 1. Monats ... am 16. des 1. Monats.

Gad und den Propheten Natan übermittelt worden war. 26 Die Leviten standen also mit den Instrumenten Davids bereit und die Priester mit den Trompeten. 27 Als Hiskija befahl, das Brandopfer auf dem Altar zu opfern, begann der Gesang für Jahwe unter Begleitung der Instrumente des Königs David und der Trompeten. 28 Die ganze Versammlung warf sich nieder, während der Gesang ertönte und die Trompeten schmetterten. Das Ganze dauerte bis zum Abschluss des Opfers. 29 Nach der Opferung knieten sich der König und alle, die bei ihm waren, nieder und beteten an. 30 Dann forderte König Hiskija mit den Oberen die Leviten auf, Jahwe mit den Worten Davids und des Sehers Asaf Loblieder zu singen. Sie taten das mit Freude. Dann verneigten sie sich und beteten an.

31 Hiskija sagte zu den Versammelten: »Nun habt ihr euch Jahwe geweiht. Kommt jetzt und bringt eure Schlacht- und Freudenopfer zum Haus Jahwes!« Die Versammelten brachten ihre Opfer herbei, und manche gaben freiwillig noch Brandopfer hinzu. 32 Auf diese Weise kamen 70 Rinder, 100 Schafböcke und 200 Schafe als Brandopfer für Jahwe zusammen. 33 Die Weihgaben beliefen sich auf 600 Rinder und 3000 Schafe. 34 Es waren aber zu wenig Priester da, um alle Brandopfer enthäuten zu können. Deshalb wurden sie von ihren Stammesbrüdern, den Leviten, unterstützt, bis die Arbeit geschafft war und sich genügend Priester geheiligt hatten. Die Leviten hatten sich nämlich eifriger um ihre Heiligung bemüht als die Priester. 35 Außerdem war die Zahl der Brandopfer und die dazu gehörenden Trankopfer, die neben den Fettstücken der Freudenopfer dargebracht werden mussten, sehr hoch.

So wurde der Dienst im Haus Jahwes wiederhergestellt. 36 Hiskija und das ganze Volk freuten sich über das, was Gott ihnen auf diese Weise geschenkt hatte; denn die Sache war sehr rasch vor sich gegangen.

Die Feier des Passa

30 1 Hiskija schickte Boten mit Briefen durch ganz Israel und Juda, auch an die Stämme Efraïm und Manasse. Er lud sie ein, zum Haus Jahwes nach Jerusalem zu kommen, um Jahwe, dem Gott Israels, das Passafest* zu feiern. 2 Der König hatte sich mit den verantwortlichen Männern und der ganzen Versammlung in Jerusalem beraten, ob sie das Passa nicht im zweiten Monat feiern sollten, 3 denn sie konnten es nicht rechtzeitig tun, weil sich nicht genügend Priester geheiligt hatten und das Volk noch nicht nach Jerusalem gekommen war. 4 Der Plan gefiel dem König und der ganzen Versammlung. 5 So fassten sie also den Beschluss, durch ganz Israel von Dan bis Beerscheba* einen Aufruf ergehen zu lassen, um Jahwe, dem Gott Israels, das Passa in Jerusalem zu feiern. Denn sie hatten es lange Zeit nicht vollzählig gefeiert, wie es vorgeschrieben war.

30,1 *Passa.* Siehe 2. Mose 12-13.

30,5 *Dan bis Beerscheba.* Das meint vom nördlichsten bis zum südlichsten Ort in Israel.

6 So zogen die Eilboten mit den Briefen des Königs und seiner führenden Männer durch ganz Israel und Juda. Wie der König es ihnen aufgetragen hatte, riefen sie aus: »Ihr Leute von Israel, kehrt um zu Jahwe, dem Gott Abrahams, Isaaks und Israels! Dann wird er sich auch euch zuwenden, den Übriggebliebenen, die dem Zugriff der Könige von Assyrien entkommen sind. 7 Seid nicht wie eure Väter und Brüder, die Jahwe, dem Gott eurer Vorfahren, untreu geworden sind, sodass er sie zu einem Bild des Entsetzens machte, wie ihr seht. 8 Seid nicht so stur wie eure Väter! Reicht Jahwe die Hand und kommt zu seinem Heiligtum, das er für alle Zeiten geheiligt hat, und dient Jahwe, eurem Gott, damit er die Glut seines Zorns von euch abwendet. 9 Wenn ihr zu Jahwe umkehrt, werden auch eure Brüder und Kinder Erbarmen finden bei denen, die sie verschleppt haben, und sie werden in euer Land zurückkehren. Denn Jahwe, euer Gott, ist gütig und barmherzig und wird sich nicht von euch abwenden, wenn ihr zu ihm umkehrt.«

10 Die Eilboten zogen von Stadt zu Stadt durch das Gebiet von Efraïm und Manasse bis nach Sebulon*. Doch man lachte sie aus und verspottete sie. 11 Nur einige Männer aus den Stämmen Ascher*, Manasse und Sebulon demütigten sich und kamen nach Jerusalem. 12 In Juda bewirkte Gott, dass alle einmütig dem Aufruf des Königs und der Oberen folgten, den diese nach dem Gebot Jahwes erlassen hatten. 13 So versammelte sich eine große Menge Menschen in Jerusalem, um das Fest der ungesäuerten Brote* im zweiten Monat zu feiern. Es war eine ungewöhnlich große Versammlung. 14 Zuerst beseitigten sie alle Altäre und Räucheraltäre, die in Jerusalem standen, und warfen sie ins Kidrontal.

15 Am 14. Tag des zweiten Monats schlachteten sie die Lämmer für das Passa. Die Priester und Leviten hatten sich geschämt und sich diesmal geheiligt und Brandopfer in das Haus Jahwes gebracht. 16 Sie standen jetzt auf ihrem Posten, wie es das Gesetz Moses, des Mannes Gottes, vorschreibt, und sprengten das Blut, das sie von den Leviten erhielten, an den Altar.

17 Weil viele in der Versammlung sich nicht geheiligt hatten, schlachteten die Leviten die Passalämmer für alle, die nicht rein waren, damit die Lämmer Jahwe geweiht werden konnten. 18 Denn ein großer Teil des Volkes, viele aus Efraïm und Manasse, Issachar und Sebulon hatten sich nicht gereinigt und aßen das Passamahl nicht so, wie es vorgeschrieben war. Darum betete Hiskija für sie: »Jahwe, du gütiger Gott! Vergib jedem, 19 der dich, den Gott seiner Väter, von ganzem Herzen sucht, auch wenn er selbst nicht der Reinheit des Heiligtums entspricht.« 20 Jahwe erhörte Hiskija und ließ das Volk gesund bleiben.

30,10 *Sebulon*. Der Stamm bewohnte einen Teil Galiläas und der Jesreel-Ebene.

30,11 *Ascher* war der Nachbarstamm Sebulons zum Mittelmeer hin. Er bewohnte etwa das Gebiet zwischen Tyrus und Acco.

30,13 Das *Fest der ungesäuerten Brote* folgte unmittelbar auf das Passafest und dauerte eine Woche.

21 Die in Jerusalem versammelten Israeliten feierten sieben Tage lang voller Freude das Fest der ungesäuerten Brote. Tag für Tag sangen die Priester und Leviten für Jahwe, begleitet von den Instrumenten, die zum Lob Jahwes bestimmt waren. 22 Hiskija bedankte sich herzlich bei den Leviten, die so großes Verständnis für Jahwe bewiesen hatten. Als dann die sieben Tage des Festes zu Ende waren, an denen sie Freudenopfer brachten und Jahwe, den Gott ihrer Väter, priesen, 23 beschloss die ganze Versammlung, noch weitere sieben Tage zu feiern. Auch diese Woche machten sie zu einem Freudenfest. 24 König Hiskija von Juda hatte der Versammlung dazu 1000 junge Stiere und 7000 Schafe gespendet. Auch die Oberen hatten 1000 junge Stiere und 10.000 Schafe gegeben. Von den Priestern hatten sich sehr viele geheiligt. 25 So freute sich die ganze Versammlung: das Volk von Juda, die Priester und Leviten und alle, die aus den Stämmen Israels gekommen waren, sowie die Fremden, die von dort mitgekommen waren oder in Juda wohnten. 26 In ganz Jerusalem herrschte große Freude, denn seit der Zeit von König Salomo Ben-David hatte es so etwas in Jerusalem nicht mehr gegeben. 27 Dann erhoben sich die Priester, die Nachkommen Levis, und segneten das Volk. Ihr Rufen wurde erhört, ihr Gebet drang bis in Gottes heilige Wohnung im Himmel.

31 1 Nachdem alle Festlichkeiten zu Ende waren, zogen die versammelten Israeliten in die anderen Städte Judas und zertrümmerten die Steinmale, hieben die geweihten Pfähle um und zerstörten die Opferhöhen und Altäre. Sie ruhten nicht eher, bis sie ihr Werk in ganz Juda und Benjamin, Efraïm und Manasse vollendet hatten. Dann erst kehrten alle Israeliten nach Hause zurück.

Neuordnung des Tempeldienstes

2 Hiskija stellte die Abteilungen der Priester und Leviten nach ihren Dienstgruppen auf. Er wies sie in ihre Dienste bei den Brand- und Freudenopfern ein, ebenso beim Lobpreis in den Toren der Wohnstätten Jahwes. 3 Der Beitrag, den der König aus seinem Vermögen für die Brandopfer gab, betraf die Opfer am Morgen und Abend, sowie die Brandopfer an den Sabbaten, den Neumondstagen und den Festen, die durch das Gesetz Jahwes vorgeschrieben waren. 4 Dann befahl er den Einwohnern Jerusalems, die Abgaben zu bringen, die den Priestern und Leviten zustanden, damit diese sich den im Gesetz Jahwes vorgeschriebenen Aufgaben widmen könnten. 5 Sobald dieser Befehl bekannt wurde, brachten die Israeliten in großen Mengen die Ersterträge von Getreide, Most, Öl, Honig und allen Feldfrüchten, dazu den vorgeschriebenen zehnten Teil von allen Erträgen. 6 Auch die Bewohner der anderen Städte Judas und die Israeliten, die sich bei ihnen niedergelassen hatten, brachten den zehnten Teil der Rinder, des Kleinviehs und der Gaben, die sie Jahwe, ihrem Gott, geweiht hatten. Sie reihten Stapel neben Stapel. 7 Im dritten Monat begannen sie damit, die unterste Schicht zu legen, und im siebten

Monat waren sie damit fertig. *8* Als Hiskija und die Oberen kamen und die aufgeschichteten Mengen sahen, priesen sie Jahwe und lobten sein Volk Israel. *9* Hiskija fragte die Priester und Leviten nach den Stapeln. *10* Der Oberpriester Asarja aus dem Haus Zadoks erwiderte ihm: »Seit man begonnen hat, die Abgaben in das Haus Jahwes zu bringen, haben wir gut und reichlich zu essen gehabt und noch viele Vorräte übrig. Jahwe hat sein Volk so reich gesegnet, dass wir diese Mengen hier übrig haben.«

11 Hiskija befahl deshalb, im Haus Jahwes Vorratskammern einzurichten. Als das geschehen war, *12* lagerten sie die Abgaben, den Zehnten und die geweihten Gaben sorgfältig dort ein. Als Oberaufseher darüber wurde der Levit Konanja bestimmt mit seinem Bruder Schimi als Stellvertreter. *13* Auf Anweisung von König Hiskija und dem Oberpriester Asarja unterstanden Konanja und seinem Bruder Schimi die Leviten Jehiël, Asasja, Nahat, Asaël, Jerimot, Josabad, Eliël, Jismachja, Mahat und Benaja. *14* Der Levit Kore Ben-Jimna, Torwächter des Osttors, hatte die Aufsicht über die freiwilligen Gaben für Gott, damit die für Jahwe bestimmten Abgaben und das Höchstheilige den Priestern zukamen. *15* Unter seiner Leitung standen Eden, Minjamin, Jeschua, Schemaja, Amarja und Schechanja, die in den Priesterstädten wirkten. Sie sorgten dafür, dass ihre Amtsbrüder in den verschiedenen Dienstgruppen *ihre Anteile* zuverlässig erhielten, egal wie alt sie waren. *16* Außerdem hatte man Verzeichnisse angelegt, in denen die männlichen

Personen von drei Jahren an erfasst waren. Das betraf alle Priester, die in Dienstgruppen turnusmäßig ins Haus Jahwes kamen, um dort die täglichen Aufgaben zu erfüllen, wie es ihren jeweiligen Stellungen entsprach. *17* Die Priester wurden nach Sippen geordnet aufgeführt, die übrigen Leviten, die älter als zwanzig Jahre waren, nach ihren Dienstgruppen und Aufgaben. *18* Für die Registrierung wurden sie mit all ihren kleinen Kindern, ihren Frauen, Söhnen und Töchtern erfasst, denn sie hatten sich gewissenhaft für den gottgeweihten Dienst geheiligt. *19* Auch für die Nachkommen Aarons, die in den Weidegebieten ihrer Städte wohnten, war gesorgt. Für diese Priester waren in jeder Stadt Männer benannt worden, die allen männlichen Angehörigen der Priesterfamilien ihre Anteile zu geben hatten, auch allen eingeschriebenen Leviten.

20 So verfuhr Hiskija in ganz Juda. Er tat, was vor Jahwe, seinem Gott, recht und gut war, und bewies damit seine Treue. *21* Bei allem, was er tat im Dienst für das Haus Gottes und die Gebote betreffend, hatte er Gelingen, weil er seinem Gott gehorchen wollte.

Assyrer vor Jerusalem

32 *1* Nach diesen Maßnahmen und Treuebeweisen Hiskijas rückte Sanherib, der König von Assyrien, an. Er fiel in Juda ein und belagerte die befestigten Städte. Er wollte sie in seine Gewalt bringen. *2* Als Hiskija erkannte, dass Sanherib es vor allem auf Jerusalem abgesehen hatte, *3* beriet er sich mit seinen Ministern und Heerführern. Er schlug vor, alle

Wasserquellen außerhalb der Stadt unzugänglich zu machen. Sie unterstützten sein Vorhaben *4* und sagten: »Warum sollen die Könige von Assyrien viel Wasser finden, wenn sie kommen?« Sie holten viele Leute zusammen und verstopften alle Quellen, auch den Zugang zu dem unterirdischen Kanal. *5* Hiskija ging auch entschlossen daran, die Stadtmauer wieder instand zu setzen, die Risse bekommen hatte, und ihre Türme zu erhöhen; ebenso die andere Mauer draußen. Außerdem befestigte er den Stadtwall der Davidsstadt und ließ eine Menge Wurfgeschosse und Schilde anfertigen. *6* Er setzte Hauptleute über das Volk ein und bestellte alle zu sich auf den Platz am Stadttor, um ihnen Mut zu machen. Er sagte: *7* »Seid mutig und entschlossen! Habt keine Angst und erschreckt nicht vor dem König von Assyrien und der ganzen lärmenden Menge, die bei ihm ist, denn mit uns ist ein Größerer als mit ihm. *8* Mit ihm ist eine menschliche Macht, doch mit uns ist Jahwe, unser Gott, um uns zu helfen und unseren Krieg zu führen.« Das Volk vertraute auf die Worte Hiskijas, des Königs von Juda.

9 Unterdessen schickte König Sanherib von Assyrien seine Boten nach Jerusalem, während er und seine ganze Streitmacht noch vor Lachisch lag. Sie sollten König Hiskija von Juda und allen Judäern in Jerusalem ausrichten: *10* »König Sanherib von Assyrien lässt euch sagen: Worauf vertraut ihr eigentlich, dass ihr es in einer belagerten Stadt Jerusalem aushalten wollt? *11* Hiskija führt euch in den Tod, wenn er sagt: ›Jahwe, unser Gott, wird uns aus der Gewalt des Königs von Assyrien retten.‹ Verhungern und verdursten werdet ihr! *12* War es nicht gerade Hiskija, der dessen Höhenheiligtümer und Altäre beseitigt und den Leuten in Juda und Jerusalem befohlen hat, nur noch vor dem einen Altar anzubeten und Räucheropfer zu bringen? *13* Wisst ihr nicht, was ich und meine Vorgänger mit den anderen Völkern in ihren Ländern gemacht haben? Haben denn die Götter der anderen Völker ihr Land vor mir retten können? *14* Gibt es einen einzigen Gott von diesen Völkern, die durch meine Väter vernichtet wurden, der sein Volk aus unserer Gewalt befreien konnte? Und da soll ausgerechnet euer Gott euch vor mir retten können? *15* Lasst euch nicht von Hiskija täuschen! Lasst euch doch nicht so in die Irre führen! Glaubt ihm nicht! Kein Gott irgendeines Landes oder Königreichs konnte sein Volk vor meinen Vätern retten. Und euer Gott kann das schon gar nicht!«

16 In dieser Weise redeten die Boten Sanheribs weiter gegen Jahwe und dessen Diener Hiskija. *17* Sanherib hatte auch einen Brief geschickt, in dem er Jahwe, den Gott Israels, verhöhnte. Er schrieb darin: »Genauso wenig, wie die Götter der Länder ihr Volk vor mir gerettet haben, wird der Gott Hiskijas sein Volk vor mir retten können.«

18 Den Einwohnern von Jerusalem, die auf der Mauer standen, riefen die Boten das auch laut auf judäisch zu. Sie wollten ihnen damit Angst einjagen und sie einschüchtern, um die Stadt erobern zu können. *19* Dabei redeten sie von dem

Gott Jerusalems so, wie von den Göttern der anderen Völker, die doch Machwerke von Menschen sind. 20 König Hiskija und der Prophet Jesaja beteten deswegen, ja, sie schrien zum Himmel um Hilfe.

21 Da schickte Jahwe einen Engel, der jeden Wehrtüchtigen, jeden Offizier und Befehlshaber im Lager des assyrischen Königs tötete. So musste dieser mit Schimpf und Schande in sein Land zurückkehren. Und als er in das Haus seines Gottes ging, erschlugen ihn dort seine eigenen Söhne mit dem Schwert. 22 So befreite Jahwe Hiskija und die Einwohner Jerusalems aus der Gewalt Sanheribs, des Königs von Assyrien, und von allen ihren Feinden. Er schenkte ihnen Ruhe an allen Grenzen. 23 Viele Menschen brachten Gaben für Jahwe nach Jerusalem und kostbare Geschenke für König Hiskija von Juda, denn er war seitdem bei allen Völkern hoch angesehen.

Hiskijas letzte Regierungsjahre

24 In dieser Zeit wurde Hiskija todkrank. Da betete er zu Jahwe, und dieser erhörte ihn und bestätigte ihm das durch ein Wunderzeichen.* 25 Aber Hiskija wurde hochmütig und dankte ihm die erwiesene Wohltat nicht. Deshalb kam Gottes Zorn über ihn und auch über Juda und Jerusalem. 26 Da demütigte sich Hiskija wegen seines Hochmuts, er und die Bewohner Jerusalems ebenso. Darum kam der Zorn Jahwes nicht schon zu Lebzeiten Hiskijas über sie.

27 Hiskija war sehr vermögend und genoss überall hohes Ansehen. Er legte sich Schatzkammern an für sein Gold und Silber, die Edelsteine, Balsamöle, Schilde und alle möglichen kostbaren Gegenstände. 28 Er ließ auch Vorratshäuser für Getreide, Wein und Olivenöl bauen und Ställe für das Vieh, das er in großer Zahl hielt. 29 Er legte sich neue Städte an und vermehrte seinen Besitz an Schafen und Rindern. Gott gab ihm sehr viel Reichtum.

30 Hiskija war es auch, der die Gihon-Quelle außerhalb der Stadt unkenntlich machen und das Wasser unterirdisch in westlicher Richtung in die Davidsstadt leiten ließ. Hiskija gelang alles, was er sich vornahm. 31 So ging auch die Sache gut aus, als die Fürsten von Babylon Gesandte zu ihm schickten, um nach dem Wunderzeichen zu fragen, das im Land geschehen war. Damals überließ Gott ihn sich selbst, um seinen Charakter auf die Probe zu stellen.

32 Was es sonst noch über Hiskija und seine Treue zu berichten gibt, ist nachzulesen in der Niederschrift der Offenbarung des Propheten Jesaja Ben-Amoz und in der Chronik der Könige von Juda und Israel. 33 Als Hiskija starb, begrub man ihn beim Aufgang zu den Gräbern der Nachkommen Davids. Ganz Juda und die Bewohner Jerusalems erwiesen ihm Ehre bei seinem Tod. Sein Sohn Manasse trat die Herrschaft an.

32,24 *todkrank ... Wunderzeichen.* Diese Geschehnisse fanden etwa ein Jahr vor dem Feldzug Sanheribs statt, wie Jesaja 38,6 zeigt (siehe Fußnote zu Jesaja 38,1).

König Manasse von Juda

33 *1* Manasse war bei Herrschaftsantritt 12 Jahre alt und regierte 55 Jahre lang in Jerusalem. *2* Er tat, was Jahwe verabscheute, und übernahm die schrecklichen Bräuche der Völker, die Jahwe vor den Israeliten vertrieben hatte. *3* Er baute die Höhenheiligtümer wieder auf, die sein Vater Hiskija zerstört hatte, er ließ Altäre für Baal und Pfähle für die Aschera aufstellen. Er warf sich vor dem Heer der Sterne am Himmel nieder, brachte ihm Opfer *4* und stellte ihm Altäre im Haus Jahwes auf, das dieser doch zur Wohnstätte seines Namens bestimmt hatte. *5* In beiden Vorhöfen des Tempels errichtete er Altäre zur Verehrung der Sterne. *6* Seine eigenen Söhne ließ er im Ben-Hinnom-Tal als Opfer verbrennen. Er gab sich mit Zauberei, Zeichendeutung und Wahrsagerei ab, ließ sich mit Toten- und mit Orakelgeistern ein.* So tat er vieles, was Jahwe verabscheute, und forderte seinen Zorn heraus. *7* Er ließ auch ein Götzenbild anfertigen und im Haus Gottes aufstellen, von dem Gott doch zu David und seinem Sohn Salomo gesagt hatte: »In diesem Haus und in Jerusalem, das ich mir aus allen Stämmen Israels ausgesucht habe, soll mein Name für immer wohnen. *8* Ich will Israel nicht mehr von dem Boden entfernen, den ich euren Vorfahren gegeben habe, wenn sie mir nur gehorchen und die Gebote und Vorschriften meines Gesetzes befolgen, das mein Diener Mose ihnen verordnet hat.« *9* Aber Manasse verführte sie, mehr Böses zu tun als die Völker, die Jahwe vor den Israeliten beseitigt hatte. *10* Jahwe warnte Manasse und sein Volk, doch sie achteten nicht darauf.

11 Da ließ Jahwe die Heerführer des Königs von Assyrien gegen sie anrücken. Sie fingen Manasse mit Widerhaken, fesselten ihn mit Bronzeketten und brachten ihn nach Babylon. *12* In dieser Notlage wandte er sich an Jahwe, den Gott seiner Väter. Er flehte ihn an und demütigte sich tief vor ihm. *13* Als er so zu ihm betete, ließ Gott sich von ihm erbitten und erhörte sein Gebet. Er ließ ihn nach Jerusalem zurückkehren und weiter als König regieren. So erkannte Manasse, dass Jahwe Gott ist.

14 Nach seiner Rückkehr ließ er eine sehr hohe Mauer außen an der Davidsstadt errichten. Sie lief im Tal an der Gihon-Quelle vorbei bis zum Fischtor und umschloss den Ofel. In allen befestigten Städten Judas setzte er Kommandanten ein. *15* Er entfernte auch die fremden Götter und das Götzenbild aus dem Haus Jahwes, ebenso die Altäre, die er auf dem Tempelberg und in Jerusalem gebaut hatte, und ließ alles vor die Stadt werfen. *16* Den Altar Jahwes stellte er dagegen wieder her und brachte Schlacht- und Freudenopfer auf ihm dar. Auch verpflichtete er die Judäer, nur noch Jahwe, dem Gott Israels, zu dienen. *17* Das Volk allerdings opferte auch noch auf den Opferhöhen, jedoch nur Jahwe, seinem Gott.

33,6 mit Toten- und mit Orakelgeistern ein. Damit verstieß Manasse ausdrücklich gegen das Verbot dieser Dinge in 5. Mose 18,10.

18 Was es sonst noch über Manasse zu berichten gibt, über sein Gebet zu seinem Gott und über die Worte der Seher, die im Namen Jahwes zu ihm gesprochen hatten, ist nachzulesen in der Chronik der Könige von Israel. *19* Sein Gebet und dessen Erhörung, alle seine Sünden und Treulosigkeiten, die Orte, an denen er Opferhöhen gebaut, Aschera-Pfähle und Götzenbilder aufgestellt hatte, bevor er sich demütigte, all das findet sich in der Chronik der Seher. *20* Als Manasse starb, wurde er bei seinem Palast bestattet, und sein Sohn Amon trat die Herrschaft an.

König Amon von Juda

21 Amon war bei Herrschaftsantritt 22 Jahre alt und regierte zwei Jahre lang in Jerusalem. *22* Wie sein Vater Manasse tat er, was Jahwe missfiel. Amon brachte allen Götterbildern, die sein Vater Manasse gemacht hatte, Opfer und verehrte sie. *23* Im Gegensatz zu seinem Vater Manasse demütigte Amon sich aber nicht vor Jahwe, sondern vermehrte noch die Schuld. *24* Da verschworen sich einige seiner Hofbeamten gegen ihn und töteten ihn in seinem Palast. *25* Doch die Bürger des Landes erschlugen alle, die sich gegen König Amon verschworen hatten, und riefen seinen Sohn Joschija zum König aus.

König Joschija von Juda räumt mit dem Götzendienst auf

34 *1* Joschija war bei Herrschaftsantritt acht Jahre alt und regierte 31 Jahre lang in Jerusalem.* *2* Er tat, was Jahwe gefiel, und folgte damit dem Vorbild seines Vorfahren David. Er ließ sich durch nichts davon abbringen. *3* In seinem achten Regierungsjahr*, als er noch sehr jung war, fing er an, den Gott seines Vorvaters David zu suchen. Und im zwölften Jahr* fing er an, Juda und Jerusalem von den Opferhöhen, den Aschera-Pfählen, den geschnitzten und gegossenen Götzenbildern zu reinigen. *4* Vor seinen Augen riss man die Altäre des Baal nieder. Er ließ die darauf angebrachten Räuchersäulen zerschlagen, die Aschera-Pfähle zerstören, die Schnitz- und Gussbilder zermalmen und den Staub auf die Gräber derer streuen, die ihnen geopfert hatten. *5* Die Gebeine der Götzenpriester ließ er auf ihren eigenen Altären verbrennen. So reinigte er Juda und Jerusalem vom Götzenkult. *6* Auch in den Städten von Manasse, Efraïm und Simeon, ja, bis nach Naftali und selbst in ihren Trümmerstätten *7* ließ er die Altäre niederreißen. Er ließ in ganz Israel die Aschera-Pfähle umhauen, die Götzenbilder in Stücke schlagen und die Räucheraltäre zertrümmern. Dann kehrte er nach Jerusalem zurück.

8 In seinem 18. Regierungsjahr*, noch während er das Land und den Tempel reinigte, beauftragte er den Staatsschreiber Schafan Ben-Azalja, den Stadtobersten Maaseja und den Sprecher des Königs Joach Ben-Joahas, das Haus Jahwes, seines Gottes, auszubessern. *9* Sie kamen zum Hohen

---

34,1 *31 Jahre.* 640-609 v.Chr.

34,3 *achtes Regierungsjahr* = 632 v.Chr.
zwölftes Regierungsjahr = 628 v.Chr.

Priester Hilkija und übergaben ihm das Geld, das ins Gotteshaus gebracht worden war. Die Leviten hatten es von den Leuten aus Manasse, Efraïm und dem ganzen Rest Israels sowie von Juda, Benjamin und den Einwohnern Jerusalems eingesammelt. *10* Sie händigten es den Meistern aus, denen die Ausbesserungsarbeiten am Haus Jahwes anvertraut waren. *11* Diese zahlten davon den Lohn für die Handwerker und Bauarbeiter und kauften behauene Steine und Holz für die Dachbinder, um die Gebäudeteile, welche die Könige von Juda hatten verfallen lassen, mit neuen Balken zu versehen. *12* Die Männer arbeiteten sehr gewissenhaft. Die Leviten Jahat und Obadja von den Nachkommen Meraris sowie Secharja und Meschullam von den Nachkommen Kehats führten die Aufsicht. Die Leviten, die sich mit Musikinstrumenten auskannten, *13* leiteten die Lastträger an und hatten die Aufsicht über alle Arbeiter der verschiedenen Dienstleistungen. Einzelne Leviten waren Schreiber, Listenführer und Torwächter.

14 Als sie das Geld holten, das im Haus Jahwes eingegangen war, fand der Priester Hilkija die Schriftrolle mit dem Gesetz*, das Jahwe durch Mose gegeben hatte. *15* Da sagte Hilkija zu Schafan, dem Staatsschreiber: »Ich habe die Schriftrolle mit dem Gesetz im Haus Jahwes gefunden!« und gab sie ihm. *16* Schafan brachte sie dem König und meldete: »Deine Leute tun alles, was ihnen aufgetragen ist. *17* Sie haben das Geld, das sich im Haus Jahwes vorfand, gezählt und es den Verantwortlichen und den Bauleuten ausgehändigt.« *18* Dann sagte er dem König noch, dass der Priester Hilkija ihm eine Buchrolle übergeben hatte, und las ihm daraus vor.

19 Als der König hörte, was in dem Gesetz stand, riss er seine Gewänder ein *20* und befahl Hilkija, Ahikam Ben-Schafan und Abdon Ben-Micha, dem Staatsschreiber Schafan und dem königlichen Vertrauten Asaja: *21* »Geht und fragt Jahwe um Rat wegen der Worte in dieser gefundenen Schriftrolle. Fragt ihn für mich und für alle, die in Israel und Juda übrig geblieben sind. Denn Jahwe hat seinen ganzen Zorn über uns kommen lassen, weil unsere Vorfahren nicht auf das Wort Jahwes gehört und sich nicht nach dem gerichtet haben, was in dieser Schriftrolle steht.«

22 Da ging Hilkija mit den anderen, die der König bestimmt hatte, zur Prophetin Hulda und sagte ihr das alles. Die Prophetin war die Frau von Schallum Ben-Tokhat, dem Enkel Hasras, der die Aufsicht über die Kleiderkammer hatte. Sie wohnte in der Neustadt von Jerusalem. *23* Sie sagte ihnen: »So spricht Jahwe, der Gott Israels: Sagt dem Mann, der euch zu mir geschickt hat: *24* ›So spricht Jahwe: Ja, ich werde Unheil über diesen Ort und seine Bewohner bringen. Alle Flüche, die in dem Buch stehen, das man dem König von Juda vorgelesen hat, werden in Erfüllung gehen! *25* Weil sie mich verlassen haben und anderen Göttern Räucheropfer brachten, weil

---

34,8 *18. Regierungsjahr* = 622 v.Chr.

34,14 *Gesetz.* Hier ist wohl das ganze 5. Buch Mose gemeint, das sich als geschlossenes Bundesgesetz darstellt.

sie mich mit ihren Machwerken reizten, wird sich mein glühender Zorn über diesen Ort ergießen, und er wird nicht erlöschen!‹ 26 Aber für den König von Juda, der euch zu mir geschickt hat, um Jahwe zu befragen, habe ich folgende Botschaft: ›So spricht Jahwe, der Gott Israels: Durch die Worte, die du gehört hast, 27 wurde dein Herz weich. Du hast dich vor Gott gedemütigt, als du seine Drohungen gegen diesen Ort und seine Bewohner gehört hast. Ja, du hast dich vor mir gedemütigt, deine Gewänder eingerissen und vor mir geweint. Darum habe ich auch auf dich gehört, spricht Jahwe. 28 Du wirst in Frieden sterben und all das Unglück, das ich über diesen Ort und seine Bewohner kommen lasse, nicht mit ansehen müssen.‹« Die Abgesandten brachten dem König die Antwort.

Die Erneuerung des Bundes

29 Darauf ließ der König alle Ältesten von Juda und Jerusalem zu sich rufen. 30 Mit allen Männern von Juda, den Einwohnern von Jerusalem, den Priestern und Leviten und allem Volk, vom Vornehmsten bis zum Einfachsten, ging er zum Haus Jahwes hinauf. Er ließ ihnen das ganze Bundesbuch vorlesen, das im Haus Jahwes gefunden worden war. 31 Dann trat der König auf sein Podest und schloss den Bund vor Jahwe, dass man ihm nachfolgen wolle, seine Gebote, Mahnungen und Ordnungen mit ganzem Herzen und ganzer Kraft befolgen und alles genau tun wolle, was in dem Buch geschrieben steht. 32 Er ließ alle Anwesenden aus Jerusalem und dem

Gebiet von Benjamin dem Bund beitreten. Die Einwohner Jerusalems hielten sich auch an den Bund Gottes, des Gottes ihrer Vorfahren. 33 Joschija ließ nun auch in allen übrigen Gebieten Israels all die abscheulichen Götzen entfernen und hielt alle, die dort wohnten, dazu an, Jahwe, ihrem Gott, zu dienen. Und solange Joschija lebte, folgten sie Jahwe, dem Gott ihrer Väter.

Joschijas Passafest

35 1 Joschija feierte in Jerusalem ein Passafest zur Ehre Jahwes. Am 14. Tag des ersten Monats wurden die Lämmer geschlachtet. 2 Er stellte die Priester an ihre Aufgaben und ermutigte sie zum Dienst im Haus Jahwes. 3 Den Leviten, die ganz Israel unterrichteten und Jahwe geweiht waren, sagte er: »Stellt die heilige Lade in das Haus, das Salomo Ben-David, der König von Israel, gebaut hat. Ihr müsst sie nicht mehr auf den Schultern tragen.* Dient nun Jahwe, eurem Gott, und seinem Volk Israel. 4 Macht euch in den Ordnungen eurer Sippen und Dienstgruppen bereit, so wie es König David von Israel und sein Sohn Salomo vorgeschrieben haben! 5 Steht im Heiligtum mit je einer Gruppe von Leviten für jede Sippe eurer Brüder bereit! 6 Heiligt euch, schlachtet die Lämmer

---

35,3 Die Bundeslade war bereits bei der Einweihung des Tempels ins Höchstheilige gebracht worden (siehe 2. Chronik 5,7). Dass sie sich jetzt außerhalb des Tempels befand mag daran liegen, dass sie entfernt worden war, sei es durch abgöttische Könige, sei es wegen der Tempelreparatur.

und bereitet sie für eure Brüder so zu, wie Jahwe es durch Mose befohlen hat!«

7 Joschija spendete aus dem königlichen Besitz für das versammelte Volk 30.000 Schaf- und Ziegenböckchen zum Passaopfer und 3000 Rinder. 8 Auch seine hohen Beamten spendeten freiwillig für das Volk, die Priester und Leviten. Die drei führenden Priester im Haus Gottes, Hilkija, Secharja und Jehiël, spendeten der Priesterschaft 2600 Passalämmer und 300 Rinder. 9 Ebenso machten es die Führer der Leviten, Konanja mit seinen beiden Brüdern Schemaja und Netanel, sowie Haschabja, Jëiël und Josabad. Sie spendeten 5000 Lämmer für das Passaopfer und 500 Rinder. 10 Als man so zum Dienst gerüstet war, traten die Priester an ihren Platz, und die Leviten stellten sich in ihren Dienstgruppen auf, wie es der König befohlen hatte. 11 Dann wurden die Passalämmer geschlachtet. Die Priester nahmen das Blut von den Leviten entgegen und sprengten es an den Altar, während diese den Tieren die Haut abzogen. 12 Die zum Brandopfer bestimmten Stücke legten sie beiseite, um diese den Familiengruppen zu geben, damit sie Jahwe die Stücke bringen konnten, wie es in Moses Gesetzbuch vorgeschrieben ist. Ebenso machte man es mit den Rindern. 13 Dann wurden die Passalämmer am Feuer gebraten, wie es vorgeschrieben ist. Die heiligen Gaben kochten sie jedoch in Töpfen, Kesseln und Schüsseln. So schnell sie konnten verteilten sie es an die Leute. 14 Danach bereiteten sie es auch für sich und die Priester zu, denn die Priester aus der Nachkommenschaft Aarons waren bis in die Nacht hinein mit der Darbringung der Brandopfer und der Fettstücke beschäftigt. 15 Die Sänger aus der Nachkommenschaft Asafs blieben für die Dauer des Festes an ihrem Platz, wie es David, Asaf, Heman und der königliche Seher Jedutun angeordnet hatten. Auch die Torwächter blieben an ihren Toren. Sie alle brauchten ihren Dienst nicht zu unterbrechen, weil ihre Brüder, die Leviten, für sie alles zubereiteten.

16 So war der gesamte Dienst für Jahwe an diesem Tag gut geordnet. Man feierte das Passa und brachte auf dem Altar Jahwes die Brandopfer dar, wie König Joschija es angeordnet hatte. 17 Anschließend feierten die versammelten Israeliten sieben Tage lang das Fest der ungesäuerten Brote. 18 Ein solches Passafest hatte es in Israel seit der Zeit des Propheten Samuel nicht mehr gegeben. Keiner der früheren Könige Israels hatte es so wie Joschija zusammen mit den Priestern und Leviten, mit ganz Juda und den anwesenden Israeliten und den Einwohnern Jerusalems gefeiert. 19 Im 18. Regierungsjahr Joschijas war dieses Passa gefeiert worden.*

Joschijas Tod

20 Nachdem Joschija das alles zur Instandsetzung des Tempels getan hatte, zog König Necho von Ägypten heran. Er war auf dem Weg zur

---

35,19 *18. Regierungsjahr.* Es war dasselbe Jahr, in dem man die Schriftrolle mit dem Gesetz gefunden hatte, 622 v.Chr.

Schlacht von Karkemisch am Euphrat.* Joschija stellte sich ihm entgegen. *21* Da schickte Necho Boten zu ihm und ließ ihm sagen: »Was haben wir denn miteinander zu schaffen, König von Juda? Ich ziehe nicht gegen dich, ich bin im Krieg mit einem anderen Königshaus. Gott hat gesagt, dass ich mich beeilen soll. Stell dich also nicht gegen Gott, denn er ist auf meiner Seite, sonst wird er dich vernichten!« *22* Doch Joschija zog sich nicht zurück, sondern verkleidete sich und wollte gegen ihn kämpfen. Er hörte nicht auf die Worte Nechos, durch die Gott ihn warnen wollte. In der Ebene von Megiddo stellte er sich ihm entgegen. *23* Doch in der Schlacht wurde Joschija von feindlichen Bogenschützen getroffen. »Bringt mich weg«, sagte er zu seinen Begleitern, »ich bin schwer verwundet!« *24* Seine Diener hoben ihn vom Streitwagen, setzten ihn auf seinen zweiten Wagen und brachten ihn nach Jerusalem. Dort starb er und wurde in der Grabstätte seiner Vorfahren bestattet. Ganz Juda und Jerusalem trauerten um Joschija.

25 Der Prophet Jeremia dichtete ein Klagelied für Joschija, und alle Sänger und Sängerinnen besingen ihn bis heute in ihren Klageliedern. Das wurde zu einem festen Brauch in Israel. Diese Lieder stehen ja im Buch der Klagelieder. *26* Was es sonst noch über Joschija und die Beweise seiner Treue gegenüber dem Gesetz Jahwes zu berichten gibt, *27* seine frühere und spätere Geschichte, findet man im Buch der Könige von Israel und Juda.

Joahas, Jojakim und Jojachin

36 *1* Als Nachfolger für Joschija machte das Volk des Landes dessen Sohn Joahas zum König in Jerusalem. *2* Joahas war bei seinem Herrschaftsantritt 23 Jahre alt und regierte drei Monate* in Jerusalem. *3* Der König von Ägypten setzte ihn ab. Das Land musste einen Tribut von dreieinhalb Tonnen Silber und 34 Kilogramm Gold* an ihn zahlen. *4* Dann setzte der König von Ägypten Eljakim, den Bruder von Joahas, zum König über Juda und Jerusalem ein und änderte seinen Namen in Jojakim. Joahas nahm er gefangen nach Ägypten mit.

5 Jojakim war bei seinem Herrschaftsantritt 25 Jahre alt und regierte elf Jahre* in Jerusalem. Er tat, was Jahwe, seinem Gott, missfiel. *6* Gegen ihn zog König Nebukadnezzar von Babylon heran. Er ließ ihn in Ketten legen und brachte ihn nach Babylon. *7* Auch von den Gegenständen aus dem Haus Jahwes nahm Nebukadnezzar einen Teil mit und stellte sie in seinem Palast auf. *8* Was sonst noch über Jojakims Herrschaft zu sagen ist, über seine abscheulichen Taten und das, was mit ihm geschah, findet man in der Chronik der Könige von Israel und

---

35,20 *Schlacht ... Euphrat.* Weil die wachsende babylonische Macht unter Nabopolassar auch Ägypten gefährlich werden konnte, wollte Pharao Necho dem (letzten) assyrischen König Assur-Ubalit II helfen. Das muss im Jahr 609 v.Chr. gewesen sein.

36,2 *drei Monate.* Im Jahr 609 v.Chr.

36,3 *dreieinhalb ... Gold.* Hebräisch: 100 Kikkar Silber und 1 Kikkar Gold.

36,5 *elf Jahre.* 609-598 v.Chr.

Juda. Sein Sohn Jojachin trat die Herrschaft an.

9 Jojachin war bei seinem Herrschaftsantritt* 18 Jahre* alt und regierte drei Monate und zehn Tage in Jerusalem. Auch er tat, was Jahwe missfiel. 10 Um die Jahreswende ließ König Nebukadnezzar ihn und die kostbaren Gegenstände aus dem Haus Jahwes nach Babylon holen. Zum König über Juda und Jerusalem setzte er Zidkija, einen Verwandten Jojakims, ein.

König Zidkija von Juda

11 Als Zidkija die Herrschaft antrat, war er 21 Jahre alt. Er regierte elf Jahre in Jerusalem 12 und tat, was Jahwe, seinem Gott, missfiel. Er beugte sich nicht vor dem Propheten Jeremia, der im Auftrag Jahwes zu ihm sprach. 13 Auch gegen König Nebukadnezzar, der ihn vor Gott einen Treueid hatte schwören lassen, lehnte er sich auf. Hartnäckig und stur weigerte er sich, zu Jahwe, dem Gott Israels, umzukehren. 14 Auch die führenden Priester und das Volk trieben es mit ihrer Untreue immer schlimmer. Sie folgten den abscheulichen Bräuchen der anderen Völker und entweihten das Haus Jahwes,

das er in Jerusalem zu seinem Heiligtum gemacht hatte. 15 Immer wieder hatte Jahwe, der Gott ihrer Väter, seine Boten zu ihnen geschickt, denn sein Volk und seine Wohnung taten ihm leid. 16 Aber sie verhöhnten die Boten Gottes, verachteten seine Worte und verspotteten seine Propheten, bis der Zorn Jahwes über sein Volk so groß wurde, dass es keine Rettung mehr gab.

Das Ende des Königreiches Juda

17 Jahwe ließ den König der Chaldäer* gegen sie heranrücken und auch im Haus des Heiligtums ihre jungen Männer mit dem Schwert umbringen. Er verschonte keinen jungen Mann und keine junge Frau, keinen Alten und keinen Greis. Alle gab er in seine Gewalt. 18 Sämtliche großen und kleinen Gegenstände des Gotteshauses ließ er nach Babylon bringen, dazu die Schätze aus dem Haus Jahwes und die Schätze des Königs und der anderen führenden Männer. 19 Dann ließ er das Haus Gottes in Brand stecken und die Stadtmauer Jerusalems niederreißen. Auch alle Paläste in der Stadt ließ er niederbrennen und auf diese Weise alles Wertvolle vernichten. 20 Alle, die dem Schwert entgangen waren, verschleppte er nach Babylonien. Dort mussten sie dem König und seinen Nachkommen als Sklaven dienen, bis die Perser die Herrschaft übernahmen. 21 So bekam das Land seine Sabbatruhe ersetzt, solange die Verwüstung dauerte, bis die 70 Jahre voll waren. Und so erfüllte sich das Wort, das Jahwe durch Jeremia hatte sagen lassen.

36,9 Herrschaftsantritt. Weil babylonische Schriften den Fall Jerusalems auf den 16. März 597 v.Chr. datieren, muss Jojachin im Dezember 598 v.Chr. König geworden sein.

18 Jahre. Die Septuaginta und einige hebräische Handschriften lesen hier achtzehn, statt acht wie der masoretische Text.

36,17 Die *Chaldäer* waren aramäisch (syrisch) sprechende Semiten aus dem südlichen Zweistromland Babylonien.

Das Ende der Gefangenschaft

22 Im ersten Regierungsjahr des Perserkönigs Kyrus* sollte sich erfüllen, was Jahwe durch den Propheten Jeremia* angekündigt hatte. Jahwe bewegte den König dazu, in seinem ganzen Reich folgende Verfügung mündlich und schriftlich bekannt zu machen: 23 »Kyrus, der König von Persien, gibt bekannt: Jahwe, der Gott des Himmels, hat alle Königreiche der Erde in meine Gewalt gegeben. Nun hat er mich beauftragt, ihm in Jerusalem in Judäa ein Haus zu bauen. Wer von euch zu seinem Volk gehört, der möge zurückkehren! Jahwe, sein Gott, sei mit ihm!«

36,22 *erstes Regierungsjahr.* Das war im Jahr 538 v.Chr., nachdem er im Oktober 539 v.Chr. Babylon erobert hatte.

Jeremia 29,10-11

Das Buch Esra

Esra war ein Urenkel des Hohenpriesters Seraja, der von Nebukadnezzar 586 v.Chr. in Ribla getötet worden war, und demzufolge ein Verwandter des amtierenden Hohenpriesters. Vermutlich hatte er am persischen Hof die Stellung eines Staatssekretärs für jüdische Angelegenheiten inne, als er im Jahr 458 v.Chr. vom König nach Judäa gesandt wurde und damit die zweite Rückwanderungswelle nach der Babylonischen Gefangenschaft einleitete. Esra war ein exzellenter Schriftgelehrter, der wahrscheinlich das nach ihm genannte Buch selbst zusammenstellte. In ihm finden sich Berichte, Dekrete, Genealogien, Briefe und persönliche Erlebnisse. Esra hat sein Material nicht chronologisch, sondern eher nach Sachgruppen geordnet, was man beim Lesen beachten sollte. Zusammen mit dem Buch Nehemia, das seine letzte Fassung vielleicht von Esra erhielt, umfasst der Bericht einen Zeitraum von mehr als 100 Jahren, nämlich von dem Edikt des Kyrus im Jahr 538 v.Chr. bis zur zweiten Rückkehr Nehemias nach Jerusalem um 430 v.Chr.

Kyrus erlaubt die Rückkehr der Juden

1 *1* Im ersten Regierungsjahr* des Perserkönigs Kyrus sollte sich erfüllen, was Jahwe durch den Propheten Jeremia angekündigt hatte.* Jahwe bewegte den König dazu, in seinem ganzen Reich folgende Verfügung mündlich und schriftlich bekannt zu machen: *2* »Kyrus, der König von Persien, gibt bekannt: Jahwe, der Gott des Himmels, hat alle Königreiche der Erde in meine Gewalt gegeben. Nun hat er mich beauftragt, ihm in Jerusalem in Judäa einen Tempel zu bauen. *3* Wer von euch zu seinem Volk gehört, möge nach Jerusalem in Judäa hinaufziehen, wo Jahwe, der Gott Israels, wohnt, und sein Haus bauen. Und sein Gott möge mit ihm sein! *4* Wer irgendwo vom Volk dieses Gottes übrig geblieben ist, soll von den Leuten seines Ortes mit Silber und Gold, mit beweglicher Habe und Vieh unterstützt werden. Dazu kann man ihnen freiwillige Gaben für das Haus Gottes in Jerusalem mitgeben.«

5 Da machten sich die Sippenoberhäupter der Stämme Juda und Benjamin auf, die Priester, die Leviten und viele andere, die Gott bereit gemacht hatte, den Tempel Jahwes in Jerusalem zu bauen. *6* Alle ihre Nachbarn unterstützten sie in jeder Weise mit Silber und Gold, mit beweglicher Habe und Vieh und vielen anderen wertvollen Dingen. Dazu kamen noch alle möglichen freiwilligen Gaben. *7* König Kyrus gab auch die Tempelgeräte für das Haus Jahwes wieder zurück, die Nebukadnezzar in Jerusalem

---

1,1 *ersten Regierungsjahr.* Das war im Jahr 538 v.Chr., nachdem Kyrus im Oktober 539 v.Chr. Babylon erobert hatte.
Jeremia 29,10-11.

erbeutet und in das Haus seines Gottes gebracht hatte. *8* Der Perserkönig ließ sie unter der Aufsicht des Schatzmeisters Mitredat hervorholen, der sie Scheschbazzar*, dem Statthalter Judas, abgezählt aushändigte. *9* Es waren unter anderem 30 goldene Schalen, 1000 silberne Opferschalen und 29 Ersatzstücke, *10* 30 goldene Becher, 410 zweitrangige Silberbecher und 1000 andere Gegenstände, *11* insgesamt 5400 Gegenstände* aus Gold und Silber. Das alles nahm Scheschbazzar mit, als er die nach Babylonien verschleppten Juden wieder nach Jerusalem zurückführte.

Verzeichnis der Heimkehrer

2 *1* Es folgt eine Liste der Einwohner der Provinz Judäa, die aus der Gefangenschaft nach Jerusalem und Juda heimkehrten. Sie waren die Nachkommen derer, die der babylonische König Nebukadnezzar nach Babel verschleppt hatte. Jeder kehrte an den Ort zurück, aus dem seine Familie stammte. *2* Angeführt wurden sie von Serubbabel*, Jeschua*, Nehemja, Seraja, Reelaja, Mordochai, Bilschan, Misperet, Rehum und Baana.

Die Zahlen der Männer, die zu den jeweiligen Sippen gehörten, waren: *3* Parosch: 2172, *4* Schefatja: 372, *5* Arach: 775, *6* Pahat-Moab, die Nachkommen von Jeschua und Joab: 2812, *7* Elam: 1254, *8* Sattu: 945, *9* Sakkai: 760, *10* Bani: 642, *11* Bebai: 623, *12* Asgad: 1222, *13* Adonikam: 666, *14* Bigwai: 2056, *15* Adin: 454, *16* Ater, die Nachkommen Hiskijas: 98, *17* Bezai: 323, *18* Jora: 112, *19* Haschum:

223, *20* Gibbar: 95, *21* aus Betlehem: 123, *22* aus Netofa 56, *23* aus Anatot: 128, *24* aus Asmawet: 42, *25* aus Kirjat-Jearim, Kefira und Beerot: 743, *26* aus Rama und Geba: 621, *27* aus Michmas: 122, *28* aus Bet-El und Ai: 223, *29* aus Nebo: 52. *30* Nachkommen des Magbisch: 156, *31* Nachkommen eines anderen Elam: 1254, *32* Nachkommen von Harim: 320, *33* aus Lod, Hadid und Ono: 725, *34* aus Jericho: 345, *35* die Nachkommen Senaas: 3630.

Priester und Leviten

36 Von den Priestersippen kamen: Jedaja, die Nachkommen von Jeschua: 973, *37* Immer: 1052, *38* Paschhur: 1247, *39* Harim: 1017.

40 Von den Leviten kamen die Sippe Jeschua, die Nachkommen von Kadmiël, Binnui und Hodawja: 74. *41* Tempelsänger: die Nachkommen von Asaf: 128, *42* Torwächter: die Nachkommen von Schallum, Ater, Talmon, Akkub, Hatita und Schobai: 139, *43* Tempelsklaven*: die Nachkommen von Ziha,

---

1,8 *Scheschbazzar.* Das ist entweder der chaldäische Name für Serubbabel oder es war der babylonische Statthalter für Judäa, der in Samaria residierte, siehe Esra 5,14.

1,11 *5400 Gegenstände.* Das ist die Gesamtsumme aller ausgehändigten Gegenstände. Direkt aufgezählt werden nur die wichtigsten und kostbarsten.

2,2 *Serubbabel.* Nachkomme des letzten jüdischen Königs.

Jeschua. Legitimer Nachkomme des letzten Hohenpriesters vor der Gefangenschaft.

2,43 *Tempelsklaven.* Vielleicht Kriegsgefangene, die dem Tempel für die profanen Arbeiten zugeteilt worden waren wie die Gibeoniter (Josua 9,27).

Hasufa, Tabbaot, *44* Keros, Sia, Padon, *45* Lebana, Hgaba, Akkub, *46* Hagab, Salmai, Hanan, *47* Giddel, Gahar, Reaja, *48* Rezin, Nekoda, Gasam, *49* Usa, Paseach, Besai, *50* Asna, die Mëuniter und Nefusiter, *51* Bakbuk, Hakufa, Harhur, *52* Bazlut, Mehida, Harscha, *53* Barkos, Sisera, Temach, *54* Neziach, Hatifa. *55* Sklaven Salomos*: Sotai, Soferet, Peruda, *56* Jaala, Darkon, Giddel, *57* Schefatja, Hattil, Pocheret-Zebajim, Ami. *58* Die Gesamtzahl der Tempelsklaven und der Nachkommen von Salomos Sklaven betrug 392.

59 Aus Tel-Melach, Tel-Harscha, Kerub-Addon und Immer kamen folgende Sippen, die ihre Herkunft aus Israel nicht nachweisen konnten: *60* Delaja, Tobija und Nekoda: 652. *61* Von den Nachkommen der Priester waren es die Sippen Habaja, Koz und

---

2,55 Sklaven Salomos. Offenbar eine andere Gruppe von Sklaven, die ursprünglich von Salomo zum Tempeldienst verpflichtet worden waren.

2,63 Urim und Tummim. Die heiligen Lose, die in der Brusttasche des hohenpriesterlichen Gewandes aufbewahrt wurden, siehe 2. Mose 28,30.

2,64 42.360 Israeliten. Die Zahl ist höher als die Summe der einzelnen Angaben. Es könnte aber sein, dass nur die Nachkommen aus den Stämmen Juda und Benjamin gesondert aufgezählt sind und die Differenzsumme Menschen aus den anderen Stämmen betraf.

2,69 500 ... Silber. Wörtlich: *61.000 Golddrachmen, 500 Silberminen.*

3,1 Im September. Wörtlich: *Zu Beginn des 7. Monats* (Mitte September bis Mitte Oktober). Am 10.7. war der große Versöhnungstag, am 15. begann das Laubhüttenfest.

Barsillai. Barsillai hatte damals eine Tochter von dem Barsillai aus Gilead geheiratet und dessen Namen angenommen. *62* Sie konnten ihre Abstammungsnachweise nicht finden. Deshalb wurden sie für unrein erklärt und vom Priesteramt ausgeschlossen. *63* Der Statthalter untersagte ihnen, von den höchst heiligen Opfergaben zu essen, bis wieder ein Priester für die Urim und Tummim* auftreten würde. *64* Insgesamt kehrten 42.360 Israeliten* in die Heimat zurück. *65* Dazu kamen noch 7337 Sklaven und Sklavinnen und 200 Sänger und Sängerinnen. *66* Außerdem brachten die Israeliten 736 Pferde, 245 Maultiere, *67* 436 Kamele und 6720 Esel mit. *68* Als sie dann am Tempelberg in Jerusalem ankamen, gaben einige von den Sippenoberhäuptern Spenden, damit das Haus Jahwes an seiner alten Stelle wieder aufgebaut werden konnte. *69* Nach ihren Möglichkeiten gaben sie insgesamt etwa 500 Kilogramm Gold, fast drei Tonnen Silber* und 100 Priesterkleider. *70* Die Priester, die Leviten, die Sänger, die Torwächter, die Tempelsklaven und das übrige Volk ließen sich in ihren Heimatorten nieder.

Beginn des Tempelbaus

3 *1* Im September* – die Israeliten befanden sich bereits in ihren Heimatorten – versammelte sich das ganze Volk in Jerusalem. *2* Jeschua Ben-Jozadak und Serubbabel Ben-Schealitël begannen mit ihren Brüdern, den Priestern und den anderen Israeliten, den Altar des Gottes Israels wieder aufzubauen. Sie wollten auf ihm die Brandopfer darbringen wie sie im Gesetz von Mose, dem Mann Gottes, vorgeschrieben waren. *3* Obwohl sie vor den Nachbarvölkern Angst hatten, errichteten sie den Altar auf seinen alten Fundamenten und opferten Jahwe auf ihm die Morgen- und Abendbrandopfer. *4* Dann feierten sie das Laubhüttenfest nach der Vorschrift des Gesetzes und opferten jeden Tag die vorgeschriebene Zahl an Brandopfern. *5* Von da an wurden alle Brandopfer wieder regelmäßig dargebracht, auch die an den Neumondstagen und allen anderen Festen Jahwes sowie die freiwilligen Opfer für Jahwe. *6* Am 15. September* hatten sie wieder angefangen, Jahwe Brandopfer darzubringen. Aber die Fundamente für den Wiederaufbau des Tempels waren noch nicht gelegt.

7 Dann nahmen sie Steinhauer und Bauhandwerker gegen Bezahlung in Dienst und beauftragten Arbeiter aus Sidon und Tyrus, Zedernstämme vom Libanon übers Meer nach Jafo zu bringen. Dafür lieferten sie ihnen Nahrungsmittel, Getränke und Olivenöl. Kyrus, der König von Persien, hatte sie dazu ermächtigt. *8* Im April des zweiten Jahres nach ihrer Rückkehr* wurde mit den Bauarbeiten für das Haus Gottes in Jerusalem begonnen. Jeschua Ben-Jozadak und Serubbabel Ben-Schealitël standen zusammen mit ihren Brüdern, den Priestern, den Leviten und den anderen Israeliten, die aus der Gefangenschaft nach Jerusalem zurück gekommen waren, geschlossen hinter dem Werk. Sie übertrugen den Leviten, die 20 Jahre und älter waren, die Aufsicht über die Bauarbeiten am Tempel Jahwes. *9* Jeschua leitete zusammen mit seinen Söhnen, seinen Brüdern, sowie Kadmiël und seinen Söhnen und den Söhnen Hodawjas* die Leute an, die die Arbeit am Haus Gottes ausführten. Auch die Leviten der Sippe Henadad gehörten zu den Aufsehern.

10 Als die Bauleute das Fundament für den Tempel Jahwes legten, waren die Priester in ihrer Amtskleidung angetreten. Sie hatten Trompeten in der Hand. Auch die Leviten, die zu den Nachkommen Asafs gehörten, standen mit Zimbeln bereit. Sie wollten Jahwe preisen, wie es David, der König von Israel, angeordnet hatte. *11* Dann stimmten sie den Wechselgesang an. Sie lobten und priesen Jahwe: »Wie gut ist er! Niemals hört seine Liebe zu Israel auf!« Das ganze Volk fiel jubelnd in das Lob Jahwes ein, denn das Fundament für den Tempel war nun gelegt. *12* Doch während die einen vor Freude jubelten, weinten viele von den Alten, den Priestern, Leviten und Sippenoberhäuptern, die den ersten Tempel noch gesehen hatten. Sie weinten laut, als vor ihren Augen das Fundament gelegt wurde. *13* Doch das Jubelgeschrei übertönte das Weinen. Das Volk machte solchen Lärm, dass es noch in der Ferne zu hören war.

3,6 *Am 15. September.* Wörtlich: Am 1.7. Der 15. September ist nur ein Näherungswert.

3,8 *Rückkehr.* Das war im Jahr 536 v.Chr.

3,9 *Hodawjas.* So nach Esra 2,40. Wörtlich: *Judas.*

Widerstände gegen den Aufbau Jerusalems

4 *1* Als die Feinde von Juda und Benjamin erfuhren, dass die Heimkehrer dabei waren, Jahwe, dem Gott Israels, einen Tempel zu bauen, *2* kamen sie zu Serubbabel und den Sippenoberhäuptern und sagten: »Lasst uns gemeinsam bauen! Wir dienen doch dem gleichen Gott wie ihr! Seit der Zeit des Assyrerkönigs Asarhaddon*, der uns hier angesiedelt hat, bringen wir ihm Opfer.« *3* Doch Serubbabel, Jeschua und die Sippenoberhäupter erwiderten: »Es geht nicht, dass ihr mit uns zusammen ein Haus für unseren Gott baut. Wir allein dürfen den Tempel für Jahwe, den Gott Israels, bauen. So hat es uns Kyrus, der König von Persien,

---

4,2 *Asarhaddon.* 681-669 v.Chr. König von Assyrien, der die aggressive Umsiedlungspolitik seiner Vorgänger fortführte (seit dem Fall Samarias 721 v.Chr.). Die derzeitigen Gegner der Heimkehrer konnten ihren Stammbaum im Gebiet Israels bis zu Asarhaddon zurückverfolgen.

4,5 Gemeint ist *Darius* I. 522-486 v.Chr. Der Widerstand der Landbewohner hatte einen 16-jährigen Baustopp zur Folge.

4,6 *Xerxes* regierte von 486-465 v.Chr. Seine Regierung begann 50 Jahre nach der Grundsteinlegung und 29 Jahre nach Fertigstellung des Tempels in Jerusalem.

4,7 *Artaxerxes* regierte von 465-424 v.Chr.

aramäischer Schrift. Kapitel 4,8 bis 6,18 enthält vorwiegend offizielle Korrespondenz und ist nicht in Hebräisch, sondern in Aramäisch niedergeschrieben.

4,10 *Assurbanipal.* Der letzte große assyrische König, 669-630 v.Chr., berühmt durch seine Bibliothek in Ninive. Vielleicht war es der in 2. Könige 17,24 ungenannte König.

befohlen.« *4* Von da an versuchten die Leute, die schon vorher im Land wohnten, die Heimgekehrten mutlos zu machen und vom Bauen abzuschrecken. *5* Sie bestachen sogar einige Beamte von König Kyrus, um die Pläne der Heimkehrer zu vereiteln. Diese Politik verfolgten sie bis in die Zeit des Perserkönigs Darius*.

6 Als Xerxes* die Herrschaft angetreten hatte, erhoben die Gegner der Juden schriftlich Anklage gegen die Bewohner von Judäa und Jerusalem.

7 Während der Regierungszeit von Artaxerxes* schrieben Bischlam, Mitredat, Tabeel und ihre Amtskollegen einen Brief an den persischen König. Der Text war in aramäischer Schrift* und Sprache verfasst worden.

8 Auch Rehum, der Befehlshaber Samarias, und Schimschai, sein Sekretär, schrieben folgenden Brief gegen den Wiederaufbau Jerusalems an Artaxerxes. *9* Als Absender werden genannt: der Befehlshaber Rehum, der Sekretär Schimschai und ihre Amtskollegen, die Richter, die Beamten, die Schreiber und die Verwalter, sodann die Leute aus Erech, Babel und Susa – das sind Elamiter – *10* sowie die Vertreter der übrigen Volksgruppen, die der große und berühmte Assurbanipal* in die Städte Samarias und das übrige Gebiet westlich des Euphrat umgesiedelt hat. *11* Das Schreiben lautet: »An König Artaxerxes von seinen Untertanen westlich des Euphrat. *12* Wir haben dem König folgendes zu melden: Die Juden, die aus deiner Nähe weggezogen und zu uns nach Jerusalem gekommen sind, wollen die böse, aufrührerische Stadt wieder aufbauen.

Sie errichten Mauern und bessern Fundamente aus.* 13 Wir geben dem König zu bedenken, dass die Bewohner dieser Stadt keine Steuern, Abgaben und Zölle mehr zahlen werden, sobald ihre Mauern wieder stehen. Das wird zum Nachteil des Königshauses sein. 14 Weil wir nun dem König Treue geschworen* haben, können wir nicht tatenlos zusehen, wie der König bloßgestellt wird. Darum erstatten wir Bericht und schlagen vor, 15 in den Chroniken deiner Vorgänger nachzuforschen. Dort wirst du den sicheren Beweis finden, dass diese Stadt immer schon rebellisch war und den Königen und Statthaltern viel Schaden zugefügt hat. Ihre Bewohner sind seit jeher Unruhestifter gewesen, und darum wurde die Stadt ja auch zerstört. 16 Wir machen den König darauf aufmerksam: Wenn diese Stadt wieder aufgebaut wird und ihre Mauern wiederhergestellt sind, wird die ganze Westeuphrat-Provinz dem König verloren gehen.«

17 Der König ließ folgende Antwort übermitteln: »An den Befehlshaber Rehum, den Sekretär Schimschai und ihre Amtskollegen in Samaria und in der ganzen Westeuphrat-Provinz meinen Gruß. 18 Der Brief, den ihr an uns geschickt habt, ist mir Wort für Wort vorgelesen worden. 19 Ich habe daraufhin in den Chroniken nachforschen lassen und herausgefunden, dass diese Stadt sich seit jeher gegen die Könige aufgelehnt hat; immer wieder gab es Aufruhr und Empörung in ihr. 20 Dort haben Könige regiert, die ihre Herrschaft über das ganze Land westlich des Euphrat ausdehnten und von den Bewohnern Abgaben, Steuern und Zölle erhoben haben. 21 Darum sollt ihr den Leuten dort befehlen, die Bauarbeiten einzustellen. Jerusalem darf erst wieder aufgebaut werden, wenn ich selbst es ausdrücklich anordne. 22 Seid auf der Hut, dass diese Angelegenheit nicht verzögert wird und kein Schaden für das Königshaus entsteht!«

23 Sobald das Schreiben des Königs vor Rehum, Schimschai und ihren Kollegen verlesen worden war, machten sie sich schnellstens auf den Weg nach Jerusalem und hinderten die Juden mit Waffengewalt am Weiterbau.

Tattenais Brief an Darius

24 Schon vorher war der Wiederaufbau des Tempels in Jerusalem verhindert worden. Bis zum zweiten Regierungsjahr des Perserkönigs Darius* ruhte der Bau.

5 1 Dann traten die Propheten Haggai und Sacharja Ben-Iddo auf und ermutigten die Juden in Judäa und Jerusalem im Namen des Gottes Israels, der über ihnen wachte. 2 Da machten sich Serubbabel Ben-Schealtiël und Jeschua Ben-Jozadak an die

---

4,12 *bessern Fundamente aus.* Das bezieht sich wahrscheinlich auf die Gruppe von Juden, die 457 v.Chr. mit Esra zurückkehrt war.

4,14 *Treue geschworen.* Wörtlich: *Das Salz des Palastes gegessen,* d.h. den Amtseid abgelegt. Damals wurde ein Bund oft mit Salz besiegelt.

4,24 *zweiten ... Darius.* 520 v.Chr., siehe Esra 4,5.

Arbeit und nahmen den Tempelbau wieder auf. Die Propheten Gottes standen ihnen zur Seite und unterstützten sie.

3 Kaum hatten sie begonnen, kamen auch schon Tattenai, der Statthalter der Westeuphrat-Provinz, und Schetar-Bosnai mit ihren Amtskollegen zu ihnen und fragten: »Wer hat euch die Genehmigung erteilt, diesen Tempel in seiner früheren Form wieder aufzubauen? 4 Wie heißen die Männer, die für diesen Bau verantwortlich sind?«, fragten sie weiter. 5 Aber Gott sorgte dafür, dass sie nichts gegen die Ältesten der Juden unternahmen und sie ungehindert weiterbauen konnten, bis eine Entscheidung von König Darius eingetroffen war.

6 Hier folgt eine Abschrift des Briefes, den Tattenai, der Statthalter der Westeuphrat-Provinz, und Schetar-Bosnai zusammen mit den königlich-persischen Beamten an König Darius schickten: 7 »An König Darius: Möge es dir wohl ergehen. 8 Wir haben dir zu melden, dass wir im Bezirk Judäa waren. Wir sahen dort, dass der Tempel des großen Gottes wieder aufgebaut wird. Die Leute arbeiten mit großen Quadersteinen* und fügen Lagen von Balken in die Mauern ein. Sie arbeiten zielstrebig und kommen schnell voran. 9 Wir fragten die Ältesten, wer ihnen die Genehmigung erteilt habe, diesen Tempel in seiner alten Form wieder aufzubauen. 10 Wir fragten sie auch nach ihren Namen, um dir eine Liste ihrer führenden Männer senden zu können. 11 Sie antworteten: ›Wir sind Sklaven des Gottes, der Himmel und Erde regiert, und bauen den Tempel wieder auf, der früher viele Jahre hier gestanden hat. Ein großer König von Israel hatte ihn gebaut. 12 Weil unsere Vorfahren aber den Gott des Himmels erzürnten, gab er sie in die Gewalt des babylonischen Königs, des Chaldäers Nebukadnezzar. Der zerstörte dieses Haus und verschleppte das Volk nach Babylonien. 13 Als jedoch Kyrus König von Babylonien wurde, gab er den Befehl, dieses Haus wieder aufzubauen. 14 Er ließ auch die goldenen und silbernen Gegenstände, die Nebukadnezzar aus dem Jerusalemer Tempel mitgenommen und in den Tempel seines Gottes nach Babylon gebracht hatte, wieder herausgeben. Zum Verwalter darüber hatte er einen Mann namens Scheschbazzar bestimmt. 15 Er befahl ihm: Nimm diese Gegenstände, bringe sie in den Tempel nach Jerusalem und sorge dafür, dass dieses Gotteshaus an seinem alten Platz wieder aufgebaut wird. 16 Daraufhin kam jener Scheschbazzar und legte das Fundament für das Haus Gottes in Jerusalem. Seither wird daran gebaut, aber das Haus ist noch nicht fertig.‹ 17 Wenn der König es nun für richtig hält, lasse er im königlichen Archiv von Babylonien nachforschen, ob König Kyrus wirklich den Befehl gegeben hat, dieses Haus Gottes in Jerusalem wieder aufzubauen. Außerdem bitten wir, uns die Entscheidung des Königs zukommen zu lassen.«

5,8 *Quadersteinen.* Wörtlich: *zu rollenden Steinen.* Die behauenen Steinblöcke waren so groß, dass sie auf Rollen transportiert werden mussten.

Die Antwort des Königs

6 ¹ König Darius ließ in den Archiven Babyloniens nachforschen, dort, wo auch die Schätze aufbewahrt wurden. ² Schließlich fand man eine Schriftrolle in der Königsstadt Ekbatana, die in der Provinz Medien liegt. In ihr war folgender Erlass aufgezeichnet: ³ »Geschrieben im ersten Regierungsjahr des Königs Kyrus: König Kyrus ordnet in Bezug auf das Gotteshaus in Jerusalem folgendes an: Das Haus soll wieder aufgebaut werden und eine Stätte sein, wo man Opfer bringen kann. Seine alten Fundamente sollen wieder hergerichtet werden, es soll 30 Meter hoch und 30 Meter breit* werden. ⁴ Auf drei Lagen Quadersteine soll eine Schicht neue Balken kommen. Die Kosten bestreitet der königliche Hof. ⁵ Auch die goldenen und silbernen Gegenstände, die Nebukadnezzar aus dem Jerusalemer Tempel mitgenommen und nach Babylon gebracht hatte, sollen zurückgegeben werden. Jedes soll wieder an seinen Platz im Haus Gottes in Jerusalem kommen.«

⁶ Der Abschrift dieses Dokuments ließ der König folgendes Schreiben anfügen: »An Tattenai, Statthalter der Westeuphrat-Provinz, Schetar-Bosnai und die königlich-persischen Beamten dort: Haltet euch aus der Sache heraus! ⁷ Lasst den Juden freie Hand! Ihr Statthalter und ihre Ältesten sollen das Gotteshaus wieder aufbauen wo es früher gestanden hat! ⁸ Außerdem ordne ich an, die Ältesten der Juden beim Bau dieses Gotteshauses zu unterstützen: Die Baukosten sind in voller Höhe aus den Steuereinnahmen der Westeuphrat-Provinz zu bezahlen.

Sie sollen diesen Männern pünktlich ausgehändigt werden, damit sie zügig weiterbauen können. ⁹ Auch alles, was zum Brandopfer für den Gott des Himmels nötig ist – junge Stiere, Schafböcke und Lämmer, dazu Weizen, Salz, Wein und Öl – soll den Priestern in Jerusalem täglich und pünktlich ohne Nachlässigkeit geliefert werden, ¹⁰ damit sie dem Gott des Himmels wohlgefällige Opfer bringen und für das Leben des Königs und seiner Söhne beten. ¹¹ Schließlich befehle ich: Jedem, der diesen Erlass missachtet, soll der tragende Balken aus dem Haus gerissen und er selbst darauf gepfählt werden. Sein Haus wird zu einem Schutthaufen gemacht. ¹² Der Gott, der diesen Ort zum Wohnsitz seines Namens bestimmt hat, möge jeden König und jedes Volk vernichten, die versuchen, diesen Befehl zu missachten und das Haus Gottes in Jerusalem zu zerstören. Ich, Darius, habe diesen Befehl gegeben. Man befolge ihn gewissenhaft!«

Die Vollendung des Baus

¹³ Tattenai, der Statthalter über die Westeuphrat-Provinz, Schetar-Bosnai und ihre Berater hielten sich gewissenhaft an die Anweisungen von König Darius. ¹⁴ So konnten die Ältesten der Juden ungehindert weiterbauen. Sie kamen gut voran, weil die Propheten Haggai und Sacharja

---

6,3 *30 Meter breit.* Wörtlich: *60 Ellen.* Die Maße stimmen nicht mit dem salomonischen Tempel überein, es fehlt auch das Längenmaß, siehe 1. Könige 6,2.

Ben-Iddo sie durch ihre Weissagungen ermutigten.

Und sie vollendeten alle Bauten, die der Gott Israels und die persischen Könige Kyrus, Darius und Artaxerxes* ihnen befohlen hatten. *15* Der Tempel wurde am 12. März* im sechsten Regierungsjahr des Darius fertiggestellt. *16* Die Priester, die Leviten und alle anderen aus der Verbannung heimgekehrten Israeliten feierten die Wiedereinweihung des Tempels mit großer Freude. *17* Zu diesem Anlass opferten sie 100 Stiere, 200 Schafböcke und 400 Lämmer, dazu als Sündopfer für ganz Israel zwölf Ziegenböcke, für jeden Stamm einen. *18* Dann teilten sie die Priester und Leviten zum Dienst für Gott in Jerusalem in die Gruppen ein, die das Gesetz Moses vorschreibt.

6,14 *Artaxerxes* gab den Befehl zum Mauerbau unter Nehemia und unterstützte auch den Tempel, siehe Esra 7,15-22; Nehemia 2,1.8.

6,15 *Am 12. März.* Wörtlich: *Am 3. Adar.* 516 v.Chr., vier Jahre nach Wiederaufnahme des Baus am 21. September 520 v.Chr., siehe Esra 4,24 und Haggai 1,15. Etwa 70 Jahre nach seiner Zerstörung wurde der Tempel wieder eingeweiht.

6,19 *Am 21. April.* Wörtlich: *Am 14. des 1. Monats.* Von diesem Vers an ist der Grundtext wieder in Hebräisch abgefasst, siehe Esra 4,7.
Passa. Siehe 2. Mose 12-13.

6,22 *König von Assyrien* war ein Titel des persischen Königs, ebenso wie *König von Babylon.* Ein früherer König von Assyrien hatte das Nordreich Israel zerstört, von dem sich jetzt einige Menschen, Nachkommen der Überlebenden, wieder dem Gott Israels zugewandt hatten.

7,1 *Nach diesen Ereignissen.* 58 Jahre später.

19 Am 21. April* feierten die Heimgekehrten das Passafest.* *20* Die Priester und Leviten hatten sich alle den vorgeschriebenen Reinigungen unterzogen und waren bereit. Die Leviten schlachteten die Passalämmer für alle, die aus der Verbannung heimgekehrt waren, für die Priester und für sich selbst. *21* Doch nicht nur die heimgekehrten Israeliten aßen vom Passa, sondern auch alle, die sich vom Götzendienst der heidnischen Bevölkerung getrennt hatten, um mit ihnen zusammen Jahwe, den Gott Israels, zu verehren. *22* So begingen sie auch das anschließende Fest der ungesäuerten Brote sieben Tage lang mit großer Freude. Jahwe selbst hatte ihnen diese Freude geschenkt und dafür gesorgt, dass der König, der jetzt auch Assyrien* beherrschte, geholfen hatte, den Tempel von Israels Gott wieder aufzubauen.

Esra kommt nach Jerusalem

7 *1* Nach diesen Ereignissen* reiste Esra Ben-Seraja, der unter der Herrschaft des Perserkönigs Artaxerxes lebte, nach Jerusalem. Seine Vorfahren waren Asarja, Hilkija, *2* Schallum, Zadok, Ahitub, *3* Amarja, Asarja, Merajot, *4* Serachja, Usi, Bukki, *5* Abischua, Pinhas und Eleasar, der Sohn des ersten Priesters Aaron. *6* Dieser Esra kam jetzt aus Babylon. Er war ein Lehrer, der das Gesetz sehr gut kannte, das Jahwe, der Gott Israels, Mose gegeben hatte. Weil Jahwe seine Hand über ihn hielt, erfüllte der König alle seine Bitten. *7* Mit ihm zogen eine ganze Anzahl Israeliten nach Jerusalem: Priester, Leviten, Tempelsänger, Torwächter und Tempelsklaven. Das

war im siebten Regierungsjahr des Artaxerxes. 8 Im August dieses Jahres erreichten sie Jerusalem. 9 Den Tag der Abreise hatte Esra auf den 8. April gelegt. Schon am 4. August* kamen sie in Jerusalem an, weil Gottes gütige Hand über ihm war. 10 Denn Esra hatte sich mit ganzem Herzen der Aufgabe hingegeben, das Gesetz Jahwes zu studieren und zu befolgen und in Israel seine Ordnungen und Rechte zu lehren.

11 Es folgt eine Abschrift* der Erklärung, die König Artaxerxes Esra mitgab, dem Priester und Gesetzeslehrer, der sich auskannte in den Geboten und Ordnungen, die Jahwe Israel gegeben hatte: 12 »Artaxerxes, König über alle Könige, an Esra, den Priester, den Beauftragten für das Gesetz des Himmelsgottes, meinen Gruß. 13 Hiermit ordne ich an, dass jeder israelitische Priester und Levit in meinem Reich mit dir nach Jerusalem ziehen darf, wenn er will. 14 Der König und seine sieben Räte senden dich, festzustellen, ob in Juda und Jerusalem alles nach dem Gesetz deines Gottes, das du in Händen hast, geordnet ist. 15 Außerdem sollst du das Gold und Silber hinbringen, das der König und seine Räte dem Gott Israels gespendet haben, der in Jerusalem seine Wohnung hat! 16 Auch das Silber und Gold, das du in der ganzen Provinz Babylon bekommst, bringe dorthin, ebenso die Spenden für den Tempel in Jerusalem, die du vom Volk und den Priestern bekommst! 17 Kaufe von dem Geld Stiere, Schafböcke und Lämmer und die dazugehörigen Speis- und Trankopfer und bringe sie auf dem Altar im Haus

eures Gottes in Jerusalem dar! Geh gewissenhaft mit dem Geld um! 18 Sollte noch etwas von dem Silber und Gold übrig bleiben, könnt ihr Priester nach dem Willen eures Gottes darüber verfügen, wie es euch richtig erscheint. 19 Die Gegenstände, die dir zum Dienst im Haus deines Gottes gegeben wurden, liefere vollständig vor deinem Gott in Jerusalem ab! 20 Den restlichen Bedarf für das Haus deines Gottes, für den du verantwortlich bist, bekommst du aus dem königlichen Schatz. 21 Hiermit erteile ich, König Artaxerxes, allen Schatzmeistern der Westeuphrat-Provinz den Befehl: Alles, was Esra, der Priester und Beauftragte für das Gesetz des Himmelsgottes, von euch fordert, ist ihm gewissenhaft und pünktlich auszuhändigen, 22 und zwar bis zu dreieinhalb Tonnen Silber, dreizehn Tonnen Weizen und je 22 Hektoliter* Wein und Olivenöl, dazu Salz, soviel er braucht! 23 Alles, was nach Befehl des Himmelsgottes erforderlich ist, soll für seinen Tempel gewissenhaft bereitgestellt werden, damit nicht sein Zorn über das Reich des Königs und seiner Söhne kommt. 24 Außerdem wird euch mitgeteilt, dass niemand das Recht hat, von den Priestern und Leviten, den Sängern und Torwächtern, den Tempelsklaven und allen anderen, die an diesem Haus Gottes Dienst tun,

---

7,9 *4. August.* Wörtlich: *1. des 1. Monats ... 1. des 5. Monats.* 458 v.Chr.

7,11 *Abschrift.* Die Verse 12-26 sind wieder in Aramäisch zitiert.

7,22 ... 22 Hektoliter. Wörtlich: *100 Talente Silber, 100 Kor Weizen, 100 Bat Öl.*

Steuern oder Abgaben zu fordern. ²⁵ Und du, Esra, setze nach der Weisheit Gottes, die in dir wohnt, Richter und Rechtspfleger ein, die eurem ganzen Volk in der Westeuphrat-Provinz Recht sprechen! Das gilt sowohl für die, die das Gesetz deines Gottes kennen, als auch für die, die es noch nicht kennen, denn letztere sollen darin unterrichtet werden. ²⁶ Und jeder, der das Gesetz deines Gottes und das Gesetz des Königs nicht gewissenhaft befolgt, soll vor Gericht gestellt und je nach Schwere seines Vergehens verurteilt werden: zum Tod, zum Ausschluss aus der Gemeinschaft, zu einer Geldstrafe oder zum Gefängnis.«

²⁷ Gepriesen sei Jahwe, der Gott unserer Väter! Er hat es dem König ins Herz gegeben, Jahwes Haus in Jerusalem Ehre und Ansehen zu verleihen. ²⁸ Er hat mich die Gunst des Königs und auch die seiner Räte und hohen Beamten finden lassen. Und ich fasste Mut, weil Jahwe seine Hand über mir hielt, und konnte eine ganze Reihe Häupter israelitischer Sippen gewinnen, mit mir zurückzukehren.

Verzeichnis der Heimkehrer

8 ¹ Verzeichnis der Sippenoberhäupter und der bei ihnen eingetragenen Männer, die während der Regierungszeit von König Artaxerxes aus Babylonien mit mir nach Jerusalem kamen. ² Aus der Sippe Pinhas: Gerschom; aus der Sippe Itamar: Daniel; aus der Sippe David: Hattusch Ben-Schechanja. ³ Aus der Sippe Parosch: Secharja mit 150 eingetragenen Männern. ⁴ Aus der Sippe Pahat-Moab: Eljoënai Ben-Secharja mit 200 Männern. ⁵ Aus der Sippe Sattu: Schechanja Ben-Jahasiel mit 300 Männern. ⁶ Aus der Sippe Adin: Ebed Ben-Jonatan mit 50 Männern. ⁷ Aus der Sippe Elam: Jesaja Ben-Atalja mit 70 Männern. ⁸ Aus der Sippe Schefatja: Sebadja Ben-Michael mit 80 Männern. ⁹ Aus der Sippe Joab: Obadja Ben-Jehiël mit 218 Männern. ¹⁰ Aus der Sippe Bani: Schelomit Ben-Josifja mit 160 Männern. ¹¹ Aus der Sippe Bebai: Secharja Ben-Bebai mit 28 Männern. ¹² Aus der Sippe Asgad: Johanan Ben-Katan mit 110 Männern. ¹³ Aus der Sippe Adonikam die letzten: Elifelet, Jeïël und Schemaja mit 60 Männern. ¹⁴ Aus der Sippe Bigwai: Utai Ben-Sabbuds mit 70 Männern.

Vorbereitung für den Aufbruch

¹⁵ Ich ließ alle am Kanal zusammenkommen, der nach Ahawa* führt. Drei Tage blieben wir dort. Als ich mir die Leute ansah, fand ich einige Priester vor, aber keinen einzigen Leviten. ¹⁶ Da schickte ich einige Sippenoberhäupter, nämlich Eliëser, Ariël, Schemaja, Elnatan, Natan, Secharja und Meschullam, dazu Jojarib und Elnatan, zwei kluge Männer, ¹⁷ zu Iddo, dem Vorsteher des Levitendorfes Kasifja. Ich hatte ihnen genau gesagt, was sie Iddo und seinen Brüdern, den Tempeldienern dort, ausrichten sollten, damit sie uns Männer mitgaben, die den Dienst am Haus unseres

---

8,15 *Ahawa.* Die geografische Lage von Kanal und Ort ist nicht bekannt.

Gottes verrichten konnten. *18* Weil Gottes gütige Hand über uns war, schickten sie uns Scherebja Ben-Machli. Das war ein Enkel von Levi Ben-Israel, ein verständiger Mann. Er kam mit seinen Söhnen und Brüdern, 18 Mann. *19* Außerdem schickten sie uns Haschabja und Jeschaja von den Nachkommen Meraris. Die brachten ihre Söhne und die Brüder von Haschabja mit, 20 Mann. *20* Und von den Tempelsklaven, die David und die Führer des Volkes damals dem Tempel zur Bedienung der Leviten übergeben hatten, kamen 220 mit, alle namentlich eingetragen.

21 Dort am Ahawa-Kanal rief ich ein Fasten aus. Wir sollten uns vor unserem Gott beugen und ihn um eine glückliche Reise für uns und unsere Familien und unser Eigentum anflehen. *22* Ich hatte mich nämlich geschämt, vom König eine Reitertruppe zu erbitten, die uns unterwegs vor Überfällen schützen könnte. Denn wir hatten zum König gesagt: »Unser Gott hält seine gütige Hand über alle, die ihn suchen, doch wer sich von ihm abwendet, bekommt seine Macht und seinen Zorn zu spüren.« *23* So fasteten wir und ersuchten unseren Gott um seinen Beistand, und er erhörte uns. *24* Dann wählte ich zwölf von den Oberhäuptern der Priester sowie Scherebja und Haschabja und zehn weitere Leviten aus. *25* Vor ihnen wog ich das Silber, das Gold und die Gegenstände ab, die der König, seine Ratgeber, seine Minister *und der Teil des Volkes* Israel, der in Persien blieb, als Opfergabe für das Haus unseres Gottes gegeben hatten. *26* Ich übergab ihnen 22 Tonnen Silber, dreieinhalb Tonnen silberne Gegenstände und dreieinhalb Tonnen Gold, *27* dazu zwanzig goldene Becher im Wert von 1000 Goldstücken* und zwei Gefäße aus feiner polierter Bronze, wertvoll wie Gold. *28* Ich sagte zu ihnen: »Ihr seid Jahwe genauso geweiht wie diese Gegenstände. Dieses Silber und Gold sind freiwillige Gaben für Jahwe, den Gott eurer Väter. *29* Bewacht sie also mit aller Sorgfalt, bis ihr sie in den Schatzkammern des Tempels in Jerusalem übergebt. Ihr werdet sie dort vor den Oberhäuptern der Priester und Leviten und den Oberhäuptern des ganzen Volkes nachwiegen.« *30* Die Priester und Leviten übernahmen das abgewogene Silber und Gold und die Gegenstände, um sie nach Jerusalem in den Tempel zu bringen.

31 Am 8. April brachen wir vom Ahawa-Kanal nach Jerusalem auf. Und die gütige Hand unseres Gottes beschützte uns vor Feinden und Räubern. *32* So kamen wir in Jerusalem an und ruhten uns drei Tage aus. *33* Am vierten Tag übergaben wir dem Priester Meremot Ben-Uria im Haus unseres Gottes das Silber, das Gold und die Gegenstände. Sie wurden vor ihm und in Gegenwart von Eleasar Ben-Pinhas und den Leviten Josabad Ben-Jeschua und Noadja Ben-Binnui nachgewogen. *34* Alle Gegenstände wurden nachgezählt und gewogen. Ihr Gewicht schrieb man auf. *35* Danach

---

8,27 *Goldstücken*. Wörtlich: *Dariken*. Persische Goldmünze im Gewicht von 8,4 Gramm.

brachten alle, die aus der Verbannung heimgekehrt waren, dem Gott Israels Brandopfer: Sie opferten zwölf Stiere für die zwölf Stämme Israels, dazu 96 Schafböcke, 77 Lämmer und außerdem zwölf Ziegenböcke als Sündopfer. Alle Tiere wurden für Jahwe als Opfer verbrannt. *36* Dann händigten sie den Satrapen* und Statthaltern der Westeuphrat-Provinz die Verfügungen des Königs aus. Diese unterstützten von da an das Volk und das Haus Gottes.

Ehen mit fremden Frauen

9 *1* Einige Zeit später kamen Obere des Volkes zu mir und sagten: »Das Volk Israel, auch die Priester und Leviten haben sich mit der Bevölkerung der Länder eingelassen und sich nicht von den Gräueln der Kanaaniter, Hetiter, Perisiter, Jebusiter, Ammoniter, Moabiter, Ägypter und Amoriter abgesondert. *2* Sie haben Frauen aus diesen Völkern geheiratet, sodass das heilige Volk sich mit den fremden Völkern vermischt hat. Und bei diesem Treubruch waren die Oberen und Vornehmen auch noch die Ersten.« *3* Als ich das hörte, zerriss ich vor Entsetzen mein Unter- und Obergewand, raufte mir die Haare und den Bart und setzte mich wie betäubt auf den Boden. *4* Da versammelten sich alle um mich, die wegen des Treubruchs der Heimgekehrten Angst vor den Wor-

ten Gottes hatten. Und ich blieb bis zur Zeit des Abendopfers auf dem Boden sitzen. *5* Dann erhob ich mich aus meiner Erstarrung, kniete in den zerrissenen Kleidern hin und breitete meine Hände zu Jahwe, meinem Gott, aus. *6* »Mein Gott«, sagte ich, »ich schäme mich und wage nicht, zu dir aufzublicken. Unsere Sünden sind uns über den Kopf gewachsen und der Berg unserer Schuld reicht bis an den Himmel! *7* Seit der Zeit unserer Väter stehen wir bis heute in großer Schuld. Wegen unserer Vergehen wurden wir, unsere Könige und unsere Priester in die Gewalt fremder Könige ausgeliefert. Wir waren dem Schwert und der Gefangenschaft, der Plünderung und der Schande preisgegeben. Bis heute ist es so geblieben. *8* Jetzt hat uns Jahwe, unser Gott, zwar für einen kurzen Augenblick Gnade geschenkt. Er hat uns einen Rest Geretteter übrig gelassen und an seiner heiligen Stätte in Sicherheit gebracht. Gott hat unsere Augen wieder aufleuchten und uns aus der Sklaverei ein wenig aufleben lassen. *9* Denn wir sind immer noch Sklaven. Aber auch da hat unser Gott uns nicht verlassen, sondern uns die Gunst der Könige von Persien finden lassen. Er hat uns neu belebt, sodass wir das Haus unseres Gottes aufrichten, diese Trümmerstätte wiederherstellen konnten. Er hat uns in Judäa und Jerusalem Sicherheit geschenkt. *10* Aber was sollen wir jetzt, nach solchen Vorkommnissen sagen, o Gott? Wir haben ja deine Gebote nicht beachtet, *11* obwohl du sie uns durch deine Diener, die Propheten, eingeschärft hast.

8,36 Satrapen. Das persische Reich war in mehr als 20 Satrapien eingeteilt, von denen jede im Schnitt sechs Provinzen umfasste.

Du sagtest: ›Das Land, das ihr in Besitz nehmen werdet, ist durch die Unreinheit seiner Bewohner besudelt worden. Durch ihre Götzengräuel haben diese Völker es von einem Ende bis zum anderen mit Unreinheit angefüllt. 12 Deshalb sollt ihr eure Töchter und Söhne nicht mit ihnen verheiraten. Ihr sollt ihre Freundschaft und ihr Wohlergehen auch in Zukunft niemals suchen. Denn ihr selbst sollt stark werden, den Ertrag des Landes genießen und es euren Nachkommen für alle Zeiten weitervererben.‹

13 Und jetzt, nach allem, was wegen unserer bösen Taten und unserer großen Schuld über uns gekommen ist – obwohl du, unser Gott, uns mehr geschont hast, als unsere Sünden es verdienten, und uns hier übrig gelassen hast – 14 sollten wir da wieder deine Gebote übertreten und uns mit diesen Götzendienern verschwägern? Müsste uns da nicht dein Zorn treffen, bis es ganz mit uns aus ist und es keinen Rest und keine Rettung mehr gibt? 15 Jahwe, du Gott Israels, du bist gerecht! Wir sind als ein geretteter Rest übrig geblieben und stehen heute vor dir mit unserer Schuld. Nein, so kann niemand vor dir bestehen!«

Mischehen werden aufgelöst

10 1 Während Esra weinend vor dem Haus Gottes auf den Knien lag und die Schuld des Volkes bekannte, sammelte sich eine große Menge von israelitischen Männern, Frauen und Kindern um ihn. Auch sie weinten sehr. 2 Dann sagte Schechanja Ben-Jehiël zu Esra: »Ja, wir sind unserem Gott untreu geworden und haben Frauen aus der heidnischen Bevölkerung des Landes geheiratet. Doch es gibt trotzdem noch eine Hoffnung für Israel. 3 Lasst uns jetzt einen Bund mit unserem Gott schließen, der uns verpflichtet, alle fremden Frauen mit ihren Kindern wegzuschicken. So hast du, Herr, uns geraten. Und so wird es von allen, die noch Ehrfurcht vor dem Gebot unseres Gottes haben, befürwortet. Das Gesetz muss befolgt werden! 4 Steh auf, denn du musst das erledigen! Doch wir stehen hinter dir! Hab Mut und pack die Sache an!«

5 Da stand Esra auf. Er verlangte von den Oberhäuptern der Priester, der Leviten und ganz Israels einen Eid, nach diesem Vorschlag zu handeln. Und sie schworen es. 6 Dann verließ Esra den Platz vor dem Haus Gottes und ging in die Tempelkammer von Johanan Ben-Eljaschib. Dort übernachtete er ohne zu essen oder zu trinken, denn er trauerte über den Treuebruch der Heimgekehrten.

7 Darauf ließ man in ganz Juda und Jerusalem ausrufen, dass alle Heimgekehrten sich in Jerusalem versammeln sollten. 8 Jeder, der nicht innerhalb von drei Tagen erscheinen würde, sollte aus der Gemeinschaft der Heimgekehrten ausgeschlossen werden und sein ganzer Besitz würde dem Bann* verfallen. So hatten es die Oberen und Ältesten beschlossen.

10,8 *Bann.* Entweder würde alles vernichtet werden oder es würde in den Besitz des Tempels übergehen.

⁹ Innerhalb von drei Tagen versammelten sich alle Männer aus Juda und Benjamin in Jerusalem. Es war am 19. Dezember.* Sie setzten sich auf den freien Platz vor dem Haus Gottes und zitterten wegen der anstehenden Sache und der Regengüsse. ¹⁰ Der Priester Esra stand auf und sagte zu ihnen:»Ihr habt Jahwe die Treue gebrochen! Ihr habt heidnische Frauen geheiratet und so noch größere Schuld auf Israel geladen! ¹¹ So gebt jetzt Jahwe, dem Gott eurer Väter, die Ehre, indem ihr eure Schuld bekennt und tut, was er von euch erwartet. Trennt euch von der Bevölkerung des Landes und besonders von den heidnischen Frauen! ¹² Die ganze Versammlung rief laut:»Ja, das müssen wir tun! ¹³ Aber wir sind zu viele hier und es ist mitten in der Regenzeit. Da kann man sich unmöglich im Freien aufhalten. Und außerdem ist diese Angelegenheit nicht in ein oder zwei Tagen zu erledigen. Es sind ja viele von uns darin verwickelt. ¹⁴ Lass doch unsere Vorsteher die Versammlung vertreten. Dann sollen alle aus unseren Ortschaften, die fremde Frauen geheiratet haben, zur festgesetzten Zeit zusammen mit den Ältesten und Richtern des Ortes vor ihnen hier erscheinen. Alles soll in Ordnung gebracht werden, damit wir den glühenden Zorn unseres Gottes von uns abwenden.«

¹⁵ Nur Jonatan Ben-Asaël und Jachseja Ben-Tikwa sprachen dagegen. Dabei wurden sie von Meschullam und dem Leviten Schabbetai unterstützt. ¹⁶ Doch die Heimgekehrten blieben bei ihrem Beschluss. Der Priester Esra rief dann für jede Sippe ein Oberhaupt namentlich auf und betraute die Männer mit dieser Aufgabe. Am 29. Dezember* traten sie zusammen, um mit der Untersuchung zu beginnen ¹⁷ und am 27. März* waren sie damit fertig. Alle Männer, die fremde Frauen geheiratet hatten, mussten vor ihnen erscheinen.

¹⁸ Von den Priestern waren es Maaseja, Eliëser, Jarib und Gedalja aus der Sippe von Jeschua Ben-Jozadak und seinen Brüdern, die heidnische Frauen geheiratet hatten. ¹⁹ Sie verpflichteten sich mit Handschlag, ihre fremden Frauen fortzuschicken. Einen Schafbock brachten sie als Opfer für ihre Schuld. ²⁰ Aus der Priestersippe Immer waren es Hanani und Sebadja. ²¹ Aus der Sippe Harim: Maaseja, Elija, Schemaja, Jehiël und Usija. ²² Aus der Sippe Paschur: Eljoënai, Maaseja, Jischmaël, Netanel, Josabad und Elasa.

²³ Von den Leviten waren es Josabad, Schimi, Kelaja, der auch Kelita genannt wurde, Petachja, Juda und Eliëser.

²⁴ Von den Tempelsängern war es Eljaschib, von den Torwächtern: Schallum, Telem und Uri.

²⁵ Von den restlichen Israeliten waren es: aus der Sippe Parosch: Ramja, Jisija, Malkija, Mijamin,

---

10,9 *19. Dezember.* Wörtlich: *der 20. des 9. Monats.* Es war mitten in der Regenzeit 458 v.Chr.

10,16 *Am 29. Dezember.* Wörtlich: *Am 1. des 10. Monats.*

10,17 *27. März.* Wörtlich: *1. des 1. Monats.*

Eleasar, Malkija und Benaja. 26 Aus der Sippe Elam: Mattanja, Secharja, Jehiël, Abdi, Jeremot und Elija. 27 Aus der Sippe Sattu: Eljoënai, Eljaschib, Mattanja, Jeremot, Sabad und Asia. 28 Aus der Sippe Bebai: Johanan, Hananja, Sabbai und Atlai. 29 Aus der Sippe Bani: Meschullam, Malluch, Adaja, Jaschub, Scheal und Jeremot. 30 Aus der Sippe Pahat-Moab: Adna, Kelal, Benaja, Maaseja, Mattanja, Bezalel, Binnui und Manasse. 31 Aus der Sippe Harim: Eliëser, Jischija, Malkija, Schemaja, Simeon, 32 Benjamin, Malluch und Schemarja. 33 Aus der Sippe Haschum: Mattenai, Mattatta, Sabad, Elifelet, Jeremai, Manasse und Schimi. 34 Aus der Sippe Bani: Maadai, Amram, Uël, 35 Benaja, Bedja, Keluhi, 36 Wanja, Meremot, Eljaschib, 37 Mattanja, Mattenai, Jaasai, 38 Bani, Binnui, Schimi, 39 Schelemja, Natan, Adaja, 40 Machnadbai, Schaschai, Scharai, 41 Asarel, Schelemja, Schemarja, 42 Schallum, Amarja und Josef. 43 Aus der Sippe Nebo: Jëiël, Mattitja, Sabad, Sebina, Jaddai, Joël und Benaja. 44 Alle diese Männer hatten fremde, heidnische Frauen geheiratet. Und einige von ihnen hatten Kinder mit diesen Frauen.

Das Buch Nehemia

Dreizehn Jahre nach Esra kam Nehemia im Jahr 444 v.Chr. nach Jerusalem. Er hatte von dem Zustand Jerusalems und dem Baustopp gehört und konnte beim König dessen Aufhebung erwirken. In nur 52 Tagen baute er mit den Juden die Mauer Jerusalems wieder auf. Er wurde von Gott vor allem dazu gebraucht, die sozialen, wirtschaftlichen und gottesdienstlichen Verhältnisse in seinem Volk zu ordnen. Nehemia schrieb seine Geschichte wahrscheinlich bald nach den darin geschilderten Ereignissen, vermutlich kurz nach dem Jahr 430 v.Chr. auf. Dabei arbeitete er auch offizielle Listen ein. Meist schrieb er in der Ich-Form, also 1. Person Einzahl, benutzte aber auch die 3. Person (Kap. 8), was damals nicht unüblich war. Den Schluss bilden die Aufzeichnungen Nehemias aus seinem zweiten Aufenthalt in Jerusalem, der um 430 v.Chr. begann.

Nehemias Gebet

1 *1* Bericht von Nehemia Ben-Hachalja: Im 20. Regierungsjahr des Artaxerxes* hielt ich mich in der befestigten Oberstadt von Susa* auf. Im November* *2* kam Hanani, einer meiner Brüder, mit einigen Männern aus Judäa zu mir. Ich fragte sie, wie es den Juden dort ginge, dem Rest, der dem Exil entkommen war, und erkundigte mich nach Jerusalem. *3* Sie berichteten: »Die Juden dort in der Provinz leben in großer Not und Schande. Die Mauer Jerusalems liegt immer noch in Trümmern und die Tore sind verbrannt.« *4* Als ich das hörte, setzte ich mich hin und weinte. Ich trauerte tagelang, fastete und betete zu Gott im Himmel. *5* Ich sagte: »Ach Jahwe, du Gott des Himmels, du großer und furchterregender Gott! Du stehst zu deinem Gnadenbund und zu denen, die dich lieben und deine Gebote halten! *6* Hab doch ein offenes Ohr für mein Gebet und sieh deinen Sklaven freundlich an. Tag und Nacht flehe ich zu dir für deine Sklaven, die Israeliten. Und ich bekenne die Sünden, die wir gegen dich begangen haben, auch ich und meine Familie. *7* Wir haben uns schwer an dir vergangen; wir haben die Gebote, Gesetze und Anordnungen missachtet, die du deinem Diener Mose gegeben hast. *8* Denk doch an das, was du ihm damals gesagt hast: ›Wenn ihr mir die Treue brecht, dann werde ich euch unter die Völker zerstreuen. *9* Wenn ihr aber wieder zu mir umkehrt und meine Gebote achtet und befolgt, dann werde ich euch wieder

---

1,1 Artaxerxes. Persischer König von 465-424 v.Chr. Sein 20. Regierungsjahr dauerte vom 13. April 445 v.Chr. bis zum 2. April 444 v.Chr.

Darius I. hatte *Susa* zur Hauptstadt des persischen Weltreichs gemacht. Die Oberstadt mit dem befestigten Palastquartier lag 24 m über der Stadt und der eigentliche Palast noch einmal 16 m höher.

November. Wörtlich: *Im Monat Kislev* = November/Dezember 445 v.Chr.

zurückholen, selbst die, die ich bis zum fernsten Horizont verstoßen habe. Ich werde sie heimbringen an den Ort, den ich zum Wohnsitz meines Namens erwählt habe.‹ – 10 Sie sind ja doch deine Sklaven und dein Volk, das du durch deine große Macht und mit starker Hand befreit hast. 11 Ach Jahwe, erhöre mein Gebet und das Flehen deiner Sklaven, die dir ehrfürchtig dienen wollen. Lass es mir, deinem Sklaven, doch heute gelingen, dass er bei diesem Mann Erbarmen findet.« Ich war nämlich Mundschenk beim König.

Rückreise nach Jerusalem

2 1 Es war im 20. Regierungsjahr des Königs Artaxerxes, Ende März*. Als der Wein gebracht wurde, füllte ich den Becher und reichte ihn dem König. Der König hatte mich in seiner Gegenwart noch nie traurig gesehen, 2 deshalb fragte er mich: »Warum siehst du so bedrückt aus? Du bist doch nicht etwa krank? Nein, dich belastet etwas anderes.« Ich erschrak heftig 3 und antwortete: »Der König möge ewig leben! Wie könnte ich froh sein, wenn die Stadt, in der meine Vorfahren begraben liegen, ein Trümmerhaufen ist und ihre Tore verbrannt sind?« 4 Der König sagte: »Und was ist deine Bitte?« Da betete ich zu Gott im Himmel 5 und erwiderte dem König: »Wenn der König es für gut hält und wenn du mir, deinem Sklaven, vertraust, dann sende mich doch nach Judäa in die Stadt, in der meine Vorfahren begraben liegen. Ich möchte die Stadt wieder aufbauen!« 6 Der König fragte mich – die Königin

saß übrigens neben ihm: »Wie lange würde deine Reise dauern? Wann würdest du wieder zurück sein?« Ich nannte ihm eine Zeit. Der König war einverstanden und wollte mich ziehen lassen. 7 Ich sagte noch zu ihm: »Wenn es dem König recht ist, gebe man mir Briefe an die Statthalter der Westeuphrat-Provinz mit, damit sie mich nach Judäa durchreisen lassen, 8 und einen Brief an Asaf, den Verwalter der königlichen Wälder, damit er mir Bauholz für die Tore der Tempelburg liefert, für die Stadtmauer und für das Haus, in dem ich wohnen werde.« Der König gewährte mir alles, weil die gütige Hand meines Gottes über mir war.

9 So kam ich zu den Statthaltern der Westeuphrat-Provinz und überreichte ihnen die Briefe des Königs, der mir übrigens eine Reitertruppe mitgegeben hatte. 10 Der Horoniter Sanballat und der Ammoniter Tobija, sein Beauftragter, gerieten in heftigen Zorn, als sie merkten, dass da ein Mensch gekommen war, der sich für das Wohl der Israeliten einsetzte.

Entschluss zum Mauerbau

11 Als ich in Jerusalem angekommen war und drei Tage dort zugebracht hatte, 12 machte ich mich nachts mit einigen wenigen Männern auf. Nur ich hatte ein Reittier dabei. Bis dahin hatte ich noch keinem Menschen gesagt, was Gott mir ins Herz gegeben hatte, für Jerusalem zu tun. 13 So ritt ich bei Nacht durch das Taltor in

---

2,1 *Ende März.* Wörtlich: *im Monat Nisan* = März/April 444 v.Chr.

Richtung Drachenquelle bis zum Misttor. Ich untersuchte die niedergerissene Mauer und die vom Feuer vernichteten Tore. *14* Dann zog ich zum Quellentor hinüber und zum Königsteich. Als dort für mein Tier kein Durchkommen mehr war, *15* stieg ich bei Nacht zu Fuß die Schlucht hinauf und untersuchte die Mauer. Dann kehrte ich um und kam durch das Taltor wieder zurück. *16* Die Vorsteher wussten nicht, wohin ich gegangen war und was ich tun wollte. Denn bis dahin hatte ich keinem Juden etwas von meinem Vorhaben erzählt, weder den Priestern noch den Vornehmen, weder den Vorstehern noch den übrigen, die an dem Werk mitarbeiten sollten. *17* Jetzt aber sagte ich zu ihnen: »Ihr seht das Elend, in dem wir uns befinden. Jerusalem liegt in Trümmern und seine Tore sind verbrannt. Kommt, lasst uns die Mauer wieder aufbauen, damit wir nicht länger dem Spott der Leute preisgegeben sind!« *18* Ich erzählte ihnen, wie Gottes gütige Hand über mir gewesen war und was der König mir gewährt hatte. Da sagten sie: »Gut, machen wir uns ans Werk! Bauen wir!« Und sie ermutigten sich gegenseitig, dieses gute Werk zu beginnen.

19 Als der Horoniter Sanballat, der Ammoniter Tobija, sein Beauftragter, und der Araber Geschem davon hörten, lachten sie uns aus und spotteten: »Da habt ihr euch ja einiges vorgenommen! Gegen den König wollt ihr euch auflehnen?« *20* Ich ließ ihnen antworten: »Der Gott des Himmels wird es uns gelingen lassen. Und wir, seine Sklaven, werden ans Werk gehen und bauen. Euch jedoch geht Jerusalem nichts an. Ihr habt hier weder Grundbesitz noch Anspruch noch irgendein historisches Recht an der Stadt.«

Wiederaufbau der Stadtmauer

3 *1* Der Hohe Priester Eljaschib baute zusammen mit seinen Mitpriestern das Schaftor wieder auf. Dann weihten sie es und setzten seine Torflügel ein. Auch den angrenzenden Mauerabschnitt bis zum Turm der Hundert und dem Hananel-Turm weihten sie ein. *2* Den anschließenden Mauerabschnitt bauten die Männer von Jericho, und daneben baute Sakkur Ben-Imri. *3* Die Sippe Senaa baute das Fischtor wieder auf. Sie setzten die Balken und die Torflügel ein und brachten Riegel und Sperrbalken an. *4* Neben ihnen arbeitete Meremot Ben-Urija, der Enkel des Hakkoz. Daneben baute Meschullam Ben-Berechja, der Enkel von Meschesabel. Den nächsten Abschnitt setzte Zadok Ben-Baana instand. *5* Die Männer von Tekoa* besserten das anschließende Stück aus. Doch die Vornehmen dieser Stadt weigerten sich mitzuarbeiten und gehorchten dem Statthalter nicht. *6* Das Jeschana-Tor wurde von Jojada Ben-Paseach und Meschullam Ben-Besodja instand gesetzt. Sie setzten die Balken und die Torflügel ein und brachten Riegel und Sperrbalken an. *7* Neben ihnen bauten Melatja aus Gibeon, Jadon aus Meronot und die Männer

---

3,5 *Tekoa.* Kleine Stadt 17 km südlich von Jerusalem, Heimat des Amos, siehe Amos 1,1.

von Gibeon und Mizpa. In der Nähe dieses Teilstücks befand sich der Amtssitz des Statthalters der Westeuphrat-Provinz. *8* Daneben arbeitete ein Goldschmied, Usiël Ben-Harhaja und neben ihm der Salbenmischer Hananja. Sie befestigten Jerusalem bis zur »Breiten Mauer«. *9* Neben ihnen baute Refaja Ben-Hur, der Vorsteher des einen Halbbezirks von Jerusalem. *10* Jedaja Ben-Harumaf setzte den anschließenden Teil gegenüber seinem eigenen Haus instand. Neben ihm baute Hattusch Ben-Haschabneja. *11* Einen weiteren Abschnitt besserten Malkija Ben-Harim und Haschub Ben-Pahat-Moab aus, dazu den Ofenturm. *12* Daneben baute Schallum Ben-Lohesch zusammen mit seinen Töchtern. Er war der Vorsteher des zweiten Halbbezirks von Jerusalem. *13* Das Taltor besserten Hanun und die Bewohner von Sanoach aus. Sie setzten die Torflügel ein und brachten Riegel und Sperrbalken an. Außerdem besserten sie von dort noch 500 Meter Mauer bis zum Misttor aus. *14* Das Misttor selbst baute Malkija Ben-Rechab wieder auf, der Vorsteher des Bezirks Bet-Kerem. Er setzte seine Torflügel ein und brachte Riegel und Sperrbalken an. *15* Das Quelltor baute Schallun Ben-Kolhose wieder auf, der Vorsteher des Bezirks Mizpa. Er überdachte es, setzte seine Torflügel ein und brachte Riegel und Sperrbalken an. Außerdem baute er die Mauer am Teich der Wasserleitung beim königlichen Garten bis zu den Stufen, die von der Stadt Davids herabführen. *16* Am nächsten Mauerabschnitt arbeitete Nehemja Ben-Asbuk, der Vorsteher des einen Halbbezirks von Bet-Zur. Dieser Teil der Mauer lag den Königsgräbern des Hauses David gegenüber und erstreckte sich bis zu dem künstlich angelegten Teich und dem Haus der Helden*.

17 Den nächsten Mauerabschnitt besserten die Leviten unter Rehum Ben-Bani aus und den folgenden Haschabja, der Vorsteher des ersten Halbbezirks von Keila. *18* Nach ihm arbeiteten Leviten unter Binnui Ben-Henadad, dem Vorsteher des zweiten Halbbezirks von Keila. *19* Neben ihm baute Eser Ben-Jeschua, der Vorsteher von Mizpa. Sein Abschnitt lag gegenüber dem Aufstieg zum Zeughaus am Winkel. *20* Nach ihm besserte Baruch Ben-Sabbai mit großem Eifer den Mauerabschnitt zwischen dem Winkel und dem Eingang zum Haus des Hohen Priesters Eljaschib aus. *21* Den nächsten Abschnitt bis zum Ende vom Haus des Eljaschib baute Meremot Ben-Urija, der Enkel von Koz. *22* Neben ihm arbeiteten die Priester, die im Umkreis wohnten. *23* Daneben setzten Benjamin und Haschub die Mauer gegenüber ihren Häusern instand und das anschließende Stück Asarja Ben-Aaseja. Es befand sich auch in der Nähe seines Hauses. *24* Den nächsten Abschnitt vom Haus Asarjas bis zum Winkel und zur Ecke der Mauer baute Binnui Ben-Henadad. *25* Palal Ben-Usai arbeitete an der Mauer gegenüber dem

---

3,16 *Haus der Helden.* Eine in Jerusalem kasernierte Elitetruppe, ursprünglich Kampfgefährten von David.

Winkel und dem oberen Turm, der am Königspalast beim Wachthof vorspringt. Pedaja Ben-Parosch 26 und die Tempelsklaven, die auf dem Ofel* wohnten, besserten den Teil vom Wassertor auf der Ostseite bis zum vorspringenden Turm aus. 27 Am nächsten Teil, vom vorspringenden Turm bis zur Mauer am Ofel, arbeiteten die Einwohner von Tekoa*. 28 Den Abschnitt oberhalb des Rosstores setzten die Priester instand, jeder das Stück, das seinem Haus gegenüber lag. 29 Auch Zadok Ben-Immer baute den Teil der Mauer wieder auf, der seinem Haus gegenüber lag. 30 Den nächsten Teil bauten Hananja Ben-Schelemja und Hanun, der sechste Sohn Zalafs, wieder auf. Meschullam Ben-Berechja arbeitete an dem Abschnitt gegenüber seiner Wohnung. 31 Nach ihm baute der Goldschmied Malkija die Mauer bis zum Haus der Tempelsklaven und Händler, gegenüber dem Wachttor, und bis zum oberen Raum an der Mauerecke. 32 Den letzten Mauerabschnitt von dort bis zum Schaftor bauten die Goldschmiede und Händler wieder auf.

Spott der Feinde

33 Als Sanballat hörte, dass wir die Stadtmauer wieder aufbauten, wurde er wütend und ärgerte sich sehr. Er spottete über die Juden 34 und sagte vor seinen Vertrauten und dem Heer von Samaria: »Was machen diese elenden Juden da? Wollen sie einfach drauflos mauern? Wollen sie Opfer bringen und es an einem Tag schaffen? Wollen sie diese verbrannten Steine aus dem Schutt wieder zum Leben erwecken?« 35 Der Ammoniter Tobija neben ihm sagte: »Sie sollen nur bauen! Wenn ein Fuchs an ihre Mauer springt, wird er sie wieder einreißen.«

36 Doch ich betete: »Du, unser Gott, hör doch, wie sie über uns spotten! Lass ihren Spott auf sie selbst zurückfallen! Gib sie der Plünderung und der Gefangenschaft preis! 37 Deck ihre Schuld nicht zu! Lösch ihre Sünde vor dir nicht aus! Denn durch die Beleidigung der Bauenden wollten sie dich treffen!«

38 Trotz allem bauten wir an der Mauer weiter, und schon bald war sie bis zur halben Höhe geschlossen, denn alle waren mit Eifer an der Arbeit.

Störaktionen

4 1 Als Sanballat und Tobija, die Araber, die Ammoniter und die Leute von Aschdod erfuhren, dass der Wiederaufbau der Mauern Jerusalems Fortschritte machte, denn die Lücken schlossen sich allmählich, gerieten sie in Wut. 2 Sie verbündeten sich, um bewaffnet gegen Jerusalem zu ziehen und dort Verwirrung zu stiften. 3 Wir aber flehten zu unserem Gott und stellten Tag und Nacht Wachen gegen sie auf. 4 Doch dann sagten die Juden: »Die Kraft der Träger reicht nicht mehr, der Schutt ist

---

3,26 *Ofel* war der befestigte Hügel südlich vom Tempelberg, zwischen dem Tempel und der Davidsstadt.

3,27 *Einwohner von Tekoa.* Sie bauten also zwei Mauerabschnitte wieder auf, siehe V. 5.

viel zu viel! Wir schaffen es nicht mehr, an der Mauer zu bauen!« 5 Unsere Feinde aber sagten sich: »Sie sollen nichts merken und nichts von uns sehen, bis wir mitten unter ihnen sind. Dann schlagen wir sie tot und machen diesem Unternehmen ein Ende.« 6 Und die Juden, die in ihrer Nähe wohnten, sagten uns vielleicht zehnmal: »Wohin ihr euch auch dreht, überall sind sie gegen uns.« 7 Da stellte ich alle wehrfähigen Männer an den offenen Stellen, wo die Mauer niedriger war als der Platz dahinter, nach Sippen geordnet und mit Schwertern, Speeren und Bogen bewaffnet auf. 8 Nachdem ich mir alles angesehen hatte, sagte ich zu den führenden Männern, den Vorstehern und dem übrigen Volk: »Habt keine Angst vor ihnen! Denkt vielmehr daran, wie groß und mächtig der Herr ist! Und kämpft für eure Brüder, eure Söhne und Töchter, eure Frauen und euren Besitz!«

9 Als unsere Feinde hörten, dass wir gewarnt waren und Gott ihren Plan vereitelt hatte, konnten wir alle zu unseren Arbeitsplätzen an der Mauer zurückkehren. 10 Doch von diesem Tag an arbeitete nur die Hälfte meiner Leute am Bau mit, während die andere Hälfte Wache hielt, mit Speeren und Schilden, Bogen und Schuppenpanzern ausgerüstet. Und die Oberen standen hinter den Leuten von Juda, 11 die an der Mauer bauten. Die Lastträger arbeiteten so: Mit der einen Hand taten sie ihre Arbeit, mit der anderen hielten sie die Waffe. 12 Alle Bauleute hatten während der Arbeit das Schwert am Gurt. Und ich hatte den Mann mit dem Schofar* immer

bei mir. 13 Zu den Vornehmen, den Vorstehern und dem Volk hatte ich gesagt: »Unsere Baustelle ist groß und weitläufig. Wir müssen uns über die ganze Mauer verteilen und sind dadurch weit voneinander entfernt. 14 Wenn ihr von irgendeiner Stelle den Schofar hört, kommt sofort zu uns dorthin. Unser Gott wird für uns kämpfen.«

15 So arbeiteten wir vom ersten Morgenrot an, bis die Sterne hervortraten. Die Hälfte der Männer hatte ständig den Speer in der Hand. 16 Ich hatte befohlen, dass jeder mit seinen Leuten auch nachts in Jerusalem bleiben solle. So konnten sie uns nachts beim Wachdienst helfen und tagsüber an die Arbeit gehen. 17 Weder ich noch einer von meinen Brüdern, weder meine Diener noch die Männer meiner Leibwache kamen in dieser Zeit aus den Kleidern. Selbst beim Waschen hatte jeder seine Waffe bei sich.

Schuldenerlass für die Armen

5 1 Auf einmal breitete sich eine große Unzufriedenheit bei den Männern des einfachen Volkes aus. Sie beschwerten sich mit ihren Frauen über ihre jüdischen Stammesbrüder. 2 Die einen klagten: »Wir haben viele Söhne und Töchter und wissen nicht, wie wir satt werden sollen! Wir brauchen Getreide zum Überleben!«

4,12 Der *Schofar* wurde aus den gewundenen Hörnern des männlichen Fettschwanzschafes hergestellt und brachte einen dumpfen, durchdringenden Ton hervor.

³ Andere sagten:»Um in der Hungersnot Getreide zu bekommen, mussten wir unsere Felder, Weinberge und Häuser verpfänden.« ⁴ Wieder andere beklagten sich:»Und wir mussten unsere Felder und Weinberge verpfänden, um die Steuer für den König bezahlen zu können.« ⁵ Und alle sagten:»Wir sind doch vom gleichen Fleisch und Blut wie unsere Stammesbrüder! Sind unsere Kinder nicht genauso Israeliten wie ihre Kinder? Und doch müssen wir unsere Söhne und Töchter zu Sklaven erniedrigen. Einige unserer Töchter sind schon in ihrer Gewalt, und wir können nichts dagegen tun. Unsere Felder und Weinberge gehören ja anderen.« ⁶ Als ich ihre Klage und diese Worte hörte, wurde ich sehr zornig. ⁷ Ich dachte gründlich über alles nach und stellte dann die Vornehmen und Vorsteher zur Rede:»Ihr nutzt die Not eurer Brüder schamlos aus!« Dann brachte ich die Sache vor die ganze Volksversammlung. ⁸ Ich sagte:»Wir haben unsere jüdischen Stammesbrüder, die von Fremden zu Sklaven gemacht wurden, freigekauft, so weit

es uns möglich war. Und ihr wollt sie jetzt selber verkaufen, damit sie dann wieder an uns verkauft werden?« Da wussten sie keine Antwort und schwiegen. ⁹ »Es ist unwürdig, was ihr da tut!«, sagte ich.»Solltet nicht gerade ihr in Furcht vor Gott leben? Doch so macht ihr uns zum Gespött für unsere Feinde! ¹⁰ Auch ich und meine Brüder und meine Diener haben Geld und Getreide verliehen. Erlassen wir ihnen doch die Rückzahlung! ¹¹ Gebt ihnen unverzüglich ihre Felder und Weinberge, Olivenhaine und Häuser zurück!« ¹² Sie erwiderten:»Gut, wir wollen alles zurückgeben und nichts mehr von ihnen fordern. Wir wollen alles tun, was du gesagt hast.« Da rief ich die Priester und ließ die Gläubiger vor ihnen schwören, ihre Zusage wirklich zu halten. ¹³ Außerdem schüttelte ich den Bausch meines Gewandes vor ihnen aus* und erklärte:»Genauso soll Gott jeden, der diesen Schwur nicht hält, aus seinem Haus und Besitz herausschütteln. Ja, er selbst sei so ausgeschüttelt und geleert.« Da rief die ganze Versammlung:»Amen*!« und lobte Jahwe. Alle hielten sich an diese Abmachung.

Nehemias Uneigennützigkeit

¹⁴ Ich selbst habe vom Anfang meiner Statthalterschaft in Juda an zwölf Jahre lang, vom 20. bis zum 32. Regierungsjahr* des Königs Artaxerxes, für mich und meine Brüder auf alle mir zustehenden Unterhaltskosten verzichtet. ¹⁵ Frühere Statthalter hatten dem Volk schwere Lasten auferlegt und nicht nur Brot und Wein, sondern auch 40 Silberstücke* pro Tag von

---

5,13 *schüttelte ... aus.* Die vom Gürtel gebildete bauschige Falte des Gewandes, in der man kleinere Gegenstände und Tiere tragen konnte. Ihr Ausschütteln bezeugte die Ernsthaftigkeit des Schwurs.

Amen. Hebräisch: *Es werde wahr!* Oder: *So sei es!*

5,14 Das *32. Regierungsjahr* des Artaxerxes dauerte vom 1. April 433 bis zum 19. April 432 v.Chr.

5,15 *40 Silberstücke.* Das war etwa ein halbes Kilogramm Silber.

ihnen genommen. Auch ihre Diener hatten willkürlich über das Volk geherrscht. Ich habe das nicht so gemacht, weil ich Gott fürchtete. 16 Auch beim Bau der Mauer habe ich selbst Hand angelegt, und auch meine Leute haben mitgeholfen. Keiner von uns kaufte Land für sich selbst. 17 An meinem Tisch speisten die 150 Vorsteher der Juden, dazu noch die Gäste von den umliegenden Völkern. 18 Jeden Tag ließ ich ein Rind, sechs ausgesuchte Schafe und Geflügel zubereiten. Alle zehn Tage wurden die verschiedensten Weine in großer Menge angeliefert. Trotzdem habe ich auf die Unterhaltskosten, die mir als Statthalter zustanden, verzichtet, denn der Arbeitsdienst lastete schwer genug auf dem Volk.

19 »Denk an mich, mein Gott, und lass mir zugutekommen, was ich für dieses Volk getan habe!«

Mordpläne gegen Nehemia

6 1 Als Sanballat, Tobija, Geschem, der Araber, und unsere übrigen Feinde erfuhren, dass ich die Mauer fertig gebaut hatte, dass keine Lücke mehr geblieben war – nur die Torflügel hatte ich zu diesem Zeitpunkt noch nicht eingesetzt –, 2 schickten Sanballat und Geschem einen Boten mit der Einladung zu mir, sie in Kefirim im Ono-Tal* zu treffen. Sie führten allerdings Böses gegen mich im Schilde. 3 Ich ließ ihnen durch Boten ausrichten: »Ich habe eine große Aufgabe zu bewältigen und kann nicht zu euch herunterkommen. Warum sollte die Arbeit dadurch ins Stocken geraten, dass ich mich mit euch treffe?«

4 Viermal schickten sie mir die gleiche Einladung, und jedes Mal schickte ich ihnen dieselbe Antwort. 5 Beim fünften Mal schickte mir Sanballat seinen Diener mit einem offenen Brief. 6 Darin stand: »Unter den Leuten geht ein Gerücht um – und Geschem bestätigt es auch –, dass du mit den Juden einen Aufstand vorbereitest und deshalb die Mauer wieder aufbaust. Man sagt, du wolltest ihr König werden. 7 Du sollst sogar schon Propheten eingesetzt haben, die dich dann in Jerusalem zum König von Judäa ausrufen würden. Diese Gerüchte werden bestimmt auch dem König zu Ohren kommen. Komm also, damit wir beraten, was zu tun ist!« 8 Ich ließ ihm ausrichten: »Was du schreibst, ist völlig aus der Luft gegriffen. Das hast du alles frei erfunden.« 9 So versuchten sie uns einzuschüchtern in der Hoffnung, dass wir die Arbeit abbrechen würden. Doch nun legte ich umso eifriger Hand ans Werk.

10 Eines Tages besuchte ich Schemaja Ben-Delaja, den Enkel von Mehetabel, weil er verhindert war, zu mir zu kommen. Er sagte zu mir: »Lass uns miteinander ins Haus Gottes gehen und uns im Innern des Tempels einschließen. Sie wollen dich nämlich umbringen – noch heute Nacht!« 11 »Ein Mann in meiner Stellung läuft nicht davon«, sagte ich. »Und außerdem darf ich den Innenraum des Tempels überhaupt nicht betreten, denn

---

6,2 *Kefirim im Ono-Tal.* 11 km südöstlich von Joppe und 48 km von Jerusalem entfernt.

das müsste ich mit dem Leben bezahlen. Nein, ich gehe nicht!« *12* Mir war nämlich klar geworden, dass nicht Gott ihn geschickt hatte. Er hatte mir diese Prophezeiung nur gesagt, weil Tobija und Sanballat ihn dafür bezahlt hatten. *13* Sie wollten ihn benutzen, um mir Angst einzujagen, und mich dadurch zu einer Sünde verleiten. Damit wollten sie mich in üblen Ruf bringen, um mich dann verächtlich machen zu können.

14 »Du, mein Gott, vergiss nicht, was Tobija und Sanballat getan haben. Denk auch daran, was die Prophetin Noadja und die anderen Propheten taten, um mich einzuschüchtern.«

15 Die Mauer wurde in 52 Tagen am 2. Oktober* fertiggestellt. *16* Als unsere Feinde aus den Völkerschaften um uns herum davon hörten, fürchteten sie sich. Ihr Hochmut war ihnen vergangen, weil sie einsehen mussten, dass Gott dieses Werk vollbracht hatte.

17 Während dieser ganzen Zeit standen einige der Vornehmen in Judäa in ständigem Briefwechsel mit Tobija. *18* Denn viele Juden hatten ihm Beistand geschworen, weil er ein Schwiegersohn von Schechanja Ben-Arach war. Und Tobijas Sohn Johanan hatte eine Tochter von Meschullam Ben-Berechja geheiratet. *19* Diese Leute rühmten Tobijas Verdienste vor

mir und hinterbrachten ihm meine Worte. Daraufhin wollte Tobija mich mit seinen Briefen einschüchtern.

Einsetzung der Wache

7 *1* Als der Wiederaufbau der Mauer abgeschlossen war, ließ ich die Torflügel einsetzen. Dann wurden die Torwächter bestellt. Auch die Sänger und Leviten bekamen ihren Dienst zugewiesen. *2* Zu Befehlshabern über Jerusalem ernannte ich meinen Bruder Hanani und den Burghauptmann Hananja, der ein zuverlässiger und gottesfürchtiger Mann war, wie es nicht viele gab. *3* Ich sagte zu ihnen: »Die Tore Jerusalems werden erst geöffnet, wenn die Sonne schon heiß scheint. Und abends, während sie noch am Himmel steht, werden die Tore geschlossen und verriegelt. Bildet einen Wachdienst aus den Einwohnern der Stadt. Ein Teil von ihnen soll an den besonders gefährdeten Stellen Wache stehen und die anderen bei ihrem Haus.«

Verzeichnis der Heimkehrer

4 Nun war die Stadt ausgedehnt und groß, aber die Zahl der Einwohner klein; neugebaute Häuser waren nicht vorhanden. *5* Da gab es mir Gott in den Sinn, die Vornehmen, die Vorsteher und das ganze Volk zusammenzurufen, um sie nach ihren Sippen in Listen einzutragen. Dabei fand ich die Buchrolle mit dem Verzeichnis der ersten Heimkehrer. Darin hieß es:

6 Die hier Eingetragenen der Provinz Judäa verließen Babylonien, wohin sie von König Nebukadnezzar

---

6,15 *2. Oktober.* Wörtlich: *am 25. Elul.* In knapp zwei Monaten wurde eine Mauer errichtet, die anderthalb Jahrhunderte in Schutt und Asche gelegen hatte.

verschleppt worden waren, und kehrten nach Jerusalem und Judäa in ihre Heimatorte zurück. 7 Sie kamen mit Serubbabel, Jeschua, Nehemja, Asarja, Raamja, Nahamani, Mordochai, Bilschan, Misperet, Bigwai, Rehum und Baana.

8 Es folgt ein Verzeichnis der heimgekehrten Sippen mit der Zahl der zu ihnen gehörenden Männer: Parosch 2172, 9 Schefatja 372, 10 Arach 652, 11 Pahat-Moab, die Nachkommen von Jeschua und Joab 2818, 12 Elam 1254, 13 Sattu 845, 14 Sakkai 760, 15 Bani 648, 16 Bebai 628, 17 Asgad 2322, 18 Adonikam 667, 19 Bigwai 2067, 20 Adin 655, 21 Ater, die Nachkommen von Hiskija 98, 22 Haschum 328, 23 Bezai 324, 24 Harif 112, 25 Gibeon 95, 26 Netofa aus Betlehem 188. 27 Aus Anatot waren es 128, 28 aus Bet-Asmawet 42, 29 aus Kirjat-Jearim, Kefira und Beerot 743, 30 aus Rama und Geba 621, 31 aus Michmas 122, 32 aus Bet-El und Ai 123, 33 aus dem anderen Nebo 52. 34 Von einem anderen Elam 1254, 35 von Harim 320, 36 aus Jericho 345, 37 aus Lod, Hadid und Ono 721, 38 von Senaa 3930.

Heimgekehrte Priester und Leviten

39 Von den Priestersippen kehrten zurück: Jedaja, die Nachkommen von Jeschua 973, 40 Immer 1052, 41 Paschhur 1247, 42 Harim 1017. 43 Von den Sippen der Leviten: Jeschua, die Nachkommen von Kadmiël, Binnui und Hodawja 74. 44 Von den Tempelsängern: die Nachkommen Asafs 148. 45 Von den Torwächtern des Tempels: die Sippen Schallum, Ater,

Talmon, Akkub, Hatita und Schobai, 138 Mann.

46 Von den Tempelsklaven kehrten folgende Sippen heim: Ziha, Hasufa, Tabbaot, 47 Keros, Sia, Padon, 48 Lebana, Hagaba, Salmai, 49 Hanan, Giddel, Gahar, 50 Reaja, Rezin, Nekoda, 51 Gasam, Usa, Paseach, 52 Besai, die Mëuniter, die Nefusiter, 53 Bakbuk, Hakufa, Harhur, 54 Bazlit, Mehida, Harscha, 55 Barkos, Sisera, Temach, 56 Neziach und Hatifa.

57 Von den Sippen der Sklaven Salomos kehrten heim: Sotai, Soferet, Peruda, 58 Jaala, Darkon, Giddel, 59 Schefatja, Hattil, Pocheret-Zebajim und Amon. 60 Die Gesamtzahl der Tempelsklaven und der Nachkommen der Sklaven Salomos betrug 392. 61 Aus Tel-Melach, Tel-Harscha, Kerub-Addon und Immer kamen folgende Sippen, die ihre Herkunft aus Israel nicht nachweisen konnten: 62 Delaja, Tobija und Nekoda 642. 63 Die Priestersippen Habaja, Koz und Barsillai. Barsillai hatte damals eine Tochter von dem Barsillai aus Gilead geheiratet und dessen Namen angenommen. 64 Sie konnten ihre Abstammungsnachweise nicht finden. Deshalb wurden sie für unrein erklärt und vom Priesteramt ausgeschlossen. 65 Der Statthalter untersagte ihnen, von den höchst heiligen Opfergaben zu essen, bis wieder ein Priester für die Urim und Tummim* auftreten würde.

7,65 *Urim und Tummim.* Die heiligen Lose, die in der Brusttasche des hohenpriesterlichen Gewandes aufbewahrt wurden, vgl. 2. Mose 28,30.

Die Gesamtzahl von Personen und Spenden

66 Die ganze Versammlung zählte 42.360 Personen*, 67 dazu kamen 7337 Sklaven und Sklavinnen und 245 Sänger und Sängerinnen.* 68 Sie hatten 435 Kamele und 6720 Esel. 69 Einige von den Sippenoberhäuptern gaben Spenden für das Werk. Der Statthalter spendete achteinhalb Kilogramm Goldstücke*, 50 Opferschalen und 530 Priestergewänder. 70 Einige Sippenoberhäupter spendeten für den Bau 170 Kilogramm Goldstücke und 1250 Kilogramm Silber*. 71 Das übrige Volk spendete 170 Kilogramm Goldstücke, 1140 Kilogramm Silber und 67 Priestergewänder.

72 Die Priester, die Leviten, die Torwächter, die Sänger, die Tempelsklaven und das übrige Volk ließen sich in ihren Heimatorten nieder.

7,66 *42360 Personen.* Die Zahl ist höher als die Summe der einzelnen Angaben. Es könnte aber sein, dass nur die Nachkommen aus den Stämmen Juda und Benjamin gesondert aufgezählt sind und die Differenzsumme Menschen aus den anderen Stämmen betraf.

7,67 *Sängerinnen.* Einige hebräische Handschriften haben hier aus LXX Esra 2,66 eingefügt: »Außerdem brachten die Israeliten 736 Pferde, 245 Maultiere.«

7,69 *... Goldstücke.* Wörtlich: *1000 Golddariken.* Eine Darike wog etwa 8,4 Gramm.

7,70 *1250 Kilogramm Silber.* Wörtlich: *2200 Minen.* Eine Mine wog 558-610 Gramm.

8,2 *Am 8. Oktober.* Wörtlich: *Am 1. des 7. Monats.* Das war der Neujahrstag des zivilen Jahres, der 8. Oktober 445 v.Chr., an dem das Fest des Lärmblasens stattfand, vgl. 3. Mose 23,24-25.

Die Feste werden gefeiert

8 Als es Mitte Oktober wurde und die Israeliten in ihren Städten wohnten, 1 versammelte sich das ganze Volk auf dem Platz vor dem Wassertor. Sie baten den Gesetzeslehrer Esra, das Buch mit dem Gesetz Moses herbeizubringen, dem Gesetz, das Jahwe den Israeliten verordnet hat. 2 Da brachte der Priester Esra das Gesetzbuch vor die ganze Versammlung, vor die Männer und Frauen und alle Kinder, die es schon verstehen konnten. Am 8. Oktober* 3 las er vom frühen Morgen bis zum Mittag auf dem Platz vor dem Wassertor aus dem Gesetzbuch vor. Das ganze Volk hörte aufmerksam auf die Worte des Buches. 4 Der Schriftgelehrte Esra stand dabei auf einem hölzernen Podest, das man zu diesem Zweck errichtet hatte. Rechts neben ihm standen Mattitja, Schema, Anaja, Urija, Hilkija und Maaseja, und links neben ihm Pedaja, Mischaël, Malkija, Haschum, Haschbaddana, Secharja und Meschullam. 5 Esra öffnete die Buchrolle vor aller Augen, denn er stand höher als das versammelte Volk. 6 Zuerst pries Esra Jahwe, den großen Gott, und alle antworteten mit erhobenen Händen: »Amen, Amen!« Dann warfen sie sich vor Jahwe nieder, mit dem Gesicht auf den Boden. 7 Die Leviten Jeschua, Bani, Scherebja, Jamin, Akkub, Schabbetai, Hodija, Maaseja, Kelita, Asarja, Josabad, Hanan und Pelaja halfen den Leuten, das Gelesene zu verstehen, wobei das Volk auf seinem Platz blieb. 8 Sie übersetzten die vorgelesenen Abschnitte* und erklärten die Weisung Gottes, damit das Volk sie verstehen konnte.

9 Als die Israeliten die Worte des Gesetzes vernahmen, fingen sie an zu weinen. Da sagten der Statthalter Nehemia, der Priester und Gesetzeslehrer Esra und die Leviten, die das Volk unterwiesen: »Seid nicht traurig und weint nicht, denn dieser Tag ist Jahwe, eurem Gott, geweiht! *10* Geht jetzt zu eurem Festmahl, esst und trinkt und gebt auch denen etwas ab, für die nichts vorbereitet ist! Heute ist ein Festtag für Jahwe. Seid nicht traurig, denn die Freude an Jahwe ist euer Schutz!« *11* Auch die Leviten redeten dem Volk gut zu: »Beruhigt euch, denn der Tag ist heilig! Ihr müsst nicht traurig sein!« *12* Da gingen alle zum Essen und Trinken und teilten ihr Festmahl mit denen, die nichts hatten. Sie feierten ein großes Freudenfest, denn sie hatten die Worte verstanden, die ihnen übermittelt worden waren.

Das Laubhüttenfest

13 Am nächsten Tag kamen die Sippenoberhäupter des ganzen Volkes mit den Priestern und Leviten zu Esra, dem Schriftgelehrten, um die Aussagen des Gesetzes noch besser zu verstehen. *14* Da entdeckten sie im Gesetz, das Jahwe durch Mose angeordnet hatte, dass die Israeliten während dieses Festes im Oktober* in Laubhütten wohnen sollten. *15* Da ließen sie in Jerusalem und in allen Städten ausrufen: »Geht auf die umliegenden Berge und holt frische Zweige von edlen und wilden Ölbäumen, von Myrten, von Palmen und anderen dichtbelaubten Bäumen, um Laubhütten zu bauen, wie es das Gesetz vorschreibt!« *16* Das Volk gehorchte

und brachte Zweige und baute sich Laubhütten – die einen auf ihren Dachterrassen, die anderen in ihren Höfen, in den Vorhöfen des Tempels oder auf dem Platz vor dem Wassertor oder beim Efraïmtor. *17* Die ganze Versammlung der Heimkehrer baute Laubhütten und wohnte darin. Das hatten die Israeliten seit der Zeit von Josua Ben-Nun bis zu diesem Tag nicht mehr getan. Und alle freuten sich sehr. *18* An jedem der sieben Festtage wurde aus dem Buch des göttlichen Gesetzes vorgelesen. Am achten Tag fand die vorgeschriebene Festversammlung statt.

Das Bußgebet des Volkes

9 *1* Am 30. Oktober* kamen die Israeliten zu einem Fastentag zusammen. Sie hatten den Trauersack angezogen und sich Erde auf den Kopf gestreut. *2* Sie hatten sich von all denen getrennt, die ihrer Abstammung nach keine Israeliten waren, und versammelten sich nun, um ihre Sünden und die Verfehlungen ihrer Väter zu bekennen. *3* Sie erhoben sich von ihren Plätzen, und drei Stunden* lang wurde ihnen aus dem Buch des Gesetzes Jahwes, ihres Gottes, vorgelesen. Dann warfen sie sich vor Jahwe

---

8,8 *übersetzten ... Abschnitte.* Seit der babylonischen Gefangenschaft war Aramäisch (Syrisch) die Umgangssprache in Israel und die hebräischen Texte der Heiligen Schrift mussten für das Volk übersetzt werden.

8,14 *Oktober.* Wörtlich: *7. Monat.*

9,1 *Am 30. Oktober.* Wörtlich: *Am 24. dieses Monats.*

nieder und bekannten ihm drei Stunden lang ihre Verfehlungen. *4* Auf dem Podest der Leviten standen Jeschua, Bani, Kadmiël, Schebanja, Bunni, Scherebja, Bani und Kenani. Sie schrien mit lauter Stimme um Hilfe zu Jahwe, ihrem Gott. *5* Dann riefen die Leviten Jeschua, Kadmiël, Bani, Haschabneja, Scherebja, Hodija, Schebanja und Petachja dem Volk zu: »Steht auf und preist Jahwe, euren Gott, von Ewigkeit zu Ewigkeit!«
Und sie beteten: »Man preise deinen herrlichen Namen, Jahwe! Er ist größer als alles Preisen und Rühmen es ausdrücken kann. *6* Du, Jahwe, bist der einzige Gott. Du hast alle Himmel gemacht, die ganze Himmelswelt und alle Heerscharen darin, die Erde und alles, was auf ihr lebt, die Meere und alles, was in ihnen ist. Ihnen allen hast du das Leben geschenkt, und das Heer des Himmels betet dich an. *7* Du, o Jahwe, bist der Gott, der Abram erwählte. Du holtest ihn aus Ur in Chaldäa heraus und gabst ihm den Namen Abraham. *8* Und als du sahst, dass er treu zu dir hielt, hast du den Bund mit ihm geschlossen und ihm versprochen, seinen Nachkommen das Land der Kanaaniter, der Hetiter, Amoriter, Perisiter, Jebusiter und Girgaschiter zu geben. Und du hast dein Versprechen gehalten, denn du bist gerecht! *9* Du sahst die Bedrückung unserer Väter in Ägypten und hast ihren Hilfeschrei am Schilfmeer gehört. *10* Dem Pharao hast du deine Wunderzeichen

gezeigt und ihm deine Macht zu spüren gegeben, seinen Ministern und seinem ganzen Volk, denn du hast gesehen, wie hochmütig sie unsere Väter behandelten. Und so hast du dir bis heute einen Namen gemacht. *11* Vor ihren Augen hast du das Meer gespalten, sodass unsere Väter trockenen Fußes mitten hindurchziehen konnten. Doch ihre Verfolger hast du in den Strudel geschleudert, wie einen Stein in tosende Fluten. *12* Am Tag hast du sie durch eine Wolkensäule geführt und in der Nacht ihren Weg durch eine Feuersäule erhellt. *13* Auf den Sinai bist du herabgestiegen und hast vom Himmel her mit ihnen geredet. Klare Ordnungen hast du ihnen gegeben, Gesetze, auf die man sich verlassen kann, gute Vorschriften und Gebote. *14* Du lehrtest sie den Sabbat zu halten als heiligen Tag und gabst ihnen durch deinen Sklaven Mose Gebote, Ordnungen und ein Gesetz. *15* Für ihren Hunger gabst du ihnen Brot vom Himmel und für ihren Durst Wasser aus dem Fels. Und dann befahlst du ihnen, das Land einzunehmen, das du ihnen versprochen hattest mit zum Schwur erhobener Hand.

16 Doch unsere Väter wurden hochmütig. Trotzig schlugen sie deine Weisungen in den Wind! *17* Sie wollten dir nicht gehorchen und dachten nicht mehr an die großen Wunder, mit denen du ihnen geholfen hattest. Stur wie sie waren, wollten sie einen Anführer wählen und zurück in die ägyptische Sklaverei. Doch du bist ein Gott, der Vergebung schenkt, bist gnädig und voller Erbarmen. Du hast große Geduld und unendliche

---

9,3 *drei Stunden.* Wörtlich: *ein Viertel des Tages.*

Gnade und ließest sie nicht im Stich. 18 Selbst als sie das Bild eines Stierkalbs gossen und sagten: ›Das ist dein Gott, der dich aus Ägypten geführt hat!‹ und dich damit tief verletzten, 19 hast du sie dort in der Wüste nicht verlassen. Du nahmst die Wolkensäule nicht weg, die sie führte, und auch die Feuersäule nicht, die nachts ihren Weg erhellte. 20 Deinen guten Geist hast du ihnen geschenkt, um sie zur Einsicht zu bringen. Dein Manna enthieltest du ihnen nicht vor und gabst ihnen Wasser für ihren Durst. 21 Vierzig Jahre lang hast du sie in der Wüste versorgt. Sie hatten alles, was sie brauchten. Ihre Kleider zerschlissen nicht und ihre Füße schwollen nicht an.

22 Ganze Königreiche und Völker gabst du in ihre Gewalt, ein Land nach dem anderen eroberten sie. So nahmen sie das Land des Königs Sihon von Heschbon in Besitz, und das Land des Königs Og von Baschan. 23 Du hast ihre Nachkommen so zahlreich wie die Sterne am Himmel gemacht und sie in das Land gebracht, das nach deinem Willen schon die Väter in Besitz nehmen sollten. 24 Nun zogen sie hinein und eroberten es. Die Bewohner Kanaans gabst du in ihre Gewalt, ihre Herrscher und ihre Völker, und sie konnten mit ihnen machen, was sie wollten. 25 Befestigte Städte nahmen sie ein und fruchtbares Land, Häuser mit Gütern gefüllt und fertige Zisternen, Weinberge und Olivenhaine und Obstbäume in großer Zahl. Es ging ihnen gut, sie aßen sich satt und genossen die Fülle deiner guten Gaben.

26 Aber dann wurden sie trotzig und empörten sich gegen dich, sie schleuderten deine Weisungen hinter sich. Sie brachten deine Propheten um, die sie warnten, um sie zu dir zurückzubringen. So kränkten sie dich sehr. 27 Da gabst du sie der Gewalt ihrer Feinde preis und diese bedrängten sie hart. Dann schrien sie zu dir, und du erhörtest sie vom Himmel her. In deinem Erbarmen schicktest du ihnen Retter und hast sie von ihren Peinigern erlöst. 28 Doch kaum hattest du ihnen Ruhe verschafft, lehnten sie sich erneut gegen dich auf. Da überließest du sie wieder den Händen ihrer Feinde, und die herrschten hart über sie. Wieder schrien sie zu dir und du erhörtest sie vom Himmel her. Immer wieder hast du sie in deinem Erbarmen befreit. 29 Obwohl du sie ernstlich gewarnt hast, um sie zu deinem Gesetz zurückzuführen, trotzten sie dir und gehorchten deinen Geboten nicht. Sie sündigten gegen deine Ordnungen, durch die der Mensch doch lebt, wenn er sie tut. Sie zeigten dir die kalte Schulter, boten dir trotzig die Stirn und gehorchten dir nicht. 30 Viele Jahre hattest du mit ihnen Geduld und warntest sie durch deinen Geist, der deinen Propheten die Worte gab. Aber sie hörten nicht hin. Da gabst du sie in die Gewalt fremder Völker. 31 Doch weil du sehr barmherzig bist, hast du sie nicht beseitigt und sie nicht verlassen. Denn du bist gnädig und voller Erbarmen.

32 Und nun, unser Gott, du großer, starker und furchtbarer Gott, der sich seine Gnade bewahrt und zu seinem Bund steht! Lass doch all das Leid, das uns betroffen hat, unsere Könige

und Führer, unsere Priester und Propheten, unsere Vorfahren und dein ganzes Volk seit der Herrschaft der assyrischen Könige bis heute, lass doch all das Leid dir nicht gering erscheinen. 33 Du warst im Recht, wenn uns das alles getroffen hat, denn du bist treu geblieben; doch wir, wir haben uns schuldig gemacht. 34 Ja, unsere Könige, unsere Vorsteher und Priester, unsere Vorfahren haben dein Gesetz nicht befolgt, auf deine Gebote nicht geachtet und deine Warnungen in den Wind geschlagen. 35 Du hattest ihnen die Herrschaft anvertraut, du hattest sie mit Gütern reich beschenkt und ihnen ein weites, fruchtbares Land gegeben. Doch sie haben dir nicht gedient und kehrten von ihrem bösen Treiben nicht um. 36 Und heute sind wir Sklaven in dem Land, das du unseren Vorfahren anvertraut hast, damit sie seine Früchte und seinen Reichtum genießen. Ja, wir sind hier Sklaven geworden, 37 und der Ertrag unseres Landes kommt den Königen zugute, die du über uns gesetzt hast. Sie haben Gewalt über unsere Körper und unser Vieh; sie behandeln uns, wie es ihnen gerade gefällt, und wir sind in großer Not.«

Verpflichtung auf das Gesetz

10 1 »Und wegen all dem verpflichten wir uns nun schriftlich. Auf der gesiegelten Schrift sollen die Namen unserer Vorsteher, unserer Leviten und Priester stehen.« 2 Als erster unterzeichnete der Statthalter Nehemia Ben-Halachja, dann die Priester Zidkija, 3 Seraja, Asarja, Jirmeja, 4 Paschhur, Amarja, Malkija,

5 Hattusch, Schebanja, Malluch, 6 Harim, Meremot, Obadja, 7 Daniel, Ginneton, Baruch, 8 Meschullam, Abija, Mijamin, 9 Maasja, Bilga und Schemaja.

10 Dann unterschrieben die Leviten Jeschua Ben-Asanja, Binnui aus der Sippe Henadad sowie Kadmiël, 11 ferner ihre Brüder Schebanja, Hodija, Kelita, Pelaja, Hanan, 12 Micha, Rehob, Haschabja, 13 Sakkur, Scherebja, Schebanja, 14 Hodija, Bani und Beninu.

15 Schließlich unterzeichneten die Vorsteher Parosch, Pahat-Moab, Elam, Sattu, Bani, 16 Bunni, Asgad, Bebai, 17 Adonija, Bigwai, Adin, 18 Ater, Hiskija, Asur, 19 Hodija, Haschum, Bezai, 20 Harif, Anatot, Nebai, 21 Magpiasch, Meschullam, Hesir, 22 Meschesabel, Zadok, Jaddua, 23 Pelatja, Hanan, Anaja, 24 Hoschea, Hananja, Haschub, 25 Lohesch, Pilha, Schobek, 26 Rehum, Haschabna, Maaseja, 27 Ahija, Hanan, Anan, 28 Malluch, Harim und Baana.

29 Auch das übrige Volk schloss sich der Verpflichtung an: die restlichen Priester und Leviten, die Torwächter, Sänger und Tempelsklaven, und alle, die sich von den nichtisraelitischen Völkern im Land getrennt hatten, um das Gesetz Gottes zu befolgen, dazu ihre Frauen und alle von ihren Söhnen und Töchtern, die alt genug waren, die Vereinbarung zu verstehen. 30 Zusammen mit ihren Vorstehern legten sie einen Eid ab, das Gesetz, das Gott uns durch Mose, seinen Diener, gegeben hat, und alle Gebote, Vorschriften und Anweisungen Jahwes, unseres Herrn, zu befolgen.

31 »Wir verpflichten uns, unsere Töchter nicht in fremde Volksgruppen im Land zu verheiraten und von ihnen keine Frauen für unsere Söhne zu nehmen. *32* Und wenn diese Fremden ihr Getreide oder andere Waren am Sabbat oder einem anderen heiligen Tag zum Verkauf bringen, wollen wir ihnen nichts abkaufen. Jedes siebte Jahr lassen wir das Land brach liegen und erlassen alle Schulden. *33* Wir verpflichten uns, jährlich einen Drittelschekel* für den Dienst im Tempel unseres Gottes zu geben, *34* für die geweihten Brote, für die täglichen Speis- und Brandopfer, für die Opfer am Sabbat, am Neumondsfest und an den übrigen Festtagen, für die geweihten Gaben und die Sündopfer, die Israels Schuld tilgen, sowie für alle Arbeiten am Haus unseres Gottes. *35* Die Lieferung des Brennholzes für die im Gesetz vorgeschriebenen Opfer auf dem Altar Jahwes, unseres Gottes, losen wir zusammen mit den Priestern und Leviten jährlich aus und bestimmen so, welche Sippen es zu den festgesetzten Zeiten liefern müssen. *36* Jedes Jahr werden wir die ersten Früchte von unseren Feldern und Fruchtbäumen zum Haus Jahwes bringen. *37* Wie es im Gesetz vorgeschrieben ist, werden wir auch unsere erstgeborenen Söhne* sowie die Erstgeburten von unseren Rindern und Schafen zu den diensttuenden Priestern im Haus unseres Gottes bringen. *38* In den Vorratsräumen des Tempels werden wir ihnen auch den Brotteig aus dem ersten Getreide des Jahres abliefern sowie die besten Früchte unserer Bäume, den ersten Wein und das erste Olivenöl. Den Leviten geben wir den Zehnten vom Ertrag unserer Felder, denn sie erheben den Zehnten an allen Orten, wo wir Ackerbau betreiben. *39* Wenn die Leviten den Zehnten in Empfang nehmen, soll ein Priester, ein Nachkomme Aarons, in ihrer Begleitung sein. Den Zehnten vom Zehnten sollen die Leviten nämlich an den Tempel abliefern und in die Vorratskammern dort bringen. *40* In diese Räume sollen die Israeliten und die Leviten das Getreide, den Wein und das Olivenöl abliefern. Dort werden die Gegenstände für den Tempeldienst aufbewahrt, und dort halten sich auch die diensttuenden Priester, die Torwächter und Sänger auf. Wir wollen das Haus unseres Gottes nicht vernachlässigen.«

Die Einwohner von Jerusalem

11 *1* Die Führer des Volkes wohnten schon in Jerusalem. Aus der übrigen Bevölkerung wurde jede zehnte Familie durch das Los dazu bestimmt, ebenfalls in Jerusalem, der heiligen Stadt, zu wohnen. Die anderen Familien konnten in ihren Ortschaften bleiben. *2* Und jede Familie, die freiwillig nach Jerusalem zog, wurde vom Volk gesegnet. *3* Die folgende Liste verzeichnet die Sippenoberhäupter der Provinz Judäa, die in Jerusalem wohnten. Die übrigen

---

10,33 *Drittelschekel.* Silbermünze, etwa 4 Gramm.

10,37 *erstgeborenen Söhne.* Alle Erstgeburt gehörte Gott. Menschen wurden jedoch in den Tempel gebracht und dort ausgelöst (siehe 2. Mose 13,2; 4. Mose 18,16-18).

Israeliten, die Priester, die Leviten, die Tempelsklaven und die Nachkommen der Sklaven Salomos wohnten in den Städten Judäas, jeder auf seinem Erbbesitz. *4* Aus dem Stamm Juda wohnten in Jerusalem: Ataja Ben-Usija; er stammte über Secharja, Amarja, Schefatja und Mahalalel von Judas Sohn Perez ab. *5* Maaseja Ben-Baruch; er stammte über Kolhose, Hasaja, Adaja, Jojarib und Secharja von Schela ab. *6* Von den Nachkommen des Perez wohnten 468 angesehene Männer in Jerusalem.

7 Aus dem Stamm Benjamin: Sallu Ben-Meschullam, der von Joëd, Pedaja, Kolaja, Maaseja, Itiël und Jeschaja abstammte, *8* und seine Brüder Gabbai und Sallai, 928. *9* Joël Ben-Sichri war ihr Vorgesetzter und Juda Ben-Senua der zweite Stadtvorsteher.

10 Von den Priestern: Jedaja Ben-Jojarib, sowie Jachin. *11* Seraja Ben-Hilkija, der von Meschullam, Zadok, Merajot und Ahitub abstammte, war Vorsteher im Haus Gottes. *12* Es waren 822 ihrer Männer, die den Dienst im Tempel verrichteten. Dann Adaja Ben-Jeroham, der von Pelalja, Amzi, Secharja, Paschhur und Malkija abstammte. *13* Seine Sippe umfasste 242 Familienoberhäupter. Dann Amaschsai Ben-Asarel, der von Achsai, Meschillemot und Immer abstammte. *14* Seine Sippe umfasste

128 Familien. Ihr Anführer war Sabdiël Ben-Haggedolim.

15 Von den Leviten: Schemaja Ben-Haschub, der von Asrikam, Haschabja und Bunni abstammte. *16* Außerdem Schabbetai und Josabad, Sippenoberhäupter, die für den Dienst im äußeren Bereich des Tempels verantwortlich waren. *17* Mattanja Ben-Micha, der von Sabdi und Asaf abstammte, leitete den Lobgesang und stimmte den Lobpreis beim Gebet an; Bakbukja, einer seiner Verwandten, war sein Stellvertreter, ebenso Abda Ben-Schammua, der von Galal und Jedutun abstammte. *18* Insgesamt wohnten 284 Levitenfamilien in der Heiligen Stadt.

19 Torwächter: Akkub, Talmon und ihre Verwandten, insgesamt 172.

20 Die übrigen Israeliten, einschließlich der Priester und Leviten, wohnten in allen Orten Judas zerstreut, jeder auf seinem Erbbesitz. *21* Die Tempelsklaven wohnten auf dem Ofel. Sie arbeiteten unter der Aufsicht von Ziha und Gischpa. *22* Vorsteher der Leviten in Jerusalem war Usi Ben-Bani, der von Haschabja, Mattanja und Micha abstammte. Er gehörte zu den Nachkommen Asafs, die beim Gottesdienst im Tempel für den Gesang zuständig waren. *23* Eine Anordnung des Königs* regelte ihren Dienst für jeden Tag. *24* Petachja Ben-Meschesabel, der von Serach Ben-Juda abstammte, beriet den König in allen Angelegenheiten des Volkes.

Landbewohner

25 Was die Gehöfte auf dem Land betrifft, wohnten einige Juden in Kirjat-Arba und Dibon mit den

---

11,23 *Anordnung des Königs.* Schon Darius I. hatte dafür Anordnungen gegeben, vgl. Esra 6,10, offenbar auch Artaxerxes.

dazugehörigen Dörfern; und in Kabzeel mit den dazugehörigen Gehöften; *26* außerdem in Jeschua, Molada,
Bet-Pelet, *27* Hazar-Schual, Beerscheba und seinen Dörfern, *28* Ziklag,
Mechona und seinen Dörfern, *29* En-
Rimmon, Zora, Jarmut; *30* in Sanoach und Adullam und den dazugehörigen Gehöften, Lachisch und dem
dazugehörigen Gebiet sowie Aseka
und seinen Dörfern. Ihr Gebiet reichte von Beerscheba bis zum Hinnom-
Tal.
31 Benjaminiten wohnten auch in
Geba, Michmas, Aja, Bet-El und
seinen Dörfern, *32* Anatot, Nob,
Ananeja, *33* Hazor, Rama, Gittajim,
34 Hadid, Zeboim, Neballat, *35* Lod,
Ono und dem Tal der Handwerker.
36 Einige Gruppen von Leviten wohnten in Juda, andere ließen sich im
Gebiet von Benjamin nieder.

Priester und Leviten

12 *1* Folgende Priester und Leviten waren mit Serubbabel
Ben-Schealtiël und Jeschua aus der
Verbannung heimgekehrt: Seraja,
Jirmeja, Esra, *2* Amarja, Malluch,
Hattusch, *3* Schechanja, Harim, Meremot, *4* Iddo, Ginneton, Abija, *5* Mijamin, Maadja, Bilga, *6* Schemaja,
Jojarib, Jedaja, *7* Sallu, Amok, Hilkija
und Jedaja. Dies waren die Oberhäupter der Priester und ihre Brüder
in der Zeit des Hohenpriesters Jeschua. *8* Die Leviten Jeschua, Binnui,
Kadmiël, Scherebja, Juda und Mattanja waren für den Gesang zuständig. *9* Bakbukja, Unni und ihre Brüder standen ihnen nach Dienstabteilungen gegenüber. *10* Der Hohe

Priester Jeschua zeugte Jojakim, Jo-
jakim Eljaschib, Eljaschib Jojada,
11 Jojada zeugte Jonatan, Jonatan
Jaddua. *12* Zur Zeit Jojakims waren
folgende Priester die Oberhäupter
ihrer Sippen. Für Seraja: Meraja; für
Jirmeja: Hananja; *13* für Esra: Meschullam; für Amarja: Johanan *14* für
Malluch: Jonatan; für Schebanja:
Josef; *15* für Harim: Adna; für Merajot: Helkai; *16* für Iddo: Secharja; für
Ginneton: Meschullam; *17* für Abija:
Sichri; für Mijamin ...; für Maadja:
Piltai; *18* für Bilga: Schammua; für
Schemaja: Jonatan; *19* für Jojarib:
Mattenai; für Jedaja: Usi; *20* für Sallai: Kallai; für Amok: Eber; *21* für Hilkija: Haschabja; für Jedaja: Netanel.
22 Zur Zeit der Hohen Priester Eljaschib, Jojada, Johanan und Jaddua
sowie des Perserkönigs Darius wurden Verzeichnisse angelegt, in denen
die Sippenoberhäupter der Leviten
und Priester erfasst waren. *23* Von
den Leviten wurden die Sippenoberhäupter bis zur Amtszeit von Johanan Ben-Eljaschib in der amtlichen
Chronik erfasst. *24* Es waren: Haschabja, Scherebja und Jeschua Ben-
Kadmiël. Ihre Verwandten standen
ihnen in ihrer Dienstabteilung gegenüber, um nach dem Gebot des
Gottesmannes David zu loben und zu
preisen. *25* Es waren: Mattanja, Bakbukja und Obadja. Meschullam, Talmon und Akkub waren Torwächter;
sie bewachten die Vorratsräume bei
den Toren des Tempels. *26* Diese
Männer lebten in der Zeit von Jojakim Ben-Jeschua, dem Enkel von Jozadak, und in der Zeit des Statthalters Nehemia und des Priesters und
Schriftgelehrten Esra.

Die Einweihung der Stadtmauer

27 Zur Einweihung der Stadtmauer holte man die Leviten aus dem ganzen Land nach Jerusalem, um das Freudenfest mit Lobliedern und der festlichen Musik von Zimbeln, Harfen und Zithern zu feiern. 28 Da sammelten sich die Sänger aus den Dörfern rings um Jerusalem und den Siedlungen der Netofatiter, 29 aus Bet-Gilgal und dem Gebiet von Geba und Asmawet, denn sie hatten sich in der Umgebung von Jerusalem Gehöfte gebaut. 30 Nachdem die Priester und Leviten sich selbst den Reinigungszeremonien unterzogen hatten, reinigten sie auch das Volk, die Tore und die Mauer.

31 Daraufhin ließ ich die führenden Männer auf die Mauer steigen und stellte zwei große Festchöre zusammen. Der eine zog oben auf der Mauer nach rechts Richtung Misttor. 32 Hinter ihm ging Hoschaja mit der einen Hälfte der führenden Männer aus Juda 33 und den Priestern Asarja, Esra, Meschullam, 34 Juda, Benjamin, Schemaja und Jirmeja mit Trompeten. 35 Es folgten Secharja Ben-Jonatan, der von Schemaja, Mattanja, Michaja, Sakkur und Asaf abstammte, 36 und seine Mitbrüder Schemaja, Asarel, Milalai, Gilalai, Maai, Netanel, Juda und Hanani mit den Saiteninstrumenten, wie sie der Gottesmann David einst gespielt hatte. An ihrer Spitze ging der Gesetzeslehrer Esra.

37 Sie zogen weiter zum Quelltor und stiegen auf dem ansteigenden Mauerstück auf Treppen zur Davidsstadt* hinauf, gingen am ehemaligen Palast Davids vorbei und kamen bis zum Wassertor im Osten. 38 Der zweite Festchor zog in entgegengesetzter Richtung. Er wurde von der anderen Hälfte der führenden Männer aus Juda und von mir begleitet. Wir zogen zum Ofenturm über die breite Mauer, 39 das Efraïmtor, das Jeschanator, das Fischtor, am Hananel-Turm und dem Turm der Hundert vorbei zum Schaftor. Am Wachttor machten wir Halt. 40 Dann stellten sich die beiden Dankchöre im Haus Gottes auf. Bei mir standen außer der einen Hälfte der führenden Männer 41 die Priester Eljakim, Maaseja, Mijamin, Michaja, Eljoënai, Secharja und Hananja mit Trompeten 42 und die Leviten Maaseja, Schemaja, Eleasar, Usi, Johanan, Malkija, Elam und Eser. Dann ließen sich die Sänger unter der Leitung von Jisrachja hören. 43 Anschließend wurden eine Menge Tiere für das Opfermahl geschlachtet. Gott schenkte allen Männern, Frauen und Kindern große Freude. Der Jubel aus Jerusalem war weithin zu hören.

Die Ordnung der Abgaben

44 An jenem Tag wurden auch Männer als Aufseher über die Vorratsräume eingesetzt, in denen die Abgaben, die ersten Früchte der Ernte und die Zehnten der Erträge gelagert wurden. In diesen Kammern sammelte man von den Feldern der einzelnen Städte die Anteile, die den Priestern und Leviten gesetzlich zukamen. Denn die Juden hatten ihre Freude an den

---

12,37 Die *Davidsstadt* umfasste das Gebiet des alten Jebus, das von David erobert worden war. Es bildete den Kern Jerusalems.

Priestern und Leviten im heiligen Dienst, *45* die ihrem Gott die Opfer brachten und die Reinigungshandlungen vollzogen. Auch die Sänger und Torwächter versahen ihren Dienst nach den Anordnungen Davids und seines Sohnes Salomo. *46* Denn seit der Zeit Davids und Asafs gab es Vorsteher für die Sänger, die Gott mit ihren Liedern lobten und priesen. *47* Zur Zeit Serubbabels und zur Zeit Nehemias lieferte ganz Israel die Anteile für den täglichen Bedarf der Sänger und Torwächter ab. Und die Gaben, die Gott geweiht waren, brachten sie zu den Leviten, die wiederum den vorgeschriebenen Anteil an die Priester abgaben.

Trennung von den Fremden

13 *1* Damals las man dem Volk aus dem Buch des Mose vor und stieß dabei auf die Vorschrift, dass kein Ammoniter und Moabiter* jemals zur Gemeinde Gottes gehören darf. *2* Denn diese Völker hatten sich damals geweigert, den Israeliten Brot und Wasser zu geben, und stattdessen dem Magier Bileam viel Geld angeboten, damit er sie verfluchen sollte. Doch unser Gott hatte den Fluch in Segen verwandelt.* *3* Als die Israeliten dieses Gesetz zu hören bekamen, schlossen sie alle Fremden aus der Gemeinde Israels aus.

Weitere Reformen Nehemias

4 Schon vorher hatte der Priester Eljaschib, der für die Räumlichkeiten am Haus unseres Gottes verantwortlich war, seinem Verwandten Tobija *5* einen großen Raum im Tempel zur Verfügung gestellt. Bis dahin hatte man dort das Opfermehl und den Weihrauch aufbewahrt, die entsprechenden Tempelgeräte und den Zehnten von Getreide, Most und Öl, der den Leviten, den Sängern, den Torwächtern und den Priestern zustand. *6* Bei alldem war ich nicht in Jerusalem gewesen, denn im 32. Regierungsjahr* des Königs Artaxerxes von Babylon war ich an den Hof zurückgekehrt und hatte mir erst nach einer längeren Zeit vom König wieder Urlaub erbeten. *7* Als ich dann wieder nach Jerusalem kam, sah ich, dass Eljaschib Tobija einen großen Raum im Vorhof des Tempels eingerichtet hatte. *8* Das missfiel mir sehr und ich ließ alles hinauswerfen, was Tobija gehörte. *9* Dann befahl ich, die Räume zu reinigen und brachte die Gegenstände des Gotteshauses sowie das Speisopfer und den Weihrauch wieder hinein. *10* Ich erfuhr auch, dass die Abgaben für den Unterhalt der Leviten nicht abgeliefert worden waren, sodass sie ihren Dienst am Tempel verlassen hatten, um ihre Felder zu bestellen. *11* Da stellte ich die Vorsteher zur Rede: »Warum ist der Tempeldienst so vernachlässigt worden?« Dann ließ ich die Leviten zurückholen und stellte sie wieder an die Arbeit. *12* Als dann das ganze Volk wieder den Zehnten von ihrem Getreide, dem Wein und dem Olivenöl in

---

13,1 Die *Moabiter* lebten östlich des Toten Meeres zwischen den Flüssen Arnon und Zered, die *Ammoniter* nordöstlich davon.

13,2 *in Segen verwandelt.* Siehe 4. Mose 22-24.

13,6 *32. Regierungsjahr.* 433/2 v.Chr., siehe Nehemia 5,14.

die Vorratsräume brachte, *13* übertrug ich die Aufsicht darüber dem Priester Schelemja, dem Schreiber Zadok und dem Leviten Pedaja. Als Helfer stellte ich ihnen noch Hanan Ben-Sakkur, den Enkel Mattanjas, zur Seite. Sie alle galten als zuverlässige Männer und sollten für die Verteilung des Zehnten an ihre Brüder verantwortlich sein.

14 »Denk an mich, mein Gott, und lösch die guten Taten, die ich für dein Haus und den Tempeldienst vollbracht habe, nicht aus deinem Buch aus!«

15 Zu derselben Zeit sah ich Leute in Judäa, die am Sabbat in der Kelter Weintrauben auspressten, Getreide vom Feld einbrachten und ihre Esel damit beluden. Sie brachten auch Wein, Trauben, Feigen und andere Lasten am Sabbat nach Jerusalem hinein. Ich verwarnte sie, als sie es an diesem Tag verkaufen wollten. *16* Die Leute von Tyrus, die sich bei uns niedergelassen hatten, brachten Fische und andere Waren in die Stadt und verkauften sie auch am Sabbat an die Juden. *17* Da stellte ich die Vornehmen Judäas zur Rede und hielt ihnen vor: »Was macht ihr da für eine böse Sache? Ihr schändet den Sabbat! *18* Haben das nicht schon eure Vorfahren gemacht? Und hat Gott nicht deshalb all das Unglück über uns und diese Stadt gebracht? Wollt ihr durch eure Sabbatschändung seinen Zorn noch größer machen?« *19* Deshalb ordnete ich an, die Tore Jerusalems zu schließen, wenn es am Vorabend des Sabbats in den Torwegen dunkel wurde, und sie erst wieder zu öffnen, wenn der Sabbat

vorüber war. Auch stellte ich einige meiner Leute an die Tore, damit am Sabbat keine Lasten hereingebracht würden. *20* Nun mussten die Kaufleute und Händler mit all ihren Waren ein- oder zweimal draußen vor Jerusalem übernachten. *21* Ich warnte sie und sagte: »Warum übernachtet ihr vor der Stadtmauer? Wenn das noch einmal vorkommt, lasse ich euch festnehmen!« Von dieser Zeit an kamen sie am Sabbat nicht wieder. *22* Darauf befahl ich den Leviten, sie sollten sich reinigen und sich als Wächter an die Tore stellen, damit man den Sabbat heilig halten könne.

»Denk an mich, mein Gott, und rechne mir auch das an! Erbarme dich über mich nach deiner grenzenlosen Güte!«

23 Damals wurde ich auch auf einige Juden aufmerksam, die Frauen aus Aschdod, Ammon und Moab geheiratet hatten. *24* Die Hälfte ihrer Kinder redete aschdoditisch oder in einer anderen fremden Sprache und keins von ihnen konnte jüdisch sprechen. *25* Da ging ich mit ihnen ins Gericht und verfluchte sie. Einige von ihnen schlug ich, riss sie an den Haaren und beschwor sie bei Gott: »Ihr dürft eure Töchter nicht mit deren Söhnen verheiraten und deren Töchter nicht für eure Söhne nehmen! *26* Selbst Salomo, der König von Israel, hat wegen solcher Frauen schwere Schuld auf sich geladen. Zwar hat es unter den vielen Völkern keinen König wie ihn gegeben und er war der Liebling Gottes und Gott hatte ihn zum König über ganz Israel gemacht. Aber sogar ihn haben die ausländischen Frauen zur

Sünde verleitet. *27* Es ist unerhört, dass ihr das gleiche große Unrecht begeht, dass ihr ausländische Frauen heiratet und so unserem Gott untreu werdet!« *28* Einer der Söhne von Jojada Ben-Eljaschib, dem Hohen Priester, war der Schwiegersohn des Horoniters Sanballat; den entfernte ich aus meiner Umgebung.

29 »Mein Gott, vergiss es diesen Leuten nicht, dass sie das Priesteramt entehrt und den Bund gebrochen haben, den du mit den Priestern und Leviten geschlossen hast!«

30 So habe ich das Volk von allen fremden Einflüssen gereinigt. Ich stellte Dienstordnungen für die Priester und Leviten auf, die jedem seine Pflichten zuwiesen. *31* Ich sorgte auch für die regelmäßige Lieferung des Brennholzes und die Abgabe der ersten Früchte.

»Denk an mich, mein Gott, und lass es mir zugutekommen!«

Das Buch Ester

Dreiunddreißig Jahre nach Vollendung des zweiten Tempels lebten immer noch sehr viele Juden im Ausland. Das Buch Ester berichtet von einer wunderbaren Bewahrung, die die Exiljuden unter dem Perserkönig Xerxes erlebten. Schauplatz der Ereignisse ist Susa, die Winterresidenz der persischen Könige zwischen 483 und 473 v.Chr. Zwar wird der Name Gottes im gesamten Buch nicht einmal erwähnt, aber seine Führung kann man überall in der Geschichte erkennen. Das Buch, das offensichtlich auf den Bericht des Mordechai zurückgeht und von einem uns unbekannten Verfasser aufgeschrieben wurde, erklärt, wie es zum Purimfest der Juden kam.

Die Macht eines Weltherrschers

1 ¹ Es war in der Zeit des Xerxes*, jenes persischen Königs, der von Indien bis Nubien* über 127 Provinzen regierte ² und dessen Thron in der befestigten Oberstadt von Susa* stand. ³ In seinem dritten Regierungsjahr* gab er ein Fest* für alle Fürsten und Beamten seines Reiches.

Auch die höchsten Offiziere des Heeres von Persien und Medien waren erschienen, der hohe Adel und die Statthalter der Provinzen. ⁴ Volle 180 Tage lang stellte der König ihnen die Herrlichkeit seines Königtums und die strotzende Pracht seiner Größe zur Schau. ⁵ Danach lud er auch alle Bewohner der Residenz Susa vom Vornehmsten bis zum Geringsten zu einem Fest ein. Sieben Tage lang wurde auf dem Platz zwischen Palast und Park gefeiert. ⁶ Weiße und violette Vorhänge aus Baumwolle waren mit weißen und roten Schnüren an silbernen Stangen aufgehängt, die von Marmorsäulen getragen wurden. Auf dem Mosaikboden aus verschiedenfarbigen kostbaren Marmorsteinen und Perlmutt waren goldene und silberne Ruhelager aufgestellt. ⁷ Die Getränke reichte man in goldenen Gefäßen, von denen keins dem anderen glich. Der Wein aus den königlichen Kellern floss in Strömen. ⁸ Bei dem Gelage sollte keinerlei Zwang herrschen. Der König hatte seine Palastbeamten angewiesen, sich ganz nach den Wünschen der Gäste zu richten.

1,1 *Xerxes.* Hebräisch: Ahaschverosch. Es handelt sich um den in Daniel 11,2 angekündigten vierten Herrscher nach Kyrus, Xerxes I., der von 486-465 v.Chr. regierte. Sein Vater war Darius I., seine Mutter Atossa war eine Tochter des Königs Kyrus, der Israel die Heimkehr aus dem babylonischen Exil ermöglichte.

Nubien. Hebräisch: Kusch. Land am Oberlauf des Nil, südlich von Ägypten.

1,2 Darius I. hatte *Susa* zur Hauptstadt des persischen Weltreiches gemacht. Die *Oberstadt* mit dem befestigten Palastquartier lag 24 m über der Stadt und der eigentliche Palast noch einmal 16 m höher.

1,3 *Drittes Regierungsjahr.* Also 483 v.Chr.

Fest. Es war eine Art Siegesfeier, nachdem er alle Aufstände in seinem Reich niedergeschlagen hatte.

⁹ Gleichzeitig veranstaltete Königin Waschti im Palast ein Fest für die Frauen.

¹⁰ Am siebten Tag rief König Xerxes in einer Weinlaune die sieben Eunuchen*, die ihn persönlich bedienten, ¹¹ und befahl ihnen, die Königin im Schmuck ihrer Krone herzubringen. Das ganze Volk und die Fürsten sollten ihre außerordentliche Schönheit bewundern. ¹² Doch Königin Waschti weigerte sich, der Aufforderung zu folgen. Da wurde der König sehr erbost; Zorn loderte in ihm auf. ¹³ Gleich darauf besprach er sich mit den Weisen, die sich in der Geschichte auskannten, denn er pflegte seine Angelegenheiten vor die Gesetzes- und Rechtskundigen zu bringen. ¹⁴ Seine engsten Vertrauten, die zu ihm Zutritt hatten und den ersten Rang im Königreich einnahmen, waren die sieben Fürsten von Persien und Medien: Karschena, Schetar, Admata, Tarschisch, Meres, Marsena, und Memuchan. ¹⁵ Er fragte sie: »Was soll nach dem Gesetz mit Königin Waschti geschehen? Sie hat sich einem durch die Eunuchen überbrachten Befehl* von König Xerxes widersetzt.« ¹⁶ Da sagte Memuchan vor dem König und den Fürsten: »Die Königin Waschti hat sich nicht nur am König vergangen, sondern auch an allen Fürsten und am ganzen Volk in allen Provinzen des Königreiches. ¹⁷ Was sie getan hat, wird sich unter allen Frauen herumsprechen. Sie werden die Achtung vor ihren Ehemännern verlieren, wenn man erzählt, dass die Königin Waschti sich weigerte, einem ausdrücklichen Befehl von König Xerxes zu folgen. ¹⁸ Und wenn unsere Frauen von dem Verhalten der Königin gehört haben, werden sie es auch uns vorhalten. Das wird viel Ärger und Verdruss geben. ¹⁹ Wenn es dem König recht ist, sollte ein unwiderruflicher königlicher Erlass herausgegeben werden, der ins Gesetz der Perser und Meder aufgenommen wird, dass Waschti nie wieder vor ihm erscheinen darf. Der König möge eine andere Frau zur Königin machen, die diese Würde auch verdient. ²⁰ Wenn man diesen Erlass des Königs in seinem ganzen Reich – so groß es auch ist – bekannt macht, werden alle Frauen von den vornehmsten bis zu den geringsten ihren Ehemännern den schuldigen Respekt erweisen.« ²¹ Der Vorschlag gefiel dem König und den Fürsten. Wie Memuchan vorgeschlagen hatte, ²² schickte der König Schreiben in alle Provinzen seines Reiches, jeweils in der Schrift und Sprache des betreffenden Landes. Jeder Mann sollte Herr in seinem Haus sein und in jeder Familie sollte die Sprache des Mannes gesprochen werden.

Eine neue Königin

2 ¹ Einige Zeit nach diesem Geschehen hatte sich der Zorn des Königs gelegt. Er dachte an das, was Waschti getan hatte und wie sie von ihm getrennt worden war. ² Seine

---

1,10 *Eunuchen.* Nur solche Hofbeamte hatten auch Zutritt zum Harem.

1,15 Das war ein offizieller *Befehl* und keine private Bitte.

jungen Diener bemerkten es und schlugen ihm vor: »Man sollte für den König schöne, unberührte junge Mädchen suchen. 3 Der König könnte Beamte in allen Provinzen seines Reiches beauftragen, diese Mädchen in seinen Harem nach Susa zu bringen. Der königliche Eunuch Hegai, der für die Frauen des Königs verantwortlich ist, kann sie in seine Obhut nehmen und dafür sorgen, dass sie alle Mittel zur Schönheitspflege bekommen. 4 Das Mädchen, das dem König am besten gefällt, sollte dann an Waschtis Stelle Königin werden.« Der König fand den Vorschlag gut und gab die entsprechenden Anordnungen.

5 Nun lebte im Palastbezirk von Susa ein jüdischer Mann namens Mordechai* Ben-Jaïr aus dem Stamm Benjamin. Er war ein Nachkomme von Schimi und Kisch. 6 Seine Vorfahren waren unter den Verschleppten gewesen, die vom babylonischen König Nebukadnezzar mit König Jojachin von Juda in die Verbannung geführt worden waren.* 7 Mordechai hatte nun die Tochter seines Onkels nach dem Tod ihrer Eltern als Pflegetochter angenommen. Sie hieß Hadassa, wurde aber auch Ester* genannt und war außerordentlich schön. 8 Als der königliche Erlass

bekannt gemacht war und viele Mädchen in den Palastbezirk von Susa gebracht wurden, war auch Ester unter ihnen. Sie wurde in den königlichen Harem aufgenommen und dem Eunuchen Hegai übergeben. 9 Das Mädchen fiel ihm auf und gewann seine Gunst. Er sorgte dafür, dass ihre Schönheitspflege sofort begann und sie die beste Ernährung erhielt. Sieben ausgewählte Dienerinnen aus dem königlichen Haushalt stellte er ihr zur Verfügung und ließ sie in die schönsten Räume des Frauenpalastes umziehen. 10 Ester verschwieg jedoch ihre jüdische Herkunft, wie Mordechai es ihr eingeschärft hatte. 11 Jeden Tag ging Mordechai vor dem Hof des Frauenpalastes vorbei, um zu erfahren, wie es Ester ging und was mit ihr geschah.

12 Wenn nun eins der Mädchen an die Reihe kam, zum König zu gehen, nachdem es ein Jahr lang darauf vorbereitet worden war – denn so lange dauerte ihre Schönheitspflege: sechs Monate mit Myrrhenöl und sechs Monate mit Balsamöl und anderen Pflegemitteln –, 13 wenn es also dann zum König ging, wurde ihm alles, was es verlangte, aus dem Frauenhaus mitgegeben. 14 Am Abend ging es in den Palast des Königs, und am Morgen kehrte die junge Frau in den zweiten Frauenpalast zurück und kam unter die Aufsicht des königlichen Eunuchen Schaaschgas. Keine von ihnen durfte noch einmal zum König kommen, es sei denn, sie hatte dem König besonders gefallen und wurde namentlich gerufen. 15 Als nun die Reihe an Ester Bat-Abihajil kam – Abihajil war der Onkel

---

2,5 *Mordechai*. Babylonischer Name: *Mann des Marduk.*

2,6 *Verbannung ... waren*. Siehe 2. Könige 24,8-15.

2,7 *Hadassa* kommt aus dem Hebräischen und bedeutet *Myrte* oder *Braut; Ester* kommt vermutlich aus dem Persischen und bedeutet *Stern.*

von Mordechai, der sie später als Tochter angenommen hatte –, verlangte sie nur das, was Hegai, der königliche Eunuch, ihr empfahl. Ester gewann die Zuneigung von allen, die sie sahen. *16* Es war im Januar des siebten Regierungsjahres* von Xerxes, als Ester zum König gebracht wurde. *17* Und sie erlangte seine Gunst; der König gewann sie einfach lieb. Seine Zuneigung zu ihr war größer als zu allen anderen jungen Frauen. Deshalb setzte er ihr die Krone auf und machte sie an Waschtis Stelle zur Königin. *18* Dann veranstaltete er zu Ehren von Ester für alle seine Fürsten und Beamten ein großes Festmahl. Den Provinzen gewährte er einen Steuernachlass* und teilte mit königlicher Großzügigkeit Geschenke aus.

19 Als die jungen Frauen in das zweite Frauenhaus gebracht worden waren*, hatte Mordechai einen Posten am Königshof inne. *20* Und wie er es Ester eingeschärft hatte, erzählte sie niemand von ihrer jüdischen Herkunft. Sie gehorchte ihm noch genauso wie damals, als sie seine Pflegetochter war.

21 Zu dieser Zeit verschworen sich Bigtan und Teresch, zwei königliche Eunuchen, die die Torwache befehligten, gegen Xerxes. Sie planten einen Anschlag auf den König. *22* Mordechai hörte davon und teilte es der Königin Ester mit, die es in seinem Auftrag sofort dem König meldete. *23* Die Sache wurde untersucht und für richtig befunden. Daraufhin wurden beide Eunuchen gepfählt*. Den Vorfall trug man in die königliche Chronik ein.

Der Anschlag gegen die Juden

3 *1* Einige Zeit später erhob König Xerxes Haman Ben-Hammedata aus Agag* zu höchsten Ehren und Würden. Er gab ihm einen Rang über allen anderen Fürsten in seiner Umgebung. *2* Alle königlichen Beamten im Palastbezirk mussten sich auf Befehl des Königs vor Haman hinknien und tief niederbeugen. Mordechai jedoch kniete sich nicht hin, er beugte sich nicht. *3* Da fragten ihn die anderen Beamten: »Warum übertrittst du dauernd das Gebot des Königs?« *4* »Weil ich Jude bin«, sagte er. Als sie ihm dennoch Tag für Tag zusetzten und er nicht darauf reagierte, zeigten sie ihn bei Haman an. Sie wollten sehen, ob er mit seiner Begründung durchkam. *5* Haman wurde wütend, als er erfuhr, dass Mordechai sich nicht hinkniete und vor ihm beugte. *6* Doch weil er es für unter seiner Würde hielt, sich an Mordechai allein zu rächen, beschloss er, alle Juden im

---

2,16 *Januar ... Regierungsjahrs.* Wörtlich: *im 10. Monat seines 7. Jahres.* Das entspricht etwa dem Zeitraum vom 22. Dezember 479 bis zum 20. Januar 478 v.Chr. Xerxes hatte inzwischen einen Feldzug nach Griechenland unternommen und dabei einige Niederlagen erlitten.

2,18 *Steuernachlass.* Oder eine Amnestie, vielleicht auch eine zeitweilige Befreiung von Zwangsarbeiten und vom Kriegsdienst.

2,19 *Frauenhaus ... waren.* Es ist nicht anzunehmen, dass der König, nachdem er seine Königin gefunden hatte, eine zweite Sammlung von Mädchen anordnete, wie das einige Übersetzungen nahelegen.

2,23 *gepfählt.* D.h. auf einen angespitzten Pfahl gehängt oder auch gekreuzigt.

3,1 In einer Inschrift Sargons wird *Agag* als ein Bezirk im persischen Weltreich erwähnt.

ganzen Reich des Xerxes zu vernichten. Man hatte ihm nämlich mitgeteilt, dass Mordechai ein Jude wäre.

7 Im April des zwölften Regierungsjahres* von König Xerxes loste man vor Haman den günstigsten Zeitpunkt für die Aktion aus. Das Pur, das Los, fiel auf den März des folgenden Jahres*. 8 Danach sagte er zum König: »Da gibt es ein Volk, das über alle Provinzen verstreut lebt und sich von allen anderen Völkern in deinem Reich absondert. Ihre Gesetze unterscheiden sich von denen aller anderen Völker, und die königlichen Gesetze befolgen sie nicht. Das darf sich der König nicht bieten lassen. 9 Wenn der König zustimmt, soll durch einen Erlass befohlen werden, sie auszurotten. Ich werde dann den Verwaltern der Staatskasse zehntausend Talente Silber* aushändigen.« 10 Der König zog seinen Siegelring vom Finger, gab ihn Haman, dem Judenfeind, 11 und sagte: »Das Silber kannst du behalten, und mit dem Volk kannst du machen, was du willst.«

12 Am 18. April* ließ Haman die Schreiber des Königs rufen und diktierte ihnen einen Erlass an die Satrapen*, die Statthalter der Provinzen und die Fürsten der Völker, jeweils in der Schrift und Sprache des einzelnen Volkes. Der Erlass wurde im Namen von König Xerxes verfasst und mit seinem Siegelring versiegelt. 13 Eilboten sollten die Schreiben in alle Provinzen des Königs befördern. Sie enthielten den Befehl, alle Juden zu vernichten, umzubringen und zu beseitigen, Jung und Alt, Männer, Frauen und Kinder. Ihr Besitz sollte zur Plünderung freigegeben werden. Und das alles sollte am 8. März des folgenden Jahres* geschehen. 14 Eine Abschrift davon sollte in jeder Provinz als Gesetz erlassen werden, die allen Völkern eröffnete, sich für diesen Tag bereit zu halten. 15 Auf Anordnung des Königs machten sich die Eilboten sofort auf den Weg. Auch im Palastbezirk von Susa wurde der Erlass bekannt gemacht. Während die ganze Stadt in Aufregung geriet, ließen sich der König und Haman zu einem Trinkgelage nieder.

Ein Plan zu Rettung der Juden

4 1 Als Mordechai erfuhr, was geschehen war, zerriss er sein Gewand, zog sich den Trauersack an und streute Asche auf den Kopf. Er ging durch die Stadt und stieß laute, durchdringende Klagerufe aus. 2 So kam er bis vor das Königstor im Palastbezirk, durch das man im Trauersack nicht gehen durfte. 3 Auch in den Provinzen herrschte große Trauer unter den Juden, sobald dort der Erlass des

---

3,7 ... *Regierungsjahrs.* Wörtlich: *Im ersten Monat Nisan.* = April 474 v.Chr.

März ... Jahres. Wörtlich: *auf den zwölften Monat Adar* = Anfang März 473 v.Chr.

3,9 *zehntausend Talente Silber.* Die jährliche Steuersumme der persischen Untertanen wird mit 7740 Talenten Silber angegeben.

3,12 *Am 18. April.* Wörtlich: *Am 13. des 1. Monats,* das war ein Tag vor dem jüdischen Passafest.

Satrapen. Das persische Reich war in mehr als 20 Satrapien eingeteilt, von denen jede im Schnitt sechs Provinzen umfasste.

3,13 *8. März ... Jahres.* Wörtlich: *am 13. des 12. Monats Adar.*

Königs bekannt gemacht wurde. Die Juden fasteten, weinten und klagten. Die meisten schliefen sogar in Sack und Asche. *4* Esters Dienerinnen und Eunuchen berichteten ihrer Herrin, was sich vor dem Tor abspielte. Sie erschrak heftig und ließ Mordechai Kleider bringen, damit er den Trauersack ausziehen konnte. Doch er nahm sie nicht an. *5* Da rief Ester den Eunuchen Hatach, den der König zum Dienst für sie abgestellt hatte, und schickte ihn zu Mordechai hinaus. Er sollte in Erfahrung bringen, was überhaupt los sei und warum er sich so seltsam verhalte. *6* Hatach ging zu Mordechai auf den Platz vor dem Königstor. *7* Dieser berichtete ihm alles, was geschehen war, und nannte ihm auch die genaue Silbermenge, die Haman dem König für die Staatskasse versprochen hatte, damit er die Juden vernichten könne. *8* Außerdem übergab er ihm eine Abschrift des Erlasses zur Vernichtung der Juden, der in Susa veröffentlicht worden war. Er sollte ihn Ester zeigen, ihr alles berichten und sie dringend auffordern, zum König zu gehen und für ihr Volk um Gnade zu bitten. *9* Als Hatach zurückkam und Ester berichtete, was Mordechai ihm aufgetragen hatte, *10* schickte sie ihn ein zweites Mal und ließ ihm sagen: *11* »Alle Diener des Königs und alle seine Untertanen in den Provinzen kennen das unumstößliche Gesetz: Wer ungerufen zum König in den inneren Hof kommt, wird – egal ob Mann oder Frau – hingerichtet. Nur wenn der König ihm das goldene Zepter entgegenstreckt, darf er am Leben bleiben. Und ich bin schon seit 30 Tagen nicht mehr zum König hineingerufen worden.« *12* Als man Mordechai die Worte Esters mitgeteilt hatte, *13* ließ er ihr antworten: »Bilde dir nicht ein, dass du als einzige Jüdin dein Leben retten kannst, nur weil du im Königspalast wohnst. *14* Denn wenn du in diesem Augenblick schweigst, wird von anderswo her Hilfe und Rettung für die Juden kommen. Doch du und deine Verwandtschaft, ihr werdet zugrunde gehen. Wer weiß, ob du nicht gerade für eine Zeit wie diese zur Königin erhoben worden bist.« *15* Da ließ Ester Mordechai antworten: *16* »Geh und rufe alle Juden, die sich in Susa finden lassen, zusammen. Fastet für mich! Esst und trinkt drei Tage lang nichts, weder am Tag noch in der Nacht! Ich werde mit meinen Dienerinnen dasselbe tun. Und dann will ich zum König hineingehen, auch wenn es gegen das Gesetz ist. Und wenn ich umkomme, komme ich eben um.« *17* Da ging Mordechai los und tat, was Ester ihm aufgetragen hatte.

Ester vor dem König

5 *1* Am dritten Tag legte Ester ihre königlichen Gewänder an und betrat den inneren Hof vor dem Königspalast. Der König saß gerade auf seinem Thron, der dem Eingang gegenüber stand. *2* Als er die Königin Ester im Hof stehen sah, fand sie seine Gunst und er streckte ihr das goldene Zepter entgegen, das er in der Hand hielt. Ester trat heran und berührte die Spitze des Zepters. *3* Der König fragte sie: »Was hast du, Königin Ester? Was ist dein Wunsch? Auch wenn es die Hälfte meines Reiches kosten würde, soll er dir erfüllt werden!« *4* Da sagte Ester: »Wenn es dem König recht ist, möge er heute mit Haman zu dem Festmahl kommen, das ich für ihn vorbereitet habe.« *5* »Holt Haman!«, sagte der König. »Beeilt euch, damit wir Esters Einladung folgen können!« So kamen der König und Haman zu dem Mahl, das Ester vorbereitet hatte. *6* Als sie dann Wein tranken, fragte der König: »Was ist nun dein Wunsch? Ich erfülle ihn dir. Fordere, was du willst, bis zur Hälfte meines Reiches!« *7* »Ja, ich habe eine große Bitte«, erwiderte Ester. *8* »Wenn ich die Gunst des Königs gefunden habe und wenn es dem König gefällt, meinen Wunsch zu erfüllen, dann möge er morgen noch einmal mit Haman zu dem Mahl kommen, das ich vorbereitet habe. Dann werde ich die Frage des Königs beantworten.«

9 Haman ging an diesem Tag voller Freude und guter Laune hinaus. Doch als er im Tor an Mordechai vorbeikam und sah, dass der nicht aufstand und ihm keinerlei Ehrerbietung erwies, wurde er von Wut gepackt. *10* Doch er beherrschte sich und ging nach Hause. Dann ließ er seine Freunde und seine Frau Seresch kommen. *11* Vor ihnen prahlte er mit seinem großen Reichtum, der Menge seiner Söhne und strich voller Stolz heraus, wie der König ihn zu einem mächtigen Mann gemacht und über alle Fürsten und Beamten des Königs gestellt habe. *12* »Sogar die Königin Ester«,

fuhr er fort, »hat außer dem König niemand zu ihrem Festmahl kommen lassen als mich. Und morgen bin ich wieder mit dem König zu ihr eingeladen. *13* Aber das alles bedeutet mir gar nichts, wenn der Jude Mordechai nicht bald aus dem Palastbezirk verschwindet.« *14* Da rieten ihm seine Frau und seine Freunde: »Lass einen Pfahl aufrichten, der 23 Meter* hoch ist! Und besorge dir morgen früh vom König die Erlaubnis, Mordechai daran aufhängen zu lassen. Dann kannst du vergnügt mit dem König zum Mahl gehen.« Der Vorschlag gefiel Haman so gut, dass er gleich Befehl gab, den Pfahl aufzustellen.

Mordechais Ehrung

6 *1* In dieser Nacht konnte der König nicht schlafen. Er ließ sich die königliche Chronik bringen und daraus vorlesen. *2* Dabei stieß er auf den Bericht über Mordechai, der die Verschwörung von Bigtan und Teresch aufgedeckt hatte. Das waren die beiden königlichen Eunuchen, die Torwächter, die einen Anschlag auf König Xerxes geplant hatten. *3* Der König fragte: »Wie ist Mordechai für diese Tat geehrt und ausgezeichnet worden?« Die Pagen, die Dienst beim König hatten, sagten: »Er hat nichts dafür bekommen.« *4* Da fragte der König: »Wer ist draußen im Hof?« In diesem Augenblick war Haman in den äußeren Hof des Palastes getreten. Er wollte sich vom König die Erlaubnis holen, Mordechai an dem aufgerichteten Pfahl hängen zu lassen. *5* Die Pagen sagten: »Es ist Haman.« – »Er soll hereinkommen!«, befahl der

---

5,14 23 Meter. Wörtlich: *fünfzig Ellen.*

König. 6 Als Haman eintrat, fragte ihn der König: »Wie kann man einen Mann ehren, den der König auszeichnen will?« Haman dachte: »Das gilt mir! Wen sonst könnte er meinen?« 7 Deshalb erwiderte er: »Wenn der König jemand auszeichnen will, 8 soll man ein Gewand herbringen, das der König schon getragen hat, und ein Pferd, auf dem er schon geritten ist, mit dem königlichen Diadem auf dem Kopf. 9 Man soll Pferd und Gewand einem der Fürsten übergeben, damit dieser den Mann, den der König auszeichnen will, mit dem Gewand bekleidet und auf dem Pferd über den großen Platz der Stadt führt. Dabei soll er ausrufen: ›So ehrt der König einen Mann, den er auszeichnen will!‹« 10 Da sagte der König zu Haman: »Nimm das Gewand und das Pferd und mache es so mit dem Juden Mordechai, der im Palastbezirk Dienst tut. Beeile dich und lass nichts von dem weg, was du vorgeschlagen hast!« 11 Haman nahm das Gewand und das Pferd, bekleidete Mordechai, ließ ihn über den großen Platz der Stadt reiten und rief vor ihm aus: »So ehrt der König einen Mann, den er auszeichnen will!« 12 Dann kehrte Mordechai wieder zum Palastbezirk zurück. Haman aber lief nach Hause, traurig und mit verhülltem Gesicht. 13 Dort erzählte er seinen Ratgebern – das waren seine Frau und seine Freunde –, was ihm passiert war. Sie erklärten: »Wenn Mordechai, vor dem du jetzt zum ersten Mal den Kürzeren gezogen hast, ein geborener Jude ist, kannst du aufgeben. Dann ist dein Untergang besiegelt.« 14 Noch während sie ihm das sagten, trafen die Eunuchen des Königs ein, um Haman auf schnellstem Weg zum Festmahl bei der Königin Ester zu bringen.

Hamans Sturz

7 1 Der König und Haman kamen zu dem Mahl, das Königin Ester gab. 2 Als sie beim Wein saßen, stellte der König dieselbe Frage wie am Tag vorher: »Was ist dein Wunsch, Königin Ester? Ich erfülle ihn dir! Fordere, was du willst, bis zur Hälfte meines Reiches!« 3 Da erwiderte die Königin: »Wenn ich Wohlwollen beim König gefunden habe und wenn es dem König recht ist, dann möge mir mein Leben geschenkt werden, das ist meine Bitte, und mein Volk, das ist mein Wunsch. 4 Denn man hat uns verkauft, mich und mein Volk! Man will uns vernichten, umbringen und beseitigen. Hätte man uns nur als Sklaven verkaufen wollen, wäre ich still geblieben, denn dafür hätte man den König nicht belästigen müssen.« 5 Da fragte Xerxes die Königin Ester: »Wer ist das, der so schändliche Pläne aussheckt? Und wo steckt er?« 6 Ester erwiderte: »Unser Todfeind ist dieser böse Haman hier!« Ein tödlicher Schreck erfasste Haman. Entsetzt blickte er auf den König und die Königin. 7 Der König erhob sich zornig von der Tafel und ging in den Palastgarten hinaus. Haman aber trat vor die Königin und flehte um sein Leben, denn er begriff, dass der König schon seinen Tod beschlossen hatte. 8 Als dieser aus dem Palastgarten wieder ins Haus zurückkehrte, war Haman auf das Lager gesunken, auf dem Ester ruhte. Da sagte der König: »Tut man jetzt in meinem eigenen Haus der

Königin Gewalt an?« Kaum hatte er das gesagt, verhüllten schon die Diener Hamans Gesicht, 9 und Harbona, einer von den Eunuchen, die den König bedienten, sagte: »Es steht ja schon der 23 Meter hohe Pfahl, den Haman bei seinem Haus für Mordechai errichten ließ, für den Mann, der dem König durch seine Anzeige einen guten Dienst erwiesen hat.« – »Hängt ihn daran auf!«, befahl der König. 10 So hängte man Haman an den Pfahl, den er für Mordechai errichtet hatte, und der Zorn des Königs legte sich.

Kurswechsel im Königreich

8 1 Noch am gleichen Tag schenkte König Xerxes der Königin Ester das Haus des Judenfeindes Haman. Mordechai aber erhielt Zutritt zum König, denn Ester hatte dem König mitgeteilt, wie er mit ihr verwandt war. 2 Der König zog den Siegelring, den er Haman wieder abgenommen hatte, vom Finger und gab ihn Mordechai, und Ester setzte Mordechai zum Verwalter über Hamans Besitz ein. 3 Doch dann musste sich Ester noch einmal an den König wenden. Sie fiel ihm zu Füßen, weinte und flehte ihn an, die Ausführung des Verbrechens zu verhüten, das Haman aus Agag gegen die Juden geplant hatte. 4 Der König streckte ihr das goldene Zepter entgegen. Da erhob sich Ester, trat vor ihn hin 5 und sagte: »Wenn es dem

König recht ist, wenn ich seine Gunst gefunden habe, wenn die Sache dem König angemessen erscheint und ich in seinen Augen Gefallen gefunden habe, dann möge er den Erlass widerrufen, den Haman Ben-Hammedata aus Agag aufgesetzt hat, um die Juden in allen Provinzen des Reiches auszurotten. 6 Denn ich kann es nicht mit ansehen, wie mein eigenes Volk ins Unglück gestürzt und vernichtet wird. 7 Da sagte König Xerxes zu Königin Ester und dem Juden Mordechai: »Ich habe ja den ganzen Besitz Hamans Ester übergeben und ihn selbst am Pfahl aufhängen lassen, weil er die Juden vernichten wollte. 8 Aber ein Erlass, der im Namen des Königs verfasst und mit seinem Siegel bestätigt ist, kann nicht widerrufen werden. Ihr könnt jedoch im Namen des Königs eine weitere Verfügung erlassen, wie ihr es für richtig haltet, und sie mit meinem Siegel bestätigen.« 9 So wurden damals – es war am 25. Juni* – die Schreiber des Königs gerufen. Mordechai diktierte ihnen einen Erlass an die Juden und die Satrapen, die Statthalter und die Fürsten der Völker in allen 127 Provinzen von Indien bis Nubien. Er wurde jeweils in der Schrift und Sprache des einzelnen Volkes abgefasst und auch für die Juden in ihrer eigenen Schrift und Sprache. 10 Geschrieben war er im Namen von König Xerxes und mit seinem Siegelring autorisiert. Dann wurde er durch Eilboten, die auf Pferden aus den königlichen Gestüten ritten, in alle Provinzen geschickt. 11 Mit diesem Erlass gestattete der König den Juden in jeder Stadt, sich zum Schutz ihres Lebens zusammen-

---

8,9 *25. Juni.* Wörtlich: *am 23. des 3. Monats Siwan.* Das war fast 2½ Monate nach Hamans Erlass.

zutun und alle, die ihren Frauen und Kindern Gewalt antun wollten, zu vernichten, umzubringen, zu beseitigen und ihren Besitz zu erbeuten. 12 Das sollte in allen Provinzen des Reiches an demselben Tag geschehen, nämlich am 8. März*. 13 Eine Abschrift davon sollte in jeder Provinz als Gesetz erlassen werden, die allen Völkern eröffnete, dass die Juden sich für diesen Tag bereit halten sollten, sich an ihren Feinden zu rächen. 14 Auf Anordnung des Königs machten sich die berittenen Eilboten sofort auf den Weg. Auch in der Oberstadt von Susa wurde der Erlass bekannt gemacht. 15 Als Mordechai den König verließ, trug er ein königliches Gewand aus violettem Purpur und weißem Leinen. Er hatte einen Mantel aus Byssus und rotem Purpur an und eine große goldene Krone auf dem Kopf. Und die Stadt Susa war voller Jubel und Freude. 16 Für die Juden war Licht und Freude, Jubel und Ehre entstanden. 17 Auch in allen Provinzen, in jeder Stadt, überall wo der Erlass des Königs und sein Gesetz bekannt gemacht wurde, herrschte Freude und Jubel bei den Juden. Sie feierten mit Festtag und Festmahl. Und viele Nichtjuden aus den Völkern des Reiches bekannten sich zum Judentum, weil Furcht vor den Juden über sie gekommen war.

Der Siegestag der Juden

9 1 Es kam der 8. März*, der Tag, an dem der Erlass des Königs ausgeführt werden sollte, an dem die Feinde der Juden hofften, über sie zu triumphieren, an dem es nun aber umgekehrt geschah, dass die Juden ihre Hasser überwältigten. 2 An diesem Tag taten sich die Juden in allen Städten des Reiches zusammen und gingen gegen die vor, die ihnen schaden wollten. Niemand konnte ihnen standhalten, denn die Furcht vor ihnen hatte alle Völker gepackt. 3 Aus Angst vor Mordechai unterstützten auch die Fürsten in den Provinzen, die Satrapen, die Statthalter und alle Beamten des Königs die Juden. 4 Denn Mordechai war hoch angesehen am Königshof und seine Macht nahm immer mehr zu. 5 So schlugen die Juden alle ihre Feinde. Sie machten sie mit dem Schwert nieder, töteten und vernichteten sie. Sie konnten mit ihren Hassern verfahren, wie sie wollten. 6 In der befestigten Oberstadt von Susa erschlugen und vernichteten die Juden 500 Mann. 7 Außerdem brachten sie Parschandata, Dalfon, Aspata, 8 Porata, Adalja, Aridata, 9 Parmaschta, Arisai, Aridai und Wajesata, 10 die zehn Söhne des Judenfeindes Haman Ben-Hammedata um. Doch ihren Besitz plünderten sie nicht.

11 Als man an diesem Tag dem König meldete, wie viele Männer in der Oberstadt von Susa erschlagen worden waren, 12 sagte er zur Königin Ester: »Allein im Palastbezirk haben die Juden 500 Mann erschlagen, dazu auch die Söhne Hamans. Was werden sie wohl in den anderen Provinzen des Reiches getan haben? Doch was ist deine Bitte? Sie soll dir gewährt

---

8,12 8. März. Wörtlich: *am 13. des 12. Monats Adar.*

9,1 8. März. 473 v.Chr.

werden! Wenn du noch einen Wunsch hast, soll er dir erfüllt werden!« ¹³ Da sagte Ester: »Wenn es dem König recht ist, soll es auch morgen den Juden in ganz Susa erlaubt werden, nach dem Gesetz von heute zu handeln. Außerdem soll man die zehn Söhne Hamans an den Pfahl hängen.« ¹⁴ Der König befahl, so zu verfahren. Die betreffende Verordnung wurde in Susa erlassen und die zehn Söhne Hamans wurden öffentlich aufgehängt*. ¹⁵ Die Juden in Susa taten sich also auch am 9. März zusammen und erschlugen 300 Mann in der Unterstadt. Doch an ihrem Besitz vergriffen sie sich nicht. ¹⁶ Auch in den Provinzen des Reiches hatten sich die Juden zusammengetan, um ihr Leben zu schützen. Sie töteten 75.000 ihrer von Hass erfüllten Feinde, doch ihren Besitz plünderten sie nicht. ¹⁷ Das geschah am 8. März. Am 9. März hatten sie Ruhe und feierten diesen Tag mit einem fröhlichen Festmahl. ¹⁸ Die Juden in Susa hatten sich jedoch am 8. und 9. März zusammengetan und kamen erst am 10. März zum Feiern.

¹⁹ So kam es, dass die Juden in den unbefestigten Orten auf dem Land schon den 9. März als Feiertag begehen, Festmahle feiern und sich gegenseitig Geschenke machen. ²⁰ Mordechai schrieb alles auf, was geschehen war, und schickte Schreiben an alle Juden im Reich des Xerxes, nah und fern. ²¹ Darin ordnete er an, dass sie jährlich den 9. und 10. März festlich begehen sollten, ²² zur Erinnerung an die Tage, an denen die Juden Ruhe vor ihren Feinden hatten, und an den Monat, in dem sich ihr Kummer in Freude und ihre Trauer in Jubel verwandelt hatte. Diese Tage sollten als Festtage mit fröhlichen Mahlzeiten begangen werden, an denen man sich gegenseitig Geschenke macht und auch die Armen nicht vergisst. ²³ Nach Mordechais Anordnung wurde das zum festen Brauch.

²⁴ Denn der Judenfeind Haman Ben-Hammedata aus Agag hatte den Juden die Ruhe nehmen und sie völlig vernichten wollen. Zur Bestimmung des entscheidenden Tages hatte er das Pur, das Los, geworfen. ²⁵ Doch als der König die Sache durchschaute, ordnete er in einem Schreiben an, dass der böse Plan gegen die Juden auf Haman selbst zurückfallen sollte. Zusammen mit seinen Söhnen wurde er am Pfahl aufgehängt. ²⁶ Deshalb nennt man diese Tage Purim nach dem Wort Pur.

Wegen dieses Briefes und ihrer eigenen Erfahrung ²⁷ machten die Juden es sich zur Pflicht und erklärten es zum unveränderlichen Brauch für sich, für ihre Nachkommen und für alle, die sich ihnen anschließen würden, diese beiden Tage jährlich zur festgesetzten Zeit in vorgeschriebener Weise zu feiern. ²⁸ Diese Tage sollten in Erinnerung bleiben und gefeiert werden in jeder Generation, in jeder Familie, in jeder Provinz und in jeder Stadt. Diese Purimtage sollten bei den Juden nie vergessen werden, und die Erinnerung daran sollte auch bei ihren Nachkommen nie aufhören.

9,14 *öffentlich aufgehängt.* Das kennzeichnete die Toten als Verbrecher.

²⁹ Die Königin Ester, die Tochter von Abihajil, und der Jude Mordechai schrieben nämlich noch einen zweiten Brief, in dem sie mit allem Nachdruck das Purimfest zur Pflicht machten. ³⁰ Der Brief richtete sich an alle Juden in den 127 Provinzen des Xerxes in treuer und aufrichtiger Gesinnung. ³¹ Er legte das Datum der Purimtage fest, wie es der Jude Mordechai und die Königin Ester angeordnet und wie sie es für sich selbst und ihre Nachkommen zur Pflicht gemacht hatten. Das Schreiben enthielt auch die Vorschriften für das Fasten und Klagen, das dem Fest vorausgeht. ³² Der Befehl Esters machte diese Purimvorschriften zur Pflicht. Ihr Wortlaut wurde in einer Urkunde* festgehalten.

Mordechai, Beschützer der Juden

10 ¹ König Xerxes legte dann dem Festland und den Küstenregionen seines Reiches eine Steuer auf. ² Alle seine Taten und Verdienste sind in der Chronik der Könige von Medien und Persien aufgezeichnet. Dort wird auch beschrieben, zu welch hoher Stellung er Mordechai erhob, ³ denn Mordechai war der erste Mann direkt nach dem König. Er war sehr angesehen und beliebt bei allen seinen Stammesbrüdern. Er sorgte für sein Volk und setzte sich stets für dessen Wohl ein.

9,32 *Urkunde.* Wahrscheinlich die Chronik des Perserreiches.

Das Buch Hiob

Wie aus verschiedenen Beobachtungen im Buch Hiob hervorgeht, lebte Hiob wahrscheinlich zur Zeit der Patriarchen Isaak und Jakob in einem Gebiet, das später vom Stamm Manasse bewohnt wurde (das Land Uz). Die Existenz Hiobs wird in der Bibel von Hesekiel 14,14.20 und Jakobus 5,11 bestätigt. Seine Geschichte ist von einem ungenannten Verfasser nach 1500 v.Chr. aufgeschrieben worden. Vermutet werden vor allem Mose oder Salomo. Thema ist das Geheimnis des Leidens: »Warum lässt Gott es zu, dass Fromme leiden?« Die drei Freunde Hiobs sagen teilweise Richtiges dazu, was aber im Fall Hiobs nicht zutrifft. Wenn man das Ende dieses ältesten Buches der Bibel bedenkt, dann führt seine Aussage über das Warum hinaus. Dann ist es »Hoffnung im Leiden«.

Das Buch Hiob ist ein unvergleichliches literarisches Kunstwerk. Es fällt auch durch seinen Aufbau auf: Anfang und Ende des Buches sind beschreibende Prosa, die drei Mittelteile sind in poetischer Sprache verfasst.

Kapitel 1-2   Geschichte. Hiobs Feind ist der Satan.

Kapitel 3-31   Reden. Hiobs Ankläger sind seine drei Freunde.

Kapitel 32-37   Reden. Hiobs Mittler ist Elihu.

Kapitel 38-42,6   Reden. Hiobs Schöpfer.

Kapitel 42,7-17   Geschichte. Hiobs Erlöser ist Gott.

Seine erste Prüfung, bei der ihm alles genommen wird, besteht Hiob ausgezeichnet, aber in der zweiten, als er selbst angetastet wird, versagt er, denn er verlangt von Gott, dass seine Rechtschaffenheit belohnt wird. Diese auf Werken beruhende Gerechtigkeit kann Gott nicht akzeptieren. Darum stellt er selbst sich ihm vor, wodurch Hiob gedemütigt und gerettet wird.

Hiob und seine Söhne

1 *1* Im Land Uz* lebte ein Mann namens Hiob*. Dieser Mann war aufrichtig und vollständig Gott ergeben. Er fürchtete Gott und mied das Böse. *2* Ihm wurden sieben Söhne und drei Töchter geboren. *3* Er besaß 7000 Schafe, 3000 Kamele, 500 Rindergespanne, 500 Eselinnen und sehr viele Sklaven. Er hatte das größte Ansehen von allen Männern im Nahen Osten.

1,1 Uz. Der Name des Landes stammt wahrscheinlich von einem der ersten Bewohner, vielleicht einem Enkel Sems (1. Mose 10,23) oder einem Sohn Nahors (1. Mose 22,21).

Hiob. Der Name war im 2. Jahrtausend v.Chr. im vorderen Orient bekannt. Verschiedene kanaanäische Edelleute hießen so. Er bedeutet wörtlich: »Wo ist der Vater?«

4 Seine Söhne pflegten Gastmähler in ihren Häusern zu halten, wenn sie Geburtstag* hatten. Dann luden sie auch ihre drei Schwestern ein, um mit ihnen zu essen und zu trinken. 5 Immer, wenn die Tage des Gastmahls vorbei waren, schickte Hiob hin und ließ seine Kinder heiligen. Dann stand er früh am Morgen auf und brachte Gott für jeden von ihnen ein Brandopfer. Er sagte sich nämlich: »Vielleicht haben meine Kinder gesündigt und sich in ihrem Herzen von Gott losgesagt.« So machte es Hiob jedes Mal.

Gott und seine »Söhne«

6 Eines Tages kamen die Söhne Gottes*, um sich vor Jahwe einzufinden. Unter ihnen war auch der Satan*. 7 Da sagte Jahwe zum Satan: »Wo kommst du her?« – »Ich habe die Erde durchstreift«, erwiderte der Satan Jahwe, »und bin auf ihr hin und her gezogen.« 8 Da sagte Jahwe zum Satan: »Hast du auf meinen Diener Hiob geachtet? Auf der Erde gibt es keinen zweiten wie ihn. Er ist mir aufrichtig und vollständig ergeben. Er fürchtet Gott und meidet das Böse.« 9 Der Satan erwiderte Jahwe: »Ist Hiob etwa umsonst so gottesfürchtig? 10 Du beschützt ihn doch von allen Seiten, sein Haus und alles, was er hat! Du lässt ja all sein Tun gelingen und seine Herden breiten sich im Land aus. 11 Versuch es doch einmal und lass ihn alles verlieren, was er hat! Ob er dir dann nicht ins Gesicht hinein flucht?« 12 Da sagte Jahwe zum Satan: »Pass auf! Alles, was er hat, ist in deiner Hand. Nur ihn selbst taste nicht an!« Da entfernte sich der Satan aus der Gegenwart Jahwes.

Hiob und seine Söhne

13 Eines Tages saßen Hiobs Söhne und Töchter im Haus ihres erstgeborenen Bruders, um zu essen und Wein zu trinken. 14 Da kam ein Bote zu Hiob und berichtete ihm: »Wir pflügten gerade mit den Rindern und die Eselinnen weideten nebenan, 15 da fielen die Sabäer* über uns her und raubten alle Tiere. Alle Knechte haben sie erschlagen. Nur ich bin entkommen, ich allein, um es dir zu berichten.«

16 Während dieser noch redete, kam ein anderer und berichtete: »Ein Feuer Gottes ist vom Himmel gefallen. Es hat das Kleinvieh und die Knechte verbrannt und völlig aufgezehrt. Nur ich bin entkommen, ich allein, um es dir zu berichten.«

17 Während dieser noch redete, kam ein anderer und berichtete: »Drei Horden der Chaldäer* haben unsere Kamelherden überfallen und weggetrieben.

1,4 *Geburtstag.* Wörtlich: jeder an seinem Tag.

1,6 *Söhne Gottes* sind Geistwesen, die erschaffen wurden, bevor das materielle Universum existierte (Hiob 38,7), also Engel.

Satan. Hebräisch: der Widersacher. Er hat die gleiche Natur wie die Engel, aber sein Charakter ist völlig anders geworden.

1,15 *Die Sabäer* kamen vielleicht aus dem Gebiet um Saba bei Dedan im nördlichen Teil Arabiens.

Alle Knechte haben sie erschlagen. Nur ich bin entkommen, ich allein, um es dir zu berichten.«

18 Während dieser noch redete, kam ein anderer und berichtete: »Deine Söhne und Töchter aßen und tranken Wein im Haus ihres erstgeborenen Bruders. 19 Da kam ein Sturm von jenseits der Wüste her und packte das Haus an allen vier Ecken. Es stürzte über den jungen Leuten zusammen und hat sie alle erschlagen. Nur ich bin entkommen, ich allein, um es dir zu berichten.«

20 Da stand Hiob auf, riss sein Gewand ein* und schor sich den Kopf. Dann ließ er sich zur Erde sinken und beugte sich nieder.

21 »Nackt bin ich aus dem Leib
meiner Mutter gekommen, /
nackt gehe ich wieder dahin. /
Jahwe hat gegeben und er hat es
wieder genommen. /
Gelobt sei der Name Jahwes.«

22 Bei alldem sündigte Hiob nicht und schrieb Gott nichts Ungebührliches zu.

1,17 *Chaldäer*. Hier sind wohl die nomadischen Vorfahren der späteren Eroberer Babylons gemeint, die dann den Kern von Nebukadnezars Imperium bildeten.

1,20 *riss sein Gewand ein*. Als Zeichen von Trauer und Entsetzen riss man vom Halsausschnitt an das Gewand mit einem heftigen Ruck etwa eine Handlänge ein.

2,9 *Fluche*. Wörtlich: *Segne*. Hier wie in Hiob 1,5 ein verhüllender Ausdruck. Satan benutzte Hiobs Frau, wie er Eva gebrauchte, um Adam zu versuchen.

Gott und seine »Söhne«

2 1 Eines Tages kamen die Söhne Gottes, um sich vor Jahwe einzufinden. Unter ihnen war auch der Satan. 2 Da sagte Jahwe zum Satan: »Wo kommst du her?« – »Ich habe die Erde durchstreift«, erwiderte dieser, »und bin auf ihr hin und her gezogen.« 3 Da sagte Jahwe zum Satan: »Hast du auf meinen Diener Hiob geachtet? Auf der Erde gibt es keinen zweiten wie ihn. Er ist mir aufrichtig und vollständig ergeben. Er fürchtet Gott und meidet das Böse. Und noch immer hält er an seiner Rechtschaffenheit fest. Du hast mich aufgereizt, ihn ohne Grund zu verderben.« 4 Da erwiderte der Satan Jahwe: »Haut um Haut! Alles, was der Mensch hat, gibt er für sein Leben. 5 Taste ihn doch einmal selber an! Ob er dir dann nicht ins Gesicht hinein flucht?« 6 Da sagte Jahwe zum Satan: »Pass auf! Er ist in deiner Hand. Nur das Leben musst du ihm lassen!«

Hiob und seine Frau

7 Da entfernte sich der Satan aus der Gegenwart Jahwes und ließ an Hiob von Kopf bis Fuß böse Geschwüre aufbrechen. 8 Dieser setzte sich in einen Aschehaufen, nahm eine Scherbe in die Hand und begann, sich damit zu kratzen.

9 Da sagte seine Frau zu ihm: »Hältst du immer noch an deiner Gottergebenheit fest? Fluche* Gott und stirb!« 10 Doch er sagte zu ihr: »Du redest wie eine Dumme. Das Gute nehmen wir von Gott an, sollten wir da nicht auch das Böse annehmen?« Bei alldem kam kein sündiges Wort über seine Lippen.

11 Hiob hatte drei Freunde: Elifas von Teman*, Bildad von Schuach* und Zofar von Naama*. Sie hörten von dem Unglück, das Hiob getroffen hatte, und verabredeten sich, ihn gemeinsam zu besuchen. Sie wollten ihm ihr Beileid bezeugen und ihn trösten. *12* Schon von fern sahen sie ihn, aber sie erkannten ihn nicht. Da fingen sie an, laut zu weinen. Sie rissen ihre Obergewänder ein, warfen Staub in die Luft und streuten ihn auf ihre Köpfe. *13* Dann setzten sie sich zu Hiob auf die Erde. Sieben Tage und Nächte lang blieben sie so sitzen. Keiner sagte ein Wort zu ihm, denn sie sahen, dass der Schmerz sehr groß war.

Hiob verwünscht den Tag seiner Geburt

3 *1* Dann erst begann Hiob zu sprechen und verfluchte den Tag seiner Geburt. *2* Er sagte:

3 »Es verschwinde der Tag, an dem ich geboren bin, / und die Nacht, die sagte: ›Ein Knabe kam zur Welt!‹ *4* Finsternis sei dieser Tag! / Gott da oben frage nicht nach ihm, / nie scheine über ihm das Licht! *5* Mögen Finsternis und Schattendunkel ihn fordern, / dichte Wolken über ihm stehen! / Die Finsternis ersticke sein Licht! *6* Jene Nacht – das Dunkel soll sie holen, / damit sie nicht im Jahreslauf erscheint! / Sie soll zu keinem Monat gehören! *7* Unfruchtbar sei jene Nacht, / kein Jubel kehre bei ihr ein! *8* Verwünschen sollen sie die Tageverflucher*, / die fähig sind, den Leviatan* zu reizen! *9* Finster seien die Sterne ihrer Dämmerung, / sie hoffe auf Licht, doch das bleibe aus, / sie sehe keinen Schimmer vom Morgenrot! *10* Denn sie hat mir nicht den Mutterschoß versperrt / und das Unglück meinen Augen erspart.«

Hiob verwünscht sein Überleben als Säugling

11 »Warum starb ich nicht bei der Geburt, / als ich aus dem Mutterschoß kam? *12* Weshalb nahmen mich Knie entgegen, / wozu Brüste, dass ich daran sog? *13* Dann läge ich jetzt schon und ruhte aus, / dann schliefe ich und hätte Ruh *14* mit Königen und Räten des Landes, / die sich verödete Grabmäler bauten, *15* oder mit Fürsten, reich an Gold, / die ihre Häuser mit Silber füllten. *16* Oder als verscharrte Fehlgeburt wäre ich nicht da, / wie ein Kind, das

---

2,11 *Elifas von Teman.* Beides sind edomitische Namen. Teman war auch ein Ort im späteren Edom.

Bildad von Schuach. Bildad könnte ein Nachkomme von Schuach, dem jüngsten Sohn von Abraham und Ketura sein, der einen Ort nach seinem Namen gründete (1. Mose 25,2).

Zofar von Naama. Diese Namen kommen in der Bibel sonst nicht vor und sind auch außerbiblisch bisher nicht bekannt.

3,8 *Tageverflucher.* Okkultisten, die wie Bileam (4. Mose 22 – 24) Menschen, Dinge und Zeiten verfluchten.

Leviatan. Ein krokodilähnliches Ungeheuer, hier Symbol einer gottfeindlichen Macht, die die Nacht von Hiobs Geburt hätte verschlingen können.

das Licht nie sah. *17* Dort endet das Wüten der Bösen, / dort ruhen die Erschöpften aus. *18* Gefangene sind frei von Sorgen, / hören das Geschrei des Antreibers nicht. *19* Die Kleinen sind dort wie die Großen, / und der Sklave ist frei von seinem Herrn.«

Hiob verwünscht den Umstand, weiterleben zu müssen

20 »Warum gibt er dem Leidenden Licht / und Leben denen, die verbittert sind, *21* die auf den Tod warten, doch der bleibt aus, / die nach ihm scharren mehr als nach Schätzen, *22* die sich freuen würden, wären sie im Grab. / Sie würden jubeln und wären entzückt. *23* Warum gibt er dem Mann Leben, / den Gott ringsum eingezäunt hat / und dessen Weg verborgen ist? *24* Bevor ich noch esse, kommt mir das Seufzen / und wie Wasser ergießt sich mein Stöhnen. *25* Wovor mir Angst war, das hat mich getroffen, / wovor mir graute, das kam über mich. *26* Hatte ich nicht Frieden, nicht Ruhe, nicht Rast? / Und dann kam das Toben.«

Erste Rede des Elifas: Seine These

4 *1* Jetzt gab Elifas von Teman Antwort.

2 »Verstimmt es dich, wenn man ein Wort an dich versucht? / Aber wer könnte seine Worte noch hemmen? *3* So viele hast du unterwiesen / und müde Hände stark gemacht. *4* Deine Worte richteten Strauchelnde auf, / weichen Knien gabst du wieder Kraft.

5 Doch jetzt kommt's über dich, und du gibst auf, / dich trifft es, und du bist verstört. *6* Ist nicht deine Gottesfurcht dein Trost, / dein tadelloses Leben deine Zuversicht? *7* Bedenke doch: ›Wer kam je als Unschuldiger um, / wo sind Aufrichtige beseitigt worden?‹ *8* So wie ich es sah: / Die Unheil pflügen / und Unrecht säen, / die ernten es auch. *9* Durch Gottes Atem kommen sie um, / vom Hauch seines Zorns vergehen sie. *10* Der Löwe brüllt nicht mehr, der Fresser verstummt, / Gott bricht ihnen die Zähne aus. *11* Der Löwe kommt um aus Mangel an Raub, / die Jungen der Löwin werden zerstreut.«

Wo Elifas seine Erkenntnis hernahm

12 »Zu mir aber stahl sich sein Wort, / mein Ohr vernahm ein Flüstern davon. *13* In Gedanken aus nächtlicher Schau, / wenn Tiefschlaf über Menschen fällt, *14* kam Furcht und Zittern über mich / und schreckte meine Glieder auf. *15* Ein kalter Hauch berührte mein Gesicht, / die Haare standen mir zu Berg. *16* Da stand er, den ich nicht kannte. / Vor meinen Augen war eine Gestalt, / und ich hörte ein Flüstern: *17* ›Kann ein Mensch gerecht sein vor Gott, / ein Mann vor seinem Schöpfer rein? *18* Selbst seinen Dienern traut er nicht, / wirft auch seinen Engeln Irrtum vor; *19* wie viel mehr dann den Geschöpfen aus Lehm, / die aus dem Staub hervorgegangen sind, / die man wie Motten zerdrückt, *20* die man von Morgen bis Abend erschlägt? /

Unbeachtet gehen sie für immer dahin. 21 Gott bricht ihre Zelte ab, / sie sterben und wissen nicht wie.‹«

Elifas wendet seine These auf Hiob an

5 1 »Ruf doch! Antwortet einer? / An wen von den Heiligen wendest du dich? 2 Den Narren bringt der Unwille um, / den Dummkopf tötet der Eifer. 3 Einen Narren sah ich Wurzeln schlagen / und verfluchte sogleich seine Wohnstatt. 4 Seine Kinder bleiben fern vom Glück, / man zertritt sie im Tor / und niemand rettet sie. 5 Ein Hungriger verzehrt seine Ernte, / selbst aus den Dornen holt er sie weg. / Durstige lechzen nach seinem Gut. 6 Nicht aus dem Staub geht das Unheil hervor, / Mühsal sprosst nicht aus der Erde. 7 Doch der Mensch ist zur Mühsal geboren, / wie der Funkenwirbel, der aus dem Feuer fliegt.«

Hiob soll zu Gott umkehren

8 »Doch ich, ich würde Gott suchen, / ich brächte meine Sache vor den, 9 der Großes und Unergründliches tut, / Wunderbares ohne Zahl, / 10 der Regen auf die Erde gibt / und Wasser auf die Fluren schickt, / 11 um Niedrige in die Höhe zu bringen, / Trauernde wieder glücklich zu machen. 12 Er vereitelt die Anschläge der Klugen, / ihre Hände schaffen keinen Erfolg. 13 Er fängt die Weisen in ihrer List* / und stürzt den Rat der Gewitzten. 14 Am hellen Tag stoßen sie an wie im Dunkeln / und tappen am Mittag wie in der Nacht. 15 Er aber rettet vor dem Schwert ihres Mundes, / vor der Hand des Starken den Armen. 16 So kann der Schwache Hoffnung haben / und die Bosheit verschließt ihren Mund.«

Dann würde er wiederhergestellt

17 »Glücklich der Mensch, den Gott bestraft! / Verachte die Zucht des Allmächtigen nicht! 18 Denn er fügt Schmerzen zu und verbindet, / er schlägt Wunden und er heilt sie auch. 19 Aus sechs Nöten reißt er dich heraus, / in sieben tastet dich kein Unglück an. 20 In Hungersnot erlöst er dich vom Sterben, / im Krieg vor dem gewaltsamen Tod. 21 Vor der Geißel böser Zungen schützt er dich, / du musst Gewalt nicht fürchten, wenn sie kommt. 22 Verwüstung und Hunger wirst du verlachen, / vor wilden Tieren hast du keine Angst. 23 Du bist mit den Steinen des Feldes im Bund, / das Raubwild ist im Frieden mit dir. 24 Du wirst sehen, dass dein Zelt im Frieden ist, / und wenn du deine Wohnung prüfst, so fehlt dir nichts. 25 Du wirst sehen, dass deine Nachkommen zahlreich sind, / deine Sprösslinge wie das Kraut auf der Erde. 26 Hoch betagt gehst du ins Grab, wie reifes Korn, das eingefahren wird. 27 Sieh, das haben wir erforscht, so ist es. / Wir haben es gehört, merke es dir!«

5,13 Wird im Neuen Testament von Paulus zitiert: 1. Korinther 3,19.

Hiobs zweite Rede: Er entschuldigt seine Worte durch sein Leid

6 ¹ Da erwiderte Hiob: ² »Würde doch mein Kummer gewogen, / und mein Unglück dazu auf die Waage gelegt! ³ Ja, es ist schwerer als der Sand aller Meere. / Darum waren meine Worte unbedacht. ⁴ Denn die Pfeile des Allmächtigen stecken in mir, / mein Geist hat ihr Gift getrunken, / die Schrecken Gottes greifen mich an. ⁵ Schreit ein Wildesel denn über dem Gras, / brüllt ein Stier denn, wenn er Futter hat? ⁶ Isst man Fades ohne Salz, / ist im Eiweiß* denn Geschmack? ⁷ Ich sträube mich, daran zu rühren, / es ist mir wie verdorbenes Brot.«

Hiob klagt, dass Gott zu viel von ihm verlangt

⁸ »Käme doch, was ich begehre, / dass Gott mein Verlangen erfüllte, ⁹ dass Gott sich entschließt, mich zu töten, / seine Hand enthemmt, mich zu vernichten. ¹⁰ So könnte ich mich noch trösten / und hüpfen in der schonungslosen Qual, / denn ich habe die Worte des Heiligen nicht versteckt. ¹¹ Welche Kraft hätte ich, noch zu hoffen, / was ist das Ziel, für das ich durchhalten soll? ¹² Ist meine Kraft denn Felsenkraft, / ist mein Körper aus Eisen? ¹³ In mir ist keine Hilfe mehr, / und was ich kann, ist dahin.«

Hiob klagt, dass seine Freunde ihn enttäuschen

¹⁴ »Wer seinem Freund den Beistand versagt, / fürchtet den Allmächtigen nicht mehr. ¹⁵ Meine Brüder enttäuschen wie ein Wildbach, / wie Wasserläufe, die versickern, ¹⁶ die trübe sind vom geschmolzenen Eis, / mit Schneewasser gefüllt. ¹⁷ In der Sommerglut sind sie verschwunden, / wenn es heiß wird, versiegen sie. ¹⁸ Karawanen biegen ab von ihrem Weg, / folgen ihnen hinauf in die Öde – und verschwinden. ¹⁹ Die Karawanen von Tema hielten Ausschau nach ihnen, / die Handelszüge Sabas hofften auf sie. ²⁰ Sie wurden beschämt, weil sie vertrauten, / sie kamen hin und wurden enttäuscht. ²¹ So seid ihr ein Nichts geworden. / Ihr seht den Jammer und schaudert. ²² Habe ich denn gesagt: / ›Bringt her von eurem Besitz, / kommt, macht mir ein Geschenk, ²³ befreit mich aus der Hand des Bedrängers, / zahlt den Erpressern das Lösegeld!‹? ²⁴ Belehrt mich, dann werde ich schweigen, / zeigt mir, wo ich mich irrte! ²⁵ Wie kränkend sind ›richtige Sprüche‹, / was tadelt euer Tadel denn? ²⁶ Wollt ihr etwa Worte tadeln? / Redet der Verzweifelte in den Wind? ²⁷ Selbst um ein Waisenkind würdet ihr losen, / und euren Freund verschachert ihr. ²⁸ Und jetzt entschließt euch, schaut mich an! / Ich lüge euch doch nicht ins Gesicht. ²⁹ Kehrt um, damit kein Unrecht geschieht, / kehrt um, noch bin ich im Recht! ³⁰ Ist denn Unrecht auf meiner Zunge? / Schmeckt mein Gaumen das Böse nicht mehr?«

6,6 *Eiweiß.* Wörtlich: Eibischschleim. Der Schleim der Eibischstaude wurde als Medikament gebraucht.

Hiob klagt über sein nichtiges Leben

7 *1* »Zwangsarbeit ist dem Menschen auf Erden bestimmt, / wie ein Söldner muss er seine Tage verbringen. *2* Wie ein Sklave sich nach Schatten sehnt, / so wartet der Söldner auf seinen Sold. *3* So wurden mir leere Wochen beschert / und Nächte voller Mühsal zugeteilt. *4* Wenn ich liege, sage ich mir: / ›Wann stehe ich endlich wieder auf?‹ / Doch die Nacht zieht sich dahin / und ich wälz mich herum bis es dämmert. *5* Mein Leib ist gekleidet in Maden und Schorf, / meine Haut ist verschorft und eitert. *6* Wie ein Weberschiffchen* fliegen meine Tage, / ganz ohne Hoffnung schwinden sie dahin. *7* Bedenke, dass mein Leben ein Hauch ist, / mein Auge nie mehr Gutes sehen wird. *8* Wer mich sehen will, / erblickt mich nicht mehr, / sucht mich dein Auge, / bin ich nicht da. *9* Die Wolke löst sich auf und verschwindet, / und wer zu den Toten fuhr, steigt nicht wieder auf. *10* Er kehrt nicht mehr in sein Haus zurück, / und seine Stätte kennt ihn nicht mehr.«

Hiob protestiert gegen Gottes Handeln mit ihm

11 »So will auch ich meinen Mund nicht zügeln, / will reden in der Angst meines Geistes, / will klagen mit verbitterter Seele. *12* Bin ich ein Ungeheuer oder ein Meer, / dass du eine Wache gegen mich stellst? *13* Wenn ich sage: ›Mein Bett soll mich trösten, / mein Lager meine Klage ertragen‹, *14* so erschreckst du mich mit Träumen, / bringst mich durch Visionen in Angst, *15* so dass ich lieber ersticken wollte, / lieber den Tod, als meine Knochen hier seh. *16* Ich bin es satt! / Ich mag nicht ewig leben. / Lass mich! / Mein Leben ist doch nur ein Hauch. *17* Was ist der Mensch, / dass du ihn groß machst, / dass du Acht auf ihn hast, *18* dass du ihn jeden Morgen zur Rechenschaft ziehst, / dass du ihn jeden Augenblick prüfst? *19* Wann endlich blickst du von mir weg, / dass ich in Ruhe meinen Speichel schlucken kann? *20* Hab ich gesündigt? Was tat ich dir an, du Wächter der Menschen? / Warum hast du mich zu deiner Zielscheibe gemacht? / Warum werde ich mir selbst zur Last? *21* Und warum vergibst du mein Vergehen nicht / und erlässt mir meine Schuld? / So lege ich mich jetzt in den Erdenstaub, / und wenn du mich suchst, so bin ich nicht mehr.«

Erste Rede des Bildad: Seine These

8 *1* Da entgegnete Bildad von Schuach: *2* »Wie lange willst du solche Reden noch führen, / wie lange machen deine Worte noch Wind? *3* Wird Gott die Gerechtigkeit beugen, / krümmt der Allmächtige das Recht? *4* Haben deine Kinder an ihm gesündigt, / gab er sie in die

---

7,6 *Weberschiffchen.* Länglicher Behälter mit Spule (auf dem der Schussfaden aufgewickelt ist) der zwischen den Kettfäden eines Webstuhls hin und her geschossen wird.

Gewalt ihrer Schuld. *5* Wenn du Gott eifrig suchst, / zu dem Allmächtigen flehst, *6* wenn du rein und aufrichtig bist, / dann wacht er deinetwegen auf / und stellt die Wohnung deiner Gerechtigkeit her. *7* Dein Anfang wird gering sein, / aber dein Ende sehr groß.«

Wo Bildad seine Erkenntnis hernahm

8 »Frag doch die, die vor dir waren, / achte auf das, was ihre Väter erforschten! *9* Denn wir sind von gestern und wissen nichts, / wie Schatten gehen unsere Tage dahin. *10* Werden sie dich nicht lehren, / sprechen sie nicht zu dir, / holen Worte aus ihrem Herzen hervor?«

Bildad wendet seine These auf Hiob an

11 »Wächst Schilfrohr, wo kein Sumpf ist? / Schießt Riedgras ohne Wasser auf? *12* Noch grünt es, ist nicht reif zum Schnitt, / da verdorrt es schon vor allem Gras. *13* So ist das Leben aller Gottvergessenden, / so schwindet die Zukunft des Bösen. *14* Seine Zuversicht ist wie ein dünner Faden, / sein Vertrauen ein Spinngewebe. *15* Er stützt sich auf sein Haus, doch es gibt nach, / er klammert sich daran, doch es steht nicht fest. *16* In vollem Saft steht einer in der Sonne, / seine Zweige überwuchern den Garten, *17* seine Wurzeln schlingen sich über Geröll, / zwischen Steinen hält er sich fest. *18* Reißt man ihn von seiner Stelle weg, / so verleugnet sie ihn: ›Dich sah ich noch nie.‹ *19* Ja, das ist die Freude seines Weges, / und aus

dem Staub sprießen andere nach. *20* Gott verwirft den Schuldlosen nicht, / die Hand des Boshaften hält er nicht fest. *21* Er wird deinen Mund noch mit Lachen erfüllen / und deine Lippen mit Jubel. *22* Die dich hassen, müssen sich Schande anziehen. / Das Zelt dieser Gottlosen ist dann nicht mehr da.«

Hiobs dritte Rede: Wie kann ein Mensch gerecht sein vor Gott?

9 *1* Da gab ihm Hiob zur Antwort: *2* »Gewiss, ich weiß, dass es so ist! / Wie könnte ein Mensch im Recht sein vor Gott? *3* Hätte er Lust, sich mit ihm zu streiten, / könnte er ihm auf tausend nicht eines erwidern. *4* Er hat ein weises Herz und große Kraft. / Wer trotzt ihm und bleibt unversehrt? *5* Er versetzt Berge, / und sie merken es nicht, / in seinem Zorn stürzt er sie um. *6* Die Erde schreckt er von ihrem Ort auf, / so dass ihre Säulen erzittern. *7* Er spricht zur Sonne, dann strahlt sie nicht auf, / er kann sogar die Sterne versiegeln. *8* Er allein, er spannt den Himmel aus, / schreitet auf den Wogen des Meeres. *9* Er hat den großen Bären gemacht, / den Orion und das Siebengestirn / und alle Sterne des Südens. *10* Er schafft so Großes, Unergründliches, / tut Wunder, die niemand mehr zählt.«

Wer will Gott an etwas hindern?

11 »Geht er an mir vorbei, ich sehe ihn nicht, / zieht er vorüber, ich bemerke ihn nicht. *12* Reißt er weg,

wer hält ihn zurück? / Wer darf ihm
sagen: ›Was machst du da?‹ 13 Gott
hält seinen Zorn nicht zurück, / unter
ihm haben sich Rahabs* Helfer
geduckt. 14 Wie könnte ich ihm Rede
stehen, / meine Worte wählen vor
ihm? 15 Und wäre ich im Recht, / ich
könnte ihm nichts erwidern. /
Anflehen müsste ich ihn, meinen
Richter. 16 Rief ich und er gäbe mir
Antwort, / ich könnte nicht glauben,
dass er auf mich hört! 17 Er, der mich
im Sturm zermalmt, / meine Wunden
grundlos vermehrt. 18 Er erlaubt mir
nicht, Atem zu schöpfen, / sondern
füllt mich mit bitterem Leid. 19 Fragst
du nach Stärke: Schau da! / Und
nach Recht: Wer lädt mich vor?
20 Wäre ich auch im Recht, mein
Mund würde mich verdammen, /
wäre ich vollkommen, er beugte mich
doch.
21 Ich bin schuldlos, / ich sorge mich
nicht, / ich verachte mein Leben.
22 Es ist alles eins. Darum sage ich: /
›Er bringt den Schuldlosen wie den
Schuldigen um! 23 Wenn die Geißel
plötzlich tötet, / lacht er über die
Verzweiflung der Unschuldigen.
24 Er hat die Erde einem Schurken
gegeben / und alle Richter blind
gemacht. / Wenn nicht er, wer
dann?‹«

Es gibt keinen Schlichter zwischen uns

25 »Schneller als Läufer jagen meine
Tage davon, / sie fliehen und sehen
kein Glück. 26 Wie Schilfrohrboote
gleiten sie vorbei, / wie der Sturz
eines Adlers auf seine Beute.
27 Wenn ich denke: ›Ich will meine
Klage vergessen, / ich blicke heiter,

mach ein anderes Gesicht‹, 28 dann
graut mir vor meinen Schmerzen. /
Ich weiß, du sprichst mich nicht frei.
29 Ich soll eben schuldig sein. / Was
mühe ich mich umsonst? 30 Würde
ich mich mit Schneewasser
waschen, / meine Hände mit Lauge
säubern, 31 dann würdest du mich in
die Grube tauchen, / dass selbst
meine Kleider sich ekeln vor mir.
32 Denn er ist nicht ein Mensch wie
ich, / dass ich ihm antworten
könnte, / und wir gingen
miteinander vor Gericht. 33 Kein
Schlichter vermittelt zwischen uns, /
und legt seine Hand auf uns beide.
34 Er nehme seine Rute von mir
weg, / sein Schrecken soll mich nicht
mehr ängstigen. 35 Dann kann ich
reden und muss ihn nicht fürchten, /
dann hätte ich dazu keinen Grund.«

Keiner kann mich aus Gottes Hand retten

10 1 »Mein Leben ekelt mich
an, / ich lasse meiner Klage
freien Lauf, / will reden, so bitter
wie ich bin. 2 Ich sagte zu Gott:
›Verdamm mich doch nicht! / Lass
mich wissen, warum du gegen mich
kämpfst! 3 Gefällt es dir, dass du
unterdrückst, / das Werk deiner
Hände verachtest / und den Rat der
Gottlosen erleuchtest? 4 Hast du
Augen wie ein Mensch, / siehst du so
wie ein Mensch? 5 Sind deine Tage
wie beim Menschen begrenzt, / deine

9,13 *Rahab.* Hier ein urzeitliches Meerunge-
heuer, ein Bild gottfeindlicher Mächte.

Jahre wie die eines Mannes?
6 Du suchst nach meiner Schuld /
und forschst nach meiner Sünde,
7 obwohl du weißt, dass ich nicht
schuldig bin / und keiner mich aus
deiner Hand reißt. 8 Deine Hände
haben mich gestaltet und gemacht, /
ganz und gar – und nun verschlingst
du mich. 9 Bedenke doch: Wie Ton
hast du mich gestaltet, / und jetzt
führst du mich zum Staub zurück?
10 Hast du mich nicht verschüttet wie
Milch, / wie Käse mich gerinnen
lassen? 11 Haut und Fleisch hast du
mir angezogen, / mich mit Knochen
und Sehnen durchflochten. 12 Leben
und Gnade hast du mir geschenkt, /
in deiner Obhut war mein Geist.
13 Doch dieses hast du verborgen in
dir, / ich weiß, so hattest du es
beschlossen. 14 Wenn ich sündigte,
wolltest du mich bewachen, /
sprächst mich von meinem Fehler
nicht frei. 15 Wenn ich schuldig
würde, wehe mir! / Und wäre ich im
Recht, / dürfte ich den Kopf nicht
heben, / gesättigt mit Schande, / mit
Elend getränkt. 16 Sollte ich es
dennoch tun, / jagst du mich wie ein
Löwe, / gehst wieder unbegreiflich
mit mir um, 17 stellst immer neue
Zeugen gegen mich auf / und hast
Grund, mir noch mehr zu grollen. /
Immer neue Heere führst du gegen
mich.‹«

Warum kam ich aus dem Mutterschoß?

18 »Warum ließest du mich aus dem
Mutterschoß kommen? / Wenn ich
doch gestorben wäre, bevor ein Auge
mich sah! 19 Ich wäre dann, als sei
ich nie gewesen, / vom Mutterleib ins

Grab gebracht. 20 Mein Leben dauert
doch nur wenige Tage. / Er höre auf
und lasse von mir, / dass ich ein
wenig aufblicken kann, 21 bevor ich
ohne Rückkehr gehe / ins Land des
Dunkels und der Finsternis, 22 ins
Land, so düster wie die schwarze
Nacht, / ins Schattenland, wo keine
Ordnung ist, / wo der helle Tag ist
wie die finstere Nacht.«

Erste Rede des Zofar: Hiob, du bist ein Schwätzer!

11 1 Da erwiderte Zofar von
Naama: 2 »Soll der
Wortschwall ohne Antwort sein, /
und hat ein Schwätzer einfach
Recht? 3 Lässt dein Gerede Männer
verstummen? / Darfst du spotten,
ohne dass man's dir verweist? 4 Sagst
du doch: ›Meine Lehre ist klar, / ich
bin in Gottes Augen rein!‹ 5 Wenn
Gott nur reden wollte, / seine Lippen
auftun gegen dich 6 und zeigte dir
verborgene Weisheit, / die zu hoch ist
für den Verstand! / Dann würdest du
erkennen, / dass Gott von deiner
Schuld noch manches übersieht.«

Was willst du gegen den Allmächtigen?

7 »Kannst du die Tiefe Gottes
erreichen, / die Vollkommenheit des
Allmächtigen fassen? 8 Sie ist hoch
wie der Himmel – was kannst du
tun? / Sie ist tiefer als die Welt der
Toten – was durchschaust du schon?
9 Weiter als die Erde ist ihr Maß /
und breiter als das Meer. 10 Wenn er
vorbeizieht und verhaftet, / wenn er
zusammentreibt, / wer will ihn daran
hindern? 11 Denn er erkennt die

falschen Leute, / sieht das Unrecht, das man nicht achtet. 12 Kommt ein Hohlkopf noch zu Verstand, / wird je ein Wildesel zum Menschen?«

Entferne das Böse von dir!

13 »Wenn du dein Herz in Ordnung bringst / und deine Hände zu ihm erhebst – 14 ist Böses in deiner Hand, entferne es / und lass in deinen Zelten kein Unrecht sein –, 15 dann kannst du dein Gesicht ohne Makel erheben, / dann stehst du fest und musst dich nicht fürchten. 16 Dann wirst du die Mühsal vergessen, / wirst an sie denken wie an Wasser, das vorüberfloss. 17 Heller als der Mittag geht dein Leben auf, / das Dunkel wird dem Morgen gleich. 18 Du fasst Vertrauen, weil es Hoffnung gibt, / du schaust dich um und legst dich ruhig nieder. 19 Und liegst du da, schreckt keiner dich auf, / und viele suchen deine Gunst. 20 Doch die Augen der Bösen versagen, / sie haben keine Zuflucht mehr, / ihre Hoffnung ist nur noch der Tod.«

Hiob weist alles zurück, was seine Freunde gesagt haben.

Sarkastisch:
Mit euch stirbt die Weisheit aus!

12 1 Hiob erwiderte: 2 »Ja, ihr seid die rechten Leute, / und mit euch stirbt die Weisheit aus! 3 Auch ich habe Verstand wie ihr, / *ich stehe euch nicht nach!* / Und wer wüsste das nicht? 4 Dem eigenen Freund bin ich zum Spott, / ich, der Gott anruft, dass er mich hört. / Ja,

der Gerechte, der Fromme wird zum Spott. 5 ›Dem Unglück Verachtung!‹, denkt der Sichere, / ein Stoß noch denen, deren Fuß schon wankt!«

Überlegen:
Ich verstehe mehr von Gott als ihr!

6 Um die Zelte der Verwüster steht es gut, / die Gott reizen, leben sicher, / die meinen, sie hätten Gott in der Hand. 7 Aber frag doch das Vieh, das wird es dich lehren, / die Vögel machen es dir bekannt. 8 Rede zur Erde, sie schärft es dir ein, / die Fische im Meer erzählen es dir. 9 Wer wüsste bei alledem nicht, / dass Jahwes Hand es gemacht hat? 10 Von seiner Macht hängt alles Leben ab / und der Geist im Leib jedes Menschen. 11 Soll nicht das Ohr die Worte prüfen, / wie der Gaumen eine Speise schmeckt? 12 Es heißt: ›Bei Greisen ist die Weisheit, / die Einsicht, die durch langes Leben kommt.‹ 13 Nein, bei ihm ist Weisheit und Macht, / ihm gehören Einsicht und Rat. 14 Was er abreißt, baut niemand wieder auf, / wen er einsperrt, dem öffnet keiner die Tür. 15 Wenn er Gewässer hemmt, trocknen sie aus, / lässt er sie los, zerwühlen sie das Land. 16 Bei ihm sind Einsicht und Macht, / ihm gehört, wer irrt und wer in die Irre führt. 17 Ratgeber lässt er barfuß gehen, / und Richter macht er zu Narren. 18 Den Gurt von Königen löst er auf / und gibt für ihre Lenden einen Schurz. 19 Priester führt er entblößt hinweg, / und alte Geschlechter bringt er zu Fall. 20 Bewährten nimmt er die Sprache / und Ältesten die Urteilskraft.

21 Verachtung gießt er auf Edelleute aus, / Starken löst er den Gürtel. 22 Im Dunkel Verborgenes deckt er auf, / die Todesnacht bringt er ans Licht. 23 Er lässt Völker wachsen und vergehen, / er breitet sie aus und rafft sie dann weg. 24 Den Häuptern des Landes nimmt er das Herz, / lässt sie irren in pfadloser Öde. 25 Sie tappen im Dunkeln ohne ein Licht, / er lässt sie wie Betrunkene taumeln.

13 1 Schaut, all das hat mein Auge gesehen, / mein Ohr gehört und sich gemerkt. 2 Was ihr da wisst, das weiß ich auch, / ich stehe euch in nichts zurück.«

Überheblich:
Gott soll mein Richter sein, nicht ihr!

3 »Doch zum Allmächtigen will ich reden, / mit Gott zu streiten ist mein Wunsch! 4 Ihr habt doch nur Pflaster aus Lügen, / Pfuschärzte seid ihr allesamt. 5 Wenn ihr doch endlich schweigen wolltet, / dann hielte man das noch für Weisheit! 6 Hört euch meine Rechtfertigung an, / merkt auf den Streit meiner Worte! 7 Wollt ihr Falsches reden für Gott / und Lügen vorbringen für ihn? 8 Wollt ihr für ihn Partei ergreifen, / Gottes Sache vertreten? 9 Wird es gut für euch sein, wenn er euch erforscht? / Lässt er sich von euch täuschen wie ein Mensch? 10 Tadeln, ja tadeln wird er euch, / wenn ihr versteckt Partei

ergreift. 11 Erschreckt ihr nicht vor seiner Majestät, / wird die Angst vor ihm euch nicht packen? 12 Eure Sätze sind nur Sprüche aus Staub, / eure Schilde bestehen aus Ton.

13 Seid still, ich will jetzt reden, / mag über mich kommen, was will. 14 Und wenn ich Kopf und Kragen riskiere, / ich setze mein Leben aufs Spiel! 15 Und wenn er mich tötet, ich warte auf ihn / und verantworte mich direkt vor ihm. 16 Schon darin sehe ich mein Heil, / denn kein Schurke kommt ihm vors Gesicht. 17 Hört mir nur ganz aufmerksam zu, / dass meine Erklärung auch in eure Ohren dringt. 18 Seht, ich bin für den Rechtsstreit gerüstet, / und ich weiß, ich bekomme Recht! 19 Wer könnte den Prozess gewinnen gegen mich? / Dann wollte ich schweigen und zugrunde gehen.«

Bitter:
Gott, quäle mich doch nicht!

20 »Nur zweierlei tu mir nicht an, / dann verberge ich mich nicht vor dir: 21 ›Nimm deine schwere Hand von mir weg, / und dein Schrecken befalle mich nicht!‹ 22 Dann kannst du rufen, und ich antworte dir, / oder ich rede, und du antwortest mir. 23 Wie groß ist meine Schuldenlast bei dir? / Was sind meine Vergehen und Sünden? 24 Warum verbirgst du dein Gesicht, / behandelst mich wie deinen Feind? 25 Willst du ein verwehtes Blatt verschrecken, / verfolgst du einen dürren Halm? 26 Denn Bitteres teilst du mir zu; / für meine Jugendsünden lässt du mich büßen. 27 Du steckst meine Füße in den Block*, / beobachtest all meine

---

13,27 Ein hölzerner *Block*, in den die Füße der Gefangenen eingeschlossen wurden, siehe auch Apostelgeschichte 16,24.

Wege / und grenzt mich ein auf Schritt und Tritt, 28 der ich doch wie Moder zerfalle, / wie ein Kleid, das die Motte zerfraß.«

Enttäuscht:
Das Leben ist so kurz.

14 1 »Der Mensch, geboren von der Frau, / ist knapp an Tagen und unruhevoll. 2 Er blüht wie eine Blume auf und verwelkt, / er flieht wie ein Schatten, hat keinen Bestand. 3 Doch über ihn hast du ein waches Auge, / ihn ziehst du vor dein Gericht. 4 Gibt es denn einen Reinen, der von Unreinen stammt? / Nicht einen! 5 Sind seine Tage bestimmt, / ist die Zahl seiner Monate fest, / hast du ihm die Schranke gesetzt, / die er niemals überschreiten kann, 6 dann schau doch von ihm weg, dass er Ruhe hat, / dass er wie ein Tagelöhner sich seines Tages freuen kann!«

Verzweifelt:
Der Mensch hat keine Hoffnung.

7 »Denn für den Baum gibt es Hoffnung: / Wird er gefällt, so schlägt er wieder aus, / an Trieben fehlt es ihm nicht. 8 Wenn seine Wurzel im Boden altert, / sein Stumpf im Staub abstirbt, 9 so sprosst er wieder vom Duft des Wassers, / treibt Zweige wie ein Pflänzling. 10 Der Starke aber stirbt und ist schwach, / ein Mensch kommt um – und wo ist er? 11 Wie Wasser aus dem See verschwindet, / wie ein Strom austrocknet und versiegt, 12 so legt der Mensch sich hin und steht nicht mehr auf; / der Himmel vergeht, bevor er erwacht / und geweckt wird aus seinem Schlaf.

13 Ach, dass du mich bei den Toten verstecktest, / mich verbirgst, bis dein Zorn vorüber ist, / mir eine Frist setzt und dann an mich denkst! 14 Wenn ein Starker stirbt, wird er wieder leben? / Meine Dienstzeit lang wollte ich warten, / bis meine Ablösung käme! 15 Du würdest rufen und ich gäbe dir Antwort, / du sehntest dich nach dem Werk deiner Hände. 16 Dann zähltest du zwar meine Schritte, / doch du hieltest mir meine Sünden nicht vor. 17 Mein Vergehen wäre ein versiegeltes Bündel, / meine Schuld hättest du übertüncht. 18 Doch auch ein Berg stürzt ein und zerfällt, / und ein Fels rückt von der Stelle. 19 Steine werden vom Wasser zerrieben, / das Erdreich schwemmt ein Wolkenbruch weg, / und die Hoffnung des Menschen machst du kaputt. 20 Du überwältigst ihn, er geht für immer fort, / du entstellst sein Gesicht und schickst ihn weg. 21 Kommen seine Kinder zu Ehren, weiß er es nicht, / kommen sie herunter, merkt er es nicht. 22 Nur sein eigener Körper bereitet ihm Schmerz, / nur um die eigene Seele trauert er noch.«

Zweite Rede des Elifas:
Hiob, du bist ungerecht und anmaßend!

15 1 Da entgegnete Elifas von Teman: 2 »Wird ein Weiser windiges Wissen erwidern, / füllt er denn seinen Bauch mit Wind? 3 Wird er mit nutzlosen Reden rügen, / mit Worten ohne jeglichen Wert? 4 Du bist es, der die Gottesfurcht zerstört, / du verdirbst die Andacht vor Gott. *5* Deine Schuld belehrt deinen Mund; / du hast eine listige Sprache gewählt. *6* Dein eigner Mund verurteilt dich, nicht ich, / deine Lippen sagen gegen dich aus. *7* Hat man dich als ersten Menschen gezeugt, / bist du vor den Hügeln geboren? *8* Hast du in Gottes Ratsversammlung gelauscht / und die Weisheit an dich gerissen? *9* Was weißt du, das wir nicht schon wüssten? / Was verstehst du mehr als wir? *10* Auch bei uns ist ein Graukopf, ein Greis, / älter als dein eigener Vater.

11 Ist Gottes Trost dir zu gering, / ein Wort, das sanft zu dir kommt? *12* Was reißt dein Herz dich hin, / was rollen deine Augen, *13* dass du dein Schnauben gegen Gott kehrst, / Reden aus deinem Mund fahren lässt?«

Vor Gott ist niemand gerecht

14 »Was ist der Mensch, dass er rein sein könnte, / wie sollte der gerecht sein, den eine Frau gebar? *15* Selbst seinen Heiligen vertraut er nicht, / und der Himmel ist in seinen Augen nicht rein. *16* Wie denn der Abscheuliche, der Angefaulte, / der Mann, der Unrecht wie das Wasser trinkt?«*

Ungerechten wird es schlimm ergehen

17 »Ich will's dir erklären, höre mir zu! / Was ich schaute, erzähle ich dir, *18* was die Weisen verkündigten, / was ihre Väter sie lehrten. *19* Ihnen allein war das Land gegeben, / kein Fremder zog unter ihnen umher. *20* Der Böse ängstigt sich sein Leben lang, / all die Jahre, die dem Bedrücker bestimmt sind. *21* In seinen Ohren gellt der Schrecken, / mitten im Frieden kommt der Verwüster über ihn. *22* Er hofft nicht mehr, dem Dunkel zu entkommen, / das Schwert des Mörders wartet schon auf ihn. *23* Auf der Suche nach Brot irrt er umher; / er weiß, dass ein finsterer Tag auf ihn wartet. *24* Angst und Schrecken überfallen ihn, / greifen ihn an wie ein König im Krieg.

25 Denn gegen Gott erhebt er seine Hand, / dem Allmächtigen trotzt er. *26* Mit den dicken Buckeln seiner Schilde / rennt er halsstarrig gegen ihn an. *27* Denn sein Gesicht war rund und gesund, / an den Hüften hatte er Speck angesetzt, *28* und in rechtlosen Städten hatte er Wohnung genommen, / in Häusern, die man nicht bewohnen soll, / die bestimmt waren, Trümmer zu bleiben.

29 Er bleibt nicht reich, / sein Vermögen hat keinen Bestand, / seine Ähre* neigt sich nicht. *30* Der Finsternis entkommt er nicht, / und seinen Schössling dörrt die Flamme aus, / Gottes Atem fegt ihn weg. *31* Warum vertraut er auf nichtige Dinge? / Er wird getäuscht, / denn er tauscht wieder Nichtiges ein. *32* Noch vor seiner Zeit erfüllt es

---

15,14-16 Das hatte Elifas schon einmal gesagt: Hiob 4,17-19.

15,29 *Ähre.* Die Bedeutung des hebräischen Wortes ist unbekannt. *Ähre* passt am besten in den Zusammenhang, weil sie sich nicht zur Erde neigt, wenn ihre Frucht nicht ausreift.

sich: / Sein Palmzweig grünt nicht mehr. 33 Er ist wie ein Weinstock, der seine unreifen Trauben abstößt, / wie ein Obstbaum, der seine Blüten abwirft. 34 Denn die böse Sippschaft bleibt fruchtlos, / Feuer frisst die Zelte der Bestechlichen. 35 Mit Mühsal gehen sie schwanger und bringen Unrecht zur Welt, / ihr Schoß bringt Selbstbetrug hervor.«

Hiob weist Elifas' Rede zurück: Ihr seid leidige Tröster!

16 1 Da erwiderte Hiob: 2 »Ähnliches habe ich viel gehört, / ihr alle seid leidige Tröster! 3 Haben die windigen Worte ein Ende? / Oder was sticht dich, mir zu erwidern? 4 Auch ich könnte reden wie ihr, / wenn ihr an meiner Stelle wärt. / Ich könnte mit Worten gegen euch glänzen, / würde meinen Kopf über euch schütteln. 5 Ich würde euch stärken mit meinem Mund, / der Trost von meinen Lippen müsste Linderung sein.«

Gott ist mein Feind geworden!

6 »Wenn ich rede, hört mein Schmerz nicht auf, / lass ich es sein, geht er auch nicht fort. 7 Ja, jetzt hat er mich erschöpft. / Du hast mein ganzes Umfeld zerstört. 8 Und du hast mich gepackt. / Mein Verfall sagt gegen mich aus / und erhebt sich als Zeuge. / Ins Gesicht klagt er mich an. 9 Sein Zorn zerreißt und verfolgt mich, / er knirscht mit den Zähnen / *und durchbohrt mich mit seinem Blick.* 10 Sie reißen das Maul gegen mich auf, / schlagen mir voll Hohn auf die Wangen, / rotten sich zusammen gegen mich. 11 Und Gott gibt mich den Schurken preis, / stößt mich in die Hände der Bösen.

12 Ich war in Frieden, da verwirrte er mich; / er hat mich beim Nacken gepackt und zerschmettert. / Er stellte mich als seine Zielscheibe hin, 13 seine Pfeile umschwirren mich. / Erbarmungslos durchbohrt er meine Nieren, / schüttet meine Galle zur Erde. 14 Bresche um Bresche schlägt er in mich; / er stürmt wie ein Krieger gegen mich an.

15 Der Trauersack ist meine zweite Haut, / kraftlos liege ich im Staub. 16 Mein Gesicht ist rot vom Weinen, / und meine Augen sind von dunklen Schatten umringt. 17 Doch kein Unrecht klebt an meinen Händen, / mein Gebet ist rein.«

Gott soll mein Richter sein!

18 »O Erde, deck mein Blut nicht zu, / damit mein Schreien nicht zur Ruhe kommt. 19 Nun aber seht! Im Himmel ist mein Zeuge, / der in der Höhe für mich spricht. 20 Meine Freunde sind es, die mich verspotten; / mit Tränen blickt mein Auge zu Gott. 21 Er schaffe Recht zwischen Mann und Gott / und zwischen dem Menschen und seinem Freund. 22 Denn die wenigen Jahre verstreichen, / dann geh ich den Weg, der ohne Wiederkehr ist.«

17 1 »Mein Geist ist gebrochen, / meine Tage gelöscht, / das Grab wartet auf mich. 2 Nichts als Spott begleitet mich, / von ihrem Gezänk kommt mein Auge nicht los. 3 Sei du selbst mein Bürge bei dir! / Wer sonst würde die Hand für mich geben? 4 Ihr Herz hast du ja der Einsicht verschlossen, / darum lässt du sie nicht triumphieren. 5 Gibt jemand seine Freunde preis, / werden die Augen seiner Kinder verdorren. 6 Zum Spott für die Leute stellt er mich hin / als einen, dem man ins Angesicht spuckt. 7 Mein Auge ist trüb vor Gram, / meine Glieder sind wie ein Schatten. 8 Die Aufrechten sind darüber entsetzt, / und der Schuldlose empört sich über den Bösen. 9 Doch der Gerechte hält fest an seinem Weg, / wer reine Hände hat, gewinnt an Kraft. 10 Kommt alle nur wieder heran, / ich finde doch keinen Weisen bei euch.«

Mir bleibt nur noch das Grab

11 »Meine Tage sind vorbei, / zunichte meine Pläne / und was in meinem Herzen war. 12 Sie machen mir die Nacht zum Tag, / das Licht soll sein wie das Dunkel. 13 Ich hoffe nichts mehr, / bei den Toten ist mein Haus, / in der Finsternis mache ich mir mein Bett. 14 Zum Grab sage ich: ›Du bist mein Vater!‹; / ›Mutter!‹ und ›Schwester!‹ zum Gewürm. 15 Wo ist nun meine Hoffnung? / Wer kann sie denn sehen? 16 Sie steigt mit mir zu den Toten hinab / und sinkt mit mir in den Staub.«

Zweite Rede des Bildad: Du zerreißt dich selbst!

18 1 Da erwiderte Bildad von Schuach: 2 »Wie lange wollt ihr noch auf Worte lauern? / Kommt zur Besinnung, dann wollen wir reden! 3 Warum hält man uns für Vieh, / warum sind wir unrein vor dir? 4 Du zerreißt dich selbst in deinem Zorn. / Soll wegen dir die Erde veröden, / von seiner Stelle rücken ein Fels?«

Der Gottlose bekommt seine Strafe!

5 »Doch das Licht des Gottlosen erlischt, / die Flamme seines Feuers strahlt nicht auf. 6 Das Licht in seinem Zelt wird dunkel, / und die Leuchte über ihm erlischt. 7 Seine starken Schritte werden kurz, / sein eigener Rat wirft ihn nieder. 8 Mit eigenen Füßen gerät er ins Netz, / auf Fallgittern geht er entlang. 9 Das Klappnetz packt seine Ferse, / die Schlinge hält ihn fest. 10 Sein Strick ist in der Erde verborgen, / seine Falle auf dem Pfad.

11 Ringsum überfallen ihn Schrecken / und hetzen ihn auf Schritt und Tritt. 12 Das Unheil ist hungrig nach ihm, / das Unglück steht für ihn bereit. 13 Es frisst ihm Stücke von der Haut, / der Todesbote frisst ihm Glieder ab. 14 Sein Vertrauen reißt man aus seinem Zelt, / man treibt ihn zum König der Schrecken. 15 Keiner, der zu ihm gehört, wird in seinem Zelt wohnen, / auf seine Wohnung wird Schwefel gestreut. 16 Unten verdorren seine Wurzeln, / und oben wird jeder Zweig dürr. 17 Sein Andenken verschwindet im Land, / auf der Gasse hat er keinen Namen mehr. 18 Aus dem Licht wird er ins Dunkel gestürzt, / man verjagt ihn aus der Welt. 19 Kein Kind, kein Enkel setzt die Sippe fort, / nicht einer überlebt in seinem Ort.

20 Die im Westen erschaudern über seinen Tag, / und die im Osten packt das Entsetzen. 21 Ja, das ist die Wohnung des Bösen, / die Stätte dessen, der Gott nicht kennt.«

Hiob weist Bildads Rede zurück: Ihr tut mir Unrecht!

19 1 Da erwiderte Hiob: 2 »Wie lange wollt ihr mich quälen, / mich mit Worten zerschlagen? 3 Schon zehnmal habt ihr mich beschimpft / und schämt euch nicht, mich zu misshandeln! 4 Und hätte ich wirklich geirrt, / müsste ich das selber ertragen. 5 Müsst ihr denn so großtun gegen mich / und mir meine Schmach beweisen?«

Gott behandelt mich als Feind

6 »Seht doch ein, dass Gott mir Unrecht tut, / dass er sein Fangseil um mich zieht. 7 Ich schreie: ›Gewalt!‹, aber niemand hört. / Ich rufe um Hilfe, doch da ist kein Recht. 8 Er hat mir den Weg verbaut, / ich kann nicht weiter. / Meine Pfade hüllt er mit Finsternis ein. 9 Er zog mir meine Ehre aus / und nahm mir die Krone vom Kopf. 10 Er hat mich ringsum niedergebrochen, so dass ich vergehe. / Meine Hoffnung riss er aus wie einen Baum. 11 Seinen Zorn ließ er gegen mich lodern / und hat mich zu seinen Feinden gezählt. 12 Geschlossen rückten seine Scharen an, / bahnten ihren Weg gegen mich / und lagerten sich rings um mein Zelt.«

Er hat mir Verwandte und Freunde entfremdet

13 »Meine Brüder hat er von mir entfernt, / Bekannte kennen mich nicht mehr. 14 Meine Verwandten halten sich fern, / meine Freunde vergessen mich. 15 Den Gästen meines Hauses* und meinen Mägden bin ich wie ein Fremder, / ein Ausländer bin ich für sie. 16 Ich rufe den Sklaven, er gibt keine Antwort; / ich muss ihn anflehen mit eigenem Mund. 17 Meiner Frau ist mein Atem zuwider, / meinen Geschwistern mein Gestank. 18 Selbst Kinder lachen über mich, / verhöhnen mich, wenn ich aufstehen will. 19 All meine Vertrauten verabscheuen mich, / und die ich liebte, haben sich gegen mich gestellt. 20 Nur Haut und Knochen bin ich noch, / nur das nackte Leben brachte ich davon. 21 Habt Erbarmen, Erbarmen mit mir, meine Freunde! / Was mich zu Boden schlug, war Gottes Hand. 22 Warum verfolgt ihr mich wie Gott, / bekommt nicht genug davon, mich zu zerfleischen?«

Ich weiß, dass mein Erlöser lebt!

23 »Ich wünschte, jemand schriebe meine Worte auf, / zeichnete sie auf in ein Buch, 24 mit eisernem Griffel auf Blei, / in den Felsen gehauen auf ewig! 25 Doch ich weiß, dass mein Erlöser lebt, / als letzter steht er über dem Staub. 26 Nachdem man meine Haut

---

19,15 *Gäste meines Hauses.* Gemeint sind Schutzbefohlene, vielleicht Ausländer, die auf Hiobs Schutz angewiesen waren.

so sehr zerschunden hat, / werde ich ohne mein Fleisch Gott schauen. 27 Ihn selbst werde ich sehen, / ja, meine Augen schauen ihn, / und nicht als einen Fremden. / Ich sehne mich von Herzen danach.«

Seht euch vor!

28 »Wenn ihr überlegt: ›Wie können wir ihn verfolgen, / wie finden wir bei ihm den Grund des Übels?‹ 29 Dann fürchtet euch selbst vor dem Schwert! / Denn Zorn wird mit dem Schwert bestraft, / damit ihr wisst: Es gibt einen Richter.«

Zweite Rede des Zofar: Es drängt mich zur Antwort

20 1 Da entgegnete Zofar von Naama: 2 »Darauf erwidern mir meine Gedanken, / darüber denke ich nach. 3 Ich höre, wie man mich tadelt und schmäht, / doch aus meiner Einsicht entgegnet mein Geist.«

Der Böse nimmt ein böses Ende

4 »Weißt du nicht, dass immer schon, / seit es Menschen auf der Erde gibt, 5 der Jubel der Gottlosen kurz ist, / die Freude der Bösen keinen Augenblick bleibt? 6 Reicht sein Stolz auch in den Himmel, / kommt er mit dem Kopf bis an die Wolken, 7 wird er vergehen wie sein eigener Kot. / Die ihn sahen, fragen: ›Wo ist er?‹ 8 Wie ein Traum löst er sich unauffindbar auf, / wie ein weggescheuchtes Nachtgesicht. 9 Das Auge sah ihn und sieht ihn nicht wieder, / seine Stätte erblickt ihn nicht mehr. 10 Seine Kinder

müssen den Armen Entschädigung zahlen, / und seine Hände den Raub erstatten. 11 Seine Glieder waren voll Jugendkraft, / nun liegen sie mit ihm im Staub.

12 Schmeckt das Böse in seinem Mund süß, / wenn er es unter der Zunge verbirgt, 13 es aufspart und nicht loslassen will, / es im Gaumen zurückhält, 14 so wird seine Speise im Leib verwandelt, / in seinem Inneren zu Natterngift. 15 Reichtum hat er verschlungen, / nun erbricht er ihn wieder, / aus seinem Bauch treibt Gott ihn heraus. 16 Was er sog, ist Viperngift, / die Vipernzunge tötet ihn. 17 Er darf sich nicht an Bächen freuen, / an Strömen von Honig und Milch. 18 Das Errungene gibt er zurück, / er darf es nicht verschlingen. / Den Reichtum, den er erwarb, / den kann er nicht genießen.

19 Denn er knickte die Armen und ließ sie liegen, / beraubt ein Haus, anstatt es zu bauen. 20 Weil sein Bauch ihm keine Ruhe gab, / entkommt er mit seinen Schätzen nicht. 21 Nichts entging seiner Fressgier, / darum hat sein Gut keinen Bestand. 22 Voll von Reichtum wird ihm Angst, / die Wucht des Leidens wird über ihn kommen.

23 Um ihm den Bauch zu füllen, / lässt Gott seine Zornglut auf ihn los, / dass sie als Brot auf ihn regnet. 24 Flieht er vor den eisernen Waffen, / durchbohrt ihn der eherne Bogen. 25 Zog er sich den Pfeil aus dem Rücken, / aus der Galle die blitzende Klinge, / kommt das Grauen über ihn. 26 Nur Finsternis

ist für ihn aufgespart; / es frisst ihn ein Feuer, das niemand angeblasen hat, / es verzehrt, was übrig blieb in seinem Zelt. 27 Der Himmel enthüllt seine Schuld, / die Erde steht gegen ihn auf. 28 Der Wohlstand seines Hauses fährt dahin, / wenn Gottes Zorn wie eine Sturzflut kommt. 29 So sieht das Schicksal gottloser Menschen aus, / Gott spricht ihnen dieses Erbe zu.«

Hiobs Antwort:
Hört mir doch zu!

21 1 Da erwiderte Hiob: 2 »Hört mir doch einmal richtig zu! / Das wäre wahrer Trost von euch. 3 Ertragt mich, dann will ich reden; / danach kannst du spotten, wenn du es willst. 4 Richte ich meine Klage an Menschen? / Und warum sollte ich nicht ungeduldig sein? 5 Wendet euch zu mir und erstarrt / und legt die Hand auf den Mund!«

Auch Bösen geht es manchmal gut

6 »Wenn ich daran denke, bin ich bestürzt, / und Zittern erfasst meinen Leib. 7 Warum bleiben die Bösen am Leben, / werden alt und ihre Macht wächst? 8 Gesichert wachsen ihre Kinder auf, / und ihre Enkel haben sie um sich. 9 Keine Furcht zerstört den Frieden ihrer Häuser, / die Rute Gottes trifft sie nicht. 10 Sein Stier versagt nicht bei der Befruchtung, / seine Kuh kalbt ohne Fehlgeburt. 11 Wie Schafe lassen sie ihre Knaben hinaus, / ihre Kinder tanzen und springen. 12 Sie singen zur Handpauke und Zither, / freuen sich beim Klang der Flöte. 13 Sie genießen ihre Tage im Glück / und fahren im Nu zu den Toten. 14 Und doch sagen sie zu Gott: ›Bleib uns fern! / Wir wollen deine Wege nicht wissen. 15 Was sollen wir dem Allmächtigen dienen, / was nützt es uns, wenn wir ihn bitten?‹ 16 Doch das Glück steht nicht in ihrer Hand. / Vom Denken der Bösen halt ich mich fern. 17 Wie oft erlischt die Leuchte der Bösen, / wie oft kommt Unglück über sie, / teilt er Verderben zu im Zorn! 18 Dann sind sie wie Stroh vor dem Wind, / wie Spreu, die der Sturmwind entführt. 19 Spart Gott das Unheil auf für dessen Kinder? / Er vergilt es ihm selbst, dass er es fühlt! 20 Mit eigenen Augen soll er seinen Untergang sehen / und vom Zorn des Allmächtigen trinken. 21 Denn was schert ihn sein Haus nach ihm, / wenn die Zahl seiner Monate knapp wird?«

Ihr gebt trügerischen Trost

22 »Kann man Gott Erkenntnis lehren, / ihn, der die Himmlischen richtet? 23 Dieser stirbt bei voller Kraft, / sorglos und in Frieden. 24 Voller Milch sind seine Tröge, / getränkt ist das Mark seiner Knochen. 25 Und jener stirbt im Herzen verbittert, / hat das Glück nie gekostet. 26 Zusammen liegen sie im Staub, / und Maden decken sie zu. 27 Seht, ich kenne eure Gedanken, / die Pläne, die ihr gegen mich macht. 28 Ihr sagt: ›Wo ist das Haus des Edlen / und wo das Zelt, in dem die Bösen sind?‹ 29 Habt ihr nie die Reisenden gefragt, / erkennt ihr ihre Zeichen nicht? 30 Am Tag des Unglücks bleibt der Böse verschont, /

er entgeht dem Tag des Zorns. *31* Wer hält ihm seinen Lebenswandel vor, / wer zahlt ihm heim, was er verbrochen hat? *32* Doch er wird in Ehren bestattet, / man wacht bei seinem Grab. *33* Die Erde deckt ihn freundlich zu. / Alle Welt zieht hinter ihm her / und vor ihm die zahllose Menge. *34* Euer Trost ist nichts als Dunst, / eure Antworten bleiben Betrug.«

Dritte Rede des Elifas: Du hältst Gott für parteiisch!

22 *1* Da erwiderte Elifas von Teman: *2* »Kann ein Mann Gott Nutzen bringen? / Der Verständige nützt nur sich selbst. *3* Wenn du gerecht bist, was bringt es dem Allmächtigen? / Hat er Gewinn, wenn deine Wege unschuldig sind?«

Gott straft dich wegen deiner Sünden!

4 »Straft er dich, weil du ihn fürchtest, / geht er deshalb mit dir ins Gericht? *5* Ist nicht deine Bosheit groß, / sind deine Sünden nicht endlos? *6* Du hast deinen Bruder grundlos gepfändet, / du nahmst ihm als Pfand das einzige Gewand. *7* Dem Erschöpften hast du kein Wasser gegeben, / dem Hungrigen nicht ein Stück Brot. *8* Dem Mann der Faust gehörte das Land, / und der Schmeichler wohnte darin. *9* Witwen schicktest du mit leeren Händen fort, / die Arme der Waisen hast du zerschlagen. *10* Darum sind Schlingen rings um dich her, / ein plötzlicher Schrecken macht dich bestürzt *11* oder Finsternis, in der du nichts siehst, / und die Wasserflut, die dich bedeckt.«

Hältst du Gott für unwissend?

12 »Ist Gott nicht so hoch wie der Himmel? / Schau doch die höchsten Sterne an! *13* Du aber sagst: ›Was weiß denn Gott? / Kann er durch Wolkendunkel richten? *14* Wolken umhüllen ihn, dass er nichts sieht, / wenn er am Himmelsrand spazieren geht.‹ *15* Willst du den Pfad der Vorwelt befolgen, / den die Gottlosen gegangen sind, *16* die weggerafft wurden vor der Zeit? / Wie ein Strom zerfloss ihr fester Grund. *17* Sie sagten zu Gott: ›Mach dich fort!‹, / und: ›Was kann der Allmächtige uns tun?‹ *18* Hatte er doch ihre Häuser mit Gutem gefüllt. / Auch mir ist das Denken der Gottlosen fern! *19* Die Gerechten sehen es und freuen sich, / und der Schuldlose wird über sie spotten: *20* Vernichtet sind unsere Feinde! / Ihren Rest hat das Feuer gefressen.«

Ändere deine Einstellung, Hiob!

21 »Sei ihm doch Freund und halte Frieden! / Dadurch kommt wieder Gutes zu dir. *22* Nimm die Lehre aus seinem Mund an, / nimm dir seine Worte zu Herzen! *23* Wenn du zum Allmächtigen umkehrst, / wirst du wieder aufgebaut / und entfernst das Unrecht aus deinem Zelt. *24* Wirf dein Gold doch in den Staub, / das Ofirgold* zu den Kieseln im Bach!

22,24 *Ofirgold.* Siehe Fußnote zu 2. Chronik 8,18.

25 Dann ist der Allmächtige dein Gold, / das erlesene Silber für dich. 26 Dann wirst du dich am Allmächtigen freuen / und dein Gesicht zu Gott erheben. 27 Du wirst zu ihm beten, / und er wird dich hören. / Und du erfüllst ihm, was du gelobst. 28 Was du beschließt, / das wird dir gelingen. / Auf deinen Wegen wird es hell. 29 Gott erniedrigt, die hochmütig reden, / doch wer die Augen niederschlägt, dem hilft er. 30 Er rettet selbst den, der nicht schuldlos ist; / durch die Reinheit deiner Hände wird er befreit.«

Hiobs Antwort: Wenn ich Gott nur finden könnte!

23 1 Hiob erwiderte: 2 »Auch heute lehnt sich meine Klage auf, / meine Hand muss mein Stöhnen bezwingen. 3 Wüsste ich nur, wie ich ihn finden, / zu ihm hingelangen könnte. 4 Ich würde ihm meinen Rechtsfall erläutern, / meinen Mund mit Beweisgründen füllen. 5 Ich würde wissen, was er mir erwidert, / erfahren, was er zu mir sagt. 6 Würde er in seiner Allmacht mit mir streiten? / Nein, gerade er wird auf mich achten. 7 Ein Aufrechter würde dort mit ihm streiten, / und ich hätte mein Recht für immer gesichert.«

8 Geh ich nach Osten, ist er nicht da, / und nach Westen, bemerk ich ihn nicht. 9 Wirkt er im Norden, kann ich ihn nicht sehen, / und im Süden, da erblicke ich ihn nicht. 10 Er kennt doch meinen Weg. / Wenn er mich prüfte, wäre ich wie Gold. 11 Mein Fuß blieb in seiner Spur; / ich blieb auf seinem Weg und wich nicht ab. 12 Ich ließ nicht ab von dem, was er mir gebot, / wich nicht von meinem Vorsatz ab / und verwahrte die Worte aus seinem Mund.

13 Doch er ist der Eine. / Wer kann ihm wehren? / Was er will, das tut er auch. 14 Er vollendet, was er mir bestimmt hat, / und hält davon noch mehr bereit. 15 Darum bin ich so bestürzt vor ihm, / ich denke daran und habe vor ihm Angst. 16 Gott hat mein Herz verzagt gemacht, / der Allmächtige macht mich bestürzt. 17 Denn nicht wegen Finsternis vergehe ich / und auch nicht, weil mich Dunkelheit bedeckt.«

Die Gottlosen haben Erfolg!

24 1 »Warum setzt der Allmächtige keine Gerichtstage fest? / Warum sehen die, die ihn kennen, seine Gerechtigkeit* nicht? 2 Jene verrücken die Grenzen, / rauben die Herde und lassen sie weiden. 3 Sie treiben den Esel der Waisen weg / und nehmen das Rind der Witwe zum Pfand. 4 Sie stoßen die Bedürftigen vom Weg. / Die Armen des Landes verkriechen sich alle.

5 Wie Wildesel in der Wüste / müssen sie ans Tagewerk gehen / und suchen schon früh nach Nahrung. / Die Steppe gibt ihnen Brot für die Kinder. 6 Auf freiem Feld schneiden sie Futterkorn ab, / suchen

---

24,1 *Gerechtigkeit.* Wörtlich: *Tage.* Gemeint sind die Tage, an denen er Gericht hält.

Beeren im Weinberg des Bösen.
7 Nackt übernachten sie ohne
Gewand / und haben keine Decke im
Frost. 8 Vom Regen der Berge sind
sie durchnässt, / an den Felsen
suchen sie Schutz. 9 Der Witwe reißt
man ihren Säugling weg; / die Waise
des Armen nimmt man zum Pfand.
10 Nackt müssen sie gehen, ohne
Gewand, / und hungernd schleppen
sie Garben. 11 In deren Hainen
pressen sie das Öl, / treten die Kelter
und haben doch Durst. 12 In der
Stadt hört man Sterbende ächzen, /
Verletzte schreien um Hilfe, / doch
Gott nimmt keinen Anstoß daran.

13 Jene sind Feinde des Lichts /
und wissen nichts von Gottes
Wegen. / Sie bleiben auch nicht auf
seinem Pfad. 14 Noch vor dem
Taglicht steht der Mörder auf, / um
den Elenden und Armen zu töten. /
Und der Dieb geht um in der Nacht.
15 Der Ehebrecher wartet auf die
Dämmerung; / er sagt: ›Kein Auge
soll mich sehen!‹, / und er verhüllt
sein Gesicht. 16 Im Dunkeln brechen
sie ein in die Häuser. / Am Tag, da
verstecken sie sich, / denn sie
scheuen das Licht. 17 Die Finsternis
gilt ihnen als Morgen, / mit ihrem
Schrecken sind sie wohlvertraut.«

**Erst in der Ewigkeit werden
sie bestraft!**

18 »Schnell fahren sie dahin wie auf
Wasser, / verflucht ist ihr Los auf der
Erde. / Den Weg zu den Weinbergen
gehen sie nicht mehr. 19 Dürre und
Hitze raffen Schneewasser weg, / so
schluckt die Totenwelt einen Sünder.
20 Selbst der Mutterleib vergisst
ihn. / An ihm labt sich das Gewürm. /

Nie mehr wird an ihn gedacht. / So
zerbricht das Böse wie ein Baum.
21 So auch der, der die Kinderlose
beraubte / und der Witwe keine
Freundlichkeit erwies. 22 Starke reißt
Gott durch seine Kraft um. / Steht er
auf, sind sie des Lebens nicht sicher.
23 Er wiegt sie nur in Sicherheit, /
doch seine Augen sind auf ihren
Wegen. 24 Sie kommen für kurze Zeit
hoch, / doch dann ist es aus; / sie
sinken hin, / man rafft sie wie alle
anderen weg; / sie verwelken wie die
Spitze der Ähre. 25 Ist es nicht so? /
Wer will mich Lügen strafen? / Wer
kann meine Worte widerlegen?«

**Dritte Rede des Bildad:
Kein Mensch ist gerecht vor Gott!**

25 1 Da erwiderte Bildad von
Schuach: 2 »Herrschaft und
Schrecken ist bei ihm, / der Frieden
schafft in seinen Höhen. 3 Kann man
seine Scharen zählen? / Über wem
geht sein Licht nicht auf? 4 Wie will
der Mensch gerecht sein vor Gott, /
wie rein der aus einer Frau kommt?
5 Schau, nicht einmal der Mond ist
vor ihm hell, / und die Sterne sind in
seinen Augen nicht rein, 6 wie viel
weniger der Mensch, diese Made, /
das Menschenkind, der kleine
Wurm!«

**Hiobs Antwort:
Du hast nur leere Worte.**

26 1 Hiob erwiderte: 2 »Wie
hilfst du doch der
Schwachheit auf / und stehst der
Ohnmacht bei! 3 Wie gut du
Unweisheit berätst / und großes

Wissen offenbarst! *4* Wessen Reden hast du vermeldet, / und wessen Hauch ist aus dir gefahren?«

Ich zeige dir die Größe Gottes

5 »Es beben die Schatten dort unten, / das Wasser und die darin wohnen. *6* Das Grab ist nackt vor ihm, / der Abgrund hat keine Decke. *7* Er spannt den Norden aus über der Leere, / hängt die Erde auf über dem Nichts. *8* Er bindet das Wasser in seine Wolken, / und das Gewölk zerreißt darunter nicht. *9* Er versperrt den Anblick seines Thrones / und breitet sein Gewölk davor aus. *10* Er zieht eine Grenze über dem Wasser / bis zum Endgebiet von Licht und Finsternis. *11* Die Säulen des Himmels wanken, / erstarren, wenn Gott sie bedroht. *12* Durch seine Kraft erregt er das Meer, / durch seine Einsicht zerschmettert er das Ungetüm*. *13* Der Himmel wird heiter durch seinen Hauch, / seine Hand durchbohrt die flüchtige Schlange*. *14* Das sind nur kleine Fingerzeige von dem, was er tut; / wir vernehmen ja nur ein Wispern von ihm. / Wer könnte denn den Donner seiner Macht verstehen?«

Hiobs Schlussrede: Ich gebe euch nicht recht!

27 *1* Hiob setzte seine Rede fort, er sagte: *2* »So wahr Gott lebt, der mir mein Recht entzog, / der Allmächtige, der mir das Leben bitter macht: *3* Solange noch mein Atem in mir ist, / in meiner Nase Gottes Hauch, *4* kommt kein Unrecht über meine Lippen, / werde ich niemals die Unwahrheit sagen. *5* Ich denke nicht daran, euch recht zu geben. / Bis in den Tod gebe ich meine Unschuld nicht preis. *6* An meiner Gerechtigkeit halte ich fest und lasse sie nicht; / keinen meiner Tage hält mein Gewissen mir vor.«

Mein Feind sei wie der Gottlose!

7 »Meinem Feind soll es wie dem Gottlosen gehen, / dem, der gegen mich steht, wie einem Verbrecher. *8* Denn was ist die Hoffnung des Gewissenlosen, / wenn Gott ihm seine Seele nimmt? *9* Wird Gott sein Schreien hören, / wenn die Not ihn überfällt? *10* Wird er sich am Allmächtigen freuen, / kann er ihn jederzeit rufen?«

Gottlose werden untergehen!

11 »Ich will euch belehren über Gottes Tun, / nicht verhehlen, was der Allmächtige plant. *12* Ihr alle habt es selbst geschaut, / warum schwatzt ihr so nichtiges Zeug? *13* Das ist das Los des gottlosen Menschen bei Gott, / das Erbe des Tyrannen, das er vom Allmächtigen bekommt: *14* Wenn seine Kinder sich mehren, dann für das Schwert, / und seine Sprösslinge haben nicht genug Brot. *15* Die ihm bleiben, begräbt die Pest, / und seine Witwen weinen

---

26,12 *Ungetüm.* Wörtlich: Rahab, siehe Fußnote zu Hiob 9,13.

26,13 Die *flüchtige Schlange* ist offenbar ein anderer Begriff für das Ungetüm, das in Kapitel 40 und 41 Leviatan genannt und ausführlich beschrieben wird.

nicht. *16* Wenn er auch Silber wie Staub anhäuft / und Kleider stapelt in Haufen, *17* dann stapelt er sie auf, doch der Gerechte zieht sie an / und das Silber nimmt ein Schuldloser mit. *18* Wie eine Motte baut er sein Haus, / wie eine Hütte, die der Wächter aufstellt. *19* Reich legt er sich hin / und tut es nicht wieder, / er schlägt die Augen auf / und ist nicht mehr. *20* Wie eine Flut holt ihn der Schrecken ein, / nachts entführt ihn ein Sturm. *21* Der Ostwind hebt ihn hoch und reißt ihn mit, / er fegt ihn von seiner Wohnstätte weg. *22* Schonungslos wirft er sich auf ihn, / er flieht und flieht vor seiner Macht. *23* Man klatscht über ihn in die Hände, / man zischt ihm von seiner Stätte aus nach.«

Weisheit nur durch Gottesfurcht

28 *1* »Das Silber hat seinen Fundort, / das Gold eine Stätte, wo man es wäscht. *2* Eisen holt man aus der Erde, / Kupfer schmilzt man aus Gestein. *3* Man setzt der Finsternis ein Ende; / bis in die letzten Winkel stößt man vor; / aus tiefem Dunkel holt man das Gestein. *4* Man teuft* einen Schacht von da aus, wo man wohnt. / Und dort, wo kein Wanderer vorüberzieht, / baumeln und schweben sie

fern von den Menschen. *5* Oben auf der Erde sprosst das Getreide, / und unten wird sie wie von Feuer zerwühlt. *6* Ihre Steine bergen den Saphir, / auch Goldstaub findet sich dort. *7* Kein Adler kennt diesen Pfad, / kein Habicht hat ihn je erblickt; *8* nie betrat ihn ein wildes Tier, / kein Löwe ging je dort entlang. *9* An harten Stein hat man die Hand gelegt, / von Grund auf wühlt man Berge um *10* und treibt Stollen in die Felsen vor. / Kostbares hat das Auge erblickt. *11* Die Wasseradern hat man eingedämmt. / Verborgenes zieht man ans Licht.

12 Aber die Weisheit, wo findet man sie? / Wo ist der Ort des Verstandes? *13* Kein Mensch kennt die Stelle, wo sie ist, / und im Land der Lebenden findet man sie nicht. *14* Die Tiefe sagt: ›Sie ist nicht hier!‹, / und das Meer: ›Auch nicht bei mir.‹ *15* Sie wird mit keinem Geld gekauft / und nicht mit Silber aufgewogen. *16* Man kann sie nicht mit Ofirgold bezahlen, / mit kostbarem Onyx und Saphir. *17* Gold und Glas haben nicht ihren Wert, / man kann sie nicht gegen Goldschmuck eintauschen, *18* ganz zu schweigen von Korallen und Kristall. / Wer Weisheit hat, hat mehr als Perlen. *19* Der Topas aus Nubien kommt ihr nicht gleich, / reines Gold wiegt sie nicht auf. *20* Die Weisheit – wo kommt sie nur her? / Wo ist der Ort des Verstandes? *21* Dem menschlichen Auge ist sie verborgen, / auch die Vögel erspähen sie nicht. *22* Selbst Abgrund und Tod müssen bekennen: / ›Wir haben bloß von ihr reden gehört.‹

28,4 *Teufen* ist ein Wort aus der Bergmannssprache und bezeichnet die Herstellung von senkrechten Hohlräumen in der Erde zum Abbau von Bodenschätzen, wozu die Bergleute damals hinabgelassen wurden.

23 Nur Gott versteht ihren Weg, / nur er kennt ihre Stätte. 24 Denn er blickt bis zu den Enden der Erde, / sieht alles auf der ganzen Welt. 25 Als er dem Wind sein Gewicht gab, / als er das Maß des Wassers bestimmte, 26 als er das Gesetz des Regens verfügte / und die Bahn für den Donnerstrahl, 27 da sah er sie und hat sie ermessen, / er setzte sie ein und ergründete sie. 28 Und den Menschen sagte er: />Seht, Jahwe zu fürchten ist Weisheit, / und Böses zu meiden, Verstand!‹«

Hiobs vergangenes Glück

29 1 Hiob setzte seine Rede fort und sagte; 2 »Ach wäre ich doch wie in den früheren Jahren, / wie in den Tagen, als Gott mich beschützte, 3 als seine Leuchte über mir schien, / als ich in seinem Licht durchs Dunkel ging, 4 wie ich war in der Zeit meiner Reife, / als Gottes Freundschaft über meinem Zelt stand, 5 als der Allmächtige noch mit mir war / und meine Knaben mich umgaben; 6 als ich meine Füße in Sahne badete, / der Fels neben mir Ölbäche ergoss!

7 Ging ich durchs Tor zur Stadt hinauf / und stellte meinen Sitz auf den Platz, 8 traten die Jungen beiseite, wenn sie mich sahen, / die Alten erhoben sich, blieben stehen, 9 die Fürsten hielten ihr Reden zurück / und legten die Hand auf den Mund. 10 Die Stimme der Vornehmen verstummte; / ihnen klebte die Zunge am Gaumen. 11 Hörte mich jemand, so pries er mich glücklich; / sah mich einer, so

bezeugte er mir, 12 dass ich den Elenden rettete, der um Hilfe schrie, / und die Waise, die ohne Beistand war.

13 Der Segen des Verlorenen kam über mich, / das Herz der Witwe machte ich jubeln. 14 Ich kleidete mich in Gerechtigkeit, / das Recht war mir Mantel und Kopfbund. 15 Für den Blinden war ich Auge / und für den Lahmen Fuß. 16 Für die Armen war ich ein Vater / und erforschte den Streit mir Unbekannter. 17 Ich zerbrach den Kiefer des Bösen, / entriss seinen Zähnen die Beute. 18 So dachte ich: ›In meinem Nest werde ich sterben / und meine Tage mehren wie Sand.‹ 19 Meine Wurzel war offen zum Wasser, / auf meinen Zweigen ruhte der Tau. 20 Meine Ehre blieb immer frisch, / und mein Bogen wurde in meiner Hand stärker.

21 Sie hörten auf mich und warteten / und lauschten schweigend meinem Rat. 22 Nach meinem Wort sprachen sie nicht; / meine Rede träufelte auf sie. 23 Sie warteten auf mich wie auf Regen, / sperrten den Mund wie nach Spätregen auf. 24 Ich lachte ihnen zu, wenn sie kein Zutrauen hatten, / mein strahlendes Gesicht trübten sie nicht. 25 Ich wählte für sie den Weg aus und saß da als Haupt; / ich thronte wie ein König in seinen Scharen; / wie einer, der Trauernde tröstet.«

Hiobs gegenwärtiges Leid

30 1 »Jetzt aber lachen über mich, / die jünger sind als ich. / Deren Väter hätte ich nicht / zu

33 Habe ich wie Adam meine Sünde verdeckt, / meine Schuld in meiner Brust versteckt, 34 weil ich die große Menge scheute, / die Verachtung der Sippe mich schreckte, / so dass ich schwieg und nicht zur Tür hinausging?

35 Ach, hätte ich doch einen, der auf mich hört! / Hier ist meine Unterschrift! / Der Allmächtige antworte mir! / Hätte ich die Klageschrift meines Gegners, 36 auf meine Schulter wollt' ich sie legen, / mir umbinden wie eine Krone! 37 Jeden meiner Schritte würde ich ihm offen legen, / ihm nahen wie ein Fürst. 38 Schrie mein Acker über mich, / weinten all seine Furchen? 39 Hab' ich seine Frucht unbezahlt verzehrt, / seinen Besitzer umkommen lassen? 40 Dann sollen Dornen wachsen statt Weizen, / Unkraut anstelle von Gerste!«

Die Worte Hiobs sind zu Ende.

Die Reden Elihus: Zorn über fruchtloses Gerede

32 1 Nun hörten die drei Männer auf, Hiob zu antworten, denn er hielt sich selbst für gerecht. 2 Da flammte der Zorn Elihus auf. Elihu war ein Sohn Barachels von Bus* aus der Sippe Ram. Sein Zorn richtete sich gegen Hiob, weil er sich selbst mehr rechtfertigte als Gott. 3 Gegen dessen drei Freunde richtete sich sein Zorn, weil sie keine Antwort fanden und Hiob doch verdammten. 4 Elihu hatte sich Hiob gegenüber mit seinen Worten zurückgehalten, weil jene älter waren als er. 5 Dann aber sah er, dass die drei Männer keine Antwort mehr wussten. Da entflammte sein Zorn.

Der Grund für sein Eingreifen

6 Elihu, der Sohn Barachels von Bus, ergriff das Wort und sagte:

»Noch bin ich jung an Jahren, / doch ihr seid hochbetagt. / Darum hielt ich mich zurück und scheute mich, / euch mein Wissen kundzutun. 7 Ich dachte: ›Lass das Alter reden, / lass die Ergrauten Weisheit verkünden.‹ 8 Doch es ist der Geist im Menschen, / der Hauch des Allmächtigen, der sie verständig macht. 9 Nicht die Großen sind weise, / noch verstehen die Alten, was recht ist. 10 Darum sage ich: ›Hört mir zu! / Auch ich will mein Wissen verkünden.‹ 11 Ich habe auf eure Reden gewartet, / auf eure klugen Sprüche gehört, / bis ihr die Worte getroffen hättet. 12 Ich bin euch aufmerksam gefolgt, / doch keiner hat Hiob widerlegt, / seine Reden beantwortet.

13 Sagt nicht: ›Wir haben die Weisheit gefunden, / Gott muss ihn schlagen – und nicht ein Mensch.‹ 14 Nicht gegen mich hat er seine Worte gerichtet, / und mit euren Sprüchen antworte ich nicht. 15 Sie sind bestürzt, sie antworten

---

32,2 *Bus*. Nach 1. Mose 22,21 war *Bus* ein Sohn von Nahor, dem Bruder Abrahams. Sein Bruder hieß *Uz* wie das Land, in dem Hiob wohnte.

nicht, / es fehlen ihnen die Worte.
16 Ich habe gewartet, doch sie reden
nicht, / sie stehen da, sagen nichts
mehr.

17 Auch ich will meinerseits mein
Teil erwidern, / auch ich will mein
Wissen verkünden. 18 Denn mit
Worten bin ich randvoll angefüllt, /
mich drängt der Geist, der in mir ist.
19 Mein Inneres ist wie junger Wein,
der eingeschlossen ist, / will wie
neugefüllte Schläuche bersten. 20 Ich
will reden, damit mir leichter wird, /
die Lippen öffnen und erwidern.
21 Ich werde für niemand Partei
ergreifen, / keinem Menschen werde
ich schmeicheln. 22 Nein, denn
schmeicheln kann ich nicht, / sonst
rafft mich mein Schöpfer bald weg.«

Elihus erste Rede:
Aufruf an Hiob

33 1 »So hör auf meine Rede,
Hiob, / nimm meine Worte
zu Ohren. 2 Sieh doch, ich habe
meinen Mund geöffnet, / die Worte
liegen mir auf der Zunge. 3 Ich rede
mit aufrichtigem Herzen, / meine
Lippen bringen klares Wissen vor.
4 Gottes Geist hat mich gemacht, /
der Hauch des Allmächtigen belebt
mich. 5 Wenn du kannst, so antworte
mir, / leg es mir vor und stell dich!
6 Schau, vor Gott bin ich wie du, /
vom Ton geknetet bin auch ich.
7 Furcht vor mir muss dich nicht
schrecken, / ich setze dich nicht
unter Druck.«

Zurückweisung der Worte Hiobs

8 »Du sagtest doch vor meinen
Ohren, / und den Laut deiner Worte

höre ich noch: 9 ›Ich bin rein, ohne
Vergehen, / makellos und frei von
Schuld. 10 Doch er fand eine Sache
gegen mich, / er hält mich für seinen
Feind. 11 Er legt meine Füße in den
Block, / überwacht jeden meiner
Wege.‹ 12 Da hast du nicht recht, /
entgegne ich dir, / denn Gott ist mehr
als ein Mensch. 13 Was haderst du
mit ihm? / Er gibt keine Antwort
über sein Tun.«

Gott redet auf zwei Arten mit uns

14 »Doch in einer Weise redet Gott, /
und in zweien, / und man achtet
nicht darauf. 15 Im Traum, im Nachtgesicht, / wenn Schlaf die Menschen
überfällt, / im Schlummer auf dem
Lager. 16 Dann öffnet er Menschen
das Ohr / und bestätigt die Warnung
für sie, 17 um den Menschen von
seinem Tun abzubringen, / den
Hochmut auszutreiben vom Mann.
18 Er will ihn vor dem Grab bewahren, / sein Leben vom Lauf in
den Tod.

19 Er wird gemahnt durch Schmerz
auf dem Lager, / den er in allen
seinen Gliedern fühlt. 20 Dann ist ihm
selbst das Essen zuwider, / die
Lieblingsspeise mag er nicht mehr.
21 Sein Fleisch zehrt ab, dass man
es nicht mehr sieht; / die Knochen
stehen vor, die man vorher nicht sah.
22 Sein Leben nähert sich dem
Grab, / seine Seele den Mächten des
Todes. 23 Ist dann ein Bote für ihn
da, / ein Mittler, einer von tausend, /
der dem Menschen das Rechte
erklärt, 24 so ist er ihm gnädig und
spricht: / ›Lass ihn nicht ins Grab
hinuntergehen, / ich fand das
Lösegeld für ihn.‹ 25 Dann wird sein

Körper wieder frisch und stark, / er kehrt in die Zeit seiner Jugend zurück. *26* Dann fleht er zu Gott, und dieser nimmt ihn gnädig an; / er darf sein Gesicht mit Jubel anschauen, / und dieser gibt dem Menschen seine Gerechtigkeit wieder. *27* Er wird vor den Leuten singen und sagen: ›Ich hatte gesündigt und das Recht verkehrt, / und er hat es mir nicht vergolten. *28* Er hat mich erlöst vor dem Abstieg ins Grab, / und mein Leben schaut das Licht.‹ *29* Ja, das alles tut Gott / zwei- und dreimal mit dem Mann, *30* um sein Leben vom Grab abzuwenden, / dass das Licht des Lebens ihm leuchte.

31 Merk auf, Hiob, höre mir zu; / schweig, ich aber will reden! *32* Doch hast du Worte, so antworte mir! / Sprich, denn gern gäb ich dir recht! *33* Wenn nicht, so höre mir zu; / schweig, und ich zeige dir, was Weisheit ist!«

Elihus zweite Rede: Aufruf an die drei Freunde

34 *1* Elihu fuhr fort und sagte: *2* »Hört, ihr Weisen, meine Worte, / ihr Kundigen, gebt mir Gehör! *3* Denn das Ohr prüft die Worte, / der Gaumen kostet die Speise. *4* Lasst uns prüfen, was recht ist, / was gut ist, zusammen erforschen!«

Zurückweisung der Worte Hiobs

5 »Denn Hiob hat gesagt: ›Ich bin gerecht, / und Gott verweigert mir mein Recht. *6* Sollte ich lügen über mein Recht? / Tödlich traf mich der Pfeil, obwohl ich ohne Schuld bin.‹ *7* Wo ist ein Mann wie Hiob, / der

Hohn wie Wasser trinkt, *8* der sich mit üblem Gesindel abgibt, / der Umgang mit Gottlosen hat? *9* Denn er hat gesagt: ›Es nützt einem nichts, wenn man Gott gefallen will.‹«

Gott regiert vollkommen gerecht

10 »Darum hört mir zu, / ihr verständigen Männer! / Niemals wird Gott gottlos handeln, / der Allmächtige Unrecht tun. *11* Nein, was der Mensch tut, das vergilt er ihm; / er bekommt, was er verdient. *12* Es ist gewiss: Gott handelt nicht gottlos, / der Allmächtige verdreht nicht das Recht.«

Gott erhält die ganze Welt

13 »Wer hat ihm die Erde anvertraut, / wer den ganzen Erdkreis hingestellt? *14* Wenn er nur an sich denken würde / und hielte seinen Lebenshauch zurück, *15* dann käme alles Fleisch auf einen Schlag um, / und der Mensch würde wieder zu Staub.«

Gott regiert mit vollkommenem Wissen

16 »Hast du Verstand, dann höre dies, / achte genau auf meine Worte! *17* Kann denn herrschen, wer das Recht hasst? / Oder willst du den Gerechten und Mächtigen verdammen? *18* Darf man einen König Nichtsnutz nennen, / ist es recht, Edle gottlos zu heißen? *19* Er ergreift nicht für die Oberen Partei; / der Reiche gilt ihm nicht mehr als der Arme, / denn sie alle sind das Werk seiner Hände. *20* Sie sterben plötzlich, mitten in der Nacht, / sie

werden erschüttert und vergehen. /
Mächtige entfernt er ohne Menschenhand. 21 Seine Augen sind auf die
Wege jedes Menschen gerichtet, / er
sieht jeden Schritt, den sie tun.
22 Da ist kein Dunkel und kein
Schatten, / der die Bösen verbirgt.
23 Er muss den Menschen nicht lang
untersuchen, / bevor er vor Gott ins
Gericht kommt. 24 Gewaltige knickt
er ohne Verhör / und stellt andere an
ihren Platz. 25 Weil er ihre Werke
kennt, / stürzt er sie über Nacht
um, / und sie werden zermalmt.
26 Als Gottlose klatscht er sie nieder /
am Ort, wo alle sie sehn, 27 weil sie
ihm nicht mehr folgten / und keinen
seiner Wege bedachten. 28 So lässt er
den Schrei der Armen zu sich / und
hört das Geschrei der Gebeugten.
29 Schafft er Ruhe, / wer will es
verdammen? / Verbirgt er das
Gesicht, / wer kann ihn schauen? /
Doch er wacht über Völker und
Menschen, 30 dass kein Gewissenloser König wird / und dem Volk ein
Fallstrick ist.«

Hiobs folgenschwere Unterlassung

31 »Hat Hiob denn zu Gott gesagt: /
›Ich trage es, ich will ja nichts Böses
tun? 32 Zeig du mir, was ich nicht
sehe! / Habe ich Unrecht getan, ich
tu es nicht wieder.‹ 33 Soll Gott nach
deinem Sinn vergelten, / weil du es
verwirfst? / Du musst wählen und
nicht ich. / Weißt du etwas, sag es
an! 34 Verständige Leute werden mir
sagen / und jeder Weise, der mir
zuhört: 35 ›Hiob redet nicht mit
Verstand, / seine Worte waren
unbedacht. 36 Soll Hiob doch immer
weiter geprüft werden, / weil er wie

ein Gottloser spricht. 37 Denn zu
seiner Sünde fügt er Treubruch
hinzu, / klatscht vor Hohn in die
Hände, / führt viele Reden gegen
Gott.‹«

Elihus dritte Rede:
Hiobs ungebührliche Worte

35 1 Elihu fuhr fort und sagte:
2 »Hältst du das für richtig, /
wenn du sagst: / ›Ich will mein Recht
von Gott‹, 3 und wenn du sagst: ›Was
macht es dir, / was nützt es mir, /
wenn ich nicht sündige?‹ 4 Ich will
dir Antwort geben / und deinen
Freunden mit dir.«

Wir nehmen und geben Gott nichts

5 »Blick zum Himmel auf und sieh /
und schau die Wolken an! / Sie sind
höher als du. 6 Wenn du sündigst,
was schadest du ihm; / verübst du
viele Verbrechen, was tust du ihm an?
7 Wenn du gerecht bist, was gibst du
ihm, / was empfängt er dadurch von
dir? 8 Deine Bosheit trifft Männer
wie dich; / Menschen trifft auch
deine Gerechtigkeit.«

Gott ist nicht unser Diener

9 »Man schreit, dass viel Gewalt
geschieht, / ruft um Hilfe vor der
Willkür der Großen. 10 Aber keiner
sagt: ›Wo ist Gott, mein Schöpfer, /
der Lobgesänge gibt in der Nacht,
11 der uns Besseres lehrt als die
wilden Tiere / und klüger macht
als die Vögel?‹ 12 Da schreien sie –
doch er antwortet nicht – über den
Hochmut der Bösen. 13 Das
Schreien ist umsonst, Gott hört es
nicht, / der Allmächtige sieht es

nicht an. *14* Wenn du auch sagst, du kannst ihn nicht sehen; / dein Fall liegt ihm vor, warte auf ihn. *15* Jetzt aber, weil sein Zorn nicht gestraft hat / und er den Übermut noch übersieht, *16* reißt Hiob seinen Mund auf zu leerem Gerede, / macht viele Worte ohne Verstand.«

Elihus letzte Rede: Gott ist gerecht

36 *1* Elihu fuhr fort und sagte: *2* »Warte ein wenig, / ich will's dir erklären, / denn es ist noch mehr zu sagen für Gott. *3* Ich will mein Wissen von weither holen / und zeigen, dass mein Schöpfer gerecht ist. *4* Das ist gewiss: Meine Worte trügen nicht. / Der, der alles Wissen hat, der ist bei dir. *5* Ja, Gott ist mächtig / – und doch verachtet er niemand – / mächtig an Verstandeskraft. *6* Den Gottlosen lässt er nicht leben, / doch dem Elenden schafft er das Recht. *7* Von Gerechten wendet er seine Augen nicht ab; / mit Königen setzt er sie auf den Thron, / und sie werden für immer erhöht.«

Gottes Züchtigung ist uns zum Heil

8 »Und sind sie mit Fesseln gebunden, / in Stricken des Elends gefangen, *9* dann zeigt er ihnen ihr Tun, / ihre Vergehen und ihren Stolz; *10* dann öffnet er ihr Ohr für Zucht / und befiehlt ihnen, vom Bösen zu lassen. *11* Wenn sie hören und sich unterwerfen, / vollenden sie ihre Tage im Glück / und ihre Jahre in Freude. *12* Hören sie nicht, laufen sie in den Tod / und kommen im Unverstand um. *13* Die Gottesverächter schnauben vor Wut, / rufen nicht um Hilfe, wenn er sie lähmt. *14* Ihre Seele stirbt schon in der Jugend / und ihr Leben unter Prostituierten*. *15* Den Elenden rettet er durch sein Elend / und öffnet sein Ohr durch die Not.«

Trotze Gott nicht länger!

16 »Er lockt auch dich aus dem Rachen der Angst / in einen weiten Raum ohne Enge, / zur Ruhe am reich gedeckten Tisch. *17* Bist du mit dem Urteil des Gottlosen voll, / werden Urteil und Gericht dich ergreifen. *18* Der Zorn verlocke dich ja nicht zum Hohn, / das hohe Lösegeld verführe dich nicht! *19* Kann dein Schreien dich aus der Not befreien, / können es alle Mühen der Kraft? *20* Sehne nicht die Nacht herbei, / in der die Völker untergehen. *21* Pass auf und wende dich nicht zu dem Bösen, / dass du es anstelle des Elends auswählst!«

Hab Ehrfurcht vor Gott!

22 »Gott ist erhaben in seiner Macht. / Wer ist ein Lehrer wie er? *23* Wer schreibt ihm seinen Weg vor, / und wer darf sagen: Du hast Unrecht getan? *24* Denk daran, sein Tun zu preisen, / das die Menschen besingen! *25* Alle Menschen haben es gesehen, / jeder kann es von ferne erblicken. *26* Ja, Gott ist erhaben, wir fassen es nicht; / keiner erforscht die Zahl seiner Jahre.«

36,14 *Prostituierte.* Gemeint sind männliche Kultprostituierte.

Die Schöpfung offenbart Gottes Weisheit und Macht

27 »Ja, er zieht Wassertropfen herauf, / ballt den Dunst zu Regen, 28 den dann die Wolken abrieseln / und auf viele Menschen träufeln. 29 Versteht man gar das Ausbreiten der Wolken, / das Donnerkrachen aus seinem Zelt? 30 Schau, mit Licht hat er sich umgeben / und den Grund des Meeres zugedeckt. 31 Ja, damit richtet er die Völker – und gibt ihnen Nahrung im Überfluss. 32 Seine Hände sind vom Blitz bedeckt; / er befiehlt ihm, wen er treffen soll. 33 Sein Rollen kündigt ihn an, / seinen Zorneseifer gegen die Bosheit.

37 1 Ja, auch mein Herz zittert dabei / und fängt wild zu schlagen an. 2 Hört doch das Toben seiner Stimme, / das Grollen, das aus seinem Mund kommt. 3 Über der ganzen Welt lässt er es los, / sein Blitz fährt bis zum Ende der Erde. 4 Hinter ihm her brüllt der Donner, / er donnert mit seiner erhabenen Stimme. / Er hält sie nicht zurück, wenn sein Donner hallt. 5 Gott donnert wunderbar mit seiner Stimme, / tut große Dinge, die man nicht versteht. 6 Er spricht zum Schnee: ›Fall nieder zur Erde!‹, / und zum Regenschwall: ›Werde zur Sturzflut!‹ 7 Er versiegelt* die Hand jedes Menschen, / dass die Menschen merken: Sie sind sein Werk. 8 Da gehen die Tiere in ihr Versteck / und bleiben in ihren Höhlen. 9 Aus dem Süden kommt der Sturm; / der Nordwind bringt Kälte. 10 Durch Gottes Atem entsteht das Eis, / und die weite Fläche des Wassers erstarrt. 11 Er belädt die Wolken mit Wasser / und schickt sie mit Blitzen umher. 12 Sie zucken hin und her, / wie er sie lenkt, / dass sie alles tun, was er befiehlt / auf dem ganzen Erdenrund. 13 Als Zuchtrute für seine Erde / oder zur Gnade lässt er sie kommen. 14 Hör dir das an, Hiob! / Steh auf und betrachte Gottes Wunder!

15 Weißt du, wie Gott sie belädt / und das Licht seiner Wolken aufblitzen lässt? 16 Verstehst du das Schweben der Wolken, / die Wunder dessen, der alles weiß? 17 Du, dem die Kleider zu warm sind, / wenn die Erde unter dem Südwind liegt. 18 Kannst du gleich ihm die Lüfte breithämmern*, / fest wie einen gegossenen Spiegel*? 19 Lass uns wissen: Was sollen wir ihm sagen? / Wir tappen doch im Dunkeln und wissen nichts. 20 Muss man ihm sagen, dass ich rede? / Muss man erst sprechen, dass es mitgeteilt wird? 21 Jetzt sieht man das Licht nicht, / das hinter den Wolken glänzt; / doch dann kommt ein Wind auf und fegt sie weg. 22 Aus dem Norden dringt ein goldener Schein; / Gott umgibt eine erschreckende Pracht. 23 Den Allmächtigen begreifen wir

---

37,7 *versiegelt.* Gott sorgt dafür, dass der Mensch seine Hand nicht rühren kann. Der Mensch ist angesichts der Naturgewalten, die etwas von Gottes Allmacht aufblitzen lassen, hilflos.

37,18 *breithämmern.* Hebräisch: *raka*, verwandt mit *rakia*, Wölbung, von 1. Mose 1,6.

Spiegel waren damals aus Metall.

nicht. / Er ist erhaben an Kraft und Gerechtigkeit; / das Recht beugt er nicht. 24 Darum fürchten ihn die Menschen. / Ob einer weise ist, kümmert ihn nicht.«

Die erste Rede Gottes aus dem Sturm

38 1 Da antwortete Jahwe aus dem Sturm und sagte zu Hiob: 2 »Wer verdunkelt den Rat / mit Reden ohne Einsicht? 3 Steh auf und zeig dich als Mann! / Dann will ich dich fragen, und du belehrst mich.

4 Wo warst du, als ich die Erde gründete? / Sag an, wenn du es weißt! 5 Wer hat ihre Maße bestimmt? Weißt du es? / Wer hat die Messschnur über sie gespannt? 6 Wo sind ihre Pfeiler eingesenkt? / Wer hat ihren Eckstein gelegt, 7 als alle Morgensterne jubelten / und alle Gottessöhne jauchzten?«

Gott, der Herr über die Erde

8 »Wer hat das Meer mit Toren verschlossen, / als es berstend aus dem Mutterleib schoss? 9 Ich machte die Wolken zu seinem Gewand, / das Wetterdunkel zu seiner Windel. 10 Ich brach ihm eine Grenze aus dem Gestein, / setzte ihm Riegel und Tore. 11 Ich sagte: ›Bis hierher und nicht weiter! / Hier bricht der Stolz deiner Wellen!‹

12 Hast du je in deinem Leben dem Morgen geboten, / dem Frührot seinen Ort gezeigt, 13 dass es die Säume der Erde erfasst, / um die Schuldigen herauszuschütteln? 14 Die Erde faltet sich wie Siegelton; / wie im Prachtgewand steht alles da. 15 Den Bösen wird ihr Licht entzogen, / es zerbricht der erhobene Arm*.

16 Bist du zu den Quellen des Meeres gekommen, / hast du den Grund der Fluten durchstreift? 17 Haben sich dir die Tore des Todes enthüllt, / hast du die Pforten der Schatten gesehen? 18 Hast du ermessen, wie breit die Erde ist? / Sag an, wenn du das alles weißt! 19 Wo ist der Weg zur Wohnung des Lichts? / Die Finsternis, wo hat sie ihren Ort? 20 Kannst du sie in ihr Gebiet begleiten, / kennst du die Wege zu ihrem Haus? 21 Du weißt es, du bist doch damals geboren, / und die Zahl deiner Tage ist groß!«

Gott, der Herr unseres Himmels

22 »Bist du zu den Speichern des Schnees gelangt? / Hast du die Kammern des Hagels gesehen, 23 den ich aufgespart habe für Zeiten der Not, / für den Tag des Kampfes und der Schlacht? 24 Wo ist der Weg, auf dem das Licht sich teilt, / der Ostwind sich über die Erde zerstreut? 25 Wer bricht der Regenflut die Bahn, / bahnt dem Gewitter seinen Weg? 26 Wer schickt den Regen auf unbewohntes Land, / auf die Wüste, wo kein Mensch ist? 27 Wer stillt den Durst der ausgedörrten Erde, / dass sie frisches Gras gedeihen lässt?

38,15 *der erhobene Arm.* Das ist eine typisch hebräische Ausdrucksweise für das mutwillige Sündigen.

²⁸ Hat der Regen einen Vater? / Wer hat die Tautropfen gezeugt? ²⁹ Aus wessen Schoß kam das Eis hervor? / Wer hat den Reif des Himmels geboren? ³⁰ Die Gewässer erstarren zu Stein / und die Fläche der Flut wird fest.

³¹ Schnürst du die Bänder des Siebengestirns, / löst du die Fesseln des Orion? ³² Führst du die Tierkreisbilder zu ihrer Zeit aus, / leitest du den großen Bären samt seinen Jungen? ³³ Kennst du die Gesetze des Himmels? / Setzt du seine Herrschaft auf der Erde durch?

³⁴ Rufst du den Wolken dort Befehle zu, / dass ein Wasserschwall dich umhüllt? ³⁵ Schickst du Blitze, dass sie niederfahren, / dass sie zu dir sagen: ›Hier sind wir!‹? ³⁶ Wer hat den Vögeln Weisheit gegeben, / wer mit Verstand die Fliegenden begabt? ³⁷ Wer ist so weise, dass er die Wolken zählt? / Wer schüttet die Himmelskrüge aus, ³⁸ wenn der Boden hart ist wie Metall / und die Schollen sich verkleben?«

Gott, der Herr der Tiere

³⁹ »Jagst du der Löwin ihre Beute? / Stillst du den jungen Löwen die Gier, ⁴⁰ wenn sie in den Höhlen kauern, / im Dickicht auf der Lauer liegen? ⁴¹ Wer stellt dem Raben sein Futter bereit, / wenn seine Jungen zu Gott schreien, / herumflattern aus Mangel an Nahrung?

39 ¹ Kennst du die Zeit, wann Steinböcke werfen? / Schaust du zu, wie die Hirschkühe kalben? ² Zählst du die Monate, die sie trächtig sind, / kennst du die Zeit, wann sie werfen? ³ Sie krümmen sich, / stoßen ihre Jungen aus, / schütteln ihre Wehen ab. ⁴ Ihre Jungen werden kräftig, / erstarken im Freien; / sie gehen davon und kehren nicht wieder. ⁵ Wer hat den Wildesel frei laufen lassen, / wer hat die Fesseln des Wildlings gelöst? ⁶ Ich gab ihm die Steppe als Haus, / das Salzland zu seiner Wohnung. ⁷ Er verlacht das Getümmel der Stadt, / das Geschrei des Treibers hört er nicht. ⁸ Er streift durch die Berge nach Weide, / allem Grünen spürt er nach.

⁹ Meinst du, der Wildstier wird dir dienen, / die Nacht an deiner Krippe verbringen? ¹⁰ Zwingst du ihn am Strick in die Furche, / pflügt er hinter dir die Täler durch? ¹¹ Traust du ihm, weil er so stark ist, / überlässt du ihm deine Arbeit? ¹² Vertraust du ihm, dass er deine Ernte einbringt / und sie zu deinem Dreschplatz zieht?

¹³ Fröhlich schlägt die Straußhenne die Flügel. / Sind es fromme Schwingen und Federn? ¹⁴ Nein, sie überlässt ihre Eier der Erde, / lässt sie erwärmen im Staub ¹⁵ und vergisst, dass ein Fuß sie zerdrücken / und ein Tier sie zertreten kann. ¹⁶ Sie behandelt ihre Jungen hart, als wären es nicht ihre. / War ihre Mühe umsonst, kümmert es sie nicht, ¹⁷ denn Gott hat ihr die Weisheit versagt, / er wies ihr keine Einsicht zu. ¹⁸ Wenn sie dann aber in die Höhe schnellt, / verlacht sie Ross und Reiter.

¹⁹ Gibst du dem Pferd seine Kraft, / kleidest du seinen Hals mit der

Mähne? 20 Lässt du es wie die Heuschrecke springen? / Schrecklich sein prächtiges Schnauben! 21 Es scharrt den Boden und freut sich seiner Kraft, / es zieht aus, den Waffen entgegen. 22 Es lacht über die Angst und fürchtet nichts / und weicht vor dem Schwert nicht zurück. 23 Auf ihm klirrt der Köcher, / blitzen Wurfspieß und Speer. 24 Wild und ungestüm fliegt es dahin, / lässt sich nicht halten, wenn das Horn ertönt. 25 Bei jedem Hornstoß ruft es: Hui! / Es wittert von weitem die Schlacht, / den Donnerruf der Führer und das Kriegsgeschrei.

26 Steigt der Falke durch deinen Verstand auf / und breitet seine Flügel in den Südwind aus? 27 Erhebt sich der Adler auf deinen Befehl / und baut sein Nest in der Höhe? 28 Auf Felsen wohnt und nächtigt er, / auf Felszahn und an steiler Wand. 29 Von dort erspäht er den Fraß, / sein Auge sieht in die Ferne. 30 Seine Jungen schlürfen Blut. / Wo es Erschlagene gibt, da ist er.«

Hiobs erste Antwort an Jahwe

40 1 So reagierte Jahwe auf Hiob und sagte: 2 »Will der Tadler mit dem Allmächtigen streiten? / Der Gott Zurechtweisende antworte darauf!«

3 Da erwiderte Hiob Jahwe: Schau, ich bin zu gering. / Was soll ich erwidern? / Ich lege die Hand auf den Mund. 5 Einmal habe ich geredet, ich wiederhole es nicht, / zweimal, und ich tu es nicht wieder.«

Die zweite Rede Gottes aus dem Sturm

6 Jahwe antwortete Hiob aus dem Sturm und sagte: 7 »Steh jetzt auf und zeig dich als Mann! / Dann will ich dich fragen, und du belehrst mich. 8 Willst du im Ernst mein Recht bestreiten, / mich schuldig sehn, damit du Recht bekommst?

9 Sag, hast du einen Arm wie Gott, / kann deine Stimme donnern wie er? 10 Schmück dich doch mit Hoheit und Stolz, / kleide dich in Herrlichkeit und Pracht! 11 Gieß aus die Fluten deines Zorns, / sieh den Stolzen an und erniedrige ihn! 12 Beuge den Hochmut mit deinem Blick! / Tritt auf der Stelle die Gottlosen nieder! 13 Verscharr sie allesamt im Staub, / schließe sie im Verborgenen ein! 14 Dann will auch ich dich preisen, / es half dir ja deine Rechte!«

Der Behemot

15 »Sieh doch den Behemot*, / den ich wie dich erschuf. / Gras frisst er wie das Rind. 16 Seine Kraft ist in den Lenden, / seine Stärke in den Muskeln seines Bauchs. 17 Er streckt seinen Schwanz wie die Zeder. / Die Sehnen seiner Schenkel sind verflochten. 18 Seine Knochen sind Röhren aus Bronze, / seine Gebeine

---

40,15 *Behemot* ist die Mehrzahl von *behema*, Vieh. Es meint ein Ungetüm von Vieh, ein unbesiegbares Riesentier. Seine Beschreibung erinnert an einen Saurier.

wie eiserne Stäbe. ¹⁹ Er ist das Erste von Gottes Geschöpfen. / Der ihn schuf, gab ihm sein Schwert. ²⁰ Das Futter tragen die Berge ihm zu, / dort, wo die Wildtiere spielen. ²¹ Unter Lotosbüschen legt er sich nieder, / versteckt in Rohr und Sumpf. ²² Lotosbüsche spenden ihm Schatten, / die Weiden am Bach umgeben ihn. ²³ Da schwillt der Strom! Er läuft nicht weg, hält still, / selbst wenn ein Sturzbach ihm ans Maul schießt. ²⁴ Kann man ihn fangen, wenn er die Augen offen hat, / ihm Stricke durch die Nase ziehn?«

Der Leviatan

²⁵ »Ziehst du den Leviatan* mit der Angel herbei, / fasst du seine Zunge mit dem Seil? ²⁶ Ziehst du ihm einen Ring durch die Nase, / bohrst einen Haken durch seine Kiefer? ²⁷ Wird er dich lang um Gnade bitten / und freundlich reden mit dir? ²⁸ Wird er einen Bund mit dir schließen, / dass er für immer dein Sklave wird? ²⁹ Spielst du mit ihm wie mit einem Vogel / und bindest ihn für deine Mädchen an? ³⁰ Feilschen die Jagdgenossen um ihn, / verteilen ihn unter die Händler? ³¹ Spickst du seine Haut mit Spießen, / mit Harpunen seinen Kopf? ³² Leg nur deine Hand an ihn / und denk an den Kampf! / Du tust es sicher nicht wieder.

41 ¹ Sieh, die Hoffnung wird enttäuscht, / schon wer ihn sieht, wird niedergeworfen. ² Niemand ist so tollkühn, dass er ihn weckt!

Und wer ist's, der vor mir besteht? ³ Wer hat mir je etwas gegeben, / das ich ihm zurückzahlen müsste?* / Alles unter dem Himmel gehört mir. ⁴ Ich will nicht schweigen von ihm, / wie stark er ist und schön gebaut. ⁵ Wer schälte ihm je das Oberkleid ab? / Wer greift ihm zwischen die Zähne? ⁶ Wer öffnet das Tor seines Rachens? / Rings um seine Zähne steht Schrecken. ⁷ Stolz stehen die Rillen der Schilde, / mit festem Siegel verschlossen. ⁸ Einer fügt sich an den andern, / kein Hauch dringt dazwischen. ⁹ Sie hängen fest aneinander; / sie greifen ineinander und trennen sich nicht.

¹⁰ Sein Niesen verstrahlt Licht, / und seine Augen sind wie Wimpern des Frührots. ¹¹ Fackeln fahren aus seinem Maul, / feurige Funken schießen heraus. ¹² Aus seinen Nüstern kommt Rauch / wie aus einem heißen Topf. ¹³ Sein Atem entzündet Kohlen; / eine Flamme schlägt aus seinem Maul. ¹⁴ In seinem Nacken wohnt Stärke; / vor ihm her hüpft die Angst. ¹⁵ Sein Bauch ist straff und fest, / wie angegossen, unbewegt. ¹⁶ Sein Herz ist fest wie Stein, / hart wie der untere Mühlstein.

40,25 *Leviatan.* Der hebräische Ausdruck bedeutet »der Gewundene«. Seine Beschreibung erinnert an einen riesigen Wassersaurier.

41,3 Wird im Neuen Testament von Paulus zitiert: Römer 11,35.

17 Selbst Helden graut es, wenn er sich erhebt, / vor Schreck ziehen sie sich zurück. *18* Trifft man ihn, hält kein Schwert stand, / nicht Lanze noch Geschoss und Pfeil. *19* Eisen hält er für Stroh, / Bronze für morsches Holz. *20* Ein Pfeil verjagt ihn nicht, / Schleudersteine sind ihm wie Stoppeln. *21* Für Stroh hält er die Keule, / er lacht über den Aufprall des Schwerts. *22* Scharfe Scherben sind an seinem Bauch; / einen Dreschschlitten zieht er über den Schlamm. *23* Er macht die Tiefe zu einem siedenden Kessel, / das Meer wie einen Salbentopf. *24* Hinter sich lässt er eine leuchtende Spur, / die Flut erscheint wie Silberhaar. *25* Auf der Erde ist keiner ihm gleich, / ein Geschöpf ohne Furcht. *26* Auf alles Hohe blickt er herab, / ein König über das stolze Wild.«

Hiobs Unterwerfung

42 *1* Da erwiderte Hiob Jahwe und sagte: / *2* »Ich weiß, dass du alles vermagst, / kein Plan ist unmöglich für dich. *3* ›Wer verhüllt da den Rat / mit Reden ohne Einsicht?‹ / Ja, ich habe geredet, was ich nicht verstand. / Es war zu wunderbar für mich, / ich begriff das alles nicht. *4* Hör doch, ich will nun reden, / will dich fragen, dass du mich belehrst.

5 Bloß mit dem Ohr hatte ich von dir gehört, / jetzt aber hat mein Auge dich geschaut. *6* Darum verwerfe ich mich / und bereue in Asche und Staub.«

Hiobs Freunde werden versöhnt

7 Nachdem Jahwe das alles zu Hiob gesagt hatte, wandte er sich an Elifas von Teman. »Ich bin zornig über dich und deine beiden Freunde geworden«, sagte er, »denn ihr habt nichts Verlässliches über mich gesagt wie mein Diener Hiob. *8* Nehmt euch jetzt sieben Stiere und sieben Schafböcke, geht damit zu meinem Diener Hiob und opfert sie mir als Brandopfer für euch! Mein Diener Hiob soll für euch bitten, denn auf ihn will ich hören, damit ich euch nichts Schlimmes antue. Denn ihr habt nichts Verlässliches über mich gesagt wie mein Diener Hiob.« *9* Da gingen Elifas von Teman, Bildad von Schuach und Zofar von Naama und taten, was Jahwe ihnen gesagt hatte. Und Jahwe hörte auf Hiob. *10* Er wendete sein Geschick, als er für seine drei Freunde bat, und gab ihm doppelt so viel, wie er gehabt hatte.

Gott segnet Hiob

11 Da kamen alle seine Brüder und Schwestern und alle seine früheren Bekannten zu ihm. Sie speisten mit ihm in seinem Haus und bekundeten ihm ihre Teilnahme. Sie trösteten ihn wegen all des Unglücks, das Jahwe über ihn gebracht hatte. Jeder schenkte ihm ein großes Silberstück* und einen goldenen Ring.

12 Jahwe segnete Hiob danach mehr als zuvor. Er besaß schließlich 14.000

42,11 *Silberstück.* Hebräisch: *kesita.* Gewicht und Wert sind unbekannt.

Schafe, 6000 Kamele, 2000 Rinder und 1000 Eselinnen. *13* Er bekam noch sieben Söhne und drei Töchter. *14* Die erste nannte er Jemima, Täubchen, die zweite Kezia, Zimtblüte, und die dritte Keren-Happuch, Salbhörnchen. *15* Im ganzen Land gab es keine schöneren Frauen als Hiobs Töchter. Ihr Vater gab ihnen Erbbesitz wie ihren Brüdern.

16 Hiob lebte danach noch 140 Jahre und sah seine Kinder und Enkel, vier Generationen. *17* Er starb nach einem langen und erfüllten Leben.

Die Psalmen

Das Buch der Psalmen in der Mitte unserer Bibel enthält nur Gebete und Lieder. Die meisten stammen von David (73 von 150). Der hebräische Titel der Psalmen lautet »Buch der Lobpreisungen«. Unser deutsches Wort »Psalmen« kommt aus der griechischen Übersetzung des Alten Testamentes und bedeutet »von Saiteninstrumenten begleitete Gesänge«. Die Psalmen werden in fünf Bücher eingeteilt, von denen jedes mit einem Lobpreis Gottes endet (41,14; 72,18-20; 89,53; 106,48 und 150). Viele Psalmen haben am Anfang eine Autorenangabe, Hinweise zum Gesang, zur Musikbegleitung oder zur Aufführung im Gottesdienst. Diese Angaben gehören zum inspirierten Text.

Erstes Buch

Das Glück in Gottes Wort

1 *1* Wie beneidenswert glücklich ist der, / der nicht auf den Rat von Gottlosen hört, / der sich an Sündern kein Beispiel nimmt / und nicht mit Spöttern zusammensitzt, *2* sondern Lust hat an der Weisung Jahwes* / und über sein Wort Tag und Nacht sinnt! *3* Er ist wie ein Baum, am Wasser gepflanzt, / der seine Frucht zu seiner Zeit bringt / und dessen Laub niemals verwelkt. / Ja, was er auch tut, es gelingt! *4* Doch so sind die Gottlosen nicht. / Sie werden wie Spreu vom Wind verweht. *5* Gottlose bestehen nicht in Gottes Gericht / und Sünder nicht in der Gemeinschaft von Gottes Volk. *6* Um den Weg der Gerechten sorgt sich Jahwe, / doch von den Gottlosen bleibt zuletzt keine Spur.

Gott ist der Richter der Welt

2 *1* Was soll das Toben der Völker? / Was soll ihr sinnloser Plan? *2* Die Großen der Welt lehnen sich auf. / Sie tun sich zusammen gegen Jahwe. / Gegen seinen Messias gehen sie an:* *3* »Los, wir zerbrechen ihr Joch, / befreien uns von ihrem Strick.« *4* Doch der im Himmel thront, lacht, / der Herr lacht sie nur spöttisch aus. *5* Dann fährt er sie an in glühendem Zorn / und erschreckt sie durch seinen Grimm: *6* »Ich habe den König gesalbt und geweiht«, sagt er, / »auf dem Zion*, meinem heiligen Berg!« *7* Nun will ich* verkünden Jahwes Beschluss! / Er sagte zu mir: »Du bist mein Sohn! / Ich habe dich

---

1,2 *Jahwe*. Siehe Vorwort des Übersetzers.

2,2 Wird im Neuen Testament von der Gemeinde in Jerusalem zitiert: Apostelgeschichte 4,25-26.

2,6 *Zion*. Hügel in Jerusalem, oft als Bezeichnung für die ganze Stadt gebraucht.

2,7 *ich*. Die Verse 7-9 sind die Worte des Messias, der ein Gesetz Jahwes verkündet.

heute gezeugt. *8* Sprich mich nur an, und ich gebe dir Völker, / ja, die ganze Erde zu deinem Besitz! *9* Du wirst sie regieren mit eiserner Faust / und zerschmettern wie Töpfergeschirr.« *10* Und nun, ihr Könige, kommt zur Vernunft! / Lasst euch warnen, Richter der Welt! *11* Unterwerft euch Jahwe und zittert vor ihm – und jubelt ihm zu! *12* Verehrt den Sohn, damit er nicht zürnt / und euch umbringt auf eurem Weg, / denn leicht erregt sich sein Zorn! / Doch in seinem Schutz haben alle es gut!

Zuversicht in Bedrängnis

3 *1 Ein Harfenlied Davids, als er vor seinem Sohn Abschalom auf der Flucht war.*

2 Jahwe, es sind viele, die mich bedrängen! / So viele stehen auf gegen mich. *3* Viele gibt es, die von mir sagen: / »Selbst Gott rettet ihn nicht mehr!« //*

4 Aber du, Jahwe, bist ein Schild um mich her, / du bist meine Ehre, du richtest mich auf. *5* Immer wieder schrie ich zu Jahwe. / Er antwortete mir von seinem heiligen Berg. //

6 Ich legte mich nieder und schlief ein. / Ich erwachte, weil Jahwe mich hielt. *7* Ich fürchte nicht die vielen tausend Krieger, / die mich von allen Seiten umstellen.

8 Steh auf, Jahwe! / Rette mich, mein Gott! / Denn du zerschlägst meinen Feinden den Kiefer, / zerschmetterst der Gottlosen Zähne. *9* Bei Jahwe ist Rettung! / Dein Segen sei auf deinem Volk! //

Gottes Schutz in der Nacht

4 *1 Dem Chorleiter. Ein Psalmlied für Saiteninstrumente von David.*

2 Wenn ich rufe, antworte mir, / Gott meiner Gerechtigkeit! / Als sie mich bedrückten, schufst du mir Raum, / nun sei mir gnädig und höre mein Gebet!

3 Ihr Herrensöhne, / wie lange noch ist meine Ehre in Schande verkehrt? / Was sucht ihr die Lüge, / liebt Sinnlosigkeit? // *4* Seht es doch ein, dass Jahwe mich gewählt, / dass er sich einen Frommen ausgesucht hat / und dass er auf mein Schreien hört.

5 Erregt euch und bebt, / doch sündigt ja nicht! / Auf eurem Lager denkt still nach und schweigt! // *6* Bringt ehrliche Opfer / und vertraut auf Jahwe!

7 »Wer lässt uns noch Gutes sehen?« / So geben viele klagend auf. / Lass dein Gesicht über uns leuchten, Jahwe!

8 Du hast mir so viel Freude geschenkt, / mehr als sie je hatten bei viel Korn und Most. *9* In Frieden leg ich mich nieder zum Schlaf – zwar bin ich allein, / doch Jahwe lässt mich in Sicherheit sein.

Morgengebet um Schutz

5 *1 Dem Chorleiter. Für Blasinstrumente. Ein Psalmlied von David.*

3,3 // steht für das hebräische *Sela*, das vielleicht mit *Empor!* wiedergegeben werden kann, aber nicht sicher zu übersetzen ist. Wahrscheinlich war es ein Zeichen für die Musik.

2 Hör meine Worte, Jahwe, / achte auf mein Grübeln! 3 Vernimm doch meinen Hilfeschrei, / mein König und mein Gott, / denn zu dir will ich beten. 4 Frühmorgens hörst du meine Stimme. / Frühmorgens leg ich mein Gebet vor dich / und spähe nach dir aus.

5 Du bist kein Gott, dem das Unrecht gefällt, / bei dir darf der Böse nicht bleiben. 6 Wahnwitzige willst du nicht sehen. / Wer Böses tut, ist dir verhasst. 7 Die Lügner lässt du zugrunde gehen. / Mörder und Betrüger sind Jahwe ein Gräuel.

8 Ich darf dein Haus betreten / dank deiner großen Gunst. / In Ehrfurcht bete ich zu dir, / neige mich zu deinem Heiligtum hin. 9 Führe mich, Jahwe, in deiner Wahrhaftigkeit, / tu es wegen meiner Feinde! / Ebne mir den Weg, den ich gehen soll!

10 Nichts Wahres ist in ihrem Mund, / ihr Inneres ist voll Verderben. / Ihre Kehle ist ein offenes Grab, / mit ihrer Zunge formen sie Lügen. 11 Lass sie dafür büßen, Gott! / Verstricke sie in ihre eigenen Ränke! / Verstoße sie wegen ihrer vielen Vergehen, / denn sie haben gegen dich rebelliert.

12 Dann freuen sich alle, die dir vertrauen. / Ihr Jubel wird kein Ende haben! / Du beschirmst, die deinen Namen lieben, / und sie freuen sich an dir! 13 Ja, du wirst den Gerechten segnen, Jahwe! / Wie ein Schild umgibt ihn deine Gunst.

Bitte um Verschonung*

6 1 *Dem Chorleiter. Mit Saitenspiel auf der Scheminith*. Ein Psalmlied von David.*

2 Straf mich nicht in deinem Zorn, Jahwe, / züchtige mich nicht in deinem Grimm! 3 Sei mir gnädig, Jahwe, denn mir ist ganz elend! / Heil mich, Jahwe, denn mein Körper zittert 4 und ich bin ganz verstört. / Wie lange noch, Jahwe?

5 Kehr zurück, Jahwe, und rette mich! / Befreie mich um deiner Liebe willen! 6 Im Tod denkt niemand an dich, / bei den Toten wird keiner dich preisen!

7 Vom Stöhnen bin ich erschöpft, / ich weine die ganze Nacht. / Mein Bett ist nass von Tränen. 8 Meine Augen sind vor Kummer getrübt, / gealtert wegen meiner Bedränger.

9 Macht euch fort, ihr Verbrecher!* / Jahwe hat mein Weinen gehört. 10 Jahwe hat mein Flehen vernommen. / Jahwe nimmt mein Beten an. 11 Meine Feinde sind blamiert und ganz bestürzt, / sie kehren um und schämen sich.

Gott ist ein gerechter Richter

7 1 *Lied in freien Rhythmen von David. Er sang es Jahwe, als der Benjaminit Kusch* ihn beschuldigte.*

Psalm 6 ist der erste der sieben Bußpsalmen.

6,1 *Scheminith.* Entweder ist hier ein Achtsaiteninstrument gemeint oder die Anweisung, alles eine Oktave tiefer zu spielen.

6,9 Wird im Neuen Testament von Jesus Christus zitiert: Matthäus 7,23.

7,1 *Kusch.* Vermutlich war das einer der Begleiter Sauls, die in 1. Samuel 24,10 erwähnt werden.

2 Jahwe, mein Gott, bei dir suche ich Schutz; / rette mich vor allen, die mich hetzen, / hilf mir doch, 3 dass man mir nicht das Leben nimmt, / mich nicht zerfleischt wie ein Löwe, / und dann keiner da ist, der mich rettet!

4 Jahwe, mein Gott, wenn ich es getan habe, / wenn Unrecht an meinen Händen klebt, 5 wenn ich friedfertigen Menschen Böses antat, / wenn ich die beraubte, die mich jetzt grundlos verklagen, 6 dann soll mein Feind mich verfolgen und packen, / dann richte er mein Leben zugrunde / und trete meine Ehre in den Dreck! //

7 Steh auf Jahwe! Richte deinen Zorn gegen sie! / Stell dich gegen das Wüten meiner Bedränger! / Greif ein und stell das Recht wieder her! 8 Versammle die Völker um dich zum Gericht / und kehre dann in die Höhe zurück!

9 Jahwe wird die Völker richten. / Schaffe mir Recht, Jahwe, / denn ich bin doch im Recht! / Du weißt, dass ich unschuldig bin. 10 Lass die Bosheit der Boshaften enden / und gib dem Gerechten Bestand, / gerechter Gott, der Herz und Nieren prüft!

11 Gott ist mein Schild über mir. / Er rettet die, die aufrichtig sind. 12 Gott ist ein gerechter Richter, / ein Gott, der täglich strafen kann. 13 Schon schärft er sein Schwert, / spannt seinen Bogen und zielt. 14 Seine tödlichen Waffen liegen bereit, / die Pfeile angezündet.

15 Wer Böses im Sinn hat, / geht schwanger mit Unheil / und wird Falschheit gebären. 16 Er gräbt

eine Grube und schaufelt tief aus / und fällt selbst in die Falle, die er gestellt hat. 17 Seine Bosheit kommt zu ihm zurück / und fällt ihm selbst auf den Kopf.

18 Ich preise Jahwe für sein gerechtes Tun. / Ich besinge den Namen des Höchsten, / den Namen Jahwe!

Gottes Schöpferherrlichkeit

8 1 *Dem Chorleiter. Nach der Weise der Keltertreter. Ein Psalmlied von David.*

2 Jahwe, unser Herrscher, / wie gewaltig ist dein Name überall auf der Welt! / Über dem Himmel breitest du deine Hoheit aus. 3 Aus dem Mund der Kinder und Säuglinge schaffst du dir Lob.* / Du hast ein Bollwerk gebaut deinen Bedrängern zum Trotz. / Schweigen muss der rachgierige Feind.

4 Sooft ich den Himmel ansehe, das Werk deiner Hand, / den Mond und die Sterne, die du gemacht hast: 5 Was ist ein Mensch, dass du an ihn denkst, / ein Menschenkind, dass du es versorgst?

6 Du hast ihn nur kurz unter die Engel* gestellt / und krönst ihn mit Ehre und Pracht. 7 Du lässt ihn herrschen über alles, / was deine Hände gemacht:* 8 über Schafe und

---

8,3 Wird im Neuen Testament von Jesus Christus zitiert: Matthäus 21,16.

8,6 *Engel*. Wörtlich: *Elohim*. Das Wort bedeutet sonst »Gott«, meint hier aber himmlische Wesen, vgl. Hebräer 2,6-8.

8,7 Wird im Neuen Testament von Paulus und im Hebräerbrief zitiert: 1. Korinther 15,27; Hebräer 2,6-8.

Rinder / und auch die wilden Tiere im Feld, 9 die Vögel in der Luft, / die Fische im Meer / und alles, was seine Pfade durchzieht. 10 Jahwe, unser Herrscher, / wie gewaltig ist dein Name überall auf der Welt!

Jahwe hilft Bedrängten*

9 1 *Dem Chorleiter. Nach dem Tod eines Zwischenkämpfers.* * *Ein Psalmlied von David.*

2 Mit ganzem Herzen will ich dich preisen, Jahwe, / will all deine Wunder verkünden! 3 Ich will jubeln und mich freuen an dir, / will deinen Namen besingen, du Höchster! 4 Denn meine Feinde wichen zurück. / Sie stürzten und vergingen vor dir. 5 Du hast mein Recht und meine Sache geführt. / Als gerechter Richter sitzt du auf dem Thron. 6 Du weist Nationen zurecht, / lässt den Frevler verschwinden, / radierst ihre Namen für ewig aus. 7 Der Feind ist erledigt, / zertrümmert für immer. / Ihre Städte hast du zerstört, / ihr Andenken gelöscht. 8 Doch Jahwe regiert immer! / Er hat seinen Thron zum Gericht

aufgestellt. 9 Er spricht ein gerechtes Urteil über die Welt, / richtet geradlinig über die Völker. 10 So wird Jahwe zur Fluchtburg für Unterdrückte, / zur Fluchtburg in Zeiten der Not. 11 Darum vertrauen dir die, die deinen Namen kennen, / denn du lässt die nicht im Stich, die dich suchen, Jahwe. 12 Singt* Jahwe, der Zion bewohnt, / verkündet unter den Völkern sein Tun! 13 Denn er, der jede Blutschuld rächt, hat an sie gedacht, / hat das Schreien der Elenden nicht vergessen. 14 Sei mir gnädig, Jahwe! / Sieh das Elend an, in das meine Hasser mich brachten! / Hol mich weg von den Toren des Todes, 15 damit ich das Lob, das dir gebührt, / in Zions Toren erzählen kann, / und juble über deine Hilfe. 16 Völker versanken in der Grube, die sie selber gruben. / Im Netz, das sie heimlich legten, verfing sich ihr eigener Fuß. 17 Jahwe hat sich zu erkennen gegeben. / Er hat Gericht gehalten: / Der Gottlose lief in die eigene Falle. (Zwischenspiel und //)

18 Hinab zu den Toten gehören sie alle, / die Völker, die Gott vergessen! 19 Denn der Arme bleibt nicht für immer vergessen, / seine Hoffnung ist nicht für immer dahin. 20 Greif ein, Jahwe! / Der Mensch soll nicht die Oberhand haben! / Zieh die Völker vor Gericht / und sprich das Urteil über sie! 21 Bring Furcht über sie, Jahwe! / Die Völker sollen erkennen, / dass sie nur Menschen sind. //

Psalm 9 Es handelt sich hier um einen alphabetischen Psalm. Jeder zweite Vers beginnt fortlaufend mit einem der 22 Buchstaben des hebräischen Alphabets. Psalm 9 endet mit dem Buchstaben K (*kaph*). Die Reihe wird aber in Psalm 10 fortgesetzt mit L (*lamed*) bis T (*taw*).

9,1 Zwischenkämpfer. Das könnte sich auf 1. Samuel 17,4, also auf Goliat, beziehen.

9,12 Singt. Das meint in diesem Psalm immer Singen mit Begleitung von Saiteninstrumenten.

Hilferuf gegen Gewalttäter*

10 ¹ Warum, Jahwe, stehst du fern, / verbirgst dich in Zeiten der Not? ² Durch den Hochmut der Gottlosen fiebert der Arme. / Mögen sie sich verfangen im eigenen Plan!

³ Der Gottlose rühmt sich seiner Begierden, / der Habsüchtige prahlt; er verachtet Jahwe. ⁴ Der Gottlose sagt in seinem Wahn: »Gott forscht nicht nach!« / »Es gibt keinen Gott«, sind all seine Gedanken.

⁵ Sein Tun glückt ihm zu jeder Zeit; / fern sind ihm deine Gerichte; / seine Gegner schnaubt er nur an. ⁶ Er sagt zu sich selbst: / »Was kann mich erschüttern? / An mir geht jedes Unglück vorbei. / So wird es auch bleiben.«

⁷ Er flucht, er lügt, er droht. / Nichts als Unheil richtet er an. ⁸ Er liegt auf der Lauer in den Gehöften, / mordet den Unschuldigen im Versteck. / Seine Augen spähen dem Wehrlosen nach.

⁹ Er lauert im Versteck wie ein Löwe im Dickicht, / er lauert darauf, den Schwachen zu fangen, / er fängt sein Opfer in seinem Netz. ¹⁰ Er schlägt und der Schwache sinkt hin, / er fällt in seine Pranken. ¹¹ Er sagt sich: »Gott vergisst es! / Er verbirgt sein Gesicht. / Er sieht nie mehr hin.«

¹² Steh auf, Jahwe! / Gott, erhebe deine Hand! / Vergiss die Armen nicht! ¹³ Weshalb darf der Böse Gott verhöhnen? / Weshalb darf er sagen: »Du forschst ja nicht nach«?

¹⁴ Aber du hast es gesehen, / du schaust ja auf Jammer und Gram / und nimmst die Sache in die Hand. / Dir überlässt es der Schwache, / dir, dem Helfer der Waisen.

¹⁵ Zerbrich den Arm des gottlosen Bösen! / Bestrafe seine Gottlosigkeit, / dass man nichts mehr von ihm findet! ¹⁶ Jahwe ist König für immer und ewig! / Die Heiden verschwinden aus seinem Land.

¹⁷ Du hast die Sehnsucht der Armen gestillt, Jahwe, / du stärkst ihr Herz, du hörst auf sie. ¹⁸ Du schaffst den Waisen und Bedrückten Recht; / kein Mensch auf der Erde muss mehr erschrecken.

Jahwe hat alles im Blick

11 ¹ *Dem Chorleiter. Von David.* Bei Jahwe berge ich mich. / Wie könnt ihr zu mir sagen: / »Flieh, Vogel, in die Berge!«? ² Da! Die Gottlosen spannen den Bogen, / legen den Pfeil auf die Sehne, / um die mit redlichem Herzen / aus dem Dunkel zu treffen. ³ Ist die Grundordnung zerbrochen, / was richtet da der Gerechte noch aus?

⁴ Jahwe ist in seinem heiligen Palast, / Jahwe – im Himmel ist sein Thron. / Seine Augen schauen auf die Menschen herab, / keiner entgeht seinem prüfenden Blick. ⁵ Jahwe prüft sie alle: / die ihm gehorchen und die ihn missachten. / Und wer Gewalt liebt, / den hasst er von Herzen. ⁶ Über die Gottlosen lasse er Fangnetze regnen, / Feuer, Schwefel und Glutwind fülle ihren Kelch! ⁷ Denn Jahwe ist gerecht und liebt Gerechtigkeit. / Den Aufrichtigen schaut er an.

Psalm 10 Siehe Fußnote zu Psalm 9.

Jahwe greift ein

12 *1 Dem Chorleiter. Auf der Scheminith*. Ein Psalmlied von David.*
2 Hilf, Jahwe! Der Fromme ist nicht mehr, / die Treuen unter den Menschen sind weg. 3 Einer belügt den anderen. / Sie reden mit glatter Zunge / und spielen ein doppeltes Spiel.
4 Alle Schmeichler und groß-mäuligen Schwätzer / möge Jahwe vernichten! / 5 Alle, die behaupten: / »Durch unser Reden siegen wir, / unsere Lippen sind unsere Stärke, / gegen uns kommt niemand an.«
6 »Ja«, sagt Jahwe, »jetzt greife ich ein! / Denn die Armen erleiden Gewalt, die Elenden seufzen. / Ich bringe den Bedrückten Befreiung!«
7 Die Worte Jahwes sind rein wie Silber, / geschmolzen im Tiegel aus Ton, / siebenfach von Schlacke befreit. 8 Jahwe, du hältst immer, was du versprichst, / behütest den Frommen vor diesem Geschlecht, 9 auch wenn die Gottlosen überall sind / und ihre Gemeinheit immer schlimmer wird.

Wie lange noch?

13 *1 Dem Chorleiter. Ein Psalm-lied von David.*
2 Wie lange noch, Jahwe, vergisst du mich ganz? / Wie lange noch verbirgst du dich vor mir? 3 Wie lange noch sollen die Sorgen mich quälen, / ist Tag für Tag Kummer in mir? / Wie lange noch wird der Feind mich bedrängen?
4 Schau doch her! Antworte mir, / Jahwe, mein Gott! / Gib Licht meinen Augen, / dass ich nicht in Todesnacht falle, 5 dass mein Feind nicht sagen kann: / »Ich habe ihn erledigt!«, / dass meine Bedränger nicht jubeln, / weil ich ins Wanken kam.
6 Ich aber, ich baue auf deine Gunst, / mein Herz soll über deine Rettung jubeln. / Singen will ich Jahwe, / denn er hat mir Gutes getan!

Nur Narren sagen: »Es gibt keinen Gott!«

14 *1 Dem Chorleiter. Von David.*
Nur Narren reden sich ein: »Es gibt keinen Gott.« / Sie sind völlig verdorben, / ihr Treiben ist ein Gräuel, / und keiner ist da, der noch Gutes tut.
2 Jahwe blickt vom Himmel auf die Menschen herab, / will sehen, ob einer dort verständig ist, / nur einer, der Gott wirklich sucht. 3 Doch alle sind abgewichen von ihm, / sie sind alle verdorben. / Keiner tut Gutes, nicht einer ist da.*
4 Wissen die Bösen denn nicht, was sie tun? / Sie fressen mein Volk, als äßen sie Brot. / Und gewiss rufen sie Jahwe nicht an. 5 Doch werden sie mit Schrecken erfahren, / dass Gott zu den Gerechten steht.
6 Die Hoffnung der Armen wollt ihr zerstören?! / Doch Jahwe gibt ihnen sicheren Schutz. 7 Wenn doch die Rettung aus Zion bald käme! / Wenn Jahwe die Not seines Volkes

---

12,1 *Scheminith.* Siehe Fußnote zu Psalm 6,1.

14,3 Wird im Neuen Testament von Paulus zitiert: Römer 3,10-12.

wendet, / wird Israel jubeln und Jakob sich freuen.

Wer bei Gott sein darf

15 *1 Ein Psalmlied von David.* Jahwe, wer darf Gast in deinem Zelt sein? / Wer darf wohnen auf deinem heiligen Berg?

2 Wer ohne Tadel lebt und tut, was recht ist vor dir; / wer durch und durch wahrhaftig ist *3* und andere nicht verleumdet; / wer seinem Freund nichts Böses antut / und seinen Nachbarn nicht kränkt.

4 Wer den Verworfenen verachtet, / aber die Gottesfürchtigen ehrt; / wer sein Versprechen nicht ändert, / auch wenn es ihm Nachteile bringt; *5* wer keine Wucherzinsen nimmt / und sich nicht bestechen lässt, gegen Unschuldige auszusagen; / der wird niemals wanken!

Meine Zukunft gehört dir

16 *1 Ein Gedicht von David.* »Beschütze mich, Gott, ich vertraue auf dich!« *2* Ich sagte Jahwe: / »Du bist mein Herr! / Du bist mein einziges Glück!«

3 An den Heiligen im Land, den Herrlichen, / an denen freue ich mich.

4 Schwer gestraft sind die, / die hinter Götzen her sind. / Für Götzen spende ich niemals Trankopferblut, / und nie kommt ihr Name in meinen Mund.

5 »Mein Hab und Gut bist du, Jahwe, / und auch meine Zukunft gehört dir! *6* Du hast mir ein herrliches Land zugeteilt, / einen wunderschönen Besitz!«

7 Ich preise Jahwe, der mich immer berät! / Auch nachts mahnt mich mein Inneres. *8* Ich habe ihn ständig vor mich gestellt. / Und er steht mir bei. / So bleibe ich fest.

9 Ich freue mich sehr: / Mein Inneres wird von Jubel erfüllt, / und auch mein Leib ist geborgen in ihm. *10* »Denn du gibst mich nicht dem Totenreich preis, / dein Frommer wird die Verwesung nicht sehen. *11* Du zeigst mir den Weg, der zum Leben hinführt. / Und wo du bist, hört die Freude nie auf. / Aus deiner Hand kommt ewiges Glück.«*

Gebet eines Verfolgten

17 *1 Ein Gebet von David.* Jahwe, hör auf die gerechte Sache, / horche auf mein Schreien, / vernimm mein Gebet! / Meine Lippen lügen nicht.

2 Von dir wird mein Freispruch kommen, / denn du siehst, dass ich aufrichtig bin. *3* Prüfst du mein Herz, / suchst du mich heim in der Nacht, / forschst du mich aus, / findest du nichts. / Mein Denken ist so wie mein Reden.

4 Ich halte mich an dein Wort im Treiben der Menschen / und hüte mich vor dem Weg des Verbrechers. *5* Ich richte mich immer nach deinen Spuren / und weiche keinen Schritt davon ab.

6 Ich rufe dich an, mein Gott, / du hast eine Antwort für mich. / Hab ein offenes Ohr / und hör meine Worte. *7* Zeig die Wunder deiner großen

---

16,11 Wird im Neuen Testament von Petrus und Paulus zitiert: Apostelgeschichte 2, 25-28.31; 13,35.

Liebe, / du Retter derer, die bei dir sich bergen vor dem Feind! *8* Behüte mich so, wie man den Augapfel schützt! / Gib mir Zuflucht unter deinen Flügeln *9* vor den Verbrechern, die mir Gewalt antun, / vor meinen Feinden, die mich umgeben!

10 Ihr Herz ist ohne Mitgefühl, / ihr Mund führt vermessene Reden. *11* Jetzt schleichen sie um unsere Schritte / und reißen uns gleich zu Boden / *12* wie Löwen, die auf Raub aus sind. / Wie junge Löwen lauern sie im Versteck.

13 Steh auf, Jahwe, und komm dem Verbrecher zuvor! / Zwing ihn zu Boden und rette mich mit deinem Schwert! *14* Rette mich vor diesen Leuten mit deiner starken Hand, Jahwe! / Ihr Teil ist im Leben dieser Welt. / Gib ihnen, was sie verdienen, / fülle ihren Bauch damit, / dass ihre Söhne genug davon haben / und noch den Enkeln übriglassen.

15 Doch mich lässt du gerecht vor dir sein und ich darf dich sehen. / Wenn ich erwache, will ich mich sattsehen an dir.

Danklied des Königs

18 *1 Dem Chorleiter. Von David, dem Diener Jahwes, der Jahwe dieses Lied sang, nachdem er ihn vor Saul und allen anderen Feinden gerettet hatte. An dem Tag sang er:*

2 Ich liebe dich, Jahwe, du meine Stärke! / *3* Jahwe, mein Fels, mein

---

18,11 Cherub (Mehrzahl: *Cherubim*): majestätisches (Engel)Wesen, das Gottes Herrlichkeit repräsentiert.

Schutz und mein Retter, / mein Gott, meine Burg, in der ich mich berge, / mein Schild, meine Zuflucht und mein sicheres Heil. *4* Ich rufe:»Jahwe sei gelobt!« / Schon bin ich von meinen Feinden befreit. *5* Ich war in den Fesseln des Todes gefangen, / Sturzbäche des Unheils erschreckten mich. *6* Mit Stricken des Todes war ich gebunden, / die Todesfalle schlug über mir zu. *7* Ich rief zu Jahwe in meiner Angst, / schrie um Hilfe zu meinem Gott.

Er hörte mich in seinem Tempel, / mein Hilfeschrei drang an sein Ohr. *8* Da wankte und schwankte die Erde, / es zitterten die Gründe der Berge. / Sie bebten, denn er wurde zornig. *9* Rauch stieg auf von seiner Nase, / und Feuer schoss aus seinem Mund, / glühende Kohlen sprühten hervor. *10* Er neigte den Himmel tief auf die Erde / und fuhr auf dunklen Wolken herab. *11* Er flog auf einem Cherub*, / er schwebte auf den Schwingen des Sturms.

12 Er hüllte sich in Finsternis wie in ein Zelt, / in Regendunkel und schwarzes Gewölk. *13* Vor seinem Glanz zogen die Wolken vorbei / mit Hagel und feuriger Glut. *14* Im Himmel ließ Jahwe den Donner grollen, / laut dröhnte die Stimme des Höchsten / mit Hagel und feuriger Glut. *15* Er schoss seine Pfeile und verjagte die Feinde, / er schleuderte Blitze und verwirrte sie. *16* Da zeigten sich die Betten des Wassers, / die Fundamente der Welt wurden entblößt / vor deinem Drohen, Jahwe, / vor dem Schnauben deines zornigen Atems.

17 Aus der Höhe griff seine Hand nach mir, / sie fasste mich und zog mich aus der Flut. *18* Er entriss mich den mächtigen Feinden, / die stärker waren als ich und mich hassten. *19* Sie überfielen mich am Tag meines Unglücks. / Doch Jahwe wurde mein Halt. *20* Er führte mich hinaus ins Weite, / befreite mich, weil er mich mochte.

21 Jahwe hat mir meine Treue vergolten, / mich nach der Reinheit meiner Hände beschenkt. *22* Denn ich hielt mich an die Wege Jahwes, / fiel nicht schuldig von meinem Gott ab. *23* Seine Gebote standen mir immer vor Augen, / seine Befehle wies ich nicht von mir weg. *24* Ich lebte ohne Tadel vor ihm / und nahm mich in Acht vor der Sünde. *25* So hat Jahwe mir meine Treue vergolten, / denn meine Hände waren rein.

26 Einem Gütigen zeigst du dich gütig, / einem treuen Mann treu. *27* Dem Reinen zeigst du dich rein, / doch dem Falschen bist du verdreht. *28* Ja, du rettest das gebeugte Volk, / doch stolze Augen zwingst du nieder. *29* Ja, du lässt mein Lebenslicht brennen. / Jahwe, mein Gott, macht das Dunkel mir hell. *30* Ja, mit dir überrenn ich ein Heer, / mit meinem Gott überspring ich die Mauer.

31 Ja, Gott – sein Weg ist tadellos, / Jahwes Wort ist unverfälscht. / Ein Schild ist er für alle, / die Schutz bei ihm suchen. *32* Ja, wer ist Gott, wenn nicht Jahwe! / Wer ist ein Fels, wenn nicht unser Gott! *33* Dieser Gott ist meine Kraft, / er macht meinen Weg tadellos. *34* Er macht meine Füße *gazellenflink, / und standfest auf* allen Höhen. *35* Er lehrt meine Hände das Kämpfen, / und meine Arme, den Bogen zu spannen.

36 Du gabst mir den Schild deines Heils, / und deine Hand hat mich gestützt. / Deine Demut machte mich groß! *37* Du schafftest Raum meinen Schritten, / meine Knöchel blieben fest. *38* Ich jagte meinen Feinden nach und holte sie ein. / Erst als sie vernichtet waren, kehrte ich um. *39* Zerschmettert habe ich sie, / sie stehen nicht wieder auf. / Sie fielen tot vor meine Füße. *40* Du versorgtest mich mit Kraft zum Kampf, / zwangst meine Gegner unter mich nieder.

41 Du hast meine Feinde zur Flucht gezwungen, / ich konnte meine Hasser vernichten. *42* Sie schrien, aber da war kein Retter, / zu Jahwe, doch er hörte sie nicht. *43* Ich zerrieb sie wie Staub vor dem Wind, / leerte sie wie Straßendreck aus. *44* Du hast mich den Streitigkeiten des Volkes entrissen, / hast mich zum Haupt der Völker gesetzt. / Ein Volk, das ich nicht kannte, dient mir. *45* Sie hörten mir zu und gehorchten sofort. / Ausländer kamen und krochen vor mir. *46* Zitternd kamen sie aus ihren Burgen / und gaben ihren Widerstand auf.

47 Jahwe lebt! Gepriesen sei mein Fels, / erhoben der Gott meines Heils! *48* Denn Gott hat mir Rache verschafft, / hat mir die Völker unterworfen / *49* und mich gerettet vor zornigen Feinden. / Du hast mich über meine Gegner erhoben, / mich vom Mann der Gewalttat befreit.

50 Darum will ich dich loben, Jahwe, / deinen Ruhm vor den Völkern besingen, *51* der seinem König große Siege verschafft, / der seinem Gesalbten Gnade erweist, / David und seinen Nachkommen allen.

Gottes Schöpfung und Gottes Gesetz

19 *1 Dem Chorleiter. Ein Psalmlied von David.*

2 Der Himmel rühmt die Herrlichkeit Gottes, / und seine Wölbung bezeugt des Schöpfers Hand. *3* Ein Tag sprudelt es dem anderen zu, / und eine Nacht gibt der nächsten die Kunde davon. *4* Sie sagen kein Wort; / man hört keinen Laut, *5* und doch geht ein Klingen über die Erde, / ein Raunen bis zum Ende der Welt.*

Und am Himmel hat er die Sonne hingestellt. *6* Wie ein Bräutigam am Hochzeitstag kommt sie heraus, / und wie ein strahlender Sieger betritt sie die Bahn. *7* An einem Ende des Himmels geht sie auf / und läuft hinüber bis zum anderen Rand. / Nichts bleibt ihrem feurigen Auge verhüllt.

8 Das Gesetz Jahwes ist vollkommen; / es gibt der Seele neue Kraft. / Das Zeugnis Jahwes ist verlässlich; / es macht den Einfältigen klug. *9* Die Befehle Jahwes sind richtig; / sie erfreuen das Herz. / Das Gebot Jahwes ist ganz rein; / es schenkt einen klaren Blick. *10* Die Ehrfurcht vor Jahwe ist echt / und hat für immer Bestand. / Die Bestimmungen Jahwes sind wahr, / und sie sind alle gerecht *11* und wertvoller als das reinste Gold / und süßer als der beste Honig.

12 Auch dein Diener ist durch sie gewarnt; / und jeder, der sie befolgt, wird reich belohnt. *13* Wer kann schon merken, wie oft er versagt? /

Vergib mir auch die verborgene Schuld! *14* Und halte mich vor dem Hochmut zurück, / dass er nie über mich herrscht! / Dann stehe ich ohne Tadel da / und werde vor großem Unrecht bewahrt. *15* Mögen die Worte, die ich sage, / und die Gedanken, die ich fasse, / dir gefallen, / Jahwe, mein Fels und mein Erlöser.

Gebet für den König

20 *1 Dem Chorleiter. Ein Psalmlied von David.*

2 Jahwe gebe dir Antwort am Tag der Not. / Der Name von Jakobs Gott möge dich schützen. *3* Er sende dir Hilfe vom Heiligtum her, / unterstütze dich von Zion aus. *4* Er möge an deine Speiseopfer denken, / nehme dein Brandopfer gnädig an. // *5* Er gebe dir, was dein Herz begehrt, / er lasse deine Pläne gelingen. *6* Dann wollen wir jubeln über dein Heil, / im Namen unseres Gottes die Fahne erheben. / Jahwe erfülle all deine Bitten!

7 Jetzt weiß ich, dass Jahwe seinem Gesalbten hilft. / Aus seinem heiligen Himmel erhört er ihn / durch die Machttaten seiner rettenden Hand. *8* Die einen denken an Wagen, andere an Pferde, / wir aber nennen den Namen von Jahwe, unserem Gott. *9* Jene krümmen sich und fallen, / wir aber stehen und halten stand. *10* Hilf, Jahwe, hilf, o König! / Erhöre uns am Tag unseres Rufens!

Die Freude des Königs

21 *1 Dem Chorleiter. Ein Psalmlied von David.*

2 An deiner Macht, Jahwe, freut sich der König, / über deine Hilfe jubelt er laut. *3* Den Wunsch seines

---

19,5 Wird im Neuen Testament von Paulus zitiert: Römer 10,18.

Herzens hast du ihm erfüllt, / du schlugst ihm seine Bitte nicht ab. // ⁴ Du kamst ihm entgegen mit Segen und Glück, / hast ihm die Krone aus Gold aufgesetzt. ⁵ Er bat dich um Leben, du hast es gewährt / und noch unendlich viele Tage dazu. ⁶ Groß ist sein Ruhm durch deine Hilfe, / mit Pracht und Hoheit umgibst du ihn. ⁷ Du hast ihn zum ewigen Segen bestimmt, / schenkst ihm die Freude deiner Gegenwart. ⁸ Denn der König vertraut auf Jahwe. / Durch die Güte des Höchsten steht er sicher und fest.

⁹ Deine Hand spürt alle deine Feinde auf, / deine Rechte trifft, die dich hassen. ¹⁰ Du wirst sie in lodernden Flammen vernichten, / sobald du erscheinst. / Dein Zorn, Jahwe, wird sie verschlingen; / sie werden von Feuer verzehrt. ¹¹ Du fegst ihre Brut von der Erde weg, / lässt sie aus der Menschheit verschwinden. ¹² Haben sie auch Böses gegen dich geplant, / verwegene Anschläge ersonnen, / zustande bringen sie nichts. ¹³ Denn du richtest den Bogen auf sie / und jagst sie alle in die Flucht. ¹⁴ Steh doch auf, Jahwe, in deiner Kraft! / Dir wollen wir singen / und mit Instrumenten preisen deine Macht.

Von Gott verlassen

22 ¹ *Dem Chorleiter. Nach »Hirschkuh in der Morgenröte«. Ein Psalmlied von David.*
² Mein Gott, mein Gott! / Warum hast du mich verlassen?* / Warum bist du so weit weg? / Du hörst mein Schreien nicht! ³ Mein Gott, ich rufe am Tag, / doch du antwortest nicht, /

ich rufe bei Nacht / und finde nicht Ruh!

⁴ O Heiliger du, / der in Israels Lobliedern wohnt! ⁵ Unsere Väter vertrauten auf dich, / sie vertrauten, / und du hast sie befreit. ⁶ Sie schrien zu dir, / haben Rettung gefunden; / sie vertrauten auf dich, / wurden niemals enttäuscht.

⁷ Aber ich bin ein Wurm und kein Mann, / ein Spott der Leute, / verachtet vom Volk. ⁸ Die mich sehen, / die spotten über mich, / verziehen die Lippen, / schütteln den Kopf. ⁹ »Er vertraute Jahwe, / der mag ihn jetzt retten, / er hat ja Gefallen an ihm!«*

¹⁰ Aus dem Mutterschoß hast du mich gezogen, / an der Brust meiner Mutter mich Vertrauen gelehrt. ¹¹ Du bist mein Schutz, seit mein Leben begann, / und mein Gott, von meiner Mutter Leib an. ¹² Sei mir nicht fern in meiner Not! / Nur Angst ist bei mir, / kein Retter ist nah.

¹³ Gewaltige Stiere kreisen mich ein, / von Büffeln aus Baschan* bin ich bedrängt. ¹⁴ Sie reißen die Mäuler gegen mich auf; / raubgierige Löwen brüllen mich an. ¹⁵ Ich zerlaufe wie Wasser auf trockener Erde, / auseinandergerissen scheint all mein Gebein, / mein Herz schmilzt wie Wachs, / zerfließt in meinen Gedärmen. ¹⁶ Meine Kraft ist vertrocknet, / dürr wie ein Scherben. / Meine Zunge klebt, / am Gaumen haftet sie fest.

22,2 Diesen Vers betete Jesus am Kreuz (Matthäus 27,46).

22,9 Das erfüllte sich wörtlich bei der Kreuzigung von Jesus Christus (Matthäus 27,43).

22,13 *Baschan.* Sehr fruchtbare Hochebene östlich vom See Gennesaret.

In den Staub des Todes hast du mich gelegt, 17 denn mich umlauert die Meute der Hunde. / Übles Gesindel hat mich umringt / und hat mir Hände und Füße durchbohrt. 18 All meine Knochen könnte ich zählen. / Sie stehen dabei und gaffen mich an. 19 Meine Kleider teilen sie unter sich auf, / und mein Gewand verfällt ihrem Los.*

20 O Jahwe, du, / bleib mir nicht fern! / Du, meine Stärke, / hilf mir ganz schnell! 21 Rette mich vor dem Schwert meiner Feinde, / mein Leben aus der Gewalt dieser Hunde. 22 Reiß mich aus dem Rachen des Löwen, / von den Hörnern der Büffel ziehe mich weg.*

23 Ich will deinen Namen den Brüdern verkünden. / Vor der ganzen Gemeinde preise ich dich!* 24 Lobt Jahwe, alle, die ihr ihn fürchtet! / Ihr Nachkommen Jakobs, bringt ihm das Lob! / Israels Enkel, erschauert vor ihm! 25 Er hat nicht verachtet, / nicht verschmäht den Gebeugten, / hat sein Gesicht nicht abgewandt, / hat seinen Hilfeschrei gehört.

26 Dir gilt mein Lob in der großen Gemeinde. / Meine Versprechen, die löse ich ein. / Und die, die ihn fürchten, sehen mir zu. 27 Die sich vor ihm beugen, die essen sich satt. / Die ihn suchen, die loben Jahwe. / Für immer lebe euer Herz auf!

28 Es werden dran denken die Enden der Erde, / zu Jahwe sich kehren die Völker der Welt. 29 Denn Jahwe ist König, / er beherrscht jedes Volk.

30 Dann beugen sich nieder alle Reichen der Erde, / dann knien vor ihm, die zum Staub hinabfahren, / und jeder, der sich nicht selbst am Leben erhält. 31 Ein neues Geschlecht darf ihm nun dienen, / erzählen vom Herrn dem künftigen Stamm. 32 Sie werden kommen und seine Gerechtigkeit schildern / dem Volk, das noch geboren wird, / denn er hat es vollbracht.

Der gute Hirte

23 1 *Ein Psalmlied von David.* Jahwe ist mein Hirt, / mir fehlt es an nichts. 2 Auf grüner Weide lässt er mich ruhen, / am stillen Wasser gibt er mir Rast. 3 Er schenkt mir wieder neue Kraft. / Und weil es um seinen Namen geht, / führt er mich auf dem richtigen Pfad. 4 Selbst wenn ich durch die finstere Schlucht muss, / überfällt mich keine Angst, / denn du bist bei mir. / Dein Wehrstock und dein Hirtenstab*, / die machen mir Mut. 5 Meine Feinde vor Augen / deckst du mir den Tisch, / nimmst mich als Gast herzlich auf* / und schenkst mir den Becher voll ein.

22,19 Wird im Neuen Testament von Johannes zitiert: Johannes 19,24.

22,22 *Büffel ziehe mich weg.* Man kann den Text auch so auffassen, dass der Umschwung schon in diesem Versteil sichtbar wird. »... der Büffel. Du hast mich erhört.«

22,23 Wird im Neuen Testament zitiert: Hebräer 2,12.

23,4 Mit dem *Wehrstock*, einer eisenbeschlagenen Keule, wurden Raubtiere abgewehrt. Der *Hirtenstab* diente zum Führen und Antreiben der Schafe und war oft mit einem gebogenen oder T-förmigen Griff versehen.

23,5 *nimmst mich als Gast herzlich auf.* Wörtlich: *Du salbst mir das Haupt mit Öl.* Das gehörte damals zur Begrüßung eines Gastes.

6 Ja, Güte und Liebe verfolgen mich jeden Tag / und ich kehre für immer ins Haus Jahwes zurück.

Der König kommt

24 *1 Ein Psalmlied von David.* Sein ist die Erde und was sie erfüllt, / die Welt und ihre Bewohner.*

2 Jahwe hat sie an Meeren gegründet, / an Strömen sie sicher platziert.

3 Jahwes Berg, wer darf darauf stehen, / betreten seinen heiligen Platz? 4 Wer reine Hände hat, ein lauteres Herz, / wer nicht zur Unwahrheit seine Seele erhob, / und nicht zum Betrug Meineide schwor. 5 Der wird empfangen den Segen Jahwes / und das Recht vom Gott seines Heils. 6 So ist das Volk, das ihn sucht, / das wahre Geschlecht, das seine Nähe verlangt. //

7 »Schaut auf, ihr Tore, und öffnet euch weit; / schwingt auf, ihr ewigen Pforten: / Der König zieht ein, / mit Ehre geschmückt!« 8 »Wer ist dieser König, / so herrlich geehrt?« / »Es ist Jahwe, mächtig und stark, / Jahwe, der Sieger im Kampf!« 9 »Schaut auf, ihr Tore, und öffnet euch weit; / schwingt auf, ihr ewigen Pforten: / Der König zieht ein, / mit Ehre geschmückt!« 10 »Wer ist dieser König, so herrlich geehrt?« / »Es ist Jahwe, von Heeren umringt! / Er ist der König, herrlich geehrt!« //

Bitte um Vergebung und Führung

25 *1 Von David.* Zu dir erheb ich meine Seele, Jahwe! 2 Mein Gott, ich vertraue auf dich: /

Lass mich nicht im Stich! / Gönn meinen Feinden nicht diesen Triumph! 3 Wer auf dich hofft, wird niemals enttäuscht, / doch wer dich treulos verlässt, wird beschämt.

4 Zeig mir, Jahwe, deine Wege, / lehre mich tun, was du willst. 5 Leite mich durch deine Wahrheit und lehre mich, / denn du bist der Gott, der mir hilft. / Täglich hoffe ich auf dich. 6 Denk an dein Erbarmen, Jahwe, / und an die Beweise deiner Gunst, / denn sie waren immer schon da. 7 Denk nicht an meine Jugendsünden / und an meine Vergehen! / Denk in deiner Liebe an mich; / tu es, weil du gütig bist, Jahwe.

8 Jahwe ist gut und gerecht, / darum belehrt er die Sünder. 9 Die Gebeugten führt er in seinem Recht / und lehrt sie seinen Weg zu erkennen. 10 Alles, was Jahwe tut, ist nur Güte und Wahrheit / für die, die seinen Bund und seine Gebote beachten. 11 Um deines Namens willen, Jahwe, / vergib mir meine so große Schuld!

12 Was ist mit dem, der Jahwe fürchtet? / Ihm zeigt er den Weg, den er wählen soll. 13 Er lebt in Frieden und Glück / und seinen Kindern gehört das Land. 14 Den Gottesfürchtigen vertraut Jahwe. / Er weiht sie ein in seinen Bund.

24,1 Wird im Neuen Testament von Paulus zitiert: 1. Korinther 10,26.

25,1 *Von David.* Alphabetischer Psalm. Jeder Vers beginnt mit dem folgenden Buchstaben des hebräischen Alphabets. Nur Waw und Qoph sind ausgelassen.

15 Meine Augen haben Jahwe immer im Blick, / denn er zieht meine Füße aus dem Netz. 16 Wende dich gnädig mir zu! / Denn ich bin einsam und elend. 17 Befreie mein Herz von der Angst / und nimm den Druck von mir weg! 18 Sieh mein Elend an und meine Not; / vergib mir meine ganze Schuld!

19 Schau, meine Feinde sind viele geworden! / Abgrundtief hassen sie mich. 20 Erhalte mein Leben und rette mich! / Lass mich nicht scheitern, / denn ich suche Unterschlupf bei dir! 21 Mögen Unschuld und Geradheit mich schützen, / denn ich zähle auf dich!

22 Erlöse Israel aus allen seinen Nöten, Gott!

Sehnsucht nach Gottes Nähe

26 1 *Von David.*
Richte du mich, Jahwe, / denn ich habe aufrichtig vor dir gelebt. / Ich habe Jahwe vertraut / ohne zu wanken. 2 Prüf mich, Jahwe, und erprobe mich, / prüfe mich auf Herz und Nieren! 3 Ich hatte deine Gnade vor Augen, / deine Treue bestimmte mein Leben.

4 Ich hatte nichts mit Betrügern zu tun. / Ich gab mich nicht mit Heuchlern ab. 5 Die Gesellschaft von Bösen ist mir verhasst, / bei den Gottlosen sitze ich nicht.

6 In Unschuld wasche ich meine Hände / und gehe um deinen Altar herum. 7 Ich lasse laut ein Danklied hören / und erzähle all deine Wunder, Jahwe. 8 Ich liebe das Haus, in dem du wohnst, / wo deine Herrlichkeit uns nahe ist.

9 Raff mich nicht mit den Sündern weg, / nimm mir nicht mit den Mördern das Leben! / 10 Schandtaten kleben an ihren Händen, / und ihre Taschen sind durch Bestechungen voll.

11 Doch ich führe ein aufrichtiges Leben. / Erlöse mich und sei mir gnädig! 12 Jetzt stehe ich auf sicherem Boden, / und ich preise Jahwe in der Gemeinde.

Gemeinschaft mit Gott

27 1 *Von David.*
Jahwe ist mein Licht und mein Heil: / Vor wem sollte ich mich fürchten? / Jahwe ist die Schutzburg meines Lebens: / Vor wem sollte ich erschrecken? 2 Dringen Böse auf mich ein, / um mich zu verschlingen, / bedrängen mich meine Feinde, / sind sie es, die straucheln und fallen. 3 Selbst wenn ein Heer mich belagert, / habe ich keine Angst. / Auch wenn es zum Kampf gegen mich kommt: / Ich vertraue auf ihn.

4 Eins nur hab ich von Jahwe erbeten, / das ist alles, was ich will: / Mein Leben lang im Haus Jahwes zu wohnen, / um die Freundlichkeit Jahwes zu schauen / und nachzudenken in seinem Tempel. 5 Wenn schlimme Tage kommen, / birgt er mich in seinem Haus, / unter seinem Dach gibt er mir Schutz. / Hoch auf einen Felsen stellt er mich.

6 Nun kann ich den Kopf heben / über alle meine Feinde ringsum. / Mit Jubel bringe ich Opfer in Jahwes Zelt, / mit Singen und Spielen preise ich ihn.

7 Hör mich, Jahwe, wenn ich rufe, / sei mir gnädig und antworte mir! 8 Mein Herz spricht dir nach: »Sucht meine Nähe!« / Ich suche deine Nähe, Jahwe. 9 Verbirg dein Gesicht nicht vor mir, / weise deinen Diener nicht zornig zurück! / Du hast mir doch immer geholfen, Gott meines Heils! / Gib mich nicht auf und verlasse mich nicht! 10 Auch wenn mich Vater und Mutter verlassen, / Jahwe nimmt mich bei sich auf.

11 Lehr mich, Jahwe, deinen Weg, / leite mich auf gerader Bahn, / denn meine Feinde stellen mir nach. 12 Gib mich nicht preis der Gier meiner Feinde, / denn falsche Zeugen verklagen mich / und speien Galle und Gift. 13 Ach, wenn ich mir nicht sicher wäre, / die Güte Jahwes zu schauen / im Land der Lebendigen ... 14 Vertrau auf Jahwe, / sei stark und fasse Mut, / vertrau auf Jahwe!

Gebet

28 1 *Von David.* Zu dir, Jahwe, will ich rufen! / Hüll dich nicht in Schweigen, mein Fels! / Wenn du mich schweigend von dir weist, / bin ich wie ein Toter im Grab. 2 Hör mein Flehen, ich schreie nach dir, / wenn ich meine Hände zum Höchstheiligen hebe!

3 Reiß mich nicht mit den Gottlosen fort / und mit den Verbrechern, / die mit allen freundlich reden, / im Herzen aber auf Böses aus sind! 4 Zahl ihnen ihre bösen Taten heim, / *bestrafe sie für ihr Tun, / gib ihnen,* was sie verdienen! 5 Denn sie achten nicht auf die Taten Jahwes, / noch auf das Werk seiner Hände. / Darum

reißt er sie nieder, / und richtet sie nicht wieder auf.

6 Gelobt sei Jahwe, / denn er hat mein Flehen gehört. 7 Jahwe ist meine Kraft und mein Schild, / auf ihn hat mein Herz vertraut. / Als mir geholfen wurde, jubelte ich. / Mit meinem Lied will ich ihn preisen. 8 Jahwe ist Schutz für sein Volk / die Rettung für seinen Gesalbten*. 9 Rette dein Volk und segne dein Erbe, / weide und trag sie für immer!

Lob der Herrlichkeit Gottes

29 1 *Ein Psalmlied von David.* Gebt Jahwe, ihr Göttersöhne*, / gebt Jahwe Ehre und Macht! 2 Gebt Jahwe die Ehre, die ihm gebührt, / betet ihn an in heiliger Pracht.

3 Die Stimme Jahwes schallt über den Fluten, / der Gott der Herrlichkeit lässt Donner grollen, / Jahwe über den mächtigen Wassern. 4 Die Stimme Jahwes ist voller Gewalt, / herrlich und furchtbar zugleich. 5 Die Stimme Jahwes spaltet mächtige Bäume, / Libanonzedern zersplittern vor ihm.

6 Der Libanon* hüpft vor ihm wie ein Kalb, / wie ein junger Büffel springt der Hermon* auf.

28,8 *Gesalbter.* In Israel wurden die Könige und die Hohenpriester bei ihrer Einsetzung gesalbt.

29,1 *Göttersöhne.* Gemeint sind Engel wie Hiob 1,6.

29,6 Der *Libanon* ist das »weiße Gebirge« nördlich von Israel. Der *Hermon* ist der südliche Teil des sogenannten Antilibanon.

7 Die Stimme Jahwes sprüht zuckende Flammen. 8 Die Wüste zittert vor diesem Ton. / Jahwe lässt die Wüste von Kadesch* erbeben. 9 Die Stimme Jahwes wirbelt Eichen empor, / reißt ganze Wälder kahl. / Und in seinem Tempel ruft alles: Ehre sei Gott! 10 Jahwe thront über den Fluten, / er herrscht als ewiger König! 11 Seinem Volk verleiht er Kraft / und segnet es mit Frieden!

Vom sicheren Tod gerettet

30 1 *Ein Psalm von David. Lied zur Einweihung des Hauses.*
2 Ich will dich erheben, Jahwe, / denn du hast mich aus der Tiefe geholt, / gabst meinen Feinden keinen Triumph über mich. 3 Jahwe, mein Gott, / zu dir hab ich gestöhnt, / und du hast mich geheilt. 4 Aus dem Totenreich hast du meine Seele geholt, / auf dem Weg zum Grab riefst du mein Leben zurück. 5 Singt Jahwe, ihr seine Frommen, / denn so denkt ihr an seine Heiligkeit! 6 Sein Zorn währt einen Augenblick, / doch seine Gunst ein Leben lang. / Wenn man am Abend auch weint, / am Morgen ist die Freude wieder da. 7 Ich dachte in meiner Zufriedenheit: / »Was kann mir denn jemals geschehen?« 8 Denn deine Güte,

Jahwe, / stellte mich auf sicheren Grund. / Doch dann verbargst du dein Gesicht, / und ich verlor allen Mut. 9 Ich rufe zu dir, Jahwe! / Meinen Herrn flehe ich an: 10 Welchen Gewinn bringt dir mein Blut? / Was nütze ich dir im Grab? / Lobt dich vielleicht der Staub? / Verkündigt er, wie treu du bist? 11 Höre, Jahwe, und schenke mir Gunst! / Sei du meine Hilfe, Jahwe! 12 Nun hast du meine Trauer verwandelt in einen fröhlichen Tanz, / mein Sackgewand entfernt und mich mit Freude umhüllt! 13 Darum singt dir mein Herz / und ist nicht mehr stumm. / Jahwe, mein Gott, / für immer danke ich dir!

In deiner Hand ist mein Geschick

31 1 *Dem Chorleiter. Ein Psalmlied von David.*
2 Bei dir, o Jahwe, suche ich Schutz! / Lass mich niemals enttäuscht von dir sein. / Rette mich in deiner Gerechtigkeit! 3 Leih mir dein Ohr, / befreie mich schnell! / Sei mir ein schützender Fels, / eine rettende Burg! 4 Ja, du bist Halt und Festung für mich. / Sei du mein Führer, / denn du bist mein Gott! 5 Zieh mich aus dem Netz, / das sie heimlich gelegt, / denn du bist mein Schutz. 6 In deine Hand gebe ich meinen Geist. / Jahwe, du hast mich erlöst, / du, der wahrhaftige Gott. 7 Ich hasse, die da hüten die Nichtse aus Dunst*, / doch ich habe Jahwe vertraut. 8 Ich juble vor Freude, / von Güte beglückt. / Du hast mein Elend gesehen, / die Angst

---

29,8 *Kadesch.* Ort in der Wüste Zin südlich von Israel.

31,7 *Nichtse aus Dunst.* Verächtliche Bezeichnung für von Menschen gemachte und erdachte Götzen.

meiner Seele erfasst, 9 mich nicht dem Feind ausgeliefert, / sondern mir Raum zum Leben verschafft.

10 Jahwe, sei mir gnädig, denn ich bin in Angst. / Vom Weinen zeigt sich mein Auge verquollen. / Meine Seele ist matt, und müde mein Leib. 11 In Kummer schwindet mein Leben dahin, / in Seufzen vergehen meine Jahre. / Meine Kraft ist gebrochen durch meine Schuld / und meine Glieder versagen den Dienst.

12 Zum Spott meiner Feinde bin ich geworden, / meinen Nachbarn zur Last / und ein Schrecken für meine Bekannten. / Wer mich sieht auf den Gassen, / läuft scheu von mir weg. 13 Wie ein Toter vergessen, / wie zerbrochenes Geschirr, / so bin ich ihnen geworden. 14 Ich höre sie tuscheln. / Ein Grauen ringsum! / Sie tun sich zusammen, / halten Rat gegen mich, / um mich zur Strecke zu bringen.

15 Doch ich, Jahwe, / ich vertraue auf dich, / ich sage: »Du bist mein Gott.« 16 In deiner Hand ist all mein Geschick. / Reiß mich aus der Gewalt meiner Feinde, / rette mich vor den Verfolgern. 17 Lass dein Gesicht leuchten über mir, / in deiner Güte hilf deinem Sklaven heraus. 18 Jahwe, ich rufe zu dir, / beschäme mich nicht. / Lass beschämt werden diese Verbrecher, / zum Schweigen gebracht bei den Toten! 19 Verstummen sollen die Lippen der Lüge, / die gegen die Gerechten geifern / mit Frechheit, *Hochmut und Stolz.* 20 Wie groß ist deine Güte, / die du verwahrt hast für die, die dich fürchten, / die du denen gewährst, /

die Zuflucht suchen bei dir. 21 Du verbirgst sie im Schutz deiner Nähe vor den Ränken der Bösen, / vor den zänkischen Zungen, unter dem Dach deiner Hut.

22 Gelobt sei Jahwe, der mir Gnade erwiesen, / der seine Wunder zeigte in der belagerten Stadt. 23 Bestürzt sagte ich: »Er hat mich verstoßen!« / Doch du hast mein flehendes Schreien gehört.

24 Liebt Jahwe, ihr seine Frommen! / Seine Getreuen behütet Jahwe. / Doch wer anmaßend handelt, / dem zahlt er es heim. 25 Seid stark und habt Mut, / die ihr Jahwe vertraut!

Vergebung!*

32 1 *Ein Lehrgedicht von David.* Wie glücklich ist der, / dem sein Unrecht verziehen, / dem die Sünde zugedeckt ist. 2 Wie glücklich zu preisen der Mensch, / dem Jahwe die Schuld nicht zumisst,* / und dessen Geist frei ist von Betrug.

3 Solange ich schwieg, / verfiel auch mein Leib, / denn unaufhörlich schrie es in mir. 4 Du hattest deine Hand schwer auf mich gelegt – bei Tag und bei Nacht, / es hörte nie auf. / Mein Lebenssaft verdorrte in der Sommerglut. //

5 Da endlich bekannte ich dir meine Schuld / und verschwieg mein Unrecht nicht länger vor dir. / Da sprach ich es aus: / »Ja, ich gebe es

---

Psalm 32 ist der zweite der sieben Bußpsalmen.

32,2 Wird im Neuen Testament von Paulus zitiert: Römer 4,7-8.

zu, / ich bekenne meine Vergehen, Jahwe!« / Und du, du hast mich befreit von der Schuld, / hast die Sünden vergeben, / das Böse bedeckt. //

6 Darum: Wer dich liebt, / der bete, wann immer er dich antreffen kann. / Wenn dann die gewaltige Flut einbricht, / ihm werden die Wasser nichts tun. 7 Bei dir bin ich sicher geborgen, / beschützt in jeder Gefahr / und vom Jubel der Rettung umschallt. //

8 Ich will dich belehren, / und ich zeig dir den richtigen Weg. / Ich will dich beraten, / und mein Auge wird ruhen auf dir. 9 Sei nicht wie ein Pferd und wie ein Maultier ohne Verstand, / deren Wildheit du bändigen musst mit Zügel und Zaum, / sonst folgen sie nicht.

10 Wer ohne Gott lebt, schafft sich viel Schmerz; / doch wer Jahwe vertraut, wird von Güte umhüllt. 11 Freut euch an ihm und jauchzt, die ihr Jahwe gehorcht! / Jubelt auf, ihr ehrlichen Herzen!

Der mächtige und gütige Gott

33 1 Jubelt über Jahwe, ihr Gerechten! / Zum Redlichen gehört der Lobgesang. 2 Preist Jahwe mit der Leier, / musiziert ihm auf zehnsaitigen Harfen! 3 Singt ihm ein neues Lied, / spielt ihm schön mit Jubelklang*!

4 Das Wort Jahwes ist richtig, / er beweist es durch sein Tun. 5 Er liebt Gerechtigkeit und Recht. / Die Erde ist voll von der Güte Jahwes. 6 Durch Jahwes Wort entstand der Himmel, / sein ganzes Heer durch den Hauch seines Mundes. 7 Er fasst das Meereswasser wie mit einem Damm, / in Kammern legt er die Fluten.

8 Alle Welt fürchte Jahwe; / vor ihm sollen beben die Bewohner der Erde! 9 Denn er sprach, und es geschah; / er gebot, und es stand da! 10 Jahwe zerbricht die Beschlüsse der Völker, / vereitelt ihre stolzen Gedanken. 11 Der Ratschluss Jahwes bleibt ewig bestehen, / die Pläne seines Herzens überdauern die Zeit.

12 Wie glücklich das Volk, das Jahwe zum Gott hat, / das Volk, das er als Eigentum wählte! 13 Jahwe schaut vom Himmel herab / und sieht jeden Menschen. 14 Von seinem Thronsitz schaut er nieder / auf alle Bewohner der Welt. 15 Er hat ihnen allen das Herz gebildet, / er schaut auf alle ihre Werke.

16 Den König rettet nicht ein starkes Heer; / ein Held kommt nicht frei durch große Kraft. 17 Das Pferd ist eine trügerische Hilfe, / mit seiner großen Stärke rettet es nicht. 18 Das Auge Jahwes ruht auf denen, die ihn fürchten, / die auf seine Güte warten, 19 dass er ihre Seele vom Tod errette, / in Hungerzeit ihr Leben erhalte.

20 Auf Jahwe warten wir, / er ist uns Hilfe und Schild. 21 Ja, an ihm freuen wir uns, / denn auf den heiligen Gott ist Verlass. 22 Lass deine Gnade über uns sein, Jahwe, / so wie wir es von dir erhofften.

33,3 *Jubelklang.* Das hebräische Wort zeigt, dass der Jubel von Hörnern begleitet ist oder aus dem Blasen der Hörner besteht.

Von Ängsten befreit*

34 *1 Von David, als er sich vor Abimelech* wahnsinnig stellte und dieser ihn fortjagte.*

2 Jahwe will ich preisen allezeit, / immer sei sein Lob in meinem Mund. 3 Meine Seele rühme sich Jahwes, / dass die Gebeugten es freudig vernehmen. 4 Erhebt Jahwe mit mir, / lasst uns gemeinsam ihn ehren!

5 Ich suchte Jahwe, und er hat mich erhört, / hat mich meinen Ängsten entrissen. 6 Wer auf ihn blickt, wird strahlen; / sein Vertrauen wird niemals enttäuscht.

7 Der Gebeugte dort rief, und Jahwe hörte / und half ihm aus all seinen Nöten. 8 Wer Jahwe fürchtet und ehrt, / den umgibt sein schützender Engel / und befreit ihn.

9 Schmeckt und seht wie gütig Jahwe ist!* / Glücklich ist jeder, der sich bei ihm birgt! 10 Fürchtet Jahwe, die ihr ihm gehört! / Denn wer das tut, hat keine Not! 11 Selbst junge Löwen müssen hungern, / doch wer Jahwe sucht, hat alles, was er braucht.

12 Kommt, ihr jungen Leute, hört mir zu! / Ich will euch lehren, Jahwe zu fürchten. 13 Wer will etwas vom Leben haben? / Wer will lange glücklich sein? 14 Der passe auf, was er sagt, / dass er nicht lügt und niemand verleumdet. 15 Der tue das Gute und kehre sich vom Bösen ab, / der mühe sich um Frieden mit seiner ganzen Kraft.

16 Jahwe blickt auf die Gerechten / und hört auf ihre Bitten. 17 Wer Böses tut, dem stellt er sich entgegen / und lässt ihr Andenken von der Erde verschwinden.* 18 Doch wenn seine Treuen rufen, hört er sie / und rettet sie aus jeder Bedrängnis.

19 Nah ist Jahwe den gebrochenen Herzen, / bedrückten Seelen hilft er auf. 20 Viel muss der Gerechte leiden, / doch Jahwe reißt ihn aus allem heraus. 21 Er behütet all seine Glieder, / dass nicht eins davon zerbrochen wird.

22 Die Böses tun, wird Bosheit töten, / wer Gerechte hasst, muss es büßen. 23 Jahwe rettet seinen Dienern das Leben; / wer Schutz bei ihm sucht, wird nicht für schuldig erklärt.

Rufmord und kein Ende?

35 *1 Von David.* Verklage meine Kläger, Jahwe, / bekämpfe, die mich bekämpfen! 2 Ergreife Schild und Waffen! / Steh auf, um mir zu helfen! 3 Pack Speer und Streitaxt gegen meine Verfolger! / Gib mir die Zusage, dass du mir hilfst!

4 Schimpf und Schande über die, / die mich umbringen wollen. /

Psalm 34 ist ein alphabetischer Psalm. Jeder Vers beginnt mit dem folgenden der 22 Buchstaben des hebräischen Alphabets. Nur Waw ist ausgelassen, dafür beginnt der letzte Vers noch einmal mit Pe (padah = erlösen).

34,1 Abimelech war der Titel aller Philisterkönige, so wie die ägyptischen Könige alle Pharao hießen. Die Geschichte von David und König Achisch wird in 1. Samuel 21, 11-16 berichtet.

34,9 Wird im Neuen Testament von Petrus zitiert: 1. Petrus 2,3.

34,17 Die Verse 13-17 werden im Neuen Testament von Petrus zitiert: 1. Petrus 3, 10-12.

Zurückweichen und erbleichen sollen alle, / die Böses gegen mich planen. 5 Lass sie sein wie Spreu vor dem Wind. / Der Engel Jahwes treibe sie davon. 6 Dunkel und schlüpfrig sei ihr Weg. / Der Engel Jahwes verfolge sie! 7 Denn grundlos haben sie mir Fallen gestellt, / eine Grube gegraben, ein Netz gelegt. 8 Verderben soll über sie kommen, / sie sollen es nicht merken! / Ihr Netz, das sie stellten, fange sie selbst! / Fallen sie doch in die eigene Grube!

9 Und ich werde jubeln über Jahwe, / mich freuen, dass er mich befreite. 10 Aus tiefstem Herzen werde ich sagen: / »Keiner, Jahwe, ist wie du! / Du rettest den Schwachen vor dem, der stärker ist, / den wehrlos Armen vor dem, der ihn beraubt.«

11 Gewaltsame Zeugen sagen gegen mich aus, / sie werfen mir Verbrechen vor, von denen ich nichts weiß. 12 Sie vergelten mir Gutes mit Bösem. / Ich bin verlassen und einsam.

13 Als sie erkrankten zog ich den Trauersack an, / ich quälte mich ab mit Fasten. / Nun kehrt mein Gebet in mein Inneres zurück. 14 Er war mir wie ein Bruder und Freund. / Ich trauerte wie um die eigene Mutter, / ging bedrückt und traurig umher.

15 Doch sie haben sich über mein Straucheln gefreut, / sie taten sich zusammen. / Lästermäuler versammelten sich / und ziehen nun ständig über mich her. 16 Mit solchen, die

Gott verachten und spotten, / fletschen sie die Zähne gegen mich. 17 Herr, wie lange siehst du das an? / Rette mein Leben vor diesen Tieren, / mein einziges Gut vor ihrem Gebrüll. 18 Ich will dich preisen in der Gemeinde, / dich loben vor zahlreichem Volk!

19 Über mich sollen die sich nicht freuen, / die mich anfeinden ohne Grund. / Die mich ohne Ursache hassen*, / sollen vergeblich die Augen zukneifen. 20 Denn was sie reden, dient nicht dem Frieden. / Gegen die Stillen im Land / denken sie sich Verleumdungen aus. 21 Ihr Maul reißen sie weit gegen mich auf / und höhnen: »Haha! Haha! / Wir haben es genau gesehen!«

22 Du hast es gesehen, Jahwe. / Schweige doch nicht Herr, / bleib mir nicht fern! 23 Rege dich und greif ein! / Verschaffe mir Recht, mein Gott! / Herr, führ du meinen Streit! 24 Jahwe, du bist gerecht; / sprich mich doch frei, mein Gott, / dass sie mich nicht schadenfroh verhöhnen.

25 Lass sie nicht denken: »Haha, das freut uns!« / Sie sollen nicht sagen: »Den haben wir erledigt!« 26 Die sich an meinem Unglück freuen, / sollen selbst im Stich gelassen sein! / Schimpf und Schande soll über die kommen, / die gegen mich prahlen!

27 Alle, die meinen Freispruch wünschen, / sollen jubeln und sich freuen. / Stets sollen sie sagen: »Groß ist Jahwe, / der Freude hat am Wohl seines Dieners!« 28 Ich selbst will von deiner Gerechtigkeit sprechen, / von deinem Lob den ganzen Tag.

35,19 Wird im Neuen Testament von Jesus Christus zitiert: Johannes 15,25.

Gott, die Quelle des Lebens

36

1 Dem Chorleiter. Von David, dem Diener Jahwes.

2 Die Sünde des Gottlosen ist es, die tief in meinem Herzen spricht: / »Bei ihm gibt es kein Erschrecken vor Gott.«* 3 Denn er gefällt sich darin, / Sünde zu tun und zu hassen. 4 Lug und Trug ist alles, was er sagt. / Er hat aufgehört, zu begreifen und Gutes zu tun. 5 Schon im Bett brütet er die Bosheit aus. / Er bleibt bei seinem schlimmen Treiben, / nichts hält ihn von seiner Bosheit zurück.

6 Deine Güte, Jahwe, reicht bis zum Himmel, / deine Treue bis zu den Wolken. 7 Dein Recht steht wie die Gottesberge, / dein Richten wie das gewaltige Meer. / Menschen und Tieren hilfst du, Jahwe. 8 Wundervoll ist deine Güte, Gott! / Im Schatten deiner Flügel suchen Menschenkinder Schutz. 9 Sie laben sich am Reichtum deines Hauses. / Vom Bach deiner Freude lässt du sie trinken.

10 Denn bei dir ist die Quelle des Lebens, / in deinem Licht sehen wir Licht. 11 Erhalte deine Gnade denen, die dich kennen, / deine Gerechtigkeit denen, die aufrichtig sind. 12 Der Fuß der Stolzen soll mich nicht treten, / die Hand der Gottlosen vertreibe mich nicht! 13 Da! Die Bösen sind gefallen, / sie sind gestürzt und kommen nicht mehr auf.

Gott ist meine Zuversicht*

37

1 Von David.
Reg dich nicht über die Bösen auf, / beneide die Verbrecher nicht! 2 Sie verdorren schnell wie das

Gras, / welken wie das grüne Kraut. 3 Vertrau auf Jahwe und tue das Gute, / wohne im Land und lebe wahrhaftig! 4 Erfreu dich an Jahwe! Er gibt dir, was dein Herz begehrt. 5 Lass Jahwe dich führen! / Vertraue ihm, dann handelt er. 6 Er wird dein Recht aufgehen lassen wie das Licht, / deine Gerechtigkeit wie die Sonne am Mittag. 7 Werd still vor Jahwe und warte auf ihn! / Reg dich nicht über den auf, dem alles gelingt, / über den, der böse Pläne ausführt. 8 Steh ab vom Zorn und lass den Grimm! / Reg dich nicht auf! Das führt nur zum Bösen. 9 Denn die, die Böses tun, werden vernichtet. / Die auf Jahwe hoffen, erben das Land. 10 Noch kurze Zeit, dann ist der Gottlose fort, / und du findest keine Spur mehr von ihm. 11 Aber die Gebeugten erben das Land / und werden sich am Frieden erfreuen.

12 Der Gottlose plant, dem Gerechten zu schaden, / zähneknirschend, voller Hass. 13 Der Herr aber lacht über ihn, / denn er weiß: Der Tag der Abrechnung kommt. 14 Die Bösen haben das Schwert gezogen, / schon ist ihr Bogen gespannt, / um die Gebeugten und Armen zu fällen / und die Aufrichtigen zu schlachten. 15 Doch das Schwert dringt ihnen ins eigene Herz, / und ihre Bogen werden zerbrochen. 16 Besser arm und gottrecht leben, / als Überfluss haben

---

36,2 Wird im Neuen Testament von Paulus zitiert: Römer 3,18.

Psalm 37 ist ein alphabetischer Psalm. Jeder Vers beginnt mit dem folgenden der 22 Buchstaben des hebräischen Alphabets.

und gottlos sein. *17* Denn Jahwe zerbricht die Arme der Bösen, / er stützt nur die, die gerecht vor ihm sind. *18* Jahwe kennt das Leben der Frommen, / ihr Erbe hat ewig Bestand. *19* In böser Zeit enttäuscht er sie nicht, / in Hungertagen werden sie satt. *20* Die Gottlosen gehen zugrunde, / auch die Feinde Jahwes. / Sie vergehen wie Wiesen-blumen, / verwehen als Rauch. *21* Der Böse muss borgen und zahlt nicht zurück; / wer mit Gott lebt, kann freigebig schenken. *22* Wen Gott segnet, der besitzt das Land; / wen er verflucht, der kommt um. *23* Jahwe bestätigt die Schritte des Mannes, / wenn sein Weg ihm gefällt. *24* Auch wenn er strauchelt, stürzt er nicht hin, / denn Jahwe hält ihn fest an der Hand. *25* Ich war jung und bin nun alt geworden: / Nie sah ich die Gerechten verlassen, / nie ihre Kinder auf der Suche nach Brot. *26* Immer können sie freigebig leihen, / und ihre Kinder werden zum Segen. *27* Meide das Böse und tue das Gute! / Dann wirst du immer im Land wohnen. *28* Denn Jahwe liebt das Recht, / seine Frommen verlässt er nicht, / er beschützt sie allezeit. / Doch das Geschlecht der Gottlosen kommt um. *29* Die Gerechten besitzen das Land / und wohnen für immer darin.

30 Ein Mensch, der gottrecht lebt, spricht Worte der Weisheit; / er sagt, was recht vor Jahwe ist. *31* Die Weisung seines Gottes trägt er im Herzen, / er bleibt fest auf dem richtigen Weg. *32* Wer Gott missachtet, belauert den, der gottrecht lebt, / und versucht, ihn zu töten. *33* Doch Jahwe überlässt ihn nicht seiner Hand, / lässt nicht zu, dass er verurteilt wird. *34* Hoffe auf Jahwe / und bleib auf seinem Weg! / Dann wird er dich ehren / und schenkt dir das Land. / Und du wirst sehen, wie er die Bösen beseitigt. *35* Ich sah einen Gottlosen, bereit zur Gewalt, / der entfaltete sich wie ein üppiger Spross. *36* Dann ging ich vorbei, da war nichts mehr da. / Ich suchte ihn, doch ich fand keine Spur. *37* Achte auf geradli-nige Menschen, / sieh dir die Ehr-lichen an, / denn ein Mann des Frie-dens hat Zukunft. *38* Doch die mit Gott brechen, werden alle aus-gelöscht. / Die Zukunft der Gottlosen ist schon vorbei. *39* Die Rettung der Gerechten kommt von Jahwe. / Er ist ihre Zuflucht in Zeiten der Not. *40* Jahwe steht ihnen bei, / er lässt sie entkommen; / und sie entfliehen den Bösen. / Er hilft ihnen, / denn bei ihm suchen sie Schutz.

Zermürbt von Krankheit und Schuld*

38
1 Ein Psalmlied von David. Zur Erinnerung für Gott.

2 Straf mich nicht, Jahwe, in deinem Zorn, / züchtige mich nicht in deinem Grimm! *3* Deine Pfeile bohren sich in mich hinein, / deine Hand liegt schwer auf mir. *4* Mein ganzer Körper ist wund durch deinen Zorn, / und durch meine Sünde ist keins von meinen Gliedern heil. *5* Meine Schuld wächst mir über den Kopf. / Sie wiegt zu schwer, ich kann

---

Psalm 38 ist der dritte der sieben Buß-psalmen.

sie nicht tragen. *6* Meine Wunden stinken und eitern, / weil ich so töricht war. *7* Gekrümmt und tief gebeugt / schlepp ich mich trauernd durch den Tag. *8* Brennender Schmerz quält meine Seite, / nichts ist mehr heil an mir. *9* Müde bin ich und ganz zerschlagen; / ich brülle, weil mein Herz so rast.

10 Du weißt, wonach ich verlange, Herr! / Du hast ja mein Stöhnen gehört. *11* Mein Herz pocht und meine Kraft ist fort, / auch meine Augen versagen den Dienst. *12* Vor meiner Plage scheuen Freunde und Gefährten zurück, / auch meine Verwandten halten sich fern. *13* Die meinen Tod wollen, stellen mir Fallen; / die mein Unglück suchen, verleumden mich. / Intrigen spinnen sie den ganzen Tag. *14* Doch ich stelle mich taub und höre nicht, / ich bleibe stumm und sage kein Wort. *15* Ich bin wie einer, der nichts hört / und keine Widerrede mehr hat.

16 Auf dich verlass ich mich, Jahwe. / Du wirst antworten, Herr, mein Gott. *17* Sie sollen sich nicht freuen über mich, / nicht großtun, wenn ich falle. *18* Denn es fehlt nicht viel zu meinem Sturz, / mein Schmerz erinnert mich daran. *19* Doch ich bekenne meine Schuld, / ich sorge mich um meine Sünde. *20* Meine Todfeinde sind stark. / So viele hassen mich ohne Grund. *21* Sie vergelten mir Gutes mit Bösem. / Weil ich Gutes suche, feinden sie mich an. *22* Verlass mich nicht, Jahwe! / Mein Gott, bleib mir nicht fern! *23* Eile zu meiner Hilfe, mein Herr, / du mein Heil!

Nur ein Hauch ist jeder Mensch

39 *1 Dem Chorleiter. Für Jedutun*. Ein Psalmlied von David.*

2 Ich nahm mir vor, auf mich zu achten, / dass ich nicht mit Reden sündigte; / dass mein Mund in Zaum gehalten ist, / wenn Gottlose vor mir stehen. *3* Ich habe mich in Schweigen gehüllt, / schwieg von dem Guten. / Da regte sich mein Schmerz. *4* Das Herz wurde mir heiß in der Brust. / Meine Gedanken entzündeten das Feuer. / Da musste ich reden: *5* Lass mich erkennen, Jahwe, mein Ende; / zeig mir das Maß meiner Tage, / dass ich weiß, wie vergänglich ich bin. *6* Mein Leben ist nur ein paar Handbreit lang, / meine Lebenszeit vor dir wie ein Nichts. / Wie fest meint jeder Mensch zu stehen / und ist doch nur ein Hauch. //

7 Wie ein Schatten geht der Mensch daher, / macht Lärm um Nichtigkeiten; / er sammelt und speichert und weiß nicht einmal, wer es bekommt. *8* Was habe ich da noch zu hoffen, Herr? / Ich setze meine Hoffnung auf dich! *9* Befreie mich von all meiner Schuld / und mach mich nicht zum Gespött dieser Narren.

10 Ich bin jetzt still, / mache den Mund nicht mehr auf, / denn du bist es, der alles getan hat. *11* Nimm nun diese Plage von mir, / denn ich vergehe von der Wucht deiner Hand. *12* Mit Strafen für Schuld schlägst du den Mann, / zerstörst

---

39,1 *Jedutun* war Levit, einer der Vorsänger im Tempel, der auch seine Söhne in Musik unterwies (1. Chronik 16,41; 2. Chronik 5,12).

seine Schönheit wie Motten das Kleid. / Nur ein Hauch ist jeder Mensch. //
¹³ Höre mein Gebet, Jahwe! / Achte auf mein Schreien! / Schweige nicht zu meinen Tränen! / Ich bin doch nur ein Gast bei dir, / ein Fremder wie alle meine Väter. ¹⁴ Schau von mir weg, damit ich aufatmen kann, / bevor ich gehen muss und nicht mehr bin.

Ich liebe zu tun, was dir gefällt!

40 ¹ *Dem Chorleiter. Ein Psalmlied von David.*

² Ich hoffte und hoffte auf Jahwe, / da hat er sich mir zugewandt, / hat mein Rufen gehört. ³ Er zog mich hoch aus dem brodelnden Loch, / aus Schlick und Schlamm. / Er stellte mich auf festen Fels / und gab meinen Schritten sicheren Grund. ⁴ Er gab mir ein neues Lied in den Mund, / einen Lobgesang auf unseren Gott. / Erschauernd werden viele es sehen – und Jahwe vertrauen! ⁵ Wie glücklich der Mann, der Jahwe vertraut; / der in ihm seine Sicherheit hat, / sich nicht an Ungestüme hängt / und keinen Lügnern glaubt.

⁶ Jahwe, mein Gott! / Du hast so viel für uns getan; niemand ist wie du! / Deine Pläne, deine wunderbaren Taten! / Wollte ich von ihnen erzählen, / es wären mehr, als man aufzählen kann. ⁷ Opfer und Gaben gefallen dir nicht, / aber Ohren hast

du mir gegeben; / und ich weiß, dass du weder Brand- noch Sündopfer willst. ⁸ Nun sage ich: »Da komme ich! / Denn das steht in deinem Buch über mich. ⁹ Ich liebe zu tun, was dir gefällt, Gott! / Denn dein Gesetz ist tief in mir verwahrt.«*
¹⁰ Vor der ganzen Versammlung werde ich sagen, / wie treu du deine Versprechen einlöst. / Meine Lippen verschließe ich nicht, / du weißt es, Jahwe. ¹¹ Deine Gerechtigkeit verberge ich nicht / in der Tiefe meines innersten Seins. / Von deiner Treue und Hilfe hab ich erzählt; / der großen Versammlung beschrieb ich / deine Wahrheit und Güte. ¹² Du, Jahwe, enthältst mir dein Erbarmen nicht vor, / damit deine Treue und Güte mich immer bewacht!

¹³ Bis zur Unzahl umringt mich böses Geschick, / und meine Sünden holen mich ein, / dass ich nicht mehr aufblicken kann. / Sie sind mehr als die Haare auf meinem Kopf. / Da verlässt mich mein Mut. ¹⁴ Komm schnell und rette mich, Gott! / Hilf mir, Jahwe! ¹⁵ Sie suchen meinen Tod. / Schämen sollen sie sich! / Schande über sie! / Sie genießen meine Not. / Mögen sie abprallen mit Schimpf, ¹⁶ erschrecken mit Scham; / sie, die hämisch riefen: »Haha! Haha!« ¹⁷ Die dich suchen, sollen jubeln / und sich freuen an dir! / Die dich als Retter lieben, / sollen sagen: »Groß ist Jahwe!« ¹⁸ Doch ich bin elend und arm. / Der Herr denkt an mich. / Meine Hilfe und mein Retter bist du! / Mein Gott, zögere nicht!

40,9 Wird im Neuen Testament zitiert: Hebräer 10,5-7.

Mein Freund erhob sich gegen mich

41 *1 Dem Chorleiter. Ein Psalmlied von David.*

2 Wie glücklich ist der, der sich für Schwache einsetzt. / Wenn ihn ein Unglück trifft, wird Jahwe ihn retten. *3* Jahwe behütet ihn und erhält ihn am Leben. / Glücklich gepriesen wird er im ganzen Land. / Du gibst ihn nicht der Willkür seiner Feinde preis. *4* Wenn Krankheit ihn befällt, steht Jahwe ihm bei. / Du verwandelst seine Krankheit in Kraft.

5 Ich sagte:»Jahwe, sei mir gnädig! / Heile mich, denn an dir hab ich gesündigt!«*6* Meine Feinde reden böse über mich: / »Wann ist er endlich tot und vergessen?«*7* Kommt einer, mich zu besuchen, redet er falsch. / Er nimmt nur Schlechtes in sich auf, / geht hinaus und verbreitet üble Gerüchte.

8 Die mich hassen, stecken die Köpfe zusammen / und denken sich Böses gegen mich aus: *9* »Verderben ergoss sich in ihn! / Wer so liegt, steht nicht wieder auf!«*10* Selbst mein Freund, dem ich vertraute, / der mit mir zusammen aß, / gab mir einen Tritt.*

11 Sei du mir gnädig, Jahwe! / Richte mich auf, / dass ich es ihnen vergelte! *12* Dann weiß ich, dass ich dir gefalle, / wenn mein Feind nicht triumphiert. *13* In meiner Unschuld hast du mich gefasst / und mich für immer vor dich gestellt.

14 Gelobt sei Jahwe, der Gott Israels, / in alle Zeit und Ewigkeit! / Amen, ja, so soll es sein!

Zweites Buch

Ich sehne mich nach Gott*

42 *1 Dem Chorleiter. Ein Lehrgedicht von den Söhnen Korachs*.*

2 Wie ein Hirsch nach klarem Wasser lechzt, / so sehne ich mich nach dir, mein Gott. *3* Meine Seele dürstet nach Gott, / nach dem lebendigen Gott. / Wann darf ich wieder kommen, / wann vor seinem Angesicht stehn? *4* Tränen waren Tag und Nacht mein Brot, / denn sie sagten täglich zu mir: / »Wo ist denn nun dein Gott?«*5* Darüber denke ich nach, / und schütte mein Herz in mir aus: / Wie ich mitzog mit der Schar, / sie bei Jubelgeschrei und Lobgesang / in Gottes Haus führte, / mitten im Lärm der feiernden Menge.

41,10 Wird im Neuen Testament von Jesus Christus zitiert: Johannes 13,18.

Psalm 42 und 43 ist ein Doppelpsalm, der eigentlich zusammengehört. Man beachte den Refrain 42,6.12 und 43,5 und das Fehlen der Angaben in Psalm 43,1.

42,1 *Die Söhne Korachs* bezeichnen den Levitenchor, der sich aus den Nachkommen Korachs zusammensetzte. Zur Zeit Davids leitete Heman (Psalm 88) den Chor.

6 Was bist du so gebeugt, meine
Seele, / was stöhnst du in mir? /
Hoffe auf Gott! Denn ich werde ihn
noch loben / für die Rettung, die von
ihm kommt.
7 Mein Gott, ich bin ganz
aufgelöst. / Darum denke ich an
dich / aus dem Land des Jordan, /
der Hermongipfel und des Kleinen
Bergs*. 8 Die Tiefe ruft der Tiefe zu /
beim Tosen deiner Wasserfälle. / All
deine Wogen und Wellen / gehen
über mich hin. 9 Am Tag bietet Jahwe
seine Gnade auf, / nachts ist sein
Lied bei mir, / ein Gebet zum Gott
meines Lebens. 10 Sagen will ich zu
Gott, meinem Fels: /»Warum hast
du mich vergessen? / Warum laufe
ich trauernd herum, / bedrückt
durch den Feind?« 11 Mörderische
Qual in meinen Knochen / ist der
Hohn meiner Bedränger, / die mich
täglich fragen:»Wo ist denn dein
Gott?«
12 Was bist du so gebeugt, meine
Seele, / was stöhnst du in mir? /
Hoffe auf Gott! Denn ich werde ihn
noch loben / für die Rettung, die von
ihm kommt, meinem Gott.

43
1 Verschaffe mir Recht, mein
Gott! / Verteidige mich
gegen treuloses Volk! / Lass mich
den Lügnern und Betrügern
entkommen! 2 Du warst doch immer

mein Schutz. / Warum hast du mich
verworfen? / Warum laufe ich
trauernd herum, / bedrückt durch
den Feind? 3 Sende dein Licht und
deine Wahrheit, / dass sie mich
leiten, / mich bringen zu deinem
heiligen Berg, / zu den Orten deiner
Gegenwart; 4 dass ich komme zu
Gottes Altar, / zum Gott meiner
jubelnden Freude, / und dich preise
auf der Zither, Gott, mein Gott!
5 Was bist du so gebeugt, meine
Seele, / was stöhnst du in mir? /
Hoffe auf Gott! Denn ich werde ihn
noch loben / für die Rettung, die von
ihm kommt, meinem Gott.

Von Gott verstoßen?

44
1 Dem Chorleiter. Ein Lehrgedicht von den Söhnen Korachs.
2 Gott, mit eigenen Ohren haben
wir es gehört; / unsere Väter haben
uns von dem Werk erzählt, / das du
gewirkt hast in ihren Tagen, / den
Tagen längst vergangener Zeit. 3 Mit
eigener Hand hast du Völker
vertrieben, / sie aber eingepflanzt. /
Nationen hast du Schaden
zugefügt, / sie aber ausgebreitet.
4 Denn nicht mit ihrem Schwert
nahmen sie das Land, / es half ihnen
nicht die eigene Kraft. / Nein, dein
Arm hat ihnen geholfen / und das
Licht deiner Gegenwart. / Denn du
fandest Gefallen an ihnen.
5 Du bist mein König, Gott. /
Befiehl die Befreiung Jakobs*! 6 Mit
dir stoßen wir unsere Bedränger
nieder, / in deinem Namen zertreten
wir unsere Gegner. 7 Denn ich
vertraue nicht auf meinen Bogen, /

42,7 *Kleiner Berg*, hebräisch: *har misar*. Ein
Berg dieses Namens ist in Israel nicht bekannt. Vielleicht ist im Gegensatz zum Hermon der Berg Zion in Jerusalem gemeint.

44,5 *Jakob*. Gemeint sind die Nachkommen
Jakobs, also Israel.

mein Schwert wird mich nicht retten.
8 Nein, du rettest uns vor denen, die
uns bedrängen; / du lässt scheitern,
die uns hassen. 9 Wir rühmen uns
den ganzen Tag, solch einen Gott zu
haben, / und werden deinen Namen
immer preisen. //
10 Doch du hast uns verworfen und
in Schande gebracht / und ziehst
nicht mit unserem Heer. 11 Du lässt
uns fliehen vor dem Bedränger. /
Menschen, die uns hassen, plündern
uns aus. 12 Du gibst uns hin wie Vieh
zum Verzehr, / zerstreust uns unter
die Völker. 13 Für ein Spottgeld
verkaufst du dein Volk, / hast nichts
durch den Kaufpreis verdient. 14 Du
machst uns zum Schimpf für die
Nachbarn, / zum Hohn und Spott für
alle, die uns umgeben. 15 Du machst
uns zum Sprichwort für die Völker, /
Nationen schütteln den Kopf über
uns. 16 Immer steht mir die Schande
vor Augen, / und Scham bedeckt
mein Gesicht, 17 wenn ich die Spötter
und Lästerer höre / und die
rachsüchtigen Feinde bemerke.
18 All das ist über uns gekommen, /
und doch haben wir dich nicht
vergessen, / den Bund mit dir nicht
verraten. 19 Unser Herz wich nicht von
dir ab, / unser Schritt hat deinen Pfad
nicht verlassen. 20 Doch du hast uns zu
Boden geschlagen, / wir hausen
wie Schakale in Trümmern, / bedeckt
mit dem Schatten des Todes. 21 Hätten
wir den Namen unseres Gottes
vergessen, / zu einem fremden Gott
die Hände erhoben, 22 würde Gott das
nicht erforschen? / Er kennt doch die
Geheimnisse des Herzens. 23 Nein,
wegen dir werden wir täglich getötet, /
wie Schlachtvieh sieht man uns an.*

24 Erwache doch! Warum schläfst
du, Herr? / Wach auf! Verstoß uns
nicht für immer! 25 Warum verbirgst
du dein Gesicht, / vergisst unsere
Not und Bedrängnis? 26 Erniedrigt
liegen wir am Boden, kraftlos
hingestreckt in den Staub. 27 Steh auf
und komm uns zur Hilfe! / Erlöse
uns, weil du gütig bist!

Liebeslied auf den Messias-König

45 1 *Dem Chorleiter. Nach der
Melodie »Lilien«*. Ein Lehr-
gedicht von den Söhnen Korachs. Ein
Liebeslied.*
2 Gute Worte bewegen mein
Herz. / Dem König sag ich meine
Gedichte. / Meine Zunge sei der
Griffel eines Meisterschreibers!
3 Du bist schöner als andere Menschen, / Gnade ist über deine Lippen
gegossen. / Darum hat Gott dich gesegnet für ewig. 4 Gürte, du Held,
dein Schwert an die Hüfte, / deine
Majestät und deine Pracht! 5 Deine
Pracht ist das Gelingen. / Zieh aus
für die Sache der Wahrheit, / für
Sanftmut und Gerechtigkeit! /
Furchterregende Taten / lehre dich
dein rechter Arm! 6 Deine Pfeile sind
scharf. / Unterwirf dir die Völker, /
triff deine Feinde mitten ins Herz!
7 Gott, dein Thron steht immer und
ewig! / Geradheit ist das Zepter

44,23 Wird im Neuen Testament von Paulus
in Römer 8,36 zitiert.

45,1 *Lilien.* Hebräisch: Schoschannim. In
Hohelied 2,1 beschreibt der Ausdruck die
Anmut der Prinzessin. Hier ist wahrschein-
lich die Art der Musik gemeint.

deiner Herrschaft. *8* Du liebst Gerechtigkeit und hasst den Frevel. / Gott! Darum hat dein Gott dich gesalbt / mit Freudenöl vor deinen Gefährten.* *9* Myrrhe*, Aloë* und Kassia* ist auf deinen Kleidern, / aus Elfenbeinhallen erfreut dich Saitenspiel. *10* Königstöchter stehen da / mit deinen Kostbarkeiten. / Die Braut steht dir zur Rechten, / in Ofirgold* geschmückt. *11* Hör zu, Tochter! Sieh her und neige dein Ohr! / Vergiss dein Volk und Vaterhaus! *12* Begehrt der König deine Schönheit, / – er ist dein Herr – ergib dich ihm! *13* Die Tochter von Tyrus bringt ein Geschenk, / die Reichen des Volkes flehen dich an. *14* Ganz herrlich steht die Königstochter drinnen, / aus Goldgewebe ist ihr Gewand.

45,8 Die Verse 7 und 8 werden im Neuen Testament in Hebräer 1,8-9 zitiert.

45,9 *Myrrhe.* Ein sehr kostbares wohlriechendes Harz afrikanisch-arabischer Herkunft, das in Salbölen und Arzneien verarbeitet wurde.

Aloë. Öl aus dem Harz eines Baumes, der in Indien wuchs.

45,9 *Kassia.* Gemeint sind wahrscheinlich Duftstoffe und das Öl, das aus der Rinde des Zimt-Kassienbaums in Südchina gewonnen wurde.

45,10 *Ofirgold.* Siehe Fußnote zu 1. Könige 9,28!

46,1 *Alamoth.* Jungfrauen. Wahrscheinlich ein Hinweis auf die Musik, vielleicht »helle Frauenstimmen«.

46,8 // steht für das hebräische *Sela,* das vielleicht mit *Empor!* wiedergegeben werden kann, aber nicht sicher zu übersetzen ist. Wahrscheinlich war es ein Zeichen für die Musik.

15 In gestickten Kleidern wird sie zum König geführt, / unberührte Mädchen folgen ihr. / So bringt man sie zum König. *16* Sie werden geführt unter Freude und Jubel, / sie ziehen in den Palast des Königs. *17* An die Stelle deiner Väter treten einst deine Söhne; / du bestellst sie zu Fürsten im ganzen Land.

18 Ich will deinen Namen bekennen lassen von Kind zu Kindeskind. / Darum werden die Völker dich preisen immer und ewig.

Gott, unsere Burg

46 *1 Dem Chorleiter. Ein Lied von den Söhnen Korachs. Nach Alamoth*.*

2 Gott ist uns Zuflucht und Stärke, / als Beistand gefunden, besonders in Not. *3* Darum fürchten wir uns nicht, / auch wenn die Erde bebt / und die Berge im Meer versinken, *4* wenn die Fluten toben und tosen / und Berge vor ihrem Wüten erzittern. //

5 Ein Strom mit seinen Bächen erfreut Gottes Stadt, / das Heiligtum, die Wohnung des Höchsten. *6* Gott ist in ihrer Mitte, nichts kann sie erschüttern. / Gott hilft ihr, wenn der Morgen anbricht. *7* Völker toben, Reiche taumeln, / seine Stimme erschallt, die Erde schmilzt.

8 Jahwe, der Allmächtige, ist bei uns, / der Gott Jakobs ist unsere Burg. //*

9 Kommt und seht die Taten Jahwes, / der Entsetzen auf der Erde verbreitet. *10* Er beseitigt die Kriege auf der ganzen Welt, / zerbricht den Bogen, zerschlägt den Speer / und verbrennt die Wagen im Feuer.

11 Lasst ab und erkennt: Ich bin Gott! / Ich werde erhöht sein unter den Völkern, / erhaben auf der ganzen Erde.

12 Jahwe, der Allmächtige, ist bei uns, / der Gott Jakobs ist unsere Burg. //

Der höchste Herr

47 1 *Dem Chorleiter. Ein Psalmlied von den Söhnen Korachs.*

2 Ihr Völker alle, klatscht in die Hände! / Begrüßt unseren Gott mit Freudengeschrei! 3 Denn Furcht gebietend ist Jahwe, der Höchste, / ein großer König über die ganze Erde. 4 Er zwingt die Völker unter uns, / Fremdvölker unter unsere Füße. 5 Er wählte Erbland für uns aus, / Jakobs Stolz, dessen Volk er liebt. // 6 Unter Jubel stieg Gott empor, / Jahwe, beim Ton des Schofar*.

7 Singt und spielt zu Gottes Ehre, / singt und spielt unserem König! 8 Denn Gott ist König der ganzen Erde, / singt ihm euer schönstes Lied*! 9 Gott ist König über die Völker; / Gott sitzt auf seinem heiligen Thron. 10 Die Großen der Völker sind versammelt / als Volk des Gottes Abrahams. / Denn Gott gehören die Schilde* der Völker; / ja, er steht hoch über allen.

Gottes Stadt

48 1 *Ein Lied, ein Psalmlied. Von den Söhnen Korachs.*

2 Groß ist Jahwe und sehr zu loben / in der Stadt unseres Gottes, / auf seinem heiligen Berg. 3 Schön ragt empor, – eine Freude für die ganze Welt, – der Zionsberg, der nördliche Rücken, / die Stadt des großen Königs. 4 Gott ist in ihren Palästen. / Er ist bekannt als sicherer Schutz.

5 Denn seht: Die Könige vereinten sich / und zogen gemeinsam heran. 6 Doch was sie sahen, ließ sie erstarren; / bestürzt ergriffen sie die Flucht. 7 Dort kam das Zittern über sie, / Wehen packten sie wie eine Frau. 8 Durch den Sturm vom Osten / zerbrichst du die größten Schiffe.

9 Wie wir es gehört hatten, ist es geschehen / in Jahwes, des Allmächtigen, Stadt, / in der Stadt unseres Gottes. / Gott wird sie erhalten bis in Ewigkeit. // 10 Gott, wir denken an deine Güte / im Innern deines Tempels. 11 Wie dein Name, Gott, so reicht dein Ruhm / bis an das Ende der Welt. / Gerechtigkeit füllt deine rechte Hand.

12 Es freue sich der Zionsberg, / Judas Töchter sollen jubeln / wegen deiner Gerichte. 13 Zieht um die Zionsstadt, umkreist sie und zählt ihre Türme! 14 Bewundert ihre Wälle, / betrachtet ihre Paläste, / damit ihr's erzählt dem kommenden Geschlecht. 15 Denn dies ist Gott, unser Gott, für immer und ewig. / Noch über den Tod hinaus wird er uns leiten.

47,6 Der *Schofar* war aus den gewundenen Hörnern des männlichen Fettschwanzschafes hergestellt und brachte einen dumpfen, durchdringenden Ton hervor.

47,8 *schönstes Lied.* Wörtlich: Singt ihm ein Maskil, ein Lehrgedicht. Oder: Singt ihm mit Verstand!

47,10 *Schilde.* Die Könige wurden als Schutzschilde ihrer Völker angesehen.

Leben kann man nicht kaufen

49 *1 Dem Chorleiter. Ein Psalmlied von den Söhnen Korachs.* 2 Hört dies an, ihr Völker alle, / merkt auf, alle Bewohner der Welt; 3 Menschenkinder, Mannessöhne, / miteinander Arm und Reich! 4 Mein Mund soll Weisheitsworte reden. / Was mein Herz ersinnt, soll einsichtig sein. 5 Ich wende mein Ohr einem Weisheitsspruch zu, / öffne mein Rätsel zum Zitherspiel.

6 Warum sollte ich mich fürchten in bösen Tagen, / wenn das Unrecht meiner Häscher mich umringt? 7 Sie verlassen sich auf ihr Vermögen, / mit ihrem großen Reichtum geben sie an. 8 Doch niemand kann sein Leben kaufen / und Gott ein Lösegeld geben. 9 Für das Leben ist jeder Kaufpreis zu hoch, / man muss für immer darauf verzichten.

10 Kein Mensch kann für immer leben, / am Sterben führt kein Weg vorbei. 11 Denn man sieht: Die Weisen sterben. / Auch Tor und Dummkopf kommen um. / Ihr Vermögen lassen sie anderen. 12 Sie denken, ihre Häuser blieben ewig, / ihre Wohnungen von Geschlecht zu Geschlecht. / Hatten sie doch Ländereien nach sich benannt. 13 Doch der Mensch bleibt nicht in seiner Pracht, / er geht zugrunde wie das Vieh.

14 So geht es denen, die auf sich selbst vertrauen, / so enden die, denen die eigenen Worte gefallen. // 15 Wie Schafe weidet sie der Tod. / Sie sinken zu den Toten hinab, / und am Morgen verwalten Aufrechte das Ihre. / Ihre Gestalt zerfällt, / ihre Wohnung ist bei den Toten. 16 Doch Gott kauft meine Seele los, / er reißt mich aus den Krallen des Todes. //

17 Fürchte dich nicht, wenn ein Mann sich bereichert, / wenn der Wohlstand seines Hauses sich mehrt. 18 Denn im Tod nimmt er das alles nicht mit, / sein Reichtum folgt ihm nicht ins Grab. 19 Wenn er sich auch sein Leben lang lobt / und sich sagt: »Man schmeichelt dir, wenn du es dir gut gehen lässt!«, 20 so muss er doch dorthin, wo seine Väter sind, / die niemals mehr das Licht erblicken.

21 Der Mensch, in seiner Pracht: Hat er nicht Einsicht, / geht er zugrunde wie das Vieh.

Gott kommt

50 *1 Ein Psalmlied von Asaf*.* Gott, der Allmächtige, Gott, Jahwe*, / er redet und ruft über die Welt. / Von dort, wo die Sonne aufgeht, / bis dahin, wo sie versinkt; 2 von Zion her, der vollkommenen Schönheit, / zeigt Gott sich in strahlendem Glanz. 3 Unser Gott kommt, und er schweigt nicht. / Feuer frisst vor ihm her, / und um ihn tobt ein gewaltiger Sturm. 4 Er ruft den Himmel oben und die Erde / zum Gericht seines Volkes herbei: 5 »Holt meine Frommen zusammen, / die beim Opfer den Bund mit mir schlossen!« 6 Die Himmel verkünden seine Gerechtigkeit / und dass Gott Richter ist, er selbst. //

50,1 *Asaf* war einer der Leiter der Levitenchöre im Heiligtum zur Zeit Davids (1. Chronik 15,17-19; 16,4-5).

Hebräisch: *El, Elohim, Jahwe.*

7 »Höre, mein Volk, und lass mich reden! / Israel, ich klage dich an, / ich, Gott, dein Gott! 8 Nicht wegen deiner Opfer tadle ich dich, / deine Brandopfer sind immer vor mir. 9 Doch ich nehme deine Opfer nicht an. / Ich brauche keinen Stier aus deinem Stall / und keinen Bock aus deinem Pferch! 10 Denn mein ist alles Wild im Wald, / die Tiere auf den tausend Bergen. 11 Ich kenne alle Vögel dort. / Was sich regt auf dem Feld, ist mein eigen. 12 Hätte ich Hunger, müsste ich es dir nicht sagen, / denn mein ist die Welt und was sie erfüllt. 13 Soll ich denn das Fleisch von Stieren essen? / Trink ich denn Blut von den Böcken?

14 Opfere Gott Dank / und löse ihm deine Versprechen ein! 15 Und wenn du in Not bist, rufe mich an! / Dann will ich dich retten – und du wirst mich ehren!«

16 Zum Gottlosen aber spricht Gott: / »Was redest du von meinen Geboten, / führst meinen Bund in deinem Mund? 17 Du lässt dir ja nichts von mir sagen, / schlägst jede Mahnung in den Wind. 18 Mit Dieben freundest du dich an, / bist bei Ehebrechern zu Haus. 19 Du lässt deinen Mund zum Bösen los / und deine Zunge knüpft Lügengewebe. 20 Du ziehst über deinen Bruder her, / selbst den Sohn deiner Mutter verleumdest du. 21 Das hast du getan, und ich schwieg. / Hast du gemeint, ich sei so wie du? / Ich werde dich strafen! / Ich halte es dir vor! 22 Merkt auf, ihr Gottvergessenen; / sonst schlage ich zu, / und keiner rettet euch!

23 Dank ist die Opfergabe, die mich ehrt. / Wer diesen Weg einschlägt, wird das Heil Gottes sehen!«

Schaffe mir, Gott, ein reines Herz!*

51 1 *Dem Chorleiter. Ein Psalmlied von David.* 2 *Es entstand, als der Prophet Natan zu ihm kam, nachdem er mit Batseba geschlafen hatte.* *

3 Gott, sei mir gnädig nach deiner Güte, / lösche meine Vergehen, weil du voller Barmherzigkeit bist! 4 Wasche meine Sünde ganz von mir ab, / reinige mich von meiner Schuld! 5 Ja, ich erkenne meine Vergehen, / meine Sünde ist mir stets gegenwärtig. 6 Gegen dich allein habe ich gesündigt, / ich habe getan, was böse vor dir ist! / Darum hast du recht mit deinem Urteil, / rein stehst du als Richter da.*

7 Ja, schuldverstrickt kam ich zur Welt, / in Sünde empfing mich meine Mutter. 8 Sieh, du freust dich über Wahrheit im Innersten: / So lehre mich, dort weise zu sein. 9 Entsündige mich mit Ysop*, so werde ich rein, / wasch mich, dann bin ich weißer als Schnee. 10 Lass mich wieder Fröhlichkeit und Freude hören, / dann jubeln die Glieder, die

---

Psalm 51 ist der vierte der sieben Bußpsalmen.

51,2 *geschlafen hatte.* Siehe 2. Samuel 11!

51,6 Wird im Neuen Testament von Paulus in Römer 3,4 zitiert.

51,9 Ysop. Ein Strauch, dessen Büschel bei der kultischen Reinigung zur Besprengung gebraucht wurde (2. Mose 12,22).

du zerschlagen hast. *11* Verbirg dein Gesicht vor meinen Sünden / und lösche meine ganze Schuld aus!

12 Schaffe mir, Gott, ein reines Herz, / erneuere in mir einen festen Geist! *13* Vertreib mich nicht aus deiner Nähe / und nimm deinen Heiligen Geist nicht von mir! *14* Lass mir wiederkehren die Freude des Heils / und stütze mich mit einem willigen Geist! *15* Ich will die Übertreter deine Wege lehren, / dass die Sünder umkehren zu dir. *16* Herr, nimm die Blutschuld von mir, / Gott, du Gott meines Heils! / Dann wird meine Zunge deine Gerechtigkeit rühmen.

17 Löse mir die Zunge, Herr, / dass mein Mund dein Lob verkünde! *18* Schlachtopfer gefallen dir nicht, ich gäbe sie dir. / Aus Brandopfern machst du dir nichts. *19* Das Opfer, das Gott gefällt, ist ein zerbrochener Geist. / Ein zerschlagenes Herz wirst du, Gott, nicht verachten.

20 Tu Zion Gutes in deiner Güte, / baue die Mauern Jerusalems auf! *21* Dann wirst du dich an rechten Opfern freuen, / den Brandopfern, die Ganzopfer sind. / Dann wird man Stiere opfern auf deinem Altar.

Die Arroganz des Bösen

52 *1 Dem Chorleiter. Ein Lehrgedicht von David, 2 als der Edomiter Doëg zu Saul gekommen war und ihm berichtet hatte, David sei bei Ahimelech gewesen. **

52,2 *bei Ahimelech gewesen.* Siehe 1. Samuel 21,7; 22,8-10.18-21!

3 Was gibst du mit dem Bösen an, du Starker, / wo Gottes Güte täglich um mich ist? *4* Du Ränkeschmied, du planst Verderben / mit deiner Lügenzunge messerscharf! *5* Du liebst das Böse mehr als das Gute, / die Lüge mehr als Aufrichtigkeit. //

6 Es macht dir Spaß, mit Worten Verderben zu bringen, / du hinterlistige Zunge! *7* Darum wird Gott dich für immer verderben, / dich packen und aus deinem Haus vertreiben, / dich entwurzeln aus dem Land der Lebenden! //

8 Die Gerechten werden es sehen und erschaudern. / Dann werden sie über ihn lachen: *9* »Seht den Mann! Er nahm keine Zuflucht bei Gott; / er hat stattdessen auf Reichtum vertraut / und auf seine Niedertracht gebaut.« *10* Doch ich bin wie ein grünender Ölbaum, / der im Tempelgelände wächst. / Immer und ewig werde ich / auf Gottes Güte vertrauen. *11* Ich will dich ewig preisen, / weil du es wirkst. / Auf deinen Namen hoffe ich / mit denen, die dich lieben / denn dein Name ist gut.

Die Unvernunft des Gottlosen

53 *1 Dem Chorleiter. Auf schwermütige Weise zu singen. Ein Lehrgedicht von David.*

2 Nur Narren reden sich ein: »Es gibt keinen Gott.« / Sie sind völlig verdorben, / ihr Treiben ist ein Gräuel; / und keiner ist da, der noch Gutes tut.

3 Gott blickt vom Himmel auf die Menschen herab, / will sehen, ob einer dort verständig ist, / nur einer, der wirklich Gott sucht. *4* Doch alle

sind abgewichen von ihm, / sie sind
alle verdorben. / Keiner tut Gutes,
nicht einer ist da.*
⁵ Wissen die Bösen denn nicht,
was sie tun? / Sie fressen mein Volk
als äßen sie Brot. / Gott rufen sie
gewiss nicht an. ⁶ Da trifft sie Furcht
und Schrecken, / obwohl doch
nichts zu fürchten ist. / Gott hat
die Knochen deiner Bedränger
zerstreut. / Du hast sie scheitern
lassen, / denn Gott hat sie
verworfen.
⁷ Wenn doch die Rettung aus Zion
bald käme! / Wenn Gott dann die
Not seines Volkes wendet, / wird
Israel jubeln und Jakob sich freuen.

Hilferuf des Bedrohten

54 ¹ *Dem Chorleiter. Mit Saitenspiel. Ein Lehrgedicht von
David, ² als die Männer von Sif Saul
meldeten, dass David sich bei ihnen
versteckt hielt.* *
³ Gott, durch deinen Namen rette
mich! / Schaff mir Recht durch deine
Macht! ⁴ Gott, hör mein Gebet, /
gib den Worten meines Mundes
ein Ohr!
⁵ Denn Wildfremde stehen gegen
mich auf, / Gewalttäter wollen mir
ans Leben. / Sie haben Gott nicht
vor Augen. // ⁶ Seht, Gott ist mein
Helfer! / Der Herr beschützt mein
Leben. ⁷ Lenk das Böse auf meine
Feinde zurück! / Weil du treu bist,
bring sie zum Schweigen!
⁸ Aus freien Stücken bring ich dir
Opfer, / ich danke dir, Jahwe, weil du
so gütig bist. ⁹ Ja, aus aller Not hat er
mich gerettet, / und ich sehe auf
meine Feinde herab.

Verraten und alleingelassen

55 ¹ *Dem Chorleiter. Mit Saitenspiel. Ein Lehrgedicht von
David.*
² Gott, höre auf mein Gebet, /
entziehe dich nicht meinem Flehen!
³ Höre auf mich und antworte mir! /
Ich irre mit meiner Klage umher. /
Verstört bin ich ⁴ vom Geschrei des
Feindes, / vom Druck des Bösen. /
Sie wälzen Unheil auf mich, /
verfolgen mich mit zornigem Hass.
⁵ Die Angst schnürt mir die Kehle
zu, / Todesfurcht hat mich überfallen.
⁶ Furcht und Zittern packten mich, /
kaltes Grauen stieg in mir hoch.
⁷ Da wünschte ich mir: / Hätte ich
Flügel wie die Taube, / ich flöge fort
und ließ mich nieder. ⁸ Weit fort würde
ich fliehen, / die Nacht in der Wüste
verbringen. // ⁹ Ich würde schnell zu
einer Zuflucht eilen, / wo ich sicher
bin vor dem rasenden Sturm.
¹⁰ Reiß sie auseinander, Herr,
verwirre ihre Sprache! / In der Stadt
sehe ich nur Streit und Gewalt, ¹¹ die
Tag und Nacht auf den Mauern
kreisen, / während Unheil und Elend
drin herrschen. ¹² Verderben breitet
sich in ihr aus, / Gewalt und Betrug
weichen nicht vom Platz.
¹³ Denn nicht mein Feind beschimpft mich, / das würde ich
ertragen; / nicht mein Hasser tut
groß gegen mich, / vor ihm könnte
ich mich verstecken. ¹⁴ Doch du, ein
Mensch meinesgleichen, / mein
Freund und mein Vertrauter! ¹⁵ Wie

53,4 Wird im Neuen Testament von Paulus
zitiert: Römer 3,10-12.

54,2 *versteckt hielt.* Siehe 1. Samuel 23,19-24!

haben wir unsre Gespräche genossen, / vereint mit der Menge in Gottes Haus. *16* Mag der Tod das Vergessen über sie breiten, / lebendig sollen sie hinab zu ihm fahren, / denn die Bosheit macht sich in ihrem Inneren breit. *17* Doch ich, ich rufe zu Gott, / und Jahwe wird mir helfen. *18* Abends und morgens und mittags / muss ich klagen und stöhnen. / Da hat er meine Stimme gehört, *19* befreite meine Seele zum Frieden, / dass niemand mir zu nahe kommt. / Denn viele gingen gegen mich an. *20* Gott wird mich hören und sie unterdrücken, / er thront ja von Ewigkeit her. // Sie kennen keine Verantwortung, / sie fürchten Gott nicht.

21 Der Verräter vergreift sich an seinen Freunden, / er bricht den feierlichen Bund. *22* Seine Worte sind süß wie Sahne, / doch sein Herz denkt nur an Krieg. / Glatt wie Öl fließt seine Rede, / doch jedes Wort ist wie ein Dolch.

23 Wirf auf Jahwe deine Last, / und er wird dich erhalten. / Niemals lässt er zu, dass der Gerechte wankt. *24* Du, Gott, wirst sie in den Abgrund stürzen, / die Männer von Blut und Betrug. / Noch vor der Lebensmitte sterben sie. / Ich aber weiß mich sicher bei dir.

Vertrauen auf Gott

56 *1* Dem Chorleiter. Nach der Melodie »Verstummte Taube in der Ferne«. Ein Gedicht von David,

als die Philister ihn in Gat festgenommen hatten.

2 Sei mir gnädig, Gott! / Denn Menschen schnappen nach mir. / Sie bekriegen mich, / bedrängen mich den ganzen Tag. *3* Meine Feinde dringen ständig auf mich ein, / viele bekämpfen mich von oben herab. *4* Doch wenn ich Angst bekomme, / vertraue ich auf dich.

5 Auf Gott, dessen Wort ich rühme, / auf Gott vertraue ich und habe keine Angst: / Was könnte ein Mensch mir schon tun?

6 Täglich tadeln sie meine Worte / und überlegen, wie sie mir schaden. *7* Sie liegen auf der Lauer, / bespitzeln mich auf Schritt und Tritt / und wollen mir an die Kehle. *8* Sollten sie mit solcher Bosheit entkommen? / Gott, wirf sie zu Boden in deinem Zorn!

9 Du zählst, wie oft ich fliehen muss; / gieß meine Tränen in deinen Schlauch*! / Hast du sie nicht alle notiert? *10* Dann lassen meine Feinde von mir ab, / dann, wenn ich dich zu Hilfe rufe; / denn ich habe erkannt: Gott ist für mich!

11 Auf Gott, dessen Wort ich rühme, / auf Jahwe, dessen Wort ich ehre, *12* auf Gott vertraue ich und habe keine Angst: / Was könnte ein Mensch mir schon tun?

13 Ich schulde dir, Gott, meine Gelübde; / ich werde meine Dankesschuld zahlen. *14* Denn du hast mich vor dem Tod gerettet, / meine Füße vor dem Sturz bewahrt, / dass ich weiterlebe vor dir, mein Gott, / im Licht der Lebendigen.

56,9 *Schlauch.* Sack aus Ziegenfell zur Aufbewahrung von Wasser, Milch und Wein.

Neue Gewissheit

57 *1 Dem Chorleiter. Nach der Melodie »Verdirb nicht!«. Ein Gedicht von David, als er vor Saul in die Höhle floh.*

2 Sei mir gnädig Gott, / schenk mir dein Erbarmen, / denn ich flüchte mich zu dir! / Im Schatten deiner Flügel berge ich mich, / bis das Verderben vorbei ist. *3* Ich rufe zu Gott, dem Höchsten, / zu Gott, der meine Sache führt. *4* Er sendet mir Hilfe vom Himmel, / auch wenn mein Verfolger höhnt. // Gott sendet seine Gnade und Wahrheit. *5* Mir ist, als wäre ich von Löwen umringt, / die gierig auf Menschenfleisch sind. / Ihre Zähne sind Spieße und Pfeile, / ihre Zunge ein geschliffenes Schwert.

6 Zeig deine Hoheit am Himmel, Gott, / deine Herrlichkeit über der Erde!

7 Meinen Füßen hatten sie ein Netz gelegt, / denn sie wollten mich beugen. / Sie hatten mir eine Grube gegraben / – und fielen selber hinein. // *8* Gott, mein Herz ist fest gegründet. / Ich will dir singen und spielen. *9* Wach auf, meine Seele! / Harfe und Zither, wacht auf! / Ich will das Morgenrot wecken. *10* Ich will dich preisen, Herr, unter den Völkern, / dir vor den Nationen lobsingen. *11* Denn deine Güte reicht bis an den Himmel / und deine Wahrheit so weit die Wolken ziehn.

12 Zeig deine Hoheit am Himmel, Gott, / deine Herrlichkeit über der Erde!

Gott, der gerechte Richter

58 *1 Dem Chorleiter. Nach der Melodie »Verdirb nicht!«. Ein Gedicht von David.*

2 Sprecht ihr wirklich Recht und schweigt? / Richtet ihr die Menschen gerecht? *3* Ihr habt das Unrecht schon im Herzen, / und im Land macht ihr Bahn der Gewalt.

4 Von Geburt an sind die Frevler auf der schiefen Bahn, / von klein auf an das Lügen gewöhnt. *5* Ihr Gift gleicht dem Gift einer Schlange, / einer tauben Kobra, die ihr Ohr verschließt *6* und nicht auf die Beschwörer hört, / die die Zaubersprüche kennen.

7 Schlag ihnen die Zähne ein, Gott! / Zerbrich das Gebiss dieser Löwen, Jahwe! *8* Lass sie verschwinden wie versickerndes Wasser! / Lass ihre Pfeile das Ziel nicht erreichen! *9* Lass sie wie Schnecken im Schleim zerfließen / und wie eine Fehlgeburt die Sonne nicht sehn!

10 Bevor der Dornenstrauch unter euren Töpfen brennt, / hat er ihn schon – grün oder dürr – im Wirbelsturm verweht.

11 Der Gerechte wird sich freuen, wenn er die Vergeltung sieht. / Er badet seine Füße in des Gottlosen Blut. *12* Dann wird man sagen: Doch, dem Gerechten wird Lohn! / Doch, es gibt einen Gott, der für das Recht auf der Erde sorgt.

Gott ist meine Burg

59 *1 Dem Chorleiter. Nach der Melodie »Verdirb nicht!«. Ein Gedicht von David, als Saul sein Haus umstellen ließ, um ihn zu töten.*

2 Entreiß mich meinen Feinden, mein Gott! / Schütze mich vor meinen Gegnern! *3* Befreie mich von böswilligen Menschen! / Rette mich, sie dürsten nach meinem Blut! *4* Schau doch! Sie wollen mir ans Leben, / Starke greifen mich an. / Es ist nicht mein Vergehen, nicht meine Schuld, Jahwe. *5* Ohne Schuld meinerseits stürmen sie vor und stellen sich auf. / Wach auf, komm mir entgegen und sieh! *6* Jahwe, du allmächtiger Gott, Israels Gott! / Werde wach und rechne mit den Völkern ab! / Hab kein Erbarmen mit diesen Verbrechern! //

7 Jeden Abend kommen sie zurück, / heulen wie Hunde, umkreisen die Stadt. *8* Geifer spritzt aus ihrem Maul. / Jedes ihrer Worte ist wie ein Dolch! / Sie denken, dass es niemand hört. *9* Doch du, Jahwe, du lachst über sie; / du spottest über all diese Fremden. *10* Du bist stark, auf dich will ich achten! / Denn Gott ist mein sicherer Schutz. *11* Mein Gott – seine Güte kommt mir zuvor! / Gott lässt mich herabsehen auf meine Gegner.

12 Töte sie nicht, damit mein Volk es nicht vergisst! / Treib sie durch deine Macht umher; / stürze sie nieder, Herr, unser Schild! *13* Sünde ist jedes Wort aus ihrem Mund. / Sie sollen sich im Hochmut verfangen! / Denn sie fluchen und verbreiten nur Lügen.

14 Vernichte sie im Zorn! / Vernichte sie, dass nichts von ihnen bleibt! / Dann wird man wissen, dass Gott in Israel* herrscht / und bis an das Ende der Erde. //

15 Jeden Abend kommen sie zurück, / heulen wie Hunde, umkreisen die Stadt. *16* Sie streunen umher, gierig nach Fraß. / Werden sie nicht satt, dann knurren sie. *17* Doch ich will singen von deiner Macht, / frühmorgens deine Güte rühmen! / Denn du bist eine Burg für mich, / eine Zuflucht in Zeiten der Not. *18* Dir, meine Stärke, spiel ich mein Lied! / Denn Gott ist mein sicherer Schutz, / der Gott meiner Liebe.

Gebet nach Rückschlag

60 *1 Dem Chorleiter. Nach der Melodie »Lilie«. Ein Zeugnis- und Lehrgedicht von David, 2 als er mit den Syrern von Mesopotamien und denen von Zoba kämpfte, als Joab zurückkehrte und 12.000 Edomiter im Salztal schlug.*

3 Gott, du hast uns verworfen, / unsere Reihen zerrissen. / Du warst zornig auf uns. / Richte uns doch wieder auf! *4* Du hast das Land erschüttert und gespalten. / Heile seine Risse, denn es wankt! *5* Du hast dein Volk hart geprüft, / hast uns mit schwerem Wein getränkt. *6* Du hast doch denen, die dich ehren, / ein Siegeszeichen geschenkt, / damit es sich für die Wahrheit erhebt. //

7 Damit befreit werden, die du liebst, / greif ein mit deiner Macht, erhöre uns! *8* Gott hat in seiner Heiligkeit gesprochen: / »Ich will jubeln über meinen Sieg, / will Sichem* verteilen, / die Ebene

---

59,14 *Israel.* Wörtlich: Jakob.

60,8 *Sichem* war eine strategisch und religiös bedeutende Stadt auf dem Pass (*Sichem* = Schulter) zwischen den Bergen Ebal im Norden und Garizim im Süden.

Sukkot* vermessen. ⁹ Gilead* ist mein, und auch Manasse* gehört mir. / Der Helm auf meinem Kopf ist Efraïm*, / und Juda ist mein Herrscherstab. ¹⁰ Moab* muss mir als Waschschüssel dienen, / und auf Edom* werfe ich meinen Schuh. / Juble über mich, Philisterland!* ¹¹ Wer wird mich zur Festungsstadt bringen, / wer mich nach Edom hinführen?« ¹² Wer außer dir, Gott, könnte das tun? / Doch du hast uns ja verworfen, / ziehst nicht mit unseren Heeren aus. ¹³ Bring uns doch Hilfe im Kampf mit dem Feind! / Menschenhilfe nützt uns nichts. ¹⁴ Mit Gott werden wir Großes vollbringen. / Er wird unsere Feinde zertreten.

Fürbitte für den König

61 ¹ *Dem Chorleiter. Mit Saitenspiel. Von David.*

² Höre, Gott, mein Schreien, / achte auf mein Gebet! ³ Vom Ende der Erde ruf ich zu dir, / denn mein Herz ist in Angst. / Bring mich auf den Felsen hinauf, / der zu hoch für mich ist! ⁴ Du bist die Zuflucht für mich, / ein fester Turm gegen den Feind. ⁵ Lass mich immer Gast sein in deinem Zelt, / mich bergen im Schutz deiner Flügel. //

⁶ Ja, du hast auf meine Gelübde gehört, Gott, / hast mir das Erbteil derer gegeben, / die deinen Namen ehren. ⁷ Gib dem König ein langes Leben, / es möge Geschlecht um Geschlecht überdauern. ⁸ Er throne für immer vor Gott. / Behüte ihn mit Güte und Wahrheit!

⁹ So sing und spiel ich dir immer mein Lied, / denn ich will meine Versprechen tagtäglich erfüllen.

Vertrauen auf Gott

62 ¹ *Dem Chorleiter. Für Jeduthun.* Ein Psalmlied von David.*

² Nur bei Gott wird meine Seele still, / von ihm kommt meine Hilfe. ³ Nur er ist mein Fels, meine Rettung, meine sichere Burg. / Wie sollte ich da wanken?

⁴ Wie lange stürmt ihr auf den einen ein, / ihr alle, um ihn niederzustrecken / wie eine überhängende Wand, / eine angestoßene Mauer? ⁵ Von seiner Höhe wollen sie ihn stoßen. / An Lügen haben sie Gefallen. / Ihr Mund spricht Segenswünsche aus, / doch ihr Herz verflucht den anderen. //

60,8 *Sukkot* liegt etwa 34 Kilometer nordöstlich von Jericho auf der Ostseite des Jordan und der Nordseite des Jabbok.

60,9 *Gilead* bezeichnet das mittlere, manchmal auch das ganze Ostjordanland.

Manasse. Einer der zwölf Stämme Israels. Die Hälfte dieses Stammes hatte sich im Ostjordanland niedergelassen.

Efraïm. Einflussreichster Stamm im Nordreich Israels. Sein Name kann für das ganze Nordreich stehen.

60,10 Die *Moabiter* lebten östlich des Toten Meeres zwischen den Flüssen Arnon und Zered.

Edom. Land östlich der Araba im Süden des Toten Meeres, bewohnt von den Nachkommen Esaus.

Die *Philister* bewohnten die südliche Küstenebene von Kanaan.

62,1 *Jeduthun*. Siehe Fußnote zu Psalm 39,1!

6 Nur bei Gott wird meine Seele still, / von ihm kommt meine Hoffnung. 7 Nur er ist mein Fels, meine Rettung, meine sichere Burg. / Wie sollte ich da wanken? 8 Bei Gott liegt mein Heil und meine Ehre. / In Gott ist meine Zuflucht, / er ist mein schützender Fels. 9 Vertraut immer auf ihn, ihr sein Volk! / Schüttet euer Herz vor ihm aus! / Gott ist unsere Zuflucht. //

10 Die Menschen sind nur Nebeldunst, / Männer ein täuschendes Nichts. / Auf der Waage schnellen sie hoch; / leichter als ein Hauch sind sie alle. 11 Vertraut nicht auf Erpressung! / Betrügt euch nicht durch Raub! / Und wenn euer Wohlstand wächst, / hängt das Herz nicht daran! 12 Einmal hat Gott geredet, / zweimal habe ich dies gehört: / Gott gehört die Macht; 13 und dir, mein Herr, die Güte. / Denn du vergiltst jedem, / wie er es verdient.

Sehnsucht nach Gott

63 1 Ein Psalmlied von David, als er in der Wüste Juda war.
2 Gott, du bist mein Gott! Ich suche nach dir! / Nach dir hat meine Seele Durst, / nach dir sehnt sich mein Körper / in einem trockenen, erschöpften Land, wo kein Wasser mehr ist. 3 So schaue ich nach dir im Heiligtum aus, / um deine Macht und Herrlichkeit zu sehen. 4 Ja, deine Gnade ist besser als Leben. / Meine Lippen sollen dich loben. 5 Ich preise dich mit meinem Leben, / erhebe meine Hände zu dir im Gebet. 6 Wie bei einem Fest machst du mich satt und froh. / Mit jubelnden Lippen preise ich dich.

7 In nächtlichen Stunden auf meinem Bett / gehen meine Gedanken zu dir. / Flüsternd sinne ich über dich nach, 8 denn du bist mir Hilfe gewesen. / Ich juble im Schutz deiner Flügel. 9 Ich klammere mich an dich, / und deine rechte Hand hält mich fest.

10 Aber sie, die mich verderben, mir ans Leben wollen, / müssen hinab in die Tiefen der Erde. 11 Der Macht des Schwertes ausgeliefert / werden sie ein Fraß der Schakale sein. 12 Doch der König wird sich freuen an Gott. / Und jeder, der bei Gott schwört, darf jubeln. / Doch allen Lügnern wird das Maul gestopft.

Bitte um Schutz vor den Feinden

64 1 Dem Chorleiter. Ein Psalmlied von David.
2 Höre, Gott, mein lautes Klagen, / bewahre mein Leben vor dem schrecklichen Feind! 3 Verbirg mich vor der Schar der Bösen, / vor dem Toben derer, die Böses tun. 4 Ihre Zungen sind wie geschliffene Schwerter. / Sie halten den Bogen gespannt. / Ihr Pfeil ist das bittere Wort, 5 das sie plötzlich und ohne Scheu / aus dem Hinterhalt auf Unschuldige schießen.

6 Sie stärken sich zur schlechten Sache. / Sie reden davon, Fallen zu stellen, / und sagen sich: »Wer wird es schon sehn?« 7 Sie brüten Gemeinheiten aus: / »Wir sind fertig. Der Plan ist gefasst.« / Ja, das Innere des Menschen, / ja das Herz ist ein Abgrund.

8 Da schießt Gott mit einem Pfeil auf sie, / und plötzlich trifft sie selbst der Schlag. 9 Sie werden zum

Stolpern gebracht. / Ihre eigenen
Worte bringen sie zu Fall. / Alle, die
es sahen, schüttelten den Kopf. *10* Da
wurden alle von Furcht erfüllt / und
verkündeten Gottes Tun / und verstanden sein Werk.

11 Wer gottrecht lebt, freut sich an
Jahwe / und sucht seine Zuflucht bei
ihm. / Alle, die ihm von Herzen gehorchen, / dürfen stolz und glücklich
sein.

Dank für Gottes Gaben

65 *1 Dem Chorleiter. Ein Lied,
ein Psalmlied von David.*
2 Gott, dir gebührt der Lobgesang in
Zion, / dir erfüllt man seine Gelübde.
3 Du erhörst Gebet, / darum kommen
alle zu dir. *4* Die Folgen der Sünde
überwältigen mich. / Doch du kannst
unsre Vergehen vergeben. *5* Wie
glücklich ist der, den du erwählst /
und in deine Nähe kommen lässt, /
dass er in deinen Höfen wohne! /
Vom Gut deines Hauses, / deinem
heiligen Tempel, / werden wir satt.

6 Mit Ehrfurcht gebietenden Taten /
antwortest du uns in Gerechtigkeit, /
du Gott unseres Heils, / du Hoffnung
aller Enden der Erde / und des
allerfernsten Meeres; *7* der die Berge
gründet in seiner Kraft, / der gegürtet
ist mit Macht, *8* der das Brausen der
Meere stillt / und den Aufruhr der
Völker. *9* Die Bewohner am Ende der
Erde / fürchten sich vor deinen
Zeichen. / Ost und West hast du mit
Jubel erfüllt.

10 Du sorgst für das Land und
tränkst es, / du machst es fruchtbar
und reich. / Gottes Bach ist gut mit
Wasser gefüllt. / So lässt du das Korn
für die Menschen wachsen: *11* Du

feuchtest die Furchen und ebnest die
Schollen, / du lockerst sie mit Riesel-
regen, / du segnest, was dort sprosst.
12 Du hast das Jahr mit deiner Güte
gekrönt, / deine Spuren triefen von
Segen. *13* Die Steppe füllt sich mit
üppigem Grün, / die Hügel sind von
Jubel umringt. *14* Die Weiden
schmücken sich mit Herden, / die
Täler hüllen sich in wogendes Korn; /
alles ist voll Jubel und Gesang.

Zum Jubel befreit

66 *1 Dem Chorleiter. Ein Lied,
ein Psalmlied.*
Jubelt Gott zu, alle Völker der Welt!
2 Besingt die Schönheit seines
Namens, / rühmt ihn mit eurem
Lobgesang! *3* Sagt zu Gott: »Wie
Ehrfurcht gebietend sind deine
Taten! / Wegen deiner gewaltigen
Macht / heucheln deine Feinde
Ergebung. *4* Die ganze Welt wird
dich anbeten, dir musizieren, / und
sie werden deinen Namen
besingen.« //

5 Kommt und seht die Großtaten
Gottes! / Sein Tun erfüllt uns mit
Staunen und Furcht. *6* Er verwandelte
das Meer in trockenes Land. / Sie
schritten zu Fuß durch den Strom. /
Dort freuten wir uns an ihm. *7* Für
immer herrscht er mit gewaltiger
Macht / und behält die Völker im
Auge, / dass die Trotzigen sich nicht
erheben. //

8 Preist, ihr Völker, unseren Gott! /
Lasst sein Lob deutlich hören! *9* Er
erhielt uns am Leben, / bewahrte uns
vor dem Fall. *10* Denn du hast uns
geprüft, Gott, / hast uns wie Silber
geläutert. *11* Du hast uns ins Verlies

gebracht, / uns schwere Lasten aufgelegt. *12* Du hast uns niedertrampeln lassen. / Wir gingen durch Feuer und Wasser. / Doch dann hast du uns ins Weite geführt.

13 Mit Brandopfern komm ich in dein Haus / und will dir meine Gelübde erfüllen, *14* die meine Lippen von sich gaben / und mein Mund in der Not versprach. *15* Fette Brandopfer will ich dir aufsteigen lassen, / mit dem Rauch von Schafböcken zusammen. / Ziegenböcke und Rinder bereite ich dir zu. //

16 Kommt und hört, ihr Gottesfürchtigen! / Ich will erzählen, was er für mich tat. *17* Zu ihm hatte ich um Hilfe geschrien, / und schon konnte ich ihn dafür preisen. *18* Hätte ich Böses im Sinn gehabt, / dann würde der Herr nicht hören. *19* Gott aber hat mich erhört, / er hat auf mein Beten geachtet. *20* Gelobt sei Gott, der mein Gebet nicht verwarf, / seine Gnade mir nicht entzog.

Dank für Gottes Segen

67 *1 Dem Chorleiter. Mit Saitenspiel. Ein Lied, ein Psalmlied.*
2 Gott sei uns gnädig und segne uns; / er lasse sein Angesicht über uns leuchten, // *3* dass man seinen Weg auf der Erde erkennt, / seine Hilfe unter allen Nationen.

4 Die Völker sollen dich preisen, Gott, / alle Völker sollen dir danken! *5* Nationen freuen sich und jubeln, / denn du richtest die Völker gerecht. / Du lenkst alle Nationen der Erde. //

6 Die Völker sollen dich preisen, Gott, / alle Völker sollen dir danken! *7* Die Erde gibt ihren Ertrag. / Es segnet uns Gott, unser Gott. *8* Gott wird uns segnen, / und fürchten wird ihn die ganze Welt.

Gottes Sieg

68 *1 Dem Chorleiter. Ein Lied, ein Psalmlied von David.*
2 Gott steht auf, seine Feinde zerstieben; / und die ihn hassen, fliehen vor ihm. *3* Wie Rauch, der verweht, so treibst du sie fort. / Und wie Wachs vor dem Feuer zerfließt, / vergehen Gottlose vor Gott. *4* Doch wer vor Gott lebt, wird sich freuen, / wird jubeln vor ihm, / überwältigt von Glück.

5 Singt Gott zu, musiziert seinem Namen; / macht dem, der durch die Wüste fährt, Bahn. / Jah* ist sein Name, / freut euch vor ihm. *6* Vater der Waisen und Anwalt der Witwen, / das ist Gott in seiner heiligen Wohnung. *7* Gott bringt Einsame nach Hause, / führt Gefangene hinaus ins Glück. / Die Rebellen bleiben in der Dürre wohnen.

8 Gott, als du voranzogst deinem Volk, / als du die Wüste durchschrittest, // *9* da bebte die Erde, / da triefte der Himmel vor dir, / dem Gott vom Sinai, Israels Gott. *10* Gott, du ließest reichlich Regen strömen, / um dein erschöpftes Land neu zu beleben. *11* Deine Schar ist darin sesshaft geworden, / so gütig sorgtest du für die Armen, Gott.

12 Der Herr spricht das entscheidende Wort / für die Botinnen der Freude in ihrer großen Schar: *13* »Die feindlichen Könige fliehen, /

68,5 *Jah.* Kurzform für Jahwe.

ihre Heere sind auf der Flucht. / Die
Frauen zu Hause verteilen die Beute.
14 Wer bleibt da noch bei den Herden
liegen? / Die Flügel der Taube schim-
mern von Silber, / ihr Gefieder ist
mit glänzendem Gold überdeckt.*
15 Wenn der Allmächtige die Könige
vertreibt, / wird es schneeweiß auf
dem Zalmon*.«

16 Der Baschansberg* ist ein
Gottesberg, / ein Gebirge mit vielen
Gipfeln. 17 Was blickt ihr neidisch,
ihr Berge und Gipfel, / auf den Berg,
den Gott zu seiner Wohnung nahm? /
Für immer wird Jahwe dort wohnen.
18 Zehntausende von blitzenden
Wagen hat Gott, / in ihrer Mitte ist
der Herr, / der vom Sinai ins Heiligtum kam.* 19 Du stiegst hinauf in die
Höhe, / führtest Gefangene mit, /
nahmst Gaben bei den Menschen,* /
selbst bei den Trotzigen, / damit Jah,
Gott, eine Wohnung hat.

20 Gepriesen sei der Herr! / Tag für
Tag trägt er uns die Last, / er, der
Gott unseres Heils. // 21 Gott ist ein
Gott, der uns tatkräftig hilft; / und
bei Jahwe, dem Herrn, entkommt
man dem Tod. 22 Ja, Gott zerschmettert den Kopf seiner Feinde, / den
Schädel derer, die Verbrechen nicht
lassen. 23 Der Herr sprach: »Aus
Baschan bringe ich sie zurück, /
selbst aus den Tiefen des Meeres.
24 Du wirst waten im Blut deiner
Feinde, / und selbst deine Hunde
lecken ihr Teil.«

25 Gott, deinen Triumphzug haben
sie gesehen, / den Einzug meines
Gottes, / meines Königs, ins Heiligtum. 26 Voran gingen die Sänger, /
danach die Saitenspieler, / umringt
von Tamburin schlagenden Mädchen.

27 Preist Gott, wenn ihr euch
versammelt! / Lobt Jahwe, ihr aus
Israels Quell. 28 Voran geht Benjamin,
der kleinste Stamm, / im fröhlichen
Zug die Fürsten von Juda, / dazu auch
die von Sebulon und Naftali.

29 Gott, biete auf deine Macht, / die
Gottesmacht, die du an uns erwiesen
hast! 30 In deinem Tempel über
Jerusalem / bringen die Könige dir
ihren Tribut. 31 Schilt das Biest im
Schilf, / die Horde der Stiere unter
den Kälbern der Völker! / Tritt denen
entgegen, die nach Silber rennen! /
Zerstreue die Völker, denen Krieg
gefällt! 32 Aus Ägypten werden
Gesandte kommen, / Nubien*
streckt seine Hände zu Gott aus.

33 Singt Gott, ihr Königreiche der
Erde! / Singt und spielt für den
Herrn! // 34 Der hinfährt im
höchsten, dem ewigen Himmel. /
Hört, wie mächtig seine Stimme
erschallt! 35 Preist: »Gott hat die
Macht! / Seine Hoheit ruht auf
Israel, / seine Macht in den Wolken.«
36 Furchterregend ist Gott, / wenn er
aus seinem Heiligtum tritt. / Er ist

68,14 *Gold überdeckt.* Israel, Gottes »Taube«, wird reich durch die Beute.

68,15 *Zalmon,* der Dunkle, vielleicht ein bewaldeter Hügel bei Sichem.

68,16 *Baschansberg* ist möglicherweise ein
anderer Ausdruck für den schneebedeckten
Hermon, der die fruchtbare, wasserreiche
Baschanebene im Norden begrenzt und den
man von Baschan aus sieht.

68,18 *Sinai ... kam.* Wörtlich: *der Sinai im
Heiligtum.*

68,19 Wird im Neuen Testament von Paulus
zitiert: Epheser 4,8

68,32 *Nubien.* Hebräisch: Kusch. Land am
Oberlauf des Nil, südlich von Ägypten.

der Gott Israels. / Seinem Volk verleiht er Stärke und Kraft. / Gepriesen sei Gott!

Rette mich, ich versinke!

69 *1 Dem Chorleiter. Nach der Melodie »Lilien«. Von David.*
2 Rette mich, Gott, / das Wasser steht schon am Hals! 3 Ich versinke im strudelnden Moor; / meine Füße verlieren den Grund. / Ich bin in tiefes Wasser geraten, / die Strömung reißt mich weg.

4 Und vom Rufen bin ich erschöpft; / meine Kehle ist wund, und meine Augen sind matt / vom Warten auf meinen Gott. 5 Ich habe mehr Feinde als Haare auf dem Kopf, / und sie hassen mich ohne Grund.* / Die mich vernichten wollen, sind mächtig. / Sie zwingen mich herauszugeben / den Raub, den ich nie nahm.

6 Du kennst meine Torheit, Gott, / und meine Vergehen sind dir bekannt.
7 Mein Herr Jahwe, Allmächtiger, / lass nicht zu, dass die, die auf dich hoffen, enttäuscht werden durch mich! / Du Gott Israels, / lass nicht zu, dass die, die dich suchen, beschämt sind wegen mir!

8 Weil ich dir gehöre, werde ich beschimpft. / Schamröte bedeckt mein Gesicht. 9 Ein Fremder bin ich für meine Brüder geworden, / ein Ausländer für meine Geschwister.

10 Denn der Eifer um dein Haus ist wie ein Feuer in mir, / und wenn sie dich beschimpfen, trifft es mich tief.*

11 Als ich weinte und beim Fasten war, / verhöhnten sie mich. 12 Als ich Trauer trug, / gossen sie ihren Spott über mir aus. 13 Selbst im Rathaus schwatzen sie über mich, / und im Wirtshaus bin ich der Spottgesang.

14 Doch an dich, Jahwe, richte ich mein Gebet, / denn bei dir ist immer Gnadenzeit. / Hilf mir, Gott, denn deine Güte ist groß; / erhöre mich, denn auf dich ist Verlass. 15 Zieh mich aus dem Schlamm, / lass mich nicht versinken; / rette mich vor meinen Hassern, / ziehe mich aus tiefen Wassern. 16 Sonst spült die Strömung mich fort, / der Strudel zieht mich in die Tiefe / und die Grube schließt sich über mir.

17 Erhöre mich, Jahwe, denn deine Gnade tut gut! / In deinem großen Erbarmen wende dich mir zu. 18 Verbirg dein Gesicht nicht vor mir, / dein Sklave bin ich doch! / Ich bin voller Angst, / erhöre mich bald! 19 Komm bitte zu mir, erlöse mein Leben; / rette mich und mache meine Feinde still.

20 Du, du kennst meine Schmach, / den Schimpf und die Schande, / und meine Bedränger hast du im Blick. 21 Der Hohn brach mein Herz / und machte es unheilbar krank. / Auf Mitleid hoffte ich, es war umsonst; / auf Tröster, doch keiner war in Sicht.

22 Ins Essen haben sie mir Galle gegeben / und Essig für meinen Durst. 23 Ihr Tisch werde zur Falle für sie, / und zum Strick für die, / die sich so sicher sind. 24 Lass ihre

---

69,5 Wird im Neuen Testament von Jesus Christus zitiert: Johannes 15,25.

69,10 Wird im Neuen Testament von Johannes und Paulus zitiert: Johannes 2,17; Römer 15,3.

Augen erlöschen / und ihre Hüften kraftlos sein.* 25 Schütte deinen Zorn über sie aus, / die Glut deines Grimms erreiche sie bald! 26 Ihr Lagerplatz möge verwüstet / und ihre Zelte sollen menschenleer sein.* 27 Denn sie haben den gejagt, den du geschlagen hast. / Schadenfroh erzählen sie vom Schmerz / bei denen, die du verwundet hast. 28 Schütte Schuld auf ihre Schuld / und erkläre sie nie für gerecht! 29 Lösche ihre Namen aus dem Buch des Lebens aus! / Sie sollen nicht bei den Gerechten stehen!

30 Ich aber bin elend und von Schmerzen geplagt. / Deine Hilfe, Gott, bringt mir Schutz. 31 Dann kann ich dich preisen im Lied / und dich hoch ehren mit Dank. 32 Das wird dich mehr erfreuen als ein Stier, / ein Opferstier mit Horn und Huf. 33 Die Gebeugten sehen es und werden froh. / Ihr, die ihr Gott vertraut, fasst neuen Mut! 34 Denn Jahwe hört der Hilflosen Schrei, / seine Gefangenen verachtet er nicht.

35 Loben sollen ihn Himmel und Erde, / die Meere und alles, was sich dort regt. 36 Denn Jahwe wird Zion befreien / und Judas Städte wieder bauen. / Dann wird sein Volk dort wohnen, / es besitzt wieder das Land. 37 Die Söhne seiner Sklaven werden es erben, / und die seinen Namen lieben, wohnen darin.

Komm schnell und rette mich!

70
1 Dem Chorleiter. Von David. Zur Erinnerung.

2 Komm schnell und rette mich, Gott! / Hilf mir, Jahwe!

3 Sie suchen meinen Tod. / Schämen sollen sie sich! / Schande über sie! / Sie genießen meine Not. / Mögen sie abprallen mit Schimpf, 4 sich davonschleichen in Scham, / sie, die hämisch riefen: »Haha!«!

5 Die dich suchen, sollen jubeln und sich freuen an dir! / Die dich als Retter lieben, sollen sagen: »Groß ist Gott.«

6 Doch ich bin elend und arm. / Gott, eile zu mir! / Meine Hilfe und mein Retter bist du – Jahwe, zögere nicht!

Verlass mich auch im Alter nicht

71
1 Bei dir, Jahwe, da berge ich mich, / da werde ich niemals enttäuscht! 2 In deiner Gerechtigkeit rette mich und reiß mich heraus! / Leih mir dein Ohr und hilf mir! 3 Sei mir schützender Fels und rettende Burg, / wohin ich immer kommen kann. / Du hast doch geboten, mich zu befreien! / Du bist mein Fels und meine Burg. 4 Rette mich aus der Gewalt des Bösen, mein Gott, / aus der Faust des Bedrückers und Schurken.

5 Denn du bist meine Hoffnung, Jahwe, mein Herr, / meine Zuversicht von meiner Jugend an. 6 Von Mutterleib an verließ ich mich auf dich. / Du hast mir aus dem Mutterschoß geholfen. / Dir gilt stets mein Lobgesang. 7 Ich war wie ein Zeichen für viele, / denn du bist mein

---

69,24 Wird im Neuen Testament von Paulus zitiert: Römer 11,9-10.

69,26 Wird im Neuen Testament von Petrus zitiert: Apostelgeschichte 1,20.

mächtiger Schutz. *8* Mein Mund ist voll von deinem Lob, / von deinem Ruhm den ganzen Tag. *9* Verwirf mich nicht in der Zeit des Alters, / verlass mich nicht beim Schwinden meiner Kraft. *10* Denn meine Feinde reden schlecht von mir; / die mir ans Leben wollen, beraten sich. *11* »Gott hat ihn verlassen!«, sagen sie. / »Verfolgt und ergreift ihn! / Einen Retter hat er nicht.« *12* Gott, du bist so weit weg! / Komm doch und hilf mir schnell! *13* Lass zuschanden werden und vergehen / alle, die mich beschuldigen! / Schimpf und Schande komme über die, / die versuchen, mich ins Unglück zu stürzen.

14 Doch ich will jederzeit hoffen / und mehren all dein Lob. *15* Mein Mund wird von deiner Gerechtigkeit reden, / von deinen Wohltaten jeden Tag, / die ich nicht mehr zählen kann. *16* Ich will kommen mit den Großtaten Jahwes, des Herrn. / Ich preise deine Gerechtigkeit, deine allein. *17* Gott, von Jugend auf hast du mich gelehrt. / Von deinen Wundern erzähl ich bis heute, *18* bis zum Alter und zum grauen Haar.

Verlass mich nicht, mein Gott; / dass ich der Nachwelt von deiner Stärke erzähle, / dem kommenden Geschlecht von deiner Macht; *19* von deiner Gerechtigkeit, Gott, die bis zum Himmel reicht. / Große Dinge hast du vollbracht. / Gott, wer ist wie du? *20* Du ließest uns viel Angst und Not erfahren. / Du wirst uns wieder beleben, / uns wieder heraufbringen / aus den Tiefen der Erde. *21* Du bringst mich wieder zu Ehren / und wirst mich abermals trösten. *22* Dann will ich dich preisen mit meiner Harfe. / Ich rühme deine Treue, mein Gott, / du Heiliger Israels! / Auf der Zither will ich dir spielen. *23* Mit jubelnden Lippen musiziere ich dir; / ja ich, denn du hast mich erlöst. *24* Von früh bis spät will ich von deiner Gerechtigkeit reden; / denn die mein Unglück suchten, wurden schwer beschämt.

Der Friedefürst

72 *1* *Für Salomo.** Gott, gib dein Richteramt dem König, / dem Königssohn deine Gerechtigkeit, *2* dass er dein Volk in Gerechtigkeit richte / und verhelfe den Gebeugten zum Recht. *3* Dann tragen die Berge Frieden, / die Hügel Gerechtigkeit dem Volk. *4* Er schaffe Recht den Gebeugten im Volk, / bringe Hilfe den Kindern des Armen, / zertrete die Unterdrücker.

5 Man wird dich fürchten, / solange Sonne und Mond uns scheinen, / von Generation zu Generation. *6* Er gleiche dem Regen, der auf gemähte Wiesen fällt, / dem Regenschauer, der das Land durchfeuchtet. *7* In seiner Zeit blüht der Gerechte auf, / Fülle von Frieden wird sein, / bis der Mond nicht mehr ist. *8* Er wird herrschen von Meer zu Meer, / vom Euphrat bis zu den Enden der Erde.

72,1 *Für Salomo.* Oder: Von Salomo. Doch diesen, seinen vermutlich letzten Psalm, schrieb David (siehe V. 20) für seinen Sohn Salomo, den König.

9 Die Wüstenvölker knien vor ihm / und seine Feinde lecken den Staub. 10 Die Könige von Tarschisch und den fernsten Inseln / bringen ihm Geschenke. / Die Könige von Scheba* und Saba* bringen Tribut. 11 Alle Herrscher huldigen ihm / und alle Völker werden ihm dienen.

12 Denn er befreit den Armen, der um Hilfe ruft, / den Gebeugten, dem niemand hilft. 13 Er erbarmt sich des Geringen und Schwachen, / er rettet das Leben des Armen. 14 Von Druck und Gewalt erlöst er ihre Seele, / denn vor ihm hat ihr Leben einen Wert! 15 Der König möge leben! / Vom Gold von Scheba gebe man ihm. / Man bete beständig für ihn / und segne ihn den ganzen Tag.

16 Es sei Überfluss an Korn im ganzen Land, / es woge bis auf die Gipfel der Berge. / Wie der Libanon möge seine Frucht erblühen. / Es sprieße aus den Städten wie das Grün der Erde. 17 Sein Name soll ewig bestehen, / an der Sonne wachse sein Ruhm. / In seinem Namen wünsche man sich Segen, / glücklich preisen ihn alle Nationen.

18 Gelobt sei Jahwe, der Gott Israels! / Er tut Wunder, er allein. 19 Ewig gepriesen sei der Name seiner Majestät! / Seine Herrlichkeit erfülle die ganze Welt! / Amen, ja, so soll es sein!

20 Hier enden die Gebete von David Ben-Isai.

Drittes Buch

Das scheinbare Glück der Gottlosen

73

1 Ein Psalm von Asaf. Ich weiß es: Gott ist gut zu Israel, / zu Menschen mit reinem Gewissen. 2 Und ich, fast wäre ich gestolpert, / um ein Haar wäre ich gestürzt. 3 Ich beneidete die Prahler, / als ich sah, wie gut es den Gottlosen ging.

4 Sie leiden keine Qualen, / sie sind gesund und wohlgenährt. 5 Sie sind frei von den Lasten gewöhnlicher Menschen / und werden nicht mit den anderen geplagt. 6 Darum tragen sie ihren Stolz wie eine Kette am Hals, / Gewalt umhüllt sie wie ein Gewand.

7 Aus dem Fett glotzt ihr Auge hervor, / Einbildungen überfluten ihr Herz. 8 Höhnisch und boshaft reden sie, / setzen zynisch Menschen unter Druck. 9 Sie reißen ihr Maul bis zum Himmel hin auf, / ihre Zunge verschont nichts auf der Erde.

72,10 *Scheba* war ein Land in der Nähe von Kusch (Nubien).

72,11 *Saba* war ein Land südlich von Israel (siehe Matthäus 12,42), vielleicht auf der südwestlichen arabischen Halbinsel in der Nähe des heutigen Jemen. Die genaue Lage ist ungewiss.

10 Darum läuft selbst Gottes Volk ihnen nach / und lauscht begierig auf ihr Geschwätz. *11* »Gott merkt ja doch nichts«, sagen sie. / »Wie will der Höchste das wissen?« *12* Ja, das sind die, die Gott verachten; / ungestört mehren sie ihre Macht.

13 Ganz umsonst hielt ich mein Herz rein, / wusch in Unschuld meine Hände; *14* war ich doch geplagt den ganzen Tag / und bin jeden Morgen schon gestraft.

15 Hätte ich gesagt: »Ich will ebenso reden!«, / dann hätte ich deine Kinder verraten. *16* Da dachte ich nach, um das zu begreifen. / Es war eine große Mühe für mich, *17* bis ich in Gottes Heiligtum ging / und dort ihr Ende bedachte.

18 Ja, du stellst sie auf schlüpfrigen Grund / und stürzt sie in ihr Verderben. *19* Wie plötzlich waren sie vor Entsetzen erstarrt, / sie alle nahmen ein Ende mit Schrecken. *20* Wie einen Traum nach dem Erwachen, / so verachtest du, Herr, / wenn du aufstehst, ihr Bild.

21 Als mein Herz verbittert war / und ich stechenden Schmerz in den Nieren verspürte, *22* da war ich dumm und ohne Verstand, / wie ein Stück Vieh stand ich vor dir. *23* Doch ich bin stets bei dir. / Du hältst mich an der rechten Hand.

24 Mit deinem Rat leitest du mich / und nimmst mich am Ende in Ehren auf. *25* Wen hab ich im Himmel außer dir? / Und neben dir wünsch ich mir nichts auf der Erde. *26* Auch wenn ich Leib und Leben verliere, / bleibt Gott doch mein Fels und mein Anteil für immer.

27 Ja, wer sich fern von dir hält, geht zugrunde. / Du bringst jeden zum Schweigen, der dir die Treue bricht. *28* Doch ich bekenne: Die Gottesnähe tut mir gut! / Ich fand meine Zuflucht bei Jahwe, dem Herrn. / Nun will ich all deine Taten erzählen.

Klage über das zerstörte Heiligtum

74 *1* *Ein Lehrgedicht. Für Asaf*.* Gott, hast du uns für immer verstoßen? / Warum raucht dein Zorn noch gegen deine Herde? / *2* Denk an deine Gemeinde, die du einst erworben hast; / die du als Stamm für dein Erbteil erlöstest, / den Zionsberg, auf dem du wohnst. *3* Komm doch und sieh dir diese ewigen Ruinen an! / Alles hat der Feind im Tempel verwüstet.

4 In deiner Versammlungsstätte haben deine Bedränger gebrüllt / und dort ihre Siegeszeichen hingestellt. *5* Sie haben sich benommen / wie die Axt im Walddickicht. *6* Und jetzt sind alle Schnitzereien / mit Axt und Hammer zerschlagen. / *7* Sie haben Feuer in dein Heiligtum geworfen, / die Wohnung deines Namens bis auf den Grund entweiht. *8* Sie sagten sich: »Lasst uns sie alle vernichten!« / Alle Gotteshäuser haben sie niedergebrannt.

9 Wir sehen keine Zeichen für uns. / Kein Prophet ist mehr da. / Keiner weiß, wie lange das noch geht.

74,1 *Für Asaf.* Siehe Fußnote zu Psalm 50,1! Die Psalmen 74 und 79 stammen offenbar von Nachkommen Asafs, weil sie die Zerstörung des Tempels beklagen.

10 Bis wann, Gott, darf der Bedränger noch höhnen, / der Feind deinen Namen immerfort lästern? 11 Warum ziehst du deine Hand zurück und greifst nicht ein? / Nimm deine Hand aus deiner Tasche und mach endlich ein Ende!

12 Dennoch ist Gott von alters her mein König, / der Rettungstaten auf der Erde vollbringt. 13 Mit deiner Macht hast du das Meer gespalten, / zerschmettert die Köpfe der See-ungeheuer. 14 Ja, du hast Leviatan* die Köpfe zerschlagen / und gabst sie den wilden Tieren zum Fraß.

15 Du hast Quellen und Bäche sprudeln lassen / und mächtige Ströme zum Versiegen gebracht. 16 Dein ist der Tag, dein auch die Nacht. / Du stelltest Mond und Sonne hin. 17 Du hast die Grenzen der Erde bestimmt, / Sommer und Winter hast du gemacht.

18 Jahwe, denk doch daran: Der Feind hat gehöhnt. / Ein gottloses Volk hat deinen Namen verachtet. 19 Gib deine Turteltaube doch nicht den Raubtieren preis! / Vergiss das Leben deiner Armen doch nicht für immer! 20 Blick hin auf deinen Bund! / Denn in unserem Land sind die versteckten Winkel / voll von Verbrechen und Gewalt.

21 Lass den Bedrückten nicht beschämt weggehen! / Lass den Gebeugten, lass den Armen deinen Namen loben! 22 Steh auf, Gott, und verschaffe dir Recht! / Bedenk, wie diese Toren dich täglich verspotten. 23 Vergiss nicht das Geschrei deiner Gegner, / das ständig aufsteigende Getöse gegen dich!

Gott, der gerechte Richter

75 1 *Dem Chorleiter. Nach der Melodie: »Zerstöre nicht!« Ein Psalmlied von Asaf.*

2 Wir danken dir, Gott, und preisen dich sehr! / Dein Name ist nah, deine Wunder erzählen es uns.

3 »Zur Zeit, die ich selber bestimme, / halte ich ein gerechtes Gericht. 4 Mag auch die Erde beben, / mögen ihre Bewohner zittern, / ich habe ihre Säulen befestigt.« //

5 Ich sagte zu den Tobenden: »Tobt nicht!«; / zu denen, die Gottes Gebote missachten: »Spielt euch nicht so auf! 6 Pocht nicht so auf eure Gewalt; / hört auf, so vermessen zu reden! 7 Nicht vom Osten, nicht vom Westen, / auch nicht aus der Wüste könnt ihr etwas erwarten. 8 Denn Gott selbst ist der Richter, / der den einen erniedrigt und den anderen erhöht.«

9 Jahwe hält einen Becher in der Hand, / gefüllt mit scharfem, gärendem Wein. / Und von dem schenkt er ein. / Ja, seine Hefe müssen schlürfen und trinken / alle Gottlosen der Erde.

10 Ich aber, ich will es immer ver-kündigen, / will singen und spielen Jakobs Gott!

11 »Ich will die Kraft der Gottlosen brechen / und die Macht der Gerech-ten erhöhen!«

74,14 *Leviatan.* Verkörperung gottfeind-licher Mächte, besonders Ägyptens, genauer des ägyptischen Heeres, das die Israeliten verfolgte und im Roten Meer umkam.

Gott, der furchtbare Richter

76 *¹ Dem Chorleiter. Mit Saiten-spiel. Ein Psalmlied von Asaf.*
² Bekannt ist Gott in Juda, / sein Name ist in Israel groß. ³ In Salem* stand sein Zelt, / auf dem Zion* seine Wohnung. ⁴ Dort zerbrach er alles Kriegsgerät: / die Pfeile, Schwerter und Schilde. //

⁵ Von Glanz bist du umgeben, / herrlicher als die Berge der Beute. ⁶ Furchtlose Krieger sind beraubt, / sie sinken in den letzten Schlaf. / Allen Helden versagen die Hände. ⁷ Wenn du drohst, Gott Jakobs, / erstarren Pferde und Wagen.

⁸ Furchtbar bist du. / Wer kann vor dir bestehen, / vor der Gewalt deines Zorns? ⁹ Wenn du vom Himmel her das Urteil verkündest, / erschrickt die Erde und hält sich still, ¹⁰ wenn Gott sich erhebt zum Gericht, / um zu hel-fen allen Gebeugten der Erde. //

¹¹ Selbst das Wüten der Menschen vermehrt deinen Ruhm, / mit ihrem Zorn umgürtest du dich. ¹² Macht Gelübde und erfüllt sie Jahwe, eurem Gott! / Alle, die ihr um ihn seid, bringt dem Furchtgebietenden Ge-schenke! ¹³ Er stutzt den Übermut der Fürsten, / lehrt auch die Herr-scher der Erde das Fürchten.

Trost in großer Not

77 *¹ Dem Chorleiter. Nach der Weise Jedutuns. Ein Psalm Asafs.*

76,3 *Salem* = Jerusalem.

Zion. Hügel in Jerusalem, oft als Bezeich-nung für die ganze Stadt gebraucht.

77,12 *Tun.* Wörtlich: die Rechte.

² Ich schreie zu Gott, so laut ich kann. / Ich schreie zu Gott, dass er mich hört. ³ In meiner Not suche ich den Herrn, / nachts strecke ich die Hand nach ihm aus / und lasse ihn nicht los. / Ich weigere mich, getröstet zu werden. ⁴ Denk ich an Gott, so stöhne ich, / sinne ich nach, verliere ich den Mut. //

⁵ Meine Augenlider hältst du offen, / ich bin verstört und kann nicht reden. ⁶ Ich denke über früher nach, / die längst vergangenen Jahre, ⁷ an mein Saitenspiel in der Nacht. / Ich erwäge es im Herzen, / durchfor-sche es mit meinem Geist.

⁸ Wird der Herr denn für immer verwerfen? / Wird er nicht wieder gnädig sein? ⁹ Ist seine Gnade für immer zu Ende? / Gilt sein Versprechen in Zukunft nicht mehr? ¹⁰ Hat Gott vergessen, gnädig zu sein? / Hat er im Zorn sein Erbarmen versperrt? //

¹¹ Da sagte ich: »Das ist mein Schmerz, / dass das Tun* des Höchsten sich verändert hat!« ¹² Ich will denken an die Taten Jahwes, / dein wunderbares Wirken von einst. ¹³ Ich will nachdenken über dein Tun, / nachsinnen über deine Werke.

¹⁴ Alles, was du tust, ist heilig, Gott! / Wer ist ein so großer Gott wie du? ¹⁵ Du bist der Gott, der Wunder tut, / hast deine Macht an den Völkern bewiesen. ¹⁶ Du hast dein Volk mit starker Hand befreit, / die Nachkommen Jakobs und Josefs. //

¹⁷ Es sahen dich die Fluten, Gott, / sie sahen dich und bebten, / ja, die Tiefen des Meeres begannen zu zit-tern. ¹⁸ Die Wolken vergossen Strö-me von Regen, / sie ließen den Don-

ner grollen, / und deine Pfeile fuhren hin und her. *19* Dein Donner dröhnt im Wirbelsturm, / Blitze erhellten die Welt, / es zitterte und bebte die Erde.

20 Dein Weg führt durch das Meer, / deine Pfade durch Wassertiefen. / Doch deine Spuren konnte niemand sehn. *21* Wie eine Herde führtest du dein Volk / durch deine Diener Mose und Aaron.

Gottes Geschichte mit seinem Volk

78 *1 Ein Lehrgedicht von Asaf.* Hör, mein Volk, auf meine Weisung! / Gebt alle acht auf meine Worte! *2* Ich will euch Weisheitssprüche vermitteln, / Rätsel der Vorzeit erklären.* *3* Was wir hörten und erkannten, / was unsre Väter uns erzählten, *4* wollen wir ihren Söhnen nicht verschweigen, / das sollen auch künftige Generationen erfahren: / die Ruhmestaten und die Stärke Jahwes, / und die Wunder, die er tat.

5 Er stellte sein Gesetz in Jakob auf, / seine Weisung in Israel, / und gebot unseren Vätern, / das alles ihren Söhnen bekannt zu machen; *6* damit auch das kommende Geschlecht sie kennt, / die Söhne, die noch geboren werden, / dass auch sie es ihren Söhnen erzählen. *7* Damit sie auf Gott ihr Vertrauen setzen, / die Taten Gottes nicht vergessen / und seine Gebote befolgen. *8* Damit sie nicht ihren Vorfahren gleichen, / einem Geschlecht voll Trotz und Empörung, / einem launischen Geschlecht, / dessen Geist nicht festhielt an Gott.

9 Die Männer von Efraïm*, / mit Pfeil und Bogen gerüstet, / ergriffen am Kampftag die Flucht. *10* Sie hielten sich nicht an Gottes Bund, / sie weigerten sich, nach seiner Weisung zu leben. *11* Sie vergaßen seine machtvollen Taten, / die Wunder, die er ihnen zeigte. *12* Wunderbares hat er vor ihren Vätern getan / im Land Ägypten, der Gegend von Zoan*. *13* Er spaltete das Meer und führte sie durch, / er ließ das Wasser stehen wie einen Damm. *14* Am Tag führte er sie mit einer Wolke, / die ganze Nacht mit einem Feuerschein. *15* Er spaltete Felsen in der Wüste, / aus Wasserfluten durften sie trinken. *16* Er ließ Bäche aus den Felsen kommen, / das Wasser floss in Strömen herab.

17 Doch sie hörten mit Sündigen nicht auf, / trotzten dem Höchsten in der Wüste. *18* Sie forderten Gott heraus / und verlangten Speise nach ihrem Geschmack. *19* Sie redeten gegen Gott und sagten: / »Ist Gott überhaupt imstande, / uns einen Tisch in der Wüste zu decken? *20* Den Felsen hat er zwar geschlagen, / es floss auch Wasser heraus, / die Bäche strömten. / Aber kann er uns auch Brot besorgen, / kann er Fleisch verschaffen seinem Volk?« *21* Als Jahwe das hörte, wurde er zornig. / Feuer flammte gegen Jakob auf, / ja,

---

78,2 Wird im Neuen Testament in Matthäus 13,35 zitiert.

78,9 *Efraïm.* Einflussreichster Stamm in Zentralisrael.

78,12 *Zoan* ist wahrscheinlich mit Tanis identisch, das im nordöstlichen Teil des Nildelta liegt.

Zorn stieg ihm gegen Israel hoch;
²² denn sie hatten ihrem Gott nicht
vertraut / und nicht auf seine Hilfe
gebaut.

²³ Trotzdem gab er den Wolken
Befehl / und öffnete die Tore des
Himmels. ²⁴ Er ließ Manna auf sie
regnen zur Speise, / er gab ihnen das
Korn des Himmels.* ²⁵ Sie alle aßen
das Brot der Engel, / und Gott
machte sie alle satt. ²⁶ Am Himmel
setzte er den Ostwind frei / und
zwang den Südwind heran. ²⁷ Dann
ließ er Fleisch auf sie regnen wie
Staub / und Vögel wie den Sand am
Meer. ²⁸ Mitten ins Lager ließ er sie
einfallen, / rings um Israels Zelte.
²⁹ Da aßen sie und wurden völlig
satt. / Er brachte ihnen, was sie verlangten. ³⁰ Doch ihre Gier war noch
nicht gestillt, / noch war die Speise
in ihrem Mund, / ³¹ da wurde Gott
zornig über sie. / Er streckte ihre
Stattlichsten nieder / und brachte die
jungen Männer Israels um.

³² Aber trotzdem sündigten sie
weiter / und vertrauten seinen
Wundern nicht. ³³ Da nahm er ihrem
Leben den Sinn / und ließ ihre Jahre
in Schrecken vergehen. ³⁴ Immer,
wenn er tötete, fragten sie nach
ihm; / dann kehrten sie um und
suchten nach Gott. ³⁵ Dann dachten
sie, er sei doch ihr Fels, / Gott, der

Höchste, sei ihr Befreier. ³⁶ Doch sie
betrogen ihn mit ihrem Mund / und
belogen ihn mit ihrer Zunge. ³⁷ Denn
ihr Herz war nicht fest bei ihm, / sie
blieben seinem Bund nicht treu.
³⁸ Trotzdem blieb er voll Erbarmen, /
vergab ihre Schuld und tötete sie
nicht. / Oft hielt er seinen Zorn im
Zaum / und ließ seinen Grimm nicht
erwachen. ³⁹ Er wusste ja, dass sie
vergänglich sind, / ein Hauch, der
verweht und nicht wiederkehrt.

⁴⁰ Wie oft haben sie ihm in der
Wüste getrotzt, / wie oft ihn in der
Öde gekränkt. ⁴¹ Immer wieder
versuchten sie Gott, / kränkten den
Heiligen Israels. ⁴² Sie dachten nicht
mehr an seine mächtigen Taten, / an
den Tag, als er sie vom Bedränger
befreite; ⁴³ als er seine Zeichen in
Ägypten setzte, / seine Wunder in
der Gegend von Zoan: ⁴⁴ Er
verwandelte all ihre Ströme in Blut, /
ungenießbar wurden ihre Bäche.
⁴⁵ Er schickte ihnen Fliegen, die sie
quälten; / Frösche verseuchten ihr
Land. ⁴⁶ Den Heuschrecken gab er
ihren Ernteertrag, / den Fressern*,
was sie erarbeitet hatten. ⁴⁷ Ihren
Weinstock zerschlug er mit Hagel, /
ihre Maulbeerfeigen mit dem Wetter-
sturz. ⁴⁸ Ihr Vieh gab er dem Hagel
preis / und ihre Herden den Blitzen.

⁴⁹ Er ließ seinen glühenden Zorn
auf sie los, / rasende Wut, furchtbare
Plagen, / eine Schar von Unheils-
engeln. ⁵⁰ Er ließ seinem Zorn freien
Lauf, / verschonte sie nicht vor dem
Tod, / sondern lieferte sie aus an die
Pest. ⁵¹ Jede Erstgeburt in Ägypten
tötete er, / die Erstlinge ihrer Kraft in
den Zelten Hams*. ⁵² Wie Schafe
führte er sein Volk weg, / wie eine

78,24 Wird im Neuen Testament von den
Juden zitiert: Johannes 6,31.

78,46 *Fresser.* Eine kriechende, noch ungeflügelte Heuschrecke.

78,51 *Ham* war der zweite Sohn Noahs (1.
Mose 9,18-19) und wird hier mit Ägypten
verknüpft.

Herde brachte er sie durch die Wüste. *53* Er führte sie sicher, dass sie nicht erschraken, / aber ihre Feinde bedeckte das Meer. *54* Er brachte sie in sein heiliges Land, / zu diesem Berg, den er erworben hatte. *55* Er vertrieb die Völker vor ihnen, / verteilte ihr Land unter sein Volk / und ließ in ihren Zelten die Stämme Israels wohnen.

56 Doch sie stellten Gott auf die Probe. / Sie trotzten dem Höchsten / und hielten sich nicht an seine Gebote. *57* Sie kehrten sich ab, verrieten ihn wie ihre Väter. / Wie ein kaputter Bogen schnellten sie herum. *58* Durch ihre Opferhöhen erbitterten sie ihn, / ihre Götzen reizten ihn zur Eifersucht. *59* Gott hörte es und ergrimmte / und verwarf Israel ganz. *60* Er gab seine Wohnung in Schilo auf*, / das Zelt, in dem er bei den Menschen wohnte. *61* Seine Kraft* gab er in Gefangenschaft, / seine Herrlichkeit in die Hand der Bedränger. *62* Sein Volk lieferte er dem Schwert aus, / so zornig war er über sein Erbe. *63* Seine jungen Männer fraß das Feuer, / den Mädchen sang keiner das Hochzeitslied. *64* Seine Priester fielen durch das Schwert, / seine Witwen konnten nicht mehr weinen.

65 Da erwachte der Herr, als hätte er geschlafen, / wie ein Held, der wieder nüchtern wird. *66* Er schlug seine Bedränger zurück, / bedeckte sie mit ewiger Schande. *67* Doch er verwarf die Nachkommen Josefs, / lehnte den Stamm Efraïm als Führer ab, *68* wählte aber den Stamm Juda aus / und den Zionsberg, den er liebte. *69* Wie Himmelshöhen baute

er sein Heiligtum, / wie die Erde, die er auf ewig gegründet hat. *70* Als seinen Diener wählte er David, / nahm ihn weg von den Pferchen der Schafe. *71* Von den Muttertieren holte er ihn weg, / dass er weiden sollte Jakob, sein Volk, / und Israel, sein Eigentum. *72* Mit redlichem Herzen sorgte David für sie / und führte sie mit kluger Hand.

Gebet in schwerer Not

79 *1 Ein Psalm für* Asaf.* Gott, Völker sind eingedrungen in deinen Besitz, / haben deinen heiligen Tempel geschändet / und Jerusalem zu einem Trümmerhaufen gemacht. *2* Die Leichen deiner Diener gaben sie den Vögeln zum Fraß, / das Fleisch deiner Frommen den wilden Tieren.

3 Sie haben ihr Blut wie Wasser vergossen / im ganzen Umkreis von Jerusalem. / Niemand war da, der die Toten begrub. *4* Unseren Nachbarn wurden wir zum Hohn. / Alle, die rings um uns wohnen, / lachen und spotten über uns. *5* Wie lange, Jahwe, willst du immerfort zürnen? / Wie lange noch lodert dein Eifer wie Feuer?

6 Lass deinen Zorn an den Völkern aus, / die dich nicht anerkannt haben, / an den Königreichen, / die deinen Namen nicht rufen. *7* Denn

---

78,60 Siehe Jeremia 7,12!

78,61 *Kraft, Herrlichkeit.* Gemeint ist die Bundeslade (1. Samuel 14,17-20).

79,1 *für.* Siehe Fußnote zu Psalm 74,1.

sie haben Jakob* gefressen / und sein Weideland verwüstet.

8 Rechne uns nicht die Schuld der Vorfahren an, / komm uns schnell mit Erbarmen entgegen, / denn wir sind völlig am Ende! 9 Hilf uns, Gott, unser Retter! / Die Ehre deines Namens steht auf dem Spiel. / Rette uns und bedecke unsere Sünden, / und bereite deinem Namen Ehre! 10 Warum dürfen die Völker sagen: / »Wo ist denn ihr Gott?« / Lass die Völker vor unseren Augen erkennen, / dass du das vergossene Blut deiner Diener rächst! 11 Lass vor dich kommen das Stöhnen des Gefangenen. / Mit deinem starken Arm erhalte die Todgeweihten! 12 Zahle unseren Nachbarn ihren Hohn zurück, / gib ihn siebenfach in ihren Schoß, Herr!

13 Wir sind doch dein Volk / und die Herde deiner Weide! / Wir wollen dich preisen für immer, / und von Generation zu Generation verkünden deinen Ruhm.

79,7 *Jakob.* Gemeint sind die Nachkommen Jakobs, also Israel.

80,1 *Lilien.* Hebräisch: Schoschannim. In Hohelied 2,1 beschreibt der Ausdruck die Anmut der Prinzessin. Hier ist wahrscheinlich die Art der Musik gemeint.

80,2 *Josef,* der Stammvater der Stämme Efraïm und Manasse, steht hier für ganz Israel.

Cherub (Mehrzahl: *Cherubim*): Majestätisches (Engel-)Wesen, das Gottes Herrlichkeit repräsentiert. Das einzige himmlische Wesen, das bildlich dargestellt werden durfte – im Tempel auf den Vorhängen und als Plastik über der Bundeslade.

Gebet für den verbrannten Weinstock

80 1 *Dem Chorleiter. Nach der Melodie »Lilien«*. Ein Zeugnis, ein Psalm von Asaf.*

2 Höre doch, du Hirte Israels, / der Josef* führt wie eine Herde! / Strahle hervor, / der über den Cherubim* thront! 3 Erscheine vor Efraïm, Benjamin und Manasse, / entfalte deine gewaltige Macht / und komm uns zu Hilfe! 4 Stell uns wieder her, Gott; / blick uns wieder freundlich an, / dann sind wir gerettet!

5 Jahwe, du allmächtiger Gott, / wie lange bist du noch zornig, / während doch dein Volk zu dir betet? 6 Du hast uns Tränenbrot zu essen gegeben / und becherweise Tränen zu trinken. 7 Du hast uns für unsere Nachbarn zum Zankapfel gemacht, / und unsere Feinde spotten über uns. 8 Stell uns wieder her, allmächtiger Gott; / blick uns wieder freundlich an, / dann sind wir gerettet!

9 Einen Weinstock grubst du in Ägypten aus, / vertriebst ganze Völker und pflanztest ihn ein. 10 Für ihn hast du den Boden freigemacht. / Er schlug Wurzeln und füllte das Land. 11 Die Berge wurden von seinem Schatten bedeckt, / ja selbst die mächtigen Zedern. 12 Seine Ranken streckte er aus bis ans Meer, / bis zum Euphrat seine Triebe.

13 Warum hast du seine Mauern eingerissen, / dass jeder Vorbeikommende ihn plündern kann? 14 Das Wildschwein aus dem Wald verwüstet ihn, / die wilden Tiere fressen ihn kahl. 15 Kehr doch zurück, allmächtiger Gott! / Blick vom

Himmel herab und sieh / und nimm dich dieses Weinstocks an! *16* Schütze ihn, den du selber pflanztest, / den Spross, der dir seine Kraft verdankt. *17* Schon haben sie ihn verstümmelt, mit Feuer versengt. / Doch wenn du ihnen drohst, kommen sie um. *18* Leg deine Hand auf den Mann an deiner Seite, / auf den Menschensohn, den du dir hast stark werden lassen. *19* Dann werden wir nie mehr von dir weichen. / Erhalte uns am Leben, dass wir dich anrufen können! *20* Stell uns wieder her, / Jahwe, allmächtiger Gott; / blick uns wieder freundlich an, / dann sind wir gerettet!

Zum Laubhüttenfest

81 *1 Dem Chorleiter. Nach dem Kelterlied. Von Asaf.*
2 Freut euch über Gott, unsere Stärke! / Jubelt dem Gott Jakobs zu! *3* Stimmt den Lobgesang an, und schlagt die Tamburine, / die milde Zither und die Harfe dazu. *4* Stoßt am Neumond ins Horn, / am Vollmond und zum Tag unseres Festes! *5* Denn das ist für Israel Vorschrift, / eine Verordnung von Jakobs Gott. *6* Diese Regel gab er Josefs Volk, / als er gegen Ägypten kämpfte. / Nun hörte ich eine Sprache, die ich nicht kannte: *7* Ich habe deine Schultern von der Last befreit, / dir den Tragkorb aus den Händen genommen. *8* Du riefst in deiner Not und ich befreite dich, / ich antwortete dir in Donnerwolken*. / Am Wasser von Meriba* prüfte ich dich. //
9 Hör mein Volk, ich muss dich warnen! / Wenn du doch hören würdest, Israel! *10* Es soll kein anderer Gott bei dir sein, / du darfst

keinen fremden Gott anbeten! *11* Ich bin Jahwe, dein Gott. / Ich habe dich aus dem Land Ägypten befreit. / Öffne deinen Mund weit, dass ich ihn füllen kann.
12 Aber mein Volk hat nicht auf mich gehört, / Israel wollte mich nicht. *13* Da überließ ich sie ihrer Starrköpfigkeit, / und sie folgten ihren eigenen Plänen. *14* Wenn mein Volk doch auf mich hörte! / Wenn Israel auf meinen Wegen blieb! *15* Wie bald würde ich ihre Feinde beugen, / mich gegen ihre Bedränger wenden. *16* Die Jahwe hassen, müssten ihm schmeicheln, / und ihre Zeit wäre für immer vorbei. *17* Doch Israel würde er speisen mit bestem Korn / und sättigen mit Honig aus dem Felsen.

Gericht über die Götter

82 *1 Ein Psalm. Von Asaf.*
Gott steht auf in der Götterversammlung*, / im Kreis der Götter hält er Gericht.
2 Wie lange noch wollt ihr ungerecht richten, / für Verbrecher Partei ergreifen? // *3* Schafft dem Geringen und dem Waisenkind Recht! / Verschafft Gerechtigkeit den Gebeugten und Armen! *4* Rettet den Geringen und Bedürftigen, / reißt ihn aus den Klauen seiner Unterdrücker!

81,8 Donnerwolken. Siehe 2. Mose 19,16-19!

Meriba. Siehe 2. Mose 17,1-7!

82,1 Götterversammlung. Im Alten Orient wurden manchmal auch menschliche Herrscher als Götter bezeichnet, siehe Fußnote zu 1. Mose 6,2. Es können aber auch die Himmelsmächte gemeint sein wie in Kolosser 1,16 oder Epheser 6,12.

5 Doch sie erkennen und verstehen nichts, / sie tappen im Dunkeln umher, / und die Fundamente der Welt kommen ins Wanken. 6 Ich sagte zwar:»Ihr seid Götter, / Söhne des Höchsten ihr alle!«* 7 Doch werdet ihr wie Menschen sterben / und fallen wie einer der Fürsten. 8 Steh bitte auf, Gott, und regiere die Erde, / denn dir sollen alle Völker gehören!

Gebet in Kriegsgefahr

83 1 *Ein Psalmlied von Asaf.* 2 Gott, bleib doch nicht stumm! / Schweige nicht und tue etwas, Gott! 3 Sieh doch, wie deine Feinde toben, / wie hoch deine Hasser den Kopf erheben! 4 Gegen dein Volk heckten sie listige Pläne aus, / gegen deine Schützlinge berieten sie sich.

82,6 Wird im Neuen Testament von Jesus Christus zitiert: Johannes10,34.

83,7 *Hagariter* meint eventuell die Nachkommen von Abrahams Sklavin Hagar, zu denen dann auch die Nachkommen ihres Sohnes Ismaël (Ismaëliten) gehörten. Der Stammesverband lebte östlich der von Israel bewohnten Gebiete im Ostjordanland.

83,8 *Gebal* meint die phönizische Stadt Byblos.

83,10 *Midian.* Vergleiche Richter 7!

Sisera und *Jabin.* Vergleiche Richter 4!

83,11 *En-Dor* lag etwa 10 km nordwestlich von Schunem und 5 km südlich vom Tabor. Heute: Endur.

83,12 *Oreb und Seeb.* Vergleiche Richter 7,23 - 8,3!

Zalmunna. Vergleiche Richter 8,4-21!

83,14 *Raddistel.* Vertrocknete und vom Wind verwirbelte Teile der Gundelia (ein Taumelkraut), die als große Bälle weit durch die Steppe getrieben werden konnten.

5 »Kommt!«, sagten sie,»Wir löschen Israel aus; / an dieses Volk soll niemand mehr denken!«

6 Ja, sie alle hielten einmütig Rat / und schlossen einen Bund gegen dich: 7 das ganze Edom und die Ismaëliten, / Moab und die Hagariter*, 8 Gebal*, Amalek und Ammon, / Philistäa samt den Bewohnern von Tyrus. 9 Auch Assyrien schloss sich ihnen an / und brachte den Nachkommen Lots Verstärkung. //

10 Schlage sie wie Midian* und Sisera, / wie Jabin* am Bach Kischon. 11 Sie wurden bei En-Dor*, vernichtet / und blieben als Dünger auf dem Feld. 12 Behandle ihre Edelleute wie Oreb und Seeb*, / ihre Fürsten wie Sebach und Zalmunna*, 13 sie alle, die beschlossen haben: »Wir wollen Gottes Land erobern!«

14 Mein Gott, mach sie einer Raddistel* gleich, / wie Spreu vor dem Wind. 15 Sei ihnen wie Feuer, das den Wald verbrennt, / wie eine Flamme, die die Berge versengt! 16 Verfolge sie mit deinem Sturm, / schrecke sie durch deinen Orkan.

17 Bedecke mit Schmach ihr Gesicht, / damit sie nach dir fragen, Jahwe! 18 Lass sie für immer beschämt und abgeschreckt sein, / lass sie zugrunde gehen in Schande! 19 Sie sollen erkennen, dass du allein, / der Jahwe heißt, / der Höchste in aller Welt bist.

Die Freude am Haus Gottes

84 1 *Dem Chorleiter. Nach der Weise der Keltertreter. Ein Psalm der Nachkommen Korachs.*

2 Wie liebenswert sind deine Wohnungen, / Jahwe, allmächtiger Gott! 3 Mein Inneres verzehrt sich in Sehnsucht / nach den Höfen im Tempel Jahwes. / Mit Leib und Seele jauchze ich dem lebendigen Gott zu.

4 Selbst der Vogel hat ein Haus gefunden, / die Schwalbe fand ein Nest für sich, / in das sie ihre Jungen legt: / deine Altäre, / Jahwe, Allmächtiger, / mein König und mein Gott. 5 Wie glücklich sind die, die in deinem Haus wohnen. / Immerzu loben sie dich! //

6 Wie glücklich sind die, deren Stärke in dir ist, / die sich zur Wallfahrt rüsten. 7 Wenn sie durchs Tränental ziehen, / wird es zum Quellort durch sie, / und der Frühregen hüllt es in Segen. 8 Mit jedem Schritt wächst ihre Kraft, / bis sie vor Gott in Zion erscheinen.

9 Jahwe, allmächtiger Gott, / höre mein Gebet! / Vernimm es bitte, Jakobs Gott! // 10 Blick freundlich auf unseren Schutz*, / schau auf das Gesicht deines Gesalbten! 11 Denn ein Tag in den Höfen des Tempels / ist besser als tausend, die ich erwählte. / Lieber an der Schwelle zum Haus meines Gottes stehen, / als in den Zelten des Unrechts wohnen! 12 Denn Jahwe, Gott, ist Sonne und Schild. / Jahwe schenkt Gnade und Ehre. / Denen, die in Aufrichtigkeit leben, / enthält er gar nichts Gutes vor. 13 Jahwe, Allmächtiger! / Glücklich der Mensch, der auf dich vertraut!

Bitte um neuen Segen

85 *1 Dem Chorleiter. Ein Psalm der Nachkommen Korachs.*

2 Jahwe, du hast Gefallen an deinem Land, / hast die Gefangenschaft Jakobs beendet. 3 Das Unrecht deines Volkes hast du vergeben / und alle seine Sünden zugedeckt. // 4 Du hast zurückgezogen deinen Zorn, / hast abgewendet seine schreckliche Glut.

5 Wende dich uns wieder zu, Gott unseres Heils! / Lass deinen Unmut gegen uns schwinden! 6 Willst du denn ewig auf uns zornig sein? / Wird dein Grimm denn nie zu Ende gehen? 7 Willst du uns nicht selbst wieder beleben, / damit dein Volk sich über dich freut? 8 Lass uns deine Gnade schauen, Jahwe, / und schenk uns wieder dein Heil!

9 Hören will ich, was Gott sagt, was Jahwe reden wird. / Gewiss spricht er vom Frieden für sein Volk / und für alle, die ihm gehorchen. / Doch sollen sie ihre Torheit nie wiederholen! 10 Gewiss ist sein Heil bei denen, die ihn fürchten, / damit Herrlichkeit in unserem Land wohnt.

11 Gnade und Wahrheit sind sich begegnet, / Gerechtigkeit und Friede küssen sich. 12 Die Treue sprießt aus der Erde hervor, / und die Gerechtigkeit schaut vom Himmel herab. 13 Jahwe wird Gelingen geben, / und unser Land bringt reichen Ertrag. 14 Gerechtigkeit geht vor ihm her / und bereitet seinen Füßen den Weg.

Hilferuf in großer Not

86 *1 Ein Gebet von David.* Höre mich, Jahwe, und antworte mir! / Denn ich bin elend

---

84,10 Schutz. Gemeint ist der König.

und arm. ² Bewahre mein Leben, ich gehör doch zu dir! / Hilf deinem Sklaven, der dir vertraut, du bist doch mein Gott! ³ Sei mir gnädig, mein Herr! / Zu dir ruf ich den ganzen Tag.

⁴ Herr, schenk deinem Sklaven wieder Freude! / Ich habe großes Verlangen, bei dir zu sein. ⁵ Denn du, Herr, bist gut und zum Vergeben bereit, / groß ist deine Gnade für alle, die zu dir rufen. ⁶ Jahwe, hör doch auf mein Gebet, / achte auf mein lautes Flehen! ⁷ Am Tag meiner Not ruf ich dich an, / denn du wirst mich erhören.

⁸ Keiner der Götter ist wie du, Herr, / und nichts kommt deinen Werken gleich. ⁹ Alle Völker, die du schufst, werden kommen / und dich anbeten, Herr, / und deinen Namen ehren. ¹⁰ Denn du bist groß und wundertätig, / du bist Gott, du allein!

¹¹ Lehr mich, Jahwe, deinen Weg: / Ich will leben in deiner Wahrheit! / Gib mir nur dieses eine Verlangen: / dich und deinen Namen zu fürchten! ¹² Von ganzem Herzen will ich dich preisen, / Herr, mein Gott, / und deinen Namen ewig ehren! ¹³ Denn deine Gnade ist groß über mir. / Aus der tiefsten Totenwelt hast du mein Leben gerissen.

¹⁴ Unverschämte Leute greifen mich an, Gott, / eine Bande von Gewalttätern will mir ans Leben. / Sie alle fragen nicht nach dir. ¹⁵ Aber du, mein Herr, bist Gott, barmherzig und gnädig, / sehr

geduldig und reich an Güte und Treue. ¹⁶ Wende dich mir zu und sei mir gnädig! / Schenk deinem Sklaven deine Kraft / und rette den Sohn deiner Magd. ¹⁷ Schenk mir ein Zeichen deiner Güte, / dass meine Hasser es sehen und sich schämen, / weil du, Jahwe, mir geholfen und mich getröstet hast.

Zion, von Gott geliebte Stadt

87 ¹ *Ein Psalmlied der Nachkommen Korachs.*
Seine Gründung liegt auf den heiligen Bergen. ² Jahwe liebt die Tore der Zionsstadt / noch mehr als alle Wohnstätten Jakobs*.

³ Herrliches wird von dir gesagt, du Gottesstadt! // ⁴ Ich rechne Ägypten und Babylon / zu denen, die mich kennen, / dann aber auch die Philister, die Tyrer und die Nubier, / von denen man sagt: Dieser ist dort geboren.

⁵ Doch von Zion wird man sagen: / Jeder hat das Heimatrecht in dir. / Und der Höchste befestigt die Stadt. ⁶ Wenn Jahwe alle Völker verzeichnet, schreibt er: / »Dieser hat in Zion Heimatrecht.« // ⁷ Singend und tanzend werden sie dann sagen: »Zion, in dir sind wir daheim!«*

Am Rand des Todes

88 ¹ *Ein Psalmlied der Nachkommen Korachs. Dem Chorleiter. Zu singen auf schwermütige Weise. Ein Lehrgedicht von Heman, dem Esrachiter.*
² Jahwe, Gott meines Heils, / Tag und Nacht schrei ich zu dir! ³ Lass mein Gebet zu dir kommen! /

87,2 *Jakobs.* Gemeint sind dessen Nachkommen, also Israel.

87,7 *daheim.* Wörtlich: Alle meine Quellen sind in dir!

Hör doch auf mein Rufen! *4* Mit Leid
bin ich gesättigt, / mein Leben ist
dem Tode nah.
5 Ich werde schon zu den Toten
gezählt. / Ich bin wie ein Mann
ohne Kraft. *6* Ich bin wie einer,
der schon im Massengrab liegt, /
ein Erschlagener, an den du nicht
mehr denkst. / Deine Hilfe erreicht
ihn nicht mehr. *7* Du hast mich
in die tiefste Grube gelegt, /
in die finstersten Tiefen.
8 Schwer liegt dein Zorn auf mir, /
mit all deinen Wogen drückst du
mich nieder. // *9* Meine Freunde hast
du von mir entfernt, / sie wenden
sich mit Abscheu von mir ab. / Ich
bin gefangen und kann nicht heraus.
10 Meine Augen vergehen vor Elend.
Jeden Tag rufe ich zu dir, Jahwe, /
und strecke meine Hände nach dir
aus. *11* Wirst du an den Toten
Wunder tun? / Sollen die
Gestorbenen dich preisen? //
12 Wird man im Grab von deiner
Gnade erzählen, / im Abgrund von
deiner Treue? *13* Werden in der
Finsternis deine Wunder bekannt, /
und deine Gerechtigkeit im Land
des Vergessens?
14 Ich aber, Jahwe, ich schreie zu
dir. / Jeden Morgen empfängt dich
mein Gebet. *15* Warum, Jahwe,
verabscheust du mich, / verbirgst du
dein Gesicht vor mir? *16* Elend und
todkrank von Jugend auf / trage ich
erstarrt deine Schrecken.
17 Wie ein Feuer rast dein Zorn
über mich hin, / deine Schrecken
vernichten mich. *18* Wie tödliche
Fluten dringen sie auf mich ein, /
von allen Seiten bedrohen sie mich.
19 Freunde und Nachbarn hast du

mir entfremdet, / mein einziger
Begleiter ist die Finsternis.

Hat Gott das Haus Davids verworfen?

89 *1 Ein Lehrgedicht von Etan, dem Esrachiter.*
2 Von den Gnadentaten Jahwes will
ich ewig singen, / mein Mund soll
den Generationen deine Treue
verkünden! *3* Ja, ich sage:»Deine
Gnade ist auf ewig gebaut, / deine
Treue steht fest wie der Himmel!«
4 Ich schloss einen Bund mit meinem
Erwählten / und schwor meinem
Diener David: *5* »Deinen Nachkommen gebe ich ewigen Bestand; /
für immer wird dein Königshaus
bestehen!« //
6 Der Himmel preist deine Wunder,
Jahwe, / die Versammlung der
Engel* deine Treue. *7* Wer über den
Wolken ist so wie Jahwe, / wer von
den Göttern gleicht ihm? *8* Gott ist
gefürchtet im himmlischen Rat; /
Ehrfurcht packt alle, die rings um ihn
sind. *9* Jahwe, allmächtiger Gott, wer
ist wie du? / Mächtig bist du, Jahwe,
und deine Treue ist rings um dich her.
10 Du beherrschst das Ungestüm
des Meeres, / wenn seine Wellen
toben, stillst du sie. *11* Du hast
Ägypten wie einen Durchbohrten
zertreten, / mit starkem Arm hast du
deine Feinde zerstreut. *12* Dir gehört
der Himmel, / du besitzt auch die
Erde. / Du schufst die Welt und alles,
was sie erfüllt.

89,6 *Engel.* Wörtlich: der Heiligen. Gemeint
ist auf jeden Fall eine himmlische Versammlung. Siehe Psalm 82,1!

13 Norden und Süden hast du gemacht, / Tabor* und Hermon* jubeln dir zu. 14 Dein ist der Arm mit gewaltiger Kraft, / dein die siegreich erhobene Hand. 15 Gerechtigkeit und Recht stützen deinen Thron, / Gnade und Wahrheit gehen her vor dir . 16 Wie glücklich ist das Volk, das den Festjubel kennt! / Sie leben im Licht deiner Nähe. 17 In deinem Namen freuen sie sich jeden Tag, / in deiner Gerechtigkeit richten sie sich auf. 18 Denn der Ruhm ihrer Stärke bist du, / und durch deine Gunst vermehrst du unsere Kraft. 19 Denn unser König gehört Jahwe, / unser Schild Israels heiligem Gott.

20 Damals sprachst du in einer Vision, / du sagtest zu denen, die dich lieben: / Einen Helden habe ich zum Helfer gemacht, / einen Erwählten erhöht aus dem Volk. 21 Ich habe meinen Diener David gefunden / und ihn mit heiligem Öl zum König gesalbt. 22 Ich halte ihn immer fest / und stärke ihn durch meine Macht. 23 Kein Feind soll ihn bedrängen, / kein Aufrührer ihn bezwingen. 24 Seine Bedränger zerschlag ich vor ihm, / und die ihn hassen, stoße ich nieder. 25 Meine Treue und Gnade sind ihm sicher, / und durch meinen Namen wächst seine Macht. 26 Ihm unterwerfe ich das Meer / und auch die großen Ströme.

27 Er wird zu mir sagen: »Du bist mein Vater, / du bist mein Rettungsfelsen und mein Gott!« 28 Ich mache ihn zum erstgeborenen Sohn, / zum größten aller Könige der Erde. 29 Meine Gnade will ich ihm ewig bewahren, / ich stehe zu meinem Bund mit ihm. 30 Sein Geschlecht bleibt für immer eingesetzt / und sein Thron, solange der Himmel besteht. 31 Wenn seine Söhne meine Weisung verlassen / und nicht nach meinen Rechten leben, 32 wenn sie meine Gesetze entweihen / und meine Gebote nicht halten, 33 dann bestrafe ich ihr Vergehen mit dem Stock, / ihre Ungerechtigkeit mit Schlägen. 34 Aber meine Gnade entziehe ich ihm nicht, / und meine Treue verleugne ich nicht. 35 Ich werde meinen Bund nicht entweihen, / meine Zusagen ändere ich nicht. 36 Einmal schwor ich bei meiner Heiligkeit:»Ich werde David niemals belügen. 37 Sein Geschlecht soll ewig bestehen. / Sein Thron sei beständig wie die Sonne, 38 er stehe ewig fest wie der Mond. / Denn dieser Zeuge in den Wolken ist treu.«//

39 Und doch hast du verstoßen und verworfen; / du wurdest zornig auf deinen Gesalbten, 40 hast den Bund mit deinem Diener widerrufen, / seine Krone in den Schmutz getreten. 41 All seine Mauern hast du eingerissen, / seine Burgen in Trümmer gelegt. 42 Alle, die vorbeikommen, plündern ihn aus. / Den Nachbarn dient er zum Gespött. 43 Seinen Bedrängern gabst du den Sieg, / alle seine Feinde hast du erfreut. 44 Sein Schwert hast du stumpf werden lassen, / ließest ihn im Kampf

---

89,13 *Tabor*. Kegelförmiger Berg 8 km östlich von dem späteren Nazaret gelegen, 588 m über N.N.

Hermon. Drei fast gleich hohe (über 2800 m) schneebedeckte Gipfel in Nordgaliläa.

nicht bestehen. *45* Seinem Glanz hast du ein Ende gemacht, / seinen Thron zu Boden gestürzt. *46* Du hast ihn vorzeitig alt werden lassen, / mit Schimpf und Schande ihn bedeckt. //

47 Wie lange noch, Jahwe, willst du dich ständig verbergen, / lodert dein Zorn noch wie Feuer? *48* Denk doch daran, wie vergänglich ich bin, / zu welcher Nichtigkeit du die Menschen erschufst! *49* Wo ist der Mann, der unsterblich ist, / der sein Leben aus der Macht des Todes befreit? //

50 Herr, wo sind deine früheren Gnadenerweise, / die du David bei deiner Treue geschworen hast? *51* Herr, denk doch daran, wie man deine Diener beschimpft, / wie ich es von den vielen Völkern ertrug, *52* wie deine Feinde höhnten, Jahwe, / wie sie deinen Gesalbten auf Schritt und Tritt verlachten.

53 Gepriesen sei Jahwe für immer! Amen*, ja, Amen!

Viertes Buch

Vergänglichkeit

90 *1 Ein Gebet von Mose, dem Mann Gottes.*

Herr, du selbst warst unsere Wohnung in jeder Generation. *2* Noch ehe die Berge geboren waren / und die ganze Welt in Wehen lag, / warst du, Gott, da / und bleibst in alle Ewigkeit.

3 Du führst die Menschen zum Staub zurück / und sprichst: »Kehrt wieder, Adamskinder!« *4* Denn tausend Jahre sind für dich / wie der Tag, der gestern verging, / wie eine Wache in der Nacht*.

5 Du schwemmst sie hinweg, es ist wie ein Schlaf; / und am Morgen sprießen sie auf wie das Gras. *6* Am Morgen blüht und wächst es auf, / am Abend ist es welk und verdorrt.

7 Durch deinen Zorn vergehen wir, / durch deinen Grimm sind wir bestürzt. *8* Unsere Sünden liegen offen vor dir; / was wir verborgen haben, bringst du ans Licht.

9 Dein Zorn lässt unsere Tage verrinnen, / lässt unsere Jahre wie einen Seufzer vergehn. *10* Unser Leben dauert nur siebzig Jahre, / achtzig, wenn es voll Kraft war. / Und das meiste davon war nur Mühe und Last. / Schnell geht es vorbei, und schon fliegt es davon.

11 Wer kennt denn die Macht deines furchtbaren Zorns, / wer nimmt sich das wirklich zu Herzen? *12* So lehre uns doch, unsere Tage zu zählen, / dass Weisheit in unser Herz einzieht.

13 Kehr zurück, Jahwe! Wie lange noch? / Hab doch Erbarmen mit uns,

---

89,53 *Amen.* Hebräisch: *Es werde wahr!* Oder: *So sei es!*

90,4 *Wache in der Nacht.* In Israel teilte man die Nacht in drei Wachen zu je vier Stunden ein.

deinen Sklaven. *14* Mach uns schon am Morgen mit deiner Gnade satt, / dann sind unsere Tage von Freude und Jubel erfüllt. *15* Erfreue uns so viele Tage, wie du uns gebeugt hast, / so viele Jahre, wie wir das Unglück sahen.

16 Lass an deinen Sklaven sichtbar werden dein Tun, / deine Herrlichkeit an deinen Kindern. *17* Herr, unser Gott, zeig uns deine Freundlichkeit, / lass unsre Arbeit nicht vergeblich sein, / ja, lass gelingen, was wir tun!

Unter dem Schutz des Höchsten

91 *1* Wer unter dem Schutz des Höchsten bleibt, / unter dem Schatten des Allmächtigen wohnt, *2* der sagt zu Jahwe: /»Meine Zuflucht und meine Burg, / mein Gott, auf den ich vertraue.«

3 Er bewahrt dich vor den Fallen, die man dir stellt, / vor der verderblichen Pest. *4* Mit seinen Schwingen behütet er dich, / unter seinen Flügeln findest du Schutz. / Seine Treue ist Schutzwehr und Schild. *5* Du musst dich nicht fürchten vor dem Schrecken der Nacht, / dem Pfeil, der dir am Tag entgegenfliegt, *6* der Seuche, die durchs Dunkel schleicht, / dem Fieber, das am Mittag glüht.

7 Auch wenn tausend neben dir fallen, / zehntausend rings um dich her, / zu dir wird es nicht kommen. *8* Du siehst es noch mit eigenen Augen, / wie er es den Gottlosen heimzahlt.

9 »Ja, du Jahwe, bist meine Zuflucht!« / Den Höchsten hast du zu deiner Schutzwehr gemacht. *10* Darum wird dir nichts Böses geschehen / und kein Unheil kommt in dein Haus.

11 Denn er schickt seine Engel für dich aus, / um dich zu beschützen, wohin du auch gehst. *12* Sie werden dich auf Händen tragen, / dass dein Fuß sich an keinem Stein stößt.* *13* Über Löwen und Kobras wirst du schreiten, / Junglöwen und Schlangen zertreten.

14 »Weil er an mir hängt, will ich ihn retten! / Weil er mich anerkennt, schütze ich ihn. *15* Wenn er mich ruft, antworte ich. / Wenn er in Not ist, steh ich ihm bei, / ich hol ihn heraus und verschaffe ihm Ehre. *16* Ich gebe ihm ein langes und erfülltes Leben / und zeige ihm mein Heil.«

Es ist gut, Gott zu danken

92 *1* *Ein Psalmlied für den Sabbattag.*

2 Wie schön ist es, Jahwe zu danken, / deinem Namen, du Höchster, zu singen, *3* am Morgen deine Güte zu rühmen / und deine Treue in den Nächten, *4* zur Harfe mit zehn Saiten / und zum Zitherklang.

5 Denn was du tust, macht mich froh, Jahwe, / ich juble über deine Taten. *6* Wie groß sind deine Werke, Jahwe! / Sehr tief sind deine Gedanken! *7* Ein dummer Mensch erkennt das nicht, / ein Narr wird nichts davon verstehen.

8 Wenn auch die Gottlosen wuchern wie Gras, / wenn auch Verbrecher gut gedeihen, / dann nur, damit man sie für immer vertilgt. *9* Doch du, Jahwe, / ewig stehst du über allen. *10* Ja, sieh doch deine Feinde, Jahwe, / sieh, deine Feinde kommen um! / Alle, die Böses tun, werden zerstreut.

91,12 Wird vom Teufel zitiert: Matthäus 4,6; Lukas 4,10-11.

11 Du hast mir die Kraft eines Wildstiers gegeben, / mit frischem Öl hast du mich gesalbt. 12 Ich werde mich laben am Sturz meiner Feinde, / an allen, die gegen mich stehen. 13 Der Gerechte sprosst wie die Palme, / schießt auf wie die Zeder auf dem Libanon.

14 Wer in Jahwes Haus eingepflanzt wurde, / wird sprießen in den Höfen unseres Gottes. 15 Noch im Alter tragen sie Frucht, / sind voller Saft und Kraft, 16 um zu verkünden, dass Jahwe gerecht ist, / mein Fels, an dem es nichts Unrechtes gibt.

Der ewige König

93 1 Jahwe ist König, / mit Hoheit umhüllt! / Jahwe hat sich bekleidet / und sich umgürtet mit Kraft! / Ja, fest steht die Welt, / sie stürzt nicht zusammen. 2 Dein Thron steht fest von Anbeginn, / von Ewigkeit her bist du.

3 Es erhoben die Fluten, Jahwe, / es erhoben die Fluten ihr Toben, / es erhoben die Fluten ihr Klatschen. 4 Mehr als das Tosen gewaltiger Fluten, / wuchtiger als die Brandung am Meer / ist Jahwe, der Herr, in der Höhe.

5 Was du bezeugst, hat sich völlig bewährt. / Heiligkeit gebührt deinem Haus, / Jahwe, für alle kommenden Zeiten.

Recht muss doch Recht bleiben!

94 1 Du Gott der Vergeltung, Jahwe, / Gott der Rache, strahle hervor! 2 Greif ein, du Richter der Erde, / zahl den Stolzen ihre Taten zurück! 3 Wie lange noch, Jahwe, sollen die Frevler, / wie lange noch sollen die Gottlosen jubeln? 4 Sie sprudeln über, reden frech, / die Bösartigen überheben sich stolz. 5 Sie zertreten dein Volk, Jahwe, / sie bedrücken, was dir gehört. 6 Die Witwe und den Fremden bringen sie um, / die Verwaisten morden sie hin. 7 »Jah sieht es nicht«, sagen sie, / »der Gott Jakobs merkt es nicht.«

8 Ihr Dummen im Volk, merkt endlich auf! / Wann werdet ihr Schwachköpfe nur klug? 9 Der das Ohr gemacht hat, sollte der nicht hören? / Der das Auge schuf, sollte der nicht sehen? 10 Der die Völker erzieht, sollte der nicht tadeln, / er, der den Menschen Erkenntnis beibringt? 11 Jahwe kennt die Pläne der Menschen, / er weiß, sie sind nur Dunst.*

12 Wie glücklich ist der, den du erziehst, Jah, / den du belehrst aus deinem Gesetz. 13 Das schafft ihm Ruhe vor den bösen Tagen, / bis man dem Frevler die Grube aushebt. 14 Jahwe gibt sein Volk gewiss nicht preis, / er wird nicht verlassen, was ihm gehört. 15 Bald kehrt das Recht zur Gerechtigkeit zurück, / und alle Aufrichtigen folgen ihm nach.

16 Wer hilft mir gegen die Verbrecher? / Wer steht mir gegen die Boshaften bei? 17 Hätte Jahwe mir nicht geholfen, / wohnte ich schon in der Stille der Toten. 18 Wann immer ich sagte: »Jetzt falle ich hin!«, / da stützte mich deine Gnade, Jahwe. 19 War mir das Herz von Sorgen schwer, / dann liebkoste dein Trost meine Seele.

94,11 Wird im Neuen Testament von Paulus zitiert: 1. Korinther 3,20.

20 Kann der ungerechte Richter mit dir verbündet sein, / der Unheil schafft gegen dein Gesetz? 21 Nein, sie verbünden sich gegen den, der gottrecht lebt, / unschuldige Menschen verurteilen sie. 22 Da wurde Jahwe mir zur Burg, / mein Gott zum Fels meiner Zuflucht. 23 Er zahlt ihnen ihre Verbrechen heim, / er rottet sie in ihrer Bosheit aus. / Jahwe, unser Gott, vernichtet sie.

Anbetung und Gehorsam

95 1 Kommt, lasst uns jubeln vor Jahwe / und uns freuen am Fels unseres Heils! 2 Wir wollen vor ihn treten mit Lob, / ihm zujubeln mit Psalmen.

3 Denn ein mächtiger Gott ist Jahwe, / ein großer König, über alle Götter. 4 Ihm gehören die Tiefen der Erde, / die Höhen der Berge sind ebenfalls sein. 5 Sein ist das Meer, denn er hat es gemacht, / und das Festland ist von seinen Händen geformt.

6 Kommt, lasst uns anbeten, / uns neigen vor ihm! / Lasst uns vor Jahwe knien, / der uns erschuf! 7 Denn er ist unser Gott, / und wir sind sein Volk. / Er führt uns wie eine Herde / und sorgt für uns wie ein Hirt.

Und wenn ihr heute seine Stimme hört, 8 verschließt euch seinem Reden nicht / wie damals in Massa in der Wüste, / am Tag von Meriba*. 9 Mich hatten sie dort auf die Probe gestellt! /

Mich haben eure Väter versucht / und sahen meine Taten doch selbst.

10 Vierzig Jahre lang ekelte mich dieses Geschlecht. / »Sie sind ein Volk, dessen Herz sich verirrt«, sagte ich, / »denn meine Wege kennen sie nicht.« 11 So habe ich geschworen in meinem Zorn: / »Die kommen nie zur Ruhe in meinem Land!«*

Der Schöpfer und Richter der Welt

96 1 Singt Jahwe ein neues Lied, / singe Jahwe, ganze Erde! 2 Singt Jahwe, preist seinen Namen, / verkündet seine Rettung jeden Tag! 3 Erzählt bei den Völkern von seiner Herrlichkeit, / von seinen Wundern bei allen Nationen!

4 Denn Jahwe ist groß und sehr zu loben, / zu fürchten mehr als alle Götter. 5 Denn alle Götter der Völker sind Nichtse, / doch Jahwe hat den Himmel gemacht. 6 Macht und Hoheit strahlt er aus, / Pracht und Herrlichkeit in seinem Heiligtum.

7 Gebt Jahwe, ihr Völkerstämme, / gebt Jahwe Ehre und Macht! 8 Gebt ihm seines Namens Herrlichkeit! / Kommt in seine Höfe mit Opfern. 9 Huldigt Jahwe in heiliger Pracht! / Die ganze Welt erzittere vor ihm!

10 Sagt den Völkern: »Jahwe ist König!« / Darum steht die Erde fest und wankt nicht. / Er wird den Völkern ein gerechter Richter sein. 11 Der Himmel freue sich, es jauchze die Erde! / Es tose das Meer und was es erfüllt! 12 Es jauchze das Feld und alles darauf!

Auch die Bäume im Wald sollen jubeln 13 vor Jahwe, wenn er kommt! / Denn er kommt, um die Erde zu

---

95,8 *Massa ... Meriba.* Hebräisch: *Streit* und *Test*, vergleiche 2. Mose 17,7.

95,11 Die Verse 7-11 werden im Neuen Testament zitiert: Hebräer 3,7-11.

richten. / Mit Gerechtigkeit regiert er die Welt, / mit Wahrheit alle Völker.

Der Herrscher der Welt

97 [1] Jahwe ist König! / Die Erde soll jubeln! / Die vielen Küstenländer freuen sich! [2] Gewölk und Wetterdunkel umgeben ihn, / auf Recht und Gerechtigkeit steht sein Thron. [3] Feuer geht vor ihm her / und verzehrt all seine Feinde.

[4] Seine Blitze erleuchten die Welt, / die Erde sieht es und zittert. [5] Die Berge zerfließen wie Wachs vor Jahwe, / vor dem Herrscher der ganzen Erde. [6] Seine Gerechtigkeit wird vom Himmel bezeugt / und seine Wahrheit von allen Völkern gesehen.

[7] Alle Bildanbeter werden sich schämen, / die, die sich der Nichtse rühmten. / Alle Götter, werft euch nieder vor ihm! [8] Zion hörte es und freute sich; / die Töchter Judas jubelten, / Jahwe, über deine Gerichte. [9] Denn in der ganzen Welt bist du der Höchste, Jahwe. / Du stehst sehr viel höher als alle Götter.

[10] Die ihr Jahwe liebt, hasst das Böse! / Er ist ein Beschützer seiner Frommen, / aus der Gewalt der Bösen rettet er sie. [11] Ein Licht erstrahlt dem Gerechten, / Freude den aufrichtigen Herzen. [12] Freut euch an Jahwe, ihr Gerechten, / und denkt voller Dank an seine Heiligkeit.

Der königliche Richter der Welt

98 [1] Ein Psalm.
Singt Jahwe ein neues Lied, / denn er hat Wunder getan. / Seine Rechte errang ihm den Sieg. / Ja, Sieg errang sein heiliger Arm!

[2] Sein Heil hat Jahwe den Völkern gezeigt, / seine Gerechtigkeit allen enthüllt. [3] Er dachte an sein Versprechen, / an seine Treue zu seinem Volk. / Nun ist bekannt bis ans Ende der Welt, / dass unser Gott uns befreit.

[4] Jubelt Jahwe, alle Welt! / Singt und spielt auf! [5] Lobsingt Jahwe zum Saitenspiel, / mit Harfe und frohem Gesang! [6] Trompeten und Hörner sollen erklingen! / Jauchzt vor Jahwe, dem König!

[7] Es brause das Meer und was es erfüllt, / die Erde und was auf ihr lebt! [8] Die Ströme klatschen in die Hände, / und die Berge jubeln im Chor [9] – vor Jahwe! Denn er kommt und richtet die Welt. / Er richtet den Erdkreis gerecht, / die Völker unparteiisch und wahr.

Der heilige Gott

99 [1] Jahwe ist König – es zittern die Völker, / er thront über Cherubim – es bebt die Erde. [2] Groß ist Jahwe in der Zionsstadt, / über allen Völkern erhaben. [3] Sie sollen deinen Namen loben, / den großen, Furcht gebietenden / – geheiligt ist er –, [4] und die Macht des Königs, der das Recht liebhat! / Du hast Ordnungen festgesetzt, / Recht und Gerechtigkeit in Israel; / du, du hast sie gewirkt.

[5] Rühmt Jahwe, unseren Gott, / fallt nieder am Schemel seiner Füße! / Heilig ist er.

[6] Mose und Aaron von seinen Priestern, / Samuel von denen, die zu ihm rufen, / sie riefen Jahwe an und er antwortete immer. [7] Aus der Wolkensäule sprach er zu ihnen. / Sie hielten seine Gebote, / die

Ordnung, die er ihnen gab. *8* Jahwe, unser Gott, du erhörtest sie; / du warst ihnen ein vergebender Gott, / doch auch ein Rächer ihrer Taten.

9 Rühmt Jahwe, unseren Gott, / fallt an seinem heiligen Berg nieder; / denn heilig ist Jahwe, unser Gott!

Lobt unseren Gott!

100
1 Ein Psalm für die Dankopferfeier.
Jauchzet Jahwe alle Welt! *2* Dient Jahwe mit Freude! / Kommt mit Jubel zu ihm! *3* Erkennt es: Nur Jahwe ist Gott! / Er hat uns geschaffen, sein sind wir, / sein Volk und die Herde auf seiner Weide. *4* Geht durch die Tempeltore mit Dank, / kommt mit Lobgesang in seine Höfe. / Dankt ihm, preist seinen Namen! *5* Denn Jahwe ist gut; / ewig bleibt seine Gnade, / seine Treue für alle Generationen.

Gelöbnis des Königs

101
1 Von David. Ein Psalm. Von Gnade und Recht will ich singen, / dir, Jahwe, musiziere ich. *2* Ich will einsichtig handeln auf redlichem Weg. / Wann kommst du zu mir? / Mit redlichem Herzen will ich leben, / auch in Familie und Haus! *3* Keine unheilvollen Dinge / stell ich mir vor Augen. / Ich hasse es, Gebote zu übertreten. / So etwas soll nicht an mir kleben! *4* Falschheit sei meinem Herzen fern, / ich will das Böse nicht kennen.

5 Wer seinen Nächsten heimlich verleumdet, / den mache ich stumm. / Wer stolz und überheblich

---

Psalm 102 ist der fünfte der sieben Bußpsalmen.

auf andere blickt, / den will ich nicht dulden. *6* Ich sehe auf die Treuen im Land, / dass sie bei mir wohnen. / Wer auf rechten Wegen geht, / der darf mir dienen. *7* Wer andere betrügt, / hat keinen Platz in meinem Haus. / Wer Lügen ausspricht, / muss mir aus den Augen.

8 Morgen für Morgen bring ich zum Schweigen / all die Gottlosen im Land. / In Jahwes Stadt rotte ich / alle, die das Böse tun, aus.

Gebet eines Unglücklichen*

102
1 Gebet eines Unglücklichen, wenn er seine verzweifelte Klage vor Jahwe ausgießt.
2 Jahwe, hör mein Gebet! / Lass mein Schreien vor dich kommen! *3* Verbirg dein Gesicht nicht vor mir, / wenn ich in Bedrängnis bin! / Hör mir doch zu, wenn ich rufe! / Bitte erhöre mich bald!

4 Meine Tage gehen auf in Rauch, / mein Körper glüht wie ein Ofen. *5* Wie Gras ist mein Herz gemäht und verdorrt, / denn das Essen ist mir vergangen *6* vor lauter Stöhnen. / Ich bin nur noch Haut und Knochen.

7 Dem Nachtkauz in der Wüste gleiche ich, / der Eule, die in Ruinen haust. *8* Ich liege wach und fühle mich / wie ein einsamer Vogel auf dem Dach. *9* Den ganzen Tag haben mich meine Feinde geschmäht. / Und die mich verspotten, nutzen meinen Namen zum Fluch.

10 Ja, Staub habe ich wie Brot gegessen / und meinen Trank mit Tränen gemischt, *11* denn dein furchtbarer Zorn hat mich getroffen. / Du hast mich gepackt und zu Boden geschmettert. *12* Meine Tage strecken sich wie Schatten, / ich verdorre wie das Gras.

13 Doch du, Jahwe, du thronst für immer, / deinen Namen kennt jede Generation. 14 Du wirst dich erheben und dich Zions erbarmen, / wenn es Zeit ist, ihm gnädig zu sein, / wenn die rechte Zeit gekommen ist. 15 Denn deine Sklaven lieben ihre Steine, / haben Mitleid mit ihrem Schutt.

16 Dann werden die Völker den Namen Jahwes fürchten, / die Herrscher der Erde deine Herrlichkeit; 17 wenn Jahwe Zion wieder aufgebaut hat, / wenn er sich gezeigt hat in Würde, 18 wenn er die Gebete der Verlassenen hört / und ihre Bitten nicht verschmäht.

19 Dies sei geschrieben für ein späteres Geschlecht. / Dann wird ein neu geschaffenes Volk Jah loben: 20 »Gewiss, Jahwe schaut herab aus heiliger Höhe, / vom Himmel hat er auf die Erde geblickt, 21 um das Stöhnen der Gefangenen zu hören, / sie zu retten vor dem sicheren Tod; 22 damit man Jahwes Namen in Zion verkündigt / und in Jerusalem sein Lob, 23 wenn die Völker sich alle versammeln, / die Königreiche ihm dienen.«

24 Auf dem Weg brach er meine Kraft, / er hat mein Leben verkürzt. 25 Darum bat ich ihn: »Nimm mich nicht weg in der Mitte des Lebens!« / Du selbst überdauerst die Generationen. 26 Einst hast du die Erde gegründet, / und der Himmel ist das Werk deiner Hand.

27 Sie werden vergehen, du aber bleibst, / sie werden zerfallen wie ein altes Kleid. / Wie ein Gewand wechselst du sie, / und sie werden verschwinden. 28 Du aber bleibst derselbe, / und deine Jahre enden nie.*

29 Die Kinder deiner Sklaven bleiben hier wohnen / und ihre Kinder werden vor dir gedeihen.

Das große Dankgebet

103

1 Von David.
Auf, meine Seele, preise Jahwe, / und alles in mir seinen heiligen Namen! 2 Auf, meine Seele, preise Jahwe, / und vergiss es nie, was er für dich tat. 3 Er vergibt dir all deine Schuld. / Er ist es, der all deine Krankheiten heilt, 4 der dein Leben vom Verderben erlöst, / dich mit Liebe und Erbarmen bedeckt, 5 der mit Gutem dein Alter sättigt / und wie beim Adler dein Jungsein wieder erschafft*.

6 Jahwe greift ein mit heilvollem Tun, / und allen Bedrückten schafft er ihr Recht. 7 Seine Pläne gab er Mose bekannt, / und Israel hat er die Taten gezeigt. 8 Jahwe ist barmherzig und mit Liebe erfüllt, / voll unendlicher Güte und großer Geduld. 9 Er klagt uns nicht in einem fort an, / die Vorwürfe trägt er uns nicht ewig nach. 10 Er straft uns nicht, wie wir es verdienten, / und unsere Untaten zahlt er nicht heim.

11 Denn so hoch der Himmel über der Erde steht, / so groß ist die Gnade für den, der Gott ehrt. 12 So

---

102,28 Die Verse 26-28 werden im Neuen Testament zitiert: Hebräer 1,10-12.

103,5 *wieder erschafft.* Der Adler diente sprichwörtlich als Symbol für Vitalität und Freiheit. Vielleicht ist dabei auch an die Mauser gedacht, die jährliche auffällige Erneuerung des Gefieders.

weit wie der Osten vom Westen entfernt ist, / so weit schafft er unsere Schuld von uns weg. 13 Wie sich ein Vater über Kinder erbarmt, / so erbarmt sich Jahwe über den, der ihn ehrt. 14 Er weiß ja, was für Gebilde wir sind; / er vergisst es nicht: Wir bestehen aus Staub.

15 Das Leben des Menschen ist wie das Gras, / es blüht wie eine Blume im Feld. 16 Die Glut aus der Wüste fegt über sie hin. / Schon ist sie weg, hinterlässt keine Spur. 17 Doch die Güte Jahwes hat ewig Bestand, / sie gilt auf immer für den, der ihn ehrt; / ja selbst seinen Kindern, dem neuen Geschlecht, 18 wenn sie den Bund halten, / das Gebotene tun.

19 Im Himmel hat Jahwe seinen Thron aufgestellt / und herrscht als der König über alles, was ist. 20 Auf, preist Jahwe, ihr Engel vor ihm, / ihr mächtigen Wesen, die ihr tut, was er sagt, / und gehorsam seine Befehle ausführt. 21 Ja, lobt Jahwe, ihr himmlischen Heere, / ihr seine Diener, die tun, was er will. 22 Ihr Geschöpfe des Herrn: Auf, preist Jahwe, / wo immer ihr lebt und er euch regiert! / Auch du, meine Seele, auf, preise Jahwe!

Lob des Schöpfers

104

1 Auf, meine Seele, preise Jahwe! / Jahwe, mein Gott, du bist sehr groß, / bekleidet mit Hoheit und Pracht. 2 Du, der das

Licht wie ein Tuch um sich schlingt, / den Himmel wie ein Zeltdach ausspannt; 3 der sich aus Wasser seine Kammern baut; / der Wolken zu seinen Wagen macht / und schwebt auf den Schwingen des Sturms; 4 der die Winde zu seinen Boten macht, / loderndes Feuer zu seinen Gehilfen.*

5 Er hat die Erde auf Fundamente gegründet, / bis in Ewigkeit kommt sie niemals ins Wanken. 6 Die Flut bedeckte sie wie ein Kleid, / das Wasser stand über den Bergen. 7 Vor deiner Zurechtweisung musste es fliehen, / deine Donnerstimme trieb es fort. 8 Da hoben sich die Berge, die Täler senkten sich / an den Ort, den du für sie bestimmt hast. 9 Du hast dem Wasser Grenzen gesetzt, / es darf sie nie überschreiten, / nie wieder wird es die Erde bedecken.

10 Du lässt Quellen entspringen, sie werden zu Bächen, / zwischen den Bergen fließen sie hin. 11 Wilde Tiere trinken aus ihnen, / die Wildesel löschen dort ihren Durst. 12 An diesen Bächen wohnen die Vögel, / aus dichtem Laub ertönt ihr Gesang. 13 Du tränkst die Berge aus deinen Kammern, / durch dein Wirken wird die Erde satt.

14 Gras lässt du sprossen für das Vieh, / Pflanzen für die Arbeit des Menschen. / So zieht er Nahrung aus der Erde 15 und Wein, der den Menschen erfreut, / Öl, mit dem er seinen Körper pflegt, / und Brot, mit dem er sich stärkt. 16 Gesättigt werden die Bäume Jahwes, / die von ihm gepflanzten Libanonzedern. 17 In ihnen nisten die Vögel. / Der Storch hat sein Haus in Zypressen*. 18 Die hohen Berge gehören dem Steinbock, /

104,4 Wird im Neuen Testament zitiert: Hebräer 1,7.

104,17 *Zypressen.* Schlanke, kegelförmige Nadelbäume, bis zu 50 m hoch.

dem Klippdachs* bieten die Felsen Schutz.

19 Er hat den Mond gemacht, um Zeiten zu bestimmen, / die Sonne, die ihren Untergang kennt. 20 Du lässt die Dunkelheit kommen, und es wird Nacht; / da regen sich alle Tiere im Wald. 21 Die Junglöwen brüllen nach Beute, / sie fordern ihre Speise von Gott. 22 Geht die Sonne auf, ziehen sie sich zurück / und suchen im Versteck ihr Lager. 23 Dann geht der Mensch an seine Arbeit / und tut seine Pflicht bis zum Abend.

24 Wie zahlreich sind deine Werke, Jahwe! / Du hast sie alle mit Weisheit gemacht. / Von deinen Geschöpfen ist die Erde erfüllt. 25 Da ist das Meer, groß und weit nach allen Seiten hin; / da wimmelt es von Leben, groß und klein und ohne Zahl. 26 Da ziehen Schiffe ihre Bahn, / auch der Leviatan, der Riesenfisch, / den du gebildet hast, um mit ihm zu spielen.

27 Sie alle, sie warten auf dich, / dass du ihnen ihre Speise gibst zur richtigen Zeit. 28 Du gibst ihnen, und sie sammeln sie ein. / Du öffnest deine Hand: Sie werden an guten Dingen satt. 29 Du verbirgst dein Gesicht: Sie werden verstört. / Du entziehst ihren Atem: Sie vergehen / und werden wieder zu Staub. 30 Du sendest deinen Lebensgeist: Sie werden geschaffen. / Du erneuerst das Gesicht der Erde.

31 Die Herrlichkeit Jahwes bleibe ewig! / Jahwe freue sich an seinen Werken! 32 Blickt er die Erde an, bebt sie; / berührt er die Berge, speien sie Rauch. 33 Mein Leben lang will ich Jahwe besingen, / will meinem Gott spielen, so lange ich bin. 34 Möge ihm gefallen, was ich ersinne, / denn ich selbst freue mich an Jahwe! 35 Mögen die Sünder von der Erde verschwinden / und die Gottlosen nicht mehr sein! / Auf, meine Seele, preise Jahwe! / Halleluja!*

Lob des Herrn der Geschichte

105 1 Preist Jahwe! Ruft aus seinen Namen, / macht den Völkern seine Taten bekannt! 2 Singt ihm, spielt ihm / und redet von all seinen Wundern! 3 Rühmt euch seines heiligen Namens! / Die ihn suchen, können sich freuen!

4 Fragt nach Jahwe und seiner Macht, / sucht seine Nähe zu aller Zeit! 5 Denkt an die Wunder, die er tat, / die Beweise seiner Macht und seine Rechtsentscheide. 6 Ihr Nachkommen seines Dieners Abraham, / ihr Söhne Jakobs, seine Erwählten: 7 Das ist Jahwe, unser Gott! / Seine Rechtsentscheide gelten in der ganzen Welt.

8 Niemals vergisst er seinen Bund / – sein Versprechen gilt tausend Generationen –, 9 den er mit Abraham schloss, / und seinen Eid mit Isaak. 10 Er gab ihn Jakob als Ordnung, / Israel als ewigen Bund. 11 Er sagte: Dir will ich das Land Kanaan geben / als Erbland, das euch zugeteilt ist.

12 Sie waren damals leicht zu zählen, / nur wenig Leute und

104,18 Der *Klippdachs* oder *Kapklippschliefer* ist ein hasengroßes Säugetier und in Syrien, Israel und ganz Afrika heimisch.

104,35 *Halleluja.* Hebräischer Jubelruf: »Lobt Jahwe!«, kommt im Alten Testament nur in den Psalmen vor.

Fremde dabei. *13* Sie zogen von einem Volk zum anderen, / von einem Reich zu einem anderen Volk. *14* Er erlaubte keinem Menschen, sie zu bedrücken, / ihretwegen wies er Könige zurecht: *15* »Tastet meine Gesalbten nicht an, / tut meinen Propheten nichts Böses!« *16* Dann brachte er eine Hungersnot über das Land, / entzog jeden Vorrat an Brot*. *17* Er schickte ihnen einen Mann voraus: / Josef wurde als Sklave verkauft. *18* Sie zwängten seine Füße in Fesseln, / Eisen umschloss seinen Hals, *19* bis eintraf, was er vorausgesagt hatte, / bis das Wort Jahwes seine Unschuld bewies.

20 Der König befahl, seine Fesseln zu lösen, / der Herrscher über Völker ließ ihn frei. *21* Er setzte ihn zum Herrn über sein Haus, / zum Herrscher über seinen ganzen Besitz, *22* um seine Oberen durch seinen Willen zu fesseln, / seine Ältesten Weisheit zu lehren. *23* Dann kam Israel nach Ägypten, / Jakob wurde Gast im Lande Hams.

24 Gott ließ sein Volk sehr fruchtbar sein, / machte es stärker als seine Bedränger. *25* Er änderte ihr Herz zum Hass gegen sein Volk, / sie begannen seine Diener zu täuschen. *26* Er schickte Mose, seinen Knecht, / und Aaron, den er sich

erwählte. *27* Sie taten die angekündigten Zeichen, / seine Machtbeweise im Land der Hamiten. *28* Er schickte Finsternis, machte es finster, / diesmal widersprachen sie nicht. *29* Er verwandelte ihre Gewässer in Blut, / ließ ihre Fische darin sterben. *30* Das Land wimmelte von Fröschen / bis in den Palast ihres Königs. *31* Auf seinen Befehl kam das Ungeziefer, / Stechmücken über das ganze Gebiet.

32 Er gab ihnen Hagel als Regen, / Blitze flammten über das Land. *33* Er schlug ihnen Rebe und Feige, / zerbrach die Bäume in ihrem Gebiet. *34* Er befahl: Da kamen Heuschreckenschwärme, / und ihre Larven waren ohne Zahl. *35* Sie fraßen alles Grün im Land, / sie fraßen alle Felder kahl.

36 Er erschlug alle Erstgeburt in ihrem Land, / die Ersten ihrer ganzen Manneskraft. *37* Dann führte er sie heraus, beladen mit Silber und Gold, / kein Strauchelnder war unter ihren Stämmen. *38* Ägypten war froh, als sie zogen, / denn die Angst vor ihnen hatte sie gepackt.

39 Er breitete eine Wolke als Decke aus, / ein Feuer, um die Nacht zu erleuchten. *40* Sie forderten; da ließ er Wachteln kommen / und sättigte sie mit Himmelsbrot. *41* Er öffnete den Felsen; da floss Wasser heraus. / Es lief wie ein Strom in die Wüste.

42 Ja, er dachte an sein heiliges Wort / und an seinen Diener Abraham. *43* Er führte sein Volk in Freude heraus, / in Jubel seine Erwählten. *44* Er gab ihnen die Länder der Völker, / sie erhielten den Ertrag fremder Arbeit, *45* damit sie seinen Ordnungen folgten / und seinen

---

105,16 *Vorrat an Brot.* Wörtlich: *zerbrach jeden Brotstab.* In die Mitte der Brotfladen wurde schon vor dem Backen mit dem Finger ein Loch gebohrt, sodass sie anschließend auf einen Stab gereiht aufbewahrt werden konnten.

Weisungen gehorchten. / Halleluja, preist Jahwe!

Gottes Güte – Israels Undank

106 *1* Halleluja, preist Jahwe! / Dankt Jahwe, denn er ist gut! / Seine Güte hört niemals auf. *2* Wer kann die Machttaten Jahwes nur nennen, / gebührend würdigen seinen Ruhm? *3* Wie glücklich sind die, die sich halten ans Recht, / die jederzeit tun, was er will! *4* Denk an mich, Jahwe, wenn du deinem Volk deine Zuneigung zeigst! / Komm mit deiner Hilfe dann auch zu mir, *5* damit ich das Glück der Erwählten sehe, / die Freude deiner Nation, / und juble mit allen, die dir gehorchen.

6 Wir haben gesündigt samt unseren Vätern; / wir haben uns vergangen, sind gottlos gewesen. *7* Unsere Väter in Ägypten begriffen deine Wunder nicht, / sie vergaßen die vielen Beweise deiner Gnade. / Schon am Schilfmeer widerstrebten sie dir. *8* Wegen seines Namens rettete er sie, / um seine Macht zu demonstrieren. *9* Er bedrohte das Schilfmeer, da wurde es trocken. / Er führte sie durch die Fluten wie auf einem Wüstenboden. *10* Er rettete sie aus der Gewalt des Hassers, / erlöste sie aus Feindes Hand. *11* Das Wasser bedeckte ihre Bedränger, / nicht einer von ihnen blieb übrig. *12* Da vertrauten sie seinen Worten, / besangen wiederholt seinen Ruhm. *13* Doch schnell vergaßen sie seine Taten, / warteten nicht auf seinen Rat. *14* Sie gierten begehrlich in der Wüste, / versuchten Gott in der Öde. *15* Da gab er ihnen, was sie verlangten –

und schickte Magersucht in ihre Seele.

16 Sie empörten sich gegen Mose im Lager, / gegen Aaron, den Heiligen Jahwes. *17* Da wurde Datan von der Erde verschlungen, / die Gruppe Abirams von Erdreich bedeckt. *18* Feuer flammte auf in ihrer Gruppe / und verzehrte die rebellische Horde. *19* Sie machten ein Stierkalb am Horeb, / beugten sich vor einem gegossenen Bild. *20* Sie vertauschten ihre Herrlichkeit / mit dem Bild eines Gras fressenden Rinds. *21* Sie vergaßen Gott, ihren Retter, / seine großen Taten in Ägypten, *22* seine Wunder im Land der Nachkommen Hams, / sein Furcht gebietendes Tun am Schilfmeer. *23* Jetzt sprach er davon, sie auszurotten, / wäre da nicht Mose gewesen, sein Erwählter. / Der trat in die Bresche vor ihm, / um abzuwenden seinen lodernden Zorn, / sodass sie nicht ausgelöscht wurden.

24 Dann verschmähten sie das herrliche Land, / denn sie glaubten seinem Wort nicht. *25* Sie murrten in ihren Zelten, / hörten nicht auf die Stimme Jahwes. *26* Da schwor er mit erhobener Hand, / sie in der Wüste niederzustrecken *27* und ihre Nachkommen in alle Welt zu zerstreuen, / sie zu zersprengen unter die Länder. *28* Sie hängten sich an Baal-Peor* / und aßen die Opfer von toten Götzen. *29* Sie reizten ihn zum Zorn mit ihrem

---

106,28 *Baal-Peor.* Der Peor ist ein Berg in Moab, von dem aus man über das Jordantal blicken konnte. Auf seinem Gipfel befand sich vermutlich ein Baals-Heiligtum.

Tun, / und plötzlich kam das Unheil über sie. ³⁰ Da trat Pinhas vor und übte Gericht, / so kam die Plage zum Stillstand. ³¹ Das wurde ihm als Gerechtigkeit angerechnet, / auch seinen Nachkommen für alle Zeit. ³² Am Wasser von Meriba erregten sie seinen Zorn, / und Mose ging es übel ihretwegen. ³³ Sie hatten ihn so sehr gereizt, / dass er sich zu unbedachten Worten hinreißen ließ. ³⁴ Sie rotteten die Völker nicht aus, / die Jahwe ihnen genannt hatte. ³⁵ Sie vermischten sich mit ihnen / und nahmen ihre Gebräuche an. ³⁶ Sie dienten ihren Götzen, / und die wurden ihnen zur Falle. ³⁷ Sie opferten ihre Söhne / und ihre Töchter den Dämonen. ³⁸ Sie vergossen unschuldiges Blut, / das Blut ihrer Söhne und Töchter, / die sie den Götzen Kanaans schlachteten. / So wurde das Land durch Blutschuld entweiht. ³⁹ Sie wurden unrein durch ihr Tun, / sie hurten durch ihr Treiben. ⁴⁰ Da

entflammte Jahwes Zorn gegen sein Volk, / er verabscheute die, die ihm gehörten. ⁴¹ Er lieferte sie an fremde Völker aus, / ihre Hasser durften über sie herrschen. ⁴² Ihre Feinde unterdrückten sie. / Sie beugten sich unter ihre Gewalt. ⁴³ Viele Male rettete er sie, / aber sie blieben starrsinnig bei ihrem Plan / und versanken in ihrem Vergehen.

⁴⁴ Doch er sah ihr Elend an, / als er ihre Schreie hörte. ⁴⁵ Dann dachte er wieder an seinen Bund, / in seiner grenzenlosen Güte reute es ihn. ⁴⁶ Bei denen, die sie verschleppten, / ließ er sie Erbarmen finden. ⁴⁷ Rette uns, Jahwe, unser Gott! / Sammle uns aus den Nationen, / dass dein heiliger Name gepriesen wird / und wir uns deines Lobes rühmen!

⁴⁸ Gelobt sei Jahwe, der Gott Israels, / in alle Zeit und Ewigkeit! / Das ganze Volk sage: Amen! Halleluja!

Fünftes Buch

Das Danklied der Geretteten

107 ¹ »Preist Jahwe, denn er ist gut! / Ja, seine Güte hört niemals auf!«, ² so sollen sagen die Erlösten Jahwes. / Er hat sie aus der Gewalt des Bedrängers erlöst, ³ aus fremden Ländern wieder heimgebracht, / vom Osten und vom Westen her, / vom Norden und vom Meer.

⁴ Sie irrten umher in wegloser Wüste, / eine Stadt als Wohnort

fanden sie nicht. ⁵ Von Hunger und Durst gequält / schwand ihnen das Leben dahin. ⁶ Sie schrien zu Jahwe in ihrer Not, / der rettete sie aus ihrer Bedrängnis. ⁷ Er brachte sie auf den richtigen Weg / und führte sie zu einer bewohnbaren Stadt. ⁸ Sie sollen Jahwe preisen für seine Gnade, / für seine Wunder, die er an Menschen tut. ⁹ Denn er hat den Verdurstenden zu Trinken gegeben, / den Hungernden gute Nahrung verschafft.

¹⁰ Die in Dunkelheit und Finsternis lebten, / gefesselt in Elend und Eisen, ¹¹ sie hatten den Worten Gottes getrotzt / und den Rat des Höchsten verachtet. ¹² Nun beugte er ihren Trotz durch harte Schläge, / sie lagen am Boden und keiner half. ¹³ Sie schrien zu Jahwe in ihrer Not, / der rettete sie aus ihrer Bedrängnis, ¹⁴ führte sie aus dem Dunkel heraus / und zerbrach ihre Fesseln. ¹⁵ Sie sollen Jahwe preisen für seine Gnade, / für seine Wunder, die er an Menschen tut. ¹⁶ Denn er hat die Tore aus Erz zerbrochen / und eiserne Riegel zerschlagen.

¹⁷ Die Törichten litten wegen ihres Treuebruchs / und wegen ihrer Sünden. ¹⁸ Sie ekelten sich vor jeder Speise, / sie standen direkt vor dem Tod. ¹⁹ Sie schrien zu Jahwe in ihrer Not, / der rettete sie aus ihrer Bedrängnis, ²⁰ schickte sein Wort und heilte sie / und bewahrte sie so vor dem Grab. ²¹ Sie sollen Jahwe preisen für seine Gnade, / für seine Wunder, die er an Menschen tut. ²² Sie sollen Dankopfer bringen, / jubelnd erzählen, was er tat.

²³ Die das Meer mit Schiffen befahren, / ihre Arbeit auf dem weiten Wasser tun, ²⁴ sie sahen die Werke Jahwes, / seine Wunder in der Tiefe; ²⁵ wenn er sprach und einen Sturm bestellte, / der die Wellen in die Höhe warf, ²⁶ sodass sie himmelwärts stiegen und in die Tiefen sanken / und ihre Seele vor Angst verging. ²⁷ Wie Betrunkene schwankten und taumelten sie, / sie waren mit ihrer Weisheit am Ende. ²⁸ Sie schrien zu Jahwe in ihrer Not, / der rettete sie aus ihrer Bedrängnis ²⁹ und brachte den Sturm zur Stille, / dass die Wellen sich legten. ³⁰ Sie freuten sich, dass es still geworden war, / und er führte sie in den ersehnten Hafen. ³¹ Sie sollen Jahwe preisen für seine Gnade, / für seine Wunder, die er an Menschen tut. ³² In der Versammlung des Volkes sollen sie ihn rühmen, / in der Sitzung der Ältesten ihn loben!

³³ Er konnte Ströme zur Wüste machen / und Wasserquellen zu dürrem Land, ³⁴ fruchtbares Land zur salzigen Steppe / wegen der Bosheit seiner Bewohner. ³⁵ Er konnte auch Wüsten zum Wasserteich machen, / Trockenland zu Wasserquellen. ³⁶ Er siedelte dort die Hungernden an. / Sie gründeten einen Wohnort, ³⁷ bestellten die Felder und legten Weinberge an, / und brachten reiche Ernten ein. ³⁸ Er segnete sie und sie vermehrten sich sehr, / auch ihr Vieh verminderte sich nicht. ³⁹ Dann wurden sie geringer an Zahl, / bedrückt durch Unglück und Kummer. ⁴⁰ Er goss Verachtung über Edle aus, / ließ sie irren in wegloser Wüste. ⁴¹ Er holte den Armen aus dem Elend heraus, / ließ wie Herden ihre Sippen wachsen.

⁴² Die Aufrichtigen sehen es und freuen sich, / und alle Falschen müssen verstummen.

⁴³ Wer weise ist, soll sich das merken / und die Gnadentaten Jahwes verstehen.

Dankbare Gewissheit

108 ¹ *Ein Psalmlied von David.*
² Gott, mein Herz ist bereit. / Ich will singen und spielen. / Wach auf, meine Ehre! ³ Wach auf, Harfe und

Zither! / Ich will das Morgenrot
wecken. *4* Vor allen Völkern will ich
dich preisen, / dir spielen vor den
Nationen. *5* Denn deine Güte reicht
bis zum Himmel, / deine Treue bis zu
den Wolken. *6* Zeig dich erhaben über
den Himmel, Gott; / deine Herrlichkeit überstrahle die Erde, *7* damit
befreit werden, die du liebst! / Greif
ein mit starker Hand und antworte
mir!

8 Aus seinem Heiligtum antwortet
Gott: / »Jubelnd werde ich Sichem
verteilen / und die Ebene Sukkot
vermessen. *9* Gilead ist mein, und
auch Manasse gehört mir. / Der
Helm auf meinem Kopf ist Efraïm, /
und Juda ist mein Herrscherstab.
10 Moab muss mir als Waschschüssel
dienen, / und auf Edom werfe ich
meinen Schuh. / Ich juble über das
Philisterland. *11* Wer wird mich zur
Festungsstadt bringen, / und wer
führt mich nach Edom hin?«*

12 Hast du uns nicht verworfen,
Gott, / ziehst nicht mit unseren
Heeren aus? *13* Schaff uns Hilfe vor
dem Bedränger! / Menschenhilfe
nützt ja nichts. *14* Mit Gott vollbringen wir Großes, / denn er wird
unsere Feinde zertreten.

Erbarmungslose Feinde

109
1 *Dem Chorleiter.*
Ein Psalmlied von David.
Gott, den ich lobe, / schweige doch
nicht! *2* Denn sie reißen ihren

108,11 *nach Edom hin.* Siehe Psalm 60,8-11!

109,5 Die Verse 6-19 sind offenbar die Flüche seiner Feinde.

109,8 Wird im Neuen Testament von Petrus
zitiert: Apostelgeschichte 1,20.

gottlosen Mund, / ihr Lügenmaul,
gegen mich auf / und lügen mir ins
Gesicht. *3* Mit gehässigen Reden
umringen sie mich / und bekämpfen
mich ohne Grund. *4* Für meine Liebe
feinden sie mich an, / doch ich bleibe
stets im Gebet. *5* Sie gaben mir Böses
anstelle von Gutem / und Hass
anstelle von Liebe:*

6 »Bestellt einen Gottlosen gegen
ihn, / ein Ankläger stehe an seiner
Seite! *7* Stellt er sich dem Gericht,
werde er schuldig gesprochen! /
Selbst sein Gebet gelte als Sünde!
8 Er soll möglichst früh sterben, /
und seine Stellung soll ein anderer
bekommen!* *9* Seine Kinder sollen
Waisen werden, / seine Frau eine
Witwe! *10* Ja, endlos umherirren
sollen seine Kinder, / betteln und
ihre Trümmer absuchen.

11 Der Gläubiger umstricke alles,
was er hat, / ein Fremder plündere
den Ertrag seiner Arbeit. *12* Es soll
keinen geben, der freundlich an ihn
denkt, / keinen, der seinen Waisen
gnädig ist. *13* Seine Nachkommen soll
man vernichten, / sein Name erlösche
im nächsten Geschlecht! *14* Nie vergesse Jahwe die Schuld seiner Väter! /
Die Sünde seiner Mutter bleibe unge-
sühnt! *15* Nichts davon soll Jahwe vergessen! Er lasse ihr Andenken von der
Erde verschwinden!

16 Weil er nicht daran dachte,
gnädig zu sein, / hat er den Armen
und Hilflosen gejagt / und wollte den
Verzweifelten töten. *17* Er liebte den
Fluch, so treffe ihn, / er wollte
keinen Segen, so bleib ihm fern!
18 Er zog den Fluch an wie ein
Hemd, / so dringe er wie Wasser in
sein Inneres, / wie Öl in seine

Gebeine! *19* Er soll ihn bedecken wie ein Gewand, / ihn wie ein Gürtel umschließen!«

20 So soll Jahwe mit meinen Feinden verfahren, / mit denen, die mich verleumden. *21* Aber du, Jahwe, mein Herr, / tu mir, was deinem Namen entspricht, / denn deine Gnade ist gut! Reiß mich heraus! *22* Denn ich bin elend und hilflos, / im Innersten verwundet. *23* Wie ein Schatten, der sich streckt, gehe ich hin; / wie ein Insekt schüttelt man mich ab. *24* Vom Fasten zittern mir die Knie, / mein Körper fällt vom Fleisch.

25 Ich bin ihnen zum Gespött geworden. / Wenn sie mich sehen, schütteln sie den Kopf. *26* Hilf mir, Jahwe, mein Gott! / In deiner Gnade rette mich! *27* Lass sie erkennen, dass es deine Hand war, / dass du es so getan hast. *28* Sie mögen fluchen, du aber segnest. / Greifen sie mich an, müssen sie scheitern, / und dein Diener darf sich freuen. *29* Lass meine Feinde sich in Schande kleiden, / ihre Schmach sei wie ein Mantel für sie.

30 Mit lauter Stimme will ich Jahwe preisen, / mitten in der Menge will ich ihn loben. *31* Denn er steht dem Armen zur Seite, / um ihn vor seinen Richtern zu retten.

Der Priesterkönig

110 *1 Ein Psalm. Von David.* So spricht Jahwe zu meinem Herrn: /»Setz dich zu meiner Rechten hin, / bis ich deine Feinde zum Schemel für dich mache, / auf den du deine Füße stellst.* *2* Dich hat Jahwe zum König gemacht. / Von Zion aus herrsche

über den Feind! *3* Dein Volk kommt willig, wenn deine Macht erscheint. / Geschmückt wie der Tau in heiliger Pracht / kommt deine junge Mannschaft zu dir.«

4 Jahwe hat geschworen und bereut es nicht: / »Du bist mein Priester für ewige Zeit, / so wie Melchisedek* es seinerzeit war.«* *5* Der Herr wird dir zur Seite stehen, / der am Tag seines Zorns Könige zermalmt, *6* der Gericht hält über die Völker der Welt. / Er füllt alles mit Leichen und zerschmettert das Haupt, / das sich über die Lande erhebt. *7* Er trinkt aus dem Bach neben dem Weg. / Er hebt sein Haupt und erringt den Sieg.

Groß sind die Werke Jahwes*

111 *1* Halleluja, preist Jahwe! / Von Herzen will ich Jahwe loben / mit allen, die aufrichtig sind, und mit der Gemeinde!

2 Gewaltig sind die Taten Jahwes, / erforschbar für alle, die sich daran freuen. *3* Pracht und Majestät ist sein Wirken, / und seine Gerechtigkeit bleibt.

4 Ein Gedenken* schuf er seinen Wundern. / Gnädig und barmherzig ist Jahwe. *5* Alle, die ihn fürchten,

---

110,1 Wird im Neuen Testament von Jesus Christus, von Petrus und im Hebräerbrief zitiert: Matthäus 22,44; Markus 12,36; Lukas 20,42-43; Apostelgeschichte 2,34-35; Hebräer 1,13.

110,4 *Melchisedek*. Siehe 1. Mose 14,17-20. Wird im Neuen Testament zitiert: Hebräer 5,6; 7,17.21.

Psalm 111 ist ein alphabetischer Psalm. Jeder Vers beginnt mit dem übernächsten Buchstaben des hebräischen Alphabets.

macht er satt. / Niemals vergisst er seinen Bund.

6 Die Kraft seiner Taten zeigte er seinem Volk, / um ihm das Erbe der Völker zu geben. *7* Was er tut, ist zuverlässig und recht, / seine Gebote verdienen Vertrauen.

8 Für alle Zeiten stehen sie fest, / geschaffen in Treu und Redlichkeit. *9* Er hat seinem Volk Erlösung geschenkt, / seinen Bund für immer geschlossen.

Heilig und furchtbar ist sein Name. *10* Der Anfang aller Weisheit ist die Ehrfurcht vor Jahwe. / Wer dies besitzt, beweist Verstand; / sein Lob besteht auf Dauer.

Lob der Gottesfurcht*

112

1 Halleluja, preist Jahwe! / Wie glücklich ist, wer Jahwe fürchtet, / wer große Freude hat an seinen Geboten!

2 Seine Nachkommen werden mächtig im Land. / Gesegnet sei das Geschlecht der Aufrichtigen! *3* Vermögen und Reichtum sind in seinem Haus, / und seine Gerechtigkeit bleibt.

4 Den Aufrichtigen strahlt Licht in der Finsternis auf, / gnädig, barmherzig, gerecht. *5* Wohl dem, der gütig ist und leiht, / der sich ans Recht hält in seinem Geschäft!

6 Niemals gerät er ins Wanken / und nie wird der Gerechte vergessen

sein. *7* Schlimme Nachricht macht ihm keine Angst, / mit ruhigem Herzen vertraut er Jahwe.

8 Verankert ist sein Herz, er fürchtet sich nicht, / denn bald schaut er auf seine Feinde herab. *9* Großzügig beschenkt er den Armen, / seine Gerechtigkeit bleibt.*

Er bekommt Ehre und Macht. *10* Der Gottlose sieht es mit Zorn, / er knirscht mit den Zähnen und vergeht vor Wut. / Seine bösen Pläne zerrinnen in nichts.

Lob der Güte Gottes

113

1 Halleluja, preist Jahwe! / Lobt, ihr Diener Jahwes, / lobt den Namen Jahwes! *2* Der Name Jahwes werde gepriesen / von jetzt an bis in Ewigkeit! *3* Vom Aufgang der Sonne bis zu ihrem Niedergang / werde gelobt der Name Jahwes!

4 Jahwe ist über alle Völker erhaben, / seine Herrlichkeit über den Himmel. *5* Wer gleicht Jahwe, unserem Gott, / im Himmel und auf Erden, *6* ihm, der in der Höhe thront, / ihm, der hinabschaut in die Tiefe?

7 Der aus dem Staub den Geringen erhebt, / den Armen, der im Schmutz liegt, erhöht, *8* um ihn bei Edelleuten sitzen zu lassen, / bei den Edelleuten seines Volkes. *9* Der die unfruchtbare Ehefrau / sich freuen lässt als Mutter von Söhnen. / Halleluja, preist Jahwe!

111,4 *Gedenken.* Vielleicht sind damit die Gedenktage, die Feiertage Israels gemeint.

Psalm 112 ist ein alphabetischer Psalm wie Psalm 111.

112,9 Wird im Neuen Testament von Paulus zitiert: 2. Korinther 9,9.

Das Wunder der Befreiung Israels

114

1 Als Israel von Ägypten fortzog, / als Jakobs Stamm das fremd redende Volk verließ, *2* da wurde Juda sein

Heiligtum, / Israel das Gebiet seiner Herrschaft.

3 Das Meer sah es kommen und floh, / und der Jordan staute sich zurück. 4 Die Berge hüpften wie die Böcke, / die Hügel wie die jungen Schafe.

5 Du, Meer, was ist geschehen, dass du flohst? / Du, Jordan, weshalb zogst du dich zurück? 6 Ihr Berge, warum hüpft ihr wie die Böcke, / weshalb ihr Hügel wie die jungen Schafe?

7 Ja, Erde, bebe du nur vor dem Herrn, / vor dem Erscheinen von Jakobs Gott. 8 Er hat Felsen in Teiche verwandelt / und Kieselsteine in Quellen.

Gott allein die Ehre

115

1 Nicht uns, Jahwe, nicht uns, / deinen Namen bringe zu Ehren / wegen deiner Güte und Treue! 2 Warum dürfen Heidenvölker sagen: / »Wo ist er denn, ihr Gott?«? 3 Unser Gott ist im Himmel, / und was er will, das macht er auch.

4 Ihre Götzen sind ja nur Silber und Gold, / Werke, von Menschen gemacht. 5 Sie haben Münder, die nicht reden, / Augen, die nicht sehen, 6 Ohren, die nicht hören, / und Nasen, die nicht riechen. 7 Sie haben Hände, die nicht greifen, / und Füße, die nicht gehen. / Aus ihren Kehlen kommt kein Laut. 8 Wer solches macht, / auf sie vertraut, / wird ihnen gleich.

9 Du, Haus Israel, vertraue auf Jahwe! / Er ist deine Hilfe und dein Schild. 10 Du, Haus Aaron, vertraue auf Jahwe! / Er ist deine Hilfe und dein Schild. 11 Du, der Jahwe fürchtet, vertraue auf Jahwe! / Er ist deine Hilfe und dein Schild. 12 Jahwe denkt an uns und segnet uns. / Er wird segnen das Haus Israel / und segnen das Haus Aaron. 13 Er wird segnen die, die Jahwe fürchten, / die Kleinen und die Großen.

14 Jahwe möge euch mit Nachwuchs segnen, / euch und alle eure Kinder. 15 Ihr seid gesegnet von Jahwe, / der Himmel und Erde gemacht hat. 16 Der Himmel gehört Jahwe, / aber die Erde hat er den Menschen gegeben. 17 Die Toten, die können Jahwe nicht loben, / keiner von denen, die ins Schweigen hingehn. 18 Doch wir, wir wollen Jah* preisen / von jetzt an bis in Ewigkeit: Halleluja!

Dank für die Rettung vor dem Tod

116

1 Ich liebe Jahwe, denn er hört meine Stimme, / hört mein flehendes Rufen. 2 Er neigte sein Ohr und hörte mir zu. / So lange ich lebe, verkünde ich das. 3 Gefangen war ich in Stricken des Todes, / getroffen von den Schrecken seiner Macht, / versunken in Elend und Angst. 4 Da rief ich den Namen Jahwes an: / »Ach, Jahwe, rette mein Leben!«

5 Jahwe ist gütig und gerecht, / unser Gott ist voll Erbarmen. 6 Jahwe behütet den, der ihm einfältig traut. / Ich war ganz elend, und er hat mir

---

115,18 *Jah.* Hauptsächlich in poetischen Texten verwendete Form für Jahwe.

geholfen. *7* Beruhige dich, meine Seele, / denn Jahwe hat dir Gutes getan. *8* Ja, du hast mein Leben vom Tod gerettet, / mein Auge von den Tränen / und meinen Fuß vom Sturz. *9* Ich darf bleiben im Land der Lebendigen / und leben in der Nähe Jahwes.

10 Ich habe ihm immer vertraut, / obwohl ich sagte:»Ich liege am Boden!«* *11* und voll Bestürzung rief: /»Sie lügen alle, die Menschen!« *12* Wie kann ich Jahwe vergelten, / was er mir Gutes getan? *13* Den Becher der Rettung will ich erheben / und anrufen den Namen Jahwes. *14* Meine Versprechen, die löse ich ein / in Gegenwart all seines Volkes.

15 Kostbar in den Augen Jahwes / ist der Tod seiner Frommen.*

16 Jahwe, ich bin wirklich dein Knecht, / dein Knecht und der Sohn deiner Magd! / Meine Fesseln hast du gelöst. *17* Opfer des Lobes will ich dir bringen, / anrufen den Namen Jahwes. *18* Meine Versprechen, die löse ich ein / in Gegenwart all seines Volkes, / *19* in den Vorhöfen des Hauses Jahwes, / Jerusalem, mitten in dir. / Halleluja!

Alle Völker, lobt Jahwe!

117 *1* Alle Nationen, lobt Jahwe! / All ihr Völker, rühmt ihn!* *2* Denn machtvoll ist Jahwes Gnade, / und ewig währt seine Treue. / Halleluja!

Gemeinsamer Dank

118 *1* Dankt Jahwe, denn er ist freundlich, / seine Gnade hört nie auf! *2* Ganz Israel rufe: /»Seine Gnade hört nie auf!« *3* Das Haus Aaron bekenne: /»Seine Gnade hört nie auf!«*4* Die ihr Jahwe fürchtet, sagt: /»Seine Gnade hört nie auf!«

5 In Bedrängnis schrie ich zu Jah, / Befreiung war seine Antwort. *6* Jahwe steht mir bei. Ich fürchte mich nicht. / Was können Menschen mir tun?* *7* Jahwe steht mir als Helfer zur Seite. / Als Sieger blick ich herab auf die, die mich hassen. *8* Auf Jahwe zu vertrauen ist besser, / als auf Menschen zu bauen. *9* Auf Jahwe zu vertrauen ist besser, / als auf die Hilfe der Mächtigen zu schauen.

10 Feindliche Völker kreisten mich ein, / ich trieb sie zurück im Namen Jahwes. *11* Sie umringten mich, sie schlossen mich ein, / doch ich hab sie zerschlagen im Namen Jahwes. *12* Wie ein Schwarm von Bienen umschwirrten sie mich, / wie Feuer im Dornbusch verlöschten sie. / Und ich wehrte sie ab im Namen Jahwes. *13* Ich wurde gestoßen und stürzte schon, / doch Jahwe half mir wieder auf.

14 Er ist meine Stärke und Jah ist mein Gesang, / er ist mir zur Rettung geworden. *15* Hört die jubelnden Stimmen, die Lieder des Heils, / sie

116,10 Wird im Neuen Testament von Paulus zitiert: 2. Korinther 4,13.

116,15 *Tod seiner Frommen.* Ihr Leben ist ihm zu wertvoll, als dass er sie leichtfertig dem Tod preisgibt.

117,1 Wird im Neuen Testament von Paulus zitiert: Römer 15,11.

118,6 Wird im Neuen Testament nach der LXX (siehe Josua 15,7) zitiert: Hebräer 13,6.

kommen aus dem Zelt der Gerechten: /
»Jahwe, er hat uns seine Macht
gezeigt! 16 Jahwes Hand ist siegreich
erhoben! / Jahwe, er hat uns seine
Macht gezeigt!« 17 Ich werde nicht
sterben, sondern darf leben / und
erzählen die Taten Jahwes. 18 Wohl
hat mich Jahwe geschlagen, / dem
Tod aber gab er mich nicht.

19 Öffnet der Gerechtigkeit Tore*, /
ich will eintreten und loben Jahwe.
20 Dies ist das Tor zu Jahwe. / Die
Gerechten ziehen hier ein. 21 Ich will
dich preisen, du hast mich erhört! /
Du wurdest mein Heil! 22 Der Stein,
den Fachleute verwarfen, / der ist
zum Eckstein* geworden. 23 Das hat
Jahwe gewirkt, / ein Wunder vor
unseren Augen.*

24 Dies ist der Tag, den Jahwe
gemacht hat; / freuen wir uns, und
seien fröhlich an ihm. 25 Hilf doch,
Jahwe! / Jahwe, gib uns Gelingen!
26 Gesegnet, der kommt im Namen
Jahwes; / vom Haus Jahwes aus
segnen wir euch! 27 Jahwe ist Gott,
sein Licht leuchtet uns. / Schwingt
mit Zweigen beim Reigen / bis hin
zu den Hörnern* am Altar. 28 Du bist
mein Gott, dir will ich danken, /
mein Gott, mit Lob will ich dich
ehren.

29 Dankt Jahwe, denn er ist freundlich, / seine Gnade hört nie auf!

Großes Lob auf Gottes Wort*

119
I. Álef*
1 Wie glücklich sind die,
die tadellos leben, / die sich richten
nach Jahwes Gesetz*! 2 Wie glücklich
die, die seinen Zeugnissen* trauen, /
die aufrichtig suchen – nach ihm!

3 Sie wollen kein Unrecht mehr tun, /
sie gehen getreu Gottes Weg*. – 4 Du
befahlst uns deine Vorschriften* an, /
damit wir eifrig bedacht darauf sind.
5 Ich wünschte mir Beständigkeit /

118,19 *Tore.* Offenbar die Tore des Tempels.

118,22 *Eckstein.* Großer behauener Stein,
der zwei aneinander stoßende Mauern eines
Gebäudes verbindet.

118,23 Wird im Neuen Testament von Jesus
Christus und Petrus zitiert: Matthäus 21,42;
Markus 12,10-11; Lukas 20,17; Apostelge-
schichte 4,11; 1. Petrus 2,7.

118,27 *Hörnern.* Die vier Ecken des Brandopferaltars waren wie Hörner nach oben gezogen; Sinnbild göttlicher Macht.

Psalm 119: Der Psalm, der auch *das goldene
ABC* genannt wird, preist das Wort Gottes
mit zehn verschiedenen Synonymen, die
beim ersten Vorkommen hier näher beschrieben werden.

119,1: *Álef.* Jede der 22 Strophen dieses
Psalms ist von einem Buchstaben des hebräischen Alphabets bestimmt, das heißt, jeder
der acht Verse in einer Strophe beginnt mit
immer diesem Buchstaben in der Reihenfolge des Alphabets.

Gesetz. Hebräisch *Tora*, was auf die Wurzel
jarah = lehren/leiten zurückgeht und: Belehrung, Unterweisung, Gesetz bedeutet. Es
kommt 25-mal in Psalm 119 vor.

119,2 *Zeugnisse.* Hebräisch *Edut*. Feierliche
Verordnungen, Gesetz. Mit *Edut* werden die
Gebote und Ordnungen vor allem als Zeugnisse des Bundes zwischen Jahwe und seinem Volk verstanden. Die Bundeslade wird
aron ha-edut genannt, Lade des Zeugnisses.
Das Wort kommt 23-mal im Psalm vor,
davon 14-mal im Plural.

119,3 *Weg.* Hebräisch *Däräq*. Weg, Straße,
Wandel, Verhalten. Das Wort kommt 14-
mal im Psalm vor, davon einmal als Verb
darak - (be)treten, leiten.

119,4 *Vorschriften.* Hebräisch *Piqqudim*. Von
paqad - Heimsuchen, anweisen. Befehle,
Ersuchen, Vorschriften. Das Wort kommt
in diesem Psalm 21-mal im Plural vor.

im Halten deines Gesetzes*. 6 Dann würde ich nicht beschämt, / wenn mein Blick auf deine Gebote* fällt. – 7 Deine Bestimmungen* präg ich mir ein / und danke dir ehrlich dafür. 8 Deine Gesetze halte ich gern. – Verlass mich nicht und stehe mir bei!

II. Bet

9 Wie hält ein junger Mann sein Leben rein? / Indem er tut, was du ihm sagst! – 10 Von ganzem Herzen suche ich dich, / halte mich bei deinem Gebot! 11 Dein Wort* prägte

---

119,5 *Gesetz.* Hebräisch *Choq.* Von *chaqaq* - einritzen, schreiben. Das geschriebene Gebot, die erlassenen Gesetze, Regeln, Rechte, Satzungen. Das Wort kommt in diesem Psalm 21-mal im Plural vor.

119,6 *Gebote.* Hebräisch *Mizwah.* Gebote, Befehle, Anweisungen (eines Lehrers), Verpflichtungen, die sich für Israel aus dem Bundesverhältnis mit Gott ergeben. Das Wort kommt 22-mal im Psalm vor, davon 21-mal im Plural.

119,7 *Bestimmungen.* Hebräisch *Mischpat.* Von *schafat* - richten, Recht sprechen. Eine juristische Entscheidung, durch die verbindlich Recht geschaffen wird, Urteil, Rechtsspruch, Recht, die übliche Bestimmung einer Sache. Das Wort kommt 23-mal im Psalm vor, davon 19-mal im Plural.

119,11 *Wort.* Hebräisch *Imrah.* Von *amar* - sagen, sprechen. Poetisches Synonym für *Davar*, Gottes Wort. Der Ausdruck kommt 23-mal im Psalm vor.

119,15 *Weg.* Hebräisch *Orah.* Von *arah* - unterwegs sein, wandern, wandeln. (Lebens)Weg, Pfad, Wandel. Das Wort kommt 5-mal im Psalm vor.

119,16 *Worte.* Hebräisch *Dabar.* Das gesprochene Wort, von *dabar* - reden, sprechen. Auch die Zehn Gebote (5. Mose 4,13) heißen *Zehn Worte.* Der Ausdruck kommt 23-mal im Psalm vor.

ich tief in mir ein, / weil ich nicht gegen dich sündigen will. – 12 Ich will dich erheben, Jahwe! / Deine Weisungen lehre mich! 13 Mit meinen Lippen verkündige ich / alle Weisungen aus deinem Mund. 14 Es macht mir Freude zu tun, was du sagst, / mehr als aller Reichtum Freude macht. 15 Deinen Anordnungen sinne ich nach, / und ich achte auf deinen Weg*. 16 An deinen Ordnungen habe ich Lust, / und deine Worte* vergesse ich nicht.

III. Gímel

17 Tu Gutes an mir, dein Sklave bin ich, / dann lebe ich auf und halte dein Wort. 18 Öffne du mir die Augen, / damit ich erkenne die Wunder in deinem Gesetz. – 19 Ich bin nur ein Gast, ein Fremder im Land: / Verbirg mir deine Gebote nicht! 20 Meine Seele zermürbt vor Verlangen danach, / sie verlangt allezeit nach deinem Gesetz. – 21 Du drohtest den Stolzen. / Ja, verflucht sind sie, / die abweichen von deinem Gebot. 22 Wälze Verachtung und Hohn von mir ab, / denn ich habe stets dein Zeugnis bewahrt. 23 Selbst wenn die Oberen sitzen / und Rat gegen mich halten – dein Knecht sitzt über deinem Gebot. 24 An deinen Weisungen freue ich mich! / Sie geben immer guten Rat.

IV. Dálet

25 Ich liege ohne Kraft, / ich klebe am Staub; / belebe mich nach deinem Wort! 26 Ich klagte mein Leid; / du hörtest mich an. / Belehre mich durch dein Gesetz! 27 Lass mir deine Vorschriften einsichtig sein; / über

deine Wunder sinne ich nach. *28* Vor
lauter Kummer muss ich weinen: /
Richte mich auf nach deinem Wort!
29 Vom Weg der Lüge halte mich
fern! / Deine Belehrung sei mir
vergönnt. *30* Ich hab mich entschieden
für Wahrheit und Treue, / habe vor
mich gestellt dein göttliches Recht.
31 An deinen Zeugnissen halte ich
fest. / Jahwe, beschäme mich nicht!
32 Den Weg deiner Vorschriften werde
ich gehen, / denn du machst mein
Herz dafür weit.

V. He

33 Den Weg deiner Vorschriften zeig
mir, Jahwe, / damit ich ihm folge zum
Ziel. *34* Gib mir Verstand für deine
Weisung, / und mit ganzem Herzen
halte ich sie! *35* Hilf mir zu folgen dem
Pfad der Gebote, / denn diesen Weg
gehe ich gern. *36* Lenk meinen Sinn
auf dein Gebot, / und nicht auf Güter
und Geld! *37* Wende meine Augen von
Eitelkeit ab; / erfrische mich auf
deinem Weg! – *38* Halte deinem
Diener deine Zusage ein, / die jedem
gilt, der Furcht vor dir hat. *39* Wende
ab die Schande, vor der mir so
graut! / Doch was du entscheidest, ist
gut. – *40* Nach deinen Vorschriften
sehne ich mich. / Durch deine Treue
belebe mich, Gott.

VI. Waw

41 Jahwe, deine Gnade komme zu
mir, / die Rettung, wie du sie
versprachst, *42* damit ich dem Lästerer
antworten kann. / Ich nehme dich bei
deinem Wort. *43* Entzieh meinem
Mund die Wahrheit nicht ganz, / denn
ich vertraue auf dein Gericht. – *44*
Beständig befolge ich dein Gesetz; /

und das will ich allezeit tun! *45* So lebe
ich in einem weiten Raum, / denn ich
habe deine Befehle erforscht. *46* Ich
halte sie selbst den Königen vor / und
schäme mich deiner Zeugnisse nicht.
47 An deinen Geboten habe ich Lust, /
ich liebe sie sehr, *48* und ich hebe die
Hände zu ihnen auf. / Deinen Ordnungen sinne ich nach.

VII. Zájin

49 Denk an das, was du mir
versprachst / und was meine
Hoffnung war! *50* In all meinem
Elend ist das mir der Trost, / dass
dein Wort mich wieder belebt.
51 Gehässig griffen die Stolzen mich
an, / doch ich wich nicht ab von
deinem Gesetz. *52* Denke ich an dein
ewiges Recht, / Jahwe, dann bin ich
getrost. *53* Bei all den Gottlosen packt
mich der Zorn, / frech verlassen sie
dein Gesetz. *54* Deine Ordnungen
sind mir wie ein Lied, / solange ich
Gast in dieser Welt bin. *55* Auch in
der Nacht denk ich an dich, Jahwe, /
und hüte die Weisung von dir. *56* Dass
ich deinen Regeln gefolgt bin, / ist
mein Geschenk und mein Glück.

VIII. Het

57 Mein Anteil, Jahwe, bist du, / ich
werde mich richten nach deinem
Wort. *58* Von ganzem Herzen flehe
ich dich an, / sei mir gnädig, wie du
zugesagt hast! *59* Meine Wege lenke
ich um / und kehre zu deiner
Weisung zurück. *60* Ich eile und
zögere nicht, / deinem Auftrag
gehorsam zu sein. *61* Umwindet mich
auch der Gottlosen Strick, / dein Gesetz vergesse ich nicht. *62* Selbst
mitternachts stehe ich auf / und

danke für dein gerechtes Gesetz. –
63 Den Gottesfürchtigen bin ich ein
Freund, / allen, die deinen Befehlen
vertrauen. – 64 Jahwe, deine Güte
erfüllt alle Welt. / Lehre mich, deinen Willen zu tun!

IX. Tet

65 Du hast deinem Knecht viel
Gutes getan, / wie du es versprachst,
Jahwe. 66 Nun lehre mich das Gute
verstehen, / denn ich glaube deinem
Gebot. 67 Ich irrte, bevor ich
gedemütigt war, / jetzt aber tue ich,
was du befiehlst. 68 Gütig bist du und
tust Gutes an mir, / deine Ordnungen
lehre mich, Herr! 69 Man hat mich
besudelt, mit Lügen behängt, / doch
ich halte dein Gebot fest. 70 Das Herz
der Stolzen ist träge und fett, / doch
ich erfreue mich an deinem Gesetz.
71 Gut war für mich, dass ich
gedemütigt wurde, / so lernte ich
deine Ordnungen neu. 72 Die
Weisung aus deinem Mund gilt mir
mehr / als Berge von Silber und Gold.

X. Jod

73 Du hast mich mit deinen Händen
gemacht; / hilf mir zu verstehen, was
du willst! 74 Die Deinen sehen mich
und freuen sich, / denn ich verlasse
mich auf dein Wort. 75 Ich erkannte,
Jahwe: / Deine Beschlüsse sind
recht, / zu Recht hast du auch mich
niedergebeugt. 76 Nun gebe deine
Güte mir Trost, / denn du hast mir
zugesagt, 77 dass dein Erbarmen
mein Leben erhält, / denn dein
Gesetz ist meine Lust. – 78 Bring
doch die schamlosen Lügner zu
Fall! / Sie haben mir böse Unrecht
getan. / Ich aber denke über deine

Vorschriften nach. 79 Lass die zu mir
kommen, die Furcht vor dir haben, /
denn denen ist deine Weisung
bekannt. 80 Mein Herz weiche nie von
deinem Gebot, / nie komme diese
Scham über mich!

XI. Kaf

81 Meine Seele verzehrt sich nach
deinem Heil, / und meine Hoffnung
setze ich auf dein Wort. 82 Meine
Augen schmachten nach dir: / Wann
wirst du mich trösten, ja wann?
83 Denn wie ein alter Schlauch hänge
ich im Rauch. / Doch deine
Ordnungen vergesse ich nie. 84 Wie
viele Tage hat dein Sklave noch? /
Wann hältst du über meine Verfolger
Gericht? 85 Die Stolzen haben mir
Gruben gegraben; / und vermessen
missachten sie dein Gesetz. 86 Doch
was du befiehlst, darauf ist Verlass. /
Hilf mir, denn sie jagen mich ohne
Grund! 87 Sie hätten mich fast
vernichtet im Land, / doch ich
verlasse dein Gesetz nicht. 88 Belebe
mich durch deine Güte, / und ich
hüte das Zeugnis aus deinem Mund.

XII. Lámed

89 Dein Wort steht fest für alle
Zeit, / so fest wie der Himmel,
Jahwe, 90 und deine Treue gilt jedem
Geschlecht. / Du hast die Erde
gegründet. Sie steht. 91 Nach deinem
Willen besteht sie bis jetzt, / und
dienen muss dir das All. – 92 Wäre
nicht dein Gesetz meine Lust, / ich
wäre im Elend zerstört. 93 Deine
Regeln vergesse ich nie, / denn du
gabst mir Leben durch sie. 94 Ich bin
dein, Herr, rette mich doch! / Ich
habe deine Befehle erforscht. 95 Es

lauern mir Verbrecher auf, / doch ich gebe auf deine Weisungen acht. 96 Ich weiß: Auch das Vollkommene hat eine Grenze, / doch dein Gebot ist völlig unbeschränkt.

XIII. Mem

97 Wie sehr liebe ich dein Gesetz! / Es füllt mein Denken den ganzen Tag. 98 Mehr als meine Feinde macht es mich klug, / denn es ist für immer bei mir. 99 Mehr als alle meine Lehrer begreife ich, / weil ich erwäge, was dein Gebot mir sagt. 100 Mehr als die Alten kann ich verstehen, / denn ich achte stets auf dein Gebot. 101 Von jedem Unrecht hielt ich mich fern, / um das zu tun, was du befohlen hast. 102 Von deiner Verordnung wich ich nicht ab, / denn du, du hattest mich belehrt. 103 Wie köstlich sind deine Worte im Mund, / wie Honig bekommen sie mir. 104 Durch dein Gesetz werde ich klug, / und ich hasse jeden krummen Weg.

XIV. Nun

105 Dein Wort ist eine Leuchte vor meinem Fuß / und ein Licht auf meinem Weg. 106 Ich habe geschworen und halte es ein, / ich tue, was du festgelegt hast. – 107 Wie bin ich so niedergeschlagen, Jahwe! / Belebe mich nach deinem Wort! 108 Nimm meinen Dank als Opfergabe an, / und lehre mich deine Bestimmungen, Jahwe! 109 Mein Leben ist ständig in Todesgefahr, / doch dein Gesetz vergesse ich nie. 110 Schlingen legen die Bösen mir aus, / doch ich irre nicht ab von deinem Gebot. 111 Deine Weisungen sind mir kostbarer Besitz für alle Zeit / und große Freude für mein Herz. 112 Ent-

schieden folge ich deinem Wort. / Das soll mein Lohn für alle Zeit sein.

XV. Sámech

113 Geteilte Herzen sind mir ein Gräuel, / aber dein Gesetz habe ich lieb. 114 Du bist mein Schutz und mein Schild, / auf dein Versprechen verlasse ich mich. 115 Ihr Unheilstifter, macht euch fort! / Ich halte mich an meines Gottes Gebot. 116 Sei du mein Halt, damit ich lebe! / In meiner Hoffnung beschäme mich nicht! 117 Bestätige mich, und ich bin befreit! / Ich schaue immer auf dein Gesetz. 118 Wer abweicht von deinem Gebot, den schickst du fort, / denn sein Tun und Trachten ist nur Betrug. 119 Deine Verächter entfernst du wie Müll, / darum habe ich deine Gebote so lieb. 120 Meine Haut erschaudert vor Furcht; / ich fürchte mich vor deinem Gericht.

XVI. Ájin

121 Ich handelte nach Recht und lebte gerecht. / Gib mich meinen Feinden nicht preis! 122 Bürge du jetzt für mich, dann wird alles gut, / und die Frechen quälen mich nicht mehr. 123 Meine Augen sehnen sich nach deinem Heil, / nach dem Wort deiner Gerechtigkeit. 124 Lass deine Güte deinem Sklaven sichtbar sein, / und lehre mich erkennen, was dein Wille ist. 125 Ich bin dein Sklave, gib mir Verstand, / dass ich deine Weisung verstehe! – 126 Es ist Zeit zum Handeln, Jahwe, / denn viele brechen dein Gesetz. 127 Doch ich liebe dein Gebot, / mehr als das allerfeinste Gold. 128 Alle deine Regeln sind für mich recht, / und ich hasse jeden krummen Weg.

XVII. Pe

129 Wunderwerke sind deine Zeugnisse, / darum halte ich an ihnen fest. *130* Das Öffnen deines Wortes bringt Erleuchtung, / selbst Einfache finden Einsicht darin. *131* Weit geöffnet hat sich mein Mund, / denn ich lechze nach deinem Gebot. *132* Sei mir gnädig und wende dich zu mir, / wie es denen, die dich lieben, gebührt. *133* Durch dein gutes Wort mach meinen Schritt fest, / und gib keinem Unrecht Macht über mich! *134* Von Bedrückung durch Menschen mache mich frei, / dann halte ich deine Vorschriften fest. *135* Blick freundlich auf mich, deinen Diener, / und bring mir deine Ordnungen bei! *136* Von Tränen umströmt ist mein Gesicht, / weil man dein Gesetz hier nicht hält.

XVIII. Sadé

137 Wahrhaftig bist du, Jahwe, / und deine Urteilssprüche sind gerecht. *138* Auch deine Weisungen sind recht, / in Wahrheit hast du sie verfügt. *139* Weil ich dich liebe, packt mich der Zorn, / denn meine Feinde vergessen dein Wort. *140* Dein Spruch ist lauter und wahr, / und dein Knecht liebt ihn sehr. *141* Ich bin verachtet und gering, / doch deine Regeln vergesse ich nicht. *142* Dein Recht ist ewiges Recht, / und dein Gesetz ist wahr. *143* Ich bin getroffen von Sorge und Angst, / doch deine Gebote sind meine Lust. *144* Deine Weisung steht für ewiges Recht. / Gib mir Verständnis, damit ich lebe!

XIX. Qof

145 Ich flehe dich an, antworte, Jahwe! / An deine Ordnungen halte ich mich. *146* Ich habe gerufen, rette mich doch! / Deiner Weisung gehorche ich gern. *147* Schon frühmorgens schreie ich zu dir! / Auf dein Wort habe ich gehofft. *148* Selbst in Stunden der Nacht liege ich wach / und sinne nach über dein Wort. *149* In deiner Güte hör mein Gebet, / belebe mich, Jahwe, gemäß deinem Recht! – *150* Üble Verfolger sind hinter mir her, / von deinem Gesetz sind sie fern. *151* Du aber bist nahe bei mir, Jahwe, / alle deine Gesetze sind wahr. *152* An deinen Geboten erkenne ich, / dass du sie für immer angeordnet hast.

XX. Resch

153 Sieh mein Elend an und befreie mich! / Denn dein Gesetz vergaß ich nie. *154* Sorg du für mein Recht und mache mich frei, / schenk mir das Leben, wie du es versprachst! *155* Deine Hilfe ist den Gottlosen fern, / denn nach deiner Weisung fragen sie nicht. *156* Jahwe, dein Erbarmen ist groß, / mach mir Mut nach deinem Recht. *157* Viele verfolgen und bedrängen mich, / doch ich wich nie von deinem Zeugnis ab. *158* Sah ich Verräter – es ekelte mich an, / denn sie richten sich nicht nach deinem Gesetz. *159* Du siehst, dass ich deine Vorschriften mag. / Belebe mich nach deiner Gnade, Jahwe! *160* Dein ganzes Wort ist verlässlich und wahr, / dein gerechtes Urteil gilt für alle Zeit.

XXI. Sin/Schin

161 Die Großen drangen grundlos auf mich ein, / doch nur vor deinen Worten bebte mein Herz. *162* Mit jubelnder Freude erfüllt mich dein

Wort, / als hätte ich große Beute gemacht. 163 Ich hasse die Lüge, sie ist mir ein Gräuel, / doch dein Gesetz habe ich lieb. 164 Ich preise dich täglich wohl sieben Mal, / denn deine Gerichte sind gut und gerecht. 165 Wer dein Gesetz liebt, hat Frieden und Glück, / kein Hindernis bringt ihn zu Fall. 166 Ich hoffe auf deine Befreiung, Jahwe! / Nach deinen Geboten richte ich mich. 167 Deinen Worten habe ich gerne gehorcht, / ich schloss sie fest in mein Herz. 168 Du gabst mir Gebot und Weisung dazu, / und ob ich gehorche, weißt du genau.

XXII. Taw

169 Lass mein Schreien zu dir dringen, Jahwe! / Gib mir Einsicht nach deinem Wort! 170 Mein Flehen komme vor dein Angesicht! / Rette mich gemäß deinem Spruch! 171 Von meinen Lippen erklinge dein Lob, / weil du mich deinen Willen lehrst. 172 Und meine Zunge besinge dein Wort, / denn deine Gebote sind recht. 173 Um mir zu helfen, streck deine Hand aus, / denn deine Weisung hab ich erwählt! 174 Ich sehne mich nach deiner Hilfe, Jahwe. / Und dein Gesetz ist meine Lust. 175 Ich möchte leben und dich loben! / Deine Ordnung helfe mir dabei! 176 Wie ein verlorenes Schaf verirrte ich mich. / Such deinen Knecht, denn deine Gebote vergaß ich nicht!

Hilferuf gegen Verleumder

120 *1 Ein Lied für den Aufstieg zum Tempel.*
Zu Jahwe rief ich in meiner Not, / und er antwortete mir. 2 »Jahwe, rette mich vor diesen Lügnern, / vor den falschen Zungen!« 3 Was soll Gott dir tun, / was alles dir antun, / du falsche Zunge? 4 Scharfe Pfeile eines Kriegers, / die wie glühende Holzkohlen* sind? 5 Weh mir, dass ich Gast in Meschech* war, / dass ich in Kedars* Zelten wohnte! 6 Viel zu lange lebte ich / bei denen, die den Frieden hassen. 7 Ich will Frieden, so rede ich auch, / doch sie sind für den Krieg.

In Gottes Schutz

121 *1 Ein Lied für den Aufstieg zum Tempel.*
Ich blicke hinauf zu den Bergen: / Woher kann ich Hilfe erwarten? 2 Meine Hilfe kommt von Jahwe, / dem Schöpfer von Himmel und Erde. 3 Er wird nicht zulassen, dass du fällst. / Er gibt immer auf dich Acht. 4 Nein, der Beschützer Israels / schläft und schlummert nicht.

5 Jahwe ist dein Beschützer, / Jahwe ist dein Schatten / an deiner Seite. 6 Am Tag darf dir die Sonne nicht schaden, / noch der Mond in der Nacht. 7 Jahwe wird dich vor allem Bösen behüten / und dein Leben bewahren. 8 Jahwe wird dich behüten, / wenn du fortgehst und

---

120,4 *Holzkohlen.* Gemeint ist die besonders gute Holzkohle, die aus Ginsterholz gewonnen wurde.

120,5 *Meschech.* Das Volk der Moscher im Gebiet zwischen dem Schwarzen und dem Kaspischen Meer.

Kedar. Räuberischer Nomadenstamm in der syrisch-arabischen Wüste. *Meschech und Kedar* stehen für »Barbaren«.

wenn du wiederkommst, / von jetzt
an und für immer.

Frieden für Jerusalem

122 *1 Ein Lied für den Aufstieg zum Tempel. Von David.*
Ich freute mich, als man mir
sagte: / »Zum Haus Jahwes wollen
wir gehen!« *2* Unsere Füße standen
dann / in deinen Toren, Jerusalem.
3 Jerusalem, du bist gebaut / als eine
fest in sich geschlossene Stadt. *4* Zu
dir ziehen die Stämme hinauf, / die
Stämme Jahwes.
Ein Zeugnis für Israel ist es, / den
Namen Jahwes zu preisen. *5* In
Jerusalem stehen Gerichtssitze
bereit, / Sitze für das Königshaus
Davids.
6 Erbittet Frieden für Jerusalem! /
Ruhe mögen finden, die dich lieben.
7 Frieden wohne in deinen Mauern, /
in deinen Häusern Geborgenheit.
8 Wegen meiner Brüder und Freunde / will ich sagen: Frieden sei mit
dir! *9* Wegen des Hauses Jahwes,
unseres Gottes, / will ich dein Bestes
suchen.

Aufblick zu Gott

123 *1 Ein Lied für den Aufstieg zum Tempel.*
Ich richte meinen Blick hinauf
zu dir, / zum Himmel hoch, wo du
thronst. *2* Ja, wie die Augen von
Dienern / auf die Hand ihres Herrn, /
die Augen der Magd / auf die der
Gebieterin blicken, / so richten sich
unsere Augen auf Jahwe, unseren
Gott, / bis er uns seine Gnade zeigt.
3 Sei uns gnädig, Jahwe, sei uns
gnädig! / Denn Verachtung hatten
wir genug. *4* Wir haben das Gespött

dieser Sorglosen satt / und die
Verachtung der Stolzen.

Befreit

124 *1 Ein Lied für den Aufstieg zum Tempel. Von David.*
Wäre Jahwe nicht bei uns gewe-
sen, / so soll Israel sagen, *2* wäre
Jahwe nicht bei uns gewesen, / als
Menschen gegen uns standen, *3* dann
hätten sie uns wutentbrannt / lebendig verschlungen. *4* Dann hätten uns
die Fluten fortgeschwemmt, / ein
Wildbach uns überströmt, *5* unser
Leben wäre fortgerissen / durch das
tobende Wasser.
6 Gelobt sei Jahwe, / der uns nicht
ihren Zähnen / als Beute überließ.
7 Wie ein Vogel aus dem Netz des
Fängers sind wir entkommen; / das
Netz ist zerrissen, und wir sind frei.
8 Unsere Hilfe kommt von Jahwe, /
der Himmel und Erde gemacht hat.

Von Gott umgeben

125 *1 Ein Lied für den Aufstieg zum Tempel.*
Wer auf Jahwe vertraut, steht fest wie
der Zionsberg, / der niemals wankt
und immer bleibt. *2* Berge umgeben
Jerusalem. / So umgibt Jahwe sein
Volk, / von jetzt an und für immer.
3 Denn die Herrschaft der Gottlosigkeit / wird nicht mehr auf dem Be-
sitztum der Gerechten lasten, / damit
nicht auch sie anfangen, Unrecht zu
tun.
4 Tu bitte Gutes, Jahwe, an den
Guten / und an denen, die wirklich
aufrichtig sind. *5* Doch alle, die auf
eigenen krummen Wegen gehen, /
lasse Jahwe mit den Bösen verschwinden. / Frieden über Israel!

Tränen und Jubel

126 *¹ Ein Lied für den Aufstieg zum Tempel.*

Als Jahwe Zions Geschick gewendet hat, / da waren wir wie Träumende. ² Da war unser Mund mit Lachen erfüllt / und unsere Zunge mit Jubel. / Damals sagte man unter den Völkern: /»Jahwe hat Großes für sie getan!«³ Ja, Großes hat Jahwe für uns getan! / Und wie glücklich waren wir!

⁴ Jahwe, wende auch jetzt unser Geschick, / so wie du mit Wasser füllst die Wadis* im Negev. ⁵ Wer mit Tränen sät, / wird mit Jubel ernten. ⁶ Weinend trägt er den Saatbeutel hin, / doch mit Jubel bringt er die Garben heim.

An Gottes Segen ist alles gelegen

127 *¹ Ein Lied für den Aufstieg zum Tempel. Von Salomo.*

Wenn Jahwe das Haus nicht baut, / arbeiten die Bauleute vergeblich. / Wenn Jahwe die Stadt nicht bewacht, / wacht der Wächter umsonst. ² Vergebens steht ihr frühmorgens auf / und setzt euch spät nieder, / um das Brot der Mühsal zu essen. / So viel gibt Gott dem, den er liebt, im Schlaf.

³ Ja, Söhne sind ein Geschenk Jahwes, / Kinder eine Belohnung. ⁴ Wie Pfeile in der Hand eines Helden / sind die Söhne aus den Jahren der Jugend. ⁵ Wie glücklich ist der Mann, / der viele solcher Pfeile in seinem Köcher hat. / Wenn er mit Feinden im Stadttor reden muss, / wird ihn niemand beschämen.

So segnet Gott

128 *¹ Ein Lied für den Aufstieg zum Tempel.*

Wie glücklich ist der, der Jahwe fürchtet, / der auf seinen Wegen geht! ² Von der Arbeit deiner Hände wirst du dich nähren. / Glücklich bist du, ja, gut geht es dir.

³ Deine Frau ist wie ein fruchtbarer Weinstock / drinnen in deinem Haus. / Deine Söhne sind wie Ölbaumsprossen / rings um deinen Tisch. ⁴ Seht, so wird der gesegnet sein, / der Jahwe fürchtet und ehrt.

⁵ Jahwe segne dich vom Zionsberg aus, / dass du ansehen kannst das Glück Jerusalems, / solange du lebst, ⁶ und auch die Kinder deiner Kinder siehst! / Frieden über Israel!

Bedrängt, aber lebendig

129 *¹ Ein Lied für den Aufstieg zum Tempel.*

Von Jugend an haben sie mich bedrängt – so soll Israel sagen –, ² von Jugend an haben sie mich bedrängt / und mich dennoch nicht erdrückt. ³ Meinen Rücken haben sie aufgerissen wie ein Feld, / in das man tiefe Furchen pflügt. ⁴ Doch Jahwe ist gerecht! / Er zerschnitt den Strick der Gottlosen.

⁵ Jeder, der Zion hasst, / verschwinde beschämt! ⁶ Er soll sein wie das Gras auf dem Dach, / das verdorrt, eh man es sieht; ⁷ das kein Schnitter je in die Hand nimmt, / und für das kein Garbenbinder sich bückt, / ⁸ damit nie jemand

---

126,4 *Wadis* sind Winterbäche, die nur zur Regenzeit Wasser führen.

vorbeigeht und zu ihnen sagt: /
»Segen Jahwes über euch! / Wir
segnen euch im Namen Jahs!«

Aus tiefster Not*

130
*1 Ein Lied für den Aufstieg
zum Tempel.*
Aus der Tiefe rief ich dich, Jahwe.
2 Herr, höre mich doch! / Sei bitte
nicht taub für mein Flehen! *3* Wenn
du Vergehen anrechnen wolltest, /
Jah, mein Herr, wer könnte bestehen?
4 Doch bei dir ist Vergebung, / damit
man Ehrfurcht vor dir hat.
5 Ich hoffe auf Jahwe, / alles in mir
hofft. / Und ich warte auf sein Wort.
6 Ich warte auf den Herrn / mehr als
die Wächter auf den Morgen, / mehr
als die Wächter auf den Morgen.
7 Israel, hoff auf Jahwe! / Denn bei
Jahwe ist Gnade / und Erlösung in
Fülle. *8* Ja, er wird Israel erlösen /
von allen seinen Vergehen.

Wie ein zufriedenes Kind

131
*1 Ein Lied für den Aufstieg
zum Tempel. Von David.*
Jahwe, ich bin nicht hochmütig
geworden, / ich schaue auf niemand
herab. / Ich gehe nicht mit Dingen
um, / die mir zu groß und wunderbar
sind.
2 Nein, ich habe mich beruhigt, /
habe meine Seele beschwichtigt. /

Psalm 130 ist der sechste der sieben Bußpsalmen.

132,6 von ihr. Gemeint ist die Bundeslade.

Efrata ist nach 1. Mose 35,19 Bethlehem.

Jáar ist wahrscheinlich ein poetischer Name für Kirjat-Jearim im Gebiet von Efrata
(1. Samuel 6,21 - 7,1).

Wie ein entwöhntes Kind bei seiner
Mutter, / wie ein entwöhntes Kind
bin ich geworden.
3 Israel, hoff auf Jahwe / von jetzt
an und für immer!

Eine Wohnung für Gott

132
*1 Ein Lied für den Aufstieg
zum Tempel.*
Denk doch an David, Jahwe, /
an all die Mühe, die er auf sich
nahm! *2* Der Jahwe feierlich
schwor, / dem starken Gott Jakobs
gelobte: *3* »Ich will mein Haus nicht
mehr betreten, / ich will mein Bett
nicht mehr besteigen, *4* meinen
Augen keinen Schlaf gestatten, /
mir keine Ruhe mehr gönnen, *5* bis
ich einen Platz für Jahwe finde, /
eine Wohnung für den starken Gott
Jakobs.«
6 Wir hörten von ihr* in Efrata* /
und fanden sie in der Nähe Jáars*.
7 Kommt, wir gehen in seine
Wohnung, / fallen vor seinem
Fußschemel nieder! *8* Erhebe dich
bitte, Jahwe, und geh zu deinem
Ruheplatz, / du und die Lade deiner
Macht. *9* Deine Priester sollen sich in
Gerechtigkeit kleiden, / und die dir
treu sind, sollen jubeln!
10 Deinem Diener David zuliebe, /
weise deinen Gesalbten nicht ab.
11 Jahwe hat David einen Treueid
geschworen / und nimmt diesen
Schwur nicht zurück: / »Einen
Spross aus deinem Geschlecht /
setze ich auf deinen Thron. *12* Wenn
deine Söhne meinen Bund halten /
und mein Zeugnis, das ich sie
lehre, / dann sollen auch ihre
Söhne / für immer auf deinem
Thron sitzen.«

13 Denn Jahwe hat den Berg Zion erwählt, / hat ihn zu seinem Wohnsitz bestimmt: 14 »Hier soll für immer mein Ruheplatz sein, / hier will ich wohnen, hier wollte ich sein! 15 Ich werde ihn reichlich versorgen, / auch seine Armen mache ich satt. 16 Deine Priester will ich in Gerechtigkeit kleiden, / und die dir treu sind, sollen laut jubeln! 17 Dort will ich Davids Nachkommen mächtig werden lassen, / dort soll mein Gesalbter / ein Licht in seinen Nachkommen haben. 18 Seine Feinde will ich mit Schande bedecken, / doch auf ihm wird seine Krone strahlen.«

Bruderliebe

133 1 *Ein Lied für den Aufstieg zum Tempel. Von David·*
Seht, wie wunderbar schön es ist, / wenn Brüder in Frieden zusammenstehen.
2 Es ist so kostbar wie das duftende Öl, / das in Aarons* Bart hinabrann / und in den Saum seines Priestergewandes. 3 Es tut wohl wie der Tau, / der vom Hermon* stammt und Zion erfrischt, / der sich senkt auf die Hügel der Stadt.
Denn dort hat Jahwe den Segen verfügt, / das Leben, das immer besteht.

Nächtliches Lob

134 1 *Ein Lied für den Aufstieg zum Tempel.*
Auf, ihr Diener Jahwes, lobt den Namen Jahwes, / die ihr steht in den Nächten im Hause Jahwes! 2 Hebt eure Hände zum Heiligtum auf / und lobt Jahwe!

3 Jahwe, der Himmel und Erde gemacht hat, segne dich vom Zionsberg aus!

Gottes Ruhm endet nie

135 1 Halleluja, preist Jahwe! / Lobt ihr Diener Jahwes, lobt den Namen Jahwes, 2 die ihr steht im Hause Jahwes, / in den Höfen am Haus unseres Gottes! 3 Halleluja, preist Jahwe, denn er ist gut! / Spielt seinem Namen, denn Jahwe ist freundlich! 4 Denn Jah erwählte sich Jakob, / nahm Israel zum Eigentum.
5 Ja, ich weiß, dass Jahwe groß ist, / unser Herr ist vor allen Göttern. 6 Alles, was Jahwe gefällt, / tut er im Himmel und auf der Erde, / in den Meeren und in allen Tiefen. 7 Der Nebel aufsteigen lässt vom Ende der Erde, / der es blitzen lässt zum Regen / und den Wind aus seinen Kammern holt.
8 Der die Erstgeborenen Ägyptens erschlug, / beim Menschen und beim Vieh; 9 der in Ägypten Zeichen und Wunder geschehen ließ / am Pharao und all seinen Dienern. 10 Er besiegte viele Völker, brachte starke Könige um: 11 Sihon, den König der Amoriter, / und Og, den König von Baschan,* / und alle Königtümer

---

133,2 *Aaron.* Der erste Hohe Priester Israels, Bruder von Mose.

133,3 *Hermon.* Gebirge im Norden Israels. Die drei Gipfel des schneebedeckten Hermon, deren höchster 2814 m hoch ist, gehören zu den charakteristischsten Bergen Israels.

135,11 ... *Baschan.* Siehe 4. Mose 21,21-35!

Kanaans. *12* Und ihre Länder teilte er Israel zu, / gab sie seinem Volk als Erbbesitz. *13* Jahwe, dein Name bleibt für immer bestehen, / jede Generation wird ihn kennen. *14* Denn Jahwe verschafft seinem Volk Recht / und erbarmt sich über seine Diener. *15* Die Götzen der Völker sind ja nur Silber und Gold, / Werke von Menschen gemacht. *16* Sie haben Münder, die nicht reden, / Augen, die nicht sehen, *17* und Ohren, die nicht hören. / Kein Atem ist in ihrem Mund. *18* Wer solches macht / und darauf vertraut, / wird ihnen gleich.

19 Lobt Jahwe, ganz Israel! / Auch ihr Nachkommen Aarons, lobt Jahwe! *20* Auch ihr Leviten, lobt Jahwe! / Alle, die ihr Jahwe fürchtet, lobt Jahwe! *21* Gelobt sei Jahwe vom Zionsberg aus, / er, der in Jerusalem wohnt! / Halleluja, preist Jahwe!

Seine Güte hört nie auf

136 *1* Dankt Jahwe, denn er ist freundlich! / Seine Güte hört nie auf. *2* Dankt dem Gott aller Götter! / Seine Güte hört nie auf. *3* Dankt dem Herrn aller Herren, / seine Güte hört nie auf.

4 Er allein tut große Wunder, / seine Güte hört nie auf. *5* Er hat die Himmel mit Weisheit gemacht, / seine Güte hört nie auf; *6* die Erde über die Wasser gebreitet, / seine Güte hört nie auf. *7* Er hat die großen Lichter gemacht, / seine Güte hört nie auf; *8* die Sonne, zu regieren den Tag, / seine Güte hört nie auf; *9* den Mond und die Sterne zur Nacht. / Seine Güte hört nie auf.

10 Er schlug die Erstgeburt der Ägypter, / seine Güte hört nie auf; *11* und führte Israel heraus, / seine Güte hört nie auf, *12* mit siegreich gewaltiger Macht. / Seine Güte hört nie auf. *13* Er hat das Schilfmeer zerteilt, / seine Güte hört nie auf, *14* und Israel mitten hindurch geführt. / Seine Güte hört nie auf. *15* Er trieb ins Schilfmeer Pharaos Heer, / seine Güte hört nie auf, *16* und führte sein Volk durch die Wüste. / Seine Güte hört nie auf.

17 Er ist es, der große Könige schlug, / seine Güte hört nie auf, *18* und mächtige Herrscher besiegte; / seine Güte hört nie auf: *19* den amoritischen König Sihon, / seine Güte hört nie auf; *20* und Og, den Herrscher von Baschan. / Seine Güte hört nie auf. *21* Ihr Land wurde Israels Besitz, / seine Güte hört nie auf. *22* Sein Diener empfing es als Erbe. / Seine Güte hört nie auf.

23 Er dachte an uns, als man uns unterdrückte, / seine Güte hört nie auf. *24* Er entriss uns unsern Bedrängern, / seine Güte hört nie auf. *25* Er gibt Nahrung jedem Geschöpf. / Seine Güte hört nie auf. *26* Dankt dem Gott, der die Himmel regiert! / Seine Güte hört nie auf.

Heimweh nach Zion

137 *1* An den Strömen Babylons, / da saßen wir und weinten, / und wir dachten an Zion. *2* An die Pappeln dort / hängten wir unsere Zithern. *3* Denn die uns verschleppt hatten, forderten Strophen von uns; / unsere Peiniger

verlangten Freudengesang: / »Ja, singt uns eins der Zionslieder!«
⁴ Wie könnten wir ein Jahwelied singen / auf dem Boden der Fremde? ⁵ Wenn ich dich vergesse, Jerusalem, / dann versage meine Hand ihren Dienst! ⁶ Die Zunge bleibe mir am Gaumen kleben, / wenn ich nicht mehr an dich denke, / wenn ich Jerusalem nicht / zu meiner höchsten Freude erhebe.
⁷ Vergiss den Edomitern nicht, Jahwe, / den Tag Jerusalems, / als sie sagten: »Reiß es nieder! / Reiß es nieder bis auf den Grund!« ⁸ Du Tochter Babylon, Verwüsterin! / Glücklich, wer dir heimzahlt, / was du uns angetan hast. ⁹ Glücklich, wer deine Kinder packt / und sie am Felsen zerschmettert!

Dankbare Gewissheit

138 ¹ *Von David.* Von ganzem Herzen will ich dich preisen, / vor »Göttern«* spiele ich dir mein Lied. ² Ich neige mich zu deinem Heiligtum hin. / Ich preise deinen Namen für deine Güte und Treue. / Denn du hast dein Wort erfüllt / und deinen Namen groß über alles gemacht. ³ Du hast mich erhört am Tag, als ich rief, / hast die Kraft meines Lebens vermehrt.
⁴ Alle Könige der Erde sollen dich, Jahwe, preisen, / wenn sie die Worte aus deinem Mund hören. ⁵ Sie sollen singen von den Wegen Jahwes, / denn die Herrlichkeit Jahwes ist groß.
⁶ Gewiss, Jahwe ist erhaben, / aber den Niedrigen sieht er doch / und den Hochmütigen erkennt er von fern.

⁷ Selbst wenn man mich schwer bedrängt, belebst du mich. / Du nimmst mich in Schutz vor der Wut meiner Feinde, / deine mächtige Hand wird mich retten. ⁸ Jahwe vollbringt es für mich. / Deine Liebe hat niemals ein Ende. / Gib die Werke deiner Hände nicht auf!

Von Gott durchschaut

139 ¹ *Dem Chorleiter. Ein Psalmlied von David.* Jahwe, du hast mich erforscht und erkannt. ² Ob ich sitze oder stehe, du weißt es, / du kennst meine Gedanken von fern. ³ Ob ich ruhe oder gehe, du prüfst es, / mit all meinen Wegen bist du vertraut.
⁴ Noch eh das Wort auf meine Zunge kommt, / hast du es schon gehört, Jahwe. ⁵ Von allen Seiten umschließt du mich, / ich bin ganz in deiner Hand. ⁶ Das ist zu wunderbar, dass ich es begreife, / zu hoch, dass ich es versteh!
⁷ Wohin kann ich gehen, um dir zu entkommen, / wohin fliehen, dass du mich nicht siehst? ⁸ Steige ich zum Himmel hinauf, so bist du da, / lege ich mich zu den Toten, da bist du auch. ⁹ Nehme ich die Flügel des Morgenrots / und lasse mich nieder am Ende des Meeres — ¹⁰ auch dort wirst du mich führen, / und deine Hand wird mich fassen. ¹¹ Sage ich: »Die Finsternis soll nach mir

---

138,1 *Götter.* Das meint entweder heidnische Könige (siehe Verse 4-5) oder die Götter, die sie repräsentierten (siehe auch Fußnote zu Psalm 82,1).

schnappen, / das Licht um mich werde Nacht!« 12 Auch Finsternis ist nicht finster vor dir, / die Nacht leuchtet bei dir wie der Tag, / die Finsternis wie das Licht.

13 Gewiss, du selbst hast mein Inneres gebildet, / mich zusammengefügt im Leib meiner Mutter. 14 Ich preise dich, dass ich auf erstaunliche Weise wunderbar geworden bin. / Wunderbar sind deine Werke, / das erkenne ich sehr wohl. 15 Als ich im Verborgenen Gestalt annahm, / kunstvoll gewirkt in den Tiefen der Erde, / war ich nicht unsichtbar für dich. 16 Du hast mich schon gesehen, als ich noch ein Embryo war. / Und in dein Buch waren sie alle geschrieben, / die Tage, die schon gebildet waren, / noch ehe der erste begann.

17 Wie kostbar, Gott, sind mir deine Gedanken! / Wie unermesslich ist ihre Fülle! 18 Wollte ich sie zählen, so wären sie mehr als der Sand. / Am Ende bin ich noch immer bei dir. 19 Würdest du, Gott, doch den Gottlosen töten! / Ja, ihr Blutmenschen, macht euch fort! 20 Sie reden nur mit Hinterlist von dir, / deine Feinde missbrauchen deinen Namen. 21 Sollte ich nicht hassen, die dich hassen, Jahwe, / und verabscheuen, die gegen dich aufstehen? 22 Ich hasse sie mit äußerstem Hass. / Sie sind mir zu Feinden geworden.

23 Erforsche mich, Gott, und erkenne mein Herz! / Prüf mich und erkenne meine Gedanken! 24 Sieh, ob ein gottloser Weg mich verführt, / und leite mich auf dem ewigen Weg!

Hinterlistige Feinde

140 1 *Dem Chorleiter. Ein Psalmlied von David.*

2 Rette mich, Jahwe, vor bösen Menschen, / behüte mich vor gewalttätigen Männern, 3 die ständig Bosheiten ausbrüten, / die täglich Streit anfangen. 4 Sie haben scharfe Zungen wie Schlangen. / Ihre Worte sind wie Natterngift. //

5 Bewahre mich, Jahwe, vor den Händen der Bösen! / Behüte mich vor gewalttätigen Männern, / die mich zu Fall bringen wollen. 6 Die Hochmütigen haben mir Fallen gestellt, / mir Schlingen und Netze gelegt, / mir den Wegrand verfänglich gemacht. //

7 Ich sage zu Jahwe: »Du bist mein Gott! / Hör mein Flehen, Jahwe, ich schreie zu dir! 8 Jahwe, mein Herr, du Macht meines Heils! / Am Tag der Waffen hast du meinen Kopf beschützt. 9 Gib dem Gottlosen nicht, was er will, Jahwe! / Lass ihre Machenschaften nicht gelingen! / Sie würden sonst noch überheblicher.« //

10 Erheben sie die Häupter rings um mich, / dann falle die Bosheit ihrer Lippen auf sie selbst zurück. 11 Es regne glühende Kohlen auf sie! / Ins Feuer stürze er sie, / in tiefe Schluchten, dass sie sich nicht mehr erheben! 12 Kein Platz für böse Zungen sei im Land! / Unglück hetze die Gewalttäter bis zum Sturz!

13 Ich weiß, dass Jahwe sich um die Sache des Gebeugten / und das Recht der Armen kümmern wird. 14 Gewiss, die Gerechten preisen deinen Namen, / und die Aufrichtigen wohnen vor dir.

Bitte um Bewahrung vor Sünde

141

*1 Ein Psalmlied
von David.*

Jahwe, ich rufe dich an, komm bitte schnell! / Hör doch auf mich, wenn ich rufe! *2* Lass wie Weihrauch mein Gebet vor dir sein, / meine erhobenen Hände wie ein Opfer zur Nacht. *3* Stell eine Wache vor meinen Mund, / einen Posten, der meine Lippen bewacht!

4 Lass nicht zu, dass ich nach bösen Dingen verlange; / dass ich mit schlechten Leuten schändliche Taten vollbringe; / dass ich nach ihren Leckerbissen gierig bin! *5* Ein Gerechter möge mich schlagen, / das betrachte ich als Freundlichkeit, / als Wohltat, die ich gern annehmen will.

Doch mein Gebet ist gegen jene Bösen gestellt.* *6* Und wenn einst ihre Führer vom Felsen gestürzt sind, / werden sie sehen, wie milde mein Urteil noch war: *7* »Wie einer das Erdreich aufreißt und furcht«, sagen sie, / »so sind unsere Gebeine ins Tor der Toten gestreut.«

8 Auf dich, Jahwe, sind meine Augen gelenkt, / zu dir, Herr, fliehe ich hin. / Schütte mein Leben nicht aus! *9* Und schütze mich vor dem Netz, das die Bösen mir legten, / den Fallen, in die ich hineinstürzen soll. *10* Lass sie stolpern in ihren eigenen Strick, / und führe mich sicher an ihnen vorbei.

In schwerer Bedrängnis

142

*1 Lehrgedicht von David,
als er in der Höhle war.
Ein Gebet.*

2 Ich schreie zu Jahwe, so laut ich kann, / ich flehe Jahwe um Hilfe an.

3 Ich klage ihm meine ganze Not / und sage ihm, was mich quält. *4* Auch als ich den Mut verlor, / wusstest du, wie es weitergeht. / Auf dem Weg, den ich gehen musste, / haben sie mir heimlich eine Schlinge gelegt. *5* Schau nach rechts und sieh doch, / da ist niemand, der mich beachtet. / Jede Zuflucht ist mir verloren gegangen, / ich habe keinen, der nach mir fragt.

6 Darum schreie ich zu dir, Jahwe, / und sage: »Du bist meine Zuflucht, / mein Anteil im Land der Lebendigen.« *7* Hör auf mein Schreien, denn ich bin sehr schwach! / Rette mich vor meinen Verfolgern, sie sind mir zu stark. *8* Befreie mein Leben aus dem Gefängnis, / damit ich dich lobpreisen kann! / Die Gerechten werden sich um mich scharen, / weil du mir Gutes getan hast.

Geh nicht mit mir ins Gericht!*

143

*1 Ein Psalmlied.
Von David.*

Hör mein Gebet, Jahwe, achte auf mein Flehen! / Erhöre mich, denn du bist treu und gerecht! *2* Geh nicht ins Gericht mit deinem Knecht, / denn vor dir kann kein Lebendiger bestehen!

3 Der Feind verfolgt meine Seele, / tritt mein Leben mit Füßen / und

---

141,5 *Bösen gestellt.* Führt offenbar den Gedanken von Vers 4 fort. Die Übersetzung bis Vers 7 ist aber unsicher.

Psalm 143 ist der siebte der sieben Bußpsalmen.

stößt mich in eine Dunkelheit, / wie bei Toten im Grab. *4* Mein Geist ist erstarrt, / ich bin vor Angst wie gelähmt.

5 Ich denke an die vergangene Zeit, / grüble nach über dein Tun / und überlege, was du gewirkt hast.

6 Betend breite ich meine Hände zu dir aus, / meine Seele lechzt nach dir wie ein ausgetrocknetes Land. //

7 Jahwe, erhöre mich bald! / Denn mein Geist zehrt sich auf. / Verbirg dein Gesicht nicht vor mir! / Sonst gleiche ich bald denen im Grab.

8 Der Morgen bringe mir Worte deiner Güte, / denn ich setze mein Vertrauen auf dich. / Zeig mir den Weg, den ich gehen soll, / denn auf dich richte ich meinen Sinn! *9* Rette mich vor meinen Feinden, / Jahwe, denn bei dir suche ich Schutz!

10 Lehre mich tun, was dir gefällt, / denn du bist mein Gott! / Dein guter Geist führe mich auf ebenes Land!

11 Zur Ehre deines Namens – erhalte mein Leben, Jahwe! / Gerechter Gott, befreie mich aus dieser Not! *12* Sei so gnädig und vernichte den Feind, / richte zugrunde den, der mein Leben bedrängt, / denn ich bin doch dein Knecht!

Danklied des Königs

144

1 *Von David.* Gepriesen sei Jahwe, mein Fels, / der meine Hände das Kämpfen lehrt, / meine Finger den Waffengebrauch. *2* Meine Gnade und meine Burg, / meine Festung und mein Retter, / mein Schild – bei dem ich geborgen bin, / der mir mein

Volk unterwirft. *3* Was ist denn der Mensch, Jahwe, dass du an ihn denkst, / ein Menschenkind, dass du es beachtest? *4* Der Mensch ist wie ein Hauch, / sein Leben wie ein flüchtiger Schatten.

5 Neig deinen Himmel, Jahwe, und steige herab! / Berühre die Berge, dass sie rauchen! *6* Lass Blitze blitzen und zerstreue den Feind! / Schieß deine Pfeile und verwirre sie! *7* Streck deine Hände vom Himmel herab, / reiß mich heraus aus der tödlichen Flut, / aus der Macht der feindlichen Völker! *8* Mit ihren Worten betrügen sie, / und mit ihrer Hand schwören sie falsch.

9 Gott, ich singe dir ein neues Lied, / auf der zehnsaitigen Harfe spiele ich dir: *10* »Er gibt den Königen Sieg, / befreit auch David, seinen Diener.« / Befreie mich vom bösen Schwert, *11* rette mich aus der Gewalt der Fremden. / Denn mit ihren Worten betrügen sie, / und mit ihrer Hand schwören sie falsch.

12 Unsere Söhne seien wie junge Bäume, / großgezogen in ihrer Jugend. / Unsere Töchter seien Ecksäulen gleich, / geschnitzt für einen Palast. *13* Unsere Speicher seien gut gefüllt, / uns mit Gütern aller Art zu versorgen. / Unser Kleinvieh möge sich tausendfach mehren, / zehntausendfach auf unseren Weiden. *14* Unsere Kühe mögen trächtig sein / und ohne Schaden und Fehlgeburt werfen. / Auf unseren Plätzen höre man kein Klagegeschrei.

15 Wohl dem Volk, dem es so ergeht! / Wie glücklich das Volk, das Jahwe zum Gott hat!

Gottes unendliche Güte*

145
¹ *Ein Lobgesang.*
Von David.

Dich will ich rühmen, mein Gott und König, / deinen Namen lobpreisen immer und für alle Zeit. ² An jedem Tag will ich dich loben, / deinen Namen lobpreisen immer und für alle Zeit.

³ Groß ist Jahwe und sehr zu loben, / seine Größe ist nicht zu erforschen. ⁴ Eine Generation verkünde der nächsten den Ruhm deiner Werke / und erzähle von deinem gewaltigen Tun. ⁵ Die herrliche Pracht deiner Majestät / und deine Wundertaten will ich bedenken. ⁶ Von der Macht deiner furchtbaren Taten soll man sprechen, / und von deinen Großtaten will ich erzählen.

⁷ Die Erinnerung an deine große Güte lasse man sprudeln, / und deine Gerechtigkeit sollen sie jubelnd preisen. ⁸ Gnädig und barmherzig ist Jahwe, / langsam zum Zorn und voller Güte. ⁹ Jahwe ist zu allen gut, / er erbarmt sich aller seiner Geschöpfe. ¹⁰ Es loben dich, Jahwe, all deine Werke, / und deine Treuen preisen dich.

¹¹ Sie sprechen vom Glanz deines Reiches, / sie reden von deiner Macht, ¹² damit die Menschen deine Großtaten erfahren / und die Herrlichkeit deines Reiches. ¹³ Dein Reich ist ja ein Reich aller Zeiten, / und deine Herrschaft hört niemals auf.

Jahwe ist verlässlich in allem, was er sagt, / und gütig in allem, was er tut.* ¹⁴ Jahwe stützt alle, die zusammenbrechen, / und richtet alle Gebeugten auf. ¹⁵ Alle blicken voll Hoffnung auf dich, / und du gibst ihnen ihre Speise zur rechten Zeit. ¹⁶ Du öffnest deine wohltätige Hand, / und alles, was lebt, wird durch dich satt.

¹⁷ Jahwe ist in allem Handeln gerecht / und treu in allem, was er tut. ¹⁸ Nah ist Jahwe allen, die zu ihm rufen, / allen, die dabei aufrichtig sind. ¹⁹ Die Bitten derer, die ihn fürchten, erfüllt er. / Er hört ihr Schreien und hilft. ²⁰ Alle, die ihn lieben, behütet Jahwe; / doch alle, die ihn missachten, vernichtet er.

²¹ Mein Mund soll Jahwes Ruhm verkünden, / und alles, was lebt, preise seinen heiligen Namen / für immer und für alle Zeit.

Gottes ewige Treue

146
¹ Halleluja, preist Jahwe! Auf, meine Seele, preise Jahwe! ² Mein Leben lang will ich Jahwe besingen, / will meinem Gott spielen, solange ich bin.

³ Verlasst euch nicht auf Edelleute, / sie sind Menschen, die können nicht helfen. ⁴ Sie müssen sterben und zerfallen zu Staub, / am

---

Psalm 145 ist ein alphabetischer Psalm. Jeder Vers beginnt im Hebräischen fortlaufend mit den Buchstaben des hebräischen Alphabets.

145,13 Jahwe ... tut. Dieser Satz fehlt in fast allen hebräischen Handschriften. Er entspricht der Zeile, die mit N beginnt und findet sich nur in *einer* hebräischen Handschrift, der LXX und den alten syrischen Übersetzungen.

selben Tag sind ihre Pläne verloren.
5 Wie glücklich ist der, dessen Hilfe
der Gott Jakobs ist, / der seine
Hoffnung auf Jahwe, seinen Gott,
setzt! 6 Er hat Himmel und Erde
gemacht, / das Meer und alles
darin. / Seine Treue hört niemals auf.
7 Er schafft Recht den Unterdrückten, / gibt den Hungrigen Brot. /
Jahwe lässt Gefangene frei. 8 Jahwe
gibt den Blinden Licht, / er richtet
die Gebeugten auf. / Jahwe liebt die
Gerechten. 9 Jahwe behütet die Fremden. / Immer wieder hilft er Waisen
und Witwen. / Doch Gottlosen
krümmt er den Weg.

10 Jahwe bleibt König für alle Zeit; /
dein Gott, Zion, herrscht in jeder
Generation.
Halleluja, preist Jahwe!

Gottes gewaltige Macht

147
1 Halleluja, preist Jahwe!
Ja, es ist gut, aufzuspielen
unserem Gott! / Ihn zu loben, ist
wunderschön! 2 Jahwe baut Jerusalem auf, / die Verschleppten von
Israel bringt er zurück. 3 Er heilt die,
deren Herzen gebrochen sind, / und
verbindet ihre schmerzenden Wunden. 4 Er hat die Sterne alle gezählt /
und nennt sie alle mit Namen.
5 Groß ist der Herr, gewaltig seine
Kraft, / unermesslich sein Verstand.
6 Den Demütigen richtet er auf, /
doch Gottlose schmettert er hin.
7 Stimmt Jahwe ein Danklied an, /
mit Harfen spielt userm Gott!
8 Ihm, der den Himmel mit Wolken
bedeckt, / die Erde mit Regen
beschenkt / und auf den Bergen das
Gras sprießen lässt. 9 Der dem Vieh

sein Futter gibt, / den jungen Raben,
wonach sie schreien. 10 Die Kraft
eines Pferdes beeindruckt ihn
nicht, / die Muskeln des Mannes
lassen ihn kalt. 11 Doch die, die ihn
fürchten, gefallen Jahwe; / die, die
seiner Güte vertrauen.

12 Jerusalem, rühme Jahwe, / Zion,
preise deinen Gott! 13 Er macht die
Riegel deiner Tore fest / und segnet
die Kinder in dir. 14 Er schafft
Frieden in deinem Gebiet, / mit
bestem Weizen macht er dich satt.
15 Er sendet sein Wort auf die Erde, /
rasch kommt der Befehl an sein Ziel.
16 Er breitet den Schnee wie Wolle
aus / und streut den Reif wie den
Staub. 17 In Brocken wirft er sein Eis
herab. / Wer kann bestehen vor
seinem Frost?

18 Dann schickt er ein Wort, / und
alles schmilzt weg; / die Wasser
rinnen, / wenn sein Wind weht. 19 Er
hat Jakob sein Wort offenbart, / Israel
seine Gesetze geschenkt. 20 Das hat er
mit keinem Volk sonst gemacht, / sie
kennen seine Bestimmungen nicht.
Halleluja, preist Jahwe!

Alles soll Gott loben

148
1 Halleluja, preist Jahwe!
Lobt Jahwe vom
Himmel her, / lobt ihn in den Höhen!
2 Lobt ihn, alle seine Engel! / Lobe
ihn, du himmlisches Heer! 3 Lobt
ihn, Sonne und Mond! / Lobt ihn, ihr
leuchtenden Sterne! 4 Lobt ihn, ihr
allerhöchsten Himmel / und das
Wasser da oben am Firmament!
5 Sie alle sollen loben den Namen
Jahwes, / denn sie alle entstanden
durch sein Gebot. 6 Er stellte sie hin

für ewige Zeit, / gab ihnen ein Gesetz, das keiner je bricht.

7 Lobt Jahwe auch von der Erde her, / ihr Meeresriesen und ihr Tiefen, *8* Feuer, Hagel, Nebel und Schnee; / du Sturmwind, der sein Wort ausführt; *9* ihr Berge und Hügel, / Fruchtbäume und Zedern, *10* ihr wilden Tiere und ihr Weidevieh, / ihr Vögel und alles Gewürm; *11* ihr Könige der Erde und ihr Völker alle, / ihr Oberen und ihr Richter der Welt; *12* ihr jungen Männer und Frauen, / ihr Alten samt den Jungen! *13* Loben sollen sie den Namen Jahwes! / Denn nur sein Name ist immer erhöht. / Über Himmel und Erde ragt sein Ruhm! *14* Er hat seinem Volk einen Starken* geschenkt, / zum Loblied für all seine Treuen, / für sein Volk Israel, das ihm so nahe steht. Halleluja, preist Jahwe!

Gott bringt sein Volk zu Ehren

149 *1* Halleluja, preist Jahwe!
Singt Jahwe ein neues Lied, / sein Lob in der Gemeinschaft seiner Getreuen. *2* Es freue sich Israel an seinem Schöpfer, / über ihren König sollen die Kinder der Zionsstadt jubeln. *3* Seinen Namen sollen sie loben beim Reigentanz, / ihm aufspielen mit Handpauke und Zither.

4 Denn Jahwe hat Gefallen an seinem Volk, / er schmückt die Gebeugten mit Heil. *5* Seine Treuen sollen sich in Herrlichkeit freuen, / in Jubel ausbrechen auf ihren Lagern! *6* Lob Gottes sei in ihrer Kehle / und ein zweischneidiges Schwert in ihrer Hand;

7 um Vergeltung an den Völkern zu vollziehen, / Gottes Gerichte an den Nationen; *8* um ihre Könige mit Ketten zu binden, / ihre Edlen mit eisernen Fesseln, *9* um an ihnen zu vollziehen geschriebenes Recht! / Das ist eine Ehre für seine Getreuen! Halleluja, preist Jahwe!

Das große Halleluja

150 *1* Halleluja, preist Jahwe! Lobt Gott in seinem Heiligtum! / Lobt ihn in seiner himmlischen Macht! *2* Lobt ihn für sein gewaltiges Tun! / Lobt ihn für seine große Majestät. *3* Lobt ihn mit dem Hall des Horns, / mit Harfen und mit Lautenklang! *4* Lobt ihn mit Tamburin und Reigentanz, / mit Flöten und mit Saitenspiel! *5* Lobt ihn mit dem Schall von Becken / und mit hellem Zimbelton! *6* Alles, was atmet, lobe Jahwe! Halleluja, preist Jahwe!

148,14 *Starken*. Wörtlich: *Horn*, was hier einen Starken symbolisiert, einen König.

Sprichwörter

Das Buch der Sprichwörter ist Gottes Schatzbuch der Weisheit. Es zeigt, wie das Wort Gottes auf jeden Lebensbereich angewendet werden soll: Die wahre Lebensweisheit ruht auf dem Fundament der Gottesfurcht.

Der größte Teil der Sprüche stammt von Salomo. Wahrscheinlich stellte er auch die »Sprüche der Weisen« (22,17–24,34) zusammen und fügte sie seiner Sammlung hinzu. Zur Zeit Hiskias (250 Jahre nach Salomo) lagen die Kapitel 1–24 offensichtlich schon vor. Die Sprüche Agurs und Lemuels (30–31) stammen offenbar von Nichtisraeliten. Schließlich ließ Hiskia von seinen Männern noch einige Sprüche Salomos einfügen (25–29). Die abschließende Anordnung und Zusammenstellung des Buches wird um 700 v.Chr. geschehen sein.

Einleitung

1 ¹ Sprichwörter von Salomo Ben-David, / dem König von Israel. ² Sie lehren Weisheit und Erziehung / und ein kundiges Wort zu verstehen, ³ um gute Bildung zu erlangen, / einen Sinn für Recht und Aufrichtigkeit, / und zu leben, wie es Gott gefällt, ⁴ Unerfahrenen geben sie Klugheit, / jungen Menschen Wissen und Umsicht. ⁵ Der Kluge hört zu und mehrt seine Kenntnis, / der Erfahrene lernt Führungskunst, ⁶ versteht Bildrede und Spruch, / Rätsel der Weisen und ihr Wort.

⁷ Der Anfang der Erkenntnis ist Ehrfurcht vor Jahwe. / Nur die Narren verachten Weisheit und Zucht.

Warnung vor Verführung (Lektion 1)

⁸ Höre, mein Sohn, auf die Mahnung des Vaters, / verwirf die Weisung deiner Mutter nicht! ⁹ Denn sie sind wie ein Kranz für dein Haupt, / wie eine schöne Kette für deinen Hals.

¹⁰ Mein Sohn, wenn Sünder dich beschwatzen, / dann gehe nicht darauf ein! ¹¹ Wenn sie sagen: »Komm mit uns! / Wir liegen im Hinterhalt und lauern auf Blut, / wir stellen den Arglosen nach, einfach so! ¹² Wir verschlingen sie wie der Tod; / wir reißen sie aus dem Leben, / befördern sie ins Grab! ¹³ Ihr Hab und Gut gehört dann uns, / und wir füllen unsere Häuser damit. ¹⁴ Wirf dein Los in unserem Kreis, / *ein* Geldbeutel sei für uns alle!«

¹⁵ Geh da nicht mit, mein Sohn! / Gib dich nicht mit solchen ab! ¹⁶ Denn sie haben nur Böses im Sinn / und sind schnell zu einer Bluttat bereit. ¹⁷ In den Augen aller Vögel / ist das Fangnetz ohne Absicht bestreut*. ¹⁸ Doch jene lauern auf ihr eigenes Blut, / sie stellen dem eigenen Leben nach. ¹⁹ Und so geht

---

1,17 *bestreut*, d.h. mit Köder.

es jedem, der unehrlich reich werden will, / sein Raub raubt dem Räuber das Leben.

20 Die Weisheit ruft auf der Straße, / auf den Plätzen erschallt ihre Stimme. 21 Man hört sie im lärmenden Gewühl / und auch an den Toren der Stadt: 22 »Wie lange noch, ihr Einfältigen, liebt ihr die Einfalt, / wie lange gefällt den Spöttern ihr Spott / und verschmähen die Narren Erkenntnis? 23 Nehmt doch endlich meine Mahnung an! / Dann lass ich sprudeln meinen Geist / und öffne den Schatz meines Wissens. 24 Immer wieder rief ich euch an, / doch ihr habt gar nicht zugehört, / habt die ausgestreckte Hand missachtet, 25 wolltet die Mahnung nicht hören / und schlugt jeden Rat in den Wind. 26 Doch wenn das Unglück kommt, werde ich lachen. / Dann spotte ich über euch, 27 wenn das, was ihr fürchtet, wie ein Sturm über euch kommt, / wenn ihr bedrängt seid von Angst und Schrecken. 28 Dann schreit ihr nach mir, doch ich antworte nicht, / dann sucht ihr mich, doch ihr findet mich nicht. 29 Weil sie jede Einsicht hassten / und es ablehnten, Jahwe zu fürchten, 30 weil sie meinen Rat nicht wollten / und meine Mahnung verschmähten, 31 darum sollen sie essen, was sie sich eingebrockt haben, / sollen satt werden am eigenen Rat. 32 Denn ihr Eigensinn bringt die Einfältigen um, / die Narren *vernichtet ihre Sorglosigkeit.* 33 Doch wer auf mich hört, hat nichts zu befürchten, / kann ohne Angst vor Unglück sein.«

Die Suche nach Weisheit (Lektion 2)

2 1 Mein Sohn, wenn du meine Worte annimmst / und meine Gebote bei dir verwahrst, 2 wenn du der Weisheit dein Ohr leihst / und dem Verstehen zugeneigt bist, 3 ja, wenn du um Verstand betest / und um Einsicht flehst, 4 wenn du sie suchst wie Silber, / ihnen nachspürst wie einem wertvollen Schatz, 5 dann wirst du die Ehrfurcht begreifen, / die man vor Jahwe haben muss, / und wirst anfangen, Gott zu erkennen.

6 Denn Jahwe gibt Weisheit, / von ihm kommt Kenntnis und Verstand. 7 Den Aufrichtigen hält er Hilfe bereit, / und für die Redlichen ist er ein Schild. 8 Um die Wege des Rechts zu bewahren, / behütet er die, die ihm treu sind.

9 Dann wirst du verstehen, was Recht und Gerechtigkeit ist, / Aufrichtigkeit und ein guter Weg. 10 Denn Weisheit wird in dein Herz einziehen / und Erkenntnis beglückt deine Seele. 11 Besonnenheit wacht über dir / und Verständigkeit behütet dich.

12 Das wird dich retten vom Weg des Bösen, / von denen, die die Wahrheit verdrehen, 13 die den geraden Weg verlassen / und auf finsteren Abwegen sind; 14 von denen, die sich freuen, Böses zu tun, / die jubeln über böse Verkehrtheit, 15 die krumme Wege gehen / und deren Pfad nur in die Irre führt. 16 Das wird dich retten vor der fremden Frau, / der Verführerin, die dir schmeichelt, 17 die den Vertrauten ihrer Jugend verlässt / und den Bund ihres Gottes vergisst. 18 Ihr Haus

sinkt hinab in die Totenwelt, / und ihr Weg führt sie zu den Schatten. *19* Wer zu ihr geht, kehrt nie mehr zurück, / er findet den Weg zum Leben nicht wieder.

20 Darum geh du auf dem Weg der Guten / und führe ein Leben, das Gott gefällt. *21* Denn die Redlichen bewohnen das Land, / und die Aufrichtigen bleiben darin. *22* Die Gottlosen jedoch werden beseitigt, / die Treulosen jätet man aus.

Vertrauen und Gehorsam (Lektion 3)

3 *1* Mein Sohn, vergiss meine Weisung nicht, / behalte meine Vorschriften im Herzen! *2* Sie geben dir ein langes Leben / und sichern dir Jahre im Frieden. *3* Nie sollen dich Liebe und Treue verlassen, / bind sie um deinen Hals und schließ sie in dein Herz! *4* So findest du Gunst und Anerkennung / bei Gott und den Menschen.

5 Vertraue Jahwe mit ganzem Herzen / und stütze dich nicht auf deinen Verstand! *6* Such ihn zu erkennen bei dem, was du tust, / dann räumt er dir die Hürden aus dem Weg! *7* Halte dich nicht selber für weise, / sondern fürchte Jahwe und meide das Böse! *8* Das ist Heilung und Wohltat für dich.

9 Ehre Jahwe mit deinem Besitz, / mit dem Besten von dem, was du erntest. *10* Dann füllen sich deine Scheunen mit Korn / und deine Fässer mit jungem Wein.

Der Nutzen der Weisheit (Lektion 4)

11 Mein Sohn, verachte nicht die Belehrung Jahwes, / sei nicht unwillig, wenn er dich ermahnt. *12* Denn wen Jahwe liebt, den erzieht er streng, / wie der Vater den Sohn, den er gern hat.*

13 Wie glücklich ist der, der Weisheit fand, / der Mann, der Verständnis erwarb. *14* Denn Weisheit besitzen ist besser als Geld / und besser, als Gold zu gewinnen. *15* Sie ist viel kostbarer als Perlen, / dein ganzer Schmuck kommt ihr nicht gleich. *16* In der rechten Hand bietet sie langes Leben / und in ihrer linken Reichtum und Ehre. *17* Ihre Wege sind Wege der Freude / und ihre Pfade führen zum Glück. *18* Sie ist ein Lebensbaum für den, der sie ergreift, / wer an ihr festhält, ist glücklich zu preisen.

19 Durch Weisheit hat Jahwe die Erde gegründet, / durch Verstand den Himmel befestigt. *20* Sein Wissen brachte die Meere hervor / ließ Regen aus den Wolken fallen.

Die Weisheit im täglichen Leben (Lektion 5)

21 Mein Sohn, verliere es nicht aus den Augen, / bewahre Umsicht und Besonnenheit! *22* Sie sind das Leben für dich / und ein schöner Schmuck für deinen Hals. *23* Dann gehst du sicher deinen Weg, / dein Fuß stößt nirgends an. *24* Wenn du dich hinlegst, schreckst du nicht auf, / legst du dich nieder, erquickt dich

---

3,12 Wird im Neuen Testament vom He-bräerbrief nach der LXX zitiert: Hebräer 12,5-6.

dein Schlaf. 25 Du fürchtest dich nicht vor plötzlichem Schrecken, / dem Grauen, das über Gottlose kommt. 26 Denn Jahwe steht dir bei, / er bewahrt deinen Fuß vor der Falle.

27 Versage keine Wohltat dem, der sie braucht. / Wenn du helfen kannst, dann tue es auch! 28 Sag nicht zu deinem Nächsten: »Komm später wieder, / morgen gebe ich es dir!«, wo du jetzt schon helfen kannst.

29 Plane nichts Böses gegen deinen Nächsten, / der vertrauensvoll neben dir wohnt! 30 Geh mit keinem grundlos vor Gericht, / wenn er dir nichts Böses tat.

31 Beneide Gewalttätige nicht, / wähle keinen ihrer Wege! 32 Denn Jahwe verabscheut den, der auf Abwegen geht. / Doch dem Aufrichtigen schenkt er Vertrauen.

33 Auf dem Haus des Frevlers liegt der Fluch Jahwes, / doch die Wohnung des Gerechten* segnet er.

34 Ja, mit Spöttern treibt er Spott, / aber den Demütigen erweist er Gnade.*

35 Weise kommen zu Ehren, / die Narren tragen Schande davon.

Weisheit – der beste Erwerb (Lektion 6)

4 1 Hört, ihr Söhne, auf die Mahnung des Vaters, / merkt auf, damit ihr Einsicht lernt, 2 denn gute Lehre gebe ich euch! / Schiebt meine Weisung nicht weg!

3 Als ich ein kleiner Junge war, / zart und einzig vor meiner Mutter, / da hat mein Vater mich schon unterwiesen. 4 Er sagte: Präg dir meine Worte ein! / Bewahre meine Gebote und lebe danach! 5 Erwirb dir Weisheit und Verstand! / Vergiss sie nicht und richte dich nach dem, was ich sage! 6 Verlass die Weisheit nicht, sie wird dich behüten! / Liebe sie, so beschützt sie dich. 7 Weisheit fängt mit Weisheit an. Erwirb sie dir! / Erwirb Verstand mit allem, was du hast! 8 Schmiege dich an sie, dann wird sie dich erhöhen, / umarme sie, dann bringt sie dich zu Ehren! 9 Sie setzt einen schönen Kranz auf deinen Kopf, / eine prächtige Krone schenkt sie dir.

Weisheit – der sicherste Weg (Lektion 7)

10 Höre, mein Sohn, nimm an, was ich sage, / dann mehren sich dir die Jahre des Lebens. 11 Im Weg der Weisheit unterweise ich dich, / ich leite dich auf ebener Bahn. 12 Wenn du gehst, wird dein Schritt nicht gehemmt, / wenn du läufst, dann stolperst du nicht. 13 Halte an deiner Erziehung fest, verleugne sie nicht, / bewahre sie, denn sie ist dein Leben! 14 Komm nicht auf die Bahn der Gottlosigkeit, / den Weg der Bösen betrete nie! 15 Meide ihn, betritt ihn nicht, / wende dich von ihm ab und

---

3,33 Der *Gerechte* im Alten Testament ist ein Mensch, der mit Gott und Menschen im richtigen Verhältnis lebt und sich nach Gottes Geboten richtet. Er steht im Gegensatz zu dem, der sich an Gott und Menschen schuldig macht, dem Gottlosen, dem Frevler.

3,34 Wird im Neuen Testament von Petrus und Jakobus nach der LXX zitiert: Jakobus 4,6; 1. Petrus 5,5.

gehe vorbei! 16 Denn sie schlafen nicht, wenn sie nichts Böses getan, / es raubt ihnen den Schlaf, wenn sie keinen zu Fall gebracht haben. 17 Unrecht ist ihr tägliches Brot, / Gewalt der Wein, den sie trinken. 18 Doch der Pfad der Gerechten ist wie das Morgenlicht, / es strahlt immer heller bis zum vollen Tag. 19 Der Weg der Gottlosen ist wie das Dunkel, / sie wissen nicht, worüber sie gestrauchelt sind.

Weisheit – Hilfe zum Leben (Lektion 8)

20 Mein Sohn, achte auf meine Worte / und hör mir gut zu! 21 Lass sie nicht aus den Augen, / bewahre sie in Herz und Sinn! 22 Denn sie sind Leben für die, die sie finden, / und Gesundheit für den ganzen Leib.

23 Mehr als alles hüte dein Herz, / denn aus ihm strömt das Leben. 24 Entferne Unwahrheit aus deinem Mund, / die Falschheit von deinen Lippen! 25 Deine Augen sollen geradeaus schauen, / dein Blick gehe nach vorn. 26 Ebne die Bahn für deinen Fuß, / damit du feste Wege hast. 27 Biege nicht ab, weder rechts noch links, / halte deinen Fuß vom Bösen fern!

Warnung vor der Verführerin (Lektion 9)

5 1 Mein Sohn, hör meiner Weisheit willig zu / und nimm meine Einsicht zur Kenntnis, 2 beachte diese Gedanken, / dass deine Rede das Wissen bewahrt.

3 Denn mit honigsüßen Worten lockt sie dich, die fremde Frau, / ihr Gaumen ist glatter als Öl, 4 doch zuletzt ist sie bitter wie Wermut, / scharf wie ein zweischneidiges Schwert. 5 Ihre Füße steigen nieder zum Tod, / ihre Schritte streben dem Totenreich zu. 6 Damit du den Weg zum Leben nicht siehst, / lenkt sie dich ab, ohne dass du es merkst.

7 Und nun, ihr Söhne, hört auf mich! / Schlagt meine Warnungen nicht in den Wind! 8 Geh solch einer Frau aus dem Weg, / komm nicht in die Nähe ihres Hauseingangs! 9 Sonst überlässt du anderen dein Gut, / einem Grausamen all deine Jahre. 10 Sonst leben andere von deinem Vermögen, / Fremde besitzen dann, was du erarbeitet hast. 11 Und du stöhnst an deinem Ende, / wenn dein Fleisch und dein Leib sich verzehrt 12 und wenn du jammerst: »Warum habe ich nur die Erziehung gehasst? / Weshalb habe ich die Mahnung verachtet? 13 Hätte ich doch aufgepasst / und auf meine Lehrer gehört! 14 Fast wäre ich vor aller Öffentlichkeit / ins Unglück geraten.«

15 Trink Wasser aus deiner eigenen Zisterne, / Wasser, das aus deinem Brunnen quillt. 16 Sollen deine Quellen auf die Straße fließen, / deine Bäche auf die Plätze der Stadt? 17 Dir allein soll sie gehören, / keinem Fremden neben dir. 18 Deine Quelle sei gesegnet! / Freue dich an der Frau deiner Jugend! 19 Die liebreizende Gazelle, / das anmutige Reh – ihre Brüste sollen dich immer berauschen, / ihre Liebe bezaubere dich stets! 20 Warum willst du dich an einer Fremden ergötzen, /

warum die Brüste einer Fremden umschlingen?

21 Denn die Wege des Menschen hat Jahwe im Blick, / auf seine Pfade gibt er acht. 22 Die eigenen Sünden fangen den Gottlosen ein, / die Stricke seiner Sünde fesseln ihn selbst. 23 Er wird sterben aus Mangel an Zucht, / seine große Dummheit bringt ihn ins Grab.

Vier Gefahren (Lektion 10)

6 1 Mein Sohn, hast du für deinen / Nächsten gebürgt, / dich einem Fremden mit Handschlag verpflichtet, 2 hast du dich durch deine Worte gebunden, / dich gefesselt durch das, was du sagtest? 3 Dann tue dies, mein Sohn: Reiß dich los! / Denn ein andrer hat dich in seiner Gewalt. / Geh unverzüglich hin und bestürme ihn mit Bitten! 4 Gönn deinen Augen keinen Schlaf / und deinen Lidern keine Ruhe – 5 bis du ihm entkommen bist wie die Gazelle dem Jäger, / wie der Vogel dem Zugriff des Fängers.

6 Geh zur Ameise, du Fauler, / sieh, was sie tut und lerne von ihr! 7 Kein Vorgesetzter treibt sie an, 8 und doch sorgt sie im Sommer für Nahrung, / sammelt ihre Vorräte zur Erntezeit. 9 Wie lange willst du noch liegen, du Fauler? / Wann stehst du endlich auf? 10 Nur noch ein wenig Schlaf, nur noch ein bisschen Schlummer, / nur noch ein wenig liegen, die Hände gefaltet, 11 und schon kommt dir die Armut ins Haus, wie ein Land-streicher, / ja, wie ein Räuber überfällt dich die Not.

12 Ein Schuft, ein Bösewicht ist, / wer Lügen verbreitet, 13 wer mit den Augen zwinkert, / mit den Füßen Zeichen gibt, / mit Fingern Andeutungen macht, 14 wer ein Herz voller Falschheit hat, / mit bösen Plänen darin / und jederzeit Zank anzettelt. 15 Darum nimmt er ein schreckliches Ende, / plötzlich wird er zerschmettert / und nichts kann ihn retten.

16 Sechs Dinge sind Jahwe verhasst, / und sieben sind ihm ein Gräuel: 17 stolze Augen, falsche Zunge / und Hände, die Unschuldige töten, 18 ein Herz, das böse Gedanken durchpflügt, / Füße, die dem Verbrechen nachlaufen, 19 ein falscher Zeuge, der Lügen in die Ohren bläst, / und einer, der Zank zwischen Brüdern entfacht.

Warnung vor Ehebruch (Lektion 11)

20 Bewahre, mein Sohn, das Gebot deines Vaters, / verwirf die Weisung deiner Mutter nicht! 21 Nimm sie dir zu Herzen, / winde sie um deinen Hals. 22 Beim Gehen soll es dich leiten, / beim Liegen dich behüten / und beim Wachwerden dir raten. 23 Denn das Gebot ist wie eine Leuchte, / die Weisung wie ein Licht, / und die ermahnende Erziehung ist ein Weg zum Leben, 24 um dich zu schützen vor der schlechten Frau, / der glatten Zunge der Fremden. 25 Begehre nicht ihre Schönheit / und falle nicht herein, wenn sie dir schöne Augen macht. 26 Denn eine Hure bringt dich nur ums Brot, / doch eines anderen Ehefrau um dein kostbares Leben. 27 Kann man Feuer im Gewand-bausch tragen / ohne dass die Kleider

verbrennen? *28* Kann man über Kohlenglut laufen, / und versengt sich nicht die Füße dabei? *29* So geht es dem, der zur Frau eines anderen geht. / Wer mit ihr schläft, der bleibt nicht ungestraft.

30 Man verachtet den Dieb nicht, wenn er stiehlt, / um sein Verlangen zu stillen, weil der Hunger ihn treibt. *31* Wird er ertappt, muss er es ersetzen, / siebenfach, mit der ganzen Habe seines Hauses. *32* Doch wer mit der Frau eines anderen Ehebruch treibt, / muss den Verstand verloren haben. / Nur wer sich selbst vernichten will, / lässt sich auf so etwas ein. *33* Schläge und Schande bringt es ihm ein / und unauslöschbare Schmach.

34 Denn Eifersucht weckt die Wut des Ehemanns; / hat er zur Rache Gelegenheit, verschont er dich nicht. *35* Er lässt sich auf keine Entschädigung ein, / bleibt unerbittlich, selbst wenn du ihn mit Geld überhäufst.

Lass dich nicht verführen! (Lektion 12)

7 *1* Mein Sohn, bewahre meine Worte / und hüte meine Weisung wie einen Schatz! *2* Achte auf meine Gebote, dass du lebst; / hüte sie wie deinen Augapfel. *3* Binde sie um deine Finger, / schreibe sie tief in dein Herz! *4* Nenn die Weisheit deine Schwester / und lass die Einsicht deine Freundin sein, *5* dass sie dich bewahre vor der Frau eines andern, / vor der Fremden, die dich umschmeichelt.

6 Einmal stand ich am Fenster / und lugte durch die Gitter hinaus. *7* Da sah ich eine Gruppe junger Männer, Unerfahrene, / und dabei einen Burschen ohne Verstand. *8* Er ging über die Straße, bog um die Ecke / und nahm den Weg zu ihrem Haus. *9* Es war schon in der Dämmerung, / beim Einbruch der Nacht, wenn es dunkel wird. *10* Schau, da kommt eine Frau ihm entgegen, / wie eine Hure geputzt, / ihre Absicht versteckt. *11* Leidenschaftlich ist sie und hemmungslos; / es hält sie nicht in ihrem Haus. *12* Bald ist sie draußen, bald auf den Plätzen, / an allen Straßenecken lauert sie. *13* Da greift sie ihn und küsst ihn ab / und spricht ihn herausfordernd an:

14 »Ich musste heute ein Freudenopfer* bringen, / nun habe ich meine Gelübde erfüllt. *15* Darum kam ich heraus, dir zu begegnen, / ich hab dich gesucht und gefunden. *16* Ich habe mein Bett mit Tüchern bezogen, / mit bunten ägyptischen Leinen, *17* und ich habe es mit Myrrhe besprengt, / mit Aloë und Zimt. *18* Komm, wir lieben uns die ganze Nacht, / wir berauschen uns an Liebeslust! *19* Denn mein Mann ist nicht zu Hause, / er ist auf Reisen, sehr weit fort. *20* Den Geldbeutel hat er mit sich genommen. / Zum Vollmondstag erst kommt er nach Haus.«

7,14 Beim *Freudenopfer* wurde im Gegensatz zum Brandopfer nur das Fett auf dem Altar verbrannt. Der größte Teil des Tieres durfte bei einer fröhlichen Opfermahlzeit gemeinsam mit Verwandten und Freunden verzehrt werden.

21 Mit solchen Worten verleitet sie ihn, / verführt ihn mit schmeichelnden Lippen. 22 Er folgt ihr sofort, / wie ein Ochse, den man zum Schlachten führt, / wie ein Hirsch, den das Fangseil umschlingt, 23 bis ein Pfeil seine Leber zerreißt / und er wie ein Vogel im Fangnetz hängt. / Er weiß nicht, dass es um sein Leben geht.

24 Hört mir zu, ihr jungen Männer! / Merkt euch gut, was ich sage! 25 Lasst euch von solch einer Frau nicht verführen, / irrt nicht auf ihren Wegen umher! 26 Denn sie hat schon viele gefällt und erschlagen, / die Zahl ihrer Todesopfer ist hoch! 27 Ihr Haus ist ein Weg zum Scheol* hinab, / er führt in die Kammern des Todes.

Ruf der Weisheit (Lektion 13)

8 1 Hört doch, wie die Weisheit ruft, / wie die Einsicht ihre Stimme erhebt! 2 Sie steht an den Straßen, dass jeder sie sieht, / sie hat sich an die Kreuzungen gestellt, 3 sie hält sich an den Stadttoren auf / und ruft an den Eingängen laut: 4 »Euch, ihr Leute, lade ich ein! / An alle Menschen wende ich mich. 5 Ihr Anfänger, lernt, was Klugheit ist! / Ihr Tagträumer, werdet endlich wach! 6 Hört zu, ich gebe euch einen wertvollen Rat! / Die Aufrichtigkeit öffnet mir den Mund. 7 Was ich sage, ist nichts als die Wahrheit, / denn ich verabscheue Gottlosigkeit. 8 Alle meine Worte sind recht, / keins davon ist hinterlistig und falsch. 9 Dem Einsichtigen sind sie alle recht / und dem, der sie verstehen will, klar. 10 Sucht meine Unterweisung und nicht Silberschmuck! / Nehmt Erkenntnis lieber an als reines Gold! 11 Weisheit ist besser als kostbare Perlen, / alle Juwelen ersetzen sie nicht.«

12 Ich, die Weisheit, bin mit der Klugheit im Bund. / Durch Umsicht finde ich Erkenntnis und Rat. 13 Jahwe zu ehren heißt Böses zu hassen. / Ja, ich hasse Hochmut und Stolz / und unrechtes Tun / und einen Mund, der die Worte verdreht. 14 Bei mir ist Hilfe und Rat. / Ich habe Einsicht und habe auch Macht. 15 Könige regieren durch mich / und Herrscher entscheiden gerecht. 16 Durch mich versehen die Oberen ihr Amt, / die Vornehmen und die Verwalter des Rechts.

17 Ich liebe, die mich lieben; / und die mich suchen, finden mich. 18 Ich biete Reichtum und Ehre, / bleibendes Gut und gerechten Lohn. 19 Was ihr von mir bekommt, ist besser als das reinste Gold / und wertvoller als erlesenes Silber. 20 Ich gehe den Weg der Gerechtigkeit / und zwar mitten auf der Straße des Rechts. 21 Denen, die mich lieben, gebe ich, was bleibt, / und ihre Häuser fülle ich.

22 Bevor alles anfing, besaß mich Jahwe, / vor seinen Werken, vor aller Zeit. 23 Schon ewig war ich eingesetzt, von Anfang an, / noch vor Beginn der Welt. 24 Als noch keine Meere waren, wurde ich geboren, / als es noch keine wasser-

---

7,27 *Scheol.* Der hebräische Begriff meint den Ort der Toten.

reichen Quellen gab. *25* Noch vor den Hügeln wurde ich geboren; / die Berge waren noch nicht eingesenkt, *26* die Erde hatte er noch nicht gemacht, / das feste Land und seine Felder. *27* Als er den Himmel wölbte, war ich dabei, / als er den Kreis des Horizonts abmaß über dem Meer, *28* als er die Wolken hoch oben zusammenzog / und die Quellen aus der Tiefe sprudeln ließ; *29* als er das Meer in seine Schranken wies, / die es nicht überschreiten darf, / als er die Fundamente der Erde abmaß, *30* da war ich als geliebtes Kind bei ihm. / Ich war seine Freude Tag für Tag / und spielte vor ihm allezeit. *31* Ich spielte auf dem Rund seiner Erde, / und es war meine Freude, bei den Menschen zu sein.

32 Nun denn, ihr jungen Leute, hört auf mich! / Wie glücklich sind alle, die auf meinen Wegen gehen! *33* Hört auf die Mahnung, und schlagt sie nicht in den Wind! / Hört darauf und werdet klug! *34* Wie glücklich ist der, der auf mich hört, / der Tag und Nacht vor meinen Türen steht, / der in meinem Torweg wacht.

35 Denn wer mich findet, hat Leben gefunden / und das Wohlgefallen Jahwes. *36* Doch wer mich verfehlt, schadet sich selbst. / Alle, die mich hassen, lieben den Tod.

Frau Weisheit und Frau Torheit laden zu Gast (Zusammenfassung)

9 *1* Die Weisheit hat ihr Haus gebaut, / hat es mit sieben Säulen ausgeschmückt. *2* Sie hat ihr Vieh geschlachtet, ihren Wein gemischt / und auch schon ihren Tisch gedeckt. *3* Nun schickt sie ihre Dienstmädchen / auf den Marktplatz der Stadt: *4* »Wer unerfahren ist, der kehre hier ein! / Wer etwas lernen will, ist eingeladen!« / So rufen sie aus. *5* »Kommt und esst von meinem Mahl / und trinkt von meinem guten Wein! *6* Lasst ab von der Einfalt, wählt doch das Leben, / und geht auf dem Weg des Verstands!«

7 Wer einen Spötter ermahnt, erntet nur Schimpf; / und wer einen Gottlosen rügt, kriegt sein Teil davon ab. *8* Rüge den Zuchtlosen nicht, sonst hasst er dich nur! / Rüge den Weisen, er liebt dich dafür! *9* Unterrichte den Weisen, dann wird er noch weiser; / belehre den Gerechten, so lernt er noch mehr! *10* Der Anfang aller Weisheit ist Ehrfurcht vor Jahwe. / Den Heiligen erkennen, das ist Verstand. *11* Denn durch mich werden deine Jahre vermehrt, / durch mich verlängert sich dein Leben. *12* Wenn du weise bist, dann hast du selbst etwas davon. / Und auch wenn du ein Spötter bist, musst du die Folgen tragen.

13 Frau Torheit ist eine schamlose Frau / und hat nie etwas erkannt! *14* Da sitzt sie an ihrem Hauseingang, / sie thront auf dem Marktplatz der Stadt, *15* um einzuladen, den, der vorübergeht, / der einen geraden Weg verfolgt: *16* »Wer unerfahren ist, der kehre hier ein! / Wer etwas lernen will, ist eingeladen! *17* Gestohlenes Wasser ist süß, / und heimlich entwendetes Brot, / das schmeckt besonders gut!« *18* Doch wer ihr folgt, weiß nicht, dass dort die Schatten hausen, / denn die Geister der Toten sind bei ihr zu Gast.

Sprichwörter Salomos

10 *1* Es folgen Sprichwörter Salomos.

Ein gescheiter Sohn ist Vaters Glück, / doch ein dummer ist Mutters Kummer.

2 Unrecht Gut gedeiht nicht gut, / doch ein gottrechtes Leben rettet vom Tod.

3 Jahwe lässt keinen verhungern, der gottgefällig lebt, / doch die Gier der Gottlosen stößt er zurück.

4 Wer lässig schafft, wird arm, / doch fleißige Hände machen reich.

5 Wer im Sommer sammelt, ist ein kluger Sohn, / doch wer die Ernte verschläft, hat Verachtung verdient.

6 Das Haupt des Gerechten ist mit Segen gekrönt, / doch im Mund des Gottlosen verbirgt sich Gewalt.

7 Das Andenken des Gerechten ist Segen, / doch der Name des Gottlosen verwest.

8 Ein weiser Mensch nimmt Weisungen an, / doch wer Unsinn redet, kommt zu Fall.

9 Wer aufrichtig ist, tritt sicher auf, / doch wer krumme Wege geht, fängt zu schwitzen an.

10 Wer böswillig zwinkert, verursacht nur Leid, / und wer Unsinn redet, kommt zu Fall.

11 Der Mund des Gerechten ist eine Quelle des Lebens, / doch im Mund des Frevlers verbirgt sich Gewalt.

12 Hass verlangt nach Streit, / doch Liebe deckt alle Vergehen zu.

13 Auf den Lippen des Verständigen findet man Weisheit, / auf dem Rücken des Unverständigen einen Stock.

14 Weise sparen ihr Wissen auf, / Narren reden schnell Unheil herbei.

15 Für den Reichen ist der Besitz eine sichere Burg, / für den Armen führt Armut zum Untergang.

16 Der Lohn des Gerechten erhält ihn am Leben, / das Geld des Gottlosen giert nach Sünde.

17 Wer auf Mahnungen hört, ist auf dem Weg zum Leben, / wer sie verachtet, ist auf einer falschen Spur.

18 Wer Hass verbirgt, muss lügen, / doch wer Verleumdung ausstreut, ist verrückt.

19 Wo viele Worte sind, geht es ohne Sünde nicht ab, / doch wer die Zunge im Zaum hält, ist klug.

20 Die Worte eines Menschen, der gottgefällig lebt, sind wie erlesenes Silber, / doch das Gewissen eines Gottlosen ist wenig wert.

21 Das Reden des Gerechten macht viele Menschen satt, / doch ein Dummkopf stirbt durch Unverstand.

22 Wohlstand kommt durch den Segen Jahwes, / eigenes Mühen vergrößert ihn nicht.

23 Nur dem Dummen machen Schandtaten Spaß, / ein Verständiger freut sich, Gescheites zu tun.

24 Was der Gottlose fürchtet, kommt über ihn, / doch der Gerechte bekommt, was er wünscht.

25 Ist der Sturm vorüber, ist der Frevler nicht mehr da, / doch der Gerechte steht immer auf festem Grund.

26 Wie Essig für die Zähne und Rauch für die Augen / ist ein Fauler für den, der ihn zur Arbeit schickt.

27 Wer Jahwe ehrt, wird länger leben, / wer ihn missachtet, verkürzt seine Zeit.

28 Der Gerechte kann Freude erwarten, / doch der Gottlose hat seine Hoffnung verspielt.

29 Wer sich an Jahwe hält, hat seine Zuflucht in ihm, / doch wer Unrecht tut, für den ist er der Untergang.

30 Wer lebt, wie es Gott gefällt, hat immer sicheren Grund, / doch wer Gott missachtet, verliert sein Land.

31 Wer lebt, wie es Gott efällt, lässt Weisheit sprießen, / doch eine falsche Zunge schneidet man ab.

32 Die Worte des Gerechten tun dir wohl, / doch der Mund des Frevlers verbreitet Verkehrtheit.

11

1 Falsche Waage ist Jahwe ein Gräuel, / nur volles Gewicht gefällt ihm gut.

2 Kommt Übermut, dann kommt auch Schande, / doch Weisheit ist mit Demut verknüpft.

3 Aufrichtige werden von Redlichkeit geführt; / Treulose zerfrisst ihre Falschheit.

4 Reichtum nützt nichts, wenn Gott zornig ist, / ein gottrechtes Leben* rettet vom Tod.

5 Dem Aufrichtigen ebnet sein Gehorsam den Weg, / doch Gottlose kommen durch ihre Bosheit zu Fall.

6 Die Aufrichtigen rettet ihre Treue, / die Treulosen fängt die eigene Gier.

7 Wenn der Gottlose stirbt, vergeht seine Hoffnung, / und seine Erwartungen verlieren sich.

8 Der Gerechte wird aus Bedrängnis befreit, / der Gottlose kommt stattdessen hinein.

9 Wer Gott verachtet, verdirbt auch seinen Nächsten, / wer lebt, wie es Gott gefällt, wird durch Erkenntnis befreit.

10 Geht es den Gerechten wohl, freut sich die Stadt, / kommen die Gottlosen um, jubelt sie auf.

11 Durch den Segen der Frommen kommt eine Stadt hoch, / doch das Reden der Gottlosen reißt sie herab.

12 Wer über andere lästert, hat keinen Verstand, / doch ein Verständiger hält seinen Mund.

13 Wer als Verleumder umherzieht, gibt Anvertrautes preis, / doch ein Zuverlässiger hält die Sache geheim.

14 Ohne Führungskunst zerfällt ein Volk, / Rettung kommt durch viele Berater.

15 Wer für einen Fremden bürgt, ist übel dran, / doch wer den Handschlag hasst, ist sicher.

16 Durch Liebenswürdigkeit kommt eine Frau zu Ehren, / durch Tatkraft Männer zu Vermögen.

17 Wer zu anderen gütig ist, tut sich selber wohl, / doch ein Grausamer schneidet sich ins eigene Fleisch.

18 Unsicher ist der Gewinn des Gottlosen; / wer lebt, wie es Gott gefällt, erhält sicheren Lohn.

19 So gewiss die Gottgerechtigkeit zum Leben führt, / so sicher führt die Jagd nach dem Bösen zum Tod.

20 Verschlagene Menschen verabscheut Jahwe, / doch die, die geradlinig leben, gefallen ihm gut.

11,4 *gottrechtes Leben.* Wörtlich: Gerechtigkeit. Das meint ein Leben, wie es Gott gefällt.

21 Die Hand darauf: Der Böse bleibt nicht ungestraft! / Aber die Nachkommen des Gerechten bleiben verschont.

22 Wie ein goldener Ring im Rüssel einer Sau / ist eine schöne Frau, die keinen Anstand hat.

23 Wer lebt, wie es Gott gefällt, darf lauter Gutes erwarten; / doch wer Gott missachtet, hofft nur auf Zorn.

24 Mancher teilt mit vollen Händen aus und bekommt doch immer mehr, / ein anderer spart über Gebühr und wird doch arm dabei.

25 Wer andern Gutes tut, dem geht es selber gut, / wer anderen Erfrischung gibt, wird selbst erfrischt.

26 Wer in Notzeiten Getreide hortet, wird von den Leuten verwünscht, / wer es aber verkauft, den segnen sie.

27 Wer auf das Gute aus ist, findet Gefallen bei Gott; / wer Böses ausheckt, zieht es sich auf den Hals.

28 Wer auf sein Geld vertraut, kommt zu Fall; / doch wer lebt, wie es Gott gefällt, wird sprossen wie das frische Grün.

29 Wer seine Familie zerrüttet, steht am Schluss vor dem Nichts, / und der Dumme wird ein Sklave des Weisen.

30 Der Gerechte ist ein Baum des Lebens; / und der Weise gewinnt Menschen für sich.

31 Wer gottrecht lebt, bekommt den Lohn schon auf der Erde, / wer Gott verachtet und in Sünde lebt, erst recht.*

12 1 Wer Zurechtweisung liebt, der liebt es zu lernen, / wer keinen Tadel erträgt, ist dumm wie das Vieh.

2 Der Gute beschert sich Gefallen bei Gott, / doch den Ränkeschmied verurteilt Jahwe.

3 Wer Unrecht tut, hat keinen Bestand, / doch der Gerechte steht wie ein tief verwurzelter Baum.

4 Eine tüchtige Frau ist eine Krone für ihren Mann, / doch eine Schlampe ist wie Fäulnis im Skelett.

5 Ein Gerechter denkt an das Recht, / ein Gottesverächter plant Betrug.

6 Das Reden von Gottesverächtern ist ein Lauern auf Blut, / doch die Worte von Aufrichtigen retten davor.

7 Gottlose stürzen und sind nicht mehr, / doch das Haus der Gerechten besteht.

8 Jeder wird nach dem Maß seiner Klugheit gelobt, / doch einen Wirrkopf verachtet man.

9 Besser unbeachtet bleiben und einen Sklaven besitzen, / als ein Wichtigtuer sein, der nichts zu essen hat.

10 Den Gerechten kümmert das Wohl seines Viehs, / wer Gott verachtet, hat ein grausames Herz.

11 Wer seine Felder bestellt, hat auch genügend Brot, / doch wer Nichtigkeiten nachjagt, ist ohne Verstand.

12 Der Frevler beneidet Böse um ihren Gewinn, / doch die Wurzel der Gerechten gibt Halt.

13 Der Böse verfängt sich im Lügengespinst, / der Gerechte entgeht der Gefahr.

11,31 Wird im Neuen Testament von Petrus nach der LXX zitiert: 1. Petrus 4,18.

14 Wer Gutes sagt, lebt auch gut davon, / und was seine Hände reifen lassen, das kehrt zu ihm zurück.

15 Ein Narr hält alles, was er tut, für recht, / doch ein Weiser hört auf Rat.

16 Ein Dummkopf zeigt seinen Ärger sofort, / doch wer die Beleidigung einsteckt, ist klug.

17 Ein wahrhaftiger Zeuge fördert das Recht, / ein falscher unterstützt den Betrug.

18 Wer unbedacht schwätzt, verletzt mit dem Schwert, / doch die Worte von Weisen sind heilendes Kraut.

19 Wahrheit besteht in Ewigkeit, / Lüge vergeht in kürzester Zeit!

20 Wer Böses plant, schadet sich selbst, / wer zum Frieden rät, der kann sich freuen.

21 Kein Unheil stößt dem Gerechten zu, / doch die Gottlosen werden vom Unglück erdrückt.

22 Ein Mensch, der lügt, ist Jahwe ein Gräuel, / nur wer wahrhaftig ist, gefällt ihm wohl.

23 Ein kluger Mensch verbirgt sein Wissen, / doch ein Narr schreit seine Dummheit heraus.

24 Fleißige werden die Herrschaft erringen, / Faule müssen Zwangsarbeit tun.

25 Sorgen drücken einen Menschen nieder, / doch ein gutes Wort richtet ihn auf.

26 Der Gerechte zeigt seinem Freund den Weg, / der Gottesverächter wird in die Irre geführt.

27 Wer lässig ist, fängt nie ein Wild, / doch der Fleißige erlangt kostbares Gut.

28 Wer gottrecht lebt, findet das Leben. / Auf diesem Weg gibt es keinen Tod.

13

1 Ein verständiger Sohn hört, wenn er zurechtgewiesen wird, / doch der Zuchtlose hört die Schelte nicht.

2 Von der Frucht seiner Worte kann ein Mann gut leben, / doch ein Treuloser lebt von Gewalt.

3 Wer den Mund hält, bewahrt sein Leben, / wer ihn aufreißt, dem droht Verderben.

4 Ein fauler Mensch hat viele Wünsche, erreicht aber nichts, / doch der Fleißige erfüllt sie sich.

5 Wer gottrecht lebt, hasst Lug und Trug, / der Gottesverächter bringt Schande und Spott.

6 Ein gottrechtes Leben bewahrt die Aufrichtigen, / doch Gottlosigkeit bringt die Sünder zu Fall.

7 Mancher stellt sich reich und hat doch nichts; / mancher stellt sich arm und ist steinreich.

8 Ein Reicher kann Lösegeld für sein Leben zahlen, / doch ein Armer wird gar nicht erst erpresst.

9 Das Licht der Gerechten strahlt hell, / doch die Leuchte der Gottlosen erlischt.

10 Übermut bringt nichts als Zank, / doch wer sich beraten lässt, ist klug.

11 Vermögen aus dem Nichts verliert sich bald, / doch wer allmählich sammelt, gewinnt immer mehr.

12 Endloses Hoffen macht das Herz krank, / doch ein erfüllter Wunsch ist wie ein Lebensbaum.

13 Wer das Wort verachtet, muss dafür bezahlen, / doch wer Ehrfurcht hat vor dem Gebot, der wird belohnt.

14 Die Lehre des Weisen ist eine Quelle des Lebens, / die vor den Fallen des Todes bewahrt.

15 Wer gute Einsicht hat, verschafft sich Gunst, / doch der Weg der Verräter ist steinhart.

16 Jeder Kluge handelt mit Bedacht, / ein Narr kramt seine Dummheit aus.

17 Ein gottloser Bote richtet Unheil an, / doch ein treuer Gesandter macht es wieder gut.

18 Armut und Schande trifft den, der sich nichts sagen lässt, / doch wer den Tadel annimmt, wird geehrt.

19 Es tut wohl, wenn kommt, was man begehrt, / doch vom Bösen zu lassen ist dem Narren ein Gräuel.

20 Wer mit Weisen umgeht, wird weise, / doch wer sich mit Narren einlässt, schadet sich.

21 Die Sünder werden von Unheil verfolgt; / wer gottgefällig lebt, wird mit Glück belohnt.

22 Das Erbe des Guten ist noch für die Enkel, / doch das Vermögen des Sünders ist für Gerechte bestimmt.

23 Viel Nahrung trägt der Acker der Armen, / doch manches wird durch Unrecht weggerafft.

24 Wer seine Rute schont, der hasst seinen Sohn, / doch wer ihn liebt, erzieht ihn beizeiten.

25 Wer gottrecht lebt, hat satt zu essen, / doch der Magen der Gottlosen bleibt leer.

14

1 Die Weisheit baut Familie und Haus, / doch die Torheit reißt alles wieder ein.

2 Wer seinen Weg geradeaus geht, hat Ehrfurcht vor Jahwe, / doch wer krumme Wege einschlägt, verachtet ihn.

3 Das Gerede eines Narren ist eine Rute für seinen Stolz, / doch der Weise überlegt, was er sagt.

4 Wo keine Rinder sind, da bleibt die Krippe leer, / doch die Kraft des Stiers bringt reichen Ertrag.

5 Ein zuverlässiger Zeuge wird nicht lügen, / doch ein falscher lügt, was er kann.

6 Ein Spötter sucht die Weisheit und findet sie nicht, / doch der Vernünftige entdeckt sie schnell.

7 Wenn du einem Toren gegenübertrittst, / hörst du kein vernünftiges Wort.

8 Die Weisheit lässt den Klugen wissen, was er tut, / doch Narren betrügen sich durch ihre Dummheit selbst.

9 Nur Narren treiben Spott mit Schuld, / doch aufrichtige Menschen gefallen Gott.

10 Das Herz allein kennt seinen tiefen Schmerz, / und auch seine Freude teilt es mit keinem.

11 Das Haus von Gottlosen wird zerstört, / doch das Zelt der Redlichen gedeiht.

12 Mancher Mensch hält seinen Weg für recht, / doch am Ende führt er ihn zum Tod.

13 Selbst beim Lachen kann man traurig sein, / und wenn es vorbei ist, bleibt der Schmerz.

14 Der Abtrünnige bekommt, was er verdient, / und ebenso der gute Mann durch das, was er tut.

15 Nur der Einfältige glaubt allem Geschwätz, / der Kluge achtet auf jeden Schritt.

16 Der Weise scheut sich und weicht dem Bösen aus, / doch der Narr braust auf und fühlt sich sicher.

17 Ein hitziger Mann macht manche Dummheit, / und der Ränkeschmied wird stets gehasst.

18 Der Einfältige wird seine Dummheit erben, / doch der Kluge wird mit Erkenntnis gekrönt.

19 Die Bösen müssen sich vor den Guten verneigen / und die Gottlosen an den Türen der Gerechten.

20 Ein Armer ist selbst seinem Nächsten verhasst, / doch Reiche haben viele Freunde.

21 Wer seinen Nächsten verachtet, versündigt sich, / doch glücklich, wer sich über Hilflose erbarmt.

22 Wer Böses plant, wird in die Irre gehen, / doch wer gute Absichten hat, erntet Liebe und Treue.

23 Harte Arbeit führt zum Gewinn, / bloßes Gerede zum Verlust.

24 Reichtum ist die Krone der Verständigen, / der Kranz der Narren ist ihr Unverstand.

25 Ein ehrlicher Zeuge ist ein Lebensretter, / wer Lügen vorbringt, verbreitet Betrug.

26 Wer Jahwe ehrt, lebt in Sicherheit, / auch seine Kinder werden beschirmt.

27 Wer Jahwe ehrt, ist an der Quelle des Lebens / und wird vor tödlichen Fehlern bewahrt.

28 In der Größe seines Volkes liegt die Ehre des Königs, / doch ein Rückgang der Bevölkerung ist sein Untergang.

29 Wer ruhig bleibt, hat viel Verstand, / doch wer aufbraust, zeigt nur seine Unvernunft.

30 Gelassenheit hält auch den Körper gesund, / doch Leidenschaft ist Knochenfraß.

31 Wer Schwache bedrückt, verhöhnt deren Schöpfer, / doch wer Hilflosen hilft, ehrt den, der sie geschaffen hat.

32 In seinem Unglück kommt der Gottlose um, / doch wer mit Gott lebt, ist auch im Tod noch geborgen.

33 Im Herz des Verständigen ist die Weisheit zu Haus, / doch beim Toren fühlt sie sich nicht wohl.

34 Gerechtigkeit macht ein Volk groß, / doch Sünde ist für jedes Volk eine Schande.

35 Ein kluger Diener wird von seinem Herrscher geschätzt, / doch einen Schändlichen trifft sein Zorn.

15

1 Eine milde Antwort stillt den Zorn, / doch ein kränkendes Wort heizt ihn an.

2 Die Worte von Weisen fördern das Wissen, / der Mund von Narren schwatzt dummes Zeug.

3 Jahwes Augen sind überall / und wachen über Böse und Gute.

4 Ein freundliches Wort ist wie ein Lebensbaum, / eine falsche Zunge zerbricht den Geist.

5 Ein Narr verschmäht die Zucht seines Vaters, / doch wer sich ermahnen lässt, wird klug.

6 Wer Gott gehorcht, hat mehr als genug, / wer ihn missachtet, kann nicht nutzen, was er gewinnt.

7 Die Lippen der Weisen verbreiten Erkenntnis, / das Herz der Narren Unrichtigkeit.

8 Das Opfer von Gottlosen ist Jahwe ein Gräuel, / das Gebet von Aufrichtigen gefällt ihm gut.

9 Das Treiben der Gottlosen verabscheut Jahwe, / doch liebt er den, der gottrecht leben will.

10 Wer krumme Wege geht, wird hart bestraft, / wer Mahnung hasst, kommt um.

¹¹ Totenreich und Unterwelt sind offen vor Jahwe, / wie viel mehr dann die Herzen der Menschen.

¹² Der Spötter mag es nicht, dass man ihn rügt, / und zu den Weisen geht er nicht.

¹³ Ein fröhliches Herz macht ein strahlendes Gesicht, / bei Herzenskummer ist der Mut gebeugt.

¹⁴ Das Herz des Verständigen sucht nach Wissen, / der Mund der Toren schwatzt Unsinn.

¹⁵ Wer bekümmert ist, hat keinen guten Tag, / doch ein fröhliches Herz ist ein tägliches Fest.

¹⁶ Besser wenig in Ehrfurcht vor Jahwe, / als große Schätze und ständige Sorge.

¹⁷ Besser nur Grünkost und Liebe dabei, / als der schönste Braten, übergossen mit Hass.

¹⁸ Ein zorniger Mann erregt den Zank, / ein langmütiger besänftigt den Streit.

¹⁹ Der Weg des Faulen ist wie mit Dornen versperrt, / doch der Pfad der Aufrichtigen ist frei.

²⁰ Ein kluger Sohn erfreut den Vater, / nur ein Dummkopf missachtet die Mutter.

²¹ Dem Unverständigen macht Dummheit Spaß, / wer Einsicht hat, geht den geraden Weg.

²² Wo es an Beratung fehlt, da scheitern die Pläne, / wo viele Ratgeber sind, da gibt es Erfolg.

²³ Jeden freut es, wenn er Antwort geben kann; / wie gut ist ein Wort zur richtigen Zeit!

²⁴ Wer Einsicht hat, geht den Weg aufwärts zum Leben, / damit er der Totenwelt unten entgeht.

²⁵ Das Haus der Stolzen reißt Jahwe ein, / doch den Grenzstein der Witwe stellt er wieder auf.

²⁶ Böse Pläne sind Jahwe ein Gräuel, / doch freundliche Worte sind ihm recht.

²⁷ Unehrlicher Gewinn bringt die Familie in Not, / doch wer Bestechung hasst, wird leben.

²⁸ Wer gottgefällig lebt, überlegt, was er sagt, / doch ein gottloser Mund schäumt Böses aus.

²⁹ Jahwe ist den Gottlosen fern, / doch das Beten der Gerechten hört er.

³⁰ Leuchtende Augen erfreuen das Herz, / die gute Nachricht gibt neue Kraft.

³¹ Wer auf heilsame Zurechtweisung hört, / hält sich bei den Weisen auf.

³² Wer Zucht verwirft, verachtet sich selbst, / wer auf Mahnungen hört, erwirbt Verstand.

³³ Ehrfurcht vor Jahwe ist Erziehung zur Weisheit; / und Demut geht der Ehre voraus.

16

¹ Der Mensch stellt seine Überlegungen an, / doch was er sagt, kommt von Jahwe.

² Der Mensch hält alles, was er tut, für recht, / doch Jahwe prüft die Motive.

³ Wälze dein Tun auf Jahwe, / dann gelingen deine Pläne.

⁴ Alles schuf Jahwe zu seinem Zweck, / auch den Gottlosen – für den Unheilstag.

⁵ Jeder Hochmütige ist für Jahwe ein Gräuel. / Die Hand darauf! Er bleibt nicht ungestraft.

⁶ Durch Liebe und Treue wird Schuld gesühnt, / durch Ehrfurcht vor Jahwe bleibt man dem Bösen fern.

7 Wenn das Tun eines Menschen Jahwe gefällt, / macht er auch dessen Feinde zum Frieden bereit.

8 Besser wenig mit Gerechtigkeit, / als großen, aber unrechten Gewinn.

9 Das Herz des Menschen plant seinen Weg, / aber Jahwe lenkt seinen Schritt.

10 Ein Gottesurteil ist auf den Lippen des Königs, / beim Rechtsspruch irrt er sich nicht.

11 Es ist Jahwes Wille, dass die Waage einwandfrei ist / und die Gewichte im Beutel stimmen.

12 Gottloses Tun ist für Könige ein Gräuel, / denn ihr Thron steht nur durch Gerechtigkeit fest.

13 Wahrhaftige Worte gefallen dem König; / er liebt es, wenn jemand aufrichtig spricht.

14 Der Zorn des Königs ist ein Bote des Todes, / doch ein weiser Mann wendet ihn ab.

15 Das freundliche Gesicht eines Königs ist Leben; / seine Gunst ist wie eine Wolke, die im Frühjahr Regen bringt.

16 Weisheit zu erwerben ist viel besser als Gold, / Verstand zu bekommen ist mehr als alles Silber wert.

17 Die Straße der Aufrichtigen heißt: Meide das Böse! / Wer auf seinen Weg achtet, bewahrt sein Leben.

18 Hochmut kommt vor dem Fall / und Stolz vor dem Sturz.

19 Besser bescheiden bei Gebeugten zu sein, / als mit Hochmütigen Beute zu teilen.

20 Wer auf das Wort achtet, findet das Gute. / Glücklich der Mensch, der Jahwe vertraut!

21 Ein weiser Mensch ist angesehen, / und Anmut in der Sprache fördert Überzeugungskraft.

22 Der Verstand ist ein Lebensquell für den, der ihn hat; / Narren werden durch ihre Dummheit bestraft.

23 Ein Weiser redet mit Verstand, / das ist seinem Lehren förderlich.

24 Freundliche Worte sind wie Honig, / süß für die Seele und für den Körper gesund.

25 Mancher Weg erscheint dem Menschen recht, / doch am Ende führt er in den Tod.

26 Der Hunger treibt den Menschen an, / er arbeitet, um essen zu können.

27 Ein böser Mensch gräbt Unheil aus / und auf seinen Lippen brennt es wie Feuer.

28 Ein falscher Mensch sät überall Streit, / ein Verleumder verfeindet Freunde.

29 Der Verbrecher verführt seinen Freund / und bringt ihn auf unguten Weg.

30 Wer mit den Augen zwinkert, führt Böses im Schild; / wer die Lippen verzieht, hat es schon getan.

31 Graues Haar ist ein prächtiger Schmuck, / gefunden auf dem Weg der Gerechtigkeit.

32 Geduld bringt weiter als Heldentum; / es ist besser, sich zu beherrschen, als Städte zu erobern.

33 Im Gewandbausch wirft man das Los, / doch die Entscheidung kommt von Jahwe.

17

1 Besser ein trockenes Brot und Eintracht / als ein großes Festmahl und Streit.

2 Ein kluger Sklave wird Herr über einen missratenen Sohn / und teilt mit den Brüdern das Erbe.

3 Der Tiegel für das Silber, der Ofen für das Gold; / doch Jahwe ist es, der die Herzen prüft.

4 Ein Bösewicht hört auf böse Reden, / ein Lügner schenkt dem Verleumder Gehör.

5 Wer Arme verspottet, verhöhnt deren Schöpfer; / und wer sich über Unglück freut, der bleibt nicht ungestraft.

6 Der Alten Schmuck sind Enkelkinder, / der Kinder Stolz sind ihre Väter.

7 Zum Narren passt die vornehme Sprache nicht; / und die Lüge nicht zum geachteten Mann.

8 Bestechung ist wie ein Zauberstein für den, der sie übt, / wohin er sich wendet, hat er Erfolg.

9 Wer nach Liebe sucht, deckt Vergehen zu, / doch wer die Sache aufrührt, vertreibt den Freund.

10 Ein Tadel trifft einen Verständigen mehr / als hundert Schläge einen Narren.

11 Nur Aufruhr will der Böse, / doch ein strenger Gerichtsbote wird ihm geschickt.

12 Besser einer Bärin begegnen, der die Jungen geraubt sind, / als einem Narren mit seinem Unverstand.

13 Wer Gutes mit Bösem vergilt, / bei dem bleibt das Unheil ein ständiger Gast.

14 Der Anfang eines Streits ist wie ein Wasserdurchbruch. / Hör auf, bevor der Prozess beginnt!

15 Den Schuldigen gerecht zu sprechen und den Gerechten für schuldig zu erklären, / beides ist für Jahwe ein Gräuel.

16 Was soll das Geld in des Toren Hand? / Kann er Weisheit kaufen ohne Verstand?

17 Ein Freund steht immer zu dir, / wie ein Bruder ist er dir in der Not.

18 Wer mit Handschlag für die Schulden eines anderen bürgt, / vermisst wohl seinen Verstand.

19 Wer Streit liebt, liebt die Sünde; / wer sein Tor zu hoch baut, führt seinen Einsturz herbei.

20 Ein verschlagener Mensch findet kein Glück; / ins Unheil stürzt, wer sich beim Reden verstellt.

21 Hat jemand einen Dummkopf zum Sohn, dann hat er auch Kummer; / der Vater eines Narren freut sich nicht.

22 Ein frohes Herz tut dem Körper wohl, / ein zerschlagener Geist trocknet ihn aus.

23 Der Gottlose nimmt heimlich Bestechung an, / um die Wege des Rechts zu beugen.

24 Der Verständige hat die Weisheit vor Augen, / doch für den Toren liegt sie am Ende der Welt.

25 Ein törichter Sohn macht seinem Vater Verdruss; / und Kummer seiner Mutter, die ihn gebar.

26 Eine Geldstrafe für den Unschuldigen ist nicht gut, / doch Edelleute schlagen zu lassen, ist gegen alles Recht.

27 Wer Einsicht hat, spart sich die Worte, / wer sich beherrschen kann, zeigt seinen Verstand.

28 Selbst ein Narr wird für weise gehalten, wenn er schweigt, / für vernünftig, wenn er seine Lippen schließt.

18

¹ Wer sich absondert, geht nur seinen Gelüsten nach, / gegen jede Einsicht wehrt er sich.

² Ein Narr will eine Sache nicht verstehen, / er will nur zeigen, was er meint.

³ Mit dem Frevler kommt die Verachtung / und mit der Schande die Schmach.

⁴ Die Worte eines Menschen können tiefe Wasser sein, / ein sprudelnder Bach, eine Quelle der Weisheit.

⁵ Es ist nicht gut, Partei für den Schuldigen zu nehmen / und dem Gerechten sein Recht zu verweigern.

⁶ Die Reden eines Narren stiften Streit, / und sein Mund schreit, bis er Prügel bekommt.

⁷ Die Worte eines Narren sind sein Untergang, / seine Lippen bringen ihn zu Fall.

⁸ Die Worte des Verleumders sind wie Leckerbissen; / man verschlingt sie mit großem Appetit.

⁹ Wer seine Arbeit nachlässig tut, / ist wie einer, der alles zerstört.

¹⁰ Wie ein fester Turm ist der Name Jahwes, / der Gerechte läuft zu ihm und ist in Sicherheit.

¹¹ Sein Vermögen hält der Reiche für eine sichere Stadt, / in seiner Einbildung ist es ein verlässlicher Schutz.

¹² Vor dem Sturz will mancher hoch hinaus, / doch der Ehre geht Demut voraus.

¹³ Wer Antwort gibt, bevor er zuhört, / ist dumm und macht sich lächerlich.

¹⁴ Der Mut eines Menschen überwindet die Krankheit, / doch wer hilft einem lebensmüden Geist?

¹⁵ Ein verständiger Mensch erweitert sein Wissen, / spitzt die Ohren und lernt stets dazu.

¹⁶ Geschenke öffnen viele Türen, / selbst zu den Großen geleiten sie dich.

¹⁷ Wer als Erster aussagt, hat scheinbar Recht, / doch dann kommt sein Gegner und stellt es in Frage.

¹⁸ Das Los beendet den Streit / und bringt die Mächtigen auseinander.

¹⁹ Ein getäuschter Bruder ist wie eine verschlossene Burg, / wie ein Festungsriegel der Streit mit ihm.

²⁰ Von der Frucht des Mundes wird der Körper satt, / vom Erfolg der Lippen kann man leben.

²¹ Die Zunge hat Macht über Leben und Tod; / wer sie gut nutzt, genießt ihre Frucht.

²² Wer seine Frau gefunden hat, hat Gutes gefunden / und dazu das Gefallen Jahwes.

²³ Der Arme muss bescheiden fragen, / der Reiche antwortet hart.

²⁴ Viele Gefährten gefährden dich, / ein echter Freund ist treuer als ein Bruder.

19

¹ Besser arm und untadelig sein, / als ein Lügner und ein Trottel.

² Unbedachter Eifer ist nicht gut, / wer hastig läuft, tritt fehl.

³ Durch eigene Dummheit verdirbt man den Plan, / doch wütend ist man auf Jahwe.

⁴ Besitz vermehrt die Zahl der Freunde, / doch den Armen verlässt selbst sein Freund.

⁵ Ein falscher Zeuge bleibt nicht ungestraft; / wer Lügen bläst, kommt nicht davon.

6 Viele schmeicheln dem, der Einfluss hat, / und jeder will der Freund des Freigebigen sein.

7 Den Armen hassen alle Verwandten, / und seine Bekannten meiden ihn. / Und er jagt leeren Versprechungen nach.

8 Bilde deinen Verstand, dann tust du dir Gutes; / folg deiner Einsicht, dann findest du Glück!

9 Ein falscher Zeuge bleibt nicht ungestraft; / wer Lügen vorbringt, hat sein Leben verspielt.

10 Wohlstand steht einem Dummen nicht an; / und keinem Sklaven die Macht über Fürsten.

11 Ein Mensch, der Einsicht hat, regt sich nicht auf, / es ehrt ihn, dass er Verfehlungen vergibt.

12 Der Zorn des Königs ist wie Löwengebrüll, / doch seine Gunst ist wie Tau auf dem Gras.

13 Ein Verhängnis für den Vater ist der dumme Sohn; / und eine nörgelnde Frau ist wie ein tropfendes, undichtes Dach.

14 Haus und Habe kann man erben, / doch eine verständige Frau kommt von Jahwe.

15 Faulheit führt zum Tiefschlaf, / wer lässig ist, muss hungern.

16 Wer Gottes Weisung beachtet, der achtet auf sein Leben, / doch wer sich gehen lässt, kommt um.

17 Wer Bedürftigen hilft, leiht Jahwe; / er wird ihm seine Wohltat vergelten.

18 Deinen Sohn erziehe streng, solange noch Hoffnung ist; / lass ihn nicht in sein Verderben laufen.

19 Wer im Jähzorn handelt, trägt seine Strafe davon; / greifst du ein, machst du es noch schlimmer.

20 Höre auf Rat und nimm die Züchtigung an, / dann bist du am Ende ein weiser Mann.

21 Viele Dinge nimmt ein Mensch sich vor, / doch zustande kommt der Ratschluss Jahwes.

22 Was einen Menschen wertvoll macht, ist seine Güte; / und besser arm sein, als ein verlogener Mann.

23 Jahwe zu fürchten ist gut zum Leben: / Satt und zufrieden verbringt man die Nacht / und wird nicht von Unglück berührt.

24 Greift der Faule mit der Hand in die Schüssel, / bringt er sie nicht zurück in den Mund.

25 Schlägt man den Spötter, wird ein Unerfahrener klug; / rügt man den Verständigen, lernt er daraus.

26 Wer den Vater misshandelt, die Mutter verjagt, / ist ein verkommener, schändlicher Sohn.

27 Hör dir die Mahnung gar nicht erst an, mein Sohn, / wenn du doch von der Lehre abweichen willst.

28 Ein ehrloser Zeuge verspottet das Recht, / und Gottlose finden am Unrecht Geschmack.

29 Für Spötter stehen Gerichte bereit, / und Prügel für den Rücken der Narren.

20 1 Der Wein macht Spötter, das Bier Krakeeler. / Wer sich damit berauscht, wird niemals weise.

2 Das Drohen des Königs gleicht dem Brüllen des Löwen. / Wer seinen Zorn erregt, hat sein Leben verwirkt.

3 Vom Streit zu lassen, ehrt einen Mann, / doch jeder Trottel stürzt sich hinein.

4 Im Herbst mag der Faule nicht pflügen, / und wenn er ernten will, findet er nichts.

5 Guter Rat im Herzen des Menschen ist wie ein tiefes Wasser, / doch ein kluger Mann schöpft daraus.

6 Viele preisen ihre eigene Frömmigkeit, / doch wer findet einen wirklich treuen Mann?

7 Wer aufrichtig lebt, wie es Gott gefällt: / Glücklich die Kinder, die er hinterlässt!

8 Ein König, der auf dem Richterstuhl sitzt, / findet mit den Augen jeden Bösen heraus.

9 Wer kann schon sagen: »Mein Gewissen ist rein, / ich bin frei von jeder Schuld«?

10 Zweierlei Maß und zweierlei Gewicht / sind beide ein Gräuel für Jahwe.

11 Schon ein junger Mann zeigt an seinen Taten, / ob sein Handeln rein und redlich ist.

12 Das Ohr, das hört, das Auge, das sieht, / Jahwe hat beide gemacht.

13 Liebst du den Schlaf, so bist du bald arm. / Mach die Augen auf, dann hast du zu essen.

14 »Schlecht, schlecht!« sagt der Käufer, / doch wenn er weggeht, gibt er mit dem Schnäppchen an.

15 Es gibt Gold und viele Perlen – der kostbarste Schmuck ist ein verständiges Wort.

16 Nimm sein Gewand, denn er hat für den Fremden gebürgt, / pfände ihn wegen der Ausländerin.

17 Süß schmeckt ihm das Brot des Betrugs, / doch danach hat er den Mund voller Kies.

18 Durch Beratung haben Pläne Bestand. / Zieh nur mit weiser Überlegung in den Kampf!

19 Wer als Verleumder umherzieht, gibt Anvertrautes preis. / Lass dich nicht mit einem Schwätzer ein!

20 Wer Vater oder Mutter verflucht, / dessen Lampe erlischt in Finsternis.

21 Wer das Erbe hastig an sich reißt, / wird am Ende nicht gesegnet sein.

22 Sag nicht: Ich will das Böse vergelten! / Vertraue Jahwe, er wird dir helfen.

23 Zweierlei Gewicht und falsche Waage / sind für Jahwe ein Gräuel.

24 Von Jahwe sind des Mannes Schritte gelenkt. / Was versteht der Mensch von seinem Weg?

25 Wer vorschnell ruft »Geweiht!« und dann erst sein Gelübde bedenkt, / ist schon in die Falle getappt.

26 Ein weiser König sondert die Gottlosen aus / und führt das Dreschrad* über sie.

27 Der Geist des Menschen ist ein Licht Jahwes, / er durchforscht des Menschen Innerstes.

28 Güte und Treue behüten den König, / ja durch Güte stützt er seinen Thron.

29 Der Stolz der Jungen ist ihre Kraft, / die Zierde der Alten das graue Haar.

30 Blutige Striemen läutern den Bösen / und Schläge des Menschen Inneres.

20,26 *Dreschrad.* Das Rad des Dreschwagens, der auf der Tenne von Tieren im Kreis über das Getreide gezogen wurde, um das Korn von der Hülse zu trennen, vgl. Jesaja 28,27-28.

21

¹ Wie ein Wasserlauf ist das Herz des Königs in Jahwes Hand; / er lenkt es, wohin er auch will.

² Der Mensch hält alles, was er tut, für gut, / doch Jahwe prüft die Motive.

³ Ein gottrechtes Leben ist Jahwe mehr wert als geschlachtete Opfer.

⁴ Stolze Augen und hochmütige Herzen – das Licht der Gottlosen – ist Sünde.

⁵ Überlegung und Fleiß bringen guten Gewinn, / doch Hast und Eile nichts als Verlust.

⁶ Durch Betrug erworbener Reichtum / ist wie ein verwehter Dunst, eine tödliche Falle.

⁷ Gewalttat reißt die Gottlosen weg, / denn sie weigern sich, das Rechte zu tun.

⁸ Verschlungen ist der Weg des Schuldigen, / der Redliche geht den geraden Weg.

⁹ Besser auf dem Flachdach zu wohnen / als mit einer zänkischen Frau zusammen im Haus.

¹⁰ Ein böser Mensch hat Böses im Sinn, / kein Mitgefühl für den Nächsten.

¹¹ Bestraft man den Spötter, lernt ein Unerfahrener daraus; / belehrt man den Weisen, lernt der selber daraus.

¹² Der Gerechte achtet auf des Gottlosen Haus, / während dieser in sein Unglück stürzt.

¹³ Wer sein Ohr vor dem Schrei des Schwachen verschließt, / bekommt auch keine Antwort, wenn er einmal ruft.

¹⁴ Eine heimliche Gabe besänftigt den Zorn, / ein verborgenes Geschenk den heftigen Grimm.

¹⁵ Der Gerechte freut sich, wenn Recht geschieht, / doch der Verbrecher wird in Schrecken versetzt.

¹⁶ Ein Mensch, der vom Weg der Einsicht abirrt, / ruht bald in der Versammlung der Schatten.

¹⁷ Wer die Festfreude liebt, wird dem Mangel verfallen; / wer aufwändig lebt, wird niemals reich.

¹⁸ Der Schuldige zahlt das Lösegeld für den Gerechten, / der Betrüger muss für den Redlichen büßen.

¹⁹ Besser in der Wüste hausen / als Ärger mit einer zänkischen Frau.

²⁰ Wertvolle Schätze und duftendes Öl ist in der Wohnung des Weisen, / doch ein Dummer vergeudet es schnell.

²¹ Wer nach Gerechtigkeit und Güte strebt, / findet Leben, Recht und Ehre.

²² Ein Weiser erobert die Stadt der Starken / und stürzt das Bollwerk ihrer Sicherheit.

²³ Wer den Mund hält, / hält sich Probleme vom Hals.

²⁴ Der stolze Übermütige – man nennt ihn Spötter – spielt mit böser Überheblichkeit.

²⁵ Den Faulen bringen seine Wünsche um, / denn seine Hände wollen nichts tun.

²⁶ Es begehrt die Begierde den ganzen Tag, / doch der Gerechte gibt und kann großzügig sein.

²⁷ Das Opfer des Frevlers ist Jahwe ein Gräuel, / besonders wenn er es für Schandtaten bringt.

²⁸ Ein falscher Zeuge geht zugrunde, / doch wer zuhört, redet mit Erfolg.

²⁹ Der Frevler macht ein freches Gesicht, / der Gerechte hat einen sicheren Gang.

30 Keine Weisheit, kein Verstand, / kein Rat besteht vor Jahwe.

31 Das Pferd wird gerüstet für den Tag der Schlacht, / doch der Sieg ist die Sache Jahwes.

22

1 Ein guter Name ist besser als großer Besitz, / Beliebtheit besser als Silber und Gold.

2 Der Reiche und der Arme begegnen sich, / der sie beide schuf, ist Jahwe.

3 Der Kluge sieht das Unglück voraus und bringt sich in Sicherheit, / der Unerfahrene geht weiter und kommt zu Fall.

4 Der Lohn von Demut und Furcht vor Jahwe / ist Reichtum, Ehre und erfülltes Leben.

5 Der Weg des Falschen ist voll Haken und Schlingen, / wer sein Leben liebt, meidet ihn.

6 Gewöhne den Jungen an seinen Weg, / dann bleibt er auch im Alter dabei.

7 Der Reiche hat die Armen in seiner Gewalt, / der Schuldner ist seines Gläubigers Sklave.

8 Wer Unrecht sät, wird Unheil ernten, / der Stock beendet seinen Übermut.

9 Wer Güte zeigt, wird gesegnet sein, / denn er teilt sein Brot mit den Armen.

10 Vertreibe den Spötter, dann zieht auch der Zank fort, / das Streiten und Schimpfen hört auf.

11 Wer ein reines Gewissen liebt und gewinnend reden kann, / den nimmt der König zum Freund.

12 Die Augen Jahwes bewachen das Erkennen, / doch die Worte des Falschen fegt er hinweg.

13 Der Faule sagt: Ein Löwe ist draußen, / der bringt mich um, mitten auf dem Platz.

14 Eine tiefe Grube ist der Mund der fremden Frau, / wen Jahwe strafen will, der fällt hinein.

15 Hat ein Kind nur Dummheiten im Kopf, / entfernt man sie durch die Rute der Zucht.

16 Wer den Armen unterdrückt, mehrt dessen Besitz; / wer dem Reichen gibt, macht ihn arm*.

Dreißig weise Sprüche

17 Hör mir zu! Vernimm die Worte von Weisen / und nimm dir mein Wissen zu Herzen! 18 Es ist gut, wenn du sie auswendig lernst, / damit du sie jederzeit hersagen kannst. 19 Ich belehre dich heute, / damit du Jahwe vertraust.

20 Dreißig von diesen Lehren schrieb ich dir auf, / Ratschläge, gut und begründet. 21 Sie zeigen dir, wie redlich Wahrheit ist, / damit du dem, der dich schickte, zuverlässige Antwort bringst.

(1)

22 Beraube nicht den Schwachen, der sich nicht wehren kann, / und benachteilige nicht den Hilflosen vor Gericht. 23 Jahwe schützt die Schutzlosen. / Wer sie beraubt, dem raubt er das Leben.

22,16 *macht ihn arm.* Gemeint ist vielleicht, dass Bedrückung die Energie und Arbeitsleistung des Armen vermehrt, und Geschenke beim Reichen die Verschwendungssucht.

(2)

24 Lass dich nicht mit einem Zornigen ein, / und vom Hitzkopf halte dich fern. 25 Sonst gewöhnst du dich an seine Unart / und bringst dich selber zu Fall.

(3)

26 Sei nicht unter denen, die sich durch Handschlag verpflichten, / die Bürgschaft leisten für fremde Schuld. 27 Denn wenn du dann nicht bezahlen kannst, / pfändet man selbst dein Bett.

(4)

28 Verrücke die uralte Grenze nicht, / die deine Väter dem Grundstück gesetzt.

(5)

29 Siehst du einen, der tüchtig ist in seinem Beruf – Königen wird er dienen / und nicht irgendwelchen, die niemand kennt.

(6)

23 1 Wenn du bei hohen Herren zu Tische sitzt, / bedenke immer, wen du vor dir hast. 2 Setz dir ein Messer an die Kehle, / wenn du allzu gierig bist! 3 Und gib acht bei ihren Leckerbissen, / und lass dich durch sie nicht betrügen.

(7)

4 Müh dich nicht ab, es zu Reichtum zu bringen, / aus eigener Einsicht lass die Finger davon! 5 Denn eh du dich versiehst, hat er Flügel bekommen / und fliegt wie ein Adler fort durch die Luft.

(8)

6 Vom Geizhals nimm keine Einladung an, / seine Leckerbissen begehre nicht! 7 Denn er hat alles abgezählt. / »Iss und trink!«, sagt er zu dir, / aber im Grunde gönnt er dir nichts. 8 Den Bissen, den du gegessen hast, musst du erbrechen, / und vergeudet ist jedes freundliche Wort.

(9)

9 Sprich nicht zu den Ohren eines Toren, / denn er verachtet deinen guten Rat.

(10)

10 Verrücke die uralte Grenze nicht, / auch nicht auf Kosten hilfloser Waisen. 11 Denn sie haben einen mächtigen Beistand, / der ihren Prozess gegen dich führt.

(11)

12 Öffne dein Herz für jede Ermahnung, / dein Ohr für verständiges Reden.

(12)

13 Erspare dem Knaben die Züchtigung nicht! / Eine Tracht Prügel bringt ihn nicht um. 14 Du schlägst ihn mit der Rute, / doch du rettest sein Leben.

(13)

15 Mein Sohn, wenn du klug und einsichtig wirst, / ist das eine herzliche Freude für mich. 16 Und mein Inneres wird jubeln, / wenn Aufrichtiges von deinen Lippen kommt.

(14)

17 Ereifere dich nicht über die Sünder, / sondern bemühe dich täglich um die Furcht vor Jahwe! *18* Denn das Ende kommt ja noch, / und dann verlierst du deine Hoffnung nicht.

(15)

19 Höre mein Sohn und sei klug, / und bleib auf dem geraden Weg! *20* Halte dich von den Weinsäufern fern / und von denen, die im Fleischgenuss schwelgen. *21* Denn Säufer und Schlemmer werden arm, / und Schläfrigkeit kleidet in Lumpen.

(16)

22 Hör auf deinen Vater, der dich gezeugt hat, / und verachte deine Mutter nicht, auch wenn sie alt geworden ist. *23* Lass dir die Wahrheit etwas kosten, / auch Weisheit, Zucht und Verstand! / Und gib das alles nie wieder her! *24* Laut jubelt der Vater eines Gerechten; / er freut sich über einen verständigen Sohn. *25* Mögen auch deine Eltern sich freuen, / möge jubeln die, die dich gebar.

(17)

26 Gib mir dein Herz, mein Sohn, / und lass dir meine Wege gefallen. *27* Denn die Hure ist wie ein tiefer Schacht, / die Fremde wie ein gefährliches Loch. *28* Sie lauert dir auf wie ein Räuber / und vermehrt die Zahl der untreuen Männer.

(18)

29 Wer hat Ach und wer hat Weh? / Wer hat Streit und wer jammert herum? / Wer lässt sich grundlos schlagen, / und wer hat glasige Augen? *30* Die bis spät beim Weine sitzen, / die kommen, um den Mischwein zu kosten. *31* Sieh den Wein nicht an, wie er erglüht, / wie er so rot im Becher funkelt; / wie glatt er durch die Kehle rinnt! *32* Am Ende beißt er wie eine Schlange, / wie eine Viper spritzt er sein Gift. *33* Dann siehst du seltsame Dinge / und redest dummes Zeug. *34* Du fühlst dich wie auf stürmischer See, / als ob du im Mastkorb eines Schiffes liegst. *35* »Man hat mich geschlagen, doch es tat mir nicht weh; / man hat mich verprügelt, ich merkte es nicht. / Wie werde ich nur wieder wach? / Ich brauche einen Schluck, / ich muss wieder hin!«

(19)

24

1 Beneide keine bösen Menschen, / sei nicht begierig, bei ihnen zu sein! *2* Denn sie haben nur Verbrechen im Sinn / und reden nur, um Schaden zu tun.

(20)

3 Durch Weisheit wird ein Haus gebaut, / durch Umsicht gewinnt es Bestand; *4* durch Klugheit füllen sich die Räume / mit wertvollem und schönem Gut.

(21)

5 Nur ein kluger Mann ist wirklich stark, / durch Wissen zwingt er seine Kraft. *6* Nur durch kluge Maßnahmen gewinnst du die Schlacht / und durch viele Ratgeber den Sieg.

(22)

7 Die Weisheit ist dem Narren zu hoch, / im Rat macht er den Mund nicht auf.

(23)

8 Wer nur darauf aus ist, Böses zu tun, / den nennt man einen Bösewicht. 9 Auch die Schandtat des Narren ist Sünde, / und ein Spötter ist ein abscheulicher Mensch.

(24)

10 Bist du lässig am gewöhnlichen Tag, / versagt deine Kraft auch in der Bedrängnis.

(25)

11 Rette die, die man zum Tod hinschleppt, / und die zur Hinrichtung wanken, o halte sie zurück! 12 Wenn du sagst: »Wir haben nichts davon gewusst!«, / dann sollst du wissen: Der dir ins Herz sieht, weiß Bescheid, / der auf dich achtet, hat dich durchschaut! / Jedem vergilt er, was er verdient.

(26)

13 Iss Honig, mein Sohn, / denn er ist gesund / und ein Genuss für den Gaumen. 14 Doch Weisheit ist heilsam für dein Leben. / Hast du sie gefunden, dann hast du auch Zukunft, / und deine Hoffnung schwindet nicht.

(27)

15 Bringe nicht einen redlichen Mann / um Haus und Hof, du Gottloser, 16 denn der Gerechte fällt sieben Mal und steht doch wieder auf, / aber Gottlose versinken im Unglück.

(28)

17 Fällt dein Feind, so freue dich nicht, / frohlocke nicht, wenn er stürzt, 18 damit nicht Jahwe es sieht und missbilligt, / und er deinen Feind verschont.

(29)

19 Reg dich nicht auf über die Bösen, / ereifere dich nicht über Frevler. 20 Denn der Böse hat keine Zukunft, / und die Leuchte der Frevler erlischt.

(30)

21 Ehre Jahwe und achte den König, mein Sohn! / Lass dich nicht mit Aufrührern ein! 22 Denn plötzlich trifft sie das Verderben, / von beiden kommt es über sie.

Weitere Sprüche von Weisen

23 Auch die folgenden Sprüche stammen von Weisen:

Parteilichkeit im Gericht ist niemals gut. 24 Wer zu dem Schuldigen sagt: »Du bist gerecht«, / den verfluchen die Leute, ganze Völker verwünschen ihn. 25 Doch denen, die gerecht entscheiden, geht es gut, / über sie kommt Segen und Glück.

26 Eine treffende Antwort ist wie ein Kuss auf die Lippen.

27 Zuerst tu deine Arbeit draußen und bestelle dein Feld! / Danach erst baue dein Haus!

28 Tritt nie als falscher Zeuge gegen jemand auf, / betrüge nicht mit deinen Worten! 29 Sag nicht: »Wie du mir, so ich dir! / Was er mir antut, zahl ich ihm heim!«

30 Ich kam am Feld eines Faulen vorbei, / am Weinberg eines Mannes ohne Verstand. *31* Sieh da, er war ganz überwuchert von Disteln, / seine Fläche mit Unkraut bedeckt, / seine Mauer eingestürzt. *32* Ich schaute hin und nahm es zu Herzen, / ich sah es und zog eine Lehre daraus: *33* Nur noch ein wenig Schlaf, / nur noch ein bisschen Schlummer; / nur noch ein wenig liegen, die Hände gefaltet, *34* und wie schnell kommt dann die Armut ins Haus; / wie schnell überfällt dich die Not!

Die Spruchsammlung Hiskijas

25 *1* Auch die folgenden Sprüche stammen von Salomo. Sie wurden gesammelt von Männern des Königs Hiskija von Juda.

2 Ist es Gottes Ehre, eine Sache zu verbergen, / so ist es der Könige Ehre, eine Sache zu erforschen.

3 Der Himmel an Höhe, die Erde an Tiefe, und die Gedanken der Könige – unerforschlich sind sie.

4 Entferne die Schlacken aus dem Silber, / dann gelingt dem Goldschmied ein Schmuckstück.

5 Entferne den Gottlosen vom König, / dann regiert er gerecht und seine Herrschaft besteht.

6 Tritt vor dem König bescheiden auf, / und stell dich nicht an den Platz der Großen. *7* Es ist besser, man ruft dich auf den höheren Platz, / als dass man dich vor Edlen herabsetzt.

Was du mit deinen Augen erblickt hast, *8* bringe nicht so schnell zum Gericht! / Denn was willst du machen, wenn dich dein Nächster beschämt?

9 Trag deinen Streit mit deinem Mitmenschen aus, / aber gib nicht das Geheimnis eines anderen preis; *10* sonst schmäht dich jeder, der davon hört, / und du behältst einen üblen Ruf.

11 Wie goldene Äpfel auf silbernen Schalen / ist ein rechtes Wort zur richtigen Zeit.

12 Wie ein goldener Ring, wie feinster Schmuck / ist ein weiser Mahner für ein offenes Ohr.

13 Wie kühlender Schnee am Erntetag, / so ist ein treuer Bote für den, der ihn schickt: / eine erfrischende Freude für seinen Herrn.

14 Wie Wolken und Wind, aber kein Regen, / ist jemand, der Versprechungen macht, sie aber nicht hält.

15 Mit Geduld wird ein Vorgesetzter umgestimmt, / denn eine sanfte Zunge kann den Widerstand* brechen.

16 Hast du Honig gefunden, iss nur so viel dir bekommt, / sonst wirst du ihn satt und erbrichst.

17 Mach dich selten im Haus deines Nächsten, / sonst wird er dich satt und verabscheut dich.

18 Eine Keule, ein Schwert, ein spitzer Pfeil / ist ein falscher Zeuge für seinen Nächsten.

19 Ein brüchiger Zahn und ein schlotternder Fuß, / so ist ein treuloser Mensch in der Zeit der Not.

20 Wenn einer sich auszieht bei Frost, / wenn jemand Essig auf

---

25,15 Widerstand. Wörtlich: *Knochen.*

Natron gießt*, / so ist es, wenn man lustige Lieder vor einem Traurigen singt.

²¹ Wenn dein Feind hungrig ist, gib ihm zu essen, / wenn er Durst hat, gib ihm zu trinken; ²² so sammelst du glühende Kohlen auf seinen Kopf*, / und Jahwe vergilt es dir.*

²³ Nordwind bringt Regen / und Klatsch ein verdrießliches Gesicht.

²⁴ Besser auf dem Flachdach zu wohnen / als mit einer zänkischen Frau zusammen im Haus.

²⁵ Kühles Wasser für eine durstige Kehle / ist eine gute Nachricht aus fernem Land.

²⁶ Eine trübe Quelle, ein verdorbener Brunnen, / so ist ein Gerechter, der vor einem Gottlosen wankt.

²⁷ Zu viel Honig essen ist nicht gut, / zu viel Ehre bekommt einem nicht*.

²⁸ Wie eine Stadt mit zerstörter Mauer / ist ein Mann, der seinen Geist nicht beherrscht.

26 ¹ Wie Schnee zum Sommer und Regen zur Ernte / passt Ehre zum Dummkopf.

² Wie ein flatternder Spatz, eine Schwalbe im Flug, / so ist ein unverdienter Fluch: Er trifft nicht ein.

³ Eine Peitsche fürs Pferd, ein Zaum für den Esel / und ein Stock auf den Rücken des Toren.

⁴ Gib dem Toren keine Antwort, die seiner Dummheit entspricht, / sonst wirst du ihm gleich. ⁵ Gib dem Dummkopf eine Antwort, die seine Torheit verdient, / sonst hält er sich für klug.

⁶ Wer Botschaft durch einen Dummkopf schickt, / hackt sich selbst die Füße ab und muss Gewalttat schlucken.

⁷ Schlaff hängen die Beine des Lahmen / und ein Weisheitsspruch im Mund des Dummen.

⁸ Wer einem Dummen Ehre erweist, / verschnürt einen Stein in der Schleuder.

⁹ Wie ein Dornzweig in der Hand des Betrunkenen / ist ein Weisheitsspruch im Mund des Dummen.

¹⁰ Wie ein Bogenschütze, der auf jeden schießt, / ist einer, der Narren und Strolche einstellt.

¹¹ Wie ein Hund zu seinem Erbrochenen umkehrt, / ist ein Narr, der seinen Unsinn wiederholt.*

¹² Kennst du einen, der sich selbst für weise hält? / Für einen Dummen ist mehr Hoffnung als für ihn.

¹³ Der Faule sagt:»Draußen läuft ein Löwe herum, / ein Junglöwe mitten auf dem Platz.«

¹⁴ Die Tür dreht sich in der Angel / und der Faule im Bett.

¹⁵ Greift der Faule mit der Hand in die Schüssel, / ist ihm die Mühe zu groß: Er bringt sie nicht zurück in den Mund.

25,20 *auf Natron gießt.* Es gibt eine heftige Reaktion, aber das Natron wird dadurch unbrauchbar.

25,22 *Kohlen auf seinen Kopf.* Dann wird es ihm leid, einem anderen feind zu sein.
Wird im Neuen Testament von Paulus zitiert: Römer 12,20.

25,27 *bekommt einem nicht.* Der hebräische Text des zweiten Teils ist nicht sicher zu deuten.

26,11 Wird im Neuen Testament von Petrus zitiert: 2. Petrus 2,22.

16 Ein Faulpelz hält sich für klüger /
als sieben Sachverständige.

17 Wer sich in Streit mischt, der
ihn nichts angeht, / der packt einen
streunenden Hund bei den Ohren.

18 Wie ein Irrer, der mit Brand-
pfeilen schießt / und mit tödlichen
Waffen hantiert, 19 ist ein Mann, der
seinen Nächsten betrügt / und dann
sagt: »Es war nur ein Scherz.«

20 Wo kein Holz mehr ist, geht das
Feuer aus; / ist der Verleumder fort,
legt sich der Streit.

21 Wie Kohlen die Glut und wie
Holz das Feuer, / so schürt ein
zänkischer Mann den Streit.

22 Die Worte des Verleumders
werden gierig geschluckt / und
dringen sehr tief ein.

23 Wie Silberglasur auf Tongeschirr / sind glatte Lippen und ein
böses Herz.

24 Ein gehässiger Mensch verstellt
seine Worte, / doch im Inneren ist
er falsch. 25 Trau seinen schönen
Worten nicht, / denn sieben
Teufeleien hat er im Sinn.

26 Mag Hass sich hinter Verstellung
verbergen, / in der Versammlung
wird die Bosheit durchschaut.

27 Wer andern eine Grube gräbt,
fällt selbst hinein. / Wer einen Stein
hoch wälzt, auf den rollt er
zurück.

28 Eine falsche Zunge hasst ihre
Opfer, / und ein glatter Mund
verursacht den Sturz.

27

1 Rühme dich nicht des
morgigen Tages, / denn du
weißt nicht, was ein Tag gebiert.

2 Mag ein anderer dich loben,
doch nicht dein eigener Mund; /
ein Fremder mag dich rühmen, doch
nicht deine eigenen Lippen.

3 Ein Stein ist schwer, Sand eine
Last, / noch schwerer wiegt der
Ärger, den man mit Dummen hat.

4 Grimm ist grausam und Zorn
schäumt über, / doch wer besteht
vor der Eifersucht?

5 Besser ein offener Tadel, / als
Liebe, die ängstlich schweigt.

6 Treu gemeint sind die Schläge von
dem, der dich liebt, / doch reichlich
die Küsse des Hassers.

7 Der Satte verschmäht den besten
Honig, / dem Hungrigen ist alles
Bittere süß.

8 Wie ein Vogel, der weit vom Nest
weg fliegt, / ist ein Mensch, der seine
Heimat verlässt.

9 Salböl und Weihrauch erfreuen
das Herz, / die Freundlichkeit des
Freundes die bekümmerte Seele.

10 Den Freund und deines Vaters
Freund gib niemals auf! / Lauf nicht
zu deinem Bruder, wenn du in
Schwierigkeiten bist! / Besser ein
Nachbar in der Nähe als ein Bruder
in der Ferne.

11 Werde weise, mein Sohn, und
erfreue mein Herz, / damit ich den
widerlegen kann, der mich
beschimpft.

12 Der Kluge sieht das Unglück
voraus und bringt sich in
Sicherheit; / der Unerfahrene geht
weiter und kommt zu Fall.

13 Nimm sein Gewand, denn er hat
für den Fremden gebürgt; / pfände
ihn wegen der Ausländerin.

14 Wer frühmorgens seinen
Nächsten allzu laut grüßt, /
dem wird es als Verwünschung
ausgelegt.

15 Ein tropfendes Dach, das am Regentag nervt, / gleicht sehr einer zänkischen Frau. 16 Wer sie aufhalten will, / kann auch versuchen, den Wind festzuhalten / und Öl mit den Fingern zu greifen.

17 Ein Messer wetzt das andere, / durch Umgang mit anderen bekommt man den Schliff.

18 Wer den Feigenbaum hütet, bekommt die Feigen zu essen; / wer seinen Herrn beschützt, wird geehrt.

19 Im Spiegel des Wassers erkennst du dein Gesicht, / im Spiegel deiner Gedanken dich selbst.

20 Totenreich und Unterwelt werden nie satt, / auch die Augen des Menschen sehen niemals genug.

21 Was der Tiegel für das Silber, / der Schmelzofen fürs Gold, / ist der Mann für seinen Ruf.

22 Wenn du den Narren im Mörser zerstampfst, / wenn der Stößel ihn trifft wie die Körner, / seine Dummheit treibst du nicht aus.

23 Sorge für dein Kleinvieh, / achte auf deine Herden, 24 denn Geldbesitz ist nicht von Dauer; / selbst eine Krone wird nicht immer vererbt. 25 Ist das Heu gemacht, erscheint das frische Gras, / und man sammelt die Kräuter der Berge. 26 Die Lämmer geben dir Kleidung / und die Böcke Geld für ein Feld. 27 Die Ziegen geben reichlich Milch, / und du hast Nahrung für dein Haus – und noch für deine Mägde den Lebensunterhalt.

28

1 Der Schuldige flieht, auch wenn ihn keiner verfolgt; / der Gerechte tritt sicher auf wie ein Löwe.

2 Ist Aufruhr im Land, mehren sich die Herrscher; / durch einen klugen und einsichtigen Mann hat das Recht lange Bestand.

3 Ein Armer, der seinesgleichen unterdrückt, / ist wie ein Wolkenbruch, der die Ernte wegschwemmt.

4 Wer die Weisung preisgibt, rühmt den Frevler, / wer die Lehre beachtet, bekämpft ihn.

5 Böse Menschen verstehen die Wahrheit nicht; / wer nach Jahwe sucht, versteht alles.

6 Besser arm und untadelig sein, / als ein Reicher, der krumme Wege geht.

7 Der verständige Sohn befolgt das Gesetz, / doch wer mit Verschwendern Umgang hat, macht seinem Vater Schande.

8 Wer seinen Besitz durch Zins und Wucher mehrt, / sammelt es für einen, der sich über Arme erbarmt.

9 Wer Gottes Weisung nicht mehr hört – selbst dessen Gebet ist ein Gräuel.

10 Wer redliche Menschen auf böse Wege verführt, fällt in die eigene Grube; / doch die Aufrichtigen nehmen Gutes in Besitz.

11 Der Reiche hält sich selbst für klug, / doch ein verständiger Armer durchschaut ihn.

12 Wenn Gerechte triumphieren, ist die Herrlichkeit groß; / sind Verbrecher obenauf, versteckt sich der Mensch.

13 Wer seine Sünden verheimlicht, dem geht es nicht gut. / Doch wer sie bekennt und sie lässt, über den erbarmt sich Gott.

14 Wie glücklich ist der, der ehrfürchtig lebt! / Ins Unglück stürzt, wer starrsinnig bleibt.

¹⁵ Wie ein brüllender Löwe und ein gieriger Bär, / so ist ein gottloser Herrscher für ein armes Volk.

¹⁶ Mancher Fürst ist arm an Verstand aber reich an Erpressung. / Wer Ausbeutung hasst, bleibt lange im Amt.

¹⁷ Wer einen Mord auf dem Gewissen hat, / flieht oft bis in den Abgrund. / Man halte ihn nicht auf.

¹⁸ Wer redlich lebt, wird Hilfe finden; / wer krumme Wege geht, / kommt plötzlich zu Fall.

¹⁹ Wer seinen Acker bebaut, hat reichlich Brot; / wer windigen Geschäften nachgeht, hat reichlich Not.

²⁰ Ein treuer Mann wird reich gesegnet; / doch wer schnell reich werden will, bleibt nicht ohne Schuld.

²¹ Parteilichkeit ist gar nicht gut. / Mancher wird zum Verbrecher schon für ein Stück Brot.

²² Nach Reichtum hastet der habgierige Mann; / er weiß nicht, dass Mangel über ihn kommt.

²³ Wer einen Menschen zurechtweist, erntet mehr Dank / als einer, der immer nur schmeichelt.

²⁴ Wer Vater oder Mutter beraubt und meint, das sei kein Unrecht, / der macht sich zum Freund des Verbrechers.

²⁵ Wer breit sich brüstet, erregt nur Streit; / wer auf Jahwe vertraut, hat immer genug.

²⁶ Wer auf sich selbst vertraut, ist ein Narr; / wer der Weisheit folgt, ist in Sicherheit.

²⁷ Wer dem Armen hilft, hat keinen Mangel, / doch wer die Augen vor ihnen verschließt, / dem mangelt es nicht an Flüchen.

²⁸ Sind die Gottlosen obenauf, versteckt sich der Mensch; / doch wenn sie verschwinden, bekommen Gerechte die Macht.

29 ¹ Ein Mann, der allen Ermahnungen trotzt, / wird plötzlich rettungslos zerschmettert.

² Wenn die Gerechten zahlreich sind, freut sich das Volk; / wenn ein Frevler herrscht, seufzt es.

³ Wer Weisheit liebt, erfreut seinen Vater; / wer sich mit Huren einlässt, bringt sein Vermögen durch.

⁴ Ein König, der für Recht sorgt, gibt seinem Land Bestand; / wer nur Steuern erpresst, zerstört es.

⁵ Wer seinem Mitmenschen schmeichelt, / legt ein Netz vor seinen Füßen aus.

⁶ Der Böse verfängt sich im Unrecht, / doch der Gerechte singt vor Freude.

⁷ Der Gerechte weiß um die Sache der Armen, / wer Gott missachtet, ist rücksichtslos.

⁸ Dreiste Männer versetzen die Stadt in Erregung, / Weise stillen den Zorn.

⁹ Ist ein Weiser mit einem Narren vor Gericht, / dann tobt dieser und lacht und gibt keine Ruh.

¹⁰ Blutmenschen hassen den Redlichen, / doch die Aufrichtigen retten sein Leben.

¹¹ Ein Trottel lässt jeden Ärger heraus, / ein Weiser hält ihn zurück.

¹² Ein Herrscher, der auf Lügen hört, / hat nur gottlose Diener.

¹³ Der Arme und der Wucherer begegnen sich, / beiden gab Jahwe das Augenlicht.

14 Wenn ein König auch den Schwachen Recht verschafft, / hat sein Thron für immer Bestand.

15 Stock und Tadel fördern Vernunft, / doch ein sich selbst überlassenes Kind macht seiner Mutter Schande.

16 Wenn die Gottlosen sich mehren, vermehrt sich das Unrecht; / doch wer gottrecht lebt, wird sehen, wie solche Leute untergehen.

17 Erziehe deinen Sohn streng, dann wird er dir Ruhe bringen / und dir beglückende Freude bereiten.

18 Ohne Offenbarung verwildert ein Volk, / doch wohl ihm, wenn es das Gesetz bewahrt.

19 Mit bloßen Worten erzieht man keinen Sklaven; / er versteht sie zwar, hält sich aber nicht daran.

20 Siehst du einen sich überhasten, wenn er spricht? / Für einen Dummen ist mehr Hoffnung als für ihn.

21 Wer seinen Sklaven von Kind auf verwöhnt, / wird am Ende von ihm ausgenutzt.

22 Ein zorniger Mann erregt Streit, / und ein Hitzkopf ist reich an Vergehen.

23 Hochmut erniedrigt einen Menschen; / Ehre erlangt, wer nicht hoch von sich denkt.

24 Wer mit einem Dieb die Beute teilt, muss lebensmüde sein! / Er hört den Fluch des Gerichts*, zeigt aber nicht an, was er weiß.

25 Menschenfurcht ist eine Falle, / doch wer Jahwe vertraut, ist geborgen.

26 Viele suchen die Gunst eines Herrschers, / doch nur Jahwe verschafft ihnen Recht.

27 Für den Gerechten ist der Falsche ein Gräuel, / und für den Schuldigen der, der geradlinig lebt.

Die Sprüche Agurs

30 1 Die folgenden Sprüche stammen von Agur Ben-Jake aus Massa*. Das Wort des Mannes an Itiël*: »Ohnmächtig bin ich, Gott, / ohnmächtig! Was könnte ich denn? 2 Ich bin zu dumm für einen Mann, / mir fehlt der Menschenverstand. 3 Ich habe keine Weisheit gelernt / und weiß nichts von dem heiligen Gott.«

4 Wer stieg je in den Himmel hinauf und kam wieder herab? / Wer hat den Wind in seine Fäuste gepackt? / Wer band die Wasser in ein Tuch? / Wer hat die Grenzen der Erde bestimmt? / Wie heißt dieser Mann und wer ist sein Sohn? / Sag es mir, wenn du es weißt!

5 Was Gott sagt, ist die reine Wahrheit. / Wer Zuflucht sucht, hat in ihm einen Schild. 6 Füg seinen Worten nichts Eigenes hinzu, / sonst weist er dich zurecht, und du stehst als Lügner da.

7 Um zweierlei bitte ich dich; schenke es mir, / solange ich am Leben bin: 8 Falschheit und Lügenwort halte mir fern! / Armut und Reichtum gib mir bitte nicht! /

29,24 *Fluch des Gerichts*. Siehe 3. Mose 5,1.

30,1 Wenn *Massa* hier und in Sprüche 31,1 geografisch gemeint ist, haben wir es bei Agur und Lemuel mit Ismaëliten zu tun (siehe 1. Mose 25,13-14), wahrscheinlich einem gottesfürchtigen Nicht-Israeliten wie zum Beispiel Hiob. Manche deuten den Begriff hier aber als »Prophetenwort«, wörtlich: »Last(-Wort)«.

30,1 *Itiël*, Hebräisch: mit mir ist Gott. Der folgende Satz ist sehr schwer zu deuten.

Lass mich das Brot, das ich brauche, genießen, 9 damit ich nicht satt dich verleugne und sage: »Wer ist denn Jahwe?« / und auch nicht verarmt anfange zu stehlen und mich vergreife am Namen Jahwes.

10 Verleumde den Sklaven nicht bei seinem Herrn, / sonst verflucht er dich und du musst es büßen.

11 Was ist das für eine Generation, die den Vater verflucht, / und der Mutter kein gutes Wort gibt; 12 die rein ist in den eigenen Augen, / doch besudelt mit persönlicher Schuld; 13 die hoch von sich denkt / und verachtungsvoll blickt; 14 deren Zähne Schwerter sind / und deren Gebiss scharfe Messer; / die wegfrisst die Hilflosen im Land / und die Armen unter den Menschen!

Zahlensprüche

15 Der Blutegel hat zwei Töchter: »Gib her, gib her!« / Drei werden niemals satt und vier sagen nie: »Es ist genug« – 16 die Totenwelt und der unfruchtbare Mutterschoß; / die Erde, die nicht genug Wasser bekommt; / und das Feuer, das niemals sagt: »Genug!«

17 Ein Auge, das den Vater verspottet / und es verschmäht, der Mutter zu gehorchen – die Raben am Bach hacken es aus, / und die jungen Geier fressen es auf.

18 Drei Dinge sind mir zu wunderbar, / vier vermag ich nicht zu fassen: 19 der Weg des Adlers am Himmel, / der Weg einer Schlange auf dem Fels, / der Weg des Schiffes auf hoher See, / der Weg eines Mannes zu einer Frau.

20 Dies ist der Weg einer Ehebrecherin: / Sie genießt, wischt sich den Mund und sagt: / »Ich hab doch nichts Böses getan!«

21 Unter drei Dingen zittert ein Land, / und vier kann es nicht ertragen: 22 wenn ein Sklave König wird / und wenn ein Narr zu Wohlstand kommt; 23 wenn eine Verschmähte geheiratet wird / und wenn eine Magd ihre Herrin beerbt.

24 Die vier sind zwar die kleinsten im Land, / doch weiser als die Weisen: 25 Die Ameisen sind kein mächtiges Volk, / doch sammeln sie ihren Vorrat im Sommer; 26 die Klippdachse sind nicht stark, / doch sie bauen ihre Wohnung im Fels; 27 Heuschrecken haben keinen König, / und doch schwärmen sie geordnet aus; 28 Eidechsen fängt man mit der Hand, / und doch sind sie sogar im Königspalast.

29 Drei haben einen stattlichen Gang, / und vier schreiten stolz daher: 30 Der Löwe, der Held unter den Tieren, / der vor niemand zurückweicht; 31 der stolzierende Hahn, der Ziegenbock / und der König, wenn die Krieger bei ihm sind.

32 Und wenn du dich stolz erhoben hast und hast dich blamiert, / oder hast du es auch nur gedacht, dann leg dir die Hand auf den Mund; 33 denn das Stampfen der Milch bringt Butter hervor, / das Stoßen der Nase Blut / und das Anstoßen des Zornes Streit.

Mahnungen für den König

31 1 Die folgenden Sprüche stammen von König Lemuel aus Massa. Es sind Ratschläge, die er von seiner Mutter erhielt:

2 Was soll ich dir sagen, mein Sohn, / du Sohn meines Leibes, den ich von Gott erbat? 3 Gib nicht den Frauen deine Kraft, / geh nicht die Wege, die Könige verderben.

4 Wein ist nichts für Könige, Lemuel, / Könige dürfen sich nicht betrinken! / Auch Bier ist nichts für einen Herrscher! 5 Sonst betrinkt er sich, / vergisst seine Pflicht / und verdreht dem Armen das Recht. 6 Gib das Bier dem, der zugrunde geht, / den Wein den Verbitterten. 7 Solch einer trinkt und vergisst seine Armut, / und an die Mühsal denkt er nicht mehr.*

8 Sprich du für die Sprachlosen! / Tritt du für die Schwachen und ihren Rechtsanspruch ein! 9 Richte gerecht und schaffe das Recht / für den, der sich nicht helfen kann!

Lob der tüchtigen Frau*

10 Das kostbarste Juwel, das einer finden kann, / ist eine tüchtige Frau. 11 Ihr Mann verlässt sich auf sie, / und ihm fehlt es nie an Gewinn. 12 Sie tut ihm Liebes und kein Leid / ihr ganzes Leben lang. 13 Sie sorgt für Wolle und Flachs / und verarbeitet es mit fleißiger Hand. 14 Sie gleicht den Handels-schiffen, / denn von weit her holt sie Nahrung herbei. 15 Vor Tagesanbruch steht sie auf, / bereitet die Mahlzeiten vor / und gibt auch den Mägden ihr Teil. 16 Sie überlegt es und kauft ein Stück Feld, / vom Ertrag ihrer Arbeit bepflanzt sie den Weinberg. 17 Sie packt ihre Arbeit energisch an, / ist voller Tatkraft am Werk. 18 Sie merkt, dass ihr Fleiß etwas bringt, / und arbeitet bei Licht bis spät in die Nacht. 19 Nach der Spinnrolle greift ihre Hand, / ihre Finger fassen die Spindel. 20 Für Notleidende hat sie eine offene Hand, / und den Armen gibt sie gern. 21 Sie macht sich keine Sorgen um den Schnee, / denn für alle im Haus hat sie doppelte Kleidung. 22 Sie fertigt schöne Decken an / und kleidet sich in feines Leinen und purpurrotes Gewand. 23 Ihr Mann wird von allen geachtet, / sein Wort zählt im Rat der Gemeinde. 24 Sie fertigt Hemden und verkauft sie, / Gürtel liefert sie dem Händler. 25 In Kraft und Würde ist sie gekleidet / und lacht dem nächsten Tag zu. 26 Was sie sagt, ist gut überlegt, / freundlich gibt sie ihre Weisungen. 27 Sie behält im Auge, was im Hause vor sich geht, / das Brot der Faulheit isst sie nicht. 28 Ihre Söhne stehen auf und preisen ihr Glück, / ihr Ehemann lobt sie und sagt: 29 »Es gibt viele tüchtige Frauen, / doch du übertriffst sie alle!«

30 Anmut täuscht und Schönheit vergeht, / doch eine Frau, die Jahwe ehrt, werde gelobt! 31 Lasst sie den Lohn ihres Schaffens genießen, / ihre Taten rühmen sie im Rat der Gemeinde.

31,7 *... denkt er nicht mehr.* Hier ist nicht gesagt, dass es für einen Armen gut wäre, sich zu betrinken, sondern dass es ihm weniger Schaden anrichtet, als bei einem König, weil dieser dadurch verantwortungslos handelt, seine Pflicht vergisst und dem Armen das Recht verdreht.

31,10-31 Der folgende Text ist ein alphabetisches Gedicht. Jeder Vers beginnt mit dem jeweils nächsten Buchstaben des hebräischen Alphabets.

Der Prediger

Der Prediger fragt, welchen Gewinn ein Mensch von all seiner Mühsal hat. Gewinn ist das, was nach Abzug aller Kosten bleibt. Die Frage lautet also, ob ein Mensch sich einen bleibenden Wert in der Welt »unter der Sonne« erarbeiten kann. Die Antwort ist ein klares Nein. Deshalb möchte der Prediger die Menschen dazu bewegen, ihr Vertrauen allein auf den Schöpfer zu setzen.

Das Buch wurde von einem Sohn Davids, König in Jerusalem, verfasst, der durch Schaden klug geworden ist und seine Leser vor diesem Schaden bewahren will. Offensichtlich handelt es sich um das Zeugnis Salomos am Ende seines Lebens. Das Buch wird also um 930 v.Chr. entstanden sein.

1 *1* Worte des Predigers. Er war ein Sohn Davids und König in Jerusalem.

Alles vergeht

2 Nichtig und flüchtig, sagte der Prediger, / nichtig und flüchtig – alles ist nichtig.

3 Was bleibt dem Menschen von all seiner Mühe, / von seiner Plage unter der Sonne? *4* Ein Geschlecht geht, und ein Geschlecht kommt; / und die Erde bleibt ewig bestehen. *5* Die Sonne geht auf, und die Sonne geht unter. / Dann strebt sie ihrer Stätte zu, / wo sie wieder erstrahlt. *6* Der Wind weht nach Süden, / er kreist nach Norden, / er dreht und dreht und weht / und kommt zum Ausgangspunkt zurück. *7* Alle Flüsse fließen ins Meer, / und das Meer wird nicht voll. / Zum Ort, wohin sie fließen, / da fließen und fließen sie. *8* Alle Dinge mühen sich ab, / keiner fasst sie alle in Worte. / Das Auge wird vom Sehen nicht satt / und das Ohr vom Hören

nicht voll. *9* Was gewesen ist, wird wieder sein; / was man getan hat, wird man wieder tun; / und nichts ist wirklich neu unter der Sonne. *10* Wohl sagt man: / »Sieh her, da ist etwas neu!« / Doch es war längst schon einmal da / in den Zeiten vor uns. *11* An die Früheren denkt man nicht mehr. / Und an die Späteren, die nach uns kommen, / auch an sie wird man sich nicht mehr erinnern / bei denen, die noch später sind.

Ein König, der alles probierte

12 Ich, der Prediger, war König über Israel und lebte in Jerusalem. *13* Ich nahm mir vor, mit Weisheit alles zu erforschen und zu erkunden, was unter dem Himmel getan wird. Das ist eine leidige Plage. Gott hat es den Menschen überlassen, sich damit abzumühen. *14* Ich betrachtete alles Tun, das unter der Sonne geschieht, und fand: Es ist alles nichtig und ein Haschen nach Wind. *15* Krummes kann nicht gerade werden, und Fehlendes kann man nicht zählen.

16 Ich sagte mir: »Ich habe mein Wissen vergrößert und weiß mehr als jeder, der vor mir in Jerusalem war. Mein Herz hat viel Weisheit und Erkenntnis gesehen.« 17 So nahm ich mir vor zu erkennen, was Weisheit ist, und zu erkennen, was Verblendung und Dummheit ist. Doch ich erkannte: Auch das ist nur ein Haschen nach Wind. 18 Mit viel Weisheit kommt auch viel Verdruss. Wer seine Erkenntnis mehrt, mehrt auch seinen Schmerz.

2 1 Ich sagte mir: »Versuch es doch mit der Freude und genieß etwas Gutes!« Doch ich sah: Auch das ist nichtig. 2 Zum Lachen sagte ich: »Irrsinn!«, und zur Freude: »Was bringt sie schon?«

3 Ich beschloss, meinen Leib mit Wein zu laben, doch sollte die Weisheit in mir die Führung behalten. Ich wollte auch nach der Dummheit greifen, um herauszufinden, was die Menschen unter dem Himmel tun sollen, was gut für sie ist, solange sie leben. 4 Ich vollbrachte große Dinge: Ich baute mir Häuser, ich pflanzte mir Weinberge, 5 ich legte mir Gärten und Parks an und pflanzte alle möglichen Obstbäume hinein. 6 Ich legte Teiche an, um den aufsprießenden Wald von Bäumen zu bewässern. 7 Ich kaufte Sklaven und Sklavinnen, obwohl ich schon Sklaven besaß, die zu meinem Haushalt gehörten. Auch besaß ich mehr Rinder, Schafe und Ziegen als alle, die vor mir in Jerusalem waren. 8 Außerdem stapelte ich Silber und Gold und die Schätze von Königen und Ländern. Ich hielt mir Sänger und Sängerinnen und die Lust der Männer: Frauen über Frauen! 9 Ich wurde mächtiger und reicher als alle, die vor mir in Jerusalem waren. Auch blieb mir meine Weisheit erhalten. 10 Ich gönnte mir alles, was meine Augen begehrten. Ich musste mir keine einzige Freude versagen. Und so war ich glücklich nach all meiner Mühe. Ja, so weit hatte ich es mit meinen Mühen gebracht. 11 Doch als ich mir alles ansah, was ich getan und erreicht hatte, und die Mühe bedachte, die ich dafür aufwenden musste, da war das alles nichtig und ein Haschen nach Wind. Es gibt in dieser Welt keinen bleibenden Gewinn.

Lohnt es sich, Wissen zu erwerben?

12 Da ging ich daran, Weisheit, Verblendung und Dummheit zu betrachten. Was bleibt dem Menschen zu tun, der nach dem König kommt? Was man schon längst getan hat.

13 Ich habe gesehen, dass die Weisheit einen so großen Vorteil gegenüber der Dummheit hat wie das Licht vor der Finsternis. 14 Der Weise hat Augen im Kopf, beim Narren bleibt es finster. Doch ich erkannte auch, dass beide dasselbe Geschick treffen kann. 15 Da sagte ich mir: »Wie einen Narren trifft es auch mich. Wozu bin ich denn so weise geworden?« Da dachte ich, dass auch das nichtig war. 16 Denn weder an den Weisen noch an den Narren wird man sich ewig erinnern. Wie bald werden beide vergessen sein. Auch der Weise muss genauso sterben wie der Narr. 17 Da hasste ich das Leben, denn alles, was

unter der Sonne getan wird, war mir zuwider. Alles ist nichtig und ein Haschen nach Wind.

Lohnt sich der Besitz?

18 Da hasste ich alles, was ich mir mühevoll erarbeitet hatte. Ich muss es ja doch dem überlassen, der mir nachfolgen wird. *19* Und wer weiß, ob der weise oder dumm sein wird? Und doch wird er über alles verfügen, was ich durch mein Mühen und Wissen in dieser Welt erarbeitet habe. Auch das ist nichtig. *20* So kam ich dazu, an allem zu verzweifeln, wofür ich mich abgemüht hatte. *21* Denn da müht sich einer ab mit Weisheit, mit Erkenntnis und Geschick und muss es dann doch einem überlassen, der sich nie darum gekümmert hat. Auch das ist nichtig und ein großes Übel.

22 Was hat dann der Mensch von all seiner Mühe und Plage und von seinem Streben in dieser Welt? *23* Sein Leben bringt ihm nur Leiden und seine Mühe Verdruss. Selbst nachts kommt er nicht zur Ruhe. Auch das ist nichtig.

Wer kann sein Leben genießen?

24 Ein Mensch kann nichts Besseres tun, als zu essen und zu trinken und sich etwas Gutes zu gönnen von all seiner Mühe. Doch ich sah, dass auch das von Gott abhängt. *25* Denn wer kann essen, wer kann fröhlich sein ohne Gott? *26* Einem Menschen, der ihm gefällt, gibt er Weisheit, Erkenntnis und Freude. Doch den, der sündigt, lässt er einsammeln und aufhäufen, um es dem zu geben, der Gott gefällt. Auch das ist nichtig und ein Haschen nach Wind.

Alles hat seine Zeit

3 *1* Für alles gibt es eine Stunde. Alles, was unter dem Himmel geschieht, hat seine Zeit.

2 Zeit zum Gebären / und Zeit zum Sterben, / Zeit zum Pflanzen / und Zeit zum Ausreißen, *3* Zeit zum Töten / und Zeit zum Heilen, / Zeit zum Niederreißen / und Zeit zum Aufbauen, *4* Zeit zum Weinen / und Zeit zum Lachen, / Zeit des Klagens / und Zeit des Tanzens, *5* Zeit, Steine zu werfen, / und Zeit, Steine zu sammeln, / Zeit, sich zu umarmen, / und Zeit, sich loszulassen, *6* Zeit zum Suchen / und Zeit zum Verlieren, / Zeit zum Aufheben / und Zeit zum Wegwerfen, *7* Zeit zum Zerreißen / und Zeit zum Nähen, / Zeit zum Schweigen / und Zeit zum Reden, *8* Zeit zum Lieben / und Zeit zum Hassen, / Zeit des Krieges / und Zeit des Friedens.

Zu seiner Zeit ist alles schön

9 Wenn jemand etwas tut, welchen Gewinn hat er von seiner Mühe? *10* Ich sah mir an, womit Gott die Menschen sich abplagen lässt. *11* Alles hat er so eingerichtet, dass es schön ist zu seiner Zeit. Auch die Ewigkeit hat er den Menschen ins Herz gelegt. Aber das Werk Gottes vom Anfang bis zum Ende kann ein Mensch nicht begreifen. *12* Ich erkannte, dass sie nichts Besseres zustande bringen, als sich zu freuen und das Leben zu genießen. *13* Wenn ein Mensch isst und trinkt und bei all seiner Mühe etwas Gutes sieht, ist das eine Gabe Gottes. *14* Ich erkannte, dass alles, was Gott schafft, für ewig ist. Der Mensch kann nichts hinzufügen und nichts davon wegnehmen. Gott hat es so gemacht, dass man in Ehrfurcht zu ihm aufschaut. *15* Was geschehen ist, war schon vorher da, und was geschehen wird, ist auch schon geschehen. Gott sucht das Verschwundene wieder hervor.

Was ist der Mensch?

16 Noch etwas sah ich unter der Sonne: Am Ort des Rechts war Unrecht, zur Stätte der Gerechtigkeit war die Ungerechtigkeit gekommen. *17* Da dachte ich: Schließlich ist es Gott, der den Gerechten und den Ungerechten richtet. Denn für jedes Vorhaben gibt es Zeit, und so auch für alles, was dabei geschieht. *18* Ich sagte mir: Es ist wegen der Menschen. Gott will sie prüfen, damit sie einsehen, dass sie an und für sich Tiere sind. *19* Menschen und Tiere haben genau dasselbe Geschick. Die einen wie die anderen müssen sterben. Sie haben beide denselben Lebensgeist. Nichts hat der Mensch dem Tier voraus, denn alles ist nichtig. *20* Alle kommen an ein und denselben Ort. Aus dem Staub der Erde ist alles geworden, zum Staub der Erde kehrt alles zurück. *21* Wer weiß denn, ob der Lebensgeist des Menschen nach oben steigt und der Lebensgeist der Tiere hinab in die Erde? *22* So habe ich eingesehen, dass es nichts Besseres gibt, als dass der Mensch sich freut an seinem Tun, denn das ist sein Teil. Wer will ihn denn dazu bringen, zu sehen, was nach ihm sein wird?

Die Tränen der Unterdrückten

4 *1* Ich sah auch, wie viel Unterdrückung es in dieser Welt gibt. Die Unterdrückten weinen und niemand tröstet sie. Niemand tröstet sie, denn ihre Unterdrücker haben die Macht in den Händen. *2* Da pries ich die Toten, die längst gestorben sind. Ihnen geht es besser als denen, die jetzt leben. *3* Noch besser dran aber ist der, der gar nicht geboren wurde, der das Böse nicht gesehen hat, das unter der Sonne getan wird.

Sinn und Unsinn der Arbeit

4 Ich sah, dass alle Mühe und alle Tüchtigkeit nur den Neid des einen gegen den anderen weckt. Auch das ist nichtig und ein Haschen nach Wind. *5* Es heißt zwar: »Ein Dummkopf legt die Hände in den Schoß und zehrt von seiner Substanz.« *6* Aber ich sage: »Besser eine Hand voll Ruhe als beide Hände voll Mühe beim Haschen nach Wind.«

7 Noch etwas Nichtiges sah ich unter der Sonne: *8* Da lebt jemand ganz allein, hat keinen Sohn und keinen Bruder. Und doch hört seine Mühe nicht auf. Sein Auge wird am Reichtum nicht satt. – Für wen mühe ich mich dann eigentlich und versage mir jeden Genuss? Auch das ist nichtig und ein übles Geschäft.

Zwei haben es besser als einer

9 Zwei sind besser dran als einer, denn sie haben einen guten Lohn für ihre Mühe. *10* Wenn sie fallen, hilft der eine dem anderen auf. Doch weh dem Einzelnen, der hinfällt, und keiner ist da, der ihm aufhilft. *11* Wenn zwei beieinander schlafen, wird ihnen warm.

Doch wie soll ein Einzelner warm werden? *12* Ein Einzelner ist leicht zu überwältigen, doch die zwei halten stand. Und eine dreifache Schnur zerreißt nicht so schnell.

Wankelmütige Volksgunst

13 Besser ein Kind, arm aber weise, als ein König, alt aber dumm, der es nicht versteht, sich warnen zu lassen. *14* Auch wenn es aus dem Gefängnis kam, um König zu werden, auch wenn es arm geboren wurde, als jener schon König war. *15* Ich sah, wie alles Volk schon auf der Seite des nächsten Kindes stand, das an seine Stelle treten sollte. *16* Wer immer sich an dessen Spitze stellte, hatte zahlloses Volk hinter sich. Doch auch über ihn freuten die Späteren sich nicht. Auch das ist nichtig und ein Haschen nach Wind.

Gott mit Ehrfurcht begegnen

17 Überlege, was du tust, wenn du zum Haus Gottes gehst! Geh hin und höre zu, denn das ist besser, als ein Schlachtopfer zu bringen, wie es die Dummköpfe tun. Denn sie bleiben unwissend und tun weiter das Böse.

5 *1* Sei nicht zu schnell mit dem Mund und übereile dich nicht, ein Wort vor Gott zu bringen! Denn Gott ist im Himmel und du bist auf der Erde, darum mach nicht viele Worte. *2* Denn bei viel Geschäftigkeit fängt man zu träumen an, und wer viele Worte macht, redet dummes Zeug. *3* Wenn du Gott ein Gelübde ablegst, erfülle es ohne Verzug! Leichtfertige Leute gefallen Gott nicht. Erfülle, was du gelobt hast! *4* Es ist besser, wenn du nichts gelobst, als dass du gelobst und es nicht hältst. *5* Gestatte deinem Mund nicht, dich in Schuld zu bringen, und sag dem Boten nicht ins Gesicht: Es war ein Versehen! Oder willst du, dass Gott zornig auf dein Reden wird und das Werk deiner Hände verdirbt? *6* Denn wo Träume und Worte sich mehren, da sind auch viele Nichtigkeiten. Gott sollst du fürchten!

Reichtum ist bedeutungslos

7 Wenn du siehst, dass die Armen unterdrückt, dass Recht und Gerechtigkeit im Land verweigert werden, dann wundere dich nicht über die Sache. Denn ein Mächtiger deckt den anderen und beide deckt einer, der noch mächtiger ist. *8* Doch ein Gewinn für das Land ist ein König, der für bestellte Felder sorgt.

9 Wer Geld liebt, hat vom Geld nie genug. Wer liebt schon Reichtum ohne Ertrag? Auch das ist nichtig. *10* Wenn das Gut sich mehrt, mehren sich auch die, die davon leben. Und was hat sein Besitzer mehr davon als das Wissen, reich zu sein? *11* Süß ist der Schlaf des Arbeiters, ob er wenig oder viel zu essen hat. Dem Reichen raubt sein voller Bauch die Ruhe der Nacht.

12 Es gibt ein schlimmes Übel, das ich unter der Sonne sah: Da wurde Reichtum von seinem Besitzer für einen Unglücksfall aufgespart. *13* Doch durch ein schlechtes Geschäft ging der Reichtum verloren. Und hat er einen Sohn gezeugt, hat dieser nichts mehr in der Hand. *14* So wie er aus dem Leib seiner Mutter kam, so nackt muss er wieder gehen. Von all seiner Mühe bleibt ihm nicht das Geringste, das er mitnehmen könnte. 15 Auch das ist ein schlimmes Übel. So wie er kam, muss er wieder gehen. Und was bleibt ihm, wenn er sich für nichts und wieder nichts müht? 16 Sein Leben lang hat er sich nichts gegönnt und plagte sich mit Ärger und Krankheit und Zorn.

17 Aber sieh nur, was ich Gutes sah: Es ist schön, zu essen und zu trinken und Gutes zu genießen für all die Mühe, die wir in dieser Welt haben, solange Gott uns das Leben schenkt. Das hat jeder als sein Teil. 18 Auch wenn Gott einem Menschen Reichtum und Vermögen gibt und ihn ermächtigt, davon zu essen, sein Teil zu genießen und sich am Ertrag seiner Mühe zu freuen, dann ist das eine Gabe Gottes. 19 Dann denkt er nicht so oft an die Frist seines Lebens, weil Gott ihm diese Freude schenkt.

6 1 Es gibt etwas Schlimmes, das ich unter der Sonne gesehen habe, das schwer zu ertragen ist. 2 Da hat Gott einem Menschen Reichtum, Vermögen und Ehre geschenkt, es fehlt ihm an nichts bei allem, was er sich wünscht. Doch Gott ermächtigt ihn nicht, es zu genießen, sondern ein Fremder darf alles verzehren. Das ist nichtig und ein schlimmes Übel.

3 Wenn ein Mann hundert Kinder hat und ein hohes Alter erreicht, aber sein Leben nicht genießen kann und am Ende nicht einmal ein anständiges Begräbnis bekommt, von dem sage ich: Eine Fehlgeburt ist besser dran

als er. 4 Denn sie kam als ein Nichts und geht in die Nacht, namenlos und vergessen. 5 Sie sah nie die Sonne und wusste nicht, was Leben ist. Sie hat mehr Ruhe als er. 6 Selbst wenn einer zweitausend Jahre gelebt, aber nichts Gutes genossen hat – geht nicht alles an denselben Ort?

7 Alles Mühen des Menschen ist für seinen Mund, und doch ist sein Verlangen nie gestillt. 8 Denn was hat der Weise dem Dummkopf voraus? Was nützt es dem Armen, wenn er zu leben versteht? 9 Besser genießen, was man vor Augen hat, als das Verlangen schweifen zu lassen. Auch das ist nichtig und ein Haschen nach Wind.

10 Was geschieht, wurde längst schon beim Namen genannt. So ist auch bekannt, was aus einem Menschen wird, und dass er nicht streiten kann mit dem, der stärker ist als er. 11 Doch es gibt viele Worte, die das Nichtige vermehren. Was hat der Mensch davon? 12 Wer weiß denn, was gut für den Menschen ist während seines flüchtigen Lebens, das wie ein Schatten vergeht? Wer kann ihm denn sagen, was nach ihm in dieser Welt sein wird?

Was ist weise und gut?

7 1 Besser ein guter Ruf als ein guter Geruch – und der Tag des Todes als der Tag der Geburt. 2 Besser in ein Trauerhaus gehen als in ein Hochzeitshaus, denn da zeigt sich das Ende jedes Menschen und der Lebende nimmt es sich zu Herzen. 3 Besser verdrießlich sein als lachen, denn bei trüber Miene geht es dem Herzen gut. 4 Der Weise geht lieber in ein Trauer-

haus, der Dummkopf in ein Haus, wo man sich freut. *5* Besser einen Weisen schelten zu hören als einen Narren singen. *6* Denn das Lachen eines Narren ist wie das Prasseln der Dornen unter dem Kochtopf. Doch auch das ist nichtig. *7* Denn Erpressung macht selbst den Weisen toll, und Bestechung vernebelt den Verstand.

8 Besser das Ende einer Sache als ihr Anfang, besser langmütig als hochmütig. *9* Werde nicht zu schnell verdrießlich, denn Narren tragen den Verdruss in sich. *10* Sag nicht: »Wie kommt es nur, dass früher alles besser war als jetzt?«, denn es ist nicht weise, so zu fragen. *11* Weisheit mit Wohlstand ist ein Vorteil für alle, die die Sonne sehen. *12* Denn im Schatten der Weisheit ist es wie im Schatten des Geldes. Doch der Vorteil der Weisheit ist, dass sie einen am Leben erhält.

13 Betrachte das Werk Gottes: Wer kann gerade machen, was er gekrümmt hat? *14* Am Tag des Glücks sei guter Dinge, und am Tag des Unglücks bedenke: Auch diesen hat Gott ebenso wie jenen gemacht. Und was nach ihm kommt, kann der Mensch nicht wissen.

Sei nicht allzu gerecht!

15 Einiges habe ich beobachtet in meinem nichtigen, flüchtigen Leben. Da ist ein Gerechter, der in seiner Gerechtigkeit zugrunde geht, und da ist ein Ungerechter, der in seiner Bosheit lange lebt. *16* Sei nicht allzu gerecht und gib dich nicht gar zu weise! Warum willst du dich selbst zugrunde richten? *17* Sei nicht zu oft ungerecht und sei kein Narr! Warum willst du

vor der Zeit sterben? *18* Es ist gut, wenn du dich an das eine hältst und vom anderen nicht lässt. Wer Gott fürchtet, wird beidem gerecht.

19 Die Weisheit macht den Weisen stärker als zehn Machthaber in der Stadt. *20* Denn kein Mensch auf der Erde ist so gerecht, dass er nur Gutes tut und niemals sündigt. *21* Kümmere dich nicht um alles, was die Leute reden, damit du nicht hörst, wie dein Sklave dich verflucht. *22* Denn du weißt genau, dass auch du oft über andere geflucht hast.

Vergebliches Forschen

23 Das alles habe ich mit der Weisheit versucht. Ich sagte: »Ich will weise werden!« Doch die Weisheit blieb mir fern. *24* Fern ist, was gewesen ist, und tief, sehr tief. Wer kann es erreichen? *25* Da habe ich mich umgestellt und wollte forschend und suchend zu einem richtigen Urteil kommen, um zu verstehen, dass Unrecht Dummheit ist und Unverstand Verblendung. *26* Und nun finde ich: Die Frau, die einer Schlinge gleicht, deren Herz ein Schleppnetz ist und deren Hände Fesseln sind, ist bitterer als der Tod. Wer Gott gefällt, wird ihr entkommen, den Sünder aber fängt sie ein. *27* Schau, das habe ich herausgefunden, sagte der Prediger: Ich fügte eins zum anderen, um zu einem Ergebnis zu kommen. *28* Was ich fortwährend suchte, aber nicht fand, war dies: Einen einzigen Mann aus Tausenden fand ich, eine Frau aber fand ich bei all diesen nicht. *29* Nur dies fand ich: Gott hat die Menschen aufrichtig und gerade gemacht, aber sie sind berechnend und falsch.

Macht über Menschen

8 *1* Wer ist so weise und wer versteht eine Sache zu deuten? Die Weisheit eines Menschen lässt sein Gesicht leuchten, und die Härte verschwindet daraus. *2* Gehorche dem Befehl des Königs, denn du hast ihm vor Gott die Treue geschworen. *3* Hüte dich davor, von ihm abtrünnig zu werden, und lass dich nicht auf eine so böse Sache ein, denn er tut doch, was er will. *4* Denn das Wort eines Königs hat Macht. Wer könnte ihm denn sagen: »Was machst du da?« *5* Wer dem Befehl gehorcht, hat nichts Schlimmes zu befürchten. Ein weiser Mensch weiß um Zeitpunkt und Entscheidung. *6* Denn für jede Sache gibt es einen Zeitpunkt und eine Entscheidung. Das ist so, weil die Bosheit des Menschen schwer darüber liegt. *7* Der Mensch weiß ja nicht, was geschehen wird, und wer könnte ihm das mitteilen? *8* Kein Mensch hat Macht über den Wind, keiner kann ihn zurückhalten. Und niemand hat Macht über den Tag des Todes. Im Krieg wird niemand entlassen, und das Unrecht kann seinen Täter nicht retten. *9* Das alles habe ich gesehen, als ich mich mit dem beschäftigte, was unter der Sonne getan wird: Die Zeit, in der Menschen über Menschen herrschen, ist schlecht für den Menschen.

Warum geht es Verbrechern so gut?

10 Ich sah, wie Gottlose begraben wurden und zur Ruhe eingingen, während andere, die Gott gehorchten, die heilige Stätte verlassen mussten, und man vergaß sie in der Stadt. Auch das ist nichtig. *11* Weil das Urteil über die böse Tat nicht sofort vollstreckt wird, wächst in den Menschen die Lust, Böses zu tun. *12* Denn ein Sünder kann hundertmal Böses tun und doch lange leben. Aber ich habe auch verstanden, dass es den Gottesfürchtigen gut gehen wird, die Gott voller Ehrfurcht begegnen. *13* Dem Gottlosen wird es nicht gut gehen. Sein Leben ist kurz und flüchtig wie ein Schatten, weil er Gott nicht fürchtet. *14* Trotzdem geschieht viel Sinnloses auf der Erde. Da gibt es Gerechte, denen es so ergeht, wie Verbrecher es verdienen, und es gibt Verbrecher, denen es so geht, als hätten sie immer das Rechte getan. Ich dachte: Auch das ist nichtig. *15* So pries ich die Freude, denn es gibt für den Menschen unter der Sonne nichts Besseres, als zu essen und zu trinken und sich zu freuen. Das sollte ihn bei seinem Mühen in der Zeit begleiten, die Gott ihn unter der Sonne leben lässt.

Wie soll man die Werke Gottes begreifen?

16 Als ich mich bemühte, Weisheit zu verstehen und das Treiben auf der Erde zu besehen – Tag und Nacht gönnt man seinen Augen keinen Schlaf –, *17* da sah ich an allem das Werk Gottes. Der Mensch kann nicht ergründen, was unter der Sonne geschieht, wie sehr er sich auch abmüht, es zu erkennen, er findet es doch nicht heraus. Selbst wenn der Weise behauptet, es zu verstehen, so kann er es doch nicht begreifen.

9 *1* Das alles nahm ich mir zu Herzen, um dies zu klären: Die Gerechten und die Weisen und ihre

Werke sind in Gottes Hand. Sei es Liebe, sei es Hass, nichts was vor ihm liegt, kann der Mensch erkennen. *2* Beides ist wie bei allen: Den Gerechten kann dasselbe Geschick treffen wie den Gottlosen; den Guten und Reinen wie den Unreinen; den, der opfert, wie den, der nicht opfert; den Guten wie den Sünder; den, der schwört, wie den, der den Schwur scheut. *3* Das ist das Schlimme bei allem, was unter der Sonne geschieht, dass alle dasselbe Geschick trifft. Von daher ist auch das Herz der Menschen voller Bosheit und Übermut ihr Leben lang, und danach geht es zu den Toten. *4* Solange ein Mensch lebt, gibt es noch Hoffnung. Ein lebendiger Hund ist besser dran als ein toter Löwe. *5* Denn die Lebenden wissen, dass sie sterben werden, die Toten aber wissen gar nichts. Ihre Verdienste werden nicht belohnt, denn niemand denkt mehr an sie. *6* Ihr Lieben und ihr Hassen und ihre Eifersucht sind längst dahin. Sie haben auf ewig keinen Anteil mehr an dem, was unter der Sonne geschieht.

Die Freude am Leben

7 Also: Iss dein Brot mit Freude, und trink deinen Wein mit frohem Herzen! Denn schon längst hat Gott Gefallen an deinem Tun. *8* Trag immer freundliche und frische Kleidung und salbe dein Gesicht mit gutem Öl. *9* Genieße das Leben mit der Frau, die du liebst, alle Tage deines flüchtigen Lebens, die er dir unter der Sonne geschenkt hat. Das ist dein Lohn für die Mühsal und Arbeit unter der Sonne. *10* Was immer du zu tun vermagst, das tue! Denn bei den Toten, zu denen du gehst, gibt es weder Tun noch Planen, weder Wissen noch Weisheit.

Zufall und Zeit

11 Wieder sah ich, wie es unter der Sonne zugeht. Nicht die Schnellen gewinnen den Lauf und nicht die Helden den Kampf, auch nicht die Weisen das Brot, die Klugen den Reichtum und die Einsichtigen Gunst. Denn Zeit und Zufall treffen sie alle. *12* Außerdem kennt der Mensch nicht seine Zeit. Wie die Fische ins tückische Netz geraten, die Vögel in der Falle gefangen werden, so verstricken sich die Menschen zur Zeit des Unglücks, wenn es plötzlich über sie kommt.

Weisheit und Dummheit

13 Auch dieses gute Beispiel von Weisheit sah ich unter der Sonne: *14* Da gab es eine kleine Stadt mit nur wenigen Einwohnern. Ein mächtiger König zog gegen sie heran, schloss sie ein und ging mit Belagerungstürmen gegen sie vor. *15* In dieser Stadt lebte ein armer weiser Mann, der die Stadt durch seine Weisheit hätte retten können, aber kein Mensch dachte an diesen armen Mann. *16* Da sagte ich mir: »Weisheit ist besser als Macht!« Aber die Weisheit eines Armen wird verachtet, und auf seine Worte hört man nicht. *17* Die ruhigen Worte eines Weisen sind mehr wert als das Geschrei eines Herrschers unter Dummköpfen. *18* Weisheit ist besser als Waffen, aber ein Einziger, der falsch entscheidet, kann viel Gutes verderben.

10

¹ Tote Fliegen lassen das Öl des Salbenmischers gären und stinken. Ein wenig Dummheit macht Weisheit und Ansehen zunichte. ² Der Weise hat den Verstand zu seiner Rechten, der Dummkopf hat ihn zur Linken. ³ Und wenn der Dummkopf unterwegs ist, fehlt ihm der Verstand. Er sagt allen, dass sie Dummköpfe seien.

⁴ Wenn der Herrscher zornig auf dich ist, gib deinen Platz nicht auf! Denn Gelassenheit bewahrt vor großen Verfehlungen. ⁵ Es gibt ein Übel unter der Sonne, das ich sah, eine Verirrung, wie sie ein Machthaber begeht: ⁶ Da wird ein Dummkopf in hohe Würden eingesetzt und Reiche sitzen unten. ⁷ Ich sah Sklaven hoch zu Ross und Fürsten, die wie Sklaven zu Fuß gehen mussten.

Alltagsweisheit

⁸ Wer eine Grube gräbt, kann hineinfallen, wer eine Mauer einreißt, den kann eine Schlange beißen. ⁹ Wer Steine bricht, kann sich an ihnen verletzen, wer Holz spaltet, bringt sich in Gefahr. ¹⁰ Wenn die Axt stumpf geworden ist und niemand ihre Schneide schärft, dann muss man den Kraftaufwand steigern. Es ist ein Vorteil, wenn das Wissen zu etwas taugt. ¹¹ Wenn die Schlange schon vor der Beschwörung beißt, hat der Beschwörer nichts von seiner Kunst. ¹² Einen Weisen machen seine Worte beliebt, einen Dummkopf kosten sie den Kopf. ¹³ Mit Dummheit beginnt er zu reden und mit bösem Unsinn hört er auf. ¹⁴ Und ein Dummkopf macht viele Worte. Ein Mensch weiß doch nicht, was geschehen wird und was nach ihm kommt. Wer soll ihm das denn sagen? ¹⁵ Die Mühe ermüdet den Dummkopf, darum findet er nicht den Weg in die Stadt.

¹⁶ Weh dir, du Land, dessen König ein Junge ist und dessen Fürsten schon am Morgen schlemmen. ¹⁷ Wohl dir, du Land, dessen König ein Edler ist und dessen Fürsten zur rechten Zeit speisen, um sich zu stärken und nicht, um sich zu betrinken.

¹⁸ Bei Faulenzerei senkt sich das Gebälk, und wo die Hände nachlässig sind, tropft es ins Haus.

¹⁹ Zum Vergnügen bereitet man ein Mahl, und Wein erheitert das Leben, und das Geld macht beides möglich.

²⁰ Verfluche den König nicht einmal in Gedanken und den Reichen nicht in deinem Schlafzimmer. Denn Wände haben Ohren, und deine Worte könnten Flügel bekommen.

Das Brot auf dem Wasser

11

¹ Schick dein Brot übers Wasser*, und nach vielen Tagen kannst du es wieder finden. ² Verteile deinen Besitz auf sieben oder acht Stellen, denn du weißt nicht, welches Unglück über das Land kommen wird. ³ Wenn die Wolken voll sind, geben sie Regen auf die Erde. Und ob ein Baum nach Süden oder Norden fällt – wo der Baum hinfällt, da bleibt er auch liegen. ⁴ Wer

---

11,1 *Brot übers Wasser.* Salomo meint hier vielleicht den Seehandel, an dem man sich mit einem Teil seines Vermögens beteiligt.

ständig nach dem Wind schaut, kommt nie zum Säen, und wer immer auf die Wolken sieht, wird niemals ernten. *5* Wie du den Weg des Windes nicht kennst, noch das Werden des Kindes im Leib der Schwangeren, so kennst du auch das Werk Gottes nicht, der alles bewirkt. *6* Am Morgen säe deinen Samen und lass am Abend deine Hand nicht ruhn, denn du weißt nicht, was gedeihen wird, ob dies oder jenes oder beides zugleich.

Denk schon in der Jugend an deinen Schöpfer!

7 Wie schön ist das Licht und wie gut tut es, die Sonne zu sehen! *8* Wenn ein Mensch viele Jahre lebt, soll er sich darüber freuen und an die vielen dunklen Tage denken, die noch kommen. Alles, was kommt, ist nichtig. *9* Genieße deine Jugend, junger Mann, freue dich in deiner Jugendzeit! Tu, was dein Herz dir sagt und was deinen Augen gefällt. Doch wisse, dass über all dies Gott mit dir ins Gericht gehen wird. *10* Halte deinen Sinn von Ärger frei und deinen Körper von Bosheit. Denn Jugend und dunkles Haar sind flüchtig.

12,3 ... *durchs Fenster sehen.* Gemeint ist: Die Hände zittern, die Beine werden schwach und krumm, die Zähne fallen aus und die Augen werden trüb.

12,4 ... *verklingen.* Gemeint ist: Das Gehör wird immer schlechter, man schläft nicht mehr gut und das Vergnügen bedeutet nichts mehr.

12,5 ... *die Kaper versagt.* Gemeint ist vielleicht das weiße Haar, der Verlust der Beweglichkeit und des Geschmacks.

12,6 ... *fällt.* Alles Bilder für den Tod.

12 *1* Denk an deinen Schöpfer, solange du noch jung bist, bevor die bösen Tage sich nähern, / die Jahre kommen, von denen du sagst: / »Sie gefallen mir nicht!«; *2* bevor sich die Sonne verfinstert / und das Licht, der Mond und die Sterne, / und neue Wolken nach dem Regen kommen; *3* wenn dann die Wächter des Hauses zittern / und die starken Männer sich krümmen, / die Müllerinnen ruhen, weil sie wenig geworden sind; / wenn dunkel werden, die durchs Fenster sehen,* *4* und die Türen zur Straße sich schließen; / wenn das Geräusch der Mühle leise wird; / wenn man aufsteht beim Zwitschern der Vögel, / und alle Lieder verklingen;* *5* wenn man sich vor jeder Anhöhe fürchtet / und Angst hat, unterwegs zu sein; / wenn der Mandelbaum blüht, / die Heuschrecke sich schleppt / und die Kaper versagt* – denn der Mensch geht in sein ewiges Haus, / und auf der Straße stimmen sie die Totenklage an –; *6* bevor der silberne Faden zerreißt, / die goldene Schale zerspringt, / der Krug an der Quelle zerschellt / und das Schöpfrad zerbrochen in die Zisterne fällt,* *7* der Staub zur Erde zurückfällt als das, was er war, / und der Geist zu Gott zurückkehrt, der ihn gab.

8 »Flüchtig und nichtig«, sagte der Prediger, »alles ist nichtig.«

Der Schluss des Ganzen

⁹ Der Prediger war nicht nur ein Weiser, sondern auch ein Lehrer, der dem Volk sein Wissen weitergab. Er wog ab, prüfte und formte viele Sprichwörter. ¹⁰ Der Prediger suchte gefällige Worte zu finden, wahre Worte richtig niederzuschreiben. ¹¹ Die Worte von Weisen sind wie Ochsenstachel* und gesammelte Sprüche wie eingeschlagene Nägel. Sie sind von einem einzigen Hirten gegeben. ¹² Und darüber hinaus, mein Sohn, lass dich von ihnen warnen!

Das viele Büchermachen findet kein Ende. Und das viele Studieren ermüdet den Leib. ¹³ Lasst uns nun das Ergebnis des Ganzen hören: Fürchte Gott und halte seine Gebote! Das soll jeder Mensch tun. ¹⁴ Denn Gott wird jedes Tun vor Gericht bringen, alles Verborgene, es sei gut oder böse.

12,11 Ochsenstachel. Zum Antreiben der Rinder gebrauchte man einen Stab mit einer scharfen Spitze.

Das Hohelied

Von den 1005 Liedern, die Salomo geschrieben hat (1. Könige 5,12), ist das Hohelied das beste und schönste. Das sagt schon sein Titel im hebräischen Text: Das Lied der Lieder. Es ist ein Loblied auf die Ehe, auf die Liebe zwischen einem Mann und seiner Frau. Das Hohelied rühmt die Schönheit und Reinheit ehelicher Liebe. Die Wirklichkeit einer menschlichen Ehe ist freilich nur die schwache Kopie eines hervorragenden Originals. Das Original ist Gottes Liebe zu seinem Volk, zu Israel und zur Gemeinde. Eine Ehe ist demnach Abbild jener göttlichen Wirklichkeit, nicht umgekehrt. Doch in den Erfahrungen unserer von Gott geschenkten ehelichen Liebe können wir ein wenig von dem begreifen, was Gottes Liebe zu uns ausmacht.

1 *1* Das Lied aller Lieder. Von Salomo.

Die Brautwerbung: Erinnerungen der Liebenden

2 Komm und küss mich, küss mich! / Deine Liebe ist viel besser als Wein. *3* Deine Salben verströmen herrlichen Duft, / dein Name ist wie ein Wohlgeruch. / Alle Mädchen schwärmen für dich. *4* Zieh mich mit dir, lass uns eilen! / Der König führe mich zu sich nach Haus! /

Jauchzen wollen wir, uns freuen an dir. / Wir rühmen deine Liebe mehr als den Wein. / Ja, mit Recht schwärmen sie für dich.
5 Dunkel bin ich und schön, / ihr Töchter Jerusalems, / wie die Zelte von Kedar*, / wie Salomos Decken*. *6* Seht nicht darauf, dass ich dunkel bin, / braun gebrannt von der Sonne! / Die Söhne meiner Mutter fauchten mich an, / zur Weinbergswächterin bestimmten sie mich. / Meinen eigenen Weinberg* habe ich nicht bewacht.
7 Sag mir, du, den meine Seele liebt: / »Wo weidest du die Herde? / Wo lässt du lagern am Mittag? / Weshalb sollte ich wie eine Verschleierte* sein / bei den Herden deiner Gefährten?«
8 »Wenn du es nicht weißt, / du Schönste der Frauen, / dann folge den Spuren der Herde / und weide deine Zicklein / bei den Zelten der Hirten.«
9 »Mit der Stute an Pharaos Gefährt / vergleiche ich dich, meine Freundin.

1,5 *Kedar.* Nomadenstamm in der syrisch-arabischen Wüste, bekannt durch seine Herden. Seine Zelte wurden aus schwarzen Ziegenhaardecken zusammengenäht.

Decken. Eigentlich Zeltdecken, wie sie in der Stiftshütte und im Tempel Salomos verwendet wurden. Sie waren sehr kostbar.

1,6 *Meinen eigenen Weinberg.* Damit meint sie sich selbst.

1,7 *Verschleierte.* Sie legt Wert auf Reinheit und verzichtet auf den Schleier, der sie als Prostituierte kennzeichnen würde (siehe 1. Mose 38,14-16).

¹⁰ Bezaubernd sind deine Wangen zwischen den Bändern*, / dein Hals in Muscheln geschnürt. ¹¹ Wir machen dir Bänder aus Gold / mit silbernen Perlen.«

¹² »Solang der König an seiner Tafel sitzt, / gibt meine Narde* ihren Duft. ¹³ Ein Myrrhenbeutel* ist mein Liebster für mich, / der zwischen meinen Brüsten ruht. ¹⁴ Wie eine Blütentraube vom Hennastrauch* / ist mir mein Geliebter, / der aus den Weinbergen von En-Gedi* stammt.«

¹⁵ »Du bist so schön, meine Liebste! / Ja, du bist so schön! / Wie Tauben sehen deine Augen aus.«

¹⁶ »Ja, auch du bist anziehend und schön, mein Liebster. / Unser Lager ist frisches Grün, ¹⁷ die Balken unseres Hauses sind Zedern, / aus Wacholder die Sparren vom Dach.«

2 ¹ »Ich bin die Lilie des Scharon*, / die weiße Blume der Täler.«

² »Wie eine Lilie unter den Dornen / ist meine Freundin unter den Frauen.«

³ »Wie ein Apfelbaum unter den Bäumen des Waldes / ist mein Geliebter unter den Männern. / In seinem Schatten wollte ich sitzen, / seine Frucht war meinem Gaumen süß.«

⁴ »Er hat mich ins Weinhaus* geführt. / Die Liebe ist sein Banner über mir. ⁵ Stärkt mich mit Rosinenkuchen, / erfrischt mich mit Äpfeln, / denn ich bin krank vor Liebe. ⁶ Sein linker Arm liegt unter meinem Kopf, / und mit dem rechten hält er mich umschlungen. ⁷ Ich beschwöre euch, ihr Töchter von Jerusalem, /

bei Hirschkuh und Gazelle auf der Flur: / Weckt die Liebe nicht / und scheucht sie nicht auf, / bis es ihr selber gefällt!«

Die Brautwerbung: Ausdruck gegenseitiger Liebe

⁸ Horch, mein Geliebter! / Schau, da kommt er, / über die Berge springend, / hüpfend über die Hügel. ⁹ Mein Geliebter gleicht einer Gazelle / oder einem jungen Hirsch. / Sieh, da steht er vor unserem Haus, / schaut durch die Fenster herein, / späht durch die Gitter. ¹⁰ Mein Liebster begann und sagte zu mir:

1,10 *Bändern.* Gemeint sind vielleicht rundliche Schmuckstücke, die an Bändern zu beiden Seiten vom Kopfbund herabhingen.

1,12 *Narde* ist eine duftende aromatische Pflanze, die in den Bergen des Himalaja in Höhen zwischen 3500 und 5000 Metern wächst. Mit dem aus der indischen Narde gewonnenen Öl wurde schon zur Zeit Salomos gehandelt.

Myrrhe. Ein sehr kostbares wohlriechendes Harz afrikanisch-arabischer Herkunft, das in Salbölen und Arzneien verarbeitet wurde.

1,14 *Henna* ist ein Baumstrauch, aus dessen Blättern man einen Farbstoff herstellte und aus dessen dicht stehenden weißen Blütentrauben man ein duftendes ätherisches Öl gewann.

En-Gedi (Ziegenquell) ist eine Oase etwa in der Mitte des Westufers vom Toten Meer. Heute ist es ein Naturschutzgebiet.

2,1 *Scharon.* Die Ebene voller üppiger Wiesen ist ein 15 km breiter und 75 km langer sehr fruchtbarer Streifen am Mittelmeer von Lydda im Süden bis zum Berg Karmel im Norden.

2,4 *Weinhaus.* Es symbolisiert wahrscheinlich den Weinberg. Die Szene spielt im Freien wie 1,17.

»Steh auf, meine Freundin, / meine Schöne, und komm! 11 Sieh doch, der Winter ist vorüber, / die Regenzeit vergangen, vorbei! 12 Die Blumen zeigen sich im Land, / die Zeit der Lieder ist da. / Turteltauben gurren überall. 13 Die Feige rötet ihre Knoten, / die Reben blühen und verströmen ihren Duft. / Steh auf, meine Freundin, / meine Schöne, und komm! 14 Mein Täubchen in den Felsen, / in der Bergwand, im Versteck: / Lass mich deinen Anblick genießen, / lass mich hören deine süße Stimme, / zeig mir dein liebes Gesicht!« 15 Greift uns die Füchse, / die kleinen Füchse, / die den Weinberg verwüsten, / denn unsere Weinberge blühen.

16 Mein Liebster gehört mir, / und ich gehöre ihm, / der seine Herde unter Lilien weidet, 17 bis der Abendwind weht und die Schatten fliehen. / Komm her, mein Geliebter, sei wie die Gazelle, / wie ein junger Hirsch auf den zerklüfteten Bergen.

3 1 Nachts lag ich auf meinem Bett und sehnte mich nach ihm, / nach ihm, den meine Seele liebt. / Ich suchte ihn und fand ihn nicht. 2 Ich sehe mich aufstehen: / Ich durchstreife die Stadt, / ihre Straßen und Plätze. / Ich suchte ihn, dem mein Herz gehört. / Ich suchte ihn und fand ihn nicht. 3 Da fanden mich die Wächter / bei ihrer Runde durch die Stadt. / »Habt ihr den gesehen,

den meine Seele liebt?« 4 Kaum war ich an ihnen vorüber, / da fand ich ihn, dem mein Herz gehört. / Ich hielt ihn fest, ließ ihn nicht los, / bis ich ihn ins Haus meiner Mutter gebracht, / ins Zimmer von der, die mich geboren hat. 5 Ich beschwöre euch, ihr Töchter von Jerusalem, / bei Hirschkuh und Gazelle auf der Flur: / Weckt die Liebe nicht / und scheucht sie nicht auf, / bis es ihr selber gefällt!«

Die Hochzeit: der Bräutigam

6 Was kommt dort aus der Wüste herauf? / Wie Rauchsäulen zieht es heran, / umduftet von Myrrhe und Weihrauch / und allen Gewürzen der Händler. 7 Schau, es ist Salomos Sänfte! / Sie ist von sechzig Männern umringt. / Das sind die Helden Israels. 8 Sie alle tragen ein Schwert / und sind alle im Kampf geschult. / Jeder hat sein Schwert am Gurt / zum Schutz gegen nächtliche Schrecken. 9 Eine Sänfte machte sich König Salomo / aus edlem Holz vom Libanon. 10 Ihre Säulen überzog er mit Silber, / ihre Lehne mit Gold, / ihren Sitz mit rotem Purpur. / Ihr Inneres ist mit Liebe gestaltet, / gefertigt von Jerusalems Töchtern. 11 Kommt heraus, ihr Zionstöchter, / und seht den König Salomo mit dem Kranz, / den seine Mutter ihm flocht / an seinem Hochzeitstag, / dem Tag voller Freude und Glück.

Die Hochzeit und die erste Nacht

4 1 Wie schön du bist, meine Freundin, / wie wunderschön! Deine Augen sind Tauben / hinter

---

4,1 *Schleier.* Hier ist der Brautschleier gemeint.

deinem Schleier*. / Dein Haar ist eine Herde schwarzer Ziegen, / die herunterspringen vom Gebirge Gilead*. *2* Deine Zähne sind weiß wie eine Herde geschorener Schafe, / die gerade aus der Schwemme steigt. / Sie alle werfen Zwillinge, / keins hat einen Fehlwurf* gehabt. *3* Deine Lippen sind wie eine karmesinrote Schnur, / lieblich ist dein Mund. / Wie eine Granatapfelscheibe / schimmert deine Schläfe hinter dem Schleier hervor. *4* Dein Hals ist rund wie der Davidsturm, / Tausend Schilde hängen daran, / die Rüstung der Helden. *5* Deine Brüste sind wie zwei Kitzlein, / die Zwillinge einer Gazelle, / die in Lilienwiesen weiden. – *6* Wenn der Abendwind weht und die Schatten fliehen, / will ich zum Myrrhenberg gehen, / zum Weihrauchhügel hin. *7* Alles an dir ist schön, meine Freundin, / kein Makel ist an dir.

8 Komm mit mir, meine Braut, / steig vom Libanon* herab, / weg vom Gipfel des Amana, / vom Gipfel des Senir, dem Hermon, / weg von den Verstecken der Löwen, / den Bergen der Panther. *9* Du hast mir das Herz geraubt, meine Schwester*, meine Braut, / du hast mich betört mit einem einzigen Blick, / mit einem einzigen Kettchen von deinem Hals. *10* Wie schön ist deine Liebe, meine Schwester, Braut! / Deine Liebe ist viel köstlicher als Wein, / der Duft deiner Salben betörender als jeder Balsamduft. *11* Wie Honig ist dein Mund, meine Braut, / Honig und Milch ist unter deiner Zunge. / Deine Kleider duften wie der Libanon.

12 Ein verschlossener Garten ist meine Schwester, meine Braut, / ein verschlossener Brunnen, ein versiegelter Quell. *13* Ein Lustgarten rankt sich aus dir, / Granatapfelbäume voll köstlicher Frucht, / Hennasträucher mit Narden, *14* Narde und Safran*, / Gewürzrohr und Zimt, / samt allerlei Weihrauchgewächsen, / Myrrhe und Aloë / samt Balsamsträuchern allerbester Art. *15* Ein Gartenquell bist du, / ein Brunnen lebendigen Wassers, / das vom Libanon her fließt.

16 Nordwind wach auf! / Du, Südwind, komm! / Weh durch meinen Garten, / lass seine Balsamdüfte verströmen! / Komm, mein Geliebter in deinen Garten, / genieße seine köstliche Frucht!

5 *1* Ich komme in meinen Garten, meine Schwester, meine Braut. / Ich pflücke meine Myrrhe samt meinem Balsam, / ich esse meine

---

4,1 *Gilead.* Die Berge im Ostjordanland waren besonders gut für die Viehzucht geeignet.

4,2 *Zwillinge, Fehlwurf.* Jeder Zahn hat seine Entsprechung im anderen Kiefer. Es gibt keine Zahnlücke.

4,8 *Libanon.* Die Gipfel des Libanongebirges stehen hier vielleicht für die sexuelle Distanz, die das Liebespaar einhielt.

4,9 *Schwester.* Im damaligen Orient war das ein geläufiger Kosename eines Ehemanns für seine Frau.

4,14 *Safran.* Die getrockneten und pulverisierten Stempel und Staubgefäße eines kleinen Krokus wurden als Küchengewürz verwendet.

Wabe samt meinem Honig, / ich trinke meinen Wein samt meiner Milch. / »Esst, meine Freunde,* und trinkt / und berauscht euch an der Liebe!«

**Die Ehe:
erste große Unstimmigkeit**

2 Ich schlief, aber mein Herz war wach. / Horch, mein Geliebter klopft:
»Öffne mir meine Schwester, meine Freundin, / meine Taube, meine Vollkommene! / Mein Kopf ist voller Tau, / meine Locken voll von den Tropfen der Nacht.«
3 »Ich habe mein Kleid doch schon ausgezogen / und müsste es wegen dir wieder anziehen. / Ich habe meine Füße gewaschen / und müsste sie wieder beschmutzen.«
4 Mein Geliebter streckte die Hand durch die Luke, / da bebte mein Inneres ihm entgegen. 5 Ich stand auf, um meinem Liebsten zu öffnen, / da troffen meine Hände von Myrrhe / durch die Griffe des Riegels, / meine Finger von flüssiger Myrrhe. 6 Ich öffnete meinem Geliebten, / doch er war weggegangen, / mein Geliebter war fort. / Entsetzen packte mich: Er ist fort! / Ich suchte und konnte ihn nicht finden, / ich rief ihn, doch er antwortete nicht. 7 Es fanden mich die Wächter / bei ihrem Rundgang durch die Stadt. / Sie schlugen und

verwundeten mich. / Die Wächter auf den Mauern / nahmen mir meinen Überwurf weg.
8 Ich beschwöre euch, ihr Töchter von Jerusalem: / Wenn ihr meinen Liebsten findet, / was sollt ihr ihm sagen? / Dass ich krank bin vor Liebe.
9 Was hat dein Geliebter einem anderen voraus, / du schönste unter den Frauen? / Was hat dein Geliebter einem anderen voraus, / dass du uns so beschwörst?
10 Mein Geliebter ist rötlich und licht, / unter Zehntausenden ragt er hervor. 11 Sein Haupt ist feines, gediegenes Gold, / seine Locken Dattelrispen, / rabenschwarz. 12 Seine Augen sind wie Tauben am Bach, / gebadet in Milch, wie Juwelen eingefasst. 13 Seine Wangen sind Beete voll Balsamkraut, / in denen Gewürzkräuter sprießen. / Seine Lippen sind Lilien, / feucht von flüssiger Myrrhe. 14 Seine Arme sind goldene Rollen, / mit Topas besetzt, / sein Leib ein Block von Elfenbein, / bedeckt mit Saphiren. 15 Seine Schenkel Marmorpfeiler / auf Sockeln von gediegenem Gold. / Sein Anblick gleicht dem Libanon, / stattlich wie mächtige Zedern. 16 Sein Gaumen ist voll Süße, / alles an ihm ist begehrenswert. / Das ist mein Geliebter, das ist mein Freund, / ihr Töchter von Jerusalem.

6 1 Wohin ist dein Geliebter gegangen, / du schönste unter den Frauen? / Wohin hat dein Geliebter sich gewandt? / Wir suchen ihn mit dir.« 2 »Mein Geliebter stieg in seinen Garten

---

5,1 *meine Freunde.* Der Satz drückt wohl den Segen Gottes aus, der die geschlechtliche Liebe zwischen dem Ehemann und seiner Frau bestätigt.

hinab, / zu den Beeten mit Balsam, / auf die Weide in den Gärten, / um Lilien zu pflücken. 3 Ich gehöre meinem Geliebten / und mein Geliebter gehört mir, / der unter den Lilien weidet.«

Die Ehe: Wiedervereinigung

4 Schön wie Tirza* bist du, meine Freundin, / anmutig wie Jerusalem, / schrecklich wie die Banner im Krieg. 5 Wende deine Augen von mir ab, / denn sie haben mich verwirrt. / Dein Haar ist eine Herde schwarzer Ziegen, / die herunterspringen vom Gebirge Gilead. 6 Deine Zähne sind weiß wie eine Herde geschorener Schafe, / die gerade aus der Schwemme steigt. / Sie alle werfen Zwillinge, / keins hat einen Fehlwurf gehabt. 7 Wie eine Granatapfelscheibe / schimmert deine Schläfe hinter dem Schleier hervor. 8 Sechzig Königinnen sind es, / achtzig Nebenfrauen – und junge Mädchen ohne Zahl. 9 Nur eine ist mein makelloses Täubchen. / Die Einzige war sie für ihre Mutter, / das Liebste für die, die sie geboren hat. / Würden die Töchter sie sehen, sie priesen sie glücklich, / die Königinnen und Nebenfrauen, sie rühmten sie. 10 Wer glänzt da hervor wie das Morgenrot, / schön wie der Mond, / klar wie die Sonne, / schrecklich wie die Banner im Krieg? 11 Ich stieg in den Nussgarten hinab, / um die Palmentriebe zu besehen, / um zu sehen, ob der Weinstock treibt, / ob die Granatbäume blühen. 12 Da setzte mich

mein Verlangen, ich wusste nicht wie, / auf die Streitwagen meines ehrsamen Volkes.

7 1 Dreh dich, dreh dich, Schulamit! / Dreh dich um, dass wir dich anschauen können! Was wollt ihr Schulamit betrachten / wie den Reigen von Machanajim*? 2 Wie schön sind deine Schritte in den Sandalen, / du Edelgeborene! / Das Rund deiner Hüften / ist das Werk eines Künstlers. 3 Dein Schoß ist eine runde Schale, / an Mischwein soll es nicht fehlen! / Dein Leib ist wie ein Weizenhügel / von Lilienblüten umrankt. 4 Deine Brüste sind wie zwei Kitzlein, / die Zwillinge einer Gazelle. 5 Dein Hals ist wie der Elfenbeinturm, / deine Augen wie die Teiche bei Heschbon / am Tor von Bat-Rabbim. / Deine Nase ist wie der Libanon-Turm, / der nach Damaskus schaut. 6 Dein Kopf ist wie der Karmelberg*, / dein Haar darauf wie Purpur. / In deinen Locken liegt ein König gefangen. 7 Wie schön du bist, wie angenehm! / O Liebe voller Wonne!

6,4 *Tirza* lag 11 km nordöstlich von Sichem und war für seine Schönheit und seine Gärten bekannt. Die ersten fünf Jahrzehnte nach Salomos Tod und der Reichsteilung war Tirza die Hauptstadt des Nordreiches Israel.

7,1 *Machanajim.* Hebräisch: *Doppellager.* So hieß ein Ort im Ostjordanland.

7,6 *Karmel.* Ein bewaldeter Berg, der die Mittelmeerebene unterbricht, Symbol für Schönheit.

8 Dein Wuchs gleicht einer Palme, /
deine Brüste den Trauben.
9 Ich dachte: Die Palme will ich
besteigen, / will greifen nach ihren
Rispen. / Deine Brüste sollen für
mich sein / wie die Trauben vom
Wein, / dein Atemgeruch wie
Apfelduft 10 und dein Gaumen wie
der köstlichste Wein. / Sanft rinnt
er bei meinen Liebkosungen, / der
die Lippen der Schlummernden
benetzt.

11 Ich gehöre meinem Geliebten, /
und sein Verlangen gilt mir.
12 Komm, mein Geliebter, / gehen
wir aufs Feld hinaus! / Verbringen
wir die Nacht / unter einem Hennastrauch. 13 Machen wir uns früh zu
den Weinbergen auf, / sehen, ob der
Weinstock treibt, / ob die Knospen
der Rebe sich öffnen, / die Granatapfelbäume schon blühen. / Dort
schenke ich dir meine Liebe. 14 Die
Liebesäpfel verströmen ihren Duft, /
vor unserer Tür warten alle köstlichen
Früchte, / frische und solche vom
Vorjahr. / Für dich, mein Geliebter,
bewahrte ich sie auf.

8 1 O wärst du doch mein Bruder, /
der an der Brust meiner Mutter
gesogen! / Würde ich dich draußen
treffen, / könnte ich dich küssen, /
und niemand verachtete mich. 2 Ich
führte dich, ich brächte dich / ins

Haus meiner Mutter, die mich
belehrte. / Ich gäbe dir vom Würzwein zu trinken, / von meinem
Granatapfelmost. 3 Sein linker
Arm liegt unter meinem Kopf, / und
mit dem rechten hält er mich
umschlungen. 4 Ich beschwöre
euch, ihr Töchter von Jerusalem: /
Weckt die Liebe nicht / und scheucht
sie nicht auf, / bis es ihr selber
gefällt!

Die Ehe: Wachstum

5 Wer kommt da herauf aus der
Wüste, / an ihren Geliebten gelehnt? /
Unter dem Apfelbaum weckte ich
dich. / Dort empfing dich deine
Mutter, / dort kam in Wehen, die
dich gebar.

6 Leg mich an dein Herz wie ein
Siegel, / wie ein Siegel an deinen
Arm. / Stark wie der Tod ist die
Liebe, / hart wie das Totenreich die
Leidenschaft. / Feuerglut ist ihre
Glut, / eine Flamme von Jah*.
7 Wassermassen können die Liebe
nicht löschen, / Ströme schwemmen
sie nicht fort. / Gäbe jemand seinen
ganzen Besitz für die Liebe, / man
würde ihn nur verachten.

8 Wir haben eine kleine Schwester, / die noch keine Brüste hat. /
Was machen wir mit ihr, / wenn
jemand um sie wirbt? 9 Wenn sie
eine Mauer ist, / bauen wir auf ihr
eine silberne Zinne, / ist sie aber eine
Tür, / versperren wir sie mit einem
Zedernbrett. 10 Ich bin eine Mauer, /
und meine Brüste sind wie Türme. /
Doch für ihn bin ich wie eine, / die
Frieden geschlossen hat.
11 Salomo besaß einen Weinberg
in Baal-Hamon*. / Er ließ den

8,6 *Jah.* Kurzform von Jahwe.

8,11 *Baal-Hamon.* Ein solcher Ort ist unbekannt. Der Name hat die Bedeutung:
Herr des Reichtums.

Weinberg streng bewachen. /
Denn für die Ernte würde jeder
tausend Silberstücke zahlen. *12* Mein
eigener Weinberg gehört mir. / Die
tausend, Salomo, die gönne ich dir, /
und auch noch den Wächtern
zweihundert.

13 Du, Mädchen in den Gärten – /
deiner Stimme lauschen die Freunde
–, / lass mich doch hören: *14* »Komm
her, mein Geliebter, mach es wie die
Gazelle, / wie ein junger Hirsch auf
den Balsam-Bergen!«

Der Prophet Jesaja

Jesaja ist der »König« der alttestamentlichen Propheten, wenn wir die gewaltige Schau von Gott, die Macht der Sprache, die Schönheit des Ausdrucks und die geistliche Tiefe seines Buches berücksichtigen. Gleichzeitig ist er aber auch der »Evangelist« unter ihnen. Das Buch des Propheten Jesaja wird deshalb von vielen als das bedeutendste Buch des Alten Testaments angesehen. Jesaja lebte in einer turbulenten Zeit, sah Reiche kommen und gehen, erlebte das Getöse eines weltweiten Umbruchs und hielt in einfachem Glauben fest an seinem Gott. Von allen prophetischen Büchern weist dieses Buch wohl am deutlichsten auf Jesus Christus als den Welterlöser hin. Der Prophet wirkte etwa von 750 v.Chr. an bis in die Zeit des Königs Hiskija. Nach jüdischer Überlieferung soll er unter Manasse den Märtyrertod gestorben sein. Demnach verkündigte er mehr als 60 Jahre lang Gottes Gerechtigkeit, warnte vor seinem Gericht und tröstete sein Volk.

Jesajas Buch ist kunstvoll in Chiasmen (sich spiegelnden Strukturen) aufgebaut, die sich im ersten Teil von Kapitel 1-35 um bestimmte Erzähltexte (Narrative) gruppieren. Der zweite Teil des Buches von Kapitel 40-66 enthält keine Erzähltexte, ist aber ebenso wie der erste chiastisch aufgebaut. Die Kapitel 36-39 bilden als zentrale Erzähltexte das Scharnier zwischen beiden Hauptteilen des Buches. Jesajas Verkündigung kann folgendermaßen eingeteilt werden: die Botschaft an das damalige Volk (Kapitel 1-39), die Botschaft vom kommenden Messias (Kapitel 40-66). Wir gehen davon aus, dass alle Teile des Buches von Jesaja selbst stammen.

1 *1* Dies ist die Offenbarung, die Jesaja Ben-Amoz über Juda und Jerusalem empfangen hat, als die Könige Usija, Jotam, Ahas und Hiskija* dort regierten.

Ein rebellisches Volk

2 Hört zu, ihr Himmel! / Du Erde, horch auf! / Hört, was Jahwe euch sagt! / »Kinder zog ich groß, / ich päppelte sie hoch, / doch sie lehnten sich gegen mich auf.

3 Jeder Ochse kennt seinen Besitzer, / jeder Esel den Fresstrog seines Herrn. / Doch Israel begreift nicht, wem es gehört. / Mein Volk hat keinen Verstand.«

4 Weh dem sündigen Volk, / der Sippschaft voller Schuld, / der Brut von Verbrechern, / dem verdorbenen Geschlecht. / Sie haben sich von Jahwe getrennt, / den Heiligen Israels verschmäht / und ihm den Rücken gekehrt.

5 Wurdet ihr noch nicht genug bestraft, / dass ihr immer noch aufsässig seid? / Das ganze Haupt ist wund, / das ganze Herz ist krank:

1,1 ... *Hiskija.* Die vier Könige regierten von 790 bis 686 v.Chr. über das Südreich Juda.

6 Von Kopf bis Fuß ist keine heile Stelle mehr, / nur Beulen, Striemen, frische Wunden, / nicht gereinigt, nicht verbunden, / und keine Salbe ist darauf. 7 Euer Land ist verwüstet, / eure Städte verbrannt. Und euer Ackerland? / Fremde verzehren seinen Ertrag, / und ihr seht ohnmächtig zu. / Es ist alles zerstört, / als hätten fremde Horden gehaust. 8 Nur die Tochter Zion* steht noch da / wie eine Hütte im Weinberg, / ein Schutzdach im Gurkenfeld, / eine Stadt, die man behüten muss. 9 Hätte Jahwe, der allmächtige Gott*, nicht einen Rest von uns übrig gelassen, / es wäre uns wie Sodom gegangen, / und wie Gomorra* wären wir jetzt.*

10 Hört das Wort Jahwes, ihr Mächtigen von Sodom! / Vernimm die Weisung unseres Gottes, Volk von Gomorra! 11 »Was soll ich mit der Menge eurer Opfer?«, spricht Jahwe. / »Ich habe es satt, dass ihr mir Schafböcke und das Fett von Mastkälbern verbrennt! / Das Blut von Stieren, Lämmern, Böcken mag ich nicht! 12 Wenn ihr in den Tempel kommt, / um vor mir zu erscheinen, / meine Vorhöfe zertrampelt – wer hat das von euch verlangt? 13 Lasst eure nutzlosen Opfer! / Euer Weihrauch ist mir ein Gräuel! 14 Neumond, Sabbat und andere Feste: / sündige Feiern ertrage ich nicht! 15 Und wenn ihr betet mit ausgebreiteten Händen, / verhülle ich meine Augen vor euch. / Auch wenn ihr mich noch so mit Bitten bestürmt, höre ich

nicht, / denn eure Hände sind voll Blut. 16 Wascht und reinigt euch! / Schafft mir eure bösen Taten aus dem Weg! / Hört auf, vor meinen Augen Böses zu tun! 17 Lernt Gutes zu tun / und fragt nach dem, was richtig ist! / Weist die Unterdrücker zurück! / Verhelft Waisen und Witwen zu ihrem Recht!«

18 »Kommt her, wir wollen sehen, wer im Recht ist!«, / spricht Jahwe. / »Wenn eure Sünden rot sind wie das Blut, / werden sie doch weiß wie Schnee; / und wenn sie rot wie Purpur sind, / werden sie wie weiße Wolle sein. 19 Wenn ihr willig auf mich hört, / dürft ihr die Früchte des Landes genießen. 20 Doch wenn ihr euch weigert und widerspenstig seid, / sollt ihr vom Schwert gefressen werden.« / Ja, der Mund Jahwes hat dies gesagt!

21 Wie ist zur Hure geworden die treue Stadt! / Sie war voller Recht, / Gerechtigkeit wohnte in ihr, / und jetzt hausen Mörder darin. 22 Dein Silber ist Schlacke geworden, / dein Wein mit Wasser gepanscht! 23 Deine Führer –

1,8 *Tochter Zion.* Synonym für die Stadt Jerusalem und seine Einwohner.

1,9 *der allmächtige Gott.* Hebräisch: *Zebaoth,* das heißt »Heere« oder »Kriege«. In der LXX wird der Begriff immer mit *pantokrator,* »Allherrscher« oder »Allmächtiger« wiedergegeben.

Sodom ... Gomorra. Städte, die Gott durch Feuer vernichtet hat, siehe 1. Mose 19,24-25.

Wird im Neuen Testament von Paulus nach der LXX zitiert: Römer 9,29.

Aufrührer sind sie, / mit Dieben
vereint. / Sie mögen Bestechung /
und gieren nach einem Geschenk. /
Den Waisen verhelfen sie nicht
zum Recht, / und Witwen hören
sie gar nicht erst an.
²⁴ Darum spricht Jahwe, der
Herr, / der allmächtige Gott, / der
Starke Israels: / »Weh euch! / Ich
werde mir Genugtuung
verschaffen! / Ja, ich werde euch
eure Feindschaft vergelten!
²⁵ Meine Hand wird gegen euch
sein! / Deine Schlacken werde ich
ausschmelzen wie mit Laugen-
salz / und ausscheiden dein
unedles Metall. ²⁶ Dann werde ich
dir Richter geben wie früher / und
Ratgeber wie zum Beginn. Dann
wird man dich nennen: ›Stadt des
Rechts‹ und ›treue Stadt‹. ²⁷ Zion
wird durchs Recht erlöst, / und
wer dort umkehrt, durch
Gerechtigkeit.
²⁸ Doch Rebellen und Sünder
trifft der Zerbruch, / wer Jahwe
verlässt, kommt um! ²⁹ Wer heilige
Bäume verehrt, wird beschämt, –
schamrot, wer den Göttern Gärten
pflegt. ³⁰ Wie eine verwelkte Eiche
werdet ihr stehen, / wie ein Garten,
der kein Wasser bekommt. ³¹ Der
Starke wird dann wie Zunder sein /
und zum zündenden Funken sein
Werk. / In Flammen gehen sie alle
auf, / und es gibt niemand, der
löscht.

2,3 *Jakob*, der von Gott den Namen *Israel* erhielt, war der Stammvater des Volkes Israel.

2,6 *östliche Bräuche*. Abergläubische Praktiken aus Syrien und Mesopotamien.

Das Friedensreich

2 ¹ Diese Botschaft wurde Jesaja
Ben-Amoz über Juda und Jerusalem offenbart. ² Am Ende der von
Gott bestimmten Zeit wird folgendes
geschehen:
Festgegründet an der Spitze der
Berge / steht der Berg mit dem
Haus Jahwes, / erhaben über alle
Hügel, / und alle Völker strömen
ihm zu. ³ Die Menschen sagen
überall: / »Kommt, wir ziehen zum
Berg Jahwes, / zum Haus, das dem
Gott Jakobs* gehört. / Er soll uns
lehren, was recht ist; / was er sagt,
wollen wir tun. / Denn von Zion
geht die Weisung aus, / von Jerusalem das Wort Jahwes.«
⁴ Er spricht Recht im Streit der
Völker; / er weist viele Nationen
zurecht. / Dann schmieden sie die
Schwerter zu Pflugscharen um, /
die Speere zu Messern für Winzer. /
Kein Volk greift mehr das andere
an, / und niemand lernt mehr für
den Krieg. ⁵ Auf, ihr Nachkommen
Jakobs, / lasst uns leben im Licht
von Jahwe.

Der Tag Jahwes

⁶ Ja, du hast verstoßen die
Nachkommen Jakobs, / dein
Volk, / denn ihr Land ist mit
östlichen Bräuchen* gefüllt. / Wie
die Philister deuten sie Zeichen, /
zaubern mit Fremden / und
klatschen in die Hand.
⁷ Ihr Land ist voll von Silber und
Gold, / sie haben Schätze ohne
Ende. / Ihr Land ist voll von
Pferden / und unzähligen Streitwagen zum Kampf. ⁸ Und ihr
Land ist voll von Götzen. /

Sie beten ihre Bildwerke an, / die doch von Menschenhänden gemacht sind. 9 Ja, da bückt sich der Mensch, / da erniedrigt sich der Mann. / »Vergib ihnen das nicht, Jahwe!«

10 Verkriech dich zwischen Felsen, / versteck dich in der Erde / vor dem Schrecken Jahwes, / vor der Pracht seiner Majestät! 11 Da werden stolze Augen gesenkt / und hochmütige Männer geduckt. / Jahwe allein ist groß an jenem Tag. 12 Denn Jahwe, der allmächtige Gott, hat einen Tag vorgesehen, / an dem er alles erniedrigen wird, / alles, was groß, stolz und überheblich ist, 13 alle Zedern auf dem Libanon, / wie stolz und hoch sie auch sind, / und alle Eichen auf dem Baschan*, 14 alle hohen Berge und alle stattlichen Hügel, 15 jeden hohen Turm und jede steile Mauer, 16 alle Hochseeschiffe* und jedes prunkende Boot. 17 Dann wird der Stolz der Menschen gebeugt, / die hochmütigen Männer geduckt. / Jahwe allein ist groß an jenem Tag, 18 und mit den Götzen ist es aus und vorbei.

19 Dann wird man sich in Felshöhlen verkriechen vor dem Schrecken Jahwes / und in Erdlöchern verstecken vor der Pracht seiner Majestät, / wenn er aufsteht und die Erde in Schrecken versetzt. 20 An jenem Tag werfen sie ihre Götzen weg. / Wo Ratten und Fledermäuse hausen, / liegen jetzt die Götter aus Silber und Gold, / die sie sich zur Anbetung machten. 21 Und sie verkriechen sich im Fels, / in Höhlen und

Spalten, / vor dem Schrecken Jahwes, / vor der Pracht seiner Majestät, / wenn er aufsteht und die Erde in Schrecken versetzt. 22 Zählt nicht auf Menschen, / sie sind nur ein Hauch. / Ein Mensch, was bedeutet er schon?

Gericht durch Verfall

3 1 Denn seht, der Herr, Jahwe, der allmächtige Gott, / nimmt weg, worauf sich Jerusalem stützt – jeden Vorrat an Wasser und Brot, 2 jeden Helden und Krieger, / Richter und Propheten, / Wahrsager und Ältesten, 3 jeden Offizier und jeden Angesehenen, / jeden Ratgeber, Zauberer und Beschwörer. 4 »Unreife Burschen lasse ich herrschen, / Willkür regiert in der Stadt.« 5 Dann fällt einer über den anderen her, / jeder gegen jedermann; / der Junge wird frech gegen den Alten, / der Nichtsnutz gegen den geachteten Mann. 6 Dann packt einer seinen Verwandten am Arm: / »Du hast noch einen Mantel«, sagt er, / »du sollst unser Anführer sein! / Diese Trümmer seien in deiner Gewalt!« 7 Doch der wird rufen: / »Nein, ich will nicht euer Notarzt sein. / Auch ich habe weder Mantel noch Brot! / Ich will nicht euer Anführer sein!«

2,13 *Baschan.* Hochebene von sprichwörtlicher Fruchtbarkeit, nordöstlich vom See Gennesaret.

2,16 *Hochseeschiffe.* Wörtlich. *Tarschisch-Schiffe.* Hochseetaugliche Schiffe, die bis nach Tarschisch (vermutlich in Südspanien) fuhren.

8 Jerusalem stürzt und Juda fällt, / denn sie kränken Jahwe mit Wort und mit Tat / und trotzen seiner Hoheit und Macht. 9 Die Frechheit ihrer Gesichter klagt sie an. / Wie Sodomiter* prahlen sie mit ihrem bösen Tun / und verhehlen ihre Sünden nicht. / Weh ihrer Seele! / Denn sich selber tun sie Böses an! 10 Sagt denen, die Gott lieben, dass es gut mit ihnen wird, / denn sie werden sich freuen an der Frucht ihres Tuns. 11 Doch weh den Gottverächtern, / denn ihre bösen Taten kommen über sie selbst.

12 Ach, mein armes Volk! / Ausbeuter sind bei dir an der Macht, / und Frauen herrschen über dich. / O mein Volk, / deine Führer sind Verführer, / sie zeigen dir den falschen Weg. 13 Da erhebt sich Jahwe zum Gericht, / um Recht zu schaffen seinem Volk. 14 Ihre Ältesten und Führer lädt er sich vor: / »Ihr habt den Weinberg ruiniert! / In euren Häusern stapelt sich das von Armen geraubte Gut! 15 Was tretet ihr mein Volk nieder, / zermalmt, die ohne Hilfe sind?«, / spricht Jahwe, der allmächtige Gott.

16 Das hat Jahwe gesagt: »Weil die Töchter Zions hochmütig sind, weil sie mit hochgereckten Hälsen daher-

gehen und aufreizende Blicke um sich werfen, weil sie mit trippelnden Schritten herumstolzieren, damit man das Klirren der Fußspangen hört, 17 wird mein Herr ihren Scheitel kahl und schorfig werden lassen und Jahwe ihre Scham entblößen. 18 An diesem Tag wird mein Herr ihnen den Schmuck wegnehmen: das Knöchelgeklirr, die Sönnchen und Halbmonde am Hals, 19 Ohrgehänge und Armspangen, Flatterschleier 20 und Kopfbunde, Schrittkettchen und Brustbänder, Parfümfläschchen und Amulette, 21 Fingerringe und Nasenringe, 22 Festkleider und Mäntel, Umschlagtücher, Täschchen 23 und Spiegel, feinste Unterwäsche, Kopftücher und weite Schleier.«

24 Dann gibt es statt des Wohlgeruchs Gestank, / statt des Gürtels einen Strick, / statt Lockengeringel eine Glatze, / statt des Festgewandes einen umgürteten Sack, / statt der Schönheit ein Brandmal. 25 Deine Männer fallen durchs Schwert, / deine Helden durch den Krieg. 26 Von Totenklage hallen deine Tore wider. / Sie ist am Ende. / Leer und einsam sitzt sie da.

4 1 An dem Tag klammern sich sieben Frauen an einen Mann. »Wir sorgen selbst für unser Essen, wir kümmern uns selbst um unsere Kleidung, wir wollen nur deine Frauen sein. Lass uns deinen Namen tragen und nimm die Schande von uns, dass wir keinen Mann und keine Kinder haben.«

3,9 *Sodomiter.* Menschen aus der Stadt Sodom, die für ihre schweren Sünden berüchtigt waren, siehe 1. Mose 18,16-19,29.

Hoffnung für den Rest

2 An dem Tag wird der Spross* Jahwes zur Zierde und zur Ehre sein; ja alles, was Gott wachsen lässt, wird zur Freude und zum Stolz für die sein, die dem Untergang entkommen sind. 3 Die Überlebenden in Jerusalem, alle, die in Zion übrig geblieben sind, werden als Gottgeweihte betrachtet werden, alle, deren Namen zum Leben aufgeschrieben sind. 4 Wenn der Herr durch den Sturm von Gericht und Läuterung den Kot der Töchter Zions abgewaschen und die Blutschuld Jerusalems aus der Stadt weggespült hat, 5 wird Jahwe über dem Zionsberg und über allen, die sich dort versammeln, tagsüber eine Wolke erscheinen lassen und Rauch – und in der Nacht ein flammendes Feuer. Wie ein Schutzdach breitet er seine Herrlichkeit über diesem Ort aus. 6 Wie eine Laubhütte wird sie euch vor der Sonne schützen und eine Zuflucht vor Regen und Sturm sein.

Das Weinberglied

5 1 Ich will singen von dem, den ich liebe, / ein Lied vom Weinberg meines Freundes*: / Mein Freund hatte einen Weinberg auf einer fruchtbaren Höhe. 2 Er grub ihn um und entfernte die Steine / und bepflanzte ihn mit edelsten Reben. / Einen Turm baute er mitten darin / und hieb auch eine Kelter aus. / Dann wartete er auf die süße Frucht. / Doch die Trauben waren sauer und schlecht. 3 Nun, ihr Bürger von Jerusalem, Männer von Juda: / Wie denkt ihr über meinen Weinberg und mich?

4 Habe ich nicht alles an meinem Weinberg getan? / Warum hoffte ich auf süße Trauben / und er brachte saure Frucht? 5 Jetzt sage ich euch, was ich ihm tue: / Ich reiße seine Hecke aus, / damit er von Herden abgeweidet wird, / ich breche seine Mauer ab, / dass er von allen zertrampelt wird. 6 Zu einer Wüste soll er werden, / nicht mehr beschnitten und behackt – und von Dornen und Disteln bedeckt. / Und den Wolken will ich befehlen, / dass kein Regen mehr auf ihn fällt. 7 Denn der Weinberg von Jahwe, dem allmächtigen Gott, ist das Volk Israel. / Und die Männer von Juda sind die Pflanzung seiner Lust. / Er hoffte auf Rechtsspruch / und erntete Rechtsbruch, / er hoffte auf Gerechtigkeit / und hörte Geschrei über Schlechtigkeit.

Sechs Wehrufe über das trotzige Volk

8 Weh denen, die sich ein Haus neben das andere stellen, / ein Feld nach dem anderen kaufen, / bis kein Grundstück mehr da ist / und ihnen alles gehört. 9 Da hörte ich den Schwur Jahwes: / »Die vielen Häuser werden öde und leer, / so groß und schön sie auch sind: /

4,2 *Spross.* Das meint hier alles, was Jahwe sprossen und wachsen lässt, deutet aber auch schon auf den kommenden Messias hin.

5,1 *Freund.* Damit meint Jesaja Gott, seinen Herrn.

Sie werden ohne Bewohner sein.
10 Denn zehn Joch* Rebland
geben einen Eimer* Saft / und
zehn Sack* Getreide nur einen
Zentner* Ertrag.

11 Weh denen, die schon am
frühen Morgen hinterm Bier her
sind / und sich erhitzen am Wein
bis spät in die Nacht. *12* Zither
und Harfe, Pauke und Flöte / und
Wein gehören zu ihrem Gelage, /
doch was Jahwe tut, beachten sie
nicht, / vor seinem Wirken haben
sie keinen Respekt. *13* Weil mein
Volk keine Einsicht hat, wird es
gefangen weggeschleppt. / Seine
Edelleute werden Hungerleider
sein, / und seine lärmende Menge
verschmachtet vor Durst. *14* Das
Totenreich reißt seinen Schlund
weit auf, / und hinab fährt seine
ganze Pracht, das ganze johlende
und lärmende Gewühl. *15* Da
werden Menschen gebeugt und
Männer geduckt, / da werden
stolze Augen gesenkt. *16* Und
Jahwe, der allmächtige Gott,
wird durch sein Urteil erhöht. /
Der heilige Gott zeigt sich heilig
im gerechten Gericht. *17* Zwischen
den Trümmern der Stadt weiden
die Schafe, / und Ziegen nähren
sich in den Ruinen der Vertriebenen.

18 Weh denen, die die Strafe für
ihre Schuld / herbeiziehen an
Stricken des Wahns. / Das Gericht
über ihre Sünde / schleppen sie
mit Wagenseilen herbei, *19* und
sagen dazu: »Er soll sich beeilen,
der heilige Gott Israels, / wir
wollen endlich sehen, was er
mit uns tut!«

20 Weh denen, die Böses
gut und Gutes böse nennen, / die
Finsternis zum Licht erklären
und Licht zur Finsternis, / die das
Bittere süß und das Süße bitter
machen.

21 Weh denen, die sich selbst für
weise halten / und meinen, dass
sie verständig sind.

22 Weh denen, die Helden im
Weintrinken sind / und tapfer im
Mischen von starkem Getränk.

23 Sie sprechen den Gottlosen
gerecht durch ein Bestechungs-
geschenk, / und den Gerechten
nehmen sie ihr Recht. *24* Darum:
Wie eine Feuerzunge Stoppeln
verzehrt, / wie dürres Gras in der
Flamme zusammensinkt, / wird
ihre Wurzel wie Asche sein, /
ihre Blüte auffliegen wie Staub. /
Denn sie haben das Gesetz Jahwes,
des Allmächtigen, verworfen, /
das Wort des Heiligen Israels
verschmäht.

25 Darum entflammte der
Zorn Jahwes gegen sein Volk, /
er hob seine Hand und schlug zu, /
dass die Berge erbebten /
und Leichen wie Abfall auf den
Straßen lagen. / Und immer noch
hat sich sein Zorn nicht gelegt, /
seine Hand bleibt drohend
ausgestreckt.

5,10 Ein *Joch* ist die Fläche, die von einem
Joch Ochsen an einem Tag gepflügt werden
konnte, etwa 1600 Quadratmeter; 10 Joch
waren also etwa anderthalb Hektar.

ein Eimer. Wörtlich: *ein Bat* = 22 Liter.

zehn Sack. Wörtlich: *ein Homer* = 220 Liter.

ein Zentner. Wörtlich: *ein Efa* = ein Bat = 22
Liter, also ein Zehntel des Gesäten.

Drohung durch ein fremdes Heer

26 Er stellt ein Feldzeichen auf für ein Volk in der Ferne, / er pfeift es herbei vom Ende der Welt, / und schon kommen sie eilig heran. 27 Keiner ist erschöpft, und keiner schleppt die Füße nach; / keiner nickt ein, sie sind alle hellwach; / keinem geht der Hüftgurt auf, und keinem löst sich ein Riemen vom Schuh. 28 Ihre Pfeile sind scharf, ihre Bogen gespannt. / Die Hufe ihrer Pferde sind hart wie Stein, / die Räder sausen dahin wie der Sturm. 29 Ihr Kriegsschrei ist wie Löwengebrüll. / Wie junge Löwen brüllen sie auf. / Sie knurren, packen die Beute und schleppen sie fort, / und niemand reißt sie ihnen weg. 30 An dem Tag wird es dröhnen über dem Land, / es wird tosen wie die Brandung am Meer. / Wohin man dann auf der Erde auch blickt: / nur Finsternis und bedrückende Angst. / Dichte Wolken verdunkeln das Licht.

Jesajas Gottesoffenbarung

6 1 In dem Jahr als König Usija starb*, sah ich den Herrn. Er saß auf einem hoch aufragenden Thron. Die Säume seines Gewandes füllten den ganzen Tempel aus. 2 Umgeben war er von Serafim*, majestätischen Wesen. Jedes von ihnen hatte sechs Flügel. Mit zweien bedeckte es sein Gesicht, mit zweien seine Beine, und mit zweien flog es. 3 Eines rief dem anderen zu: »Heilig, heilig, heilig ist Jahwe, der allmächtige Gott. Die ganze Erde bezeugt seine Macht!«

4 Von ihrem Rufen erbebten die Fundamente der Tempeltore und das ganze Haus wurde mit Rauch erfüllt. 5 Da rief ich: »Weh mir! Ich bin verloren! Ich habe den König gesehen, Jahwe, den allmächtigen Gott! Und ich habe doch besudelte Lippen und wohne in einem Volk, das durch seine Worte genauso besudelt ist!« 6 Da kam einer der Serafim zu mir geflogen. Er hatte mit einer Zange eine glühende Kohle vom Altar genommen 7 und berührte damit meinen Mund. Er sagte: »Die Glut hat deine Lippen berührt. Jetzt bist du von deiner Schuld befreit, deine Sünde ist gesühnt.« 8 Dann hörte ich die Stimme des Herrn. Er fragte: »Wen soll ich senden? Wer ist bereit, unser Bote zu sein?« Da sagte ich: »Ich bin bereit, sende mich!« 9 Und er sprach zu mir:

»Geh, und sage diesem Volk: / ›Hören sollt ihr, hören, aber nichts verstehen! / Sehen sollt ihr, sehen, aber nichts erkennen!‹ 10 Verstocke das Herz dieses Volkes / und verstopfe seine Ohren! / Verkleb ihm die Augen, / damit es mit seinen Augen nicht sieht / und mit seinen Ohren nicht hört, / damit sein Herz nicht einsichtig wird, / sich nicht bekehrt und sich so Heilung verschafft!«*

6,1 Das *Jahr*, in dem *Usija starb*, war 740 v.Chr.

6,2 *Serafim. Die Feurigen.* In 4. Mose 21,6.8 war das eine Bezeichnung für die Schlangen. Hier sind die geflügelten Geschöpfe menschenähnlich zu denken (Gesicht, Vers 2, Hand, Vers 6).

11 Da fragte ich: »Wie lange soll
das gehen, Herr?« / »Bis die
Städte öde und unbewohnt sind«,
erwiderte er. / »Bis die Häuser
ohne Menschen und die Felder zur
Wüste geworden sind.« *12* Jahwe
treibt die Menschen weit weg; /
das Land wird leer und verlassen
sein. *13* Und wenn noch ein
Zehntel darin übrig ist, / wird
auch das noch niedergebrannt. /
Es wird sein wie bei einer Eiche /
oder einer Terebinthe*, / wo beim
Fällen ein Stumpf übrig bleibt. /
Ein heiliger Same ist dieser
Stumpf.

6,10 Wird im Neuen Testament von Jesus
Christus, Paulus und Johannes zitiert: Matt-
häus 13,14-15; Markus 4,12; Lukas 8,10;
Apostelgeschichte 28,26-27; Johannes 12,40.

6,13 *Terebinthe.* Belaubter Baum mit breitem
Wipfel, der nicht mehr als 7 m hoch wird
und als Schattenspender geschätzt ist.

7,1 *Ahas ... über Juda war.* Offenbar war er
schon 735 v.Chr. Mitregent geworden, siehe
2. Könige 15,37.

gegen Jerusalem. Die Invasion von *Rezin*
und *Pekach* 735/34 v.Chr. ist als syrisch-
efraïmitischer Krieg bekannt.

7,2 *Efraïm.* Einflussreichster Stamm im
Nordreich Israels. Sein Name kann für das
ganze Nordreich stehen.

7,3 *Schear-Jaschub.* D.h. *Ein Rest kehrt um.*

7,4 *Ben-Remalja.* Das ist Pekach, der Sohn
Remaljas. Er herrschte von 740-732 v.Chr.
(seit 752 Mitregent) über Israel.

7,8 *nur dort König sein.* Syrien wurde schon
zwei Jahre später unterworfen (732 v.Chr.)

nicht mehr bestehen. Schon 722 v.Chr., 12
Jahre nach der Weissagung Jesajas, wurde
das Nordreich Israel von den Assyrern erobert. Am Ende der Regierungszeit Asar-
haddons, 669 v.Chr. war die aggressive Umsiedlungspolitik der Assyrer beendet und es
lebten fremde Völker im Gebiet des Nordreiches Israel.

Das Zeichen des Immanuel

7 *1* Als Ahas Ben-Jotam, der Enkel
von Usija, König über Juda war*,
zogen die Könige Rezin von Syrien
und Pekach Ben-Remalja von Israel
gegen Jerusalem.* Sie griffen die
Stadt an, konnten sie aber nicht erobern. *2* Schon als dem Königshaus
gemeldet wurde, dass die syrischen
Truppen im Gebiet von Efraïm* stünden, fürchteten sich der König und
sein ganzes Volk. Sie zitterten wie
vom Sturm geschüttelte Bäume im
Wald. *3* Da sagte Jahwe zu Jesaja:
»Geh mit deinem Sohn Schear-Jaschub* hinaus auf die Straße, die zu
dem Feld führt, wo die Tuchmacher
ihre Stoffe bleichen, an das Ende der
Wasserleitung beim oberen Teich.
Dort wirst du König Ahas treffen.
4 Sag zu ihm: ›Bleib ruhig und handle
nicht unüberlegt. Hab keine Angst vor
Rezin und Ben-Remalja* und ihrem
Zorn. Es sind nur qualmende Brenn-
holzstummel. *5* Weil die Syrer unter
Rezin und die Efraïmiten unter Ben-
Remalja den bösen Plan geschmiedet
haben, *6* nach Juda zu ziehen, den
Leuten dort Angst einzujagen, ihr
Land in Besitz zu nehmen und den
Sohn von Tabeal als König einzuset-
zen, *7* sagt Jahwe, der Herr:

Das wird nicht zustande kommen, /
das wird nicht geschehen.
8 Damaskus wird nur Syriens
Hauptstadt bleiben, / und Rezin
nur dort König sein.* Es dauert
nur noch 65 Jahre, / dann wird
auch Efraïm zerschlagen sein /
und als Volk nicht mehr bestehen.*
9 Bis dahin ist Samaria nur noch
Hauptstadt von Efraïm, / und

Ben-Remalja muss mit Samaria zufrieden sein. / Hat euer Glaube keinen Bestand, werdet auch ihr nicht bestehen!«

10 Jahwe sprach weiter zu Ahas und ließ ihm sagen: 11 »Fordere dir ein Zeichen zur Bestätigung von Jahwe, deinem Gott, ganz gleich, ob aus der Höhe des Himmels oder der Tiefe der Totenwelt.« 12 Doch Ahas erwiderte: »Nein, ich will kein Zeichen verlangen, ich will Jahwe nicht auf die Probe stellen.« 13 Da sagte Jesaja: »Hört zu, ihr vom Königshaus! Reicht es euch nicht, dass ihr den Menschen zur Last fallt? Müsst ihr auch noch die Geduld meines Gottes strapazieren? 14 Deshalb wird euch der Herr selbst ein Zeichen geben. Seht, die unberührte junge Frau wird schwanger werden und einen Sohn zur Welt bringen, den sie Immanuël (Gott mit uns) nennt.* 15 Er wird Dickmilch* und Honig essen, bis er versteht, das Böse zu verwerfen und das Gute zu erwählen. 16 Und bevor er alt genug ist, Gut und Böse zu unterscheiden, wird das Land der beiden Könige verwüstet sein, vor denen dir jetzt graut.* 17 Aber Jahwe wird über dich, dein Volk und deine Familie eine Unglückszeit kommen lassen, wie es sie seit der Trennung Efraïms von Juda* nicht gegeben hat. Das Unglück wird der König von Assyrien sein. 18 An dem Tag wird Jahwe sowohl den Fliegenschwarm aus dem Nildelta von Ägypten, als auch den Bienenschwarm aus Assyrien herbeipfeifen. 19 Sie werden kommen und sich überall niederlassen: in Talschluchten und Felsspalten, in Dornenhecken und an jeder Wasserstelle. 20 Dann wird der Herr das Schermesser kommen lassen, das er auf der anderen Seite des Euphrat in Dienst genommen hat, nämlich den König von Assyrien, und euch den Kopf, die Schamhaare und den Bart abscheren*. 21 Wenn diese Zeit kommt, wird jeder nur noch eine Kuh und zwei Ziegen haben. 22 Aber die werden soviel Milch geben, dass jeder Dickmilch essen muss. Denn von Dickmilch und Honig muss jeder leben, der im Land übrig geblieben ist. 23 Dann wird jeder Weinberg den Dornen und Disteln gehören, selbst solche, die 1000 Weinstöcke haben,

---

7,14 Wird im Neuen Testament von Matthäus zitiert: Matthäus 1,23.

7,15 *Dickmilch.* Überfluss an Milch war in diesem Fall kein gutes, sondern ein schlechtes Zeichen (Vers 22!). Durch die Verwüstung des Landes fehlten die normalen Agrarprodukte.

7,16 *... dir jetzt graut.* Die Prophezeiung weist zunächst auf ein Mädchen im Umfeld des Königs, das in Kürze heiraten, schwanger werden und ein Kind namens Immanuël zur Welt bringen wird. Zweieinhalb Jahre später, im Jahr 732 v.Chr., als dieses Kind noch ein kleiner Junge war, zerstörte Tiglat-Pileser III. Damaskus. Damit war der Bund zwischen Syrien und Israel zerbrochen und die Gefahr für Juda erst einmal gebannt. Als der Junge 12/13 Jahre alt war und auf das Gesetz verpflichtet wurde (zwischen Gut und Böse wählen konnte), 722 v.Chr., war auch das Nordreich Israel von den Assyrern erobert. Die eigentliche Erfüllung ist jedoch die Schwangerschaft der Jungfrau Maria und die Geburt von Jesus, unserem Herrn (Matthäus 1,21-23).

7,17 Die *Trennung* des Nordreiches Israel (*Efraïm*) von Juda geschah nach Salomos Tod 931 v.Chr., also fast 200 Jahre vorher.

7,20 *Bart abscheren.* Als Zeichen der Demütigung.

von denen jeder ein Silberstück wert war. *24* Nur mit Pfeil und Bogen wird man noch dorthin gehen, denn all das Land wird voller Dornen und Disteln sein. *25* Und die Berghänge, die man jetzt noch mit der Hacke bestellt, wird niemand mehr betreten, weil sie sich in Dornengestrüpp und Disteln verwandelt haben. Nur Rinder und Kleinvieh treibt man noch dorthin.«

Schnell-Raub – Rasch-Beute

8 *1* Jahwe sagte zu mir: »Nimm dir eine große Tafel und schreibe darauf mit deutlich lesbarer Schrift: ›Für Schnell-Raub Rasch-Beute‹ *2* und lass dies von zwei vertrauenswürdigen Zeugen bestätigen, dem Priester Urija und Secharja Ben-Jeberechja.« *3* Als ich dann mit meiner Frau, der Prophetin, schlief, wurde sie schwanger und brachte einen Sohn zur Welt. Da sagte Jahwe zu mir: »Nenne ihn ›Schnell-Raub Rasch-Beute‹! *4* Denn ehe der Junge ›Vater‹ und ›Mutter‹ sagen kann, werden die Reichtümer von Damaskus und die Schätze Samarias dem König von Assyrien vorangetragen.«

8,6 *dieses Volk.* Das meint hier wohl die proassyrische Partei in Juda, die sich freute, dass die Assyrer ihren Feind, das Nordreich Israel, zu vernichten begannen.

Kanal von Schiloach. Ein Bild für Jerusalem im Gegensatz zu dem riesigen Euphratstrom.

8,8 *bis zum Hals steht.* König Sanheribs Invasion 701 v.Chr., also 34 Jahre später, überschwemmte alle Städte Judas außer Jerusalem.

8,10 *Gott steht uns bei.* Hebräisch: Immanuël.

8,13 Wird im Neuen Testament von Petrus auf Christus angewendet: 1. Petrus 3,14-15.

Die assyrische Invasion

5 Weiter sagte Jahwe zu mir: *6* »Weil dieses Volk* das ruhig dahinfließende Wasser im Kanal von Schiloach* verachtet und sich über Rezin und Ben-Remalja freut, *7* wird der Herr die große und reißende Flut des Euphrat über sie kommen lassen, nämlich den König von Assyrien mit all seiner Heeresmacht. Wie ein Strom, der anschwillt und über alle Ufer tritt, *8* wird er sich bis nach Juda hin wälzen und alles überfluten, sodass den Bewohnern das Wasser bis zum Hals steht.* Die Ausläufer dieser Flut bedecken dein Land weit und breit, Immanuël.«

Gott – Zuflucht oder Ruin

9 Tobt ihr Völker und erschreckt! /
Hört zu, Nationen in der Ferne! /
Rüstet nur! Ihr werdet doch
zerschmettert. / Rüstet nur –
und resigniert! *10* Schmiedet
ruhig Pläne! / Sie werden in die
Brüche gehen. / Beratet euch, so
viel ihr wollt! / Es kommt doch
nichts dabei heraus. / Denn Gott
steht uns bei.*

11 Denn so sprach Jahwe zu mir, als seine Hand mich packte und er mich davor warnte, den Weg dieses Volkes mitzugehen:

12 »Ihr sollt nicht alles Verschwörung nennen, / was dieses Volk
Verschwörung nennt! / Ihr müsst
nicht fürchten, was sie erschreckt!
13 Doch Jahwe, den allmächtigen
Gott, / den sollt ihr heilig halten! /
Vor ihm sollt ihr euch fürchten. /
Er flöße euch den Schrecken ein!*

14 Für die einen wird er das Heiligtum sein, / doch für die anderen aus ganz Israel: / der Stein, an dem man sich stößt, / der Fels, an dem man fällt.* / Für die Bewohner von Jerusalem wird er Netz und Schlinge sein. 15 Viele von ihnen stolpern und kommen zu Fall, / verstricken und verfangen sich.«

16 Gottes Warnungen will ich gut verschnüren / und seine Weisungen meinen Schülern in Verwahrung geben. 17 Und ich will warten auf Jahwe, / will hoffen auf ihn, / der sich den Nachkommen Jakobs nicht zeigt. 18 Seht, ich und die Kinder, die Jahwe mir gab,* / ein Wahrzeichen für Israel, / ein Zeichen von Jahwe, dem allmächtigen Gott, / der auf dem Zionsberg wohnt.

19 Und wenn sie euch auffordern, von den Totengeistern Auskunft zu holen, von den Wispernden und Murmelnden, dann erwidert: »Soll ein Volk denn nicht seinen Gott befragen? Sollen die Lebenden sich von den Toten helfen lassen? 20 Zurück zur Weisung Jahwes und zu seinen Warnungen!« Wer nicht so denkt, für den gibt es kein Morgenrot. 21 Verdrossen und hungrig streift er durchs Land. Der Hunger macht ihn rasend und er verflucht seinen König und seinen Gott. Er blickt nach oben 22 und starrt auf die Erde und sieht nur bedrückende Finsternis, Not und Verzweiflung. Er ist hineingestoßen in lichtlose Nacht.

Das messianische Morgenrot

23 Doch es bleibt nicht dunkel über dem, der von Finsternis bedrängt ist. Hat die frühere Zeit dem Land der Stämme Sebulon und Naftali* auch Schande gebracht, so bringt die spätere den Weg am Meer* wieder zu Ehren, auch das Gebiet östlich des Jordan, wo die Fremden wohnen.

9 1 Das Volk, das im Dunkeln lebt, / sieht ein großes Licht. / Licht strahlt auf über denen, / die im Land der Todesschatten wohnen.* 2 Du weckst den Jubel, machst die Freude groß! / Sie freuen sich vor dir wie in der Erntezeit, / sie jubeln wie beim Beuteverteilen. 3 Denn wie am Tag von Midian* / zerbrichst du das drückende Joch, das ihnen den Rücken gebeugt, / den Stock, der sie angetrieben hat.* 4 Denn jeder Stiefel, der dröhnend daherstampft, / jeder Mantel, der sich in Blutlachen wälzt, / wird ins Feuer

---

8,14 Wird im Neuen Testament von Paulus zusammen mit Jesaja 28,16 und von Petrus zusammen mit Psalm 118,22 zitiert: Römer 9,33; 1. Petrus 2,7-8.

8,18 Wird im Neuen Testament zitiert: Hebräer 2,13.

8,23 *Sebulon und Naftali.* Israelitische Stämme im Norden des Landes, die unter der assyrischen Invasion 734 und 732 v.Chr. am meisten zu leiden hatten.

Weg am Meer. Das erfüllte sich, als Jesus von Kafarnaum aus am See Gennesaret wirkte, in der Nähe des Fernweges, der von Ägypten nach Damaskus führte und *Weg am Meer* genannt wurde.

9,1 Wird im Neuen Testament zitiert: Matthäus 4,15-16.

9,3 *Tag von Midian.* Siehe Richter 7,15-25.

angetrieben hat. Das erfüllte sich während der Invasion Sanheribs 701 v.Chr. (Jesaja 37,36-38).

geworfen und verbrannt. *5* Denn ein Kind ist uns geboren, / ein Sohn ist uns geschenkt; / das wird der künftige Herrscher sein. / Gott hat ihm seinen Namen gegeben: / wunderbarer Berater, / kraftvoller Gott, / Vater der Ewigkeit, / Friedensfürst. *6* Seine Macht reicht weit, / und sein Frieden hört nicht auf. / Er regiert sein Reich auf Davids Thron, / seine Herrschaft hat für immer Bestand, / denn er stützt sie durch Recht und Gerechtigkeit. / Das wirkt Jahwe, der allmächtige Gott, / im Eifer seiner Leidenschaft.

Der Schatten über Samaria

7 Ein Urteil hat mein Herr über Jakob gefällt, / und an Israel wurde es vollstreckt. *8* Zu spüren bekam es das ganze Volk – das von Efraïm und wer in Samaria wohnt – mit seinem selbstherrlich hochmütigen Spruch: *9* »Die Ziegel sind gefallen, / doch mit Quadern bauen wir auf, / das Holz der Sykomoren* ist zerbrochen, / doch wir setzen dort Zedernbalken ein.« *10* Aber Jahwe wiegelt Rezins Unterfürsten auf, / ihre Feinde stachelt er gegen sie an. *11* Die Syrer kommen von vorn / und von hinten die Philister, / und sie fressen Israel

mit vollem Maul. – Trotzdem legt sich Gottes Zorn nicht. / Seine Hand bleibt drohend ausgestreckt. *12* Doch das Volk kehrt nicht um zu dem, der es schlägt. / Jahwe, den allmächtigen Gott, suchen sie nicht. *13* Da haut Jahwe Kopf und Schwanz von Israel ab, / Palmzweig und Binse an einem einzigen Tag. *14* Die Ältesten und Vornehmen sind der Kopf, / der Lügen lehrende Prophet ist der Schwanz. *15* Die Führer dieses Volkes sind Verführer, / und die Geführten wissen nicht mehr wohin. *16* Deshalb freut sich der Herr nicht über seine jungen Männer, / erbarmt sich nicht über seine Witwen und Waisen. / Denn alle sind sie gottlos und böse, / aus jedem Mund kommt schändliches Geschwätz. – Trotzdem legt sich Gottes Zorn nicht. Seine Hand bleibt drohend ausgestreckt.

17 Denn ihre Bosheit lodert auf wie ein Feuer, / das Dornen und Disteln verzehrt. / Im dichten Unterholz des Waldes zündet es / und wirbelt als schwarze Rauchwolke hoch. *18* Das Land ist verbrannt durch den glühenden Zorn / von Jahwe, dem allmächtigen Gott. / Das Volk ist ein Raub der Flammen geworden. / Keiner verschonte den andern: *19* Man fraß rechts und blieb doch hungrig, / man fraß links und wurde nicht satt. / Jeder fraß das Fleisch seines eigenen Arms. *20* Manasse stürzte sich auf Efraïm / und Efraïm auf den Manasse, / und beide fielen über Juda her. – Trotzdem legt sich

---

9,9 *Das Holz der Sykomore* (wilder Feigenbaum) eignete sich sehr gut zum Bauen, besonders für Decken und Dachkonstruktionen. Seine Früchte galten als Nahrung der Armen.

Gottes Zorn nicht. / Seine Hand bleibt drohend ausgestreckt.

10 ¹ Weh denen, die unheilvolle Gesetze erlassen, / die unerträgliche Vorschriften machen, ² um die Schwachen vom Gericht zu entfernen / und die Armen um ihre Rechte zu bringen, / um die Witwen zu plündern / und die Waisen auszurauben. ³ Was werdet ihr am Tag der Heimsuchung tun, / wenn das Unwetter von ferne her kommt? / Zu wem wollt ihr dann fliehen? / Wo wollt ihr Hilfe suchen / und wo eure Ehre lassen? ⁴ Beugt man sich dann nicht in Gefangenschaft, / wird man unter den Erschlagenen sein. – Trotzdem legt sich Gottes Zorn nicht. / Seine Hand bleibt drohend ausgestreckt.

Assyrien geht zu weit

⁵ Weh Assyrien, der Rute meines Zorns! / In seiner Hand ist der Stock meines Grimms. ⁶ Ich sende ihn gegen einen gottlosen Stamm, / gegen ein Volk, das meinen Zorn erregt, / damit er Beute erbeutet / und raubt wie ein Räuber / und es in den Straßendreck tritt. ⁷ Doch er stellt sich das ganz anders vor, / er verfolgt seinen eigenen Plan. / Nur Vernichtung von Völkern hat er im Sinn, / auslöschen will er, so viele er kann. ⁸ »Jeder meiner Feldherrn ist ein König!«, sagt er. ⁹ »Ging es Kalne nicht wie Karkemisch*, / wurde Hamat nicht wie Arpad* besiegt / und Samaria* nicht wie Damaskus*? ¹⁰ Königreiche bekam ich in meine Gewalt, / die viel mehr Götter hatten, / als in Jerusalem und Samaria Statuen stehen. ¹¹ Was ich an Samaria und seinen Göttern tat, / werde ich auch an Jerusalem und seinen Bildern tun.«

¹² Doch wenn der Herr sein Werk am Zionsberg und an Jerusalem zu Ende gebracht hat, / wird er mit dem König von Assyrien abrechnen, / mit seiner überheblichen Selbstherrlichkeit / und dem hochmütigen Stolz, / mit dem er auf andere herabsieht. ¹³ Denn er brüstet sich und sagt:

»Aus eigener Kraft habe ich das alles getan, / mit meiner Klugheit habe ich es fertiggebracht! / Ich habe die Grenzen der Völker verrückt, / ihre Vorräte geplündert / und sie mit Macht von ihren Sitzen gestürzt. ¹⁴ Wie in ein Vogelnest langte meine Hand in die Habe der Völker. / Wie Eier in einem verlassenen Nest / habe ich ganze Länder zusammengerafft. Keiner war da, der mit den Flügeln schlug, / keiner der den Schnabel aufriss und einen Piep von sich gab.«

10,9 *Karkemisch* am mittleren Euphrat wurde 717 v.Chr. von den Assyrern besiegt, *Kalne* in Nordsyrien 738 v.Chr.

Arpad liegt nördlich von Aleppo, in der Nähe von *Hamat* und südlich von Kalne. Beide Städte wurden 717 v.Chr. von den Assyrern besiegt.

Samaria wurde 722 v.Chr. von den Assyrern erobert.

Damaskus wurde 732 v.Chr. von den Assyrern erobert.

15 Rühmt sich die Axt gegen den, der sie gebraucht? / Tut die Säge sich groß gegen den, der sie zieht? / Das wäre, als ob der Stock den schwingt, der ihn hebt, / als ob das tote Stück Holz den Mann bewegt. 16 Darum wird der Herr, Jahwe, der allmächtige Gott, / das fette Assyrien dürr werden lassen. / Unter seiner Pracht flackert ein Brand, / der alles in Flammen aufgehen lässt.

17 Israels Licht wird zum Feuer, / sein heiliger Gott zu einer Flamme, / die seine Dornen und Disteln in Brand setzt / und verzehrt an einem einzigen Tag. 18 Mit Stumpf und Stiel werden Wälder und Gärten verbrannt. / Es wird wie ein Aussterben sein. 19 Ein Junge könnte die Waldbäume zählen, / die ihm noch übrig geblieben sind.

Der gerettete Rest

20 An dem Tag wird Israels Rest – und wer sonst vom Haus Jakobs entkommen ist – sich nicht mehr stützen auf den, der ihn schlägt, / sondern ganz auf Jahwe vertrauen, / den Heiligen seines Volkes. 21 Ein Rest kehrt um zum starken Gott, / ein Rest von Jakobs Nachkommenschaft. 22 Und wenn dein Volk so zahlreich wäre wie der Sand am Meer, Israel – nur ein Rest davon kehrt um. / Die Vernichtung ist beschlossen. / Die Gerechtigkeit flutet heran. 23 Denn der Herr, Jahwe, der allmächtige Gott, / vollstreckt die Vernichtung mitten im Land.* 24 Darum spricht der Herr, Jahwe, der allmächtige Gott: /»Fürchte dich nicht, mein Volk, das in Zion wohnt! / Auch wenn Assyrien den Stock über euch schwingt, / wenn es euch schlägt wie Ägypten damals. 25 Es dauert nur noch eine ganz kurze Zeit, / dann wird mein Zorn zu Ende sein / und ist dann auf Assurs Vernichtung bedacht.« 26 Jahwe, der allmächtige Gott, wird über ihn die Geißel schwingen. / Gegen sie holt er dann zum Schlag aus / wie am Rabenfels gegen Midian*; / er streckt seinen Stab aus über das Meer / wie damals gegen das Ägyptervolk. 27 An dem Tag wird die Last Assyriens von deiner Schulter gleiten, / sein Joch von deinem Nacken weggerissen sein, / durch Stärke zersprengt.

28 Sie kommen auf Aja zu, ziehen durch Migron*; / und in Michmas* lassen sie ihren Tross. 29 Sie marschieren durch die Schlucht. / »Geba wird unser Nachtquartier sein!« / Rama* zittert vor Angst, / und Sauls Stadt Gibea* ergreift die Flucht. 30 Schrei gellend, Gallim! /

10,23 Wird im Neuen Testament von Paulus zitiert: Römer 9,27-28.

10,26 *gegen Midian.* Siehe Richter 7,25.

10,28: *Aja ... Migron.* Orte etwa 16 km nördlich von Jerusalem.

Michmas. 11 km nördlich von Jerusalem.

10,29: *Rama.* Heimatstadt Samuels, 8 km nördlich von Jerusalem.

Gibea. 5 km nördlich von Jerusalem.

Lausche Lajescha*! / Armes Anatot*! *31* Madmena flieht, / und die Bewohner von Gebim* rennen davon. *32* Noch heute macht er Halt in Nob* / und streckt seine Hand nach dem Hügel Jerusalems aus, / nach dem Berg, der den Einwohnern Zions gehört. *33* Seht, wie Jahwe, der allmächtige Gott, mit schrecklicher Gewalt die Äste abhaut. / Die mächtigen Bäume werden gefällt, / alles Hohe wird niedrig gemacht. *34* Das Gestrüpp des Waldes wird mit Eisen zerfetzt, / und die Pracht des Libanon fällt.

Das Reich des Messias

11 *1* Aus Isais Stumpf* wächst ein Spross, / aus seinen Wurzeln schießt ein neuer Trieb. *2* Auf ihm wird ruhen der Geist Jahwes, / der Geist der Weisheit und des Verstands, / der Geist des Rates und der Kraft, / der Erkenntnis und der Ehrfurcht vor Jahwe. *3* Jahwe zu fürchten ist ihm eine Lust.

Er urteilt nicht nach Augenschein, / verlässt sich nicht auf das, was er hört, *4* sondern richtet auch die Geringen gerecht / und hilft den Gebeugten zu ihrem Recht. / Seine Befehle halten das Land in Zucht, / der Hauch seines Mundes bringt die Gesetzlosen um. *5* Sein Hüftschurz heißt Gerechtigkeit. / Und Wahrheit ist der Gurt, der seine Lenden umschließt.

6 Dann ist der Wolf beim Lamm zu Gast, / und neben dem Böckchen liegt ein Leopard. / Kalb und Löwenjunges wachsen miteinander auf; / ein kleiner Junge hütet sie. *7* Kuh und Bärin teilen eine Weide, / und ihre Jungen legen sich zusammen hin. / Und der Löwe frisst Stroh wie das Rind. *8* Der Säugling spielt am Schlupfloch der Schlange, / in die Höhle der Otter steckt das Kleinkind die Hand. *9* Auf dem ganzen heiligen Berg wird niemand Böses tun, / niemand stiftet Unheil, richtet Schaden an. / Und wie das Wasser das Meer bedeckt, / so ist das Land von der Erkenntnis Jahwes erfüllt.

10 An dem Tag wird es Isais Wurzelspross sein, / der als Zeichen für alle Völker dasteht; / dann kommen sie und suchen Rat bei ihm. / Sein Palast ist voller Herrlichkeit.* *11* Wenn diese Zeit gekommen ist, / erhebt der Herr noch einmal die Hand. / Dann wird er den Rest seines Volkes befreien, von Assyrien und Ägypten, / von Nubien* und vom Oberlauf des Nil, / von Elam*, Schinar* und Hamat* /

10,30 *Lajescha.* Unbekannte Stadt in der Nähe von Jerusalem.

Anatot. Heimatstadt des Propheten Jeremia.

10,31 *Madmena ... Gebim.* Unbekannte Orte.

10,32 *Nob.* Die Stadt lag wahrscheinlich 2,5 km nordöstlich von Jerusalem.

11,1 *Isais Stumpf.* Isai war der Vater von König David. Gemeint ist also ein Nachkomme Davids.

11,10 Wird im Neuen Testament von Paulus nach der LXX zitiert: Römer 15,12.

11,11 *Nubien.* Hebräisch: Kusch. Land am Oberlauf des Nil, südlich von Ägypten.

und von jedem Küstenland*.
¹² Er stellt diesen Völkern ein
Feldzeichen auf / und sammelt
Israels Verstoßene ein. Die
Versprengten Judas holt er vom
Ende der Welt. ¹³ Dann verfliegt
die Eifersucht auf Efraïm, / dann
ist die Feindschaft Judas vorbei. /
Efraïm wird gegen Juda nicht
mehr eifersüchtig sein, / und auch
Juda bedrängt Efraïm nicht mehr.
¹⁴ Gemeinsam stürmen sie die
Hänge hinab / nach Westen gegen
die Philister. / Und im Osten
plündern sie die Wüstenstämme
aus. / Edom* und Moab* sind in
ihrer Hand, / und die Ammoniter*
werden ihnen hörig sein.
¹⁵ Jahwe teilte den Golf am
ägyptischen Meer* / und droht
nun dem Euphrat mit seiner
Hand. / Er zerreißt ihn in sieben
Rinnsale durch seine Glut, / dass

man zu Fuß hindurchgehen kann.
¹⁶ So entsteht eine Straße für
den Rest seines Volkes, / der in
Assyrien überlebt hat, / wie es
damals eine Straße gab, / als Israel
Ägypten verließ.

12 ¹ Dann wirst du sagen:
»Ich preise dich, Jahwe! / Du
warst zornig auf mich, / doch nun
hat dein Zorn sich gelegt, und ich
empfange deinen Trost. ² Seht den
Gott meines Heils! / Ich habe
Vertrauen und fürchte mich
nicht, / denn Jahwe ist meine
Stärke, / Jah* ist meine Freiheit
und mein Lied!« ³ Voller Freude
sollt ihr Wasser schöpfen, / Wasser aus den Quellen des Heils. ⁴ An
dem Tag werdet ihr sagen: »Preist
Jahwe! / Ruft seinen Namen aus! /
Macht unter den Völkern sein
Wirken bekannt! / Sagt ihnen,
wie unvergleichlich groß er ist!
⁵ Singt und spielt zur Ehre
Jahwes, / denn er hat Gewaltiges
getan! / Erfahren möge es die
ganze Welt! ⁶ Jauchze und juble,
du Zionsstadt, / denn der Heilige
Israels wohnt in dir!«

Gottes Wort lastet auf Babylon

13 ¹ Wort, das auf Babylon lastet, und das Jesaja Ben-Amoz
offenbart wurde:

² Auf dem kahlen Berg stellt ein
Feldzeichen auf, / erhebt die
Stimme, ruft sie herbei, / winkt
mit der Hand! / Durch die Tore
der hohen Herren ziehen sie ein.
³ Ich selbst rief meine Heiligen

11,11 *Elam.* Persische Provinz um die Hauptstadt Susa.

Schinar. Babylonien

Hamat. Heute: Labwe, etwa 70 km nördlich vom Berg Hermon.

Küstenland. Gemeint sind die Inseln und Küstenländer des Mittelmeers.

11,14 *Edom.* Land östlich der Araba im Süden des Toten Meeres, bewohnt von den Nachkommen Esaus.

Die *Moabiter* lebten östlich des Toten Meeres zwischen den Flüssen Arnon und Zered.

Die *Ammoniter* waren nordöstliche Nachbarn der Moabiter.

11,15 *... ägyptischen Meer.* Das ist offenbar eine Anspielung auf den Durchzug Israels durch das Schilfmeer, siehe 2. Mose 14,21-31.

12,2 *Jah.* Kurzform von Jahwe.

zum Kampf, / sie jubeln über meine Hoheit und Macht. *4* Hört ihr das Dröhnen auf den Bergen, / Getöse wie von einer großen Menge? / Horch! Ganze Königreiche kommen heran, / viele Nationen versammeln sich. / Jahwe, der allmächtige Gott, mustert sein Heer. *5* Aus fernen Ländern kommen sie, / dort wo der Himmel die Erde berührt – Jahwe und die Waffen seines Zorns, / um zugrunde zu richten das ganze große Reich. *6* Schreit vor Angst, denn Jahwes Tag ist nah! / Der Allmächtige holt zum Vernichtungsschlag aus.

7 Da werden alle Hände schlaff, / und jeden verlässt der Mut. *8* Vor Schrecken sind sie ganz verstört, / von Krämpfen und Wehen gepackt. / Sie winden sich wie eine gebärende Frau. / Einer starrt den anderen an, / wie Feuer glüht ihr Gesicht.

9 Seht, es kommt der Gerichtstag Jahwes, / ein grausamer Tag, voll Wut und Zorn. / Er macht die Erde zu einer Wüste / und vernichtet alle Sünder darin. *10* Die Sterne am Himmel funkeln nicht mehr, / vergeblich sucht man den Orion, / die Sternbilder haben kein Licht. / Die Sonne wird schon im Aufgang finster, / und der Mond gibt kein Licht in der Nacht. *11* Für ihre Bosheit strafe ich die ganze Welt, / ihre Schuld zahle ich allen Gottlosen heim. / Die Arroganz der Stolzen löse ich auf, / und den Hochmut der Herrscher erniedrige ich. *12* Einen Mann lasse ich seltener werden als gediegenes

Gold, / ein Mensch wird kostbarer als Ofir-Gold* sein. *13* Ich werde den Himmel erzittern lassen, / die Erde wird beben vom Grimm Jahwes / an dem Tag, an dem der Allmächtige zürnt. *14* Sie werden wie aufgescheuchte Gazellen sein, / wie eine Herde, die kein Hirt zusammenhält. / Jeder flieht zu seinem Volk, / eilt in sein Heimatland zurück. *15* Es wird jeder erstochen, den man erwischt; / wen man packt, den trifft das Schwert. *16* Sie müssen es mit eigenen Augen sehen, / wie man ihre Kinder zerschmettert, / ihre Häuser plündert / und ihre Frauen schändet. *17* »Ja, die Meder* lasse ich auf sie los, / die das Geld nicht achten, / die man nicht mit Gold bestechen kann.

13,12 *Ofir-Gold.* Josephus, LXX und Vulgata (Hiob 28,16) verstanden unter *Ofir* Indien. Dafür spricht, dass es alle in der Bibel erwähnten Güter (Gold, Silber, Edelsteine, Hölzer, Elfenbein, Affen und Pfauen) im alten Indien gab. Ferner ist bekannt, dass vom 2. Jahrtausend v.Chr. an lebhafter Handel zwischen dem Persischen Golf und Indien getrieben wurde. Dazu waren Hochseeschiffe (1. Könige 22,48: Tarschisch-Schiffe) nötig. Eine andere Theorie besagt, dass *Ofir* eine Stadt war, die vermutlich an der südwestlichen Küste Arabiens oder 75 km nördlich von Bombay (Supura) lag.

13,17 Die *Meder*, die im Nordwesten des Iran lebten, eroberten 612 v.Chr. zusammen mit den Babyloniern die assyrische Hauptstadt Ninive und 539 v.Chr. zusammen mit den Persern Babylon. Aber sie waren auch schon in den viel früheren Konflikt verwickelt, der im Jahr 689 v.Chr., also 12 Jahre nach der Weissagung Jesajas, zur Eroberung Babylons durch die Assyrer führte.

18 Ihre Pfeile strecken junge Männer nieder, / mit Kindern machen sie kurzen Prozess / und selbst Säuglinge verschonen sie nicht. 19 Wie es Sodom und Gomorra erging, / den Städten, die Gott zerstörte, / so wird es auch mit Babylon sein, / dem Juwel von Königreichen, / dem Schmuckstück der stolzen Chaldäer*. 20 Es bleibt auf Dauer unbewohnt, / unbesiedelt für alle Zeit. / Kein Nomade schlägt dort seine Zelte auf, / kein Hirt lässt seine Schafe dort ruhen. 21 Nur Wüstenspuk gibt es an diesem Ort / und Häuser voller Eulen. / Strauße wird man dort finden, / und Dämonen führen ihre Tänze auf. 22 Hyänen heulen in verlassenen Palästen / und Schakale in den Schlössern der Lust. / Die Tage der Stadt sind gezählt, / bald schlägt die letzte Stunde von Babylon.

Das Spottlied auf den König von Babel

14 1 Denn Jahwe wird sich über die Nachkommen Jakobs erbarmen. Er wird Israel noch einmal erwählen und in sein Land zurückbringen. Fremde werden sich ihnen dabei anschließen und dann zum Volk Israel gehören. 2 Die Völker werden Israel nehmen und in seine Heimat zurückbringen. Und dort, im Land Jahwes, werden die Israeliten sie zu Sklaven und Sklavinnen machen. Sie werden die gefangen nehmen, die einst sie in die Gefangenschaft führten, und ihre ehemaligen Unterdrücker unterdrücken. 3 Und wenn Jahwe dir dann Ruhe gewährt von aller Qual und Unruhe und dem harten Sklavendienst, 4 wirst du ein Spottlied auf den König von Babel singen:

»Ach, der Unterdrücker nahm ein Ende! / Mit seiner Schreckensherrschaft ist es aus! 5 Zersplittern ließ Jahwe den Knüppel der Bösen, / zerbrach den Stock der Tyrannen, 6 der die Völker schlug in blinder Wut / und ihnen grausame Schläge versetzte, / der sie in wildem Zorn unterdrückte / und sie hetzte ohne Erbarmen. 7 Nun ruht und rastet die ganze Erde. / Jubel bricht aus! 8 Selbst die Zypressen freuen sich mit, / auch die Zedern auf dem Libanon: / ›Seit du gefallen bist und unten liegst, / kommt kein Fäller mehr zu uns herauf.‹ 9 Die ganze Totenwelt ist aufgeregt / und bereit, dich zu empfangen. / Für dich wurden Totengeister aufgestört, / die Mächtigen aus einer früheren Welt. / Man schreckt die Könige der Völker hoch, / alle springen von den Stühlen auf. 10 Der Chor der Schatten ruft dir zu: ›Nun bist du genauso wie wir, / schwach und ohne Macht.‹ 11 Ins Totenreich gestürzt ist deine Pracht / und deine rauschende Harfenmusik. / Maden bekommst du als Bett und / mit Würmern deckst du dich zu.

13,19 *Chaldäer.* Bewohner von Süd-Babylonien, später wurden alle Babylonier Chaldäer genannt.

12 Ach wie bist du vom Himmel gefallen, funkelnder Morgenstern*, / zu Boden geschmettert, Eroberer der Welt! 13 Du, du hattest in deinem Herzen gedacht: / ›Ich will zum Himmel hochsteigen! / Höher als die göttlichen Sterne stelle ich meinen Thron! / Im äußersten Norden setze ich mich hin, / dort auf den Versammlungsberg*! 14 Über die Wolken will ich hinauf, / dem Allerhöchsten gleichgestellt sein!‹

15 Doch ins Reich der Grüfte musst du hinab, / wirst auf den Grund der Totenwelt gestürzt. 16 Wer dich einst gesehen hat, / betrachtet dich nun, / schaut dich nachdenklich an: ›Ist das der Mann, der die Erde zittern ließ, / der Königreiche aus den Angeln hob?‹ 17 Er machte Städte dem Erdboden gleich / und verwüstete die ganze Welt. / Wen er gefangen nahm, der kehrte nie zurück.

18 Alle Herrscher setzt man prächtig bei, / in Ehren ruhen sie in ihrer Gruft. 19 Doch du liegst ohne Grab auf freiem Feld, / hingeworfen wie ein dürrer Zweig, / zertrampelt wie ein totes Tier, / mit Leichen von Erschlagenen bedeckt. 20 Dich bettet man nicht in die steinerne Gruft, / mit denen dort wirst du niemals vereint. / Denn dein Land hast du zerstört, / hingemordet dein eigenes Volk. / Dein Verbrechergeschlecht soll in Ewigkeit vergessen sein! 21 Bringt seine Söhne her und schlachtet sie ab! / Denn auf ihren Vätern lastete Schuld. / Nie wieder dürfen sie an die Macht, / nie sei

die Welt in ihrem Besitz / und der Erdkreis mit ihren Städten gefüllt.«

Die völlige Vernichtung Babylons

22 »Ich werde mich gegen sie stellen!«, / sagt Jahwe, der allmächtige Gott. / »Mit Kind und Kindeskind rotte ich Babylon aus, / mit Stumpf und Stiel! 23 Zum Besitz der Igel mache ich es, / und zu einem Sumpfgebiet. / Ich kehre es mit eisernem Besen aus«, / sagt Jahwe, der allmächtige Gott.

Gegen Assyrien

24 Jahwe, der allmächtige Gott, hat es geschworen: / »Wie ich es mir vornahm, so wird es geschehen, / es wird so kommen, wie ich es beschloss. 25 Assyriens Macht zerbreche ich in meinem Land, / auf meinen Bergen zertrete ich sie. / Dann weicht ihr Joch von meinem Volk, / von seinem Nacken fällt es ab.« 26 Das ist Gottes Beschluss über die ganze Welt, / und das ist die Hand, die

---

14,12 *Morgenstern.* Die lateinische Bibel (Vulgata) hat diesen Ausdruck mit *Luzifer* = »Lichtbringer« übersetzt. Von daher wurden die Verse 12-15 in Verbindung mit Lukas 10,18 oft auf den Fall Satans gedeutet. Direkt spricht der Abschnitt aber – wie die Verse vorher und nachher – vom Fall des Königs von Babylon.

14,13 *Versammlungsberg.* Gemeint ist wohl der Berg Zaphon, der 40 km nordöstlich von Ugarit in Syrien lag. Die Kanaaniter dachten sich dort die Ratsversammlung der Götter (wie die Griechen auf dem Berg Olymp).

gegen alle Völker ausgestreckt ist.
27 Denn Jahwe, der allmächtige
Gott, setzte es fest. / Wer kann ihn
daran hindern? / Seine Hand ist
drohend ausgestreckt. / Wer
wendet sie wieder zurück?

Gegen die Philister

28 Im Todesjahr von König Ahas* /
kam dieses belastende Wort:
29 »Freue dich nicht zu früh,
Philisterland! / Zwar ist der Stock
zerbrochen, der dich schlug, /
doch aus der toten Schlange fährt
eine Natter heraus, / und aus
der Natter kommt ein fliegender
Drache.

14,28 *Todesjahr von König Ahas.* 716 v.Chr.
Zu dieser Zeit war Hiskia bereits 13 Jahre
lang Mitregent in Juda.

15,1 *Moab.* Die Moabiter lebten östlich des
Toten Meeres zwischen den Flüssen Arnon
und Zered. Sie waren über Lot (1. Mose
19,36-37) mit Israel verwandt. Auch die
Urgroßmutter Davids war eine Moabiterin,
siehe Rut 4,17; 1. Samuel 22,3-4.

Ar-Moab. Stadt in Moab, Lage unbekannt.

Kir-Moab. Identisch mit Kir-Heres, siehe Jesaja 16,7.11. Die bedeutende moabitische
Stadt lag 16 km östlich vom südlichen Teil
des Toten Meeres.

15,2 *Dibon.* Bedeutende Stadt Moabs, heute
Dhiban, 21 km östlich vom Toten Meer, 5
km nördlich der Arnon-Schlucht.

Medeba. Im heutigen Jordanien, 32 km südlich von Amman.

Nebo. Heute: Ajun Musa, 15 km östlich vom
Nordende des Toten Meeres.

15,4 19 km südwestlich von Amman. *Heschbon,* die Hauptstadt der Amoriter, war von
den Moabitern erobert worden.

Elale. Dorf, 18 km südwestlich von Amman.

Jahaz. Stadt nördlich des Arnontals.

30 Auf meiner Wiese weiden
die Schwachen, / dort leben die
Armen in Sicherheit. / Doch deine
Wurzel wird durch Hunger
zerstört, / und der Drache bringt
den Rest von dir um. 31 Heult auf,
ihr Tore! / Schrei um Hilfe, du
Stadt! / Verzage, ganz Philisterland! / Eine Rauchwolke kommt
von Norden heran. / Es ist ein
gewaltiges, geschlossenes Heer.
32 Was für eine Antwort gibt
man den Boten der Philister-
stämme? / »Jahwe hat die Grundmauern Zions gelegt. / Dort
finden die Armen seines Volkes
sicheren Schutz!«

Gegen Moab

15 1 Das Wort, das auf Moab*
lasten wird:

Ar-Moab* ist zerstört, / vernichtet in einer Nacht. / Auch Kir-
Moab* ist zerstört, / verwüstet
in einer Nacht. 2 Die Moabiter
steigen zu ihrem Tempel hinauf, /
die Einwohner Dibons* weinen
auf den Opferhöhen. / Moab klagt
über Medeba* und Nebo*. /
Auf allen Köpfen eine Glatze, /
abgeschoren jeder Bart. 3 Auf den
Gassen laufen sie im Trauersack, /
auf Dächern und Plätzen jammert
das Volk. / Sie lassen ihren Tränen
freien Lauf. 4 Heschbon* und
Elale* schreien um Hilfe, / dass
man ihre Stimmen noch in Jahaz*
hört. / Auch Moabs Krieger
schreien laut, / ihrer Seele geht
es schlecht. 5 Und auch mein Herz
schreit um Hilfe für dieses Volk.

Sie fliehen bis nach Zoar / und nach Eglat-Schelischija*. / Weinend schleppen sich Menschen den Aufstieg nach Luhit hoch, / auf dem Weg nach Horonajim* erheben sie erschütterndes Geschrei. 6 Verschüttet sind die Quellen von Nimrim*, / alles Gras ist verdorrt. / Das Kraut ist verwelkt, / kein Grün ist mehr da. 7 Was sie noch haben, tragen sie bei sich, / und gehen über den Pappelbach*. 8 An allen Grenzen Moabs hört man Wehgeschrei. / Man hört es bis nach Eglajim, / bis Beer-Elim* dringt sein Klage-schrei. 9 »Dimons* Wasser ist schon voller Blut, / doch ich bringe noch mehr Unheil über die Stadt: / Auf die letzten Moabiter im Land, / auf die Überlebenden lasse ich die Löwen los.«

16 1 Schickt von Moabs Felsen-nest* / Schafböcke durch die Wüste – zum Landesherrscher auf dem Zionsberg* 2 und sagt ihm: / »Wie herumflatternde Vögel, / wie ein aufgescheuchtes Nest / irren Moabs Frauen an den Furten des Arnon umher. 3 Gib Rat und triff eine Entscheidung für uns! / Mach deinen Schatten wie das Dunkel der Nacht / und verbirg die Vertriebenen, / verrate die Flüchtlinge nicht! 4 Gib denen, die aus Moab fliehen, / Gastrecht bei dir! / Verstecke sie vor dem wüsten Verfolger!« / Wenn der Peiniger beseitigt ist, / wenn die Zerstörung aufgehört hat, / die Verwüster aus dem Land verschwunden sind,

5 dann wird ein Thron der Gnade aufgerichtet sein. / Auf ihm, am Wohnsitz Davids, / wird in Wahrheit einer sitzen, / der das Recht sucht / und in Gerechtigkeit erfahren ist. 6 Wir haben vom Hochmut Moabs gehört, / wie überheblich, stolz und vermessen es ist. / Doch sein Prahlen ist leeres Geschwätz. 7 Darum wird Moab sein Schicksal beklagen, / heulen werden sie allesamt. / Kir-Heres' Rosinen-kuchen weinen sie nach, / und seufzen tiefbetrübt. 8 Heschbons Terassen sind verwelkt, / verdorrt sind die Weinstöcke von Sibma*, / deren Wein die Starken der Völker schwach gemacht hat. / Bis nach Jaser* reichten ihre Ranken, / bis in die Wüste verliefen sie sich, /

15,5 *Zoar ... Schelischija.* Städte südlich und südöstlich des Toten Meeres.

Luhit ... Horonajim. Ortslagen unbekannt, wahrscheinlich südöstlich vom Süd-Ende des Toten Meeres.

15,6 *Nimrim.* Wahrscheinlich eine Oase süd-östlich vom Toten Meer.

15,7 *Pappelbach.* Wadi (Trockental, das nur in der Regenzeit Wasser führt) südlich oder südöstlich vom Toten Meer.

15,8: *Eglajim ... Beer-Elim.* Offenbar Städte an den Grenzen Moabs.

15,9 *Dimon.* Vermutlich ein Wortspiel mit Dibon (Vers 2) und Blut (Hebr. *dam*).

16,1 *Felsennest.* Hebräisch: *Sela.* Hier wohl nicht als Ortsname gebraucht.

... Zionsberg. Die Moabiter sollten wieder ihren Tribut zahlen.

16,8 *Sibma.* Vielleicht 5 km westlich von Heschbon.

Jaser. Vielleicht 10 km westlich von Am-man.

überschritten selbst das Tote Meer. 9 Darum weine ich mit den Leuten von Jaser um die Weinstöcke Sibmas, / mit meinen Tränen tränke ich euch, Heschbon und Elale. / Denn über Weinlese und allen Ertrag / ist ein Jauchzen der Feinde gefallen. 10 Aus allen Gärten weggerafft ist Freude und Gesang. / In den Weinbergen hört man keinen Jubel mehr. / Niemand stampft mehr Trauben in der Kelter aus, / alle fröhlichen Rufe sind verstummt. 11 Um Moab klagt mein Innerstes, / über Kir-Heres erzittert mein Herz. 12 Selbst wenn Moab sich um Opfer müht, / zum Gebet in sein Heiligtum hochsteigt, / es nützt ihm nichts.

13 Diese Worte hat Jahwe einst über Moab gesagt. 14 Doch jetzt spricht Jahwe so: »In drei Jahren, die ihr wie ein Tagelöhner zählen werdet, wird man über den Ruhm Moabs nur noch verächtlich lachen. Von seiner zahlreichen Menge wird nur noch ein winziger, ohnmächtiger Rest übrig sein.«

17,2 *Aroer.* Stadt am Arnonfluss, 23 km östlich vom Toten Meer. Südlichste Grenze des Einflussgebiets von Syrien.

17,3 *Bollwerk Efraïms.* Spielt auf die Allianz des Nordreiches Israel (Efraïm) mit Syrien an.

17,4 *Jakob.* Israels Stammvater, steht hier für das ganze Volk.

17,5 *Refaïm.* Fruchtbares Gebiet westlich von Jerusalem.

Gegen Damaskus

17 1 Das Wort, das auf Damaskus lasten wird:

Die Stadt Damaskus gibt es bald nicht mehr, / dann ist sie nur ein Haufen Schutt. 2 Verlassen wird Aroer* samt Umgebung sein. / In aller Ruhe lagern Herden dort / und niemand jagt sie weg. 3 Aus ist's mit dem Bollwerk Efraïms* / mit dem Damaskus-Königtum. / Und was von Syrien übrig bleibt, / ist nicht mehr, als das von Israel. / Das sagt Jahwe, der allmächtige Gott.

4 An diesem Tag schrumpft Jakobs* Pracht erbärmlich ein, / das Fett seines Leibes schwindet dahin. 5 Es wird wie bei einem Schnitter sein, / der die Halme zusammenrafft / und mit der Sichel die Ähren abmäht. / Es wird sein, wie beim Ährenlesen in der Ebene von Refaïm*. 6 Nur eine Nachlese bleibt ihm zurück, / wie beim Abklopfen der Frucht vom Olivenbaum. / Zwei, drei Oliven oben am Ast, / vier, fünf in seinem Gezweig, / sagt Jahwe, Israels Gott.

7 An dem Tag denkt der Mensch wieder an seinen Schöpfer, / richtet seinen Blick auf den Heiligen Israels, 8 schaut nicht mehr auf die eigenen Altäre, / achtet nicht auf das Machwerk der eigenen Hand, / blickt geweihte Pfähle und Sonnensäulen nicht mehr an.

9 An dem Tag sind seine befestigten Städte wie verlassene Orte im Wald, / sind öde wie die Berggipfel damals bei der Ankunft Israels. 10 Ja, du hast vergessen den Gott deines Heils, / hast nicht mehr an

deine Fluchtburg gedacht. / Stattdessen legst du Gärtchen für den »Lieblichen«* an / und setzt fremde Reben hinein. *11* Kaum hast du sie gepflanzt, schießen sie hoch, / was du morgens gesät hast, sprießt noch am selben Tag. / Aber es wird dir nur Schmerzen bringen, / Krankheiten, gegen die es keine Heilung gibt.

12 Weh! Viele Völker brausen heran: ein Tosen wie das rauschende Meer. / Man hört das Toben der Nationen wie das Tosen einer gewaltigen Flut. *13* Sie donnern heran wie wütende Wogen, / doch von Gott bedroht, weichen sie weit zurück. / Wie Spreu auf den Bergen, davongeblasen vom Wind, / wie Raddisteln*, weggewirbelt vom Sturm. *14* Am Abend waren sie noch jähes Entsetzen, / am Morgen schon gibt es sie nicht mehr! / Ja, unsere Räuber bekommen solchen Lohn, / und die uns plündern erhalten dieses Los.

Gegen Nubien

18 *1* Weh dem Land des Flügelgeschwirrs, / das jenseits der Ströme Nubiens liegt, *2* das Boten in Papyrusbooten übers Wasser schickt, den Strom* hinab. / Kehrt zurück, ihr schnellen Boten, / zu dem glänzenden*, hochgewachsenen Volk, / das weit und breit gefürchtet ist, / das mit angespannter Kraft alles zertritt, / zurück zu dem von Strömen durchfurchten Land. *3* Ihr Bewohner der Erde, ihr Bürger der Welt, / seht hin, wenn auf den Bergen ein Feldzeichen steht, / hört hin, wenn ins Horn gestoßen wird! *4* Denn so sagte Jahwe zu mir: / »Von meiner Wohnung aus schaue ich untätig zu, / ruhig wie die flimmernde Mittagsglut, / wie eine Dunstwolke am heißen Erntetag. *5* Denn noch vor der Ernte, / wenn die Blüte abfällt / und der Blütenstand zur reifenden Traube wird, / schneidet man mit dem Rebmesser die Ranken weg, / reißt die Triebe ab und wirft sie fort. *6* Sie werden alle auf den Bergen liegen, / den Raubvögeln und Hyänen zum Fraß. / Den Sommer über sitzen die Raubvögel darauf, / und im Winter fressen die wilden Tiere daran.« *7* Dann wird Jahwe, dem allmächtigen Gott, ein Geschenk dargebracht / von einem glänzenden, hochgewachsenen Volk, / das weit und breit gefürchtet ist, / das mit angespannter Kraft alles zertritt, / dessen Land von Strömen durchschnitten wird. / Sie werden zu der Stätte kommen, wo der Name Jahwes wohnt, zum Zionsberg.

17,10 *den »Lieblichen«.* Wahrscheinlich der Frühlingsgott Adonis, der in Syrien und Phönizien verehrt wurde.

17,13 *Raddistel.* Vertrocknete und vom Wind verwirbelte Teile der Gundelia (ein Taumelkraut), die als große Bälle weit durch die Steppe getrieben werden konnten.

18,2 *den Strom.* Wörtlich: *das Meer.* Im Altertum Bezeichnung für große Ströme, hier ist der Nil gemeint.

glänzenden. Meint vielleicht die mit Öl eingeriebene Haut der Nubier.

Gegen Ägypten

19 *1* Das Wort, das auf Ägypten lasten wird: / Seht, auf schneller Wolke fährt Jahwe / und kommt bald in Ägypten an. / Ägyptens Götzen zittern vor ihm, / und die Ägypter vergehen vor Angst. *2* »Ich stachele Ägypter gegen Ägypter auf, / dass Bruder gegen Bruder kämpft, / Freund gegen Freund, / Stadt gegen Stadt / und Land gegen Land. *3* Ägyptens Mut wird ausgehöhlt, / und ich trübe ihre geistige Klarheit. / Dann suchen sie bei Götzen Rat, / bei Zauberern und Wahrsagern und den Geistern von Toten. *4* Ich gebe sie einem harten Herrn in die Hand, / einem grausamen König, der über sie herrscht«, / spricht Jahwe, der allmächtige Gott.

5 Die Wasser des Nils* werden versiegen, / der Strom versandet, trocknet aus. *6* Seine Arme fangen an zu stinken, / die Kanäle von Unterägypten werden leer, / Rohr und Schilf sind schwarz. *7* Das Ried am Fluss, an der Mündung des Nil, / das Saatland an den Ufern trocknet aus, zerstiebt, / und der Wind weht es weg. *8* Da klagen die Fischer, / da trauern die Angler / und jeder, der ein Netz auswerfen will. *9* Die, die Flachs verarbeiten, sind verzweifelt, / und die Leinenweber werden bleich. *10* Das Fundament ihrer Existenz ist zerstört, / und die Lohnarbeiter verlieren den Mut.

11 Nichts als Narren sind die Fürsten von Zoan*! / Pharaos weiseste Räte geben Dummheit von sich. / »Söhne von Weisen sind wir!«, sagen sie ihm. / »Wir stammen von alten Königen ab!« *12* Wo sind denn nun deine Weisen, Pharao? / Können sie dir nicht sagen, was Jahwe, der allmächtige Gott, / über Ägypten beschlossen hat? *13* Die Fürsten von Zoan sind dumm, / und die von Memphis* geben sich Täuschungen hin. / Die Stammesfürsten haben Ägypten ins Taumeln gebracht. *14* Jahwe hat einen Geist des Schwindels für sie gebraut, / sodass sie Ägypten ins Stolpern bringen, / bei allem, was es tut, / dass es wie ein Betrunkener in seinem Erbrochenen tappt. *15* Ägypten wird keine Tat mehr gelingen, / die Kopf oder Schwanz, / Palmzweig oder Binse* vollbringen.

Ägyptens Bekehrung

16 Zu der Zeit werden die Ägypter wie ängstliche Frauen sein. Sie werden zittern und beben, wenn Jahwe, der allmächtige Gott, seine Hand über sie schwingt. *17* Sie werden schreckliche Angst vor dem Land Juda haben. Allein der Name Judas wird die Ägypter zum Zittern bringen. Sie fürchten sich vor

---

19,5 *Wasser des Nils.* Wörtlich: *im Meer.* Siehe Fußnote zu Jesaja 18,2.

19,11 *Zoan* ist wahrscheinlich mit Tanis identisch, das im nordöstlichen Teil des Nildeltas liegt.

19,13 *Zoan* und *Memphis* (Hebr.: Nof) waren die beiden alten Hauptstädte Ägyptens.

19,15 *Kopf ... Binse.* Synonyme für hoch- und niedriggestellte Menschen, siehe Jesaja 9,13.

dem, was Jahwe, der allmächtige Gott, gegen sie beschlossen hat. *18* In dieser Zeit werden fünf ägyptische Städte Hebräisch* sprechen. Eine davon wird Ir-Heres* heißen. *19* Dann wird es mitten in Ägypten einen Altar für Jahwe* geben, und an der Grenze wird ein Steinmal ihm zu Ehren stehen. *20* Das wird die Ägypter ständig an Jahwe, den allmächtigen Gott, erinnern, besonders, wenn sie unterdrückt werden und dann zu Jahwe schreien. Dann wird er einen Retter zu ihnen schicken, der für sie kämpft und sie befreit. *21* So wird sich Jahwe den Ägyptern zu erkennen geben, und auch sie werden sehen, wer er ist. Sie werden ihm Schlacht- und Speisopfer bringen und sich immer an das halten, was sie ihm feierlich geloben. *22* Jahwe wird die Ägypter zwar schlagen, aber ihnen wieder aufhelfen. Sie werden zu ihm umkehren, und er wird ihre Gebete erhören und sie heilen. *23* Zu der Zeit wird es eine Straße von Ägypten nach Assyrien geben. Die Völker werden sich gegenseitig besuchen und gemeinsam Jahwe dienen. *24* Dann wird Israel der Dritte im Bund sein und – zusammen mit Assyrien und Ägypten – ein Segen für die ganze Erde. *25* Denn Jahwe, der allmächtige Gott, wird sie segnen mit den Worten: »Gesegnet sei mein Volk Ägypten! Gesegnet sei Assyrien, das Werk meiner Hände! Gesegnet sei Israel, mein Eigentum!«

Die Krise um Aschdod

20 *1* Es geschah in dem Jahr, in dem der assyrische König Sargon* den Tartan, seinen obersten Feldherrn, nach Aschdod* schickte, und dieser es belagerte und eroberte.*

2 Jahwe hatte zu Jesaja Ben-Amoz gesagt*: »Zieh deinen Trauersack und deine Sandalen aus!« Er tat es und ging nur mit einem Lendenschurz bekleidet barfuß umher. *3* Nun sagte Jahwe: Drei Jahre lang ist mein Diener Jesaja barfuß und im Lendenschurz herumgelaufen. Als lebendes Zeichen sollte er zeigen, was Ägypten und Nubien treffen wird. *4* Der assyrische König wird die Ägypter und Nubier gefangen wegtreiben, nackt und barfuß, ja sogar mit entblößtem Gesäß. Was für eine Schande für die Ägypter! *5* Und alle, die von Nubien Hilfe erwarteten und so große Stücke auf Ägypten hielten, werden enttäuscht und entmutigt sein. *6* Und die Bewohner dieses Küstenstreifens hier werden dann sagen: »Sie waren

---

19,18 *Hebräisch.* Wörtlich: *die Sprache Kanaans.* Entweder ein symbolischer Bezug auf die Treue zu Jahwe oder ein Hinweis darauf, dass diese Städte von Juden bewohnt sein werden.

Ir-Heres. Stadt der Zerstörung. Das scheint ein Wortspiel zu sein, denn durch Änderung eines Buchstabens ergibt sich im Hebräischen »Sonnenstadt«. Das wiederum könnte ein Hinweis auf Heliopolis sein, das von Nebukadnezzar zerstört wurde, siehe Jesaja 43,12-13.

19,19 *Altar für Jahwe.* Um 170 v.Chr. wurde bei Leontopolis von dem Hohenpriester Onias IV. ein Jahwetempel gebaut, der sich dabei auf diese Weissagung berief.

20,1 *Sargon* II. regierte von 721-705 v.Chr.

Aschdod. Philisterstadt am Mittelmeer.

eroberte. Das geschah im Jahr 711 v.Chr. Schon 713 v.Chr. hatte die Stadt im Vertrauen auf Ägypten und Nubien gegen Assyrien rebelliert und wollte auch Juda mit hineinziehen.

20,2 *hatte ... gesagt.* Das war bereits drei Jahre vorher, siehe Vers 3.

unsere Hoffnung gewesen! Zu ihnen sind wir um Schutz und Hilfe gelaufen! Sie sollten uns vor dem assyrischen König retten! Wo gibt es jetzt noch Rettung für uns?«

Die Verwüstung Babylons

21 ¹ Das Wort, das über der Wüste am Meer lasten wird: / Wie ein Sturm, der über den Negev* fegt, / kommt das Unheil aus der Wüste, / einem schrecklichen Land. ² Furchtbare Dinge wurden mir gezeigt: / »Der Verräter verrät, und der Zerstörer zerstört. / Brecht auf, ihr Elamiter*! / Ihr Meder*, belagert die Stadt! / Alles Seufzen wegen ihr verabschiede ich nun!«

³ Darum zittert mein Körper, / von Krämpfen gepackt, / von Wehen geschüttelt wie eine gebärende Frau. / Von dem, was ich höre, bin ich betäubt, / bestürzt von dem, was ich sehen muss. ⁴ Mein Herz rast, ein Schauder schüttelt mich. / Die mir so liebe Dämmerstunde hat es mir zum Grauen gemacht. ⁵ Man deckt den Tisch, / legt die Polster zurecht; / man isst und trinkt. / »Steht auf, Offiziere! / Ölt eure Schilde* ein!« ⁶ Denn das hat der Herr mir gesagt: / »Geh und stell einen Wachtposten auf. / Er soll dir melden, was er sieht. ⁷ Sieht er einen Wagenzug, / ein Pferdegespann, / einen Zug Kamele oder Esel, / dann passe er auf! / Er passe ganz scharf auf!« ⁸ Da rief der Wächter:* / »Herr, den ganzen Tag steh ich bereit, / bin auf dem Posten jede Nacht! ⁹ Da, was sehe ich? / Ein Zug von Männern, ein Pferdegespann! / Und einer von ihnen ruft: / ›Gefallen! Gefallen ist Babylon! / Alle Bilder seiner Götter sind zerstört!‹«

¹⁰ Du, mein zerschlagenes, zerdroschenes Volk! / Ich verkünde euch das, was ich höre – von Jahwe, dem allmächtigen Gott.

Gegen Duma und Arabien

¹¹ Das Wort, das auf Duma* lasten wird: / Aus Seïr ruft man mir zu: / »Wächter, wie lange noch dauert die Nacht? / Wächter, wie lange noch dauert die Nacht?« ¹² Der Wächter spricht: / »Der Morgen kommt, / aber noch ist es Nacht! / Wenn ihr fragen wollt, / kommt wieder und fragt!«

¹³ Das Wort, das auf Arabien lasten wird: / In der Steppe müsst ihr übernachten, / Männer, Karawanen von Dedan*. ¹⁴ Bringt dem Durstigen Wasser

---

21,1 *Negev.* Das heiße Südland Israels, zum Teil gebirgige Wüste.

21,2 *Elamiter.* Land und Volk östlich von Babylon, Hauptstadt Susa.

Meder. Iranischer Stamm, der das medisch-persische Hochland bewohnte.

21,5 Die *Schilde* waren mit Leder überzogen.

21,8 *Wächter.* So mit der LXX und den Qumrantexten. Die meisten hebräischen Handschriften haben: »Da rief er, ein Löwe.«

21,11 *Duma.* Hebräisch: *Totenstille.* Es gibt eine Oase dieses Namens östlich des Berglandes von Seïr (Edom).

21,13 *Dedan.* Wahrscheinlich eine Wegstation auf der Weihrauchroute von Südarabien nach Syrien. Es kann auch einen arabischen Stamm meinen.

hin, / Bewohner des Landes von Tema*, / geht dem Flüchtling entgegen mit Brot! 15 Denn sie sind vor den Schwertern geflohen, / vor dem Ansturm des Krieges, / dem gezückten Schwert und dem gespannten Bogen.

16 Denn das hat der Herr mir gesagt: »In noch einem Jahr, das euch wie ein Tagelöhnerjahr erscheinen wird, ist es mit Kedars* Herrlichkeit vorbei. 17 Von seinen berühmten Bogenschützen bleiben nur ganz wenige am Leben, spricht Jahwe, der Gott Israels.«

Gegen Jerusalem

22 1 Das Wort, das auf dem Tal der Offenbarung* lasten wird: / Was ist mit dir, dass du auf den Dachterrassen stehst, 2 du lärmerfüllte tosende Stadt, / du fröhliche Burg? / Deine Toten fielen nicht durchs Schwert und nicht im Kampf. 3 Alle deine Führer sind geflohen, / und alle sind gefangen – ohne einen Bogenschuss. So weit sie auch gelaufen waren, / nun sind sie gefesselt – allesamt. 4 Darum sage ich: »Lasst mich allein mit meinem Schmerz! / Lasst meine Tränen laufen! / Tröstet mich nicht wegen der Gewalt an meinem Volk! 5 Denn der Herr hat Verwirrung, Verheerung, Verstörung in das Tal der Offenbarung gebracht – Jahwe, der allmächtige Gott. / Die Mauer wird bestürmt – und bricht. / Hilfegeschrei hört man am Hang. 6 Elam* hat den Köcher umgehängt, / die Streitwagen sind bespannt und bemannt, /

und Kir* hat seinen Schild enthüllt. 7 Deine herrlichen Täler sind mit Wagen gefüllt, / und Reiter nehmen Stellung gegen das Tor. 8 So nimmt man Juda jeden Schutz. / An dem Tag habt ihr im Waldhaus* nach Waffen gesucht 9 und habt die Risse in der Mauer gesehen, / viele Risse in der Davidsstadt*. / Im unteren Teich habt ihr das Wasser gestaut. 10 Dann habt ihr Jerusalems Häuser gezählt, / ganze Gebäude niedergerissen / und die Mauer der Stadt damit fester gemacht. 11 Zwischen den beiden Mauern habt ihr ein Sammelbecken angelegt – für das Wasser des alten Teichs.

Doch habt ihr nicht auf den geblickt, der alles bewirkt; / ihr habt nicht an den gedacht, der solche Unglücke plant. 12 Wohl rief der Herr an jenem Tag. / Jahwe, der allmächtige Gott, rief euch zum Weinen und zur

---

21,14 *Tema.* Wüstenoase 400 km südöstlich von Elat in Saudi-Arabien.

21,16 *Kedar.* Nomadenstamm in der syrisch-arabischen Wüste, bekannt durch seine Herden.

22,1 *Tal der Offenbarung.* Gemeint ist Jerusalem und seine unmittelbare Umgebung.

22,6 *Elam.* Persische Provinz um die Hauptstadt Susa.

Kir. Ort in Mesopotamien, Identität unbekannt.

22,8 *Waldhaus.* Halle am königlichen Palast, von Salomo mit Zedern aus dem Libanon gebaut.

22,9 Die *Davidsstadt* umfasste das Gebiet des alten Jebus, das von David erobert worden war. Es bildete den Kern Jerusalems.

Wehklage auf, / zum Glatze-
scheren und zum Trauersack.
13 Doch er fand Jubel und
Vergnügen bei euch, / Ochsen-
schlachten und Schafeschächten, /
Fleischessen und Weintrinken. /
»Lasst uns essen und trinken«,
habt ihr gesagt, / »denn morgen
sind wir tot!«* *14* Doch Jahwe,
der allmächtige Gott, hat sich mir
offenbart: / »Diese Schuld vergebe
ich euch nicht, bis ihr sterbt!, /
schwört Jahwe, der allmächtige
Gott.«

Schebna und Eljakim

15 So sprach der Herr, Jahwe, der allmächtige Gott: Geh zu diesem Verwalter da, zu Schebna, dem Palastvorsteher, und sage ihm: *16* »Was machst
du hier eigentlich? Wer gab dir die Erlaubnis, hier oben eine Grabkammer
aushauen zu lassen? Was fällt dir ein,
deine letzte Wohnung in den Fels zu
meißeln? *17* Pass auf, Mann! Jahwe
wird dich im Wind herumwirbeln
und dich zusammenkneten, *18* er wird
dich zu einem Knäuel zusammen-
wickeln und wie einen Ball wegschleudern in ein Land mit großen
weiten Ebenen. Dort wirst du sterben,

und dorthin kommen auch die Wagen
deiner Ehrsucht, du Schandfleck für
das Königshaus! *19* Ich werde dich
aus deinem Amt verjagen und dafür
sorgen, dass man dich von deinem
hohen Posten holt.

20 An dem Tag werde ich Eljakim
Ben-Hiskija berufen, meinen Diener.
21 Ich ziehe ihm dein Amtsgewand an
und lege ihm deinen Gürtel um. Ich
übertrage ihm alle Vollmachten, die
du jetzt hast. Er wird wie ein Vater für
die Bewohner Jerusalems und das
Volk von Juda sein. *22* Ich vertraue
ihm die Schlüssel zum Palast der
Nachkommen Davids an. Was er öffnet, wird kein anderer verschließen,
und was er verschließt, wird keiner
mehr öffnen. *23* Ich werde ihn wie
einen Pflock fest in die Wand einschlagen. Seine ganze Verwandtschaft wird durch ihn zu Ehren kommen. *24* Doch die ganze Sippe wird
sich mit Kind und Kegel an ihn hängen, wie an einen Pflock, an dem das
ganze Tongeschirr mit Schüsseln und
Krügen hängt. *25* Dann wird der
Pflock, der so fest in der Wand sitzt,
abbrechen, und die Last, die er trug,
geht zu Bruch, sagt Jahwe, der allmächtige Gott.«

Gegen Tyrus

23 *1* Das Wort, das auf Tyrus*
lasten wird: / Heult, ihr
Handelsschiffe*, denn euer Hafen
ist zerstört! / Als ihr von Zypern
kamt, habt ihr davon gehört.
2 Werdet stumm, ihr Küstenbewohner, / ihr Händler von
Sidon*. / Eure Aufkäufer
überquerten das Meer *3* und
führten Korn aus Ägypten ein. /

22,13 Wird im Neuen Testament von Paulus
zitiert: 1. Korinther 15,32.

23,1 *Tyrus.* Wichtigste Hafenstadt an der
phönizischen Küste, 56 km nördlich des
Berges Karmel.

Handelsschiffe. Wörtlich: *Tarschisch-Schiffe*, d.h. Hochseeschiffe, die bis nach Tarschisch fahren konnten (siehe Fußnote zu
1. Könige 10,22).

23,2 *Sidon.* Bedeutende phönizische Stadt,
40 km nördlich von Tyrus.

Die Saat am Nil und die Ernte am Strom brachten euch den Gewinn. *4* Schäm dich, Sidon, und du, Festung am Meer! / Nun sagt euch das Meer: »Es ist, als hätte ich nie geboren, / als hätte ich niemals Wehen gehabt! / Zog ich denn niemals Kinder groß?«* *5* Sobald die Nachricht nach Ägypten kommt, werden sie sich winden, / wie es einst bei der von Tyrus geschah. *6* Fahrt doch nach Tarschisch* hinüber! / Heult, ihr Küstenbewohner! *7* Ist das eure fröhliche, brausende Stadt, / gegründet in uralter Zeit, / die ihre Siedler in die Ferne schickt? *8* Wer hat das Unheil gegen dieses Tyrus geplant, / das Königskronen spendete, / dessen Kaufleute Fürsten waren / und dessen Händler die Vornehmsten der Welt? *9* Es beschloss Jahwe, der allmächtige Gott, / um zu entweihen die prunkende Pracht, / zu erniedrigen die Großen der Welt.

10 Bewässert euer Land wie die Bauern am Nil, / ihr Kinder von Tarschisch! / Denn es gibt keine Werft mehr bei euch. *11* Jahwe hat seine Hand über das Meer ausgestreckt und Königreiche erschreckt. / Er erließ den Befehl, Phöniziens Burgen niederzureißen. *12* Er sagte: »Nie mehr sollst du fröhlich sein, / Sidon*, du vergewaltigte junge Frau! / Auch wenn ihr nach Zypern flieht, / findet ihr dort keine Sicherheit. *13* Das ist ja ein Chaldäerland, / jenes Volk, das damals noch nicht war. / Nun hat Assyrien es für seine Schiffe bestimmt. / Sie haben Belagerungstürme gebaut, / die Burgen zerstört und zu Trümmerhaufen gemacht. *14* Heult, ihr Schiffe von Tarschisch, / denn euer Hafen wurde zerstört.

15 Es kommt eine Zeit, wo Tyrus siebzig Jahre lang – so lange wie ein König lebt – vergessen sein wird. Und nach diesen siebzig Jahren wird es Tyrus ergehen wie der Hure im Lied:

16 Nimm die Laute, / durchstreife die Stadt, / du vergessene Hure! / Spiel, so gut du kannst! / Singe Lied um Lied, / damit man wieder an dich denkt!

17 Wenn die siebzig Jahre vorbei sind, wird Jahwe sich wieder um Tyrus kümmern. Die Stadt wird ihr altes Geschäft wieder aufnehmen und sich an alle Königreiche der Welt verkaufen. *18* Aber ihr Handelsgewinn und Hurenlohn wird dann Jahwe gehören. Er wird nicht angesammelt und gehortet werden, sondern denen zugutekommen, die in der Nähe Jahwes wohnen, damit sie reichlich zu essen haben und prächtige Kleider tragen können.

23,4 *... Kinder groß.* Selbst das Meer hat seine Kinder verloren, wenn die Handelsschiffe ausbleiben.

23,6 *Tarschisch.* Ort in Spanien (siehe Fußnote zu 1. Könige 10,22).

23,12 *Sidon.* Im 7. Jh. v.Chr. wurde die Stadt von Esarhaddon erobert, 587 v.Chr. von Nebukadnezzar.

Gottes Gericht über die Erde

24 *1* Jahwe verwüstet die Erde und fegt sie leer, / er entstellt ihr Gesicht und zerstreut die Bewohner. *2* Dann geht es dem Priester wie dem Volk, / dem Sklaven wie dem Herrn, / der Magd wie der Gebieterin, / dem Käufer wie dem Verkäufer, / dem Borger wie dem Leiher, / dem Schuldner wie dem Gläubiger. *3* Die Erde wird völlig leer und ausgeplündert sein, / denn Jahwe hat das Urteil gefällt. *4* Die Erde verfällt und verfault, / der Weltkreis verwelkt, / und auch die Mächtigen gehen ein. *5* Entweiht liegt die Erde unter ihren Bewohnern, / denn sie haben Gottes Gesetz übertreten, / seine Ordnungen missachtet und den ewigen Bund ungültig gemacht. *6* Darum hat der Fluch die Erde versehrt, / und die Bewohner büßen für ihre Schuld. / Sie schwinden dahin, von Glut verzehrt. / Von den Menschen bleibt nur ein winziger Rest. *7* Es vertrocknet der Most, der Weinstock verwelkt, / und die einst so Fröhlichen seufzen jetzt. *8* Der Freudenklang der Tamburine verstummt, / der Lärm der feiernden Menge erstirbt, / das fröhliche Harfenspiel bricht ab. *9* Man trinkt keinen Wein mehr bei frohem Gesang, / bitter schmeckt den Zechern ihr Bier. *10* Zertrümmert ist die öde Stadt, / verschlossen und verrammelt jedes Haus. *11* Man wimmert um Wein auf den Gassen. / Die Freude ist untergegangen, / aller Jubel im Land ist verbannt. *12* Öde ist der Rest der Stadt, / das Tor ist nur ein Haufen Schutt.

13 So wird es unter den Völkern der Erde geschehen. / Es wird wie beim Abschlagen von Oliven sein, / wie bei der Nachlese im Weinberg, / wenn die Ernte dann vorüber ist. *14* Sie beginnen zu jubeln, / sie preisen die Größe Jahwes. / Über das Meer im Westen jauchzen sie ihm zu. *15* »Ehrt auch im Osten den Namen Jahwes, / und an den Meeresküsten lobt Jahwe, Israels Gott!« *16* Vom Ende der Erde hören wir Gesang: »Gebt ihm die Ehre, er hat für das Recht gesorgt!«

Ich aber schreie: »Mir ist elend, ich vergehe! / Wehe mir, ich kann nicht mehr!« / Treulose kennen keine Treue! / Nur noch Treuebruch, Veruntreuung und Treulosigkeit! *17* Grauen und Furcht, Fallgrube und Fangnetz erwarten die Bewohner der Welt. *18* Wer vor den Schreckensschreien flieht, fällt in die Grube, / und wer sich aus der Grube retten kann, verfängt sich im Netz. / Die Schleusen des Himmels öffnen sich, / es erschüttert die Fundamente der Welt. *19* Berstend reißt die Erde auf, / sie bricht und zerbricht, / sie wankt und schwankt, *20* sie taumelt wie ein Betrunkener, / schaukelt wie eine Nachthütte im Feld, / denn ihr Frevel wuchtet schwer auf ihr. / Sie fällt und steht nicht wieder auf.

21 An dem Tag zieht Jahwe zur Rechenschaft / die Geistesmächte der unsichtbaren Welt / und die

irdischen Herrscher der Erde.
22 Sie werden zusammengetrieben und in die Grube gesperrt. / Sie werden ins Gefängnis gebracht und nach langer Zeit erst bestraft.
23 Da wird der Mond ganz rot vor Scham / und die Sonne vor Schande bleich, / denn Jahwe, der allmächtige Gott, herrscht als König – auf dem Zionsberg und in Jerusalem. / Und seinen Führern zeigt er seine Herrlichkeit.

Gottes Friedensreich

25 1 Jahwe, du bist mein Gott! / Dich will ich erheben und deinen Namen preisen! / Denn du hast Wunder vollbracht nach deinem Beschluss, / der schon lange gefasst und nun in wahrhaftiger Treue ausgeführt ist.
2 Die Stadt hast du zum Steinhaufen gemacht, / die starke Burg zu einem Trümmerfeld. / Die Paläste der Fremden bewohnt keiner mehr. / Die Stadt wird niemals wieder aufgebaut.
3 Nun ehrt dich ein mächtiges Volk, / die Städte gewalttätiger Stämme fürchten dich. 4 Denn du bist die Festung des Schwachen, / die Zuflucht des Armen in seiner Not, / ein Schutzdach vor dem Wolkenbruch, / ein Schatten vor der Sonnenglut, / wenn die Wut der Tyrannen wie ein Wetter gegen eine Mauer tobt 5 und wie glühende Hitze den ausgedörrten Boden verbrennt. / Du hast ihr Toben zum Schweigen gebracht. / Wie der Schatten einer Wolke die Hitze dämpft, / so dämpftest du ihr Siegesgeschrei.

6 Hier auf dem Zionsberg wird es geschehen: / Jahwe, der allmächtige Gott, wird alle Völker zum Fest einladen, / zu einem Mahl mit feinsten Speisen und einem guten Tropfen, / mit kräftigen, köstlichen Gerichten / und gut gelagertem alten Wein.
7 Hier wird er den Schleier zerreißen, der allen Völkern das Gesicht verhüllt, / die Decke entfernen, die auf den Nationen liegt. 8 Den Tod wird er für immer verschlingen, / und Jahwe, der Herr, wischt die Tränen von jedem Gesicht* / und entfernt die Schmach seines Volkes von der Welt. / Das hat Jahwe zugesagt.
9 An dem Tag wird man sagen: / »Da ist unser Gott! Auf ihn hatten wir unsere Hoffnung gesetzt. / Das ist Jahwe! Wir haben nicht vergeblich gehofft. / Jubeln wir! Freuen wir uns, denn er hat uns die Rettung gebracht!« 10 Jahwes Hand schützt diesen Berg, / doch Moab wird zertreten im eigenen Land, / so wie man Stroh in der Jauche zertritt. 11 Und rudert er mit seinen Armen darin / wie ein Schwimmer, der sich zu retten versucht, / wird sein Hochmut dennoch niedergedrückt, / auch wenn er sich geschickt dagegen wehrt. 12 Deine hohen, steilen Mauern reißt er ab / und macht alle dem Erdboden gleich.

25,8 Wird im Neuen Testament von Paulus und Johannes zitiert: 1. Korinther 15,54; Offenbarung 7,17.

Lobgesang der Erlösten

26 ¹ Dann singt man in Juda dieses Lied: / »Wir haben eine starke Stadt, / denn Wall und Mauer gab er uns zum Schutz. ² Macht die Tore auf, damit ein Volk einzieht, das gottrecht lebt, / das ihm die Treue hält ³ und sich durch nichts beirren lässt. / Frieden, ja Frieden gibst du dem, der dir vertraut. ⁴ Vertraut für immer auf Jahwe! / Denn Jahwe, Gott*, ist ein ewiger Fels! ⁵ Die in stolzer Höhe wohnten, hat er niedergeduckt, / die hochragende Burg hat er gänzlich zerstört, / er hat sie niedergestoßen bis in den Staub. ⁶ Nun soll sie zertreten der Fuß: / die Füße der Armen, die Tritte von Menschen ohne Macht.«

⁷ Wer gottrecht lebt, hat einen geraden Weg; / dem, der dir gehorcht, ebnest du die Bahn. ⁸ Selbst wenn du uns strafen musst, / warten wir voll Hoffnung auf dich, Jahwe. / Wir sehnen uns nach dir, nach deinem Namen, deinem Lob. ⁹ Bei Nacht sind meine Gedanken bei dir, / voller Sehnsucht suche ich dich. / Wenn du deine Gerichte auf der Erde vollstreckst, / lernen die Menschen, was Gerechtigkeit ist. ¹⁰ Doch wenn ein Gottloser begnadigt wird, / lernt er nie Gerechtigkeit. / Selbst in diesem Land, wo dein Recht gilt, / handelt er verkehrt und sieht nicht die Hoheit Jahwes. ¹¹ Auch deine hocherhobene Hand wollen sie nicht sehn. / Doch deinen Eifer um dein Volk werden sie sehen, Jahwe! / Und das Feuer, das deinen Feinden gilt, verzehre auch sie! ¹² Du wirst uns Frieden geben, Jahwe, / denn du hast ja alle unsere Taten für uns vollbracht.

¹³ Außer dir haben auch andere Herren über uns geherrscht, Jahwe. / Nur durch dich haben wir an deinen Namen gedacht. ¹⁴ Tote werden nicht lebendig, / Totengeister stehen nicht wieder auf. / Deshalb hast du sie ja heimgesucht und beseitigt / und jeden Gedanken an sie zunichte gemacht. ¹⁵ Du hast dein Volk vermehrt, Jahwe, / hast dein Volk groß gemacht und seine Grenzen weit. / Du hast deine Herrlichkeit gezeigt. ¹⁶ In der Not haben sie dich gesucht, Jahwe, / und als du straftest, kamen sie klagend zu dir. ¹⁷ Wie eine schwangere Frau kurz vor der Geburt, / wie sie sich windet und in Schmerzen schreit, / so waren wir vor dir, Jahwe. ¹⁸ Wir waren schwanger, wanden uns in Schmerzen und gebaren Wind. / Rettung konnten wir dem Land nicht bringen / und keinen Bewohner für die Welt. ¹⁹ Doch deine Toten werden leben, / die Leichen meines Volkes werden auferstehen! / Wacht auf und jubelt, Bewohner des Staubs! / Du, Herr, bist wie ein belebender Tau; / darum gibt die Erde die Toten heraus.

²⁰ Geh, mein Volk, in deine Kammer und schließ die Tür hinter

---

26,4 *Jahwe, Gott.* Eigentlich: *Jah* (=Kurzform von Jahwe), *Jahwe.*

dir zu! / Verbirg dich einen Augenblick, bis das Strafgericht vorüber ist. *21* Denn schon tritt Jahwe aus seiner Wohnung heraus, / um für ihre Schuld zu bestrafen die Bewohner der Welt. / Dann deckt die Erde das Blut wieder auf / und verbirgt die Ermordeten nicht mehr.

27 *1* An dem Tag wird Jahwe / durch sein hartes, großes, starkes Schwert / abrechnen mit dem Leviatan*, / der flüchtigen gewundenen Schlange, / dem Ungeheuer im Meer.

Ein Volk für Gott

2 An dem Tag singt ihm das Lied vom wundervollen Weinberg zu: *3* »Ich, Jahwe, behüte ihn, / begieße ihn zu jeder Zeit, / bewache ihn bei Tag und Nacht, / dass niemand sich an ihm vergreift. *4* Mein Zorn auf ihn ist verraucht. / Doch finde ich Dornen und Disteln darin, / gibt's einen schonungslosen Krieg; / Sie werden ausgerissen und verbrannt. *5* So geht es dem, der nicht Schutz bei mir sucht / und Frieden mit mir macht, / ja, Frieden mit mir schließt. *6* Jakob wird noch Wurzeln schlagen, / Israel wird blühen und gedeihen / und mit Früchten erfüllen die ganze Welt.

7 Hat der Herr sein Volk geschlagen, wie er ihre Schläger schlug? / Hat er von ihnen so viel umgebracht, wie er das bei ihren Mördern tat? *8* Mit Maßen, durch Verbannung hast du es bestraft! /

Sein heftiger Atem trieb sie fort am Tag, als der Sturm von Osten kam. *9* Dadurch wird Jakobs Schuld gesühnt. / Und weil seine Sünde beseitigt ist,* / macht er die Götzenaltäre zerschlagenen Kalksteinen gleich. / Aschera-Pfähle* werden verschwunden sein, / und Räucheraltäre nirgends mehr stehen. *10* Leer ist dann die befestigte Stadt, / ein verlassener Ort, / einsam wie die Steppe. / Kälber weiden dort, / lagern sich und fressen ihre Büsche kahl. *11* Wenn dann die Zweige dürr geworden sind, / brechen Frauen sie ab und heizen damit. / Es ist ein unverständiges Volk, / deshalb hat sein Schöpfer kein Erbarmen mit ihm. / Er, der es gebildet hat, begnadigt es nicht.

12 Doch es kommt eine Zeit, in der Jahwe die Ähren ausklopfen wird – vom Bach Ägyptens* bis zum Euphratstrom. / Da wird man euch zusammenlesen, / ihr Israeliten! *13* An dem Tag dröhnt

---

27,1 *Leviatan.* Verkörperung gottfeindlicher Mächte, besonders Ägypten.

27,9 Wird im Neuen Testament von Paulus zusammen mit Jesaja 59,20-21 zitiert: Römer 11,26-27.

Die *Aschera* war eine Fruchtbarkeitsgöttin, die in handlichen Figuren, geweihten Bäumen oder Pfählen verehrt wurde.

27,12 *Bach Ägyptens.* Nach Josua 15,4 war er die Grenze zwischen Israel und Ägypten. Heute: Wadi El-Arisch.

27,13 Das *große Horn* (Hebräisch: *Schofar*) war aus den gewundenen Hörnern des männlichen Fettschwanzschafes hergestellt und brachte einen dumpfen, durchdringenden Ton hervor.

das große Horn*. / Dann kommen
die Verirrten aus Assyrien heim, /
und die in Ägypten Verstreuten
kehren zurück. / Dann beten sie
Jahwe in Jerusalem auf dem
heiligen Berg an.

Die Herausforderung der Spötter

28 ¹ Weh der stolzen Krone
der Betrunkenen, / dem
welkenden Kranz seiner herrlichen
Pracht, / der Hauptstadt über
dem fetten Tal*, / dem Stolz aller
Weinseligen von Efraïm. ² Schon
hält der Herr einen Starken und
Mächtigen bereit. / Er kommt
wie ein Hagelwetter, / wie ein
verheerender Sturm, / wie ein
Wolkenbruch mit mächtiger
Wasserflut, / der alles mit Wucht
zu Boden reißt. ³ Zertrampeln
wird er die stolze Krone der
Betrunkenen von Efraïm.
⁴ Der welkenden Blüte seiner
prächtigen Zier, / der Hauptstadt
über dem fetten Tal wird es gehen /
wie der frühen Feige vor der
Ernte: / Der erste, der sie erblickt,
pflückt sie schnell ab und
verschlingt sie sofort. ⁵ An dem
Tag wird Jahwe, der allmächtige
Gott, zu einer herrlichen Krone für
den Rest seines Volks / und zu

28,1 *Hauptstadt ... Tal.* Gemeint ist wahrscheinlich die Stadt Samaria, die auf einem Hügel lag.

28,10 *... kaw-la-kaw.* Die Betrunkenen ahmen spöttisch Jesajas Rede nach. Der Sinn ist unklar, vielleicht mit M. Buber: *Spurgrad in der Spur, schnurgrad an der Schnur.*

28,12 Wird im Neuen Testament von Paulus zitiert: 1. Korinther 14,21.

einem prachtvollen Kranz. ⁶ Er
wird zum Geist des Rechts für den,
der zu Gericht sitzen muss, / und
zur Heldenkraft für den, der den
Feind aus der Stadt vertreibt.
⁷ Doch auch diese hier
schwanken, berauscht vom
Wein, / und taumeln, benebelt
vom Bier: / Priester und Propheten
sind betrunken, / schwanken vom
Bier und sind benebelt vom
Wein. / Sie torkeln, wenn sie
weissagen, und taumeln im
Gericht. ⁸ Ihre Tische sind von
Erbrochenem voll, / alles ist
besudelt, kein Platz ist mehr frei
davon. ⁹ Und dann sagen sie:
»Wem will der denn Einblick
geben? / Wem will der erzählen,
was Gott will? / Sind wir denn
kleine Kinder, / eben von der
Mutterbrust entwöhnt? ¹⁰ Was soll
das Zaw-la-zaw, zaw-la-zaw / und
kaw-la-kaw, kaw-la-kaw*, / hier
ein wenig, dort ein wenig?« ¹¹ Ja,
durch Menschen mit stammelnden
Lippen und fremden Sprachen /
sagt Gott sein Wort zu diesem
Volk. ¹² Er hatte zu ihnen gesagt:
»So findet ihr Ruhe. / Gönnt doch
den Müden die Rast! / Ich biete
euch Sicherheit!« / Aber sie wollten
nicht hören.* ¹³ Darum wird Jahwe
sie hören lassen: / »Zaw-la-zaw,
zaw-la-zaw / und kaw-la-kaw,
kaw-la-kaw, / hier ein wenig, dort
ein wenig.« / Nach hinten stürzen
sie und brechen sich das Genick. /
Sie laufen den Feinden ins Netz, /
gefangen führt man sie fort.
¹⁴ Darum hört das Wort Jahwes,
ihr Lästermäuler, / ihr Herrscher
von Jerusalem! ¹⁵ Ihr prahlt, mit

dem Tod im Bund zu sein. / Ihr habt mit dem Totenreich einen Vertrag? / Ihr glaubt, wenn die Katastrophe kommt, geht sie an euch vorbei, / denn ihr hättet Lügen zu eurer Zuflucht gemacht, / euch abgesichert durch Betrug? 16 Darum spricht der Herr Jahwe: Seht her, ich habe auf dem Zionsberg ein festes Fundament gelegt: / ein erprobter Block, ein kostbarer Eckstein, ein felsenfester Grund. / Wer ihm vertraut, hält ebenso stand.* 17 Als Richtschnur nehme ich das Recht / und als Waage die Gerechtigkeit. / Der Hagelsturm fegt eure Lügenzuflucht weg, / und Wasser überflutet das Versteck. 18 Euer Bündnis mit dem Tod ist dann gelöst, / und mit dem Totenreich ist der Vertrag gelöscht. / Und wenn die Katastrophe wie eine Flut über euch kommt, / seid ihr nur noch zertretenes Land. 19 Sooft sie heranbraust, reißt sie euch mit, / und Morgen für Morgen tobt sie heran. / Selbst in der Nacht habt ihr keine Ruhe mehr. / Und jedes Prophetenwort wird euch eine Schreckensnachricht sein. 20 Ja, »das Bett ist zu kurz, um sich auszustrecken / und die Decke zu schmal, um sich einzuwickeln.« 21 Denn Jahwe wird sich erheben wie am Berg Perazim, / er wird toben wie im Tal von Gibeon*. / Doch was er tut, wird euch befremden, / sein Werk wird euch unheimlich sein. 22 Darum lasst jetzt euren Spott, damit man eure Fesseln nicht noch fester zieht! / Denn

ich habe von Jahwe, dem allmächtigen Gott, / vom Herrn der ganzen Erde, ein »Zunichte!« gehört / und ein »Entschieden!«
23 Horcht auf und hört meine Stimme! / Gebt acht und hört auf mein Wort! 24 Pflügt der Bauer denn den ganzen Tag zur Vorbereitung auf die Saat? / Eggt er denn jeden Tag sein Ackerland? 25 Nein, wenn er die Äcker geebnet hat, streut er Dill und Kümmel aus, / sät Weizen, Hirse, Gerste auf sein Feld und Dinkel an den Rand. 26 So unterwies ihn sein Gott, / belehrte ihn, wie er vorgehen soll. 27 Dill drischt man nicht mit Dreschschlitten* aus, / und das Wagenrad wird nicht über Kümmel gerollt. / Dill wird mit dem Stab geklopft / und Kümmel mit dem Stock. 28 Auch das Brotkorn wird nicht zermalmt, / nicht dauernd drischt der Drescher darauf ein. / Er sorgt, dass weder Wagenräder darüber rollen, / noch Pferdehufe es zerstampfen.

28,16 Wird im Neuen Testament von Paulus zusammen mit Jesaja 8,14 zitiert: Römer 9,33, und allein von Paulus in Römer 10,11 und von Petrus in 1. Petrus 2,6.

28,21 *Perazim ... Gibeon.* In beiden Schlachten stand Gott auf der Seite Israels, siehe 2. Samuel 5,20; Josua 10,10. Jetzt aber wird es umgekehrt sein.

28,27 Ein *Dreschschlitten* bestand aus zwei oder mehreren miteinander verbundenen vorn aufgebogenen Brettern, unter denen meist noch spitze Steine oder Eisenmesser befestigt waren, um die Körner herauszulösen und die Halme zu zerschneiden. Sie wurden von Tieren im Kreis über das auf der Tenne ausgebreitete Getreide gezogen.

²⁹ Auch das weiß er von Jahwe, dem allmächtigen Gott. / Gottes Pläne sind zum Staunen, / er führt sie immer zum Erfolg.

Letzte Gnadenfrist für »Ariël«

29 ¹ Weh dir Ariël, du Gottesherd*, / du Stadt, die David einst belagert hat. / Fügt nur Jahr an Jahr und feiert Fest um Fest! ² Ich werde Ariël bedrängen, dass es Stöhnen und Wehgeschrei gibt / und es mir wie ein Gottesherd* wird. ³ Ich umlagere dich in engem Ring, / ich schließe dich ein mit einem Wall / und umstelle dich mit Belagerungsgeschütz. ⁴ Dann wirst du auf dem Boden liegen / und reden in den Staub gebeugt, / dass deine Stimme dumpf erklingt. / Wie eine Geisterstimme aus der Totenwelt / wispert deine Rede aus dem Staub heraus. ⁵ Und die Menge deiner Feinde ist wie feiner Staub, / das Heer der Angreifer wie dahinfliegende Spreu. / Doch dann wird es ganz plötzlich geschehen, / in einem Augenblick: ⁶ Jahwe greift ein, der allmächtige Gott, / mit Donnern und Dröhnen und gewaltigem Krach, / mit Wind und Wirbelsturm / und wütenden Flammen und lodernder Glut. ⁷ Und die Horde der Völker, die gegen Ariël ziehen, / es belagern und bestürmen, ist nur noch wie ein böser Traum, / ein Bild in der Nacht. ⁸ Es wird sein, wie wenn ein Hungriger vom Essen träumt: / Wacht er auf, ist sein Magen immer noch leer. / Wenn ein Durstiger vom Trinken träumt und aufwacht, / ist er mit trockener Kehle völlig erschöpft. / So wird es dieser Völkermenge gehen, / die den Zionsberg bekriegt.

⁹ Starrt nur hin und werdet starr! / Bleibt verblendet und erblindet! / Ihr seid berauscht, doch nicht von Wein, / ihr taumelt hin und her, und das ganz ohne Bier. ¹⁰ Denn Jahwe hat einen Geist der Ohnmacht über euch gebracht. / Eure Augen – die Propheten – hat er zugedrückt / und eure Häupter – die Seher – hat er verhüllt.

¹¹ Und jede Offenbarung ist für euch wie eine Schriftrolle versiegelt. Gibt man sie einem, der lesen kann, und sagt: »Hier, lies das!«, wird er antworten: »Das kann ich nicht, es ist versiegelt.« ¹² Und gibt man sie mit der gleichen Bitte einem, der nicht lesen kann, wird er antworten: »Ich kann nicht lesen!«

¹³ Weiter hat der Herr gesagt: »Dieses Volk ist nur mit dem Mund nah bei mir, / es ehrt mich mit den Lippen, aber sein Herz ist weit von mir fort.* / Ihre Gottes-

---

29,1 *Gottesherd.* Nach Hesekiel 43,15 ist damit der obere Teil des Brandopferaltars gemeint, der Herd, in dem die Glut lag. Hier steht es für Jerusalem als Gottes eigener Herd und Altar.

29,2 *wie ein Gottesherd.* Voll mit Erschlagenen, wie die Opfertiere auf dem Altar, wie ein Holocaust, ein Ganzopfer im Feuer.

29,13 Wird im Neuen Testament von Jesus Christus zitiert: Matthäus 15,8-9; Markus 7,6-7.

furcht ist ohne Wert, weil sie nur auf angelernten, menschlichen Geboten beruht. *14* Deshalb will ich auch in Zukunft seltsam handeln an diesem Volk, / wunderlich und wundersam, / dass die Weisheit seiner Weisen vergeht / und der Verstand ihrer Verständigen verfliegt.*

15 Weh denen, die ihre Pläne verstecken vor Jahwe, / damit ihre Werke im Dunkeln bleiben, und sagen: »Wer sieht uns denn? / Wer merkt schon, was wir tun?« *16* Wie verdreht ihr nur seid! / Ist der Töpfer denn nicht mehr wert als der Ton? / Kann das Werk von seinem Schöpfer sagen: »Er hat mich ja nicht gemacht!«? / Kann das Kunstwerk von dem Künstler sagen: »Er versteht doch nichts davon!«?

17 Nur noch eine kurze Zeit, dann wandelt sich der Libanon in einen Garten, / und der Garten wird zu einem Wald. *18* An dem Tag werden selbst die Tauben hören, was aus dem Buch gelesen wird, / und die Augen der Blinden werden Dunkel und Finsternis los. *19* Die Erniedrigten freuen sich wieder über Jahwe, / und die Armen jubeln über Israels heiligen Gott. *20* Dann ist der Unterdrücker nicht mehr da, / und mit dem Spötter ist es aus. / Dann sind alle beseitigt, die böse Absichten hatten, *21* die andere als Verbrecher verleumden, / die Richtern bei der Arbeit Fallen stellen / und den, der Recht sucht, aus seinem Recht verdrängen.

22 Darum sagt Jahwe, der Abraham gerettet hat, zu den Nachkommen Jakobs: / »Nun ist Jakob nicht mehr bloßgestellt, / sein Gesicht wird nicht mehr bleich. *23* Denn wenn er und seine Kinder sehen, was ich in ihrer Mitte tue, / geben sie meinem Namen die Ehre, / machen sie Jakobs Heiligen groß und fürchten Israels Gott. *24* Und die, deren Geist im Irrtum war, / bekommen Einsicht zurück, / die Murrenden nehmen Belehrung an.

Gegen Bündnis-Verhandlungen

30 *1* »Weh den trotzigen Söhnen!«, spricht Jahwe. / »Sie machen einen Plan, der nicht von mir ausgeht; / sie schließen einen Bund, der gegen meinen Willen ist, / und häufen Schuld auf Schuld. *2* Sie ziehen nach Ägypten hinab und fragen nicht nach meinem Rat. / Sie suchen Schutz beim Pharao und Zuflucht im Schatten Ägyptens. *3* Doch der Schutz des Pharao wird euch zur Schande / und die Zuflucht in Ägypten zur Schmach. *4* Eure Oberen kamen zwar bis Zoan* / und eure Gesandten bis nach Hanes*, *5* doch sie wurden nur enttäuscht. / Dieses Volk kann niemandem nützen, / es schafft weder Hilfe noch Gewinn, / sondern bringt nur Schande und Hohn.«

29,14 Wird im Neuen Testament von Paulus zitiert: 1. Korinther 1,19.

30,4 *Zoan.* Siehe Jesaja 19,11. Dort lebten die Israeliten früher als Sklaven.

Hanes. Vielleicht Herakleopolis Magna, 80 km südlich von Kairo.

6 Das Wort, das auf dem Großtier des Südens lastet: / Durch ein Land von Gefahren und Angst, / von Löwinnen und Löwen, / von Nattern und fliegenden Schlangen / bringen sie ihren Reichtum auf dem Rücken der Esel / und ihre Schätze auf den Höckern der Kamele zu einem Volk, das niemand nützen kann. 7 Denn Ägyptens Hilfe ist nichts wert. / Darum nenne ich es: »Das Ungetüm, das untätig ist.«

8 Geh jetzt und schreibe es auf eine Tafel, / verzeichne es auch in ein Buch, / dass es bezeugt ist für alle Zeit! 9 Denn mein Volk ist ein widerspenstiges Volk. / Sie wollen meine Kinder sein, doch lügen sie dabei, / denn sie hören nicht auf die Weisung Jahwes. 10 Zu den Sehern sagen sie: »Seht nicht!« / und zu den Schauenden: »Ihr sollt uns nicht das Richtige schauen, sondern das, was uns gefällt! / Gebt uns eure Phantasien! 11 Verlasst den Weg! Weicht ab vom Pfad! / Lasst uns in Ruhe mit Israels heiligem Gott!« 12 Darum spricht der Heilige Israels: / »Weil ihr dieses Wort verwerft, euch auf Gewalt und Betrug verlasst, 13 darum wird eure Schuld für euch sein wie ein durchgehender Riss, / wie eine Beule in einer hohen Mauer, / die dann plötzlich, in einem Augenblick, zusammenbricht.« 14 Er wird sie zerbrechen, wie ein Töpferkrug zerbricht, der

mitleidlos zertrümmert wird, / sodass kein Stück mehr unter seinen Scherben ist, / mit dem man Glut aus einem Ofen / oder Wasser aus der Pfütze schöpfen kann.

15 Denn so spricht der Herr, Jahwe, Israels heiliger Gott: / »Durch Umkehr und Ruhe werdet ihr befreit, / im Stillsein und Vertrauen liegt eure ganze Kraft. / Doch ihr wolltet es ja nicht. 16 Ihr sagt: ›Nein, auf Pferden fliegen wir dahin!‹ – Nicht fliegen, sondern fliehen werdet ihr! – Ihr sagt: ›Auf schnellen Rennern reiten wir!‹ – Eure Verfolger rennen schneller als ihr. 17 Tausend von euch werden zittern, wenn ein einziger droht; / und wenn nur fünf euch bedrohen, / rennt ihr alle davon. / Und was von euch übrig bleibt, ist wie eine Signalstange auf dem Berg, / wie ein Feldzeichen auf der Hügelspitze. 18 Und trotzdem wartet Jahwe darauf, euch gnädig zu sein. / Um sich über euch zu erbarmen, zeigt er seine Macht, / denn Jahwe ist ein Gott des Rechts. / Wohl denen, die auf sein Eingreifen vertrauen!

19 Ja, du Volk aus Zion, das in Jerusalem wohnt, weine, weine doch nicht mehr! Er wird dir Gnade schenken, wenn du um Hilfe rufst; sobald er deine Stimme hört, antwortet er schon. 20 Zwar hat der Herr euch Brot der Not und Wasser der Bedrängnis gereicht*, doch jetzt verbirgt er sich nicht länger vor euch: Deine Augen dürfen deinen Lehrer sehen. 21 Wenn ihr nach rechts oder links abbiegen wollt, werdet ihr eine Stimme hinter euch hören: »Dies

---

30,20 ... *gereicht.* Verkürzte Rationen während der Belagerung.

ist der Weg, dem folgt!« 22 Dann wirst du den Überzug deiner silbernen Schnitzbilder und die Bekleidung deiner goldenen Götzen entweihen. Wie etwas Besudeltes wirfst du sie weg. »Fort mit dem Dreck!«, sagst du dazu. 23 Dann gibt er Regen deiner Saat auf dem Feld, und Brotgetreide als guten Ertrag, saftig und fett. Dann weidet euer Vieh auf einem weiten Wiesengrund. 24 Die Rinder und Esel, mit denen ihr die Felder pflügt, werden vermengtes Sauerfutter fressen, das man mit Worfschaufel und Gabel gemischt und vor ihnen ausgebreitet hat. 25 Am Tag der großen Schlacht werden Wasserbäche von allen Bergen und allen hohen Hügeln fließen, wenn die feindlichen Türme fallen. 26 Dann wird das Licht des Mondes wie das Licht der Sonne sein, und das Sonnenlicht wird sieben Mal so hell erscheinen wie sonst, als ob das Licht von einer Woche an einem Tag zusammentrifft. An diesem Tag wird Jahwe die Wunden, die er seinem Volk geschlagen hat, heilen und verbinden.

27 Seht, Jahwe kommt persönlich von weither! / Er glüht vor Zorn und ist gewaltig erregt. / Seine Lippen verziehen sich vor Grimm, / und seine Zunge ist wie ein um sich fressendes Feuer. 28 Sein Atem tobt wie ein reißender Bach, dessen Wasser bis zum Halse steht. / Er schüttelt die Völker in seinem Sieb / und schüttet sie fort wie wertlose Spreu. / Er legt einen Zaum in ihr Maul, der sie in die Irre führt. 29 Dann singt ihr Lieder, wie in der Nacht, in der das Fest gefeiert wird. / Ihr werdet euch wie Pilger freuen, die mit Flöten zu Jahwes Berg ziehen, zu ihm, dem Felsen Israels. 30 Dann hört man Jahwes Donnerstimme, / sein Arm zuckt herab mit zornigem Grollen und verzehrendem Feuer, / mit Unwetter, Wolkenbruch und Hagelschlag. 31 Ja, vor der Stimme Jahwes erschrickt Assyrien, wenn es seine Rute spürt. 32 Jedes Mal, wenn die Zuchtrute saust, die Jahwe auf sie niederfahren lässt, / hört man Tamburin- und Zitherspiel. / Mit schwingendem Arm kämpft er gegen sie. 33 Längst ist die Feuerstelle auch für den König bereit: / tief und weit, ein riesiger Verbrennungsplatz, Holzscheite massenhaft. / Wie ein Lavastrom setzt der Atem Jahwes ihn in Brand.

Nicht auf Ägypten vertrauen!

31 1 Weh denen, die um Hilfe nach Ägypten ziehen, / die auf die Masse der Pferde und Streitwagen vertrauen und auf die Menge ihrer Reiter! / Sie schauen nicht auf Israels heiligen Gott / und fragen nicht nach Jahwe. 2 Doch nicht nur sie, auch er ist weise und bringt Unglück herbei. / Seine Worte nimmt er nicht zurück. / Er stellt sich gegen die ganze Bande, / die Bösewichter und ihre Kumpane. 3 Ägypter sind nur Menschen und nicht Gott, / ihre Pferde nur Geschöpfe und nicht Geist. / Wenn Jahwe die Hand ausstreckt, kommt der Beschützer zu Fall / und sein Schützling ebenso, und alle beide kommen um.

4 Denn das hat Jahwe mir gesagt: / »Wie der Löwe über seiner Beute knurrt, / der Junglöwe, gegen den man alle Hirten zusammengeholt hat, / wie er vor ihrem Geschrei nicht erschrickt / und sich bei ihrem Lärm nicht duckt, / so kommt Jahwe, der allmächtige Gott, auf den Berg Zion herab, / zur Verteidigung seiner Hügelstadt. *5* Wie ein Vogel flatternd sein Nest beschützt, / so wird Jahwe, der allmächtige Gott, Jerusalem beschirmen, / beschützen und retten, schonen und befreien.«

6 Ihr Israeliten, kehrt um zu dem, von dem ihr so tief abgefallen seid! *7* Denn es kommt der Tag, an dem jeder seine silbernen und goldenen Götzenbilder verabscheuen wird, die Götzen, die ihr mit euren Händen zu eurer Sünde angefertigt habt.

8 Assyrien wird fallen durch das Schwert, / doch nicht durch eines Menschen Schwert. Vor diesem Schwert ergreift es die Flucht. / Seine jungen Krieger müssen Zwangsarbeit tun. *9* Sein Fels* wird vor Grauen vergehen, / seine Oberen ergreifen die Flucht, / spricht Jahwe, der seinen Herd in Jerusalem hat / und dessen Feuer auf dem Zion brennt.

Das Reich der Gerechtigkeit

32 *1* Seht, ein König kommt, der gerecht regiert. / Auch

seine Oberen halten sich an das Recht. *2* Jeder von ihnen ist wie ein sicherer Platz im Sturm, / ein Schutzdach vor dem Wolkenbruch, / wie ein Wasserlauf im dürren Gebiet, / wie der Schatten eines Felsens im glühenden Land. *3* Da sehen alle Augen klar und alle Ohren hören gut. *4* Hitzköpfe werden einsichtig handeln / und Stotternde reden deutlich und klar. *5* Ein gemeiner Mensch wird nicht mehr vornehm genannt / und ein Schurke nicht mehr als ehrlich hingestellt. *6* Denn ein gemeiner Mensch redet Gemeinheit und sein Herz bereitet Böses vor. / Sein Tun ist schändlich und sein Reden beleidigt Jahwe. / Er lässt den Hungrigen darben und den Durstigen nicht trinken. *7* Ein Schurke wendet schlimme Mittel an und schmiedet böse Pläne. / Mit Lügen bringt er Gebeugte zu Fall, / auch wenn der Arme sein Recht beweist. *8* Doch ein redlicher Mensch schlägt Redliches vor / und setzt sich für Redliches ein.

Die Frauen Jerusalems

9 Steht auf, ihr sorglosen Frauen, / hört zu, ihr unbekümmerten Töchter, / passt auf und hört auf mein Wort! *10* Noch gut ein Jahr, dann zittert ihr Stolzen vor Angst. / Denn die Weinlese ist vernichtet, / es gibt keine Obsternte mehr. *11* Bangt, ihr Sorglosen, / bekümmert euch, ihr Unbekümmerten! / Zieht euch aus, entkleidet euch / und legt den Trauersack an. *12* Schlagt euch an die Brust /

31,9 *Sein Fels* ist das, worauf sich Assyrien vergeblich stützte.

und jammert über die prächtigen Felder, / die fruchtreiche Rebe, 13 das Ackerland von meinem Volk, / das in Gestrüpp und Dornen aufgeht, / jammert über die Häuser voller Freude in der ausgelassenen Stadt. 14 Denn der Palast ist verlassen und leer, / die lärmende Stadt totenstill; / Burg* und Wachtturm sind für immer ein Ruinenfeld, / den Herden zum Weideplatz, / den Wildeseln zur Lust.

15 So wird es bleiben, bis Gott seinen Geist über uns gießt. / Dann wird die Wüste zum Garten, und der Garten wird zu einem Wald. 16 In der Wüste siedelt das Recht / und im Garten Gottes Gerechtigkeit. 17 Die Wirkung der Gerechtigkeit wird Friede sein, / ewige Sicherheit und Ruhe ihr Ertrag. 18 Dann wird mein Volk an einem Ort des Friedens wohnen, / in sorgenfreier Ruhe und sicherem Heim. 19 Den Wald der Feinde wird Hagel zerschlagen, und ihre Stadt wird untergehen. 20 Doch ihr sät überall an allen Wassern; / Rind und Esel laufen frei herum. / Wie glücklich seid ihr!

Das Verlangen nach Freiheit

33 1 Weh dir, du Zerstörer, der selbst nie zerstört worden ist, / du Hinterlistiger, den noch niemand hintergangen hat! / Sobald du mit dem Zerstören fertig bist, wird man auch dich zerstören. / Und wenn du jeden hintergangen hast, wirst du selbst ein Opfer der Hinterlist.

2 Jahwe, sei uns gnädig! / Auf dich haben wir gehofft. / Sei uns jeden Morgen ein helfender Arm, / sei unsere Rettung in Zeiten der Not! 3 Vor deiner Stimme ergreifen die Völker die Flucht, / wenn du aufstehst, zerstreuen sie sich.

4 Dann rafft ihr euch Beute wie ein Heuschreckenschwarm, / wie Grashüpfer rennt ihr und stürzt euch darauf. 5 Hoch erhaben ist Jahwe, er wohnt in der Höhe und sorgt, / dass in Zion Recht und Gerechtigkeit herrscht. 6 Dann lebt ihr in Sicherheit und habt eine Fülle von Heil, / von Weisheit und Erkenntnis. / Und Zions Schatz ist die Ehrfurcht vor Jahwe.

7 Seht, die Gotteshelden jammern auf der Straße, / die Friedensboten weinen bitterlich. 8 Verödet sind die Straßen, kein Reisender wagt sich hinaus. / Der Feind hat den Vertrag ungültig gemacht, / missachtet seine Zeugen, / und Menschenleben zählen für ihn nicht. 9 Es vertrocknet und verwelkt das Land, / beschämt steht der Libanon da, schwarz und verdorrt, / Scharon* ist einer Steppe gleich, / Baschan* und Karmel* stehen kahl.

32,14 *Burg.* Hebräisch: *Ofel.* Der befestigte Hügel südlich vom Tempelberg, zwischen Tempel und Davidsstadt.

33,9 *Scharon.* Fruchtbare Ebene am Mittelmeer.

Baschan. Fruchtbares Weideland nordöstlich vom See Gennesaret.

Karmel. Fruchtbares Gartenland an den Hängen des Karmelberges am Mittelmeer.

10 Jetzt stehe ich auf, spricht Jahwe. / Jetzt erhebe ich mich, jetzt greife ich ein! 11 Ihr geht schwanger mit Stroh, / und was ihr gebärt, ist nur Spreu. / Euer Schnauben ist ein Feuer, das euch selbst verbrennen wird. 12 Die Völker werden zu Kalk verbrannt, / ins Feuer geworfen wie Dornengestrüpp. 13 Ihr fernen Völker hört, was ich getan; / ihr Nahen, erkennt meine Macht! 14 Die Sünder in Zion erschrecken tief, / Zittern hat die Gottlosen gepackt: / Wer hält es denn bei rasendem Feuer aus? / Wer kann denn wohnen bei der ewigen Glut? 15 Wer das Rechte tut und die Wahrheit sagt, / wer keinen Gewinn durch Ausbeutung macht, / wer kein Bestechungs-geschenk entgegennimmt, / wer sich nicht in Mordpläne einweihen lässt / und nicht gafft, wo Unrecht geschieht. 16 Der wird auf den Höhen wohnen, / Bergfestungen sind sein Schutz. / Er hat immer ausreichend Brot, und auch sein Wasser versiegt nie.

Die bessere Zukunft

17 Deine Augen werden den König in seiner Schönheit erblicken, / sie sehen auf ein weites, offenes Land. 18 Dann denkt ihr an den früheren Schrecken zurück: / »Wo ist der, der unser Geld gezählt hat, / wo der, der unser Silber wog und unsere Festungstürme überwachte?« 19 Du musst das freche Volk nun nicht mehr sehen, / das Volk mit dunklen, unverständlichen Lauten, / mit stammelnden Worten ohne Sinn. 20 Schau Zion an, die Stadt unserer Zusammenkunft! / Deine Augen sehen Jerusalem, diesen sicheren Ort: / ein Zelt, das nie mehr wandern muss, / dessen Pflöcke niemand herauszieht und dessen Seile keiner je löst. 21 Denn dort ist ein Mächtiger bei uns, es ist Jahwe. / Jerusalem wird wie ein Ort an Strömen sein, / mit mächtigen, breiten Armen, auf denen es keine Galeeren gibt. / Kein feindliches Schiff segelt darauf. 22 Denn Jahwe ist unser Richter, / Jahwe ist es, der uns führt, / Jahwe ist unser König, der uns befreit! 23 Zwar hängen deine Taue schlaff, / sie halten den Mastbaum nicht fest und breiten das Segel nicht aus. / Dann aber wird Beute über Beute ausgeteilt, / sodass selbst Lahme Beute gewinnen. 24 Und kein Bewohner wird sagen: »Ich bin krank.« / Dem Volk, das hier wohnt, wird die Schuld vergeben sein.

Gottes Gericht am Beispiel Edoms

34 1 Kommt her, ihr Völker, und hört! / Ihr Völkerstämme, hört aufmerksam zu! / Es höre die Erde und was auf ihr lebt, / der Erdkreis und was ihm entsprosst! 2 Jahwe ist zornig auf die Völker, / sein Grimm richtet sich gegen ihr Heer. / Er hat sie alle unter den Bann* gestellt / und gibt sie zum Abschlachten frei. 3 Die Erschlagenen wirft man hinaus. / Der Gestank ihrer Leichen steigt auf. / Die Berge sind von ihrem

Blut durchtränkt. *4* Selbst die Gestirne vergehen, und der Himmel rollt sich ein wie ein Buch*. / Sein ganzes Heer verwelkt wie das Weinlaub und schrumpft wie vertrocknete Feigen. *5* Am Himmel erscheint mein Schwert, / auf Edom fährt es herab, / auf das Volk, das im Gericht dem Bann verfallen ist. *6* Das Schwert Jahwes ist voller Blut, / es trieft vom Fett der Lämmer, / vom Blut der Böcke und von ihrem Nierenfett. / Denn ein Schlachtfest hält Jahwe in Bozra*, / ein großes Schlachten in Edoms Land. *7* Auch Wildochsen stürzen mit ihnen hin, / der junge und der starke Stier. / Der Boden ist von Blut durchtränkt, / die Erde trieft von ihrem Fett. *8* Das ist der Vergeltungstag Jahwes, / ein Jahr der Abrechnung für Zions Recht. *9* Edoms Bäche verwandeln sich in Pech, / zu Schwefel wird sein Staub. / Das ganze Land wird brennender Teer. *10* Tag und Nacht erlischt er nicht, / ewig steigt sein Rauch empor. / Für alle Zeiten verödet das Land, / für immer und ewig zieht niemand hindurch. *11* Dohle und Igel besitzen es, / Eule und Rabe nisten darin. / Hier ist die Messschnur »Öde« gespannt, / und das Senkblei »Leere«* hängt herab. *12* Kein Fürst ruft je wieder ein Königtum aus, / seine Obersten sind alle dahin. *13* In den Palästen wuchert Dornengesträuch, / Nesseln und Disteln zwischen den Mauern. / Schakale und Strauße bevölkern das Land. *14* Wildkatzen und

Hyänen treffen sich dort, / ein Dämon ruft hier dem anderen zu. / Selbst das Nachtgespenst findet sich ein und ruht sich hier aus. *15* Die Sprungnatter legt ihre Eier dort ab und brütet sie aus, / hier sammeln sich Geier in großer Schar.

16 Forscht nach im Buch Jahwes und lest! / Nicht eins von diesen Wesen wird vermisst, alle sind sie da! / Denn so hat es Jahwe befohlen; sein Geist hat sie alle zusammengebracht. *17* Er selbst hat ihnen das Land vermessen, / durchs Los ihr Stück ihnen zugeteilt. / Für immer ist es ihr Besitz, / für alle Zeiten wohnen sie dort.

Die Erlösung Israels

35 *1* Freuen werden sich Wüste und trockenes Land. / Die Steppe frohlockt, / sie blüht wie eine Krokuswiese auf. *2* Sie wird in voller Blüte stehen, / und voll Freude jubeln. / Herrlich wie der Libanon wird sie dann sein, / prächtig wie der Karmel und die Ebene Scharon. / Und die Herrlichkeit Jahwes werden sie

---

34,2 Bann. Das bedeutete die vollständige Vernichtung von Menschen, Tieren und Gütern.

34,4 Buch. Die Bücher waren damals bis zu 10 m lange Schriftrollen.

34,6 Bozra. Wichtige edomitische Stadt, Schafzuchtzentrum, 40 km südöstlich vom Süd-Ende des Toten Meeres.

34,11 Öde ... Leere. Hebräisch: *Tohu* und *Bohu* erinnern an 1. Mose 1,2.

sehen, / die Pracht und Hoheit von unserem Gott. 3 Macht die erschlafften Hände stark / und die weichen Knie fest! 4 Ruft den verzagten Herzen zu: / »Seid stark und fürchtet euch nicht! / Seht, dort kommt euer Gott mit Rache und Vergeltung! / Er selbst wird euch befreien!« 5 Dann lässt er Blinde wieder sehen / und schenkt den Tauben das Gehör. 6 Der Lahme springt dann wie ein Hirsch, / der Stumme jubelt froh. / In der Wüste brechen Quellen auf, / in der Steppe fließen Bäche. 7 Der Glutsand wird zu einem Teich, / das dürre Land sprudelt Wasser hervor. / Da wo jetzt Schakale hausen, / ist dann ein Platz für Schilf und Rohr. 8 Eine Straße wird es dort geben, / man nennt sie den heiligen Weg. / Kein unreiner Mensch darf auf ihm gehen, / er ist nur für Gottes Volk. / Selbst Unkundige finden den Weg / und werden nicht in die Irre geführt. 9 Es wird keinen Löwen dort geben, / kein Raubtier lauert auf ihr. / Nur die Erlösten wandern darauf. 10 Die von Jahwe

---

36,1 *Hiskijas.* Im 14. Jahr seiner Alleinregierung, 701 v.Chr. Hiskija war von 729 v.Chr. an Mitregent und regierte von 715-686 allein.

Sanherib war von 705-681 v.Chr. König von Assyrien.

alle befestigten Städte. Sanherib rühmte sich, 46 befestigte Städte in Juda eingenommen zu haben.

36,2 *Lachisch.* Stadt im Hügelland 46 km südwestlich von Jerusalem. Sie wurde von König Rehabeam zur Festung ausgebaut.

Teich. Siehe Jesaja 7,3.

Befreiten kehren heim. / Mit Jubel kommen sie nach Zion zurück. / Aus ihren Augen strahlt unendliches Glück. / Wonne und Freude stellen sich ein, / Kummer und Seufzen sind für immer vorbei.

Assyrer vor Jerusalem

36 1 Im 14. Regierungsjahr Hiskijas* marschierte der assyrische König Sanherib* in Juda ein und eroberte alle befestigten Städte*. 2 Von Lachisch* aus schickte er den Rabschake, einen seiner höchsten Würdenträger, mit einem gewaltigen Heer zu Hiskija nach Jerusalem. Der Rabschake stellte sich an die Straße, die zu dem Feld führt, wo die Tuchmacher ihre Stoffe bleichen, an das Ende der Wasserleitung beim oberen Teich*. 3 Da kamen Eljakim Ben-Hilkija, der Palastvorsteher, der Staatsschreiber Schebna und der Kanzler Joach Ben-Asaf zu ihm heraus. 4 Der Rabschake trug ihnen eine Botschaft an Hiskija auf:

»Der Großkönig, der König von Assyrien lässt dir sagen: Worauf vertraust du eigentlich, dass du dich so sicher fühlst? 5 Meinst du, der Ausgang eines Krieges wird von Worten bestimmt? Womit willst du antreten gegen meine Macht und Kriegserfahrung? Auf wen vertraust du denn, dass du es wagst, dich gegen mich aufzulehnen? 6 Verlässt du dich etwa auf Ägypten, dieses zerbrochene Bambusrohr, das jedem die Hand verletzt, der sich darauf stützt? Der Pharao von Ägypten ließ noch jeden im Stich, der sich auf ihn verließ. – 7 Vielleicht wirst du jetzt behaupten:

Wir vertrauen auf Jahwe, unseren Gott! Aber hat Hiskija nicht gerade dessen Höhenheiligtümer und Altäre beseitigt? Hat er nicht den Leuten in Juda und Jerusalem befohlen, nur noch vor dem einen Altar anzubeten? – 8 Mein Herr, der König von Assyrien, bietet dir eine Wette an: ›Ich will dir 2000 Pferde geben, wenn du die Reiter dazu stellen kannst!‹ 9 Wie willst du auch nur einen einzigen Provinzstatthalter vertreiben, einen der geringsten Diener meines Herrn? Aber du verlässt dich ja auf die Macht der ägyptischen Pferde und Streitwagen! 10 Und noch etwas: Bin ich etwa gegen den Willen Jahwes in dieses Land einmarschiert, um es in Schutt und Asche zu legen? Jahwe selbst hat mir gesagt: Greif dieses Land an und verwüste es!«

11 Da unterbrachen Eljakim, Schebna und Joach den Würdenträger und baten ihn: »Sprich doch bitte aramäisch mit uns! Wir verstehen es. Sprich nicht hebräisch! Die Leute auf der Stadtmauer hören uns zu.« 12 Doch der Rabschake erwiderte: »Hat mich mein Herr etwa nur zu dir und deinem Herrn gesandt? Nein, gerade diese Männer, die da oben auf der Mauer sitzen, sollen es hören. Denn bald werden sie zusammen mit euch ihren eigenen Kot fressen und ihren Harn saufen.«

13 Da trat der Rabschake noch ein Stück vor und rief laut auf Hebräisch: »Hört, was der Großkönig, der König von Assyrien euch sagen lässt: 14 Lasst euch nicht von Hiskija täuschen! Er kann euch nicht retten. 15 Lasst euch von ihm auch nicht auf Jahwe vertrösten: ›Jahwe wird uns bestimmt retten; diese Stadt wird dem Assyrerkönig nicht in die Hände fallen!‹ 16 Hört nicht auf Hiskija! Denn der König von Assyrien sagt euch: Kommt heraus und ergebt euch mir! Dann kann jeder von seinem Weinstock und Feigenbaum essen und aus seiner Zisterne trinken, 17 bis ich euch in ein Land bringe, das ebenso gut wie eures ist, wo es Korn und Most, Brot und Weinberge gibt. 18 Lasst euch von Hiskija nicht an der Nase herumführen, wenn er behauptet: ›Jahwe wird uns retten!‹ Hat denn irgendein Gott der anderen Völker sein Land vor dem König von Assyrien retten können? 19 Wo sind denn die Götter von Hamat und Arpad? Wo sind die Götter von Sefarwajim*? Haben sie etwa Samaria vor mir beschützt? 20 Wer von allen Göttern hat sein Land vor mir retten können? Und dann soll Jahwe Jerusalem vor mir beschützen?«

21 Die Männer auf der Mauer schwiegen und gaben ihm keine Antwort, wie es der König befohlen hatte. 22 Die drei Unterhändler gingen mit zerrissenen Kleidern* zu Hiskija und berichteten ihm, was der Rabschake gesagt hatte.

36,19 *Sefarwajim.* Ort in Syrien, Lage unbekannt. Die Einwohner wurden von den Assyrern im Norden Israels angesiedelt, siehe 2. Könige 17,24.31.

36,22 *mit zerrissenen Kleidern.* Als Zeichen von Trauer und Entsetzen riss man vom Halsausschnitt an das Gewand mit einem heftigen Ruck etwa eine Handlänge ein.

37

¹ Als der König das hörte, riss er seine Gewänder ein, legte den Trauersack an und ging ins Haus Jahwes. ² Dann schickte er den Palastvorsteher Eljakim und den Staatsschreiber Schebna mit den Ältesten der Priesterschaft, ebenfalls im Trauersack, zu Jesaja Ben-Amoz. ³ Im Namen des Königs sollten sie ihm sagen: »Heute ist ein schrecklicher Tag, wir sind gezüchtigt und geschmäht. Die Kinder sind bis an den Muttermund gekommen, aber zum Gebären ist keine Kraft mehr da. ⁴ Wenn doch Jahwe, dein Gott, die Worte des Rabschake hören wollte, den der König von Assyrien geschickt hat, um ihn, den lebendigen Gott, zu verhöhnen. Vielleicht bestraft er den König wegen dieser Worte, die er gehört hat. Bete doch für die, die von Gottes Volk noch übrig geblieben sind.«

⁵ Die Männer kamen zu Jesaja und erhielten folgende Antwort: ⁶ »Sagt eurem Herrn: ›So spricht Jahwe: Hab keine Angst vor den Drohungen, die du gehört hast! Fürchte dich nicht vor den Lästerungen der Boten des assyrischen Königs! ⁷ Pass auf, ich werde dafür sorgen, dass er ein Gerücht hört und in sein Land zurückkehrt! Dort werde ich ihn umbringen lassen.‹«

⁸ Der Rabschake kehrte zu seinem König zurück. Er hatte erfahren, dass dieser von Lachisch aufgebrochen war und inzwischen gegen Libna kämpfte. ⁹ Sein König hatte nämlich gehört, dass der nubische König Tirhaka* mit einem Heer gegen ihn heranrücken würde. Deshalb schickte er Boten zu Hiskija ¹⁰ und ließ ihm ausrichten: »Lass dich von deinem Gott nicht täuschen, auch wenn du ihm vertraust! Denke nicht, dass Jerusalem dem König von Assyrien niemals in die Hände fällt! ¹¹ Du hast ja gehört, was die Könige von Assyrien mit all den anderen Ländern gemacht haben, an denen sie den Bann vollstreckten. Und da willst ausgerechnet du verschont bleiben? ¹² Haben die Götter der Völker, die meine Vorfahren vernichtet haben, ihre Nationen etwa retten können: Gosan*, Haran*, Rezef* und die Bevölkerung Edens* in Telassar*? ¹³ Wo sind denn die Könige, die in Hamat und Arpad regierten? Wo sind die Könige von Sefarwajim, Hena* und Awa*?«

¹⁴ Hiskija nahm das Schreiben der Boten in Empfang und las es. Dann ging er in den Tempel, breitete es vor Jahwe aus ¹⁵ und betete: ¹⁶ »Jahwe, du allmächtiger Gott Israels, der über den

---

37,9 Der 20-jährige *Tirhaka* wird elf Jahre später König von Ägypten sein (690-664).

37,12 *Gosan.* Stadt in Nordmesopotamien, in die einige Israeliten von den Assyrern deportiert worden waren.

Haran. Stadt, westlich von Gosan, in der Abraham einige Jahre lebte, siehe 1. Mose 11,31.

Rezef. Stadt zwischen Haran und Euphrat.

Eden. Aramäisches Fürstentum in der Nähe des oberen Euphrat-Tals.

Telassar. Noch nicht identifizierte Stadt in Eden zwischen den Flüssen Euphrat und Balich.

37,13 *Hena.* Vermutlich Stadt in Nordsyrien.

Awa. Stadtstaat in Nordsyrien, aus dem der Assyrerkönig Salmanassar Leute nach Israel umsiedelte, siehe 2. Könige 17,24.

Cherubim* thront, du allein bist Gott und Herr über alle Reiche der Welt. Du hast Himmel und Erde geschaffen. 17 Schenk mir Gehör, Jahwe! Sieh doch, wie es uns geht! Hör doch, wie Sanherib dich, den lebendigen Gott, verhöhnt! 18 Es ist wahr, Jahwe, die Könige von Assyrien haben alle diese Länder verwüstet. 19 Sie haben deren Götter ins Feuer geworfen. Aber das waren ja keine Götter, sondern Machwerke aus Holz und Stein, die man vernichten konnte. 20 Doch jetzt, Jahwe, unser Gott, rette uns vor ihm, damit alle Königreiche der Welt erkennen, dass du allein Jahwe bist.«

21 Da ließ Jesaja Ben-Amoz Hiskija ausrichten: »So spricht Jahwe, der Gott Israels: Was du zu mir wegen Sanherib, dem König von Assyrien, gebetet hast, habe ich gehört. 22 Höre nun, was Jahwe über ihn sagt:

›Zion, die unberührte junge Frau, / verachtet dich und spottet über dich, / die Tochter Jerusalem schüttelt den Kopf. 23 Wen hast du verhöhnt und geschmäht, / gegen wen die Stimme erhoben? / Mit wem ließest du dich ein? – Mit Israels heiligem Gott!

24 Durch deine Boten verhöhntest du ihn. / Du prahlst: Mit den Streitwagen bezwang ich die Berge, / ich stieg bis zum Gipfel des Libanon. / Den Hochwald seiner Zedern habe ich gefällt, / seine schönsten Zypressen dazu. / Ich kam auf die entlegenste Höhe, / drang in jedes Dickicht vor. 25 Ich grub nach Wasser und trank davon. / Mit meiner Fußsohle trocknete ich die Flüsse Ägyptens aus.

26 Hast du es nicht gehört? / Schon vor langer Zeit habe ich es gewollt. / Seit uralten Tagen habe ich es geplant, / jetzt ließ ich es kommen, dass du befestigte Städte zerstörst, / sie zu öden Steinhaufen machst. 27 Machtlos waren ihre Bewohner, / von Schrecken erfüllt. / In Schande sind sie gestoßen. / Sie waren wie Kraut auf dem Feld, / wie grünes Gras, / wie Gras auf den Dächern, / vom Ostwind verdorrt.

28 Ich weiß, ob du ruhst oder gehst oder kommst. / Ich kenne auch dein Toben gegen mich. 29 Und weil du so gegen mich tobst, / ziehe ich dir einen Ring durch die Nase / und lege dir einen Zaum ins Maul / und führe dich auf dem Weg zurück, / auf dem du gekommen bist.‹

30 Und du, Hiskija, wirst daran erkennen, dass es so geschieht: In diesem Jahr werdet ihr den Nachwuchs der Ernte essen, im nächsten Jahr den Wildwuchs, aber im dritten Jahr werdet ihr wieder säen und ernten, Weinberge pflanzen und ihre Früchte genießen. 31 Und die Bewohner Judas, die mit dem Leben davongekommen sind, werden wieder Wurzeln

---

37,16 *Cherubim.* Majestätische (Engel-)Wesen, die Gottes Herrlichkeit repräsentieren. Geschnitzte Abbilder von ihnen breiteten ihre Flügel über die Bundeslade Israels aus und bildeten im Tempel die sichtbare Basis für den unsichtbaren Thron Gottes.

schlagen und Früchte tragen. *32* Denn ein Rest wird aus Jerusalem kommen, Übriggebliebene vom Berg Zion. Das wird Jahwe, der allmächtige Gott, in seinem Liebeseifer tun.

33 Darum sagt Jahwe Folgendes über den assyrischen König: ›Er wird nicht in diese Stadt eindringen, nicht einen Pfeil wird er hineinschießen. Er wird sie nicht mit Schilden berennen und keinen Wall gegen sie aufschütten. *34* Auf demselben Weg, auf dem er gekommen ist, wird er wieder heimkehren. Er wird ganz bestimmt nicht in diese Stadt eindringen, spricht Jahwe. *35* Um meiner Ehre willen und meinem Diener David zuliebe werde ich diese Stadt retten und beschützen.‹«

36 In dieser Nacht tötete ein Engel Jahwes im Lager der Assyrer 185.000 Mann. Am nächsten Morgen war alles mit Leichen übersät. *37* Da brach König Sanherib den Feldzug ab und kehrte in seine Heimat nach Ninive zurück. *38* Als er eines Tages im Tempel seines Gottes Nisroch betete, erschlugen ihn seine Söhne Adrammelech und Sarezer mit dem Schwert. Daraufhin mussten sie in das Land Ararat* fliehen, und Sanheribs Sohn Asarhaddon wurde König.

37,38 Land Ararat. Armenien, nördlich von Assyrien.

38,1 Hiskija todkrank. Dieses Geschehen und der anschließende Besuch der babylonischen Delegation müssen etwa ein Jahr vor dem Feldzug Sanheribs stattgefunden haben, denn der Babylonierkönig Merodach Baladan (39,1) war zu dieser Zeit schon nicht mehr an der Macht und 38,6 verspricht ja erst die Rettung vor dem Assyrerkönig.

Hiskijas Krankheit

38 *1* In dieser Zeit wurde Hiskija todkrank.* Da kam der Prophet Jesaja Ben-Amoz zu ihm und sagte:»Jahwe lässt dir sagen: ›Bereite dich auf dein Ende vor und regle deine Angelegenheiten, du kannst nicht am Leben bleiben!‹« *2* Da drehte sich Hiskija zur Wand und betete: *3* »Ach Jahwe, denk doch daran, dass ich dir immer treu war, dass ich mit ganzer Hingabe tat, was dir gefällt!« Dann begann er laut zu weinen. *4* Da kam das Wort Jahwes zu Jesaja: *5* »Geh wieder zu Hiskija und sage ihm: ›Jahwe, der Gott deines Vorfahren David, lässt dir sagen: Ich habe dein Gebet gehört und deine Tränen gesehen. Ich gebe dir noch fünfzehn Jahre Lebenszeit hinzu. *6* Außerdem werde ich dich und diese Stadt vor dem Assyrerkönig retten. Ich werde Jerusalem beschützen. *7* Jahwe wird dich an folgendem Zeichen erkennen lassen, dass er seine Zusage wahr macht: *8* Pass auf! Ich lasse den Schatten auf der Treppe, die König Ahas gebaut hat, um die zehn Stufen zurückgehen, die er heute bereits vorangegangen ist.‹« Da ging der Schatten die zehn Stufen zurück.

9 Nachdem Hiskija von seiner Krankheit genesen war, schrieb er folgendes Gedicht nieder:

10 »Ich dachte schon: Mitten im Leben stehe ich am Tor der Totenwelt, / der Rest meiner Jahre wird mir geraubt. *11* Ich dachte, ich werde Jah nicht sehen, / Jahwe unter den Lebendigen. / Dort, wo die Abgeschiedenen sind, / erblickt man keinen Menschen mehr. *12* Mein Leben ist wie ein Nomadenzelt, / das abgebrochen weggetragen wird. / Wie ein Weber sein Tuch, habe ich mein Leben zu Ende gewebt. / Nun schneidet er mich vom Kettgarn los. / Noch ehe der Tag zur Nacht wird, machst du ein Ende mit mir. *13* Ich schrie um Hilfe bis zum Morgen, / doch wie ein Löwe zerbrach er all mein Gebein. / Noch ehe der Tag zur Nacht wird, machst du ein Ende mit mir. *14* Meine Stimme piepst wie eine Schwalbe, / sie krächzt wie ein Kranich. / Wie Taubengurren klingt meine Klage. / Mit müden Augen starre ich nach oben. / O Herr, ich bin am Ende! / Tritt du als Bürge für mich ein! *15* Was soll ich nun reden?! / Er hat getan, was er mir angekündigt hat. / Ich verbringe meine Jahre in bitterem Leid. *16* Herr, davon lebt man, und darin lebt auch mein Geist, / dass du mich gesund und lebendig machst.

17 Doch zum Heil wurde mir das bittere Leid! / Du hast mich liebevoll umfangen / und mein Leben vor der Grube des Verderbens bewahrt. / Ja, alle meine Sünden warfst du weit hinter dich. *18* Denn das Totenreich kann dich nicht loben, / kein Toter preist dich mit Gesang. / Im Grab hofft niemand auf deine Treue. *19* Allein der Lebende preist dich so wie ich am heutigen Tag. / Die Väter sagen den Kindern: Auf dich ist Verlass! *20* Jahwe war da und rettete mich! / Alle Tage unseres Lebens soll das Saitenspiel erklingen im Tempel Jahwes.«

21 Jesaja hatte nämlich gesagt, man solle einen Verband aus gepressten Feigen auf das Geschwür legen, damit der König wieder gesund werde. *22* Und Hiskija hatte gefragt: »An welchem Zeichen erkenne ich, dass ich wieder in den Tempel Jahwes gehen kann?«

Gesandte aus Babylon

39 *1* In dieser Zeit kam eine Gesandtschaft des babylonischen Königs Merodach-Baladan, dem Sohn Baladans*, zu Hiskija. Der König hatte gehört, dass Hiskija krank gewesen und wieder zu Kräften gekommen war. Er ließ ihm ein Schreiben und Geschenke überbringen.* *2* Hiskija freute sich sehr darüber und zeigte ihnen seinen ganzen Besitz: Silber, Gold, die Vorräte an Balsam und feinem Öl, sein Waffenlager und alle seine anderen Schätze. Er zeigte ihnen alles in seinem Haus und in seinem ganzen Reich.

3 Da kam der Prophet Jesaja zu ihm und fragte: »Was wollten diese Männer von dir? Woher sind sie gekommen?« – »Sie kamen aus einem

---

39,1 *Merodach-Baladan.* Regierte von 721-710 v.Chr. über Babylon. Danach musste er sich der assyrischen Herrschaft unter Sargon II. beugen. Einige Zeit nach Sargons Tod 705 v.Chr. konnte er kurz die babylonische Unabhängigkeit wiederherstellen, bis er 702 v.Chr. vor Sanherib fliehen musste.

Geschenke überbringen. Offenbar wollte er Hiskija in eine anti-assyrische Allianz bringen.

sehr fernen Land«, erwiderte Hiskija, »aus Babylonien«. *4* »Was haben sie in deinem Palast gesehen?«, fragte Jesaja weiter. »Sie haben alles gesehen, was ich besitze«, erwiderte Hiskija. »Ich habe sie in alle Schatzkammern schauen lassen.«

5 Da sagte Jesaja: »Höre, was Jahwe, der allmächtige Gott, dir sagen lässt: *6* ›Eines Tages wird der ganze Reichtum in deinem Palast, alles, was du und deine Vorfahren angehäuft haben, nach Babylon weggeschafft werden. Nichts wird übrig bleiben, spricht Jahwe. *7* Und von deinen Enkelsöhnen, deinen Nachfahren, die du gezeugt haben wirst, wird man einige nach Babylon bringen. Sie werden den König dort in seinem Palast bedienen.‹«

8 Da sagte Hiskija zu Jesaja: »Das Wort Jahwes, das du mir gesagt hast, ist gut.« Und er fügte hinzu: »Wenn nur zu meinen Lebzeiten Frieden und Sicherheit herrschen!«

Die Botschaft von der Erlösung

40 *1* »Tröstet, tröstet mein Volk«, sagt euer Gott. *2* »Macht den Leuten Jerusalems Mut! / Sagt ihnen, dass die Zwangsarbeit zu Ende geht, / dass ihre Schuld abgetragen ist! /

40,2 *doppelt.* Nach dem Gesetz die übliche Forderung zum Schadenersatz, siehe 2. Mose 22, 3.6.8.

40,3 Wird im Neuen Testament von Matthäus, Markus und Johannes dem Täufer zitiert: Matthäus 3,3; Markus 1,3; Johannes 1,23.

40,6 Wird im Neuen Testament von Petrus zitiert: 1. Petrus 1,24-25.

Jahwe ließ sie doppelt* bezahlen für alle ihre Sünden.«

3 Hört! In der Wüste ruft eine Stimme: / »Bahnt Jahwe einen Weg! / Baut eine Straße für unseren Gott!* *4* Jedes Tal soll aufgefüllt, / jeder Berg und Hügel erniedrigt werden! / Alles Zerklüftete soll zur Ebene werden / und alles Hügelige flach! *5* Denn offenbaren wird sich die Herrlichkeit Jahwes, / und alle Menschen werden es sehen. / Jahwe selbst hat das gesagt.«

6 Eine Stimme sagte: »Predige!« / »Was soll ich predigen?«, fragte ich. – »Alle Menschen sind wie Gras, / und all ihre Schönheit ist wie die Blume auf dem Feld.* *7* Das Gras verdorrt, die Blume verwelkt, / denn der Hauch Jahwes wehte sie an. / Ja, wie Gras ist das Volk! *8* Das Gras verdorrt, die Blume verwelkt, / aber das Wort unseres Gottes bleibt für immer in Kraft.«

9 Steig auf einen hohen Berg, du Freudenbotin Zion! / Ruf mit lauter Stimme die frohe Botschaft aus, Jerusalem! / Rufe laut und scheue dich nicht! / Sage den Städten Judas: / »Seht, da ist euer Gott! *10* Seht, Jahwe, der Herr kommt mit Kraft! / Er herrscht mit starker Hand. / Den Lohn für seine Mühe bringt er mit. / Sein Volk, das er gewonnen hat, geht vor ihm her. *11* Er weidet seine Herde wie ein Hirt, / nimmt die Lämmer auf seinen Arm. / Er trägt sie im Bausch seines Gewands, / und die Mutterschafe leitet er sacht.«

Der unvergleichliche Gott

12 Wer kann das Wasser messen mit seiner hohlen Hand? / Wer greift den Himmel mit der Handspanne ab? / Wer fasst mit Eimern* den Staub, der die Erde bedeckt? / Wer wiegt die Berge mit der Waage ab / und legt die Hügel auf die Waagschale drauf? 13 Wer ermisst den Geist Jahwes? / Wer wird von ihm in seine Pläne eingeweiht?* 14 Wen fragte er um Rat, dass er ihm auf die Sprünge hilft, / ihn belehrt über den richtigen Weg, / ihm Erkenntnis demonstriert / und ihn zur vollen Einsicht führt? 15 Seht, Völker sind wie Tropfen am Eimer für ihn, / wie Stäubchen auf der Waage. / Inseln hebt er wie Sandkörner hoch. 16 Zum Brennholz reicht der Libanon nicht aus / und sein Wild nicht zum Brandopfer für Gott. 17 Vor ihm sind alle Völker wie ein Nichts, / ihre Macht hat vor ihm kein Gewicht.

18 Mit wem wollt ihr Gott denn vergleichen? / Hält irgendetwas den Vergleich mit ihm aus? 19 Das Götzenbild etwa, das der Kunsthandwerker gießt, / das der Goldschmied mit Gold überzieht und mit silbernen Kettchen behängt? 20 Da wählt jemand ein Stück Holz, das nicht fault, / und sucht einen geschickten Künstler. / Der stellt ihm das Götterbild auf, dann wackelt es nicht.

21 Begreift ihr denn nicht? / Wollt ihr es nicht hören? / Hat man es euch nicht von Anfang an erzählt? / Versteht ihr nicht, was euch die Gründung der Erde lehrt?

22 Er ist es, der so hoch über dem Erdenrund thront, / dass die Menschen ihm wie Heuschrecken sind. / Er spannt den Himmel wie einen Schleier aus, / wie ein Zeltdach zum Wohnen. 23 Er stürzt die Mächtigen ins Nichts / und nimmt den Richtern der Erde ihre Gewalt. 24 Kaum sind sie gepflanzt, kaum gesetzt, / kaum hat der Setzling Wurzeln geschlagen, / da haucht er sie an und sie verdorren. Der Sturm trägt sie wie Strohstoppeln fort. 25 »Mit wem wollt ihr mich also vergleichen, / wer ist mir gleich?«, fragt der heilige Gott. 26 Hebt eure Augen und seht: / Wer hat die Sterne da oben geschaffen? / Er lässt hervortreten ihr Heer, / abgezählt und mit Namen gerufen. / Durch die Macht des Allmächtigen fehlt keiner davon. 27 Ihr Nachkommen Jakobs, Israeliten, / warum behauptet ihr: »Jahwe weiß nicht, wie es uns geht. / Er kümmert sich nicht um unser Recht!«? 28 Weißt du es denn nicht, / oder hast du es noch nie gehört? / Jahwe ist ein ewiger Gott, / der die ganze weite Erde schuf. / Er wird nicht müde, seine Kraft lässt nicht nach / und seine Weisheit ist unerschöpflich tief. 29 Er gibt dem Müden Kraft, / und die Schwachen macht er stark. 30 Die Jungen werden müde und matt, / junge Männer stolpern und

---

40,12 *Eimern.* Wörtlich: *Dreiling*, das heißt ein Drittel Efa, etwa 7,3 Liter.

40,13 Wird im Neuen Testament von Paulus zitiert: Römer 11,34; 1. Korinther 2,16.

brechen zusammen. *31* Doch die auf Jahwe hoffen, gewinnen neue Kraft. / Flügel wachsen ihnen wie den Adlern. / Sie laufen und werden nicht müde, / sie gehen und werden nicht matt.

Gott und Götzen vor Gericht

41 *1* Hört mich schweigend an, ihr Meeresländer*! / Ihr Völker, sammelt Kraft! / Dann kommt herzu und sprecht. / Wir gehen miteinander vor Gericht. *2* Wer hat den Mann aus dem Osten* berufen, / wer schenkte ihm überall Sieg? / Wer gibt ihm die Völker preis und stürzt die Könige vor ihm? / Wer macht sie vor seinem Schwert wie Staub, / vor seinem Bogen wie verwehtes Stroh? *3* Er verfolgt sie, rückt unversehrt vor, / berührt kaum mit den Füßen den Weg. *4* Wer hat das bewirkt und getan? / Es ist der, der von Anfang an die Menschen in ihr Dasein rief. / Ich, Jahwe, bin es bei den Ersten, / und auch bei den Letzten bin ich es noch!

5 Die Meeresländer sahen es und fürchteten sich, / die Menschen vom Ende der Erde bekamen Angst. / Sie machten sich auf und kamen herbei. *6* Sie halfen einander und machten sich Mut.

7 Der Kunsthandwerker ermutigt den Goldschmied, / der, der glättet, den, der auf den Amboss schlägt, / und er sagt von der Lötung: »Sie ist gut!« / Dann machte er das Götzenbild mit Nägeln fest, dass es nicht wackelt.

8 Doch du, mein Diener Israel, / du, Jakob, den ich erwählte, / Nachkomme meines Freundes Abraham, *9* dich habe ich vom Ende der Erde genommen, / dich aus ihrem fernsten Winkel geholt und zu dir gesagt: / Du stehst in meinem Dienst! / Ich habe dich erwählt und dich auch jetzt nicht verstoßen. *10* Schau nicht ängstlich nach Hilfe aus, / denn ich, dein Gott, ich stehe dir bei! / Hab keine Angst, denn ich bin dein Gott! / Ich mache dich stark und ich helfe dir! / Ich halte dich mit meiner rechten und gerechten Hand. *11* In Schimpf und Schande stehen alle da, / die gegen dich gewütet haben. / Sie gehen zugrunde, werden wie Nichts, / die Männer, die dein Lebensrecht bestreiten. *12* Du wirst sie suchen, aber nicht mehr finden, / die Männer, die mit dir zankten. / Die Krieg mit dir führten, werden wie Nichts und Nichtigkeit. *13* Denn ich bin Jahwe, dein Gott. / Ich fasse dich bei der Hand und sage zu dir: / Fürchte dich nicht! Ich selbst, ich helfe dir! *14* Erschrick nicht, kleines Würmchen Jakob, / du kleines Häuflein Israel! / Ich, ich helfe dir, spricht Jahwe. / Dein Erlöser ist der heilige Gott Israels. *15* Ich habe

---

41,1 *Meeresländer* meint Küstenländer und Inseln.

41,2 *Mann aus dem Osten.* Gemeint ist Kyrus der Große, von 559-530 v.Chr. König von Persien, der 539 v.Chr. Babylon eroberte und den Juden die Rückkehr in ihre Heimat erlaubte, siehe Esra 1,1-4.

dich zu einem scharfen, neuen Dreschschlitten* gemacht, / dich mit Doppelschneiden bestückt. / Berge sollst du dreschen und zermalmen, / Hügel machst du zu Spreu. 16 Du wirst sie worfeln, und der Wind trägt sie davon, / der Sturm weht sie fort. / Doch du wirst jubeln über Jahwe, / wirst dich rühmen in Israels heiligem Gott.

17 Die Gebeugten und Bedürftigen suchen Wasser, aber keins ist da. / Ihre Zunge vertrocknet vor Durst. / Doch ich, Jahwe, erhöre sie. / Ich, der Gott Israels, verlasse sie nicht. 18 Aus kahlen Hängen lasse ich Ströme fließen, / in öden Tälern Quellen entspringen. / Ich mache Wüstenland zum Wasserteich, / lasse aus dürrem Boden Wasser quellen. 19 Ich werde Zedern in die Wüste setzen, / Akazie, Myrte und Olivenbaum. / Mitten in die Steppe pflanze ich Platanen, Zypressen und Wacholder, 20 damit sie sehen und erkennen, / verstehen und begreifen, / dass Jahwe hier eingegriffen hat, / dass der heilige Gott Israels das alles erschuf.

21 »Stellt euch auf zum Prozess!«, spricht Jahwe. / »Bringt eure Beweise vor!«, sagt der König Jakobs. 22 »Schafft sie her und sagt uns, was geschehen wird! / Erklärt uns, was in der Vergangenheit geschah, damit wir es zu Herzen nehmen, / und lasst uns erkennen, wohin das führt! / Oder sagt uns, was die Zukunft bringen wird! 23 Sagt uns doch, was später

kommt, / damit wir merken, dass ihr Götter seid! / Ja, zeigt uns Gutes oder auch das Böse, / dann starren wir uns an und fürchten uns vereint! 24 Seht, ihr seid ja nichts und könnt auch nichts. / Einen Gräuel erwählt, wer immer euch wählt!

25 Ich habe ihn im Norden erweckt,* und er kam, / der Mann aus dem Osten, der meinen Namen nennt!* / Statthalter zertritt er wie Lehm, / so wie ein Töpfer den Ton zerstampft. 26 Wer verkündete das im Voraus, sodass wir sagen könnten: ›Er hat Recht gehabt!‹? / Keiner war es, der es meldete, / keiner, der es hören ließ. / Kein Wörtchen hat man von euch gehört. 27 Als Erster habe ich zu Zion gesagt: / ›Seht, da ist es, da sind sie!‹ / Ich habe Jerusalem den Freudenboten geschickt. 28 Und sehe ich mich um – niemand ist da. / Keiner von diesen Göttern konnte mir raten, / keiner gibt mir Antwort auf meine Fragen. 29 Sie alle sind ja nur Betrug, / zustande bringen sie nichts. / Ihre Statuen sind windig und leer.«

41,15 *Dreschschlitten.* Siehe Fußnote zu Jesaja 28,27.

41,25 *im Norden erweckt.* In seiner frühen Regierungszeit eroberte Kyrus einige Reiche nördlich von Babylon.

Osten ... nennt. Babylon liegt östlich von Israel. In seinem Dekret zur Rückkehr der Israeliten nennt Kyrus auch den Namen des Herrn.

Erstes Lied vom Diener Gottes

42 *1* Seht, das ist mein Diener, ich stehe zu ihm! / Ich habe ihn erwählt, und ich finde Gefallen an ihm. / Ich habe meinen Geist auf ihn gelegt. / Er bringt den Völkern das Recht. *2* Er macht kein Aufheben und schreit nicht herum. / Auf der Straße hört man seine Stimme nicht. *3* Das geknickte Rohr bricht er nicht durch, / den glimmenden Docht löscht er nicht aus. / Ja, er bringt wirklich das Recht. *4* Er selbst verglimmt nicht und knickt auch nicht ein, / bis er das Recht auf der Erde durchgesetzt hat. / Die Meeresländer warten schon auf sein Gesetz.*

5 So spricht Jahwe, Gott, / der den Himmel geschaffen und ausgespannt / und die Erde und all ihr Gewächs ausgebreitet hat; / der dem Volk auf ihr den Atem gab, / Leben und Geist denen, die auf ihr gehen: *6* »Ich, Jahwe, ich habe dich aus Gerechtigkeit gerufen, / ich fasse dich an der Hand. / Ich stehe dir zur Seite und rüste dich aus. / Ich mache dich zum Bund* für das Volk, / und für alle Völker zum Licht, *7* um blinde Augen zu öffnen und Gefangene aus dem Gefängnis zu holen, / um alle, die im Dunkeln sitzen, aus ihrer Haft zu befreien. *8* Ich bin Jahwe, das ist mein Name! / Diese Ehre lass ich mir von niemandem nehmen. / Den Götzen gebe ich nicht mein Lob. *9* Seht, was ich früher sagte, ist eingetroffen. / Nun kündige ich Neues an. / Noch ehe es aufsprosst, hört ihr es von mir.«

Gottes Sieg

10 Singt Jahwe ein neues Lied! / Tragt seinen Ruhm bis ans Ende der Welt, / die ihr das Meer befahrt und von seiner Fülle lebt, / Meeresländer und ihre Bewohner! *11* Die Steppe mit ihren Orten erhebe lauten Gesang, / auch die Dörfer, die Kedar* bewohnt. / Jubeln sollen die Felsbewohner, / jauchzen von den Gipfeln ihrer Berge! *12* Sie sollen Jahwe die Ehre geben, / seinen Ruhm in den Meeresländern verkünden! *13* Jahwe zieht aus wie ein Held, / entfacht wie ein Krieger seine Leidenschaft, / erhebt ein lautes Kriegsgeschrei, / bezwingt seine Feinde wie ein Held. *14* Lange habe ich geschwiegen, / blieb still, bezähmte mich. / Doch jetzt stöhne ich wie eine Frau bei der Geburt, / will schnauben und schnaufen zugleich. *15* Berge und Hügel dörre ich aus, dass all ihr Grün vertrocknen wird. / Ströme lasse ich versiegen und Seen trockne ich aus. *16* Blinde führe ich auf einem Weg, den sie nicht kennen, / ich lasse sie auf unbekannten Pfaden gehen. / Die Finsternis vor ihnen mache ich zum Licht, / holprige Stellen zur ebenen Bahn. / Das werde ich ganz sicher tun, niemand bringt

---

42,4 Wird im Neuen Testament von Matthäus zitiert: Matthäus 12,18-21.

42,6 *zum Bund.* Der Messias wird Gottes Bundesverheißungen an Israel erfüllen.

42,11 *Kedar.* Siehe Jesaja 21,16.

mich davon ab! 17 Wer sich auf Götzenbilder verlässt, wird beschämt; / wer Gussbilder seine Götter nennt, wird völlig zuschanden.

Israel – blind und taub

18 Hört, ihr Tauben! / Ihr Blinden, schaut her und seht! 19 Wer ist blind, wenn nicht mein Knecht, / wer taub, wenn nicht mein Bote, den ich sende? Wer ist blind wie mein Vertrauter, / blind wie der Diener Jahwes? 20 Du hast viel gesehen und doch nichts beachtet, / die Ohren geöffnet und doch nichts gehört. 21 Jahwe hat euch in diese Lage gebracht, / denn er wacht über seine Gerechtigkeit / und macht so sein Gesetz groß und berühmt. 22 Doch jetzt sind sie ein beraubtes, ausgeplündertes Volk, / in Erd-löchern gefesselt, / in Gefängnissen versteckt. / Sie wurden als Beute verschleppt und kein Retter war da. / Sie wurden ausgeplündert und niemand sagte: »Gib wieder her!« 23 Wer von euch nimmt das zu Ohren, / und wer beherzigt es für die kommende Zeit? 24 Wer gab Jakob der Plünderung preis? / Wer lieferte Israel den Räubern aus? / War es nicht Jahwe, an dem wir uns versündigt hatten? / Doch sie wollten nicht auf seinen Wegen gehen / und hörten nicht auf sein Gesetz. 25 Da goss er die Glut seines Zorns über sie aus / und die Schrecken des Krieges. / Es loderte rings um sie her, / doch zur Erkenntnis kamen sie nicht, / es sengte sie an, / doch es hat sie nicht zur Besinnung gebracht.

Erlösung durch Gnade

43 1 Aber jetzt sagt Jahwe, / der dich geschaffen hat, Jakob, / der dich bildete, Israel: / »Fürchte dich nicht, / denn ich habe dich erlöst! / Ich habe dich bei deinem Namen gerufen, / du gehörst mir! 2 Musst du durchs Wasser gehen, bin ich bei dir, / und durch reißende Ströme – sie überfluten dich nicht. / Musst du durchs Feuer gehen, / wirst du nicht versengt, / diese Flamme verbrennt dich nicht. 3 Denn ich bin Jahwe, dein Gott, / ich bin Israels heiliger Gott, / und ich rette dich! / Ägypten gebe ich als Lösegeld für dich, / Nubien und Seba* noch dazu. 4 Weil du mir wert und teuer bist, / weil ich dich liebe, gebe ich Menschen an deiner Stelle hin, / ganze Völker für dein Leben. 5 Fürchte dich nicht, denn ich bin bei dir! / Von dort, wo die Sonne aufgeht, / hole ich deine Nachkommen zurück, / und von dort, wo sie untergeht, / sammle ich euch ein. 6 Zum Norden sage ich: ›Gib sie heraus!‹, / und zum Süden: ›Halte sie nicht zurück!‹ / Lass kommen meine Söhne von fern / und meine Töchter vom Ende der Welt, 7 jeden, der mein Eigentum ist, / den ich zu meiner Ehre erschuf / und ins Leben rief!«

Zeugen im Prozess

8 »Es soll vortreten mein blindes Volk, das doch Augen hat – und

---

43,3 *Seba* war ein Land in der Nähe von Kusch (Nubien).

Ohren, die nicht hören! ⁹ Alle Völker sind versammelt zum Gericht, / alle Nationen herangeholt! / Welcher ihrer Götter hat dies angekündigt? / Welche ihrer Weissagungen trafen überhaupt ein? Mögen sie uns Zeugen dafür stellen! / Die sollen es hören und sagen: ›Es ist wahr!‹ – ¹⁰ Ihr seid meine Zeugen«, spricht Jahwe, / »und mein Diener, den ich erwählte, / damit ihr erkennt und mir glaubt, / damit ihr einseht, dass ich es bin! / Vor mir gab es keinen Gott, / und nach mir wird kein anderer sein. ¹¹ Ich bin Jahwe, / einen Retter außer mir gibt es nicht! ¹² Ich habe es angekündigt / und habe euch gerettet. / Ich habe es euch hören lassen, als noch kein fremder Gott bei euch war. / Und ihr seid meine Zeugen«, spricht Jahwe, / »und ich bin Gott. ¹³ Und auch in Zukunft bin ich noch derselbe Gott. / Niemand reißt etwas aus meiner Hand! / Was ich tun will, kann niemand verhindern.«

¹⁴ So spricht Jahwe, euer Erlöser, / Israels heiliger Gott: / »Um euretwillen habe ich gegen Babel geschickt, / und als Flüchtlinge treibe ich sie hinab / in Schiffen, ihrem Stolz – sie und auch die Chaldäer. ¹⁵ Ich bin Jahwe, euer heiliger Gott, / der Schöpfer Israels und euer König!« ¹⁶ So spricht Jahwe, der einen Weg durchs Meer gebahnt / und euch sicher durch die Fluten geführt hat, ¹⁷ der ausziehen ließ Streitwagen und Pferd, / Heer und Held. / Nun liegen sie zusammen

da und stehen nicht wieder auf, / ausgelöscht wie ein verglimmender Docht.

¹⁸ Denkt nicht an das, was früher war, / achtet nicht auf das Vergangene! ¹⁹ Seht, ich wirke Neues! / Es wächst schon auf. / Merkt ihr es nicht? / Ich bahne einen Weg durch die Wüste, / lege Ströme in der Einöde an. ²⁰ Schakale und Strauße, die Wüstentiere ehren mich, / weil ich der Wüste Wasser gab / und Ströme in der Öde fließen ließ, / damit mein auserwähltes Volk zu trinken hat. ²¹ Dieses Volk, das ich mir schuf, / soll erzählen, was ich tat.

²² Und doch hast du mich nicht gerufen, Jakob! / Israel, du hast dich nicht um mich gemüht! ²³ Du hast mir keine Lämmer als Opfer gebracht, / mich nicht mit Schlachtopfern geehrt! / Auch mit Speisopfern habe ich dir keine Arbeit gemacht! / Ich habe dich nicht mit Weihrauch ermüdet! ²⁴ Du hast mir für dein Geld kein Würzrohr gekauft, / mich nicht mit dem Fett deiner Opfer gelabt! / Doch mit deinen Sünden hast du mir Arbeit gemacht! / Mit deinen Vergehen hast du mich ermüdet! ²⁵ Ich, ich bin es doch, der deine Vergehen auslöscht. / Um meinetwillen denke ich nicht mehr an deine Schuld.

²⁶ Klag mich doch an! Treten wir miteinander vor Gericht! / Trag deine Sache vor und beweise dein Recht! ²⁷ Schon dein Urahn hat gesündigt, / und deine Führer brachen mit mir. ²⁸ Darum habe

ich die Vorsteher des Heiligtums entweiht, / habe Jakob in den Bann getan und gab Israel der Verachtung preis.«

Neues Leben für Gottes Volk

44 ¹ »Doch jetzt hör zu, mein Diener Jakob, / und du, erwähltes Israel! ² So spricht Jahwe, dein Schöpfer, / der dich im Mutterleib gebildet hat, / der, der dir hilft: / Hab keine Angst, mein Diener Jakob, / du mein erwählter Jeschurun!* ³ Denn ich gieße Wasser auf das Durstige, / rieselnde Bäche auf das trockene Land. / Ich gieße meinen Geist über deine Nachkommen aus, / meinen Segen über deine Kinder, ⁴ dass sie aufschießen wie Gras nach dem Regen, / wie Weidenbäume an Wasserbächen. ⁵ Der eine sagt: ›Ich gehöre Jahwe!‹ / Nach Jakob nennt sich ein anderer. / Einer schreibt auf seine Hand: ›Eigentum Jahwes!‹, / und ein anderer legt sich den Namen ›Israel‹ bei.«

⁶ So spricht Jahwe, der König Israels und sein Erlöser, / Jahwe, der allmächtige Gott: / »Ich bin der Erste und ich bin der Letzte, / außer mir gibt es keinen Gott! ⁷ Wer ist mir gleich? / Er soll sich melden, / spreche es aus, / beweise es mir! / Wer ließ von Urzeiten an das Kommende hören? / Sollen sie uns doch sagen, was alles noch kommt! ⁸ Lasst euch nicht erschrecken und zittert nicht! / Habe ich es dir nicht schon lange gesagt? / Ihr seid meine Zeugen dafür. / Gibt es

noch einen Gott außer mir? / Es gibt keinen Fels, / ich müsste ihn kennen! ⁹ Alle Götzenmacher sind ein Nichts, / ihre geliebten Götzen nützen nichts. / Und ihre Zeugen sehen nichts und werden beschämt. ¹⁰ Wie kann man sich nur einen Gott machen wollen, / ein Götterbild gießen, / das doch nie etwas nützt? ¹¹ Wer mit so etwas verbunden ist, wird sicher beschämt. / Die Kunsthandwerker sind ja auch nur Menschen. / Mögen sie sich sammeln, / treten sie vor! / Erschrecken werden sie, / und schämen werden sie sich.

¹² Der Schmied nimmt ein Stück Eisen und steckt es in die Glut. / Dann bringt er es mit Hämmern in die gewünschte Form, / bearbeitet es mit seinem kräftigen Arm. / Dabei hungert er sich ab und verliert seine Kraft, / er trinkt kein Wasser und ist ganz erschöpft. ¹³ Der Holzschnitzer misst einen Block ab, / umreißt ihn mit dem Stift, / zeichnet mit dem Zirkel vor / und arbeitet die Form mit Stecheisen aus. / Sein Schnitzbild sieht aus wie ein Mensch. / Es ist ein Prachtstück von Mann. / Dann wird es in ein Haus gestellt. ¹⁴ Vorher fällt man eine Zeder, / wählt eine Eiche oder sonst einen stärkeren Baum, / pflanzt eine Fichte, die der Regen wachsen lässt. ¹⁵ Sie dienen ihm als Feuerholz, / er nimmt davon und wärmt sich damit, / heizt ein, um

---

44,2 *Jeschurun* ist ein Ehrenname für Israel und bedeutet vielleicht: *der Redliche.*

damit Brot zu backen, / oder er schnitzt daraus einen Gott und wirft sich nieder vor ihm. 16 Die Hälfte davon legt er ins Feuer, / röstet Fleisch in der Glut und sättigt sich daran. / Auch wärmt er sich und sagt: / ›Ah, mir wird warm! Wie gut das tut!‹ 17 Und den Rest davon macht er zu einem Gott, / zu seinem Götterbild. / Er bückt sich vor ihm, / wirft sich nieder und betet zu dem Holz: / ›Rette mich, du bist ja mein Gott!‹ – 18 Unwissend sind sie und ohne Verstand! / Ihre Augen sind verklebt, dass sie nichts sehen, / und ihr Herz, dass es nicht begreift. 19 Keiner denkt darüber nach und kommt zu Verstand: / ›Die Hälfte habe ich verbrannt, / in seiner Glut backte ich zum Essen Brot und röstete Fleisch, / und den Rest davon machte ich zu einem Gräuel. / Vor einem Holzklotz bückte ich mich.‹ 20 Wer Asche hütet, ist betrogen, / sein Herz hat ihn getäuscht. / So rettet er sein Leben nicht; / so sagt er nicht: ›Ein Trugbild hab ich in der Hand!‹ 21 Bedenke dies, Jakob, / denn mein Diener bist du! / Israel, ich habe dich geschaffen, / und du stehst unter

meinem Schutz! / Ich vergesse dich nicht! 22 Wie eine Wolke fege ich deine Verfehlungen weg, / wie einen Nebel deine Sünden. / Kehr zu mir um, / denn ich habe dich erlöst!«

23 Jubelt, ihr Himmelswelten, / denn Jahwe hat es getan! / Jauchzt, ihr Tiefen der Erde! / Brecht in Jubel aus, ihr Berge, / du Wald und alle deine Bäume! / Denn Jahwe hat Jakob erlöst, / an Israel zeigt er seine Herrlichkeit.

Berufung des Befreiers Kyrus

24 So spricht Jahwe, dein Erlöser, / der dich im Mutterleib gebildet hat: /»Ich bin es, Jahwe, der alles wirkt, / der den Himmel ausgespannt und die Erde ausgebreitet hat, / ich allein! / Wer war da bei mir? 25 Ich bin es, der die Wahrsager zu Narren macht, / die Zeichen der Orakelpriester platzen lässt, / der die Weisen zur Umkehr zwingt und all ihr Wissen wertlos macht. 26 Ich bin es, der das Wort bestätigt, das sein Diener spricht; / der den Plan ausführt, den seine Boten verkünden; / der von Jerusalem sagt: ›Es werde bewohnt!‹ / und von den Städten Judas: ›Sie werden wieder aufgebaut! / Eure Trümmer richte ich auf!‹, 27 der zum tiefen Meer sagt: ›Trockne aus! / Deine Fluten sollen versiegen!‹; 28 der von Kyrus* spricht: ›Er ist mein Hirt! / Er wird alles tun, was ich von ihm will.‹ / Er wird befehlen: ›Jerusalem wird aufgebaut! / Der Grundstein des Tempels werde gelegt!‹«

44,28 *Kyrus.* Dieser persische König war zu Jesajas Zeit noch nicht einmal geboren. Mehr als 150 Jahre später, 536 v.Chr., würde er den Juden die Heimkehr aus der Verbannung erlauben. Eine ähnliche Ankündigung findet sich nur noch in 1. Könige 13,2, wo Joschija 300 Jahre vor seiner Geburt schon namentlich erwähnt wird.

45

¹ So spricht Jahwe zu Kyrus, seinem Gesalbten, / den er an die Hand gefasst hat, um Völker ihm zu unterwerfen, / um Königen den Hüftgurt zu lösen, / um vor ihm zu öffnen Tür und Tor: ² »Ich selbst, ich gehe vor dir her. / Ich ebne die Ringmauern ein, / zerschlage Bronzetore und zerbreche eiserne Riegel. ³ Ich liefere dir die verborgenen Schätze / und die versteckten Vorräte aus, / damit du erkennst, dass ich, Jahwe, / der Gott Israels bin, der dich bei deinem Namen rief. ⁴ Wegen Jakob, meinem Diener, / wegen meinem Schützling Israel / habe ich dich berufen / und verlieh dir einen Ehrennamen, / ohne dass du mich kanntest. ⁵ Ich bin Jahwe, und sonst ist keiner da! / Ich bin der einzige Gott! / Ich gebe dir die Macht, / obwohl du nichts von mir weißt, ⁶ damit man von da, wo die Sonne aufgeht, / bis dahin, wo sie untergeht, erkennt, / dass es außer mir keinen Gott gibt. / Ich bin Jahwe, und sonst ist keiner da! ⁷ Ich bin es, der Licht und Dunkelheit macht, / der Frieden gibt und Unheil schafft. / Ich, Jahwe, bin es, der das alles tut.

⁸ Ihr Himmel oben, träufelt Gerechtigkeit herab, / ihr Wolken lasst sie strömen! / Die Erde öffne sich und bringe Heil hervor, / lasse wachsen Gerechtigkeit. / Ich, Jahwe, habe das bewirkt.«

⁹ Weh dem, der mit seinem Urheber hadert / und doch nur eine Scherbe von vielen Tonscherben ist. / Sagt der Ton vielleicht zum Töpfer: / »Was machst du denn da?« / Hält er ihm vielleicht vor: / »Du hast kein Geschick!«? ¹⁰ Weh dem, der zum Vater sagt: / »Warum hast du gezeugt?« /und zur Frau: / »Warum hast du Wehen gehabt?«

¹¹ So spricht Jahwe, der heilige Gott Israels und sein Schöpfer: / »Fragt mich über das, was kommt! / Doch meine Kinder und das Werk meiner Hände lasst mir anbefohlen sein! ¹² Ich selbst habe die Erde gemacht und den Menschen auf ihr! / Ich habe den Himmel ausgespannt / und gab den Sternen ihr Gesetz. ¹³ Weil ich gerecht bin, habe ich Kyrus erweckt / und ebne ihm seinen Weg. / Meine Stadt baut er wieder auf, mein verschlepptes Volk lässt er frei, / ohne Lösegeld und ohne Bestechungsgeschenk. / Das sagt Jahwe, der allmächtige Gott.«

Die Huldigung der Nationen

¹⁴ So spricht Jahwe: / »Der Erwerb der Ägypter, / der nubische Handelsgewinn, / die hochgewachsenen Leute von Seba* / werden dir gehören. / Als Sklaven werden sie dir folgen, / in Fesseln kommen sie herbei. / Sie werfen sich nieder vor dir und bekennen: / ›Nur bei dir ist Gott! / Sonst gibt es keinen, überhaupt keinen Gott!‹«

¹⁵ Ja, du bist ein Gott, der sich verborgen hält, / du Gott und Retter Israels! ¹⁶ Zuschanden

---

45,14 Siehe Fußnote zu Jesaja 43,3!

sollen sie alle werden, die Götzenmacher, / und tief beschämt
abziehen allesamt. *17* Doch Israel
wird durch Jahwe befreit / und so
für immer gerettet sein. / Nie
werdet ihr beschämt und
enttäuscht.

18 Denn so spricht Jahwe, der
den Himmel schuf – er ist Gott –,
der die Erde geformt und gebildet
hat – er selbst hat sie gegründet; /
nicht formlos schuf er sie, /
sondern zum Bewohnen hat er sie
gemacht: / »Ich bin Jahwe und
keiner sonst! *19* Ich habe nicht im
Verborgenen geredet, / irgendwo
in einem finsteren Land. / Ich habe
den Nachkommen Jakobs nicht
gesagt: / ›Vergeblich sucht ihr
mich.‹ / Nein, ich bin Jahwe, der
die Wahrheit sagt! / Was ich
verkünde, ist gerecht!

20 Versammelt euch, kommt alle
her! / Tretet vor, die ihr dem
Untergang eurer Völker entkommen
seid! / Wer Holzgötter herumträgt,
hat keinen Verstand, / er fleht zu
einem Gott, der ihm nicht helfen
kann. *21* Erzählt doch von den Taten
eurer Götter! / Ja, beratet euch und
bringt Beweise herbei! / Wer hat
dies alles seit langem verkündet, / es
längst im Voraus angesagt? / War
ich es nicht, Jahwe, außer dem es
weiter keinen Gott gibt? / Außer mir

gibt es keinen gerechten und
rettenden Gott! *22* Wendet euch
mir zu und lasst euch retten, / ihr
Menschen von allen Enden der
Welt! / Denn ich bin Gott und
keiner sonst! *23* Ich schwöre bei
mir selbst, / Wahrheit kommt aus
meinem Mund, / ein Wort, das
unverbrüchlich ist: / Alle fallen vor
mir auf die Knie / und jede Zunge
schwört mir zu:* *24* ›Nur bei Jahwe
ist Wahrheit und Macht!‹ /
Beschämt werden alle zu ihm
kommen, / die gegen ihn gewütet
haben. *25* In Jahwe werden gerecht
alle Israeliten, / und in ihm rühmen
sie sich!«

Sturz der Götzen Babylons

46 *1* Bel* hat sich gebeugt,
Nebo* krümmt sich nieder; /
ihre Bilder werden weggeschleppt
und auf Lasttiere gepackt. / Eine
Last sind eure Götzenbilder für das
erschöpfte Vieh. *2* Sie krümmen
sich, brechen in die Knie; / sie
können die Last nicht retten / und
ziehen selbst in die Gefangenschaft.
3 »Ihr Nachkommen Jakobs, hört
auf mich, / du Überrest von
Israel! / Ich habe euch getragen,
seit es euch gibt, / ihr seid mir
aufgebürdet von Mutterleib an.
4 Bis in euer Greisenalter bin ich es,
der euch trägt. / Bis ihr alt und
grau geworden seid, schleppe ich
euch. / Ich habe es bisher getan
und werde es auch künftig tun. /
Ich selbst belade mich und werde
euch retten. *5* Mit wem wollt ihr
mich vergleichen, / neben wen
stellt ihr mich? / Wem wollt ihr
mich ähnlich machen, / mich

45,23 Wird im Neuen Testament von Paulus
zitiert: Römer 14,11.

46,1 *Bel* ist ein anderer Name für Marduk,
den Hauptgott Babylons, und entspricht
dem kanaanäischen Baal (=Herr).

Nebo, der Gott des Lernens und Schreibens,
galt als Sohn Marduks.

anpassen zum Vergleich? 6 Da schütten sie Gold aus ihrem Beutel, / wiegen Silber auf der Waage ab, / bezahlen einen Goldschmied, dass er einen Gott daraus macht. / Vor dem bücken sie sich dann und werfen sich hin. 7 Sie heben ihn auf ihre Schultern, / tragen ihn umher und stellen ihn wieder an seinen Platz. / Dort steht er dann und rührt sich nicht. / Ruft man um Hilfe, antwortet er nicht; / er rettet niemand aus der Not. 8 Denkt daran und achtet darauf, / besinnt euch, ihr Treulosen!

9 Denkt an das, was früher war, von Urzeiten her: / Ja, ich bin Gott und keiner sonst. / Es gibt keinen Gott, der mir gleicht. 10 Von Anfang an habe ich den Ausgang gezeigt, / lange im Voraus die ferne Zukunft vorhergesagt. / Meine Pläne verwirkliche ich, / und was ich mir vornehme, das tue ich auch. 11 Ich rufe den Adler aus dem Osten, / den Mann aus dem fernen Land, der meinen Plan ausführt. / Ja, ich habe es gesagt und lasse es auch so kommen. / Ich habe es geplant, und ich führe es aus. 12 Hört her, ihr Starrköpfe, / die fern sind von dem, was recht ist vor Gott. 13 Ich bringe euch die Gerechtigkeit, / sie ist nicht mehr fern, / meine Rettung verspätet sich nicht. / Zion gebe ich meine Hilfe / und Israel meine strahlende Pracht.«

Babylons Sturz

47 1 »Herunter mit dir, Babylon! / Du stolze junge Frau, setz dich in den Staub! / Setz dich auf die Erde ohne Thron, / du Tochter der Chaldäer! / Du wirst nicht länger die verwöhnte Dame sein! 2 Dreh den Mühlstein, mahle Mehl! / Weg mit dem Schleier, heb die Schleppe hoch, / zeig deine Schenkel und wate durch den Strom. 3 Deine Blöße werde aufgedeckt, jeder sehe deine Scham. / Ich werde Rache nehmen, / kein Mensch hindert mich daran!«, 4 spricht unser Erlöser. / Es ist Jahwe, der Allmächtige, / Israels heiliger Gott.

5 »Sei still und setz dich hin, / du Tochter der Chaldäer! / Du musst in die Finsternis. / Denn nun nennt dich niemand mehr ›Herrin vieler Reiche‹. 6 Ich war zornig über mein Volk, / entweihte mein Erbe und gab es in deine Gewalt. / Doch du hast kein Erbarmen gehabt, / selbst auf den Greis hast du ein schweres Joch gelegt. 7 Du meintest, auf ewig Herrin zu sein, / hast dir nichts zu Herzen genommen / und nicht an das Ende gedacht. 8 So höre nun, du lüsternes Weib, / das sich in Sicherheit wiegt und denkt: ›Ich und niemand sonst! / Ich sitze nie als Witwe da, / Kinderlosigkeit kenne ich nicht!‹ 9 Doch beides wird über dich kommen, / plötzlich und am selben Tag: / Kinderlosigkeit und Witwenschaft. / Es trifft dich mit Wucht trotz all deiner Zauberei, / trotz deiner Bannsprüche mit ihrer gewaltigen Macht. 10 In deiner Bosheit hast du dich sicher geglaubt. / ›Niemand sieht mich‹,

dachtest du. / Deine Weisheit und dein Wissen haben dich irregeführt, / sodass du dir eingeredet hast: / ›Ich, und gar nichts sonst!‹ 11 So kommt Unheil über dich, / gegen das du keinen Zauber kennst. / Eine Katastrophe bricht herein, / die du nicht abwenden kannst. / Plötzlich kommt dein Untergang, / und du hast nichts davon geahnt. 12 Versuch es nur mit der Beschwörungskunst! / Los! Wende deine Zaubereien an! / Du hast dich ja von Jugend an darum gemüht. / Vielleicht schaffst du Hilfe herbei, / vielleicht wendest du das Unheil ja ab? 13 Deine vielen Beratungen haben dich müde gemacht. / Ja, ruf doch deine Astrologen, / deine Himmelszerleger, / die dich jeden Neumond wissen lassen, was über dich kommt. / Sollen sie dich doch retten! 14 Seht, wie Stroh hat sie das Feuer verbrannt! / Keiner kann sein Leben retten vor dem Feuersturm. / Das ist keine Glut, an der man sich wärmt, / kein Feuerchen, an dem man sitzt. 15 Das ist alles, was sie für dich tun – die, für die du dich gemüht, / mit denen du von Jugend auf gehandelt hast. / Jeder taumelt seines Weges fort, / niemand rettet dich.«

Verstocktes Israel

48 1 Hört her, ihr Nachkommen Jakobs, / die ihr den Namen Israels tragt, / aus Judas Stamm hervorgegangen seid! / Ihr schwört beim Namen Jahwes /

und bekennt euch zu Israels Gott – / aber doch nicht aufrichtig und treu. 2 Ihr nennt euch nach der heiligen Stadt / und stützt euch auf Israels Gott, / der Jahwe, der Allmächtige, heißt. 3 »Was früher geschah, hatte ich lange vorher gesagt. / Es kam aus meinem Mund, / ich ließ es hören, / und plötzlich tat ich es, und es trat ein. 4 Weil ich wusste, dass du starrsinnig bist, / dein Nacken wie aus Eisen ist / und deine Stirn wie aus Erz, 5 so habe ich dir alles vorher schon gesagt. / Bevor es eintraf, hast du es gehört, – sonst sagst du noch: ›Mein Götze hat es getan. / Das hat mein Schnitz- oder Gussbild befohlen.‹ 6 Du hast es gehört, nun schau dir alles an! / Wollt ihr das nicht weitersagen? / Von jetzt an lasse ich dich Neues hören; / bisher war es verborgen, / du hast nichts davon gewusst. 7 Jetzt erst habe ich es geschaffen / und nicht schon früher. / Vor dem heutigen Tag hast du nichts davon gehört, / damit du nicht sagen kannst: ›Ich habe es ja schon lange gewusst!‹ 8 Nein, du hast nichts davon gewusst / und noch nie etwas davon gehört! / Denn ich wusste, dass du völlig treulos bist / und dass man dich nicht umsonst nennt: ›aufsässig von Mutterleib an‹. 9 Doch weil es um meinen Namen geht, / bezwinge ich meinen Zorn, / nur wegen meiner Ehre bezähme ich mich und vernichte dich nicht! 10 Seht, ich habe euch geläutert, / im Schmelzofen des Elends habe ich euch geprüft, / aber ich fand kein Silber darin. 11 Nur um meinetwillen handle ich jetzt, / denn sonst würde mein Name entweiht. / Meine Ehre gebe ich keinem anderen preis!

Israel durch Kyrus befreit

12 »Jakob, hör auf mich! / Höre mich, Israel, den ich berief! / Ich bin es, ich, der Erste und auch der Letzte. 13 Mit meiner Hand habe ich die Erde gegründet, / mit meiner Rechten den Himmel ausgespannt. / Ich rief ihnen zu, schon standen sie da.

14 Kommt alle her und hört zu! / Wer von den Göttern hat so etwas jemals gesagt? / Der, den Jahwe liebt, vollstreckt seinen Willen an Babylon, / die Chaldäer spüren seine Macht. 15 Ich selbst, ich habe es gesagt, / und ich habe ihn gerufen! / Ich ließ ihn kommen, damit sein Vorhaben gelingt.

16 Kommt her und hört zu! / Von Anfang an habe ich dies öffentlich gesagt, / und seit es geschieht, bin ich dabei.« / Und nun hat Jahwe, der Herr, mich und seinen Geist gesandt.

17 So spricht Jahwe, dein Erlöser, Israels heiliger Gott: / »Ich bin Jahwe, dein Gott, / der dich zu deinem Nutzen belehrt, / der dich auf den Weg führt, den du gehen sollst. 18 Hättest du doch auf meine Gebote gehört! / Dann wäre jetzt dein Frieden wie ein Strom, / deine Gerechtigkeit wie die Wogen im Meer. 19 Die Menge deiner Nachkommen wäre wie Sand / und wie Sandkörner deine Sprösslinge. / Ihr Name würde nie getilgt, / nie ausgelöscht vor mir.

20 Zieht aus Babel fort, / rennt mit Jubel aus Chaldäa heraus! / Macht es bekannt bis an das Ende der Erde: / ›Jahwe hat Jakob, seinen Diener, erlöst!‹ 21 Er führt sie durch Wüsten, doch sie leiden keinen Durst. / Er sorgt, dass Wasser aus dem Felsen rinnt, / er spaltet Gestein, damit das Wasser fließt. 22 Doch für Gottlose gibt es keinen Frieden«, spricht Jahwe.

Zweites Lied vom Diener Gottes

49 1 Hört mir zu, ihr Meeresländer, / horcht auf, ihr Völker in der Ferne! / Schon im Mutterleib berief mich Jahwe, / von Mutterschoß an hat er meinen Namen genannt. 2 Er machte meinen Mund zu einem scharfen Schwert / und versteckte mich im Schatten seiner Hand. / Er machte mich zu einem sicher treffenden Pfeil / und hat mich in seinem Köcher verwahrt. 3 Er sagte zu mir: / »Du bist mein Diener, Israel, / an dir zeige ich meine Herrlichkeit!« 4 Ich aber dachte: »Vergeblich habe ich mich gemüht, / umsonst und nutzlos meine Kraft vertan. / Doch Jahwe sorgt für mein Recht, / er verhilft mir zu meinem Lohn.« 5 Jetzt hat Jahwe gesprochen, / der mich schon im Mutterleib zu seinem Diener ausgebildet hat, / damit Jakob zurückgebracht und Israel zu ihm heimgeführt werde. / Bei Jahwe bin ich angesehen, / meine Stärke liegt in meinem Gott. 6 Er sagte: »Es ist zu wenig, dass du nur mein Diener bist, / um die Stämme Jakobs aufzurichten, / zurückzuführen die Verschonten Israels. / Ich habe dich auch zum Licht der Nationen gemacht, / dass mein Heil das Ende der Erde erreicht.«*

7 Das sagt Jahwe, der Befreier Israels, / sein heiliger Gott, / zu dem, der ganz und gar verachtet ist, / der von den Völkern verabscheut wird, / der auch unter Gewaltherrschern dient: / »Könige erheben sich, wenn sie das sehen, / und Fürsten werfen sich nieder. / Das geschieht, weil Jahwe sein Wort hält, / weil der Heilige Israels dich erwählt.« 8 So spricht Jahwe: / »Ich habe dich rechtzeitig erhört, / am Tag der Rettung habe ich dir geholfen.* / Ich habe dich vor Schaden bewahrt, / damit du dem Volk zum Mittler meines Bundes wirst, / um das Land wieder aufzurichten, / das verödete Erbe neu zu verteilen, 9 um den Gefangenen zu sagen: / ›Ihr seid frei!‹, / denen in der Finsternis: / ›Kommt ans Licht!‹

Gleich an den Wegen grasen sie, / auf kahlen Hängen finden sie Weide. 10 Sie leiden weder Hunger noch Durst. / Hitze und Sonnenglut schaden ihnen nicht, /

denn ihr Erbarmer leitet sie / und führt sie immer zur Quelle. 11 Alle meine Berge mache ich zum Weg, / meine Straßen führen über die Höhen. 12 Seht, da kommt mein Volk von ferne! / Die einen kommen vom Norden her, / die andern übers westliche Meer – und jene aus dem Lande Sewenim*.«

13 Jubelt, ihr Himmel, / jauchze, du Erde! / Ihr Berge, brecht in Jubel aus! / Denn Jahwe hat sein Volk getröstet, / sich seiner Gebeugten erbarmt.

Trost und Hoffnung für Zion

14 Zion sagt: »Jahwe hat mich verlassen, / vergessen hat mich der Herr!« 15 »Kann eine Frau denn ihren Säugling vergessen, / eine Mutter ihren leiblichen Sohn? / Und selbst wenn sie ihn vergessen könnte, / ich vergesse euch nie! 16 In beide Handflächen habe ich dich eingraviert, / deine Mauern stehen immer vor mir. 17 Schon eilen deine Söhne herbei, / und die dich zerstört und verwüstet haben, ziehen davon. 18 Blick doch auf und schau dich um: / Alle versammeln sich und kommen zu dir! / So wahr ich lebe«, spricht Jahwe, / »du wirst sie anlegen wie einen Schmuck, / wirst dich mit ihnen schmücken wie eine Braut. 19 Denn deine Trümmerstätten und Einöden, / dein verwüstetes Land wird jetzt für seine Bewohner zu eng, / denn die dich vernichten wollten, sind weit weg. 20 Ja, du warst kinderlos, / doch bald sagen deine Kinder zu dir: / ›Uns wird es hier zu eng. / Schaffe uns mehr

---

49,6 Wird im Neuen Testament von Paulus und Barnabas zitiert: Apostelgeschichte 13,47.

49,8 Wird im Neuen Testament von Paulus zitiert: 2. Korinther 6,2.

49,12 *Sewenim* ist eine jüdische Kolonie bei Syene (Assuan) im südlichen Ägypten.

Platz!‹ 21 Erstaunt wirst du dich fragen: / ›Wer hat mir diese Kinder geboren? / Man hat mir doch meine geraubt, / und ich konnte keine weiteren gebären! / Ich war verstoßen und verbannt. / Wer hat diese hier denn großgezogen? / Ich war doch ganz allein. / Wo kommen sie nur her?‹«

22 So spricht Jahwe, mein Herr: / »Seht, ich hebe vor den Völkern die Hand / und stelle mein Feldzeichen für sie auf. / Und sie bringen auf den Armen deine Söhne herbei, / auf den Schultern tragen sie deine Töchter zu dir. 23 Könige werden deine Betreuer sein / und Fürstinnen Ammen für dich. / Mit dem Gesicht auf der Erde ehren sie dich, / küssen den Staub deiner Füße. / Dann wirst du erkennen, dass ich, Jahwe, es bin. / Niemand wird enttäuscht, der mir vertraut.«

24 »Kann man dem Starken die Beute wegnehmen?«, / fragst du. »Kann der Fang eines Tyrannen entkommen?« 25 Ja, denn so spricht Jahwe: / »Auch einem Starken nimmt man den Gefangenen weg, / und die Beute des Tyrannen entkommt. / Wer dich angreift, den greife ich an, / und deine Kinder rette ich. 26 Deine Peiniger speise ich mit ihrem eigenen Fleisch / und mache sie betrunken mit dem eigenen Blut. / Dann werden alle Menschen erkennen, dass ich, Jahwe, dein Retter bin, / der mächtige Gott Jakobs, / der dich befreit.«

Israels Schuld

50 1 So spricht Jahwe: / »Ihr sagt, ich hätte eure Mutter fortgeschickt? / Wo ist denn dann ihr Scheidebrief? / Ihr sagt, ich hätte euch als Sklaven verkauft? / Wem hätte ich denn so meine Schulden bezahlt? / Nein, wegen eurer Sünden wurdet ihr verkauft, / wegen eurer Vergehen wurde eure Mutter fortgeschickt. 2 Weshalb war kein Mensch da, als ich kam? / Weshalb gab keiner Antwort, als ich rief? / Ist denn mein Arm zu kurz, um euch zu befreien? / Fehlt mir vielleicht die Retterkraft? / Durch mein Drohwort vertrocknet das Meer, / versiegen die Ströme; / die Fische sterben vor Durst und stinken, weil kein Wasser mehr ist. 3 Ich kleide den Himmel in Schwarz, / bedecke ihn mit einem Trauersack.«

Drittes Lied vom Diener Gottes

4 Jahwe, mein Herr, gab mir die Zunge von eifrigen Schülern, / denn er zeigt mir, was ich sagen soll, / um Erschöpfte aufzurichten. / Er weckt mich jeden Morgen, / er weckt mir auch das Ohr, / dass ich voll Verlangen höre, was er sagt. 5 Jahwe, mein Herr, hat mich bereit gemacht, / er öffnete mein Ohr. / Ich habe mich nicht widersetzt, / und bin nicht zurückgescheut. 6 Ich hielt meinen Rücken den Schlägern hin, / meine Wangen denen, die mich am Bart gezerrt. / Mein Gesicht habe ich nicht vor Schimpf und Speichel versteckt. 7 Aber Jahwe,

mein Herr, steht mir bei. / Darum werde ich doch nicht beschämt. / Darum konnte ich mein Gesicht hart wie einen Kieselstein machen, / denn ich wusste, ich werde nicht enttäuscht. *8* Ich habe einen Beistand, der meine Unschuld beweist. / Wer tritt da im Prozess gegen mich an? / Treten wir zusammen vor den Richter hin! / Wer bringt nun etwas gegen mich vor? / Er stelle sich mir! *9* Seht, Jahwe, mein Herr, hilft mir! / Wer beschuldigt mich da noch? / Jeder, der das tut, wird zerfallen wie ein von Motten zerfressenes Kleid.

Gottes Erlösung für Israel

10 Wer von euch hat Ehrfurcht vor Jahwe? / Wer hört auf seinen Diener? / Der kann auch im Finstern gehen, / wo er keinen Lichtstrahl sieht, / denn er vertraut auf den Namen Jahwes / und stützt sich auf seinen Gott. *11* Doch ihr, die ihr das Feuer schürt / und euch mit Brand-pfeilen rüstet, / lauft nur in eure eigene Glut, / geratet zwischen die Pfeile, die ihr angezündet habt! / Ihr bekommt es mit mir zu tun, sodass ihr euch in Qualen winden müsst!

51

1 »Hört auf mich, die ihr nach Gerechtigkeit fragt, / die ihr nach Jahwe sucht! / Schaut zu dem Felsen hin, aus dem ihr gehauen seid, / auf den Brunnen-schacht, aus dem man euch gegraben hat. *2* Seht auf euren Vater Abraham / und auf Sara, die

euch unter Schmerzen gebar! / Als Einzelnen berief ich ihn. / Doch ich habe ihn gesegnet und ihm viele Nachkommen geschenkt.« *3* Seid gewiss! Jahwe tröstet Zion und auch alle seine Trümmer! / Das verwüstete Land macht er zu einem Paradies, / die Steppe wie den Garten Jahwes. Freude und Fröhlichkeit findet man dort, / Lobpreis und Gesang.

4 »Merke auf, mein Volk und höre auf mich! / Denn von mir geht die Weisung aus / und mein Recht wird den Völkern zum Licht. *5* Meine Wahrheit ist nah, / mein Heil tritt hervor, / mein Arm verschafft den Völkern ihr Recht. / Die Meeresländer hoffen auf mich, / auf meinen Beistand warten sie. *6* Blickt zum Himmel hoch: / Er wird sich auflösen wie Rauch. / Schaut auf die Erde unter euch: / Sie wird zerfallen wie ein altes Gewand, / und ihre Bewohner werden sterben wie die Fliegen. / Doch mein Heil wird ewig bleiben, / und meine Gerechtigkeit zerbricht nie.

7 Hört auf mich, die ihr Gerechtigkeit kennt, / du Volk, das meine Weisung in sich trägt: / Fürchtet nicht den Hohn von Menschen, / erschreckt doch nicht vor ihrem Spott! *8* Denn wie die Motte ein Kleid zerfrisst, so wird es ihnen ergehen, / wie Wolle, die von der Schabe gefressen wird. / Doch meine Gerechtigkeit wird ewig bestehen / und mein Heil in jeder Generation.«

9 »Wach auf, Jahwe, wach auf! / Umkleide dich mit Kraft! / Zeig deine Macht, wie du sie in den Tagen der Vorzeit erwiesen hast! / Warst du es nicht, der Rahab* zerhieb, / der das Ungetüm im Meer erstach? *10* Hast du nicht das Meer trockengelegt, / das Wasser der großen Flut? / Hast du nicht den Meeresgrund zu einem Weg gemacht, / auf dem hindurchzog dein befreites Volk?« *11* So kehren die von Jahwe Befreiten zurück, / voll Jubel kommen sie wieder nach Zion, / bleibende Freude wird um sie her sein; / ja, Wonne und Glück stellen sich ein, / und Kummer und Seufzen sind für immer vorbei.

12 »Ich, ich bin es, der euch tröstet! / Wie kommt ihr dazu, euch vor Sterblichen zu fürchten, / vor Menschen, die vergehen wie Gras, *13* und Jahwe zu vergessen, der euch gemacht hat, / der den Himmel ausgespannt und die Erde gegründet hat? / Warum zitterst du den ganzen Tag vor dem Zorn deines Unterdrückers, / wenn er sich rüstet, um euch zu vernichten? / Wo bleibt denn die Wut des Bedrückers? *14* Bald werden die Gefesselten befreit, / keiner wird durch Hunger sterben, / für alle ist genug zu essen da. *15* Ich bin doch Jahwe, dein Gott, / der das Meer aufwühlt, so dass die Wogen tosen, / Jahwe, der allmächtige Gott, bin ich. *16* Meine Worte gab ich in deinen Mund, / und mit dem Schatten meiner Hand hüllte ich dich ein, / als ich den Himmel ausspannte und die Erde gründete, / als ich zu Zion sagte: ›Du bist mein Volk.‹«

Der Zornbecher Gottes

17 Raff dich auf, Jerusalem! / Erhebe dich, steh auf! / Jahwe ließ dich trinken den Becher seines Zorns. / Du hast ihn bis zur Neige ausgeschlürft, / den Trank, der jeden taumeln macht. *18* Und von all den Söhnen, die Jerusalem gebar, / war keiner, der sie bei der Hand nahm, / von allen, die sie aufzog, / niemand, der sie führte. *19* Doppelt hat es dich getroffen, / doch wer zeigt dir schon sein Mitgefühl? / Verwüstung und Zusammenbruch, / Hungersnot und Schwert – und niemand tröstet dich. *20* Ohnmächtig sanken deine Kinder hin, / an den Ecken aller Gassen lagen sie wie die Antilope im Netz, / getroffen vom Zorn Jahwes, / von Gottes Schelte und Grimm. *21* Darum höre doch, gebeugte Stadt, / die taumelt und doch nicht betrunken ist! *22* So spricht Jahwe, dein Herr und dein Gott, / der den Prozess seines Volkes führt: / ›Ich nehme dir den Becher aus der Hand, / den Trank des Zornes, der dich taumeln macht, / du musst ihn nicht mehr trinken. *23* Ich drück ihn denen in die Hand, / die dich gepeinigt haben, / denen, die dir sagten: / ›Wirf dich nieder, wir schreiten über dich!‹ / So musstest du deinen Rücken zum Fußboden

---

51,9 *Rahab* steht für ein Seeungeheuer und ist hier ein sinnbildlicher Name für Ägypten (nicht zu verwechseln mit der Rahab in Josua 2, die im Hebräischen anders geschrieben wird).

machen, / zum Weg für die, / die über dich hinweggeschritten sind.«

Jerusalem im kommenden Reich

52 ¹ Wach auf, Jerusalem, / Zion, wach auf! / Erhebe dich und zieh dich an! / Kleide dich in deine Prachtgewänder, du heilige Stadt! Künftig darf dich keiner mehr betreten, / der unbeschnitten* oder unrein* ist. ² Schüttle den Staub von dir ab! / Steh auf, gefangenes Jerusalem! / Zion, wirf die Halsfesseln ab! ³ Denn so spricht Jahwe: / »Für euren Verkauf bekam ich kein Geld, / darum werdet ihr auch ohne Silber ausgelöst.« ⁴ Denn so spricht Jahwe, der Herr: / »Am Anfang zog mein Volk nach Ägypten hinab. / Als Fremde lebten sie dort. / Dann hat Assyrien es grundlos bedrückt. ⁵ Und wie steht es jetzt?«, sagt Jahwe. / »Man nahm mein Volk und hat nichts bezahlt. / Und sie johlten über ihren guten Fang. /

Ununterbrochen schmähen sie mich / und ziehen meine Ehre in den Dreck«, sagt Jahwe.* ⁶ »Darum greife ich ein, / und dann wird auch mein Volk erkennen, / dass ich es bin, der spricht: ›Hier bin ich!‹« ⁷ Hoch willkommen ist der Freudenbote, / der mit guter Botschaft über die Berge kommt, / der Frieden verkündet und Rettung verheißt,* / der zu Zion sagt: »Dein Gott herrscht als König!« ⁸ Hört! Eure Wächter rufen laut, / und sie jubeln allesamt. / Denn sie sehen mit eigenen Augen / wie Jahwe wieder nach Zion kommt. ⁹ Ihr Trümmer Jerusalems, / brecht in Jubel aus! Denn Jahwe tröstet sein Volk, / er hat Jerusalem befreit. ¹⁰ Bloßgestreift hat Jahwe seinen heiligen Arm, / vor den Augen aller Völker greift er ein. / Er rettet sein Volk, / und die ganze Welt sieht zu.

¹¹ Fort, fort! Zieht weg von dort! / Fasst nichts Besudeltes an!* / Zieht weg aus Babylon! / Haltet euch rein! / Denn ihr tragt die Gegenstände für den Tempel Jahwes. ¹² Ihr müsst jedoch nicht ängstlich eilen, / denn ihr geht nicht als Flüchtlinge weg. / Jahwe selbst zieht vor euch her, / und Israels Gott wird auch hinter euch sein.

Das vierte Lied vom Diener Gottes

¹³ Seht, mein Diener wird erfolgreich sein! / Er wird sich erheben, / wird emporgetragen / und zu höchsten Ehren gelangen. ¹⁴ Viele haben sich über sein

---

52,1 *unbeschnitten.* Bei den Israeliten wurde die Vorhaut am männlichen Glied durch Beschneidung entfernt, wie es Gott angeordnet hatte; siehe 1. Mose 17. Alle Ausländer wurden als Unbeschnittene bezeichnet.

Unrein waren grundsätzlich alle Ausländer, aber auch die Israeliten, die die Reinheitsgebote des mosaischen Gesetzes nicht beachteten.

52,5 Wird im Neuen Testament von Paulus zitiert: Römer 2,24.

52,7 Wird ebenso wie Nahum 2,1 im Neuen Testament von Paulus zitiert: Römer 10,15.

52,11 Wird im Neuen Testament von Paulus zitiert: 2. Korinther 6,17.

Aussehen entsetzt, / denn er war völlig entstellt / und kaum noch als Mensch zu erkennen. *15* Doch nun sind viele Völker überrascht, / selbst Könige halten die Hand vor den Mund. / Denn auf einmal sehen sie, was ihnen nie erzählt worden war, / wovon sie nie etwas hörten, verstehen sie jetzt.*

53

1 Wer hat denn unserer Botschaft geglaubt? / Und an wem hat sich Jahwes Macht auf diese Weise gezeigt?* *2* Wie ein kümmerlicher Spross wuchs er vor ihm auf, / wie ein Trieb aus dürrem Boden. / Er war weder stattlich noch schön. / Er war unansehnlich, / und er gefiel uns nicht. *3* Er wurde verachtet, / und alle mieden ihn. / Er war voller Schmerzen, / mit Leiden vertraut, / wie einer, dessen Anblick man nicht mehr erträgt. / Er wurde verabscheut, / und auch wir verachteten ihn.

4 Doch unsere Krankheit, / er hat sie getragen, / und unsere Schmerzen, / er lud sie auf sich. / Wir dachten, er wäre von Gott gestraft, / von ihm geschlagen und niedergebeugt. *5* Doch man hat ihn durchbohrt wegen unserer Schuld, / ihn wegen unserer Sünden gequält.* / Für unseren Frieden ertrug er den Schmerz, / und wir sind durch seine Striemen geheilt. *6* Wie Schafe hatten wir uns alle verirrt; / jeder ging seinen eigenen Weg. / Doch ihm lud Jahwe unsere ganze Schuld auf.

7 Er wurde misshandelt, / doch er, er beugte sich / und machte seinen Mund nicht auf. / Wie ein Lamm, das zum Schlachten geführt wird, / wie ein Schaf, das vor den Scherern verstummt, / so ertrug er alles ohne Widerspruch. *8* Durch Bedrückung und Gericht wurde er dahingerafft, / doch wer von seinen Zeitgenossen dachte darüber nach? / Man hat sein Leben auf der Erde ausgelöscht. / Die Strafe für die Schuld meines Volkes traf ihn.* *9* Bei Gottlosen sollte er liegen im Tod, / doch ins Steingrab eines Reichen kam er, / weil er kein Unrecht beging / und kein unwahres Wort aus seinem Mund kam.*

10 Doch Jahwe wollte ihn zerschlagen. / Er war es, der ihn leiden ließ. / Und wenn er sein Leben als Schuldopfer eingesetzt hat, / wird er leben und Nachkommen haben. / Durch ihn gelingt der Plan Jahwes. *11* Nach seiner Seelenqual sieht er das Licht / und wird für sein Leiden belohnt. / Durch seine Erkenntnis wird mein Diener, der Gerechte, / den Vielen Gerechtigkeit bringen; / und ihre Vergehen lädt er auf sich.

52,15 Wird im Neuen Testament von Paulus zitiert: Römer 15,21.

53,1 Wird im Neuen Testament von Johannes und Paulus zitiert: Johannes 12,38; Römer 10,16.

53,5 Wird im Neuen Testament von Matthäus zitiert: Matthäus 8,17.

53,8 Wird im Neuen Testament von einem Äthiopier nach der LXX gelesen und von Philippus erklärt: Apostelgeschichte 8,32-33.

53,9 Wird im Neuen Testament von Petrus zitiert: 1. Petrus 2,22.

12 Darum teile ich die Vielen ihm zu, / und die Starken werden seine Beute sein, / weil er sein Leben dem Tod preisgegeben hat / und sich unter die Verbrecher rechnen ließ.* / Dabei war er es doch, der die Sünden der Vielen trug / und fürbittend für Verbrecher eintrat.

Zions künftige Herrlichkeit

54 1 »Freue dich, du Unfruchtbare, die noch nie geboren hat; / du, die nie in Wehen lag, brich in Jubel aus! / Denn die Verlassene wird viel mehr Söhne haben als die Frau, die verheiratet war«*, sagt Jahwe. 2 »Vergrößere dein Zelt, spann deine Zeltdecken aus, spare nicht! / Mach deine Seile lang und schlage die Pflöcke fest ein! 3 Denn nach rechts und links breitest du dich künftig aus. / Deine Nachkommenschaft wird ganze Völker beerben, / und verödete Städte besiedeln sie neu. 4 Hab keine Angst, du wirst nicht wieder enttäuscht; / schäme dich nicht, du wirst nicht wieder beschämt! / Denn die Schande deiner Jugendzeit wirst du vergessen, / wirst nicht mehr an

die Schmach deiner Witwenschaft denken. 5 Denn dein Schöpfer ist dein Ehemann, / es ist Jahwe, der allmächtige Gott, dein Befreier; / es ist der heilige Gott Israels, / der Gott, dem die ganze Erde gehört. 6 Denn wie eine verstoßene und tiefgekränkte Frau rief Jahwe dich zurück. / Wie kann man denn seine Jugendliebe verstoßen?«, sagt dein Gott. 7 »Für eine kleine Weile habe ich dich verlassen, / aber mit großem Erbarmen hole ich dich wieder heim. 8 Als mein Zorn aufwallte, habe ich mich für einen Augenblick von dir abgewandt, / aber mit ewig währender Gnade erbarme ich mich jetzt über dich, / spricht Jahwe, der dich befreit. 9 Wie in Noahs Zeit soll es für mich sein, / als ich schwor, dass Noahs Flut die Erde nie mehr überschwemmen wird, / so schwöre ich jetzt: ›Ich werde nie mehr zornig auf dich sein / und schreie dich niemals mehr an!‹ 10 Eher weichen die Berge von ihrem Platz und die Hügel stürzen um, / als dass meine Gnade von dir weicht und mein Friedensbund wankt, / spricht Jahwe, dein Erbarmer.«

Das neue Jerusalem

11 »Du leidgeprüfte, verwüstete und preisgegebene Stadt! / Ich lege deine Steine in besten Mörtel ein / und gründe deine Mauern auf Saphir*. 12 Deine Zinnen werden Rubine sein / und deine Tore aus Karfunkeln* bestehen, / die gesamte Umfassung aus teurem

---

53,12 Wird im Neuen Testament von Jesus Christus zitiert: Lukas 22,37.

54,1 Wird im Neuen Testament von Paulus zitiert: Galater 4,27.

54,11 *Saphir* ist ein blauer, wie Diamant glänzender Edelstein, siehe 2. Mose 24,10.

54,12 *Karfunkel* ist ein blutroter Edelstein, ein besonders edler Granat.

Gestein. *13* Deine Kinder werden von mir selbst belehrt,* / sie werden in Frieden leben und ungestörtem Glück. *14* Du wirst auf Gerechtigkeit gegründet sein, / weißt dich fern von jeder Not, / weil du sie nicht mehr fürchten musst, / fern von Schrecken und Angst, / denn sie kommen nicht an dich heran. *15* Und wenn dich jemand angreifen will, / dann geschieht es ohne mich, / er kommt an dir zu Fall. *16* Seht, ich selber schuf den Schmied, / der das Kohlenfeuer entfacht und Waffen erzeugt. / Ich habe auch den gemacht, / der mit dieser Waffe Tod und Verderben bringt.
17 Deshalb wird dir keine Waffe etwas tun, die gegen dich geschmiedet ist. / Und jeder, der dich vor Gericht anklagt, / wird von dir als Schuldiger entlarvt. / Das ist das Vorrecht der Diener Jahwes, / so sieht ihre Gerechtigkeit aus!«, spricht Jahwe.

An alle, die Durst haben

55 *1* »He, ihr Durstigen alle, / kommt her zum Wasser! / Kommt her, auch wenn ihr kein Geld habt! / Kauft und esst! / Ja, kommt, kauft ohne Geld, / kauft Wein und Milch! / Es kostet nichts. *2* Warum gebt ihr Geld aus für Brot, das gar keins ist, / den Lohn eurer Mühe für das, was niemand satt machen kann? / Hört doch auf mich, dann bekommt ihr das Beste, / dann esst ihr euch an Köstlichkeiten satt! *3* Hört auf mich und kommt zu mir! /

Dann lebt eure Seele auf, und ich schließe einen ewigen Bund mit euch. / Ich erfülle, was ich schon David versprach.* *4* Ihn habe ich zum Zeugen für die Völker bestimmt, / zum Herrscher und Gebieter vieler Nationen. *5* Pass auf, auch du rufst künftig manches Volk herbei, das du nicht kennst! / Und mancher Stamm, der dich nicht kannte, / wird schnell zu dir kommen, wenn er mich bei dir sieht, / Jahwe, den heiligen Gott Israels, / denn ich habe dich herrlich gemacht!«

6 Sucht Jahwe, solange er sich finden lässt! / Ruft ihn an, solange er euch nahe ist! *7* Der Gottlose verlasse seinen Weg, / der Schurke seine schlimmen Gedanken! / Er kehre um zu Jahwe, damit er sich seiner erbarmt, / zu unserem Gott, denn er ist im Verzeihen groß! *8* »Meine Gedanken sind nicht wie eure Gedanken, / und eure Wege nicht wie meine Wege!«, spricht Jahwe. *9* »Denn so hoch der Himmel über der Erde ist, / so weit reichen meine Gedanken über alles hinaus, was ihr euch denkt, / und meine Möglichkeiten über alles, was für euch machbar ist. *10* Und wie Regen oder Schnee vom Himmel fällt / und nicht dorthin zurückkehrt, ohne dass er die Erde tränkt, / sie fruchtbar macht, dass

---

54,13 Wird im Neuen Testament von Jesus Christus zitiert: Johannes 6,45.

55,3 Wird im Neuen Testament von Paulus zitiert: Apostelgeschichte 13,34.

alles sprießt, / dass Brot zum Essen da ist und Saatgut für die nächste Saat, *11* so ist es auch mit meinem Wort: / Es kehrt nicht leer zu mir zurück, sondern bewirkt, was ich will, / und führt aus, was ich aufgetragen habe. *12* Voll Freude zieht ihr in die Freiheit aus, / kehrt heim mit sicherem Geleit. / Berge und Hügel brechen in Jubel aus, wenn sie euch sehen, / Beifall klatschen die Bäume im Feld. *13* Statt Kameldorn schießt Wacholder auf, / statt Brennnesseln sprießen Myrten hoch. / Das wird zum Ruhm für Jahwe sein, / ein Denkmal, das alle Zeiten übersteht.

Auch Fremde werden gerettet

56 *1* So spricht Jahwe: / »Wahrt das Recht und sorgt für Gerechtigkeit! / Denn nah ist meine Rettung, sie kommt bald, / und meine Gerechtigkeit, sie wird bald offenbar. *2* Glücklich der Mensch, der sich daran hält, / der meine Gebote befolgt, / der auf den Sabbat achtet und ihn nicht entweiht, / auf seine Hand und mit ihr nichts Böses tut!« *3* Der Fremde, der sich Jahwe anschloss, sage nicht: / »Jahwe schließt mich sicher aus seinem Volk aus!« / Und der Eunuch soll nicht denken: / »Ich bin doch nur ein dürrer Baum.« *4* Denn so spricht Jahwe: /

»Wenn ein Eunuch meinen Sabbat beachtet, / wenn er gerne tut, was mir gefällt, und sich an meinen Bund hält, *5* dann gebe ich ihm Raum in meinem Haus / und einen Namen, der nicht in Vergessenheit gerät, / der besser bewahrt wird als durch Söhne und Töchter. *6* Und wenn sich Fremde Jahwe angeschlossen haben, / ihm dienen und ihn lieben, / seinen Sabbat halten und ihn nicht entweihen / und festhalten an seinem Bund, *7* die lasse ich kommen auf meinen heiligen Berg, / die dürfen sich freuen im Haus des Gebets. / Ihre Brand- und Schlachtopfer auf meinem Altar gefallen mir wohl. / Denn mein Tempel soll ein Bethaus für alle Völker sein.«* *8* So spricht Jahwe, der Herr, der Israels zerstreutes Volk gesammelt hat: / »Ich werde noch mehr sammeln zu denen, die schon versammelt sind.«

Gottlosigkeit in Gottes Volk

9 »Ihr wilden Tiere aus Wald und Feld, / kommt und fresst mein Volk! *10* Seine Hirten sind blind, sie sehen nicht die Gefahr. / Sie sind wie stumme Hunde, die nicht bellen. / Sie liegen und japsen und schlafen gern. *11* Aber gefräßig sind diese Hunde, / sie kennen kein Maß. / Und das wollen Hirten sein! / Vom Aufpassen halten sie nichts, / eigenen Geschäften gehen sie nach. / Jeder sorgt sich nur um seinen Gewinn. *12* ›Kommt her‹, sagt einer, ›ich hole Wein, / und dann besaufen wir uns! /

56,7 Wird im Neuen Testament von Jesus Christus zusammen mit Jeremia 7,11 zitiert: Matthäus 21,13; Markus 11,17; Lukas 19,46.

Und morgen geht es wie heute, /
da feiern wir noch mehr!‹«

57 ¹ »Der Gerechte kommt um,
und niemand macht sich
etwas daraus. / Die treuen Männer
werden weggerafft und niemand
kümmert sich darum. / Weil
die Bosheit herrscht, wird der
Gerechte weggerafft. ² Doch er
geht in meinen Frieden ein, / wie
jeder, der geradeaus geht. ³ Doch
ihr, ihr Hexenkinder, / Brut von
Ehebrechern, / ihr Hurenböcke
kommt her! ⁴ Über wen macht
ihr euch lustig? / Über wen reißt
ihr das Maul auf und streckt die
Zunge weit heraus? /
Verbrecherisches und verlogenes
Pack! ⁵ Unter Terebinthen werdet
ihr brünstig, / hurt unter jedem
dichtbelaubten Baum, / und
schlachtet eure Kinder unter
hängendem Fels unten im Tal!*
⁶ Die Steine im Bachtal sind jetzt
euer Los, / denn ihnen habt ihr
Speis- und Trankopfer gebracht. /
Meint ihr denn, ich ließe mir das
alles gefallen? ⁷ Auf jedem hohen
Berg schlägst du dein Hurenlager
auf, / du steigst hinauf und feierst
Opferfeste. ⁸ Und hinter Tür und
Pfosten bringst du magische
Zeichen an. / Denn von mir hast
du dich abgewandt. / Für sie hast
du dein Lager aufgedeckt, / hast es
bestiegen und es breit gemacht. /
Hast dir erhandelt, wer mit dir
schläft. / Du hattest auch noch
Spaß daran / und hast seine
Blöße beschaut. ⁹ Zum König*
zogst du mit kostbarem Öl, /
verschwendetest eine Menge

duftender Salben. / Schicktest
deine Boten in die Ferne, / stiegst
bis zum Totenreich hinab. ¹⁰ Du
wurdest müde auf deinem weiten
Weg, / doch sagtest du nicht: ›Es
ist umsonst!‹ Immer noch fandest
du Leben in dir / und wurdest
deshalb nicht schwach. ¹¹ Vor
wem hast du denn solche Angst, /
dass du mich betrogen hast, /
dass du nicht an mich dachtest, /
es dir nicht zu Herzen nahmst? /
Nicht wahr, weil ich so lange
schwieg, / hast du mich nicht
mehr gefürchtet? ¹² Doch ich
werde dir zeigen, was deine Taten
wert sind! / Da nützen dir all deine
Machwerke nichts. ¹³ Wenn du
dann um Hilfe schreist, / soll
doch der Haufen von Götzen dich
retten! / Aber ein Wind weht sie
alle davon, / ein Lufthauch trägt
sie weg. / Doch wer bei mir seine
Zuflucht sucht, / wird das Land
zum Erbe bekommen / und
wohnen auf meinem heiligen
Berg.«

Wem Gott nahe ist

¹⁴ »Schüttet eine Straße auf,
bahnt einen Weg! / Beseitigt jedes
Hindernis vor meinem Volk!«

57,5 *hurt ... im Tal.* Jesaja spielt auf Prostitution im Zusammenhang mit Fruchtbarkeitskulten an. Die dabei gezeugten Kinder wurden dann den Götzen geopfert.

57,9 *König* (Hebräisch: *Melech*) klingt an *Moloch* an, einen kanaanitischen Götzen. Es kann hier aber auch der König von Assyrien oder Ägypten gemeint sein, dessen Beistand man suchte.

15 Denn so spricht der hohe und erhabene Gott, / der ewig lebt und dessen Name ›der Heilige‹ ist: / »Ich wohne in der Höhe, / in unnahbarer Heiligkeit, / doch bin ich auch den Zerschlagenen nah, / deren Geist niedergedrückt ist, / und belebe den Geist dieser Gedemütigten neu, / richte das Herz der Zerschlagenen auf. 16 Denn ich klage nicht für immer an / und werde nicht auf Dauer zornig sein. / Sonst müsste ihr Atem vor mir vergehen / und ihr Geist, den ich ja erschuf. 17 Zornig war ich wegen ihrer Sünde, / wegen ihrer Habsucht schlug ich mein Volk. / Ich wandte mich von ihnen ab und brachte Unheil über sie. / Und sie gingen weg, ihren eigenen Weg. 18 Ja, ich sah, welche Wege mein Volk ging, / dennoch werde ich sie heilen. / Ich führe sie und gewähre ihnen Trost. / Seinen Trauernden 19 schaffe ich Lob auf den Lippen. / Frieden denen, die fern von Jerusalem sind, / und Frieden den Nahen, spricht Jahwe. / Ich heile mein Volk!

20 Aber die Gottlosen sind wie das aufgewühlte Meer, / das nicht zur Ruhe kommt. / Schlamm und Dreck wühlen seine Wellen auf. 21 Für Gottlose gibt es keinen Frieden!«, spricht mein Gott.

Echtes Fasten

58 1 »Ruf aus voller Kehle! Rufe so laut du kannst! / Lass deine Stimme schmettern wie eine Trompete / und halte meinem Volk seine Vergehen vor, / den Nachkommen Jakobs ihre Schuld! 2 Zwar befragen sie mich Tag für Tag / und wollen zu gern meine Wege erkennen. / Wie ein Volk, das recht vor mir lebt / und auch meine Gebote hält, / fordern sie von mir gerechtes Gericht / und begehren Gottes Nähe. 3 ›Warum fasten wir, und du siehst es nicht? / Warum demütigen wir uns, und du merkst es nicht einmal?‹ – Seht doch, was ihr an euren Fastentagen tut! / Ihr geht euren Geschäften nach und beutet eure Arbeiter aus. 4 Ihr fastet zwar, / aber gleichzeitig zankt und streitet ihr euch / und schlagt gleich mit gottloser Faust zu. / So wie ihr jetzt fastet, / verschafft ihr eurer Stimme droben kein Gehör. 5 Soll das vielleicht ein Fasttag sein, der mir gefällt, / der Tag, an dem ein Mensch sich wirklich beugt, / dass er den Kopf wie eine Binse hängen lässt, / sich in den Trauersack hüllt und sich in die Asche setzt? / Nennst du das ein Fasten, / soll das ein Tag sein, der Jahwe gut gefällt? 6 Nein, ein Fasten, das mir gefällt, ist so: / Löst die Fesseln der Ungerechtigkeit, / knotet die Jochstricke auf, / gebt Misshandelten die Freiheit, / schafft jede Art von Unterdrückung ab! 7 Ladet Hungernde an euren Tisch, / nehmt Obdachlose bei euch auf! / Wenn du jemand halbnackt und zerlumpt herumlaufen siehst, / dann gib ihm etwas anzuziehen! / Hilf dem in deinem Volk, der deine Hilfe braucht! 8 Dann strahlt dein Licht wie die

Morgenröte auf, / und deine Wunden heilen schnell. / Dann zieht die Gerechtigkeit vor dir her, / und die Herrlichkeit Jahwes wird deine Nachhut sein. *9* Wenn du dann zu Jahwe rufst, wird er dir Antwort geben; / wenn du um Hilfe schreist, wird er sagen: ›Ja, hier bin ich!‹ / Wenn du aufhörst, andere zu unterdrücken, / nicht verächtlich mit dem Finger zeigst / und niemand mehr verleumdest, *10* wenn du Hungernden das gibst, wonach du selbst Verlangen hast, / und so einen Darbenden satt machst, / dann strahlt dein Licht in der Finsternis auf, / die Nacht um dich wird wie der helle Tag, *11* dann wird Jahwe dich immer führen – auch im dürren Land macht er dich satt, / gibt dir die nötige Kraft –, dann wirst du wie ein Garten sein, der immer genug Wasser hat, / und wie eine Quelle, die niemals versiegt. *12* Die uralten Trümmerstätten bauen deine Leute wieder auf, / die Grundmauern vergangener Generationen stellst du wieder her. / Man wird dich den Maurer nennen, der die Lücken schließt, / der Straßenzüge wieder bewohnbar macht.

13 Wenn du dich am Sabbat zurückhältst, / wenn du nicht dein Vergnügen suchst an meinem heiligen Tag, / wenn dir der Sabbat eine Freude ist, / ein Ehrentag, ein heiliger Tag Jahwes, / wenn du ihn ehrst, und nicht deine Wege erledigst, / Geschäfte betreibst und viele Worte machst, *14* dann wird Jahwe die Quelle deiner Freude sein. / Er wird dich über

die Höhen des Landes führen / und lässt dich genießen das Erbe deines Stammvaters Jakob.« / Ja, das hat Jahwe gesagt.

Sünde, Buße und Verheißung

59 *1* Seht her: Zum Helfen ist der Arm Jahwes doch nicht zu kurz, / zum Hören ist sein Ohr doch nicht zu taub! *2* Nein, eure Vergehen haben die Mauer gebaut, / die zwischen euch und eurem Gott steht. / Eure Sünden verhüllten sein Gesicht, / dass er euch auch nicht anhören will. *3* Eure Hände sind mit Blut befleckt, / Unrecht klebt an euren Fingern. / Eure Lippen lügen, / und eure Zunge zischt Boshaftigkeit. *4* Keiner bringt gerechte Klagen vor, / keiner hält ehrlich Gericht. / Man vertraut auf Nichtigkeiten, / redet gehaltloses Zeug, / geht mit Unheil schwanger / und bringt Unrecht zur Welt. *5* Schlangeneier brüten sie aus, / und Spinngewebe weben sie. / Wer von den Eiern isst, wird sterben; / und wenn man eins zerdrückt, fährt eine Giftschlange heraus. *6* Ihre Fäden werden nie zum Gewand, / und ihr Gewebe deckt keinen Menschen zu. / Ihre Werke sind Handlungen des Unrechts, / und ihre Hände sind voller Gewalt. *7* Ihre Füße laufen dem Bösen nach, / schnell vergießen sie unschuldiges Blut. / Ihre Pläne sind von Unheil erfüllt, / nur Scherben und Verderben sind auf ihren Straßen. *8* Was zum Frieden führt, kennen sie nicht; / in ihren Spuren zeigt sich kein Recht. / Bewusst schlagen sie krumme Wege ein. / Wer ihnen folgt, kennt den Frieden nicht mehr.*

9 Darum gibt es bei uns kein Recht, / und Gerechtigkeit erreicht uns nicht. / Wir hoffen auf Licht und bekommen Finsternis; / wir warten darauf, dass es hell wird, doch uns umgibt finstere Nacht. 10 Wie Blinde tasten wir uns an der Wand entlang, / wie Augenlose tappen wir herum. / Am hellen Mittag stolpern wir wie in der Dämmerung, / wie Tote sind wir mitten im Leben. 11 Wie aufgeschreckte Bären brummen wir, / und gurren wie klagende Tauben. / Wir hoffen auf das Recht, aber nichts geschieht, / auf die Rettung, doch sie bleibt fern von uns.

12 Denn vielfach haben wir uns gegen dich vergangen, / unsere Sünden klagen uns an! / Ja, unsere Vergehen sind uns bewusst, / wir kennen unsere Schuld: 13 Untreue und Verleugnung Jahwes, / Abkehr von unserem Gott, / Reden von Gewalttat und Aufruhr, / mit Lügenworten schwanger gehen / und sie dann aus dem Herzen hervorstoßen. 14 So wurde das Recht verdrängt, / und die Gerechtigkeit zog sich zurück. / Die Wahrheit kommt auf dem Marktplatz zu Fall, / die Redlichkeit ist nicht mehr gefragt. 15 So wird die Wahrheit bei uns vermisst, / und wer das Böse meidet, wird ausgeraubt.

Das alles hat Jahwe gesehen, / und ihm missfällt, dass es kein Recht mehr gibt. 16 Er sieht, dass niemand sich regt, / und wundert sich, dass keiner dazwischentritt. / Da greift er mit eigener Hand ein, / von eigener Wahrhaftigkeit unterstützt. 17 Er zieht die Gerechtigkeit wie einen Panzer an / und hat aufgesetzt den Helm des Heils. / Mit Vergeltung kleidet er sich, / er hat den Mantel der Entschlossenheit an. 18 Jedem zahlt er es nach seinen Taten heim: / seinen Gegnern Zorn, / seinen Feinden Vergeltung. / Auch den Meeresländern zahlt er den verdienten Lohn. 19 Dann fürchtet man im Westen den Namen Jahwes / und im Osten seine Herrlichkeit. / Denn er kommt wie ein eingezwängter reißender Strom, / den sein Atem vorwärtstreibt. 20 Doch für Zion kommt er als Erlöser, / und auch für die in Jakobs Nachkommenschaft, / die umkehren von ihrer Abtrünnigkeit. / Das sagt Jahwe.

21 »Ich schließe einen Bund mit ihnen«*, sagt Jahwe. »Mein Geist, der auf dir ruht, und die Worte, die ich dir anvertraut habe, sollen immer in dir bleiben, und genauso auch in deinen Nachkommen und in den Nachkommen deiner Nachkommen. Das gilt von jetzt an bis in Ewigkeit! Ich, Jahwe, habe es gesagt.«

59,8 Wird im Neuen Testament von Paulus zitiert: Römer 3,15-17.

59,21 Wird im Neuen Testament von Paulus zusammen mit Jesaja 27,9 zitiert: Römer 11,26-27.

Jerusalems künftige Herrlichkeit

60 ¹ Steh auf, Jerusalem, und werde Licht! / Denn dein Licht ist gekommen, / und die Herrlichkeit Jahwes strahlt über dir! ² Noch hüllt Finsternis die Erde ein, / tiefes Dunkel alle Völker. / Doch über dir strahlt Jahwe auf, / seine Herrlichkeit erscheint über dir. ³ Ganze Völker ziehen zu deinem Licht hin, / Könige zu deinem strahlenden Glanz. ⁴ Schau dich um und sieh es dir an! / Sie strömen von allen Seiten zu dir. / Deine Söhne kommen von fern, / deine Töchter trägt man auf den Armen herbei. ⁵ Du wirst es sehen und strahlen vor Glück, / dein Herz bebt vor Freude und öffnet sich weit. / Die Schätze der Völker werden zu dir gebracht, / der Reichtum des Meeres strömt dir zu. ⁶ Kamelkarawanen bedecken dein Land, / junge Dromedare von Efa und Midian*. / Von Saba* kommen sie mit Weihrauch und Gold / und verkündigen mit Freude das Lob Jahwes. ⁷ Alle Schafherden Kedars* sammeln sich bei dir, / die Schafböcke von Nebajot* stehen in deinem Dienst. / Als angenehme Opfer kommen sie auf meinen Altar. / So ehre ich mein herrliches Haus. ⁸ Was kommt da wie eine Wolke geflogen, / wie Tauben zu ihren Löchern in der steilen Wand? ⁹ Ja, die Meeresländer hoffen auf mich, / die Hochseeschiffe fahren voran / und bringen deine Kinder von ferne herbei, / und mit ihnen ihr Silber und Gold. / Das alles geschieht zur Ehre Jahwes / und weil der heilige Gott Israels dich herrlich gemacht hat.

¹⁰ Fremde werden deine Mauern wieder bauen, / und ihre Könige werden dir dienstbar sein. / In meinem Zorn habe ich dich zwar gestraft, / doch in Gnade erbarme ich mich über dich. ¹¹ Stets hält man deine Tore offen, / Tag und Nacht sind sie nicht zu. / Den Reichtum der Völker bringt man zu dir, / und ihre Könige treibt man voran. ¹² Denn jedes Volk und jedes Reich, das dir nicht dient, wird bald zugrundegehen. / Diese Stämme werden völlig verheert. ¹³ Die Pracht des Libanon wird zu dir gebracht, / Zypressen, Platanen und Wacholderbäume. / Den Ort meines Heiligtums sollen sie schmücken, / sollen den Platz für meine Füße zieren. ¹⁴ Die Söhne derer, die dich beugten, / kommen nun gebückt zu dir. / Die dich verspottet haben, / bücken sich nun zu deinen Fußsohlen hin. / Sie nennen dich »Zion Jahwes«, / Stadt, die dem heiligen Gott Israels gehört!

60,6 *Efa* war ein Sohn *Midians* und stammte auch von Abraham ab, siehe 1. Mose 25,2-3. Das Volk der Midianiter hatte Israel einst verwüstet, siehe Richter 6,1-6. Sie zogen als Nomaden durch die transjordanischen Wüsten.

Saba war ein reiches Land im südlichen Arabien. Es entspricht vielleicht dem heutigen Jemen.

60,7 *Kedar.* Siehe Jesaja 21,16!

Nebajot war der älteste Sohn Ismaëls (1. Mose 25,13). Der Name steht hier vielleicht für das Reich der Nabatäer, östlich des Toten Meeres.

15 Du bist nicht mehr verlassen und verhasst, / eine Stadt, die von allen gemieden wird. / Ich mache dich zu einer ewigen Pracht, / zur Freude kommender Generationen. 16 Du wirst die Milch der Völker saugen, / wirst trinken an der Brust von Königen. / Du wirst erkennen, dass ich, Jahwe, dein Retter bin, / dass der starke Gott Jakobs dein Befreier ist. 17 Anstelle von Bronze bring ich dir Gold, / statt des Eisens bringe ich Silber herbei, / statt der Hölzer Erz, / und Eisen anstelle der Steine. / Deine Verwaltung wird Frieden sein / und deine Regierung Gerechtigkeit. 18 Man hört nichts mehr von Gewalt in deinem Land, / von Verwüstung und Zerstörung in deinem Gebiet. / Du wirst deine Mauern »Rettung« nennen / und deine Tore »Lob«.

19 Das Licht der Sonne wirst du künftig nicht mehr brauchen, / auch nicht mehr den Mondschein in der Nacht, / denn dein ewiges Licht wird Jahwe sein, / dein Gott leuchtet dir in herrlichem Glanz. 20 Darum wird deine Sonne niemals mehr untergehen, / dein Mond nimmt niemals ab, / denn Jahwe ist dann dein ewiges Licht. / Und deine Trauerzeit ist für immer vorbei. 21 Dein Volk wird nur aus Gerechten bestehen, / und das Land wird für immer ihr Eigentum sein; / ein blühender Garten, von Jahwe angelegt, / ein Werk seiner Hände zu seinem Ruhm. 22 Die kleinste Sippe wird eine Tausendschaft sein, / der geringste ein gewaltiger Stamm. / Wenn die Zeit dafür gekommen ist, / führe ich, Jahwe, es ganz schnell herbei.

Die Botschaft des Messias

61 1 Der Geist von Jahwe ruht auf mir, / denn Jahwe hat mich gesalbt*. / Er hat mich gesandt, den Elenden gute Botschaft zu bringen / und zerbrochene Herzen zu verbinden; / den Gefangenen zu verkünden: »Ihr seid frei!« / und den Gefesselten: »Ihr seid los!«; 2 um auszurufen das Gnadenjahr Jahwes* / und den Tag der Rache für unseren Gott, / um alle Trauernden zu trösten 3 und den Trauernden Zions Freude zu bringen. / Schmuck bekommen sie anstelle von Schmutz, / Freudenöl statt Trauersack, / Jubellieder statt Mutlosigkeit. / Man nennt sie »Terebinthen der Gerechtigkeit«, / eine Pflanzung Jahwes, die seine Herrlichkeit zeigt. 4 Die uralten Trümmerstätten bauen sie dann auf, / stellen die wüsten Orte wieder her. / Die zertrümmerten Städte bauen sie neu, / alles, was Generationen lang Ruine war. 5 Dann nehmen Fremde euch die Arbeit ab, / sie weiden eure Herden, / bestellen euer Land / und werden eure Weingärtner

---

61,1 *Gesalbt* (Hebräisch: *maschah*) ist die Wurzel von *maschiah*, der *Messias*, der *Gesalbte*. Damit werden hier alle Personenausprägungen des dreieinigen Gottes erwähnt.

61,1-2 Wird im Neuen Testament von Jesus Christus zitiert: Lukas 4,18-19.

sein. *6* Und euch wird man »Priester Jahwes« nennen, / »Diener unseres Gottes« sagt man zu euch. / Ihr werdet genießen, was die Völker besitzen, / denn ihre Schätze gehören jetzt euch. *7* Statt des Doppelmaßes eurer Schmach, / statt der Schande, die als euer Anteil galt, / wird euer Teil am Land nun doppelt so groß; / ewige Freude wird euch geschenkt. *8* »Denn ich, Jahwe, ich liebe das Recht / und hasse den gemeinen Raub. / Weil ich treu bin, belohne ich sie / und schließe mit ihnen einen ewigen Bund. *9* Ihre Nachkommen sind unter den Stämmen bekannt, / ihre Sprösslinge unter den Völkern. / Wer sie sieht, erkennt gleich: / Das sind die, die Jahwe gesegnet hat.«

10 Überaus freue ich mich über Jahwe! / Meine Seele jubelt über meinen Gott! / Er kleidet mich in Gewänder des Heils / und legt mir den Mantel der Gerechtigkeit um. / Wie ein Bräutigam bin ich festlich geschmückt, / wie eine Braut, die ihr Geschmeide anlegt. *11* Denn wie die Erde Pflanzen hervortreibt, / wie ein Garten die Saat wachsen lässt, / so bringt Jahwe, der Herr, unsere Gerechtigkeit hervor, / unser Lob bei allen Völkern.

Die Herrlichkeit Jerusalems

62 *1* Um Zions willen darf ich nicht schweigen, / um Jerusalems willen will ich nicht ruhen, / bis das Recht in ihm aufstrahlt wie das Morgenlicht, /

und seine Rettung wie eine Fackel in der Nacht. *2* Die Völker werden deine Gerechtigkeit sehen / und alle Könige deine strahlende Pracht. / Man legt dir einen neuen Namen bei, / den Jahwe selbst für dich bestimmt. *3* Du wirst ein Schmuckstück sein in Jahwes Hand, / ein königliches Diadem*, gehalten von deinem Gott. *4* Du wirst nicht länger »die Verstoßene« genannt, / dein Land wird nicht mehr »Ödland« heißen, / sondern »Gottes Liebling« nennt man dich / und dein Land »Regenland«. / Denn Jahwe hat seine Freude an dir / und vermählt sich mit deinem Land. *5* Denn wie der junge Mann sein Mädchen heiratet, / so vermählen sich deine Söhne mit dir. / Und wie der Bräutigam sich an seiner Braut freut, / so hat dein Gott Freude an dir.

6 Ich habe Wächter auf deine Mauern gestellt, Jerusalem! / Ihr Rufen verstummt nicht einen Augenblick, / weder am Tag noch in der Nacht. / Ihr Wächter sollt Jahwe an Jerusalem erinnern! / Gönnt euch keine Rast, *7* und lasst ihm keine Ruhe, / bis er Jerusalem wieder so hergestellt hat, / dass alle Welt die Stadt rühmt. *8* Jahwe hat geschworen bei seiner rechten Hand / und seinem Siegesarm:

62,3 Ein *Diadem* ist keine Krone, sondern ein schmales Band aus Seide, Leinen oder Edelmetall, das oft mit Perlen oder Edelsteinen besetzt ist. Es symbolisiert königliche Würde und Macht.

»Nie mehr wird dein Korn die Speise deiner Feinde sein, / nie mehr trinken Fremde den Wein, / für den du so hart gearbeitet hast. *9* Nein, wer das Korn einbringt, soll davon essen und Jahwe loben. / Wer den Wein liest, soll davon trinken im Vorhof meines Heiligtums.«

10 Zieht durch die Tore ein und aus / und bahnt dem Volk einen Weg! Baut, ja, baut die Straße und räumt die Steine aus dem Weg! / Stellt ein Zeichen für die Völker auf! *11* Seht, Jahwe lässt es hören bis ans Ende der Welt: / »Sagt der Zionsstadt: ›Pass auf, dein Retter kommt! / Schau, er bringt den Siegespreis mit! / Das Volk, das er befreite, zieht vor ihm her.‹« *12* Man wird es nennen »das heilige Volk« und »die Erlösten Jahwes«. / Und dich wird man nennen »die Begehrte« und »die nie mehr verlassene Stadt«.

Gericht über Völker

63 *1* »Wer kommt da vom Edomiterland, / aus Bozra mit grellrotem Gewand? / Er schreitet in prächtigen Kleidern daher, / stolz in seiner gewaltigen Kraft.« / »Ich bin es, der Gerechtigkeit verkündet / und der die Macht zum Retten hat!« *2* »Warum ist dein Gewand so rot? / Hast du Trauben in der Kelter zerstampft?« *3* »Ja, ich trat die Kelter ganz allein, / von den Völkern war niemand dabei. / Ich trat sie zusammen in meinem Zorn, / zerstampfte sie in meinem Grimm. / Ihr Saft ist an meine Kleider gespritzt, / ich besudelte mein ganzes Gewand. *4* Ein Tag der Rache lag mir im Sinn, / und das Jahr der Erlösung war gekommen. *5* Ich blickte umher, doch niemand half. / Ich wunderte mich sehr, doch keiner unterstützte mich. / Da half mir mein eigener Arm, / und mein Zorn gab mir die Kraft. *6* Ich zertrat die Völker in meinem Zorn, / zerstampfte sie in meinem Grimm / und ließ ihren Saft im Boden versickern.«

Gebet und Erhörung

7 Ich will daran erinnern, wie Jahwe uns seine Gnade erwies, / will denken an die Ruhmestaten des Herrn, / an alles, was Jahwe für uns tat, / an seine große Güte, die er dem Volk Israel erwies, / und zwar aus seinem Erbarmen heraus / und seiner übergroßen Freundlichkeit. *8* Er sagte: »Gewiss sind sie mein Volk, / Kinder, die nicht enttäuschen!« Und so wurde er ihr Befreier *9* aus all ihrer Not. / Kein Bote und kein Engel – er selbst hat sie befreit! / Aus Liebe und Erbarmen hat er sie erlöst, / sie aufgehoben und getragen in all den Tagen der frühen Zeit.

10 Doch sie lehnten sich gegen ihn auf, / betrübten seinen Heiligen Geist. / Da wandelte er sich und wurde ihr Feind / und kämpfte nun selbst gegen sie. *11* Da dachten sie wieder an die vorige Zeit, / als Mose noch in ihrer Mitte war: / »Wo ist der Gott, der den Hirten seiner Schafe aus dem Meer herausgezogen hat?* / Wo ist der, der ihm den Heiligen Geist ins Innerste gab, 12 der ihm beistand mit seinem gewaltigen Arm, / der das Meer zerteilte vor seinem Volk / und sich so einen ewigen Namen erschuf? 13 Wo ist der, der sie durch die Fluten führte, / wie Pferde durch die Steppe, / sodass niemand ins Stolpern geriet? 14 Wie das Vieh, das ins Tal hinabzieht, / brachte der Geist Jahwes sie zum Ruheplatz. / So hast du dein Volk geführt / und dir einen ruhmvollen Namen gemacht.«

15 Blick doch vom Himmel herab! / Sieh her vom Wohnort deiner Majestät und Heiligkeit! / Wo ist dein Liebeseifer für uns, / wo deine unvergleichliche Macht? / Warum hältst du dein Mitleid, dein Erbarmen gegen uns zurück? 16 Du bist doch unser Vater! / Abraham weiß nichts von uns, / und Israel* würde uns nicht einmal kennen. / Du bist unser Vater, Jahwe! / »Unser Erlöser von jeher« wirst du genannt. 17 Warum, Jahwe, hast du uns abirren lassen? / Warum hast du uns so starrsinnig gemacht? / Warum sind wir ohne Ehrfurcht vor dir? / Kehr doch bitte wieder um! / Wir sind doch deine Diener und das Volk, das dir gehört! 18 Vor kurzem erst vertrieben unsere Feinde dein heiliges Volk / und zertrampelten dein Heiligtum. 19 Es ist, als hättest du nie über uns geherrscht, / als hättest du uns nie zu deinem Eigentum gemacht! / O reiß doch den Himmel auf und

komm zu uns herab, / dass die Berge vor dir erbeben; /

64 1 wie das Feuer Reisig entfacht / und wie es Wasser wallen macht; / dass deine Feinde merken, wer du bist, / dass die Völker vor Angst vergehen, 2 wenn du furchterregende Taten vollbringst, / die niemand von dir erwartet hat! / Ja, führest du doch herab, dass die Berge erbebten vor dir! 3 Noch nie hat man so etwas gehört, / noch niemals so etwas erlauscht, / noch nie hat ein Auge einen Gott gesehen wie dich, / der an denen, die auf ihn hoffen, so gewaltige Dinge tut!*

4 Ach, kämst du doch dem entgegen, / der freudig tut, was recht vor dir ist, / und bei seinem Tun an dich denkt! / Nun aber traf uns dein Zorn, / denn wir haben uns versündigt an dir. / Seit jeher sind wir treulos gewesen! 5 Wir alle sind von Unrecht befleckt, / selbst unsere gerechten Taten sind besudelt wie ein schmutziges Gewand. / Wie Laub sind wir alle verwelkt, / unsere Schuld trägt uns fort wie der Wind. 6 Es gab niemand, der deinen Namen anrief, / der sich aufraffte, um festzuhalten an dir. / Denn du hattest dich verborgen vor uns, / uns preisgegeben unserer Schuld.

63,11 *herausgezogen hat.* Das erinnert an 2. Mose 2,10.

63,16 *Israel.* Gemeint ist Jakob, der von Gott den Namen Israel erhielt.

64,3 Wird im Neuen Testament von Paulus zitiert: 1. Korinther 2,9.

7 Trotzdem bist du unser Vater, Jahwe! / Du bist der Töpfer, wir sind der Ton; / wir alle sind Gefäße deiner Hand. 8 O Jahwe, zürne nicht so sehr, / denk nicht für immer an unsere Schuld! / Schau bitte her, wir sind doch dein Volk! 9 Die Städte deines heiligen Landes sind zerstört, / Zion ist verwüstet, / Jerusalem ein Trümmerberg. 10 Unser heiliges und herrliches Haus, in dem unsere Väter dich lobten, ist ein Raub der Flammen geworden. / Alles, was uns lieb und wert war, ist zerstört. 11 Kannst du dabei noch an dich halten, Jahwe? / Schaust du all dem schweigend zu? / Erniedrigst du uns ganz und gar?

Gericht und Errettung

65 1 »Ich war zu erreichen für die, die nicht nach mir fragten. / Ich war zu finden für die, die nicht nach mir suchten. / Ich sagte zu einem Volk, das gar nicht zu mir rief: / ›Hier bin ich! Hier bin ich!‹ 2 Den ganzen Tag streckte ich meine Hände aus nach einem widerspenstigen Volk, / das den eigenen Gedanken nachläuft

auf einem unguten Weg.* 3 Fortwährend beleidigen sie mich und fordern mich heraus. / In Götzengärten schlachten sie, / verbrennen Rauchopfer auf Ziegeln. 4 Sie hocken in Kammern von Gräbern, / verbringen in Höhlen die Nächte, / sie essen Fleisch von Schweinen / und haben gräuliche Brühe in ihren Gefäßen. 5 Sie sagen: ›Bleib, wo du bist und komm mir nicht nahe, / ich bin zu heilig für dich!‹* – Diese Leute sind wie Rauch in meiner Nase, / wie ein Feuer, das den ganzen Tag brennt. 6 Seht her, alles ist aufgeschrieben vor mir. / Und ich werde nicht schweigen, sondern ich zahle es ihnen heim. / Ich zahle ihnen den Lohn aus 7 für ihre Schuld / und die Schuld ihrer Väter«, sagt Jahwe. / »Weil sie auf den Bergen Weihrauch verbrannten und mich auf den Hügeln verhöhnten, / zahle ich ihnen den Lohn für ihr Tun; / was sie verdienen, messe ich ihnen zu.«

8 So spricht Jahwe: / »Wie man von einer Traube sagt, in der noch Saft enthalten ist: / ›Wirf sie nicht weg, ein Segen ist in ihr!‹, / so will ich um meiner Diener willen tun, / und nicht das Ganze verwerfen. 9 Auch künftig wird Jakob Nachkommen haben / und Juda Erben für mein Bergland. / Die von mir Erwählten sollen es erben, / und die mir dienen, wohnen dort. 10 Schafe weiden wieder in der Ebene Scharon / und Rinder lagern im Tal Achor* / für mein Volk, das wieder nach mir fragt. 11 Doch ihr, die ihr Jahwe

---

65,2 Wird im Neuen Testament von Paulus zitiert: Römer 10,20-21.

65,5 *zu heilig für dich.* Das heißt: Ich bin mit heiligen Dingen in Berührung gekommen, und wenn du mich anfasst, bist du auch geweiht!

65,10 *Scharon* ist eine fruchtbare Ebene am Mittelmeer, *Achor* ein unfruchtbares Tal in der Nähe von Jericho (siehe Josua 7,26). Sie repräsentieren hier vielleicht die West- und Ostgrenze des ganzen Landes.

verlasst, / den Berg meines
Heiligtums vergesst, / die ihr einen
Tisch für Gad, den Glücksgott,
deckt, / und der Schicksalsgöttin
Meni* den Krug mit Würzwein füllt:
12 Das Schwert ist euch als
Schicksal bestimmt; / kniet euch
nur zum Abschlachten hin! / Denn
ich hatte gerufen, aber ihr gabt keine
Antwort, / ich hatte geredet, aber ihr
habt nicht gehört, / sondern habt
gerade das getan, was vor mir böse
ist, / habt gerade das erwählt, was
mir missfällt.« 13 Darum spricht
Jahwe, der Herr: /»Meine Diener
bekommen zu essen, doch ihr müsst
hungern; / meine Diener haben zu
trinken, doch ihr werdet durstig
sein; / meine Diener werden
glücklich sein, doch ihr werdet
beschämt; 14 meine Diener werden
jubeln vor Freude, / doch ihr werdet
schreien vor Qual und heulen vor
lauter Verzweiflung. 15 Nur als
Fluchwort werden eure Namen
bleiben, / wenn die Erwählten
schwören: ›So wird Jahwe, der Herr,
dich töten!‹ / Doch sie bekommen
Ehrennamen, 16 dass dann, wenn
man sich Segen wünscht, / man
sich segnet bei dem treuen Gott; /
und wenn man im Land schwört, /
schwört man bei Gott, der die
Wahrheit ist. / Dann werden die
früheren Nöte vergessen und
meinen Augen entschwunden sein.

17 Denn wisst: Ich werde einen
neuen Himmel und eine neue Erde
erschaffen.* / Dann sehnt sich
keiner mehr zurück nach dem, was
früher war, / keinem mehr kommt
das noch in den Sinn. 18 Freut
euch vielmehr und jubelt ohne

Ende / über das, was ich nun
erschaffe. / Zur Stadt der Freude
mache ich Jerusalem, / und seine
Bewohner erfülle ich mit Glück.
19 Und auch ich will über Jerusalem
jubeln, / will mich freuen über mein
Volk. / Dann wird kein Weinen
mehr zu hören sein, / kein
Wehgeschrei mehr in der Stadt.
20 Es wird dort keinen Säugling
geben, der nur wenige Tage erlebt, /
keinen Greis, der nicht das volle
Alter erreicht. / Wer als Hundert-
jähriger stirbt, gilt noch als jung, /
und wer nicht hundert Jahre alt
wird, gilt als Sünder, der vom Fluch
getroffen ist. 21 Sie bauen Häuser
und wohnen auch darin, / pflanzen
Weinberge und genießen auch
ihren Ertrag. 22 Sie bauen nicht,
damit ein anderer in ihrem Haus
wohnt; / sie pflanzen nicht, damit
ein anderer die Früchte genießt. /
Die Menschen meines Volkes sollen
alt wie Bäume werden, / meine
Auserwählten sollen die Frucht ihrer
Arbeit genießen. 23 Ihre Arbeit wird
nicht mehr vergeblich sein, / nicht
für einen jähen Tod bringen sie
Kinder zur Welt. / Denn sie sind
die Nachkommen der Gesegneten
Jahwes, / und ihre Sprösslinge
werden bei ihnen sein. 24 Schon ehe
sie rufen, gebe ich ihnen Antwort, /
während sie noch reden, erhöre ich
sie. 25 Wolf und Lamm weiden

65,11 *Gad* und *Meni* stehen auch für die
Planeten Jupiter und Venus.

65,17 Dieser Vers oder die Parallele Jesaja
66,22 wird im Neuen Testament von Petrus
zitiert: 2. Petrus 3,13.

zusammen, / der Löwe frisst Stroh wie das Rind / und die Schlange wirklich nur Staub: / Sie werden nichts Böses mehr tun / und niemand mehr schaden auf meinem heiligen Berg«, spricht Jahwe.

Gericht und Hoffnung

66 ¹ So spricht Jahwe: / »Der Himmel ist mein Thron und die Erde der Schemel, auf den ich meine Füße stelle. / Was für ein Haus wollt ihr da für mich bauen? / Welcher Ort könnte dort mein Ruheplatz sein? ² Ich habe das alles doch selber gemacht, / alles entstand durch mich«, sagt Jahwe.* / »Doch auf den will ich blicken, / der gebeugt und zerknirscht meinem Wort entgegenbebt. ³ Da schlachtet jemand ein Rind – erschlägt aber auch einen Menschen –, / da opfert einer ein Schaf – bricht aber auch einem Hund das Genick –, / da bringt einer Speisopfer dar – und versprengt Schweineblut dabei –, / da verbrennt er Weihrauch für mich – und segnet einen Götzen. / Sie haben ihre eigenen Wege gewählt, / an ihren Scheusalen Gefallen gefunden; ⁴ deshalb wähle ich nun auch Misshandlungen für sie, / lasse über sie kommen, wovor ihnen graut. / Denn ich habe gerufen, doch keiner gab mir Antwort; / ich habe geredet, doch sie haben nicht darauf gehört, / sondern gerade das getan, was vor mir böse ist, /

gerade das erwählt, was mir missfällt.«

⁵ Hört die Rede Jahwes, die ihr seinem Wort entgegenbebt: / »Es höhnen eure Brüder, die euch hassen, / die euch verstoßen, weil ihr zu mir steht: / ›Soll Jahwe doch seine Ehre zeigen, / dann sehen wir, wie ihr euch freut!‹« / Doch sie werden zuschanden. ⁶ Hört ihr den Lärm in der Stadt, / das Kampfgetümmel im Tempel? / Das ist die Stimme Jahwes, / der heimzahlt, was seine Feinde verdienen. ⁷ Noch ehe die Frau ihre Wehen bekam, hatte sie schon geboren, / noch ehe sie Geburtsschmerzen empfand, hatte sie einen Jungen entbunden. ⁸ Wer hat so etwas je gehört, / wer hat dergleichen je gesehen? / Wird denn ein Volk auf einen Schlag geboren, / wird ein Land bevölkert an einem einzigen Tag? / Doch so wird es Zion ergehen. / Kaum spürt sie die Wehen, schon sind ihre Kinder da. ⁹ »Sollte ich denn die Geburt einleiten und das Kind dann stecken lassen?«, spricht Jahwe. / »Ich bin es doch, der gebären lässt, sollte ich die Geburt verhindern?«, spricht dein Gott.

¹⁰ Freut euch mit Jerusalem, / jubelt über die Stadt, die ihr sie liebt! / Teilt nun auch ihre Freude mit ihr, / die ihr über sie getrauert habt. ¹¹ Saugt euch satt an ihrer tröstenden Brust, / trinkt und labt euch an der Fülle ihrer Herrlichkeit! ¹² Denn so spricht Jahwe: »Seht, wie einen Strom leite ich den Frieden zu ihr, / den Reichtum der Völker wie einen überfließenden

---

66,2 Wird im Neuen Testament von Stephanus zitiert: Apostelgeschichte 7,49-50.

Bach. / Trinkt euch an dieser Fülle satt! / Auf den Armen werdet ihr getragen, und auf den Knien wird man euch wiegen. 13 Ich will euch trösten, wie nur eine Mutter trösten kann. / Und an Jerusalem findet ihr Trost. 14 Wenn ihr das erlebt, werdet ihr voll Freude sein, / wie frisches Gras sprosst euer Lebensmut.«

Seinen Dienern offenbart Jahwe seine Macht, / aber seine Feinde sind von ihm bedroht. 15 Denn Jahwe wird im Feuer kommen, / und seine Streitwagen werden wie ein Sturmwind sein. / Er glüht vor Zorn und lässt ihm freien Lauf, / sein Drohen flammt im Feuer auf. 16 Denn mit Feuer und Schwert hält Jahwe Gericht. / Es werden viele sein, die Jahwe erschlägt. 17 »Die sich den Götzengärten weihen, / die sich reinigen, wie es ihnen der in ihrer Mitte zeigt, / die Schweinefleisch, gräuliches Zeug und Feldmäuse essen, / werden miteinander weggerafft«, spricht Jahwe.

18 »Denn ich kenne ihr ganzes Tun und ihre Gedanken, und ich komme, um die Völker aller Sprachen zusammenzurufen. Sie werden auch kommen und meine Herrlichkeit sehen. 19 Das wird für sie ein warnendes Zeichen sein. Von den Überlebenden werde ich Boten zu den Völkern schicken, die noch nichts von mir gehört und meine Herrlichkeit nicht gesehen haben: nach Spanien, Libyen und Lydien, nach Meschesch, Tubal und Jawan*. Sie sollen dort meine Herrlichkeit bekannt machen. 20 Sie werden alle eure Brüder zurückbringen auf Pferden, Maultieren und Dromedaren, in Wagen und in Sänften als eine Opfergabe der Völker für Jahwe. Sie bringen sie zu meinem heiligen Berg nach Jerusalem«, spricht Jahwe, »so wie die Israeliten Speisopfer in reinen Gefäßen zum Tempel Jahwes bringen. 21 Auch von ihnen werde ich einige zu Priestern und Leviten machen«, spricht Jahwe.

22 »Und so wie der neue Himmel, den ich schaffen werde, und die neue Erde* für immer bestehen bleiben«, spricht Jahwe, »so werdet auch ihr als Volk nie untergehen und vergessen sein. 23 Es wird kommen, dass an jedem Neumondstag und Sabbat sich alle Menschen vor mir einfinden und mich anbeten«, spricht Jahwe. 24 »Dann gehen sie hinaus und sehen die Leichen der Menschen, die von mir abgefallen sind. Denn der Wurm in jenen wird nicht sterben und das Feuer in ihnen niemals erlöschen. Sie werden ein Ekel für alle Menschen sein.«

66,19 *Lydien ... Jawan.* Völker Kleinasiens, *Jawan* ist Ionien, das von den Griechen besiedelte Kleinasien.

66,22 Dieser Vers oder die Parallele Jesaja 65,17 wird im Neuen Testament von Petrus zitiert: 2. Petrus 3,13.

Der Prophet Jeremia

Jeremia war noch sehr jung, als er im 13. Regierungsjahr des jüdischen Königs Joschija (626 v.Chr.) zum Propheten berufen wurde. Er hatte eine schwere Last zu tragen, denn seine Botschaft war Gottes letzte Warnung an das Volk, das aber nicht hören wollte. Er wurde bedroht, vor Gericht gestellt, in Fesseln gelegt, öffentlich gedemütigt, in den Schlamm einer Zisterne geworfen usw. Jede seiner Ankündigungen erfüllte sich, doch folgte man stets den falschen Propheten und nicht ihm. Der Niedergang war schon so weit fortgeschritten, dass das Volk trotz der Reformen Joschijas, die es nur halbherzig mitmachte, geistlich immer mehr verfiel. Über die Niederschrift eines Teils seiner Weissagungen berichtet Jeremia in Kapitel 36 selbst. Er erlebte die Belagerung und Zerstörung Jerusalems und wurde vom Rest des Volkes gegen seinen Willen mit nach Ägypten genommen. Damals müsste er etwa 70 Jahre alt gewesen sein. In Ägypten schrieb er offenbar die Endform seines Buches, wobei er die Weissagungen aber nicht chronologisch ordnete. Er stellte oft Prophezeiungen nebeneinander, die zeitlich weit auseinander lagen. Sein Buch ist das längste der Bibel und besteht zum großen Teil aus poetischen Texten. Nach jüdischer Überlieferung wurde Jeremia von Leuten aus seinem eigenen Volk in Ägypten gesteinigt.

1 *1* Das sind die Worte von Jeremia Ben-Hilkija, der zu den Priestern aus Anatot* gehörte, einem Ort im Stammesgebiet von Benjamin. *2* Im 13. Regierungsjahr des Königs Joschija Ben-Amon* von Juda kam das Wort Jahwes zu ihm *3* und dann weiter in der Zeit des Königs Jojakim Ben-Joschija* bis zum Ende der Regierung des Königs Zidkija Ben-Joschija*, als im August* seines 11. Regierungsjahrs die Bevölkerung Jerusalems verschleppt wurde.

Die Berufung Jeremias

4 Das Wort Jahwes kam zu mir. Er sagte:

5 »Noch bevor ich dich im Mutterleib formte, hatte ich dich erwählt. /
Noch ehe du geboren wurdest, hatte ich dich geweiht: /
Zum Propheten für die Völker bist du bestimmt!«

6 Doch ich erwiderte: »Ach mein Herr, Jahwe! Ich kann doch nicht reden, ich bin ja noch so jung!«

1,1 *Anatot.* Der kleine Ort lag 5 km nordöstlich von Jerusalem.

1,2 *Joschija* regierte von 640-609 v.Chr. Jeremias Prophetendienst begann also 626 v.Chr.

1,3 *Jojakim* regierte von 609-598 v.Chr. Vor ihm hatte Joahas drei Monate regiert und nach ihm Jojachin ebenfalls drei Monate.

Zidkija regierte von 597-586 v.Chr.

im August. Wörtlich: im 5. Monat. Es handelt sich um das Jahr 586.

7 Da sagte Jahwe zu mir: »Sag nicht, ich bin zu jung! Geh, wohin ich dich sende, und rede, was ich dir befehle! 8 Hab keine Angst vor den Menschen, denn ich bin mit dir und beschütze dich, spricht Jahwe.« 9 Dann berührte Jahwe meine Lippen mit seiner Hand und sagte: »Hiermit lege ich meine Worte in deinen Mund. 10 Pass auf:

Von heute an bist du damit betraut, / in Königreichen und Völkern / auszureißen und abzureißen, / zu vernichten und zu verwüsten, / zu bauen und zu pflanzen.«

Zwei Visionen

11 Wieder kam das Wort Jahwes zu mir: »Was siehst du, Jeremia?« – »Einen Mandelzweig*«, erwiderte ich. 12 »Du hast richtig gesehen«, sagte Jahwe. »Denn ich wache* über mein Wort, damit geschieht, was ich sage.«
13 Das Wort Jahwes kam noch einmal zu mir: »Was siehst du?« – »Ich sehe einen siedenden Kessel«, sagte ich, »sein Rand neigt sich von Norden her gegen mich.« 14 Da sagte Jahwe zu mir: »Von Norden her ergießt sich das Unheil über alle Bewohner dieses Landes. 15 Ja, ich rufe alle Stämme des Nordens herbei«, spricht Jahwe, »dass ihre Könige kommen und ihre Throne ringsum an die Eingänge der Tore Jerusalems stellen und um die Mauern aller anderen Städte Judas. 16 Dann werde ich mein Urteil über die Judäer sprechen und sie strafen für all das Böse, das sie getan haben: Sie haben mich verlassen und anderen Göttern Rauchopfer gebracht, sie haben das Werk ihrer eigenen Hände angebetet. 17 Du aber mach dich bereit, steh auf und sag ihnen alles, was ich dir auftrage! Hab keine Angst vor ihnen, sonst mache ich *dir* vor ihnen Angst. 18 Pass auf! Ich mache dich heute zu einer befestigten Stadt, einer eisernen Säule, einer stählernen Mauer gegen das ganze Land, gegen seine Könige und Beamten, gegen seine Priester und gegen das Volk. 19 Sie werden gegen dich kämpfen, dich aber nicht bezwingen, denn ich bin mit dir, um dich zu retten«, spricht Jahwe.

Das treulose Volk

2 1 Das Wort Jahwes kam zu mir. Er sagte: 2 »Geh und ruf es Jerusalem in die Ohren: So spricht Jahwe:

›Ich denke an deine Jugendtreue, / an die Liebe deiner Brautzeit, / wie du mir folgtest in der Wüste, / in dem Land, wo gar nichts wächst. 3 Israel war Jahwe geweiht, / es war die Erstfrucht seiner Ernte. / Wer davon aß, machte sich schuldig, / Unglück kam über ihn‹, spricht Jahwe.

4 Hört das Wort Jahwes, ihr Nachkommen Jakobs, / ihr Sippen vom Haus Israel! 5 So spricht Jahwe: / Welches Unrecht fanden

---

1,11 Der *Mandelbaum* blüht im Frühjahr als erster von allen Bäumen und scheint im Winter gar nicht »geschlafen« zu haben.

1,12 *ich wache.* Das hebräische Wort für *wachen* (schoked) klingt ähnlich wie das für *Mandelbaum* (schaked).

eure Väter an mir, / dass sie sich von mir entfernten, / dass sie dem Nichts nachliefen / und so selbst zu Nichts geworden sind. *6* Sie fragten nicht: / ›Wo ist Jahwe, der uns aus Ägypten geführt, / der uns den Weg wies durch die Wüste, / durch ein wildes, zerklüftetes Land, / ein Land des Durstes und des Dunkels, / das niemand bewohnt und niemand durchzieht.‹

7 Ich brachte euch ins Gartenland, / damit ihr dessen Frucht und Güter genießt. / Doch kaum wart ihr dort, habt ihr es besudelt, / habt mir mein Eigentum zum Abscheu gemacht. *8* Die Priester fragten nicht: ›Wo ist Jahwe?‹ / Die Hüter des Gesetzes kannten mich nicht, / die Hüter des Volkes brachen mit mir. / Die Propheten weissagten für Baal*, / liefen den Nichtsnutzen nach.

9 Darum klage ich euch weiterhin an, spricht Jahwe. / Auch eure Enkel verklage ich noch! *10* Fahrt

doch zu den Inseln der Kittäer*, / schaut euch dort um! / Schickt Leute nach Kedar*, / erkundigt euch genau! / Ist jemals so etwas geschehen? *11* Hat je ein Volk seine Götter getauscht? / Dabei sind es noch nicht einmal Götter! / Doch mein Volk tauscht seine Herrlichkeit ein / gegen das, was gar nichts nützen kann! *12* Schaudert, ihr Himmel, / bebt vor Entsetzen, / spricht Jahwe. *13* Denn mein Volk hat doppeltes Unrecht verübt: Mich verließen sie, / die Quelle lebendigen Wassers, / um sich Regengruben auszuhauen, / Zisternen mit Rissen, / die das Wasser nicht halten.

14 Ist Israel denn ein Sklave, / gar ein Sklave von Geburt? / Warum ist es zur Beute geworden? / *15* Junglöwen brüllten über ihm. / Sie haben sein Land zur Wüste gemacht. / Seine Städte sind verbrannt und menschenleer. / *16* Nun kommen auch noch die Ägypter / von Memphis* und Tachpanhes* / und weiden dir den Scheitel ab. *17* Das hast du dir selbst zuzuschreiben, / denn du hast Jahwe, deinen Gott, verlassen, / als er dich noch auf seinem Weg führte. *18* Was nützt es jetzt, nach Ägypten zu laufen? / Willst du das Nilwasser trinken? / Was nützt es, nach Assyrien zu gehen? / Willst du aus dem Euphrat schöpfen? *19* Deine Bosheit bringt dich ins Unglück, / dein treuloses Treiben führt die Strafe herbei. / Sieh doch ein, wie schlimm und bitter es ist, / Jahwe,

---

2,8 *Baal* bedeutet »Herr« oder »Gebieter«. Er wurde als Fruchtbarkeitsgott in Kanaan verehrt.

2,10 Die *Kittäer* bewohnten Zypern und die griechischen Inseln.

Kedar. Arabischer Stamm südöstlich von Israel. Nomadisierende Händler, als Kämpfer gefürchtet.

2,16 *Memphis* war die alte Hauptstadt Ägyptens, 21 km südlich vom heutigen Kairo.

Tachpanhes war eine Grenzfestung gegen Syrien und Israel in der Nähe von Pelusium im äußersten Nordosten von Ägypten.

deinen Gott, zu verlassen / und keine Ehrfurcht zu haben vor mir, / spricht Jahwe, der Herr, / der allmächtige Gott*.

20 Denn von jeher zerbrachst du dein Joch*, / sprengtest deine Fesseln. / ›Ich will nicht dienen!‹, sagtest du / und legtest dich als Hure / auf jeden hohen Hügel / und unter jeden grünen Baum. 21 Ich hatte dich als Edelrebe gepflanzt, / du warst ein erlesenes Gewächs. / Wie hast du dich verwandelt! / Ich sehe nur noch entartete Reben, / einen fremden, verwilderten Weinstock. 22 Auch wenn du dich mit Lauge wäschst, / wenn du noch so viel Waschpaste nimmst, / der Schmutz deiner Schuld bleibt immer vor mir, / spricht Jahwe, der Herr.

23 Wie kannst du nur sagen: / ›Ich bin nicht befleckt, / hatte nichts mit Götzen* zu tun!‹? / Schau auf dein Treiben im Tal*, / denk über deine Taten nach! / Du brünstiges Kamel / läufst ständig hin und her. 24 Die wilde Eselin, / an die Wüste gewöhnt: / Vor lauter Gier schnappt sie nach Luft, / ihre Brunst ist nicht zu bremsen. / Wer sie sucht, muss sich nicht müde laufen, / in ihrer Brunstzeit findet er sie. 25 Erspare deinem Fuß die Blöße, / deiner Kehle den Durst! / Doch du sagst: ›Nein, verdammt noch Mal! / Ich liebe die Fremden, / ich muss ihnen nach!‹

26 Wie ein ertappter Dieb beschämt dasteht, / so muss sich das Haus Israel schämen: / alle, die dazu gehören, / ihre Könige

und hohen Beamten, / ihre Priester und ihre Propheten. 27 Sie sagen zum Holzstück: ›Du bist mein Vater!‹, / zur Steinfigur: ›Du hast mich geboren!‹ / Denn mir haben sie den Rücken gekehrt / und nicht das Gesicht. / Doch wenn das Unglück sie trifft, dann schreien sie: / ›Steh auf und rette uns!‹ 28 Wo sind denn deine Götter, / die du dir selber machst? / Lass sie doch aufstehen, / falls sie helfen können, / wenn das Unglück kommt. / Denn so zahlreich wie deine Städte / sind deine Götter, Juda!

29 Warum klagt ihr mich an? / Ihr habt doch mit mir gebrochen, / spricht Jahwe. 30 Vergeblich schlug ich eure Söhne, / sie ließen sich nicht erziehen. / Euer eigenes Schwert / fraß eure Propheten / wie ein hungriger Löwe.

31 O gegenwärtiges Geschlecht! / Beachtet doch das Wort Jahwes! /

2,19 *der allmächtige Gott.* Hebräisch: *Zebaoth*, das heißt »Heere« oder »Kriege«. In der LXX wird der Begriff immer mit *pantokrator*, »Allherrscher« oder »Allmächtiger« wiedergegeben.

2,20 Ein *Joch* war der Holzrahmen, mit dem zwei Rinder vor Wagen oder Pflug gespannt wurden. Im übertragenen Sinn bedeutet es die Herrschaft, unter der man steht.

2,23 *Götzen.* Wörtlich: *Baalen.* Baal bedeutet »Herr« oder »Gebieter« und war der Name des kanaanäischen Fruchtbarkeitsgottes. In der Mehrzahlform sind allgemein die fremden Götter gemeint oder die vielen Baalsheiligtümer im Land.

im Tal. Gemeint ist wohl das Hinnom-Tal bei Jerusalem, ein Zentrum götzendienerischen Treibens.

War ich für Israel denn eine Wüste, / war ich ein finsteres Land? / Warum sagt mein Volk: / ›Los, wir gehen! / Wir kommen nicht zu dir zurück.‹ *32* Vergisst ein Mädchen seinen Schmuck, / eine Braut ihren prächtigen Gürtel? / Doch mein Volk vergaß mich / schon unendlich lange Zeit. *33* In der Jagd nach Liebhabern bist du unübertrefflich. / So hast du dich an deine Verbrechen gewöhnt. *34* Ja, an deinen Säumen findet sich das Lebensblut schuldloser Armer, / und die hast du nicht beim Einbruch ertappt! / Der Fluch all dieser Taten wird dich sicher treffen! *35* Und bei allem sagst du immer noch: / ›Ich bin doch ohne Schuld! Er ist ja nicht mehr zornig auf mich!‹ Deshalb mache ich dir den Prozess. *36* Warum hast du es nur so eilig, deine Politik zu verändern? / Ägypten wird dich genauso enttäuschen, / wie dich Assyrien enttäuschte. *37* Auch von dort kommst du ratlos zurück, / die Hände vorm Gesicht. / Jahwe hat verworfen / auf die du vertraust. / Mit ihnen gelingt es dir nicht.«

Bundesbruch ist Ehebruch

3 *1* Er sagt: »Wenn ein Mann seine Frau verstößt / und sie geht von ihm weg / und wird die Frau eines anderen, / darf sie dann wieder zu ihm kommen? / Würde dieses Land nicht ganz und gar entweiht? /

Doch du hast viele Liebhaber gehabt! / Und du willst zu mir zurück?«, / spricht Jahwe. *2* »Schau doch die kahlen Höhen an: / Wo trieb man es noch nicht mit dir? / An allen Wegen hast du auf sie gewartet / wie ein Nomade in der Wüste. / Dein Huren hat das Land entweiht / und deine Bosheit ebenfalls. *3* Darum fiel auch kein Regen im Herbst / und auch im Frühjahr nicht. / Doch du hattest die Stirn einer Hure, / du wolltest dich nicht schämen. *4* Jetzt freilich rufst du mir zu: ›Du bist doch mein Vater, / mein Freund aus meiner Jugendzeit! *5* Willst du denn ewig böse / und immer nachtragend sein?‹ / Ja, so hast du geredet und Böses getan / und meintest, dich durchzusetzen.«

6 Als König Joschija* regierte, sagte Jahwe zu mir: »Hast du gesehen, was Israel, diese treulose Frau, getan hat? Sie ist auf jede Anhöhe gestiegen, hat sich unter jeden grünen Baum gelegt und sich dort mit anderen eingelassen. *7* Ich dachte: ›Wenn sie genug davon hat, wird sie wieder zu mir zurückkehren.‹ Aber sie kam nicht zurück. Und ihre treulose Schwester Juda sah zu. *8* Ich gab Israel, dieser treulosen Frau, deshalb den Scheidebrief und schickte sie weg. Doch ihre treulose Schwester Juda ließ sich nicht abschrecken, sondern ließ sich selbst mit anderen ein. *9* So kam es, dass sie durch ihre leichtfertige Unmoral das Land entweihte. Mit Steinmalen und Holzfiguren hat sie Ehebruch getrieben. *10* Und nach all dem ist Juda, die treulose Schwester, im-

---

3,6 *Joschija* regierte von 640-609 v.Chr.

mer noch nicht mit ihrem ganzem Herzen zu mir zurückgekehrt. Es war nur geheuchelt, spricht Jahwe.«

11 Weiter sagte Jahwe zu mir: »Das abtrünnige Israel steht gerechter da als das treulose Juda. 12 Geh und rufe folgende Worte in Richtung Norden:

›Du treuloses Israel, / kehre
zurück!‹, spricht Jahwe. /
›Ich blicke nicht mehr finster auf
dich, / denn ich bin gütig‹, spricht
Jahwe. / ›Ich werde nicht ewig
nachtragend sein. 13 Doch du
musst deine Schuld einsehen: /
Du hast Jahwe, deinem Gott,
die Treue gebrochen / und bist
fremden Göttern nachgelaufen. /
Unter jedem grünen Baum hast
du es getan, / aber auf meine
Stimme hast du nicht gehört‹, /
spricht Jahwe.«

14 »Kehrt doch um, ihr abtrünnigen Kinder!«, spricht Jahwe, »denn ihr gehört doch zu mir! Ich hole euch – einen aus einer Stadt und zwei aus einer Sippe und werde euch nach Zion bringen. 15 Dann werde ich euch Hirten geben, die nach meinem Herzen sind. Sie werden euch hüten mit Einsicht und Verstand.« 16 Weiter sagte Jahwe: »Wenn ihr euch dann im Land wieder vermehrt und fruchtbar seid, wird man nicht mehr nach der Bundeslade Jahwes fragen. Sie wird keinem mehr in den Sinn kommen, niemand denkt mehr an sie, und keiner vermisst sie. Man stellt auch keine neue wieder her. 17 Dann wird man Jerusalem als den Thron Jahwes bezeichnen, und alle Völker werden sich dort zum Namen Jahwes hin versammeln. Sie werden

nicht mehr dem Trieb ihres bösen Herzens folgen. 18 Dann werden die Leute von Juda sich mit denen von Israel zusammenschließen. Miteinander werden sie aus dem Land im Norden in das Land zurückkehren, das ich euren Vorfahren als bleibenden Besitz gegeben habe.«

Ruf zur Umkehr

19 »Ich war entschlossen, / dir die
Ehrenstellung eines Sohnes zu
geben, / dazu ein wunderschönes
Land, / den herrlichsten Besitz, /
den die Völker nur kennen. /
Ich dachte, ihr würdet mich nun
Vater nennen, / euch nie wieder
abwenden von mir. 20 Doch wie
eine Frau ihren Mann betrügt, /
so habt ihr Israeliten mir die Treue
gebrochen«, / spricht Jahwe.

21 Auf kahlen Höhen hört man
eine Stimme, / ein Weinen, / ein
Flehen der Israeliten. / Sie haben
ihren Weg verfehlt / und Jahwe,
ihren Gott, vergessen. 22 »Kehrt
doch um, ihr abtrünnigen Kinder! /
Ich will eure Untreue heilen!« /
»Hier sind wir, Jahwe, / wir
kommen zu dir; / denn du bist
unser Gott. 23 Ja, es war alles
Betrug, / was von den Hügeln
her kam, / das Toben auf den
Bergen. / Ja, die Rettung Israels /
kommt nur von Jahwe, unserem
Gott. 24 Der schändliche Götze
hat alles gefressen, / was unsere
Väter erarbeitet haben: / ihre
Schafe und Rinder, / ihre Söhne
und Töchter. / Es geschah von
unserer Jugend an. 25 Wir liegen
in unserer Schmach / und unsere
Schande bedeckt uns. / Wir haben

uns versündigt / an Jahwe, unserem Gott, / wir und unsere Väter, / von unserer Jugend an bis jetzt. / Wir haben nicht auf ihn gehört, / auf Jahwe, unseren Gott.«

4 ¹ »Wenn du umkehrst, Israel«, spricht Jahwe, »wenn du zu mir umkehrst und mir deine Scheusale aus den Augen schaffst, so wirst du nicht mehr umherirren. ² Und wenn du beim Schwören ehrlich sagst: ›So wahr Jahwe lebt!‹ und aufrichtig zu deinem Wort stehst, dann werden auch die anderen Völker sich in meinem Namen segnen und stolz darauf sein, mich zu kennen.« ³ Denn so spricht Jahwe zu den Männern von Juda und Jerusalem:

»Pflügt euch Neuland / und sät nicht unter Dornen! ⁴ Beschneidet* euch so, wie es Jahwe gefällt, / und entfernt die Vorhaut eures Herzens, / ihr Leute von Juda und Jerusalem. / Sonst bricht mein Zorn wie Feuer los / über euer boshaftes Tun; / er brennt, / und niemand kann ihn löschen.«

Der Feind aus dem Norden

⁵ »Verkündigt es in Juda, / meldet es Jerusalem: / Stoßt ins Horn auf dem Land! / Schreit aus voller Kehle: / ›Bringt euch in Sicherheit! / Hinein in die befestigten Städte! ⁶ Stellt Wegweiser auf nach Zion! / Vorwärts, bleibt nicht stehen!‹ / Ich bringe Tod und Verderben über euch, / ich führe den Feind aus dem Norden herbei! ⁷ Ein Löwe kommt aus seinem Dickicht, / der Völkervernichter bricht auf. / Er verlässt seinen Ort, / um dein Land zur Wüste zu machen. / Deine Städte werden veröden, / weil keiner darin wohnt.« ⁸ Darum zieht den Trauersack an, / jammert und heult, / weil die Zornglut Jahwes / sich nicht von uns abgewandt hat.

⁹ »Der Tag wird kommen«, spricht Jahwe, »an dem der König und seine Oberen den Mut verlieren. Die Priester werden entsetzt sein und die Propheten verstört.« ¹⁰ Da sagte ich: »Ach Herr, Jahwe! Du hast dieses Volk und Jerusalem bitter getäuscht. Du hast uns Frieden angekündigt, während wir das Schwert im Nacken haben.« ¹¹ »Dann werde ich diesem Volk und Jerusalem sagen: ›Ein Glutwind von den kahlen Wüstenhöhen / stürzt sich auf mein Volk herab. / Er ist nicht zum Worfeln geeignet, / zum Reinigen von Getreide, ¹² dafür ist er viel zu stark. / Der Sturm kommt von mir / und bringt euch das Urteil meines Gerichts. ¹³ Seht, wie Wetterwolken kommen sie! / Ihre Streitwagen sind wie ein Sturm, / ihre Pferde schneller als Adler. / Weh uns, wir sind verloren! ¹⁴ Jerusalem, wasch dir das Böse vom Herzen, / damit du gerettet wirst! / Wie lange noch wohnen die bösen Gedanken in dir? ¹⁵ Horch nur, man meldet aus Dan, / verkündet Unheil vom

---

4,4 *beschneiden.* Siehe 1. Mose 17,9-14!

Bergland Efraïms*!‹ ¹⁶ Lasst es die Völker wissen, / verkündet es in Jerusalem: / Belagerer kommen aus fernem Land, / Geschrei drängt gegen Judas Städte. ¹⁷ Wie Wächter auf dem Feld / stehen sie rings um die Stadt, / denn gegen mich hat sie sich aufgelehnt«, spricht Jahwe.

Jeremia leidet mit seiner Stadt

¹⁸ Das hat dein Tun und Treiben dir gebracht. / Deine Bosheit stürzte dich in dieses Leid. / Nun ist es bitter und dringt an dein Herz!

¹⁹ Diese Qual in meinen Eingeweiden! / Ich krümme mich vor Schmerz. / Mein Herz tobt, / dass es fast zerspringt. / Ich kann nicht mehr schweigen. / Ich höre schon den Hörnerschall, / das Geschrei in der Schlacht. ²⁰ Niederlage und Zerstörung ruft man aus. / Das ganze Land wird verwüstet. / Plötzlich sind die Zelte umgestürzt, / im Nu alle Decken zerfetzt. ²¹ Wie lange noch muss ich das Feldzeichen sehen, / den Lärm des Hornes ertragen?

²² »Wie verblendet ist mein Volk, / mich, Jahwe, kennen sie nicht! / Närrische Kinder ohne Verstand! / Sie wissen wie man Böses tut, / doch Gutes zu tun verstehen sie nicht.«

²³ Ich sah die Erde an – sie war formlos und leer. / Ich schaute zum Himmel – er war ohne Licht. ²⁴ Ich sah auf die Berge, / sie erzitterten, / die Hügel erbebten. ²⁵ Ich sah nach den Menschen, / da war keiner mehr. / Und alle Vögel waren fort. ²⁶ Ich sah nach dem fruchtbaren Land, / es war eine Wüste. / Und alle Städte waren zerstört, / zerstört von Jahwe, / von der Glut seines Zorns.

²⁷ Denn so spricht Jahwe: »Zur Öde wird das ganze Land, / doch vollkommen vernichte ich es nicht. ²⁸ Darüber trauert die Erde, / der Himmel wird schwarz. / Denn ich habe gesprochen, / ich habe entschieden und bereue es nicht. / Es bleibt nun dabei!«

²⁹ Vor dem Lärm der Reiter / und vor den Bogenschützen / flüchtet das Volk aus der Stadt. / Sie ersteigen Felsen und kriechen in Höhlen, / verstecken sich im Dickicht. / Die Städte sind verlassen, / kein Mensch wohnt mehr darin. ³⁰ Du Stadt, / dem Untergang geweiht, / was wirst du tun? / Auch wenn du dich kleidest in leuchtendes Rot, / wenn du dich mit Goldschmuck behängst / und dir die Augen größer schminkst: / Du machst dich vergeblich schön! / Deine Liebhaber haben dich satt. / Sie trachten dir jetzt nach dem Leben. ³¹ Denn ich höre schon das Schreien. / Es klingt wie von einer Frau, / die zum ersten Mal in Wehen liegt. / Es ist die Stimme der Zionsstadt. / Sie keucht, / sie breitet ihre Hände aus: / »O weh mir, / sie bringen mich um!«

4,15 *Efraïm* war der einflussreichste Stamm im Nordreich Israel. Der Name konnte deshalb auch für das ganze Nordreich stehen.

Keine Vergebung mehr!

5 *1* »Zieht durch Jerusalems Straßen, / schaut euch auf allen Plätzen um, / erkundigt euch genau, ob es einen dort gibt, / nur einen, der das Rechte tut, / nur einen, der nach Treue strebt. / Dann will ich ihr verzeihn!
2 Doch selbst wenn sie sagen: / ›So wahr Jahwe lebt!‹, / schwören sie falsch.«

3 Jahwe, kommt es dir nicht auf Wahrhaftigkeit an? / Du hast sie geschlagen, doch es schmerzte sie nicht. / Du hast sie fast vernichtet, doch sie lernte nichts daraus. / Ihre Stirn ist härter als Stein, / sie weigerte sich umzukehren.
4 Ich dachte: So sind nur die einfachen Leute. / Sie kennen den Weg von Jahwe nicht, / und nicht die Forderungen ihres Gottes.
5 Ich will nun zu den Großen gehen / und mit ihnen reden. / Denn sie kennen den Weg Jahwes, / die Forderungen ihres Gottes. / Doch gerade sie haben das Joch zerbrochen, / sie alle haben die Fesseln gesprengt.

6 »Darum schlägt sie der Löwe aus dem Wald, / ein Wolf der Steppe überwältigt sie, / ein Leopard lauert vor ihrer Stadt. / Jeder, der herauskommt, wird zerrissen. / Denn zahlreich sind ihre Verbrechen, / schwer wiegt ihre Untreue. *7* Weshalb sollte ich dir vergeben? / Deine Kinder haben mich verlassen. / Sie schwören bei Göttern, die gar keine sind. / Nachdem ich sie gesättigt hatte, / trieben sie nur Ehebruch / und laufen scharenweise ins Bordell. *8* Fette, geile Hengste sind sie geworden, / jeder wiehert nach der Nachbarsfrau. *9* Soll ich das noch hinnehmen?«, spricht Jahwe. / »Soll ich mich an solch einem Volk nicht rächen?«

10 »Hinauf also auf seine Mauern! Verwüstet den Weinberg! Doch vernichtet ihn nicht ganz! Reißt seine Ranken ab, denn Jahwe gehören sie nicht! *11* Die Leute von Israel und Juda sind mir völlig untreu geworden«, spricht Jahwe. *12* »Sie haben Jahwe verleugnet, sie haben gesagt: ›Er ist nicht da! Kein Unglück wird über uns kommen, Krieg und Hunger sehen wir nicht. *13* Die Propheten reden ja nur Wind, das Wort Jahwes ist nicht in ihnen, was sie sagen, soll sie selber treffen!‹« *14* Darum spricht Jahwe, der allmächtige Gott: »Weil man solche Reden führt, sorge ich dafür, dass meine Worte in dir zu einem Feuersturm werden. Und dieses Volk lasse ich das Brennholz sein, das vom Feuer verzehrt wird.«

15 »Seht, ich bringe über euch / ein weit entferntes Volk, / ihr Israeliten«, spricht Jahwe. / »Es ist ein uraltes Volk, / ein unverwüstlicher Stamm, / ein Volk, dessen Sprache ihr nicht kennt, / mit dem ihr euch nicht verständigen könnt. *16* Sein Köcher ist wie ein offenes Grab, / seine Soldaten erfahrene Kämpfer. *17* Es verzehrt deine Ernte und dein Brot, / es frisst deine Söhne und Töchter. / Es verzehrt dein

Schaf und dein Rind, / den Weinstock und den Feigenbaum. / Es zerstört deine Festungen, / auf die du vertraust, mit dem Schwert.«

18 »Doch auch dann lösche ich euch noch nicht völlig aus«, spricht Jahwe. 19 »Wenn sie dann fragen: ›Weshalb hat uns Jahwe, unser Gott, dies alles angetan?‹, so antworte ihnen: ›Genauso wie ihr mich verlassen und im eigenen Land fremden Göttern gedient habt, so werdet ihr Fremden dienen müssen in einem Land, das euch nicht gehört!‹«

20 »Sagt das den Nachkommen Jakobs, / lasst es hören in Juda: 21 Höre das, du Volk ohne Sinn und Verstand. / Augen habt ihr, seht aber nicht, / Ohren habt ihr, hört aber nicht.* 22 Solltet ihr mich nicht fürchten«, / spricht Jahwe, / »nicht zittern und beben vor mir? / Ich habe dem Meer eine Grenze gesetzt, / eine Schranke, die es nie überschreiten wird. / Mag es auch toben, es richtet nichts aus, / seine Wellen kommen nicht darüber hinaus. 23 Aber dieses Volk hat ein störrisches, trotziges Herz. / Sie wandten sich ab und gingen davon. 24 Sie haben sich nicht etwa gesagt: / ›Lasst uns doch Jahwe fürchten, unseren Gott, / der uns den Regen gibt im Herbst / und im Frühjahr zur richtigen Zeit, / der uns die Wochen der Erntefrist sichert.‹ 25 Eure Vergehen haben das verhindert, / eure Sünden haben euch das Gute verwirkt. 26 Ja, es gibt Gottlose in meinem Volk. / Wie Vogelsteller ducken sie sich, / sie stellen Fallen auf und fangen Menschen. 27 Wie Käfige voller Vögel / sind ihre Häuser voller Gaunergut. / So wurden sie groß und reich. / 28 Sie wurden fett und voll, / ihre Bosheit übertrifft jedes Maß. / Um das Recht kümmern sie sich nicht, / für das Recht der Waisen treten sie nicht ein, / den Rechtsanspruch der Armen setzen sie nicht durch. 29 Sollte ich das nicht ahnden?«, spricht Jahwe. / »Muss ich mich nicht an solch einem Volk rächen?

30 Entsetzliches, Abscheuliches geschieht im Land: 31 Die Propheten weissagen falsch, / die Priester herrschen eigenmächtig, / und mein Volk liebt es so. / Was aber werdet ihr am Ende tun?«

Das Volk aus dem Norden

6 1 Flieht, ihr Leute von Benjamin, / flieht aus Jerusalem! / Blast das Horn in Tekoa*, / gebt Rauchzeichen über Bet-Kerem*! / Von Norden droht Unheil, / gewaltiger Zusammenbruch. 2 Die verwöhnte Schöne, / die Tochter Zion*! / Ich vernichte die Stadt. / 3 Hirten mit Herden

---

5,21 Wird im Neuen Testament von Jesus Christus zitiert: Markus 8,18.

6,1 Tekoa war der Heimatort des Propheten Amos. Das Städtchen lag 16 km südlich von Jerusalem.

Bet-Kerem lag 5 km südlich von Jerusalem.

6,2 Zion. Poetischer Ausdruck für Jerusalem.

kommen über sie / und weiden sie ab, / jeder seinen Bereich. / Ihre Zelte stehen ringsherum. 4 »Auf, zum Kampf gegen die Stadt! / Noch am Mittag schlagen wir los!« – »Zu spät, die Zeit reicht nicht aus, / es wird ja schon dunkel!« 5 »Los! Greifen wir an in der Nacht, / zerstören wir ihre Paläste!«

6 Denn so sprach Jahwe, der allmächtige Gott: /»Fällt Bäume und baut damit die Rampe gegen Jerusalem! / Das ist die Stadt, die Strafe verdient, / denn sie ist voll mit Bedrückung. 7 Wie ein Brunnen Wasser sprudelt, / so sprudelt sie die Bosheit aus. / Man hört von Raub und Gewalt, / man sieht nur Weh und Wunden! 8 Lass dich warnen, Jerusalem, / sonst trenne ich mich von dir / und mache dich zur Wüste, / einem unbewohnten Land!«

9 So spricht Jahwe, / der allmächtige Gott: /»Wie am Weinstock wird man Nachlese halten / an dem, was von Israel übrig bleibt. / Man legt noch einmal Hand an, / wie ein Winzer, der die Reben durchgeht!«

10 »Ach, mit wem soll ich noch reden, / wen noch warnen, dass sie hören? / Ihr Ohr ist verschlossen, / sie können nicht hören. / Das Wort Jahwes empfinden sie als Hohn, / sie wollen es nicht haben. 11 Auch ich bin nun von Jahwes Glut erfüllt / und halte sie nicht mehr zurück.« – »Sie kommt auf das Kind, das auf der Straße spielt, / und auf die Runde der jungen Männer. / Getroffen werden Mann und Frau, / alte Menschen, Hochbetagte. 12 Ihre Häuser nehmen andere in Besitz, / ihre Felder und Frauen dazu, / denn ich erhebe meine Hand / gegen die Bewohner des Landes«, / spricht Jahwe.

13 »Denn vom Kleinsten bis zum Größten / raffen alle Raub. / Vom Propheten bis zum Priester / begehen alle Betrug. 14 Die schwere Wunde meines Volkes / behandeln sie nur äußerlich. / ›Heile, heile, Segen‹, sagen sie, / aber nichts und niemand ist heil.«

15 »Schämen müssten sie sich wegen ihres schändlichen Treibens. Aber sie denken gar nicht daran. Sie kennen keine Scham. Deshalb werden sie fallen, wenn alles fällt. Und wenn ich komme, um sie zur Rechenschaft zu ziehen, werden sie stürzen«, spricht Jahwe.

16 So spricht Jahwe: / »Stellt euch an die Wege und schaut, / fragt nach den ewigen Pfaden: / ›Wo ist hier der Weg zum Glück?‹ / Dann geht ihn und findet Erfüllung!«

»Aber sie sagen: ›Wir wollen nicht!‹ 17 Ich habe Wächter für euch bestellt. Achtet auf den Hall ihres Horns! Aber sie sagen nur: ›Das tun wir nicht!‹ 18 Darum hört es, ihr Völker, erkennt ihr Leute, was jetzt mit ihnen geschieht! 19 Die ganze Welt soll es hören: Ja, ich bringe Unheil über dieses Volk. Es ist die Folge ihres Denkens, denn sie haben nicht auf meine Worte gehört. Mein Gesetz haben sie abgelehnt.«

20 »Was soll ich mit dem Weihrauch aus Saba, / feinen Gewürzen aus fernem Land? / Eure Brandopfer* gefallen mir nicht, / eure Freudenopfer* sind mir nicht angenehm!«

21 »Darum«, spricht Jahwe, »passt auf! Ich lege diesem Volk jetzt Hindernisse in den Weg, damit Väter und Söhne zusammen darüber stürzen. Nachbar und Freund gehen zugrunde.«

22 So spricht Jahwe: / »Seht, da kommt ein Volk / aus seinem Land im Norden, / eine große Nation macht sich auf / vom äußersten Ende der Erde. 23 Sie kommen mit Bogen und Langschwert, / sind grausam und ohne Erbarmen. / Ihr Lärm ist wie das tosende Meer. / Auf Pferden reiten sie heran, / gerüstet wie ein Mann zum Krieg. / Tochter Zion, es geht gegen dich.«

24 »Wir haben von ihnen gehört, / unsere Arme sind niedergesunken, / die Angst hat uns gepackt / wie die Wehen eine Frau. 25 ›Geht ja nicht aufs Feld! / Nur weg von der Straße! / Der Feind hat ein Schwert!‹ / Schrecken lauern überall.«

26 Tochter meines Volkes, / leg den Trauersack an, / wälz dich in der Asche, / trauere wie um den einzigen Sohn! / Stimm die Totenklage an, / denn der Verwüster wird plötzlich über uns sein.

27 »Zum Prüfer meines Volkes / habe ich dich eingesetzt. / Du sollst sein Verhalten prüfen, / wie man Metalle erkennt und prüft. 28 Sie alle sind schlimmste Rebellen, / sie laufen als Verleumder herum, / hart wie Bronze und Eisen, / alle zusammen Verbrecher. 29 Der Blasebalg ist vom Feuer versengt, / was herauskam war Blei. / Umsonst hat man geschmolzen, / das Böse schied sich nicht aus. 30 Wertloses Silber nennt man sie nun, / denn Jahwe hat sie verworfen.«

Jeremias erste Tempelrede

7 1 Wort Jahwes, das zu Jeremia kam: 2 Stell dich ins Tor vom Haus Jahwes und rufe: »Hört das Wort Jahwes, ihr Judäer! Ihr geht durch diese Tore, um Jahwe anzubeten. 3 So spricht Jahwe, der allmächtige Gott Israels: ›Ändert euer Leben und Tun! Nur dann lasse ich euch an diesem Ort bleiben. 4 Verlasst euch nicht auf solche Lügenworte wie: ›Das hier ist der Tempel Jahwes! Es ist der Tempel Jahwes! Jahwes Tempel ist das!‹ 5 Denn nur, wenn ihr euer Leben und Tun von Grund auf bessert, wenn ihr wirklich Recht schafft untereinander, 6 wenn ihr Fremde, Waisen und Witwen nicht ausnutzt und hier nicht

---

6,20 *Brandopfer*. Bei dieser Opferart wurde das Tier mit Ausnahme der Haut vollständig auf dem Altar verbrannt.

Beim *Freudenopfer* wurde im Gegensatz zum Brandopfer nur das Fett auf dem Altar verbrannt. Der größte Teil des Tieres durfte bei einer fröhlichen Opfermahlzeit gemeinsam mit Verwandten und Freunden verzehrt werden..

das Blut unschuldiger Menschen vergießt und wenn ihr nicht den fremden Göttern nachlauft zu eurem eigenen Schaden, 7 nur dann werde ich euch für immer an diesem Ort wohnen lassen, in dem Land, das ich euren Vorfahren gegeben habe.‹

8 ›Seht doch ein, dass ihr euch nur auf Lügen verlasst, die euch gar nichts nützen! 9 Wie? Ihr stehlt und mordet, ihr brecht die Ehe, schwört Meineide, bringt dem Baal Räucheropfer und lauft anderen Göttern nach, die euch gar nichts angehen! 10 Und dann kommt ihr her und tretet in diesem Haus vor mich hin – in diesem Haus, das meinen Namen trägt – und sagt: ›Wir sind doch gerettet!‹, um dann weiter all diese Gräuel zu verüben. 11 Ist denn dieses Haus, das meinen Namen trägt, für euch zu einer Räuberhöhle geworden?* – Gut, dann sehe ich es auch so an‹, spricht Jahwe. 12 ›Geht doch zu meiner Stätte in Schilo*, wo ich früher meinen Namen wohnen ließ, und seht euch an, was ich ihr angetan habe wegen der Bos-

---

7,11 Wird im Neuen Testament von Jesus Christus zusammen mit Jesaja 56,7 zitiert: Matthäus 21,13; Markus 11,17; Lukas 19,46.

7,12 Nach der Eroberung Kanaans wurde das heilige Zelt in *Schilo*, 32 km nördlich von Jerusalem, aufgebaut (Josua 18,1). Um das Jahr 1050 v.Chr. wurden die Gebäude, die um das Zelt herum errichtet worden waren, offenbar von den Philistern zerstört.

7,18 *Himmelskönigin* war ein babylonischer Name für die Göttin Ischtar (Astarte), eine Liebes- und Fruchtbarkeitsgöttin, deren Verehrung auch kultische Prostitution einschloss.

heit meines Volkes Israel! 13 Nun denn, ihr habt genau das Gleiche getan‹, spricht Jahwe. ›Ich habe zu euch geredet, habe mich beizeiten aufgemacht, geredet und geredet, aber ihr habt einfach nicht gehört. Ich habe euch gerufen, aber ihr habt nicht geantwortet. 14 Darum werde ich jetzt mit diesem Haus, das meinen Namen trägt und auf das ihr euch verlasst, genauso verfahren wie mit Schilo. Ich werde diesem Ort, den ich euch und euren Vorfahren gegeben habe, dasselbe Schicksal bereiten. 15 Und ich werde euch aus meiner Gegenwart wegschleudern, so wie ich es mit euren Brüdern, den Leuten von Efraïm, getan habe.‹«

Jeremia darf nicht für sein Volk beten

16 »Du aber, hör auf für dieses Volk zu bitten! Kein Gebet mehr, kein Flehen! Hör auf, in mich zu dringen, denn ich werde nicht auf dich hören! 17 Siehst du nicht, was sie in den Städten Judas und auf den Straßen Jerusalems treiben? 18 Die Kinder lesen das Holz zusammen, die Väter zünden das Feuer an und die Frauen kneten den Teig und backen Kuchen als Opfer für die Himmelskönigin*. Und anderen Göttern spendet man Trankopfer, nur um mich zu kränken. 19 Doch kränken sie denn mich damit?«, spricht Jahwe. »Ist es nicht zu ihrem eigenen Schaden?« 20 Darum spricht Jahwe, der Herr: »Passt auf! Ich werde meinen grimmigen Zorn über diesen Ort gießen, über Menschen und Tiere, über die Bäume und die ganze Ernte. Er brennt wie ein Feuer, das niemand löschen kann.«

Ein Volk, das nicht hört

21 So spricht Jahwe, der allmächtige Gott Israels: »Esst ruhig auch das Fleisch eurer Brandopfer*, wie ihr es bei den Freudenopfern macht. 22 Denn als ich eure Vorfahren aus Ägypten herausführte, habe ich ihnen nicht befohlen, mir Brand- oder Freudenopfer darzubringen, 23 sondern ich habe ihnen gesagt: ›Gehorcht mir, dann will ich euer Gott sein und ihr seid mein Volk! Lebt nach meinen Weisungen, dann geht es euch gut!‹ 24 Aber sie wollten nicht gehorchen, ja, sie hörten noch nicht einmal zu, sondern machten eigensinnig, was sie wollten, und drehten mir den Rücken zu. 25 Von dem Tag an, als eure Vorfahren aus Ägypten zogen, bis heute habe ich immer wieder von neuem meine Diener, die Propheten, zu euch geschickt. 26 Aber keinen von euch hat das gekümmert. Niemand hörte auf mich. Alle blieben starrsinnig und trieben es schlimmer als ihre Väter.

27 Wenn du ihnen das alles vorhältst, werden sie auch auf dich nicht hören. Dein Rufen wird ohne Antwort bleiben. 28 Sag dann zu ihnen: ›Das ist das Volk, das nicht auf Jahwe, seinen Gott, hört und das sich gar nichts sagen lässt. Treue und Wahrheit sind verschwunden, es ist keine Rede mehr davon.‹«

Das Tal der Toten

29 »Schneid ab dein langes Haar* und wirf es weg. Stimm Trauerlieder auf den kahlen Höhen an, denn Jahwe zürnt dieser Generation. Er hat sie verstoßen, will nichts mehr von ihr wissen. – 30 Ja, die Judäer taten, was mir missfällt«, spricht Jahwe. »Sie haben ihre Scheusale in das Haus gestellt, das meinen Namen trägt, und haben es so entweiht. 31 Im Hinnomtal haben sie die Opferhöhe des Tofet* errichtet, um ihre Söhne und Töchter dort zu verbrennen, was ich ihnen nie befohlen habe. Niemals ist mir so etwas in den Sinn gekommen! 32 Darum passt auf! Es wird die Zeit kommen«, spricht Jahwe, »da wird man diesen Ort nicht mehr Tofet oder Hinnomtal nennen, sondern Mordtal. Man wird die Toten im Tofet begraben müssen, weil man sonst keinen Platz mehr dazu hat. 33 Die Leichen dieses Volkes werden den Vögeln und den wilden Tieren zum Fraß dienen, und niemand wird sie verscheuchen. 34 In den Städten Judas und den Straßen von Jerusalem wird jeder Jubelruf verstummen. Ich lasse alles Freudengeschrei enden, auch den Ruf von Bräutigam und Braut, denn das Land wird ein einziges Trümmerfeld sein.«

8 1 »Wenn das geschieht«, spricht Jahwe, »wird man die Knochen der Könige von Juda und die ihrer hohen Beamten, die Knochen der Priester, der Propheten und die der Bewohner von Jerusalem aus ihren Gräbern herausholen. 2 Man wird sie ausbreiten vor Sonne, Mond und dem ganzen Sternenheer, die sie geliebt

---

7,21 *Brandopfer.* Normalerweise musste es vollständig verbrannt werden.

7,29 *dein Langes Haar.* Gemeint ist die Tochter Zion.

7,31 *Tofet* heißt *Feuerstelle* und meint eine Feuergrube, in die hilflose Kinder geworfen wurden.

und denen sie gedient haben, denen sie nachgelaufen sind, die sie befragt haben und vor denen sie sich niederwarfen. Niemand wird die Knochen wieder einsammeln. Sie sollen zum Dünger für die Äcker werden. *3* Und für den Rest von dieser bösen Sippschaft wird der Tod besser als das Leben sein, und zwar überall, wohin ich sie vertreiben werde«, spricht Jahwe, der Allmächtige. »Und sage ihnen Folgendes: So spricht Jahwe:

Beispiellose Sturheit

4 ›Fällt man denn und steht nicht gleich wieder auf? / Wendet man sich ab und dreht sich nicht wieder um? *5* Warum wendet das Volk Jerusalems sich ab / und bleibt in seiner Abkehrhaltung? / Weshalb halten sie am Irrtum fest / und weigern sich zurückzukehren? *6* Ich habe gehört, was sie sagen – die Wahrheit ist es nicht. / Keiner bereut seine Bosheit und sagt: / Was habe ich nur getan? / Alle stürzen auf ihrem falschen Weg weiter, / stürmen wie Pferde in die Schlacht.

7 Selbst der Storch am Himmel kennt seine Zeiten, / Turteltaube, Kranich und Schwalbe / halten die Frist ihres Heimkommens ein. / Nur mein Volk kennt die Ordnung Jahwes nicht. *8* Wie könnt ihr sagen: Wir wissen Bescheid, / wir haben doch Jahwes Gesetz! / Gewiss! Aber deine Gelehrten / haben es völlig verfälscht. *9* Eure Weisen

werden sich schämen, / ertappt und bestürzt. / Ja, sie haben Jahwes Wort verworfen. / Und was für eine Weisheit haben sie nun? *10* Darum gebe ich Fremden ihre Frauen, / ihre Felder neuen Besitzern. / Denn vom Kleinsten bis zum Größten / wollen sie Gewinn um jeden Preis. / Auch Propheten und Priester / täuschen das Volk. *11* Die schwere Wunde meines Volkes / behandeln sie nur äußerlich. / ›Heile, heile, Segen‹, sagen sie, / aber nichts und niemand ist heil.«

12 »Schämen müssten sie sich wegen ihres schändlichen Treibens. Aber sie denken gar nicht daran. Sie kennen keine Scham. Deshalb werden sie fallen, wenn alles fällt. Und wenn ich komme, um sie zur Rechenschaft zu ziehen, werden sie stürzen«, spricht Jahwe.

13 »Will ich bei ihnen ernten«, spricht Jahwe, / »so sind keine Trauben am Weinstock, / keine Feigen am Baum / und alle Blätter verwelkt. / Da gebe ich sie denen, die sie zertreten!«

14 »Wozu sitzen wir herum? / Sammelt euch! Gehen wir los! / Hinein in die befestigten Städte! / Sterben wir dort! / Denn Jahwe, unser Gott, / beschloss unseren Tod. / Vergiftetes Wasser / gab er uns zu trinken, / weil wir gegen ihn gesündigt haben. *15* Wir warteten auf Frieden, / doch es kam nichts Gutes. / Wir hofften auf Heilung – und nun das Entsetzen! *16* Von Dan* vernimmt man schon das Schnauben der Pferde, / das

---

8,14 *Dan* war eine Stadt an der Nordgrenze Israels.

Wiehern der Starken erschüttert das Land. / Sie kommen und fressen alles auf, / auch die Städte und ihre Bewohner.«

17 »Passt auf!«, spricht Jahwe. / »Ich lasse Schlangen auf euch los, / Vipern, die man nicht beschwören kann, / und sie werden euch beißen!«

Jeremia leidet mit seinem Volk

18 Mein fröhliches Gesicht verbirgt meinen Kummer. / Er lastet auf mir und macht mein Herz krank. 19 Hört, wie mein Volk aus fernem Land schreit: / »Ist Jahwe nicht in Zion? / Ist sein König nicht darin?«

»Warum haben sie mich denn mit ihren Bildern provoziert, / diesen geschnitzten Nichtigkeiten fremder Völker?«

20 »Die Ernte ist vorüber, / der Herbst ist vorbei, / und es ist keine Hilfe gekommen!«

21 Der Zusammenbruch von meinem Volk / hat auch mich gebrochen. / Ich bin voller Trauer, mich packt das Entsetzen. 22 Gibt es in Gilead* keine Salbe mehr? / Gibt es dort keinen Arzt? / Gibt es keine Heilung für mein Volk? / Weshalb wächst die Wunde nicht zu? 23 Wäre mein Kopf ein Gewässer / und meine Augen Tränenquellen, / dann würde ich unsere Toten / Tag und Nacht beweinen.

Jeremias Klage über sein Volk

9 1 O hätte ich nur in der Wüste / einen Platz zum Übernachten. / Dann würde ich mein Volk verlassen, / ich würde von ihnen

gehen! / Denn sie sind alle Ehebrecher, / eine Bande voller Treulosigkeit!

2 »Ihre Zunge ist ein gespannter Bogen, / der Lügen im ganzen Land verschießt. / Nicht durch Wahrheit wurden sie stark. / Eine Bosheit folgte der nächsten; / mich aber kennen sie nicht«, / spricht Jahwe. 3 »Seid auf der Hut vor euren Freunden, / und traut selbst eurem Bruder nicht. / Denn jeder Bruder betrügt, / und ein Freund legt den andern herein. 4 Jeder betrügt den andern, / die Wahrheit sagen sie nicht. / Sie haben ihre Zunge ans Lügen gewöhnt / und können das Böse nicht lassen. 5 – Du wohnst mitten unter Betrügern. – Sie wollen mich nicht kennen«, spricht Jahwe. 6 Darum spricht Jahwe, der Allmächtige: »Ich werde sie schmelzen und läutern! / Denn was soll ich sonst mit meinem Volk tun? 7 Ihre Worte sind tödliche Pfeile, / sie lügen unentwegt. / Nach außen täuschen sie Freundschaft vor, / doch im Herzen planen sie den Überfall. 8 Sollte ich das etwa nicht bestrafen?«, spricht Jahwe. / »Muss ich solch ein Volk nicht zur Rechenschaft ziehen?«

9 Über das Bergland muss ich weinen, / über die Weiden in der Steppe / stimme ich ein Klagelied

---

8,22 *Gilead.* Das ostjordanische Bergland war offenbar bekannt für Heilkräuter und Ärzte (Jeremia 46,11).

an. / Denn alles ist verwüstet und verbrannt. / Kein Hirte zieht hindurch, / und man hört auch keine Herden mehr. / Die Tiere sind geflohen, / selbst die Vögel sind fort. ¹⁰ »So mache ich Jerusalem zum Trümmerhaufen, / in dem nur noch Schakale hausen. / Judas Städte werden zum Ödland, / wo niemand mehr wohnt.«

¹¹ Wer ist der weise Mann, der das versteht? Zu wem hat Jahwe geredet, dass er uns erklären kann, warum das Land zugrunde geht, warum es verbrannt wird wie eine Wüste, die niemand durchzieht? ¹² Da erwiderte Jahwe: »Weil sie meine Weisung in den Wind schlugen, weil sie nicht auf das hörten, was ich sagte, ¹³ sondern taten, wozu ihr Trotz sie trieb. Sie liefen den Baalen nach, wie sie es von ihren Vorfahren gelernt hatten.« ¹⁴ Darum sagt Jahwe, der Allmächtige, Israels Gott: »Passt auf! Ich werde diesem Volk Bitteres zu essen und Giftiges zu trinken geben. ¹⁵ Ich werde sie unter fremde Völker zerstreuen, die weder sie noch ihre Vorfahren gekannt haben. Und ich schicke ihnen das Schwert hinterher, bis ich sie vernichtet habe.«

¹⁶ So spricht Jahwe, der Allmächtige: / »Begreift es! Ruft die Klagefrauen her, / lasst die weisen Frauen kommen! ¹⁷ Beeilen sollen sie sich / und mit dem Klagen beginnen, / dass unsere Augen schwimmen / und die Tränen fließen. ¹⁸ Aus Zion hört man schon die Klage: / ›Ach, wir können es nicht fassen! / Wie jämmerlich sind wir geschändet! / Wir mussten unser Land verlassen, / alle Häuser riss man ein.‹«

¹⁹ Ihr Frauen, hört das Wort Jahwes! / Nehmt auf, was er gesagt hat! / Singt euren Töchtern das Klagelied vor, / und bringt es euch gegenseitig bei: ²⁰ »Der Tod ist durch unsere Fenster gestiegen, / er drang in unsere Paläste ein. / Er raffte das Kind von der Straße weg, / von den Märkten die jungen Männer.«

²¹ Sag: »So spricht Jahwe: / ›Die Leichen der Leute / fallen wie Dünger auf das Feld, / wie Garben hinter dem Schnitter, / und niemand sammelt sie ein.‹«

Worauf man nicht stolz sein kann

²² So spricht Jahwe: / »Der Weise rühme sich nicht seiner Weisheit, / der Starke sei nicht stolz auf seine Stärke, / und der Reiche gebe nicht an mit seinem Geld. ²³ Grund zum Rühmen hat nur, / wer mich erkennt und begreift, was ich will; / wer einsieht, dass ich Jahwe bin,* / der auf der Erde Gnade, Recht und Gerechtigkeit schafft! / Denn das gefällt mir«, spricht Jahwe.

²⁴ »Passt auf! Es wird eine Zeit kommen«, spricht Jahwe, »da ziehe ich alle zur Rechenschaft, die nur äußerlich

9,23 Wird im Neuen Testament von Paulus zitiert: 1. Korinther 1,31; 2. Korinther 10,17.

beschnitten sind: *25* Ägypten und Juda, die Edomiter und die Ammoniter*, die Moabiter* und die Wüstenstämme, die sich die Schläfenlocken stutzen. Denn alle nichtjüdischen Völker sind für mich unbeschnitten, und auch Israel hat ein unbeschnittenes Herz.«

Gott und Götzen

10 *1* Hört das Wort Jahwes, ihr Israeliten! *2* So spricht Jahwe: »Gewöhnt euch nicht den Stil der Völker an, / erschreckt nicht vor Erscheinungen des Himmels, / auch wenn das die Völker in Angst versetzt. *3* Denn ihre Gebräuche sind ohne Sinn, / ihre Götzen ohne Verstand. / Da holt einer Holz aus dem Wald, / der Schnitzer macht daraus eine Figur. *4* Man schmückt sie mit Silber und Gold, / befestigt sie mit Hammer und Nagel, / damit der Gott nicht wackeln kann. *5* Wie Vogelscheuchen im Gurkenfeld / stehen sie und reden nicht. / Man muss sie tragen, sie können nicht gehen. / Habt keine Angst vor ihnen! / Sie können euch nichts Böses tun, / und Gutes noch viel weniger.«

6 Niemand ist wie du, Jahwe! / Du bist groß und bekannt für deine Macht. *7* Wer wollte dich nicht fürchten, / du König aller Völker! / Darauf hast du ein Recht! / Denn unter allen Weisen dieser Welt, / in keinem ihrer Reiche ist jemand dir gleich. *8* Sie alle sind dumm und ohne Verstand, / denn ihre Nichtse lehren sie nichts, / sie sind ja nur aus Holz, *9* die Werke von Goldschmied und Schnitzer.

Aus Tarschisch* stammt ihr Silberblech, / ihr Goldbelag aus Ufas*. / Künstler schufen ihre Gewänder / in Purpurblau und -rot. *10* Doch in Wirklichkeit ist Jahwe Gott. / Er ist der lebendige Gott, der ewige König. / Die Erde bebt vor seinem Zorn, / kein Volk hält seinen Unwillen aus.

11 Sagt den Völkern: »Diese Götter, die weder Himmel noch Erde geschaffen haben, werden unter diesem Himmel von der Erde verschwinden.«*

12 Gott schuf die Erde durch seine Kraft, / durch Weisheit gründete er das feste Land / und durch Einsicht breitete er den Himmel aus. *13* Wenn er es befiehlt, stürzt das Wasser vom Himmel, / steigen Wolken am Horizont auf. / Er lässt es blitzen und regnen, / den Wind aus seinem Lager brausen. *14* Dumm steht da der Mensch mit seinem Können, / jeder Goldschmied mit dem Götzenbild. / Denn diese Bilder sind Betrug, sie haben kein Leben. *15* Sie sind Nichtse, Figuren

---

9,25 Die *Ammoniter* waren nordöstliche Nachbarn der Moabiter.

Die *Moabiter* lebten östlich vom Toten Meer zwischen den Flüssen Arnon und Zered.

10,9 *Tarschisch.* Von Tyrus gegründete südspanische Küstenstadt.

Ufas. Der Ort ist unbekannt, vielleicht handelt es sich um eine Verschreibung von Ofir. Dann siehe die Fußnote zu 2. Chronik 8,18!

10,11 Dieser Vers steht im Grundtext in aramäischer Sprache.

zum Spott. / Wenn er mit ihnen abrechnet, sind sie verloren. 16 Wie anders ist da Jakobs Gott! / Denn er hat das Weltall geschaffen / und sich Israel zum Eigentum bestimmt. / Jahwe, der Allmächtige, heißt er.

Erste Ankündigung der Verbannung

17 Rafft euren Kram zusammen, ihr Bewohner der belagerten Stadt, 18 denn so spricht Jahwe: »Passt auf! Diesmal werde ich die Bewohner des Landes wegschleudern, ich werde sie bedrängen, damit ihre Feinde sie finden.«

19 Weh mir wegen meiner Wunde, / ich bin zu Tode getroffen! / Dabei hatte ich gedacht: / Es ist nur eine leichte Krankheit, / die ich gut ertragen kann. 20 Nun ist mein Zelt zerstört, / die Stricke sind zerrissen. / Meine Kinder sind fort, / keines ist mehr da. / Niemand baut mein Zelt wieder auf / und spannt die Decken darüber. 21 Denn die Hirten waren dumm, / haben Jahwe nicht gesucht. / Deshalb merkten sie nichts, / und ihre Herde wurde zerstreut. 22 Horch, eine Meldung! Da kommt es: / großes Getöse vom Nordland her, / um Judas Städte zur Öde zu machen, / zur Behausung für Schakale.

Jeremia betet

23 Ich weiß, Jahwe: / Der Mensch hat sein Schicksal nicht in der Hand, / keiner bestimmt selbst, / wohin sein Lebensweg führt. 24 Bestrafe mich Jahwe, / doch mit dem rechten Maß, / nicht in deinem Zorn, / denn das wäre mein Ende. 25 Gieß deinen Zorn über die Völker aus, / die dich nicht anerkennen, / über die Geschlechter, / die deinen Namen nicht rufen! / Denn sie haben Jakob* gefressen, / ihn verzehrt und vernichtet / und seinen Weideplatz öde gemacht.

Der Bund ist gebrochen

11 1 Folgendes Wort kam von Jahwe an Jeremia: 2 »Hört auf die Bestimmungen dieses Bundes! Verkündigt sie den Leuten von Juda und den Bewohnern von Jerusalem! 3 Sag zu ihnen: ›So spricht Jahwe, Israels Gott: Fluch über jeden, der nicht auf die Bestimmungen des Bundes hört, 4 den ich euren Vorfahren auferlegte, als ich sie aus dem Schmelzofen Ägyptens herausholte. Damals sagte ich zu ihnen: Hört auf mich und haltet euch an alles, was ich anordne, dann seid ihr mein Volk und ich bin euer Gott. 5 Nur dann kann ich den Eid halten, den ich euren Vorfahren geschworen habe, dass ich ihnen ein Land gebe, das von Milch und Honig überfließt – das Land, in dem ihr heute lebt.‹« Ich erwiderte: »Amen*, Jahwe!«

6 Darauf sagte Jahwe zu mir: »Verkünde es in allen Städten Judas und auf den Straßen von Jerusalem: ›Hört auf die Bestimmungen des Bundes

---

10,25 *Jakob.* Gemeint sind die Nachkommen Jakobs, also Israel.

11,5 *Amen.* Hebräisch: *Es werde wahr!* Oder: *So sei es!*

und handelt danach! ⁷ Seit ich eure Vorfahren aus Ägypten herausführte, habe ich sie bis heute immer wieder dringend ermahnt. Ich habe mich beizeiten aufgemacht und sie beschworen, auf mich zu hören. ⁸ Aber sie dachten gar nicht daran. Sie haben nicht einmal zugehört, sondern machten eigensinnig, was sie wollten. So musste ich alles wahr machen, was ich ihnen für den Fall angedroht hatte, dass sie die Vorschriften meines Bundes nicht befolgten.‹«

⁹ Jahwe sagte zu mir: »Es gibt eine Verschwörung unter den Leuten von Juda und den Einwohnern von Jerusalem. ¹⁰ Sie sind zu den Verfehlungen ihrer Vorfahren zurückgekehrt, die sich auch schon geweigert hatten, mir zu gehorchen. Sie sind fremden Göttern nachgelaufen und haben ihnen gedient. Das Volk von Israel und Juda hat den Bund gebrochen, den ich mit ihren Vorfahren geschlossen hatte.«

¹¹ Darum sagt Jahwe: »Jetzt bringe ich Unheil über sie, dem sie nicht ausweichen können. Wenn sie dann zu mir um Hilfe schreien, werde ich nicht auf sie hören. ¹² Dann mögen sie in den Städten Judas und in Jerusalem zu den Göttern um Hilfe schreien, denen sie Räucheropfer brachten; aber die werden sie in ihrer Not nicht retten können. ¹³ Inzwischen sind deine Götter ja so zahlreich wie deine Städte geworden, Juda. Und an jeder Straßenecke von Jerusalem habt ihr dem schändlichen Baal einen Altar gebaut, um ihm Weihrauch darauf zu opfern.

¹⁴ Du aber sollst nicht für dieses Volk bitten! Kein Gebet, kein Flehen! Und wenn sie dann in ihrer Not zu mir schreien, werde ich auch auf dich nicht hören.

¹⁵ Was hat denn mein geliebtes Juda in meinem Haus zu suchen, wenn es nur ein böses Spiel mit mir treibt? Schaff die Götzendiener und das Opferfleisch fort. Doch so böse wie du bist, freust du dich noch darüber.«

¹⁶ Einen üppig grünenden Ölbaum mit schön gewachsenen Früchten nannte Jahwe dich einmal. Doch nun – ein großes Geprassel: Er legt Feuer an dich, und alle Äste knacken. ¹⁷ Jahwe, der Allmächtige, der dich pflanzte, hat deinen Untergang beschlossen. Denn du hast ihn gereizt und dem Baal Weihrauch verbrannt. Das ist nun die Folge der Bosheit der Leute von Israel und Juda.

Mordpläne gegen Jeremia

¹⁸ Jahwe ließ es mich wissen, da wusste ich es. Damals ließ er mich das Treiben meiner Nachbarn durchschauen. ¹⁹ Ich war wie ein zutrauliches Lamm, das zum Schlachten geführt wird. Ich wusste nichts von ihren Plänen gegen mich. Sie sagten zueinander: »Hauen wir den Baum um, wenn er solche Früchte trägt! Lassen wir ihn vom Erdboden verschwinden, dann wird sein Name bald vergessen sein!« ²⁰ Aber du, Jahwe, allmächtiger Gott, du richtest gerecht, denn du kennst die geheimsten Wünsche und Gedanken. Lass mich sehen, wie du Vergeltung an ihnen übst, denn dir habe ich meinen Fall anvertraut. ²¹ Darum – so spricht Jahwe über die Männer von Anatot, die dich umbringen wollen und sagen: »Hör auf, im Namen Jahwes zu weissagen, sonst bringen wir dich eigenhändig um!«

22 Darum spricht Jahwe der All-mächtige: »Pass auf! Ich ziehe sie zur Rechenschaft. Ihre jungen Män-ner werden umkommen durch das Schwert, ihre Kinder durch den Hun-ger. 23 Keiner von ihnen wird übrig bleiben. Im Jahr der Abrechnung lasse ich das Unglück über die Männer von Anatot kommen.«

Jeremia in innerer Not

12 1 Du bist gerecht, Jahwe, wie könnte ich nur mit dir streiten? / Dennoch muss ich über das Recht mit dir reden. / Warum haben die Bösen Erfolg? / Weshalb können Abtrünnige sorglos sein? 2 Du hast sie gepflanzt, und sie haben Wurzeln geschlagen; / sie wachsen heran und bringen auch Frucht. / Doch nur in ihrem Reden bist du nah, / in ihrem Gewissen aber fern. 3 Du kennst mich, Jahwe, / du hast mich durchschaut / und meine Gesinnung geprüft. / Zerre sie fort wie Schafe zum Schlachten, / sondere sie zum Abschlachten aus! 4 Wie lange soll das Land vertrocknen, / das Grün auf den Feldern verdorren? / Wegen der Bosheit seiner Bewohner / gehen Vieh und Vögel zugrunde. / Denn sie sagen von mir: / »Der sieht unsere Zukunft nicht!«

5 »Wenn du mit Fußgängern läufst, / und sie dich schon ermüden, / wie willst du den Lauf gegen Pferde bestehen? / Wenn du dich nur im Land des Friedens sicher fühlst, / wie wirst du dich dann im Jordandickicht verhalten?

6 Selbst deine Brüder und deine Verwandten haben dich verraten. / Sie schreien laut hinter dir her. / Trau ihnen nicht, / auch wenn sie freundlich mit dir reden.«

Gottes Klage über sein Land

7 »Ich habe mein Haus verlassen, / mein Eigentum verstoßen. / Das Volk, das ich von Herzen liebe, / gab ich in die Gewalt seiner Feinde. 8 Mein Erbteil ist mir fremd geworden. / Es ist wie ein Löwe im Wald / und brüllt mich feindselig an. / Darum musste ich es hassen. 9 Nun ist es wie ein bunter Vogel, / über dem die Raubvögel kreisen. / Los! Bringt die wilden Tiere herbei! / Hier gibt es genug zu fressen.

10 Viele Hirten haben meinen Weinberg verwüstet, / meinen Acker zerstampft, / meine herrlichen Felder / zu einer trostlosen Wüste gemacht. 11 Alles ist zur Öde geworden, / verwüstet trauert es mich an. / Das ganze Land ist eine Wüste, / weil niemand es sich zu Herzen nahm.«

12 Über alle Wüstenhöhen kamen Zer-störer ins Land, denn das Schwert Jahwes verwüstet es von einem Ende bis zum anderen. Kein Mensch kann sicher sein. 13 Sie haben Weizen gesät und Dornen geerntet. Sie haben sich geplagt, aber ohne Erfolg. Nun stehen sie enttäuscht vor ihren Erträgen, vor der Glut von Jahwes Zorn.

14 So spricht Jahwe: »Ich werde die unverschämten Nachbarn, die das Ei-gentum meines Volkes Israel antas-

ten, ebenso aus ihrem Land herausreißen, wie ich das mit Juda tue.
15 Doch nachdem ich sie herausgerissen habe, werde ich mich wieder über
sie erbarmen: Ich lasse jedes Volk in
sein Land und seinen Grundbesitz zurückkehren. 16 Und wenn die Nachbarn dann die Lebensweise meines
Volkes lernen, sodass sie bei meinem
Namen schwören: ›So wahr Jahwe
lebt!‹, so wie sie früher mein Volk
lehrten, beim Baal zu schwören, dann
werden sie mitten in meinem Volk
wiederhergestellt werden. 17 Wenn
solch ein Volk aber nicht hört, werde
ich es endgültig ausreißen und vernichten«, spricht Jahwe.

Der Lendenschurz

13 1 Jahwe sagte zu mir: »Kauf
dir einen Lendenschurz aus
Leinen und lege ihn an! Sorge aber
dafür, dass er nie ins Wasser kommt!«
2 Ich kaufte den Lendenschurz und
trug ihn, wie Jahwe es gesagt hatte.
3 Das Wort Jahwes kam zum zweiten
Mal zu mir. Er sagte: 4 »Geh mit dem
Lendenschurz, den du gekauft und
getragen hast, nach Perat* und verstecke ihn dort in einer Felsspalte.«
5 Ich tat, was Jahwe mir gesagt hatte.
6 Viele Tage später sagte Jahwe zu
mir: »Geh wieder nach Perat und hole
den Lendenschurz, den du dort auf
meinen Befehl hin versteckt hast.«
7 Da ging ich hin und holte ihn aus
seinem Versteck. Er war verrottet und
zu nichts mehr zu gebrauchen. 8 Da
kam das Wort Jahwes zu mir: 9 So
spricht Jahwe: »Genauso werde ich
den Hochmut von Juda und Jerusalem
verrotten lassen. 10 Dieses böse Volk,
das sich weigert, auf mich zu hören,

das in seiner Sturheit fremden Göttern nachläuft, ihnen dient und sich
vor ihnen niederwirft: Es soll wie dieser Lendenschurz werden, der zu
nichts mehr zu gebrauchen ist.
11 Denn so, wie der Lendenschurz den
Körper des Mannes umschließt, wollte ich Israel und Juda um mich
haben«, spricht Jahwe. »Sie sollten
das Volk sein, das zu mir passt, das
mein Ruhm und meine Zierde ist,
aber sie wollten nicht hören.«

Die Weinkrüge

12 Richte ihnen Folgendes aus: »So
spricht Jahwe, Israels Gott: ›Weinkrüge sollten immer voll sein!‹ Wenn sie
dir darauf erwidern: ›Das wissen wir
auch. Jeder Weinkrug sollte voll sein!‹,
13 sage zu ihnen: ›So spricht Jahwe:
Passt auf! Ich werde die Bewohner dieses Landes abfüllen, bis sie betrunken
sind: Die Könige auf Davids Thron, die
Priester, die Propheten und alle Bewohner Jerusalems. 14 Dann schlage
ich sie gegeneinander, dass einer am
anderen zerbricht, und zwar die Väter
an den Söhnen, spricht Jahwe. Schonungslos, ohne Mitleid und Erbarmen
werde ich sie vernichten.‹«

Warnung vor Hochmut

15 Hört und merkt auf! / Seid
nicht überheblich! / Denn Jahwe
hat geredet. 16 Gebt Jahwe, eurem
Gott, die Ehre, / bevor er die

13,4 *Perat* meint wahrscheinlich Para (Josua
18,23), in der Nähe des modernen Wadi
Farah 5 km nördlich von Anatot. In anderen
Zusammenhängen bezieht sich *Perat* auf
den Euphrat.

Dunkelheit bringt, / bevor eure
Füße sich stoßen auf dämmrigen
Bergen / und ihr das Licht erwartet, / das er in Finsternis /
und Todesdunkel verwandelt.
17 Wenn ihr nicht darauf hört, /
weint meine Seele im Verborgenen. / Sie weint über euren Stolz. /
Ich muss weinen und weinen, /
meine Tränen fließen ununterbrochen, / weil die Herde Jahwes /
in die Gefangenschaft abgeführt
wird.
18 Sag zum König und zur
Herrscherin*: / »Setzt euch tief
herunter! / Denn die Krone eurer
Herrlichkeit / fällt euch vom Kopf
herab. 19 Die Städte im Negev*
sind verschlossen, / und niemand
ist da, der öffnet*. / Ganz Juda
wird verschleppt / und in die
Verbannung geführt.

Die Schändung Jerusalems

20 Schaut auf und seht! / Die
Feinde kommen von Norden. /
Wo ist die Herde, die dir gegeben
war, / wo sind deine herrlichen
Schafe? 21 Was wirst du sagen,
wenn Jahwe deine Liebhaber, / die
du an dich gebunden hast, / als
Herren über dich setzt? / Vor
Schmerz wirst du schreien / wie
eine Frau, die in Wehen liegt.
22 Und wenn du dich fragst:

›Warum traf es gerade mich?‹ /
Dann wisse: Wegen deiner großen
Schuld / hat man dir das Kleid
gehoben / und dich vergewaltigt.
23 Kann ein Schwarzer seine
Hautfarbe wechseln, / ein Leopard
sein geflecktes Fell? / Dann
könntet auch ihr Gutes tun! /
Ihr seid ja ans Böse gewöhnt.
24 »Ich werde sie zerstreuen wie
die Spreu, / die der Wüstenwind
verweht. 25 Dieses Los erwartet
dich, / das habe ich dir zugeteilt«,
spricht Jahwe, / »weil du mich
vergessen hast / und auf Lügen
vertrautest. 26 Nun hebe auch ich
dir das Kleid hoch / bis über dein
Gesicht, / dass alle deine Schande
sehen, 27 deine Ehebrüche,
dein geiles Wiehern, / deine
schändliche Unmoral. / Auf den
Hügeln und auf dem Feld / habe
ich deine abscheulichen Götzen
gesehen. / Weh dir, Jerusalem! /
Wie lange noch wirst du so
besudelt sein?«

Eine Dürrekatastrophe

14 1 Wegen der großen Dürre
kam folgendes Wort Jahwes
an Jeremia:
2 »Juda verzweifelt, / seine
Städte sterben / trauernd zu Boden
gebeugt. / Man hört Jerusalems
Schrei. 3 Die Reichen schicken
ihre Diener nach Wasser, / die
kommen an die Zisternen, / finden
aber nichts. / Sie kehren mit leeren
Krügen zurück. / Enttäuscht und
beschämt verhüllen sie ihr Gesicht.
4 Erstarrt ist der Acker, / kein
Regen fällt aufs Land. / Die Bauern

13,18 *Herrscherin.* Das war die Königsmutter.
13,19 *Negev.* Das heiße Südland Israels, zum
Teil gebirgige Wüste.
niemand ... öffnet. Weil sie in Trümmern liegen und menschenleer sind.

sind beschämt, / verhüllen ihr Gesicht. 5 Selbst die Hirschkuh draußen / lässt ihr Neugeborenes im Stich, / denn Grünes findet sie nicht mehr. 6 Auf kahlen Kuppen stehen wilde Esel, / sie schnappen nach Luft, / japsen wie Schakale. / Ihre Augen sind erloschen, / denn nirgends ist Gras.«

7 »Obwohl unsere Sünden uns verklagen, / hilf uns um deines Namens willen, Jahwe! / Zahlreich sind unsere Vergehen. / Gegen dich haben wir gesündigt. 8 Du Hoffnung Israels, / du bist der Retter in der Not! / Warum bist du so wie ein Fremder im Land, / wie ein Wanderer, nur zum Übernachten da? 9 Warum bist du wie ein ratloser Mann, / wie ein Krieger, der nicht retten kann? / Du bist doch unter uns, Jahwe, / über uns wurde dein Name genannt! / Verlass uns nicht!«

Von Gott verworfen

10 So spricht Jahwe zu diesem Volk: »Sie lieben es, davonzulaufen, sie gönnen ihren Füßen keine Ruhe. Jahwe hat keine Freude mehr an ihnen. Er wird sie nicht verschonen und zieht sie jetzt zur Rechenschaft.« 11 Zu mir sagte Jahwe: »Bitte nicht mehr für das Wohl dieses Volkes! 12 Auch wenn sie fasten, höre ich nicht auf ihr Rufen, auch wenn sie mir Brand- und Speisopfer bringen, stimmen sie mich nicht um. Ich werde sie vernichten durch Hunger, Krieg und Pest.« 13 »Ach, Jahwe«, klagte ich, »die Propheten sagen zu ihnen: ›Es gibt keinen Krieg und keine Hungersnot.

Jahwe wird dieser Stadt dauerhaft Frieden geben.‹« 14 Da sagte Jahwe zu mir: »Was die Propheten in meinem Namen verkünden, sind Lügen. Ich habe sie nicht geschickt, sie nicht beauftragt und nie zu ihnen gesprochen. Sie verkünden euch erfundene Visionen, Götzenorakel, selbst erdachten Betrug. 15 Ich sage dir, was ich mit diesen Propheten mache, die in meinem Namen weissagen, obwohl ich sie nicht geschickt habe, die behaupten, dass das Land von Krieg und Hunger verschont bleibt: Sie selbst werden durch Krieg und Hunger enden! 16 Und das Volk, dem sie weissagen, wird auf den Straßen von Jerusalem liegen, niedergeworfen durch Hunger und Schwert. Niemand wird ihre Leichen und die ihrer Frauen und Kinder begraben. So gieße ich ihre eigene Bosheit über sie aus.«

Jeremia soll klagen

17 »Lass sie wissen, wie betroffen du bist:
›Meine Tränen fließen Tag und Nacht, / meine Augen sind nass und ruhen nicht. / Denn meine unberührte Tochter, / mein Volk, liegt schwer verletzt am Boden, / zerbrochen an einem furchtbaren Schlag. 18 Gehe ich aufs Feld hinaus, / finde ich vom Schwert Getötete, / komme ich zurück in die Stadt, / finde ich vom Hunger Gequälte. / Priester und Propheten laufen herum / und finden keinen Rat.‹«

19 Hast du Juda ganz verworfen? / Widert dich Zion jetzt an? / Warum hast du uns so

geschlagen, / dass es keine
Heilung mehr gibt? / Wir hofften
auf Heil, / doch es kam nichts
Gutes. / Wir hofften auf die Zeit
der Heilung, / doch es wurde
immer schlimmer. ²⁰ Wir kennen
unseren Frevel, Jahwe, / auch die
Schuld unserer Väter: / Ja, wir
haben gegen dich gesündigt.
²¹ Um deines Namens willen verachte uns nicht! / Entehre nicht
den Thron deiner Herrlichkeit! /
Denk an deinen Bund mit uns und
löse ihn nicht! ²² Gibt es Regen-
spender bei den Nichtsen der
Völker? / Macht der Himmel etwa
selbst den Regen? / Nein, du bist
Jahwe, unser Gott! / Wir hoffen
auf dich, / denn du hast das alles
gemacht.

Das Urteil ist gesprochen

15 ¹ Da sagte Jahwe zu mir:
»Selbst wenn Mose und Sa-
muel jetzt vor mir stünden, würde ich
mich diesem Volk nicht zuwenden.
Jage sie aus meiner Nähe fort! Sie
sollen mir aus den Augen gehen!
² Und wenn sie dich fragen: ›Wohin
sollen wir denn gehen?‹, dann sage
ihnen: ›So spricht Jahwe:

Wer zum Pesttod bestimmt ist,
bekomme die Pest; / wer zum
Schwerttod bestimmt ist, laufe ins
Schwert; / wer zum Hungertod

bestimmt ist, sterbe an Hunger; /
wer zur Verbannung bestimmt ist,
ziehe in die Verbannung!‹

³ ›Ein vierfaches Verderben lasse
ich gegen dieses Volk los‹, spricht
Jahwe, ›das Schwert zum Umbringen, die Hunde zum Fortzerren, die
Vögel und die wilden Tiere zum Zerfleischen und zum Fressen. ⁴ Ich
mache sie zu einem Bild des Entsetzens für alle Völker der Erde, und zwar
wegen König Manasse Ben-Hiskija*
von Juda und dem, was er in Jerusalem getan hat.‹«

⁵ »Wer hat noch Mitleid mit
Jerusalem? / Wer wird dir sein
Beileid bekunden? / Wer wird
dich besuchen / und fragen, wie es
dir geht? ⁶ Du hast mich zurück-
gestoßen, / spricht Jahwe, / du
hast mir den Rücken gekehrt. /
Deshalb habe ich dich angegriffen* / und zugrunde gerichtet. / Ich bin es leid, nachsichtig
zu sein! ⁷ Mit der Worfschaufel
habe ich sie / aus dem Land
hinausgeworfen. / Ich machte
mein Volk kinderlos, / ich gab es
verloren, / denn sie kehrten nicht
um. ⁸ Es wird mehr Witwen bei
ihnen geben, / als Sandkörner an
den Stränden. / Über die Soldaten-
mütter / brachte ich am hellen Tag
den Tod, / Angst und Entsetzen /
kam plötzlich über sie. ⁹ Nun
welkt die Frau dahin, haucht ihr
Leben aus, / sie, die sieben Söhne
gebar. / Ihre Sonne ging unter
mitten am Tag, / sie wurde
beschämt und enttäuscht. /
Der Rest von ihnen fällt im

15,4 *Ben-Hiskija.* Vergleiche 2. Chronik 33.

15,6 *habe ich dich angegriffen.* Es handelt
sich bis V. 8 offenbar um ein prophetisches
Perfekt, d.h. Zukünftiges wird als bereits geschehen geschildert.

Krieg, / ausgeliefert ihren Feinden«, / spricht Jahwe.

Jeremias Klage

10 Weh mir, Mutter, dass du mich geboren hast! / Jeder streitet und zankt mit mir, / das ganze Land feindet mich an! / Ich habe weder Geld verliehen / noch habe ich welches geborgt. / Trotzdem verfluchen mich alle.

Gottes Antwort

11 Jahwe spricht: / »Habe ich dich nicht zum Guten stark gemacht? / Ich werde dafür sorgen, / dass dein Feind dich anfleht, / wenn er in Not und Bedrängnis gerät. 12 Kann man Eisen zerbrechen, / Eisen aus dem Norden / und Bronze dazu?

13 Juda, dein Vermögen und deinen Besitz / gebe ich zur Plünderung frei. / Das ist der Lohn für eure Sünden, / die ihr überall im ganzen Land begangen habt. 14 Ich mache dich zum Sklaven deiner Feinde / in einem Land, das du nicht kennst. / Wie Feuer lodert mein Gesicht, / und euch wird es verbrennen.«

Jeremias »Warum?«

15 Jahwe, du weißt alles, / denk an mich und setz dich für mich ein! / Nimm Rache für mich an meinen Verfolgern! / Nicht, dass deine Langmut / mich zugrunde gehen lässt! / Du weißt doch, dass sie mich / deinetwegen beschimpfen. 16 Wenn du zu mir sprachst, verschlang ich jedes Wort. / Deine Worte haben mich mit Glück und Freude erfüllt. / Denn ich gehöre ja dir*, / Jahwe, allmächtiger Gott. 17 Nie saß ich in fröhlicher Runde, / nie scherzte ich mit. / Von deiner Hand gepackt sitze ich allein, / denn deine Erbitterung erfüllt auch mich. 18 Warum hört mein Schmerz nicht auf? / Warum schließt sich meine Wunde nicht? / Warum will sie nicht heilen? / Du hast mich enttäuscht, / du bist für mich wie ein Bach, der im Sommer versiegt.

Gottes Antwort

19 Da sagte Jahwe zu mir: / »Wenn du umkehrst, nehme ich dich wieder an, / dann darfst du mir wieder dienen. / Wenn du deine Worte überlegst, / und nicht mehr solchen Unsinn von dir gibst, / dann darfst du wieder mein Mund sein. / Sie müssen auf dich hören, / aber du nicht auf sie! 20 Dann mache ich dich für dieses Volk / zu einer festen eisernen Mauer. / Sie werden dich bekämpfen – doch ohne Erfolg, / denn ich bin bei dir und werde dich retten. / Ich schütze dich, ich, Jahwe. 21 Ich rette dich aus der Hand der Bösen, / aus brutalen Fäusten befreie ich dich.«

Jeremias Einsamkeit – Zeichen des Gerichts

16 1 Das Wort Jahwes kam zu mir. Er sagte: 2 »Du sollst

15,16 *ich gehöre ja dir.* Wörtlich: *Dein Name ist über mir ausgerufen*, was eine Eigentumserklärung war.

nicht heiraten, du sollst keine Söhne und Töchter hier haben. *3* Denn so spricht Jahwe über die Söhne und Töchter, die hier geboren werden, über ihre Mütter, die sie gebären, und ihre Väter, die sie hier zeugen: *4* ›Sie werden an qualvollen Seuchen sterben; niemand wird sie beklagen und begraben. Wie Dünger werden sie auf der Erde liegen. Durch Krieg und Hunger kommen sie um. Sie dienen Vögeln und wilden Tieren zum Fraß.‹«

5 Weiter sagte Jahwe: »Du sollst kein Trauerhaus betreten! Bleib Trauerfeiern fern, bekunde niemand dein Beileid! Denn ich habe diesem Volk meinen Frieden entzogen, die Gnade und das Erbarmen«, spricht Jahwe.

6 »Große und kleine Leute müssen in diesem Land sterben, ohne dass jemand sie begräbt. Niemand wird sie betrauern, niemand wird sich aus Trauer die Haut ritzen oder den Kopf kahl scheren.* *7* Mit keinem wird man das Trauerbrot teilen, um ihn wegen eines Toten zu trösten. Keinem wird man den Trostbecher reichen, auch nicht wegen Vater oder Mutter.

8 Du sollst auch kein Hochzeitshaus betreten! Setz dich nicht zu den Gästen, um mitzuessen und mitzutrinken! *9* Denn so spricht Jahwe, der Allmächtige: ›Ihr werdet es noch selbst erleben, dass ich allem Jubel und aller Freude hier ein Ende mache. Auch den Jubelruf von Bräutigam und Braut wird man hier nicht mehr hören.‹

16,6 ... kahl scheren. Das waren kanaanäische Trauerbräuche, die Gott dem Volk Israel verboten hatte (siehe 3. Mose 19,28; 5. Mose 14,1).

10 Wenn du ihnen das alles gesagt hast, werden sie fragen: ›Warum kündigt Jahwe uns so ein schweres Unheil an? Was haben wir denn Böses getan? Worin haben wir uns gegen Jahwe, unseren Gott, vergangen?‹ *11* Sag ihnen dann Folgendes: ›So spricht Jahwe: Schon eure Vorfahren haben mich verlassen und sind anderen Göttern nachgelaufen. Ihnen haben sie gedient, vor ihnen sich niedergeworfen, mich aber haben sie verlassen; meine Weisungen schlugen sie in den Wind. *12* Ihr jedoch habt es noch schlimmer getrieben als eure Väter. Jeder von euch macht nur, was sein trotziges und böses Herz ihm eingibt. Keiner hört auf mich! *13* Deshalb schleudere ich euch weg von hier in ein Land, das weder ihr noch eure Vorfahren kannten. Dort werdet ihr dann Tag und Nacht anderen Göttern dienen, weil ich euch nicht mehr gnädig bin.‹«

Ausblick auf die Rückkehr der Verschleppten

14 So spricht Jahwe: »Es kommt der Tag, an dem man beim Schwören nicht mehr sagt: ›So wahr Jahwe lebt, der Israel aus Ägypten herausgeführt hat‹, *15* sondern: ›So wahr Jahwe lebt, der Israel aus dem Land im Norden herausgeführt hat und aus allen anderen Ländern, in die er sie vertrieben hatte.‹ Ja, ich werde sie in ihr Land zurückbringen, das ich ihren Vorfahren gab.«

16 »Ja, ich rufe dann viele Fischer herbei«, spricht Jahwe, »die sollen die Israeliten wie Fische fangen. Danach rufe ich viele Jäger, die sie von jedem Berg und Hügel herunterjagen und aus jedem Felsspalt holen. *17* Ich sehe ja alles, was sie tun; sie können sich vor mir nicht verstecken, auch ihre Schuld ist meinen Augen nicht verborgen. *18* Doch zuerst lasse ich sie doppelt* büßen für ihre Schuld und Sünde, denn sie haben mein Land durch das Aas ihrer Scheusale entweiht, überall auf meinem Grundbesitz haben sie ihre abscheulichen Götzen hingestellt.«

Die Bekehrung der Völker

19 »Jahwe, du bist meine Stärke und mein Schutz, / meine Zuflucht in der Bedrängnis. / Zu dir kommen Völker vom Ende der Welt. / ›Nur Lügen haben wir geerbt‹, sagen sie. / ›Wahngebilde sind die Götter unserer Väter. / Nicht einer nützt etwas!‹«

20 »Kann denn ein Mensch sich Götter machen? Das sind doch keine Götter! *21* Darum seht, ich lasse es die Völker begreifen: Diesmal erkennen sie meine gewaltige Macht und verstehen, dass mein Name Jahwe ist.«

Judas Sünde und Strafe

17

1 Mit Eisengriffeln ist Judas Sünde aufgeschrieben, / mit Diamantenspitze eingegraben / in die Tafeln ihrer Herzen / und die Hörner ihrer Altäre.

2 »Wie an ihre Kinder – so denken sie an ihre Altäre und Aschera-Pfähle* bei den grünen Bäumen auf den Opferhöhen. *3* Du Volk von Berg- und Hügelpilgern! Deinen Besitz und all deine Schätze und auch deine Opferhöhen gebe ich zur Plünderung frei. Das ist der Lohn für deine Sünden in deinem ganzen Wohngebiet. *4* Du bist selbst daran schuld, wenn du den Erbbesitz, den ich dir gegeben habe, loslassen musst. Ich mache dich zum Sklaven deiner Feinde in einem fremden, unbekannten Land. Ihr habt Feuer in mein Gesicht gebracht, das ist mein Zorn, der ewig brennt.«

Fluch oder Segen

5 So spricht Jahwe: / »Verflucht ist der Mann, der auf Menschen vertraut, / der sich auf Menschenkraft verlässt / und sein Herz von Jahwe abkehrt! *6* Er ist wie ein kahler Strauch in der Steppe, / der vergeblich auf Regen hofft. / Er steht auf dürrem Wüstenboden, / im salzigen Land, wo niemand wohnt.

7 Gesegnet ist der Mann, der auf Jahwe vertraut, / dessen Hoffnung Jahwe ist! *8* Er ist wie ein Baum, der am Wasser steht / und seine Wurzeln zum Bach hinstreckt. / Er hat nichts zu fürchten, wenn Hitze kommt, / seine Blätter bleiben grün und frisch. / Ihm ist nicht bange vor dem Dürrejahr; / er trägt immer seine Frucht.«

16,18 *doppelt.* Nach dem Gesetz die übliche Forderung zum Schadenersatz (2. Mose 22,3.6.8).

17,2 Die *Aschera* war eine Fruchtbarkeitsgöttin, die in handlichen Figuren, geweihten Bäumen oder Pfählen verehrt wurde.

Weisheitssprüche

⁹ Abgründig ist das menschliche Herz, / beispiellos und unverbesserlich. / Wer kann es durchschauen? ¹⁰ Ich, Jahwe, sehe bis auf den Grund. / Ich prüfe die geheimsten Wünsche, / um jedem zu geben, was er verdient, / und zwar aufgrund seiner Taten.

¹¹ Wie ein Rebhuhn, das Eier ausbrütet, / die es nicht selbst gelegt hat,* / so ist ein Mensch, / der Reichtum durch Unrecht erwirbt. / In der Mitte seines Lebens muss er ihn lassen, / und am Ende steht er als Trottel da.

Gebet Jeremias

¹² Der Ort unseres Heiligtums / ist ein Thron der Herrlichkeit, / erhaben von Anfang an. ¹³ Jahwe, du Hoffnung Israels! / Die dich verlassen, werden scheitern, / werden in den Staub geschrieben, / denn sie verließen Jahwe, / die Quelle frischen Wassers. ¹⁴ Heile mich, Jahwe, dann werde ich gesund! / Hilf du mir, dann ist mir wirklich geholfen! / Du gibst mir Anlass, dich zu preisen. ¹⁵ Sieh doch, wie sie zu mir sagen: »Wo bleibt denn Jahwes Wort? / Es soll sich doch erfüllen!« ¹⁶ Ich gab den Hirtendienst nicht auf, / wünschte das Unheil nicht herbei, / wie du ja weißt. / Was von meinen Lippen kam, / ist dir wohlbekannt. ¹⁷ Mach mir keine Angst, / du bist doch meine Zuflucht, / wenn das Unheil kommt. ¹⁸ Bring Schande über meine Verfolger, / aber nicht über mich! / Sie soll das Entsetzen packen, / nicht aber mich. / Bring über sie den Unheilstag, / zerschmettere sie im völligen Zusammenbruch!

Der Sabbat gehört Gott

¹⁹ So sprach Jahwe zu mir: »Stell dich an das Tor des Volkes, durch das die Könige Judas ein- und ausziehen, und auch an alle anderen Tore Jerusalems ²⁰ und rufe dort aus: ›Hört die Botschaft Jahwes, Könige von Juda, Volk von Juda, Einwohner von Jerusalem und alle, die durch diese Tore kommen! ²¹ So spricht Jahwe: Wenn euch das Leben lieb ist, dann hütet euch davor, am Sabbat irgendeine Last durch diese Tore hereinzutragen! ²² Auch aus euren Häusern dürft ihr am Sabbat nichts hinaustragen. An diesem Tag muss jede Arbeit ruhen. Ehrt den Sabbat als heiligen Tag, wie ich es schon euren Vätern befahl! ²³ Leider haben sie nicht gehorcht, ja nicht einmal hingehört. Sie stellten sich stur und wollten sich nichts sagen lassen. ²⁴ Wenn ihr mir aber gehorcht, spricht Jahwe, wenn ihr am Sabbat keine Last durch diese Tore tragt, wenn ihr ihn als heiligen Tag ehrt und keine Arbeit verrichtet, ²⁵ dann werden auch weiterhin Könige durch die Tore dieser Stadt einziehen, die auf dem Thron Davids sitzen; mit Wagen und Pferden werden sie

---

17,11 *Rebhuhn ... gelegt hat.* Rebhühner brüten oft zu mehreren Paaren gleichzeitig in derselben Felsspalte. Man findet daher viele Eier auf einmal, und es ist nicht zu erkennen, welche Eier zu welchem Huhn gehören.

sich fortbewegen, sie und ihre Oberen, die Männer von Juda und die Einwohner Jerusalems. Diese Stadt wird dann für immer bewohnt bleiben. 26 Dann werden Leute aus den Städten Judas und aus der Umgebung Jerusalems kommen, aus dem Land Benjamin, aus der Schefela*, vom Gebirge und aus dem Negev. Sie bringen ihre Opfergaben in das Haus Jahwes: Brand- und Freudenopfer, Speise- und Lobopfer und Weihrauch. 27 Wenn ihr aber nicht auf mich hört, wenn ihr den Sabbat nicht als heiligen Tag ehrt, wenn ihr am Sabbat mit Lasten durch die Tore Jerusalems kommt, dann werde ich ein unlöschbares Feuer in diesen Toren entfachen, das die Paläste der Stadt verzehrt.‹«

Gleichnis vom Töpfer

18 1 Wort Jahwes, das zu Jeremia kam: 2 »Geh zum Haus des Töpfers hinunter, denn dort habe ich dir etwas zu sagen!« 3 Ich ging hinunter und sah den Töpfer bei seiner Arbeit auf der Töpferscheibe. 4 Wenn ihm ein Gefäß unter den Händen misslang, machte er aus dem Ton ein anderes, das ihm besser gefiel. 5 Da kam das Wort Jahwes zu mir. Er sagte:

6 »So spricht Jahwe: ›Kann ich es mit euch nicht genauso machen wie dieser Töpfer, ihr Leute von Israel? Wie der Ton in der Hand des Töpfers, so seid ihr in meiner Hand. 7 Wenn ich irgendwann einem Volk oder Reich androhe, es auszureißen, niederzubrechen und zu vernichten, 8 dieses Volk aber umkehrt und seine Bosheit unterlässt, tut es mir Leid, dass ich das Unheil über sie bringen

wollte, und tue es nicht. 9 Ein anderes Mal sage ich zu einem Volk oder Reich, dass ich es aufbauen und einpflanzen will. 10 Wenn dieses Volk aber tut, was mir missfällt, und nicht auf mich hört, tut es mir leid, dass ich ihnen das Gute bringen wollte, und ich tue es nicht.‹

11 Rede nun zu den Leuten von Juda und den Einwohnern Jerusalems. Sag ihnen: ›So spricht Jahwe: Passt auf! Ich mache einen Plan gegen euch, ich bereite das Unglück für euch vor. Kehrt um von euren falschen Wegen und ändert euer Leben von Grund auf! Das gilt jedem von euch!‹ 12 Aber sie sagen: ›Daraus wird nichts! Wir wollen unsere eigenen Pläne verwirklichen. Jeder von uns kann stur sein und machen, was er will – auch aus bösen Motiven.‹«

Unbegreifliche Absage an Gott

13 »Deshalb spricht Jahwe: ›Erkundigt euch bei allen Völkern! Wo hat man je so etwas gehört? Etwas ganz Abscheuliches hat Israel, die junge Frau, getan. 14 Taut jemals der Schnee vom Gipfelfelsen des Libanon? Hört das Wasser auf zu fließen, das aus fernen Quellen kommt? 15 Mein Volk aber hat mich vergessen. Den Nichtsen opfern sie Weihrauch, und das brachte sie zu Fall. Nun gehen sie nicht mehr die guten Wege, die sie seit alter Zeit kennen. Von ihren Götzen wurden sie auf gefährliche, ungesi-

---

17,26 *Schefela.* Niedriges, sehr fruchtbares Hügelland, das sich in nordsüdlicher Richtung zwischen dem Gebirge und der Küstenebene des Mittelmeeres erstreckt.

cherte Steige geführt. *16* Deshalb wird ihr Land für immer zu einem Ort des Grauens und der Verachtung. Wer an ihm vorüberzieht, schüttelt entsetzt den Kopf. *17* Wie ein Ostwind werde ich mein Volk vor seinem Feind zerstreuen. Wenn das Unheil über sie kommt, kehre ich ihnen den Rücken zu und nicht das Gesicht.‹«

Jeremias Rachegebet

18 Da gibt es Leute, die sagen: »Los, wir müssen etwas gegen Jeremia tun! Niemals wird unseren Priestern das Gesetz abhanden kommen, unseren Weisen der gute Rat und unseren Propheten das Wort. Los, schlagen wir ihn mit seinen eigenen Worten! Auf ihn wollen wir auf keinen Fall hören!«

19 »Achte auf mich, Jahwe! / Hör doch das Gerede meiner Gegner! / *20* Wird Gutes denn mit Bösem vergolten? / Eine Fallgrube haben sie mir geschaufelt. / Denk daran, wie ich vor dir stand, / um für sie einzutreten / und deinen Zorn von ihnen abzuwenden! *21* Darum: Lass ihre Kinder den Hungertod sterben / und übergib sie alle dem Schwert! / Ihre Frauen sollen kinderlose Witwen sein! / Ihren alten Männern wünsche ich die Pest / und ihren jungen den Tod durch das Schwert! *22* Schreie soll man aus den Häusern hören, / wenn plündernde Soldaten über sie kommen! / Denn sie hoben die Fallgrube aus, / um mich zu fangen. / Sie haben mir die Fallen gestellt. *23* Aber du, Jahwe, kennst / ihre Mordpläne gegen mich. / Vergib ihnen nicht diese Schuld, /

lösch ihre Sünde bei dir nicht aus! / Lass sie niederstürzen vor dir / und rechne im Zorn mit ihnen ab!«

Der zerschlagene Krug

19 *1* Jahwe sagte zu mir: »Kauf dir einen Krug vom Töpfer! Dann hol dir ein paar Älteste vom Volk und von den Priestern *2* und geh mit ihnen zum Scherbentor hinaus ins Hinnomtal. Dort rufe Folgendes aus: *3* ›Hört das Wort Jahwes, ihr Könige von Juda und ihr Bewohner Jerusalems! So spricht Jahwe, der allmächtige Gott Israels: Passt auf! Ich bringe solches Unheil über diesen Ort, dass es jedem, der davon hört, in den Ohren dröhnt. *4* Denn sie haben mich verlassen und mir diesen Ort durch Räucheropfer entfremdet, die sie anderen Göttern brachten, die weder sie noch ihre Vorfahren, noch die Könige von Juda gekannt haben. Dazu haben sie dieses Tal mit dem Blut unschuldiger Menschen getränkt. *5* Dann haben sie Opferstätten für den Baal gebaut, um ihre Kinder darauf zu verbrennen, was ich ihnen nie befohlen habe. Niemals ist mir so etwas in den Sinn gekommen! *6* Deshalb wird die Zeit kommen, spricht Jahwe, in der man diesen Ort nicht mehr Tofet oder Hinnomtal nennen wird, sondern Mordtal. *7* An diesem Ort werde ich die Pläne der Leute von Juda und Jerusalem vereiteln. Ich lasse sie ihren Todfeinden in die Hände fallen, die sie mit dem Schwert erschlagen werden. Ihre Leichen werde ich den Vögeln und den wilden Tieren zum Fraß vorwerfen. *8* Ich werde diese Stadt zu einem Ort des Grauens und der

Verachtung machen. Wer an ihr vorüberzieht, schüttelt über ihre Wunden entsetzt den Kopf. ⁹ Wenn ihre Todfeinde die Stadt belagern, lasse ich die Einwohner das Fleisch ihrer eigenen Kinder essen, so groß wird ihre Bedrängnis sein. Schließlich werden sie sich gegenseitig aufessen.‹

¹⁰ Dann zerschlage den Krug vor den Augen deiner Begleiter ¹¹ und sage zu ihnen: ›So spricht Jahwe, der Allmächtige: Dieses Volk und diese Stadt werde ich zerschmettern wie dieses Tongeschirr, das man nicht wiederherstellen kann. Man wird die Toten im Tofet begraben müssen, weil man sonst keinen Platz mehr dazu hat. ¹² Auch diese Stadt mache ich samt ihren Bewohnern dem Tofet gleich‹, spricht Jahwe. ¹³ ›Die Häuser in Jerusalem und die Paläste der Könige sollen genauso unrein werden wie der Tofet, und zwar alle Häuser, auf deren Terrassen sie den Sternen Weihrauch verbrannt und anderen Göttern Trankopfer ausgegossen haben.‹«

Jeremia wird misshandelt

¹⁴ Als Jeremia vom Tofet zurückkam, wo er im Auftrag Jahwes geweissagt hatte, stellte er sich in den Tempelvorhof und rief allen Leuten dort zu: ¹⁵ »So spricht Jahwe, der allmächtige Gott Israels: ›Ich will über diese Stadt und alle dazugehörenden Städte all das Unheil bringen, das ich ihnen angedroht habe; denn sie haben sich hartnäckig geweigert, auf meine Worte zu hören.‹«

20 ¹ Als der Priester Paschhur Ben-Immer – er war der Oberaufseher im Haus Jahwes – diese Weissagung Jeremias hörte, ² ließ er den Propheten schlagen und im oberen Benjamintor beim Haus Jahwes in den Block* spannen. ³ Am nächsten Morgen ließ Paschhur Jeremia wieder frei. Da sagte dieser zu ihm: »Jahwe nennt dich nicht mehr Paschhur, sondern Magor-Missabib, ›Schrecken überall‹. ⁴ Denn so spricht Jahwe: ›Pass auf! Ich mache dich zum Schrecken für dich selbst und alle deine Freunde. Mit eigenen Augen wirst du sehen, wie sie durch das Schwert ihrer Feinde fallen. Ich liefere ganz Juda dem König von Babylon aus. Die einen wird er nach Babylonien verschleppen und die anderen mit dem Schwert erschlagen. ⁵ Den ganzen Reichtum dieser Stadt überlasse ich ihren Feinden, allen Besitz, alle Kostbarkeiten, auch die Schätze der Könige von Juda. Alles wird geplündert, geraubt und nach Babylonien gebracht. ⁶ Auch du, Paschhur, wirst mit allen Bewohnern deines Hauses in die Gefangenschaft gehen. Du wirst zusammen mit deinen Freunden, denen du falsch geweissagt hast, nach Babylonien kommen, dort sterben und dort begraben werden.‹«

Jeremias Klage und Selbstverfluchung

⁷ Jahwe, du hast mich mitgerissen, /
und ich ließ mich mitreißen. /
Du hast mich gepackt und überwältigt. / Nun bin ich den ganzen

---

20,2 Der *Block* war ein Balkengerüst, in das der Gefangene an Händen, Füßen und Hals eingespannt wurde, um den Körper zu verdrehen, was schwere Schmerzen verursachte.

Tag zum Gespött, / alle lachen
mich aus. / *8* Denn sooft ich den
Mund auftue, muss ich schreien: /
»Verbrechen! Unterdrückung!« /
Nichts als täglich Spott und
Hohn / bringt mir das Wort
Jahwes. *9* Aber wenn ich mir
sagte:»Ich will nicht mehr an ihn
denken, / ich will nicht mehr sein
Sprecher sein!«, / dann brennt
es in meinem Herzen wie Feuer, /
dann glüht mein Inneres. / Ich
quälte mich, es auszuhalten, /
doch ich konnte es nicht.
10 Ja, viele höre ich tuscheln. /
Schrecken ist überall! / »Zeigt
ihn an! Wir wollen es tun!« /
Selbst meine nächsten
Bekannten / warten nur auf
meinen Fall. / »Vielleicht
lässt er sich verleiten! / Dann
kommen wir ihm endlich bei, /
dann rächen wir uns an ihm!«
11 Aber Jahwe steht mir bei /
wie ein gewaltiger Held. / Darum
strauchein meine Verfolger / und
erreichen nichts. / Sie werden
völlig blamiert, / weil es ihnen
nicht gelingt. / Unvergesslich
wird ihre große Schande sein.
12 Und du, Jahwe, allmächtiger
Gott, / schaust den Gerechten an, /
prüfst ihn auf Herz und Nieren. /
Lass mich sehen, wie du sie be-
strafst, / denn dir vertraute ich
meine Sache an. *13* Singt Jahwe
und lobt ihn, / denn er rettet den
Armen aus der Gewalt des Bösen.

14 Verflucht der Tag, an dem
ich geboren! / Der Tag sei nicht
gesegnet, an dem mich meine
Mutter bekam! *15* Verflucht der
Mann, der meinem Vater die frohe
Botschaft brachte: /»Es ist ein
Junge! Du hast einen Sohn!« /
und ihn damit sehr erfreute.
16 Es möge ihm ergehen wie
den Städten, / die Jahwe ohne
Erbarmen zerstörte! / Schon am
Morgen soll er Schreckensschreie
hören, / und am Mittag Krieges-
lärm, *17* weil Gott mich nicht
sterben ließ im Mutterleib. /
Dann wäre meine Mutter mein
Grab geworden / und ihr Bauch
für immer schwanger geblieben.
18 Warum musste ich den Mutterschoß verlassen? / Um nichts als
Elend und Kummer zu sehen? /
Um mein Leben in Schande zu
beenden?

Auskunft an den König

21 *1* Wort Jahwes, das zu Jeremia kam, als König Zidkija
Paschhur Ben-Malkija und den Priester Zefanja Ben-Maaseja zu ihm
schickte und ihm sagen ließ: *2* »König Nebukadnezzar von Babylon
führt Krieg gegen uns. Frag doch
Jahwe, was geschehen wird, ob er
vielleicht wie früher ein Wunder
für uns tut, sodass Nebukadnezzar
abziehen muss.« *3* Da sagte Jeremia
zu den Männern: »Gebt dem König
folgenden Bescheid: *4* ›So spricht
Jahwe, Israels Gott: Passt auf! Noch
kämpft ihr außerhalb der Mauern
gegen den König von Babylon und
die Chaldäer*, die euch belagern. Ich
werde euch zum Rückzug zwingen,

21,4 *Chaldäer.* Ursprünglich Bewohner von
Süd-Babylonien, später wurden alle Babylonier Chaldäer genannt.

sodass ihr eure Waffen ins Innere der Stadt holen müsst. 5 Ich selbst kämpfe gegen euch mit starker Hand und mächtigem Arm, mit Zorn und Grimm und großer Wut. 6 Ich werde alles sterben lassen, was in dieser Stadt lebt, Menschen und Vieh. An einer schweren Seuche werden sie zugrunde gehen. 7 Und danach, spricht Jahwe, werde ich König Zidkija von Juda und seine hohen Beamten und alles Volk in dieser Stadt, das von Hunger, Schwert und Pest noch verschont wurde, ihren Todfeinden ausliefern. Nebukadnezzar wird euch alle mit dem Schwert umbringen lassen, schonungslos, ohne Mitleid und Erbarmen.‹«

8 Dem Volk aber musste Jeremia ausrichten: »So spricht Jahwe: ›Ihr habt die Wahl zwischen Leben und Tod. 9 Wer in dieser Stadt bleibt, wird durch den Krieg, durch Hunger oder Pest sterben. Wer aber die Stadt verlässt und zu den Chaldäern überläuft, kommt mit dem Leben davon. 10 Denn ich bin fest entschlossen, Unglück über die Stadt zu bringen und ihr nicht zu helfen‹, spricht Jahwe. ›Sie wird dem König von Babylon in die Hände fallen, und der wird sie in Schutt und Asche legen.‹«

Die Botschaft an die Regierung

11 An das Königshaus von Juda: / »Hört das Wort Jahwes, 12 ihr Nachkommen Davids! / So spricht Jahwe: ›Haltet jeden Morgen gerechtes Gericht! / Befreit den Beraubten von seinem Bedrücker! / Sonst kommt wie ein Feuer mein Zorn über euch, / unlöschbar wegen der Bosheit eures Tuns!

13 Passt auf! Ich komme über euch, / die ihr dort unten auf dem Felsen* wohnt!‹, / spricht Jahwe. / ›Meint ihr, niemand kommt zu euch herab / und dringt in eure Bauten ein? 14 Ich ziehe euch zur Rechenschaft / für alle eure Taten‹, / spricht Jahwe. / ›Ich lege Feuer in eure Paläste*, / das ringsum alles verzehrt.‹«

Gegen die Könige

22 1 Jahwe sagte zu mir: »Geh hinunter in den Palast des Königs von Juda und rufe diese Botschaft aus: 2 ›Höre, was Jahwe dir zu sagen hat, König von Juda, der auf dem Thron Davids sitzt. Höre es mitsamt deinen Dienern und dem Volk, das durch diese Tore kommt! 3 So spricht Jahwe: Sorgt für Recht und Gerechtigkeit, befreit die Beraubten aus der Gewalt ihrer Unterdrücker! Bedrängt weder Fremde, noch Waisen und Witwen, und misshandelt sie nicht! Vergießt hier kein unschuldiges Blut! 4 Nur wenn ihr euch wirklich daran haltet, werden auch weiterhin Könige durch diese Tore einziehen, Könige, die auf dem Thron Davids sitzen; mit Pferd und Wagen werden sie fahren, sie und ihre Diener und das Volk. 5 Wenn ihr aber nicht auf diese Worte hört, dann schwöre ich bei mir

---

21,13 *auf dem Felsen.* Der Königspalast war unterhalb des Tempels auf einem *Felsen* gebaut.

21,14 *eure Paläste.* Wörtlich: *in ihren Wald.* Gemeint sind die Zedernsäulen und -balken der Paläste.

selbst: Dieser Palast wird zu einem Trümmerhaufen werden!‹«

6 Denn so spricht Jahwe über den Palast der Könige von Juda: »Du warst schön wie Gilead und wie der Gipfel des Libanon. Trotzdem mache ich eine Wüste aus dir, einen unbewohnten Ort. 7 Ich schicke dir eine Abrisskolonne, die mit ihrem Werkzeug deine herrlichen Zedernstämme herausbricht und ins Feuer wirft. 8 Menschen aus vielen Ländern werden dann hier vorüberziehen und sich fragen: ›Warum hat Jahwe dieser großen Stadt das angetan?‹ 9 Dann wird man ihnen antworten: ›Weil sie den Bund mit Jahwe, ihrem Gott, gebrochen haben. Sie haben andere Götter verehrt und ihnen gedient.‹«

Trauer um Schallum

10 Weint nicht um den Toten*, trauert nicht um ihn. Weint vielmehr über den, der fortziehen muss*, denn er wird seine Heimat nie wiedersehen. 11 Denn so spricht Jahwe über Schallum Ben-Joschija, den König von Juda, der seinem Vater auf dem Thron folgte und die Stadt verlassen musste: »Er wird niemals wieder hierher zurückkehren! 12 Er wird dort sterben, wohin man ihn verschleppt hat. Dieses Land wird er nie wiedersehen!«

Gegen König Jojakim

13 Weh dem, der seinen Palast mit unrechten Mitteln erbaut, / der ihn aufstockt mit Unrecht, / der die Leute umsonst arbeiten lässt, / sie nicht entlohnt, 14 der sagt:»Ich baue mir einen Riesenpalast / mit geräumigen Zimmern im Obergeschoss!« / Er setzt ihm hohe Fenster ein, / täfelt ihn mit Zedernholz / und streicht ihn mit roter Farbe an.

15 Bist du dadurch König, dass du wetteifern kannst mit Prachtbauten aus Zedernholz? Hat dein Vater nicht auch gut gegessen und getrunken und trotzdem für Recht und Gerechtigkeit gesorgt? Ging es ihm damals nicht gut? 16 Den Unterdrückten und Armen verhalf er zum Recht. Deshalb stand es gut! »Sieht man nicht gerade daran, ob jemand mich kennt?«, spricht Jahwe. 17 Aber du hast nichts anderes im Sinn als deinen eigenen Vorteil. Dafür vergießt du das Blut unschuldiger Menschen, wendest Erpressung an und gebrauchst Gewalt. 18 Darum spricht Jahwe über König Jojakim Ben-Joschija von Juda: »Für ihn wird es keine Totenklage geben: ›Ach, Bruder, ach, Schwester!‹ Niemand wird um ihn klagen: ›Ach, unser König, ach, seine Majestät!‹ 19 Man wird ihn wie einen toten Esel verscharren; man schleift ihn fort und wirft ihn weit draußen vor den Toren Jerusalems hin.«*

20 »Ersteig den Libanon und schreie! / Lass deine Stimme auf dem Baschan erschallen / und rufe

---

22,10 *den Toten.* Gemeint ist Joschija, siehe Vers 11, der 609 v.Chr. in der Schlacht von Megiddo fiel.

22,10 *der fortziehen muss.* Gemeint ist König Joahas (sein Geburtsname war Schallum, siehe auch 1. Chronik 3,15), der von Pharao Necho abgesetzt und nach Ägypten gebracht wurde (siehe 2. Könige 23,30-34).

22,19 *wirft ihn ... hin.* In 2. Könige 24,6 wird auffälligerweise nur der Tod Jojakims erwähnt, kein Begräbnis, keine Trauer.

vom Gebirge Abarim* herab, / dass all deine Liebhaber zerschmettert sind. 21 Als es dir noch gut ging, sprach ich dich an. / Aber du sagtest: ›Lass mich in Ruh!‹ / Das war schon immer deine Art, / nie hörtest du auf mich! 22 Der Wind wird deine Hirten weiden, / und deine Liebhaber werden verbannt. / Schmach und Schande wirst du ernten / wegen all deiner Bosheit. 23 Noch thronst du wie auf dem Libanon, / wohnst in Palästen aus Zedern. / Wie erbärmlich wirst du sein, / wenn die Schmerzen über dich kommen / wie die Wehen über die Frau!«

Gegen König Jojachin

24 »So wahr ich lebe«, spricht Jahwe, »selbst wenn du ein Siegelring an meiner rechten Hand wärst, König Konja* Ben-Jojakim von Juda, würde ich dich doch von dort wegreißen. 25 Ich werde dich deinen Todfeinden ausliefern, vor denen du Angst hast, und zwar den Chaldäern und ihrem König Nebukadnezzar von Babylon. 26 Dich und deine Mutter werde ich in ein fremdes Land schleudern, aus dem keiner von euch beiden stammt. Dort werdet ihr sterben. 27 Eure Heimat werdet ihr nie wiedersehen, so sehr ihr euch auch danach sehnt.«

28 Ist dieser Konja denn ein zerbrochener Krug, ein Ding, das keinem gefällt? Warum werden er und seine Kinder in ein Land fortgeschleudert, das keiner von ihnen kennt? 29 O Land, Land, Land! Höre das Wort Jahwes! 30 So spricht Jahwe: »Halte diesen Mann als kinderlos in der Chronik fest, als einen, der sein Leben lang nur Misserfolg hat. Denn keinem seiner Nachkommen wird es gelingen, auf dem Thron Davids zu sitzen und Juda zu regieren.«

Ein König, der Gott gefällt

23 1 »Weh den Hirten, die meine Schafe auf der Weide zugrunde richten und sie zerstreuen!«, spricht Jahwe. 2 »Darum sage ich, Jahwe, der Gott Israels, über die Hirten meines Volkes: ›Ihr habt meine Schafe auseinandergetrieben, ihr habt sie zerstreut, ihr habt euch nicht um sie gekümmert! Jetzt ziehe ich euch für die Bosheit eurer Taten zur Rechenschaft‹«, spricht Jahwe. 3 ›Ich selbst werde den Rest meiner Schafe aus allen Ländern zusammenholen, in die ich sie versprengt habe. Ich bringe sie auf ihre Weideplätze zurück. Dort werden sie gedeihen und sich vermehren. 4 Ich werde ihnen Hirten geben, die wirklich für sie sorgen. Sie sollen keine Angst mehr haben, nicht mehr erschrecken und verloren gehen‹«, spricht Jahwe.

5 »Seht, es kommt der Tag«, spricht Jahwe, »da werde ich einen Nachkommen Davids zum König machen, der weise und gerecht regieren wird und der im Land für Recht und Gerechtigkeit sorgt. 6 Dann wird Juda gerettet werden und Israel in Sicherheit leben.

22,20 *Libanon – Baschan – Abarim* sind Bergregionen; die erste ganz im Norden Israels, die zweite östlich vom See Gennesaret und die dritte südöstlich vom Toten Meer.

22,24 *Konja* ist die Kurzform von Jechonja und gleichbedeutend mit Jojachin (siehe 2. Könige 24,6-12).

>Jahwe, unsere Gerechtigkeit< wird man ihn nennen. *7* Seht, es kommen Tage«, spricht Jahwe, »da wird man nicht mehr sagen: >So wahr Jahwe lebt, der Israel aus Ägypten herausgeführt hat<, *8* sondern >So wahr Jahwe lebt, der die Israeliten aus dem Land im Norden herausgeführt hat und aus allen anderen Ländern, in die er sie vertrieben hatte.< Dann werden sie wieder in ihrem eigenen Land wohnen.«

Gegen die falschen Propheten

9 Über die Propheten:
Es bricht mir das Herz, / ich zittere am ganzen Leib / vor Jahwe und seinen heiligen Worten. / Ich bin wie ein Betrunkener, / wie ein Mann, der vom Wein benommen ist. *10* Das Land ist voll von Ehebrechern, / und wegen des Fluchs vertrocknet der Boden, / sind die Weideplätze der Steppe verdorrt. / Alle haben nur Böses im Sinn, / ihre Stärke liegt im Unrechttun. *11* »Selbst Propheten und Priester sind gemein. / Ihre Bosheit fand ich sogar in meinem Haus«, / spricht Jahwe. *12* »Doch die Wege, die sie gehen, / werden glatt und schlüpfrig sein; / sie stürzen in der Dunkelheit / und kommen alle zu Fall. / Denn ich bringe Unheil über sie; / das Jahr der Abrechnung kommt«, / spricht Jahwe.

13 »Was ich bei den Propheten Samarias gesehen habe, war schon abscheulich genug: Sie weissagten im Namen des Baal und haben mein Volk Israel in die Irre geführt. *14* Aber bei den Propheten Jerusalems habe ich Schauderhaftes gesehen: Sie begehen Ehebruch und leben in der Lüge! Und dann bestärken sie die Gottlosen noch in ihrem Treiben, sodass niemand daran denkt, sein Leben zu ändern. Für mich sind sie alle wie Sodom und die Bewohner der Stadt wie Gomorra*.« *15* Darum spricht Jahwe, der Allmächtige, über die Propheten: »Passt auf! Ich werde ihnen Bitteres zu essen geben und Giftwasser zu trinken, denn die Propheten Jerusalems haben die Gottlosigkeit im ganzen Land verbreitet.«

16 So spricht Jahwe, der Allmächtige: »Hört nicht auf das, was diese Propheten euch weissagen. Sie halten euch zum Narren. Ihre Visionen kommen aus ihrem Bauch und nicht von Jahwe. *17* Zu denen, die mich verworfen haben, sagen sie: >Jahwe hat gesagt: Das Heil ist euch sicher!< Und zu denen, die eigensinnig ihrem bösen Herzen folgen, sagen sie: >Ihr habt nichts Schlimmes zu befürchten!<«

18 Wer von ihnen stand je in der Ratsversammlung Jahwes? Wer schaute und hörte sein Wort? Wer lauschte und hörte überhaupt? *19* Passt auf! Ein verheerender Sturm Jahwes bricht los: sein Grimm. Ein Wirbelsturm entlädt sich über dem Kopf dieser Gottlosen. *20* Der Zorn Jahwes wird nicht nachlassen, bis Jahwe alles ausgeführt hat, was er sich vornahm. Ganz werdet ihr das erst am Ende der von Gott bestimmten Zeit verstehen.

21 »Ich habe die Propheten nicht geschickt, und doch sind sie gelaufen.

23,15 *Sodom ... Gomorra.* Städte, die Gott wegen der Bosheit ihrer Bewohner durch Feuer vernichtet hat (siehe 1. Mose 19, 24-25).

Ich habe nicht zu ihnen gesprochen, und doch haben sie geweissagt. 22 Hätten sie an meiner Ratsversammlung teilgenommen, dann könnten sie meinem Volk meine Worte verkünden. Und dann würden sie es abbringen von seinem gottlosen Lebensstil und seiner Bosheit. 23 Bin ich denn nur ein Gott in der Nähe«, spricht Jahwe, »und nicht auch einer in der Ferne? 24 Oder kann sich jemand so verstecken, dass ich ihn nicht sehen könnte?«, spricht Jahwe. »Ich bin es doch, der den Himmel und die Erde erfüllt«, spricht Jahwe. 25 »Ich habe gehört, was die Propheten reden, die in meinem Namen weissagen. ›Ich träumte, ich träumte‹, sagen sie. Doch es ist nichts als Lug und Trug. 26 Wie lange soll das noch gehen? Haben diese Propheten, die Lügen verbreiten und ihre Hirngespinste als Weissagung ausgeben, etwa im Sinn, 27 meinen Namen bei meinem Volk in Vergessenheit zu bringen, so wie ihre Vorfahren mich über dem Baal vergaßen? Ist das ihre Absicht, wenn sie einander ihre Träume erzählen? 28 Der Prophet, der einen Traum hatte, mag einen Traum erzählen. Wer aber mein Wort hat, richte mein Wort zuverlässig aus! Spreu hat doch nichts mit Weizen zu tun!«, spricht Jahwe. 29 »Ist mein Wort nicht wie ein Feuer«, spricht Jahwe, »und wie ein Hammer, der Felsen zerschlägt?«

30 »Darum passt auf«, spricht Jahwe, »jetzt gehe ich gegen die Propheten vor, die sich gegenseitig die Worte stehlen. 31 Passt auf, jetzt gehe ich gegen die Propheten vor«, spricht Jahwe, »die ihr eigenes Gerede Botschaft nennen. 32 Passt auf, jetzt gehe

ich gegen die vor, die erlogene Träume erzählen«, spricht Jahwe, »und mein Volk mit ihren Lügen und ihrem Geflunker in die Irre führen. Ich habe sie weder gesandt, noch ihnen irgendetwas befohlen. Sie nützen diesem Volk überhaupt nichts«, spricht Jahwe.

Die »Last« Jahwes

33 »Wenn dieses Volk dich fragt oder auch ein Priester oder Prophet: ›Gibt es ein Lastwort* Jahwes?‹, dann sag zu ihnen: ›Ihr seid die Last! Aber ich bin schon dabei, euch abzuwerfen, spricht Jahwe.‹ 34 Und jeden Propheten, jeden Priester und jeden aus dem Volk, der sagt: ›Lastwort Jahwes‹, werde ich mit seiner ganzen Familie zur Rechenschaft ziehen. 35 Stattdessen sollt ihr einander fragen: ›Was hat Jahwe geantwortet? Was hat Jahwe gesagt?‹ 36 Aber den Begriff ›Lastwort Jahwes‹ sollt ihr nicht mehr gebrauchen. Denn jedem wird sein eigenes Wort zur Last, weil er die Worte des lebendigen Gottes verdreht hat, die Worte Jahwes, des Allmächtigen, unseres Gottes! 37 Fragt einen Propheten also: ›Was hat Jahwe dir geantwortet?‹ oder: ›Was hat Jahwe gesagt?‹ 38 Wenn ihr aber weiterhin ›Lastwort Jahwes‹ sagt, obwohl ich euch ausrichten ließ, den Begriff ›Lastwort Jahwes‹ nicht mehr zu gebrauchen«, spricht Jahwe, 39 »dann passt auf! Ich werde euch ganz vergessen und euch samt der Stadt, die

---

23,33 *Lastwort.* Der hebräische Ausdruck bedeutet »Last« und meint in diesem und ähnlichen Zusammenhängen (z.B. Sacharja 9,1; 12,1) das Wort Jahwes, das wie eine Last auf dem Propheten liegt.

ich euch und euren Vorfahren gegeben habe, aus meiner Gegenwart entfernen. *40* Ich stürze euch in Schimpf und Schande, die immer an euch hängen bleibt.«

Gleichnis von den Feigen

24 *1* Jahwe ließ mich zwei Feigenkörbe sehen, die vor seinem Tempel standen. Es war in der Zeit, als König Nebukadnezzar von Babylon den König Jechonja Ben-Jojakim von Juda samt den hohen Beamten Judas, den Bau- und den Metallhandwerkern als Gefangene von Jerusalem nach Babylonien verschleppt hatte.* *2* Die Feigen in dem einen Korb waren sehr gut, wie Frühfeigen. Die in dem anderen Korb waren so schlecht, dass man sie nicht mehr essen konnte. *3* Jahwe fragte mich: »Was siehst du, Jeremia?« Ich antwortete: »Feigen. Die guten sind sehr gut und die schlechten so schlecht, dass man sie nicht mehr essen kann.«

4 Da kam das Wort Jahwes zu mir: *5* »So spricht Jahwe, der Gott Israels: ›Die aus Juda Verbannten, die ich von hier ins Land der Chaldäer vertrieben habe, sehe ich wie diese guten Feigen

an. *6* Ich werde mich ihnen wieder zuwenden und bringe sie in dieses Land zurück, wo ich sie dann aufbaue und nicht abbreche, sie einpflanze und nicht ausreiße. *7* Ich gebe ihnen das Verständnis, mich zu erkennen, zu begreifen, dass ich es bin, Jahwe. Dann werden sie mein Volk sein und ich ihr Gott, denn sie werden mit ganzem Herzen zu mir umkehren.

8 Aber König Zidkija von Juda und seine hohen Beamten und den Rest der Jerusalemer – ob sie nun im Land geblieben sind oder sich in Ägypten niedergelassen* haben – sehe ich als die schlechten Feigen an, die ungenießbar geworden sind. *9* Ich mache sie zum abschreckenden Beispiel des Bösen für alle Königreiche der Erde, wohin ich sie auch vertreibe. Dort werden sie mit Hohn und Spott überschüttet werden und ein Sprichwort sein. *10* Ich lasse das Schwert, den Hunger und die Pest über sie kommen, bis sie aus dem Land verschwunden sind, das ich ihnen und ihren Vorfahren gegeben habe.‹«

70 Jahre Gefangenschaft

25 *1* Im 4. Regierungsjahr* des Königs Jojakim Ben-Joschija von Juda – es war das erste Jahr des Königs Nebukadnezzar von Babylon – kam ein Wort für das ganze jüdische Volk zu Jeremia. *2* Der Prophet Jeremia verkündete es dem Volk von Juda und den Einwohnern von Jerusalem: *3* »Seit dem 13. Regierungsjahr* von König Joschija Ben-Amon habe ich 23 Jahre lang bis zum heutigen Tag das Wort Jahwes empfangen. Ich habe zu euch geredet, habe mich beizeiten

---

24,1 *verschleppt hatte.* Das geschah im Jahr 597 v.Chr.

24,8 *niedergelassen.* Das könnten Juden sein, die beim Anmarsch Nebukadnezzars nach Ägypten geflohen waren.

25,1 *Im 4. Regierungsjahr.* Das war das Jahr 605 v.Chr., in dem König Jojakim sich Nebukadnezzar unterwarf.

25,3 *13. Regierungsjahr.* Das war 626 v.Chr., als Jeremia zum Propheten berufen wurde.

aufgemacht, geredet und geredet, aber ihr habt einfach nicht zugehört. 4 Immer wieder hat Jahwe seine Diener, die Propheten, zu euch geschickt. Aber niemand von euch hat sich darum gekümmert. Niemand hörte auf ihn, 5 wenn er sie sagen ließ: ›Kehrt doch um von euren bösen Wegen, macht Schluss mit eurem bösen Tun! Dann könnt ihr in dem Land wohnen bleiben, das Jahwe euch und euren Vorfahren für alle Zeiten gegeben hat. 6 Und lauft nicht den fremden Göttern hinterher, um ihnen zu dienen und sie anzubeten! Fordert nicht meinen Zorn heraus mit euren Machwerken, sonst bringe ich Unheil über euch! 7 Aber ihr habt ja nicht auf mich gehört‹, sagt Jahwe. ›Sondern ihr habt mich mit euren Machwerken gereizt und euch damit selbst ins Unglück gestürzt.‹«

8 Darum spricht Jahwe, der Allmächtige: »Weil ihr nicht auf meine Worte gehört habt 9 – Passt auf! – darum hole ich alle Völker des Nordens herbei«, spricht Jahwe, »auch meinen Diener Nebukadnezzar, den König von Babylon. Ich lasse sie über dieses Land und seine Bewohner herfallen, wie auch über die Nachbarvölker ringsum. Ich vollstrecke den Bann* an ihnen und mache sie zu einem Trümmerfeld, einem Bild des Grauens und der Verachtung. 10 Ich lasse jeden Jubelruf und jedes Freudengeschrei verstummen, auch den Ruf von Bräutigam und Braut. Man wird keine Handmühle mehr mahlen hören und kein Öllämpchen mehr leuchten sehen. 11 Das ganze Land wird zu einem wüsten Trümmerfeld. Und all diese Völker werden siebzig Jahre lang dem König von Babylon unterworfen sein. 12 Wenn dann die siebzig Jahre um sind, werde ich den König von Babylon und sein Volk zur Rechenschaft ziehen und ebenso das Land der Chaldäer. Ich mache es für immer zur Wüste. 13 Ich lasse alles über dieses Land kommen, was ich ihm angedroht habe, alles, was in dieser Schriftrolle steht, was Jeremia jedem dieser Völker angekündigt hat. 14 Ja, auch die Chaldäer werden einmal großen Völkern und mächtigen Königen dienen müssen. So lasse ich sie für alles büßen, was sie getan haben.«

Gottes Zornbecher für die Völker

15 Denn so hat Jahwe, der Gott Israels, zu mir gesprochen: »Nimm diesen Becher aus meiner Hand und gib ihn all den Völkern zu trinken, zu denen ich dich sende. Er ist voll mit dem Wein meines Zorns. 16 Sie sollen ihn austrinken, ins Taumeln geraten und den Verstand verlieren, wenn ich das Schwert unter ihnen wüten lasse.«

17 Da nahm ich den Becher aus der Hand Jahwes und gab ihn all den Völkern zu trinken, zu denen er mich sandte. 18 Jerusalem und die Städte Judas bekamen ihn, ihre Könige und ihre Fürsten, um sie zur Einöde zu machen, zu Stätten des Grauens, der Verachtung und des Fluches, wie es bis heute* der Fall ist. 19 Der Pharao,

---

25,9 *Bann.* Das bedeutete die vollständige Vernichtung von Menschen, Tieren und Gütern.

25,18 *bis heute.* Das meint den Zeitpunkt, als das Buch verfasst wurde.

der König von Ägypten, erhielt ihn mit seinem ganzen Hof, seinen Fürsten, seinem Volk 20 und dem Völkergemisch in seinem Land. Die Könige des Landes Uz* bekamen ihn und alle Könige der Philisterstädte Aschkelon, Gaza, Ekron und das, was von Aschdod noch übrig geblieben ist, 21 Edom, Moab und die Ammoniter, 22 alle Könige von Tyrus und Sidon, und die des Küstenlandes auf der anderen Seite des Meeres. 23 Die Leute von Dedan, Thema und Bus bekamen ihn und alle, die sich die Schläfenlocken stutzen, 24 alle Könige Arabiens und der Wüstenstämme, 25 alle Könige von Simri, Elam und Medien, 26 alle Könige der nahen und fernen Länder im Norden, einer nach dem anderen, kurz, alle Könige der Erde mussten davon trinken, zuletzt der König von Scheschach*.

27 »Sag zu ihnen: ›So spricht Jahwe, der Allmächtige, Israels Gott: Trinkt, werdet betrunken und erbrecht euch, fallt hin und steht nicht wieder auf, weil mein Schwert unter euch wütet.‹ 28 Und wenn sie sich weigern, den Becher aus deiner Hand anzunehmen, dann sag ihnen: ›So spricht Jahwe, der Allmächtige: Ihr müsst ihn austrinken! 29 Denn seht, ich beginne mit dem Unheil bei der Stadt, die mein Eigentum ist. Solltet ihr da etwa ungeschoren davonkommen? Nein, auch euch trifft diese Strafe! Ich rufe

das Schwert gegen alle Bewohner der Erde herbei, spricht Jahwe, der Allmächtige.‹

30 Und du, weissage ihnen die folgenden Worte:

›Jahwe brüllt von der Höhe
herab, / es hallt aus seiner heiligen
Wohnung. / Laut ruft er über
seine Weide hin. / Ein Heißa!
wie die Keltertreter stimmt er an /
gegen alle Bewohner der Welt.
31 Das Dröhnen dringt bis ans
Ende der Erde. / Jahwe macht
den Völkern den Prozess, / zieht
alle Menschen vor Gericht; /
die Gottlosen übergibt er dem
Schwert, / spricht Jahwe.‹

32 So spricht Jahwe, der Allmächtige:

›Seht, von den Enden der Erde /
erhebt sich ein gewaltiger Sturm; /
ein Volk nach dem anderen / wird
von dem Unheil getroffen.‹

33 Überall auf der Erde werden die Leichen liegen, die Jahwe erschlagen hat. Niemand trauert um sie, keiner sammelt sie ein, keiner begräbt sie. Zum Dünger für die Äcker sollen sie werden.

34 ›Heult, ihr Völkerhirten und
schreit! / Wälzt euch in der
Asche, / ihr Mächtigen der
Herde, / denn jetzt seid ihr an der
Reihe, / geschlachtet zu werden. /
Ich schmettere euch zu Boden /
wie ein kostbares Gefäß. 35 Verloren ist die Zuflucht der Hirten, /
für die Herrlichen der Völkerherde / gibt es kein Entkommen.
36 Hört das Geschrei der Hirten, /
das Heulen der Herrscher der

25,20 *Uz* bezeichnet ein großes Gebiet östlich der Araba, des Jordangrabens, der bis zum Golf von Elat reicht.

25,26 *Scheschach* ist ein verschlüsselter Name für Babylon.

Herde, / denn Jahwe verwüstet ihre Weide. *37* Der Gluthauch seines Zorns / zerstört die Auen des Friedens. *38* Wie ein Löwe verlässt er sein Versteck, / denn ihr Land ist zur Wüste geworden / durch das furchtbare Schwert, / durch Jahwes glühenden Zorn.‹«

Jeremias zweite Tempelrede

26 *1* Kurz nachdem Jojakim Ben-Joschija König über Juda geworden war, kam folgendes Wort Jahwes: *2* »So spricht Jahwe: Stell dich in den Vorhof von Jahwes Haus und rede zu allen, die aus den Städten Judas kommen, um sich im Haus Jahwes niederzuwerfen! Sag ihnen alles, was ich dir befohlen habe! Lass nichts davon aus! *3* Vielleicht hören sie ja darauf und jeder kehrt von seinem bösen Weg um. Dann wird es mir leidtun und ich werde das Unheil, das ich ihnen wegen der Bosheit ihrer Taten angedroht habe, nicht über sie bringen. *4* Sag ihnen: ›So spricht Jahwe: Wenn ihr nicht auf mich hört und euch nicht an meine Weisungen haltet, *5* wenn ihr auch nicht auf die Worte meiner Diener, der Propheten, hört – auf die ihr nie gehört habt, obwohl ich sie immer wieder zu euch gesandt habe –, *6* dann werde ich mit diesem Haus dasselbe tun wie mit Schilo*. Und diese Stadt werde ich zu einem Fluchwort für alle Völker der Erde machen.‹«

7 Die Priester, die Propheten und das ganze Volk hörten, was Jeremia im Haus Jahwes sagte. *8* Als er zu Ende war und den Auftrag Jahwes ausgeführt hatte, packten sie ihn und

schrien: »Dafür musst du sterben! *9* Weshalb verkündest du im Namen Jahwes, dass es diesem Haus wie Schilo ergehen und dass diese Stadt in Trümmern liegen und menschenleer sein wird?« Das ganze Volk rottete sich im Vorhof des Tempels gegen Jeremia zusammen. *10* Als die führenden Männer Judas davon hörten, kamen sie vom Königspalast zum Haus Jahwes hinauf und nahmen am Eingang des Neuen Tores Platz. *11* Die Priester und Propheten klagten Jeremia vor ihnen und dem versammelten Volk an. »Dieser Mann verdient den Tod!«, sagten sie. »Er hat gegen diese Stadt geweissagt. Ihr habt es ja selbst gehört.« *12* Darauf erwiderte Jeremia: »Jahwe hat mich beauftragt, gegen dieses Haus und gegen diese Stadt all das zu weissagen, was ihr gehört habt. *13* So bessert nun euer Leben und euer ganzes Tun und hört auf Jahwe, euren Gott. Dann wird es Jahwe leidtun und er wird das Unheil nicht über euch kommen lassen. *14* Ich selbst bin ja in eurer Hand. Macht mit mir, was ihr wollt. *15* Doch eins sollt ihr wissen: Wenn ihr mich tötet, bringt ihr unschuldiges Blut über euch, über diese Stadt und ihre Einwohner. Denn so wahr ich hier stehe: Jahwe hat mich zu euch geschickt, um euch genau diese Worte zu überbringen.«

16 Da waren sich die Oberen und das ganze Volk einig: »Dieser Mann hat auf keinen Fall die Todesstrafe verdient, denn er hat im Namen Jahwes, unseres Gottes, zu uns gesprochen.«

26,6 *Schilo.* Siehe Jeremia 7,12-14.

17 Es standen auch einige von den Ältesten des Landes auf und sagten: 18 »Micha von Moreschet hat zur Zeit des Königs Hiskija von Juda geweissagt und zum ganzen Volk gesagt: ›So spricht Jahwe, der Allmächtige: Zion wird umgepflügt wie ein Acker, Jerusalem wird zu einem Trümmerhaufen und der Tempelberg zu einem bewaldeten Hügel.‹ 19 Haben ihn der König Hiskija und das ganze Volk damals etwa getötet? Nein, Hiskija hat sich Jahwe unterworfen und ihn angefleht, sodass es Jahwe leidtat und er das Unheil nicht über sie brachte. Aber wir sind dabei, durch ein großes Unrecht unser Leben in Gefahr zu bringen!«

Hinrichtung des Propheten Urija

20 Es gab damals noch einen anderen Propheten, der ganz ähnlich wie Jeremia im Namen Jahwes gegen diese Stadt und das Land Juda weissagte. Es war Urija Ben-Schemaja aus Kirjat-Jearim. 21 Als König Jojakim, seine Heerführer und Oberen dessen Worte hörten, wollte der König ihn töten lassen. Urija erfuhr davon, bekam Angst und floh nach Ägypten. 22 Da schickte Jojakim Elnatan Ben-Achbor mit einigen Männern dorthin. 23 Sie holten Urija aus Ägypten zurück und brachten ihn vor den König. Der ließ ihn mit dem Schwert hinrichten und seine Leiche auf die Gräber des einfachen Volkes werfen.

27,1 *Zidkija.* So einige hebräische und syrische Manuskripte. Die meisten hebräischen Manuskripte lesen *Jojakim* (siehe aber Vers 3 und 12). Die meisten griechischen Manuskripte der LXX lassen den Vers ganz aus.

24 Doch Jeremia entging der Hinrichtung, weil Ahikam Ben-Schafan ihn in Schutz nahm und nicht zuließ, dass er vom Volk getötet wurde.

Das Zeichen des Jochs

27 1 Es war noch am Anfang der Regierungszeit des Königs Zidkija* Ben-Joschija von Juda, als ein Wort Jahwes zu Jeremia kam. 2 Jahwe sagte zu mir: »Mach dir Joche aus Hölzern und Stricken und lege sie dir um den Hals. 3 Dann gib sie den Gesandten von Edom, Moab, Ammon, Tyrus und Sidon, die zu König Zidkija nach Jerusalem gekommen sind, an ihre Könige mit. 4 Lass sie ihren Herren ausrichten: ›So spricht Jahwe, der allmächtige Gott Israels: 5 Ich habe die Erde, die Menschen und die Tiere, die es auf ihr gibt, geschaffen durch meine gewaltige Kraft und Macht. Ich kann sie geben, wem ich will! 6 Und jetzt habe ich all diese Länder in die Hand meines Dieners Nebukadnezzar gegeben, des Königs von Babylon. Selbst die wilden Tiere habe ich in seinen Dienst gestellt. 7 Alle Völker sollen ihm, seinem Sohn und seinem Enkel dienen, bis auch die Zeit seines Landes gekommen ist. Dann wird es großen Völkern und mächtigen Königen unterworfen werden. 8 Doch jetzt ist es so: Das Volk oder Reich, das König Nebukadnezzar von Babylon nicht dienen will, das den Hals nicht in sein Joch steckt, spricht Jahwe, über das lasse ich Krieg, Hunger und Pest kommen, bis es ganz in seiner Gewalt ist. 9 Hört nicht auf eure Propheten und Wahrsager, eure

Träumer, Zauberer und Beschwörer, die euch einreden, dass ihr dem König von Babylon nicht dienen müsst. 10 Denn sie lügen, wenn sie euch weissagen, und bringen euch so um eure Heimat, indem ich euch vertreibe und ihr umkommt. 11 Aber die Nation, die ihren Hals in das Joch des Königs von Babylon steckt und ihm dient, werde ich auf ihrem heimatlichen Boden lassen, spricht Jahwe. Sie kann ihn bebauen und dort wohnen bleiben.

12 Auch zu König Zidkija von Juda sagte ich dasselbe. Steckt eure Hälse in das Joch des Königs von Babylon und dient ihm und seinem Volk. Dann werdet ihr am Leben bleiben. 13 Warum willst du mit deinem Volk durch Krieg, Hunger und Pest sterben, wie es Jahwe jedem Volk angedroht hat, das sich dem König von Babylon nicht unterwirft? 14 Hört nicht auf die Propheten, die euch sagen: Ihr werdet dem König von Babylon nicht dienen! Was sie euch weissagen ist Lüge. 15 Denn ich habe sie nicht gesandt, spricht Jahwe. Darum ist es Lüge, was sie in meinem Namen weissagen. Die Folge wird sein, dass ich euch vertreibe und ihr samt den Propheten, die euch weissagen, umkommt.‹«

16 Zu den Priestern und dem ganzen Volk sagte ich: »So spricht Jahwe: Hört nicht auf die Worte eurer Propheten, wenn sie weissagen: ›Passt auf! Die Gegenstände aus dem Haus Jahwes werden nun bald aus Babylonien zurückgebracht.‹ Sie lügen euch an. 17 Hört nicht auf sie! Unterwerft euch dem König von Babylon, dann bleibt ihr am Leben! Warum soll diese Stadt ein Trümmerfeld werden? 18 Wenn sie

wirklich Propheten sind, von denen man das Wort Jahwes erfährt, dann sollten sie Jahwe, den Allmächtigen, bestürmen, damit die Gegenstände nicht nach Babylonien kommen, die im Haus Jahwes, im Königspalast und in Jerusalem noch übrig geblieben sind. 19 Denn so spricht Jahwe, der Allmächtige, über die Säulen, das sogenannte Meer*, die Kesselwagen und die übrigen Gegenstände, 20 die König Nebukadnezzar von Babylon nicht mitgenommen hat, als er König Jechonja Ben-Jojakim von Juda samt den Edelleuten von Juda und Jerusalem als Gefangene nach Babylonien wegführte. 21 Ja, so spricht Jahwe, der allmächtige Gott Israels, über die Gegenstände, die im Haus Jahwes, im Königspalast und in Jerusalem noch übrig geblieben sind: 22 Sie sollen nach Babylonien gebracht werden und dort so lange bleiben, bis ich mich wieder um sie kümmere, und sie an diesen Ort zurückbringe«, spricht Jahwe.

Jeremia und Hananja

28 1 Es war noch in der Anfangszeit des Königs Zidkija von Juda, im Juli* seines 4. Regierungsjahrs, da sagte der Prophet Hananja Ben-Asur von Gibeon im Haus Jahwes vor den Priestern und dem Volk: 2 »So spricht Jahwe, der allmächtige Gott Israels: ›Ich zerbreche das Joch des Königs von

---

27,19 *das sogenannte Meer.* Siehe 1. Könige 7,23-26.

28,1 *im Juli.* Wörtlich: im 5. Monat. Es handelt sich um das Jahr 593 v.Chr.

Babylon. *3* In zwei Jahren werde ich alle Gegenstände aus dem Haus Jahwes, die König Nebukadnezzar weggenommen und nach Babylonien gebracht hat, an diesen Ort zurückbringen. *4* Auch König Jechonja* Ben-Jojakim und alle anderen, die aus Juda nach Babylonien verschleppt worden sind, bringe ich an diesen Ort zurück‹, spricht Jahwe, ›denn ich zerbreche das Joch des Königs von Babylon.‹«

5 Da sagte der Prophet Jeremia öffentlich vor den Priestern und dem Volk, das sich im Haus Jahwes befand, zu dem Propheten Hananja: *6* »Amen! Ich wünschte, Jahwe würde das tun! Er lasse deine Worte in Erfüllung gehen und bringe die Gegenstände aus dem Haus Jahwes und alle nach Babylonien Verschleppten an diesen Ort zurück! *7* Aber jetzt höre, was ich vor dir und dem ganzen Volk zu sagen habe: *8* Die Propheten, die vor mir und dir seit ältesten Zeiten aufgetreten sind, sagten vielen Ländern und großen Reichen Krieg, Unheil und Pest voraus. *9* Der Prophet, der Frieden ankündigt, wird als echter Prophet erkannt, wenn sein Wort eintrifft. Erst daran erweist sich, dass Jahwe ihn wirklich gesandt hat.«

10 Da nahm der Prophet Hananja das Joch vom Hals des Propheten Jeremia ab und zerbrach es. *11* Dann erklärte er vor allen Leuten: »So spricht Jahwe: ›Ebenso werde ich in zwei Jahren das Joch des Königs Nebukadnezzar von Babylon den Völkern vom Hals nehmen und zerbrechen.‹« Daraufhin ging der Prophet Jeremia weg.

12 Einige Zeit nachdem Hananja das Joch vom Hals Jeremias genommen und zerbrochen hatte, kam das Wort Jahwes zu Jeremia: *13* »Geh und sage zu Hananja: ›So spricht Jahwe: Ein Joch aus Holz hast du zerbrochen, doch dafür kommt ein Joch aus Eisen. *14* Denn so spricht Jahwe, der allmächtige Gott Israels: Ein eisernes Joch habe ich auf den Nacken dieser Völker gelegt; sie müssen König Nebukadnezzar von Babylon dienen. Selbst die wilden Tiere gebe ich ihm.‹« *15* Jeremia sagte außerdem zum Propheten Hananja: »Hör gut zu, Hananja! Jahwe hat dich nicht gesandt. Du hast das Volk auf eine Lüge vertrauen lassen. *16* Darum spricht Jahwe: ›Pass auf! Ich lasse dich vom Erdboden verschwinden. Dieses Jahr noch wirst du sterben, denn du hast Ungehorsam gegen Jahwe gepredigt.‹« *17* Der Prophet Hananja starb noch in demselben Jahr, im September*.

Ein Brief an die Verbannten

29 *1* Es folgt der Wortlaut des Briefes, den der Prophet Jeremia von Jerusalem aus an die übrig gebliebenen Ältesten unter den Verbannten, an die Priester, die Propheten und alle anderen schickte, die Nebukadnezzar nach Babylonien verschleppt hatte. *2* Zuvor hatten König Jechonja und die Königsmutter die Stadt verlassen samt den Hofbeamten, den Oberen von Juda und Jerusalem,

---

28,4 *Jechonja* ist eine Variante des Namens Jojachin.

28,17 *im September.* Wörtlich: im 7. Monat.

den Bauleuten und den Metallhandwerkern. 3 Jeremia schickte den Brief durch Elasa Ben-Schafan und Gemarja Ben-Hilkija, die von König Zidkija nach Babylon zu Nebukadnezzar gesandt worden waren:

4 »Jahwe, der allmächtige Gott Israels, lässt allen, die er als Gefangene aus Jerusalem nach Babylonien wegführen ließ, Folgendes sagen: 5 ›Baut euch Häuser und wohnt darin! Legt Gärten an und genießt ihre Früchte! 6 Heiratet und zeugt Kinder! Verheiratet eure Söhne und Töchter, damit auch sie Kinder bekommen! Eure Zahl dort soll zunehmen und nicht abnehmen. 7 Bemüht euch um das Wohl der Stadt, in die ich euch verbannt habe, und betet für sie zu Jahwe! Denn wenn es ihr gut geht, geht es auch euch gut.‹ 8 So spricht Jahwe, der allmächtige Gott Israels: ›Lasst euch nicht täuschen von den Propheten und Wahrsagern, die unter euch sind. Hört auch nicht auf das, was ihr euch von ihnen erträumen lasst! 9 Denn sie weissagen euch Lügen, und das auch noch in meinem Namen. Ich habe sie nicht gesandt‹, spricht Jahwe.

10 So spricht Jahwe: ›Erst wenn 70 Jahre für das babylonische Reich vorüber sind, werde ich nach euch sehen und mein gutes Wort erfüllen, euch an diesen Ort zurückzubringen. 11 Denn ich weiß ja, was ich mit euch vorhabe‹, spricht Jahwe. ›Ich habe Frieden für euch im Sinn und kein Unheil. Ich werde euch Zukunft schenken und Hoffnung geben. 12 Wenn ihr dann zu mir ruft, wenn ihr kommt und zu mir betet, will ich euch hören. 13 Wenn ihr mich sucht, werdet ihr mich finden. Ja, wenn ihr von ganzem Herzen nach mir fragt, 14 werde ich mich von euch finden lassen‹, spricht Jahwe. ›Dann wende ich euer Schicksal und sammle euch aus allen Völkern und Orten, in die ich euch versprengt habe. Ich bringe euch an den Ort zurück, aus dem ich euch verschleppen ließ.‹

15 Weil ihr aber behauptet: ›Jahwe hat uns in Babylonien Propheten erweckt‹, 16 sagt Jahwe über den König, der auf dem Thron Davids sitzt und über das ganze Volk in der Stadt, über eure Brüder, die nicht mit in die Verbannung ziehen mussten: 17 So spricht Jahwe, der Allmächtige: ›Passt auf! Ich bringe Krieg, Hunger und Pest über sie. Ich behandle sie wie die abscheulichen Feigen, die so schlecht sind, dass man sie nicht mehr essen kann. 18 Ich stelle ihnen nach mit dem Schwert, mit Hunger und Pest. Ich mache sie zu einem Bild des Schreckens für alle Königreiche der Erde, zum Fluch und zum Entsetzen, zum Hohn und Spott für die Völker, unter die ich sie versprengen werde, 19 und zwar weil sie nicht auf mich gehört haben‹, spricht Jahwe. ›Immer und immer wieder habe ich meine Propheten zu ihnen gesandt, aber ihr wolltet nicht hören‹, spricht Jahwe.

20 So hört nun das Wort Jahwes, ihr, die ich von Jerusalem nach Babylonien verschleppen ließ: 21 So spricht Jahwe, der allmächtige Gott Israels, über Ahab Ben-Kolaja und Zidkija Ben-Maaseja, die euch Lügen weissagen, und das auch noch in meinem Namen: ›Passt auf! Ich liefere sie an König Nebukadnezzar aus, damit er sie vor euren Augen hinrichten lässt. 22 Die

Verbannten werden ein Fluchwort von ihnen ableiten: Jahwe strafe dich wie Zidkija und Ahab, die der König von Babylon im Feuer rösten ließ! *23* Denn sie haben schändliche Dinge unter den Israeliten getan: Sie haben mit den Frauen anderer Männer Ehebruch getrieben und in meinem Namen Lügen verbreitet, Worte, die ich ihnen niemals aufgetragen habe. Ich weiß es und bin Zeuge‹, spricht Jahwe.«

Jeremia und Schemaja

24 Zu Schemaja aus Nehelam sollst du sagen: *25* »So spricht Jahwe, der allmächtige Gott Israels: Du hast in deinem eigenen Namen einen Brief an das Volk in Jerusalem geschickt und an den Priester Zefanja Ben-Maaseja und die anderen Priester dort. Du hast geschrieben:

26 ›Jahwe hat dich zum Nachfolger des Priesters Jojada gemacht, damit Aufseher im Haus Jahwes da sind, die dafür sorgen sollen, dass jeder Verrückte, der sich als Prophet ausgibt, in Block und Halseisen gelegt wird. *27* Warum bist du nicht gegen Jeremia aus Anatot vorgegangen, der sich bei euch als Prophet aufspielt? *28* Hat er uns doch nach Babylon geschrieben, dass wir noch lange hier bleiben müssen. Wir sollten Häuser bauen und darin wohnen, Gärten pflanzen und deren Früchte essen.‹«

29 Der Priester Zefanja hatte Jeremia diesen Brief vorgelesen. *30* Da war das Wort Jahwes zu Jeremia gekommen: *31* »Sende eine Botschaft an alle Verbannten und richte ihnen aus: ›So spricht Jahwe zu Schemaja aus Nehelam: Weil Schemaja sich bei euch als Prophet ausgegeben hat,

obwohl ich ihn nicht geschickt habe, und er euch auf Lügen vertrauen ließ, *32* darum werde ich Schemaja aus Nehelam und seine Nachkommen zur Rechenschaft ziehen. Keiner von von seinen Leuten soll unter diesem Volk wohnen bleiben und das Gute erleben, das ich meinem Volk tun werde, spricht Jahwe, denn er hat Ungehorsam gegen Jahwe gepredigt.‹«

Befreiung aus der Gefangenschaft

30

1 Das Wort, das von Jahwe zu Jeremia kam: *2* So spricht Jahwe, der Gott Israels: »Alles, was ich dir gesagt habe, schreibe in eine Buchrolle! *3* Denn seht, es wird eine Zeit kommen, in der ich das Schicksal meines Volkes Israel und Juda wende«, spricht Jahwe. »Ich werde sie in das Land zurückbringen, das ich ihren Vorfahren gegeben habe; sie sollen es wieder in Besitz nehmen.« *4* Folgendes hat Jahwe über Israel und Juda gesagt; *5* ja, so spricht Jahwe:

»Wir hören Angstgeschrei. /
Entsetzen und kein Frieden!
6 Fragt doch nach und seht: /
Bringt ein Mann jemals Kinder zur
Welt? / Warum sehe ich da Männer / mit Händen auf den Hüften /
wie Gebärende? / Warum sind
ihre Gesichter so blass? *7* Weh,
groß ist jener Tag, / keiner ist
ihm gleich! / Die Nachkommen
Jakobs sind in Not, / doch sie
werden daraus befreit.«

8 »Es geschieht an jenem Tag«, spricht Jahwe, der Allmächtige, »da zerbreche ich das Joch auf dir und zerreiße deine

Fesseln. Fremde sollen dich nicht mehr versklaven! 9 Nur mir werdet ihr dienen, Jahwe, eurem Gott, und eurem König David, den ich euch erstehen lasse. 10 Und du, mein Diener Jakob, hab keine Angst!«, spricht Jahwe. »Israel, erschrick nicht! Denn ich will dich retten aus dem fernen Land, deine Nachkommen aus der Gefangenschaft. Jakob wird zurückkehren und in Frieden und Sicherheit leben. Niemand schreckt ihn mehr auf. 11 Denn ich bin bei dir«, spricht Jahwe, »um dir zu helfen. Die Völker, unter die ich euch versprengt habe, werde ich vernichten, nicht aber dich! Dich muss ich nur bestrafen, wie du es verdienst, denn ungestraft kann ich dich nicht lassen.«

12 Ja, so spricht Jahwe:
»Unheilbar ist dein Bruch, / eiterig deine Wunde! 13 Keiner tritt für dich ein, / keiner presst den Eiter aus, / keine Haut wächst über die Wunde. 14 Deine Liebhaber vergaßen dich alle, / sie fragten nicht mehr nach dir. / Denn wie einen Feind habe ich dich verwundet, / grausam habe ich dich bestraft / wegen deiner riesigen Schuld / und deiner zahllosen Sünden. 15 Was schreist du über deinen Bruch / und deinen unheilbaren Schmerz? / Wegen deiner riesigen Schuld / und deiner zahllosen Sünden / tat ich dir das an.
16 Doch alle, die dich fraßen, / werden nun selbst verzehrt; / alle, die dich bedrängten, / müssen nun in Gefangenschaft; / alle, die dich beraubten, / werden nun selbst beraubt; / alle, die dich plünderten, / gebe ich nun der Plünderung preis. 17 Dir lasse ich die Wundhaut wachsen, / dich heile ich von deinen Wunden«, / spricht Jahwe. / »Sie nannten dich ja schon Verstoßene: / ›Das ist Zion, nach der keiner fragt!‹«

18 So spricht Jahwe:
»Seht, ich stelle Jakobs Zelte wieder her, / erbarme mich über seine Wohnungen. / Auf Bergen von Schutt ersteht die Stadt neu, / der Palast auf seinem alten Platz. 19 Lobgesang wird dort zu hören sein, / die Stimme fröhlicher Menschen. / Ich lasse mein Volk wachsen, / ihre Zahl nimmt nicht mehr ab. / Ich verschaffe ihnen so viel Ehre, / dass niemand sie mehr verachtet. 20 Es wird ihnen gehen wie früher, / ihre Gemeinschaft besteht vor mir. / Und alle ihre Unterdrücker / ziehe ich zur Rechenschaft. 21 Ihr Führer kommt dann aus ihrer Mitte, / ihr Herrscher stammt von ihnen selbst. / Ich erlaube ihm den Zutritt zu mir, / er darf in meiner Nähe erscheinen. / Denn wer setzt sonst sein Leben aufs Spiel, / um in meine Nähe zu kommen? / Das sagt Jahwe. 22 Dann seid ihr wieder mein Volk, / und ich bin wieder euer Gott.«

23 Passt auf! Ein verheerender Sturm Jahwes bricht los: sein Grimm. Ein Wirbelsturm entlädt sich über diese gottlosen Menschen. 24 Der Zorn Jahwes wird nicht nachlassen, bis Jahwe alles ausgeführt hat, was er sich vornahm. Ganz werdet ihr das erst am

Ende der von Gott bestimmten Zeit verstehen.

31

¹ »Dann«, spricht Jahwe, »werde ich wieder der Gott aller Stämme Israels sein, und sie sind dann mein Volk.«

² So spricht Jahwe:
»Das Volk, das dem Schwert
entkam, / fand Gnade in der
Wüste. / Israel kehrt in sein
Land zurück / und kommt dort
zur Ruhe. ³ Jahwe ist ihm von
fern erschienen: / ›Ich hörte nie
auf, dich zu lieben, / ich habe dir
Treue gehalten! ⁴ Ich baue dich
wieder auf, / ja, du wirst aufgebaut, / Israel, du junge Frau! /
Schmück dich mit deinen
Tamburinen, / geh hinaus zum
Reigentanz! ⁵ Du legst wieder
Weinberge an / im Bergland von
Samaria. / Und wer die Pflanzung
anlegt, / darf auch die Früchte
genießen.‹ ⁶ Denn es kommt der
Tag, / da rufen die Wächter auf
den Bergen Efraïms: / ›Macht
euch auf! / Wir ziehen nach Zion
hinauf / zu Jahwe, unserem
Gott!‹«

⁷ Denn so spricht Jahwe:
»Freut euch über die Nachkommen Jakobs, / jubelt über
das führende Volk! / Verkündet,
lobsingt und sagt: / ›Gerettet hat
Jahwe sein Volk, / alles, was von
ihm noch übrig war!‹ ⁸ Seht, ich
bringe sie aus dem Norden
herbei, / ich sammle sie von den
Enden der Erde. / Selbst Blinde
und Lahme sind unter ihnen, /
Schwangere und Wöchnerinnen. /
Eine große Versammlung kommt
hierher zurück. ⁹ Weinend kommen
sie herbei. / Während sie beten,
führe ich sie. / Ich bringe sie zu
Bächen mit Wasser. / Sie gehen
auf einem gebahnten Weg, / auf
dem sie nicht fallen. / Denn ich
bin Israels Vater, / und Efraïm ist
mein erstgeborener Sohn.«

¹⁰ Hört, ihr Völker, was Jahwe
euch sagt, / verkündigt es den
fernen Inseln: / »Der Israel
zersprengte, wird es wieder
sammeln, / er wird es hüten wie
ein Hirt seine Herde. ¹¹ Denn
Jahwe wird Jakob erlösen, / kauft
ihn vom Stärkeren los. ¹² Dann
kommen sie zum Zionsberg, /
jubeln auf der Höhe, / freuen
sich über die Gaben Jahwes, /
über Korn, Wein und Öl, / über
Schafe und Rinder. / Sie sind ein
bewässerter Garten, / werden nie
mehr verdursten. ¹³ Dann freut
sich das Mädchen am Reigentanz, / Jung und Alt sind fröhlich
zusammen. / Ich werde ihre
Trauer in Jubel verwandeln, /
schenke ihnen Glück nach all
ihrem Leid. ¹⁴ Die Priester erfreue
ich mit bestem Opferfleisch, /
und mein Volk mache ich mit
guten Dingen satt.«

¹⁵ So spricht Jahwe:
»In Rama* hört man Totenklage /
und bitteres Weinen. / Rahel*

31,15 Die Stadt *Rama* wurde dem Stamm
Benjamin zugeteilt und lag 8 km nördlich
von Jerusalem.

weint um ihre Kinder. / Sie lässt sich nicht trösten, / denn ihre Kinder sind nicht mehr da.«*

16 So spricht Jahwe: »Erspar deiner Stimme das Weinen / und deinen Augen die Tränen! / Denn es gibt einen Lohn für deine Mühe, spricht Jahwe: / Sie kommen aus dem Land der Feinde heim. 17 Du darfst auf eine Zukunft hoffen, spricht Jahwe. / Deine Kinder kehren in die Heimat zurück.«

18 Ich habe gehört, wie Efraïm klagt: / »Du hast mich geschlagen, und es musste so sein, / denn ich war wie ein junger störrischer Stier. / Bring mich zurück, so kehre ich um, / denn du bist Jahwe, mein Gott. 19 Ja, nach meiner Umkehr packt mich die Reue, / nachdem ich zur Erkenntnis komme, / schlage ich mir an die Brust*. / Ich schäme mich und bin auch beschämt, / die Schuld meiner Jugend hat mich in Verruf gebracht.«

20 »Ist Efraïm denn nicht mein Lieblingssohn, / das Kind, an dem ich mich freue? / Denn sooft ich ihm auch Vorwürfe mache, / muss ich immer wieder an ihn denken. / Deshalb schlägt mein Herz für ihn, / ich muss mich über ihn erbarmen«, / spricht Jahwe.

21 »Stell dir Wegweiser auf, / setze Meilensteine! / Überleg, wie die Straße verlief, / der Weg, den du gegangen bist! / Israel, du junge Frau, kehr heim! / Kehr heim in diese deine Städte!

22 Wie lange noch willst du dich sträuben, / du widerspenstige Tochter? / Denn etwas Neues erschafft Jahwe im Land: / Die Frau wird ihrem Mann zugetan sein.«

23 So spricht Jahwe, der allmächtige Gott Israels: »Wenn ich das Schicksal meines Volkes wende, wird es im Land Juda und in seinen Städten wieder heißen: ›Jahwe segne dich, du Weide der Gerechtigkeit, du heiliger Berg!‹ 24 Dann werden die Städte Judas wieder bevölkert sein. Es wird wieder Bauern geben, und Herden durchziehen das Land. 25 Ja, ich gebe dem Erschöpften zu trinken und dem Verhungernden zu essen.«

26 Darüber wachte ich auf und sah mich um. Ich hatte wunderbar geschlafen.

27 »Seht, es kommt eine Zeit«, spricht Jahwe, »da säe ich über Israel und Juda eine Saat von Menschen und Vieh. 28 Und so, wie ich darüber gewacht habe, sie auszureißen, einzureißen, abzureißen, zu vernichten und zu verheeren, werde ich nun darüber wachen, sie zu bauen und zu pflanzen«, spricht Jahwe. 29 Dann sagen sie auch nicht mehr: »Die Väter aßen saure Trauben, und den Söhnen wurden die Zähne stumpf.«

31,15 *Rahel* war die Großmutter von Efraïm und Manasse, den Stammvätern der wichtigsten Stämme des Nordreiches Israel.

Wird im Neuen Testament von Matthäus zitiert: Matthäus 2,18.

31,19 *... an die Brust.* Wörtlich: *... an die Oberschenkel* oder *Lenden.* Im Orient offenbar ein Zeichen von Kummer und Trauer.

30 Nein, jeder stirbt nur wegen seiner eigenen Schuld. Nur wer die sauren Trauben isst, wird stumpfe Zähne bekommen.

Der neue Bund

31 »Passt auf! Die Zeit wird kommen«, spricht Jahwe, »da schließe ich einen neuen Bund mit Israel und Juda. *32* Er ist nicht mit dem zu vergleichen, den ich damals mit ihren Vätern schloss, als ich sie bei der Hand nahm und aus Ägypten herausführte. Diesen Bund haben sie gebrochen, obwohl ich doch ihr Herr war«, spricht Jahwe. *33* »Der neue Bund, den ich dann mit dem Volk Israel schließen werde, wird ganz anders sein«, spricht Jahwe. »Ich schreibe mein Gesetz in ihr Herz, ich lege es tief in sie hinein. So werde ich ihr Gott sein und sie mein Volk. *34* Dann muss keiner mehr den anderen belehren, niemand muss mehr zu seinem Bruder sagen: ›Erkenne doch Jahwe!‹ Denn alle werden mich erkennen, vom Geringsten bis zum Größten«, spricht Jahwe. »Denn ich werde ihre Schuld vergeben und an ihre Sünde nie mehr denken.«*

35 So spricht Jahwe, der die Sonne zum Licht für den Tag bestimmte und die Gesetze von Mond und Sternen zum Licht für die Nacht, der das Meer aufwühlt, dass seine Wogen dröhnen. Er heißt Jahwe, der Allmächtige. *36* »Wenn diese Gesetze ihre Gültigkeit verlieren sollten«, spricht Jahwe, »dann wird auch die Nachkommenschaft Israels nicht mehr mein Volk sein.« *37* So spricht Jahwe: »Wenn man den Himmel ausmessen könnte und die Fundamente der Erde ergründen, dann könnte ich auch die Nachkommenschaft Israels verstoßen – wegen allem, was sie getan haben«, spricht Jahwe.

Jerusalem wird wieder gebaut

38 »Passt auf! Es kommt die Zeit«, spricht Jahwe, »da wird diese Stadt für Jahwe wieder aufgebaut, vom Hananel-Turm bis zum Ecktor*. *39* Und die Messschnur führt geradeaus weiter über den Gareb-Hügel und biegt dann nach Goa* ab. *40* Und das ganze Tal, in das man die Altarasche und das Aas hinausschafft, und alle Terrassen bis zum Kidronbach und zum Rosstor im Osten werden für Jahwe heilig sein. Nie mehr wird das alles niedergerissen, und nie wird es zerstört.«

Jeremia kauft ein Stück Land

32 *1* Im 10. Regierungsjahr des Königs Zidkija von Juda – es war das 18. Jahr Nebukadnezzars* – kam das Wort Jahwes zu Jeremia. *2* Jerusalem wurde damals vom Heer des babylonischen Königs belagert, und der Prophet Jeremia wurde im

---

31,34 Die Verse 31-34 werden im Neuen Testament vom Hebräerbrief zitiert: Hebräer 8,8-12; und die Verse 33-34 in Hebräer 10,16-17.

31,38 *Hananel-Turm ... Ecktor.* Das waren der östliche und der westliche Endpunkt der Nordmauer.

31,39 *Gareb* und *Goa* lagen wahrscheinlich in Westjerusalem.

32,1 18. *Jahr Nebukadnezzars.* 587 v.Chr., ein Jahr, bevor die Stadt zerstört wurde.

Wachthof beim Königspalast gefangen gehalten. *3* König Zidkija hatte ihn verhaften lassen, weil er geweissagt hatte: »So spricht Jahwe: ›Passt auf! Ich lasse diese Stadt in die Hände des Königs von Babylon fallen. Er wird sie erobern. *4* Auch König Zidkija wird der Gewalt der Chaldäer nicht entkommen, sondern ganz bestimmt dem König von Babylon in die Hände fallen. Er wird ihm Auge in Auge gegenüberstehen und von Mund zu Mund mit ihm sprechen. *5* Nebukadnezzar wird ihn dann nach Babylon bringen, und dort wird er bleiben, bis ich ihn heimsuche*‹, spricht Jahwe. ›Euer Kampf gegen die Chaldäer wird vergeblich sein.‹«

6 Jeremia berichtet: Das Wort Jahwes kam zu mir: *7* »Pass auf! Hanamel, der Sohn deines Onkels Schallum, wird zu dir kommen und sagen: ›Kauf meinen Acker in Anatot, denn du hast als nächster Verwandter das Vorkaufsrecht.‹«* *8* Wie Jahwe es angekündigt hatte, kam Hanamel zu mir in den Wachthof und sagte:»Kauf mir doch meinen Acker in Anatot im Gebiet von Benjamin ab! Denn du hast das Erb- und Vorkaufsrecht. Bitte kauf ihn!« Da begriff ich, dass es ein Befehl Jahwes war, *9* und kaufte Hanamel den Acker in Anatot für 17 Silberstücke ab. *10* Ich unterschrieb den Kaufvertrag mit den Zeugen, die ich hergebeten hatte, versiegelte das Original und wog das Silber auf der Waage ab. *11* Den Kaufvertrag mit seinen Festlegungen und Bestimmungen, und zwar das versiegelte Original und die offene Abschrift, *12* gab ich Baruch Ben-Nerija, dem Enkel von Machseja. Das geschah in Gegenwart meines Vetters Hanamel, der Zeugen, die den Kaufvertrag unterschrieben hatten, und der anderen Judäer, die sich im Wachthof aufhielten. *13* Dann befahl ich Baruch vor ihnen allen: *14* »So spricht Jahwe, der allmächtige Gott Israels: ›Nimm diesen Kaufvertrag, das versiegelte Original und die offene Abschrift, und bewahre sie in einem Tonkrug auf, damit sie lange erhalten bleiben. *15* Denn so spricht Jahwe, der allmächtige Gott Israels: Man wird in diesem Land wieder Häuser, Felder und Weinberge kaufen.‹«

16 Nachdem ich Baruch Ben-Nerija den Kaufvertrag gegeben hatte, betete ich zu Jahwe: *17* »Ach, mein Herr, Jahwe, du hast Himmel und Erde durch deine gewaltige Macht und deine große Kraft geschaffen. Dir ist nichts unmöglich. *18* Tausenden von Generationen erweist du deine Gnade, und die Schuld der Väter zahlst du ihren Kindern heim, du großer und mächtiger Gott, dein Name ist ›Jahwe, der Allmächtige‹. *19* Großartig ist dein Rat und gewaltig deine Tat! Du achtest genau auf das, was die Menschen tun, um jedem zu geben, was sein Tun und Lassen verdient. *20* Schon in Ägypten und bis heute hast du Zeichen und Wunder getan an Israel und auch an anderen Menschen. So hast du dir bis heute einen Namen gemacht. *21* Du hast

---

32,5 *heimsuche.* Das heißt in diesem Fall: bis zu seinem Tod, siehe Jeremia 52,11.

32,7 *Vorkaufsrecht.* Die Vorschriften für dieses Recht stehen in 3. Mose 25,23-31.

dein Volk Israel mit starker Hand aus Ägypten herausgeführt mit Zeichen und Wundern, mit ausgestrecktem Arm und gewaltigen Schreckenstaten ²² und hast ihnen dieses Land gegeben, wie du es ihren Vätern unter Eid zugesagt hast, ein Land, das von Milch und Honig überfließt. ²³ Sie kamen hinein und nahmen es in Besitz. Doch dann hörten sie nicht mehr auf dich und lebten nicht mehr nach deiner Weisung. Sie taten nichts von dem, was du ihnen befohlen hattest. Da hast du nun dieses Unheil über sie hereinbrechen lassen. ²⁴ Die Angriffsrampen reichen schon bis an die Stadt. Die Eroberung ist vorbereitet. Durch Schwert, Hunger und Pest ist die Stadt ja schon in der Gewalt der Chaldäer, die sie belagern. Es ist eingetroffen, was du gesagt hast, du siehst es ja selbst. ²⁵ Und da sagst du zu mir, ich solle Geld für einen Acker ausgeben und Zeugen dafür benennen, wo doch die Stadt schon in der Gewalt der Chaldäer ist?«

²⁶ Da kam das Wort Jahwes zu Jeremia: ²⁷ »Sieh doch, ich bin Jahwe, der Gott alles Lebendigen. Sollte mir irgendetwas unmöglich sein? ²⁸ Darum pass auf! So spricht Jahwe: ›Ich lasse diese Stadt in die Hände der Chaldäer fallen, ich gebe sie in die Gewalt des Königs Nebukadnezzar von Babylon. ²⁹ Die Chaldäer, die diese Stadt belagern, werden sie einnehmen und in Brand stecken. Sie werden sie samt allen Häusern niederbrennen, auf deren Dachterrassen man dem Götzen Baal Räucheropfer gebracht und anderen Göttern Trankopfer gespendet hat, um mich zu beleidigen. ³⁰ Denn die Leute von Israel und Juda taten von ihrer Jugend an nur das, was mir missfällt. Ja, die Israeliten haben mich durch ihr Verhalten immer nur zornig gemacht‹, spricht Jahwe. ³¹ Denn diese Stadt hat mich vom Tag ihrer Gründung an bis heute zur Weißglut gebracht, sodass ich sie nun aus meinen Augen wegschaffen muss. ³² Es geschieht wegen der ganzen Bosheit, mit der die Leute von Israel und Juda mich herausgefordert haben, sie und ihre Könige, ihre hohen Beamten, ihre Priester und Propheten, die Männer von Juda und die Bewohner Jerusalems. ³³ Sie haben mir den Rücken zugekehrt und nicht das Gesicht. Obwohl ich sie immer wieder belehrte, hörten sie nicht und nahmen keine Belehrung an. ³⁴ Sie haben ihre Scheusale in das Haus gestellt, das meinen Namen trägt, und haben es so entweiht. ³⁵ Im Hinnomtal haben sie die Opferhöhe des Baal gebaut, um ihre Söhne und Töchter für den Moloch zu verbrennen, was ich ihnen nie befohlen habe. Niemals ist es mir in den Sinn gekommen, solche abscheulichen Taten zu verlangen und Juda in Sünde zu stürzen.«

³⁶ Nun aber spricht Jahwe, der Gott Israels, über diese Stadt, von der ihr sagt: Sie wird durch das Schwert, durch Hunger und Pest dem König von Babylon in die Hände fallen: ³⁷ »Seht, ich sammle sie aus allen Ländern, in die ich sie mit Zorn, Grimm und Wut versprengt habe. Ich bringe sie wieder an diesen Ort zurück und lasse sie hier in Sicherheit wohnen. ³⁸ Dann werden sie mein Volk sein und ich ihr Gott. ³⁹ Ich werde es bewirken, dass sie nur eins im Sinn haben und nur eins

erstreben: mich allezeit zu fürchten, ihnen und ihren Kindern zum Guten. *40* Und ich werde einen ewigen Bund mit ihnen schließen, dass ich nie aufhören werde, ihnen Gutes zu tun. Ich lege ihnen Ehrfurcht vor mir ins Herz, sodass sie sich nicht mehr von mir abwenden. *41* Dann wird es mir ein Vergnügen sein, ihnen Gutes zu tun. Ganz gewiss pflanze ich sie in dieses Land ein und tue es von ganzem Herzen und mit ganzer Kraft.«

42 Denn so spricht Jahwe: »So wie ich all das große Unheil über dieses Volk gebracht habe, werde ich auch all das Gute über sie bringen, das ich ihnen versprach. *43* Man wird wieder Felder kaufen in diesem Land, von dem ihr sagt: ›Es ist Ödland, ohne Menschen und Vieh, und es gehört ja schon den Chaldäern.‹ *44* Ja, man wird wieder Geld ausgeben für Äcker, man wird Kaufverträge ausstellen und vor Zeugen versiegeln. Man wird es im Gebiet von Benjamin tun, in der Umgebung von Jerusalem und in den Städten Judas, ob sie auf dem Gebirge liegen, in der Schefela* oder im Negev*. Denn ich werde ihr Schicksal wenden, spricht Jahwe.«

Dem Ende folgt ein neuer Anfang

33 *1* Als Jeremia im Wachthof eingeschlossen war, kam das Wort Jahwes noch ein zweites Mal zu ihm. *2* So spricht Jahwe, der alles geschaffen, Jahwe, der alles geformt und bereitgestellt hat, Jahwe ist sein Name: *3* »Rufe mich an, dann antworte ich dir und teile dir große, unfassbare Dinge mit, von denen du nichts weißt.«

4 Denn so spricht Jahwe, der Gott Israels, über die Häuser dieser Stadt und die Paläste der Könige von Juda, die abgebrochen werden, um sie gegen die Sturmwälle und für andere Kriegszwecke zu verwenden. *5* »Man kommt nur, um gegen die Chaldäer zu kämpfen und die Häuser mit den Leichen der Menschen zu füllen, die ich in meiner Zornglut erschlug, weil ich mich wegen der Bosheit dieser Stadt von ihr abgewandt habe: *6* Seht, ich lasse eine Haut über ihre Wunde wachsen und bringe ihr Heilung. Ich stelle sie wieder her und bringe ihr echten, dauerhaften Frieden. *7* Ich wende das Schicksal Judas und Israels und baue sie auf wie am Anfang. *8* Ich reinige sie von all ihren Sünden, die sie gegen mich begingen, und vergebe ihnen die bösen Taten ihrer Auflehnung gegen mich. *9* Dann werde ich mich über Jerusalem freuen, denn diese Stadt wird mir bei allen Völkern der Welt Ruhm und Ehre einbringen. Sie werden von Ehrfurcht überwältigt sein, wenn sie hören, wie viel Gutes und welchen Frieden ich dieser Stadt schenke.«

10 So spricht Jahwe: »An diesen Ort, von dem ihr sagt: ›Er ist verwüstet, ohne Menschen und Vieh‹, in die Städte Judas und die Straßen Jerusalems, die menschenleer sind, in denen man kein Tier mehr findet, *11* dorthin

---

32,44 *Schefela*. Niedriges, sehr fruchtbares Hügelland, das sich in nordsüdlicher Richtung zwischen dem Gebirge und der Küstenebene des Mittelmeeres erstreckt.

Negev. Das heiße Südland Israels, zum Teil gebirgige Wüste.

kehren Jubel und Freude zurück. Man wird den Ruf von Bräutigam und Braut wieder hören, und das Lob von denen, die ins Haus Jahwes einziehen und sagen: ›Preist Jahwe, den Allmächtigen, denn Jahwe ist gütig und seine Gnade besteht ewig!‹ Denn ich werde das Schicksal des Landes wenden, und es wird sein wie am Anfang«, spricht Jahwe.

12 So spricht Jahwe, der Allmächtige: »An diesem Ort, der verwüstet ist, wo es keinen Menschen und kein Tier mehr gibt, und in allen umliegenden Städten wird es wieder Weideland geben, auf dem die Hirten mit ihren Herden lagern. *13* Auch die Städte im Bergland und in der Schefela, im Land Benjamin, in der Umgebung von Jerusalem und in ganz Juda sehen wieder Herden vorüberziehen, die von den Hirten gezählt werden«, spricht Jahwe.

14 »Es kommt eine Zeit«, spricht Jahwe, »da lasse ich das gute Wort in Erfüllung gehen, das ich über Israel und Juda geredet habe. *15* In diesen Tagen, zu dieser Zeit werde ich aus der Nachkommenschaft Davids einen gerechten Mann hervorkommen lassen. Er wird im Land für Recht und Gerechtigkeit sorgen. *16* Dann ist Juda und Jerusalem frei und sicher. Jerusalem wird dann den Namen tragen: ›Jahwe, unsere Gerechtigkeit‹.« *17* Denn so spricht Jahwe: »Nie soll es dem Haus Davids an einem Mann fehlen, der auf dem Thron Israels sitzt. *18* Auch den Priestern aus dem Stamm Levi soll es nie an einem Mann fehlen, der mir Brandopfer bringt, der das Speiseopfer in Rauch aufgehen lässt und das Freudenopfer schlachtet.«

19 Das Wort Jahwes kam zu Jeremia. *20* So spricht Jahwe: »Wenn ihr meinen Bund mit Tag und Nacht brechen könnt, sodass Tag und Nacht nicht mehr zu ihrer Zeit eintreten werden, *21* dann könnte auch mein Bund mit meinem Diener David gebrochen werden, dass er keinen Nachkommen mehr hätte, der als König regiert. Ebenso ist es mit meinen Dienern, den levitischen Priestern. *22* So, wie man die Sterne am Himmel nicht zählen und den Sand am Meer nicht messen kann, so werde ich die Nachkommen meines Dieners David und die Leviten zahlreich machen, die mir dienen.«

23 Das Wort Jahwes kam zu Jeremia: *24* »Hast du gehört, was die Leute sagen? ›Jahwe hat die beiden Stammesverbände verstoßen, die er doch selbst erwählt hatte.‹ So verachten sie mein Volk, als hätte es aufgehört, ein Volk zu sein.«

25 So spricht Jahwe: »Wenn ich meinen Bund mit Tag und Nacht und die Gesetze von Himmel und Erde nicht mehr bestehen ließe, *26* dann würde ich auch die Nachkommen Jakobs und die meines Dieners David verwerfen, sodass niemand mehr aus Davids Familie über die Nachkommen von Abraham, Isaak und Jakob herrscht. Denn ich werde Erbarmen mit ihnen haben und ihr Schicksal wenden.«

Zidkija vor der Entscheidung

34 *1* Als König Nebukadnezzar von Babylon mit seinem ganzen Heer und den Hilfstruppen der von ihm unterworfenen Völker gegen Jerusalem und die umliegenden Städte kämpfte, kam das Wort Jahwes zu

Jeremia: 2 »So spricht Jahwe, der Gott Israels: Geh zu König Zidkija von Juda und sage ihm: ›So spricht Jahwe: Pass auf! Ich lasse diese Stadt dem König von Babylon in die Hände fallen. Er wird sie in Brand stecken. 3 Und du, du wirst ihm auch nicht entkommen. Man wird dich fassen, du wirst in seine Hände fallen. Du wirst ihm Auge in Auge Rede und Antwort stehen müssen. Dann wirst du nach Babylon gebracht. 4 Doch höre das Wort Jahwes, Zidkija, König von Juda! So spricht Jahwe zu dir: Sie werden dich nicht umbringen! 5 Du wirst in Frieden sterben, und man wird dir zu Ehren ein Feuer anzünden*, wie man es bei deinen Vorfahren tat, den früheren Königen von Juda. Und mit ›Weh, Herr!‹ wird man dich beklagen.‹ Das sage ich, Jahwe.«

6 Der Prophet Jeremia überbrachte diese Botschaft König Zidkija von Juda in Jerusalem, 7 als das Heer des Königs von Babylon gegen Jerusalem, Lachisch und Aseka kämpfte, die Städte Judas, die noch nicht gefallen waren.

Wortbruch an den Sklaven

8 Nachdem König Zidkija einen Vertrag mit den Einwohnern von Jerusalem geschlossen hatte, kam wieder ein Wort Jahwes zu Jeremia. Es war nämlich beschlossen worden, 9 dass jeder seine hebräischen Sklaven und Sklavinnen freilassen würde. Keiner sollte mehr einen jüdischen Stammesgenossen als Sklaven halten. 10 Die Oberen und alle, die zu dem Vertrag standen, schenkten ihren Sklaven die Freiheit. 11 Doch dann überlegten sie es sich anders und holten sie wieder zum Dienst zurück.

12 Da kam das Wort Jahwes zu Jeremia. 13 So spricht Jahwe, der Gott Israels: »Als ich eure Vorfahren aus dem Sklavenhaus Ägypten herausführte, hatte ich einen Bund mit ihnen geschlossen und verlangt: 14 ›Nach sieben Jahren soll jeder von euch seinen hebräischen Stammesbruder, der sich ihm verkauft hat, freilassen. Sechs Jahre darf er dein Sklave sein, aber dann musst du ihn in die Freiheit entlassen.‹ Doch eure Vorfahren hörten nicht auf mich und hielten sich nicht daran. 15 Nun hattet ihr euch anders besonnen und habt getan, was mir gefällt. Jeder verfügte die Freilassung für seinen Nächsten. Dazu habt ihr sogar einen Vertrag in dem Haus geschlossen, das meinen Namen trägt. 16 Aber dann habt ihr eure Meinung wieder geändert und dadurch meinen Namen geschändet. Ihr habt eure Sklaven und Sklavinnen wieder zurückgeholt, die ihr gerade in die Freiheit entlassen hattet, und habt sie erneut zum Dienst gezwungen.«

17 Darum spricht Jahwe so: »Ihr habt nicht auf mich gehört und keiner von euch hat für seinen Stammesbruder und seinen Nächsten die Freilassung bewirkt. Passt auf! Jetzt rufe ich eine Freilassung für euch aus«, spricht Jahwe. »Ich gebe euch frei für das Schwert, die Pest und den Hunger

---

34,5 *Feuer anzünden.* Das war keine Leichenverbrennung, sondern eine von den Nachbarvölkern übernommene Sitte, bei der Gewürze und Aromastoffe, aber auch vom Herrscher benutzte Gebrauchsgegenstände verbrannt wurden. Diese Sitte hielt sich bis zu Herodes, dem Großen.

und mache euch zu einem Bild des Schreckens für alle Völker der Welt. *18* Und den Männern, die den Bund brachen, den sie vor mir geschlossen hatten, als sie zwischen den beiden Hälften des zerteilten Stierkalbs hindurchgingen, soll es so geschehen wie diesem Tier.* *19* Ich werde die führenden Männer von Juda und Jerusalem, die Hofbeamten und Priester und alle anderen, die zwischen den beiden Hälften des Stierkalbs hindurchgegangen sind, *20* ihren Todfeinden in die Hände fallen lassen. Ihre Leichen werden den Vögeln und den wilden Tieren zum Fraß dienen. *21* Auch König Zidkija von Juda und seine Minister liefere ich ihren Feinden aus, die nur darauf warten, sie umzubringen. Sie werden dem Heer des Königs von Babylon in die Hände fallen, das jetzt von euch abgezogen ist. *22* Passt auf! Ich werde ihm befehlen, zu dieser Stadt zurückzukehren«, spricht Jahwe, »um gegen sie zu kämpfen, sie zu erobern und niederzubrennen. Und die Städte Judas mache ich zu einer menschenleeren Wüste.«

Rechab, die vorbildliche Sippe

35 *1* Als König Jojakim Ben-Joschija in Juda regierte, kam das Wort Jahwes zu Jeremia: *2* »Geh zu den Männern der Sippe Rechab und lade sie in einen der Versammlungsräume im Haus Jahwes ein. Biete ihnen dort Wein an!« *3* Da ging ich zu Jaasanja Ben-Jirmea, dem Enkel von Habazzinja, und holte ihn mit seinen Brüdern und Söhnen und allen Mitgliedern der Sippe Rechab *4* ins Haus Jahwes in den Raum, in dem sich gewöhnlich die Schüler des Gottesmannes Hanan Ben-Jigdalja versammeln. Er liegt neben dem Raum der Oberen im ersten Stock und über dem von Maaseja Ben-Schallum, dem Torwächter. *5* Ich stellte den Männern der Sippe Rechab einige Weinkrüge hin, gab ihnen Becher und lud sie zum Weintrinken ein.

6 Doch sie erwiderten: »Wir trinken keinen Wein! Unser Stammvater Jonadab Ben-Rechab hat uns und unseren Nachkommen befohlen, niemals Wein zu trinken. *7* Außerdem sagte er uns: ›Ihr dürft kein Haus bauen, keine Felder beackern und keinen Weinberg besitzen. Ihr sollt ausschließlich in Zelten wohnen, damit ihr lange lebt in dem Land, in dem ihr euch als Fremde aufhaltet.‹ *8* Wir haben auf unseren Stammvater Jonadab Ben-Rechab gehört und alle seine Weisungen befolgt. Deshalb trinken wir unser Leben lang keinen Wein, auch unsere Frauen, unsere Söhne und unsere Töchter nicht. *9* Wir bauen uns auch keine Wohnhäuser und besitzen weder Weinberge noch Felder noch Saatgut. *10* So haben wir in Zelten gewohnt und uns genau an das gehalten, was unser Stammvater Jonadab uns befohlen hat. *11* Und als König Nebukadnezzar von Babylon gegen dieses Land zog, sagten wir uns: ›Kommt, wir bringen uns in Jerusalem vor dem Heer der Chaldäer und Aramäer in Sicherheit!‹ Nur deshalb sind wir jetzt in Jerusalem.«

12 Da kam das Wort Jahwes zu Jeremia: *13* »So spricht Jahwe, der

---

34,18 diesem Tier. Vergleiche 1. Mose 15,10.

allmächtige Gott Israels: Geh und verkünde den Leuten von Juda und Jerusalem: ›Soll euch das nicht eine Lehre sein, dass ihr endlich auf mich hört?‹ spricht Jahwe. *14* ›Was Jonadab Ben-Rechab seinen Söhnen befohlen hat, das haben sie eingehalten. Er verbot ihnen das Weintrinken, und sie haben sich bis heute daran gehalten. Sie gehorchten der Anweisung ihres Stammvaters. Ich aber habe zu euch geredet, habe beizeiten damit angefangen, habe geredet und geredet, aber ihr habt einfach nicht gehört. *15* Immer wieder habe ich meine Diener, die Propheten, zu euch gesandt und euch sagen lassen: Kehrt doch um von euren bösen Wegen, macht Schluss mit eurem bösen Tun! Und lauft nicht den fremden Göttern nach, um ihnen zu dienen und sie anzubeten! Dann könnt ihr in dem Land wohnen bleiben, das ich euch und euren Vorfahren gegeben habe. Aber ihr habt nicht einmal zugehört, geschweige denn gehorcht! *16* Ja, die Nachkommen von Jonadab Ben-Rechab haben sich an die Weisung ihres Stammvaters gehalten, aber dieses Volk hat nicht auf mich gehört.‹ *17* Darum spricht Jahwe, der allmächtige Gott, der Gott Israels: ›Passt auf! Ich bringe alles Unheil über die Leute von Juda und Jerusalem, das ich ihnen angekündigt habe. Denn ich habe zu ihnen geredet, aber sie haben nicht gehört, ich habe sie angerufen, aber sie haben nicht geantwortet.‹«

18 Aber zu den Leuten der Sippe Rechab sagte Jeremia: »So spricht Jahwe, der allmächtige Gott Israels: ›Weil ihr die Weisung eures Stammvaters Jonadab befolgt, seinen Anordnungen gehorcht und alles getan habt, was er euch befohlen hat, *19* darum soll es Jonadab Ben-Rechab nie an einem männlichen Nachkommen fehlen, der mir dient‹, spricht Jahwe, der allmächtige Gott Israels.«

Verbrennung der Schriftrolle

36 *1* Im 4. Regierungsjahr* des Königs Jojakim Ben-Joschija von Juda kam das Wort Jahwes zu Jeremia: *2* »Nimm dir eine Schriftrolle und schreib alles hinein, was ich dir über Israel, Juda und all die anderen Völker gesagt habe, und zwar von dem Tag an, als ich zur Zeit Joschijas das erste Mal zu dir geredet habe, bis heute. *3* Vielleicht werden die Judäer umkehren, wenn sie hören, welches Unheil ich über sie bringen will. Vielleicht geben sie ihr verkehrtes Leben auf, und ich kann ihnen ihre Schuld und Sünde vergeben.«

4 Da rief Jeremia Baruch Ben-Nerija herbei und diktierte ihm alles, was Jahwe ihm gesagt hatte. Baruch schrieb es in die Rolle. *5* Dann gab Jeremia ihm folgenden Auftrag: »Mir wurde es untersagt, das Haus Jahwes zu betreten. *6* Darum geh du am nächsten Fasttag* hin und lies aus der Schriftrolle die Worte Jahwes vor, die ich dir diktiert habe. Auch die

---

36,1 *4. Regierungsjahr.* 604 v.Chr., ein kritisches Jahr in Judas Geschichte.

36,6 *am nächsten Fasttag.* Vor dem Fall Jerusalems gab es keine regelmäßigen Fasttage, sondern man rief sie in Zeiten besonderer Not aus, siehe Vers 9 und 2. Chronik 20,3; Joel 2,15.

Judäer, die aus ihren Städten kommen, sollen es hören. *7* Vielleicht werden sie den Herrn anflehen und von ihren bösen Wegen umkehren, denn Jahwe ist voller Zorn über sie und hat diesem Volk furchtbare Strafen angedroht.«

8 Baruch Ben-Nerija tat alles, was der Prophet Jeremia ihm befohlen hatte, und las die Worte Jahwes im Tempel vor. *9* Es war im Dezember des 5. Regierungsjahres von König Jojakim. Das ganze Volk von Jerusalem und aus den Städten Judas war zu einem Fasten vor Jahwe in Jerusalem zusammengerufen worden. *10* Baruch las im Haus Jahwes die Worte Jeremias vor. Das geschah öffentlich im Aufenthaltsraum des Staatsschreibers Gemarja Ben-Schafan, der sich im oberen Vorhof des Tempels am Eingang des neuen Tores befand.

11 Als Michaja, der Sohn Gemarjas und Enkel Schafans, die Worte Jahwes aus der Schriftrolle hörte, *12* lief er zum Königspalast hinunter. Im Zimmer des Staatsschreibers saßen gerade alle Oberen zusammen: der Staatsschreiber Elischama, Delaja Ben-Schemaja, Elnatan Ben-Achbor, Gemarja Ben-Schafan, Zidkija Ben-Hananja und weitere hohe Beamte. *13* Michaja berichtete ihnen, was Baruch dem Volk aus der Schriftrolle vorgelesen hatte. *14* Da schickten die Oberen Jehudi Ben-Netanja, den Enkel von Schelemja

Ben-Kuschi, zu Baruch mit dem Befehl: »Nimm die Rolle, aus der du dem Volk vorgelesen hast, und komm mit!« Baruch gehorchte und kam mit der Schriftrolle zu den Oberen. *15* Die sagten zu ihm: »Setz dich doch und lies uns die Schriftrolle vor.« *16* Als sie alles gehört hatten, sahen sie einander erschrocken an und sagten zu Baruch: »Das müssen wir dem König unbedingt berichten!« *17* Sie fragten ihn noch: »Wie bist du dazu gekommen, dies alles von Jeremia aufzuschreiben?« *18* Baruch erwiderte: »Er hat mir jedes Wort diktiert, und ich schrieb alles mit Tinte in die Rolle!« *19* »Ihr müsst euch verstecken, du und Jeremia«, sagten die Oberen. »Niemand darf wissen, wo ihr seid!«

20 Dann gingen sie in den Innenhof zum König und berichteten ihm alles. Die Rolle hatten sie aber im Zimmer des Staatsschreibers Elischama gelassen. *21* Der König schickte Jehudi, um sie zu holen. Der tat es und las die Schriftrolle dem König und den Würdenträgern vor, die um ihn herum standen. *22* Weil es Dezember war, hielt sich der König im Winterhaus auf. Vor ihm stand ein Kohlenbecken, in dem ein Feuer brannte. *23* Immer wenn Jehudi drei oder vier Spalten gelesen hatte, schnitt der König sie mit einem scharfen Messer ab und warf sie ins Feuer, bis die ganze Schriftrolle verbrannt war. *24* Weder der König noch seine Würdenträger erschraken über das, was sie hörten. Keiner riss sein Obergewand ein.* *25* Dabei hatten Elnatan, Delaja und Gemarja den König dringend gebeten, die Rolle nicht zu verbrennen. Aber er hörte

36,24 *riss sein Obergewand ein.* Als Zeichen von Trauer und Entsetzen riss man vom Halsausschnitt an das Gewand mit einem heftigen Ruck etwa eine Handlänge ein.

nicht auf sie, *26* sondern befahl seinem Sohn Jerachmeël sowie Seraja Ben-Asriël und Schelemja Ben-Abdeel, den Propheten Jeremia und seinen Schreiber Baruch festzunehmen. Doch Jahwe hielt sie verborgen.

Die neue Schriftrolle

27 Nachdem der König die Schriftrolle verbrannt hatte, auf der die Worte standen, die Baruch nach dem Diktat Jeremias niedergeschrieben hatte, kam das Wort Jahwes zu Jeremia: *28* »Nimm dir eine neue Rolle und schreib alles hinein, was in der ersten stand, die König Jojakim verbrannt hat. *29* Über König Jojakim von Juda aber sollst du sagen: ›So spricht Jahwe: Du hast die Schriftrolle verbrannt und dich darüber empört, dass Jeremia geschrieben hat, der König von Babylon würde dieses Land ganz bestimmt verwüsten und Menschen und Vieh daraus vertreiben. *30* Darum spricht Jahwe über König Jojakim von Juda: Er wird keinen Nachkommen haben, der ihm auf dem Thron Davids folgt, und seine Leiche wird einfach irgendwo hingeworfen werden und der Hitze des Tages und der Kälte der Nacht ausgesetzt sein. *31* Ich werde ihn, seine Nachkommen und seine Diener wegen ihrer Schuld zur Rechenschaft ziehen. Ich werde all das Unglück über die Bewohner Jerusalems und die Leute von Juda bringen, das ich ihnen angedroht habe, ohne dass sie darauf reagiert hätten.‹« *32* Da gab Jeremia seinem Schreiber Baruch eine neue Schriftrolle. Dieser schrieb nach dem Diktat Jeremias noch einmal alles auf, was schon in der ersten Rolle stand, die König

Jojakim ins Feuer geworfen hatte. Und es wurden noch viele ähnliche Worte hinzugefügt.

Botschaft an König Zidkija

37 *1* König Nebukadnezzar von Babylon hatte Zidkija Ben-Joschija anstelle von Konja* Ben-Jojakim zum König über Juda eingesetzt. *2* Aber weder Zidkija noch seine Hofleute oder das Volk des Landes hörten auf das, was Jahwe ihnen durch den Propheten Jeremia sagen ließ.

3 Einmal schickte König Zidkija Juchal Ben-Schelemja und den Priester Zefanja Ben-Maaseja zum Propheten Jeremia und ließ ihm sagen: »Bete doch für uns zu Jahwe, unserem Gott!« *4* Damals konnte Jeremia sich noch frei bewegen. Man hatte ihn noch nicht ins Gefängnis geworfen. *5* Das Heer des Pharao war gerade aus Ägypten aufgebrochen, und die Chaldäer, die Jerusalem belagerten, hatten die Nachricht davon bekommen und waren von Jerusalem abgezogen. *6* Da kam das Wort Jahwes zu dem Propheten Jeremia: *7* »So spricht Jahwe, der Gott Israels: ›Richtet dem König von Juda aus, der euch zu mir geschickt hat, um mich zu befragen: Passt auf! Das Heer des Pharao, das zu eurer Hilfe ausgezogen ist, wird wieder nach Ägypten umkehren. *8* Und die Chaldäer werden zurückkommen und diese Stadt angreifen. Sie werden sie erobern und niederbrennen.‹« *9* So spricht Jahwe: »Redet euch nicht ein, dass die Chaldäer

---

37,1 *Konja.* Siehe Fußnote zu Jeremia 22,24.

endgültig von euch abgezogen sind. Nein, sie werden nicht abziehen. ¹⁰ Selbst wenn ihr das ganze Heer der Chaldäer schlagen könntet und nur ein paar Verwundete von ihnen in den Zelten übrig blieben, dann würden diese noch aufstehen und die Stadt niederbrennen.«

Jeremia kommt ins Gefängnis

¹¹ Als das Heer der Chaldäer wegen dem anrückenden ägyptischen Heer von Jerusalem abgezogen war, ¹² wollte Jeremia die Stadt verlassen, um im Stammesgebiet von Benjamin an einer Erbteilung in seiner Verwandtschaft teilzunehmen. ¹³ Im Benjamintor hielt ihn der wachhabende Offizier fest. Es war Jirija Ben-Schelemja, der Enkel Hananjas. »Halt!«, rief er. »Du willst zu den Chaldäern überlaufen.« ¹⁴ »Das ist nicht wahr!«, sagte Jeremia. »Ich bin kein Überläufer!« Doch Jirija glaubte ihm nicht, sondern nahm ihn fest und brachte ihn zu den Oberen. ¹⁵ Diese wurden wütend auf Jeremia; sie schlugen ihn und ließen ihn in das Haus des Staatsschreibers Jonatan bringen, das man zum Gefängnis gemacht hatte. ¹⁶ So kam Jeremia in einen gewölbten Keller, der vorher als Zisterne gedient hatte. Dort musste er viele Tage bleiben.

¹⁷ Eines Tages ließ König Zidkija ihn heimlich in seinen Palast holen und fragte ihn: »Hast du ein Wort Jahwes für mich?« – »Ja«, erwiderte Jeremia, »es lautet: Du wirst dem König von Babylon in die Hände fallen.« ¹⁸ Dann fragte Jeremia den König: »Welches Verbrechen habe ich gegen dich, deine Hofleute oder das Volk begangen, dass ihr mich ins Gefängnis geworfen habt? ¹⁹ Wo sind denn jetzt die Propheten, die euch geweissagt haben, dass der König von Babylon euch und euer Land nicht angreifen wird? ²⁰ Doch hör mich an, mein Herr und König! Ich flehe dich an! Schick mich bitte nicht ins Haus Jonatans zurück! Das wäre mein Tod.« ²¹ Da ordnete König Zidkija an, Jeremia in den Wachthof zu verlegen. Dort bekam er täglich ein Rundbrot aus der Bäckergasse, bis es in der Stadt kein Brot mehr gab. So blieb Jeremia im Wachthof.

Jeremia soll sterben

38 ¹ Einige der Oberen des Königs, nämlich Schefatja Ben-Mattan, Gedalja Ben-Paschhur, Juchal Ben-Schelemja und Paschhur Ben-Malkija hörten, wie Jeremia im Wachthof öffentlich sagte: ² »So spricht Jahwe: ›Wer in dieser Stadt bleibt, wird entweder durch das Schwert, durch den Hunger oder die Pest sterben. Wer aber hinausgeht und sich den Chaldäern ergibt, kommt mit dem Leben davon.‹ ³ So spricht Jahwe: ›Das Heer des Königs von Babylon wird diese Stadt ganz gewiss in die Hand bekommen und erobern.‹« ⁴ Die Oberen sagten zum König: »Dieser Mann muss getötet werden! Wenn er so weiterredet, raubt er den Soldaten, die in der Stadt noch übrig sind, und dem ganzen Volk den letzten Mut. Dieser Mensch sucht nicht das Wohl des Volkes, sondern seinen Untergang.« ⁵ »Macht mit ihm, was ihr wollt«, sagte der König. »Ich kann euch nicht

daran hindern.« 6 Da brachten sie Jeremia zur Zisterne des Prinzen Malkija und ließen ihn an Stricken hinunter. In der Zisterne war kein Wasser mehr, sondern nur Schlamm. Jeremia sank tief darin ein.

7 Im Königspalast lebte ein Eunuch aus Nubien* namens Ebed-Melech; der hörte, dass sie Jeremia in die Zisterne gebracht hatten. Der König hielt sich gerade im Benjamintor auf. 8 Da verließ Ebed-Melech den Palast und ging zum König. 9 »Mein Herr und König«, sagte er, »diese Männer haben dem Propheten Jeremia übel mitgespielt. Sie haben ihn in die Zisterne geworfen. Er wird dort verhungern, denn es gibt kein Brot mehr in der Stadt.« 10 Da befahl der König: »Nimm dir dreißig Männer von hier mit und hole ihn aus der Zisterne, bevor er stirbt.« 11 Ebed-Melech ging in Begleitung dieser Männer in den Königspalast und holte aus der Vorratskammer Lumpen und zerrissene Kleider. Dann ließ er diese an Stricken zu Jeremia hinunter 12 und rief ihm zu: »Leg die zerlumpten Kleider unter deine Achseln, damit die Stricke nicht einschneiden.« Jeremia tat es. 13 Nun zogen sie ihn an den Stricken hoch und holten ihn aus der Zisterne. Jeremia blieb von da an wieder im Wachthof.

Letzte Warnung an den König

14 Dann ließ König Zidkija den Propheten Jeremia zu sich in den dritten Eingang vom Haus Jahwes holen. Er sagte: »Ich frage dich, ob du eine Botschaft für mich hast. Verschweige mir nichts!« 15 Jeremia erwiderte: »Wenn ich es dir sage, lässt du mich bestimmt umbringen. Und wenn ich dir einen Rat gebe, hörst du ja doch nicht darauf.« 16 Da schwor der König Jeremia heimlich: »So wahr Jahwe lebt, der uns das Leben gegeben hat: Ich lasse dich nicht töten und liefere dich auch nicht den Männern aus, die dich umbringen wollen!« 17 Da sagte Jeremia zu Zidkija: »So spricht Jahwe, der allmächtige Gott, der Gott Israels: ›Wenn du hinausgehst und dich den Heerführern des Königs von Babylon ergibst, wirst du mit deiner Familie am Leben bleiben, und diese Stadt wird nicht in Brand gesteckt. 18 Wenn du aber nicht hinausgehst, wird die Stadt den Chaldäern in die Hände fallen und sie werden sie niederbrennen. Auch du wirst ihnen dann nicht entkommen.‹« 19 Der König entgegnete: »Ich fürchte, dass die Chaldäer mich den Judäern ausliefern, die schon zu ihnen übergelaufen sind. Die würden mir sicher übel mitspielen.« 20 »Nein«, sagte Jeremia, »man wird dich nicht ausliefern. Hör doch auf das, was Jahwe dir durch mich sagen lässt; dann geschieht dir nichts und du bleibst am Leben! 21 Doch wenn du dich nicht ergibst, wird geschehen, was Jahwe mir gezeigt hat. 22 Du wirst sehen: Alle Frauen, die im Palast des Königs von Juda übrig geblieben sind, werden zu den Heerführern des Königs von Babylon hinausgeführt. Sie werden klagen:

›Verführt und betrogen haben sie dich, / die Männer deines

Vertrauens. / Deine Füße versanken im Sumpf, / doch sie machten sich alle davon!‹

23 Man wird alle deine Frauen und Kinder zu den Chaldäern hinausführen. Auch du wirst ihnen nicht entkommen, sondern dem König von Babylon gefangen ausgeliefert werden. Und du wirst schuld daran sein, dass diese Stadt niedergebrannt wird.«

24 Zidkija sagte noch zu Jeremia: »Niemand darf erfahren, was wir hier besprochen haben, sonst bringen sie dich um. 25 Und wenn die Oberen hören, dass ich mit dir geredet habe, werden sie zu dir kommen und dich ausfragen: ›Was hast du zum König gesagt? Was hat dir der König

erwidert? Verschweige uns nichts, sonst bringen wir dich um!‹ 26 Dann sage ihnen nur: ›Ich habe den König dringend gebeten, mich nicht ins Haus Jonatans zurückzuschicken, denn dort würde ich sterben.‹«

27 Tatsächlich kamen alle Oberen zu Jeremia und fragten ihn aus. Er antwortete ihnen genauso, wie der König es ihm befohlen hatte. Da ließen sie ihn in Ruhe, denn die Sache war sonst nicht bekannt geworden. 28 Jeremia blieb im Wachthof bis zu dem Tag, an dem Jerusalem erobert wurde.

Der Fall Jerusalems

39 1 Die Eroberung Jerusalems ging so vor sich: Es war Januar* im 9. Regierungsjahr des Königs Zidkija von Juda, als König Nebukadnezzar von Babylon mit seinem ganzen Heer begann, Jerusalem zu belagern. 2 Als am 18. Juli* im 11. Jahr Zidkijas die Stadt aufgebrochen war, 3 hielten die Heerführer des Königs von Babylon ihren Einzug und richteten ihr Hauptquartier beim Mitteltor ein. Unter ihnen waren Nergal-Sarezer* von Samgar, Nebu-Sar-Sechim*, der Palastvorsteher, und Nergal-Sarezer, der oberste königliche Berater. 4 Als König Zidkija und seine Soldaten das sahen, flohen sie. In der Nacht verließen sie die Stadt durch den Torweg zwischen den beiden Mauern am Königsgarten und versuchten, in Richtung der Araba* zu entkommen. 5 Doch die chaldäischen Truppen nahmen die Verfolgung auf und holten Zidkija in der Araba bei Jericho* ein. Sie nahmen den König gefangen und brachten

---

39,1 *Januar.* Wörtlich: im 10. Monat. Es war nach Jeremia 52,4 genau am 10. Tag des 10. Monats, d.h. am 15. Januar 588 v.Chr.

39,2 *18. Juli.* Wörtlich: am 9. des 4. Monats. Es war 586 v.Chr.

39,3 *Nergal-Sarezer* war der Schwiegersohn Nebukadnezzars und wurde unter dem Namen Nergilissar sein Nachfolger.

Nebu-Sar-Sechim. Im Jahr 2007 wurde auf einer Lehmtafel im Britischen Museum der Name dieses babylonischen Beamten entdeckt.

39,4 Als *Araba* wird der Jordangraben bezeichnet, der sich von Norden nach Süden durch ganz Israel zieht, sogar noch über das Tote Meer hinaus bis nach Elat. Er ist zwischen 12,5 und 22,5 km breit und befindet sich fast überall unterhalb des Meeresspiegels, im Toten Meer 394 m unter NN.

39,5 *bei Jericho.* Das war eine Strecke von etwa 25 km bei einem Höhenunterschied von mehr als 1000 m.

ihn nach Ribla* in die Provinz Hamat vor den König von Babylon, der dort das Urteil über ihn sprach. *6* Zidkija musste zusehen, wie seine Söhne abgeschlachtet wurden. Auch die Oberen von Juda wurden in Ribla hingerichtet. *7* Danach wurden Zidkija die Augen ausgestochen, und man brachte ihn in Ketten nach Babylon. *8* In Jerusalem brannten die Chaldäer den Königspalast und alle anderen Häuser nieder und rissen die Stadtmauern ein. *9* Dann ließ Nebusaradan, der Befehlshaber der Leibwache, den Rest der Einwohner und alle, die zum König von Babylon übergelaufen waren, gefangen nehmen und in die Verbannung nach Babylonien führen. *10* Nur einige Leute vom einfachen Volk, die nichts besaßen, ließ er in Juda zurück. Ihnen gab er Äcker und Weinberge.

Jeremias Befreiung

11 Für Jeremia hatte König Nebukadnezzar Nebusaradan die Anweisung gegeben: *12* »Lass ihn holen und kümmere dich um ihn! Nimm ihn unter deinen Schutz und tu ihm ja nichts Böses an! Erfüll ihm alles, worum er dich bittet!« *13* Die Oberen des Königs von Babylon – es waren Nebusaradan, der Oberbefehlshaber, Nebuschasban, der Palastvorsteher und Nergal-Sarezer, der oberste königliche Berater – *14* gaben den Befehl, Jeremia aus dem Wachthof zu holen. Sie übergaben ihn Gedalja Ben-Ahikam, dem Enkel Schafans, damit er ihn sicher nach Hause geleite. So blieb Jeremia beim Volk.

15 Als Jeremia noch im Wachthof eingeschlossen war, hatte er folgende Botschaft Jahwes erhalten: *16* »Geh zu Ebed-Melech, dem Nubier, und sag zu ihm: ›So spricht Jahwe, der allmächtige Gott Israels: Du wirst sehen, wie meine Worte über diese Stadt in Erfüllung gehen und das Unheil über sie hereinbricht. Du wirst es selbst miterleben. *17* Aber dich werde ich an jenem Tag retten, spricht Jahwe. Du wirst den Leuten, vor denen du Angst hast, nicht in die Hände fallen. *18* Ich lasse dich entkommen, damit du nicht getötet wirst. Du sollst dein Leben als Beute davontragen, weil du mir vertraut hast‹, spricht Jahwe.«

Jeremia bleibt in Juda

40 *1* Jeremia erhielt weitere Botschaften Jahwes, nachdem Nebusaradan, der Befehlshaber der Leibwache, ihn von Rama* entlassen hatte. Jeremia hatte sich nämlich mit gefesselten Händen unter den anderen Gefangenen befunden, die nach Babylonien gebracht werden sollten. *2* Der Befehlshaber der Leibwache hatte Jeremia holen lassen und zu ihm gesagt: »Jahwe, dein Gott, hat das Unheil über diesen Ort angedroht. *3* Nun hat er es kommen lassen, weil ihr euch an Jahwe versündigt und nicht auf ihn gehört habt. *4* Aber dir nehme ich jetzt die Fesseln von den Händen ab. Du bist frei! Wenn du willst, kannst du mit mir nach Babylonien kommen

---

39,5 *Ribla.* Siehe 2. Könige 23,33.

40,1 Die Stadt *Rama* war dem Stamm Benjamin zugeteilt worden und lag 8 km nördlich von Jerusalem.

und würdest dort unter meinem Schutz stehen. Wenn du das nicht willst, dann bleib. Das ganze Land steht dir offen, du kannst gehen, wohin du willst.« ⁵ Weil er sich aber nicht entscheiden konnte, sagte Nebusaradan zu ihm: »Dann geh zu Gedalja Ben-Ahikam, dem Enkel Schafans, den der König von Babylon als Statthalter über die Städte Judas eingesetzt hat! Bleib bei ihm wohnen, mitten unter deinem Volk. Du musst es aber nicht; du kannst gehen, wohin du willst.« Der Befehlshaber der Leibwache gab ihm Verpflegung und ein Geschenk und entließ ihn. ⁶ Jeremia ging zu Gedalja Ben-Ahikam nach Mizpa* und lebte dort bei den Leuten, die im Land übrig geblieben waren.

Gedalja als Statthalter

⁷ Einige Offiziere aus Juda waren mit ihren Männern im Landesinnern verstreut. Sie hörten, dass der König von Babylon Gedalja Ben-Ahikam zum Statthalter über Juda eingesetzt hatte und dass ihm die Männer, Frauen und Kinder der armen Landbevölkerung unterstellt worden waren, die nicht mit in die Verbannung nach Babylonien ziehen mussten. ⁸ So kamen sie zu Gedalja nach Mizpa. Es waren Jischmaël Ben-Netanja, Johanan und Jonatan Ben-Kareach, Seraja Ben-Tanhumet, die Söhne von Efai aus Netofa und Jesanja aus Maacha mit ihren Männern. ⁹ Gedalja schwor

ihnen und ihren Männern: »Wenn ihr euch den Chaldäern unterwerft, habt ihr nichts zu befürchten. Bleibt im Land und dient dem König von Babylon, dann wird es euch gut gehen. ¹⁰ Ich selbst bleibe hier in Mizpa und vertrete euch vor den Chaldäern, die zu uns kommen. Ihr könnt in den Ortschaften bleiben, wo ihr euch niedergelassen habt. Kümmert euch um die Weinlese, sammelt das Sommerobst und die Oliven ein und legt euch Vorräte an!« ¹¹ Viele Judäer waren nach Moab, zu den Ammonitern und nach Edom geflohen. Als sie hörten, dass der König von Babylon einen Rest der Bevölkerung in Juda gelassen und Gedalja zum Statthalter über sie eingesetzt hatte, ¹² kamen auch sie nach Juda zurück und meldeten sich bei Gedalja in Mizpa. Sie konnten noch eine reiche Wein- und Obsternte einbringen.

¹³ Eines Tages kamen Johanan Ben-Kareach und die anderen Offiziere, die im Land geblieben waren, zu Gedalja nach Mizpa ¹⁴ und sagten zu ihm: »Weißt du auch, dass Baalis, der König der Ammoniter Jischmaël Ben-Netanja losgeschickt hat, um dich zu ermorden?« Aber Gedalja glaubte ihnen nicht. ¹⁵ Johanan machte Gedalja sogar heimlich ein Angebot: »Erlaube mir doch, Jischmaël Ben-Netanja umzubringen. Niemand wird es erfahren. Wir dürfen nicht zulassen, dass er dich tötet und dass alle Judäer, die sich um dich gesammelt haben, wieder zerstreut werden. So wird auch der letzte Rest von Juda zugrunde gehen.« ¹⁶ Aber Gedalja erwiderte Johanan: »Das darfst du auf keinen

---

40,6 *Mizpa.* Die Festungsstadt war dem Stamm Benjamin zugeteilt worden und lag 12 km nördlich von Jerusalem.

Fall tun, denn was du über Jischmaël sagst, ist nicht wahr.«

Die Ermordung Gedaljas

41 *1* Im Oktober desselben Jahres kam Jischmaël Ben-Netanja, der Enkel Elischamas, in Begleitung von zehn anderen Männern zu Gedalja nach Mizpa. Jischmaël gehörte zur königlichen Familie und war einer von den Oberen des Königs gewesen. Als sie zusammen beim Gastmahl saßen, *2* fielen Jischmaël und seine zehn Männer plötzlich mit gezogenen Schwertern über Gedalja Ben-Ahikam her. Sie töteten den Enkel Schafans, den doch der König von Babylon als Statthalter für das Land eingesetzt hatte. *3* Jischmaël ließ auch alle Judäer, die sich bei Gedalja in Mizpa aufhielten, niedermachen und ebenso die chaldäischen Soldaten, die er dort fand.

4 Am nächsten Tag, als noch niemand von der Ermordung Gedaljas erfahren hatte, *5* näherten sich 80 Männer aus Sichem, Schilo und Samaria. Sie hatten ihre Bärte abgeschnitten, ihre Gewänder eingerissen und ihre Haut blutig geritzt und wollten nach Jerusalem, um Weihrauch und Speisopfer in das Haus Jahwes zu bringen. *6* Jischmaël Ben-Netanja ging ihnen von Mizpa aus weinend entgegen und lud sie ein: »Kommt zu Gedalja Ben-Ahikam!« *7* Als sie aber in der Stadt waren, stachen er und seine Männer sie nieder und warfen ihre Leichen in eine Zisterne. *8* Nur zehn von ihnen ließ Jischmaël am Leben, denn sie hatten ihn angefleht: »Töte uns nicht! Wir geben dir alle unsere Vorräte an Weizen, Gerste, Öl und Honig, die wir auf dem Feld draußen versteckt haben.« *9* Die Zisterne, in die Jischmaël die Leichen jener Männer geworfen hatte, die er durch die Täuschung im Zusammenhang mit Gedalja umbringen konnte, war jene große Zisterne, die König Asa wegen der Bedrohung durch König Bascha von Israel hatte aushauen lassen. Jetzt füllte Jischmaël Ben-Netanja sie mit Leichen. *10* Dann führte er den ganzen Rest des Volkes, der sich in Mizpa befand, gefangen weg, auch die Königstöchter, die Nebusaradan, der Befehlshaber der Leibwache, seinerzeit in die Obhut Gedaljas gegeben hatte. Jischmaël wollte mit ihnen ammonitisches Gebiet erreichen.

11 Als Johanan Ben-Kareach und die anderen Offiziere von den Verbrechen Jischmaëls erfuhren, *12* riefen sie ihre Truppen zusammen und verfolgten ihn. Am großen Teich von Gibeon holten sie ihn ein. *13* Als das Volk, das bei Jischmaël war, Johanan und die anderen Offiziere sah, freuten sie sich. *14* Und alle, die Jischmaël von Mizpa verschleppt hatte, liefen zu Johanan über. *15* Jischmaël Ben-Netanja selbst konnte allerdings mit acht Männern entkommen und floh zu den Ammonitern.

Der Fluchtplan

16 Johanan Ben-Kareach und die Offiziere bei ihm übernahmen nun die Verantwortung für den Rest des Volkes, den sie Jischmaël Ben-Netanja bei Gibeon abgejagt hatten, nachdem dieser Gedalja erschlagen und das Volk von Mizpa entführt hatte. Es waren Männer, Frauen und Kinder, auch einige Soldaten und Hofbeamte. ¹⁷ Sie zogen mit ihnen fort und machten erst vor Bethlehem bei der Herberge Kimhams Halt, um von dort aus weiter nach Ägypten zu fliehen, ¹⁸ aus Angst vor den Chaldäern. Denn Jischmaël Ben-Netanja hatte den vom babylonischen König eingesetzten Statthalter Gedalja Ben-Ahikam erschlagen.

42 ¹ Da kamen alle Offiziere, auch Johanan Ben-Kareach und Jesanja* Ben-Hoschaja und das ganze Volk vom Kleinsten bis zum Größten ² zum Propheten Jeremia. Sie baten ihn: »Wir flehen dich an: Bete für uns zu Jahwe, deinem Gott! Bete für den Rest dieses Volkes, denn du siehst, wie wenige von uns übrig geblieben sind! ³ Bitte Jahwe, deinen Gott, dass er uns sagt, wohin wir gehen und was wir tun sollen!« ⁴ Jeremia antwortete ihnen: »Ich habe es gehört und will eure Bitte vor Jahwe, euren Gott, bringen, so wie ihr es gesagt habt. Und ich verspreche, dass ich euch alles mitteilen werde, was Jahwe euch antwortet; ich werde euch nichts verschweigen.« ⁵ Sie versicherten ihm: »Jahwe soll als wahrhaftiger und zuverlässiger Zeuge gegen uns auftreten, wenn wir uns nicht genau nach dem richten, was Jahwe, dein Gott, uns durch dich sagen lässt. ⁶ Egal, ob es uns gut oder schlecht erscheint, wir wollen auf Jahwe, unseren Gott, hören, zu dem wir dich senden. Denn wenn wir auf Jahwe,

unseren Gott, hören, wird es uns gut gehen.«

⁷ Zehn Tage später kam das Wort Jahwes zu Jeremia. ⁸ Da rief er Johanan Ben-Kareach, die Offiziere und das ganze Volk vom Kleinsten bis zum Größten zusammen ⁹ und sagte zu ihnen: »So spricht Jahwe, der Gott Israels, zu dem ihr mich mit eurem Anliegen geschickt habt: ¹⁰ Wenn ihr in diesem Land wohnen bleibt, werde ich euch aufbauen und nicht abreißen, euch einpflanzen und nicht ausreißen. Denn das Unglück, das ich über euch hereinbrechen ließ, tut mir weh. ¹¹ Ihr habt jetzt Angst vor dem König von Babylon, aber ihr müsst euch nicht vor ihm fürchten«, spricht Jahwe, »denn ich bin bei euch und werde euch aus seiner Hand retten. ¹² Ich bringe ihn dazu, dass er Erbarmen mit euch hat und euch in eurem Land bleiben lässt. ¹³ Wenn ihr aber sagt: ›Nein, wir wollen nicht in diesem Land bleiben!‹, wenn ihr nicht auf Jahwe, euren Gott, hört ¹⁴ und sagt: ›Nein, wir wollen nach Ägypten ziehen und dort bleiben, wo wir nichts mehr vom Krieg sehen, keine Alarmsignale hören und nicht hungern müssen!‹ – ¹⁵ Dann höre das Wort Jahwes, Rest von Juda: So spricht Jahwe, der allmächtige Gott Israels: Wenn ihr wirklich darauf besteht, nach Ägypten auszuwandern, ¹⁶ dann wird euch das Schwert, das ihr fürchtet, dort in Ägypten erreichen. Der Hunger, der euch Angst macht, wird dort in Ägypten hinter euch her sein und ihr werdet dort sterben. ¹⁷ Alle Männer, die sich entschlossen haben, nach Ägypten auszuwandern, werden dort durch Schwert, Hunger und Pest

42,1 *Jesanja.* Die LXX liest hier wie Kapitel 43,2 Asarja.

sterben. Keiner wird dem Unheil entkommen, das ich über sie bringen werde. *18* Denn so spricht Jahwe, der allmächtige Gott Israels: Genauso wie mein wütender Zorn die Bewohner Jerusalems getroffen hat, wird er auch über euch kommen, wenn ihr nach Ägypten zieht. Ihr werdet dort zum Fluch werden und zu einem Bild des Entsetzens. Man wird euer Schicksal zur Verwünschung und Beschimpfung benutzen. Und dieses Land werdet ihr nie wieder sehen.«

19 »Jahwe hat zu euch gesprochen, Rest von Juda! Zieht nicht nach Ägypten! Ihr sollt genau wissen, dass ich euch heute gewarnt habe. *20* Ihr setzt nur euer Leben aufs Spiel! Erst schickt ihr mich zu Jahwe, eurem Gott, und sagt: ›Bete für uns zu Jahwe, unserem Gott, und teile uns dann alles mit, was er gesagt hat. Wir werden uns danach richten!‹ *21* Heute habe ich euch den Bescheid gegeben, aber ihr wollt nicht hören, was Jahwe, euer Gott, euch durch mich sagen lässt. *22* Jetzt sollt ihr wissen, dass ihr in dem Land, in das ihr auswandern wollt, durch Schwert, Hunger und Pest sterben werdet.«

Jeremia wird nach Ägypten verschleppt

43 *1* Als Jeremia dem Volk alles ausgerichtet hatte, was Jahwe, ihr Gott, ihm aufgetragen hatte, und zwar alle seine Worte, *2* da sagten Asarja Ben-Hoschaja und Johanan Ben-Kareach und alle überheblichen Männer: »Du lügst! Jahwe, unser Gott, spricht nicht durch dich! Er kann nicht gesagt haben, dass wir nicht nach Ägypten auswandern sollen! *3* Baruch Ben-Nerija hat dich gegen uns aufgehetzt. Er will, dass wir den Chaldäern in die Hände fallen, damit sie uns umbringen oder uns nach Babylonien verschleppen.« *4* So hörten Johanan Ben-Kareach, die Offiziere und das ganze Volk nicht auf den Befehl Jahwes, im Land Juda zu bleiben. *5* Unter der Führung von Johanan und den anderen Offizieren machten sich alle auf den Weg: die Leute aus Juda, die in die Nachbarländer geflohen und dann zurückgekehrt waren, *6* die Männer, Frauen und Kinder, die Königstöchter und alle übrigen Leute, die Nebusaradan, der Befehlshaber der Leibwache, bei Gedalja Ben-Ahikam, dem Enkel Schafans, zurückgelassen hatte. Auch Jeremia und Baruch nahmen sie mit. *7* Sie zogen nach Ägypten, weil sie nicht auf die Anordnung Jahwes hören wollten. So kamen sie nach Tachpanhes.

Nebukadnezzar wird auch nach Ägypten kommen

8 In Tachpanhes kam das Wort Jahwes zu Jeremia: *9* »Nimm einige große Steine und vergrabe sie vor den Augen jüdischer Männer in die Sandbettung der Ziegelterrasse am Eingang zum Palast des Pharao. *10* Dann sag zu ihnen: ›So spricht Jahwe, der allmächtige Gott Israels: Passt auf! Ich werde meinen Diener Nebukadnezzar, den König von Babylon, hierher holen. Über diesen Steinen hier, die ich vergraben habe, werde ich ihn seinen Thron stellen lassen. Und darüber wird er sein Prunkzelt spannen. *11* Ja, er wird in Ägypten einfallen und es besiegen. Wer dann für den Tod bestimmt ist, wird sterben, wer für die

Gefangenschaft bestimmt ist, wird in die Verbannung müssen, und wer für das Schwert bestimmt ist, verfällt dem Schwert. *12* Ich werde Feuer an die Tempel der ägyptischen Götter legen. Nebukadnezzar wird sie niederbrennen und wegschaffen. Wie ein Hirt sein Gewand entlaust, wird er Ägypten von seinen Göttern entlausen. Dann zieht er sich unbehelligt wieder zurück. *13* Auch die Obelisken, die spitzen Säulen von Hierapolis, wird er zertrümmern, wenn er die Häuser der Götter Ägyptens verbrennt.‹«

Die Rede in Ägypten

44 *1* Wort Jahwes, das zu Jeremia kam und für alle Judäer bestimmt war, die sich in Migdol*, Tachpanhes, Memphis* und in Oberägypten niedergelassen hatten: *2* So spricht Jahwe, der allmächtige Gott Israels:»Ihr habt das ganze Unheil gesehen, das ich über Jerusalem und alle Städte Judas gebracht habe. Nun liegen sie in Trümmern und sind menschenleer. *3* Das haben ihre Bewohner durch ihre Bosheit verschuldet. Sie haben fremden Göttern Räucheropfer gebracht und ihnen gedient, obwohl weder sie noch ihre Vorfahren sie kannten. So haben sie mich zum Zorn gereizt. *4* Immer wieder habe ich meine Diener, die Propheten, zu euch geschickt, immer wieder von neuem. ›Tut doch nicht diese abscheulichen Dinge, die ich hasse!‹, sagte ich.

5 Aber niemand hörte auf mich. Sie haben sich nicht darum gekümmert und sind nicht umgekehrt, sondern haben weiterhin diesen Göttern Räucheropfer gebracht. *6* Da ließ ich meinem Zorn freien Lauf. Sie bekamen meinen Ärger zu spüren. Er brannte in den Städten Judas und auf den Straßen von Jerusalem. Noch heute liegt alles in Trümmern, niemand wohnt mehr dort.«

7 Und nun spricht Jahwe, der allmächtige Gott Israels:»Warum richtet ihr solch ein großes Unheil gegen euch selbst an? Warum rottet ihr euch selber aus: Männer, Frauen, Kinder, Säuglinge, bis keiner von euch mehr übrig bleibt? *8* Mit eurem Tun schaufelt ihr euch das eigene Grab. Auch hier in Ägypten, wohin ihr ausgewandert seid, bringt ihr fremden Göttern Räucheropfer. Ihr selbst rottet euch aus und macht euch für alle Völker der Erde zum Fluch und zum Gespött. *9* Habt ihr denn all das Böse vergessen, das eure Väter getan haben, die bösen Taten der Könige von Juda und ihrer Frauen? Habt ihr auch eure eigenen bösen Taten vergessen, die ihr und eure Frauen in Juda und auf den Straßen Jerusalems getan habt? *10* Bis heute haben sie sich nicht gebeugt. Sie fürchten sich nicht und leben nicht nach meinen Weisungen und Geboten, die ich euch und euren Vorfahren gegeben habe.«

11 Darum spricht Jahwe, der allmächtige Gott Israels:»Passt auf! Ich bin entschlossen, Unglück über euch zu bringen, das zur Ausrottung von ganz Juda führt. *12* Ich werde den Rest von Juda wegraffen, nämlich alle, die unbedingt nach Ägypten auswandern

---

44,1 *Migdol* war eine Stadt im Norden Unterägyptens, in der auch Juden lebten.

Memphis. Siehe Fußnote zu Jeremia 2,16.

wollten. Hier im Land Ägypten sollen sie fallen. Durch Schwert und Hunger sollen sie aufgerieben werden, vom Kleinsten bis zum Größten, durch Schwert und Hunger sollen sie sterben! Sie sollen zum Fluch und zu einem Bild des Entsetzens werden, zur Verwünschung und zum Gespött. 13 So wie ich Jerusalem bestraft habe mit Schwert, Hunger und Pest, werde ich es auch mit denen tun, die in Ägypten wohnen. 14 Unter dem Rest von Juda, der nach Ägypten ausgewandert ist, wird es keine Überlebenden geben, keine Entkommenen, die nach Juda zurückkehren, obwohl sie sich danach sehnen, wieder dort zu wohnen. Nur Einzelne werden es schaffen.«

Der offene Abfall

15 Alle Männer, die wussten, dass ihre Frauen fremden Göttern Räucheropfer brachten, und alle Frauen, von denen viele dabeistanden, und das ganze Volk, das jetzt in Oberägypten wohnte, erwiderten Jeremia: 16 »Was du uns da im Namen Jahwes gesagt hast, wollen wir nicht hören. 17 Nein, wir werden genau das tun, was wir versprochen haben. Wir werden der Himmelskönigin* Räucheropfer bringen und Trankopfer spenden, wie wir es früher in den Städten Judas und auf den Straßen Jerusalems getan haben, genauso wie unsere Väter, unsere Könige und Oberen. Damals ging es uns gut. Wir hatten genug zu essen und blieben von Unglück verschont. 18 Seitdem wir aber aufgehört haben, der Himmelskönigin Räucheropfer zu bringen und Trankopfer zu spenden, geht es uns in jeder Hinsicht schlecht und wir werden durch Schwert und Hunger aufgerieben. 19 Und wenn wir der Himmelskönigin Räucheropfer gebracht und Trankopfer gespendet haben, haben wir das dann etwa ohne unsere Männer getan? Haben wir vielleicht ohne ihre Zustimmung Opferkuchen nach dem Bild der Himmelskönigin gebacken und ihr Trankopfer gespendet?«

20 Jeremia erwiderte dem Volk, den Männern und Frauen, die ihm so geantwortet hatten: 21 »Eben dieses Räucheropfer ist es, das ihr in den Städten Judas und auf den Straßen Jerusalems gebracht habt, genauso wie eure Väter, eure Könige und Oberen und das ganze Volk des Landes. Das ist es, was Jahwe bis ins Herz getroffen hat. Er hat es wohl gemerkt 22 und konnte euer abscheuliches und bösartiges Tun nicht mehr ertragen. Darum ist das Land ein menschenleeres Trümmerfeld geworden, zum Fluch und zum Entsetzen. 23 Gerade weil ihr Räucheropfer gebracht und gegen Jahwe gesündigt habt, weil ihr nicht auf Jahwes Weisung gehört, euch nicht nach seinem Gesetz, seinen Ordnungen und Mahnungen gerichtet habt, ist dieses Unheil bis heute über euch gekommen.«

24 Jeremia sagte zum ganzen Volk, besonders zu den Frauen: »Hört das Wort Jahwes hier in Ägypten, ihr Leute aus Juda: 25 So spricht Jahwe, der allmächtige Gott Israels: Ihr Männer und Frauen, ihr haltet, was ihr versprochen habt. Ihr sagt: ›Wir wollen

---

44,17 *Himmelskönigin.* Siehe Fußnote zu Jeremia 7,18.

unsere Gelübde erfüllen, die wir abgelegt haben: Wir wollen der Himmelskönigin Räucheropfer bringen und Trankopfer spenden!‹ Nun gut, dann haltet eure Versprechen und erfüllt eure Gelübde! 26 Aber hört auch, was Jahwe euch sagt, ihr Judäer in Ägypten: Passt auf! Ich habe bei meinem großen Namen geschworen, spricht Jahwe: Keiner von euch in Ägypten soll je wieder meinen Namen in den Mund nehmen und sagen: ›So wahr Jahwe, der Herr, lebt!‹ 27 Denn ich wache über sie, aber nicht mehr zum Guten, sondern zum Bösen! Alle Judäer in Ägypten sollen durch Schwert und Hunger aufgerieben werden, bis sie vernichtet sind. 28 Nur wenige werden dem Schwert entkommen und aus Ägypten wieder nach Juda zurückkehren; es wird ein ganz kleines Häuflein sein. Doch der ganze Rest von Juda, der nach Ägypten ausgewandert ist, wird erkennen, welches Wort sich bestätigt, meins oder ihres. 29 An folgendem Zeichen, spricht Jahwe, werdet ihr erkennen, dass ich euch an diesem Ort zur Rechenschaft ziehe und dass meine Drohungen ganz gewiss eintreffen werden. 30 So spricht Jahwe: Passt auf! Ich werde Pharao Hofra, den König von Ägypten, seinen Todfeinden in die Hände fallen lassen, so wie ich König Zidkija

---

46,2 *im vierten Regierungsjahr.* Im Jahr 605 v.Chr. machte Pharao Necho den zweiten Versuch, das vom Untergang bedrohte Assyrien gegen die Babylonier zu stützen, und zog mit einem Heer bis an den Euphrat. Er musste eine vernichtende Niederlage bei Karkemisch hinnehmen und dann noch einmal bei Hamat.

von Juda seinem Todfeind, König Nebukadnezzar von Babylon, ausgeliefert habe.«

Eine Botschaft für Baruch

45 1 Es war im vierten Regierungsjahr des Königs Jojakim Ben-Joschija, als Baruch die von Jeremia diktierten Worte in die Buchrolle schrieb, da erhielt der Prophet Jeremia eine Botschaft für Baruch. 2 »So spricht Jahwe, der Gott Israels, über dich, Baruch: 3 ›Du klagst: Ich unglücklicher Mensch. Jahwe bringt auch noch Kummer in meinen Schmerz! Vom vielen Stöhnen bin ich erschöpft und finde keine Ruhe!‹ 4 Du sollst ihm Folgendes sagen: ›So spricht Jahwe: Schau her, was ich gebaut habe, breche ich ab; was ich gepflanzt habe, reiße ich aus, und zwar im ganzen Land. 5 Und da hoffst du auf große Dinge für dich? Tu das nicht! Schau, ich bringe Unheil über alle Menschen, spricht Jahwe, aber du darfst dein Leben als Beute davontragen, wohin du auch kommst.‹«

Ägyptens Niederlage am Euphrat

46 1 Wort Jahwes, das zu dem Propheten Jeremia kam und gegen die Völker gerichtet war: 2 Über Ägypten: Gegen das Heer des Pharao Necho, des Königs von Ägypten, das bei Karkemisch am Euphrat stand und das König Nebukadnezzar von Babylon geschlagen hat. Es war im vierten Regierungsjahr* des Königs Jojakim Ben-Joschija von Juda.

3 »Haltet die Rund- und Langschilde bereit! / Rückt heran zum

Kampf! *4* Spannt die Pferde an, /
sitzt auf, ihr Reiter! / Tretet an mit
Helm / und schärft die Speere! /
Legt die Panzer an! *5* – Weshalb
muss ich das sehen? / Sie weichen
bestürzt zurück. / Ihre Helden
zerstreuen sich, / sie ergreifen die
Flucht, / sehen sich nicht um. /
›Schrecken ringsum!‹, spricht
Jahwe. *6* Auch der Schnellste kann
nicht fliehen, / der Stärkste sich
nicht retten. / Im Norden, am
Ufer des Euphrat, / da sind sie
gestürzt und gefallen.

7 Wer schwoll da an wie der Nil, /
dessen Ströme das Land überfluten? *8* Ägypten schwoll an wie der
Nil, / seine Wasser wogten wie
Ströme. / Es sagte: ›Ich steige an
und bedecke die Erde, / vernichte
Städte und ihre Bewohner!‹ *9* Ihr
Pferde, bäumt euch auf! / Stürmt
los, ihr Wagen! / Ihr Helden, rückt
aus: / Ihr Männer mit Schilden /
aus Nubien und Libyen, / ihr Bogenschützen Afrikas. *10* – Doch
dieser Tag gehört Jahwe, / dem
allmächtigen Gott. / Es ist ein
Rachetag für ihn. / Er rächt sich
an seinen Feinden. / Da frisst das
Schwert sich satt, / betrinkt sich an
ihrem Blut. / Denn ein Schlachtfest
hält Jahwe, der Herr, / der allmächtige Gott, am Euphrat, / im Land
des Nordens.

11 Geh nach Gilead und hole dir
Salbe, / du junge Frau und Tochter
von Ägypten! / Doch vergeblich
häufst du dir Heilmittel auf, /
deine Wunde heilt nicht mehr zu!
12 Die Völker haben von deiner
Schande gehört, / die Welt vernahm dein Klagegeschrei. / Ein

Kriegsheld ist über den anderen
gestürzt, / keiner kam mit dem
Leben davon.«

Die Eroberung Ägyptens

13 Als König Nebukadnezzar von Babylon anrückte, um Ägypten zu erobern, sprach Jahwe zum Propheten
Jeremia:

14 »Sagt es den Ägyptern, / lasst
es Migdol und Memphis / und
Tachpanhes hören! / Sagt: Stell
dich auf und mach dich bereit! /
Denn schon frisst das Schwert
alles um dich weg! *15* Warum sind
deine Starken niedergestreckt? /
Sie hielten nicht stand, / weil
Jahwe sie zu Boden stieß. *16* Er
hat viele stürzen lassen, / einer fiel
über den anderen. / Da riefen sie
einander zu: / Auf, zurück zu
unserem Volk in unsere Heimat! /
Nur weg aus diesem grausamen
Kampf! *17* Gebt dem Pharao als
neuen Namen: / ›Großmaul,
dessen Zeit vorüber ist‹!«

18 »So wahr ich lebe«, spricht
der König, / er heißt Jahwe, der
allmächtige Gott, / »wie der Tabor
über den Bergen, / wie der Karmel
über dem Meer, / so wird der
sein, der gegen dich kommt! /
19 Pack dein Fluchtgepäck, / du
sesshafte Tochter Ägyptens! /
Denn Memphis wird zur Wüste
werden, / verbrannt und ohne
Bewohner.«

20 »Ägypten ist wie eine pracht-
volle Kuh, / die Bremse aus dem
Norden fällt über sie her. *21* Auch
seine Söldner sind wie gemästete
Kälber, / auch sie ergreifen die
Flucht, / keiner von ihnen hält

stand. / Ihr Unglückstag ist gekommen, / die Zeit der Abrechnung ist da. 22 Ägypten zischt wie eine fliehende Schlange, / denn die Feinde ziehen mit Heeresmacht heran. / Sie kommen wie Holzfäller mit Äxten 23 und holzen den ganzen Wald ab«, spricht Jahwe, / »den Wald, der undurchdringlich ist. / Zahlreicher als Heuschrecken sind sie, / niemand kann sie zählen. 24 Ägypten erntet Verachtung, / es fällt dem Volk des Nordens in die Hände.«

25 Es spricht Jahwe, der allmächtige Gott Israels:»Seht, ich rechne ab mit Amon, dem Gott von Theben, mit Ägypten und seinen Göttern, mit dem Pharao und allen, die auf ihn vertrauen. 26 Ich liefere sie ihren Todfeinden aus: Nebukadnezzar, dem König von Babylon, und seinen Soldaten. Doch später soll Ägypten wieder bewohnt sein wie in alten Zeiten«, spricht Jahwe.

Trost für Israel

27 »Habt keine Angst, ihr Nachkommen Jakobs, / Israel, lass dir nicht bange sein! / Denn seht, ich rette euch aus fernem Land, / eure Kinder aus dem Land, in dem sie Gefangene sind. / Jakob wird wieder Frieden und Sicherheit haben, / niemand schreckt ihn mehr auf. 28 Hab keine Angst,

mein Diener Jakob!«, spricht Jahwe. / »Denn du stehst unter meinem Schutz! / Ja, ich vernichte alle Völker, unter die ich euch zerstreute. / Doch dich werde ich niemals vernichten. / Dich muss ich nur bestrafen, wie du es verdienst, / denn ungestraft kannst du nicht bleiben!«

Botschaft gegen die Philister

47 1 Noch bevor der Pharao Gaza angriff*, empfing der Prophet Jeremia eine Botschaft für die Philister. 2 So spricht Jahwe:

»Seht, aus dem Norden droht eine Flut. / Das Wasser wird zum reißenden Strom. / Es überschwemmt das Land und die Felder, / die Städte und ihre Bewohner. / Die Menschen schreien um Hilfe, / im ganzen Land schreien sie laut, / 3 denn sie hören das Stampfen der Pferde, / das Getöse der Wagen, / das Rasseln der Räder. / Da sehen sich die Väter nicht nach ihren Söhnen um, / so hat die Angst sie gepackt 4 vor dem kommenden Tag, der alle Philister vernichtet, / der für Tyrus und Sidon die letzten Helfer erschlägt. / Denn Jahwe vernichtet die Philister, / den Rest dieser Leute von Kreta. / 5 Gaza hat sich kahl geschoren, / und Aschkelon, die letzte Stadt der Ebene, / ist ganz verstummt. / Wie lange noch ritzt du dich vor Trauer wund? 6 Weh, du Schwert Jahwes, / wie lange noch willst du nicht rasten? / Kehr zurück in deine Scheide, /

47,1 *Gaza angriff.* Das bezieht sich wahrscheinlich auf das Jahr 609 v.Chr., als Pharao Necho nach Norden zog, um gegen die Babylonier zu kämpfen.

raste und bleib still!« 7 Doch wie soll es ruhig bleiben? / Denn Jahwe gab ihm den Befehl. / Er hat es an die Küste bestellt / und auch gegen die von Aschkelon.

Botschaft gegen Moab

48

1 Über Moab*. So spricht Jahwe, der allmächtige Gott Israels:

»Weh den Bewohnern von Nebo, / ihre Stadt ist verwüstet. / Schande über Kirjatajim, / denn es wurde besiegt. / Die Felsburg ist beschämt und geschleift. 2 Mit Moabs Ruhm ist es vorbei! / In Heschbon* hat man seinen Untergang geplant: / ›Kommt, wir rotten sie aus der Völkerwelt aus!‹ / Auch du, Madmen, wirst bald verschwinden, / das Schwert kommt hinter dir her. 3 Horch! Aus Horonajim hört man Geschrei: / ›Alles ist verwüstet, ein großer Trümmerhaufen!‹ 4 Moab ist gebrochen, / die Kleinen hört man schreien.
5 Beim Aufstieg nach Luhit weinen sie laut, / am Hang von Horonajim hört man entsetzliches Geschrei.
6 Flieht und rettet euer Leben! / Seid wie ein Wacholder in der Wüste! 7 Weil du auf deine Werke und Schätze vertrautest, / wirst auch du bezwungen werden. / Dein Gott Kemosch wird in die Verbannung geführt, / seine Priester und die Oberen dazu.
8 Der Verwüster kommt in jede Stadt, / keine kommt davon. / Im Jordantal wird alles vernichtet / und die Hochebene völlig

zerstört, / wie Jahwe es befohlen hat. 9 Gebt Moab Flügel, damit es entfliehe im Flug. / Seine Städte werden zu Wüsten, in denen keiner mehr wohnt. 10 Verflucht, wer Jahwes Werk nachlässig tut, / verflucht, wer sein Schwert beim Blutvergießen hemmt.«

11 Von Jugend an war Moab sorgenfrei, / wie Wein durfte es ungestört lagern, / niemals umgegossen von Fass zu Fass, / nie musste es in die Gefangenschaft. / So ist ihm sein Geschmack geblieben, / sein Geruch veränderte sich nicht.
12 »Deshalb ist jetzt der Tag nicht mehr fern«, spricht Jahwe, / »da schicke ich ihm Kellermeister. / Diese füllen Moab um. / Sie leeren seine Fässer aus / und zerschlagen seine Krüge. 13 Von Kemosch, seinem Gott, wird Moab bitter enttäuscht, / wie Israel von dem Stierbild in Bet-El*, auf das es sich verließ.« 14 Wie könnt ihr sagen: »Wir sind Helden, / Männer, zum

---

48,1 Die *Moabiter* lebten östlich vom Toten Meer zwischen den Flüssen Arnon und Zered. Die genaue Lage der nachfolgend genannten moabitischen Städte ist unbekannt.

48,2 *Heschbon* gehörte einmal zum Stamm Ruben und wurde auch von Leuten aus dem Stamm Gad bewohnt. Zur Zeit Jeremias gehörte die Stadt den Ammonitern (Jeremia 49,3).

48,13 *Bet-El* = *Haus Gottes.* Jakob hatte hier einen Altar gebaut (1. Mose 35,1-15). Später stellte König Jerobeam hier eins der goldenen Kälber des Nordreiches auf (1. Könige 12,26-30). Der Ort lag etwa 19 km nördlich von Jerusalem im Gebirge Efraïm.

Kampf geboren«? *15* Moab ist verwüstet, / seine Städte wurden erstürmt, / und seine besten jungen Männer / wurden zur Schlachtbank geführt. / Das sagt der König. / Er heißt »Jahwe, der allmächtige Gott«.

16 Moabs Untergang steht nahe bevor, / sein Unglück kommt sehr schnell herbei. *17* Sprecht ihm euer Beileid aus, / ihr Nachbarn und alle Bekannten, und klagt: /»Wie schnell zerbrachen ihm Ruhm und Macht!« *18* Steig herab von deinem Ehrenplatz / und setz dich in den Staub, / du Einwohnerin, Tochter von Dibon! / Denn Moabs Verwüster kommt auch gegen dich, / und wird deine Festungen zerstören. *19* Stellt euch an die Straße / und schaut, was da kommt, / ihr Leute von Aroer! / Fragt die Flüchtlinge, / sprecht die Entkommenen an! / Fragt: »Was ist passiert?« *20* Sie werden euch sagen: »Mit Moab ist es aus! / Es ist schmachvoll zerbrochen. / Heult und schreit um Hilfe! / Sagt auch den Leuten am Arnonfluss: / ›Moab ist vernichtet!‹« *21* Das Strafgericht kam über das Hochland, / über Holon, Jahaz und Mefaat, *22* über Dibon, Nebo und Bet-Diblatajim, *23* über Kirjatajim, Bet-Gamul und Bet-Meon, *24* über Kerijot und Bozra und alle Städte Moabs, / die fernen und die nahen. *25* »Die stolze Macht Moabs brach ab wie ein Horn, / seine Kraft ist gebrochen wie ein Arm«, spricht Jahwe.

26 Macht Moab betrunken – denn gegen Jahwe spielte es sich

auf –, damit es hinklatscht in sein Erbrochenes / und selber zum Gelächter wird! *27* Oder diente Israel dir nicht zum Gespött? / Hast du es denn beim Diebstahl erwischt, / dass du spöttisch den Kopf geschüttelt hast, / sooft du von ihm sprachst? *28* Verlasst die Städte und wohnt in den Felsen, / ihr Bewohner von Moab! / Macht es wie die Tauben, die nisten / an den Wänden der offenen Schlucht.

29 Wir haben gehört von Moabs Stolz – denn stolz ist es über jedes Maß –, von seinem Hochmut, seinem Geltungsdrang / und seiner Überheblichkeit. *30* »Auch mir ist seine Überheblichkeit bekannt«, spricht Jahwe, /»und sein unaufrichtiges Geschwätz, / das seinen Taten nicht entspricht.« *31* Darum klage ich laut über Moab, / ich schreie um Hilfe für dieses Volk. / Ja, man stöhnt über Kir-Heres. *32* Und mehr als über Jaser / weine ich über dich, / du Weinstock von Sibma. / Deine Ranken reichten bis ans Meer, / bis ans Meer von Jaser. / Doch über Sommerobst und Weinernte kam der Verwüster. *33* Verschwunden sind Freude und Jubelgeschrei / aus dem Garten und dem ganzen Land. / Kein Traubensaft fließt in die Fässer, / kein Winzer keltert, / der laute Ruf ist kein Jubelruf mehr.

34 In Heschbon rufen die Menschen um Hilfe, man hört sie bis Elale und Jahaz. Man klagt von Zoar bis nach Horonajim, ja, bis nach Eglat-Schelischija, denn auch das Wasser der Oase von Nimrim wird zur Wüste werden. *35* »So beende ich in Moab«, spricht Jahwe, »den Aufstieg zur Opferhöhe und den Götzendienst.« *36* Mein Herz ist tief erschüttert um Moab, es klagt wie eine Trauerflöte um die Leute von Kir-Heres. Sie haben alles verloren, was sie besaßen. *37* Jeder Kopf ist kahl vor Trauer, und jeder Bart ist geschoren. Alle Hände sind blutig geritzt, der Trauersack ist angezogen. *38* Über allen Dachterrassen Moabs und auf allen Plätzen hört man es klagen. »Ich habe Moab zerschlagen wie ein Gefäß, das keiner mehr will«, spricht Jahwe. *39* Ach, wie ist Moab zerbrochen! Wie hat es sich schmachvoll zur Flucht gewandt. So ist es allen seinen Nachbarn zum Gespött und zum Entsetzen geworden. *40* Denn so spricht Jahwe:

»Seht! Wie ein Adler schießt er heran, / breitet seine Flügel gegen Moab aus. / *41* Genommen ist die Stadt, / die Festung ist erobert. / Die tapferen Männer bekommen Angst / wie eine Frau in den Wehen. *42* Moab wird als Volk vernichtet, / weil es sich gegen Jahwe erhob. *43* Grauen und Grube und Garn über dich, / Bewohner von Moab«, spricht Jahwe. *44* »Wer vor dem Grauen flieht, / fällt in die Grube. / Und wer es schafft herauszukommen, / verfängt sich im Netz. / Denn ich bringe über sie / das Jahr ihrer Abrechnung«, / spricht Jahwe. *45* Erschöpfte Flüchtlinge / suchen in Heschbon Schutz. / Doch Feuer geht von Heschbon aus, / eine Flamme schlägt aus Sihons Palast. / Sie hat die

Schläfen Moabs versengt, / den Scheitel der lärmenden Schreier. *46* Weh dir Moab! / Du bist verloren, Volk des Kemosch, / denn deine Söhne kommen in Gefangenschaft, / deine Töchter in die Verbannung. *47* »Doch am Ende der bestimmten Zeit / wende ich Moabs Schicksal«, spricht Jahwe.
Bis hierher geht das Gerichtswort über Moab.

Botschaft gegen Ammon

49

1 Über die Ammoniter. So spricht Jahwe:

»Hat Israel denn keine Söhne, / besitzt es keine Erben? / Warum nahm ihr König Gad* in Besitz? / Warum hat sein Volk dessen Städte besetzt? *2* Darum seht, es kommen Tage«, spricht Jahwe, / »da lasse ich den Kriegslärm dröhnen / gegen Rabba* in Ammon. / Es soll zu einem Schutthaufen werden, / und seine Tochterstädte gehören den Flammen. / Dann wird Israel beerben, / die, die an sein Erbe wollten«, / spricht Jahwe. *3* Heule Heschbon, / denn verwüstet ist Ai. / Schreit, ihr Töchter von Rabba / und zieht den Trauersack an! / Rennt klagend in den

---

49,1 *Gad* meint das Gebiet im Ostjordanland, das dem israelitischen Stamm Gad gehörte.

49,2 *Rabba* war die Hauptstadt der Ammoniter, 38 km östlich vom Jordan, heute: Amman.

Mauern umher, / denn der König geht in die Gefangenschaft, / die Priester und die Oberen dazu.

⁴ Was rühmst du dich deiner fruchtbaren Täler, du abtrünnige Tochter? Du vertraust auf deine Schätze und sagst: »Wer kommt schon gegen mich an?« ⁵ »Pass auf! Ich bringe Schrecken von allen Seiten über dich«, spricht Jahwe, der Herr, der allmächtige Gott. »Ihr sollt vertrieben werden, und zwar jeder für sich. Niemand wird die Flüchtigen sammeln. ⁶ Doch später wende ich das Schicksal der Ammoniter«, spricht Jahwe.

Botschaft gegen Edom

⁷ Über Edom. So spricht Jahwe, der allmächtige Gott:
»Ist keine Weisheit mehr in Teman? / Fällt den Klugen dort nichts mehr ein? / Ist ihr Verstand denn verrostet? ⁸ Flieht, kehrt um, / verkriecht euch in die Höhlen, / ihr Bewohner von Dedan! / Jetzt rechne ich mit Esau ab / und lasse sein Verhängnis über ihn kommen. ⁹ Wenn Winzer über dich kommen, / lassen sie nichts für die Nachlese übrig; / sind es Diebe in der Nacht, / zerstören sie nach Herzenslust. ¹⁰ Denn ich holte Esau aus dem Versteck, / ich gab seine Schlupfwinkel preis; / er kann sich nicht mehr verstecken. / Vernichtet wird seine Nachkommenschaft, / auch

---

49,13 *Bozra*, nicht zu verwechseln mit dem aus Kapitel 48,24, war zur Zeit Jeremias vermutlich die Hauptstadt von Edom.

Brüder und Nachbarn gibt es nicht mehr. ¹¹ Überlass mir deine Waisen, ich sorge für sie; / deine Witwen können mir vertrauen!«

¹² Denn so spricht Jahwe: »Seht! Die nicht verurteilt waren, mussten den Becher austrinken. Und da solltest ausgerechnet du verschont bleiben? Nein, du kommst nicht ungestraft davon, du musst ihn leeren! ¹³ Denn ich habe bei mir selbst geschworen«, spricht Jahwe, »dass Bozra* zu einem Bild des Grauens werden soll, zum Gegenstand des Spotts, zum Inbegriff der Verwüstung, zum Anlass eines Fluchs, zum ewigen Trümmerhaufen.«

¹⁴ Ich erhielt die Botschaft von Jahwe: / Ein Bote ist zu den Völkern gesandt: / »Sammelt euch und zieht gegen Edom, / tretet an zum Kampf!« ¹⁵ »Ja, ich mache dich klein unter den Völkern, / lasse dich von den Menschen verachten! ¹⁶ Deine Furcht erweckende Macht / und dein Übermut verführten dich. / Ja, du wohnst in Felsenklüften, / hältst die hohen Berge besetzt. / Und baust du dein Nest so hoch wie der Adler, / ich stürze dich dennoch hinab!«, spricht Jahwe.

¹⁷ »Edom wird zu einem Ort des Grauens werden. Wer an ihm vorüberzieht, erschrickt und schüttelt über seine Wunden den Kopf. ¹⁸ Wie nach dem Untergang von Sodom und Gomorra und ihren Nachbarstädten«, spricht Jahwe, »wird niemand mehr in Edom wohnen. Kein Mensch wird sich dort aufhalten. ¹⁹ Seht, wie ein

Löwe komme ich aus dem Jordandickicht zum immergrünen Weideplatz. Ich jage sie plötzlich davon und
setze meinen Erwählten dort ein.
Denn wer ist mir gleich und wer lädt
mich vor Gericht? Und welcher Hirt
könnte sich mir widersetzen?« 20 Darum hört, was Jahwe über Edom beschlossen hat, was er über die Bewohner von Teman denkt:
Wie eine Herde schleppt man
sie fort, / selbst die Kinder und die
Schwachen. / Ihr eigenes Land ist
entsetzt über sie. 21 Vom Dröhnen
ihres Falls erbebt die Erde. / Noch
am Schilfmeer hört man ihr Geschrei. 22 Seht! Wie ein Adler
schießt er heran, / breitet seine
Flügel gegen Bozra aus. / Und
tapfere Männer bekommen Angst
an jenem Tag, / wie eine Frau in
den Wehen.

Botschaft gegen Damaskus

23 Über Damaskus.
»Bestürzt sind Hamat und
Arpad. / Sie erhielten eine
schlimme Nachricht, / und sie
vergehen vor Angst. / Auch an
der Küste ist man sehr besorgt. /
Niemand kommt mehr zur
Ruhe. 24 Damaskus ist mutlos
geworden, / es wendet sich zur
Flucht. / Panik ist in der Stadt. /
Von Angst und Wehen sind sie
gepackt / wie eine gebärende Frau.
25 Man hätte sie verlassen sollen, /
die Stadt des Ruhmes, / die Burg
meiner Freude. 26 Darum werden
*ihre jungen Männer / auf ihren
Plätzen fallen. / Alle Krieger
kommen um an jenem Tag«, /
spricht Jahwe, der allmächtige*

Gott. 27 »Ich lege ein Feuer / an
die Mauern von Damaskus; / es
verzehrt die Paläste Ben-Hadads.«

Botschaft gegen arabische Stämme

28 Über die Beduinen von Kedar* und
die Königreiche von Hazor, die König
Nebukadnezzar von Babylon schlug*.
So spricht Jahwe:
»Auf, zieht gegen Kedar! / Be-
zwingt die Beduinen im Osten!«
29 Man raubt ihre Zelte und
Herden, / ihre Decken und den
Hausrat. / Auch ihre Kamele
nimmt man mit / und ruft dabei:
»Schrecken überall!«

30 »Flieht! Bringt euch schnell in
Sicherheit! Haltet euch in Höhlen versteckt, Bewohner von Hazor«, spricht
Jahwe. »Denn König Nebukadnezzar
von Babylon hat es auf euch abgesehen. Sein Plan gegen euch steht fest!«
31 Denn Jahwe hat gesprochen: »Auf,
zieht gegen das sorglose Volk, das in
Sicherheit wohnt! Es lebt allein und
hat weder Tore noch Riegel. 32 Nun
werden ihre Kamele zur Beute, und
alle ihre Herden werden geraubt. Ich
werde die mit den gestutzten Schläfenlocken in alle Himmelsrichtungen
zerstreuen und lasse von allen Seiten
her das Verderben über sie kommen.
33 In Hazor werden dann nur noch
Schakale leben, es wird für immer

49,28 *Kedar.* Nomadenstamm in der syrisch-
arabischen Wüste, bekannt durch seine Herden.

Königreiche ... schlug. Die Stämme der syrisch-arabischen Wüste wurden 598 v.Chr.
von Nebukadnezzar angegriffen und ausgeplündert.

eine Wüste sein. Niemand wird sich mehr dort niederlassen, und kein Mensch wird dort wohnen bleiben.«

Botschaft gegen Elam

34 Es war am Anfang der Regierungszeit des Königs Zidkija* von Juda, als Jeremia ein Wort Jahwes gegen Elam* empfing. *35* So spricht Jahwe, der allmächtige Gott:»Passt auf! Ich zerbreche Elams Bogen, seine stärkste Waffe. *36* Aus allen Himmelsrichtungen lasse ich Stürme gegen Elam los und zerstreue es in alle Winde. Dann wird es kein Volk mehr geben, in dem man nicht auf versprengte Elamiter stößt. *37* Ich werde Elam vor seinen Todfeinden mutlos machen und bringe Unheil über sie, meinen glühenden Zorn«, spricht Jahwe.»Ich verfolge sie mit dem Schwert, bis sie vernichtet sind. *38* Ich werde den König und seine Oberen von dort verschwinden lassen und meinen eigenen Thron errichten«, spricht Jahwe. *39* »Doch am Ende der bestimmten Zeit wende ich das Schicksal Elams«, spricht Jahwe.

Botschaft gegen Babylon

50
1 Diese Botschaft hat Jahwe durch den Propheten Jeremia an Babylonien, das Land der Chaldäer, gerichtet:
2 Verkündet es den Völkern! / Ruft die Botschaft aus! / Richtet

Feldzeichen auf! / Lasst es hören, / verschweigt es nicht: / »Babylon ist gefallen! / Bel ist blamiert / und Merodach* am Boden zerstört. / Mit ihren Bildern ist es aus, / ihre Götzen sind von Schrecken erfüllt.«

3 Von Norden her rückt ein Volk heran, das Babylonien verwüstet, sodass niemand mehr darin wohnt. Mensch und Vieh ergreifen die Flucht und laufen davon. *4* »Wenn diese Zeit gekommen ist«, spricht Jahwe, »kehren die Israeliten und Judäer gemeinsam zurück. Weinend kommen sie heim und suchen Jahwe, ihren Gott.«

5 Sie fragen nach Zion, das ist ihr Ziel. / »Kommt mit und schließt euch Jahwe an, / in einem ewigen Bund, den wir nie mehr vergessen!« *6* Mein Volk war wie eine verlorene Herde, / irregeführt von den eigenen Hirten, / auf Höhen geführt und verführt. / So zogen sie von Berg zu Berg / und vergaßen, wohin sie gehörten. *7* Alle, die sie fanden, fraßen sie. / Und ihre Bedränger sagten: / »Wir haben keine Schuld, / denn sie haben gegen Jahwe gesündigt, / gegen die Weide der Gerechtigkeit / und die Hoffnung ihrer Väter.«

8 »Flieht aus dem Machtbereich von Babylon, / flieht aus dem Land der Chaldäer! / Seid wie die Leitböcke der Herde! *9* Denn seht, ich biete Heere gegen Babylon auf. / Ich führe große Völker aus dem Nordland herbei. / Sie stellen sich gegen die Stadt und erobern sie

---

49,34 *Zidkija* regierte von 597-586 v.Chr.
Elam war die persische Provinz um die Hauptstadt Susa.

50,2 *Bel* und *Merodach* sind Bezeichnungen für Marduk, den Hauptgott Babylons.

von dort. / Ihre Pfeile sind wie siegreiche Helden, keiner verfehlt sein Ziel. 10 So wird Chaldäa zur Beute. / Alle, die es plündern, bekommen genug«, / spricht Jahwe.

11 Ja, freut euch nur und jubelt, / ihr Räuber meines Eigentums! / Hüpft wie ein Kalb über Stroh, / und wiehert wie die Hengste! 12 Sehr beschämt wird eure Mutter sein, / ihre ganze Hoffnung ist dahin. / Seht! Ihr seid das Letzte der Völker, / verwüstet, verödet, zur Steppe gemacht. / 13 Es ist unbewohnt durch Jahwes Zorn, / es bleibt verödet liegen. / Jeder, der an Babylon vorbeikommt, / schüttelt über seine Wunden entsetzt den Kopf.

14 Stellt euch rings um Babylon auf, / all ihr Bogenschützen! / Schießt und spart die Pfeile nicht! / Denn es hat sich an Jahwe vergangen. 15 Schreit und lärmt gegen die Stadt! / Da! Sie hat sich ergeben. / Ihre Türme stürzen ein, / ihre Mauern zerbersten. / Das ist die Rache Jahwes. / Rächt euch an ihr! / Zahlt ihr heim, / was sie anderen tat. 16 Lasst niemand am Leben, / der ein Feld bestellen, / und niemand, der es ernten kann. / Vor dem rasenden Schwert / flieht jeder zu seinem eigenen Volk / und kehrt in seine Heimat zurück.

17 Israel war ein versprengtes Schaf, / von Löwen verscheucht.

Zuerst fiel der König von Assyrien darüber her, dann kam König Nebukadnezzar von Babylon und hat ihm noch die Knochen abgenagt. 18 Darum spricht Jahwe, der allmächtige Gott Israels: »Seht, jetzt ziehe ich den König von Babylon genauso zur Rechenschaft, wie ich das bei dem König von Assyrien tat. 19 Und Israel bringe ich an seinen Weideplatz zurück. Es soll wieder auf dem Karmel* weiden und in Baschan*, im Bergland von Efraïm und in Gilead. 20 Wenn die Zeit gekommen ist«, spricht Jahwe, »wird man die Schuld Israels suchen, doch sie ist nicht mehr da. Auch die Sünden Judas findet man nicht mehr. Denn ich vergebe denen, die ich übrig lasse.«

Völlige Zerstörung

21 Gegen das Land Meratajim*:
»Zieht gegen sie hinauf und gegen die Bewohner von Pekod! Macht sie nieder und vernichtet sie samt ihrem Besitz«, spricht Jahwe. »Tut es genau nach meinem Befehl!«

22 Kriegslärm im Land, / gewaltiger Zusammenbruch! 23 Wie sehr ist zerhauen, zerbrochen der Hammer der ganzen Welt! / Was für ein Bild des Entsetzens ist Babylon unter den Völkern! 24 »Ich habe dir eine

50,19 *Karmel.* Fruchtbares Gartenland an den Hängen des Karmelberges am Mittelmeer.

Baschan. Fruchtbares Weideland nordöstlich vom See Gennesaret.

50,21 *Meratajim* und *Pekod* waren Landschaften in Babylonien. Ihre Namen erinnern an die hebräischen Begriffe für »Doppeltrotz« und »Strafe«.

Falle gestellt, Babylon, / und du hast es nicht gemerkt. / Du wurdest gefunden und gepackt, / weil du Krieg mit Jahwe anfingst.« 25 Jahwe hat sein Arsenal geöffnet / und die Waffen seines Zorns herausgeholt. / Es gibt Arbeit für den Herrn, / für Jahwe, den allmächtigen Gott, / und zwar im Land der Chaldäer. 26 »Fallt von allen Seiten darüber her! / Brecht seine Vorratshäuser auf! / Werft alles auf einen Haufen, / so, wie man Garbenhaufen macht! / Und dann vernichtet alles, / ohne den kleinsten Rest! 27 Stecht seine Stiere alle nieder, / schlachtet sie ab! / Weh über sie, denn der Tag ist gekommen, / die Zeit der Abrechnung ist da.« 28 Horcht! Flüchtlinge aus Babylon. / Sie sind entkommen, um in Zion zu verkünden / die Rache von Jahwe, unserem Gott, / die Vergeltung für die Zerstörung des Tempels.

29 Ruft Schützen gegen Babylon zusammen, / Leute, die den Bogen spannen! / Schließt den Belagerungsring! / Niemand darf entkommen! / Vergeltet der Stadt ihr Tun, / zahlt ihr heim, was sie getan hat! / Denn sie hat vermessen gehandelt, / hat sich gegen Jahwe gestellt, / gegen Israels heiligen Gott. 30 »Darum fallen ihre jungen Männer auf den Plätzen, / ihre Krieger kommen um an jenem Tag«, spricht Jahwe. 31 »Pass auf! / Jetzt gehe ich gegen dich vor, / du stolze Stadt«, / spricht Jahwe, der Herr, / der allmächtige Gott, / »denn jetzt ist dein Tag gekommen, / die Zeit der Abrechnung ist da. 32 Dann wird die Stolze stürzen / und niemand hilft ihr auf. / Ich lege Feuer an ihre Städte, / das ringsum alles verzehrt.«

33 So spricht Jahwe, der allmächtige Gott: »Israeliten und Judäer wurden unterdrückt. Und die, die sie in die Verbannung führten, haben sich geweigert, sie wieder loszulassen. 34 Doch ihr Erlöser ist stark. Er heißt Jahwe, der allmächtige Gott. Er wird ihnen zum Recht verhelfen, um ihrem Land Ruhe zu bringen. Unruhe verschafft er nur Babylons Bewohnern.«

35 »Ein Schwert über die Chaldäer«, spricht Jahwe, »und über die Bewohner von Babylon, über ihre Oberen und Weisen! 36 Ein Schwert über die Orakelpriester, dass sie zu Narren werden! Ein Schwert über ihre Helden, dass sie vor Angst vergehen. 37 Ein Schwert über ihre Pferde und Streitwagen, über ihre Söldnertruppen, die zu ängstlichen Frauen werden. Ein Schwert über ihre Schätze, die geplündert werden. 38 Ein Schwert über ihre Gewässer, die austrocknen werden. Denn es ist ein Land der Götzenbilder. Deren Fratzen machen sie verrückt. 39 Darum werden Wüstentiere dort hausen, Schakale und Strauße sich tummeln, aber Menschen sollen niemals mehr dort wohnen. 40 So wie Gott Sodom und Gomorra und die ganze Gegend umgestürzt hat, so wird auch hier kein Mensch mehr wohnen und sich aufhalten wollen.«

41 Seht, ein Volk, es kommt von Norden, / eine große Nation. /

Viele Könige brechen auf, / sie kommen vom Ende der Erde. ⁴² Sie kommen mit Bogen und Langschwert, / sind grausam und ohne Erbarmen. / Auf Pferden reiten sie heran, / es klingt wie das Donnern der Brandung. / Es sind Krieger zum Kampf gerüstet, / gegen dich, du Tochter Babylons. ⁴³ Als dein König die Nachricht erhielt, / sanken seine Hände herab. / Angst hat ihn gepackt, / Wehen, wie eine gebärende Frau.

⁴⁴ Seht, er kommt wie ein Löwe aus dem Jordandickicht. Zum immergrünen Weideplatz steigt er herauf. »Ja, ich jage sie plötzlich davon und setze meinen Erwählten dort ein. Denn wer ist mir gleich, und wer lädt mich vor Gericht? Und welcher Hirt könnte sich mir widersetzen?« ⁴⁵ Darum hört, was Jahwe über Babylon beschlossen hat, was er über das Land der Chaldäer denkt:

Wie eine Herde schleppt man sie fort, / selbst die Kinder und die Schwachen. / Ihr eigenes Land ist entsetzt über sie. ⁴⁶ Vom Ruf »Babylon ist erobert!« / erbebt die ganze Erde. / Unter den Völkern hört man ihr Geschrei.

Gottes Gericht über Babylon

51

¹ So spricht Jahwe: »Passt auf! Ich lasse einen Sturm gegen Babylon los, gegen alle, die im Zentrum des Aufruhrs gegen mich wohnen. ² Ich werde Fremde nach Babylon schicken, die es so hoch in den Wind werfen, dass das Land leer wird. An seinem Unheilstag wird Babylon von allen Seiten angegriffen. ³ Lasst keinen Schützen seinen Bogen spannen, lasst keinen sich in seiner Rüstung erheben! Habt kein Mitleid mit den jungen Männern von Babylon! Vernichtet das gesamte Heer!« ⁴ Überall im Land der Chaldäer sollen Erschlagene liegen, die Straßen sollen voll mit Erstochenen sein.

⁵ Denn Israel und Juda sind nicht verwitwet von ihrem Gott, von Jahwe, dem Allmächtigen. Doch das Chaldäerland ist voll von Schuld gegen den Heiligen Israels. ⁶ Flieht aus dem Land hinaus und rettet euer Leben, dass ihr nicht mit umkommt, wenn Babylonien wegen seiner Schuld bestraft wird. Denn die Zeit der Vergeltung ist da. Jahwe zahlt ihm heim, was es getan hat.

⁷ Ein Goldbecher in Jahwes Hand war Babylon, / und es berauschte die ganze Welt. / Die Völker tranken von seinem Wein, / und deshalb sind sie rasend geworden. ⁸ Babylon fällt plötzlich zu Boden und zerbricht. / Trauert um Babylon, / holt Balsam für seine Wunde! / Vielleicht wird es geheilt. ⁹ »Wir wollten Babylon heilen, / doch ihm war nicht zu helfen. / Verlasst es! Jeder ziehe in sein Land! / Denn dieses Strafgericht reicht bis an den Himmel / und türmt sich auf bis zu den Wolken.« ¹⁰ »Jahwe hat ans Licht gebracht / unsere gerechte

---

51,11 *Medien.* Die Meder bewohnten ein Gebiet, das im heutigen nordwestlichen Iran liegt.

Sache. / Kommt, lasst uns in Zion erzählen, / was Jahwe getan hat, unser Gott!«

11 »Schärft die Pfeile, fasst die Schilde!« Jahwe gab es den Königen von Medien* ein, gegen Babylon Krieg zu führen und es zu vernichten. Das ist die Rache Jahwes für die Zerstörung seines Tempels. 12 »Richtet das Feldzeichen gegen die Mauern von Babylon auf! Verschärft die Belagerung! Stellt Posten auf! Legt Truppen in den Hinterhalt!« Wie Jahwe es sich vorgenommen hat und was er den Babyloniern androhte, das führt er nun aus.

13 Ja, du wohnst an großen Wassern, / du bist unermesslich reich. / Dein Ende ist gekommen, / du hast nun genug geraubt.

14 Jahwe, der allmächtige Gott, schwor bei sich selbst: »Wenn ich dich auch mit Menschen angefüllt habe wie mit Heuschrecken, so wird man doch das Triumphgeschrei über dich erheben.«

Gottes Größe

15 Durch seine Kraft hat er die Erde gemacht, / durch seine Weisheit die Welt errichtet, / durch seine Klugheit die Himmel ausgespannt. 16 Auf seinen Befehl hin / sammelt sich das Wasser am Himmel, / steigen Wolken am Horizont auf, / öffnen Blitze dem Regen die Bahn, / bricht der Wind aus seinen Kammern hervor. 17 Wie dumm steht jeder Mensch davor, begreift es nicht, / und jeder Goldschmied schämt sich für sein Götzenbild. / Denn diese Bilder

sind Betrug, sie haben kein Leben. 18 Nichtse sind sie, Figuren zum Spott. / Wenn abgerechnet wird, sind sie verloren! 19 Wie anders ist da Jakobs Gott, / denn er hat das Weltall geschaffen / und Israel zu seinem Eigentum gemacht. / Jahwe, der Allmächtige, heißt er.

Babylon als Gottes Hammer

20 Du warst mein Hammer, meine Waffe im Krieg. / Mit dir zerhämmerte ich Völker, / mit dir zerschlug ich Königreiche. 21 Mit dir zermalmte ich Pferd und Reiter, / mit dir zertrümmerte ich Lenker und Wagen. 22 Mit dir zerschmetterte ich Mann und Frau, / zermalmte junge Männer und Frauen. 23 Mit dir zerdrosch ich Hirt samt Herde, / den Bauer samt seinem Gespann, / selbst Statthalter und Befehlshaber zerschlug ich mit dir.

24 »Jetzt aber werde ich Babylon und allen Chaldäern das Böse heimzahlen, das sie an Zion verübt haben. Vor euren Augen werde ich es tun«, spricht Jahwe. 25 »Pass auf! Jetzt gehe ich gegen dich vor«, spricht Jahwe, »du Berg des Verderbens, der die ganze Erde verdarb. Ich werde dich fassen und wälze dich von den Felsen hinab. Ich mache einen Berg von Schutt und Asche aus dir, 26 sodass man in dir keinen Stein mehr findet, der noch als Grund- oder Eckstein taugt. Für alle Zeiten sollst du ein Schutthaufen sein«, spricht Jahwe.

Babylons Ende

27 Richtet überall das Feldzeichen auf, stoßt ins Kriegshorn unter den

Völkern! Ruft sie zum Kampf gegen Babylon auf: die Königreiche von Ararat, von Mini und Aschkenas*. Bestellt Offiziere, die Truppen ausheben, lasst Reiterscharen anrücken, furchtbar wie die kriechenden Heuschrecken. 28 Ruft die Völker auf zum Kampf, die Könige von Medien, seine Statthalter und Befehlshaber und die Völker, die sie kommandieren! 29 Da zittert und bebt die Erde. Denn die Pläne Jahwes gegen Babylon gehen in Erfüllung. Babylonien soll zu einer Wüste werden, in der kein Mensch mehr wohnt.

30 Babyloniens Helden haben den Kampf aufgegeben. Sie hocken in ihren Burgen, und ihr Mut ist geschwunden. Wie Frauen vergehen sie vor Angst. Schon stehen ihre Häuser in Flammen, die Stadttore sind aufgebrochen. 31 Ein Läufer nach dem anderen stürmt heran, ein Bote trifft den anderen, um dem König von Babylon zu melden: »Die Stadt ist von allen Seiten eingenommen. 32 Alle Furten sind besetzt, die Festungsanlagen in Brand gesteckt und die Soldaten vor Schreck wie erstarrt.«

33 Denn so spricht Jahwe, der allmächtige Gott Israels:

Die Tochter Babylons gleicht einem Dreschplatz, / wenn er gerade festgestampft wird. / Ein Weilchen noch, / dann kommt die Zeit der Ernte für sie. 34 Nebukadnezzar, Babylons König, / hat mich gefressen und mich aufgezehrt, / mich weggeschoben wie ein leeres Gefäß. / Er verschlang mich wie ein Drache, / füllte den Bauch mit meinen Leckerbissen / und stieß mich dann fort. 35 Darum soll Jerusalem sagen: / »Was ich an Gewalt und Zerfleischung erlitt, / das komme nun über Babylon! / Mein Blut komme über die Chaldäer!« 36 Darum spricht Jahwe: / »Schau, ich verhelfe dir zum Recht! / Ich vollziehe deine Rache! / Ich trockne sein Meer aus, / lasse seine Quellen versiegen. 37 Zum Trümmerhaufen wird Babylon, / zur Wohnung der Schakale, / einem Ort des Grauens und der Verachtung. / Und es wird menschenleer sein.«

38 »Sie brüllen wie die jungen Löwen, / knurren wie ein Löwinnenwurf. 39 Ihrer Gier bereite ich das Gelage / und mache sie betrunken. / Sie sollen lustig werden und dann betäubt / und in ewigen Schlaf versinken, / aus dem sie nie mehr erwachen«, / spricht Jahwe. 40 »Wie Lämmer führe ich sie zum Schlachten hinab, / wie Schaf- und Ziegenböcke.«

41 Wie ist Scheschach* erobert, / besiegt der Ruhm der ganzen Welt! / Was für ein Schreckensbild / bietet Babel den Völkern. 42 Ein Meer hat Babylonien überflutet, / hat es mit tosenden Wellen bedeckt. 43 Seine Städte wurden verwüstet. / Das Land ist verdorrt,

---

51,27 *Ararat, Mini* und *Aschkenas* sind Gegenden in und um Armenien.

51,41 *Scheschach.* Siehe Fußnote zu Jeremia 25,26.

eine Steppe, / ein Land, in dem niemand mehr wohnt; / kein Mensch reist da mehr hindurch.

⁴⁴ »Jetzt werde ich mit Bel, dem Gott von Babylon abrechnen! Was er verschlungen hat, reiße ich ihm aus dem Maul. Die Völker strömen ihm nicht mehr zu. Auch die Mauer von Babylon ist gefallen.«
⁴⁵ »Mein Volk, zieh weg aus seiner Mitte! Rette dein Leben vor dem glühenden Zorn Jahwes. ⁴⁶ Und verliere nicht den Mut! Fürchte dich nicht vor den Nachrichten, die man im Land hört. Denn in einem Jahr hört man dieses, im anderen jenes Gerücht. Überall herrscht die Gewalt, ein Herrscher bekämpft den anderen. ⁴⁷ Denn es wird der Tag kommen, an dem ich mit den Götzen Babylons abrechne. Mit Babylonien ist es aus, überall liegen Erschlagene herum. ⁴⁸ Himmel und Erde und alles, was in ihnen lebt, werden in Jubel ausbrechen. Denn von Norden her kommen die Zerstörer über Babylon«, spricht Jahwe.
⁴⁹ Nun ist Babylon im Begriff zu fallen, ihr Erschlagenen Israels, denn wegen Babylon fielen Menschen in aller Welt. ⁵⁰ Doch ihr, die dem Schwert entkommen sind, bleibt nicht stehen! Denkt an Jahwe in der Ferne und tragt Jerusalem in eurem Herzen! ⁵¹ Wir schämen uns, denn wir haben den Spott gehört. Schamrot sind wir geworden, denn Fremde drangen in die Heiligtümer des Hauses Jahwes ein.

⁵² »Darum seht, es kommen Tage«, spricht Jahwe, »da rechne ich mit den Götzen Babylons ab. Das Stöhnen tödlich Verwundeter wird das ganze Land erfüllen. ⁵³ Auch wenn Babylon bis zum Himmel aufsteigen würde, wenn es sich in unzugänglicher Höhe verschanzte, würden die Zerstörer doch vor mir her nach Babylon kommen«, spricht Jahwe.
⁵⁴ Horch! Ein Geschrei ist aus Babylon zu hören. Das Land der Chaldäer bricht zusammen. ⁵⁵ Denn Jahwe verwüstet Babylon, macht seinem lärmenden Treiben ein Ende. Wie tobende und brüllende Meereswogen donnern seine Wassermassen heran. ⁵⁶ Ein Verwüster ist über Babylon gekommen. Seine Helden werden gefangen genommen, ihre Bogen sind zerbrochen. Jahwe ist ein Gott der Vergeltung, er rechnet gründlich ab!
⁵⁷ »Ich mache seine Oberen und Weisen betrunken, all seine Statthalter, Befehlshaber und Kriegshelden. Sie sollen betäubt in ewigen Schlaf versinken, aus dem sie nie mehr erwachen«, spricht der König, er heißt Jahwe, der Allmächtige.
⁵⁸ So spricht Jahwe, der allmächtige Gott: »Die Mauer des großen Babylon wird bis auf den Grund zerstört, seine stolzen Tore werden in Brand gesteckt. So haben sich die Völker, die sie bauten, für nichts gemüht, ganze Völkerschaften haben sich nur fürs Feuer geplagt.«

Jeremias Auftrag an Seraja

⁵⁹ Folgenden Auftrag erteilte der Prophet Jeremia Seraja Ben-Nerija*, dem Enkel Machsejas: Es war im vierten Regierungsjahr des Königs

---

51,59 *Seraja* war ein Bruder von Jeremias Schreiber Baruch (siehe Jeremia 32,12).

Zidkija von Juda, als dieser nach Babylon reiste. Er wurde von seinem Quartiermeister Seraja begleitet. 60 Jeremia hatte all die Unheilsankündigungen gegen Babylon in eine einzige Schriftrolle geschrieben 61 und sagte nun zu Seraja: »Wenn du nach Babylon kommst, sieh zu, dass du alles, was in dieser Schriftrolle steht, vorliest 62 und dann sagst: ›Jahwe, du hast dieser Stadt die Vernichtung angekündigt, dass kein Mensch und kein Tier mehr darin wohnt und sie für immer zu einem Trümmerhaufen wird.‹ 63 Dann sollst du einen Stein an die Schriftrolle binden und sie in den Euphrat werfen. 64 Rufe dabei: ›So wird Babylon versinken und nicht mehr auftauchen wegen des Unheils, das ich über die Stadt bringe. Mit ihr ist es aus.‹«

Hier enden die Worte Jeremias.*

Das Ende Zidkijas

52 1 Als Zidkija die Herrschaft antrat, war er 21 Jahre alt. Er regierte elf Jahre in Jerusalem. Seine Mutter hieß Hamutal; sie war eine Tochter von Jirmeja und stammte aus Libna. 2 Und so wie König Jojakim tat Zidkija, was Jahwe verabscheute. 3 Doch jetzt war das Maß voll. Jahwe war so zornig über die Leute von Juda und Jerusalem, dass er sie aus seinen Augen wegschaffen ließ. – Dann lehnte sich Zidkija gegen den König von Babylon auf.

4 Es geschah am 15. Januar* im 9. Regierungsjahr des Königs Zidkija von Juda, dass König Nebukadnezzar von Babylon mit seinem ganzen Heer begann, Jerusalem zu belagern. Er

ließ einen Belagerungswall rings um die Stadt aufschütten. 5 Die Belagerung dauerte bis ins 11. Regierungsjahr Zidkijas.* 6 Zuletzt hatte der Hunger in der Stadt überhand genommen. Für das einfache Volk war nichts mehr zu essen da. 7 Da wurde eine Bresche in die Stadtmauer geschlagen. In der Nacht darauf flohen die Soldaten durch den Torweg zwischen den beiden Mauern am Königsgarten und durchbrachen den Belagerungsring. Sie versuchten, in Richtung der Araba* zu entkommen. 8 Doch die chaldäischen Truppen nahmen die Verfolgung auf und holten Zidkija in der Araba bei Jericho* ein. Sein Heer ließ ihn im Stich und zerstreute sich. 9 So nahmen sie den König gefangen und brachten ihn nach Ribla* vor den König von Babylon, wo das Urteil über ihn gesprochen wurde. 10 Der König ließ Zidkija

---

51,64 *Worte Jeremias.* Offenbar wurde das letzte Kapitel von anderer Hand hinzugefügt. Wahrscheinlich war es derjenige, der auch das 2. Buch der Könige zusammenstellte, eventuell Baruch.

52,4 *15. Januar.* Wörtlich: am 10. des 10. Monats. Es war das Jahr 588 v.Chr.

52,5 *bis ins 11. Regierungsjahr Zidkijas.* 588-586 v.Chr.

52,7 Als *Araba* wird der Jordangraben bezeichnet, der sich von Norden nach Süden durch ganz Israel zieht, sogar noch über das Tote Meer hinaus bis nach Elat. Er ist zwischen 12,5 und 22,5 km breit und befindet sich fast überall unter dem Meeresspiegel, im Toten Meer 394 m unter NN.

52,8 *bei Jericho.* Das war eine Strecke von etwa 25 km bei einem Höhenunterschied von mehr als 1000 m.

52,9 *Ribla.* Siehe 2. Könige 23,33!

zusehen, wie seine Söhne abgeschlachtet wurden. Auch die Oberen
von Juda wurden in Ribla hingerichtet. *11* Danach wurden Zidkija
die Augen ausgestochen, und der
König ließ ihn in Ketten nach Babylon
bringen, wo er bis zu seinem Tod in
Gefangenschaft blieb.

12 Am 17. August* des 19. Regierungsjahres von König Nebukadnezzar aus Babylon, traf Nebusaradan,
der Befehlshaber der königlichen
Leibwache, einer der engsten Vertrauten des Königs, in Jerusalem ein. *13* Er
ließ den Tempel Jahwes, den Königspalast und alle großen Häuser niederbrennen. *14* Seine Truppen zerstörten
auch die ganze Stadtmauer. *15* Dann
ließ Nebusaradan den Rest der Einwohner, die einfachen Leute und alle,
die zum König von Babylon übergelaufen waren, und den Rest der Handwerker gefangen nehmen und in
die Verbannung führen. *16* Nur einige
Leute vom einfachen Volk ließ der
Befehlshaber der Leibwache zurück,
um die Äcker und Weinberge zu bestellen. *17* Die Chaldäer zertrümmerten die beiden Bronzesäulen, die vor
dem Haus Jahwes standen, ebenso die
Kesselwagen und das bronzene
»Meer«* und schafften das Metall
nach Babylon. *18* Sie nahmen auch die
Töpfe und Schaufeln, die Messer, die
Schalen zum Auffangen des Blutes
und alle anderen Schalen und Bronzegegenstände mit, die für den Tempeldienst gebraucht worden waren.
19 Auch die Becken, die Feuerpfannen
und Sprengschalen, die Töpfe, die
Leuchter, die Schalen und die Opferschalen und überhaupt alles, was aus
reinem Gold und Silber war, nahm der
Befehlshaber der Leibwache mit.
20 Für die beiden Säulen, das »Meer«,
die zwölf Bronzerinder darunter und
die Kesselwagen im Haus Jahwes
hatte König Salomo eine ungeheure
Menge Bronze verarbeitet. *21* Jede
der Säulen war neun Meter hoch. Ihr
Umfang betrug sechs Meter. Sie
waren innen hohl und hatten eine
Wanddicke von acht Zentimetern.
22 Auf jeder ruhte ein Kapitell aus
Bronze von zweieinhalb Meter Höhe*, das ringsum mit einem Gitterwerk und mit Granatäpfeln verziert
war, alles aus Bronze. *23* Es waren 96
frei hängende Granatäpfel an dem
Gitterwerk befestigt, insgesamt 100.

24 Der Befehlshaber der Leibwache
ließ den obersten Priester Seraja festnehmen, dazu seinen Stellvertreter
Zefanja und die drei für die Torwache
verantwortlichen Priester. *25* In der
Stadt fanden sich noch der Hofbeamte, der für die Soldaten zuständig gewesen war, sieben* Männer, die zu
den Vertrauten des Königs gehört hatten, der Beamte, der für die Musterung des Heeres verantwortlich war

---

52,12 *17. August.* Wörtlich: am 10. des fünf-
ten Monats. Es war das Jahr 586 v.Chr.
Die Parallele in 2. Könige 25,8 hat allerdings
den 7. Tag = 14. August. Eine der beiden
Zahlen ist offenbar ein Fehler späterer
Abschreiber.

52,17 *Meer.* Vergleiche 2. Könige 16,17.

52,22 *zweieinhalb Meter Höhe.* Wenn man
diese Angaben und die aus 1. Könige 7 zugrunde legt, betrug das Gewicht jeder Säule
insgesamt etwa 40 Tonnen.

52,25 *sieben.* Die Parallele in 2. Könige 25,
19 hat »fünf«. Siehe Fußnote zu Vers 12.

und 60 seiner Männer. 26 Nebusaradan, der Befehlshaber der Leibwache, brachte sie nach Ribla zum König von Babel. 27 Dieser ließ sie dort, in der Provinz Hamat, hinrichten. – So wurde das Volk von Juda in die Verbannung geführt.

28 Hier ist die Zahl der von Nebukadnezzar Weggeführten: In seinem 7. Regierungsjahr 3023 Judäer, 29 in seinem 18. Regierungsjahr 832 Einwohner von Jerusalem. 30 Im 23. Regierungsjahr Nebukadnezzars führte Nebusaradan, der Befehlshaber der Leibwache, 745 Judäer fort. Insgesamt waren es 4600 Männer, die in die Gefangenschaft geführt wurden.*

Begnadigung von König Jojachin

31 In dem Jahr, als Ewil-Merodach König von Babylonien wurde, begnadigte er König Jojachin von Juda und holte ihn aus dem Gefängnis. Das geschah im 37. Jahr seiner Gefangenschaft, am 20. März*. 32 Er behandelte ihn freundlich und gab ihm eine Ehrenstellung unter den Königen, die nach Babylon gebracht worden waren. 33 Jojachin durfte seine Gefängniskleidung ablegen und zeitlebens an der Tafel des Königs speisen. 34 Der König sorgte auch sonst für seinen Unterhalt. Bis zu seinem Lebensende bekam er täglich, was er brauchte.*

52,30 *geführt wurden.* Bei den hier angegebenen Wegführungen handelt es sich offenbar um kleinere Deportationen, die vor den eigentlichen Eroberungszügen Nebukadnezzars stattfanden, deshalb die unterschiedlichen Jahres- und Zahlenangaben im Vergleich zu 2. Könige 24 und 25.

52,31 *20. März.* Wörtlich: am 25. des 12. Monats. Die Parallele in 2. Könige 25,27 liest »am 27. Tag«. Siehe Anmerkung zu Vers 12! Es war im Jahr 561 v.Chr.

52,34 Damit erfüllte sich, was Jeremia 37 Jahre vorher vorausgesagt hatte (Jeremia 22,30).

Die Klagelieder

»**N**achdem Israel gefangen genommen und Jerusalem zerstört war, saß Jeremia weinend da und beklagte Jerusalem mit diesen Liedern.« So beginnt die griechische Übersetzung des Alten Testaments (LXX) das Buch der Klagelieder, dessen Verfasser sonst nicht genannt wird. Es besteht aber kaum ein Zweifel, dass Jeremia diese fünf erschütternden Trauergesänge verfasste, was auch die jüdische Tradition durchweg bestätigt.

Das kunstvoll aufgebaute Buch weist starke Parallelen zu 5. Mose 28 auf, denn es zeigt die Erfüllung des dort angekündigten Fluchs. Jeremia muss es kurz nach der Eroberung Jerusalems verfasst haben, als die Ereignisse noch frisch waren, vielleicht Anfang 585 v.Chr.

Jerusalem klagt über sein Elend*

1 *1* Wie einsam sitzt da / die so volkreiche Stadt. / Einer Witwe gleicht nun / die Große unter den Völkern. / Die Fürstin der Provinzen / ist eine Sklavin geworden.

2 Sie weint und weint in der Nacht, / Tränen sind auf ihren Wangen. / Keiner ist da, der sie tröstet, / keiner von ihren Geliebten. / Untreu sind all ihre Freunde, / ja zu Feinden sind sie geworden.

3 Gefangen wurde Juda weggeführt / aus Elend und schwerer Sklaverei. / Nun wohnt es unter den Völkern / und findet keine Ruhe mehr. / Alle Verfolger holten es ein, / mitten in seiner Bedrängnis.

4 Die Wege nach Zion trauern, / denn niemand kommt zum Fest. / Menschenleer sind ihre Tore. / Die Priester seufzen. / Traurig sind die jungen Frauen. / Zion selbst leidet bitteren Schmerz.

5 Ihre Gegner sind an der Macht, / ihren Feinden geht es wohl. / Jahwe hat ihr das Leid geschickt / wegen der Menge ihrer Verbrechen. / Ihre Kinder hat der Feind geraubt, / er trieb die Gefangenen vor sich her.

6 So schwand der Tochter Zion* / alle ihre Pracht. / Ihre Oberen wurden wie Hirsche, / die keine Weide mehr finden. / Kraftlos zogen sie dahin, / die Jäger hinter ihnen her.

7 In den Tagen ihres Elends / und ihrer Heimatlosigkeit / denkt Jerusalem an ihre Schätze, / die sie einst besessen hat. / Als ihr Volk in Feindeshand fiel, / gab es keinen, der ihr half. / Ihre Feinde schauten zu / und lachten, als sie unterging.

1,1 – 2,22 Kapitel 1 und 2 bestehen aus 22 dreizeiligen Strophen, deren Anfangsbuchstaben im Hebräischen dem Alphabet folgen.

1,6 *Tochter Zion* ist ein poetischer Ausdruck für Jerusalem.

8 Schwer gesündigt hat Jerusalem, / deshalb wurde die Stadt zum Gespött. / Ihre Verehrer verachten sie, / denn sie sahen sie nackt. / Sie selbst aber seufzt / und wendet sich ab.

9 Ihr Unflat klebt an ihrem Saum, / ihr Ende hat sie nicht bedacht. / Entsetzlich tief ist sie gefallen / und hat keinen, der sie tröstet. / »Jahwe, sieh mein Elend an, / sieh, wie der Feind triumphiert!«

10 Der Feind hat seine Hand / nach ihren Schätzen ausgestreckt. / Hilflos musste sie ansehen, / wie Fremde in ihr Heiligtum drangen. / Fremde, denen du verboten hast, / in ihre Versammlung zu kommen.

11 Alle Einwohner seufzen / auf der Suche nach Brot. / Sie geben ihre Kostbarkeiten für Nahrung, / nur, um am Leben zu bleiben. / Sieh doch, Jahwe, / und schau, wie verachtet ich bin!

12 »Nichts dergleichen möge euch treffen, / die ihr hier vorüber geht! / Schaut her, wo gibt es solche Qualen, / wie ich sie jetzt erleiden muss? / Jahwe hat sie mir auferlegt / am Tag seines lodernden Zorns.

13 Von oben schickte er Feuer auf mich; / es wütet in meinen Gebeinen. / Er spannte ein Netz für meine Füße, / rücklings riss er mich nieder. / Er hat mich einsam gemacht, / krank für alle Zeit.

14 Schwer ist das Joch meiner Sünden, / das er mir geknüpft und auferlegt hat. / Sie kamen auf meinen Hals, / da bin ich zusammengebrochen. / Der Herr gab mich solchen preis, / denen ich nicht standhalten kann.

15 Der Herr verwarf alle Helden, / die in meiner Mitte waren. / Er rief Feinde gegen mich zusammen, / um meine Mannschaft zu zerschlagen. / Der Herr hat Juda zertreten, / wie man Trauben in der Kelter zertritt.

16 Darüber weine ich mich aus, / mein Auge zerfließt vor Tränen. / Ich habe keinen, der mich tröstet, / keinen, der mir Erleichterung bringt. / Meine Söhne sind ganz verstört, / denn der Feind hat sie in der Hand.«

17 Die Zionsstadt ringt ihre Hände, / doch niemand ist da, der sie tröstet. / Die Nachbarn rief Jahwe als Feinde gegen Israel herbei. / Jerusalem ist für sie zum Abscheu geworden.

18 »Er, Jahwe, ist im Recht, / denn ich habe mich ihm widersetzt. / Hört es, alle Völker / und seht auf meinen Schmerz! / Meine Mädchen, meine jungen Männer / zogen in die Gefangenschaft.«

19 Ich rief nach meinen Freunden, / doch sie ließen mich im Stich. / Meine Ältesten und meine Priester / verhungerten in der Stadt, / als sie Nahrung suchten, / um am Leben zu bleiben.

20 Jahwe sieh, ich habe Angst! / Es brennt in meinem Inneren! / Das Herz dreht sich mir im Leib herum, / weil ich so schrecklich widerspenstig war. / Draußen

raubte das Schwert meine Kinder, / und drinnen tat es der Tod.

²¹ Man hört mich seufzen, / doch keiner tröstet mich. / Alle meine Feinde hörten von meinem Unglück / und freuten sich, dass du das tatest. / Bring den Tag herbei, den du angekündigt hast, / dann ergeht es ihnen wie mir.

²² All ihre Bosheit komme vor dich! / Dann vergelte ihnen alles, / was du mir vergaltst / wegen meiner Verbrechen. / Ich seufze ohne Ende, / der Kummer macht mich krank.

Gottes Zorn über Jerusalem

2 ¹ Weh, wie hat mit seinem Zorn / Jahwe die Tochter Zion umwölkt! / Er hat die Zierde Israels / vom Himmel zur Erde geworfen. / Keine Rücksicht nahm er in seinem Zorn / auf den Fußschemel seines Throns.

² Der Herr hat schonungslos vernichtet / alle Weideplätze Israels. / In seinem Grimm zerstörte er / Judas befestigte Städte. / Dem Königreich und seinen Oberen / hat er ein schändliches Ende bereitet.

³ In seinem Zorn zerschlug er alles, / wodurch Israel mächtig war. / Und als die Feinde kamen, / zog er seine Hand zurück. / Er brannte in Jakob wie ein loderndes Feuer, / das ringsum alles verzehrt.

⁴ Wie ein Feind hielt er den Bogen gespannt, / die rechte Hand zum Schuss bereit. / Wie ein Feind hat er alles getötet, / was uns lieb und teuer war. / Wie einen Feuerstrom goss er seinen Grimm / der Tochter Zion ins Zelt.

⁵ Der Herr ist wie ein Feind geworden / und hat Israel vernichtet. / Er zertrümmerte all seine Paläste, / zerstörte die befestigten Städte. / So hat er viel Leid und Weh / auf Judas Tochter gehäuft.

⁶ Wie eine Hütte im Garten zertrat er, was er beschirmte, / zerstörte den Ort seiner Festversammlungen. / Jahwe ließ in Zion Festtag und Sabbat vergessen. / Im Zorneswüten verwarf er Priester und König.

⁷ Seinen Altar hat der Herr verschmäht, / sein Heiligtum entweiht. / Die Mauern von Zions Palästen / hat er den Feinden übergeben. / Lärm kommt aus Jahwes Haus / wie an einem Festtag.

⁸ Jahwe hatte es sich vorgenommen / die Mauern Zions zu schleifen. / Er spannte die Messschnur und plante, / sie bis auf den Grund zu vernichten. / Wall und Mauern lässt er trauern, / denn beide wurden zu Schutt.

⁹ In den Boden sanken ihre Tore, / ihre Riegel hat er zerbrochen, zerstört. / Ihr König und die Oberen sind in der Fremde. / Das Gesetz ist dahin. / Auch ihren Propheten gibt Jahwe keine Offenbarung mehr.

¹⁰ Die Ältesten von Zion / sitzen schweigend auf der Erde. / Sie haben sich Staub auf den Kopf

gestreut / und den Trauersack angezogen. / Die Mädchen von Jerusalem / lassen den Kopf traurig hängen.

¹¹ Meine Augen sind blind vor Tränen, / es brennt in meinem Inneren. / Es bricht mir das Herz, wenn ich sehe, / wie mein Volk zugrunde geht. / Kinder und Säuglinge verschmachten / draußen auf den Plätzen der Stadt.

¹² Gequält von Hunger und Durst / schrien sie nach ihren Müttern, / als sie wie tödlich Verwundete / auf den Plätzen der Stadt starben. / In den Armen ihrer Mütter / taten sie den letzten Atemzug.

¹³ Was soll ich dir nur als Beispiel nennen, / Jerusalem, geliebte Stadt? / Mit welchem Schicksal kann ich deins vergleichen, / wie dich trösten, Mädchen, Tochter Zion? / Dein Zusammenbruch ist groß wie das Meer. / Kann dich noch jemand heilen?

¹⁴ Nur Lug und Trug / erschauten dir deine Propheten! / Sie deckten deine Schuld nicht auf, / um dein Geschick zu wenden. / Mit ihren leeren Prophetensprüchen / betrogen und verführten sie dich.

¹⁵ Alle, die vorüberziehen, / klatschen schadenfroh die Hände. / Sie spotten und schütteln den Kopf / über die Stadt Jerusalem: / »Ist das die Stadt, die man als Krone der Schönheit rühmte, / als Freude der Welt?«

¹⁶ Alle deine Feinde / reißen ihr Maul über dich auf. / Sie zischen und fletschen die Zähne. / »Wir haben sie erledigt!«, sagen sie. / »Endlich ist der ersehnte Tag gekommen! / Jetzt haben wir es geschafft und gesehen!«

¹⁷ Jahwe hat getan, was er plante, / hat seine Worte wahr gemacht, / die er schon lange verkündigen ließ. / Nun riss er dich ohne Mitleid nieder. / Er schenkte deinen Feinden Triumph, / erhöhte die Macht deiner Gegner.

¹⁸ Ihr Herz schreit auf zum Herrn, / du Mauer von Zion. / Lass deine Tränen fließen wie einen Bach, / unaufhörlich Tag und Nacht. / Gönne dir selbst keine Rast / und deinen Augen keine Ruhe!

¹⁹ Steh auf und jammere in der Nacht, / immer wenn eine Nachtwache beginnt. / Schütte dein ganzes Herz aus / in der Gegenwart des Herrn. / Erhebe deine Hände zu ihm, / flehe um das Leben deiner Kinder, / die draußen an den Straßenecken / vor Hunger verschmachten.

²⁰ Jahwe, sieh doch und schau, / an wem du so gehandelt hast! / Dürfen Frauen ihre Leibesfrucht essen, / ihre vielgeliebten Kinder? / Darf man denn im Heiligtum des Herrn / Priester und Propheten erschlagen?

²¹ Auf dem Boden in den Gassen / liegen Kinder und Alte. / Meine jungen Männer und Frauen / fielen durch das Schwert. / Erschlagen am Tag

deines Zorns, / abgeschlachtet ohne Erbarmen. *22* Wie zum Festtag riefst du die zusammen, / vor denen mir graute. / Am Zornestag Jahwes / blieb niemand verschont und entkam. / Und die, die ich liebevoll umsorgte, / sind dem Feind zum Opfer gefallen.

Leiden und Trost*

3 *1* Ich bin der Mann, der gelitten hat / durch die Rute seines Zorns. *2* Mich trieb er weg und ließ mich gehen / im Dunkeln, ohne Licht. *3* Nur mich trifft seine Hand, / immer wieder, jeden Tag.

4 Er ließ meine Haut verfallen – und mein Fleisch; / und er zerbrach mir meine Knochen. *5* Mit Bitterkeit und Qual / umbaute und umschloss er mich. *6* In Finsternis ließ er mich wohnen / wie die Toten aus uralter Zeit.

7 Er hat mich ummauert, ich komme nicht weg, / er hat mich in schwere Ketten gelegt. *8* Auch wenn ich schrie und flehte, / er verschloss sich vor meinem Gebet. *9* Mit Quadersteinen versperrt er meinen Weg. / Ich komme nicht mehr weiter.

10 Wie ein Bär hat er mir aufgelauert, / wie ein Löwe im Versteck. *11* Er hat mich vom Weg heruntergezerrt, / mich zerrissen und zerfleischt. *12* Er spannte den Bogen und stellte mich hin, / benutzte mich als Ziel für den Pfeil.

13 Die Geschosse seines Köchers / ließ er meine Nieren treffen. *14* Die Leute meines Volkes lachten mich aus, / ihre Spottlieder hörte ich jeden Tag. *15* Er machte mich mit Bitternissen satt / und ließ mich bitteren Wermut trinken.

16 Er ließ meine Zähne auf Kiesel beißen / und trat mich in den Staub. *17* Du hast mich aus dem Frieden verstoßen. / Ich habe vergessen, was Glück bedeutet. *18* Ich sagte:»Meine Zukunft ist verloren, / auch meine Hoffnung auf Jahwe.«

19 Denke ich an mein rastloses Elend, / ist das wie Wermut und Gift. *20* Doch immer wieder muss ich es tun / und bin schwermütig geworden. *21* Doch das will ich mir zu Herzen nehmen, / darauf darf ich hoffen:

22 Die Güte Jahwes ist nicht zu Ende, / sein Erbarmen hört nicht auf. *23* An jedem Morgen ist es neu. / Deine Treue ist groß! *24* Ich sage:»Alles, was ich habe, ist Jahwe!« / Darum hoffe ich nur auf ihn.

25 Gut ist Jahwe zu denen, die auf ihn hoffen, / und zu dem, der seine Nähe sucht. *26* Gut ist es, schweigend / auf die Hilfe Jahwes zu hoffen. *27* Gut ist es für jeden, / schon in der Jugend ein Joch zu tragen.

3,1-66 Im dritten Klagelied, dem Höhepunkt des Buches, beginnt sogar jede Strophenzeile mit dem gleichen Buchstaben des hebräischen Alphabets.

28 Er sitze einsam und still, /
wenn man es ihm auferlegt. 29 Er
presse den Mund auf den Boden, /
vielleicht gibt es noch Hoffnung.
30 Er halte dem die Wange hin,
der ihn schlägt, / und ertrage alle
Demütigung.
31 Denn nicht für immer /
verwirft uns der Herr. 32 Denn
wenn er betrübt, / erbarmt er sich
wieder / nach seiner großen Güte.
33 Denn nicht aus Herzensfreude /
fügt er Menschen Schmerz und
Kummer zu.
34 Dass man mit Füßen tritt / die
Gefangenen im Land, 35 dass man
das Recht des Menschen / vor den
Augen des Höchsten beugt, 36 dass
man irreführt im Prozess, / sollte
der Herr das nicht sehen?
37 Wer sonst spricht ein Wort,
dass es geschieht? / War das
nicht ein Befehl des Herrn?
38 Kommt nicht aus dem Mund
des Höchsten / das böse und
das gute Geschick? 39 Was
beklagt sich der, der noch am
Leben ist? / Seine Sünde sollte
er beklagen!
40 Wir wollen unseren Wandel
erforschen! / Und kehren wir um
zu Jahwe! 41 Lasst uns Herz und
Hände / zu Gott im Himmel
erheben! 42 Wir haben gesündigt
und dir getrotzt, / und du, du hast
nicht vergeben.
43 In Zorn gehüllt hast du uns
verfolgt, / ohne Mitleid uns
getötet. 44 Du hast dich mit einer
Wolke umhüllt, / kein Gebet kam
mehr hindurch. 45 Du hast uns zu
Abfall gemacht / und zum Ekel für
die Völker.

46 Unsere Feinde reißen /
das Maul gegen uns auf. 47 Uns
wurden Grauen und Grube
zuteil, / Zusammenbruch und
Untergang. 48 Meine Tränen
strömen wie Bäche, / weil mein
Volk zugrunde ging.
49 Meine Augen zerfließen in
Tränen, / kommen nicht zur
Ruhe, 50 bis Jahwe vom Himmel /
herunterschaut und es sieht.
51 Was ich sehen muss, tut
meiner Seele weh, / das, was
den Töchtern meiner Stadt
geschieht.
52 Die grundlos meine Feinde
sind, / jagten mich wie einen
Vogel. 53 In der Grube wollten sie
mich töten / und warfen Steine auf
mich. 54 Das Wasser ging mir über
den Kopf. / Ich sagte: »Jetzt bin
ich verloren!«*
55 Da rief ich deinen Namen,
Jahwe, / aus der Grube schrie ich
zu dir. 56 Du hörtest meinen Ruf:
»Verschließ nicht dein Ohr /
meinem Seufzen, meinem Hilferuf!« 57 Als ich rief, kamst du in
meine Nähe / und sagtest:
»Fürchte dich nicht!«
58 Du hast meinen Prozess
geführt, Herr, / du hast mein
Leben erlöst. 59 Du sahst meine
Entrechtung, Jahwe. / Verhilf mir
doch zu meinem Recht! 60 Du hast
ihre Rachgier gesehen, / alle ihre
Pläne gegen mich.

3,54 Diese und die nachfolgenden Worte erinnern an das eigene Erleben des Propheten,
das er in Jeremia 38,1-13 wiedergibt.

⁶¹ Du hast ihr Schmähen gehört, Jahwe, / alle ihre Pläne gegen mich, ⁶² ihr Gerede gegen mich / und Tag für Tag all ihren Spott. ⁶³ Schau doch ihr Tun und Lassen an! / Ich bin ein Spottlied für sie.
⁶⁴ Vergelte ihnen Jahwe, / was sie mir angetan haben!
⁶⁵ Verblende sie, verwirre ihren Sinn! / Dein Fluch soll über sie kommen! ⁶⁶ Verfolge sie in deinem Zorn und rotte sie aus / unter dem Himmel Jahwes.

Jerusalems Elend*

4 ¹ Ach, wie dunkel ist das Gold geworden, / das edle Metall verlor seinen Glanz. / An Straßenecken hingeschüttet / liegen die Steine des Heiligtums.
² Zions hochgeschätzte Söhne, / aufgewogen mit reinem Gold – / man behandelt sie wie Tongeschirr, / wie Machwerke des Töpfers!
³ Selbst Schakale reichen die Brust, / säugen ihre Jungen. / Meines Volkes Frauen sind grausam geworden / wie die Strauße in der Wüste.
⁴ Dem Säugling klebt die Zunge / vor Durst am eigenen Gaumen. / Die Kinder verlangen nach Brot, / doch niemand gibt es ihnen.
⁵ Die sonst nur Leckerbissen aßen, / verschmachten jetzt auf den Straßen. / Die auf Purpurlagern ruhten, / liegen jetzt auf dem Mist.
⁶ Die Schuld meines Volkes war größer / als die der Bewohner von Sodom, / deren Stadt ganz plötzlich unterging, / ohne dass eine Hand daran rührte.
⁷ Reiner als Schnee waren ihre Geweihten / und weißer als Milch; / rosiger als Schmuckstein ihr Körper, / wie Saphir ihre Gestalt.
⁸ Schwärzer als Ruß sind sie jetzt, / man erkennt sie nicht auf der Straße; / faltig hängt ihre Haut auf den Knochen, / trocken wie ein Stück Holz.
⁹ Den durchs Schwert Gefallenen ging es besser / als den durch den Hunger Gefällten, / die langsam verendeten, / gequält vom Mangel an Feldfrucht.
¹⁰ Die Hände zärtlicher Frauen / haben die eigenen Kinder gekocht. / Als mein Volk zusammenbrach, / dienten sie ihnen als Speise.
¹¹ Ausgebrannt hat Jahwe seinen Grimm, / ausgegossen die Glut seines Zorns. / In Zion hat er ein Feuer entzündet, / das selbst die Grundmauern fraß.
¹² Kein König hätte es geglaubt, / kein Mensch auf dieser Welt, / dass je ein Bedränger und Feind / in die Tore Jerusalems käme.
¹³ Wegen der Schuld ihrer Propheten, / wegen der Sünden

4,1-22 Kapitel 4 besteht wieder aus 22 allerdings zweizeiligen Strophen, deren Anfangsbuchstaben im Hebräischen dem Alphabet folgen. Wie in Kapitel 2 ist hier vor allem von Gott die Rede.

ihrer Priester, / die in ihrer Mitte / das Blut von Gerechten vergossen,

14 wankten sie blind durch die Gassen, / besudelt mit Blut, / sodass man ihre Kleider / nicht berühren mochte.

15 »Fort, ihr seid unrein!«, rief man ihnen zu. / »Fort mit euch, rührt uns nicht an!« / Da flohen sie und wussten nicht wohin. / Bei den Völkern sagte man: »Für sie ist kein Platz unter uns.«

16 Jahwe hat sie im Zorn zerstreut, / er blickt sie nicht mehr an. / Den Priestern zollt man keine Ehrfurcht, / nicht einmal Greise werden verschont.

17 Wir schauten uns die Augen aus / auf der Suche nach Hilfe – umsonst. / Wir spähten auf dem Wachtturm / nach einem Volk, das gar nicht helfen kann.

18 Sie hinderten uns, / die Plätze unserer Stadt zu betreten. / Das Ende nahte, unsre Zeit war um. / Da kam unser Ende.

19 Schneller als Adler / waren unsere Verfolger. / Auf den Bergen hetzten sie uns, / in der Wüste lauerten sie uns auf.

20 Unser Lebensatem, der Gesalbte Jahwes, / wurde in ihren Gruben gefangen, / unser König, von dem wir dachten: / In seinem Schutz leben wir unter den Völkern.

21 Juble nur, sei schadenfroh, du Tochter von Edom, / die da wohnt im Lande Uz*. / Der Becher geht auch an dir nicht vorüber, / du wirst betrunken sein und dich entblößen.

22 Tochter Zion, deine Schuld ist zu Ende, / nie mehr führt er dich gefangen fort. / Doch du, Tochter Edom, mit deiner Schuld rechnet er ab, / deine Sünden deckt er auf.

Gebet um Gottes Erbarmen*

5 1 Jahwe, denk daran, was uns geschah! / Schau her und sieh unsere Schmach!

2 Unser Erbbesitz fiel Fremden zu, / Ausländer wohnen in unseren Häusern.

3 Wir wurden Waisen, ohne Vater; / und unsere Mütter sind Witwen.

4 Unser Trinkwasser kostet Geld, / und unser Holz müssen wir bezahlen.

5 Wir haben die Verfolger im Nacken, / wir sind erschöpft, man lässt uns keine Ruhe.

6 Ägypten reichten wir die Hand, / Assyrien, um uns satt zu essen.

7 Unsere Väter haben gesündigt und sind nicht mehr; / wir aber tragen ihre Schuld.

8 Sklaven herrschen über uns, / und niemand befreit uns aus ihrer Gewalt.

9 Unter Lebensgefahr holen wir uns Brot, / bedroht vom Schwert in der Wüste.

4,21 Uz bezeichnet ein großes Gebiet östlich der Araba, des Jordangrabens, der bis zum Golf von Elat reicht.

5,1-22 Inhaltlich entspricht das fünfte Lied ungefähr dem ersten. Die zweizeiligen Strophen folgen aber nicht mehr dem Alphabet.

10 Unsere Haut erglüht wie vom Ofen / von den Fieberqualen des Hungers.

11 Frauen haben sie in Zion vergewaltigt, / und Mädchen in den Städten Judas.

12 Obere haben sie aufgehängt / und Älteste entehrt.

13 Junge Männer müssen die Handmühle drehen, / Knaben brechen unter der Holzlast zusammen.

14 Die Ältesten beraten nicht mehr im Tor, / die Jungen lassen das Saitenspiel.

15 Die Fröhlichkeit unseres Herzens ging dahin, / unser Reigentanz hat sich in Trauer verwandelt.

16 Unsere Krone haben wir verloren. / Weh uns wegen unserer Sünde!

17 Darum ist unser Herz krank, / darum sind unsere Augen trüb:

18 weil Zions Berg verödet ist, / nur Füchse streifen noch herum.

19 Du, Jahwe, bleibst in Ewigkeit, / dein Thron hat für immer Bestand!

20 Warum willst du uns für immer vergessen, / uns verlassen lebenslang?

21 Führ uns zu dir zurück, Jahwe, so kehren wir um! / Gib uns neues Leben wie früher!

22 Oder hast du uns ganz verworfen, / bist allzu zornig über uns?

Der Prophet Hesekiel

Hesekiël stammte aus einer Priesterfamilie und wurde als Dreißigjähriger am Fluss Kebar in der Nähe Babylons zum Propheten berufen. Vier Jahre vorher war er mit 10.000 anderen Juden von Jerusalem aus nach Babylon verschleppt worden. Zwei Jahre vor seiner Berufung hatten die Verbannten einen Brief des Propheten Jeremia aus dem 1300 km entfernten Jerusalem erhalten, in dem sie ermutigt wurden, sich in der Gefangenschaft einzurichten, denn sie würden insgesamt 70 Jahre lang dort bleiben müssen (Jeremia 29).

Der Prophet Hesekiël empfing seine Botschaft hauptsächlich in Visionen und gab sie in Gleichnisreden und -handlungen wieder. Er ist der einzige der großen Propheten, der seine Weissagungen genau datiert. Sein Dienst begann 593 v. Chr. und dauerte mindestens 22 Jahre bis 571 v. Chr.

Vor der völligen Zerstörung Jerusalems predigte er Gericht und Buße (bis Kapitel 32), danach aber wurde er zum Tröster und Prediger von Hoffnung und Zuversicht, denn bis ins letzte Detail beschrieb er Israels künftigen Ruhm und Glanz (Kapitel 33-48). Sein Leitmotiv ist die Herrlichkeit Gottes. Kein anderer Prophet benutzte so viele Bilder und visuelle Hilfsmittel wie er. Hesekiël schrieb die empfangenen Botschaften und Erfahrungen selbst nieder.

1 *1* In meinem 30. Lebensjahr*, am 20. Juni*, befand ich mich unter den Verbannten am Fluss Kebar*. Da öffnete sich der Himmel und ich sah Erscheinungen Gottes. *2* An diesem Tag* – es war das fünfte Jahr, nachdem König Jojachin in die Verbannung geführt* worden war – *3* kam das Wort Jahwes zu mir, dem Priester Hesekiël Ben-Busi im Land der Chaldäer am Fluss Kebar. Dort legte Jahwe seine Hand auf mich.

Die Herrlichkeit Jahwes

4 Da sah ich plötzlich einen Sturm herantoben. Er kam aus dem Norden. Und ich sah eine mächtige Wolke, ein zusammengeballtes Feuer, das von einem strahlenden Glanz umgeben war. Mitten in dem Feuer glänzte es wie Gold. *5* Dort erblickte ich vier Lebewesen, die wie Menschen aussahen. *6* Doch hatte jedes von ihnen

---

1,1 30. *Lebensjahr.* Wörtlich: *Im 30. Jahr.* Das bezieht sich höchstwahrscheinlich auf das Alter Hesekiëls. In diesem Alter konnte nach 4. Mose 4,3 ein Levit seinen Priesterdienst antreten.

20. Juni. Wörtlich: am 5. des 4. Monats. Die Umrechnung der genauen Datumsangaben kann in den meisten Fällen nur als Näherungswert für ein »ideales Jahr« angesehen werden. Im konkreten Fall kann es zu einer Abweichung von maximal einem Monat kommen.

Der *Kebar* war ein Euphrat-Kanal in der Nähe der Stadt Nippur, südlich von Babylon. Offenbar versammelten sich die verschleppten Juden dort zum Gebet.

1,2 diesem Tag. Wörtlich: am 5. des Monats.

597 v. Chr. wurde Jojachin *in die Verbannung geführt.* Hesekiëls Berufung fand also im Jahr 593 v. Chr. statt.

vier Gesichter und vier Flügel. 7 Ihre Beine standen gerade, aber ihre Fußballen waren wie die eines Jungstiers. Sie funkelten wie geglättetes Kupfer. 8 Unter ihren Flügeln hatten sie an allen vier Seiten Menschenhände. Alle vier hatten Gesichter und Flügel; 9 und mit den Enden der ausgespannten Flügel berührten sie sich gegenseitig. Sie konnten sich in alle Richtungen bewegen, ohne sich umzudrehen. 10 Jedes der vier Lebewesen hatte vorn das Gesicht eines Menschen, rechts das eines Löwen, links das eines Stiers und hinten das eines Adlers. 11 Zwei ihrer Flügel waren nach oben hin ausgespannt und berührten die des anderen Wesens. Und zwei verhüllten ihren Körper. 12 Sie gingen, wohin der Geist es wollte, und keines von ihnen musste sich dabei umdrehen. 13 Mitten zwischen den Lebewesen war etwas, das aussah wie brennende glühende Kohlen und wie Fackeln, deren Feuer zwischen ihnen hin und her zuckte. Das Feuer leuchtete hell, und Blitze schossen aus ihm. 14 Auch die Lebewesen selbst liefen hin und her. Es sah aus wie ein Wetterleuchten.

15 Als ich die Lebewesen näher betrachtete, sah ich an der Vorderseite von jedem ein Rad, das den Boden berührte. 16 Alle Räder waren gleich gebaut und funkelten wie Edelsteine. Es sah aus, als ob ein Rad mitten im

anderen wäre, 17 sodass sie nach allen vier Richtungen laufen konnten, ohne gedreht zu werden. 18 Ihre Felgen hatten eine gewaltige Höhe und waren furchtbar anzusehen: Sie waren alle vier voller Augen. 19 Wenn die Lebewesen sich fortbewegten, bewegten sich auch die Räder mit ihnen, und wenn sie sich von der Erde erhoben, erhoben sich auch die Räder. 20 Sie gingen, wohin der Geist es wollte. Die Räder hoben sich immer mit den Lebewesen, denn sie wurden von ihrem Geist bewohnt. 21 Ganz gleich, ob sie sich bewegten oder stillstanden oder sich von der Erde erhoben – die Räder taten dasselbe, denn der Geist der Lebewesen lenkte sie.

22 Über den Köpfen der Lebewesen war etwas ausgebreitet, das wie eine Wölbung* aussah, wie funkelndes Eis, furchteinflößend. 23 Unter der Wölbung hielten die Lebewesen je zwei ihrer Flügel ausgespannt. Mit den Enden dieser Flügel berührten sie sich gegenseitig, und mit den zwei anderen verhüllten sie ihren Körper. 24 Wenn sie sich bewegten, vernahm ich das Geräusch ihrer Flügel. Es hörte sich an wie die Brandung des Meeres, wie die Stimme des Allmächtigen, wie ein hallendes Tosen, wie der Lärm eines Heerlagers. Wenn sie stillstanden, ließen sie ihre Flügel sinken. 25 Doch wenn sie mit gesenkten Flügeln standen, hallte eine Stimme von oberhalb der Wölbung über ihren Köpfen. 26 Denn über der Wölbung befand sich etwas, das wie ein Saphir* aussah, wie ein Thron, und auf dem, was wie ein Thron aussah, war eine Gestalt zu erkennen, die einem Menschen glich. 27 Oberhalb von dem,

1,22 *Wölbung.* Hebräisch: *Rakia.* Das gleiche Wort wie in 1. Mose 1,6, das etwas Festes und Dünnes bezeichnet.

1,26 *Saphir.* Ein blauer Edelstein, der wie ein Diamant funkelt.

was wie seine Hüften aussah, war so etwas wie helles Gold, wie Feuer, das ringsum ein Gehäuse hat. Auch unterhalb sah ich so etwas wie ein loderndes Feuer mit einem Lichtglanz darum. *28* Das strahlende Licht um ihn herum sah wie der Bogen aus, der am Regentag in den Wolken erscheint. So zeigte sich die Herrlichkeit Jahwes. – Als ich das sah, warf ich mich nieder auf mein Gesicht. Dann hörte ich jemand reden.

Hesekiëls Berufung

2 *1* Er sagte zu mir: »Stell dich auf deine Füße, Menschensohn, ich will mit dir reden!« *2* Da kam der Geist in mich und stellte mich auf die Füße. Dann hörte ich ihn sagen: *3* »Du Menschensohn, ich sende dich zum Volk Israel, zu den Stämmen, die sich gegen mich aufgelehnt haben. Sie und ihre Vorfahren sind bis heute immer wieder von mir abgefallen. *4* Ich sende dich zu den Leuten mit dem frechen Gesicht und dem harten Herzen. Ihnen sollst du sagen: ›So spricht Jahwe, der Herr!‹ *5* Ob sie dann hören oder nicht – sie sind ja ein stures Volk –, so sollen sie doch wissen, dass es einen Propheten unter ihnen gibt. *6* Doch du, Menschensohn, hab keine Angst vor ihnen! Lass dich von ihren Worten nicht einschüchtern! Auch wenn Dornen dich umgeben und du auf Skorpionen sitzt: Fürchte dich nicht vor ihren Worten und erschrick nicht vor ihren Mienen! Sie sind nun mal ein stures Volk. *7* Du musst ihnen meine Worte sagen, ob sie hören oder nicht! Denn sie sind sehr widerspenstig. – *8* Doch du, Menschensohn, höre, was ich dir sage! Sei nicht trotzig wie dieses sture Volk! Mach deinen Mund auf und iss, was ich dir gebe!«

9 Auf einmal sah ich vor mir eine ausgestreckte Hand und auf ihr eine Schriftrolle. *10* Als er sie vor mir aufrollte, sah ich, dass sie vorn und hinten mit Klagen, Seufzern und Weherufen beschrieben war.

3 *1* Da sagte er zu mir: »Menschensohn, nimm diese Schriftrolle und iss sie auf! Dann geh los und rede zu den Leuten von Israel!« *2* Ich öffnete den Mund, und er gab mir die Rolle zu essen. *3* Dabei sagte er: »Menschensohn, verspeise diese Schriftrolle, die ich dir gebe. Füll deinen Magen damit!« Ich aß die Rolle. Sie schmeckte süß wie Honig.

4 Dann sagte er zu mir: »Geh nun zu den Israeliten und gib ihnen meine Worte weiter. *5* Ich schicke dich ja nicht zu einem Volk mit fremder und schwieriger Sprache, sondern zu Israel. *6* Wenn ich dich zu Völkern mit fremden und schwierigen Sprachen schicken würde – sie würden auf dich hören! *7* Aber die Leute von Israel werden nicht auf dich hören wollen, weil sie mich nicht hören wollen, denn sie haben eine harte Stirn und ein verstocktes Herz. *8* Doch ich mache dein Gesicht ebenso hart wie ihres und deine Stirn wie ihre Stirn, *9* ja noch härter, wie Diamant und Kieselstein. Hab keine Angst vor ihnen und erschrick nicht vor ihren Mienen. Sie sind ein stures Volk.«

10 Weiter sagte er zu mir: »Menschensohn, hör gut zu und nimm dir meine Worte zu Herzen! *11* Nun auf mit dir! Geh zu den Verschleppten aus deinem Volk und sag zu ihnen – ob sie es hören wollen oder nicht –: ›So spricht Jahwe, der Herr!‹«

12 Da hob mich der Geist hoch. Hinter mir vernahm ich ein starkes Getöse – Gepriesen sei die Herrlichkeit Jahwes von seiner Wohnung her! – *13* und das Rauschen der Flügel dieser Lebewesen, die einander berührten, und das Sausen der Räder neben ihnen. Es war ein gewaltiges Dröhnen. *14* Der Geist hob mich also hoch und nahm mich weg. Jahwes Hand lag hart auf mir, und ich fuhr dahin, erbittert in grimmigem Zorn. *15* So kam ich zu den Verschleppten, die in Tel-Abib am Fluss Kebar wohnten, und saß sieben Tage lang verstört unter ihnen.

Der Prophet als Wächter

16 Nach diesen sieben Tagen kam das Wort Jahwes zu mir. Er sagte: *17* »Menschensohn, ich habe dich zum Wächter für die Leute von Israel bestellt. Wenn du eine Botschaft von mir bekommst, musst du sie in meinem Auftrag warnen! *18* Wenn ich also zu dem Schuldigen sage: ›Du musst sterben!‹, und du hast ihn nicht gewarnt, ihn nicht von seinen schlimmen Wegen abgebracht, du hast ihm nichts gesagt, um sein Leben zu retten – dann wird er zwar sterben, wie er es verdient hat, aber dich ziehe ich für seinen Tod zur Rechenschaft! *19* Warnst du den Schuldigen und er bekehrt sich nicht von seiner Gottlosigkeit und seinem unrechten Tun – dann wird er wegen seiner Schuld sterben, aber du hast dein Leben gerettet. *20* Und wenn ein Mensch, der gottgefällig lebt, sich davon abwendet

und anfängt, Unrecht zu tun, weil ich ihn auf die Probe gestellt habe, dann muss er sterben. Alles Gute, was er vorher getan hat, zählt dann nicht mehr. Hast du ihn nicht gewarnt, muss er wegen seiner Sünde sterben, aber dich ziehe ich für seinen Tod zur Rechenschaft! *21* Doch wenn du den Gerechten gewarnt hast, dass er sich bewährt und ohne Sünde bleibt, dann bleibt er am Leben und auch du hast dein Leben gerettet.«

Der Prophet wird stumm

22 Dann legte sich die Hand Jahwes auf mich. Er befahl mir: »Steh auf und geh in die Ebene hinaus! Dort will ich mit dir reden!« *23* Ich stand auf und ging. Als ich in die Ebene kam, sah ich die Herrlichkeit Jahwes dort stehen, so wie ich sie schon am Fluss Kebar gesehen hatte. Da stürzte ich zu Boden auf mein Gesicht. *24* Aber dann kam der Geist in mich und stellte mich wieder auf die Füße. Jahwe sagte zu mir: »Geh in dein Haus und schließ dich ein! *25* Du wirst dort mit Stricken gefesselt sein, so dass du nicht mehr zu ihnen hinausgehen kannst. *26* Ich lasse dir die Zunge am Gaumen kleben und mache dich stumm. Du sollst kein Mahner mehr für sie sein, denn sie sind ein stures Volk. *27* Wenn ich aber mit dir rede, werde ich deine Zunge lösen. Dann sollst du ihnen sagen: ›So spricht der Herr, Jahwe!‹ Wer es hören will, mag hören, wer es lassen will, mag es lassen! Sie sind ein stures Volk.«

Das Zeichen der Belagerung

4 *1* »Du, Menschensohn, nimm dir einen Lehmziegel, leg ihn vor dich hin und ritze den Umriss der Stadt Jerusalem darauf ein. 2 Dann eröffne die Belagerung gegen die Stadt: Baue Belagerungstürme, schütte einen Wall gegen sie auf, richte ein Heerlager ein und stelle Rammböcke gegen ihre Mauern ringsum! 3 Nimm dir dann eine eiserne Pfanne und stelle sie als eiserne Mauer zwischen dich und die Stadt. Dann blick auf sie hin: Nun ist sie belagert, und du belagerst sie. Das soll ein Zeichen für die Leute von Israel sein.«

Das Zeichen des Gebundenseins

4 »Dann legst du dich auf deine linke Seite und nimmst die Schuld der Israeliten auf dich. Solange du so liegst, sollst du ihre Schuld tragen. 5 Ich habe dir nämlich die Jahre ihrer Schuld zu einer Tageszahl gemacht. 390 Tage musst du die Schuld des Hauses Israel* tragen. 6 Wenn du damit fertig bist, legst du dich auf deine rechte Seite und trägst die Schuld des Hauses Juda, 40 Tage lang*, einen Tag für jedes Jahr. So habe ich es festgesetzt. 7 Dabei sollst du deine Blicke und deinen bloßen Arm auf das belagerte Jerusalem richten und gegen die Stadt weissagen. 8 Pass auf! Ich werde dich mit Stricken fesseln, dass du dich nicht von einer Seite auf die andere wälzen kannst, bis du die Tage deiner Belagerung überstanden hast.«

Das Zeichen der unreinen Speise

9 »Nimm dir jetzt Weizen, Gerste, Bohnen, Linsen, Hirse und Dinkel, schütte alles in ein einziges Gefäß und backe daraus Brot. Das ist deine Speise für die 390 Tage, in denen du auf deiner Seite liegst. 10 Deine Tagesration beträgt 260 Gramm* Brot, und du sollst es zu bestimmten Zeiten essen. 11 Auch das Wasser, das du trinkst, soll genau abgemessen sein: drei Becher*. 12 Das Brot sollst du wie Gerstenfladen backen*. Als Brennmaterial nimm vor aller Augen Menschenkot dazu! 13 Denn auch die Israeliten werden bei den Völkern, unter die ich sie verstreue, ihr Brot unrein essen müssen.« 14 Da sagte ich: »Ach Herr, Jahwe, von meiner Kindheit an habe ich nichts gegessen, was unrein macht. Nie habe ich Fleisch von verendeten oder gerissenen Tieren gegessen und nie unrein gewordenes Opferfleisch angerührt.« 15 Da sagte er zu mir: »Gut, ich erlaube dir Kuhmist zu nehmen statt

---

4,5 *Haus Israel* bezieht sich hier auf die zehn Stämme des Nordreiches Israel, von dem die allermeisten Bewohner vor mehr als 100 Jahren nach Assyrien verschleppt worden waren.

4,6 *40 Tage lang.* 390+40=430 Jahre verbrachte Israel nach 2. Mose 12,40-41 in Ägypten. Ansonsten sind die Zahlen nicht sicher zu deuten.

4,10 *260 Gramm.* Wörtlich: 20 Schekel. Ein Schekel in Babylon wog durchschnittlich etwa 13 Gramm.

4,11 *drei Becher.* Wörtlich: Ein Sechstel Hin, das sind 0,6 Liter.

4,12 *backen.* Brotfladen wurde auf erhitzten Steinen gebacken.

4,16 *Vorrat an Brot.* Wörtlich: Ich zerbreche den Stab des Brotes. So auch Hesekiel 5,16; 14,13. In die Mitte der Brotfladen wurde schon vor dem Backen mit dem Finger ein Loch gebohrt, sodass sie anschließend auf einen Stab gesteckt aufbewahrt werden konnten.

Menschenkot.« *16* Und er fuhr fort: »Menschensohn, pass auf! Ich zerstöre Jerusalems Vorrat an Brot*, sodass sie es abwiegen werden und mit Angst essen und das Wasser abmessen und mit Entsetzen trinken. *17* Wegen ihrer Schuld werden sie Mangel an Brot und Wasser haben und werden einer nach dem anderen elend zugrunde gehen.«

Das Zeichen der geschorenen Haare

5 *1* »Du, Menschensohn, nimm dir ein scharfes Schwert und benutze es als Rasiermesser. Schere dir damit den Kopf kahl und rasiere den Bart ab. Dann nimm dir eine Waage und teile die Haare. *2* Ein Drittel verbrenne in der Stadt, wenn sie gestürmt wird. Das zweite Drittel zerhaue mit dem Schwert vor ihren Toren; und das letzte Drittel streue in den Wind! Denn ich werde ihre Einwohner mit gezücktem Schwert verfolgen. *3* Nur ganz wenige Haare sollst du in den Zipfel deines Mantels binden. *4* Doch auch von diesen sollst du noch einen Teil nehmen, ins Feuer werfen und verbrennen lassen. Davon wird sich das Feuer auf das ganze Haus Israel ausdehnen.«

Deutung der Zeichen

5 So spricht mein Herr Jahwe: »Das ist Jerusalem! Ich habe die Stadt zum Mittelpunkt der Völker gemacht und Länder rings herum gesetzt. *6* Doch ihre Bewohner lehnten sich gegen meine Rechtsbestimmungen auf und waren gottloser als die Völker; sie empörten sich gegen meine Ordnungen, schlimmer als die Länder rings-um. Sie missachteten meine Gebote und traten mein Gesetz mit Füßen.

7 Darum, spricht Jahwe, der Herr: Weil ihr mehr getobt habt als die Völker um euch herum, weil ihr meine Gebote nicht beachtet und mein Gesetz verworfen habt, weil ihr euch nicht einmal nach den Gesetzen eurer Nachbarvölker gerichtet habt, *8* darum werde auch ich gegen dich sein, spricht Jahwe, der Herr. Vor den Augen der Völker werde ich mein Strafgericht an euch vollziehen. *9* Wegen der Menge deiner Abscheulichkeiten werde ich dich so bestrafen, wie ich es noch nie getan habe und auch nie wieder tun werde. *10* Mitten in Jerusalem werden Väter ihre Söhne töten und aufessen. Und Söhne werden es mit ihren Vätern genauso tun. Ich vollziehe mein Gericht an dir und zerstreue deinen Rest in alle Winde.

11 Darum, so wahr ich lebe, spricht Jahwe, der Herr: Weil du mein Heiligtum mit all deinen Scheusalen und Gräueln entweiht hast, werde auch ich dich kahl scheren. Mein Auge wird kein Mitleid zeigen, und ich werde dich nicht schonen. *12* Ein Drittel von dir wird in der Stadt an Pest und Hunger sterben, ein Drittel soll vor der Stadt mit dem Schwert erschlagen werden; und ein Drittel zerstreue ich in alle Winde und verfolge sie mit gezücktem Schwert. *13* Sie werden meinen Zorn zu spüren bekommen, und ich werde meine Wut an ihnen stillen und mich rächen. Dann, wenn ich meinen Grimm an ihnen kühle, wird man erkennen, dass ich, Jahwe, sie mit Leidenschaft gewarnt habe. *14* Ja, ich mache dich zum Schauder und zum Schimpf für alle Völker ringsum.

Und jeder, der vorbeigeht, wird dich verhöhnen. *15* Zum Gespött und zum Hohn, zur Warnung und zum Schreckbild wirst du für die Völker ringsum sein, wenn ich mein Strafgericht an dir vollziehe, voll von grimmigem Zorn und wütender Züchtigung – ich, Jahwe, habe gesprochen –, *16* wenn ich die bösen Pfeile des Hungers gegen dich abschieße – und ich werde sie abschießen –, um euch zu verderben, und wenn ich den Hunger über euch häufe und euren Brotvorrat vernichte. *17* Ja, ich sende Hunger über euch und dazu wilde Tiere, die euch der Kinder berauben; Pest und Blutvergießen, wenn das Schwert über euch kommt.* Ich, Jahwe, habe gesprochen.«

Gegen die Berge Israels

6 *1* Das Wort Jahwes kam zu mir. Er sagte: *2* »Du Menschensohn, blick auf die Berge Israels und künde ihnen mein Strafgericht an! *3* Sag zu ihnen: ›Ihr Berge Israels, hört das Wort Jahwes! So spricht Jahwe, der Herr, zu den Bergen und Hügeln, den Schluchten und Tälern:

Seht, ich selbst bringe das Schwert über euch und vernichte eure Opferhöhen! *4* Eure Altäre sollen zerstört werden, die Räuchertische zerbrochen. Die Leichen der Erschlagenen werde ich euren Mistgötzen* vor die Füße werfen. *5* Und ihre Knochen verstreue ich rings um eure Altäre. *6* Wo ihr auch wohnt, werden die Städte in Trümmern liegen und die Opferhöhen zerstört sein, damit eure Altäre verwüstet und verödet sind, eure Mistgötzen zerschlagen, die Räuchertische zerbrochen und eure

Machwerke ausgelöscht sind. *7* Mitten unter euch werden die Durchbohrten liegen. Dann werdet ihr erkennen, dass ich es bin – Jahwe!

8 Doch einen Rest werde ich am Leben lassen. Einige von euch werden dem Schwert entkommen und zerstreut unter fremden Völkern leben. *9* Dort werden sie dann an mich denken und begreifen, dass ich ihr verhurtes Herz zerbrochen habe und ihre Augen, die lüstern nach den Mistgötzen schielten. Dann werden sie sich ekeln vor sich selbst, wegen all der abscheulichen Dinge, die sie getan haben. *10* Dann wird man erkennen, dass ich, Jahwe, keine leeren Worte machte, als ich ihnen dieses Unheil androhte.‹

11 So spricht Jahwe, der Herr: ›Schlag die Hände zusammen und stampfe mit dem Fuß auf den Boden und schreie:

Weh über all die bösen Gräuel des Hauses Israel! Denn sie müssen fallen durch Schwert, Hunger und Pest! *12* Wer fern ist, wird an der Pest sterben, wer in der Nähe ist, durchs Schwert, und wer dann noch übrig geblieben und mit dem Leben davongekommen ist, wird verhungern!

So werde ich meinen Grimm an ihnen auslassen, *13* damit ihr erkennt, dass ich, Jahwe, es bin. Die Erschlagenen werden mitten unter ihren Mistgötzen

---

5,17 *Hunger ... kommt.* Siehe 3. Mose 26 die vier Heimsuchungen Gottes: Hunger, wilde Tiere, Pest und Schwert. So auch Hesekiel 14,21 und Offenbarung 6,7-8.

6,4 *Mistgötzen.* Wörtlich: *Mistkugeln*, eine bewusst verächtliche Bezeichnung für die Götzenbilder.

liegen, rings um ihre Altäre, auf jedem hohen Hügel und Berggipfel, unter jedem grünen Baum und jeder Terebinthe, überall, wo sie ihren Mistgötzen den Opferrauch aufsteigen ließen. *14* Ich strecke meine Hand gegen sie aus und mache ihr Land zur Wildnis und zur Wüste, ihr ganzes Land von der Steppe im Süden bis nach Ribla*. Sie sollen erkennen, dass ich bin, der ich bin – Jahwe!‹«

Ankündigung des Gerichts

7 *1* Das Wort Jahwes kam zu mir. Er sagte: *2* »Du Menschensohn! So spricht Jahwe, der Herr, zum Land Israel: ›Das Ende kommt! Über das ganze Land bricht das Ende herein! *3* Jetzt kommt das Ende über dich! Ich lasse meinen Zorn gegen dich wüten und richte dich für deine Vergehen. Deine Gräueltaten zahle ich dir heim. *4* Mir werden keine Tränen wegen dir kommen, ich werde kein Mitleid mit dir haben, sondern ich bringe deine Vergehen über dich. Du sollst die Folgen deiner Gräuel fühlen! Und ihr sollt erkennen, dass ich, Jahwe, es bin.‹

5 So spricht Jahwe, der Herr: ›Unheil über Unheil, – da, es ist gekommen! *6* Ein Ende kommt! Es kommt das Ende, es erwacht. Pass auf, es kommt auf dich zu! *7* Es kommt, es bricht über dich herein, Bewohner des Landes. Es kommt die Zeit, nah ist der Tag: Tumult, und nicht Jubel in den Bergen! *8* Bald schütte ich meinen Grimm über dich aus und kühle meinen Zorn an dir. Ich richte dich für deine Vergehen. Deine Gräueltaten zahle ich dir heim! *9* Mir werden keine Tränen wegen dir kommen, ich werde kein Mitleid mit dir haben, sondern ich bringe deine Vergehen über dich. Du sollst die Folgen deiner Gräuel fühlen! Und ihr sollt erkennen, dass ich, Jahwe, einer bin, der schlägt.

10 Seht, da ist der Tag! Da, er kommt! Es bricht über dich herein. Es sprosst der Stab, es blüht der Frevel, *11* die Gewalttat erhebt sich und wird zum Zepter des Bösen. Nichts bleibt von ihnen, von ihrer Menge und ihrem Gepränge, und keine Klage ist um sie. *12* Die Zeit kommt, der Tag ist da! Wer etwas kauft, soll sich nicht freuen, und der Verkäufer soll nicht traurig sein, denn Zornglut kommt über die ganze lärmende Menge. *13* Der Verkäufer wird das Verkaufte auch im Erlassjahr* nicht wiedererlangen, und wenn er noch so lange leben sollte. Denn die Vision richtet sich gegen sie alle und verändert sich nicht. Und weil sie alle schuldig sind, wird keiner sein Leben retten.*

14 Man stößt ins Horn und macht alles bereit, doch keiner zieht in den Kampf, denn meine Zornglut kommt über all ihre Menge. *15* Draußen das Schwert, drinnen Hunger und Pest. Wer auf dem Feld ist, stirbt durch das Schwert, wer in der Stadt ist, den fressen Hunger und Pest. *16* Und wenn Versprengte auf die Berge entkommen, werden sie dort wie Tauben in den Schluchten sein: Alle jammern

---

6,14 Ribla lag am Orontes, etwa 105 km nördlich von Damaskus.

7,13 Erlassjahr. Siehe 3. Mose 25,8-15.

Der Verkäufer ... retten. Einige Worte der letzten drei Sätze geben im Zusammenhang keinen Sinn, deshalb bleibt die Deutung unsicher.

über ihre Schuld. *17* Alle Hände werden schlaff und alle Knie werden weich. *18* Sie ziehen den Trauersack an, und ein Schauder hüllt sie ein. Alle Gesichter sind verstört und alle Köpfe kahl.

19 Ihr Silber und Gold werfen sie wie Unrat auf die Gassen; es kann sie an jenem Tag nicht retten vor dem grimmigen Zorn Jahwes. Sie können damit ihren Bauch nicht füllen, ihren Hunger nicht stillen, denn es war der Anstoß zu ihrer Schuld. *20* Sie waren stolz auf ihren kostbaren Schmuck und haben ihre abscheulichen Götzen und ihre gräulichen Bilder daraus gemacht. Darum habe ich ihn für sie zum Ekel gemacht. *21* Darum gebe ich alles den Fremden zur Beute, den Frevlern der Erde gebe ich es preis, damit sie alles entweihen. *22* Und ich wende mein Gesicht ab und lasse sie auch mein Heiligtum entweihen, dass Räuber eindringen können und es schänden.

23 Fertige die Kette an! Denn das Land ist voll von Mord und Totschlag, und in der Stadt regiert die Gewalt. *24* Ich führe die schlimmsten Völker herbei, dass sie ihre Häuser besetzen. Ich mache dem Hochmut der Mächtigen ein Ende und entweihe alles, was ihnen heilig ist! *25* Dann bekommen sie Angst und suchen nach Sicherheit, doch es wird sie nicht geben. *26* Ein Unglück folgt dem anderen, und eine Schreckensnachricht jagt die nächste. Nun suchen sie Visionen beim Propheten. Doch auch der Priester verlor das Gesetz, und die Ältesten wissen keinen Rat. *27* Der König wird trauern, der Fürst sich in Entsetzen hüllen, und zittern werden die Hände des Volkes. Ich

behandle sie, wie es ihrem Verhalten entspricht, ich richte sie nach ihrem eigenen Recht. Sie sollen erkennen, dass ich, Jahwe, es bin.‹«

Götzendienst im Tempel Jahwes

8 *1* Es war im 6. Jahr unserer Verbannung, am 17. September.* Ich saß gerade mit den Ältesten von Juda zusammen in meinem Haus, da legte Jahwe, der Herr, seine Hand auf mich. *2* Ich blickte auf und sah eine Gestalt, die aussah wie ein Mann. Unterhalb von dem, was wie seine Hüften aussah, war Feuer. Nach oben hin strahlte es wie helles Gold. *3* Sie streckte so etwas wie eine Hand nach mir aus und packte mich bei den Haaren. So hob mich der Geist in einer göttlichen Vision hoch in die Luft und brachte mich nach Jerusalem, an den Eingang des nördlichen Tors zum inneren Vorhof, wo das Götzenbild stand, das Eifersucht erregte*. *4* Dort sah ich den Gott Israels in seiner Herrlichkeit, so wie ich ihn in der Ebene gesehen hatte.

Das Götzenbild der Eifersucht

5 Er sagte zu mir: »Blick nach Norden, Menschensohn!« Ich schaute in diese Richtung und sah nördlich vom Tor, das zum Altar führt, neben dem Eingang das Götzenbild der

---

8,1 *17. September.* Wörtlich: am 5. des 6. Monats. Das Datum entspricht dem 17.9. 592 v.Chr. In Jerusalem regierte König Zidkija (2. Könige 24,18-20).

8,3 *Götzenbild ... erregte.* Vermutlich war es eine Statue der kanaanäischen Fruchtbarkeitsgöttin Aschera, die Jahwe zur Eifersucht reizen musste.

Eifersucht stehen. *6* »Menschensohn, siehst du, was sie tun?«, sagte er zu mir. »Abscheuliche Dinge treiben die Leute von Israel hier, damit ich mich von meinem Heiligtum entferne. Aber du wirst noch schlimmere Gräueltaten sehen.«

Die Bilderkammer

7 Er brachte mich zum Eingang des Vorhofs. Dort sah ich ein Loch in der Mauer. *8* »Durchbrich die Wand, Menschensohn!«, sagte er zu mir. Ich tat es und stieß auf eine Tür. *9* »Geh hinein«, sagte er, »und schau dir an, was für schlimme Gräuel sie hier treiben!« *10* Ich ging hinein und sah überall an den Wänden die Bilder von Kriechtieren und abscheulichem Viehzeug eingemeißelt, all die Götzen des Hauses Israel. *11* Siebzig Männer von den Ältesten Israels standen davor, und Jaasanja Ben-Schafan war mitten unter ihnen. Alle hatten Räucherpfannen in der Hand, und der Duft einer Weihrauchwolke stieg empor. *12* »Siehst du, Menschensohn, was die Ältesten von Israel hier im Finstern tun und jeder in seiner Bilderkammer zu Hause? Sie denken: ›Jahwe sieht es nicht, Jahwe hat das Land verlassen!‹ *13* Aber du wirst sehen, dass sie noch schlimmere Gräuel begehen.«

Verehrung des Tammuz

14 Dann brachte er mich zum Nordtor des inneren Vorhofs im Haus Jahwes. Dort saßen Frauen, die den Tammuz* beweinten. *15* Er sagte zu mir: »Hast du es gesehen, Menschensohn? Aber du wirst sehen, dass sie noch schlimmere Gräuel begehen.«

Verehrung des Sonnengottes

16 Dann brachte er mich in den inneren Vorhof. Vor dem Eingang des Tempelhauses, zwischen dem Brandopferaltar und der Vorhalle, standen etwa 25 Männer mit dem Rücken zum Tempel Jahwes. Sie hatten ihre Gesichter nach Osten gerichtet und warfen sich nieder, um die Sonne anzubeten.

Götzendienst im ganzen Land

17 Er sagte zu mir: »Hast du es gesehen, Menschensohn? War es dem Haus Juda nicht genug, diese Gräuel hier zu verüben? – Sie haben ja schon das Land mit Unrecht erfüllt. – Müssen sie mich immer mehr reizen und mir auch noch die Weinrebe unter die Nase* halten? *18* Jetzt kenne ich keine Rücksicht mehr. Mein Auge wird kein Mitleid zeigen, und ich werde sie nicht verschonen. Auch wenn sie mir laut in die Ohren schreien, werde ich nicht auf sie hören.«

Das Gericht über Jerusalem

9 *1* Dann rief er mit gewaltiger Stimme vor meinen Ohren: »Kommt herbei, ihr Strafrichter der Stadt! Jeder bringe sein Todeswerkzeug mit!« *2* Da kamen sechs Männer durch das nördliche Tempeltor; jeder hatte sein Todeswerkzeug in der

---

8,14 Tammuz war ein babylonischer Vegetationsgott, dessen Tod man alljährlich zur großen Hitze betrauerte, um im Frühling seine Auferstehung zu feiern.

8,17 Weinrebe unter die Nase. Vielleicht eine sprichwörtliche abergläubische Redewendung.

Hand. In ihrer Mitte befand sich ein Siebter, der mit Leinen bekleidet war und Schreibzeug am Gürtel hatte. Sie stellten sich neben den Bronzealtar. 3 Die Herrlichkeit des Gottes Israels hatte sich inzwischen von dem Cherub erhoben, über dem sie ruhte, und war an den Eingang vom Tempel getreten. Er rief dem Mann mit dem Schreibzeug am Gürtel zu: 4 »Geh mitten durch die Stadt, mitten durch Jerusalem, und mach ein Zeichen auf die Stirn der Männer, die über die Gräueltaten in ihrer Mitte seufzen und stöhnen!« 5 Ich hörte auch, wie er zu den anderen sagte: »Geht hinter ihm her durch die Stadt und schlagt zu! Euer Auge soll kein Mitleid zeigen, ihr dürft sie nicht verschonen! 6 Erschlagt die Greise und die Jugendlichen, die Kinder und die Frauen! Rührt aber keinen an, der das Kennzeichen hat! Beginnt hier in meinem Heiligtum!« Da begannen sie bei den Ältesten, die vor dem Tempel standen. 7 Dabei sagte Jahwe zu ihnen: »Füllt die Vorhöfe mit Erschlagenen und besudelt den Tempel mit ihnen! Dann geht in die Stadt und macht dort weiter!« Sie taten es. 8 Als sie so die Menschen erschlugen und nur mich verschonten, warf ich mich nieder und schrie: »Ach Herr, Jahwe, willst du in deinem Zorn über Jerusalem denn den ganzen Rest Israels vernichten?« 9 Da sagte er zu mir: »Die Schuld dieser Leute von Israel und Juda ist entsetzlich groß. Sie haben das ganze Land mit Bluttaten und die Stadt mit Unrecht gefüllt. Sie sagen: ›Jahwe hat das Land ja verlassen, er sieht uns nicht mehr!‹ 10 Darum werde auch ich kein Mitleid zeigen und sie nicht

verschonen. Nein, ich will ihr Verhalten auf sie selbst zurückfallen lassen!« 11 Da kam der Mann, der mit Leinen bekleidet war und Schreibzeug am Gürtel hatte, zurück und meldete: »Ich habe deinen Befehl ausgeführt.«

Gott verlässt die Stadt

10 1 Oberhalb der Wölbung, die über den Köpfen der Cherubim war, sah ich so etwas wie einen Thron, der einem Saphir glich. 2 Der, der auf ihm saß, sagte zu dem in Leinen gekleideten Mann: »Geh zwischen die Räder unter den Cherubim, nimm von dort zwei Hände voll glühender Kohlen und streue sie über die Stadt!« Der Mann ging vor meinen Augen hinein. 3 Die Cherubim standen rechts vom Tempel, und die Wolke erfüllte den ganzen inneren Vorhof. 4 Da erhob sich die Herrlichkeit Jahwes von dem Cherub und trat an die Schwelle des Tempelhauses. Die Wolke erfüllte das ganze Haus, und der Vorhof leuchtete im Glanz der Herrlichkeit Jahwes. 5 Das Rauschen der Cherubimflügel wurde bis zum äußeren Vorhof gehört. Es klang wie die Stimme des allmächtigen Gottes, wenn er spricht. 6 Als dann der in Leinen gekleidete Mann auf seinen Befehl hin zwischen die Räder unter den Cherubim trat, 7 streckte einer der Cherubim die Hand nach dem Feuer aus, das zwischen ihnen war, und legte die Glut in die Hände des Mannes. Der nahm sie und ging hinaus. 8 Unter den Flügeln der Cherubim war nämlich etwas sichtbar geworden, das wie eine Menschenhand aussah.

9 Ich sah auch vier Räder neben den Cherubim, ein Rad neben jedem Cherub. Die Räder funkelten wie Edelsteine. 10 Alle waren gleich gebaut. Es sah aus, als ob ein Rad mitten im anderen wäre, 11 sodass sie nach allen vier Richtungen laufen konnten, ohne gedreht zu werden. Die Räder rollten immer in die Richtung des vordersten. 12 Jeder Cherub war ganz mit Augen bedeckt: Rücken, Hände, Flügel; auch die Räder, 13 die vor meinen Ohren Galgal* genannt wurden. 14 Jeder hatte vier verschiedene Gesichter. Beim ersten blickte das Cherubgesicht nach vorn, beim zweiten das Menschengesicht, beim dritten das Löwengesicht und beim vierten das Adlergesicht. 15 Dann begannen sich die Cherubim zu erheben. Es war das Lebewesen, das ich am Fluss Kebar gesehen hatte.* 16 Wenn die Cherubim sich fortbewegten, bewegten sich auch die Räder mit ihnen, und wenn sie sich mit ihren Flügeln von der Erde erhoben, erhoben sich auch die Räder. 17 Wenn sie anhielten, blieben auch die Räder stehen. Die Räder hoben sich immer mit ihnen, denn sie wurden vom Geist des Lebewesens bewohnt.

18 Dann verließ die Herrlichkeit Jahwes die Schwelle des Tempelhauses und stellte sich über die Cherubim. 19 Diese breiteten vor meinen Augen ihre Flügel aus, erhoben sich samt den Rädern von der Erde und stellten sich außen an den Eingang des östlichen Tores vom Tempelbezirk. Über ihnen thronte Jahwe in seiner Herrlichkeit. 20 Es war das Lebewesen, das ich unter dem Gott Israels am Fluss Kebar gesehen hatte. Ich erkannte, dass es Cherubim waren. 21 Jeder von ihnen hatte vier Gesichter und vier Flügel und so etwas wie Menschenhände unter den Flügeln. 22 Auch ihre Gesichter waren dieselben, die ich am Fluss Kebar gesehen hatte. Wohin sie auch gingen, in jede Richtung blickte eins ihrer Gesichter.

Gottes Gericht über die Führer Jerusalems

11 1 Dann nahm mich der Geist und brachte mich zum östlichen Tor des Tempelbezirks. Vor dem Tor standen 25 Männer. Unter ihnen erkannte ich Jaasanja Ben-Assur und Pelatja Ben-Benaja, führende Männer der Stadt. 2 Jahwe sagte zu mir: »Menschensohn, das sind die Männer, die in der Stadt Unheil ersinnen und böse Pläne schmieden, 3 die sagen: ›So schnell müssen wir keine Häuser bauen! Die Stadt ist der Topf, und wir sind das Fleisch darin!‹* 4 Darum tritt als Prophet gegen sie auf, Menschensohn, weissage!«

5 Da kam der Geist Jahwes über mich. Er sagte zu mir:

»Sag: ›So spricht Jahwe: Ich weiß, wie ihr redet und was eure Pläne sind. 6 Ihr habt viele erschlagen, ihr habt die Straßen der Stadt mit Erschlagenen gefüllt! 7 Darum spricht Jahwe, der Herr: Die Erschlagenen auf euren

---

10,13 *Galgal.* Das heißt so viel wie »wirbelnde Räder« oder »Wirbelwind«.

10,15 *gesehen hatte.* Siehe Hesekiel 1.

11,3 ... *Fleisch darin.* Mit dem Sprichwort drücken die zurückgebliebenen Jerusalemer ihre Überlegenheit gegenüber den Weggeführten aus.

Straßen, die ihr hingestreckt habt, die sind das Fleisch im Topf der Stadt. Aber euch werde ich aus ihr vertreiben! *8* Vor dem Schwert fürchtet ihr euch, durch das Schwert werdet ihr sterben, spricht Jahwe, der Herr. *9* Und ich vertreibe euch aus der Stadt. Ich gebe euch in die Gewalt von Fremden und vollziehe so mein Strafgericht an euch! *10* Durchs Schwert müsst ihr fallen, an Israels Grenze lasse ich euch hinrichten. Ihr sollt erkennen, dass ich bin, der ich bin – Jahwe! *11* Ihr bleibt nicht in der Stadt wie das Fleisch im Topf. An der Grenze Israels werde ich euch richten! *12* Ihr werdet erkennen, dass ich es bin – Jahwe, dessen Ordnungen ihr nicht beachtet und dessen Gebote ihr nicht befolgt habt. Ihr habt ja nach den Gesetzen eurer Nachbarvölker gelebt.‹«

13 Während ich dies weissagte, starb Pelatja Ben-Benaja. Da warf ich mich nieder, das Gesicht auf dem Boden und rief laut: »Ach Herr, Jahwe! Willst du auch den Rest Israels vernichten?«

14 Da kam das Wort Jahwes zu mir: *15* »Menschensohn, von deinen Brüdern sagen die Bewohner Jerusalems, ja von deinen Brüdern und Verwandten und von allen Israeliten, die in die Verbannung geführt wurden: ›Sie sollen bleiben, wo sie sind, weit weg von Jahwe! Das Land gehört jetzt uns!‹ *16* Darum sprich: ›So spricht Jahwe, der Herr: Ja, ich habe sie weit weg unter fremde Völker versprengt, doch in den Ländern, wohin sie gekommen sind, bin ich ein wenig zum Heiligtum für sie geworden.‹ *17* Darum sprich: ›So spricht Jahwe, der Herr: Ich sammle euch aus den Völkern wieder

ein, ich führe euch aus den Ländern, in die ihr zerstreut worden seid, wieder zusammen und gebe euch das Land Israel. *18* Und wenn sie dorthin zurückkehren, werden sie alle seine abscheulichen Götzen beseitigen. *19* Ich werde ihnen ein einiges Herz geben und einen neuen Geist, und ich entferne das versteinerte Herz aus ihrer Brust und gebe ihnen ein Herz aus Fleisch und Blut, *20* damit sie nach meinen Weisungen leben und meine Gebote beachten und befolgen. Sie sollen mein Volk werden, und ich, ich werde ihr Gott sein. *21* Doch jenen, die ihr Herz an ihre Götzen gehängt haben und die ihren Gräueln nachfolgen, lasse ich ihr Tun auf sie selbst zurückfallen‹, spricht Jahwe, der Herr.«

22 Dann schwangen die Cherubim ihre Flügel, und die Räder erhoben sich mit ihnen. Über den Cherubim war die Herrlichkeit des Gottes Israels. *23* So verließ die Herrlichkeit Jahwes die Stadt und stellte sich auf den Berg im Osten Jerusalems. *24* Mich aber nahm der Geist Gottes und brachte mich zu den Verbannten nach Babylonien zurück. Dann verschwand die Vision, *25* und ich berichtete den Verbannten alles, was Jahwe mich hatte sehen lassen.

Zeichen für die Verbannung

12 *1* Das Wort Jahwes kam zu mir. Er sagte: *2* »Menschensohn, du lebst mitten unter einem widerspenstigen Volk. Diese Leute haben Augen, sehen aber nicht, sie haben Ohren, hören aber nicht, denn sie sind ein Volk voller Sturheit.

3 Menschensohn, schnüre dir ein Bündel, wie es Verbannte mit sich tragen, und zieh damit vor ihren Augen am hellen Tag an einen anderen Ort, als ob du in die Verbannung ziehen würdest. Vielleicht sehen sie es ja, denn sie sind ein stures Volk. *4* Trag dein Bündel wie Verbannungsgepäck vor ihren Augen am hellen Tag hinaus. Und am Abend zieh vor ihren Augen weg, so wie man in die Verbannung zieht. *5* Brich vor ihren Augen ein Loch durch die Wand und zwänge dich dadurch hinaus. *6* Dann nimm dein Bündel auf die Schulter und geh in der Dunkelheit fort. Verhülle dein Gesicht, damit du das Land nicht siehst! Denn ich habe dich zu einem Zeichen für das Haus Israel gemacht.«

7 Ich machte es wie befohlen. Ich schnürte ein Bündel, wie es Verbannte mit sich tragen, und trug es am hellen Tag hinaus. Am Abend durchbrach ich mit eigener Hand die Mauer und zwängte mich hinaus. In der Dunkelheit hob ich das Bündel auf die Schulter und ging damit fort.

8 Am Morgen kam das Wort Jahwes zu mir: *9* »Menschensohn«, sagte er, »hat nicht das Volk Israel, dieses sture Volk, zu dir gesagt: ›Was machst du da?‹ *10* Sag zu ihnen: ›So spricht Jahwe, der Herr: Dieses Wort wird auf dem Fürsten Jerusalems und auf den Leuten Israels dort lasten.‹ *11* Sprich: ›Ich bin ein Zeichen für euch. Was ich getan habe, wird mit ihnen geschehen: In die Verbannung, in die Gefangenschaft werden sie ziehen. *12* Und ihr Fürst wird sein Bündel auf die Schulter nehmen und fortziehen. Sie werden die Mauer durchbrechen, um sich hindurchzuzwängen. Dann wird er sein Gesicht verhüllen, weil er das Land mit eigenen Augen nicht wiedersehen wird.‹ *13* Aber ich werfe mein Fangnetz über ihn, damit er sich in meinen Schlingen fängt,* und bringe ihn nach Babylon ins Land der Chaldäer. Aber auch das wird er nicht sehen; und dort wird er sterben. *14* Und sein Gefolge und alle seine Truppen werde ich in alle Winde zerstreuen. Mit gezogenem Schwert treibe ich sie auseinander. *15* Dann wird man erkennen, dass ich bin, der ich bin – Jahwe, wenn ich sie in fremde Länder versprenge und unter fremde Völker zerstreue. *16* Nur einige von ihnen lasse ich dem Schwert, dem Hunger und der Pest entkommen, damit sie unter den Völkern von all ihren Gräueltaten erzählen können, damit auch diese erkennen, dass ich bin, der ich bin – Jahwe!«

17 Das Wort Jahwes kam zu mir. Er sagte: *18* »Menschensohn, iss dein Brot mit Zittern und trink dein Wasser mit Angst und Beben! *19* Und dann sage deinen Landsleuten: ›So spricht Jahwe, der Herr, von denen, die in Jerusalem und Israel geblieben sind: In Angst werden sie ihr Brot essen und mit Entsetzen ihr Wasser trinken, denn ihr Land wird wegen der Gewalttat seiner Bewohner verwüstet und seines Reichtums beraubt daliegen. *20* Die bewohnten Städte werden verwüstet und das Land zur Einöde. Dann werdet ihr erkennen, dass ich es bin – Jahwe!‹«

12,13 *Schlingen fängt.* Das erfüllte sich am 18. Juli 586 v.Chr., sechs Jahre nach dieser Weissagung, siehe 2. Könige 25,3-7; Jeremia 39,4-7.

Gegen die Skeptiker

21 Das Wort Jahwes kam zu mir. Er sagte: 22 »Menschensohn, was habt ihr da für ein Sprichwort im Land Israel? Ihr sagt: ›Die Tage ziehen sich hin, die Visionen erfüllen sich nie.‹ 23 Darum sag zu ihnen: ›So spricht Jahwe, der Herr: Ich werde diesem Gerede ein Ende machen! Man soll es nicht mehr als Sprichwort in Israel gebrauchen!‹ Sag zu ihnen: ›Die Tage sind nah gekommen, der Inhalt jeder Vision trifft ein!‹ 24 Künftig wird es keine nichtige Vision und keine schmeichlerischen Wahrsagungen in Israel mehr geben. 25 Denn ich, Jahwe, ich rede, und was ich sage, trifft ein! Es lässt nicht lange auf sich warten. Du wirst es erleben, du Haus der Sturheit, dass ich etwas sage und es auch tue, spricht Jahwe, der Herr.« 26 Das Wort Jahwes kam zu mir. Er sagte: 27 »Menschensohn, das Haus Israel sagt: ›Die Vision, die der hat, erfüllt sich noch lange nicht, er weissagt von einer fernen Zeit.‹ 28 Darum sag zu ihnen: ›So spricht Jahwe, der Herr: Keins meiner Worte wird mehr hinausgeschoben werden. Was ich sage, wird auch geschehen, spricht Jahwe, der Herr.‹«

Gegen falsche Propheten

13 1 Das Wort Jahwes kam zu mir. Er sagte: 2 »Menschensohn, weissage gegen die Propheten Israels, die nach eigenem Gutdünken prophezeien: ›Hört das Wort Jahwes!‹ 3 So spricht Jahwe, der Herr: ›Weh den Propheten der Schande, die ihren Einfällen folgen und nichts gesehen haben! 4 Wie Füchse in Trümmern sind deine Propheten, Israel. 5 Ihr seid nicht in die Bresche gesprungen, ihr habt die Mauer um das Haus Israel nicht gesichert, damit es im Kampf besteht an meinem Tag!‹ 6 Sie schauen Hirngespinste, verkünden falsche Orakel und sagen: ›So spricht Jahwe!‹, obwohl Jahwe sie gar nicht gesandt hat. Und dann erwarten sie auch noch, dass er ihr Wort eintreffen lässt. 7 ›Habt ihr nicht Trugbilder geschaut und falsche Vorhersagen verkündet, als ihr sagtet: ›So spricht Jahwe!‹, wo ich doch gar nicht geredet habe?‹«

8 Darum, so spricht Jahwe, der Herr: »Weil ihr Trugbilder erzählt und Täuschungen schaut, sollt ihr mich kennenlernen!«, spricht Jahwe, der Herr. 9 »Ich werde gegen die Propheten vorgehen, die Trugbilder schauen und falsche Orakel verkünden! Sie haben nichts mehr im Kreis meines Volkes zu suchen, sie werden nicht mehr im Verzeichnis Israels geführt und nie mehr ins Land Israel zurückkehren. Dann werdet ihr erkennen, dass ich, Jahwe, der Herr bin. 10 Deshalb, weil sie mein Volk in die Irre führen und sagen: ›Schalom!‹, obwohl doch kein Frieden ist, und weil sie Lehm daran schmieren, wenn mein Volk eine Wand aus Steinen baut, 11 deshalb sage zu den Lehmstreichern: ›Sie soll fallen! Ein Platzregen kommt, und ich lasse ein Hagelwetter niedergehen und den Sturm wüten.‹ 12 Ist die Mauer gefallen, wird man dann nicht über euch spotten: ›Wo ist nur der schöne Lehmstrich geblieben?‹ 13 Darum spricht Jahwe, der Herr: ›Ich lasse einen Sturm losbrechen in meinem Grimm, ein Wolkenbruch kommt durch meinen Zorn und ein verheerender Hagel-

schlag. *14* Ich selbst breche die Mauer ab, die ihr mit Lehm verschmiert habt. Ich lasse sie einstürzen, sodass ihr Grund bloßgelegt ist und ihr unter ihren Trümmern begraben seid. Dann werdet ihr erkennen, dass ich es bin – Jahwe, *15* wenn ich meinen Grimm an der Mauer auslasse und an denen, die sie mit Lehm verschmieren. Dann werde ich zu euch sagen: ›Die Mauer ist hin und die Lehmstreicher sind es auch‹, *16* die Propheten Israels, die über Jerusalem weissagten und Friedensvisionen hatten, obwohl doch kein Friede da ist, spricht Jahwe, der Herr.«

Gegen falsche Prophetinnen

17 »Menschensohn, wende dich gegen die Frauen deines Volkes, die nach ihrem Gutdünken weissagen, und weissage Folgendes gegen sie: *18* ›So spricht Jahwe, der Herr: Weh den Frauen, die Bannbänder für Handgelenke nähen und Zauberschleier jeder Größe, um Menschen zu fangen. Ja, Menschenleben wollt ihr fangen in meinem Volk und euer eigenes Leben retten. *19* Für ein paar Hände voll Gerste und einige Bissen Brot entweiht ihr mich bei meinem Volk, indem ihr Menschen, die nicht sterben sollten, dem Tod ausliefert und Menschen am Leben erhaltet, die nicht weiterleben sollten, und indem ihr mein Volk, das so gern auf Lügen hört, anlügt.‹ *20* Darum spricht Jahwe, der Herr: ›Ich werde gegen eure Bannbänder vorgehen, mit denen ihr Seelen wie Vögel fangt, und werde sie euch von den Armen reißen. Ich lasse die Seelen los, die ihr fangt, dass sie wegfliegen können. *21* Ich zerfetze eure Zauberschleier und befreie mein Volk aus eurer Gewalt, dass es nicht mehr eure Jagdbeute wird. Ihr sollt erkennen, dass ich bin, der ich bin – Jahwe! *22* Weil ihr das Herz des Gerechten, den ich selber nicht krank machen wollte, mit Lügen verzagt macht, und weil ihr den Gottlosen unter euch ermutigt, damit er sein böses Treiben nicht aufgibt und so sein Leben rettet, *23* deshalb werdet ihr keine Hirngespinste mehr schauen und nicht länger Wahrsagerei treiben! Ich werde mein Volk aus eurer Gewalt befreien, und ihr werdet erkennen, dass ich bin, der ich bin – Jahwe!‹«

Gegen die Götzendiener

14 *1* Einige von den Ältesten Israels kamen zu mir und setzten sich vor mich hin. *2* Da kam das Wort Jahwes zu mir. Er sagte: *3* »Menschensohn, diese Männer haben ihre Götzen ins Herz geschlossen, sie haben sich den Stolperstein für ihre Schuld gerade vor Augen gestellt. Soll ich mich da etwa von ihnen befragen lassen? *4* Darum antworte ihnen:

›So spricht Jahwe, der Herr: Jeder von Israel, der sein Herz den Götzen öffnet, der sich den Stolperstein für seine Schuld gerade vor Augen stellt und dann zum Propheten kommt, der wird die Antwort von mir selbst erhalten, die er gemäß der Menge seiner Götzen verdient. *5* Damit werde ich Israel am Herzen packen, weil sie sich von mir abgewandt haben wegen ihrer Götzen.‹

6 Darum sage den Israeliten: ›So spricht Jahwe, der Herr: Kehrt um! Kehrt euch von euren Götzen ab,

wendet das Gesicht von diesen Gräueln weg!‹

7 Denn jeder Israelit und auch jeder
Fremde in Israel, der sich von mir
trennt und seine Götzen im Herzen
hochkommen lässt, der sich den Stolperstein für seine Schuld gerade vor
Augen stellt und dann zum Propheten
kommt, um mich für sich zu befragen,
der wird die Antwort von mir selbst,
von Jahwe, erhalten. 8 Ich gehe gegen
solch einen Menschen vor, damit er
allen zur Warnung dient. Sein Unglück wird sprichwörtlich sein, denn
ich rotte ihn aus meinem Volk aus.
So werdet ihr erkennen, dass ich bin,
der ich bin – Jahwe!

9 Und wenn der Prophet sich verleiten lässt und ihm doch eine Weisung
erteilt, dann habe ich, Jahwe, diesen
Propheten verleitet. Ich werde meine
Hand gegen ihn erheben und ihn
aus meinem Volk Israel verstoßen
und vernichten. 10 Alle beide müssen
die Folgen ihrer Schuld tragen: der
Fragende und der Prophet, der ihm
antwortet. 11 So soll das Volk Israel
gewarnt sein, damit es nicht mehr von
mir wegläuft und sich nicht mehr
durch seine Verfehlungen besudelt.
Dann werden sie mein Volk sein und
ich, ich werde ihr Gott sein, spricht
Jahwe, der Herr.«

Das unerbittliche Gericht Gottes

12 Das Wort Jahwes kam zu mir. Er
sagte: 13 »Menschensohn, wenn ein
Land sich gegen mich versündigt und
mir die Treue bricht, und wenn ich
dann seinen Brotvorrat vernichte und
den Hunger ins Land schicke, an dem
Mensch und Tier zugrunde gehen,
14 und wenn dann Noah, Daniel und

Hiob unter ihnen wären, dann würden diese drei Männer wegen ihrer
Rechtschaffenheit nur ihr eigenes
Leben retten, spricht Jahwe, der Herr.
15 Oder wenn ich Raubtiere gegen
das Land losließe, sodass es entvölkert und öde wird, weil wegen der
Tiere niemand mehr durchreisen
könnte, 16 und dann diese drei Männer unter ihnen wären – so wahr ich
lebe, spricht Jahwe, der Herr –, sie
könnten nicht einmal ihre Söhne und
Töchter retten, sondern allein sich
selbst. Und das ganze Land würde
entvölkert. 17 Oder wenn ich das
Schwert über dieses Land bringen
und ihm befehlen würde, Mensch und
Tier darin auszurotten, 18 und dann
diese drei Männer unter ihnen wären
– so wahr ich lebe, spricht Jahwe, der
Herr –, sie könnten nicht einmal ihre
Söhne und Töchter retten, sondern allein sich selbst. 19 Oder wenn ich die
Pest in jenes Land schicke und meinen Grimm als Blutregen darüber
ausgieße, um Mensch und Tier darin
auszurotten, 20 und Noah, Daniel
und Hiob wären unter ihnen – so
wahr ich lebe, spricht Jahwe, der
Herr –, sie könnten nicht einmal ihre
Söhne und Töchter retten. Nur ihr eigenes Leben könnten sie wegen ihrer
Gerechtigkeit retten.

21 Und nun sage ich, Jahwe, der
Herr: ›Ja, ich werde meine vier
Geißeln – Schwert und Hunger, Raubtiere und Pest – auf Jerusalem loslassen, um Mensch und Tier darin zu vernichten! 22 Doch einige lasse ich in
der Stadt übrig, Männer und Frauen.
Sie werden weggeführt und kommen
zu euch. Dann werdet ihr sehen, was
das für Leute sind und wie schlimm

sie es treiben. Das wird euch trösten, wenn ihr an das Unheil denkt, das ich über Jerusalem habe kommen lassen und überhaupt alles, was ich über die Stadt gebracht habe. *23* Ja, das wird euch Trost verschaffen, wenn ihr seht, wie schlimm sie es treiben. Dann werdet ihr erkennen, dass ich das alles nicht ohne Ursache getan habe, spricht Jahwe, der Herr.‹«

Jerusalem – nutzloses Rebholz

15 *1* Das Wort Jahwes kam zu mir. Er sagte:
2 »Menschensohn, / was hat das Holz der Rebe dem Unterholz voraus, / das zwischen den Waldbäumen wächst? *3* Fängt man etwas damit an? / Nimmt man es als Pflock / und hängt ein Gerät daran auf? *4* Nein, es ist für das Feuer bestimmt! / Seine Enden hat das Feuer gefressen / und seine Mitte ist schon versengt. / Taugt es noch zu einer Arbeit? *5* Schon als es noch heil war, / konnte man nichts daraus machen. / Wie viel weniger jetzt, / wo es vom Feuer angefressen ist. / Wozu soll man es denn noch gebrauchen? *6* Darum spricht Jahwe, der Herr: / Wie ich das Holz des Weinstocks, / das doch nicht besser als Unterholz ist, / dem Feuer zum Fraß

16,3 Amoriter kann sowohl für einen einzelnen Stamm als auch für alle Bewohner Kanaans stehen. Es waren semitische Einwanderer aus der Arabischen Wüste, die um 2000 v.Chr. ins Kulturland eindrangen.

Die *Hetiter* waren eine kleinasiatische Völkergruppe, die weder in Sprache noch in Herkunft eine erkennbare Einheit bildeten.

vorwarf, / so gebe ich die Bewohner Jerusalems hin. *7* Ich wende mein Gesicht gegen sie. / Das Feuer wird sie fressen, / auch wenn sie ihm schon entkommen sind. / Und wenn ich das tue, / erkennt ihr, / dass ich, Jahwe, / gegen sie bin. *8* Zur Wüste mache ich ihr Land, / denn sie haben mir die Treue gebrochen«, / spricht Jahwe, der Herr.

Jerusalem – die treulose Frau

16 *1* Das Wort Jahwes kam zu mir. Er sagte: *2* »Menschensohn, halte der Stadt Jerusalem ihre Gräueltaten vor *3* und sage:

›So spricht Jahwe, der Herr, zu Jerusalem: Du stammst aus dem Land der Kanaaniter. Ein Amoriter* war dein Vater, eine Hetiterin* deine Mutter. *4* Und so erging es dir bei deiner Geburt: Man schnitt dir nicht die Nabelschnur ab, man hat dich nicht gebadet und mit Salz eingerieben und dich nicht in Windeln eingepackt. *5* Niemand hatte Mitleid mit dir, niemand hat dich entsprechend versorgt. Man warf dich hinaus aufs freie Feld – so verabscheut warst du bei deiner Geburt.

6 Da kam ich vorbei und sah dich zappeln in deinem Blut. Als du so dalagst, sagte ich zu dir: Du sollst leben! Ja, zu dir in deinem Blut sagte ich: Du sollst leben *7* und wachsen wie eine Blume auf dem freien Feld. So blühtest du auf und wurdest zu einer höchst anmutigen Frau. Deine Brüste wölbten sich, das Schamhaar sprosste, aber du warst nackt und bloß.

8 Als ich wieder vorbeikam, sah ich, dass die Zeit der Liebe für dich gekommen war. Da breitete ich meinen Mantel über dir aus und bedeckte deine Blöße. Ich schwor dir Treue und schloss den Bund der Ehe mit dir. So wurdest du mein. 9 Ich badete dich und wusch dein Blut von dir ab. Dann salbte ich dich mit Öl 10 und zog dir ein bunt gewirktes Kleid an. Ich gab dir Sandalen aus Tachasch-Leder*, band dir ein Kopftuch aus allerfeinstem Leinen um und hüllte dich in Seide ein. 11 Dann legte ich dir Schmuck an: Spangen für das Handgelenk, eine Kette um den Hals, 12 einen Ring an deine Nase und auch Ringe für die Ohren, dazu einen kostbaren Reif an die Stirn. 13 So warst du mit Gold und Silber geschmückt, trugst Kleider aus feinstem Leinen, Seide und bunt gewebten Stoffen. Du hattest Gebäck aus feinem Mehl mit Honig und Öl. Und du warst überaus schön, tauglich zu einer Königin. 14 Der Ruf deiner Schönheit, die durch meinen Schmuck vollkommen wurde, ging durch alle Welt‹, spricht Jahwe, der Herr.

15 ›Aber du hast auf deine Schönheit vertraut, hast deinen Ruhm missbraucht und dich zur Hure gemacht. Jeden, der vorüberkam, locktest du mit deinen Reizen, jedem botest du dich an. 16 Auf den Höhen, wo man Götzen verehrt, hast du deine bunten Kleider ausgebreitet und hurtest herum, wie es niemals vorgekommen ist und auch nie wieder geschehen wird. 17 Dann nahmst du mein Geschenk, den prächtigen Schmuck aus Gold und Silber, und machtest Männerbilder daraus und hurtest mit ihnen. 18 Du hülltest sie in deine bunten Kleider ein und botest ihnen mein Öl und meinen Weihrauch an.

19 Und das Gebäck aus feinem Mehl mit Honig und Öl, das ich dir gegeben hatte, brachtest du zu ihnen, um sie zu erfreuen. So weit kam es‹, spricht Jahwe, der Herr.

20 ›Dann nahmst du sogar deine Söhne und Töchter, die du mir geboren hattest, und hast sie geschlachtet, ihnen zum Fraß. 21 War es nicht genug mit deiner Hurerei, dass du auch noch meine Söhne schlachten und als Opfer für deine Götzen verbrennen musstest? 22 Und bei all deinen Gräueltaten und deiner Prostitution hast du nicht an deine Jugendzeit gedacht, als du nackt und zappelnd in deinem Blut dalagst.

23 Und nach all deiner Bosheit – wehe, wehe dir, spricht Jahwe, der Herr – 24 hast du dir auf jedem freien Platz ein Hurenlager aufgeschlagen und eine Stätte für den Götzendienst errichtet. 25 An jeder Straßenecke hast du so eine Stätte gebaut. Du hast deine Schönheit schändlich missbraucht und deine Beine für jeden gespreizt, der vorüberkam. Deine sexuelle Unmoral wurde immer größer. 26 Du hurtest mit deinen Nachbarn, den Ägyptern mit dem großen Glied, du tatest es, um mich zu kränken. 27 Da strafte ich dich und nahm dir einen Teil von dem, was ich dir gab. Ich lieferte dich der Gier der Philisterinnen aus, die dich hassten und sich für deine Unmoral schämten. 28 Doch du hattest immer noch nicht genug und triebst es mit den Assyrern, und auch das reichte dir

---

16,10 *Tachasch-Leder.* Weichgegerbtes Leder aus Tümmler- oder Dachshäuten.

noch nicht. *29* Dann liefst du den chaldäischen Krämern nach, und auch da bekamst du nicht genug. *30* Du branntest darauf, dich hinzugeben, triebst es schlimmer als jede Prostituierte‹, spricht Jahwe, der Herr.

31 ›An jeder Straßenecke hast du dein Hurenlager aufgeschlagen, deine Stätte für den Götzendienst auf jedem freien Platz errichtet. Dabei hast du noch nicht einmal Geld für Sex verlangt. *32* Fremde Männer hast du statt deines Ehemanns genommen. *33* Alle Huren bezahlt man, doch du hast deine Liebhaber mit Geschenken gelockt, damit sie von überall herkamen, um es mit dir zu treiben. *34* So machtest du das Gegenteil von dem, was andere Prostituierte tun. Anderen läuft man nach und gibt ihnen Geld, doch du bezahltest noch für deinen Liebesdienst. So sehr schlugst du aus der Art.‹

35 Darum, du Hure, vernimm das Wort Jahwes! *36* So spricht Jahwe, der Herr:

›Weil du deinen Wert verschleudert hast, weil du dich vor deinen Liebhabern und deinen abscheulichen Götzen nackt ausgezogen und weil du ihnen deine Kinder geopfert hast, *37* darum rufe ich jetzt deine Liebhaber zusammen, die, denen du gefielst, und auch die, die du verabscheut hast.‹ Wenn sie von überall her zusammengelaufen sind, decke ich deine Scham vor ihnen auf, dass alle deine Blöße sehen. *38* Dann richte ich dich, wie es das Gesetz für eine Ehebrecherin und Mörderin vorschreibt, und ich lasse mit Grimm und Eifer das Blutgericht an dir vollstrecken. *39* Ich liefere dich ihnen aus, dass sie dein Hurenlager einreißen und deine Höhen für den Götzendienst zerstören, dir deinen Schmuck nehmen, die Kleider vom Leib reißen und dich nackt und bloß liegenlassen. *40* Sie werden eine Volksversammlung gegen dich einberufen, dich zu Tode steinigen und mit ihren Schwertern zerstückeln. *41* Vor den Augen vieler Frauen werden deine Häuser niedergebrannt. Sie sehen, wie man das Urteil an dir vollstreckt. Dann ist es aus mit deiner Hurerei, und du wirst keinem mehr den Hurenlohn bezahlen. *42* Und wenn ich meinen Zorn an dir gestillt habe, wird meine Eifersucht aufhören, gegen dich zu wüten. Ich werde Ruhe finden und dir nicht mehr grollen. *43* Weil du deine Jugendzeit vergessen und mich mit all dem gereizt hast, habe auch ich dich die Folgen tragen lassen, spricht Jahwe, der Herr, damit du nach all deinen Gräueln nicht noch weitere Schandtaten verübst.

44 ›Wie die Mutter, so die Tochter!‹, wird jeder sagen, der ein Sprichwort zitiert. *45* Ja, du bist eine echte Tochter deiner Mutter, die ihren Mann und ihre Söhne verabscheute. Du bist auch eine echte Schwester deiner Schwestern, die sich nicht um Mann und Kinder scherten. Deine Mutter war eine Hetiterin, dein Vater ein Amoriter. *46* Deine größere Schwester ist Samaria im Norden mit ihren Tochterstädten, und deine kleinere ist Sodom im Süden mit ihren Tochterstädten. *47* Du bist nicht nur ihrem Beispiel gefolgt, hast nicht nur ihre Schändlichkeiten nachgemacht, sondern sie in kurzer Zeit noch übertroffen.

48 So wahr ich lebe, spricht Jahwe, der Herr: Deine Schwester Sodom und ihre Töchter haben es nicht so schlimm getrieben wie du und deine Töchter! 49 Deine Schwester Sodom war eingebildet. Sie lebte mit ihren Töchtern in sorgloser Ruhe und im Überfluss. Arme und Elende kümmerten sie nicht. 50 Sie waren stolz und taten abscheuliche Dinge. Als ich das sah, schaffte ich sie weg. 51 Samaria hat nicht halb so viele Abscheulichkeiten begangen wie du. Du hast viel mehr gesündigt als sie. Du hast es so schlimm getrieben, dass deine Schwestern neben dir geradezu gerecht erscheinen. 52 So trage auch du deine Schande, weil du deine Schwestern entlastet hast durch noch abscheulichere Sünden! Nur deshalb erscheinen sie gerechter als du. Darum schäme auch du dich und trage deine Schande, weil du so deine Schwestern gerecht erscheinen lässt!

53 Einst werde ich ihr Schicksal wenden, das Schicksal Sodoms und Samarias und ihrer Töchter. Und auch deine Gefangenschaft werde ich wenden, 54 damit du deine Schande trägst und dich schämst für das, was du tatest, und weil du sie damit entlastet hast. 55 Deine Schwestern Sodom und Samaria und auch du, ihr werdet samt euren Tochterstädten wieder sein wie früher. 56 In deinem Hochmut hast du über Sodom die Nase gerümpft. 57 Das war, bevor deine eigene Bosheit aufgedeckt wurde. Und so verhöhnen dich jetzt all deine Nachbarinnen, die Edomiterinnen und die Philisterinnen. 58 Du musst nun die Folgen deiner Gräuel und Schandtaten tragen‹, spricht Jahwe.

59 Denn so spricht Jahwe, der Herr: ›Ich werde mit dir tun, was du getan hast. Du hast den Eid missachtet und den Bund gebrochen. 60 Aber ich will an meinen Bund mit dir denken, der seit deiner Jugendzeit gilt, und will einen ewigen Bund mit dir schließen. 61 Dann wirst du dich an dein Verhalten erinnern und dich schämen, dann, wenn du deine Schwestern zu dir nimmst, die älteren und die jüngeren, und ich sie dir als Töchter gebe. Doch das geht nicht von deinem Bund aus. 62 Ich selbst werde meinen Bund mit dir schließen. Dann wirst du erkennen, dass ich, Jahwe, es bin. 63 Dann sollst du dich erinnern, sollst dich schämen und nicht mehr wagen, den Mund aufzutun, weil ich dir alles vergebe, was du getan hast, spricht Jahwe, der Herr.‹«

Der Adler und die Zeder

17 1 Das Wort Jahwes kam zu mir. Er sagte: 2 »Menschensohn, gib dem Haus Israel ein Rätsel auf, erzähle ihm ein Gleichnis. 3 Sag zu ihnen:

›So spricht Jahwe, der Herr: Ein großer Adler mit riesigen Flügeln, weiten Schwingen und dichten, bunten Federn kam in den Libanon und brach den Wipfel einer Zeder ab. 4 Den obersten Zweig riss er ab und brachte ihn ins Land der Händler, in eine Stadt der Kaufleute. 5 Dann nahm er einen Steckling aus dem Boden des Landes und pflanzte ihn in ein gut bewässertes Feld. 6 Er sollte wachsen und zu einem üppig wuchernden Weinstock von niedrigem Wuchs werden. Seine Ranken sollten sich zum Adler hin wenden und seine Wurzeln unter ihm bleiben. Tatsächlich wurde ein Weinstock daraus, er bildete Triebe und entfaltete seine Ranken.

7 Da kam ein anderer Adler mit großen Flügeln und dichtem Gefieder. Auf einmal drehte der Weinstock seine Wurzeln zu ihm hin und streckte ihm seine Ranken entgegen. Er sollte ihn tränken, besser als das Feld, in das er gepflanzt war. 8 Dabei war er doch in einen guten Boden mit reichlich Wasser gepflanzt worden. Er hatte alles, was er brauchte, um Ranken zu treiben und Frucht zu bringen, um zu einem prächtigen Weinstock zu werden.‹

9 Sage: ›So spricht Jahwe, der Herr: Wird er jetzt noch gedeihen? Wird nicht der erste Adler an den Wurzeln zerren und ihre Frucht abknicken, dass sie vertrocknet und alle grünen Triebe verdorren? Dann braucht man nicht mehr viel Kraft und viele Menschen, um ihn mit den Wurzeln herauszureißen. 10 Nun ist er verpflanzt, doch wird er gedeihen? Wird er nicht vertrocknen, sobald der heiße Ostwind ihn berührt, wird er nicht auf seinem Feld völlig verdorren?‹«

11 Das Wort Jahwes kam zu mir. Er sagte: 12 »Sag doch zu diesem sturen Volk: ›Merkt ihr denn nicht, was das Gleichnis bedeutet?‹ Sage: ›Passt auf! Der König von Babylon kam nach Jerusalem und nahm dessen König und seine führenden Männer mit nach Babylon. 13 An seine Stelle setzte er einen anderen Spross der Königsfamilie, schloss einen Vertrag mit ihm und ließ ihn Treue schwören. Die führenden Männer des Landes jedoch nahm er gefangen, 14 damit das Königreich schwach bliebe und nicht aufbegehrte, damit es den Bund hielte und bestehen bliebe.* 15 Doch der König brach den Vertrag und schickte Gesandte nach Ägypten, um von dort Pferde und Soldaten zu bekommen. Wird das gut gehen? Wird der, der das getan hat, davonkommen? Wird der, der den Vertrag gebrochen hat, seiner Strafe entgehen? 16 So wahr ich lebe, spricht Jahwe, der Herr: Er wird in Babylon sterben, der Stadt des Königs, der ihn eingesetzt hat, des Königs, dessen Vertrag er brach und dessen Schwur er verachtete! 17 Und der Pharao wird ihm nicht mit einem großen Heer beistehen, wenn man einen Wall um die Stadt aufschüttet und Belagerungstürme baut und viele Menschen den Tod finden. 18 Hat er doch den Eid verachtet und den Vertrag gebrochen. Er hatte sich mit Handschlag verpflichtet und dennoch all dieses getan. Er wird nicht entkommen!*

19 Darum spricht Jahwe, der Herr: So wahr ich lebe, das wird er mir büßen! Denn er hat meinen Eid verachtet und meinen Vertrag gebrochen! 20 Ich spanne mein Netz über ihn aus und fange ihn in meinem Garn. Ich bringe ihn nach Babylon

17,14 Vergleiche 2. Könige 24,8-17 zu den Versen 13-14.

17,18 Vergleiche 2. Könige 24,18 – 25,21 zu den Versen 15-21. Hesekiël beschreibt die Rebellion Zidkijas, die 588 v.Chr. begann und 586 v.Chr. zum Ende des Staates Juda führte. Wenn er sein Buch in chronologischer Ordnung abfasste, dann empfing er diese Botschaft drei Jahre vor dem Eintreten der Ereignisse, zwischen 592 (8,1) und 591 v.Chr. (20,1).

und stelle ihn dort vor mein Gericht, denn mir ist er untreu geworden! 21 Seine Soldaten versuchen zu fliehen und werden mit dem Schwert niedergemacht. Der Rest wird in alle Winde zerstreut. Dann werdet ihr erkennen, dass ich, Jahwe, geredet habe.‹

22 So spricht Jahwe, der Herr: ›Ich selbst nehme einen zarten Trieb vom Wipfel der Zeder und pflanze ihn auf einem hoch aufragenden Berg ein. 23 Auf dem hohen Berg Israels* werde ich ihn einpflanzen. Dort wird er Zweige treiben und Frucht tragen und zu einer herrlichen Zeder werden. In ihren Zweigen werden alle Arten von Vögeln wohnen, ja alles, was Flügel hat, wohnt im Schatten ihrer Zweige. 24 Dann werden alle Bäume auf dem Feld erkennen, dass ich, Jahwe, es bin, der den hohen Baum erniedrigt und den niedrigen Baum erhöht, der den grünen Baum vertrocknen lässt und den dürren Baum zum Blühen bringt. Ich, Jahwe, sage das, und ich tue es auch.‹«

Grundsätze der Gerechtigkeit Gottes

18 1 Das Wort Jahwes kam zu mir. Er sagte: 2 »Wie kommt ihr dazu, dieses Sprichwort im Land Israel zu gebrauchen? Ihr sagt: ›Die Väter essen saure Trauben, und die Söhne bekommen die stumpfen Zähne.‹«

3 »So wahr ich lebe, spricht Jahwe, der Herr: Diesen Spruch soll keiner von euch mehr benutzen! 4 Seht, alle Menschen gehören doch mir. Mir gehört das Leben des Vaters und das Leben des Sohnes. Nur wer sündigt,

muss sterben! 5 Wenn jemand das Rechte tut und lebt, wie es mir gefällt, 6 wenn er nicht von den Opfern auf den Bergen isst, nicht zu den Götzen des Hauses Israel aufschaut, wenn er die Frau seines Nächsten nicht berührt und auch nicht seine eigene Frau, wenn sie ihre Tage hat, 7 wenn er niemand unterdrückt und dem Schuldner sein Pfand wiedergibt*, wenn er sein Brot mit dem Hungernden teilt und den Nackten mit Kleidung versorgt, 8 wenn er keinen Wucherzins nimmt und sich nicht an Unrecht beteiligt und im Gericht ein unparteiisches Urteil fällt, 9 wenn er sich an meine Ordnungen hält und treu tut, was recht vor mir ist – der ist gerecht. Er soll am Leben bleiben, spricht Jahwe, der Herr.

10 Hat er aber einen Sohn, der gewalttätig wird, der Blut vergießt oder sonst etwas von dem Genannten tut, 11 was sein Vater vermieden hat, wenn er sogar von den Opfern auf den Bergen isst und mit anderen Frauen schläft, 12 wenn er Schutzlose unterdrückt, andere beraubt und dem Schuldner das Pfand nicht zurückgibt, wenn er Abscheuliches tut und sich mit Götzen einlässt, 13 oder wenn er Wucherzins nimmt, sollte er am Leben bleiben? Nein! Wer solch abscheuliche Dinge tut, der muss getötet werden. Und er ist selbst an seinem Tod schuld.

17,23 *Berg Israels.* Gemeint ist offenbar der Tempelberg, siehe Hesekiel 20,40.
18,7 *Pfand wiedergibt.* Siehe 5. Mose 24, 10-13.

14 Aber vielleicht hat er auch einen Sohn, der die Sünden seines Vaters sieht, aber nichts dergleichen tut. 15 Er isst nicht von den Opfern auf den Bergen und schaut nicht zu den Götzen des Hauses Israel auf, er schläft nicht mit einer anderen Frau 16 und beutet niemand aus, er fordert kein Pfand und begeht keinen Raub, er gibt dem Hungernden von seinem Brot und versorgt den Nackten mit Kleidung, 17 er vergreift sich nicht an Schutzlosen und nimmt keinen Wucherzins, er hält sich an meine Ordnungen und tut, was recht vor mir ist: Er muss nicht für die Schuld seines Vaters sterben. Er soll am Leben bleiben.

18 Nur sein Vater, der andere in seinem Volk erpresst und beraubt hat und tat, was nicht gut war, muss wegen seiner Schuld sterben. 19 Doch ihr fragt: ›Warum wird der Sohn nicht mit dem Vater bestraft?‹ – Weil er getan hat, was gut und richtig ist, und alle meine Gebote befolgte, darum wird er auf jeden Fall am Leben bleiben! 20 Nur wer sündigt, muss sterben. Der Sohn soll nicht die Schuld des Vaters tragen und der Vater nicht die des Sohnes. Die Gerechtigkeit kommt nur dem zugute, der recht vor Gott lebt, und die Schuld lastet nur auf dem Schuldigen.

21 Wenn der Gottlose umkehrt und das Sündigen lässt, sich an meine Ordnungen hält und tut, was gut und richtig ist, dann soll er am Leben bleiben und muss nicht sterben. 22 Keine von allen Sünden, die er begangen hat, soll ihm noch angelastet werden. Weil er danach getan hat, was vor Gott recht ist, soll er am Leben bleiben. 23 Meint ihr, es gefällt mir, wenn ein Gottloser stirbt?«, sagt Jahwe, der Herr. »Nein, ich freue mich, wenn er sein Leben ändert und am Leben bleibt.

24 Wenn aber ein Gerechter nicht mehr recht vor mir lebt, wenn er anfängt, Böses zu tun, und dieselben Abscheulichkeiten begeht wie der Gottlose, soll er dann am Leben bleiben? Nein! Keine von all seinen gerechten Taten wird ihm angerechnet werden. Weil er sich der Untreue schuldig gemacht und Böses getan hat, muss er sterben!

25 Wenn ihr nun sagt: ›Was der Herr tut, ist nicht recht!‹, so hört mir zu, ihr Leute von Israel: Meine Handlungsweise soll nicht richtig sein? Sind nicht vielmehr eure Handlungen falsch? 26 Wenn ein Gerechter nicht mehr recht vor mir lebt, wenn er anfängt, Unrecht zu tun und daraufhin stirbt, so stirbt er wegen des Unrechts, das er getan hat. 27 Wenn aber ein Gottloser umkehrt, sein gesetzloses Handeln lässt und tut, was gut und richtig ist, dann wird er sein Leben retten. 28 Sieht er es ein und lässt sein gesetzwidriges Tun, soll er am Leben bleiben und nicht sterben. 29 Wenn also das Haus Israel sagt: ›Was der Herr tut, ist nicht recht!‹ – sollte wirklich meine Handlungsweise nicht die richtige sein, ihr Leute von Israel? Sind nicht vielmehr eure Handlungen falsch?

30 Darum werde ich euch das Urteil sprechen, ihr Leute von Israel! Jeder bekommt das, was er durch seine Taten verdient hat, spricht Jahwe, der Herr. Kehrt also um und macht Schluss mit allem Unrecht, damit es

euch nicht zur Schuldfalle wird! ³¹ Trennt euch von allen Vergehen, mit denen ihr euch an mir vergangen habt, und schafft euch so ein neues Herz und einen neuen Geist! Warum wollt ihr denn sterben, ihr Leute von Israel? ³² Mir gefällt es nicht, wenn ein Mensch sterben muss, spricht Jahwe, der Herr. Kehrt also um, damit ihr am Leben bleibt!«

Klagelied über Israels Fürsten

19 ¹ Stimm du ein Klagelied über Israels Fürsten an! ² Es lautet so:
»Welch eine Löwin war deine Mutter! / Unter Löwen hatte sie ihr Lager, / unter jungen Löwen zog sie ihre Jungen auf. ³ Eins von ihren Jungen zog sie groß, / und es wurde ein starker Löwe. / Er lernte, Beute zu reißen, / und fraß Menschen. ⁴ Die Völker hörten von ihm / und fingen ihn in ihrer Grube. / Sie schleppten ihn an Haken nach Ägypten. ⁵ Als die Löwin sah, dass sie vergeblich gehofft, / ja dass ihre Hoffnung verloren war, / nahm sie noch eins von ihren Jungen / und machte es zum starken Löwen. ⁶ Auch dieser lebte unter Löwen, / wurde ein mächtiges Tier. / Er lernte, Beute zu reißen, / und fraß Menschen. ⁷ Er kannte ihre Paläste / und zerstörte ihre Städte. / Das Land und alles darin erstarrte bei seinem Gebrüll. ⁸ Da setzte man Völker gegen ihn ein / aus den Ländern ringsum. / Sie warfen ihr Netz über ihn / und packten ihn in ihrer Grube. ⁹ An Haken zerrten sie ihn

in den Käfig / und brachten ihn zum König von Babel. / Der sperrte ihn in einen Zwinger. / Und auf den Bergen Israels hört man sein Gebrüll nicht mehr.« ¹⁰ Deine Mutter war wie ein Weinstock / am Wasser gepflanzt, / der Reben trieb / und voller Früchte hing, / weil er reichlich Wasser bekam. ¹¹ Seine Reben wurden stark / und waren selbst für Zepter gut; / sein Wuchs war hoch, / er ragte über das Laubwerk, / weit sichtbar durch seine Höhe / und die Menge seiner Reben. ¹² Doch im Zorn riss man ihn aus / und warf ihn auf die Erde; / der Ostwind dörrte ihn, / und seine Früchte riss man ab; / die mächtigen Reben verdorrten / und wurden vom Feuer verzehrt. ¹³ Nun war er in die Wüste gepflanzt, / in ein trockenes, durstiges Land. ¹⁴ Feuer fuhr von einer seiner Reben aus / und verzehrte seine Frucht. / Nun war keine starke Rebe mehr an ihm, / kein Zepter zum Herrschen geeignet.«

Dies ist ein Klagelied – es bleibt nur noch die Klage!

Rebellisches Israel

20 ¹ Am 14. August* im 7. Jahr unserer Verbannung kamen einige von den Ältesten Israels, um

---

20,1 *14. August.* Wörtlich: *am 10. des fünften (Monats).* Es handelt sich um das Jahr 591 v.Chr., fünf Jahre vor der Zerstörung Jerusalems.

Jahwe zu befragen. Sie setzten sich vor mich hin. *2* Da kam das Wort Jahwes zu mir: *3* »Menschensohn, antworte den Ältesten Israels folgendermaßen: ›So spricht Jahwe, der Herr: Um mich zu befragen, kommt ihr? So wahr ich lebe, ich werde mich keinesfalls von euch befragen lassen, spricht Jahwe, der Herr.‹ *4* Willst du sie nicht richten, Menschensohn? Willst du nicht über sie Gericht halten? Halte ihnen die Schändlichkeiten ihrer Väter vor. *5* Sage ihnen: ›So spricht Jahwe, der Herr:

Als ich Israel erwählte, erhob ich meine Hand und schwor den Nachkommen Jakobs einen Eid, in Ägypten gab ich mich ihnen zu erkennen und schwor: Ich bin Jahwe, euer Gott! *6* An dem Tag erhob ich meine Hand zum Schwur, dass ich sie aus Ägypten herausführe in ein Land, das ich für sie ausgesucht hatte, das von Milch und Honig überfließt und eine Zierde aller Länder ist. *7* Ich befahl ihnen: Werft die Scheusale weg, die ihr vor Augen habt, besudelt euch nicht an den Götzen Ägyptens! Ich bin Jahwe, euer Gott! *8* Aber sie widersetzten sich mir und gehorchten mir nicht. Keiner warf die Scheusale weg, die er vor Augen hatte. Sie wollten sich nicht von den Götzen Ägyptens trennen. Da wollte ich meinem Zorn freien Lauf lassen, noch in Ägypten sollten sie ihn zu spüren bekommen. *9* Aber ich verschonte sie um meiner selbst willen. Ich wollte nicht, dass mein Ansehen bei den Völkern, unter denen sie waren, geschädigt würde. Denn vor ihren Augen hatte ich geschworen, mein Volk aus Ägypten heraus zu führen.

10 So führte ich sie aus Ägypten und brachte sie in die Wüste. *11* Dort gab ich ihnen meine Ordnungen und Gebote bekannt, durch die ein Mensch sein Leben bewahrt, wenn er sie befolgt. *12* Ich gab ihnen auch meine Sabbate als Bundeszeichen zwischen mir und ihnen. Daran sollte man erkennen, dass ich, Jahwe, es bin, der sie heilig macht.

13 Aber die Israeliten trotzten mir in der Wüste. Sie hielten sich nicht an meine Ordnungen und verwarfen meine Gebote, durch die ein Mensch sein Leben bewahrt, wenn er sie hält. Auch meine Sabbate entweihten sie völlig. Da wollte ich meinem Zorn freien Lauf lassen und sie in der Wüste vernichten. *14* Aber ich verschonte sie um meiner selbst willen. Ich wollte nicht, dass mein Ansehen bei den Völkern beschädigt würde. Denn vor ihren Augen hatte ich mein Volk aus Ägypten heraus geführt. *15* Doch in der Wüste erhob ich meine Hand zum Schwur, dass ich sie nicht in das Land bringen würde, das ich ihnen zugedacht hatte, das von Milch und Honig überfließt und eine Zierde aller Länder ist. *16* Denn sie hingen immer noch an ihren Götzen, verwarfen meine Gebote, lebten nicht in meinen Ordnungen und schändeten meine Sabbate. *17* Doch dann schaute ich sie mitleidig an und vernichtete sie nicht. Ich rottete sie in der Wüste nicht völlig aus.

18 Zu ihren Söhnen sagte ich in der Wüste: Lebt nicht in den Ordnungen eurer Väter, folgt nicht ihren Geboten und besudelt euch nicht an ihren Götzen! *19* Ich bin Jahwe, euer Gott! Lebt in meinen Ordnungen und haltet meine Gebote! *20* Haltet auch meine

Sabbate! Denn diese Tage sind mir geweiht und sollen das Zeichen für den Bund zwischen mir und euch sein, damit ihr erkennt, dass ich Jahwe, euer Gott, bin. ²¹ Aber auch die Söhne widersetzten sich mir. Sie hielten sich nicht an meine Ordnungen und verwarfen meine Gebote, durch die ein Mensch sein Leben bewahrt, wenn er sie hält. Auch meine Sabbate schändeten sie. Da wollte ich meinem Zorn freien Lauf lassen und sie in der Wüste vernichten. ²² Aber ich hielt mich zurück und verschonte sie um meiner selbst willen. Ich wollte nicht, dass mein Ansehen bei den Völkern beschädigt würde, vor deren Augen ich mein Volk aus Ägypten geführt hatte. ²³ Doch in der Wüste erhob ich meine Hand zum Schwur, dass ich sie unter die Völker zerstreuen und in alle Länder vertreiben werde. ²⁴ Denn sie verwarfen meine Gebote, lebten nicht in meinen Ordnungen und schändeten meine Sabbate. Ihre Augen hingen immer noch an den Götzen ihrer Väter. ²⁵ Da lieferte ich sie Ordnungen aus, die nicht gut waren und Geboten, die es ihnen unmöglich machten, am Leben zu bleiben.* ²⁶ Durch ihre Opfergaben besudelte ich sie. Sie brachten mir nämlich alle Erstgeborenen als Brandopfer. Ich wollte ihnen Entsetzen einjagen, denn sie sollten erkennen, dass ich bin, der ich bin – Jahwe!‹

²⁷ Menschensohn, sag darum zu den Leuten von Israel: ›So spricht Jahwe, der Herr: Eure Vorfahren haben mich auch dadurch beleidigt, dass sie mir untreu wurden. ²⁸ Als ich sie nämlich in das Land gebracht hatte – ich hatte ja meine Hand erhoben und geschworen, das zu tun –, da begannen sie, auf jedem hohen Hügel und unter jedem dichtbelaubten Baum Opfermahle zu feiern und brachten dort ihre Räucher- und Trankopfer dar. ²⁹ Ich fragte sie: Was habt ihr da auf der Höhe zu suchen? – Deshalb nennt man diese Stätten Opferhöhen* bis heute*.‹

³⁰ Darum sage zu den Leuten von Israel: ›So spricht Jahwe, der Herr: Wollt ihr euch genauso besudeln wie eure Väter und herumhuren mit ihren abscheulichen Götzen? ³¹ Ja, dadurch, dass ihr ihnen eure Gaben bringt und eure Kinder als Opfer verbrennt, besudelt ihr euch an euren Scheusalen. Und da soll ich mich von euch befragen lassen, ihr Israeliten? So wahr ich lebe, spricht Jahwe, der Herr: Von mir bekommt ihr keine Auskunft!‹«

Gott bringt sein Volk zur Umkehr

³² »Und was euch in den Sinn gekommen ist, darf niemals geschehen. Ihr sagt nämlich: ›Wir wollen wie die anderen Völker sein, wir wollen Holz und Stein verehren!‹ ³³ So wahr ich lebe, spricht Jahwe, der Herr: ›Ich werde mich als euer König erweisen; mit starker Hand und erhobenem Arm lasse ich meinem Zorn freien Lauf. ³⁴ Ich werde euch aus den Völkern herausführen und euch aus den

---

20,25 Vergleiche die Handlungsweise Gottes in Römer 1,24-32.

20,29 *Opferhöhen.* Eigentlich: *Höhen.*

heute. Das meint den Zeitpunkt, als das Buch verfasst wurde.

Ländern holen, in die ich euch zerstreut habe. Mit starker Hand und erhobenem Arm lasse ich meinem Zorn freien Lauf 35 und führe euch in die Wüste zwischen den Völkern. Dort gehe ich persönlich mit euch ins Gericht. 36 Ich werde euch zur Rechenschaft ziehen, wie ich es mit euren Vätern in der Wüste Ägyptens getan habe‹, spricht Jahwe, der Herr. 37 ›Ich werde euch zur Einzelprüfung unter dem Hirtenstab durchziehen lassen und so in die Ordnungen meines Bundes bringen. 38 Und alle, die sich empört und mit mir gebrochen haben, werde ich von euch trennen. Ich werde sie zwar aus dem Land herausführen, in dem sie als Fremde gelebt haben, aber den Boden Israels werden sie nicht betreten. Dann werdet ihr erkennen, dass ich bin, der ich bin – Jahwe!

39 Aber was euch betrifft, ihr Leute von Israel‹, spricht Jahwe, der Herr, ›geht doch hin und dient euren Götzen! Ihr werdet schon sehen, was ihr davon habt. Zuletzt aber werdet ihr meinen heiligen Namen nicht mehr entweihen mit euren Opfergaben und Götzen. 40 Denn auf meinem heiligen Berg, dem hohen Berg Israels, spricht Jahwe, der Herr, wird das ganze Volk Israel mir dienen, alle, die sich im Land befinden. Dort werde ich ihnen meine Gnade schenken. Dort werde ich eure Opfergaben, die Erstanteile eurer Ernte und eure Weihgaben annehmen. 41 Dort, beim Opfergeruch, der mich erfreut, werde ich euch voller Liebe wieder annehmen, nachdem ich euch aus den Völkern herausgeführt und aus den Ländern geholt habe, in die ich euch zerstreut hatte. So werde

ich mich vor den Augen aller Völker als der Heilige erweisen. 42 Und wenn ich euch wieder in das Land Israel bringe, das ich euren Vorfahren unter Eid zugesagt hatte, werdet ihr erkennen, dass ich bin, der ich bin – Jahwe! 43 Dort werdet ihr an euer Verhalten denken und an eure Taten, mit denen ihr euch besudelt habt. Ihr werdet Ekel vor euch selbst empfinden, wenn ihr an all das Böse denkt, das ihr getan habt. 44 Dann werdet ihr erkennen, dass ich es bin – Jahwe, wenn ich um meinetwillen so mit euch umgegangen bin, ihr Leute von Israel, und nicht, wie ihr es mit eurem bösen Verhalten und eurem Verderben bringenden Tun verdient habt, spricht Jahwe, der Herr.‹«

Das Gleichnis vom Waldbrand

21 1 Das Wort Jahwes kam zu mir. Er sagte: 2 »Menschensohn, blick nach Süden und lass deine Rede dorthin strömen, weissage gegen den Wald im Negev, dem heißen Land im Süden. 3 Sage zum Wald des Negev: Höre das Wort Jahwes! So spricht Jahwe, der Herr: ›Pass auf! Ich werde ein Feuer in dir anzünden, das alle deine Bäume verzehrt, die grünen ebenso wie die dürren. Seine lodernde Flamme wird nicht verlöschen, und alle Gesichter, vom Süden bis zum Norden, werden durch sie versengt. 4 Alle Welt soll erkennen, dass ich, Jahwe, den Brand gelegt habe, der nicht erlöschen wird.‹« 5 Da erwiderte ich: »Ach Herr, Jahwe! Sie halten mir vor, dass ich nur Rätsel dichte!«

6 Da kam das Wort Jahwes zu mir. Er sagte: 7 »Menschensohn, blick in Richtung Jerusalem und lass deine

Rede gegen die Heiligtümer strömen, weissage gegen das Land Israel! *8* Sag zum Land Israel: ›So spricht Jahwe: Pass auf! Jetzt gehe ich gegen dich vor! Ich ziehe mein Schwert und rotte die Gerechten und die Gottlosen in dir aus. *9* Alle Menschen, vom Süden bis zum Norden, wird mein Schwert treffen, Gerechte und Gottlose. *10* Und alle Welt soll erkennen, dass ich, Jahwe, mein Schwert gezogen habe und es nicht wieder in seine Scheide stecke.‹

11 Doch du, Menschensohn, stöhne! Vor ihren Augen sollst du zusammenbrechen und vor Schmerz unaufhörlich stöhnen. *12* Und wenn sie dich fragen: ›Weshalb stöhnst du so?‹, dann sage: ›Wegen der Nachricht, die kommen wird. Dann werden alle mutlos und verzagt, alle Hände werden schlaff und alle Knie werden weich. Ja, es kommt und geschieht, spricht Jahwe, der Herr.‹«

Das Lied vom Schwert

13 Das Wort Jahwes kam zu mir. Er sagte: *14* »Menschensohn, weissage! Du sollst sagen: So spricht Jahwe:

›Ein Schwert, ein Schwert, / geschärft und poliert; *15* geschärft für eine Metzelei, / poliert, dass es blitzt!

Oder sollen wir uns freuen am Stock für meinen Sohn? Das Schwert verachtet solches Holz.

16 Man gab es zum Schleifen, / dann packt es die Faust. / Ein Schwert, geschärft und poliert, / dem Scharfrichter ist es gegeben.

17 Schrei und heule, Menschensohn, / denn es zielt auf mein Volk, / auf alle Fürsten Israels. / Sie sind dem Schwert verfallen, / genauso wie mein Volk. / Schlag dir auf die Hüfte, *18* denn es wurde erprobt!‹

›Doch was, wenn der verachtete Stock nicht mehr ist?‹, spricht Jahwe, der Herr.

19 Weissage, Menschensohn, / und schlag die Hände zusammen! / Da verdoppelt sich das Schwert, / ja dreifach wird es sein! / Es sei das Schwert der Erschlagenen, / ein großes Mordschwert, / das sie von allen Seiten umkreist. *20* Das Herz sei voller Angst, / und viele sollen fallen! / An allen ihren Toren wütet das Schwert. / Ja, zum Blitzen bist du gemacht, / zum Schlachten geschärft! *21* Zeig, dass du scharf bist! / Zucke nach rechts, / fahre nach links, / wohin deine Schneide sich richtet! *22* Auch ich schlag die Hände zusammen / und stille meinen Zorn. / Ich, Jahwe, habe gesprochen.«

23 Das Wort Jahwes kam zu mir. Er sagte: *24* »Menschensohn, stell zwei Wege für dich dar, auf denen der König von Babylon mit seinem Heer kommt. Beide Wege gehen vom selben Land aus. Und stell einen

---

21,26 *Terafim.* Abbilder oder Figuren von Schutzgeistern bzw. Hausgötzen, die auch zu Orakelzwecken benutzt wurden.

Wegweiser an der Gabelung auf. *25* Einer soll nach Rabba zeigen, der Hauptstadt der Ammoniter, und einer nach Jerusalem, der befestigten jüdischen Stadt. *26* Denn der König von Babylon bleibt an der Wegscheide stehen und befragt das Orakel. Er schüttelt die Pfeile, befragt die Terafim* und beschaut die Leber. *27* Dann hält er in seiner rechten Hand den Entscheid des Orakels: Jerusalem. Jetzt wird er das Kriegsgeschrei gegen die Stadt erheben, Sturmböcke an ihre Tore stellen, Wälle aufschütten und Belagerungstürme bauen. *28* Doch die Leute von Jerusalem bilden sich ein, es sei ein Lügenorakel, denn man hat ihnen ja heilige Eide geschworen. Aber der König von Babel bringt ihre ganze Schuld ans Licht und nimmt sie gefangen.«

29 Darum spricht Jahwe, der Herr: »Weil ihr eure Schuld in Erinnerung brachtet, indem ihr eure Verbrechen aufdeckt und man die Sünden in all eurem Tun erkennt, weil ihr euch so in Erinnerung brachtet, werdet ihr mit harter Hand gepackt! *30* Und du gottloser Schurke, du König Israels, für den der Tag der endgültigen Abrechnung gekommen ist: *31* Weg mit dem Kopfbund, herunter mit der Krone, spricht Jahwe, der Herr. Nichts bleibt, wie es ist! Der Niedrige wird erhöht und der Mächtige gestürzt! *32* In Trümmer lege ich Jerusalem, in Trümmer, in Trümmer! Auch das bleibt nicht, bis der kommt, dem es rechtmäßig gehört. Ihm gebe ich es.«

33 Du Menschensohn, weissage Folgendes: ›So spricht Jahwe, der Herr, über die Ammoniter und ihren Hohn:

Schwert, Schwert, gezückt zum Schlachten, poliert zum Fressen, damit es wie ein Blitz einschlägt. *34* Du wirst an die Hälse der schändlichen Frevler gelegt, während man noch Nichtiges schaut und Lüge orakelt, denn der Tag der endgültigen Abrechnung ist da! *35* Doch dann zurück in deine Scheide, Schwert! Auch dich will ich richten im Land deiner Herkunft, am Ort, wo du geschaffen wurdest. *36* Ich lasse meinem Zorn freien Lauf und fache meinen Grimm gegen dich an. Ich gebe dich viehischen Männern in die Hand: Schmieden des Verderbens. *37* Du wirst vom Feuer verzehrt, dein eigenes Land trinkt dein Blut. Man wird dich vergessen.‹ Ich habe es gesagt, ich, Jahwe.«

Das Urteil

22 *1* Das Wort Jahwes kam zu mir. Er sagte: *2* »Menschensohn, willst du richten? Willst du die Stadt der Mörder richten? Dann halte ihr die Gräueltaten vor, die sie beging, *3* und sage: ›So spricht Jahwe, der Herr:

Du Stadt, die Blut in ihren Mauern vergießt und damit ihr Ende heraufbeschwört, die sich besudelt durch ihre Götzen! *4* Durch dein Blutvergießen bist du schuldig geworden, und durch deine Götzen hast du dich besudelt. Damit hast du deinen Untergang herbeigeführt. Du bist ans Ende deiner Jahre gekommen. Deshalb mache ich dich zu einem Zeichen der Schande unter den Völkern und gebe dich preis ihrem höhnischen Spott. *5* Die Nahen und die Fernen verhöhnen dich, denn dein Name ist besudelt, deine Verbrechen sind groß.

6 Die Fürsten Israels in dir missbrauchten ihre Macht, um Blut zu vergießen. 7 In dir verachtet man Vater und Mutter, in deiner Mitte erpresst man den Fremden und unterdrückt Waisen und Witwen. 8 Was mir heilig ist, verachtest du und schändest den Sabbat. 9 Es gibt Verleumder in dir, die Menschen dem Tod ausliefern. Auf deinen Bergen feiert man Opfermahle, und in deiner Mitte begeht man die schlimmsten Untaten. 10 Man schläft mit der Frau des eigenen Vaters und verkehrt mit Frauen während ihrer Monatsblutung. 11 Der eine hat Sex mit der Frau seines Nächsten, der andere schändet seine Schwiegertochter und der dritte missbraucht seine Schwester. 12 Bestochene Richter sprechen Todesurteile aus, man nimmt Wucherzinsen und erpresst seinen Nächsten. Doch mich, mich hast du vergessen, spricht Jahwe, der Herr.

13 Ich schlage die Hände wegen deiner Raffgier zusammen und wegen der Morde, die in deiner Mitte geschehen sind. 14 Bildest du dir ein, du könntest vor mir bestehen? Meinst du, deine Hände bleiben stark, wenn ich mich mit dir befasse? Ich, Jahwe, habe es gesagt, und ich werde es tun! 15 Ich werde dich unter die Völker zersprengen, vertreibe dich in alle Länder und mache deinem gottlosen Treiben ein Ende. 16 Vor den Augen aller Völker wirst du durch dich selbst besudelt werden. Du sollst erkennen, dass ich bin, der ich bin – Jahwe!‹«

Der Schmelzofen

17 Das Wort Jahwes kam zu mir. Er sagte: 18 »Menschensohn, das Haus Israel ist für mich wie Schlacke geworden, wie Schlacke beim Silberschmelzen, die nur noch Kupfer, Zinn, Eisen und Blei enthält. 19 Darum spricht Jahwe, der Herr: ›Weil ihr alle zu Schlacke geworden seid, häufe ich euch in Jerusalem auf. 20 Wie man Silber, Kupfer, Eisen, Blei und Zinn in einem Schmelzofen zusammenbringt, um Feuer darunter anzublasen, so bringe ich euch zusammen und lasse euch die Glut meines Zorns spüren. 21 Ja, ich werde euch zusammenwerfen und das Feuer meines Grimms unter euch anblasen, dass ihr darin ausgeschmolzen werdet. 22 Wie das Silber im Ofen, so sollt ihr in meinem Grimm geschmolzen werden. Ihr sollt erkennen, dass ich, Jahwe, meinen glühenden Zorn über euch ausgegossen habe.‹«

Alle sind schuld

23 Das Wort Jahwes kam zu mir. Er sagte: 24 »Menschensohn, sprich zum Land Israel: ›Du bist so besudelt, dass ich am Tag meines Zorns keinen Regen mehr schicke.‹ 25 Die Rotte seiner Propheten hat sich verschworen. Sie verschlingen Seelen wie ein brüllender Löwe, der Beute reißt. Sie rauben Schätze zusammen und haben viele Frauen zu Witwen gemacht. 26 Seine Priester tun meinem Gesetz Gewalt an und entweihen, was mir heilig ist. Sie machen keinen Unterschied zwischen heiligen und unheiligen Dingen, sie belehren nicht über rein und unrein und verschließen ihre Augen vor dem Sabbat. So werde ich unter ihnen entweiht. 27 Seine Oberen sind wie räuberische Wölfe. Sie vergießen Blut, verderben Seelen,

nur um sich zu bereichern. *28* Und seine Propheten schmieren Lehm darüber, indem sie Hirngespinste schauen und ihnen falsche Orakel verkünden und dabei sagen: ›So spricht Jahwe, der Herr!‹ Dabei hat Jahwe gar nicht geredet. *29* Das Volk des Landes erpresst und raubt, es plündert und plagt den Elenden und Armen und verweigert dem Fremden sein Recht. *30* Ich suchte einen Mann unter ihnen, der die Mauer zumauert oder der für das Land in die Bresche springt und mir entgegentritt, damit ich es nicht vernichten muss. Doch ich fand keinen. *31* So schütte ich die Glut meines Zorns über sie aus und vernichte sie in meinem Grimm. Ihr Tun lasse ich auf sie selbst zurückfallen, spricht Jahwe, der Herr.«

Die schamlosen Schwestern

23 *1* Das Wort Jahwes kam zu mir. Er sagte: *2* »Menschensohn, da waren zwei Frauen, Töchter einer Mutter. *3* Schon in ihrer Jugend, in Ägypten, lebten sie in Unmoral und ließen ihre Brüste betasten. Dort befühlte man ihren mädchenhaften Busen. *4* Die ältere Schwester hieß Ohola*, die jüngere Oholiba*. Ohola

ist Samaria und Oholiba Jerusalem. Sie wurden meine Frauen und gebaren mir Söhne und Töchter. *5* Ohola aber brach die Ehe mit mir. Sie hofierte ihre Liebhaber, die kampftüchtigen Assyrer, *6* die in Purpur gekleideten Statthalter und Offiziere, allesamt schöne junge Männer hoch zu Ross. *7* Mit ihnen ließ sie sich ein – es war die Elite von Assur –, ihnen gab sie sich hin, und mit ihren Götzen besudelte sie sich. *8* Doch auch das, was sie in Ägypten getrieben hatte, gab sie nicht auf. Denn die Ägypter hatten schon in ihrer Jugend bei ihr gelegen, ihren mädchenhaften Busen befühlt und Verkehr mit ihr gehabt. *9* Darum gab ich sie der Gewalt ihrer Liebhaber preis, der Gewalt der Assyrer, auf die sie so versessen war. *10* Die zogen sie nackt aus, nahmen ihr die Söhne und Töchter weg und erschlugen sie dann mit dem Schwert. So vollzogen sie das Strafgericht an ihr, zum abschreckenden Beispiel für alle Frauen.

11 Ihre Schwester Oholiba sah das alles, aber sie trieb es noch ärger mit ihrer Gier und ihrer sexuellen Unmoral als sie. *12* Auch sie hofierte die Söhne Assurs, die Statthalter und Offiziere, die schönen jungen Männer, die prächtig gekleideten Kämpfer, hoch zu Ross. *13* Ich sah, wie sie sich mit ihnen besudelte. Da waren beide Schwestern gleich. *14* Aber das war ihr noch nicht genug. Sie sah Wandbilder von Männern mit roter Farbe gemalt, es waren Chaldäer*. *15* Sie hatten einen Gurt um die Hüfte und einen Bund um den Kopf. Unter diesem quoll ihr langes Haar hervor. Alle sahen wie Krieger aus, hervorragende

---

23,4 *Ohola* = Ihr eigenes Zelt, d.h. »die ihr eigenes Heiligtum (in Bethel) hat«.

Oholiba = Mein Zelt in ihr, d.h. »die, in der mein Heiligtum (in Jerusalem) sich befindet«.

23,14 *Chaldäer*. Bewohner von Süd-Babylonien, später wurden alle Babylonier so genannt.

Kämpfer, wie Babylonier, deren Geburtsland Chaldäa ist. ¹⁶ Als sie ihre Bilder sah, packte sie die Gier, und sie schickte Boten nach Chaldäa. ¹⁷ Da kamen die Babylonier zu ihrem Liebesnest und besudelten sie mit ihrer sexuellen Unmoral. Doch als sie sich befleckt hatte, riss sie sich von ihnen los. ¹⁸ Aber da wandte ich mich jäh von ihr ab, so wie ich mich auch schon von ihrer Schwester abgewandt hatte, denn ihre sexuelle Unmoral war offenkundig, sie hatte ihre Blöße aufgedeckt. ¹⁹ Doch sie trieb es nur noch schlimmer. Sie dachte an ihre Jugendzeit, wo sie es mit den Ägyptern getrieben hatte. ²⁰ Wieder packte sie die Gier nach ihren früheren Liebhabern, deren Glied so groß wie das eines Esels war und deren Samenerguss so mächtig wie der von einem Hengst. ²¹ Du wolltest es wieder mit ihnen treiben wie in deiner Jugend, als man in Ägypten deine Brüste betastete und deinen jungfräulichen Busen befühlte.

²² Darum Oholiba, spricht Jahwe, der Herr, pass auf: Deine früheren Liebhaber, denen du auf einmal den Rücken gekehrt hast, hetze ich gegen dich auf. Ich lasse sie von allen Seiten über dich kommen. ²³ Es sind die Männer aus Babylon und alle Chaldäer, die Männer aus Pekod, Schoa und Koa* und dazu die Assyrer, lauter schöne junge Männer, Statthalter und Befehlshaber, hervorragende Kämpfer und Edelleute, alle hoch zu Ross. ²⁴ In Scharen fallen sie über dich her mit Reitern und Wagen und einem Heer aus vielen Völkern. Dann bist du von Helmen, Rund- und Langschilden umringt. Ich übergebe dich ihrem Gericht, und nach ihrem Recht bestrafen sie dich. ²⁵ Ich werde dich meine Eifersucht fühlen lassen und ein schweres Strafgericht an dir vollziehen. Nase und Ohren werden sie dir abschneiden, und deine Nachkommenschaft wird mit dem Schwert getötet werden. Deine Söhne und Töchter nehmen sie dir weg, und was dann noch übrig ist von dir, wird vom Feuer vernichtet. ²⁶ Sie werden dir die Kleider ausziehen und dir deinen Schmuck wegnehmen. ²⁷ So mache ich deinem schändlichen Treiben ein Ende und deiner sexuellen Unmoral, die schon in Ägypten begann. Du sollst nicht mehr nach ägyptischen Männern Ausschau halten und nicht einmal mehr an sie denken.«

²⁸ Denn so spricht Jahwe, der Herr: »Ich gebe dich in die Gewalt deiner früheren Liebhaber, von denen du dich auf einmal abgewandt hast und die du jetzt verabscheust. ²⁹ Hasserfüllt werden sie über dich herfallen und dir alles wegnehmen, was du dir erworben hast. Sie lassen dich nackt und bloß daliegen. Deine Scham wird entblößt und dein schändliches, lüsternes und widerliches Treiben kommt an den Tag. ³⁰ So wirst du dafür bestraft, weil du in deiner sexuellen Gier den Völkern nachgelaufen bist und dich mit ihren Götzen besudelt hast. ³¹ Du bist denselben Weg wie deine Schwester gegangen, darum gebe ich dir jetzt ihren Becher zu trinken.«

23,23 *Pekod*: Aramäer, die östlich von Babylon lebten. *Schoa und Koa* waren offenbar babylonische Verbündete.

³² So spricht Jahwe, der Herr:

»Den Becher deiner Schwester wirst du leeren, / den Riesenbecher, der viel fasst. / Verspotten und verhöhnen wird man dich.«
³³ Von Trunkenheit und Kummer wirst du voll, / denn ein Becher des Grauens und Entsetzens / ist der Becher deiner Schwester Samaria.
³⁴ Du wirst ihn trinken und schlürfst ihn aus, / du wirst seine Scherben zerbeißen / und dir die Brüste zerreißen. / Denn ich habe gesprochen, sagt Jahwe, der Herr.«

³⁵ Darum spricht Jahwe, der Herr: »Weil du mich vergessen und mich völlig verworfen hast, sollst du die Folgen deines schamlosen Treibens und deiner sexuellen Unmoral tragen.«
³⁶ Darauf sagte Jahwe zu mir: »Menschensohn, willst du nicht Ohola und Oholiba zur Rechenschaft ziehen? Halte ihnen ihre Gräueltaten vor! ³⁷ Sie haben die Ehe gebrochen, und Blut klebt an ihren Händen. Den Ehebruch haben sie mit ihren Götzen begangen und ihnen auch noch die Kinder, die sie mir geboren hatten, zum Fraß hingeworfen. ³⁸ Und auch das haben sie mir angetan: Am selben Tag haben sie mein Heiligtum besudelt und den Sabbat entweiht. ³⁹ Denn wenn sie ihre Söhne ihren Götzen schlachteten, kamen sie noch am selben Tag in mein Heiligtum und haben es besudelt. So trieben sie es in meinem Haus.
⁴⁰ Außerdem haben sie Boten in die Ferne geschickt und Männer eingeladen. Als die dann kamen, hattest du dich für sie gebadet, deine Augen geschminkt und deinen Schmuck angelegt. ⁴¹ Dann hast du dich auf ein prächtiges Ruhebett niedergelassen. Davor war ein Tisch zugerichtet, auf dem du meinen Weihrauch und mein Öl gestellt hattest. ⁴² Ihr umgabt euch mit einer lärmenden ausgelassenen Menge. Und zu den Männern aus dem Menschenhaufen ließ man noch Säufer aus der Wüste kommen. Diese legten den Schwestern Spangen an die Arme und setzten ihnen prachtvolle Kronen auf. ⁴³ Da sagte ich mir: ›Sie sind doch schon verbraucht – und treiben immer noch Ehebruch? Ihr Huren muss doch zum Ekel werden, und sie auch!‹ ⁴⁴ Doch die Männer hatten Verkehr mit ihr, wie man es eben mit einer Prostituierten tut; so trieben sie es mit Ohola und Oholiba. ⁴⁵ Aber gerechte Männer werden das Urteil über sie sprechen nach dem Gesetz für Ehebrecherinnen und Mörderinnen. Denn sie haben die Ehe gebrochen, und Blut klebt an ihren Händen.«

⁴⁶ Denn so spricht Jahwe, der Herr: »Ich bringe eine große Menge Volk gegen sie zusammen und gebe sie der Misshandlung und Ausplünderung preis. ⁴⁷ Die Versammlung soll sie steinigen und ihre Leichen mit Schwertern zerhauen. Ihre Söhne und Töchter soll man erschlagen und ihre Häuser niederbrennen. ⁴⁸ So werde ich der sexuellen Unmoral im Land ein Ende machen, dass alle Frauen sich warnen lassen und eurem schlimmen Beispiel nicht folgen. ⁴⁹ Eure Unmoral wird auf euch zurückfallen, und die Folgen eures sündhaften Götzendienstes müsst ihr tragen. Ihr sollt erkennen, dass ich Jahwe, der Herr bin.«

Der rostige Topf

24 *1* Am 15. Januar im neunten Jahr unserer Verbannung* kam das Wort Jahwes zu mir. *2* »Menschensohn, schreib dir das Datum dieses Tages auf, genau den heutigen Tag! Heute hat der König von Babylon seinen Angriff auf Jerusalem begonnen. *3* Trag dem widerspenstigen Volk ein Gleichnis vor. Sag zu ihnen: ›So spricht Jahwe, der Herr:

Stell hin den Topf, stell hin / und gieße auch Wasser hinein! *4* Lege Fleisch in den Topf, / lauter gute Stücke / von Lende und Schulter. / Gib die besten Knochen dazu. *5* Nimm auserlesene Schafe! / Das Holz ist darunter zu schichten! / Lass die Fleischstücke sieden mit den Knochen darin!‹

6 Darum spricht Jahwe, der Herr:

›Weh der blutbefleckten Stadt! / Weh dem rostigen Topf, / dessen Rost nicht abgehen will! / Stück für Stück nimm wahllos heraus! *7* Denn das Blut, das sie vergoss, / ist noch mitten in ihr. / Auf die Felsplatte hat sie es geschüttet / und es nicht einmal mit Erde bedeckt. *8* Um Zorn heraufzuführen, / um Rache zu nehmen, / gebe ich auf kahlen Fels ihr Blut; / es wird nicht mit Erde bedeckt.‹

9 Darum spricht Jahwe, der Herr:

›Weh der blutbefleckten Stadt! / Auch ich schichte einen großen Holzstoß auf. *10* Trage nur viel Holz herbei! / Entzünde das Feuer! / Siede das Fleisch! / Verkoche die Brühe, / bis selbst die Knochen anglühen! *11* Dann stell ihn leer auf seine Kohlen, / dass der Topf sich erhitzt, / seine Bronze erglüht, / der Rost ausgebrannt wird, / der ihn besudelt hat. *12* Vergebliche Mühe! / Er ist so mit Rost bedeckt, / dass auch die Glut ihn nicht reinigen kann.‹

13 Ich wollte dich reinigen, aber du warst nicht rein zu bekommen. Nun wirst du besudelt bleiben, bis ich meinen ganzen Zorn an dir ausgelassen habe. *14* Ich, Jahwe, habe es gesagt. Es kommt und ich werde es tun! Ich lasse nicht nach, ich schone nicht, habe keine Bedenken. Nach deinem Verhalten und nach deinen Taten wird man dich richten, spricht Jahwe, der Herr.«

Der Tod ohne Trauer

15 Das Wort Jahwes kam zu mir. Er sagte: *16* »Menschensohn, ich nehme dir jetzt dein Liebstes weg, die Freude deiner Augen durch plötzlichen Tod. Doch du sollst nicht klagen und weinen. Keine Träne soll dir kommen, *17* hemme das Seufzen! Unterlass die Totenklage! Binde deinen Kopfbund um und ziehe deine Schuhe an! Verhülle deinen Bart nicht und iss nichts von dem Trauerbrot, das dir die Leute bringen!« *18* Am Morgen darauf redete ich zum Volk. Am Abend starb meine

---

24,1 *15. Januar.* Wörtlich: *Am 10. Tag des 10. Monats.* Es handelt sich um das Jahr 588 v.Chr., zwei Jahre vor der Zerstörung Jerusalems.

Frau. Und am anderen Morgen verhielt ich mich so, wie mir befohlen war. *19* Da fragten mich die Leute: »Willst du uns nicht erklären, was dein Verhalten für uns zu bedeuten hat?« *20* Ich sagte zu ihnen: »Das Wort Jahwes kam zu mir. Er sagte: *21* ›Sag zu den Leuten von Israel: So spricht Jahwe, der Herr: Passt auf! Ich entweihe mein Heiligtum, den Zufluchtsort, auf den ihr so stolz seid, die Freude eurer Augen und das Ziel eurer Sehnsucht. Eure Söhne und Töchter, die ihr verlassen musstet, werden unter dem Schwert umkommen. *22* Da werdet ihr tun, was ich getan habe; ihr werdet den Bart nicht verhüllen und kein Trauerbrot von den Nachbarn annehmen. *23* Ihr werdet den Kopfbund aufbehalten und die Schuhe an den Füßen. Ihr werdet nicht klagen und weinen, sondern hinmodern in euren Sünden und einer den anderen anstöhnen. *24* So wird Hesekiël für euch zum Wahrzeichen sein. Wenn es kommt, werdet ihr euch genauso wie er verhalten. Dann werdet ihr erkennen, dass ich Jahwe, der Herr bin.‹« *25* »Aber du, Menschensohn, pass auf! An dem Tag, an dem ich ihnen ihre Zuflucht wegnehme, ihre Pracht

25,2 Die *Ammoniter* waren nordöstliche Nachbarn der Moabiter, die östlich vom Toten Meer lebten.

25,8 Die *Moabiter* lebten östlich des Toten Meeres zwischen den Flüssen Arnon und Zered.

Seïr. Gebirge südlich des Toten Meeres, das von Edomitern bewohnt wurde.

und Wonne, die Freude ihrer Augen und das Ziel ihrer Sehnsucht und ihre Söhne und Töchter dazu, *26* an dem Tag wird ein Flüchtling zu dir kommen, sodass du es mit eigenen Ohren hören kannst. *27* Dann wird deine Zunge gelöst werden, du wirst mit ihm reden können und nicht länger stumm sein. Dann bist du ihnen zum Wahrzeichen geworden, und sie werden erkennen, dass ich es bin – Jahwe!«

Gottes Gericht gegen die Nachbarn Judas:

Ammon

25 *1* Das Wort Jahwes kam zu mir. Er sagte: *2* »Menschensohn, blick in Richtung der Ammoniter* und weissage Folgendes gegen sie: *3* ›Hört das Wort Jahwes, des Herrn! So spricht Jahwe, der Herr: Du lachst und spottest über mein Heiligtum, weil es entweiht ist, und über das Land Israel, weil es verwüstet wurde, und über das Volk der Juden, weil sie in die Gefangenschaft verschleppt sind. *4* Deshalb gebe ich dich und dein Land den Beduinen des Ostens zum Besitz. Sie werden ihre Zelte bei euch aufschlagen und ihre Siedlungen in deinem Land errichten, sie werden deine Früchte essen und deine Milch trinken. *5* Rabba mache ich zu einem Weideplatz für Kamele und eure Ortschaften zum Lagerplatz für Kleinvieh. Dann werdet ihr erkennen, dass ich es bin – Jahwe! *6* Denn so spricht Jahwe, der Herr: Weil du in die Hände geklatscht und vor Freude mit den Füßen gestampft hast, weil du voller Schadenfreude auf das Land Israel herabgesehen hast, 7 deshalb gehe ich jetzt gegen dich vor. Ich gebe dich fremden Völkern preis und rotte dich aus der Völkergemeinschaft aus. Ich werde dich vernichten. Dann wirst du erkennen, dass ich es bin – Jahwe!‹«

Moab

8 So spricht Jahwe, der Herr: »Weil Moab* und Seïr* sagen: ›Das Haus Juda ist so wie alle anderen Nationen‹, 9 darum lege ich Moabs Schulter frei, seine Berghänge werden von all seinen Städten entblößt sein, von der Zierde des Landes über Bet-Jeschimot, Baal-Meon bis nach Kirjatajim. 10 Ich gebe das Land den Beduinen des Ostens und den Ammonitern, an die sich niemand mehr erinnern wird. 11 So vollstrecke ich mein Strafgericht an den Moabitern; und sie werden erkennen, dass ich es bin – Jahwe!«

Edom

12 So spricht Jahwe, der Herr: »Weil Edom* grausam Rache am Haus Juda genommen und dabei schwere Schuld auf sich geladen hat, 13 deshalb, spricht Jahwe, der Herr, gehe ich jetzt gegen Edom vor. Ich rotte Menschen und Vieh in ihm aus. Von Teman bis nach Dedan* lege ich es in Trümmer, und alle seine Bewohner werden durchs Schwert umkommen. 14 Meine Rache an Edom lasse ich durch mein Volk Israel vollziehen. Sie werden Edom meinen Zorn und Grimm spüren lassen, dass sie meine Rache erkennen, spricht Jahwe, der Herr.«

Die Philister

15 So spricht Jahwe, der Herr: »Weil die Philister sich grausam gerächt haben mit hämischer Lust und voller Hass, um Juda aus uralter Feindschaft zu vernichten, 16 darum spricht Jahwe, der Herr: ›Passt auf, ich gehe gegen die Philister vor, diese Leute aus Kreta, und rotte die Bewohner der Küstenebene bis auf den letzten Rest aus. 17 Mit grimmigen Strafen nehme ich gewaltige Rache an ihnen. Und wenn ich meine Rache über sie bringe, wird man erkennen, dass ich es bin – Jahwe!‹«

Das Gericht über Tyrus

26 1 Am 15. März im elften Jahr unserer Verbannung* kam das Wort Jahwes zu mir. Er sagte:

2 »Menschensohn, / weil Tyrus* über Jerusalem sagte: / ›Ha! Zerbrochen ist das Tor der Völker! / Jetzt fällt mir ihr Reichtum zu, / denn sie ist verwüstet‹,

---

25,12 *Edom.* Land östlich der Araba und südlich vom Toten Meer, bewohnt von den Nachkommen Esaus.

25,13 *Teman* ist ein Gebiet mitten in Edom, in der Nähe von Petra. *Dedan* ist ein Stamm und ein Gebiet im Süden Edoms.

26,1 *15. März.* Wörtlich: *Am 1. des Monats.* Das Jahr ging vom 23. April 587 v.Chr. bis zum 13. April 586 v.Chr. Die Botschaft muss am Ende dieses Jahres, im 11. oder 12. Monat ergangen sein, denn der Monatsname ist nicht überliefert. Das wäre entweder am 13. Februar oder am 15. März 586 v.Chr.

26,2 *Tyrus* war die wichtigste Hafenstadt an der phönizischen Küste, 56 km nördlich vom Berg Karmel. Zu dieser Zeit lag die Stadt schon auf einer Felsen-Insel vor dem Festland.

3 darum spricht Jahwe, der Herr: ›Jetzt gehe ich gegen dich vor, Tyrus! Wie das Meer gegen deine Klippen brandet, werde ich viele Völker gegen dich anstürmen lassen! *4* Sie werden deine Mauern schleifen, Tyrus, und deine Türme niederreißen. Ich fege deine Erde von dir weg und mache dich zu einem kahlen Felsen im Meer, *5* zu einem Trockenplatz für Fischernetze. Ich habe das gesagt‹, spricht Jahwe, der Herr. ›Völker werden Tyrus ausplündern, *6* seine Tochterstädte auf dem Festland zerstören und deren Einwohner töten. Daran wird man erkennen, dass ich es bin – Jahwe!‹«

7 So spricht Jahwe, der Herr: »Ich werde den Großkönig Nebukadnezzar, den König von Babylon, über Tyrus kommen lassen. Er kommt vom Norden her mit Pferden, Streitwagen, Reitern und einem riesigen Heer. *8* Er wird deine Tochterstädte zerstören und einen Wall gegen dich aufschütten, Angriffsrampen gegen deine Mauern vorantreiben und ein Schutzdach aus Langschilden gegen dich aufstellen. *9* Der Stoß seiner Rammböcke wird deine Mauern treffen. Mit Brecheisen reißt er deine Türme ein. *10* Eine Staubwolke wird dich bedecken, wenn er anrückt mit der Masse seiner Pferde. Der Lärm seiner Reiter, Räder und Wagen lässt deine Mauern erbeben, wenn er durch deine Tore einfährt, wie man in eine aufgebrochene Stadt einzieht. *11* Die Hufe seiner Pferde zerstampfen deine Straßen, dein Volk erschlägt er mit dem Schwert. Die stolzen Steinsäulen, die du verehrst, sinken in Trümmer. *12* Sie plündern deinen Besitz, sie rauben deine Waren, sie schleifen deine Mauern und zerstören deine Paläste. Und deine Steine, dein Holz und deinen Schutt schütten sie ins Meer. *13* Ich lasse den Klang deiner Lieder verstummen, und die Musik deiner Harfen wird nicht mehr gehört. *14* Ich mache dich zu einem kahlen Felsen, zu einem Trockenplatz für Fischernetze. Du wirst nicht wieder aufgebaut werden, denn ich, Jahwe, habe das gesagt!«, spricht Jahwe, der Herr.

15 So spricht Jahwe, der Herr, gegen Tyrus: »Vom Donnergetöse deines Falls werden die Inseln erbeben, wenn Mörder in dir wüten und jeder Durchbohrte stöhnt. *16* Dann sinken die Fürsten des Meeres von ihren Thronen. Sie legen ihre Mäntel ab, ziehen ihre buntgewirkten Kleider aus und kleiden sich in zitternde Angst. Vor Entsetzen kauern sie auf dem Boden und zittern und zittern. *17* Dann stimmen sie die Totenklage über dich an:

›Ach, wie bist du zerstört, / du ruhmreiche Stadt, / du Festung am Meer! / Du hattest solche Macht auf der See, / hast ihre Anwohner in Schrecken versetzt. *18* Nun zittern die Küsten am Tag deines Falls; / über dein Ende sind die Inseln entsetzt.‹«

19 Denn so spricht mein Herr, Jahwe: »Wenn ich dich zu einer verwüsteten und menschenleeren Stadt mache, wenn ich die Flut über dich kommen lasse, sodass du darin untergehst, *20* dann musst du in die Totenwelt hinab zu den längst Verstorbenen, in die tiefste Tiefe zu den uralten Ruinen. Dann wirst du nie mehr bewohnt und hast keinen Platz mehr im Land der

Lebendigen. 21 Tödlichem Terror gebe ich dich preis, du wirst nicht mehr sein! Man wird dich suchen, aber nicht mehr finden. Das gilt für alle Zeit, spricht Jahwe, der Herr.«

Klagelied über den Untergang von Tyrus

27 1 Das Wort Jahwes kam zu mir. Er sagte: 2 »Du Menschensohn, stimme ein Klagelied über Tyrus an:

3 Zur Stadt, die den Zugang zum Meer beherrscht, / die mit den Seevölkern Handel treibt, / spricht Jahwe, der Herr: / Du Tyrus, du sagst: / ›Ich bin die vollkommene Schönheit!‹ 4 Dein Zuhause ist das Meer, / deine Erbauer haben dich zu einem Schmuckstück gemacht. 5 Deine Planken sind Zypressen vom Hermon* / und eine Zeder vom Libanon dein Mast. 6 Deine Ruder sind aus Eichen von Baschan, / die Aufbauten: Elfenbein und Buchsbaumholz von den Inseln der Zyprer. 7 Bunte Leinwand aus Ägypten diente als Segel und Banner für dich. / Ein Sonnendach aus Purpur, blau und rot, / das brachten deine Händler aus Elischa*. 8 Deine Ruderer stammten aus Sidon* und Arwad*, / und deine Besten, Tyrus, standen am Steuer. 9 Die Ältesten von Byblos* fuhren mit, / und seine erfahrenen Männer dichteten die Lecks. / Aus aller Herren Länder kamen Schiffe und tauschten Waren bei dir.

10 Männer aus Persien waren in deinem Heer, / aus Lydien* und

Libyen kamen deine Soldaten. / Ihre Schilde und Helme hängten sie in dir auf / und verliehen dir prächtigen Glanz. 11 Männer aus Arwad verstärkten dein Heer / und standen auf deinen Mauern. / Wächter auf den Türmen waren Leute aus Gammad*. / Ihre Schilde hängten sie an deine Zinnen / und machten so deine Schönheit perfekt.«

12 Tarschisch* kaufte deine Waren, denn du hattest viele Handelsgüter. Es lieferte dir dafür Silber, Eisen, Zinn

---

27,5 *Hermon*. Wörtlich: *Senir*, der amoritische Name für das Hermongebirge. Gemeint sind die Berge des Antilibanon.

27,7 *Elischa* war eine Stadt an der Ostküste von Zypern und gleichzeitig der älteste Name von Zypern.

27,8 *Sidon* war eine bedeutende phönizische Stadt, 40 km nördlich von Tyrus, und konkurrierte mit dieser.

Arwad. Inselstadt nördlich von Sidon.

27,9 *Byblos*. Hebräisch: *Gebal*. Wichtige Stadt zwischen Sidon und Arwad.

27,10 *Lydien* lag in Kleinasien.

27,11 Die Lage von *Gammad* ist nicht bekannt.

27,12 *Tarschisch*. Von Tyrus gegründete südspanische Küstenstadt.

27,13 *Tubal und Meschech*. Königreiche im nördlichen Kleinasien zwischen dem Schwarzen und dem Kaspischen Meer.

27,14 *Bet-Torgama* war wahrscheinlich die Hauptstadt des anatolischen Königreiches Kammanu, das aus hetitischen und assyrischen Quellen bekannt ist.

27,16 Die *Edomiter* waren Nachkommen Esaus und bewohnten das Land östlich der Araba und südlich vom Toten Meer.

27,17 *Minnit*. Stadt in Ammon, nordöstlich vom Toten Meer.

und Blei. *13* Händler aus Griechenland, Tubal und Meschech* tauschten Sklaven und Kupferwaren in dir. *14* Die von Bet-Torgama* brachten Zug- und Reitpferde und Maulesel auf deine Märkte. *15* Die Kaufleute von Rhodos und die Bewohner vieler Küsten trieben Handel mit dir. Sie brachten Elfenbein und Ebenholz. *16* Die Edomiter* kauften aus deinem reichen Angebot und lieferten dafür Rubine, roten Purpur, bunte Stoffe und feinstes Leinen, Korallen und Edelsteine. *17* Juda und Israel lieferten Weizen von Minnit*, Süßigkeiten und Honig, Öl und duftendes Harz. *18* Auch die Händler aus Damaskus kauften aus deinem überreichen An-

gebot und lieferten dafür Wein aus Helbon* und Wolle aus Zahar*. *19* Die Daniter und Griechen von Usal* brachten Eisenwaren, Zimt und andere Gewürze zum Tausch. *20* Die Leute von Dedan* verkauften dir Satteldecken. *21* Die Scheiche von Arabien und Kedar* standen als Aufkäufer in deinem Dienst für Mastlämmer, Schaf- und Ziegenböcke. *22* Die Kaufleute von Saba* und Ragma* trieben Handel mit dir und tauschten die kostbarsten duftenden Öle, viele Arten von Edelsteinen und Gold gegen deine Waren ein. *23* Die Leute von Haran*, Kanne*, Eden* und Saba, von Assur* und ganz Medien trieben Handel für dich *24* mit prächtigen Gewändern, Mänteln aus blauem Purpur, mit bunten Stoffen und Teppichen aus Mischgewebe, mit fest gedrehten Tauen. *25* Hochseeschiffe waren deine Karawanen und brachten dir diese Güter. Du wurdest reich und mächtig auf deiner Insel. *26* Deine Ruderer brachten dich in viele Gewässer.

Doch der Ostwind zerstörte deine Flotte auf allen Meeren. *27* Dein Reichtum, deine Waren, dein Handelsgut, deine Seeleute und Matrosen, deine Schiffsbauer und deine Händler, all deine Soldaten und das ganze Volk in dir – sie alle stürzen mit dir ins Meer. *28* Vom Jammergeschrei deiner Seeleute erbebt das Land um dich herum. *29* Alle deine Ruderer, die Seeleute und Matrosen verlassen ihre Schiffe und bleiben an Land. *30* Sie schreien laut und klagen bitterlich, sie streuen Staub auf ihre Köpfe und wälzen sich in Asche, *31* sie scheren sich eine Glatze und ziehen den Trauersack

---

27,18 *Helbon* liegt nördlich von Damaskus und ist auch heute noch ein Weinbauzentrum.

Zahar liegt nordwestlich von Damaskus und ist heute noch ein Weidegebiet.

27,19 *Usal.* Das Gebiet ist unbekannt.

27,20 *Dedan* war wahrscheinlich eine Wegstation auf der Weihrauchroute von Südarabien nach Syrien. Es kann auch einen arabischen Stamm meinen.

27,21 *Scheiche von Arabien und Kedar.* Nomadisierende Händler der arabischen Wüste.

27,22 *Saba* liegt in der südwestlichen Ecke von Arabien, dem heutigen Jemen.

Ragma ist eine Stadt in Südarabien.

27,23 *Haran* war eine der bekanntesten Städte im Altertum, berühmt für seinen Handel und die Verehrung des Mondgottes. Sie liegt in der östlichen Türkei.

Kanne lag irgendwo in Mesopotamien, es wird manchmal mit Kalne identifiziert.

Eden war ein Gebiet südlich von Haran.

Hier ist mit *Assur* wohl die Stadt südlich von Ninive gemeint.

an. Sie weinen um dich aus verbitterter Seele und halten die Totenklage über dich. *32* In ihrem Jammer stimmen sie ein Klagelied über dich an:

»Wer konnte sich je mit Tyrus vergleichen, / der Stadt, von Wogen umspült? / Und nun: Totenstille.«

33 Weil deine Waren über die Meere kamen, hast du viele Völker satt gemacht. Durch die Menge deiner Schätze und deinen Handel hast du die Könige der Erde reich gemacht. *34* Jetzt liegst du zerbrochen im Meer, in Wassertiefen verschwunden, deine Handelswaren und all dein Volk in dir sind versunken. *35* Alle Bewohner der Küsten sind entsetzt über dich, ihren Königen stehen die Haare zu Berge. Verstört sind ihre Gesichter. *36* Die Händler wenden sich mit Schaudern ab. Zu einem Bild des Schreckens bist du geworden. Für alle Zeiten ist es aus mit dir.

Gegen den Herrscher von Tyrus

28 *1* Das Wort Jahwes kam zu mir. Er sagte: *2* »Menschensohn, sage zum Fürsten von Tyrus: So spricht Jahwe, der Herr: Du wurdest überheblich und sagtest: ›Ein Gott bin ich, einen Göttersitz habe ich mitten im Meer!‹ Obwohl du nur ein Mensch bist und kein Gott, setztest du deinen Verstand dem eines Gottes gleich.

3 Gewiss, du bist weiser als Daniel. / Kein Geheimnis ist dir verborgen.
4 Durch Weisheit und Verstand hast du dir Reichtum erworben, / hast Gold und Silber in deine Schatzkammern geschafft. *5* Durch große Weisheit in deinem Handel / hast du deinen Reichtum vermehrt. / Doch dein Reichtum stieg dir zu Kopf / und du wurdest stolz.«

6 Darum spricht Jahwe, der Herr:

»Weil du ein Herz dir gibst, / einem Gottesherzen gleich,
7 darum führe ich Fremde gegen dich, / die Erbarmungslosesten der Völker. / Sie zücken das Schwert gegen deine prächtige Weisheit, / entweihen deinen strahlenden Glanz. *8* In die Grube werden sie dich stürzen. / Du stirbst wie ein Erschlagener in deiner Festung im Meer. *9* Wirst du dann auch noch sagen: ›Ich bin Gott‹, / wenn du deine Mörder siehst? / Du bist nur ein Mensch und nicht Gott / und bist in der Gewalt deiner Henker. *10* Du stirbst wie Unbeschnittene* einen Tod durch Fremde, / denn ich habe es gesagt, spricht Jahwe, der Herr.«

11 Das Wort Jahwes kam zu mir. Er sagte: *12* »Menschensohn, stimm die Totenklage über den König von Tyrus an. Sag zu ihm: ›So spricht Jahwe, der Herr:

Du warst die Vollkommenheit selbst, / voller Weisheit und makellos schön. *13* Du lebtest im

---

28,10 Unbeschnittener. Verächtlicher Ausdruck für Menschen, die nicht zum Bund Gottes gehörten. Siehe 1. Mose 17,9-14!

Garten Gottes, in Eden. / Dein Gewand war mit Edelsteinen jeder Art geschmückt: / Karneol, Topas und Diamant, / Türkis, Onyx und Jade, / Saphir, Rubin und Smaragd. / Deine Ohrringe waren aus Gold und Perlen. / Am Tag, als du geschaffen wurdest, / wurden auch sie bereitet. 14 Du warst gesalbt als ein schirmender Cherub, / und ich hatte dich dazu gemacht. / Du warst auf Gottes heiligem Berg. / Zwischen den feurigen Steinen gingst du umher. 15 Du bliebst vollkommen / vom Tag deiner Erschaffung an, / bis man Unrecht an dir fand. 16 Durch deinen ausgedehnten Handel / wurdest du mit Frevel erfüllt / und bist in Sünde gefallen. / Da verstieß ich dich von Gottes Berg / und trieb dich ins Verderben, / du schirmender Cherub. / Ich tilgte dich aus der Mitte der feurigen Steine. 17 Deine Schönheit hatte dich überheblich gemacht, / aus Eitelkeit hast du deine Weisheit zerstört. / Deshalb warf ich dich zu Boden, / gab dich Königen preis, / damit sie dich alle begaffen. 18 Durch deine gewaltige Schuld, / durch unredliche Handelsgeschäfte / gabst du deine Heiligtümer preis. / So ließ ich Feuer aus dir fahren, das dich verzehrte. / Ich machte dich zu Asche auf der Erde / vor aller Augen, die dich sehen. 19 Alle, die dich kennen unter den Völkern, / waren entsetzt über dich. / Zu einem Bild des Schreckens bist du geworden, / für alle Zeiten ist es aus mit dir.‹«

Gegen die Stadt Sidon

20 Das Wort Jahwes kam zu mir. Er sagte: 21 »Menschensohn, blick in Richtung Sidon und weissage Folgendes: 22 ›So spricht Jahwe, der Herr:

Jetzt gehe ich gegen dich vor, Sidon, / und ich verherrliche mich in dir. / Dann wird man erkennen, dass ich es bin – Jahwe, / wenn ich mein Strafgericht vollstrecke / und mich heilig an dir erweise. 23 Ich schicke Pest und Blut in deine Straßen, / viele fallen in dir, erschlagen vom Schwert, / das von allen Seiten über dich kommt. / Dann wird man erkennen, dass ich es bin – Jahwe!‹«

Israel wird Frieden haben

24 »Dann droht dem Haus Israel kein stechender Dorn und kein schmerzender Stachel mehr von seinen schadenfreudigen Nachbarvölkern ringsum. Daran wird man erkennen, dass ich Jahwe, der Herr, bin.«

25 So spricht Jahwe, der Herr: »Wenn ich die Leute von Israel aus den Völkern sammle, unter die sie zerstreut worden sind, wenn ich mich so vor den Augen der Völker als der Heilige erweise, wenn sie wieder in dem Land wohnen, das ich meinem Diener Jakob gegeben habe, 26 und in Sicherheit dort leben, Häuser bauen und Weinberge pflanzen, wenn ich an all den schadenfreudigen Nachbarvölkern mein Strafgericht vollstreckt habe, dann wird man erkennen, dass ich, Jahwe, ihr Gott bin.«

Das Schicksal Ägyptens

29 *1* Am 7. Januar* im zehnten Jahr unserer Verbannung kam das Wort Jahwes zu mir. Er sagte: *2* »Menschensohn, wende dich gegen den Pharao, den König von Ägypten, und weissage Folgendes über ihn und ganz Ägypten: *3* ›So spricht Jahwe, der Herr: Du bekommst es mit mir zu tun, Pharao, König von Ägypten, du großes Seeungeheuer, das im Nil und seinen Armen liegt und sagt:

Mir gehört der Strom, / ich habe ihn selber gemacht.

4 Ich schlage dir Haken durch die Kinnbacken und lasse die Fische deiner Ströme* an deinen Schuppen kleben und ziehe dich mit all den an dir hängenden Fischen aus ihnen heraus. *5* Dann werfe ich dich samt allen deinen Fischen in die Wüste. Dort bleibst du liegen, niemand sammelt dich auf. Den wilden Tieren und den Vögeln bist du zum Fraß vorgeworfen. *6* Dann werden alle Bewohner Ägyptens erkennen, dass ich Jahwe bin. Denn du bist für das Haus Israel eine Stütze aus Schilfrohr gewesen: *7* Wenn sie dich in die Hand nahmen, knicktest du ein und rissest ihnen die ganze Schulter auf. Und wenn sie sich auf dich lehnten, zerbrachst du und durchbohrtest ihnen die Hüfte. *8* Deshalb spricht Jahwe, der Herr: Pass auf! Ich bringe das Schwert über dich und rotte Menschen und Vieh in dir aus. *9* Ägypten wird zu Wüste und Ödland werden, damit man erkennt, dass ich es bin – Jahwe! Weil du sagst:

›Mir gehört der Strom, / ich habe ihn selber gemacht!‹,

10 deshalb gehe ich gegen dich und deine Ströme vor. Ich mache Ägypten zum dürren Ödland, zur Wüste, und zwar von Migdol* bis nach Assuan und an die Grenze von Nubien*. *11* Weder Mensch noch Tier ziehen dort hindurch. 40 Jahre lang wird es nicht bewohnt sein. *12* Ich mache Ägypten zur Wüste mitten in verwüsteten Ländern. Seine Städte werden 40 Jahre lang als Trümmerhaufen daliegen, und seine Bewohner werde ich in fremde Länder unter fremde Völker zerstreuen.*

13 Doch so spricht Jahwe, der Herr: Wenn die 40 Jahre vorbei sind, *14* werde ich das Geschick Ägyptens zum Guten wenden und sie nach Oberägypten in das Land Patros, das Land ihrer Herkunft, zurückbringen.*

29,1 *7. Januar.* Wörtlich: am 12. des 10. Monats. Es handelt sich um das Jahr 587 v.Chr., 20 Monate vor der Zerstörung Jerusalems.

29,4 *Ströme* bedeutet in Ägypten den Nil samt seinen Seitenarmen und Kanälen.

29,10 *Migdol* war eine Stadt im Norden Unterägyptens, in der auch Juden lebten. *Assuan* liegt 880 km südlich von Kairo.

Nubien. Hebräisch: *Kusch.* Land am Oberlauf des Nil, südlich von Ägypten.

29,12 *zerstreuen.* Offenbar hat sich das erfüllt, als Nebukadnezzar Ägypten angriff, siehe Jeremia 43,8-13; 46,1-25. Es ist anzunehmen, dass er auch dort Städte zerstörte und Menschen nach Babylon deportierte. Andere werden in umliegende Länder geflohen sein, zum Beispiel Arabien oder Äthiopien.

29,14 *zurückbringen.* Offenbar durften die Ägypter während der Regierungszeit des Kyrus von Persien (559-530 v.Chr.), der auch Israel die Rückkehr erlaubte, wieder in ihre Heimat zurückkehren.

Dort werden sie ein kleines Königreich sein, 15 schwächer als alle anderen Königreiche. Es wird sich nicht mehr über andere Völker erheben, denn ich vermindere ihre Zahl, damit sie nicht mehr über andere Völker herrschen können. 16 Dann wird sich das Haus Israel auch nicht mehr auf sie verlassen und sich an sie hängen, was mich an ihre Schuld erinnern würde. Und man wird erkennen, dass ich, Jahwe, der Herr, bin.‹«

Tyrus, Ägypten und Nebukadnezzar

17 Am 26. April* im 27. Jahr unserer Verbannung kam das Wort Jahwes zu mir. Er sagte: 18 »Menschensohn, König Nebukadnezzar von Babylon hat sein Heer gegen Tyrus eine schwere Arbeit tun lassen. Jeder Kopf ist dabei kahl geworden und jede Schulter blank gescheuert. Aber Lohn für ihre schwere Mühe haben er und sein Heer dort nicht erhalten.* 19 Darum spricht Jahwe, der Herr: Passt auf! Ich gebe König Nebukadnezzar von Babylon das Land Ägypten. Der ganze Reichtum Ägyptens wird ihm zufallen. Er wird das Land ausplündern, und sein Heer wird reiche Beute machen. Das wird ihr Lohn sein. 20 Weil sie für mich gearbeitet haben, gebe ich

ihnen das Land Ägypten als Lohn, spricht Jahwe, der Herr. 21 An dem Tag werde ich auch dem Haus Israel wieder Kraft verleihen, und dir gebe ich Freimut, zu den Leuten zu reden. Sie sollen erkennen, dass ich bin, der ich bin – Jahwe!«

Das Strafgericht über Ägypten

30 1 Das Wort Jahwes kam zu mir. Er sagte: 2 »Menschensohn, weissage folgendes: ›So spricht Jahwe, der Herr:

Jammert und schreit: / O, welch ein Tag! 3 Denn nah ist der Tag, / nah der Tag Jahwes, / ein Tag dunkler Wolken. / Für die Völker hat die Stunde geschlagen. 4 Das Schwert dringt ein in Ägypten. / Zittern überfällt die Nubier, / wenn Ägypter erschlagen fallen, / wenn man ihre Schätze wegschleppt / und ihre Festungswerke zerstört.

5 Söldner aus Nubien, Libyen und Lydien und das ganze Völkergemisch, die Männer aus Kub und die Söhne aus dem Land meines Bundes werden mit ihnen durch das Schwert niedergemacht.‹ 6 So spricht Jahwe: ›Alle Helfer Ägyptens müssen fallen mit seiner Armee, dem Stolz seiner Macht. Von Migdol bis Assuan liegen die Erschlagenen, spricht Jahwe, der Herr. 7 Ägypten wird zur Wüste werden mitten in verwüsteten Ländern, seine Städte werden Trümmerhaufen sein. 8 Wenn ich Feuer an Ägypten lege und alle seine Unterstützer zerschmettere, wird man erkennen, dass ich es

---

29,17 26. April. Wörtlich: Am 1. des 1. Monats. Es handelt sich um das Jahr 571 v.Chr., 15 Jahre nach der Eroberung Jerusalems.

29,18 Lohn ... nicht erhalten. Nebukadnezzar belagerte Tyrus 15 Jahre lang, von 586-571 v.Chr. und fand dann eine fast leere Stadt vor, weil sich die Einwohner mit Booten auf die vorgelagerte Insel gerettet hatten und dort eine neue Stadt befestigten.

bin – Jahwe! *9* An jenem Tag schicke ich meine Boten auf Schiffen los, um das sichere Nubien aufzuschrecken. Ein Zittern überfällt sie am Gerichtstag Ägyptens. Passt auf! Genauso wird es kommen.‹

10 So spricht Jahwe, der Herr: ›Ja, ich werde den Prunk Ägyptens wegschaffen lassen durch Nebukadnezzar, den König von Babylon. *11* Die gewalttätigsten Völker wird er gegen Ägypten heranführen. Sie werden ihre Schwerter gegen Ägypten ziehen, das Land verwüsten und es mit Erschlagenen füllen. *12* Ich werde den Nil und seine Arme trockenlegen und das Land in die Hand grausamer Menschen geben. Durch Fremde verwandle ich das blühende Land in eine Wüste. Das sage ich, Jahwe.‹

13 So spricht Jahwe, der Herr: ›Ja, ich werde die Götzen vernichten! Verschwinden lasse ich die Nichtse aus Memphis*! Ägypten soll keinen Herrscher mehr haben, und ich bringe Furcht in dieses Land. *14* Patros* werde ich verwüsten, und Zoan* brenne ich nieder. Ich vollstrecke das Gericht an Theben*. *15* Mein Zorn trifft Sin*, das Bollwerk Ägyptens, und den Prunk von Theben rotte ich aus. *16* Ich setze ganz Ägypten in Brand. Sin wird sich in Krämpfen winden, und Theben wird aufgebrochen sein. Memphis lebt in ständiger Angst. *17* Die jungen Männer aus Heliopolis und Bubastis* werden mit dem Schwert erschlagen, und die übrigen kommen in Gefangenschaft. *18* In Tachpanhes* wird der Tag sich verfinstern, wenn ich dort die Joche Ägyptens zerbreche und seiner stolzen Macht ein Ende setze. Eine dunkle Wolke wird es bedecken, und seine Tochterstädte müssen in die Gefangenschaft. *19* So werde ich mein Strafgericht an Ägypten vollziehen, damit man erkennt, dass ich es bin – Jahwe!‹«

20 Am 29. April* im 11. Jahr unserer Verbannung kam das Wort Jahwes zu mir. Er sagte: *21* »Menschensohn, ich habe dem Pharao, dem König von Ägypten, den Arm gebrochen. Man hat ihn nicht geschient und nicht verbunden, man hat ihm keine Heilung gegönnt, damit er wieder zu Kräften kommt. Nie mehr soll er zum Schwert greifen.

30,13 *Memphis* war die alte Hauptstadt Ägyptens 21 km südlich vom heutigen Kairo.

30,14 *Patros* ist Oberägypten, das Land links und rechts des Nil vom heutigen Kairo bis Assuan.

Zoan ist eine Stadt im nordöstlichen Nildelta, am Menzale-See. Die Griechen nannten sie Tanis, heute heißt sie San-el-Hagar.

Theben war die Hauptstadt Oberägyptens, heute: Luxor und Karnak, 530 km stromaufwärts von Kairo entfernt.

30,15 *Sin* wird gewöhnlich mit der Hafenstadt Pelusium gleichgesetzt, die östlich vom Nildelta am Mittelmeer liegt.

30,17 *Bubastis* war eine Zeit lang Hauptstadt von Unterägypten. Die Stadt, in der die katzenköpfige Göttin Bastet verehrt wurde, lag 64 km nordöstlich von Kairo.

30,18 *Tachpanhes* war eine Grenzfestung gegen Syrien und Israel in der Nähe von Pelusium, im äußersten Nordosten von Ägypten.

30,20 Am 29. *April*. Wörtlich: *Am 7. des 1. Monats.* Es handelt sich um das Jahr 587 v.Chr.

22 Darum spricht Jahwe, der Herr: Passt auf! Ich werde gegen den Pharao, den König von Ägypten, vorgehen. Ich breche ihm die Arme, auch den, der schon gebrochen ist, und lasse das Schwert seiner Hand entfallen. 23 Ich zerstreue die Ägypter unter die Völker, versprenge sie in fremde Länder. 24 Aber die Arme des Königs von Babylon mache ich stark und gebe ihm mein Schwert in die Hand. Die Arme des Pharao jedoch zerbreche ich, dass er wie ein zu Tode Getroffener sich vor ihm windet und stöhnt. 25 Ja, die Arme des Königs von Babylon mache ich stark, während die Arme des Pharao kraftlos herabfallen, damit man erkennt, dass ich es bin – Jahwe, wenn ich mein Schwert dem König von Babylon in die Hand gebe, damit er es gegen Ägypten gebraucht. 26 Ich zerstreue die Ägypter unter die Völker, versprenge sie in fremde Länder, damit man erkennt, dass ich es bin – Jahwe!«

Der Pharao:
Gleichnis vom prächtigen Baum

31 1 Am 21. Juni* im 11. Jahr unserer Verbannung kam das Wort Jahwes zu mir. Er sagte:

31,1 ... *Verbannung.* Wörtlich: *Am 1. des 3. Monats im 11. Jahr.* Es handelt sich um das Jahr 587 v.Chr.

31,3 Assyrien oder *Assur* (nach der Hauptstadt genannt) war das einzige mesopotamische Volk, das Ägypten bis dahin erobert hatte (633 v.Chr., siehe Nahum 3,8-10), und auch diese Weltmacht war durch Babylon zerstört worden, was damals auch um Ägypten zukam. Es besteht keine Notwendigkeit, den Text zu verändern, wie es manche Übersetzungen tun.

2 »Menschensohn, sag zum Pharao, dem König von Ägypten, und zu seiner lärmenden Menge:

›Wem kamst du gleich in deiner Größe? 3 Schau dir Assur* an! / Es war wie eine Zeder auf dem Libanon. / Die Pracht ihrer Äste gab reichlichen Schatten. / Hoch war ihr Wuchs, / ihr Wipfel stieß an die Wolken. 4 Das Wasser machte sie groß, / das Grundwasser trieb sie hoch, / Ströme flossen rings um die Pflanzen, / schickten Wasser zu allen Bäumen im Feld. 5 Darum wuchs sie höher als alle anderen Bäume / und breitete ihre vielen Äste weit aus, / denn sie hatte so viel Wasser. 6 Die Vögel bauten Nester in den Zweigen, / und das Wild warf seine Jungen unter ihrem Schutz. / Ganze Völker wohnten in ihrem Schatten. 7 Schön war sie in ihrer Größe und ihrem breiten Geäst, / denn ihre Wurzeln hatten viel Wasser. 8 Keine Zeder im Garten Gottes glich ihr, / keine Zypresse hatte Zweige wie sie, / keine Platane so mächtige Äste. / Kein Baum in Gottes Garten war so schön wie sie. 9 Ich hatte sie so schön gemacht mit ihren zahlreichen Zweigen, / dass alle in Eden sie beneideten, / alle Bäume in Gottes Paradies.‹

10 Doch nun spricht Jahwe, der Herr: ›Weil sie so hoch gewachsen ist, weil sie ihren Wipfel bis zwischen die Wolken ausstreckte und ihre Größe ihr zu Kopf gestiegen ist, 11 liefere ich sie dem mächtigsten Herrscher der

Völker aus. Er wird sie nach seinem Belieben behandeln. Wegen ihrer Gottlosigkeit habe ich sie verstoßen. 12 Fremde werden sie umhauen, die gewalttätigsten Völker werfen sie auf die Berge hin. Ihre abgeschlagenen Zweige füllen Täler und Bachrinnen aus. Und die Völker, die in ihrem Schatten gewohnt haben, ergreifen die Flucht. 13 Auf ihren umgefallenen Stamm setzen sich die Vögel, und das Wild läuft über die Äste. 14 Das geschieht, damit kein Baum am Wasser sich mehr überhebt und seinen Wipfel bis zwischen die Wolken streckt. Denn alle werden dem Tod ausgeliefert und müssen unter die Erde ins Grab, wo die Menschen sind.‹

15 So spricht Jahwe, der Herr: ›An dem Tag, an dem ich die Zeder ins Totenreich stürzte, habe ich die Tiefe in Trauer versetzt; wegen ihr hielt ich die Ströme zurück und hemmte die Flüsse, wegen ihr hüllte ich den Libanon in Trauer, und wegen ihr verdorrten die Bäume im Wald. 16 Als ich die Zeder mit gewaltigem Getöse in die Totenwelt stürzte – zusammen mit allen, die ins Grab müssen, – zitterten die Völker vor Angst. Und dort, im Land der Tiefe, trösteten sich die Bäume von Eden, die Prachtbäume des Libanon, die am Wasser standen, dass auch sie ihr Schicksal teilt. 17 Auch sie waren mit ihr ins Totenreich gestürzt, zu den vom Schwert Erschlagenen. Und alle Nationen, die im Schatten der Zeder wohnten, kamen um.‹

18 Welcher von den Bäumen Edens war so groß und prächtig wie du? Und doch musst du mit all den Bäumen von Eden unter die Erde. Dort wirst du liegen unter Unbeschnittenen und vom Schwert Erschlagenen. So geht es dem Pharao samt seinem lärmenden Gefolge, spricht Jahwe, der Herr.«

Ein Klagelied über den Pharao

32 1 Am 3. März im 12. Jahr unserer Verbannung* kam das Wort Jahwes zu mir. Er sagte: 2 »Menschensohn, stimm folgende Totenklage über den Pharao, den König von Ägypten, an:

›Ein Junglöwe unter den Völkern warst du, / wie ein Drache in den Seen. / Du sprudeltest in deinen Strömen, / trübtest das Wasser mit deinen Füßen / und wühltest die Ströme auf. 3 So spricht Jahwe, der Herr: / Durch ein Heer von vielen Völkern / spanne ich mein Netz für dich auf. / Sie ziehen dich in meinem Fanggarn heraus.

4 Und ich werfe dich aufs Land, / schleudere dich aufs freie Feld, / dass sich die Vögel auf dich setzen / und die Raubtiere dich fressen. 5 Dein Leichnam wird die Berge bedecken, / und die Täler sind mit deinem Aas gefüllt.

6 Bis zu den Bergen hin / tränke ich das Land mit deinem Blut, / die Kanäle werden voll von dir sein.

7 Wenn ich dich erlöschen lasse, / bedecke ich den Himmel. / Ich verdunkle seine Sterne, / überziehe die Sonne mit Wolken /

32,1 ... *Verbannung.* Wörtlich: *Am 1. des 12. Monats im 12. Jahr.* Es handelt sich um das Jahr 585 v.Chr., das Jahr nach der Eroberung Jerusalems.

und lasse den Mond nicht mehr leuchten. *8* Alle leuchtenden Lichter am Himmel / verdüstere ich wegen dir / und lege Finsternis über dein Land, / spricht Jahwe, der Herr.

9 Ich bekümmere das Herz vieler Völker, / wenn ich deinen Sturz den Nationen vermelde, / selbst denen, die du nie kanntest. *10* Ich flöße den Völkern Entsetzen ein. / Ihren Königen stehen die Haare zu Berge, / wenn sie mich das Schwert schwingen sehen. / Sie zittern um ihr Leben am Tag deines Falls.

11 Denn so spricht Jahwe, der Herr: / Über dich kommt das Schwert des Königs von Babel. *12* Deine lärmende Menge fällt / durch die Schwerter von Helden erbarmungsloser Völker. / Sie verwüsten den Stolz von Ägypten / und seine ganze lärmende Pracht. *13* Auch sein Vieh bringe ich um, / entferne es von seinem Gewässer. / Kein Menschenfuß wird das Wasser mehr trüben, / und kein Huf wühlt es mehr auf. *14* Ihr Gewässer wird sich klären, / ihre Flüsse fließen wie Öl, / spricht Jahwe, der Herr. *15* Wenn ich Ägypten zur Einöde mache, / das Land von seiner Fülle

veröde / und alle seine Bewohner erschlage, / wird man erkennen, dass ich es bin – Jahwe!‹

16 Das ist ein Klagelied, und man soll es als Totenklage singen. Die Frauen aller Völker sollen es anstimmen und damit über Ägypten und seine lärmende Menge klagen, spricht Jahwe, der Herr.«

Ägypten im Totenreich

17 Am 27. April im 12. Jahr unserer Verbannung* kam das Wort Jahwes zu mir. Er sagte: *18* »Menschensohn, stimme schon die Totenklage an über die lärmende Menge Ägyptens und schicke sie so – zusammen mit den Töchtern mächtiger Völker – unter die Erde zu denen, die schon in der Grube liegen. *19* ›Wen hast du an Schönheit übertroffen? Stürze hinab und lege dich zu den Unbeschnittenen!‹ *20* Sie soll unter den vom Schwert Gefällten liegen. Für das Schwert ist Ägyptens ganze lärmende Menge bestimmt. *21* Aus dem Totenreich heraus reden die mächtigen Führer mit Ägypten und seiner lärmenden Menge. Sie liegen schon da, die Unbeschnittenen und Schwertgefällten.

22 Dort liegt Assur und sein ganzes Heer, alle erschlagen, vom Schwert gefällt. Rings um ihn her sind seine Gräber. *23* Als sie noch lebten, haben sie Schrecken verbreitet. Nun sind ihnen Gräber in der tiefsten Grube gegeben.

24 Dort liegt Elam* mit seiner lärmenden Menge, alle erschlagen, vom Schwert gefällt. Rings um ihn her sind seine Gräber. Als sie noch lebten, haben sie Schrecken verbreitet. Nun

---

32,17 ... *Verbannung.* Wörtlich: *Am 15. des Monats im 12. Jahr.* Nach der LXX war es der erste Monat. Es handelt sich um das Jahr 586 v.Chr.

32,24 *Elam* ist die persische Provinz, deren Hauptstadt Susa war, siehe Nehemia 1,1; Ester 1,2.

tragen sie die Schmach mit denen, die schon vor ihnen in die Grube geworfen wurden. Als Unbeschnittene sind sie in die Tiefe gestürzt. *25* Mitten unter Erschlagenen hat man ihm ein Lager angewiesen, samt seiner lärmenden Menge, deren Gräber rings um ihn her sind. Es sind alles Unbeschnittene, vom Schwert Gefällte. Weil sie Schrecken verbreitet haben, als sie noch lebten, tragen sie nun die Schmach mit denen, die vor ihnen in die Grube geworfen wurden. Mitten unter Erschlagenen liegt er.

26 Dort liegt Meschesch-Tubal* mit seiner lärmenden Menge, Unbeschnittene, vom Schwert gefällt. Rings um ihn her sind seine Gräber. Als sie noch lebten, haben sie Schrecken verbreitet. *27* Sie liegen nicht bei den Helden, die in der Vorzeit gefallen sind, die mit ihren Kriegswaffen in das Totenreich kamen. Ihre Schwerter hatte man ihnen unter den Kopf gelegt, die Schilde auf ihre Knochen. Auch sie verbreiteten Schrecken, als sie noch lebten. *28* So wirst auch du, Ägypten, unter den vom Schwert Gefällten liegen, unter Unbeschnittenen zerschmettert werden.

29 Dort liegt Edom mit seinen Königen und all seinen Fürsten, die samt ihrer Heldenmacht zu den vom Schwert Gefällten gelegt wurden. Sie liegen unter Unbeschnittenen, bei denen, die in die Grube geworfen wurden.

30 Dort liegen alle Fürsten des Nordens und alle Männer von Sidon. Sie liegen unter den Erschlagenen. Trotz ihrer Heldenkraft und des Schreckens, den sie verbreiteten, müssen sie ihre Schande tragen und liegen als Unbeschnittene bei den vom Schwert Gefällten und denen, die in die Grube geworfen wurden.

31 Sie alle wird der Pharao sehen und sich über seine ganze lärmende Menge trösten. Der Pharao und sein ganzes Heer sind vom Schwert gefällt, spricht Jahwe, der Herr. *32* Denn ich habe Schrecken vor ihm verbreitet, als sie noch lebten. Nun werden der Pharao und seine ganze lärmende Menge unter Unbeschnittenen und vom Schwert Gefällten liegen, spricht Jahwe, der Herr.«

Hesekiëls Wächterdienst

33 *1* Das Wort Jahwes kam zu mir. Er sagte: *2* »Menschensohn, sag zu den Leuten aus deinem Volk: ›Wenn ich das Schwert über ein Land kommen lasse und das Volk des Landes einen seiner Männer als Wächter wählt, *3* wenn dieser die Gefahr kommen sieht und das Signalhorn* bläst, um das Volk zu warnen, *4* und wenn einer das Signal hört, sich aber nicht warnen lässt und deshalb umkommt, ist er selbst an seinem Tod schuld. *5* Er hat das Signal gehört, aber nicht beachtet, und ist selber schuld. Lässt er sich aber warnen, rettet er sein Leben. *6* Doch wenn der Wächter die Gefahr kommen sieht

---

32,26 *Meschesch-Tubal.* Völkerstämme im nördlichen Kleinasien zwischen dem Schwarzen und dem Kaspischen Meer.

33,3 Das *Signalhorn* (Hebräisch: *Schofar*) war aus den gewundenen Hörnern des männlichen Fettschwanzschafes hergestellt und brachte einen dumpfen, durchdringenden Ton hervor.

und nicht ins Horn stößt, um das Volk zu warnen, und wenn dann einer getötet wird, dann ist dies zwar die Strafe für dessen Schuld, aber den Wächter werde ich für seinen Tod verantwortlich machen.‹ 7 Menschensohn, dich habe ich zum Wächter über das Haus Israel bestellt. Du sollst das Wort von mir hören und sie von mir aus warnen. 8 Wenn ich einem Menschen, der sich von mir gelöst hat, den Tod androhe, du sagst ihm aber nichts, um ihn vor seinem Weg zu warnen, so wird dieser Gottlose zwar sterben, wie er es verdient hat, aber dich werde ich für seinen Tod verantwortlich machen. 9 Wenn du den Gottlosen jedoch vor seinem Weg warnst, damit er umkehrt, er sich aber nicht von seinem falschen Weg abbringen lässt, wird er wegen seiner Schuld sterben. Aber du hast dein Leben gerettet.

10 Menschensohn, sag zu den Leuten von Israel: ›Ihr klagt mit dem Spruch: Unsere Vergehen und Sünden lasten auf uns, wir gehen daran zugrunde! Wie sollen wir da am Leben bleiben?‹ 11 Sag zu ihnen: ›So wahr ich lebe, spricht Jahwe, der Herr: Mir gefällt es nicht, wenn ein Schuldiger stirbt! Im Gegenteil: Ich freue mich, wenn er von seinem falschen Weg umkehrt und am Leben bleibt! Kehrt um! Verlasst eure bösen Wege! Warum wollt ihr denn sterben, ihr Leute von Israel?‹

12 Und du, Menschensohn, sag den Leuten aus deinem Volk:

An dem Tag, an dem ein Gerechter in Sünde fällt, wird ihn auch seine Gerechtigkeit nicht retten. Und an dem Tag, an dem ein Gottloser von seinem gottlosen Tun umkehrt, wird er nicht mehr zu Fall kommen. Der Gerechte aber kann trotz seiner Gerechtigkeit nicht am Leben bleiben, sobald er sündigt. 13 Wenn ich zum Gerechten sage: ›Du wirst am Leben bleiben!‹, er aber im Vertrauen auf seine Gerechtigkeit Unrecht tut, dann zählt sein ganzes vorbildliches Leben nicht mehr. Weil er Unrecht getan hat, muss er sterben. 14 Wenn ich zum Gottlosen sage: ›Du musst sterben!‹, er aber sein sündhaftes Leben aufgibt und nach Recht und Gerechtigkeit handelt, 15 das Pfand zurückgibt, erstattet, was er sich angeeignet hat, nach den Ordnungen des Lebens lebt und kein Unrecht mehr tut, dann soll er am Leben bleiben und muss nicht sterben. 16 Keine von den Sünden, die er früher begangen hat, wird ihm angerechnet werden. Weil er jetzt das Rechte tut, wird er am Leben bleiben.

17 Doch die Leute in deinem Volk behaupten: ›Es ist nicht richtig, wie der Herr verfährt!‹ Dabei ist doch ihr eigener Weg nicht richtig. 18 Wenn jemand, der im richtigen Verhältnis zu mir lebt, diese seine Gerechtigkeit aufgibt, und beginnt Unrecht zu tun, muss er dafür sterben. 19 Und wenn ein Mensch, der sich von mir gelöst hat, seine Gottlosigkeit aufgibt und tut, was recht vor mir ist, wird er dafür am Leben bleiben. 20 Und da sagt ihr: ›Das Verfahren des Herrn ist nicht

recht.‹ Nein, jeder wird von mir nach seinem Tun gerichtet, ihr Leute von Israel!«

Die Nachricht vom Fall Jerusalems

21 Am 8. Januar im 12. Jahr unserer Verbannung* kam ein Flüchtling aus Jerusalem zu mir und sagte: »Die Stadt ist gefallen!« 22 Schon am Abend vorher hatte sich die Hand Jahwes auf mich gelegt und mich stumm gemacht. Als der Flüchtling dann am Morgen zu mir hereinkam, wurde mir die Sprache wiedergeschenkt, und ich konnte frei reden. 23 Das Wort Jahwes kam zu mir. Er sagte:

24 »Menschensohn, die Bewohner dieser Trümmer im Land Israel sagen: ›Abraham war auch nur ein Einzelner und nahm das Land in Besitz. Wir aber sind viele; uns gehört es also erst recht!‹ 25 Darum sag zu ihnen:

So spricht Jahwe, der Herr: ›Ihr esst das Fleisch mit dem Blut, ihr blickt zu euren Götzen auf, ihr mordet – und dann wollt ihr das Land besitzen? 26 Ihr verlasst euch auf euer Schwert, tut gräuliche Dinge und schlaft mit den Frauen anderer Männer – und dann wollt ihr das Land besitzen?‹ 27 Sag ihnen Folgendes:

›So wahr ich lebe‹, spricht Jahwe, der Herr, ›wer in den Ruinen haust, fällt unter dem Schwert, wer auf freiem Feld lebt, wird von wilden Tieren zerrissen, und wer auf Felsennester und in Höhlen geflohen ist, stirbt an der Pest! 28 Ich mache das Land zur Einöde, ich verwüste die Schutzwehr, auf die ihr so stolz seid. Die Berge Israels werden zu einer Wildnis, durch die niemand mehr wandert.‹

29 Sie werden erkennen, dass ich bin, der ich bin – Jahwe, wenn ich das Land wegen ihrer abscheulichen Taten verwüste und zur Einöde mache.«

Scheinheilige Zuhörer

30 »Menschensohn, die Leute aus deinem Volk reden über dich. Sie stehen vor ihren Häusern zusammen und sagen zueinander: ›Kommt doch und lasst uns zum Propheten gehen und hören, was für ein Wort Jahwes herauskommt!‹ 31 Dann kommen sie zu dir, und du hast einen Volksauflauf. Sie setzen sich als mein Volk vor dich hin und hören deine Worte an, aber sie befolgen sie nicht. Sie tun so, als seien sie begierig danach, ihr Herz aber läuft ihrem Gewinn hinterher. 32 Du bist ihnen wie einer, der mit schöner Stimme Liebeslieder singt und gut dazu spielen kann. So hören sie deine Reden an, nehmen sie aber nicht ernst. 33 Wenn deine Worte dann aber eintreffen – und das wird mit Sicherheit geschehen –, werden sie erkennen, dass ein Prophet unter ihnen war.«

Die schlechten Hirten

34 1 Das Wort Jahwes kam zu mir. Er sagte: 2 »Menschensohn, weissage gegen die Hirten Israels! Sprich zu ihnen:

So spricht Jahwe, der Herr: ›Weh den Hirten Israels, die sich nur selbst versorgen! Müssen die Hirten nicht die Herde versorgen? 3 Ihr genießt die Milch, nehmt Wolle für eure Kleidung und schlachtet die besten Tiere, aber um die Herde kümmert ihr euch nicht. 4 Den Schwachen habt ihr nicht geholfen, die Kranken nicht gesund gepflegt, gebrochene Glieder nicht geschient, versprengte Tiere nicht zurückgebracht und verloren gegangene nicht gesucht. Mit Härte und Gewalt habt ihr über sie geherrscht. 5 Da verliefen sie sich, denn sie hatten ja keinen Hirten, und fielen Raubtieren zum Opfer. So zerstreuten sich 6 meine Schafe und irrten im ganzen Land umher, auf Bergen und Hügeln. Niemand fragte nach ihnen und niemand suchte sie.‹

7 Darum ihr Hirten, hört das Wort Jahwes! 8 ›So wahr ich lebe‹, spricht Jahwe, der Herr, ›so geht es nicht weiter! Meine Schafe wurden geraubt und von wilden Tieren gefressen, weil kein Hirt da war, denn meine Hirten haben nur für sich selbst gesorgt und nicht nach meinen Schafen gefragt.‹

9 Darum hört das Wort Jahwes, ihr Hirten! 10 So spricht Jahwe, der Herr: ›Ich werde gegen die Hirten vorgehen und meine Schafe von ihnen zurückfordern. Ich setze sie ab. Sie dürfen meine Schafe nicht länger weiden. Sie sollen auch sich selbst nicht mehr weiden können. Meine Schafe reiße ich aus ihrem Rachen. Sie sollen ihnen nicht länger zum Fraß dienen.‹«

Der gute Hirt

11 »So spricht Jahwe, der Herr: ›Passt auf! Ich selbst werde jetzt nach meinen Schafen sehen und für sie sorgen.

12 Wie ein Hirt seine Herde wieder zusammensucht, wenn sich die Schafe zerstreut haben, so will auch ich mich meiner Schafe annehmen. Ich hole sie aus allen Orten zurück, in die sie an jenem unheilvollen Tag versprengt worden sind. 13 Ich führe sie aus den Völkern heraus, hole sie aus den Ländern zusammen und bringe sie in ihre Heimat zurück. Auf den Bergen Israels, in den Talgründen und an allen bewohnten Plätzen werde ich sie weiden lassen. 14 Auf saftigen Wiesen lasse ich sie grasen, und auf den hohen Bergen Israels finden sie gute Weide- und Lagerplätze. 15 Ich selbst will meine Schafe weiden und ruhen lassen, spricht Jahwe, der Herr. 16 Die Verlorengegangenen will ich suchen, die Versprengten zurückbringen, die sich etwas gebrochen haben, will ich verbinden und die Kranken gesund pflegen, aber die Fetten und Starken werde ich beseitigen. Ich weide sie, wie es recht ist.‹

17 Und zu euch, meinen Schafen, spricht Jahwe, der Herr: ›Passt auf! Ich werde zwischen Schaf und Schaf, zwischen Widdern und Böcken richten. 18 Ist es euch nicht genug, eine so gute Weide abzugrasen? Müsst ihr auch noch die restliche Weide zerstampfen? Ihr trinkt das klare Wasser und trübt das restliche mit euren Hufen! 19 Meine Schafe sollen dann fressen, was eure Hufe zerstampft, und trinken, was sie verschmutzt haben?‹

20 Darum spricht Jahwe, der Herr zu ihnen: ›Passt auf! Ich bin es, ich werde für Recht sorgen zwischen den fetten und mageren Tieren. 21 Weil ihr die Schwachen mit Seite und Schulter

---

34,23 *Diener David.* Es wird ein Herrscher wie David sein, der auch aus seinem Geschlecht stammt, der Messias; siehe Psalm 89,4; Jeremia 23,5-6.

verdrängt und mit euren Hörnern gestoßen habt, bis ihr sie von der Herde weggetrieben hattet, 22 will ich nun meinen Schafen zu Hilfe kommen. Sie sollen nicht länger eurer Willkür ausgeliefert sein. So werde ich für Recht zwischen den einzelnen Schafen sorgen.‹«

Das Reich des Friedens

23 »Dann werde ich einen einzigen Hirten über sie einsetzen, der sie weiden soll: meinen Diener David*. Ja, er wird sie weiden und ihr Hirt sein. 24 Ich selbst, Jahwe, werde ihr Gott sein, und mein Diener David wird der Fürst in ihrer Mitte sein. Ich Jahwe, habe es gesagt! 25 Ich werde einen Bund des Friedens mit ihnen schließen und das Land von wilden Tieren befreien. Selbst in der Wüste können sie dann sicher wohnen und in den Wäldern schlafen. 26 Ich werde sie und die ganze Umgebung meines Hügels segnen und den Regen fallen lassen zur rechten Zeit. Regengüsse des Segens werden es sein, 27 so dass die Bäume und Felder reichen Ertrag bringen. Sie werden auf ihrem Grund und Boden sicher sein. Wenn ich die Stangen ihres Jochs zerbreche und sie aus der Gewalt ihrer Unterdrücker rette, werden sie erkennen, dass ich bin, der ich bin – Jahwe! 28 Sie werden nicht länger eine Beute der Völker sein und nicht länger von wilden Tieren gefressen werden. Nein, sie werden in Sicherheit wohnen, und niemand scheucht sie auf. 29 Ich mache ihr Land zu einem berühmten Garten. Keiner von ihnen wird mehr verhungern; und den Spott der Völker werden sie nicht mehr ertragen müssen. 30 Dann werden sie erkennen, dass ich, Jahwe, ihr Gott, bei ihnen bin, und sie, das Haus Israel, mein Volk sind, spricht Jahwe, der Herr. 31 Ihr seid meine Herde, ihr Menschen seid die Herde, für die ich sorge, und ich bin euer Gott, spricht Jahwe, der Herr.«

Drohwort gegen das Bergland Edom

35 1 Das Wort Jahwes kam zu mir. Er sagte: 2 »Menschensohn, wende dich gegen die Berge von Seïr und weissage gegen sie. 3 Sag zu ihnen: So spricht Jahwe, der Herr:

Pass auf, Bergland von Seïr*, gegen dich gehe ich vor! Ich werde dich meine Macht spüren lassen und mache dich zur Einöde, zu einem Bild des Schreckens. 4 Deine Städte lege ich in Trümmer, und du selbst wirst Ödland sein. Du sollst erkennen, dass ich es bin – Jahwe! 5 Weil du in beständiger Feindschaft mit den Israeliten lebtest und sie erbarmungslos ans Messer geliefert hast, als das Unglück über sie hereinbrach und ihre Schuld das Ende herbeiführte, 6 darum lasse ich dich bluten, so wahr ich lebe, spricht Jahwe, der Herr. Blut soll dich verfolgen! Weil du Blut vergossen hast ohne Scheu, soll Blut dich verfolgen! 7 Und das Gebirge Seïr mache ich zur Einöde, zu einem Bild des Schreckens, und rotte jeden aus, der dein Gebiet durchzieht. 8 Deine Berge fülle ich mit Erschlagenen an. Auf deinen Hügeln, in Rinnen und Tälern liegen dann vom Schwert Erschlagene. 9 Zum ewigen Ödland mache ich

---

35,3 Bergland von Seïr. Siehe Hesekiel 25,8.

dich. Niemand wird mehr in deinen Städten wohnen. Dann werdet ihr erkennen, dass ich es bin – Jahwe!

10 Weil du sagst: ›Die beiden Länder, Israel und Juda, gehören jetzt mir, und ich nehme sie in Besitz!‹, wo doch Jahwe dort war, *11* darum, so wahr ich lebe, spricht Jahwe, der Herr: Mit dem gleichen leidenschaftlichen Zorn, mit dem du aus Hass gegen sie gewütet hast, werde ich gegen dich vorgehen, und wenn ich dich gerichtet habe, mich ihnen zu erkennen geben. *12* Dann wirst du merken, dass ich, Jahwe, alle deine Lästerreden gehört habe. Du sagtest: ›Die Berge Israels sind verwüstet, ein gefundenes Fressen für uns!‹ *13* So habt ihr geprahlt und das Maul gegen mich aufgerissen. Ich habe es gehört.

14 So spricht Jahwe, der Herr: Weil du dich über die Einöde freust, werde auch ich dich dazu machen! *15* Weil du dich freutest, dass Israels Besitz verwüstet war, werde auch ich dich zur Wüste machen; das Bergland von Seïr und ganz Edom soll zum Ödland werden. Dann wird man erkennen, dass ich es bin – Jahwe!«

Verheißung für das Bergland Israel

36 *1* »Menschensohn, weissage über die Berge Israels! Sag: Ihr Berge Israels, hört das Wort Jahwes! *2* So spricht Jahwe, der Herr: Weil die Feinde über euch sagen: ›Ha, die ewigen Höhen sind jetzt unser Besitz!‹, *3* weissage Folgendes: So spricht Jahwe, der Herr:

Ja gerade deshalb, weil man euch verwüstet, weil man von allen Seiten nach euch geschnappt hat, so dass ihr jetzt Besitz der übrigen Völker seid,

weil ihr ins Gerede gekommen und zum Gespött der Leute geworden seid, *4* gerade deshalb hört das Wort Jahwes, ihr Berge Israels! So spricht Jahwe, der Herr, zu den Bergen und Hügeln, den Tälern und Bachrinnen, zu den verfallenen Ruinen und den verlassenen Städten, die von den Nachbarvölkern ausgeplündert und zum Spott geworden sind: *5* Mit Feuereifer habe ich gegen Edom und den Rest der Völker geredet, die sich voller Schadenfreude und Verachtung mein Land als Erbgut angeeignet und sein Weideland ausgeplündert haben.

6 Weissage über das Land Israel und sage zu den Bergen und Hügeln, den Rinnen und Tälern:

7 So spricht Jahwe, der Herr: Ich selbst erhebe meine Hand und schwöre: ›Was eure Nachbarvölker euch angetan haben, wird auf sie selbst zurückfallen. Sie werden Schmach und Schande zu tragen haben!‹ *8* Doch ihr Berge Israels, ihr werdet wieder grünen und Frucht tragen, denn mein Volk kommt bald zurück. *9* Passt auf, ich greife ein und wende mich euch zu! Dann ackert und sät man wieder auf euch. *10* Ich werde die Menschen auf euch vermehren und zwar das ganze Volk Israel. Die Städte werden wieder bewohnt und die Ruinen aufgebaut sein. *11* Menschen und Tiere lasse ich zahlreich werden; sie werden fruchtbar sein und sich vermehren. Ich mache euch bewohnt wie in früheren Zeiten und werde euch mehr Gutes tun als jemals zuvor. Dann werdet ihr erkennen, dass ich bin, der ich bin – Jahwe! *12* Ich lasse wieder Menschen auf euch gehen, nämlich mein Volk Israel. Die sollen euch als Erbgut besitzen. Und ihr werdet sie nie mehr kinderlos machen.

13 So spricht Jahwe, der Herr: Weil sie zu euch Bergen Israels sagen: ›Du bist ein Land, das seine Bewohner verschlingt und deinem Volk die Kinder raubt!‹, 14 spricht Jahwe, der Herr: ›Das wird in Zukunft nicht mehr geschehen, du wirst niemand mehr verschlingen und dein Volk nicht mehr kinderlos machen!‹ 15 Ihr werdet nicht mehr anhören müssen, wie die Völker euch verhöhnen, ihr werdet ihren Spott nicht mehr ertragen müssen. Du wirst dein Volk nie mehr zum Stürzen bringen, spricht Jahwe, der Herr.«

Erneuerung durch Gottes Geist

16 Das Wort Jahwes kam zu mir. Er sagte: 17 »Menschensohn, als das Volk Israel noch in seinem Land wohnte, haben sie es durch ihr Tun und Treiben besudelt. Ihr Verhalten macht es unrein vor mir so wie die Monatsblutung eine Frau. 18 Sie haben Blut im Land vergossen und es durch ihre Götzen besudelt. Da schüttete ich meinen Grimm über sie aus. 19 Ich versprengte sie unter die Völker, zerstreute sie in fremde Länder. Ich bestrafte sie nach ihrem Tun und Treiben. 20 Aber wohin sie auch kamen, brachten sie meinen heiligen Namen in Verruf, denn die Leute dort sagten: ›Das ist das Volk Jahwes, aber sie mussten aus seinem Land weg!‹ 21 Da tat es mir um meinen heiligen Namen leid, denn die Leute von Israel entweihten ihn, wohin sie auch kamen. 22 Darum sage zum Haus Israel:

So spricht Jahwe, der Herr: Ich mache es nicht wegen euch, ihr Leute von Israel, sondern ich greife wegen meines heiligen Namens ein, den ihr überall, wohin ihr unter den Völkern gekommen seid, in Verruf gebracht habt. 23 Ich werde meinen großen Namen, den ihr unter den Völkern entweiht habt, wieder zu Ehren bringen. Und wenn ich mich vor den Augen der Völker an euch als heilig erweise, werden auch sie erkennen, dass ich es bin – Jahwe, spricht Jahwe, der Herr.

24 Ich werde euch also aus den Völkern herausholen, euch aus den Ländern einsammeln und euch in euer Land zurückbringen. 25 Dann werde ich reines Wasser auf euch sprengen und euch so von allem Dreck und allen Götzen reinigen. 26 Ich gebe euch ein neues Herz und einen neuen Geist: Das versteinerte Herz nehme ich aus eurer Brust und gebe euch ein lebendiges dafür. 27 Ich lege meinen Geist in euch und bewirke, dass ihr meinen Gesetzen folgt und euch nach meinen Rechtsbestimmungen richtet. 28 Ihr werdet in dem Land wohnen, das ich euren Vorfahren gegeben habe. Ihr werdet mein Volk sein, und ich, ich werde euer Gott sein! 29 Ich werde euch von allem Sündenschmutz befreien. Ich rufe das Korn herbei und lasse es wachsen und werde keine Hungersnot mehr über euch bringen. 30 Ich vermehre die Früchte auf den Bäumen und den Ertrag der Felder, damit ihr von den anderen Völkern nicht mehr als Hungerleider verspottet werdet. 31 Dann werdet ihr an euer böses Tun und Treiben von früher denken und vor euch selbst Ekel empfinden wegen eurer Sünden und Gräueltaten. 32 Ich tue das nicht wegen euch, spricht Jahwe, der Herr, das sollt ihr wissen! Im Gegenteil: Ihr

habt allen Grund, euch zu schämen, ihr Israeliten! _33_ So spricht Jahwe, der Herr: Wenn ich euch von all eurer Schuld gereinigt habe, werde ich die Städte wieder bewohnt und die Ruinen aufgebaut sein lassen. _34_ Das verwüstete Land soll wieder bestellt werden und einem, der durchreist, nicht mehr als Einöde erscheinen. _35_ Dann wird man sagen: Dieses wüste Land ist wie der Garten Eden geworden, die verlassenen, verwüsteten und in Trümmern liegenden Städte sind bewohnt und gut befestigt. _36_ Dann werden die Völker, die um euch herum noch übrig geblieben sind, erkennen, dass ich, Jahwe, das Niedergerissene aufbaue und das Verwüstete neu bepflanze. Ich, Jahwe, habe es gesagt, und ich werde es auch tun!

_37_ So spricht Jahwe, der Herr: Ich werde den Leuten Israels auch diese Bitte noch erfüllen: Ich werde sie vermehren wie eine Herde Schafe. _38_ Die verödeten Städte werden so voller Menschen sein, wie Jerusalem zu seinen Festzeiten von Opferschafen wimmelt. Dann wird man erkennen, dass ich bin, der ich bin – Jahwe!«

Menschenknochen werden lebendig

37 _1_ Die Hand Jahwes legte sich auf mich. Er entführte mich im Geist ins Freie und setzte mich mitten in einer Talebene ab, die voller Menschenknochen lag. _2_ Er führte mich rings um sie herum. Es waren unzählige, und alle waren völlig ausgetrocknet. _3_ Dann fragte er mich: »Menschensohn, werden diese Knochen wohl wieder lebendig?« – »Mein Herr, Jahwe, du weißt es«, erwiderte ich. _4_ Da befahl er mir: »Weissage über diese Knochen und ruf ihnen zu: ›Ihr vertrockneten Knochen, hört das Wort Jahwes! _5_ So spricht Jahwe, der Herr, zu diesen Knochen: Passt auf, ich bringe Atem und Geist in euch, dass ihr lebt! _6_ Ich lege Sehnen an euch, lasse Fleisch über euch wachsen und überziehe euch mit Haut. Dann gebe ich meinen Geist in euch, dass ihr lebt. Ihr sollt erkennen, dass ich bin, der ich bin – Jahwe!‹«

_7_ Ich weissagte, wie es mir befohlen war. Während ich das tat, entstand ein Geräusch, ja ein richtiges Getöse. Die Knochen rückten zusammen, Gebein an Gebein. _8_ Dann sah ich auf einmal, wie Sehnen und Muskeln darauf wuchsen und sich eine Haut darüber bildete. Doch es war noch kein Atem und kein Geist in ihnen. _9_ Da sagte er zu mir: »Weissage dem Geist, Menschensohn, weissage und sprich zu dem Geist: ›So spricht Jahwe, der Herr: Komm von den vier Winden* her, du Lebensgeist, und hauche diese Erschlagenen an, dass Leben in sie kommt!‹« _10_ Ich weissagte, wie es mir befohlen war. Da kam der Lebensgeist in sie, sie wurden lebendig und standen auf. Es war ein riesiges Heer.

_11_ Er sagte zu mir: »Menschensohn, diese Totenknochen sind das Volk Israel. Noch sagen sie: ›Unsere Knochen sind vertrocknet, unsere Hoffnung ist verloren, es ist aus mit uns!‹ _12_ Darum weissage ihnen Folgendes:

37,9 *Winden.* In diesem Kapitel steht das hebräische Wort *ruach* (siehe 1. Mose 1,2; 2,7), das gleichzeitig Geist, Lebensatem und Wind bedeutet. Die *vier Winde* meinen die vier Himmelsrichtungen.

›So spricht Jahwe, der Herr: Passt auf, ich öffne eure Gräber und hole euch, mein Volk, heraus und bringe euch ins Land Israel zurück! 13 Ihr werdet erkennen, dass ich es bin – Jahwe, wenn ich eure Gräber öffne und euch, mein Volk, heraushole. 14 Ich gebe meinen Geist in euch, dass Leben in euch kommt, und setze euch in euer Land. Dann werdet ihr erkennen, dass ich, Jahwe, es gesagt und auch getan habe, spricht Jahwe.‹«

Israel und Juda wieder vereint

15 Das Wort Jahwes kam zu mir. Er sagte: 16 »Menschensohn, nimm dir ein Stück Holz und schreibe darauf: ›Juda und die zu ihm gehörenden Leute von Israel‹! Nimm ein zweites Stück Holz und schreibe darauf: ›Josef, Efraïm und das ganze Volk Israel, das zu ihm gehört‹! 17 Dann halte beide zusammen, dass sie in deiner Hand wie ein einziges Stück Holz aussehen. 18 Und wenn deine Landsleute dich fragen: ›Willst du uns nicht erklären, was das bedeuten soll?‹, 19 dann sag zu ihnen: ›So spricht Jahwe, der Herr: Seht, ich nehme das Holz Josefs, das für Efraïm und die Stämme Israels steht, die zu ihm gehören, und füge es mit dem Holz Judas zusammen, sodass sie in meiner Hand eins werden.‹ 20 Die Hölzer, auf die du geschrieben hast, sollst du vor ihren Augen in deiner Hand halten. 21 Sag zu ihnen:
›So spricht Jahwe, der Herr: Seht, ich hole die Israeliten aus den Völkern heraus, zu denen sie gehen mussten, und bringe sie von überall her in ihre Heimat zurück. 22 Dort, auf den Bergen Israels, mache ich sie zu einem einzigen Volk unter einem einzigen König. Sie sollen nicht mehr zwei getrennte Völker und zwei getrennte Königreiche sein. 23 Sie werden sich durch ihr böses Tun, ihre Götzen und Scheusale nicht mehr besudeln. Ich will ihnen Hilfe in ihren Wohnorten schaffen, wo sie gesündigt haben, und mache sie wieder rein. Sie sollen mein Volk sein, und ich, ich werde ihr Gott sein. 24 Und mein Diener David* soll König über sie sein. So werden sie alle einen einzigen Hirten haben. Sie werden nach meinen Weisungen leben und meine Gebote befolgen. 25 Sie werden in dem Land wohnen, das ich meinem Diener Jakob gegeben habe, wo auch ihre Vorfahren lebten, ihre Kinder und Enkel und alle kommenden Generationen. Und mein Diener David wird für immer über sie herrschen. 26 Ich schließe einen Friedensbund mit ihnen. Es wird ein ewiger

---

37,24 *David.* Siehe Hesekiel 34,23.

37,27 Wird im Neuen Testament von Paulus zusammen mit 3. Mose 26,12 nach der LXX zitiert: 2. Korinther 6,16.

38,2 *Gog.* Es sind verschiedene Identifikationen versucht worden, zum Beispiel mit Gyges, dem König von Lydien (um 600 v.Chr.) in Kleinasien. Wahrscheinlich steht der Name symbolisch für alle Völker der Endzeit, die Gott und seinem Volk feindlich gegenüberstehen.

Magog. Nach Hesekiel 39,6 scheint es ein Volk zu sein, es könnte aber nach der hebräischen Vorsilbe (*ma* = Platz von) einfach nur *Land des Gog* heißen.

Großfürsten. Andere übersetzen: *Fürst von Rosch.* Doch ein solcher Ort ist völlig unbekannt. Dass damit Russland gemeint sei, ist reine Spekulation. Das hebräische *Rosch* bedeutet: Kopf, Gipfel, Anführer. Von daher: *Großfürst.*

Bund sein. Ich werde sie sich vermehren lassen und lasse mein Heiligtum für immer in ihrer Mitte sein. *27* Meine Wohnung wird über ihnen sein. Ich werde ihr Gott und sie werden mein Volk sein.* *28* Wenn dann mein Heiligtum für immer in ihrer Mitte ist, werden die Völker erkennen, dass ich es bin – Jahwe, der Israel heilig macht.‹«

Der Herrscher Gog aus Magog

38 *1* Das Wort Jahwes kam zu mir. Er sagte: *2* »Menschensohn, wende dich gegen Gog* aus dem Land Magog*, gegen den Großfürsten* von Meschech und Tubal* und weissage Folgendes: *3* So spricht Jahwe, der Herr: ›Du bekommst es mit mir zu tun, Gog aus dem Land Magog, du Großfürst von Meschech und Tubal! *4* Ich lenke dich herum, ich schlage dir Haken in deine Kinnlade und führe dich und dein ganzes großes Heer heraus, deine Pferde und Reiter, alle prächtig gekleidet und gut gerüstet mit Langschild, Rundschild und Schwert. *5* Auch Söldner aus Persien, Nubien und Libyen mit Helm und Schild sind dabei, *6* ebenso Gomer* und seine Schwadronen und Bet-Torgama* im äußersten Norden mit seinen Scharen. Viele Völker kommen mit dir. *7* Rüste dich und halte dich mit deiner ganzen Heeresmacht bereit, die sich bei dir versammelt hat, und halte sie fest im Griff! *8* Es werden zwar noch viele Jahre vergehen, bis du den Befehl zum Abmarsch erhältst. Du sollst in ein Land kommen, das sich vom Krieg erholt hat, zu einem Volk, das aus vielen Nationen wieder zusammengeführt wurde und nun auf den Bergen Israels, die lange Zeit verödet waren, in Sicherheit wohnt. *9* Du wirst wie ein Gewittersturm über sie kommen und wie eine Wolke das ganze Land mit deinen Truppen und Hilfsvölkern bedecken.‹

10 So spricht Jahwe, der Herr: Zu der Zeit werden böse Gedanken in deinem Herzen aufsteigen, und du wirst einen boshaften Plan schmieden *11* und denken: ›Ich will ein ungeschütztes Land überfallen, will über friedliche Leute herfallen, die ruhig und sorglos leben und weder Mauern, noch Tore und Riegel haben.‹ *12* Du willst reiche Beute machen und über ein Volk herfallen, das aus fremden Völkern heimgekehrt ist und die zerstörten Orte neu besiedelt hat, das Herden und anderen Besitz erworben hat und den Nabel der Erde bewohnt. *13* Dann werden Saba* und Dedan* dich fragen, auch die Händler und

---

38,2 *Meschech und Tubal* sind zwei anatolische Königreiche aus dem nördlichen Kleinasien zwischen dem Schwarzen und dem Kaspischen Meer (siehe Hesekiel 27,13; 1. Mose 10,2; 1. Chronik 1,5).

38,6 *Gomer* ist ein Volk, das am Nordufer des Schwarzen Meeres lebte und den Assyrern im 8. Jh. v.Chr. große Probleme bereitet hatte. Später drangen sie durch den Kaukasus nach Kleinasien vor und eroberten 644 v.Chr. auch Sardes.

Bet-Torgama war wahrscheinlich die Hauptstadt des anatolischen Königreiches Kammanu, das aus hetitischen und assyrischen Quellen bekannt ist.

38,13 *Saba* liegt in der südwestlichen Ecke von Arabien, dem heutigen Jemen.

Dedan war eine zentralarabische Oase.

Kaufleute aus Tarschisch*: ›Kommst du, um Beute zu machen? Hast du deine Heere versammelt, um zu plündern, um Gold und Silber wegzuschleppen, Vieh und alles, was Wert hat? Willst du einen großen Fang machen?‹ *14* Darum weissage, Menschensohn! Sage zu Gog: »So spricht Jahwe, der Herr: ›Nicht wahr, dann, wenn mein Volk Israel in Sicherheit wohnt, wirst du es erfahren *15* und ziehst aus deinem Land im äußersten Norden heran, gefolgt von deinen Reiterheeren und einer riesigen Heeresmacht aus vielen Völkern. *16* Du wirst gegen mein Volk Israel heranziehen und wie eine Wolke das ganze Land bedecken. Am Ende der bestimmten Zeit wird das geschehen. Dann lasse ich dich gegen mein Volk Israel heranziehen, damit die Völker mich erkennen, wenn ich mich an dir, Gog, als der Heilige erweise.‹

17 So spricht Jahwe, der Herr: ›Du bist doch derjenige, von dem ich schon früher durch meine Diener, die Propheten Israels, jahrelang weissagen ließ, dass ich dich über sie bringen würde.‹

18 Doch an dem Tag, an dem Gog in das Land Israel einfällt, spricht Jahwe, der Herr, steigt mir der Zorn in die Nase. *19* Ich rede mit Eifer und Zorn und schwöre: An dem Tag wird das Land Israel von einem schweren Erdbeben heimgesucht. *20* Menschen und Tiere werden vor mir zittern, selbst die Fische im Meer, die Vögel in der Luft und alles, was auf dem Erdboden kriecht. Berge reißen auseinander, Felsterrassen stürzen ein und jede Mauer bricht zusammen.

21 Dann rufe ich mein ganzes Bergland zum Krieg gegen ihn auf, spricht Jahwe, der Herr. Dann zieht jeder gegen jeden das Schwert. *22* Ich gehe ins Gericht mit ihm und richte ein Blutbad unter seinen Truppen an. Ich lasse die Pest und Wolkenbrüche über ihn kommen. Es wird Hagelsteine, Feuer und Schwefel auf ihn und seine Heere regnen und auf die vielen Völker, die mit ihm sind. *23* So werde ich vor den Augen vieler Nationen meine Größe und Heiligkeit zeigen, damit sie erkennen, dass ich bin, der ich bin – Jahwe!«

Der Untergang von Gog

39 *1* »Menschensohn, weissage Folgendes gegen Gog:

So spricht Jahwe, der Herr: Pass auf, ich gehe gegen dich vor, Großfürst von Meschech und Tubal. *2* Ich lenke dich herum und führe dich auf deinem Weg. Ich lasse dich vom äußersten Norden her kommen und bringe dich auf die Berge Israels. *3* Dann schlage ich dir den Bogen aus der linken Hand und lasse deiner Rechten die Pfeile entfallen. *4* Auf den Bergen Israels wirst du mit deinem riesigen Heer und allen Hilfsvölkern fallen. Ich werfe dich den Raubvögeln und den wilden Tieren zum Fraß vor. *5* Auf freiem Feld wirst du fallen, denn ich habe es gesagt, spricht Jahwe, der Herr.

6 Und ich lege Feuer an Magog und die Meeresländer, die sich in Sicherheit wiegen. Dann werden sie erkennen,

---

38,13 *Tarschisch* war eine von Tyrus gegründete südspanische Küstenstadt.

dass ich es bin, Jahwe. *7* Meinen heiligen Namen offenbare ich mitten in meinem Volk Israel, und nie mehr lasse ich meinen heiligen Namen entweihen. Die Völker werden erkennen, dass ich es bin, Jahwe, heilig in Israel. *8* Passt auf, es kommt und wird geschehen, spricht Jahwe, der Herr. Das ist der Tag, von dem ich gesprochen habe.

9 Dann werden die Einwohner der Städte Israels hinausziehen und die Waffen auflesen: Rund- und Langschilde, Bogen und Pfeile, Handkeulen und Lanzen. Sieben Jahre lang werden sie damit Feuer machen und heizen. *10* Sie brauchen kein Holz mehr auf dem Feld zu sammeln oder im Wald zu schlagen. Sie werden mit den Waffen Feuer machen und so ihre Räuber berauben und ihre Plünderer plündern, spricht Jahwe, der Herr.

11 An jenem Tag weise ich Gog und seiner ganzen lärmenden Menge ein Grab in Israel zu: die Schlucht der Durchreisenden, östlich vom Toten Meer. Das Grab wird jedem, der durchreisen will, den Weg versperren. Und die Stelle wird man nennen: ›Schlucht der lärmenden Menge Gogs‹. *12* Sieben Monate wird Israel brauchen, um die Gefallenen zu begraben und das Land zu reinigen. *13* Das ganze Volk im Land wird beim Begraben helfen. Dadurch machen auch sie sich am Tag meiner Verherrlichung einen Namen, spricht Jahwe, der Herr. *14* Und nach Ablauf der sieben Monate werden sie Männer beauftragen, die ständig durch das Land ziehen und alle begraben, die irgendwo im Land verstreut liegen geblieben sind, damit das Land rein wird. *15* Wenn einer von ihnen irgendwo einen Menschenknochen entdeckt, kennzeichnet er die Stelle, damit die Totengräber kommen und ihn in der ›Schlucht der lärmenden Menge Gogs‹ begraben können. *16* Auch eine Stadt namens Hamona, ›lärmende Menge‹, wird es geben. So werden sie das Land reinigen.«

17 »Und du, Menschensohn«, spricht Jahwe, der Herr, »ruf den Raubvögeln und den wilden Tieren zu:

Kommt her und versammelt euch, kommt von allen Seiten! Ich lade euch zum großen Opfermahl. Auf den Bergen Israels habe ich es für euch geschlachtet! Fresst Fleisch und trinkt Blut! *18* Fleisch von Helden dürft ihr fressen und Blut von den Fürsten der Erde dürft ihr trinken! Das sind die Schafböcke und Lämmer, die Ziegenböcke und Stiere, das ist das Mastvieh aus Baschan für euch. *19* Fresst euch voll mit Fett und berauscht euch am Blut des Opfers, das ich für euch geschlachtet habe! *20* Sättigt euch an meinem Tisch mit Reit- und Wagenpferden, mit Helden und Kriegern, spricht Jahwe, der Herr.«

Die Wiederherstellung Israels

21 »So bringe ich meine Herrlichkeit unter die Völker, und alle Nationen werden sehen, wie ich mein Strafgericht vollstrecke und meine Macht an ihnen demonstriere. *22* Und die Israeliten werden erkennen, dass ich, Jahwe, ihr Gott bin, und sie werden das in Zukunft nie mehr vergessen. *23* Die anderen Völker werden begreifen, dass mein Volk Israel wegen seiner Schuld in die Verbannung musste. Sie waren mir untreu geworden. Deshalb verbarg ich mein Gesicht vor ihnen und gab sie in die Gewalt ihrer Feinde, sodass sie alle unter dem Schwert fielen. 24 Ich habe sie so behandelt, wie sie es durch ihre Beschmutzung und ihre Vergehen verdienten, und mein Gesicht vor ihnen verborgen. 25 Jetzt aber – sagt Jahwe, der Herr – wende ich Jakobs Geschick. Ich erbarme mich über die Nachkommen Israels und setze mich eifersüchtig für meinen heiligen Namen ein. 26 Nur an ihrer Schande und Untreue gegen mich werden sie noch tragen, wenn sie wieder sicher und ungestört in ihrem Land wohnen werden, 27 und ich sie aus den Völkern zurückgebracht, sie aus den Ländern ihrer Feinde eingesammelt und mich vor den Augen vieler Völker als der Heilige erwiesen habe. 28 Sie werden erkennen, dass ich, Jahwe, ihr Gott bin. Ich habe sie zwar unter fremde Völker verschleppt, aber nun habe ich sie wieder in ihrem Land versammelt und keinen von ihnen in der Fremde zurückgelassen. 29 Ich werde mein Gesicht nie mehr vor ihnen verbergen, weil ich meinen Geist über die Israeliten ausgegossen habe, spricht Jahwe, der Herr.«

Die Vision vom neuen Tempel*

40 1 Am Jahresanfang, am 28. April im 25. Jahr unserer Verbannung* – das war das 14. Jahr nach dem Fall der Stadt – legte Jahwe die Hand auf mich und brachte mich genau dorthin. 2 In göttlichen Visionen brachte er mich ins Land Israel und setzte mich auf einem sehr hohen Berg nieder. Auf dessen Südseite war so etwas wie eine Stadt zu sehen. 3 Dorthin brachte er mich. Am Tor stand ein Mann, der aussah, als sei er aus Bronze. In seiner Hand hielt er eine Schnur aus Flachs und eine Messrute. 4 Der Mann sagte zu mir: »Menschensohn, mach deine Augen und Ohren auf und achte genau auf alles, was ich dir zeige. Denn dazu bist du hierher gebracht worden. Berichte dem Haus Israel alles, was du hier zu sehen bekommst.«

Das Osttor zum äußeren Vorhof

5 Ich sah, dass der ganze Tempelbezirk von einer Mauer umschlossen war. Der Mann maß sie mit der Messrute in seiner Hand aus: eine Rute hoch, eine Rute dick. Die Messrute in seiner Hand war sechs Ellen lang, die Elle eine Handbreit länger als gewöhnlich gerechnet*.

6 Dann stieg der Mann die Stufen hinauf, die zum östlichen Toreingang führten, und maß die Torschwelle. Sie war 3,24 Meter breit. 7 Jede Nische für die Wächter im Tor war 3,24 Meter lang und 3,24 Meter breit. Die Pfeiler zwischen den Nischen waren 2,70 Meter dick. Die Schwelle der hinteren Toröffnung war, wie die der vorderen, 3,24 Meter breit. 8 Dann maß er die Vorhalle des Tores zum Tempel hin. Sie war 3,24 Meter tief 9 und 4,32 Meter breit. Die Mauerstücke rechts und links am Ausgang waren 1,08 Meter dick. 10 Das

---

Kapitel 40-48 *Tempel.* Siehe die Rekonstruktionszeichnung im Anhang dieser Bibelausgabe.

40,1 *28. April.* Wörtlich: am 10. des Monats. Es war das Jahr 573 v.Chr.

40,5 Die normale *Elle* hatte eine Länge von etwa 46 Zentimetern, eine *Handbreite* betrug 8 Zentimeter, die *Großelle* hatte also 54 Zentimeter Länge, und die *Rute* war demnach 3,24 Meter lang.

Osttor hatte auf jeder Seite drei durch Pfeiler getrennte gleich große Nischen für die Wächter. *11* Die lichte Weite der Toröffnung betrug 5,40 Meter und die ganze Torbreite 7,02 Meter. *12* Die Nischen für die Wächter auf jeder Seite waren zum Durchgang hin mit einer Mauer von 54 Zentimeter Höhe abgeschlossen. *13* Dann maß er die Breite des ganzen Tores. Vom Dachansatz der einen Nische bis zum Dachansatz der gegenüberliegenden waren es 13,50 Meter. *14* Für die vorspringenden Wände, die auf die Pfeiler des Innenhofes zuliefen, machte er eine Länge von 10,80 Metern aus. *15* Das ganze Torgebäude vom Vordereingang bis zu dem des Innenhofs maß 27 Meter. *16* Die Nischen hatten gerahmte Fenster an den Außen- und Innenwänden. Auch die Vorhalle hatte ringsherum Fenster. Und die Mauerstücke am Torausgang waren mit Palmen verziert.

Der äußere Vorhof

17 Dann brachte er mich in den äußeren Vorhof. Dieser war ringsherum von 30 nebeneinander liegenden Räumen umgeben. Vor diesen Räumen war der Boden mit Steinplatten belegt. *18* Der Plattenbelag reichte so weit in den Vorhof hinein wie die Torgebäude und lag tiefer als der innere Vorhof. *19* Er maß den Abstand zwischen der Innenseite des unteren Tores bis zur Außenseite des höher gelegenen Innentores. Es waren 54 Meter. Nachdem die Ostseite ausgemessen war, gingen wir auf die Nordseite.

Das Nordtor

20 Auch dort war ein Tor zum äußeren Vorhof. Seine Außenseite zeigte nach Norden. Er maß seine Länge und Breite. *21* Es hatte drei Nischen auf jeder Seite für die Wächter. Seine Pfeiler und die Vorhalle hatten die gleichen Maße wie das erste Tor. Es war 27 Meter lang und 13,50 Meter breit. *22* Vorhalle, Fenster und Palmen sahen genauso aus wie beim Osttor. Auf sieben Stufen stieg man zum Toreingang hinauf, und seine Vorhalle lag auf der Innenseite. *23* Wie beim Osttor befand sich genau gegenüber ein Tor, das zum inneren Vorhof führte. Von Tor zu Tor waren es 54 Meter.

Das Südtor

24 Dann führte er mich auf die Südseite. Auch dort war ein Tor. Seine Vorhalle und das Mauerwerk hatten die gleichen Maße wie die anderen Tore. *25* Auch die Fenster im Torgebäude und in der Vorhalle waren wie die anderen Fenster. Das Tor war 27 Meter lang und 13,50 Meter breit. *26* Auf sieben Stufen stieg man zum Toreingang hinauf, und seine Vorhalle lag auf der Innenseite. Die Mauerstücke rechts und links waren mit Palmen verziert. *27* Auch hier hatte es als Gegenstück in 54 Metern Entfernung ein Tor zum inneren Vorhof.

Die Tore zum inneren Vorhof

28 Dann führte er mich durch das Südtor in den inneren Vorhof. Es hatte die gleichen Maße wie die anderen Tore. *29* Die Nischen für die Wächter, die Mauervorsprünge und die Vorhalle waren wie dort. Auch dieses Tor und seine Vorhalle hatten ringsherum Fenster. Es war 27 Meter lang und 13,50 Meter breit. *30* Die Vorhallen rings um den Innenhof waren 13,50 Meter lang und 2,70 Meter tief. *31* Seine Vorhalle jedoch lag zum äußeren Vorhof hin. Seine Mauerstücke waren mit Palmen verziert, und acht Stufen bildeten den Aufgang.

32 Dann brachte er mich in den inneren Vorhof auf die Ostseite und vermaß das dort gelegene Tor. Es hatte die gleichen Maße wie die anderen Tore. *33* Die Nischen für die Wächter, seine Vorhalle und das Mauerwerk am Ausgang hatten die gleichen Maße. Auch dieses Tor und seine Vorhalle hatten ringsherum Fenster. Es war 27 Meter lang und 13,50 Meter breit. *34* Seine Vorhalle lag zum äußeren Vorhof hin. Seine Mauerstücke waren mit Palmen verziert, und acht Stufen bildeten den Aufgang.

35 Dann führte er mich zum Nordtor und maß es aus. Es war den anderen Toren gleich: *36* die Nischen für die Wächter, seine Vorhalle und das Mauerwerk am Ausgang und die Fenster ringsherum. Es war 27 Meter lang und 13,50 Meter breit. *37* Seine Vorhalle lag zum äußeren Vorhof hin. Seine beiden Mauerstücke waren mit Palmen verziert, und acht Stufen bildeten den Aufgang.

Räume zur Vorbereitung der Opfer

38 Dort gab es einen Raum, dessen Türöffnung sich an den Mauervorsprüngen der Tore befand. Dort wusch man das Brandopfer ab. *39* In der Vorhalle selbst standen auf jeder Seite zwei Tische. Auf ihnen wurden die Tiere für das Brand-, Sünd- und Schuldopfer geschlachtet. *40* An den beiden Außenwänden der Vorhalle

rechts und links vom Eingang des Nordtores waren ebenfalls je zwei Tische aufgestellt. *41* So standen auf jeder Seite des Tores vier Tische, also insgesamt acht, auf denen geschlachtet wurde. *42* Die Tische für das Brandopfer waren aus Quadersteinen gebaut. Sie waren 1,08 Meter lang und breit und 54 Zentimeter hoch. Auf sie wurde alles hingelegt, was man zum Schlachten der Opfertiere brauchte. *43* Ringsherum waren acht Zentimeter lange Haken für das Opferfleisch von den Tischen befestigt.

Räume für die Priester

44 Im Innenhof neben dem Nord- und Südtor befanden sich je ein Raum, der sich zum Vorhof hin öffnete. Der eine war nach Süden hin offen, der andere nach Norden. *45* Mein Führer sagte zu mir: »Der Raum, der nach Süden schaut, ist für die Priester bestimmt, die für den Tempel zu sorgen haben, *46* und der, der nach Norden offen ist, für die Priester, die am Altar Dienst tun. Das sind die Nachkommen Zadoks, also diejenigen Leviten, die in die Nähe Jahwes kommen dürfen, um ihm zu dienen.«

Das Tempelhaus

47 Dann vermaß er den inneren Vorhof. Er war 54 Meter lang und 54 Meter breit. Vor dem Tempelhaus stand der Altar. *48* Nun führte er mich in die Vorhalle des Tempelhauses und maß sie aus. Das Mauerwerk rechts und links von ihrem Eingang war je 2,70 Meter dick. Das Eingangstor selbst war 7,56 Meter breit und die Mauervorsprünge je 1,62 Meter. *49* Die Vorhalle war

10,80 Meter breit und 6,48 Meter tief. Zehn Stufen führten zu ihr hinauf. Vor den Mauerstücken auf beiden Seiten stand je eine Säule.

41 *1* Dann führte er mich in den Tempelraum hinein und maß die Mauerstücke rechts und links. Sie waren 3,24 Meter dick. *2* Der Eingang selbst war fünf Meter breit. Die Mauerstücke auf beiden Seiten sprangen je 2,70 Meter vor. Er maß die Länge des Tempelraums. Es waren 21,60 Meter, seine Breite betrug 10,80 Meter.

3 Dann ging er in den innersten Raum und maß das Mauerwerk am Eingang. Es war auf beiden Seiten 1,08 Meter dick. Der Eingang selbst war 3,24 Meter breit. Die Mauern auf beiden Seiten des Eingangs sprangen 3,78 Meter vor. *4* Der Raum selbst war 10,80 Meter tief und 10,80 Meter breit. Als er ihn gemessen hatte, sagte er zu mir: »Das ist das Höchstheilige.«

5 Dann maß er die Seitenwände des Tempelhauses. Sie waren 3,24 Meter dick. Um das Tempelhaus herum gab es einen Anbau von 2,16 Metern Breite. *6* Er bestand aus drei Stockwerken mit je dreißig Kammern. Die Stockwerke waren auf der Innenseite nicht in der Mauer des Tempelhauses verankert, sondern ruhten auf den Mauerabsätzen an der Außenseite der Tempelwand. *7* Weil die Tempelmauer nach oben hin zurücktrat, verbreiterte sich der Innenraum des Anbaus von Stockwerk zu Stockwerk. Im unteren war er am schmalsten, im oberen am breitesten. *8* Ich sah eine Terrasse um das Haus herum laufen, die von den Unterbauten der Seitenkammern ge-

bildet wurde und 3,24 Meter hoch war. *9* Die Außenwand des Anbaus selbst war nur 2,70 Meter dick. Zwischen den Seitenkammern des Tempelhauses *10* und den Räumen um das Tempelhaus herum war ein freigelassener Platz von 10,80 Metern Breite. *11* Die Eingänge des Anbaus öffneten sich zur Terrasse hin, die ringsherum 2,70 Meter breit war. *12* Hinter dem Tempelhaus, also in westlicher Richtung, stand in einem abgesonderten Bereich ein weiteres Gebäude. Es war 37,80 Meter tief und 48,60 Meter breit. Seine Außenmauer war 2,70 Meter dick.

13 Nun maß er die ganze Tempelanlage aus. Das Tempelhaus war 54 Meter lang. Von seiner Rückseite über den unbebauten Streifen bis zur Rückseite des anderen Gebäudes waren es ebenfalls 54 Meter. *14* Die Breite des Tempelhauses auf der Ostseite einschließlich des unbebauten Streifens betrug ebenfalls 54 Meter. *15* Weiter maß er die Breite des Hintergebäudes. Es war einschließlich der Terrassenbauten auf beiden Seiten 54 Meter breit.

Das Innere des Tempelhauses und seine Vorhalle *16* waren getäfelt, vom Boden bis hinauf zu den Fenstern. Diese hatten einen dreifach abgestuften Rahmen und konnten verschlossen werden. *17* Oberhalb des Eingangs innen und außen und auf allen Wänden rings herum war die Täfelung in Felder eingeteilt, *18* in die abwechselnd Cherubim und Palmen eingeschnitzt waren. Jeder Cherub hatte zwei Gesichter. *19* Ihr Menschengesicht war der einen Palme zugewandt und ihr Löwengesicht der anderen.

20 Vom Fußboden bis über die Tür hinauf waren die Cherubim und Palmen an allen Wänden zu sehen.

21 Die Eingangstür zum Tempelraum hatte einen vierfach gestaffelten Rahmen. Vor dem Höchstheiligen aber stand etwas, das aussah wie 22 ein Altar aus Holz, 1,62 Meter hoch, 1,08 Meter lang und ebenso breit. Seine Ecken, seine Wände und sein Sockel waren aus Holz. Der Mann sagte zu mir: »Das ist der Tisch, der vor Jahwe steht.« 23 Der Tempelraum und das Höchstheilige hatten je eine Doppeltür. 24 Rechts und links waren hintereinander je zwei drehbare Türflügel angebracht. 25 Wie die Wände waren auch die Türflügel mit Cherubim und Palmen verziert.

Die Vorhalle hatte über ihrem Eingang ein Vordach aus Holz. 26 Auch ihre Wände waren von gerahmten Fenstern durchbrochen und bis zum hölzernen Vordach mit Palmen verziert. Ebenso war es mit den Seitenkammern und ihren Dachbalken.

Räume für die Priester

42 1 Dann führte er mich in den nördlichen Teil des Vorhofs hinaus. An der Nordseite des Gebäudes, das hinter dem Tempel lag, befand sich ein Bauwerk. Es stand vor diesem Gebäude und neben dem unbebauten Streifen. 2 Der Bau war 54 Meter lang und 27 Meter breit. 3 Er stand neben dem unbebauten 10,80 Meter breiten Streifen des inneren Vorhofs und dem Steinpflaster des äußeren Vorhofs und erhob sich in drei abgestuften Stockwerken. 4 Auf der Nordseite, wo auch die Eingänge des Bauwerks waren, verlief ein 5,40

Meter breiter Gang. Zum inneren Vorhof führte ein Durchgang, 54 Zentimeter breit. 5 Die oberen Räume waren schmaler als die unteren und mittleren, weil die Galerien ihnen einen Teil vom Raum wegnahmen, 6 denn das Ganze war dreistöckig angelegt. Die Stockwerke hatten aber keine Säulen wie der Vorhof, deshalb wurden sie von unten nach oben immer kürzer. 7 Eine Mauer von 27 Metern Länge begrenzte die Eingangsseite zum äußeren Vorhof hin. 8 Da die Räume, die zum Vorhof hin zeigten, ebenfalls 27 Meter lang waren, war die ganze Mauer 54 Meter lang. 9 Der Zugang zu den unteren Räumen lag im Osten, wenn man vom äußeren Vorhof aus hineinging.

10 Auch auf der Südseite grenzte ein Bauwerk an die Mauer des äußeren Vorhofs. 11 Und auch hier führte ein Gang an der Vorderseite des Gebäudes entlang. Der Bau glich in allem dem auf der Nordseite in Länge, Breite, Ausgängen und Eingängen, 12 die hier nach Süden hin lagen. Auch hier gelangte man entlang der Schutzmauer von Osten her in das Gebäude, wenn man aus dem äußeren Vorhof kam.

13 Der Mann sagte zu mir: »Die Räume im nördlichen und südlichen Bau, die vor dem umfriedeten Platz liegen, sind als heilige Räume für die Priester bestimmt, die in der Nähe des Herrn ihren Dienst tun. Dort sollen sie ihre Anteile an den höchst heiligen Opfergaben essen. Dorthin sollen sie auch die höchst heiligen Gaben vom Speise-, Sünd- und Schuldopfer bringen, denn es ist ein heiliger Ort. 14 Wenn die Priester im Heiligtum

waren, sollen sie von dort nicht in den Vorhof hinausgehen, sondern die Gewänder, in denen sie ihren Dienst verrichtet haben, in diesen Räumen ablegen, denn die Gewänder sind heilig. Erst nachdem sie sich umgezogen haben, dürfen sie auf den Platz gehen, der auch für das Volk zugänglich ist.«

Der Tempelbezirk

15 Als er den inneren Tempelbezirk vermessen hatte, führte er mich durch das Osttor hinaus und vermaß den ganzen äußeren Umfang. 16 Er benutzte die Messrute dazu. Die Ostseite war 270 Meter* lang. 17 Auch die Nordseite war 270 Meter lang, 18 ebenso die Südseite 19 und die Westseite. 20 Er vermaß den Tempelbezirk nach allen vier Windrichtungen hin. Die Außenmauer des Tempelbezirks war 270 Meter lang und 270 Meter breit; sie sollte das Heilige vom Profanen trennen.

Die Herrlichkeit Gottes kehrt in den Tempel zurück

43 1 Dann führte er mich wieder zum Osttor. 2 Da kam von Osten her plötzlich Israels Gott in seiner Herrlichkeit heran. Es rauschte wie ein riesiger Wasserfall, und die

Erde leuchtete von seiner Herrlichkeit. 3 Es war dieselbe Erscheinung, die ich gesehen hatte, als er kam, um die Stadt zu vernichten, und dieselbe, die ich am Fluss Kebar gesehen hatte.* Da warf ich mich nieder auf mein Gesicht. 4 Die Herrlichkeit Jahwes zog durch das Osttor in den Tempel ein. 5 Da hob mich der Geist hoch und brachte mich in den inneren Vorhof. Ich sah, dass die Herrlichkeit Jahwes das ganze Haus erfüllte. 6 Der Mann, der mich geführt hatte, stand noch neben mir, da hörte ich jemand aus dem Haus zu mir reden. 7 »Menschensohn«, sagte er, »hier ist der Ort, wo mein Thron steht und der Ort, wo meine Füße stehen. Hier, mitten unter den Israeliten, will ich für immer wohnen. Nie mehr werden die Leute von Israel oder ihre Könige meinen Namen besudeln, weder durch ihre sexuelle Unmoral noch durch die Leichen ihrer Könige, die sie in meiner Nähe bestatten.* 8 Sie haben ihre Paläste neben meinem Tempel gebaut und Tür an Tür mit mir gewohnt, sodass nur eine Wand zwischen uns war, und besudelten so meinen heiligen Namen durch ihre abscheulichen Taten. Deshalb habe ich sie in meinem Zorn vernichtet. 9 Doch jetzt werden sie ihre sexuelle Unmoral und die Leichen ihrer Könige von mir fernhalten, und ich werde für immer unter ihnen wohnen. 10 Du, Menschensohn, beschreibe den Leuten von Israel das Haus, das du gesehen hast. Wenn sie die Ausmaße dieses Plans verstehen, werden sie sich ihrer Sünden schämen. 11 Und wenn sie sich all dessen schämen, was sie getan haben, dann schildere ihnen den Plan des Hauses

---

42,16 *270 Meter.* Der hebräische Text hat hier: *500 Ruten* = 1620 Meter. In der LXX fehlt die Maßeinheit, sodass man an dieser Stelle von *500 Ellen* ausgehen sollte.

43,3 *gesehen hatte.* Siehe Hesekiel 1,5-21; 8,4.

43,7 *Nähe bestatten.* Oder: ... *durch die Leichen ihrer Melech-Opfer und ihre Kultkammern.*

in allen Einzelheiten, seine Einrichtung und Zugänge, all seine Anordnungen und Vorschriften. Zeichne es vor ihren Augen auf, damit sie alle Anordnungen und Vorschriften künftig genau befolgen. *12* Das Gesetz für den Tempelbezirk lautet: Der gesamte Bezirk auf der Kuppe des Berges ist mir geweiht und heilig. Das ist das grundlegende Gesetz für den Tempel.«

Der Brandopferaltar

13 Der Altar hatte folgende Maße, die Elle eine Handbreit länger als gewöhnlich gerechnet*: Rings um den Altar war ein Graben, 54 Zentimeter breit und 54 Zentimeter tief. Die gemauerte Einfassung an seinem Rand war 27 Zentimeter breit. Der unterste Sockel *14* war vom Rand des Grabens an 1,08 Meter hoch. Der nächste Sockel sprang 54 Zentimeter zurück und war 2,16 Meter hoch. *15* Der Opferherd selbst war noch einmal 2,16 Meter hoch. An seinen Ecken ragten vier Hörner auf. *16* Er war quadratisch gebaut mit einer Seitenlänge von 6,48 Metern. *17* Der nächst untere Sockel war ebenfalls quadratisch. Er hatte eine Seitenlänge von 7,56 Metern und sprang um 54 Zentimeter vor. Das Gesims an seinem Rand war 27 Zentimeter breit. An der Ostseite führten Stufen zum Altar hinauf.

18 Er sagte zu mir: »Menschensohn, so spricht Jahwe, der Herr:

Hier sind die Bestimmungen für den Tag, an dem der Altar fertiggestellt wird, damit man Brandopfer darauf opfern und Blut daran sprengen kann. *19* Du sollst den Leviten aus der Nachkommenschaft Zadoks, den Priestern,

die in meine Nähe kommen, um mir zu dienen, einen jungen Stier für das Sündopfer geben, spricht Jahwe, der Herr. *20* Mit dessen Blut sollst du die vier Hörner des Altars, die vier Ecken seiner Einfassung und die Abgrenzung ringsum bestreichen. So sollst du den Altar von Sünde reinigen und Sühne für ihn erwirken. *21* Dann nimmst du den Stier des Sündopfers und lässt ihn außerhalb des Tempelhauses an dem dafür bestimmten Platz verbrennen. *22* Am zweiten Tag sollst du einen fehlerlosen Ziegenbock als Sündopfer bringen und den Altar von Sünde reinigen lassen, wie du es mit dem Stier getan hast.

23 Wenn du das getan hast, sollst du einen jungen Stier und einen Schafbock vor mich bringen, beide ohne Fehler. *24* Die Priester sollen Salz auf sie streuen und sie mir, Jahwe, als Opfer verbrennen. *25* Sieben Tage lang sollst du täglich fehlerfreie Tiere bringen lassen: einen Ziegenbock, einen jungen Stier und einen Schafbock aus der Herde. *26* Sieben Tage lang soll man Sühne für den Altar erwirken, ihn reinigen und weihen. *27* Vom achten Tag an sollen die Priester eure Brand- und Freudenopfer* auf dem Altar zurichten. Dann werde ich euch gnädig annehmen, spricht Jahwe, der Herr.«

43,13 gerechnet. Siehe Hesekiel 40,5.

43,27 Beim *Freudenopfer* wurde im Gegensatz zum Brandopfer nur das Fett auf dem Altar verbrannt. Der größte Teil des Tieres durfte bei einer fröhlichen Opfermahlzeit gemeinsam mit Verwandten und Freunden verzehrt werden.

Das verschlossene Tor

44 ¹ Dann führte er mich zum äußeren Osttor des Heiligtums zurück. Es war verschlossen. ² Jahwe sagte zu mir: »Dieses Tor soll verschlossen bleiben. Es darf nie geöffnet werden. Niemand darf hindurchgehen, nachdem Jahwe, der Gott Israels, auf diesem Weg in den Tempel eingezogen ist. Es muss geschlossen bleiben! ³ Der regierende Fürst allerdings darf darin sitzen, wenn er seine Opfermahlzeit vor Jahwe verzehrt. Er betritt es allerdings von der inneren Vorhalle aus und verlässt es wieder auf dem gleichen Weg.«

Vorschriften für die Leviten

⁴ Dann führte er mich durch das Nordtor an die Vorderseite des Tempelhauses. Da sah ich, wie die Herrlichkeit Jahwes das Haus erfüllte und fiel nieder auf mein Gesicht. ⁵ Jahwe sagte zu mir: »Menschensohn, sei mit ganzem Herzen dabei! Sieh genau hin und hör mir gut zu! Ich sage dir jetzt, was im Haus Jahwes zu beachten ist. Merk dir genau, wer dort hineingehen darf und wer nicht! ⁶ Sag zu diesen Rebellen, den Leuten von Israel:

›So spricht Jahwe, der Herr: Lasst es nun endlich genug sein mit all euren Gräueln, ihr Israeliten! ⁷ Ihr habt Fremde in mein Heiligtum kommen lassen, die nicht nur am Körper, sondern auch am Herzen unbeschnitten waren. Sie standen dabei, wenn ihr mir meine Speise – Fett und Blut – dargebracht habt und schändeten dadurch mein Haus. So habt ihr zusätzlich zu all euren Gräueln auch noch meinen Bund gebrochen. ⁸ Dann habt ihr sie sogar den Dienst in meinem Heiligtum verrichten lassen, anstatt ihn selber zu tun! ⁹ Darum spricht Jahwe, der Herr: Kein Fremder darf je in mein Heiligtum kommen, der am Körper und am Herzen unbeschnitten ist, keiner von den Fremden, die unter euch sind! ¹⁰ Sondern die Leviten, die sich von mir entfernt haben, als Israel in die Irre ging, die ihren Götzen nachliefen, die sollen ihre Schuld auf sich nehmen. ¹¹ Sie dürfen nur noch Torwächter an den Tempeltoren und Tempeldiener sein; sie sollen die Tiere für das Brand- und Freudenopfer schlachten und vor den Leuten bereitstehen, um sie zu bedienen. ¹² Weil sie für das Volk Götzenopfer dargebracht haben und so dem Haus Israel eine Schuldfalle geworden sind, habe ich meine Hand gegen sie erhoben, spricht Jahwe, der Herr, und lasse sie ihre Schuld büßen. ¹³ Sie dürfen nicht mehr als Priester vor mich treten und in die Nähe der heiligen und höchst heiligen Dinge kommen, sondern müssen die Folgen ihrer abscheulichen Gräueltaten tragen. ¹⁴ Ich mache sie zu Tempeldienern, damit sie alles erledigen, was im Tempel getan werden muss.‹

Weisungen für die Priester

¹⁵ ›Aber die Priester, Leviten aus der Nachkommenschaft Zadoks, die mir in meinem Heiligtum treu gedient haben, als die Israeliten mich verließen und in die Irre gingen, sie sollen in meine Nähe kommen. Sie sollen vor mich hintreten, um mir das Fett und das Blut darzubringen, spricht Jahwe, der Herr. ¹⁶ Sie dürfen in mein Heiligtum kommen und an meinen Tisch treten, um mir zu dienen.

17 Und wenn sie durch die Tore des inneren Vorhofs gehen, sollen sie leinene Kleider tragen. Sie dürfen keine Kleidung aus Wolle auf dem Körper haben, wenn sie ihren Dienst im inneren Vorhof verrichten. 18 Sie sollen einen Kopfbund aus Leinen tragen und leinene Hosen anziehen. Sie dürfen keine Kleidung tragen, in der man schwitzt. 19 Wenn sie dann in den äußeren Vorhof zum Volk hinausgehen wollen, müssen sie vorher ihre Kleider, in denen sie den Dienst verrichtet haben, ausziehen und in ihren heiligen Räumen ablegen. Sie müssen andere Gewänder anziehen, damit sie das Volk durch diese Kleider nicht mit dem Heiligen in Berührung bringen.

20 Auch dürfen sie sich weder den Kopf kahl scheren noch die Haare frei wachsen lassen, sondern sollen ihr Haar kurz halten. 21 Wenn die Priester zum Dienst in den inneren Vorhof hineingehen, dürfen sie vorher keinen Wein trinken. 22 Sie dürfen keine Witwe und keine verstoßene Frau heiraten, sondern nur unberührte Mädchen aus dem Haus Israel. Die Witwe eines anderen Priesters allerdings dürfen sie heiraten.

23 Sie sollen mein Volk unterweisen, damit es zwischen heilig und unheilig, rein und unrein unterscheiden lernt. 24 Wenn es einen Rechtsstreit gibt, sollen sie nach meinen Bestimmungen Gericht halten. Sie müssen dafür sorgen, dass meine Gesetze und Ordnungen für die Festzeiten beachtet und meine Sabbate heilig gehalten werden.

25 Sie dürfen nicht mit einem Toten in Berührung kommen und sich dadurch verunreinigen. Nur bei Vater oder Mutter, Sohn oder Tochter, Bruder oder unverheirateter Schwester dürfen sie unrein werden. 26 Wenn der Priester sich dann aber wieder gereinigt hat, soll er noch sieben Tage zusätzlich warten, 27 bevor er wieder den inneren Vorhof betritt. Und dann soll er zuerst ein Sündopfer für sich bringen, damit er wieder Dienst tun kann, spricht Jahwe, der Herr.

28 Und was den Erbbesitz der Priester betrifft: Ich selbst bin ihr Besitz. Ihr sollt ihnen keinen Grundbesitz in Israel geben, denn ich bin ihr Eigentum. 29 Sie bekommen ihren Teil vom Speis- und Schuldopfer. Und alles, was in Israel dem Bann verfallen ist, soll ihnen gehören. 30 Das Beste von allen Erstlingsopfern und alle eure besonderen Gaben sollen den Priestern gehören. Auch das Beste von eurem Schrotmehl sollt ihr dem Priester geben, damit Segen auf deinem Haus ruht. 31 Priester dürfen kein Fleisch essen, das von einem verendeten oder gerissenen Tier stammt, egal, ob Vogel, Wild oder Vieh.‹«

Die Aufteilung des Landes

45 1 »Wenn ihr das Land als Erbbesitz verlost, sollt ihr eine Weihgabe für Jahwe vorwegnehmen, ein Stück Land, das ihm geweiht ist: 13.500 Meter lang und 10.800 Meter breit. 2 Davon soll ein Stück von 270 Metern Länge und Breite direkt zum Heiligtum gehören mit einem Weidestreifen von 27 Metern Breite ringsherum. 3 Mein Heiligtum soll als höchst heilige Stätte in der einen Hälfte des abgemessenen Stücks stehen, also in der Fläche von

13.500 Metern Länge und 5400 Metern Breite. *4* Diese Fläche soll den Priestern überlassen sein, die im Heiligtum, in Jahwes unmittelbarer Nähe, Dienst tun. Sie dürfen darauf ihre Häuser bauen, rings um meine hochheilige Stätte. *5* Das andere Stück Land von 13.500 Metern Länge und 5400 Metern Breite soll den Leviten gehören, die am Tempelhaus Dienst tun. Darauf können sie ihre Siedlungen bauen.

6 Neben dem geweihten Gebiet sollt ihr der Stadt einen Grundbesitz von 13.500 Metern Länge und 5400 Metern Breite geben. Hier können Menschen aus ganz Israel ihren Grundbesitz haben.

7 Dem Fürsten soll das Land an der Seite der Weihgabe an das Heiligtum und dem Grundbesitz der Stadt gehören und zwar so weit nach Osten und Westen hin, wie der Landbesitz der einzelnen Stämme reicht. *8* Nur dieses Stück Land soll sein Grundbesitz sein, damit meine Fürsten mein Volk nicht mehr unterdrücken, sondern das Land dem Volk Israel nach seinen Stämmen überlassen.«

45,11 1 *Homer* = 220 Liter.

45,12 1 *Gera* = 0,6 Gramm; 1 *Schekel* = 11,5 Gramm.

Eine *Mine* hat normalerweise 50 Schekel, hier 60, d.h. etwa 700 Gramm.

45,14 Die hebräischen Maßangaben zeigen, wie das praktisch messbar war: *je ein Sechstel Efa auf den Homer*; bzw. *1/10 Bat vom Kor. 10 Bat = 1 Homer = 1 Kor.*

45,18 Am 15. März. Wörtlich: am 1. des 1. Monats.

Mahnung an die Fürsten

9 So spricht Jahwe, der Herr: »Lasst es genug sein, ihr Fürsten von Israel! Beseitigt Unterdrückung und Gewalt! Sorgt für Recht und Gerechtigkeit! Hört auf, mein Volk von seinem Grund und Boden zu vertreiben, spricht Jahwe, der Herr! *10* Verwendet richtige Waagen, richtiges Getreide- und richtiges Flüssigkeitsmaß. *11* Das Getreidemaß Efa und das Bat für Flüssigkeiten sollen von derselben Größe sein. Als Norm für Hohlmaße gilt das Homer:* 1 Homer = 10 Efa = 10 Bat. *12* Bei den Gewichten soll ein Schekel 20 Gera* entsprechen, und 20 + 25 + 15 Schekel eine Mine* sein.

13 Folgende Abgaben sollt ihr entrichten: Von Weizen und Gerste je 16 Kilogramm pro Tonne, *14* vom Olivenöl ein Prozent* *15* und vom Kleinvieh auf den gut bewässerten Weiden Israels ein Tier von 200. Alle Abgaben sind für die Speis-, Brand- und Freudenopfer bestimmt. *16* Das ganze Volk des Landes ist zu dieser Abgabe an den Fürsten Israels verpflichtet. *17* Doch der Fürst ist verantwortlich für die Brand-, Speis- und Trankopfer an den Festen: den Neumondtagen und Sabbaten und allen anderen Festen Israels. Er hat für die Sündopfer, die Speis-, Brand- und Freudenopfer zu sorgen, die für das Haus Israel Sühne bewirken.«

Die großen Feste

18 So spricht Jahwe, der Herr: »Am 15. März* sollst du einen fehlerlosen jungen Stier bringen, um das Heiligtum zu entsündigen. *19* Der Priester soll mit dem Blut dieses Sündopfers die Türpfosten des Tempelhauses bestreichen, die vier Ecken der Altareinfassung und die Pfosten des Osttors zum Innenhof. *20* Am 21. März sollst du das wiederholen für den Israeliten, der unwissentlich oder unabsichtlich gesündigt hat, damit das Heiligtum entsündigt wird. *21* Am 28. März* sollt ihr das Passafest* feiern. Es ist ein Fest von sieben Tagen, an denen ungesäuerte Brotfladen gegessen werden sollen. *22* Der Fürst hat an diesem Tag für sich selbst und für das ganze Volk einen Stier als Sündopfer darzubringen. *23* Und an jedem Tag dieses Festes soll er Jahwe Brandopfer bringen: täglich sieben Stiere und sieben Schafböcke – fehlerfreie Tiere – und dazu täglich einen Ziegenbock. *24* Als Speisopfer soll er 12 Kilogramm Mehl pro Stier und 3½ Liter* Olivenöl pro Schafbock bereitstellen, 30 Prozent Ölanteil zur Mehlmenge*. *25* Genau dasselbe soll er an dem Fest, das am 29. September* beginnt, sieben Tage lang mit dem Sünd- und Brandopfer, dem Speisopfer und dem Öl machen.«

Die regelmäßigen Opfer

46 *1* So spricht Jahwe, der Herr: »Das Osttor des inneren Vorhofs soll die Woche über geschlossen bleiben, nur am Sabbat und am Neumondstag soll es geöffnet werden. *2* Der Fürst soll von außen her eintreten und an der Schwelle der Vorhalle zum Innenhof stehen bleiben. Von dort sieht er, wie die Priester sein Brand- und Freudenopfer bringen. Dann soll er sich auf der Schwelle zur Anbetung niederwerfen und anschließend wieder hinausgehen. Das Tor soll erst am Abend geschlossen

werden. *3* Die Israeliten sollen an den Sabbaten und Neumondstagen Jahwe am äußeren Eingang dieses Tores anbeten.

4 Das Brandopfer, das der Fürst Jahwe bringen lässt, soll am Sabbat aus sechs Lämmern und einem Schafbock bestehen, fehlerfreien Tieren. *5* Das Speisopfer beträgt 12 Kilogramm Mehl pro Schafbock und bei den Lämmern, so viel er geben will, 30 Prozent Ölanteil zur Mehlmenge. *6* Am Neumondstag soll das Opfer aus einem jungen Stier, sechs Lämmern und einem Schafbock bestehen, fehlerfreien Tieren. *7* Das Speisopfer beträgt 12 Kilogramm Mehl pro Stier und Schafbock und bei den Lämmern, so viel er geben kann.

8 Der Fürst soll durch das Osttor bis zu seinem Platz in der Vorhalle gehen und auf dem gleichen Weg wieder hinausgehen. *9* Und wenn die Israeliten an den Festtagen kommen, um Jahwe anzubeten, sollen die, die durch das Nordtor kommen, wieder zum Südtor hinausgehen, und die durch das Südtor kommen, durch das Nordtor. Sie sollen den Vorhof immer durch das gegenüberliegende Tor wieder verlassen. *10* Der Fürst soll mitten unter

---

45,21 *Am 28. März.* Wörtlich: Am 14. des 1. Monats.

Passa. Siehe 2. Mose 12-13.

45,24 *3½ Liter.* Hebräisch: 1 *Hin.* Flüssigkeitsmaß, etwa 3,5 Liter. 6 Hin = 1 Bat = 22 Liter.

30 Prozent ... Mehlmenge. Wörtlich: *Ein Hin Öl für das Efa.*

45,25 *29. September.* Wörtlich: am 15. des 7. Monats.

ihnen sein, wenn sie hineingehen und wenn sie herauskommen.

11 An den Festtagen und während der großen Feste soll das Speisopfer 12 Kilogramm Mehl pro Stier und Schafbock betragen und bei den Lämmern, so viel er geben will, 30 Prozent Ölanteil zur Mehlmenge. 12 Will der Fürst eine freiwillige Gabe für Jahwe bringen, ein Brand- oder Freudenopfer, dann soll man ihm das Osttor öffnen, und das Opfer soll so wie am Sabbat dargebracht werden. Wenn er wieder hinausgegangen ist, soll man das Tor schließen.

13 Jeden Morgen muss Jahwe ein fehlerfreies einjähriges Lamm als Brandopfer dargebracht werden. 14 Dazu jeden Morgen ein Speisopfer für Jahwe, das aus zwei Kilogramm Mehl und einem Liter Olivenöl besteht, das über das Mehl gegossen wird. Diese Ordnung gilt für immer. 15 Jeden Morgen soll das Lamm, das Mehl und das Öl Jahwe als regelmäßiges Brandopfer dargebracht werden.«

Der Grundbesitz des Fürsten

16 So spricht Jahwe, der Herr: »Wenn der Fürst einem seiner Söhne etwas aus seinem Grundbesitz schenkt, geht es für immer in dessen Besitz über. 17 Schenkt er es aber einem seiner Beamten, dann gehört es diesem nur bis zum nächsten Erlassjahr, und kommt dann an den Fürsten zurück. Nur bei seinen Söhnen verbleibt es als Erbbesitz. 18 Der Fürst darf sich nichts vom Erbbesitz des Volkes aneignen, er darf niemand mit Gewalt von seinem Eigentum verdrängen. Seine Söhne müssen ihren Teil aus seinem eigenen Grundbesitz bekommen, damit mein Volk nicht von seinem Grundbesitz verdrängt wird.«

Die Opferküchen

19 Dann brachte er mich durch den Eingang des Nordtors zu den dort gelegenen geheiligten Priesterzimmern. Ganz hinten, in westlicher Richtung, war ein besonderer Raum. 20 Er sagte zu mir:»Das ist der Ort, wo die Priester das Fleisch vom Schuld- und Sündopfer kochen, das ihnen zusteht. Hier backen sie auch ihr Brot aus dem Speisopfer, damit man es nicht in den äußeren Vorhof hinaustragen muss und das Volk mit dem Heiligen in Berührung kommt.« 21 Dann führte er mich in den äußeren Vorhof hinaus und zeigte mir die vier Ecken des Hofes. In jeder Ecke war ein kleiner Hof. 22 Jeder dieser Höfe war 21,60 Meter lang und 16,20 Meter breit. 23 Und um jeden war eine Steinreihe mit Feuerstellen auf der Innenseite. 24 Er sagte:»Das sind die Küchen, wo die Tempeldiener das Fleisch für die Opfermahlzeit des Volkes kochen.«

Ein Fluss aus dem Tempel

47 1 Dann führte er mich zum Eingang des Tempels zurück und ich sah, wie unter der Türschwelle Wasser hervorquoll. Es kam an der Südseite des Tempels heraus und floss südlich am Altar vorbei nach Osten ab, denn die Vorderseite des Hauses war nach Osten gerichtet. 2 Dann führte er mich durch das Nordtor hinaus und ließ mich außen um die Anlage herumgehen zum äußeren Osttor. Rechts davon floss das Wasser

hinaus. *3* Als der Mann mit der Mess-schnur in der Hand nach Osten hinausging, maß er 540 Meter* ab und ließ mich durch das Wasser hindurchgehen. Es reichte mir bis an die Knöchel. *4* Dann maß er wieder 540 Meter ab und ließ mich durch das Wasser waten. Es reichte mir bis zu den Knien. Darauf maß er wieder 540 Meter ab und ließ mich durchwaten. Das Wasser ging mir bis an die Hüften. *5* Als er noch einmal 540 Meter abgemessen hatte, war das Wasser zu einem Fluss geworden, den ich nicht mehr durchwaten konnte. Man hätte schwimmen müssen. *6* »Hast du das gesehen, Menschensohn?«, sagte er zu mir und führte mich zum Ufer zurück. *7* Da sah ich auf beiden Seiten des Flusses viele Bäume stehen. *8* Er sagte zu mir: »Das Wasser fließt immer weiter nach Osten in die Araba* hinunter und ergießt sich ins Tote Meer. Dort wird das salzige Wasser gesund werden. *9* Überall wohin der Fluss kommt, bringt er Leben. Alle Tiere gedeihen – überhaupt alles, was sich regt. Das Tote Meer wimmelt von Fischen, weil sein Wasser gesund geworden ist. *10* An seinem Ufer werden Fischer stehen. Von En-Gedi* bis En-Eglajim* breiten sie ihre Netze zum Trocknen aus. Fische jeder Art wird es dort wieder geben, zahlreich wie im Mittelmeer. *11* Nur die Sümpfe und Tümpel werden nicht gesund; sie bleiben dem Salz überlassen. *12* Aber an beiden Ufern des Flusses werden Fruchtbäume wachsen, die das ganze Jahr über grün sind und immer Früchte tragen, jeden Monat frische. Das ist so, weil sie von Wasser getränkt werden, das aus dem Heiligtum fließt. Ihre Früchte dienen als Nahrung und ihre Blätter als Heilmittel.

Die Grenzen des Landes

13 So spricht Jahwe, der Herr: »Das ist die Grenze, innerhalb derer ihr das Land als Grundbesitz an die zwölf Stämme verteilen sollt, wobei Josef zwei Teile* erhält. *14* Jeder einzelne soll darin seinen Erbbesitz erhalten, denn ich habe es euren Vorfahren geschworen: Dieses Land soll euer Erbbesitz sein.

15 Seine Grenze verläuft im Norden vom Mittelmeer in Richtung Hetlon bis man nach Zedad kommt, *16* Hamat, Berota, Sibrajim, das zwischen dem Gebiet von Damaskus und Hamat liegt, Hazar-Enan an der Grenze des Hauran-Gebiets. *17* Die Grenze

---

47,3 *540 Meter.* Wörtlich: 1000 Ellen.

47,8 Als *Araba* wird der Jordangraben bezeichnet, der sich von Norden nach Süden durch ganz Israel bis nach Elat am Roten Meer zieht. Sein Boden ist zwischen 12,5 und 22,5 km breit und befindet sich fast überall unter der Höhe des Meeresspiegels, am Toten Meer 394 Meter unter NN.

47,10 *En-Gedi* (Ziegenquell) ist eine Oase etwa in der Mitte des Westufers vom Toten Meer. Heute ist es ein Naturschutzgebiet.

En-Eglajim (Quelle der zwei Kälber) lag wahrscheinlich am Südende des Toten Meeres, einige identifizieren es auch mit *Ain Feschcha* in der Nähe von Qumran.

47,13 *zwei Teile.* Die Nachkommen Josefs bildeten zwei Stämme: Efraïm und Manasse.

47,17 *Hazar-Enan.* Der Ort liegt 120 km nordöstlich von Damaskus. Das beschriebene Gebiet umfasst einen Großteil des Libanon und Syrien, einschließlich von Damaskus.

läuft also vom Meer nach Hazar-Enan*, wobei die Gebiete, die Damaskus und Hamat gehören, nördlich davon bleiben. Das ist die Nordgrenze.

¹⁸ Die Ostgrenze verläuft zwischen dem Hauran-Gebirge und Damaskus hindurch bis zum Jordan, der dann auch die Grenze zwischen Gilead und dem Land Israel bildet. Bis zum östlichen Meer hin sollt ihr sie messen.

¹⁹ Die Südgrenze verläuft von Tamar* bis zum Streitwasser von Kadesch und folgt dann dem Bachtal* bis zum großen Meer.

²⁰ Die Westgrenze ist die Mittelmeerküste bis dorthin, wo man nach Hamat kommt.«

Die Aufteilung des Landes

²¹ »Dieses Land sollt ihr unter die Stämme Israels verteilen. ²² Ihr sollt es euren Familien als Grundbesitz verlosen und ebenso den Fremden, die unter euch leben und eine Familie gegründet haben. Sie sollen für euch wie Einheimische sein und sich genauso wie die Stämme Israels ihren Erbbesitz erlosen. ²³ Im Gebiet des Stammes, in dem sie leben, sollen sie ihren Anteil an Grundbesitz bekommen, spricht Jahwe, der Herr.«

47,19 *Tamar* ist vielleicht mit *Ein Husb* identisch, 37 km südwestlich von der Südspitze des Toten Meeres.

Bachtal. Das Wadi *El Arisch*, das die Grenze zu Ägypten bildete.

48,9 *10.800 Meter.* 20.000 Ellen mit der LXX wie schon in Hesekiel 45,1. Die meisten hebräischen Manuskripte haben 10.000 Ellen = 5400 Meter.

---

48 ¹ »Folgende Aufteilung ist für die einzelnen Stämme vorgesehen: Ganz im Norden liegt der Anteil des Stammes Dan. Die Grenze verläuft entlang dem Weg von Hetlon nach Hamat und Hazar-Enan. Das Gebiet von Damaskus bleibt dabei nördlich liegen. Dann verläuft die Grenze vom Osten wieder ganz nach Westen. ² Darunter liegt der Anteil des Gebietes von Ascher, ein Streifen von Ost nach West, ³ darunter der von Naftali, ⁴ dann der von Manasse, ⁵ von Efraïm, ⁶ von Ruben ⁷ und von Juda.

⁸ An das Gebiet von Juda schließt sich nach Süden zu der 13.500 Meter breite Landstreifen von Ost nach West an, den ihr mir weihen sollt. Mitten darin liegt das Heiligtum. ⁹ Das mir geweihte Stück misst in Ost-West-Richtung 13.500 Meter und in Nord-Süd-Richtung 10.800 Meter*. ¹⁰ Es soll den Priestern gehören; in seiner Mitte liegt ja das Heiligtum Jahwes. ¹¹ Die Priester aus der Nachkommenschaft Zadoks, die sich nicht wie die Leviten von mir abwandten, als sich Israel von mir abwandte, sondern treu ihren Dienst versahen, ¹² sollen eine Sonderweihgabe von diesem mir geweihten Land erhalten, ein höchst heiliges Stück Land neben dem Gebiet der Leviten. ¹³ Die Leviten haben daneben ein Gebiet von 13.500 Metern Länge und 5400 Metern Breite zur Verfügung. ¹⁴ Es darf nichts davon verkauft werden, denn es ist der Erstteil des Landes, der Jahwe gehört. ¹⁵ Der Streifen von 2700 Metern Breite, der längs der 13.500 Meter übrig bleibt, ist kein geweihtes Land. Er soll der

Stadt als Wohngebiet und Weideland dienen.

16 Die Nordseite der Stadt ist 2430 Meter lang, ebenso ihre Süd-, Ost- und Westseite, 17 und sie ist ringsherum von einem 135 Meter breiten Streifen Weideland umgeben. 18 Daran schließt sich nach Westen und Osten je ein 5400 Meter langes Stück Land an, das an den geweihten Bezirk grenzt. Von seinem Ertrag sollen die, die in der Stadt arbeiten, leben. 19 Es sind Menschen aus allen Stämmen Israels, die dieses Land bebauen werden. 20 Die ganze Weihgabe zusammen mit dem Grundbesitz der Stadt ist ein Viereck von 13.500 Metern Länge und 13.500 Metern Breite. 21 Das Gebiet, das sich nach beiden Seiten an das geweihte Gebiet und den Grundbesitz der Stadt bis zur Ost- und Westgrenze anschließt, soll dem Fürsten gehören. Das geweihte Gebiet mit dem Heiligtum und dem Tempel liegt in seiner Mitte. 22 Der Grundbesitz der Leviten und der Stadt liegen mitten in dem Gebiet, das dem Fürsten gehört, und beide zusammen liegen zwischen den Gebieten Judas und Benjamins.

23 Nach Süden zu schließt sich also der Anteil des Gebiets von Benjamin an, ein Landstreifen in ganzer Breite von Ost nach West, 24 daneben der Anteil von Simeon, 25 der von Issachar, 26 Sebulon, 27 und Gad. 28 Die Südgrenze des Stammesgebietes von Gad fällt mit der Landesgrenze zusammen. Sie verläuft von Tamar bis zum Haderwasser von Kadesch und folgt dann dem Bachtal bis zum großen Meer. 29 Dieses Land sollt ihr den einzelnen Stämmen als Grundbesitz verlosen, das sind ihre Anteile, spricht Jahwe, der Herr.«

Die heilige Stadt

30 »Die Stadt hat folgende Ausgänge: Auf der Nordseite – sie ist 2430 Meter lang – 31 sind es drei Tore, das Ruben-, das Juda- und das Levi-Tor. Sie sind alle nach den Stämmen Israels benannt. 32 Auf der Ostseite befinden sich das Josef-, das Benjamin- und das Dan-Tor, 33 auf der Südseite das Simeon-, das Issachar- und das Sebulon-Tor 34 und auf der Westseite das Gad-, das Ascher- und das Naftali-Tor. 35 Der ganze Umfang der Stadt beträgt 9720 Meter. Ihr Name heißt künftig: ›Hier ist Jahwe‹.«

Der Prophet Daniel

Daniel wurde als 14-jährige Geisel schon im Jahr 605 v.Chr. nach Babylon verschleppt. Dort bekam er eine dreijährige Ausbildung zum Hofbeamten des Königs und tat sich bald durch seine große Weisheit hervor. Ungefähr 70 Jahre lang bezeugte er den babylonischen Königen die Erhabenheit Gottes über alle Völker, den niemand an der Ausführung seiner Pläne hindern kann.

Von der Bibelkritik wird die Verfasserschaft Daniels mit verschiedenen Argumenten bestritten, die aber alle widerlegbar sind. Das Hauptargument der Kritik ist letztlich die Leugnung echter Prophetie, denn die Vorhersagen in Kapitel 8 und 11 haben sich schon zwischen dem vierten und dem zweiten Jahrhundert v.Chr. bis in Einzelheiten genau erfüllt. Sie weisen aber noch weit darüber hinaus bis in die Zeit von unserem Herrn Jesus Christus und seinem Wiederkommen.

Das Buch enthält von Kapitel 1-6 die Danielgeschichte, von 7-12 die Danielgesichte (Weissagungen).

Daniel am babylonischen Hof

1 *1* Im dritten Regierungsjahr* des Königs Jojakim von Juda zog der babylonische König Nebukadnezzar vor Jerusalem und bedrängte die Stadt*. *2* Der Herr gab König Jojakim in die Gewalt Nebukadnezzars und ließ auch einen Teil der Tempelgeräte in seine Hand fallen. Nebukadnezzar brachte sie ins Land Schinar* und ließ sie in der Schatzkammer im Tempel seines Gottes aufbewahren. *3* Seinem obersten Hofbeamten Aschpenas befahl er, einige junge Israeliten aus dem Königshaus und den vornehmen Familien auszusuchen. *4* »Die jungen Männer müssen gesund sein und gut aussehen«, sagte er. »Sie müssen gut unterrichtet, klug und begabt sein, denn sie sollen in den Dienst am Königshof treten. Und dann sollen sie in der Sprache und Literatur der Chaldäer* unterwiesen werden.« *5* Drei Jahre lang sollten die jungen Leute ausgebildet werden und danach in den Dienst des Königs treten. Der König

---

1,1 *Im dritten Regierungsjahr* = 605 v.Chr. Nach jüdischer Zählung war dies das vierte Jahr Jojakims (vgl. Jeremia 25,1; 46,2). In Babylon zählte man die Regierungsjahre erst ab dem nächsten vollen Jahr. Daniel verwendete also die babylonische Zählweise.

bedrängte die Stadt. Das geschah während eines Feldzugs zur Eroberung von Syrien und Israel. Am 15. August 605 v.Chr. starb Nabopolassar, der Vater Nebukadnezzars. Daraufhin eilte der Kronprinz mit kleinem Gefolge zurück, um sich die Herrschaft zu sichern. Nebukadnezzar wurde am 7. September inthronisiert und bestimmte 43 Jahre lang die Geschicke des Orients.

1,2 *Land Schinar.* Das meint die Ebene Babyloniens, wo die Menschen einst in grenzenloser Überheblichkeit den babylonischen Turm gebaut hatten (vgl. 1. Mose 11,1-9).

1,4 Die *Chaldäer* waren aramäisch (syrisch) sprechende Semiten aus dem südlichen Zweistromland.

ordnete an, dass sie von der königlichen Tafel mit Speise und Wein versorgt würden. 6 Zu den jungen Juden, die ausgesucht wurden, gehörten auch Daniel, Hananja, Mischaël und Asarja. 7 Aschpenas gab ihnen babylonische Namen: Daniel nannte er Beltschazzar, Hananja Schadrach, Mischaël Meschach und Asarja Abed-Nego.*

8 Aber Daniel war fest entschlossen, sich nicht mit der Tafelkost des Königs zu verunreinigen*. Deshalb bat er Aschpenas, dass er nicht gezwungen würde, sich vor Gott unrein zu machen. 9 Gott sorgte dafür, dass der oberste Hofbeamte Verständnis für ihn zeigte. 10 Allerdings sagte er zu Daniel: »Ich habe Bedenken wegen meinem Herrn, dem König, denn er hat selbst bestimmt, was ihr essen und trinken sollt. Wenn er merkt, dass ihr schlechter ausseht als die anderen jungen Leute, lässt er mir den Kopf abschlagen.« 11 Dann wandte sich Daniel an den Aufseher, den Aschpenas über ihn, Hananja, Mischaël und Asarja eingesetzt hatte: 12 »Versuch es doch einmal zehn Tage lang mit uns! Gib uns nur Gemüse und Wasser 13 und vergleiche dann unser Aussehen mit dem der anderen jungen Leute, die von der königlichen Tafel versorgt werden. Triff deine Entscheidung nach dem, was du dabei feststellst!« 14 Der Aufseher war einverstanden und machte den zehntägigen Versuch mit ihnen. 15 Nach Ablauf der Frist sahen die jungen Männer sogar gesünder und kräftiger aus als die anderen. 16 Von da an gab ihnen der Aufseher immer Gemüse. Sie mussten nichts von der Tafelkost des Königs essen. 17 Gott schenkte diesen vier jungen Männern Kenntnis und Verständnis für jede Schrift. Auf allen Wissensgebieten kannten sie sich aus, und Daniel konnte darüber hinaus Visionen und alle Arten von Träumen verstehen.

18 Am Ende der Ausbildungszeit befahl der König, die jungen Leute zu ihm zu bringen. Der oberste Hofbeamte stellte sie Nebukadnezzar vor, 19 und der König redete mit ihnen. Dabei stellte sich heraus, dass Daniel, Hananja, Mischaël und Asarja alle anderen in den Schatten stellten. Sie wurden in den königlichen Dienst aufgenommen. 20 Und immer, wenn der König auf ein sicheres Urteil angewiesen war und ihren Rat suchte, fand er sie seinen Magiern und Geisterbeschwörern zehnfach überlegen.

21 Daniel blieb bis zum ersten Regierungsjahr des Königs Kyrus* in königlichen Diensten.

1,7 ... *Abed-Nego*. Die Namensänderung drückte einerseits die neue Herrschaft über die jungen Leute aus und stellte sie andererseits in Beziehung zu den babylonischen Göttern. Daniel = Gott ist Richter – Beltschazzar = Bel (Marduk) schütze sein Leben; Hananja = Jahwe ist gnädig – Schadrach = Befehl Akus (sumerischer Mondgott); Mischaël = Wer ist wie Gott? – Meschach = Wer ist wie Aku?; Asarja = Jahwe hilft – Abed-Nego = Diener Negos (Nabus).

1,8 Er würde sich Gott gegenüber *verunreinigen*, weil die Speisen und Getränke immer den babylonischen Göttern geweiht wurden.

1,21 ... *des Königs Kyrus*. Das heißt: noch 67 Jahre bis 538 v.Chr.

Nebukadnezzars Traum

2 ¹ Im zweiten Jahr seiner Regierung* hatte Nebukadnezzar einen Traum, der ihn so beunruhigte, dass es mit seinem Schlaf vorbei war. ² Da ließ der König die Magier, die Geisterbeschwörer, die Orakelpriester und die Astrologen zu sich rufen. Sie sollten ihm Aufschluss über seinen Traum geben. Als sie sich beim König versammelt hatten, ³ sagte der König zu ihnen: »Ich habe einen Traum gehabt, der mich sehr beunruhigt. Ich will wissen, was es damit auf sich hat.«* ⁴ Da sagten die Astrologen zum König auf Aramäisch*: »Der König lebe ewig! Möge er seinen Sklaven den Traum erzählen, dann wollen wir ihn deuten.« ⁵ Doch der König erwiderte: »Nein, ich habe unwiderruflich entschieden, dass ihr mir auch den Traum mitteilen müsst, nicht nur seine Deutung. Wenn ihr das nicht könnt, lasse ich euch in Stücke hauen und eure Häuser in Schutt und Asche legen. ⁶ Sagt mir also den Traum und

die Deutung dazu! Dann werde ich euch reich beschenken und euch hohe Ehre erweisen. Also los, sagt es mir!« ⁷ Die Berater sagten noch einmal: »Der König möge seinen Sklaven den Traum erzählen, dann werden wir ihn deuten!« ⁸ Da fuhr der König sie an: »Ihr macht nur Ausflüchte und wollt Zeit gewinnen! Ihr habt genau verstanden, wie ich die Sache entschieden habe! ⁹ Wenn ihr mir nicht sagt, was ich geträumt habe, lasse ich das Urteil vollstrecken. Ihr habt euch verabredet, mir weiter nichts als Lug und Trug aufzutischen, bis die Zeit sich geändert hat.* Darum sagt mir den Traum! Dann weiß ich auch, ob ihr ihn überhaupt deuten könnt.« ¹⁰ Da entgegneten die Astrologen: »Kein Mensch auf der ganzen Welt kann tun, was der König verlangt! Und noch nie hat ein König von irgendeinem Magier, Geisterbeschwörer oder Astrologen so etwas verlangt. ¹¹ Was du uns zumutest, ist für Menschen unmöglich! Nur die Götter könnten es dem König offenbaren; aber sie wohnen nicht unter den Menschen.« ¹² Über diese Antwort wurde der König so wütend, dass er befahl, alle Weisen von Babel töten zu lassen. ¹³ Und tatsächlich erging der Befehl: »Die Weisen sollen getötet werden!« Auch Daniel und seine Freunde waren davon betroffen. Man suchte sie, um sie töten zu lassen. ¹⁴ Als Arjoch, der Befehlshaber der königlichen Leibwache, zu Daniel kam, stellte dieser ihm eine gut überlegte, kluge Frage: ¹⁵ »Warum hat der König diesen strengen Befehl gegeben?« Arjoch berichtete ihm, wie es dazu gekommen war. ¹⁶ Sofort ging Daniel zum König

---

2,1 ... *Regierung.* Das war im Jahr 603/2 v.Chr. Daniel hatte seine Ausbildung also fast abgeschlossen.

2,3 ... *auf sich hat.* Man kann den Grundtext auch so verstehen, dass der König den Traum wirklich vergessen hatte, was als besonders unheilvolles Zeichen galt.

2,4 *Aramäisch.* Die aus verschiedenen Völkern stammenden Astrologen verständigten sich auf Aramäisch. Auch das Buch Daniel ist von hier an bis Kapitel 7,28 nicht mehr in hebräischer, sondern in aramäischer Sprache verfasst.

2,9 *bis die Zeit sich geändert hat.* Damit verdächtigte er sie wahrscheinlich, Umsturzpläne zu verfolgen.

und bat sich eine Frist aus, um ihm die Deutung verkünden zu können. 17 Dann ging er in sein Haus und berichtete es Hananja, Mischaël und Asarja. 18 Sie sollten den Gott des Himmels um Gnade bitten, damit er und seine Freunde nicht mit den anderen Weisen umkämen. 19 Darauf wurde ihm das Geheimnis in einer nächtlichen Vision enthüllt, und Daniel rühmte den Gott des Himmels. 20 Er sagte:»In alle Ewigkeit soll der Name Gottes gepriesen werden! Ihm gehören Weisheit und Macht. 21 Er bestimmt den Wechsel der Zeiten, er setzt Könige ab und setzt Könige ein. Er gibt den Weisen ihre Weisheit und den Klugen ihren Verstand. 22 Er offenbart auch das, was tief verborgen ist, und weiß, was in der Finsternis wohnt. Doch ihn selbst umstrahlt das Licht. 23 Dich, Gott meiner Väter, rühme und lobe ich! Denn du hast mir Weisheit und Kraft geschenkt. Und jetzt hast du mich wissen lassen, was wir von dir erbaten. Du hast uns den Traum des Königs enthüllt.«

24 Daraufhin ging Daniel zu Arjoch, der den Befehl hatte, die Weisen Babylons zu töten, und sagte zu ihm:»Bring die Weisen Babylons nicht um! Führ mich zum König, damit ich ihm die Deutung angeben kann!« 25 Arjoch brachte ihn sofort zum König und meldete:»Ich habe unter den Deportierten aus Judäa einen Mann gefunden, der dem König die Deutung seines Traumes mitteilen kann.« 26 Der König fragte Daniel, der jetzt Beltschazzar genannt wurde:»Kannst du mir wirklich sagen, was ich im Traum gesehen habe, und mir mitteilen, was es bedeutet?« 27 Daniel begann vor dem König zu sprechen:»Das Geheimnis, nach dem der König verlangt«, sagte er, »können Magier, Geisterbeschwörer, Orakelpriester und Astrologen dem König nicht verkündigen. 28 Aber es gibt einen Gott im Himmel, der das Verborgene enthüllt. Er wollte dir zeigen, König Nebukadnezzar, was am Ende der von Gott bestimmten Zeit geschehen wird. Dein Traum, die Schau, die du auf deinem Lager hattest, war folgende:

29 Auf deinem Lager kamen dir, König, Gedanken über das, was künftig geschehen wird. Und der, der die Geheimnisse offenbart, hat dich wissen lassen, was geschehen wird. 30 Auch mir ist dieses Geheimnis nicht offenbar gemacht worden, weil ich weiser als alle anderen Menschen wäre, sondern nur, damit der König die Deutung erfährt und die Gedanken seines Herzens erfasst. 31 Du, König, sahst auf einmal eine gewaltige Statue vor dir. Es war eine furchterregende Erscheinung, denn sie war riesig groß und ihr Glanz blendete. 32 Der Kopf der Statue bestand aus gediegenem Gold. Brust und Arme waren aus Silber, Bauch und Lenden aus Bronze, 33 die Beine aus Eisen und ihre Füße zum Teil aus Eisen und zum Teil aus Ton. 34 Während du sie noch anschautest, brach auf einmal ohne Zutun einer Menschenhand ein Stein los. Er traf die Füße der Statue, die aus Eisen und Ton bestanden, und zerschmetterte sie. 35 Da wurden Eisen und Ton, Bronze, Silber und Gold miteinander zu Staub zermalmt. Auf einmal waren sie wie die Spreu auf dem Dreschplatz im Sommer. Der

Wind trug sie fort, und es war keine Spur mehr davon übrig. Aber der Stein, der die Statue zerschlagen hatte, wuchs zu einem riesigen Berg, der die ganze Erde ausfüllte. 36 Das war der Traum. Und nun wollen wir dem König sagen, was er bedeutet. 37 Du, König, bist der König der Könige. Der Gott des Himmels hat dir Herrschaft und Macht, Stärke und Ehre geschenkt. 38 Und überall, wo Menschen wohnen, hat er dir auch die Landtiere und die Vögel in die Hand gegeben und dich zum Herrscher über sie alle eingesetzt. Du bist der Kopf aus Gold.* 39 Auf dein Reich wird ein anderes folgen, das geringer als deins sein wird.* Dann folgt ein drittes Reich – das aus Bronze –, das über die ganze Erde herrschen wird.* 40 Das vierte Reich wird hart wie Eisen sein – Eisen zerschlägt und zermalmt ja alles – und wird wie Eisen alles zerschmettern, was sich ihm in den Weg stellt.* 41 Dass du aber die Füße und Zehen, teils aus Töpferton und teils aus Eisen bestehend, gesehen hast, bedeutet: Das Reich wird geteilt sein, aber es wird etwas von der Härte des Eisens in sich haben. Darum hast du das Eisen mit Ton vermischt gesehen. 42 Und

dass die Zehen teils von Eisen und teils von Ton sind, bedeutet: Das Reich wird zum Teil stark und zum Teil zerbrechlich sein. 43 Das Nebeneinander von Eisen und Ton bedeutet: Sie werden versuchen, sich durch Heiraten miteinander zu verbinden, aber ihre Verbindung wird keinen Bestand haben, so wie sich Eisen eben nicht mit Ton verbinden lässt. 44 In der Zeit dieser Königreiche wird der Gott des Himmels ein Reich errichten, das niemals untergehen wird. Dieses Reich wird nie einem anderen Volk überlassen werden, im Gegenteil: Es wird alle diese Königreiche zermalmen und zum Verschwinden bringen, selbst aber ewig bestehen. 45 Das hast du in dem Stein gesehen, der ohne menschliches Zutun losbrach und Eisen, Bronze, Ton, Silber und Gold zermalmte. Ein großer Gott hat den König wissen lassen, was nach dieser Zeit geschehen wird. Der Traum sagt die Wahrheit und seine Deutung ist zuverlässig.«

46 Da warf sich König Nebukadnezzar vor Daniel auf den Boden. Er befahl seinen Dienern, ihm Opfer und Weihrauch darzubringen, 47 und sagte zu Daniel: »Euer Gott ist wirklich ein Gott aller Götter, ein Herr der Könige und ein Offenbarer der Geheimnisse! Denn du hast dieses Geheimnis ja offenbaren können.« 48 Dann machte der König Daniel groß: Er beschenkte ihn reich und ernannte ihn zum Statthalter der Provinz Babylon. Außerdem machte er ihn zum obersten Vorgesetzten für alle Weisen Babylons. 49 Auf Daniels Bitte hin betraute der König Schadrach, Meschach und Abed-Nego

---

2,38 *Kopf aus Gold.* Gemeint ist das babylonische Weltreich.

2,39 *geringer als deins sein wird.* Das Reich der Meder und Perser, das aber schon nicht mehr die einzige Großmacht des östlichen Mittelmeerraumes war.

... herrschen wird. Das griechische Reich von Alexander dem Großen.

2,40 *... in den Weg stellt.* Das Römische Reich und seine Nachfolgestaaten.

mit der Verwaltung über die Provinz Babylon. Daniel selbst blieb am Hof des Königs.

Drei standhafte junge Männer

3 *1* König Nebukadnezzar ließ ein goldenes Standbild* anfertigen und in der Ebene von Dura* in der Provinz Babylon aufstellen. Es war dreißig Meter hoch und drei Meter breit. *2* Anschließend berief Nebukadnezzar die Satrapen, Präfekten und Statthalter* seines Reiches ein, dazu die Ratgeber, Schatzmeister und Richter, die Befehlshaber der Polizei und alle anderen hohen Beamten. Sie sollten an der Einweihung des Standbildes teilnehmen, das er hatte aufstellen lassen. *3* Sobald sie alle gekommen waren und sich vor dem Standbild aufgestellt hatten, *4* rief ein Herold mit lauter Stimme: »Folgender Befehl gilt allen hier versammelten Völkern, Nationen und Sprachen: *5* Sobald ihr den Klang der Hörner, Pfeifen und Zithern, der Leiern und Lauten, des Orchesters und aller anderen Instrumente hört, sollt ihr niederfallen und das goldene Standbild anbeten, das König Nebukadnezzar aufgestellt hat. *6* Wer es nicht tut, wird auf der Stelle in den glühenden Ofen geworfen.« *7* Als nun die Instrumente ertönten, die Hörner, Pfeifen und Zithern, die Leiern und Lauten und alle andere Musik, warfen sich die Menschen aus all den Völkern, Nationen und Sprachen vor dem goldenen Standbild nieder, das Nebukadnezzar aufgestellt hatte, und beteten es an. *8* Bei dieser Gelegenheit traten einige chaldäische Männer heran

9 und sagten zu Nebukadnezzar: »Der König lebe ewig! *10* Du, König, hast ein Edikt erlassen, dass jeder, der den Klang der Hörner, Pfeifen und Zithern, der Leiern und Lauten, des Orchesters und aller anderen Instrumente hört, niederfallen und das goldene Bild anbeten soll. *11* Und wer es nicht tut, soll auf der Stelle in den glühenden Ofen geworfen werden. *12* Nun gibt es hier einige jüdische Männer, denen du die Verwaltung der Provinz Babylon anvertraut hast: Schadrach, Meschach und Abed-Nego. Diese Männer schenken dir keine Beachtung, sie dienen deinen Göttern nicht und werfen sich auch nicht vor deinem goldenen Standbild nieder!« *13* Da wurde Nebukadnezzar ärgerlich und befahl wütend, Schadrach, Meschach und Abed-Nego herzubringen. Als sie ihm vorgeführt wurden, *14* fuhr er sie an: »Ist es wahr, Schadrach, Meschach und Abed-Nego,* dass ihr meinen Göttern keine

---

3,1 *Standbild.* Aufgrund der Maße handelte es sich hier wohl eher um eine Art Obelisk, ein vergoldeter, mit Bildern versehener vierkantiger Steinpfeiler. Denkbar ist aber auch, dass das goldene Standbild auf einem sehr hohen Sockel stand.

Ebene von Dura. Etwa 9 km südlich von Babel haben Archäologen einen großen quadratischen Block gefunden, der mitten in einem großen weiten Feld steht und die Grundlage für den Obelisk gewesen sein könnte.

3,2 *... Statthalter.* Das persische Reich war in mehr als 20 *Satrapien* eingeteilt, von denen jede im Schnitt sechs Provinzen umfasste, die von *Präfekten* und (Unter-)*Statthaltern* regiert wurden.

3,14 *... Abed-Nego.* Dass der König ihre Namen nennt, ist eine Geste der Achtung.

Ehre erweist und euch nicht vor meinem goldenen Standbild niederwerft? ¹⁵ Ihr habt noch eine Gelegenheit! Wenn ihr jetzt noch einmal den Klang aller Instrumente hört und euch niederwerft und das Bild anbetet, das ich gemacht habe, dann ist die Sache erledigt. Wenn aber nicht, werdet ihr sofort in den glühenden Ofen geworfen. Welcher Gott soll euch dann noch aus meiner Hand retten?« ¹⁶ Schadrach, Meschach und Abed-Nego erwiderten dem König Nebukadnezzar: »Wir haben nicht die Absicht, uns vor dir zu verteidigen. ¹⁷ Wenn unser Gott, dem wir dienen, uns retten will, dann wird er uns aus dem glühenden Ofen und aus deiner Gewalt retten. ¹⁸ Und wenn nicht, so sollst du, König, dennoch wissen, dass wir deinen Göttern nicht dienen und dein goldenes Bild nicht anbeten werden.« ¹⁹ Da geriet Nebukadnezzar noch mehr in Wut. Sein Gesicht verzerrte sich vor Zorn über Schadrach, Meschach und Abed-Nego. Er ließ den Ofen siebenmal so stark heizen wie sonst*. ²⁰ Dann befahl er den stärksten Männern in seinem Heer, die drei zu fesseln und in den glühenden Ofen zu werfen. ²¹ Sofort wurden sie in ihrer Kleidung, ihren Hosen, Mänteln und Mützen gefesselt und in den glühenden Ofen geworfen. ²² Und weil der König befohlen hatte, ihn besonders stark zu heizen, wurden die Männer, die Schadrach, Meschach und Abed-Nego hinaufbrachten, von

den herausschlagenden Flammen getötet. ²³ Die drei aber fielen gefesselt ins Feuer.

²⁴ Da erschrak der König Nebukadnezzar. Er fuhr auf und sagte zu seinen Ratgebern: »Haben wir nicht drei Männer gefesselt ins Feuer geworfen?« – »Ja, gewiss, König!«, erwiderten sie. ²⁵ »Warum sehe ich dann aber vier Männer ohne Fesseln im Feuer umhergehen? Sie sind alle unversehrt und der vierte sieht aus wie ein Göttersohn.« ²⁶ Nebukadnezzar trat näher an die Öffnung des Ofens und rief: »Schadrach, Meschach, Abed-Nego, ihr Diener des höchsten Gottes, kommt – heraus!« Da kamen die drei aus dem Feuer. ²⁷ Die Satrapen und die Präfekten, die Statthalter und die Ratgeber des Königs kamen zusammen und sahen, dass das Feuer diesen Männern nichts hatte anhaben können: Ihr Haar war nicht versengt, ihre Kleidung war unversehrt, nicht einmal Brandgeruch konnte man an ihnen wahrnehmen. ²⁸ Da rief Nebukadnezzar aus: »Gepriesen sei der Gott von Schadrach, Meschach und Abed-Nego! Er hat seinen Engel geschickt, um diese Männer zu retten, die sich auf ihn verließen und sich dem Befehl des Königs widersetzten. Sie haben ihr Leben gewagt, damit sie außer ihrem Gott keinen anderen verehren oder anbeten müssten! ²⁹ Darum ergeht folgendes Edikt an alle Völker, Nationen und Sprachen: ›Jeder, der etwas Verächtliches über den Gott von Schadrach, Meschach und Abed-Nego sagt, dessen Haus wird zu einem Schutthaufen gemacht und er selbst wird in Stücke gehauen werden.‹ Denn es gibt keinen anderen Gott, der auf solch eine Weise

---

3,19 *siebenmal so stark heizen wie sonst.* Die Glut war von der Anzahl der Blasebälge abhängig, die gleichzeitig eingesetzt wurden.

retten kann!« ³⁰ Dann gab der König den drei Männern sehr hohe Ehrenstellungen in der Provinz Babylon.

Hochmut wird bestraft

³¹ König Nebukadnezzar wendet sich an alle Völker, Nationen und Sprachen auf der ganzen Erde: Glück und Frieden euch allen! ³² Ich habe mich entschlossen, euch von den Zeichen und Wundern in Kenntnis zu setzen, die Gott, der Höchste, an mir getan hat. ³³ Wie groß sind seine Zeichen! Wie gewaltig seine Wunder! Sein Reich besteht ewig! Seine Herrschaft hat für immer Bestand!

4 ¹ Ich, Nebukadnezzar, lebte ruhig und zufrieden in meinem Palast. ² Eines Nachts hatte ich einen Traum, der mich erschreckte. Ich lag auf meinem Bett und geriet durch das, was ich sah, in Angst. ³ Deshalb ließ ich alle Weisen von Babylon zu mir kommen. Sie sollten meinen Traum deuten. ⁴ Als die Magier, die Geisterbeschwörer, die Orakelpriester und die Astrologen vor mir standen, erzählte ich ihnen den Traum. Doch keiner sagte mir die Deutung. ⁵ Zuletzt trat Daniel vor mich, den ich nach meinem Gott Beltschazzar genannt hatte. In ihm wohnt der Geist der heiligen Götter. Auch ihm erzählte ich meinen Traum. ⁶ »Beltschazzar«, sagte ich, »du bist der Oberste der Magier. Ich weiß, dass der Geist der heiligen Götter in dir wohnt und dir kein Geheimnis zu schwer ist. Erkläre mir die Bilder, die ich in meinem Traum gesehen habe, und deute sie mir! ⁷ Folgende Schau hatte ich auf meinem Lager: Mitten auf der Erde sah ich einen sehr großen Baum. ⁸ Er wurde immer größer und gewaltiger, so dass seine Spitze zuletzt bis an den Himmel reichte. Und bis ans Ende der Erde konnte man ihn sehen.* ⁹ Er hatte schönes Laub und gab reichlich Frucht – Nahrung für alle. Den wilden Tieren bot er Schatten, die Vögel nisteten in seinen Zweigen. Alles, was lebte, bekam Nahrung von ihm. ¹⁰ Als ich das Bild anschaute, kam auf einmal ein Wächterengel vom Himmel herab. ¹¹ Er rief laut: ›Fällt den Baum und hackt seine Äste ab! Reißt das Laub von seinen Ästen und verstreut die Früchte überall! Die Tiere unter ihm und die Vögel in seinen Zweigen sollen in die Flucht gejagt werden. ¹² Nur den Wurzelstock lasst in der Erde, doch fesselt ihn mit Bronze- und Eisenketten mitten zwischen Gras und Kräutern! Der Tau soll auf ihn fallen, und er soll im Gras liegen wie das Wild. ¹³ Statt eines Menschenverstandes soll ihm der Verstand eines Tieres gegeben werden! Sieben Zeiten* lang soll das dauern. ¹⁴ Dieses Edikt beruht auf einem Beschluss der Wächter im Himmel, es ist ein Befehl der heiligen Engel, damit alle Menschen erkennen: Der Höchste hat die Macht über die Reiche der Welt und kann sie geben, wem er will. Selbst den Niedrigsten der Menschen

---

4,8 *konne man ihn sehen.* In einer der Inschriften Nebukadnezzars wird Babylon mit einem Baum verglichen, der immer größer wird.

4,13 *Zeiten.* Perioden von unbestimmter Länge, vielleicht Jahre.

kann er zum Herrscher über alle machen.‹ 15 Diesen Traum habe ich, König Nebukadnezzar, gehabt. Aber du, Beltschazzar, deute ihn mir! Denn alle Weisen in meinem Reich können mir keine Deutung geben. Doch du kannst es, weil dich der Geist der heiligen Götter erfüllt.«

16 Da erstarrte Daniel, der auch Beltschazzar heißt, eine Zeit lang. Seine Gedanken erschreckten ihn. Aber der König sagte: »Beltschazzar, lass dir von dem Traum und seiner Deutung keine Angst einjagen!« Er erwiderte: »Mein Herr, ich wünschte, die Botschaft des Traums würde deinen Feinden gelten und allen, die dich hassen! 17 Der Baum, den du gesehen hast, der so groß und stark wurde, dass seine Spitze bis an den Himmel reichte, und den man bis ans Ende der Erde sehen konnte, 18 der schönes Laub hatte, reichlich Frucht gab und alle mit Nahrung versorgte, der den wilden Tieren Schatten bot und in dessen Zweigen die Vögel nisteten – 19 dieser Baum bist du, König. Du wurdest groß und mächtig, deine Gewalt reichte bis an den Himmel, deine Herrschaft bis ans Ende der Welt. 20 Dass der König einen der heiligen Wächterengel vom Himmel kommen

sah, der befahl: ›Fällt den Baum und zerstört ihn! Doch seinen Wurzelstock lasst in der Erde, aber fesselt ihn mit Bronze- und Eisenketten mitten zwischen Gras und Kräutern! Der Tau soll auf ihn fallen, und er soll im Gras liegen wie das Wild, bis die sieben Zeiten vorbei sind!‹, 21 das, mein König, hat folgende Bedeutung: Der Höchste hat einen Beschluss gefasst, der meinen Herrn, den König, betrifft. 22 Man wird dich aus der Gemeinschaft der Menschen ausstoßen und du wirst unter den wilden Tieren leben. Man wird dir Kraut zu essen geben wie den Rindern und dich nass werden lassen vom Tau.* Sieben Zeiten werden so vergehen, bis du erkennst, dass der Höchste über die Reiche der Menschen herrscht und die Herrschaft gibt, wem er will. 23 Doch weil der Wurzelstock im Erdreich bleiben sollte, wird auch dir dein Königreich erhalten bleiben, sobald du erkennst, dass der Himmel die Macht hat. 24 Darum König, lass dir meinen Rat gefallen und sühne deine Sünden durch Gerechtigkeit, dein Unrecht durch Erbarmen mit den Armen. Dann wird es dir auch in Zukunft gut gehen!«

25 Genauso geschah es dann mit König Nebukadnezzar. 26 Zwölf Monate später ging er auf der Dachterrasse seines Palastes in Babylon umher 27 und sagte sich: »Diese großartige Stadt hier habe ich gebaut! Es ist meine Residenz! Mit meiner gewaltigen Macht habe ich das fertig gebracht, ein würdiges Denkmal meiner Herrlichkeit!«* 28 Der König hatte noch nicht ausgeredet, da ertönte eine Stimme aus dem Himmel:

4,22 ... vom Tau. Nebukadnezzar sollte offenbar von einer Geisteskrankheit befallen werden, der Zwangsvorstellung, ein Tier zu sein. Auch die antiken Schriftsteller Euseb, Abydenus und Josephus zitieren einen Bericht des Griechen Megasthenes aus dem 3. Jh. v.Chr. über ein seltsames Benehmen Nebukadnezzars in seiner späteren Regierungszeit.

»Hiermit wird dir die Herrschaft weggenommen, König Nebukadnezzar! 29 Du wirst aus der Gemeinschaft der Menschen ausgestoßen und musst unter den wilden Tieren leben!* Man wird dir Kraut zu essen geben wie dem Rind und dich nass werden lassen vom Tau. Sieben Zeiten werden so vergehen, bis du erkennst, dass der Höchste über die Reiche der Menschen herrscht und die Herrschaft gibt, wem er will.« 30 Im gleichen Augenblick wurde das Urteil an Nebukadnezzar vollstreckt. Er wurde aus der Gemeinschaft der Menschen ausgestoßen, aß Kraut wie das Rind und wurde nass vom Tau. Seine Haare wurden wie Adlerfedern und seine Nägel so lang wie die Krallen der Vögel.

31 Nach Ablauf der Zeit erhob ich, Nebukadnezzar, den Blick zum Himmel. Da kehrte mein Verstand wieder zurück und ich pries den Höchsten. Ich rühmte und verherrlichte den, der ewig lebt, dessen Herrschaft niemals aufhört und dessen Reich in Ewigkeit besteht. 32 Alle Bewohner der Erde sind vor ihm wie nichts. Er macht mit ihnen, was er will. Selbst das Heer des Himmels* ist in seiner Hand. Niemand kann ihm wehren und ihn fragen, was er da tut. 33 Als mein Verstand wieder zurückgekehrt war, kehrten zum Ruhm meines Königtums auch meine Herrlichkeit und meine Gesundheit zurück. Meine Ratgeber und die Großen meines Reiches suchten mich auf, und ich wurde wieder in meine Herrschaft eingesetzt. Meine Macht wurde noch größer als vorher. 34 Nun rühme und preise ich, Nebukadnezzar, den König des Himmels. Ich ehre ihn, denn er steht zu seinem Wort, und alles, was er tut, ist recht. Alle, die sich überheben, kann er demütigen.

Die Schrift an der Wand

5 1 König Belschazzar* veranstaltete ein großes Bankett für die tausend Mächtigen seines Reiches und trank mit ihnen Wein. 2 Unter dem Einfluss des Weins befahl er, die goldenen und silbernen Gefäße herzubringen, die sein Vater Nebukadnezzar*

4,27 *meiner Herrlichkeit.* Nach der Zerstörung durch den Assyrerkönig Sanherib hatte Nebukadnezzar die Stadt wieder aufgebaut und zu einer der glänzendsten und prächtigsten Städte des Altertums gemacht. Die Stadt war von dreifachen Gräben und Wällen umgeben und hatte bis zu sieben Meter dicke Mauern aus Lehmziegeln mit einer Gesamtlänge von 89 km. Die hängenden Gärten, terrassenförmige Gartenanlagen auf dem Gelände des Königspalastes, mit ihrem hoch entwickelten Bewässerungssystem gehörten zu den sieben Weltwundern der Antike.

4,29 *unter den wilden Tieren leben.* Vermutlich im Palastgarten.

4,32 *Heer des Himmels.* Das meint die Bewohner der überirdischen Welt, die Engelmächte, im Gegensatz zu den Bewohnern dieser Welt.

5,1 Um 550 v.Chr. hatte Nabonid seinem Sohn *Belschazzar* die Herrschaft über das babylonische Reich gegeben und war selbst nach Tema gezogen, um ganz Arabien zu unterwerfen. Inzwischen hatte sich der persische König Kyrus erhoben. 539 marschierte er in Babylonien ein, nachdem er den zurückgekehrten Nabonid in zwei Schlachten besiegt hatte. Am 12. Oktober 539 drangen die Perser in Babylon ein. Belschazzar hatte sich in dem riesigen Königspalast verschanzt. Die in Kapitel 5 geschilderte Szene beschreibt den letzten Tag seines Lebens.

5,2 *Vater Nebukadnezzar.* Belschazzars Mutter war eine Tochter Nebukadnezzars.

aus dem Tempel in Jerusalem hatte wegnehmen lassen. Er wollte mit seinen Mächtigen, seinen Frauen und Nebenfrauen daraus trinken. *3* Da brachte man die goldenen Gefäße, die einst aus dem Tempel Gottes in Jerusalem weggenommen worden waren, und alle tranken Wein daraus. *4* Dabei rühmten sie die Götter aus Gold und Silber, aus Bronze, Eisen, Holz und Stein.

5 Im gleichen Augenblick erschienen die Finger einer menschlichen Hand und schrieben etwas auf die weiß verputzte Wand des Königspalastes. Es war die Stelle gegenüber dem Leuchter. Als der König die schreibende Hand sah, *6* wurde er bleich. Seine Gedanken erschreckten ihn so sehr, dass er am ganzen Körper schlotterte und seine Knie aneinander schlugen. *7* Laut schrie er nach den Beschwörungspriestern, den Astrologen und Magiern. Als die Weisen Babylons eintraten, sagte er zu ihnen: »Wer diese Schrift lesen und mir deuten kann, soll in Purpur gekleidet werden und bekommt eine goldene Ehrenkette um den Hals. Er soll der dritte Mann* im ganzen Reich werden.« *8* Nun traten die Weisen des Königs heran, aber sie konnten die Schrift weder lesen noch deuten.

5,7 *dritte Mann.* Weil Belschazzar selbst nur der Zweite war.

5,11 *Nebukadnezzar* war 23 Jahre vorher, im Jahr 562 v.Chr., gestorben.

5,13 *Daniel.* Belschazzar hatte offenbar keine Ahnung von Daniel, der inzwischen mindestens 80 Jahre alt war und nicht mehr im königlichen Dienst stand.

9 Darüber erschrak König Belschazzar noch mehr; er wurde immer bleicher, und auch seine Mächtigen gerieten in Angst.

10 Weil nun die Rufe des Königs und seiner Mächtigen bis zur Königsmutter drangen, kam sie in den Festsaal und sagte:»Der König lebe ewig! Lass dich von deinen Gedanken nicht schrecken, du musst nicht blass werden. *11* Es gibt einen Mann in deinem Reich, der vom Geist der heiligen Götter erfüllt ist. Zur Zeit deines Vaters Nebukadnezzar* bewies er, dass Erleuchtung und Einsicht in ihm wohnten, eine Weisheit, wie sie sonst nur die Götter haben. Dein Vater hatte ihn zum Obersten aller Zeichendeuter, Beschwörungspriester, Astrologen und Magier gemacht, dein Vater, König! *12* Er heißt Daniel, und dein Vater hatte ihm den Namen Beltschazzar gegeben. Der Mann ist außergewöhnlich klug, er hat Verstand und Scharfsinn zum Deuten von Träumen und kann auch sonst jedes Rätsel lösen und die geheimnisvollsten Dinge erklären. Lass ihn jetzt rufen! Er wird dir sagen, was die Schrift bedeutet.« *13* Darauf wurde Daniel herbeigeholt, und der König sagte:»Du bist also Daniel*, einer von den Juden, die mein königlicher Vater aus Juda hergebracht hat? *14* Ich habe gehört, dass du vom Geist der Götter erfüllt und mit außergewöhnlicher Weisheit, mit Erleuchtung und Einsicht begabt bist. *15* Gerade sind die Weisen, die Beschwörungspriester vor mich gebracht worden, um diese Schrift hier zu lesen und ihren Sinn zu deuten. Aber sie können es nicht. *16* Aber du – von dir habe ich gehört, dass du Deutungen geben und schwierige Rätsel lösen kannst. Wenn das stimmt und du mir die Schrift vorlesen und erklären kannst, wirst du in Purpur gekleidet werden, bekommst eine goldene Ehrenkette um den Hals und sollst als dritter Mann im Reich herrschen.«

17 Daniel erwiderte dem König: »Behalte deine Geschenke oder gib sie einem anderen. Aber die Schrift werde ich dem König vorlesen und sagen, was sie bedeutet. 18 Du, König, – Gott, der Höchste, hatte deinen Vater Nebukadnezzar zu einem mächtigen Herrscher gemacht und ihm Ehre und Ruhm gegeben. 19 Wegen dieser ihm verliehenen Macht zitterten ganze Völker, Nationen und Sprachen vor ihm. Er tötete oder ließ am Leben, wen er wollte. Er erhöhte die einen und erniedrigte die anderen – wie es ihm gefiel. 20 Doch als er überheblich wurde und sein Geist sich maßlos überhob, verlor er Thron und Herrscherwürde. 21 Er wurde aus der Gemeinschaft der Menschen ausgestoßen und bekam statt eines Menschenverstandes den eines Tieres. Er musste bei den Wildeseln leben und Gras fressen wie ein Rind. Sein Körper wurde vom Tau des Himmels nass, bis er erkannte, dass Gott, der Höchste, über die Reiche der Menschen herrscht und die Herrschaft gibt, wem er will. 22 Aber du, Belschazzar, sein Sohn, hast dich nicht gedemütigt, obwohl du das alles wusstest. 23 Du hast dich gegen den Herrn des Himmels erhoben und dir die Gefäße aus seinem Tempel herbeischaffen lassen. Und mit deinen Mächtigen, mit deinen Frauen und Nebenfrauen hast

du Wein daraus getrunken. Und dabei hast du die Götter aus Gold und Silber, aus Bronze, Eisen, Holz und Stein gepriesen, die weder sehen noch hören können und keinen Verstand haben. Aber den Gott, der dein Leben in der Hand hat und der dein Schicksal bestimmt, ihn hast du nicht geehrt. 24 Darum hat er diese Hand geschickt und diese Worte an die Wand schreiben lassen. 25 Sie lauten: ›Mene, mene, tekel uparsin‹ 26 und haben folgende Bedeutung: Mene – gezählt hat Gott die Tage deiner Herrschaft und ihr ein Ende gesetzt. 27 Tekel – gewogen hat er dich auf seiner Waage und dich zu leicht gefunden. 28 Peres – zerteilt hat er dein Reich und es den Medern und Persern gegeben.« 29 Da befahl Belschazzar, Daniel in Purpur zu kleiden und ihm eine goldene Halskette umzulegen. Dann ließ er verkünden, dass er als der Dritte in seinem Reich herrschen sollte.

30 Noch in derselben Nacht wurde König Belschazzar, der ein Chaldäer war, getötet; 6,1 und Darius*, ein Meder, übernahm im Alter von 62 Jahren die Herrschaft.

Daniel in der Löwengrube

6 2 Darius beschloss, 120 Satrapen über die Provinzen seines Reiches einzusetzen. 3 Diese Statthalter unterstellte er drei Ministern, von denen

---

6,1 *Darius*, der Meder, ist wahrscheinlich identisch mit dem Statthalter Gubaru, der am 29. Oktober 539 v.Chr. von Kyrus eingesetzt wurde und 14 Jahre lang über Mesopotamien, Syrien, Phönizien und das Gebiet Israels mit umfassender Machtfülle regierte.

einer Daniel war. Sie hatten ihnen Rechenschaft abzulegen, damit der König nicht belästigt würde. *4* Bald stellte sich heraus, dass Daniel den anderen Ministern und den Satrapen weit überlegen war, weil ein außergewöhnlicher Geist in ihm wohnte. Der König dachte sogar daran, ihm die Verwaltung des ganzen Reiches zu übertragen. *5* Da versuchten die anderen Minister zusammen mit den Satrapen, Daniel wegen seiner Amtsführung anzuklagen. Aber sie konnten keinen Grund zur Anklage und keine Korruption entdecken, denn er war weder nachlässig noch bestechlich. *6* Da sagten sie sich: »Wir haben bei diesem Daniel nichts in der Hand, es sei denn, wir finden im Gesetz seines Gottes etwas gegen ihn.«

7 Darauf eilten sie aufgeregt zum König und sagten: »Der König Darius lebe ewig! *8* Alle Minister des Reiches, die Statthalter, die Satrapen, die Ratgeber und Verwalter sind übereingekommen, dich zu bitten, folgende Verordnung zu erlassen: ›Wer in den kommenden dreißig Tagen eine Bitte an irgendeinen Gott oder Menschen richtet außer an dich, König, soll zu den Löwen in die Grube geworfen werden.‹ *9* Gib dem Gebot die Form eines offiziellen königlichen Erlasses, der nach dem Gesetz der Meder und Perser nicht geändert oder aufgehoben werden darf!« *10* König Darius ließ den Erlass ausfertigen und unterschrieb ihn.

11 Als Daniel erfuhr, dass der Erlass abgefasst worden war, ging er in sein Haus. Im Obergeschoss hatte er offene Fenster in Richtung Jerusalem. Dreimal täglich kniete er dort nieder, um seinen Gott zu preisen und seine Bitten vor ihn zu bringen. So tat er es auch jetzt. *12* Da stürmten jene Männer herein und fanden Daniel, wie er zu seinem Gott betete und ihn sogar anflehte. *13* Darauf gingen sie zum König und brachten das königliche Verbot zur Sprache: »Hast du nicht einen Erlass unterschrieben, dass jeder, der in den nächsten dreißig Tagen von irgendeinem Gott oder Menschen etwas erbittet außer von dir, König, zu den Löwen in die Grube geworfen werden soll?« – »So ist es«, erwiderte der König. »Es gilt unwiderruflich nach dem Gesetz der Meder und Perser, das nicht aufgehoben werden darf.« *14* Da sagten sie dem König: »Daniel, einer von den hergebrachten Juden, kümmert sich einfach nicht um dich und dein Gebot, sondern verrichtet dreimal am Tag sein Gebet.« *15* Als der König das hörte, wurde er sehr traurig. Den ganzen Tag über unternahm er alle Anstrengungen, Daniel zu retten. *16* Bei Sonnenuntergang kamen die Kläger wieder zu ihm und hielten ihm vor: »Du weißt, König, dass nach dem Gesetz der Meder und Perser kein Erlass des Königs widerrufen werden kann!«

17 Nun musste der König den Befehl geben, Daniel herzubringen und in die Grube zu den Löwen zu werfen. Er sagte zu ihm: »Dein Gott, dem du so treu dienst, möge er dich retten!« *18* Dann wurde ein Stein auf die Öffnung der Grube gewälzt und mit dem Siegel des Königs und seiner Mächtigen versiegelt, damit in Daniels Sache nichts verändert würde. *19* Danach zog sich Darius in seinen Palast zurück. Er verzichtete auf jede Unterhaltung*, fastete die ganze Nacht und konnte auch keinen Schlaf finden. 20 In der Morgendämmerung, gerade als es hell wurde, stand er auf und ging voller Unruhe zur Löwengrube. 21 Als er in die Nähe der Grube gekommen war, rief er mit schmerzerfüllter Stimme: »Daniel, du Diener des lebendigen Gottes! Dein Gott, dem du so treu dienst – hat er dich vor den Löwen retten können?« 22 Daniel antwortete: »Der König lebe ewig! 23 Mein Gott hat seinen Engel geschickt, weil ihm meine Unschuld bekannt war. Und der hat den Löwen die Rachen verschlossen, sodass sie mir nichts antun konnten. Auch dir gegenüber, König, habe ich kein Unrecht begangen.« 24 Da freute sich der König außerordentlich und befahl, Daniel aus der Grube herauszuholen. Als man ihn heraufgezogen hatte, fand man keinerlei Verletzung an ihm, weil er seinem Gott vertraut hatte. 25 Dann befahl der König, die Männer, die Daniel verleumdet hatten, samt ihren Frauen und Kindern herzuholen und in die Grube zu den Löwen zu werfen. Und noch ehe sie den Boden der Grube berührt hatten, fielen die Löwen über sie her und zermalmten ihnen alle Knochen.

26 Daraufhin schickte König Darius ein Schreiben an alle Völker, Nationen und Sprachen. Es lautete folgendermaßen: »Glück und Frieden euch allen! 27 Hiermit ordne ich an, dass man in meinem ganzen Reich den Gott Daniels scheuen und fürchten soll. Denn er ist der lebendige, ewige Gott. Sein Reich geht nie zugrunde, und seine Herrschaft bleibt für immer

bestehen. 28 Er rettet und befreit; er wirkt Zeichen und Wunder am Himmel und auf der Erde; er hat Daniel aus den Klauen der Löwen gerettet.«

29 Dieser Daniel war ein einflussreicher Mann unter der Regierung des Darius und auch unter der des Persers Kyrus.

Die Schau vom ewigen Reich

7 1 Im ersten Regierungsjahr* des Königs Belschazzar von Babylon hatte Daniel im Traum eine Vision. Als er auf dem Bett lag, gingen Bilder durch seinen Kopf. Er schrieb auf, was er gesehen hatte. 2 Hier ist sein Bericht: Ich sah in meiner nächtlichen Vision, wie aus allen vier Himmelsrichtungen Stürme kamen, die das große Meer aufwühlten. 3 Vier große Tiere stiegen aus dem Meer; jedes hatte eine andere Gestalt. 4 Das erste sah aus wie ein Löwe, hatte aber Flügel wie Adler. Während ich es betrachtete, wurden ihm die Flügel ausgerissen; es wurde aufgerichtet und wie ein Mensch auf zwei Füße gestellt. Es bekam auch das Herz eines Menschen. 5 Das zweite Tier sah aus wie ein Bär. Es hatte sich auf einer Seite aufgerichtet und hielt drei Rippen

---

6,19 *Unterhaltung.* Andere übersetzen das unbekannte aramäische Wort mit Nebenfrauen, Speisen oder Musikinstrumenten.

7,1 *Regierungsjahr.* Nach babylonischer Zählweise ist damit das erste volle Regierungsjahr gemeint. Für Belschazzar war es das erste Jahr nach Abreise seines Vaters, der zur Eroberung Arabiens nach Tema aufgebrochen war, 549 v.Chr.

zwischen seinen Zähnen. Man rief ihm zu: »Steh auf und friss dich voll mit Fleisch!« *6* Danach sah ich ein Tier, das wie ein Leopard aussah. Doch es hatte vier Flügel an seinen Seiten und auch vier Köpfe. Ihm wurde eine große Macht anvertraut. *7* Danach erblickte ich in meiner Vision ein viertes Tier, das grauenerregend anzusehen war. Es war außergewöhnlich stark und hatte große eiserne Zähne. Es fraß und zermalmte und zertrat den Rest mit den Füßen. Es unterschied sich völlig von den anderen Tieren und hatte auch zehn Hörner. *8* Als ich die Hörner beobachtete, wuchs auf einmal ein kleines Horn zwischen ihnen hoch. Seinetwegen wurden drei andere Hörner herausgerissen. Dann sah ich auf einmal Menschenaugen an diesem Horn und ein Maul, das große Reden schwang.

9 Ich sah immer noch hin, bis Throne aufgestellt wurden und einer, der uralt war, sich setzte. Sein Gewand war weiß wie Schnee und sein Haar so hell wie reine Wolle. Sein Thron bestand aus Flammen und feurigen Rädern. *10* Ein ganzer Feuerstrom flutete aus ihm. Tausende und Abertausende standen zu seinem Dienst bereit, und eine unzählbare Menge hatte sich vor ihm versammelt. Das Gericht setzte sich, und Bücher

wurden aufgeschlagen. *11* Ich schaute wieder auf das Horn, das so prahlerisch dahergeredet hatte, und sah, wie das ganze Tier getötet und sein Körper in die lodernde Glut geworfen und vernichtet wurde. *12* Den übrigen Tieren wurde die Herrschaft genommen, doch ließ man jedes bis zu einer bestimmten Frist am Leben. *13* Immer noch sah ich die nächtlichen Bilder: Da kam mit den Wolken des Himmels einer, der aussah wie ein Mensch.* Man führte ihn zu dem, der uralt war, *14* und verlieh ihm Macht und Ehre und übergab ihm die Herrschaft. Die Menschen aller Völker, Nationen und Sprachen dienten ihm. Seine Herrschaft ist ewig, sie wird nicht vergehen, sein Reich wird niemals zerstört.

15 Ich, Daniel, litt unter dem, was ich sah, und die Bilder, die mir durch den Kopf gingen, erschreckten mich. *16* Ich wandte mich an einen der Umstehenden und bat ihn, mir genau zu erklären, was das alles bedeute. Er sagte: *17* »Diese großen Tiere, vier an der Zahl, versinnbildlichen vier Herrscher, die nacheinander auftreten werden. *18* Doch empfangen werden das Reich die Heiligen des Höchsten*, und sie werden es für immer und in alle Ewigkeit besitzen.« *19* Dann wollte ich Genaueres über das vierte Tier wissen, das sich so sehr von allen anderen unterschied – diese schreckliche Bestie mit Zähnen aus Eisen und Krallen aus Bronze –, das fraß und zermalmte und den Rest mit den Füßen zertrat. *20* Auch über die zehn Hörner auf seinem Kopf wollte ich mehr erfahren und besonders über das, das zuletzt hervorbrach und drei andere verdrängt hatte, das Augen

---

7,13 *Mensch.* Wörtlich: Menschensohn, eine Bezeichnung, die Jesus später häufig auf sich angewandt hat, z.B. Lukas 5,24. Auch den ganzen Vers wendet er auf sich an: Matthäus 24,30; Markus 13,26; Lukas 21,27.

7,18 *Heilige des Höchsten.* Gottes heiliges Volk.

hatte und einen Mund, der großmäulige Reden schwang, und das größer aussah als die übrigen Hörner. *21* Ich hatte gesehen, wie dieses Horn gegen die Heiligen Krieg führte und sie besiegte. *22* Aber dann hatte der eingegriffen, der uralt war, und den Heiligen des Höchsten das Gericht übertragen. Die Zeit war gekommen, dass die Heiligen das Reich in Besitz nahmen. *23* Auf meine Frage antwortete er:»Das vierte Tier bedeutet: Ein viertes Reich* wird auf der Erde entstehen, das sich von allen früheren unterscheidet. Es wird die Völker der Erde fressen, sie zertreten und zermalmen. *24* Die zehn Hörner bedeuten, dass zehn Könige in diesem Reich regieren werden. Aber dann kommt ein König an die Macht, der ganz anders ist als seine Vorgänger. Er wird drei Könige stürzen *25* und es sich erlauben, Worte gegen den Höchsten zu richten. Er wird die Heiligen des Höchsten aufreiben und versuchen, Zeiten und Gesetz zu ändern. Die Heiligen werden für eine, zwei und eine halbe Zeit* in seiner Gewalt sein. *26* Dann aber tritt das Gericht zusammen. Es nimmt ihm seine Macht und zerstört sie bis zum letzten Rest. *27* Das Reich und die Herrschaft und die Macht und Größe aller anderen Reiche zusammen werden dann dem Volk der Heiligen des Höchsten gegeben. Sein Reich ist ein ewiges Reich und alle Mächte werden ihm dienen und gehorchen.«

28 Hier endet mein Bericht.* Mich, Daniel, schreckten meine Gedanken sehr, und alle Farbe wich aus meinem Gesicht. Doch ich behielt die Sache in meinem Herzen.

Daniels zweite Vision

8 *1* Im dritten Regierungsjahr* des Königs Belschazzar hatte ich, Daniel, eine zweite Vision. *2* Dabei sah ich mich selbst, wie ich am Ulai-Kanal in der Residenz Susa stand, die sich in der Provinz Elam befindet. *3* Ich blickte auf, da stand auf einmal ein Schafbock mit zwei mächtigen Hörnern am Kanal. Das eine Horn war größer als das andere, obwohl es erst später gewachsen war. *4* Ich sah, wie der Schafbock nach Westen, Norden und Süden stieß. Kein Tier konnte ihm standhalten, und es gab keinen, der sich aus seiner Gewalt retten konnte. Er tat, was er wollte, und machte sich groß. *5* Als ich aufmerksam hinsah, kam plötzlich ein Ziegenbock vom Westen her. Er flog nur so über die Erde, ohne den Boden zu berühren. Zwischen seinen Augen hatte er ein auffälliges Horn. *6* Als er bei dem Schafbock angelangt war, den ich am Kanal gesehen hatte, stürzte er sich mit voller Wucht auf ihn. *7* Ich sah ihn auf die Seite des Schafbocks aufprallen. Voller Erbitterung stieß er den Schafbock und brach ihm beide Hörner ab. Der hatte nicht die Kraft,

---

7,23 *viertes Reich.* Vermutlich das Römische Reich, das gleichzeitig eine Art Modell für das antichristliche Reich der Endzeit sein wird, das wiederum aus den Nachfolgestaaten des Römischen Reiches herauswachsen wird.

7,25 *Zeit* meint hier vielleicht Jahr. Es geht dann um eine Zeit von dreieinhalb Jahren.

7,28 Kapitel 8,1-12,13 sind wieder in Hebräisch verfasst.

8,1 *dritten Regierungsjahr.* Wahrscheinlich 547/46 v.Chr.

ihm standzuhalten; er wurde zu Boden geworfen und zertrampelt. Niemand kam ihm zu Hilfe. *8* Der Ziegenbock wurde immer größer. Auf dem Höhepunkt seiner Macht brach sein großes Horn ab. An seiner Stelle wuchsen vier kräftige Hörner in die vier Himmelsrichtungen hin. *9* Aus einem von ihnen kam ein weiteres Horn hervor. Zuerst war es ganz klein, aber dann wuchs es gewaltig nach Süden, Osten und dem Land der Zierde hin, nach Israel. *10* Ja, es wuchs bis zum Heer des Himmels hin und schleuderte einige von diesem Heer und von den Sternen auf die Erde und zertrampelte sie. *11* Selbst bis zum Befehlshaber des Himmelsheeres reckte es sich empor. Es nahm ihm das tägliche Opfer weg und verwüstete sein Heiligtum. *12* Verbrecherisch setzte es ein ganzes Heer gegen das tägliche Opfer ein. So trat es die Wahrheit mit Füßen. Und bei allem, was es unternahm, hatte es Erfolg.

8,14 vergangen sind. Das sind 1.150 Tage, die gut in den Zeitraum zwischen der Entweihung des Tempels durch Antiochus Epiphanes IV. am 6. Dezember 167 v.Chr. und seiner Wiedereinweihung am 4. Dezember 164 v.Chr. passen. Streng genommen laufen sie erst am 31. Januar 163 v.Chr. aus, was aber genau der Voraussage dieses Verses entspricht.

8,21 Griechenreiches. Alexander der Große war von 336-323 v.Chr. König von Griechenland. Er starb im Alter von 32 Jahren in Babylon.

8,22 vier Reiche. Das waren die so genannten Diadochenreiche, ehemalige Generäle und Freunde Alexanders, die nach seinem Tod das Reich aufteilten und sich in wechselnden Bündnissen gegenseitig bekämpften.

13 Dann hörte ich, wie einer der heiligen Engel einen anderen fragte: »Wie lange soll nach der Vision das tägliche Opfer unterbunden und das Heiligtum durch frevelhafte Entweihung verödet sein?« *14* Dieser antwortete mir: »Wenn 2.300 Abend- und Morgenopfer vergangen sind*, wird die Ordnung des Heiligtums wiederhergestellt sein.«

15 Als ich, Daniel, die Vision hatte und sie zu verstehen suchte, stand plötzlich einer vor mir, der wie ein Mann aussah. *16* Gleichzeitig hörte ich eine Stimme über dem Ulai-Kanal, die ihm zurief: »Gabriel, erkläre ihm die Vision!« *17* Da kam er auf mich zu. Als er näher trat, erschrak ich so sehr, dass ich zu Boden stürzte. Doch er sagte zu mir: »Du, Mensch, sollst verstehen, dass diese Vision sich auf die letzte Zeit bezieht.« *18* Während er das sagte, lag ich wie betäubt auf der Erde mit dem Gesicht zum Boden. Da berührte er mich und stellte mich wieder auf die Beine. *19* Dann sagte er: »Ich will dir erklären, was am Ende des Strafgerichts geschehen wird. Denn es geht um die Zeit, in der das Ende kommt. *20* Der Schafbock mit den beiden Hörnern meint die Könige von Medien und Persien, *21* der zottige Ziegenbock das griechische Königreich. Das große Horn zwischen den Augen des Ziegenbocks ist der erste König des Griechenreiches.* *22* Dass es abbrach und dass an seiner Stelle vier andere aufwuchsen, bedeutet: Aus dem Griechenvolk werden vier Reiche entstehen*, die aber nicht so viel Macht haben wie der erste König. *23* Wenn dann die Herrschaft dieser Reiche zu Ende geht und das Maß ihrer Untaten voll ist, wird ein frecher und hinterlistiger König* auftreten. 24 Er wird sehr mächtig werden, wenn auch nicht durch eigene Kraft, und wird ungeheures Verderben anrichten. Was er unternimmt, wird ihm gelingen. Er wird die Starken vernichten und Gottes heiliges Volk ins Verderben stürzen. 25 Dank seiner Schlauheit gelingt ihm der Betrug. In seinem Größenwahn wird er viele ahnungslose Menschen umbringen. Selbst gegen den höchsten Herrn wird er sich erheben, aber schließlich ohne menschliches Zutun* zerschmettert werden. 26 Auch was du über die Abend- und Morgenopfer gehört hast, ist wahr. Doch du sollst das, was du gesehen hast, gut verwahren, denn es bezieht sich auf viele Tage.«

27 Danach war ich, Daniel, völlig erschöpft und tagelang krank. Als ich wieder aufstehen konnte, nahm ich meinen Dienst beim König wieder auf. Doch ich war fassungslos über das Geschaute, und es gab niemand, der es verstand.

Daniels Gebet und Botschaft

9 1 Im ersten Jahr, nachdem der Meder Darius*, der Sohn des Ahasveros*, über das Reich der Chaldäer zum König eingesetzt worden war, 2 in seinem ersten Regierungsjahr*, forschte ich, Daniel, in den Schriftrollen nach der Zahl der Jahre, die Jerusalem nach dem Wort Jahwes an den Propheten Jeremia in Trümmern liegen sollte; es waren siebzig*. 3 Ich wandte mein Gesicht zu Gott, dem Herrn, um zu ihm zu beten und ihn anzuflehen. Dabei fastete ich, hatte den Trauersack angezogen und saß in

der Asche. 4 Ich betete zu Jahwe, meinem Gott, und bekannte:

»Ach, Herr, du großer und furchterregender Gott! In unerschütterlicher Treue stehst du zu deinem Bund mit denen, die dich lieben und deine Gebote halten. 5 Doch wir haben gesündigt, wir haben uns an dir vergangen und gottlos gehandelt, wir haben uns aufgelehnt und sind abgewichen von deinem Gebot und Gesetz. 6 Wir haben auch nicht auf die Warnungen deiner Propheten gehört, die in deinem Auftrag zu unseren Königen, Fürsten und Vätern und zum ganzen Volk geredet haben. 7 Du, Herr, bist im Recht, und wir stehen heute beschämt vor dir, wir alle, die Männer von Juda und die Bewohner von Jerusalem und alle Israeliten, ob sie in der Nähe oder in der Ferne sind, alle, die du wegen ihres Treuebruchs vertrieben und unter die Völker zerstreut hast. 8 Jahwe, es muss uns die Schamröte ins Gesicht treiben, unseren Königen, Fürsten und Vätern, weil wir

---

8,23 *frecher ... König.* Antiochus Epiphanes IV. (175-164 v.Chr.).

8,25 *ohne menschliches Zutun.* Er starb 164 v.Chr. bei einem Vorstoß nach Persien durch Krankheit oder Unfall.

9,1 *der Meder Darius.* Nicht zu verwechseln mit dem späteren Perserkönig Darius I., vgl. auch die Fußnote zu Daniel 6,1.

Ahasveros. Nicht zu verwechseln mit dem Ahasveros oder Xerxes im Buch Ester.

9,2 *ersten Regierungsjahr.* Das erste volle Jahr seiner Herrschaft war 538/7 v.Chr.

siebzig. Jeremia 25,11-12. Der Prophet weissagte das im Jahr 605 v.Chr. Vergleiche auch Jeremia 29,10!

alle gegen dich gesündigt haben. *9* Doch beim Herrn, unserem Gott, ist Erbarmen und Vergebung. Denn gegen ihn haben wir uns aufgelehnt. *10* Wir haben nicht auf die Stimme von Jahwe, unserem Gott, gehört. Wir haben seine Befehle nicht befolgt, die er uns durch seine Diener vorgelegt hat, durch die Propheten. *11* Ganz Israel hat deine Weisungen missachtet und deine Worte in den Wind geschlagen. Und so hat uns der Fluch getroffen, mit dem im Gesetz deines Dieners Mose jeder bedroht wird, der gegen dich sündigt. *12* Gott hat seine Drohungen wahr gemacht, die er gegen uns ausgesprochen hatte und gegen die, die uns regierten: Er werde so schweres Unheil über uns bringen, dass es auf der ganzen Welt seinesgleichen sucht, – wie es jetzt in Jerusalem geschehen ist. *13* Im Gesetz des Mose stand schon alles geschrieben, was nun als Unheil über uns gekommen ist. Und wir haben Jahwe, unseren Gott, nicht zur Gnade bewegt, indem wir von unserer Sünde umgekehrt wären und uns nach deiner Wahrheit gerichtet hätten. *14* So hat Jahwe das Unheil absichtlich über uns hereinbrechen lassen, denn Jahwe, unser Gott, ist gerecht in allem, was er tut. Aber wir haben nicht auf ihn gehört.

15 Aber du, Herr, unser Gott, bist es doch, der sein Volk aus Ägypten geführt und sich dadurch bis heute einen Namen gemacht hat: Ja, wir haben gesündigt, wir sind gottlos gewesen! *16* Herr, lass doch nach all den Beweisen deiner Gerechtigkeit deinen grimmigen Zorn nicht länger über deiner Stadt Jerusalem und dem Berg deines Heiligtums wüten. Denn wegen unserer Sünden und der Schuld unserer Väter sind Jerusalem und dein Volk zum Gespött aller Nachbarn geworden. *17* Unser Gott, höre doch jetzt auf das Flehen deines Dieners und lass dein Gesicht wieder leuchten über deinem verwüsteten Heiligtum – um deinetwillen, Herr! *18* Mein Gott, neige doch dein Ohr und höre! Öffne deine Augen und schau dir die Verwüstung an und die Stadt, die nach deinem Namen genannt ist! Nicht im Vertrauen auf unsere Gerechtigkeit bringen wir unser Flehen vor dich, sondern im Vertrauen auf dein großes Erbarmen. *19* Herr, höre! Herr, vergib! Herr, zögere nicht und greif ein! Lass uns nicht länger warten! Tu es um deinetwillen, mein Gott, denn deine Stadt und dein Volk sind doch nach deinem Namen genannt.«

20 Während ich noch redete und betete und meine Sünde und die Sünde meines Volkes Israel bekannte und mein demütiges Gebet für Gottes heiligen Berg vor Jahwe, meinen Gott, brachte, *21* während ich also noch beim Beten war, erreichte mich wie im raschen Flug der Mann Gabriel, den ich vorher in der Vision gesehen hatte. Es war zur Zeit des Abendopfers. *22* Er öffnete mir das Verständnis. »Daniel«, sagte er, »ich bin jetzt

9,23 *hohes Ansehen.* Wörtlich: *Du bist Kostbarkeiten.*

9,24 *Siebzig Jahrwochen.* Wörtlich: *Siebzig Siebenheiten.* Wahrscheinlich sind Jahre gemeint: 70 x 7 = 490 Jahre.

losgezogen, um dir klare Einsicht zu geben. 23 Schon zu Beginn deines Gebets erging ein Wort Gottes. So bin ich nun gekommen, es dir mitzuteilen, denn du genießt hohes Ansehen*. Gib Acht auf das, was ich dir zu sagen habe, damit du die Vision verstehst!

24 Siebzig Jahrwochen* müssen vergehen, bis der Frevel zum Abschluss gebracht, die Macht der Sünde gebrochen und die Schuld gesühnt ist, bis eine ewige Gerechtigkeit herbeigeführt, die Prophetie endgültig bestätigt und der Höchstheilige* gesalbt ist.

25 Du musst Folgendes wissen und verstehen: Vom Erlass des Befehls zum Wiederaufbau Jerusalems bis zu einem Gesalbten, einem Fürsten, vergehen sieben Jahrwochen*. 62 Jahrwochen lang wird es dann als wiederaufgebaute und befestigte Stadt bestehen bleiben*, auch wenn es schwere Zeiten erleben muss.

26 Aber nach den 62 Jahrwochen wird ein Gesalbter die Todesstrafe erleiden* und keine Hilfe finden. Dann wird das Volk eines kommenden Fürsten die Stadt und das Heiligtum zerstören.* Das wird wie eine Überflutung sein. Und bis zum Ende wird es Krieg und Verwüstungen geben, wie Gott es beschlossen hat.

27 Für eine Jahrwoche* wird der Fürst einen starken Bund mit den Vielen schließen. Doch in der Mitte der Jahrwoche wird er die Schlacht- und Speisopfer aufhören lassen.* Dazu wird er das Heiligtum verwüsten, indem er ein Gräuelbild dort aufstellt.* Schließlich wird die beschlossene Vernichtung auch ihn selbst treffen.

Ausblick auf die Zukunft

10 1 Im dritten Regierungsjahr* des Perserkönigs Kyrus empfing Daniel, der auch Beltschazzar heißt, eine Botschaft Gottes. Was ihm darin offenbart wurde, ist wahr und betrifft einen großen Kampf. Daniel

---

9,24 *Höchstheilige.* Der Begriff kann sich auch auf den Tempel beziehen. Wahrscheinlich ist hier aber der Messias gemeint.

9,25 *sieben Jahrwochen.* Wenn man von Jeremia 30,18 und 31,21-24 ausgeht, ist das Ausgangsjahr 588/87 v.Chr. 49 Jahre später trat Kyrus auf, der in Jesaja 45,1 als Gesalbter Jahwes bezeichnet wird. – Andere Rechnungen gehen von Nehemia 2,1-8 aus. Dann wäre das Ausgangsjahr 444 v.Chr., was aber zu anderen Schwierigkeiten führt.

bestehen bleiben. Der Ausgangspunkt der 434 Jahre (62 Jahrwochen) kann nur in der Zeit Nehemias liegen, wo der Wiederaufbau der Stadt vollendet wurde. Wenn wir dafür das Jahr 441 ansetzen, kommen wir in das Jahr 7 v.Chr., das Geburtsjahr von Jesus Christus.

9,26 *Todesstrafe erleiden.* Das bezieht sich dann auf die Kreuzigung von Jesus Christus.

Zerstörung Jerusalems 70 n.Chr. durch Titus, der später selbst Kaiser wurde.

9,27 Die 7. *Jahrwoche* könnte sich entweder auf die Zeit vom Beginn des Wirkens von Christus 27 n.Chr. bis zum Beginn der Mission 34 n.Chr. erstrecken, oder auf die Zeit des jüdisch-römischen Krieges (66-73 n.Chr.). In jedem Fall aber auch auf das Auftreten des Antichristus am Ende der Zeit.

Speisopfer aufhören lassen. Das kann sich sowohl auf die Kreuzigung von Christus im Jahr 30 n.Chr. beziehen, nach dem die Opfer im Tempel sinnlos wurden, als auch auf die Zerstörung Jerusalems und des Tempels, wonach die Opfer endgültig aufhörten.

Gräuelbild dort aufstellt. Darauf spielt Jesus an, siehe Matthäus 24,15; Markus 13,14.

10,1 *dritten Regierungsjahr.* 536/35 v.Chr. Daniel war 82 Jahre alt.

bemühte sich um Verständnis für die Botschaft und bekam es auch durch eine Vision. Er berichtet: 2 Damals trauerte ich, Daniel, drei Wochen lang. 3 Ich verzichtete auf besondere Speisen, aß kein Fleisch, trank keinen Wein und pflegte mich nicht mit Salbölen bis die drei Wochen um waren. 4 Am 9. April* stand ich am Ufer des großen Stroms, des Tigris, 5 und als ich aufblickte, sah ich einen Mann vor mir stehen. Er hatte ein Leinengewand an und war an den Hüften mit feinstem Gold umgürtet. 6 Sein Körper glich einem Edelstein, sein Gesicht leuchtete wie ein Blitz und seine Augen brannten wie Fackeln. Seine Arme und Beine glänzten wie poliertes Kupfer und sein Reden klang wie das Tosen einer vielstimmigen Menschenmenge. 7 Nur ich, Daniel, sah diese Erscheinung. Die Männer bei mir sahen nichts, sie wurden aber von einem so großen Schrecken gepackt, dass sie davonliefen und sich versteckten.

8 So blieb ich allein zurück und sah diese gewaltige Erscheinung. Doch da verließ mich alle Kraft, das Blut wich aus meinem Gesicht und ich konnte mich kaum noch auf den Beinen halten. 9 Und als ich ihn sprechen hörte, stürzte ich ohnmächtig zu Boden und blieb mit dem Gesicht auf der Erde liegen. 10 Doch eine Hand rührte mich an und rüttelte mich hoch, so dass ich auf die Knie und Handflächen hochkam. 11 »Daniel«, sagte er zu mir, »du bist hoch geschätzt bei Gott.

Steh auf und höre, was ich dir zu sagen habe! Gott hat mich zu dir geschickt.« Zitternd richtete ich mich auf. 12 »Hab keine Angst, Daniel!«, sagte er zu mir. »Denn vom ersten Tag an, als du dich vor deinem Gott beugtest, um seinen Plan zu verstehen, hat er dein Gebet erhört. Und wegen deiner Worte bin ich gekommen. 13 Aber der Engelfürst von Persien hat sich mir 21 Tage lang entgegengestellt. Da kam Michael, einer der höchsten Engelfürsten, mir zu Hilfe, sodass ich beim Kampf um Persien entbehrlich wurde. 14 Nun bin ich hier, um dich darüber zu unterrichten, was mit deinem Volk am Ende der von Gott bestimmten Zeit geschehen wird. Denn wieder ist es eine Vision, die sich auf die letzte Zeit bezieht.«

15 Als er so mit mir redete, blickte ich zu Boden und konnte kein Wort mehr herausbringen. 16 Da berührte einer meine Lippen. Er sah aus wie ein Mensch. Nun konnte ich wieder sprechen. Ich sagte zu dem, der vor mir stand: »Mein Herr, bei deiner Erscheinung wand ich mich in Schmerzen und verlor alle Kraft. 17 Und wie soll dein Sklave auch mit dir reden können, Herr? Mir fehlt seitdem ja alle Kraft, und selbst der Atem bleibt mir weg.« 18 Da berührte mich der, der wie ein Mensch aussah, erneut und stärkte mich. 19 »Hab keine Angst!«, sagte er zu mir. »Du bist hoch geschätzt bei Gott! Friede sei mit dir! Sei stark und fest!« Als er so mit mir redete, fühlte ich mich gestärkt und sagte: »Sprich nun, mein Herr! Jetzt hast du mir die Kraft dazu gegeben!« 20 »Weißt du nun, warum ich zu dir gekommen bin?«, sagte er. »Schon

---

10,4 *9. April.* Wörtlich: *am 24. des 1. Monats.* Im Jahr 535 v.Chr.

bald werde ich wieder zum Fürsten von Persien zurückgehen, um weiter gegen ihn zu kämpfen. Und wenn ich mit ihm fertig geworden bin, muss ich auch gegen den Fürsten von Griechenland antreten. 21 Doch vorher will ich dir mitteilen, was im Buch der Wahrheit aufgezeichnet ist. – Ja, es gibt niemand, der mit mir zusammen seine Kräfte gegen jene beiden aufbietet, außer Michael, eurem Fürst. 11,1 Auch ich habe ihm einmal Hilfe und Schutz gegeben. Das war im ersten Regierungsjahr des Meders Darius.«

Die große Geschichtsprophetie

11 2 »Aber jetzt will ich dir die Wahrheit mitteilen: Noch drei Könige werden in Persien auftreten; danach kommt ein vierter*, der reicher wird als alle seine Vorgänger. Wenn er durch seinen Reichtum dann zu großer Macht gekommen ist, wird er alles gegen das Reich der Griechen aufbieten. 3 Dann wird ein großer Held König* werden und mit großer Macht herrschen. Er wird durchsetzen, was er will. 4 Doch auf dem Höhepunkt seiner Macht wird sein Reich zerbrochen und nach den vier Himmelsrichtungen zerteilt werden. Es fällt aber nicht seinen Nachkommen zu, und es ist auch nicht mehr so mächtig wie unter seiner Herrschaft. Denn sein Reich wird zerrissen und wird anderen gehören, die nicht mit ihm verwandt sind.* 5 Und der König vom Süden* wird mächtig werden, aber einer seiner Generäle wird noch stärker werden als er und eine eigene Herrschaft* begründen, ein großes Reich. 6 Nach Ablauf einer Reihe von Jahren schließen sie dann ein Bündnis.* Die Tochter des Königs vom Süden* wird zum König vom Norden reisen, um ein Abkommen zu treffen. Doch sie kann ihren Einfluss nicht behaupten, und auch er wird nicht bestehen. Sie wird genauso sterben müssen wie ihr Vater und ihr Mann, die diese Verbindung gestiftet haben. 7 Doch ein Sprössling aus der gleichen Wurzel* wird an die Stelle ihres Vaters treten. Er wird den König vom Norden angreifen, in seine befestigte Hauptstadt* eindringen und ihm seine Macht demonstrieren. 8 Er wird ihre Götter zusammen mit ihren gegossenen Bildwerken und den kostbaren Gefäßen und dazu Silber und Gold

---

11,2 *ein vierter.* Xerxes I. (486-465 v.Chr.). Unter ihm stand Persien auf dem Gipfel seiner Macht.

11,3 *Held König.* Offenbar ist Alexander der Große von Griechenland gemeint (336-323 v.Chr.).

11,4 *nicht mit ihm verwandt sind.* Das erfüllte sich in den sogenannten Diadochenreichen (siehe Fußnote zu Daniel 8,22).

11,5 *König vom Süden.* Ptolemäus I. (323-283 v.Chr.) hatte sich zum Herrscher von Ägypten gemacht.

eigene Herrschaft. Seleukos I. (vermutlich 312-281 v.Chr.), ein früherer General von Ptolemäus I., machte sich selbständig und errang die Herrschaft über Syrien.

11,6 *Bündnis.* Um 250 v.Chr. Allianz zwischen Ägypten und Syrien.

Die Tochter von Ptolemäus II., Berenike, heiratete Antiochus II., der dafür seine Frau verstieß.

11,7 *Sprössling aus der gleichen Wurzel.* Berenikes Bruder Ptolemäus III. (246-221 v.Chr.).

Hauptstadt. Entweder Seleuzia, die Hafenvorstadt von Antiochia, oder Antiochia selbst.

nach Ägypten schaffen. Dann wird er jedoch einige Jahre von ihm ablassen. ⁹ Darauf wird der König vom Norden* in das Reich des Königs vom Süden einfallen, sich aber wieder in sein Land zurückziehen. ¹⁰ Aber seine Söhne werden den Kampf aufnehmen und große Heeresmassen zusammenbringen. Diese Menge wird wie eine Sturmflut hereinbrechen und alles überfluten, sich aber wieder zurückziehen. Doch dann werden sie wieder rüsten und bis zu seiner Festung vorstoßen.* ¹¹ Da wird der König vom Süden voller Wut gegen den König vom Norden kämpfen und ihn trotz seiner Übermacht besiegen.* ¹² Doch wenn er die große Heeresmasse besiegt hat, wird er übermü-

---

11,9 *König vom Norden.* Das war Seleukos II. im Jahr 242 v.Chr.

11,10 *Land zurückziehen.* Dreimal griff Antiochus III. Ägypten an (221, 219 und 218 v.Chr.).

11,11 *besiegen.* Ptolemäus IV. schlug Antiochus III. 217 v.Chr. in Raphia bei Gaza.

11,15 *einnehmen.* Eroberung von Sidon durch Antiochus III. 198/97 v.Chr.

11,17 *zur Frau geben.* Antiochus III. verheiratete seine Tochter Kleopatra 194 v.Chr. mit Ptolemäus V.

11,18 *Übermut vergeht.* Bei der Eroberung Kleinasiens und Teilen von Griechenland trat ihm der römische Feldherr Lucius Scipio 190 v.Chr. bei Magnesia entgegen und besiegte ihn. Antiochus III. wurden schwere Tribute auferlegt.

11,19 *auszuplündern.* Um die Tribute zu bezahlen, plünderte Antiochus III. befestigte Städte und Tempel seines eigenen Landes. Dabei wurde er 187 v.Chr. getötet.

11,20 *nicht im Zorn.* Der Steuereintreiber Heliodor, Minister von Seleukos IV., lässt später seinen König hinterlistig ermorden.

tig werden. Er wird Zehntausende fällen, aber seine Macht nicht lange behaupten. ¹³ Denn einige Jahre später stellt der König vom Norden ein noch größeres Heer auf und rückt mit dieser riesigen Menge und großem Tross gegen ihn vor. ¹⁴ In dieser Zeit werden sich noch viele andere gegen den König vom Süden erheben. Sogar aus deinem Volk werden sich gewalttätige Menschen erheben, um die Weissagung zu erfüllen. Aber sie werden scheitern. ¹⁵ Dann wird der König vom Norden kommen und eine befestigte Stadt belagern und einnehmen.* Die Streitkräfte des Südens werden nicht standhalten können, nicht einmal ihre Elitetruppen sind stark genug, ihm zu widerstehen. ¹⁶ Er kann machen, was er will, denn niemand leistet noch Widerstand. Auch im herrlichen Israel macht er sich breit und verwüstet das Land. ¹⁷ Dann fasst er den Plan, das ganze Reich des Königs vom Süden in seine Gewalt zu bekommen. Er wird ihm eine seiner Töchter zur Frau geben*, um sein Reich zu verderben. Aber er wird sein Ziel nicht erreichen. ¹⁸ Schließlich wendet er sich gegen die Inseln und erobert viele von ihnen. Da wird ihm ein Heerführer entgegentreten und seinem Hohnlachen ein Ende bereiten; er wird es ihm so heimzahlen, dass ihm aller Übermut vergeht.* ¹⁹ Jetzt muss er anfangen, die Festungen seines eigenen Landes auszuplündern.* Doch dabei wird er stolpern und fallen und nicht mehr zu finden sein. ²⁰ Sein Nachfolger wird einen Steuereintreiber durch Israel, die Zierde seines Reiches, schicken. Doch wird er schon nach kurzer Zeit getötet, aber nicht im Krieg und auch nicht im Zorn.*

21 An seine Stelle wird ein niederträchtiger Mensch treten, der keinen Anspruch auf das Königtum hat, es aber durch Intrigen an sich reißt.* *22* Ganze Heere werden vor ihm weggeschwemmt und vernichtet werden, ja selbst ein Oberhaupt des Bundes.* *23* Und nachdem er sich mit ihm verbündet hat, hintergeht er ihn. Nur mit einer kleinen Truppe wird er die Macht erringen. *24* Mitten im Frieden wird er in die reichsten Landstriche einer Provinz eindringen und tun, was keiner seiner Vorgänger je getan hat: Er raubt sie aus und verteilt die Beute verschwenderisch unter seine Gefolgsleute. Seine Pläne richten sich auch gegen befestigte Städte, allerdings nur eine Zeit lang. *25* Dann bietet er seine ganze Kraft und seinen ganzen Mut auf und zieht mit einem großen Heer gegen den König vom Süden, der ebenfalls ein großes und überaus starkes Heer gegen ihn aufstellen wird. Doch er wird nicht vor ihm standhalten, weil man Intrigen gegen ihn spinnt. *26* Seine engsten Vertrauten stürzen ihn, sein Heer zerstreut sich und viele finden den Tod. *27* Die beiden Könige sitzen dann am selben Tisch zusammen und versuchen sich gegenseitig hinters Licht zu führen. Doch ihre Pläne gelingen nicht, weil die Zeit für das Ende noch nicht gekommen ist. *28* Der König vom Norden wird mit großer Beute in sein Land zurückkehren. Doch sein Sinn ist gegen den heiligen Bund* gerichtet. Er handelt auch entsprechend* und kehrt schließlich in sein Land zurück. *29* Zu einer von Gott bestimmten Zeit wird er wieder in den Süden ziehen. Doch diesmal wird es nicht so

enden wie beim ersten Mal. *30* Es werden nämlich Schiffe aus dem Westen kommen und ihn bedrohen.* Da wird er den Mut verlieren und umkehren. Seinen Zorn aber wird er an dem heiligen Bund auslassen und sich mit denen verbünden, die diesem Bund den Rücken kehren. *31* Dann stellt er Streitkräfte auf, die das befestigte Heiligtum entweihen. Sie werden das regelmäßige Opfer abschaffen und das entsetzliche Scheusal* dort aufstellen. *32* Der König wird die, die sich gegen den Bund vergangen haben, durch glatte Worte zu Gottlosen machen. Aber das Volk, das seinen Gott kennt, wird standhaft bleiben und

---

11,21 *durch Intrigen an sich reißt.* Der aalglatte Antiochus IV. war nicht als Thronfolger vorgesehen, schaffte es aber mit Hilfe von König Eumenes II. von Pergamon, den syrischen Thron zu besteigen.

11,22 *... Bundes.* Das erfüllt sich an dem Hohenpriester Onias III., der 175 v.Chr. von Antiochus IV. abgesetzt und 171 v.Chr. ermordet wurde.

11,28 *heiligen Bund.* Das meint das Volk, mit dem Gott einen heiligen Bund geschlossen hat, also Israel.

handelt auch entsprechend. Antiochus IV. marschierte auf der Rückreise gegen Jerusalem, richtete dort ein Blutbad an, betrat den Tempel und plünderte ihn. Er war offenbar ein Vorläufer des endzeitlichen Antichrists.

11,30 *ihn bedrohen.* Kurz vor Alexandria trat 168 v.Chr. eine römische Gesandtschaft Antiochus IV. entgegen und forderte ihn ultimativ zur Umkehr auf.

11,31 *das entsetzliche Scheusal.* Der Brandopferaltar wurde von Antiochus IV. zum Zeusaltar gemacht. Es könnte sogar sein, dass ein Zeusbild, das seine eigenen Züge trug, im Tempel aufstellte.

11,33 *Verständigen.* Menschen, die im Gesetz geschult sind und Gott aufrichtig dienen.

entsprechend handeln. *33* Und die Verständigen* im Volk bringen viele zur Einsicht. Dafür werden sie eine Zeit lang mit Feuer und Schwert verfolgt, kommen ins Gefängnis und verlieren ihren Besitz. *34* Doch während dieser Zeit erfahren sie auch ein wenig Hilfe. Allerdings schließen sich ihnen viele nur zum Schein an. *35* Und auch von ihnen selbst werden einige zugrunde gehen. So sollen die Verständigen bis zur Zeit des Endes geprüft, geläutert und gereinigt werden, denn es dauert noch eine Weile bis zu dieser bestimmten Zeit. *36* Der König aber wird machen, was er will. Er wird übermütig werden und sich einbilden, er sei mächtiger als alle Götter. Selbst gegen Gott, der über allen Göttern steht, wird er Ungeheuerliches reden. Und er wird Erfolg haben, so lange Gott es im Zorn über sein Volk zulässt, denn alles geschieht genau nach seinem fest beschlossenen Plan. *37* Selbst die Götter seiner Väter und den Lieblingsgott der Frauen wird er missachten wie jeden anderen Gott. Denn er bildet sich ein, über allen zu stehen. *38* Stattdessen verehrt er den Gott der Festungen*, den seine Vorfahren nicht kannten.

11,38 *Gott der Festungen.* Entweder meint das einen Gott, der Macht über Festungen verleiht, oder militärische Macht an sich.

11,40 *König vom Süden.* Es scheint, dass die Prophetie hier nicht mehr auf Antiochus IV. zielt, sondern entweder den Einbruch der römischen Weltmacht schildert oder noch stärker als alles Vorhergehende den letzten Abschnitt der irdischen Geschichte im Blick hat.

11,44 *vernichten.* Wörtlich: *den Bann zu vollstrecken.*

Ihn wird er mit Gold und Silber, mit Edelsteinen und Kostbarkeiten ehren. *39* Mit seiner Hilfe wird er starke Festungen zu Fall bringen. Wer seinen Gott anerkennt, den überhäuft er mit Ehren, lässt ihn über viele Menschen herrschen und gibt ihm ganze Ländereien als Lohn.«

Am Ende der Zeit

40 »Zur Zeit des Endes wird der König vom Süden* mit ihm zusammenstoßen, aber der König vom Norden wird mit Streitwagen, Reitern und vielen Schiffen gegen ihn anstürmen. Wie eine verheerende Flut wird er die Länder überschwemmen. *41* Er wird auch in das herrliche Land Israel eindringen, und viele werden dort umkommen. Nur die Edomiter, die Moabiter und ein Großteil der Ammoniter werden verschont. *42* Er wird seine Hand nach weiteren Ländern ausstrecken, und Ägypten kann sich nicht vor seinem Zugriff retten. *43* Er wird sich aller seiner goldenen und silbernen Schätze und seiner sonstigen Kostbarkeiten bemächtigen. Libyer und Ägypter werden dabei in seinem Gefolge sein. *44* Dann aber werden ihn Gerüchte aus dem Osten und Norden erschrecken. Wutentbrannt wird er losziehen, um so viel wie möglich von seinen Feinden und ihren Gütern zu vernichten*. *45* Und gerade wenn er seine Prunkzelte zwischen dem Meer und dem Berg Zion aufgeschlagen hat, wird das Ende für ihn kommen, und niemand kann ihm helfen.

12 *1* In dieser Zeit wird der große Engelsfürst Michael auftreten, der dein Volk beschützt. Denn es wird eine Zeit der Bedrängnis sein, wie es sie seit Menschengedenken noch nie gegeben hat. Doch dein Volk wird gerettet werden, und zwar jeder, der im Buch Gottes aufgenommen ist. 2 Und viele von denen, die in der Erde ruhen, werden erwachen: die einen zum ewigen Leben und die anderen zur Schande, zur ewigen Abscheu. 3 Doch die Verständigen werden leuchten wie der strahlende Himmel; und die, die vielen anderen zur Gerechtigkeit* verholfen haben, werden glänzen wie die Sterne, immer und ewig.

4 Aber du, Daniel, bewahre die Worte zuverlässig auf und versiegle das Buch* bis zur Zeit des Endes. Viele werden darin forschen und das Verständnis wird zunehmen.«

5 Als ich, Daniel, mich nun umschaute, sah ich zwei andere Engel dastehen, einer auf dieser und der andere auf jener Seite des Stromes*. 6 Einer von ihnen fragte den in Leinen gekleideten Mann, der über dem Wasser des Stromes stand: »Wie lange dauert es noch, bis diese erstaunlichen Vorgänge ein Ende haben?« 7 Der Mann über dem Wasser erhob beide Hände zum Himmel und schwor bei Gott, der ewig lebt: »Es dauert eine Zeit, zwei Zeiten und eine halbe Zeit. Und wenn die Kraft des heiligen Volkes zerschlagen ist, wird sich das alles vollenden.« 8 Ich hörte es, verstand es aber nicht. Deshalb fragte ich: »Mein Herr, wie wird das alles ausgehen?« 9 Doch er sagte: »Geh jetzt, Daniel! Denn die Worte sollen bis zum Ende aufbewahrt und versiegelt bleiben. 10 Viele Menschen werden geprüft, gereinigt und geläutert werden. Die Gottlosen werden weiter gottlos handeln, aber von ihnen wird es niemand verstehen. Doch die Verständigen werden es begreifen. 11 Wenn das tägliche Opfer abgeschafft und das entsetzliche Scheusal aufgestellt wird – von dem Zeitpunkt an sind es 1290 Tage*. 12 Glücklich, wer es aushält und 1335 Tage erreicht!

13 Aber du, geh deinen Weg bis zum Ende! Du wirst dich zur Ruhe legen und am Ende der Zeit auferstehen, um dein Erbe in Empfang zu nehmen.«

12,3 Das meint die *Gerechtigkeit*, die vor Gott Bestand hat, wie ein Vergleich mit Jesaja 53,11 zeigt.

12,4 *versiegle das Buch*. Offenbar sollte er wie Jeremia 32,10ff ein Original aufbewahren, aber gleichzeitig offene Abschriften davon zugänglich machen.

12,5 *Strom*. Es handelt sich wie in Daniel 10,4 um den Tigris.

12,11 *1290 Tage*. Die Differenz zu den 1335 Tagen von V. 12 bilden offenbar eine Übergangszeit von 45 Tagen zwischen der Zerschlagung Israels und der Aufrichtung des göttlichen Reiches.

Der Prophet Hosea

Noch gegen Ende der Regierungszeit Jerobeams II. wurde Hosea zum Propheten berufen. Er musste den Niedergang des Nordreiches und den Untergang der Hauptstadt Samaria 722 v.Chr. erleben und noch zusehen, wie Israel in die assyrische Gefangenschaft geführt wurde. Von leidenschaftlicher Liebe zu seinem Volk erfüllt, predigte und lebte er ihnen 40 Jahre lang vor, wie Gott über sie dachte. Er ist der einzige der Schriftpropheten, der aus dem Nordreich Israel stammte und dessen Botschaft hauptsächlich an dieses Königreich gerichtet war. Er ließ sein Volk vor Gottes Gericht erschrecken, zeigte den Israeliten aber immer wieder auch die lockende Liebe ihres Gottes. Hosea gilt als der »Johannes des Alten Testaments«. Sein Name bedeutet »Rettung«.

1 *1* Wort Jahwes, das zu Hosea Ben-Beeri kam, als Usija, Jotam, Ahas und Hiskija Könige von Juda waren und als Jerobeam Ben-Joasch* über Israel regierte.

Hoseas Familie als Bild für Israel

2 Als Jahwes Reden mit Hosea begann, sagte er zu ihm: »Heirate eine Frau, die es mit vielen treibt, und zeuge mit ihr Kinder der Wollust*!

1,1 *Ben Joasch.* Weshalb Hosea die sechs Könige des Nordreiches, die nach Jerobeam II. regierten, nicht erwähnt, ist unbekannt. Vielleicht wollte er auf diese Weise zeigen, dass nur die davidische Königslinie von Gott bestätigt war. Jerobeam regierte 793-753 v.Chr., Hiskija 715-686 v.Chr. Hoseas Wirkungszeit dauerte also mindestens 38 Jahre von 753 bis 715 v.Chr.

1,2 *Wollust.* Das hebräische Wort *sanah* kommt 19-mal bei Hosea vor. Es kann zwar Prostituierte meinen, bezeichnet aber meist ein illegitimes Sexualverhalten (treibt es mit vielen) oder im übertragenen Sinn den Abfall von Gott.

1,4 *angerichtet hat.* Siehe 2. Könige 10,1-14!

Denn das ganze Land kehrt sich verhurt und geil von Jahwe ab.« *3* Da heiratete er Gomer, die Tochter von Diblajim. Sie wurde schwanger und brachte einen Jungen zur Welt. *4* Da sagte Jahwe zu Hosea: »Nenn ihn Jesreel! Denn bald werde ich das Blutbad rächen, das König Jehu in Jesreel angerichtet hat.* Seine Nachkommen werden es büßen, und mit dem Königtum Israels wird es vorbei sein. *5* In der Ebene Jesreel werde ich den Bogen Israels zerbrechen.«

6 Gomer wurde wieder schwanger und brachte ein Mädchen zur Welt. Da sagte er zu ihm: »Nenn sie Lo-Ruhama, ›Kein-Erbarmen‹, denn ich habe jetzt kein Erbarmen mehr mit den Leuten von Israel, sondern verwerfe sie völlig. *7* Doch mit den Leuten von Juda will ich Mitleid haben. Ich werde sie retten, denn ich bin Jahwe, ihr Gott. Aber ich tue es nicht durch Bogen, Schwert und Kampf, nicht durch Pferde und Reiter.« *8* Als Gomer Lo-Ruhama nicht mehr stillte, wurde sie ein drittes Mal schwanger und brachte einen Jungen zur Welt. *9* Da sagte Jahwe: »Nenn ihn Lo-Ammi, ›Nicht-mein-Volk‹, denn ihr seid nicht mehr mein Volk, und ich bin nicht mehr für euch da!«

Nach der Strafe ist Gott gnädig

2 *1* Die Menge der Israeliten wird sein / wie der Sand am Ufer des Meeres, / den man nicht mehr zählen und nicht messen kann. / Und statt dass man zu ihnen sagt: / »Ihr seid nicht mein Volk!«, / werden sie ›Söhne des lebendigen Gottes‹ genannt.* *2* Dann versammeln sich die Nachkommen Judas / und die Leute von Israel dazu. / Sie werden sich ein gemeinsames Oberhaupt geben / und wie junge Pflanzen das Land bedecken. / Was für ein großer Tag, wenn geschieht, was Jesreel heißt*! *3* Sagt zu euren Brüdern: / »Ammi – ›mein Volk‹!« / und zu euren Schwestern: »Ruhama – ›Erbarmen‹!«

Die treulose Frau Israel

4 Verklagt eure Mutter, verklagt sie! / Denn sie ist nicht meine Frau, / und ich bin nicht mehr ihr Mann. / Sie soll den Huren-schmuck aus dem Gesicht entfernen, / die Anhänger des Ehebruchs zwischen den Brüsten. *5* Sonst ziehe ich sie nackt aus / und lege sie hin wie am Tag der Geburt. / Ich mache sie zu einer Wüste, / einem wasserlosen Land, / und lasse sie sterben vor Durst. *6* Ich hab auch kein Mitleid

mit all ihren Kindern, / denn Kinder der Wollust sind sie. *7* Ja, ihre Mutter war wie eine Hure, / sie hat es mit anderen Männern getrieben. / Sie sagte: »Ich lauf meinen Liebhabern nach. / Die geben mir Wasser und Brot, / Wolle und Leinen, Öl und Getränke.« *8* Darum versperre ich ihr den Weg, / verzäune ihn mit Dornengestrüpp, / verbaue ihn mit einer Mauer. *9* Wenn sie dann ihren Liebhabern nachläuft, / kann sie sie nicht erreichen. / Sie wird sie suchen, / kann sie aber nicht finden. / Dann wird sie sagen: »Ich kehre um / und gehe wieder zu meinem ersten Mann. / Denn damals ging es mir besser als jetzt.« *10* Aber sie erkannte nicht, dass ich es war, / der ihr das Korn, den Wein und das Öl gab, / dass ich ihr das Silber und Gold vermehrte. / Doch sie hat es für Baal* vertan.

11 Darum hole ich mein Korn zurück, wenn es reift, / meinen Wein zur Erntezeit. / Ich entreiße ihr Wolle und Flachs, / die ihre Nacktheit verhüllen sollten. *12* Dann decke ich ihre Scham / vor den Augen ihrer Liebhaber auf. / Keiner soll sie aus meiner Hand reißen. *13* Ich mache all

---

2,1 Wird im Neuen Testament von Paulus zitiert: Römer 9,26.

2,2 *Jesreel* bedeutet: »Gott sät«.

2,10 *Baal* bedeutet »Herr« oder »Gebieter«. Er wurde als Fruchtbarkeitsgott in Kanaan verehrt.

ihren Freuden ein Ende, / den Feiern am Neumond und Sabbat, / den großen Festen im Jahr. ¹⁴ Ich verwüste ihr Weinstock und Feigenbaum, / von denen sie sagte: »Das ist mein Liebeslohn, / den ich von meinen Liebhabern erhielt.« / Ich werde sie zum Waldgestrüpp machen, / und die wilden Tiere fressen sie kahl.

¹⁵ Dann rechne ich mit ihr die Tage ab, / wo sie den Baalen Rauchopfer brachte, / sich mit Ringen und Halsketten schmückte / und ihren Liebhabern folgte / – und mich vergaß, spricht Jahwe.

¹⁶ Dann aber will ich selbst sie verlocken. / Ich führe sie in die Wüste / und rede ihr zu Herzen. ¹⁷ Von dort aus gebe ich ihr die Weinberge zurück / und das Tal von Achor* als Tor der Hoffnung. / Dort wird sie meine Liebe erwidern / wie damals in ihrer Jugend, / als sie aus Ägypten kam.

Ein neuer Bund

¹⁸ An jenem Tag – so spricht Jahwe – / wirst du zu mir sagen: »Mein Mann!« / und nennst mich nicht weiter: »Mein Baal!« ¹⁹ Ich lasse die Baalsnamen von ihren Lippen verschwinden, / sie wird sie nie mehr erwähnen. ²⁰ Dann schließe ich einen Bund für sie / mit den wilden Tieren, / mit den Vögeln und allem Gewürm. / Ich zerbreche Bogen und Schwert: / Es gibt keinen Krieg mehr im Land, / und sie werden in Sicherheit leben. ²¹ Ich will dich für immer gewinnen, / ich verlobe dich mir / in Gerechtigkeit und Recht. / Ich schenke dir Gnade und Erbarmen. ²² Ich verlobe dich mir / und schenke dir meine Treue. / Dann wirst du Jahwe erkennen.

²³ An jenem Tag – so spricht Jahwe – / da antworte ich. / Ich erhöre den Himmel, / und der erhört die Erde. / ²⁴ Die Erde erhört das Korn, / den Wein und das Öl, / und diese erhören Jesreel*. ²⁵ Und ich will sie mir säen im Land, / mit Lo-Ruhama hab ich Erbarmen / und zu Lo-Ammi* sage ich: / Du bist mein Volk! / Und es wird sagen: Mein Gott!*

3 ¹ Jahwe sagte zu mir: »Geh noch einmal hin und liebe eine Frau, die einen Liebhaber hat und im Ehebruch lebt. Denn genauso liebt Jahwe die Israeliten, obwohl sie sich anderen Göttern zuwenden und Opferkuchen aus Rosinen mögen.« ² Da kaufte ich sie mir für 15 Silberstücke und 250 Kilo* Gerste. ³ Ich sagte zu ihr: »Du wirst jetzt lange Zeit bei mir bleiben und dich mit keinem anderen Mann einlassen. Auch ich werde nicht mit dir

---

2,17 *Achor* heißt »Unglück«. Siehe Josua 7, 1-26!

2,24 *Jesreel.* Siehe Vers 2!

2,25 *Lo-Ammi.* Siehe Hosea 1,6.9!

Wird im Neuen Testament von Paulus zitiert: Römer 9,25.

3,2 *250 Kilo.* Wörtlich: 1 Homer + 1 Letech (= ½ Homer). Das entspricht 15 Efa und bei 16-17 kg/Efa für Körner etwa 250 kg oder 5 Zentner.

schlafen.« 4 Denn genauso wird es den Israeliten gehen. Sie werden eine lange Zeit ohne König und Obere bleiben, ohne Schlachtopfer und Kultstein, ohne Priesterorakel und Götzenbild. 5 Dann aber werden sie umkehren und sich Jahwe, ihrem Gott, zuwenden und ihrem König aus der Nachkommenschaft Davids. Am Ende der Zeit werden sie zitternd zu Jahwe kommen und seine Güte suchen.

Anklage gegen Israel

4 1 Hört das Wort Jahwes, ihr Israeliten! / Jahwe führt einen Prozess / gegen die Bewohner des Landes, / denn Wahrheit und Liebe / und Gotteserkenntnis / sind nicht mehr im Land. 2 Nein, Fluch und Lüge, / Mord und Diebstahl / und Ehebruch machen sich breit. / Verbrechen reiht sich an Verbrechen. 3 Darum vertrocknet das Land, / und jeder Bewohner welkt dahin. / Auch die wilden Tiere, / die Vögel und die Fische / werden verenden.

4 Doch niemand klage sie an, / niemand weise zurecht! / Dein Volk hat allen Grund, den Priester anzuklagen: 5 Am helllichten Tag kommst du zu Fall, / und der Prophet mit dir in der Nacht. / Und deine Mutter bringe ich um. 6 Mein Volk kommt um aus Mangel an Erkenntnis. / Weil du die Erkenntnis verworfen hast, / habe auch ich dich als Priester verworfen. / Du hast das Gesetz deines Gottes vergessen, / darum vergesse auch ich deine Kinder. 7 Je mehr sie wurden, / desto mehr

sündigten sie mir. / Ihre Ehre muss ich durch Schande ersetzen. 8 Sie mästen sich von den Sünden meines Volkes, / sind gierig nach seinen Verfehlungen. 9 Darum geht es dem Priester so wie dem Volk: / Ich bestrafe ihn für sein Verhalten / und zahle ihm sein böses Tun heim.

10 Sie essen zwar, werden aber nicht satt; / sie treiben es mit vielen, vermehren sich aber nicht, / denn sie haben es aufgegeben, Jahwe zu achten. 11 Wollust und junger Wein rauben den Verstand. 12 Mein Volk pflegt sein Holz zu befragen, / sein Stecken soll ihm Auskunft geben. / Der Geist der Hurerei hat sie in die Irre geführt, / ihr lüsternes Treiben führt sie weg von Gott. 13 Opfermahle feiern sie auf den Höhen der Berge, / auf den Hügeln bringen sie Rauchopfer dar / unter Eichen, Styrax*, Terebinthen*. / Denn deren Schatten ist so schön. / Deshalb treiben es eure Töchter mit vielen, / und eure Schwiegertöchter brechen die Ehe.

14 Nicht eure Töchter ziehe ich zur Rechenschaft, dass sie es so treiben, / nicht eure Schwiegertöchter, dass sie ehebrechen. / Denn ihr selbst geht ja mit Huren beiseite, / feiert Opfermahle mit

---

4,13 Der *Styraxbaum* wird 3-6 Meter hoch, verzweigt sich stark und ist dicht belaubt.

Terebinthe. Belaubter Baum mit breitem Wipfel, der nicht mehr als 7 m hoch und als Schattenspender geschätzt wird.

geweihten Frauen. / So kommt das Volk ohne Einsicht zu Fall. 15 Auch wenn du, Israel, zur Hure wirst, / soll Juda doch nicht schuldig werden. / Kommt nicht nach Gilgal*, / zieht nicht nach Götzenhausen* hinauf! / Schwört auch nicht: So wahr Jahwe lebt! 16 Ja, wie eine störrische Kuh / ist Israel störrisch geworden. / Soll Jahwe sie nun weiden lassen / wie ein Lamm auf freiem Feld? 17 Efraïm* ist mit Götzen ver-

---

4,15 *Gilgal*. Ort in der Nähe von Jericho, wo die Israeliten bei den 12 Steinen aus dem Jordan (Josua 4,19-20) wahrscheinlich eine Kultstätte errichtet hatten (Hosea 9,15; 12,12).

Götzenhausen. Wörtlich: Bet-Awen (Haus des Unheils), eine ironische Bezeichnung für Bet-El (Haus Gottes) unter Verwendung des Namens eines Nachbarorts. Bet-El war das Zentrum des Kults mit den Jahwe-Stierplastiken, die Jerobeam errichtet hatte (1. Könige 12,28-29).

4,17 *Efraïm* war der einflussreichste Stamm im Nordreich Israel. Der Name konnte deshalb auch für das ganze Nordreich stehen.

5,1 *Mizpa*. Entweder ist das Mizpa in Gilead, östlich des Jordan, gemeint (1. Mose 31, 43-49) oder das Mizpa in Benjamin (1. Samuel 7,5-6).

Der Berg *Tabor* liegt 20 Kilometer südwestlich vom See Gennesaret.

5,2 *Schittim*. Letzter Lagerplatz der Israeliten, bevor sie unter Josua den Jordan überquerten. Die Übersetzung dieses Versteils ist aber nicht sicher.

5,7 *das Neumondsfest*. Wörtlich: *der Neumond*. Die Teilnahme an diesem Fest wird ihren Untergang nur noch beschleunigen, ihn aber nicht verhindern.

5,8 Das *Horn* (Hebräisch: *Schofar*) war aus den gewundenen Hörnern des männlichen Fettschwanzschafs hergestellt und brachte einen dumpfen, durchdringenden Ton hervor.

---

bunden. / Soll es doch machen, was es will! 18 Ist ihr Saufen vorüber, / huren sie maßlos herum. / Leidenschaftlich lieben sie / die Schande ihrer Schamlosigkeit. 19 Ein Sturm fegt sie hinweg. / Mit ihren Altären ist es vorbei.

Abrechnung mit dem Volk

5 1 Hört her, ihr Priester! / Passt auf, ihr Israeliten! / Und ihr vom Königshaus, nehmt es zu Ohren! / Denn ihr seid die Hüter des Rechts. / Doch ihr wart eine Falle für Mizpa*, / ein ausgespanntes Fangnetz auf dem Tabor*, 2 eine tiefe Grube in Schittim*. / Aber ich werde sie alle bestrafen. 3 Efraïm ist mir gut bekannt, / Israel kann mir nichts verbergen. / Jetzt treibst du es mit vielen, Efraïm, / ja, Israel besudelt sich. 4 Es lassen ihre Taten / sie nicht zurück zu Gott. / Nur Wollust haben sie im Sinn, / und Jahwe erkennen sie nicht. 5 Der Hochmut Israels schlägt ihm selber ins Gesicht. / Israel und Efraïm fallen durch eigene Schuld. / Auch Juda stürzt mit ihnen zu Boden.

6 Mit Schafen und Rindern ziehen sie aus, / um Jahwe zu suchen. / Doch sie werden ihn nicht finden. / Er hat sich ihnen entzogen. 7 Sie haben Jahwe die Treue gebrochen / und fremde Kinder hervorgebracht. / Jetzt bringt das Neumondfest sie um* / und vernichtet ihre Felder.

8 Blast in Gibea das Horn*, / in Rama die Trompete. / Schlagt

Lärm in Bet-Awen: / Man verfolgt dich, Benjamin! [9] Für Efraïm kommt jetzt die Strafe: / Es wird zur Wüste werden. / Ich kündige den Stämmen Israels an, / was mit Sicherheit geschehen wird. [10] Judas Obere sind wie Leute, / die Grenzsteine verrücken. / Ich gieße meinen Grimm wie Wasser über sie aus. [11] Efraïm ist unterdrückt, / das Recht ist zerbrochen, / denn sie waren eifrig dabei, / den Nichtsen* zu folgen. [12] Für Efraïm bin ich wie Eiter, / für Juda wie ein böses Geschwür. [13] Als Efraïm seine Krankheit sah / und Juda sein Geschwür, / da schickte Efraïm nach Assur, / ging zu dem kampfbereiten König. / Aber der kann euch nicht helfen, / er kann eure Wunden nicht heilen. [14] Denn ich bin für Efraïm wie ein Löwe / und wie ein Junglöwe für Juda. / Ich bin es, der sie zerreißt, / und ich lasse sie liegen. / Ich schleppe sie weg, / und niemand kann retten. [15] Ich ziehe mich von ihnen zurück, / bis sie mich schuldbewusst suchen. / Die Not wird sie lehren, / nach mir zu fragen.

Sie haben ihre Einstellung nicht wirklich geändert

6 [1] Kommt, wir kehren zu Jahwe zurück! / Er hat uns zerrissen, / er wird uns auch heilen! / Er hat uns geschlagen, / er verbindet uns auch! [2] Nach zwei Tagen belebt er uns neu, / und am dritten richtet er uns auf, / dass wir in seiner Gegenwart leben! [3] Lasst uns nach

Erkenntnis streben, / nach der Erkenntnis Jahwes! / Er kommt so sicher wie das Morgenrot, / er kommt zu uns wie der Regen, / der späte Regen, der die Erde tränkt. [4] Was soll ich mit dir machen, Efraïm? / Juda, was soll ich mit dir tun? / Eure Treue ist wie die Wolke am Morgen, / wie der Tau, der rasch vergeht. [5] Darum hieb ich sie durch Propheten in Stücke, / und erschlug sie durch meine Worte, / dass das Recht euch hell erscheine. [6] Denn Güte will ich von euch / und nicht geschlachtete Opfer. / Erkenntnis Gottes bedeutet mir mehr / als brennende Opfer auf dem Altar.*

Israel und Juda – reif fürs Gericht

[7] Wie Adam* haben sie den Bund übertreten, / dort sind sie mir untreu geworden. [8] Gilead* ist eine Stadt von Verbrechern, / überall mit Blut befleckt. [9] Die Rotte der Priester liegt auf der Lauer / wie eine Bande von Räubern. / Auf dem Weg nach

---

5,11 *Nichtse* ist eine verächtliche Bezeichnung für Statuen von Götzen.

6,6 Wird im Neuen Testament zweimal von Jesus Christus zitiert: Matthäus 9,13; 12,7.

6,7 *Adam.* Es ist wohl die Stadt Adam gemeint (Josua 3,16).

6,8 *Gilead.* Stadt im mittleren Ostjordanland, kann auch das ganze Gebiet dort bezeichnen.

Sichem* töten sie, / ja, sie tun grässliche Dinge. *10* Abscheuliches erblickte ich in Israel: / Da treibt Efraïm es mit Huren, / da hat sich Israel besudelt. *11* Auch dir, Juda, ist eine schreckliche Ernte bestimmt, / bevor ich das Geschick meines Volkes wende.

7 *1* Wenn ich Israel heile, / zeigt sich Efraïms Schuld / und die Bosheit Samarias. / Denn was sie tun, ist Betrug. / In der Stadt gehen die Diebe um, / und draußen plündern Räuberbanden. *2* Dennoch sehen sie nicht ein, / dass ich all ihre Bosheit bemerke. / Jetzt umringen ihre Taten sie / und stehen auch mir vor Augen.

Königsmacher und Königsmörder

3 Mit Bosheit erheitern sie den König, / seine Oberen mit ihrer Schlechtigkeit. *4* Ehebrecher sind sie alle. / Sie sind wie ein angeheizter Ofen, / den der Bäcker nicht mehr schüren muss, / wenn er den Teig geknetet hat und gehen lässt. *5* Am Krönungstag des Königs / machen sie die Oberen schwach / durch die Glut des Weins, / dessen Kraft die Schwätzer niederreißt. *6* Sie nähern sich mit Hinterlist, / während ihr Herz wie ein Backofen glüht. / Ihr Zorn, der schläft die ganze Nacht, / doch

am Morgen brennt er wie ein loderndes Feuer. *7* Sie alle glühen wie ein Backofen / und verzehren ihre Regenten. / All ihre Könige stürzen, / doch zu mir ruft keiner von ihnen.

Die verfehlte Politik

8 Efraïm vermischt sich mit den Völkern. / Es ist wie ein Fladen, den man beim Backen nicht wendet. *9* Fremde verzehren seine Kraft, / er merkt es nicht einmal. / Auch werden seine Haare grau, / doch er weiß es nicht. *10* Der eigene Hochmut klagt Israel an. / Doch zu Jahwe, ihrem Gott, bekehren sie sich nicht. / Sie suchen nicht seine Nähe.

11 Efraïm ist wie eine Taube, / leicht zu betören, ohne Verstand. / Erst ruft es die Ägypter an, / dann läuft es nach Assyrien. *12* Sobald sie laufen, spann ich mein Netz über sie, / wie Vögel hol ich sie herunter. / Ich bestrafe sie, wie es ihnen angekündigt ist. *13* Weh ihnen! Denn von mir liefen sie weg. / Verderben über sie! Denn sie brachen mit mir. / Ich würde sie gern erlösen, / aber sie reden ja nur Lügen über mich. *14* Sie schreien zu mir um Hilfe, / aber es kommt ihnen nicht von Herzen; / sie liegen nur da und heulen. / Sie ritzen sich wund, um Korn und Wein zu erflehen, / und wenden sich doch gegen mich. *15* Ich hatte sie trainiert und stark gemacht, / doch sie planten Böses gegen mich. *16* Sie wandten sich ab, den Nichtsen zu. / Sie sind wie ein

---

6,9 *Sichem*, 48 Kilometer nördlich von Jerusalem, war kurze Zeit Hauptstadt des Nordreiches.

Bogen, der nicht trifft. / Ihre
Oberen fallen durchs Schwert /
wegen ihrer frechen Zunge. /
Dafür wird man in Ägypten
über sie spotten.

Abrechnung mit Israel

8 *1* Das Signalhorn an den
Mund! / Wie ein Adler stürzt
sich der Feind auf Jahwes Haus, /
weil sie meinen Bund übertreten /
und mein Gesetz nicht achten.
2 Sie schreien zu mir um Hilfe: /
»Mein Gott! Wir kennen dich
doch! / Wir, dein Volk Israel!«
3 Doch Israel hat das Gute
verworfen. / So falle der Feind
über sie her! *4* Sie setzen Könige
ein, / doch ohne meinen Willen, /
sie wählen Obere aus, / ich darf
es nicht wissen. / Ihr Silber und
Gold machen sie zu Götzenbildern. / So ist es am sichersten
verloren. *5* Dein Stierkalb widert
mich an, Samaria! / Mein Zorn
lodert gegen sie auf. / Wann
werden sie sich von diesem Dreck
lösen? *6* Denn er stammt auch
aus Israel. / Das ist kein Gott, /
ein Handwerker hat es gemacht! /
In Stücke wird zerschlagen / das
Stierkalb von Samaria.

7 Ja, sie säen Wind, / und sie
ernten den Sturm. / Ein Halm,
der nicht wächst, / bringt auch
kein Mehl. / Und selbst wenn er
etwas brächte, / würden es Fremde
verschlingen. / *8* Israel ist schon
verschlungen. / Es ist wie ein
Gefäß geworden, / das keinem
mehr gefallen will. *9* Sie sind ja
nach Assyrien gezogen! /
Selbst ein Wildesel bleibt allein, /

doch Efraïm versucht Freunde
zu kaufen. *10* Auch wenn sie die
Nationen umwerben, / treibe ich
sie jetzt zusammen. Bald werden
sie sich winden / unter der Last
des Königs der Fürsten.*
11 Ja, Efraïm hat seine Altäre
vermehrt, / zum Sündigen dienen
sie ihm. / Altäre sind ihm zur
Sünde geworden. *12* Schrieb ich
ihm meine Gebote zehntausendfach auf, / sie würden denken, es
gehe sie nichts an. *13* Die Schlachtopfer, die sie bringen, / opfern sie
nur, weil sie Fleisch essen wollen. /
Jahwe hat keine Freude daran. /
Jetzt denkt er an ihre Schuld /
und bestraft sie für ihre Sünden: /
Sie müssen nach Ägypten zurück.
14 Israel vergaß seinen Schöpfer /
und baute sich Paläste. / Auch
Juda hat die Festungen vermehrt. /
Doch ich werfe Feuer in seine
Städte, / das wird seine Paläste
verzehren.

Die Vergeltung ist da

9 *1* Israel, freue dich nicht, / juble
nicht wie die Völker! / Denn du
hast es mit vielen getrieben / und
dich so von deinem Gott entfernt. /
Wo immer man Getreide drosch, /
hast du für Geld geliebt.
2 Dreschplatz und Kelter werden
sie nicht nähren, / der Wein wird
ihnen fehlen. *3* Sie bleiben nicht
im Land Jahwes: / Efraïm muss
nach Ägypten zurück, / in Assyrien

8,10 *Königs der Fürsten.* Gemeint ist der
König von Assyrien.

werden sie Unreines essen. *4* Sie werden Jahwe keinen Wein mehr spenden, / ihre Schlachtopfer behagen ihm nicht. / Es wird wie ein Leichenmahl sein: / Unrein wird, wer davon isst. / Ihr Brot ist allein für die eigene Kehle, / nichts davon kommt in Jahwes Haus. *5* Was tut ihr dann am Feiertag, / am Tag des Festes für Jahwe? *6* Die aus dem verwüsteten Land flüchten, / sammeln sich in Ägypten. / Memphis* wird sie begraben. / Wo jetzt ihr Silber glänzt, / wird Unkraut wachsen. / Dornen werden ihre Häuser überwuchern. *7* Die Zeit der Abrechnung ist gekommen, / die Tage der Vergeltung. / Israel wird es erkennen. / »Der Prophet ist ein Narr, / der Mann des Geistes ist verrückt!« / So große Anfeindung zeigt nur / die Größe deiner Schuld. *8* Der Prophet, der Wächter Efraïms, / ist neben seinem Gott. / Doch auf allen seinen Wegen / stellen sie ihm Fallen auf. / Sogar im Haus seines Gottes / stößt er auf Feindschaft. *9* Tief verdorben ist ihr Tun, / so wie damals in Gibea.* Doch er wird an ihre Schuld denken /

und sie dafür zur Rechenschaft ziehen.

Israel einst und jetzt

10 Wie man Trauben in der Wüste findet, / so fand ich Israel. / Wie die erste Frucht am jungen Feigenbaum, / so sah ich eure Väter. / Aber kaum waren sie nach Baal-Peor* gekommen, / da weihten sie sich der Schande / und wurden Scheusale wie ihre Liebhaber. *11* Efraïm – wie ein Vogelschwarm / fliegt seine Herrlichkeit davon. / Keine Geburt mehr, / keine Schwangerschaft, keine Empfängnis. *12* Selbst wenn sie ihre Söhne großziehen sollten, / mache ich sie kinderlos und verlassen. / Ja, weh auch ihnen selbst! / Denn ich wende mich von ihnen ab.

13 Efraïm ist, wie ich sehe, / gepflanzt wie eine Palme auf fruchtbarem Grund. / Nun muss es seine Söhne dem Schlächter zuführen. *14* Gib ihnen, Jahwe, was du geben willst: / einen unfruchtbaren Schoß und vertrocknete Brüste. *15* Schon in Gilgal hat sich ihre Bosheit enthüllt, / dort habe ich gelernt, sie zu hassen. / Wegen ihrer schlimmen Taten / vertreibe ich sie aus meinem Haus. / Ich kann sie nicht mehr lieben, / denn Aufrührer sind ihre Führer. *16* Efraïm ist geschlagen, / seine Wurzeln verdorrt, / Frucht bringen sie nicht mehr. / Selbst wenn es noch Kinder bekäme, / würde ich seine Lieblinge töten. *17* Mein Gott

---

9,6 *Memphis* war die alte Hauptstadt Ägyptens, 21 Kilometer südlich vom heutigen Kairo. Es war berühmt durch sein riesiges Gräberfeld.

9,9 *Gibea.* Siehe Richter 19!

9,10 *Baal-Peor.* Der Peor ist ein Berg in Moab, von dem aus man über das Jordantal blicken konnte. Auf seinem Gipfel befand sich vermutlich ein Baals-Heiligtum.

wird sie verstoßen, / weil sie nicht auf ihn hören. / Sie werden Flüchtlinge sein.

Reiche Opfer – falsches Herz

10 ¹ Israel war ein üppiger Weinstock, / es trug genügend Frucht. / Je fruchtbarer es war, / desto mehr Altäre hatte es. / Je schöner sein Land wurde, / desto schöner haben sie die Steinsäulen geschmückt. ² Ihr Herz ist geteilt, / jetzt müssen sie büßen: / Er zerschlägt ihre Altäre, / verwüstet diese Götzensteine. ³ Dann werden sie sagen: / »Wir haben keinen König mehr, / denn wir haben Jahwe nicht geehrt. / Aber was kann ein König schon tun?« ⁴ Reden halten, Meineide schwören, / Bündnisse schließen. / Die Rechtsprechung wuchert / wie Unkraut in der Ackerfurche. ⁵ Die Bewohner von Samaria / zittern um das Kalb von Bet-Awen*. / Schon trauern sie darum. / Seine Priester kreischen verzückt / wegen seiner Herrlichkeit. / Doch sie zieht aus, weg von ihnen. ⁶ Das Kalb wird nach Assyrien gebracht / als Tribut für den kampfbereiten König. / Efraïm wird Spott dafür ernten / und Israel sich seiner Ratschläge schämen. ⁷ Vernichtet ist Samaria. / Sein König treibt wie ein Span auf dem Wasser. ⁸ Die Opferhöhen von Awen sind verwüstet, / die Israel zur Sünde verführten. / Es wachsen Dornen und Disteln auf ihren Altären. / Dann wird man zu den Bergen sagen: »Deckt uns zu!«, / und zu den Hügeln: »Fallt auf uns drauf!«*

⁹ Ihr ladet Schuld auf euch seit der Zeit von Gibea, / seit damals habt ihr euch nicht geändert. / Wird nicht wie in Gibea / der Krieg über dieses rebellische Volk kommen? ¹⁰ Ich bin entschlossen, sie zu bestrafen, / und bringe Völker gegen sie zusammen, / denn sie fesselt doppelte Schuld. ¹¹ Efraïm war eine junge Kuh, / die es gewohnt war, Getreide zu dreschen, / und die es gerne tat. / Als ich vorbeiging und ihren kräftigen Nacken sah, / spannte ich Efraïm ein. / Juda sollte pflügen, / Jakob sollte eggen. ¹² Sät gerechte Taten aus! / Erntet nach dem Maß der Liebe! / Nehmt Neuland unter den Pflug! / Es ist Zeit, Jahwe zu suchen, bis er kommt / und euch mit dem Regen der Gerechtigkeit segnet. ¹³ Doch ihr habt Unrecht eingepflügt und Verbrechen geerntet, / ihr habt die Frucht eurer Falschheit gegessen. / Du hast auf deinen Weg vertraut / und auf die Menge deiner Helden! ¹⁴ Darum wird es Kriegslärm geben für dein Volk, / und all deine Festungen werden verwüstet. / Es wird euch wie Bet-Arbeël* gehen, / das Schalman am Tag der

---

10,5 *Bet-Awen.* Siehe Fußnote zu Hosea 4,15!

10,8 Wird im Neuen Testament von Jesus Christus zitiert: Lukas 23,30. Siehe auch Offenbarung 6,16!

Schlacht* zerstörte: / Eine Mutter liegt zerschmettert über den Kindern. 15 Das alles hat euch Bet-El* eingebracht, / wegen eurer schlimmen Schlechtigkeit. / Schon am Morgen der Schlacht / ist Israels König vernichtet.

Gottes große Liebe

11 1 Als Israel jung war, gewann ich es lieb. / Aus Ägypten rief ich meinen Sohn.* 2 Doch sooft ich die Israeliten / durch Propheten rief, / gingen sie von ihnen weg. / Sie opferten den Baalen / und räucherten den Götzen. 3 Ich, ich lehrte Efraïm laufen, / ich nahm es auf meine Arme! / Doch sie begriffen nicht, / dass ich sie heilte. 4 Mit menschlichen Fesseln zog ich sie herbei, / mit Seilen der Liebe. / Ich war wie ein Elternpaar für sie, / das sich den Säugling an die Wange hebt. / Ich neigte mich ihm zu und gab ihm zu essen.

5 Er muss zwar nicht nach Ägypten zurück, / doch die

Assyrer werden über ihn herrschen, / denn er verweigerte es, sich zu bekehren. 6 Nun wird das Schwert in seinen Städten tanzen. / Es macht ein Ende mit ihrem Geschwätz, / es wird sie wegen ihrer Ratschläge fressen. 7 Doch mein Volk hängt fest / am Abfall von mir. / Und ruft man es zurück, / erhebt sich keiner von ihnen.

8 Wie könnte ich dich preisgeben, Efraïm? / Wie könnte ich dich ausliefern, Israel? / Ich kann dich doch nicht vernichten wie Adma, / dich wie Zebojim* behandeln! / Das Herz dreht sich mir im Leibe herum, / mein ganzes Mitleid ist erregt. 9 Ich will meinen lodernden Zorn nicht vollstrecken, / will Efraïm nicht noch einmal vernichten. / Denn ich bin Gott und nicht ein Mensch, / ich bin der Heilige in dir! / Darum komme ich nicht in der Hitze des Zorns.

10 Hinter Jahwe gehen sie her. / Er brüllt wie ein Löwe, ja er brüllt, / dass die Söhne zitternd / vom Westmeer her kommen. 11 Wie Vögel kommen sie zitternd aus Ägypten herbei, / wie Tauben aus dem Land Assyrien. / Ich bringe sie wieder nach Hause zurück, / spricht Jahwe.

Das unzuverlässige Volk

12 1 Mit Lügen hat mich Efraïm umringt, / mit Betrug die Leute Israels. / Nur Juda schweift noch um Gott herum, / den

---

10,14 *Bet-Arbeël.* Dorf im Ostjordanland, 32 Kilometer nordwestlich von Amman.

Schlacht. Das Geschehen und der Name sind sonst unbekannt.

10,15 *Bet-El* (= Haus Gottes) war das Zentrum des Kults um die Stierplastiken, die Jahwe darstellen sollten.

11,1 Wird im Neuen Testament von Matthäus zitiert: Matthäus 2,15.

11,8 *Adma* und *Zebojim* waren die Städte, die zum Gebiet von Sodom und Gomorra gehörten und mit ihnen zusammen vernichtet wurden (1. Mose 10,19; 19,24-25).

Heiligen und Treuen. *2* Efraïm weidet Luft und jagt dem Ostwind nach, / täglich mehrt es Lüge und Gewalt. / Mit Assyrien schließt es einen Bund / und liefert Ägypten gleichzeitig Öl. *3* Auch mit Juda geht Jahwe ins Gericht. / Jakob straft er für sein Verhalten / und zahlt ihm heim, wie es seinen Taten entspricht. *4* Im Mutterleib hat er seinen Bruder betrogen / und in seiner Manneskraft mit Gott gekämpft. *5* Er kämpfte mit dem Engel und war überlegen. / Er weinte und flehte ihn um Gnade an. / In Bet-El sollte er ihn finden. / Und dort redete er zu uns.

6 Jahwe, der allmächtige Gott, / Jahwe ist sein Name, sagt: *7* »Du darfst zurückkehren mit Gott! / Bewahre Liebe und Recht / und hoffe stets auf deinen Gott!« *8* Doch dieser Händler hat eine falsche Waage in der Hand, / er liebt es, zu betrügen! *9* Efraïm aber sagte: »Gewiss, reich bin ich geworden, / hab ein Vermögen für mich gewonnen. / Doch in allem, was ich mir erworben habe, / wird man weder Schuld noch Sünde finden!« *10* Doch ich bin Jahwe! / Ich bin dein Gott seit Ägypten. / Ich lasse dich wieder in Zelten wohnen, / wie du es jetzt während der Festtage tust. *11* Ich habe zu den Propheten geredet, / ich gab ihnen viele Visionen / und sprach in Gleichnissen durch sie. *12* Wenn schon Gilead ein Unheil darstellt, / sind sie nun auch zu Nichtsen geworden. / Sie opferten in Gilgal selbst Stiere. / Darum werden ihre Altäre wie die Steinhaufen sein, / die man neben den Äckern aufhäuft.

13 Jakob floh ins Land der Syrer. / Wegen einer Frau hat Israel wie ein Sklave gedient. / Einer Frau zuliebe hütete er Schafe. *14* Aber durch einen Propheten führte Jahwe Israel aus Ägypten, / durch einen Propheten hat er es behütet.

15 Efraïm hat Gott bitter gekränkt. / Sein Herr lässt ihn die Blutschuld büßen, / er zahlt ihm die Beschimpfung heim.

Letzte Abrechnung mit Israel

13 *1* Wenn Efraïm redete, zitterten alle. / Der Stamm war in Israel stark. / Durch Baal machte er sich schuldig / und verfiel dem Tod. *2* Dennoch sündigen sie weiter und machen sich ein Gussbild, / Götzen aus Silber, wie sie es verstehen, / alles ein Werk von menschlichen Künstlern. / Dann behaupten sie noch: / Menschen, die Gott opfern, / müssen das Stierkalb küssen! *3* Deshalb werden sie verschwinden wie die Wolke am Morgen, / wie der Tau, der früh vergeht, / wie die Spreu, die von der Tenne weht, / wie Rauch, der aus der Luke zieht.

4 Doch ich bin Jahwe, dein Gott, / schon seit der Zeit in Ägypten. / Du kennst keinen Gott außer mir, / und es gibt keinen Retter als mich. *5* Ich habe dich

in der Wüste versorgt, / im Land
der glühenden Hitze.
⁶ Als sie ihre Weide hatten,
wurden sie satt. / Als sie satt
waren, erhob sich ihr Herz. /
Darum vergaßen sie mich.
⁷ Da wurde ich wie ein Löwe für
sie, / lauere wie ein Leopard am
Weg. ⁸ Ich falle sie an wie eine
Bärin, / der die Jungen geraubt
sind. / Ich reiße ihnen den Brust-
korb auf / und fresse sie wie die
Löwin. / Wilde Tiere zerfleischen
sie.
⁹ Es ist dein Untergang, Israel, /
dass du gegen mich, deine Hilfe,
bist. ¹⁰ Wo ist nun der Schutz
deines Königs, / der dich rettet
in all deinen Städten? / Wo sind
deine Richter, von denen du
sagtest: / »Gib mir Obere und
einen König!« ¹¹ Da gab ich dir
einen König im Zorn / und nahm
ihn zornig wieder weg. ¹² Efraïms
Schuld ist verschnürt, /
aufbewahrt ist seine Sünde.
¹³ Es kommen die Wehen für seine
Geburt, / aber er ist ein törichter
Sohn, / denn er tritt nicht zur
richtigen Zeit / in den Muttermund ein.
¹⁴ Aus der Gewalt der Toten /
sollte ich sie befreien, / aus dem
Tod sie erlösen? / Herbei mit
deinen Seuchen, Tod! / Herbei
mit deinem Pestfieber, Gruft!* /
Ich kenne jetzt kein Mitleid mehr.

¹⁵ Mag Efraïm auch zwischen
Flussgras gedeihen, / es wird ein
Ostwind kommen, ein Sturm
Jahwes. / Er steigt aus der
Wüste auf, / trocknet seine
Brunnen aus, / lässt alle Quellen
versiegen. / Er plündert euch
aus, / schafft alle eure Schätze
weg.

14 ¹ Samaria wird es büßen, /
denn es hat sich gegen Gott
empört. / Sie fallen durch das
Schwert, / ihre Kinder werden
zerschmettert, / ihre Schwangeren
aufgeschlitzt.

Umkehr bringt Segen

² Israel, kehr um zu Jahwe, deinem
Gott! / Denn durch deine Schuld
bist du gestürzt. ³ Nehmt Worte
mit euch und kehrt um zu Jahwe! /
Sagt zu ihm:»Vergib die ganze
Schuld und nimm es gut auf, /
dass wir die Frucht unserer Lippen
dir bringen. ⁴ Assyrien soll uns
nicht retten, / auf Pferden wollen
wir nicht reiten / und zum Machwerk unserer Hände nie mehr
sagen: ›Unser Gott!‹ / Denn
nur bei dir findet der Verwaiste
Erbarmen.«
⁵ Ich will ihre Untreue heilen, /
sie aus freien Stücken lieben. /
Mein Zorn hat sich von ihnen
abgewandt. ⁶ Ich werde für Israel
sein wie der Tau. / Es soll blühen
wie eine Lilie, / Wurzeln schlagen
wie der Libanonwald. ⁷ Seine
Triebe sollen sich ausbreiten, /
dass seine Pracht wie der Ölbaum
sei, / sein Duft wie der vom
Libanonwald.

13,14 Wird im Neuen Testament von Paulus
nach der LXX (siehe Josua 15,7) zitiert:
1. Korinther 15,55.

8 Die in seinem Schatten wohnen, kehren zurück. / Sie bauen wieder Getreide an / und blühen auf wie der Weinstock, / dessen Ruf wie der Wein vom Libanon ist. 9 Efraïm wird sagen: / »Was soll ich noch mit den Götzen?« / Ich, ich habe ihn erhört / und freundlich auf ihn geblickt. / Ich bin wie ein immergrüner Baum, / an mir findest du reiche Frucht.

10 Wer weise ist, begreife dies alles; / wer klug ist, erkenne es! / Denn gerade sind die Wege Jahwes, / und die Gerechten gehen darauf; / doch die Treulosen kommen dort zu Fall.

Der Prophet Joel

Außer seinem Namen ist vom Prophet Joël nichts bekannt. Nur der Inhalt seines Buches erlaubt Rückschlüsse auf sein Wirken. Einige Ausleger vermuten, dass der Prophet von Gott in den Dienst gerufen wurde, als König Joasch noch minderjährig war, also um das Jahr 835 v.Chr. (2. Chronik 22,10 – 24,1). Sie begründen das damit, dass weder Assyrien noch Babylonien oder Persien erwähnt werden und Joël in der hebräischen Bibel unter den vorexilischen Propheten eingeordnet ist, und weil sowohl Priester als auch Volk erwähnt werden, aber kein König. Doch die Angaben sind zu vage, um eine gesicherte Entstehungszeit für das Buch anzugeben.

Der Prophet Joël sollte das Volk angesichts einer schrecklichen Heuschreckenplage zur Änderung seiner Einstellung mahnen. Außerdem kündigte er den großen Tag Jahwes an und die Ausgießung des Heiligen Geistes. Der Name Joël bedeutet: »Jahwe ist Gott«.

1 *1* Wort Jahwes, das an Joël Ben-Petuël erging.

Heuschrecken und Dürre

2 Hört her, ihr Ältesten, / horcht auf, alle Leute im Land! / Kam so etwas bei euch schon einmal vor? / Haben eure Vorfahren je so etwas erlebt? *3* Erzählt euren Kindern davon, / damit sie es ihren Kindern weitergeben, / und diese es der nächsten Generation. *4* Was der Nager* übrig ließ, / hat die Heuschrecke gefressen; / was die Heuschrecke übrig ließ, / hat der Abfresser gefressen; /

was der Abfresser übrig ließ, hat der Vertilger gefressen.

5 Wacht auf, ihr Betrunkenen, und weint! / Heult auf, ihr Weinsäufer alle! / Mit dem Weintrinken ist es jetzt vorbei. *6* Denn ein Volk hat mein Land überfallen / mit einem mächtigen, unzählbaren Heer. / Es hat Zähne wie die von Löwen, / ja, ein Löwinnengebiss. *7* Sie haben unsere Weinstöcke verwüstet, / unsere Feigenbäume geknickt, / entlaubt und fortgeworfen. / Die Zweige starren bleich in die Luft. *8* Klage wie eine unberührte junge Frau im Trauersack, / die den Bräutigam ihrer Jugend verlor! *9* Speis- und Trankopfer sind Jahwes Haus entzogen, / und die Diener Jahwes, die Priester, trauern. *10* Die Felder sind verwüstet, / der Boden ist verdorrt, / das Korn vernichtet, / der Most vertrocknet, /

1,4 *Nager, Abfresser, Vertilger.* Die Ausdrücke bezeichnen entweder verschiedene Wachstumsstadien der Heuschrecken oder es sind synonym gebrauchte Ausdrücke, die verschiedene Wellen des Heuschreckensturms bezeichnen.

die Oliven verwelkt. *11* Seid
entsetzt, ihr Bauern; / klagt und
weint, ihr Winzer! / Vernichtet
sind Weizen und Gerste, / die
ganze Ernte ist verloren, *12* der
Weinstock ist vertrocknet, / der
Feigenbaum verwelkt. / Auch
Granat- und Apfelbaum, /
Dattelpalme und alles Gehölz /
sind entlaubt. / Die Freude der
Menschen welkt dahin.

Aufruf zur Umkehr

13 Ihr Priester am Altar, / legt den
Trauersack an! / Zieht ihn auch in
der Nacht nicht aus! / Weint und
klagt, ihr Diener Gottes! / Denn
Speis- und Trankopfer / sind dem
Haus eures Gottes entzogen.
14 Ruft einen Fastentag aus! /
Ordnet einen Feiertag an! /
Ruft die Ältesten zusammen /
und alle Bewohner des Landes! /
Kommt zum Haus von Jahwe,
eurem Gott, / und schreit um Hilfe
zu ihm!

Klage

15 Weh, was steht uns bevor! /
Der Tag Jahwes ist nah! / Er
kommt mit der Gewalt des
Allmächtigen. *16* Vor unseren
Augen wurde unsere Nahrung
vernichtet. / Aus dem Haus
unseres Gottes ist Freude und
Jubel verschwunden. *17* Die Saat
liegt vertrocknet unter den
Schollen, / die Scheunen sind
verödet, / die Speicher zerfallen, /
das Korn ist verdorben.
18 Brüllend irren die Rinder
umher, / weil sie kein Futter mehr
finden. / Selbst Schafherden

gehen zugrunde. – *19* Jahwe, ich
rufe zu dir, / denn die Glut hat die
Viehweiden verzehrt / und alle
Bäume auf dem Feld versengt.
20 Auch die wilden Tiere schreien
zu dir, / denn die Wasserläufe sind
versiegt / und die Viehweiden vom
Feuer verbrannt.

Der Tag Jahwes

2 *1* Stoßt in das Horn auf dem
Zion, / schlagt Alarm auf
meinem heiligen Berg! / Die
Bewohner des Landes sollen
zittern. / Denn nah ist der Tag
Jahwes. *2* Dunkel wie die Nacht ist
dieser Tag, / mit finsteren Wolken
verhangen. / Wie das Morgengrauen sich über die Berge ausbreitet, / so fällt ein gewaltiges
Heer ins Land, / ein mächtiges
Volk. / So etwas habt ihr noch nie
erlebt, / und nie wieder wird es so
etwas geben / bis in die fernsten
Generationen.

3 Vor ihm her frisst ein Feuer, /
und nach ihm lodern die Flammen. /
Wie der Garten Eden war das Land
vorher, / nachher ist es eine öde
Wüste. / Es gibt kein Entkommen
vor ihm. *4* Sie sehen aus wie
Pferde, / stürmen wie Schlacht-
rosse daher. / *5* Wie rasselnde
Streitwagen springen sie über
die Kuppen der Berge, / wie eine
prasselnde Flamme, die ein
Stoppelfeld verzehrt, / wie ein
mächtiges Heer, gerüstet zur
Schlacht.

6 Vor ihm zittern die Völker, /
alle Gesichter erbleichen. *7* Sie
greifen wie Elitetruppen an, / wie
erprobte Soldaten ersteigen sie die

Mauer. / Unentwegt ziehen sie voran, / nichts bringt sie ab vom Weg, 8 keiner bedrängt den anderen, / jeder geht in seiner Bahn. / Keine Waffe hält sie auf, / ihre Reihen brechen nicht. 9 Sie überfallen die Stadt, / erstürmen die Mauer, / ersteigen die Häuser. / Wie Diebe dringen sie ein.

10 Vor ihnen erbebt die Erde, / erzittert der Himmel, / verfinstern sich Sonne und Mond, / erlischt der Glanz der Sterne. 11 Jahwe erhebt die Stimme vor seinem Heer, / denn sein Heer ist überaus groß, / mächtig der Vollstrecker seines Befehls. / Ja, groß ist der Tag Jahwes / und voller Schrecken. / Wer kann ihn ertragen?

Kehrt von ganzem Herzen um!

12 Doch auch jetzt noch gilt, was Jahwe sagt: / »Kehrt mit ganzem Herzen zu mir um, / mit Fasten, Weinen und Klagen! 13 Zerreißt eure Herzen und nicht eure Kleider!« / Ja, kehrt um zu Jahwe, eurem Gott! / Denn er ist gnädig und barmherzig, / voller Güte und Geduld. / Das Unheil schmerzt ihn doch selbst. 14 Vielleicht tut es ihm auch diesmal leid, / und er kehrt um und lässt euch Segen zurück, / sodass ihr Jahwe, eurem Gott, /

2,16 *heiligt.* Das bedeutete für die Israeliten, dass sie ihre Kleider und sich selbst waschen mussten und keinen Geschlechtsverkehr haben durften (siehe 2. Mose 19,10.14-15; 3. Mose 16, 4.24).

Speis- und Trankopfer bringen könnt. 15 Stoßt in das Horn auf dem Zion! / Ruft einen Fasttag aus! / Ordnet einen Feiertag an! 16 Ruft das Volk zusammen und heiligt* die Gemeinde! / Ruft alle zusammen, vom Säugling bis zum Greis, / selbst Bräutigam und Braut aus ihrer Kammer! 17 Zwischen Vorhalle und Altar / sollen die Priester klagen, / die Diener Jahwes sollen sagen: / »Jahwe, verschone dein Volk! / Überlass dein Erbe nicht der Schande, / dass nicht die Völker über uns spotten. / Warum sollen Heidenvölker sagen: / ›Wo ist er denn, ihr Gott?‹«

Gottes Antwort

18 Da erwachte die brennende Liebe Jahwes für sein Land. Er hatte Mitleid mit seinem Volk. 19 Jahwe antwortete ihnen: »Passt auf! Ich gebe euch so viel Korn, Most und Öl, dass ihr euch daran satt essen könnt. Ich setze euch nicht länger dem Spott der anderen Völker aus. 20 Den Feind aus dem Norden schicke ich weit von euch weg. Ich jage ihn in die Wüste. Seine Vorhut treibe ich ins Tote Meer, seine Nachhut kommt im Mittelmeer um. Wegen ihrer Überheblichkeit werden ihre Leichen die Luft mit ihrem Gestank erfüllen.«

21 Hab keine Angst mehr, fruchtbares Land! / Freue dich und brich in Jubel aus, / denn Jahwe hat Großes getan! 22 Ihr Tiere auf dem freien Feld, / fürchtet euch nicht mehr! /

Die Weiden in der Steppe sind wieder grün. / Auch die Bäume tragen wieder Frucht, / Feigenbaum und Weinstock bringen reichen Ertrag. 23 Und ihr Einwohner Zions, / jubelt und freut euch in Jahwe, eurem Gott! / Denn er gibt euch den Frühregen zurück, / damit Gerechtigkeit wächst, / Herbst- und Frühjahrsregen / wie in früherer Zeit. 24 Die Dreschplätze sind mit Getreide gefüllt, / die Kelterwannen laufen über, / Ströme von Most und Öl. 25 Und ich werde euch die Ernten ersetzen, / die meine Heere gefressen haben, / die ich gegen euch schickte: / Heuschrecke, Abfresser, Vertilger und Nager. 26 Ihr werdet euch richtig satt essen können / und den Namen von Jahwe, eurem Gott, loben, / der solche Wunder für euch tat. / Nie mehr soll mein Volk beschämt werden. 27 Dann werdet ihr erkennen, dass ich in eurer Mitte bin / und dass ich, Jahwe, allein euer Gott bin. / Mein Volk braucht sich nie mehr zu schämen.

Gottes Geist

3 1 Und danach werde ich meinen Geist auf alle Menschen ausgießen. Eure Söhne und Töchter werden prophetisch reden. Eure Alten werden Träume haben und eure jungen Männer Visionen. 2 Sogar über die Sklaven und Sklavinnen werde ich dann meinen Geist ausgießen. 3 Am Himmel und auf der Erde werde ich wunderbare Zeichen wirken: Blut, Feuer und Rauchwolken. 4 Die Sonne wird sich in Finsternis verwandeln und der Mond in Blut, bevor der große und furchtbare Tag Jahwes kommt. 5 Dann wird jeder, der den Namen Jahwes anruft, gerettet werden*, denn auf dem Berg Zion und in Jerusalem wird es Rettung geben, wie Jahwe angekündigt hat. Gerettet wird jeder, den Jahwe ruft.

Das Gericht über die Völker

4 1 Ja, passt auf: Wenn die Zeit kommt, werde ich für Juda und Jerusalem alles zum Guten wenden. 2 Dann werde ich alle Völker zusammenrufen und ins Tal Joschafat* führen. Dort werde ich sie zur Rechenschaft ziehen für das, was sie meinem Volk Israel, meinem Eigentum, angetan haben. Sie haben es unter die Völker zerstreut, mein Land haben sie aufgeteilt 3 und über die Menschen das Los geworfen. Einen Jungen gaben sie als Lohn für eine Hure und mit einem Mädchen bezahlten sie den Wein für ihre Sauferei.

4 Ihr Leute von Tyrus und Sidon* und aus allen Philisterbezirken*, was wollt ihr denn von mir? Wollt ihr euch

---

3,5 Die Verse 1-5 werden von Petrus während seiner Pfingstpredigt zitiert (Apostelgeschichte 2,17-21). Vers 5 wird außerdem von Paulus Römer 10,13 zitiert.

4,2 *Joschafat* bedeutet: Jahwe richtet.

4,4 *Tyrus und Sidon*. Wichtige phönizische Städte am Mittelmeer, etwa 60 und 90 km nordwestlich vom See Gennesaret.

Die *Philister* bewohnten die südliche Küstenebene Israels in einem Gebiet um fünf Städte herum.

an mir rächen? Wie? Wollt ihr mir etwas antun? Ganz leicht und schnell lasse ich eure Taten auf euch selbst zurückfallen. ⁵ Ihr habt mein Silber und mein Gold geraubt und meine besten Schätze in euren Tempel gebracht. ⁶ Ihr habt die jungen Männer aus Juda und Jerusalem an die Griechen verkauft, um sie weit von ihrer Heimat zu entfernen. ⁷ Passt auf! Ich setze sie von dort in Bewegung, und eure Taten fallen auf euch selbst zurück. ⁸ Ich werde eure jungen Männer und Mädchen den Leuten von Juda ausliefern, die sie dann den Sabäern* verkaufen, einem weit entfernten Volk. Das sage ich, Jahwe!

⁹ Ruft es unter den Völkern aus: / »Rüstet euch zum Kampf! / Stellt die Elitetruppen auf! / Mobilisiert alle Soldaten! ¹⁰ Schmiedet aus den Pflugscharen Schwerter, / macht aus Winzermessern Lanzen! / Der Schwache spreche: Ich bin ein Held! ¹¹ Kommt her, ihr Völker, kommt von allen Seiten!«

Dorthin führe deine Helden hinab, Jahwe!

¹² »Die Völker sollen aufgeboten werden / und ins Tal Joschafat ziehen. / Denn dort sitze ich zu Gericht / über alle Nationen ringsum. ¹³ Nehmt die Sichel, die Ernte ist reif! / Tretet die Kelter, sie ist übervoll! / Groß ist die Bosheit der Völker.«

¹⁴ Tosende Mengen im Tal der Entscheidung, / denn Jahwes Gerichtstag ist dort nah. ¹⁵ Sonne und Mond werden finster, / der Glanz der Sterne erlischt. ¹⁶ Jahwe brüllt vom Zion her, / aus Jerusalem dröhnt seine Stimme.

Doch für sein Volk ist Jahwe eine Burg, / eine Zuflucht für die Israeliten. ¹⁷ Dann werdet ihr erkennen, / dass ich, Jahwe, euer Gott bin, / und dass ich auf dem Zion wohne, / meinem heiligen Berg. / Jerusalem wird unantastbar sein. / Fremde werden es nicht mehr durchziehen.

¹⁸ Dann triefen die Berge von Most, / die Hügel fließen über von Milch. / Die Bäche Judas werden voll mit Wasser sein. / Eine Quelle entspringt im Haus Jahwes / und wird das Trockental bewässern. ¹⁹ Ägypten wird zur Wüste, / Edom* zu einer verödeten Steppe / wegen ihrer Verbrechen an den Männern von Juda. / Unschuldiges Blut vergossen sie in deren Land. ²⁰ Aber Juda bleibt für alle Zeiten bewohnt, / Jerusalem wird für immer bestehen. ²¹ Ihre Blutschuld lasse ich ungestraft, / was ich früher nicht durchgehen ließ. / Jahwe ist es, der auf dem Zion wohnt.

4,8 *Sabäer.* Volk auf der südwestlichen arabischen Halbinsel, vielleicht in der Nähe des heutigen Jemen.

4,19 *Edom.* Land östlich der Araba und südlich vom Toten Meer, bewohnt von den Nachkommen Esaus.

Der Prophet Amos

Amos war offenbar ein wohlhabender Mann, der in der Umgebung von Tekoa, 16 Kilometer südlich von Jerusalem, als Züchter und Viehhirt lebte. Gott berief ihn zum Propheten, um dem Nordreich Israel sein Gericht anzukündigen. Das befand sich zu dieser Zeit unter Jerobeam II. auf dem Höhepunkt seiner Macht. Der König hatte Israels Grenzen im Norden bis nach Syrien hinein ausgedehnt und auch Israels Gebiete östlich des Jordans zurückerobert. Der Dienst des Propheten begann zwei Jahre vor dem großen Erdbeben (Amos 1,1), vermutlich im Jahr 762 v.Chr. Zweck seiner Botschaft war es, Israels Gewissen zu wecken und das Volk aus seinem trügerischen Optimismus aufzuschrecken. Man nennt Amos auch den »Jakobus des Alten Testaments«. Der Name Amos bedeutet: »Der (von Jahwe) Getragene«.

1 ¹ Reden des Amos, eines Schafzüchters aus Tekoa, über Israel. Er empfing die Botschaft in Form von Visionen, als Usija König von Juda und Jerobeam Ben-Joasch König von Israel war, zwei Jahre vor dem Erdbeben.

Das Gericht über Israels Nachbarn

² Amos sagte:
Jahwe brüllt von Zion her, / aus Jerusalem schallt seine Stimme. / Da vertrocknen die saftigen Weiden, / selbst der Gipfel des Karmel verdorrt.

³ So spricht Jahwe:
Wegen drei Verbrechen, die Damaskus* beging, / wegen vier nehme ich es nicht zurück, / denn mit eisernem Dreschschlitten / zerdroschen sie Gilead*. ⁴ Darum lege ich Feuer an Hasaëls Haus, / es frisst Ben-Hadads Paläste.
⁵ Den Riegel von Damaskus werde ich zerbrechen. / Ich rotte den Herrscher von Sündental aus, / den Zepterträger von Lusthausen*. / Die Bevölkerung von Syrien / muss in die Verbannung nach Kir*. / Spruch Jahwes.

⁶ So spricht Jahwe:
Wegen drei Verbrechen, die Gaza* beging, / wegen vier nehme ich es nicht zurück, / denn ganze Dörfer haben sie entvölkert, /

1,3 *Damaskus* war schon damals die Hauptstadt von Syrien.

Gilead. Landschaft östlich des Jordan, Wohnsitz der Stämme Ruben, Gad und halb Manasse. Dieses Gebiet war von syrischen Truppen zur Zeit von Hasaël (842-796 v.Chr.) und seinem Sohn Ben-Hadad III. (796-775 v.Chr.) grausam erobert worden.

1,5 *Sündental* und *Lusthausen* (Hebräisch: Bikat-Awen; Bet-Eden) sind hier wahrscheinlich symbolische Namen für Damaskus.

Kir. Siehe 2. Könige 16,9!

1,6 *Gaza.* Philisterstadt am Mittelmeer.

und die Verschleppten an Edom*
verkauft.* 7 Darum lege ich Feuer
an die Mauern von Gaza, / damit
es seine Paläste frisst. 8 Ich rotte
den Herrscher von Aschdod aus, /
den Zepterträger von Aschkelon*. /
Ekron wird meine Hand zu spüren
bekommen, / und der Rest der
Philister wird verschwinden.
Spruch Jahwes.

9 So spricht Jahwe:
Wegen drei Verbrechen, die Tyrus*
beging, / wegen vier nehme ich es

1,6 Edom. Land östlich der Araba und südlich
vom Toten Meer, bewohnt von den Nachkommen Esaus.

verkauft. Als die Philister zur Zeit des Königs Joram (851-845 v.Chr.) in Juda einfie-
len, haben sie laut Hieronymus ganze Dörfer
bis auf den letzten Mann, samt Frauen und
Kindern, in die Sklaverei nach Edom verkauft.

1,8 Aschdod, Aschkelon, Ekron waren Philisterstädte.

1,9 Tyrus war die wichtigste Hafenstadt an
der phönizischen Küste, 56 km nördlich
vom Berg Karmel.

an Edom verkauft. Siehe Joel 4,3.6!

1,11 Bruder. Gemeint ist das Brudervolk
Israel (Vers 9), denn Jakob, der Stammvater
Israels, und Esau, der Stammvater Edoms,
waren Brüder.

1,12 Teman ist ein Gebiet mitten in Edom, in
der Nähe von Petra.

Bozra. Wichtige edomitische Stadt, Schafzuchtzentrum, 40 km südöstlich vom Süd-
Ende des Toten Meeres.

1,13 Die Ammoniter waren nordöstliche
Nachbarn der Moabiter.

1,14 Rabba war die Hauptstadt der Ammoniter, 38 Kilometer östlich vom Jordan, heute:
Amman.

2,1 Die Moabiter lebten östlich des Toten
Meeres zwischen den Flüssen Arnon und
Zered.

nicht zurück, / denn ganze
Dörfer haben sie entvölkert, /
und die Verschleppten an Edom
verkauft,* / und nicht mehr
an den Bruderbund gedacht.
10 Darum lege ich Feuer an die
Mauern von Tyrus, / damit es
seine Paläste frisst.

11 So spricht Jahwe:
Wegen drei Verbrechen, die Edom
beging, / wegen vier nehme ich
es nicht zurück, / denn es hat
seinen Bruder* mit dem Schwert
verfolgt, / hat sein Erbarmen
erstickt, / seinen Hass immer aufs
Neue geschürt. 12 Darum lege ich
Feuer an Teman*, / damit es die
Paläste von Bozra* frisst.

13 So spricht Jahwe:
Wegen drei Verbrechen der Nachkommen Ammons*, / wegen vier
nehme ich es nicht zurück, / denn
sie haben Schwangere in Gilead
aufgeschlitzt, / nur um ihr Gebiet
zu erweitern. 14 Darum lege ich
Feuer an die Mauern von
Rabba*, / damit es seine Paläste
frisst / beim Kriegsgeschrei am
Tag der Schlacht, / am Sturmtag
unter Tosen. 15 Ihr König muss in
die Verbannung, / er und seine
Oberen mit ihm. / Spruch Jahwes.

2 1 So spricht Jahwe:
Wegen drei Verbrechen der Leute von Moab*, / wegen vier nehme
ich es nicht zurück, / denn sie haben die Knochen des Königs von
Edom / zu Kalkstaub verbrannt.
2 Darum lege ich Feuer an Moab, /
damit es die Paläste von Keriot*

frisst. / Moab stirbt im Kampfes-
lärm, / beim Kriegsgeschrei und
Hörnerschall. *3* Ich vernichte seinen Herrscher / und alle seine
Oberen mit ihm. / Spruch Jahwes.

Gegen Juda und Israel

4 So spricht Jahwe:
Wegen drei Verbrechen, die Juda
beging, / wegen vier nehme ich es
nicht zurück, / denn sie haben
Jahwes Weisung verworfen, /
seine Gebote übertreten / und
wurden von falschen Göttern
verführt, / denen schon ihre Väter
nachliefen. *5* Darum lege ich Feuer
an Juda, / damit es die Paläste von
Jerusalem frisst.

6 So spricht Jahwe:
Wegen drei Verbrechen, die Israel
beging, / wegen vier nehme ich es
nicht zurück, / denn sie haben den
Gerechten als Sklaven verkauft, /
den Armen wegen einem Paar
Schuhe. *7* Den Kopf der Hilflosen
treten sie in den Staub, / die
Gebeugten bringen sie um ihr
Recht. / Vater und Sohn gehen zur
selben Hure / und entweihen so
meinen heiligen Namen. *8* Sie
strecken sich auf gepfändeten
Kleidern aus. / Das tun sie neben
jedem Altar. / Von Bußgeldern
kaufen sie Wein / und trinken ihn
im Gotteshaus.
9 Dabei hatte ich doch den
Amoriter vor ihnen vernichtet, /
der groß wie eine Zeder war / und
stark wie die Eiche. / Oben rottete
ich seine Früchte aus / und unten
seine Wurzeln. *10* Ich bin es auch
gewesen, / der euch aus Ägypten

herbrachte, / der euch vierzig
Jahre in der Wüste führte, / damit
ihr das Land des Amoriters / in
euren Besitz nehmen konntet.
11 Einige von euren Söhnen ließ
ich als Propheten auftreten, / andere eurer jungen Männer wurden
Nasiräer*. / So ist es doch, ihr
Leute von Israel! / Spruch Jahwes.
12 Doch ihr gabt den Nasiräern
Wein zu trinken / und habt den
Propheten das Weissagen verboten.
13 Passt auf! Ich lasse den Boden
unter euch schwanken, / wie ein
Wagen schwankt, der voll von
Garben ist. *14* Dann kann auch
der Schnellste nicht mehr entkommen, / dem Starken versagen
die Kräfte, / auch der Held kann
sein Leben nicht retten. *15* Der
Bogenschütze wird überrannt, /
der Schnellläufer rettet sich
nicht, / auch der Reiter kann sein
Leben nicht schützen. *16* Selbst der
tapferste Held / flieht nackt an
jenem Tag. / Spruch Jahwes.

Das bevorzugte Volk

3 *1* Hört, was Jahwe über euch
sagt, ihr Israeliten, / über das
ganze Geschlecht, das ich aus
Ägypten herausgeführt habe!
2 Von allen Völkern der Erde /
habe ich nur euch ausgewählt. /

2,2 *Keriot.* Heute: El Qereiyat, 13 Kilometer
östlich vom Toten Meer.

2,11 *Nasiräer.* Männer, die sich Gott weihten
und während dieser Zeit ihre Haare nicht
schneiden und keinen Alkohol trinken
durften.

Deshalb ziehe ich euch zur Rechenschaft / für alle eure Vergehen.

Der Prophet muss reden

3 Gehen wohl zwei miteinander, / ohne sich begegnet zu sein? 4 Brüllt der Löwe im Wald, / ohne Beute zu haben? / Brüllt der Junglöwe im Versteck, / wenn er nichts gefangen hat? 5 Wird ein Vogel im Bodennetz gefangen, / ohne dass es aufgestellt ist? / Springt das Klappnetz vom Boden hoch, / wenn sich nichts darin gefangen hat? 6 Wird in der Stadt Alarm geblasen, / ohne dass ein Bewohner erschrickt? / Geschieht ein Unglück in der Stadt, / ohne dass Jahwe es bewirkt? 7 Denn Jahwe, der Herr, tut nichts, / ohne seinen Dienern, den Propheten, / das Geheimnis zu enthüllen. 8 Der Löwe brüllt, / wer fürchtet sich da nicht? / Jahwe, der Herr, spricht, / wer wird da nicht zum Propheten?

Der Untergang Samarias

9 Lasst es hören in den Palästen von Aschdod / und denen im Land Ägypten: / »Versammelt euch auf den Bergen um Samaria herum /

und seht euch das wilde Treiben dort an, / die Unterdrückung im Innern der Stadt! 10 Sie treten das Recht mit den Füßen, spricht Jahwe. / Mit Misshandlung und Gewalt / sammeln sie Schätze in ihren Palästen.«

11 Darum spricht Jahwe, der Herr: / »Feinde werden euer Land umzingeln, / sie reißen eure Festung nieder / und plündern eure Paläste.«

12 So spricht Jahwe: / »Wie ein Hirt aus dem Rachen des Löwen / vom Lamm nur zwei Unterschenkel rettet / oder einen Zipfel vom Ohr, / so werden Israels Söhne gerettet, / die in Samaria in ihrem Sessel sitzen, / auf Ruhepolstern in Damaskus.«

13 »Hört und schärft es dem Haus Jakob* ein!«, / spricht Jahwe, der allmächtige Gott.

14 »Es kommt der Tag, an dem ich Israel / für seine Verbrechen zur Rechenschaft ziehe. / Dann rechne ich ab mit den Altären von Bet-El*: / Ich schlage ihre Hörner ab / und lasse sie am Boden liegen. 15 Ich zertrümmere Winterhaus und Sommerpalast, / die Elfenbeinhäuser werden verschwinden!« / Spruch Jahwes.

3,13 *Haus Jakob.* Nachkommen von Jakob (Israel), dem Stammvater Israels.

3,14 *Bet-El* liegt 9 km nördlich von Jerusalem und war das Zentrum des pervertierten israelitischen Gottesdienstes, wobei Jahwe durch ein goldenes Kalb verehrt wurde.

4,1 *Baschan.* Fruchtbare Hochebene östlich und nördlich vom See Gennesaret, bekannt für Rinderzucht.

Gegen die reichen Frauen

4 1 Hört dies Wort, ihr Kühe von Baschan*, / die ihr auf dem Berg Samarias wohnt! / Ihr unterdrückt die Schwachen / und schindet die Bedürftigen. / Ihr sagt zu euren Männern: / »Los, schafft uns zu trinken herbei!«

2 Jahwe, der Herr, schwört
bei seiner Heiligkeit: / »Passt auf,
es werden Tage kommen, / da
schleppt man euch an Haken
weg, / an Fischerangeln die letzten
von euch! 3 Durch Mauerbreschen
müsst ihr hinaus, / eine nach der
anderen, / und werdet zum Bann-
ort gejagt.« / Spruch Jahwes.

Gott will Umkehr, nicht Kult

4 »Geht nach Bet-El und übt
Verbrechen, / nach Gilgal* und
sündigt noch mehr! / Bringt eure
Schlachtopfer am nächsten
Morgen, / euren Zehnten am
übernächsten Tag! 5 Verbrennt als
Dankopfer gesäuertes Brot, / ruft
zu freiwilligen Opfern auf / und
lasst es alle hören! / So liebt ihr es
doch, ihr Israeliten!«, / spricht
Jahwe, der Herr.

6 »So habe auch ich euch nichts zu
beißen gegeben. In euren Städten und
Dörfern gab es Mangel an Brot. Und
doch kehrtet ihr nicht zu mir um!«
Spruch Jahwes.
7 »So hielt auch ich den Regen zurück, drei Monate vor der Ernte. Auf
die eine Stadt ließ ich es regnen, auf
die andere Stadt nicht. Das eine Feld
wurde beregnet; das andere, das
keinen Regen bekam, verdorrte. 8 Von
zwei, drei Städten schleppten sich die
Leute zu einer Stadt hin, die noch
Wasser hatte. Doch es reichte nicht
für so viele. Und doch kehrtet ihr nicht
zu mir um!« Spruch Jahwes.
9 »Ich schickte euch Mehltau und
Getreidebrand. Ich ließ eure Gärten
und Weinberge vertrocknen. Eure

Feigen- und Olivenbäume fraßen die
Heuschrecken kahl. Und doch kehrtet
ihr nicht zu mir um!« Spruch Jahwes.
10 »Ich schickte euch die Pest wie
einst den Ägyptern. Eure jungen
Männer wurden im Kampf erschlagen. Eure Pferde gab ich den Feinden
zur Beute. Ich ließ euch den Leichen-
gestank eurer Heerlager in die Nase
steigen. Und doch kehrtet ihr nicht zu
mir um!« Spruch Jahwes.
11 »Ich habe das Unterste bei euch
zuoberst gekehrt, wie damals bei
Sodom und Gomorra*. Ihr wart wie
ein angekohltes Holzscheit, das aus
dem Feuer gerissen wurde. Und doch
kehrtet ihr nicht zu mir um!« Spruch
Jahwes.
12 »Deshalb handle ich so an dir, Israel. Und weil ich dir das alles antun
werde, mach dich bereit, deinem Gott
zu begegnen, Israel!«

13 Denn sieh, er formt die Berge, /
er erschafft den Wind. / Er sagt
dem Menschen, was er im Sinn
hat. / Er macht das Morgenrot zur
Finsternis, / er schreitet über die
Gipfel der Erde. / Er heißt Jahwe,
Gott, der Allmächtige.

4,4 *Gilgal.* Ort in der Nähe von Jericho, wo
die Israeliten bei den 12 Steinen aus dem
Jordan (Josua 4,19-20) wahrscheinlich eine
Kultstätte errichtet hatten (Hosea 9,15;
12,12).

4,11 *Sodom und Gomorra.* Städte, die Gott
durch Feuer vernichtet hat (1. Mose 19,
24-25).

5,1 Die Verse 1-17 sind so aufgebaut, dass
sich die Gedanken in der Reihenfolge ABCD
CBA um die Verse 8-9 (D) gruppieren.

Klagelied über Israel

5 *1* (A)* Hört diese Botschaft, ihr Israeliten! / Ich stimme die Totenklage über euch an. *2* Erschlagen liegt sie da, / Israel, die junge Frau, / und sie steht nie wieder auf. / Verlassen liegt sie auf eigenem Boden, / und niemand hilft ihr hoch. *3* Denn so spricht Jahwe, der Herr: »Die Stadt, die mit tausend Männern in den Kampf zieht, / behält nur hundert übrig, / und die mit hundert auszieht, / der bleiben nur zehn. / So wird es überall in Israel sein.«

4 (B) Denn so spricht Jahwe, der Herr: / »Sucht mich, dann werdet ihr leben! *5* Sucht nicht Bet-El auf, / geht nicht nach Gilgal, / zieht nicht nach Beerscheba*! / Denn Gilgal droht die Verbannung / und Bet-El wird zum Unheilshaus. *6* Sucht Jahwe, dann werdet ihr leben! / Sonst fällt er wie Feuer / über die Nachkommenschaft Josefs* her, / und niemand löscht es für Bet-El aus.«

7 (C) Ihr wandelt Gerechtigkeit in Bitterkeit um / und tretet das Recht mit den Füßen.

8 (D) Er, der das Siebengestirn und den Orion schuf, / der die Finsternis verwandelt zum Morgenlicht / und den Tag verdunkelt zur Nacht, / der das Meereswasser ruft – und es flutet über die Erde.* / Er hat den Namen Jahwe. *9* Er lässt Vernichtung über dem Starken aufblitzen, / Verwüstung kommt über die befestigte Stadt.

10 (C) Beim Gericht im Tor hassen sie den, / der zur Gerechtigkeit mahnt. *11* Weil ihr vom Hilflosen Pachtgeld verlangt / und Kornabgaben von ihm wollt, / habt ihr zwar Häuser aus Quadern gebaut, / werdet aber nicht darin wohnen, / habt ihr zwar schöne Weinberge gepflanzt, / werdet ihren Wein aber nicht trinken. *12* Ja, ich kenne eure Vergehen / und eure vielen Verbrechen. / Ihr bedrängt den Gerechten / und nehmt Bestechungsgelder an / und verweigert den Armen das Recht. *13* Darum schweigt der Kluge / in dieser bösen Zeit.

14 (B) Sucht das Gute und nicht das Böse, / dann werdet ihr leben! / Und dann wird, wie ihr sagt, / Jahwe, der allmächtige Gott, mit euch sein. *15* Hasst das Böse und liebt das Gute! / Und sorgt für das Recht bei Gericht! / Vielleicht wird Jahwe, der allmächtige Gott, / dem Rest der Nachkommen Josefs gnädig sein.

16 (A) Darum spricht Jahwe, der allmächtige Gott, der Herr: / »Auf allen Plätzen herrscht Trauer, / Wehrufe hört man in allen Gassen. / Man ruft die

---

5,5 Auch die Stadt *Beerscheba* im Süden von Juda war offenbar ein Zentrum des Götzendienstes geworden.

5,6 *Josef* war der Vater von Efraïm und Manasse, den Stammvätern der größten Stämme des Nordreichs, deren Namen auch für das ganze Nordreich stehen konnten.

5,8 *es flutet über die Erde.* Hier ist wohl nicht der Wasserkreislauf gemeint, sondern eher so etwas wie ein Tsunami.

Bauern zum Trauern herbei, /
und zur Totenklage den, der die
Klagelieder kennt. *17* Selbst in
den Weinbergen wird Wehklage
sein, / denn ich werde das Land
durchziehen«, / spricht Jahwe.

Frommer Selbstbetrug

18 Ihr wünscht euch den Tag
Jahwes herbei, / doch ihr seid zu
bedauern. / Was bringt euch der
Tag Jahwes? / Er wird Finsternis
sein und nicht Licht. *19* Es wird
euch wie dem Mann ergehen, / der
vor dem Löwen flieht / und einem
Bären in die Quere kommt. /
Hat er dann glücklich sein Haus
erreicht / und lehnt sich an die
Wand, / so beißt ihn eine Schlange. *20* So wird der Tag Jahwes
Finsternis sein und nicht Licht, /
schwarz wie die Nacht, ohne
hellen Schimmer.

21 »Ich hasse und verwerfe eure
Feste, / eure Feiern kann ich nicht
riechen! *22* Eure Brandopfer sind
mir zuwider, / eure Speisopfer
gefallen mir nicht. / Eure fetten
Freudenopfer* mag ich nicht
sehen! *23* Hört auf mit dem
Geplärr eurer Lieder! / Euer
Harfengeklimper ist nicht zu
ertragen! *24* Lasst nur das Recht
wie Wasser fließen, / die Gerechtigkeit wie einen immer fließenden
Bach.

25 Habt ihr mir Schlacht- und
Speisopfer gebracht / die vierzig
Jahre in der Wüste, Haus Israel?
26 Oder habt ihr nicht schon
damals / den Sikkut, euren
Himmelskönig, getragen, / und
Kiun*, euren Sternengott, / die ihr

euch selbst gemacht habt?
27 Darum lasse ich euch in die
Gefangenschaft ziehen, / noch
über Damaskus hinaus, /
spricht Jahwe, es ist Gott, der
Allmächtige!«*

Die Selbstsicherheit der Vornehmen

6 *1* Weh den Sorglosen in Zion, /
den Sicheren auf dem Berg von
Samaria, / weh der Elite des
Ersten unter den Völkern, / an
die sich das Haus Israel wendet.
2 Geht hinüber nach Kalne* und
seht euch dort um, / geht von da in
die große Stadt Hamat*, / steigt
hinab ins Gat* der Philister! /
Seid ihr besser als diese Reiche, /
oder ist ihr Gebiet größer als
eures? *3* Ihr wollt den Tag des
Unglücks verdrängen / und fördert
die Herrschaft der Gewalt. *4* Ihr
liegt auf Betten aus Elfenbein /
und räkelt euch auf Ruhepolstern. /

5,22 Beim *Freudenopfer* wurde im Gegensatz
zum Brandopfer nur das Fett auf dem Altar
verbrannt. Der größte Teil des Tieres durfte
bei einer fröhlichen Opfermahlzeit gemeinsam mit Verwandten und Freunden verzehrt
werden.

5,26 *Sikkut und Kiun* (oder: Sakkut und
Kewan) sind assyrisch-babylonische Götter.

5,27 Die Verse 25-27 werden von Stephanus
in seiner Rede vor dem Hohen Rat nach der
LXX zitiert (Apostelgeschichte 7,42-43).

6,2 *Kalne*. Stadt in Nordsyrien, heute Kullan-
Köy, 24 Kilometer nördlich von Aleppo.

Hamat. Heute Labwe, etwa 70 Kilometer
nördlich vom Berg Hermon.

Gat. Östlichste Philisterstadt an der Grenze
zu Israel. Heimatstadt Goliats (1. Samuel 17).

Ihr verschlingt die Lämmer von der Herde weg, / die Kälber aus dem Maststall. *5* Ihr grölt zum Harfengeklimper, / wollt Lieder erfinden wie David. *6* Aus Opferschalen schlürft ihr Wein / und salbt euch mit den besten Ölen. / Doch der Untergang Josefs* schert euch nicht.

7 Darum werden sie als erste verschleppt, / allen Verbannten voran. / Dann ist es mit dem Gejohle der Hingelümmelten vorbei.

Die Zerstörung Samarias

8 Jahwe, der Herr, hat bei sich selbst geschworen. / Spruch Jahwes, des allmächtigen Gottes: / »Ich verabscheue Jakobs Stolz, / ich hasse seine Paläste. / Die Stadt und alles darin / liefere ich aus.«

9 Und wenn irgendwo, in einem einzigen Haus, noch zehn Menschen übrig geblieben sind, müssen auch sie sterben. *10* Und wenn ein Verwandter oder der Bestatter einen Toten aufhebt, um ihn aus dem Haus zu schaffen, und einen Überlebenden fragt, der im hintersten Winkel des Hauses sitzt: »Ist noch jemand bei dir?«, und

er antwortet: »Niemand!«, dann wird der andere sagen: »Still! Nur nicht den Namen Jahwes nennen!«

11 Denn seht: Jahwe befiehlt, / da schlägt man das große Haus zu Bruch / und das kleinere in Trümmer. *12* Laufen Pferde denn die Felsen hoch, / oder pflügt man mit Rindern das Meer? / Doch ihr verwandelt das Recht in Gift / und was Gerechtigkeit bewirken soll in Bitterkeit. *13* Ihr freut euch über ein Unding* und sagt: / »Wir haben Karnajim* genommen! / Das haben wir aus eigener Kraft geschafft!« *14* »Passt auf! Ich werde gegen euch, Haus Israel«, / spricht Jahwe, der allmächtige Gott, / »ein Volk aufstehen lassen, das euch quält / vom Zugang nach Hamat bis zum Steppenbach*«.

Die Heuschreckenplage

7 *1* So hat mich Jahwe, der Herr, schauen lassen: Ich sah, wie er einen Heuschreckenschwarm schuf. Es war in der Zeit, als das Gras für den König gemäht worden war und das Spätgras zu wachsen anfing. *2* Als die Heuschrecken alles Grün abgefressen hatten, sagte ich: »Herr, Jahwe, vergib doch! Wie kann Jakob sonst überleben? Es ist ja so klein.« *3* Da hatte Jahwe Mitleid mit ihm. »Es soll nicht geschehen!«, sagte er.

Das Feuer

4 Dann hat mich Jahwe, der Herr, Folgendes schauen lassen: Jahwe, der Herr, rief das Feuer zum Gericht herbei, das alles Wasser aufzehrte. Als es auch das Ackerland fressen wollte,

---

6,6 *Untergang Josefs.* Siehe Amos 5,6!

6,13 *Unding.* Hebräisch: Lo-Dabar. Das war ein Ort im Grenzgebiet zu den Ammonitern, dessen Name bedeutete: »keine Sache« oder »kein Wort«.

Karnajim. Stadt im Ostjordanland, deren Name »Hörner«, d.h. »Macht«, bedeutet.

6,14 *Steppenbach.* Wahrscheinlich der Grenzfluss zwischen Moab und Edom.

5 rief ich: »Herr, Jahwe, halt doch ein! Wie kann Jakob sonst überleben? Es ist ja so klein.« 6 Da hatte Jahwe Mitleid mit ihm. »Auch das soll nicht geschehen!«, sagte Jahwe, der Herr.

Das Senkblei

7 Dann ließ er mich Folgendes sehen: Der Herr stand auf einer senkrechten Mauer und hatte ein Lot in der Hand. 8 Jahwe sagte zu mir: »Was siehst du, Amos?« – »Ein Lot«, sagte ich. Da sagte der Herr: »Pass auf! Ich lege ein Lot an mein Volk Israel an, ich werde es nicht mehr verschonen. 9 Dann werden die Opferhöhen Isaaks* veröden, und die Heiligtümer Israels werden in Trümmern liegen, und gegen das Königshaus Jerobeams gehe ich mit dem Schwert vor.«

Amos wird aus Israel ausgewiesen

10 Amazja, der Oberpriester von Bet-El, ließ König Jerobeam von Israel melden: »Amos zettelt mitten in Israel eine Verschwörung gegen dich an. Seine Worte sind unerträglich für das Land. 11 Er hat nämlich gesagt: ›Jerobeam stirbt durch das Schwert, und Israel wird aus seinem Land in die Verbannung geführt.‹« 12 Zu Amos sagte Amazja: »Geh weg von hier, Seher! Verschwinde nach Juda! Dort kannst du dein Brot verdienen und weissagen, was du willst. 13 In Bet-El jedenfalls wirst du nicht länger Prophet sein! Denn dies hier ist ein Staatsheiligtum, das dem König gehört.« 14 Amos erwiderte Amazja: »Ich bin weder Berufsprophet noch gehöre ich zu einer Prophetengemeinschaft, sondern ich züchte Rinder und Maulbeerfeigenbäume. 15 Doch Jahwe holte mich von der Herde weg und sagte zu mir: ›Geh und rede als Prophet zu meinem Volk Israel!‹ 16 Du willst mir verbieten, Israel die Botschaft Gottes zu bringen, du verwehrst mir, den Nachkommen Jakobs zu weissagen? Hör darum, was Jahwe dir zu sagen hat: 17 ›Deine Frau wird hier in der Stadt eine Hure werden. Deine Söhne und Töchter werden durch den Krieg umkommen. Dein Grundbesitz wird mit dem Messband verteilt und du selbst wirst in der Fremde sterben, in einem unreinen Land. Denn Israel muss auf jeden Fall in die Verbannung ziehen, fort von seinem Land.‹«

Ein Korb mit reifem Obst

8 1 Dann ließ Jahwe, der Herr, mich Folgendes sehen: Ich sah einen Korb mit reifem Obst. 2 »Amos, was siehst du?«, fragte er mich. »Einen Korb mit reifem Obst«, antwortete ich. Da sagte Jahwe: »Ja, mein Volk Israel ist reif für das Ende. Ich werde es nicht länger verschonen. 3 Dann werden die Gesänge im Palast zu Geheul, spricht Jahwe. Leichen in Menge, hingeworfen überall. Stille.«

Gegen die Ausbeutung

4 Hört her, die ihr die Schwachen unterdrückt / und die Armen im Land ruiniert! 5 Ihr sagt:

7,9 *Isaak* war der Vater von Israel (Jakob).

»Wann ist das Neumondfest endlich vorbei? / Dann können wir Getreide verkaufen! / Wann ist nur der Sabbat vorüber? / Dann bieten wir Korn an. / Wir verkleinern das Getreidemaß, / vergrößern das Gewicht für das Geld / und stellen die Waage falsch ein. 6 Wir kaufen Sklaven für Geld / und Arme für ein Paar Schuhe / und verkaufen noch den Abfall vom Korn.

7 Bei Jakobs Stolz hat Jahwe geschworen: / »Nie werde ich ihre Taten vergessen! 8 Erbebt darüber nicht die Erde, / erschrecken nicht all ihre Bewohner? / Hebt sie sich nicht wie der Nil, / ist sie nicht aufgewühlt und senkt sich wieder / so wie der Strom von Ägypten?«

9 »An jenem Tag«, spricht Jahwe, der Herr, / »geht die Sonne schon am Mittag unter. / Am helllichten Tag bringe ich / Finsternis über die Erde. 10 Ich verwandle eure Feste in Trauer. / Eure Gesänge werden Totenlieder sein. / Auf die Hüften bring ich euch den Trauersack / und auf jeden Kopf eine Glatze. / Ich lasse euch trauern wie um den einzigen Sohn. / Bitter wird das Ende dieses Tages sein.«

11 »Seht, es kommen Tage«, spricht Jahwe, der Herr, / »da

schicke ich Hunger ins Land. / Es ist nicht ein Hunger nach Brot, / es ist kein Durst nach Wasser, / sondern sie lechzen nach den Worten Jahwes. 12 Dann wanken sie von Meer zu Meer, / vom Norden bis zum Osten, / nur um das Wort Jahwes zu suchen. / Doch finden werden sie es nicht. 13 An jenem Tag werden die schönen jungen Mädchen / und die jungen Männer ohnmächtig vor Durst, 14 sie, die bei Samarias Schuldgötzen schworen / und sagten: ›So wahr dein Gott lebt, Dan!‹, / und: ›So wahr der Weg nach Beerscheba lebt!‹ / Sie werden zu Boden stürzen / und sich nicht mehr erheben.«

Jahwe am Altar

9 1 Ich sah den Herrn am Altar vor dem Tempel stehen. Er befahl: »Schlag auf die Kapitelle der Säulen, / dass die Fundamente erzittern, / zerschmettere ihren Kopf! / Was dann von ihnen noch übrig ist, / das töte ich mit dem Schwert. / Kein Flüchtling wird entfliehen, / keiner von ihnen entkommt, / niemand wird sich in Sicherheit bringen. 2 Und brächen sie auch in die Totenwelt ein, / holte ich sie von dort zurück. / Stiegen sie in den Himmel hinauf, / holte ich sie von da herunter. 3 Und wenn sie sich auf dem Karmel* versteckten, / holte ich sie von dort hervor. / Selbst wenn sie sich vor mir / auf dem Grund des Meeres verbergen, / so würde sie die Seeschlange beißen /

9,3 *Karmel.* Berg, der die Küstenebene Israels am Mittelmeer durchbricht.

nach meinem Befehl. *4* Und wenn sie vor ihren Feinden her in die Gefangenschaft zögen, / würde ich dort dem Schwert befehlen, / sie zu töten. / Ich behalte sie im Auge, / aber nicht zu ihrem Glück.«

Was für ein Gott

5 Jahwe, der Herr, der Allmächtige: / Berührt er die Erde, so bebt sie, / dass all ihre Bewohner trauern. / Dann hebt sie sich wie der Nil / und senkt sich wie der Strom von Ägypten. *6* Er hat das Himmelsgewölbe über der Erde gegründet / und sich droben im Himmel seine Wohnung gebaut. / Er ruft das Wasser aus dem Meer, / und es regnet auf die Erde herab.

Kein Sonderrecht für Israel

7 »Seid ihr etwas Besseres als die Leute von Nubien*, ihr Israeliten?«, spricht Jahwe. »Gewiss habe ich euch aus Ägypten geführt, aber auch die Philister aus Kaftor* und die Syrer aus Kir*. *8* Passt auf! Jahwe, der Herr, hat das sündige Königreich im Blick und wird es von der Erde verschwinden lassen. Allerdings rotte ich die Nachkommen Jakobs nicht völlig aus.« Spruch Jahwes.

9 »Passt nur auf! Ich werde den Befehl geben, Israel unter die Völker zu zerstreuen. Sie werden so mit einem Sieb geschüttelt, dass nicht ein Steinchen zur Erde fällt. *10* Alle Sünder meines Volkes werden im Krieg zu Tode kommen, alle, die jetzt so sicher sagen: ›Du wirst das Unglück nicht herankommen lassen. Bis zu uns wird es nicht kommen!‹«

Die Wiederherstellung Israels

11 »An dem Tag werde ich die eingefallene Hütte Davids wieder aufrichten. Ihre Risse mauere ich zu, und ihre eingestürzten Wände ziehe ich neu hoch, sodass sie dasteht wie seit uralter Zeit. *12* Dann werden die Israeliten den Rest von Edom in Besitz nehmen und alle Nachbarländer, über denen mein Name ausgerufen* war«, spricht Jahwe, der es auch tun wird.*

13 »Es kommt eine Zeit«, spricht Jahwe, »da folgt der Pflüger dem Schnitter auf dem Fuß und die Aussaat schließt sich an die Weinlese an. Die Berge triefen vor Most und alle Hügel wogen. *14* Dann werde ich für mein Volk Israel alles wieder zum Guten wenden. Sie bauen die zerstörten Städte auf und werden darin wohnen, sie pflanzen Weinberge an und werden den Wein davon trinken, sie legen Gärten an und werden von ihren Früchten essen. *15* Ich pflanze sie wieder in ihr Land ein, das ich ihnen gegeben habe, und lasse sie nie wieder herausreißen«, spricht Jahwe, dein Gott.

9,7 *Nubien.* Hebräisch: Kusch. Land am Oberlauf des Nil, südlich von Ägypten.

Kaftor. Heimat der Vorfahren der Philister, vermutlich Zypern.

Kir bedeutet »Stadt«, meint hier vielleicht ein Land, das die Syrer früher bewohnten.

9,12 *Name ausgerufen.* Zum Zeichen der Besitzergreifung.

Die Verse 11-12 werden von Jakobus auf dem Apostelkonzil frei nach der LXX zitiert (Apostelgeschichte 15,16-17).

Der Prophet Obadja

D er Verfasser dieses nur 21 Verse umfassenden Prophetenbuches ist nicht näher bekannt. Er trug den Namen Obadja, »Anbeter Jahwes«, wie viele Personen im Alten Testament. Der Text dieses kürzesten Buches im Alten Testament lässt auch keine eindeutigen Schlüsse auf die Entstehungszeit zu. Am wahrscheinlichsten ist noch die Annahme, dass Obadja in der Zeit Jorams (848-841 v.Chr.) wirkte, nachdem die Edomiter von Juda abgefallen waren und zusammen mit den Arabern und Philistern Jerusalem überfallen hatten. Sein Thema: Die Gerechtigkeit Gottes fordert das Gericht über Edom.

Das Gericht über Edom

1 ¹ Vision Obadjas. Von Jahwe haben wir eine Botschaft gehört, und ein Bote wurde zu den Völkern geschickt: »Los, auf zum Kampf gegen Edom*!« So spricht Jahwe, der Herr, über Edom:

² »Pass auf! Ich mache dich klein vor den Völkern. / Man verachtet dich tief. ³ Dein Übermut hat dich getäuscht, / weil du in den Felsklüften wohnst, / deinen Sitz auf hohen Bergen hast / und im Innersten denkst: / ›Wer stürzt mich schon zu Boden?‹ ⁴ Auch wenn du dein Nest so hoch baust wie der Adler, / ja, wenn du es zwischen die Sterne setzt: / Selbst von dort stürze ich dich hinab«,

spricht Jahwe. ⁵ Wenn Diebe und Räuber nachts über dich kämen, – Ach, wie hat man dich zerstört! – dann nähmen sie nur für ihren Bedarf. / Wenn Winzer über dich kämen, / würden sie eine Nachlese lassen. ⁶ Wie hat man Esau* durchsucht, / wie seine Verstecke durchwühlt! ⁷ Bis an die Grenze haben sie dich getrieben, / die mit dir in einem Bund standen! / Betrogen, überwältigt haben dich die, / mit denen du im Frieden warst. / Einst aßen sie dein Brot, / jetzt legen sie dir eine Schlinge / und denken: ›Er merkt es doch nicht!‹

⁸ »Ja, an jenem Tag«, spricht Jahwe, / »lass ich die Weisen aus Edom verschwinden / und aus Esaus Bergen die Einsicht. ⁹ Da packt deine Helden der Schrecken, Teman*, / dass keiner im Gebirge Esaus mit dem Leben davonkommt. / Wegen des Mordens, ¹⁰ der Gewalt an Jakob*, deinem Bruder, / deswegen bedeckt dich die Schande, / deshalb wirst du für immer beseitigt!

1,1 *Edom.* Land östlich der Araba und südlich vom Toten Meer.

1,6 *Esau* war der Bruder Jakobs und Stammvater der Edomiter.

1,9 *Teman* heißt so viel wie »Süden« und bezeichnet hier wohl ganz Edom als Südland.

1,10 *Jakob* war der Bruder Esaus und Vater der Stammväter der zwölf Stämme Israels.

11 Als Fremde sein Heer in die Gefangenschaft führten, / als Ausländer durch seine Tore zogen / und das Los über Jerusalem warfen, / warst auch du wie einer von ihnen, / denn du standest an dem Tag dabei. *12* Nun weide dich nicht am Tag deines Bruders, / an seinem Missgeschick! / Freu dich nicht über die Judäer / am Tag ihrer Vernichtung! / Reiß dein Maul nicht auf am Tag der Not! *13* Tritt nicht ein ins Tor meines Volkes / am Tag seines Verderbens! / Sieh nicht auf sein Unheil herab / am Tag seines Verderbens / und vergreif dich nicht an seinem Vermögen / am Tag seines Verderbens! *14* Stell dich nicht am Engpass auf, / um seine Flüchtlinge niederzumachen, / und liefere seine Überlebenden nicht aus / am Tag der Not!«

Das Gericht über die Völker

15 »Denn der Tag Jahwes ist nah, / der alle Völker trifft. / Dann wird man dir tun, / wie du es getan hast. / Dein Tun fällt auf dich selbst zurück. *16* Denn wie ihr getrunken habt auf meinem heiligen Berg, / werden alle Nationen ohne Unterlass trinken, / ja, sie werden trinken und schlürfen / und werden sein, als wären sie nie gewesen.«

Die Rettung Israels

17 »Doch auf dem Zionsberg* wird Rettung sein. / Er ist ein heiliger Ort. / Und die Nachkommen Jakobs erben ihre Besitztümer neu. *18* Dann werden die Nachkommen Jakobs wie ein Feuer sein / und die Nachkommen Josefs wie eine Flamme. / Doch die Nachkommen Esaus werden das Stoppelfeld sein. / Es wird vom Brand erfasst und verzehrt. / Dem Haus Esau wird kein Überlebender bleiben. / Denn Jahwe hat gesprochen.«

19 Dann werden sie den Negev* besitzen und das Bergland von Esau, die Schefela* und das Gebiet der Philister, auch die Gebiete Efraïms* und Samarias. Benjamin wird Gilead* besitzen. *20* Die Verbannten dieses Heeres der Israeliten nehmen in Besitz, was den Kanaanitern gehört, bis Zarpat*, und die Verbannten Jerusalems, die in Sefarad* sind, die Städte des Negev. *21* Retter ersteigen den Berg Zion, um das Bergland Esaus zu richten. Und das Königtum wird Jahwe gehören.

1,17 *Zionsberg.* Ein Hügel in Jerusalem, der auch für die ganze Stadt stehen kann.

1,19 *Negev.* Das Südland Israels.

Schefela. Niedriges, sehr fruchtbares Hügelland Judas, das sich in nordsüdlicher Richtung zwischen dem Gebirge und der Küstenebene des Mittelmeeres erstreckt.

Efraïm. Einflussreichster Stamm im Nordreich Israels. Sein Name kann für das ganze Nordreich stehen.

Gilead bezeichnet das mittlere, manchmal auch das ganze Ostjordanland.

1,20 *Zarpat (Sarepta)* war ein Küstenort zwischen Tyrus und Sidon.

Sefarad wird gewöhnlich mit der Stadt Sardis in Kleinasien oder mit Sparta in Griechenland gleichgesetzt.

Der Prophet Jona

W ährend Jerobeam II. (793-753 v.Chr.) über das Nordreich Israel herrschte, bekam der Prophet Jona den Auftrag, nach Ninive zu gehen. Er sollte den Menschen in der 1000 Kilometer entfernten Hauptstadt Assyriens predigen, dass sie zu Gott umkehren müssen. Doch Jona weigerte sich zunächst, das zu tun. Er wollte nicht, dass diesen Feinden Israels Gottes Gnade geschenkt würde. Wenn wir annehmen, dass Jona im Jahr 759 v.Chr. in Ninive predigte, dann hatte Gott die Stadt offenbar schon auf seine Botschaft vorbereitet. 765 v.Chr. war dort eine Hungersnot ausgebrochen, am 15. Juni 763 v.Chr. gab es eine Sonnenfinsternis und im Jahr 759 v.Chr. war es erneut zu einer Hungersnot gekommen, was die Bevölkerung als Zeichen göttlichen Zorns deutete.

Möglicherweise hat Jona seine Geschichte später selbst aufgeschrieben.

Jonas Flucht

1 *1* Das Wort Jahwes kam zu Jona Ben-Amittai:* *2* »Los, geh nach Ninive, der großen Stadt, und ruf mein Urteil gegen sie aus! Denn ihre Bosheit ist vor mich gekommen.«

3 Aber Jona ging los, um Jahwe zu entkommen. Er wollte nach Tarschisch* fliehen. Deshalb lief er nach Jafo* hinunter und fand auch ein Schiff, das nach Tarschisch segeln wollte. Er bezahlte die Überfahrt und ging an Bord, um so weit wie möglich von Jahwe wegzukommen.

1,1 *Jona Ben-Amittai.* Zu Jonas Wirken in Israel siehe 2. Könige 14,25.

1,3 *Tarschisch* war die phönizische Kolonie Tartessus in Südspanien, wo Silber abgebaut wurde. Es lag gerade entgegengesetzt zu Ninive, etwa 4000 Kilometer westlich von Jafo. Ninive lag etwa 1000 Kilometer nordöstlich von Jafo.

Jafo/Joppe, heute: Jaffa. Israelische Hafenstadt direkt südlich von Tel Aviv.

4 Aber Jahwe schleuderte einen gewaltigen Sturm über das Meer. Das Unwetter war so schwer, dass das Schiff auseinanderzubrechen drohte. *5* Die Seeleute hatten große Angst, und jeder schrie zu seinem Gott um Hilfe. Um die Gefahr für das Schiff zu verringern, warfen sie die Ladung über Bord.

Jona war unter Deck in einen entlegenen Raum gestiegen, hatte sich hingelegt und schlief fest. *6* Der Kapitän kam zu ihm herunter und sagte: »Wie? Du schläfst? Steh auf und ruf deinen Gott an! Vielleicht besinnt sich dieser Gott auf uns, dass wir nicht umkommen.« *7* Dann sagten sie zueinander: »Kommt, lasst uns Lose werfen, damit wir herausbekommen, wer an diesem Unglück Schuld ist!« Sie taten es, und das Los fiel auf Jona. *8* Da fragten sie ihn: »Sag uns: Warum sind wir in diese Gefahr geraten? Was treibst du eigentlich für Geschäfte? Wo kommst du her, aus welchem Land? Zu welchem Volk gehörst du?« ⁹ Jona erwiderte: »Ich bin ein Hebräer und fürchte Jahwe, den Gott des Himmels, der Land und Meer geschaffen hat.« ¹⁰ Da bekamen die Männer große Angst und sagten zu ihm: »Wie konntest du das nur tun?« Er hatte ihnen nämlich erzählt, dass er vor Jahwe auf der Flucht war. ¹¹ »Und was sollen wir nun mit dir machen, damit das Meer uns in Ruhe lässt?«, fragten sie ihn. Inzwischen war es noch stürmischer geworden. ¹² Jona sagte: »Werft mich ins Meer, dann wird es euch in Ruhe lassen. Ich weiß, dass dieser Sturm nur meinetwegen über euch gekommen ist.«

¹³ Die Männer ruderten mit aller Kraft, um das Land zu erreichen. Aber sie schafften es nicht, weil das Meer immer heftiger gegen sie anstürmte. ¹⁴ Da riefen sie Jahwe an und sagten: »Ach, Jahwe! Lass uns doch nicht umkommen wegen dieses Mannes und rechne uns seinen Tod nicht als Blutschuld an! Denn du, Jahwe, hast getan, was du wolltest.« ¹⁵ Dann nahmen sie Jona und warfen ihn über Bord. Sofort wurde das Meer ruhig. ¹⁶ Da bekamen die Männer große Angst vor Jahwe. Sie brachten ihm ein Schlachtopfer und legten Gelübde ab.

Jonas Gebet

2 ¹ Doch Jahwe hatte einen großen Fisch* kommen lassen, der Jona verschlang. Drei Tage und drei Nächte lang war Jona im Bauch des Fisches. ² Von dort aus betete er zu Jahwe, seinem Gott:

³ »In meiner Not rief ich zu Jahwe, und er hörte auf mich. / Aus dem Bauch des Todes schrie ich um Hilfe, und du hörtest mein Rufen. ⁴ Mich warf die Flut ins Herz der Meere, die Strömung schloss mich ein. / All deine Wogen und Wellen gingen über mich hin. ⁵ Ich dachte: ›Jetzt bin ich aus deiner Nähe verstoßen, / deinen heiligen Tempel werde ich nie wieder sehen. ⁶ Das Wasser umgibt mein Leben, die Tiefe schließt mich ein. / Seetang schlingt sich mir um den Kopf. ⁷ Bis zu den Wurzeln der Berge sinke ich hinab. / Hinter mir schließen sich für immer die Riegel der Erde.‹

Aber du hast mich lebendig aus der Grube gezogen, Jahwe, mein Gott. ⁸ Als mir die Sinne schwanden, dachte ich an dich. / Mein Gebet kam zu dir in deinen heiligen Tempel. ⁹ Die den Dunst des Nichts verehren, verspielen ihre Gnade. ¹⁰ Ich aber will dir opfern und dich mit lauter Stimme loben. / Was ich gelobte, will ich erfüllen. Bei Jahwe ist Rettung!«

¹¹ Da befahl Jahwe dem Fisch, ans Ufer zu schwimmen und Jona wieder auszuspucken.

Jona in Ninive

3 ¹ Dann kam das Wort Jahwes ein zweites Mal zu Jona: ² »Los, geh in die große Stadt Ninive und ruf ihr die Botschaft zu, die ich dir auftrage!« ³ Da ging Jona los, wie Jahwe es ihm

---

2,1 *Großer Fisch.* Das könnte ein Riesenhai oder auch ein großer Zahnwal gewesen sein.

gesagt hatte, und kam nach Ninive. Ninive war eine sehr große Stadt vor Gott mit einem Umfang von drei Tagereisen.* *4* Jona begann in die Stadt hineinzugehen. Er ging einen Tag lang und rief: »Noch vierzig Tage, dann ist Ninive völlig zerstört!« *5* Die Leute von Ninive glaubten Gott und beschlossen zu fasten. Alle, Groß und Klein, zogen den Trauersack an.
6 Jonas Botschaft hatte nämlich den König von Ninive erreicht. Er war von seinem Thron gestiegen, hatte sein Herrschergewand ausgezogen, den Trauersack angelegt und sich in die Asche gesetzt. *7* Dann hatte er in der ganzen Stadt ausrufen lassen: »Hört den Befehl des Königs und seiner Oberen: ›Menschen und Tiere, Rinder und Schafe sollen weder essen noch weiden noch Wasser trinken! *8* Menschen und Tiere sollen mit dem Trauersack bedeckt sein und mit aller Macht zu Gott rufen. Alle sollen von ihren bösen Wegen umkehren und aufhören, Unrecht zu tun! *9* Wer weiß, vielleicht tut es Gott dann leid und er lässt von seinem glühenden Zorn ab, sodass wir nicht umkommen.‹«

10 Gott sah ihr Tun, er sah, dass sie umkehrten und sich von ihrem bösen Treiben abwandten. Da tat es ihm leid, sie zu vernichten, und er führte die Drohung nicht aus.

Jonas Ärger

4 *1* Jona ärgerte sich sehr darüber. Voller Zorn *2* betete er zu Jahwe: »Ach, Jahwe! Genau das habe ich mir gedacht, als ich noch zu Hause war! Deshalb wollte ich ja nach Tarschisch fliehen. Ich wusste doch, dass du ein gnädiger und barmherziger Gott bist, dass du große Geduld hast und deine Güte keine Grenzen kennt, und dass du einer bist, dem das angedrohte Unheil leidtut. *3* Nimm jetzt mein Leben von mir, Jahwe! Denn es wäre besser für mich, zu sterben als weiterzuleben.« *4* Aber Jahwe fragte: »Ist es recht von dir, so zornig zu sein?«
5 Da verließ Jona die Stadt und baute sich östlich davon eine Laubhütte. Er setzte sich in ihren Schatten, um zu sehen, was mit der Stadt passieren würde. *6* Da ließ Gott eine Rizinusstaude über Jona emporwachsen. Sie sollte ihm Schatten spenden und ihn so von seinem Missmut befreien. Jona freute sich riesig über die Staude. *7* Aber als am nächsten Tag die Morgenröte heraufzog, schickte Gott einen Wurm*, der die Rizinusstaude annagte, sodass sie verdorrte. *8* Als dann die Sonne aufging, ließ Gott einen heißen Ostwind kommen. Dazu stach die Sonne auf Jonas Kopf, sodass er fast ohnmächtig wurde. Da wünschte er sich den Tod und sagte: »Es wäre besser für mich zu sterben, als weiterzuleben!« *9* Aber Gott fragte Jona: »Ist es recht von dir, wegen dieser

---

3,3 *drei Tagereisen.* Das antike Ninive selbst hatte mehr als 120.000 Einwohner und wurde von einer zwölf Kilometer langen Stadtmauer umschlossen. Groß-Ninive schloss aber das ganze Gebiet der in 1. Mose 10,11-12 genannten Städte Ninive, Kelach und Resen mit ein und hatte einen Umfang von fast 100 Kilometern.

4,7 *Wurm.* Es handelte sich offenbar um die erst 2005 entdeckte Schmetterlingsart *Olepa schleini Witt et al.*, die sich im Raupenstadium von der giftigen Rizinuspflanze ernährt.

Staude zornig zu sein?« – »Ja«, erwiderte Jona, »mit vollem Recht bin ich zornig und wünsche mir den Tod!« [10] Da sagte Jahwe: »Dir tut es leid um die Rizinusstaude, um die du keine Mühe gehabt und die du nicht großgezogen hast. Sie ist in einer Nacht entstanden und in einer Nacht zugrunde gegangen. [11] Und mir sollte nicht diese große Stadt Ninive leidtun, in der mehr als 120.000 Menschen leben, die rechts und links nicht unterscheiden können, und dazu noch das viele Vieh?«

Der Prophet Micha

Micha wirkte zur gleichen Zeit wie Jesaja im Südreich Juda und wie Amos und Hosea im Nordreich Israel zwischen 740 und 686 v.Chr. Er stammte aus Moreschet, einer Stadt im Südwesten Judas. Seine Botschaft richtete sich an Samaria, die Hauptstadt des Nordreiches, aber auch an Jerusalem. Micha musste ähnlich wie Amos Herrscher, Priester und Propheten, unehrliche Geschäfte, Ausbeutung der Armen und Heuchelei verurteilen. Er verkündigte das nahende Gericht Gottes, aber auch das künftige Heil. In Jeremia 26,16-19 wird ausdrücklich auf Michas Gerichtsbotschaft Bezug genommen. Im Gegensatz zu Jesaja, der Gottes Botschaft den Königen brachte, war Micha ein Bote Gottes für das einfache Volk. Der Name Micha bedeutet: »Wer ist wie Gott?«

1 *1* Das ist die Botschaft, die Jahwe Micha aus Moreschet über Samaria und Jerusalem offenbarte, als die Könige Jotam, Ahas und Hiskija über Juda regierten.

Voraussage der Zerstörung

2 Hört zu, all ihr Völker! / Ihr Bewohner der Erde, gebt Acht! / Jahwe, der Herr, tritt als Zeuge gegen euch auf, / er tritt heraus aus seinem Heiligtum.
3 Denn seht, Jahwe verlässt seine Wohnung, / er steigt herab und tritt auf die Höhen* der Erde.
4 Die Berge schmelzen unter ihm / wie Wachs vor dem Feuer; / Täler spalten sich auf / wie hinabschießendes Wasser am Hang.
5 Das geschieht wegen Jakobs* Verbrechen / und wegen der Sünden Israels. / Wer hat Schuld am Vergehen Jakobs? / Ist es nicht Samaria? / Wer hat Schuld an Judas Opferhöhen? / Ist es nicht Jerusalem?
6 »Deshalb werde ich Samaria zum Trümmerfeld machen, / zu einem Platz, wo man Weinberge anlegt. / Ich stürze seine Steine ins Tal / und mache es dem Erdboden gleich! *7* Seine Schnitzbilder werden zerschlagen, / seine Götzengaben verbrannt / und alle seine Götter zerstört. / Sie wurden ja mit Hurenlohn* gekauft / und werden nun wieder zum Hurengeld.«

Klage des Propheten

8 Darüber muss ich klagen und jammern. / Ich laufe barfuß und ohne Obergewand herum. / Ich heule wie ein Schakal, / ich schreie wie der Vogel Strauß. *9* Denn von

---

1,3 *Höhen* können allgemeine Erhöhungen in einer Landschaft meinen. Sie wurden aber häufig auch für götzendienerische Kulthandlungen verwendet.

1,5 *Jakob*, der von Gott den Namen Israel erhielt, war der Stammvater des Volkes Israel.

1,7 *Hurenlohn*. Der Verdienst der Tempelprostituierten wurde zur Ausstattung des Heiligtums verwendet.

diesem Schlag erholt sich Samaria nie. / Der wird auch ganz Juda treffen; / er reicht bis nach Jerusalem, / bis an das Tor meines Volkes. 10 Berichtet es nicht in Gat, / zeigt ihnen nicht eure Tränen.* / Wälzt euch voll Entsetzen in Bet-Leafras* Staub. 11 Zieh fort, du Siedlerin von Schafir*, / entblößt und voller Schande! / Doch die Siedlerin von Zaanan* / kann die Stadt nicht verlassen. / Die Klage von Bet-Ezel* nimmt euch dessen Halt. 12 Noch bangt um das Gute die Siedlerin von Marot*. / Doch von Jahwe stieg das Unheil nieder. / Es kam zu Jerusalems Tor. 13 Spann die Pferde an den Wagen, / du Siedlerin von Lachisch*! / Mit dir fing die Sünde der Zionsstadt* an. / In dir fanden sich Israels Verbrechen. 14 Darum musst du Aussteuer geben / für Moreschet*, die »Verlobte« von Gat. / Die Häuser von Achsib* werden zur Enttäuschung / für die Könige von Israel. 15 Ich werde dir den Erben noch bringen / du Siedlerin von Marescha*. / Bis nach Adullam* / wird die Herrlichkeit Israels kommen. 16 Rauf dich kahl und schere dein Haar / wegen deiner geliebten Kinder! / Scher dir eine Glatze, / so kahl wie die eines Geiers, / denn man hat deine Kinder verschleppt!

Gegen die Habsucht

2 1 Weh denen, die Unheil ersinnen, / die Böses ausbrüten auf ihren Lagern! / Früh am Morgen tun sie es, / denn sie haben die Macht. 2 Wollen sie ein Stück Land, / so rauben sie es; / begehren sie ein Haus, / dann nehmen sie es. / Sie unterdrücken den Mann und sein Haus, / den Menschen und seinen Besitz. 3 Darum sagt Jahwe: »Passt auf! / Gegen diese Sippschaft denk auch ich mir Böses aus! / Dann zieht ihr den Hals nicht mehr aus der Schlinge. / Dann tragt ihr den Kopf nicht mehr so hoch, / denn die Zeit wird böse sein. 4 An dem Tag singt man ein Spottlied auf euch / und äfft euer Klagelied

---

1,10 ... *Tränen.* Weil die Philister in Schadenfreude ausbrechen könnten.

Bet-Leafra, »Staubhausen«. Der Ort lag vermutlich acht Kilometer nordwestlich von Hebron.

1,11 *Schafir,* »Schmuckburg«, unbekannte Stadt, wahrscheinlich in der Schefela, dem Hügelland zwischen dem Gebirge Judas und der Küstenebene des Mittelmeers.

Zaanan, »Auszug«, unbekannte Stadt.

Bet-Ezel, »Wurzelhausen«, unbekannte Stadt, vermutlich in der Schefela.

1,12 *Marot,* »Bitternis«, unbekannte Stadt, vermutlich in der Schefela.

1,13 *Lachisch.* Stadt in der Schefela, 46 km westlich von Jerusalem.

Zion ist einer der Hügel Jerusalems. Der Name kann für die ganze Stadt stehen.

1,14 *Moreschet-Gat* (so der volle Name) war der Heimatort des Propheten Micha. Er lag in der Schefela, zehn Kilometer nordöstlich von Lachisch.

Achsib, »Trughausen«, Stadt in der Schefela (Josua 15,44).

1,15 *Marescha,* »Erbdorf«, Stadt in der Schefela, 21 Kilometer nordwestlich von Hebron.

Adullam, »Schlupfwinkel«, vergleiche 1. Samuel 22,1; 2. Samuel 23,13-14!

nach: / ›Unser Ende ist gekommen, / Fremde haben unser Land! / Alles haben sie genommen, / kein Feld ist mehr in unsrer Hand!‹« / 5 Darum wirst du niemand mehr haben, / der dir in der Gemeinde Jahwes noch einen Acker vermisst.

Gegen falsche Propheten

6 »Hört auf mit dem Gesabber!«, / so geifern diese Leute. / »Man soll nicht prophezeien, / dass diese Schmach nie enden wird. 7 So spricht man nicht zu den Nachkommen Jakobs! / Hat Jahwe etwa die Geduld verloren? / Das ist doch nicht seine Art!« Verkündige ich denn nicht Gutes / für den, der rechtschaffen lebt? 8 Gestern noch war es mein Volk, / jetzt steht es da als mein Feind. / Ihr reißt den sorglos Wandernden, / den Heimkehrern vom Krieg, / den Mantel vom Gewand herunter. 9 Die Frauen meines Volkes jagt ihr / aus ihrem gemütlichen Haus, / von ihren Kindern nehmt ihr / meine Zierde* für immer weg: 10 »Macht euch fort und geht! / Hier habt ihr keine Ruhe mehr.« / Weil das Land besudelt ist, kommt das Verderben, / schlimmes Verderben.

11 Wenn ich ein windiger Betrüger wäre, / der dich anlügt und dir

sagt: / »Ich will dir sabbern von Wein und Bier!« – Das wäre ein Prophet für dieses Volk!

Die versprochene Rettung

12 »Ich werde ganz Jakob versammeln, / ich vereine den Rest von Israel. / Ich bringe sie wie die Schafe von Bozra, / wie eine Herde auf ihre Weide. / Es wird nur so wimmeln von Menschen.« 13 Ein Durchbrecher zieht vor ihnen her. / Mit ihm an der Spitze brechen sie aus. / Es ist Jahwe, ihr König. / Er zieht ihnen voraus.

Gegen Führer und Propheten

3 1 Ich sagte: »Hört doch, ihr Häupter Jakobs, / ihr Mächtigen von Israel! / Müsstet ihr das Recht nicht kennen, 2 die ihr das Gute hasst und das Böse liebt? / Ihr zieht den Leuten die Haut ab, / ihr zerrt ihnen das Fleisch von den Knochen! 3 Ja, ihr fresst das Fleisch meines Volkes, / zieht ihnen die Haut ab, / zerbrecht ihre Knochen, / zerstückelt sie wie Fleisch / und werft sie in einen Topf. 4 Dann werdet ihr Jahwe um Hilfe anrufen, / doch euch wird er nicht antworten. / Er verbirgt sein Gesicht vor euch, / denn ihr habt eure Macht missbraucht.«

5 So spricht Jahwe über die Propheten, / die mein Volk verführen: / »Haben sie etwas zu beißen, / verkündigen sie Glück und Erfolg. / Steckt man ihnen nichts ins Maul, / drohen sie den Untergang an.« 6 Darum wird es Nacht für euch und ihr bleibt ohne

---

2,9 *Zierde*. Vielleicht ist damit das Land Israel wie in Hesekiel 20,6 gemeint.

2,12 *Bozra*. Wichtige edomitische Stadt, Schafzuchtzentrum, 40 km südöstlich vom Süd-Ende des Toten Meeres.

Vision; / es wird finster werden und keine Wahrsagung geben. / Die Sonne geht über den Propheten unter, / und der Tag wird ihnen schwarz. 7 Die Seher werden enttäuscht, / die Wahrsager müssen sich schämen. / Voll Trauer verhüllen sie den Bart, / denn Gottes Antwort bleibt aus.

8 Doch mich hat Jahwe stark gemacht, / mich mit seinem Geist erfüllt, / mit einem Sinn für das Recht und mit Kraft, / um Jakob seine Verbrechen zu zeigen / und Israel seine Vergehen. 9 Hört her, ihr Führer der Nachkommen Jakobs, / ihr Mächtigen des Hauses Israel: / Ihr verabscheut das Recht, / macht alles, was gerade ist, krumm! 10 Ihr baut Zion mit Blut, / Jerusalem mit Ungerechtigkeit! 11 Seine Führer richten für Geschenke, / seine Priester lehren für Bezahlung / und seine Propheten wahrsagen für Geld. / Und dann berufen sie sich noch auf Jahwe: / »Ist Jahwe denn nicht unter uns? / Was soll uns dann noch passieren?« 12 Darum wird Zion ein Trümmerhaufen, / wird umgepflügt wie ein Acker, / und auf dem Tempelberg wächst Wald – das geschieht wegen euch!

Das Friedensreich

4 1 Am Ende der von Gott bestimmten Zeit wird Folgendes geschehen: / Festgegründet an der Spitze der Berge / steht der Berg mit dem Haus Jahwes, / erhaben über alle Hügel, / und alle Völker strömen ihm zu. 2 Die Menschen

sagen überall: / »Kommt, wir ziehen zum Berg Jahwes, / zum Haus, das dem Gott Jakobs gehört. / Er soll uns lehren, was recht ist; / was er sagt, wollen wir tun. / Denn von Zion geht die Weisung aus, / von Jerusalem das Wort Jahwes.« 3 Er spricht Recht im Streit der Völker; / er weist ferne Nationen zurecht. / Dann schmieden sie die Schwerter zu Pflugscharen um, / die Speere zu Messern für Winzer. / Kein Volk greift mehr das andere an, / und niemand übt mehr für den Krieg.

4 Jeder wird in Frieden bei seinen Weinstöcken und Feigenbäumen leben. Niemand wird aufgeschreckt, denn Jahwe, der allmächtige Gott, hat es gesagt. 5 Ja, jedes Volk dient seinem eigenen Gott, wir aber gehören für immer Jahwe, unserem Gott. 6 »Es kommt der Tag«, spricht Jahwe, »da hole ich die hinkenden und vertriebenen Schafe zusammen, alle, denen ich übel mitgespielt habe. 7 Die Hinkenden mache ich zu dem heiligen Rest und die Schwachen zu einem mächtigen Volk. Dann wird Jahwe auf dem Zionsberg für alle Zeiten König über sie sein.«

8 Du Herdenturm, / du Hügel von Zion, / die Herrschaft kommt zu dir zurück! / Jerusalem wird wieder Königsstadt sein.

Zions Bedrohung und Rettung

9 Jetzt aber, warum schreist du so laut? / Gibt es keinen König bei dir? / Ist dein Ratgeber tot, / dass die Wehen dich packen / wie eine

gebärende Frau? *10* Krümme dich nur, du Zionsstadt, / stöhne wie eine Frau in den Wehen! / Denn jetzt musst du hinaus aus der Stadt, / musst auf freiem Felde wohnen / und wirst bis nach Babylon kommen. / Dort wirst du gerettet werden, / dort befreit dich Jahwe / aus der Gewalt deiner Feinde!

11 Aber jetzt ziehen viele Völker gegen dich und sagen: »Dieses Volk ist entartet! Wir werden uns an Zions Untergang weiden!« *12* Doch sie kennen die Gedanken Jahwes nicht. Sie wissen nicht, was er vorhat, dass er es sammeln wollte wie Garben auf einer Tenne.

13 Steh auf und drisch, du Zionsstadt! / Ich mache dir Hörner aus Eisen. / Und Hufe aus Bronze gebe ich dir, / damit du viele Völker zermalmst. / Und ihren Besitz* wirst du Jahwe weihen, / dem Herrn der ganzen Erde ihre Habe.

Hoffnung auf den Messias

14 Nun ritze dich wund, du belagerte Stadt! / Feindliche

Truppen schlossen uns ein. / Sie schlagen Israels Richter / mit dem Stock ins Gesicht.

5 *1* Doch du Bethlehem in Efrata*, / so klein unter den Hauptorten Judas: / Aus dir soll der hervorgehen, / der mein Herrscher über Israel wird!* / Sein Ursprung liegt in der Vorzeit, / sein Anfang in der Ewigkeit. *2* Er gibt sein Volk den Fremden preis, / bis eine Frau den Sohn gebiert. / Dann kehrt der Rest seiner Brüder / zu den Israeliten zurück. *3* Er tritt auf und weidet sie in der Kraft Jahwes, / im höchsten Auftrag seines Gottes. / Sie werden in Sicherheit leben, / denn jetzt reicht seine Macht bis ans Ende der Welt. *4* Er wird der Friedensbringer sein, / wenn Assyrien in unser Land kommt / und in unsere Paläste eindringt. / Dann stellen wir sieben Hirten / und acht fürstliche Männer dagegen auf. *5* Mit dem Schwert werden sie Assyrien weiden, / Nimrods Land* mit gezücktem Stahl. / So wird er uns vor Assyrien retten, / wenn es unser Land überfällt / und über unsere Grenzen marschiert.

Der heilige Rest

6 Dann wird der Rest von den Nachkommen Jakobs / wie Jahwes Tau unter den Völkern sein, / wie Regen, der auf die Pflanzen fällt, / der auf niemand angewiesen ist, / auf keinen Menschen zu warten braucht. *7* Der Rest von den Nachkommen Jakobs / wird mitten unter den Völkern sein / wie der

---

4,13 *Besitz.* Eigentlich: unrechtmäßiger Gewinn.

5,1 *Efrata.* Fruchtbares Gebiet um Bethlehem herum, unterscheidet die acht Kilometer südlich von Jerusalem liegende Stadt von einem Bethlehem in Galiläa.

Wird im NT von jüdischen Gelehrten sinngemäß zitiert: Matthäus 2,6.

5,5 *Nimrods Land* meint Assyrien, vgl. 1. Mose 10,8-11.

Löwe unter den Tieren im Wald, / wie ein junger Löwe unter Herden von Schafen. / Er wirft zu Boden und zerreißt, / was in seine Fänge kommt. / Niemand rettet sie vor ihm. 8 Hoch erhebt sich deine Hand über deine Bedränger, / über alle deine Feinde, und rottet sie aus.

9 »Es kommt der Tag«, spricht Jahwe, / »da nehme ich eure Pferde weg / und zerstöre eure Streitwagen, / 10 da vernichte ich eure Städte / und reiße eure Festungen nieder, 11 da schlage ich euch die Zaubermittel aus der Hand / und nehme euch die Wahrsager weg, 12 da rotte ich eure Götzenbilder aus / und zerschlage eure heiligen Steine, – dann werdet ihr nicht mehr niederfallen / vor dem Werk eurer eigenen Hände –, 13 da reiße ich eure Aschera-Pfähle heraus / und zerstöre eure Städte, 14 da nehme ich in Zornglut Rache / an den Völkern, die nicht auf mich hören.«

Was Gott von seinem Volk erwartet

6 1 Hört doch, was Jahwe sagt: / »Auf, tritt an zum Prozess! / Die Berge sollen Zeugen sein, / die Hügel deine Stimme hören!«
2 Hört, ihr Berge, den Rechtsstreit Jahwes, / ihr uralten Fundamente der Erde! / Denn Jahwe führt einen Prozess gegen sein Volk, / zieht Israel zur Rechenschaft: 3 »Mein Volk, was habe ich dir getan? / Habe ich zu viel von dir verlangt? / Sag ruhig aus gegen mich!

4 Ja, ich habe dich aus Ägypten befreit, / dich aus der Sklaverei herausgeführt! / Ich habe dir Mose als Führer gegeben, / Aaron und Mirjam dazu. 5 Denk doch daran, mein Volk, / was der Moabiterkönig Balak plante, / und was ihm Bileam Ben-Beor geantwortet hat!* / Denk daran, wie du von Schittim nach Gilgal* kamst, / dann erkennst du die guten Taten Jahwes!«
6 »Doch womit soll ich zu Jahwe kommen, / wie mich beugen vor dem hohen Gott? / Soll ich mit Brandopfern vor ihn treten, / oder mit einjährigen Kälbern? 7 Wird Jahwe sich über Tausende von Schafböcken freuen, / über zehntausend Bäche von Olivenöl? / Soll ich meinen Ältesten für meine Vergehen opfern, / meinen eigenen Sohn für mein Versagen?«
8 Man hat dir gesagt, Mensch, was gut ist, / und was Jahwe von dir erwartet: / Du musst nur das Rechte tun, / anderen mit Güte begegnen / und einsichtig gehen mit deinem Gott.

Gottes Ruf gegen die Stadt

9 Hört! Jahwe ruft in die Stadt – wer ihn respektiert, ist gerettet: / Lasst euch warnen durch den Stock, der euch schlägt, / und durch den, der ihn zu euch schickt!

6,5 ... *geantwortet hat.* Siehe 4. Mose 22-24!

von Schittim nach Gilgal. Gemeint ist der wunderbare Jordandurchgang bei der Eroberung Kanaans (Josua 3-4).

10 »Kann ich die Schätze des Unrechts vergessen, / die sich im Haus des Gottlosen stapeln, / und das fluchwürdig verfälschte Messgefäß? 11 Kann ich denn für rein erklären die gefälschte Waage, / die falschen Gewichtssteine im Beutel? 12 Ja, die Reichen in der Stadt / kennen nichts als Gewalttat. / Ihre Einwohner belügen einander, / jedes Wort von ihnen ist Betrug. 13 So werde auch ich dich unheilbar schlagen, / ich richte dich zugrunde für deine schlimmen Taten: 14 Du wirst essen, wirst aber nicht satt; / es wird dir flau im Magen sein. / Was du beiseite schaffst, wirst du nicht retten können; / und was du rettest, übergebe ich dem Schwert. 15 Du wirst säen, / aber nicht ernten. / Du wirst Oliven auspressen, / aber mit dem Öl dich nicht salben. / Du wirst Trauben keltern, / aber den Wein nicht trinken. 16 Du bist dem schlimmen Beispiel Omris* gefolgt, / hast dich nach der Sippe Ahabs gerichtet / und hast nach ihren Ratschlägen gelebt. / Darum gebe ich dich dem Entsetzen preis / und deine Bewohner dem Gespött! / Ihr müsst die Verhöhnung ertragen!«

6,16 Omri (885-874 v.Chr.) und seine Nachkommen (besonders Ahab, 874-853 v.Chr.) duldeten und förderten heidnische Kulte im Nordreich (1. Könige 16,25-26; 21,25-26).

Michas Klage über sein Volk

7 1 Weh mir! Es ist wie im Herbst nach der Ernte: / Keine Traube ist mehr zu finden, / keine Spur von den köstlichen Feigen. 2 Der Fromme ist aus dem Land verschwunden, / kein redlicher Mensch ist mehr da. / Alle lauern auf Blut, / einer macht Jagd auf den andern. 3 Zum Bösen brauchen sie beide Hände; / darin sind sie wirklich gut! / Die Oberen fordern Bestechungsgeschenke, / die Richter sind für Geld zu haben. / Die Mächtigen entscheiden nach Willkür und Laune. / So verdrehen sie alle das Recht. 4 Der Beste von ihnen ist wie ein Distelstrauch, / der Redlichste ist wie Dorngestrüpp. / Aber der Tag der Abrechnung ist da, / eure Wächter haben ihn schon genannt. / Nun ist die Bestürzung groß. 5 Trau deinem Nachbarn nicht, / verlass dich nicht auf den Freund! / Hüte deine Zunge vor der Frau in deinen Armen. 6 Denn der Sohn verachtet den Vater, / die Tochter widersetzt sich der Mutter / und die Schwiegertochter der Schwiegermutter. / Der Mann hat seine Feinde im eigenen Haus. 7 Ich aber schaue aus nach Jahwe, / ich warte auf den Gott meines Heils. / Mein Gott wird mich erhören!

Die Zuversicht Jerusalems

8 Freue dich nicht über mich, meine Feindin! / Denn wenn ich auch fiel, / ich stehe wieder auf. / Wenn ich auch im Finstern sitze, / ist Jahwe doch mein Licht. 9 Ich

will den Zorn Jahwes ertragen –
denn ich habe gegen ihn gesündigt
–, bis er meine Sache vertritt, / bis
er mir wieder Recht verschafft. /
Er führt mich hinaus ins Licht, /
ich werde seine Gerechtigkeit
erfahren. 10 Auch meine Feindin
soll es sehen, / und sie soll vor
Scham vergehen, / denn sie sagte
zu mir: /»Wo ist denn Jahwe, dein
Gott?« / Nun werden sich meine
Augen an ihr weiden! / Wie
Straßendreck wird sie zertreten.

Der Wiederaufbau der Stadt

11 Die Zeit wird kommen, / da
wird man deine Mauern wieder
bauen, / da wird man auch deine
Grenzen erweitern. 12 In der Zeit
kommen alle zu dir, / von Assur
bis Ägypten, / von Ägypten bis
zum Euphrat, / von Meer zu
Meer, / von einem Gebirge zum
anderen. 13 Doch die Erde wird
zur Wüste werden / wegen ihrer
Bewohner; / so ernten sie die
Frucht ihrer Taten.

Das Gebet Israels

14 Weide dein Volk mit deinem
Stab, / die Herde, die dir gehört! /
Sie wohnt einsam im Wald, /
obwohl ringsum guter Boden ist. /
Lass sie wieder in Baschan* und
Gilead* weiden / wie in den Tagen
der Vorzeit. 15 Lass uns deine
Wunder schauen wie damals, /
als du uns aus Ägypten führtest.
16 Die Völker in all ihrer Macht /
sollen es sehen und sich schämen. /
Es soll ihnen die Sprache
verschlagen / und Hören und
Sehen vergehen. 17 Staub sollen
sie lecken wie die Schlange, /
sich wie Würmer auf dem Boden
winden. / Zitternd sollen sie aus
ihren Schlupfwinkeln kriechen /
und sich Jahwe, unserem Gott,
unterwerfen. / Sie sollen Furcht
und Schrecken vor dir haben.

18 Wer ist solch ein Gott wie
du, / der dem Rest seines
Eigentums / die Schuld vergibt
und die Vergehen verzeiht! / Du
hältst nicht für immer an deinem
Zorn fest, / denn du liebst es,
gnädig zu sein. 19 Er wird wieder
Erbarmen mit uns haben, / er wird
niedertreten unsere Schuld! / Ja,
du wirfst all unsere Sünden / in die
Tiefen des Meeres hinab. 20 Du
wirst Jakobs Nachkommen Treue
zeigen, / dem Volk Abrahams
deine Gnade, / wie du es schon
unseren Vätern zugesagt hast /
mit einem Eid in uralter Zeit.

7,14 *Baschan* ist eine fruchtbare Bergregion
östlich vom See Gennesaret.

Gilead war die Landschaft östlich des
Jordans.

Der Prophet Nahum

Etwa 25 Jahre nach Jesajas Tod berief Gott den Propheten Nahum. Das Assyrische Reich befand sich jetzt auf dem Höhepunkt seiner Macht. Gerade hatte König Assurbanipal die Stadt Theben in Ägypten erobert. Das Nordreich Israel existierte längst nicht mehr. Die aggressive Umsiedlungspolitik der Assyrer war beendet, und es lebten fremde Völker im ehemaligen Nordreich Israel. In Juda herrschte der gottlose König Manasse.

So richtete Nahum um das Jahr 660 v.Chr. seine Botschaft gegen die Stadt Ninive, die mehr als 100 Jahre nach der Predigt Jonas wieder einen gerichtsreifen Zustand erreicht hatte. Durch diese Gerichtsbotschaft in poetischer Sprache sollte Juda getröstet werden.

Wie Nahum vorausgesagt hatte, wurde Ninive erobert und zerstört. Das geschah im Jahr 612 v.Chr. durch den babylonischen König Nabopolassar.

1 *1* Wort, das auf Ninive* lastet. Das Buch der Schau Nahums aus Elkosch*.

Jahwes Macht

2 Ein eifernder und rächender Gott ist Jahwe. / Jahwe ist ein Rächer und der Herr des Zorns. / Jahwe ist nachtragend gegen seine Feinde / und rächt sich an seinen Gegnern. *3* Jahwe ist geduldig, doch von gewaltiger Kraft, / und keinen lässt er ungestraft. / In Sturm und Wetter nimmt er seinen Weg, / seine Füße wirbeln Wolken auf. *4* Er droht dem Meer und trocknet es aus, / lässt alle Ströme versiegen. / Baschan* und Karmel* sterben dahin, / ja, die Blüte des Libanon welkt. *5* Berge beben vor ihm, / und Hügel geraten ins Wanken. / Bei seinem Anblick hebt sich die Erde, / das Festland mit allen Bewohnern. *6* Wer hält stand vor seiner Wut, / wer besteht vor diesem flammenden Zorn? / Wie ein Feuerstrom ergießt sich sein Grimm, / die Felsen bersten vor ihm. *7* Jahwe ist gut, / eine sichere Zuflucht in Zeiten der Not. / Er kennt die, die Schutz bei ihm suchen. *8* Doch durch eine übermächtige Flut / zerstört er die feindliche Stadt*. / Finsternis verfolgt seine Feinde.

1,1 *Ninive* war von 700 v.Chr. bis zu ihrem Fall 612 v.Chr. die Hauptstadt Assyriens und steht hier stellvertretend für das ganze Reich.

Elkosch. Die Lage des Ortes ist umstritten. Kafarnaum in Galiläa = Kfar Nahum (Dorf Nahums) könnte ein Hinweis sein.

1,4 *Baschan* ist eine fruchtbare Bergregion östlich vom See Gennesaret.

Der *Karmel* ist ein Berg, der die Mittelmeerebene unterbricht, ein Symbol für Schönheit und Fruchtbarkeit.

1,8 *feindliche Stadt.* Gemeint ist offenbar Ninive.

Ninives Bosheit

9 Was plant ihr gegen Jahwe? /
Er führt doch das Ende herbei! /
Er vernichtet euch mit einem
einzigen Schlag. – 10 Denn wären
sie auch wie Dornen verflochten /
und von ihrem Zechtrank durchtränkt: / Wie dürres Stroh werden
sie völlig verzehrt. – 11 Von dir*
kam der, der Böses plante, / der
gegen Jahwe Nutzloses riet.
12 So spricht Jahwe, der Herr: /
»Auch wenn sie unversehrt und
zahlreich sind, / werden sie doch
abgemäht, / es ist mit ihnen
vorbei. / Habe ich dich, Juda*,
auch gebeugt, / werde ich es
nicht noch einmal tun. 13 Ja, jetzt
zerbreche ich sein Joch auf dir, /
deine Fesseln sprenge ich auf.«
14 Doch über dich, Assyrerkönig, /
hat Jahwe bestimmt: / Von dir
gibt es nun keine Nachkommen
mehr! / Und in deinem Götter-
haus / wird Schnitzwerk und
Götterbild zerstört. / Dein Grab
ist schon geschaufelt; / ich
brauche dich nicht mehr.«

Gute Botschaft für Israel

2 1 Seht, da kommt schon über die
Berge / der Freudenbote geeilt, /
der den Frieden verkündet.* /
Feiere deine Feste, Juda, / und
löse deine Versprechen* ein! /
Denn der grausame Feind / wird
nicht mehr zu dir kommen, / er ist
völlig vernichtet. 2 Gegen dich zog
der Zerstörer hinauf, / wachte
vorm Wachtturm, / spähte den
Weg aus, / straffte die Lenden, /
spannte die Kraft. 3 Jahwe stellt

nun Jakobs Stolz, / die Hoheit
Israels, wieder her, / denn
Barbaren hatten es verwüstet /
und alle Weinstöcke zerstört.

Ninives Zerstörung

4 Der Schild deiner Feinde ist rot
gefärbt, / und rot gekleidet sind
seine Krieger. / Die Streitwagen
funkeln wie Feuer / an ihrem
Einsatztag, / und die Speere
schwingen. 5 Auf den Gassen
rasen die Wagen, / überrennen
sich auf den Plätzen, / ein Anblick
wie von Fackeln, / wie Blitze jagen
sie dahin. 6 Der König bietet seine
Getreuen auf. / Sie rennen los, /
stürzen zur Mauer. / Das Schutzdach steht! 7 Die Tore am Fluss
springen auf, / Panik ist im Palast,
8 die Königin zur Schau gestellt, /
entblößt und weggeführt. / Die
Mägde sind gurrende Tauben, /
sie schlagen sich verzweifelt an
die Brust.

9 Ninive ist wie ein voller Teich, /
dessen Wasser abfließt. / »Halt,
halt!«, ruft man ihm nach, / aber
keiner dreht sich um. 10 Plündert
das Silber, plündert das Gold! /
Kostbarkeiten ohne Ende! /
Herrliche Dinge, / bezaubernde
Schätze! 11 – Leere, Entleerung,

1,11 *Von dir*. Gemeint ist Ninive.

1,12 *Juda*. Zur Verdeutlichung vom Übersetzer
eingefügt, ebenso *Assyrerkönig* in Vers 14.

2,1 Wird ebenso wie Jesaja 52,7 im Neuen
Testament von Paulus zitiert: Römer 10,15.

Versprechen. Gelübde, die man in der Not
gegeben hatte.

Verheerung! / Das Herz zerfließt, / die Knie werden weich! / Alle Leiber sind schmerzgekrümmt, / alle Gesichter glühen!

12 Wo ist nun das Lager des Löwen, / der Tummelplatz der jungen Tiere, / wo sich Löwe und Löwin verbirgt, / wo das Löwenjunge bleibt, / dass es niemand verscheucht? 13 Der Löwe raubte / genug für seine Jungen, / für seine Löwinnen mordete er. / Er füllte seine Höhlen mit Raub, / mit Beute seine Verstecke. 14 »Pass auf! Jetzt gehe ich gegen dich vor!«, / spricht Jahwe, der allmächtige Gott.* / »Deine Wagen gehen in Rauch auf, / deine Jungen verzehrt das Schwert. / Ich mache deinem Rauben ein Ende, / die Stimme deiner Boten hört man nicht mehr.«

Wehruf über Ninive

3 1 Weh der mörderischen Stadt, / erfüllt mit Lüge und Gewalt! / Das Rauben lässt sie nicht.

2,14 *der allmächtige Gott.* Hebräisch: *Zebaoth,* das heißt »Heere« oder »Kriege«. In der LXX wird der Begriff immer mit *»pantokrator«,* »Allherrscher« oder »Allmächtiger« wiedergegeben.

3,8 *Theben.* Hebräisch: *No-Amon,* Stadt des Gottes Amon. Theben war die Hauptstadt von Oberägypten im Gebiet zwischen dem heutigen Luxor und Karnak, 640 km südlich von Kairo.

3,9 *Nubien.* Hebräisch: *Kusch.* Land am Oberlauf des Nil, südlich von Ägypten.

Put. Ein Volk, vermutlich aus der Nachbarschaft Ägyptens, das Hilfstruppen stellte.

2 Peitschenknall und rasselnde Räder, / jagende Pferde und rasende Wagen, 3 galoppierende Reiter, / flammendes Schwert und blitzender Speer. / Durchbohrte Menschen, / Haufen von Toten, / Leichen ohne Zahl, / man stolpert über die Körper. 4 Das alles für die Hurerei / der Edelhure, / der Zauberkünstlerin, / die durch Unmoral Völker versklavte, / ganze Stämme durch ihre Zauberei.

5 »Pass auf! Jetzt gehe ich gegen dich vor!«, / spricht Jahwe, der allmächtige Gott. / »Ich hebe dir das Kleid hoch bis übers Gesicht, / ich zeige den Völkern deine Blöße, / den Königreichen deine Scham. / 6 Ich werfe Unrat auf dich, / gebe dich der Verachtung preis / und stelle dich öffentlich zur Schau. 7 Dann läuft jeder weg, / der dich erblickt, / und ruft: / ›Ninive ist verwüstet! / Wer wird wohl sein Beileid bekunden? / Wo soll ich einen Tröster für dich finden?‹

8 Bist du denn besser als Theben*, / das am Nilstrom lag, / von Wasser umgeben? / Ein Meer war sein Bollwerk, / das Wasser seine Mauer. 9 Nubien* war seine Stärke, / ganz Ägypten verteidigte es, / Put* und Libyen kamen zur Hilfe. 10 Auch Theben war der Verbannung verfallen, / zog in die Gefangenschaft. / Auch seine Kinder wurden zerschmettert / an den Ecken aller Straßen, / auch seine Vornehmen wurden verlost, / und alle seine Großen in Ketten gelegt.

¹¹ So wirst auch du betrunken und ohnmächtig sein, / auch du wirst Zuflucht suchen vor dem Feind. ¹² All deine befestigten Städte sind Bäume mit frühreifen Feigen: / Wenn man sie schüttelt, / fallen sie dem Esser in den Mund. ¹³ Schau, deine Männer sind Memmen geworden! / Die Tore deines Landes stehen offen für den Feind. / Feuer hat deine Riegelbalken gefressen.

¹⁴ Schöpfe dir Wasser für die Belagerung! / Verstärke deine Festungen! / Tritt den Ton, / stampfe den Lehm, / forme dir Ziegel daraus! ¹⁵ Dort wird dich das Feuer fressen. / Das Schwert wird dich vernichten, / dich verzehren wie der Fresser*. / Vermehre dich ruhig wie der Fresser, / werde zahlreich wie ein Heuschreckenschwarm!

¹⁶ Magst du auch mehr Händler haben, / als Sterne am Himmel sind: / Die Fresser häuten sich und fliegen davon. ¹⁷ Deine Höflinge sind wie die Heuschrecken, / deine Beamten wie ein Heuschreckenschwarm, / der sich am frostigen Tag / auf Mauern niederlässt. / Geht die Sonne auf, / fliegt er eilig davon. / Niemand weiß, wohin. / Ja, wo sind sie geblieben?

¹⁸ Deine Hirten schlafen, / König von Assyrien! / Deine Mächtigen sind tot. / Dein Volk ist auf den Bergen zerstreut, / und niemand führt es wieder zusammen. ¹⁹ Keine Heilung gibt es für deinen Bruch, / von diesem Schlag erholst du dich nie! / Jeder, der die Nachricht hört, / klatscht vor Freude in die Hände. / Denn wer wurde nicht / von deiner ständigen Bosheit getroffen?«

3,15 *Fresser*. Eine kriechende, noch ungeflügelte Heuschrecke.

Der Prophet Habakuk

D er Prophet Habakuk verkündigte den Juden die ungeheuerliche Botschaft, dass Gott ein so sündiges Volk wie die Babylonier dazu benutzen würde, um Israel zu richten (1,5-11). Diese Botschaft passt am ehesten in die Zeit kurz vor der Schlacht von Karkemisch (605 v.Chr.), bei der die Babylonier einen Sieg über die Ägypter errangen und zur Großmacht aufstiegen. Der Prophet fragt Gott wiederholt nach dem Warum und bekommt klare Antworten. Dafür ehrt er Gott im dritten Kapitel mit einem Psalm.

1 *1* Botschaft, die dem Propheten Habakuk als Last offenbart wurde:

2 Wie lange schrei ich schon zu dir, Jahwe, / doch du hörst mich nicht! / Ich rufe:»Hilfe« und »Gewalt!«, / doch du rettest nicht. *3* Warum lässt du mich das Unrecht sehen? / Warum schaust du dem Verderben zu? / Warum sehe ich nur Frevel und Gewalt, / erlebe Zwietracht und Streit? *4* Darum ist die Weisung erschlafft, / und das Recht kommt nicht mehr durch. / Der Böse umstellt den Gerechten, / und so wird das Recht verdreht.

Gottes Antwort

5 Seht euch unter den Völkern um, / staunt und erstarrt! / In eurer Zeit geschieht etwas, / das ihr nicht glauben würdet, wenn es jemand erzählt.* *6* Seht her! Ich stachle die Chaldäer* auf, / das grausame, ungestüme Volk, / das die Weiten der Erde durchzieht, / um Länder in Besitz zu nehmen, die ihm nicht gehören, *7* ein schreckliches und furchtbares Volk, / das sich selbst sein Recht herausnimmt und seine Hoheit bestimmt. *8* Schneller als Leoparden sind seine Pferde / und wilder als hungrige Wölfe. / Seine Pferde und Reiter stürmen heran, / sie kommen aus der Ferne. / Wie Geier fliegen sie herbei / und stürzen sich auf den Fraß. *9* Sie sind entschlossen zu roher Gewalt, / ihre Blicke vorwärts gerichtet. / Gefangene schaufeln sie ein wie Sand. *10* Mit Königen treiben sie ihren Spott, / Würdenträger sind ihr Gelächter. / Über jede Festung lachen sie nur, / schütten einen Wall auf und nehmen sie ein. *11* Dann ziehen sie weiter. / Wie der Sturm fegen sie dahin / und machen sich schuldig, / denn ihr Gott ist die eigene Kraft.

1,5 Wird im NT von Paulus sinngemäß nach der LXX zitiert: Apostelgeschichte 13,41.

1,6 *Chaldäer.* Ursprünglich Bewohner von Süd-Babylonien, später wurden alle Babylonier Chaldäer genannt.

Klage des Propheten

12 Bist nicht du, Jahwe, von alters her mein heiliger Gott? / Wir werden doch nicht sterben? / Du hast sie wohl nur zum Gericht eingesetzt, Jahwe? / Du, unser Fels, hast du sie nur zur Züchtigung bestellt? 13 Du hast zu reine Augen, um Böses mit anzusehen, / du schaust nicht bei Misshandlungen zu! / Warum lässt du dann diese Räuber gewähren? / Warum schweigst du, wenn der Gottlose den Gerechteren verschlingt? 14 Warum behandelst du Menschen, / als wären sie Fische im Meer / oder kriechendes Getier, das keinen Herrscher hat? 15 Er holt sie alle mit der Angel herauf, / er schleppt sie mit Netzen davon, / er sammelt sie in sein Geflecht / und jubelt über den guten Fang. 16 Deshalb opfert er seinem Netz, / bringt Rauchopfer für sein Garn,* / denn durch sie hat er reichen Gewinn / und ein üppiges Mahl. 17 Soll er darum sein Netz leeren, / ohne Erbarmen Völker hinmorden?

Gottes Antwort

2 1 Ich will auf meinem Posten stehen, / will auf den Wachtturm mich stellen, / will spähen, um zu sehen, was er sagt, / was er auf meine Klage entgegnet. 2 Jahwe gab mir Antwort und sagte: / »Schreib nieder, was du siehst, / schreib es deutlich auf die Tafeln, / dass man es fließend lesen kann. 3 Denn was du schaust, gilt für bestimmte Zeit, / es weist aufs Ende hin, / es täuscht dich nicht. / Und wenn es sich verzögert, warte darauf, / denn es kommt bestimmt, / es bleibt nicht aus!* 4 Sieh, die Strafe trifft den, der nicht aufrichtig ist! / Doch der Gerechte lebt durch seinen Glauben.* 5 Ja, tückisch ist der Wein, / der Mann wird übermütig und kommt nicht ans Ziel, / auch wenn er den Rachen aufsperrt wie die Totenwelt, / wenn er unersättlich ist wie der Tod, / auch wenn er alle Völker zusammentreibt / und alle Nationen um sich vereinigt. 6 Werden nicht alle diesen Spruch auf ihn machen, / ihn mit spitzen Worten und Rätseln verhöhnen? / Man wird sagen:

›Weh dem, der anhäuft, was ihm nicht gehört, / der sich hohe Pfänder geben lässt! / Wie lange will er es treiben? 7 Plötzlich stehen deine Gläubiger vor dir, / deine Bedränger erwachen, / und du wirst ihre Beute! 8 Du hast viele Völker ausgeraubt, / jetzt plündert dich der Rest der Völker aus, / denn du hast Menschenblut vergossen, / dem Land Gewalt angetan, / den Städten und ihren Bewohnern.

1,16 *Netz ... Garn.* Das meint hier die Dinge, denen die Babylonier ihren militärischen Erfolg verdanken.

2,3 Wird im NT sinngemäß nach der LXX zitiert: Hebräer 10,37.

2,4 Wird im NT von Paulus und dem Hebräerbrief sinngemäß nach der LXX zitiert: Römer 1,17; Galater 3,11; Hebräer 10,38.

⁹ Weh dem, der unrechten Gewinn macht / – zum Verderben für sein Haus –, / der hoch oben sich ein Nest anlegt, / unzugänglich, / um sich so vor Unheil zu schützen! ¹⁰ Zur Schande für dein eigenes Haus / plantest du die Vernichtung vieler Völker. / Damit hast du dein Leben verwirkt. ¹¹ Da schreit der Stein aus der Mauer, / und der Sparren im Gebälk gibt ihm Antwort.

¹² Weh dem, der eine Stadt mit Blut erbaut, / der eine Ortschaft auf Unrecht gründet. ¹³ Seht, kommt es nicht von Jahwe, dem Allmächtigen, / dass Völker sich fürs Feuer plagen, / Nationen sich abmühen für nichts? ¹⁴ Denn die Erde wird voll mit der Erkenntnis der Herrlichkeit Jahwes sein, / so wie das Meer mit Wasser voll ist.

¹⁵ Weh dem, der anderen zu trinken gibt / und ihnen berauschendes Gift beimischt, / der sie so betrunken macht, / um sich ihre Blöße anzuschauen! ¹⁶ Du hast dich an Schande gesättigt statt an der Ehre. / So trinke nun auch und zeig deine Vorhaut! /

Der Becher in Jahwes Hand kommt jetzt zu dir, / und Schande wird auf deine Herrlichkeit fallen. ¹⁷ Die Gewalttat am Libanon wird dich erdrücken, / die Misshandlung der Tiere dich zerschmettern, / denn du hast Menschenblut vergossen, / dem Land Gewalt angetan, / den Städten und ihren Bewohnern.‹«

¹⁸ Was nützt ein Götterbild, das ein Bildhauer macht, / ein Gussbild und ein Lügenorakel? / Wie kann der Bildner auf sein Gebilde vertrauen, / den stummen Götzen, den er selber machte? ¹⁹ Weh dem, der zum Holz sagt: »Erwache!«, / und zum stummen Stein: »Wach auf!« / Kann der Götze ihn unterweisen? / Gewiss, er ist mit Gold und Silber überzogen, / doch Geist und Atem hat er nicht. ²⁰ Aber Jahwe ist in seinem heiligen Palast. / Alle Welt schweige vor ihm!

Psalmgebet

3 ¹ Ein Gebet des Propheten Habakuk auf Schigjonot*.

² Jahwe, ich habe deine Botschaft bekommen, / was du getan hast, habe ich gesehen. / Belebe dein Werk in unseren Jahren, / mach es offenbar in dieser Zeit! / Auch wenn du zornig bist – hab mit uns Erbarmen!

³ Gott kommt von Teman* her, / der Heilige vom Parangebirge*. //* Seine Hoheit überstrahlt den Himmel, / sein Ruhm erfüllt die Erde. ⁴ Ein Glanz entsteht wie Sonnenlicht, / Strahlen gehen von ihm aus. / Darin verbirgt sich

---

3,1 *Schigjonot* ist offenbar ein Hinweis auf die Melodie oder die musikalische Begleitung.

3,3 *Teman* ist ein Gebiet mitten in Edom, in der Nähe von Petra.

Paran ist ein poetischer Name für das Gebirge Sinai.

// steht für das hebräische *Sela*, das vielleicht mit *Empor!* wiedergegeben werden kann, aber nicht sicher zu übersetzen ist. Wahrscheinlich war es ein Zeichen für die Musiker.

seine Macht. *5* Vor ihm her zieht die Pest, / die Seuche folgt ihm nach. *6* Tritt er auf, dann bebt die Erde, / blickt er hin, dann zittern die Völker. / Da bersten die ewigen Berge, / versinken die uralten Hügel. / So schreitet er seit jeher dahin. *7* Niedergedrückt vor drohendem Unheil / erzittern die Hütten in Kuschan* / und in Midian* die Decken der Zelte. *8* Ist dein Zorn gegen die Flüsse und Ströme entbrannt, Jahwe? / Richtet sich dein Grimm gegen das Meer, / dass du heranstürmst auf deinen Pferden / und deinen siegreichen Wagen? *9* Deinen Bogen machtest du frei, / deine Pfeile sind von Drohworten begleitet. // Du spaltest die Erde, / Ströme brechen hervor. *10* Bei deinem Anblick beben die Berge, / tosender Regen prasselt hernieder. / Die Urflut brüllt auf, / ihre Wogen türmen sich. *11* Sonne und Mond verstecken sich im Haus, / wenn deine leuchtenden Pfeile fliegen / und dein blitzender Speer glänzt. *12* Im Grimm schreitest du über die Erde, / im Zorn zerstampfst du die Völker. *13* Du ziehst aus, um dein Volk zu retten, / um deinem Gesalbten zu helfen. / Vom Frevlerhaus zerschmetterst

du den First, / entblößt es bis auf den Grund. // *14* Du durchbohrst ihm mit seinen eigenen Pfeilen den Kopf, / seine Anführer rannten davon. / Sie wollten mich im Übermut zerstreuen, / den Elenden im Versteck verschlingen. *15* Du stampftest mit deinen Pferden ins Meer, / durch die Brandung gewaltiger Wasser.

16 Ich zitterte am ganzen Leib, als ich es hörte, / ich vernahm den Lärm und schrie. / Der Schreck fuhr mir in die Glieder, / und meine Knie wurden weich. / Nun warte ich auf den Tag der Bedrängnis / für das Volk, das jetzt gegen uns zieht. *17* Zwar blüht der Feigenbaum nicht, / der Weinstock bringt keinen Ertrag, / der Ölbaum hat keine Oliven, / die Kornfelder keine Frucht, / aus dem Pferch sind die Schafe verschwunden, / kein Rind steht mehr in den Ställen, *18* dennoch will ich jubeln über Jahwe, / will mich freuen über den Gott meines Heils. *19* Denn Jahwe, der Herr, ist meine Kraft. / Er macht meine Füße schnell wie Gazellen, / lässt mich sicher die Berge beschreiten.

Zum Vorsingen mit Saiteninstrument.

3,7 *Kuschan.* Vermutlich eine Region in der Nähe von Midian.

Die *Midianiter* waren ein Nomadenvolk, das sein Zentrum östlich des Golfs von Akaba/ Elat hatte und auch im Ostjordanland umherzog.

und Ekron wird entwurzelt sein.
5 Weh euch, Bewohner vom
Küstenland, / Eindringlinge aus
Kreta! / Das Wort Jahwes kommt
über euch: / »Kanaan, Philisterland, / ich richte dich zugrunde, /
dass dir kein Bewohner mehr
bleibt! 6 Das Küstenland wird
zum Weidegebiet, / dort werden
Zisternen für Hirten sein / und
Hürden für das Kleinvieh.
7 Dieser Landstrich fällt dem
Rest des Hauses Juda zu. / Sie
treiben ihre Herden dorthin / und
legen sich am Abend nieder / in
den Häusern Aschkelons.« /
Denn Jahwe, ihr Gott, kümmert
sich um sie / und wendet alles
zum Guten.
8 »Ich habe Moabs*
Beschimpfungen gehört / und
die Lästerungen der Ammoniter*, /
mit denen sie mein Volk
verhöhnten / und prahlten

2,8 Die *Moabiter* lebten östlich vom Toten
Meer zwischen den Flüssen Arnon und
Zered.

Die *Ammoniter* waren nordöstliche Nachbarn der Moabiter.

2,9 *der Allmächtige.* Hebräisch *Zebaoth*, das
heißt »Heere« oder »Kriege«. In der LXX
wird der Begriff immer mit »*pantokrator*«,
»Allherrscher« oder »Allmächtiger« wiedergegeben.

Sodom und *Gomorra* waren Städte, die Gott
wegen der Bosheit ihrer Bewohner durch
Feuer vernichtet hat, siehe 1. Mose 19,
24-25.

2,13 *Ninive* war die zeitweilige Hauptstadt
Assyriens, bis sie 612 v.Chr. zerstört und
seitdem nicht wieder aufgebaut wurde. Erst
im 19. und 20. Jahrhundert wurde Ninive
wiederentdeckt und ausgegraben.

gegen sein Land. 9 Darum, so
wahr ich lebe«, / spricht Jahwe,
der Allmächtige*, / Israels Gott: /
»Ja, Moab soll wie Sodom
werden, / die Ammoniter wie
Gomorra*, / ein Land voller
Unkraut und Gruben aus Salz, /
eine Wüste für immer. / Der Rest
meines Volkes plündert sie aus, /
und die Übriggebliebenen beerben
sie.« 10 Das ist die Strafe für ihren
Hochmut, / weil sie das Volk
Jahwes, des Allmächtigen,
verhöhnt / und sich prahlerisch
darüber erhoben haben.
11 Furchtbar tritt Jahwe gegen
sie auf, / denn er vernichtet alle
Götter der Welt. / Alle Küsten-
völker werfen sich nieder vor
ihm, / jeder Mensch an seinem
Ort.
12 »Auch euch Nubier / wird
mein Schwert erschlagen!«

13 Er streckt seine Hand nach
Norden aus / und vernichtet
Assyrien. / Ninive* macht er
zur Öde, / dürr wie eine Wüste.
14 Dort lagern Herden, Tiere
aller Art, / auch Wüstenkauz und
Eulen / übernachten auf den
Säulen. / In Fensterlöchern
kreischen Vögel, / die Schwellen
sind mit Trümmern bedeckt, /
die Zederntäfelung ist abgerissen.
15 Das also ist die fröhliche
Stadt, / die sich in Sicherheit
wiegte, / die dachte: »Ich – und
gar nichts sonst!« / Was für eine
Wüste ist sie geworden, / ein
Lagerplatz für wilde Tiere! /
Jeder, der vorübergeht, / hebt
erschrocken die Hand.

Anklage gegen Jerusalem

3 1 Weh der trotzigen und
schmutzigen, / der gewalttätigen
Stadt. 2 Sie hat auf keinen Ruf
gehört, / hat keine Mahnung ernst
genommen. / Sie hat Jahwe nicht
vertraut, / nicht die Nähe Gottes
gesucht. 3 Ihre Oberen sind
brüllende Löwen, / ihre Richter
Wölfe am Abend, / die nichts
für morgen übrig lassen. 4 Ihre
Propheten sind freche Betrüger, /
ihre Priester Heiligtumsschänder, /
die dem Gesetz Gewalt antun.
5 Dabei ist Jahwe doch in ihrer
Mitte, / der Recht und niemals
Unrecht tut. / Morgen für Morgen
stellt er unfehlbar sein Recht ins
Licht. / Doch der Böse kennt
keine Scham.
6 »Ich habe ganze Völker
vernichtet / und ihre Festungen
zerstört. / Ich ließ ihre Straßen
veröden, / keiner geht dort
mehr umher. / Ihre Städte sind
verwüstet, menschenleer; / kein
Bewohner ist mehr da. 7 Ich
dachte: ›Sicher achtest du mich
jetzt, / nimmst dir meine Warnung
zu Herzen. / Dann würde ihre*
Wohnung nicht zerstört, / wie
ich es ihr zugedacht hatte.‹ / Doch
sie taten es nun gerade / und
verschlimmerten ihre Taten.
8 Darum warte nur auf mich«, /
spricht Jahwe, / »und auf den
Tag, / an dem ich mich als
Ankläger erhebe. / Denn mein
Beschluss steht fest: / Ich werde
die Völker versammeln / und
bringe die Reiche zusammen, / um
meine Wut auf sie zu schütten, /
die ganze Glut meines Zorns. /

Denn im Feuer meiner Eifersucht /
wird die ganze Erde verzehrt.«

Göttliche Zusagen für alle Völker

9 Dann aber gebe ich den Völkern /
neue, reine Lippen, / damit sie
den Namen Jahwes anrufen / und
ihm Schulter an Schulter dienen.
10 Noch jenseits von Nubiens
Strömen / bringen meine
Anbeter / mir meine zerstreute
Schar / als Opfergabe dar.*
11 An jenem Tag / musst du dich
nicht mehr deiner Taten schämen, /
durch die du mit mir gebrochen
hast. / Denn dann entferne ich aus
dir / deine hochmütigen Prahler. /
Dann wird es auf meinem heiligen
Berg / keine Überheblichkeit mehr
geben. 12 Übrig lasse ich in dir /
ein demütiges und armes Volk, /
das seine Zuflucht sucht / beim
Namen Jahwes: 13 den Rest von
Israel, / Menschen, die kein
Unrecht tun / und nicht mehr
lügen werden. / Sie wollen nichts
mehr wissen von Betrug, /
sondern wie eine Herde weiden
und lagern, / und niemand
scheucht sie auf.
14 Juble, Tochter Zion, / jauchze,
Israel! / Singe und juble aus
vollem Herzen, / du Tochter von
Jerusalem! 15 Deine Strafe hat
Jahwe entfernt, / deinen Feind

3,7 *ihre.* Hier ist die Stadt aus Vers 1 gemeint.

3,10 *als Opfergabe dar.* Das bedeutet wahrscheinlich: Bekehrte Menschen aus fremden
Völkern werden Juden mit zur Anbetung
nach Jerusalem nehmen.

fegte er weg. / Der König Israels, / Jahwe selbst, ist in dir, / du wirst kein Unglück mehr sehen.

16 An jenem Tag wird man Jerusalem zurufen: Zion, fürchte dich nicht! / Lass deine Hände nicht sinken! 17 Jahwe, dein Gott, ist in dir, / ein Held, um dir zu helfen. / Er freut sich mit Begeisterung an dir. / Musste er in seiner Liebe auch schweigen, / so jubelt er nun laut über dich. 18 Die Bekümmerten, die weit weg von dir waren / und die Fest-

versammlungen vermissten, / die bringe ich heim von dort, / wo sie eine Mahnung für dich sind.

19 »Pass auf! Dann rechne ich mit deinen Unterdrückern ab. Ich werde den Hinkenden helfen und die Vertriebenen zusammenbringen. Und gerade in den Ländern, wo man sie erniedrigt hat, verschaffe ich ihnen Ruhm und Ansehen. 20 In dieser Zeit hole ich euch her. Und dann, wenn ich euch sammle, verleihe ich euch Ansehen und Ruhm bei allen Völkern der Erde, denn vor ihren Augen werde ich euer Geschick wenden«, spricht Jahwe.

Der Prophet Haggai

Nach jüdischer Überlieferung war Haggai bei Hesekiel in Babylon in die Schule gegangen. Aus Kapitel 2,3 könnte man schließen, dass er den salomonischen Tempel noch gesehen hat. Beide Hinweise lassen auf einen etwa 70-jährigen Mann schließen. Weil er in der Liste von Esra 2 nicht erwähnt wird, war er vielleicht erst gegen Ende des 16-jährigen Baustopps nach Jerusalem gekommen. Er weissagte nur wenige Monate, und zwar vom 29. August bis zum 18. Dezember 520 v.Chr. Doch sein vollmächtiger Dienst brachte das Volk dazu, in kürzester Zeit wieder mit dem Tempelbau zu beginnen.

Der Ruf zur Besinnung

1 *1* Am 29. August* im zweiten Regierungsjahr des Königs Darius* empfing der Prophet Haggai eine Botschaft für Serubbabel Ben-Schealtiël*, den Statthalter von Juda, und für Jeschua Ben-Jozadak*, den Hohenpriester: *2* »So spricht Jahwe, der allmächtige Gott*: ›Dieses Volk behauptet, die Zeit sei noch nicht reif, das Haus Jahwes zu bauen.‹« *3* Dann empfing der Prophet ein weiteres Wort Jahwes: *4* »Für euch ist es offenbar nicht zu früh, in getäfelten Häusern* zu wohnen, während mein Haus noch in Trümmern liegt! *5* Nun sagt euch Jahwe, der allmächtige Gott: ›Überlegt doch einmal, was mit euch passiert! *6* Ihr habt reichlich gesät, aber nur wenig geerntet; ihr esst, werdet aber nicht satt; ihr trinkt und bekommt doch keinen Rausch; ihr zieht euch an und werdet doch nicht warm; und wer etwas verdienen kann, dem zerrinnt es zwischen den Fingern.‹ *7* Darum sagt Jahwe, der allmächtige Gott: ›Nehmt endlich zu Herzen, was mit euch passiert! *8* Geht ins Gebirge und schafft Holz herbei und baut den Tempel wieder auf! Daran werde ich mich freuen und damit ehrt ihr mich! *9* Ihr habt viel erhofft und wenig erreicht, und was ihr heimbrachtet, blies ich euch aus der Hand. Und weshalb das alles?‹, sagt Jahwe, der allmächtige Gott.

1,1 29. August. Wörtlich: *am 1. Tag des 6. Monats.* Die moderne Datierung wurde gewählt, um das Verhältnis der Zeitangaben bei Haggai und Sacharja besser verstehen zu können.

Darius. Das war 520 v.Chr. Der persische König Darius Histaspis regierte von 522-486 v.Chr.

Serubbabel Ben-Schealtiël. Nachkomme des letzten jüdischen Königs, führte 18 Jahre vorher einen Teil des Volkes aus der Gefangenschaft zurück in die Heimat.

Jeschua Ben-Jozadak. Legitimer Nachkomme des letzten Hohenpriesters vor der Gefangenschaft.

1,2 der allmächtige Gott. Hebräisch: *Zebaoth,* das heißt »Heere« oder »Kriege«. In der LXX wird der Begriff immer mit *»pantokrator«,* »Allherrscher« oder »Allmächtiger« wiedergegeben.

1,4 getäfelte Häuser. Das meint wohl eher die Häuser der Führer und der Wohlhabenden.

›Weil mein Haus in Trümmern liegt und jeder von euch nur für sein eigenes Haus rennt. *10* Darum hat der Himmel euch den Tau versagt und die Erde ihren Ertrag. *11* Und ich habe diese Dürre ins Land gerufen, eine Dürre über die Berge und über das Korn, über Weingärten und Olivenhaine und alles, was die Erde euch bringt; eine Dürre über Menschen und Vieh und alles, was ihr mit euren Händen schafft.‹«

Der neue Anfang

12 Serubbabel Ben-Schealtiël und der Hohepriester Jeschua Ben-Jozadak und das ganze restliche Volk hörten auf das, was Jahwe, ihr Gott, ihnen sagen ließ. Sie hörten auf die Worte des Propheten Haggai, denn sie erkannten, dass Jahwe, ihr Gott, ihn geschickt hatte. Das Volk war erschrocken und fürchtete sich vor Jahwe. *13* Da sagte Haggai, der Bote Jahwes, in Gottes Auftrag zu ihnen: »Ich stehe euch bei! Ich, Jahwe, sage es.« *14* So machte Jahwe Serubbabel, den Statthalter von Juda, und den Hohenpriester Jeschua und das ganze restliche Volk bereit, das Haus Jahwes, des allmächtigen Gottes, ihres Gottes, wieder aufzubauen. *15* Das war am 21. September* im selben Jahr.

Der neue Tempel

2 *1* Am 17. Oktober* empfing der Prophet Haggai die folgende Botschaft Jahwes: *2* »Sprich zu Serubbabel Ben-Schealtiël, dem Statthalter von Juda, und zu Jeschua Ben-Jozadak, dem Hohenpriester, und zu dem ganzen restlichen Volk: *3* ›Wer von euch hat diesen Tempel noch in seiner früheren Pracht gesehen? Und was seht ihr jetzt? Es ist doch nichts im Vergleich zu dem, was früher hier stand. *4* Aber Jahwe sagt dir, Serubbabel: Fasse Mut! Und auch du, Jeschua Ben-Jozadak, du Hoher Priester: Fasse Mut! Und ihr Leute von Juda: Fasst Mut und geht ans Werk! Ich stehe euch bei! Das sage ich, Jahwe, der allmächtige Gott. *5* Der Bund, den ich mit euch schloss, als ihr aus Ägypten gezogen seid, bleibt bestehen! Und auch mein Geist bleibt bei euch! Habt also keine Angst! *6* Denn so spricht Jahwe, der allmächtige Gott: Es dauert nicht mehr lange, dann werde ich Himmel und Erde, Land und Meer erschüttern* *7* und alle Völker erzittern lassen. Dann wird das Begehrenswerte* aller Nationen hierher kommen und dieses Haus mit Herrlichkeit füllen. Das sage ich euch zu! *8* Denn mir, Jahwe, dem allmächtigen Gott, gehört alles Silber und Gold. *9* Dieser neue Tempel wird viel herrlicher sein als der alte, spricht Jahwe, der allmächtige Gott. Und hier, an diesem Ort schenke ich Frieden und Heil. Das sage ich euch zu.

1,15 *21. September.* Wörtlich: *am 24. Tag des 6. Monats im 2. Regierungsjahr des Königs Darius.* Nach dem raschen Einbringen der Ernte begann die Arbeit am Wiederaufbau des Tempels.

2,1 *17. Oktober.* Wörtlich: *am 21. Tag des 7. Monats.*

2,6 Wird im Neuen Testament zitiert: Hebräer 12,26.

2,7 *das Begehrenswerte.* Das kann ein Hinweis auf den Messias oder auf die kostbaren Schätze der Völker sein, die zum Tempel gebracht werden (vgl. Esra 6,8).

Der neue Segen

10 Am 18. Dezember desselben Jahres* empfing der Prophet Haggai folgende Botschaft Jahwes: 11 »So spricht Jahwe, der allmächtige Gott: ›Bitte doch die Priester um eine Weisung. Frage sie: 12 Wenn jemand Fleisch in seinem Gewandzipfel trägt, das mir geweiht wurde, und er berührt mit diesem Zipfel ein Stück Brot oder etwas Gekochtes oder Wein, Öl oder irgendein Nahrungsmittel – wird das dann ebenfalls heilig?‹« Haggai legte den Priestern die Frage vor und bekam die Antwort: »Nein.« 13 Dann fragte er sie: »Wenn aber jemand durch die Berührung eines Leichnams unrein wurde und dann an eines dieser Dinge kommt: Wird das Berührte dann unrein?« Die Priester antworteten: »Ja.« 14 Da sagte Haggai: »Genauso steht es mit diesem Volk und mit diesen Leuten, spricht Jahwe. Unrein ist alles, was sie tun, selbst das, was sie mir als Opfer bringen.

15 Nun aber gebt Acht, was von heute an geschieht! Bevor ihr begonnen habt, im Tempel Jahwes Stein auf Stein zu legen, 16 wie erging es euch da? Kam man zu einem Kornhaufen, der zwanzig Sack haben sollte, so waren es nur zehn, kam man zur Kelter, um fünfzig Krüge* zu schöpfen, waren es nur zwanzig. 17 Ich schickte euch Hagel, Mehltau und Getreidebrand und machte alle eure Arbeit zunichte. Trotzdem seid ihr nicht zu mir umgekehrt, spricht Jahwe. 18 So ist es geblieben bis heute, bis zum 18. Dezember, bis zu dem Tag, an dem das Fundament für den Tempel Jahwes vollendet wurde.

Gebt Acht, was von heute an geschieht, gebt Acht! 19 Liegt euer Saatgut noch in den Speichern? Haben eure Weinberge, eure Feigen-, Granatäpfel- und Olivenbäume immer noch keine Erträge gebracht? Von heute an will ich euch und euer Land wieder segnen!«

Gottes Siegelring

20 Am selben Tag* empfing Haggai noch eine zweite Botschaft Jahwes: 21 »Sag zu Serubbabel, dem Statthalter von Juda: Ich werde Himmel und Erde erzittern lassen. 22 Ich stoße Throne von Königen um und breche die Macht der Völker. Ich werfe die Streitwagen mit ihren Lenkern um, Pferde und Reiter stürzen zu Boden und jeder sticht den anderen nieder. 23 An jenem Tag«, erklärt Jahwe, der allmächtige Gott, »nehme ich dich, meinen Sklaven Serubbabel Ben-Schealtiël, und mache dich zu meinem Siegelring, denn ich habe dich erwählt.« Das sagt Jahwe, der allmächtige Gott.

2,10 *Am 18. Dezember desselben Jahres.* Wörtlich: *Am 24. des 9. Monats im 2. Regierungsjahr des Darius.*

2,16 *Sack, Krug*: die Maße sind unbekannt, die Botschaft ist jedoch klar: 50 % bzw. nur 40 % der erwarteten Ernte.

2,20 *Am selben Tag.* Wörtlich: *Am 24. Tag des Monats.*

Der Prophet Sacharja

Sacharja wurde im Oktober/November des Jahres 520 v.Chr. von Gott an die Seite Haggais zum Propheten berufen. In Kapitel 2,8 wird er als junger Mann bezeichnet. Seine Botschaften bedeuteten eine entscheidende Ermutigung für das am Tempel bauende Volk. Zuerst empfing er eine Reihe von acht Nachtgesichten, dann gab er die göttliche Antwort auf die Frage nach bestimmten Fastentagen weiter und verkündigte im letzten Teil seines Buches wie Israel in den Strudel internationaler Machtkämpfe hineingerissen, zuletzt aber durch das Kommen seines Messias-Königs errettet werden würde. Man nimmt an, dass der letzte Teil seines Buches aus einer späteren Phase seines Dienstes stammt, vielleicht um 470 v.Chr. Bei Sacharja finden sich auffällig viele Weissagungen über den Messias Israels.

Der Ruf zur Umkehr

1 *1* Es war Ende Oktober im zweiten Regierungsjahr des Darius*, als der Prophet Sacharja Ben-Berechja, der Enkel von Iddo, eine Botschaft Jahwes erhielt: *2* »Jahwe ist sehr zornig über eure Vorfahren gewesen. *3* Nun sollst du dem Volk aber sagen: ›So spricht Jahwe, der allmächtige Gott*: Kehrt um zu mir, dann werde auch ich zu euch umkehren! Das versichere ich, Jahwe, der allmächtige Gott! *4* Folgt nicht dem Beispiel eurer Väter! Die Propheten damals hatten sie in meinem Namen immer wieder aufgefordert, ihr verkehrtes Leben zu ändern und mit ihrem bösen Tun Schluss zu machen. Aber eure Vorfahren gehorchten überhaupt nicht, sie achteten nicht einmal auf mich, spricht Jahwe. *5* Wo sind nun eure Väter? Und die Propheten, leben sie vielleicht ewig? *6* Doch meine Worte und meine Gebote, die ich durch meine Diener, die Propheten, verkündigen ließ – haben die sich etwa nicht an euren Vätern erfüllt? Ja, dann kehrten sie um und mussten zugeben: Jahwe, der allmächtige Gott, hat genau das kommen lassen, was er uns angedroht hatte. Unser Leben und unsere Taten haben es so verdient.‹«

Der Reiter (1. Vision)

7 Am 15. Februar des folgenden Jahres* erhielt der Prophet Sacharja wieder eine Botschaft Jahwes. Er berichtet:

1,1 Darius Histaspis, persischer König, regierte von 522-486 v.Chr. Sein zweites Regierungsjahr war also 520 v.Chr. Die moderne Datierung wurde gewählt, um das Verhältnis der Zeitangaben bei Haggai und Sacharja besser verstehen zu können. Wörtlich: *im 8. Monat.*

1,3 der allmächtige Gott. Hebräisch: *Zebaoth,* das heißt »Heere« oder »Kriege«. In der LXX wird der Begriff immer mit »pantokrator«, »Allherrscher« oder »Allmächtiger« wiedergegeben.

1,7 Am ... Jahres. Wörtlich. *Am 24. Tag des 11. Monats, der Schebat heißt, im 2. Jahr des Darius.* 519 v.Chr.

8 Ich hatte in dieser Nacht eine Vision: Zwischen den Myrtenbüschen*, die im Talgrund wachsen, war plötzlich ein Reiter zu sehen, der sein rotes Pferd zügelte. Hinter ihm konnte man rote, fuchsige und weiße Pferde erkennen. 9 »Mein Herr, was bedeutet das alles?«, fragte ich den Engel, der mir zur Seite stand. »Ich werde es dir gleich zeigen«, erwiderte er. 10 Der Mann, der zwischen den Myrten gehalten hatte, sagte: »Diese Reiter hier hat Jahwe ausgeschickt, um die Erde zu erkunden.« 11 Die Reiter meldeten dem Engel Jahwes, dem, der zwischen den Myrten gehalten hatte: »Wir haben die ganze Erde durchzogen, und überall herrscht Ruhe.« 12 Da rief dieser: »Jahwe, du allmächtiger Gott, schon 70 Jahre lang lastet dein Zorn auf Jerusalem und den anderen Städten Judas. Wann wirst du dich über sie erbarmen?« 13 Jahwe gab dem Engel, der mir zur Seite stand, eine gute, tröstliche Antwort. 14 Daraufhin sagte dieser zu mir: »Verkünde den Leuten: ›So spricht Jahwe, der allmächtige Gott: Ich brenne vor Liebe zu Jerusalem und dem Berg Zion. 15 Doch den selbstherrlichen Völkern gilt mein glühender Zorn. Sie sollten meinem Volk zwar eine Lehre erteilen, aber sie wollten es gleich ganz vernichten. 16 Darum wende ich mich Jerusalem wieder liebevoll zu. Mein Haus soll in der Stadt wieder aufgebaut werden und ganz Jerusalem wird eine große Baustelle sein. Das versichert Jahwe, der allmächtige Gott.‹ 17 Und weiter sollst du verkünden: ›So spricht Jahwe, der allmächtige Gott: In den Städten meines Volkes soll es wieder Überfluss an allen guten Dingen geben. Zion werde ich trösten, und Jerusalem wird wieder meine Stadt sein!‹«

Die Hörner (2. Vision)

2 1 Als ich wieder aufblickte, sah ich vier Hörner*. 2 Ich fragte den Engel, der mir zur Seite stand: »Was hat es damit auf sich?« Er erklärte: »Das sind die Mächte, die Juda, Israel und Jerusalem niedergeworfen und ihre Bewohner zerstreut haben.« 3 Dann ließ Jahwe mich vier kräftige Handwerker sehen, 4 und ich fragte: »Wozu sind die da?« Er sagte: »Sie sollen die Hörner abschlagen, die Juda derartig zerstreut haben, dass niemand mehr den Kopf zu heben wagte. Sie sind gekommen, um die Völker, die sich gegen Juda erhoben haben, in Schrecken zu versetzen und ihre Macht zu zerschlagen.«

Die feurige Mauer (3. Vision)

5 Dann sah ich einen Mann mit einem Bandmaß in der Hand 6 und fragte ihn: »Wo gehst du hin?« – »Ich will Jerusalem messen«, erwiderte er. »Ich will sehen, wie groß die Stadt werden soll.« 7 Da trat auf einmal der Engel, der mir zur Seite stand, nach vorn und ein anderer Engel kam ihm entgegen. 8 Dieser sagte zu ihm: »Lauf und sag dem jungen Mann dort*: ›Jerusalem

---

1,8 *Myrtenbusch.* Immergrüner bis zu 2 m hoher Busch mit duftenden Blättern, blüht im Sommer.

2,1 *Hörner.* Symbole für Macht und Stolz.

2,8 *jungen Mann dort.* Vermutlich ist hier Sacharja gemeint, der diese Botschaft dem Volk weitergeben soll.

wird eine offene Stadt ohne Mauern sein und von Menschen und Tieren überquellen.‹ 9 Jahwe sagt: ›Ich selbst werde eine feurige Mauer rings um sie sein und werde die Stadt mit meiner Herrlichkeit erfüllen.‹« 10 »Auf, auf! Flieht aus dem Land im Norden!«, sagt Jahwe. »Denn ich habe euch nach allen vier Himmelsrichtungen hin Platz geschaffen. 11 Auf, ihr Leute von Zion*! Rettet euch aus Babylonien!« 12 So spricht Jahwe, der allmächtige Gott: »Die Herrlichkeit selbst hat mich* zu den fremden Völkern geschickt, die euch ausgeplündert haben. – Denn wer euch antastet, tastet meinen Augapfel an! – 13 Ja, ich erhebe meine Hand gegen sie. Sie sollen eine Beute ihrer eigenen Sklaven werden. Daran werdet ihr erkennen, dass Jahwe, der allmächtige Gott, mich zu euch gesandt hat.«

2,11 *Leute von Zion.* Einwohner Jerusalems, die noch in Babylon geblieben sind.

2,12 *mich.* Offenbar der Engel Jahwes, der Jahwe selbst repräsentiert, wie auch V. 13 und 15 und an anderen Stellen. Er kann einerseits so sprechen, als ob er Jahwe selbst ist und andererseits so, als ob er sich von Jahwe unterscheidet.

3,1 *Jeschua.* Legitimer Nachkomme des letzten Hohen Priesters vor der Gefangenschaft.

3,3 *vor Schmutz stanken.* Mit menschlichem Kot beschmutzt, was ihn absolut unrein und unfähig machte, seinen Priesterdienst auszuführen.

3,5 *ich.* Sacharja mischt sich ins Geschehen ein.

Kopfbund. Auf dem das goldene Stirnblatt des Hohen Priesters befestigt war, auf dem stand: »Geheiligt für Jahwe« (2. Mose 28,36f; 29,6).

14 »Freut euch und jubelt, ihr Bewohner der Zionsstadt!«, sagt Jahwe. »Denn ich werde kommen und mitten unter euch wohnen. 15 Dann werden viele Völker sich zu Jahwe bekennen und so auch zu meinem Volk gehören. Und ich wohne mitten unter euch. Wenn das geschieht, werdet ihr erkennen, dass Jahwe, der allmächtige Gott, mich zu euch gesandt hat.« 16 Jahwe wird Juda in Besitz nehmen. Es wird sein Erbteil im heiligen Land sein. Und Jerusalem wird wieder ganz seine Stadt. 17 Ihr Menschen, seid still vor Jahwe, denn er tritt aus seiner heiligen Wohnung hervor!

Der Hohe Priester (4. Vision)

3 1 Jetzt ließ er mich den Hohen Priester Jeschua* sehen, der vor dem Engel Jahwes stand, während sich der Satan rechts neben ihn stellte, um ihn anzuklagen. 2 Doch Jahwe sagte zu ihm: »Jahwe verbietet dir das Wort, Satan! Ja er, der Jerusalem erwählt hat, verbietet dir das Wort! Ist dieser Mann hier nicht ein Holzscheit, das aus dem Feuer herausgerissen wurde?« 3 Als Jeschua nämlich so vor dem Engel Jahwes stand, hatte er Kleider an, die vor Schmutz stanken*. 4 Da sagte der Engel Jahwes zu den vor ihm stehenden Engeln: »Zieht ihm die schmutzigen Kleider aus!« Und zu Jeschua gewandt: »Hiermit nehme ich die Schuld von dir weg und kleide dich in Festgewänder ein!« 5 Da sagte ich*: »Setzt ihm doch auch den reinen Kopfbund* auf!« Sie taten es und kleideten ihn neu ein. Der Engel Jahwes stand dabei 6 und sagte feierlich zu Jeschua: 7 »So spricht Jahwe, der allmächtige Gott: Wenn du

auf meinen Wegen gehst und meine Ordnungen befolgst, dann sollst du auch mein Haus regieren und die Aufsicht über die Vorhöfe haben. Und ich gebe dir trotz allen, die hier stehen, einen freien Zugang zu mir. *8* Hör zu, Jeschua, du Hoher Priester, du und deine Mitpriester, die vor dir sitzen: Ihr seid ein lebendes Vorzeichen dafür, dass ich meinen Diener, den ›Spross‹* kommen lassen werde. *9* Seht den Stein, den ich vor Jeschua hingelegt habe: sieben Augen auf einem einzigen Stein*! Ich selbst werde die Gravur in ihn schneiden*, spricht Jahwe, der allmächtige Gott, und die Schuld dieses Landes an einem einzigen Tag wegnehmen. *10* An jenem Tag* werdet ihr euch gegenseitig unter Weinstock und Feigenbaum einladen.«

Der Leuchter (5. Vision)

4 *1* Der Engel, der mir zur Seite stand und alles erklärt hatte, kam wieder und rüttelte mich auf wie einen, der aus dem Schlaf geweckt wird. *2* Er fragte mich: »Was siehst du?« – »Einen Leuchter«, erwiderte ich, »er ist ganz aus Gold. Oben drauf ist ein Ölbehälter, von dem aus je sieben Röhren zu den Öllampen führen. *3* Rechts und links vom Ölgefäß sehe ich je einen Ölbaum stehen. – *4* Was hat das zu bedeuten, mein Herr?«, fragte ich den Engel. *5* »Verstehst du das denn nicht?«, erwiderte er. »Nein, mein Herr«, sagte ich. *6* Da gab er mir folgende Auskunft:

»So lautet das Wort Jahwes an Serubbabel*: ›Nicht durch Heeresmacht und menschliche Gewalt wird es geschehen, sondern durch meinen Geist‹, spricht Jahwe, der allmächtige Gott. *7* Wer bist du, großer Berg? Vor Serubbabel wirst du zur Ebene! Ja, mit lautem Jubel wird er den Schlussstein in den Tempel einsetzen: ›Die Gnade, die Gnade sei mit ihm!‹« *8* Ich empfing auch die folgende Botschaft Jahwes: *9* »Serubbabel hat den Grund für den Bau dieses Hauses gelegt. Er wird ihn auch vollenden! Daran wirst du erkennen, Serubbabel, dass Jahwe, der allmächtige Gott, mich* zu euch geschickt hat. *10* Denn auch der, der den Tag geringer Anfänge verachtet, wird mit Freude diesen besonderen Stein in Serubbabels Hand sehen. –

Diese sieben Öllampen sind die Augen Jahwes, die über die ganze Erde schweifen.« *11* Ich fragte weiter: »Und was bedeuten die beiden Ölbäume rechts und links vom Leuchter?« *12* Und noch einmal: »Was haben die Zweigbüschel neben den beiden Goldtrichtern zu bedeuten, durch die das goldfarbene Öl fließt?« *13* »Verstehst

---

3,8 *Spross.* Der Messias, der aus der Wurzel der Familie Davids stammt, vgl. Jesaja 4,2; Jeremia 23,5.

3,9 *Stein.* Dieser Stein ist offenbar ein Symbol für den kommenden Messias, in dem Gott gegenwärtig ist.

Gravur in ihn schneiden. Vielleicht ein Hinweis auf die Wundmale des Messias bei seiner Kreuzigung.

3,10 *jenem Tag.* Hier ist wohl die Wiederkunft des Messias gemeint und der Beginn seines Friedensreiches.

4,6 *Serubbabel.* Nachkomme des letzten jüdischen Königs; er führte 18 Jahre vorher einen Teil des Volkes aus der Gefangenschaft zurück in die Heimat.

4,9 *mich.* Offenbar den Engel Jahwes, der Jahwe selbst repräsentiert.

du das nicht?«, fragte er. »Nein, mein Herr«, erwiderte ich. *14* Er sagte: »Das sind die beiden Gesalbten*, die bei dem Herrn der ganzen Erde stehen.«

Die fliegende Rolle (6. Vision)

5 *1* Ich blickte wieder auf und sah auf einmal eine Schriftrolle durch die Luft fliegen. *2* Der Engel fragte mich: »Was siehst du?« – »Ich sehe eine offene Schriftrolle fliegen, etwa zehn Meter lang und fünf Meter breit*.« *3* »Das ist der Fluch«, sagte er mir, »der über das ganze Land kommt. Denn nach dem, was auf der einen Seite geschrieben steht, wird jeder Dieb weggefegt werden, und nach dem, was auf der anderen Seite steht, jeder Meineidige. *4* Ich habe ihn kommen lassen, spricht Jahwe, der allmächtige Gott, und schicke ihn

---

4,14 die beiden Gesalbten. Wörtlich: *Söhne des Öls.* Das bezieht sich zunächst auf den Nachkommen des Königs David, Serubbabel, und den Hohen Priester Jeschua, im erweiterten Sinn aber auch auf den Messias, der König und Hoher Priester in einer Person sein wird (Sacharja 6,12-13).

5,2 fünf Meter breit. 20 x 10 Ellen, das sind die Maße der Vorhalle des Salomonischen Tempels.

5,6 Fass. Wörtlich: *Efa.* Das ist ein Getreidemaß in das etwa 3 Eimer hineinpassen (22-45 Liter).

5,11 Land Schinar. Das meint die Ebene Babyloniens, wo die Menschen einst in grenzenloser Überheblichkeit den babylonischen Turm gebaut hatten (vergleiche 1. Mose 11,1-9).

Gottlosigkeit. Eigentlich das Fass mit der Frau, welche aber die Gottlosigkeit oder Sünde symbolisieren.

in das Haus jedes Diebes und jedes Menschen, der in meinem Namen einen Meineid schwört. Er wird auf ihren Häusern lasten und jeden Balken und Stein darin zerfressen, bis sie zusammenbrechen.«

Die Frau im Fass (7. Vision)

5 Dann trat der Engel, der mir zur Seite stand, wieder vor und sagte: »Schau hoch und sieh, was dort zum Vorschein kommt!« *6* »Was ist denn das?«, fragte ich. »Das ist ein Fass*«, erwiderte er, »und so sieht die Sünde im ganzen Land aus.« *7* Auf einmal hob sich der runde Bleideckel auf dem Fass und eine Frau kam zum Vorschein. *8* »Das ist die Gottlosigkeit«, sagte der Engel. Er stieß die Frau ins Fass zurück und schlug den Bleideckel zu. *9* Als ich wieder aufblickte, sah ich zwei Frauen mit Flügeln, wie Störche sie haben. Sie rauschten heran, packten das Fass und flogen mit ihm davon. *10* »Wohin bringen sie es?«, fragte ich den Engel. *11* »Sie bauen ihm einen Tempel im Land Schinar*«, sagte er, »und stellen die Gottlosigkeit* dort auf ein Podest.«

Die vier Wagen (8. Vision)

6 *1* Als ich wieder aufblickte, sah ich vier Wagen, die zwischen zwei Bergen aus Bronze hervorkamen. *2* Der erste Wagen wurde von roten Pferden gezogen, der zweite von schwarzen, *3* der dritte von weißen und der vierte von gescheckten, alles starke Tiere. *4* »Was bedeutet das, mein Herr«?, fragte ich den Engel, der mir zur Seite stand. *5* Er erwiderte: »Das sind die vier Winde des Himmels. Sie kommen vom Herrn der

ganzen Erde, von dem sie ihre Befehle empfangen haben. *6* Das schwarze Gespann zieht nach Norden und das weiße hinter ihm her. Das gescheckte zieht nach Süden.« *7* Die starken Pferde drängten ungeduldig vorwärts. Da rief der Engel Jahwes: »Los! Durchzieht die Erde!« Da galoppierten sie davon. *8* Und mir rief er laut zu: »Die nach dem Norden losgezogen sind, werden meinen Geist über das Land im Norden bringen und meinen Zorn stillen.«

Krönung des Hohen Priesters

9 Dann empfing ich die folgende Botschaft Jahwes: *10* »Geh heute noch in das Haus Joschijas Ben-Zefanja und lass dir von Heldai, Tobija und Jedaja das geben, was sie aus Babylonien mitgebracht haben. *11* Nimm das Silber und Gold und lass daraus eine Krone anfertigen. Setze sie dem Hohen Priester Jeschua Ben-Jozadak auf *12* und sage zu ihm: ›So spricht Jahwe, der allmächtige Gott: Es wird ein Mann kommen, der Spross heißt, denn wo er steht, wird es sprossen. Er wird den Tempel Jahwes bauen. *13* Ja, er wird ihn wieder aufbauen. Er wird königlichen Schmuck tragen, auf seinem Thron sitzen und herrschen, aber zugleich wird er auch Priester sein. Und auf dem Thron wird ein friedliches Einvernehmen bestehen. *14* Die Krone soll zur Erinnerung an Heldai, Tobija und Jedaja und die Gastfreundschaft Ben-Zefanjas im Tempel Jahwes aufbewahrt werden. *15* Aus der Ferne werden sie kommen und am Tempel Jahwes bauen. Daran werdet ihr erkennen, dass Jahwe, der allmächtige Gott, mich zu euch gesandt

hat. Das wird aber nur geschehen, wenn ihr aufmerksam auf Jahwe, euren Gott, hört.‹«

Die Fastenfrage

7 *1* Am 7. Dezember im vierten Regierungsjahr* des Königs Darius erhielt Sacharja wieder eine Botschaft Jahwes. *2* An diesem Tag waren Sarezer, Regem-Melech und dessen Männer aus Bet-El nach Jerusalem gekommen. Sie wollten Jahwe anflehen *3* und die Priester im Tempel Jahwes, des allmächtigen Gottes, und die Propheten fragen: »Sollen wir auch künftig den Fast- und Trauertag im August* begehen, wie wir es schon so viele Jahre getan haben?«

Die erste Antwort

4 Da sprach Jahwe, der allmächtige Gott, zu mir: *5* »Sag dem ganzen Volk im Land und den Priestern: ›Wenn ihr im August und im Oktober* gefastet und getrauert habt – und das nun schon 70 Jahre lang –, habt ihr da etwa für mich gefastet? *6* Wenn ihr esst und trinkt, tut ihr es doch auch für euch selbst! *7* Wisst ihr denn nicht,

---

7,1 *Am 7. Dezember.* Wörtlich: *am vierten Tage des neunten Monats, des Kislev.* Das war im Jahr 518 v.Chr.

7,3 *im August.* Wörtlich: *5. Monat.* Am 14. August 586 v.Chr. wurden der Tempel und alle wichtigen Gebäude Jerusalems im Auftrag Nebukadnezzars niedergebrannt und die Stadtmauer zerstört; vergleiche 2. Könige 25,8-10.

7,5 *im Oktober.* Wörtlich: *7. Monat.* Im Oktober 586 v.Chr. wurde Gedalja, der von Nebukadnezzar eingesetzte Statthalter, ermordet; vergleiche 2. Könige 25,25.

was Jahwe durch die früheren Propheten sagen ließ, als Jerusalem und die Städte ringsum, der heiße Süden und das westliche Hügelland noch bewohnt waren?‹«

8 Jahwe fuhr fort: 9 »Jahwe, der allmächtige Gott, sagte damals zu ihnen: ›Richtet gerecht und geht liebevoll und barmherzig miteinander um! 10 Unterdrückt die Waisen und Witwen nicht, auch nicht die Ausländer oder die Armen! Und schmiedet keine bösen Pläne gegeneinander!‹ 11 Aber sie wollten nicht einmal zuhören. Sie zuckten die Schultern und stellten sich taub. 12 Sie machten ihre Herzen hart wie Kieselstein und schlugen meine Weisungen in den Wind. Sie wollten einfach nicht auf das hören, was Jahwe, der allmächtige Gott, ihnen durch die früheren Propheten sagen ließ. Deshalb traf sie mein Zorn mit voller Wucht. 13 Es geschah Folgendes: So wie *ich* sie rief und *sie* nicht hörten, werden *sie* rufen und *ich* werde nicht hören, spricht Jahwe, der allmächtige Gott. 14 Da habe ich sie unter alle Völker verweht, die sie vorher nicht einmal kannten. Und hinter ihnen verödete das Land; niemand zog mehr hindurch und keiner kam zurück. So machten sie ein schönes Land zur schaurigen Öde.«

Fünf Verheißungen

8 1 Doch Jahwe fuhr weiter fort: 2 »So spricht Jahwe, der allmächtige Gott: ›Ich brenne vor Liebe zu Zion, und ich glühe vor Zorn wegen seines Zustands.‹

3 So spricht Jahwe: ›Ich kehre nach Zion zurück und werde in der Stadt wohnen. *Stadt der Wahrheit* wird man Jerusalem nennen, und den Berg, auf dem der allmächtige Gott wohnt, *Heiliger Berg*.‹

4 So spricht Jahwe, der allmächtige Gott: ›Auf den Plätzen der Stadt werden wieder hochbetagte Männer und Frauen sitzen, vor Alter auf ihren Stab gestützt; 5 und sie werden den spielenden Kindern zusehen, den Jungen und Mädchen, von denen die Plätze wimmeln.‹

6 So spricht Jahwe: ›Wenn es dem Rest dieses Volkes dann auch wunderbar erscheinen wird, so doch nicht mir, dem allmächtigen Gott!‹

7 So spricht Jahwe, der allmächtige Gott: Ja, ich werde mein Volk vom Osten bis zum Westen aus allen Ländern heraus retten. 8 Ich werde sie nach Hause bringen und lasse sie in Jerusalem wohnen. Sie werden mein Volk und ich werde ihr Gott sein, treu und gerecht.‹«

Zwei Ermutigungen

9 So spricht Jahwe, der allmächtige Gott: »Fasst Mut und packt an! Auch für euch gilt, was die Propheten gesagt haben, als das Fundament zum Wiederaufbau des Tempels gelegt wurde. 10 Denn vor dieser Zeit brachte eure Arbeit und die eurer Tiere keinen Ertrag. Nie fühlte man sich sicher vor dem Feind, beim Hinausgehen nicht und beim Heimkommen auch nicht. Alle Menschen ließ ich gegeneinander los. 11 Aber von jetzt an werde ich dem Rest meines Volkes anders begegnen, versichert Jahwe, der allmächtige Gott, 12 denn es wird eine Saat des Friedens geben. Der Weinstock wird seine Frucht geben, der Boden seinen

Ertrag und der Himmel seinen Tau. Das alles will ich dem Rest dieses Volkes für immer zu eigen geben. *13* Und wie ihr vorher den Völkern als Fluchwort gedient habt, ihr aus Juda und Israel, so werde ich euch retten, damit ihr zum Inbegriff des Segens werdet. Habt also keine Angst und packt an!«

14 Denn das sagt Jahwe, der allmächtige Gott:»So wie ich mir vorgenommen hatte, euch Böses zu tun, als eure Väter mich zum Zorn reizten, und mich durch nichts davon abbringen ließ, *15* so habe ich nun beschlossen, Jerusalem und den Juden Gutes zu tun. Habt also keine Angst! *16* Doch folgende Dinge müsst ihr tun: Sagt einander die Wahrheit! Fällt wahrhaftige Urteile im Gericht! *17* Seid nicht darauf aus, einander zu schaden, und liebt keine verlogenen Schwüre! Denn das ist mir verhasst, sagt Jahwe.«

Die zweite Antwort

18 Dann empfing ich die folgende Botschaft: *19* »So spricht Jahwe, der allmächtige Gott: Die Fast- und Trauertage im Januar*, Juli*, August und Oktober* werden den Juden zu fröhlichen Festtagen mit Jubel und Freude werden. Doch Wahrheit und Frieden müsst ihr lieben!«

Erweckung unter den Völkern

20 So spricht Jahwe, der allmächtige Gott:»Es wird noch geschehen, dass viele Völker herbeikommen und die Bewohner ganzer Städte. *21* Die Einwohner der einen Stadt werden zur anderen gehen und sagen: ›Kommt, wir wollen hingehen, um Jahwe zu besänftigen, wir wollen Jahwe, den allmächtigen Gott, aufsuchen! Auch ich will hingehen!‹ *22* So werden viele und große Völker nach Jerusalem kommen, um den allmächtigen Gott aufzusuchen und ihn gnädig zu stimmen.«

23 So spricht Jahwe, der allmächtige Gott:»Dann wird man es erleben, dass zehn Männer aus ganz unterschiedlichen Völkern sich an einen Juden hängen. Sie werden sich an seinem Gewand festhalten und sagen: ›Lasst uns mit euch gehen, denn wir haben gehört, dass Gott bei euch ist.‹«

Die Nachbarn Israels

9 *1* Das Wort Jahwes wird lasten auf dem Land Hadrach* und ruhen auf Damaskus, denn die Blicke aller Menschen sind auf Jahwe gerichtet, nicht nur die der Stämme Israels. *2* Sein Wort erreicht auch Hamat, das an Hadrach grenzt, und kommt ebenso nach Tyrus und Sidon*, wo die Leute so weise sind. *3* Tyrus hat sich

---

8,19 *Januar.* Wörtlich: *10. Monat.* Am 15. Januar 588 v.Chr. begann die Belagerung Jerusalems durch die Truppen Nebukadnezzars, vgl. 2. Könige 25,1-2.

Juli. Wörtlich: *4. Monat.* Zwei Jahre nach Beginn der Belagerung, am 18. Juli 586 v.Chr. wurde die erste Bresche in die Stadtmauer Jerusalems geschlagen, vgl. Jeremia 39,1-10.

August und Oktober. Siehe Anmerkungen zu Sacharja 7,3-4.

9,1 *Land Hadrach.* Die Region von Hatarika, nördlich der Stadt Hamat, am Fluss Orontes, 200 km nördlich von Damaskus.

9,2 *Sidon.* Bedeutendste Stadt Phöniziens, 40 km nördlich von Tyrus.

zwar eine Festung gebaut und Berge von Silber und Gold aufgehäuft.* 4 Doch der Herr wird es erobern, seine Mauer ins Meer stürzen und die ganze Stadt einäschern.* 5 Wenn die Philister aus Aschkelon, Gaza und Ekron das erfahren, werden sie vor Angst zittern, denn das, worauf sie ihre Hoffnung setzten, ist jetzt dahin. Aus Gaza* wird der König verschwinden, Aschkelon wird unbewohnt sein 6 und in Aschdod wird nur noch Gesindel hausen. »So werde ich den Hochmut der Philister brechen!«, sagt Jahwe. 7 »Ich werde ihnen das blutige Opferfleisch aus dem Mund reißen, das

9,3 *Tyrus ... aufgehäuft.* Die Stadt hatte sich nach der Zerstörung durch Nebukadnezzar auf der vorgelagerten Insel eine als uneinnehmbar geltende Festung gebaut. Der Reichtum dieses Handelszentrums war sprichwörtlich.

9,4 *Stadt einäschern.* Nach der Schlacht bei Issus (333 v.Chr.) schickte Alexander der Große ein Heer nach Damaskus. Er selbst zog durch Phönizien, das sich ihm ergab, bis auf Tyrus, das erst mit Hilfe eines Dammbaus nach achtmonatiger Belagerung fiel.

9,5 *Gaza.* Von den damals noch bestehenden Philisterstädten leistete Gaza als einzige Widerstand gegen Alexander den Großen und wurde im Sturm erobert.

9,8 *Wache vor mein Haus Israel.* Jerusalem wurde wunderbar bewahrt. Alexander der Große verschonte die Stadt und gewährte den Juden besondere Vergünstigungen.

9,9 Wird im Neuen Testament zitiert: Matthäus 21,5; Johannes 12,15.

9,10 *Efraïm.* Der Name des Stammes stand oft stellvertretend für das ehemalige Nordreich Israel. Jetzt offenbar für die Israeliten, die nördlich von Juda lebten.

9,11 *Grube, die kein Wasser hat.* Wohl eine trockene Zisterne, die als Gefängnis genutzt wurde.

abscheuliche Mahl aus den Zähnen zerren.« Ein Rest der Philister wird dann zu unserem Gott gehören. Diese Philister werden wie eine Sippe in Juda sein, und die Leute von Ekron wie die Jebusiter unter uns. 8 »Und ich selbst«, sagt Jahwe, »stelle mich als Wache vor mein Haus Israel,* zum Schutz vor den Truppen, die hin und herziehen. Kein fremder Herrscher soll mehr hindurchziehen, denn ich achte jetzt auf mein Volk!«

Die Ankunft des Königs

9 Freue dich du Zionsstadt! Jubelt laut, ihr Leute von Jerusalem! Seht, euer König kommt zu euch! Er ist gerecht vor Gott, und er bringt die Rettung. Er ist demütig und reitet auf einem Fohlen, dem männlichen Jungtier einer Eselin.* 10 »Ich vernichte die Streitwagen aus Efraïm* und die Pferde aus Jerusalem!«, sagt er. Die Waffen werden zerstört. Er wird den Völkern Frieden gebieten! Von Meer zu Meer reicht seine Herrschaft, vom Strom des Euphrat bis zu den Enden der Erde.

Gottes Waffe: Israel

11 »Und was dich betrifft, Israel, so lasse ich deine Gefangenen frei aus der Grube, die kein Wasser hat* – und zwar wegen meines Bundes mit dir, der mit Blut besiegelt ist. 12 Kehrt heim, ihr Gefangenen voller Hoffnung! Kehrt heim in die sichere befestigte Stadt! Auch heute verspreche ich dir doppelte Entschädigung. 13 Ja, ich habe mir Juda als Bogen gespannt und den Köcher mit Efraïm gefüllt. Und deine Söhne, Zion, werde ich zu einem Schwert gegen die Kämpfer

Griechenlands machen, dem Schwert eines Helden.« *14* Jahwe selbst wird über ihnen erscheinen, und sein Pfeil fährt aus wie der Blitz. Jahwe, der Herr, stößt ins Horn, er fegt einher in den Stürmen des Südens. *15* Jahwe, der allmächtige Gott, wird sein Volk beschützen. Schleudersteine werden um sich fressen, Menschen zu Boden strecken und Blut saufen wie Wein. Sie werden so voll sein mit Blut wie die Opferschale und wie die Ecken des Altars. *16* So wird Jahwe, ihr Gott, die Herde seines Volkes retten. Dann werden sie wie die Edelsteine im Stirnreif funkeln über seinem Land. *17* Wie anmutig und schön! Junge Männer und Mädchen lässt er heranwachsen wie Korn und jungen Wein.

Musterung der Götzendiener

10 *1* Bittet Jahwe um Regen, wendet euch an ihn zur Regenzeit! Denn Jahwe ist es, der die Wetterwolken zusammenballt. Er lässt regnen und er gibt dem Menschen das Grün auf dem Feld. *2* Die Hausgötzen haben nur Unsinn geredet und die Wahrsager Trügerisches geschaut. Sie haben euch erlogene Träume verkündet und spendeten windigen Trost. Darum musstet ihr fortziehen wie Schafe im Elend, um die sich kein Hirt kümmert. *3* »Über die Hirten ist mein Zorn entflammt, über die Leitböcke will ich Musterung halten!«

Gottes Held: Israel

Denn Jahwe, der allmächtige Gott, mustert seine Herde aus Juda und macht ein prächtiges Streitross aus ihr. *4* Aus Juda kommen Eckstein und Zeltpflock, Kriegsbogen und Anführer. *5* Sie werden wie Helden kämpfen und die Feinde wie Straßendreck zertreten. Ja, sie können kämpfen, denn Jahwe steht ihnen bei. Selbst die Reiter hoch zu Ross werden an ihnen zuschanden. *6* »Ich werde Judas Nachkommen stärken und Josefs Nachkommen* retten. Ich habe Erbarmen mit ihnen und lasse sie heimkehren. Es wird so sein, als hätte ich sie nie verstoßen. Denn ich bin Jahwe, ihr Gott, ich erhöre ihre Gebete! *7* Efraïms Männer werden wie Helden kämpfen und fröhlich sein, als ob sie Wein getrunken hätten. Ihre Kinder werden jubeln, wenn sie es sehen, und von Herzen Jahwe preisen. *8* Ich will ihnen pfeifen und sie zusammenholen, denn ich habe sie erlöst. Und sie werden so zahlreich sein wie einst. *9* Habe ich sie auch unter die Völker gesät – wenn sie in der Ferne an mich denken, werden sie am Leben bleiben und mit ihren Kindern heimkehren. *10* Ich lasse sie heimkehren aus Ägypten und Assyrien und siedle sie in Gilead und dem Libanon an,* doch nicht einmal dort werden sie genug Platz haben. *11* Sie werden in Angst durchs Meer gehen, aber ich werde seine Wogen zurücktreiben und den Nilstrom versiegen lassen. Der Hochmut Assyriens wird gestürzt und die Macht Ägyptens gebrochen. *12* Ich werde sie

---

10,6 *Josefs Nachkommen.* Meint die Stämme Efraïm und Manasse, die oft stellvertretend für das Nordreich Israel stehen.

10,10 *dem Libanon an.* Israel wird schon so dicht besiedelt sein, dass sie nur noch östlich des Jordan und im Norden Platz finden.

stark machen in Jahwe, und in seinem Namen werden sie leben!«, spricht Jahwe, der allmächtige Gott.

Das Heulen der Hirten

11 ¹ Öffne deine Tore, Libanon, / dass Feuer deine Zedern* verzehrt! ² Heult auf, ihr Zypressen*: / die Zedern sind gestürzt, / die Herrlichen dahin. / Heult, ihr Eichen von Baschan, / denn niedergelegt wurde der undurchdringliche Wald. ³ Und hört ihr, wie die Hirten heulen? / Auch ihre Herrlichkeit ist dahin. / Hört ihr das Brüllen der jungen Löwen? / Selbst der Jordan-Urwald ist nicht mehr.

Zwei Hirten

⁴ Jahwe, mein Gott, sagte zu mir: »Weide die Schafe, die zum Schlachten bestimmt sind!« ⁵ Ihre Besitzer schlachten sie ab und fühlen sich doch ohne Schuld; ihre Verkäufer stoßen sie ab und sagen noch: ›Preis sei Jahwe, ich bin jetzt reich!‹ Keiner der Hirten schont seine Tiere. ⁶ Darum werde auch ich die Bewohner der Erde nicht mehr verschonen. Ich lasse sie in die Hand ihrer Mitmenschen

fallen und liefere sie ihren Königen aus. Und selbst wenn diese das ganze Land verwüsten, ich befreie niemand aus ihrer Gewalt.«

⁷ Da weidete ich die zum Schlachten bestimmten Schafe der Viehhändler. Ich nahm mir zwei Hirtenstäbe, den einen nannte ich »Freundschaft« und den anderen »Verbundenheit«. Als ich nun die Herde weidete ⁸ und in einem Monat drei Hirten beseitigt hatte, verlor ich die Geduld mit den Schafen, und auch sie wollten nichts von mir wissen. ⁹ Da sagte ich: »Ich will euch nicht mehr weiden. Was stirbt, mag sterben, und was verkommt, mag verkommen, und der Rest mag sich gegenseitig auffressen.« ¹⁰ Dann zerbrach ich meinen Stab »Freundschaft«, um den Bund zu zerbrechen, den ich mit allen Völkern geschlossen hatte. ¹¹ Von diesem Tag an hatte er keine Gültigkeit mehr. Da erkannten die Viehhändler, die mich beobachteten, dass ich im Auftrag Jahwes gehandelt hatte. ¹² Ich sagte zu ihnen: »Wenn ihr wollt, gebt mir meinen Lohn, wenn aber nicht, lasst es bleiben!« Da zählten sie mir einen Lohn von 30 Silberstücken* hin. ¹³ Jahwe aber sagte zu mir: »Das also bin ich ihnen wert! Wirf die großartige Summe dem Töpfer hin!«* Ich nahm die 30 Silberstücke und warf sie im Tempel dem Handwerker hin, der das Gold und Silber einschmolz. ¹⁴ Dann zerbrach ich meinen zweiten Stab »Verbundenheit«, um die Bruderschaft zwischen Juda und Israel zu zerbrechen.

¹⁵ Nun sagte Jahwe zu mir: »Nimm noch einmal Hirtengeräte in die Hand und verhalte dich wie ein schlechter

---

11,1 *Zeder.* Prächtiger Nadelbaum mit ausgebreiteter Krone, kann mehr als 1000 Jahre alt und bis zu 40 m hoch werden.

11,2 *Zypressen.* Schlanke, kegelförmige Nadelbäume, bis zu 50 m hoch.

11,12 *30 Silberstücke.* Nach 2. Mose 21,32 die Entschädigungssumme für einen toten Sklaven.

11,13 Wird im Neuen Testament zusammen mit Aussagen von Jeremia 18,2-3 zitiert: Matthäus 27,9-10.

Hirt! *16* Denn ich werde einen Hirten im Land auftreten lassen, der die Vermissten nicht sucht, die Zerstreuten nicht sammelt, die Verwundeten nicht heilt und die Gesunden nicht versorgt, sondern das Fleisch der besten Tiere verschlingt, nachdem er ihnen die Klauen zerrissen hat.*

17 Weh dem nichtsnutzigen Hirten, der die Schafe verlässt! Das Schwert treffe seinen Arm und sein rechtes Auge! Sein Arm sei verkrüppelt und sein rechtes Auge blind!«

Jerusalem: belagert und gerettet

12 *1* Das Wort Jahwes wird lasten über Israel. – Es spricht Jahwe, der den Himmel ausgespannt, die Erde gegründet und den Geist des Menschen in dessen Innerem geformt hat: *2* »Ja, ich werde Jerusalem für alle Völker ringsum zu einer Taumelschale machen. Wer daraus trinkt, wird ins Taumeln kommen. Auch Juda wird betroffen sein, wenn sie Jerusalem belagern. *3* An jenem Tag mache ich Jerusalem zu einem Stemmstein für die Völker: Jeder, der ihn zu stemmen versucht, wird sich daran wund reißen. Alle Völker der Erde werden sich gegen Jerusalem zusammentun.« *4* An jenem Tag, sagt Jahwe, werde ich die Pferde scheuen lassen und ihre Reiter mit Wahnsinn schlagen. Und während ich die Pferde der Völker blind mache, halte ich meine Augen offen über den Juden. *5* Die führenden Männer von Juda werden denken: ›Die Leute von Jerusalem sind stark, denn sie vertrauen Jahwe, ihrem allmächtigen Gott.‹ *6* An jenem Tag mache ich die Anführer Judas zu einem Feuer unter trockenem Holz, zu

einer Fackel unter einem Haufen Stroh. Sie werden rechts und links alle Völker verbrennen. Und Jerusalem wird unversehrt an seinem Platz bleiben. *7* Doch zuerst wird Jahwe die Juden retten, damit der Stolz der Nachkommen Davids und der Einwohner von Jerusalem nicht zu groß wird. *8* An jenem Tag wird Jahwe die Einwohner Jerusalems beschützen: Der Schwächste von ihnen wird stark sein wie David und die Davidsnachkommen wie eine Gottesmacht, wie der Engel Jahwes, der ihnen vorauszieht. *9* An jenem Tag werde ich darauf bedacht sein, alle Völker zu vernichten, die gegen Jerusalem angerückt sind.

Der Durchbohrte

10 Doch über die Nachkommen Davids und die Einwohner Jerusalems werde ich den Geist der Gnade kommen lassen, dass sie um Gnade flehen. Dann werden sie zu mir aufblicken, den sie durchbohrt haben.* Sie werden um ihn trauern und klagen wie man um den einzigen Sohn trauert; sie werden bitter um ihn weinen wie um einen Erstgeborenen. *11* An jenem Tag wird der Jammer in Jerusalem so groß sein wie der Jammer von Hadad-Rimmon in der Ebene von Megiddo.*

11,16 *Klauen zerrissen hat.* Bedeutet vielleicht: Damit sie nicht weglaufen konnten. Der Ausdruck könnte aber auch als extreme Gier aufgefasst werden.

12,10 Wird im Neuen Testament von Johannes zitiert: Johannes 19,37.

12,11 *Jammer ... von Megiddo.* Das war offenbar die Trauer um Joschija, den frömmsten König Judas, der 609 v.Chr. in der Ebene von Megiddo starb, siehe 2. Chronik 36,20-27.

12 Das ganze Land wird trauern, jede Sippe wird es für sich tun, nach Männern und Frauen getrennt: die Nachkommen Davids und die von Natan*, 13 die Nachkommen Levis und die von Schimi*, 14 und alle übrigen Sippen in Israel, jeweils Männer und Frauen für sich.*

13 1 An jenem Tag wird für die Nachkommen Davids und die Einwohner Jerusalems eine Quelle als Mittel gegen Sünde und Unreinheit vorhanden sein.

Ausrottung der Götzendiener

2 »An jenem Tag«, spricht Jahwe, der allmächtige Gott, »werde ich die Namen der Götzen aus dem Land entfernen, damit sie nicht mehr erwähnt werden. Auch die Propheten und den Geist des Götzendienstes

---

12,12 *Natan.* Sohn Davids, vgl. 2. Samuel 5,13.

12,13 *Schimi.* Enkel Levis, vgl. 2. Mose 6, 16-17.

12,14 *für sich.* Das königliche und das priesterliche Geschlecht werden besonders herausgestellt, sie stehen als Teil für das ganze Volk. Offenbar will der Prophet sagen, dass sich eine ganze Generation des Volkes Israel zu dem gekreuzigten und wiederkommenden Messias bekennen wird.

13,4 *haarigen Prophetenmantel.* 2. Könige 1,8; Matthäus 3,4.

13,6 *an deinem Körper.* Wörtlich: *zwischen deinen Händen.* Das meint Wunden an Armen oder Brust, die falsche Propheten sich oft selbst beigebracht haben, siehe 1. Könige 18,28.

13,7 Wird im Neuen Testament von Jesus Christus zitiert: Matthäus 26,31; Markus 14,27.

werde ich aus dem Land wegschaffen. 3 Und wenn sich dann trotzdem noch jemand als Prophet ausgibt, werden seine eigenen Eltern zu ihm sagen: ›Du hast dein Leben verwirkt, weil du im Namen Jahwes Lügen verbreitest!‹ Und sein eigener Vater und seine eigene Mutter werden ihn durchbohren, bloß weil er als Prophet aufgetreten ist. 4 An jenem Tag werden die Propheten sich der Visionen, die sie erhalten und verkündigt haben, schämen. Nie mehr werden sie im haarigen Prophetenmantel* auftreten, um die Menschen zu täuschen. 5 Und wenn man einen zur Rede stellt, wird er sagen: ›Ich bin kein Prophet, ich bin nur ein Mann, der seinen Acker bebaut. Schon von Jugend an besitze ich Ackerland.‹ 6 Wenn man ihn aber fragt: ›Und was sind das für Wunden an deinem Körper*?‹, wird er sagen: ›Das ist von den Schlägen im Haus meiner Liebe.‹«

Der geschlagene Hirt

7 »Schwert, stürze dich auf meinen Hirten, auf den, der mir am nächsten steht!«, sagt Jahwe, der allmächtige Gott. »Schlag den Hirten tot, dass die Schafe auseinanderlaufen!* Auch die Schwachen werde ich nicht verschonen. 8 Zwei Drittel aller Menschen im Land werden umkommen, nur ein Drittel wird überleben. 9 Doch auch dieser Rest muss die Feuerprobe bestehen. Ich werde ihn läutern, wie Silber geläutert wird, und auf Echtheit prüfen, wie man das mit Gold macht. Dieser Rest wird dann meinen Namen anrufen, und ich werde ihm antworten. Ich werde sagen: ›Ihr seid mein

Volk«, und er wird erwidern: ›Jahwe ist unser Gott.‹«

Jerusalem: von Jahwe erhöht

14 *1* »Es wird ein Tag für Jahwe kommen, an dem sofort verteilt wird, was man in deiner Mitte erbeutet hat. *2* Alle Völker werde ich zum Kampf gegen Jerusalem versammeln. Sie werden die Stadt erobern, die Häuser plündern und die Frauen schänden. Die Hälfte aller Einwohner wird in die Gefangenschaft geführt. Nur ein Rest des Volkes darf in der Stadt bleiben. *3* Dann aber wird Jahwe selbst gegen jene Völker in den Kampf ziehen, so wie er es schon früher getan hat.

4 An jenem Tag wird er auf dem Ölberg stehen, der östlich von Jerusalem liegt. Da wird sich der Ölberg von Ost nach West spalten, die eine Hälfte wird nach Norden ausweichen und die andere nach Süden, sodass ein sehr großes Tal entsteht. *5* In dieses Tal zwischen meinen Bergen, das bis nach Azel* reicht, werdet ihr fliehen, so wie eure Vorfahren zur Zeit des Königs Usija vor dem Erdbeben* geflohen sind. Dann wird Jahwe, mein Gott, kommen. Alle Heiligen* werden bei ihm sein. *6* An jenem Tag wird kein Licht sein, erstarrt ist alles Prächtige. *7* Ein einzigartiger Tag wird das sein. Als Jahwes Tag gibt er sich zu erkennen. Tag und Nacht wechseln an ihm nicht ab, und wenn der Abend kommt, wird Licht. *8* An jenem Tag wird in Jerusalem eine Quelle entspringen, die Sommer und Winter frisches Wasser führt. Die eine Hälfte davon fließt ins östliche Meer, die andere ins westliche*. *9* Dann wird Jahwe König über die ganze Erde sein. An jenem Tag wird Jahwe der Einzigartige sein und sein Name der alleinige. *10* Das ganze Land von Geba* bis Rimmon* südlich von Jerusalem wird sich in eine Niederung verwandeln. Jerusalem selbst wird dann das Land überragen und an seinem Platz bleiben vom Benjamin-Tor über das frühere Tor bis zum Ecktor, vom Hananel-Turm bis zu den königlichen Weinkeltern. *11* Ihre Bewohner werden in Sicherheit leben, und die Stadt wird nie mehr zerstört werden.

Die Herrschaft des Königs

12 Aber gegen die Völker, die gegen Jerusalem gekämpft haben, wird Jahwe einen furchtbaren Schlag führen: Bei lebendigem Leib wird das Fleisch an ihrem Körper verfaulen, die Augen werden in ihren Höhlen verwesen und die Zunge im Mund. *13* Und dann wird Jahwe an jenem Tag eine Panik unter ihnen entstehen lassen, sodass einer den anderen packt und über ihn herfällt. *14* Männer aus ganz Juda

---

14,5 *Azel.* Der Ort ist unbekannt, er markiert vermutlich das östliche Ende des neuen Tals.

Erdbeben. Siehe Amos 1,1.

Heilige. Das kann hier Engel oder Menschen oder beide meinen.

14,8 *östliche ... westliche.* Gemeint sind das Tote Meer und das Mittelmeer.

14,10 *Geba.* 9 km nordöstlich von Jerusalem an der Grenze Judas.

Rimmon. 56 km südwestlich der Stadt, wo das Hügelland Judas in den Negev (die Niederung) übergeht.

werden helfen, Jerusalem zu verteidigen. Dann sammeln sie die Schätze im Lager der feindlichen Völker ein: jede Menge Gold, Silber und kostbare Gewänder. 15 Die Pferde, Maultiere, Kamele, Esel und alle anderen Tiere im Lager wird der gleiche vernichtende Schlag treffen.

16 Die Überlebenden der Völker, die gegen Jerusalem gekämpft haben, werden von da an jedes Jahr nach Jerusalem ziehen, um das Laubhüttenfest zu feiern und Jahwe, den allmächtigen Gott, anzubeten. 17 Wenn aber eins von den Völkern der Erde sich weigert zu kommen, um dem allmächtigen Gott die Ehre zu erweisen, wird kein Regen mehr über dieses Land kommen. 18 Und wenn es die Ägypter sind, die nicht mehr kommen, werden auch sie entsprechend

bestraft.* Es wird sie der gleiche Schlag treffen, mit dem Jahwe alle Völker bestrafen wird, die nicht zum Laubhüttenfest kommen. 19 So wird die Strafe für Ägypten und die der anderen Völker aussehen.

Dann wird alles heilig sein

20 An jenem Tag wird selbst auf den Schellen der Pferde stehen: »Geheiligt für Jahwe«*. Und die Kochtöpfe im Tempel Jahwes werden so heilig sein wie die Schalen mit Opferblut vor dem Altar. 21 Ja, jeder Kochtopf in Jerusalem und Juda wird Jahwe, dem allmächtigen Gott, geheiligt sein. Und alle, die zum Opfern kommen, nehmen die Töpfe und kochen darin. Dann wird es auch keinen Händler mehr im Tempel Jahwes, des allmächtigen Gottes, geben.*

14,18 Bei den *Ägyptern* ist es nicht der Entzug des Regens, sondern das Ausbleiben der Nilüberschwemmungen.

14,20 »*Geheiligt für Jahwe*«. Was sonst nur an dem goldenen Stirnblech des Hohen Priesters stand, siehe 2. Mose 28,36.

14,21 *keinen Händler ... geben.* Vergleiche Matthäus 21,12.

Der Prophet Maleachi

Der Tempel, der von den Rückkehrern aus Babylon wiederaufgebaut worden war, stand nun schon 80 Jahre, aber von dem verheißenen Wohlstand war nichts zu spüren. So nahm das Volk die Gebote Gottes schon nicht mehr so genau. Etwa in dieser Zeit begann der Dienst des Propheten Maleachi, also um 420 v.Chr. Er machte seinem Volk klar, dass man von Gott nicht enttäuscht sein braucht, und ruft es zu ihm zurück. Maleachi muss dasselbe Problem der Mischehen ansprechen, mit dem auch Nehemia (und 36 Jahre vor ihm schon Esra) zu tun hatte. Die Botschaft des Propheten ist in einem sehr lebendigen Frage-Antwort-Stil verfasst und in einer Art gehobener Prosa.

1

¹ Botschaft an Israel, die Jahwe seinem Boten* wie eine Last auferlegte:

»Ich habe euch lieb!«

² »Ich habe euch lieb«, sagt Jahwe, »doch ihr sprecht: ›Wo liebst du uns denn?‹« – »Nun«, sagt Jahwe, »war nicht Esau Jakobs Bruder? Trotzdem liebte ich Jakob. ³ Doch Esau hasste ich.* Sein Gebirge hab ich zur Wildnis gemacht, sein Erbteil den Schakalen der Wüste geschenkt.« ⁴ Wenn Edom* sagt: »Unser Land liegt in Trümmern, aber wir werden die Ruinen wieder aufbauen«, dann sagt Jahwe, der allmächtige Gott*: »Mögen sie nur bauen, ich werde abreißen! Man wird sie ›Land des Unrechts‹ nennen und ›ein von Gott verdammtes Volk‹. ⁵ Ihr werdet es selber sehen und sagen: ›Groß erweist sich Jahwe über Israels Grenzen hinaus.‹«

»Warum ehrt ihr mich nicht?«

⁶ »Gewöhnlich ehrt ein Sohn den Vater und ein Sklave seinen Herrn.

Wenn ich nun euer Vater sein soll – wo ist meine Ehre? Wenn ich Herr bin – wo ist eure Ehrfurcht vor mir?« Das sagt Jahwe, der allmächtige Gott, zu euch Priestern, die ihr seinen Namen verachtet. Aber ihr sprecht: »Wieso verachten wir denn deinen Namen?«

⁷ »Ihr legt unreine Gaben auf meinen Altar und sagt noch: ›Womit haben wir dich denn besudelt?‹ Ihr meint, den Tisch Jahwes verachten zu können. ⁸ Wenn ihr ein blindes Tier opfert, denkt ihr, es sei nicht so schlimm. Bringt ihr ein lahmes oder

---

1,1 *Seinem Boten.* Maleachi heißt *mein Bote.*

1,3 *Esau hasste ich.* Edoms (Esaus) Strafe ist der Beweis dafür, dass Gott Israel (Jakob) liebt. Wird im Neuen Testament von Paulus zitiert: Römer 9,13.

1,4 *Edom.* Land östlich der Araba und südlich vom Toten Meer, bewohnt von den Edomitern, den Nachkommen Esaus.

der allmächtige Gott. Hebräisch: *Zebaoth,* das heißt »Heere« oder »Kriege«. In der LXX wird der Begriff immer mit *»pantokrator«* = »Allherrscher« oder »Allmächtiger« wiedergegeben.

krankes, meint ihr: ›Es macht nichts‹. Bietet so etwas doch einmal eurem Statthalter an! Denkt ihr wirklich, dass er euch dann gnädig ansieht?«, sagt Jahwe, der allmächtige Gott. *9* »Und euren Gott wollt ihr mit solchen Opfern besänftigen und gnädig stimmen? Ihr meint doch nicht im Ernst, dass der allmächtige Gott sich das gefallen lässt? *10* Ich wünschte, dass einer von euch die Tempeltore zuschließt, damit nicht umsonst Feuer auf dem Altar leuchtet. – Ich habe genug von euch und euren Opfergaben!«, sagt Jahwe, der allmächtige Gott.

11 »Auf der ganzen Welt – von dort, wo die Sonne aufgeht bis dahin, wo sie untergeht – wird mein Name unter den Völkern geehrt. An unzähligen Orten werden mir würdige Opfer gebracht, weil sie mich, den allmächtigen Gott, ehren. *12* Aber ihr zieht meinen Namen in den Schmutz und sagt, dass man es mit dem Tisch des Herrn nicht so genau nehmen muss, dass es auf die Opfergaben nicht besonders ankommt. *13* Und dann jammert ihr über euren Dienst und verachtet ihn, denn ihr bringt nicht nur lahme und kranke Tiere, sondern lasst sogar geraubte als Opfer zu. Soll ich, Jahwe, der allmächtige Gott, mich darüber noch freuen? *14* Nein, verflucht sei der Betrüger! – Da gibt es in seiner Herde ein makelloses männliches Tier, das er mir mit einem Gelübde versprochen hat. Doch dann schlachtet er ein beschädigtes Tier für mich. – Denn ich, Jahwe, der allmächtige Gott, bin ein Großkönig und mein Name wird von den Völkern gefürchtet.«

2 *1* »Nun zu euch, ihr Priester, denn euch gilt dieses Gebot«, *2* spricht Jahwe, der allmächtige Gott. »Wenn ihr meine Warnung nicht beherzigen und meinen Namen nicht ehren wollt, werde ich einen Fluch auf euch werfen. Ich verfluche eure Segnungen, ja, ich verfluche sie, weil ihr es nicht zu Herzen nehmt. *3* Passt auf! Ich werde eure Nachkommen auslöschen. Die Exkremente eurer Festopfer werde ich euch ins Gesicht schleudern, und man wird euch draußen auf den Misthaufen werfen.«

4 »Dann werdet ihr erkennen: Ich, Jahwe, der allmächtige Gott, habe dieses Urteil an euch vollstreckt, damit mein Bund mit dem Stamm Levi fortbestehen kann. *5* Durch meinen Bund gab ich ihm Leben und Frieden, damit er mir ehrfürchtig diene. Damals fürchtete er mich und zitterte vor meinem Namen. *6* Meine Weisungen verkündigte er unverfälscht und gab zuverlässig Auskunft. Er war aufrichtig und lebte in Frieden mit mir. Viele brachte er zur Abkehr von Sünde. *7* Die Lippen des Priesters sollen Erkenntnis bewahren, und Weisung sucht man aus seinem Mund, denn er ist ein Bote Jahwes, des allmächtigen Gottes.

8 Ihr aber seid vom Weg abgewichen und habt mit falschen Weisungen viele zu Fall gebracht. Ihr habt meinen Bund mit Levi gebrochen. Darum sage ich, Jahwe, der allmächtige Gott: *9* Weil ihr meine Wege nicht achtet und den Menschen nach dem Mund redet, wenn ihr ihnen Weisungen gebt, habe auch ich euch mit Verachtung gestraft und euch vor dem ganzen Volk verächtlich gemacht.«

»Warum brecht ihr mir die Treue?«

10 Haben wir nicht alle einen Vater? Erschuf uns nicht der gleiche Gott? Warum brechen wir uns gegenseitig die Treue und entweihen den Bund, den Gott mit unseren Vätern schloss? 11 Juda hat Gott die Treue gebrochen. In Jerusalem und ganz Israel ist Abscheuliches geschehen. Männer von Juda haben das von Jahwe geliebte Heiligtum entweiht, indem sie Frauen heirateten, die zu fremden Göttern gehören. 12 Wer so etwas tut, den wird Jahwe samt seiner Familie aus den Zelten Jakobs entfernen, selbst dann, wenn er Jahwe, dem allmächtigen Gott, ein Opfer bringt.

13 Noch ein Zweites muss ich euch vorwerfen: Ihr überflutet den Altar Jahwes mit euren Tränen, ihr weint und stöhnt, weil er eure Opfer nicht mehr beachtet und wohlgefällig annimmt. 14 Ihr fragt: »Warum?« Weil Jahwe als Zeuge gegen dich auftritt. Du hast der Frau deiner Jugend die Treue gebrochen, obwohl du den Ehebund mit ihr geschlossen hattest. 15 Das tut keiner, in dem noch ein Rest von Verstand ist. So einer würde alles tun, um Nachkommen zu erhalten, die Gott gehören. Darum hüte dich vor Treulosigkeit und verstoße deine erste Frau nicht. 16 »Denn ich hasse Scheidung«, spricht Jahwe, der Gott Israels. »Ich hasse es, wenn jemand solch ein Verbrechen begeht.« Darum nehmt euch in Acht und werdet euren Frauen nicht untreu!

»Ich bin eure Zukunft!«

17 Ihr belästigt Jahwe mit eurem Gerede, aber ihr sprecht: »Wieso belästigen wir ihn?« – »Indem ihr behauptet: ›Jahwe gefällt es offenbar, wenn jemand Unrecht tut. Wo bleibt denn der Gott des Gerichts?‹«

3 1 »Passt auf!«, sagt Jahwe, der allmächtige Gott. »Ich sende meinen Boten. Er wird mir den Weg bahnen.«* Und ganz plötzlich wird auch der Herr, auf den ihr wartet, zu seinem Tempel kommen. Ja, der Bote des Bundes, den ihr herbeisehnt, wird kommen. 2 Aber wer wird den Tag seines Kommens ertragen, und wer wird vor seinem Erscheinen bestehen können? Denn er ist wie das Feuer des Goldschmieds und wie die Lauge der Wäscher. 3 Er wird sich setzen, um das Silber auszuschmelzen und zu reinigen; er wird die Söhne Levis läutern, wie man das bei Gold und Silber macht. Dann wird Jahwe Männer haben, die ihm angemessene Opfer bringen. 4 Und dann wird er – so wie es in längst vergangenen Zeiten war – Freude haben an der Opfergabe, die ihm von Juda und Jerusalem gebracht wird.

5 »Ich komme zum Gericht«, spricht Jahwe, der allmächtige Gott, »und ich werde mit all den Zauberern, Ehebrechern und Meineidigen kurzen Prozess machen. Ich werde gegen alle vorgehen, die keine Ehrfurcht vor mir haben, die ihre Arbeiter um den gerechten Lohn bringen, die Witwen und Waisen unterdrücken und die

---

3,1 Wird im Neuen Testament von Jesus Christus und Markus zitiert: Matthäus 11,10; Markus 1,2; Lukas 7,27.

Ausländer verdrängen. *6* Ich bin Jahwe, ich habe mich nicht geändert. Und ihr habt nicht aufgehört, Jakobssöhne* zu sein!«

»Kehrt zu mir um!«

7 »Wie alle eure Vorfahren habt ihr mir nicht gehorcht und meine Weisungen nicht beachtet. Bekehrt euch zu mir, dann werde auch ich zu euch umkehren!«, spricht Jahwe, der allmächtige Gott. »Aber ihr sagt: ›Wieso sollen wir umkehren?‹ *8* Darf denn ein Mensch Gott betrügen? – Ja, ihr betrügt mich und sagt: ›Wieso betrügen wir dich?‹ Mit dem Zehnten eurer Erträge und mit den Abgaben für die Priester! *9* Ihr seid mit einem Fluch belegt, denn die ganze Nation betrügt mich. *10* Bringt den ganzen Zehnten in das Vorratshaus, damit Nahrung in meinem Tempel ist, und stellt mich doch damit auf die Probe«, spricht Jahwe, der allmächtige Gott, »ob ich dann nicht die Schleusen des Himmels öffnen und euch mit Segen überschütten werde. *11* Euretwegen werde ich die Heuschrecken von den Feldern und Weinbergen fernhalten, damit sie die Ernte nicht verderben«, spricht Jahwe, der allmächtige Gott. *12* «Und

---

3,6 *Jakobssöhne.* Das heißt, dass auch die Söhne Betrüger sind, wie ihr Stammvater Jakob es war.

3,16 *so.* Ja, auch Fromme können so reden wie in den vorhergehenden Versen beschrieben (vergleiche Psalm 73). – Andere denken, dass ab Vers 16 eine andere Menschengruppe beschrieben ist. Der hebräische Text ist hier nicht eindeutig.

3,19 Ältere (und englische) Bibelausgaben zählen Kapitel 3,19-24 als 4,1-6.

alle Völker werden euch glücklich preisen, weil ihr ein Land seid, das Gott gefällt.«

»Wer mich fürchtet, hat Zukunft!«

13 »Heftig sind eure Worte mir gegenüber«, sagt Jahwe, »aber ihr sprecht: ›Was haben wir denn gegen dich gesagt?‹ *14* Ihr sagt: ›Es bringt nichts, Gott zu dienen. Was haben wir davon, dass wir seine Anordnungen befolgen und uns vor Jahwe, dem allmächtigen Gott, in Demut beugen? *15* Die Frechen sind glücklich zu preisen, denn den Gottlosen geht es gut. Ja, wer Gott versucht, kommt ungestraft davon.‹« *16* Jahwe hörte aufmerksam zu, als die Menschen, die ihn fürchteten und seinen Namen achteten, so* miteinander redeten. Für sie wurde ein Gedenkbuch vor ihm geschrieben. *17* »Sie werden mein persönliches Eigentum sein. An dem Tag, an dem ich eingreife, werde ich sie verschonen, wie ein Mann seinen gehorsamen Sohn verschont«, spricht Jahwe, der allmächtige Gott. *18* »Dann werdet ihr wieder den Unterschied zwischen Gottrechten und Gottlosen sehen, zwischen denen, die Gott dienen und denen, die es nicht tun. *19* * Denn der Tag kommt, der wie ein Feuer im Backofen lodert. Er wird alle Frechen und Gottverächter wie Strohstoppeln verbrennen und weder Wurzel noch Zweig übrig lassen«, spricht Jahwe, der allmächtige Gott. *20* »Aber euch, die ihr meinen Namen fürchtet, wird die Sonne aufgehen. Gerechtigkeit und Heilung strahlen für euch auf, und ihr werdet Freudensprünge machen wie Kälber, die man auf die Weide hinauslässt. *21* Dann werdet ihr die Gottlosen zertreten. An dem von mir herbeigeführten Tag werden sie wie Staub unter euren Fußsohlen sein«, spricht Jahwe, der allmächtige Gott. ²² »Denkt an das Gesetz meines Dieners Mose! Richtet euch nach den Geboten und Ordnungen, die ich ihm auf dem Berg Horeb für das ganze Volk Israel gab!«

²³ »Gebt Acht! Bevor der große und schreckliche Tag Jahwes kommt, sende ich euch den Propheten Elija. ²⁴ Er wird das Herz der Väter den Söhnen zuwenden und das Herz der Söhne den Vätern. Er wird sie miteinander versöhnen, damit ich nicht den Bann* am Land vollstrecken muss, wenn ich komme.«*

3,24 *Bann.* Das bedeutete die vollständige Vernichtung von Menschen, Tieren und Gütern.

Wird im Neuen Testament von den Jüngern des Herrn Jesus Christus erwähnt: Matthäus 17,10-11.

Das Neue Testament

Die gute Botschaft, aufgeschrieben von Matthäus

Um die Zeit der Apostelversammlung herum (48 n.Chr.) muss es dem ehemaligen Zöllner Matthäus von Gott her klar geworden sein, dass er die Botschaft, die er bisher in seiner Heimat nur gepredigt hatte, auch für seine Landsleute aufschreiben sollte. Das Evangelium könnte so durchaus schon im Jahr 50 n.Chr. in aramäischer Sprache vollendet worden sein. Die Datierung stützt sich vor allem auf die Zeugnisse der Kirchenväter. Für den Zeitpunkt um das Jahr 50 herum spricht aber auch, dass eine gewisse Zeit seit der Auferstehung verstrichen sein muss, denn Matthäus verwendet mehrmals die Wendung: »Bis auf den heutigen Tag«. Es ist aber noch nicht so viel Zeit verstrichen, dass die Bräuche oder Geschichten bereits vergessen wären. Andererseits nennt er Jerusalem die Heilige Stadt (Kapitel 4,5; 27,53) und erwähnt ihre Zerstörung im Jahr 70 n.Chr. mit keiner Silbe. Von daher muss das Evangelium etliche Jahre vorher verfasst worden sein.

Später wurde es von dem Apostel Matthäus selbst oder einem anderen in die griechische Sprache übersetzt, wie es bis heute erhalten ist. Matthäus wollte den jüdischen Christen ein Werk in die Hand geben, mit dem sie ihren Landsleuten zeigen konnten, dass Jesus wirklich der im Alten Testament angekündigte Messias war, und mit dem sie außerdem den falschen Gerüchten entgegentreten konnten, die z.B. über die Geburt und Auferstehung von Jesus in Umlauf waren. Deshalb berichtete er als einziger Evangelist vom Traum des Josef (1,20-24), dem Besuch der Weisen (2,1-12), der Bestechung der Wache (28,12-15).

Matthäus beginnt mit dem Geschlechtsregister von Jesus, um seine direkte Abstammung von Abraham, dem Stammvater Israels, zu beweisen, und er zeigt an vielen Beispielen, wie sich die Prophezeiungen des Alten Testaments in seinem Leben erfüllen. Besonders wichtig waren Matthäus die Lehren seines Herrn. Deshalb gruppierte er die Geschehnisse aus dem Leben von Jesus Christus um fünf große Redeblöcke herum. Die bekanntesten davon sind die Bergpredigt (Kapitel 5 - 7) oder auch die Endzeitreden (Kapitel 24 - 25). Sein Text ist also mehr logisch als chronologisch angeordnet.

Die Vorfahren von Jesus

1 ¹ Buch des Ursprungs von Jesus Christus, dem Nachkommen von König David und dem Stammvater Abraham. ² Abraham wurde der Vater von Isaak, Isaak der Vater von Jakob und Jakob der Vater von Juda und seinen Brüdern. ³ Juda wurde der Vater von Perez und Serach. Ihre Mutter war Tamar. Perez wurde der Vater von Hezron, und Hezron der von Ram. ⁴ Ram wurde der Vater von Amminadab, Amminadab von Nachschon, Nachschon von Salmon. ⁵ Salmon wurde der Vater von Boas. – Die Mutter war Rahab. – Boas wurde der Vater von Obed. – Die Mutter war Rut. – Obed wurde der Vater von Isai

6 und Isai der von König David. David wurde der Vater von Salomo. Die Mutter war Urias Frau. 7 Salomo wurde der Vater von Rehabeam, Rehabeam der von Abija, Abija der von Asa, 8 Asa der von Joschafat, Joschafat der von Joram, Joram der von Usija; 9 Usija der von Jotam, Jotam der von Ahas, Ahas der von Hiskija. 10 Hiskija wurde der Vater von Manasse, Manasse der von Amon, Amon der von Joschija. 11 Joschija wurde der Vater von Jojachin und seinen Brüdern. Damals wurde das Volk in die Verbannung nach Babylon geführt. 12 Danach wurde Jojachin der Vater von Schealtiël, Schealtiël der von Serubbabel, 13 Serubbabel der von Abihud, Abihud der von Eljakim, Eljakim der von Asor, 14 Asor der von Zadok, Zadok der von Achim, Achim der von Eliud, 15 Eliud der von Eleasar, Eleasar der von Mattan, Mattan der von Jakob. 16 Jakob wurde der Vater von Josef, dem Mann der Maria. Sie wurde die Mutter von Jesus, der auch Messias* genannt wird.

17 Insgesamt sind es also von Abraham bis David vierzehn Generationen, von David bis zum Beginn der Verbannung nach Babylon vierzehn und von da an bis zum Messias noch einmal vierzehn Generationen.*

Die Geburt des Herrn

18 Es folgt die Geschichte der Geburt von Jesus, dem Messias: Seine Mutter Maria war mit Josef verlobt.* Da stellte sich heraus, dass Maria ein Kind erwartete, obwohl sie noch nicht miteinander geschlafen hatten. Sie war durch den Heiligen Geist schwanger geworden. 19 Josef, der schon als ihr Ehemann galt und ein aufrechter Mann war, nahm sich vor, den Ehevertrag stillschweigend rückgängig zu machen, um sie nicht zum Gespött werden zu lassen. 20 Während er noch darüber nachdachte, erschien ihm ein Engel des Herrn im Traum.»Josef«, sagte er,»du Sohn Davids, zögere nicht, Maria als deine Frau öffentlich zu dir zu holen. Denn das Kind, das sie erwartet, wurde vom Heiligen Geist gezeugt. 21 Sie wird einen Sohn zur Welt bringen, den du Jesus, Retter, nennen sollst, denn er wird sein Volk von seinen Sünden retten. 22 Das alles ist geschehen, damit in Erfüllung geht, was der Herr durch den Propheten angekündigt hat: 23 ›Seht, das unberührte Mädchen wird schwanger sein und einen Sohn zur Welt bringen. Man wird ihn Immanuel nennen.‹*« Immanuel bedeutet: Gott ist mit uns. 24 Als Josef aufwachte, tat er, was der Engel des Herrn ihm gesagt hatte, und holte seine Frau zu sich. 25 Doch hatte er keine geschlechtliche Gemeinschaft mit ihr, bis sie ihren Sohn

---

1,16 *Messias.* Siehe Vorwort des Übersetzers.

1,17 Dieses Geschlechtsregister ist bewusst selektiv zusammengestellt und stellt wohl das Verzeichnis der Erben des davidischen Königshauses dar, wobei diese, statt direkt, auch über eine Nebenlinie verwandt sein können.

1,18 Eine *Verlobung* begann mit dem Abschluss eines rechtsgültigen Ehevertrags und dauerte ein Jahr (um festzustellen, ob die Braut wirklich noch Jungfrau war). Dann nahm der Mann seine Braut zu sich.

1,23 Jesaja 7,14

geboren und er ihm den Namen Jesus gegeben hatte.

Die Sterndeuter aus dem Osten

2 ¹ Als Jesus während der Herrschaft von König Herodes* in Bethlehem*, einer Stadt in Judäa*, geboren war, kamen Sterndeuter* aus einem Land im Osten nach Jerusalem. ²»Wo finden wir den König der Juden, der kürzlich geboren wurde?«, fragten sie. »Wir haben seinen Stern aufgehen sehen und sind hergekommen, um ihn anzubeten.« ³ Als König Herodes davon hörte, geriet er in Be-

---

2,1 Gemeint ist *Herodes* der Große, 37-4 v.Chr., »Freund und Verbündeter Roms«, dessen Reich ganz Israel und Gebiete im Osten und Nordosten des Landes umfasste.

Bethlehem liegt 7 km südlich von Jerusalem und war die Heimatstadt von König David.

Judäa. Von Juden bewohntes Gebiet zwischen dem Toten Meer und dem Mittelmeer.

Sterndeuter waren Mitglieder einer babylonischen Klasse von Weisen, die für außergewöhnliche Einsichten im Zusammenhang mit Traum- und Sterndeutung bekannt waren.

2,4 *Hoher Priester.* In neutestamentlicher Zeit bestimmten die Römer, wer in Israel Hoher Priester werden konnte. Wenn im Neuen Testament eine Mehrzahl von Hohen Priestern erwähnt wird, sind sowohl der amtierende als auch die inzwischen abgesetzten Hohen Priester gemeint sowie weitere Mitglieder aus deren Familien, die hohe Positionen in der Tempelverwaltung innehatten.

2,6 Micha 5,1

2,11 *Weihrauch.* Weißes Harz eines Strauches, das beim Verbrennen einen aromatisch-duftenden Rauch entwickelte.

Myrrhe. Ein sehr kostbares wohlriechendes Harz afrikanisch-arabischer Herkunft, das in Salbölen und Arzneien verarbeitet wurde.

stürzung und ganz Jerusalem mit ihm. ⁴ Er befahl alle Hohen Priester* und Gesetzeslehrer des jüdischen Volkes zu sich und erkundigte sich bei ihnen, wo der Messias geboren werden sollte. ⁵»In Bethlehem in Judäa«, erwiderten sie, »denn so ist es in der Heiligen Schrift durch den Propheten vorausgesagt:

⁶ ›Du Bethlehem im Land Juda, / keineswegs bist du die unbedeutendste / unter den führenden Städten von Juda, / denn ein Fürst wird aus dir kommen, / der Hirte meines Volkes Israel.‹«*

⁷ Danach rief Herodes die Sterndeuter heimlich zu sich und fragte sie, wann genau sie den Stern zum ersten Mal gesehen hatten. ⁸ Dann schickte er sie nach Bethlehem. »Geht, und erkundigt euch sorgfältig nach dem Kind«, sagte er, »und gebt mir Nachricht, sobald ihr es gefunden habt, damit ich auch hingehen und ihm die Ehre erweisen kann.« ⁹ Nach diesen Worten des Königs machten sie sich auf den Weg. Und der Stern, den sie bei seinem Aufgang beobachtet hatten, zog vor ihnen her, bis er schließlich genau über dem Ort stehen blieb, wo das Kind war. ¹⁰ Als sie den Stern sahen, kam eine sehr große Freude über sie. ¹¹ Sie gingen in das Haus und fanden das Kind mit seiner Mutter Maria. Da warfen sie sich vor ihm nieder und erwiesen ihm die Ehre. Dann holten sie ihre mitgebrachten Schätze hervor und legten sie dem Kind hin: Gold, Weihrauch* und Myrrhe*. ¹² Als sie dann im Traum eine göttliche Weisung erhielten, nicht wieder zu

Herodes zurückzukehren, reisten sie auf einem anderen Weg in ihr Land zurück.

Die Flucht nach Ägypten

13 Nachdem die Sterndeuter abgereist waren, erschien auch Josef im Traum ein Engel, der zu ihm sagte: »Steh auf, nimm das Kind und seine Mutter, und flieh nach Ägypten! Und bleib dort, bis ich dir neue Weisung gebe. Denn Herodes will das Kind suchen und umbringen lassen.« 14 Da stand Josef auf und brach noch in der Nacht mit dem Kind und seiner Mutter nach Ägypten auf. 15 Dort blieb er dann bis zum Tod von Herodes. So erfüllte sich, was der Herr durch den Propheten vorausgesagt hat: »Aus Ägypten habe ich meinen Sohn gerufen.«*

16 Als Herodes merkte, dass die Sterndeuter ihn hintergangen hatten, war er außer sich vor Zorn. Er befahl, in Bethlehem und der ganzen Umgebung alle Jungen im Alter von zwei Jahren und darunter zu töten. Das entsprach dem Zeitpunkt, den er von den Sterndeutern in Erfahrung gebracht hatte. 17 So erfüllte sich, was durch den Propheten Jeremia vorausgesagt worden war: 18 »Angstschreie hört man in Rama, lautes Weinen und Klagen: Rahel weint um ihre Kinder und lässt sich nicht trösten, denn sie sind nicht mehr.«*

19 Als Herodes gestorben war, erschien Josef wieder ein Engel des Herrn im Traum. 20 Er sagte: »Steh auf, nimm das Kind und seine Mutter zu dir, und geh wieder nach Israel! Denn die Menschen, die das Kind umbringen wollten, sind tot.« 21 Da stand Josef auf und kehrte mit dem Kind und seiner Mutter nach Israel zurück. 22 Er fürchtete sich aber, nach Judäa zu ziehen, weil er gehört hatte, dass Archelaus* anstelle seines Vaters Herodes jetzt dort herrsche. Im Traum erhielt er eine neue Weisung und zog darauf nach Galiläa*. 23 Dort ließ er sich in der Stadt Nazaret nieder. So erfüllte sich, was durch die Propheten gesagt ist: »Er soll Nazarener* genannt werden.«

Johannes der Täufer

3 1 Damals trat Johannes der Täufer in der Wüste von Judäa auf und predigte: 2 »Ändert eure Einstellung, denn die Herrschaft des Himmels ist nah!« 3 Johannes war es, von dem der Prophet Jesaja sagt:

> »Hört, in der Wüste ruft eine Stimme: / Bereitet dem Herrn den Weg! / Ebnet die Pfade für ihn!«*

4 Johannes trug ein Gewand aus gewebtem Kamelhaar und einen Lederriemen um die Hüften. Seine Nahrung bestand aus Heuschrecken und Honig

---

2,15 Hosea 11,1

2,18 Jeremia 31,15

2,22 *Archelaus* hatte den schlechtesten Ruf aller Herodessöhne. Er regierte von 4 v.Chr. bis 6 n.Chr. über Judäa, Idumäa und Samaria und wurde dann von den Römern abgesetzt.

Galiläa. Von Juden und Griechen bewohntes Gebiet im Norden Israels, etwa zwischen dem See Gennesaret und dem Mittelmeer.

2,23 *Nazarener.* Der Name ist vom hebräischen *Nezer*, das heißt »Zweig« oder »Spross« abgeleitet, was laut Jesaja 11,1 eine Weissagung auf den Messias ist.

3,3 Jesaja 40,3

von wild lebenden Bienen. *5* Die Bevölkerung von Jerusalem, Judäa und der ganzen Jordangegend kam zu Johannes hinaus. *6* Sie ließen sich im Jordan* von ihm taufen* und bekannten dabei ihre Sünden. *7* Als Johannes viele von den Pharisäern* und Sadduzäern* zu seiner Taufe kommen sah, sagte er:»Ihr Schlangenbrut! Wer hat euch eingeredet, dass ihr dem kommenden Zorngericht Gottes entgeht? *8* Bringt Früchte hervor, die zeigen, dass ihr eure Einstellung geändert habt! *9* Und fangt nicht an zu denken: ›Wir haben doch Abraham zum Vater!‹ Ich sage euch: Gott kann Abraham aus diesen Steinen hier Kinder erwecken! *10* Die Axt ist schon an die Wurzel der Bäume gelegt. Jeder Baum, der keine guten Früchte bringt, wird umgehauen und ins Feuer

---

3,6 Der *Jordan* ist der wichtigste Fluss Israels, der als geologisches Phänomen das tiefstgelegene Tal der Erde durchfließt. Er entspringt im Norden im Gebiet des Berges Hermon, etwa 500 m über dem Meeresspiegel, und mündet 200 km südlich ins Tote Meer, dessen Wasserspiegel sich 392 m unter Meeresniveau befindet. Die Taufstelle ist traditionell 7 km nördlich vom Toten Meer zu suchen.

taufen. Symbolische Handlung, bei der ein Mensch kurz unter Wasser getaucht wurde.

3,7 *Pharisäer.* Religionspartei, die auf genaue Einhaltung der Gesetze und Überlieferungen Wert legte.

Sadduzäer. Politisch einflussreiche, römerfreundliche religiöse Gruppe, deren Mitglieder aus den vornehmen Familien stammten. Sie behaupteten, es gäbe keine Auferstehung nach dem Tod.

3,12 *Worfschaufel.* Hölzerne Schaufel, mit der die ausgedroschenen Getreidekörner durch Hochwerfen im Wind von der groben Spreu getrennt wurden.

geworfen. *11* Ich taufe euch zwar mit Wasser aufgrund eurer Umkehr, aber es wird einer kommen, der mächtiger ist als ich. Ich bin nicht einmal gut genug, ihm die Sandalen auszuziehen. Er wird euch mit dem Heiligen Geist und mit Feuer taufen. *12* Er hat die Worfschaufel* in der Hand, um alle Spreu vom Weizen zu trennen. Den Weizen wird er in die Scheune bringen, die Spreu aber wird er mit einem Feuer verbrennen, das nie mehr ausgeht.«

13 Dann kam Jesus aus Galiläa zu Johannes an den Jordan, um sich von ihm taufen zu lassen. *14* Aber Johannes versuchte ihn davon abzubringen und sagte:»Ich hätte es nötig, von dir getauft zu werden, und du kommst zu mir?« *15* Doch Jesus antwortete: »Lass es für diesmal geschehen. Denn nur so können wir alles erfüllen, was Gottes Gerechtigkeit fordert.« Da fügte sich Johannes. *16* Als Jesus nach seiner Taufe aus dem Wasser stieg, öffnete sich der Himmel über ihm und er sah den Geist Gottes wie eine Taube auf sich herabkommen. *17* Und aus dem Himmel sprach eine Stimme: »Das ist mein lieber Sohn. An ihm habe ich meine Freude!«

Vorbereitung auf den Dienst

4 *1* Dann wurde Jesus vom Geist Gottes ins Bergland der Wüste hinaufgeführt, weil er dort vom Teufel versucht werden sollte. *2* Vierzig Tage und Nächte lang aß er nichts. Als der Hunger ihn quälte, *3* trat der Versucher an ihn heran und sagte:»Wenn du Gottes Sohn bist, dann befiehl, dass diese Steine hier zu Brot werden.« *4* Aber Jesus antwortete:»Nein,

in der Schrift steht: ›Der Mensch lebt nicht nur von Brot, sondern von jedem Wort, das aus Gottes Mund kommt.‹*« 5 Daraufhin ging der Teufel mit ihm in die Heilige Stadt, stellte ihn auf den höchsten Vorsprung im Tempel 6 und sagte: »Wenn du Gottes Sohn bist, dann stürz dich hier hinunter! Es steht ja geschrieben:

›Er wird seine Engel aufbieten, / um dich zu beschützen. / Auf den Händen werden sie dich tragen, / damit dein Fuß nicht an einen Stein stößt.‹*«

7 Jesus gab ihm zur Antwort: »Es heißt aber auch: ›Du sollst den Herrn, deinen Gott, nicht herausfordern!‹«* 8 Schließlich ging der Teufel mit ihm auf einen sehr hohen Berg, zeigte ihm alle Königreiche der Welt 9 und sagte: »Das alles will ich dir geben, wenn du dich vor mir niederwirfst und mich anbetest.« 10 Da sagte Jesus: »Weg mit dir, Satan! Es steht geschrieben: ›Du sollst den Herrn, deinen Gott, anbeten und ihm allein dienen!‹«* 11 Da ließ der Teufel von Jesus ab, und Engel kamen und versorgten ihn.

Erste Taten in Galiläa

12 Als Jesus hörte, dass man Johannes ins Gefängnis geworfen hatte, zog er sich nach Galiläa zurück. 13 Er blieb aber nicht in Nazaret, sondern verlegte seinen Wohnsitz nach Kafarnaum* am See im Gebiet der Stämme Sebulon und Naftali. 14 So erfüllte sich, was durch den Propheten Jesaja vorausgesagt wurde:

15 »Du Land Sebulon und Naftali, / am See gelegen und jenseits des Jordan, / Galiläa der heidnischen Völker: 16 Das Volk, das im Finstern lebte, / hat ein großes Licht gesehen. / Über denen, die im Land der Todesschatten wohnten, / ist Licht aufgegangen.«*

17 Von da an begann Jesus zu verkündigen: »Ändert eure Einstellung, denn die Herrschaft des Himmels ist nah!«

18 Als Jesus am See von Galiläa* entlangging, sah er Fischer, die ihre runden Wurfnetze auswarfen. Es waren Simon und sein Bruder Andreas. 19 Jesus sagte zu ihnen: »Auf, mir nach! Ich werde euch zu Menschenfischern machen.« 20 Sofort ließen sie die Netze liegen und folgten ihm. 21 Als er ein Stück weitergegangen war, sah er wieder zwei Brüder, Jakobus und Johannes, die Söhne des Zebedäus. Sie waren mit ihrem Vater im Boot und brachten die Netze in Ordnung. Auch sie forderte er auf, mit ihm zu kommen. 22 Da verließen sie das Boot und ihren Vater und folgten ihm. 23 Jesus zog in ganz Galiläa umher. Er lehrte in den Synagogen und verkündigte die gute Botschaft vom Reich

---

4,4 5. Mose 8,3

4,6 Psalm 91,11-12

4,7 5. Mose 6,16

4,10 5. Mose 6,13

4,13 *Kafarnaum.* Stadt am Nordwestufer des Sees Gennesaret.

4,16 Jesaja 8,23 - 9,1

4,18 *See von Galiläa.* Das ist der See Gennesaret im Norden Israels, 21 km lang und bis zu 14 km breit. Er wird vom Jordan durchflossen und liegt etwa 200 m unter dem Meeresspiegel.

4,23 *Reich Gottes.* Herrschaft Gottes, das Reich, das von Gott (bei Matthäus steht meist: vom Himmel) regiert wird.

Gottes* und heilte alle Kranken und Leidenden im Volk. *24* Bald wurde überall von ihm gesprochen, selbst in Syrien. Man brachte alle Leidenden zu ihm, Menschen, die an den unterschiedlichsten Krankheiten und Beschwerden litten, auch Besessene, Epileptiker und Gelähmte. Er heilte sie alle. *25* Große Menschenmengen folgten ihm aus Galiläa, aus dem Zehnstädtegebiet*, aus Jerusalem und aus der Gegend jenseits des Jordan.

Die Bergpredigt

5 *1* Als Jesus die vielen Menschen sah, stieg er auf den Berg dort und setzte sich. Da versammelten sich seine Jünger um ihn, *2* und er begann, sie zu lehren. Er sagte:

3 »Wie glücklich sind die, die ihre Armut vor Gott erkennen! / Ihnen gehört das Reich, das der Himmel regiert. *4* Wie glücklich sind die, die Leid über Sünde* tragen, / denn Gott wird sie trösten! *5* Wie glücklich sind die, die sich nicht selbst durchsetzen! / Sie werden das Land besitzen. *6* Wie glücklich sind die mit Hunger und Durst / nach dem richtigen Verhältnis zu Menschen und Gott! / Sie werden satt. *7* Wie glücklich sind die Barmherzigen! / Ihnen wird Gott seine Zuwendung schenken. *8* Wie glücklich sind die, die ein reines Herz haben! / Sie werden Gott sehen. *9* Wie glücklich sind die,

von denen Frieden ausgeht! / Sie werden Kinder Gottes genannt. *10* Wie glücklich sind die, die man verfolgt, weil sie Gottes Willen tun. / Ihnen gehört das Reich, das der Himmel regiert.

11 Wie beneidenswert glücklich seid ihr, wenn sie euch beschimpfen, verfolgen und verleumden, weil ihr zu mir gehört. *12* Freut euch und jubelt! Denn im Himmel wartet ein großer Lohn auf euch. Und genauso haben sie vor euch schon die Propheten verfolgt.«

Salz und Licht

13 »Ihr seid das Salz der Erde. Wenn das Salz aber seinen Geschmack verliert, womit soll man es wieder salzig machen? Es taugt zu nichts anderem mehr, als auf den Weg geschüttet und von den Leuten zertreten zu werden. *14* Ihr seid das Licht der Welt. Eine Stadt, die auf einem Berg liegt, kann nicht verborgen bleiben. *15* Man zündet auch nicht eine Lampe an und stellt sie unter den Eimer, im Gegenteil, man stellt sie auf den Lampenständer, damit sie allen im Haus Licht gibt. *16* So soll euer Licht vor den Menschen leuchten: Sie sollen eure guten Werke sehen und euren Vater im Himmel preisen.«

Gesetz und Propheten

17 »Denkt nicht, dass ich gekommen bin, um das Gesetz oder die Propheten außer Kraft zu setzen. Ich bin nicht gekommen, ihre Forderungen abzuschaffen, sondern um sie zu erfüllen. *18* Denn ich versichere euch: Solange Himmel und Erde bestehen, wird auch nicht ein Punkt oder Strich vom Gesetz

---

4,25 *Zehnstädtegebiet.* Bund von zehn freien Städten im Ostjordanland, die von griechischer Kultur geprägt waren.

5,4 *über Sünde* ist wegen des Zusammenhangs hier und in Jesaja 61,3 hinzugefügt.

vergehen; alles muss sich erfüllen. *19* Wer auch nur eins von den kleinsten Geboten aufhebt und die Menschen in diesem Sinn lehrt, der gilt in dem Reich, das der Himmel regiert, als der Geringste. Wer aber danach handelt und entsprechend lehrt, der wird in diesem Reich hochgeachtet sein. *20* Ich sage euch: Wenn ihr Gottes Willen nicht besser erfüllt als die Gesetzeslehrer und Pharisäer, werdet ihr mit Sicherheit nicht in das Reich kommen, das der Himmel regiert.«

Wo Mord beginnt

21 »Ihr habt gehört, dass zu den Vorfahren gesagt worden ist: ›Du sollst keinen Mord begehen.* Wer mordet, soll vor Gericht gestellt werden.‹ *22* Ich aber sage euch: Schon wer auf seinen Bruder zornig ist, gehört vor Gericht. Wer aber zu seinem Bruder ›Schwachkopf‹ sagt, der gehört vor den Hohen Rat*. Und wer zu ihm sagt: ›Du Idiot!‹, gehört ins Feuer der Hölle. *23* Wenn du also deine Opfergabe zum Altar bringst und es fällt dir dort ein, dass dein Bruder etwas gegen dich hat, *24* dann lass deine Gabe vor dem Altar liegen; geh und versöhne dich zuerst mit deinem Bruder! Dann komm und bring Gott dein Opfer. *25* Wenn du jemand eine Schuld zu bezahlen hast, einige dich schnell mit deinem Gegner, solange du noch mit ihm auf dem Weg zum Gericht bist. Sonst wird er dich dem Richter ausliefern, und der wird dich dem Gerichtsdiener übergeben, und du kommst ins Gefängnis. *26* Ich versichere dir, du kommst erst dann wieder heraus, wenn du den letzten Cent* bezahlt hast.«

Wo Ehebruch beginnt

27 »Ihr wisst, dass es heißt: ›Du sollst nicht Ehebruch begehen!‹* *28* Ich aber sage euch: Wer die Frau eines anderen begehrlich ansieht, hat in seinem Herzen schon Ehebruch mit ihr begangen. *29* Wenn du durch dein rechtes Auge verführt wirst, dann reiß es aus und wirf es weg! Es ist besser für dich, du verlierst eins deiner Glieder, als dass du mit unversehrtem Körper in die Hölle kommst. *30* Und wenn dich deine rechte Hand zur Sünde verführt, dann hau sie ab und wirf sie weg. Es ist besser für dich, du verlierst eins deiner Glieder, als dass du mit unversehrtem Körper in die Hölle kommst.

31 Es heißt: ›Wer sich von seiner Frau trennen will, muss ihr einen Scheidebrief ausstellen* *32* Ich aber sage euch: Jeder, der sich von seiner Frau trennt – es sei denn, sie ist ihm untreu geworden –, treibt sie in den Ehebruch. Und wer eine geschiedene Frau heiratet, begeht auch Ehebruch.«

5,21 2. Mose 20,13

5,22 Der *Hohe Rat*, das Synedrium, war zu jener Zeit der oberste Gerichtshof Israels. Er bestand aus 70 Personen und dem Hohen Priester. Die Mitglieder gehörten zu drei Gruppen: den ehemaligen Hohen Priestern (und Angehörigen der Tempelhierarchie), den Ältesten (geachtete Männer aus den führenden Familien) und den Gesetzeslehrern (hauptsächlich Pharisäer).

5,26 *Cent*. Wörtlich: Quadrans, die kleinste römische Münze. Der 64. Teil eines Tagesverdienstes.

5,27 2. Mose 20,14

5,31 5. Mose 24,1

Schwur und Vergeltung

33 »Ihr wisst auch, dass zu den Vorfahren gesagt worden ist: ›Du sollst keinen Meineid schwören; du sollst alles halten, was du dem Herrn geschworen hast!‹* 34 Ich aber sage euch: Schwört überhaupt nicht, weder beim Himmel – er ist ja Gottes Thron – 35 noch bei der Erde – sie ist der Schemel seiner Füße –, noch bei Jerusalem, denn sie ist die Stadt des großen Königs. 36 Nicht einmal mit deinem Kopf sollst du dich verbürgen, wenn du etwas schwörst, denn du kannst nicht ein einziges Haar weiß oder schwarz werden lassen. 37 Euer Ja sei ein Ja und euer Nein ein Nein! Alles, was darüber hinausgeht, stammt vom Bösen.

38 Ihr wisst, dass es heißt: ›Auge um Auge, Zahn um Zahn.‹* 39 Ich aber sage euch: Verzichtet auf Gegenwehr, wenn euch jemand Böses antut! Mehr noch: Wenn dich jemand auf die rechte Wange schlägt, dann halte ihm auch die linke hin. 40 Und wenn dich einer vor Gericht bringen will, um dir das Hemd wegzunehmen, dem lass auch den Umhang. 41 Und wenn dich jemand zwingt, eine Meile* mitzugehen, mit dem geh zwei. 42 Gib dem, der dich bittet, und weise den nicht ab, der etwas von dir borgen will.

43 Ihr wisst, dass es heißt: ›Du sollst deinen Nächsten lieben und deinen Feind hassen!‹* 44 Ich aber sage euch: Liebt eure Feinde und betet für die, die euch verfolgen. 45 So erweist ihr euch als Kinder eures Vaters im Himmel. Denn er lässt seine Sonne über Bösen und Guten aufgehen und lässt regnen über Gerechte und Ungerechte. 46 Wenn ihr nur die liebt, die euch lieben, welchen Lohn habt ihr dafür wohl verdient? Denn das machen auch die Zöllner. 47 Und wenn ihr nur zu euren Brüdern freundlich seid, was tut ihr damit Besonderes? Das tun auch die, die Gott nicht kennen. 48 Ihr nun sollt vollkommen sein, wie euer Vater im Himmel vollkommen ist.«

Falsche und wahre Frömmigkeit

6 1 »Hütet euch, eure Frömmigkeit vor den Menschen zur Schau zu stellen. Sonst könnt ihr keinen Lohn vom Vater im Himmel erwarten. 2 Wenn du zum Beispiel den Armen etwas gibst, dann lass es nicht vor dir her ausposaunen, wie es die Heuchler in den Synagogen und auf den Gassen tun, um von den Leuten geehrt zu werden. Ich versichere euch: Diese Ehrung ist dann schon ihr ganzer Lohn. 3 Wenn du den Armen etwas gibst, dann soll deine linke Hand nicht wissen, was die rechte tut, 4 damit deine Mildtätigkeit im Verborgenen bleibt. Dann wird dein Vater, der ins Verborgene sieht, dich belohnen.

5 Wenn ihr betet, macht es nicht so wie die Heuchler, die sich dazu gern in die Synagogen und an die Straßenecken stellen, damit sie von den Leuten gesehen werden. Ich versichere euch: Diese Ehrung ist dann schon ihr

---

5,33 Nach 3. Mose 19,12 und 4. Mose 30,3.

5,38 2. Mose 21,24

5,41 *eine Meile.* Römische Soldaten konnten einen Juden jederzeit zu einer wegkundigen Begleitung oder zum Lastentragen zwingen, allerdings nur für eine Meile = 1478,5 m.

5,43 Nach 3. Mose 19,18 und 5. Mose 23,6-7.

ganzer Lohn. *6* Wenn du betest, geh in dein Zimmer, schließ die Tür, und bete zu deinem Vater, der im Verborgenen ist. Dann wird dein Vater, der ins Verborgene sieht, dich belohnen. *7* Beim Beten sollt ihr nicht plappern wie die Menschen, die Gott nicht kennen. Sie denken, dass sie erhört werden, wenn sie viele Worte machen. *8* Macht es nicht wie sie! Denn euer Vater weiß ja, was ihr braucht, noch bevor ihr ihn bittet. *9* Ihr sollt vielmehr so beten:

Unser Vater im Himmel! /
Dein heiliger Name werde geehrt!
10 Deine Herrschaft komme! /
Dein Wille geschehe / auf der
Erde wie im Himmel! *11* Gib uns,
was wir heute brauchen!
12 Und vergib uns unsere ganze
Schuld! / Auch wir haben denen
vergeben, / die an uns schuldig
geworden sind. *13* Und führe uns
nicht in Versuchung, / sondern befreie uns von dem Bösen!*

14 Denn wenn ihr den Menschen ihre Verfehlungen vergebt, wird euer Vater im Himmel euch auch vergeben. *15* Wenn ihr den Menschen aber nicht vergebt, dann wird euer Vater auch eure Verfehlungen nicht vergeben.

16 Wenn ihr fastet, dann setzt keine wehleidige Miene auf wie die Heuchler. Sie vernachlässigen ihr Äußeres, damit die Leute ihnen ansehen, dass sie fasten. Ich versichere euch: Diese Ehrung ist dann schon ihr ganzer Lohn. *17* Wenn du fastest, dann pflege *dein* Haar und wasche dein Gesicht, *18* damit die Leute nicht merken, dass du fastest, sondern nur dein Vater, der im Verborgenen ist. Und dein Vater,

der auch das Verborgene sieht, wird dich belohnen.

19 Sammelt euch keine Reichtümer hier auf der Erde, wo Motten und Rost sie zerfressen oder Diebe einbrechen und stehlen. *20* Sammelt euch lieber Schätze im Himmel, wo sie weder von Motten noch von Rost zerfressen werden können und auch vor Dieben sicher sind. *21* Denn wo dein Schatz ist, da wird auch dein Herz sein. *22* Dein Auge vermittelt dir das Licht. Wenn dein Auge klar ist, kannst du dich im Licht bewegen. *23* Ist es schlecht, dann steht dein Körper im Finstern. Wenn nun das Licht in dir Dunkelheit ist, welch eine Finsternis wird das sein!

24 Niemand kann gleichzeitig zwei Herren unterworfen sein. Entweder wird er den einen bevorzugen und den anderen vernachlässigen, oder dem einen treu sein und den anderen hintergehen. Ihr könnt nicht Gott und dem Mammon* gleichzeitig dienen. *25* Deshalb sage ich euch: Sorgt euch nicht um Essen und Trinken zum Leben und um die Kleidung für den Körper. Das Leben ist doch wichtiger als die Nahrung und der Körper wichtiger als die Kleidung. *26* Schaut euch die Vögel an! Sie säen nicht, sie ernten nicht und haben auch keine Vorratsräume, und euer himmlischer Vater ernährt sie doch. Und ihr? Ihr seid

---

6,13 Spätere Handschriften haben hier noch einen Lobpreis wie 1. Chronik 29,11-13 eingefügt: »Denn dein ist das Reich und die Kraft und die Herrlichkeit in Ewigkeit. Amen.«

6,24 *Mammon.* Aramäischer Begriff für Besitz oder Vermögen.

doch viel mehr wert als diese Vögel! 27 Wer von euch kann sich denn durch Sorgen das Leben auch nur um einen Tag* verlängern? 28 Und warum macht ihr euch Sorgen um die Kleidung? Seht euch an, wie die Lilien wachsen. Sie strengen sich dabei nicht an und müssen sich auch nichts nähen. 29 Doch ich sage euch: Selbst Salomo war in all seiner Pracht nicht so schön gekleidet wie eine von ihnen. 30 Wenn Gott sogar die Feldblumen, die heute blühen und morgen ins Feuer geworfen werden, so schön kleidet, wie viel mehr wird er sich dann um euch kümmern, ihr Kleingläubigen! 31 Macht euch also keine Sorgen! Fragt nicht: Was sollen wir essen? Was sollen wir trinken? Was sollen wir anziehen? 32 Denn damit plagen sich die Menschen dieser Welt herum. Euer Vater weiß doch, dass ihr das alles braucht! 33 Euch soll es zuerst um Gottes Reich und um seine Gerechtigkeit gehen, dann wird er euch alles Übrige dazugeben. 34 Sorgt euch also nicht um das, was morgen sein wird! Denn der Tag morgen wird für sich selbst sorgen. Die Plagen von heute sind für heute genug!«

7 1 »Richtet nicht, damit ihr nicht gerichtet werdet! 2 Denn so wie ihr über andere urteilt, wird man auch euch beurteilen, und das Maß, mit dem ihr bei anderen messt, wird auch euch zugemessen werden. 3 Was kümmerst du dich um den Splitter im Auge deines Bruders, bemerkst aber den Balken in deinem eigenen Auge nicht? 4 Wie kannst du zu deinem Bruder sagen: ›Halt still, ich will dir den Splitter aus dem Auge ziehen!‹ –, und dabei ist der Balken doch in deinem Auge? 5 Du Heuchler! Zieh zuerst den Balken aus deinem Auge! Dann wirst du klar sehen und den Splitter aus dem Auge deines Bruders ziehen können.

6 Gebt das Heilige nicht den Hunden, und werft eure Perlen nicht vor die Schweine. Diese trampeln doch nur auf ihnen herum, und jene drehen sich um und reißen euch in Stücke.

7 Bittet, und ihr werdet bekommen, was ihr braucht; sucht, und ihr werdet finden; klopft an, und es wird euch geöffnet! 8 Denn wer bittet, empfängt; wer sucht, findet; und wer anklopft, dem wird geöffnet. 9 Würde jemand unter euch denn seinem Kind einen Stein geben, wenn es ihn um ein Stück Brot bittet? 10 Würde er ihm denn eine Schlange geben, wenn es ihn um einen Fisch bittet? 11 So schlecht wie ihr seid, wisst ihr doch, was gute Gaben für eure Kinder sind, und gebt sie ihnen auch. Wie viel mehr wird der Vater im Himmel denen Gutes geben, die ihn darum bitten.

12 Alles, was ihr von anderen erwartet, das tut auch für sie! Das ist es, was Gesetz und Propheten fordern.

13 Geht durch das enge Tor! Denn das weite Tor und der breite Weg führen ins Verderben, und viele sind dorthin unterwegs. 14 Wie eng ist das Tor und wie schmal der Weg, der ins Leben führt, und nur wenige sind es, die ihn finden! 15 Hütet euch vor den falschen Propheten! Sie sehen aus wie sanfte

---

6,27 *Einen Tag.* Wörtlich: eine Elle. Der Ausdruck ist hier im übertragenen Sinn gebraucht.

Schafe, in Wirklichkeit aber sind sie reißende Wölfe. *16* An ihren Früchten werdet ihr sie erkennen. Von Dornen erntet man keine Weintrauben, und von Disteln kann man keine Feigen lesen. *17* So trägt jeder gute Baum gute Früchte und ein schlechter Baum schlechte. *18* Ein guter Baum trägt keine schlechten Früchte und ein schlechter Baum keine guten. *19* Jeder Baum, der keine guten Früchte bringt, wird abgehauen und ins Feuer geworfen. *20* Deshalb sage ich: An ihren Früchten werden sie erkannt.

21 Nicht jeder, der dauernd ›Herr‹ zu mir sagt, wird in das Reich kommen, das der Himmel regiert, sondern nur der, der den Willen meines Vaters im Himmel tut. *22* An jenem Tag des Gerichts werden viele zu mir sagen: ›Herr, haben wir nicht mit deinem Namen geweissagt? Herr, haben wir nicht mit deinem Namen Dämonen ausgetrieben und mit deinem Namen Wunder getan?‹ *23* Doch dann werde ich ihnen unmissverständlich erklären: ›Ich habe euch nie gekannt! Macht euch fort, ihr Schufte!‹«

Ergebnis

24 »Darum gleicht jeder, der auf meine Worte hört und tut, was ich sage, einem klugen Mann, der sein Haus auf felsigen Grund baut. *25* Wenn dann ein Wolkenbruch niedergeht und die Wassermassen heranfluten, wenn der Sturm tobt und an dem Haus rüttelt, stürzt es nicht ein, denn es ist auf Felsen gegründet. *26* Doch wer meine Worte hört und sich nicht danach richtet, gleicht einem unvernünftigen Mann, der sein Haus einfach auf den Sand setzt.

27 Wenn dann ein Wolkenbruch niedergeht und die Wassermassen heranfluten, wenn der Sturm tobt und an dem Haus rüttelt, bricht es zusammen und wird völlig zerstört.«

28 Als Jesus seine Rede beendet hatte, war die Menge überwältigt von seiner Lehre, *29* denn er sprach mit Vollmacht – ganz anders als ihre Gesetzeslehrer.

Heilungen

8 *1* Als Jesus vom Berg heruntergestiegen war, zog er weiter und eine große Menschenmenge folgte ihm. *2* Da kam ein Aussätziger zu ihm, warf sich vor ihm nieder und sagte: »Herr, wenn du willst, kannst du mich rein machen.« *3* Da berührte Jesus ihn mit der Hand und sagte: »Ich will es, sei rein!« Sofort verschwand der Aussatz*, und er war rein. *4* Jesus schärfte ihm ein: »Pass auf, dass du niemand davon erzählst! Geh stattdessen zum Priester, zeig dich ihm und bring das Opfer für deine Reinigung, wie Mose es angeordnet hat! Das soll ein Beweis für sie sein.«

5 Als Jesus in Kafarnaum eintraf, trat der dort stationierte Hauptmann an ihn heran. *6* »Herr«, sagte er, »mein Diener liegt gelähmt zu Hause und hat furchtbare Schmerzen.« *7* Jesus erwiderte: »Ich will kommen und ihn heilen.« *8* Da entgegnete der Hauptmann: »Herr, ich bin es nicht wert, dass du unter mein Dach kommst. Sprich nur ein Wort, und mein Diener wird gesund! *9* Ich unterstehe ja auch dem Befehl von Vorgesetzten und habe meinerseits Soldaten unter mir. Sage ich zu einem von ihnen: ›Geh!‹, dann geht er, und zu einem anderen: ›Komm!‹, dann kommt er. Und wenn ich zu meinem Sklaven sage: ›Tu das!‹, dann tut er es.« *10* Jesus war sehr erstaunt, das zu hören, und sagte zu der Menschenmenge, die ihm folgte: »Ich versichere euch: Solch einen Glauben habe ich in ganz Israel bei niemand gefunden. *11* Und ich sage euch: Aus allen Himmelsrichtungen werden Menschen kommen und zusammen mit Abraham, Isaak und Jakob ihre Plätze im Reich Gottes einnehmen. *12* Aber die Bürger des Reiches werden in die Finsternis hinausgeworfen, wo dann das große Weinen und Zähneknirschen anfangen wird.« *13* Darauf wandte sich Jesus dem Hauptmann zu und sagte: »Geh nach Hause! Was du mir zugetraut hast, soll geschehen!« Zur gleichen Zeit wurde der Diener gesund.

14 Jesus ging in das Haus von Petrus. Dessen Schwiegermutter war von einem heftigen Fieber befallen und lag im Bett. *15* Jesus berührte ihre Hand. Da verschwand das Fieber, und sie stand auf und sorgte für sein Wohl.

16 Am Abend brachte man viele Besessene zu ihm. Nur mit seinem Wort trieb er die bösen Geister aus und heilte alle Kranken. *17* So erfüllte sich, was durch den Propheten Jesaja vorausgesagt worden war: »Er hat unsere Leiden auf sich genommen und unsere Krankheiten getragen.«*

Vollmacht

18 Als Jesus die vielen Menschen sah, die sich um ihn drängten, befahl er seinen Jüngern, mit ihm an die andere Seite des Sees zu fahren. *19* Dort wurde er von einem Gesetzeslehrer angesprochen: »Rabbi*«, sagte dieser, »ich will dir folgen, wohin du auch gehst.« *20* »Die Füchse haben ihren Bau«, entgegnete ihm Jesus, »und die Vögel haben ihre Nester, aber der Menschensohn* hat keinen Platz, wo er sich ausruhen kann.« *21* Ein anderer – es war einer von seinen Jüngern – sagte zu Jesus: »Herr, erlaube mir, zuerst nach Hause zu gehen und meinen Vater zu begraben.« *22* »Lass die Toten ihre Toten begraben!«, entgegnete ihm Jesus. »Folge du mir nach!«

23 Danach stieg Jesus ins Boot und seine Jünger folgten ihm. *24* Als sie auf dem See waren, kam plötzlich ein schwerer Sturm auf, so dass die Wellen das Boot zu begraben drohten. Aber Jesus schlief. *25* Die Jünger stürzten zu ihm und weckten ihn auf: »Herr«, schrien sie, »rette uns! Wir gehen unter!« *26* Aber Jesus sagte zu ihnen: »Warum habt ihr solche Angst, ihr Kleingläubigen?« Dann stand er auf und bedrohte den Wind und den See. Da trat eine große Stille ein. *27* Die Menschen fragten sich voller Staunen: »Wer ist das nur, dass ihm sogar Wind und Wellen gehorchen?«

8,3 *Aussatz.* Bezeichnung für rasch um sich greifende Hautkrankheiten, Lepra eingeschlossen.

8,17 Jesaja 53,4-5

8,19 *Rabbi.* Hebräische Anrede: *mein Herr (mein Lehrer, mein Meister)!*

8,20 *Menschensohn* ist eine von Jesus bevorzugte Selbstbezeichnung. Er knüpft damit an ein Wort Daniels (7,13) an, wo der zukünftige Herrscher des Gottesreiches angekündigt wird.

28 So kamen sie in das Gebiet der Gadarener* auf der anderen Seite des Sees. Dort begegnete er zwei Besessenen. Sie kamen von den Grabhöhlen und waren so gefährlich, dass niemand es wagte, auf diesem Weg vorbeizugehen. *29* »Was willst du von uns, Sohn Gottes?«, schrien sie. »Bist du hergekommen, um uns schon vor der Zeit zu quälen?« *30* Nun weidete in einiger Entfernung eine große Herde Schweine. *31* Die Dämonen baten ihn: »Wenn du uns austreibst, lass uns doch in die Schweine fahren!« *32* »Geht!«, sagte Jesus. Da verließen sie die Männer und fuhren in die Schweine. Daraufhin raste die ganze Herde den Abhang hinunter in den See, und die Tiere ertranken in den Fluten. *33* Die Schweinehirten liefen davon und erzählten in der Stadt alles, was geschehen war, auch das mit den Besessenen. *34* Da machte sich die ganze Stadt auf den Weg, um Jesus zu begegnen. Als sie sahen, was geschehen war, baten sie Jesus, ihr Gebiet zu verlassen.

9 *1* Jesus stieg wieder ins Boot, fuhr über den See und kehrte in seine Stadt zurück. *2* Da brachten einige Männer einen Gelähmten zu ihm. Er lag auf einer Matte. Als Jesus ihren Glauben sah, sagte er zu dem Gelähmten: »Du musst keine Angst haben, mein Sohn, deine Sünden sind dir vergeben.« *3* Einige Gesetzeslehrer dachten im Stillen: »Das ist ja Gotteslästerung!« *4* Jesus durchschaute, was sie dachten, und sagte: »Warum gebt ihr so schlechten Gedanken Raum in euch? *5* Was ist leichter zu sagen: ›Deine Sünden sind dir vergeben‹ oder ›Steh auf und geh umher‹? *6* Doch ihr sollt wissen, dass der Menschensohn die Vollmacht hat, hier auf der Erde Sünden zu vergeben.« Damit wandte er sich zu dem Gelähmten und befahl ihm: »Steh auf, nimm deine Matte, und geh nach Hause!« *7* Der Mann stand auf, nahm seine Matte und ging nach Hause. *8* Die Leute waren erschrocken und priesen Gott, der den Menschen solche Vollmacht gegeben hat.

Nachfolge

9 Als Jesus weiterging und an der Zollstelle vorbeikam, sah er dort einen Mann sitzen, der Matthäus hieß. Er sagte zu ihm: »Folge mir nach!« Matthäus stand auf und folgte ihm. *10* Später war Jesus in seinem Haus zu Gast. Mit ihm und seinen Jüngern waren noch viele Zolleinnehmer eingeladen und andere, die einen ebenso schlechten Ruf hatten. *11* Als einige Pharisäer das sahen, sagten sie zu seinen Jüngern: »Wie kann euer Rabbi sich nur mit Zöllnern und Sündern an einen Tisch setzen?« *12* Jesus hörte das und erwiderte: »Nicht die Gesunden brauchen den Arzt, sondern die Kranken. *13* Nun geht und denkt einmal darüber nach, was mit dem Wort gemeint ist: ›Barmherzigkeit will ich und nicht Opfer!‹* Dann versteht ihr auch, dass ich nicht gekommen bin, die Gerechten zu rufen, sondern die Sünder.«

8,28 Gebiet der Gadarener. Südöstlicher Uferstreifen des Sees Gennesaret mit Hafen. Das Gebiet gehörte zu Gadara, die als mächtigste Stadt im Zehnstädtegebiet selbst Kriegsschiffe auf dem See unterhielt.

9,13 Hosea 6,6

14 Einmal kamen die Jünger des Johannes zu Jesus und fragten: »Wie kommt es, dass wir und die Pharisäer so viel fasten, deine Jünger aber nicht?« 15 Jesus erwiderte: »Können die Hochzeitsgäste denn trauern, wenn der Bräutigam bei ihnen ist? Die Zeit kommt früh genug, dass der Bräutigam von ihnen weggenommen sein wird. Dann werden sie fasten. 16 Niemand näht doch ein neues Stück Stoff auf ein altes Gewand*, sonst reißt das neue Stück aus, und der Riss im alten Stoff wird noch größer. 17 Und niemand wird doch neuen Wein in alte Schläuche füllen. Er gärt ja noch und würde die Schläuche zum Platzen bringen. Dann würde der Wein auslaufen und die Schläuche wären verdorben. Nein, neuen Wein füllt man in neue Schläuche, und beide bleiben erhalten.«

Glauben

18 Während Jesus ihnen das erklärte, kam einer der führenden Männer des Ortes zu ihm. Er warf sich vor ihm nieder und rief: »Meine Tochter ist eben gestorben. Aber komm bitte und lege ihr die Hand auf, dann wird sie wieder leben!« 19 Jesus stand auf und folgte ihm. Auch seine Jünger kamen mit.

20 Unterwegs drängte sich eine Frau von hinten heran und berührte einen Zipfel seines Gewandes. Sie litt seit zwölf Jahren an starken Blutungen 21 und sagte sich: »Wenn ich nur sein Gewand berühre, werde ich wieder gesund.« 22 Jesus drehte sich um, sah die Frau an und sagte: »Du musst keine Angst haben, meine Tochter, dein Glaube hat dich gerettet.« Im selben Augenblick war die Frau geheilt.

23 Als Jesus in das Haus des Vorstehers kam und die Flötenspieler und die aufgeregten Menschen sah, 24 sagte er: »Hinaus mit euch! Das Mädchen ist nicht gestorben, es schläft nur.« Da lachten sie ihn aus. 25 Als die Leute endlich draußen waren, ging Jesus zu dem Mädchen hinein und fasste es bei der Hand. Da stand es auf. 26 Die Nachricht davon verbreitete sich in der ganzen Gegend.

27 Als Jesus von dort weiterging, folgten ihm zwei Blinde und schrien: »Sohn Davids, hab Erbarmen mit uns!« 28 Sie folgten ihm bis in das Haus, wo er wohnte. Er fragte sie: »Glaubt ihr, dass ich euch helfen kann?« – »Ja, Herr«, sagten sie. 29 Da berührte er ihre Augen und sagte: »Weil ihr glaubt, soll es geschehen.« 30 Sofort konnten sie sehen. Doch Jesus verbot ihnen streng, jemand davon zu erzählen. 31 Aber kaum waren sie aus dem Haus, machten sie Jesus in der ganzen Gegend bekannt.

32 Als die beiden gegangen waren, brachten die Leute einen Stummen zu ihm, der von einem Dämon besessen war. 33 Als der böse Geist von dem Mann ausgefahren war, konnte der Stumme reden. Die Leute staunten und sagten: »So etwas hat man in Israel noch nie gesehen!« 34 Die Pharisäer aber behaupteten: »Kein Wunder, er treibt die Dämonen ja durch den Oberdämon aus.«

Der Auftrag der Apostel

35 Jesus zog durch alle Städte und Dörfer in dieser Gegend. Er lehrte in den Synagogen, verkündigte die

---

9,16 *Gewand.* Denn der Flicken wird beim Waschen einlaufen.

Botschaft vom Reich Gottes und heilte alle Kranken und Leidenden. *36* Als er die vielen Menschen sah, ergriff ihn tiefes Mitgefühl, denn sie waren hilflos und erschöpft wie Schafe ohne Hirten. *37* Dann sagte er zu seinen Jüngern: »Die Ernte ist groß, aber es gibt nur wenig Arbeiter. *38* Bittet deshalb den Herrn der Ernte, mehr Arbeiter auf seine Felder zu schicken!«

10 *1* Jesus rief die zwölf Jünger zusammen und gab ihnen Vollmacht, die bösen Geister auszutreiben und jede Krankheit und jedes Leiden zu heilen. *2* Die Namen der zwölf Apostel sind folgende: An erster Stelle Simon, der Petrus genannt wird, und sein Bruder Andreas, Jakobus Ben-Zebedäus und sein Bruder Johannes, *3* Philippus und Bartholomäus, Thomas und der Zöllner Matthäus, Jakobus Ben-Alphäus und Thaddäus, *4* Simon, der zu den Zeloten* gehört hatte, und Judas, der ein Sikarier* gewesen war und Jesus später verraten hat.

5 Diese Zwölf sandte Jesus mit folgendem Auftrag aus: »Meidet die Orte, wo Nichtjuden wohnen, und geht auch nicht in die Städte der Samaritaner, *6* sondern geht zu den verlorenen Schafen des Volkes Israel! *7* Geht und verkündigt ihnen: ›Die Herrschaft des Himmels steht bevor!‹ *8* Heilt Kranke, weckt Tote auf, macht Aussätzige rein, treibt Dämonen aus! Was ihr kostenlos bekommen habt, das gebt kostenlos weiter. *9* Besorgt euch kein Reisegeld, weder Gold noch Silberstücke oder Kupfermünzen! *10* Besorgt euch auch keine Vorratstasche, kein zweites Hemd, keine Sandalen und keinen Wanderstab. Denn wer arbeitet, hat Anspruch auf seinen Lebensunterhalt.

11 Wenn ihr in eine Stadt oder ein Dorf kommt, findet heraus, wer es wert ist, euch aufzunehmen; und bleibt dann, bis ihr weiterzieht. *12* Wenn ihr das Haus betretet, grüßt seine Bewohner und wünscht ihnen Frieden. *13* Wenn sie es wert sind, wird der Frieden, den ihr bringt, bei ihnen einziehen. Wenn sie es nicht wert sind, wird euer Gruß wirkungslos sein. *14* Und wenn die Leute euch nicht aufnehmen oder anhören wollen, dann geht aus jenem Haus oder jenem Ort und schüttelt den Staub von euren Füßen ab. *15* Ich versichere euch: Sodom und Gomorra wird es am Tag des Gerichts erträglicher ergehen als solch einer Stadt. *16* Seht, ich sende euch wie Schafe mitten unter Wölfe. Seid deshalb klug wie die Schlangen und aufrichtig wie die Tauben.

17 Nehmt euch in Acht vor den Menschen! Sie werden euch in ihren Synagogen vor Gericht stellen und auspeitschen. *18* Und weil ihr zu mir gehört, werdet ihr vor Machthaber und Könige geführt werden. Doch auch

---

10,4 *Zeloten.* Wörtlich: Kananäer, wahrscheinlich von hebr. *kana*, »eifern«. Simon gehörte wohl zur jüdischen Partei der »Eiferer«, die aktiven Widerstand gegen die Römer leistete, es ablehnte, Steuern zu zahlen, und das messianische Reich mit Gewalt herbeizwingen wollte.

Sikarier. Die militanteste Gruppe unter den Zeloten, Dolchmänner (von *sika* = Dolch), die römerfreundliche Juden umbrachten (vgl. Apostelgeschichte 21,38). Andere deuten *Judas Iskariot* als *Mann aus Kariot*.

sie und alle Völker müssen ein Zeugnis von mir hören. *19* Und wenn sie euch vor Gericht stellen, dann macht euch keine Sorgen, wie ihr reden oder was ihr sagen sollt. Sagt einfach das, was euch dann eingegeben wird. *20* Denn nicht ihr seid dann die Redenden, sondern der Geist eures Vaters redet durch euch. *21* Brüder werden einander dem Tod ausliefern und Väter ihre Kinder. Kinder werden sich gegen ihre Eltern stellen und sie in den Tod schicken. *22* Und weil ihr euch zu mir bekennt, werdet ihr von allen gehasst werden. Aber wer bis zum Ende standhaft bleibt, wird gerettet.

23 Wenn sie euch in der einen Stadt verfolgen, dann flieht in eine andere! Ich versichere euch: Noch bevor ihr mit den Städten Israels zu Ende seid, wird der Menschensohn kommen. *24* Ein Jünger ist doch nicht besser als sein Lehrer, und ein Sklave steht doch nicht über seinem Herrn. *25* Der Jünger muss sich damit begnügen, dass es ihm so geht wie seinem Lehrer, und der Sklave, dass es ihm so geht wie seinem Herrn. Wenn sie schon den Hausherrn Beelzebul* genannt haben, wie viel mehr dann seine Leute?

26 Doch fürchtet euch nicht vor denen, die euch bedrohen. Es kommt die Zeit, da wird alles offenbar werden. Alles, was jetzt noch geheim ist, wird öffentlich bekannt gemacht

werden. *27* Was ich euch im Dunkeln sage, gebt am hellen Tag weiter, und was ihr ins Ohr geflüstert hört, ruft von den Dachterrassen herunter. *28* Habt keine Angst vor denen, die nur den Leib töten, der Seele aber nichts anhaben können. Fürchtet aber den, der Seele und Leib dem Verderben in der Hölle preisgeben kann. *29* Ihr wisst doch, dass zwei Spatzen für ein paar Cent* verkauft werden. Doch nicht einer von ihnen fällt auf die Erde, ohne dass euer Vater es zulässt. *30* Und bei euch sind selbst die Haare auf dem Kopf alle gezählt. *31* Habt also keine Angst! Ihr seid doch mehr wert als noch so viele Spatzen.«

Nachfolge

32 »Wer sich vor den Menschen zu mir bekennt, zu dem werde auch ich mich vor meinem Vater im Himmel bekennen. *33* Wer mich aber vor den Menschen nicht kennen will, den werde auch ich vor meinem Vater im Himmel nicht kennen.

34 Denkt nicht, dass ich gekommen bin, Frieden auf die Erde zu bringen. Ich bin nicht gekommen, Frieden zu bringen, sondern das Schwert. *35* Ich bin gekommen, den Sohn mit seinem Vater zu entzweien, die Tochter mit ihrer Mutter und die Schwiegertochter mit ihrer Schwiegermutter; *36* die eigenen Angehörigen werden zu Feinden.

37 Wer Vater oder Mutter mehr liebt als mich, ist es nicht wert, mein Jünger zu sein. Wer Sohn oder Tochter mehr liebt als mich, ist es nicht wert, mein Jünger zu sein. *38* Und wer nicht sein Kreuz aufnimmt und mir folgt, ist

---

10,25 *Beelzebul.* Ein anderer Name für Satan, den Obersten aller Dämonen.

10,29 *ein paar Cent.* Wörtlich: *ein Assarion.* Die Kupfermünze Assarion war 1/16 Denar wert, d.h. 1/16 Tageslohn eines Arbeiters.

es nicht wert, mein Jünger zu sein. *39* Wer sein Leben festhalten will, wird es verlieren. Wer sein Leben aber meinetwegen verliert, der wird es finden.

40 Wer euch aufnimmt, nimmt mich auf; und wer mich aufnimmt, nimmt den auf, der mich gesandt hat. *41* Wer einen Propheten aufnimmt, weil er ein Prophet ist, wird den Lohn eines Propheten erhalten. Wer einen Gerechten aufnimmt, weil er ein Gerechter ist, wird den Lohn eines Gerechten erhalten. *42* Und wer einem von diesen Geringgeachteten hier auch nur einen Becher kalten Wassers zu trinken gibt, weil er mein Jünger ist – ich versichere euch: Er wird gewiss nicht ohne Lohn bleiben.«

11

1 Als Jesus den zwölf Jüngern seine Anweisungen gegeben hatte, zog er weiter, um in den Städten des Landes zu lehren und zu predigen.

Jesus über Johannes

2 Johannes der Täufer hörte im Gefängnis vom Wirken des Messias und schickte einige seiner Jünger zu ihm. *3* Er ließ ihn fragen: »Bist du wirklich der, der kommen soll, oder müssen wir auf einen anderen warten?« *4* Jesus gab ihnen zur Antwort: »Geht zu Johannes und berichtet ihm, was ihr gesehen und gehört habt: *5* Blinde sehen, Lahme gehen, Aussätzige werden rein, Taube hören, Tote werden auferweckt, Armen wird gute Botschaft verkündigt. *6* Und glücklich ist der zu nennen, der sich nicht von mir abwendet.«

7 Als die Boten gegangen waren, wandte sich Jesus an die Menge und fing an, über Johannes zu sprechen: »Was wolltet ihr eigentlich sehen, als ihr in die Wüste hinausgezogen seid? Ein Schilfrohr vielleicht, das vom Wind hin- und herbewegt wird? *8* Oder was wolltet ihr sonst dort draußen sehen? Einen fein angezogenen Mann? Nein, Leute mit teuren Kleidern und Luxus findet man in den Königspalästen. *9* Aber was wolltet ihr dann dort draußen sehen? Einen Propheten? Ja, ich versichere euch: Ihr habt mehr als einen Propheten gesehen. *10* Johannes ist der, von dem es in der Heiligen Schrift heißt: ›Ich sende meinen Boten vor dir her. Er wird dein Wegbereiter sein.‹* *11* Ich versichere euch: Unter allen Menschen, die je geboren wurden, gibt es keinen Größeren als Johannes den Täufer. Und doch ist der Kleinste im Reich Gottes größer als er. *12* Von der Zeit Johannes' des Täufers an bis heute bricht sich das Reich, das vom Himmel regiert wird, mit Gewalt Bahn, und die Menschen drängen sich mit aller Gewalt hinein. *13* Denn alle Propheten und das Gesetz haben diese Zeit angekündigt, bis Johannes kam. *14* Und wenn ihr es sehen wollt: Er ist Elija, dessen Kommen vorausgesagt ist.* *15* Wer hören kann, der höre zu!

16 Mit wem soll ich die Menschen dieser Generation nur vergleichen? Sie sind wie Kinder, die auf dem Markt herumsitzen und sich gegenseitig zurufen: *17* ›Wir haben euch auf der Flöte Hochzeitslieder gespielt, aber ihr habt nicht getanzt; wir haben

---

11,10 Maleachi 3,1

euch Klagelieder gesungen, aber ihr habt nicht geweint.‹ [18] Als Johannes der Täufer kam, der fastete und keinen Wein trank, sagten sie: ›Er ist von einem Dämon besessen.‹ [19] Als der Menschensohn kam, der ganz normal isst und trinkt, sagtet ihr: ›Seht, was für ein Schlemmer und Säufer, dieser Freund von Zöllnern und Sündern!‹ Und doch bestätigt sich die Weisheit Gottes im Werk von beiden.«

Die richtige Einstellung

[20] Dann begann Jesus den Städten, in denen er die meisten Wunder getan hatte, vorzuwerfen, dass sie ihre Einstellung nicht geändert hatten: [21] »Weh dir, Chorazin*! Weh dir, Betsaida*! Wenn in Tyrus und Sidon* die Wunder geschehen wären, die unter euch geschehen sind, sie hätten längst ihre Einstellung geändert, einen Trauersack angezogen und sich Asche auf den Kopf gestreut. [22] Doch Tyrus und

---

11,14 Maleachi 3,23

11,21 *Chorazin.* Stadt in Obergaliläa, 5 km nördlich von Kafarnaum.

Betsaida. Fischerdorf an der Mündung des Jordan in den See Gennesaret. Heute wahrscheinlich El-Aradsch.

Tyrus und Sidon. Phönizische Städte am Mittelmeer, etwa 60 und 90 km nordwestlich vom See Gennesaret.

11,23 *Hölle.* Griechisch: Hades. Das Neue Testament meint damit aber kein neutrales Totenreich, sondern den Todeszustand, der für Ungläubige schon vor dem Endgericht eine schreckliche Qual bedeutet (Lukas 16,23).

Sodom. Stadt im Tal Siddim, die wegen der Sünde ihrer Bewohner von Gott vernichtet wurde, heute vermutlich unter dem Toten Meer; vgl. 1. Mose 13,10-13 und 1. Mose 19.

12,2 *nicht erlaubt.* Sie fassten das als »ernten« auf, was als Arbeit am Sabbat verboten war.

Sidon wird es im Gericht erträglicher ergehen als euch. [23] Und du, Kafarnaum, meinst du etwa, du wirst zum Himmel erhoben werden? Nein, in die Hölle* musst du hinunter. Wenn in Sodom* die Wunder geschehen wären, die in dir geschehen sind, es würde heute noch stehen. [24] Ich sage euch, es wird Sodom am Tag des Gerichts erträglicher ergehen als dir.«

[25] Damals rief Jesus aus:»Vater, du Herr über Himmel und Erde, ich preise dich, dass du das alles den Klugen und Gelehrten verborgen, aber den Unmündigen offenbar gemacht hast. [26] Ja, Vater, so hast du es gewollt. [27] Alles ist mir von meinem Vater übergeben worden. Niemand außer dem Vater kennt den Sohn wirklich, und niemand kennt den Vater wirklich außer dem Sohn und denjenigen, denen der Sohn es offenbaren will. [28] Kommt alle zu mir, die ihr euch plagt und unter Lasten stöhnt! Ich werde euch ausruhen lassen. [29] Nehmt mein Joch auf euch, und lernt von mir! Dann findet euer Leben Erfüllung, denn ich quäle euch nicht und habe ein demütiges Herz. [30] Und mein Joch drückt nicht, meine Last ist leicht.«

Herr über den Sabbat

12 [1] In dieser Zeit ging Jesus an einem Sabbat durch Kornfelder. Seine Jünger waren hungrig. Deshalb fingen sie an, Ähren abzurupfen und die Körner zu essen. [2] Als einige Pharisäer das sahen, sagten sie zu ihm: »Was deine Jünger da tun, ist doch am Sabbat nicht erlaubt*!« [3] Jesus entgegnete: »Habt ihr denn nie gelesen, was David getan hat, als er und seine Begleiter hungrig waren?

4 Wie er ins Haus Gottes ging und von den geweihten Broten aß, die weder er noch seine Begleiter essen durften, sondern nur die Priester? 5 Oder habt ihr nie im Gesetz gelesen, dass die Priester auch am Sabbat im Tempel Dienst tun? Damit übertreten sie die Sabbatvorschriften und werden doch nicht schuldig. 6 Und ich sage euch: Hier ist einer, der mehr ist als der Tempel. 7 Wenn ihr begriffen hättet, was das heißt: ›Barmherzigkeit ist mir lieber als Opfer!‹, dann hättet ihr nicht Unschuldige verurteilt. 8 Denn der Menschensohn ist Herr über den Sabbat.«

9 Nach diesen Worten ging er weiter und kam in ihre Synagoge. 10 Dort saß ein Mann, dessen Hand verkrüppelt war. Da fragten sie ihn: »Ist es erlaubt, am Sabbat zu heilen?«, denn sie wollten einen Grund finden, ihn anzuklagen. 11 Jesus erwiderte: »Wenn am Sabbat einem von euch ein Schaf in eine Grube stürzt, zieht er es dann nicht sofort wieder heraus? 12 Nun ist ein Mensch doch viel mehr wert als ein Schaf. Also ist es erlaubt, am Sabbat Gutes zu tun.« 13 Dann befahl er dem Mann: »Streck die Hand aus!« Der gehorchte, und seine Hand war heil und gesund wie die andere. 14 Da verließen die Pharisäer die Synagoge und berieten miteinander, wie sie ihn umbringen könnten.

Gottes Beauftragter

15 Jesus wusste, was sie vorhatten, und ging weg. Scharen von Menschen folgten ihm, und er heilte sie alle. 16 Aber er verbot ihnen nachdrücklich, in der Öffentlichkeit von ihm zu reden. 17 Damit sollte in Erfüllung gehen, was der Prophet Jesaja angekündigt hatte:

18 »Seht, das ist mein Diener,
den ich erwählte, / den ich liebe
und über den ich mich freue. /
Ich werde meinen Geist auf ihn
legen, / und er verkündet den
Völkern das Recht. 19 Er wird
nicht streiten und herumschreien. / Man wird seine Stimme
nicht auf den Straßen hören.
20 Ein geknicktes Rohr wird er
nicht zerbrechen, / einen glimmenden Docht löscht er nicht aus. / So
verhilft er schließlich dem Recht
zum Sieg. 21 Und auf seinen
Namen hoffen die Völker.«*

Wer Böses in sich hat

22 Damals brachte man einen Besessenen zu Jesus, der blind und stumm war. Als er ihn geheilt hatte, konnte der Mann wieder reden und sehen. 23 Die Leute waren außer sich vor Staunen und sagten: »Ist das etwa der Sohn Davids?« 24 Doch als die Pharisäer es hörten, sagten sie: »Der treibt die Dämonen ja nur durch Beelzebul, den Oberdämon, aus.« 25 Jesus wusste genau, was sie dachten, und sagte zu ihnen: »Ein Königreich, das gegen sich selbst kämpft, ist dem Untergang geweiht. Eine Stadt oder eine Familie, die in sich zerstritten ist, geht zugrunde. 26 Und wenn der Satan den Satan austreibt, wäre er in sich zerstritten. Wie soll sein Reich dann bestehen können? 27 Und – wenn ich die Dämonen tatsächlich mit Hilfe von Beelzebul austreibe, wer gibt dann euren

---

12,21 Jesaja 42,1-4

Leuten die Macht, Dämonen auszutreiben? Sie selbst werden deshalb das Urteil über euch sprechen. *28* Wenn ich aber die Dämonen durch den Geist Gottes austreibe, dann ist doch das Reich Gottes zu euch gekommen! *29* Oder wie kann jemand in das Haus eines Starken eindringen und ihm seinen Besitz rauben, wenn er ihn nicht vorher fesselt? Erst dann kann er sein Haus ausrauben. *30* Wer nicht auf meiner Seite steht, ist gegen mich, und wer nicht mit mir sammelt, zerstreut.

31 Deshalb sage ich: Alle Sünden können den Menschen vergeben werden, selbst die Gotteslästerungen, die sie aussprechen. Wer aber den Heiligen Geist lästert, wird keine Vergebung finden. *32* Wer etwas gegen den Menschensohn sagt, dem kann vergeben werden. Wer aber gegen den Heiligen Geist redet, dem wird nicht vergeben werden, weder in dieser Welt noch in der kommenden.

33 Wenn ein Baum gut ist, sind auch seine Früchte gut, ist er schlecht, sind auch seine Früchte schlecht. An den Früchten erkennt man den Baum. *34* Ihr Giftschlangenbrut! Wie könnt ihr Gutes reden, wenn ihr böse seid? Denn aus dem Mund kommt das, was das Herz erfüllt. *35* Ein guter Mensch bringt Gutes hervor, weil er mit Gutem erfüllt ist. Ein böser Mensch bringt Böses hervor, weil er Böses

in sich hat. *36* Ich sage euch: Am Tag des Gerichts werden die Menschen Rechenschaft über jedes nutzlose Wort ablegen müssen, das sie gesagt haben. *37* Denn aufgrund deiner eigenen Worte wirst du freigesprochen oder verurteilt werden.«

38 Daraufhin sagten einige der Gesetzeslehrer und Pharisäer zu ihm: »Rabbi, wir wollen ein Zeichen von dir sehen!« *39* »Diese verdorbene Generation, die von Gott nichts wissen will, verlangt nach einem Zeichen!«, antwortete Jesus. »Doch es wird ihnen keins gegeben werden, nur das des Propheten Jona. *40* Denn wie Jona drei Tage und drei Nächte* im Bauch des großen Fisches war, so wird der Menschensohn drei Tage und drei Nächte im Schoß der Erde sein. *41* Im Gericht werden die Männer von Ninive auftreten und diese Generation schuldig sprechen. Denn sie haben ihre Einstellung auf Jonas Predigt hin geändert – und hier steht einer, der mehr bedeutet als Jona. *42* Die Königin des Südens wird beim Gericht gegen die Männer dieser Generation auftreten und sie verurteilen. Denn sie kam vom Ende der Erde, um die Weisheit Salomos zu hören – und hier steht einer, der mehr bedeutet als Salomo.

43 Wenn ein böser Geist einen Menschen verlässt, zieht er durch öde Gegenden und sucht nach einem Ruheplatz, findet aber keinen. *44* Dann sagt er sich: ›Ich werde wieder in die Behausung zurückgehen, die ich verlassen habe.‹ Er kehrt zurück und findet alles leer, sauber und aufgeräumt. *45* Dann geht er los und holt sieben andere Geister, die noch schlimmer sind als er selbst, und sie ziehen ge-

---

12,40 *Drei Tage und drei Nächte*. Altjüdische Redewendung, die drei Zeiteinheiten (*Ona*) meint, wobei eine angebrochene *Ona* immer als Ganze gezählt wurde. Es ist eine ungefähre Zeitangabe und meint nicht exakt 72 Stunden.

meinsam dort ein. So ist dieser Mensch am Ende schlechter dran als am Anfang. Genauso wird es auch dieser bösen Generation ergehen.«

46 Während Jesus noch zu der Menschenmenge sprach, waren seine Mutter und seine Brüder angekommen. Sie blieben vor dem Haus und verlangten, ihn zu sprechen. 47 »Deine Mutter und deine Brüder sind draußen und fragen nach dir«, sagte ihm einer. 48 »Wer ist meine Mutter und wer sind meine Brüder?«, antwortete ihm Jesus. 49 Dann wies er mit der Hand auf seine Jünger und sagte: »Das hier ist meine Mutter und das sind meine Brüder! 50 Jeder, der nach dem Willen meines Vaters im Himmel lebt, ist mir Bruder, Schwester und Mutter.«

Gleichnisse vom Säen

13 1 Noch am selben Tag verließ Jesus das Haus und setzte sich ans Ufer des Sees. 2 Es versammelten sich so viele Menschen um ihn, dass er sich in ein Boot setzen musste, um von dort aus zur Menge am Ufer sprechen zu können. 3 Er redete lange und erklärte vieles in Gleichnissen. Unter anderem sagte er: »Hört zu! Ein Bauer ging auf den Acker, um zu säen. 4 Beim Ausstreuen fiel ein Teil der Körner auf den Weg. Da kamen die Vögel und pickten sie auf. 5 Ein anderer Teil fiel auf felsigen Boden, der nur von einer dünnen Erdschicht bedeckt war. Weil die Saat dort wenig Erde hatte, ging sie bald auf. 6 Als dann aber die Sonne höher stieg, verbrannten die jungen Pflanzen und vertrockneten, weil sie keine tiefer gehenden Wurzeln hatten. 7 Wieder ein anderer Teil fiel ins Dornengestrüpp,

das die Saat bald überwucherte und erstickte. 8 Ein anderer Teil schließlich fiel auf guten Boden und brachte Frucht: zum Teil hundertfach, zum Teil sechzig- oder dreißigfach.« 9 Jesus schloss: »Wer Ohren hat und hören kann, der höre zu!«

10 Da kamen seine Jünger zu ihm und fragten: »Warum sprichst du in Gleichnissen zu ihnen?« 11 Er erwiderte: »Euch hat Gott die Geheimnisse des Reiches anvertraut, das der Himmel regiert; ihnen ist es nicht gegeben. 12 Denn wer hat, dem wird gegeben, und er wird im Überfluss haben, wer aber nicht hat, dem wird auch das genommen, was er hat. 13 Deshalb verwende ich Gleichnisse, wenn ich zu ihnen rede. Sie sehen und sehen doch nichts, sie hören und hören und verstehen trotzdem nichts. 14 An ihnen erfüllt sich die Prophezeiung Jesajas:

›Hört nur zu, ihr versteht doch nichts; / seht nur hin, ihr werdet trotzdem nichts erkennen. 15 Denn das Herz dieses Volkes ist verstockt, / ihre Ohren hören schwer, / und ihre Augen sind zu. / Sie wollen mit ihren Augen nichts sehen, / mit ihren Ohren nichts hören / und mit ihrem Herz nichts verstehen. / Sie wollen nicht umkehren, dass ich sie heile.‹*

16 Ihr aber seid glücklich zu preisen! Denn eure Augen sehen und eure Ohren hören. 17 Denn ich versichere euch: Viele Propheten und Gerechte hätten gern gesehen, was ihr seht, und haben es nicht gesehen; gern hätten sie gehört, was ihr hört, doch sie haben es nicht gehört.

18 Ich will euch nun das Gleichnis vom Säen erklären. *19* Wenn jemand das Wort von dem Reich hört, das der Himmel regiert, und es nicht versteht, bei dem ist es wie mit der Saat, die auf den Weg fällt. Der Böse kommt und reißt weg, was in das Herz dieses Menschen gesät wurde. *20* Die Saat auf dem felsigen Boden entspricht Menschen, die das Wort hören und es gleich freudig aufnehmen. *21* Doch weil sie unbeständig sind, kann es bei ihnen keine Wurzeln schlagen. Wenn sie wegen der Botschaft in Schwierigkeiten geraten oder gar verfolgt werden, wenden sie sich gleich wieder ab. *22* Andere Menschen entsprechen der Saat, die ins Dornengestrüpp fällt. Sie haben die Botschaft gehört, doch dann gewinnen die Sorgen ihres Alltags, die Verlockungen des Reichtums die Oberhand und ersticken das Wort. Es bleibt ohne Frucht. *23* Die Menschen schließlich, die dem guten Boden entsprechen, hören die Botschaft und verstehen sie und bringen auch Frucht, einer hundertfach, einer sechzig- und einer dreißigfach.«

13,15 Jesaja 6,9-10

13,25 *Unkraut.* Wahrscheinlich ist damit Taumellolch gemeint (*lolium temulentum*), eine 70 cm hohe weizenähnliche Grasart, deren Körner das Mehl verderben, wenn sie mitgemahlen werden.

13,31 *Senfkorn.* Gemeint ist wahrscheinlich der »Schwarze Senf« (*Brassica nigra*), dessen 1 mm großes Samenkorn in Israel für seine Kleinheit sprichwörtlich war.

13,33 *halben Sack.* Wörtlich: *drei Sata.* Ein Saton war ein Hohlmaß und fasste etwa 13 Liter.

24 Jesus erzählte noch ein anderes Gleichnis:»Mit dem Reich, das der Himmel regiert, verhält es sich wie mit einem Mann, der guten Samen auf seinen Acker säte. *25* Eines Nachts, als alles schlief, kam sein Feind und säte Unkraut* zwischen den Weizen und machte sich davon. *26* Als die Saat aufging und Ähren ansetzte, kam auch das Unkraut zum Vorschein. *27* Da kamen die Sklaven des Mannes herbei und fragten:›Herr, hast du nicht guten Samen auf deinen Acker gesät? Woher kommt dann das Unkraut?‹ *28* ›Das hat einer getan, der mir schaden will‹, erwiderte er. Die Sklaven fragten: ›Sollen wir hingehen und das Unkraut ausreißen?‹ *29* ›Nein‹, entgegnete er, ›ihr würdet mit dem Unkraut auch den Weizen ausreißen. *30* Lasst beides wachsen bis zur Ernte. Wenn es dann so weit ist, werde ich den Erntearbeitern sagen: Reißt zuerst das Unkraut aus und bindet es zum Verbrennen in Bündel. Und dann bringt den Weizen in meine Scheune.‹«

31 Jesus erzählte ihnen noch ein anderes Gleichnis:»Mit dem Reich, das der Himmel regiert, verhält es sich wie mit einem Senfkorn*, das ein Mann auf seinen Acker sät. *32* Es ist zwar das kleinste aller Samenkörner, aber was daraus wächst, wird größer als alle anderen Gartenpflanzen. Es wird ein richtiger Baum daraus, so dass die Vögel kommen und in seinen Zweigen nisten.«

33 Jesus erzählte noch ein Gleichnis: »Mit dem Reich, das der Himmel regiert, ist es wie mit dem Sauerteig, den eine Frau nimmt und unter einen halben Sack* Mehl mischt. Am Ende ist die ganze Masse durchsäuert.«

Der Sinn der Gleichnisse

34 Das alles sagte Jesus der Menschenmenge, er gebrauchte dabei aber nur Gleichnisse. 35 So erfüllte sich, was durch den Propheten angekündigt ist:

>Ich will in Gleichnissen reden und verkündige so, / was seit Erschaffung der Welt verborgen war.«*

36 Dann schickte Jesus die Leute weg und ging ins Haus. Dort wandten sich die Jünger an ihn: »Erkläre uns das Gleichnis vom Unkraut auf dem Acker!«, baten sie. 37 Jesus antwortete: »Der Mann, der den guten Samen aussät, ist der Menschensohn. 38 Der Acker ist die Welt. Der gute Same sind die Menschen, die zur Herrschaft Gottes gehören. Das Unkraut sind die Menschen, die dem Bösen gehören. 39 Der Feind, der das Unkraut gesät hat, ist der Teufel. Die Ernte ist das Ende der Welt, und die Erntearbeiter sind die Engel. 40 So wie das Unkraut ausgerissen und verbrannt wird, so wird es auch am Ende der Welt sein: 41 Der Menschensohn wird seine Engel ausschicken, und sie werden aus seinem Reich alle entfernen, die ein gesetzloses Leben geführt und andere zur Sünde verleitet haben, 42 und werden sie in den glühenden Ofen werfen. Dann wird das große Weinen und Zähneknirschen anfangen. 43 Und dann werden die Gerechten im Reich ihres Vaters leuchten wie die Sonne. Wer Ohren hat, der höre zu!

44 Mit dem Reich, das der Himmel regiert, verhält es sich wie mit einem im Acker vergrabenen Schatz, der von einem Mann entdeckt wird. Voller Freude geht er los, verkauft alles, was er hat, und kauft jenen Acker. 45 Mit diesem Reich ist es auch wie mit einem Kaufmann, der schöne Perlen sucht. 46 Als er eine besonders wertvolle entdeckt, geht er los, verkauft alles, was er hat, und kauft sie.

47 Mit dem Reich, das der Himmel regiert, ist es auch wie mit einem Schleppnetz, das im See ausgebracht wird. Mit ihm fängt man Fische jeder Art. 48 Wenn es voll ist, ziehen es die Männer ans Ufer. Dann setzen sie sich hin und sortieren die Fische aus. Die guten lesen sie in Körbe und die ungenießbaren werfen sie weg. 49 So wird es auch am Ende der Welt sein. Die Engel werden die Menschen, die Böses getan haben, von den Gerechten trennen 50 und in den glühenden Ofen werfen. Dann wird das große Weinen und Zähneknirschen anfangen.«

51 »Habt ihr alles verstanden?«, fragte Jesus seine Jünger. »Ja!«, erwiderten sie. 52 Da sagte er zu ihnen: »Also ist jeder Gesetzeslehrer, der ein Jünger des Reiches geworden ist, das der Himmel regiert, einem Hausherrn gleich, der aus seinem Schatz Neues und Altes hervorholt.«

53 Im Anschluss an diese Gleichnisreden zog Jesus weiter. 54 Er kam in seinen Heimatort und ging in die Synagoge und lehrte. Erstaunt fragten seine Zuhörer: »Wo hat er diese Weisheit nur her? Und woher hat er die Kraft, solche Wunder zu tun? 55 Ist er denn nicht der Sohn des Bauhand-

---

13,35 Psalm 78,2

werkers*? Ist nicht Maria seine Mutter, und sind nicht Jakobus, Josef, Simon und Judas seine Brüder? 56 Und seine Schwestern leben doch auch bei uns! Wo hat er das alles nur her?« 57 Und sie ärgerten sich über ihn. Da sagte Jesus zu ihnen:»Überall wird ein Prophet geehrt, nur nicht in seinem Heimatort und in seiner Familie.« 58 Wegen ihres Unglaubens tat er dort nicht viele Wunder.

Der Tod des Täufers

14 1 Um diese Zeit hörte auch Herodes Antipas, der Fürst* von Galiläa, was man über Jesus erzählte. 2 »Das ist niemand anderes als Johannes der Täufer«, sagte er zu seinen Leuten.»Er ist von den Toten auferstanden, deshalb gehen solche Kräfte von ihm aus.« 3 Herodes hatte Johannes nämlich festnehmen und gefesselt ins Gefängnis bringen lassen. Schuld daran war Herodias*, die Frau seines Stiefbruders Philippus, 4 denn Johannes hatte ihm gesagt: »Du hattest kein Recht, sie zur Frau zu nehmen.« 5 Herodes hätte ihn am liebsten

umgebracht, fürchtete aber das Volk, das Johannes für einen Propheten hielt. 6 Die Gelegenheit kam, als Herodes Geburtstag hatte. Dabei trat die Tochter der Herodias als Tänzerin auf. Sie gefiel Herodes so gut, 7 dass er ihr mit einem Eid versprach, ihr alles zu geben, was sie sich wünschte. 8 Da sagte sie, von ihrer Mutter angestiftet: »Ich will, dass du mir hier auf einer Schale den Kopf von Johannes dem Täufer überreichst.« 9 Der König war bestürzt, aber weil er vor allen Gästen einen Eid abgelegt hatte, befahl er, ihr den Wunsch zu erfüllen 10 und ließ Johannes im Gefängnis enthaupten. 11 Sein Kopf wurde auf einer Schale hereingebracht und dem Mädchen übergeben, das ihn seiner Mutter weiterreichte. 12 Dann kamen die Jünger des Johannes, holten den Toten und begruben ihn. Anschließend gingen sie zu Jesus und berichteten ihm, was geschehen war.

Jesus will allein sein

13 Als Jesus das hörte, zog er sich zurück; er fuhr mit dem Boot an eine einsame Stelle, um dort allein zu sein. Aber die Leute in den umliegenden Städten hörten davon und gingen ihm auf dem Landweg nach. 14 Als Jesus aus dem Boot stieg und die vielen Menschen sah, ergriff ihn tiefes Mitgefühl, und er heilte ihre Kranken. 15 Am Abend kamen seine Jünger zu ihm und sagten:»Wir sind hier an einem einsamen Fleck, und es ist schon spät. Schick die Leute weg, damit sie in den Dörfern etwas zu essen kaufen können.« 16 Aber Jesus erwiderte:»Sie brauchen nicht wegzugehen. Gebt ihr ihnen doch zu

---

13,55 *Sohn des Bauhandwerkers.* Den Beruf des Zimmermanns im Sinn eines Holzfacharbeiters gab es damals noch nicht. Holz war im 1. Jahrhundert eine ausgesprochene Mangelware.

14,1 *Fürst.* Wörtlich: *Tetrarch,* Regent über den vierten Teil eines Landes. Herodes Antipas war unter römischer Oberherrschaft Fürst von Galiläa und Peräa.

14,3 *Herodias.* Die Enkelin von Herodes, dem Großen, war zunächst mit ihrem Onkel Herodes Philippus (nicht dem Fürsten Philippus) verheiratet. Auch Herodes Antipas, ihr jetziger Ehemann, war ein Onkel von ihr.

essen!« *17* »Wir haben aber nur fünf Fladenbrote und zwei Fische hier«, hielten sie ihm entgegen. *18* »Bringt sie mir her!«, sagte Jesus. *19* Dann forderte er die Leute auf, sich auf dem Gras niederzulassen, und nahm die fünf Fladenbrote und die zwei Fische in die Hand. Er blickte zum Himmel auf und dankte Gott. Dann brach er die Fladenbrote in Stücke und gab sie den Jüngern, damit sie diese an die Leute austeilten. *20* Und alle aßen sich satt. Zum Schluss sammelten sie ein, was von den Brotstücken übrig geblieben war – zwölf Tragkörbe voll. *21* Etwa fünftausend Männer hatten an dem Essen teilgenommen, Frauen und Kinder nicht gerechnet.

Jesus kommt auf dem Wasser

22 Gleich darauf nötigte Jesus seine Jünger, ins Boot zu steigen und an das gegenüberliegende Ufer vorauszufahren. Er wollte inzwischen die Leute nach Hause schicken. *23* Nachdem er sich von der Menge verabschiedet hatte, stieg er auf den Berg, um ungestört beten zu können. Beim Einbruch der Dunkelheit war Jesus allein an Land. *24* Das Boot war schon mitten auf dem See und musste schwer mit den Wellen kämpfen, weil ein starker Gegenwind aufgekommen war. *25* Zwischen drei und sechs Uhr in der Nacht kam er dann zu ihnen. Er ging über den See. *26* Als die Jünger ihn auf dem Wasser gehen sahen, schrien sie von Furcht gepackt auf: »Es ist ein Gespenst!« *27* Sofort rief er ihnen zu: »Erschreckt nicht! Ich bin's! Habt keine Angst!« *28* Da sagte Petrus: »Herr, wenn du es bist, dann befiehl mir, auf dem Wasser zu dir zu

kommen!« *29* »Komm!«, sagte Jesus. Da stieg Petrus aus dem Boot und ging auf dem Wasser auf Jesus zu. *30* Doch als er merkte, wie stark der Wind war, bekam er es mit der Angst zu tun. Er fing an zu sinken und schrie: »Herr, rette mich!« *31* Sofort streckte Jesus ihm die Hand hin und hielt ihn fest. »Du Kleingläubiger«, sagte er, »warum hast du gezweifelt?« *32* Als sie ins Boot gestiegen waren, legte sich der Wind. *33* Und alle, die im Boot waren, warfen sich vor ihm nieder. »Du bist wirklich Gottes Sohn!«, sagten sie.

34 Sie fuhren hinüber ans Land und legten in der Nähe von Gennesaret* an. *35* Als ihn die Leute dort erkannten, verbreitete sich das in der ganzen Gegend. Schon bald brachten sie alle ihre Kranken zu ihm *36* und baten ihn, er möge sie nur den Saum seines Gewandes berühren lassen. Und alle, die ihn berührten, wurden völlig geheilt.

Was Menschen unrein macht

15 *1* Damals kamen Pharisäer und Gesetzeslehrer aus Jerusalem zu Jesus und sagten: *2* »Warum halten deine Jünger sich nicht an die überlieferten Vorschriften* und waschen nicht die Hände vor dem Essen?« *3* Jesus entgegnete: »Und ihr,

---

14,34 *Gennesaret.* Ort und Landschaft am Westufer des Sees.

15,2 Mündlich überlieferte *Vorschriften* der großen jüdischen Gesetzeslehrer regelten das Leben gesetzestreuer Juden bis ins Einzelne. Sie gingen über das alttestamentliche Gesetz hinaus und galten als verbindliche Norm.

warum haltet ihr euch mit euren Überlieferungen nicht an Gottes Gebote? *4* Gott hat doch gesagt: ›Ehre Vater und Mutter!‹* und ›Wer Vater oder Mutter verflucht, wird mit dem Tod bestraft!‹* *5* Ihr aber lehrt, dass man zu seinem Vater oder seiner Mutter sagen kann: ›Was du von mir bekommen müsstest, habe ich als Opfer für Gott bestimmt.‹ *6* Dann brauche man seine Eltern nicht mehr zu unterstützen. So setzt ihr Gottes Wort durch eure Vorschriften außer Kraft. *7* Ihr Heuchler! Auf euch trifft genau zu, was Jesaja geweissagt hat:

8 ›Dieses Volk ehrt mich mit den Lippen, / aber sein Herz ist weit von mir fort. *9* Ihr Dienst an mir ist ohne Wert, / denn sie lehren, was Menschen erdachten.‹*«

10 Dann rief Jesus die Menge wieder zu sich und sagte: »Hört mir zu und versteht, was ich euch sage! *11* Nicht das, was der Mensch durch den Mund aufnimmt, macht ihn vor Gott unrein, sondern das, was aus seinem Mund herauskommt, verunreinigt ihn.« *12* Da kamen die Jünger zu ihm und sagten: »Weißt du, dass die Pharisäer sich sehr über deine Worte geärgert haben?« *13* Jesus erwiderte: »Jede Pflanze, die nicht mein himmlischer Vater gepflanzt hat, wird ausgerissen werden. *14* Lasst sie! Sie sind blinde Blindenführer. Und wenn ein Blinder einen Blinden führt, werden beide in die nächste Grube fallen.«

15 Da bat ihn Petrus: »Erkläre uns doch, was du mit deinem Bild vorhin meintest!« *16* »Habt ihr das auch nicht begriffen?«, erwiderte Jesus. *17* »Versteht ihr nicht, dass alles, was in den Mund kommt, in den Magen geht und im Abort wieder ausgeschieden wird? *18* Doch was aus dem Mund herauskommt, kommt aus dem Herzen. Das macht den Menschen unrein. *19* Denn aus dem Herzen des Menschen kommen die bösen Gedanken und mit ihnen alle Arten von Mord, Ehebruch, sexuelle Unmoral, Diebstahl, falsche Aussagen, Verleumdungen. *20* Das ist es, was den Menschen vor Gott unrein macht; aber wenn er mit ungewaschenen Händen isst, wird er nicht unrein.«

Der Glaube einer Nichtjüdin

21 Jesus brach von dort auf und zog sich in die Gegend von Tyrus und Sidon zurück. *22* Da kam eine kanaanäische Frau aus dem Gebiet und rief: »Herr, du Sohn Davids, hab Erbarmen mit mir! Meine Tochter wird von einem bösen Geist furchtbar gequält.« *23* Aber Jesus gab ihr keine Antwort. Schließlich drängten ihn seine Jünger: »Fertige sie doch ab, denn sie schreit dauernd hinter uns her!« *24* Er entgegnete: »Ich bin nur zu den verlorenen Schafen des Hauses Israel gesandt.« *25* Da kam die Frau näher und warf sich vor Jesus nieder. »Herr«, sagte sie, »hilf mir!« *26* Er entgegnete: »Es ist nicht recht, den Kindern das Brot wegzunehmen und es den Haushunden vorzuwerfen.« *27* »Das ist wahr, Herr«, erwiderte sie, »aber die Hündchen unter dem Tisch dürfen doch die Brotkrumen fressen, die ihre

15,4 2. Mose 20,12; 5. Mose 5,16
2. Mose 21,17; 3. Mose 20,9
15,8-9 Jesaja 29,13

Herren fallen lassen.« *28* Da sagte Jesus zu ihr: »Frau, dein Vertrauen ist groß! Was du willst, soll geschehen!« Von diesem Augenblick an war ihre Tochter gesund.

4000 Menschen und drei Tage

29 Jesus zog weiter und ging zum See von Galiläa zurück. Dort stieg er auf einen Berg und setzte sich. *30* Da strömten Scharen von Menschen herbei und brachten Gelähmte, Blinde, Krüppel, Stumme und viele andere Kranke zu ihm und legten sie vor seinen Füßen nieder. Er heilte sie alle, *31* so dass die Leute nicht aus dem Staunen herauskamen. Stumme konnten wieder sprechen, Krüppel wurden wiederhergestellt, Gelähmte konnten wieder gehen und Blinde wieder sehen. Und sie priesen den Gott Israels.

32 Da rief Jesus die Jünger zu sich und sagte: »Diese Leute tun mir sehr leid. Seit drei Tagen sind sie hier bei mir und haben nichts zu essen. Ich will sie nicht hungrig nach Hause schicken, damit sie nicht unterwegs zusammenbrechen.« *33* »Wo sollen wir denn hier in der Einöde so viel Brot hernehmen, um diese Menschen alle satt zu machen?«, fragten die Jünger. *34* Doch Jesus fragte zurück: »Wie viele Fladenbrote habt ihr?« – »Sieben«, antworteten sie, »und ein paar kleine Fische.« *35* Da forderte er die Leute auf, sich auf die Erde zu setzen. *36* Er nahm die sieben Fladenbrote und die Fische, dankte Gott dafür, brach sie in Stücke und gab sie seinen Jüngern zum Austeilen. Die Jünger verteilten sie an die Menge, *37* und die Leute aßen, bis sie satt waren. Am Schluss sammelten sie auf, was übrig geblieben war: sieben Körbe voll. *38* Viertausend Männer hatten an der Mahlzeit teilgenommen, Frauen und Kinder nicht gerechnet. *39* Als Jesus die Leute dann nach Hause geschickt hatte, stieg er ins Boot und fuhr in die Gegend von Magadan*.

Kein Zeichen

16 *1* Da kamen die Pharisäer und Sadduzäer zu Jesus. Sie wollten ihn auf die Probe stellen und verlangten ein Zeichen vom Himmel. *2* Er erwiderte: »Wenn sich der Himmel am Abend rot färbt, sagt ihr: ›Es gibt schönes Wetter.‹ *3* Doch wenn er sich am Morgen rot färbt und trübe ist, sagt ihr: ›Heute gibt es Sturm.‹ Das Aussehen des Himmels könnt ihr richtig einschätzen. Wieso könnt ihr dann die Zeichen dieser Zeit nicht beurteilen? *4* Eine verdorbene Generation, die von Gott nichts wissen will, verlangt nach einem Zeichen! Doch es wird ihnen keins gegeben werden, nur das des Propheten Jona.« Damit ließ er sie stehen und ging weg.

Welcher Sauerteig?

5 Bei der Fahrt auf die andere Seite des Sees hatten die Jünger vergessen, Brot mitzunehmen. *6* Als Jesus nun warnend sagte: »Hütet euch vor dem

---

15,39 Magadan bedeutet »die (glücklichen) Wasser des Gad«. Markus 8,10 gebraucht den Begriff *Dalmanuta*. Beides deutet auf Tabgha hin, das damals zu Kafarnaum gehörte. Der Platz, zwei Kilometer südlich von Kafarnaum in der Nähe von sieben Quellen, war der Ort, an den Jesus sich gern zurückzog.

Sauerteig der Pharisäer und Sadduzäer!«, 7 dachten sie, er sage das, weil sie kein Brot mitgenommen hatten. 8 Als Jesus merkte, was sie beschäftigte, sagte er:»Was macht ihr euch Gedanken darüber, dass ihr kein Brot habt? Ihr Kleingläubigen! 9 Begreift ihr es immer noch nicht? Erinnert ihr euch nicht daran, wie viel Körbe voll Brotstücke ihr eingesammelt habt, als ich die fünf Brote für die Fünftausend austeilte? 10 Und bei den sieben Broten für die Viertausend, wie viel Körbe voll Brocken habt ihr da eingesammelt? 11 Begreift ihr denn immer noch nicht, dass ich nicht vom Brot zu euch geredet habe, als ich euch vor dem Sauerteig der Pharisäer und Sadduzäer warnte?« 12 Da endlich verstanden sie, dass er die Lehre der Pharisäer und Sadduzäer gemeint hatte und nicht den Sauerteig, der zum Brotbacken verwendet wird.

16,13 *Cäsarea Philippi.* Philippus II. hatte die Stadt Paneas am südwestlichen Abhang des Hermon im Quellgebiet des Jordan zur Hauptstadt seines Herrschaftsgebietes gemacht und zu Ehren des Kaisers Cäsarea genannt. Die Stadt, die aus einer Anhäufung kleinerer Siedlungseinheiten bestand, lag etwa 45 km nördlich von Betsaida.

16,18 *Petrus.* Das heißt *Stein* oder *Felsbrocken.*

Felsen. Griechisch: *petra* = Felsmassiv.

16,19 *Binden und Lösen.* Vergleiche die Fußnote zu Matthäus 18,18.

16,21 *Nach drei Tagen.* Nach jüdischer Zählweise bedeutet das nicht drei Tage später, weil die angebrochenen Tage gewöhnlich als volle Tage gerechnet wurden. Am ersten Tag würde er sterben, am dritten Tag auferstehen.

Der Messias und das Kreuz

13 Als Jesus in das Gebiet von Cäsarea Philippi* kam, fragte er seine Jünger:»Für wen halten die Leute den Menschensohn?« 14 »Einige halten dich für Johannes den Täufer«, antworteten sie,»andere für Elija und wieder andere für Jeremia oder einen der alten Propheten.« 15 »Und ihr«, fragte er weiter,»für wen haltet ihr mich?« 16 »Du bist der Messias«, erwiderte Petrus,»der Sohn des lebendigen Gottes.« 17 Darauf sagte Jesus zu ihm:»Wie glücklich bist du, Simon Ben-Jona; denn das hat dir mein Vater im Himmel offenbart. Von einem Menschen konntest du das nicht haben. 18 Deshalb sage ich dir jetzt: Du bist Petrus*, und auf diesen Felsen* werde ich meine Gemeinde bauen, und alle Mächte des Todes können ihr nichts anhaben. 19 Ich werde dir die Schlüssel zu dem Reich geben, das der Himmel regiert. Was du auf der Erde bindest, wird im Himmel gebunden sein, und was du auf der Erde löst, das wird im Himmel gelöst sein.*«

20 Anschließend schärfte Jesus seinen Jüngern ein, niemand zu sagen, dass er der Messias sei. 21 Und dann begann er ihnen klarzumachen, dass er nach Jerusalem gehen und dort von den Ratsältesten, den Hohen Priestern und Gesetzeslehrern vieles erleiden müsse, er werde getötet werden und nach drei Tagen* auferstehen. 22 Da nahm Petrus ihn beiseite und fuhr ihn an.»Niemals, Herr!«, sagte er.»Das darf auf keinen Fall mit dir geschehen!« 23 Doch Jesus drehte sich um und sagte zu Petrus:»Geh mir aus den Augen, du Satan! Du willst

mich zu Fall bringen. Was du denkst, kommt nicht von Gott, sondern von Menschen.«

24 Dann sagte Jesus zu seinen Jüngern: »Wenn jemand mein Jünger sein will, dann muss er sich selbst verleugnen, er muss sein Kreuz aufnehmen und mir folgen. 25 Denn wer sein Leben* unbedingt bewahren will, wird es verlieren. Wer aber sein Leben meinetwegen verliert, der wird es gewinnen. 26 Denn was hat ein Mensch davon, wenn er die ganze Welt gewinnt, dabei aber das Leben einbüßt? Was könnte er schon als Gegenwert für sein Leben geben?

27 Denn der Menschensohn wird in der Herrlichkeit seines Vaters mit seinen Engeln kommen und jedem nach seinem Tun vergelten. 28 Ich versichere euch: Einige von denen, die hier stehen, werden nicht sterben, bis sie den Menschensohn in seiner königlichen Macht kommen sehen.«

Zeugen seiner Herrlichkeit

17 1 Sechs Tage später nahm Jesus Petrus, Jakobus und dessen Bruder Johannes mit und führte sie auf einen hohen Berg*, wo sie allein waren. 2 Dort, vor ihren Augen, veränderte sich sein Aussehen. Sein Gesicht begann zu leuchten wie die Sonne, und seine Kleider wurden blendend weiß wie das Licht. 3 Dann erschienen Mose und Elija vor ihnen und fingen an, mit Jesus zu reden. 4 »Herr, wie gut, dass wir hier sind!«, rief Petrus da, »wenn du willst, werde ich hier drei Hütten bauen: eine für dich, eine für Mose und eine für Elija.« 5 Während er noch redete, fiel der Schatten einer lichten Wolke auf

sie, und aus der Wolke sagte eine Stimme: »Das ist mein lieber Sohn, an dem ich meine Freude habe. Hört auf ihn!« 6 Diese Stimme versetzte die Jünger in solchen Schrecken, dass sie sich zu Boden warfen, mit dem Gesicht zur Erde. 7 Da trat Jesus zu ihnen, rührte sie an und sagte: »Steht auf! Ihr müsst keine Angst haben.« 8 Als sie sich umschauten, sahen sie niemand mehr. Nur Jesus war noch bei ihnen. 9 Während sie den Berg hinabstiegen, sagte Jesus den drei Jüngern mit Nachdruck: »Sprecht mit niemand über das, was ihr gesehen habt, bis der Menschensohn von den Toten auferstanden ist!« 10 Da fragten ihn die Jünger: »Warum behaupten die Gesetzeslehrer, dass Elija zuerst kommen muss?« 11 »Das stimmt schon, Elija kommt zuerst«, erwiderte Jesus, »und er wird alles wiederherstellen. 12 Aber ich sage euch, Elija ist schon gekommen, doch sie haben ihn nicht erkannt, sondern mit ihm gemacht, was sie wollten. Genauso wird auch der Menschensohn durch sie zu leiden haben.« 13 Da verstanden die Jünger, dass er von Johannes dem Täufer sprach.

16,25 *Leben*. Wörtlich: *psyche* = Leben und Seele bzw. das wahre Selbst, die Persönlichkeit.

17,1 *hoher Berg*. Traditionell wird darunter der Berg Tabor in Galiläa verstanden, doch damals befand sich auf dessen runder Kuppe eine befestigte Burg – kein Ort, wo man allein sein konnte. Die vorherige Erwähnung von Cäsarea Philippi verweist auf den Berg Hermon nordöstlich dieses Ortes, und wir sollten uns das Geschehen an einem der Hänge jenes majestätischen Berges vorstellen.

Kleinglaube

14 Als sie zu der Menschenmenge zurückkehrten, kam ein Mann zu Jesus. Er warf sich vor ihm auf die Knie 15 und sagte:»Herr, erbarme dich über meinen Sohn. Er hat schwere Anfälle und leidet furchtbar. Oft fällt er sogar ins Feuer oder ins Wasser. 16 Ich habe deine Jünger gebeten, ihn zu heilen, aber sie konnten es nicht.« 17 »Was seid ihr nur für ein ungläubiges und verkehrtes Geschlecht!«, sagte Jesus zu ihnen. »Wie lange muss ich denn noch bei euch sein und euch ertragen? Bring deinen Sohn her!« 18 Jesus bedrohte den bösen Geist, der den Jungen in seiner Gewalt hatte; da verließ er ihn. Von diesem Augenblick an war der Junge gesund. 19 Als sie später wieder unter sich waren, fragten die Jünger Jesus: »Warum haben wir den Dämon nicht austreiben können?« 20 »Wegen eures Kleinglaubens«, antwortete er. »Ich versichere euch: Wenn euer Vertrauen nur so groß wäre wie ein Senfkorn, könntet ihr zu diesem Berg sagen: ›Rück weg von hier nach dort!‹ Und er wird wegrücken. Nichts wird euch unmöglich sein.« (21)*

17,21 Spätere Handschriften haben hier eingefügt: »Diese Art von Dämonen aber kann nur durch Beten und Fasten ausgetrieben werden.«

17,24 *Tempelsteuer.* Wörtlich: Doppeldrachme, das ist der Betrag, den jeder männliche Jude jedes Jahr im Februar/März für den Tempel zu zahlen hatte. Er entsprach dem Wert von zwei Tagelöhnen eines Arbeiters.

17,27 *Stater.* Silbermünze im Wert von vier Drachmen.

Leidensankündigung

22 Als sie durch Galiläa zogen, sagte Jesus zu ihnen:»Der Menschensohn wird den Händen von Menschen ausgeliefert werden, 23 und die werden ihn töten. Doch drei Tage danach wird er auferstehen.« Da wurden die Jünger sehr traurig.

Tempelsteuer

24 Als sie nach Kafarnaum kamen, traten die Beauftragten für die Tempelsteuer* zu Petrus und fragten:»Zahlt euer Rabbi eigentlich keine Tempelsteuer?« 25 »Natürlich!«, sagte Petrus. Doch als er dann ins Haus kam, sprach Jesus ihn gleich an:»Was meinst du Simon, von wem erheben die Könige der Erde Zölle oder Steuern? Von ihren eigenen Söhnen oder von den anderen Leuten?« 26 »Von den anderen Leuten«, sagte Petrus. Da sagte Jesus zu ihm:»Also sind die Söhne davon befreit. 27 Damit wir sie aber nicht vor den Kopf stoßen, geh an den See und wirf die Angel aus. Öffne dem ersten Fisch, den du fängst, das Maul. Dort wirst du einen Stater* finden. Nimm ihn und bezahle damit die Tempelsteuer für mich und für dich.«

Der Größte

18 1 Etwa zu dieser Zeit kamen die Jünger zu Jesus und fragten:»Wer ist eigentlich der Größte im Reich, das der Himmel regiert?« 2 Da rief Jesus ein Kind herbei, stellte es in ihre Mitte 3 und sagte:»Ich versichere euch: Wenn ihr nicht umkehrt und wie die Kinder werdet, könnt ihr nicht in das Reich kommen, das der Himmel regiert. 4 Darum ist einer, der es auf sich nimmt, vor den Menschen so gering dazustehen wie dieses Kind, der Größte in diesem Reich. *5* Und wer einen solchen Menschen in meinem Namen aufnimmt, nimmt mich auf. *6* Wer aber einen von diesen Geringgeachteten, die an mich glauben, zu Fall bringt, für den wäre es besser, wenn er mit einem Mühlstein* um den Hals ins tiefe Meer geworfen würde. *7* Weh der Welt wegen all der Dinge, durch die Menschen zu Fall kommen! Es ist zwar unausweichlich, dass solche Dinge geschehen, doch weh dem Menschen, der daran schuld ist! *8* Und wenn es deine Hand oder dein Fuß ist, die dich zum Bösen verführen, dann hack sie ab und wirf sie weg! Es ist besser, du gehst verstümmelt oder als Krüppel ins Leben ein, als mit beiden Händen und beiden Füßen in die Hölle zu kommen, in das ewige Feuer. *9* Und wenn es dein Auge ist, das dich verführt, so reiß es heraus und wirf es weg! Es ist besser für dich, du gehst einäugig in das Leben ein, als dass du beide Augen behältst und in das Feuer der Hölle geworfen wirst.

10 Hütet euch davor, einen dieser Geringgeachteten überheblich zu behandeln! Denn ich sage euch: Ihre Engel im Himmel haben jederzeit Zugang zu meinem himmlischen Vater. *(11)** *12* Was meint ihr? Wenn jemand hundert Schafe hat und eins davon verirrt sich, lässt er dann nicht die neunundneunzig in den Bergen zurück und zieht los, um das verirrte Schaf zu suchen? *13* Und wenn er es dann findet – ich versichere euch: Er wird sich über das eine Schaf mehr freuen als über die neunundneunzig, die sich nicht verlaufen haben. *14* Genauso ist es bei eurem Vater im Himmel: Er will nicht, dass

auch nur einer von diesen Geringgeachteten ins Verderben geht.«

Der Bruder

15 »Wenn dein Bruder sündigt, dann geh zu ihm und stell ihn unter vier Augen zur Rede. Wenn er mit sich reden lässt, hast du deinen Bruder zurückgewonnen. *16* Wenn er nicht auf dich hört, dann nimm einen oder zwei andere mit und geht noch einmal zu ihm, damit alles von zwei oder drei Zeugen bestätigt wird. *17* Wenn er auch dann nicht hören will, bring die Angelegenheit vor die Gemeinde. Wenn er nicht einmal auf die Gemeinde hört, dann behandelt ihn wie einen Gottlosen oder Betrüger.

18 Ich versichere euch: Alles, was ihr hier auf der Erde binden werdet, wird im Himmel gebunden sein, und was ihr auf der Erde lösen werdet, wird im Himmel gelöst sein.* *19* Und auch das versichere ich euch: Wenn zwei von euch hier auf der Erde sich einig werden, irgendeine Sache zu erbitten, dann wird sie ihnen von meinem Vater im Himmel gegeben werden. *20* Denn

---

18,6 *Mühlstein.* Wörtlich: *Eselsmühlstein,* gemeint ist der obere Mühlstein, der bei einer großen Mühle nicht von Menschen, sondern von einem Esel bewegt wurde.

18,11 Einige spätere Handschriften haben hier wie Lukas 19,10 eingefügt: »Denn der Menschensohn ist gekommen, das Verlorene zu retten.«

18,18 Die Bedeutung der Ausdrücke *binden* und *lösen* ist umstritten. Manche deuten sie auf die Lehrautorität – *verbieten* und *erlauben,* andere auf die Gemeinde – *ausschließen* und *aufnehmen,* und wieder andere auf *vergeben* und die *Vergebung verweigern* (evtl. durch Verkündigung oder Nichtverkündigung des Evangeliums).

wo zwei oder drei in meinem Namen zusammenkommen, da bin ich in ihrer Mitte.«

21 Dann kam Petrus zu Jesus und fragte:»Herr, wie oft darf mein Bruder gegen mich sündigen und ich muss ihm vergeben? Siebenmal?« 22»Nein«, antwortete Jesus,»nicht siebenmal, sondern siebenundsiebzigmal.* 23 Deshalb ist es mit dem Reich, das der Himmel regiert, wie mit einem König, der von seinen Dienern Rechenschaft verlangte. 24 Gleich am Anfang brachte man einen zu ihm, der ihm zehntausend Talente* schuldete. 25 Und weil er nicht zahlen konnte, befahl der Herr, ihn mit seiner Frau, den Kindern und seinem ganzen Besitz zu verkaufen, um die Schuld zu begleichen. 26 Der Mann warf sich vor ihm nieder und bat ihn auf Knien: ›Herr, hab Geduld mit mir! Ich will ja alles bezahlen.‹ 27 Da bekam der Herr Mitleid. Er gab ihn frei und erließ ihm auch noch die ganze Schuld. 28 Doch kaum war der Diener zur Tür hinaus, traf er einen anderen Diener, der ihm hundert Denare schuldete. Er packte ihn an der Kehle, würgte ihn und sagte: ›Bezahle jetzt endlich deine Schulden!‹ 29 Da warf sich der Mann vor ihm nieder und bat ihn: ›Hab

Geduld mit mir! Ich will ja alles bezahlen.‹ 30 Er aber wollte nicht, sondern ließ ihn auf der Stelle ins Gefängnis werfen, bis er ihm die Schulden bezahlt hätte. 31 Als die anderen Diener das sahen, waren sie entsetzt. Sie gingen zu ihrem Herrn und berichteten ihm alles. 32 Da ließ sein Herr ihn rufen und sagte zu ihm: ›Was bist du für ein böser Mensch! Deine ganze Schuld habe ich dir erlassen, weil du mich angefleht hast. 33 Hättest du nicht auch mit diesem anderen Diener Erbarmen haben müssen, so wie ich es mit dir gehabt habe?‹ 34 Der König war so zornig, dass er ihn den Folterknechten übergab, bis er alle seine Schulden zurückgezahlt haben würde. 35 So wird auch mein Vater im Himmel jeden von euch behandeln, der seinem Bruder nicht von Herzen vergibt.«

Ehescheidung

19 1 Als Jesus diese Rede beendet hatte, zog er weiter. Er verließ Galiläa und kam in das Gebiet von Judäa und das Ostjordanland. 2 Die Menschen kamen in Scharen zu ihm, und er heilte sie. 3 Dann kamen einige Pharisäer und wollten ihm eine Falle stellen. Sie fragten:»Darf ein Mann aus jedem beliebigen Grund seine Frau aus der Ehe entlassen?« 4»Habt ihr nie gelesen«, erwiderte Jesus,»dass Gott die Menschen von Anfang an als Mann und Frau geschaffen hat?* 5 Und dass er dann sagte: ›Deshalb wird ein Mann seinen Vater und seine Mutter verlassen und sich an seine Frau binden, und die zwei werden eine Einheit sein.‹*? 6 Sie sind also nicht mehr

---

18,22 *siebenundsiebzigmal.* Andere übersetzen mit Einfügung eines zweiten »mal«: *siebzig mal siebenmal.* Siehe aber das biblische Gegenstück in 1. Mose 4,24!

18,24 *Talente.* Größte damalige Geldeinheit. 1 *Talent* = 6000 Denare = Arbeitslohn für 20 Jahre Arbeit. 10.000 Talente wäre also eine Schuld von 200.000 Jahren Arbeit.

19,4 1. Mose 1,27

19,5 1. Mose 2,24

zwei, sondern eine Einheit. Und was Gott zusammengefügt hat, sollen Menschen nicht scheiden!« 7 »Warum hat Mose dann aber gesagt«, entgegneten sie, »dass man der Frau einen Scheidebrief ausstellen soll, bevor man sie wegschickt?« 8 Jesus erwiderte: »Nur, weil ihr so harte Herzen habt, hat Mose euch erlaubt, eure Frauen wegzuschicken. Am Anfang war es jedoch nicht so. 9 Doch ich sage euch: Wer sich von seiner Frau trennt und eine andere heiratet – es sei denn, sie wäre ihm untreu geworden –, begeht Ehebruch. Auch wer eine Geschiedene heiratet, begeht Ehebruch.*« 10 Da sagten die Jünger: »Dann wäre es ja besser, gar nicht zu heiraten!« 11 Jesus erwiderte: »Das ist etwas, was nicht alle fassen können, sondern nur die, denen es von Gott gegeben ist. 12 Manche sind nämlich von Geburt an unfähig zur Ehe, andere sind es durch einen späteren Eingriff geworden, und wieder andere verzichten von sich aus auf die Ehe, weil sie ganz für das Reich da sein wollen, das der Himmel regiert. Wer es fassen kann, der fasse es!«

Kinder

13 Danach wurden Kinder zu Jesus gebracht, damit er ihnen die Hände auflege und für sie bete. Doch die Jünger wiesen sie unfreundlich ab. 14 Aber Jesus sagte: »Lasst doch die Kinder zu mir kommen, und hindert sie nicht daran! Das Reich, das der *Himmel* regiert, ist ja gerade für solche wie sie bestimmt.« 15 Und er legte den Kindern die Hände auf. Dann zog er weiter.

Reichtum

16 Da kam ein Mann zu ihm und fragte: »Rabbi, was muss ich Gutes tun, um das ewige Leben zu bekommen?« 17 »Was fragst du mich nach dem Guten?«, entgegnete Jesus. »Gut ist nur einer. Doch wenn du das Leben bekommen willst, dann halte die Gebote!« 18 »Welche denn?«, fragte der Mann. Jesus antwortete: »Du sollst nicht morden, nicht die Ehe brechen, nicht stehlen und keine Falschaussagen machen. 19 Ehre deinen Vater und deine Mutter, und liebe deinen Nächsten wie dich selbst!« 20 Der junge Mann erwiderte: »Das alles habe ich befolgt. Was fehlt mir noch?« 21 »Wenn du vollkommen sein willst«, sagte Jesus zu ihm, »dann geh, und verkaufe alles, was du hast, und gib den Erlös den Armen – du wirst dann einen Schatz im Himmel haben –, und komm, folge mir nach!« 22 Als der junge Mann das hörte, ging er traurig weg, denn er hatte ein großes Vermögen. 23 Da sagte Jesus zu seinen Jüngern: »Ich versichere euch: Für einen Reichen ist es schwer, in das Reich hineinzukommen, das der Himmel regiert. 24 Ich sage es noch einmal: Eher kommt ein Kamel durch ein Nadelöhr als ein Reicher in Gottes Reich.« 25 Als die Jünger das hörten, gerieten sie völlig außer sich und fragten: »Wer kann dann überhaupt gerettet werden?« 26 Jesus blickte sie an und sagte: »Für Menschen ist das unmöglich, nicht aber für Gott. Für Gott ist alles möglich.«

19,9 Der letzte Satz fehlt in namhaften Handschriften.

²⁷ Da erklärte Petrus: »Du weißt, wir haben alles verlassen und sind dir gefolgt. Was werden wir dafür bekommen?« ²⁸ »Ich versichere euch«, erwiderte Jesus, »wenn der Menschensohn in der kommenden Welt auf dem Thron seiner Herrlichkeit sitzt, werdet auch ihr, die ihr mir nachgefolgt seid, auf zwölf Thronen sitzen, um die zwölf Stämme Israels zu richten. ²⁹ Und jeder, der um meinetwillen Haus, Brüder, Schwestern, Vater, Mutter, Kinder oder Äcker verlassen hat, bekommt es hundertfach zurück und wird das ewige Leben erhalten. ³⁰ Aber viele, die jetzt die Großen sind, werden dann die Geringsten sein, und die jetzt die Letzten sind, werden dann die Ersten sein.«

Arbeiter im Weinberg

20 ¹ »Denn mit dem Reich, das der Himmel regiert, ist es wie mit einem Gutsherrn, der sich früh am Morgen aufmachte, um Arbeiter für seinen Weinberg einzustellen. ² Er einigte sich mit ihnen auf den üblichen Tageslohn von einem Denar und schickte sie in seinen Weinberg. ³ Als er gegen neun Uhr noch einmal auf den Marktplatz ging, sah er dort noch andere arbeitslos herumstehen. ⁴ ›Ihr könnt in meinem Weinberg arbeiten‹, sagte er zu ihnen, ›ich werde euch dafür geben, was recht ist.‹ ⁵ Da gingen sie an die Arbeit. Genauso machte er es um die Mittagszeit und gegen drei Uhr nachmittags. ⁶ Als er gegen fünf Uhr das letzte Mal hinausging, fand er immer noch einige herumstehen. ›Warum tut ihr den ganzen Tag nichts?‹, fragte er sie. ⁷ ›Weil uns niemand eingestellt hat‹, gaben sie zur Antwort. ›Ihr könnt auch noch in meinem Weinberg arbeiten!‹, sagte der Gutsherr.

⁸ Am Abend sagte er dann zu seinem Verwalter: ›Ruf die Arbeiter zusammen und zahle ihnen den Lohn aus. Fang bei denen an, die zuletzt gekommen sind, und hör bei den Ersten auf.‹ ⁹ Die Männer, die erst gegen fünf Uhr angefangen hatten, bekamen je einen Denar. ¹⁰ Als nun die Ersten an der Reihe waren, dachten sie, sie würden mehr erhalten. Aber auch sie bekamen je einen Denar. ¹¹ Da murrten sie und beschwerten sich beim Gutsherrn. ¹² ›Diese da, die zuletzt gekommen sind‹, sagten sie, ›haben nur eine Stunde gearbeitet, und du behandelst sie genauso wie uns. Dabei haben wir den ganzen Tag über geschuftet und die Hitze ertragen.‹ ¹³ Da sagte der Gutsherr zu einem von ihnen: ›Mein Freund, ich tue dir kein Unrecht. Hatten wir uns nicht auf einen Denar geeinigt? ¹⁴ Nimm dein Geld und geh! Ich will nun einmal dem Letzten hier genauso viel geben wie dir. ¹⁵ Darf ich denn mit meinem Geld nicht machen, was ich will? Oder bist du neidisch, weil ich so gütig bin?‹ ¹⁶ – So wird es kommen, dass die Letzten die Ersten sind und die Ersten die Letzten.«

Der bittere Becher

¹⁷ Auf dem Weg nach Jerusalem hinauf nahm Jesus die zwölf Jünger beiseite und sagte zu ihnen: ¹⁸ »Passt auf, wenn wir jetzt nach Jerusalem kommen, wird der Menschensohn an die Hohen Priester und die Gesetzeslehrer ausgeliefert. Die werden ihn zum Tod verurteilen ¹⁹ und den Fremden übergeben, die Gott nicht kennen.

Diese werden ihren Spott mit ihm treiben, ihn auspeitschen und töten. Doch drei Tage später wird er vom Tod auferstehen.«

20 Da trat die Mutter der Zebedäussöhne an Jesus heran und warf sich vor ihm nieder. Sie wollte etwas von ihm erbitten. 21 »Was möchtest du?«, fragte er. Sie antwortete: »Erlaube doch, dass meine beiden Söhne in deinem Reich links und rechts neben dir sitzen!« 22 Aber Jesus erwiderte: »Ihr wisst nicht, was ihr da verlangt! Könnt ihr den bitteren Becher austrinken, den ich trinken werde?« – »Ja, das können wir«, erklärten sie. 23 Jesus erwiderte: »Den Becher, den ich trinken muss, werdet ihr zwar ebenfalls trinken, aber ich kann nicht bestimmen, wer auf den Plätzen links und rechts von mir sitzen wird. Dort werden die sitzen, die mein Vater dafür vorgesehen hat.«

24 Die anderen zehn hatten das Gespräch mit angehört und ärgerten sich über die beiden Brüder. 25 Da rief Jesus sie zu sich und sagte: »Ihr wisst, wie die Herrscher sich als Herren aufspielen und die Großen ihre Macht missbrauchen. 26 Bei euch aber soll es nicht so sein. Wer bei euch groß sein will, soll euer Diener sein, 27 und wer bei euch der Erste sein will, soll euer Sklave sein. 28 Auch der Menschensohn ist nicht gekommen, um sich bedienen zu lassen, sondern um zu dienen und sein Leben als Lösegeld für viele zu geben.«

Erbarmen

29 Als Jesus mit seinen Jüngern und einer großen Menschenmenge die Stadt wieder verließ, 30 saßen da zwei Blinde am Weg. Sie hörten, dass Jesus vorbeikam, und riefen laut: »Herr, Sohn Davids, hab Erbarmen mit uns!« 31 Die Leute fuhren sie an, still zu sein. Doch sie schrien nur umso lauter: »Herr, Sohn Davids, hab Erbarmen mit uns!« 32 Jesus blieb stehen und ließ sie rufen. »Was möchtet ihr von mir?«, fragte sie. 33 »Herr«, sagten die Blinden, »wir möchten sehen können!« 34 Da hatte Jesus Mitleid mit ihnen und berührte ihre Augen. Im gleichen Augenblick konnten sie sehen und folgten Jesus auf dem Weg.

Triumphzug

21 1 Als sie in die Nähe von Jerusalem kamen, kurz vor Betfage* am Ölberg, schickte Jesus zwei Jünger voraus. 2 »Geht in das Dorf«, sagte er, »das ihr dort vor euch seht! Gleich, wenn ihr hineingeht, werdet ihr eine Eselin angebunden finden und ein Fohlen bei ihr. Bindet sie los und bringt sie her. 3 Sollte jemand etwas zu euch sagen, dann antwortet einfach: ›Der Herr braucht sie und wird sie nachher gleich wieder zurückbringen lassen.‹« 4 Das geschah, weil sich erfüllen sollte, was der Prophet gesagt hat:

5 »Sagt der Tochter Zion*: /
Dein König kommt zu dir. / Er ist sanftmütig und reitet auf einem

---

21,1 *Betfage*. »Haus der unreifen Feigen«, Dorf am östlichen Abhang des Ölbergs, 1,5 km von Jerusalem entfernt.

21,5 *Zion*. Einer der Hügel von Jerusalem, oft als Bezeichnung für die ganze Stadt gebraucht.

Sacharja 9,9

Esel, / und zwar auf dem Fohlen, dem Jungen des Lasttiers.«*

6 Die beiden machten sich auf den Weg und führten alles so aus, wie Jesus es ihnen aufgetragen hatte. 7 Sie brachten die Eselin und das Fohlen. Dann legten sie ihre Umhänge* über die Tiere, und er setzte sich auf das Fohlen. 8 Sehr viele Menschen breiteten jetzt ihre Umhänge auf dem Weg aus, andere hieben Zweige von den Bäumen ab und legten sie auf den Weg. 9 Die Leute, die vorausliefen, und auch die, die Jesus folgten, riefen:»Hosianna* dem Sohn Davids! Gesegnet sei er, der kommt im Namen des Herrn! Hosianna, Gott in der Höhe!« 10 Als Jesus in Jerusalem einzog, kam die ganze Stadt in Aufregung, und alle fragten:»Wer ist dieser Mann?« 11 Die Menge, die Jesus begleitete, antwortete:»Das ist der Prophet Jesus aus Nazaret in Galiläa.«

Tempelreinigung

12 Jesus ging in den Tempel und fing an, die Händler und die Leute, die bei ihnen kauften, hinauszujagen. Die Tische der Geldwechsler und die Sitze der Taubenverkäufer stieß er um. 13 »In der Schrift heißt es:«, rief er, »›Mein Haus soll ein Ort des Gebets sein. Aber ihr habt eine Räuberhöhle daraus gemacht.‹«* 14 Als er im Tempel war, kamen Blinde und Gelähmte zu ihm, und er machte sie gesund. 15 Als die Hohen Priester und Gesetzeslehrer die Wunder sahen, die er tat, und den Jubel der Kinder hörten, die im Tempel riefen:»Hosianna dem Sohn Davids!«, wurden sie wütend 16 und sagten zu Jesus:»Hörst du, was die da schreien?« – »Gewiss«, erwiderte Jesus,»aber habt ihr denn nie gelesen: ›Unmündigen und kleinen Kindern hast du dein Lob in den Mund gelegt‹*?« 17 Er ließ sie stehen und ging aus der Stadt nach Betanien*, um dort zu übernachten.

Vollmacht

18 Als er am Morgen in die Stadt zurückkehrte, hatte er Hunger. 19 Da sah er einen einzelnen Feigenbaum am Weg stehen. Er ging auf ihn zu, fand aber nur Blätter daran.* Da sagte Jesus zu dem Baum:»Nie wieder sollst du Früchte tragen!« Und augenblicklich

---

21,7 *Umhänge* oder Mäntel. Großes quadratisches Stück festen Stoffs, das über dem Untergewand (eine Art Hemd, das bis zu den Knien reichte) getragen wurde. Man konnte auch Gegenstände darin tragen, und die Armen, z.B. Hirten, wickelten sich nachts darin ein.

21,9 *Hosianna.* Hebräisch: *Hilf doch!* Aus Psalm 118,25 stammender Hilferuf an Gott, der als feststehende Formel und schließlich auch als Lobpreis verwendet wurde.

21,13 Mischzitat aus Jesaja 56,7 und Jeremia 7,11.

21,16 Psalm 8,3

21,17 *Betanien.* »Haus des Ananja«, 3 km östlich von Jerusalem, einer der drei Orte, in denen nach der Tempelrolle von Qumran Aussätzige wohnen sollten.

21,19 *nur Blätter daran.* Jesus suchte nach den kleinen, trockenen »Vorfeigen« (*paggim*), die aus Blütenanlagen des Vorjahres entstehen und schon Anfang April unter den neuen Trieben des Baumes zu finden sind. Sie werden dann abgeworfen, wenn später an der gleichen Stelle die sogenannten »Frühfeigen« (*bikkurah*) wachsen, die Anfang Juni reif sind. Im August sind dann die Feigen reif, die an den neuen Trieben gewachsen sind (*tena*).

verdorrte der Feigenbaum. *20* Als die Jünger das sahen, fragten sie erstaunt: »Wie konnte der Feigenbaum so plötzlich verdorren?« *21* Jesus antwortete: »Ich versichere euch: Wenn ihr Vertrauen zu Gott habt und nicht zweifelt, könnt ihr nicht nur das tun, was ich mit dem Feigenbaum getan habe; ihr könnt dann sogar zu diesem Berg hier sagen: ›Heb dich hoch und stürz dich ins Meer!‹, und es wird geschehen. *22* Alles, was ihr glaubend im Gebet erbittet, werdet ihr erhalten.«

23 Als Jesus in den Tempel ging und anfing, dort zu lehren, traten die Hohen Priester und Ältesten des Volkes zu ihm und fragten: »Mit welchem Recht tust du das alles? Wer hat dir die Vollmacht dazu gegeben?« *24* »Ich will euch nur eine Frage stellen«, erwiderte Jesus, »wenn ihr sie mir beantwortet, werde ich euch sagen, wer mir die Vollmacht gegeben hat, so zu handeln. *25* Taufte Johannes im Auftrag Gottes oder im Auftrag von Menschen?« Sie überlegten miteinander: »Wenn wir sagen, ›im Auftrag Gottes‹, wird er fragen: ›Warum habt ihr ihm dann nicht geglaubt?‹ *26* Wenn wir aber sagen: ›Von Menschen‹, dann müssen wir uns vor dem Volk fürchten, denn sie glauben alle, dass Johannes ein Prophet war.« *27* So sagten sie zu Jesus: »Wir wissen es nicht.« – »Nun«, erwiderte Jesus, »dann sage ich euch auch nicht, von wem ich die Vollmacht habe, das alles zu tun.

28 Doch was haltet ihr von folgender Geschichte? Ein Mann hatte zwei Söhne und sagte zu dem älteren: ›Mein Sohn, geh heute zum Arbeiten in den Weinberg!‹ *29* ›Ich will aber nicht!‹, erwiderte der. Aber später bereute er seine Antwort und ging doch. *30* Dem zweiten Sohn gab der Vater denselben Auftrag. ›Ja, Vater!‹, antwortete dieser, ging aber nicht. *31* – Wer von den beiden hat nun dem Vater gehorcht?« – »Der Erste«, antworteten sie. Da sagte Jesus zu ihnen: »Ich versichere euch, dass die Zöllner und die Huren eher ins Reich Gottes kommen als ihr. *32* Denn Johannes hat euch den Weg der Gerechtigkeit gezeigt, aber ihr habt ihm nicht geglaubt. Die Zöllner und die Huren haben ihm geglaubt. Ihr habt es gesehen und wart nicht einmal dann bereit, eure Haltung zu ändern und ihm Glauben zu schenken.«

Der Eckstein

33 »Hört noch ein anderes Gleichnis: Ein Gutsherr legte einen Weinberg an, zog eine Mauer darum, hob eine Grube aus, um den Wein darin zu keltern, und baute einen Wachtturm. Dann verpachtete er ihn an Winzer und reiste ins Ausland. *34* Als die Zeit der Weinlese gekommen war, schickte er seine Sklaven zu den Winzern, um seinen Anteil an der Ernte abzuholen. *35* Doch die Winzer packten seine Sklaven; den einen verprügelten sie, einen anderen schlugen sie tot, und wieder einen anderen steinigten sie. *36* Da schickte der Gutsherr andere Sklaven, mehr als beim ersten Mal. Aber mit denen machten sie es genauso. *37* Zuletzt schickte er seinen Sohn zu ihnen, weil er dachte: ›Meinen Sohn werden sie sicher nicht antasten.‹ *38* Doch als die Winzer den Sohn sahen, sagten sie zueinander:

›Das ist der Erbe! Kommt, wir bringen ihn um und behalten das Land für uns!‹ *39* So fielen sie über ihn her, stießen ihn zum Weinberg hinaus und brachten ihn um.« *40* – »Was wird nun der Besitzer des Weinbergs mit diesen Winzern machen, wenn er kommt?«, fragte Jesus. *41* »Er wird diesen bösen Leuten ein böses Ende bereiten und den Weinberg an andere verpachten, die ihm den Ertrag pünktlich abliefern«, antworteten sie. *42* Da sagte Jesus zu ihnen: »Habt ihr denn nie die Stelle in der Schrift gelesen: ›Der Stein, den die Bauleute als unbrauchbar verworfen haben, ist zum Eckstein geworden. Das hat der Herr getan; es ist ein Wunder für uns‹*?* *43* Deshalb sage ich euch: Das Reich Gottes wird euch weggenommen und einem Volk gegeben werden, das die rechten Früchte hervorbringt. *44* Jeder, der auf diesen Stein fällt, wird zerschmettert, und jeder, auf den er fällt, wird zermalmt.« *45* Als die Hohen Priester und die Pharisäer das hörten, war ihnen klar, dass er sie mit diesen Gleichnissen gemeint hatte. *46* Daraufhin hätten sie Jesus am liebsten festgenommen, aber sie fürchteten das Volk, denn das hielt Jesus für einen Propheten.

Hochzeit

22 *1* Jesus sagte ihnen noch ein Gleichnis: *2* »Mit dem Reich, das der Himmel regiert, verhält es sich wie mit einem König, der seinem Sohn die Hochzeit ausrichtete. *3* Als es so weit war, schickte er seine Sklaven los, um die, die er zum Fest eingeladen hatte, rufen zu lassen. Doch sie wollten nicht kommen. *4* Da schickte er noch einmal Sklaven los und ließ den Eingeladenen sagen: ›Das Festmahl ist angerichtet, Ochsen und Mastkälber geschlachtet, alles ist bereit. Beeilt euch und kommt!‹ *5* Doch sie kümmerten sich überhaupt nicht darum. Der eine hatte auf dem Feld zu tun, der andere im Geschäft. *6* Einige jedoch packten die Sklaven, misshandelten sie und brachten sie um. *7* Da wurde der König zornig. Er schickte seine Truppen aus, ließ jene Mörder umbringen und ihre Stadt in Brand stecken. *8* Dann sagte er zu seinen Sklaven: ›Das Hochzeitsfest ist vorbereitet, aber die Gäste, die ich eingeladen hatte, waren es nicht wert. *9* Geht jetzt auf die Straßen und ladet alle ein, die ihr trefft.‹ *10* Das taten sie und holten alle herein, die sie fanden, Böse und Gute. So füllte sich der Hochzeitssaal mit Gästen. *11* Als der König hereinkam, um zu sehen, wer da gekommen war, fand er einen, der kein Festgewand anhatte. *12* ›Mein Freund‹, sagte er zu ihm, ›wie bist du überhaupt ohne Festgewand hereingekommen?‹ Der Mann wusste darauf nichts zu antworten. *13* Da befahl der König seinen Dienern: ›Fesselt ihm Hände und Füße, und werft ihn hinaus in die Finsternis.‹ Da wird das große Weinen und Zähneknirschen anfangen. *14* Denn viele sind gerufen, aber nur wenige sind erwählt.«

Steuern

15 Da kamen die Pharisäer zusammen und berieten, wie sie Jesus mit seinen

---

21,42 Psalm 118,22-23

eigenen Worten in eine Falle locken könnten, 16 und schickten dann ihre Jünger zusammen mit einigen Anhängern des Herodes* zu ihm. »Rabbi«, sagten diese, »wir wissen, dass du aufrichtig bist und uns wirklich zeigst, wie man nach Gottes Willen leben soll. Du fragst nicht nach der Meinung der Leute und bevorzugst niemand. 17 Nun sage uns, was du darüber denkst: Ist es richtig, dem Kaiser Steuern zu zahlen, oder nicht?« 18 Jesus durchschaute ihre Bosheit sofort und sagte: »Ihr Heuchler, warum wollt ihr mir eine Falle stellen? 19 Zeigt mir die Münze, mit der ihr die Steuern bezahlt!« Sie reichten ihm einen Denar*. 20 Da fragte er: »Wessen Bild und Name ist darauf?« 21 »Des Kaisers«, erwiderten sie. »Nun«, sagte Jesus, »dann gebt dem Kaiser, was dem Kaiser gehört, und Gott, was Gott gehört.« 22 Über diese Antwort waren sie so verblüfft, dass sie sprachlos weggingen.

Auferstehung

23 An diesem Tag kamen auch noch einige der Sadduzäer* zu Jesus, die behaupteten, es gäbe keine Auferstehung nach dem Tod. Sie fragten: 24 »Rabbi, Mose hat uns vorgeschrieben: Wenn ein Mann stirbt und keine Kinder hat, dann soll sein Bruder die Frau heiraten und seinem Bruder Nachkommen verschaffen. 25 Nun waren da sieben Brüder. Der Älteste von ihnen heiratete, starb jedoch kinderlos und hinterließ die Frau seinem Bruder. 26 Ebenso ging es auch dem Zweiten, dem Dritten, bis zum Siebten. 27 Zuletzt starb auch die Frau. 28 Wessen Frau wird sie nun nach der Auferstehung sein? Denn alle waren ja mit ihr verheiratet.« 29 Jesus erwiderte: »Ihr irrt euch, weil ihr weder die Schrift noch die Kraft Gottes kennt. 30 Denn wenn die Toten auferstehen, heiraten sie nicht mehr, sondern werden wie die Engel im Himmel sein. 31 Was aber die Auferstehung der Toten überhaupt betrifft: Habt ihr nicht gelesen, was Gott euch sagt: 32 ›Ich bin der Gott Abrahams, der Gott Isaaks und der Gott Jakobs‹*? Das heißt doch: Er ist nicht ein Gott von Toten, sondern von Lebenden!« 33 Die ganze Menschenmenge, die ihm zugehört hatte, war von seinen Worten tief beeindruckt.

Fangfragen

34 Als die Pharisäer hörten, dass Jesus die Sadduzäer zum Schweigen gebracht hatte, kamen sie zusammen. 35 Nun versuchte einer von ihnen, ein Gesetzeslehrer, Jesus eine Falle zu stellen. 36 »Was ist das wichtigste Gebot von allen?«, fragte er ihn. 37 Jesus antwortete: »›Du sollst den Herrn, deinen Gott, lieben von ganzem

---

22,16 *Anhänger des Herodes.* Jüdische Minderheit, die römerfreundlich eingestellt war und die Herrschaft des Herodes Antipas unterstützte.

22,19 *Denar.* Römische Silbermünze, die dem Tagelohn eines gut bezahlten Arbeiters entsprach.

22,23 *Sadduzäer.* Politisch einflussreiche, römerfreundliche religiöse Gruppe, deren Mitglieder aus den vornehmen Familien stammten.

22,32 2. Mose 3,6

Herzen, mit ganzer Seele, mit ganzem Verstand!‹* *38* Das ist das erste und wichtigste Gebot. *39* Das zweite ist ebenso wichtig: ›Du sollst deinen Nächsten lieben wie dich selbst!‹* *40* Mit diesen beiden Geboten ist alles gesagt, was das Gesetz und die Propheten wollen.« *41* Nun fragte Jesus die versammelten Pharisäer: *42* »Was denkt ihr über den Messias? Wessen Sohn ist er?« –»Der Sohn Davids«, erwiderten sie. *43* Da sagte Jesus: »Warum hat ihn David dann aber – durch den Heiligen Geist geleitet – Herr genannt? Er sagte nämlich: *44* ›Der Herr sprach zu meinem Herrn: Setz dich an meine rechte Seite, bis ich deine Feinde zum Fußschemel für dich gemacht habe.‹* *45* Wenn David ihn also Herr nennt, wie kann er dann gleichzeitig sein Sohn sein?« *46* Keiner konnte ihm darauf eine Antwort geben. Und von da an wagte auch niemand mehr, ihm eine Frage zu stellen.

22,37 5. Mose 6,5
22,39 3. Mose 19,18
22,44 Psalm 110,1
23,5 *Gebetsriemen.* Kapseln, die ein kleines Stück Pergament mit vier Stellen aus dem Gesetz enthielten (2. Mose 13,1-10.11-16; 5. Mose 6,4-9; 11,13-21) und mit Lederriemen am linken Oberarm und an der Stirn befestigt wurden.

Quasten oder Troddeln. Nach 4. Mose 15,37-41 wurden sie an den vier Ecken des Obergewandes zur Erinnerung an Gottes Gebote getragen.

Pharisäer und Gesetzeslehrer

23 *1* Dann wandte sich Jesus an die Menschenmenge und an seine Jünger: *2* »Die Gesetzeslehrer und die Pharisäer«, sagte er, »sitzen heute auf dem Lehrstuhl des Mose. *3* Richtet euch deshalb nach dem, was sie sagen, folgt aber nicht ihrem Tun. Denn sie selbst handeln nicht nach dem, was sie euch sagen. *4* Sie bürden den Menschen schwere, fast unerträgliche Lasten auf, denken aber nicht daran, die gleiche Last auch nur mit einem Finger anzurühren. *5* Und was sie tun, machen sie nur, um die Leute zu beeindrucken. So machen sie ihre Gebetsriemen* besonders breit und die Quasten* an ihren Gewändern besonders lang. *6* Bei Festessen und in Synagogen lieben sie es, die Ehrenplätze einzunehmen. *7* Sie genießen es, wenn sie auf der Straße ehrfurchtsvoll gegrüßt und Rabbi genannt werden. *8* Ihr jedoch sollt euch niemals Rabbi nennen lassen, denn nur einer ist euer Rabbi, und ihr alle seid Brüder. *9* Ihr sollt auch niemand von euren Brüdern auf der Erde mit ›Vater‹ anreden, denn nur einer ist euer Vater, nämlich der im Himmel. *10* Lasst euch auch nicht Lehrer nennen, denn nur einer ist euer Lehrer: der Messias. *11* Der Größte unter euch soll euer Diener sein. *12* Denn wer sich selbst erhöht, wird von Gott erniedrigt werden, wer sich aber selbst gering achtet, wird von Gott erhöht werden.

Siebenfaches Wehe!

13 Weh euch, ihr Gesetzeslehrer und Pharisäer, ihr Heuchler! Ihr verschließt den Menschen das Reich, das der Himmel regiert, denn ihr selbst geht nicht hinein, und die, die hineinwollen, lasst ihr nicht hinein. *(14)**

15 Weh euch, ihr Gesetzeslehrer und Pharisäer, ihr Heuchler! Ihr reist über Land und Meer, um einen einzigen Menschen für euren Glauben zu gewinnen; und wenn ihr ihn gewonnen habt, dann macht ihr ihn zu einem Anwärter auf die Hölle, der doppelt so schlimm ist wie ihr.

16 Weh euch, ihr verblendeten Führer! Ihr sagt: ›Wenn jemand beim Tempel schwört, muss er seinen Eid nicht halten; wenn er aber beim Gold des Tempels schwört, ist er an den Eid gebunden.‹ 17 Ihr verblendeten Narren! Was ist denn wichtiger: das Gold oder der Tempel, der das Gold erst heiligt? 18 Ihr sagt auch: ›Wenn jemand beim Altar schwört, muss er seinen Eid nicht halten; wenn er aber beim Opfer auf dem Altar schwört, ist er an den Eid gebunden.‹ 19 Wie verblendet seid ihr nur! Was ist denn wichtiger: die Opfergabe oder der Altar, der das Opfer heiligt? 20 Wer beim Altar schwört, schwört doch nicht nur beim Altar, sondern auch bei allem, was darauf liegt. 21 Und wer beim Tempel schwört, schwört nicht nur beim Tempel, sondern auch bei dem, der darin wohnt. 22 Und wer beim Himmel schwört, der schwört bei Gottes Thron und bei dem, der darauf sitzt.

23 Weh euch, ihr Gesetzeslehrer und Pharisäer, ihr Heuchler! Ihr gebt den Zehnten von Gartenminze, Dill und Kümmel, lasst aber die wichtigeren Forderungen des Gesetzes außer Acht: Gerechtigkeit, Barmherzigkeit und Treue! Das eine hättet ihr tun und das andere nicht lassen sollen! 24 Ihr verblendeten Führer! Die Mücken siebt ihr aus und die Kamele verschluckt ihr.

25 Weh euch, ihr Gesetzeslehrer und Pharisäer, ihr Heuchler! Ihr reinigt das Äußere von Becher und Schüssel, aber was ihr drin habt, zeigt eure Gier und Maßlosigkeit. 26 Du blinder Pharisäer! Wasch den Becher doch zuerst von innen aus, dann wird auch das Äußere rein sein.

27 Weh euch, ihr Gesetzeslehrer und Pharisäer, ihr Heuchler! Ihr seid wie weiß getünchte Gräber*: von außen ansehnlich, von innen aber voller Totenknochen und allem möglichen Unrat. 28 Von außen erscheint ihr den Menschen gerecht, von innen aber seid ihr voller Heuchelei und Gesetzlosigkeit.

29 Weh euch, ihr Gesetzeslehrer und Pharisäer, ihr Heuchler! Ihr baut ja die Grabmäler für die Propheten und schmückt die Gräber der Gerechten. 30 Und dann behauptet ihr noch: ›Wenn wir zur Zeit unserer Vorfahren gelebt hätten, hätten wir niemals mitgemacht, als sie die Propheten ermordeten.‹ 31 Damit bestätigt ihr allerdings, dass ihr die Nachkommen der Prophetenmörder seid. 32 Ja, macht nur das Maß eurer Vorfahren voll!

23,14 Spätere Handschriften haben hier wie Markus 12,40 und Lukas 20,47 eingefügt: »Weh euch, ihr Gesetzeslehrer und Pharisäer, ihr Heuchler! Ihr bringt Witwen um ihren Besitz und sprecht zum Schein lange Gebete. Deshalb erwartet euch ein besonders hartes Urteil.«

23,27 *getünchte Gräber* (oft in Felsenhöhlen), wurden weiß gekalkt, damit Fremde sich nicht durch Berührung verunreinigten.

33 Ihr Nattern und Giftschlangenbrut! Wie wollt ihr dem Strafgericht der Hölle entkommen? 34 Deshalb hört zu: Ich werde Propheten, Weise und echte Gesetzeslehrer zu euch schicken. Einige von ihnen werdet ihr töten, ja sogar kreuzigen, andere werdet ihr in euren Synagogen auspeitschen und von einer Stadt zur anderen verfolgen. 35 So werdet ihr schließlich an der Ermordung aller Gerechten* mitschuldig, angefangen vom gerechten Abel bis hin zu Secharja Ben-Berechja, den ihr zwischen dem Brandopferaltar und dem Haus Gottes umgebracht habt. 36 Ich versichere euch: Diese Generation wird die Strafe für alles das bekommen.

Jerusalem verwüstet

37 Jerusalem, Jerusalem, du tötest die Propheten und steinigst die Boten, die zu dir geschickt werden. Wie oft wollte ich deine Kinder sammeln, wie die Henne ihre Küken unter die Flügel nimmt. Doch ihr habt nicht gewollt. 38 Seht, euer Haus wird verwüstet und verlassen sein. 39 Denn ich sage euch: Von jetzt an werdet ihr mich nicht mehr sehen, bis ihr ruft: ›Gepriesen sei er, der kommt im Namen des Herrn!‹«

23,35 Gemeint sind wohl alle Gerechten seit Erschaffung der Menschen bis in die Zeit von Jesus Christus. Damit bestätigt der Herr die Gültigkeit des gesamten Alten Testaments, weil er ein Ereignis aus dem ersten (1. Mose 4,8.10: *Abel*) und eins aus dem letzten Buch (2. Chronik 24,20-21: *Secharja Ben-Jojada*. Jojada = hier vielleicht der Großvater Secharjas) der hebräischen Bibel aufgreift. Andere denken an den Propheten: Secharja 1,1, von dessen Ermordung im Tempel die Schrift aber nichts sagt.

24 1 Jesus wollte den Tempel verlassen. Als er gerade im Begriff war wegzugehen, kamen seine Jünger zu ihm und machten ihn auf die Pracht der Tempelbauten aufmerksam. 2 »Ihr bewundert das alles?«, erwiderte Jesus. »Doch ich versichere euch: Hier wird kein Stein auf dem anderen bleiben; es wird alles zerstört werden.« 3 Als er später auf dem Ölberg saß und mit seinen Jüngern allein war, fragten sie ihn: »Wann wird das alles geschehen? Gibt es ein Zeichen, an dem wir deine Wiederkehr und das Ende der Welt erkennen können?«

Nicht irreführen lassen!

4 »Gebt acht, dass euch niemand irreführt!«, erwiderte Jesus. 5 »Viele werden unter meinem Namen auftreten und von sich sagen: ›Ich bin der Messias!‹ Damit werden sie viele verführen. 6 Erschreckt nicht, wenn ihr von Kriegen hört oder wenn Kriegsgefahr droht. Das muss so kommen, aber es ist noch nicht das Ende. 7 Ein Volk wird sich gegen das andere erheben und ein Staat den anderen angreifen. In vielen Teilen der Welt wird es Hungersnöte und Erdbeben geben. 8 Doch das ist erst der Anfang, es ist wie bei den Geburtswehen.

9 Dann wird man euch bedrängen, misshandeln und töten. Die ganze Welt wird euch hassen, weil ihr zu mir gehört. 10 Viele werden sich von mir abwenden; sie werden einander verraten und sich hassen. 11 Viele falsche Propheten werden auftreten und viele in die Irre führen. 12 Und weil die Gesetzlosigkeit überhand nehmen wird, wird auch die Liebe bei den meisten

erkalten. *13* Wer aber bis zum Ende standhaft bleibt, wird gerettet. *14* Und diese gute Botschaft vom Reich Gottes wird in der ganzen Welt gepredigt werden, damit alle Völker sie hören. Dann erst kommt das Ende.

15 Wenn ihr aber das ›Scheusal der Verwüstung‹, von dem der Prophet Daniel geredet hat*, am heiligen Ort stehen seht – wer das liest, der merke auf! –, *16* dann sollen die Einwohner Judäas in die Berge fliehen. *17* Wer auf seiner Dachterrasse sitzt, soll keine Zeit damit verlieren, noch etwas aus dem Haus zu holen; *18* und wer auf dem Feld ist, soll nicht mehr zurücklaufen, um seinen Umhang zu holen. *19* Am schlimmsten wird es dann für schwangere Frauen und stillende Mütter sein. *20* Betet darum, dass ihr nicht im Winter oder am Sabbat fliehen müsst! *21* Denn dann wird die Not so schrecklich sein, dass sie alles übertrifft, was je seit Erschaffung der Welt geschah. Auch danach wird es eine solche Bedrängnis nie mehr geben. *22* Würde diese Schreckenszeit nicht verkürzt, würde kein Mensch gerettet werden. Seinen Auserwählten zuliebe aber hat Gott die Zeit verkürzt.

23 Wenn dann jemand zu euch sagt: ›Schaut her, da ist der Messias!‹, oder: ›Seht, er ist dort!‹, so glaubt es nicht! *24* Denn mancher falsche Messias und mancher falsche Prophet wird auftreten. Sie werden sich durch große Zeichen und Wundertaten ausweisen und würden sogar die Auserwählten verführen, wenn sie es könnten. *25* Denkt daran: Ich habe euch alles vorausgesagt.

26 Wenn sie also zu euch sagen: ›Seht, er ist in der Wüste draußen!‹,

dann geht nicht hinaus! Oder: ›Seht, hier im Haus ist er!‹, dann glaubt es nicht! *27* Denn wenn der Menschensohn wiederkommt, wird es wie bei einem Blitz den ganzen Horizont erhellen. *28* Wo das Aas liegt, da sammeln sich die Geier.

29 Doch unmittelbar nach dieser schrecklichen Zeit wird sich die Sonne verfinstern und der Mond wird nicht mehr scheinen. Die Sterne werden vom Himmel stürzen und die Kräfte des Himmels aus dem Gleichgewicht geraten. *30* Und dann wird das Zeichen des Menschensohns am Himmel erscheinen. Alle Völker der Erde werden jammern und klagen, und dann werden sie den Menschensohn mit großer Macht und Herrlichkeit von den Wolken her kommen sehen. *31* Dann wird er die Engel mit mächtigem Posaunenschall aussenden, um seine Auserwählten aus allen Himmelsrichtungen und von allen Enden der Welt zusammen zu bringen.

32 Vom Feigenbaum könnt ihr Folgendes lernen: Wenn seine Zweige weich werden und die Blätter zu sprießen beginnen, wisst ihr, dass es bald Sommer wird. *33* Genauso ist es, wenn ihr seht, dass diese Dinge geschehen. Dann steht sein Kommen unmittelbar bevor. *34* Ich versichere euch: Diese Generation wird nicht untergehen, bis das alles geschieht. *35* Himmel und Erde werden vergehen, aber meine Worte vergehen nie. *36* Doch Tag und Stunde von diesen Ereignissen weiß niemand, nicht

---

24,15 Daniel 11,31

einmal die Engel im Himmel;* nur der Vater weiß es.«

Bereit sein!

37 »Und wenn der Menschensohn kommt, wird es so wie in Noahs Zeit sein. 38 Damals, vor der großen Flut, aßen und tranken die Menschen, sie heirateten und wurden verheiratet – bis zu dem Tag, an dem Noah in die Arche ging. 39 Sie ahnten nichts davon, bis die Flut hereinbrach und alle umbrachte. So wird es auch bei der Ankunft des Menschensohnes sein. 40 Wenn dann zwei Männer auf dem Feld arbeiten, wird der eine angenommen und der andere zurückgelassen. 41 Wenn zwei Frauen an derselben Handmühle* mahlen, wird die eine angenommen und die andere zurückgelassen werden. 42 Seid also wachsam! Denn ihr wisst nicht, an welchem Tag euer Herr kommt.

43 Und das ist doch klar: Wenn ein Hausherr wüsste, zu welchem Zeitpunkt der Dieb kommt, würde er wach bleiben und nicht zulassen, dass in sein Haus eingebrochen wird. 44 So solltet auch ihr immer bereit sein, denn der Menschensohn wird dann

kommen, wenn ihr es gerade nicht erwartet.«

Treu sein!

45 »Wer ist denn der treue und kluge Sklave, dem sein Herr aufgetragen hat, der ganzen Dienerschaft zur rechten Zeit das Essen zuzuteilen? 46 Wenn nun sein Herr kommt und ihn bei dieser Arbeit findet – wie sehr darf sich dieser Sklave freuen! 47 Ich versichere euch: Sein Herr wird ihm die Verantwortung über seine ganze Habe übertragen. 48 Wenn der Sklave aber ein böser Mensch ist und denkt: ›Mein Herr kommt noch lange nicht‹, 49 und anfängt, die anderen Diener zu schlagen, während er sich selbst üppige Mahlzeiten gönnt und sich gemeinsam mit anderen Trunkenbolden betrinkt, 50 dann wird sein Herr an einem Tag zurückkommen, an dem er es nicht erwartet hat, und zu einer Stunde, die er nicht vermutet. 51 Er wird den Sklaven in Stücke hauen und ihn dorthin bringen lassen, wo die Heuchler sind und wo das große Weinen und Zähneknirschen anfängt.«

Wachsam sein!

25 1 »In dieser Zeit wird es mit dem Reich, das der Himmel regiert, wie mit zehn Brautjungfern sein, die ihre Fackeln* nahmen und dem Bräutigam entgegengingen. 2 Fünf von ihnen handelten klug und fünf waren gedankenlos. 3 Die Gedankenlosen nahmen zwar ihre Fackeln mit, aber keinen Ölvorrat. 4 Die Klugen dagegen hatten neben ihren Fackeln auch Ölgefäße mit. 5 Als nun der Bräutigam lange nicht kam, wurden sie alle müde und schliefen ein.

24,36 Wenige Handschriften fügen nach Markus 13,32 hinzu: oder der Sohn selbst.

24,41 *Handmühle*, die aus zwei runden Steinscheiben von 50 cm Durchmesser bestand. Der obere Stein wurde mit einem Holzgriff um eine Achse gedreht, die im unteren Stein befestigt war.

25,1 *Fackeln*. Stöcke, an deren oberem Ende in Öl getränkte Lappen (vielleicht in einer Schale) angebracht waren. Von Zeit zu Zeit mussten die Lappen neu mit Öl versorgt werden.

6 Um Mitternacht ertönte plötzlich der Ruf: ›Der Bräutigam kommt! Geht ihm entgegen!‹ 7 Da standen die Brautjungfern auf und richteten ihre Fackeln her. 8 Die Gedankenlosen sagten zu den Klugen: ›Gebt uns etwas von eurem Öl; unsere Fackeln gehen aus!‹ 9 Doch diese entgegneten: ›Unser Öl reicht nicht für alle. Geht doch zu einem Kaufmann und holt euch welches!‹ 10 Während sie noch unterwegs waren, um Öl zu kaufen, kam der Bräutigam. Die fünf, die bereit waren, gingen mit in den Hochzeitssaal. Dann wurde die Tür verschlossen. 11 Schließlich kamen die anderen Brautjungfern und riefen: ›Herr, Herr, mach uns auf!‹ 12 Doch der Bräutigam wies sie ab: ›Ich kann euch nur sagen, dass ich euch nicht kenne.‹« 13 – »Seid also wachsam!«, schloss Jesus, »denn ihr kennt weder den Tag noch die Stunde.«

Zuverlässig sein!

14 »Es ist wie bei einem Mann, der vorhatte, ins Ausland zu reisen. Er rief seine Sklaven zusammen und vertraute ihnen sein Vermögen an, 15 so wie es ihren Fähigkeiten entsprach. Einem gab er fünf Talente*, einem anderen zwei und noch einem anderen eins. Dann reiste er ab. 16 Der Sklave mit den fünf Talenten begann sofort, damit zu handeln, und konnte das Geld verdoppeln. 17 Der mit den zwei Talenten machte es ebenso und verdoppelte die Summe. 18 Der dritte grub ein Loch und versteckte das Geld seines Herrn.

19 Nach langer Zeit kehrte der Herr zurück und wollte mit ihnen abrechnen. 20 Zuerst kam der, dem die fünf Talente anvertraut worden waren. Er brachte die anderen fünf Talente mit und sagte: ›Herr, fünf Talente hast du mir gegeben. Hier sind weitere fünf, die ich dazugewonnen habe.‹ 21 ›Hervorragend!‹, sagte sein Herr. ›Du bist ein guter Mann! Du hast das Wenige zuverlässig verwaltet, ich will dir viel anvertrauen. Komm herein zu meinem Freudenfest!‹ 22 Dann kam der, dem die zwei Talente anvertraut worden waren. Er brachte die anderen zwei Talente mit und sagte: ›Herr, zwei Talente hast du mir gegeben. Hier sind weitere zwei, die ich dazugewonnen habe.‹ 23 ›Hervorragend!‹, sagte sein Herr. ›Du bist ein guter Mann! Du hast das Wenige zuverlässig verwaltet, ich will dir viel anvertrauen. Komm herein zu meinem Freudenfest!‹

24 Schließlich kam der, dem das eine Talent anvertraut worden war. ›Herr‹, sagte er, ›ich wusste, dass du ein strenger Mann bist. Du forderst Gewinn, wo du nichts angelegt hast, und erntest, wo du nicht gesät hast. 25 Da hatte ich Angst und vergrub dein Talent in der Erde. Hier hast du das Deine zurück.‹ 26 ›Du böser und fauler Sklave!‹, sagte der Herr. ›Du wusstest also, dass ich Gewinn fordere, wo ich nichts angelegt, und ernte, wo ich nichts gesät habe? 27 Warum hast du mein Geld dann nicht auf eine Bank gebracht? Dann hätte ich es wenigstens mit Zinsen zurückbekom-

---

25,15 *Talent.* Größte damalige Geldeinheit. 1 *Talent* = 6000 Denare = Arbeitslohn für 20 Jahre Arbeit. Fünf Talente entsprechen also einer Summe für die ein Tagelöhner 100 Jahre arbeiten müsste.

men.‹ *28* ›Nehmt ihm das Talent weg, und gebt es dem, der die fünf Talente erworben hat! *29* Denn jedem, der einen Gewinn vorweisen kann, wird noch mehr gegeben werden, und er wird Überfluss haben. Aber von dem, der nichts gebracht hat, wird selbst das, was er hatte, weggenommen. *30* Den nichtsnutzigen Sklaven werft in die Finsternis hinaus, wo dann das große Weinen und Zähneknirschen anfangen wird.‹«

Das Gericht

31 »Wenn der Menschensohn in seiner Herrlichkeit kommt und mit ihm alle Engel, wird er auf seinem Thron der Herrlichkeit sitzen. *32* Dann werden alle Völker der Erde vor ihm zusammengebracht, und er wird sie in zwei Gruppen teilen, so wie ein Hirt die Schafe von den Ziegen trennt.* *33* Die Schafe wird er rechts von sich aufstellen, die Ziegen links. *34* Dann wird der König zu denen auf seiner rechten Seite sagen: ›Kommt her! Euch hat mein Vater gesegnet. Nehmt das Reich in Besitz, das von Anfang der Welt an für euch geschaffen worden ist! *35* Denn als ich Hunger hatte, habt ihr mir zu essen gegeben; als ich Durst hatte, gabt ihr mir zu trinken; als ich fremd war, habt ihr mich aufgenommen; *36* als ich nackt war, habt ihr mir Kleidung gegeben; als ich krank war, habt ihr mich be-

---

25,32 In Israel trennten die Hirten nachts die Ziegen von den Schafen und trieben sie eng zusammen, weil sie die Kälte nicht so gut vertrugen wie die Schafe.

26,1 *Passa.* Siehe 2. Mose 12-13.

sucht, und als ich im Gefängnis war, kamt ihr zu mir.‹ *37* ›Herr‹, werden dann die Gerechten fragen, ›wann haben wir dich denn hungrig gesehen und dir zu essen gegeben oder durstig und dir zu trinken gegeben? *38* Wann haben wir dich als Fremden bei uns gesehen und aufgenommen? Wann hattest du nichts anzuziehen und wir haben dir Kleidung gegeben? *39* Wann haben wir dich krank gesehen oder im Gefängnis und haben dich besucht?‹ *40* Darauf wird der König erwidern: ›Ich versichere euch: Was ihr für einen meiner gering geachteten Geschwister getan habt, das habt ihr für mich getan.‹ *41* Dann wird er zu denen auf der linken Seite sagen: ›Geht mir aus den Augen, ihr Verfluchten! Geht in das ewige Feuer, das für den Teufel und seine Engel vorbereitet ist! *42* Denn als ich Hunger hatte, habt ihr mir nichts zu essen gegeben; als ich Durst hatte, gabt ihr mir nichts zu trinken; *43* als ich fremd war, habt ihr mich nicht aufgenommen; als ich nackt war, habt ihr mir nichts zum Anziehen gegeben; als ich krank und im Gefängnis war, habt ihr mich nicht besucht.‹ *44* Dann werden auch sie fragen: ›Herr, wann haben wir dich denn hungrig gesehen oder durstig oder als Fremden oder nackt oder krank oder im Gefängnis, und haben dir nicht geholfen?‹ *45* Darauf wird er ihnen erwidern: ›Ich versichere euch: Was ihr für einen meiner gering geachteten Geschwister zu tun versäumt habt, das habt ihr auch an mir versäumt.‹ *46* So werden diese an den Ort der ewigen Strafe gehen, die Gerechten aber in das ewige Leben.«

Mordkomplott

26 ¹ Als Jesus seine Reden abgeschlossen hatte, sagte er zu den Jüngern: ² »Ihr wisst, dass in zwei Tagen das Passafest* beginnt. Dann wird der Menschensohn ausgeliefert und ans Kreuz genagelt werden.« ³ Etwa um die gleiche Zeit kamen die Hohen Priester und die Ältesten des Volkes im Palast des Hohen Priesters Kajafas zusammen ⁴ und fassten den Beschluss, Jesus heimlich festzunehmen und dann zu töten. ⁵ »Auf keinen Fall darf es während des Festes geschehen«, sagten sie, »sonst gibt es einen Aufruhr im Volk.«

Begräbnisvorbereitung

⁶ Jesus war in Betanien bei Simon dem Aussätzigen zu Gast. ⁷ Während des Essens kam eine Frau herein, die ein Alabastergefäß* mit sehr kostbarem Salböl* mitbrachte. Sie goss Jesus das Öl über den Kopf. ⁸ Als die Jünger das sahen, waren sie empört. »Was soll diese Verschwendung?«, sagten sie. ⁹ »Man hätte dieses Öl teuer verkaufen und das Geld den Armen geben können.« ¹⁰ Jesus merkte es und sagte zu ihnen: »Warum macht ihr es der Frau so schwer? Sie hat ein gutes Werk an mir getan. ¹¹ Arme wird es immer bei euch geben, aber mich habt ihr nicht mehr lange bei euch. ¹² Als sie das Öl über mich goss, hat sie meinen Körper im Voraus zum Begräbnis gesalbt. ¹³ Und ich versichere euch: Überall in der Welt, wo man die gute Botschaft predigen wird, wird man auch von dem reden, was diese Frau getan hat.«

Verrat

¹⁴ Danach ging einer der Zwölf, es war Judas, der Sikarier, zu den Hohen Priestern ¹⁵ und sagte: »Was gebt ihr mir, wenn ich euch Jesus ausliefere?« Sie zahlten ihm dreißig Silberstücke. ¹⁶ Von da an suchte er nach einer günstigen Gelegenheit, Jesus zu verraten.

Passamahl

¹⁷ Am ersten Tag der Festwoche der »Ungesäuerten Brote« fragten die Jünger Jesus: »Wo sollen wir das Passamahl vorbereiten?« ¹⁸ Er sagte: »Geht in die Stadt zu dem und dem und sagt ihm: ›Der Rabbi lässt sagen: Meine Zeit ist gekommen. Ich will mit meinen Jüngern bei dir das Passamahl feiern.‹« ¹⁹ Die Jünger machten alles genauso, wie Jesus es ihnen gesagt hatte, und bereiteten das Passa vor.

²⁰ Am Abend legte sich Jesus mit den Zwölf zu Tisch*. ²¹ Während der Mahlzeit sagte er: »Ich versichere euch: Einer von euch wird mich ausliefern.« ²² Sie waren bestürzt, und einer nach dem anderen fragte ihn:

26,7 *Alabaster* ist ein marmorähnlicher Gips, der sich leicht bearbeiten und gut polieren lässt. Er wurde deshalb gern zu henkellosen Gefäßen für Salben verarbeitet.

Salböl. Nach Markus 14,3 war es Nardenöl. Narde ist eine duftende aromatische Pflanze, die in den Bergen des Himalaja in Höhen zwischen 3500 und 5000 m wächst. Mit dem aus der indischen Narde gewonnenen Öl wurde schon zur Zeit Salomos gehandelt.

26,20 *Tisch.* Bei festlichen Anlässen lag man auf Polstern, die um einen niedrigen Tisch in der Mitte gruppiert waren. Man stützte sich auf den linken Ellbogen und langte mit der rechten Hand zu. Die Füße waren nach hinten vom Tisch weg ausgestreckt.

»Das bin doch nicht ich, Herr?« 23 Jesus erwiderte:»Einer, der mit mir die Hand in die Schüssel taucht, wird mich ausliefern. 24 Der Menschensohn geht zwar den Weg, der ihm in der Schrift vorausgesagt ist; doch weh dem Menschen, durch den er ausgeliefert wird. Für diesen Menschen wäre es besser, er wäre nie geboren.« 25 Da sagte auch Judas, der Verräter, zu ihm: »Ich bin es doch nicht etwa, Rabbi?« – »Doch«, antwortete Jesus, »du bist es.«

26 Noch während sie aßen, nahm Jesus ein Fladenbrot, dankte Gott dafür, brach es in Stücke und gab es seinen Jüngern mit den Worten: »Nehmt und esst, das ist mein Leib!« 27 Dann nahm er einen Becher, sprach das Dankgebet, reichte ihnen auch den und sagte:»Trinkt alle daraus! 28 Das ist mein Blut, das Blut, das für viele zur Vergebung der Sünden vergossen wird und den Bund zwischen Gott und Menschen besiegelt. 29 Und ich versichere euch, dass ich bis zu dem Tag, an dem Gott seine Herrschaft aufrichtet, keinen Wein mehr trinken werde. Dann allerdings, im Reich meines Vaters, werde ich neuen Wein mit euch trinken.« 30 Als sie dann ein Loblied gesungen hatten, gingen sie zum Ölberg hinaus.

Verleugnung

31 »In dieser Nacht werdet ihr mich alle verlassen«, sagte Jesus unterwegs zu ihnen, »denn es steht geschrieben: ›Ich werde den Hirten erschlagen,

und die Schafe werden sich zerstreuen.‹* 32 Aber nach meiner Auferstehung werde ich euch nach Galiläa vorausgehen.« 33 Da sagte Petrus zu ihm: »Und wenn alle an dir irre werden – ich werde dich nie verlassen!« 34 »Ich versichere dir«, erwiderte Jesus, »noch heute Nacht, noch bevor der Hahn kräht, wirst du mich dreimal verleugnen.« 35 »Nein!«, erklärte Petrus. »Und wenn ich mit dir sterben müsste! Niemals werde ich dich verleugnen!« Das Gleiche beteuerten auch alle anderen.

Getsemani

36 Dann kamen sie zu einem Olivenhain namens Getsemani. Dort sagte Jesus zu seinen Jüngern:»Setzt euch hier her und wartet, bis ich gebetet habe!« 37 Petrus, Jakobus und Johannes jedoch nahm er mit. Auf einmal wurde er von schrecklicher Angst und von Grauen gepackt 38 und sagte zu ihnen:»Die Qualen meiner Seele bringen mich fast um. Bleibt hier und wacht!« 39 Er ging noch ein paar Schritte weiter, warf sich nieder, mit dem Gesicht zur Erde, und betete: »Mein Vater, wenn es möglich ist, lass diesen bitteren Kelch an mir vorübergehen! Aber nicht wie ich will, sondern wie du willst.« 40 Als er zurückkam, fand er die Jünger schlafend und sagte zu Petrus:»Konntet ihr nicht eine einzige Stunde mit mir wachen? 41 Seid wachsam und betet, damit ihr nicht in Versuchung kommt! Der Geist ist willig, aber der Körper ist schwach.« 42 Danach ging er ein zweites Mal weg und betete:»Mein Vater, wenn es nicht anders sein kann und ich diesen Kelch trinken muss,

---

26,31 Sacharja 13,7

dann geschehe dein Wille!« *43* Als er zurückkam, fand er sie wieder eingeschlafen. Sie konnten ihre Augen vor Müdigkeit nicht offen halten. *44* Er ließ sie schlafen, ging wieder weg und betete zum dritten Mal dasselbe. *45* Dann kehrte er zu den Jüngern zurück und sagte zu ihnen: »Schlaft ihr denn immer noch? Ruht ihr euch immer noch aus? Genug damit, es ist so weit! Die Stunde ist gekommen. Jetzt wird der Menschensohn den Sündern in die Hände gegeben. *46* Steht auf, lasst uns gehen! Der Verräter ist schon da.«

Verhaftung

47 Kaum hatte er das gesagt, kam Judas, einer der Zwölf, mit einer großen Schar von Bewaffneten. Sie trugen Schwerter und Knüppel und waren von den Hohen Priestern und Ältesten geschickt. *48* Der Verräter hatte ein Zeichen mit ihnen verabredet: »Der, den ich zur Begrüßung küssen werde, der ist es. Den müsst ihr festnehmen.« *49* Judas ging gleich auf Jesus zu. »Sei gegrüßt, Rabbi!«, sagte er und küsste ihn. *50* Jesus entgegnete ihm: »Dazu bist du gekommen, Freund?« Da traten die Männer heran, packten Jesus und nahmen ihn fest. *51* Doch einer von den Männern, die bei Jesus waren, zog ein Schwert. Er schlug auf den Sklaven des Hohen Priesters ein und hieb ihm ein Ohr ab. *52* »Steck dein Schwert weg!«, sagte Jesus zu ihm. »Denn alle, die zum Schwert greifen, werden durchs Schwert umkommen. *53* Meinst du nicht, dass ich meinen Vater um Hilfe bitten könnte und er mir sofort mehr als zwölf Legionen* Engel stellen

würde? *54* Wie könnten sich dann aber die Aussagen der Schrift erfüllen, nach denen es so geschehen muss?«

55 Dann wandte sich Jesus an die Bewaffneten und sagte: »Bin ich denn ein Verbrecher, dass ihr mit Schwertern und Knüppeln auszieht, um mich zu verhaften? Ich war doch täglich bei euch im Tempel und lehrte dort. Da habt ihr mich nicht festgenommen. *56* Aber es muss sich natürlich erfüllen, was in den Prophetenschriften über mich vorausgesagt ist.« Da ließen ihn alle Jünger im Stich und flohen.

Kajafas

57 Die, die Jesus festgenommen hatten, brachten ihn zu dem Hohen Priester Kajafas, wo sich bereits die Ratsältesten und die Gesetzeslehrer versammelt hatten. *58* Petrus folgte ihnen in weitem Abstand bis in den Innenhof des Palastes. Dort setzte er sich zu den Dienern und wärmte sich am Feuer. Er wollte sehen, wie alles ausgehen würde.

59 Währenddessen suchten die Hohen Priester und der ganze Hohe Rat nach einer Zeugenaussage gegen Jesus, die es rechtfertigen würde, ihn zum Tod zu verurteilen. *60* Doch ihre Bemühungen waren vergeblich, obwohl viele falsche Zeugen gegen Jesus aussagten. Schließlich standen zwei falsche Zeugen auf *61* und sagten: »Der da hat behauptet: ›Ich kann den Tempel Gottes niederreißen und in

---

26,53 *Legion* war die größte römische Heereseinheit von etwa 6000 Mann.

drei Tagen wieder aufbauen.‹« *62* Da erhob sich der Hohe Priester und fragte Jesus:»Hast du darauf nichts zu sagen? Wie stellst du dich zu diesen Anklagen?« *63* Aber Jesus schwieg. Darauf fragte ihn der Hohe Priester noch einmal:»Ich beschwöre dich bei dem lebendigen Gott: Bist du der Messias, der Sohn Gottes, oder nicht?« *64* »Ich bin es!«, erwiderte Jesus.»Doch ich sage euch: In Zukunft werdet ihr den Menschensohn sehen, wie er an der rechten Seite des Allmächtigen sitzt und mit den Wolken des Himmels kommt.« *65* Da riss der Hohe Priester sein Gewand am Halssaum ein* und rief:»Er hat gelästert! Was brauchen wir noch Zeugen? Jetzt habt ihr die Gotteslästerung gehört! *66* Was ist eure Meinung?« – »Schuldig!«, riefen sie.»Er muss sterben!« *67* Dann spuckten sie Jesus ins Gesicht und schlugen ihn mit Fäusten. Andere gaben ihm Ohrfeigen *68* und höhnten:»Na, wer war es, Messias? Du bist doch ein Prophet!«

Petrus

69 Während sich Petrus noch draußen im Hof aufhielt, kam eine Dienerin auf ihn zu und sagte:»Du warst doch auch mit dem Jesus aus Galiläa zusammen!« *70* Aber Petrus stritt es vor allen ab. »Ich weiß nicht, wovon du redest!«, sagte er *71* und ging zum Torgebäude hinaus. Dabei sah ihn eine andere Dienerin und sagte zu denen, die herumstanden:»Der war auch mit dem Jesus aus Nazaret zusammen.« *72* Wieder stritt Petrus das ab und schwor:»Ich kenne den Mann überhaupt nicht!« *73* Kurz darauf fingen auch die Umstehenden an:»Sicher gehörst du zu ihnen, dein Dialekt verrät dich ja.« *74* Da fing Petrus an zu fluchen und schwor:»Ich kenne den Mann nicht!« In diesem Augenblick krähte ein Hahn. *75* Da erinnerte sich Petrus an das, was Jesus zu ihm gesagt hatte:»Bevor der Hahn kräht, wirst du mich dreimal verleugnen.« Und er ging hinaus und fing an, bitterlich zu weinen.

Judas

27

1 Früh am nächsten Morgen traten die Hohen Priester mit den Ratsältesten zusammen und fassten den offiziellen Beschluss, Jesus hinrichten zu lassen. *2* Dann ließen sie ihn fesseln, führten ihn ab und übergaben ihn Pilatus*.

3 Als Judas nun klar wurde, dass sein Verrat zur Verurteilung von Jesus geführt hatte, bereute er seine Tat und brachte den Hohen Priestern und Ältesten die dreißig Silberstücke zurück. *4* »Ich habe gesündigt«, sagte er.»Ich habe einen Unschuldigen verraten.« – »Was geht uns das an?«, erwiderten sie,»das ist deine Sache.« *5* Da nahm Judas das Geld und warf es in den Tempel. Dann ging er weg und erhängte sich. *6* Die Hohen Priester

---

26,65 Er griff in seinen Halsausschnitt und riss den Stoff mit einem heftigen Ruck eine Handlänge ein, so dass ein Teil der Brust bloß lag. Ein frommer Mann durfte eine Gotteslästerung nicht ohne diese Gebärde des Entsetzens anhören. Nach 3. Mose 10,6; 21,10 war dies aber dem Hohen Priester verboten.

27,2 Pilatus. Von 26-36 n.Chr. Statthalter des römischen Kaisers für Judäa und Samaria.

nahmen die Silberstücke an sich und sagten:»Das Geld darf man nicht zum Tempelschatz tun, weil Blut daran klebt.« 7 Sie beschlossen, den sogenannten »Töpferacker« dafür zu kaufen, als Friedhof für die Ausländer. 8 Deshalb heißt dieses Stück Land heute noch »Blutacker«. 9 So erfüllte sich die Voraussage des Propheten Jeremia: »Sie nahmen die dreißig Silberstücke – die Summe, die er den Israeliten wert war – 10 und kauften davon den Töpferacker, wie mir der Herr befohlen hatte.«*

Pilatus

11 Als Jesus dem Statthalter vorgeführt wurde, fragte ihn dieser: »Bist du der König der Juden?« – »Ja, es ist so, wie du sagst«, erwiderte Jesus. 12 Daraufhin brachten die Hohen Priester und Ältesten schwere Beschuldigungen gegen ihn vor. Doch Jesus gab keine Antwort. 13 Pilatus fragte ihn: »Hörst du nicht, was sie alles gegen dich vorbringen?« 14 Aber zu seinem Erstaunen gab Jesus auch ihm keine einzige Antwort. 15 Nun war es üblich, dass der Statthalter jedes Jahr zum Passafest einen Gefangenen freiließ, den das Volk selbst bestimmen durfte. 16 Damals saß gerade ein berüchtigter Aufrührer namens Jesus Barabbas* im Gefängnis. 17 Da fragte Pilatus in die Menge, die sich versammelt hatte: »Wen soll ich euch losgeben – Jesus Barabbas oder Jesus, den man den Messias nennt?« 18 Er wusste ja, dass sie ihm Jesus nur aus Neid ausgeliefert hatten. 19 Während Pilatus auf dem Richterstuhl saß, ließ seine Frau ihm ausrichten: »Lass die Hände von diesem Mann, er ist unschuldig! Seinetwegen hatte ich heute Nacht einen schlimmen Traum.« 20 Doch die Hohen Priester und Ratsältesten hetzten die Menge auf, die Freilassung von Barabbas und die Hinrichtung von Jesus zu fordern. 21 Der Statthalter fragte: »Wen von beiden soll ich euch freigeben?« – »Barabbas!«, schrien sie. 22 »Was soll ich dann mit Jesus tun, der Messias genannt wird?« – »Kreuzigen!«, schrien sie alle. 23 »Aber warum?«, fragte Pilatus. »Was hat er denn verbrochen?« Doch sie schrien nur noch lauter: »Kreuzige ihn!« 24 Als Pilatus sah, dass er nichts erreichte und der Tumult immer schlimmer wurde, ließ er sich Wasser bringen. Vor den Augen der Menge wusch er sich die Hände und sagte: »Ich bin schuldlos am Tod dieses Mannes! Das müsst ihr verantworten!« 25 Da schrie das ganze Volk: »Die Schuld an seinem Tod soll auf uns und unsere Kinder fallen!« 26 Daraufhin gab Pilatus ihnen den Barabbas frei. Jesus aber ließ er mit der schweren Lederpeitsche* geißeln und übergab ihn dann den Soldaten zur Kreuzigung.

27,10 Es handelt sich hier um ein Mischzitat, bei dem nur der bekannteste der zitierten Autoren genannt wird. Der Wortlaut findet sich in Sacharja 11,12-13. Doch Matthäus findet auch Parallelen in Jeremia 19,1-13 und 32,6-15.

27,16 *Barabbas* heißt: *Sohn des Vaters*. Mehrere Handschriften haben tatsächlich auch den Vornamen des Barabbas verzeichnet: *Jesus*.

27,26 *schwere Lederpeitsche*. In die Riemen waren Bleistücke oder scharfe Knochensplitter eingeflochten.

Die Soldaten

27 Die führten ihn zunächst in den Palast des Statthalters, das sogenannte Prätorium, und riefen die ganze Mannschaft zusammen. 28 Sie zogen ihn aus und hängten ihm ein scharlachrotes Gewand um. 29 Dann flochten sie eine Krone aus Dornenzweigen und setzten sie ihm auf. Schließlich drückten sie einen Stock in seine rechte Hand, salutierten und riefen: »Sei gegrüßt, König der Juden!« 30 Sie spuckten ihn an, nahmen ihm den Stock aus der Hand und schlugen ihn damit auf den Kopf. 31 Als sie genug davon hatten, ihn zu verspotten, nahmen sie ihm den Umhang wieder ab, zogen ihm seine eigenen Gewänder an und führten ihn ab, um ihn zu kreuzigen. 32 Unterwegs begegnete ihnen ein Mann namens Simon. Er stammte aus Zyrene. Die Soldaten zwangen ihn, das Kreuz für Jesus zu tragen.

33 So brachten sie ihn bis zu der Stelle, die Golgota heißt, das bedeutet »Schädelplatz«. 34 Dann wollten sie ihm Wein zu trinken geben, mit einem Zusatz, der bitter war wie Galle*. Als er gekostet hatte, wollte er aber nicht davon trinken. 35 So nagelten sie ihn ans Kreuz und verlosten dann seine Kleidung unter sich. 36 Dann setzten sie sich hin und bewachten ihn. 37 Über seinem Kopf hatten sie ein Schild angebracht, auf dem der Anklagegrund für seine Hinrichtung

stand: »Das ist Jesus, der König der Juden.« 38 Zusammen mit Jesus kreuzigten sie zwei Verbrecher, einen rechts und einen links von ihm.

Die Leute

39 Die Leute, die vorbeikamen, schüttelten den Kopf 40 und riefen höhnisch: »Du wolltest ja den Tempel abreißen und in drei Tagen wieder aufbauen! Rette dich doch selbst! Wenn du Gottes Sohn bist, steig vom Kreuz herab!« 41 Auch die Hohen Priester, die Gesetzeslehrer und die Ratsältesten machten sich über ihn lustig. 42 »Andere hat er gerettet«, riefen sie, »sich selbst kann er nicht retten! Er ist ja der König von Israel. Soll er doch jetzt vom Kreuz herabsteigen, dann werden wir an ihn glauben! 43 Er hat auf Gott vertraut, soll der ihm jetzt helfen, wenn er wirklich Freude an ihm hat. Er hat ja gesagt: ›Ich bin Gottes Sohn.‹« 44 Auch die Verbrecher, die mit ihm gekreuzigt waren, beschimpften ihn genauso.

Tod

45 Um zwölf Uhr mittags wurde der Himmel über dem ganzen Land plötzlich finster. Das dauerte drei Stunden. 46 Dann, gegen drei Uhr, schrie Jesus laut: »Eli, Eli, lema sabachthani?« Das heißt: »Mein Gott, mein Gott, warum hast du mich verlassen?« 47 Einige der Herumstehenden hörten das und sagten: »Seht, er ruft Elija!« 48 Einer von ihnen holte schnell einen Schwamm, tauchte ihn in sauren Wein, steckte ihn auf ein Rohr und hielt ihn Jesus zum Trinken hin. 49 »Wartet!«, riefen die anderen,

---

27,34 *Galle.* Offenbar war das als zusätzliche Quälerei gedacht. Manche denken auch an ein Betäubungsmittel. Es ist außerdem eine Anspielung auf Psalm 69,22.

»wir wollen doch sehen, ob Elija kommt, um ihn zu retten.« 50 Jesus aber stieß einen lauten Schrei aus und starb.

51 In diesem Augenblick riss der Vorhang im Tempel von oben bis unten entzwei. Die Erde fing an zu beben, Felsen zerrissen 52 und Grüfte öffneten sich. Viele verstorbene Heilige wurden auferweckt. 53 Nach der Auferstehung von Jesus kamen sie aus ihren Grüften, gingen in die Heilige Stadt und erschienen vielen Menschen.

54 Der Hauptmann und die Soldaten, die mit ihm Jesus bewachten, erschraken sehr, als sie das Erdbeben erlebten und die anderen Dinge wahrnahmen. »Dieser Mann war wirklich Gottes Sohn«, sagten sie.

55 Es standen auch viele Frauen dort, die von weitem zugesehen hatten. Sie waren Jesus seit der Zeit seines Wirkens in Galiläa gefolgt und hatten ihm gedient. 56 Unter ihnen waren Maria aus Magdala, Maria, die Mutter von Jakobus und Josef, sowie die Mutter der Zebedäussöhne.

Begräbnis

57 Als es Abend wurde, kam Josef, ein reicher Mann aus Arimathäa, der auch ein Jünger von Jesus war. 58 Er ging zu Pilatus und bat ihn um den Leichnam von Jesus. Pilatus ordnete an, Josef den Leib zu überlassen. 59 Da nahm Josef ihn, wickelte ihn in reines Leinentuch 60 und legte ihn in seine eigene Gruft, die neu aus dem Felsen gehauen war. Bevor er ging, wälzte er einen großen Stein vor den Eingang. 61 Maria aus Magdala und die andere Maria waren dabei. Sie hatten sich dem Grab gegenüber hingesetzt.

Die Wache

62 Am nächsten Tag – es war der Sabbat – kamen die Hohen Priester und Pharisäer bei Pilatus zusammen. 63 »Herr«, sagten sie, »uns ist eingefallen, dass dieser Verführer, als er noch lebte, behauptet hat: ›Nach drei Tagen werde ich wieder auferstehen.‹ 64 Gib deshalb bitte den Befehl, dass die Gruft bis zum dritten Tag bewacht wird! Sonst könnten seine Jünger kommen und ihn stehlen und dann dem Volk gegenüber behaupten, er sei von den Toten auferstanden. Die zweite Verführung wäre dann noch schlimmer als die erste.« 65 »Ihr sollt eure Wache haben«, erwiderte Pilatus. »Geht und sichert die Gruft, so gut ihr könnt!« 66 So zogen sie los, versiegelten den Stein am Eingang und sicherten das Grab mit der Wache.

Das leere Grab

28 1 Nach dem Sabbat, in der Dämmerung des ersten Tages der neuen Woche machten sich Maria aus Magdala und die andere Maria auf den Weg, um nach dem Grab zu sehen. 2 Plötzlich gab es ein starkes Erdbeben. Ein Engel des Herrn war vom Himmel gekommen und zum Grab getreten. Er wälzte den Stein weg und setzte sich darauf. 3 Seine Gestalt flammte wie ein Blitz, und sein Gewand war weiß wie Schnee. 4 Da zitterten und bebten die Wächter vor Angst und fielen wie tot zu Boden. 5 Aber zu den Frauen sagte der Engel: »Ihr müsst nicht erschrecken! Ich weiß, ihr sucht Jesus, den

Gekreuzigten. *6* Er ist nicht hier, er ist auferstanden, wie er es gesagt hat. Kommt her, und seht euch die Stelle an, wo er gelegen hat. *7* Und nun geht schnell zu seinen Jüngern und sagt ihnen, dass er von den Toten auferstanden ist. Er geht euch nach Galiläa voraus. Dort werdet ihr ihn sehen. Ihr könnt euch auf meine Worte verlassen!« *8* Erschrocken und doch voller Freude liefen die Frauen von der Gruft weg. Sie eilten zu den Jüngern, um ihnen alles zu berichten.

9 Auf einmal kam Jesus ihnen entgegen. »Seid gegrüßt!«, sagte er. Da liefen sie zu ihm hin, warfen sich nieder und umfassten seine Füße. *10* »Habt keine Angst!«, sagte Jesus zu ihnen. »Geht und sagt meinen Brüdern, sie sollen nach Galiläa gehen! Dort werden sie mich sehen.«

Bestechung

11 Während die Frauen noch auf dem Weg waren, kamen einige Soldaten von der Wache in die Stadt und berichteten den Hohen Priestern alles, was geschehen war. *12* Sofort versammelten sie sich mit den Ratsältesten und fassten den Beschluss, die Soldaten zu bestechen. Sie gaben ihnen viel Geld *13* und vereinbarten mit ihnen: »Ihr müsst sagen: ›Seine Jünger kamen in der Nacht, als wir schliefen, und haben den Leichnam gestohlen.‹ *14* Wenn der Statthalter davon erfährt, werden wir mit ihm reden und ihn beschwichtigen, so dass ihr nichts zu befürchten habt.« *15* Die Soldaten nahmen das Geld und machten es so, wie man es ihnen erklärt hatte. Auf diese Weise wurde das Gerücht in Umlauf gebracht, das bei den Juden noch heute verbreitet ist.

Der Auftrag

16 Die elf Jünger gingen dann nach Galiläa und stiegen auf den Berg, auf den Jesus sie bestellt hatte. *17* Als sie ihn dort sahen, warfen sie sich vor ihm nieder, doch einige andere zauderten. *18* Da trat Jesus auf sie zu und sagte: »Mir ist alle Macht im Himmel und auf der Erde gegeben. *19* Darum geht zu allen Völkern und macht die Menschen zu meinen Jüngern. Dabei sollt ihr sie auf den Namen des Vaters, des Sohnes und des Heiligen Geistes taufen *20* und sie belehren, alles zu befolgen, was ich euch geboten habe. Und seid gewiss: Ich bin jeden Tag bei euch, bis zum Ende der Zeit.«

Die gute Botschaft, aufgeschrieben von Markus

Der aus Jerusalem stammende Johannes Markus begleitete den Apostel Petrus wahrscheinlich schon, als dieser die Stadt im Jahr 42 n.Chr. verlassen musste und nach Rom reiste. Als Petrus wieder zurückkehren wollte, baten die Gläubigen dort Markus, das, was Petrus predigte, für sie aufzuschreiben, was er auch tat. So könnten die ersten Teile seines Evangeliums bereits um das Jahr 45 in Rom entstanden sein. Markus war zwar kein Augenzeuge der Worte und Taten des Herrn, aber als Begleiter des Apostels schrieb er zuverlässig alles auf, woran dieser sich erinnerte. Er vollendete sein Evangelium wohl um das Jahr 57 als er mit Petrus wieder in Rom war und dieser es für die Lesung in den Gemeinden freigab. Das Markusevangelium stellt besonders die Taten von Jesus Christus in den Vordergrund. Der Stil ist lebendig und anschaulich.

1 ¹ Anfang der guten Botschaft von Jesus Christus, dem Sohn Gottes: ² Es begann, wie es beim Propheten Jesaja geschrieben steht: »Ich werde meinen Boten vor dir hersenden. Er wird dein Wegbereiter sein.* ³ Hört, in der Wüste ruft eine Stimme: ›Bereitet dem Herrn den Weg! Ebnet seine Pfade!‹«*

Vorbereitung

⁴ Das erfüllte sich, als Johannes der Täufer in der Wüste* auftrat. Er predigte den Menschen, sie sollten zu Gott umkehren und sich als Zeichen dafür taufen lassen, damit sie Vergebung ihrer Sünden empfingen. ⁵ Aus ganz Judäa* und Jerusalem kamen die Leute zu Johannes in die Wüste. Sie ließen sich im Jordan* von ihm taufen und bekannten dabei ihre Sünden.

⁶ Johannes trug ein Gewand aus Kamelhaar und hatte einen Ledergürtel um seine Hüfte gebunden. Seine Nahrung bestand aus Heuschrecken und Honig von wild lebenden Bienen. ⁷ Er kündigte an: »Nach mir kommt einer, der ist mächtiger als ich. Ich bin nicht einmal gut genug, mich zu bücken und ihm die Riemen seiner Sandalen zu lösen. ⁸ Ich habe euch mit Wasser getauft, er wird euch mit dem Heiligen Geist taufen.«

1,2 Bei einem zusammengesetzten Zitat aus dem Alten Testament wird nach jüdischem Brauch lediglich ein Autor genannt, gewöhnlich der bekannteste von ihnen. Der erste Teil des Zitats stammt hier vom Propheten Maleachi, Kapitel 3,1 seines Buches.

1,3 Jesaja 40,3

1,4 Vermutlich in der *Wüste* Juda, einem gebirgigen Dürregebiet westlich und nordwestlich des Toten Meeres.

1,5 *Judäa*. Von Juden bewohntes Gebiet zwischen dem Toten Meer und dem Mittelmeer.

Der *Jordan* ist der wichtigste Fluss Israels, der als geologisches Phänomen das tiefstgelegene Tal der Erde durchfließt. Er entspringt im Norden im Gebiet des Berges Hermon, etwa 500 m über dem Meeresspiegel, und mündet 200 km südlich ins Tote Meer, dessen Wasserspiegel sich 392 m unter Meeresniveau befindet. Die Taufstelle ist etwa 7 km nördlich vom Toten Meer zu suchen.

⁹ Damals kam auch Jesus aus Nazaret* in Galiläa* und ließ sich im Jordan von Johannes taufen. ¹⁰ Noch während er aus dem Wasser stieg, sah er, wie der Himmel sich öffnete und der Geist Gottes wie eine Taube auf ihn herabfuhr. ¹¹ Und aus dem Himmel sprach eine Stimme:»Du bist mein lieber Sohn. An dir habe ich meine Freude!« ¹² Bald darauf wurde Jesus vom Geist gedrängt, in die Wüste hinauszugehen. ¹³ Vierzig Tage blieb er dort und in dieser Zeit versuchte der Satan, ihn zur Sünde zu verführen. Jesus lebte bei den wilden Tieren, und Engel dienten ihm.

Erste Aufgaben in Galiläa

¹⁴ Nachdem Johannes dann verhaftet worden war, ging Jesus nach Galiläa und verkündigte dort die gute Botschaft von Gott. ¹⁵ Er sagte dabei:»Es ist jetzt so weit, die Herrschaft Gottes ist nah. Ändert eure Einstellung und glaubt diese gute Botschaft!« ¹⁶ Als Jesus am See von Galiläa* entlangging, sah er Fischer, die ihre runden Wurfnetze auswarfen. Es

waren Simon und sein Bruder Andreas. ¹⁷ Jesus sagte zu ihnen:»Kommt, folgt mir! Ich werde euch zu Menschenfischern machen.« ¹⁸ Sofort ließen sie die Netze liegen und folgten ihm. ¹⁹ Als er ein Stück weitergegangen war, sah er Jakobus und Johannes, die Söhne des Zebedäus, in einem Boot die Netze in Ordnung bringen. ²⁰ Auch sie forderte er gleich auf, mit ihm zu kommen. Da ließen sie ihren Vater Zebedäus mit den Lohnarbeitern im Boot zurück und folgten ihm.

²¹ Sie kamen nach Kafarnaum*. Gleich am folgenden Sabbat ging er in die Synagoge und sprach zu den Menschen dort. ²² Die waren sehr überrascht von seiner Lehre, denn er lehrte nicht, wie sie es von den Gesetzeslehrern kannten, sondern sprach mit Vollmacht. ²³ Nun war da gerade in ihrer Synagoge ein Mann, der von einem bösen Geist besessen war. Der schrie plötzlich auf: ²⁴ »Was willst du von uns, Jesus von Nazaret? Bist du gekommen, uns zu vernichten? Ich weiß, wer du bist: Der Heilige Gottes.« ²⁵ »Schweig!«, befahl ihm Jesus da. »Verlass den Mann!« ²⁶ Darauf zerrte der böse Geist den Mann hin und her und verließ ihn mit einem lauten Schrei. ²⁷ Die Leute waren so überrascht und erschrocken, dass sie sich gegenseitig fragten:»Was ist das? Eine neue Lehre mit göttlicher Vollmacht? Sogar den bösen Geistern gibt er Befehle, und sie gehorchen ihm.« ²⁸ Sein Ruf verbreitete sich mit Windeseile im ganzen galiläischen Umland.

²⁹ Nachdem sie die Synagoge verlassen hatten, gingen sie zusammen

---

1,9 Der kleine Ort *Nazaret* mit etwa 150 Einwohnern lag in der Mitte zwischen dem Mittelmeer und dem See Gennesaret und war etwa 100 km von der Taufstelle entfernt.

Galiläa. Von Juden und Griechen bewohntes Gebiet im Norden Israels, etwa zwischen dem See Gennesaret und dem Mittelmeer.

1,16 *See von Galiläa.* Das ist der See Gennesaret im Norden Israels, 21 km lang und bis zu 14 km breit. Er wird vom Jordan durchflossen und liegt etwa 200 m unter dem Meeresspiegel.

1,21 *Kafarnaum* war eine Stadt am Westufer des Sees Gennesaret.

mit Jakobus und Johannes in das Haus von Simon und Andreas. *30* Simons Schwiegermutter lag mit Fieber im Bett, und gleich erzählten sie es ihm. *31* Da ging er zu ihr hin, fasste sie bei der Hand und richtete sie auf. Im selben Augenblick verschwand das Fieber und sie konnte ihre Gäste bewirten.

32 Am Abend, es war nach Sonnenuntergang, brachte man alle Kranken und Besessenen zu Jesus. *33* Die ganze Stadt war vor der Haustür versammelt. *34* Und Jesus heilte viele Menschen, die an den verschiedensten Krankheiten litten. Er trieb auch viele Dämonen aus, die er aber nicht zu Wort kommen ließ, weil sie wussten, wer er war.

35 Früh am Morgen, als es noch völlig dunkel war, stand er auf und ging aus dem Haus fort an eine einsame Stelle, um dort zu beten. *36* Simon und die, die bei ihm waren, eilten ihm nach. *37* Als sie ihn gefunden hatten, sagten sie zu ihm: »Alle suchen dich!« *38* Doch er erwiderte: »Lasst uns anderswohin gehen, in die umliegenden Ortschaften, damit ich auch dort predige; denn dazu bin ich gekommen.«

39 So zog er durch ganz Galiläa, predigte in den Synagogen und trieb die Dämonen aus. *40* Einmal kam ein Aussätziger. Er kniete sich vor ihm hin und bat ihn flehentlich: »Wenn du willst, kannst du mich rein machen.« *41* Jesus hatte Mitleid mit ihm, berührte ihn mit seiner Hand und sagte: »Ich will es, sei rein!« *42* Sofort verschwand der Aussatz*, und der Mann war geheilt. *43* Jesus schickte ihn auf der Stelle weg und befahl ihm mit aller Entschiedenheit: *44* »Pass auf, dass

du niemand auch nur ein Wort davon sagst. Geh stattdessen zum Priester, zeig dich ihm und bring das Opfer für deine Reinigung, wie Mose es angeordnet hat. Das soll ein Beweis für sie sein.« *45* Der Mann ging weg, erzählte aber überall von seiner Heilung und machte die Sache bekannt, so dass Jesus in keine Stadt mehr gehen konnte, ohne Aufsehen zu erregen. Er hielt sich nur noch außerhalb der Ortschaften an einsamen Stellen auf. Doch die Leute kamen von überall her zu ihm.

Widerstand regt sich

2 *1* Einige Tage später kehrte Jesus nach Kafarnaum zurück. Schnell sprach sich herum, dass er wieder zu Hause sei. *2* Da kamen so viele Menschen bei ihm zusammen, dass sie keinen Platz mehr hatten, nicht einmal vor der Tür. Während er ihnen die Botschaft Gottes verkündigte, *3* trugen vier Männer einen Gelähmten heran. *4* Doch es herrschte ein solches Gedränge, dass sie nicht zu ihm durchkamen. Da brachen sie die Lehmdecke über der Stelle auf, wo Jesus sich befand, und beseitigten die Holzknüppel. Durch das Loch ließen sie den Gelähmten auf seiner Matte hinunter. *5* Als Jesus ihren Glauben sah, sagte er zu dem Gelähmten: »Mein Sohn, deine Sünden sind dir vergeben.«

6 Es saßen jedoch einige Gesetzeslehrer dabei, die im Stillen dachten: *7* »Was bildet der sich ein? Das ist ja Gotteslästerung! Niemand kann Sünden vergeben außer Gott.« *8* Jesus

---

1,42 *Aussatz.* Bezeichnung für rasch um sich greifende Hautkrankheiten, Lepra eingeschlossen.

hatte sofort erkannt, was in ihnen vorging, und sprach sie an:»Warum gebt ihr solchen Gedanken Raum in euch? ⁹ Ist es leichter, zu einem Gelähmten zu sagen: ›Deine Sünden sind dir vergeben‹, oder: ›Steh auf, nimm deine Matte und geh umher‹? ¹⁰ Doch ihr sollt wissen, dass der Menschensohn* die Vollmacht hat, hier auf der Erde Sünden zu vergeben.« Damit wandte er sich dem Gelähmten zu: ¹¹ »Ich befehle dir: Steh auf, nimm deine Matte und geh nach Hause!« ¹² Der Mann stand sofort auf, nahm seine Matte und ging vor den Augen der ganzen Menge hinaus. Da gerieten alle außer sich; sie priesen Gott und sagten:»So etwas haben wir noch nie gesehen!«

¹³ Danach ging Jesus wieder einmal an den See hinaus. Die ganze Menschenmenge kam zu ihm, und er belehrte sie. ¹⁴ Als er weiterging und an der Zollstelle vorbei kam, sah er Levi, den Sohn von Alphäus, dort sitzen und sagte zu ihm:»Komm, folge mir!« Der stand auf und folgte ihm. ¹⁵ Später war Jesus in seinem Haus zu Gast. Mit ihm und seinen Jüngern waren noch viele Zolleinnehmer eingeladen und andere, die einen ebenso schlechten Ruf hatten. Viele von ihnen gehörten schon zu denen, die ihm nachfolgten. ¹⁶ Als die Gesetzeslehrer von der Partei der Pharisäer* sahen, dass Jesus mit solchen Leuten aß, sagten sie:»Wie kann er sich nur mit Zöllnern und Sündern an einen Tisch setzen?« ¹⁷ Jesus hörte das und entgegnete:»Nicht die Gesunden brauchen den Arzt, sondern die Kranken. Ich bin nicht gekommen, um Gerechte zu rufen, sondern Sünder.«

¹⁸ Die Jünger des Johannes und die Pharisäer pflegten regelmäßig zu fasten. Einige Leute kamen deshalb zu Jesus und fragten:»Wie kommt es, dass die Jünger des Johannes und die der Pharisäer fasten, deine Jünger aber nicht?« ¹⁹ Jesus erwiderte:»Können die Hochzeitsgäste denn fasten, wenn der Bräutigam noch bei ihnen ist? Nein, solange der Bräutigam da ist, können sie nicht fasten. ²⁰ Die Zeit kommt früh genug, dass der Bräutigam von ihnen weggenommen sein wird. Dann werden sie fasten. ²¹ Niemand näht doch ein neues Stück Stoff auf ein altes Gewand*, sonst reißt das neue Stück aus und der Riss im alten Stoff wird noch größer. ²² Und niemand wird doch neuen Wein, der noch gärt, in alte Schläuche füllen. Der junge Wein würde die Schläuche zum Platzen bringen. Dann wären Wein und Schläuche verdorben. Nein, neuen Wein füllt man in neue Schläuche.«

²³ An einem Sabbat ging Jesus durch Kornfelder. Seine Jünger fingen unterwegs an, Ähren abzurupfen und die Körner zu essen. ²⁴ Da sagten die Pharisäer zu ihm:»Sieh mal, was sie da tun! Das ist doch am Sabbat nicht erlaubt.«* ²⁵ Jesus entgegnete:»Habt

---

2,10 *Menschensohn* ist eine von Jesus bevorzugte Selbstbezeichnung. Er knüpft damit an Daniel 7,13 an, wo der zukünftige Herrscher des Gottesreiches angekündigt wird.

2,16 *Pharisäer.* Religionspartei, die auf genaue Einhaltung der Gesetze und Überlieferungen Wert legte.

2,21 *Gewand.* Denn der Flicken wird beim Waschen einlaufen.

2,24 *nicht erlaubt.* Sie fassten das als »ernten« auf, was als Arbeit am Sabbat verboten war.

ihr nie gelesen, was David getan hat, als er und seine Begleiter hungrig waren und etwas zu essen brauchten? 26 Wie er damals – als der Hohe Priester Abjatar lebte* – ins Haus Gottes ging, von den geweihten Broten aß und auch seinen Begleitern davon gab, obwohl nach dem Gesetz doch nur die Priester davon essen dürfen?« 27 Und Jesus fügte hinzu: »Der Sabbat wurde für den Menschen geschaffen und nicht der Mensch für den Sabbat. 28 Darum kann der Menschensohn auch über den Sabbat bestimmen.«

3 1 Als Jesus ein anderes Mal in eine Synagoge ging, saß dort ein Mann mit einer gelähmten Hand. 2 Seine Gegner passten genau auf, ob er ihn am Sabbat heilen würde, denn sie wollten einen Grund finden, ihn anzuklagen. 3 Jesus sagte zu dem Mann mit der gelähmten Hand: »Steh auf und stell dich in die Mitte!« 4 Dann fragte er die Anwesenden: »Soll man am Sabbat Gutes tun oder Böses? Soll man ein Leben retten oder es zugrunde gehen lassen?« Sie schwiegen. 5 Da sah er sie zornig der Reihe nach an und war zugleich traurig über ihre verstockten Herzen. Dann befahl er dem Mann: »Streck die Hand aus!« Der gehorchte, und seine Hand war geheilt. 6 Die Pharisäer gingen sofort hinaus und berieten mit den Anhängern von Herodes Antipas*, wie sie ihn umbringen könnten.

Wer wirklich zu Jesus gehört

7 Jesus zog sich mit seinen Jüngern an den See zurück. Eine Menschenmenge aus Galiläa folgte ihm. Auch aus Judäa, 8 Jerusalem und Idumäa*, aus dem Ostjordanland und der Gegend von Tyrus und Sidon* kamen sie in Scharen zu ihm, weil sie von seinen Taten gehört hatten. 9 Da befahl er seinen Jüngern, ihm ein Boot bereitzuhalten, damit die Menge ihn nicht so bedrängte, 10 denn er heilte viele. Und alle, die ein Leiden hatten, drängten sich an ihn heran, um ihn zu berühren. 11 Und wenn von bösen Geistern besessene Menschen ihn sahen, warfen sie sich vor ihm nieder und schrien: »Du bist der Sohn Gottes!« 12 Doch Jesus verbot ihnen streng, ihn bekannt zu machen.

13 Dann stieg Jesus auf einen Berg und rief die zu sich, die er bei sich haben wollte. Sie traten zu ihm, 14 und er wählte zwölf von ihnen aus, die er ständig um sich haben und später aussenden wollte, damit sie predigten 15 und in seiner Vollmacht Dämonen austrieben. 16 Die Zwölf, die er dazu bestimmte, waren: Simon, den er Petrus nannte, 17 Jakobus Ben-Zebedäus und Johannes, sein Bruder – die er übrigens Boanerges nannte, das heißt »Donnersöhne« –, 18 Andreas,

---

2,26 Abjatar. Amtierender Hoher Priester war zu dieser Zeit noch der Vater Abjatars, Ahimelech (siehe 1. Samuel 21,1-7).

3,6 Anhänger von Herodes Antipas. Antipas war ein Sohn von Herodes dem Großen. Er regierte unter römischer Oberherrschaft die Gebiete Galiläa und Peräa. Seine Anhänger bildeten eine romfreundliche Partei, die den Pharisäern normalerweise feindlich gegenüberstand.

3,8 Idumäa. Von Edomitern bewohntes Gebiet südlich von Juda und westlich des Toten Meeres, etwa 200 km südlich vom See Gennesaret.

Tyrus und Sidon. Phönizische Städte am Mittelmeer, etwa 60 und 90 km nordwestlich vom See Gennesaret.

Philippus und Bartholomäus, Matthäus, Thomas und Jakobus Ben-Alphäus, Thaddäus, Simon, der zu den Zeloten* gehört hatte, *19* und Judas, der ein Sikarier* gewesen war und ihn später verraten hat.

20 Jesus ging nach Hause, und wieder strömten so viele Menschen bei ihm zusammen, dass er mit seinen Jüngern nicht einmal zum Essen kam. *21* Als seine Angehörigen das erfuhren, machten sie sich auf, um ihn mit Gewalt zurückzuholen, denn sie sagten sich: »Er muss den Verstand verloren haben.«

22 Die Gesetzeslehrer, die von Jerusalem hergekommen waren, sagten: »Er ist mit Beelzebul* im Bund. Und die Dämonen treibt er nur mit Hilfe des Obersten aller bösen Geister aus.« *23* Jesus rief sie zu sich und gab ihnen durch einige Vergleiche Antwort: »Wie kann denn Satan den Satan austreiben? *24* Wenn ein Reich mit sich selbst im Streit liegt, wird es nicht bestehen können. *25* Und eine Familie, die sich zerstreitet, zerfällt. *26* Wenn also der Satan gegen sich selbst aufsteht und mit sich selbst in Streit gerät, kann sein Reich nicht bestehen; es ist aus mit ihm. *27* Andererseits kann niemand einfach so in das Haus eines starken Mannes einbrechen und ihm den Besitz rauben. Erst wenn der Starke gefesselt ist, kann man sein Haus ausrauben. *28* Ich versichere euch: Alle Sünden können den Menschen vergeben werden, selbst die Gotteslästerungen, die sie aussprechen. *29* Wer aber den Heiligen Geist lästert, wird in Ewigkeit keine Vergebung finden. Mit dieser Sünde hat er ewige Schuld auf sich geladen.« *30* Das sagte er zu ihnen, weil sie behauptet hatten, er sei von einem bösen Geist besessen.

31 Inzwischen waren seine Mutter und seine Brüder angekommen. Sie blieben vor dem Haus und ließen ihn herausrufen. *32* Die Menschen, die dicht gedrängt um Jesus herumsaßen, gaben ihm die Nachricht weiter: »Deine Mutter und deine Brüder sind draußen und fragen nach dir.« *33* »Wer ist meine Mutter, und wer sind meine Brüder?«, antwortete Jesus. *34* Er sah die Menschen an, die im Kreis um ihn herum saßen: »Das hier ist meine Mutter, und das sind meine Brüder! *35* Jeder, der nach Gottes Willen lebt, ist mir Bruder, Schwester und Mutter.«

Das Geheimnis vom Reich Gottes

4 *1* Wieder einmal war Jesus am See und lehrte. Diesmal hatten sich so viele Menschen um ihn versammelt, dass er sich in ein Boot setzen musste, um vom See aus zur Menge am Ufer sprechen zu können. *2* Er redete lange und erklärte vieles in Gleichnissen. Unter anderem sagte er: *3* »Hört zu! Ein Bauer ging auf den

---

3,18 *Zeloten.* Wörtlich: *Kananäer.* Wahrscheinlich von *kana* (eifern) abgeleitet. Es handelte sich offenbar um die Jüdische Partei der »Eiferer«, die aktiven Widerstand gegen die Römer leistete, es ablehnte, Steuern zu zahlen, und das messianische Reich mit Gewalt herbeizwingen wollte.

3,19 *Sikarier.* Die militanteste Gruppe unter den Zeloten, Dolchmänner (von *sika* = Dolch), die römerfreundliche Juden umbrachten (vgl. Apostelgeschichte 21,38).

3,22 *Beelzebul.* Ein anderer Name für Satan, den Obersten aller Dämonen.

Acker, um zu säen. *4* Beim Ausstreuen fiel ein Teil der Körner auf den Weg. Da kamen die Vögel und pickten sie auf. *5* Ein anderer Teil fiel auf felsigen Boden, der nur von einer dünnen Erdschicht bedeckt war. Weil die Wurzeln nicht tief in den Boden dringen konnten, ging die Saat bald auf. *6* Als dann aber die Sonne höher stieg, wurde sie versengt und vertrocknete, weil sie keine tiefer gehenden Wurzeln hatte. *7* Wieder ein anderer Teil fiel ins Dornengestrüpp, das die Saat bald überwucherte und erstickte, so dass sie keine Frucht brachte. *8* Ein anderer Teil schließlich fiel auf guten Boden. Die Saat ging auf, wuchs und brachte Frucht: dreißig-, sechzig- oder sogar hundertfach.« *9* Jesus schloss: »Wer Ohren hat und hören kann, der höre zu!«

10 Als die Zwölf und die anderen Jünger wieder mit Jesus allein waren, fragten sie ihn nach dem Sinn der Gleichnisse. *11* Er sagte: »Euch hat Gott das Geheimnis seines Reiches anvertraut; den Außenstehenden wird alles nur in Gleichnissen gegeben, *12* ›damit sie mit sehenden Augen sehen und doch nichts erkennen, damit sie mit hörenden Ohren hören und doch nichts verstehen, damit sie nicht etwa umkehren und ihnen vergeben wird.‹*«* *13* Dann fuhr er fort: »Ihr versteht das Gleichnis nicht? Wie wollt ihr dann die anderen alle verstehen?

14 Der Bauer mit dem Saatgut sät das Wort. *15* Das, was auf den Weg gefallen ist, meint Menschen, *die Gottes Botschaft hören.* Aber dann kommt gleich der Satan und nimmt ihnen das gesäte Wort wieder weg. *16* Das, was auf den felsigen Boden fiel, meint Menschen, die das Wort hören und es gleich freudig aufnehmen. *17* Doch weil sie unbeständig sind, kann es bei ihnen keine Wurzeln schlagen. Wenn sie wegen der Botschaft in Schwierigkeiten geraten oder gar verfolgt werden, wenden sie sich gleich wieder ab. *18* Andere Menschen entsprechen der Saat, die ins Dornengestrüpp fällt. Sie haben die Botschaft gehört, *19* doch dann gewinnen die Sorgen ihres Alltags, die Verlockungen des Reichtums und andere Begierden die Oberhand und ersticken das Wort. Es bleibt ohne Frucht. *20* Die Menschen schließlich, die dem guten Boden gleichen, hören die Botschaft, nehmen sie auf und bringen Frucht: dreißig-, sechzig- und hundertfach.«

21 Er fuhr fort: »Bringt man denn eine Lampe herbei, um sie unter den Eimer oder das Bett zu stellen? Natürlich nicht! Man stellt sie auf den Lampenständer. *22* So wird auch alles, was jetzt noch verborgen ist, ans Licht kommen; was jetzt noch geheim ist, soll bekannt gemacht werden. *23* Wer Ohren hat und hören kann, der höre zu!« *24* Und weiter sagte er: »Passt auf, was ihr jetzt hört! Nach dem Maß, mit dem ihr messt, wird euch zugeteilt werden, und ihr werdet noch mehr bekommen. *25* Denn wer hat, dem wird gegeben, wer aber nicht hat, dem wird auch das genommen, was er hat.«

26 »Mit dem Reich Gottes«, erklärte er, »verhält es sich wie mit einem Bauern, der seinen Acker besät hat. *27* Er legt sich schlafen, steht wieder auf, ein Tag folgt dem anderen. Währenddessen

---

4,12 Jesaja 6,9-10 auszugsweise zitiert.

geht die Saat auf und wächst – wie, das weiß er selber nicht. *28* Die Erde bringt von selbst die Frucht hervor: zuerst den Halm, dann die Ähre und zuletzt das volle Korn in der Ähre. *29* Und sobald das Korn reif ist, lässt er es schneiden. Die Ernte ist gekommen.« *30* »Womit sollen wir die Herrschaft Gottes noch vergleichen?«, fragte Jesus. »Mit welchem Gleichnis sollen wir sie darstellen? *31* Es ist wie bei einem Senfkorn*. Das ist das kleinste aller Samenkörner, die man in die Erde sät. *32* Und wenn es gesät ist, geht es auf und wird größer als alle anderen Gartenpflanzen. Es treibt so große Zweige, dass Vögel in seinem Schatten nisten können.«

33 Jesus gebrauchte viele solcher Gleichnisse, um den Menschen die Botschaft Gottes verständlich zu machen. *34* Er verwendete immer Gleichnisse, wenn er zu den Leuten sprach. Aber seinen Jüngern erklärte er alles, wenn er mit ihnen allein war.

Welche Macht Jesus hat

35 Am Abend jenes Tages sagte Jesus zu seinen Jüngern: »Wir wollen ans andere Ufer fahren!« *36* Sie schickten die Leute nach Hause und nahmen ihn, so wie er war, im Boot mit. Einige andere Boote fuhren Jesus nach. *37* Plötzlich brach ein schwerer Sturm los, so dass die Wellen ins Boot schlugen und es mit Wasser voll lief. *38* Jesus aber schlief im Heck auf einem Kissen. Die Jünger weckten ihn und schrien: »Rabbi*, macht es dir nichts aus, dass wir umkommen?« *39* Jesus stand auf, bedrohte den Sturm und sagte zum See: »Schweig! Sei still!« Da legte sich der Wind, und es trat völlige Stille ein. *40* »Warum habt ihr solche Angst?«, fragte Jesus. »Habt ihr immer noch keinen Glauben?« *41* Da wurden sie erst recht von Furcht gepackt und flüsterten einander zu: »Wer ist das nur, dass ihm sogar Wind und Wellen gehorchen?«

5 *1* So kamen sie in das Gebiet der Gerasener* auf der anderen Seite des Sees. *2* Als er aus dem Boot stieg, rannte ihm ein Besessener entgegen. Er kam von den Grabhöhlen, *3* in denen er hauste, und niemand konnte ihn mehr bändigen, nicht einmal mit Ketten. *4* Schon oft hatte man ihn an Händen und Füßen gefesselt, doch jedes Mal hatte er die Ketten zerrissen und die Fußfesseln zerrieben. Keiner wurde mit ihm fertig. *5* Tag und Nacht war er in den Grabhöhlen oder auf den Bergen, und immer schrie er und schlug sich mit Steinen. *6* Schon von weitem hatte er Jesus erblickt, rannte auf ihn zu, warf sich vor ihm hin *7* und schrie mit lauter Stimme: »Was willst du von mir, Jesus, Sohn Gottes, du Sohn des Allerhöchsten? Ich beschwöre dich bei Gott, quäle mich nicht!« *8* Jesus hatte dem bösen Geist nämlich

---

4,31 *Senfkorn.* Gemeint ist wahrscheinlich der »Schwarze Senf« (*Brassica nigra*), dessen *ein* Millimeter großes Samenkorn in Israel für seine Kleinheit sprichwörtlich war.

4,38 *Rabbi.* Hebräische Anrede: *mein Herr (mein Lehrer, mein Meister)!*

5,1 *Gerasener.* Bewohner des südöstlichen Uferstreifens des Sees Gennesaret mit Hafen. Das Gebiet gehörte zu Gadara, die als mächtigste Stadt im Zehnstädtegebiet selbst Kriegsschiffe auf dem See unterhielt.

befohlen, den Mann zu verlassen. 9 Nun fragte er ihn: »Wie heißt du?« – »Ich heiße Legion«, antwortete der, »denn wir sind viele.« 10 Und dann flehte er Jesus an, sie nicht aus der Gegend fortzuschicken. 11 Nun weidete dort in der Nähe eine große Herde Schweine an einem Berghang. 12 Da baten sie ihn: »Lass uns doch in die Schweine fahren!« 13 Jesus erlaubte es ihnen und die bösen Geister verließen den Mann und fuhren in die Schweine. Da raste die ganze Herde den Abhang hinunter in den See und ertrank. Es waren immerhin 2000 Tiere. 14 Die Schweinehirten liefen davon und erzählten in der Stadt und auf den Dörfern alles, was geschehen war. Die Leute wollten das mit eigenen Augen sehen und machten sich gleich auf den Weg. 15 Als sie zu Jesus kamen, sahen sie den, der bisher von einer Legion böser Geister besessen gewesen war, bekleidet und vernünftig bei ihm sitzen. Da bekamen sie es mit der Angst zu tun. 16 Und nachdem ihnen Augenzeugen berichtet hatten, was mit dem Besessenen und den Schweinen passiert war, 17 baten sie Jesus, ihr Gebiet zu verlassen. 18 Als Jesus dann ins Boot stieg, bat ihn der Geheilte, bei ihm bleiben zu dürfen. 19 Doch er gestattete es nicht, sondern sagte: »Geh nach Hause zu deinen Angehörigen und berichte ihnen, wie viel der Herr in seinem Erbarmen an dir getan hat.« 20 Der Mann gehorchte und fing an, im ganzen Zehnstädtegebiet* zu verkünden, was Jesus an ihm getan hatte. Und alle wunderten sich.

21 Jesus fuhr mit dem Boot wieder ans andere Ufer, wo sich bald eine große Menschenmenge um ihn versammelte.

Er war noch am See, 22 als ein Synagogenvorsteher kam und sich vor ihm niederwarf. Er hieß Jairus 23 und bat ihn sehr: »Meine kleine Tochter liegt im Sterben. Komm und leg ihr die Hände auf, damit sie gesund wird und am Leben bleibt.« 24 Jesus ging mit, und viele Leute folgten und drängten sich um ihn.

25 Darunter war auch eine Frau, die seit zwölf Jahren an starken Blutungen litt. 26 Sie war schon bei vielen Ärzten gewesen und dabei sehr geplagt worden. Ihr ganzes Vermögen hatte sie aufgewendet, und es hatte ihr nichts geholfen, im Gegenteil: Es war noch schlimmer geworden. 27 Diese Frau hatte von Jesus gehört und drängte sich nun durch die Menge von hinten heran. Sie berührte sein Gewand, 28 denn sie dachte: »Wenn ich nur sein Gewand anfasse, werde ich geheilt.« 29 Sofort hörte die Blutung auf, und sie spürte, dass sie ihre Plage los war. 30 Im selben Augenblick spürte auch Jesus, dass eine Kraft von ihm ausgegangen war. Er drehte sich in der Menge um und fragte: »Wer hat mein Gewand berührt?« 31 Da sagten seine Jünger zu ihm: »Du siehst doch, wie die Menge dich drängt, und da fragst du, wer dich berührt hat?« 32 Aber Jesus blickte sich nach der um, die das getan hatte. 33 Zitternd vor Angst trat die Frau vor, die ja wusste, was mit ihr vorgegangen war. Sie warf sich vor ihm nieder und erzählte

---

5,20 *Zehnstädtegebiet.* Die Dekapolis, ein Verband von ursprünglich zehn Städten im Ostjordangebiet mit Griechisch sprechender Bevölkerung und hellenistischer Kultur.

ihm alles. *34* »Meine Tochter«, sagte Jesus da zu ihr, »dein Glaube hat dich gerettet. Geh in Frieden! Du bist gesund!«

35 Während Jesus noch mit ihr sprach, kamen Leute aus dem Haus des Synagogenvorstehers und sagten zu Jairus: »Deine Tochter ist gestorben. Du brauchst den Rabbi nicht weiter zu bemühen.« *36* Jesus hatte mitgehört und sagte zu dem Vorsteher: »Fürchte dich nicht, glaube nur!« *37* Dann ging er weiter, erlaubte aber niemand, ihn zu begleiten, außer Petrus, Jakobus und dessen Bruder Johannes. *38* Als sie zum Haus des Vorstehers kamen und Jesus die Aufregung sah und die laut weinenden und klagenden Menschen, *39* ging er hinein und sagte: »Was soll der Lärm? Warum weint ihr? Das Kind ist nicht tot, es schläft nur.« *40* Da lachten sie ihn aus. Er aber warf sie alle hinaus und ging nur mit dem Vater und der Mutter des Kindes und mit den Jüngern, die bei ihm waren, zu dem Mädchen hinein. *41* Er fasste es bei der Hand und sagte: »Talita kum!« – Das heißt übersetzt: »Mädchen, steh auf!« *42* Mit fassungslosem Erstaunen sahen alle, wie das Mädchen sich sofort erhob und anfing umherzu-

gehen; es war nämlich zwölf Jahre alt. *43* Jesus verbot ihnen nachdrücklich, anderen davon zu erzählen, und ordnete an, dem Kind etwas zu essen zu geben.

Die Jünger in der Ausbildung

6 *1* Jesus brach von dort auf und kam wieder in seinen Heimatort. Seine Jünger begleiteten ihn. *2* Am Sabbat lehrte er in der Synagoge. Viele seiner Zuhörer fragten sich erstaunt: »Wo hat er das nur her? Was ist das für eine Weisheit, die ihm da gegeben ist? Und erst die Wunder, die durch ihn geschehen! *3* Ist das denn nicht der Bauhandwerker*, der Sohn von Maria* und ein Bruder von Jakobus, Joses, Judas und Simon? Und seine Schwestern leben doch auch alle bei uns!« Und sie ärgerten sich über ihn. *4* Da sagte Jesus zu ihnen: »Überall wird ein Prophet geehrt, nur nicht in seiner Heimatstadt, seiner Verwandtschaft und seiner Familie.« *5* Deshalb konnte er dort überhaupt kein Wunder tun; nur einigen Kranken legte er die Hände auf und heilte sie. *6* Er wunderte sich über ihren Unglauben und zog weiter durch die umliegenden Dörfer und lehrte dort.

7 Dann rief er die Zwölf zu sich und fing an, sie zu zweit auszusenden. Er gab ihnen Vollmacht über die bösen Geister *8* und befahl ihnen, außer einem Wanderstab nichts mitzunehmen, kein Brot, keine Vorratstasche, kein Geld. *9* »Sandalen dürft ihr anziehen, aber nicht zwei Hemden übereinander. *10* Wenn ihr in ein Haus aufgenommen werdet, dann bleibt dort, bis ihr den Ort wieder verlasst.

6,3 Bauhandwerker. Den Beruf des Zimmermanns im Sinn eines Holzfacharbeiters gab es damals noch nicht. Holz war im 1. Jahrhundert eine ausgesprochene Mangelware.

Dass einige Jesus als *Marias Sohn* bezeichneten, war eine bewusste Diffamierung, denn ein Mann wurde in Israel auch dann nicht als Sohn seiner Mutter bezeichnet, wenn diese bereits Witwe war, es sei denn, man wollte ihn beleidigen.

11 Und wenn ihr in einen Ort kommt, wo die Leute euch nicht aufnehmen und auch nicht anhören wollen, dann zieht gleich weiter und schüttelt den Staub von euren Füßen ab, um ihnen deutlich zu machen, dass das Gericht auf sie wartet.« 12 Die Zwölf machten sich auf den Weg und predigten, dass die Leute ihre Einstellung ändern sollten. 13 Sie trieben viele Dämonen aus, rieben viele Kranke mit Öl ein und heilten sie.

Herodes und Johannes

14 Inzwischen hatte auch König Herodes von Jesus gehört, denn überall sprach man von ihm. Die einen sagten: »Johannes der Täufer ist von den Toten auferstanden, deshalb kann er solche Wunder tun.« 15 Andere meinten: »Es ist Elija.« Wieder andere sagten: »Es ist ein Prophet wie einer der früheren Propheten.« 16 Doch Herodes sagte, als er von ihm hörte: »Das ist Johannes, den ich enthaupten ließ. Und jetzt ist er auferweckt worden.«

17 Herodes hatte Johannes nämlich festnehmen und gefesselt ins Gefängnis bringen lassen. Schuld daran war Herodias*, die Frau seines Stiefbruders Philippus. Herodes hatte sie zu seiner Frau gemacht, 18 worauf Johannes ihm sagen musste: »Du hattest kein Recht, die Frau deines Bruders zu nehmen.« 19 Die Herodias verzieh ihm das nicht und wollte ihn umbringen lassen. Doch sie konnte sich nicht durchsetzen, 20 denn Herodes hatte Hochachtung vor ihm. Er wusste, dass Johannes ein gerechter und heiliger Mann war, und schützte ihn deshalb. Er wurde zwar sehr unruhig, wenn er mit ihm sprach, hörte ihm aber trotzdem gern zu. 21 Eines Tages ergab sich für Herodias die Gelegenheit. Herodes hatte Geburtstag und gab dazu ein Festessen für seine hohen Regierungsbeamten, die Offiziere und die angesehensten Bürger von Galiläa. 22 Dabei trat die Tochter der Herodias als Tänzerin auf. Sie gefiel Herodes und den Gästen so gut, dass der König zu dem Mädchen sagte: »Wünsch dir, was du willst; ich werde es dir geben!« 23 Er schwor ihr sogar: »Ich werde dir alles geben, was du willst, und wenn es die Hälfte meines Reiches wäre.« 24 Sie ging hinaus und fragte ihre Mutter: »Was soll ich mir wünschen?« – »Den Kopf von Johannes dem Täufer«, erwiderte diese. 25 Schnell ging das Mädchen wieder zum König hinein und sagte: »Ich will, dass du mir hier sofort auf einer Schale den Kopf von Johannes dem Täufer überreichst.« 26 Der König war bestürzt, aber weil er vor allen Gästen einen Eid abgelegt hatte, wollte er sie nicht zurückweisen. 27 Er schickte den Henker los und befahl ihm, den Kopf des Täufers zu bringen. Der ging ins Gefängnis und enthauptete Johannes. 28 Dann brachte er den Kopf auf einer Schale herein und überreichte ihn dem Mädchen. Und das Mädchen gab ihn an seine Mutter weiter. 29 Als die Jünger des Johannes davon hörten, holten sie den Toten und legten ihn in ein Grab.

6,17 *Herodias.* Enkelin Herodes des Großen, war zunächst mit ihrem Onkel Herodes Philippus (nicht dem Fürsten Philippus) verheiratet. Auch Herodes Antipas, ihr jetziger Ehemann, war ein Onkel von ihr.

Die Jünger bei Jesus

30 Die Apostel versammelten sich dann wieder bei Jesus und berichteten ihm alles, was sie in seinem Auftrag gelehrt und getan hatten. *31* Da sagte er zu ihnen: »Kommt mit an einen einsamen Platz, wo wir allein sind, und ruht ein wenig aus.« Denn es war ein ständiges Kommen und Gehen, so dass sie nicht einmal Zeit zum Essen fanden. *32* Sie fuhren also mit dem Boot an eine einsame Stelle, um dort allein zu sein. *33* Doch viele sahen sie wegfahren und hatten ihre Absicht bemerkt. So kam es, dass die Menschen aus allen Orten am See angelaufen kamen und auf dem Landweg noch vor ihnen dort waren.

34 Als Jesus aus dem Boot stieg und die vielen Menschen sah, ergriff ihn tiefes Mitgefühl, denn sie waren wie Schafe ohne Hirten. Da nahm er sich viel Zeit, um sie zu belehren. *35* Am Abend kamen seine Jünger zu ihm und sagten: »Wir sind hier an einem einsamen Fleck, und es ist schon spät. *36* Schick die Leute weg, damit sie sich in den umliegenden Bauernhöfen und Dörfern etwas zu essen kaufen können.« *37* Aber Jesus erwiderte: »Gebt ihr ihnen doch zu essen!« – »Sollen wir wirklich losgehen«, sagten sie da, »und für 200 Denare* Brot kaufen, damit wir ihnen zu essen geben können?« *38* »Wie viel Fladenbrote habt ihr?«, fragte er zurück. »Geht und seht

nach!« Sie taten es und sagten dann zu ihm: »Fünf und zwei Fische.« *39* Dann befahl er ihnen, dafür zu sorgen, dass die Leute sich in Tischgemeinschaften ins grüne Gras niedersetzten. *40* Als sie sich in Gruppen zu hundert und zu fünfzig zusammengesetzt hatten, *41* nahm Jesus die fünf Fladenbrote und die zwei Fische in die Hand. Er blickte zum Himmel auf und dankte Gott dafür. Dann brach er die Fladenbrote in Stücke und gab sie den Jüngern, damit sie diese an die Leute austeilten. Auch die zwei Fische ließ er unter alle verteilen. *42* Und alle aßen sich satt. *43* Sie füllten sogar noch zwölf Tragkörbe mit den Resten, die von den Brotstücken und Fischen übrig geblieben waren. *44* Etwa 5000 Männer hatten an der Mahlzeit teilgenommen.

45 Gleich darauf nötigte Jesus seine Jünger, unverzüglich ins Boot zu steigen und an das gegenüberliegende Ufer Richtung Betsaida* vorauszufahren. Er wollte inzwischen die Leute nach Hause schicken. *46* Nachdem er sich von der Menge verabschiedet hatte, stieg er auf den Berg, um zu beten. *47* Bei Einbruch der Dunkelheit war das Boot mitten auf dem See und Jesus allein an Land. *48* Er sah, wie sich seine Jünger beim Rudern abmühten, weil sie gegen den Wind ankämpfen mussten. Zwischen drei und sechs Uhr in der Nacht kam er dann zu ihnen. Er ging über den See, und es schien, als wollte er an ihnen vorüberlaufen. *49* Als die Jünger ihn auf dem Wasser gehen sahen, meinten sie, es sei ein Gespenst, und schrien auf, *50* denn alle sahen ihn und wurden von Furcht gepackt. Sofort rief er sie

---

6,37 Ein *Denar* entsprach einem vollen Tageslohn.

6,45 *Betsaida.* Fischerdorf an der Mündung des Jordan in den See Gennesaret. Heute wahrscheinlich El-Aradsch.

an: »Erschreckt nicht! Ich bin's! Habt keine Angst!« *51* Dann stieg er zu ihnen ins Boot, und der Wind legte sich. Da gerieten sie vor Entsetzen ganz außer sich, *52* denn selbst nach dem Wunder mit den Fladenbroten hatten sie noch nichts begriffen, weil ihre Herzen immer noch verschlossen waren.

53 Sie fuhren hinüber ans Land und legten in der Nähe von Gennesaret an. *54* Als sie aus dem Boot stiegen, wurde Jesus von den Leuten dort gleich erkannt. *55* Sofort liefen sie los, um die Kranken aus der ganzen Gegend zu holen. Sie brachten sie auf Tragbahren immer an den Ort, von dem sie erfuhren, dass Jesus dort sei. *56* In allen Dörfern, Städten oder Einzelhöfen, in die er kam, legten sie die Kranken ins Freie und baten ihn, sie nur den Saum seines Gewandes berühren zu lassen. Und alle, die ihn berührten, wurden geheilt.

Was wirklich unrein macht

7 *1* Einige Pharisäer und Gesetzeslehrer aus Jerusalem kamen gemeinsam zu Jesus. *2* Sie hatten gesehen, dass seine Jünger mit unreinen, das heißt mit ungewaschenen Händen aßen. *3* Denn die Pharisäer und alle Juden essen nichts, wenn sie sich nicht vorher in der vorgeschriebenen Weise die Hände gewaschen haben. So halten sie sich an die Überlieferungen ihrer Vorväter. *4* Auch wenn sie vom Markt kommen, essen sie nichts, ohne sich vorher einer Reinigung zu unterziehen. So befolgen sie noch eine Reihe anderer überlieferter Vorschriften über das Reinigen von Bechern, Krügen, Kupfergefäßen und Sitzpolstern. *5* Die Pharisäer und die Gesetzeslehrer fragten ihn also: »Warum richten deine Jünger sich nicht nach den Vorschriften, die uns von den Alten überliefert wurden, und essen mit unreinen Händen?« *6* »Ihr Heuchler! Auf euch trifft genau zu, was Jesaja geweissagt hat«, gab Jesus zur Antwort. »So steht es nämlich geschrieben:

›Dieses Volk ehrt mich mit den Lippen, / aber sein Herz ist weit von mir fort. *7* Ihr Dienst an mir ist ohne Wert, / denn sie lehren, was sich Menschen erdachten.‹*

8 Ja, ihr gebt Gottes Gebot preis und haltet dafür die Vorschriften, die sich Menschen ausgedacht haben.« *9* Dann fügte Jesus hinzu: »Sehr geschickt setzt ihr Gottes Gebot außer Kraft und haltet dafür eure eigenen Vorschriften ein. *10* Mose hat zum Beispiel gesagt: ›Ehre deinen Vater und deine Mutter!‹* und ›Wer Vater oder Mutter verflucht, wird mit dem Tod bestraft!‹* *11* Ihr aber lehrt, dass man zu seinem Vater oder seiner Mutter sagen kann: ›Was du von mir bekommen müsstest, habe ich als Opfer für Gott bestimmt.‹ *12* Auf diese Weise lasst ihr ihn nichts mehr für seine Eltern tun *13* und setzt so Gottes Wort durch eure eigenen Vorschriften außer Kraft. Das ist nur ein Beispiel für viele.«

14 Dann rief Jesus die Menge wieder zu sich und sagte: »Hört mir alle zu und versteht, was ich euch sage!

7,7 Jesaja 29,13
7,10 2. Mose 20,12; 5. Mose 5,16
2. Mose 21,17; 3. Mose 20,9

15 Nichts, was von außen in den Menschen hineinkommt, kann ihn vor Gott unrein machen. Unrein macht ihn nur, was aus ihm selber kommt.« (16)*
17 Als er sich von der Menge zurückgezogen hatte und ins Haus gegangen war, fragten ihn seine Jünger, wie er das gemeint habe. 18 »Habt ihr das auch nicht begriffen?«, erwiderte Jesus. »Versteht ihr nicht, dass alles, was von außen in den Menschen hineinkommt, ihn nicht unrein machen kann? 19 Denn es kommt ja nicht in sein Herz, sondern geht in den Magen und wird im Abort wieder ausgeschieden.« Damit erklärte Jesus alle Speisen für rein. 20 Dann fuhr er fort: »Was aus dem Menschen herauskommt, das macht ihn unrein. 21 Denn von innen, aus dem Herzen des Menschen, kommen die bösen Gedanken und mit ihnen alle Arten von sexueller Unmoral, Diebstahl, Mord, 22 Ehebruch, Habgier und Bosheit. Dazu Betrug, Ausschweifung,

Neid, Verleumdung, Überheblichkeit und Unvernunft. 23 All dieses Böse kommt von innen heraus und macht den Menschen vor Gott unrein.«

Jesus im Ausland

24 Jesus brach von dort auf und ging in die Gegend von Tyrus*. Weil er nicht wollte, dass jemand von seiner Anwesenheit erfuhr, zog er sich in ein Haus zurück. Doch es ließ sich nicht verbergen, dass er da war. 25 Schon hatte eine Frau von ihm gehört, deren kleine Tochter von einem bösen Geist besessen war. Sie kam und warf sich Jesus zu Füßen. 26 Die Frau war eine Griechin und stammte aus dieser Gegend, dem syrischen Phönizien*. Sie bat ihn, den Dämon aus ihrer Tochter auszutreiben. 27 Aber Jesus wehrte ab: »Zuerst müssen die Kinder satt werden. Es ist nicht recht, ihnen das Brot wegzunehmen und es den Haushunden hinzuwerfen.« 28 »Das ist wahr, Herr«, erwiderte sie, »aber die Hündchen unter dem Tisch fressen doch auch die Brotkrumen, die die Kinder fallen lassen.« 29 »Da hast du recht«, sagte Jesus zu ihr. »Wegen dieser Antwort kannst du getrost nach Hause gehen. Der Dämon hat deine Tochter verlassen.« 30 Als die Frau nach Hause kam, lag das Mädchen ruhig im Bett und der Dämon war fort.

31 Jesus verließ die Gegend von Tyrus und ging über Sidon* zum See von Galiläa, mitten in das Zehnstädtegebiet*. 32 Dort brachte man einen tauben Mann zu ihm, der nur mühsam reden konnte, und bat Jesus, ihm die Hand aufzulegen. 33 Jesus führte ihn beiseite, weg von der Menge. Er

---

7,16 Spätere Handschriften haben hier noch einmal die Formel, wie sie in Markus 4,9.23 steht.

7,24 *Tyrus.* Phönizische Hafenstadt, etwa 65 km nordwestlich des Sees Gennesaret.

7,26 *Phönizien.* Landstrich am Mittelmeer nördlich von Israel mit den Städten Tyrus und Sidon im Gebiet des heutigen Libanon. Phönizien gehörte zur römischen Provinz Syrien.

7,31 *Sidon.* Er ging zunächst 40 km nach Norden und dann wieder 120 km in südliche Richtung.

Zehnstädtegebiet. Das Gebiet, in dem der ehemals besessene Gerasener überall von Jesus und seiner Heilung erzählt hatte (siehe Markus 5,20).

legte seine Finger in die Ohren des Kranken und berührte dann dessen Zunge mit Speichel. *34* Schließlich blickte er zum Himmel auf, seufzte und sagte zu dem Mann: »Effata!« – »Öffne dich!« *35* Im selben Augenblick konnte der Mann hören und normal sprechen. *36* Jesus verbot den Leuten, etwas davon weiterzusagen. Doch je mehr er es ihnen verbot, desto mehr machten sie es bekannt, *37* weil sie vor Staunen völlig außer sich waren. Immer wieder sagten sie: »Wie wunderbar ist alles, was er macht! Tauben gibt er das Gehör und Stummen die Sprache.«

8 *1* Damals war wieder eine große Menschenmenge bei Jesus, die nichts zu essen hatte. Da rief Jesus die Jünger zu sich und sagte: *2* »Diese Leute tun mir leid. Seit drei Tagen sind sie hier bei mir und haben nichts zu essen. *3* Und wenn ich sie jetzt hungrig nach Hause schicke, werden sie unterwegs zusammenbrechen, denn sie sind zum Teil von weit her gekommen.« *4* »Wo soll man denn hier in dieser Einöde Brot hernehmen, um all die Menschen satt zu machen?«, fragten die Jünger. *5* Doch Jesus fragte zurück: »Wie viel Brote habt ihr?« – »Sieben«, antworteten sie. *6* Da forderte er die Leute auf, sich auf die Erde zu setzen. Er nahm die sieben Fladenbrote, dankte Gott dafür, brach sie in Stücke und gab sie seinen Jüngern zum Austeilen. Die Jünger verteilten sie an die Menge. *7* Sie hatten auch noch einige kleine Fische dabei. Jesus ließ sie ebenfalls austeilen, nachdem er sie gesegnet hatte. *8* Die Leute aßen, bis sie satt waren, und füllten

sogar noch sieben große Körbe mit den übrig gebliebenen Brocken. *9* Es waren etwa viertausend Menschen.

Zeichen

Als Jesus dann die Leute nach Hause geschickt hatte, *10* stieg er mit seinen Jüngern in ein Boot und fuhr in die Gegend von Dalmanuta*. *11* Gleich kamen die Pharisäer und begannen ein Streitgespräch mit ihm. Sie wollten ihn auf die Probe stellen und verlangten ein Zeichen vom Himmel. *12* Da seufzte er tief und sagte: »Was verlangt diese Generation ständig nach einem Zeichen? Ich versichere euch: Dieses Geschlecht wird niemals ein Zeichen bekommen.« *13* Dann ließ er sie stehen, stieg wieder ins Boot und fuhr ans gegenüberliegende Ufer. *14* Die Jünger vergaßen, Fladenbrote mitzunehmen. Nur ein einziges hatten sie bei sich im Boot. *15* Als Jesus nun warnend sagte: »Hütet euch vor dem Sauerteig der Pharisäer und dem Sauerteig des Herodes!«, *16* dachten sie, er sage das, weil sie kein Brot mitgenommen hatten. *17* Als Jesus merkte, was sie beschäftigte, sagte er: »Was macht ihr euch Gedanken darüber, dass ihr kein Brot habt? Begreift ihr es immer noch

---

8,10 *Dalmanuta.* Das ist wohl eine aramäische Wendung, die den Jüngern bekannt war, und bedeutet »sein Zufluchtsort«. Der Begriff *Magadan*, den Matthäus 15,39 für die gleiche Stelle verwendet, bedeutet »die (glücklichen) Wasser des Gad«. Beides deutet auf Tabgha hin, das damals zu Kafarnaum gehörte. Der Platz, 2 km südlich von Kafarnaum in der Nähe von sieben Quellen, war der Ort, an den Jesus sich gern zurückzog.

nicht? Versteht ihr denn gar nichts? Sind eure Herzen so verschlossen? 18 Ihr habt doch Augen – könnt ihr nicht sehen? Ihr habt Ohren – könnt ihr nicht hören? Erinnert ihr euch nicht daran, 19 wie viel Körbe voll Brotstücke ihr eingesammelt habt, als ich die fünf Fladenbrote für die Fünftausend austeilte?« – »Zwölf«, antworteten sie. 20 »Und als ich die sieben Fladenbrote für die Viertausend teilte, wie viel Körbe voll Brocken habt ihr da aufgesammelt?« – »Sieben«, antworteten sie. 21 Da sagte er: »Begreift ihr es immer noch nicht?«

22 Als sie nach Betsaida kamen, brachten die Leute einen Blinden zu Jesus und baten ihn, den Mann anzurühren. 23 Jesus fasste ihn an der Hand und führte ihn aus dem Dorf hinaus. Dort benetzte er die Augen des Blinden mit Speichel, legte ihm die Hände auf und fragte dann:

8,27 *Cäsarea Philippi.* Philippus II. hatte die Stadt Paneas am südwestlichen Abhang des Hermon im Quellgebiet des Jordan zur Hauptstadt seines Herrschaftsgebietes gemacht und zu Ehren des Kaisers Cäsarea genannt. Die Stadt, die aus einer Anhäufung kleinerer Siedlungseinheiten bestand, lag etwa 45 km nördlich von Betsaida.

8,31 In neutestamentlicher Zeit bestimmten die Römer, wer in Israel *Hoher Priester* werden konnte. Wenn im Neuen Testament eine Mehrzahl von Hohen Priestern erwähnt wird, sind sowohl der amtierende als auch die inzwischen abgesetzten Hohen Priester gemeint sowie weitere Mitglieder der hohenpriesterlichen Familien, die hohe Positionen in der Tempelverwaltung inne hatten.

drei Tage. Nach jüdischer Zählweise bedeutet das nicht drei Tage später, weil die angebrochenen Tage gewöhnlich als volle Tage gerechnet wurden. Am ersten Tag würde er sterben, am dritten Tag auferstehen.

»Siehst du etwas?« 24 Der Mann blickte auf und sagte: »Ja, ich sehe Menschen, aber sie sehen aus wie umhergehende Bäume.« 25 Da legte Jesus ihm noch einmal die Hände auf die Augen. Nun war er geheilt und konnte alles genau und deutlich erkennen. 26 Jesus schickte ihn nach Hause und sagte: »Geh aber nicht durchs Dorf!«

Wer ist Jesus?

27 Jesus zog mit seinen Jüngern weiter in die Dörfer von Cäsarea Philippi*. Unterwegs fragte er sie: »Für wen halten mich die Leute?« 28 »Einige halten dich für Johannes den Täufer«, antworteten sie, »andere für Elija und wieder andere für einen der alten Propheten.« 29 »Und ihr«, fragte er weiter, »für wen haltet ihr mich?« – »Du bist der Messias«, erwiderte Petrus. 30 Aber Jesus schärfte ihnen ein, mit niemand darüber zu reden. 31 Dann begann er ihnen klarzumachen, dass der Menschensohn vieles erleiden und von den Ratsältesten, den Hohen Priestern* und Gesetzeslehrern verworfen werden müsse, er müsse getötet werden und nach drei Tagen* auferstehen. 32 Als er ihnen das so offen sagte, nahm Petrus ihn beiseite und machte ihm Vorwürfe. 33 Doch Jesus drehte sich um, sah die anderen Jünger an und wies Petrus scharf zurecht: »Geh mir aus den Augen, du Satan! Was du denkst, kommt nicht von Gott sondern von Menschen.«

34 Dann rief Jesus seine Jünger und die Menge zu sich und sagte: »Wenn jemand mein Jünger sein will, dann muss er sich selbst verleugnen, er muss

sein Kreuz aufnehmen und mir folgen. 35 Denn wer sein Leben unbedingt bewahren will, wird es verlieren. Wer aber sein Leben meinetwegen und wegen der guten Botschaft verliert, der wird es retten. 36 Denn was hat ein Mensch davon, wenn er die ganze Welt gewinnt, dabei aber seine Seele verliert? 37 Was könnte er denn als Gegenwert für sein Leben geben? 38 Denn wer in dieser von Gott abgefallenen sündigen Welt nicht zu mir und meiner Botschaft steht, zu dem wird auch der Menschensohn nicht stehen, wenn er in der Herrlichkeit seines Vaters mit den heiligen Engeln kommt.«

9 1 Und er fuhr fort: »Ich versichere euch: Einige von denen, die hier stehen, werden noch zu ihren Lebzeiten sehen, wie Gottes Herrschaft machtvoll sichtbar wird.«

2 Sechs Tage später nahm Jesus Petrus, Jakobus und Johannes mit und führte sie auf einen hohen Berg*, nur sie allein. Dort, vor ihren Augen, veränderte sich plötzlich sein Aussehen. 3 Seine Kleider wurden blendend weiß, so weiß, wie sie kein Walker* der ganzen Erde hätte machen können. 4 Dann erschienen Elija und Mose vor ihnen und fingen an, mit Jesus zu reden. – 5 »Rabbi, wie gut, dass wir hier sind!«, rief Petrus da. »Wir wollen drei Hütten bauen: eine für dich, eine für Mose und eine für Elija.« 6 Er wusste nämlich nicht, was er sagen sollte, denn er und die beiden anderen Jünger waren vor Schreck ganz verstört. 7 Da fiel der Schatten einer Wolke auf sie und aus der Wolke sagte eine Stimme: »Das ist mein lieber Sohn. Hört auf ihn!« 8 Sie schauten sich um und sahen auf einmal niemand mehr. Nur Jesus war noch bei ihnen. 9 Als sie dann den Berg hinabstiegen, schärfte ihnen Jesus ein, mit niemand über das zu reden, was sie gesehen hatten, bis der Menschensohn von den Toten auferstanden sei. 10 Diese letzte Bemerkung ließ die Jünger nicht los, und sie überlegten miteinander, was er wohl mit der Auferstehung aus den Toten gemeint habe. 11 Schließlich fragten sie: »Warum behaupten die Gesetzeslehrer, dass Elija zuerst kommen muss?« 12 »Das stimmt schon, Elija kommt zuerst«, erwiderte Jesus, »und er wird alles vorbereiten. Und doch heißt es in der Schrift, dass der Menschensohn vieles leiden muss und verachtet sein wird. 13 Aber ich sage euch, Elija ist schon gekommen, und sie haben mit ihm gemacht, was sie wollten, so wie es geschrieben steht.«

Anschauungsunterricht

14 Als sie dann zu den anderen Jüngern kamen, fanden sie diese von einer großen Menge umringt und im Streit mit einigen Gesetzeslehrern. 15 Als die Leute Jesus sahen, wurden sie ganz aufgeregt; sie liefen auf ihn

---

9,2 *Berg.* Traditionell wird darunter der Berg Tabor in Galiläa verstanden, doch zur Zeit des Herrn befand sich auf dessen runder Kuppe eine befestigte Burg - kein Ort, wo man allein sein konnte. Die vorherige Erwähnung von Cäsarea Philippi verweist eher auf den Berg Hermon nordöstlich dieses Ortes, und wir sollten uns das Geschehen an einem der Hänge jenes majestätischen Berges vorstellen.

9,3 Ein *Walker* im Altertum reinigte, bleichte und verfilzte Stoffe.

zu und begrüßten ihn. *16* »Worüber streitet ihr euch denn?«, fragte er sie. *17* Einer aus der Menge erwiderte: »Rabbi, ich bin mit meinem Sohn hergekommen und wollte ihn zu dir bringen. Er kann nicht sprechen, weil er von einem bösen Geist besessen ist. *18* Und immer, wenn dieser Geist ihn packt, zerrt er ihn zu Boden. Er hat dann Schaum vor dem Mund, knirscht mit den Zähnen und wird ganz starr. Ich habe deine Jünger gebeten ihn auszutreiben, aber sie konnten es nicht.« *19* »Was seid ihr nur für ein ungläubiges Geschlecht!«, sagte Jesus zu ihnen. »Wie lange muss ich denn noch bei euch sein! Wie lange muss ich euch bloß noch ertragen! Bringt den Jungen zu mir!« *20* Sie brachten den Jungen zu ihm. Als der böse Geist Jesus sah, schüttelte er den Jungen mit so heftigen Krämpfen, dass er hinfiel und sich mit Schaum vor dem Mund auf der Erde wälzte. *21* »Wie lange hat er das schon?«, fragte Jesus den Vater. »Von klein auf«, antwortete dieser, *22* »und oft hat der Geist ihn schon ins Feuer oder ins Wasser geworfen, weil er ihn umbringen wollte. Aber wenn du etwas kannst, dann hab Erbarmen mit uns und hilf uns!« *23* »Wenn du etwas kannst?«, erwiderte Jesus. »Was soll das heißen? Für den, der Gott vertraut, ist alles möglich!« *24* Da schrie der Vater des Jungen: »Ich glaube ja! Hilf mir bitte aus dem Unglauben!« *25* Als Jesus sah, dass immer mehr Leute zusammenliefen, bedrohte er den bösen Geist: »Du stummer und tauber Geist«, sagte er, »ich befehle dir, aus diesem Jungen auszufahren und nie wieder zurückzukommen!« *26* Da schrie der Geist anhaltend auf, zerrte den Jungen wie wild hin und her und verließ ihn schließlich. Der Junge lag regungslos da, so dass die meisten dachten, er sei gestorben. *27* Doch Jesus fasste ihn bei der Hand und richtete ihn auf. Da stand der Junge auf. *28* Als Jesus später im Haus allein war, fragten ihn die Jünger: »Warum konnten wir den Geist nicht austreiben?« *29* »Solche Geister können nur durch Gebet* ausgetrieben werden«, erwiderte Jesus.

30 Sie gingen von dort weiter und zogen durch Galiläa. Jesus wollte aber nicht, dass jemand davon erfuhr, *31* denn er hatte vor, seine Jünger zu unterrichten. Er sagte ihnen: »Der Menschensohn wird den Menschen ausgeliefert werden, und die werden ihn töten. Doch drei Tage nach seinem Tod wird er auferstehen.« *32* Doch sie wussten nicht, was er damit sagen wollte, wagten aber auch nicht, ihn danach zu fragen.

33 Dann kamen sie nach Kafarnaum. Zu Hause fragte er sie: »Worüber habt ihr unterwegs gesprochen?« *34* Sie schwiegen, denn sie hatten sich auf dem Weg gestritten, wer von ihnen der Größte wäre. *35* Da setzte er sich, rief die Zwölf herbei und sagte: »Wenn jemand der Erste sein will, muss er den letzten Platz einnehmen und der Diener von allen sein.« *36* Dann winkte er ein Kind heran, stellte es in ihre Mitte, nahm es in seine Arme und sagte: *37* »Wer solch ein Kind in meinem Namen

---

9,29 Spätere Handschriften haben hier eingefügt: »und Fasten«.

aufnimmt, nimmt mich auf; und wer mich aufnimmt, nimmt nicht nur mich auf, sondern auch den, der mich gesandt hat.«

38 Johannes sagte zu ihm: »Rabbi, wir haben gesehen, wie jemand in deinem Namen Dämonen ausgetrieben hat, und haben versucht, ihn daran zu hindern, weil er sich nicht zu uns hält.« 39 »Lasst ihn doch!«, sagte Jesus. »Denn wer meinen Namen gebraucht, um Wunder zu tun, kann nicht gleichzeitig schlecht von mir reden. 40 Wer nicht gegen uns ist, ist für uns. 41 Selbst wenn jemand euch nur einen Becher Wasser zu trinken gibt, weil ihr zum Messias gehört, dann wird er ganz gewiss – das versichere ich euch – nicht ohne Lohn bleiben.

42 Doch wer Schuld daran ist, dass einer von diesen Geringgeachteten, die an mich glauben, zu Fall kommt, für den wäre es besser, wenn er mit einem Mühlstein* um den Hals ins Meer geworfen würde. 43 Und wenn deine Hand dich zum Bösen verführt, dann hack sie ab! Es ist besser, du gehst verstümmelt ins Leben ein, als mit beiden Händen in die Hölle zu kommen, in das nie erlöschende Feuer. (44)* 45 Und wenn dein Fuß dir Anlass zur Sünde wird, dann hack ihn ab! Es ist besser, du gehst als Krüppel ins Leben ein, als mit zwei Füßen in die Hölle geworfen zu werden. (46)* 47 Und wenn dein Auge dich verführt, so reiß es heraus! Es ist besser für dich, einäugig in das Reich Gottes zu kommen, als dass du beide Augen behältst und in die Hölle geworfen wirst, 48 wo die Qual nicht endet und das Feuer nicht erlischt. 49 Jeder muss mit Feuer gesalzen werden, und jedes

Schlachtopfer mit Salz.* 50 Salz ist etwas Gutes. Wenn es aber seinen Geschmack verliert, womit soll es wieder gewürzt werden? Ihr müsst die Eigenschaft des Salzes in euch haben und Frieden untereinander halten.«

Gottes Gebote

10 1 Jesus zog von dort in das Gebiet von Judäa und das Ostjordanland. Wieder kamen die Menschen in Scharen zu ihm, und er unterrichtete sie nach seiner Gewohnheit. 2 Da kamen einige Pharisäer und fragten: »Darf ein Mann seine Frau aus der Ehe entlassen?« Damit wollten sie ihm eine Falle stellen. 3 »Was hat Mose über die Scheidung gesagt?«, fragte Jesus zurück. 4 »Er hat sie erlaubt«, erwiderten sie, »wenn man der Frau einen Scheidebrief ausstellt.« 5 Da entgegnete Jesus: »Diese Anordnung gab er euch nur, weil ihr so harte Herzen habt. 6 Aber Gott hat die Menschen von Anfang an als Mann und Frau geschaffen.* 7 ›Deshalb wird ein Mann seinen Vater und seine Mutter verlassen und sich an seine Frau binden, 8 und die zwei werden eine Einheit sein.‹* Sie sind also nicht mehr

---

9,42 Wörtlich: *Eselsmühlstein*, gemeint ist der obere *Mühlstein*, der bei einer großen Mühle nicht von Menschen, sondern von einem Esel bewegt wurde.

9,44 In späteren Abschriften steht hier auch der Satz von Vers 48.

9,46 In späteren Abschriften steht hier ebenfalls der Satz von Vers 48.

9,49 Der zweite Satzteil fehlt in einigen Handschriften.

10,6 1. Mose 5,2

10,8 1. Mose 2,24

zwei, sondern eins. *9* Und was Gott zusammengefügt hat, sollen Menschen nicht scheiden!« *10* Im Haus wollten die Jünger dann noch mehr darüber wissen. *11* Jesus sagte ihnen: »Wer sich von seiner Frau trennt und eine andere heiratet, begeht Ehebruch gegenüber seiner ersten Frau. *12* Auch eine Frau begeht Ehebruch, wenn sie sich von ihrem Mann trennt und einen anderen heiratet.«

13 Eines Tages wollten einige Leute Kinder zu Jesus bringen, damit er sie mit der Hand berührte. Doch die Jünger wiesen sie unfreundlich ab. *14* Als Jesus das sah, sagte er den Jüngern ärgerlich: »Lasst doch die Kinder zu mir kommen, und hindert sie nicht daran! Gottes Reich ist ja gerade für solche wie sie bestimmt. *15* Ich versichere euch: Wer sich Gottes Reich nicht wie ein Kind schenken lässt, wird nie hineinkommen.« *16* Dann nahm er die Kinder in die Arme, legte ihnen die Hände auf und segnete sie.

17 Als Jesus sich gerade wieder auf den Weg machte, kam ein Mann angelaufen, warf sich vor ihm auf die Knie und fragte: »Guter Rabbi, was muss ich tun, um das ewige Leben zu bekommen?« *18* »Was nennst du mich gut?«, entgegnete Jesus. »Gut ist nur Gott, sonst niemand! *19* Du kennst doch die Gebote: ›Du sollst nicht morden, nicht die Ehe brechen, nicht stehlen, du sollst keine Falschaussagen machen und niemand um das Seine bringen; ehre deinen Vater und deine Mutter!‹« *20* »Rabbi«, erwiderte der Mann, »das alles habe ich von Jugend an befolgt.« *21* Jesus sah ihn voller Liebe an. »Eins fehlt dir«, sagte er, »geh und verkaufe alles, was du hast, und gib den Erlös den Armen – du wirst dann einen Schatz im Himmel haben –, und komm, folge mir nach!« *22* Der Mann war entsetzt, als er das hörte, und ging traurig weg, denn er hatte ein großes Vermögen. *23* Da blickte Jesus seine Jünger der Reihe nach an und sagte: »Wie schwer ist es doch für Menschen, in Gottes Reich hineinzukommen, wenn sie viel besitzen!« *24* Die Jünger waren bestürzt. Aber Jesus wiederholte: »Kinder, wie schwer ist es, in das Reich Gottes zu kommen! *25* Eher kommt ein Kamel durch ein Nadelöhr, als ein Reicher in Gottes Reich.« *26* Da gerieten die Jünger völlig außer sich und fragten einander: »Wer kann dann überhaupt gerettet werden?« *27* Jesus blickte sie an und sagte: »Für Menschen ist das unmöglich, nicht aber für Gott. Für Gott ist alles möglich.«

28 Da sagte Petrus: »Du weißt, wir haben alles verlassen und sind dir gefolgt.« *29* »Ich versichere euch«, erwiderte Jesus, »jeder, der meinetwegen oder wegen der guten Botschaft Haus, Brüder, Schwestern, Mutter, Vater, Kinder oder Äcker verlassen hat, *30* wird das Hundertfache dafür empfangen: jetzt in dieser Zeit Häuser, Brüder, Schwestern, Mütter, Kinder und Äcker – wenn auch unter Verfolgungen – und in der kommenden Welt das ewige Leben. *31* Aber viele, die jetzt die Großen sind, werden dann die Geringsten sein, und die jetzt die Letzten sind, werden dann die Ersten sein.«

Auf dem Weg nach Jerusalem

32 Als sie auf dem Weg nach Jerusalem hinauf waren, ging Jesus voran.

Die Jünger waren sehr beunruhigt, und die, die mitgingen, hatten Angst. Da nahm er die Zwölf noch einmal beiseite und machte ihnen klar, was mit ihm geschehen werde: 33 »Passt auf, wenn wir jetzt nach Jerusalem kommen, wird der Menschensohn an die Hohen Priester und die Gesetzeslehrer ausgeliefert. Die werden ihn zum Tod verurteilen und den Fremden übergeben, die Gott nicht kennen. 34 Diese werden ihren Spott mit ihm treiben, ihn anspucken, auspeitschen und töten. Doch drei Tage später wird er vom Tod auferstehen.«

35 Da traten Jakobus und Johannes, die Söhne von Zebedäus, an Jesus heran und sagten: »Rabbi, wir wollen, dass du uns eine Bitte erfüllst.« 36 »Was wollt ihr?«, fragte er. »Was soll ich für euch tun?« 37 Sie sagten: »Wir möchten, dass du uns in deiner Herrlichkeit links und rechts neben dir sitzen lässt!« 38 Doch Jesus erwiderte: »Ihr wisst nicht, was ihr da verlangt! Könnt ihr den bitteren Becher austrinken, den ich trinken werde, und die Taufe auf euch nehmen, mit der ich getauft werde?« 39 »Ja, das können wir«, erklärten sie. Jesus erwiderte: »Den Becher, den ich trinken muss, werdet ihr zwar auch trinken, und die Taufe, die mir bevorsteht, werdet ihr auch empfangen, 40 doch ich kann nicht bestimmen, wer auf den Plätzen links und rechts von mir sitzen wird. Dort werden die sitzen, die Gott dafür vorgesehen hat.«

41 Die anderen zehn hatten das Gespräch mit angehört und ärgerten sich über Jakobus und Johannes. 42 Da rief Jesus sie zu sich und sagte: »Ihr wisst, wie die Herrscher sich als Herren aufspielen und die Großen ihre Macht missbrauchen. 43 Bei euch aber soll es nicht so sein. Wer bei euch groß sein will, soll euer Diener sein, 44 und wer bei euch der Erste sein will, soll der Sklave von allen sein. 45 Auch der Menschensohn ist nicht gekommen, um sich bedienen zu lassen, sondern um zu dienen und sein Leben als Lösegeld für viele zu geben.«

46 So erreichten sie Jericho*. Als Jesus mit seinen Jüngern und einer großen Menschenmenge die Stadt wieder verließ, saß da ein blinder Bettler am Weg, Bartimäus, der Sohn von Timäus. 47 Er hörte, dass es Jesus von Nazaret war, der da vorbeizog, und fing an zu rufen: »Jesus, Sohn Davids, hab Erbarmen mit mir!« 48 Viele ärgerten sich darüber und fuhren ihn an, still zu sein. Doch er schrie nur umso lauter: »Sohn Davids, hab Erbarmen mit mir!« 49 Jesus blieb stehen und sagte: »Ruft ihn her!« Da liefen einige zu dem Blinden und sagten: »Nur Mut! Komm, er ruft dich!« 50 Der warf seinen Umhang ab, sprang auf und kam zu Jesus. 51 »Was möchtest du von mir?«, fragte Jesus ihn. »Rabbuni*«, sagte der Blinde, »ich möchte sehen können!« 52 Jesus sagte ihm: »Geh nur! Dein

---

10,46 Die Palmenstadt *Jericho* liegt 10 km nördlich des Toten Meeres und 8 km westlich des Jordan, eine Oase in öder Landschaft. Sie ist mit 259 Metern unter dem Meeresspiegel die tiefstgelegene Stadt der Erde und etwa 25 km von Jerusalem (750 Meter über dem Meeresspiegel) entfernt.

10,51 *Rabbuni*. Ehrenvolle Anrede für hervorragende Gesetzeslehrer.

Glaube hat dich geheilt!« Im gleichen Augenblick konnte der Mann sehen und folgte Jesus auf dem Weg.

11 *1* Als sie in die Nähe von Jerusalem kamen, kurz vor Betfage* und Betanien* am Ölberg, schickte Jesus zwei Jünger voraus. *2* »Geht in das Dorf«, sagte er, »das ihr dort vor euch seht! Gleich, wenn ihr hineingeht, werdet ihr ein Fohlen angebunden finden, auf dem noch nie jemand geritten ist. Bindet es los und bringt es her. *3* Wenn jemand fragt, was ihr da tut, sagt einfach: ›Der Herr braucht das Tier und wird es nachher

***11,1** Betfage.* »Haus der unreifen Feigen«, Dorf am östlichen Abhang des Ölbergs, 1,5 km von Jerusalem entfernt.

Betanien. »Haus des Ananja«, 3 km östlich von Jerusalem, einer der drei Orte, in denen nach der Tempelrolle von Qumran Aussätzige wohnen sollten.

***11,7** Umhänge* oder: *Mäntel.* Großes quadratisches Stück festen Stoffs, das über dem Untergewand (eine Art Hemd, das bis zu den Knien reichte) getragen wurde. Man konnte auch Gegenstände darin tragen, und die Armen, z.B. Hirten, wickelten sich nachts darin ein.

***11,9** Hosianna.* Hebräisch: *Hilf doch!* Aus Psalm 118,25 stammender Hilferuf an Gott, der als feststehende Formel und schließlich auch als Lobpreis verwendet wurde.

***11,13** Feigen.* Jesus suchte nach den kleinen, trockenen »Vorfeigen« (*paggim*), die aus Blütenanlagen des Vorjahres entstehen und schon Anfang April unter den neuen Trieben des Baumes zu finden sind. Sie werden dann abgeworfen, wenn später an der gleichen Stelle die sogenannten »Frühfeigen« (*bikkurah*) wachsen, die Anfang Juni reif sind. Im August sind dann die Feigen reif, die an den neuen Trieben gewachsen sind (*tena*).

sofort wieder zurückbringen lassen.‹« *4* Die beiden machten sich auf den Weg und fanden das Fohlen in der Gasse. Es war an ein Tor angebunden. Als sie es losmachten, *5* fragten einige, die dort herumstanden: »Was macht ihr da? Warum bindet ihr das Tier los?« *6* Sie sagten, was Jesus ihnen aufgetragen hatte, und man ließ sie gehen. *7* Dann brachten sie das Jungtier zu Jesus und warfen ihre Umhänge* darüber. Jesus setzte sich darauf. *8* Viele Menschen breiteten jetzt ihre Umhänge auf dem Weg aus, andere hieben Zweige auf den Feldern ab und legten sie auf den Weg. *9* Die Leute, die vorausliefen, und auch die, die Jesus folgten, riefen: »Hosianna*, gepriesen sei Gott! Gesegnet sei er, der kommt im Namen des Herrn! *10* Gepriesen sei das Reich unseres Vaters David, das nun kommt! Hosianna, Gott in der Höhe!« *11* So zog Jesus in Jerusalem ein. Dann ging er in den Tempel und sah sich alles genau an. Weil es aber schon spät geworden war, ging er mit den zwölf Jüngern nach Betanien zurück.

Göttliche Autorität

12 Als sie am nächsten Tag Betanien wieder verließen, hatte Jesus Hunger. *13* Da sah er von weitem einen Feigenbaum, der schon Blätter trug. Er ging hin, um zu sehen, ob auch Früchte dran wären. Er fand aber nur Blätter, denn es war nicht die Jahreszeit für Feigen*. *14* Da sagte Jesus zu dem Baum: »Nie wieder soll jemand von dir Früchte essen.« Seine Jünger konnten es hören.

15 In Jerusalem angekommen, ging Jesus in den Tempel und fing an, die

Händler und die Leute, die bei ihnen kauften, hinauszujagen. Die Tische der Geldwechsler und die Sitze der Taubenverkäufer stieß er um. *16* Er duldete auch nicht, dass jemand etwas über den Tempelhof trug, *17* und rief:»In der Schrift heißt es: ›Mein Haus soll ein Ort des Gebets für alle Völker sein. Aber ihr habt eine Räuberhöhle daraus gemacht.‹«* *18* Als die Hohen Priester und Gesetzeslehrer davon hörten, suchten sie nach einer Möglichkeit, Jesus zu beseitigen, denn sie fürchteten ihn, weil er das ganze Volk mit seiner Lehre tief beeindruckte.

19 Abends verließ Jesus mit seinen Jüngern immer die Stadt. *20* Als sie am nächsten Morgen wieder an dem Feigenbaum vorbeikamen, sahen sie, dass er bis zu den Wurzeln verdorrt war. *21* Da erinnerte sich Petrus und rief:»Rabbi, sieh nur, der Feigenbaum, den du verflucht hast, ist verdorrt!« *22* Jesus sagte zu ihnen:»Ihr müsst Vertrauen zu Gott haben! *23* Ich versichere euch: Wenn jemand zu diesem Berg hier sagt:›Heb dich hoch und stürz dich ins Meer!‹, und dabei keinen Zweifel in seinem Herzen hat, sondern fest darauf vertraut, dass geschieht, was er sagt, dann wird es geschehen. *24* Darum sage ich euch: Worum ihr im Gebet auch bittet, glaubt, dass ihr es empfangen habt, dann werdet ihr es auch erhalten. *25* Doch wenn ihr betet, müsst ihr zuerst jedem vergeben, gegen den ihr etwas habt, damit euer Vater im Himmel auch euch eure Verfehlungen vergeben kann.« (26)*

27 Dann gingen sie wieder nach Jerusalem hinein. Als Jesus im Tempel umherging, traten die Hohen Priester, die Gesetzeslehrer und Ältesten zu ihm *28* und fragten:»Mit welchem Recht tust du das alles? Wer hat dir die Vollmacht dazu gegeben?« *29* »Ich will euch nur eine Frage stellen«, erwiderte Jesus,»wenn ihr sie mir beantwortet, werde ich euch sagen, wer mir die Vollmacht gegeben hat. *30* Taufte Johannes im Auftrag Gottes oder im Auftrag von Menschen? Antwortet mir!« *31* Sie überlegten miteinander.»Wenn wir sagen,›im Auftrag Gottes‹, wird er fragen:›Warum habt ihr ihm dann nicht geglaubt?‹ *32* Sollen wir also sagen:›Von Menschen‹?« Doch das wagten sie nicht, weil sie Angst vor dem Volk hatten, denn das hielt Johannes wirklich für einen Propheten. *33* So sagten sie zu Jesus:»Wir wissen es nicht.« – »Gut«, erwiderte Jesus,»dann sage ich euch auch nicht, von wem ich die Vollmacht habe, das alles zu tun.«

Fromme und Reiche

12 *1* Dann fing Jesus an, ihnen Gleichnisse zu erzählen. Er begann:»Ein Mann legte einen Weinberg an, zog eine Mauer darum, hob eine Grube aus, um den Wein darin zu keltern, und baute einen Wachtturm. Dann verpachtete er den Weinberg an Winzer und reiste ab. *2* Als die Zeit gekommen war, schickte er einen seiner Sklaven zu den Pächtern, um seinen

---

11,17 Mischzitat aus Jesaja 56,7 und Jeremia 7,11.

11,26 Spätere Handschriften haben hier wie Matthäus 6,15 eingefügt:»Wenn ihr aber nicht vergebt, dann wird auch euer Vater im Himmel eure Verfehlungen nicht vergeben.«

Anteil an der Ernte zu erhalten. *3* Doch die packten den Sklaven, verprügelten ihn und jagten ihn mit leeren Händen fort. *4* Da schickte der Besitzer einen zweiten Sklaven. Dem schlugen sie den Kopf blutig und beschimpften ihn. *5* Danach schickte er einen dritten; den töteten sie. Ähnlich ging es vielen anderen; die einen wurden verprügelt, die anderen umgebracht. *6* Schließlich blieb ihm nur noch einer, sein über alles geliebter Sohn. Den schickte er als Letzten zu ihnen, weil er dachte: ›Meinen Sohn werden sie sicher nicht antasten.‹ *7* Aber die Winzer sagten zueinander: ›Das ist der Erbe! Kommt, wir bringen ihn um und behalten das Land für uns!‹ *8* So fielen sie über ihn her, töteten ihn und warfen ihn aus dem Weinberg hinaus. *9* Was wird nun der Besitzer des Weinbergs tun?«, fragte Jesus. »Ich sage euch, er wird kommen, sie alle töten und den Weinberg anderen geben. *10* Habt ihr denn nie die Stelle in der Schrift gelesen: ›Der Stein, den die Bauleute als unbrauchbar verworfen haben, ist zum Eckstein geworden. *11* Das hat der Herr getan; es ist ein Wunder für uns.‹*?«* *12* Daraufhin hätten sie Jesus am liebsten festgenommen, denn es war ihnen klar, dass er sie mit diesem Gleichnis gemeint hatte. Aber sie

---

12,11 Psalm 118,22-23

12,15 *Denar.* Römische Silbermünze, die dem Tageslohn eines gut bezahlten Arbeiters entsprach.

12,18 *Sadduzäer.* Politisch einflussreiche, römerfreundliche religiöse Gruppe, deren Mitglieder aus den vornehmen Familien stammten.

12,11 Siehe 5. Mose 25,5-10.

fürchteten das Volk, deshalb ließen sie ihn in Ruhe und gingen weg.

13 Später schickten sie einige Pharisäer und dazu einige Anhänger des Herodes zu Jesus. Sie hofften, ihn mit seinen eigenen Worten in eine Falle locken zu können, *14* und legten ihm folgende Frage vor: »Rabbi«, sagten sie, »wir wissen, dass du aufrichtig bist und nicht nach der Meinung der Leute fragst. Du zeigst uns wirklich, wie man nach Gottes Willen leben soll. Ist es nun richtig, dem Kaiser Steuern zu zahlen, oder nicht? Sollen wir sie ihm geben oder nicht?« *15* Jesus durchschaute ihre Heuchelei sofort und sagte: »Warum wollt ihr mir eine Falle stellen? Zeigt mir einen Denar*, ich will ihn sehen.« *16* Als sie es taten, fragte er: »Wessen Bild und Name ist darauf?« – »Des Kaisers«, erwiderten sie. *17* »Nun«, sagte Jesus, »dann gebt dem Kaiser, was dem Kaiser gehört, und Gott, was Gott gehört.« Über diese Antwort waren sie sehr erstaunt.

18 Dann kamen einige Sadduzäer* zu Jesus. Diese religiöse Gruppierung behauptete, es gäbe keine Auferstehung nach dem Tod. Sie fragten: *19* »Rabbi, Mose hat uns vorgeschrieben: Wenn ein Mann stirbt und eine Frau hinterlässt, aber keine Kinder, dann soll sein Bruder die Frau heiraten und seinem Bruder Nachkommen verschaffen.* *20* Nun waren da sieben Brüder. Der älteste von ihnen heiratete und starb kinderlos. *21* Daraufhin nahm der zweite Bruder die Witwe zur Frau. Doch auch er starb bald und hinterließ keine Kinder. Beim dritten war es ebenso. *22* Keiner der sieben hinterließ Nachkommen. Zuletzt starb auch die Frau. *23* Wessen Frau wird sie nun nach der Auferstehung sein? Denn alle waren ja mit ihr verheiratet.« *24* Jesus erwiderte: »Ihr irrt euch, weil ihr weder die Schrift noch die Kraft Gottes kennt. *25* Denn wenn die Toten auferstehen, heiraten sie nicht mehr, sondern werden wie die Engel im Himmel sein. *26* Was aber nun die Auferstehung der Toten überhaupt betrifft: Habt ihr nicht bei Mose gelesen, wie Gott am Dornbusch zu ihm sagte: ›Ich bin der Gott Abrahams, der Gott Isaaks und der Gott Jakobs.‹*? *27* Das heißt doch: Er ist nicht ein Gott von Toten, sondern von Lebenden! Ihr seid schwer im Irrtum!«

28 Einer der Gesetzeslehrer hatte ihrem Streitgespräch zugehört und bemerkt, wie treffend Jesus den Sadduzäern antwortete. Nun trat er näher und fragte ihn: »Was ist das wichtigste Gebot von allen?« *29* »Das wichtigste«, erwiderte Jesus, »ist: ›Höre Israel! Der Herr, unser Gott, ist der alleinige Herr. *30* Und du sollst den Herrn, deinen Gott, lieben von ganzem Herzen, mit ganzer Seele, mit ganzem Verstand und mit all deiner Kraft!‹* *31* An zweiter Stelle steht: ›Du sollst deinen Nächsten lieben wie dich selbst!‹* Kein anderes Gebot ist wichtiger als diese beiden.« *32* Da sagte der Gesetzeslehrer: »Rabbi, das hast du sehr gut gesagt. Es ist wirklich so, wie du sagst: Es gibt nur einen einzigen Gott und außer ihm keinen. *33* Und ihn zu lieben von ganzem Herzen, mit all seinen Gedanken und mit ganzer Kraft und seinen Nächsten zu lieben wie sich selbst, das ist viel mehr wert als alle unsere Opfer.« *34* Als Jesus

sah, mit welcher Einsicht der Mann geantwortet hatte, sagte er zu ihm: »Du bist nicht weit weg vom Reich Gottes.« Danach wagte niemand mehr, ihm eine Frage zu stellen.

35 Als Jesus später im Tempel lehrte, stellte er eine Frage an alle: »Wie können die Gesetzeslehrer behaupten, der Messias sei der Sohn Davids? *36* David selbst hat doch, geleitet vom Heiligen Geist, gesagt: ›Der Herr sprach zu meinem Herrn: Setz dich an meine rechte Seite, bis ich deine Feinde zum Fußschemel für dich gemacht habe.‹* *37* Wenn David ihn also Herr nennt, wie kann er dann gleichzeitig sein Sohn sein?« Die große Menschenmenge hörte ihm begierig zu. *38* Er belehrte sie weiter und sagte: »Hütet euch vor den Gesetzeslehrern! Sie zeigen sich gern in ihren langen Gewändern und erwarten, dass man sie auf den Märkten ehrerbietig grüßt. *39* In der Synagoge sitzen sie in der vordersten Reihe, und bei Gastmählern beanspruchen sie die Ehrenplätze. *40* Gleichzeitig aber verschlingen sie den Besitz schutzloser Witwen und sprechen scheinheilig lange Gebete. – Ein sehr hartes Urteil wird sie erwarten!«

41 Dann setzte sich Jesus in die Nähe des Opferkastens und sah zu, wie die Leute Geld hineinwarfen. Viele Reiche legten viel ein. *42* Dann kam eine arme Witwe und steckte

---

12,26 2. Mose 3,6

12,30 5. Mose 6,4-5

12,31 3. Mose 19,18

12,36 Psalm 110,1

zwei kleine Kupfermünzen, zwei Lepta, hinein. Das entspricht dem Wert von einem Quadrans* in römischem Geld. *43* Jesus rief seine Jünger herbei und sagte zu ihnen:»Ich versichere euch, diese arme Witwe hat mehr in den Opferkasten gesteckt als alle anderen. *44* Denn die anderen haben nur etwas von ihrem Überfluss gegeben. Aber diese arme Frau, die nur das Nötigste zum Leben hat, hat alles gegeben, was sie besaß, ihren ganzen Lebensunterhalt.«

Was kommen wird

13 *1* Als Jesus den Tempel verließ, sagte einer von seinen Jüngern:»Rabbi, sieh doch! Was für gewaltige Steine und was für herrliche Bauten.« *2* Jesus sagte zu ihm:»Du bewunderst diese großen Gebäude? Hier wird kein Stein auf dem anderen bleiben; es wird alles zerstört werden.« *3* Als er später auf dem Ölberg saß und zum Tempel hinüberblickte, kamen Petrus, Jakobus, Johannes und Andreas zu ihm und fragten: *4* »Wann wird das alles geschehen? Gibt es ein Zeichen, an dem wir erkennen können, wann es sich erfüllen wird?« *5* »Gebt acht, dass euch niemand irreführt!«, erwiderte Jesus. *6* »Viele werden unter meinem Namen auftreten und von sich sagen: ›Ich bin es!‹ Damit werden sie viele verführen. *7* Erschreckt nicht, wenn ihr von Kriegen hört oder wenn Kriegsgefahr droht. Das muss so kommen, aber es ist noch nicht das Ende. *8* Ein Volk wird sich gegen das andere erheben, und ein Staat den anderen angreifen. In vielen Teilen der Welt wird es Erdbeben und Hungersnöte geben. Doch das ist erst der Anfang, es ist wie bei den Geburtswehen.

9 Und was euch angeht, so macht euch darauf gefasst, vor Gericht gestellt und in Synagogen ausgepeitscht zu werden. Weil ihr zu mir gehört, werdet ihr euch vor Machthabern und Königen verantworten müssen. Doch auch sie müssen ein Zeugnis von mir hören. *10* Aber zuerst muss allen Völkern die gute Botschaft verkündigt werden. *11* Und wenn sie euch verhaften und vor Gericht stellen, dann macht euch vorher keine Sorgen, was ihr sagen sollt. Sagt einfach das, was euch dann eingegeben wird. Denn nicht ihr seid dann die Redenden, sondern der Heilige Geist.

12 Brüder werden einander dem Tod ausliefern und Väter ihre Kinder. Kinder werden sich gegen ihre Eltern stellen und sie in den Tod schicken. *13* Und weil ihr euch zu mir bekennt, werdet ihr von allen gehasst werden. Aber wer bis zum Ende standhaft bleibt, wird gerettet.

14 Wenn ihr aber das ›Scheusal der Verwüstung‹* stehen seht, wo es nicht stehen sollte – Wer das liest, der merke auf! –, dann sollen die Einwohner Judäas in die Berge fliehen. *15* Wer auf seiner Dachterrasse sitzt, soll keine Zeit damit verlieren, noch etwas aus dem Haus zu holen; *16* und wer auf dem Feld ist, soll nicht mehr zurücklaufen, um seinen Umhang zu holen. *17* Am schlimmsten wird es dann für schwangere Frauen und

---

12,42 Quadrans. Das entspricht etwa dem 64. Teil eines Tagelohns.

13,14 Vergleiche Daniel 11,31.

stillende Mütter sein. *18* Betet darum, dass das alles nicht im Winter geschieht! *19* Denn jene Tage werden so schrecklich sein, dass sie alles übertreffen, was je geschah, seit Gott die Welt geschaffen hat. Auch danach wird es eine solche Bedrängnis nie mehr geben. *20* Wenn der Herr diese Zeit nicht verkürzt hätte, würde kein Mensch gerettet werden. Seinen Auserwählten zuliebe aber hat er die Zeit verkürzt.

21 Wenn dann jemand zu euch sagt: ›Schaut her, da ist der Messias!‹, oder: ›Seht, er ist dort!‹, so glaubt es nicht! *22* Denn mancher falsche Messias und mancher falsche Prophet wird auftreten. Sie werden sich durch Zeichen und Wundertaten ausweisen und würden sogar die Auserwählten verführen, wenn sie es könnten. *23* Gerade ihr müsst euch also vorsehen! Ich habe euch alles vorausgesagt.

24 Doch dann, nach dieser schrecklichen Zeit, wird sich die Sonne verfinstern und der Mond wird nicht mehr scheinen. *25* Die Sterne werden vom Himmel stürzen und die Kräfte des Himmels aus dem Gleichgewicht geraten. *26* Dann werden sie den Menschensohn mit großer Macht und Herrlichkeit von den Wolken her kommen sehen. *27* Und dann wird er die Engel in alle Himmelsrichtungen aussenden, um seine Auserwählten von überall her zusammenzubringen.

28 Vom Feigenbaum könnt ihr Folgendes lernen: Wenn seine Knospen weich werden und die Blätter zu sprießen beginnen, wisst ihr, dass es bald Sommer wird. *29* Genauso ist es, wenn ihr seht, dass diese Dinge geschehen. Dann steht sein Kommen unmittelbar bevor. *30* Ich versichere euch: Diese Generation wird nicht untergehen, bis das alles geschieht. *31* Himmel und Erde werden vergehen, aber meine Worte gelten allezeit, sie vergehen nie. *32* Doch Tag und Stunde von diesen Ereignissen weiß niemand, nicht einmal die Engel im Himmel oder der Sohn selbst; nur der Vater weiß es. *33* Seht euch also vor und seid wachsam! Ihr wisst ja nicht, wann das alles geschieht.

34 Es ist wie bei einem Mann, der verreist. Er verlässt das Haus und überträgt seinen Sklaven die Verantwortung. Jedem teilt er seine Aufgabe zu. Dem Türhüter schärft er ein, besonders wachsam zu sein. *35* Darum seid auch ihr wachsam! Ihr wisst ja nicht, wann der Herr des Hauses kommt – ob am Abend, mitten in der Nacht, beim ersten Hahnenschrei oder früh am Morgen.* *36* Sorgt dafür, dass er euch nicht im Schlaf überrascht. *37* Was ich euch hier sage, das sage ich allen: Seid wachsam!«

Der Weg des Gehorsams

14 *1* Es waren nur noch zwei Tage bis zum Passafest* und der darauf folgenden Festwoche der »Ungesäuerten Brote«. Die Hohen Priester und die Gesetzeslehrer suchten immer noch nach einer Gelegenheit, Jesus heimlich festnehmen und

---

13,35 Das sind die Namen der vier römischen Nachtwachen von jeweils drei Stunden: Abend 18-21 Uhr, Mitternacht 21-24 Uhr, Hahnenschrei 0-3 Uhr, Morgen 3-6 Uhr.

14,1 Passa. Siehe 2. Mose 12-13.

dann töten zu können. *2* »Auf keinen Fall darf es während des Festes geschehen«, sagten sie, »sonst gibt es einen Aufruhr.«

3 Jesus war in Betanien bei Simon dem Aussätzigen zu Gast. Während des Essens kam eine Frau herein, die ein Alabastergefäß* mit reinem, kostbarem Nardenöl* in der Hand hatte. Sie brach den Hals des Fläschchens ab und goss Jesus das Öl über den Kopf. *4* Einige am Tisch waren empört. »Was soll diese Verschwendung?«, sagten sie zueinander. *5* »Man hätte dieses Öl für mehr als 300 Denare* verkaufen und das Geld den Armen geben können.« Und sie machten der Frau heftige Vorwürfe. *6* Aber Jesus sagte: »Lasst sie in Ruhe! Warum bringt ihr sie in Verlegenheit? Sie hat ein gutes Werk an mir getan. *7* Es wird immer Arme bei euch geben, und sooft ihr wollt, könnt ihr ihnen Gutes tun. Aber mich habt ihr nicht mehr lange bei euch. *8* Sie hat getan, was sie konnte, und meinen Körper im Voraus zum Begräbnis gesalbt. *9* Und ich versichere euch: Überall in der Welt, wo man die gute Botschaft predigen wird, wird man auch von dem reden, was diese Frau getan hat.«

14,3 *Alabaster* ist ein marmorähnlicher Gips, der sich leicht bearbeiten und gut polieren lässt. Er wurde deshalb gern zu henkellosen Gefäßen für Salben verarbeitet.

Narde ist eine duftende aromatische Pflanze, die in den Bergen des Himalaja in Höhen zwischen 3500 und 5000 m wächst. Mit dem aus der indischen Narde gewonnenen Öl wurde schon zur Zeit Salomos gehandelt.

14,5 *300 Denare.* Das war etwa der Jahresverdienst eines damaligen Arbeiters.

10 Danach ging einer der Zwölf, es war Judas, der Sikarier, zu den Hohen Priestern und bot ihnen an, Jesus an sie auszuliefern. *11* Sie waren hocherfreut, als sie das hörten, und versprachen ihm Geld dafür. Von da an suchte er nach einer günstigen Gelegenheit, Jesus zu verraten.

12 Am ersten Tag der Festwoche der »Ungesäuerten Brote«, an dem die Passalämmer geschlachtet wurden, fragten die Jünger Jesus: »Wo sollen wir das Passamahl für dich vorbereiten?« *13* Jesus schickte zwei von ihnen los und sagte: »Geht in die Stadt! Dort werdet ihr einen Mann sehen, der einen Wasserkrug trägt. Folgt ihm, *14* bis er in ein Haus hineingeht. Sagt dort zu dem Hausherrn: ›Unser Rabbi lässt fragen, wo der Raum ist, in dem er mit seinen Jüngern das Passamahl feiern kann.‹ *15* Er wird euch einen großen Raum im Obergeschoss zeigen, der für das Festmahl ausgestattet und hergerichtet ist. Dort bereitet alles für uns vor.« *16* Die Jünger machten sich auf den Weg in die Stadt und fanden alles genauso, wie Jesus es ihnen gesagt hatte, und bereiteten das Passa vor. *17* Am Abend kam Jesus mit den Zwölf. *18* Während der Mahlzeit sagte er: »Ich versichere euch: Einer von euch wird mich verraten, einer, der hier mit mir isst.« *19* Sie waren bestürzt, und einer nach dem anderen fragte ihn: »Das bin doch nicht ich, oder?« *20* »Es ist einer von euch zwölf«, sagte Jesus, »einer, der das Brot mit mir in die Schüssel taucht. *21* Der Menschensohn geht zwar den Weg, der ihm in der Schrift vorausgesagt ist; doch für seinen Verräter wird es furchtbar sein. Für diesen

Menschen wäre es besser, er wäre nie geboren.«

22 Noch während sie aßen, nahm Jesus ein Fladenbrot, dankte Gott dafür, brach es in Stücke und gab es seinen Jüngern mit den Worten: »Nehmt, das ist mein Leib.« 23 Dann nahm er einen Becher mit Wein, sprach das Dankgebet und reichte ihnen auch den; und alle tranken daraus. 24 Er sagte: »Das ist mein Blut, das Blut, das für viele vergossen wird und den Bund zwischen Gott und Menschen besiegelt. 25 Und ich versichere euch, dass ich bis zu dem Tag, an dem Gott seine Herrschaft aufrichtet, keinen Wein mehr trinken werde. Dann allerdings werde ich neuen Wein trinken.« 26 Als sie noch ein Loblied gesungen hatten, gingen sie zum Ölberg hinaus.

27 »Ihr werdet mich alle verlassen«, sagte Jesus zu ihnen, »denn es steht geschrieben: ›Ich werde den Hirten erschlagen und die Schafe werden sich zerstreuen.‹* 28 Aber nach meiner Auferstehung werde ich euch nach Galiläa vorausgehen.« 29 Da sagte Petrus zu ihm: »Und wenn alle an dir irre werden – ich werde dich nie verlassen!« 30 »Ich versichere dir«, erwiderte Jesus, »noch heute Nacht, noch bevor der Hahn zweimal gekräht hat, wirst du mich dreimal verleugnen.« 31 »Nein!«, erklärte Petrus mit aller Entschiedenheit. »Und wenn ich mit dir sterben müsste! Niemals werde ich dich verleugnen!« Das Gleiche beteuerten auch alle anderen.

32 Sie kamen in einen Olivenhain namens Getsemani. Dort sagte Jesus zu seinen Jüngern: »Setzt euch hier her, bis ich gebetet habe.« 33 Petrus, Jakobus und Johannes jedoch nahm er mit. Auf einmal wurde er von schrecklicher Angst und von Grauen gepackt 34 und sagte zu ihnen: »Die Qualen meiner Seele bringen mich fast um. Bleibt hier und wacht!« 35 Er selbst ging noch ein paar Schritte weiter, warf sich auf die Erde und bat Gott, ihm diese Leidensstunde zu ersparen, wenn es möglich wäre. 36 »Abba*, Vater«, sagte er, »dir ist alles möglich. Lass diesen bitteren Kelch an mir vorübergehen! Aber nicht, wie ich will, sondern wie du willst.« 37 Als er zurückging, fand er die Jünger schlafend. »Simon«, sagte er zu Petrus, »du schläfst? Konntest du nicht eine einzige Stunde mit mir wachen? 38 Seid wachsam und betet, damit ihr nicht in Versuchung kommt! Der Geist ist willig, aber der Körper ist schwach.« 39 Danach ging er wieder weg und betete noch einmal dasselbe. 40 Als er zurückkam, fand er sie wieder eingeschlafen. Sie konnten ihre Augen vor Müdigkeit nicht offen halten und wussten nicht, was sie ihm antworten sollten. 41 Als er das dritte Mal zurückkam, sagte er zu ihnen: »Schlaft ihr denn immer noch? Ruht ihr euch immer noch aus? Genug damit, es ist so weit! Die Stunde ist gekommen. Jetzt wird der Menschensohn den Sündern in die Hände gegeben. 42 Steht auf, lasst uns gehen! Der Verräter ist schon da.«

Verraten, verhaftet und verleugnet

43 Kaum hatte er das gesagt, kam Judas, einer von den zwölf Jüngern,

---

14,27 Sacharja 13,7

14,36 *Abba* (aramäisch) bedeutet Vater. Der Ausdruck wurde als liebe- und respektvolle Anrede nur im Familienkreis gebraucht.

lauter: »Kreuzige ihn!« *15* Pilatus wollte die Menge zufriedenstellen und gab ihnen Barabbas frei. Jesus aber ließ er mit der schweren Lederpeitsche* geißeln und übergab ihn dann den Soldaten zur Kreuzigung.

Die Kreuzigung

16 Die führten ihn in den Palast, das sogenannte Prätorium, und riefen die ganze Mannschaft zusammen. *17* Sie hängten ihm einen purpurroten Umhang um, flochten eine Krone aus Dornenzweigen und setzten sie ihm auf. *18* Dann salutierten sie und riefen: »Sei gegrüßt, König der Juden!« *19* Mit einem Stock schlugen sie Jesus auf den Kopf und spuckten ihn an. Dann knieten sie sich wieder vor ihm hin und huldigten ihm wie einem König. *20* Als sie genug davon hatten, ihn zu verspotten, nahmen sie ihm den Umhang wieder ab, zogen ihm seine eigenen Gewänder an und führten ihn ab, um ihn zu kreuzigen. *21* Unterwegs begegnete ihnen ein Mann, der gerade vom Feld kam. Es war Simon aus Zyrene, der Vater von Alexander und Rufus. Die Soldaten zwangen ihn, das Kreuz für Jesus zu tragen. *22* So brachten sie ihn bis zu der Stelle, die Golgota heißt, das bedeutet »Schädelstätte«. *23* Dann wollten sie ihm Wein zu trinken geben, der mit Myrrhe* vermischt war, doch er nahm ihn nicht. *24* So nagelten sie ihn ans Kreuz und verteilten dann seine Kleidung unter sich. Sie losten aus, was jeder bekommen sollte. *25* Es war neun Uhr morgens, als sie ihn kreuzigten. *26* Als Grund für seine Hinrichtung hatten sie auf ein Schild geschrieben: »Der König der Juden.« *27* Zusammen mit Jesus kreuzigten sie zwei Verbrecher, einen rechts und einen links von ihm. *(28)**

Lebendig angenagelt

29 Die Leute, die vorbeikamen, schüttelten den Kopf und riefen höhnisch: »Ha! Du wolltest den Tempel abreißen und in drei Tagen wieder aufbauen! *30* Rette dich doch selbst und steig vom Kreuz herab!« *31* Auch die Hohen Priester und Gesetzeslehrer machten sich über ihn lustig. »Andere hat er gerettet«, riefen sie, »sich selbst kann er nicht retten! *32* Der Messias, der König von Israel möge doch jetzt vom Kreuz herabsteigen. Wenn wir das sehen, werden wir an ihn glauben!« Auch die Männer, die mit ihm gekreuzigt waren, beschimpften ihn.

33 Um zwölf Uhr mittags wurde der Himmel über dem ganzen Land plötzlich finster. Das dauerte drei Stunden. *34* Dann, gegen drei Uhr, schrie Jesus laut: »Eloi, Eloi, lema sabachthani?« Das heißt: »Mein Gott, mein Gott, warum hast du mich verlassen?«

15,15 *Lederpeitsche.* Die Peitsche der Römer hatte an einem Stock schmale Lederriemen, in die Bleistücke oder scharfe Knochensplitter eingeflochten waren. Die Zahl der Schläge war, anders als bei den Juden, unbegrenzt. Die Geißelung endete oft mit dem Tod des Gequälten.

15,23 *Myrrhe.* Wohlriechendes Harz, hier als Bitterstoff verwendet. Offenbar war das als zusätzliche Quälerei gedacht. Manche denken auch an ein Betäubungsmittel.

15,28 Manche spätere Handschriften haben hier wie in Lukas 22,37 eingefügt: »So wurde das Wort der Schrift erfüllt: ›Er wurde zu den Gesetzlosen gezählt.‹«

35 Einige der Herumstehenden hörten das und sagten: »Seht, er ruft Elija!« *36* Einer von ihnen holte schnell einen Schwamm, tauchte ihn in sauren Wein, steckte ihn auf ein Rohr und hielt ihn Jesus zum Trinken hin. »Wartet«, rief er, »wir wollen doch sehen, ob Elija kommt, um ihn herabzuholen!« *37* Jesus aber stieß einen lauten Schrei aus und starb. *38* In diesem Augenblick riss der Vorhang im Tempel von oben bis unten entzwei.

Das Begräbnis

39 Als der Hauptmann, der vor dem Kreuz stand, Jesus so sterben sah, sagte er: »Dieser Mann war wirklich Gottes Sohn.« *40* Einige Frauen hatten von weitem zugesehen. Unter ihnen waren Maria aus Magdala, Maria, die Mutter von Jakobus, dem Kleinen, und von Joses, und Salome, *41* Frauen die ihm schon gefolgt waren und gedient hatten, als er noch in Galiläa war. Und noch viele andere standen dabei, die alle mit Jesus nach Jerusalem hinaufgezogen waren. *42* Es wurde nun schon Abend, und es war Rüsttag, der Tag vor dem Sabbat. *43* Da wagte es Josef aus Arimathäa, zu Pilatus zu gehen und ihn um den Leichnam von Jesus zu bitten. Er war ein angesehenes Mitglied des Hohen Rates und einer von denen, die auf das Kommen des Reiches Gottes warteten. *44* Pilatus war erstaunt zu hören, dass Jesus schon tot sein solle. Er ließ den Hauptmann kommen und fragte ihn, ob Jesus wirklich schon gestorben sei. *45* Als der das bestätigte, überließ er Josef den Leib. *46* Josef kaufte ein Leinentuch, nahm Jesus vom Kreuz ab und wickelte ihn darin ein. Dann legte er ihn in eine aus dem Felsen gehauene Grabhöhle und wälzte einen Stein vor den Eingang. *47* Maria aus Magdala und Maria, die Mutter von Joses, beobachteten, wohin der Leichnam von Jesus gelegt wurde.

Die Auferstehung

16 *1* Am nächsten Abend, als der Sabbat vorüber war, kauften Maria aus Magdala, Salome und Maria, die Mutter von Jakobus, wohlriechende Öle, um zum Grab zu gehen und den Leichnam von Jesus zu salben. *2* Sehr früh am Sonntagmorgen machten sie sich auf den Weg zum Grab. Die Sonne war gerade aufgegangen, als sie dort ankamen. *3* Unterwegs hatten sie sich noch gefragt: »Wer wird uns den Stein vom Eingang des Grabes wegwälzen?« *4* Doch als sie jetzt hinblickten, sahen sie, dass der riesige Stein zur Seite gewälzt war. *5* Sie gingen in die Grabkammer hinein und erschraken sehr, als sie innen auf der rechten Seite einen jungen Mann in weißem Gewand sitzen sahen. *6* Der sprach sie gleich an und sagte: »Erschreckt nicht! Ihr sucht Jesus von Nazaret, den Gekreuzigten. Er ist auferstanden, er ist nicht hier. Seht, das ist die Stelle, wo sie ihn hingelegt hatten. *7* Und nun geht zu seinen Jüngern und sagt ihnen und dem Petrus: ›Er geht euch nach Galiläa voraus. Dort werdet ihr ihn sehen, wie er es euch angekündigt hat.‹« *8* Zitternd vor Furcht und Entsetzen stürzten die Frauen aus der Gruft und liefen davon. Sie hatten solche

Angst, dass sie mit niemand darüber redeten.*

9 Nach seiner Auferstehung am frühen Sonntagmorgen erschien Jesus zuerst der Maria aus Magdala, aus der er sieben Dämonen ausgetrieben hatte. 10 Sie ging zu den Jüngern, die um ihn trauerten und weinten und berichtete ihnen, 11 dass Jesus lebe und sie ihn gesehen habe. Doch sie glaubten ihr nicht. 12 Danach zeigte sich Jesus in anderer Gestalt zwei von ihnen, die zu einem Ort auf dem Land unterwegs waren. 13 Sie kehrten gleich zurück und berichteten es den anderen. Doch auch ihnen glaubten sie nicht. 14 Schließlich zeigte sich Jesus den elf Jüngern selbst, als sie beim Essen waren. Er rügte ihren Unglauben und Starrsinn, weil sie denen nicht hatten glauben wollen, die ihn als Auferstandenen gesehen hatten. 15 Dann sagte er zu ihnen:»Geht in die ganze Welt und verkündet allen Menschen die gute Botschaft. 16 Wer glaubt und sich taufen lässt, wird gerettet werden. Wer aber ungläubig bleibt, wird von Gott verurteilt werden. 17 Folgende Zeichen werden die begleiten, die glauben: Sie werden in meinem Namen Dämonen austreiben, sie werden in neuen Sprachen reden, 18 wenn sie Schlangen anfassen oder etwas Tödliches trinken, wird es ihnen nichts schaden, Kranken, denen sie die Hände auflegen, wird es gut gehen.«

19 Nachdem der Herr mit ihnen gesprochen hatte, wurde er in den Himmel aufgenommen und setzte sich an die rechte Seite Gottes. 20 Sie aber gingen überall hin und predigten die gute Botschaft. Der Herr wirkte durch sie und bestätigte ihr Wort durch wunderbare Zeichen.

16,8 Hier bricht das Markus-Evangelium nach den ältesten und besten Textzeugen ab. Die Verse 9-20 sind jedoch schon sehr früh entstanden und wurden bereits in der 1. Hälfte des 2. Jahrhunderts von den Christen einmütig als kanonisch anerkannt. Das spricht stark für eine apostolische Herkunft. In einigen Handschriften findet sich jedoch auch ein kürzerer Schluss des Evangeliums. Er lautet:»Schließlich berichteten sie Petrus und den anderen Jüngern alles, was ihnen aufgetragen war. Später beauftragte Jesus seine Jünger selbst, überall in der Welt die heilige und unvergängliche Botschaft von der Erlösung weiterzusagen.«

Die gute Botschaft, aufgeschrieben von Lukas

Nachdem Paulus in Jerusalem verhaftet und verhört worden war, kam es zu einer Verschwörung von 40 jüdischen Männern. Daraufhin wurde Paulus stark bewacht nach Cäsarea überführt und blieb dort in Haft. Der Statthalter Felix verzögerte jedoch eine gerichtliche Entscheidung bis zu seiner Ablösung, obwohl er von der Unschuld des Angeklagten überzeugt war. So vergingen zwei Jahre. In dieser Zeit hatte der griechische Arzt Lukas, der Paulus begleitet hatte, Gelegenheit zu gründlichen Nachforschungen und Zeugenbefragungen in Israel. Wir können annehmen, dass sein Evangelium in dieser Zeit, also zwischen 57 und 59 n.Chr., in Cäsarea entstand.

Lukas widmete sein Werk einem gewissen Theophilus, der dann wohl auch für die Vervielfältigung und Verbreitung sorgte. Theophilus sollte erkennen, dass sein Glaube auf sicheren historischen Tatsachen beruhte. In seinem Evangelium zeigt Lukas Jesus als den Menschensohn, der die Verlorenen suchen und retten wollte, aber von Israel abgelehnt wurde.

Vorwort

1 *1* Schon viele haben sich darangesetzt, einen Bericht über die Ereignisse zu schreiben, die bei uns geschehen sind *2* und die wir von denen erfahren haben, die von Anfang an als Augenzeugen dabei waren und dann den Auftrag erhielten, die Botschaft weiterzusagen. *3* Nun habe auch ich mich dazu entschlossen, allem von Anfang an sorgfältig nachzugehen und es für dich, verehrter Theophilus, der Reihe nach aufzuschreiben. *4* So kannst du dich von der Zuverlässigkeit der Dinge überzeugen, in denen du unterwiesen worden bist.

Ankündigung der Geburt des Boten

5 Es begann in der Zeit, als Herodes* König von Judäa* war. Damals lebte dort ein Priester namens Zacharias, der zur Priesterabteilung des Abija* gehörte. Seine Frau hieß Elisabet und stammte aus dem Priestergeschlecht Aarons*. *6* Beide führten ein Leben in Verantwortung vor Gott und richteten sich in allem nach den Geboten und Anweisungen des Herrn. *7* Sie waren kinderlos geblieben, weil Elisabet keine Kinder bekommen konnte. Und nun waren beide schon alt geworden.

8 Als seine Abteilung wieder einmal an der Reihe war, den Dienst im Tempel zu verrichten, *9* wurde Zacharias nach priesterlichem Brauch durch ein

---

1,5 Gemeint ist *Herodes* der Große, der von 37 bis 4 v.Chr. lebte und unter römischer Oberherrschaft das Gebiet Israels regierte.

Judäa. Von Juden bewohntes Gebiet zwischen dem Toten Meer und dem Mittelmeer.

Seit der Zeit Davids war die Priesterschaft Israels in 24 Abteilungen gegliedert. *Abija* war nach 1. Chronik 24,10 und Nehemia 12,12 das Oberhaupt einer dieser Abteilungen.

Aaron, der Bruder Moses, war der erste Hohe Priester Israels, vgl. 2. Mose 28,1.

Los dazu bestimmt, das Räucheropfer* im Heiligtum darzubringen. 10 Während er opferte, stand eine große Menschenmenge draußen und betete. 11 Doch ihm erschien auf einmal ein Engel des Herrn. Er stand rechts neben dem Altar. 12 Zacharias erschrak, als er ihn wahrnahm, und bekam es mit der Angst zu tun. 13 Doch der Engel sagte zu ihm: »Fürchte dich nicht, Zacharias! Gott hat dein Gebet erhört. Deine Frau Elisabet wird dir einen Sohn schenken, und den sollst du Johannes nennen. 14 Du wirst überglücklich sein und auch viele andere werden sich über seine Geburt freuen, 15 denn der Herr wird ihm eine große Aufgabe übertragen. Er wird keinen Wein und auch keine anderen berauschenden Getränke anrühren und von Mutterleib an mit dem Heiligen Geist erfüllt sein. 16 Und viele Israeliten wird er zum Herrn, ihrem Gott, zurückführen. 17 Im Geist und in der Kraft des Propheten Elija wird er dem Herrn als Bote vorausgehen. Er wird die Herzen der Väter zu ihren Kindern umkehren lassen und Ungehorsame zur Gesinnung von Gerechten zurückführen, um so das Volk für das Kommen des Herrn bereit zu machen.«

18 »Wie kann ich sicher sein, dass das wirklich geschieht?«, fragte Zacharias. »Schließlich bin ich ein alter Mann und auch meine Frau ist nicht mehr jung.« 19 »Ich bin Gabriel!«, erwiderte der Engel. »Ich stehe unmittelbar vor Gott und bin extra zu dir geschickt worden, um mit dir zu reden und dir diese gute Nachricht zu bringen! 20 Was ich gesagt habe, wird zur gegebenen Zeit eintreffen. Aber du wirst stumm sein, weil du mir nicht geglaubt hast! Du wirst so lange nicht mehr sprechen können, bis alles geschehen ist, was ich dir angekündigt habe.«

21 Draußen wartete das Volk auf Zacharias und wunderte sich, dass er so lange im Tempel blieb. 22 Als er dann herauskam, konnte er nicht zu ihnen sprechen. Er machte sich durch Handzeichen verständlich, blieb aber stumm. Da merkten sie, dass er im Tempel eine Erscheinung gehabt hatte.

23 Als seine Dienstwoche vorüber war, ging er wieder nach Hause. 24 Bald darauf wurde seine Frau Elisabet schwanger und zog sich fünf Monate völlig zurück. Sie sagte: 25 »Der Herr hat mir geholfen. Er hat meinen Kummer gesehen und die Schande meiner Kinderlosigkeit von mir genommen.«

Ankündigung der Geburt des Herrschers

26 Als Elisabet im sechsten Monat schwanger war, sandte Gott den Engel Gabriel nach Galiläa* in eine

---

1,9 Räucheropfer. Der Räucheraltar stand im Tempel unmittelbar vor dem Vorhang, der das Höchstheilige vom Heiligtum trennte. Dort musste jeden Morgen und Abend Weihrauch angezündet werden (2. Mose 30,6-8).

1,26 Galiläa. Von Juden und Griechen bewohntes Gebiet im Norden Israels, etwa zwischen dem See Gennesaret und dem Mittelmeer.

Stadt namens Nazaret* ²⁷ zu einer jungen Frau, die Maria hieß. Sie war noch unberührt und mit einem Mann namens Josef verlobt, einem Nachfahren Davids.

²⁸ Der Engel kam zu ihr herein und sagte: »Sei gegrüßt, du mit Gnade Beschenkte! Der Herr ist mit dir!« ²⁹ Maria erschrak, als sie so angesprochen wurde und überlegte, was der Gruß bedeuten sollte. ³⁰ »Hab keine Angst, Maria!«, sagte der Engel. »Gott hat dich mit seiner Gunst beschenkt. ³¹ Du wirst schwanger werden und einen Sohn zur Welt bringen, den du Jesus nennen sollst. ³² Er wird große Autorität haben und Sohn des Höchsten genannt werden. Gott wird ihn die Königsherrschaft seines Stammvaters David* weiterführen lassen. ³³ Für immer wird er die Nachkommenschaft Jakobs* regieren und seine Herrschaft wird nie mehr zu Ende gehen.«

³⁴ »Wie wird das geschehen?«, fragte Maria. »Ich habe ja noch nie mit einem Mann geschlafen.« ³⁵ »Der Heilige Geist wird über dich kommen«, erwiderte der Engel, »die Kraft des Höchsten wird dich überschatten. Deshalb wird das Kind, das du zur Welt bringst, heilig sein und Sohn Gottes genannt werden. ³⁶ Sieh doch, auch deine Verwandte Elisabet ist noch in ihrem Alter schwanger geworden und erwartet einen Sohn. Von ihr hieß es ja, sie könne keine Kinder bekommen. Und jetzt ist sie schon im sechsten Monat. ³⁷ Für Gott ist nichts unmöglich.« ³⁸ Da sagte Maria: »Ich gehöre ganz dem Herrn. Was du gesagt hast, soll mit mir geschehen.« Darauf verließ sie der Engel.

Besuch bei Elisabet

³⁹ Nicht lange danach machte sich Maria auf den Weg ins Bergland von Judäa. So schnell wie möglich wollte sie in die Stadt kommen, ⁴⁰ in der Zacharias wohnte. Als sie das Haus betrat und Elisabet begrüßte, ⁴¹ hüpfte das Kind in Elisabets Leib. In diesem Augenblick wurde Elisabet mit dem Heiligen Geist erfüllt ⁴² und rief laut: »Du bist die gesegnetste aller Frauen, und gesegnet ist das Kind in deinem Leib! ⁴³ Welche Ehre, dass die Mutter meines Herrn mich besucht! ⁴⁴ Als ich deinen Gruß vernahm, hüpfte das Kind vor Freude in meinem Leib. ⁴⁵ Wie glücklich bist du, dass du geglaubt hast! Denn was der Herr dir sagen ließ, wird sich erfüllen.« ⁴⁶ Da sagte Maria:

»Meine Seele staunt über die Größe des Herrn ⁴⁷ und mein Geist freut sich über Gott, meinen Retter! ⁴⁸ Seiner geringsten Sklavin hat er Beachtung geschenkt! / Noch künftige Generationen werden mein Glück preisen! ⁴⁹ Heilig ist der Mächtige, der Großes an mir getan hat!

⁵⁰ Sein Erbarmen gilt jedem, der sich ihm unterstellt, / in jeder Generation. ⁵¹ Hoch hebt er seinen gewaltigen Arm / und fegt die Hochmütigen weg. ⁵² Mächtige stürzt er vom Thron / und Geringe

---

1,26 *Nazaret.* Der kleine Ort mit etwa 150 Einwohnern lag in der Mitte zwischen dem Mittelmeer und dem See Gennesaret.

1,32 *David* war Israels zweiter und größter König (ca. 1040-970 v.Chr.).

1,33 *Jakob* war einer der Stammväter des Volkes Israel.

setzt er darauf. 53 Hungrige macht er mit guten Dingen satt / und Reiche schickt er mit leeren Händen fort. 54 Und Israel, sein Kind, nimmt er selbst an die Hand / und schenkt ihm seine Barmherzigkeit, 55 denn so hatte er es für immer versprochen / dem Abraham und seiner ganzen Nachkommenschaft.«

56 Maria blieb ungefähr drei Monate bei Elisabet und kehrte dann wieder nach Hause zurück.

Die Geburt des Boten

57 Für Elisabet kam nun die Zeit der Entbindung, und sie brachte einen Sohn zur Welt. 58 Als ihre Nachbarn und Verwandten davon hörten, wie der Herr ihr sein Erbarmen geschenkt hatte, freuten sie sich mit ihr. 59 Und als das Kind acht Tage alt war, kamen sie zu seiner Beschneidung* zusammen. Dabei wollten sie ihm den Namen seines Vaters Zacharias geben. 60 »Nein!«, widersprach da seine Mutter. »Er soll Johannes heißen.« 61 »Aber es gibt doch niemand in deiner Verwandtschaft, der so heißt«, wandten sie ein. 62 Durch Zeichen fragten sie den Vater, wie das Kind heißen sollte. 63 Der ließ sich ein Schreibtäfelchen geben und schrieb zum Erstaunen aller darauf: »Sein Name ist Johannes.« 64 Im gleichen Augenblick konnte er wieder sprechen und fing an, Gott zu loben. 65 Alle, die in jener Gegend wohnten, wurden von einem ehrfürchtigen Staunen ergriffen,

und im ganzen Bergland von Judäa sprachen die Leute über das, was geschehen war. 66 Alle, die es hörten, wurden nachdenklich und fragten sich: »Was wird wohl aus diesem Kind einmal werden?« Denn es war offensichtlich, dass der Herr etwas Großes mit ihm vorhatte.

67 Sein Vater Zacharias wurde mit dem Heiligen Geist erfüllt und begann als Prophet zu sprechen:

68 »Gepriesen sei der Herr, Israels Gott! / Er hat sein Volk wieder beachtet / und ihm die Erlösung gebracht: 69 Aus Davids Geschlecht ging ein starker Retter hervor, / ein Horn des Heils aus dem Haus seines Dieners. 70 So hat er es uns vor sehr langer Zeit / durch heilige Propheten gesagt. 71 Er ist die Rettung vor unseren Feinden, / vor unserer Hasser Gewalt. 72 So zeigte sich sein Erbarmen an uns, / das er schon unseren Vätern erwies, / so bestätigte er seinen heiligen Bund 73 und den Eid, den er unserem Stammvater Abraham schwor. 74 Befreit aus der Hand unserer Feinde / dürfen wir ihm nun ohne Furcht dienen , 75 in Heiligkeit und Gerechtigkeit, / so lange wir am Leben sind.

76 Und du, mein Kind, wirst ein Prophet des Höchsten sein, / ein Wegbereiter des Herrn. 77 Du wirst sein Volk zur Einsicht bringen, / dass die Vergebung der Schuld ihre Rettung ist. 78 Weil unser Gott voller Barmherzigkeit ist, / kommt das Licht des Himmels zu uns. 79 Es wird denen leuchten, die im Finstern sitzen

---

1,59 Beschneidung. Siehe 1. Mose 17,9-14!

und in Furcht vor dem Tod, / und uns wird es leiten, den Weg des Friedens zu gehen.«

80 Johannes wuchs heran, und sein Geist wurde stark. Dann zog er sich in die Wüste zurück und lebte dort bis zu dem Tag, an dem er öffentlich in Israel auftrat.

Die Geburt des Messias

2 1 Damals befahl der Kaiser Augustus*, alle Bewohner des Römischen Reiches zu zählen und in Steuerlisten einzutragen. 2 Es war das erste Mal, dass solch eine Volkszählung durchgeführt wurde. Sie geschah, als Quirinius* Statthalter der Provinz Syrien war. 3 So ging jeder in die Stadt, aus der er stammte, um sich eintragen zu lassen. 4 Auch Josef machte sich auf den Weg. Er gehörte zur Nachkommenschaft Davids und musste deshalb aus der Stadt Nazaret in Galiläa nach der Stadt Bethlehem* in Judäa reisen, 5 um sich dort mit Maria, seiner Verlobten, eintragen zu lassen. Maria war schwanger, 6 und als sie in Bethlehem waren, kam für sie die Zeit der Entbindung. 7 Sie brachte ihr erstes Kind zur Welt. Es war ein Sohn. Sie wickelte ihn in Windeln und legte ihn dann in eine Futterkrippe, weil in der Unterkunft kein Platz für sie war.

8 In der gleichen Nacht hielten ein paar Hirten draußen auf dem freien Feld Wache bei ihren Herden. 9 Plötzlich trat ein Engel des Herrn zu ihnen, und das Licht der Herrlichkeit Gottes umstrahlte sie. Sie erschraken sehr und hatten Angst, 10 aber der Engel sagte zu ihnen: »Ihr müsst euch nicht fürchten, denn ich bringe euch eine gute Nachricht, über die sich das ganze Volk freuen wird. 11 Heute Nacht ist in der Stadt Davids euer Retter geboren worden. Es ist der Messias, der Herr. 12 Ihr werdet ihn daran erkennen, dass ihr ein Kind findet, das in Windeln gewickelt in einer Krippe liegt.« 13 Plötzlich waren sie von ganzen Heerscharen des Himmels umgeben, die alle Gott lobten und riefen:

14 »Ehre und Herrlichkeit Gott in der Höhe / und Frieden den Menschen im Land, / auf denen sein Gefallen ruht.«

15 Als die Engel in den Himmel zurückgekehrt waren, sagten die Hirten zueinander: »Kommt, wir gehen nach Bethlehem! Sehen wir uns an, was da geschehen ist, was der Herr uns sagen ließ.« 16 Schnell brachen sie auf und fanden Maria und Josef und auch das Kind, das in der Futterkrippe lag. 17 Als sie es gesehen hatten, erzählten sie, was ihnen über dieses Kind gesagt worden war. 18 Und alle, mit denen sie sprachen, wunderten sich über das, was ihnen die Hirten berichteten.

2,1 *Augustus.* Vom römischen Senat verliehener Ehrentitel »Erhabener«. Gemeint ist hier Octavian, er lebte von 63 v.Chr. bis 14 n.Chr.

2,2 Der römische Feldherr und Konsul Publius Sulpicius *Quirinius* wurde 11 v.Chr. Legat von Syrien und leitete bis 16 n.Chr. in verschiedenen amtlichen Stellungen den orientalischen Teil des Imperiums. Die Steuerschätzung begann 8 v.Chr. in Ägypten und Syrien und erreichte 7 v.Chr. das Gebiet Israels.

2,4 *Bethlehem* liegt 7 km südlich von Jerusalem und war die Heimatstadt von König David.

19 Maria aber bewahrte das Gehörte in ihrem Herzen und dachte immer wieder darüber nach. 20 Die Hirten gingen dann wieder zu ihren Herden zurück. Sie priesen und lobten Gott für alles, was sie gehört und gesehen hatten. Es war genauso gewesen, wie der Engel es ihnen gesagt hatte.

Jesus wird im Tempel Gott geweiht

21 Als das Kind acht Tage später beschnitten wurde, gab man ihm den Namen Jesus, den Namen, den der Engel genannt hatte, noch bevor Maria schwanger war. 22 Und als dann die im Gesetz des Mose festgelegte Zeit der Reinigung* vorüber war, trugen Josef und Maria das Kind nach Jerusalem, um es dem Herrn zu weihen. 23 So war es im Gesetz vorgeschrieben: »Jede männliche Erstgeburt soll Gott gehören.«* 24 Dabei brachten sie auch das Opfer dar, wie es im Gesetz des Herrn steht: ein Paar Turteltauben oder zwei junge Tauben.*

25 Damals lebte in Jerusalem ein gerechter und gottesfürchtiger Mann namens Simeon. Er wartete auf die Ankunft des Messias, der Israel Trost und Rettung bringen würde. Der Heilige Geist ruhte auf ihm 26 und hatte ihm die Gewissheit gegeben, dass er nicht sterben werde, bevor er den vom Herrn gesandten Messias gesehen habe. 27 Als die Eltern von Jesus das Kind hereinbrachten, um mit ihm zu tun,

wie es nach dem Gesetz üblich war, kam Simeon, vom Geist Gottes geführt, gerade in den Tempel. 28 Er nahm das Kind in seine Arme und pries Gott: 29 »Herr«, sagte er, »dein Sklave kann nun in Frieden sterben, denn du hast deine Zusage erfüllt. 30 Mit meinen eigenen Augen habe ich die Rettung gesehen, 31 die du für alle Völker vorbereitet hast – 32 ein Licht, das die Nationen erleuchten und dein Volk Israel zu Ehren bringen wird.«

33 Sein Vater und seine Mutter wunderten sich, als sie hörten, was Simeon über dieses Kind sagte. 34 Simeon segnete sie und sagte zu Maria, seiner Mutter: »Er ist dazu bestimmt, dass viele in Israel an ihm zu Fall kommen und viele durch ihn aufgerichtet werden. Er wird ein Zeichen Gottes sein, gegen das viele sich auflehnen werden 35 – so sehr, dass der Kummer deine Seele wie ein Schwert durchbohren wird. Doch so kommt an den Tag, welche Gedanken in ihren Herzen sind.«

36 Damals lebte auch eine alte Prophetin in Jerusalem. Sie hieß Hanna und war eine Tochter Penuels aus dem Stamm Ascher. Nur sieben Jahre war sie verheiratet gewesen 37 und war jetzt eine Witwe von 84 Jahren. Sie verließ den Tempel gar nicht mehr und diente Gott Tag und Nacht mit Fasten und Beten. 38 Auch sie kam jetzt dazu und lobte Gott. Und zu allen, die auf die Erlösung Jerusalems warteten, sprach sie über dieses Kind.

39 Als Maria und Josef alles getan hatten, was das Gesetz des Herrn verlangte, kehrten sie nach Galiläa in ihre Heimatstadt Nazaret zurück. 40 Das Kind wuchs heran und wurde kräftig.

2,22 *Zeit der Reinigung.* Das waren 40 Tage nach der Geburt, wie 3. Mose 12,2-4 vorschrieb.

2,23 2. Mose 13,2.12

2,24 *Tauben.* Nach 3. Mose 12,8 war das ein Opfer armer Menschen.

Es war mit Weisheit erfüllt und Gottes Gnade ruhte sichtbar auf ihm.

Als Zwölfjähriger möchte Jesus im Tempel bleiben

41 Jedes Jahr zum Passafest* reisten seine Eltern nach Jerusalem. 42 Als Jesus zwölf Jahre alt war, gingen sie wieder zum Fest, wie es der Sitte entsprach, und nahmen auch den Jungen mit. 43 Nach den Festtagen machten sie sich auf den Heimweg. Doch Jesus blieb in Jerusalem, ohne dass die Eltern davon wussten. 44 Sie dachten, er sei irgendwo in der Reisegesellschaft. Nach der ersten Tagesetappe suchten sie ihn unter den Verwandten und Bekannten. 45 Als sie ihn nicht fanden, kehrten sie am folgenden Tag nach Jerusalem zurück. 46 Nach drei Tagen endlich entdeckten sie ihn im Tempel. Er saß mitten unter den Gesetzeslehrern, hörte ihnen zu und stellte ihnen Fragen. 47 Alle, die zuhörten, staunten über sein Verständnis und seine Antworten. 48 Seine Eltern waren sehr überrascht, ihn hier zu sehen. »Kind«, sagte seine Mutter zu ihm, »wie konntest du uns das antun? Dein Vater und ich haben dich verzweifelt gesucht.« 49 »Warum habt ihr mich denn gesucht?«, erwiderte Jesus. »Wusstet ihr nicht, dass ich im Haus meines Vaters sein muss?« 50 Doch sie verstanden nicht, was er damit meinte. 51 Jesus kehrte mit seinen Eltern nach Nazaret zurück und war ihnen ein gehorsamer Sohn. Seine Mutter aber bewahrte das alles in ihrem Herzen. 52 Jesus nahm weiter an Weisheit zu und wuchs zu einem jungen Mann heran. Gott und die Menschen hatten ihre Freude an ihm.

Johannes, der Wegbereiter

3 1 Es war im 15. Regierungsjahr des Kaisers Tiberius*; Pontius Pilatus* war Statthalter von Judäa; Herodes Antipas* regierte als Fürst* in Galiläa, sein Bruder Philippus in Ituräa* und Trachonitis* und Lysanias in Abilene*. 2 Hohe Priester waren Hannas und Kajafas. In dieser Zeit erhielt Johannes, der Sohn des Zacharias, draußen in der Wüste einen Auftrag von Gott. 3 Daraufhin durchzog er die ganze Jordangegend und predigte den Menschen, sie sollten zu Gott umkehren und sich als Zeichen dafür taufen lassen, damit sie Vergebung ihrer Sünden empfingen. 4 So steht es schon im Buch des Propheten Jesaja: »Hört, in der Wüste ruft eine Stimme: ›Bereitet den Weg für den Herrn! Ebnet seine Pfade! 5 Die Täler sollen aufgefüllt, die Berge und Hügel eingeebnet werden. Krumme Wege sollen begradigt werden und holprige eben gemacht. 6 Dann werden alle

---

2,41 *Passa.* Siehe 2. Mose 12-13!

3,1 *Tiberius.* Römischer Kaiser, war seit 13 n.Chr. Mitregent und regierte von 14-37 n.Chr. allein. Sein *15. Regierungsjahr* war also 27 n.Chr.

Pontius Pilatus. Kaiserlicher Statthalter in Judäa und Samaria von 26-36 n.Chr.

Herodes Antipas, Sohn Herodes des Großen (4 v.Chr. bis 39 n.Chr.).

Fürst. Eigentlich »Vierfürst«, das war ursprünglich der Titel eines Fürsten, der den vierten Teil eines Reiches regierte.

Ituräa. Gebiet nördlich von Israel um den Antilibanon herum.

Trachonitis. Landschaft nordöstlich vom See Genezaret.

Abilene. Landschaft zwischen Ituräa und Damaskus.

Menschen das Heil sehen, das von Gott kommt.‹*«

7 Die Menschen kamen in Scharen zu Johannes, um sich von ihm taufen zu lassen. Doch er sagte zu ihnen:»Ihr Schlangenbrut! Wer hat euch eingeredet, dass ihr dem kommenden Zorngericht Gottes entgehen werdet? 8 Bringt die Früchte hervor, die beweisen, dass ihr eure Einstellung geändert habt! Und fangt nicht an zu denken: ›Wir haben doch Abraham zum Vater!‹ Ich sage euch: Gott kann Abraham aus diesen Steinen hier Kinder erwecken! 9 Die Axt ist schon an die Wurzel der Bäume gelegt. Jeder Baum, der keine guten Früchte bringt, wird umgehauen und ins Feuer geworfen.« 10 Da fragten ihn die Leute:»Was sollen wir denn tun?« 11 »Wer zwei Untergewänder hat«, gab er zur Antwort,»soll dem eins geben, der keins hat! Wer zu essen hat, soll es mit dem teilen, der nichts hat!« 12 Auch Zolleinnehmer wollten sich taufen lassen.»Rabbi*«, fragten sie,»und was sollen wir tun?« 13 »Fordert nicht mehr, als euch zusteht!«, erwiderte Johannes. 14 »Und wir«, fragten einige Soldaten,»was sollen wir tun?« »Beraubt und erpresst niemand«, war seine Antwort.»Gebt euch mit eurem Sold zufrieden!«

15 Das Volk war voller Erwartung, und alle fragten sich, ob Johannes

etwa der Messias, der versprochene Retter, sei. 16 Doch Johannes erklärte vor allen:»Ich taufe euch zwar mit Wasser, aber es wird einer kommen, der mächtiger ist als ich. Ich bin nicht einmal gut genug, mich zu bücken und ihm die Riemen seiner Sandalen zu lösen. Er wird euch mit dem Heiligen Geist und mit Feuer taufen. 17 Er hat die Worfschaufel in der Hand, um die Spreu vom Weizen zu trennen. Den Weizen wird er in die Scheune bringen, die Spreu aber wird er mit einem Feuer verbrennen, das nie mehr ausgehen wird.«

18 Mit diesen und vielen anderen mahnenden Worten verkündigte er dem Volk die gute Botschaft. 19 Johannes wies auch Herodes Antipas zurecht. Der Fürst hatte nämlich seinem Bruder die Frau weggenommen, Herodias*, und auch sonst viel Unrecht getan. 20 Deswegen ließ Herodes ihn ins Gefängnis werfen und fügte das zu allem Unrecht noch hinzu.

Taufe und Ahnentafel von Jesus

21 Zusammen mit den vielen Menschen hatte auch Jesus sich taufen lassen. Als er danach betete, riss der Himmel auf, 22 und der Heilige Geist kam sichtbar auf ihn herab, anzusehen wie eine Taube. Und aus dem Himmel sprach eine Stimme:»Du bist mein lieber Sohn. An dir habe ich meine Freude!«

23 Als Jesus öffentlich zu wirken begann, war er ungefähr dreißig Jahre alt. Man hielt ihn für den Sohn Josefs, dessen Vater Eli hieß. 24 Seine weiteren Vorfahren waren Mattat, Levi, Melchi, Jannai, Josef, 25 Mattitja,

3,6 Jesaja 40,3-5

3,12 *Rabbi.* Hebräische Anrede: *mein Herr (mein Lehrer, mein Meister)!*

3,19 *Herodias.* Enkelin Herodes des Großen, war zunächst mit ihrem Onkel Herodes Philippus (nicht dem Fürsten Philippus) verheiratet. Auch Herodes Antipas, ihr jetziger Ehemann, war ein Onkel von ihr.

Amos, Nahum, Hesli, Naggai, 26 Mahat, Mattitja, Schimi, Josech, Joda, 27 Johanan, Resa, Serubbabel, Schealtiel, Neri, 28 Melchi, Addi, Kosam, Elmadam, Er, 29 Joschua, Elieser, Jorim, Mattat, Levi, 30 Simeon, Juda, Josef, Jonam, Eljakim, 31 Melea, Menna, Mattata, Natan, David, 32 Isai, Obed, Boas, Salmon, Nachschon, 33 Amminadab, Admin, Arni, Hezron, Perez, Juda, 34 Jakob, Isaak, Abraham, Terach, Nahor, 35 Serug, Regu, Peleg, Eber, Schelach, 36 Kenan, Arpachschad, Sem, Noah, Lamech, 37 Metuschelach, Henoch, Jered, Mahalalel, Kenan, 38 Enosch, Set, Adam – Gott.*

Versuchung in der Wüste

4 1 Vom Heiligen Geist erfüllt, verließ Jesus den Jordan und ging in die Wüste. Der Geist hatte ihn dazu gedrängt. Vierzig Tage blieb er dort 2 und wurde vom Teufel versucht. Während der ganzen Zeit hatte er nichts gegessen, so dass er am Ende sehr hungrig war. 3 Da sagte der Teufel zu ihm: »Wenn du Gottes Sohn bist, dann befiehl diesem Stein hier, dass er zu Brot werde.« 4 Aber Jesus antwortete: »Nein, in der Schrift steht: ›Der Mensch lebt nicht nur von Brot.‹*« 5 Der Teufel führte ihn auch auf einen hohen Berg, zeigte ihm in einem einzigen Augenblick alle Königreiche der Welt 6 und sagte: »Diese ganze Macht und Herrlichkeit will ich dir geben, denn sie ist mir überlassen worden und ich gebe sie, wem ich will. 7 Alles soll dir gehören, wenn du dich vor mir niederwirfst und mich anbetest.« 8 Aber Jesus entgegnete: »Es steht geschrieben: ›Du sollst den Herrn, deinen Gott, anbeten und ihm allein dienen!‹*« 9 Der Teufel brachte Jesus sogar nach Jerusalem, stellte ihn auf den höchsten Vorsprung im Tempel und sagte: »Wenn du Gottes Sohn bist, dann stürz dich hier hinunter! 10 Es steht ja geschrieben: ›Er wird seine Engel aufbieten, um dich zu beschützen. 11 Auf den Händen werden sie dich tragen, damit du mit deinem Fuß nicht an einen Stein stößt.‹*« 12 Jesus gab ihm zur Antwort: »Es heißt aber auch: ›Du sollst den Herrn, deinen Gott, nicht herausfordern!‹*« 13 Als der Teufel sah, dass er mit keiner Versuchung zum Ziel kam, ließ er ihn für einige Zeit in Ruhe.

Ein Prophet gilt nichts in seinem Ort

14 Jesus kehrte in der Kraft, die ihm der Geist Gottes verlieh, nach Galiläa zurück. Bald sprach man in der ganzen Gegend von ihm. 15 Er lehrte in den Synagogen und wurde von allen hoch geachtet. 16 So kam er auch nach Nazaret, wo er aufgewachsen war. Wie gewöhnlich ging er am Sabbat in die Synagoge. Als er aufstand, um aus der Heiligen Schrift vorzulesen, 17 reichte man ihm die Schriftrolle des Propheten Jesaja. Er rollte sie

---

3,38 Dieses Geschlechtsregister unterscheidet sich von dem des Matthäus dadurch, dass es rückwärts läuft und entweder Josefs physischen Stammbaum darstellt oder den von Maria.

4,4 5. Mose 8,3

4,8 5. Mose 6,13

4,11 Psalm 91,11-12

4,12 5. Mose 6,16

auf und fand die Stelle, wo es heißt: 18 »Der Geist des Herrn ruht auf mir, weil er mich gesalbt hat. Er hat mich gesandt, den Armen gute Botschaft zu bringen, den Gefangenen ihre Freilassung zu verkünden, den Blinden zu sagen, dass sie sehend werden, den Unterdrückten die Freiheit zu bringen 19 und ein Jahr der Gnade des Herrn auszurufen.«* 20 Er rollte das Buch zusammen, gab es dem Synagogendiener zurück und setzte sich. Alle in der Synagoge sahen ihn erwartungsvoll an. 21 »Heute ist dieses Schriftwort, das ihr eben gehört habt, in Erfüllung gegangen«, fing er an. 22 Seine Zuhörer waren beeindruckt und wunderten sich zugleich über die Worte, die ihm geschenkt wurden. »Ist das nicht der Sohn von Josef?«, fragten sie. 23 Da sagte er zu ihnen: »Sicher werdet ihr mir jetzt mit dem Sprichwort kommen: ›Arzt, hilf dir selbst!‹ und denken: ›Du musst auch hier bei dir, in deiner Vaterstadt, das tun, was wir von Kafarnaum* gehört haben.‹ 24 Aber ihr wisst doch, dass ein Prophet in seinem Heimatort nichts gilt. 25 Und es ist auch wahr, dass es zur Zeit des Propheten Elija

---

4,19 Jesaja 61,1-2

4,23 *Kafarnaum.* Der Ort am See Gennesaret war von Nazaret etwa 50 km entfernt und lag 560 Meter tiefer (etwa 210 Meter unter dem Meeresspiegel).

4,26 *Sarepta* oder *Zarpat* (1. Könige 17). Phönizischer Ort, 120 km nördlich von Cäsarea, also im heidnischen Ausland. Elija half der Witwe in der Hungersnot und erweckte ihren Sohn vom Tod.

Sidon. Phönizische Stadt am Mittelmeer, 90 km nordwestlich vom See Gennesaret.

viele Witwen in Israel gab, damals, als es drei Jahre und sechs Monate lang nicht regnete und im ganzen Land eine große Hungersnot herrschte. 26 Trotzdem wurde Elija zu keiner von ihnen geschickt, sondern zu einer Witwe in Sarepta*, im Gebiet von Sidon*. 27 Und viele Aussätzige gab es zur Zeit des Propheten Elischa in Israel, aber keiner von ihnen wurde geheilt, nur der Syrer Naaman.« 28 Als sie das hörten, gerieten alle in der Synagoge in Wut. 29 Sie sprangen auf, zerrten Jesus zur Stadt hinaus und führten ihn bis zum Abhang des Berges, auf dem ihre Stadt erbaut war; dort wollten sie ihn hinabstürzen. 30 Aber Jesus schritt mitten durch die Menge hindurch und zog weg.

Erstaunen in Kafarnaum

31 Er ging dann nach Kafarnaum hinab, das ist eine Stadt in Galiläa, und sprach dort am Sabbat zu den Menschen. 32 Seine Lehre wühlte sie auf, denn er redete mit Vollmacht. 33 Es gab auch einen Mann in der Synagoge, der von einem bösen Geist, einem Dämon, besessen war. Der fing plötzlich an zu schreien: 34 »Was willst du von uns, Jesus von Nazaret? Bist du hergekommen, um uns zu vernichten? Ich weiß genau, wer du bist: der Heilige Gottes.« 35 »Schweig!«, herrschte Jesus ihn an. »Verlass ihn sofort!« Da warf der Dämon den Mann mitten unter ihnen zu Boden, verließ ihn aber, ohne ihm weiter zu schaden. 36 Die Leute erschraken sehr und sagten zueinander: »Was für ein Wort! Welche Vollmacht und Kraft! Er befiehlt den bösen Geistern und

sie fahren tatsächlich aus.« 37 Bald sprach man in der ganzen Gegend von ihm.

38 Nachdem er die Synagoge verlassen hatte, ging Jesus in das Haus Simons. Dessen Schwiegermutter war von einem heftigen Fieber befallen und man bat ihn, ihr zu helfen. 39 Er trat an ihr Bett und bedrohte das Fieber. Es verschwand sofort. Gleich stand sie auf und bediente ihre Gäste.

40 Als die Sonne unterging, brachten die Leute ihre Kranken zu Jesus – Menschen mit den verschiedensten Leiden. Jedem von ihnen legte er die Hände auf und heilte sie. 41 Von vielen fuhren auch Dämonen aus und schrien: »Du bist der Sohn Gottes!« Aber Jesus herrschte sie an und verbot ihnen, weiterzureden weil sie wussten, dass er der Messias war.

42 Bei Tagesanbruch ging er aus dem Haus fort an eine einsame Stelle. Doch die Leute suchten ihn, bis sie ihn gefunden hatten. Sie wollten ihn festhalten und verhindern, dass er von ihnen wegging. 43 Aber er sagte zu ihnen: »Ich muss auch den anderen Städten die gute Botschaft vom Reich Gottes verkündigen, denn dazu hat Gott mich gesandt.« 44 So predigte er in allen Synagogen des Landes.

Die ersten Jünger

5 1 Eines Tages stand Jesus am Ufer des Sees Gennesaret. Die Menschen drängten sich um ihn und wollten das Wort Gottes hören. 2 Da bemerkte er zwei Boote am Ufer. Die Fischer waren ausgestiegen und reinigten ihre Netze. 3 Jesus stieg in eins der Boote, das Simon gehörte, und bat ihn, ein Stück auf den See hinauszufahren.

So konnte er sich setzen und die Menge vom Boot aus unterweisen. 4 Als er aufgehört hatte zu reden, sagte er zu Simon: »Fahr hinaus auf den See und wirf mit deinen Leuten die Netze zum Fang aus!« 5 »Aber Rabbi«, wandte Simon ein, »wir haben die ganze Nacht gearbeitet und nichts gefangen. Doch weil du es sagst, will ich die Netze noch einmal auswerfen.« 6 Als sie es dann getan hatten, umschlossen sie eine solche Menge Fische, dass die Netze zu reißen begannen. 7 Deshalb winkten sie ihren Mitarbeitern im anderen Boot, sie sollten kommen und ihnen helfen. Zusammen füllten sie beide Boote bis zum Rand, so dass sie fast sanken. 8 Als Simon Petrus das sah, kniete er sich vor Jesus hin und sagte: »Herr, geh weg von mir! Ich bin ein sündiger Mensch!« 9 Denn er und seine Begleiter waren tief erschrocken, weil sie einen solchen Fang gemacht hatten. 10 Und genauso ging es Jakobus und Johannes, den Söhnen von Zebedäus, die mit Simon zusammenarbeiteten. Doch Jesus sagte zu Simon: »Du musst dich nicht fürchten. Von jetzt an wirst du ein Menschenfischer sein.« 11 Dann zogen sie die Boote an Land, ließen alles zurück und folgten Jesus.

Ein Beweis für die Priester

12 In einer der Städte war ein Mann, der am ganzen Körper Aussatz* hatte. Als der Jesus sah, warf er sich vor ihm nieder, beugte das Gesicht zur Erde

---

5,12 *Aussatz.* Bezeichnung für rasch um sich greifende Hautkrankheiten, Lepra eingeschlossen.

und bat ihn flehentlich:»Herr, wenn du willst, kannst du mich rein machen.« 13 Da berührte Jesus ihn mit seiner Hand und sagte:»Ich will es, sei rein!« Sofort verschwand der Aussatz. 14 Jesus verbot dem Geheilten, mit jemand darüber zu sprechen. »Geh stattdessen zum Priester«, sagte er,»zeig dich ihm und bring das Opfer für deine Reinigung, wie Mose es angeordnet hat. Das soll ein Beweis für sie sein.« 15 Doch die Nachricht von Jesus verbreitete sich umso mehr. Die Menschen strömten in Scharen herbei, um ihn zu hören und von ihren Krankheiten geheilt zu werden. 16 Jesus aber zog sich in die Einsamkeit zurück, um zu beten.

Sünden vergeben oder heilen?

17 Eines Tages, als Jesus wieder lehrte, saßen unter den Zuhörern auch Pharisäer* und Gesetzeslehrer. Sie waren aus allen Dörfern Galiläas, aus Judäa und Jerusalem gekommen. Und die Kraft des Herrn drängte Jesus zu heilen. 18 Da brachten einige Männer einen Gelähmten auf einer Trage herbei. Sie wollten ihn ins Haus hineintragen und vor Jesus hinlegen. 19 Weil sie aber wegen des Gedränges der Leute keinen Weg fanden, wie sie ihn hineinbringen sollten, stiegen sie aufs Dach, deckten einige Ziegel ab und ließen die Trage mit dem Kranken

mitten unter sie hinunter, genau vor Jesus. 20 Als Jesus ihren Glauben sah, sagte er zu dem Mann:»Deine Sünden sind dir vergeben.« 21 Die Gesetzeslehrer und Pharisäer fragten sich empört:»Was bildet der sich ein? Das ist ja Gotteslästerung! Niemand kann Sünden vergeben außer Gott!« 22 Jesus wusste, was sie dachten und fragte sie:»Was macht ihr euch da für Gedanken? 23 Was ist leichter – zu sagen:›Deine Sünden sind dir vergeben‹, oder:›Steh auf und geh!‹? 24 Doch ihr sollt sehen, dass der Menschensohn* die Vollmacht hat, hier auf der Erde Sünden zu vergeben!« Dann wandte er sich zu dem Gelähmten und sagte:»Ich befehle dir: Steh auf, nimm deine Trage und geh nach Hause!« 25 Sofort stand der Mann auf, nahm vor aller Augen die Trage, auf der er gelegen hatte, und ging nach Hause. Dabei pries er Gott unaufhörlich. 26 Alle gerieten außer sich, lobten Gott und sagten voller Furcht:»Unglaubliches haben wir heute gesehen.«

Neuer Wein in neue Schläuche

27 Später, als Jesus die Stadt verließ, sah er am Zollhaus einen Steuereinnehmer sitzen. Er hieß Levi. Jesus sagte zu ihm:»Komm, folge mir nach!« 28 Ohne zu zögern ließ er alles zurück, stand auf und folgte Jesus. 29 Später gab er ihm zu Ehren ein großes Festessen in seinem Haus und lud dazu noch viele Zolleinnehmer und andere Leute mit zweifelhaftem Ruf ein. 30 Aber die Pharisäer und die Gesetzeslehrer, die zu ihrer Partei gehörten, sagten ärgerlich zu den Jüngern von Jesus:»Wie könnt ihr nur

---

5,17 *Pharisäer*. Religionspartei, die auf genaue Einhaltung der Gesetze und Überlieferungen Wert legte.

5,24 *Menschensohn* ist eine von Jesus bevorzugte Selbstbezeichnung. Er knüpft damit an Daniel 7,13 an, wo der zukünftige Herrscher des Gottesreiches angekündigt wird.

mit Steuereintreibern und diesem Gesindel zusammen essen und trinken!« 31 Da griff Jesus ein und gab ihnen zur Antwort: »Nicht die Gesunden brauchen den Arzt, sondern die Kranken. 32 Ich bin nicht gekommen, um Gerechten zu sagen, dass sie ihre Einstellung ändern müssen, sondern Sündern.« 33 Daraufhin sagten sie zu Jesus: »Die Jünger des Johannes fasten oft und beten viel. Die der Pharisäer tun das auch, aber deine Jünger essen und trinken.« 34 Jesus erwiderte: »Könnt ihr die Hochzeitsgäste denn fasten lassen, wenn der Bräutigam bei ihnen ist? 35 Die Zeit kommt früh genug, dass der Bräutigam ihnen entrissen wird; dann werden sie fasten.«

36 Er machte es ihnen auch noch mit einem Vergleich deutlich: »Niemand schneidet ein Stück Stoff aus einem neuen Kleid, um damit ein altes zu flicken. Dann hätte er das neue Kleid zerschnitten und das Stück würde ja auch nicht zu dem alten passen. 37 Und niemand füllt jungen Wein, der noch gärt, in alte Weinschläuche. Der Wein würde die Schläuche zerreißen und auslaufen. So wären Wein und Schläuche verdorben. 38 Nein, jungen Wein füllt man in neue Schläuche! 39 Aber niemand, der alten Wein getrunken hat, will anschließend neuen. ›Der alte ist besser‹, wird er sagen.«

Herr über den Sabbat

6 1 An einem Sabbat ging Jesus durch Kornfelder. Seine Jünger rupften unterwegs Ähren ab, zerrieben sie mit den Händen und aßen die Körner. 2 Da sagten einige Pharisäer zu ihnen: »Was tut ihr da? Das ist doch am Sabbat nicht erlaubt!«* 3 Jesus

entgegnete: »Habt ihr denn nie gelesen, was David getan hat, als er und seine Begleiter hungrig waren? 4 Wie er ins Haus Gottes ging und von den geweihten Broten aß, die nach dem Gesetz doch nur die Priester essen dürfen, und dass er auch seinen Begleitern davon gab?« 5 Und Jesus fügte hinzu: »Der Menschensohn kann auch über den Sabbat bestimmen!«

6 An einem anderen Sabbat, als Jesus in die Synagoge ging und zu den Menschen sprach, saß dort ein Mann, dessen rechte Hand gelähmt war. 7 Die Gesetzeslehrer und die Pharisäer passten genau auf, ob er ihn am Sabbat heilen würde, denn sie wollten einen Grund finden, ihn anzuklagen. 8 Jesus wusste, was sie dachten und sagte deshalb zu dem Mann mit der gelähmten Hand: »Steh auf und stell dich in die Mitte!« Der Mann stand auf und trat vor. 9 Dann fragte Jesus die Anwesenden: »Soll man am Sabbat Gutes tun oder Böses? Soll man ein Leben retten oder es zugrunde gehen lassen?« 10 Er sah sie der Reihe nach an und befahl dem Mann: »Streck die Hand aus!« Der gehorchte und seine Hand war geheilt. 11 Da wurden sie von sinnloser Wut gepackt und berieten miteinander, was sie gegen ihn unternehmen könnten.

Auswahl der Zwölf

12 Damals zog Jesus sich auf einen Berg zurück, um zu beten. Er betete die ganze Nacht. 13 Als es Tag wurde, rief er seine Jünger herbei und wählte

---

6,2 *nicht erlaubt.* Sie fassten das als »ernten« auf, was als Arbeit am Sabbat verboten war.

zwölf von ihnen aus. Er nannte sie Apostel. *14* Es waren: Simon, dem er den Namen Petrus gab, und Andreas, sein Bruder, Jakobus und Johannes, Philippus und Bartholomäus, *15* Matthäus, Thomas und Jakobus Ben-Alphäus, Simon, der zu den Zeloten* gehört hatte, *16* Judas Ben-Jakobus und Judas, der ein Sikarier* gewesen war und ihn später verraten hat.

Die Bergpredigt

17 Mit ihnen stieg Jesus den Berg hinunter bis zu einem ebenen Platz, wo sich eine große Schar seiner Jünger versammelt hatte. Sie hatten zusammen mit einer großen Menschenmenge aus ganz Judäa, aus Jerusalem und dem Küstengebiet von Tyrus und Sidon* auf ihn gewartet *18* und waren gekommen, um ihn zu hören und von ihren Krankheiten geheilt zu werden. Auch Menschen, die von bösen Geistern geplagt waren, wurden geheilt. *19* Alle versuchten, ihn zu berühren,

---

6,15 *Zeloten.* Jüdische Partei der *Eiferer,* die aktiven Widerstand gegen die Römer leistete, es ablehnte, Steuern zu zahlen, und das messianische Reich mit Gewalt herbeizwingen wollte.

6,16 *Sikarier.* Die militanteste Gruppe unter den Zeloten, Dolchmänner (von *sika* = Dolch), die römerfreundliche Juden umbrachten (siehe Apostelgeschichte 21,38).

6,17 *Tyrus und Sidon.* Phönizische Städte am Mittelmeer, etwa 60 und 90 km nordwestlich vom See Gennesaret.

6,29 *Umhang* oder *Mantel.* Großes quadratisches Stück festen Stoffs, das über dem Untergewand (eine Art Hemd, das bis zu den Knien reichte) getragen wurde. Man konnte auch Gegenstände darin tragen, und die Armen, z.B. Hirten, wickelten sich nachts darin ein.

denn es ging eine Kraft von ihm aus, die alle gesund machte.

20 Jesus sah seine Jünger an und sagte:

»Wie beneidenswert glücklich seid ihr Armen, / denn euch gehört das Reich Gottes!
21 Wie glücklich seid ihr, die ihr jetzt hungert, / denn Gott wird euch satt machen! / Wie glücklich seid ihr, die ihr jetzt weint, / denn ihr werdet lachen!

22 Wie glücklich seid ihr, wenn die Menschen euch hassen, wenn sie euch ausstoßen und euren Namen in den Schmutz ziehen, weil ihr zum Menschensohn gehört! *23* Freut euch, wenn das geschieht, springt vor Freude! Denn im Himmel wartet eine große Belohnung auf euch. Mit den Propheten haben ihre Vorfahren es nämlich genauso gemacht.

24 Aber weh euch, ihr Reichen, / denn ihr habt euren Anteil schon kassiert! *25* Weh euch, ihr Satten, / denn ihr werdet hungern! / Weh euch, ihr Lachenden, / denn ihr werdet trauern und weinen! *26* Und weh euch, wenn alle Menschen gut von euch reden, / denn genauso haben es ihre Vorfahren mit den falschen Propheten gemacht.«

27 »Doch euch, die ihr mir wirklich zuhört, sage ich: Liebt eure Feinde, tut denen Gutes, die euch hassen! *28* Segnet die, die euch verfluchen! Betet für die, die euch beleidigen! *29* Schlägt dir jemand ins Gesicht, dann halt ihm auch die andere Wange hin! Wenn jemand deinen Umhang* will, dann lass ihm auch das Hemd! *30* Gib jedem, der dich bittet! Und wenn dir etwas weggenommen wird, dann versuche nicht, es wiederzubekommen! *31* Behandelt alle Menschen so, wie ihr von ihnen behandelt werden wollt! *32* Wenn ihr nur die liebt, die euch lieben, welche Anerkennung habt ihr wohl dafür verdient? Denn so handeln auch die Sünder. *33* Und wenn ihr nur denen Gutes tut, die euch Gutes tun, welche Anerkennung habt ihr dafür verdient? Denn das tun auch die Sünder. *34* Und wenn ihr nur denen etwas leiht, von denen ihr es sicher zurückbekommt, welche Anerkennung verdient ihr dafür? Auch die Sünder leihen Sündern in der Hoffnung, alles wiederzubekommen. *35* Ihr aber sollt gerade eure Feinde lieben! Ihr sollt Gutes tun, ihr sollt leihen und euch keine Sorgen darüber machen, ob ihr es wiederbekommt. Dann wartet eine große Belohnung auf euch und ihr handelt als Kinder des Höchsten. Denn er ist auch gütig gegen die Undankbaren und Bösen. *36* Seid barmherzig, wie euer Vater barmherzig ist!

37 Richtet nicht, dann werdet auch ihr nicht gerichtet werden! Verurteilt niemand, dann werdet auch ihr nicht verurteilt! Sprecht frei, dann werdet auch ihr freigesprochen werden! *38* Gebt, und es wird euch gegeben: Ein volles, gedrücktes, gerütteltes und überlaufendes Maß wird man euch in den Schoß schütten. Denn das Maß, mit dem ihr bei anderen messt, wird auch für euch verwendet werden.«

39 Er machte es noch an einigen Vergleichen deutlich: »Kann denn ein Blinder einen Blinden führen? Werden nicht beide in die nächste Grube fallen? *40* Ein Jünger ist doch nicht besser als sein Lehrer. Erst wenn er alles von ihm gelernt hat, wird er so weit sein wie dieser. *41* Was kümmerst du dich um den Splitter im Auge deines Bruders, bemerkst aber den Balken in deinem eigenen Auge nicht? *42* Wie kannst du zu deinem Bruder sagen: ›Halt still, ich will dir den Splitter aus dem Auge ziehen!‹ – siehst aber den Balken in deinem eigenen Auge nicht? Du Heuchler! Zieh zuerst den Balken aus deinem Auge! Dann wirst du klar sehen und den Splitter aus dem Auge deines Bruders ziehen können. *43* Ein guter Baum trägt keine schlechten Früchte und ein schlechter Baum keine guten. *44* Einen Baum erkennt man an seinen Früchten. Von Dornen pflückt man keine Feigen und von Gestrüpp kann man keine Weintrauben ernten. *45* Ein guter Mensch bringt Gutes hervor, weil er in seinem Herzen gut ist. Ein böser Mensch bringt Böses hervor, weil sein Herz mit Bösem erfüllt ist. Dein Reden ist von dem bestimmt, was in deinem Herzen ist.

46 Was nennt ihr mich immerzu ›Herr‹, wenn ihr doch nicht tut, was ich sage? *47* Ich will euch zeigen, mit wem ich den vergleiche, der zu mir kommt, auf meine Worte hört und tut, was ich sage: *48* Er gleicht einem Mann, der ein Haus baut und dabei so tief ausschachtet, dass er das Fundament auf Felsengrund legen kann. Wenn dann das Hochwasser kommt und die Flut gegen das Haus drückt, bleibt es stehen, denn es ist gut gegründet. *49* Doch wer meine Worte hört und sich nicht danach richtet, ist wie ein Mann, der sein Haus ohne

Fundament einfach auf die Erde setzt. Wenn dann die Flut gegen das Haus drückt, stürzt es in sich zusammen und wird völlig zerstört.«

Ein frommer Hauptmann und sein Sklave

7 *1* Nachdem Jesus das alles vor dem Volk gesagt hatte, ging er nach Kafarnaum. *2* Der dort stationierte Hauptmann hatte einen Sklaven, der ihm viel bedeutete; dieser war schwer krank und lag im Sterben. *3* Als der Hauptmann von Jesus hörte, schickte er einige von den jüdischen Ältesten zu ihm. Sie sollten ihn bitten, zu kommen und seinem Sklaven das Leben zu retten. *4* Die Männer kamen zu Jesus und baten ihn inständig.»Er verdient es, dass du ihm diese Bitte erfüllst«, sagten sie. *5* »Er liebt unser Volk und hat uns sogar die Synagoge gebaut.« *6* Jesus ging mit ihnen. Als er nicht mehr weit vom Haus entfernt war, schickte der Hauptmann einige seiner Freunde zu ihm und ließ ihm sagen:»Herr, bemühe dich nicht! Ich bin es nicht wert, dass du unter mein Dach kommst. *7* Deshalb bin ich auch nicht persönlich zu dir gekommen. Sprich nur ein Wort und mein Sklave wird gesund. *8* Ich unterstehe ja auch dem Befehl von Vorgesetzten und habe meinerseits Soldaten unter mir. Sage ich zu einem von ihnen: ›Geh!‹, dann geht er, und zu einem anderen: ›Komm!‹, dann kommt er. Und wenn ich zu meinem Sklaven sage: ›Tu das!‹, dann tut er es.« *9* Jesus war sehr erstaunt, das zu hören. Er drehte sich um und sagte zu der Menschenmenge, die ihm folgte:»Ich versichere euch: Solch einen Glauben habe ich in ganz Israel nicht gefunden.« *10* Als die Freunde des Hauptmanns in dessen Haus zurückkamen, war der Sklave gesund.

Eine Witwe und ihr einziger Sohn

11 Einige Zeit später ging er, begleitet von seinen Jüngern und einer großen Menschenmenge, nach Naïn*. *12* Als er sich dem Stadttor näherte, kam ihm ein Trauerzug entgegen. Der Tote war der einzige Sohn einer Witwe gewesen. Viele Menschen aus der Stadt begleiteten die Mutter. *13* Als der Herr die Witwe sah, wurde er von tiefem Mitgefühl ergriffen.»Weine nicht!«, sagte er zu ihr. *14* Dann trat er an die Bahre und berührte sie. Die Träger blieben stehen.»Junger Mann, ich befehle dir, steh auf!«, sagte er zu dem Toten. *15* Da setzte sich der Tote auf und fing an zu reden, und Jesus gab ihn seiner Mutter zurück. *16* Alle wurden von Angst und Ehrfurcht gepackt. Sie priesen Gott und sagten:»Ein großer Prophet ist unter uns aufgetreten. Heute hat Gott sein Volk besucht.« *17* Die Kunde von dem, was Jesus getan hatte, verbreitete sich im ganzen jüdischen Land und darüber hinaus.

Der Täufer und seine Fragen

18 Durch seine Jünger erfuhr auch Johannes der Täufer von diesen Dingen. *19* Er rief zwei von ihnen zu sich, schickte sie zum Herrn und ließ ihn fragen:»Bist du wirklich der, der kommen soll, oder müssen wir auf

---

7,11 *Naïn.* Kleiner galiläischer Ort, 8 km südöstlich von Nazaret.

einen anderen warten?« [20] Die beiden Männer kamen zu Jesus und sagten: »Johannes der Täufer hat uns zu dir geschickt und lässt dich fragen: ›Bist du wirklich der, der kommen soll, oder müssen wir auf einen anderen warten?‹« [21] Während sie bei ihm waren, heilte Jesus gerade viele Kranke und Leidende und von bösen Geistern Geplagte, und vielen Blinden schenkte er das Augenlicht. [22] Jesus gab ihnen zur Antwort: »Geht zu Johannes und berichtet ihm, was ihr gesehen und gehört habt: Blinde sehen, Lahme gehen, Aussätzige werden rein, Taube hören, Tote werden auferweckt, Armen wird gute Botschaft verkündigt. [23] Und glücklich ist der zu nennen, der nicht an mir irre wird.«

[24] Als die Boten gegangen waren, wandte sich Jesus an die Menge und fing an, über Johannes zu sprechen: »Was wolltet ihr eigentlich sehen, als ihr in die Wüste hinausgezogen seid? Ein Schilfrohr vielleicht, das vom Wind hin und her bewegt wird? [25] Oder was wolltet ihr sonst dort draußen sehen? Einen fein angezogenen Mann? Nein, Leute mit teuren Kleidern und Luxus findet man in den Königspalästen. [26] Aber was wolltet ihr dann dort draußen sehen? Einen Propheten? Ja, ich versichere euch: Ihr habt mehr als einen Propheten gesehen. [27] Johannes ist der, von dem es in der Heiligen Schrift heißt: ›Ich sende meinen Boten vor dir her. Er wird dein Wegbereiter sein.‹* [28] Ich sage euch: Unter allen Menschen, die je geboren wurden, gibt es keinen Größeren als Johannes den Täufer. Und doch ist der Kleinste im Reich Gottes größer als er. [29] Alle, die ihm zugehört hatten – selbst die Zöllner –, unterwarfen sich dem Urteil Gottes und ließen sich von Johannes taufen. [30] Doch die Pharisäer und Gesetzeslehrer lehnten Gottes Plan zu ihrer Rettung hochmütig ab und ließen sich nicht taufen.

[31] Mit wem soll ich die Menschen dieser Generation nur vergleichen? Welches Bild trifft auf sie zu? [32] Sie sind wie Kinder, die auf dem Markt herumsitzen und sich gegenseitig zurufen: ›Wir haben euch auf der Flöte Hochzeitslieder gespielt, aber ihr habt nicht getanzt; wir haben euch Klagelieder gesungen, aber ihr habt nicht geweint.‹ [33] Als Johannes der Täufer kam, der fastete und keinen Wein trank, sagtet ihr: ›Er ist von einem Dämon besessen.‹ [34] Als der Menschensohn kam, der ganz normal isst und trinkt, sagtet ihr: ›Seht, was für ein Schlemmer und Säufer, dieser Freund von Zöllnern und Sündern!‹ [35] Und doch bestätigt sich die Weisheit Gottes im Werk von beiden – jedenfalls für die, die sie annehmen.«

Die Hure und der Pharisäer

[36] Ein Pharisäer hatte Jesus zum Essen eingeladen. Jesus war in sein Haus gekommen und hatte sich zu Tisch gelegt.* [37] In dieser Stadt lebte auch eine Frau, die für ihren unmoralischen

---

7,27 Maleachi 3,1

7,36 *zu Tisch gelegt.* Bei festlichen Anlässen lag man auf Polstern, die um einen niedrigen Tisch in der Mitte gruppiert waren. Man stützte sich auf den linken Ellbogen und langte mit der rechten Hand zu. Die Füße waren nach hinten vom Tisch weg ausgestreckt.

Lebenswandel bekannt war. Als sie erfahren hatte, dass Jesus im Haus des Pharisäers zu Gast war, nahm sie ein Alabastergefäß* voll Salböl und ging dorthin. *38* Sie trat an das Fußende des Liegepolsters, auf dem Jesus sich ausgestreckt hatte, kniete sich hin und fing so sehr zu weinen an, dass ihre Tränen seine Füße benetzten. Sie trocknete sie dann mit ihren Haaren ab, küsste sie immer wieder und salbte sie mit dem Öl.

39 Als der Pharisäer, der Jesus eingeladen hatte, das sah, sagte er sich: »Wenn der wirklich ein Prophet wäre, würde er doch merken, was für eine Frau das ist, die ihn da berührt. Er müsste doch wissen, dass das eine Sünderin ist.« *40* »Simon, ich habe dir etwas zu sagen«, sprach Jesus da seinen Gastgeber an. »Sprich, Rabbi«, sagte dieser. *41* Jesus begann: »Zwei Männer hatten Schulden bei einem Geldverleiher. Der eine schuldete ihm fünfhundert Denare*, der andere fünfzig. *42* Doch keiner von ihnen konnte ihm das Geld zurückzahlen. Da erließ er es beiden. Was meinst du, wer von beiden wird wohl dankbarer sein?« *43* »Ich nehme an, der, dem die größere Schuld erlassen wurde«, antwortete Simon. »Richtig!«, sagte Jesus *44* zu Simon und drehte sich zu der Frau um. »Siehst du diese Frau?

Ich bin in dein Haus gekommen, und du hast mir nicht einmal Wasser angeboten, dass ich den Staub von meinen Füßen waschen konnte. Doch sie hat meine Füße mit ihren Tränen gewaschen und mit ihren Haaren getrocknet. *45* Du hast mir keinen Begrüßungskuss gegeben, aber sie hat gar nicht aufgehört, mir die Füße zu küssen, seit ich hier bin. *46* Du hast mir den Kopf nicht einmal mit gewöhnlichem Öl gesalbt, aber sie hat meine Füße mit teurem Balsam eingerieben. *47* Ich kann dir sagen, woher das kommt: Ihre vielen Sünden sind ihr vergeben worden, darum hat sie mir viel Liebe erwiesen. Wem wenig vergeben wird, der zeigt auch wenig Liebe.« *48* Dann sagte er zu der Frau: »Ja, deine Sünden sind dir vergeben!« *49* Die anderen Gäste fragten sich: »Für wen hält der sich eigentlich, dass er auch Sünden vergibt?« *50* Doch Jesus sagte zu der Frau: »Dein Glaube hat dich gerettet. Geh in Frieden!«

Das Gleichnis von der Saat

8 *1* In der folgenden Zeit zog Jesus durch viele Städte und Dörfer und verkündigte überall die Botschaft vom Reich Gottes. Begleitet wurde er von den Zwölf *2* und von einigen Frauen, die er von bösen Geistern befreit und von Krankheiten geheilt hatte. Es waren Maria aus Magdala*, aus der er sieben Dämonen ausgetrieben hatte, *3* Johanna, die Frau Chuzas, eines hohen Beamten von Herodes Antipas, und Susanna und viele andere. All diese Frauen dienten Jesus und seinen Jüngern mit ihrem Besitz.

4 Einmal hatte sich eine große Menschenmenge um ihn versammelt. Aus

---

7,37 *Alabaster* ist ein marmorähnlicher Gips, der sich leicht bearbeiten und gut polieren ließ. Er wurde deshalb gern zu henkellosen Gefäßen für Salben verarbeitet.

7,41 Ein *Denar* entsprach einem vollen Tageslohn.

8,2 *Magdala*. Ort am Westufer des Sees Gennesaret.

allen Orten waren sie herbeigeströmt. Da erzählte er ihnen folgendes Gleichnis: 5 »Ein Bauer ging auf seinen Acker, um zu säen. Beim Ausstreuen fiel ein Teil der Körner auf den Weg. Dort wurden sie zertreten und von den Vögeln aufgefressen. 6 Andere Körner fielen auf felsigen Boden. Sie gingen auf, vertrockneten aber bald, weil sie nicht genug Feuchtigkeit bekamen. 7 Wieder ein anderer Teil fiel mitten unter Disteln, die dann mit der Saat in die Höhe wuchsen und sie erstickten. 8 Ein anderer Teil schließlich fiel auf guten Boden. Die Saat ging auf und brachte hundertfache Frucht.« Jesus schloss: »Wer Ohren hat und hören kann, der höre zu!«

9 Die Jünger fragten Jesus später, was er mit diesem Gleichnis sagen wollte. 10 Er sagte: »Euch hat Gott das Geheimnis seines Reiches anvertraut, aber den Außenstehenden wird alles nur in Gleichnissen gesagt, denn ›sie sollen sehen und doch nichts erkennen, hören und doch nichts verstehen‹*. 11 Das Gleichnis bedeutet Folgendes: Das Saatgut ist Gottes Wort. 12 Das, was auf den Weg gefallen ist, meint Menschen, die Gottes Botschaft hören. Aber dann kommt der Teufel und nimmt ihnen das gesäte Wort wieder aus dem Herzen weg, so dass sie nicht glauben und deshalb auch nicht gerettet werden. 13 Die Menschen, die dem felsigen Boden entsprechen, hören das Wort und nehmen es freudig auf. Aber sie haben keine Wurzeln. Eine Zeitlang glauben sie, doch wenn eine Zeit der Prüfung kommt, wenden sie sich wieder ab. 14 Andere Menschen entsprechen der Saat, die ins Dornengestrüpp fällt. Sie haben die Botschaft gehört, sie aber im Lauf der Zeit von den Sorgen, vom Reichtum und den Genüssen des Lebens ersticken lassen, so dass keine Frucht reifen kann. 15 Die Menschen schließlich, die dem guten Boden gleichen, hören die Botschaft und nehmen sie mit aufrichtigem Herzen bereitwillig auf. Sie halten daran fest, lassen sich nicht entmutigen und bringen durch ihre Ausdauer Frucht.

Wer richtig hört

16 Niemand zündet eine Lampe an und stellt sie dann unter einen Eimer oder unters Bett. Im Gegenteil: Man stellt sie auf den Lampenständer, damit die Hereinkommenden Licht haben. 17 Denn alles, was verborgen oder geheim ist, wird irgendwann ans Licht kommen und bekannt werden. 18 Passt also auf, was ihr jetzt hört! Denn wer hat, dem wird gegeben, wer aber nicht hat, dem wird auch das genommen, was er zu haben meint.«

19 Einmal kamen seine Mutter und seine Brüder. Doch wegen der Menschenmenge konnten sie nicht zu ihm durchkommen. 20 Da sagte man ihm: »Deine Mutter und deine Brüder stehen draußen und wollen dich sehen.« 21 Doch Jesus erwiderte: »Meine Mutter und meine Brüder sind die, die das Wort Gottes hören und befolgen.«

Sturm

22 Eines Tages stieg er mit seinen Jüngern in ein Boot und sagte: »Fahren wir ans andere Ufer hinüber!« So fuhren sie ab, 23 und während der

8,10 Jesaja 6,9

Fahrt schlief Jesus ein. Plötzlich kam ein Sturm auf, ein Fallwind von den Bergen. Die Wellen schlugen ins Boot und sie kamen in Gefahr. 24 Die Jünger stürzten zu Jesus, weckten ihn und riefen: »Rabbi, Rabbi, wir sind verloren!« Da stand er auf und bedrohte den Wind und das wogende Wasser. Da hörten sie auf zu toben und es wurde ganz still. 25 »Wo ist euer Glaube?«, fragte Jesus seine Jünger. Doch sie waren sehr erschrocken und sagten erstaunt zueinander: »Wer ist das nur, dass er sogar dem Wind und dem Wasser befehlen kann, und die gehorchen ihm auch?«

Der Besessene

26 Sie kamen in das Gebiet der Gerasener* auf der anderen Seite des Sees, gegenüber von Galiläa. 27 Als er aus dem Boot stieg, rannte ihm ein Mann aus der Stadt entgegen, der von Dämonen besessen war. Er trug schon lange keine Kleidung mehr und hauste abseits von den Häusern in Grabhöhlen. 28 Als er Jesus erblickte, schrie er auf, warf sich vor ihm hin und rief laut: »Was willst du von mir, Jesus, Sohn Gottes, du Sohn des Allerhöchsten? Bitte, quäle mich nicht!« 29 Jesus hatte dem bösen Geist nämlich befohlen, den Mann zu verlassen, den er schon so lange in seiner Gewalt hatte. Wiederholt war der Besessene wie ein Gefangener an Händen und Füßen gefesselt worden, doch

---

8,26 *Gebiet der Gerasener.* Südöstlicher Uferstreifen des Sees Gennesaret mit Hafen. Das Gebiet gehörte zu Gadara, die als mächtigste Stadt im Zehnstädtegebiet selbst Kriegsschiffe auf dem See unterhielt.

jedes Mal hatte er die Ketten zerbrochen, und der Dämon hatte ihn in menschenleere Gegenden getrieben. 30 Nun fragte ihn Jesus: »Wie heißt du?« – »Ich heiße Legion«, antwortete der; denn es waren viele Dämonen in ihn gefahren. 31 Diese flehten Jesus an, sie nicht in den Abgrund zu schicken. 32 Nun weidete dort in der Nähe eine große Herde Schweine an einem Berghang. Sie baten ihn, in die Schweine fahren zu dürfen. Er erlaubte es. 33 Da verließen die bösen Geister den Mann und fuhren in die Schweine. Daraufhin raste die ganze Herde den Abhang hinunter in den See und ertrank.

34 Als die Schweinehirten das sahen, liefen sie davon und erzählten in der Stadt und auf den Dörfern alles, was geschehen war. 35 Die Leute wollten das mit eigenen Augen sehen und machten sich auf den Weg. Als sie zu Jesus kamen, sahen sie den Mann, aus dem die bösen Geister ausgefahren waren, bekleidet und vernünftig bei ihm sitzen. Sie bekamen es mit der Angst zu tun, 36 und die Augenzeugen berichteten ihnen, wie der Besessene geheilt worden war. 37 Daraufhin drängte die ganze Menge der Gerasener Jesus, ihr Gebiet zu verlassen, so sehr hatte die Angst sie gepackt. Jesus stieg ins Boot, um wieder zurückzufahren. 38 Da bat ihn der Mann, aus dem die Dämonen ausgefahren waren, bei ihm bleiben zu dürfen. Doch er schickte ihn weg und sagte: 39 »Geh nach Hause und erzähle, wie viel Gott an dir getan hat!« Der Mann gehorchte und verbreitete in der ganzen Stadt, was Jesus an ihm getan hatte.

Jesus heilt, weil Menschen glauben

40 Als Jesus ans andere Ufer zurückkam, empfing ihn eine große Menschenmenge, denn sie hatten auf ihn gewartet. 41 Da kam ein Synagogenvorsteher zu ihm, namens Jairus. Er warf sich vor ihm nieder und bat ihn, in sein Haus zu kommen, 42 weil seine einzige Tochter, ein Mädchen von zwölf Jahren, im Sterben lag.

43 In der Menge war auch eine Frau, die seit zwölf Jahren an starken Blutungen litt. Ihr ganzes Vermögen hatte sie für die Ärzte aufgewendet, doch niemand hatte sie heilen können. 44 Sie kam von hinten heran und berührte einen Zipfel seines Gewandes. Sofort hörte die Blutung auf. 45 »Wer hat mich berührt?«, fragte Jesus. Doch niemand wollte es gewesen sein. Petrus sagte: »Rabbi, die Menge drängt und drückt dich von allen Seiten!« 46 Doch Jesus bestand darauf: »Es hat mich jemand angerührt, denn ich habe gespürt, dass eine Kraft von mir ausgegangen ist.« 47 Als die Frau sah, dass sie nicht verborgen bleiben konnte, fiel sie zitternd vor Jesus nieder. Vor allen Leuten erklärte sie, warum sie ihn berührt hatte und dass sie im selben Augenblick geheilt worden war. 48 »Meine Tochter«, sagte Jesus da zu ihr, »dein Glaube hat dich gerettet. Geh in Frieden!«

49 Während Jesus noch mit ihr sprach, kam jemand aus dem Haus des Synagogenvorstehers und sagte zu Jairus: »Deine Tochter ist gestorben. Du musst den Rabbi nicht weiter bemühen.« 50 Jesus hörte es und sagte zu dem Vorsteher: »Hab keine Angst! Vertrau mir, dann wird sie gerettet werden!« 51 Er ging in das Haus, erlaubte aber niemand, ihn zu begleiten, außer Petrus, Johannes und Jakobus und den Eltern des Kindes. 52 Das ganze Haus war voller Menschen, die laut weinten und das Mädchen beklagten. »Hört auf zu weinen!«, sagte Jesus zu ihnen. »Das Kind ist nicht tot, es schläft nur.« 53 Da lachten sie ihn aus, denn sie wussten, dass es gestorben war. 54 Doch Jesus fasste es bei der Hand und rief: »Kind, steh auf!« 55 Da kehrte Leben in das Mädchen zurück und es stand gleich auf. Jesus ordnete an, ihr etwas zu essen zu geben. 56 Die Eltern konnten kaum fassen, was da geschehen war, aber Jesus verbot ihnen, anderen davon zu erzählen.

Aussendung der Zwölf

9 1 Jesus rief die Zwölf zusammen und gab ihnen Kraft und Vollmacht, alle bösen Geister auszutreiben und die Kranken zu heilen. 2 Er beauftragte sie, die Botschaft von Gottes Herrschaft zu verkündigen und die Kranken gesund zu machen. 3 »Nehmt nichts mit auf den Weg«, sagte er ihnen, »keinen Wanderstab, keine Vorratstasche, kein Brot, kein Geld und auch nicht zwei Hemden! 4 Wenn ihr in ein Haus aufgenommen werdet, dann bleibt dort, bis ihr den Ort wieder verlasst. 5 Und wenn ihr in einen Ort kommt, wo die Leute euch nicht aufnehmen wollen, dann zieht gleich weiter und schüttelt den Staub von euren Füßen ab, um ihnen deutlich zu machen, dass das Gericht auf sie wartet.« 6 Die Zwölf machten sich auf den Weg und zogen von Dorf zu

Dorf. Sie verkündigten die gute Botschaft und heilten die Kranken.

Herodes fragt nach Jesus

7 Herodes Antipas, der Fürst* von Galiläa, hörte von diesen Dingen. Er wusste nicht, was er davon halten sollte. Denn die einen sagten: »Johannes der Täufer ist von den Toten auferweckt worden«, 8 andere meinten: »Elija ist wieder erschienen.« Wieder andere sagten: »Einer der früheren Propheten ist wieder auferstanden.« 9 Herodes sagte: »Johannes habe ich enthaupten lassen. Aber wer ist das, von dem ich solche Dinge höre?« Und er wollte ihn unbedingt sehen.

Fünftausend Menschen werden satt

10 Die Apostel kamen dann wieder zu Jesus zurück und berichteten ihm alles, was sie getan hatten. Da nahm er sie mit und zog sich mit ihnen allein in die Nähe der Stadt Betsaida* zurück. 11 Als die Leute das merkten, folgten sie ihm in Scharen. Jesus wies die Menschen nicht ab, sondern redete zu ihnen über das Reich Gottes. Und alle, die Heilung brauchten, machte er gesund. 12 Als es auf den Abend zuging, kamen die Zwölf zu ihm und sagten: »Schick die Leute weg, damit sie sich in den umliegenden Bauernhöfen und Dörfern etwas

zu essen kaufen und übernachten können, denn wir sind hier an einem einsamen Fleck.« 13 Aber Jesus erwiderte: »Gebt ihr ihnen doch zu essen!« – »Wir haben aber nicht mehr als fünf Fladenbrote und zwei Fische«, entgegneten sie. »Sollen wir wirklich losgehen und für dieses ganze Volk Essen kaufen?« 14 Es waren etwa 5000 Männer dort. Jesus sagte zu seinen Jüngern: »Sorgt dafür, dass die Leute sich hinsetzen. Sie sollen Gruppen zu je fünfzig Personen bilden!« 15 Das taten die Jünger. Und als sich alle gesetzt hatten, 16 nahm Jesus die fünf Fladenbrote und die zwei Fische in die Hand. Er blickte zum Himmel auf und dankte Gott dafür. Dann brach er die Fladenbrote in Stücke und gab alles den Jüngern, damit sie es an die Leute austeilten. 17 Und alle aßen sich satt. Sie füllten sogar noch zwölf Körbe mit den Resten, die von den Brotstücken übrig geblieben waren.

Jesus ist der Messias

18 Einmal hatte Jesus sich zum Gebet zurückgezogen, und nur seine Jünger waren bei ihm. Da fragte er sie: »Für wen halten mich die Leute?« 19 »Einige halten dich für Johannes den Täufer«, antworteten sie, »andere für Elija und wieder andere denken, es sei einer der alten Propheten auferstanden.« 20 »Und ihr«, fragte er weiter, »für wen haltet ihr mich?« »Du bist der von Gott gesandte Messias«, erwiderte Petrus. 21 Aber Jesus schärfte ihnen nachdrücklich ein, mit niemand darüber zu reden: 22 »Denn der Menschensohn wird vieles erleiden müssen«, sagte er, »und von den

---

9,7 *Fürst.* Wörtlich: *Tetrarch,* Regent über den vierten Teil eines Landes. Herodes Antipas war unter römischer Oberherrschaft Fürst von Galiläa und Peräa.

9,10 *Betsaida.* Fischerdorf an der Mündung des Jordan in den See Gennesaret. Heute wahrscheinlich El-Aradsch.

Ratsältesten, den Hohen Priestern* und Gesetzeslehrern verworfen werden. Er wird getötet werden und drei Tage* danach auferstehen.«

23 Und zu allen sagte er: »Wenn jemand mein Jünger sein will, dann muss er sich selbst verleugnen, er muss täglich sein Kreuz aufnehmen und mir folgen. 24 Denn wer sein Leben retten will, wird es verlieren. Wer aber sein Leben meinetwegen verliert, der wird es retten. 25 Denn was hat ein Mensch davon, wenn er die ganze Welt gewinnt, dabei aber sich selbst verliert oder unheilbaren Schaden nimmt? 26 Denn wer nicht zu mir und meiner Botschaft steht, zu dem wird auch der Menschensohn nicht stehen, wenn er in seiner Herrlichkeit und der Herrlichkeit seines Vaters und der heiligen Engel kommt.« 27 Und er fuhr fort: »Ich versichere euch: Einige von denen, die hier stehen, werden noch zu ihren Lebzeiten sehen, wie Gottes Herrschaft machtvoll sichtbar wird.«

Die Herrlichkeit des Messias

28 Etwa acht Tage, nachdem Jesus das gesagt hatte, nahm er Petrus, Jakobus und Johannes mit und stieg auf einen Berg*, um zu beten. 29 Und als er betete, veränderte sich plötzlich das Aussehen seines Gesichts. Sein Gewand wurde strahlend weiß. 30 Auf einmal standen zwei Männer dort und sprachen mit ihm. Es waren Mose und Elija. 31 Auch sie waren von himmlischem Glanz umgeben und redeten mit ihm über das Ende, das er nach Gottes Plan in Jerusalem nehmen sollte. 32 Doch Petrus und die zwei anderen Jünger waren vom Schlaf überwältigt worden. Als sie wieder wach wurden, sahen sie Jesus in seiner Herrlichkeit und die zwei Männer bei ihm. 33 Als diese gerade weggehen wollten, sagte Petrus zu Jesus: »Rabbi, wie gut, dass wir hier sind. Wir wollen drei Hütten bauen: eine für dich, eine für Mose und eine für Elija.« Doch Petrus wusste selbst nicht, was er da sagte. 34 Und noch während er redete, fiel der Schatten einer Wolke auf sie. Als die Wolke sie dann ganz einhüllte, bekamen sie Angst. 35 Da sagte eine Stimme aus der Wolke: »Das ist mein Sohn, mein Auserwählter, hört auf ihn!« 36 Als die Stimme verhallt war, stand Jesus wieder allein da. Die Jünger schwiegen über das, was sie erlebt hatten und erzählten damals niemand etwas davon.

9,22 *Hohe Priester.* In neutestamentlicher Zeit verfügten die Römer über die Besetzung des Hohen-Priester-Amtes. Wenn eine Mehrzahl von Hohen Priestern erwähnt wird, sind sowohl die amtierende als auch die inzwischen abgesetzten Hohen Priester gemeint.

Drei Tage. Nach jüdischer Zählweise bedeutet das nicht drei Tage später, weil die angebrochenen Tage gewöhnlich als volle Tage gerechnet wurden. Am ersten Tag würde er sterben, am dritten Tag auferstehen.

9,28 *Berg.* Traditionell wird darunter der Berg Tabor in Galiläa verstanden, doch zur Zeit des Herrn befand sich auf dessen runder Kuppe eine befestigte Burg – kein Ort, wo man allein sein konnte. Die vorherige Erwähnung von Cäsarea Philippi verweist eher auf den Berg Hermon nordöstlich dieses Ortes, und wir sollten uns das Geschehen an einem der Hänge jenes majestätischen Berges vorstellen.

Die Macht des Messias

37 Als sie am folgenden Tag den Berg hinabstiegen, kam ihnen eine große Menschenmenge entgegen. *38* Einer aus der Menge rief: »Rabbi, ich bitte dich, sieh nach meinem Sohn. Er ist mein einziges Kind. *39* Immer wieder wird er von einem bösen Geist gepackt. Dann schreit er plötzlich auf, wird von dem Geist hin und her gezerrt und hat Schaum vor dem Mund. Der Geist lässt ihn kaum wieder los und richtet ihn noch ganz zugrunde. *40* Ich habe deine Jünger gebeten, ihn auszutreiben, aber sie konnten es nicht.« *41* »Was seid ihr nur für ein ungläubiges Geschlecht!«, sagte Jesus zu ihnen. »Wie lange muss ich denn noch bei euch sein und euch ertragen? Bring deinen Sohn her!« *42* Als der Junge in die Nähe von Jesus kam, warf der Dämon ihn zu Boden und schüttelte ihn mit heftigen Krämpfen. Jesus bedrohte den bösen Geist, heilte den Jungen und gab ihn seinem Vater zurück. *43* Alle waren überwältigt von der herrlichen Macht Gottes. Und während die Leute sich noch über alle seine Taten wunderten, sagte Jesus zu seinen Jüngern: *44* »Merkt euch gut, was ich jetzt sage: Der Menschensohn muss den Menschen ausgeliefert werden.« *45* Doch sie konnten den Sinn seiner Worte nicht verstehen, er blieb ihnen verborgen. Sie begriffen ihn nicht, wagten aber auch nicht, Jesus danach zu fragen.

Jünger müssen viel lernen

46 Unter den Jüngern kam die Frage auf, wer von ihnen wohl der Größte sei. *47* Jesus wusste, was sie dachten. Er nahm ein Kind, stellte es neben sich *48* und sagte zu ihnen: »Wer dieses Kind in meinem Namen aufnimmt, nimmt mich auf; und wer mich aufnimmt, nimmt den auf, der mich gesandt hat. Wer also der Geringste unter euch ist, der ist wirklich groß.«

49 Johannes sagte zu ihm: »Rabbi, wir haben gesehen, wie jemand in deinem Namen Dämonen ausgetrieben hat, und wir haben versucht, ihn daran zu hindern, weil er dir nicht mit uns nachfolgt.« *50* »Lasst ihn doch!«, sagte Jesus. »Denn wer nicht gegen euch ist, ist für euch.«

51 Als die Zeit näherrückte, in der Jesus in den Himmel zurückkehren sollte, machte er sich entschlossen auf den Weg nach Jerusalem. *52* Er schickte Boten voraus. Diese kamen in ein Dorf in Samarien* und wollten eine Unterkunft für ihn vorbereiten. *53* Doch die Samaritaner nahmen ihn nicht auf, weil er nach Jerusalem ziehen wollte. *54* Als die beiden Jünger Jakobus und Johannes das hörten, sagten sie zu Jesus: »Herr, sollen wir befehlen, dass Feuer vom Himmel fällt und sie vernichtet?« *55* Doch Jesus drehte sich zu ihnen um und wies sie streng zurecht. *56* Sie übernachteten dann in einem anderen Dorf.

57 Als sie weitergingen, wurde Jesus von einem Mann angesprochen: »Ich will dir folgen, wohin du auch gehst«, sagte er. *58* Doch Jesus entgegnete ihm: »Die Füchse haben ihren Bau und die Vögel haben ihre Nester, aber

---

9,52 *Samarien.* Landschaft zwischen Galiläa im Norden und Judäa im Süden Israels.

der Menschensohn hat keinen Platz, wo er sich ausruhen kann.« *59* Zu einem anderen sagte Jesus: »Komm, folge mir nach!« Doch der antwortete: »Herr, erlaube mir, zuerst nach Hause zu gehen und meinen Vater zu begraben.« *60* »Lass die Toten ihre Toten begraben!«, entgegnete ihm Jesus. »Deine Aufgabe ist es, die Botschaft vom Reich Gottes zu verkünden.« *61* Wieder ein anderer sagte: »Herr, ich will ja gerne mit dir gehen, aber erlaube mir doch, erst noch von meiner Familie Abschied zu nehmen.« *62* Doch Jesus sagte: »Wer seine Hand an den Pflug legt und dann nach hinten sieht, der ist für das Reich Gottes nicht brauchbar.«

Aussendung der Siebzig

10 *1* Danach wählte der Herr siebzig andere Jünger aus und schickte sie zu zweit voraus in alle Städte und Dörfer, die er später selbst aufsuchen wollte. *2* Er sagte zu ihnen: »Die Ernte ist groß, aber es gibt nur wenig Arbeiter. Bittet deshalb den Herrn der Ernte, mehr Arbeiter auf seine Felder zu schicken. *3* Geht! Ich sende euch wie Lämmer unter Wölfe. *4* Nehmt keinen Geldbeutel mit, keine Vorratstasche und keine Sandalen. Und haltet euch unterwegs nicht auf, um Leute zu begrüßen. *5* Wenn ihr in ein Haus kommt, sagt zuerst: ›Friede sei mit diesem Haus!‹ *6* Wenn dort jemand bereit ist, den Frieden zu empfangen, wird euer Friede auf ihm ruhen, andernfalls wird er zu euch zurückkehren. *7* Bleibt in diesem Haus, esst und trinkt, was sie euch vorsetzen; denn wer arbeitet, hat Anspruch auf Lohn. Geht aber nicht von Haus zu Haus! *8* Wenn ihr in eine Stadt kommt und sie euch dort aufnehmen, dann esst, was man euch anbietet, *9* heilt die Kranken, die da sind, und sagt den Leuten: ›Jetzt beginnt Gottes Herrschaft bei euch!‹

10 Wenn ihr in eine Stadt kommt, wo euch niemand aufnehmen will, dann geht durch ihre Straßen und sagt: *11* ›Selbst den Staub eurer Stadt schütteln wir von unseren Füßen, damit ihr gewarnt seid. Doch das eine sollt ihr wissen: Gottes Herrschaft bricht an.‹ *12* Ich sage euch, es wird Sodom* am Tag des Gerichts erträglicher ergehen, als solch einer Stadt.

13 Weh dir, Chorazin*! Weh dir, Betsaida! Wenn in Tyrus und Sidon die Wunder geschehen wären, die unter euch geschehen sind, sie hätten längst ihre Einstellung geändert, einen Trauersack angezogen und sich Asche auf den Kopf gestreut. *14* Doch Tyrus und Sidon wird es im Gericht erträglicher ergehen als euch. *15* Und du, Kafarnaum, meinst du etwa, du wirst zum Himmel erhoben werden? In die Hölle* musst du hinunter. *16* Wer auf euch hört, hört auf mich; und wer euch ablehnt, lehnt mich ab.

10,12 *Sodom.* Stadt im Tal Siddim, die wegen der Sünde ihrer Bewohner von Gott vernichtet wurde (1. Mose 13,10-13; 19). Heute liegt sie vermutlich unter dem Toten Meer.

10,13 *Chorazin.* Stadt in Obergaliläa, 5 km nördlich von Kafarnaum.

10,15 *Hölle.* Griechisch: *Hades.* Das Neue Testament meint damit aber kein neutrales Totenreich, sondern den Todeszustand, der für Ungläubige schon vor dem Endgericht eine schreckliche Qual bedeutet (Lukas 16,23).

Doch wer mich ablehnt, lehnt auch den ab, der mich gesandt hat.« 17 Die Siebzig kehrten voller Freude zurück. »Herr«, sagten sie, »selbst die Dämonen müssen uns gehorchen, wenn wir sie in deinem Namen ansprechen!« 18 Jesus sagte ihnen: »Ich sah den Satan wie einen Blitz vom Himmel fallen. 19 Ja, ich habe euch Vollmacht gegeben, auf Schlangen und Skorpione zu treten und die ganze Macht des Feindes zunichte zu machen. Nichts wird euch schaden können. 20 Aber nicht darüber sollt ihr euch freuen, dass euch die Geister gehorchen. Freut euch viel mehr, dass eure Namen im Himmel aufgeschrieben sind.«

21 In derselben Stunde wurde Jesus von der Freude des Heiligen Geistes erfüllt und rief: »Vater, du Herr über Himmel und Erde, ich preise dich, dass du das alles den Klugen und Gelehrten verborgen, aber den Unmündigen offenbar gemacht hast. Ja, Vater, so hast du es gewollt.« 22 Dann sagte er: »Alles ist mir von meinem Vater übergeben worden. Niemand außer dem Vater kennt den Sohn wirklich, und niemand kennt den Vater, außer dem Sohn und denen, welchen der Sohn es offenbaren will.« 23 Zu seinen Jüngern sagte Jesus dann: »Glücklich zu preisen sind die,

die sehen, was ihr seht. 24 Denn ich sage euch: Viele Könige und Propheten hätten gern gesehen, was ihr seht, und haben es nicht gesehen; gern hätten sie gehört, was ihr hört, doch sie haben es nicht gehört.«

Der Nächste

25 Ein Gesetzeslehrer wollte Jesus auf die Probe stellen. »Rabbi«, fragte er, »was muss ich getan haben, um das ewige Leben zu bekommen?« 26 Jesus fragte zurück: »Was steht denn im Gesetz? Was liest du dort?« 27 Er erwiderte: »Du sollst den Herrn, deinen Gott, lieben von ganzem Herzen, mit ganzer Hingabe, mit all deiner Kraft und mit deinem ganzen Verstand. Und deinen Nächsten sollst du lieben wie dich selbst.«* 28 »Du hast richtig geantwortet«, sagte Jesus. »Tu das, dann wirst du leben!« 29 Doch der Gesetzlehrer wollte sich rechtfertigen. Deshalb fragte er Jesus: »Und wer ist mein Nächster«?

30 Jesus nahm die Frage auf und erzählte die folgende Geschichte: »Ein Mann ging von Jerusalem nach Jericho* hinunter. Unterwegs wurde er von Räubern überfallen. Sie nahmen ihm alles weg, schlugen ihn zusammen und ließen ihn halbtot liegen. 31 Zufällig ging ein Priester den gleichen Weg hinunter. Er sah den Mann liegen und machte einen Bogen um ihn. 32 Genauso verhielt sich ein Levit. Auch er machte einen großen Bogen um den Überfallenen. 33 Schließlich näherte sich ein Samaritaner. Als er den Mann sah, empfand er tiefes Mitleid. 34 Er ging zu ihm hin, behandelte seine Wunden mit Öl und Wein und verband sie. Dann setzte er ihn auf

---

10,27 3. Mose 19,18

10,30 Die Palmenstadt *Jericho* liegt 10 km nördlich des Toten Meeres und 8 km westlich des Jordans, eine Oase in öder Landschaft. Sie ist mit 259 Metern unter dem Meeresspiegel die tiefstgelegene Stadt der Welt und etwa 25 km von Jerusalem (750 Meter über dem Meeresspiegel) entfernt.

sein eigenes Reittier, brachte ihn in ein Gasthaus und versorgte ihn dort. 35 Am nächsten Morgen zog er zwei Denare aus seinem Geldbeutel, gab sie dem Wirt und sagte: ›Kümmere dich um ihn! Wenn du noch mehr brauchst, will ich es dir bezahlen, wenn ich zurückkomme.‹ – 36 Was meinst du?«, fragte Jesus den Gesetzeslehrer. »Wer von den dreien hat als Mitmensch an dem Überfallenen gehandelt?« 37 »Der, der barmherzig war und ihm geholfen hat«, erwiderte er. »Dann geh und mach es genauso!«, sagte Jesus.

Marta und Maria

38 Auf ihrer Weiterreise kam Jesus in ein Dorf, wo ihn eine Frau mit Namen Marta in ihr Haus einlud. 39 Sie hatte eine Schwester, die Maria hieß. Maria setzte sich dem Herrn zu Füßen und hörte ihm zu. 40 Marta dagegen war sehr mit der Vorbereitung des Essens beschäftigt. Schließlich stellte sie sich vor Jesus hin. »Herr«, sagte sie, »findest du es richtig, dass meine Schwester mich die ganze Arbeit allein tun lässt? Sag ihr doch, sie soll mir helfen!« 41 »Aber Marta«, entgegnete ihr Jesus, »Marta, du bist beunruhigt und machst dir Sorgen um so viele Dinge! 42 Notwendig ist aber nur eins. Maria hat das Bessere gewählt, und das soll ihr nicht genommen werden.«

Beten lernen

11 1 Einmal hatte Jesus sich irgendwo zum Gebet zurückgezogen. Als er damit fertig war, sagte einer seiner Jünger zu ihm: »Herr, lehre uns beten. Johannes hat seine Jünger auch beten gelehrt.« 2 Jesus sagte zu ihnen: »Wenn ihr betet, dann sprecht:
Vater, dein heiliger Name werde geehrt! / Deine Herrschaft komme! 3 Gib uns jeden Tag, was wir zum Leben brauchen! 4 Und vergib uns unsere Sünden! / Auch wir vergeben jedem, der an uns schuldig geworden ist. / Und führe uns nicht in Versuchung!«

5 Dann sagte er zu seinen Jüngern: »Angenommen, einer von euch geht mitten in der Nacht zu seinem Freund und sagt: ›Bitte leih mir doch drei Fladenbrote! 6 Ein Freund von mir ist unerwartet auf Besuch gekommen und ich habe nichts zu essen im Haus.‹ 7 Und stellt euch vor, jener würde von innen rufen: ›Lass mich in Ruhe! Die Tür ist schon abgeschlossen und meine Kinder liegen bei mir im Bett. Ich kann jetzt nicht aufstehen und dir etwas geben.‹ 8 Ich sage euch, er wird es ihm schließlich doch geben – wenn auch nicht gerade aus Freundschaft. Aber schon wegen seiner Unverschämtheit wird er aufstehen und ihm geben, was er braucht.

9 Und ich sage euch: Bittet, und ihr werdet bekommen, was ihr braucht; sucht, und ihr werdet finden, klopft an, und es wird euch geöffnet! 10 Denn wer bittet, empfängt; wer sucht, findet; und wer anklopft, dem wird geöffnet. 11 Welcher Vater würde seinem Kind denn eine Schlange geben, wenn es ihn um einen Fisch bittet? 12 Oder einen Skorpion, wenn es ihn um ein Ei bittet? 13 So schlecht wie ihr seid, wisst ihr doch, was gute Gaben für eure Kinder sind, und gebt sie ihnen

auch. Wie viel eher wird dann der Vater aus dem Himmel denen den Heiligen Geist geben, die ihn bitten.«

Die Macht hinter Jesus

14 Einmal trieb Jesus einen stummen Dämon aus. Als der böse Geist von dem Mann ausgefahren war, konnte der Stumme reden. Die Leute staunten, 15 aber einige sagten: »Kein Wunder, er treibt die Dämonen ja durch Beelzebul, den Oberdämon, aus.« 16 Andere wollten ihn auf die Probe stellen und forderten ein Zeichen aus dem Himmel von ihm. 17 Jesus wusste genau, was sie dachten, und sagte zu ihnen: »Ein Königreich, das gegen sich selbst kämpft, ist dem Untergang geweiht, und seine Familien richten sich gegenseitig zugrunde. 18 Wenn also der Satan gegen sich selbst kämpft und mir erlaubt, seine Dämonen auszutreiben, wie soll sein Reich dann bestehen können? 19 Und wenn ich die Dämonen tatsächlich mit Hilfe von Beelzebul austreibe, wer gibt dann euren Leuten die Macht, Dämonen auszutreiben? Sie werden deshalb das Urteil über euch sprechen. 20 Wenn ich aber die Dämonen mit dem Finger Gottes austreibe, dann ist doch das Reich Gottes zu euch gekommen!

21 Solange ein starker Mann gut bewaffnet sein Gehöft bewacht, ist sein Besitz in Sicherheit. 22 Wenn ihn jedoch ein Stärkerer angreift und besiegt, nimmt er ihm die Waffen weg, auf die er sich verlassen hat, und verteilt die Beute. 23 Wer nicht auf meiner Seite steht, ist gegen mich, und wer nicht mit mir sammelt, zerstreut.

24 Wenn ein böser Geist einen Menschen verlässt, zieht er durch öde Gegenden und sucht nach einer Bleibe. Weil er aber keine findet, sagt er: ›Ich werde wieder in meine alte Behausung zurückgehen.‹ 25 Er kehrt zurück und findet alles sauber und aufgeräumt. 26 Dann geht er los und holt sieben andere Geister, die noch schlimmer sind als er selbst, und sie ziehen gemeinsam dort ein. So ist dieser Mensch am Ende schlechter dran, als am Anfang.«

Das Zeichen Jonas

27 Als Jesus das sagte, rief eine Frau aus der Menge: »Wie glücklich ist die Frau, die dich geboren hat und stillen durfte!« 28 »Ja«, sagte Jesus, »doch wirklich glücklich sind die Menschen, die das Wort Gottes hören und befolgen.«

29 Als immer mehr Leute sich herandrängten, sagte er: »Diese verdorbene Generation verlangt dauernd nach einem Zeichen. Doch es wird ihnen keins gegeben werden – nur das des Propheten Jona. 30 Denn wie Jona für die Menschen von Ninive ein Zeichen war, so wird es der Menschensohn für diese Generation sein. 31 Die Königin des Südens wird beim Gericht gegen die Männer dieser Generation auftreten und sie verurteilen. Denn sie kam vom Ende der Erde, um die Weisheit Salomos zu hören – und hier steht einer, der mehr bedeutet als Salomo. 32 Im Gericht werden auch die Männer von Ninive auftreten und diese Generation schuldig sprechen. Denn sie haben ihre Einstellung auf Jonas Predigt hin geändert – und hier steht einer, der mehr bedeutet als Jona.

33 Niemand zündet eine Lampe an und versteckt sie dann irgendwo oder stellt sie unter einen Eimer, sondern er stellt sie auf den Lampenständer, damit die Hereinkommenden Licht haben. 34 Dein Auge vermittelt dir das Licht. Wenn dein Auge klar ist, kannst du dich im Licht bewegen. Ist es schlecht, dann steht dein Körper im Finstern. 35 Pass auf, dass das Licht, das du hast, nicht Dunkelheit ist! 36 Wenn du ganz vom Licht durchdrungen bist und nichts mehr finster in dir ist, dann ist es so, als ob dich eine Lampe mit ihrem hellen Schein anstrahlt: Alles steht im Licht.«

Bei Pharisäern zu Gast

37 Kaum hatte Jesus aufgehört zu reden, bat ihn ein Pharisäer, zu ihm zum Essen zu kommen. Jesus ging mit ins Haus und legte sich zu Tisch. 38 Der Pharisäer war überrascht, dass Jesus vor dem Essen nicht die übliche Waschung vorgenommen hatte. 39 Da sagte der Herr zu ihm: »So seid ihr Pharisäer! Das Äußere von Bechern und Schüsseln haltet ihr sauber, was ihr aber drin habt, ist voller Habgier und Bosheit. 40 Wie dumm von euch! Hat Gott, der das Äußere schuf, nicht auch das Innere gemacht? 41 Gebt einmal den Armen, was ihr in den Bechern und Schüsseln habt, dann werdet ihr sehen, wie schnell euch alles rein wird.

42 Doch weh euch, ihr Pharisäer! Von den kleinsten Küchenkräutern gebt ihr noch den Zehnten ab und lasst doch die Forderungen der Gerechtigkeit und Liebe Gottes außer Acht. Das eine hättet ihr tun und das andere nicht lassen sollen. 43 Weh euch Pharisäer! Ihr liebt die Ehrenplätze in den Synagogen und die Grüße auf den Märkten. 44 Weh euch! Ihr seid wie unkenntlich gemachte Gräber. Die Menschen laufen darüber hinweg und merken nicht, wie sie verunreinigt werden.«

45 »Rabbi«, sagte einer der Gesetzeslehrer, »damit greifst du auch uns an!« 46 Jesus erwiderte: »Ja, weh auch euch, ihr Gesetzeslehrer! Ihr ladet den Menschen kaum tragbare Lasten auf und macht selbst keinen Finger dafür krumm . 47 Weh euch! Ihr baut Grabmäler für die Propheten, die doch von euren Vorfahren umgebracht wurden. 48 Damit bestätigt ihr die Schandtaten eurer Vorfahren und heißt sie auch noch gut, denn *sie* haben die Propheten getötet, und *ihr* errichtet die Grabmäler. 49 Deshalb hat die Weisheit Gottes auch gesagt: ›Ich werde Propheten und Apostel zu ihnen schicken; einige von ihnen werden sie umbringen, andere verfolgen.‹ 50 Darum wird diese Generation zur Rechenschaft gezogen werden für die Ermordung aller Propheten seit Erschaffung der Welt, 51 angefangen bei Abel bis hin zu Secharja*, der zwischen dem Brandopferaltar und dem Haus Gottes umgebracht wurde. 52 Weh euch, ihr Gesetzeslehrer! Ihr habt den Schlüssel zur Erkenntnis beiseite geschafft.

11,51 *Secharja.* Vergleiche 1. Mose 4,8.10 und 2. Chronik 24,20-21! Gemeint sind wohl alle Gerechten seit Erschaffung der Menschen bis in die Zeit von Jesus Christus. Damit bestätigt der Herr die Gültigkeit des gesamten Alten Testaments, weil er ein Ereignis aus dem ersten und eins aus dem letzten Buch der hebräischen Bibel aufgreift.

Selbst seid ihr nicht hineingegangen, und die hineingehen wollten, habt ihr daran gehindert.«

53 Als Jesus das Haus wieder verließ, setzten ihm die Gesetzeslehrer und die Pharisäer mit vielen Fragen hart zu. *54* Sie lauerten darauf, ihn bei einer verfänglichen Äußerung zu ertappen.

Wen man wirklich fürchten muss

12 *1* Inzwischen waren Tausende von Menschen herbeigeströmt, so dass sie im Gedränge einander auf die Füße traten. Da wandte sich Jesus an seine Jünger. »Hütet euch vor dem Sauerteig der Pharisäer – vor der Heuchelei!«, sagte er. *2* »Es kommt die Zeit, da wird alles offenbar werden. Alles, was jetzt noch geheim ist, wird öffentlich bekannt gemacht werden. *3* Deshalb lasst euch warnen: Alles, was ihr im Dunkeln sagt, wird am hellen Tag zu hören sein; und was ihr hinter verschlossenen Türen flüstert, wird man von den Dachterrassen rufen. *4* Meine Freunde, ich sage euch: Habt keine Angst vor denen, die nur den Leib töten, euch darüber hinaus aber nichts anhaben können. *5* Ich will euch sagen, wen ihr fürchten müsst: Fürchtet den, der euch nach dem Töten auch noch in die Hölle werfen kann. Den müsst ihr fürchten! *6* Ihr wisst doch, dass fünf Spatzen für ein paar Cent* verkauft werden. Doch nicht einer wird von Gott vergessen. *7* Und selbst die Haare auf eurem Kopf sind alle gezählt. Habt also keine Angst! Ihr seid doch mehr wert als noch so viele Spatzen.

8 Ich sage euch: Wer sich vor den Menschen zu mir, dem Menschensohn, bekennt, zu dem werde auch ich mich vor den Engeln Gottes bekennen. *9* Wer mich aber vor den Menschen nicht kennen will, den wird man auch vor den Engeln Gottes nicht kennen. *10* Wer etwas gegen den Menschensohn sagt, dem kann vergeben werden. Wer aber den Heiligen Geist lästert, dem wird nicht vergeben werden.

11 Wenn sie euch vor die Synagogengerichte zerren oder euch bei den Behörden und Machthabern anzeigen, dann macht euch keine Sorgen, wie ihr euch verteidigen oder was ihr sagen sollt. *12* Der Heilige Geist wird euch in jenem Moment eingeben, was ihr sagen könnt.«

Habgier ist gefährlich

13 »Rabbi«, wandte sich einer aus der Menge an Jesus, »sag meinem Bruder doch, er soll das Erbe mit mir teilen!« *14* »Lieber Mann«, erwiderte Jesus, »wer hat mich denn als Richter für eure Erbstreitigkeiten eingesetzt?« *15* Dann sagte er zu allen: »Passt auf, und nehmt euch vor jeder Art von Habsucht in Acht! Denn auch wenn einer noch so viel besitzt, kann er sich das Leben nicht kaufen.« *16* Dann erzählte er ihnen ein Gleichnis: »Ein reicher Bauer hatte eine gute Ernte zu erwarten. *17* Er überlegte hin und her: ›Was kann ich tun? Ich weiß gar nicht, wo ich das alles unterbringen soll.‹ *18* Dann sagte er sich: ›Ich werde meine

---

12,6 *Cent.* Wörtlich: *zwei Assaria.* Die Kupfermünze Assarion war 1/16 Denar wert, d.h. 1/16 Tageslohn eines Arbeiters.

Scheunen niederreißen und größere bauen. Dort werde ich mein ganzes Getreide und alle meine Vorräte unterbringen können. *19* Und dann werde ich mir sagen, so, jetzt hast du es geschafft! Du bist auf viele Jahre versorgt. Ruh dich aus, iss und trink und genieße das Leben!‹ *20* Da sagte Gott zu ihm: ›Du Narr! Noch in dieser Nacht wird man das Leben von dir fordern! Wem gehört dann alles, was du dir aufgehäuft hast?‹ *21* – So geht es jedem, der nur auf seinen Gewinn aus ist, aber bei Gott nichts besitzt.«

22 Dann wandte sich Jesus wieder an seine Jünger: »Deshalb sage ich euch: Sorgt euch nicht um das Essen, das ihr zum Leben, und die Kleidung, die ihr für den Körper braucht. *23* Das Leben ist doch wichtiger als das Essen und der Körper wichtiger als die Kleidung. *24* Schaut euch die Raben an! Sie säen nicht, sie ernten nicht; sie haben weder Vorratskammern noch Scheunen; und Gott ernährt sie doch. Und ihr? Ihr seid doch viel mehr wert als diese Vögel! *25* Wer von euch kann sich denn durch Sorgen das Leben auch nur um einen Tag* verlängern? *26* Wenn ihr also nicht einmal solch eine Kleinigkeit zustandebringt, warum macht ihr euch dann Sorgen um all das andere? *27* Seht euch an, wie die Lilien wachsen. Sie strengen sich dabei nicht an und nähen sich auch nichts. Doch ich sage euch: Selbst Salomo war in all seiner Pracht nicht so schön gekleidet wie eine von ihnen. *28* Wenn Gott sogar die Feldblumen, die heute blühen und morgen ins Feuer geworfen werden, so schön kleidet, wie viel mehr wird er sich dann um euch kümmern, ihr Kleingläubi-

gen! *29* Und ihr? Ihr sollt euch nicht von der Sorge um Essen oder Trinken in Unruhe versetzen lassen. *30* Denn damit plagen sich die Menschen dieser Welt herum. Euer Vater weiß doch, dass ihr das alles braucht! *31* Euch soll es vielmehr um das Reich Gottes gehen, dann wird er euch das andere dazugeben. *32* Hab also keine Angst, du kleine Herde! Euer Vater hat Freude daran, euch sein Reich zu geben. *33* Verkauft euren Besitz und gebt das Geld für die Armen. Und macht euch Geldbeutel, die keine Löcher bekommen; legt euch einen unvergänglichen Schatz im Himmel an, wo kein Dieb ihn findet und keine Motte ihn zerfrisst. *34* Denn euer Herz wird immer dort sein, wo ihr euren Schatz habt.«

Immer bereit sein

35 »Haltet euch bereit und sorgt dafür, dass eure Lampen brennen. *36* Ihr müsst wie Sklaven sein, die auf ihren Herrn warten, der auf der Hochzeit ist. Wenn er dann zurückkommt und an die Tür klopft, können sie ihm sofort aufmachen. *37* Sie dürfen sich freuen, wenn der Herr sie bei seiner Ankunft wach und dienstbereit findet. Ich versichere euch: Er wird sich die Schürze umbinden, sie zu Tisch bitten und sie selbst bedienen. *38* Vielleicht kommt er spät in der Nacht oder sogar erst am frühen Morgen. Sie dürfen sich jedenfalls freuen, wenn er sie bereit findet.

39 Und das ist doch klar: Wenn ein Hausherr wüsste, zu welchem Zeit-

---

12,25 *einen Tag.* Wörtlich: *eine Elle.* Der Ausdruck ist hier im übertragenen Sinn gebraucht.

punkt der Dieb kommt, würde er wach bleiben und nicht zulassen, dass in sein Haus eingebrochen wird. *40* So solltet auch ihr immer bereit sein, denn der Menschensohn wird dann kommen, wenn ihr es gerade nicht erwartet.«

41 »Herr«, fragte Petrus, »meinst du mit diesem Gleichnis uns oder auch alle anderen?« *42* Der Herr aber sagte: »Wer ist denn der treue und kluge Verwalter, dem sein Herr die Verantwortung überträgt, der ganzen Dienerschaft zur rechten Zeit das Essen zuzuteilen? *43* Wenn nun sein Herr kommt und ihn bei dieser Arbeit findet – wie sehr darf sich dieser Sklave freuen! *44* Ich versichere euch: Sein Herr wird ihm die Verantwortung über seine ganze Habe übertragen. *45* Wenn der Sklave aber denkt: ›Mein Herr kommt noch lange nicht‹, und anfängt, die Dienerschaft zu schikanieren, während er sich selbst üppige Mahlzeiten gönnt und sich betrinkt, *46* dann wird sein Herr an einem Tag zurückkommen, an dem er es nicht erwartet, und zu einer Stunde, die er nicht vermutet. Er wird seinem Sklaven dasselbe Los bereiten wie den Treulosen und ihn in Stücke hauen lassen. *47* Jeder Sklave, der den Willen seines Herrn kennt, sich aber nicht darauf einstellt und tut, was sein Herr will, wird hart bestraft werden. *48* Wer ihn dagegen nicht kennt und etwas tut, wofür er Strafe verdient hätte, wird mit einer leichteren Strafe davonkommen. Wem viel gegeben wurde, von dem wird viel gefordert werden, und wem viel anvertraut ist, von dem wird man umso mehr verlangen.«

Zeit der Entzweiung

49 »Ich bin gekommen, um ein Feuer auf der Erde anzuzünden, und ich wünschte, es würde schon brennen. *50* Aber mir steht eine Taufe bevor, und ich bin sehr bedrückt, bis sie vollzogen ist. *51* Denkt ihr vielleicht, dass ich gekommen bin, Frieden auf die Erde zu bringen? Nein, sage ich euch, sondern Entzweiung. *52* Denn von jetzt an wird es so sein: Wenn fünf Menschen in einem Haus wohnen, werden sich drei gegen zwei stellen und zwei gegen drei. *53* Der Vater wird gegen den Sohn sein und der Sohn gegen den Vater, die Mutter gegen die Tochter und die Tochter gegen die Mutter; die Schwiegermutter wird gegen die Schwiegertochter sein und die Schwiegertochter gegen die Schwiegermutter.«

Zeit der Entscheidung

54 Jesus wandte sich wieder an die Menschenmenge und sagte: »Wenn ihr im Westen eine Wolke aufsteigen seht, sagt ihr gleich: ›Es gibt Regen‹, und dann regnet es auch. *55* Und wenn ihr merkt, dass der Südwind weht, sagt ihr: ›Es wird Hitze geben‹, und so kommt es dann auch. *56* Ihr Heuchler! Das Aussehen von Himmel und Erde könnt ihr richtig einschätzen. Wieso könnt ihr dann die Zeichen dieser Zeit nicht beurteilen? *57* Warum könnt ihr nicht selbst entscheiden, was vor Gott recht ist?

58 Wenn du jemand eine Schuld zu bezahlen hast und mit ihm vor Gericht musst, dann gib dir unterwegs alle Mühe, dich mit ihm zu einigen, damit er dich nicht vor den Richter schleppt. Denn dort wirst du womöglich verurteilt, dem Gerichtsdiener übergeben und ins Gefängnis geworfen. *59* Ich sage dir, du kommst dort erst wieder heraus, wenn du den letzten Cent* bezahlt hast.«

Umkehren oder umkommen

13 *1* Um diese Zeit kamen einige Leute zu Jesus und berichteten ihm von den Galiläern, die Pilatus beim Opfern umbringen ließ, so dass sich ihr Blut mit dem ihrer Opfertiere vermischte. *2* Da sagte Jesus zu ihnen: »Meint ihr, diese Leute seien schlimmere Sünder gewesen als die anderen Galiläer, weil sie so grausam zu Tode kamen? *3* Nein, sage ich euch; und wenn ihr eure Einstellung nicht ändert, werdet ihr alle ebenso umkommen! *4* Oder denkt an die achtzehn, die beim Einsturz des Schiloach-Turms* ums Leben kamen. Meint ihr, dass sie mehr Schuld auf sich geladen hatten als die anderen Einwohner Jerusalems? *5* Nein, sage ich euch; und wenn ihr eure Einstellung nicht ändert, werdet ihr alle ebenso umkommen!«

6 Dann erzählte Jesus folgendes Gleichnis: »Ein Mann hatte einen Feigenbaum in seinem Weinberg stehen. Doch wenn er kam, um nach Früchten zu sehen, fand er keine. *7* Schließlich sagte er zu seinem Gärtner: ›Seit drei Jahren suche ich Frucht an diesem Feigenbaum und finde keine. Hau ihn um! Wozu soll er den Boden aussaugen?‹ *8* ›Herr‹, erwiderte der Gärtner, ›lass ihn dieses Jahr noch stehen! Ich will den Boden um ihn herum aufgraben und düngen. *9* Vielleicht trägt er dann im nächsten Jahr Frucht – wenn nicht, kannst du ihn umhauen lassen.‹«

Eine Tochter Abrahams

10 Als Jesus am Sabbat in einer Synagoge lehrte, *11* befand sich eine Frau unter den Zuhörern, die seit achtzehn Jahren krank war. Ein böser Geist hatte sie verkrüppeln lassen. Sie war ganz verkrümmt und konnte sich nicht mehr aufrichten. *12* Als Jesus sie sah, rief er sie zu sich: »Frau«, sagte er, »du bist frei von deinem Leiden!« und legte ihr die Hände auf *13* Sofort konnte sie sich wieder aufrichten, und sie lobte Gott. *14* Der Synagogenvorsteher aber ärgerte sich darüber, dass Jesus am Sabbat heilte, und sagte zu der versammelten Menge: »Es gibt sechs Tage, die zum Arbeiten da sind. Kommt an diesen Tagen, um euch heilen zu lassen, aber nicht am Sabbat.« *15* Der Herr entgegnete ihm: »Ihr Heuchler! Jeder von euch bindet am Sabbat seinen Ochsen oder Esel von der Krippe los und führt ihn zur Tränke. *16* Und diese Frau hier, die der Satan achtzehn Jahre lang gebunden hatte, und die doch eine Tochter Abrahams ist, sie sollte an einem Sabbat nicht von ihrer Fessel befreit werden dürfen?« *17* Diese Antwort beschämte seine Widersacher. Aber das ganze Volk freute sich über die wunderbaren Dinge, die durch Jesus geschahen.

Das Reich Gottes

18 Dann sagte Jesus: »Welches Bild kann das Reich Gottes am besten

---

12,59 *Cent.* Wörtlich: *Lepton,* die kleinste damalige Münze. Ein Lepton ist der 128. Teil eines Denars, eines Tagelohns.

13,4 Der *Schiloach-Turm* stand in der Nähe des Schiloach-Teichs, ganz im Süden Jerusalems.

wiedergeben? Womit soll ich es vergleichen? *19* Es gleicht einem Senfkorn*, das ein Mann in seinen Garten sät. Es geht auf und wächst und wird zu einem Baum, in dessen Zweigen Vögel nisten können.« *20* »Womit soll ich das Reich Gottes noch vergleichen?«, sagte Jesus. *21* »Es ist wie mit dem Sauerteig, den eine Frau nimmt und unter einen halben Sack* Mehl mischt. Am Ende ist die ganze Masse durchsäuert.«

22 Auf dem Weg nach Jerusalem zog Jesus durch Städte und Dörfer und lehrte überall. *23* Einmal sagte jemand zu ihm: »Herr, sind es nur wenige, die gerettet werden?« Er erwiderte: *24* »Die Tür ist eng. Setzt alles dran, hineinzukommen! Denn ich sage euch: Viele werden es versuchen, aber es wird ihnen nicht gelingen. *25* Wenn der Hausherr aufgestanden ist und die Haustür abgeschlossen hat, werdet ihr draußen stehen, klopfen und bitten: ›Herr, mach uns auf!‹ Doch er wird euch antworten: ›Ich kenne euch nicht und weiß auch nicht, wo ihr her seid!‹ *26* Dann werdet ihr sagen: ›Aber wir haben doch mit dir gegessen und getrunken, und auf unseren Straßen hast du gelehrt.‹ *27* Doch er wird antworten: ›Ich kenne euch nicht und weiß auch nicht, wo ihr her seid! Macht euch fort, ihr Schufte!‹

28 Wenn ihr dann sehen werdet, dass Abraham, Isaak und Jakob zusammen mit allen Propheten im Reich Gottes sind, ihr selbst aber draußen, dann wird das große Weinen und Zähneknirschen anfangen. *29* Doch dann werden Menschen aus allen Himmelsrichtungen kommen und ihre Plätze im Reich Gottes einnehmen. *30* Und denkt daran: Es gibt Letzte, die werden Erste sein und Erste, die werden Letzte sein.«

31 Da kamen einige Pharisäer zu Jesus und warnten ihn: »Verlass die Gegend, Herodes Antipas will dich töten!« *32* Jesus erwiderte: »Geht und sagt diesem Fuchs: Heute treibe ich Dämonen aus und morgen heile ich Kranke und am dritten Tag bin ich am Ziel. *33* Ja, heute und morgen und auch am folgenden Tag noch muss ich meinen Weg gehen. Denn es kann ja nicht sein, dass ein Prophet außerhalb von Jerusalem umkommt.

34 Jerusalem, Jerusalem, du tötest die Propheten und steinigst die, die Gott dir schickt. Wie oft wollte ich deine Kinder sammeln, wie eine Henne ihre Küken unter ihre Flügel bringt. Aber ihr habt nicht gewollt. *35* Seht, euer Haus wird verlassen sein! Und ich sage euch: Ihr werdet mich erst wiedersehen, wenn ihr rufen werdet: ›Gepriesen sei er, der kommt im Namen des Herrn!‹«

Die Eingeladenen

14 *1* An einem Sabbat ging Jesus zum Essen in das Haus eines führenden Pharisäers. Er wurde aufmerksam beobachtet. *2* Da stand auf einmal ein Mann vor ihm, der an Wassersucht* litt. *3* Jesus fragte

---

13,19 *Senfkorn.* Gemeint ist wahrscheinlich der »Schwarze Senf« (*Brassica nigra*), dessen *ein* Millimeter großes Samenkorn in Israel für seine Kleinheit sprichwörtlich war.

13,21 *halber Sack.* Wörtlich: *drei Sata.* Ein Saton war ein Hohlmaß und fasste etwa 13 Liter.

14,2 *Wassersucht.* Abnorme, krankhafte Ansammlung von Flüssigkeit im Körper.

die anwesenden Gesetzeslehrer und Pharisäer: »Ist es erlaubt, am Sabbat zu heilen oder nicht?« *4* Als sie ihm keine Antwort gaben, berührte er den Kranken, heilte ihn und ließ ihn gehen. *5* Dann sagte er zu den Anwesenden: »Wenn einem von euch der eigene Sohn in den Brunnen stürzt oder auch nur ein Rind, zieht er sie dann nicht sofort wieder heraus, auch wenn Sabbat ist?« *6* Sie konnten ihm nichts darauf antworten.

7 Als er bemerkte, wie die Eingeladenen sich die Ehrenplätze aussuchten, machte er sie mit einem Vergleich auf ihr Verhalten aufmerksam. *8* »Wenn du von jemand zur Hochzeit eingeladen wirst, dann besetze nicht gleich den Ehrenplatz. Es könnte ja sein, dass noch jemand eingeladen ist, der angesehener ist als du. *9* Der Gastgeber, der euch beide eingeladen hat, müsste dann kommen und dir sagen: ›Mach ihm bitte Platz!‹ Dann müsstest du beschämt ganz nach unten rücken. *10* Nimm lieber von vornherein den letzten Platz ein. Wenn dann der Gastgeber kommt und zu dir sagt: ›Mein Freund, nimm doch weiter oben Platz!‹, wirst du vor allen Gästen geehrt sein. *11* Denn jeder, der sich selbst erhöht, wird erniedrigt werden, und wer sich selbst erniedrigt, wird erhöht werden.«

12 Dann wandte er sich an seinen Gastgeber: »Wenn du mittags oder abends ein Essen gibst, dann lade nicht deine Freunde, deine Brüder oder deine Verwandten ein, auch nicht deine reichen Nachbarn. Denn sie würden dich wieder einladen, und das wäre dann deine Belohnung. *13* Nein, wenn du ein Essen gibst, dann lade Arme, Behinderte, Gelähmte und Blinde ein! *14* Dann wirst du dich freuen können, weil sie nichts haben, um sich zu revanchieren. Gott aber wird es dir bei der Auferstehung der Gerechten vergelten.«

15 Da sagte einer von den anderen Gästen zu Jesus: »Was für ein Glück muss es sein, im Reich Gottes zum Essen eingeladen zu werden!« *16* Ihm antwortete Jesus folgendermaßen: »Ein Mann plante ein großes Festessen für den Abend und lud viele dazu ein. *17* Als das Fest beginnen sollte, schickte er seinen Sklaven und ließ den Eingeladenen sagen: ›Kommt, es ist alles bereit!‹ *18* Doch jetzt begann sich einer nach dem anderen zu entschuldigen. Der Erste erklärte: ›Ich habe einen Acker gekauft, den ich mir unbedingt ansehen muss. Bitte entschuldige mich.‹ *19* Ein anderer sagte: ›Ich habe fünf Ochsengespanne gekauft, die ich gleich prüfen muss. Bitte entschuldige mich.‹ *20* Und ein Dritter sagte: ›Ich habe gerade erst geheiratet, darum kann ich nicht kommen.‹ *21* Als der Sklave zurückkam und das seinem Herrn berichtete, wurde dieser zornig. Er befahl ihm: ›Lauf schnell auf die Straßen und Gassen der Stadt und hole die Armen, die Behinderten, die Blinden und die Gelähmten herein!‹ *22* Bald meldete der Sklave: ›Herr, es ist geschehen, was du befohlen hast, aber es ist noch Platz für weitere Gäste.‹ *23* Da befahl ihm der Herr: ›Geh schnell auf die Landstraßen und an die Zäune und dränge alle, die du dort findest, hereinzukommen, damit mein Haus voll wird. *24* Denn das eine sage ich euch: Keiner von denen, die ich zuerst eingeladen hatte, wird an meinen Tisch kommen!‹«

Kosten der Nachfolge

25 Als Jesus weiterzog, begleiteten ihn viele Menschen. Er drehte sich zu ihnen um und sagte: 26 »Wenn jemand zu mir kommen will, muss ich ihm wichtiger sein als sein eigener Vater, seine Mutter, seine Frau, seine Kinder, seine Geschwister und selbst sein eigenes Leben; sonst kann er nicht mein Jünger sein. 27 Wer nicht sein Kreuz trägt und mir nachkommt, kann nicht mein Jünger sein.

28 Wenn jemand von euch ein hohes Haus bauen will, muss er sich doch vorher hinsetzen und die Kosten überschlagen, um zu sehen, ob sein Geld dafür reicht. 29 Sonst hat er vielleicht das Fundament gelegt, kann aber nicht weiterbauen. Und alle, die das sehen, fangen an zu spotten. 30 ›Das ist der‹, sagen sie, ›der ein hohes Haus bauen wollte und es nicht weitergebracht hat.‹

31 Oder stellt euch einen König vor, der gegen einen anderen König Krieg führen muss. Wird er sich nicht vorher hinsetzen und überlegen, ob er mit zehntausend Mann stark genug ist, sich seinem Gegner zu stellen, der mit zwanzigtausend Mann anrückt? 32 Wenn nicht, wird er, solange der andere noch weit weg ist, eine Gesandtschaft schicken und Friedensbedingungen aushandeln.

33 Darum kann auch keiner von euch mein Jünger sein, der nicht von allem Abschied nimmt, was er hat. 34 Salz ist etwas Gutes. Wenn es aber seinen Geschmack verliert, womit soll man es wieder salzig machen? 35 Es ist nicht einmal mehr als Dünger für den Acker tauglich. Man kann es nur noch wegschütten.

Wer Ohren hat und hören kann, der höre zu!«

Verloren und wiedergefunden

15 1 Immer wieder hielten sich auch Zolleinnehmer und andere Leute mit schlechtem Ruf in der Nähe von Jesus auf; auch sie wollten ihn hören. 2 Die Pharisäer und die Gesetzeslehrer waren darüber empört. »Der nimmt Sünder auf«, sagten sie, »und isst sogar mit ihnen!« 3 Da erzählte Jesus ihnen folgendes Gleichnis:

4 »Wenn jemand von euch hundert Schafe hat und eins davon sich verirrt, lässt er dann nicht die neunundneunzig in der Steppe weitergrasen und geht dem verlorenen nach, bis er es findet? 5 Und wenn er es gefunden hat, trägt er es voller Freude auf seinen Schultern nach Hause. 6 Dann ruft er seine Freunde und Nachbarn zusammen und sagt zu ihnen: ›Freut euch mit mir! Ich habe mein verlorenes Schaf wiedergefunden!‹ 7 Ich sage euch: Im Himmel wird man sich genauso freuen. Die Freude über einen Sünder, der seine Einstellung geändert hat, ist größer als über neunundneunzig Gerechte, die es nicht nötig haben, umzukehren.

8 Oder wenn eine Frau zehn Drachmen* hat und eine davon verliert, zündet sie dann nicht eine Lampe an, fegt das ganze Haus und sucht in allen Ecken, bis sie die Münze findet? 9 Und wenn sie sie dann gefunden hat, ruft sie ihre Freundinnen und

---

15,8 *Drachme.* Griechische Silbermünze vom gleichen Wert wie der römische Denar.

Nachbarinnen zusammen und sagt zu ihnen: ›Freut euch mit mir! Ich hab die verlorene Drachme wiedergefunden!‹ 10 Ich sage euch: Genauso freuen sich die Engel Gottes über einen Sünder, der seine Einstellung geändert hat.«

11 Jesus fuhr fort: »Ein Mann hatte zwei Söhne. 12 Der jüngere sagte zu seinem Vater: ›Ich möchte schon jetzt den Teil der Erbschaft haben, der mir zusteht.‹ Da teilte der Vater seinen Besitz unter seine Söhne auf.* 13 Wenige Tage später hatte der jüngere seinen ganzen Anteil zu Geld gemacht und reiste in ein fernes Land. Dort lebte er in Saus und Braus und vergeudete sein ganzes Vermögen. 14 Als er alles ausgegeben hatte, brach in jenem Land eine große Hungersnot aus, und es ging ihm schlecht. 15 Da ging er zu einem Bürger jenes Landes und drängte sich ihm auf. Der schickte ihn zum Schweinehüten aufs Feld. 16 Gern hätte er seinen Hunger mit den Schoten* für die Schweine gestillt. Aber er bekam nichts davon. 17 Jetzt kam er zur Besinnung. ›Alle Tagelöhner meines Vaters haben mehr als genug zu essen‹, sagte er sich, ›aber ich komme hier vor Hunger um. 18 Ich werde zu meinem Vater gehen und ihm sagen: Vater, ich habe mich gegen den Himmel versündigt und auch gegen dich. 19 Ich bin es nicht mehr wert, dein Sohn genannt zu werden. Mach mich doch zu einem deiner Tagelöhner!‹ 20 So machte er sich auf den Weg zu seinem Vater. Er war noch weit entfernt, als der Vater ihn kommen sah. Voller Mitleid lief er ihm entgegen, fiel ihm um den Hals und küsste ihn. 21 ›Vater‹, sagte der

Sohn, ›ich habe mich gegen den Himmel versündigt und auch gegen dich; ich bin es nicht mehr wert, dein Sohn genannt zu werden.‹ 22 Doch der Vater befahl seinen Sklaven: ›Bringt schnell das beste Gewand heraus und zieht es ihm an! Steckt ihm einen Ring an den Finger und bringt ihm ein Paar Sandalen! 23 Holt das Mastkalb und schlachtet es! Wir wollen ein Fest feiern und uns freuen. 24 Denn mein Sohn hier war tot und ist ins Leben zurückgekehrt. Er war verloren und ist wiedergefunden worden.‹ Dann begannen sie zu feiern.

25 Der ältere Sohn war noch auf dem Feld. Als er zurückkam, hörte er schon von weitem Musik und Reigentanz. 26 Er rief einen Sklaven herzu und erkundigte sich, was das sei. 27 ›Dein Bruder ist zurückgekommen‹, sagte dieser, ›und dein Vater hat das gemästete Kalb schlachten lassen, weil er ihn gesund wiederhat.‹ 28 Da wurde der ältere Sohn zornig und wollte nicht hineingehen. Sein Vater kam heraus und redete ihm zu. 29 Doch er hielt seinem Vater vor: ›So viele Jahre habe ich wie ein Sklave für dich geschuftet und mich nie deinen Anordnungen widersetzt. Aber mir hast du nie auch nur einen Ziegenbock gegeben, dass ich mit meinen Freunden hätte feiern können. 30 Und nun kommt der da zurück, dein Sohn, der dein Geld mit Huren

---

15,12 *Besitz ... auf.* Bei zwei Söhnen bekam der ältere Sohn normalerweise zwei Drittel, der jüngere ein Drittel des Erbes.

15,16 *Schoten.* Die Früchte des Johannesbrotbaums wurden wohl auch von armen Menschen verzehrt.

durchgebracht hat, und du schlachtest ihm gleich das Mastkalb!‹ *31* ›Aber Kind‹, sagte der Vater zu ihm, ›du bist doch immer bei mir, und alles, was mir gehört, gehört auch dir! *32* Jetzt mussten wir doch feiern und uns freuen! Denn dein Bruder war tot und ist ins Leben zurückgekommen, er war verloren und ist nun wiedergefunden.‹«

Sich Freunde machen

16 *1* Dann wandte sich Jesus seinen Jüngern zu:»Ein reicher Mann hatte einen Verwalter. Der wurde bei ihm angeklagt, er würde sein Vermögen veruntreuen. *2* Sein Herr stellte ihn zur Rede: ›Was muss ich von dir hören? Leg die Abrechnung über deine Arbeit vor! Du wirst nicht länger mein Verwalter sein.‹ *3* Der Verwalter sagte sich: ›Was soll ich machen, wenn mein Herr mir die Verwaltung abnimmt? Für schwere Arbeit tauge ich nicht, und zu betteln schäme ich mich. *4* Doch! Jetzt weiß ich, was ich tun muss, damit sie mich in ihre Häuser aufnehmen, wenn ich entlassen werde.‹ *5* Er rief nacheinander alle zu sich, die bei seinem Herrn Schulden hatten. ›Wie viel schuldest

du meinem Herrn?‹, fragte er den Ersten. *6* ›Hundert Fass* Olivenöl‹, sagte dieser. ›Hier ist dein Schuldschein‹, sagte der Verwalter, ›setz dich hin und schreib fünfzig!‹ *7* Dann fragte er den Nächsten: ›Und du, wie viel Schulden hast du?‹ ›Fünfhundert Sack* Weizen‹, antwortete der. ›Hier ist dein Schuldschein‹, sagte der Verwalter, ›setz dich hin und schreib vierhundert*!‹«

8 Der Herr lobte den ungetreuen Verwalter, weil er klug gehandelt hatte. »Denn«, sagte er, »die Menschen dieser Welt sind klüger im Umgang miteinander als die Menschen des Lichts. *9* Und ich sage euch: Macht euch Freunde mit dem Mammon*, an dem so viel Unrecht hängt, damit man euch dann, wenn es damit zu Ende ist, in die ewigen Wohnungen aufnimmt. *10* Wer in den kleinen Dingen treu ist, ist auch in großen treu; und wer in den kleinen Dingen unzuverlässig ist, ist es auch in den großen. *11* Wenn ihr also im Umgang mit dem ungerechten Mammon nicht treu seid, wer soll euch dann die wahren Güter anvertrauen? *12* Und wenn ihr mit fremdem Eigentum nicht treu seid, wer soll euch dann das anvertrauen, was euch gehören soll? *13* Kein Haussklave kann gleichzeitig zwei Herren unterworfen sein. Entweder wird er den einen bevorzugen und den anderen vernachlässigen oder dem einen treu sein und den anderen hintergehen. Ihr könnt nicht Gott und dem Mammon gleichzeitig dienen.«

14 Das alles hatten auch die Pharisäer mitgehört, die sehr an ihrem Geld hingen, und sie machten sich über ihn lustig. *15* Da sagte er zu ihnen: »Ihr

---

16,6 *Hundert Fass.* Wörtlich: *Hundert Bat,* das sind etwa 3600 Liter, eine Ölmenge, die aus der Frucht von 450 Ölbäumen gewonnen werden konnte.

16,7 *Fünfhundert Sack.* Wörtlich: *Hundert Kor.* Das Trockenhohlmaß fasste etwa 10 Bat, das sind 360 Liter oder 275 Kilogramm Weizen. 100 Kor entspricht also 27,5 Tonnen Weizen.

vierhundert. Wörtlich: *achtzig.* Das bezieht sich auf die Einheit »Kor«.

16,9 *Mammon.* Aramäischer Begriff für Besitz oder Vermögen.

wollt den Leuten weismachen, dass ihr die Gerechten seid! Aber Gott kennt eure Herzen. Was bei den Menschen Eindruck macht, ist Gott ein Gräuel.«

Das Gesetz hat Bestand und reicht aus

16 »Bis Johannes der Täufer zu predigen begann, hattet ihr nur Mose und die Propheten. Seitdem wird die gute Botschaft vom Reich Gottes verkündigt, und die Menschen drängen sich mit Gewalt hinein. 17 Doch eher vergehen Himmel und Erde, als dass auch nur ein Strichlein vom Gesetz hinfällig wird. 18 Zum Beispiel begeht jeder, der sich von seiner Frau scheiden lässt und eine andere heiratet, Ehebruch. Und wer eine geschiedene Frau heiratet, begeht ebenfalls Ehebruch.

19 Da war ein reicher Mann, der teure Kleidung trug und jeden Tag im Luxus lebte. 20 Vor dem Tor seines Hauses lag ein Armer namens Lazarus. Sein Körper war voller Geschwüre. 21 Gern hätte er seinen Hunger mit den Küchenabfällen gestillt, doch nur die Hunde kamen und leckten an seinen Geschwüren. 22 Der Arme starb und wurde von den Engeln zu Abraham gebracht. Er erhielt dort den Ehrenplatz an seiner Seite. Auch der Reiche starb und wurde begraben. 23 Als er in der Hölle* wieder zu sich kam und Folterqualen litt, sah er in weiter Ferne Abraham und Lazarus an seiner Seite. 24 Da rief er: ›Vater Abraham, hab Erbarmen mit mir! Schick mir doch Lazarus! Lass ihn seine Fingerspitze ins Wasser tauchen und meine Zunge kühlen, denn ich werde in der Glut dieser Flammen sehr gequält.‹ 25 Doch Abraham erwiderte: ›Mein Kind, denk daran, dass du schon in deinem Leben alles Gute bekommen hast, Lazarus aber nur das Schlechte. Jetzt wird er dafür hier getröstet, und du hast zu leiden. 26 Außerdem liegt zwischen uns und euch ein tiefer Abgrund, so dass niemand von uns zu euch hinüberkommen kann, selbst wenn er es wollte; und auch von euch kann niemand zu uns herüberkommen.‹ 27 ›Vater Abraham‹, bat der Reiche, ›dann schick ihn doch wenigstens in das Haus meines Vaters! 28 Denn ich habe noch fünf Brüder. Er soll sie warnen, damit sie nicht auch an diesen Ort der Qual kommen.‹ 29 Doch Abraham sagte: ›Sie haben die Weisung von Mose und den Propheten, auf die sollen sie hören.‹ 30 ›Nein, Vater Abraham‹, wandte er ein, ›es müsste einer von den Toten zu ihnen kommen, dann würden sie ihre Einstellung ändern.‹ 31 Darauf sagte Abraham zu ihm: ›Wenn sie nicht auf Mose und die Propheten hören, werden sie sich auch nicht überzeugen lassen, wenn einer von den Toten aufersteht.‹«

Vergeben und glauben

17 1 Jesus sagte zu seinen Jüngern: »Es wird immer Verführungen geben, doch wehe dem, der daran schuld ist. 2 Für den wäre es besser, er würde mit einem Mühlstein um den Hals ins Meer geworfen, als dass er einen dieser Geringgeachteten

---

16,23 *Hölle.* Siehe Fußnote zu Lukas 10,15.

hier zu Fall bringt. *3* Seht euch also vor!

Wenn dein Bruder sündigt, weise ihn zurecht; und wenn er Reue zeigt, vergib ihm. *4* Und wenn er siebenmal am Tag an dir schuldig wird und siebenmal wieder zu dir kommt und sagt: ›Es tut mir leid!‹, sollst du ihm vergeben!«

5 Die Apostel baten den Herrn: »Stärke unseren Glauben!« *6* Da sagte der Herr: »Wenn euer Vertrauen nur so groß wäre wie ein Senfkorn, könntet ihr zu diesem Maulbeerfeigenbaum hier sagen: ›Zieh deine Wurzeln aus der Erde und pflanze dich ins Meer!‹ Er würde euch gehorchen.«

Dienst und Dankbarkeit

7 »Wenn einer von euch einen Sklaven hat und dieser vom Pflügen oder Schafehüten zurückkommt, wird er ihm vielleicht sagen: ›Komm gleich zum Essen!‹? *8* Vielmehr wird er zu ihm sagen: ›Mach das Abendessen fertig, binde dir eine Schürze um und bediene mich am Tisch! Wenn ich fertig bin, kannst du auch essen und trinken!‹ *9* Und bedankt er sich vielleicht bei seinem Sklaven, dass er das Befohlene getan hat? *10* So soll es auch bei euch sein. Wenn ihr alles getan habt, was euch aufgetragen war, dann sagt: ›Wir sind Sklaven, weiter nichts. Wir haben nur unsere Pflicht getan.‹«

11 Auf dem Weg nach Jerusalem zog Jesus durch das Grenzgebiet von Samarien und Galiläa. *12* Kurz vor einem Dorf kamen ihm zehn Aussätzige entgegen. Sie blieben in einiger Entfernung stehen *13* und riefen: »Jesus, Herr, hab Erbarmen mit uns!« *14* Jesus sah sie an und sagte zu ihnen: »Geht zu den Priestern und stellt euch ihnen vor!« Auf dem Weg dorthin wurden sie gesund. *15* Einer aus der Gruppe kam zurück, als er es merkte, und lobte Gott mit lauter Stimme. *16* Er warf sich vor Jesus nieder und dankte ihm. Und das war ein Samaritaner. *17* Jesus sagte: »Sind denn nicht alle zehn geheilt worden? Wo sind die anderen neun? *18* Ist es keinem in den Sinn gekommen, Gott die Ehre zu erweisen, als nur diesem Fremden hier?« *19* Dann sagte er zu dem Mann: »Steh auf und geh nach Hause! Dein Glaube hat dich gerettet.«

Das Reich Gottes kommt

20 Einige Pharisäer fragten Jesus, wann das Reich Gottes komme. Er antwortete: »Das Reich Gottes kommt nicht so, dass man es an äußeren Zeichen erkennen kann. *21* Man wird auch nicht sagen können: ›Seht, hier ist es!‹, oder: ›Seht einmal, dort!‹ Nein, das Reich Gottes ist schon jetzt mitten unter euch.«

22 Dann sagte Jesus zu seinen Jüngern: »Es wird eine Zeit kommen, wo ihr euch danach sehnt, auch nur einen Tag des Menschensohnes zu erleben, aber es wird euch nicht vergönnt sein. *23* Sie werden zu euch sagen: ›Seht einmal, dort ist er!‹, oder: ›Seht hier!‹ Geht dann nicht hin, und lauft auch niemand nach! *24* Denn wenn der Menschensohn kommt, wird es wie bei einem Blitz den ganzen Horizont erhellen. *25* Vorher muss er aber noch vieles leiden und von der jetzigen Generation verworfen werden. *26* Und wenn der Menschensohn kommt, wird es so wie in Noahs Zeit sein. 27 Die Menschen aßen, tranken, heirateten und wurden verheiratet – bis zu dem Tag, an dem Noah in die Arche ging. Dann kam die Flut und brachte alle um. 28 Und es wird so sein wie in Lots Zeit: Die Menschen aßen und tranken, sie kauften und verkauften, sie pflanzten und bauten 29 – bis zu dem Tag, an dem Lot Sodom verließ. Da regnete es Feuer und Schwefel vom Himmel und brachte alle um. 30 Genauso wird es an dem Tag sein, an dem der Menschensohn für alle sichtbar werden wird. 31 Wer sich dann gerade auf der Dachterrasse seines Hauses aufhält und seine Sachen im Haus hat, soll nicht erst hinuntersteigen, um sie zu holen; und wer auf dem Feld ist, soll nicht erst zurückkehren. 32 Denkt an Lots Frau! 33 Wer sein Leben zu retten versucht, wird es verlieren, wer es aber verliert, wird es bewahren. 34 Ich sage euch: Wenn in jener Nacht zwei in einem Bett liegen, wird der eine angenommen und der andere zurückgelassen. 35 Wenn zwei an derselben Mühle mahlen, wird die eine angenommen und die andere zurückgelassen werden.« (36)* 37 »Herr, wo wird das geschehen?«, fragten die Jünger. Er erwiderte: »Wo das Aas liegt, da sammeln sich die Geier.«

Hartnäckig beten

18 1 Durch folgendes Gleichnis machte er ihnen deutlich, dass sie immer beten sollten, ohne sich entmutigen zu lassen: 2 »In einer Stadt lebte ein Richter«, sagte er, »der achtete weder Gott noch die Menschen. 3 In der gleichen Stadt lebte auch eine Witwe, die immer wieder zu ihm kam und ihn aufforderte, ihr zum Recht gegen jemand zu verhelfen, der ihr Unrecht getan hatte. 4 Lange Zeit wollte der Richter nicht, doch schließlich sagte er sich: ›Ich mache mir zwar nichts aus Gott, und was die Menschen denken, ist mir egal, 5 doch diese aufdringliche Witwe wird mir lästig. Ich muss ihr zum Recht verhelfen, sonst wird sie am Ende noch handgreiflich.‹«

6 Der Herr fuhr fort: »Habt ihr gehört, was dieser Richter sagt, dem es ja gar nicht um Gerechtigkeit geht? 7 Sollte Gott da nicht erst recht seinen Auserwählten zu ihrem Recht verhelfen, die Tag und Nacht zu ihm rufen? Wird er sie etwa lange warten lassen? 8 Ich sage euch: Er wird dafür sorgen, dass sie schnell zu ihrem Recht kommen. Aber wird der Menschensohn wohl solch einen Glauben auf der Erde finden, wenn er kommt?«

9 Dann wandte sich Jesus einigen Leuten zu, die voller Selbstvertrauen meinten, in Gottes Augen gerecht zu sein, und deshalb für die anderen nur Verachtung übrig hatten. Er erzählte ihnen folgendes Gleichnis: 10 »Zwei Männer, ein Pharisäer und ein Zolleinnehmer, gingen zum Gebet in den Tempel. 11 Der Pharisäer stellte sich hin und betete für sich: ›Ich danke dir, Gott, dass ich nicht so bin wie die anderen Menschen, all diese Räuber, Betrüger, Ehebrecher oder wie dieser

---

17,36 Spätere Handschriften haben hier wie Matthäus 24,40 eingefügt: »Wenn zwei Männer auf dem Feld arbeiten, wird der eine angenommen und der andere zurückgelassen werden.«

Zolleinnehmer dort. *12* Ich faste zwei- mal in der Woche und gebe den Zehn- ten von all meinen Einkünften.‹ *13* Der Zolleinnehmer jedoch blieb weit entfernt stehen und wagte nicht einmal, zum Himmel aufzublicken. Er schlug sich an die Brust und sagte: ›Gott, sei mir gnädig. Ich bin ein Sünder.‹ *14* Ich sage euch: Dieser Mann wurde von Gott für unschuldig erklärt, der andere nicht. Denn jeder, der sich selbst erhöht, wird von Gott erniedrigt werden; und wer sich selbst erniedrigt, wird von Gott er- höht werden.«

Wer ins Reich Gottes kommt

15 Es wurden auch kleine Kinder zu Jesus gebracht, damit er sie mit der Hand berührte. Als die Jünger das sahen, fuhren sie die Leute an. *16* Doch Jesus rief sie zu sich und sagte: »Lasst doch die Kinder zu mir kommen und hindert sie nicht daran! Gottes Reich ist ja gerade für solche wie sie bestimmt. *17* Ich versichere euch: Wer Gottes Reich nicht wie ein Kind annimmt, wird nie hinein- kommen.«

18 Einmal wurde Jesus von einem angesehenen Mann gefragt: »Guter Rabbi, was muss ich tun, um das ewige Leben zu bekommen?« *19* »Was nennst du mich gut?«, entgegnete Jesus. »Gut ist nur Gott, sonst nie- mand. *20* Du kennst doch die Gebote: ›Du sollst die Ehe nicht brechen, nicht morden, nicht stehlen, du sollst keine Falschaussagen machen, ehre deinen Vater und deine Mutter!‹« *21* »Das alles habe ich von Jugend an befolgt«, erwiderte der Mann. *22* Da sagte Jesus zu ihm: »Eins fehlt dir noch: Verkaufe

alles, was du hast, und gib den Erlös den Armen – du wirst dann einen Schatz im Himmel haben – und komm, folge mir nach!« *23* Der Mann wurde sehr traurig, als er das hörte, denn er hatte ein großes Vermögen. *24* Als Jesus ihn so traurig sah, sagte er: »Wie schwer ist es doch für Wohl- habende, in Gottes Reich zu kommen! *25* Eher kommt ein Kamel durch ein Nadelöhr, als ein Reicher in Gottes Reich.« *26* Da fragten die Zuhörer: »Wer kann dann überhaupt gerettet werden?« *27* Jesus sagte: »Das für Menschen Unmögliche ist möglich bei Gott.«

28 Da erklärte Petrus: »Du weißt, wir haben alles verlassen und sind dir gefolgt.« *29* »Ich versichere euch«, erwiderte Jesus, »jeder, der wegen Gottes Reich Haus, Frau, Brüder, Eltern oder Kinder verlassen hat, *30* bekommt jetzt in dieser Zeit alles vielfach wieder und in der kommen- den Welt das ewige Leben.«

Auf dem Weg zum Leiden

31 Dann nahm er die Zwölf beiseite und sagte: »Passt auf, wir gehen jetzt nach Jerusalem hinauf. Dort wird sich alles erfüllen, was die Propheten über den Menschensohn geschrieben haben. *32* Er wird den Fremden über- geben, die Gott nicht kennen. Er wird verspottet, gedemütigt und ange- spuckt werden. *33* Und wenn sie ihn ausgepeitscht haben, werden sie ihn töten. Doch drei Tage später wird er vom Tod auferstehen.« *34* Die Jünger verstanden kein Wort. Der Sinn des Gesagten blieb ihnen verborgen; sie verstanden einfach nicht, was damit gemeint war.

Wunder in Jericho

35 Als Jesus in die Nähe von Jericho kam, saß ein Blinder an der Straße und bettelte. *36* Er hörte eine große Menschenmenge vorbeiziehen und erkundigte sich, was das zu bedeuten habe. *37* »Jesus von Nazaret kommt vorbei«, erklärte man ihm. *38* Da fing er an zu rufen: »Jesus, Sohn Davids, hab Erbarmen mit mir!« *39* Die Vorübergehenden fuhren ihn an, still zu sein. Doch er schrie nur umso lauter: »Sohn Davids, hab Erbarmen mit mir!« *40* Jesus blieb stehen und befahl, den Mann zu ihm zu bringen. Als er herangekommen war, fragte Jesus: *41* »Was möchtest du von mir?« – »Herr, dass ich wieder sehen kann!«, erwiderte der Blinde. *42* »Du sollst wieder sehen können«, sagte Jesus, »dein Glaube hat dich geheilt!« *43* Im gleichen Augenblick konnte der Mann sehen. Er folgte Jesus und pries Gott. Und auch die ganze Menge, die dabei war, pries Gott.

19 *1* Jesus kam nach Jericho und zog mitten durch die Stadt. *2* Dort gab es einen reichen Mann namens Zachäus. Er war der oberste Zolleinnehmer *3* und wollte unbedingt sehen, wer Jesus war. Aber es gelang ihm nicht, weil er klein war und die vielen Leute ihm die Sicht versperrten. *4* Da lief er voraus und kletterte auf einen Maulbeerfeigenbaum. Er hoffte, ihn dann sehen zu können, denn Jesus sollte dort vorbei kommen. *5* Als Jesus an die Stelle kam, blickte er hoch, sah ihn an und rief. »Zachäus, komm schnell herunter! Ich muss heute noch zu dir kommen!« *6* Schnell stieg Zachäus vom Baum herunter und nahm Jesus voller Freude bei sich auf. *7* Die Leute waren empört, als sie das sahen. »Bei einem ausgemachten Sünder ist er eingekehrt!«, murrten sie. *8* Zachäus aber trat vor den Herrn und sagte: »Herr, die Hälfte meines Vermögens werde ich den Armen geben, und wenn ich von jemand etwas erpresst habe, werde ich es ihm vierfach zurückerstatten.« *9* Da sagte Jesus zu ihm: »Heute hat dieses Haus Rettung erfahren.« Und dann fügte er hinzu: »Er ist doch auch ein Sohn Abrahams. *10* Der Menschensohn ist ja gekommen, um zu suchen und zu retten, was verloren ist.«

Das anvertraute Geld

11 Weil Jesus schon nahe bei Jerusalem war, meinten die Leute, die ihm zuhörten, dass das Reich Gottes nun anbrechen würde. Deshalb fügte Jesus noch folgendes Gleichnis an: *12* »Ein Mann aus fürstlichem Haus wollte in ein fernes Land reisen, um sich dort zum König über sein eigenes Land krönen zu lassen. *13* Er rief zehn seiner Sklaven zu sich und gab jedem ein Pfund Silbergeld*. ›Arbeitet damit, bis ich wiederkomme!‹, sagte er. *14* Aber seine Landsleute hassten ihn. Sie schickten eine Abordnung hinter ihm her und ließen sagen: ›Diesen Mann wollen wir nicht als König über uns haben!‹ *15* Trotzdem wurde er zum König eingesetzt. Als er zurückkam, ließ er die Sklaven, denen er das Geld

---

19,13 *ein Pfund Silbergeld.* Wörtlich: *eine Mine,* das ist Silbergeld im Gewicht von etwa 600 Gramm und im Wert von hundert Tagesverdiensten.

gegeben hatte, zu sich rufen. Er wollte erfahren, welchen Gewinn jeder erzielt hatte. *16* Der Erste kam und berichtete: ›Herr, dein Pfund hat weitere zehn eingebracht.‹ *17* Da sagte der König zu ihm: ›Hervorragend, du bist ein guter Mann! Weil du im Kleinsten zuverlässig warst, sollst du Verwalter von zehn Städten werden.‹ *18* Der Zweite kam und berichtete: ›Herr, dein Pfund hat weitere fünf eingebracht.‹ *19* Auch ihn lobte der König: ›Du sollst Herr über fünf Städte werden.‹ *20* Doch der Nächste, der kam, erklärte: ›Herr, hier ist dein Pfund Silbergeld. Ich habe es in einem Schweißtuch* aufbewahrt, *21* denn ich hatte Angst vor dir, weil du ein so strenger Mann bist. Du forderst Gewinn, wo du nichts angelegt hast, und erntest, wo du nicht gesät hast.‹ *22* ›Du nichtsnutziger Sklave!‹, sagte der König. ›Mit deinen eigenen Worten verurteilst du dich. Du wusstest also, dass ich ein strenger Mann bin, dass ich Gewinn fordere, wo ich nichts angelegt, und ernte, wo ich nichts gesät habe? *23* Warum hast du mein Geld dann nicht auf eine Bank gebracht? Dann hätte ich es wenigstens mit Zinsen zurückbekommen.‹ *24* Dann wandte er sich zu den Herumstehenden: ›Nehmt ihm das Pfund weg‹, sagte er, ›und gebt es dem, der die zehn Pfund erworben hat!‹ *25* ›Aber Herr‹,

sagten sie, ›er hat doch schon zehn Pfund!‹ *26* ›Ja‹, erwiderte der König, ›aber denen, die einen Gewinn vorweisen können, wird noch mehr gegeben werden, und denen, die nichts gebracht haben, wird selbst das, was sie hatten, weggenommen. *27* Und nun zu meinen Feinden, die mich nicht zum König haben wollten: Holt sie her und bringt sie hier vor mir um!‹«

Einzug in Jerusalem

28 Nachdem er das erzählt hatte, setzte Jesus seine Reise nach Jerusalem fort. *29* Als er in die Nähe von Betfage* und Betanien* am Ölberg kam, schickte er zwei seiner Jünger mit dem Auftrag los: *30* »Geht in das Dorf dort drüben. Gleich, wenn ihr hineingeht, werdet ihr ein Fohlen angebunden finden, auf dem noch niemand geritten ist. Bindet es los und bringt es her. *31* Wenn jemand fragt, warum ihr es losbindet, sagt einfach: ›Der Herr braucht es.‹« *32* Die beiden machten sich auf den Weg und fanden alles so, wie Jesus es ihnen beschrieben hatte. *33* Als sie das Fohlen losmachten, fragten die Leute, denen es gehörte: »Warum bindet ihr das Tier los?« *34* »Der Herr braucht es!«, antworteten sie. *35* Dann brachten sie das Jungtier zu Jesus, warfen ihre Mäntel darüber und ließen Jesus aufsteigen. *36* Während er so seinen Weg fortsetzte, breiteten andere ihre Mäntel auf dem Weg aus. *37* Als Jesus an die Stelle kam, wo der Weg vom Ölberg in die Stadt hinabführte, brach die ganze Menge der Jünger in Freudenrufe aus. Sie lobten Gott mit lauter Stimme für all die Wunder, die sie miterlebt hatten:

19,20 Das *Schweißtuch* war eine Art großes Taschentuch, mit dem man sich den Schweiß vom Gesicht wischte.

19,29 *Betfage*. Dorf am Osthang des Ölbergs, ganz in der Nähe der Römerstraße nach Jericho.

Betanien. Dorf am Osthang des Ölbergs, etwa 3 km von Jerusalem entfernt.

38 »Gepriesen sei der König, / der kommt im Namen des Herrn! / Frieden dem, der im Himmel ist, / Ehre dem, der in der Höhe wohnt!«

39 Da riefen ihm einige Pharisäer aus der Menge zu: »Rabbi, bring deine Jünger doch zur Vernunft!« 40 Doch er erwiderte: »Ich sage euch: Würden sie schweigen, dann würden die Steine schreien.« 41 Als er näher kam und die Stadt vor sich liegen sah, weinte er über sie 42 und sagte: »Wenn du wenigstens heute noch erkennen würdest, was dir den Frieden bringt! Doch du bist blind dafür. 43 Es kommt für dich eine Zeit, da werden deine Feinde einen Wall um dich bauen; sie werden dich belagern und dich von allen Seiten bedrängen. 44 Sie werden dich und deine Bewohner niederwerfen und in der ganzen Stadt keinen Stein mehr auf dem anderen lassen, weil du die Gelegenheit, in der Gott dich besuchte, verpasst hast.«

Auseinandersetzungen im Tempel

45 Dann ging er in den Tempel und fing an, die Händler hinauszujagen. 46 »In der Schrift heißt es«, rief er, »»Mein Haus soll ein Haus des Gebets sein. Aber ihr habt eine Räuberhöhle daraus gemacht.‹«* 47 Jeden Tag lehrte Jesus im Tempel, aber die Hohen Priester und Gesetzeslehrer suchten nach einer Möglichkeit, ihn zu beseitigen. 48 Doch sie wussten nicht, wie sie es anfangen sollten, denn das ganze Volk war dauernd um ihn und ließ sich keins seiner Worte entgehen.

20 1 Als Jesus an einem der Tage wieder im Tempel lehrte und dem Volk die gute Botschaft verkün-

digte, traten die Hohen Priester und die Gesetzeslehrer in Begleitung der Ältesten zu ihm 2 und fragten: »Mit welchem Recht tust du das alles? Wer hat dir die Vollmacht dazu gegeben?« 3 Auch ich will euch eine Frage stellen«, erwiderte Jesus. 4 »Taufte Johannes im Auftrag des Himmels oder im Auftrag von Menschen?« 5 Sie überlegten miteinander. »Wenn wir sagen, ›im Auftrag des Himmels‹, wird er fragen: ›Warum habt ihr ihm dann nicht geglaubt?‹ 6 Wenn wir aber sagen: ›Von Menschen‹, dann wird uns das ganze Volk steinigen, denn sie alle sind überzeugt, dass Johannes ein Prophet war.« 7 So erwiderten sie, sie wüssten es nicht. 8 »Gut«, entgegnete Jesus, »dann sage ich euch auch nicht, von wem ich die Vollmacht habe, das alles zu tun.«

9 Daraufhin erzählte Jesus dem Volk ein Gleichnis. Er begann: »Ein Mann legte einen Weinberg an, verpachtete ihn an Winzer und reiste für längere Zeit ins Ausland. 10 Als die Zeit gekommen war, schickte er einen seiner Sklaven zu den Pächtern, um seinen Anteil an der Ernte zu erhalten. Doch die Winzer verprügelten den Sklaven und jagten ihn mit leeren Händen fort. 11 Da schickte der Besitzer einen zweiten Sklaven. Aber auch den verprügelten sie, beschimpften ihn und schickten ihn mit leeren Händen fort. 12 Er schickte noch einen dritten. Aber auch den schlugen sie blutig und warfen ihn aus dem Weinberg hinaus. 13 ›Was soll ich tun?‹, fragte sich der

---

19,46 Mischzitat aus Jesaja 56,7 und Jeremia 7,11.

Besitzer des Weinbergs. ›Ich will meinen Sohn schicken, dem meine ganze Liebe gilt. Ihn werden sie sicher nicht antasten.‹ *14* Als die Winzer den Sohn sahen, überlegten sie miteinander: ›Das ist der Erbe! Kommt, wir bringen ihn um, dann gehört das Erbe uns.‹ *15* Sie warfen ihn aus dem Weinberg hinaus und töteten ihn. Was wird nun der Besitzer des Weinbergs mit ihnen tun?«, fragte Jesus. *16* »Er wird kommen, diese Winzer umbringen und den Weinberg anderen geben.« – »Das darf nicht geschehen!«, sagten die Zuhörer. *17* Jesus sah sie an und sagte dann: »Was bedeuten denn diese Worte in der Schrift: ›Der Stein, den die Bauleute als unbrauchbar verworfen haben, ist zum Eckstein geworden.‹*? *18* Jeder, der auf diesen Stein fällt, wird zerschmettert und jeder, auf den er fällt, wird zermalmt.« *19* Daraufhin hätten die Hohen Priester und Gesetzeslehrer Jesus am liebsten gleich festgenommen, denn es war ihnen klar, dass er sie mit diesem Gleichnis gemeint hatte.

20 Doch ließen sie ihn nicht mehr aus den Augen und schickten Spitzel zu ihm, die sich den Anschein geben sollten, als meinten sie es ehrlich. Sie hofften, ihn mit seinen eigenen Worten zu fangen, damit sie ihn der Gerichtsbarkeit des römischen Statthalters ausliefern könnten. *21* »Rabbi«, sagten sie, »wir wissen, dass du aufrichtig bist und nicht nach der Meinung der Leute fragst. Du zeigst uns wirklich, wie man nach Gottes Willen leben soll. *22* Ist es nun richtig, dem Kaiser Steuern zu zahlen oder nicht?« *23* Jesus durchschaute ihre Heuchelei und sagte: *24* »Zeigt mir einen Denar*! Wessen Bild und Name ist darauf?« – »Des Kaisers«, erwiderten sie. *25* »Nun«, sagte Jesus, »dann gebt dem Kaiser, was dem Kaiser gehört, und Gott, was Gott gehört.« *26* Sie konnten ihn zu keiner verfänglichen Aussage vor dem Volk verleiten. Im Gegenteil, sie waren von seiner Antwort so überrascht, dass sie nichts mehr zu sagen wussten.

27 Dann kamen einige Sadduzäer* zu Jesus. Diese religiöse Gruppe behauptete, es gäbe keine Auferstehung nach dem Tod. Sie fragten: *28* »Rabbi, Mose hat uns vorgeschrieben: Wenn ein verheirateter Mann kinderlos stirbt, dann soll sein Bruder die Frau heiraten und seinem Bruder Nachkommen verschaffen. *29* Nun waren da sieben Brüder. Der älteste von ihnen heiratete und starb kinderlos. *30* Daraufhin nahm der zweite Bruder die Witwe zur Frau. Doch auch er starb bald und hinterließ keine Kinder. *31* Nach ihm der dritte und so alle sieben. Sie heirateten die Frau, hinterließen keine Kinder und starben. *32* Zuletzt starb auch die Frau. *33* Wessen Frau wird sie nun nach der Auferstehung sein? Denn alle sieben waren ja mit ihr verheiratet.« *34* Jesus sagte zu ihnen: »Heiraten ist eine Sache für die gegenwärtige Welt. *35* Aber die Menschen, die für würdig

---

20,17 Psalm 118,22

20,24 Denar. Römische Silbermünze, die dem Tageslohn eines gut bezahlten Arbeiters entsprach.

20,27 Sadduzäer. Politisch einflussreiche, römerfreundliche religiöse Gruppe, deren Mitglieder aus den vornehmen Familien stammten.

gehalten werden, in der kommenden Welt leben zu dürfen und von den Toten aufzuerstehen, werden nicht mehr heiraten. *36* Sie können dann auch nicht mehr sterben, sondern sind den Engeln gleich. Als Menschen der Auferstehung sind sie dann Söhne Gottes. *37* Dass aber die Toten auferstehen, hat schon Mose angedeutet, als er in der Geschichte vom Dornbusch den Herrn als den Gott Abrahams, den Gott Isaaks und den Gott Jakobs bezeichnet. *38* Er ist also nicht ein Gott von Toten, sondern von Lebenden; denn für ihn sind alle lebendig.« *39* Da sagten einige von den Gesetzeslehrern:»Rabbi, das war eine gute Antwort!« *40* Denn sie wagten es nicht mehr, ihn über irgendetwas zu befragen.

41 Nun wandte sich Jesus an alle und fragte:»Wieso wird eigentlich behauptet, der Messias sei der Sohn Davids? *42* David selbst sagt doch im Buch der Psalmen:›Der Herr sprach zu meinem Herrn: Setze dich an meine rechte Seite, *43* bis ich deine Feinde zum Fußschemel für dich gemacht habe.‹* *44* Wenn David ihn also Herr nennt, wie kann er dann gleichzeitig sein Sohn sein?«

45 Vor dem ganzen versammelten Volk warnte Jesus seine Jünger: *46* »Hütet euch vor den Gesetzeslehrern! Sie zeigen sich gern in ihren langen Gewändern und erwarten, dass man sie auf den Märkten ehrerbietig grüßt. In der Synagoge sitzen sie in der ersten Reihe, und bei Gastmählern beanspruchen sie die Ehrenplätze. *47* Gleichzeitig aber verschlingen sie den Besitz schutzloser Witwen und sprechen scheinheilig lange Ge-

bete. Darum erwartet sie ein sehr hartes Urteil.«

21 *1* Jesus blickte auf und sah, wie reiche Leute Geld in den Opferkasten warfen. *2* Er sah auch wie eine arme Witwe zwei kleine Kupfermünzen, zwei Lepta*, hineinsteckte. *3* Da sagte er:»Ich versichere euch, diese arme Witwe hat mehr eingelegt als alle anderen. *4* Denn die anderen haben nur etwas von ihrem Überfluss abgegeben. Sie aber hat alles hergegeben, was sie selbst dringend zum Lebensunterhalt gebraucht hätte.«

Die Zeichen des Endes

5 Als einige sich über den Tempel unterhielten und die herrlichen Steine bewunderten, mit denen er gebaut, und die Weihgaben, mit denen er geschmückt war, sagte er: *6* »Es kommt eine Zeit, da wird von dem, was ihr hier seht, kein Stein auf dem anderen bleiben; es wird alles zerstört werden.« *7* Da fragten sie ihn:»Rabbi, wann wird das alles geschehen? Gibt es ein Zeichen, an dem wir erkennen können, wann es sich erfüllen wird?« *8* »Gebt Acht, dass euch niemand irreführt!«, erwiderte Jesus.»Viele werden unter meinem Namen auftreten und von sich sagen:›Ich bin es!‹, und:›Die Zeit ist da!‹ Lauft ihnen nicht nach! *9* Erschreckt nicht, wenn ihr von Kriegen und Unruhen hört! Das muss vorher geschehen, aber das

---

20,43 Psalm 110,1
21,2 *Lepta*. Das entspricht etwa dem 64. Teil eines Tagelohns.

Ende kommt nicht gleich danach.« *10* Dann fügte er hinzu: »Ein Volk wird sich gegen das andere erheben, und ein Staat den anderen angreifen. *11* Es wird schwere Erdbeben geben und in vielen Teilen der Welt Hungersnöte und Seuchen. Furchtbare Dinge geschehen, und am Himmel werden gewaltige Zeichen zu sehen sein. *12* Aber bevor das alles passiert, werden sie gewaltsam gegen euch vorgehen und euch verfolgen. Man wird euch vor Synagogengerichte stellen und ins Gefängnis werfen. Und weil ihr zu mir gehört, werdet ihr auch vor Machthaber und Könige gestellt werden. *13* Das wird euch aber Gelegenheit zum Zeugnis für mich geben. *14* Verzichtet bewusst darauf, im Voraus festzulegen, wie ihr euch verteidigen sollt. *15* Denn ich selbst werde euch Worte in den Mund legen, denen eure Gegner nichts entgegenzusetzen haben. Ich werde euch eine Weisheit geben, der sie nicht widersprechen können. *16* Sogar eure Eltern und Geschwister, eure Verwandten und Freunde werden euch ausliefern. Und einige von euch wird man töten. *17* Weil ihr euch zu mir bekennt, werdet ihr von allen gehasst werden. *18* Doch nicht ein Haar von eurem Kopf wird verloren gehen. *19* Bleibt also standhaft, dann werdet ihr das Leben gewinnen.

20 Wenn ihr seht, dass Jerusalem von feindlichen Heeren eingeschlossen ist, könnt ihr sicher sein, dass seine Zerstörung unmittelbar bevorsteht. *21* Dann sollen die Bewohner Judäas in die Berge fliehen. Wer in der Stadt ist, soll sie verlassen, und wer auf dem Land ist, soll nicht Schutz in der Stadt suchen. *22* Denn dann sind die Tage der Bestrafung da, an denen alles in Erfüllung geht, was in der Schrift darüber gesagt ist. *23* Am schlimmsten wird es dann für schwangere Frauen und stillende Mütter sein. Denn das ganze Land wird in schreckliche Not kommen, weil der Zorn Gottes über dieses Volk hereinbricht. *24* Die Menschen werden mit dem Schwert erschlagen oder als Gefangene in alle Länder verschleppt. Jerusalem wird so lange von fremden Völkern niedergetreten werden, bis auch deren Zeit abgelaufen ist. *25* An Sonne, Mond und Sternen werden Zeichen erscheinen, und auf der Erde werden die Völker in Angst und Schrecken geraten und nicht mehr aus und ein wissen vor dem tobenden Meer und seinen Wellen. *26* In Erwartung der schrecklichen Dinge, die noch über die Erde kommen, werden die Menschen vor Angst vergehen, denn sogar die Kräfte des Himmels werden aus dem Gleichgewicht geraten. *27* Dann werden sie den Menschensohn mit großer Macht und Herrlichkeit auf einer Wolke kommen sehen. *28* Wenn das alles anfängt, dann hebt den Kopf und richtet euch auf, denn dann ist eure Erlösung nicht mehr weit.«

29 Jesus gebrauchte noch einen Vergleich: »Seht euch den Feigenbaum oder irgendeinen anderen Baum an. *30* Wenn sie ausschlagen, wisst ihr, dass es bald Sommer wird. *31* Genauso ist es, wenn ihr seht, dass diese Dinge geschehen. Dann ist das Reich Gottes ganz nahe. *32* Ich versichere euch: Diese Generation wird nicht untergehen, bis das alles geschieht.

33 Himmel und Erde werden vergehen, aber meine Worte vergehen nie.
34 Seht euch also vor, und lasst euch
nicht vom Rausch eines ausschweifenden Lebens umnebeln oder von
Lebenssorgen gefangen nehmen, damit jener Tag dann nicht plötzlich
über euch hereinbricht 35 wie eine
Falle, die zuschnappt. Denn er wird
über alle Bewohner der Erde kommen. 36 Seid wachsam und hört nicht
auf zu beten, damit ihr die Kraft habt,
all dem, was geschehen wird, zu entkommen, und damit ihr zuversichtlich vor den Menschensohn treten
könnt.«

37 Tagsüber lehrte Jesus im Tempel,
doch abends verließ er die Stadt und
übernachtete auf dem Ölberg. 38 Und
schon frühmorgens kam das ganze
Volk, um ihn im Tempel zu hören.

Das letzte Passamahl

22 1 Das Fest der ungesäuerten
Brote, das man auch Passa
nennt, stand unmittelbar bevor. 2 Die
Hohen Priester und die Gesetzeslehrer suchten nach einer Gelegenheit, Jesus umbringen zu können. Sie
wollten das aber heimlich tun, weil sie
das Volk fürchteten. 3 Da fuhr der
Satan in Judas, der zu den zwölf
Jüngern gehörte und Sikarier genannt
wurde. 4 Er ging zu den Hohen Priestern und den Hauptleuten der Tempelwache und machte ihnen einen Vorschlag, wie er Jesus an sie ausliefern
könnte. 5 Sie freuten sich und versprachen ihm eine Geldsumme als
Belohnung. 6 Judas war einverstanden und suchte von da an nach einer
günstigen Gelegenheit, Jesus an sie

auszuliefern, ohne dass das Volk
etwas merkte.

7 Es kam nun der erste Tag vom Fest
der ungesäuerten Brote, an dem das
Passalamm geschlachtet werden
musste. 8 Jesus schickte Petrus und
Johannes in die Stadt. »Geht und bereitet das Passamahl für uns vor!«,
sagte er. 9 »Wo sollen wir das tun?«,
fragten sie. 10 »Hört zu! Wenn ihr in
die Stadt kommt, werdet ihr einen
Mann sehen, der einen Wasserkrug
trägt. Folgt ihm in das Haus, in das er
hineingeht, 11 und sagt dort zu dem
Hausherrn: ›Der Rabbi lässt fragen,
wo der Raum ist, in dem er mit seinen
Jüngern das Passa feiern kann.‹ 12 Er
wird euch einen großen, mit Polstern
ausgelegten Raum im Obergeschoss
zeigen. Dort bereitet alles für uns
vor!« 13 Die beiden Jünger machten
sich auf den Weg und fanden alles genauso, wie Jesus es ihnen gesagt
hatte, und bereiteten das Passa vor.

14 Als es dann so weit war, legte sich
Jesus mit den Aposteln zu Tisch und
sagte: 15 »Ich habe mich sehr danach
gesehnt, dieses Passa mit euch zu
essen, bevor ich leiden muss. 16 Denn
ich sage euch: Ich werde dieses Fest
nicht mehr feiern, bis es im Reich Gottes seine volle Erfüllung findet.«
17 Dann nahm er einen Becher mit
Wein, sprach das Dankgebet und
sagte: »Nehmt ihn und teilt ihn unter
euch! 18 Denn ich sage euch: Bis zu
dem Tag, an dem Gott seine Herrschaft aufrichtet, werde ich vom Saft
der Reben nichts mehr trinken.«
19 Dann nahm Jesus ein Fladenbrot,
dankte Gott dafür, brach es in Stücke
und gab es seinen Jüngern mit den
Worten: »Das ist mein Leib, der für

euch hingegeben wird. Tut das immer wieder, um euch dabei an mich zu erinnern!« 20 Nachdem sie gegessen hatten, nahm er in gleicher Weise den Becher und gab ihn den Jüngern. »Dieser Becher steht für den neuen Bund«, sagte er, »der mit meinem Blut besiegelt wird, das ich für euch vergießen werde. 21 Doch ihr müsst wissen, der Verräter ist hier an diesem Tisch. 22 Der Menschensohn geht zwar den Weg, der ihm bestimmt ist, aber wehe dem Menschen, der ihn ausliefern wird!« 23 Da fingen die Jünger an, sich gegenseitig zu fragen, wer von ihnen wohl so etwas tun würde.

24 Es kam auch zu einem Streit unter ihnen über die Frage, wer von ihnen wohl der Größte sei. 25 Da sagte Jesus: »In der Welt herrschen die Könige über ihre Völker, und die Mächtigen lassen sich Wohltäter nennen. 26 Doch bei euch soll es nicht so sein. Im Gegenteil: Der Größte unter euch soll sich auf eine Stufe mit dem Geringsten stellen, und der Führer sei wie ein Diener. 27 Wer ist denn größer: der, der zu Tisch liegt oder der, der ihn bedient? Natürlich der am Tisch! Aber ich bin unter euch wie ein Diener. 28 Doch ihr seid in allem, was ich durchmachen musste, treu bei mir geblieben. 29 Dafür werde ich euch an der Herrschaft beteiligen, die mir mein Vater übertragen hat. 30 Ihr werdet in meinem Reich an meinem Tisch essen und trinken und auf Thronen sitzen, um die zwölf Stämme Israels zu richten.«

22,37 Jesaja 53,12

Prophetische Worte

31 Dann sagte der Herr: »Simon, Simon, der Satan hat euch haben wollen, um euch durchsieben zu können wie den Weizen. 32 Doch ich habe für dich gebetet, dass du deinen Glauben nicht verlierst. Wenn du also später umgekehrt und zurechtgekommen bist, stärke den Glauben deiner Brüder!« 33 »Herr«, sagte Petrus, »ich bin bereit mit dir ins Gefängnis und sogar in den Tod zu gehen.« 34 Doch Jesus erwiderte: »Ich sage dir, Petrus: Noch heute Nacht, bevor der Hahn kräht, wirst du dreimal geleugnet haben, mich überhaupt zu kennen.«

35 Dann fragte Jesus die Jünger: »Als ich euch ohne Geldbeutel, Vorratstasche und Sandalen aussandte, habt ihr da etwas entbehren müssen?« – »Nein, gar nichts«, antworteten sie. 36 »Aber jetzt«, sagte er, »nehmt Geldbeutel und Vorratstasche mit, wenn ihr sie habt. Und wer nichts davon hat, soll seinen Mantel verkaufen und sich ein Schwert kaufen. 37 Denn auch das folgende Schriftwort muss sich noch an mir erfüllen: ›Er wurde zu den Aufrührern gerechnet.‹* Doch alles, was mich betrifft, ist jetzt bald vollendet.« 38 Die Jünger sagten: »Herr, hier sind zwei Schwerter.« – »Das genügt«, sagte er.

Auf dem Ölberg

39 Dann verließ er die Stadt und ging wie gewohnt zum Ölberg. Die Jünger folgten ihm. 40 Als er dort war, sagte er zu seinen Jüngern: »Betet darum, dass ihr nicht in Versuchung geratet.« 41 Dann zog er sich ungefähr einen Steinwurf weit von den Jüngern zurück. Er kniete sich hin und betete:

42 »Vater, wenn du willst, erspare es mir, diesen bitteren Kelch zu trinken! Doch nicht mein Wille soll geschehen, sondern der deine.« 43 Da erschien ihm ein Engel vom Himmel und stärkte ihn. 44 Jesus betete mit solcher Anspannung, dass sein Schweiß wie Blut auf den Erdboden tropfte.* 45 Als er vom Gebet aufstand und wieder zu den Jüngern kam, fand er sie vor Kummer eingeschlafen. 46 »Wie könnt ihr nur schlafen?«, sagte er. »Steht auf und betet, dass ihr nicht in Versuchung geratet!«

47 Kaum hatte er das gesagt, tauchte eine große Schar von Männern auf, an ihrer Spitze Judas, einer der Zwölf. Er ging auf Jesus zu und wollte ihn mit einem Kuss begrüßen. 48 »Judas«, sagte Jesus zu ihm, »mit einem Kuss verrätst du den Menschensohn?« 49 Als die, die bei Jesus waren, merkten, in welcher Absicht die Männer gekommen waren, fragten sie: »Herr, sollen wir kämpfen? Wir haben die Schwerter mitgebracht.« 50 Einer von ihnen ging auch gleich auf den Sklaven des Hohen Priesters los und schlug ihm das rechte Ohr ab. 51 Aber Jesus rief: »Hört auf damit!« Er berührte das Ohr und heilte den Mann. 52 Zu den Hohen Priestern, den Offizieren der Tempelwache und den Ältesten, die gegen ihn angerückt waren, sagte er: »Bin ich denn ein Verbrecher, dass ihr mit Schwertern und Knüppeln auszieht, um mich zu verhaften? 53 Ich war doch täglich bei euch im Tempel. Da habt ihr mich nicht festgenommen. Aber das ist eure Stunde und die Zeit der Finsternismächte.«

Im Palast des Hohen Priesters

54 Sie packten Jesus, führten ihn ab und brachten ihn in den Palast des Hohen Priesters. Petrus folgte ihnen in weitem Abstand. 55 Im Innenhof war ein Feuer angezündet worden, und viele saßen darum herum. Petrus setzte sich zu ihnen. 56 Eine Dienerin bemerkte ihn im Schein des Feuers, blickte ihn scharf an und sagte: »Der war auch mit ihm zusammen!« 57 Aber Petrus stritt es ab: »Ich kenne den Mann gar nicht!« 58 Kurz danach schaute ihn jemand anderes an und sagte: »Du musst auch einer von ihnen sein.« – »Nein!«, sagte Petrus. »Das stimmt nicht.« 59 Etwa eine Stunde später behauptete ein Dritter: »Natürlich war der auch mit ihm zusammen, er ist ja auch ein Galiläer!« 60 Aber Petrus wehrte ab: »Ich weiß gar nicht, wovon du redest, Mensch!« In diesem Augenblick, noch während Petrus redete, krähte der Hahn. 61 Der Herr wandte sich um und blickte Petrus an. Da erinnerte sich Petrus an das, was der Herr zu ihm gesagt hatte: »Bevor der Hahn heute kräht, wirst du mich dreimal verleugnen.« 62 Und er ging hinaus und fing an, bitterlich zu weinen.

63 Die Männer, die Jesus bewachten, trieben ihren Spott mit ihm und schlugen ihn. 64 Sie verhüllten sein Gesicht und sagten: »Du bist ja ein Prophet. Sag uns doch, wer dich geschlagen hat!« 65 Und noch viele andere Entwürdigungen musste er ertragen.

22,43-44 Die Verse 43 und 44 fehlen zwar in mehreren alten Handschriften, werden aber schon sehr früh von Kirchenvätern zitiert.

Vor dem Hohen Rat

66 Als es Tag wurde, versammelten sich die Ältesten des Volkes, die Hohen Priester und die Gesetzeslehrer, die zum Hohen Rat gehörten, zu einer Sitzung. Sie ließen Jesus vorführen 67 und forderten ihn auf: »Wenn du der Messias bist, dann sag es uns!« Jesus erwiderte: »Wenn ich es euch sage, so würdet ihr mir doch nicht glauben, 68 und wenn ich euch frage, antwortet ihr ja nicht. 69 Doch von jetzt an wird der Menschensohn an der rechten Seite des allmächtigen Gottes sitzen.« 70 Da riefen sie alle: »Dann bist du also der Sohn Gottes?« – »Ihr sagt es«, erwiderte er, »ich bin es.« 71 Da riefen sie: »Was brauchen wir noch Zeugen? Wir haben es ja selbst aus seinem Mund gehört!«

Vor Pilatus

23 1 Der gesamte Rat erhob sich und führte Jesus zu Pilatus*. 2 Dort trugen sie ihre Anklage vor: »Wir haben festgestellt, dass dieser Mann unser Volk verführt. Er hält die Leute davon ab, dem Kaiser Steuern zu zahlen, und behauptet, der Messias, also ein König, zu sein.« 3 Pilatus fragte Jesus: »Bist du der König der Juden?« – »Ja, es ist so, wie du sagst«, erwiderte dieser. 4 Daraufhin erklärte Pilatus den Hohen Priestern und der Volksmenge: »Ich finde keine Schuld an diesem Mann.« 5 Doch sie bestanden auf ihren Anschuldigungen und erklärten: »Er wiegelt das Volk auf und verbreitet seine Lehre in ganz Judäa. Angefangen hat er damit in Galiläa, und jetzt ist er bis hierher gekommen.«

Vor Herodes

6 Als Pilatus das hörte, fragte er, ob der Mann aus Galiläa sei. 7 Man bestätigte ihm, dass Jesus aus dem Herrschaftsbereich des Herodes Antipas stamme. Da ließ er ihn zu Herodes führen, der sich in diesen Tagen ebenfalls in Jerusalem aufhielt. 8 Herodes freute sich sehr, als er Jesus sah, denn er wollte ihn schon lange einmal kennenlernen. Er hatte viel von ihm gehört und hoffte nun, eines seiner Wunder mitzuerleben. 9 Er stellte ihm viele Fragen, aber Jesus gab ihm nicht eine Antwort. 10 Dann standen die Hohen Priester und Gesetzeslehrer auf und klagten ihn scharf an. 11 Schließlich begannen Herodes und seine Soldaten, Jesus zu verhöhnen. Sie trieben ihren Spott mit ihm und schickten ihn schließlich zu Pilatus zurück, nachdem sie ihm ein Prachtgewand umgehängt hatten. 12 Pilatus und Herodes Antipas, die bisher verfeindet gewesen waren, wurden an diesem Tag Freunde.

Das Urteil

13 Pilatus ließ die Hohen Priester, die anderen Ratsmitglieder und das Volk zusammenrufen 14 und erklärte ihnen: »Ihr habt diesen Mann vor mich gebracht und behauptet, er würde das Volk aufhetzen. Nun, ich habe ihn in eurem Beisein verhört und keine einzige von euren Anklagen bestätigt gefunden. 15 Auch Herodes hat nichts herausgefunden, sonst hätte er

---

23,1 *Pilatus*. Von 26-36 n.Chr. Statthalter des römischen Kaisers für Judäa und Samaria.

ihn nicht zu uns zurückgeschickt. Ihr seht also: Der Mann hat nichts getan, wofür er den Tod verdient hätte. 16 Darum werde ich ihn jetzt auspeitschen lassen und dann freigeben.« (17)* 18 Da ging ein Aufschrei durch die Menge: »Weg mit ihm! Gib uns Barabbas frei!« 19 Barabbas war in einen Aufruhr in der Stadt verwickelt gewesen und hatte dabei einen Mord begangen. Deswegen saß er im Gefängnis. 20 Pilatus wollte Jesus freilassen und redete der Menge zu. 21 Aber sie schrien noch lauter: »Ans Kreuz mit ihm! Lass ihn kreuzigen!« 22 Da machte Pilatus noch einen dritten Versuch. »Was hat er denn verbrochen?«, fragte er sie. »Ich habe keinen Grund für ein Todesurteil gefunden. Darum werde ich ihn auspeitschen lassen und anschließend freigeben.« 23 Doch sie setzten ihm mit lautem Geschrei zu und forderten mit aller Macht, dass Jesus gekreuzigt würde. Schließlich beugte sich Pilatus der schreienden Menge 24 und entschied, dass ihre Forderung erfüllt werde. 25 Den Mann, der wegen Aufruhr und Mord im Gefängnis saß, ließ er auf ihr Verlangen hin frei; Jesus dagegen opferte er ihrem Willen.

Die Kreuzigung

26 Als sie ihn dann abführten, kam gerade ein gewisser Simon, der aus Zyrene stammte, vom Feld zurück. Den packten sie und luden ihm das Kreuz auf. Er musste es hinter Jesus hertragen. 27 Eine große Menschenmenge folgte Jesus, darunter viele Frauen, die laut klagten und jammerten. 28 Jesus drehte sich zu ihnen um und sagte: »Ihr Frauen von Jerusalem, weint nicht über mich! Weint über euch selbst und über eure Kinder! 29 Denn es kommt die Zeit, da wird man sagen: ›Wie gut sind die Frauen dran, die keine Kinder bekommen konnten, die nie ein Kind geboren und gestillt haben!‹ 30 Dann wird man zu den Bergen sagen: ›Fallt auf uns herab!‹, und zu den Hügeln: ›Begrabt uns unter euch!‹ 31 Denn wenn dies hier dem lebendigen Baum geschieht, wie wird es dann erst dem verdorrten ergehen?«

32 Zusammen mit Jesus wurden auch zwei Verbrecher zur Hinrichtung geführt. 33 Als sie an die Stelle kamen, die »Schädel« genannt wird, kreuzigten sie ihn und die beiden Verbrecher, den einen rechts und den anderen links von ihm. 34 Jesus sagte: »Vater, vergib ihnen, denn sie wissen nicht, was sie tun!« Aber die Soldaten verlosten seine Kleider unter sich. 35 Das Volk stand da und sah zu. Ihre führenden Männer aber spotteten: »Anderen hat er geholfen, jetzt soll er sich selbst helfen, wenn er wirklich der Auserwählte ist, der von Gott gesandte Messias!« 36 Auch die Soldaten verspotteten ihn. Sie brachten ihm sauren Wein 37 und sagten: »Wenn du der König der Juden bist, dann hilf dir selbst!« 38 Über ihm hatte man eine Tafel angebracht. Darauf stand: »Dies ist der König der Juden.« 39 Einer der beiden Verbrecher höhnte: »Bist du nun der

---

23,17 Manche alte Handschriften haben hier eingefügt: »Denn er musste ihnen aus Anlass des Festes einen Gefangenen freigeben«, wie es Matthäus und Markus berichten.

Messias oder nicht? Dann hilf dir selbst und auch uns!« *40* Doch der andere fuhr ihn an: »Nimmst du Gott immer noch nicht ernst? Du bist doch genauso zum Tod verurteilt wie er, *41* aber du bist es mit Recht! Wir beide bekommen den Lohn für das, was wir getan haben, aber der da hat nichts Unrechtes getan.« *42* Dann sagte er: »Jesus, denk an mich, wenn du deine Herrschaft antrittst!« *43* Jesus erwiderte ihm: »Ich versichere dir: Heute noch wirst du mit mir im Paradies sein.«

Der Tod

44 Gegen zwölf Uhr mittags wurde plötzlich der Himmel über dem ganzen Land dunkel. Das dauerte bis drei Uhr nachmittags. *45* Die Sonne hatte sich verfinstert. Dann riss der Vorhang im Tempel mitten entzwei und *46* Jesus schrie: »Vater, in deine Hände gebe ich meinen Geist.« Mit diesen Worten starb er. *47* Als der Hauptmann ihn so sterben sah, gab er Gott die Ehre und sagte: »Dieser Mann war wirklich ein Gerechter!« *48* Und die vielen Leute, die zu dem Schauspiel der Kreuzigung gekommen waren und alles miterlebt hatten, schlugen sich an die Brust und kehrten voller Reue in die Stadt zurück.

49 Aber alle, die mit Jesus bekannt gewesen waren, standen weitab, darunter auch die Frauen, die ihm seit der Zeit seines Wirkens in Galiläa gefolgt waren. Sie hatten alles mit angesehen.

Das Begräbnis

50 Unter den Mitgliedern des Hohen Rates war ein Mann von edler und gerechter Gesinnung. Er hieß Josef *51* und stammte aus Arimathäa*, einer jüdischen Stadt. Er wartete auf das Kommen des Reiches Gottes und hatte den Beschlüssen und dem Vorgehen der anderen Ratsmitglieder nicht zugestimmt. *52* Dieser Josef ging zu Pilatus und bat um den Leichnam von Jesus. *53* Dann nahm er den Toten vom Kreuz, wickelte ihn in ein Leinentuch und legte ihn in eine Felsengruft, in der noch niemand bestattet worden war. *54* Das geschah noch am Rüsttag*, unmittelbar vor Beginn des Sabbats. *55* Die Frauen aus Galiläa waren Josef gefolgt. Sie sahen die Grabhöhle und schauten zu, wie der Leichnam von Jesus hineingelegt wurde. *56* Nachdem sie in die Stadt zurückgekehrt waren, bereiteten sie wohlriechende Öle und Salben zu. Doch den Sabbat verbrachten sie in Ruhe, wie es das Gesetz vorschreibt.

Das leere Grab

24 *1* Am ersten Tag der neuen Woche, ganz in der Frühe, nahmen die Frauen die wohlriechenden Öle, die sie zubereitet hatten, und gingen zur Felsengruft. *2* Da sahen sie, dass der Stein, der den Eingang verschlossen hatte, weggewälzt war. *3* So gingen sie in die Grabhöhle hinein, fanden den Leib von Jesus,

---

23,51 *Arimathäa.* Der Ort ist vermutlich mit Ramathajim Zophim identisch, dem Geburtsort Samuels (1. Samuel 1,1), und liegt 15 km nordöstlich von Lydda.

23,54 *Rüsttag.* Der Tag, an dem man sich auf den Sabbat vorbereitete. Der Sabbat begann am Freitag gegen 18 Uhr und dauerte bis Sonnabend, 18 Uhr.

ihrem Herrn, aber nicht. *4* Während sie noch ratlos dastanden, traten plötzlich zwei Männer zu ihnen, die in strahlend helle Gewänder gekleidet waren. *5* Die Frauen erschraken und blickten zu Boden. Doch die beiden Männer sagten zu ihnen: »Was sucht ihr den Lebendigen bei den Toten? *6* Er ist nicht hier, er ist auferstanden. Erinnert ihr euch nicht an das, was er euch in Galiläa sagte, *7* dass der Menschensohn in die Hände sündiger Menschen ausgeliefert und gekreuzigt werden muss, und dass er am dritten Tag auferstehen würde?« *8* Da erinnerten sie sich an seine Worte. *9* Sie verließen die Felsengruft und berichteten alles den elf Aposteln und den übrigen Jüngern. *10* Es waren Maria aus Magdala, Johanna und Maria, die Mutter des Jakobus, und noch einige andere. Sie erzählten den Aposteln, was sie erlebt hatten. *11* Doch die hielten das für leeres Geschwätz und glaubten ihnen nicht. *12* Petrus allerdings sprang auf und lief zum Felsengrab. Er beugte sich vor, um hineinzuschauen, sah aber nur die Leinenbinden daliegen. Dann ging er wieder zurück und fragte sich verwundert, was da wohl geschehen war.

Auf dem Weg nach Emmaus

13 Am gleichen Tag gingen zwei von den Jüngern nach dem Dorf Emmaus, das elf Kilometer* von Jerusalem entfernt liegt. *14* Unterwegs unterhielten sie sich über alles, was in den letzten Tagen geschehen war. *15* Als sie so miteinander sprachen und sich Gedanken machten, kam Jesus selbst hinzu und schloss sich ihnen an.

16 Aber sie waren wie mit Blindheit geschlagen und erkannten ihn nicht. *17* »Was beschäftigt euch denn so sehr?«, fragte Jesus. »Worüber redet ihr?« Da blieben sie traurig stehen, *18* und einer von ihnen – er hieß Kleopas – sagte: »Du bist wohl der einzige Mensch in Jerusalem, der nicht weiß, was sich in den letzten Tagen dort abgespielt hat?« *19* »Was denn?«, fragte Jesus. Sie erwiderten: »Das, was mit Jesus von Nazaret geschehen ist. Er war ein Prophet und hat in seinen Worten und Werken vor Gott und dem ganzen Volk seine Macht erwiesen. *20* Unsere Hohen Priester und die anderen Oberen haben ihn zum Tod verurteilt und ans Kreuz nageln lassen. *21* Dabei haben wir gehofft, dass er der sei, der Israel erlösen würde. Heute ist außerdem schon der dritte Tag, seitdem dies geschehen ist. *22* Dann haben uns auch noch einige Frauen von uns, die am frühen Morgen an der Felsengruft gewesen sind, aus der Fassung gebracht. *23* Sie haben seinen Leichnam nicht gefunden, und als sie dann zurückkamen, erzählten sie, Engel wären ihnen erschienen und hätten gesagt, dass er lebe. *24* Daraufhin gingen einige von uns zur Gruft und fanden es so, wie die Frauen berichtet hatten. Aber ihn selbst sahen sie nicht.«

25 Da sagte Jesus zu ihnen: »Was seid ihr doch schwer von Begriff!

24,13 elf Kilometer. Wörtlich: *60 Stadien.* Stadion ist ein griechisches Längenmaß, das nach der Länge des Stadions in Olympia benannt ist und 600 griechische Fuß (= rund 185 Meter) betrug.

Warum fällt es euch nur so schwer, an alles zu glauben, was die Propheten gesagt haben? *26* Musste der Messias nicht das alles erleiden, bevor er verherrlicht wird?« *27* Dann erklärte er ihnen in der ganzen Schrift alles, was sich auf ihn bezog; er fing bei Mose an und ging durch sämtliche Propheten. *28* So erreichten sie das Dorf, zu dem sie unterwegs waren. Jesus tat so, als wollte er weitergehen, *29* doch die Jünger hielten ihn zurück und baten: »Bleib doch bei uns! Es ist schon Abend und gleich wird es dunkel.« Da ging er mit ihnen ins Haus. *30* Als sie sich dann am Tisch niedergelassen hatten, nahm Jesus das Fladenbrot, sprach das Segensgebet darüber, brach es in Stücke und reichte es ihnen. *31* Da gingen ihnen die Augen auf, und sie erkannten ihn. Doch im selben Augenblick wurde er vor ihnen unsichtbar. *32* »Brannte nicht unser Herz, als er unterwegs mit uns sprach und uns den Sinn der Schrift aufschloss?«, sagten sie da zueinander. *33* Unverzüglich brachen sie auf und kehrten nach Jerusalem zurück. Dort fanden sie alle versammelt, die Elf und alle, die sich zu ihnen hielten. *34* »Der Herr ist wirklich auferstanden«, riefen diese ihnen entgegen, »er ist Simon erschienen!« *35* Da berichteten die beiden, was sie selbst unterwegs erlebt hatten und wie sie ihn am Brechen des Brotes erkannten.

Der Auferstandene bei den Jüngern

36 Während sie noch erzählten, stand der Herr plötzlich selbst in ihrer Mitte. »Friede sei mit euch!«, grüßte er sie. *37* Doch sie erschraken sehr und bekamen Angst, weil sie meinten, einen Geist zu sehen. *38* »Warum seid ihr so erschrocken?«, sagte Jesus zu ihnen. »Warum kommen euch solche Gedanken? *39* Seht euch meine Hände an und meine Füße: Ich bin es ja! Fasst mich an und überzeugt euch selbst! Ein Geist hat doch nicht Fleisch und Knochen, wie ihr sie an mir seht.« *40* Mit diesen Worten hielt er ihnen seine Hände hin und zeigte ihnen seine Füße. *41* Und als sie es in ihrer Freude und Verwunderung immer noch nicht glauben konnten, fragte er: »Habt ihr etwas zu essen hier?« *42* Da gaben sie ihm ein Stück gebratenen Fisch. *43* Er nahm es und aß es vor ihren Augen auf. *44* Dann sagte er zu ihnen: »Nun ist in Erfüllung gegangen, was ich euch gesagt habe, als ich noch bei euch war: ›Alles, was im Gesetz des Mose, in den Propheten und Psalmen über mich geschrieben steht, musste sich erfüllen.‹« *45* Dann öffnete er ihnen die Augen für die Schrift und half ihnen, sie zu verstehen. *46* »So steht es geschrieben«, erklärte er ihnen, »und so musste der Messias leiden und sterben und am dritten Tag danach von den Toten auferstehen. *47* Und in seinem Namen wird man allen Völkern, angefangen in Jerusalem, predigen, dass sie zu Gott umkehren sollen, um Vergebung der Sünden empfangen zu können. *48* Ihr seid Zeugen für das alles. *49* Und seid gewiss: Was mein Vater euch versprochen hat, werde ich zu euch herabsenden. Bleibt so lange hier in der Stadt, bis ihr mit der Kraft aus der Höhe ausgerüstet worden seid.«

50 Jesus führte seine Jünger noch aus der Stadt hinaus bis in die Nähe von Betanien. Dort erhob er die Hände, um sie zu segnen. *51* Und während er sie segnete, wurde er von ihnen weggenommen und zum Himmel emporgehoben. *52* Die Jünger warfen sich vor ihm nieder. Und dann kehrten sie mit großer Freude nach Jerusalem zurück. *53* Von da an waren sie ständig im Tempel und priesen Gott.

Die gute Botschaft, aufgeschrieben von Johannes

Wenn die Nachrichten der Alten Kirche richtig sind, schrieb der Apostel Johannes um das Jahr 85 n.Chr. das letzte der vier Evangelien, vermutlich in der Großstadt Ephesus. Der Geist Gottes machte ihm dabei deutlich, keinen Lebensabriss von Jesus Christus zu zeichnen, sondern die drei Evangelien, die schon seit Jahrzehnten in Umlauf waren, zu ergänzen. In einer Zeit, in der die Gemeinde durch falsche Heilsangebote und Verfolgung gefährdet war, zielte das Johannes-Evangelium darauf ab, den Glauben zu erwecken und zu erhalten.

Prolog: das Wort

1 *1* Im Anfang war das Wort. Das Wort war bei Gott, ja das Wort war Gott. *2* Von Anfang an war es bei Gott. *3* Alles ist dadurch entstanden. Ohne das Wort entstand nichts von dem, was besteht. *4* In ihm war Leben und dieses Leben war Licht für die Menschen. *5* Das Licht scheint in der Finsternis und die Finsternis hat es nicht erfasst.

6 Da trat ein Mensch auf. Er war von Gott gesandt und hieß Johannes. *7* Er kam, um als Zeuge auf das Licht hinzuweisen. Alle sollten durch ihn daran glauben. *8* Er war nicht selbst das Licht, er sollte nur darauf hinweisen. *9* Der, auf den er hinwies, war das wahre Licht, das in die Welt kommen und jeden Menschen erleuchten sollte. *10* Er war schon immer in der Welt, doch die Welt, die durch ihn geschaffen wurde, erkannte ihn nicht. *11* Er kam in sein Eigentum, aber sein Volk wollte nichts von ihm wissen. *12* Doch allen, die ihn aufnahmen, die an seinen Namen glaubten, gab er das Recht, Kinder Gottes zu werden. *13* Sie wurden das nicht auf Grund natürlicher Abstammung, durch menschliches Wollen oder den Entschluss eines Mannes, sondern durch eine Geburt aus Gott.

14 Er, das Wort, wurde Mensch und lebte unter uns. Wir haben seine Herrlichkeit gesehen, eine Herrlichkeit voller Gnade* und Wahrheit, wie sie nur der einzigartige Sohn vom Vater bekommen hat. *15* Johannes trat als Zeuge für ihn auf. »Der ist es!«, rief er, »von ihm habe ich gesagt: ›Nach mir kommt einer, der weit über mir* steht!‹, denn er war schon vor mir da.« *16* Und wir alle haben aus seinem unendlichen Reichtum Gnade und immer wieder Gnade empfangen. *17* Durch Mose wurde das Gesetz gegeben, aber durch Jesus Christus sind Gnade und Wahrheit zu uns gekommen. *18* Niemand hat Gott jemals gesehen. Nur der Eine und Einzige seiner Art, der an der Seite des Vaters selbst Gott ist, hat uns Aufklärung über Gott gegeben.

1,14 *Gnade.* Gunst, die völlig umsonst erwiesen wird und beim Empfänger Freude auslöst.

1,15 *über mir.* Wörtlich: »der vor mir war«. Im Altertum wurde jemand, der älter war, immer als der Größere angesehen.

Ein Zeuge namens Johannes

19 Folgende Begebenheit macht klar, wie Johannes auf ihn hinwies: Die Juden von Jerusalem hatten Priester und Leviten zu ihm geschickt, die ihn fragen sollten, wer er sei. 20 »Ich bin nicht der Messias«, machte er ihnen unmissverständlich klar. 21 »Was denn?«, fragten sie weiter. »Bist du Elija?« – »Nein, der bin ich auch nicht«, erwiderte er. »Bist du der Prophet?« »Nein!« 22 »Dann sag uns doch, wer du bist«, entgegneten sie, »wir müssen ja denen, die uns geschickt haben, eine Antwort bringen. Was sagst du über dich selbst?« 23 Johannes antwortete mit den Worten des Propheten Jesaja: »Ich bin eine Stimme, die in der Wüste ruft: ›Ebnet den Weg für den Herrn!‹«*

24 Unter den Abgesandten waren auch einige Pharisäer*, 25 die jetzt weiterfragten: »Wenn du weder der Messias bist, noch Elija und auch nicht der Prophet, weshalb taufst du dann?« 26 »Ich taufe mit Wasser«, entgegnete Johannes, »aber mitten unter euch steht jemand, den ihr nicht kennt. 27 Es ist der, der nach mir kommt. Ich bin nicht einmal würdig, ihm die Riemen seiner Sandalen zu lösen.« 28 Das spielte sich in Betanien* ab, einem Dorf auf der anderen Seite des Jordan*, wo Johannes taufte.

29 Am nächsten Tag sah Johannes Jesus auf sich zukommen und sagte: »Seht, das ist das Opferlamm Gottes, das die Sünde der ganzen Welt wegnimmt. 30 Ihn meinte ich, als ich sagte: ›Nach mir kommt einer, der weit über mir steht, denn er war schon vor mir da.‹ 31 Auch ich kannte ihn nicht. Aber gerade deshalb bin ich gekommen und taufe mit Wasser, damit Israel erkennt, wer er ist.« 32 Dann machte Johannes diese Aussage: »Ich sah den Geist Gottes wie eine Taube vom Himmel herabschweben und auf ihm bleiben. 33 Ich hätte nicht gewusst, wer es war, aber der, der mir den Auftrag gab, mit Wasser zu taufen, hatte mir gesagt: ›Wenn du den Geist auf jemand herabschweben und auf ihm bleiben siehst, dann ist das der, der mit dem Heiligen Geist tauft.‹ 34 Ich habe es gesehen und bezeuge: ›Dieser Mann ist der Sohn Gottes.‹«

35 Am nächsten Tag war Johannes mit zwei von seinen Jüngern wieder dort. 36 Als er Jesus vorbeigehen sah, sagte er: »Seht, das Opferlamm Gottes!« 37 Die zwei Jünger hörten das und gingen Jesus nach. 38 Jesus drehte sich um und sah, dass sie ihm folgten. Da fragte er: »Was sucht ihr?« –

1,23 Jesaja 40,3

1,24 *Pharisäer.* Religionspartei, die auf genaue Einhaltung der Gesetze und Überlieferungen Wert legte.

1,28 Dieses *Betanien* darf nicht mit dem verwechselt werden, das nur drei Kilometer von Jerusalem entfernt am Hang des Ölbergs lag (Johannes 11,18).

Der *Jordan* ist der wichtigste Fluss Israels, der als geologisches Phänomen das tiefstgelegene Tal der Erde durchfließt. Er entspringt im Norden im Gebiet des Berges Hermon, etwa 500 Meter über dem Meeresspiegel und mündet 200 km südlich ins Tote Meer, dessen Wasserspiegel sich 392 Meter unter Meeresniveau befindet. Die Taufstelle ist etwa 7 km nördlich vom Toten Meer zu suchen.

1,38 *Rabbi.* Hebräische Anrede: *mein Herr (mein Lehrer, mein Meister)!*

»Rabbi*, wo wohnst du?«, entgegneten sie. Rabbi heißt übrigens »Lehrer«. *39* »Kommt mit«, erwiderte er, »dann werdet ihr es sehen.« So kamen sie mit. Das war nachmittags gegen vier Uhr. Sie sahen, wo er sich aufhielt und blieben den Tag über bei ihm.

Die ersten Jünger

40 Einer von den beiden, die Jesus gefolgt waren, weil sie das Zeugnis von Johannes gehört hatten, war Andreas, der Bruder von Simon Petrus. *41* Der fand gleich darauf seinen Bruder Simon und sagte zu ihm: »Wir haben den Messias gefunden!« – Messias ist das hebräische Wort für »Christus«*. *42* Dann brachte er ihn zu Jesus. Jesus sah ihn an und sagte: »Du bist Simon Ben-Johannes. Man wird dich einmal Kephas nennen.« – Kephas bedeutet »Fels«, griechisch: »Petrus«.

43 Als Jesus am nächsten Tag nach Galiläa* aufbrechen wollte, traf er

---

1,41 *Christus* Siehe Vorwort des Übersetzers.

1,43 *Galiläa.* Von Juden und Griechen bewohntes Gebiet im Norden Israels, etwa zwischen dem See Gennesaret und dem Mittelmeer.

1,44 *Betsaida.* Fischerdorf an der Mündung des Jordan in den See Gennesaret. Heute wahrscheinlich El-Aradsch.

1,45 *Nazaret.* Der kleine Ort mit etwa 150 Einwohnern lag in der Mitte zwischen dem Mittelmeer und dem See Gennesaret und wurde im Alten Testament nie erwähnt.

1,51 *Menschensohn* ist eine von Jesus bevorzugte Selbstbezeichnung. Er knüpft damit an Daniel 7,13 an, wo der zukünftige Herrscher des Gottesreiches angekündigt wird.

2,1 *Kana.* Der Ort liegt etwa 14 km nördlich von Nazaret.

Philippus und sagte zu ihm: »Komm, folge mir!« *44* Philippus stammte wie Andreas und Petrus aus der Stadt Betsaida*. *45* Danach traf Philippus Natanaël und sagte zu ihm: »Wir haben den gefunden, von dem Mose im Gesetz schreibt und den auch die Propheten angekündigt haben: Es ist Jesus aus Nazaret*, ein Sohn von Josef.« *46* »Nazaret? Kann von da etwas Gutes kommen?«, fragte Natanaël. Philippus erwiderte nur: »Komm und sieh selbst!« *47* Als Jesus Natanaël kommen sah, sagte er: »Das ist ein wahrer Israelit, ein Mann ohne Falschheit.« *48* »Woher kennst du mich?«, fragte Natanaël. Jesus antwortete: »Ich sah dich, als du noch unter dem Feigenbaum saßt, bevor Philippus dich rief.« *49* Da erklärte Natanaël: »Rabbi, du bist der Sohn Gottes! Du bist der König Israels!« *50* Jesus erwiderte: »Das glaubst du, weil ich dir gesagt habe, dass ich dich unter dem Feigenbaum sah. Du wirst noch viel größere Dinge sehen.« *51* Dann fügte er hinzu: »Ja, ich versichere euch: Ihr werdet den Himmel offen sehen und erleben, wie die Engel Gottes vom Menschensohn* zum Himmel aufsteigen und wieder herabkommen.«

Das erste Wunder: 600 Liter Wein

2 *1* Am dritten Tag fand in Kana*, in Galiläa, eine Hochzeit statt. Die Mutter von Jesus nahm daran teil *2* und auch Jesus war mit seinen Jüngern dazu eingeladen. *3* Als während des Festes der Wein ausging, sagte seine Mutter zu ihm: »Sie haben keinen Wein mehr!« *4* »Frau, in was für eine Sache willst du mich da hineinziehen?«, entgegnete Jesus.

»Meine Zeit ist noch nicht gekommen.« 5 Da wandte sich seine Mutter an die Diener und sagte: »Tut alles, was er euch aufträgt.« 6 In der Nähe standen sechs Wasserkrüge aus Stein, wie sie von den Juden für zeremonielle Waschungen benötigt wurden. Jeder von ihnen fasste etwa 100 Liter*. 7 Jesus sagte zu den Dienern: »Füllt die Krüge mit Wasser!« Sie füllten die Gefäße bis zum Rand. 8 Dann befahl er ihnen: »Nun schöpft etwas und bringt es dem Küchenmeister.« Sie taten das; 9 und als der Küchenmeister von dem Wasser, das Wein geworden war, gekostet hatte, rief er den Bräutigam. Er wusste ja nicht, woher der Wein kam. Nur die Diener, die das Wasser geschöpft hatten, wussten davon. 10 Er sagte zu ihm: »Jeder bringt doch zunächst den guten Wein auf den Tisch und setzt erst dann den weniger guten vor, wenn die Gäste schon betrunken sind. Aber du hast den guten Wein bis jetzt aufgehoben.« 11 Dieses Wunderzeichen in Kana in Galiläa war das erste, das Jesus tat. Damit offenbarte er seine Herrlichkeit, und seine Jünger glaubten an ihn. 12 Danach ging er mit seiner Mutter, seinen Brüdern und seinen Jüngern nach Kafarnaum hinunter*. Seine Angehörigen blieben aber nur wenige Tage dort.

Die erste Konfrontation

13 Als das jüdische Passafest* näher kam, zog Jesus nach Jerusalem hinauf. 14 Auf dem Tempelgelände sah er Geldwechsler sitzen und Händler, die Rinder, Schafe und Tauben verkauften. 15 Da machte er sich eine Peitsche aus Stricken und jagte sie alle mit den Schafen und Rindern aus dem Tempel hinaus. Die Münzen der Wechsler fegte er auf den Boden und ihre Tische kippte er um. 16 Den Taubenverkäufern befahl er: »Schafft das weg von hier und macht das Haus meines Vaters nicht zu einer Markthalle«! 17 Seine Jünger erinnerten sich dabei an das Schriftwort: »Der Eifer um dein Haus wird mich verzehren«.* 18 Die Juden aber stellten ihn zur Rede: »Mit welchem Wunderzeichen kannst du beweisen, dass du das Recht hast, so etwas zu tun?« 19 Jesus entgegnete: »Zerstört diesen Tempel, und ich werde ihn in drei Tagen wieder aufbauen.« 20 »Sechsundvierzig Jahre ist an diesem Tempel gebaut worden«, erwiderten die Juden, »und du willst das in drei Tagen schaffen?« 21 Mit dem Tempel hatte Jesus aber seinen eigenen Körper gemeint. 22 Als er von den Toten auferstanden war, dachten seine Jünger an diesen Satz. Da glaubten sie den Worten der Schrift und dem, was Jesus gesagt hatte.

23 Jesus hielt sich während des ganzen Passafestes in Jerusalem auf. Viele glaubten in dieser Zeit an ihn, weil sie die Wunder sahen, die er tat. 24 Doch Jesus vertraute sich diesen Leuten nicht an, weil er sie alle durchschaute.

2,6 *100 Liter.* Wörtlich: *zwei oder drei Metretes.* Metretes ist ein Hohlmaß von etwa 39 Litern Inhalt.

2,12 *Kafarnaum* lag am See Genesaret, ungefähr 200 Meter unter dem Meeresspiegel, während Kana etwa 300 Meter darüber liegt.

2,13 *Passa.* Siehe 2. Mose 12-13.

2,17 Psalm 69,10

25 Niemand musste ihm etwas über die Menschen sagen, weil er wusste, was in ihrem Innern vorging.

Die neue Geburt

3 1 Einer der führenden Juden, ein Pharisäer namens Nikodemus, 2 kam eines Nachts zu Jesus. »Rabbi«, sagte er, »wir alle wissen, dass du ein Lehrer bist, den Gott uns geschickt hat, denn deine Wunderzeichen beweisen, dass Gott mit dir ist.« 3 »Ich versichere dir«, erwiderte Jesus, »wenn jemand nicht von neuem geboren wird, kann er das Reich Gottes nicht einmal sehen.« 4 »Wie kann ein Mensch denn geboren werden, wenn er schon alt ist?«, wandte Nikodemus ein. »Er kann doch nicht in den Bauch seiner Mutter zurückkehren und ein zweites Mal geboren werden!« 5 »Ja, ich versichere dir«, erwiderte Jesus, »und bestätige es noch einmal: Wenn jemand nicht aus Wasser und Geist geboren wird, kann er nicht in das Reich Gottes kommen. 6 Menschliches Leben wird von Menschen geboren, doch geistliches Leben von Gottes Geist. 7 Wundere dich also nicht, dass ich dir sagte: Ihr müsst von neuem geboren werden. 8 Der Wind weht, wo er will. Du hörst ihn zwar, aber du kannst nicht sagen, woher er kommt und wohin er geht. So ist es bei jedem, der aus dem Geist geboren ist.«

9 »Wie ist so etwas möglich?«, fragte Nikodemus. 10 Jesus erwiderte: »Du als Lehrer Israels weißt das nicht? 11 Ja, ich versichere dir: Wir reden nur von dem, was wir kennen. Und was wir bezeugen, haben wir gesehen. Doch ihr nehmt unsere Worte nicht ernst. 12 Ihr glaubt ja nicht einmal, wenn ich über Dinge rede, die hier auf der Erde geschehen. Wie wollt ihr mir dann glauben, wenn ich euch sage, was im Himmel geschieht? 13 Es ist noch nie jemand in den Himmel hinaufgestiegen. Der einzige, der dort war, ist der, der aus dem Himmel herabgekommen ist, der Menschensohn. 14 Und wie Mose damals in der Wüste die Schlange für alle sichtbar aufgerichtet hat, so muss auch der Menschensohn sichtbar aufgerichtet* werden, 15 damit jeder, der ihm vertraut, ewiges Leben hat. 16 Denn so hat Gott der Welt seine Liebe gezeigt: Er gab seinen einzigen Sohn dafür, dass jeder, der an ihn glaubt, nicht ins Verderben geht, sondern ewiges Leben hat. 17 Gott hat seinen Sohn ja nicht in die Welt geschickt, um sie zu verurteilen, sondern um sie durch ihn zu retten. 18 Wer ihm vertraut, wird nicht verurteilt, wer aber nicht glaubt, ist schon verurteilt. Denn der, an dessen Namen er nicht geglaubt hat, ist der einzigartige Sohn Gottes. 19 Und so vollzieht sich das Gericht: Das Licht ist in die Welt gekommen, aber die Menschen liebten die Finsternis mehr als das Licht, denn ihre Taten waren schlecht. 20 Wer Böses tut, scheut das Licht. Er kommt nicht ans Licht, damit seine Taten nicht aufgedeckt werden. 21 Wer sich aber nach der Wahrheit richtet, tritt ans Licht,

---

3,14 aufgerichtet. Eigentlich: erhöht, erhaben gemacht. Das Wort kann im direkten oder übertragenen Sinn verstanden werden und bezieht sich hier auf das Aufrichten des Kreuzes mit dem daran angenagelten Körper.

denn so wird sichtbar, dass sein Tun in Gott gegründet ist.«

Der Täufer über Jesus

22 Danach ging Jesus mit seinen Jüngern in das Gebiet von Judäa*. Er blieb einige Zeit dort, um Menschen zu taufen. 23 Auch Johannes taufte damals in Änon, nicht weit von Salim*, weil es dort reichlich Wasser gab. Immer noch kamen Menschen zu ihm, um sich taufen zu lassen, 24 denn er war noch nicht im Gefängnis. 25 Da kam es zwischen einigen Jüngern des Johannes und einem Juden zu einem Streit über die Reinigungsvorschriften. 26 Deshalb gingen sie zu Johannes. »Rabbi«, sagten sie, »der Mann, der auf der anderen Jordanseite zu dir gekommen ist und auf den du hingewiesen hast, der tauft jetzt auch, und alle gehen zu ihm.« 27 Johannes entgegnete: »Kein Mensch kann sich auch nur das Geringste nehmen, wenn es ihm nicht vom Himmel gegeben ist. 28 Ihr selbst könnt bezeugen, dass ich sagte: ›Ich bin nicht der Messias, sondern ich bin nur geschickt worden, ihm den Weg zu bahnen.‹ 29 Wer die Braut bekommt, ist der Bräutigam. Der Freund des Bräutigams steht dabei und freut sich, wenn er dessen Stimme hört. Das ist auch jetzt meine ganze Freude. 30 Er muss immer größer werden, ich dagegen geringer.«

Johannes* über Jesus

31 Ja, er ist von oben gekommen und größer als alle anderen. Wer von der Erde stammt, redet aus irdischer Sicht. Der vom Himmel kommt, steht über allen 32 und bezeugt, was er dort gesehen und gehört hat, aber keiner nimmt ihm seine Botschaft ab. 33 Doch wer auf ihn hört, bestätigt damit, dass Gott wahrhaftig ist. 34 Denn er ist von Gott gesandt und verkündigt Gottes eigene Worte, weil Gott ihm den Geist ohne jede Einschränkung gegeben hat. 35 Der Vater liebt den Sohn und hat alles in seine Hand gelegt. 36 Wer an den Sohn glaubt, wer ihm vertraut, hat ewiges Leben. Wer dem Sohn aber nicht gehorcht, wird das ewige Leben nie zu sehen bekommen, denn Gottes Zorn wird auf ihm bleiben.

Reise durch Samarien: die Frau am Brunnen

4 1 Jesus erfuhr, dass die Pharisäer auf ihn aufmerksam wurden, weil er mehr Menschen zu Jüngern machte und taufte, als Johannes. – 2 Er taufte allerdings nicht selbst; das taten seine Jünger. – 3 Da verließ er Judäa und ging wieder nach Galiläa. 4 Dabei fühlte er sich gedrängt, den Weg durch Samarien* zu nehmen. 5 So kam er zu einem samaritanischen Ort namens Sychar*. Er lag in der Nähe des Grundstücks, das Jakob einst seinem Sohn Josef vererbt hatte. 6 Dort

---

3,22 *Judäa.* Von Juden bewohnte Gegend zwischen dem Mittelmeer und dem Toten Meer.

3,23 *Salim* liegt 12 km südlich von Skythopolis (dem alttestamentlichen Beth-Schean), der einzigen westjordanischen Stadt des Zwölfstädtegebietes. Änon meint die Quellen am heutigen Tell Schalem, die so stark sind, dass sie große Fischteiche speisen.

3,31 Hier fügt *Johannes*, der Verfasser des Evangeliums, offenbar sein eigenes Zeugnis über Jesus an.

ist auch der Jakobsbrunnen. Ermüdet von der langen Wanderung hatte sich Jesus an den Brunnen gesetzt. Das war gegen zwölf Uhr mittags. *7* Kurz darauf kam eine samaritanische Frau, um Wasser zu holen. Jesus bat sie: »Gib mir etwas zu trinken!« *8* Seine Jünger waren nämlich in den Ort gegangen, um etwas zu essen zu kaufen. *9* Überrascht fragte die Frau: »Wie kannst du mich um etwas zu trinken bitten? Du bist doch ein Jude und ich eine Samariterin.« – Die Juden vermeiden nämlich jeden Umgang mit Samaritern. *10* Jesus antwortete: »Wenn du wüsstest, welche Gabe Gott für dich bereit hält und wer es ist, der zu dir sagt: ›Gib mir zu trinken‹, dann hättest du ihn gebeten und er hätte dir lebendiges Wasser gegeben.« *11* »Herr«, sagte die Frau, »du hast doch nichts, womit du Wasser schöpfen kannst; und der Brunnen ist tief. Woher willst du denn das Quellwasser haben? *12* Bist du etwa größer als unser Stammvater Jakob, der uns diesen Brunnen hinterließ? Kannst du uns besseres Wasser geben, als das, was er mit seinen Söhnen und seinen

---

4,4 *Samarien.* Von Samaritanern bewohnte Gegend zwischen Galiläa im Norden und Judäa im Süden. Die Samaritaner waren ein Mischvolk aus Israeliten und Heiden (vgl. 2. Könige 17,24-40) und wurden von Juden verachtet.

4,5 *Sychar.* Stadt am Osthang des Berges Ebal.

4,21 *Berg.* Gemeint ist der 881 Meter hohe und direkt gegenüberliegende Berg Garizim, auf dem das Haupttheiligtum der Samaritaner bis 128 v.Chr. gestanden hatte.

Herden trank?« *13* Jesus erwiderte: »Jeder, der von diesem Wasser trinkt, wird wieder durstig werden. *14* Wer aber von dem Wasser trinkt, das ich ihm geben werde, wird niemals mehr Durst bekommen. Das Wasser, das ich ihm gebe, wird in ihm eine Quelle werden, aus der Wasser für das ewige Leben heraussprudelt.« *15* »Herr, gib mir dieses Wasser«, bat die Frau. »Dann werde ich keinen Durst mehr haben und muss nicht mehr zum Wasserholen herkommen.«

16 »Geh und hole deinen Mann hierher!«, sagte Jesus. *17* »Ich habe keinen Mann«, entgegnete die Frau. »Das ist richtig«, erwiderte Jesus. »Du hast keinen Mann. *18* Fünf Männer hast du gehabt, und der, den du jetzt hast, ist nicht dein Mann. Da hast du etwas Wahres gesagt.« *19* »Herr, ich sehe, dass du ein Prophet bist«, sagte die Frau darauf. *20* »Unsere Vorfahren haben Gott auf diesem Berg hier angebetet. Ihr Juden aber sagt, dass nur in Jerusalem der Ort ist, wo man Gott anbeten darf.« *21* »Glaube mir, Frau«, gab Jesus zur Antwort, »es kommt die Zeit, wo ihr den Vater weder auf diesem Berg* noch in Jerusalem anbeten werdet. *22* Ihr Samaritaner betet zu Gott, ohne ihn zu kennen. Wir jedoch wissen, wen wir anbeten, denn die Rettung für die Menschen kommt von den Juden. *23* Doch es wird die Zeit kommen – sie hat sogar schon angefangen –, wo die wahren Anbeter den Vater anbeten, weil sie von seinem Geist erfüllt sind und die Wahrheit erkannt haben. Von solchen Menschen will der Vater angebetet werden. *24* Gott ist Geist, und die, die ihn anbeten wollen, müssen dabei von seinem Geist bestimmt und von der Wahrheit erfüllt sein.«

25 »Ich weiß, dass der Messias kommt!«, sagte die Frau darauf. – Messias bedeutet »der Gesalbte« und heißt auf griechisch: »Christus«. – »Wenn er kommt, wird er uns all diese Dinge erklären.« 26 Da sagte Jesus zu ihr: »Du sprichst mit ihm; ich bin es.«

27 In diesem Augenblick kamen seine Jünger zurück. Sie wunderten sich, dass er mit einer Frau sprach. Doch keiner wagte ihn zu fragen, was er von ihr wolle oder worüber er mit ihr rede. 28 Die Frau nun ließ ihren Wasserkrug neben dem Brunnen stehen, ging in den Ort und verkündete den Leuten: 29 »Da ist einer, der mir alles auf den Kopf zugesagt hat, was ich getan habe. Kommt mit und seht ihn euch an! Vielleicht ist er der Messias.« 30 Da strömten die Leute aus dem Ort hinaus, um Jesus zu sehen.

31 Inzwischen drängten die Jünger Jesus: »Rabbi, iss doch etwas!« 32 Aber Jesus sagte: »Ich lebe von einer Nahrung, die ihr nicht kennt.« 33 »Wer hat ihm denn etwas zu essen gebracht?«, fragten sich die Jünger. 34 Da erklärte Jesus: »Meine Nahrung ist, dass ich den Willen Gottes tue, der mich gesandt hat, und das Werk vollende, das er mir aufgetragen hat. 35 Sagt ihr nicht: ›Es braucht vier Monate bis zur Ernte?‹ Nun, ich sage euch: Blickt euch doch um und seht euch die Felder an. Sie sind reif für die Ernte. 36 Er, der sie einbringt, erhält schon jetzt seinen Lohn und sammelt Frucht für das ewige Leben. So freuen sich Sämann und Schnitter gemeinsam. 37 Das Sprichwort trifft hier genau zu: Einer sät, und ein anderer

erntet. 38 Ich habe euch zum Ernten auf ein Feld geschickt, auf dem ihr nicht gearbeitet habt. Andere haben sich vor euch dort abgemüht, und ihr erntet die Frucht ihrer Mühe.«

39 Viele Samaritaner aus dem Ort glaubten an Jesus, weil die Frau ihnen bestätigt hatte: »Er hat mir alles gesagt, was ich getan habe.« 40 Als sie dann zu Jesus hinauskamen, baten sie ihn, länger bei ihnen zu bleiben. Er blieb zwei Tage dort, 41 und auf sein Wort hin glaubten noch viel mehr Menschen an ihn. 42 »Nun glauben wir, weil wir ihn selbst gehört haben und nicht nur aufgrund deiner Worte. Jetzt wissen wir, dass er wirklich der Retter der Welt ist«, sagten sie zu der Frau.

43 Nach diesen zwei Tagen setzte Jesus seine Reise nach Galiläa fort. 44 Jesus hatte selbst einmal erklärt, dass ein Prophet in seiner Heimat nicht geachtet wird. 45 Doch als er jetzt dort ankam, nahmen ihn die Galiläer freundlich auf. Denn sie waren zum Passafest in Jerusalem gewesen und hatten gesehen, was er dort getan hatte.

Das zweite Wunder in Galiläa

46 Er kam nun wieder nach Kana, dem Ort in Galiläa, wo er das Wasser zu Wein gemacht hatte. Zu dieser Zeit lebte ein Beamter des Königs in Kafarnaum, dessen Sohn schwer erkrankt war. 47 Als er hörte, dass Jesus von Judäa zurück nach Galiläa gekommen war, suchte er ihn auf und bat ihn, mit nach Kafarnaum hinunter zu kommen und seinen Sohn zu heilen, der schon im Sterben lag. 48 Jesus sagte zu ihm: »Wenn ihr keine außer-

gewöhnlichen Zeichen und Wunder seht, glaubt ihr nicht.« *49* Doch der Beamte des Königs flehte ihn an: »Herr, bitte komm, bevor mein Kind stirbt!« *50* »Geh ruhig heim«, sagte Jesus da zu ihm, »dein Sohn lebt.« Der Mann glaubte an das, was Jesus ihm gesagt hatte, und machte sich wieder auf den Weg. *51* Unterwegs kamen ihm einige seiner Sklaven entgegen und verkündeten: »Dein Junge lebt und ist gesund!« *52* Er fragte sie aus, seit wann genau es dem Jungen besser gehe. »Gestern Mittag um ein Uhr verschwand das Fieber.« *53* Da wusste der Vater, dass das genau der Zeitpunkt war, an dem Jesus zu ihm gesagt hatte: »Dein Sohn lebt.« Und er glaubte an Jesus, er und alle in seinem Haus. *54* Dieses außergewöhnliche Zeichen tat Jesus, als er von Judäa wieder zurückgekommen war und bewies so ein zweites Mal in Galiläa seine Macht.

Heilung am Sabbat

5 *1* Einige Zeit später ging Jesus zu einem der jüdischen Feste nach Jerusalem hinauf. *2* Dort gab es in der Nähe des Schaftors eine Teichanlage mit fünf Säulenhallen, die auf hebräisch »Betesda« genannt wird. *3* In diesen Hallen lagen Scharen von kranken Menschen, Blinde, Gelähmte, Verkrüppelte. *(4)** *5* Einer der Männer dort war seit achtunddreißig Jahren krank. *6* Als Jesus ihn sah, wurde ihm klar, dass er schon lange krank war, und er fragte ihn: »Willst du gesund werden?« *7* »Herr«, erwiderte der Kranke, »ich habe niemand, der mir hilft, in den Teich zu kommen, wenn das Wasser sich bewegt. Und wenn ich es selbst versuche, kommt immer schon ein anderer vor mir hinein.« *8* »Steh auf, nimm deine Matte und geh!«, sagte Jesus da zu ihm. *9* Im selben Augenblick war der Mann geheilt. Er nahm seine Matte und konnte wieder gehen. Das geschah an einem Sabbat.

10 Einige von den führenden Männern unter den Juden sagten deshalb zu dem Geheilten: »Heute ist Sabbat! Da darfst du deine Matte nicht tragen.« *11* Er antwortete: »Der Mann, der mich geheilt hat, sagte zu mir: ›Nimm deine Matte und geh!‹« *12* »Welcher Mensch hat dir denn so etwas befohlen?«, fragten die Juden. *13* Aber der Geheilte wusste nicht, wer es war, denn Jesus hatte den Ort wegen der vielen Menschen schon wieder verlassen.

14 Später traf Jesus den Mann im Tempel und sagte: »Hör zu! Du bist jetzt gesund. Sündige nicht mehr, damit dir nicht noch Schlimmeres passiert!« *15* Danach ging der Geheilte zu den führenden Juden und sagte ihnen, dass Jesus ihn gesund gemacht hatte.

Sabbatschänder und Gotteslästerer!

16 Von da an begannen die führenden Juden Jesus zu verfolgen, weil er solche Dinge am Sabbat tat. *17* Doch Jesus sagte ihnen: »Mein Vater ist

---

5,4 Spätere Handschriften fügen zu V. 3 hinzu: »die auf die Bewegung des Wassers warteten. 4 Denn von Zeit zu Zeit kam ein Engel des Herrn und bewegte das Wasser. Und wer danach als Erster ins Wasser stieg, wurde geheilt.«

ständig am Werk, und deshalb bin ich es auch.« *18* Das brachte sie noch mehr gegen ihn auf. Sie waren jetzt entschlossen, ihn zu töten. Denn Jesus hatte nicht nur ihre Sabbatvorschriften außer Kraft gesetzt, sondern Gott sogar als seinen eigenen Vater bezeichnet und sich damit Gott gleichgestellt.

19 Auf ihre Anschuldigungen erwiderte Jesus: »Ja, ich versichere euch: Der Sohn kann nichts von sich aus tun; er tut nur, was er den Vater tun sieht. Was der Vater tut, das genau tut auch der Sohn. *20* Denn der Vater hat den Sohn lieb und zeigt ihm alles, was er selber tut. Und er wird ihm noch viel größere Dinge zu tun zeigen – Dinge, über die ihr staunen werdet. *21* Denn wie der Vater die Toten zum Leben erweckt, so gibt auch der Sohn das Leben, wem er will, *22* weil nicht der Vater das Urteil über die Menschen spricht, sondern der Sohn. Der Vater hat die ganze richterliche Macht dem Sohn übertragen, *23* damit alle den Sohn ebenso ehren wie den Vater. Doch wer den Sohn nicht ehrt, ehrt auch den Vater nicht, der ihn gesandt hat.

24 Ja, ich versichere euch: Wer auf meine Botschaft hört und dem glaubt, der mich gesandt hat, der hat das ewige Leben. Auf ihn kommt keine Verurteilung mehr zu; er hat den Schritt vom Tod ins Leben schon hinter sich. *25* Ja, ich versichere euch: Die Zeit kommt, ja sie ist schon da, dass die Toten die Stimme des Gottessohnes hören. Wer auf sie hört, wird leben. *26* Denn wie der Vater aus sich selbst heraus Leben hat, hat auch der Sohn Leben aus sich selbst heraus, weil der Vater es ihm gegeben hat. *27* Und er hat ihm auch die Vollmacht gegeben, Gericht zu halten; denn er ist der angekündigte Menschensohn.

28 Ihr müsst euch darüber nicht wundern, denn es wird die Stunde kommen, in der alle Toten in den Gräbern seine Stimme hören *29* und herauskommen werden. Diejenigen, die das Gute getan haben, werden zum ewigen Leben auferweckt werden, und diejenigen, die das Böse getan haben, zu ihrer Verurteilung. *30* Ich kann nichts von mir aus tun; selbst dann, wenn ich urteile, höre ich auf den Vater. Und mein Urteil ist gerecht, weil es nicht meinem eigenen Willen entspricht, sondern dem meines Vaters, der mich gesandt hat.

31 Wenn ich als Zeuge für mich selbst auftreten würde, wäre mein Zeugnis nicht glaubwürdig. *32* Es gibt einen anderen Zeugen, der für mich aussagt, und ich weiß, dass er die Wahrheit sagt. *33* Ihr habt eure Leute zu Johannes geschickt, und er hat euch die Wahrheit bezeugt. *34* Nicht, dass ich auf die Aussage eines Menschen angewiesen wäre; ich sage das nur, weil ich möchte, dass ihr gerettet werdet. *35* Johannes war wie eine brennende, hell scheinende Lampe. Aber ihr wolltet euch nur eine Zeitlang an seinem Licht erfreuen.

36 Doch ich habe ein größeres Zeugnis als das des Johannes: Das sind die Werke, die der Vater mir zu tun aufgibt. Diese Taten bezeugen, dass er mich gesandt hat. *37* Auch der Vater selbst hat als Zeuge für mich gesprochen. Ihr habt seine Stimme nie gehört und seine Gestalt nie gesehen. *38* Und nun habt ihr auch sein Wort

nicht länger in euch. Denn ihr glaubt ja nicht an den, den er gesandt hat. 39 Ihr forscht in der Schrift, weil ihr meint, in ihr das ewige Leben zu finden, doch sie spricht ja gerade von mir. 40 Und doch wollt ihr nicht zu mir kommen, wo ihr das Leben erhalten würdet.

41 Ich bin nicht darauf aus, von euch geehrt zu werden, 42 weil ich weiß, dass ihr Gottes Liebe nicht in euch habt. 43 Ich bin im Namen meines Vaters gekommen, und ihr lehnt mich ab. Wenn dann ein anderer in seinem eigenen Namen kommt, werdet ihr ihn mit offenen Armen aufnehmen. 44 Kein Wunder, dass ihr nicht glauben könnt, denn bei euch will ja nur einer vom anderen Anerkennung bekommen. Nur die Anerkennung bei dem einen wahren Gott sucht ihr nicht.

45 Denkt nicht, dass ich euch beim Vater anklagen werde. Mose wird das tun, der Mose, auf den ihr eure Hoffnung setzt. 46 Denn wenn ihr Mose wirklich geglaubt hättet, würdet ihr auch mir glauben, denn er hat ja von mir geschrieben. 47 Wenn ihr aber nicht einmal glaubt, was Mose geschrieben hat, wie wollt ihr dann meinen Worten glauben?«

5000 Männer werden satt

6 1 Einige Zeit später fuhr Jesus an das Ostufer des Sees von Galiläa, den man auch See von Tiberias* nennt. 2 Eine große Menge Menschen folgte ihm, weil sie die Wunder Gottes an den geheilten Kranken sahen. 3 Jesus stieg auf einen Berg und setzte sich dort mit seinen Jüngern. 4 Es war kurz vor dem Passafest, das die Juden jährlich feiern.

5 Als Jesus aufblickte und die Menschenmenge auf sich zukommen sah, fragte er Philippus: »Wo können wir Brot kaufen, dass all diese Leute zu essen bekommen?« 6 Er sagte das aber nur, um ihn auf die Probe zu stellen, denn er wusste schon, was er tun wollte. 7 Philippus entgegnete: »Es würde mehr als zweihundert Denare* kosten, um jedem auch nur ein kleines Stück Brot zu geben.« 8 Ein anderer Jünger namens Andreas, es war der Bruder von Simon Petrus, sagte zu Jesus: 9 »Hier ist ein Junge, der fünf Gerstenbrote und zwei Fische hat. Aber was ist das schon für so viele.«

10 »Sorgt dafür, dass die Leute sich setzen!«, sagte Jesus. Es waren allein an Männern ungefähr fünftausend. Dort, wo sie sich niederließen, gab es viel Gras. 11 Jesus nahm nun die Fladenbrote, sprach das Dankgebet darüber und verteilte sie an die Menge. Ebenso machte er es mit den Fischen. Alle durften so viel essen, wie sie wollten. 12 Als sie satt waren, sagte er zu seinen Jüngern: »Sammelt auf, was übrig geblieben ist, damit nichts umkommt!« 13 Die Jünger füllten zwölf Handkörbe mit den Brotstücken. So viel war von den fünf Gerstenbroten übrig geblieben.

14 Als die Leute begriffen, was für ein Wunder Gottes Jesus getan hatte, sagten sie: »Das ist wirklich der Prophet, auf den wir schon so lange warten!«

6,1 *Tiberias.* Neue Landeshauptstadt des Herodes Antipas am See von Galiläa, 18 n.Chr. gegründet.

6,7 Ein *Denar* entsprach einem vollen Tageslohn.

15 Jesus merkte, dass sie als nächstes kommen und ihn mit Gewalt zu ihrem König machen wollten. Deshalb zog er sich wieder auf den Berg zurück, er ganz allein.

Angst auf dem Wasser

16 Am Abend gingen seine Jünger zum See hinunter. 17 Sie stiegen ins Boot und fuhren Richtung Kafarnaum los, denn es war inzwischen finster geworden, und Jesus war immer noch nicht zu ihnen gekommen. 18 Der See wurde durch einen starken Wind aufgewühlt. 19 Als sie dann eine Strecke von etwa fünf Kilometern* gerudert waren, sahen sie auf einmal Jesus, wie er über das Wasser ging und auf ihr Boot zukam. Sie erschraken fürchterlich, 20 doch er rief ihnen zu: »Ich bin's, habt keine Angst!« 21 Sie nahmen ihn zu sich ins Boot, und da waren sie auch schon an dem Ufer, das sie erreichen wollten.

Verwirrung an Land

22 Am nächsten Tag warteten die Menschen auf der anderen Seite des Sees wieder auf Jesus, denn sie hatten gesehen, dass die Jünger allein losfuhren ohne dass Jesus zu ihnen in das Boot gestiegen war, das als einziges am Ufer gelegen hatte. 23 Inzwischen legten mehrere Boote aus Tiberias an der Stelle an, wo die Menge das Brot nach dem Dankgebet des Herrn gegessen hatte. 24 Als die Leute nun merkten, dass Jesus nicht mehr da war, stiegen sie in diese Boote, setzten nach Kafarnaum über und suchten dort nach ihm. 25 Als sie ihn endlich gefunden hatten, fragten sie ihn: »Rabbi, wie bist du hierher gekommen?«

26 Jesus erwiderte: »Ich kann euch mit Sicherheit sagen, warum ihr mich sucht. Ihr sucht mich nur, weil ihr von den Broten gegessen und satt geworden seid. Was Gott euch mit diesem Wunder sagen wollte, interessiert euch nicht. 27 Ihr solltet euch nicht so viel Mühe um die vergängliche Speise machen, sondern euch um die bemühen, die für das ewige Leben vorhält. Diese Nahrung wird der Menschensohn euch geben, denn dazu hat Gott, der Vater, ihn als seinen Gesandten beglaubigt.« 28 Da fragten sie ihn: »Was müssen wir denn tun, um Gottes Willen zu erfüllen?« 29 Jesus antwortete ihnen: »Gottes Wille wird dadurch erfüllt, dass ihr den anerkennt, den er gesandt hat.« 30 Doch da sagten sie zu ihm: »Wenn wir dir glauben sollen, dann musst du uns ein Wunder sehen lassen. Was wirst du tun? 31 Unsere Vorfahren haben immerhin das Manna in der Wüste gegessen, wie es ja auch in der Schrift heißt: ›Brot vom Himmel gab er ihnen zu essen.‹*« 32 Jesus erwiderte: »Ich versichere euch nachdrücklich, es war nicht Mose, der euch das Brot aus dem Himmel gegeben hat, sondern es ist mein Vater, der euch das wahre Brot aus dem Himmel gibt. 33 Denn das Brot, das Gott schenkt, ist der, der vom Himmel herabkommt und der Welt das Leben gibt.«

6,19 *fünf Kilometern.* Wörtlich: *25 oder 30 Stadien.* Stadion ist ein griechisches Längenmaß, das nach der Länge des Stadions in Olympia benannt ist und 600 griechische Fuß (= rund 185 Meter) betrug.

6,31 Psalm 78,24

Der Schock: Blut trinken

34 »Herr«, sagten sie da zu ihm, »gib uns immer von diesem Brot!« *35* Jesus entgegnete: »Ich bin das Brot des Lebens. Wer zu mir kommt, wird nie mehr hungrig sein, und wer an mich glaubt, wird nie wieder Durst haben. *36* Aber ich habe es euch ja schon gesagt: Trotz allem, was ihr an mir gesehen habt, glaubt ihr nicht. *37* Alle, die der Vater mir gibt, werden zu mir kommen und ich werde sie nicht zurückweisen. *38* Denn ich bin nicht vom Himmel herabgekommen, um meinen Willen durchzusetzen, sondern um zu tun, was der will, der mich geschickt hat. *39* Und er will, dass ich keinen von denen verliere, die er mir gegeben hat, sondern sie an jenem letzten Tag von den Toten auferwecke. *40* Denn mein Vater will, dass jeder, der den Sohn sieht und an ihn glaubt, das ewige Leben hat. Und an jenem letzten Tag werde ich ihn von den Toten auferwecken.«

41 Seine jüdischen Zuhörer waren empört darüber, dass er gesagt hatte: »Ich bin das Brot, das vom Himmel herabgekommen ist.« *42* »Ist das nicht Jesus, der Sohn Josefs?«, murrten sie. »Wir kennen doch seinen Vater und seine Mutter! Wie kann er da behaupten, aus dem Himmel gekommen zu sein?« *43* »Ihr müsst euch darüber nicht beschweren«, sagte Jesus. *44* »Es kann sowieso niemand zu mir kommen, ohne dass der Vater, der mich gesandt hat, ihn zu mir zieht. Und wer zu mir kommt, den werde ich an jenem letzten Tag von den Toten

auferwecken. *45* In den Prophetenschriften heißt es ja: ›Sie werden alle von Gott unterwiesen sein.‹* Wer also auf den Vater hört und von ihm lernt, kommt zu mir. *46* Das heißt natürlich nicht, dass jemand den Vater gesehen hat. Nur der Eine, der von Gott gekommen ist, hat den Vater gesehen. *47* Ja, ich versichere euch: Wer mir vertraut, hat das ewige Leben. *48* Ich bin das Brot des Lebens. *49* Eure Vorfahren haben das Manna in der Wüste gegessen und sind dann doch gestorben. *50* Aber hier ist das wahre Brot, das vom Himmel kommt, damit man davon essen kann, und nicht sterben muss. *51* Ich bin das lebendige Brot, das vom Himmel gekommen ist. Wenn jemand von diesem Brot isst, wird er ewig leben. Und das Brot, das ich ihm gebe, ist mein Fleisch hier. Ich gebe es für das Leben der Welt.«

52 Das löste einen heftigen Streit unter den Juden aus. »Wie kann der uns sein Fleisch zu essen geben?«, schimpften sie. *53* Aber Jesus fuhr fort: »Ich versichere euch mit allem Nachdruck: Wenn ihr das Fleisch des Menschensohnes nicht esst und sein Blut nicht trinkt, könnt ihr das ewige Leben nicht in euch haben. *54* Wer mein Fleisch isst und mein Blut trinkt, hat das ewige Leben und ich werde ihn an jenem letzten Tag von den Toten auferwecken. *55* Denn mein Fleisch ist wirkliche Speise und mein Blut wirklicher Trank. *56* Wer mein Fleisch isst und mein Blut trinkt, bleibt innerlich mit mir verbunden und ich mit ihm. *57* Genauso wie ich durch den lebendigen Vater lebe, der mich gesandt hat, so wird auch der, der mich isst, durch mich leben. *58* So

---

6,45 Jesaja 54,13

verhält es sich mit dem Brot, das vom Himmel gekommen ist. Wer von diesem Brot isst, wird ewig leben und nicht wie eure Vorfahren sterben, obwohl sie doch das Manna gegessen hatten.« *59* Das alles sagte Jesus in seinem Lehrgespräch in der Synagoge von Kafarnaum.

60 Darüber ärgerten sich selbst viele seiner Jünger: »Was er da sagt, geht zu weit! Das kann man ja nicht anhören!« *61* Jesus wusste gleich, dass seine Jünger sich über seine Worte beschwerten und sagte zu ihnen: »Daran nehmt ihr Anstoß? *62* Wartet doch, bis ihr den Menschensohn in den Himmel zurückkehren seht! *63* Der Geist macht lebendig, ihr selber könnt das nicht. Aber die Worte, die ich euch gesagt habe, sind von diesem Geist erfüllt und bringen das Leben. *64* Allerdings gibt es einige unter euch, die glauben trotzdem nicht.« Jesus wusste nämlich von Anfang an, wer die waren, die nicht glaubten. Und er wusste auch, wer ihn später seinen Verfolgern ausliefern würde. *65* Er schloss: »Deshalb habe ich zu euch gesagt: Niemand kann von sich aus zu mir kommen. Das kann nur mein Vater bewirken.« *66* Von da an zogen sich viele seiner Jünger zurück und folgten ihm nicht mehr.

67 Da fragte Jesus die Zwölf: »Und ihr, wollt ihr mich etwa auch verlassen?« *68* »Herr, zu wem sollen wir denn gehen?«, antwortete Simon Petrus. »Du hast Worte, die zum ewigen Leben führen. *69* Und wir glauben und wissen, dass du der Heilige bist, der das Wesen Gottes in sich trägt.« *70* Daraufhin sagte Jesus zu ihnen: »Euch Zwölf habe ich doch selber ausgewählt. Und doch ist einer von euch ein Teufel.« *71* Damit meinte er Judas Ben-Simon, den Sikarier*. Denn Judas, einer der Zwölf, war es, der ihn später verriet.

Ungläubige Brüder

7 *1* Jesus blieb noch eine Zeit lang in Galiläa und zog von Ort zu Ort. Er mied Judäa, weil die führenden Männer des jüdischen Volkes seinen Tod beschlossen hatten. *2* Kurz bevor die Juden ihr Laubhüttenfest feierten, *3* sagten seine Brüder zu ihm: »Geh nach Judäa, damit deine Jünger auch dort sehen können, was für Wunder du tust. *4* Wer bekannt werden möchte, versteckt seine Taten doch nicht. Falls du wirklich so wunderbare Dinge tust, dann zeige dich auch vor aller Welt.« *5* Denn nicht einmal seine Brüder glaubten an ihn.

6 Doch Jesus erwiderte: »Für mich ist die richtige Zeit noch nicht gekommen, aber ihr könnt jederzeit gehen. *7* Euch kann die Welt nicht hassen, aber mich hasst sie, weil ich ihr immer wieder bezeuge, dass ihre Taten böse sind. *8* Ihr könnt ruhig zu dem Fest gehen. Ich komme jetzt nicht. Für mich ist die Zeit noch nicht da.« *9* Mit dieser Antwort ließ er sie gehen und blieb in Galiläa.

10 Nachdem seine Brüder zum Fest gezogen waren, machte sich Jesus auch auf den Weg nach Jerusalem.* Er zeigte sich dabei aber nicht in der

---

6,71 Die *Sikarier* waren die militanteste Gruppe unter den Zeloten, Dolchmänner (von *sika* = Dolch), die römerfreundliche Juden umbrachten (vgl. Apostelgeschichte 21,38).

Öffentlichkeit. *11* Während des Festes suchten ihn die führenden Juden. »Wo ist er nur?«, fragten sie. *12* Überall tuschelten die Leute über ihn. »Er ist ein guter Mensch«, meinten die einen. »Nein«, widersprachen die anderen, »er verführt das Volk!« *13* Doch keiner sagte seine Meinung öffentlich, denn sie hatten Angst vor den führenden Juden.

Diskussionen im Tempel

14 In der Mitte der Festwoche ging Jesus zum Tempel hinauf und begann dort das Volk zu unterrichten. *15* Da wunderten sich die Juden: »Wie kommt es, dass er die Schriften so gut kennt? Er hat doch keinen Lehrer gehabt!« *16* Jesus ging gleich darauf ein und sagte: »Meine Lehre stammt nicht von mir. Ich habe sie von dem, der mich gesandt hat. *17* Wer bereit ist, das zu tun, was Gott will, wird erkennen, ob meine Lehre von Gott ist oder ob ich sie mir selbst ausgedacht habe. *18* Wer seine eigenen Ansichten vorträgt, dem geht es um seine eigene Ehre. Glaubwürdig ist jemand, dem es um die Ehre eines anderen geht, um die Ehre von dem, der ihn gesandt hat. Der hat keine falschen Absichten. *19* Mose hat euch doch das Gesetz gegeben. Aber keiner von euch lebt danach und mich wollt ihr sogar töten.« *20* »Du bist ja besessen!«, riefen die Zuhörer. »Wer will dich denn töten?« *21* Jesus gab ihnen zur Antwort: »Ich habe nur eine einzige Sache am Sabbat getan, und ihr alle wundert euch immer noch darüber. *22* Ihr beschneidet eure Söhne doch auch am Sabbat, wenn es sein muss, denn Mose hat euch die Beschneidung* vorgeschrieben, und eigentlich geht sie sogar auf unsere Stammväter zurück. *23* Wenn ein Mensch also auch am Sabbat beschnitten wird, um das Gesetz des Mose nicht zu brechen, warum seid ihr dann so aufgebracht, weil ich einen ganzen Menschen am Sabbat gesund gemacht habe? *24* Urteilt nicht nach dem äußeren Eindruck, sondern so, wie es wirklich dem Gesetz entspricht.«

25 Einige Jerusalemer sagten zueinander: »Ist das nicht der, den sie umbringen wollten? *26* Da lehrt er hier in aller Öffentlichkeit und sie sagen kein Wort. Sollten unsere Oberen wirklich erkannt haben, dass er der Messias ist? *27* Doch den hier kennen wir ja und wissen, woher er ist. Wenn der Messias kommt, weiß aber niemand, woher er stammt.« *28* Da rief Jesus, während er das Volk im Tempel unterwies: »Ja, ihr denkt, ihr kennt mich und wisst, woher ich komme. Aber ich bin nicht in meinem eigenen Auftrag gekommen. Der wahrhaftige Gott hat mich gesandt, und den kennt ihr nicht! *29* Ich aber kenne ihn, weil ich von ihm komme. Und er ist es, der mich geschickt hat.« *30* Da wollten sie ihn festnehmen lassen. Doch keiner wagte es, Hand an ihn zu legen, weil seine Stunde noch nicht gekommen war.

31 Viele in der Menge glaubten an ihn. Sie sagten zueinander: »Wird der Messias, wenn er kommt, wohl mehr Wunder tun, als dieser Mann sie getan hat?« *32* Als die Pharisäer dieses Gerede im

---

7,10 *Jerusalem* lag 4 bis 5 Tagereisen entfernt.

7,22 *Beschneidung.* Siehe 1. Mose 17,9-14!

Volk mitbekamen, sorgten sie dafür, dass die obersten Priester einige Männer von der Tempelwache losschickten um Jesus verhaften zu lassen.

33 Währenddessen sagte Jesus zu der Menschenmenge:»Ich werde nur noch kurze Zeit hier bei euch sein, dann gehe ich zu dem zurück, der mich gesandt hat. *34* Ihr werdet mich suchen, aber nicht finden. Und wo ich dann bin, da könnt ihr nicht hinkommen.« *35* »Wo will er denn hin?«, fragten sich die Juden verständnislos. »Wo sollen wir ihn nicht finden können? Will er etwa ins Ausland gehen und den fremden Völkern seine Lehre bringen? *36* Was soll das heißen, wenn er sagt: ›Ihr werdet mich suchen, aber nicht finden‹? und: ›Wo ich bin, da könnt ihr nicht hinkommen‹?«

37 Am letzten Tag, dem Höhepunkt des Festes, stellte sich Jesus vor die Menge hin und rief:»Wenn jemand Durst hat, soll er zu mir kommen und trinken! *38* Wenn jemand an mich glaubt, werden Ströme von lebendigem Wasser aus seinem Inneren fließen, so wie es die Schrift sagt«*. *39* Er meinte damit den Heiligen Geist, den die erhalten sollten, die an ihn glauben würden. Der Geist war zu diesem Zeitpunkt noch nicht gekommen, weil Jesus noch nicht in Gottes Herrlichkeit zurückgekehrt war.

40 Als sie das gehört hatten, sagten einige aus der Menge:»Das ist wirklich der Prophet, der kommen soll.« *41* Manche sagten sogar:»Er ist der Messias!« – »Der Messias kommt doch nicht aus Galiläa!«, entgegneten andere. *42* »Hat die Schrift nicht gesagt, dass der Messias ein Nachkomme Davids sein und aus Bethlehem* kom-

men wird, dem Dorf, in dem David lebte?« *43* So kam es wegen Jesus zu einer Spaltung in der Menge. *44* Einige wollten ihn verhaften lassen, aber keiner wagte es, ihn anzufassen.

45 Als die Männer der Tempelwache zu den obersten Priestern und den Pharisäern zurückkamen, fragten diese:»Warum habt ihr ihn nicht hergebracht?« *46* »Noch nie haben wir einen Menschen so reden hören«, erwiderten die Männer. *47* »Hat er euch denn auch verführt?«, herrschten die Pharisäer sie an. *48* »Glaubt denn ein einziger von den oberen Priestern oder den Pharisäern an ihn? *49* Das macht doch nur dieses verfluchte Volk, das keine Ahnung vom Gesetz hat!«

50 Da sagte Nikodemus, der selbst ein Pharisäer war und Jesus einmal aufgesucht hatte: *51* »Verurteilt unser Gesetz denn einen Menschen, ohne dass man ihn vorher verhört und seine Schuld festgestellt hat?« *52* »Bist du etwa auch aus Galiläa?«, gaben sie zurück.»Untersuch doch die Schriften, dann wirst du sehen, dass kein Prophet aus Galiläa kommen kann!« *53* Dann gingen sie alle nach Hause.*

7,38 *wie es die Schrift sagt.* Jesus bezieht sich hier offenbar auf mehrere Stellen im Alten Testament, wie zum Beispiel Jesaja 58,11 und Sacharja 14,8.

7,42 *Bethlehem* liegt 7 km südlich von Jerusalem. Es war schon im Alten Testament eine ummauerte Stadt, zur Zeit des Herrn aber so sehr heruntergekommen, dass Johannes es hier als *Dorf* bezeichnet.

7,53 Der Abschnitt von Kapitel 7,53 bis 8,11 fehlt in den ältesten uns erhaltenen Handschriften. Der Text ist jedoch mit großer Wahrscheinlichkeit authentisch, da er schon von den frühen Christen als apostolisch anerkannt wurde.

Die Falle mit der Frau

8 *1* Jesus aber ging zum Ölberg. *2* Doch schon früh am nächsten Morgen war er wieder im Tempel. Als dann das ganze Volk zu ihm kam, setzte er sich und begann sie zu unterweisen. *3* Da führten die Gesetzeslehrer und die Pharisäer eine Frau herbei, die beim Ehebruch ertappt worden war. Sie stellten sie in die Mitte *4* und sagten zu ihm: »Rabbi, diese Frau wurde beim Ehebruch auf frischer Tat ertappt. *5* Im Gesetz schreibt Mose vor, solche Frauen zu steinigen. Was sagst du nun dazu?« *6* Mit dieser Frage wollten sie ihm eine Falle stellen, um ihn dann anklagen zu können. Aber Jesus beugte sich vor und schrieb mit dem Finger auf die Erde. *7* Doch sie ließen nicht locker und wiederholten ihre Frage. Schließlich richtete er sich auf und sagte: »Wer von euch ohne Sünde ist, soll den ersten Stein auf sie werfen!« *8* Dann beugte er sich wieder vor und schrieb auf die Erde. *9* Von seinen Worten getroffen zog sich einer nach dem anderen zurück, die Ältesten zuerst. Schließlich war Jesus mit der Frau allein. Sie stand immer noch an der gleichen Stelle. *10* Er richtete sich wieder auf und sagte: »Frau, wo sind sie hin? Hat keiner dich verurteilt?« *11* »Keiner, Herr«, erwiderte sie. Da sagte Jesus: »Ich verurteile dich auch nicht. Du kannst gehen. Doch hör auf zu sündigen.«

Diskussion: Freiheit oder Sklaverei

12 Dann sagte Jesus wieder zu allen Leuten: »Ich bin das Licht der Welt! Wer mir folgt, wird nicht mehr in der Finsternis umherirren, sondern wird das Licht haben, das zum Leben führt.« *13* Da sagten die Pharisäer zu ihm: »Jetzt bist du unglaubwürdig, denn du trittst als Zeuge für dich selbst auf.« *14* Jesus erwiderte: »Auch wenn ich als Zeuge für mich selbst spreche, ist meine Aussage dennoch wahr. Denn ich weiß, woher ich gekommen bin und wohin ich gehe. Aber ihr wisst nicht, woher ich komme und wohin ich gehe. *15* Ihr urteilt nach menschlichen Maßstäben, ich verurteile niemand. *16* Und selbst wenn ich ein Urteil ausspreche, so ist es doch richtig, weil ich nicht allein dastehe, sondern in Übereinstimmung mit dem Vater bin, der mich gesandt hat. *17* Auch in eurem Gesetz steht ja geschrieben, dass die übereinstimmende Aussage von zwei Zeugen gültig ist. *18* Der eine Zeuge bin ich und der andere ist der Vater, der mich gesandt hat.« *19* »Wo ist denn dein Vater?«, fragten sie. Jesus erwiderte: »Weil ihr nicht wisst, wer ich bin, wisst ihr auch nicht, wer mein Vater ist. Würdet ihr mich kennen, dann würdet ihr auch meinen Vater kennen.« *20* Diese Worte sagte Jesus als er im Tempel lehrte. Das geschah in der Nähe der Stelle, wo die Kästen für die Geldspenden aufgestellt waren. Aber niemand nahm ihn fest, denn seine Stunde war noch nicht gekommen.

21 Jesus wandte sich wieder an seine Zuhörer. »Ich werde fortgehen«, sagte er. »Ihr werdet mich suchen, aber ihr werdet in eurer Sünde sterben, denn ihr könnt nicht dorthin kommen, wo ich hingehe.« *22* »Will er sich etwa das Leben nehmen?«, fragten sich die Juden. »Warum sagt er sonst: ›Da wo ich hingehe, da könnt ihr nicht hinkommen‹?« 23 Doch Jesus fuhr fort: »Ihr seid von hier unten, aber ich komme von oben. Ihr seid von dieser Welt, aber ich bin nicht von dieser Welt. 24 Aus diesem Grund sagte ich, dass ihr in eurer Sünde sterben werdet. Denn wenn ihr nicht glaubt, dass ich der bin, auf den es ankommt, werdet ihr in eurer Sünde sterben!« 25 »Wer bist du denn?«, fragten sie. »Ich bin der, als den ich mich immer bezeichnet habe«, erwiderte Jesus. 26 »Ich hätte noch viel über euch zu sagen und allen Grund, euch zu verurteilen, aber ich sage der Welt nur das, was ich von dem gehört habe, der mich gesandt hat; und was er sagt, ist wahr.« 27 Aber sie verstanden immer noch nicht, dass er von Gott, dem Vater, zu ihnen sprach. 28 Deshalb sagte er zu ihnen: »Wenn ihr den Menschensohn erhöht habt, werdet ihr begreifen, dass ich der bin, auf den es ankommt, und werdet erkennen, dass ich nichts von mir selbst aus tue, sondern nur das sage, was der Vater mich gelehrt hat. 29 Und er, der mich gesandt hat, steht mir bei und lässt mich nicht allein. Denn ich tue immer, was ihm gefällt.« 30 Als Jesus das sagte, glaubten viele an ihn.

31 Zu den Juden, die an ihn geglaubt hatten, sagte Jesus nun: »Wenn ihr bei dem bleibt, was ich euch gesagt habe, seid ihr wirklich meine Jünger. 32 Dann werdet ihr die Wahrheit erkennen und die Wahrheit wird euch frei machen.« 33 »Aber wir sind doch Nachkommen Abrahams!«, entgegneten sie. »Wir sind nie Sklaven von irgendjemand gewesen. Wie kannst du da sagen: Ihr müsst frei werden?«

34 »Ich versichere euch nachdrücklich«, erwiderte Jesus: »Jeder, der sündigt, ist Sklave der Sünde. 35 Ein Sklave gehört nicht für immer zur Familie, nur der Sohn gehört immer dazu. 36 Wenn euch also der Sohn frei macht, seid ihr wirklich frei.

37 Ich weiß, dass ihr Nachkommen Abrahams seid. Trotzdem wollt ihr mich umbringen, und zwar deshalb, weil meine Worte keinen Raum in euch finden. 38 Ich rede von dem, was ich bei meinem Vater gesehen habe. Auch ihr tut, was ihr von eurem Vater gehört habt.« 39 »Unser Vater ist Abraham!«, protestierten sie. »Nein«, erwiderte Jesus, »wenn ihr wirklich Kinder von Abraham wärt, würdet ihr auch so handeln wie er. 40 Statt dessen versucht ihr, mich zu töten – mich, der ich euch die Wahrheit von Gott gesagt habe. So etwas hätte Abraham nicht getan. 41 Nein, ihr handelt so wie euer wirklicher Vater!« – »Wir stammen doch nicht aus einem Ehebruch!«, protestierten sie. »Wir haben nur einen einzigen Vater, und das ist Gott!« 42 »Wenn Gott euer Vater wäre«, hielt Jesus ihnen entgegen, »dann würdet ihr mich lieben. Denn ich bin von Gott zu euch gekommen, in seinem Auftrag und nicht aus eigenem Entschluss. 43 Warum versteht ihr denn nicht, was ich sage? Weil ihr gar nicht fähig seid, mein Wort zu hören! 44 Euer Vater ist nämlich der Teufel und ihr wollt das tun, was euer Vater will. Er war von Anfang an ein Mörder und hat die Wahrheit immer gehasst, weil keine Wahrheit in ihm ist. Wenn er lügt, entspricht das seinem ureigensten Wesen. Er ist der Lügner schlechthin

und der Vater jeder Lüge. *45* Und gerade weil ich die Wahrheit sage, glaubt ihr mir nicht. *46* Wer von euch kann mir auch nur eine Sünde nachweisen? Wenn ich aber die Wahrheit sage, warum glaubt ihr mir dann nicht? *47* Wer Gott zum Vater hat, hört auf das, was Gott sagt. Aber ihr hört es nicht, weil ihr nicht von Gott stammt.«

48 »Haben wir nicht recht?«, empörten sich die Juden. »Du bist ein samaritanischer Teufel, ein Dämon hat dich in seiner Gewalt!« *49* »Nein«, sagte Jesus, »ich bin nicht von einem Dämon besessen, sondern ich ehre meinen Vater. Aber ihr beleidigt mich! *50* Doch ich suche keine Ehre für mich selbst. Das tut ein anderer für mich – und das ist der Richter! *51* Ja, ich versichere euch: Wer sich nach meinen Worten richtet, wird niemals sterben.«

52 Da sagten die Juden: »Jetzt sind wir sicher, dass du von einem Dämon besessen bist. Abraham ist gestorben und die Propheten auch, aber du sagst: ›Wer sich nach meinen Worten richtet, wird niemals sterben.‹ *53* Bist du etwa größer als unser Vater Abraham und die Propheten, die alle gestorben sind? Für wen hältst du dich eigentlich?« *54* Jesus erwiderte: »Wenn ich mich selbst ehren würde, wäre meine Ehre nichts wert. Doch es ist mein Vater, der mich ehrt, es ist der, von dem ihr behauptet, er sei euer Gott. *55* Und dabei habt ihr ihn nie gekannt. Doch ich kenne ihn. Wenn ich

sagen würde, dass ich ihn nicht kenne, wäre ich ein Lügner wie ihr. Aber ich kenne ihn und richte mich nach seinem Wort. *56* Euer Vater Abraham sah dem Tag meines Kommens mit Jubel entgegen.« *57* »Du bist noch keine fünfzig Jahre alt und willst Abraham gesehen haben?«, hielten ihm die Juden entgegen. *58* »Ja, ich versichere euch«, sagte Jesus, »ich war schon da*, bevor Abraham überhaupt geboren wurde.« *59* Da hoben sie Steine auf, um ihn damit zu töten. Doch Jesus entzog sich ihren Blicken und verließ den Tempel.

Der Sehende und die Blinden

9 *1* Im Vorbeigehen sah Jesus einen Mann, der von Geburt an blind war. *2* »Rabbi«, fragten ihn seine Jünger, »wie kommt es, dass er blind geboren wurde? Hat er selbst gesündigt oder seine Eltern?« *3* »Es ist weder seine Schuld noch die seiner Eltern«, erwiderte Jesus. »Er ist blind, damit Gottes Macht an ihm sichtbar wird. *4* Wir müssen den Auftrag von dem, der mich gesandt hat, ausführen, solange es noch Tag ist. Es kommt die Nacht, in der niemand mehr wirken kann. *5* Doch solange ich noch in der Welt bin, bin ich das Licht der Welt.«

6 Dann spuckte er auf den Boden, machte einen Brei aus seinem Speichel und strich ihn auf die Augen des Blinden. *7* »Geh zum Teich Schiloach«*, befahl er ihm, »und wasch dir das Gesicht!« – Schiloach bedeutet »Gesandter«. Der Mann ging hin, wusch sich und kam sehend zurück.

8 Seine Nachbarn und andere, die ihn bisher nur als Bettler gekannt

---

8,58 *Ich war schon da.* Wörtlich: »Ich bin«, was nach 2. Mose 3,14 ein Titel Gottes ist.

hatten, fragten sich verwundert: »Ist das nicht der, der hier immer bettelte?« ⁹ Einige meinten: »Er ist es!«, andere sagten: »Nein, er sieht ihm nur ähnlich.« – »Doch, ich bin es!«, erklärte der Blindgeborene. ¹⁰ »Aber wieso kannst du auf einmal sehen?«, fragten sie ihn. ¹¹ »Der Mann, der Jesus heißt«, erwiderte er, »machte einen Brei, strich ihn auf meine Augen und sagte: ›Geh zum Schiloach und wasch dir dort das Gesicht!‹ Das tat ich und konnte auf einmal sehen.« ¹² »Und wo ist er jetzt?«, fragten sie. »Ich weiß es nicht«, erwiderte er.

¹³ Daraufhin brachten sie den ehemaligen Blinden zu den Pharisäern. ¹⁴ Es war nämlich ein Sabbat gewesen, als Jesus den Brei gemacht und den Blinden geheilt hatte. ¹⁵ Nun fragten auch die Pharisäer den Mann, wie es kam, dass er nun sehen könne. »Er strich einen Brei auf meine Augen, ich wusch mich und konnte wieder sehen.« ¹⁶ Da sagten einige der Pharisäer: »Dieser Mensch kann nicht von Gott sein, denn er hält den Sabbat nicht ein.« – »Aber wie kann ein sündiger Mensch solche Wunder vollbringen?«, hielten andere entgegen. Ihre Meinungen waren geteilt. ¹⁷ Da fragten sie den Blindgeborenen noch einmal: »Was sagst du von ihm? Dich hat er ja sehend gemacht.« – »Er ist ein Prophet«, gab dieser zur Antwort.

¹⁸ Aber die führenden Juden wollten dem Geheilten nun nicht glauben, dass er blind gewesen war. Deshalb ließen sie seine Eltern holen ¹⁹ und fragten: »Ist das euer Sohn? Stimmt es, dass er blind geboren wurde? Wie kommt es, dass er jetzt sehen kann?« ²⁰ Seine Eltern antworteten: »Das ist unser Sohn und wir wissen, dass er blind geboren wurde. ²¹ Wie es kommt, dass er jetzt sehen kann, wissen wir nicht. Wir haben auch keine Ahnung, wer ihn geheilt hat. Fragt ihn doch selbst! Er ist alt genug und kann am besten Auskunft darüber geben.« ²² Sie sagten das aus Angst vor den führenden Juden, denn die hatten bereits beschlossen, jeden aus der Synagoge auszuschließen, der sich zu ihm als dem Messias bekennen würde. ²³ Aus diesem Grund hatten die Eltern gesagt: »Er ist alt genug, fragt ihn doch selbst.«

²⁴ Da riefen sie den Blindgeborenen zum zweiten Mal herein. »Gib Gott die Ehre und sag die Wahrheit!«, forderten sie ihn auf. »Wir wissen, dass dieser Mensch ein Sünder ist.« ²⁵ »Ob er ein Sünder ist, weiß ich nicht«, entgegnete der Geheilte. »Ich weiß nur, dass ich blind war und jetzt wieder sehen kann.« ²⁶ »Was hat er mit dir gemacht?«, fragten sie. »Wie hat er dich von deiner Blindheit geheilt?« ²⁷ »Das habe ich euch doch schon gesagt«, entgegnete er. »Habt ihr denn nicht zugehört? Warum wollt ihr es noch einmal hören? Wollt ihr vielleicht auch seine Jünger werden?«

²⁸ Da beschimpften sie ihn. »Du bist ein Jünger von diesem Menschen! Wir sind Jünger von Mose! ²⁹ Wir wissen, dass Gott zu Mose geredet hat. Aber bei diesem Menschen wissen wir nicht,

---

9,7 *Schiloach.* Ein aus der Gihon-Quelle gespeister Teich im Süden Jerusalems. Den Tunnel von der außerhalb der Stadt liegenden Quelle durch den Felsen des Stadthügels hindurch hatte schon König Hiskia um 705 v.Chr. bauen lassen (vgl. 2. Chronik 32,30).

woher er kommt.« *30* Der Geheilte entgegnete: »Das ist aber erstaunlich! Er hat mich von meiner Blindheit geheilt, und ihr wisst nicht, woher er kommt? *31* Wir wissen doch alle, dass Gott nicht auf Sünder hört. Er hört nur auf Menschen, die gottesfürchtig leben und tun, was er will. *32* Und noch nie hat man davon gehört, dass jemand einen blind geborenen Menschen von seiner Blindheit geheilt hat. *33* Wenn dieser Mann nicht von Gott käme, könnte er so etwas nicht tun.« *34* »Du Sünder, du willst uns belehren?«, herrschten sie ihn an. »Du bist ja schon in Sünde geboren!« Dann warfen sie ihn hinaus.

35 Jesus hörte von seinem Hinauswurf und suchte ihn auf. »Glaubst du an den Menschensohn*?«, fragte er. *36* »Herr, wenn du mir sagst, wer es ist, will ich an ihn glauben.« *37* »Er steht vor dir und spricht mit dir«, sagte Jesus. *38* »Herr, ich glaube an dich!«, rief da der Geheilte und warf sich vor ihm nieder.

39 »An mir müssen die Geister sich scheiden!«, sagte Jesus. »Ich bin in die Welt gekommen, um solche, die nicht sehen können, zum Sehen zu bringen und denen, die sich für sehend halten, zu zeigen, dass sie blind sind.« *40* Einige Pharisäer, die in der Nähe standen, hörten das. »Sind wir etwa auch blind?«, sagten sie zu Jesus. *41* »Wenn ihr blind wärt«, entgegnete Jesus, »dann wärt ihr ohne Schuld. Weil ihr aber behauptet, Sehende zu sein, bleibt eure Schuld bestehen.«

Der gute Hirt entzweit

10 *1* »Ich versichere euch mit allem Nachdruck: Wer nicht durch das Tor in den Pferch für die Schafe hineingeht, sondern anderswo über die Mauer klettert, ist ein Dieb und ein Räuber. *2* Der Hirt geht durch das Tor zu den Schafen hinein. *3* Ihm öffnet der Wächter am Eingang, und auf seine Stimme hören auch die Schafe. Er ruft seine Schafe mit Namen einzeln aus der Herde heraus und führt sie ins Freie. *4* Wenn er sie dann draußen hat, geht er vor ihnen her. Und sie folgen ihm, weil sie seine Stimme kennen. *5* Einem Fremden würden sie nicht folgen, sondern weglaufen, weil sie seine Stimme nicht kennen.«

6 Die Zuhörer verstanden nicht, was Jesus mit diesem Bild meinte. *7* Jesus begann noch einmal: »Ja, ich versichere euch: Ich bin das Tor zu den Schafen. *8* Alle, die vor mir gekommen sind, sind Diebe und Räuber. Aber die Schafe haben nicht auf sie gehört. *9* Ich bin das Tor. Wenn jemand durch mich hineinkommt, wird er gerettet. Er wird ein- und ausgehen und gute Weide finden. *10* Ein Dieb kommt nur, um Schafe zu stehlen und zu schlachten und Verderben zu bringen. Ich bin gekommen, um ihnen Leben zu bringen und alles reichlich dazu. *11* Ich bin der gute Hirt. Ein guter Hirt setzt sein Leben für die Schafe ein. *12* Ein bezahlter Hirt, dem die Schafe nicht selbst gehören, läuft davon, wenn er den Wolf kommen sieht. Dann fällt der Wolf über die Schafe her und jagt die Herde auseinander. *13* Einem bezahlten Hirten geht es nur um die Bezahlung. Die

---

9,35 Menschensohn. Nach anderen Handschriften: *Sohn Gottes.*

Schafe sind ihm gleichgültig. *14* Ich bin der gute Hirt; ich kenne meine Schafe, und meine Schafe kennen mich *15* – so wie der Vater mich kennt und ich den Vater kenne. Und ich lasse mein Leben für die Schafe. *16* Ich habe auch noch andere Schafe, die nicht aus diesem Pferch sind. Auch sie muss ich herführen. Sie werden auf meine Stimme hören, und alle werden eine einzige Herde unter einem Hirten sein.

17 Und weil ich mein Leben hergebe, liebt mich mein Vater. Ich gebe es her, um es wiederzunehmen. *18* Niemand nimmt es mir, sondern ich gebe es freiwillig her. Ich habe die Macht, es zu geben, und die Macht, es wieder an mich zu nehmen. So lautet der Auftrag, den ich von meinem Vater erhalten habe.«

19 Wegen dieser Worte entstand wieder ein Zwiespalt unter den Juden. *20* Viele von ihnen sagten: »Er ist von einem bösen Geist besessen! Er ist verrückt! Warum hört ihr ihm überhaupt zu?« *21* Aber andere meinten: »Nein, so redet kein Besessener. Kann etwa ein Dämon Blinden das Augenlicht wiedergeben?«

Winter in Jerusalem

22 Damals war gerade Winter, und in Jerusalem fand das Fest der Tempelweihe* statt. *23* Auch Jesus hielt sich im Tempel auf, in der Säulenhalle Salomos. *24* Da umringten ihn die Juden und fragten: »Wie lange willst du uns noch hinhalten? Wenn du der Messias bist, dann sage es frei heraus!« *25* »Ich habe es euch doch schon gesagt«, erwiderte Jesus, »aber ihr glaubt mir ja nicht. Alles, was ich im Namen meines Vaters tue, beweist, wer ich bin. *26* Aber ihr gehört nicht zu meiner Herde, wie ich euch schon gesagt habe, und darum glaubt ihr nicht. *27* Meine Schafe hören auf meine Stimme. Ich kenne sie, sie folgen mir *28* und ich gebe ihnen das ewige Leben. Sie werden niemals verlorengehen und niemand wird sie mir entreißen. *29* Denn mein Vater, der sie mir gegeben hat, ist größer als alles, was es gibt; niemand kann sie ihm entreißen. *30* Ich und der Vater sind eins.«

31 Da hoben die Juden wieder Steine auf, um ihn damit zu töten. *32* Jesus sagte ihnen: »Viele gute Werke habe ich im Auftrag meines Vaters unter euch getan. Für welches davon wollt ihr mich steinigen?« *33* »Wegen eines guten Werkes steinigen wir dich nicht«, wüteten die Juden, »sondern wegen Gotteslästerung! Denn du machst dich selbst zu Gott, obwohl du nur ein Mensch bist.« *34* Jesus erwiderte: »Steht in eurem Gesetz nicht auch der Satz: ›Ich habe gesagt, ihr seid Götter!‹*? *35* Wenn also diejenigen Götter genannt werden, an die das Wort Gottes erging – und die Schrift kann nicht außer Kraft gesetzt werden – *36* wie könnt ihr da behaupten: ›Du lästerst Gott!‹, weil ich sagte: ›Ich bin Gottes Sohn‹; ich, der vom Vater gerade dazu erwählt und in die Welt gesandt wurde? *37* Wenn das,

10,22 *Tempelweihe.* Das Fest wurde zur Erinnerung an die Wiedereinweihung des Tempels 164 v.Chr. durch die Makkabäer gefeiert. Seine Entweihung durch den heidnischen Herrscher Antiochus Epiphanes IV. führte 167 v.Chr. zum Makkabäeraufstand.

was ich tue, nicht die Werke meines Vaters sind, müsst ihr mir nicht glauben. *38* Sind sie es aber, dann lasst euch wenigstens von den Werken überzeugen, wenn ihr schon mir nicht glauben wollt. An ihnen müsstet ihr doch erkennen, dass der Vater in mir ist, und dass ich im Vater bin.« *39* Da versuchten sie wieder, ihn festzunehmen. Aber er entzog sich ihren Händen.

40 Er überquerte den Jordan und ging an die Stelle, an der Johannes getauft hatte. Dort blieb er, *41* und viele Menschen kamen zu ihm. »Johannes hat zwar keine Wunder getan«, sagten sie, »aber alles, was er über diesen Mann gesagt hat, entspricht der Wahrheit.« *42* So kamen dort viele zum Glauben an Jesus.

Dafür muss er sterben!

11 *1* Nun wurde ein Mann in Betanien krank. Er hieß Lazarus. Betanien war das Dorf, in dem auch Maria und ihre Schwester Marta wohnten. *2* Maria war die Frau, die dem Herrn das kostbare Salböl über die Füße gegossen und sie dann mit ihren Haaren abgetrocknet hatte. Lazarus war ihr Bruder. *3* Da schickten die Schwestern eine Botschaft zu Jesus und ließen ihm sagen: »Herr, der, den du lieb hast, ist krank!« *4* Als Jesus das hörte, sagte er: »Am Ende dieser Krankheit steht nicht der Tod, sondern die Herrlichkeit Gottes. Der Sohn Gottes soll dadurch geehrt werden.« *5* Jesus liebte Marta und ihre Schwester und den Lazarus. *6* Als

er nun hörte, dass Lazarus krank sei, blieb er noch zwei Tage an dem Ort, wo er war. *7* Erst dann sagte er zu seinen Jüngern: »Wir gehen wieder nach Judäa zurück!« *8* »Rabbi«, wandten die Jünger ein, »eben noch haben die Juden dort versucht, dich zu steinigen. Und jetzt willst du wieder dahin?« *9* Jesus entgegnete: »Ist es am Tag nicht zwölf Stunden hell? Solange es hell ist, kann ein Mensch sicher seinen Weg gehen, ohne anzustoßen, weil er das Tageslicht hat. *10* Wer aber in der Nacht unterwegs ist, stolpert, weil er kein Licht bei sich hat.« *11* Dann sagte er zu seinen Jüngern: »Unser Freund Lazarus ist eingeschlafen. Aber ich gehe jetzt hin, um ihn aufzuwecken.« *12* »Herr, wenn er schläft, wird er gesund werden«, sagten die Jünger. *13* Sie dachten, er rede vom natürlichen Schlaf. Jesus hatte aber von seinem Tod gesprochen. *14* Da sagte er es ihnen ganz offen: »Lazarus ist gestorben. *15* Und wegen euch bin ich froh, dass ich nicht dort war, damit ihr glauben lernt. Aber kommt, lasst uns zu ihm gehen!« *16* Thomas, den man auch Zwilling nannte, sagte zu den anderen Jüngern: »Ja, lasst uns mitgehen und mit ihm sterben!«

17 Als Jesus ankam, erfuhr er, dass Lazarus schon vier Tage in der Grabhöhle lag. *18* Betanien war nur drei Kilometer* von Jerusalem entfernt, *19* und viele Leute aus der Stadt waren zu Marta und Maria gekommen, um sie wegen ihres Bruders zu trösten. *20* Als Marta hörte, dass Jesus auf dem Weg zu ihnen war, lief sie ihm entgegen. Maria blieb im Haus. *21* »Herr«, sagte Marta zu Jesus, »wenn du hier

---

10,34 Psalm 82,6

gewesen wärst, dann wäre mein Bruder nicht gestorben. 22 Aber ich weiß, dass Gott dir auch jetzt keine Bitte abschlagen wird.« 23 »Dein Bruder wird auferstehen!«, sagte Jesus zu ihr. 24 »Ich weiß, dass er auferstehen wird«, entgegnete Marta, »bei der Auferstehung an jenem letzten Tag.« 25 Da sagte Jesus: »Ich bin die Auferstehung und das Leben. Wer an mich glaubt, wird leben, auch wenn er stirbt. 26 Und wer lebt und an mich glaubt, wird niemals sterben. Glaubst du das?« 27 »Ja, Herr!«, antwortete sie, »ich glaube, dass du der Messias bist, der Sohn Gottes, der in die Welt kommen soll.«

28 Danach ging sie weg, um ihre Schwester Maria zu holen. »Der Rabbi ist da!«, sagte sie unbemerkt zu ihr. »Er will dich sehen!« 29 Da stand Maria sofort auf und lief ihm entgegen. 30 Jesus war noch nicht ins Dorf hineingekommen. Er war immer noch an der Stelle, wo Marta ihn getroffen hatte. 31 Die Juden, die bei Maria im Haus gewesen waren, um sie zu trösten, sahen, wie sie plötzlich aufstand und hinausging. Sie dachten, sie wolle zur Gruft gehen, um dort zu weinen, und folgten ihr.

32 Als Maria nun an die Stelle kam, wo Jesus war, warf sie sich ihm zu Füßen und sagte: »Herr, wenn du hier gewesen wärst, dann wäre mein Bruder nicht gestorben.« 33 Als Jesus die weinende Maria sah und die Leute, die mit ihr gekommen waren, wurde er zornig und war sehr erregt. 34 »Wo habt ihr ihn hingelegt?«, fragte er sie. »Komm und sieh selbst«, antworteten die Leute. 35 Da brach Jesus in Tränen aus. 36 »Seht einmal, wie lieb er ihn

gehabt hat«, sagten die Juden. 37 Aber einige von ihnen meinten: »Er hat doch den Blinden geheilt. Hätte er nicht auch Lazarus vor dem Tod bewahren können?«

38 Da wurde Jesus wieder zornig und ging zur Gruft. Das war eine Höhle, deren Eingang mit einem großen Stein verschlossen war. 39 »Wälzt den Stein weg!«, sagte Jesus. Doch Marta, die Schwester des Verstorbenen wandte ein: »Herr, der Geruch! Er liegt ja schon vier Tage hier.« 40 Jesus erwiderte: »Ich habe dir doch gesagt, dass du die Herrlichkeit Gottes sehen wirst, wenn du mir vertraust!« 41 Da wälzten sie den Stein beiseite. Jesus blickte zum Himmel auf und sagte: »Vater, ich danke dir, dass du mich erhört hast. 42 Ich weiß, dass du mich immer erhörst. Aber wegen der Menschenmenge, die hier steht, habe ich es laut gesagt. Sie sollen glauben, dass du mich gesandt hast.« 43 Danach rief er mit lauter Stimme: »Lazarus, komm heraus!« 44 Da kam der Tote heraus, Hände und Füße mit Grabbinden umwickelt und das Gesicht mit einem Schweißtuch* zugebunden. »Macht ihn frei und lasst ihn gehen!«, sagte Jesus.

45 Als sie das gesehen hatten, glaubten viele der Juden, die zu Maria gekommen waren, an Jesus. 46 Doch einige von ihnen gingen zu den Pharisäern und berichteten, was Jesus getan hatte. 47 Da riefen die Hohen Priester und Pharisäer den Hohen Rat zusammen. »Was sollen wir tun?«,

---

11,18 *drei Kilometer.* Wörtlich: *fünfzehn Stadien.* Siehe Fußnote zu Johannes 6,19.

fragten sie. »Dieser Mensch tut viele aufsehenerregende Dinge! *48* Wenn wir ihn so weitermachen lassen, werden schließlich noch alle an ihn glauben. Und dann werden die Römer eingreifen. Sie werden unseren Tempel und das ganze Volk vernichten.« *49* Einer von ihnen, Kajafas, der in jenem Jahr der amtierende Hohe Priester war, sagte: »Ihr begreift aber auch gar nichts! *50* Versteht ihr denn nicht, dass es viel besser für uns ist, wenn einer für alle stirbt und nicht das ganze Volk umkommt?« *51* Er hatte das nicht von sich aus gesagt, sondern in seiner Eigenschaft als Hoher Priester die Weissagung ausgesprochen, dass Jesus für diese Nation sterben sollte. *52* Jesus starb allerdings nicht nur für das jüdische Volk, sondern auch, um die in aller Welt verstreuten Kinder Gottes zu einem Volk zusammenzuführen. *53* Von diesem Tag

---

11,44 Das *Schweißtuch* war eine Art großes Taschentuch, mit dem man sich den Schweiß vom Gesicht wischte.

11,54 *Ephraim.* Der kleine Ort liegt etwa 20 km nördlich von Jerusalem auf einem Bergrücken und ist mit dem alttestamentlichen Ofra bzw. Efron gleichzusetzen.

12,2 *lag ... zu Tisch.* Bei festlichen Anlässen lag man auf Polstern, die um einen niedrigen Tisch in der Mitte gruppiert waren. Man stützte sich auf den linken Ellbogen und langte mit der rechten Hand zu. Die Füße waren nach hinten vom Tisch weg ausgestreckt.

12,3 Gemeint ist das römische *Pfund* mit einem Gewicht von 327 Gramm.

Narde ist eine duftende aromatische Pflanze, die in den Bergen des Himalaja in Höhen zwischen 3500 und 5000 Metern wächst. Mit dem aus der indischen Narde gewonnenen Öl wurde schon zur Zeit Salomos gehandelt.

an waren sie fest entschlossen, ihn zu töten.

54 Jesus zeigte sich deshalb nicht mehr öffentlich unter den Juden, sondern hielt sich mit seinen Jüngern in einer Gegend am Rand der Wüste auf, in einer Ortschaft namens Ephraim*. *55* Doch das jüdische Passafest kam näher und viele Menschen aus dem ganzen Land zogen nach Jerusalem, um sich dort den Reinigungszeremonien für das Fest zu unterziehen. *56* Sie hielten Ausschau nach Jesus. Wenn sie im Tempel zusammenstanden, fragten sie einander: »Was meint ihr? Ob er wohl zum Fest kommen wird?« *57* Die Hohen Priester und die Pharisäer hatten angeordnet, dass jeder es melden müsste, wenn ihm der Aufenthaltsort von Jesus bekannt wäre. Denn sie wollten ihn verhaften.

Begräbnisvorbereitung mit Salböl

12 *1* Sechs Tage vor dem Passafest kam Jesus wieder nach Betanien, wo Lazarus wohnte, den er vom Tod auferweckt hatte. *2* Die Geschwister gaben Jesus zu Ehren ein Festmahl. Marta bediente und Lazarus lag mit den anderen zu Tisch*. *3* Maria aber nahm eine Flasche mit einem Pfund* Salböl, es war echte, sehr kostbare Narde*, und salbte Jesus damit die Füße. Dann tupfte sie diese mit ihrem Haar ab. Der Duft des Salböls erfüllte das ganze Haus.

4 Da sagte einer von den Jüngern ärgerlich – es war Judas, der Jesus später verriet: *5* »Warum hat man dieses Salböl nicht verkauft? Man hätte dreihundert Denare* dafür bekommen und das Geld den Armen geben können.« *6* Er sagte das nicht etwa, weil er sich um die Armen sorgte, sondern weil er ein Dieb war. Er verwaltete die gemeinsame Kasse und bediente sich daraus. *7* »Lass sie in Ruhe!«, sagte Jesus. »Sie hat das als Vorbereitung für mein Begräbnis getan. *8* Es wird immer Arme geben, um die ihr euch kümmern könnt. Aber mich habt ihr nicht mehr lange bei euch.«

9 Als es sich herumgesprochen hatte, dass Jesus in Betanien war, strömten die Leute in Scharen dorthin. Sie kamen nicht nur wegen Jesus, sondern auch, weil sie Lazarus sehen wollten, den Jesus vom Tod auferweckt hatte. *10* Da beschlossen die Hohen Priester, auch Lazarus zu töten, *11* weil seinetwegen so viele Juden hingingen und anfingen, an Jesus zu glauben.

Triumphaler Einzug

12 Am nächsten Tag erfuhren viele von denen, die zum Passafest gekommen waren, dass Jesus sich auf den Weg nach Jerusalem gemacht hatte. *13* Da nahmen sie Palmzweige in die Hand und zogen ihm entgegen. »Hosianna!«*, riefen sie. »Gelobt sei Gott! Gepriesen sei der da kommt im Namen des Herrn! Heil dem König von Israel!« *14* Jesus hatte einen jungen Esel geliehen und ritt auf ihm in die Stadt, wie es schon in der Heiligen Schrift steht: *15* »Fürchte dich nicht, Tochter von Zion*! Dein König kommt zu dir! Er reitet auf einem Eselsfohlen.«* *16* Doch das verstanden seine Jünger damals noch nicht. Erst nachdem Jesus in Gottes Herrlichkeit zurückgekehrt war, erinnerten sie sich, dass man ihn genauso empfangen hatte, wie es in der Schrift

vorausgesagt war. *17* Die Leute in der Menge, die dabei gewesen waren, als Jesus Lazarus aus dem Grab gerufen und vom Tod auferweckt hatte, hatten überall davon erzählt. *18* Deswegen zogen ihm jetzt so viele Menschen entgegen. Sie hatten alle von dem Wunder gehört. *19* Da sagten die Pharisäer zueinander: »Ihr seht doch, dass wir so nicht weiterkommen. Alle Welt läuft ihm nach.«

Die Zeit ist gekommen

20 Unter den Festbesuchern, die zur Anbetung Gottes nach Jerusalem kamen, waren auch einige Griechen. *21* Sie wandten sich an Philippus, der aus Betsaida in Galiläa stammte, und sagten: »Herr, wir möchten Jesus sehen!« *22* Philippus sprach mit Andreas darüber, dann gingen beide zu Jesus und sagten es ihm. *23* Doch Jesus erwiderte: »Die Zeit ist gekommen, in der die Herrlichkeit des Menschensohnes sichtbar wird. *24* Ja, ich versichere euch: Wenn das Weizenkorn nicht in die Erde kommt und stirbt, bleibt es allein. Wenn es aber stirbt, wird es viele neue Körner hervorbringen. *25* Wer sein Leben liebt, wird es verlieren. Aber wer sein Leben

---

12,5 *dreihundert Denare.* Ein guter Jahresverdienst eines Arbeiters.

12,13 *Hosianna.* Hebräisch: *Hilf doch!* Aus Psalm 118,25 stammender Hilferuf an Gott, der als feststehende Formel und schließlich auch als Lobpreis verwendet wurde.

12,15 *Zion* ist einer der Hügel Jerusalems, der für die ganze Stadt stehen kann. *Tochter von Zion* meint also die Einwohner der Stadt.
Sacharja 9,9

in dieser Welt gering achtet, wird es für das ewige Leben erhalten. 26 Wenn jemand mir dienen will, muss er mir auf meinem Weg folgen. Mein Diener wird dann auch dort sein, wo ich bin, und mein Vater wird ihn ehren.

27 Ich bin jetzt voller Angst und Unruhe. Soll ich beten: ›Vater, rette mich vor dem, was auf mich zukommt?‹ Aber deswegen bin ich ja gerade in diese Zeit hineingekommen. 28 Vater, offenbare die Herrlichkeit deines Namens!« Da sprach eine Stimme vom Himmel: »Das habe ich bis jetzt getan und werde es auch diesmal tun.« 29 Von den Menschen, die dort standen und zuhörten, sagten einige: »Es hat gedonnert.« Andere meinten: »Ein Engel hat mit ihm geredet.« 30 Aber Jesus sagte: »Diese Stimme wollte nicht mir etwas sagen, sondern euch! 31 Für die Welt ist jetzt die Stunde des Gerichts gekommen. Jetzt wird der Herrscher dieser Welt vertrieben werden. 32 Aber ich werde von der Erde erhöht werden und dann alle zu mir ziehen.« 33 Mit diesen Worten deutete er an, auf welche Weise er sterben würde.

34 Die Menge hielt ihm entgegen: »Das Gesetz sagt uns, dass der Messias ewig leben wird. Wie kannst du da behaupten, der Menschensohn müsse erhöht werden? Wer ist überhaupt dieser Menschensohn?« 35 »Das Licht wird nur noch kurze Zeit für euch leuchten«, sagte Jesus. »Nutzt das Licht, solange ihr es habt, damit euch die Dunkelheit nicht überfällt! Wer in der Dunkelheit unterwegs ist, weiß nicht, wohin er geht. 36 Glaubt an das Licht solange ihr es noch habt, damit ihr Menschen des Lichts werdet!« Nachdem er das gesagt hatte, zog Jesus sich aus der Öffentlichkeit zurück.

37 Obwohl Jesus so viele Wunderzeichen vor den Menschen getan hatte, glaubten sie ihm nicht. 38 Es sollte nämlich so kommen, wie der Prophet Jesaja vorausgesagt hat: »Herr, wer hat unserer Botschaft geglaubt? Wer erkennt, dass Gott hinter diesen mächtigen Taten steht?«* 39 Sie konnten nicht glauben, weil Jesaja auch Folgendes vorausgesagt hat: 40 »Er hat ihre Augen geblendet und ihr Herz hart gemacht. So kommt es, dass ihre Augen nichts sehen und ihr Herz nichts versteht und sie nicht umkehren, um sich von mir heilen zu lassen.«* 41 Jesaja sprach hier von Jesus, denn er hatte seine Herrlichkeit gesehen.

42 Dennoch glaubten sogar von den führenden Männern viele an Jesus. Aber wegen der Pharisäer bekannten sie sich nicht öffentlich dazu, denn sie befürchteten, aus der Synagoge ausgeschlossen zu werden. 43 Ihr Ansehen bei den Menschen war ihnen wichtiger als die Anerkennung von Gott.

44 Jesus rief laut: »Wer an mich glaubt, der glaubt nicht nur an mich, sondern auch an den, der mich gesandt hat. 45 Und wer mich sieht, sieht den, der mich gesandt hat. 46 Ich bin als Licht in die Welt gekommen, damit jeder, der an mich glaubt, von der Finsternis frei wird. 47 Wer hört, was

---

12,38 Jesaja 53,1
12,40 Jesaja 6,10

ich sage, und sich nicht danach richtet, den verurteile nicht ich. Denn ich bin nicht in die Welt gekommen, um die Welt zu richten, sondern um sie zu retten. 48 Wer mich verachtet und nicht annimmt, was ich sage, hat seinen Richter schon gefunden: Das Wort, das ich gesprochen habe, wird ihn an jenem letzten Tag verurteilen. 49 Denn ich habe ja nicht aus eigener Vollmacht gesprochen. Der Vater, der mich gesandt hat, hat mir aufgetragen, was ich sagen und reden soll. 50 Und ich weiß: Seine Weisung führt zum ewigen Leben. Ich gebe euch also genau das weiter, was mir der Vater gesagt hat.«

Eine Sklavenarbeit als Vorbild

13 1 Das Passafest stand jetzt unmittelbar bevor. Jesus wusste, dass die Zeit für ihn gekommen war, diese Welt zu verlassen und zum Vater zu gehen. Nun bewies er den Seinen in dieser Welt das ganze Ausmaß seiner Liebe. 2 Es war beim Abendessen. Der Teufel hatte den Sikarier Judas Ben-Simon schon zu dem Plan verleitet, Jesus zu verraten. 3 Jesus aber wusste, dass der Vater ihm uneingeschränkte Macht über alles gegeben hatte und dass er von Gott gekommen war und bald wieder zu Gott zurückkehren würde. 4 Er stand vom Tisch auf, zog sein Obergewand aus und band sich ein Leinentuch um. 5 Dann goss er Wasser in eine Schüssel und begann, den Jüngern die Füße zu waschen und mit dem Tuch abzutrocknen, das er sich umgebunden hatte. 6 Als er zu Simon Petrus kam, wehrte der ab und sagte: »Herr, du willst mir die Füße waschen?« 7 Jesus erwiderte ihm: »Was ich tue, verstehst du jetzt nicht. Du wirst es aber später begreifen.« 8 »Nie und nimmer wäschst du mir die Füße!«, widersetzte sich Petrus. Doch Jesus antwortete: »Wenn ich sie dir nicht wasche, hast du keine Gemeinschaft mit mir!« 9 »Dann, Herr, wasch mir nicht nur die Füße, sondern auch die Hände und den Kopf!«, sagte Simon Petrus. 10 Jesus entgegnete: »Wer gebadet hat, ist ganz rein, er muss sich später nur noch die Füße waschen. Ihr seid rein, allerdings nicht alle.« 11 Jesus wusste nämlich, wer ihn verraten würde. Darum hatte er gesagt: »Nicht alle von euch sind rein.«

12 Nachdem Jesus ihnen die Füße gewaschen hatte, zog er sich das Obergewand wieder an und legte sich an seinen Platz am Tisch. »Versteht ihr, was ich eben gemacht habe? 13 Ihr nennt mich Rabbi und Herr. Das ist auch in Ordnung so, denn ich bin es ja. 14 Wenn nun ich, der Herr und der Rabbi, euch die Füße gewaschen habe, dann seid auch ihr verpflichtet, euch gegenseitig die Füße zu waschen. 15 Ich habe euch ein Beispiel gegeben, damit ihr genauso handelt. 16 Ja, ich versichere euch: Ein Sklave ist nicht größer als sein Herr und ein Gesandter nicht größer als sein Auftraggeber. 17 Das wisst ihr jetzt. Nun handelt auch danach, denn das ist der Weg zum wahren Glück.«

Ausschluss des Verräters

18 »Doch ich rede nicht von euch allen. Ich kenne alle, die ich erwählt habe, aber was die Schrift sagt, muss sich erfüllen: ›Der, der mein Brot isst, tritt nach mir.‹* 19 Ich sage euch das schon jetzt, bevor es eintrifft, damit

ihr dann, wenn es geschieht, nicht daran irre werdet, dass ich wirklich der bin, der ich bin. *20* Ich versichere euch und verbürge mich dafür: Wer einen Menschen aufnimmt, den ich senden werde, nimmt mich auf. Und wer mich aufnimmt, nimmt den auf, der mich gesandt hat.«

21 Nach diesen Worten sagte Jesus im Innersten erschüttert: »Ja, ich versichere euch: Einer von euch wird mich ausliefern.« *22* Die Jünger blickten sich ratlos an und konnten sich nicht denken, wen er meinte. *23* Der Jünger, den Jesus besonders lieb hatte, lag direkt neben ihm zu Tisch. *24* Diesem Jünger gab Petrus einen Wink, er solle fragen, von wem er reden würde. *25* Da lehnte sich der Jünger etwas zurück an die Brust von Jesus* und fragte: »Herr, wer ist es?« *26* »Ich werde ein Stück Fladenbrot in die Schüssel tauchen«, erwiderte Jesus, »und es dem geben, der es ist.« Er nahm ein Stück Fladenbrot, tauchte es in die Schüssel und gab es Judas Ben-Simon, dem Sikarier. *27* Als Judas das Brotstück genommen hatte, fuhr der Satan in ihn und nahm ihn in Besitz. Jesus sagte zu ihm: »Beeile dich und tue, was du tun willst!« *28* Keiner von denen, die mit zu Tisch lagen, verstand, weshalb er das zu ihm gesagt hatte. *29* Weil Judas die Kasse verwaltete, dachten einige, Jesus habe ihn aufgefordert, noch einige Einkäufe für das Fest zu machen, oder

ihn beauftragt, den Armen etwas zu bringen. *30* Als Judas den Bissen gegessen hatte, ging er sofort hinaus in die Nacht.

31 Nachdem Judas den Raum verlassen hatte, sagte Jesus: »Jetzt wird der Menschensohn in seiner Herrlichkeit sichtbar und auch die Herrlichkeit Gottes wird durch ihn offenbar. *32* Und wenn der Menschensohn die Herrlichkeit Gottes sichtbar gemacht hat, dann wird auch Gott die Herrlichkeit des Menschensohnes offenbar machen. Das wird bald geschehen. *33* Ich bin nicht mehr lange bei euch, meine Kinder. Ihr werdet mich suchen, aber was ich schon den Juden sagte, muss ich auch euch sagen: Da, wo ich hingehe, könnt ihr nicht mitkommen. *34* Ich gebe euch jetzt ein neues Gebot: Liebt einander! Genauso wie ich euch geliebt habe, sollt ihr einander lieben! *35* An eurer Liebe zueinander werden alle erkennen, dass ihr meine Jünger seid.«

36 »Herr«, sagte Simon Petrus, »wo gehst du hin?« – »Wo ich hingehe«, erwiderte Jesus, »dahin kannst du jetzt nicht mitkommen. Aber später wirst du mir dorthin nachfolgen.« *37* »Herr«, entgegnete Petrus, »warum kann ich dir jetzt nicht folgen? Ich bin auch bereit, für dich zu sterben.« *38* »Dein Leben willst du für mich lassen?«, erwiderte Jesus. »Ja, ich versichere dir: Noch bevor der Hahn kräht, wirst du mich dreimal verleugnen.«

13,18 Psalm 41,10

13,25 *Brust von Jesus.* Das erklärt sich von der damaligen Tischsitte her. Johannes lag praktisch »vor« Jesus (siehe Fußnote zu Kapitel 12,2).

Der Weg zum Vater zurück

14 *1* »Lasst euch nicht in Verwirrung bringen. Glaubt an Gott und glaubt auch an mich! *2* Im Haus meines Vaters gibt es viele Wohnungen. Wenn es nicht so wäre, hätte ich dann etwa gesagt: ›Ich gehe jetzt hin, um den Platz für euch vorzubereiten.‹? *3* Und wenn ich hingegangen bin und euch den Platz vorbereitet habe, werde ich wiederkommen und euch zu mir holen, damit auch ihr da seid, wo ich bin. *4* Den Weg dorthin kennt ihr ja.« *5* »Herr«, sagte Thomas, »wir wissen nicht einmal, wo du hingehst. Wie sollen wir da den Weg dorthin kennen?« *6* »Ich bin der Weg!«, antwortete Jesus. »Ich bin die Wahrheit und das Leben! Zum Vater kommt man ausschließlich durch mich. *7* Wenn ihr erkannt habt, wer ich bin, dann habt ihr auch meinen Vater erkannt. Schon jetzt erkennt ihr ihn und habt ihn bereits gesehen.« *8* »Herr, zeige uns den Vater«, sagte Philippus, »das genügt uns«. *9* »So lange bin ich schon bei euch, Philippus, und du kennst mich immer noch nicht?«, erwiderte Jesus. »Wer mich gesehen hat, hat den Vater gesehen! Wie kannst du da sagen: ›Zeige uns den Vater!‹? *10* Glaubst du denn nicht, dass ich im Vater bin und der Vater in mir ist? Was ich zu euch gesprochen habe, stammt doch nicht von mir. Der Vater, der in mir ist, handelt durch mich. Es ist sein Werk! *11* Glaubt mir, dass ich im Vater bin und der Vater in mir ist! Wenn aber nicht, dann glaubt wenigstens aufgrund dessen, was ich getan habe! *12* Ja, ich versichere euch: Wer mir vertraut und glaubt, wird auch solche Dinge tun, ja sogar noch größere Taten vollbringen. Denn ich gehe zum Vater, *13* und alles, worum ihr dann in meinem Namen bittet, werde ich tun. Denn so wird der Vater im Sohn geehrt. *14* Was ihr also in meinem Namen erbittet, werde ich tun.

15 Wenn ihr mich liebt, werdet ihr meine Gebote befolgen. *16* Und ich werde den Vater bitten, dass er euch an meiner Stelle einen anderen Beistand gibt, der für immer bei euch bleibt. *17* Das ist der Geist der Wahrheit, den die Welt nicht bekommen kann, weil sie ihn nicht sieht und ihn nicht kennt. Aber ihr kennt ihn, denn er bleibt bei euch und wird in euch sein. *18* Ich werde euch nicht allein und verwaist zurücklassen. Ich komme zu euch! *19* Es dauert nur noch eine kurze Zeit, dann wird die Welt mich nicht mehr sehen. Ihr aber werdet mich sehen. Und weil ich lebe, werdet auch ihr leben. *20* Wenn dieser Tag kommt, werdet ihr erkennen, dass ich in meinem Vater bin und ihr in mir seid und ich in euch. *21* Wer meine Gebote kennt und sie befolgt, der liebt mich wirklich. Und wer mich liebt, wird von meinem Vater geliebt werden. Und ich werde ihn lieben und mich ihm zu erkennen geben.«

22 Da fragte ihn Judas (nicht der Sikarier): »Herr, wie kommt es, dass du dich nur uns zu erkennen geben willst und nicht der Welt?« *23* »Wenn jemand mich liebt«, gab Jesus ihm zur Antwort, »wird er sich nach meinem Wort richten. Mein Vater wird ihn lieben, und wir werden kommen und bei ihm wohnen. *24* Wer mich nicht liebt, wird sich nicht nach meinen Worten richten – und dabei kommt das Wort, das ihr hört, nicht einmal von mir, sondern vom Vater, der mich gesandt hat.

25 Ich habe euch das gesagt, solange ich noch bei euch bin. *26* Aber der

Beistand, den der Vater in meinem Namen senden wird, der Heilige Geist, wird euch alles Weitere lehren und euch an alles erinnern, was ich euch gesagt habe. *27* Was ich euch hinterlasse, ist mein Frieden. Ich gebe euch einen Frieden, wie die Welt ihn nicht geben kann. Lasst euch nicht in Verwirrung bringen, habt keine Angst. *28* Denkt an das, was ich euch gesagt habe: Ich gehe weg und komme wieder zu euch. Wenn ihr mich wirklich liebt, dann werdet ihr euch für mich freuen, weil ich jetzt zum Vater gehe, denn der Vater ist größer als ich. *29* Ich habe euch das alles im Voraus gesagt damit ihr dann, wenn es geschieht, im Glauben fest bleibt. *30* Viel werde ich nicht mehr mit euch reden können, denn der Herrscher dieser Welt ist schon gegen mich unterwegs. Er wird zwar nichts an mir finden, *31* aber die Welt soll erkennen, dass ich den Vater liebe und das tue, was er mir aufgetragen hat. – Steht auf, wir wollen gehen!«

Weinstock und Reben

15 *1* »Ich bin der wahre Weinstock und mein Vater ist der Weingärtner. *2* Jede Rebe an mir, die keine Frucht bringt, schneidet er weg, und jede, die Frucht bringt, schneidet er zurück und reinigt sie so, damit sie noch mehr Frucht bringt. *3* Ihr allerdings seid durch das Wort, das ich euch verkündigt habe, schon rein. *4* Bleibt in mir, und ich bleibe in euch! Eine Rebe kann nicht aus sich selbst heraus Frucht bringen; sie muss am Weinstock bleiben. Auch ihr könnt keine Frucht bringen, wenn ihr nicht mit mir verbunden bleibt. *5* Ich, ich bin der Weinstock; ihr seid die Reben. Wer mit mir verbunden bleibt und ich dann auch mit ihm, der trägt viel Frucht. Denn getrennt von mir könnt ihr nichts ausrichten. *6* Wenn jemand nicht mit mir verbunden bleibt, wird es ihm ergehen wie den unfruchtbaren Reben, die man auf einen Haufen wirft und verbrennt. Er wird weggeworfen und verdorrt. *7* Wenn ihr in mir bleibt und wenn meine Worte in euch bleiben, dann könnt ihr bitten, um was ihr wollt: Ihr werdet es bekommen. *8* Die Herrlichkeit meines Vaters wird ja dadurch sichtbar, dass ihr viel Frucht bringt und euch so als meine Jünger erweist.

9 Ich habe euch genauso geliebt, wie der Vater mich geliebt hat. Bleibt in meiner Liebe! *10* Ihr bleibt darin, wenn ihr meine Gebote haltet. Auch ich habe immer die Gebote meines Vaters gehalten und bin so in seiner Liebe geblieben. *11* Ich habe euch das gesagt, damit auch ihr von meiner Freude erfüllt werdet. Ja, eure Freude soll vollkommen sein! *12* Mein Gebot an euch lautet: ›Liebt einander so, wie ich euch geliebt habe!‹ *13* Die größte Liebe beweist der, der sein Leben für seine Freunde hingibt. *14* Und ihr seid meine Freunde – falls ihr meine Gebote befolgt. *15* Ich nenne euch Freunde und nicht mehr Sklaven. Denn ein Sklave weiß nicht, was sein Herr tut. Aber ich habe euch alles mitgeteilt, was ich von meinem Vater gehört habe. *16* Nicht ihr habt mich erwählt, sondern ich habe euch erwählt. Ich habe euch dazu bestimmt, hinzugehen und Frucht zu tragen – Frucht, die Bestand hat. Wenn ihr dann den Vater in meinem Namen um etwas bittet, wird er es euch geben. *17* ›Liebt euch gegenseitig!‹, das ist mein Gebot.«

Die Welt hasst Jünger

18»Wenn die Welt euch hasst, denkt daran, dass sie mich vor euch gehasst hat. *19* Wenn ihr zur Welt gehören würdet, würde sie euch als ihre Kinder lieben. Doch ihr gehört nicht zur Welt, denn ich habe euch ja aus der Welt heraus erwählt. Das ist der Grund, warum sie euch hasst. *20* Denkt an das, was ich euch gesagt habe: ›Ein Sklave ist nicht größer als sein Herr.‹ Wenn sie mich verfolgt haben, werden sie auch euch verfolgen. Wenn sie auf mein Wort gehört haben, werden sie auch auf das eure hören. *21* Aber alles, was sie euch antun, ist gegen meinen Namen gerichtet, denn sie kennen den nicht, der mich gesandt hat. *22* Sie hätten keine Schuld, wenn ich nicht gekommen wäre und zu ihnen gesprochen hätte. Doch so haben sie keine Entschuldigung mehr für ihre Sünde. *23* Wer mich hasst, hasst auch meinen Vater. *24* Sie hätten keine Schuld, wenn ich nicht die Wunder unter ihnen getan hätte, die noch kein Mensch getan hat. Doch jetzt haben sie diese Dinge gesehen und hassen mich trotzdem, mich und meinen Vater. *25* Aber das musste so kommen, damit sich erfüllen würde, was in ihrem Gesetz steht: ›Sie haben mich ohne Grund gehasst.‹* *26* Wenn dann der Beistand gekommen ist, wird er mein Zeuge sein. Es ist der Geist der Wahrheit, der vom Vater ausgeht. Ich werde ihn zu euch senden, wenn ich beim Vater bin. *27* Aber auch ihr seid meine Zeugen, weil ihr von Anfang an bei mir gewesen seid.«

16

1»Ich habe euch das gesagt, damit ihr nicht an mir irre werdet. *2* Man wird euch aus den Synagogen ausschließen. Ja es kommt sogar eine Zeit, in der die, die euch töten, meinen, Gott einen Dienst damit zu tun. *3* Sie werden euch das antun, weil sie weder den Vater noch mich kennen. *4* Ich habe euch das gesagt, damit ihr euch, wenn die Zeit dafür gekommen ist, an meine Worte erinnert.«

Der Beistand wird kommen

»Bisher habe ich nicht mit euch darüber gesprochen, weil ich ja bei euch war. *5* Aber jetzt gehe ich zu dem zurück, der mich gesandt hat. Doch keiner von euch fragt mich, wohin ich gehe. *6* Stattdessen hat Traurigkeit euer Herz erfüllt. *7* Doch glaubt mir: Es ist das Beste für euch, wenn ich fortgehe. Denn wenn ich nicht wegginge, käme der Beistand nicht zu euch. Wenn ich jedoch fortgehe, wird er kommen, denn ich werde ihn zu euch senden. *8* Und wenn er gekommen ist, wird er die Welt überführen. Er wird den Menschen die Augen öffnen über Sünde, Gerechtigkeit und Gericht. *9* Ihre Sünde besteht darin, dass sie nicht an mich glauben. *10* Die Gerechtigkeit erweist sich dadurch, dass ich zum Vater gehe, und ihr mich nicht mehr seht. *11* Und das Gericht werden sie daran erkennen, dass der Fürst dieser Welt schon verurteilt ist.

12 Ich hätte euch noch so viel zu sagen, aber ihr könnt es jetzt noch nicht tragen. *13* Wenn dann jedoch

15,25 Psalm 35,19; 69,5

der Geist der Wahrheit gekommen ist, wird er euch zum vollen Verständnis der Wahrheit führen. Denn er wird nicht seine eigenen Anschauungen vertreten, sondern euch nur sagen, was er gehört hat, und euch verkündigen, was die Zukunft bringt. *14* Er wird meine Herrlichkeit sichtbar machen, denn was er euch verkündigt, hat er von mir empfangen. *15* Alles, was der Vater hat, gehört ja auch mir. Deshalb habe ich gesagt: Was er euch verkündigen wird, hat er von mir.«

Aus Trauer wird Freude werden

16 »Es dauert nur noch ein wenig, dann werdet ihr mich nicht mehr sehen. Doch eine Weile danach werdet ihr mich wieder anschauen.« *17* »Wie sollen wir das verstehen?«, sagten einige seiner Jünger zueinander. »›Es dauert nur noch ein wenig, dann werdet ihr mich nicht mehr sehen. Doch eine Weile danach werdet ihr mich wieder anschauen.‹ Und was bedeutet: ›Ich gehe zum Vater.‹?« *18* Sie überlegten hin und her: »Was ist das für eine ›kleine Weile‹, von der er gesprochen hat? Wir verstehen nicht, was er damit meint.« *19* Jesus merkte, dass sie ihn fragen wollten und sagte: »Überlegt ihr miteinander, was ich damit meinte: ›Es dauert nur noch ein wenig, dann werdet ihr mich nicht mehr sehen. Doch eine Weile danach werdet ihr mich wieder anschauen‹? *20* Ja, ich versichere euch: Ihr werdet weinen und klagen, aber die Welt wird sich freuen. Ihr werdet traurig sein, doch eure Trauer wird sich in Freude verwandeln. *21* Wenn eine Frau ein Kind bekommt, macht sie bei der Geburt Schweres durch.

Wenn das Kind jedoch geboren ist, werden vor der Freude, dass ein Mensch zur Welt gekommen ist, alle Schmerzen vergessen. *22* Auch ihr seid jetzt traurig, aber ich werde euch wiedersehen. Dann wird euer Herz voller Freude sein, die euch niemand wegnehmen kann. *23* Wenn es soweit ist, werdet ihr mich nichts mehr fragen müssen. Ja, ich versichere euch: Wenn ihr dann den Vater in meinem Namen um etwas bittet, wird er es euch geben. *24* Bis jetzt habt ihr noch nichts in meinem Namen erbeten. Bittet nur – ihr werdet es bekommen. Und dann wird eure Freude vollkommen sein.

25 Ich habe euch das alles in Bildern gesagt. Aber es kommt eine Zeit, in der ich nicht mehr in Rätseln zu euch rede, sondern offen über den Vater sprechen werde. *26* Dann werdet ihr ihn in meinem Namen bitten. Ich sage nicht, dass ich dann den Vater für euch bitten werde, *27* denn der Vater selbst hat euch lieb. Denn ihr liebt mich ja und glaubt, dass ich von Gott gekommen bin. *28* Ja, ich bin vom Vater aus in die Welt gekommen, und ich werde die Welt verlassen und zum Vater zurückkehren.«

29 Da sagten seine Jünger: »Endlich sprichst du offen und nicht mehr in Rätselworten. *30* Jetzt verstehen wir, dass du alles weißt und unsere Fragen kennst, bevor wir sie stellen. Darum glauben wir, dass du von Gott gekommen bist.« *31* »Jetzt glaubt ihr?«, sagte Jesus. *32* »Passt auf, es kommt die Zeit – sie ist sogar schon da – wo ihr auseinanderlaufen werdet, jeder dorthin, wo er herkommt. Und ihr werdet mich allein lassen. Aber ich bin nicht allein; der Vater ist ja bei mir. ³³ Ich habe euch das gesagt, damit ihr in meinem Frieden geborgen seid. In der Welt wird man Druck auf euch ausüben. Aber verliert nicht den Mut! Ich habe die Welt besiegt!«

Jesus betet für seine Jünger

17 ¹ Nachdem Jesus das gesagt hatte, blickte er zum Himmel auf und betete: »Vater, die Stunde ist gekommen. Offenbare die Herrlichkeit deines Sohnes, damit auch der Sohn deine Herrlichkeit offenbar machen kann. ² Du hast ihm die Macht über alle Menschen anvertraut, damit er denen, die du ihm gegeben hast, ewiges Leben schenkt. ³ Das ewige Leben bedeutet ja, dich zu erkennen, den einzigen wahren Gott, und den, den du gesandt hast, Jesus Christus. ⁴ Ich habe deine Herrlichkeit hier auf der Erde sichtbar gemacht. Ich habe das Werk vollendet, das du mir aufgetragen hast. ⁵ Vater, gib mir erneut die Herrlichkeit, die ich schon vor Erschaffung der Welt bei dir hatte.

⁶ Ich habe dich den Menschen bekannt gemacht, die du mir aus der Welt gegeben hast. Sie gehörten schon immer dir, und du hast sie mir gegeben. Sie haben sich nach deinem Wort gerichtet. ⁷ Sie wissen jetzt, dass alles, was du mir gegeben hast, von dir kommt. ⁸ Denn ich habe ihnen das weitergegeben, was du mir gesagt hast. Und sie haben es angenommen und erkannt, dass ich wirklich von dir gekommen bin. Sie glauben auch daran, dass du mich gesandt hast. ⁹ Für sie bete ich. Ich bitte nicht für die Welt, sondern für die, die du mir gegeben hast, denn sie gehören dir.

¹⁰ Alles, was mir gehört, gehört auch dir, und was dir gehört, gehört auch mir. Durch sie wird meine Herrlichkeit offenbar. ¹¹ Bald bin ich nicht mehr in der Welt, ich komme ja zu dir, Vater, du heiliger Gott. Sie aber sind noch in der Welt. Bewahre sie durch die Macht, die du mir gegeben hast, die Macht deines Namens, damit sie eins sind so wie wir. ¹² Solange ich bei ihnen war, habe ich sie durch die Macht deines Namens bewahrt. Ich habe über sie gewacht, dass nicht einer von ihnen verloren ging – außer dem, der den Weg des Verderbens gegangen ist, so wie es die Schrift vorausgesagt hat.

¹³ Doch jetzt komme ich zu dir. Aber dies alles wollte ich sagen, solange ich noch hier in der Welt bin, damit sie ganz von meiner Freude erfüllt sind. ¹⁴ Ich habe ihnen dein Wort weitergegeben, und nun hasst sie die Welt. Denn sie gehören nicht zu ihr, sowenig wie ich zur Welt gehöre. ¹⁵ Ich bitte dich nicht darum, sie aus der Welt wegzunehmen, aber ich bitte dich, sie vor dem Bösen zu bewahren. ¹⁶ Sie gehören genauso wenig zur Welt wie ich. ¹⁷ Führe sie durch die Wahrheit ganz auf deine Seite! Dein Wort ist Wahrheit. ¹⁸ So wie du mich in die Welt gesandt hast, habe auch ich sie in die Welt gesandt. ¹⁹ Und für sie gebe ich mich dir hin, damit auch sie durch die Wahrheit dir hingegeben sind.

²⁰ Ich bitte aber nicht nur für sie, sondern auch für die Menschen, die durch ihr Wort an mich glauben werden. ²¹ Ich bete, dass sie alle eins sind, und zwar so wie du, Vater, in mir bist und ich in dir, so sollen sie in uns eins sein. Dann wird die Welt glauben, dass du

mich gesandt hast. *22* Ich habe ihnen die Herrlichkeit geschenkt, die du mir gegeben hast, damit sie eins sind, so wie wir eins sind – *23* ich in ihnen und du in mir, damit sie die vollkommene Einheit gewinnen und damit die Welt erkennt, dass du mich gesandt und sie geliebt hast, so wie ich von dir geliebt bin. *24* Vater, ich will, dass alle, die du mir gegeben hast, dort bei mir sind, wo ich bin. Sie sollen nämlich meine Herrlichkeit sehen können, die du mir gegeben hast, weil du mich liebtest – schon vor Erschaffung der Welt.

25 Gerechter Vater, die Welt kennt dich nicht, aber ich kenne dich; und diese hier haben erkannt, dass du mich gesandt hast. *26* Ich habe ihnen deinen Namen bekannt gemacht und werde das auch weiterhin tun. Ich tue das, damit die Liebe, die du zu mir hast, auch sie erfüllt und ich selbst in ihnen bin.«

Jesus lässt sich verhaften

18 *1* Nach diesem Gebet verließ Jesus mit seinen Jüngern die Stadt. Sie überquerten den Kidronbach* und gingen in einen Olivenhain, der sich auf der anderen Seite des Tals befand. *2* Weil Jesus oft mit seinen Jüngern dort gewesen war, kannte auch der Verräter Judas den Platz. *3* Und Judas kam jetzt dorthin. Er wurde von einem Trupp römischer Soldaten begleitet und von Männern der Tempelwache, die ihm die Hohen Priester und Pharisäer zur Verfügung gestellt

hatten. Sie waren bewaffnet und trugen Laternen und Fackeln. *4* Jesus wusste, was nun mit ihm geschehen würde, und ging ihnen bis vor den Eingang des Gartens entgegen.»Wen sucht ihr?«, fragte er sie. *5* »Jesus von Nazaret«, gaben sie ihm zur Antwort. »Ich bin es«, sagte er. Der Verräter Judas stand bei ihnen. *6* Als nun Jesus zu ihnen sagte:»Ich bin es«, wichen sie zurück und fielen zu Boden. *7* Da fragte er sie noch einmal:»Wen sucht ihr?« – »Jesus von Nazaret«, antworteten sie wieder. *8* »Ich habe euch doch gesagt, dass ich es bin«, entgegnete Jesus. »Wenn ihr also mich sucht, dann lasst diese hier gehen.« *9* So sollte sich das Wort erfüllen, das Jesus selbst gesagt hatte:»Von denen, die du mir gegeben hast, habe ich keinen verloren.«

10 Plötzlich zog Simon Petrus das Schwert, das er bei sich hatte, und hieb damit auf den Sklaven des Hohen Priesters ein. Dabei schlug er ihm das rechte Ohr ab. Der Mann hieß Malchus. *11* »Steck das Schwert weg!«, befahl Jesus seinem Jünger. »Soll ich den Kelch etwa nicht austrinken, den mir der Vater gegeben hat?«

12 Die Soldaten, ihr Befehlshaber und die Männer der jüdischen Tempelwache nahmen Jesus fest. Sie fesselten ihn *13* und brachten ihn zuerst zu Hannas. Hannas war der Schwiegervater von Kajafas, der in jenem Jahr als Hoher Priester amtierte. *14* Kajafas war es gewesen, der den Juden klargemacht hatte, dass es besser sei, wenn ein Einzelner für das Volk stirbt.

Petrus verleugnet seinen Herrn

15 Simon Petrus und noch ein anderer Jünger folgten Jesus. Dieser andere

---

18,1 *Kidronbach.* Bach, der im Winter das gleichnamige Tal durchfließt, das den Tempelberg vom Ölberg trennt. Im Sommer ist das Tal trocken.

Jünger war mit dem Hohen Priester bekannt und konnte deshalb mit Jesus in den Palasthof hineingehen. *16* Petrus musste draußen vor dem Tor stehen bleiben. Da kam der andere Jünger, der Bekannte des Hohen Priesters, wieder zurück, verhandelte mit der Pförtnerin, und nahm Petrus dann mit hinein. *17* Es war diese Dienerin, die Petrus fragte: »Bist du nicht auch einer von den Jüngern dieses Mannes?« – »Nein«, sagte Petrus, »das bin ich nicht.« *18* Es war kalt. Die Sklaven und die Diener hatten ein Kohlenfeuer gemacht und standen nun darum herum und wärmten sich. Petrus stellte sich zu ihnen und wärmte sich ebenfalls.

19 Inzwischen begann der Hohe Priester, Jesus über seine Lehre und seine Jünger zu befragen. *20* Jesus erklärte: »Ich habe immer offen vor aller Welt geredet und nie im Geheimen gelehrt, sondern immer in den Synagogen und im Tempel, wo alle Juden zusammenkommen. *21* Warum fragst du dann mich? Frag doch die, die mich gehört haben; sie wissen, was ich gesagt habe.« *22* Empört über diese Worte schlug ihn einer der dabeistehenden Wächter ins Gesicht und sagte: »Wie kannst du so mit dem Hohen Priester reden?« *23* Jesus entgegnete: »Wenn ich etwas Unrechtes gesagt habe, dann beweise es mir! Bin ich aber im Recht, warum schlägst du mich dann?« *24* Hannas hatte Jesus nämlich gefesselt zu Kajafas, dem amtierenden Hohen Priester, bringen lassen.

25 Simon Petrus stand immer noch am Feuer und wärmte sich. »Bist du nicht auch einer von seinen Jüngern?«, wurde er da gefragt. »Nein, ich bin es nicht!«, log Petrus. *26* Einer der Sklaven des Hohen Priesters, ein Verwandter von dem, dem Petrus das Ohr abgehauen hatte, hielt ihm entgegen: »Habe ich dich nicht dort im Garten bei ihm gesehen?« *27* Wieder stritt Petrus es ab. In diesem Augenblick krähte ein Hahn.

Das Verhör vor Pilatus

28 Frühmorgens führten sie Jesus von Kajafas zum Prätorium, dem Amtssitz des römischen Statthalters. Sie selbst betraten das Amtsgebäude nicht, um sich nicht zu verunreinigen*, denn sonst hätten sie nicht am Passamahl* teilnehmen dürfen. *29* Deshalb kam Pilatus* zu ihnen heraus und fragte: »Was habt ihr gegen diesen Mann vorzubringen?« *30* »Wir hätten ihn nicht vorgeführt, wenn er kein Verbrecher wäre«, gaben sie zurück. *31* »Dann nehmt ihn doch und richtet ihn nach eurem Gesetz!«, sagte Pilatus. »Wir dürfen ja niemand hinrichten«, erwiderten sie. *32* So sollte sich die Voraussage erfüllen, mit der Jesus die Art seines Todes angedeutet hatte.

33 Pilatus ging ins Prätorium zurück und ließ Jesus vorführen. »Bist du der König der Juden?«, fragte er. *34* »Bist du selbst auf diesen Gedanken gekommen oder haben andere dir das gesagt?«, fragte Jesus zurück. *35* »Bin ich etwa ein Jude?«, entgegnete Pilatus. »Dein eigenes Volk und die Hohen Priester haben dich mir ausgeliefert. Was hast du getan?« *36* »Mein Reich ist nicht von dieser Welt«, antwortete Jesus. »Wenn es so wäre, hätten meine Diener gekämpft, damit ich den Juden nicht in die Hände gefallen wäre. Doch jetzt ist mein Königreich nicht von hier.« *37* »Also bist du doch ein König«, sagte Pilatus. »Du hast Recht«, erwiderte Jesus, »ich bin ein König, ich bin dazu geboren. Und ich bin in die Welt gekommen, um für die Wahrheit einzustehen. Wem es um die Wahrheit geht, der hört auf mich.« *38* »Wahrheit?«, meinte Pilatus, »was ist das schon?« Dann ging er wieder zu den Juden hinaus und erklärte: »Ich kann keine Schuld an ihm finden. *39* Es gibt aber doch den Brauch, dass ich euch am Passafest einen Gefangenen freilasse. Wollt ihr nun, dass ich euch den König der Juden freigebe?« *40* »Nein, den nicht!«, schrien sie. »Wir wollen Barabbas!« Barabbas war ein Straßenräuber.

Das Todesurteil

19 *1* Daraufhin ließ Pilatus Jesus auspeitschen. *2* Dann flochten die Soldaten eine Krone aus Dornenzweigen und setzten sie Jesus auf den Kopf. Sie hängten ihm ein

***

18,28 *verunreinigen.* Die Wohnungen von Nichtjuden in Israel wurden grundsätzlich als unrein betrachtet, weil die Juden befürchteten, in Haus oder Hof könnte eine Fehlgeburt vergraben sein. Dann hätten sie sich beim Betreten dieser Stelle für sieben Tage lang unrein gemacht.

Passamahl. Der Hohe Priester und seine Anhänger hatten im Gegensatz zu den anderen Juden ihr Passamahl also noch vor sich (siehe auch Johannes 19,14). Das hatte seinen Grund vermutlich in den Kalenderstreitigkeiten zwischen den Pharisäern und den Sadduzäern, die erst mit der Zerstörung des Tempels endeten.

18,29 *Pilatus.* Vom Kaiser in Rom eingesetzter Statthalter über Judäa und Samaria. Er war von 26-36 n.Chr. im Amt.

purpurrotes Gewand um, *3* stellten sich vor ihn hin und schrien: »Hoch lebe der Judenkönig!« Dabei schlugen sie ihm ins Gesicht.

4 Dann ging Pilatus noch einmal zu den Juden hinaus und sagte: »Seht her, ich bringe ihn jetzt zu euch, denn ihr sollt wissen, dass ich keine Schuld an ihm finde.« *5* Als Jesus herauskam, trug er die Dornenkrone und das Purpurgewand. »Da, seht den Menschen«, sagte Pilatus zu ihnen. *6* Als die Hohen Priester und ihre Leute Jesus erblickten, schrien sie: »Kreuzigen! Kreuzigen!« – »Nehmt ihn doch selbst und kreuzigt ihn!«, rief Pilatus. »Ich jedenfalls finde keine Schuld an ihm!« *7* »Nach unserem Gesetz muss er sterben«, hielten ihm die Juden entgegen, »denn er hat sich selbst zu Gottes Sohn gemacht.«

8 Als Pilatus das hörte, geriet er erst recht in Panik. *9* Er ging ins Prätorium zurück und fragte Jesus: »Woher kommst du?« Aber Jesus gab ihm keine Antwort. *10* »Willst du denn nicht mit mir reden?«, sagte Pilatus zu ihm. »Weißt du nicht, dass ich die Macht habe, dich freizulassen? Ich kann dich aber auch ans Kreuz bringen!« *11* »Du hättest keine Macht über mich«, erwiderte Jesus, »wenn sie dir nicht von oben gegeben wäre. Deshalb hat der, der mich dir ausgeliefert hat, größere Schuld.« *12* Daraufhin versuchte Pilatus noch einmal, ihn freizulassen. Doch die Juden schrien: »Wenn du den freilässt, bist du kein ›Freund des Kaisers‹*! Wer sich als König ausgibt, stellt sich gegen den Kaiser!«

13 Auf diese Worte hin ließ Pilatus Jesus auf den Platz hinausführen, den man »Steinpflaster« nannte, auf Hebräisch: »Gabbata«. Dort setzte er sich auf den Richterstuhl. *14* Das war am Tag vor dem Passa gegen zwölf Uhr mittags. Pilatus sagte zu den Juden: »Da, seht euren König!« *15* »Weg mit ihm, weg!«, schrien sie. »Ans Kreuz mit ihm!« – »Euren König soll ich kreuzigen lassen?«, rief Pilatus. Die Hohen Priester entgegneten: »Wir haben keinen König außer dem Kaiser.« *16* Da gab Pilatus ihrer Forderung nach und befahl, Jesus zu kreuzigen.

Die Hinrichtung

Jesus wurde abgeführt. *17* Er trug sein Kreuz selbst und schleppte sich aus der Stadt hinaus zu dem sogenannten Schädelplatz, der auf Hebräisch »Golgota« heißt. *18* Dort nagelten sie ihn ans Kreuz, ihn und noch zwei andere links und rechts von ihm. Jesus hing in der Mitte.

19 Pilatus ließ auch ein Schild an das Kreuz von Jesus nageln, auf dem stand: »Jesus von Nazaret, König der Juden.« *20* Dieses Schild wurde von vielen Juden gelesen, denn der Ort, wo Jesus gekreuzigt wurde, war ganz in der Nähe der Stadt, und der Text war auf Hebräisch, Lateinisch und Griechisch abgefasst. *21* Die Hohen Priester erhoben Einspruch bei Pilatus. »Nicht ›König der Juden‹ muss da stehen«, sagten sie, »sondern: ›Er behauptete, König der Juden zu sein.‹« *22* Doch Pilatus erwiderte: »Geschrieben bleibt geschrieben!«

23 Die vier Soldaten, die Jesus gekreuzigt hatten, teilten seine Kleider unter sich auf. Auch sein Untergewand nahmen sie an sich. Es war von oben bis unten durchgehend gewebt, ohne Naht. *24* »Das zerreißen wir nicht«, sagten sie zueinander, »soll das Los entscheiden, wer es bekommt!« Damit erfüllte sich, was die Schrift vorausgesagt hatte: »Sie haben meine Kleider unter sich verteilt und über mein Gewand das Los geworfen.«* Und genau das haben die Soldaten getan.

25 In der Nähe des Kreuzes, an dem Jesus hing, standen seine Mutter Maria und ihre Schwester. Außerdem Maria, die Frau des Klopas und Maria aus Magdala. *26* Als Jesus seine Mutter neben dem Jünger stehen sah, den er besonders liebte, sagte er zu ihr: »Das ist jetzt dein Sohn!« *27* Und zu dem Jünger sagte er: »Das ist nun deine Mutter!« Der Jünger nahm sie zu sich und sorgte von da an für sie.

28 Weil Jesus wusste, dass nun alles vollbracht war, sagte er: »Ich habe Durst!« Denn er wollte auch in diesem Punkt die Voraussagen der Schrift erfüllen. *29* Da tauchten die Soldaten einen Schwamm in das Gefäß mit Weinessig*, das dort stand, steckten ihn auf einen Ysopstängel* und hielten ihn Jesus an den Mund. *30* Als Jesus von dem Essig genommen hatte, sagte er: »Es ist vollbracht!« Dann ließ er den Kopf sinken und starb.

31 Es war der Tag vor dem Sabbat, der diesmal ein hoher Festtag sein würde. Deshalb baten die führenden Juden Pilatus, dass den Gekreuzigten die Beine gebrochen* würden. Man wollte sie

---

19,12 *Freund des Kaisers* war ein Ehrentitel, dessen Aberkennung schlimme Folgen haben konnte.

19,24 Psalm 22,19

vom Kreuz abnehmen lassen, damit sie nicht den Sabbat über dort hängen blieben*. *32* Die Soldaten gingen nun zunächst zu dem einen, der mit Jesus gekreuzigt war, und brachen ihm die Beine und dann zu dem anderen. *33* Als sie an Jesus vorbeikamen, merkten sie, dass er schon gestorben war. Deshalb brachen sie ihm die Beine nicht. *34* Einer von den Soldaten stach ihm allerdings mit dem Speer in die Seite. Da kamen Blut und Wasser heraus. *35* Dieser Bericht stammt von einem Augenzeugen. Was er sagt, ist zuverlässig, und er weiß, dass es wahr ist. Er bezeugt es, damit auch ihr zum Glauben findet. *36* Denn das alles geschah, damit die Voraussagen der Schrift erfüllt würden: »Es wird ihm kein Knochen gebrochen werden.«*

19,29 Weinessig oder Saurer Wein, ein beliebter Durstlöscher bei Soldaten.

Ysop, ein Busch mit stark riechenden Blättern, der bei Reinigungsopfern zum Besprengen verwendet wurde. Seine *Stängel* werden bis zu 80 Zentimeter lang.

19,31 Beine gebrochen. Manchmal brach man den Gekreuzigten die Beine, indem man sie mit Keulen zerschlug. Denn dann konnten sie sich beim Atmen nicht mehr abstützen und starben schnell.

hängen blieben. Sie hätten das Land nach 5. Mose 21,23 kultisch verunreinigt.

19,36 2. Mose 12,46; 4. Mose 9,12; Psalm 34,21

19,37 Sacharja 12,10

19,39 Myrrhe. Öl aus wohlriechendem Harz arabisch-afrikanischer Herkunft.

Aloë. Öl aus dem Harz eines Baumes, der in Indien wuchs.

33 Kilogramm. Wörtlich: hundert Pfund. Das war eine ungeheure Menge und erinnert an das Begräbnis von Königen (vgl. 2. Chronik 16,14).

37 Und an einer anderen Stelle: »Sie werden auf den schauen, den sie durchbohrt haben.«*

Das Begräbnis

38 Danach bat Josef von Arimathäa Pilatus um die Erlaubnis, den Leichnam von Jesus abnehmen zu dürfen. Josef war auch ein Jünger, allerdings nur heimlich, weil er sich vor den führenden Juden fürchtete. Als er von Pilatus die Genehmigung erhalten hatte, ging er zum Hinrichtungsplatz und nahm den Leichnam von Jesus ab. *39* Auch Nikodemus, der Jesus einmal in der Nacht aufgesucht hatte, kam dazu. Er brachte eine Mischung von Myrrhe* und Aloë* mit, ungefähr 33 Kilogramm*. *40* Sie wickelten den Leib unter Beigabe der wohlriechenden Öle in Leinenbinden, wie es der jüdischen Begräbnissitte entsprach. *41* Der Ort der Kreuzigung lag in der Nähe eines Gartens. Dort befand sich eine neu ausgehauene Grabhöhle, in der noch niemand gelegen hatte. *42* In dieses Grab legten sie Jesus, weil es ganz in der Nähe war und er dort noch vor dem Ende des Sabbat-Vorbereitungstages begraben werden konnte.

Das leere Grab

20 *1* Früh, am ersten Wochentag, als es noch dunkel war, ging Maria aus Magdala zum Grab. Sie sah, dass der Stein, der den Eingang zur Grabhöhle verschloss, weggerollt war. *2* Da lief sie schnell zu Simon Petrus und dem anderen Jünger, den Jesus besonders lieb hatte, und sagte: »Sie haben den Herrn aus der Gruft weggenommen, und wir wissen nicht, wo sie ihn hingebracht haben.« *3* Die beiden

Jünger brachen sofort auf und eilten zum Grab. *4* Sie liefen miteinander los, aber der andere Jünger war schneller als Petrus und kam zuerst an der Grabhöhle an. *5* Er beugte sich vor und sah die Leinenbinden daliegen, ging aber noch nicht hinein. *6* Als Simon Petrus ankam, ging er gleich in die Grabkammer. Er sah die Leinenbinden daliegen *7* und auch das Schweißtuch, das man dem Toten um den Kopf gebunden hatte. Es lag nicht bei dem Leinenzeug, sondern zusammengewickelt an einer anderen Stelle. *8* Jetzt ging auch der andere Jünger, der zuerst angekommen war, hinein. Er sah es sich an und glaubte. *9* Denn bis dahin hatten sie noch nicht verstanden, dass Jesus nach dem Zeugnis der Schrift von den Toten auferstehen musste.

Der Auferstandene

10 Die beiden Jünger gingen wieder nach Hause, *11* aber Maria stand inzwischen wieder draußen an der Grabhöhle und weinte. Weinend beugte sie sich vor, um in die Gruft hineinzusehen. *12* Auf einmal sah sie zwei weiß gekleidete Engel dasitzen, wo Jesus gelegen hatte, einer am Kopfende und der andere am Fußende. *13* »Frau, warum weinst du?«, fragten sie. Maria erwiderte: »Sie haben meinen Herrn fortgetragen und ich weiß nicht, wo sie ihn hingelegt haben.« *14* Als sie über die Schulter zurückblickte, sah sie auf einmal Jesus dastehen, erkannte ihn aber nicht. *15* Er sagte: »Frau, warum weinst du? Wen suchst du?« Sie dachte, es sei der Gärtner und sagte: »Herr, wenn du ihn fortgenommen hast, sag mir bitte, wo er jetzt liegt. Dann gehe ich und werde ihn holen.« *16* »Maria!«, sagte Jesus. Da drehte sie sich um und rief: »Rabbuni!« Das ist Hebräisch und heißt: Mein Lehrer! *17* »Lass mich los!«, sagte Jesus zu ihr. »Ich bin noch nicht zum Vater im Himmel zurückgekehrt. Geh zu meinen Brüdern und sag ihnen von mir: Ich kehre zurück zu meinem und eurem Vater, zu meinem Gott und eurem Gott.« *18* Da ging Maria aus Magdala zu den Jüngern. »Ich habe den Herrn gesehen!«, verkündete sie und richtete ihnen aus, was er ihr aufgetragen hatte.

Der Unglaube der Jünger

19 Am Abend jenes Sonntags trafen sich die Jünger hinter verschlossenen Türen, weil sie Angst vor den Juden hatten. Plötzlich stand Jesus mitten unter ihnen und sagte: »Friede sei mit euch!« *20* Dann zeigte er ihnen seine Hände und seine Seite. Da wurden die Jünger froh, als sie den Herrn sahen. *21* »Friede sei mit euch!«, sagte er noch einmal zu ihnen. »Wie der Vater mich gesandt hat, sende ich nun euch.« *22* Dann hauchte er sie an und sagte: »Empfangt den Heiligen Geist! *23* Wem ihr die Sünden vergebt, dem sind sie vergeben, und wem ihr sie nicht vergebt, dem sind sie nicht vergeben*.«

24 Thomas, der auch »Zwilling« genannt wurde, einer der Zwölf, war nicht dabei gewesen, als Jesus zu den Jüngern gekommen war. *25* Die anderen erzählten ihm: »Wir haben den Herrn gesehen!« Doch Thomas erwiderte: »Erst muss ich die Nagelwunden in seinen Händen sehen und mit meinen Fingern berühren und meine Hand in seine durchbohrte

Seite legen. Vorher glaube ich das keinesfalls.« 26 Acht Tage später waren seine Jünger wieder beisammen. Diesmal war auch Thomas dabei. Die Türen waren verschlossen, doch plötzlich stand Jesus genau wie zuvor in ihrer Mitte und sagte:»Friede sei mit euch!« 27 Dann wandte er sich an Thomas und sagte:»Leg deinen Finger hier auf die Stelle und sieh dir meine Hände an! Gib deine Hand her und lege sie in meine Seite! Und sei nicht mehr ungläubig, sondern glaube!« 28 »Mein Herr und mein Gott!«, gab Thomas ihm da zur Antwort. 29 Jesus erwiderte:»Du glaubst, weil du mich gesehen hast. Glücklich zu nennen sind die, die mich nicht sehen und trotzdem glauben.«

30 Jesus tat vor den Augen seiner Jünger noch viele andere Wunderzeichen, die aber nicht in diesem Buch aufgeschrieben sind. 31 Was hier berichtet ist, wurde aufgeschrieben, damit ihr glaubt, dass Jesus der Messias ist, der Sohn Gottes, und damit ihr durch den Glauben an ihn in seinem Namen das Leben habt.

Der Auferstandene in Galiläa

21 1 Später zeigte sich Jesus den Jüngern noch einmal am See von Tiberias. Das geschah so: 2 Simon Petrus und Thomas, der auch

---

20,23 *vergeben.* Ein Jünger des Herrn darf einem Menschen die Vergebung der Sünden zusprechen, wenn dieser Mensch an Jesus glaubt. Wenn er dessen Opfer jedoch verwirft, muss er ihm sagen, dass seine Sünden dann auch nicht vergeben sind.

21,8 *hundert Meter.* Wörtlich: Zweihundert Ellen.

»Zwilling« genannt wurde, Natanaël aus Kana in Galiläa, die Söhne des Zebedäus und noch zwei andere Jünger waren zusammen. 3 Petrus sagte:»Ich gehe fischen.« – »Wir kommen mit«, meinten die anderen. Also fuhren sie im Boot hinaus, fingen in dieser Nacht aber nichts. 4 Als es Tag wurde, stand Jesus am Ufer, doch die Jünger erkannten ihn nicht. 5 »Kinder, habt ihr vielleicht etwas zu essen dabei?«, rief er ihnen zu.»Nein!«, riefen sie zurück. 6 »Werft das Netz auf der rechten Seite des Bootes aus!«, forderte er sie auf. »Dort werdet ihr welche finden.« Das taten sie. Doch dann konnten sie das Netz nicht mehr ins Boot ziehen, so viele Fische hatten sie gefangen.

7 Da sagte der Jünger, den Jesus besonders liebte, zu Petrus:»Es ist der Herr!« Daraufhin warf sich Simon Petrus das Obergewand über, das er bei der Arbeit abgelegt hatte, band es hoch und sprang ins Wasser. 8 Die anderen Jünger kamen mit dem Boot nach, das Netz mit den Fischen im Schlepptau. Sie waren ja nur noch hundert Meter* vom Land entfernt.

9 Als sie ausstiegen und an Land gingen, sahen sie ein Kohlenfeuer, auf dem Fische brieten; auch Fladenbrot lag dabei. 10 »Holt ein paar von den Fischen, die ihr gefangen habt!«, sagte Jesus zu ihnen. 11 Da ging Petrus zum Boot und zog das Netz an Land. Und obwohl es mit 153 großen Fischen gefüllt war, zerriss es nicht. 12 »Kommt her und frühstückt!«, sagte Jesus. Am liebsten hätten die Jünger ihn gefragt, wer er sei. Doch keiner von ihnen wagte es, denn sie wussten, dass es der Herr war. 13 Jesus trat zum Feuer, nahm das Fladenbrot und reichte es

ihnen und ebenso den Fisch. *14* Das war nun schon das dritte Mal, dass Jesus sich den Jüngern nach seiner Auferweckung von den Toten zeigte.

15 Als sie gefrühstückt hatten, sagte Jesus zu Simon Petrus: »Simon Ben-Johannes, liebst du mich mehr als die anderen hier*?« – »Gewiss, Herr«, antwortete Petrus, »du weißt, dass ich dich lieb habe.« – »Dann weide meine Lämmer!«, sagte Jesus. *16* Jesus wiederholte die Frage: »Simon Ben-Johannes, liebst du mich?« – »Ja, Herr«, antwortete Petrus, »du weißt, dass ich dich lieb habe.« – »Dann hüte meine Schafe!«, sagte Jesus. *17* Noch einmal fragte er ihn: »Simon Ben-Johannes, hast du mich lieb?« Petrus wurde traurig, weil Jesus ihn zum dritten Mal fragte, ob er ihn lieb habe, und sagte: »Herr, du weißt alles. Du weißt, dass ich dich lieb habe.« – »Dann sorge für meine Schafe!«, sagte Jesus. *18* »Und ich muss dir noch etwas sagen: Als du jung warst, hast du dir selbst den Gürtel gebunden und bist gegangen, wohin du wolltest. Doch wenn du alt bist, wirst du deine Hände ausstrecken und ein anderer wird dir den Gürtel binden und dich dorthin bringen, wo du nicht hingehen willst.« *19* Jesus wollte damit andeuten, auf welche Weise Petrus sterben würde, um Gott damit zu verherrlichen. Dann sagte er ihm: »Komm, folge mir!«

20 Petrus drehte sich um und sah, dass der Jünger, den Jesus besonders liebte, hinter ihnen herging. Es war derselbe Jünger, der sich damals beim Abendessen zu Jesus hinübergelehnt und ihn gefragt hatte: ›Herr, wer von uns wird dich verraten?‹ *21* Petrus fragte Jesus: »Herr, was wird denn aus ihm?« *22* Jesus erwiderte: »Wenn ich will, dass er am Leben bleibt, bis ich wiederkomme, was geht dich das an? Folge du mir nach!« *23* So entstand das Gerücht unter den Brüdern, jener Jünger würde nicht sterben. Aber Jesus hatte nicht gesagt, dass er nicht sterben würde, sondern nur: »Wenn ich will, dass er am Leben bleibt, bis ich wiederkomme, was geht dich das an?«

Schlusswort

24 Der Jünger, von dem Jesus das sagte, ist auch der, der bezeugt, was in diesem Buch steht. Er hat es niedergeschrieben und wir* wissen, dass alles wahr ist. *25* Es gibt aber noch vieles andere, was Jesus getan hat. Wenn das alles einzeln aufgeschrieben würde – ich denke, die ganze Welt könnte die Bücher nicht fassen, die dann geschrieben werden müssten.

21,15 *die anderen hier.* Wörtlich: diese. Das könnte sich sprachlich auch auf das Vorherige, also den Fischereibetrieb, beziehen. Dann müsste man übersetzen: »diese anderen Dinge hier«.

21,24 *wir.* Entweder deutet das eine Bestätigung der Herausgeber an oder Johannes meint das Gesamtzeugnis seiner Mitapostel wie in Kapitel 1,14; 1. Johannes 1,1-4; 3. Johannes 12.

Die Taten der Apostel, aufgeschrieben von Lukas

D er Arzt Lukas hatte Paulus begleitet, als dieser im Jahr 60 n.Chr. mit anderen Gefangenen nach Rom gebracht wurde. Auch vorher war er bei vielen seiner Reisen dabei und konnte auf diese Weise die notwendigen Informationen sammeln. So war er in der Lage, im Jahr 62 n.Chr. in Rom sein zweites Werk zu vollenden: die Apostelgeschichte. Er widmete sie wie schon das Evangelium einem gewissen Theophilus. Das war offenbar ein hochgestellter Römer, der die Schrift des Lukas gezielt verbreiten sollte, vielleicht auch, um am kaiserlichen Hof Verständnis für den »Fall Paulus« zu erwecken.

Die Apostelgeschichte berichtet über den Lauf des Evangeliums von Jerusalem bis zur damaligen Welthauptstadt Rom. Im ersten Teil, der über die Entstehung von Gemeinden in Jerusalem, Judäa, Samarien und Syrien berichtet, steht der Apostel Petrus im Mittelpunkt. Im zweiten Teil, Kapitel 13-28, zeigt Lukas, wie durch den Dienst des Paulus und seiner Mitarbeiter Gemeinden in Kleinasien, Mazedonien, Griechenland und Rom entstehen. Viele Ereignisse (16,10-17; 20,5 - 21,8; 27,1 - 28,16) berichtet Lukas in der 1. Person Plural (»wir«, »uns«), weil er sie als Augenzeuge miterlebte.

1 *1* In meinem ersten Buch, verehrter Theophilus, habe ich über alles berichtet, was Jesus getan und gelehrt hat, und zwar von Anfang an *2* bis zu dem Tag, an dem er in den Himmel aufgenommen wurde. Vorher gab er den Aposteln, die er sich ausgewählt hatte, noch einige klare Anweisungen. Er war vom Heiligen Geist dazu angeleitet worden. *3* Diesen Männern hatte er sich nach seinem Leiden gezeigt und ihnen viele sichere Beweise dafür geliefert, dass er wieder am Leben war. Vierzig Tage lang ließ er sich unter ihnen sehen und redete mit ihnen über die Herrschaft Gottes. *4* Einmal aß er mit ihnen zusammen. Dabei wies er sie an, Jerusalem nicht zu verlassen. »Wartet bis die Zusage des Vaters in Erfüllung geht, die ihr von mir vernommen habt: *5* ›Johannes hat mit Wasser getauft, aber ihr werdet schon bald – in ein paar Tagen – mit dem Heiligen Geist getauft werden.‹«

Zwischen Himmelfahrt und Pfingsten

6 Deshalb fragten sie ihn bei nächster Gelegenheit: »Herr, wirst du dann das Reich Israel wiederherstellen?« *7* Jesus erwiderte: »Der Vater hat die Zeiten und Fristen dafür selbst bestimmt. Ihr müsst das nicht wissen. *8* Wenn aber der Heilige Geist auf euch gekommen ist, werdet ihr Kraft empfangen und als meine Zeugen auftreten: in Jerusalem, in ganz Judäa und Samarien und bis in den letzten Winkel der Welt.« *9* Als er das sagte, sahen sie, wie er emporgehoben wurde. Dann verhüllte ihn eine Wolke vor ihren Augen. *10* Als sie nach seinem Verschwinden immer noch gespannt zum Himmel aufschauten, da standen auf einmal zwei Männer bei ihnen. Sie waren in leuchtendes Weiß gekleidet. *11* »Ihr Männer von Galiläa«, sagten sie, »was steht ihr hier und starrt in den Himmel? Dieser Jesus, der von euch weg in den Himmel aufgenommen wurde, wird genau so wiederkommen, wie ihr ihn habt in den Himmel gehen sehen.«

12 Dann kehrten die Jünger* vom Ölberg nach Jerusalem zurück. Der Berg liegt nur einen Sabbatweg* von der Stadt entfernt. *13* Als sie angekommen waren, stiegen sie in den Obersaal hinauf, in dem sie sich gewöhnlich aufhielten. Es waren Petrus und Johannes, Jakobus und Andreas, Philippus und Thomas, Bartholomäus und Matthäus, Jakobus Ben-Alphäus, Simon der Zelot* und Judas Ben-Jakobus. *14* Es waren auch einige Frauen dabei, darunter Maria, die Mutter von Jesus, und außerdem seine Brüder. Sie waren einmütig beieinander und beteten beharrlich miteinander.

Ersatz für Judas

15 An einem dieser Tage hatten sich etwa 120 Personen versammelt, als Petrus aufstand und sagte: *16* »Liebe Brüder! Was in der Schrift steht, musste sich erfüllen; es musste so kommen, wie es der Heilige Geist schon durch David über Judas vorausgesagt hat. Er wurde ein Führer für die, die Jesus festnahmen, *17* obwohl er zu uns gehörte und denselben Auftrag empfangen hatte wie wir. *18* Von der Belohnung, die er für seine Untat bekam, wurde dann in seinem Namen* ein Acker gekauft. Er selbst

wurde ja kopfüber hinabgestürzt, sodass sein Leib zerbarst und alle seine Eingeweide heraustraten. *19* Alle Einwohner von Jerusalem haben davon erfahren und jenen Acker in ihrer Sprache ›Hakeldamach‹, das heißt ›Blutacker‹, genannt. *20* Im Buch der Psalmen steht das so: ›Seine Wohnung soll öde werden, niemand wohne mehr darin.‹ Und: ›Sein Leitungsamt soll ein anderer bekommen.‹* *21* Das muss nun einer von den Männern sein, die zusammen mit uns die ganze Zeit dabei waren, als der Herr Jesus bei uns ein- und ausging *22* vom Tag seiner Taufe durch Johannes an bis zum Tag seiner Aufnahme in den Himmel. Von denen muss einer Zeuge seiner Auferstehung mit uns werden.«

1,12 Die *Jünger* waren Schüler von Jesus, die ihm auf seinen Wanderungen gefolgt waren und sich völlig seiner Autorität unterstellten. Nachfolge im übertragenen Sinn und Gehorsam gegenüber dem Wort ihres Herrn zeichnet auch die Christen aus, die deshalb von Lukas oft Jünger genannt werden, vgl. Apostelgeschichte 6,1.7; 9,1.10.36 usw. Eine andere Bezeichnung für die Christen war »Heilige«, siehe die Fußnote zu Apostelgeschichte 9,13.

Sabbatweg. Das war die Strecke, die sich ein frommer Jude am Sabbat höchstens von seiner Wohnung entfernen durfte. Sie betrug etwa 2000 Ellen, ca. 1400 Meter.

1,13 *Zelot.* »Eiferer«. Der Beiname verweist entweder auf frommen Eifer dieses Simon oder darauf, dass er früher Mitglied der Zeloten war, einer Terrorgruppe, die die römische Herrschaft mit Gewalt beseitigen wollte.

1,18 *in seinem Namen.* Wörtlich: »hat er ... gekauft«. Nach Matthäus 27,6-8 taten das die Priester mit seinem Geld, sozusagen in seinem Namen.

1,20 Psalm 69,26 und 109,8

23 So stellten sie denn zwei Männer auf. Es waren Josef, der auch Barsabbas und mit Beinamen Justus genannt wurde, und Matthias. *24* Dann beteten sie: »Herr, du, der die Herzen aller Menschen kennt, zeige uns, welchen von beiden du ausgewählt hast, *25* diesen apostolischen Dienst zu übernehmen. Judas hat ihn ja verlassen, um dahin zu gehen, wohin er gehört.« *26* Dann ließ man das Los über sie entscheiden. Es fiel auf Matthias, der nun als Zwölfter zu den Aposteln gezählt wurde.

Das Eintreffen des versprochenen Geistes

2 *1* Als der Pfingsttag anbrach, waren wieder alle am selben Ort zusammen. *2* Plötzlich entstand vom Himmel her ein Brausen. Es klang wie das Tosen eines heftigen Sturms und erfüllte das ganze Haus, in dem sie waren. *3* Sie sahen etwas, das wie Feuerzungen aussah, sich zerteilte und sich auf jeden Einzelnen von ihnen setzte. *4* Alle wurden mit dem Heiligen Geist erfüllt und fingen plötzlich an, in fremden Sprachen zu reden, so wie es ihnen der Geist eingab.

5 Zu dieser Zeit hielten sich gottesfürchtige jüdische Männer aus aller Welt in Jerusalem auf. *6* Als dann dieses Geräusch entstand, lief die Menge zusammen. Fassungslos hörte jeder die Apostel in seiner eigenen Sprache reden. *7* Außer sich vor Staunen riefen sie: »Sind denn das nicht alles Galiläer, die hier reden? *8* Wie kann es sein, dass wir sie in unserer Muttersprache hören? *9* Wir sind hier Parther, Meder und Elamiter. Wir kommen aus Mesopotamien, aus Judäa, Kappadozien, der Asia, *10* aus Phrygien, Pamphylien, Ägypten und aus der Gegend um Zyrene in Libyen. Dazu kommen noch die hier ansässigen Römer, egal, ob gebürtige Juden oder zum Judentum Übergetretene. *11* Selbst Kreter und Araber sind hier. Wie kann es nur sein, dass wir sie in unseren eigenen Sprachen von den großen Taten Gottes reden hören?« *12* Sie waren bestürzt. »Was ist das nur?«, fragte einer den anderen ratlos und erstaunt. *13* Einige allerdings sagten spöttisch: »Die haben nur zu viel vom süßen Wein getrunken.«

Die Pfingstpredigt des Petrus

14 Da trat Petrus mit den anderen elf Aposteln vor die Menge und rief mit Begeisterung: »Ihr Männer von Juda und ihr alle, in Jerusalem! Ich will euch erklären, was hier geschieht! Hört mir zu! *15* Diese Männer hier sind nicht betrunken, wie ihr denkt, es ist ja erst um neun Uhr früh. *16* Nein, hier erfüllt sich, was Gott durch den Propheten Joël gesagt hat:

17 ›In den letzten Tagen werde ich meinen Geist auf alle Menschen ausgießen, spricht Gott. Eure Söhne und Töchter werden prophetisch reden, eure jungen Männer werden Visionen sehen und eure Ältesten Traumgesichte haben. *18* Sogar auf die Sklaven*

2,18 *Ein Sklave* ist ein Mensch, der rechtlich und wirtschaftlich als Eigentum eines anderen Menschen völlig von diesem abhängt. Der zeitgenössischen Wertung des Sklavenstandes tritt Jesus dadurch entgegen, dass er einen Menschen in seinem Verhältnis zu Gott als Sklave bezeichnet. Die Apostel verstehen diese Abhängigkeit als Auszeichnung und bezeichnen sich selbst als *Sklaven von Jesus Christus.*

und Sklavinnen, die mir dienen, werde ich dann meinen Geist ausgießen, und auch sie werden prophetisch reden. *19* Oben am Himmel werde ich Wunder tun und Zeichen unten auf der Erde: Blut, Feuer und Rauchwolken; *20* die Sonne wird sich in Finsternis verwandeln und der Mond in Blut, bevor der große und strahlende Tag des Herrn kommt. *21* Jeder, der dann den Namen des Herrn anruft, wird gerettet werden.‹*

22 Männer von Israel, hört zu! Ihr wisst selbst, dass Gott durch Jesus von Nazaret mächtige Taten, Wunder und Zeichen unter euch vollbracht hat. Auf diese Weise hat Gott ihn vor euch bestätigt. *23* Und diesen Mann habt ihr durch Menschen, die nichts vom Gesetz wissen, ans Kreuz nageln und töten lassen. Allerdings war es so von Gott beschlossen und vorherbestimmt. *24* Und dann hat Gott ihn aus der Macht des Todes befreit und auferweckt. Wie hätte er auch vom Tod festgehalten werden können, denn *25* schon David sagt von ihm: ›Ich sehe den Herrn immer vor mir. Er steht mir zur Seite, damit ich nicht falle. *26* Das macht mein Herz froh und lässt mich jubelnd singen. Selbst im Grab wird mein Leib noch in Hoffnung ruhen, *27* denn du lässt mich nicht im Tod zurück, gibst deinen Frommen der Verwesung nicht preis. *28* Du hast mir den Weg zum Leben gezeigt. Vor dir zu sein, das macht mich froh.‹*

29 Liebe Brüder, es sei mir gestattet ganz offen zu reden. Unser Stammvater David ist gestorben und wurde begraben. Sein Grabmal ist heute noch bei uns zu sehen. *30* Weil David nun ein Prophet war und wusste, dass Gott ihm unter Eid zugesichert hatte, einen seiner Nachkommen auf seinen Thron zu setzen, *31* hat er vorausschauend von der Auferstehung des Messias geredet. Von ihm sagte er: ›Er wurde nicht im Tod zurückgelassen, sein Körper ist der Verwesung nicht preisgegeben worden.‹* *32* Diesen Jesus hat Gott auferweckt. Wir alle sind Zeugen davon. *33* Nun hat Gott ihn auf den Platz an seiner rechten Seite erhöht. Dort hat er die vom Vater versprochene Gabe des Heiligen Geistes erhalten und ihn jetzt über uns ausgegossen – wie ihr hier sehen und hören könnt. *34* Denn David ist nicht in den Himmel aufgestiegen. Er hat ja selbst gesagt: ›Der Herr sprach zu meinem Herrn: ›Setz dich an meine rechte Seite, *35* bis ich dir deine Feinde zur Fußbank gemacht habe.‹* *36* Ganz Israel soll nun mit Sicherheit wissen: Diesen Jesus, den ihr gekreuzigt habt, den hat Gott zum Herrn und zum Messias gemacht.«

Die Entstehung der ersten Gemeinde

37 Von diesen Worten waren die Zuhörer bis ins Innerste getroffen. »Liebe Brüder, was sollen wir jetzt tun?«, fragten sie Petrus und die anderen Apostel. *38* »Kehrt um«, erwiderte Petrus, »und lasst euch im Namen von Jesus, dem Messias, auf

---

2,21 Joel 3,1-5
2,28 Psalm 16,8-11
2,31 Psalm 16,10
2,35 Psalm 110,1

die Sündenvergebung hin taufen! Dann werdet ihr den Heiligen Geist geschenkt bekommen. *39* Denn diese Zusage gilt euch und euren Kindern und allen, die jetzt noch weit weg sind. Sie gilt allen, die der Herr, unser Gott, noch hinzurufen wird.« *40* Er redete ihnen lange eindringlich zu und ermahnte sie: »Lasst euch aus dieser schuldbeladenen Generation herausretten!« *41* Alle nun, die seine Botschaft bereitwillig annahmen, wurden getauft. Etwa 3000 Personen kamen an jenem Tag dazu.

Die ersten glücklichen Tage

42 Sie hielten beharrlich an der Lehre der Apostel fest, an der geschwisterlichen Gemeinschaft, am Brechen des Brotes* und an den gemeinsamen Gebeten. *43* Jeden Einzelnen ergriff eine tiefe Ehrfurcht vor Gott, und durch die Apostel geschahen viele Wunder und außergewöhnliche Zeichen. *44* Alle Gläubiggewordenen aber bildeten eine Gemeinschaft und hatten alles gemeinsam. *45* Wer ein Grundstück oder anderen Besitz hatte, verkaufte es und verteilte den Erlös an die Bedürftigen. *46* Tag für Tag kamen sie einmütig im Tempel

zusammen, und in ihren Häusern brachen sie das Brot* und trafen sich mit jubelnder Freude und redlichem Herzen zu gemeinsamen Mahlzeiten. *47* Sie lobten Gott und waren im ganzen Volk angesehen. Täglich fügte der Herr solche, die gerettet wurden*, ihrer Gemeinschaft hinzu.

Die Folgen einer Heilung

3 *1* Eines Tages stiegen Petrus und Johannes zum Tempel hinauf. Es war gegen drei Uhr, zur Stunde des Nachmittagsgebets. *2* Da wurde gerade ein Mann herbeigetragen, der von Mutterleib an gelähmt war. Man setzte ihn täglich an die sogenannte »Schöne Pforte«*, damit er von den Leuten, die in den Tempel gingen, Almosen erbitten konnte. *3* Als er Petrus und Johannes ins Tempeltor eintreten sah, bat er sie gleich um eine Gabe. *4* Die beiden blickten ihn scharf an, und Petrus sagte: »Sieh uns an!« *5* Der tat es in der Erwartung, etwas von ihnen zu bekommen. *6* Doch Petrus sagte: »Silber und Gold habe ich nicht. Aber was ich habe, werde ich dir geben: Im Namen von Jesus aus Nazaret, dem Messias: Steh auf und geh!« *7* Dabei fasste er seine rechte Hand und half ihm auf. Sofort wurden die Füße und Gelenke des Mannes kräftig. *8* Er sprang auf und konnte tatsächlich stehen und gehen. Mit Petrus und Johannes ging er in den Tempelhof, lief herum, sprang in die Luft und lobte Gott. *9* Die ganze Menschenmenge dort sah ihn herumlaufen und Gott loben. *10* Als die Leute in ihm den Bettler erkannten, der sonst immer an der »Schönen Pforte« gesessen hatte, waren sie fassungslos

---

2,42 *Brechen des Brotes.* Sie taten das, was Jesus beim letzten Abendmahl seinen Jüngern zum regelmäßigen Tun angewiesen hatte, vgl. Lukas 22,14-20.

2,46 Siehe Fußnote zu Vers 42!

2,47 *gerettet wurden.* Oder: gerettet werden würden.

3,2 *Schöne Pforte.* Das war der volkstümliche Name für eines der vielen Tempeltore, das aber heute nicht mehr genau identifiziert werden kann.

vor Staunen und wunderten sich über das, was mit ihm geschehen war. 11 Der Geheilte wich Petrus und Johannes nicht mehr von der Seite, und das ganze Volk strömte zu ihnen hin in die sogenannte Säulenhalle Salomos.

Stegreifrede auf dem Tempelplatz

12 Als Petrus die vielen Menschen sah, sprach er zu ihnen:»Ihr Männer Israels, warum seid ihr so überrascht? Was seht ihr uns so erstaunt an? Denkt ihr vielleicht, wir hätten es mit unserer Kraft oder unserer Frömmigkeit zustande gebracht, dass er hier gehen kann? 13 Nein, es war der Gott Abrahams, Isaaks und Jakobs, der auf diese Weise seinen Diener, Jesus, verherrlicht hat. Diesen Jesus habt ihr an Pilatus ausgeliefert. Ihr habt ihn preisgegeben, obwohl Pilatus schon entschieden hatte, ihn freizulassen. 14 Von dem Heiligen und Gerechten habt ihr nichts wissen wollen und stattdessen die Freigabe eines Mörders verlangt. 15 Den Urheber des Lebens aber habt ihr getötet. Das ist der, den Gott aus den Toten erweckt hat. Wir sind Zeugen davon. 16 Und dieser Mann hier, den ihr ja kennt und vor euch seht, ist durch den Glauben an den Namen von Jesus wieder zu Kraft gekommen. Der Glaube, den Jesus ihm geschenkt hat, hat ihn gesund gemacht, wie ihr alle sehen könnt.

17 Ich weiß, liebe Brüder, dass ihr so wie eure Obersten nicht wirklich wusstet, was ihr getan habt. 18 Aber Gott hat das, was er durch alle seine Propheten schon lange angekündigt hatte, auf diese Weise in Erfüllung gehen lassen: Sein Messias sollte leiden!

Aufforderung zur Umkehr

19 So ändert nun eure Einstellung und kehrt zu ihm um, damit der Herr eure Schuld auslöscht und die Zeit der Erholung anbrechen lässt; 20 und damit er euch den Messias sende, den er für euch bestimmt hat, nämlich Jesus. 21 Freilich musste er zunächst in den Himmel zurückkehren, bis wirklich alles wiederhergestellt ist, was Gott schon lange durch seine heiligen Propheten angekündigt hat. 22 Schon Mose hat gesagt*: ›Einen Propheten wie mich wird der Herr, euer Gott, aus eurem Volk für euch berufen. Auf ihn sollt ihr hören und alles tun, was er euch sagt. 23 Wer nicht auf diesen Propheten hört, soll völlig aus dem Volk Gottes ausgelöscht werden.‹ 24 Ebenso haben alle anderen Propheten seit Samuel angekündigt, was in diesen Tagen in Erfüllung geht. 25 Ihr seid die Nachkommen der Propheten und gehört auch zu dem Bund, den Gott mit euren Vorfahren geschlossen hat, als er zu Abraham sagte: ›Durch einen von deinen Nachkommen werden alle Völker und Stämme der Erde gesegnet werden.‹* 26 Als Gott nun seinen Diener berief, hat er ihn zuerst zu euch gesandt. Euch wollte er segnen, indem er jeden von seinen bösen Taten abbringt.«

4 1 Während Petrus und Johannes noch zu den Leuten redeten, kamen Priester mit dem Tempelhauptmann* und einigen Sadduzäern* zu

---

3,22 5. Mose 18,15.18.19
3,25 1. Mose 22,18

ihnen heran. *2* Sie waren empört darüber, dass die Apostel das Volk belehrten und am Beispiel von Jesus die Auferstehung aus den Toten verkündeten. *3* So nahmen sie beide fest und sperrten sie bis zum nächsten Morgen ins Gefängnis. Es war nämlich schon Abend geworden. *4* Aber viele von den Zuhörern kamen zum Glauben und die Zahl der gläubigen Männer wuchs dadurch auf etwa fünftausend an.

Vor Gericht

5 Am nächsten Morgen kam der Hohe Rat in Jerusalem zusammen. Dazu gehörten die führenden Beamten, die Ratsältesten und die Gesetzeslehrer, *6* und außerdem der Hohe Priester Hannas, sowie Kajafas, Johannes und Alexander und die anderen Mitglieder der hohepriesterlichen Familien. *7* Sie ließen Petrus und Johannes vorführen und fragten sie: »Mit was für einer Kraft habt ihr diesen Mann geheilt? In wessen Namen habt ihr das getan?«
8 Vom Heiligen Geist erfüllt erwiderte Petrus: »Führer des Volkes,

verehrte Ratsälteste! *9* Wir werden heute wegen der Wohltat an einem kranken Menschen verhört. Wir werden gefragt, wodurch dieser Mann gesund wurde. *10* Nun, ihr sollt es wissen und das ganze Volk Israel auch: Es geschah im Namen von Jesus, dem Messias aus Nazaret, im Namen dessen, den ihr gekreuzigt habt, den Gott aber wieder aus den Toten auferstehen ließ. In der Kraft seines Namens steht dieser Mann hier gesund vor euch. *11* Ja, das ist der Stein, der von euch Bauleuten als unbrauchbar verworfen wurde, der nun zum Eckstein geworden ist.* *12* In keinem anderen ist das Heil zu finden, denn in der ganzen Welt hat Gott keinen anderen Namen bekannt gemacht, durch den wir Menschen gerettet werden können.«

13 Es beeindruckte die Mitglieder des Hohen Rates, wie furchtlos Petrus und Johannes sich verteidigten, denn es waren offensichtlich einfache Leute, keine Gelehrten. Sie wussten auch, dass beide mit Jesus zusammen gewesen waren. *14* Weil sie aber den Geheilten neben ihnen stehen sahen, konnten sie nichts dagegen vorbringen. *15* So ließen sie beide aus dem Sitzungssaal führen, um miteinander zu beraten: *16* »Was sollen wir nur mit diesen Leuten machen? Alle Jerusalemer wissen, dass ein offensichtliches Wunder durch sie geschehen ist. Wir können das nicht leugnen. *17* Damit sich die Sache aber nicht noch weiter im Volk ausbreitet, müssen wir ihnen strengstens verbieten, in diesem Namen zu irgendeinem Menschen zu reden.«

4,1 *Tempelhauptmann.* Das war der zweithöchste Tempelbeamte. Er hatte für die Ordnung im Tempelbezirk zu sorgen, stand der Tempelpolizei vor und war für die Verwaltung der Tempelsteuern verantwortlich.

Sadduzäer. Politisch einflussreiche römerfreundliche religiöse Gruppe, zu der hauptsächlich die oberen Priester und Vertreter hochgestellter Familien gehörten. Sie glaubten nicht an eine Auferstehung der Toten, weil sie alle Lehren ablehnten, die nicht wörtlich in der Thora, den fünf Büchern Mose, enthalten waren. Vergleiche auch Lukas 20,27 und Apostelgeschichte 23,8!

4,11 Petrus spielt auf Psalm 118,22 an.

Die Urteilsverkündigung

18 Als sie die Apostel wieder hereingerufen hatten, untersagten sie ihnen, diesen Namen jemals wieder zu erwähnen oder gar im Namen von Jesus zu lehren. 19 Doch Petrus und Johannes erwiderten:»Entscheidet selbst, ob es vor Gott recht ist, euch mehr zu gehorchen als ihm. 20 Was wir gesehen und gehört haben, können wir unmöglich verschweigen.« 21 Da drohten sie ihnen noch einmal und ließen sie dann gehen. Sie fanden einfach keine Möglichkeit, sie zu bestrafen, um das Volk nicht gegen sich aufzubringen. Denn alle priesen Gott für das, was sich ereignet hatte. 22 Schließlich war der Mann, an dem dieses Heilungswunder geschehen war, über vierzig Jahre alt.

Gebet der Gemeinde

23 Nach ihrer Freilassung gingen Petrus und Johannes zu ihren Mitchristen und berichteten alles, was die Hohen Priester und Ratsältesten zu ihnen gesagt hatten. 24 Als Reaktion darauf beteten alle miteinander einmütig zu Gott. Sie sagten:
»Du alleiniger Herrscher! Du hast den Himmel, die Erde und das Meer geschaffen und alles, was in ihnen ist. 25 Durch den Heiligen Geist hast du unseren Vater David, deinen Diener, sagen lassen: ›Was soll das Toben der Völker? Weshalb schmieden sie nutzlose Pläne? 26 Die Herrscher der Erde empörten sich und die Machthaber verbündeten sich gegen den Herrn und seinen Gesalbten.‹* 27 Tatsächlich haben sich hier in dieser Stadt Herodes und Pontius Pilatus mit den Heidenvölkern und den Stämmen

Israels gegen deinen heiligen Diener verbündet, gegen den, den du gesalbt hast, Jesus. 28 Doch haben sie damit nur das getan, was du in deiner Macht schon längst beschlossen und bestimmt hattest. 29 Und jetzt, Herr, sieh ihre Drohungen an und hilf deinen Sklaven, die Botschaft von dir mutig und frei zu verkündigen. 30 Erweise deine Macht und lass durch den Namen deines heiligen Dieners Jesus Heilungen, Zeichen und Wunder geschehen.«
31 Als sie so gebetet hatten, bebte die Erde an dem Ort, wo sie versammelt waren. Sie alle wurden mit dem Heiligen Geist erfüllt und verkündigten die Botschaft Gottes mutig und frei.

Harmonie in der Gemeinde

32 Die ganze Menge der Gläubigen war ein Herz und eine Seele. Niemand betrachtete etwas von seinem Besitz als privates Eigentum. Was sie besaßen, gehörte ihnen gemeinsam. 33 Machtvoll bezeugten die Apostel die Auferstehung des Herrn Jesus und ein großer Segen* lag auf ihnen allen. 34 Keiner in der Gemeinde musste Not leiden, denn wer ein Haus oder ein Grundstück besaß, verkaufte es, wenn nötig, und stellte das Geld der Gemeinde zur Verfügung. 35 Man tat das, indem man es vor die Apostel hinlegte. Davon wurde jedem Bedürftigen

---

4,26 Psalm 2,1-2. Der *Gesalbte* = Christus (griechisch) = Messias (hebräisch).

4,33 *großer Segen*, wörtlich: große Gnade. Das kann auch so aufgefasst werden: »Sie erfreuten sich großer Beliebtheit.«

zugeteilt, was er brauchte. *36* So machte es auch Joseph, ein Levit, der aus Zypern stammte und von den Aposteln den Beinamen Barnabas erhalten hatte, was bedeutet, »einer, der andere ermutigt«. *37* Er besaß ein Grundstück, verkaufte es und legte das Geld vor die Apostel hin.

Selbstsucht und Heuchelei

5 *1* Auch ein Mann namens Hananias verkaufte mit seiner Frau Saphira ein Grundstück. *2* Mit ihrem Wissen schaffte er einen Teil des Erlöses beiseite. Den Rest legte er als Gesamterlös vor die Apostel hin. *3* Doch Petrus sagte zu ihm: »Warum hat der Satan dein Herz erfüllt? Warum hast du den Heiligen Geist belogen und etwas von dem Erlös eures Grundstücks beiseite geschafft? *4* Du hättest es doch behalten können. Und selbst nach dem Verkauf stand das Geld zu deiner freien Verfügung. Warum hast du dich nur auf so etwas eingelassen? Du hast nicht Menschen belogen, sondern Gott.« *5* Bei diesen Worten brach Hananias zusammen und starb. Ein tiefes Erschrecken erfasste alle, die davon hörten. *6* Die jungen Männer, die in der Versammlung waren, wickelten den Toten in ein Tuch, trugen ihn hinaus und begruben ihn. *7* Etwa drei Stunden später kam seine Frau Saphira völlig ahnungslos herein. *8* »Sag mir«, fragte Petrus sie, »habt ihr das Grundstück für diesen Betrag hier verkauft?« – »Ja«, erwiderte sie, »das ist der Betrag.« *9* Da sagte Petrus: »Warum habt ihr euch nur verabredet, den Geist des Herrn zu versuchen? – Hörst du die Schritte?

Die, die deinen Mann begraben haben, stehen schon vor der Tür. Sie werden auch dich hinaustragen.« *10* Im selben Augenblick brach Saphira zusammen und starb. Als die jungen Männer hereinkamen, sahen sie ihren Leichnam auf dem Boden vor Petrus liegen. Sie trugen auch sie hinaus und begruben sie neben ihrem Mann. *11* Ein tiefes Erschrecken erfasste die ganze Gemeinde und alle, die davon hörten.

Das Ansehen der Gemeinde wächst

12 Durch die Apostel geschahen unter dem Volk eine Menge erstaunlicher Zeichen und Wunder. Die Gläubigen waren eines Sinnes und trafen sich regelmäßig in der Säulenhalle, die man Salomohalle nannte. *13* Das Volk sprach voller Hochachtung von ihnen, aber niemand wagte, ihnen zu nahe zu treten. *14* Umso mehr kamen Menschen dazu, die an den Herrn glaubten, Scharen von Männern und Frauen. *15* Es kam soweit, dass die Leute Kranke auf die Straßen brachten und dort auf Betten und Matten legten. Sie hofften, dass wenigstens der Schatten von Petrus auf einen von ihnen fallen würde. *16* Auch aus der Umgebung von Jerusalem strömten die Leute zusammen. Sie brachten Kranke und von bösen Geistern Geplagte herbei. Und alle wurden gesund.

Verhaftungsgrund: Neid

17 Der Hohe Priester und die ganze Partei der Sadduzäer, die auf seiner Seite stand, wurden eifersüchtig und beschlossen einzugreifen. *18* Sie ließen die Apostel festnehmen und ins öffentliche Gefängnis bringen.

19 Doch in der Nacht öffnete ein Engel des Herrn die Gefängnistüren und führte sie hinaus. 20 »Geht in den Tempel«, sagte er zu ihnen, »stellt euch vor die Leute und verkündet ihnen die Botschaft vom Leben.« 21 Die Apostel gehorchten den Anweisungen. Sie gingen bei Tagesanbruch in den Tempel und begannen, die Menschen zu unterweisen. Der Hohe Priester und sein Anhang hatten inzwischen den Hohen Rat mit der ganzen Ältestenschaft des Volkes Israel einberufen. Nun schickten sie ins Gefängnis, um die Apostel vorführen zu lassen. 22 Als die Männer der Tempelwache hinkamen, konnten sie die Apostel dort nicht vorfinden. Sie kehrten unverrichteter Dinge zurück und meldeten: 23 »Das Gefängnis war ordnungsgemäß verschlossen und die Wachen standen vor den Türen. Als wir aber aufgeschlossen hatten, war niemand drin.« 24 Der Tempelhauptmann und die Hohen Priester waren sprachlos, als sie das hörten. Betreten überlegten sie, wie das wohl enden würde. 25 Da kam plötzlich einer und meldete: »Die Männer, die ihr ins Gefängnis gebracht habt, stehen im Tempel und belehren das Volk.« 26 Der Tempelhauptmann ging mit der Wache hin, um sie zu holen. Sie vermieden es aber, Gewalt anzuwenden, weil sie befürchteten, von der Menge gesteinigt zu werden. 27 So brachten sie die Apostel herbei und stellten sie vor den Hohen Rat. Der Hohe Priester begann das Verhör: 28 »Haben wir euch nicht ausdrücklich verboten, im Namen dieses Mannes aufzutreten und zu lehren? Und ihr, ihr habt ganz Jerusalem mit eurer

Lehre erfüllt und wollt uns für den Tod dieses Menschen verantwortlich machen.« 29 Doch Petrus und die anderen Apostel entgegneten: »Man muss Gott mehr gehorchen als den Menschen. 30 Der Gott unserer Väter hat Jesus vom Tod auferweckt, den Jesus, den ihr an ein Holz gehängt* und so umgebracht habt. 31 In seiner Macht hat Gott ihn zum Führer und Retter erhoben, dass Israel seine Einstellung ändern und Vergebung seiner Schuld erhalten kann. 32 Für diese Tatsachen stehen wir als Zeugen und ebenso der Heilige Geist, den Gott denen gegeben hat, die ihm gehorchen.« 33 Als sie das hörten, gerieten sie in Wut und beschlossen, die Apostel zu beseitigen.

34 Da stand ein Pharisäer im Rat auf und verlangte, die Angeklagten vorübergehend hinauszubringen. Er hieß Gamaliel und war ein im ganzen Volk angesehener Gesetzeslehrer. 35 »Männer von Israel«, sagte er dann, »seht euch bei diesen Menschen vor! Überlegt genau, was ihr mit ihnen tun wollt. 36 Es ist schon einige Zeit her, als Theudas auftrat und behauptete etwas Besonderes zu sein. Ungefähr 400 Männer hatten sich ihm angeschlossen. Doch er wurde getötet und alle seine Anhänger zerstreuten sich und die Sache war zu Ende. 37 Später, zur Zeit der Volkszählung*, zettelte Judas, der Galiläer, einen Aufstand an und scharte eine Menge Leute um sich. Auch der

---

5,30 *Holz gehängt.* Mit der Kreuzigung erklärten sie Jesus nach 5. Mose 21,23 auch zu einem von Gott Verfluchten.

kam um und alle seine Anhänger wurden auseinandergetrieben. *38* Im vorliegenden Fall rate ich deshalb: Lasst diese Leute in Ruhe! Lasst sie gehen! Denn wenn das, was sie wollen, und das, was sie tun, von Menschen kommt, wird es scheitern. *39* Wenn es aber von Gott kommt, werdet ihr es nicht zerstören können. Vielleicht steht ihr dann als solche da, die gegen Gott kämpfen.«

Das überzeugte sie. *40* Sie riefen die Apostel wieder herein und ließen die Strafe der Geißelung* an ihnen vollstrecken. Dann verboten sie ihnen nochmals, im Namen von Jesus aufzutreten und ließen sie frei. *41* Die Apostel verließen den Hohen Rat und waren voller Freude, dass Gott sie gewürdigt hatte, für den Namen ihres Herrn gedemütigt zu werden. *42* Sie hörten keinen Tag damit auf, im Tempel und in Privathäusern zu lehren und die gute Botschaft zu verkündigen, dass Jesus der Messias ist.

5,37 Nach Josephus fand eine solche *Volkszählung* mit Vermögenseinschätzung für die Steuerzahlung zuletzt 6 n.Chr. statt. Er berichtet auch von einem Judas aus Gamla, der bei dieser (oder einer früheren Volkszählung, die 8 v.Chr. begann) einen Aufstand gegen die Römer anführte.

5,40 Die *Geißelung* der Juden wurde mit einer Peitsche aus weichen breiten Lederriemen durchgeführt und durfte nach 5. Mo 25,3 höchstens 40 Schläge betragen. Um ein Verzählen zu vermeiden, gab man dem Verurteilten nur 39 (40-1) Schläge.

6,1 *Hellenisten.* Griechisch sprechende Juden, die außerhalb Israels geboren und erst im Alter nach Jerusalem gezogen waren.

Hebräer. In Israel geborene Juden, die Hebräisch bzw. Aramäisch sprachen.

Spannung in der Gemeinde

6 *1* Damals vermehrte sich die Zahl der Jünger ständig. Doch gab es auch Unzufriedenheit in der Gemeinde. Die Hellenisten* beschwerten sich nämlich über die Hebräer*, weil ihre Witwen bei der täglichen Versorgung übersehen wurden. *2* Da riefen die Zwölf die ganze Versammlung der Jünger zusammen und sagten: »Es ist nicht richtig, dass wir die Verkündigung des Wortes Gottes vernachlässigen und uns um die Verteilung der Lebensmittel kümmern. *3* Seht euch deshalb nach sieben Männern unter euch um, liebe Brüder, denen wir diese Aufgabe übertragen können. Sie müssen einen guten Ruf haben und mit dem Heiligen Geist und mit Weisheit erfüllt sein. *4* Wir selbst werden uns weiterhin auf das Gebet und die Verkündigung des Wortes Gottes konzentrieren.« *5* Mit diesem Vorschlag waren alle einverstanden. Sie wählten Stephanus, einen glaubensvollen und mit dem Heiligen Geist erfüllten Mann, dann Philippus, Prochorus und Nikanor, Timon und Parmenas und Nikolaus, einen Mann aus Antiochia, der zum Judentum übergetreten war. *6* Diese sieben stellten sie vor die Apostel, die ihnen betend die Hände auflegten.

7 Das Wort Gottes breitete sich immer weiter aus und die Zahl der Jünger in Jerusalem vermehrte sich stark. Selbst eine große Zahl von Priestern folgte gehorsam dem Ruf zum Glauben.

Anklage gegen die Wahrheit

8 Stephanus war besonders begnadet. Gott hatte ihn mit einer Kraft erfüllt, in der er Wunder und erstaunliche Zeichen unter den Menschen wirkte. ⁹ Doch eines Tages verwickelten ihn Leute, die zur Synagoge der Freigelassenen* gehörten, in ein Streitgespräch. Es waren Juden aus Zyrene und Alexandria, Zilizien und der Asia.* ¹⁰ Doch sie waren der Weisheit, mit der Stephanus redete, und dem Geist, der aus ihm sprach, nicht gewachsen. ¹¹ Da hetzten sie heimlich ein paar Männer auf, die das Gerücht verbreiten sollten: »Wir haben gehört, wie er Mose und Gott gelästert hat.« ¹² Damit brachten sie das Volk, die Ratsältesten und die Gesetzeslehrer gegen ihn auf. Sie fielen über ihn her und schleppten ihn vor den Hohen Rat. ¹³ Dort ließen sie falsche Zeugen auftreten, die aussagten: »Dieser Mensch greift in seinen Reden immer wieder unseren heiligen Tempel und das Gesetz an. ¹⁴ Wir haben ihn selbst sagen hören: ›Der Jesus von Nazaret wird diesen Tempel hier niederreißen und die Gebräuche verändern, die Mose uns im Auftrag Gottes übergeben hat.‹« ¹⁵ Alle im Rat blickten gespannt auf Stephanus und sahen sein Gesicht wie das eines Engels leuchten.

Verteidigung als Bekenntnis

7 ¹ Dann fragte der Hohe Priester: »Ist das wahr?« ² Stephanus antwortete: »Ihr Männer Israels, meine Brüder und Väter, hört mich an! Der Gott, dem alle Herrlichkeit gehört, erschien unserem Vater Abraham in Mesopotamien, als er noch nicht nach Haran gezogen war. ³ Er sagte zu ihm: ›Verlass deine Heimat und deine Verwandtschaft und zieh in das Land, das ich dir zeigen werde.‹* ⁴ Da verließ Abraham das Land der Chaldäer und zog nach Haran. Nach dem Tod seines Vaters führte Gott ihn in dieses Land, in dem ihr heute lebt. ⁵ Er gab ihm aber keinen Grundbesitz darin, nicht einen Fußbreit. Doch er versprach, ihm und seinen Nachkommen das Land zu geben – obwohl Abraham damals noch kein Kind hatte. ⁶ Die Worte Gottes lauteten folgendermaßen: ›Deine Nachkommen werden als Fremde in einem fremden Land leben. Vierhundert Jahre lang wird man sie versklaven und misshandeln. ⁷ Doch ich werde das Volk, das sie zum Sklavendienst zwingt, zur Rechenschaft ziehen‹, sagte Gott. ›Danach werden sie aus dem Land ziehen und mir an diesem Ort dienen.‹* ⁸ Dann gewährte Gott Abraham den Bund, dessen Zeichen die Beschneidung* ist. Deshalb beschnitt Abraham den Isaak am achten Tag, nachdem er geboren wurde. Isaak tat es genauso mit Jakob, und Jakob mit unseren zwölf Stammvätern.

6,9 *Freigelassene.* Es handelt sich wahrscheinlich um ehemalige jüdische Sklaven bzw. deren Nachkommen, vermutlich um die, die 63 v.Chr. von Pompejus als Kriegsbeute nach Rom gebracht und später freigelassen worden waren.

Asia. Es lässt sich aus dem Text nicht klären, ob es sich um mehrere Griechisch sprechende Synagogengemeinschaften handelt, oder um die der Freigelassenen, die aus verschiedenen Gegenden nach Jerusalem gezogen waren.

7,3 1. Mose 12,1

7,7 1. Mose 15,13-14

7,8 *Beschneidung.* Siehe 1. Mose 17,9-14!

⁹ Unsere Stammväter waren jedoch neidisch auf Josef und verkauften ihn als Sklaven nach Ägypten. Doch Gott stand ihm bei ¹⁰ und half ihm aus allen Schwierigkeiten heraus. Er ließ ihn die Gunst des Pharao gewinnen und schenkte ihm Weisheit vor ihm. So setzte ihn der König von Ägypten als Verwalter über das Land und den ganzen königlichen Haushalt ein. ¹¹ Dann brach eine Hungersnot in ganz Ägypten und Kanaan aus und brachte großes Elend. Auch unsere Väter hatten nichts mehr zu essen. ¹² Als Jakob erfuhr, dass es in Ägypten noch Getreide gab, schickte er unsere Stammväter das erste Mal hin. ¹³ Beim zweiten Mal gab Josef sich seinen Brüdern zu erkennen und so erfuhr der Pharao, wo Josef herkam. ¹⁴ Dann ließ Josef seinen Vater Jakob und die ganze Verwandtschaft zu sich rufen, 75 Menschen*. ¹⁵ So kam Jakob nach Ägypten. Dort starben er und auch unsere Väter. ¹⁶ Später wurden ihre Leichname nach Sichem überführt und in dem Familiengrab beigesetzt, das Abraham von den Söhnen Hamors dort gekauft hatte.

¹⁷ Als dann die Zeit näher kam, in der Gott seine Zusage an Abraham einlösen wollte, wuchs und vermehrte sich unser Volk in Ägypten, ¹⁸ bis ein König auf den ägyptischen Thron kam, der nichts mehr von Josef wusste. ¹⁹ Heimtückisch und grausam ging er gegen unser Volk vor. Er zwang unsere Vorfahren, ihre Säuglinge auszusetzen. Keiner sollte am

Leben bleiben. ²⁰ In dieser Zeit wurde Mose geboren, ein Kind, an dem Gott Gefallen hatte. Drei Monate lang konnten seine Eltern für ihn sorgen. ²¹ Als sie ihn dann doch aussetzen mussten, wurde er von der Tochter des Pharao aufgenommen, die ihn als ihren Sohn aufzog. ²² So erhielt Mose eine umfassende ägyptische Ausbildung und zeichnete sich durch seine Worte und Taten aus.

²³ Mit vierzig Jahren fasste er den Entschluss, sich nach seinen Brüdern und Schwestern, den Israeliten, umzusehen. ²⁴ Als er einmal sah, wie einer von ihnen ohne Grund misshandelt wurde, griff er ein. Er rächte den Unterdrückten und schlug den Ägypter nieder. ²⁵ Mose dachte, seine Landsleute würden verstehen, dass Gott sie durch ihn retten wollte. Aber sie verstanden das nicht. ²⁶ Am nächsten Tag kam er nämlich gerade dazu, wie zwei von ihnen miteinander stritten. Er wollte sie versöhnen, damit sie Frieden hielten. ›Männer‹, sagte er, ›ihr seid doch Brüder! Warum schlagt ihr euch?‹ ²⁷ Aber der, der den Streit angefangen hatte, stieß ihn zur Seite und schrie: ›Wer hat dich eigentlich zum Aufseher und Richter über uns gemacht? ²⁸ Willst du mich etwa auch umbringen, wie du gestern den Ägypter umgebracht hast?‹ ²⁹ Als Mose das hörte, floh er ins Land Midian. Dort lebte er als Ausländer und zeugte zwei Söhne.

³⁰ So vergingen 40 Jahre. Eines Tages erschien ihm in der Wüste am Berg Sinai ein Engel in der Flamme eines brennenden Dornbuschs. ³¹ Mose wunderte sich über die Erscheinung. Er ging näher heran, um sich das genauer anzusehen. Da hörte

---

7,14 *75 Menschen.* Siehe Fußnote zu 1. Mose 46,27.

er die Stimme des Herrn: *32* ›Ich bin der Gott deiner Väter, der Gott Abrahams, Isaaks und Jakobs.‹ Mose zitterte vor Angst und wagte nicht hinzusehen. *33* Der Herr aber sagte: ›Zieh deine Sandalen aus, denn der Ort auf dem du stehst, ist heiliges Land. *34* Ich habe sehr wohl gesehen, wie mein Volk Israel in Ägypten misshandelt wird, und habe sein Stöhnen gehört. Nun bin ich zu seiner Befreiung gekommen. Und jetzt geh: Ich will dich nach Ägypten senden.‹

35 Gerade den Mose, den sie abgelehnt hatten, als sie sagten: ›Wer hat dich als Aufseher und Richter eingesetzt?‹, gerade den schickte Gott ihnen jetzt als Anführer und Befreier. Er beauftragte ihn durch den Engel, der ihm im Dornbusch erschienen war. *36* Gerade dieser Mose führte sie aus dem Land heraus. Er vollbrachte dabei Wunder und außergewöhnliche Zeichen in Ägypten, im Roten Meer und während der 40 Jahre in der Wüste. *37* Gerade dieser Mose sagte zu den Israeliten: ›Einen Propheten wie mich wird Gott aus eurer Mitte erwecken.‹ *38* Und als unsere Vorfahren sich in der Wüste vor Gott versammelten, war es gerade dieser Mose, der Vermittler zwischen ihnen und dem Engel wurde, der auf dem Berg zu ihm redete. Dort erhielt er Worte, die zum Leben führen, und gab sie uns weiter.

39 Doch unsere Vorfahren wollten Mose nicht gehorchen. Sie lehnten sich gegen ihn auf und waren mit ihrem Herzen schon auf dem Rückweg nach Ägypten, *40* als sie zu Aaron sagten: ›Mach uns Götter, die wir vor uns hertragen können, damit sie uns schützen! Denn was aus diesem Mose geworden ist, der uns aus Ägypten geführt hat, weiß keiner.‹ *41* So machten sie sich damals ein Götzenbild – die Nachbildung eines jungen Stiers –, brachten ihm Opfer und feierten das Werk ihrer Hände.

42 Da wandte sich Gott von ihnen ab und gab sie preis, das Himmelsheer zu verehren, wie es im Zwölfprophetenbuch* geschrieben steht: ›Habt ihr etwa für mich 40 Jahre in der Wüste Schlacht- und Speisopfer dargebracht, ihr Israeliten? *43* Ihr habt das Zeltheiligtum des Moloch mitgenommen und das Sternbild des Gottes Räfan verehrt! Götzenbilder habt ihr euch gemacht, um sie anzubeten! Deshalb werde ich euch in die Verbannung schicken – noch über Babylon hinaus.‹*

44 In der Wüste hatten unsere Vorfahren das heilige Zelt dabei, das Zelt, das nach den Anweisungen Gottes und dem Modell, das Mose gesehen hatte, angefertigt worden war. *45* Unsere Väter hatten es übernommen und mitgebracht, als sie mit Josua das Land in Besitz nahmen, deren Bewohner Gott vor ihnen vertrieb. Noch bis zur Zeit Davids wurde es benutzt. *46* Gott war David besonders gnädig. Und David bat ihn, ein festes Heiligtum für die Israeliten bauen zu dürfen. *47* Salomo durfte es dann für Gott bauen. *48* Aber der Höchste wohnt doch nicht in Häusern, die Menschen-

---

7,42 *Zwölfprophetenbuch.* Die Texte der zwölf sogenannten »kleinen Propheten« (Hosea bis Maleachi) waren ursprünglich in einer einzigen Schriftrolle zusammengefasst.

7,43 Amos 5,25-27

hände gebaut haben! Der Prophet sagt das so: [49] ›Der Himmel ist mein Thron und die Erde ist meine Fußbank. Was für ein Haus wollt ihr mir denn bauen, sagt der Herr, wo wollt ihr denn eine Bleibe für mich finden? [50] Habe ich nicht mit eigener Hand das All und alles erschaffen?‹* [51] Ihr Unbelehrbaren und Unbeschnittenen! Ja, unbeschnitten seid ihr an Herz und Ohren! Andauernd widersetzt ihr euch dem Heiligen Geist – genauso wie eure Väter. [52] Gibt es einen Propheten, den eure Väter nicht verfolgt haben? Sie haben sogar die getötet, die das Kommen des Gerechten ankündigten – des Gerechten, den ihr nun verraten und ermordet habt. [53] Ihr habt das Gesetz durch Vermittlung von Engeln erhalten – und doch nicht befolgt!«

Die Rache der Rasenden

[54] Als die Mitglieder des Hohen Rates das hörten, gerieten sie in solche Wut über Stephanus, dass sie mit den Zähnen knirschten. [55] Aber Stephanus war mit dem Heiligen Geist erfüllt und schaute gespannt zum Himmel hinauf. Er sah die Herrlichkeit Gottes und Jesus an Gottes rechter Seite stehen. [56] »Ich sehe den Himmel offen«, sagte er, »und der Menschensohn steht an der rechten Seite Gottes.« [57] Da schrien sie laut auf, hielten sich die Ohren zu und stürzten sich miteinander auf ihn. [58] Dann zerrten sie ihn aus der Stadt hinaus und steinigten ihn. Dabei legten die Zeugen* ihre Obergewänder vor einen jungen Mann hin, der Saulus hieß. [59] Stephanus betete, als sie ihn steinigten: »Herr Jesus«, sagte er, »nimm meinen Geist auf!« [60] Auf die Knie gestürzt rief er noch einmal laut: »Herr, rechne ihnen diese Sünde nicht an!« Mit diesen Worten starb er. Saulus aber war mit dieser Hinrichtung einverstanden.

Die erste Christenverfolgung

8 [1] Von diesem Tag an wurde die Gemeinde in Jerusalem schwer verfolgt, und die Gläubigen zerstreuten sich über ganz Judäa und Samarien. Nur die Apostel blieben in der Stadt. [2] Einige fromme Juden bestatteten den Stephanus und veranstalteten eine große Trauerfeier. [3] Saulus jedoch wollte die Gemeinde vernichten. Überall durchsuchte er die Häuser der Gläubigen und ließ Männer wie Frauen gewaltsam abführen und ins Gefängnis bringen.

Verfolgung als Missionsstrategie

[4] Die zerstreuten Gläubigen aber machten das Evangelium bekannt. [5] Philippus zum Beispiel ging in eine Stadt von Samarien* und predigte, dass Jesus der Messias ist. [6] Die Menge hörte Philippus mit großer Aufmerksamkeit zu, denn sie hatten von den Wunderzeichen gehört, die er tat, und waren sogar selbst Augenzeugen

---

7,50 Jesaja 66,1-2

7,58 Die *Zeugen* der Anklage, die nach 5. Mose 17,7 mit der Exekution beginnen mussten.

8,5 *Stadt von Samarien.* Wahrscheinlich ist Sychar gemeint, die am Osthang des Berges Ebal gelegene »religiöse Hauptstadt« der Samariter, die wenige Jahre vorher auch Jesus aufgenommen hatten (Johannes 4,5.39-41).

geworden. *7* Sie hatten bei vielen Besessenen miterlebt, wie Dämonen laut schreiend ausgefahren waren und hatten gesehen, wie viele Gelähmte und Verkrüppelte geheilt wurden. *8* Es herrschte große Freude in der Stadt.

9 Nun hatte schon vorher ein Mann namens Simon in der Stadt gelebt, der sich mit okkulten Dingen befasste. Er behauptete, ein großer Magier zu sein, und hatte das Volk von Samarien in Begeisterung versetzt. *10* Alle waren von ihm eingenommen, Groß und Klein. »Dieser Mann ist die sogenannte ›Große Kraft‹ Gottes«, sagten sie. *11* Sie standen ganz in seinem Bann, weil er sie lange Zeit mit seinen okkulten Machenschaften beeindruckt hatte.

12 Als sie dann aber dem Philippus Glauben schenkten, der ihnen die gute Botschaft von der Herrschaft Gottes verkündigte und über die Person und das Werk von Jesus, dem Messias, sprach, ließen sich Männer und Frauen taufen. *13* Sogar Simon selbst kam zum Glauben. Er wurde getauft und schloss sich eng an Philippus an. Die großartigen Zeichen und Wunder versetzten ihn in höchstes Erstaunen.

14 Als nun die Apostel in Jerusalem hörten, dass die Leute in Samarien die Botschaft Gottes angenommen hatten, schickten sie Petrus und Johannes zu ihnen. *15* Nach ihrer Ankunft beteten beide für sie, dass Gott ihnen den Heiligen Geist geben möge, *16* denn er war noch auf keinen von ihnen herabgekommen. Sie waren nur auf den Namen des Herrn Jesus getauft worden. *17* Nach dem Gebet legten Petrus und Johannes ihnen die Hände auf, und jetzt empfingen sie den Heiligen Geist.

18 Als Simon sah, dass der Heilige Geist denen gegeben wurde, denen die Apostel die Hände auflegten, bot er ihnen Geld an *19* und sagte: »Gebt auch mir diese Macht, dass jeder, dem ich die Hände auflege, den Heiligen Geist bekommt.« *20* »Zur Hölle mit dir und deinem Geld!«, fuhr Petrus ihn an. »Glaubst du wirklich, du kannst die Gabe Gottes kaufen? *21* Nein, du hast keinen Anteil daran und kein Recht darauf, denn du bist nicht aufrichtig vor Gott! *22* Ändere deine Einstellung, wende dich von deiner Bosheit ab und bete zum Herrn. Vielleicht vergibt er dir deine bösen Absichten. *23* Ich sehe ja, dass deine Gedanken völlig vergiftet sind und du im Bösen verstrickt bist.« *24* Da bat Simon die Apostel: »Betet ihr für mich zum Herrn. Betet bitte, dass nichts von dem eintrifft, was ihr gesagt habt.«

25 Nachdem Petrus und Johannes den Herrn bezeugt und seine Botschaft bekannt gemacht hatten, kehrten sie nach Jerusalem zurück. Auf dem Weg durch Samarien verkündigten sie das Evangelium noch in vielen Dörfern.

Der erste Nichtjude wird Christ

26 Philippus aber wurde von einem Engel des Herrn beauftragt: »Geh Richtung Süden* auf die selten benutzte Straße, die von Jerusalem nach Gaza* hinunterführt.« *27* Philippus machte sich sofort auf. Unterwegs traf er einen Äthiopier. Das war ein Eunuch, ein hoher Würdenträger: der oberste Finanzverwalter der Kandake, der äthiopischen Königin*. Er war nach Jerusalem gekommen, um dort Gott anzubeten, *28* und befand sich jetzt auf der Rückreise. Der Mann saß auf seinem Wagen und las in der Schriftrolle des Propheten Jesaja. *29* Gottes Geist sagte zu Philippus: »Lauf hin und folge diesem Wagen!« *30* Philippus lief hin und hörte den Mann halblaut aus Jesaja lesen. Er fragte: »Verstehst du denn, was du liest?« *31* »Wie soll ich das können«, erwiderte dieser, »wenn es mir niemand erklärt.« So bat er Philippus aufzusteigen und sich zu ihm zu setzen. *32* Er hatte gerade folgenden Abschnitt gelesen:

8,26 *Süden.* Das kann auch bedeuten: »um die Mittagszeit«.

Gaza. Ehemalige Philisterstadt an der Mittelmeerküste, etwa 80 km von Jerusalem entfernt. Sie war 57 v.Chr. als römische Stadt wieder aufgebaut worden.

8,27 *äthiopischen Königin.* Das Königreich Äthiopien, südlich von Assuan im heutigen Sudan, bestand seit dem 8. Jahrhundert v.Chr. Die wichtigsten Städte waren Meroe und Napata. *Kandake* war der Titel der äthiopischen Königinnen, wie »Pharao« in Ägypten.

8,33 *emporgehoben.* Das könnte sich auch auf die Himmelfahrt beziehen, denn Jesaja 53,7-8 wurde nach der LXX zitiert.

8,37 Spätere Handschriften fügen hinzu: »Wenn du von ganzem Herzen glaubst«, sagte Philippus, »kannst du getauft werden.« - »Ja«, sagte der Äthiopier, »ich glaube, dass Jesus Christus der Sohn Gottes ist.« (Diese Frage und die Antwort entsprachen der altkirchlichen Praxis und sind wahrscheinlich von daher in einige Handschriften hineingeraten.)

8,40 *Cäsarea.* Hafenstadt am Meer. Sitz der römischen Prokuratoren. Wurde von Herodes dem Großen an Stelle einer älteren phönizischen Siedlung als neue Stadt erbaut (20-10 v.Chr.).

»Er wurde wie ein Schaf zum Schlachten weggeführt, und wie ein Lamm, das beim Scheren stumm ist, kam kein Klagelaut aus seinem Mund. *33* In seiner Erniedrigung wurde das Strafgericht über ihm aufgehoben. Wer wird seine Nachkommen zählen können? Denn sein Leben wurde von der Erde weg emporgehoben.«*

34 Der Eunuch wandte sich an Philippus: »Sag mir bitte, von wem hier die Rede ist! Spricht der Prophet von sich selbst oder von einem anderen?« *35* Da begann Philippus zu reden. Er knüpfte an dieses Schriftwort an und erklärte dem Äthiopier das Evangelium von Jesus. *36* Als sie nun so auf der Straße dahinfuhren, kamen sie an ein Gewässer. »Hier gibt es Wasser«, sagte der Eunuch, »was steht meiner Taufe noch im Weg?« *(37)** *38* Er ließ den Wagen anhalten, und beide, Philippus und der Äthiopier, stiegen ins Wasser, und Philippus taufte ihn. *39* Als sie wieder aus dem Wasser kamen, wurde Philippus vom Geist des Herrn entrückt. Der Eunuch sah ihn nicht mehr, trotzdem setzte er voller Freude seine Reise fort. *40* Und Philippus fand sich in Aschdod wieder. Er zog von Stadt zu Stadt und verkündigte überall die gute Botschaft. Schließlich kam er nach Cäsarea*.

Der Verfolger wird Christ

9 *1* Saulus, der die Jünger des Herrn immer noch mit großer Wut verfolgte und sie mit dem Tod bedrohte, ging zum Hohen Priester *2* und erbat sich Schreiben an die Synagogen von Damaskus. Die Briefe würden ihn bevollmächtigen, Männer und Frauen aufzuspüren, die Anhänger des neuen

Weges waren, und sie als Gefangene nach Jerusalem zu bringen. *3* Auf dem Weg nach Damaskus, kurz vor der Stadt, strahlte plötzlich ein Licht aus dem Himmel. Es blendete ihn von allen Seiten, *4* sodass er zu Boden stürzte. Gleichzeitig hörte er, wie eine Stimme zu ihm sagte: »Saul, Saul, warum verfolgst du mich?« *5* »Wer bist du, Herr?«, antwortete er. »Ich bin Jesus, den du verfolgst«, erwiderte die Stimme. *6* »Steh jetzt auf und geh in die Stadt. Dort wird man dir sagen, was du tun sollst.« *7* Die Männer, die ihn auf der Reise begleiteten, standen sprachlos da. Sie hörten zwar eine Stimme, sahen aber niemand. *8* Saulus richtete sich vom Boden auf und öffnete seine Augen – doch er konnte nichts sehen. Man musste ihn an der Hand nach Damaskus führen. *9* Drei Tage lang war er blind und aß und trank nichts.

10 In Damaskus lebte ein Jünger namens Hananias. Dem erschien der Herr in einer Vision. »Hananias!«, sagte er. »Ja, Herr«, antwortete dieser. *11* »Steh auf und geh in die Gerade Straße in das Haus von Judas«, befahl ihm der Herr. »Frage dort nach einem Saulus aus Tarsus. Er betet nämlich *12* und hat in einer Vision einen Mann namens Hananias gesehen, der hereinkam und ihm die Hände auflegte, damit er wieder sehen könnte.« *13* »Herr«, entgegnete Hananias, »ich habe von vielen Seiten gehört, wie viel Böses dieser Mann deinen Heiligen* in Jerusalem angetan hat. *14* Und auch hier ist er von den Hohen Priestern bevollmächtigt, alle zu verhaften, die deinen Namen anrufen.« *15* Doch der Herr sagte: »Geh nur hin! Denn

gerade ihn habe ich als Werkzeug für mich ausgewählt. Er soll meinen Namen bei Nichtjuden und ihren Königen genauso bekannt machen wie bei den Israeliten. *16* Ich werde ihm zeigen, wie viel er nun für meinen Namen leiden muss.« *17* Da ging Hananias in jenes Haus. Er legte Saulus die Hände auf und sagte: »Saul, mein Bruder! Der Herr hat mich geschickt – Jesus, der dir auf dem Weg hierher erschienen ist. Du sollst wieder sehen können und mit dem Heiligen Geist erfüllt werden.« *18* Im selben Augenblick fiel es Saulus wie Schuppen von den Augen und er konnte wieder sehen. Er stand auf und ließ sich taufen. *19* Dann aß er etwas und kam wieder zu Kräften.

Er war erst einige Tage bei den Jüngern in Damaskus, *20* da predigte er auch schon in den Synagogen, dass Jesus der Sohn Gottes ist. *21* Alle, die ihn hörten, waren fassungslos. »Ist das nicht der Mann, der in Jerusalem alle erbarmungslos verfolgte, die diesen Namen anrufen?«, sagten sie. »Und ist er nicht deswegen hierher gekommen, um sie als Gefangene den Hohen Priestern auszuliefern?« *22* Saulus aber trat umso entschiedener auf und brachte die Juden von Damaskus durcheinander, weil er ihnen beweisen konnte, dass Jesus der Messias ist.

9,13 *Heilige* sind alle, die an Jesus Christus glauben, nicht etwa nur einige besonders Fromme, weil alle Christen als Volk Gottes dazu berufen sind, heilig zu sein, wie Gott selbst heilig ist (siehe auch Vers 32, 41 usw.). Eine andere Bezeichnung für die Christen ist »Jünger« (siehe Fußnote zu Apostelgeschichte 1,12).

Saulus wird nach Hause geschickt

23 Als nun eine geraume Zeit vergangen war, fassten die Juden den Beschluss, Saulus zu töten, 24 aber er hatte davon erfahren. Sie bewachten nämlich Tag und Nacht die Stadttore, um ihn nicht entkommen zu lassen. 25 Seine Anhänger aber ließen ihn eines Nachts in einem Korb die Stadtmauer hinab.

26 Als Saulus wieder nach Jerusalem kam, versuchte er, sich dort den Jüngern anzuschließen. Aber sie alle hatten Angst vor ihm, weil sie nicht wirklich glaubten, dass er ein Jünger geworden war. 27 Da nahm sich Barnabas seiner an. Er brachte ihn zu den Aposteln und erzählte ihnen, wie Saulus auf seiner Reise den Herrn gesehen und wie der Herr zu ihm gesprochen hatte. Er schilderte auch, wie mutig Saulus in Damaskus im Namen von Jesus aufgetreten war. 28 Von da an ging Saulus bei den Jüngern in Jerusalem aus und ein. Mit ihnen zusammen trat er unerschrocken im Namen des Herrn auf. 29 Er redete und diskutierte auch mit den griechisch sprechenden Juden. Doch sie versuchten ihn umzubringen. 30 Als die führenden Brüder in der Gemeinde das erfuhren, brachten sie ihn nach Cäsarea und schickten ihn von dort nach Tarsus weg.

Zwischenbilanz in Israel

31 Nun erlebte die Gemeinde in ganz Judäa, Galiläa und Samarien eine friedliche Zeit. Die Christen wurden gefestigt und lebten in Ehrfurcht vor dem Herrn. Und weil der Heilige Geist ihnen zur Seite stand, vermehrte sich ihre Zahl.

Mission in Judäa

32 Auf einer Reise durch das ganze Gebiet kam Petrus zu den Heiligen in Lydda*. 33 Er erfuhr dort von einem gelähmten Mann namens Äneas, der seit acht Jahren ans Bett gefesselt war. 34 Petrus sagte zu ihm: »Äneas, Jesus, der Messias, heilt dich jetzt! Steh auf und mach dein Bett selbst!« Im selben Augenblick stand Äneas auf. 35 Alle Bewohner von Lydda und der ganzen Scharon-Ebene* sahen ihn gesund umherlaufen. Da wandten sie sich dem Herrn zu.

36 In Joppe* lebte eine Jüngerin mit Namen Tabita. Das heißt soviel wie »Gazelle«. Sie tat viel Gutes und half den Armen, wo sie nur konnte. 37 Nun war sie gerade in dieser Zeit krank geworden und gestorben. Man wusch den Leichnam und bahrte ihn im oberen Stockwerk des Hauses auf. 38 Als die Jünger in Joppe gehört hatten, dass Petrus sich in Lydda aufhielt, schickten sie sofort zwei Männer zu ihm und ließen ausrichten: »Bitte komm so schnell wie möglich zu uns.« Von Joppe war es nicht weit* nach Lydda. 39 Petrus ging sofort mit ihnen. Als er angekommen war, führten sie ihn gleich in das Obergemach.

9,32 *Lydda.* Das heutige Lod, 18 km südlich von Tel Aviv.

9,35 Die *Scharon-Ebene* ist ein 15 km breiter und 75 km langer sehr fruchtbarer Streifen am Mittelmeer von Lydda im Süden bis zum Berg Karmel im Norden.

9,36 *Joppe.* Heute Jaffa, arabische Vorstadt südlich des modernen Tel Aviv.

9,38 *nicht weit.* Etwa 17 Kilometer.

Dort hatten sich viele Witwen eingefunden. Weinend traten sie zu Petrus und zeigten ihm die Unter- und Obergewänder, die Tabita für sie gemacht hatte, als sie noch lebte. *40* Doch Petrus schickte alle hinaus. Dann kniete er nieder und betete. Schließlich wandte er sich zu dem Leichnam und sagte: »Tabita, steh auf!« Da öffnete sie die Augen. Und als sie Petrus erblickte, setzte sie sich auf. *41* Er fasste sie an der Hand und half ihr auf die Füße. Dann rief er die Witwen und die anderen Heiligen herein und gab ihnen Tabita lebend zurück. *42* Bald wusste ganz Joppe, was geschehen war, und viele kamen zum Glauben an den Herrn. *43* Petrus blieb noch lange in der Stadt und wohnte während dieser Zeit bei einem Gerber namens Simon.

Dürfen Nichtjuden zur Gemeinde gehören?

10 *1* In Cäsarea lebte damals ein römischer Offizier namens Kornelius. Er war Hauptmann der sogenannten Italischen Kohorte*. *2* Es war ein frommer Mann, der mit seiner ganzen Hausgemeinschaft Gott verehrte. Er tat viel für Not leidende Juden und betete regelmäßig. *3* An einem Nachmittag gegen drei Uhr hatte er eine Vision und sah deutlich, wie ein Engel Gottes zu ihm hereinkam und ihn hörbar ansprach: »Kornelius!« *4* Erschrocken starrte er den Engel an: »Was ist, Herr?« – »Gott hat deine Gebete gehört und gesehen, wie viel Gutes du den Armen tust«, sagte der Engel. *5* »Schick jetzt einige Männer nach Joppe* und lass einen gewissen Simon, den man auch Petrus nennt, zu dir kommen. *6* Er wohnt bei einem Gerber, der auch Simon heißt und dessen Haus direkt am Meer liegt.« *7* Gleich nachdem der Engel wieder gegangen war, rief er zwei seiner Hausdiener und einen gläubigen Soldaten aus seinem Gefolge. *8* Er berichtete ihnen alles, was geschehen war, und schickte sie nach Joppe.

9 Am nächsten Tag gegen zwölf Uhr näherten sich die Männer bereits der Stadt. Um diese Zeit ging Petrus zum Beten auf die Dachterrasse hinaus. *10* Kurz darauf bekam er Hunger und wollte essen. Während ihm etwas zubereitet wurde, hatte er eine Vision. *11* Er sah den Himmel offen und etwas wie ein großes leinenes Tuch auf die Erde herabkommen. Es wurde an vier Zipfeln gehalten, und *12* in ihm befanden sich alle möglichen Arten von Vierfüßlern, Kriechtieren und Vögeln. *13* Eine Stimme sagte: »Los, Petrus, schlachte und iss!« *14* »Auf keinen Fall, Herr!«, sagte Petrus. »In meinem ganzen Leben habe ich noch niemals etwas Verbotenes oder Unreines gegessen!« *15* Doch die Stimme forderte ihn ein zweites Mal heraus: »Was Gott für rein erklärt hat, halte du nicht für unrein.« *16* Das alles geschah drei Mal, dann wurde das Tuch wieder in den Himmel hinaufgezogen. *17* Während Petrus noch darüber rätselte,

---

10,1 Kornelius war einer von zehn römischen Offizieren in der *Italischen Kohorte*, einem militärischen Verband von Hilfstruppen, ca. 500 bis 1000 Mann.

10,5 *Joppe.* Etwa 45 Kilometer südlich von Cäsarea, anderthalb Tagereisen.

was die Vision wohl bedeuten sollte, standen die Männer, die Kornelius geschickt hatte, schon vor dem Tor. Sie hatten sich nach Simons Haus durchgefragt. ¹⁸ Durch Rufen machten sie sich bemerkbar und fragten:»Ist hier ein Simon zu Gast, der Petrus genannt wird?« ¹⁹ Petrus dachte immer noch über die Vision nach, als der Geist Gottes zu ihm sagte:»Pass auf! Da sind drei Männer, die dich suchen. ²⁰ Steh auf und geh nach unten! Du kannst ihnen ohne Bedenken folgen, denn ich habe sie geschickt.« ²¹ Petrus ging jetzt zu den Männern hinunter und sagte:»Ich bin der, den ihr sucht. Was führt euch zu mir?« ²² »Der Hauptmann Kornelius«, sagten sie, »ein gerechter, gottesfürchtiger und bei der ganzen jüdischen Bevölkerung angesehener Mann hat uns geschickt. Er ist von einem heiligen Engel angewiesen worden, dich in sein Haus holen zu lassen, um zu hören, was du zu sagen hast.« ²³ Da ließ Petrus die Männer eintreten und sorgte für ein Quartier.

Am nächsten Morgen machte er sich mit ihnen auf den Weg. Einige Brüder aus Joppe begleiteten sie. ²⁴ Am folgenden Tag erreichten sie Cäsarea. Kornelius hatte sie schon erwartet und seine Verwandten und engsten Freunde bei sich eingeladen. ²⁵ Als Petrus durchs Hoftor trat, kam Kornelius ihm entgegen und warf sich ehrfürchtig vor ihm nieder. ²⁶ Doch Petrus zog ihn hoch und sagte:»Steh auf! Ich bin doch nur ein Mensch.« ²⁷ Während sie sich unterhielten, betraten sie das Haus. Petrus fand dort viele Leute versammelt. ²⁸ »Ihr wisst ja«, sagte er, »dass es für einen Juden

nicht erlaubt ist, engen Kontakt mit einem Nichtjuden zu haben oder ihn gar zu besuchen. Doch Gott hat mir gezeigt, keinen Menschen als unrein oder unberührbar zu betrachten. ²⁹ Darum kam ich auch ohne Widerrede, als ich geholt wurde. Nun möchte ich fragen, warum ihr mich geholt habt.«

³⁰ Kornelius erwiderte:»Vor vier Tagen betete ich in meinem Haus bis zu dieser Zeit gegen drei Uhr nachmittags. Plötzlich stand ein Mann in einem leuchtend weißen Gewand vor mir ³¹ und sagte:›Kornelius! Gott hat deine Gebete gehört und gesehen, wie viel Gutes du den Armen tust. ³² Schick Boten nach Joppe und lass einen gewissen Simon, den man auch Petrus nennt, zu dir kommen. Er wohnt bei einem Gerber namens Simon, dessen Haus direkt am Meer liegt.‹ ³³ Da habe ich sofort einige Leute zu dir geschickt. Und es ist sehr schön, dass du gleich gekommen bist. Nun haben wir uns hier in der Gegenwart Gottes versammelt, um all das zu hören, was der Herr dir aufgetragen hat.«

³⁴ Petrus begann:»Jetzt begreife ich, wie wahr es ist, dass Gott nicht bestimmte Menschen anderen vorzieht. ³⁵ Er nimmt aus jedem Volk alle an, die in Ehrfurcht vor ihm leben und seinen Willen tun. ³⁶ Ihr kennt ja die Botschaft, die Gott dem Volk Israel gesandt hat. Es ist das Evangelium des Friedens durch den, der Herr über alle Menschen ist: Jesus, der Messias. ³⁷ Ebenso kennt ihr die Ereignisse, die sich in ganz Judäa zugetragen haben. Angefangen hat es schon in Galiläa, nachdem Johannes die Menschen zur

Taufe aufgerufen hatte: *38* Gott hatte Jesus von Nazaret mit dem Heiligen Geist gesalbt und mit Kraft erfüllt. Gott war mit ihm, und so zog er umher, tat den Menschen Gutes und heilte alle, die vom Teufel tyrannisiert wurden. *39* Wir sind Zeugen für alles, was er im ganzen jüdischen Land und in Jerusalem getan hat. Dann haben sie ihn ans Kreuz gehängt und getötet. *40* Aber Gott hat ihn am dritten Tag wieder zum Leben erweckt und ihn als Auferstandenen präsentiert *41* – allerdings nicht dem ganzen Volk, sondern nur den Zeugen, die Gott schon vorher dazu bestimmt hatte. Das waren wir, die mit ihm gegessen und getrunken haben, nachdem er vom Tod auferstanden war. *42* Er hat uns beauftragt, dem Volk Israel zu predigen und eindringlich zu bezeugen, dass er der von Gott bestimmte Richter über Lebende und Tote ist. *43* Schon die Propheten haben von ihm geredet. Sie bezeugen übereinstimmend, dass jeder, der an ihn glaubt, die Vergebung für seine Sünden erhält.«

44 Während Petrus diese Worte sagte, kam der Heilige Geist auf alle, die seine Ansprache hörten. *45* Die Gläubigen jüdischer Herkunft, die mit Petrus gekommen waren, konnten es kaum fassen, dass die Gabe des Heiligen Geistes auch nichtjüdischen Menschen geschenkt worden war. *46* Sie hörten nämlich, wie die Versammelten Gottes Größe in nichtgelernten Sprachen priesen. Da sagte Petrus zu seinen Begleitern: *47* »Kann denn jemand diesen Menschen das Wasser zur Taufe verweigern? Sie haben doch genau wie wir den Heiligen Geist empfangen.« *48* Und er ordnete an, sie auf den Namen von Jesus, dem Messias, zu taufen. Danach baten sie Petrus, noch einige Tage bei ihnen zu bleiben.

Petrus muss sich rechtfertigen

11 *1* Die Apostel und die Brüder in Judäa hörten bald davon, dass auch die Nichtjuden Gottes Botschaft angenommen hatten. *2* Als dann Petrus nach Jerusalem kam, stritten die Verfechter der Beschneidung mit ihm. *3* »Du bist bei unbeschnittenen Leuten eingekehrt und hast sogar mit ihnen gegessen«, hielten sie ihm vor.

4 Da setzte Petrus es ihnen der Reihe nach auseinander. Er erklärte: *5* »Ich war in der Stadt Joppe und betete gerade, da hatte ich eine Vision: Ich sah etwas wie ein großes leinenes Tuch, das an seinen vier Zipfeln gehalten und vom Himmel zu mir herabgelassen wurde. *6* Gespannt sah ich hinein und erblickte alle möglichen Vierfüßler, Wildtiere, Kriechtiere und Vögel. *7* Dann hörte ich auch eine Stimme zu mir sagen: ›Los, Petrus, schlachte und iss!‹ *8* ›Auf keinen Fall, Herr!‹, sagte ich. ›In meinem ganzen Leben habe ich noch nie etwas Verbotenes oder Unreines gegessen!‹ *9* Doch die Stimme wiederholte die Aufforderung: ›Was Gott für rein erklärt hat, halte du nicht für unrein.‹ *10* Das alles geschah drei Mal, dann wurde das Tuch wieder in den Himmel hinaufgezogen. *11* In diesem Augenblick kamen drei Männer vor das Haus, in dem ich wohnte. Sie waren von Cäsarea aus zu mir geschickt worden. *12* Der Geist Gottes sagte mir, ich solle ohne Bedenken mit ihnen gehen. Auch diese sechs Brüder hier kamen mit und so kehrten wir in das Haus des Mannes ein, der nach mir geschickt hatte.

13 Er erzählte uns, dass er gesehen habe, wie ein Engel in sein Haus kam und sagte: ›Schick nach Joppe und lass einen Simon holen, der Petrus genannt wird! 14 Er wird euch eine Botschaft übermitteln, die dir und allen anderen in deinem Haus die Rettung bringt.‹ 15 Ich hatte kaum mit dem Reden begonnen, da kam der Heilige Geist auf sie, genauso wie damals am Anfang auf uns. 16 Mir fiel gleich das Wort ein, das der Herr gesagt hatte: ›Johannes hat mit Wasser getauft, ihr aber, ihr werdet mit dem Heiligen Geist getauft werden.‹ 17 Gott hat ihnen also die gleiche Gabe gegeben wie auch uns, als wir zum Glauben an den Herrn Jesus, den Messias, kamen. Wer bin ich, dass ich es mir da hätte erlauben dürfen, Gott im Weg zu stehen?«

18 Als sie das gehört hatten, beruhigten sie sich. Sie priesen Gott und sagten: »Gott hat also auch den Nichtjuden die Umkehr zum Leben ermöglicht!«

Gemeinde aus Nichtjuden

19 Die Christen nun, die sich wegen der Verfolgung, die beim Tod des Stephanus entstanden war, von Jerusalem aus zerstreut hatten, kamen zum Teil bis nach Phönizien*, Zypern und Antiochia*. Die gute Botschaft sagten sie aber nur den Juden weiter. 20 Einige von ihnen – sie kamen ursprünglich von der Insel Zypern und aus der Gegend von Zyrene in Nordafrika – verkündigten auch den nichtjüdischen Einwohnern Antiochias die gute Botschaft von Jesus, dem Herrn. 21 Der Herr stand ihnen zur Seite und eine große Zahl von Nichtjuden glaubte ihrer Botschaft und bekehrte sich zum Herrn.

Barnabas in Antiochia

22 Als die Gemeinde in Jerusalem davon hörte, schickte sie Barnabas hin. 23 Der war sehr glücklich, als er sah, was durch die Gnade Gottes entstanden war. Er machte allen Mut, dem Herrn mit ganzem Herzen treu zu bleiben. 24 Denn er war ein vortrefflicher Mann, erfüllt mit dem Heiligen Geist und festem Glauben. Viele Menschen kamen damals zum Glauben an den Herrn.

25 Barnabas reiste dann nach Tarsus*, um Saulus zu suchen. 26 Als er ihn gefunden hatte, nahm er ihn mit nach Antiochia. Ein ganzes Jahr lang waren sie mit der Gemeinde zusammen und unterwiesen viele Menschen im Glauben. In Antiochia wurden die Jünger übrigens zuerst Christen genannt.

11,19 *Phönizien.* Landstrich am Mittelmeer nördlich von Israel mit den Städten Tyrus und Sidon im Gebiet des heutigen Libanon. Phönizien gehörte zur römischen Provinz Syrien.

Antiochia war die drittgrößte Stadt des römischen Reiches, am Fluss Orontes gelegen, etwa 500 km nördlich von Jerusalem. Sie war die berühmteste der 16 Städte gleichen Namens, die der mazedonische Reiterführer Seleukos I. Nikator um 300 v. Chr. gründete und nach seinem Vater Antiochus benannte.

11,25 *Tarsus* lag etwa 200 km nordwestlich von Antiochia. Die Heimatstadt des Paulus am Kydnos-Fluss (16 km vom Mittelmeer entfernt) war ein bedeutendes wirtschaftliches und kulturelles Zentrum.

27 Während dieser Zeit kamen einige Propheten von Jerusalem nach Antiochia. 28 Einer von ihnen hieß Agabus. Er stand in einer Gemeindeversammlung auf und sagte – vom Geist Gottes geführt – eine schwere Hungersnot über die ganze Welt voraus, die dann auch unter Kaiser Klaudius* eintrat. 29 Da beschlossen die Jünger, den Geschwistern in Judäa eine Unterstützung zukommen zu lassen; jeder von ihnen sollte nach seinen finanziellen Möglichkeiten dazu beitragen. 30 Das taten sie dann auch und schickten Barnabas und Saulus mit dem Geld zu den Ältesten.

Gewalt gegen die Führer

12 1 Um diese Zeit ging König Herodes* gegen Mitglieder der Gemeinde vor und ließ sie misshandeln. 2 Jakobus, den Bruder von Johannes, ließ er enthaupten. 3 Als er merkte, dass das den Juden gefiel, ließ er auch Petrus festnehmen. Das geschah während des Festes der ungesäuerten Brote.* 4 Er ließ ihn ins Gefängnis schaffen und von vier Gruppen zu je vier Soldaten bewachen. Nach dem Passafest wollte er ihn vor dem Volk aburteilen. 5 Während Petrus streng bewacht im Gefängnis saß, betete die Gemeinde inständig für ihn zu Gott. 6 In der Nacht vor der von Herodes geplanten Verurteilung schlief Petrus zwischen zwei Soldaten. Er war an jeden mit einer Kette gefesselt, während zwei andere vor der Tür seiner Zelle Wache hielten. 7 Plötzlich stand ein Engel des Herrn vor ihm und ein helles Licht erfüllte die Zelle. Er stieß Petrus in die Seite, um ihn zu wecken. »Steh schnell auf!«, sagte er.

Sofort fielen ihm die Ketten von den Handgelenken ab. 8 »Binde den Gürtel um und zieh deine Sandalen an!«, befahl der Engel. Petrus tat es. »Wirf den Mantel über und komm!« 9 Petrus folgte dem Engel hinaus. Doch er wusste nicht, ob es Wirklichkeit war, was er mit dem Engel erlebte. Er meinte zu träumen. 10 Sie gingen an der ersten Wache vorbei, dann an der zweiten und kamen an das eiserne Tor, das in die Stadt führte. Das öffnete sich ihnen von selbst. Sie traten hinaus und gingen eine Straße weit fort. Dort verschwand der Engel neben ihm plötzlich. 11 Jetzt kam Petrus zu sich. »Nun weiß ich wirklich, dass der Herr seinen Engel geschickt hat«, sagte er. »Er hat mich vor Herodes gerettet und vor dem, was die Juden sich erhofften.«

12 Als ihm das klar geworden war, ging er zum Haus der Maria, der Mutter von Johannes Markus*. Dort waren viele zum Gebet versammelt.

11,28 *Klaudius* war von 41-54 n.Chr. römischer Kaiser. Die Hungersnot fiel wahrscheinlich in die Jahre 45 bis 48. Missernten in Ägypten führten zu einer starken Verteuerung der Lebensmittel im ganzen Römischen Reich.

12,1 *Herodes* Agrippa I., ein Enkel von Herodes dem Großen, dem Kindesmörder von Bethlehem, und ein Neffe von Herodes Antipas, der Johannes den Täufer hinrichten ließ.

12,3 *Fest der ungesäuerten Brote.* Das war die Festwoche, die sich an das Passa (2. Mose 12-13) anschloss (3. Mose 23,5-8). Manchmal wurden beide Feste zusammen wie in Vers 4 »Passa« genannt.

12,12 *Johannes Markus.* Der spätere Verfasser des Markus-Evangeliums.

13 Petrus klopfte ans Tor, und eine Dienerin namens Rhode kam und wollte nachsehen, wer da wäre. *14* Als sie die Stimme des Petrus erkannte, lief sie gleich ins Haus und rief: »Es ist Petrus! Petrus steht vor dem Tor!« Vor lauter Freude hatte sie vergessen, das Tor zu öffnen. *15* »Du bist wohl nicht ganz bei Verstand«, sagten sie zu ihr. Doch sie behauptete steif und fest, dass es Petrus sei. Da meinten sie: »Dann ist es sein Engel.« *16* Aber Petrus klopfte unaufhörlich weiter, bis sie schließlich aufmachten. Als sie ihn sahen, gerieten sie vor Staunen außer sich. *17* Doch er brachte sie mit einer Handbewegung zum Schweigen und erzählte ihnen dann, wie der Herr ihn aus dem Gefängnis herausgeführt hatte. »Berichtet das auch Jakobus und den Brüdern!«, bat er sie. Dann ging er hinaus und verließ die Stadt. *18* Als es Tag wurde, gerieten die Soldaten in große Bestürzung. Keiner wusste, was mit Petrus geschehen war. *19* Und als Herodes ihn holen lassen wollte, war er nirgends zu finden. Da verhörte er die Wachen und befahl, sie abzuführen. Anschließend begab er sich von Judäa wieder in seine Residenzstadt Cäsarea.

Tod von Herodes Agrippa I.

20 Damals lag Herodes im Streit mit den Bewohnern von Tyrus und Sidon*. Nun schickten diese eine gemeinsame Delegation zu ihm. Der Abordnung gelang es, den königlichen Palastverwalter Blastus als Fürsprecher zu gewinnen. So baten sie um Frieden, weil ihr Gebiet von den Lebensmittellieferungen des königlichen Landes abhängig war. *21* An dem Tag, an dem die Beilegung des Streits verkündet werden sollte, hielt Herodes eine öffentliche Ansprache an sie. Er erschien dazu in königlichem Prunk auf der Tribüne des Theaters. *22* Das Volk von Cäsarea schrie begeistert: »So spricht ein Gott und nicht ein Mensch!« *23* Im gleichen Augenblick aber schlug ihn ein Engel des Herrn, weil er sich als Gott feiern ließ und nicht Gott die Ehre gab. Von Würmern zerfressen starb er unter Qualen.

24 Immer mehr Menschen hörten das Wort Gottes und kamen zum Glauben.

25 Nachdem Barnabas und Saulus ihre Aufgabe in Jerusalem erfüllt hatten, kehrten sie in Begleitung von Johannes-Markus nach Antiochia zurück.

Die Ältesten von Antiochia

13 *1* In der Gemeinde von Antiochia gab es damals folgende Propheten und Lehrer: Barnabas und Simeon, genannt Niger*, Luzius von Zyrene und Manaën, der zusammen mit dem Vierfürsten Herodes* aufgewachsen war, und Saulus. *2* Als sie einmal für einige Zeit fasteten und sich ganz dem Gebet widmeten,

---

12,20 *Tyrus und Sidon.* Phönizische Hafenstädte, 90 bzw. 130 km nördlich von Cäsarea.

13,1 *Niger.* Lateinisch: der Schwarze.

Herodes Antipas, der Sohn von Herodes dem Großen und Onkel von Agrippa I. Er herrschte von 4 v.Chr. bis 39 n.Chr. über Galiläa und Peräa, also nur über einen Teil des Landes. Deswegen war er nur »Tetrarch«, das heißt eigentlich »Viertelfürst«.

sprach der Heilige Geist: »Stellt mir doch Barnabas und Saulus für die Aufgabe frei, zu der ich sie berufen habe.« 3 Nach einer weiteren Zeit des Fastens und Betens legten sie ihnen die Hände auf und ließen sie ziehen.

Beginn der ersten Missionsreise

4 So vom Heiligen Geist ausgesandt, gingen die beiden nach Seleuzia* und nahmen dort ein Segelschiff nach Zypern. 5 In Salamis* angekommen, verkündigten sie die Botschaft Gottes in den jüdischen Synagogen der Stadt. Als Helfer hatten sie Johannes Markus dabei. 6 Sie durchzogen die ganze Insel bis nach Paphos*. Dort trafen sie auf einen Juden, der sich Barjesus nannte. Das war ein Magier und falscher Prophet, 7 der zum Gefolge des römischen Statthalters der Insel gehörte. Dieser Prokonsul*, Sergius Paulus, war ein gebildeter und vernünftiger Mann. Er hatte Barnabas und Saulus zu sich gerufen, weil er die Botschaft von Gott hören wollte. 8 Doch Elymas, der Zauberer, – so heißt nämlich sein Name übersetzt – trat ihnen entgegen und versuchte mit allen Mitteln, den Prokonsul vom Glauben abzuhalten. 9 Aber Saulus, der auch Paulus genannt wird, blickte ihn scharf an. Vom Heiligen Geist erfüllt 10 sagte er: »Du elender und gerissener Betrüger, du Sohn des Teufels und Feind aller Gerechtigkeit! Wann hörst du endlich auf, die geraden Wege des Herrn krumm zu machen. 11 Doch jetzt wirst du die Hand des Herrn zu spüren bekommen. Du wirst blind sein! Eine Zeit lang wirst du die Sonne nicht sehen.« Im selben Augenblick fand sich der Magier von tiefster Dunkelheit umgeben. Er tappte umher und suchte jemand, der ihn an der Hand führte. 12 Als der Prokonsul sah, was geschehen war, kam er zum Glauben, höchst erstaunt über die Lehre des Herrn.

13 Von Paphos stachen Paulus und seine Begleiter wieder in See und kamen nach Perge* in Pamphylien*. Hier trennte sich Johannes von ihnen und kehrte wieder nach Jerusalem zurück. 14 Paulus und Barnabas aber zogen von Perge aus landeinwärts weiter, bis sie in das pisidische* Antiochia* kamen. Am Sabbat gingen sie in die dortige Synagoge und setzten sich unter die Zuhörer. 15 Nach der

---

13,4 *Seleuzia.* Die Hafenstadt von Antiochia, etwa 30 km entfernt.

13,5 *Salamis.* Damalige Hauptstadt von Zypern, an der Ostküste gelegen, etwa 150 km von Seleuzia entfernt.

13,6 Die Hafenstadt *Paphos* liegt an der Südwestspitze von Zypern und war Sitz der römischen Verwaltung.

13,7 Die Römer setzten in ihren Provinzen zwei Arten von Statthaltern ein. Ein *Prokonsul* wurde vom Senat bestimmt und verwaltete vorwiegend friedliche Provinzen. Im Gegensatz dazu wurde ein Prokurator vom Kaiser in unruhigen Provinzen eingesetzt, z.B. in Judäa.

13,13 *Perge.* Metropole der Provinz Pamphylien, 15 km nordöstlich der heutigen Stadt Antalya.

Pamphylien. Küstenregion im Süden Kleinasiens, 130 km lang und an der breitesten Stelle 30 km breit.

13,14 *Pisidien.* Hochlandgebiet in Kleinasien 190 km lang und 80 km breit, nördlich von Pamphylien.

Antiochia. Stadt in der römischen Provinz Galatien dicht an der Grenze zu der Landschaft Pisidien, etwa 1000 Meter hoch gelegen, römische Kolonie.

Schriftlesung aus dem Gesetz und den Propheten ließen die Synagogenvorsteher ihnen ausrichten: »Liebe Brüder, wenn ihr ein Wort der Ermutigung für unsere Leute habt, dann redet!«

Im südlichen Galatien*: Antiochia

16 Da stand Paulus auf, bat mit einer Handbewegung um Ruhe und begann: »Männer von Israel und alle, die ihr Gott fürchtet, hört mir zu! 17 Der Gott unseres Volkes, der Gott Israels, hat unsere Vorfahren erwählt. Er ließ sie in der Fremde Ägyptens zu einem großen Volk werden und führte sie dann mit gewaltiger Macht von dort weg. 18 Vierzig Jahre lang ertrug er sie in der Wüste. 19 Dann vernichtete er sieben Nationen und gab deren Land unserem Volk zum Besitz. 20 All das geschah in einem Zeitraum von etwa 450 Jahren.* Danach gab Gott ihnen Richter bis zur Zeit des Propheten Samuel. 21 Jetzt wollten sie einen König haben, und Gott gab ihnen Saul Ben-Kisch, einen Mann aus dem Stamm Benjamin. Der regierte sie vierzig

---

13,16 *Galatien* ist der Name einer Landschaft im nördlichen Kleinasien. Die römische Provinz Galatien schloss aber seit einigen Jahrzehnten auch die südlicher liegenden Landschaften Pisidien, Phrygien und Lykaonien ein.

13,20 *450 Jahren.* Die Zahl ergibt sich aus den 400 Jahren in Ägypten (Apostelgeschichte 7,6), den 40 Jahren Wüstenwanderung und etwa 10 Jahren von der Eroberung des Landes bis zur Landverteilung (Josua 14,1-17,18).

13,22 Nach Psalm 89,21 und 1. Samuel 13,14

13,25 Markus 1,7

Jahre, 22 dann verstieß Gott ihn und machte David zu ihrem König. Ihm stellte er das Zeugnis aus: ›In David Ben-Isai habe ich einen Mann gefunden, der alles tut, was ich von ihm will.‹* 23 Und einen von den Nachkommen dieses Mannes hat Gott dem Volk Israel, wie er es versprochen hatte, als Retter gesandt: Jesus. 24 Bevor er aber auftrat, predigte Johannes dem ganzen Volk Israel, dass sie ihre Einstellung ändern und sich taufen lassen sollten. 25 Johannes sagte am Ende seines Wirkens: ›Der, für den ihr mich haltet, bin ich nicht, aber seid euch im Klaren darüber: Nach mir kommt der Erwartete, und ich bin nicht einmal würdig, ihm die Riemen seiner Sandalen zu lösen.‹*«

26 »Liebe Brüder, ihr Nachkommen Abrahams, und ihr, die ihr Gott fürchtet: Uns allen hat Gott die rettende Botschaft gesandt. 27 Die Einwohner Jerusalems und ihre führenden Männer haben Jesus nicht erkannt. Sie verstanden auch die Worte der Propheten nicht, die doch jeden Sabbat vorgelesen werden. Trotzdem haben sie deren Ankündigungen erfüllt, als sie Jesus den Prozess machten. 28 Obwohl sie keine todeswürdige Schuld an ihm fanden, verlangten sie seine Hinrichtung von Pilatus. 29 Nachdem sie dann alles ausgeführt hatten, was über ihn geschrieben steht, nahmen sie ihn vom Kreuz herunter und legten ihn in ein Grab. 30 Aber Gott hat ihn von den Toten auferweckt. 31 Und er hat sich als Auferstandener etliche Tage denen gezeigt, die ihm von Galiläa nach Jerusalem gefolgt waren. Das sind jetzt seine Zeugen vor dem Volk Israel.

32 So bringen wir euch nun diese gute Botschaft: Gott hat die Zusage, die er unseren Vätern gegeben hat, *33* an uns, ihren Nachkommen, eingelöst. Er tat das, indem er Jesus berief. So steht es auch im zweiten Psalm: ›Du bist mein Sohn; ich habe dich heute gezeugt!‹* *34* Dass er ihn mit der Auferweckung aus den Toten aber für immer der Verwesung entrissen hat, kündigte er so an: ›Ich gebe euch die heiligen und unvergänglichen Güter, die ich David versprochen habe.‹* *35* Deshalb heißt es auch an einer anderen Stelle: ›Du wirst deinen heiligen Diener nicht der Verwesung preisgeben.‹* *36* David freilich ist gestorben, nachdem er seiner eigenen Generation nach Gottes Willen gedient hat. Er wurde neben seinen Vorfahren beigesetzt, und sein Körper verweste. *37* Der aber, den Gott auferweckt hat, ist nicht verwest. *38* Ihr sollt deshalb wissen, liebe Brüder: Durch diesen Jesus wird euch Vergebung der Sünden angeboten. Das Gesetz des Mose konnte euch nicht von ihnen freisprechen. *39* Durch Jesus aber ist das möglich. Jeder, der an ihn glaubt, wird von aller Schuld freigesprochen. *40* Seht zu, dass nicht eintrifft, was im Zwölfprophetenbuch geschrieben steht: *41* ›Schaut her, ihr Verächter, wundert euch und verschwindet! Denn schon bald werde ich etwas tun, das ihr nicht glauben würdet, wenn es euch jemand erzählte.‹*«

Auch Nichtjuden gilt die Botschaft

42 Als Paulus und Barnabas die Synagoge verließen, wurden sie gebeten, am nächsten Sabbat weiter über diese Dinge zu reden. *43* Und als die Versammlung sich aufgelöst hatte, kamen viele mit Paulus und Barnabas mit, Juden und Nichtjuden, die sich zur Synagoge gehalten hatten. Die beiden sprachen lange mit ihnen und ermahnten sie, sich immer ganz auf die Gnade Gottes zu verlassen. *44* Am nächsten Sabbat aber kam fast die ganze Stadt zusammen, um die Botschaft Gottes zu hören. *45* Als die Juden die vielen Menschen sahen, wurden sie eifersüchtig. Sie widersprachen dem, was Paulus sagte, und beschimpften ihn.

46 Schließlich erklärten Paulus und Barnabas fest und offen: »Zuerst musste euch das Wort Gottes gesagt werden. Weil ihr es aber abweist und euch des ewigen Lebens nicht für würdig haltet, wenden wir uns jetzt den Nichtjuden zu, *47* wie der Herr uns beauftragt hat. Er sagte: ›Ich mache dich zum Licht für die anderen Völker. Du sollst das Heil bis ans Ende der Welt bringen.‹*« *48* Als die Nichtjuden in der Synagoge das hörten, freuten sie sich und priesen das Wort des Herrn. Und alle, die zum ewigen Leben bestimmt waren, kamen zum Glauben.

49 Das Wort des Herrn verbreitete sich in der ganzen Gegend. *50* Aber die Juden hetzten die vornehmen griechischen Frauen, die sich zur Synagoge

---

13,33 Psalm 2,7
13,34 Jesaja 55,3
13,35 Psalm 16,10
13,41 Habakuk 1,5 sinngemäß nach der LXX zitiert.
13,47 Jesaja 49,6

hielten, und die führenden Männer der Stadt gegen Paulus und Barnabas auf. Sie zettelten eine Verfolgung an und vertrieben sie aus der Gegend. *51* Da schüttelten beide den Staub von ihren Füßen – ihnen zur Warnung – und zogen nach Ikonion* weiter. *52* Die Jünger in Antiochia aber wurden mit Freude und mit dem Heiligen Geist erfüllt.

Im südlichen Galatien: Ikonion

14 *1* In Ikonion gingen Paulus und Barnabas wie gewöhnlich in die Synagoge der Juden. Sie sprachen dort in derselben Weise wie in Antiochia und eine große Menge von Juden und Nichtjuden kam zum Glauben. *2* Aber die Juden, die nicht

---

13,51 Ikonion. Die Stadt, das heutige Konja, lag 140 km südöstlich vom pisidischen Antiochia, in der römischen Provinz Galatien an der »Via Sebaste«. Als römische Ehrenkolonie erhielt sie die Verfassung einer hellenistischen Stadt. Man sprach Griechisch.

14,6 Lykaonien. Landschaft im südlichen Innern Kleinasiens, Hochebene nördlich des Taurus-Gebirges, Teil der römischen Provinz Galatien. Es gab nämlich die Regionen »Lycaonia Galatica«, wozu Lystra und Derbe gehörten und wo die meisten Einwohner lykaonisch sprachen, und »Phrygia Galatica«, wozu Ikonion gehörte.

Lystra. 30 km südwestlich von Ikonion, römische Kolonie, Heimatstadt des Timotheus.

Derbe liegt 100 Kilometer südöstlich von Lystra.

14,12 Hermes. Zeus galt als höchster Gott der Griechen und zugleich als örtliche Gottheit von Lystra. Hermes galt als der Götterbote. Nach einer alten Sage waren sie schon einmal in menschlicher Gestalt in Lystra gewesen - und abgewiesen worden, was Unglück über die Stadt gebracht hatte. Jetzt wollten die Einwohner es also besser machen.

auf die Botschaft hören wollten, hetzten die nichtjüdische Bevölkerung gegen die Christen auf und verleumdeten sie. *3* Paulus und Barnabas hielten sich ja eine längere Zeit dort auf und verkündigten im Vertrauen auf den Herrn unerschrocken die Botschaft von seiner Gnade. Der Herr bestätigte die Botschaft, indem er Zeichen und Wunder durch sie geschehen ließ. *4* Die Einwohner der Stadt spalteten sich in zwei Lager: die einen hielten es mit den Juden, die anderen mit den Aposteln. *5* Als nun die feindlich gesinnte Gruppe – Nichtjuden und Juden einschließlich ihrer führenden Männer – einen Anschlag auf die Apostel vorbereitete, um sie zu misshandeln und zu steinigen, *6* flohen sie nach Lykaonien* in die Städte Lystra* und Derbe*. Dort und in der weiteren Umgebung *7* verkündigten sie nun das Evangelium.

Im südlichen Galatien: Lystra

8 In Lystra lebte ein Mann, der keine Kraft in den Beinen hatte. Er war von Geburt an gelähmt und hatte noch nie einen Schritt getan. *9* Der hörte zu, wie Paulus redete. Als der ihn fest anblickte und sah, dass er den Glauben hatte, er könne geheilt werden, *10* sagte er mit lauter Stimme zu ihm: »Steh auf! Stell dich gerade auf die Beine!« Da sprang der Mann auf und begann umherzugehen. *11* Viele Leute hatten gesehen, was Paulus da tat, und riefen auf Lykaonisch: »Die Götter sind als Menschen zu uns herabgekommen!« *12* Sie nannten Barnabas Zeus und Paulus Hermes*, weil er das Wort geführt hatte. *13* Der Priester des Zeustempels vor der Stadt ließ

Stiere und Kränze zum Stadttor schaffen und wollte den Aposteln zusammen mit der Bevölkerung Opfer bringen. *14* Als Barnabas und Paulus davon hörten, rissen sie entsetzt ihre Kleider vom Halssaum bis zur Brust auf, rannten in die Menge und riefen: *15* »Ihr Leute, was macht ihr da? Wir sind doch auch nur Menschen, genau wie ihr! Und wir verkündigen euch die Heilsbotschaft, dass ihr euch gerade von diesen Nichtigkeiten zu dem lebendigen Gott bekehren sollt, zu dem Gott, der den Himmel, die Erde und das Meer mit allem, was darin ist, geschaffen hat. *16* Zwar ließ er in der Vergangenheit alle nichtjüdischen Völker ihre eigenen Wege gehen, *17* doch hat er sie nicht ohne Zeugnis von sich gelassen, indem er ihnen Gutes tat. Er hat euch vom Himmel her Regen geschenkt. Er gab euch immer wieder reiche Ernten. Er gab euch Nahrung und machte euch froh und glücklich.« *18* Selbst mit diesen Worten konnten sie die Volksmenge nur mühsam davon abhalten, ihnen Opfer zu bringen.

19 Aber dann kamen Juden aus Antiochia und Ikonion. Sie schafften es, die Bevölkerung auf ihre Seite zu ziehen. Dann steinigten sie Paulus. Und als sie ihn für tot hielten, schleiften sie ihn zur Stadt hinaus. *20* Doch während ihn die Jünger umringten, stand er wieder auf und ging in die Stadt zurück.

Im südlichen Galatien: Derbe

Am nächsten Tag zog er mit Barnabas weiter nach Derbe. *21* Auch in Derbe verkündigten sie das Evangelium, und viele Einwohner wurden durch sie zu Jüngern des Herrn.

Rückreise nach Antiochia in Syrien

Dann kehrten sie nach Lystra, Ikonion und schließlich nach Antiochia zurück. *22* Überall ermutigten sie die Jünger und ermahnten sie, im Glauben standhaft zu bleiben. »Wir müssen durch manche Bedrängnis hindurch«, sagten sie, »bevor wir in Gottes Reich einkehren.« *23* In jeder Gemeinde wählten sie Älteste aus und befahlen sie mit Fasten und Gebet dem Herrn an, an den sie nun glaubten.

24 Sie zogen dann weiter durch Pisidien nach Pamphylien. *25* Nachdem sie auch in Perge Gottes Botschaft gepredigt hatten, gingen sie hinunter nach Attalia*. *26* Dort nahmen sie ein Schiff zurück nach Antiochia, wo man sie der Gnade Gottes für die Aufgabe anvertraut hatte, die nun von ihnen erfüllt worden war. *27* In Antiochia angekommen, riefen sie die Gemeinde zusammen und berichteten alles, was Gott durch sie getan hatte. »Gott hat den Nichtjuden wirklich die Tür zum Glauben geöffnet«, schlossen sie.

28 Paulus und Barnabas blieben nun für längere Zeit in Antiochia.

Die Apostelversammlung in Jerusalem

15 *1* Dann kamen einige Leute aus Judäa nach Antiochia und erklärten den Brüdern in der Gemeinde: »Wenn ihr euch nicht nach mosaischem Brauch beschneiden lasst, könnt ihr nicht gerettet werden.«

14,25 *Attalia.* Bester Hafen an der Küste von Pamphylien, etwa 15 km von Perge entfernt, heute: Antalya.

2 Paulus und Barnabas bestritten das energisch und hatten deshalb eine heftige Auseinandersetzung mit ihnen. Schließlich wurden Paulus und Barnabas zusammen mit einigen anderen aus der Gemeinde beauftragt, zu den Aposteln und Ältesten nach Jerusalem zu reisen, um diese Streitfrage zu klären. 3 Sie wurden also von der Gemeinde feierlich verabschiedet und machten sich auf den Weg. Als sie durch Phönizien und Samarien zogen, erzählten sie überall in den Gemeinden von der Bekehrung der Nichtjuden. Damit machten sie allen Geschwistern eine große Freude. 4 In Jerusalem wurden sie von den Aposteln und Ältesten und der ganzen Gemeinde freundlich aufgenommen. Sie berichteten ihnen alles, was Gott durch sie getan hatte. 5 Einige, die zur Partei der Pharisäer gehört hatten und zum Glauben an Jesus gekommen waren, standen auf und erklärten: »Man muss die Nichtjuden beschneiden und sie anweisen, das Gesetz Moses zu halten.«

6 Daraufhin setzten sich die Apostel und Ältesten zusammen, um diese Frage zu beraten. 7 Nach einer langen Diskussion stand Petrus auf und sagte: »Liebe Brüder! Gott hat euch schon vor langer Zeit seine Entscheidung klar gemacht. Ihr wisst, dass die Nichtjuden durch mich die Heilsbotschaft hören und zum Glauben kommen sollten. 8 Und Gott, der die Herzen aller Menschen kennt, hat

bestätigt, dass auch sie dessen würdig sind, indem er ihnen genauso wie uns den Heiligen Geist gegeben hat. 9 Gott machte zwischen ihnen und uns keinen Unterschied. Durch den Glauben reinigte er ihre Herzen. 10 Warum wollt ihr Gott jetzt herausfordern und ein Joch auf den Hals dieser Jünger legen, ein Joch, das weder unsere Vorfahren noch wir selbst tragen konnten? 11 Im Gegenteil: Wir sind davon überzeugt, dass wir – genauso wie sie – allein durch die Gnade des Herrn gerettet werden.«

12 Da beruhigte sich die ganze Versammlung, und alle hörten Barnabas und Paulus zu, die von all den Zeichen und Wundern erzählten, die Gott durch sie unter den Nichtjuden getan hatte. 13 Als sie schwiegen, ergriff Jakobus das Wort:

»Liebe Brüder, hört mir zu! 14 Simon hat gerade berichtet, wie Gott selbst die Initiative ergriffen hat, um aus den Nichtjuden ein Volk zu gewinnen, das seinen Namen trägt. 15 Das stimmt auch mit den Worten der Propheten überein, denn so steht es geschrieben: 16 ›Danach will ich zurückkehren, sagt der Herr, und die zerfallene Hütte Davids wieder aufbauen. Aus ihren Trümmern werde ich sie wieder errichten, 17 damit auch die übrigen Menschen nach mir fragen, die Menschen aller Völker, die ich zu meinem Eigentum erklärt habe. Ich, der Herr, werde tun‹*, 18 was ich von jeher angekündigt habe. 19 Darum halte ich es für richtig, dass wir den Nichtjuden, die sich zu Gott bekehren, nicht unnötige Lasten aufbürden, 20 sondern ihnen schreiben, dass sie folgende Dinge unterlassen sollen: jede

---

15,17 Jakobus zitiert Amos 9,11-12 nach der LXX und wendet den Text auf die aktuelle Situation an.

Verunreinigung durch Götzenvereh-rung, jede Form von sexueller Unmo-ral, den Genuss von nicht ausgeblute-tem Fleisch und von Tierblut über-haupt. *21* Denn diese Forderungen, die sich im Gesetz Moses finden,* werden von alters her in jeder Stadt gepredigt, weil das Gesetz jeden Sabbat in den Synagogen vorgelesen wird.«

22 Daraufhin beschlossen die Apostel und die Ältesten im Einvernehmen mit der ganzen Gemeinde, zwei Männer aus ihrer Mitte zusammen mit Paulus und Barnabas nach Antiochia zu schicken. Sie wählten Judas mit dem Beinamen Barsabbas und Silas, führende Männer unter den Brüdern, *23* und gaben ihnen folgendes Schreiben mit:

»Die Apostel und die Ältesten, eure Brüder, grüßen ihre nichtjüdischen Geschwister in Antiochia, ganz Syrien und Zilizien*. *24* Wir haben gehört, dass einige Leute aus unserer Gemein-de ohne unseren Auftrag zu euch ge-reist sind und euch durch ihre Lehren verwirrt und verunsichert haben. *25* Nachdem wir in dieser Frage zu einer Meinung gekommen sind, haben wir beschlossen, zwei Männer von uns auszuwählen und zu euch zu schicken. Sie reisen zusammen mit unseren lie-ben Brüdern Barnabas und Paulus, *26* die ihr Leben ganz für unseren Herrn Jesus Christus einsetzen. *27* Un-sere beiden Abgesandten Judas und Silas werden euch mündlich alles be-stätigen und erklären. *28* Es erschien dem Heiligen Geist nämlich gut – und er führte auch uns zu dieser Überzeu-gung –, euch keine größeren Lasten aufzulegen als die folgenden unerläss-lichen Dinge: *29* Esst kein Fleisch, das Götzen geopfert wurde, verzehrt kein Blut und kein Fleisch, das nicht ausge-blutet ist, und haltet euch fern von jeder sexuellen Unmoral. Wenn ihr euch vor diesen Dingen in Acht nehmt, werdet ihr recht tun. Lebt wohl!«

30 Die Reisenden wurden nun von der Gemeinde verabschiedet und kamen nach Antiochia. Dort beriefen sie eine Gemeindeversammlung ein und übergaben den Brief. *31* Er wurde vorgelesen und alle freuten sich über die Ermutigung. *32* Judas und Silas, die selbst auch Propheten waren, er-mutigten die Geschwister mit vielen Worten und stärkten sie im Glauben. *33* Sie blieben noch einige Zeit dort und wurden dann mit Segenswün-schen von den Brüdern verabschiedet, um zu denen zurückzukehren, die sie geschickt hatten. (*34*)* *35* Paulus und Barnabas blieben zunächst in Antio-chia. Zusammen mit vielen anderen unterrichteten sie die Gläubigen in der Botschaft des Herrn und verkündigten das Evangelium in der ganzen Stadt.

Beginn der zweiten Missionsreise

36 Einige Zeit später sagte Paulus zu Barnabas: »Lass uns wieder auf-

---

15,21 Siehe 3. Mose 17,8-18,23. Es waren die vier Forderungen, die auch für Nicht-juden galten, die in jüdischen Häusern verkehrten: Kein Verzehr von Götzenopfer-fleisch, von Blut und von unkosher ge-schlachteten Tieren, sowie Enthaltung von sexueller Unmoral einschließlich Inzucht.

15,23 Zilizien. Heimatprovinz des Paulus zwischen Kleinasien und Syrien. Hier muss-ten inzwischen auch Gemeinden entstanden sein.

15,34 Spätere Handschriften vermerken hier in mehreren Varianten, dass Silas in Antio-chia geblieben sei.

brechen und all die Städte besuchen, in denen wir das Wort des Herrn gepredigt haben. Wir sollten sehen, wie es den Geschwistern dort geht.« 37 Doch Barnabas wollte auch den Johannes Markus wieder mitnehmen. 38 Paulus aber hielt es nicht für richtig, den mitzunehmen, der sie in Pamphylien im Stich gelassen und die Zusammenarbeit abgebrochen hatte. 39 Es kam nun zu einer so heftigen Auseinandersetzung, dass beide sich trennten. Barnabas nahm Markus mit sich und segelte nach Zypern. 40 Paulus dagegen wählte sich Silas zum Begleiter. Und nachdem er von den Geschwistern der Gnade Gottes anbefohlen worden war, reiste er ab. 41 Er zog durch Syrien und Zilizien und stärkte die Gemeinden im Glauben.

16 1 Paulus kam auch wieder nach Derbe und dann nach Lystra. In Lystra wohnte ein Jünger mit Namen Timotheus. Er war der Sohn einer gläubig gewordenen jüdischen Frau und eines griechischen Vaters. 2 Diesen Timotheus, der einen guten Ruf bei den Geschwistern in Lystra und Ikonion hatte, 3 wollte Paulus auf seine Reise mitnehmen. Weil die Juden in diesem Gebiet wussten, dass sein Vater ein Grieche war, ließ Paulus ihn beschneiden.

4 In allen Städten, durch die sie kamen, teilten sie den Gläubigen die Beschlüsse mit, die die Apostel und Ältesten in Jerusalem gefasst hatten, und trugen ihnen auf, sich daran zu halten. 5 So wurden die Gemeinden im Glauben gefestigt und die Zahl der Christen wuchs täglich.

Der Ruf aus Mazedonien

6 Danach zogen sie durch das phrygische Galatien* weiter, denn der Heilige Geist hatte ihnen nicht erlaubt, die Botschaft in die Provinz Asia* zu tragen. 7 Als sie dann an die Grenze von Mysien* kamen, versuchten sie nach Bithynien* weiterzureisen, aber durch seinen Geist erlaubte ihnen Jesus das auch nicht. 8 So zogen sie ohne Aufenthalt durch Mysien, bis sie in die Hafenstadt Troas* kamen. 9 Dort hatte Paulus in der Nacht eine Vision. Er sah einen Mazedonier vor sich stehen, der ihn bat: »Komm nach Mazedonien* herüber und hilf uns!« 10 Daraufhin suchten wir* unverzüglich nach einem Schiff, das uns nach Mazedonien mitnehmen konnte, denn wir hatten aus der Vision geschlossen, Gott habe uns gerufen, den Menschen dort das Evangelium zu bringen.

16,6 Die römische Provinz *Galatien* schloss seit 25 v.Chr. den größten Teil des Königreichs Galatien in der zentralen Hochebene der heutigen Türkei ein, wozu auch die südlicher liegenden Landschaften Pisidien, Lykaonien und Teile von Phrygien gehörten.

Asia. Römische Provinz, die den westlichen Teil Kleinasiens umfasste.

16,7 *Mysien.* Landschaft im Westen Kleinasiens, Teil der Provinz Asia.

Bithynien. Gebiet im nördlichen Kleinasien, südlich des Schwarzen Meeres.

16,8 *Troas.* Ein bedeutender Hafen im Nordwesten der römischen Provinz Asia, 20 km südlich von Troja.

16,9 *Mazedonien.* Römische Provinz auf der Balkanhalbinsel. Sie umfasste den nördlichen Teil des heutigen Griechenland.

16,10 Die *Wir*-Form deutet an, dass von diesem Zeitpunkt an Lukas, der Verfasser der Apostelgeschichte, an der Reise teilnahm.

Das Evangelium kommt nach Europa

11 So fuhren wir von Troas ab und segelten auf kürzestem Weg zur Insel Samothrake. Am nächsten Tag erreichten wir schon Neapolis*. 12 Von dort ging es landeinwärts nach Philippi*, der bedeutendsten römischen Kolonie in diesem Teil Mazedoniens. Hier blieben wir einige Tage. 13 Am Sabbat gingen wir vor das Stadttor hinaus an den Fluss, wo wir eine jüdische Gebetsstätte vermuteten. Nachdem wir sie gefunden hatten, setzten wir uns und sprachen zu den Frauen, die dort zusammenkamen. 14 Eine dieser Frauen hieß Lydia und war eine Purpurhändlerin aus Thyatira*. Sie glaubte an den Gott Israels. Der Herr öffnete ihr das Herz, so dass sie gut zuhörte und bereitwillig aufnahm, was Paulus sagte. 15 Sie ließ sich dann mit allen, die in ihrem Haus lebten, taufen. Danach lud sie uns ein und sagte: »Wenn ihr wirklich überzeugt seid, dass ich an den Herrn glaube, dann kommt in mein Haus und wohnt bei uns.« Sie nötigte uns geradezu.

16 Als wir einmal auf dem Weg zu der Gebetsstätte waren, begegnete uns eine Sklavin. Sie war von einem Wahrsagegeist besessen und brachte ihren Besitzern viel Geld mit Wahrsagen ein. 17 Die Frau lief dem Paulus und uns hinterher und schrie: »Diese Leute sind Sklaven des höchsten Gottes! Sie können euch den Weg zur Rettung zeigen!« 18 So ging das viele Tage, bis Paulus es nicht mehr ertragen konnte. Er drehte sich um und sagte zu dem Geist: »Im Namen von Jesus Christus befehle ich dir:

Verlass diese Frau!« Im gleichen Augenblick fuhr der Wahrsagegeist von ihr aus.

Im Gefängnis

19 Als die Besitzer der Sklavin begriffen, dass damit auch ihre Hoffnung auf Gewinn ausgefahren war, packten sie Paulus und Silas und schleppten sie auf den Marktplatz, wo die Behörde ihren Sitz hatte. 20 Sie führten sie den beiden Stadtobersten* vor und sagten: »Diese Juden hier bringen unsere ganze Stadt in Aufruhr! 21 Sie wollen Sitten einführen, die wir als römische Bürger keinesfalls annehmen dürfen.« 22 Als dann die aufgebrachte Menschenmenge ebenfalls ihre Bestrafung verlangte, ließen die Stadtobersten Paulus und Silas die Kleider vom Leib reißen und befahlen, sie mit Ruten zu schlagen. 23 Nachdem man ihnen viele Schläge verabreicht hatte,

---

16,11 *Neapolis.* »Neue Stadt«, Hafen von Philippi. Die Häuser der Stadt liegen wie ein Amphitheater in Felshängen. Heute: Kavalla. Von hier aus konnten die Missionare der berühmten Straße *Via Egnatia* folgen, die sie über Philippi bis nach Thessalonich führte.

16,12 *Philippi.* 16 Kilometer von Neapolis entfernt. In Erinnerung an seinen Sieg über die Cäsarmörder Brutus und Cassius 42 v.Chr. hatte Augustus die Stadt zur Kolonie erhoben. Dort wurden römische Veteranen (ausgediente Soldaten) angesiedelt, erhielten Haus und Land als eine Art Pension. Die Stadt bekam das römische Bürgerrecht.

16,14 *Thyatira.* Stadt in der Provinz Asia, etwa 200 km südöstlich von Troas, Handelszentrum für Purpurstoffe. Heute: Akhisar in der Türkei.

16,20 *Stadtobersten.* Das waren hier in Philippi römische Beamte.

ließen die Obersten sie ins Gefängnis schaffen und befahlen dem Aufseher, sie sicher zu verwahren. 24 Auf diesen Befehl hin sperrte er beide in die innerste Zelle und schloss ihre Füße in den Block.

25 Es war gegen Mitternacht, als Paulus und Silas beteten und Gott mit Lobliedern priesen. Die anderen Gefangenen hörten zu. 26 Plötzlich bebte die Erde so heftig, dass selbst die Grundmauern des Gefängnisses erschüttert wurden. Gleichzeitig sprangen alle Türen auf und von allen Gefangenen fielen die Ketten ab. 27 Der Gefängnisaufseher fuhr aus dem Schlaf hoch. Und als er die Türen des Gefängnisses offen sah, zog er sein Schwert und wollte sich töten, denn er dachte, die Gefangenen wären entflohen. 28 Aber Paulus rief, so laut er konnte: »Tu dir nichts an! Wir sind alle noch hier!« 29 Da forderte der Aufseher Licht, stürzte ins Gefängnis und warf sich zitternd vor Paulus und Silas zu Boden. 30 Dann führte er sie heraus und fragte: »Ihr Herren, was muss ich tun, um gerettet zu werden?« 31 Sie sagten: »Glaube an Jesus, den Herrn! Dann wirst du gerettet und deine ganze Familie mit dir.« 32 Und sie verkündeten ihm und allen, die in seinem Haus lebten, die Botschaft des Herrn. 33 Der Gefängnisaufseher nahm Paulus und Silas noch in derselben Nachtstunde zu sich und wusch ihnen die blutigen Striemen ab. Dann ließ er sich mit allen, die in seinem Haus lebten, taufen. 34 Anschließend führte er die beiden in sein Haus hinauf und ließ ihnen den Tisch decken. Er und alle, die zu ihm gehörten, waren überglücklich, dass sie zum Glauben an Gott gefunden hatten.

35 Als es Tag geworden war, schickten die Stadtobersten die Gerichtsdiener mit der Weisung zum Gefängnisaufseher, die beiden Männer zu entlassen. 36 Der Aufseher berichtete es Paulus: »Die Stadtobersten haben eben befohlen, euch freizulassen. Verlasst also das Gefängnis und zieht im Frieden Gottes weiter.« 37 Doch Paulus sagte den Gerichtsdienern: »Erst haben sie uns ohne richterliches Urteil öffentlich auspeitschen lassen, obwohl wir doch römische Bürger* sind, dann haben sie uns ins Gefängnis geworfen und jetzt wollen sie uns heimlich abschieben. Das kommt nicht in Frage. Sie sollen persönlich herkommen und uns freilassen.« 38 Die Gerichtsdiener meldeten den Stadtobersten, was Paulus gesagt hatte. Die bekamen es mit der Angst zu tun, als sie hörten, dass Paulus und Silas das römische Bürgerrecht besaßen. 39 Sie kamen persönlich und entschuldigten sich für das Geschehene. Dann führten sie beide aus dem Gefängnis und baten sie, die Stadt zu verlassen. 40 Vom Gefängnis aus gingen sie zunächst zum Haus der Lydia. Dort trafen sie sich mit den Geschwistern und machten ihnen Mut. Dann verließen sie die Stadt.

16,37 Ein *römischer Bürger* hatte Anrecht auf ein besonderes Rechtsverfahren, er war gegen die Willkür der Provinzbehörden in mancher Hinsicht geschützt und konnte an den Kaiser als obersten Richter appellieren (Apg 25,11). Das Auspeitschen eines römischen Bürgers galt als ein Verbrechen, das mit dem Tod bestraft wurde.

Die Arbeit in Thessalonich

17 *1* Über Amphipolis* und Apollonia* kamen Paulus und Silas nach Thessalonich*. Dort gab es eine jüdische Gemeinde. *2* Wie gewohnt ging Paulus als Erstes in ihre Synagoge. An drei aufeinander folgenden Sabbaten redete er mit den Versammelten. Auf der Grundlage der Heiligen Schrift *3* öffnete er ihnen das Verständnis für den Messias. Er legte ihnen dar, dass der Messias nach Gottes Plan leiden, sterben und danach vom Tod auferstehen müsse. »Und dieser Jesus, von dem ich zu euch spreche, ist der Messias«, sagte Paulus. *4* Einige von den jüdischen Zuhörern ließen sich überzeugen und schlossen sich Paulus und Silas an. Auch von den Griechen, die sich zur Synagoge hielten, kamen viele zum Glauben, darunter eine ganze Reihe prominenter Frauen.

5 Das machte die Juden eifersüchtig. Sie holten sich einige skrupellose Männer, die auf dem Markt herumlungerten, und wiegelten mit ihrer Hilfe die Menschenmenge auf, so dass die ganze Stadt in Aufruhr geriet. Dann zogen sie vor das Haus Jasons, um Paulus und Silas dort herauszuholen und vor die Bürgerversammlung* zu stellen. *6* Als sie die beiden aber nicht fanden, schleppten sie Jason und einige andere Brüder vor die Politarchen, die Stadtobersten*, und schrien: »Die Leute, die die ganze Welt in Aufruhr bringen, sind auch hierher gekommen. *7* Jason hat sie bei sich aufgenommen! Sie alle verstoßen gegen die Verordnungen des Kaisers, denn sie behaupten, ein anderer sei der wahre König, nämlich Jesus!«

8 Damit versetzten sie die Menschenmenge und die Stadtobersten in große Aufregung. *9* Und erst als Jason und die anderen Christen eine Bürgschaft gestellt hatten, wurden sie wieder freigelassen.

10 Noch in derselben Nacht brachten die Brüder Paulus und Silas auf den Weg nach Beröa*. Als die beiden dort angekommen waren, suchten sie als Erstes wieder die Synagoge auf. *11* Die Juden in Beröa aber waren unvoreingenommener als die in Thessalonich. Sie nahmen die Botschaft bereitwillig auf und studierten täglich die Heiligen Schriften, um zu sehen, ob das, was Paulus lehrte, wirklich

---

17,1 *Amphipolis.* Alle drei genannten Städte lagen an der römischen Straße »Via Egnatia«. Amphipolis befand sich etwa 50 km südwestlich von Philippi. Es war die Hauptstadt des ersten Bezirks von Mazedonien, 5 km von der Strymonmündung entfernt. Der Fluss umströmte fast die ganze Stadt, von daher auch der Name. Heute: Neochori.

Apollonia. Die Stadt war nach dem Sonnengott Apollos benannt und lag inmitten von Eichen-, Akazien- und Kastanienwäldern, 44 km westlich von Amphipolis und 56 km östlich von Thessalonich. Heute: Pollino.

Thessalonich. Bedeutendste Stadt Mazedoniens, etwa 200.000 Einwohner, Hauptstadt des zweiten mazedonischen Bezirks, wichtiger Seehafen. Heute: Thessaloniki.

17,5 *Bürgerversammlung.* Weil Thessalonich seit 42 v.Chr. eine freie Stadt war, hatte die Bürgerversammlung gesetzgeberische und richterliche Kompetenz.

17,6 *Stadtobersten.* Das waren in Thessalonich - im Unterschied zur römischen Kolonie Philippi - einheimische Beamte.

17,10 *Beröa.* Die wohlhabende Stadt lag 80 km südwestlich von Thessalonich am Fuß des Berimos, 40 km vom Ägäischen Meer entfernt. Heute: Veria.

zutraf. *12* Viele von ihnen kamen daraufhin zum Glauben, auch nicht wenige prominente griechische Frauen und Männer.

13 Als die Juden von Thessalonich aber erfuhren, dass Paulus auch in Beröa die Botschaft Gottes verkündigte, reisten sie ebenfalls dorthin, um die Masse mit ihren Hetzreden aufzuwiegeln. *14* Da schickten die Brüder Paulus fort an die Küste. Silas und Timotheus blieben jedoch in Beröa. *15* Die Brüder, die Paulus begleiteten, brachten ihn bis nach Athen* und kehrten dann wieder zurück. Für Silas und Timotheus nahmen sie den Auftrag mit, dass sie so bald wie möglich nachkommen sollten.

17,15 *Athen*, mehr als 350 km südlich von Beröa, war eine der berühmtesten Städte der Gelehrsamkeit im Altertum. Sie genoss den Status einer freien, mit Rom verbündeten Stadt. Sie war voll von Altären und Götterbildern (etwa 3000), Statuen, Tempeln und Säulenhallen.

17,18 *Epikureer.* Schüler des Epikur (341-270 v.Chr.), dessen ethisches System Freude und Ausgeglichenheit zum Lebensziel erklärte und dessen Götter sich nicht um menschliche Angelegenheiten kümmern würden.

Stoiker. Schüler des Zenon von Kition (334-263 v.Chr.), die ihren Namen von ihrem Versammlungsort, der Stoa ableiteten. Sie lehrten, dass ein pantheistisch gedachter Gott die Seele des Kosmos sei. Die Menschen sollten in Harmonie mit der Natur leben, ihre eigene Unabhängigkeit erkennen und jede Leidenschaft unterdrücken.

17,19 *Areopag.* Ein dem griechischen Kriegsgott Ares geweihter Hügel in der Stadt, westlich der Akropolis, auf dem seit alter Zeit Recht gesprochen wurde. Dort tagte die höchste politische und richterliche Instanz des römischen Athen.

In Athen

16 Während Paulus nun in Athen auf die beiden wartete, stellte er fest, dass die Stadt voll von Götzenbildern war. Das empörte und erschütterte ihn im Innersten. *17* So redete er mit den Juden und den griechischen Gottesfürchtigen in der Synagoge und diskutierte jeden Tag auf dem Markt mit denen, die er dort antraf. *18* Dabei wurde er auch von epikureischen* und stoischen* Philosophen angegriffen. Einige von ihnen sagten: »Was will dieser Schwätzer eigentlich?« Andere meinten: »Er scheint für fremde Götter zu werben.« Das sagten sie, weil Paulus das Evangelium von Jesus und der Auferstehung verkündigte. *19* Schließlich nahmen sie ihn mit auf den Areopag*. »Wir wollen erfahren«, sagten sie, »was das für eine neue Lehre ist, die du da vorträgst. *20* Denn du bringst etwas Fremdes vor unsere Ohren und wir möchten wissen, worum es dabei geht.« *21* Die Athener nämlich und alle Fremden in der Stadt hatten für nichts so viel übrig, als Neuigkeiten zu erzählen oder zu hören.

22 Da stellte sich Paulus mitten auf den Areopag und begann: »Ihr Männer von Athen, nach allem, was ich sehe, seid ihr außergewöhnlich religiöse Leute. *23* Denn als ich durch die Straßen ging und eure Heiligtümer betrachtete, stieß ich auf einen Altar mit der Inschrift: ›Dem unbekannten Gott‹. Diese Gottheit, die ihr ohne zu kennen verehrt, verkündige ich euch. *24* Meine Botschaft handelt von dem Gott, der die Welt geschaffen hat und alles, was dazu gehört. Als Herr von Himmel und Erde wohnt er natürlich nicht in Tempeln, die Menschen gebaut haben. 25 Er braucht auch keine Bedienung von Menschen, so als ob er noch etwas nötig hätte. Denn er ist es ja, der uns das Leben und die Luft zum Atmen und überhaupt alles gibt. 26 Aus einem einzigen Menschen hat er alle Völker hervorgehen lassen. Er wollte, dass sie die Erde bewohnen, und bestimmte die Zeit ihres Bestehens und die Grenzen ihres Gebietes. 27 Er wollte, dass sie nach ihm fragen, dass sie sich bemühen, ihn irgendwie zu finden, obwohl er keinem von uns wirklich fern ist. 28 Denn ›durch ihn leben wir, bestehen wir und sind wir‹*. Oder wie es einige eurer Dichter* ausgedrückt haben: ›Denn auch wir sind von seiner Art.‹ 29 Wenn wir nun von Gott abstammen, sollten wir nicht denken, das Göttliche sei so wie ein goldenes, silbernes oder steinernes Gebilde, das menschliche Erfindungskunst hervorgebracht hat. 30 Gott hat zwar über die Unwissenheit vergangener Zeiten hinweggesehen, doch jetzt fordert er alle Menschen überall auf, ihre Einstellung zu ändern. 31 Er hat nämlich einen Tag festgesetzt, an dem er über die ganze Menschheit Gericht halten und ein gerechtes Urteil sprechen wird. Und zum Richter hat er einen Mann bestimmt, den er für die ganze Welt dadurch beglaubigte, dass er ihn von den Toten auferweckt hat.«

32 Als sie von einer Auferstehung der Toten hörten, lachten ihn einige der Zuhörer aus. Andere aber sagten: »Darüber wollen wir später noch mehr von dir hören.« 33 Als Paulus dann die Versammlung verließ, 34 schlossen sich ihm einige Leute an und kamen zum Glauben. Unter ihnen war Dionysius*, ein Mitglied des Gerichts auf dem Areopag, eine Frau namens Damaris und noch einige andere.

In Korinth

18 1 Danach verließ Paulus Athen und kam nach Korinth*. 2 Dort lernte er Aquila kennen, einen Juden, der aus der Landschaft Pontus* stammte. Kurz vorher war er zusammen mit seiner Frau Priszilla aus Italien gekommen, weil Kaiser Klaudius* ein Edikt erlassen hatte, das alle Juden aus Rom verbannte. Paulus suchte die beiden auf, 3 und weil er das gleiche Handwerk wie sie ausübte – sie waren Zeltmacher –, blieb er dort und arbeitete mit ihnen zusammen.

17,28 Das klingt an ein Zitat des kretischen Dichters Epimenides (6. Jh. v.Chr.) an, der auch in Athen wirkte.

Dichter. Gemeint sind der stoische Dichter Aratus aus Soloni in Zilizien, der Heimat des Paulus (3. Jh. v.Chr.) und Kleanthes aus Assos in Kleinasien (304-233 v.Chr.).

17,34 Dionysius. Er gehörte dem Gerichtshof über Religion und Erziehung an und wurde später der führende Älteste der Gemeinde Athen.

18,2 Korinth war eine wichtige Stadt in Griechenland, die auf der Landenge zum Peloponnes den Handel vom Norden nach dem Süden beherrschte und durch zwei Häfen auch den Seehandel von Ost nach West. Hauptstadt der römischen Provinz Achaja.

Pontus. Landschaft, die südlich an das Schwarze Meer grenzt. Aus den Stadtstaaten an der Küste zogen Juden zum Pfingstfest nach Jerusalem, vgl. Apostelgeschichte 2,9.

18,2 Dieses Edikt hatte *Klaudius*, der von 41-54 n.Chr. Kaiser war, im Jahr 49 n.Chr. erlassen.

4 An jedem Sabbat sprach Paulus in der Synagoge mit Juden und Griechen und versuchte sie zu überzeugen. *5* Als dann Silas und Timotheus aus Mazedonien nachkamen, konnte Paulus sich ganz der Verkündigung widmen. Nachdrücklich bezeugte er den Juden, dass Jesus der Messias ist. *6* Weil sie aber nichts davon wissen wollten und ihn beschimpften, schüttelte er den Staub aus seinen Kleidern und sagte zu ihnen: »Wenn das Gericht euch trifft, seid ihr selbst daran schuld. Ich habe meine Pflicht getan und werde mich jetzt an die Nichtjuden wenden.« *7* Er verließ die Synagoge und predigte von da an bei Titius Justus, einem Griechen, der an den Gott Israels glaubte und dessen Haus unmittelbar an die Synagoge stieß. *8* Schließlich kam sogar der Synagogenvorsteher Krispus zum Glauben an den Herrn – er und alle, die in seinem Haus wohnten. Auch viele andere Korinther, die Gottes Botschaft hörten, kamen zum Glauben und ließen sich taufen.

9 Eines Nachts, in einer Vision, sagte der Herr zu Paulus: »Fürchte dich nicht! Verkündige das Evangelium und lass dich durch nichts zum Schweigen bringen. *10* Ich bin bei dir!

Niemand wird sich an dir vergreifen und dir ein Leid antun. Denn in dieser Stadt gehört mir ein großes Volk.« *11* So blieb Paulus noch anderthalb Jahre in Korinth und unterrichtete die Menschen über die Botschaft Gottes.

12 Nachdem Gallio* Prokonsul von Achaja* geworden war, verschworen sich die Juden gegen Paulus und brachten ihn vor seinen Richterstuhl. *13* Sie erklärten: »Dieser Mann überredet die Menschen, Gott in einer Weise zu verehren, die gegen das Gesetz verstößt.« *14* Paulus wollte gerade mit seiner Verteidigung beginnen, da sagte Gallio zu den Juden: »Wenn es sich um ein Verbrechen oder einen böswilligen Anschlag handeln würde, ihr Juden, dann wäre es meine Pflicht, euch anzuhören. *15* Wenn es sich aber nur um Begriffe und Namen handelt, die mit eurem Gesetz zu tun haben, müsst ihr euch schon selbst darum kümmern. Ich gedenke jedenfalls nicht, dafür den Richter zu spielen.« *16* Damit ließ er sie vom Richterstuhl wegführen.

17 Da packten sie alle Sosthenes, den Synagogenvorsteher, und verprügelten ihn noch auf dem Gerichtsplatz. Gallio aber kümmerte sich nicht darum.

Rückreise nach Antiochia

18 Paulus jedoch blieb noch etliche Tage in Korinth bis er schließlich von den Geschwistern Abschied nahm und zusammen mit Priszilla und Aquila nach Syrien absegelte. Bevor sie in Kenchreä* an Bord gingen, ließ Paulus sich noch das Haar abschneiden, das er aufgrund eines Gelübdes hatte

---

18,12 Lucius Iunius *Gallio* Annaeus, der Bruder des römischen Philosophen Seneca, war von 51-52 (oder 52/53) n.Chr. im Auftrag des römischen Senats Prokonsul. Der Vorfall gehört wahrscheinlich an den Anfang seiner Amtszeit.

Achaja. Römische Provinz, die den südlichen Teil Griechenlands umfasste.

18,18 *Kenchreä*. Der östliche Hafen von Korinth am Sarinischen Golf, etwa 7 km von der Stadt entfernt.

wachsen lassen. *19* Sie kamen dann nach Ephesus*, wo Paulus seine Begleiter zurückließ. Vor seiner Weiterreise suchte er aber die Synagoge auf und sprach zu den Juden. *20* Als diese ihn baten, länger in der Stadt zu bleiben, willigte er nicht ein, *21* sondern verabschiedete sich von ihnen. »Wenn Gott will«, sagte er, »werde ich zu euch zurückkommen.« Dann reiste er von Ephesus ab. *22* Mit dem Schiff fuhr er bis nach Cäsarea und ging von dort zu Fuß nach Jerusalem hinauf. Er begrüßte die Gemeinde und kehrte schließlich nach Antiochia zurück.

Aufbruch zur dritten Missionsreise

23 Nachdem er einige Zeit dort verweilt hatte, brach er wieder auf. Er reiste zunächst durch das Gebiet von Galatien und anschließend durch Phrygien*. Überall ermutigte er die Jünger im Glauben.

24 Inzwischen war ein Jude namens Apollos nach Ephesus gekommen. Er stammte aus Alexandria* und war ein gebildeter, wortgewandter Mann, der eine umfassende Kenntnis der Heiligen Schriften besaß *25* und außerdem in der Lehre des Herrn unterwiesen war. Er sprach mit glühender Begeisterung und belehrte seine Zuhörer genau über das Leben von Jesus, obwohl er keine andere Taufe als die von Johannes kannte. *26* Dieser Apollos begann freimütig in der Synagoge zu sprechen. Als Priszilla und Aquila ihn dort hörten, luden sie ihn zu sich nach Hause ein und erklärten ihm die Lehre Gottes noch genauer. *27* Als Apollos dann in die Provinz Achaja reisen wollte, bestärkten ihn die Brüder in

dieser Absicht. Sie schrieben an die Jünger dort und baten sie, ihn freundlich aufzunehmen. Tatsächlich konnte er den Gläubigen in Achaja mit seiner besonderen Gabe eine große Hilfe sein. *28* In öffentlichen Streitgesprächen widerlegte er die Juden und bewies ihnen anhand der Schrift, dass Jesus der Messias ist.

Missionsarbeit in Ephesus

19

1 Während Apollos in Korinth war, zog Paulus durch das kleinasiatische Hochland und dann hinunter in die Küstenstadt Ephesus. Dort traf er einige Männer, die er zunächst für Jünger des Herrn hielt. *2* Er fragte sie: »Habt ihr den Heiligen Geist empfangen, als ihr zum Glauben gekommen seid?« Sie erwiderten: »Wir haben noch nicht einmal gehört, dass der Heilige Geist schon gekommen ist.« *3* »Was für eine Taufe habt ihr denn empfangen?«, fragte er weiter. »Die

18,19 *Ephesus* war die Hauptstadt der Provinz Asia und zweitgrößte Stadt des römischen Reiches. Der reiche Handelsknotenpunkt lag etwa 5 km vom Meer entfernt am Fluss Kaystros, auf dem man praktisch bis in den Hafen der Stadt segeln konnte. Berühmt war Ephesus durch seinen Artemis-Tempel (römisch: Diana), der zu den sieben Weltwundern zählte.

18,23 *Phrygien.* Hier wahrscheinlich der von Phrygiern bewohnte Teil der Provinz Asia, eine große gebirgige Region, deren bedeutendste Städte Laodizea, Kolossä und Hierapolis waren.

18,24 *Alexandria.* Die Kulturmetropole, die 331 v.Chr. von Alexander dem Großen im Nildelta gegründet wurde, hatte in ihrer Blütezeit 700.000 Einwohner. Hier entstand im 3. Jahrhundert v.Chr. die griechische Übersetzung des Alten Testaments, die sogenannte Septuaginta (LXX).

Taufe des Johannes«, erwiderten sie. *4* Da sagte Paulus: »Johannes rief die Menschen auf, ihre Einstellung zu ändern, und taufte sie dann. Doch er sagte ihnen dabei, dass sie an den glauben sollten, der nach ihm kommen würde: an Jesus.« *5* Als sie das hörten, ließen sie sich auf den Namen von Jesus, dem Herrn, taufen. *6* Und als Paulus ihnen die Hände aufgelegt hatte, kam der Heilige Geist auf sie. Da redeten sie in Fremdsprachen und machten prophetische Aussagen. *7* Etwa zwölf Männer gehörten zu dieser Gruppe.

8 In den nächsten drei Monaten ging Paulus regelmäßig in die Synagoge und sprach dort ohne jede Hemmung über das Reich Gottes. Er diskutierte mit den Juden und versuchte sie zu überzeugen. *9* Doch einige von ihnen verschlossen sich der Botschaft und waren nicht bereit, sich ihr zu unterstellen. Als sie dann den Weg des Glaubens vor der ganzen Versammlung verspotteten, brach Paulus den Kontakt mit ihnen ab. Zusammen mit denen, die Jünger des Herrn geworden

waren, trennte er sich von der Synagogengemeinde und sprach von nun an täglich im Lehrsaal eines gewissen Tyrannus*. *10* Das tat er zwei Jahre lang, so dass im Laufe der Zeit die gesamte Bevölkerung der Provinz Asia – Juden wie Nichtjuden – die Botschaft des Herrn hörte. *11* Außerdem ließ Gott ganz ungewöhnliche Wunder durch Paulus geschehen. *12* Die Leute nahmen sogar Schweißtücher* oder Schürzen, die er getragen hatte, und legten sie auf Kranke, worauf die Krankheiten verschwanden und böse Geister ausfuhren. *13* Nun versuchten auch einige der umherziehenden jüdischen Geisterbeschwörer, den Namen Jesus, den Namen des Herrn, bei ihren Geisteraustreibungen zu benutzen. Sie sagten dann: »Ich beschwöre euch bei dem Jesus, den Paulus verkündigt.« *14* Es waren besonders die sieben Söhne eines gewissen Skevas, eines jüdischen Hohen Priesters*, die das taten. *15* Doch bei einer dieser Gelegenheiten sagte der böse Geist in dem Besessenen: »Jesus kenne ich, und wer Paulus ist, weiß ich auch. Aber ihr, wer seid denn ihr?« *16* Und der Besessene stürzte sich auf sie und warf sie zu Boden. Er richtete sie derartig zu, dass sie blutend und halbnackt aus dem Haus flüchteten. *17* Die Geschichte war bald in ganz Ephesus bekannt. Juden und Nichtjuden wurden von Furcht gepackt, und der Name des Herrn Jesus wurde geehrt und gepriesen.

18 Nun traten viele von denen, die zum Glauben gekommen waren, vor die Gemeinde und bekannten, sich auch mit okkulten Praktiken abgegeben zu haben. *19* Eine ganze Anzahl

---

19,9 *Tyrannus.* Philosophen hielten ihre Vorlesungen häufig in gemieteten Sälen. Gewöhnlich endeten sie gegen Mittag. Deshalb ist der Zusatz in einem griechischen Manuskript, dass Paulus täglich von 11 bis 16 Uhr lehrte, durchaus einleuchtend. Paulus wird die »Jünger« dort nicht nur ausgebildet, sondern sie auch zum Verkündigungsdienst in die Provinz geschickt haben.

19,14 Das Schweißtuch war eine Art großes Taschentuch, mit dem man sich den Schweiß vom Gesicht wischte.

19,14 *Hohen Priesters.* Entweder war er tatsächlich ein Mitglied der jüdischen Tempelaristokratie oder er hatte sich diesen Titel einfach angeeignet, was bei Magiern durchaus üblich war.

von ihnen brachte ihre Zauberbücher und verbrannte sie öffentlich. Man schätzte ihren Wert auf fünfzigtausend Silberdrachmen.* 20 So erwies die Botschaft des Herrn ihre Macht und breitete sich immer weiter aus.

Aufstand der Silberschmiede

21 Nach diesen Ereignissen beschloss Paulus, über Mazedonien und Achaja nach Jerusalem zu reisen. Er sagte: »Und wenn ich dort gewesen bin, muss ich auch Rom sehen.« 22 Er schickte zwei seiner Mitarbeiter, Timotheus und Erastus, nach Mazedonien voraus, blieb selbst aber noch eine Zeit lang in der Provinz Asia.

23 Um jene Zeit kam es in Ephesus wegen des neuen Glaubens zu schweren Unruhen. 24 Ein Silberschmied namens Demetrius verschaffte den Kunsthandwerkern in der Stadt mit Nachbildungen vom Tempel der Artemis* einen guten Gewinn. 25 Eines Tages rief Demetrius alle, die in diesem Gewerbe beschäftigt waren, zusammen. »Männer«, sagte er, »ihr wisst, dass wir diesem Gewerbe unseren Wohlstand verdanken. 26 Nun habt ihr sicher schon erfahren, dass dieser Paulus den Leuten einredet, Götter, die von Menschen geformt werden, seien keine Götter. Mit diesem Gerede hat er nicht nur hier in Ephesus Erfolg, sondern fast in der ganzen Provinz Asia. 27 Aber es geht ja nicht nur darum, dass unser Berufsstand in Misskredit gerät, nein, es besteht auch die Gefahr, dass die Achtung vor dem Tempel der großen Göttin Artemis verloren geht. Am Ende kommt es noch dahin, dass die Göttin selbst ihr Ansehen einbüßt – sie, die

heute in ganz Asia und überall in der Welt für ihre herrliche Größe verehrt wird.«

28 Als sie das hörten, wurden sie von Wut gepackt und schrien: »Groß ist die Artemis von Ephesus!« 29 Die ganze Stadt geriet in Aufruhr und alle stürmten einmütig ins Theater.* Dabei schleppten sie zwei Reisegefährten des Paulus, die Mazedonier Gajus und Aristarch, mit. 30 Als Paulus selbst unter das Volk gehen wollte, ließen die Jünger es nicht zu. 31 Einige von den obersten Beamten der Provinz, die Paulus freundschaftlich verbunden waren, warnten ihn durch Boten davor, ins Theater zu gehen. 32 Dort herrschte ein großes Durcheinander. Die einen schrien dies, die anderen das, und die meisten wussten nicht einmal, weshalb sie zusammengekommen waren. 33 Die Juden schickten Alexander nach vorn, und einige aus der Menge erklärten ihm den Anlass. Alexander wollte sich dann mit einer Handbewegung Gehör verschaffen, um eine Erklärung abzugeben. 34 Doch als sie merkten, dass er ein Jude war, begannen alle wie aus einem Mund zwei Stunden lang zu schreien: »Groß ist die Artemis von Ephesus!« 35 Schließlich gelang es

---

19,19 Die *Drachme*, eine Silbermünze, entsprach etwa dem Tageslohn eines Arbeiters. 50.000 Drachmen waren mehr als acht Talente, etwa 4 Millionen Euro.

19,24 *Artemis.* Göttin der Jagd und der Fruchtbarkeit (römisch: Diana). Ihr Tempel in Ephesus galt als eines der sieben Weltwunder der Antike.

19,29 *Theater.* Das Amphitheater fasste etwa 25.000 Menschen.

dem Stadtsekretär*, die Menge zu beruhigen. »Männer von Ephesus«, rief er, »gibt es denn einen Menschen in der Welt, der nicht wüsste, dass die Stadt Ephesus die Beschützerin der großen Artemis und ihres vom Himmel gefallenen Standbildes ist? 36 Weil das völlig unbestreitbar ist, beruhigt euch also und lasst euch zu keiner unüberlegten Sache hinreißen. 37 Ihr habt diese Männer hergeschleppt, obwohl sie weder den Tempel beraubt noch unsere Göttin gelästert haben. 38 Wenn Demetrius und seine Kunsthandwerker Anklage gegen jemand erheben wollen, so gibt es dafür Gerichtstage und den Prokonsul*. Dort können sie sich gegenseitig verklagen. 39 Wenn ihr aber irgendwelche anderen Forderungen habt, so wird das in einer ordentlichen Bürgerversammlung entschieden. 40 Wir stehen nämlich in Gefahr, dass man uns wegen der heutigen Vorkommnisse der Rebellion anklagt, denn wir können keinen triftigen Grund für diesen Aufruhr nennen.« Danach löste er die Versammlung auf.

19,35 *Stadtsekretär.* Einer der höchsten Verwaltungsbeamten, verantwortlich für die Einberufung von Volksversammlungen.

19,38 *Prokonsul.* Der Statthalter einer Provinz, die hier dem römischen Senat unterstand, sprach regelmäßig in der Hauptstadt des Gerichtsbezirks Recht und war für die Aufrechterhaltung von Ruhe und Ordnung zuständig.

20,6 *Fest der ungesäuerten Brote.* Dieses siebentägige Fest schloss sich direkt an das Passafest an. Während dieser Zeit durfte nur solches Brot gegessen werden, das ohne Sauerteig zubereitet war.

Paulus in Mazedonien und Griechenland

20 1 Als der Tumult sich gelegt hatte, ließ Paulus die Jünger zu sich kommen und sprach ihnen Mut zu. Dann nahm er Abschied und machte sich auf die Reise nach Mazedonien. 2 Dort besuchte er die Gläubigen und nahm sich viel Zeit, sie zu ermutigen. Schließlich kam er nach Griechenland 3 und hielt sich drei Monate dort auf. Als er dann mit dem Schiff nach Syrien fahren wollte, planten die Juden einen Anschlag auf ihn. So entschloss er sich, den Rückweg wieder über Mazedonien zu nehmen.

4 Auf dieser Reise begleiteten ihn Sopater, der Sohn von Pyrrhus, aus Beröa, Aristarch und Sekundus aus Thessalonich und Gajus aus Derbe, außerdem Timotheus und schließlich Tychikus und Trophimus aus der Provinz Asia. 5 Sie reisten voraus und wollten in Troas auf uns warten. 6 Wir selbst segelten erst nach dem Fest der ungesäuerten Brote* von Philippi ab. Nach fünftägiger Fahrt erreichten wir Troas und blieben eine Woche dort.

Abschiedsbesuch in Troas

7 Am letzten Abend – es war Sonntag, der erste Tag der Woche – kamen wir zum Mahl des Herrn zusammen. Paulus, der am nächsten Tag weiterreisen wollte, sprach zu den Versammelten. Und weil sie noch so viele Fragen hatten, blieb er bis Mitternacht. 8 In unserem Versammlungsraum im Obergeschoss brannten viele Lampen. 9 Ein junger Mann – er hieß Eutychus – saß auf der Fensterbank. Weil Paulus nun so lange redete, wurde er vom

Schlaf überwältigt und fiel drei Stockwerke tief aus dem Fenster. Als die Gläubigen hinuntereilten und ihn aufhoben, war er tot. *10* Paulus, der ebenfalls hinabgegangen war, legte sich auf ihn und umfasste den leblosen Körper. Dann sagte er:»Beruhigt euch, er lebt!« *11* Nachdem er wieder hinaufgestiegen war und mit den Geschwistern das Mahl des Herrn gefeiert hatte, nahm er einen Imbiss und redete noch lange mit ihnen. Erst als der Tag anbrach, verabschiedete er sich. *12* Den jungen Mann aber konnten sie lebendig und gesund nach Hause bringen, was sie sehr ermutigte.

Treffen mit den Ältesten von Ephesus

13 Wir anderen waren inzwischen an Bord eines Schiffes gegangen und nach Assos* abgesegelt. Paulus wollte den Landweg nehmen und dort an Bord kommen. *14* Als er in Assos wieder zu uns stieß, nahmen wir ihn an Bord und fuhren miteinander weiter nach Mitylene*. *15* Am nächsten Tag kamen wir auf die Höhe von Chios*. Am Tag darauf legten wir in Samos* an und einen Tag später erreichten wir Milet*. *16* Um nicht zu viel Zeit in der Provinz Asia zu verlieren, hatte Paulus beschlossen, an Ephesus vorbeizufahren, denn er wollte schnell weiterkommen, um möglichst am Pfingsttag in Jerusalem zu sein.

17 Von Milet aus schickte Paulus jedoch eine Nachricht an die Ältesten von Ephesus und bat sie, zu ihm zu kommen. *18* Als sie sich bei ihm eingefunden hatten, sagte er ihnen Folgendes:

»Ihr wisst, wie ich vom ersten Tag an, als ich nach Asia kam, unter euch gelebt habe, *19* wie ich dem Herrn demütig wie ein Sklave diente, manchmal unter Tränen und schweren Anfechtungen, in die ich durch die Angriffe der Juden kam. *20* Ihr wisst, dass ich euch nichts von dem verschwiegen habe, was wichtig für euch ist. Ich habe euch öffentlich und in den Häusern alles verkündigt und gelehrt. *21* Juden und Nichtjuden habe ich beschworen, ihre Einstellung zu Gott zu ändern und ihr Vertrauen auf Jesus, unseren Herrn, zu setzen. *22* Seht, durch die Weisung des Geistes gebunden, gehe ich jetzt nach Jerusalem und weiß nicht, was mir dort begegnen wird. *23* Aber ich weiß, dass der Heilige Geist mir in jeder Stadt, durch die ich komme, ankündigt, dass Gefangenschaft und Leiden dort auf mich warten. *24* Doch halte ich mein persönliches Ergehen und mein

---

20,13 *Assos.* Die kleine Hafenstadt lag am Golf von Adramytion (heute: Edremit) am Hang eines vulkanischen Felsens. Das heutige Behramköy liegt etwa 25 Kilometer von Troas entfernt.

20,14 *Mitylene.* Hauptstadt von Lesbos im Südosten der Insel mit einem großen Hafen.

20,15 *Chios.* Die Insel liegt westlich von Smyrna. Der Stadt Chios hatte Herodes d. Gr. einmal eine Spende zur Erneuerung der Säulengänge gegeben.

Samos. Insel im ägäischen Meer, südwestlich von Ephesus.

Milet. Alte griechische Hafenstadt, 48 km südlich von Ephesus. Vor der Zeit des Paulus war es die bedeutendste Stadt Ioniens, von der aus 80 Kolonien gegründet wurden, und Heimatstadt einiger bekannter Philosophen. Inzwischen war Ephesus die wichtigste Stadt. Heute ist Milet nur noch ein Dorf.

Leben für nicht der Rede wert. Wichtig ist nur, dass ich das Ziel erreiche und den Auftrag erfülle, den mir Jesus, der Herr, aufgetragen hat: den Menschen die gute Botschaft von Gottes Gnade zu bringen. 25 Und nun muss ich euch noch etwas sagen: Ich weiß, dass ihr und alle, bei denen ich gewesen bin und die Botschaft von der Herrschaft Gottes gepredigt habe, mich nicht wiedersehen werdet. 26 Deshalb erkläre ich heute vor euch allen: Mich trifft keine Schuld, wenn einer von euch ins Verderben geht. 27 Denn ich habe euch nichts vorenthalten, sondern euch den Heilswillen Gottes vollständig verkündigt.

28 Gebt Acht auf euch selbst und auf die ganze Herde, in die euch der Heilige Geist als Aufseher eingesetzt hat, damit ihr treue Hirten der Gemeinde Gottes seid. Gott hat sie ja durch das Blut seines eigenen Sohnes erworben. 29 Ich weiß, dass nach meinem Abschied gefährliche Wölfe bei euch eindringen und erbarmungslos unter der Herde wüten werden. 30 Selbst aus euren eigenen Reihen werden Männer auftreten und die Wahrheit verdrehen, um die Jünger des Herrn zu *ihren* Nachfolgern zu machen. 31 Seid also wachsam und denkt daran, dass ich mich drei Jahre lang Tag und Nacht um jeden Einzelnen in der Gemeinde bemüht habe, manchmal sogar unter Tränen.

32 Und nun vertraue ich euch Gott und dem Wort seiner Gnade an, das die Kraft hat, euch im Glauben wachsen zu lassen und euch das Erbe unter denen zu geben, die auch zu seinem heiligen Volk gehören. – 33 Noch etwas: Nie habe ich Geld oder Kleidung von jemand gefordert. 34 Ihr wisst, dass diese meine Hände für alles gesorgt haben, was ich und meine Begleiter zum Leben brauchten. 35 Mit meiner ganzen Lebensführung habe ich euch gezeigt, dass wir hart arbeiten müssen, um den Bedürftigen etwas abgeben zu können. Dabei sollen wir immer an die Worte denken, die Jesus, unser Herr, gesagt hat: ›Auf dem Geben liegt mehr Segen als auf dem Nehmen.‹*«

36 Nachdem Paulus geendet hatte, kniete er sich zusammen mit allen hin und betete. 37 Da fingen sie alle an zu weinen, fielen ihm um den Hals und küssten ihn. 38 Am meisten bedrückte sie, dass er gesagt hatte, sie würden ihn nicht wiedersehen. Dann begleiteten sie ihn zum Schiff.

Reise nach Jerusalem

21 1 Schließlich rissen wir uns von ihnen los. Unser Schiff legte ab und wir segelten direkt zur Insel Kos*. Am nächsten Tag kamen wir nach Rhodos* und von da nach

Patara*. 2 Dort fanden wir ein Schiff, das direkt nach Phönizien segelte und gingen an Bord. 3 Als Zypern in Sicht kam, ließen wir es links liegen und hielten weiter Kurs auf Syrien, bis wir in Tyrus* anlegten. Dort musste das Schiff seine Ladung löschen.

4 In Tyrus suchten wir die Jünger auf und blieben eine Woche bei ihnen. Durch Eingebung des Geistes wurde diesen Jüngern offenbart, dass Paulus in Jerusalem Gefahren drohten. Deshalb warnten sie ihn wiederholt vor der Weiterreise. 5 Trotzdem brachen wir nach Ablauf der Woche wieder auf. Die Jünger begleiteten uns mit ihren Frauen und Kindern bis vor die Stadt. Am Strand knieten wir nieder und beteten. 6 Dann nahmen wir Abschied von ihnen und gingen wieder an Bord, während sie nach Hause zurückkehrten.

7 Von Tyrus aus fuhren wir noch bis nach Ptolemais*, wo die Schiffsreise für uns zu Ende war. Wir begrüßten die Brüder und blieben einen Tag bei ihnen. 8 Am nächsten Morgen zogen wir nach Cäsarea* weiter. Dort angekommen kehrten wir in das Haus des Evangelisten Philippus ein. Das war einer aus dem Kreis der Sieben. 9 Er hatte vier Töchter, die unverheiratet geblieben waren und die Gabe der Prophetie besaßen.

10 Wir blieben ein paar Tage bei ihnen. In dieser Zeit traf der Prophet Agabus aus Judäa hier ein. 11 Er trat in unsere Mitte, nahm den Gürtel des Paulus, fesselte sich damit Füße und Hände und sagte: »So spricht der Heilige Geist: ›Genauso wird es dem Mann ergehen, dem dieser Gürtel gehört. Er wird von den Juden in Jerusalem gefesselt und den Fremden, die Gott nicht kennen, ausgeliefert werden.‹« 12 Als wir das hörten, baten wir und die einheimischen Geschwister ihn dringend, nicht nach Jerusalem hinaufzuziehen. 13 Paulus erwiderte: »Was weint ihr? Warum macht ihr mir das Herz so schwer? Ich bin nicht nur bereit, mich in Jerusalem verhaften zu lassen, sondern auch für den Namen unseres Herrn Jesus zu sterben.« 14 Weil er sich nicht umstimmen ließ, beruhigten wir uns schließlich und sagten: »Dann soll geschehen, was der Herr will.«

15 Nach Ablauf dieser Tage machten wir uns reisefertig und zogen nach Jerusalem hinauf. 16 Einige von den Jüngern aus Cäsarea begleiteten uns und brachten uns zu einem gewissen Mnason, der aus Zypern stammte und ein Jünger aus der Anfangszeit war. Bei ihm übernachteten wir. 17 Als wir dann in Jerusalem angekommen waren, bereiteten uns die Geschwister einen herzlichen Empfang.

Der Rat des Jakobus

18 Gleich am nächsten Tag ging Paulus mit uns zu Jakobus, wo sich auch

---

21,1 *Patara* war eine bedeutende Hafenstadt im Südwesten von Kleinasien, etwa 100 km von Rhodos entfernt.

21,3 *Tyrus.* Siehe Apostelgeschichte 12,20. Von Patara bis Tyrus sind es etwa 650 km über das offene Meer.

21,7 *Ptolemais.* Griechischer Name für das phönizische Akko, Hafenstadt am Nordende der Bucht von Haifa, etwa 50 km südlich von Tyrus.

21,8 *Cäsarea.* Fast 60 km von Akko entfernt (Apostelgeschichte 8,40).

Verschwörung gegen Paulus

12 Bei Tagesanbruch trafen sich eine Anzahl Juden zu einer geheimen Absprache. Sie schworen unter feierlicher Selbstverfluchung, nichts zu essen und zu trinken, bis sie Paulus getötet hätten. 13 Mehr als 40 Männer beteiligten sich an dieser Verschwörung. 14 Sie gingen zu den Hohen Priestern und Ratsältesten und sagten: »Wir haben feierlich geschworen, nichts zu essen und zu trinken, bis wir diesen Paulus getötet haben. 15 Ihr könnt uns dabei helfen, wenn ihr im Namen des Hohen Rates zum Kommandanten geht und ihn auffordert, Paulus noch einmal vorzuführen; ihr wolltet seinen Fall genauer untersuchen. Und wir werden uns bereithalten ihn umzubringen, noch bevor er bei euch eingetroffen ist.«

16 Aber ein Neffe von Paulus, der Sohn seiner Schwester, hörte von dem geplanten Anschlag. Er machte sich sofort auf den Weg in die Burg und erzählte es Paulus. 17 Der rief einen von den Offizieren herbei und sagte: »Bring diesen jungen Mann hier zum Kommandanten! Er hat eine wichtige Nachricht für ihn.« 18 Der Offizier ging mit Paulus' Neffen zum Kommandanten und sagte: »Der Gefangene Paulus bat mich, diesen jungen Mann zu dir zu führen. Er soll eine wichtige Nachricht für dich haben.« 19 Der Kommandant fasste den Neffen des Paulus am Arm, führte ihn beiseite und fragte: »Was hast du mir zu berichten?« 20 »Die Juden«, sagte er, »wollen dich bitten, Paulus morgen noch einmal dem Hohen Rat vorzuführen, angeblich um die Vorwürfe gegen ihn genauer zu untersuchen. 21 Aber du darfst ihnen nicht glauben! Denn in Wirklichkeit planen mehr als 40 Männer einen Anschlag gegen ihn. Sie haben mit Selbstverfluchung geschworen, nichts zu essen und zu trinken, bis sie ihn umgebracht haben. Alle sind bereit und warten nur darauf, dass du ihre Bitte erfüllst.« 22 Der Kommandant schärfte dem jungen Mann ein: »Verrate keinem, dass du mir davon erzählt hast!« Dann ließ er ihn gehen. 23 Gleich darauf ließ er zwei von seinen Offizieren kommen und befahl ihnen: »Zweihundert Soldaten sollen sich zum Abmarsch nach Cäsarea bereit machen, dazu siebzig Reiter und zweihundert Leichtbewaffnete. Ihr brecht heute Abend um neun Uhr auf! 24 Haltet auch Reittiere für Paulus bereit und bringt ihn sicher zum Statthalter Felix*.«

Überführung nach Cäsarea

25 Dann schrieb er folgenden Brief: 26 »Klaudius Lysias grüßt den hochverehrten Statthalter Felix. 27 Den Mann, den ich hier zu dir schicke, hatten die Juden in ihrer Gewalt und hätten ihn beinahe getötet. Als ich erfuhr, dass er das römische Bürgerrecht besitzt, ließ ich ihn durch meine Soldaten in Sicherheit bringen. 28 Und weil ich herausbekommen wollte, weshalb sie ihn verfolgen, brachte ich ihn vor ihren Hohen Rat. 29 Dabei zeigte sich, dass er nichts getan hat, was ein Todesurteil oder auch nur eine Gefängnisstrafe rechtfertigen würde. Ihre Vorwürfe bezogen

---

23,24 *Felix*, ein ehemaliger Sklave, war von 52-59/60 n.Chr. Statthalter von Judäa.

sich nur auf strittige Fragen ihres Gesetzes. *30* Nun ist mir gemeldet worden, dass ein Anschlag auf ihn vorbereitet wurde. Deshalb habe ich ihn sofort zu dir geschickt, und die Kläger werde ich anweisen, ihre Sache gegen ihn bei dir vorzutragen.«

31 Die Soldaten übernahmen Paulus und brachten ihn befehlsgemäß noch in der Nacht bis nach Antipatris*. *32* Am nächsten Tag kehrten die Fußtruppen nach Jerusalem in die Burg zurück und ließen die Reiter allein mit Paulus weiterziehen. *33* Diese brachten ihn nach Cäsarea, übergaben dem Statthalter den Brief und führten den Gefangenen vor. *34* Der Statthalter las den Brief und fragte Paulus, aus welcher Provinz er stamme. Als er hörte, dass er aus Zilizien* kam, *35* erklärte er: »Ich werde deine Angelegenheit klären, sobald deine Ankläger hier eingetroffen sind.« Dann ordnete er an, Paulus bis dahin in seinem Amtssitz, dem ehemaligen Palast des Herodes, gefangen zu halten.

Paulus und Felix

24 *1* Fünf Tage später kam der Hohe Priester Hananias mit einigen Ratsältesten und Tertullus, einem Anwalt, nach Cäsarea, um beim Statthalter Anklage gegen Paulus zu erheben. *2* Nachdem man Paulus herbeigeholt hatte, begann Tertullus seine Anklagerede:

»Hochverehrter Felix! Dein Verdienst ist es, dass wir schon so lange in Frieden leben. Deiner Umsicht verdanken wir zahlreiche Reformen zum Wohl unseres Volkes. *3* Das erkennen wir immer und überall mit großer Dankbarkeit an. *4* Um deine kostbare Zeit aber nicht unnötig in Anspruch zu nehmen, bitte ich dich, uns für einen Augenblick freundlich anzuhören. *5* Wir haben nämlich festgestellt, dass dieser Mann hier gefährlich ist wie die Pest: Er stiftet die Juden in der ganzen Welt zum Aufruhr an und ist der führende Kopf der Nazarener-Sekte. *6* Er hat sogar versucht, den Tempel zu entweihen. Dabei haben wir ihn festgenommen. *(7)* * *8* Wenn du ihn verhörst, kannst du dir selbst ein Urteil bilden und wirst feststellen, dass unsere Anklagen in jedem Punkt zutreffen.«

9 Die mitgereisten Juden schlossen sich der Anklage an und behaupteten, dass es so sei. *10* Dann wurde Paulus durch einen Wink des Statthalters aufgefordert zu sprechen. Er begann:

»Weil ich weiß, dass du in unserem Volk seit vielen Jahren Recht sprichst, verteidige ich meine Sache voller Zuversicht. *11* Wie du leicht nachprüfen kannst, bin ich erst vor zwölf Tagen nach Jerusalem gekommen, um dort im Tempel anzubeten. *12* Niemand

---

23,31 *Antipatris.* Die Stadt liegt etwa 55 km von Jerusalem entfernt. Herodes d. Gr. baute sie anstelle des alten Afek als wichtigen Militärstützpunkt aus und nannte sie nach seinem Vater Antipater.

23,34 *Zilizien.* und Syrien (wozu auch Israel gehörte) bildeten damals zusammen eine römische Provinz, sodass auch ein Unterstatthalter wie Felix befugt war, diesen Rechtsfall zu entscheiden.

24,7 Einige spätere Handschriften fügen hier ein: »und wollten ihn nach unserem Gesetz richten. (7) Doch der Kommandant Lysias kam mit einem großen Aufgebot an Soldaten und entriss ihn uns. (8) Er befahl, dass seine Ankläger zu dir kommen sollten.«

hat gesehen, dass ich in dieser Zeit mit Leuten diskutiert oder sie gar aufgehetzt hätte – weder im Tempel noch in einer der Synagogen noch sonst irgendwo in der Stadt. *13* Sie können dir keinerlei Beweise für ihre Anschuldigungen gegen mich vorbringen. *14* Das eine allerdings bekenne ich dir: Ich diene dem Gott meiner Väter in der Weise der neuen Glaubensrichtung, die sie eine Sekte nennen, und ich glaube an alles, was im Gesetz und den Schriften der Propheten steht. *15* Und ich habe die gleiche Hoffnung auf Gott wie meine Ankläger auch, nämlich dass es eine Auferstehung der Gerechten und der Ungerechten geben wird. *16* Deshalb bemühe ich mich auch immer, vor Gott und den Menschen ein reines Gewissen zu haben. *17* Nachdem ich nun mehrere Jahre im Ausland verbracht habe, bin ich hergekommen, um meinem Volk Spenden zu übergeben und Gott Opfer zu bringen. *18* Als ich dazu gerade im Tempel war – ich hatte mich der vorgeschriebenen Reinigung unterzogen, war von keiner Menschenmenge umgeben und in keinen Tumult verwickelt –, *19* da sahen mich einige Juden aus der Asia. Diese Leute sollten jetzt eigentlich hier sein und

ihre Anklage vorbringen, falls sie mir etwas vorzuwerfen haben. *20* Du kannst aber auch diese Männer hier fragen, was für ein Vergehen sie mir nachweisen konnten, als ich vor dem Hohen Rat stand. *21* Es könnte höchstens der eine Satz sein, den ich damals in die Versammlung hineinrief: ›Weil ich an die Auferstehung der Toten glaube, stehe ich heute vor eurem Gericht!‹«

22 Felix, der über die neue Glaubensrichtung ziemlich genau Bescheid wusste, vertagte den Fall und sagte: »Wenn der Kommandant Lysias aus Jerusalem herkommt, werde ich eure Sache entscheiden.« *23* Den zuständigen Offizier wies er an, Paulus in leichter Haft zu halten und keinen von seinen Freunden daran zu hindern, für ihn zu sorgen.

24 Einige Tage später erschien Felix mit seiner Frau Drusilla*, einer Jüdin, in seinem Amtssitz und ließ Paulus zu sich kommen, weil er noch mehr über den Glauben an Jesus, den Messias, erfahren wollte. *25* Doch als Paulus dann von Gerechtigkeit und Enthaltsamkeit sprach und von dem künftigen Gericht, bekam Felix es mit der Angst zu tun. Er sagte zu Paulus: »Für diesmal ist es genug, du kannst gehen. Wenn ich später Gelegenheit habe, werde ich dich wieder rufen lassen.« *26* Gleichzeitig hoffte er auch, von Paulus Bestechungsgelder zu bekommen. Deshalb ließ er ihn öfter kommen und unterhielt sich mit ihm. *27* Als Felix zwei Jahre später* von Porzius Festus* abgelöst wurde, wollte er den Juden noch einen Gefallen tun und ließ Paulus weiter im Gefängnis.

24,24 *Drusilla*, die jüngere Schwester von Agrippa II. und Berenike, war zunächst mit Azizus von Emesa in Syrien verheiratet, ließ sich aber von Felix überreden, ihren Mann zu verlassen, um seine Frau zu werden.

24,27 *zwei Jahre später*. Er musste sich in Rom wegen Aufruhr und Unregelmäßigkeiten in seiner Herrschaft verantworten.

Festus. Wohl von 59-61 n.Chr. Statthalter in Judäa.

Paulus und Festus

25 ¹ Drei Tage nach seinem Amtsantritt in der Provinz reiste Festus von Cäsarea nach Jerusalem. ² Die Hohen Priester und die angesehensten Männer des jüdischen Volkes sprachen bei ihm vor und erneuerten ihre Anzeige gegen Paulus. ³ Sie baten ihn um den Gefallen, den Gefangenen nach Jerusalem verlegen zu lassen. Sie planten nämlich einen Anschlag und wollten ihn unterwegs umbringen. ⁴ Festus erklärte jedoch, Paulus werde in Cäsarea bleiben, und er selbst kehre in Kürze wieder dorthin zurück. ⁵ »Eure Bevollmächtigten«, sagte er, »können ja mit mir reisen und ihre Anklage vorbringen, wenn wirklich etwas gegen den Mann vorliegt.«

⁶ Festus hielt sich nicht länger als acht oder zehn Tage bei ihnen auf und kehrte dann nach Cäsarea zurück. Gleich am nächsten Tag eröffnete er die Gerichtsverhandlung und ließ Paulus vorführen. ⁷ Als dieser im Gerichtssaal erschien, umringten ihn die Juden, die von Jerusalem mitgekommen waren, und beschuldigten ihn zahlreicher schwerer Vergehen, die sie aber alle nicht beweisen konnten. ⁸ Paulus setzte sich entschieden zur Wehr: »Ich habe mich weder gegen das Gesetz der Juden noch gegen den Tempel oder den Kaiser in irgendeiner Weise vergangen.« ⁹ Festus wollte den Juden nun doch einen Gefallen tun und fragte Paulus: »Wärst du damit einverstanden, dass wir deinen Prozess unter meinem Vorsitz in Jerusalem weiterführen?« ¹⁰ Aber Paulus erwiderte: »Ich stehe hier vor dem kaiserlichen Gericht, und vor ihm muss mein Fall entschieden werden. Den Juden habe ich kein Unrecht getan, wie du selbst genau weißt. ¹¹ Sollte ich wirklich ein Unrecht begangen haben, das mit dem Tod bestraft werden muss, dann bin ich bereit zu sterben. Wenn aber nichts an der Anklage dieser Leute dran ist, darf mich niemand ihnen ausliefern. Ich berufe mich hiermit auf den Kaiser!« ¹² Festus besprach sich mit seinen Beratern und entschied: »Auf den Kaiser hast du dich berufen – vor den Kaiser sollst du kommen!«

Agrippa interessiert sich für Paulus

¹³ Ein paar Tage später kamen König Agrippa* und Berenike* nach Cäsarea, um Festus anlässlich seines Amtsantritts zu besuchen. ¹⁴ Da sie einige Tage in Cäsarea blieben, informierte Festus den König über Paulus: »Felix hat mir einen Gefangenen zurückgelassen. ¹⁵ Und als ich in Jerusalem war, sprachen die Hohen Priester und die Ratsältesten der Juden bei mir vor, klagten ihn an und drängten mich, ihn zu verurteilen. ¹⁶ Ich habe ihnen gesagt, dass es bei den Römern nicht üblich ist, einen Angeklagten abzuurteilen, nur, um jemand einen Gefallen zu tun. Erst müsse dieser seinen

---

25,13 Herodes *Agrippa* II. (28-100 n.Chr.), Sohn von Agrippa I., ein treuer Freund Roms (auch im jüdischen Krieg), regierte ein kleines Königreich nördlich und nordöstlich vom See Genezareth. Er hatte zu dieser Zeit die Oberaufsicht über den Tempel und das Recht, Hohe Priester zu ernennen.

Berenike, die Schwester Agrippas II., war verschiedentlich verheiratet, lebte aber meist im Haus ihres Bruders.

Anklägern gegenübergestellt werden und Gelegenheit bekommen, sich zu verteidigen. *17* Als sie dann hierher kamen, habe ich am nächsten Tag gleich eine Verhandlung angesetzt und den Mann vorführen lassen. *18* Doch bei der Gegenüberstellung brachten die Kläger keine Beschuldigungen wegen irgendwelcher Rechtsverletzungen vor, wie ich erwartet hatte. *19* Alles drehte sich nur um Streitfragen ihrer Religion und betraf einen gewissen Jesus, der längst gestorben ist und von dem Paulus behauptet, dass er lebe. *20* Weil ich von diesen Dingen zu wenig verstehe, um eine angemessene Untersuchung führen zu können, schlug ich vor, die Verhandlung in Jerusalem weiterzuführen. *21* Als Paulus dann aber Berufung einlegte und verlangte, dass er bis zur Entscheidung des »Erhabenen«* in Haft bleiben müsse, ordnete ich an, ihn hier in Haft zu behalten, bis ich ihn zum Kaiser schicken kann.« *22* »Ich würde diesen Mann gern kennenlernen«, sagte Agrippa zu Festus, »und hören, was er zu sagen hat.« – »Morgen sollst du Gelegenheit dazu bekommen«, erwiderte Festus.

Rede vor Agrippa und Gästen des Festus

23 Am folgenden Tag erschienen Agrippa und Berenike in prunkvoller Aufmachung und betraten, von hohen römischen Offizieren* und den angesehensten Männern der Stadt begleitet, den Gerichtssaal. Auf Befehl des Festus wurde Paulus vorgeführt. *24* Dann ergriff Festus das Wort: »König Agrippa! Meine verehrten Gäste! Hier seht ihr den Mann, wegen dem mich die ganze Judenschaft in Jerusalem und auch hier bestürmt hat, dass er nicht am Leben bleiben dürfe. *25* Ich bin mir jedoch klar darüber geworden, dass er kein todeswürdiges Verbrechen begangen hat. Doch weil er sich auf den »Erhabenen« berufen hat, habe ich beschlossen, ihn nach Rom zu schicken. *26* Ich habe allerdings kaum etwas Stichhaltiges, das ich unserem Herrn schreiben könnte. Darum habe ich ihn euch und vor allem dir, König Agrippa, vorführen lassen, damit ich nach dieser Vernehmung weiß, was ich schreiben kann. *27* Denn es scheint mir unsinnig, einen Gefangenen nach Rom zu schicken, ohne zugleich die gegen ihn erhobenen Beschuldigungen anzugeben.«

26 *1* Darauf sagte Agrippa zu Paulus: »Es ist dir gestattet in eigener Sache zu sprechen.« Paulus hob die Hand und begann seine Verteidigungsrede: *2* »König Agrippa! Ich schätze mich glücklich, dass ich mich heute vor dir gegen die Angriffe der Juden verteidigen kann, *3* vor allem, weil du ein hervorragender Kenner aller jüdischen Sitten und Streitfragen bist. Bitte, hör mich geduldig an! *4* Mein Leben, wie ich es seit meiner Jugend unter meinem Volk und in Jerusalem geführt habe, ist allen Juden

---

25,21 *Erhabener.* Lateinisch »Augustus«, seit 27 v.Chr. Ehrentitel römischer Kaiser. Hier ist Kaiser Nero (54-68 n.Chr.) gemeint.

25,23 *Offiziere.* Nach Josephus gab es fünf Kohorten in Cäsarea, jede unter dem Kommando eines Chiliarchen (Führer einer Tausendschaft).

von Anfang an bekannt. *5* Alle wissen es – und können, wenn sie es wollen, jederzeit bezeugen –, dass ich damals nach der strengsten Richtung unserer Religion gelebt habe, nämlich als Pharisäer. *6* Und wenn ich jetzt vor Gericht stehe, dann nur, weil ich der festen Überzeugung bin, dass Gott die Zusage, die er unseren Vätern gegeben hat, erfüllen wird. *7* Unser ganzes zwölfstämmiges Volk dient Gott Tag und Nacht in der Hoffnung, diese Erfüllung erleben zu dürfen. Und wegen dieser Hoffnung, o König, werde ich ausgerechnet von den Juden angeklagt. *8* Warum fällt es euch Juden denn so schwer zu glauben, dass Gott Tote auferweckt?

9 Zunächst allerdings hatte ich auch gemeint, ich müsste den Glauben an diesen Jesus von Nazaret mit allen Mitteln bekämpfen. *10* Das habe ich auch getan. Ausgestattet mit einer Vollmacht der Hohen Priester, brachte ich in Jerusalem viele Christen ins Gefängnis; und wenn sie hingerichtet werden sollten, stimmte ich dafür. *11* Und in allen Synagogen habe ich immer wieder versucht, sie durch Strafen zur Lästerung zu zwingen. In maßloser Wut verfolgte ich sie sogar bis in die ausländischen Städte.

12 In dieser Absicht reiste ich dann auch im Auftrag der Hohen Priester und mit ihrer Vollmacht ausgestattet nach Damaskus. *13* Auf dem Weg dorthin sah ich mitten am Tag plötzlich vom Himmel her ein Licht aufleuchten, o König, heller als die Sonne, das mich und meine Begleiter umstrahlte. *14* Wir alle stürzten zu Boden, und ich hörte eine Stimme auf Hebräisch zu mir sagen: ›Saul, Saul, warum verfolgst du mich? Du schlägst vergeblich gegen den Ochsenstachel* aus!‹ *15* ›Wer bist du, Herr?‹, fragte ich. Der Herr antwortete: ›Ich bin Jesus! Ich bin der, den du verfolgst. *16* Doch jetzt steh auf! Denn ich bin dir erschienen, um dich zu meinem Diener zu machen. Du sollst mein Zeuge von dem sein, was du heute erlebt hast und was ich dir noch offenbaren werde. *17* Ich werde dich zu deinem Volk und zu fremden Völkern senden und dich vor ihnen beschützen. *18* Du sollst ihnen die Augen öffnen, dass sie umkehren, dass sie aus der Finsternis zum Licht kommen, aus der Gewalt Satans zu Gott. So werden ihnen die Sünden vergeben, und sie erhalten ein ewiges Erbe zusammen mit denen, die durch den Glauben an mich zu Gottes heiligem Volk gehören.‹

19 Deshalb habe ich mich der himmlischen Erscheinung nicht widersetzt, König Agrippa, *20* und verkündete die Botschaft zuerst in Damaskus und in Jerusalem, dann in Judäa und schließlich unter den nichtjüdischen Völkern. Ich sagte den Menschen, dass sie ihre Einstellung ändern, zu Gott umkehren und durch ihre Lebensführung zeigen sollten, dass es ihnen damit ernst ist. *21* Aus diesem Grund sind die Juden im Tempel über mich hergefallen und haben versucht mich umzubringen. *22* Aber Gott kam mir zu Hilfe, und deshalb stehe ich bis heute als sein Zeuge vor den

---

26,14 *Ochsenstachel.* Zum Antreiben der Rinder gebrauchte man einen Stab mit einer scharfen Spitze.

Menschen. Und ich bezeuge den Geringen und den Mächtigen nichts anderes als das, was die Propheten angekündigt haben und wovon bereits Mose gesprochen hat. *23* Der Messias, sagten sie, muss leiden und sterben, und er wird als Erster von den Toten auferstehen, um dem jüdischen Volk und allen anderen Nationen das Licht des Evangeliums zu bringen.«

24 »Paulus, du bist verrückt geworden«, unterbrach Festus ihn lautstark in seiner Verteidigungsrede, »deine große Gelehrsamkeit treibt dich in den Wahnsinn!« *25* Doch Paulus entgegnete: »Ich bin nicht verrückt, hochverehrter Festus. Was ich sage, ist wahr und vernünftig. *26* Der König, zu dem ich so freimütig spreche, weiß, wovon ich rede. Ich bin überzeugt, dass ihm nichts von diesen Dingen entgangen ist. Das alles hat sich ja nicht in irgendeinem Winkel abgespielt. *27* König Agrippa, glaubst du den Propheten? Ich weiß, dass du ihnen glaubst.« *28* Agrippa erwiderte: »Gleich überredest du mich noch, Christ zu werden.« *29* Darauf sagte Paulus: »Ich bete zu Gott, dass früher oder später nicht nur du, sondern alle, die mich heute hören, das werden, was ich geworden bin – ausgenommen natürlich diese Fesseln.« *30* Darauf standen der König, der Statthalter, Berenike und die anderen auf. *31* Beim Hinausgehen unterhielten sie sich über Paulus. »Der Mann verdient weder den Tod noch das Gefängnis«, war das einmütige Urteil. *32* Und Agrippa sagte zu Festus: »Der Mann könnte jetzt frei sein, wenn er sich nicht auf den Kaiser berufen hätte.«

Abreise nach Rom

27 *1* Als unsere Abreise nach Italien beschlossen war, wurden Paulus und einige andere Gefangene einem Hauptmann namens Julius aus der sogenannten »Kaiserliche Kohorte«* übergeben. *2* Wir gingen an Bord eines Schiffes aus Adramyttion*, das die Küstenstädte der Provinz Asia anlaufen sollte. Aristarch, ein Mazedonier aus Thessalonich, begleitete uns. *3* Am nächsten Tag legten wir in Sidon an. Julius behandelte Paulus sehr entgegenkommend und erlaubte ihm, seine Freunde aufzusuchen und sich von ihnen mit allem Nötigen versorgen zu lassen. *4* Wieder auf See zwang uns ein Gegenwind, im Schutz der Ostküste von Zypern weiterzusegeln. *5* Wir durchfuhren das Meer entlang der Küste von Zilizien und Pamphylien und erreichten schließlich Myra* in Lyzien. *6* Dort fand der Hauptmann ein Schiff aus Alexandria, das nach Italien segelte, und brachte uns an Bord. *7* Viele Tage machten wir nur wenig Fahrt und kamen mit Mühe auf die Höhe von Knidos*. Weil wir Knidos wegen des starken Windes aber nicht anlaufen konnten, nahmen wir

---

27,1 *Kaiserliche Kohorte.* Syrische Hilfstruppe von 500-1000 Mann.

27,2 *Adramyttion.* Seehafen in der Ägäis, etwa 50 km nördlich von Pergamon, heute: Edremit.

27,5 *Myra.* Wichtiger Umschlaghafen der Getreideflotte von Alexandria in Ägypten. Das dazugehörige Küstengebiet hieß Lycien und grenzte westlich an Pamphylien.

27,7 *Knidos.* Stadt am Ende der weit vorspringenden Südwestspitze Kleinasiens mit zwei guten Häfen.

Kurs auf Kreta. Wir steuerten an Kap Salmone* vorbei und segelten dann an der windgeschützten Seite der Insel entlang. *8* Mit großer Mühe erreichten wir so einen Ort namens Kaloi Limenes*, nicht weit von der Stadt Lasäa entfernt. *9* Inzwischen war geraume Zeit verflossen; sogar der jüdische Fastentag im Herbst* war schon vorüber. Weil jetzt die Schifffahrt gefährlich zu werden begann, warnte Paulus die Besatzung. *10* »Männer«, sagte er, »ich sehe große Gefahren auf uns zukommen, wenn wir die Reise fortsetzen. Wir riskieren nicht nur die Ladung und das Schiff, sondern auch unser Leben.« *11* Aber der Hauptmann schenkte dem Steuermann und dem Schiffseigentümer mehr Vertrauen als den Worten des Paulus. *12* Außerdem war der Hafen zum Überwintern nicht geeignet. So sprach sich die ganze Mannschaft dafür aus, noch einmal in See zu stechen. Man wollte versuchen, bis nach Phönix zu gelangen, einem griechischen Hafen für Kreta*, der nach Südwesten und Nordwesten hin offen ist. Dort wollte man überwintern.

Im Sturm

13 Als dann ein leichter Südwind einsetzte, meinten sie, ihr Vorhaben sei schon geglückt. Sie lichteten die Anker und segelten so dicht wie möglich an der Küste Kretas entlang. *14* Doch kurz darauf brach von den Bergen der Insel her ein Wirbelsturm los, der sogenannte Eurakylon, *15* und riss das Schiff mit. Weil wir dem Sturm gegenüber machtlos waren, mussten wir uns treiben lassen. *16* Im Schutz der kleinen Insel Kauda*

gelang es uns mit größter Mühe, das Beiboot unter Kontrolle zu bringen *17* und an Bord zu ziehen. Dann sicherten die Seeleute das Schiff, indem sie Taue um den Rumpf spannten. Und weil sie fürchteten, in die Syrte* verschlagen zu werden, brachten sie einen Treibanker* aus und ließen das Schiff treiben. *18* Weil der Sturm uns stark zusetzte, warfen die Seeleute am

---

27,7 *Kap Salmone.* Heute: Kap Sideron an der Nordostspitze der Insel Kreta.

27,8 *Kaloi Limenes.* »Gute Häfen«, kleine bogenförmige Bucht, gilt als bester Naturhafen Südkretas, ist aber Stürmen aus östlicher Richtung schutzlos preisgegeben.

27,9 *Fastentag im Herbst.* Der Jom Kippur, der große Versöhnungstag, der im Jahr 59 n.Chr. auf einen besonders späten Zeitpunkt (Anfang Oktober) fiel.

27,12 *Hafen für Kreta.* Damit ist kein Hafen *auf* Kreta gemeint (man wollte Kreta ja verlassen, wie Paulus Vers 21 sagt), sondern ein Hafen für den Seeverkehr von und nach Kreta. Wahrscheinlich handelt es sich um den Hafen von Phönikus an der Südspitze von Messenien. Das ist die westlichste der drei Südspitzen der griechischen Halbinsel Peloponnes (170 km südwestlich von Korinth).

27,16 *Kauda.* Kleine Insel, etwa 60 km westlich von Kaloi Limenes und 50 km südlich der Küstenlinie von Kreta.

27,17 Die *Große Syrte*, die sich westlich der Kyrenaika befindet, war wegen ihrer wandernden Sandbänke und unberechenbaren Strömungen von den Seeleuten gefürchtet (heute: Golf von Bengasi).

Treibanker. Eine große Holzplanke, die durch Gewichte unten und eine leere Tonne oben senkrecht im Wasser gehalten wurde und die Fahrtgeschwindigkeit des Schiffes abbremste.

27,18 *Ladung.* Es war Getreide (vgl. Vers 38), das durch die zunehmende Feuchtigkeit im Laderaum aufquellen und den Rumpf bersten lassen könnte.

nächsten Tag einen Teil der Ladung* ins Meer, *19* und einen Tag später warfen sie sogar Teile der Schiffsausrüstung eigenhändig über Bord. *20* Tagelang waren weder Sonne noch Sterne zu sehen.* Der Sturm ließ nicht nach, und so schwand zuletzt jede Hoffnung auf Rettung.

21 Niemand wollte mehr essen. Da erhob sich Paulus und sagte: »Ihr Männer! Man hätte allerdings auf mich hören und nicht von Kreta abfahren sollen. Dann wäre uns dieses Unglück und der Schaden erspart geblieben. *22* Doch jetzt ermahne ich euch, nicht den Mut zu verlieren, denn keiner von euch wird umkommen. Nur das Schiff wird verloren gehen. *23* Letzte Nacht kam nämlich ein Engel Gottes zu mir, des Gottes, dem ich gehöre und dem ich diene. *24* Er sagte zu mir: ›Paulus, du musst dich nicht fürchten! Gott will, dass du vor den Kaiser trittst, und er wird deinetwegen allen, die mit dir fahren, das Leben schenken.‹ *25* Habt also Mut, Männer! Ich vertraue Gott, dass es so kommen wird, wie er mir sagen ließ.

27,20 Im Spätherbst entwickelten sich im östlichen Mittelmeer Tiefdruckwirbel mit großer Gewalt, die eine dichte Wolkenhülle mit sich brachten und alle Landmarken verschleierten. Zusammen mit dem peitschenden Regen und der Verdüsterung des Tageslichts machten sie eine Orientierung unmöglich.

27,27 *adriatisches Meer.* Entgegen der Befürchtung der Seeleute war das Schiff nicht südwärts in die Syrte getrieben, sondern nordwärts Richtung Adria.

der Küste näherten. Untiefen machen sich bei bewegter See durch eine Krone weißer Brandung und deren Geräusch bemerkbar.

26 Und er hat bestimmt, dass wir an einer Insel stranden.«

Der Schiffbruch

27 In der vierzehnten Nacht, als wir auf dem adriatischen Meer* dahintrieben, merkten die Seeleute gegen Mitternacht, dass wir uns der Küste näherten.* *28* Sie warfen das Lot aus und maßen eine Wassertiefe von 37 Metern. Kurze Zeit später warfen sie das Lot noch einmal aus und kamen auf 28 Meter. *29* Weil sie nun fürchteten auf Klippen aufzulaufen, warfen sie vom Heck vier Anker aus und wünschten sich den Tag herbei. *30* Dann aber machten sie einen Versuch, das Schiff zu verlassen und zu fliehen. Unter dem Vorwand, auch vom Bug aus Anker auszubringen, ließen sie das Beiboot ins Wasser hinab. *31* Da warnte Paulus den Hauptmann und die Soldaten: »Wenn diese Männer nicht auf dem Schiff bleiben, könnt ihr nicht gerettet werden.« *32* Da kappten die Soldaten die Taue des Beiboots und ließen es wegtreiben.

33 Kurz vor Tagesanbruch redete Paulus allen zu, unbedingt noch etwas zu essen. »Ihr wartet nun schon 14 Tage auf Rettung«, sagte er, »und habt die ganze Zeit überhaupt nichts gegessen. *34* Deshalb bitte ich euch jetzt dringend, etwas zu essen. Ihr müsst euch stärken, weil das zu eurer Rettung nötig ist! Ich versichere euch, niemand wird ein einziges Haar von seinem Kopf verlieren.« *35* Mit diesen Worten nahm Paulus Brot, dankte Gott vor aller Augen dafür, brach ein Stück ab und begann zu essen. *36* Da fassten alle neuen Mut und fingen ebenfalls an zu essen. 37 Wir waren insgesamt 276 Personen an Bord. 38 Als sich alle satt gegessen hatten, schütteten sie die restliche Getreideladung ins Meer, um das Schiff zu erleichtern.

39 Als es dann endlich Tag wurde, sahen die Seeleute eine unbekannte Küste vor sich. Doch als sie eine Bucht mit flachem Strand entdeckten, wollten sie das Schiff dort auf Grund laufen lassen. 40 Sie kappten die Ankertaue, sodass die Anker im Meer zurückblieben. Gleichzeitig lösten sie die Taue, mit denen sie die beiden Steuerruder während des Sturms festgebunden hatten, und hissten das Vorsegel. Als das Schiff im Wind wieder Fahrt machte, hielten sie auf die Küste zu. 41 Dabei gerieten sie aber auf einen Sandrücken* und liefen auf Grund. Der Bug rammte sich so fest ein, dass das Schiff nicht wieder flott zu machen war und das Heck unter der Wucht der Wellen zerschlagen wurde. 42 Da beschlossen die Soldaten, alle Gefangenen zu töten, damit keiner schwimmend entkommen könnte. 43 Doch der Hauptmann, der Paulus das Leben retten wollte, verhinderte es. Er befahl den Schwimmern, als Erste über Bord zu springen und sich an Land zu retten. 44 Die anderen sollten auf Planken und Wrackteilen folgen. 45 Und tatsächlich konnten sich alle an Land retten.

Winter auf Melite

28 1 Nach unserer Rettung erfuhren wir, dass die Insel Melite* hieß. 2 Die Inselbewohner* waren überaus freundlich zu uns. Sie machten ein Feuer im Freien und holten uns dazu, denn es hatte angefangen zu regnen, und es war kalt. 3 Als nun Paulus einen Haufen Reisig zusammenraffte und aufs Feuer legte, schoss eine Sandviper* heraus und biss sich an seiner Hand fest. Die Hitze hatte sie aufgescheucht. 4 Als die Inselbewohner die Schlange an seiner Hand hängen sahen, sagten sie zueinander: »Der Mann muss ein Mörder sein! Aus dem Meer hat er sich noch retten können, doch jetzt fordert Dike* sein Leben.« 5 Aber Paulus schleuderte die Schlange ins Feuer und erlitt keinen Schaden. 6 Die Leute erwarteten, dass er plötzlich anschwellen oder tot umfallen würde. Nachdem sie ihn aber eine Zeitlang beobachtet hatten, ohne dass etwas

---

27,41 *Sandrücken.* Sandige Landzunge zwischen dem Ufer und einem aufragenden Felsenriff, die teilweise überspült wurde. Der griechische Ausdruck bedeutet eine »auf beiden Seiten vom Meer umspülte Stelle«. Solch eine Stelle befindet sich im Livadi-Golf von Kephallenia.

28,1 *Melite.* Damit ist sehr wahrscheinlich der südliche Rumpf der westgriechischen Insel Kephallenia gemeint, der bis in die Neuzeit hinein den Namen Melite trug und nicht Malta, mit dem es üblicherweise identifiziert wird. Kephallenia entspricht exakt allen Angaben der Apostelgeschichte.

28,2 *Inselbewohner.* Wörtlich: Barbaren. Das bezeichnete im Altertum alles Nichtgriechische, dann aber auch den Bildungsstand. Auch alle westgriechischen Volksstämme wurden damals so bezeichnet. Die Wasserstraße östlich von Kephallenia bildete die Grenze zwischen Barbaren und Hellenen.

28,3 *Sandviper.* Eine gefährliche Giftschlange. Auch das spricht für Kephallenia, denn auf Malta gab es schon im Altertum nur ungiftige Schlangen.

28,4 *Dike.* Die griechische Göttin der Gerechtigkeit.

Ungewöhnliches mit ihm geschah, änderten sie ihre Meinung und sagten, er sei ein Gott. 7 In der Gegend, in der wir gestrandet waren, lagen die Landgüter von Publius, dem obersten Regierungsbeamten der Insel. Der nahm uns freundlich bei sich auf. Für drei Tage waren wir seine Gäste. 8 Der Vater des Publius hatte allerdings gerade die Ruhr und lag mit hohem Fieber im Bett. Paulus ging zu ihm ins Zimmer und betete für ihn. Dann legte er ihm die Hände auf, und der Kranke war wieder gesund. 9 Darauf kamen alle anderen Kranken der Insel und ließen sich heilen. 10 Die Folge war, dass sie uns mit ehrenvollen Geschenken

---

28,11 *Drei Monate.* Es war jetzt Mitte Januar. Um diese Zeit, mitten im Winter, pflegt sich im kephallenischen Raum eine Periode schöner freundlicher Tage einzustellen, die man die Eisvogeltage nannte, und die der Kapitän für die Überquerung des Ionisch-sizilischen Meeres nutzte.

Galionsfigur. Eine geschnitzte Figur am Bug des Schiffes, das in diesem Fall die Zwillinge Kastor und Pollux, die Söhne des Zeus, darstellte, die als Beschützer der Seefahrt galten.

28,12 *Syrakus.* Berühmter Hafen an der Ostküste Siziliens, 450 km von Melite entfernt. Die Überfahrt dauerte gewöhnlich 2-3 Tage.

28,13 *Rhegion.* Hafen an der südlichen »Stiefelspitze« Italiens, 120 km von Syrakus entfernt.

Puteoli. Hafenstadt in der Bucht von Neapel, 350 km von Rhegion entfernt.

28,15 *Tres Tabernae.* »Drei Tavernen«, 49 km südlich von Rom, Station an der Via Appia, der Straße, die von Rom bis nach Capua führt (das 30 km nördlich von Puteoli liegt).

Forum Apii. »Appiusmarkt«, Marktflecken, 64 km südlich von Rom an der Via Appia.

überschütteten und uns bei der Abreise alles mitgaben, was wir brauchten.

Von Melite nach Rom

11 Drei Monate* später verließen wir die Insel jedoch mit einem Schiff aus Alexandria, das auf der Insel überwintert hatte und die Dioskuren als Galionsfigur* führte. 12 Wir liefen Syrakus* an und blieben drei Tage dort. 13 Von dort aus segelten wir am Küstenbogen entlang nach Rhegion*. Einen Tag, nachdem wir dort angelegt hatten, kam Südwind auf, sodass wir nur noch zwei Tage bis nach Puteoli* brauchten. 14 Hier trafen wir Christen, die uns einluden, sieben Tage bei ihnen zu bleiben. Und so kamen wir nach Rom: 15 Die Christen dort hatten von unserer Ankunft in Puteoli gehört und kamen uns bis Tres Tabernae* entgegen, einige sogar bis Forum Apii*. Als Paulus sie sah, dankte er Gott und fasste Mut.

Als Gefangener in Rom

16 In Rom angekommen, bekam Paulus die Erlaubnis, zusammen mit dem Soldaten, der ihn bewachte, in eine eigene Wohnung zu ziehen. 17 Drei Tage später lud er die führenden Juden der Stadt zu einem Treffen bei sich ein. Als sie alle zusammengekommen waren, sagte er: »Liebe Brüder, ich habe nichts gegen unser Volk getan und auch nicht gegen das Gesetz unserer Vorfahren verstoßen. Trotzdem wurde ich in Jerusalem festgenommen und an die römischen Behörden ausgeliefert. 18 Die Römer verhörten mich und wollten mich wieder freilassen, weil sie nichts fanden, was die geforderte Todesstrafe

rechtfertigen würde. *19* Doch als die Juden Einspruch erhoben, war ich gezwungen, den Kaiser anzurufen. Ich hatte also nicht die Absicht, mein Volk anzuklagen. *20* Das wollte ich euch sagen und deshalb habe ich euch hergebeten. Denn wegen der Hoffnung Israels trage ich diese Ketten hier.« *21* Sie erwiderten ihm: »Aus Judäa hat uns niemand etwas über dich geschrieben. Es ist auch keiner von unseren Brüdern gekommen, um offiziell oder privat etwas Belastendes über dich auszusagen. *22* Wir würden aber gern von dir hören, welche Ansichten du vertrittst. Denn bisher ist uns nur bekannt, dass diese Glaubensrichtung überall auf Widerspruch stößt.«

23 Sie vereinbarten ein weiteres Treffen mit Paulus und kamen dann in noch größerer Zahl zu ihm ins Quartier. Vom Morgen bis in den Abend hinein sprach er mit ihnen über das Reich Gottes. Er erklärte ihnen, wie Gott seine Herrschaft aufrichtet, und versuchte, sie vom Gesetz Moses her und aus den Schriften der Propheten zu überzeugen, dass Jesus der Messias ist. *24* Einige von ihnen ließen sich durch seine Worte tatsächlich überzeugen. Die anderen glaubten ihm nicht. *25* Sie konnten sich darüber nicht einig werden und brachen schließlich auf. Paulus sagte ihnen noch: »Wie zutreffend hat der Heilige Geist durch den Propheten Jesaja doch zu euren Vorfahren geredet: *26* ›Geh zu diesem Volk‹, befahl er Jesaja, ›und sage zu ihnen: Hört nur zu, ihr versteht ja doch nichts; seht nur hin, ihr werdet nichts erkennen! *27* Denn das Herz dieses Volkes ist hart, ihre Ohren sind verstopft und ihre Augen machen sie zu. Sie wollen mit den Augen nichts sehen, mit den Ohren nichts hören und mit dem Herzen nichts verstehen. Sie wollen sich nicht bekehren, dass ich sie heilen könnte.‹*« *28* Und Paulus fügte hinzu:»Ihr sollt wissen, dass Gott sein Heil jetzt den anderen Völkern anbietet. Und bei ihnen wird er offene Ohren finden.«*(29)**

30 Paulus blieb zwei volle Jahre in der von ihm gemieteten Wohnung und konnte dort alle empfangen, die ihn aufsuchen wollten. *31* Er predigte ihnen frei und offen und völlig ungehindert die Botschaft vom Reich Gottes und lehrte sie alles, was Jesus Christus, unseren Herrn, betraf.

28,27 Jesaja 6,9-10

28,29 Spätere Handschriften fügen hinzu: »(29) Als Paulus das gesagt hatte, gingen die Juden weg und diskutierten heftig miteinander.«

Brief des Paulus an die Christen in Rom

Im Winter 56/57 n.Chr. besuchte der Apostel Paulus das dritte Mal die Gemeinde in Korinth. Er wohnte bei Gajus , in dessen Haus auch die Gemeinde zusammenkam, und blieb etwa drei Monate in der Stadt. Weil er seine Missionsarbeit in den Städten der ägäischen Küste nun als abgeschlossen ansah, hielt er nach einem neuen Arbeitsfeld Ausschau. Das sah er in Spanien und hoffte für die Arbeit dort auf die Unterstützung der Gemeinde in Rom. Weil er vorher aber noch nie in dieser Gemeinde gewesen war, wollte er sich und seine Lehre ausführlich vorstellen. Das tat er in einem Brief an die Christen in Rom, den er von Phöbe, einer Diakonin der Gemeinde Kenchreä, überbringen ließ. Er selbst wollte allerdings zunächst die Geldsammlung der Gemeinden Mazedoniens und Achajas nach Jerusalem bringen. Auf dem Weg nach Spanien wollte er dann in Rom vorbeikommen.

Als Paulus den Brief schrieb, bestand die Gemeinde in Rom offenbar schon länger als zwei Jahrzehnte, so lange, wie er bekehrt war. Sie war ganz unabhängig von ihm gewachsen und hatte sich in verschiedenen Hauskreisen organisiert.

Das Hauptthema des Römerbriefes könnte man so formulieren: Die Gerechtigkeit, die vor Gott Bestand hat. Paulus entfaltet diesen Gedanken in vier Hauptpunkten: Die Gerechtigkeit, die vor dem Zorn Gottes rettet (1-5); die Gerechtigkeit, die das Leben des Christen regiert (5-8); die Gerechtigkeit, die für das Volk Israel gilt (9-11) und die Gerechtigkeit, die im Alltag des Christen sichtbar wird (12-15).

Paulus und sein Auftrag in Rom

1 *1* Paulus, ein Sklave* von Jesus Christus, zum Apostel berufen und dazu bestimmt, Gottes Evangelium bekannt zu machen. *2* Diese gute Botschaft hat Gott schon vor langer Zeit durch seine Propheten in heiligen Schriften angekündigt. *3* Es ist die Botschaft von seinem Sohn, der als Mensch ein Nachkomme Davids ist *4* und sich durch die Auferstehung aus den Toten und in der Kraft des Heiligen Geistes als Sohn Gottes erwiesen hat: die Botschaft von Jesus Christus, unserem Herrn. *5* Er hat uns in seiner Gnade zu Aposteln gemacht und uns beauftragt, Menschen aus allen Völkern zum Gehorsam des Glaubens zu führen, damit sein Name dadurch geehrt wird. *6* Auch ihr gehört zu ihnen, denn auch ihr wurdet von Jesus Christus berufen.

7 Mein Brief geht an euch, ihr von Gott Geliebten in Rom, die er berufen

---

1,1 Sklave (griech. doulos) ist ein Mensch, der rechtlich und wirtschaftlich Eigentum eines anderen Menschen ist. Christen verstanden sich als Sklaven von Jesus Christus, weil dieser sie aus der Sklaverei der Sünde »freigekauft« hatte, und betrachteten diesen Titel als Auszeichnung.

hat, Heilige zu sein. Gnade und Frieden wünsche ich euch von Gott, unserem Vater, und von Jesus Christus, dem Herrn.

8 Als Erstes danke ich meinem Gott durch Jesus Christus für euch alle, denn in der ganzen Welt spricht man von eurem Glauben. 9 Gott, dem ich mit ganzem Herzen diene, indem ich das Evangelium seines Sohnes verkündige, ist mein Zeuge, dass ich euch ständig erwähne, 10 wenn ich zu ihm bete. Und ich flehe ihn an, dass er es mir doch endlich ermöglicht, zu euch zu kommen, wenn das seinem Willen entspricht. 11 Denn ich sehne mich sehr danach, euch persönlich kennenzulernen, damit ich euch etwas von dem weitergeben kann, was Gott mir geschenkt hat, und ihr gestärkt werdet – 12 besser gesagt, damit wir, wenn ich bei euch bin, durch unseren gemeinsamen Glauben gegenseitig ermutigt werden. 13 Ihr sollt wissen, liebe Geschwister, dass ich es mir schon oft vorgenommen habe, zu euch zu kommen, damit ich wie bei den anderen Völkern auch unter euch einige Frucht ernten kann. Doch bis jetzt wurde ich daran gehindert. 14 Denn ich fühle mich allen Menschen verpflichtet: solchen aus zivilisierten genauso wie solchen aus unzivilisierten Völkern, Gebildeten ebenso wie Ungebildeten. 15 Darum möchte ich auch euch in Rom gern die gute Botschaft verkündigen.

Die Ungerechtigkeit der Menschen fordert Gottes Zorn

16 Denn ich bekenne mich offen und ohne Scham zu dieser Botschaft: Sie ist ja Gottes Kraft und rettet jeden, der ihr glaubt. Das gilt zunächst für Juden, aber auch für alle anderen Menschen. 17 Denn im Evangelium zeigt Gott uns seine Gerechtigkeit, eine Gerechtigkeit, die aus dem Vertrauen auf Gott kommt und zum Glauben hinführt, wie es in der Schrift steht: »Der Gerechte wird leben, weil er glaubt.«*

18 Gott lässt nämlich seinen Zorn sichtbar werden. Vom Himmel her wird er über alle Gottlosigkeit und Ungerechtigkeit der Menschen hereinbrechen, die durch Unrecht die Wahrheit niederhalten. 19 Denn was Menschen von Gott wissen können, ist ihnen bekannt, er selbst hat es ihnen vor Augen gestellt. 20 Denn seine unsichtbare Wirklichkeit, seine ewige Macht und sein göttliches Wesen sind seit Erschaffung der Welt in seinen Werken zu erkennen. Die Menschen haben also keine Entschuldigung. 21 Trotz allem, was sie von Gott wussten, ehrten sie ihn nicht als Gott und brachten ihm keinerlei Dank. Stattdessen verloren sich ihre Gedanken ins Nichts, und in ihren uneinsichtigen Herzen wurde es finster. 22 Sie hielten sich für Weise und wurden zu Narren. 23 Die Herrlichkeit des unvergänglichen Gottes vertauschten sie mit Bildern von sterblichen Menschen, mit Abbildern von Vögeln, vierfüßigen und kriechenden Tieren.

24 Darum hat Gott sie den Begierden ihrer Herzen ausgeliefert; er hat sie ihrer Unsittlichkeit preisgegeben, so dass sie ihre eigenen Körper

---

1,17 Habakuk 2,4 sinngemäß nach der LXX zitiert.

schändeten. *25* Sie vertauschten die Wahrheit Gottes mit der Lüge. Sie beteten die Geschöpfe an und verehrten sie anstelle des Schöpfers, der doch für immer und ewig zu preisen ist. Amen*! *26* Darum hat Gott sie entehrenden Leidenschaften ausgeliefert. Ihre Frauen vertauschten den natürlichen Geschlechtsverkehr mit dem widernatürlichen, *27* und ihre Männer machten es genauso. Sie gaben den natürlichen Verkehr mit den Frauen auf und wurden von wildem Verlangen zueinander gepackt. Männer trieben es schamlos mit Männern. So empfingen sie den gebührenden Lohn für ihre Verirrung* an sich selbst.

28 Und weil sie es nicht für gut hielten, Gott anzuerkennen, lieferte Gott sie einem verworfenen Denken aus, so dass sie tun, was man nicht tun darf. *29* Jede Art von Unrecht, Bosheit, Habsucht und Gemeinheit ist bei ihnen zu finden. Sie sind voller Neid, Mord, Streit, List und Tücke. *30* Sie reden gehässig über andere und verleumden sie. Sie hassen Gott, sind gewalttätig, hochmütig und prahlerisch. Im Bösen sind sie sehr erfinderisch, und ihre Eltern verachten sie. *31* Sie sind unbelehrbar, unzuverlässig, gefühllos und kennen kein Erbarmen. *32* Obwohl sie wissen, dass jeder, der so handelt, nach Gottes Gesetz den Tod verdient, tun sie es nicht nur selbst, sondern finden es auch noch gut, wenn andere es ebenso machen.

1,25 *Amen.* Hebräisch: *Es werde wahr!* Oder: *So sei es!*

1,27 *Verirrung.* Gemeint ist offenbar die Verirrung ihrer Gottesverehrung, wie es der Zusammenhang nahelegt.

Die Selbstgerechtigkeit der Juden fordert das Gericht Gottes heraus

2 *1* Deshalb bist du nicht zu entschuldigen, lieber Mensch, auch wenn du das alles verurteilst. Du sitzt zwar über einen anderen zu Gericht, doch verurteilst du dich damit selbst, denn du tust ja genau das, was du verurteilst. *2* Nun wissen wir natürlich, dass Gott die verurteilt, die so etwas tun, und dass sein Urteil absolut gerecht ist. *3* Meinst du nun, du könntest dem Gericht Gottes dadurch entgehen, dass du die verurteilst, die so etwas tun, aber doch genau dasselbe machst? *4* Oder verachtest du nur seine große Güte, Nachsicht und Geduld? Begreifst du denn nicht, dass er dich mit seiner Güte zur Umkehr bringen will? *5* Doch du bist starrsinnig und nicht bereit, deine Einstellung zu ändern. So lädst du dir selbst den Zorn Gottes auf und vermehrst ihn noch, bis er schließlich am »Tag des Zorns« über dich hereinbricht, an dem Tag, an dem offenbar wird, dass Gottes Urteil gerecht ist.

6 Gott wird jedem das geben, was er für sein Tun verdient hat. *7* Den einen, die unermüdlich das Gute tun und alles dransetzen, um an Gottes Herrlichkeit, Ehre und Unvergänglichkeit teilzuhaben, gibt er das ewige Leben. *8* Den anderen aber, die nur an sich selbst denken und sich weigern, der Wahrheit zu gehorchen, stattdessen aber dem Unrecht gehorsam sind, gilt sein grimmiger Zorn. *9* Bedrängende Angst wird über die Menschen kommen, die Böses tun. Das gilt zuerst für Juden, aber auch für alle anderen Menschen. *10* Ewige Herrlichkeit jedoch und Ehre und Frieden werden die erhalten, die Gutes tun. Auch das gilt zuerst für Juden, dann aber auch für alle anderen Menschen. *11* Denn bei Gott gibt es keinerlei Bevorzugung.

12 Alle Menschen, die sündigen und keine Beziehung zum Gesetz Gottes haben, werden auch ohne Gesetz ins Verderben gehen. Und alle, die trotz des Gesetzes sündigen, werden durch dieses Gesetz verurteilt werden. *13* Denn nicht die, die hören, was das Gesetz sagt, werden von Gott für unschuldig erklärt, sondern die, die tun, was es verlangt. *14* Und wenn nun Menschen aus nichtjüdischen Völkern, die keine Beziehung zum Gesetz Gottes haben, von sich aus so handeln, wie es das Gesetz fordert, dann tragen sie das Gesetz in sich. *15* Sie beweisen damit, dass ihnen die Forderungen des Gesetzes ins Herz geschrieben sind. Das zeigt sich auch an ihrem Gewissen und am Widerstreit ihrer Gedanken, die sich gegenseitig anklagen oder auch entschuldigen. *16* Der Tag des Gerichts wird das ans Licht bringen, der Tag, an dem Gott durch Jesus Christus die verborgensten Dinge der Menschen richten wird. So entspricht es der guten Botschaft, die mir anvertraut ist.

17 Nun zu dir: Du kannst von dir sagen, ein Jude zu sein, und fühlst dich sicher, weil du das Gesetz hast. Du bist stolz auf deine Beziehung zu Gott. *18* Aus dem Gesetz kennst du seinen Willen und kannst beurteilen, worauf es ankommt. *19* Du traust dir zu, die Blinden zu führen und denen im Dunkeln das Licht zu bringen; *20* du willst ein Erzieher für die Unverständigen und ein Lehrer für die Unwissenden sein, weil du das Gesetz Gottes hast, den Inbegriff von Erkenntnis und Wahrheit.

21 Du belehrst andere, warum nicht auch dich selbst? Du predigst, man dürfe nicht stehlen – und warum stiehlst du? *22* Du sagst, man soll die Ehe nicht brechen – warum brichst du sie? Du verabscheust die Götzen – und warum bereicherst du dich dann an ihren Tempeln? *23* Du bist stolz auf das Gesetz – und warum brichst du es selbst und machst Gott Schande damit? *24* So steht es schon in der Schrift: »Euretwegen wird der Name Gottes bei den Völkern verlästert.«*

25 Auch die Beschneidung nützt dir nur dann etwas, wenn du das Gesetz befolgst. Übertrittst du das Gesetz, bist du praktisch ein Unbeschnittener* geworden. *26* Und wenn ein Unbeschnittener die Forderungen des Gesetzes erfüllt, gilt er vor Gott dann etwa nicht als Beschnittener? *27* So wird der Unbeschnittene, der das Gesetz gehalten hat, über dich das Urteil sprechen, der das Gesetz zwar buchstabengenau kennt und auch beschnitten ist, es aber doch übertreten hat. *28* Nicht der ist nämlich ein Jude, der es nach außen hin ist, und nicht der körperliche Vollzug ist die wirkliche Beschneidung. *29* Ein wahrer Jude ist der, der es innerlich ist, und

---

2,24 Jesaja 52,5 nach der LXX zitiert; siehe auch Hesekiel 36,20-23.

2,25 *Unbeschnittener.* Ausdruck für einen Menschen, der nicht zum Bund Gottes gehört. Siehe 1. Mose 17,9-14!

die wahre Beschneidung ist die, die am Herzen geschieht. Sie kommt nicht durch die genaue Befolgung der Vorschrift zustande, sondern durch den Geist Gottes. Ein solcher Jude sucht nicht den Beifall von Menschen. Sein Lob kommt von Gott.

Die Gerechtigkeit Gottes fordert den Glauben an Jesus Christus

3 1 Aber was für einen Vorteil haben dann die Juden noch, und was nützt dann noch die Beschneidung? 2 Nun, die Juden haben den anderen Völkern in jeder Hinsicht viel voraus, vor allem, dass Gott ihnen seine Worte anvertraut hat. 3 Es stimmt zwar, dass einige dieses Vertrauen enttäuscht haben. Aber kann ihr Unglaube etwa die Treue Gottes aufheben? 4 Auf keinen Fall! Vielmehr sollte dadurch klar werden, dass Gott zuverlässig und wahrhaftig ist, jeder Mensch aber letztlich ein Lügner, so wie es in der Schrift heißt: »Du sollst Recht behalten mit deinen Worten, sie werden sich als zuverlässig erweisen, und du wirst dich siegreich behaupten, wenn man dich zur Rechenschaft ziehen will.«*

5 Wenn aber unsere Ungerechtigkeit Gottes Gerechtigkeit erst richtig zur Geltung bringt, was sagen wir dann? Ist Gott vielleicht ungerecht, wenn er seinen Zorn über uns kommen lässt? – Ich frage sehr menschlich. – 6 Auf keinen Fall! Denn wie könnte Gott sonst die Welt richten? 7 Wenn nun aber die Wahrheit Gottes erst dadurch richtig zur Geltung kommt, dass ich ein Lügner bin, und sein Ruhm erst dadurch richtig groß wird, warum werde ich dann noch als Sünder gerichtet? 8 Könnten wir dann nicht gleich sagen: »Tun wir doch das Böse, damit Gutes dabei herauskommt!«? Einige verleumden uns ja und behaupten, das sei es, was wir lehren. Gottes Gericht wird sie zu Recht treffen.

9 Aber wie ist es nun? Machen wir etwa Ausflüchte? Ganz und gar nicht. Wir haben ja schon den Beweis erbracht, dass die Juden genauso wie die anderen Völker in der Gewalt der Sünde sind. 10 So steht es in der Schrift: »Keiner ist gerecht, auch nicht einer. 11 Keiner hat Einsicht und fragt nach Gott. 12 Alle haben sie den rechten Weg verlassen und sind unbrauchbar geworden. Niemand ist da, der Gutes tut, kein Einziger.«* 13 »Ihre Kehle ist ein offenes Grab und mit ihrer Zunge formen sie Lügen.«* »Schlangengift verbirgt sich hinter ihren Lippen.«* 14 »Ihr Mund ist voller Flüche und Drohungen.«* 15 »Ihre Füße sind schnell, wenn es darum geht, Blut zu vergießen. 16 Sie hinterlassen Verwüstung und Elend, 17 und was zum Frieden führt, kennen sie nicht.«* 18 »Von Gottesfurcht wissen sie nichts.«*

19 Das sagt das Gesetz, und wir wissen: Alles, was es sagt, richtet sich an die, denen es verordnet wurde. So

---

3,4 Psalm 51,6
3,12 Psalm 14,1-3
3,13 Psalm 5,10; Psalm 140,4
3,14 Psalm 10,7
3,17 Jesaja 59,7-8
3,18 Psalm 36,2

wird jeder Mund gestopft und die ganze Welt sieht sich dem Urteil Gottes verfallen. *20* Denn durch das Halten von Geboten wird kein Mensch vor Gott gerecht. Das Gesetz führt nur dazu, dass man seine Sünde erkennt.

21 Doch jetzt ist die Gerechtigkeit Gottes sichtbar geworden, und zwar unabhängig vom Gesetz, aber in Übereinstimmung mit dem Gesetz und den Worten der Propheten. *22* Es ist die Gerechtigkeit Gottes, die durch den Glauben an Jesus Christus geschenkt wird und allen zugutekommt, die glauben. Da ist kein Unterschied zwischen Jude und Nichtjude, *23* denn alle haben gesündigt und die Herrlichkeit Gottes* verloren. *24* Doch werden sie allein durch seine Gnade ohne eigene Leistung gerecht gesprochen, und zwar aufgrund der Erlösung, die durch Jesus Christus geschehen ist. *25* Ihn hat Gott zu einem Sühneplatz gemacht, der für alle zugänglich ist. Durch sein vergossenes Blut ist die Sühne vollzogen worden, und durch den Glauben kommt sie allen zugute. So hat Gott auch den Beweis erbracht, dass er gerecht gehandelt hatte, obwohl er die bis dahin begangenen Sünden der Menschen ungestraft ließ. *26* Und heute beweist er seine Gerechtigkeit dadurch, dass er den für gerecht erklärt, der aus dem Glauben an Jesus lebt.

27 Kann man da noch selbst auf etwas stolz sein? Das ist ausgeschlossen. Durch was für ein Gesetz kommt das? Durch das Gesetz, das Werke fordert? Nein! Es kommt durch das Gesetz, das auf den Glauben abzielt. *28* Denn wir sind zu dem Schluss gekommen, dass ein Mensch durch Glauben für gerecht erklärt wird und nicht durch das Einhalten von Gesetzesvorschriften. *29* Ist Gott denn nur ein Gott der Juden und nicht auch der Gott der anderen Völker? Natürlich auch der anderen Völker! *30* Denn es gibt nur den einen Gott. Er wird die Beschnittenen ebenso wie die Unbeschnittenen auf der gleichen Grundlage des Glaubens für gerecht erklären. *31* Setzen wir nun aber durch den Glauben das Gesetz außer Kraft? Im Gegenteil: Wir bestätigen das Gesetz!

Die Gerechtigkeit aus Glauben galt schon im Alten Testament

4 *1* Was hat denn bei unserem Stammvater Abraham – von dem wir Juden ja abstammen – dazu geführt, *2* dass er für gerecht erklärt wurde? Etwa seine eigenen Leistungen? Dann hätte er Grund, stolz auf sich zu sein. Aber das zählt nichts vor Gott, *3* denn die Schrift sagt: »Abraham glaubte Gott, und das ist ihm als Gerechtigkeit angerechnet worden.«* *4* Wenn jemand Leistungen erbracht hat, erhält er den Arbeitslohn, den er verdient. Er bekommt ihn nicht geschenkt. *5* Wenn aber jemand keine Leistungen vorweisen kann, sondern sein Vertrauen auf den setzt, der den Gottlosen gerecht spricht, dann wird ihm sein Glaube als Gerechtigkeit angerechnet. *6* Im gleichen Sinn nennt

---

3,23 *Herrlichkeit Gottes.* Damit ist wohl die ursprüngliche Herrlichkeit gemeint, die der Mensch als Ebenbild Gottes hatte.

4,3 1. Mose 15,6

auch David den beneidenswert glücklich, dem Gott ohne Gegenleistung Gerechtigkeit zuspricht: *7* »Wie glücklich ist der, dem die Übertretung des Gesetzes vergeben und dem die Sünde zugedeckt ist. *8* Wie sehr ist der zu beneiden, dem der Herr die Sünde nicht anrechnet.«*

9 Werden hier nur die glücklich genannt, die beschnitten sind, oder gilt das auch für die Unbeschnittenen? Wir haben ja schon gesagt, dass Abraham der Glaube als Gerechtigkeit angerechnet wurde. *10* Wann geschah das eigentlich? Als er beschnitten oder als er unbeschnitten war? Er war noch unbeschnitten! *11* Das Zeichen der Beschneidung besiegelte für ihn die Tatsache, dass Gott ihn schon vor seiner Beschneidung aufgrund seines Glaubens gerecht gesprochen hatte. Er sollte nämlich der Vater für alle werden, die Gott vertrauen, ohne beschnitten zu sein, und denen der Glaube als Gerechtigkeit angerechnet wird. *12* Durch seine Beschneidung ist Abraham aber auch der Vater der Beschnittenen geworden, vor allem, wenn sie dem Beispiel des Glaubens folgen, den unser Vater Abraham hatte, als er noch unbeschnitten war.

13 Dasselbe gilt für die Zusage, die Abraham und seinen Nachkommen die Welt als Besitz versprach. Diese Zusage wurde ihm nicht gegeben, weil er das Gesetz befolgte, sondern weil ihm aufgrund seines Glaubens die Gerechtigkeit zugesprochen wurde. *14* Wenn dieser Besitz nämlich denen zugesprochen würde, die auf das Gesetz vertrauen, dann wäre der Glaube wertlos und die Zusage hinfällig. *15* Denn das Gesetz führt durch seine ständige Übertretung nur zu Gottes Zorn. Wo es das Gesetz aber nicht gibt, da gibt es auch keine Übertretung. *16* Das Prinzip des Glaubens gilt deshalb, damit alles auf Gnade beruhe. Nur so bleibt die Zusage für alle Nachkommen gültig, und zwar nicht nur für die, die nach dem Gesetz leben, sondern auch für die, die wie Abraham der Zusage Gottes vertrauen. So ist Abraham der Vater von uns allen, *17* wie es in der Schrift heißt: »Ich habe dich zum Vater vieler Völker gemacht.«* Vor Gott ist er das auch, denn er vertraute auf den, der die Toten lebendig macht und das Nichtexistierende ins Dasein ruft. *18* Obwohl nichts mehr zu hoffen war, gab er die Hoffnung nicht auf und glaubte, dass Gott ihn zum Vater vieler Völker machen würde, denn er hatte ihm gesagt: »So zahlreich werden deine Nachkommen sein.«* *19* Obwohl er damals schon fast hundert Jahre alt war und wusste, dass er keine Kinder mehr zeugen und seine Frau Sara keine Kinder mehr bekommen könnte, wurde er im Glauben nicht schwach *20* und zweifelte nicht an der Zusage Gottes. Er ehrte Gott, indem er ihm vertraute, und wurde so im Glauben gestärkt. *21* Er war sich völlig gewiss, dass Gott auch tun kann, was er verspricht. *22* Eben darum wurde ihm der Glaube als Gerechtigkeit angerechnet.

4,8 Psalm 32,1-2
4,17 1. Mose 17,5
4,18 1. Mose 15,5

23 Dass Abraham der Glaube angerechnet wurde, steht aber nicht nur seinetwegen in der Schrift, 24 sondern auch wegen uns. Auch uns wird der Glaube als Gerechtigkeit angerechnet werden, weil wir auf den vertrauen, der Jesus, unseren Herrn, aus den Toten auferweckt hat, 25 ihn, der ausgeliefert wurde wegen unserer Verfehlungen und auferweckt wurde für unseren Freispruch.

Die Gerechtigkeit aus Glauben rettet allein vor dem Zorn Gottes

5 1 Nachdem wir nun aufgrund des Glaubens für gerecht erklärt wurden, haben wir Frieden mit Gott durch unseren Herrn Jesus Christus. 2 Durch ihn haben wir auch freien Zugang zu der Gnade bekommen, in der wir jetzt leben. Das geschah im Glauben, und wir sind stolz auf die Hoffnung, mit der wir nun der Herrlichkeit Gottes entgegengehen dürfen. 3 Aber nicht nur das: Wir sind auch stolz auf die Bedrückungen, denen wir ausgesetzt sind, denn wir wissen, dass wir durch Leiden Geduld lernen; 4 und wer Geduld gelernt hat, ist bewährt, und das wiederum festigt die Hoffnung. 5 Und in dieser Hoffnung werden wir nicht enttäuscht, denn Gott hat uns mit dem Heiligen Geist, den er uns geschenkt hat, auch seine Liebe ins Herz ausgegossen.

6 Christus ist ja schon zu einer Zeit gestorben, als wir noch ohnmächtig der Sünde ausgeliefert waren. Und er starb für gottlose Menschen. 7 Nun wird sich kaum jemand finden, der für einen Gerechten stirbt; eher noch würde sich jemand für einen besonders gütigen Menschen opfern. 8 Aber Gott hat seine Liebe zu uns dadurch bewiesen, dass Christus für uns starb, als wir noch Sünder waren. 9 Und nachdem wir jetzt durch sein Blut gerechtfertigt sind, werden wir durch ihn erst recht vor dem kommenden Strafgericht gerettet. 10 Denn durch den Tod seines Sohnes hat Gott uns ja schon versöhnt, als wir noch seine Feinde waren. Deshalb werden wir jetzt, nachdem wir versöhnt sind, erst recht durch die Kraft seines Lebens gerettet werden. 11 Aber es ist nicht nur diese Hoffnung, die uns mit Stolz und Freude erfüllt, sondern auch die Beziehung zu Gott, die uns durch Jesus Christus geschenkt ist. Denn durch ihn sind wir schon jetzt mit Gott versöhnt.

Christus herrscht anstelle von Adam

12 Durch einen einzigen Menschen ist die Sünde in die Welt gekommen und mit der Sünde der Tod. Und auf diese Weise ist der Tod zu allen Menschen hingekommen. Deswegen hat auch jeder gesündigt. 13 Selbst als es das Gesetz noch nicht gab, war die Sünde schon in der Welt. Doch wird sie da, wo es kein Gesetz gibt, nicht als Schuld angerechnet. 14 Trotzdem herrschte schon in der Zeit zwischen Adam und Mose der Tod auch über die Menschen, die kein ausdrückliches Gebot übertraten, also nicht in derselben Weise wie Adam sündigten. Mit seinem Ungehorsam ist Adam das genaue Gegenteil von dem, der kommen soll. 15 Doch die Begnadigung ist nicht einfach ein Gegen-

stück für die Übertretung. Denn wenn die Übertretung eines Einzigen der ganzen Menschheit den Tod brachte, so wird das durch die Gnade Gottes mehr als aufgewogen, denn die ganze Menschheit wird durch die Gnade eines einzigen Menschen, nämlich durch Jesus Christus, überaus reich beschenkt. ¹⁶ Dieses Gnadengeschenk ist nicht vergleichbar mit dem, was durch den einen Sünder verursacht wurde. Denn das Urteil Gottes, das der Übertretung des einen folgte, führt zur Verdammnis. Aber die Gnade, die auf zahllose Verfehlungen folgte, führt zum Freispruch. ¹⁷ Ist durch die Verfehlung eines Einzigen der Tod zur Herrschaft gekommen, so werden erst recht alle, die Gottes Gnade und das Geschenk der Gerechtigkeit in so reichem Maß empfangen haben, durch den Einen, durch Jesus Christus, leben und herrschen. ¹⁸ So wie eine einzige Verfehlung allen Menschen die Verdammnis brachte, so bringt eine einzige Tat, die Gottes Rechtsforderung erfüllte, allen Menschen den Freispruch und das Leben. ¹⁹ Genauso wie durch den Ungehorsam eines einzigen Menschen alle zu Sündern wurden, so werden durch den Gehorsam eines Einzigen alle zu Gerechten.

²⁰ Das Gesetz ist erst nachträglich dazugekommen, um die Tragweite der Übertretungen deutlich zu machen. Und gerade dort, wo sich die ganze Macht der Sünde zeigte, ist die Gnade noch sehr viel mächtiger geworden. ²¹ Denn genauso wie die Sünde geherrscht und den Menschen den Tod gebracht hat, soll die Gnade herrschen und uns durch die geschenkte Gerechtigkeit zum ewigen Leben führen durch Jesus Christus, unseren Herrn.

Frei von der Sklaverei der Sünde

6 ¹ Was heißt das nun? Sollen wir an der Sünde festhalten, damit die Gnade sich noch mächtiger auswirken kann? ² Auf keinen Fall! Für die Sünde sind wir doch schon gestorben, wie können wir da noch in ihr leben? ³ Oder wisst ihr nicht, dass alle von uns, die auf Jesus Christus getauft wurden, in seinen Tod mit eingetaucht worden sind? ⁴ Durch die Taufe sind wir also mit Christus in den Tod hinein begraben worden, damit so, wie Christus durch die herrliche Macht des Vaters von den Toten auferweckt wurde, wir nun ebenfalls in dieser neuen Wirklichkeit leben. ⁵ Denn wenn wir mit seinem Tod vereinigt worden sind, werden wir auch eins mit seiner Auferstehung sein.

⁶ Wir sollen also begreifen, dass unser alter Mensch mit Christus gekreuzigt worden ist, damit unser sündiges Wesen unwirksam gemacht wird und wir der Sünde nicht mehr sklavisch dienen. ⁷ Denn wer gestorben ist, ist vom Herrschaftsanspruch der Sünde befreit. ⁸ Wenn wir nun mit Christus gestorben sind, vertrauen wir darauf, dass wir auch mit ihm leben werden. ⁹ Wir wissen ja, dass Christus von den Toten auferweckt wurde und nie mehr stirbt. Der Tod hat keine Gewalt mehr über ihn. ¹⁰ Denn sein Sterben war ein Sterben für die Sünde, und zwar ein für alle Mal. Aber sein Leben ist ein Leben für Gott. ¹¹ Auch ihr sollt von dieser Tatsache ausgehen, dass ihr

für die Sünde tot seid, aber in Jesus Christus für Gott lebt.

12 Die Sünde soll euren vergänglichen Körper also nicht mehr beherrschen und euch dazu bringen, seinen Begierden zu gehorchen. 13 Und stellt eure Glieder nicht mehr der Sünde zur Verfügung als Werkzeuge des Unrechts, sondern stellt euch selbst Gott zur Verfügung als Menschen, die vom Tod zum Leben gekommen sind, und bietet ihm eure Glieder als Werkzeuge der Gerechtigkeit an. 14 Dann wird die Sünde ihre Macht über euch verlieren, denn ihr lebt ja nicht mehr unter dem Gesetz, sondern unter der Gnade.

15 Heißt das nun, dass wir einfach weiter sündigen, weil wir nicht mehr unter der Herrschaft des Gesetzes, sondern unter der Gnade stehen? Auf keinen Fall! 16 Überlegt doch einmal: Wenn ihr euch jemand unterstellt und als Sklaven zum Gehorsam verpflichtet, dann seid ihr damit seine Sklaven. Entweder seid ihr Sklaven der Sünde, dann wird euch das zum Tod führen, oder ihr gehorcht Gott und werdet zur Gerechtigkeit geführt. 17 Aber Gott sei Dank: Ihr, als frühere Sklaven der Sünde, gehorcht jetzt von Herzen der Lehre, von der ihr inzwischen geprägt worden seid. 18 Von der Sünde befreit seid ihr nun in den Dienst der Gerechtigkeit gestellt.

19 Ich gebrauche das Bild vom Sklavendienst, damit ihr versteht, was ich meine. Früher hattet ihr eure Glieder in den Sklavendienst von Unmoral und Zügellosigkeit gestellt und führtet ein Leben gegen Gottes Gesetz. Jetzt sollt ihr eure Glieder in den Dienst der Gerechtigkeit stellen, was euch zu einem Leben in Übereinstimmung mit Gott führt. 20 Als ihr Sklaven der Sünde wart, wart ihr von jeder Gerechtigkeit frei. 21 Und was kam dabei heraus? Ihr habt Dinge getan, für die ihr euch jetzt schämt und die euch letztlich nur den Tod gebracht hätten. 22 Aber jetzt seid ihr vom Dienst der Sünde befreit und Sklaven Gottes geworden. Das bringt euch den Gewinn eines geheiligten Lebens und im Endergebnis das ewige Leben. 23 Denn der Erlös, der aus der Sünde kommt, ist der Tod; das Gnadengeschenk Gottes aber ist das ewige Leben in Jesus Christus, unserem Herrn.

Frei von der Herrschaft des Gesetzes

7 1 Nun ist euch doch klar, liebe Geschwister – ich rede ja zu Leuten, die das Gesetz kennen –, dass das Gesetz für einen Menschen nur so lange Geltung hat, wie er lebt. 2 So ist zum Beispiel eine verheiratete Frau durch das Gesetz an ihren Mann gebunden, so lange er lebt. Stirbt ihr Mann, ist sie frei von dem Gesetz, das sie an ihn band. 3 Wenn sie sich also zu Lebzeiten ihres Mannes mit einem anderen einlässt, gilt sie als Ehebrecherin. Stirbt aber der Mann, ist sie nicht mehr durch das Gesetz gebunden. Es steht ihr frei, einen anderen zu heiraten. Sie wird deswegen nicht zur Ehebrecherin.

4 So ist es auch mit euch, liebe Geschwister. Durch den körperlichen Tod des Messias seid ihr dem Gesetz gegenüber zu Tode gekommen, so dass ihr jetzt einem anderen angehören könnt,

nämlich dem, der von den Toten auferweckt wurde. Und das bedeutet: Jetzt kann unser Leben für Gott Frucht bringen. *5* Denn als wir noch unserem natürlichen Wesen folgten, war alles, was wir taten, von den durch das Gesetz erregten sündigen Leidenschaften bestimmt. Die einzige Frucht, die das brachte, war der Tod. *6* Doch jetzt sind wir vom Gesetz freigekommen, wir sind tot für das Gesetz, das uns früher gefangen hielt. Jetzt stehen wir im Dienst einer neuen Ordnung, der des Geistes, und werden nicht mehr von der alten beherrscht, die vom Buchstaben des Gesetzes bestimmt war.

7 Heißt das nun, dass das Gesetz Sünde ist? Auf keinen Fall! Aber ohne Gesetz hätte ich nie erkannt, was Sünde ist. Auch die Begierde wäre nie in mir erwacht, wenn das Gesetz nicht gesagt hätte: »Du sollst nicht begehren!«* *8* Doch die Sünde nutzte die Gelegenheit und stachelte durch das Gebot jede Begierde in mir auf. Ohne Gesetz ist die Sünde tot. *9* Ich dagegen lebte, solange ich noch ohne Gesetz war. Als dann aber das Gebot kam, fing die Sünde an zu leben – *10* und ich starb. Das Gebot, das mir das Leben erhalten sollte, brachte mir den Tod. *11* Denn die Sünde ergriff die Gelegenheit und benutzte das Gesetz, um mich zu täuschen und zu töten.

12 Es bleibt also dabei: Das Gesetz ist heilig, und seine Forderungen sind heilig, gerecht und gut. *13* Hat nun das Gute mir den Tod gebracht? Auf keinen Fall! Schuld war die Sünde. Sie hat mir den Tod gebracht und das Gute dazu benutzt. So hat sie ihr wahres Gesicht gezeigt. Die Forderungen des Gesetzes haben nur die Abscheulichkeit der Sünde ans Licht gebracht.

14 Wir wissen ja, dass das Gesetz vom Geist Gottes erfüllt ist. Ich dagegen bin von meiner Natur bestimmt und der Sünde unterworfen. *15* Ich verstehe ja selbst nicht, was ich tue. Denn ich tue nicht das, was ich will, sondern gerade das, was ich hasse. *16* Wenn ich aber das tue, was ich gar nicht tun will, gebe ich dem Gesetz Recht und heiße es gut. *17* Dann aber bin nicht mehr ich es, der so handelt, sondern die Sünde, die in mir wohnt.

18 Denn ich weiß, dass in mir, das heißt in meiner Natur, nichts Gutes wohnt. Es fehlt mir nicht am Wollen, aber ich bringe es nicht fertig, das Gute zu tun. *19* Ich tue nicht das Gute, das ich tun will, sondern das Böse, das ich nicht will. *20* Wenn ich aber das tue, was ich gar nicht will, dann bin nicht mehr ich der Handelnde, sondern die Sünde, die in mir wohnt.

21 Ich stelle also ein Gesetz des Bösen in mir fest, obwohl ich doch das Gute tun will. *22* Denn meiner innersten Überzeugung nach stimme ich dem Gesetz Gottes freudig zu, *23* aber in meinen Gliedern sehe ich ein anderes Gesetz wirken, das mit dem Gesetz in meinem Innern in Streit liegt und mich zu seinem Gefangenen macht. *24* Ich unglückseliger Mensch! Gibt es denn niemand, der mich aus dieser tödlichen Verstrickung befreit? *25* Doch! Und dafür danke ich Gott durch Jesus Christus, unseren Herrn.

7,7 2. Mose 20,17

Es gilt also beides: Meiner innersten Überzeugung nach diene ich dem Gesetz Gottes, meiner Natur nach aber bin ich dem Gesetz der Sünde versklavt.

Der Geist regiert anstelle der eigenen Natur

8 *1* Es gibt demnach kein Verdammungsurteil mehr für die, die ganz mit Jesus Christus verbunden* sind. *2* Denn das Gesetz des Geistes, das dich mit Jesus Christus zum Leben führt, hat dich von dem Gesetz befreit, das nur Sünde und Tod bringt. *3* Das Gesetz des Mose war dazu nicht imstande. Es scheiterte am Widerstand unserer Natur. Deshalb hat Gott seinen Sohn gegen die Sünde in die Welt geschickt. Er kam in der gleichen Gestalt, wie sie die Menschen haben, die im Widerspruch zu Gott leben, und machte der Sünde in der menschlichen Natur den Prozess. *4* Damit kann jetzt die Rechtsforderung des göttlichen Gesetzes in uns erfüllt werden, und zwar dadurch, dass wir uns nicht mehr von unserer Natur, sondern vom Geist Gottes bestimmen lassen. *5* Denn alle, die sich von ihrer Natur bestimmen lassen, sind auf das bedacht, was ihre eigene Natur will. Wer sich aber vom Geist Gottes bestimmen lässt, ist auf das ausgerichtet, was der Geist will. *6* Was die menschliche Natur will, bringt den Tod, was aber der Geist will, bringt Leben und Frieden. *7* Denn der menschliche Eigenwille steht dem Willen Gottes feindlich gegenüber, denn er unterstellt sich dem Gesetz Gottes nicht und kann das auch nicht. *8* Wer also von seiner eigenen Natur bestimmt ist, kann Gott nicht gefallen.

9 Ihr jedoch steht nicht mehr unter der Herrschaft eurer Natur, sondern unter der des Geistes, wenn wirklich Gottes Geist in euch wohnt. Denn wenn jemand diesen Geist von Christus nicht hat, gehört er nicht zu ihm. *10* Wenn nun also Christus in euch ist, bleibt der Körper zwar dem Tod verfallen aufgrund der Sünde, der Geist aber erfüllt euch mit Leben aufgrund der Gerechtigkeit, die Gott euch geschenkt hat. *11* Wenn nun der Geist von dem, der Jesus aus den Toten auferweckt hat, in euch wohnt, dann wird er durch den Geist, der in euch wohnt, auch euren sterblichen Körper lebendig machen, eben weil er Christus aus den Toten auferweckt hat.

12 Darum sind wir jetzt nicht mehr unserer eigenen Natur verpflichtet, liebe Geschwister, als müssten wir uns von ihr bestimmen lassen! *13* Denn wenn ihr euer Leben von eurer Natur bestimmen lasst, werdet ihr sterben. Wenn ihr aber durch den Geist die alten Verhaltensweisen tötet, werdet ihr leben. *14* Denn diejenigen, die von Gottes Geist gelenkt werden, sind Kinder Gottes. *15* Der Geist, den ihr empfangen habt, macht euch ja nicht wieder zu Sklaven, dass ihr wie früher in Furcht leben müsstet. Nein, ihr habt den Geist empfangen, der euch zu Kindern Gottes macht, den Geist, in dem wir »Abba!«, Vater*, zu Gott sagen. *16* So macht sein Geist uns im Innersten gewiss, dass wir Kinder

---

8,1 *ganz mit Jesus Christus verbunden.* Wörtlich: *in Christus Jesus.*

8,15 *Abba* (aramäisch) bedeutet Vater. Der Ausdruck wurde als liebe- und respektvolle Anrede nur im Familienkreis gebraucht.

Gottes sind. *17* Wenn wir aber Kinder sind, dann sind wir auch Erben, Erben Gottes und Miterben mit Christus, die jetzt mit ihm leiden, um dann auch an seiner Herrlichkeit teilzuhaben.

18 Übrigens meine ich, dass die Leiden der jetzigen Zeit im Vergleich zu der Herrlichkeit, die an uns sichtbar werden wird, überhaupt nicht ins Gewicht fallen. *19* Die gesamte Schöpfung wartet ja sehnsüchtig auf den Tag, an dem die Kinder Gottes in ihrer ganzen Herrlichkeit erkennbar werden. *20* Denn die Schöpfung ist der Nichtigkeit unterworfen worden, ohne dass sie etwas dafür kann. Sie musste sich dem beugen, der sie unterworfen hat. Allerdings hat sie eine Hoffnung: *21* Auch die Schöpfung wird von der Versklavung in die Vergänglichkeit zur Herrlichkeit der Kinder Gottes befreit werden. *22* Denn wir wissen, dass die gesamte Schöpfung bis heute unter ihrem Zustand seufzt, als würde sie in Geburtswehen liegen.

23 Aber nicht nur das, auch wir selbst, denen Gott doch schon seinen Geist gegeben hat – als Vorschuss auf das künftige Erbe –, auch wir seufzen innerlich und warten sehnsüchtig auf das Offenbarwerden unserer Kindschaft: die Erlösung unseres Körpers. *24* Denn mit dieser Hoffnung sind wir gerettet worden. Aber eine Hoffnung, die man schon erfüllt sieht, ist keine Hoffnung. Denn warum sollte man auf etwas hoffen, was man schon verwirklicht sieht? *25* Wenn wir aber auf etwas hoffen, was wir noch nicht sehen können, warten wir geduldig, bis es sich erfüllt.

26 In gleicher Weise nimmt sich der Geist Gottes auch unserer Schwachheit an, denn wir wissen nicht, wie man richtig beten soll. Er tritt mit einem Seufzen für uns ein, das man nicht in Worte fassen kann. *27* Und Gott, der die Herzen erforscht, weiß, was der Geist damit sagen will, denn der Geist tritt für die Heiligen* so ein, wie es vor Gott angebracht ist.

28 Wir wissen aber, dass Gott bei denen, die ihn lieben, alles zum Guten führt. Das sind ja die Menschen, die er nach seinem freien Entschluss berufen hat. *29* Denn sie, die er im Voraus erwählt hat, die hat er auch im Voraus dazu bestimmt, in Wesen und Gestalt seinem Sohn gleich zu werden, denn er sollte der Erstgeborene unter vielen Brüdern sein. *30* Und alle, die er dazu erwählt hat, die hat er auch berufen, und die er berufen hat, die hat er auch für gerecht erklärt, und die er für gerecht erklärt hat, denen hat er auch Anteil an seiner Herrlichkeit gegeben.

31 Was können wir jetzt noch dazu sagen? Wenn Gott für uns ist, wer könnte dann gegen uns sein? *32* Er hat nicht einmal seinen eigenen Sohn verschont, sondern ihn für uns alle ausgeliefert: Wird er uns dann noch irgendetwas vorenthalten? *33* Wer wird es wagen, diese Auserwählten Gottes anzuklagen? Gott selbst erklärt sie ja für gerecht. *34* Wer kann sie verurteilen? Jesus Christus ist doch für sie gestorben, ja noch mehr: Er ist auferweckt und sitzt an Gottes rechter Seite und tritt dort für uns ein. *35* Was kann

---

8,27 *Heilige.* Gemeint sind die Christen, alle, die zu dem heiligen Gott gehören.

uns da noch von Christus und seiner Liebe trennen? Bedrückung? Angst? Verfolgung? Hunger? Kälte? Lebensgefahr? Das Schwert des Henkers? 36 Es kann uns so ergehen, wie es in der Schrift heißt: »Weil wir zu dir gehören, sind wir vom Tod bedroht; man behandelt uns wie Schafe, die zum Schlachten bestimmt sind.«* 37 Aber durch den, der uns geliebt hat, sind wir in all diesen Dingen überlegene Sieger. 38 Denn ich bin überzeugt: Weder Tod noch Leben, weder Engel noch andere Mächte, weder Gegenwärtiges noch Zukünftiges, 39 weder hohe Kräfte noch tiefe Gewalten – nichts in der ganzen Schöpfung kann uns von der Liebe Gottes trennen, die uns verbürgt ist in Jesus Christus, unserem Herrn.

Die Gerechtigkeit, die für das Volk Israel gilt, ist abhängig vom Willen Gottes

9 1 Was ich jetzt sage, sage ich vor Christus. Mein Gewissen bestätigt es, und der Heilige Geist bezeugt mir, dass es die Wahrheit ist: 2 Mein Herz ist von tiefer Traurigkeit erfüllt, und es quält mich unablässig, 3 wenn ich an die Angehörigen meines Volkes denke, an meine Brüder und Schwestern, mit denen ich durch die gemeinsame Abstammung verbunden bin. Für sie hätte ich es auf mich genommen, verflucht und für immer von Christus getrennt zu sein. 4 Sie sind ja Israeliten; ihnen hat Gott das Vorrecht geschenkt, seine Kinder zu sein. Ihnen hat er seine Herrlichkeit gezeigt; mit ihnen hat er seine Bündnisse geschlossen; ihnen hat er das Gesetz und die Ordnungen des Gottesdienstes gegeben; ihnen gelten seine Zusagen. 5 Sie sind die Nachkommen der von Gott erwählten Väter, und aus ihrer Mitte ist auch der Messias seiner menschlichen Herkunft nach hervorgegangen. Er ist Gott, der über allem steht und für immer und ewig zu preisen ist. Amen!

6 Ich will damit nicht gesagt haben, dass das von Gott gegebene Wort keine Gültigkeit mehr hätte. Aber es gehören eben nicht alle Israeliten zum eigentlichen Israel. 7 Nicht weil sie von Abraham abstammen, sind sie seine Kinder, denn Gott sagte zu ihm: »Durch Isaak gebe ich dir die Nachkommen, die ich dir versprochen habe.«* 8 Mit anderen Worten: Nicht die Abstammung macht zu Gottes Kindern, sondern die göttliche Zusage führt zur eigentlichen Nachkommenschaft. 9 Die Zusage lautete: »In einem Jahr werde ich wiederkommen, und dann wird Sara einen Sohn haben.«* 10 Aber nicht nur bei ihr, sondern auch bei Rebekka war es so, als sie von unserem Stammvater Isaak schwanger war. 11 Denn als die Zwillinge noch nicht geboren waren und noch nichts Gutes oder Böses getan hatten – damit sollte der Plan Gottes bekräftigt werden, dass seine Wahl nicht von menschlichen Leistungen abhängig ist, sondern allein von seiner freien Entscheidung –, 12 sagte Gott zu Rebekka: »Der Ältere wird

---

8,36 Psalm 44,23

9,7 1. Mose 21,12

9,9 1. Mose 18,10.14

dem Jüngeren dienen.«* *13* Darum heißt es auch in der Schrift: »Jakob habe ich meine Liebe geschenkt, aber Esau habe ich von mir gestoßen.«* *14* Heißt das nun, dass Gott ungerecht ist? Auf keinen Fall! *15* Er sagte ja zu Mose: »Ich schenke mein Erbarmen dem, über den ich mich erbarmen will, und mein Mitleid dem, den ich bemitleiden will.«* *16* Es kommt also nicht auf das Wollen und Bemühen eines Menschen an, sondern allein auf Gott und sein Erbarmen. *17* Auch wird in der Schrift zum Pharao gesagt: »Nur deshalb habe ich dich als Herrscher auftreten lassen, um dir meine Macht zu demonstrieren und meinen Namen in der ganzen Welt bekannt zu machen.«* *18* Wir sehen also: Gott handelt ganz nach seinem Ermessen: Dem einen schenkt er sein Erbarmen, den anderen macht er starrsinnig und lässt ihn ins Verderben laufen.

19 Nun wirst du einwenden: »Wie kann er uns dann noch Vorwürfe machen? Es kann sich doch niemand seinem Willen widersetzen!« *20* So? Wer bist du eigentlich? Du Mensch willst anfangen, mit Gott zu streiten? Sagt das Werk zu seinem Meister: »Warum hast du mich so gemacht?« *21* Ist der Töpfer nicht Herr über den Ton und kann aus derselben Masse ein Gefäß machen, das auf der Festtafel zu Ehren kommt, und ein anderes, das für den Abfall dienen soll? *22* Und was sagst du dazu, dass Gott die Gefäße, die zur Vernichtung in seinem Zorngericht bereitgestellt sind, mit großer Geduld erträgt? Er will zwar, dass sie seinen Zorn und seine Macht zu spüren bekommen, *23* andererseits will er aber auch an den Gefäßen, die er in seinem Erbarmen zur Herrlichkeit vorherbestimmt hat, zeigen, wie unerschöpflich reich seine Herrlichkeit ist. *24* Das sind nämlich wir, die er nicht nur aus dem jüdischen Volk, sondern auch aus anderen Völkern berufen hat. *25* Das hat er schon durch den Propheten Hosea angekündigt: »Ich werde als mein Volk berufen, was nicht mein Volk war, und als geliebte Frau die, die nicht geliebt war.«* *26* »Gerade dort, wo zu ihnen gesagt wurde: ›Ihr seid nicht mein Volk‹, werden sie ›Kinder des lebendigen Gottes‹ genannt werden.«* *27* Und Jesaja ruft über Israel aus: »Selbst wenn es Israeliten gäbe wie Sand am Meer, nur ein Rest von ihnen wird gerettet werden. *28* Denn der Herr wird auf der Erde handeln. Er wird sein Wort einlösen und rasch durchsetzen.«* *29* Es ist so, wie es Jesaja an anderer Stelle vorausgesagt hat: »Hätte der Herr, der allmächtige Gott, nicht einen Rest von unserem Volk übrig gelassen, so wäre es uns wie Sodom und Gomorra ergangen.«*

30 Was heißt das nun? Menschen aus allen Völkern sind vor Gott gerecht geworden, ohne sich darum bemüht

9,12 1. Mose 25,23
9,13 Maleachi 1,2-3
9,15 2. Mose 33,19
9,17 2. Mose 9,16
9,25 Hosea 2,25
9,26 Hosea 2,1
9,28 Jesaja 10,22-23
9,29 Jesaja 1,9 nach der LXX zitiert.

zu haben. Sie haben die Gerechtigkeit erhalten, die aus dem Glauben kommt. *31* Das Volk Israel aber, das durch das Gesetz gerecht werden wollte, hat das Ziel des Gesetzes nicht erreicht. *32* Und warum nicht? Weil sie meinten, es durch ihre eigenen Leistungen zu erreichen und nicht durch den Glauben. Sie haben sich am »Stein des Anstoßes« gestoßen, *33* von dem geschrieben steht: »Seht her, ich lege in Zion einen Grundstein, an dem man sich stoßen wird, einen Felsblock, an dem man zu Fall kommt. Doch wer ihm vertraut, wird nicht enttäuscht werden.«*

Die Gerechtigkeit, die für das Volk Israel gilt, ist abhängig vom Glauben an Christus

10 *1* Liebe Geschwister, ich wünsche von Herzen und flehe zu Gott, dass die Angehörigen meines Volkes gerettet werden. *2* Denn ich kann ihnen bezeugen, dass sie sich mit großem Eifer für Gott einsetzen. Doch was ihnen fehlt, ist die richtige Erkenntnis. *3* Sie begreifen nicht, worum es bei der Gerechtigkeit Gottes geht, und versuchen, durch ihre eigene Gerechtigkeit vor Gott zu bestehen. Damit haben sie sich der Gerechtigkeit, die Gott ihnen schenken will, verweigert. *4* Denn mit Christus ist der Weg des Gesetzes zu Ende. Jetzt wird jeder, der an ihn glaubt, für gerecht erklärt.

5 Mose beschreibt die Gerechtigkeit, die auf dem Gesetz beruht, so: »Wer sich nach seinen Vorschriften gerichtet hat, gewinnt das Leben.«* *6* Aber die Gerechtigkeit, die auf dem Glauben beruht, sagt: »Du musst dich nicht fragen: ›Kann denn jemand in den Himmel hinaufsteigen?‹« – als müsste man Christus von dort herabholen –, *7* »oder: ›Kann jemand in den Abgrund hinuntersteigen?‹« – als müsste man Christus von den Toten heraufholen. *8* Im Gegenteil, sie sagt: »Das Wort ist dir ganz nahe. Es ist in deinem Mund und in deinem Herzen.«* Mit diesem Wort ist die Botschaft vom Glauben gemeint, die wir predigen. *9* Wenn du mit deinem Mund bekennst, dass Jesus der Herr ist, und in deinem Herzen glaubst, dass Gott ihn aus den Toten auferweckt hat, wirst du gerettet werden. *10* Denn man wird für gerecht erklärt, wenn man mit dem Herzen glaubt, man wird gerettet, wenn man seinen Glauben mit dem Mund bekennt. *11* Denn die Schrift sagt: »Wer ihm vertraut, wird nicht enttäuscht werden.«* *12* Es gibt da keinen Unterschied zwischen Juden und Nichtjuden, denn sie haben alle denselben Herrn und er lässt alle an seinem Reichtum Anteil haben, alle, die ihn anrufen. *13* Denn »jeder, der den Namen des Herrn anruft, wird gerettet werden.«*

9,33 Jesaja 8,14; 28,16

10,5 3. Mose 18,5 nach der LXX zitiert.

10,8 Die Zitate stammen alle aus 5. Mose 30,12-14.

10,11 Jesaja 28,16

10,13 Joel 3,5. Den Namen Gottes, der bei Joel *Jahwe* lautet, bezieht Paulus hier eindeutig auf den Herrn Jesus Christus (vergleiche die Verse 9-12). Petrus tut das ebenso in Apostelgeschichte 2,21.

14 Doch wie sollen sie den anrufen, an den sie noch nicht glauben? Und wie sollen sie an den glauben, von dem sie noch nichts gehört haben? Und wie sollen sie von ihm hören, wenn es ihnen keiner sagt? 15 Aber wie soll die Botschaft gepredigt werden, wenn niemand den Auftrag dazu bekommen hat? Doch das ist geschehen. Es ist eingetroffen, was geschrieben steht:»Was für eine Freude ist es, wenn die Boten kommen und die gute Nachricht bringen.«*
16 Leider haben nicht alle diese gute Nachricht angenommen. Schon Jesaja sagt:»Herr, wer hat unserer Botschaft geglaubt?«* 17 Der Glaube kommt also aus dem Hören der Botschaft und die Verkündigung aus dem Wort von Christus. 18 Nun frage ich:»Haben sie die Botschaft etwa nicht gehört?« Aber natürlich haben sie sie gehört! »Ihr Ruf ging ja über die ganze Erde, die Nachricht ist bis in die entlegensten Ecken der Welt gekommen.«* 19 Ich frage weiter:»Hat Israel sie etwa nicht verstanden?« Die Antwort steht schon bei Mose:»Ich werde euch eifersüchtig machen über ein Nicht-Volk. Ich werde euch zum Zorn über eine Nation reizen, die gar nichts von mir weiß.«* 20 Und Jesaja wagt sogar

zu sagen:»Ich ließ mich von denen finden, die nicht einmal nach mir suchten, ich habe mich denen gezeigt, die nicht nach mir fragten.«* 21 Über Israel aber sagt er:»Den ganzen Tag habe ich meine Hände nach einem Volk ausgestreckt, das ungehorsam und widerspenstig ist.«*

Die Gerechtigkeit, die für das Volk Israel gilt, ist abhängig von der Erwählung

11 1 Ich frage nun:»Hat Gott sein Volk etwa verstoßen?« Auf keinen Fall! Ich bin ja selbst ein Israelit, ein Nachkomme Abrahams aus dem Stamm Benjamin. 2 Nein, Gott hat sein Volk nicht verstoßen. Er hat es doch von Anfang an erwählt. Oder wisst ihr nicht, was die Schrift von Elija sagt, als er sich bei Gott über das Volk beklagt? 3 »Herr, sie haben deine Propheten getötet und deine Altäre niedergerissen. Ich allein bin übrig geblieben und nun wollen sie auch mich noch töten.«* 4 Und was gab Gott ihm zur Antwort? »Ich habe 7000 Männer für mich übrig gelassen, die sich nicht vor dem Götzen Baal auf die Knie geworfen haben.«* 5 So ist es auch jetzt: Gott hat einen Rest von seinem Volk übrig gelassen, einen Rest, den er aus Gnade ausgewählt hat – 6 aus Gnade, also nicht aufgrund von Werken, sonst wäre die Gnade ja nicht mehr Gnade.
7 Was heißt das nun? Was Israel erstrebt, hat nicht das ganze Volk, sondern nur der auserwählte Rest erlangt. Die Übrigen sind starrsinnig geworden, 8 wie die Schrift sagt: »Gott hat einen Geist der Betäubung

---

10,15 Jesaja 52,7; Nahum 2,1
10,16 Jesaja 53,1.
10,18 Psalm 19,5.
10,19 5. Mose 32,21.
10,20 Jesaja 65,1
10,21 Jesaja 65,2
11,3 1. Könige 19,10.14
11,4 1. Könige 19,18

über sie kommen lassen. Sie haben Augen, die nicht sehen, und Ohren, die nicht hören, und so ist es bis zum heutigen Tag.«* *9* Und David sagt: »Ihre Opfer sollen ihnen zur Schlinge und zum Fangnetz werden, zur Falle und zum Strafgericht. *10* Ihre Augen sollen erblinden, dass sie nichts mehr sehen, und ihr Rücken soll sich beugen unter der ständigen Last.«*

11 Nun frage ich: Sind sie etwa gestrauchelt, um nie wieder aufzustehen? – Auf keinen Fall! Vielmehr hat ihr Fehltritt den anderen Völkern die Rettung gebracht, um die Juden wiederum eifersüchtig zu machen. *12* Wenn nun schon die Welt durch ihren Fehltritt reich gemacht wurde und ihr Verlust für die anderen Völker einen großen Gewinn brachte, was wird es dann erst sein, wenn Israel in voller Zahl umkehrt?

13 Euch Nichtjuden aber sage ich: Als Apostel für die Völker bin ich stolz auf meinen Dienst. *14* Denn vielleicht kann ich dadurch mein eigenes Volk eifersüchtig machen und einige von ihnen retten. *15* Denn wenn schon die Verstoßung Israels der Welt die Versöhnung mit Gott brachte, was wird dann erst Israels Wiederannahme bringen? Nicht weniger als Leben aus dem Tod. *16* Wenn das erste Brot der neuen Ernte Gott geweiht ist, dann ist alles Korn dieser Ernte geheiligt. Wenn die Wurzel des Baumes Gott geweiht ist, dann sind es auch die Zweige.

17 Nun sind einige Zweige ausgebrochen worden; und du wurdest als neuer Zweig unter die übrigen eingepfropft. Obwohl du von einem wilden Ölbaum stammst, hast du jetzt Anteil am Saft aus der Wurzel des edlen Ölbaums. *18* Du hast keinen Grund, verächtlich auf die anderen Zweige herabzusehen. Und wenn du es dennoch tust, sollte dir klar sein: Nicht du trägst die Wurzel, sondern die Wurzel trägt dich! *19* Vielleicht wirst du nun sagen: »Die Zweige sind ja herausgebrochen worden, damit ich eingepfropft werden konnte.« *20* Das ist richtig. Aber dass sie ausgebrochen wurden, lag an ihrem Unglauben. Und du hast deinen Stand nur durch den Glauben. Sei also nicht überheblich, sondern pass auf, dass es dir nicht genauso geht. *21* Denn wenn Gott die natürlichen Zweige nicht verschont hat, warum sollte er dann dich verschonen?

22 Du siehst hier also die Güte und die Strenge Gottes: Seine Strenge gilt denen, die sich von ihm abgewandt haben, aber seine Güte gilt dir, sofern du dich auf seine Güte verlässt; sonst wirst auch du herausgeschnitten werden. *23* Doch auch die anderen Zweige können wieder eingepfropft werden, vorausgesetzt, sie halten nicht an ihrem Unglauben fest. Gott hat sehr wohl die Macht dazu. *24* Denn wenn du aus dem wilden Ölbaum, zu dem du von Natur aus gehörtest, ausgeschnitten und gegen die natürliche Ordnung in den edlen Ölbaum eingepfropft wurdest, wie viel leichter wird es dann sein, die Zweige, die natürlicherweise zum edlen Ölbaum gehören, wieder an ihre Stelle einzupfropfen.

11,8 5. Mose 29,3
11,10 Psalm 69,23-24

25 Und damit ihr euch nichts auf eure Klugheit einbildet und falsche Schlüsse daraus zieht, will ich euch das folgende Geheimnis bekannt machen: Ein Teil von Israel hat sich verhärtet. Aber das gilt nur so lange, bis die volle Zahl von Menschen aus den anderen Völkern zum Glauben gekommen ist. 26 Dann wird Israel als Ganzes gerettet werden, wie es in der Schrift heißt: »Aus Zion wird der Retter kommen, der alle Gottlosigkeit von Jakobs Nachkommen entfernt. 27 Und der Bund, den ich mit ihnen schließen werde, besteht darin, dass ich sie von ihren Sünden befreie.«*

28 Ihre Einstellung zum Evangelium macht sie zwar zu Feinden – was euch zugutekommt –, aber von der Erwählung her gesehen sind sie Geliebte – wegen ihrer Stammväter. 29 Denn Gott nimmt seine Gnadengeschenke nicht zurück und bereut seine Berufungen nie. 30 Früher hattet ihr Gott nicht gehorcht und habt jetzt doch – wegen Israels Ungehorsam – Gottes Erbarmen gefunden. 31 So sind auch sie jetzt ungehorsam geworden, damit sie dadurch, dass *ihr* Gottes Erbarmen gefunden habt, schließlich ebenso Erbarmen finden. 32 Denn Gott hat alle zusammen zu Gefangenen ihres Ungehorsams gemacht, weil er allen sein Erbarmen schenken will.

33 Wie unermesslich reich ist Gottes Weisheit, wie abgrundtief seine Erkenntnis! Wie unergründlich sind seine Entscheidungen, wie unerforschlich seine Wege! 34 Denn wer hat jemals seine Gedanken erkannt, wer ist je der Berater des Herrn gewesen? 35 Wer hat ihm je etwas gegeben, das Gott ihm zurückgeben müsste? 36 Denn von ihm kommt alles, durch ihn steht alles und zu ihm geht alles. Ihm gebührt die Ehre für immer und ewig! Amen.

Die Gerechtigkeit, die im Alltag des Christen sichtbar wird: in seiner Einstellung zum Nächsten

12 1 Weil Gott uns solches Erbarmen geschenkt hat, liebe Geschwister, ermahne ich euch nun auch, dass ihr euch mit Leib und Leben Gott als lebendiges und heiliges Opfer zur Verfügung stellt. An solchen Opfern hat er Freude, und das ist der wahre Gottesdienst. 2 Und richtet euch nicht nach den Maßstäben dieser Welt, sondern lasst die Art und Weise, wie ihr denkt, von Gott erneuern und euch so umgestalten, dass ihr prüfen könnt, ob etwas Gottes Wille ist – ob es gut ist, ob es Gott gefallen würde und ob es zum Ziel führt.

3 Aufgrund der Gnade, die Gott mir gegeben hat, warne ich jeden Einzelnen von euch: Denkt nicht höher von euch, als es angemessen ist, und seid besonnen! Maßstab dafür ist der Glaube, von dem Gott jedem ein bestimmtes Maß zugeteilt hat. 4 Es ist wie bei unserem Körper. Er bildet ein lebendiges Ganzes, hat aber viele Glieder, von denen jedes seine besondere Aufgabe hat. 5 Genauso sind wir alle in Verbindung mit Christus ein einziger Leib und einzeln genommen Glieder, die voneinander abhängig sind. 6 Wir haben ganz verschiedene Gaben, so wie Gott sie uns in seiner

11,27 Jesaja 59,20-21; 27,9

Gnade gegeben hat. Der eine hat die Gabe, Worte Gottes weiterzugeben. Er soll das in Übereinstimmung mit dem Glauben tun! 7 Ein anderer ist befähigt, praktische Aufgaben zu übernehmen. Er soll diese Gabe einsetzen! Wenn jemand die Gabe des Lehrens hat, soll er lehren! 8 Wenn jemand die Gabe der Seelsorge hat, dann soll er sie ausüben. Wer Bedürftige unterstützt, tue das uneigennützig! Wer Verantwortung übernimmt, muss fleißig sein! Wer sich um Notleidende kümmert, soll es mit fröhlichem Herzen tun!

9 Liebe muss echt sein, ohne Heuchelei! Verabscheut das Böse, haltet am Guten fest! 10 Seid einander in herzlicher geschwisterlicher Liebe zugetan! Übertrefft euch in gegenseitiger Achtung! 11 Werdet im Fleiß nicht nachlässig, lasst den Geist Gottes in euch brennen und dient so dem Herrn! 12 Freut euch in Hoffnung, bleibt standhaft in Bedrängnis, seid treu im Gebet! 13 Nehmt Anteil an den Nöten der Gläubigen und helft ihnen! Bemüht euch um Gastfreundschaft! 14 Segnet eure Verfolger, wünscht ihnen Gutes und verflucht sie nicht! 15 Freut euch mit denen, die sich freuen; weint mit denen, die weinen! 16 Seid miteinander auf das gleiche Ziel bedacht! Strebt nicht hoch hinaus, sondern lasst euch auch von geringen Dingen in Anspruch nehmen! Haltet euch nicht selbst für klug! 17 Vergeltet niemand Böses mit Bösem! Bemüht euch um ein vorbildliches Verhalten gegenüber jedermann! 18 Soweit es irgend möglich ist, und soweit es auf euch ankommt, lebt mit allen Menschen in Frieden!

19 Rächt euch nicht selbst, ihr Lieben, sondern lasst Raum für den Zorn Gottes! Denn in der Schrift steht: »Es ist meine Sache, das Unrecht zu rächen, sagt der Herr, ich werde Vergeltung üben!«* 20 »Wenn dein Feind hungrig ist, gib ihm zu essen, wenn er Durst hat, gib ihm zu trinken! Denn wenn du das tust, wirst du ihn zutiefst beschämen. 21 Lass dich nicht vom Bösen besiegen, sondern besiege das Böse mit dem Guten!«*

Die Gerechtigkeit, die im Alltag des Christen sichtbar wird: in seinem Verhalten gegen Behörden und Staat

13 1 Jeder soll sich den Trägern der staatlichen Gewalt unterordnen. Denn alle staatliche Gewalt kommt von Gott, und jede Regierung ist von Gott eingesetzt. 2 Wer sich daher der staatlichen Gewalt widersetzt, stellt sich gegen die von Gott eingesetzte Ordnung und wird zu Recht bestraft werden. 3 Denn wer Gutes tut, hat von den Regierenden nichts zu befürchten. Das muss nur der, der Böses tut. Wenn du also nicht in Furcht vor der Regierung leben willst, dann tue Gutes, und du wirst von ihr gelobt werden. 4 Sie steht ja zu deinem Besten im Dienst Gottes. Tust du aber Böses, hast du allen Grund, sie zu fürchten, schließlich ist sie nicht umsonst die Trägerin von Polizei- und Strafgewalt. Auch darin ist

---

12,19 5. Mose 32,35
12,21 Sprüche 25,21-22

sie Gottes Dienerin. Sie zieht den Schuldigen zur Verantwortung und vollstreckt damit Gottes Urteil an denen, die Böses tun. *5* Es ist also notwendig, sich dem Staat unterzuordnen, nicht nur aus Angst vor Strafe, sondern auch wegen des Gewissens. *6* Deshalb zahlt ihr ja auch Steuern, denn die Beamten sind Gottes Diener und haben sich berufsmäßig damit zu befassen. *7* Gebt jedem das, was ihm zusteht: Steuer, dem die Steuer, Zoll, dem der Zoll, Respekt, dem Respekt, und Ehre, dem die Ehre gebührt. *8* Abgesehen davon, dass ihr einander lieben sollt, bleibt keinem etwas schuldig! Wer den anderen liebt, hat das Gesetz erfüllt. *9* Denn das Gesetz sagt:»Du sollst die Ehe nicht brechen, du sollst niemand ermorden, du sollst nicht stehlen, du sollst der Begierde keinen Raum geben.«* Diese und alle anderen Gebote sind in dem einen Satz zusammengefasst: »Liebe deinen Nächsten wie dich selbst!«* *10* Die Liebe tut dem Nächsten nichts Böses an. Darum wird durch die Liebe das ganze Gesetz erfüllt.

11 Achtet also auf die Gelegenheiten, die Gott euch gibt. Es ist höchste Zeit, aus dem Schlaf aufzuwachen, denn jetzt ist unsere Rettung noch näher als damals, als wir zum Glauben kamen. *12* Die Nacht geht zu Ende, bald ist es Tag. Tun wir alles von uns weg, was zu den Taten der Dunkelheit gehört, und ergreifen die Waffen des Lichts! *13* Lasst uns ein Leben führen, wie es zum hellen Tag passt, ein Leben ohne Fress- und Saufgelage, ohne Bettgeschichten und Sexorgien, ohne Streit und Rechthaberei. *14* Zieht vielmehr den Herrn Jesus Christus an und trefft keine Vorkehrungen für die Begierden, die in euch sind!

Die Gerechtigkeit, die im Alltag des Christen sichtbar wird: in seinem Umgang mit schwachen Christen

14 *1* Nehmt den, der im Glauben schwach ist, vorbehaltlos an und streitet nicht über seine Ansichten mit ihm. *2* Einer glaubt zum Beispiel, er dürfe alles essen. Der Schwache jedoch ernährt sich rein vegetarisch. *3* Wer alles isst, darf den nicht verachten, der nicht alles isst. Und wer nicht alles isst, darf den nicht verurteilen, der alles isst, denn Gott hat ihn genauso angenommen wie dich. *4* Wie kommst du denn dazu, den Sklaven eines anderen zur Rechenschaft zu ziehen? Ob er mit seinem Tun bestehen kann oder nicht, geht nur seinen Herrn etwas an. Und er *wird* bestehen, denn sein Herr ist in der Lage, dafür zu sorgen.

5 Der eine hebt bestimmte Tage hervor, für den anderen ist jeder Tag gleich. Aber jeder soll mit voller Überzeugung zu seiner Auffassung stehen. *6* Wer einen bestimmten Tag bevorzugt, tut das zur Ehre des Herrn. Genauso ist es bei dem, der alles isst. Er tut es zur Ehre des Herrn, denn er dankt Gott dafür. Und auch der, der nicht alles isst, tut das zur Ehre des Herrn und sagt Gott Dank.

13,9 2. Mose 20,13-17; 3. Mose 19,18

7 Denn keiner von uns lebt für sich selbst und keiner von uns stirbt für sich selbst. 8 Wenn wir leben, leben wir für den Herrn, und wenn wir sterben, gehören wir dem Herrn. Im Leben und im Tod gehören wir dem Herrn. 9 Dazu ist Christus ja gestorben und wieder lebendig geworden, dass er über Tote und Lebende der Herr sei. 10 Warum verurteilst du dann deinen Bruder? Und du, warum verachtest du ihn? Wir werden doch alle vor den Richterstuhl Gottes gestellt werden. 11 Denn es heißt in der Schrift: »So wahr ich lebe, sagt der Herr: Alle Knie werden sich vor mir beugen, und jede Zunge wird Gott anerkennen und preisen.«* 12 Also wird jeder von uns für sich selbst vor Gott Rechenschaft abzulegen haben.

13 Hören wir doch auf, uns gegenseitig zu verurteilen! Achten wir vielmehr darauf, dass wir unserem Bruder kein Hindernis in den Weg legen und ihn zu Fall bringen! 14 Ich weiß und bin durch den Herrn Jesus fest davon überzeugt, dass nichts von Natur aus unrein ist. Aber für den, der etwas als unrein ansieht, ist es auch unrein. 15 Wenn du also deinen Bruder wegen einer Speise in innere Not bringst, dann lebst du nicht mehr in der Liebe. Bring ihn mit deinem Essen nicht ins Verderben! Christus ist doch auch für ihn gestorben. 16 Lasst das Gute, das Gott euch geschenkt hat, nicht in Verruf kommen! 17 Denn im Reich Gottes geht es doch nicht um Essen und Trinken, sondern um das, was der Heilige Geist bewirkt: Gerechtigkeit, Frieden und Freude. 18 Wer Christus auf diese Weise dient,

wird von Gott anerkannt und von den Menschen geachtet.

19 Lasst uns also nach dem streben, was zum Frieden und zum Aufbau der Gemeinde beiträgt! 20 Zerstöre nicht wegen einer Essensfrage das Werk Gottes! Gewiss, es ist alles rein, aber es ist verwerflich, einen anderen durch sein Essen zu Fall zu bringen. 21 Deshalb isst du am besten kein Fleisch und trinkst keinen Wein und vermeidest überhaupt alles, was deinen Bruder zu Fall bringen könnte. 22 Behandle deine Überzeugung als eine Sache zwischen dir und Gott! Wohl dem, der sich in seiner Überzeugung nicht anklagen muss! 23 Wer aber beim Essen ein schlechtes Gewissen hat, ist schon verurteilt, denn er handelt nicht aus der Überzeugung des Glaubens. Und alles, was nicht aus dem Glauben kommt, ist Sünde.

15 1 Wir, die Starken, haben die Pflicht, die Schwächen der Schwachen zu tragen, anstatt selbstgefällig nur an uns zu denken. 2 Jeder von uns soll auf den anderen Rücksicht nehmen, damit es ihm gut geht und er gefördert wird. 3 Auch der Messias hat nicht für sich selbst gelebt, sondern so, wie es in der Schrift heißt: »Die Beschimpfungen von denen, die dich beschimpfen, haben mich getroffen.«* 4 Und alles, was in der Heiligen Schrift steht, wurde früher aufgeschrieben, damit wir daraus lernen. Die Schrift ermutigt uns zum

---

14,11 Jesaja 45,23
15,3 Psalm 69,10

Durchhalten, bis sich unsere Hoffnung erfüllt. 5 Und der Gott, von dem Geduld und Ermutigung kommen, gebe euch die Einmütigkeit, wie sie Jesus Christus entspricht, 6 damit ihr ihn, den Vater unseres Herrn Jesus Christus, einmütig wie aus einem Mund preist.

7 Deshalb nehmt euch gegenseitig an, wie auch Christus euch angenommen hat, damit Gott geehrt wird!

Der generelle Auftrag des Völkerapostels

8 Denn ich sage euch: der Messias ist ein Diener der Juden geworden, um die Wahrhaftigkeit Gottes zu bezeugen. Er wollte die Zusagen bestätigen, die er ihren Vätern gegeben hatte, 9 und wollte, dass die Nichtjuden Gott für seine Barmherzigkeit ehren, wie auch geschrieben steht: »Darum will ich dich preisen unter den Völkern. Zum Ruhm deines Namens will ich Loblieder singen.«* 10 An anderer Stelle heißt es: »Freut euch mit seinem Volk, ihr Völker alle!«* 11 Und weiter: »Lobt den Herrn, all ihr Völker, alle Nationen sollen ihn preisen!«* 12 Und Jesaja sagt: »Es kommt der Spross, der aus der Wurzel Isais hervorwächst. Er steht auf, um über die Völker zu

herrschen. Auf ihn werden die Völker hoffen.«*

13 Möge Gott, die Quelle der Hoffnung, euch im Glauben mit Freude und Frieden erfüllen, damit eure Hoffnung durch die Kraft des Heiligen Geistes immer stärker wird.

14 Ich bin aber persönlich davon überzeugt, liebe Geschwister, dass ihr selbst in der Lage seid zu tun, was gut und richtig ist. Es mangelt euch an keiner Erkenntnis, und ihr seid auch fähig, euch gegenseitig zu ermahnen. 15 Ich habe euch teilweise recht offen geschrieben, weil ich euch einiges in Erinnerung rufen wollte. Gott hat mich in seiner Gnade ja berufen, 16 ein Diener von Jesus Christus unter den nichtjüdischen Völkern zu sein. Wie ein Priester im Dienst der guten Nachricht Gottes arbeite ich darauf hin, dass sie eine Opfergabe werden, an der Gott Freude hat, weil sie durch den Heiligen Geist geheiligt ist. 17 Dass ich vor Gott darauf stolz sein kann, habe ich allein Jesus Christus zu verdanken. 18 Denn ich würde niemals wagen, von etwas zu reden, was nicht Christus durch mich gewirkt hätte: Menschen aus nichtjüdischen Völkern wurden Gott gehorsam, und zwar durch sein Wort und Werk, 19 in der Kraft von Zeichen und Wundern und in der Kraft des Heiligen Geistes. So habe ich von Jerusalem aus in der ganzen Gegend die Botschaft des Messias bekannt gemacht – bis an die Grenze von Illyrien*. 20 Ich habe darauf geachtet, diese gute Botschaft nicht dort zu verkündigen, wo er schon bekannt war, um nicht auf einem fremden Fundament zu bauen. 21 Ich hielt mich an das, was geschrieben steht:

15,9 Psalm 18,50

15,10 5. Mose 32,43

15,11 Psalm 117,1

15,12 Jesaja 11,10 nach der LXX zitiert.

15,19 *Illyrien.* Römische Provinz nördlich von Mazedonien (heute Albanien).

»Gerade die, denen noch nicht von ihm gesagt wurde, sollen ihn kennenlernen, gerade die, die noch nicht von ihm gehört haben, sollen verstehen.«*

22 Das ist es auch, was mich immer wieder gehindert hat, zu euch zu kommen, 23 obwohl ich mich seit vielen Jahren danach sehne, euch zu sehen. Aber jetzt habe ich in diesen Gegenden kein neues Arbeitsfeld mehr 24 und plane, nach Spanien zu reisen. Auf dem Weg dorthin hoffe ich, euch zu besuchen und dann mit eurer Unterstützung die Reise fortzusetzen. Doch vorher möchte ich mich einige Zeit an der Gemeinschaft mit euch erfreuen. 25 Jetzt reise ich aber erst einmal nach Jerusalem, um den Gläubigen dort Hilfe zu bringen. 26 Denn die Gemeinden in Mazedonien* und Achaja* haben beschlossen, etwas für die Armen unter den Gläubigen in Jerusalem zusammenzulegen. 27 Sie haben das gern getan und stehen ja auch in ihrer Schuld. Denn wenn die Völker Anteil an den geistlichen Gütern der Jerusalemer Gläubigen bekommen haben, sind sie auch verpflichtet, ihnen mit irdischen Gütern zu dienen. 28 Aber wenn ich diese Sache zum Abschluss gebracht und ihnen den Ertrag der Sammlung versiegelt übergeben habe, will ich auf dem Weg nach Spanien bei euch vorbeikommen. 29 Und ich weiß, dass ich euch die ganze Fülle des Segens von Christus mitbringen werde.

30 Ich bitte euch dringend, liebe Geschwister: Helft mir zu kämpfen, und betet für mich zu Gott. Denn durch unseren Herrn Jesus Christus und durch die Liebe, die der Geist wirkt, sind wir doch miteinander verbunden. 31 Betet, dass ich vor den Gefahren geschützt bin, die mir von den Ungläubigen in Judäa drohen, und dass meine Hilfe für Jerusalem von den Gläubigen dort gut aufgenommen wird! 32 Dann kann ich, wenn es Gottes Wille ist, mit Freude zu euch kommen und mich bei euch etwas erholen. 33 Der Gott des Friedens sei mit euch allen! Amen.

Seine Verbundenheit mit den Christen in Rom

16 1 Ich empfehle euch ausdrücklich unsere Schwester Phöbe, Mitarbeiterin* in der Gemeinde in Kenchreä*. 2 Nehmt sie im Namen des Herrn auf, wie es Heilige tun sollen, und steht ihr in jeder Sache bei, in der sie euch braucht. Auch sie ist vielen – nicht zuletzt mir selbst – eine große Stütze gewesen.

3 Grüßt Priska und ihren Mann Aquila, meine Mitarbeiter im Dienst für Jesus Christus. 4 Für mein Leben haben sie ihren Kopf hingehalten. Nicht nur ich habe ihnen dafür zu

---

15,21 Jesaja 52,15

15,26 *Mazedonien.* Römische Provinz auf der Balkanhalbinsel. Sie umfasste den nördlichen Teil des heutigen Griechenland.

Achaja. Römische Provinz, die den südlichen Teil Griechenlands umfasste.

16,1 *Mitarbeiterin.* Eigentlich: Dienerin, Diakonin.

Kenchreä. Der östliche Hafen von Korinth am Sarinischen Golf, etwa 7 km von der Stadt entfernt.

danken, sondern auch alle nichtjüdischen Gemeinden. *5* Grüßt auch die Gemeinde, die in ihrem Haus zusammenkommt. Grüßt meinen lieben Epänetus. Er war der erste in der Provinz Asia*, der zum Glauben an Christus kam. *6* Grüßt Maria, die so viel für euch gearbeitet hat. *7* Grüßt Andronikus und Junias, meine Landsleute, die schon vor mir an Christus geglaubt haben. Sie waren auch mit mir im Gefängnis und sind unter den Aposteln sehr angesehen.

8 Grüßt meinen lieben Ampliatus, mit dem ich durch den Herrn verbunden bin. *9* Grüßt Urbanus, unseren Mitarbeiter im Dienst für Christus, und meinen lieben Stachys. *10* Grüßt Apelles, der sich im Glauben an Christus bewährt hat. Grüßt die im Haus des Aristobul. *11* Grüßt meinen Landsmann Herodion. Grüßt die, die zum Haus des Narzissus gehören und an den Herrn glauben. *12* Grüßt Tryphäna und Tryphosa, die sich für den Herrn mühen, und die liebe Persis, die so unermüdlich für den Herrn gearbeitet hat. *13* Grüßt Rufus, den der Herr erwählt hat, und seine Mutter, die auch mir eine Mutter gewesen ist. *14* Grüßt Asynkritus, Phlegon, Hermes, Patrobas, Hermas und die anderen Geschwister bei ihnen. *15* Grüßt Philologus und Julia, Nereus und seine Schwester, auch Olympas und alle Gläubigen bei ihnen.

16 Grüßt einander mit einem heiligen Kuss!* Alle Gemeinden, die zu Christus gehören, grüßen euch.

17 Ich bitte euch, Brüder, nehmt euch vor denen in Acht, die von der Lehre abweichen, wie ihr sie gelernt habt! Sie rufen nur Spaltungen hervor und bringen den Glauben der Geschwister in Gefahr. Geht ihnen aus dem Weg! *18* Solche Menschen dienen nicht Christus, unserem Herrn, sondern ihrem eigenen Wohlergehen. Mit eindrucksvollen Reden und schmeichlerischen Worten führen sie arglose Menschen in die Irre.

19 Über euch aber kann ich mich nur freuen, denn jeder weiß, dass ihr dem Wort Gottes gehorsam seid. Doch ich möchte euch auch weise zum Guten und unbeeinflusst vom Bösen wissen. *20* Es wird nicht lange dauern, bis der Gott des Friedens den Satan unter euren Füßen zermalmt hat. Die Gnade unseres Herrn Jesus Christus sei mit euch!

21 Mein Mitarbeiter Timotheus lässt euch grüßen und ebenso meine Landsleute Luzius, Jason und Sosipater.

22 Auch ich, Tertius, dem Paulus diesen Brief diktiert hat, grüße euch, verbunden durch den Herrn.

23 Mein Gastgeber Gajus, in dessen Haus die ganze Gemeinde zusammenkommt, lässt euch ebenfalls grüßen. Auch der Stadtkämmerer Erastus und der Bruder Quartus lassen euch grüßen. (*24*)*

16,5 *Asia*. Römische Provinz im westlichen Teil Kleinasiens.

16,16 *Kuss*. Der Begrüßungskuss auf Stirn oder Wange war unter Familienangehörigen und Freunden üblich. Unter Gläubigen drückte ein keuscher Kuss die geistliche Verwandtschaft aus.

16,24 Spätere Handschriften fügen hier oder nach V. 27 ein: Die Gnade unseres Herrn Jesus Christus sei mit euch allen! Amen.

25 Dem Gott, der die Macht hat, euch durch das Evangelium, das mir anvertraut ist, und durch die Predigt von Jesus Christus im Glauben zu festigen; dem Gott, der uns das Geheimnis, das seit undenklichen Zeiten verborgen war, offenbart hat; 26 dem ewigen Gott, der befohlen hat, diese Botschaft jetzt durch prophetische Schriften allen Völkern bekannt zu machen, damit sie ihr glauben und gehorchen; 27 dem allein weisen Gott, den wir durch Jesus Christus preisen, gebührt alle Ehre in alle Ewigkeit! Amen.

Erster Brief des Paulus an die Christen in Korinth

Der erste Besuch des Paulus in Korinth dauerte anderthalb Jahre. In dieser Zeit war die Gemeinde dort entstanden. Anschließend reiste er nach Jerusalem und kehrte dann nach Antiochia zurück, in die Gemeinde, die ihn zum Missionsdienst ausgesandt hatte. Noch im gleichen Jahr brach er zu seiner dritten Missionsreise auf. Gegen Ende des Jahres traf er in Ephesus ein. Er ging dort regelmäßig in die Synagoge und versuchte, die Juden davon zu überzeugen, dass Jesus ihr Messias war. Als es dann zu Spannungen kam, brach er den Kontakt zur Synagoge ab und versammelte die Gemeinde im Lehrsaal eines gewissen Tyrannus. Das tat er zwei Jahre lang.

In dieser Zeit, es wird im Jahr 54 n.Chr. gewesen sein, schrieb Paulus einen ersten Brief nach Korinth, den er in Kapitel 5,9 erwähnt. Im Winter kamen dann Besucher aus Korinth zu ihm, die Nachrichten aus der Gemeinde übermittelten und auch einen Brief mitbrachten. Daraufhin schrieb Paulus einen zweiten Brief an die Gemeinde und ließ ihn von Timotheus überbringen. Dieser Brief aus dem Jahr 55 n.Chr. ist uns als 1. Korintherbrief überliefert.

Ich danke Gott für euch!

1 *1* Paulus, nach dem Willen Gottes zum Apostel von Jesus Christus berufen, und Sosthenes*, der Bruder. *2* An die Gemeinde Gottes in Korinth*, an die, die durch Jesus Christus geheiligt wurden, die von Gott berufenen Heiligen*, und an alle, die irgendwo – bei ihnen oder bei uns – den Namen unseres Herrn Jesus Christus anrufen: *3* Gnade und Friede seien mit euch von Gott, unserem Vater, und von Jesus Christus, dem Herrn.

4 Immer wieder danke ich Gott für euch und für die Gnade, die Gott euch durch Jesus Christus geschenkt hat. *5* Denn durch ihn seid ihr in jeder Beziehung und jeder Art von geistgewirktem Wort und geistlicher Erkenntnis reich gemacht worden. *6* Die Botschaft von Christus hat festen Boden unter euch gewonnen. *7* Deshalb fehlt euch keine der Gaben, die Gottes Geist schenkt. Und so wartet ihr zuversichtlich auf das Erscheinen unseres Herrn Jesus Christus. *8* Er wird euch bis ans Ende Festigkeit verleihen, so dass ihr am Tag unseres Herrn Jesus Christus frei von jedem Tadel dasteht. *9* Ja, Gott,

1,1 Sosthenes. Es ist möglich, dass es sich bei ihm um den ehemaligen Synagogenvorsteher von Korinth handelt (Apostelgeschichte 18,17).

1,2 Korinth war eine wichtige Stadt in Griechenland, die auf der Landenge zum Peloponnes den Handel von Nord nach Süd beherrschte und durch zwei Häfen auch den Seehandel von Ost nach West. Sie war die Hauptstadt der römischen Provinz Achaja.

Heilige. Gemeint sind die Christen, alle, die zu dem heiligen Gott gehören dürfen.

der euch dazu berufen hat, mit seinem Sohn verbunden zu sein, mit unserem Herrn Jesus Christus, ist wirklich treu!

Duldet keine Spaltungen unter euch!

10 Liebe Geschwister, im Namen unseres Herrn Jesus Christus bitte ich euch dringend: Sprecht alle mit einer Stimme und lasst keine Spaltungen unter euch sein! Haltet in derselben Gesinnung und Überzeugung zusammen! 11 Durch Leute aus dem Haushalt von Cloë habe ich nämlich erfahren, dass es Zank und Streit unter euch gibt. 12 Ich meine damit: Jeder von euch sagt etwas anderes – der eine: »Ich gehöre zu Paulus«, der andere: »Ich zu Apollos*«, »Ich zu Kephas*«, »Ich zu Christus.« 13 Ist Christus denn zerteilt? Wurde Paulus etwa für euch gekreuzigt oder seid ihr vielleicht auf den Namen von Paulus getauft worden?

14 Ich bin Gott dankbar, dass ich außer Krispus und Gaius niemand von euch getauft habe, 15 damit keiner auf die Idee kommen kann, er sei auf meinen Namen getauft worden. 16 Da fällt mir ein, dass ich auch den Stephanas und seine Hausgemeinschaft getauft habe. Ob ich sonst noch jemand getauft habe, weiß ich nicht mehr. 17 Christus hat mich ja nicht zum Taufen ausgesandt, sondern zur Verkündigung des Evangeliums.

Habt ihr die Botschaft vom Kreuz falsch verstanden?

Diese Botschaft darf ich aber nicht mit kunstfertigen Worten menschlicher Weisheit weitergeben, denn sonst verliert das Kreuz des Christus seinen Inhalt. 18 Die Botschaft vom Kreuz ist nämlich für die, die ins Verderben gehen, eine Dummheit, aber für uns, die gerettet werden, ist sie Gottes Kraft. 19 Denn Gott hat gesagt: »Ich werde die Weisheit der Weisen zunichte machen und die Klugheit der Klugen verwerfen.«* 20 Wo bleiben da die Weisen? Wo die Schriftgelehrten? Wo die Wortführer unserer Welt? Hat Gott nicht gerade das als Dummheit entlarvt, was diese Welt für Weisheit hält? 21 Denn obwohl die Welt von Gottes Weisheit umgeben ist, hat sie mit ihrer Weisheit Gott nicht erkannt. Und darum hat Gott beschlossen, alle zu retten, die seiner scheinbar so törichten Botschaft glauben. 22 Die Juden wollen Wunder sehen, die Nichtjuden suchen Weisheit, 23 aber wir, wir predigen, dass der Gekreuzigte der von Gott versprochene Retter ist. Für die Juden ist das ein Skandal, für die anderen Völker eine Dummheit, 24 aber für die, die Gott berufen hat – Juden oder Nichtjuden – ist der gekreuzigte Christus Gottes Kraft und Gottes Weisheit. 25 Denn was an Gott töricht erscheint, ist weiser als die Menschen, und was an Gott schwach erscheint, ist stärker als die Menschen.

26 Denkt einmal an das, was ihr vor eurer Berufung wart, liebe Geschwister! Da gab es nicht viele, die nach

---

1,12 *Apollos.* An Christus gläubiger Jude aus Alexandria, vgl. Apostelgeschichte 18, 24-28.

1,12 *Kephas.* Hebräischer Name von Petrus, vgl. Johannes 1,42.

1,19 Jesaja 29,14

menschlichen Maßstäben weise, einflussreich oder prominent gewesen wären, 27 sondern Gott hat das ausgewählt, was nach dem Maßstab der Welt einfältig und schwach ist – um die Weisen und Mächtigen zu beschämen. 28 Er erwählte das, was in der Welt als niedrig und bedeutungslos gilt; das, was für sie nichts zählt, um das, was für sie zählt, zunichte zu machen. 29 Niemand soll sich vor Gott rühmen können. 30 Euch aber hat Gott mit Jesus Christus verbunden, der uns zur Weisheit wurde, die von Gott kommt, zur Gerechtigkeit, die vor ihm gilt, zur Heiligkeit und zur Erlösung. 31 Es sollte so kommen, wie geschrieben steht: »Wer sich rühmen will, der rühme sich des Herrn.«*

2 1 Als ich zu euch kam, liebe Geschwister, um euch das Zeugnis* von Gott weiterzugeben, tat ich das nicht mit überragender Redekunst oder tiefer Gelehrsamkeit. 2 Denn ich hatte mich entschlossen, unter euch nichts anderes zu kennen außer Jesus Christus und ihn als den Gekreuzigten. 3 Als schwacher Mensch trat ich vor euch auf und zitterte innerlich vor Angst. 4 Mein Wort und meine Predigt beruhten nicht auf der Überredungskunst menschlicher Weisheit, sondern auf der Beweisführung des Geistes und der Kraft Gottes. 5 Euer Glaube sollte sich nicht auf menschliche Weisheit gründen, sondern auf die Kraft Gottes.

Das Geheimnis der verborgenen Weisheit Gottes

6 Und doch verkündigen auch wir Weisheit – für die, die dafür reif sind. Das ist jedoch nicht die Weisheit der heutigen Welt, auch nicht die der Machthaber dieser Welt, die ja irgendwann entmachtet werden, 7 sondern wir predigen das Geheimnis der verborgenen Weisheit Gottes. Dass diese Weisheit für uns sichtbar wurde, hat Gott schon vor aller Zeit bestimmt, damit wir an seiner Herrlichkeit Anteil bekommen. 8 Keiner von den Machthabern dieser Welt hat sie erkannt – denn wenn sie diese Weisheit erkannt hätten, dann hätten sie den Herrn der Herrlichkeit nicht gekreuzigt. 9 Nein, wir verkündigen, wie in der Schrift steht: »Was kein Auge je gesehen und kein Ohr jemals gehört, was keinem Menschen je in den Sinn kam, das hält Gott für die bereit, die ihn lieben.«* 10 Denn durch seinen Geist hat Gott uns dieses Geheimnis offenbart. Der Geist ergründet nämlich alles, auch das, was in den Tiefen Gottes verborgen ist. 11 Wer von den Menschen weiß denn, was im Innern eines anderen vorgeht – doch nur der Geist, der in dem betreffenden Menschen wohnt. Ebenso weiß auch nur der Geist Gottes, was in Gott vorgeht. 12 Wir haben aber nicht den Geist dieser Welt empfangen, sondern den Geist, der von Gott kommt. So können wir erkennen, was Gott uns geschenkt hat. 13 Und davon reden wir auch, doch nicht in Worten, wie sie menschliche Weisheit lehrt, sondern in Worten, wie sie der Geist lehrt. Was der Geist gewirkt hat, erklären wir Menschen, die den Geist empfangen

---

1,31 Jeremia 9,23

2,1 Nach anderen Handschriften: »Geheimnis«.

2,9 Jesaja 64,3

haben. *14* Ein natürlicher Mensch kann nicht erfassen, was vom Geist Gottes kommt. Er hält es für Unsinn und kann nichts damit anfangen, weil es eben durch den Geist beurteilt werden muss. *15* Doch ein Mensch, der den Geist Gottes empfangen hat, kann das alles richtig beurteilen. Er selbst kann allerdings nicht wirklich von einem anderen beurteilt werden, der den Geist nicht hat. *16* Es heißt ja: »Wer kennt die Einsicht des Herrn? Wer will ihn denn belehren?«* Wir aber haben die Einsicht von Christus empfangen.

Ihr seid nicht geistlich, wenn ihr für Menschen schwärmt!

3 *1* Zu euch konnte ich bisher aber nicht wie zu Geisterfüllten sprechen, sondern ich musste euch wie Menschen behandeln, die von ihrer eigenen Natur bestimmt und im Glauben an Christus noch Kinder sind. *2* Ich musste euch Milch zu trinken geben, nicht feste Nahrung, weil ihr die noch nicht vertragen konntet. Leider könnt ihr das auch jetzt noch nicht, *3* denn ihr seid immer noch von eurer eigenen Natur bestimmt. Solange Eifersucht und Streit unter euch herrschen, beweist ihr ja nur, dass ihr eigenwillig seid und euch wie die anderen Menschen benehmt.

4 Denn wenn einer sagt: »Ich halte mich an Paulus!«, ein anderer: »Ich stehe zu Apollos!« – seid ihr da nicht genauso wie die anderen? *5* Was ist denn schon Apollos? Und was ist Paulus? Sie sind doch nichts als Diener, durch die ihr zum Glauben gekommen seid. Jeder von uns hat nur das getan, was ihm der Herr aufgetragen

hat. *6* Ich habe gepflanzt, Apollos hat gegossen; aber Gott hat es wachsen lassen. *7* So ist weder der, der pflanzt, von Bedeutung, noch der, der es begießt, sondern Gott, der das Wachstum gibt. *8* Der, der pflanzt, und der, der es begießt, arbeiten zwar beide an demselben Werk, aber jeder wird seinen besonderen Lohn erhalten, wie es seinem persönlichen Einsatz entspricht.

Ihr seid doch Gottes Bau!

9 Wir sind also Gottes Mitarbeiter – ihr seid Gottes Ackerfeld und Gottes Bau. *10* Nach der mir verliehenen Gnade Gottes habe ich als weiser Baumeister das Fundament gelegt. Ein anderer baut auf dieser Grundlage weiter. Aber jeder soll darauf achten, wie er weiterbaut. *11* Das Fundament ist schon gelegt, es ist Jesus Christus. Niemand kann ein anderes legen. *12* Ob aber jemand auf dieses Fundament Gold, Silber oder wertvolle Steine verbaut oder nur Holz, Heu und Stroh, *13* das wird der Tag des Gerichts durch Feuer offenbar machen. Das Werk jedes Einzelnen wird im Feuer auf seinen Bestand geprüft. *14* Hält das, was er auf das Fundament gebaut hat, stand, wird er belohnt. *15* Wenn es verbrennt, wird er den Schaden zu tragen haben. Er selbst wird zwar gerettet werden, aber so wie jemand, den man aus dem Feuer reißt.

16 Wisst ihr nicht, dass ihr Gottes Tempel seid und der Geist Gottes in euch wohnt? *17* Gott wird jeden ver-

2,16 Jesaja 40,13f

derben, der den Tempel Gottes verdirbt, denn Gottes Tempel ist heilig – und der seid ihr! 18 Niemand soll sich etwas vormachen. Wenn jemand meint, in der heutigen Welt als weise zu gelten, dann soll er sich doch für töricht halten lassen, damit er wirklich weise wird. 19 Denn was diese Welt für weise hält ist nichts als Dummheit vor Gott. So steht es auch in der Schrift: »Er fängt die Klugen mit ihrer eigenen Schlauheit.«* 20 Und: »Der Herr kennt die Gedanken der Weisen, er weiß, wie hohl sie sind.«* 21 Deshalb schwärme niemand für einen Menschen, denn euch gehört doch alles: 22 Paulus, Apollos, Kephas; euch gehört die ganze Welt, das Leben und der Tod, die Gegenwart und die Zukunft. 23 Doch ihr gehört Christus und Christus gehört Gott.

Wir Apostel sind nur Diener!

4 1 Uns soll man als Diener betrachten: als Diener von Christus und Verwalter von Gottes Geheimnissen. 2 Von Verwaltern verlangt man außerdem, dass sie zuverlässig sind. 3 Doch was mich betrifft, so ist mir völlig gleichgültig, ob ich von euch oder irgendeinem menschlichen Gericht beurteilt werde. Ja, ich maße mir nicht einmal selbst ein Urteil über mich an. 4 Ich bin mir zwar keiner Schuld bewusst, aber dadurch bin ich noch nicht gerechtfertigt, denn der Herr ist mein Richter. 5 Verurteilt also nichts vor der von Gott bestimmten

Zeit, wartet bis der Herr kommt! Er wird das im Finstern Verborgene ans Licht bringen und die geheimen Motive der Menschen offenbaren. Dann wird jeder das Lob von Gott erhalten, das er verdient.

Ihr könnt von uns lernen!

6 Das habe ich auf mich bezogen, Brüder, und auf Apollos. An unserem Beispiel solltet ihr lernen, nicht über das hinauszugehen, was in der Schrift steht. Dann werdet ihr euch nicht wegen des einen gegen den andern aufplustern. 7 Wer sollte dir denn den Vorzug geben? Hast du etwas, was du nicht von Gott bekommen hast? Und wenn du es bekommen hast, was gibst du damit an, als hättest du es selbst gehabt?

8 Ihr seid ja so satt! Ihr seid schon so reich! Ihr habt die Herrschaft angetreten – ohne uns. Ach hättet ihr es wirklich schon getan, dann könnten wir ja mit euch herrschen. 9 Denn mir scheint, Gott hat uns, die Apostel, auf den letzten Platz gestellt. Wie zum Tod verurteilte Verbrecher stehen wir in der Arena. Für die ganze Welt sind wir ein Schauspiel geworden, für Engel und Menschen. 10 Wir stehen als Narren da, weil wir mit Christus verbunden sind, aber ihr seid durch Christus klug, wir sind schwach, ihr natürlich stark; ihr seid berühmt, wir verachtet. 11 Bis zu diesem Augenblick leiden wir Hunger und Durst und haben nicht genügend anzuziehen, wir werden misshandelt und haben nirgendwo ein Zuhause. 12 Wir plagen uns ab, um mit den eigenen Händen das tägliche

---

3,19 Hiob 5,13
3,20 Psalm 94,11

Brot zu verdienen. Wenn wir beschimpft werden, segnen wir die Leute, wenn man uns verfolgt, halten wir still aus. 13 Verhöhnt man uns, antworten wir freundlich. Bis jetzt sind wir für die ganze Welt wie der letzte Dreck geworden, ein Abschaum für alle.

14 Ich schreibe das nicht, um euch zu beschämen, sondern um euch auf den rechten Weg zu bringen. Ihr seid doch meine geliebten Kinder! 15 Und selbst wenn ihr Tausende von strengen Aufsehern durch Christus hättet, so doch nicht viele Väter. Denn durch Jesus Christus und durch das Evangelium bin ich euch zum Vater geworden. 16 So bitte ich euch: Nehmt mich zum Vorbild!

Wir wollen euch doch helfen!

17 Aus diesem Grund habe ich auch Timotheus* zu euch geschickt. Durch den Herrn ist er ein geliebtes und treues Kind für mich geworden. Er wird euch an meine Weisungen für das Leben mit Christus erinnern. Sie entsprechen genau dem, was ich überall in jeder Gemeinde lehre.

18 Einige von euch machen sich wichtig und behaupten, ich würde es nicht wagen, zu euch zu kommen. 19 Doch, wenn der Herr will, werde ich sehr bald bei euch eintreffen. Und dann werde ich nicht nur sehen, was an den Worten dieser Wichtigtuer dran ist, sondern auch, ob Kraft dahinter steckt. 20 Denn die Herrschaft Gottes ist keine Sache des Redens, sondern der Kraft. 21 Was ist euch lieber? Soll ich mit dem Stock zu euch kommen oder mit Liebe und Nachsicht?

Ihr dürft keine offenbaren Sünder unter euch dulden!

5 1 Man hört überhaupt schlimme Dinge von euch. Ihr duldet eine derartige sexuelle Unmoral in der Gemeinde, wie sie nicht einmal unter gottlosen Völkern vorkommt, dass nämlich einer mit seiner Stiefmutter zusammenlebt. 2 Und dann seid ihr noch eingebildet! Ihr solltet vielmehr traurig sein und den, der so etwas getan hat, aus eurer Gemeinschaft ausstoßen. 3 Ich bin zwar nicht persönlich bei euch, doch im Geist bin ich anwesend und habe schon das Urteil über den gefällt, der so etwas Schlimmes getan hat. 4 Wenn ihr im Namen unseres Herrn Jesus Christus zusammenkommt und ich im Geist bei euch bin und der Herr Jesus mit seiner Kraft gegenwärtig ist, 5 dann soll dieser Mensch im Namen unseres Herrn Jesus dem Satan ausgeliefert werden, damit sein Körper zugrunde gerichtet, sein Geist aber am Gerichtstag des Herrn gerettet wird.

6 Euer Selbstruhm ist wirklich unangebracht! Wisst ihr denn nicht, dass ein wenig Sauerteig den ganzen Teig durchsäuert? 7 Reinigt euch also vom alten Sauerteig, fegt jeden Krümel davon aus*, damit ihr wieder ein frischer, ungesäuerter Teig seid, denn

---

4,17 *Timotheus.* Ausgezeichneter Mitarbeiter des Paulus aus Lystra, vgl. Apostelgeschichte 16,1-3; Adressat der Timotheusbriefe.

5,7 *Sauerteig ausfegen.* Vor dem Passafest reinigten die Juden ihre Wohnung so gründlich, dass kein Krümel eines mit Sauerteig gebackenen Brotes mehr zu finden war.

auch unser Passalamm* ist geschlachtet worden: Christus. *8* Darum
lasst uns das Fest feiern – nicht mit
Brot aus dem alten Sauerteig der
Schlechtigkeit und Bosheit, sondern
mit dem ungesäuerten Brot von Reinheit und Wahrheit.

9 In meinem vorigen Brief habe ich
euch geschrieben, dass ihr keinen
Umgang mit Menschen haben sollt,
die in sexueller Unmoral leben.
10 Damit habe ich nicht die unmoralischen Menschen dieser Welt gemeint,
die Habgierigen, die Räuber oder die
Götzenanbeter. Sonst müsstet ihr
diese Welt ja verlassen. *11* Nein, ich
meinte in dem Brief, dass ihr keinen
Umgang mit jemand haben sollt, der
sich Bruder nennen lässt und trotzdem in sexueller Unmoral lebt oder
ein habgieriger Mensch ist oder ein
Götzenanbeter, ein Verleumder, ein
Trinker oder ein Räuber. Mit solch
einem Menschen sollt ihr nicht einmal
zusammen essen.

12 Weshalb sollte ich denn über
Außenstehende zu Gericht sitzen? Ihr
richtet ja nicht einmal die, die zur Gemeinde gehören. *13* Über die draußen
wird Gott Gericht halten. Schafft also
den Bösen aus eurer Mitte weg!

5,7 *Passalamm.* Beim Passafest, das die Juden in Erinnerung an die göttliche Verscho-
nung Israels beim Auszug aus Ägypten feierten, wurde ein Lamm geschlachtet.

6,1 *Heilige.* Gemeint sind die Christen, alle,
die zu dem heiligen Gott gehören dürfen.

6,9 *Knabenschänder.* Gemeint sind homosexuelle Männer - die, die sich missbrauchen
lassen, und die, die es aktiv tun.

Weshalb streitet ihr euch vor Gericht?

6 *1* Wenn jemand von euch mit
einem Gläubigen Streit hat, wie
bringt er es dann fertig, vor das Gericht der Ungläubigen zu gehen, anstatt sich von den Heiligen* Recht
sprechen zu lassen? *2* Wisst ihr denn
nicht, dass die Heiligen die Welt richten werden? Und wenn durch euch
sogar die Welt gerichtet wird, seid ihr
dann nicht zuständig für solche Baga-
tellen? *3* Wisst ihr nicht, dass wir
sogar über Engel zu Gericht sitzen
werden? Wie viel mehr dann über die
Dinge des täglichen Lebens? *4* Wie
könnt ihr nur bei diesen alltäglichen
Dingen solche Menschen über euch
Recht sprechen lassen, die in der Gemeinde nichts gelten? *5* Ihr solltet
euch schämen! Gibt es denn keinen
unter euch, der weise genug ist, um
ein unparteiisches Urteil zwischen
Brüdern fällen zu können? *6* Stattdessen zieht ein Bruder den anderen vor
Gericht – und das vor Ungläubigen!
7 Es ist schon schlimm genug, dass
ihr überhaupt Rechtshändel miteinander austragt. Warum lasst ihr euch
nicht lieber Unrecht tun? Warum
lasst ihr euch nicht lieber benachteiligen? *8* Stattdessen tut ihr selbst Unrecht und benachteiligt andere – und
das unter Brüdern!

9 Wisst ihr denn nicht, dass unge-
rechte Menschen keinen Platz im
Reich Gottes haben werden? Täuscht
euch nicht: Menschen, die in sexueller
Unmoral leben, Götzen anbeten oder
die Ehe brechen, Lustknaben und
Knabenschänder*, *10* Diebe oder
Habsüchtige, Trinker, Lästerer oder
Räuber werden keinen Platz im Reich

Gottes haben. *11* Und das sind manche von euch gewesen. Aber durch den Namen des Herrn Jesus Christus und durch den Geist unseres Gottes seid ihr reingewaschen, seid ihr geheiligt, seid ihr gerecht gesprochen worden.

Haltet euch von sexuellen Sünden fern!

12 Alles steht mir frei, aber nicht alles ist förderlich. Alles ist mir erlaubt, aber ich darf mich von nichts beherrschen lassen. *13* Das Essen ist für den Magen bestimmt und der Magen für das Essen. Gott wird beides einmal beseitigen. Aber unser Körper ist nicht für sexuelle Unmoral bestimmt, sondern für den Herrn und der ist der Herr über den Körper. *14* Gott hat den Herrn auferweckt und wird in seiner Macht auch uns auferwecken. *15* Wisst ihr nicht, dass eure Körper wie Glieder zum Leib von Christus gehören? Wollt ihr nun die Glieder von Christus nehmen und sie mit denen einer Hure vereinigen? Auf keinen Fall! *16* Wer sich mit einer Hure einlässt, wird praktisch ein Leib mit ihr – wisst ihr das nicht? Es heißt doch in der Schrift: »Die zwei werden *ein* Fleisch sein.«* *17* Wer sich aber mit dem Herrn vereint, ist *ein* Geist mit ihm. *18* Flieht vor den sexuellen Sünden! Alle anderen Sünden spielen sich außerhalb vom Körper des Menschen ab. Wer aber seine Sexualität freizügig auslebt, sündigt gegen den eigenen Körper. *19* Wisst ihr denn nicht, dass euer Körper ein Tempel des Heiligen Geistes ist, der in euch wohnt und den ihr von Gott bekommen habt? Ist euch nicht klar, dass ihr euch nicht

selbst gehört? *20* Denn ihr seid für ein Lösegeld gekauft worden. Macht also Gott mit eurem Körper Ehre.

Antwort auf die schriftlichen Anfragen: Ehe und Ehelosigkeit

7 *1* Nun zu dem, was ihr mir geschrieben habt. Ihr sagt: ›Es ist gut für einen Mann, überhaupt keine sexuelle Beziehung zu einer Frau zu haben.‹ *2* Meine Antwort ist: Um sexuelle Unmoral zu vermeiden, sollte jeder Mann seine Ehefrau haben und jede Frau ihren Ehemann. *3* Der Mann soll der Frau die eheliche Pflicht erfüllen, aber auch die Frau dem Mann. *4* Die Frau verfügt nicht über ihren Körper, sondern der Mann, ebenso aber verfügt auch der Mann nicht über seinen Körper, sondern die Frau. *5* Verweigert euch einander nicht – höchstens für eine begrenzte Zeit und im gegenseitigen Einverständnis, wenn ihr für das Gebet frei sein wollt. Aber danach sollt ihr wieder zusammenkommen, damit euch der Satan nicht verführt, weil ihr euch ja doch nicht enthalten könnt. *6* Ich sage das als Zugeständnis, nicht als Gebot. *7* Ich wünschte zwar, alle Menschen wären so wie ich, doch der eine hat diese Gabe von Gott, der andere jene.

8 Zu den Unverheirateten und Witwen sage ich: Es ist gut, wenn sie ehelos bleiben wie ich. *9* Wenn sie aber nicht enthaltsam leben können, dann sollen sie heiraten. Das ist besser, als vor Begierde zu brennen.

6,16 1. Mose 2,24

Ehe und Scheidung

10 Für die Verheirateten aber gilt ein Gebot – es stammt nicht von mir, sondern vom Herrn: Eine Frau soll sich nicht von ihrem Mann scheiden lassen. 11 Hat sie sich aber doch von ihm getrennt, dann soll sie unverheiratet bleiben oder sich wieder mit ihm versöhnen. Auch ein Mann darf seine Frau nicht verstoßen.

12 Den anderen aber sage ich – hier habe ich kein Wort des Herrn: Wenn ein Bruder eine ungläubige Frau hat, die weiter bei ihm bleiben will, so soll er sich nicht von ihr trennen. 13 Dasselbe gilt für eine gläubige Frau, die einen ungläubigen Mann hat: Wenn er weiter bei ihr bleiben will, soll sie sich nicht von ihm trennen. 14 Denn der ungläubige Ehemann ist durch die Frau in die Nähe Gottes gebracht* und die ungläubige Frau ist durch den Bruder in die Nähe Gottes gebracht. Sonst müsstet ihr ja auch eure Kinder als fern von Gott betrachten. Nun aber sind auch sie in die Nähe Gottes gebracht. 15 Wenn aber der ungläubige Partner auf einer Trennung besteht, dann willigt in die Scheidung ein. Der Bruder oder die Schwester ist in diesem Fall nicht sklavisch an die Ehe gebunden. Gott hat uns doch zu einem Leben in Frieden berufen! 16 Wie willst du denn wissen, Frau, ob du deinen Mann zu Christus führen und retten kannst? Oder weißt du, Mann, etwa, dass dir das bei deiner Frau gelingt?

17 Grundsätzlich soll jeder so leben, wie der Herr es ihm zugemessen hat, das heißt, er soll da bleiben, wo Gottes Ruf ihn traf. So ordne ich es in allen Gemeinden an. 18 Wenn einer beschnitten war, als er berufen wurde, soll er nicht versuchen, seine Beschneidung* rückgängig zu machen. Wenn er nicht beschnitten war, soll er sich auch nicht beschneiden lassen. 19 Die Beschneidung hat keinen Wert an sich und das Unbeschnittensein auch nicht. Was zählt, ist das Halten der Gebote Gottes. 20 Jeder soll in dem Stand bleiben, in dem er berufen wurde. 21 Wenn du Sklave warst, als Gott dich berief, mach dir nichts daraus. Wenn du aber tatsächlich frei werden kannst, nutze die Gelegenheit umso lieber. 22 Denn wer als Sklave in die Gemeinschaft des Herrn gerufen wurde, ist ein Freigelassener des Herrn, und wer als Freier berufen wurde, ist ein Sklave von Christus. 23 Gott hat einen hohen Preis für euch bezahlt. Macht euch also nicht zu Sklaven von Menschen! 24 Liebe Geschwister, jeder soll in Verantwortung vor Gott in dem Stand leben, in dem er berufen wurde.

Ehe und christlicher Dienst

25 Nun zu den Unverheirateten*: Ich habe hier kein Gebot des Herrn, aber ich gebe euch einen Rat als einer, den

---

7,14 *in die Nähe Gottes gebracht.* Wörtlich: *geheiligt.* Das kann nicht in dem strengen Sinn gemeint sein, in dem die Christen als Heilige (für Gott Ausgesonderte) bezeichnet werden, denn die Voraussetzung dazu ist Glaube und Bekehrung.

7,18 *Beschneidung.* Siehe 1. Mose 17,9-14!

7,25 *Unverheirateten.* Im Grundtext steht hier und in den Versen 28, 34 und 36-38 *Jungfrau,* was immer eine ledige unberührte Frau meint. In den Versen 36-38 könnte die Verlobte oder auch ein Mädchen gemeint sein, das dem Betreffenden anvertraut ist und für dessen Verheiratung er sorgt.

der Herr durch sein Erbarmen vertrauenswürdig gemacht hat. 26 Wenn ich an die gegenwärtige Not denke, meine ich, es ist besser, unverheiratet zu bleiben. 27 Bist du aber schon mit einer Frau verbunden, dann versuche nicht, dich von ihr zu lösen. Bist du allerdings noch frei, dann suche keine Frau. 28 Wenn du aber doch heiratest, sündigst du nicht, und auch ein junges Mädchen sündigt nicht, wenn es heiratet. Freilich werden solche dann in ihrem irdischen Leben manchen Bedrängnissen ausgesetzt sein, und das würde ich euch gern ersparen. 29 Denn ich sage euch, Brüder, die Zeit ist kurz bemessen: In Zukunft sollten die, die Frauen haben, so sein, als hätten sie keine. 30 Wer weint, soll sich nicht von Trauer überwältigen lassen, und wer fröhlich ist, nicht von Freude. Wer einkauft, rechne damit, es nicht zu behalten, 31 und wer sich die Welt zunutze macht, sich von ihr zu verabschieden. Denn die Welt in ihrer jetzigen Gestalt wird vergehen.

32 Ich möchte, dass ihr euch keine unnötigen Sorgen machen müsst. Der Unverheiratete sorgt sich um die Angelegenheiten des Herrn – wie er dem Herrn gefallen kann; 33 der Verheiratete sorgt sich um die Angelegenheiten der Welt – wie er der Frau gefallen kann – 34 und so zieht es ihn nach beiden Seiten. Ebenso ist es mit der alleinstehenden oder einer noch ledigen Frau: Sie sorgen sich um die Angelegenheiten des Herrn – dass sie mit Körper und Geist für ihn da sind. Die verheiratete Frau aber sorgt sich um die Angelegenheiten der Welt – wie sie ihrem Mann gefallen kann. 35 Ich sage das zu eurem Besten und nicht, um euch eine Schlinge um den Hals zu legen. Ihr sollt vielmehr mit allem Anstand leben und ohne Ablenkung treu für den Herrn da sein können.

36 Wenn jemand denkt, er handelt unschicklich an seiner Verlobten, wenn sie über die Jahre der Reife hinauskommt und meint, er müsste sie heiraten, dann soll er tun, was er will; er sündigt nicht. 37 Wer aber in seinem Herzen fest bleibt, weil er sich in der Gewalt hat, und nicht von seinem Verlangen bedrängt wird, wer also in seinem Herzen entschlossen ist, seine Verlobte unberührt zu lassen, der handelt richtig. 38 Also: Wer seine Verlobte heiratet, handelt gut; doch wer sie nicht heiratet, handelt besser.

39 Eine Frau ist gebunden, so lange ihr Mann lebt. Wenn er stirbt, ist sie frei zu heiraten, wen sie will. Es muss nur in Verbindung mit dem Herrn geschehen. 40 Doch ist sie glücklicher zu preisen, wenn sie bleibt, wie sie ist. Das ist jedenfalls meine Meinung, aber ich denke, dass ich ja auch den Geist Gottes habe.

Freiheit und Gewissen am Beispiel des Götzenopferfleisches

8 1 Ich komme zu der Frage, ob man Fleisch von Tieren essen darf, die Götzen geopfert wurden. Gewiss, wir alle haben Erkenntnis. Aber Erkenntnis macht hochmütig, nur die Liebe baut auf. 2 Wenn jemand meint, etwas Besonderes erkannt zu haben, dann hat er noch nicht einmal erkannt, wie man erkennen soll. 3 Wenn aber jemand Gott liebt, dann ist er von *ihm* erkannt worden. 4 Was nun das Essen von Götzenopferfleisch betrifft, wissen wir doch, dass es gar keine

Götzen in der Welt gibt und keinen Gott, außer dem einen. *5* Selbst wenn es Größen im Himmel und auf der Erde gibt, die Götter genannt werden – und solche Götter und Herren gibt es viele –, *6* so haben wir doch nur *einen* Gott, den Vater, von dem alles kommt und zu dem wir gehen. Und wir haben nur *einen* Herrn, Jesus Christus, durch den alles entstand und durch den wir leben.

7 Aber nicht alle wissen das. Manche essen das Fleisch immer noch als Götzenopferfleisch, weil sie bisher an die Götzen gewöhnt waren, und belasten so ihr schwaches Gewissen. *8* Doch ein Nahrungsmittel wird uns nicht vor Gottes Gericht bringen. Wir haben keinen Nachteil, wenn wir nicht davon essen, und keinen Vorteil, wenn wir davon essen.

9 Ihr müsst aber darauf achten, dass diese eure Freiheit nicht die Schwachen zu Fall bringt. *10* Wenn nämlich einer mit einem schwachen Gewissen dich, der diese Erkenntnis hat, im Götzentempel beim Mahl sieht, wird er dann nicht verleitet, auch Götzenopferfleisch zu essen, obwohl er dabei gegen sein Gewissen handelt? *11* So geht der Schwache an deiner Erkenntnis zugrunde, dein Bruder, für den Christus gestorben ist. *12* Wenn ihr so gegen eure Geschwister sündigt und ihr schwaches Gewissen verletzt, sündigt ihr gegen Christus. *13* Wenn ein Nahrungsmittel dazu führt, dass mein Bruder zu Fall kommt, dann will ich nie und nimmermehr Fleisch essen.

Ich will für meinen Bruder doch nicht zur Falle werden.

Der Umgang mit Freiheit und Privilegien

9 *1* Bin ich nicht frei? Bin ich nicht Apostel? Habe ich nicht Jesus, unseren Herrn, gesehen? Seid ihr nicht das Ergebnis meiner Arbeit für den Herrn? *2* Wenn ich auch für andere kein Apostel sein sollte, so doch wenigstens für euch. Durch den Herrn seid ihr das Siegel meines Apostelamts. *3* Hier ist meine Antwort an die, die mich zur Rechenschaft ziehen wollen: *4* Haben wir etwa kein Recht zu essen und zu trinken? *5* Haben wir etwa kein Recht, eine Schwester als Ehefrau ständig bei uns zu haben, wie die anderen Apostel, die Brüder des Herrn und Kephas? *6* Oder müssen nur ich und Barnabas* selbst für unseren Lebensunterhalt aufkommen? *7* Wer ist denn auf eigene Kosten Soldat? Wer pflanzt denn einen Weinberg, ohne von seinen Früchten zu essen? Wer hütet denn eine Herde und trinkt nicht von ihrer Milch? *8* Ich sage das nicht nur von einem menschlichen Standpunkt aus; das Gesetz sagt es genauso. *9* Im Gesetz des Mose steht nämlich geschrieben: »Du sollst einem Ochsen, der drischt, nicht das Maul zubinden.«* Geht es Gott vielleicht um die Ochsen *10* oder sagt er das nicht vielmehr uns? Denn es wurde für uns geschrieben. Jeder, der pflügt und das Getreide drischt, darf doch damit rechnen, seinen Anteil am Ernteertrag zu bekommen. *11* Wenn wir geistlichen Samen unter euch ausgestreut haben, ist es dann zu viel erwartet, wenn wir natürliche Gaben

---

9,6 *Barnabas.* Mitarbeiter des Paulus aus Jerusalem, vgl. Apostelgeschichte 4,36-37.
9,9 5. Mose 25,4

von euch ernten? *12* Andere nehmen dieses Recht in Anspruch und lassen sich von euch versorgen. Hätten wir das nicht erst recht tun können? Aber wir haben keinen Gebrauch von unserem Recht gemacht. Wir nehmen lieber alle Mühen und Entbehrungen auf uns, damit wir dem Evangelium von Christus kein Hindernis in den Weg legen.

13 Wisst ihr nicht, dass alle, die im Tempel Dienst tun, von den Einkünften des Tempels essen, und alle, die am Altar Dienst tun, ihren Anteil von den Opfergaben erhalten? *14* So hat auch der Herr angeordnet, dass die, die das Evangelium verkündigen, auch vom Evangelium leben sollen. *15* Doch ich habe von keinem dieser Rechte für mich Gebrauch gemacht. Ich schreibe das auch nicht, weil ich es jetzt in Anspruch nehmen will. Lieber würde ich sterben, als dass man mir diesen Ruhm zunichte macht. *16* Denn wenn ich die gute Botschaft verkünde, kann ich mich deswegen nicht rühmen, denn ich muss sie predigen. Wehe mir, wenn ich es nicht tue! *17* Wäre es mein freier Entschluss gewesen, würde ich Lohn bekommen. Weil das aber nicht so ist, bin ich wie ein Sklave nur mit dem Amt eines Verwalters betraut. *18* Worin besteht nun mein Lohn? Er besteht darin, dass ich das Evangelium kostenfrei weitergebe und auf das verzichte, was mir dafür zusteht.

19 Denn obwohl ich frei und von niemand abhängig bin, habe ich mich allen zum Sklaven gemacht, um so viele wie möglich zu gewinnen. *20* Den Juden bin ich wie ein Jude geworden, um Juden zu gewinnen. Unter denen, die vom Gesetz das Heil erwarten, lebe ich nach dem Gesetz, obwohl ich doch mein Heil nicht vom Gesetz erwarte –, nur um sie zu gewinnen. *21* Bei Menschen, die das Gesetz nicht kennen, lebe ich nicht nach dem Gesetz, um sie für Christus zu gewinnen –, obwohl ich keineswegs ohne Gesetz vor Gott bin, ich stehe ja unter dem Gesetz von Christus. *22* Den Schwachen bin ich wie ein Schwacher geworden, um die Schwachen zu gewinnen. Ich bin allen alles geworden, um unter allen Umständen wenigstens einige zu retten. *23* Das alles tue ich für das Evangelium, damit ich selbst an seinen Segnungen Anteil bekomme.

24 Ihr wisst doch, dass von allen Läufern bei einem Wettkampf im Stadion nur einer den Siegeskranz bekommt. Darum lauft so, dass ihr ihn bekommt! *25* Jeder Wettkämpfer verzichtet auf viele Dinge –, nur um einen vergänglichen Siegeskranz zu bekommen. Wir aber werden einen unvergänglichen erhalten. *26* Darum laufe ich nicht wie ins Blaue hinein und kämpfe nicht wie ein Faustkämpfer, der Luftschläge macht, *27* sondern ich treffe mit meinen Schlägen den eigenen Körper und mache ihn mit Gewalt gefügig. Ich will nicht anderen predigen und selbst disqualifiziert werden.

Lasst euch nicht wie die Israeliten zum Bösen verleiten!

10 *1* Denn das sollte euch klar sein, liebe Geschwister: Unsere Vorfahren waren alle unter dem Schutz der Wolke und gingen alle durchs Meer.* ² Und alle wurden in der Wolke und dem Meer auf Mose getauft. ³ Sie alle aßen dieselbe geistliche Speise ⁴ und tranken denselben geistlichen Trank. Sie tranken ja aus dem geistlichen Felsen, der mit ihnen ging. Und dieser Fels war Christus. ⁵ Trotzdem hatte Gott an den meisten von ihnen kein Gefallen, denn er ließ sie in der Wüste sterben.

⁶ Das soll uns als warnendes Beispiel dienen, damit wir uns nicht vom Verlangen nach dem Bösen beherrschen lassen, wie sie es taten, als sie ihren Gelüsten folgten. ⁷ Betet auch keine Götzen an, wie es einige von ihnen getan haben, denn es steht in der Schrift: »Sie setzten sich hin, um zu essen und zu trinken, und danach standen sie auf, um sich zu vergnügen.«* ⁸ Lasst uns auch keinen außerehelichen Sex haben, wie ein Teil von ihnen es machte und deshalb an einem einzigen Tag 23.000 Menschen umkamen. ⁹ Wir wollen auch Christus nicht herausfordern wie einige von ihnen das taten und von den Schlangen umgebracht wurden. ¹⁰ Murrt auch nicht wie manche von ihnen, die deshalb vom Verderber* umgebracht wurden.

¹¹ Diese Dinge sind beispielhaft an ihnen geschehen, um uns, über die das Ende der Zeiten gekommen ist, als Warnung zu dienen. ¹² Wer daher meint, er stehe fest, der gebe acht, dass er nicht fällt! ¹³ Bisher ist noch keine Versuchung über euch gekommen, die einen Menschen überfordert. Und Gott ist treu; er wird nicht zulassen, dass die Prüfung über eure Kraft geht. Er wird euch bei allen Versuchungen den Weg zeigen, auf dem ihr sie bestehen könnt.

Der Umgang mit Götzen und Götzenmahl

¹⁴ Haltet euch von allem Götzendienst fern, liebe Geschwister! ¹⁵ Ich rede doch zu verständigen Menschen: Beurteilt selbst, was ich sage! ¹⁶ Der Kelch des Segens*, für den wir Gott loben, bedeutet er nicht Gemeinschaft mit dem Blut des Christus? Das Brot, das wir brechen, bedeutet es nicht Gemeinschaft mit dem Leib des Christus? ¹⁷ Es ist ein einziges Brot. So sind wir als viele Menschen ein einziger Leib, denn wir alle haben Anteil an dem einen Brot. ¹⁸ Schaut auf das irdische Israel: Sind nicht alle, die vom Fleisch der Opfertiere essen, in Verbindung mit dem Altar? ¹⁹ Will ich damit sagen, dass das Götzenopferfleisch oder ein Götzenbild etwas bedeutet? ²⁰ Nein! Aber was sie opfern, das opfern diese Leute Dämonen und nicht Gott. Ich will aber nicht, dass ihr in Kontakt mit Dämonen kommt! ²¹ Ihr könnt doch nicht den Kelch des Herrn trinken und den Kelch von Dämonen! Ihr könnt doch nicht am Tisch des Herrn Anteil haben und am Tisch von Dämonen! ²² Oder wollen wir den Herrn zur Eifersucht reizen? Sind wir etwa stärker als er?

10,1 Siehe 2. Mose 13,21 und 14,19-22.

10,7 2. Mose 32,6

10,10 *Verderber.* Der Strafengel, der Gottes Urteil vollstreckt.

10,16 *Kelch des Segens.* Beim jüdischen Passafest heißt der dritte Becher Wein, der getrunken wird, ›Becher des Segens‹, weil bei ihm der Tischsegen, das Dankgebet für die genossenen Speisen, gesprochen wird.

23 Alles ist uns erlaubt! – Ja, aber nicht alles ist nützlich. Alles ist erlaubt! – Ja, aber nicht alles baut auf. 24 Ihr sollt nicht euren eigenen Vorteil suchen, sondern den des anderen! 25 Was auf dem Fleischmarkt verkauft wird, könnt ihr alles essen. Ihr müsst nicht aus Gewissensgründen nachforschen, woher es kommt. 26 Denn »dem Herrn gehört die Erde und alles, was sie erfüllt«.* 27 Wenn Ungläubige euch zum Essen einladen und ihr die Einladung annehmen wollt, dann esst, ohne viel zu fragen, alles, was euch vorgesetzt wird. Ihr müsst euch kein Gewissen darüber machen. 28 Nur wenn dort jemand zu euch sagt: »Das ist Opferfleisch!«, dann esst nichts davon – aus Rücksicht auf den, der euch den Hinweis gab, und wegen des Gewissens. 29 Ich meine nicht das eigene Gewissen, sondern das des anderen. – Aber warum sollte ich meine Freiheit vom Gewissen eines anderen abhängig machen? 30 Wenn ich Gott für das Essen gedankt habe, warum werde ich dann dafür verleumdet? 31 Es ist so: Ob ihr nun esst oder trinkt oder sonst etwas tut – tut alles zur Ehre Gottes! 32 Ihr dürft durch euer Verhalten niemand zur Sünde verleiten – weder Juden noch Griechen noch sonst jemand von Gottes Gemeinde. 33 So mache ich es auch. Ich versuche, in allen Dingen auf alle Rücksicht zu nehmen. Dabei suche ich nicht meinen eigenen Vorteil, sondern den Vorteil aller, damit sie gerettet werden. 11,1 Nehmt mich zum Vorbild, so wie ich Christus zum Vorbild nehme!

Mann und Frau beim Beten und Weissagen

11 2 Ich lobe euch, dass ihr in allen Dingen an mich denkt und so an den Überlieferungen festhaltet, wie ich sie euch übergeben habe. 3 Nun möchte ich aber, dass ihr auch Folgendes wisst: Christus ist das Oberhaupt jedes Mannes, der Mann das Oberhaupt der Frau und Gott das Oberhaupt von Christus.

4 Jeder Mann, der beim Beten oder Weissagen* eine Kopfbedeckung trägt, entehrt sein Oberhaupt. 5 Und jede Frau, die ihren Kopf beim Beten oder Weissagen nicht verhüllt, entehrt ihr Oberhaupt, denn das wäre so, als ob sie kahl geschoren herumliefe. 6 Wenn eine Frau sich also nicht verhüllt, kann sie sich auch gleich die Haare abschneiden lassen. Wenn es für sie aber entehrend ist, das Haar abgeschnitten oder den Kopf rasiert zu bekommen wie ein Mann, dann soll sie sich verhüllen. 7 Der Mann freilich darf sich den Kopf nicht verhüllen, denn er ist Gottes Abbild und spiegelt seine Herrlichkeit wider. In der Frau spiegelt sich die Herrlichkeit des Mannes. 8 Denn der Mann stammt nicht von der Frau, sondern die Frau vom Mann; 9 denn der Mann wurde ja nicht für die Frau geschaffen, sondern die Frau für den Mann. 10 Deshalb soll eine Frau mit Rücksicht auf die Engel das Zeichen ihrer Vollmacht auf dem Kopf tragen.

10,26 Psalm 24,1

11,4 *Beten* ist das Reden zu Gott hin, *Weissagen* das Reden von Gott her, das Reden im Auftrag Gottes.

11 Allerdings gibt es vor dem Herrn weder die Frau ohne den Mann noch den Mann ohne die Frau. *12* Denn wie die Frau vom Mann abstammt, so wird der Mann durch die Frau zur Welt gebracht. Und beide kommen von Gott.
13 Urteilt doch selbst: Gehört es sich für eine Frau, unverhüllt zu Gott zu beten? *14* Lehrt euch nicht die Natur, dass es für den Mann eine Schande ist, *15* für die Frau aber eine Ehre, langes Haar zu tragen? Denn das lange Haar ist ihr anstelle eines Umhangs gegeben. *16* Wenn jemand unbedingt auf dem Gegenteil bestehen will, soll er wissen: Wir und auch die Gemeinden Gottes haben eine andere Sitte.

Gottes Gericht beim Herrenmahl?

17 Im Zusammenhang mit den folgenden Anweisungen kann ich euch aber nicht loben, denn ihr kommt nicht zu eurem Nutzen, sondern zum Schaden zusammen. *18* Zuerst höre ich, dass es Spaltungen in euren Gemeindeversammlungen gibt, und zum Teil glaube ich das. *19* Denn es müssen ja Parteien unter euch sein, damit sichtbar wird, wer von euch sich im Glauben bewährt.
20 Wenn ihr nun auch am gleichen Ort zusammenkommt, so ist es doch nicht mehr das Mahl des Herrn, das ihr da esst. *21* Denn vor dem Essen, isst jeder schon sein Mitgebrachtes auf, so dass wer später kommt, noch hungrig ist, und andere schon betrunken sind. *22* Habt ihr denn keine Häuser, um zu essen und zu trinken? Oder verachtet ihr die Gemeinde Gottes und wollt die beschämen, die nichts haben? Was soll ich dazu sagen? Soll ich euch etwa loben? In diesem Punkt sicher nicht!

23 Denn ich habe es vom Herrn überliefert bekommen, was ich auch euch weitergegeben habe: In der Nacht, in der er ausgeliefert wurde, nahm der Herr Jesus Brot, *24* dankte Gott, brach es und sagte: »Das ist mein Leib für euch. Tut dies zu meinem Gedächtnis!« *25* Ebenso nahm er den Kelch nach dem Mahl und sagte: »Dieser Kelch ist der neue Bund, der durch mein Blut begründet wird. Sooft ihr trinkt, tut es zu meinem Gedächtnis!« *26* Denn sooft ihr dieses Brot esst und aus dem Kelch trinkt, verkündigt ihr den Tod des Herrn bis er wiederkommt.

27 Wer darum in unwürdiger Weise vom Brot isst und aus dem Kelch des Herrn trinkt, macht sich am Leib und am Blut des Herrn schuldig. *28* Jeder prüfe sich also selbst, bevor er vom Brot isst und aus dem Kelch trinkt. *29* Denn wer isst und trinkt, ohne zu bedenken, dass es um den Leib des Herrn geht, isst und trinkt sich zum Gericht. *30* Aus diesem Grund sind ja so viele von euch schwach und krank, und nicht wenige sind schon gestorben. *31* Doch wenn wir mit uns selbst ins Gericht gingen, würden wir nicht gerichtet. *32* Aber selbst wenn wir jetzt vom Herrn gerichtet werden, dann ist das eine Züchtigung für uns, damit wir nicht zusammen mit der Welt verurteilt werden. *33* Wenn ihr also zum Essen zusammenkommt, liebe Geschwister, dann wartet aufeinander. *34* Wer Hunger hat, der soll zu Hause etwas essen; sonst wird euch die Zusammenkunft zum Strafgericht. Alles andere werde ich anordnen, wenn ich komme.

Der Stellenwert der Geistesgaben

12 ¹ Auch über die Geistesgaben will ich euch, liebe Geschwister, nicht im Unklaren lassen. ² Ihr wisst ja, wie es euch zu den stummen Götzenbildern hinzog, als ihr noch Ungläubige wart, und wie ihr geradezu hingerissen wurdet. ³ Deshalb erkläre ich euch ausdrücklich: Keiner, der durch den Geist Gottes redet, wird sagen: »Jesus sei verflucht!« Und ohne den Heiligen Geist kann keiner sagen: »Jesus ist Herr!«

⁴ Es gibt nun zwar verschiedene Gnadengaben, doch nur ein und denselben Geist; ⁵ es gibt verschiedene Dienste, doch nur ein und denselben Herrn; ⁶ es gibt verschiedene Kräfte, doch nur ein und denselben Gott, der alles in allen wirkt. ⁷ Aber jeder bekommt eine Offenbarung des Geistes nur zum allgemeinen Nutzen geschenkt: ⁸ Dem einen wird vom Geist das Wort der Weisheit gegeben, ein anderer kann durch denselben Geist Einsicht vermitteln, ⁹ einem dritten wird eine besondere Glaubenskraft geschenkt, einem anderen wieder Heilungsgaben – alles durch denselben Geist. ¹⁰ Der Geist ermächtigt den einen, Wunder zu wirken, einen anderen lässt er Weisungen Gottes verkündigen. Ein dritter erhält die Fähigkeit zu unterscheiden, was vom Geist Gottes kommt und was nicht. Einer wird befähigt, in nicht gelernten fremden Sprachen zu reden, und ein anderer, sie zu übersetzen. ¹¹ Das alles wird von ein und demselben Geist bewirkt, der jedem seine besondere Gabe zuteilt, wie er es beschlossen hat.

¹² Denn der menschliche Körper ist eine Einheit und besteht doch aus vielen Teilen. Aber all die vielen Teile des Körpers bilden zusammen den einen Organismus. So ist es auch bei Christus. ¹³ Denn wir alle sind durch den einen Geist in einen einzigen Leib eingegliedert und mit dem einen Geist getränkt worden: Juden und Nichtjuden, Sklaven und freie Bürger. ¹⁴ Ein menschlicher Körper besteht ja auch nicht nur aus einem Teil, sondern aus vielen. ¹⁵ Wenn nun der Fuß behaupten würde: »Weil ich nicht Hand bin, gehöre ich nicht zum Leib«, hört er damit auf, Teil des Körpers zu sein? ¹⁶ Und wenn das Ohr erklären würde: »Weil ich kein Auge bin, gehöre ich nicht zum Leib«, gehört es deshalb nicht dazu? ¹⁷ Wenn der ganze Körper aus einem Auge bestünde, wo wäre dann sein Gehör? Und wenn alles Gehör wäre, womit könnte er riechen? ¹⁸ Nun hat aber Gott jedes Teil so in den Leib eingefügt, wie es seinem Plan entsprach. ¹⁹ Wären alle zusammen nur ein einziges Glied, wo wäre dann der Leib? ²⁰ Aber nun gibt es viele Glieder und alle gehören zu dem einen Körper. ²¹ Das Auge kann doch nicht zur Hand sagen: »Ich brauche dich nicht«, und der Kopf doch nicht zu den Füßen: »Ich verzichte auf euch«. ²² Im Gegenteil, gerade die scheinbar schwächeren Glieder des Körpers sind unentbehrlich. ²³ Die unansehnlichen kleiden wir mit größerer Sorgfalt, und die, deren wir uns schämen, mit besonderem Anstand. ²⁴ Die ansehnlichen Glieder brauchen das ja nicht. Gott hat den Leib so zusammengefügt, dass die geringeren Teile besonders geehrt

werden, 25 denn er wollte keine Spaltung im Körper. Alle Glieder sollen einträchtig füreinander sorgen. 26 Wenn ein Glied leidet, leiden alle anderen mit; und wenn eins besonders geehrt wird, freuen sich die anderen mit.

27 Zusammen seid ihr der Leib von Christus und einzeln genommen Glieder davon. 28 Einige hat Gott in der Gemeinde eingesetzt: Das sind erstens die Apostel, zweitens Propheten, drittens Lehrer. Dann kommen die, die Wunder tun; dann die, die Gaben zum Heilen, zu Hilfeleistungen oder zum Leiten haben; schließlich die, die in ungelernten fremden Sprachen reden. 29 Sind nun etwa alle Apostel, alle Propheten, alle Lehrer? Können alle Wunder tun? 30 Haben alle die Gaben der Heilung? Reden alle in fremden Sprachen? Können alle sie übersetzen? 31 Ihr bemüht euch um die größeren Gaben? Dann zeige ich euch einen Weg, der weit besser ist.

Folgt dem Weg der Liebe!

13 1 Wenn ich die Sprachen von Menschen und Engeln sprechen könnte, aber keine Liebe hätte, wäre ich ein schepperndes Blech, eine lärmende Klingel. 2 Und wenn ich weissagen könnte und alle Geheimnisse wüsste und jede Erkenntnis besäße; und wenn ich alle Glaubenskraft hätte und Berge versetzte, aber keine Liebe hätte, wäre ich nichts. 3 Und wenn ich meinen ganzen Besitz zur Armenspeisung verwendete, ja

wenn ich mich selbst aufopferte, um verbrannt zu werden*, aber keine Liebe hätte, nützte es mir nichts. 4 Liebe hat Geduld. Liebe ist gütig. Sie kennt keinen Neid. Sie macht sich nicht wichtig, sie bläht sich nicht auf; 5 sie ist nicht taktlos und sucht nicht sich selbst; sie lässt sich nicht reizen und trägt Böses nicht nach; 6 sie freut sich nicht, wenn Unrecht geschieht, *sie* freut sich, wenn die Wahrheit siegt. 7 Sie erträgt alles; sie glaubt und hofft immer. *Sie* hält allem stand.

8 Die Liebe wird niemals aufhören. Prophetische Eingebungen werden aufhören, Sprachenrede wird verstummen, die Gabe der Erkenntnis wird es nicht mehr geben. 9 Denn wir erkennen und weissagen nur unvollständig. 10 Wenn dann aber das Vollständige kommt, wird alles Unvollständige beseitigt werden. 11 Als ich ein Kind war, redete ich wie ein Kind, dachte und urteilte wie ein Kind. Als ich Mann wurde, tat ich das Kindliche ab. 12 Jetzt sehen wir wie in einem blank polierten Stück Metall nur rätselhafte Umrisse, dann aber werden wir alles direkt zu Gesicht bekommen. Jetzt erkenne ich nur Teile des Ganzen, dann werde ich alles erkennen, wie auch ich völlig erkannt worden bin. 13 Glaube, Hoffnung und Liebe: Diese drei werden bestehen bleiben. Aber die größte unter ihnen ist die Liebe.

Weissagen ist wichtiger, als in Sprachen zu reden

14 1 Folgt also dem Weg der Liebe und bemüht euch um die Geistesgaben, ganz besonders aber um die Weissagung. 2 Denn wer in

---

13,3 *verbrannt zu werden.* Nach anderen Handschriften: »um Ruhm zu gewinnen«.

Sprachen* redet, spricht nicht zu Menschen, sondern zu Gott. Niemand versteht ihn. Durch Wirkungen des Geistes redet er geheimnisvolle Worte. 3 Wer aber weissagt, redet zu den Menschen, baut auf, ermahnt und tröstet. 4 Wer in Sprachen redet, hat nur selbst etwas davon*, wer aber weissagt, erbaut die Gemeinde. 5 Ich wollte, dass ihr alle in Sprachen redet, aber noch viel mehr wollte ich, dass ihr weissagt. Das hat mehr Gewicht als in Sprachen zu reden, es sei denn, dass sie übersetzt werden, damit die Gemeinde etwas davon hat.*

6 Wenn ich jetzt zu euch käme, liebe Geschwister, und in Sprachen reden würde, was hättet ihr davon, wenn ich keine Offenbarung, keine Erkenntnis, keine Weissagung, keine Lehre bringe? 7 Es ist so wie bei den unbeseelten Musikinstrumenten, zum Beispiel der Flöte oder der Harfe. Wenn man die einzelnen Töne nicht unterscheiden kann, wie soll man dann erkennen, was auf der Flöte oder Harfe gespielt wird? 8 Und wenn die Trompete kein klares Signal gibt, wer wird sich dann zum Kampf fertig machen? 9 So ist es auch bei euch. Wenn ihr beim Reden in Sprachen keine verständlichen Worte von euch gebt, kann euch niemand verstehen. Ihr werdet nur in den Wind reden. 10 Es gibt wer weiß wie viele Sprachen in der Welt und keine ist an und für sich unverständlich. 11 Wenn ich aber die Bedeutung der Wörter nicht kenne, werde ich den Redenden nicht verstehen können und er mich auch nicht. 12 So ist es auch bei euch. Wenn ihr schon solchen Wert auf die Geistesgaben legt, dann bemüht euch vor allem um die, die dem Aufbau der Gemeinde dienen. 13 Wer in Sprachen redet, soll dann auch darum beten, sie recht übersetzen zu können. 14 Denn wenn ich in Sprachen bete, betet mein Geist, aber meine Aussage bringt keine Frucht. 15 Was soll ich nun tun? Ich will mit dem Geist beten, aber auch mit verständlicher Aussage, ich will mit dem Geist singen, aber auch mit verständlichem Sinn. 16 Denn wenn du mit dem Geist Gott rühmst, wie soll dann jemand, der nicht versteht, was du sagst*, das Amen zu deiner Danksagung sprechen? Er weiß doch nicht, was du gesagt hast. 17 Es kann sein, dass du gut gedankt hast, aber er hat nichts davon.

18 Gott sei Dank rede ich mehr in Sprachen als ihr alle. 19 Aber in der Gemeinde will ich lieber fünf verständliche Sätze sagen, um andere zu unterweisen, als zehntausend Wörter, die niemand versteht. 20 Seid doch nicht Kinder im Verstand, liebe Geschwister. In der Bosheit, da sollt ihr wie kleine Kinder sein, im Verstand aber seid erwachsen! 21 Im Gesetz

---

14,2 *Sprachen.* Bei der *Sprachenrede* im Neuen Testament handelt es sich um das Gottesgeschenk, eine nicht erlernte Fremdsprache bei völliger Selbstkontrolle aktiv sprechen zu können, wie die nachfolgenden Verse deutlich machen (vgl. auch Apostelgeschichte 2,1-21).

14,4 *hat nur selbst etwas davon.* Er wurde dadurch, dass er verstand, was er sagte, »erbaut«. Auch die Gemeinde konnte nur »erbaut werden«, wenn sie verstand, was gesagt wurde (Vers 5). Von der Fähigkeit an sich hat man nichts.

14,16 *nicht versteht, was du sagst.* Wörtlich: der die Stelle des Unkundigen einnimmt.

steht: »Durch Menschen mit anderen Sprachen und fremden Worten will ich zu diesem Volk reden, sagt der Herr. Aber auch dann werden sie nicht auf mich hören.«* 22 Von daher ist das Reden in Sprachen kein Zeichen für die Gläubigen, sondern eins für die Ungläubigen.* Das prophetische Reden aber ist kein Zeichen für die Ungläubigen, sondern für die Gläubigen. 23 Wenn also die ganze Gemeinde zusammenkommt und alle fangen an, in Sprachen zu reden, und es kommen Unkundige oder Ungläubige dazu, würden sie euch nicht für verrückt erklären? 24 Wenn ihr aber mit verständlichen Worten Gottes Weisung weitergebt, wenn ihr also prophetisch redet, und irgendein Unkundiger oder Ungläubiger kommt dazu, dann wird ihm von allen ins Gewissen geredet. Er fühlt sich von allen ins Gericht genommen, und 25 seine geheimsten Gedanken kommen ans Licht. Er wird sich niederwerfen, wird Gott anbeten und ausrufen: »Gott ist wirklich unter euch!«

Ordnungen für die Gemeindeversammlung

26 Was folgt nun daraus, Brüder? Wenn ihr zusammenkommt, hat jeder von euch einen Psalm, eine Lehre, eine Offenbarung, eine Sprachenrede, eine Übersetzung. Alles muss dem Aufbau der Gemeinde dienen! 27 Wenn einige in Sprachen reden wollen, dann sollen es zwei oder höchstens drei der Reihe nach tun, und einer soll es übersetzen. 28 Wenn kein Übersetzer da ist, soll der Sprachenredner in der Versammlung schweigen und nur für sich zu Gott reden. 29 Auch von denen, die eine von Gott empfangene Botschaft weitergeben, sollen zwei oder drei reden, und die anderen Propheten sollen das Gesagte beurteilen. 30 Und wenn einer von diesen anderen, die da sitzen, eine Offenbarung empfängt, soll der erste schweigen. 31 Ihr könnt doch alle der Reihe nach weissagen, damit alle etwas lernen und alle ermutigt werden. 32 Die Propheten können ja selbst bestimmen, wann und wie sie ihre Eingebungen weitergeben. 33 Denn Gott ist nicht ein Gott von Unordnung, sondern von Frieden.

Wie in allen Gemeinden der Heiligen 34 sollen die Frauen in den Versammlungen schweigen. Es ist ihnen nicht gestattet, zu reden, vielmehr sollen sie sich unterordnen, wie es auch das Gesetz sagt.* 35 Wenn sie etwas wissen wollen, sollen sie zu Hause ihre Ehemänner fragen, denn es gehört sich nicht für eine Frau, in der Versammlung zu reden. 36 Ist das Wort Gottes denn von euch ausgegangen? Oder ist es nur zu euch gekommen? 37 Wenn jemand meint, ein Prophet zu sein, oder denkt, dass er mit dem Geist erfüllt sei, dann wird er auch erkennen, dass das, was ich euch hier schreibe, eine Anweisung des Herrn ist. 38 Wer das nicht anerkennt, wird auch von Gott nicht anerkannt

---

14,21 Jesaja 28,11-12

14,22 *Zeichen für ... die Ungläubigen.* Vorausgesetzt, dass diese Ungläubigen wie in Apostelgeschichte 2,8-10 die Fremdsprache verstehen, denn sonst würden sie wie in Vers 23 beschrieben reagieren.

14,34 1. Mose 3,16

werden. *39* Bemüht euch also eifrig darum, zu weissagen, und haltet niemand davon ab, in Sprachen zu reden. *40* Nur soll alles anständig und geordnet zugehen.

Die Lehre von der Auferstehung des Christus

15 *1* Ich weise euch noch einmal auf die gute Botschaft hin, die ich euch gebracht habe, liebe Geschwister. Ihr habt sie angenommen und steht darin fest. *2* Durch diese Botschaft werdet ihr gerettet, wenn ihr sie unverfälscht festhaltet und in keinem Punkt davon abweicht. Andernfalls wäret ihr vergeblich zum Glauben gekommen. *3* Ich habe euch in erster Linie das weitergegeben, was ich auch empfangen habe: Christus ist für unsere Sünden gestorben, wie es die Schriften gesagt haben. *4* Er wurde begraben und am dritten Tag auferweckt, wie es die Schriften gesagt haben. *5* Er ist dem Kephas erschienen, dann dem Kreis der Zwölf. *6* Danach erschien er mehr als 500 Brüdern auf einmal, von denen die meisten noch am Leben sind; nur einige sind entschlafen. *7* Danach erschien er dem Jakobus, dann allen Aposteln. *8* Zuallerletzt erschien er auch mir, dieser »Fehlgeburt«. *9* Denn ich bin der Geringste unter den Aposteln. Ich verdiene es gar nicht, Apostel genannt zu werden, weil ich die Gemeinde Gottes verfolgt habe. *10* Durch Gottes Gnade aber bin ich, was ich bin; und sein gnädiges Eingreifen ist an mir nicht vergeblich gewesen. Ich habe mich viel mehr gemüht als sie alle – doch nicht ich; es war die Gnade Gottes mit mir. *11* Aber ob ich es bin oder die anderen:

So jedenfalls predigen wir, und so seid ihr zum Glauben gekommen.

Die Lehre von der Auferstehung der Toten

12 Wenn nun aber gepredigt wird, dass Christus von den Toten auferweckt wurde, wie können da einige von euch sagen: »Es gibt keine Auferstehung der Toten.«? *13* Wenn es nämlich keine Auferstehung der Toten gibt, dann ist auch Christus nicht auferweckt worden. *14* Ist aber Christus nicht auferweckt worden, dann ist auch unsere Predigt sinnlos und euer Glaube ist ohne Inhalt. *15* Wir würden dann auch als falsche Zeugen für Gott entlarvt, denn wir hätten im Widerspruch zu Gott bezeugt, dass er Christus auferweckt habe, den er aber nicht auferweckt haben kann, wenn Tote überhaupt nicht auferweckt werden. *16* Denn wenn Tote nicht auferweckt werden, ist auch Christus nicht auferweckt worden. *17* Wenn aber Christus nicht auferweckt wurde, ist euer Glaube vergeblich und ihr steckt immer noch in euren Sünden. *18* Und die, die im Vertrauen auf Christus gestorben sind, wären alle verloren. *19* Wenn wir nur für dieses Leben auf Christus hoffen, sind wir die bedauernswertesten von allen Menschen.

20 Nun ist Christus aber von den Toten auferweckt worden. Er ist der »Erstling«* der Entschlafenen. *21* Weil

---

15,20 *Erstling.* Das Erlesenste und Beste einer Sache, das Gott geopfert wurde, bevor der Rest für den eigenen Gebrauch verwendet werden durfte, vergleiche 4. Mose 15,18-21. Dadurch wurde das Ganze geheiligt.

durch einen Menschen der Tod kam, kommt auch die Auferstehung vom Tod durch einen Menschen. *22* Denn wie durch die Verbindung mit Adam alle sterben, so werden durch die Verbindung mit Christus alle lebendig gemacht werden; *23* und zwar jeder in der ihm bestimmten Reihenfolge: als Erstling Christus, bei seiner Wiederkunft dann die, die zu ihm gehören. *24* Dann kommt die Vollendung, wenn Christus die Herrschaft Gott, dem Vater, übergibt, nachdem er alles vernichtet hat, was Gewalt und Macht beansprucht. *25* Denn Christus muss herrschen, bis er alle Feinde unter seinen Füßen hat. *26* Als letzten Feind vernichtet er den Tod, *27* denn: »Alles hat Gott ihm unterworfen, alles unter seine Füße gestellt.«* Wenn es nun heißt, dass ihm alles unterworfen ist, dann ist selbstverständlich der ausgenommen, der ihm alles unterworfen hat. *28* Und wenn ihm dann alles unterworfen ist, wird auch der Sohn selbst dem unterworfen sein, der ihm alles unterworfen hat, damit Gott alles in allem sei.

29 Was haben sonst die davon, die sogar die Todestaufe* auf sich nehmen? Wenn Tote überhaupt nicht auferweckt

werden, warum sind die Gläubigen dann zu dieser Taufe bereit? *30* Und warum sind auch wir stündlich in Gefahr? *31* Täglich sehe ich dem Tod ins Auge, liebe Geschwister; das ist die Wahrheit, so gewiss ihr durch unseren Herrn Jesus Christus die Ursache meines Ruhmes seid. *32* Was hätte ich davon, dass ich in Ephesus als Mensch mit Bestien gekämpft habe? Wenn Tote nicht auferweckt werden, dann »lasst uns essen und trinken, denn morgen sterben wir«*.

33 Täuscht euch nicht! »Schlechter Umgang verdirbt gute Sitten.«* *34* Werdet wieder richtig nüchtern und hört auf zu sündigen! Denn zu eurer Schande muss ich sagen, dass einige von euch Gott überhaupt nicht kennen.

Die Lehre von der Auferstehung des Körpers

35 Es wird aber jemand fragen: »Wie werden denn die Toten auferweckt, und was für einen Körper werden sie dann haben?« *36* Wie töricht! Was du säst, muss doch erst sterben, damit es lebendig wird. *37* Du säst doch nicht den pflanzlichen Körper, der erst entstehen soll, sondern ein nacktes Weizenkorn oder irgendeinen anderen Samen. *38* Gott gibt ihm dann einen pflanzlichen Körper und jede Samenart erhält so ihre eigene Gestalt.

39 Nicht jedes Fleisch hat die gleiche Beschaffenheit. Das Fleisch der Menschen ist anders als das des Viehs, der Vögel und der Fische. *40* Dann gibt es himmlische und irdische Körper. Die Himmelskörper haben eine andere Schönheit als die

---

15,27 Psalm 8,7

15,29 *Todestaufe.* Wörtlich: *Sich in Bezug auf die Toten taufen lassen.* Gemeint ist vielleicht das Martyrium. Das passt am besten in den Zusammenhang, und auch Jesus hat den Begriff Taufe so gebraucht (Lukas 12,50; Markus 10,39).

15,32 Sprichwort nach Jesaja 22,13.

15,33 Zum Sprichwort gewordenes Zitat des Athener Komödiendichters Menander (um 270 v.Chr.).

Körper auf der Erde. *41* Der Glanz der Sonne ist anders als der des Mondes und der von den Sternen. Auch die Sterne selbst unterscheiden sich in ihrer Helligkeit.

42 So ähnlich könnt ihr euch die Auferstehung von den Toten vorstellen: Was in die Erde gelegt wird, ist vergänglich, was auferweckt wird, unvergänglich. *43* Was in die Erde gelegt wird, ist armselig, was auferweckt wird, voll Herrlichkeit. Was in die Erde gelegt wird, ist hinfällig, was auferweckt wird, voller Kraft. *44* Was in die Erde gelegt wird, ist ein natürlicher Leib, was auferweckt wird, ein himmlischer Leib. Wenn es einen natürlichen Leib, einen der Seele entsprechenden Körper gibt, muss es auch einen himmlischen Leib, einen dem Geist entsprechenden Körper geben. *45* So steht es auch geschrieben: »Der erste Mensch, Adam, wurde zu einer lebendigen Seele.«* Der letzte Adam jedoch wurde zu einem lebendig machenden Geist. *46* Doch das Geistliche war nicht zuerst da. Zuerst kam das von der Seele bestimmte Leben und dann erst das vom Geist bestimmte. *47* Der erste Mensch stammt von der Erde, vom Staub, der zweite Mensch vom Himmel. *48* Wie der Irdische beschaffen war, so sind auch die irdischen Menschen beschaffen; und wie der Himmlische beschaffen ist, so werden auch die himmlischen Menschen beschaffen sein. *49* Und so, wie wir jetzt dem gleichen, der von Erde genommen wurde, werden wir künftig dem gleichen, der vom Himmel ist.

50 Ich versichere euch, liebe Geschwister: Menschen aus Fleisch und Blut können keinen Anteil am Reich Gottes erhalten; ein vergänglicher Körper kann nicht unsterblich werden. *51* Hört zu! Ich sage euch jetzt ein Geheimnis: Wir werden nicht alle sterben, wir werden aber alle verwandelt werden – *52* blitzartig, in einem Augenblick, beim Ton der letzten Posaune. Denn die Posaune wird ertönen, und die Toten werden auferweckt – unvergänglich! Und wir, wir werden verwandelt. *53* Denn dieser verwesliche Körper hier muss Unverweslichkeit anziehen, dieses Sterbliche Unsterblichkeit.

54 Wenn das geschieht, wenn das Vergängliche Unvergänglichkeit und das Sterbliche Unsterblichkeit anziehen wird, dann werden sich die Schriftworte der Propheten erfüllen: »Der Tod ist verschlungen vom Sieg.« *55* »Tod, wo ist denn dein Sieg? Tod, wo bleibt dein Stachel?«* *56* Der Giftstachel des Todes ist die Sünde, und die Kraft der Sünde kommt durch das Gesetz. *57* Doch Gott sei Dank! Durch Jesus Christus, unseren Herrn, gibt er uns den Sieg!

58 Darum bleibt standhaft, liebe Geschwister, lasst euch nicht erschüttern! Tut euer Bestes für die Sache des Herrn, denn ihr wisst: In Verbindung mit dem Herrn ist eure Mühe nie umsonst.

15,45 1. Mose 2,7
15,55 Jesaja 25,8; Hosea 13,14

Die Sammlung für Jerusalem

16 *1* Nun zur Geldsammlung für das Volk Gottes: Macht es am besten so, wie ich es für die Gemeinden in Galatien* angeordnet habe. *2* Jeden Sonntag lege jeder von euch so viel Geld zurück, wie es seinem Einkommen entspricht. Dann muss nicht erst gesammelt werden, wenn ich komme. *3* Gleich nach meiner Ankunft will ich dann Brüder, die ihr für geeignet haltet, mit euren Gaben und Empfehlungsschreiben nach Jerusalem schicken. *4* Wenn es sich empfiehlt, dass auch ich hinreise, dann sollen sie mich begleiten.

Reisepläne

5 Ich habe vor, über Mazedonien* zu euch zu kommen. Dort werde ich nur durchreisen, *6* bei euch aber will ich eine Zeit lang bleiben, vielleicht sogar über den Winter. Dann könnt ihr mich für meine Weiterreise aussenden und unterstützen. *7* Diesmal will ich euch nicht nur auf der Durchreise besuchen. Wenn der Herr es erlaubt, möchte ich gern eine Zeit lang bei euch bleiben. *8* Bis Pfingsten bleibe ich aber zunächst in Ephesus*, *9* denn der Herr hat mir die Tür für eine wirksame Arbeit geöffnet und es sind auch eine Menge Widersacher da.

10 Wenn Timotheus zu euch kommt, achtet darauf, dass er ohne Angst bei euch sein kann! Denn er arbeitet genauso für den Herrn wie ich. *11* Keiner soll ihn verächtlich behandeln. Seht zu, dass er in Frieden zu mir zurückkommen kann, und gebt ihm, was er für die Reise braucht. Ich erwarte ihn zusammen mit den Brüdern.

12 Nun zu unserem Bruder Apollos: Ich habe ihn immer wieder gebeten, mit den Brüdern zu euch zu kommen, aber er wollte jetzt noch nicht. Doch sobald er Gelegenheit dazu findet, wird er kommen.

Letzte Mahnungen und Grüße

13 Seid wachsam, steht fest im Glauben, zeigt euch mannhaft und stark. *14* Alles, was ihr tut, soll von der Liebe bestimmt sein.

15 Noch eins, liebe Geschwister: Ihr kennt die Familie des Stephanas. Sie war die erste Glaubensfrucht in Achaja* und hat sich ganz in den Dienst für das Volk Gottes gestellt. Ich bitte euch: *16* Ordnet euch solchen Menschen unter. Begegnet allen, die in der Gemeinde mitarbeiten und sich abmühen, mit Achtung.

17 Ich freue mich, dass Stephanas, Fortunatus und Achaikus zu mir

---

16,1 *Galatien* ist der Name einer Landschaft im nördlichen Kleinasien. Die römische Provinz Galatien schloss aber seit einigen Jahrzehnten auch die südlicher liegenden Landschaften Pisidien, Phrygien und Lykaonien ein. Dort befanden sich die Gemeinden, von denen Paulus hier schreibt.

16,5 *Mazedonien.* Römische Provinz auf der Balkanhalbinsel. Sie umfasste den nördlichen Teil des heutigen Griechenland.

16,8 *Ephesus.* Hauptstadt der Provinz Asia, zweitgrößte Stadt des römischen Reiches. Der reiche Handelsknotenpunkt lag etwa 5 km vom Meer entfernt am Fluss Kaystros, von dem aus man praktisch bis in den Hafen der Stadt segeln konnte. Berühmt war Ephesus durch seinen Artemis-Tempel (römisch: Diana), der zu den sieben Weltwundern zählte.

16,15 *Achaja.* Römische Provinz, die den südlichen Teil Griechenlands umfasste und von Korinth aus von einem Prokonsul regiert wurde.

gekommen sind, denn sie haben mir eure Abwesenheit ersetzt. *18* Sie haben mich wie auch euch geistlich erfrischt. Solche Menschen sollt ihr anerkennen.

19 Die Gemeinden der Provinz Asia* lassen euch grüßen. Im Herrn verbunden grüßen euch Aquila und Priska ganz herzlich, dazu auch die Gemeinde, die sich in ihrem Haus trifft. *20* Alle Brüder hier lassen euch grüßen. Grüßt euch mit dem Bruderkuss. *21* Auch ich, Paulus, schreibe euch meinen Gruß mit eigener Hand.

22 Wer den Herrn nicht liebt, der sei verflucht!* »Maranatha – unser Herr, kommt!«*

23 Die Gnade des Herrn Jesus sei mit euch! *24* Meine Liebe gilt euch allen, denen ich durch Jesus Christus verbunden bin.

16,19 Asia. Römische Provinz, die den westlichen Teil Kleinasiens umfasste.

16,22 verflucht. Das heißt: dem Untergang geweiht. Es entspricht dem Bann im Alten Testament.

Maranatha kann auch bedeuten: »Unser Herr, komm!« oder »Unser Herr ist gekommen.«

Zweiter Brief des Paulus an die Christen in Korinth

L eider bewies die Gemeinde in Korinth keine besondere Festigkeit gegen die Versuchungen der vergnügungssüchtigen Stadt. Von Timotheus erfuhr Paulus, dass auch sein letzter Brief die Probleme keineswegs gelöst hatte. Deshalb entschloss er sich, die Gemeinde persönlich aufzusuchen. Von Ephesus aus setzte er mit dem Schiff direkt nach Korinth über. Doch es war ein trauriger Besuch. Paulus musste unverrichteter Dinge wieder zurückkehren und schrieb dann von Ephesus aus in innerer Beklemmung einen dritten Brief an die Gemeinde, bei dem er viel geweint hat (2. Korinther 2,4). Darin ordnete er strenge disziplinarische Maßnahmen an, die auch den Korinthern wehtun würden, und ließ ihn diesmal von seinem Mitarbeiter Titus überbringen. Auch dieser Brief ist uns nicht erhalten geblieben.

Im Frühjahr 56 n.Chr. brach auf Betreiben der Silberschmiede in Ephesus ein Aufstand aus, der sich gegen die Arbeit des Apostels richtete. Kurz danach verließ Paulus die Stadt und reiste nach Troas. Dort begann er eine erfolgreiche Missionsarbeit. Er hatte mit Titus vereinbart, sich in dieser Stadt wieder mit ihm zu treffen. Doch als die Zeit verging und Titus nicht kam, brach der Apostel sehr beunruhigt die Arbeit ab und reiste nach Mazedonien weiter. Er hoffte, seinem Mitarbeiter unterwegs zu begegnen und traf ihn dann auch irgendwo in Mazedonien. Titus brachte gute Nachrichten aus Korinth mit. Die Einstellung der Korinther gegen den Apostel hatte sich grundlegend gewandelt. Nur eine Gruppe in der Gemeinde stand ihm noch entgegen.

Daraufhin schrieb Paulus von Mazedonien aus seinen vierten Brief an die Gemeinde, der uns als 2. Korintherbrief überliefert ist.

Absender und Gruß

1 *1* Paulus, nach dem Willen Gottes zum Apostel von Jesus Christus berufen, und Timotheus*, der Bruder. An die Gemeinde Gottes in Korinth* und an alle Heiligen in der Provinz Achaja*: *2* Gnade und Frieden wünschen wir euch von Gott, unserem Vater, und von Jesus Christus, dem Herrn.

Wir sind voller Zuversicht für euch

3 Gepriesen sei der Gott und Vater unseres Herrn Jesus Christus. Er ist ein Vater von unendlichem Erbarmen und ein Gott voller Trost. *4* In allem Druck, unter dem wir stehen, ermutigt er uns, damit wir unsererseits die ermutigen können, die irgendwie

---

1,1 *Timotheus.* Ausgezeichneter Mitarbeiter des Paulus aus Lystra, vgl. Apostelgeschichte 16,1-3; Adressat der Timotheusbriefe.

Korinth war eine wichtige Stadt in Griechenland, die auf der Landenge zum Peloponnes den Handel vom Norden nach dem Süden beherrschte und durch zwei Häfen auch den Seehandel von Ost nach West. Es war die Hauptstadt der römischen Provinz Achaja.

Achaja. Römische Provinz, die den südlichen Teil Griechenlands umfasste und von Korinth aus von einem Prokonsul regiert wurde.

bedrückt werden. Weil Gott uns getröstet und ermutigt hat, können wir andere trösten und ermutigen. *5* Denn wie die Leiden des Christus mehr als genug über uns ausgeschüttet werden, so überaus reich ergießt sich auch der Trost über uns, den wir durch Christus empfangen. *6* Wenn wir also bedrängt werden, geschieht das, damit ihr Mut bekommt und gerettet werdet, und wenn wir ermutigt werden, geschieht das, damit ihr den Mut bekommt, die gleichen Leiden wie wir geduldig zu ertragen. *7* Wir sind voller Zuversicht für euch, denn wir sind sicher, dass ihr nicht nur an den Leiden Anteil habt, sondern auch an dem Trost.

8 Wir wollen euch, liebe Geschwister, nämlich nicht in Unkenntnis lassen über die schlimme Notlage, in die wir in der Provinz Asia* gekommen sind. Was uns dort passierte, war so übermächtig, so unerträglich schwer, dass wir sogar unser Leben verloren gaben. *9* Tatsächlich fühlten wir uns schon dem Tod geweiht. Wir sollten eben lernen, unser Vertrauen nicht auf uns selbst zu setzen, sondern auf Gott, der die Toten lebendig macht. *10* Und er hat uns ja vor dem sicheren Tod gerettet und rettet uns noch. Auf ihm ruht unsere Hoffnung: Er wird uns auch in Zukunft retten, *11* wenn auch ihr durch eure Gebete mithelft, dass viele Gott für das Gnadengeschenk danken, das wir erhalten haben.

12 Denn unser Ruhm besteht im Zeugnis *unseres Gewissens*: Überall in der Welt und besonders bei euch war unser Verhalten von Aufrichtigkeit und Lauterkeit Gott gegenüber bestimmt. Wir ließen uns nicht von eigener Klugheit leiten, sondern von der Gnade Gottes. *13* Und wenn wir euch schreiben, denken wir nichts anderes, als was ihr hier wiedererkennt. Ich hoffe aber, dass ihr ganz verstehen werdet, *14* was ihr zum Teil ja schon verstanden habt; dass ihr beim Wiederkommen unseres Herrn Jesus auf uns stolz sein dürft – und wir auf euch.

Ich wollte zu euch kommen

15 In dieser Überzeugung wollte ich zunächst zu euch kommen und euch zum zweiten Mal die Gnade Gottes bringen. *16* Von euch aus wollte ich dann nach Mazedonien reisen und von dort wieder zu euch zurückkommen, damit ihr mich für die Reise nach Judäa ausstattet. *17* War ich etwa leichtfertig, als ich mir das vorgenommen habe? Plane ich denn so, wie gewisse Menschen planen, dass mein Ja-ja auch ein Nein-nein sein könnte? *18* Gott ist treu, und er bürgt dafür, dass unser Wort euch gegenüber nicht Ja und Nein zugleich ist. *19* Denn Jesus Christus, der Sohn Gottes, den Silvanus*, Timotheus und ich bei euch gepredigt haben, ist nicht als Ja und Nein gekommen: Nur das Ja ist in ihm verwirklicht. *20* In ihm ist das Ja zu allen Zusagen Gottes. Darum sprechen wir durch ihn auch das Amen zur Ehre Gottes. *21* Gott hat uns mit euch zusammen fest auf Christus, den Gesalbten, gegründet. Ja, er hat uns gesalbt, *22* uns sein Siegel aufgedrückt

---

1,8 *Asia.* Römische Provinz im westlichen Teil Kleinasiens.

1,19 *Silvanus (Silas)* stammte aus Jerusalem und war ein Mitarbeiter des Paulus.

und als Anzahlung seinen Geist in unsere Herzen gegeben.

23 Ich rufe Gott zum Zeugen für mich an: Nur um euch zu schonen bin ich noch nicht nach Korinth gekommen. 24 Wir sind nicht Herren über euren Glauben, sondern Helfer zu eurer Freude, denn im Glauben steht ihr ja fest.

2 1 Ich entschloss mich also, nicht noch einmal zu euch zu kommen, um euch nur wieder traurig zu machen. 2 Denn wenn ich euch Kummer bereite, wer soll mich dann wieder froh machen? Etwa der, der durch mich betrübt wurde? 3 Genau das habe ich euch ja geschrieben. Ich wollte nicht kommen und erleben, dass die, die mir eigentlich Freude bereiten sollten, mich traurig machen. Denn ich bin sicher, dass ihr euch freut, wenn ich mich freuen kann. 4 Ich schrieb euch damals aus großer Bedrängnis und innerer Beklemmung mit vielen Tränen. Aber ich wollte euch nicht traurig machen. Ihr solltet

---

2,12 *Troas.* Ein bedeutender Hafen im Nordwesten der römischen Provinz Asia, 20 km südlich von Troja.

2,13 *Titus.* Wichtiger Mitarbeiter des Paulus, Adressat des Titusbriefes.

Mazedonien. Römische Provinz auf der Balkanhalbinsel. Sie umfasste den nördlichen Teil des heutigen Griechenland.

... weiter. In Kapitel 7,5 nimmt Paulus den Bericht wieder auf.

2,14 Nach einem Sieg zogen die römischen Heerführer mit ihren Soldaten und den Gefangenen in einem *Triumphzug* durch Rom. Dabei wurde wohlriechendes Räucherwerk verbrannt. Einige der Gefangenen wurden anschließend hingerichtet, vergleiche Vers 15 und 16.

vielmehr sehen, wie sehr ich gerade euch liebe.

Verzeiht dem, der seine Einstellung geändert hat!

5 Wenn jemand Kummer gemacht hat, dann hat er nicht mich betrübt, sondern mehr oder weniger – damit ich nicht zu viel sage – euch alle. 6 Für den Betreffenden genügt nun dieser Tadel durch die Mehrheit von euch. 7 Jetzt solltet ihr eher verzeihen und trösten, damit er nicht in Verzweiflung getrieben wird. 8 Deshalb bitte ich euch: Beschließt, ihn wieder in Liebe anzunehmen. 9 Denn ich habe euch ja auch deshalb geschrieben, weil ich prüfen wollte, ob ihr meinen Weisungen in allem Folge leistet. 10 Aber wem ihr vergebt, dem vergebe auch ich. Denn auch ich habe vor Christus um euretwillen verziehen – wenn ich hier überhaupt etwas zu verzeihen hatte –, 11 damit wir nicht vom Satan überlistet werden. Wir wissen ja, was seine Absichten sind.

Der Triumphzug des Christus

12 Als ich nach Troas* gekommen war, um die gute Botschaft von Christus zu verkündigen, und der Herr mir dort die Tür zu den Menschen weit aufgetan hatte, 13 hatte ich innerlich doch keine Ruhe, weil mein Bruder Titus* nicht kam. Deshalb nahm ich Abschied von ihnen und reiste nach Mazedonien* weiter.*

14 Gott sei Dank, der uns immer im Triumphzug* von Christus mitführt und durch uns an allen Orten den Duft von der Erkenntnis des Christus verbreitet. 15 Denn wir sind ein Wohlgeruch von Christus für Gott sowohl

für die, die gerettet werden, als auch für die, die ins Verderben gehen. *16* Für die einen sind wir ein Todesgeruch, der den Tod bringt, für die anderen ein Lebensduft, der Leben verheißt. Und wer ist dieser Aufgabe gewachsen? *17* Denn viele verbreiten die Botschaft von Gott wie solche, die Handel treiben. Wir jedoch predigen völlig aufrichtig. Wir reden – als ob unsere Worte aus Gott selbst kämen – in der Verantwortung vor Gott und in der Kraft von Christus.

3 *1* Fangen wir schon wieder an, uns selbst zu empfehlen? Oder brauchen wir vielleicht Empfehlungsschreiben an euch oder von euch, wie gewisse Leute das nötig haben? *2* Ihr seid unser Empfehlungsbrief: geschrieben in unsere Herzen, anerkannt und gelesen von allen Menschen. *3* Ihr zeigt ja selbst, dass ihr ein Brief von Christus seid, ausgefertigt durch unseren Dienst, geschrieben nicht mit Tinte, sondern mit dem Geist des lebendigen Gottes, aufgezeichnet nicht auf Steintafeln, sondern auf menschlichen Herzen.

Wir sind Diener des neuen Bundes!

4 Solch ein Vertrauen haben wir durch Christus zu Gott! *5* Nicht dass wir von uns aus dazu fähig gewesen wären und uns selbst etwas zuschreiben könnten: Nein, unsere Befähigung kommt von Gott. *6* Er hat uns befähigt, Diener des neuen Bundes zu sein, des Bundes, der nicht vom Buchstaben, sondern vom Geist gekennzeichnet ist. Denn der Buchstabe des Gesetzes bringt den Tod, der Geist Gottes aber führt zum Leben. *7* Schon

der Dienst für das Gesetz, das mit Buchstaben in Steintafeln eingraviert war und den Tod brachte, hatte eine so herrliche Ausstrahlung – die später allerdings wieder verging –, dass die Israeliten dem Mose nicht ins Gesicht sehen konnten. *8* Welche Herrlichkeit muss dann der Dienst haben, der in der Kraft des Geistes geschieht! *9* Wenn schon der Dienst, der den Menschen die Verurteilung brachte, mit solcher Herrlichkeit ausgestattet war, welche herrliche Ausstrahlung wird dann der Dienst haben, der den Menschen den Freispruch bringt. *10* Im Vergleich mit dieser überragenden Herrlichkeit ist jene Herrlichkeit gar nichts. *11* Wenn schon das, was vergehen muss, durch Herrlichkeit gekennzeichnet war, wie viel mehr wird die Herrlichkeit Gottes dann von dem ausstrahlen, was bleibt.

12 Weil wir eine solche Hoffnung haben, treten wir mit großer Offenheit auf. *13* Wir müssen nicht wie Mose das Gesicht mit einem Tuch bedecken. Er tat das damals, damit die Israeliten das Verblassen des Glanzes nicht sehen konnten. *14* Doch bis heute sind sie wie mit Blindheit geschlagen. Ihre Einstellung hat sich verhärtet, denn wenn die Schriften des Alten Testaments vorgelesen werden, liegt für sie eine Decke darüber, die nur durch eine Verbindung mit Christus weggenommen werden kann. *15* Ja, bis heute liegt diese Decke auf ihrem Herzen, wenn aus den Schriften Moses gelesen wird. *16* Sie wird erst weggenommen, wenn das Volk sich zum Herrn wendet. *17* Der Herr ist aber der Geist Gottes, und wo dieser Geist des

Herrn ist, da ist Freiheit. *18* Deshalb schauen wir alle die Herrlichkeit des Herrn mit aufgedecktem Gesicht an. Wir sehen sie wie in einem Spiegel und werden so seinem Bild immer ähnlicher, denn seine Herrlichkeit verwandelt uns. Das alles bewirkt der Geist des Herrn.

Wir dienen Gott in Lauterkeit und Kraft!

4 *1* Deshalb lassen wir uns in diesem Dienst, den wir durch die Barmherzigkeit Gottes empfangen haben, nicht entmutigen. *2* Wir haben uns von allen beschämenden Heimlichkeiten losgesagt. Wir arbeiten weder mit Tricks noch verfälschen wir das Wort Gottes, sondern lehren die Wahrheit ganz offen. Dadurch empfehlen wir uns vor den Augen Gottes dem Gewissensurteil aller Menschen. *3* Wenn unsere gute Botschaft dennoch verhüllt erscheint, so ist das nur bei denen der Fall, die ins Verderben gehen, *4* bei den Ungläubigen, bei denen der Gott dieser Welt das Denken verdunkelt hat, damit sie das helle Licht des Evangeliums nicht sehen: die Botschaft von der Herrlichkeit des Christus, der Gottes Ebenbild ist. *5* Denn wir predigen nicht uns selbst, sondern Jesus Christus als den Herrn. Und weil wir zu ihm gehören, betrachten wir uns als eure Sklaven. *6* Denn der Gott, der einst aus der Finsternis Licht leuchten ließ, hat das Licht auch in unseren Herzen aufstrahlen und uns die Herrlichkeit Gottes im Angesicht von Jesus Christus erkennen lassen.

7 Diesen Schatz tragen wir aber in zerbrechlichen Tongefäßen, wie wir es sind, damit deutlich wird, dass die alles überragende Kraft von Gott stammt und nicht von uns. *8* Von allen Seiten werden wir bedrängt, sind aber nicht erdrückt; wir sind oft ratlos, aber nicht verzweifelt, *9* wir werden verfolgt, sind aber nicht verlassen, wir werden niedergestreckt, gehen aber nicht zugrunde. *10* Immer und überall tragen wir das Sterben von Jesus an unserem Körper herum, damit auch sein Leben an uns deutlich sichtbar wird. *11* Weil wir zu Jesus gehören, werden wir als Lebende ständig dem Tod ausgeliefert, damit sein Leben auch an unserem sterblichen Körper offenbar wird. *12* So wirkt nun also der Tod in uns, das Leben aber in euch. *13* Doch weil wir denselben Geist des Glaubens besitzen, von dem es in der Schrift heißt: »Ich vertraute auf Gott, darum habe ich geredet«*, so glauben auch wir und darum reden wir auch. *14* Denn wir wissen, dass der, der den Herrn Jesus auferweckt hat, auch uns mit Jesus auferwecken und zusammen mit euch vor sich hintreten lassen wird. *15* Das alles geschieht für euch, damit immer mehr Menschen von der Gnade Gottes erreicht werden und den Dank zur Ehre Gottes vervielfachen.

16 Deshalb verlieren wir nicht den Mut. Denn wenn wir auch äußerlich aufgerieben werden, so werden wir doch innerlich jeden Tag erneuert. *17* Denn die kleine Last unserer gegenwärtigen Not schafft uns ein unermessliches ewiges Gewicht an Herrlichkeit – *18* uns, die nicht auf das Sichtbare starren, sondern nach dem

---

4,13 Psalm 116,10

Unsichtbaren Ausschau halten. Denn alles, was wir jetzt sehen, vergeht nach kurzer Zeit. Das Unsichtbare aber hat ewig Bestand.

Die Perspektive der Ewigkeit

5 1 Wir wissen ja: Wenn unser irdisches Zelt abgebrochen wird, haben wir eine Wohnung von Gott, ein nicht von Menschenhand gebautes ewiges Haus in den Himmeln. 2 Deshalb ächzen wir und sehnen uns danach, mit dieser himmlischen Behausung umkleidet zu werden. 3 So bekleidet werden wir nicht nackt dastehen, wenn wir den irdischen Körper ablegen müssen. 4 Solange wir nämlich in diesem Zelt leben, ächzen wir und sind beschwert, weil wir nicht erst entkleidet, sondern gleich überkleidet werden möchten, damit das Sterbliche vom Leben verschlungen wird. 5 Die Voraussetzungen dafür haben wir von Gott, der uns als Anzahlung schon seinen Geist gegeben hat. 6 Deshalb sind wir voller Zuversicht, auch wenn wir wissen, dass wir fern vom Haus des Herrn in der Fremde leben, solange wir in diesem Leib zuhause sind – 7 wir leben ja im Glauben und noch nicht im Schauen –, 8 aber wir rechnen fest damit und ziehen es vor, fern von diesem Leib ganz beim Herrn zu Hause zu sein. 9 Deshalb setzen wir unsere Ehre darein, ihm zu gefallen, ganz gleich, ob wir noch in der Fremde sind oder schon bei ihm zuhause. 10 Denn wir alle müssen vor dem Richterstuhl des Christus erscheinen. Dann wird jeder bekommen, was er verdient hat, je nachdem, ob er in seinem irdischen Körper Gutes oder Böses getan hat.

11 Weil wir nun wissen, wie sehr der Herr zu fürchten ist, versuchen wir Menschen zu überzeugen. Vor Gott aber sind wir völlig offenbar und – wie ich hoffe – auch vor eurem Gewissen. 12 Damit empfehlen wir uns nicht wieder selbst bei euch, sondern geben euch Gelegenheit zum Ruhmeszeugnis für uns, damit ihr denen antworten könnt, die nur auf ihre äußeren Vorzüge stolz sind, ihr Herz aber nicht zeigen dürfen. 13 Sollten wir nämlich je »von Sinnen gewesen« sein, so geschah das für Gott, und wenn wir »bei klarem Verstand« sind, geschieht es für euch.

14 Denn die Liebe des Christus umfängt uns, wenn wir erklären: Einer ist für alle gestorben, also sind sie alle gestorben. 15 Er ist für sie gestorben, damit sie nicht mehr für sich selbst leben, sondern für den, der für sie gestorben und auferweckt worden ist. 16 Deshalb beurteilen wir jetzt niemand mehr nach menschlichen Maßstäben. Auch wenn wir Christus früher so angesehen haben, so tun wir das jetzt nicht mehr. 17 Wenn also jemand mit Christus verbunden ist, ist er eine neue Schöpfung: Was er früher war, ist vergangen, etwas Neues ist entstanden.

18 Aber das alles kommt von Gott, der uns durch Christus mit sich selbst ausgesöhnt und uns aufgetragen hat, anderen mit dieser Versöhnung zu dienen: 19 Gott war in der Person von Christus als er durch ihn die Menschen mit sich versöhnte, darauf verzichtete, ihnen ihre Verfehlungen anzurechnen, und uns die Botschaft der Versöhnung übergab. 20 So sind wir nun Botschafter für Christus, und es

ist Gott, der durch uns mahnt. Wir bitten im Auftrag von Christus: Nehmt die Versöhnung an, die Gott euch anbietet! *21* Er hat den, der ohne Sünde war, für uns zur Sünde gemacht, damit wir durch ihn zu der Gerechtigkeit kommen, mit der wir vor Gott bestehen können.

Wir empfehlen uns als Gottes Diener!

6 *1* Als Mitarbeiter Gottes ermahnen wir euch, die Gnade Gottes nicht vergeblich empfangen zu haben, *2* denn er sagt:»Ich habe dich rechtzeitig erhört, am Tag der Rettung habe ich dir geholfen.«* Gebt Acht: Jetzt ist die richtige Zeit, jetzt ist der Tag der Rettung! *3* Und dabei geben wir in keiner Hinsicht irgendeinen Anstoß, damit der Dienst nicht in Verruf gerät, *4* sondern wir empfehlen uns in allem als Diener Gottes: durch große Standhaftigkeit in Bedrückungen, Notlagen und Ängsten, *5* bei Schlägen, in Gefängnissen und unter aufgehetztem Volk, bei mühevoller Arbeit, in Wachen und Fasten, *6* in Reinheit, Verständnis, Geduld und Güte, durch Heiligen Geist und ungeheuchelte Liebe, *7* im Reden der Wahrheit und in der Kraft Gottes, im Gebrauch der Waffen der Gerechtigkeit zum Angriff und zur Verteidigung, *8* in Ehre und Unehre, bei böser und guter Nachrede, als Verführer

verdächtigt und doch wahrhaftig, *9* als Verkannte und Anerkannte, als Sterbende, die doch leben; als misshandelt und nicht getötet; *10* als Traurige, die sich doch allezeit freuen; als Arme, die viele reich machen; als solche, die nichts haben und doch alles besitzen.

11 Wir haben kein Blatt vor den Mund genommen, ihr Korinther, und unser Herz ist weit geöffnet für euch. *12* In uns ist es nicht zu eng für euch, eng ist es nur in euren Herzen. *13* Als Gegenleistung – ich rede wie zu Kindern – macht auch ihr die Herzen weit. *14* Lasst euch nicht mit Ungläubigen in dasselbe Joch spannen. Wie passen denn Gerechtigkeit und Gesetzlosigkeit zusammen? Oder was haben Licht und Finsternis gemeinsam? *15* Welche Übereinstimmung gibt es zwischen Christus und dem Teufel? Was verbindet einen Gläubigen mit einem Ungläubigen? *16* Und wie verträgt sich der Tempel Gottes mit Götzen? Wir sind doch der Tempel des lebendigen Gottes, wie Gott gesagt hat:»Ich werde in ihnen wohnen und unter ihnen sein. Ich bin dann ihr Gott und sie sind mein Volk.«* *17* Darum »zieht weg und trennt euch von ihnen«, spricht der Herr, »und rührt nichts Unreines an, dann werde ich euch aufnehmen. *18* Ich werde euer Vater und ihr sollt meine Söhne und Töchter sein«, spricht der Herr, der Allmächtige.*

7 *1* Diese Zusagen gelten uns, liebe Geschwister. Darum wollen wir uns von allem rein halten, was Körper und Geist beschmutzt, und in Ehrfurcht vor Gott die Heiligung verwirklichen.

6,2 Jesaja 49,8

6,16 3. Mose 26,12 und Hesekiel 37,27 nach der LXX zitiert.

6,18 Die Verse 17-18 enthalten ein Mischzitat aus Jesaja 52,11; Hesekiel 20,40-41; 2. Samuel 7,14.

² Gebt uns doch Raum in euren Herzen! Wir haben niemand von euch Unrecht getan. Wir haben niemand zugrunde gerichtet, niemand ausgebeutet. ³ Ich sage das nicht, um jemand zu verurteilen, denn ich habe ja schon vorhin erklärt, dass wir euch auf Tod und Leben in unserem Herzen tragen. ⁴ Ich habe großes Zutrauen und bin sehr stolz auf euch. Trotz all unserer Bedrängnis bin ich zuversichtlich und mit überaus großer Freude erfüllt.

⁵ Denn als wir nach Mazedonien gekommen waren,* fanden wir körperlich keine Ruhe. Von allen Seiten wurden wir bedrängt: von außen Kämpfe, von innen Ängste. ⁶ Doch Gott, der die Niedergeschlagenen ermutigt, hat uns durch die Ankunft des Titus wieder aufgerichtet – ⁷ nicht nur durch seine Ankunft, sondern auch durch die Ermutigung, die er bei euch erfahren hat. Er hat uns nämlich von eurer Sehnsucht nach mir, eurer Klage, dass ihr mir Kummer bereitet habt, eurem Eifer für mich erzählt. Das hat mich noch glücklicher gemacht. ⁸ Denn wenn ich euch durch meinen letzten Brief auch wehgetan habe, tut mir das nicht leid. Es tat mir zwar leid, als ich hörte, wie hart er euch zuerst getroffen hat, ⁹ doch jetzt freue ich mich darüber – nicht dass ich euch Schmerz bereitet habe, sondern dass der Schmerz eure Einstellung verändert hat. Ihr habt ganz im Sinn Gottes Schmerzen ertragen und damit in keiner Weise Schaden durch uns genommen.

¹⁰ Denn ein gottgewollter Schmerz führt zu einer veränderten Einstellung, die man nie bereuen muss, und so zur ewigen Rettung. Doch der Schmerz, der von der Welt verursacht wird, führt zum ewigen Tod. ¹¹ Seht doch, was für ein eifriges Bemühen dieser gottgewollte Schmerz bei euch bewirkt hat: Wie aufrichtig war eure Entschuldigung, euer Unwille über den Schuldigen, eure Furcht vor und eure Sehnsucht nach uns; wie wirksam eure Anstrengung, den Schuldigen zu bestrafen. Damit habt ihr bewiesen, dass ihr in dieser Sache unschuldig seid. ¹² Es ging mir in meinem Brief ja nicht um den, der das Unrecht getan hat, auch nicht um den, der so schwer beleidigt wurde, sondern um euch. Ich schrieb, damit ihr vor Gott und euch selbst beweisen könnt, dass ihr zu uns steht. ¹³ Deswegen sind wir jetzt getröstet, aber nicht nur das: Wir haben uns noch viel mehr über die Freude des Titus gefreut, denn sein Geist wurde durch euch sehr erfrischt. ¹⁴ Ich hatte euch vor ihm gerühmt und bin nicht enttäuscht worden, im Gegenteil: Unser Lob vor Titus erwies sich als volle Wahrheit wie alles, was wir zu euch gesagt haben. ¹⁵ Er ist euch von Herzen zugetan, wenn er an den Gehorsam von euch allen denkt, und wie ihr ihn mit Angst und Bangen aufgenommen habt. ¹⁶ Ich freue mich, dass ich mich in jeder Hinsicht auf euch verlassen kann.

Spendenaufruf

8 ¹ Wir wollen euch jetzt berichten, liebe Geschwister, was die Gnade

---

7,5 *gekommen waren.* Hier nimmt Paulus den Bericht von Kapitel 2,13 wieder auf.

Gottes in den Gemeinden Mazedoniens bewirkt hat. *2* Sie haben sich nicht nur in schwerer Bedrängnis bewährt, sondern ihre übergroße Freude und ihre tiefe Armut hat sich in den Reichtum ihrer Freigebigkeit verwandelt. *3* Ich bezeuge, dass sie gaben, so viel sie konnten, ja noch mehr: Über ihre Kräfte haben sie freiwillig gegeben. *4* Sie haben sich geradezu aufgedrängt und uns darum gebeten, sich an diesem Werk der Gnade, dem Hilfsdienst für die Heiligen, beteiligen zu dürfen. *5* Sie haben mehr getan, als wir erhofft hatten, denn sie gaben sich geradezu selbst hin – zuerst dem Herrn und dann nach Gottes Willen auch uns.

6 Deshalb haben wir Titus zugeredet, dieses Werk der Gnade, mit dem er schon früher bei euch angefangen hat, zu Ende zu führen. *7* Aber so, wie ihr euch in jeder Beziehung hervortut: im Glauben, in der Redegabe und der Erkenntnis, in allem Fleiß und der gegenseitigen Liebe, die wir in euch geweckt haben, so solltet ihr euren Reichtum auch in diesem Gnadenwerk zeigen. *8* Ich sage das nicht als Befehl, sondern ich gebe euch Gelegenheit, durch den Eifer der anderen die Echtheit eurer Liebe zu prüfen. *9* Ihr kennt ja die Gnadentat unseres Herrn Jesus Christus: Er, der reich war, wurde bettelarm für euch, damit ihr durch seine Armut reich würdet. *10* Nach meiner Meinung kann es nur gut für euch sein, euch an der Sammlung zu beteiligen. Ihr wolltet es ja

bereits im vorigen Jahr und habt auch schon damit angefangen. *11* Jetzt solltet ihr das Begonnene zum Abschluss bringen, damit die Ausführung nicht hinter dem guten Vorsatz zurückbleibt – natürlich nur nach dem, was ihr habt. *12* Denn wenn der gute Wille da ist, dann ist er willkommen mit dem, was einer hat, und nicht mit dem, was er nicht hat. *13* Es geht nicht darum, dass ihr Mangel leiden sollt, damit andere Erleichterung haben, sondern es geht um einen Ausgleich: *14* Jetzt soll euer Überfluss ihrem Mangel abhelfen, damit auch ihr Überfluss einmal eurem Mangel dient. So soll es zu einem Ausgleich kommen, *15* wie geschrieben steht: »Wer viel sammelte, hatte keinen Überfluss, und wer wenig sammelte, hatte keinen Mangel.«*

16 Gott sei Dank, dass er Titus den gleichen Eifer für euch ins Herz gegeben hat, *17* denn Titus war mit meinem Vorschlag einverstanden, ja noch mehr: Er hatte schon von sich aus beschlossen, zu euch zu reisen. *18* Und wir haben den Bruder mit ihm geschickt, der wegen seiner Verkündigung des Evangeliums in allen Gemeinden sehr gelobt wird. *19* Aber nicht nur das: Die Gemeinden haben ihn auch zu unserem Reisegefährten bestimmt, wenn wir diese Liebesgabe zur Ehre des Herrn und als Zeichen unseres guten Willens überbringen. *20* Denn wir wollen vermeiden, dass man uns verdächtigt, wenn wir diese große Spende allein verwalten. *21* Es liegt uns sehr daran, dass alles einwandfrei abläuft, nicht nur vor Gott, sondern auch vor den Menschen.

8,15 2. Mose 16,18

22 Zusätzlich schicken wir einen Bruder mit, der seine Tüchtigkeit bei sehr vielen Gelegenheiten bewiesen hat und sich in diesem Fall noch eifriger zeigt, weil er großes Vertrauen zu euch hat.

23 Wenn ich für Titus eintrete, so tue ich das, weil er mein Gefährte und Mitarbeiter im Dienst an euch ist; und was unsere anderen Brüder betrifft: Sie sind Abgesandte der Gemeinden, Menschen, die Christus Ehre machen. 24 Zeigt ihnen, dass eure Liebe echt ist, und beweist so den anderen Gemeinden, dass wir euch zu Recht gelobt haben.

9 1 Eigentlich ist es unnötig, euch über den Liebesdienst für die Heiligen noch mehr zu schreiben. 2 Ich kenne ja eure Bereitwilligkeit, die ich auch den Mazedoniern gegenüber gelobt habe: »Die Geschwister von Achaja sind schon seit vorigem Jahr bereit.« Euer Eifer hat die meisten von ihnen angesteckt. 3 Trotzdem habe ich die Brüder zu euch geschickt, damit wir nicht enttäuscht werden, weil wir euch gelobt und erklärt haben, dass ihr bereit seid. 4 Denn wenn die Mazedonier mit mir kommen und euch unvorbereitet finden sollten, werden wir in dieser Erwartung beschämt und erst recht ihr. 5 Darum hielt ich es für nötig, die Brüder zu bitten, dass sie zu euch vorausreisen und die angekündigte Segensgabe einsammeln, damit sie dann wirklich bereitliegt und eine *echte Gabe des Segens und nicht des Geizes* ist.

6 Denkt daran: Wer sparsam sät, wird auch sparsam ernten. Aber wer reichlich sät, wird auch reichlich ernten. 7 Jeder gebe so viel, wie er sich im Herzen vorgenommen hat – nicht mit Verdruss oder aus Zwang. Gott liebt fröhliche Geber, 8 und er hat die Macht, alle Gaben über euch auszuschütten, so dass ihr nicht nur jederzeit genug für euch selbst habt, sondern auch noch anderen reichlich Gutes tun könnt. 9 So steht es auch geschrieben: »Er hat den Armen reichlich gegeben, seine Gerechtigkeit besteht ewig.«* 10 Gott, der dem Sämann Samen und Brot gibt, der wird auch euch Saatgut geben und es aufgehen lassen, damit die Früchte eurer Gerechtigkeit wachsen. 11 Er wird euch so reich machen, dass ihr jederzeit freigiebig sein könnt, was durch uns wieder zum Dank an Gott führt. 12 Denn die Hilfeleistung, die in diesem »Gottesdienst« besteht, hilft nicht nur dem Mangel der Heiligen ab, sondern bewegt darüber hinaus viele Menschen zum Dank an Gott. 13 Wenn ihr euch in diesem Dienst bewährt, werden sie Gott dafür preisen, dass ihr euch gehorsam zum Evangelium von Christus bekannt und ihnen und allen anderen so freigiebig geholfen habt. 14 Sie werden für euch beten und wären gern mit euch zusammen, weil Gott euch seine Gnade in so überreichem Maß erwiesen hat. 15 Gott sei Dank für seine unsagbar reiche Gabe!

Ich muss mich noch einmal verteidigen!

10 1 Ich, Paulus, der im persönlichen Umgang mit euch so demütig auftreten, aber aus der Ferne

---

9,9 Psalm 112,9

den starken Mann spielen soll, ich ermahne euch mit der Güte und Freundlichkeit von Christus: 2 Zwingt mich bitte nicht, meine Stärke zu zeigen, wenn ich komme. Denn ich habe vor, energisch gegen die aufzutreten, die behaupten, wir würden nach den Maßstäben dieser Welt leben. 3 Natürlich sind wir auch nur Menschen, aber wir kämpfen nicht wie die Menschen dieser Welt. 4 Denn die Waffen unseres Kampfes sind nicht menschlich, sondern es sind die mächtigen Waffen Gottes, geeignet zur Zerstörung von Festungen. 5 Mit ihnen zerstören wir Gedankengebäude und jedes Bollwerk, das sich gegen die Erkenntnis Gottes erhebt, wir nehmen jeden solcher Gedanken gefangen und unterstellen sie Christus. 6 Wir stehen bereit, jeden Ungehorsam zu bestrafen, sobald euer Gehorsam vollendete Tatsache ist.

7 Seht doch, was vor Augen ist! Wenn jemand überzeugt ist, Christus zu gehören, dann sollte er sich überlegen, dass das auch bei uns der Fall ist. 8 Denn selbst wenn ich etwas mehr auf unsere Vollmacht pochen sollte, so brauchte ich mich nicht zu schämen. Aber der Herr hat sie uns zum Aufbau verliehen und nicht zu eurer Zerstörung. 9 Ihr sollt aber nicht denken, ich wollte euch mit den Briefen einschüchtern. 10 Man sagt ja schon bei euch: »Seine Briefe sind gewichtig und stark, aber sein persönliches Auftreten ist schwach, und was er sagt, ist kläglich.« 11 Wer so etwas sagt, soll wissen: Genauso wie wir durch das geschriebene Wort aus der Ferne wirken, werden wir auftreten, wenn wir bei euch sind.

12 Wir würden es natürlich niemals wagen, uns mit gewissen Leuten zu vergleichen, die sich selbst empfehlen, oder uns gar auf eine Stufe mit ihnen stellen. Sie messen sich an sich selbst, vergleichen sich mit sich, so dumm sind sie. 13 Wir wollen uns nicht so maßlos überschätzen, sondern den Maßstab anlegen, den uns Gott zugeteilt hat: dass wir nämlich bis zu euch gekommen sind. 14 Denn wir maßen uns doch nicht zu viel an, so als wären wir gar nicht bis zu euch gekommen, denn wir sind ja mit dem Evangelium von Christus bis zu euch gelangt. 15 Wir rühmen uns also nicht maßlos und prahlen mit fremden Leistungen. Aber wir haben die Hoffnung, dass euer Glaube wächst und wir dann vor euren Augen über das gesetzte Maß hinauswachsen 16 und das Evangelium weit über eure Grenzen hinaustragen; nicht in einen fremden Wirkungskreis, um uns nicht der Arbeit zu rühmen, die andere schon getan haben. 17 »Wer sich aber rühmen will, der rühme sich des Herrn!«* 18 Denn wer vom Herrn empfohlen wird, ist anerkannt; nicht wer sich selbst empfiehlt.

Wenn schon großtun, dann »richtig«!

11 1 Lasst euch doch ein wenig Dummheit von mir gefallen. Aber das tut ihr ja schon! 2 Denn ich liebe euch eifersüchtig mit der Eifersucht Gottes. Ich habe euch einem einzigen Mann verlobt, nämlich Christus, und ihm will ich euch unberührt

---

10,17 Jeremia 9,23

zuführen. *3* Ich fürchte nur, dass eure Gedanken genauso von der aufrichtigen Hingabe an Christus abkommen wie Eva, die durch die Falschheit der Schlange verführt wurde. *4* Denn wenn einer zu euch kommt und einen anderen Jesus predigt als den, den wir euch vorgestellt haben; und wenn ihr einen andersartigen Geist empfangt als den, den ihr erhalten habt, oder ein anderes Evangelium als ihr angenommen habt, dann ertragt ihr das ganz gern. *5* Ich denke aber, dass ich nicht schlechter war als eure Superapostel. *6* Und wenn ich auch kein Meister in der Rede bin, so doch in der Erkenntnis. Das habe ich euch oft genug und in jeder Hinsicht bewiesen.

7 Oder war es vielleicht unrecht von mir, dass ich mich selbst erniedrigt habe, um euch zu erhöhen, und euch das Evangelium ohne jede Gegenleistung verkündigt habe? *8* Andere Gemeinden habe ich »ausgeplündert«. Ich habe Geld von ihnen angenommen, um euch dienen zu können. *9* Und als ich bei euch in Not geriet, fiel ich niemand zur Last, denn die Brüder, die aus Mazedonien kamen, ergänzten, was ich zu wenig hatte. Ich habe nichts von euch in Anspruch genommen und werde das auch in Zukunft nicht tun. *10* So gewiss die Wahrheit von Christus in mir ist: Diesen Ruhm wird mir im Gebiet von Achaja keiner nehmen können! *11* Warum tue ich das? Liebe ich euch etwa nicht? Gott weiß, wie es damit steht. *12* Wenn ich auch in Zukunft nichts von euch annehme, dann tue ich das nur, um denen, die sich selbst anpreisen, die Gelegenheit zu nehmen, so aufzutreten wie wir. *13* Denn diese Leute sind falsche Apostel, unehrliche Arbeiter, die sich freilich als Apostel von Christus ausgeben. *14* Aber das ist kein Wunder. Auch der Satan tarnt sich ja als Engel des Lichts. *15* Es ist also nichts Besonderes, wenn auch seine Diener mit der Maske von Dienern der Gerechtigkeit auftreten. Doch ihr Ende wird ihrem ganzen Tun entsprechen.

16 Ich sage noch einmal: Keiner soll mich für einen Dummkopf halten! Wenn aber doch, dann lasst euch meine Dummheit einmal gefallen, damit auch ich mich ein wenig anpreisen kann. *17* Was ich jetzt sage, will der Herr eigentlich nicht, sondern ich rede in der Rolle des Narren, damit auch ich ein wenig großtun kann. *18* Und weil so viele sich ihrer äußerlichen Vorzüge rühmen, will ich das auch einmal tun. *19* Ihr klugen Leute lasst euch ja die Narren gern gefallen, *20* denn ihr ertragt es, wenn jemand euch versklavt, ausnützt und einfängt, wenn jemand euch verachtet und ins Gesicht schlägt. *21* Zu meiner Schande muss ich gestehen: Dazu waren wir zu schwach!

Doch wozu andere sich erdreistet haben – ich rede einmal närrisch –, damit kann ich auch angeben! *22* Sie sind Hebräer? Ich auch. Sie sind Israeliten? Ich auch. Sie sind Nachkommen Abrahams? Ich auch. *23* Sie dienen Christus? – Ich rede jetzt unsinnig. – Ich noch sehr viel mehr: Ich habe weit mehr Mühsal auf mich geladen, bin öfter im Gefängnis gewesen, viel mehr geschlagen worden und war häufig in Todesgefahr. *24* Fünfmal habe ich von den Juden die 39 Schläge* bekommen. *25* Dreimal wurde ich mit Stöcken geprügelt, und einmal bin ich gesteinigt worden. Dreimal habe ich Schiffbruch erlitten. Eine Nacht und einen Tag trieb ich auf hoher See. 26 Ich habe viele Reisen gemacht und kam in Gefahr durch Flüsse und in Gefahr durch Räuber. Ich wurde bedroht durch mein eigenes Volk und durch fremde Nationen, kam in Gefahr in der Stadt, in der Wüste und auf dem Meer und auch durch falsche Brüder. 27 Wie oft ertrug ich Mühsal und Plage und durchwachte ganze Nächte; ich litt Hunger und Durst und ertrug alle möglichen Entbehrungen; ich fror und hatte nicht genug anzuziehen. 28 Und zu allem kommt noch das, was täglich auf mich eindringt: die Sorge um alle Gemeinden. 29 Wo ist jemand schwach und ich bin es nicht auch? Wo wird jemand zur Sünde verführt und es brennt nicht wie Feuer in mir? 30 Wenn schon geprahlt werden muss, dann will ich mit

meiner Schwäche prahlen. 31 Gott, der Vater unseres Herrn Jesus, der in Ewigkeit gepriesen sei, er weiß, dass ich nicht lüge. 32 In Damaskus ließ der Statthalter des Königs Aretas* die Damaszenerstadt bewachen, weil er mich verhaften wollte. 33 Ich entkam ihm nur, weil ich durch ein Fenster kletterte und in einem Korb die Mauer hinuntergelassen wurde.

12 1 Ich muss mich noch weiter rühmen. Zwar weiß ich, dass es niemand nützt, trotzdem will ich auf Erscheinungen und Offenbarungen des Herrn zu sprechen kommen. 2 Ich kenne jemand, der in enger Verbindung mit Christus lebt und vor vierzehn Jahren bis in den dritten Himmel* hinein versetzt wurde. Ich weiß allerdings nicht, ob das körperlich oder nur im Geist geschah. Das weiß allein Gott. 3 Jedenfalls weiß ich von dem Betreffenden – wie gesagt, nur Gott weiß, ob es körperlich oder im Geist geschah –, 4 dass er bis ins Paradies entrückt wurde und dort unsagbare Worte hörte, die ein Mensch nicht aussprechen darf. 5 Für den will ich mich rühmen, im Blick auf mich aber rühme ich nur meine Schwachheit. 6 Wenn ich mich aber doch rühmen wollte, hätte ich zwar nicht den Verstand verloren, denn ich würde ja die Wahrheit sagen. Ich verzichte aber darauf, denn jeder soll mich nur nach dem beurteilen, was er an mir sieht oder aus meinem Mund hört. 7 Ja, ich habe außerordentliche Offenbarungen gehabt. Damit ich mir darauf aber nichts einbilde, hat Gott mir einen Dorn ins Fleisch gedrückt. Ein Engel Satans darf mich

---

11,24 *Schläge.* Geißelung, die auch zum Tod führen konnte. 39 Schläge wurden verabreicht, damit man nicht aus Versehen die vom Gesetz vorgeschriebene Zahl von 40 überschritt, vgl. 5. Mose 25,3.

11,32 *Aretas.* Aretas IV., Schwiegervater von Herodes Antipas, herrschte über Nabatäa, das östlich von Israel liegt. Die Römer hatten zwischen 34 und 40 n.Chr. offenbar auch Damaskus seiner Herrschaft unterstellt. Dafür spricht, dass in dieser Zeit dort kein römisches Münzgeld geprägt wurde.

12,2 *dritten Himmel.* Die Bibel unterscheidet drei Dimensionen des Himmels, die im Deutschen alle mit dem gleichen Wort bezeichnet werden: Die Atmosphäre (engl. *sky*), das Weltall (engl. *space*), die unsichtbare Welt Gottes, das Paradies (engl. *heaven*).

mit Fäusten schlagen, damit ich nicht überheblich werde. *8* Dreimal habe ich den Herrn angefleht, mich davon zu befreien. *9* Doch er sagte zu mir: »Meine Gnade muss dir genügen, denn meine Kraft ist in den Schwachen mächtig.« Jetzt bin ich sogar stolz auf meine Schwachheit, weil so die Kraft von Christus auf mir ruht. *10* Deshalb freue ich mich über meine körperlichen Schwächen, ja selbst über Misshandlungen, Notlagen, Verfolgungen und Ängste, die ich für Christus ertrage; denn wenn ich schwach bin, bin ich stark.

11 Jetzt bin ich wirklich ein Narr geworden. Aber ihr habt mich ja dazu gezwungen. Eigentlich hätte ich von euch empfohlen werden sollen; denn wenn ich auch nichts bin, stehe ich euren »Superaposteln« doch in keiner Weise nach. *12* Das, woran man einen Apostel erkennt, habe ich mit großer Ausdauer in Zeichen, Wundern und Machttaten unter euch gewirkt. *13* Worin seid ihr denn im Vergleich mit den anderen Gemeinden zu kurz gekommen? Das einzige ist, dass ich euch nicht zur Last gefallen bin. Verzeiht mir dieses Unrecht!

14 Nun bin ich schon dabei, euch das dritte Mal zu besuchen – und ich werde euch nicht zur Last fallen. Ich suche ja nicht euer Geld, sondern euch. Die Kinder sollen nicht für die Eltern sparen, sondern die Eltern für die Kinder. *15* Ich will sehr gern alles aufwenden und mich für euch aufopfern. Sollte ich denn weniger Liebe bei euch erfahren, wenn ich euch mehr liebe? *16* Nun gut, ich bin euch nicht zur Last gefallen. Weil ich aber schlau bin, habe ich euch dann mit List gefangen? *17* Habe ich euch etwa durch einen meiner Boten ausgebeutet? *18* Ja, ich habe Titus und den Bruder zu euch geschickt. Hat Titus euch nun etwa ausgenutzt? Haben wir nicht beide im gleichen Geist gehandelt? Sind wir nicht in den gleichen Fußspuren gegangen?

19 Ihr denkt vielleicht schon lange, dass wir uns vor euch verteidigen. Nein, wir reden vor Gott als solche, die mit Christus verbunden sind. Und alles geschieht doch nur, um euch aufzubauen, meine Lieben. *20* Denn ich fürchte, dass ich euch bei meinem Kommen nicht so vorfinde, wie ich es möchte, und dass ihr mich auch nicht so findet, wie ihr wollt. Ich fürchte, dass Streit und Eifersucht, Zorn und Zänkereien, Verleumdungen und üble Nachrede, Überheblichkeit und große Unordnung da sein werden. *21* Ich fürchte, dass mein Gott mich nochmals vor euch demütigen wird und ich über viele von euch trauern muss. Ich meine die, die schon früher gesündigt und ihre Einstellung zu diesem schmutzigen, sexuell unmoralischen und zügellosen Leben immer noch nicht geändert haben.

Apostolische Autorität

13 *1* Jetzt komme ich schon das dritte Mal zu euch. »Durch die Aussage von zwei oder drei Zeugen wird jede Sache festgestellt.«* *2* Schon bei meinem zweiten Besuch habe ich es denen, die gesündigt

---

13,1 5. Mose 19,15

haben, angekündigt, und ich wiederhole es jetzt aus der Ferne: Wenn ich noch einmal komme, werde ich keine Nachsicht mehr üben! *3* Ihr verlangt ja einen Beweis dafür, dass Christus durch mich redet, Christus, der nicht in seiner Schwachheit, sondern in seiner Kraft unter euch wirkt. *4* Er wurde zwar in Schwachheit gekreuzigt, aber er lebt aus Gottes Kraft. So sind auch wir mit Christus schwach, werden aber vor euch mit ihm aus Gottes Kraft leben. *5* Fragt euch doch einmal selbst, ob ihr im Glauben steht, und prüft euch! Erfahrt ihr dann nicht an euch selbst, dass Christus in euch ist? Wenn nicht, dann hättet ihr euch nicht bewährt. *6* Ich hoffe nur, dass ihr erkennt: Wir haben nicht versagt! *7* Doch wir beten zu Gott, dass ihr nichts Böses tut, – nicht damit wir als Bewährte erscheinen, sondern dass ihr das Gute tut und wir als Versager dastehen. *8* Denn wir können nichts gegen die Wahrheit tun, sondern uns immer nur für sie einsetzen. *9* Deshalb freuen wir uns, wenn wir als Schwache erscheinen und ihr als die Starken, denn wir beten ja um eure Vervollkommnung. *10* Deswegen schreibe ich diesen Brief noch aus der Ferne, damit ich nicht Strenge gebrauchen muss, wenn ich komme. Die Vollmacht, die der Herr mir gab, habe ich ja zum Aufbau und nicht zur Zerstörung der Gemeinde erhalten.

11 Ich komme zum Schluss, liebe Geschwister. Freut euch! Lasst euch ermutigen und zurechtbringen! Seid eines Sinnes und lebt in Frieden. Dann wird der Gott der Liebe und des Friedens mit euch sein. *12* Grüßt einander mit einem heiligen Kuss!* Es grüßen euch alle Heiligen von hier. *13* Die Gnade unseres Herrn Jesus Christus und die Liebe Gottes und die Gemeinschaft des Heiligen Geistes sei mit euch allen!

13,12 Kuss. Der Begrüßungskuss auf Stirn oder Wange war unter Familienangehörigen und Freunden üblich. Unter Gläubigen drückte ein keuscher Kuss die geistliche Verwandtschaft aus.

Brief des Paulus an die Gemeinden in Galatien

Im Jahr 45 n.Chr. waren Barnabas und Paulus von der Gemeinde Antiochia zum Missionsdienst ausgesandt worden. Durch ihre Arbeit kam es im Lauf des nächsten Jahres zur Gründung einiger Gemeinden, vor allem im südlichen Teil der römischen Provinz Galatien. Anfang des Jahres 48 n.Chr. kehrten sie wieder nach Antiochia zurück.

Inzwischen waren Berichte von den Gemeindegründungen nach Jerusalem gekommen und hatten viele jüdische Christen verunsichert, vor allem ehemalige Pharisäer. Sie konnten sich nicht vorstellen, dass Nichtjuden, wenn sie das Gesetz nicht halten, überhaupt so leben können, wie es Gott gefällt. Einige von ihnen machten sich deshalb auf und besuchten die von Paulus gegründeten Gemeinden, um sie im Gesetz zu unterweisen.

In dieser Zeit war auch Petrus in Antiochia und freute sich über die Gemeinschaft mit allen Christen dort. Doch dann kamen einige Juden aus Jerusalem, die behaupteten, von Jakobus geschickt worden zu sein. Sie erklärten den Christen, dass sie nicht gerettet werden können, wenn sie sich nicht beschneiden lassen. Dadurch verunsicherten sie selbst Petrus so sehr, dass er die Tischgemeinschaft mit den nichtjüdischen Christen aufgab und Paulus ihm öffentlich entgegentreten musste. Es kam jetzt zu heftigen Auseinandersetzungen mit den Vertretern der Beschneidung.

Durch Nachrichten aus Galatien verschärfte sich die Spannung noch. Dort waren viele Gläubige auf die Argumente der judenchristlichen Gesetzeslehrer hereingefallen. Paulus und Barnabas stellten sich den Jerusalemer Vertretern massiv entgegen. Als der Streit nicht aufhörte, wurden Paulus und Barnabas zusammen mit einigen anderen Brüdern beauftragt, nach Jerusalem zu reisen, um diese Streitfrage von den Aposteln und Ältesten dort klären zu lassen (siehe Apostelgeschichte 15). Kurz vor der Abreise im Jahr 48 n.Chr. schrieb Paulus diesen leidenschaftlichen Brief an die Christen in Galatien, um sie vor den judaistischen Lehren zu warnen, die für den Glauben tödlich sind. Mit aller Energie verteidigte er die christliche Freiheit gegen jede Form judenchristlich-pharisäischer Gesetzlichkeit.

Briefgruß

1 1 Diesen Brief schreibt Paulus, der Apostel, der nicht von Menschen gesandt oder durch einen Menschen zum Apostel berufen wurde, sondern durch Jesus Christus* und durch Gott, den Vater, der Jesus aus den Toten auferweckt hat. 2 Mit den Brüdern, die bei mir sind, grüße ich die Gemeinden von Galatien*. 3 Ich

---

1,1 Christus. Griechisches Wort für *Gesalbter.* Hebräisch: Messias.

wünsche euch Gnade und Frieden von Gott, unserem Vater, und dem Herrn Jesus Christus. *4* Er hat sich selbst für unsere Sünden hingegeben, um uns aus der gegenwärtigen bösen Welt herauszureißen. So wollte es Gott, unser Vater. *5* Ihm gebührt die Ehre in alle Ewigkeit. Amen*.

Es gibt nur ein Evangelium

6 Ich muss mich wundern, wie schnell ihr Gott den Rücken zukehrt. Er hat euch in die Gnade des Messias hineingerufen, und ihr, ihr wendet euch einer anderen Heilsbotschaft zu. *7* Dabei gibt es doch keine andere. Es gibt nur ein paar Leute, die euch verwirren und die Heilsbotschaft des Messias auf den Kopf stellen wollen. *8* Aber nicht einmal wir selbst oder ein Engel aus dem Himmel darf euch irgendetwas als Evangelium verkündigen, das dem widerspricht, was wir euch gebracht haben. Wer das tut, der soll verflucht sein! *9* Ich sage es noch einmal: Wer euch etwas als Evangelium verkündigt, was dem widerspricht, das ihr empfangen habt, der soll verflucht sein! *10* Versuche ich jetzt etwa, den Beifall von Menschen zu gewinnen und Menschen zu gefallen – oder nicht vielmehr Gott? Wenn ich noch Menschen gefallen wollte, dann wäre ich kein Sklave von Christus mehr.

Wem ich das Evangelium verdanke

11 Es muss euch klar sein, liebe Geschwister: Das Evangelium, das ich euch verkündigt habe, ist kein Menschenwort. *12* Ich habe es nicht von Menschen empfangen oder gelernt, sondern ich erhielt es durch Offenbarung von Jesus Christus.

13 Ihr habt ja gehört, wie ich früher für die jüdische Religion gelebt habe und wie unbarmherzig ich die Gemeinde Gottes verfolgte und sie mit aller Macht zu vernichten suchte. *14* In meinem Eintreten für die jüdische Religion übertraf ich viele meiner Altersgenossen. Ich war ein fanatischer Eiferer für die überlieferten Vorschriften meines Volkes. *15* Aber Gott hatte mich schon im Mutterleib ausgewählt und in seiner Gnade berufen. Als es ihm dann gefiel, *16* mir seinen Sohn zu offenbaren, damit ich die gute Botschaft von ihm unter den nichtjüdischen Völkern bekannt machte, habe ich nicht erst Menschen um Rat gefragt. *17* Ich reiste nicht einmal zu denen nach Jerusalem, die schon vor mir Apostel waren, sondern ging nach Arabien und kehrte dann wieder nach Damaskus zurück.

18 Erst drei Jahre später kam ich nach Jerusalem, um Petrus kennenzulernen. Fünfzehn Tage war ich bei ihm. *19* Von den anderen Aposteln habe ich außer Jakobus, den Bruder des Herrn, niemand gesehen. *20* Was ich euch hier schreibe – ich versichere es euch vor Gott –, ist die reine Wahrheit.

1,2 *Galatien* ist der Name einer Landschaft im nördlichen Kleinasien um das heutige Ankara in der Türkei herum. Die römische Provinz Galatien schloss aber seit einigen Jahrzehnten vor der Entstehung dieses Briefes auch die südlicher liegenden Landschaften Pisidien, Phrygien und Lykaonien ein.

1,5 *Amen.* Hebräisch: *Es werde wahr!* Oder: *So sei es!*

²¹ Danach bin ich in der Gegend von Syrien* und Zilizien* gewesen. ²² Den christlichen Gemeinden in Judäa* blieb ich persönlich unbekannt. ²³ Sie hatten nur gehört: »Unser ehemaliger Verfolger verkündigt jetzt den Glauben, den er früher vernichten wollte, als gute Botschaft.« ²⁴ Und sie priesen Gott meinetwegen.

Die Vereinbarung in Jerusalem

2 ¹ Erst vierzehn Jahre später* kam ich wieder nach Jerusalem. Ich reiste mit Barnabas und hatte auch Titus mitgenommen. ² Diese Reise unternahm ich aufgrund einer göttlichen Offenbarung. In Jerusalem trug ich vor, was ich als Evangelium unter den nichtjüdischen Völkern predige. Ich tat das besonders vor den Angesehenen in der Gemeinde, damit ich nicht ins Leere laufen würde oder bisher vergeblich gearbeitet hätte. ³ Doch nicht einmal mein griechischer Begleiter Titus wurde gezwungen, sich beschneiden* zu lassen. ⁴ Wegen dieser Sache hatten sich nämlich falsche Brüder eingeschlichen. Sie waren eingedrungen, um die Freiheit auszuspionieren, die wir durch Christus haben, und uns wieder zu versklaven. ⁵ Denen haben wir keinen Augenblick nachgegeben, damit die Wahrheit des Evangeliums euch ganz erhalten bleibt. ⁶ Auch von den Angesehenen in der Gemeinde wurde uns nichts auferlegt. – Was sie früher einmal waren, ist mir übrigens gleichgültig, denn vor Gott ist das Ansehen einer Person ohne Bedeutung. – ⁷ Ganz im Gegenteil: Als sie sahen, dass mir die Heilsbotschaft für die nichtjüdischen Völker anvertraut war, so wie sie Petrus für die Juden empfangen hatte – ⁸ denn Gott bestätigte den Petrus als Apostel für die Juden und wirkte durch mich unter den nichtjüdischen Völkern –, ⁹ als sie die mir verliehene Gnade erkannten, gaben Jakobus, Petrus und Johannes, die ja als Säulen der Gemeinde angesehen werden, mir und Barnabas als Zeichen der Gemeinschaft die Hand. Wir sollten weiter unter den nichtjüdischen Völkern arbeiten, und sie würden es unter den Juden tun. ¹⁰ Sie baten uns nur darum, die Armen in Jerusalem nicht zu vergessen. Dafür habe ich mich auch immer eingesetzt.

Der Zusammenstoß in Antiochia

¹¹ Als dann aber Petrus nach Antiochia kam, musste ich ihn öffentlich zur Rede stellen, weil er durch sein Verhalten im Unrecht war. ¹² Zunächst hatte er ohne Bedenken mit den nichtjüdischen Geschwistern zusammen gegessen. Als dann aber einige Leute von Jakobus kamen, zog er sich aus Furcht vor diesen Verteidigern der

---

1,21 *Syrien.* Land am Mittelmeer, nördlich von Israel.

Zilizien. Römische Provinz im Südosten Kleinasiens, Heimat des Paulus.

1,22 *Judäa.* Von Juden bewohntes Gebiet zwischen dem Toten Meer und dem Mittelmeer.

2,1 *vierzehn Jahre später.* Das kann sich auf seinen ersten Besuch beziehen (Galater 1,18) oder auf seine Bekehrung drei Jahre vorher.

2,3 *beschneiden.* Siehe 1. Mose 17,9-14.

Beschneidung von den gemeinsamen Mahlzeiten zurück. *13* Auch die anderen Juden in der Gemeinde hatten sich von dieser Heuchelei anstecken lassen. Selbst Barnabas ließ sich dazu hinreißen. *14* Als ich merkte, dass sie nicht mehr geradeaus gingen, wie es der Wahrheit des Evangeliums entspricht, sagte ich in aller Öffentlichkeit zu Petrus: »Wenn du als Jude wie ein Nichtjude lebst, warum zwingst du dann Nichtjuden, jüdisch zu leben?«

15 Natürlich sind wir von Geburt an Juden und keine heidnischen Sünder. *16* Trotzdem wissen wir, dass kein Mensch vor Gott bestehen kann, wenn er versucht, das Gesetz zu halten. Bestehen kann er nur durch den Glauben an Jesus Christus. Darum haben wir ja Christus vertraut, um durch den Glauben an ihn bei Gott angenommen zu werden – und nicht durch Erfüllung des Gesetzes. Kein Mensch kann durch Gesetzeserfüllung die Gerechtigkeit erreichen, die vor Gott gilt.

17 Wenn sich nun aber herausstellt, dass wir Sünder sind, wir, die durch Christus vor Gott als gerecht bestehen wollen, ist dann vielleicht Christus ein Diener der Sünde geworden? Das ist völlig ausgeschlossen! *18* Ich würde vielmehr selbst zum Gesetzesbrecher, wenn ich dem wieder Geltung verschaffte, was ich vorher für ungültig erklärt habe. *19* Denn das Gesetz hat mich dazu gebracht, für das Gesetz gestorben zu sein, damit ich für Gott lebe. Ich bin mit Christus gekreuzigt *20* und lebe praktisch nicht mehr. Christus lebt in mir. Und das Leben, das ich jetzt noch in meinem sterblichen Körper führe, das lebe ich im Glauben an den Sohn Gottes, der mich geliebt und sich selbst für mich geopfert hat. *21* Diese Gnade Gottes werde ich doch nicht zurückweisen. Denn wenn wir durch Erfüllung des Gesetzes vor Gott bestehen könnten, dann wäre Christus umsonst gestorben.

Vertrauen auf Christus oder auf das Gesetz?

3 *1* Ihr törichten Galater! Wer hat euch nur verzaubert? Euch wurde Jesus Christus doch als gekreuzigt vor Augen gemalt! *2* Nur das eine will ich von euch wissen: Habt ihr den Geist empfangen, weil ihr das Gesetz befolgt oder weil ihr die Botschaft vom Glauben gehört habt? *3* Begreift ihr das nicht? Wollt ihr wirklich in eigener Kraft zu Ende bringen, was ihr im Geist angefangen habt? *4* Habt ihr so große Dinge vergeblich erfahren? Falls es wirklich vergeblich war! *5* Gab Gott euch denn seinen Geist und wirkte er Wunder unter euch, weil ihr das Gesetz befolgt oder weil ihr die Botschaft vom Glauben gehört habt?

6 Denkt an Abraham: »Er glaubte, was Gott ihm versprach, und das wurde ihm als Gerechtigkeit angerechnet.«* *7* Begreift doch: Die aus dem Glauben leben, sind Abrahams Kinder! *8* Die Schrift hat vorausgesehen, dass Gott die nichtjüdischen Völker durch den Glauben gerecht sprechen würde, und verkündigte

---

3,6 1. Mose 15,6

deshalb dem Abraham schon im Voraus die gute Botschaft: »Durch dich werden alle Völker gesegnet werden.«* ⁹ Folglich werden die, die auf den Glauben bauen, zusammen mit dem gläubigen Abraham gesegnet. ¹⁰ Denn alle, die auf die Erfüllung des Gesetzes vertrauen, sind unter einem Fluch, denn es steht geschrieben: »Fluch über jeden, der nicht alles, was im Gesetzbuch geschrieben ist, erfüllt.«* ¹¹ Es ist klar, dass mit Hilfe des Gesetzes niemand vor Gott gerecht werden kann, denn »der Gerechte wird aus Glauben leben«.* ¹² Das Gesetz jedoch gründet sich nicht auf den Glauben. Hier gilt: »Wer seine Vorschriften befolgt, wird durch sie leben.«* ¹³ Von diesem Fluch des Gesetzes hat Christus uns freigekauft, indem er an unserer Stelle den Fluch auf sich genommen hat, denn es steht geschrieben: »Wer am Holz hängt, ist verflucht.«* ¹⁴ So sollte der Segen, den Abraham erhielt, durch Jesus Christus zu allen Völkern kommen, damit wir durch den Glauben den zugesagten Geist empfingen.

Das Gesetz hebt die Zusagen nicht auf

¹⁵ Liebe Geschwister, nehmen wir ein Beispiel aus dem täglichen Leben: Wenn jemand ein Testament rechtskräftig aufgesetzt hat, dann kann niemand es für ungültig erklären oder etwas hinzufügen. ¹⁶ So ist es auch mit den Zusagen, die Gott dem Abraham und seinem Nachkommen geschenkt hat. Er sagt übrigens nicht: »den Nachkommen«, als ob es viele wären, sondern es ist von einem die Rede: »deinem Nachkommen«*. Und das ist Christus. ¹⁷ Ich will damit sagen: Wenn Gott einen Bund rechtskräftig bestätigt hat, dann wird er durch das 430 Jahre später entstandene Gesetz nicht für ungültig erklärt. Das Gesetz kann die Zusage nicht außer Kraft setzen. ¹⁸ Denn wenn der Erhalt des Erbes von der Erfüllung des Gesetzes abhinge, dann käme es nicht mehr aus einer Zusage. Gott hat es Abraham aber durch ein Versprechen zugesagt. ¹⁹ Aber was für einen Sinn hat dann das Gesetz? Es wurde hinzugefügt, um die Gesetzesübertretungen sichtbar zu machen, und zwar so lange, bis der Nachkomme käme, dem das Versprechen galt. Es ist ja auch durch Engel mit Hilfe eines Vermittlers erlassen worden. ²⁰ Ein Vermittler steht jedoch nie nur für eine der Parteien. Gott ist aber nur Einer.*

²¹ Spricht das Gesetz denn gegen die Zusagen Gottes? Natürlich nicht! Das wäre nur der Fall, wenn es zum Leben führen könnte. Nur dann würden Menschen durch Erfüllung des Gesetzes von Gott als gerecht angesehen. ²² Aber die Schrift erklärt, dass die ganze Welt von der Sünde gefangen gehalten wird. So sollte das

---

3,8 1. Mose 12,3; 18,18

3,10 5. Mose 27,26

3,11 Habakuk 2,4 sinngemäß nach der LXX zitiert.

3,12 3. Mose 18,5 nach der LXX zitiert.

3,13 5. Mose 21,23

3,16 1. Mose 13,15; 17,7; 24,7

3,20 *Einer.* Das heißt: Es braucht keinen Vermittler, wenn Gott selbst handelt.

Zugesagte durch den Glauben an Jesus Christus denen geschenkt werden, die glauben.

Das Gesetz führt zu Christus

23 Bevor es diesen Glauben gab, wurden wir vom Gesetz gefangen gehalten. Wir waren eingeschlossen bis zu der Zeit, in der der Glaube bekannt gemacht werden sollte. 24 So führte das Gesetz uns wie ein streng ermahnender Erzieher zu Christus, damit wir durch den Glauben von Gott als gerecht anerkannt würden. 25 Nachdem nun der Glaube gekommen ist, stehen wir nicht mehr unter einem Erzieher, 26 denn durch den Glauben an Jesus Christus seid ihr mündige Kinder Gottes geworden. 27 Denn ihr alle, die ihr auf Christus getauft wurdet, habt euch mit Christus bekleidet. 28 Da gibt es keine Juden oder Nichtjuden mehr, Sklaven oder Freie, Männer oder Frauen, denn durch eure Verbindung mit Christus seid ihr alle zu Einem geworden. 29 Wenn ihr aber Christus gehört, seid ihr Abrahams Nachkommen und habt Anspruch auf das zugesagte Erbe.

Aus der Sklaverei des Gesetzes befreit

4 1 Ich will Folgendes sagen: Solange der Erbe minderjährig ist, unterscheidet er sich in nichts von einem Sklaven, obwohl ihm doch alles gehört. 2 Bis zu dem Termin, den der Vater bestimmt hat, ist er von Vormündern und Vermögensverwaltern abhängig. 3 Genauso ging es auch uns. Als Unmündige waren wir unter die Grundprinzipien der Welt versklavt. 4 Als dann aber die Zeit herangekommen war, sandte Gott seinen Sohn. Er wurde von einer Frau geboren und unter das Gesetz gestellt. 5 Er sollte die loskaufen, die unter der Herrschaft des Gesetzes standen, damit wir das Sohnesrecht bekämen. 6 Weil ihr nun Söhne seid, gab Gott euch den Geist seines Sohnes ins Herz, der »Abba!* Vater!« in uns ruft. 7 Du bist also nicht länger ein Sklave, sondern Sohn! Und wenn du Sohn bist, dann hat Gott dich auch zum Erben gemacht.

Fallt nicht wieder zurück!

8 Früher, als ihr Gott nicht kanntet, habt ihr Göttern, die in Wirklichkeit gar keine sind, wie Sklaven gedient. 9 Aber jetzt kennt ihr Gott – besser gesagt: Gott kennt euch –, wie kann es da sein, dass ihr euch wieder diesen armseligen und schwachen Prinzipien zuwendet und ihnen erneut wie Sklaven dienen wollt? 10 Ihr fangt an, auf besondere Tage, Monate, Zeiträume und Jahre zu achten. 11 Ich fürchte, dass meine Arbeit an euch vergeblich gewesen ist.

Wo ist eure Freude geblieben?

12 Ich bitte euch, liebe Geschwister, werdet so wie ich, denn auch ich bin so wie ihr geworden.* Nein, ihr habt

---

4,6 *Abba* (aramäisch) bedeutet Vater. Der Ausdruck wurde als liebe- und respektvolle Anrede nur im Familienkreis gebraucht.

4,12 *so wie ihr geworden.* nämlich frei vom Gesetz.

mir kein Unrecht getan. *13* Ihr wisst doch, wie ich zum ersten Mal bei euch war und euch das Evangelium verkündigte. Ich war krank, *14* und mein Zustand war anstößig für euch. Dennoch habt ihr mich nicht verachtet oder verabscheut. Im Gegenteil, ihr habt mich wie einen Engel Gottes aufgenommen, ja, wie Christus Jesus selbst. *15* Wo ist die glückliche Freude von damals nur geblieben? Ich kann euch bezeugen: Wenn es möglich gewesen wäre, hättet ihr euch die Augen ausgerissen und mir gegeben. *16* Bin ich jetzt euer Feind geworden, weil ich euch die Wahrheit vorhalte?

17 Diese Leute wollen euch gewinnen, aber nicht für etwas Gutes. Sie wollen einen Keil zwischen uns treiben*, damit ihr euch um sie bemüht. *18* Natürlich ist es immer gut, sich für einen guten Zweck zu bemühen, und das auch nicht nur, wenn ich bei euch bin. *19* Meine lieben Kinder, euretwegen erleide ich noch einmal Geburtsschmerzen, bis Christus in euch Gestalt gewinnt. *20* Gern wäre ich jetzt bei euch, um in anderem Ton zu euch zu sprechen, denn ich weiß nicht, woran ich mit euch bin.

Sinnbilder aus dem Gesetz

21 Ihr wollt euch dem Gesetz unterwerfen? Sagt mir: Hört ihr denn das Gesetz nicht? *22* Es steht doch geschrieben, dass Abraham zwei Söhne hatte. Einer war von seiner Sklavin Hagar und einer von seiner Frau Sara. *23* Der Sohn der Sklavin wurde auf die gewöhnliche Weise geboren. Der Sohn seiner Frau aber war die Folge einer Zusage Gottes. *24* Das muss im übertragenen Sinn verstanden werden: Die zwei Frauen bedeuten nämlich zwei Bundesschlüsse. Der eine vom Berg Sinai bringt Kinder zur Welt, die Sklaven sind. Das ist Hagar. *25* Hagar steht für den Berg Sinai in Arabien, entspricht aber gleichzeitig dem jetzigen Jerusalem, weil es mit seinen Kindern in Sklaverei lebt. *26* Das Jerusalem droben im Himmel ist jedoch frei. Und das ist unsere Mutter. *27* Von ihr steht geschrieben: »Freue dich, du Unfruchtbare, obwohl du keine Kinder gebierst. Juble und jauchze, obwohl du keine Wehen bekommst. Denn die vereinsamte Ehefrau hat viel mehr Kinder als die von ihrem Mann vorgezogene.«* *28* Doch ihr, liebe Geschwister, seid wie Isaak Kinder der Zusage Gottes. *29* Allerdings verfolgte schon damals der auf normale Weise geborene Sohn den, der sein Leben dem Geist Gottes verdankt. So ist es auch heute. *30* Aber was sagt die Schrift dazu? »Jage die Sklavin und ihren Sohn fort! Der Sohn der Sklavin soll nicht mit dem Sohn der freien Frau zusammen Erbe werden.«* *31* Deshalb sind wir, liebe Geschwister, nicht die Kinder einer Sklavin, sondern die einer freien Frau.

4,17 *Keil ... treiben.* Wörtlich: euch ausschließen, aussperren (von der Gemeinschaft mit dem Apostel).

4,27 Jesaja 54,1

Lebt als befreite Menschen

5 *1* Christus hat uns befreit, damit wir als Befreite leben. Bleibt also standhaft und lasst euch nicht wieder in ein Sklavenjoch spannen! *2* Merkt euch meine Worte! Ich, Paulus, erkläre: Wenn ihr euch beschneiden lasst, dann wird Christus für euch wertlos sein. *3* Und ich erkläre noch einmal: Jeder, der sich beschneiden lässt, ist verpflichtet, das ganze Gesetz zu befolgen. *4* Wenn ihr durch das Gesetz vor Gott bestehen wollt, habt ihr euch von Christus getrennt und die Gnade verloren. *5* Wir dagegen haben folgende Hoffnung: Wir erwarten aufgrund des Glaubens durch den Geist Gottes die Gerechtigkeit, die vor Gott Bestand hat. *6* Denn wenn jemand mit Christus verbunden ist, hat weder die Beschneidung noch das Unbeschnittensein irgendeinen Wert. Das Einzige, was zählt, ist der Glaube, der durch Liebe wirkt.

7 Es lief so schön bei euch. Wer hat euch nur daran gehindert, der Wahrheit zu folgen? *8* Was man euch da einredet, kommt nicht von dem, der euch berufen hat. *9* Schon ein wenig Sauerteig durchsäuert den ganzen Teig. *10* Doch ich vertraue dem Herrn, dass ihr nicht anders denkt als ich. Wer euch aber durcheinander bringt, wird das Urteil zu tragen haben, ganz gleich, wer er ist.

11 Was aber mich betrifft, liebe Brüder: Wenn ich wirklich selbst noch die Beschneidung fordern würde, warum werde ich dann immer noch verfolgt? Dann wäre das Ärgernis des Kreuzes ja beseitigt. *12* Von mir aus sollen sich die, die euch durcheinander bringen, auch noch kastrieren lassen.

Freiheit, nicht Zügellosigkeit!

13 Ihr seid ja zur Freiheit berufen, liebe Geschwister! Nur benutzt die Freiheit nicht als Freibrief für eure eigenwillige Natur, sondern dient einander in Liebe. *14* Denn das ganze Gesetz ist erfüllt, wenn ihr das eine Gebot haltet: »Liebe deinen Nächsten wie dich selbst!« *15* Wenn ihr euch aber kratzt und beißt, dann passt nur auf, dass ihr euch nicht gegenseitig auffresst.

16 Ich will damit nur sagen: Der Geist Gottes soll euer Leben bestimmen, dann werdet ihr den eigenen Begierden widerstehen können. *17* Denn die menschliche Natur widerstrebt dem Geist Gottes und der Geist Gottes ebenso der menschlichen Natur. Beide stehen gegeneinander, damit ihr nicht einfach tut, was ihr wollt. *18* Wenn ihr aber vom Geist geführt werdet, steht ihr nicht mehr unter Gesetz.

19 Was unsere Natur hervorbringt, ist offensichtlich: sexuelle Unmoral, Unsittlichkeit und Ausschweifung, *20* Götzendienst und Zauberei, Feindseligkeit, Streit und Eifersucht, Zornausbrüche, Intrigen, Zwistigkeiten und Spaltungen, *21* Neidereien, Sauforgien, Fressgelage und ähnliche Dinge. Ich warne euch, wie ich das schon früher getan habe: Wer so lebt, wird in Gottes Reich keinen Platz haben.

4,30 1. Mose 21,10

Die Frucht des Geistes

22 Doch die Frucht, die der Geist wachsen lässt, ist: Liebe, Freude, Frieden, Geduld, Freundlichkeit, Güte, Treue, 23 Sanftmut und Selbstbeherrschung. Dagegen hat das Gesetz nichts einzuwenden. 24 Menschen, die zu Jesus, dem Messias, gehören, haben die eigene Natur mitsamt den Leidenschaften und Begierden gekreuzigt.

25 Wenn wir nun durch den Geist Gottes das neue Leben haben, so wollen wir es auch in diesem Geist führen. 26 Wir wollen nicht ehrgeizig unsere Eitelkeit befriedigen und uns gegenseitig herausfordern oder beneiden.

Das Gesetz des Messias

6 1 Liebe Geschwister, wenn jemand von euch in eine Sünde hineinstolpert, dann müsst ihr, als vom Geist bestimmte Menschen, ihn verständnisvoll auf den rechten Weg zurückbringen. Du solltest dabei aber gut aufpassen, dass du nicht selbst zu Fall kommst. 2 Helft euch gegenseitig, die Lasten zu tragen. Auf diese Weise erfüllt ihr das Gesetz des Messias. 3 Wenn jemand sich einbildet, etwas zu bedeuten, obwohl er doch nichts darstellt, betrügt er sich selbst. 4 Jeder prüfe sein eigenes Tun, dann mag er stolz auf sich sein, ohne sich über einen anderen zu erheben. 5 Denn jeder hat genug an seiner eigenen Verantwortung vor Gott zu tragen.

6 Jeder, der im Wort Gottes unterwiesen wird, soll auch zum Lebensunterhalt seines Lehrers beitragen. 7 Täuscht euch nicht: Gott lässt sich nicht verspotten! Was der Mensch sät, wird er auch ernten. 8 Wer auf seine eigene Natur sät, wird von ihr den Tod ernten. Wer auf den Geist Gottes sät, wird von ihm das ewige Leben ernten. 9 Wir wollen also nicht müde werden, Gutes zu tun, denn wenn die Zeit gekommen ist, werden wir die Ernte einbringen, falls wir nicht aufgeben. 10 Solange wir also noch Gelegenheit haben, wollen wir allen Menschen Gutes tun, am meisten natürlich denen, die zur Glaubensfamilie gehören.

Eigenhändiger Briefschluss

11 Seht, mit was für großen Buchstaben ich euch eigenhändig geschrieben habe. 12 Die Leute, die euch dazu drängen, dass ihr euch beschneiden lasst, wollen nur vor den Menschen gut dastehen. Sie wollen für ihr Bekenntnis zum gekreuzigten Christus nicht verfolgt werden. 13 Doch nicht einmal sie, die ja beschnitten sind, befolgen das Gesetz. Sie wollen aber, dass ihr euch beschneiden lasst, damit sie auf das Stück Haut, das euch entfernt wurde, stolz sein können. 14 Ich jedoch will auf nichts anderes stolz sein, als auf das Kreuz unseres Herrn Jesus Christus. In diesem Kreuz ist die Welt für mich gekreuzigt und ich für sie. 15 Schließlich kommt es nicht darauf an, beschnitten oder unbeschnitten zu sein, sondern allein darauf, in Christus neu geschaffen zu sein.

16 Frieden und Barmherzigkeit wünsche ich allen, die diesem Grundsatz folgen, und auch Gottes Volk Israel. 17 Künftig möge mir niemand mehr

Schwierigkeiten machen, denn ich trage die Brandmale* an meinem Körper, die mich als Eigentum des Herrn Jesus kennzeichnen. [18] Die Gnade unseres Herrn Jesus Christus sei mit euch, liebe Geschwister. Amen.

6,17 *Brandmale.* Der Begriff wurde für die Brandzeichen gebraucht, mit denen Sklaven oder Tiere als Eigentum gekennzeichnet wurden. Paulus verweist damit auf die Narben, die er während seines missionarischen Dienstes davontrug und die ihn als Eigentum von Jesus Christus kennzeichneten.

Brief des Paulus an die Christen in der Provinz Asia

Es kam anders, als Paulus in seinem Brief an Titus vermutete (Titus 3,12). Mitten im Winter segelte das Gefangenenschiff von Melite, dem südlichen Rumpf der westgriechischen Insel Kephallenia, in Richtung Italien ab. Paulus durfte seine Freunde mitnehmen, musste aber einen von ihnen, Trophimus, wegen einer schweren Erkrankung auf der Insel zurücklassen. Er konnte gerade noch eine Nachricht an Timotheus weitergeben, möglichst umgehend zu ihm nach Rom zu kommen. In Rom durfte Paulus dann mit dem Soldaten, der ihn bewachte, in eine eigene Wohnung ziehen und dort die gute Botschaft von Jesus Christus zwei Jahre lang ungehindert lehren.

In dieser Zeit, also um das Jahr 60 n.Chr., ist der Epheserbrief wahrscheinlich als erster der »Gefangenenbriefe« entstanden, denn Paulus schrieb ihn allein. Er richtete ihn als Rundbrief an die von Ephesus aus entstandenen Gemeinden in der Provinz Asia. Tychikus (6,21) würde den Brief auf seiner Reise nach Kolossä (Kolosser 4,7-8) überbringen.

Im ersten Teil des Briefes (Kapitel 1 - 3) beschreibt Paulus die Herrlichkeit der Erlösung, die die Christen durch Jesus Christus erhalten haben, und im zweiten Teil (Kapitel 4 - 6) die Praxis der Erlösung, das Verhalten, das sich für die Christen aus der Erlösung ergibt.

1 *1* Paulus, nach dem Willen Gottes ein Apostel von Jesus Christus, an alle, die an Jesus Christus glauben, an die Heiligen*, die Gott für sich ausgesondert hat. *2* Ich wünsche euch Gnade und Frieden von Gott, unserem Vater, und von Jesus Christus, dem Herrn.

Was Gott uns geschenkt hat

3 Gelobt sei Gott, der Vater unseres Herrn Jesus Christus, der uns mit allem Segen seines Geistes gesegnet hat – durch unsere Beziehung zu Christus im Himmel. *4* Denn in ihm hat er uns schon vor Erschaffung der Welt erwählt, einmal heilig und tadellos vor ihm zu stehen. *5* Und aus Liebe hat er uns schon damals dazu bestimmt, durch Jesus Christus seine Kinder zu werden. Das war sein eigener gnädiger Wille *6* und es diente zum Lob seiner herrlichen Gnade, mit der er uns durch seinen geliebten Sohn beschenkt hat. *7* Durch ihn wurden wir freigekauft – um den Preis seines Blutes –, und in ihm sind uns alle Vergehen vergeben. Das verdanken wir allein Gottes unermesslich großer Gnade, *8* mit der er uns überschüttet hat. Er schenkte uns Einsicht und ließ

1,1 die Heiligen. Spätere Handschriften fügen »in Ephesus« hinzu. In den ältesten Manuskripten war dieser Zusatz jedoch unbekannt, wie auch einige Kirchenväter bestätigen. Der »Epheserbrief« war wohl ein Rundbrief an die Gemeinden der Provinz Asia, einschließlich ihrer Hauptstadt Ephesus.

uns seine Wege erkennen. *9* Und weil es ihm so gefiel, hat er uns in das Geheimnis seines Willens, den er in Christus verwirklichen wollte, Einblick nehmen lassen. *10* Er wollte dann, wenn die richtige Zeit dafür gekommen sein würde, seinen Plan ausführen: alles unter das Haupt von Christus zu bringen, alles was im Himmel und auf der Erde existiert. *11* In ihm haben wir auch ein Erbe zugewiesen bekommen. Dazu hat er uns von Anfang an bestimmt. Ja, das war die Absicht dessen, der alles nach seinem Plan verwirklicht. *12* Er wollte, dass wir zum Lob seiner Herrlichkeit da sind, wir, die schon vorher auf den Messias gehofft haben. *13* Und nachdem ihr das Wort der Wahrheit, die gute Botschaft von eurer Rettung, gehört habt und zum Glauben gekommen seid, wurdet auch ihr mit dem versprochenen Heiligen Geist versiegelt. *14* Dieser Geist ist der erste Anteil an unserem künftigen Erbe, der vollkommenen Erlösung, die wir noch erhalten werden und die uns ganz zu Gottes Eigentum macht. Und auch das wird zum Lobpreis seiner Herrlichkeit dienen.

Was wir erkennen sollen

15 Das ist auch der Grund, warum ich nicht aufhöre, für euch zu danken, nachdem ich von eurem Glauben an den Herrn Jesus und von eurer Liebe zu allen Heiligen gehört habe. *16* Immer wieder denke ich in meinen Gebeten an euch. *17* Und ich bitte den Gott unseres Herrn Jesus Christus, den Vater der Herrlichkeit, dass er euch durch seinen Geist Weisheit gibt und euch zeigt, wie er selbst ist, dass ihr ihn erkennen könnt. *18* Er gebe euren Herzen erleuchtete Augen, damit ihr seht, zu welch großartiger Hoffnung er euch berufen hat, und damit ihr wisst, wie reich das herrliche Erbe ist, das auf euch, die Heiligen, wartet; *19* damit ihr erkennt, wie überwältigend groß die Kraft ist, die in uns Gläubigen wirkt; die Kraft, die nur zu messen ist an der gewaltigen Macht, *20* die er an dem Messias wirken ließ, als er ihn von den Toten auferweckte und ihn in den himmlischen Welten an seine rechte Seite setzte. *21* Dort thront er jetzt, hoch über allen Gewalten, allen Mächten und Autoritäten; über allem, was Rang und Namen in dieser und auch in der zukünftigen Welt hat. *22* Gott hat ihm alles zu Füßen gelegt, und er hat ihn, der über alles herrscht, auch der Gemeinde zum Haupt gegeben, *23* der Gemeinde, die sein Leib ist und seine Fülle repräsentiert, die Fülle dessen, der das All und alles erfüllt.

Wozu Gott uns geschaffen hat

2 *1* Auch euch hat er mit Christus lebendig gemacht, obwohl ihr durch eure Sünden und Verfehlungen tot wart. *2* Darin habt ihr früher gelebt, abhängig vom Zeitgeist der Welt, abhängig von der Geistesmacht, die in der Luft herrscht und jetzt noch in den Menschen wirksam ist, die Gott nicht gehorchen wollen. *3* Zu ihnen haben wir früher auch gehört und wurden wie sie von unseren eigenen Begierden beherrscht. Wir lebten unsere Triebe und Ideen aus und waren genauso wie die anderen von unserem Wesen her dem Zorn Gottes ausgeliefert. *4* Aber Gott ist reich an Erbarmen und hat

uns seine ganze große Liebe geschenkt *5* und uns mit dem Messias lebendig gemacht – ja, auch uns, die aufgrund ihrer Verfehlungen für ihn tot waren. Bedenkt: Aus reiner Gnade seid ihr gerettet! *6* Er hat uns mit Jesus Christus auferweckt und uns mit ihm einen Platz in der Himmelswelt gegeben, *7* damit er auch in den kommenden Zeitaltern den unendlichen Reichtum seiner Gnade und Güte in Jesus Christus an uns deutlich machen kann. *8* Denn durch die Gnade seid ihr gerettet worden aufgrund des Glaubens. Ihr selbst habt nichts dazu getan, es ist Gottes Geschenk *9* und nicht euer eigenes Werk. Denn niemand soll sich etwas auf seine guten Taten einbilden können. *10* In Jesus Christus sind wir Gottes Meisterstück. Er hat uns geschaffen, dass wir gute Werke tun, gute Taten, die er für uns vorbereitet hat, damit wir sie in unserem Leben ausführen.

Was Gott aus uns gemacht hat

11 Deshalb denkt daran, dass ihr früher zu den Völkern gehörtet, die von den Juden die »Unbeschnittenen« genannt werden, obwohl sie selbst nur äußerlich beschnitten sind. *12* Ihr wart damals von Christus getrennt, vom Bürgerrecht Israels ausgeschlossen und standet den Bündnissen Gottes und den damit verbundenen Zusagen als Fremde gegenüber. Ihr hattet keine Hoffnung und lebtet ohne Gott in der Welt. *13* Doch jetzt seid ihr, die ihr damals Fernstehende wart, durch die Verbindung mit Jesus Christus und durch sein Blut zu Nahestehenden geworden. *14* Denn er selbst ist unser Friede, er, der aus beiden eine

Einheit gemacht und durch sein körperliches Sterben die Mauer der Feindschaft niedergebrochen hat. *15* Dadurch hat er das Gesetz mit seinen Vorschriften und Geboten beseitigt, um zwischen Juden und Nichtjuden Frieden zu stiften; ja, um die beiden in seiner Person zu dem einen neuen Menschen zu formen *16* und um sie in diesem einen Leib mit Gott zu versöhnen – durch seinen Tod am Kreuz, wodurch er auch die Feindschaft getötet hat. *17* So ist er gekommen und hat euch, den Fernstehenden, die gute Nachricht vom Frieden gebracht und den Nahestehenden ebenso. *18* Denn durch ihn haben wir beide in einem Geist freien Zugang zum Vater. *19* So seid ihr also keine Fremden mehr, geduldete Ausländer, sondern ihr seid Mitbürger der Heiligen und gehört zur Familie Gottes. *20* Ihr seid auf dem Fundament der Apostel und Propheten aufgebaut, in dem Jesus Christus selbst der Eckstein ist. *21* Durch ihn, den Herrn, wächst der ganze Bau fest zusammengefügt zu einem heiligen Tempel hoch. *22* Und mit ihm verbunden werdet auch ihr als Bausteine in diese geistliche Wohnstätte Gottes eingefügt.

Was unsere Aufgabe ist

3 *1* Das ist auch der Grund, weshalb ich, Paulus, nach dem Willen von Jesus Christus euch nichtjüdischen Völkern zugute im Gefängnis bin. *2* Ihr habt doch wohl von der Aufgabe gehört, die mir in Bezug auf euch gegeben ist: Verwalter der Gnade Gottes zu sein. *3* Denn durch eine Offenbarung hat er mir das Geheimnis enthüllt, wie ich es eben kurz beschrieben habe.

4 Wenn ihr meinen Brief lest, werdet ihr merken, welche Einsicht Gott mir in das Christusgeheimnis geschenkt hat. 5 Früheren Generationen war das nicht bekannt, er hat es aber jetzt seinen heiligen Aposteln und Propheten durch den Geist enthüllt: 6 Die nichtjüdischen Völker sollen mit am Erbe teilhaben und mit zu dem einen Leib gehören. Und die Zusagen Gottes, die in Christus Wirklichkeit wurden, sollten durch das Evangelium auch ihnen gelten. 7 Durch die Gabe der Gnade Gottes bin ich ein Diener dieser Botschaft geworden. So hat er an mir seine gewaltige Macht erwiesen. 8 Mir, dem Geringsten von allen, die Gott geheiligt hat, wurde die Gnade geschenkt, den nichtjüdischen Völkern verkündigen zu dürfen, dass der unfassbare Reichtum des Messias auch für sie da ist, 9 und ans Licht zu bringen, wie Gott dieses Geheimnis nun verwirklicht hat; diesen Plan, den der Schöpfer aller Dinge vor aller Zeit gefasst hat und bis jetzt verborgen hielt. 10 Erst durch die Gemeinde sollte das den Mächten und Gewalten in der Himmelswelt bekannt werden. Auf diese Weise sollten sie die vielfältige Weisheit Gottes kennen lernen, 11 denn so entsprach es dem ewigen Plan Gottes, den er in Jesus Christus, unserem Herrn, verwirklicht hat. 12 Und weil wir uns auf ihn verlassen, haben wir den freien Zugang zu Gott, den wir in aller Offenheit und voller Zuversicht nutzen. 13 Darum bitte ich euch: Lasst euch nicht irre machen durch das, was ich leiden muss, denn ich ertrage es für euch und es dient ja eurem Ansehen.

Wofür wir beten sollen

14 Deshalb knie ich mich hin vor dem Vater, 15 von dem alle Wesenheiten im Himmel und auf der Erde ihren Namen bekamen: 16 Er möge euch nach dem Reichtum seiner Herrlichkeit mit Kraft beschenken, dass ihr durch seinen Geist innerlich stark werdet; 17 dass Christus durch den Glauben in euren Herzen wohnt und ihr in seiner Liebe fest eingewurzelt und gegründet seid; 18 damit ihr zusammen mit allen, die von Gott geheiligt sind, imstande seid, das ganze Ausmaß zu erfassen, seine Breite, Länge, Höhe und Tiefe; 19 und zu erkennen, was alle Erkenntnis übersteigt: die unermessliche Liebe, die Christus zu uns hat. So werdet ihr bis zur ganzen Fülle Gottes erfüllt werden.

20 Dem, der so unendlich viel mehr tun kann als wir erbitten oder erdenken und der mit seiner Kraft in uns wirkt, 21 ihm gebührt die Ehre in der Gemeinde und in Jesus Christus von Generation zu Generation in alle Ewigkeit. Amen.

Bewahrt die Einheit!

4 1 Als einer, der für den Herrn im Gefängnis ist, ermahne ich euch: Lebt so, wie es der Berufung entspricht, die an euch erging: 2 Seid euch der eigenen Niedrigkeit bewusst und begegnet den anderen freundlich, habt Geduld miteinander und ertragt euch gegenseitig in Liebe. 3 Bemüht euch sehr darum, die Einheit, die der Geist Gottes gewirkt hat, im Verbund des Friedens zu bewahren. 4 Ihr seid ja *ein* Leib; in euch lebt der *eine* Geist und ihr habt die *eine* Hoffnung bei

eurer Berufung bekommen. *5* Ihr habt nur *einen* Herrn, *einen* Glauben, *eine* Taufe. *6* Und über allen ist der *eine* Gott, der Vater von allen, der durch alle und in allen wirkt.

Dient euch gegenseitig!

7 Jeder von uns hat den Anteil an der Gnade erhalten, so wie er ihm von Christus zugemessen wurde. *8* Darum heißt es ja in der Schrift:»Er stieg hinauf in den Himmel, hat Gefangene mit sich geführt und den Menschen Gaben gegeben.«* *9* Wenn er aber hinaufgestiegen ist, muss er ja zuerst auf die Niederungen der Erde herabgestiegen sein. *10* Der, der zu uns herabstieg, ist auch der, der hoch über alle Himmel aufgestiegen ist und alles Geschaffene mit seiner Macht erfüllt. *11* Und er hat die einen als Apostel gegeben und andere als Propheten. Er gab Evangelisten, Hirten und Lehrer, *12* damit sie die, die Gott geheiligt hat, zum Dienst ausrüsten und so der Leib des Christus aufgebaut wird *13* mit dem Ziel, dass wir alle die Einheit im Glauben und in der Erkenntnis des Sohnes Gottes erreichen; dass wir zu mündigen Christen heranreifen und in die ganze Fülle hineinwachsen, die Christus in sich trägt. *14* Dann sind wir keine unmündigen Kinder mehr, die sich vom Wind aller möglichen Lehren umtreiben lassen und wie Wellen hin- und hergeworfen werden. Dann fallen wir nicht mehr auf das falsche Spiel von Menschen herein, die andere hinterlistig in die Irre führen. *15* Lasst uns deshalb fest zur Wahrheit und zur Liebe stehen und in jeder Hinsicht zu Christus, unserem Haupt, hinwachsen. *16* Von ihm her wird der ganze Leib zusammengefügt und durch verbindende Glieder zusammengehalten. Das geschieht in der Kraft, die jedem der einzelnen Teile zugemessen ist. So bewirkt Christus das Wachstum seines Leibes: Er baut sich auf durch Liebe.

Lebt als neue Menschen!

17 Ich muss euch nun Folgendes sagen und ermahne euch im Auftrag des Herrn: Ihr dürft nicht mehr so leben wie die Menschen, die Gott nicht kennen. Ihr Leben und Denken ist von Nichtigkeiten bestimmt, *18* und in ihrem Verstand ist es finster, weil sie vom Leben mit Gott ausgeschlossen sind. Das kommt von der Unwissenheit, in der sie befangen sind, und von ihrem verstockten Herzen. *19* So sind sie in ihrem Gewissen abgestumpft und haben sich ungezügelten Lüsten hingegeben, sind unersättlich in sexueller Unmoral und Habgier. *20* Aber ihr habt gelernt, dass so etwas mit Christus nichts zu tun hat. *21* Ihr habt von ihm gehört und auch verstanden, was in Jesus Wirklichkeit ist; *22* dass ihr in Hinsicht auf euer früheres Leben den alten Menschen abgelegt habt. Denn der richtet sich in Verblendung und Begierden zugrunde. *23* Ihr dagegen werdet in Geist und Sinn erneuert, *24* da ihr ja den neuen Menschen angezogen habt, den Gott nach seinem Bild erschuf und der von wirklicher Gerechtigkeit und Heiligkeit bestimmt ist.

25 Als Menschen, die das Lügen abgelegt haben, müsst ihr einander

---

4,8 Nach Psalm 68,19.

die Wahrheit sagen. Wir sind doch als Glieder miteinander verbunden. 26 Versündigt euch nicht, wenn ihr zornig werdet! Die Sonne darf über eurem Zorn nicht untergehen! 27 Gebt dem Teufel keinen Raum in euch! 28 Wer ein Dieb war, soll nicht mehr stehlen, sondern hart arbeiten und mit eigenen Händen seinen Lebensunterhalt verdienen, damit er Notleidenden davon abgeben kann. 29 Lasst kein hässliches Wort über eure Lippen kommen, sondern habt da, wo es nötig ist, ein gutes Wort, das weiterhilft und allen wohl tut. 30 Sonst kränkt ihr den Heiligen Geist, den Gott euch als Siegel aufgeprägt hat und der euch die volle Erlösung garantiert. 31 Fort also mit aller Bitterkeit, mit Wut, Zorn und gehässigem Gerede. Schreit euch nicht gegenseitig an und verbannt jede Bosheit aus eurer Mitte. 32 Seid vielmehr umgänglich und hilfsbereit. Vergebt euch gegenseitig, weil auch Gott euch durch Christus vergeben hat.

Seid Nachahmer Gottes!

5 1 Werdet also Nachahmer Gottes – ihr seid doch seine geliebten Kinder – 2 und lasst euer Verhalten von der Liebe bestimmen, so wie auch der Messias seine Liebe bewiesen hat, als er sein Leben für uns hingab. Er brachte sich als Opfergabe dar, an der Gott großes Gefallen hatte.

3 Von sexueller Unmoral jedoch, von Schamlosigkeit jeder Art und von Habsucht soll bei euch nicht einmal geredet werden. Das schickt sich nicht für Menschen, die Gott geheiligt hat. 4 Auch Unanständigkeit, dummes Geschwätz und derbe Späße passen nicht zu euch. Benutzt eure Zunge lieber zum Danken! 5 Denn ihr müsst wissen, dass keiner von denen, die in sexueller Unmoral leben, ein ausschweifendes Leben führen oder von Habgier erfüllt sind – Habgier ist nämlich eine Form von Götzendienst –, einen Platz im ewigen Reich des Messias und Gottes haben wird. 6 Lasst euch von niemand einreden, dass das alles harmlos sei! Denn gerade wegen dieser Dinge ziehen sich die ungehorsamen Menschen den Zorn Gottes zu. 7 Habt also nichts mit ihnen zu tun! 8 Früher gehörtet ihr zwar zur Finsternis, aber jetzt gehört ihr durch den Herrn zum Licht. Lebt nun auch als Menschen des Lichts! 9 Ein solches Leben bringt als Frucht jede Art von Güte, Gerechtigkeit und Wahrheit hervor. 10 Fragt immer danach, was dem Herrn gefällt, 11 und beteiligt euch nicht an den nutzlosen Dingen, die aus der Finsternis kommen, sondern stellt sie vielmehr bloß. 12 Denn was manche heimlich tun, ist schon auszusprechen unanständig. 13 Wird es aber bloßgestellt, dann wird es durch Gottes Licht offenbar; 14 denn alles, was ans Licht kommt, kann selbst Licht werden. Deshalb heißt es: »Wach auf, du Schläfer, steh auf vom Tod! Und der Messias wird dein Licht sein.«*

Werdet voll Geist!

15 Achtet also genau darauf, wie ihr euer Leben führt – nicht als törichte, sondern als weise Menschen! 16 Nutzt die Gelegenheiten, die Gott euch gibt,

---

5,14 Jesaja 60,1

denn wir leben in einer bösen Zeit. *17* Seid also nicht leichtsinnig und gedankenlos, sondern begreift, was der Herr von euch will! *18* Und betrinkt euch nicht, denn das führt zu einem zügellosen und verschwenderischen Leben, sondern lasst euch vom Geist Gottes erfüllen! *19* Das geschieht, indem ihr euch gegenseitig mit Psalmen, Lobliedern und anderen geistlichen Liedern ermutigt*; indem ihr aus vollem Herzen dem Herrn singt und musiziert; *20* indem ihr Gott, unserem Vater, und dem Herrn Jesus Christus allezeit und für alles dankt; *21* indem ihr euch in der Ehrfurcht vor Christus einander unterordnet.

Unterordnung und Liebe

22 Ihr Frauen, unterstellt euch euren Männern, so wie ihr euch dem Herrn unterstellt. *23* Denn so wie Christus das Oberhaupt der Gemeinde ist – er hat sie ja gerettet und zu seinem Leib gemacht –, so ist der Mann das Oberhaupt der Frau. *24* Und wie die Gemeinde sich Christus unterordnet, so sollen sich auch die Frauen ihren Männern unterordnen, und zwar in allen Dingen.

25 Ihr Männer, liebt eure Frauen, und zwar so, wie Christus die Gemeinde geliebt und sein Leben für sie hingegeben hat. *26* Er tat das, um sie zu heiligen, und reinigte sie dazu durch Gottes Wort wie durch ein Wasserbad. *27* Denn er wollte die Gemeinde wie eine Braut in makelloser Schönheit präsentieren; ohne Flecken, Falten oder sonstige Fehler, heilig und tadellos. *28* So sind auch die Männer verpflichtet, ihre Frauen zu lieben wie ihren eigenen Körper. Wer seine Frau liebt, liebt sich selbst. *29* Niemand hasst doch seinen Körper, sondern ernährt und pflegt ihn. So macht es auch Christus mit der Gemeinde, *30* denn wir sind ja die Glieder seines Leibes. *31* »Darum wird ein Mann seinen Vater und seine Mutter verlassen und sich mit seiner Frau verbinden. Und die zwei werden völlig eins sein.«* *32* Darin liegt ein tiefes Geheimnis. Ich beziehe es auf Christus und die Gemeinde. *33* Für euch gilt jedenfalls: Jeder liebe seine Frau so wie sich selbst, und die Frau soll ihren Mann achten.

Gehorsam und Erziehung

6 *1* Ihr Kinder, gehorcht euren Eltern, weil ihr mit dem Herrn verbunden seid. Das ist nur recht und billig. *2* »Ehre deinen Vater und deine Mutter« – so lautet das erste Gebot, dem eine Zusage folgt –, *3* »damit es dir gut geht und du ein langes Leben auf der Erde hast.«*

4 Ihr Väter, reizt eure Kinder nicht, sondern erzieht sie nach den Maßstäben und Ermahnungen des Herrn.

Aufrichtigkeit und Milde

5 Ihr Sklaven, gehorcht euren irdischen Herren mit aller Ehrerbietung und Gewissenhaftigkeit. Dient ihnen mit aufrichtigem Herzen, als würdet ihr dem Messias dienen. *6* Tut es nicht, um gesehen zu werden und

---

5,19 *Liedern ermutigt.* Das kann durch das Singen geschehen, durch die Texte der Lieder oder auch durch geistlichen Zuspruch.

5,31 1. Mose 2,24.

6,3 2. Mose 20,12.

euch bei ihnen einzuschmeicheln. Betrachtet euch vielmehr als Sklaven des Messias, die Gottes Willen von Herzen gern tun. 7 Seid euren Herren wohlgesonnen und dient ihnen in der Überzeugung, dass ihr es für den Herrn und nicht für Menschen tut. 8 Ihr wisst doch, dass jeder, der Gutes tut, vom Herrn dafür belohnt wird, egal ob er Sklave ist oder ein freier Mensch.

9 Und ihr Herren, behandelt eure Sklaven im gleichen Sinn. Lasst das Drohen sein! Denkt daran, dass ihr im Himmel einen gemeinsamen Herrn habt, vor dem alle Menschen gleich sind.

Haltet stand!

10 Und schließlich: Lasst euch stark machen durch den Herrn, durch seine gewaltige Kraft! 11 Zieht die volle Rüstung Gottes an, damit ihr den heimtückischen Anschlägen des Teufels standhalten könnt. 12 Wir kämpfen ja nicht gegen Menschen aus Fleisch und Blut, sondern gegen dämonische Mächte und Gewalten, gegen die Weltherrscher der Finsternis, gegen die bösartigen Geistwesen in der unsichtbaren Welt. 13 Greift darum zu den Waffen Gottes, damit ihr standhalten könnt, wenn der böse Tag kommt, und dann, wenn ihr alles erledigt habt, noch steht!

14 Steht also bereit: die Hüften umgürtet mit Wahrheit; den Brustpanzer der Gerechtigkeit angelegt; 15 die Füße mit der Bereitschaft beschuht, die gute Botschaft vom Frieden mit Gott weiterzutragen! 16 Greift vor allem zum Großschild des Glaubens, mit dem ihr die Brandpfeile des Bösen auslöschen könnt. 17 Setzt auch den Helm des Heils* auf und nehmt das Schwert* des Geistes, das Wort Gottes, in die Hand! 18 Und betet dabei zu jeder Zeit mit jeder Art von Gebeten und Bitten in der Kraft des Heiligen Geistes, und seid dabei wachsam und hört nicht auf, für alle Gläubigen zu beten.

19 Betet auch für mich, dass Gott mir das rechte Wort schenkt, wenn ich meinen Mund aufmache, um das Geheimnis des Evangeliums offen bekannt zu machen 20 – als Gesandter des Evangeliums bin ich ja im Gefängnis –, damit ich so freimütig davon rede, wie ich reden soll.

21 Unser lieber Bruder Tychikus, ein treuer Helfer im Dienst für den Herrn, wird euch erzählen, wie es mir geht und was ich tue. 22 Deshalb habe ich ihn auch zu euch geschickt, damit ihr erfahrt, wie es um uns steht, und er euch ermutigen kann. 23 Allen Geschwistern wünsche ich von Gott, dem Vater, und dem Herrn Jesus Christus Frieden und Liebe verbunden mit dem Vertrauen zu ihm. 24 Die Gnade sei mit allen, die unseren Herrn Jesus Christus in unvergänglicher Treue lieben.

6,17 Jesaja 59,17

Das *Schwert* ist ein Kurzschwert oder ein kurzer, einschneidiger Dolch, eine Waffe für den Nahkampf.

Brief des Paulus an die Christen in Philippi

Kurz nachdem Tychikus, einer der Mitarbeiter des Paulus, abgereist war, kam Epaphroditus mit einer Spende der Gemeinde aus Philippi nach Rom und blieb ein paar Wochen bei dem gefangenen Apostel. In dieser Zeit wurde er schwer krank. Nach seiner Genesung schickte Paulus ihn wieder nach Philippi zurück und gab ihm den Brief mit, den er inzwischen zusammen mit Timotheus an die Gemeinde geschrieben hatte. Das wird um das Jahr 61 n.Chr. gewesen sein. In diesem »Philipperbrief« bedankte er sich für die Unterstützung der Gemeinde und kündigte einen Besuch des Timotheus in Philippi an.

1 *1* Paulus und Timotheus, Sklaven von Jesus Christus. An alle Gläubigen in Philippi*; an alle, die durch Jesus Christus geheiligt sind, samt ihren Ältesten und Diakonen. *2* Ich wünsche euch Gnade und Frieden von Gott, unserem Vater, und von Jesus Christus, dem Herrn.

Ich bete mit Freude für euch

3 Jedes Mal, wenn ich an euch denke, danke ich meinem Gott. *4* Und immer, wenn ich Gott bitte, bete ich mit Freude für euch. *5* Denn ihr habt euch vom ersten Tag an mit mir für die gute Botschaft eingesetzt. Und das tut ihr bis heute. *6* Ich bin ganz sicher, dass Gott das gute Werk, das er in euch angefangen hat, auch weiterführen und am Tag, an dem Christus wiederkommt, vollenden wird. *7* Es ist durchaus angemessen, wenn ich so über euch denke, denn ihr liegt mir besonders am Herzen. Und ihr habt Anteil an derselben Gnade wie ich, auch wenn ich jetzt im Gefängnis die gute Botschaft verteidige und mich für sie verbürge. *8* Gott weiß, wie sehr ich mich nach euch allen sehne – mit der herzlichen Liebe von Jesus Christus.

9 Und ich bete auch darum, dass eure Liebe immer reicher an Verständnis und Einsicht wird, *10* damit ihr euch für das entscheidet, worauf es ankommt, und am Tag von Christus rein und tadellos vor ihm steht; *11* erfüllt mit dem, was aus der Gerechtigkeit gewachsen ist, die Jesus Christus euch geschenkt hat. So wird Gott geehrt und gelobt.

Hauptsache, die gute Botschaft wird verkündigt

12 Ihr sollt wissen, liebe Geschwister, dass alles, was mir hier zugestoßen ist, die Verbreitung des Evangeliums gefördert hat; *13* denn hier weiß jeder, dass ich für Christus in Ketten liege, sogar die Soldaten der Palastwache.

1,1 *Philippi.* Bedeutendste römische Kolonie in diesem Teil Mazedoniens. In Erinnerung an seinen Sieg 42 v.Chr. über die Cäsarmörder Brutus und Cassius hatte Augustus die Stadt zur Kolonie erhoben. Dort wurden römische Veteranen (ausgediente Soldaten) angesiedelt, erhielten Haus und Land als eine Art Pension. Die Stadt bekam das römische Bürgerrecht.

14 Und die meisten der Brüder hier haben durch meine Gefangenschaft Mut gefasst und wagen es, das Wort Gottes ohne Furcht weiterzusagen. 15 Es gibt zwar einige, die aus Neid und Eifersucht predigen; andere aber verkündigen die Botschaft von Christus mit guten Absichten. 16 Sie tun es aus Liebe zu mir, weil sie wissen, dass ich zur Verteidigung des Evangeliums bestimmt bin. 17 Die anderen verkündigen das Wort von Christus aus selbstsüchtigen Motiven. Sie sind nicht aufrichtig, weil sie mir die Fesseln noch schmerzhafter machen wollen. 18 Aber was macht das schon? Es wird doch Christus verkündigt! Ob es nun aus ehrlichen Beweggründen getan wird oder nicht, Hauptsache es wird getan. Und darüber freue ich mich. Ja, ich werde mich auch künftig darüber freuen, 19 denn ich weiß, dass dies alles zu meiner Rettung führen wird – durch euer Gebet und durch die Hilfe des Geistes, der von Jesus Christus kommt.

Hauptsache, Christus wird geehrt

20 Ich erwarte und hoffe sehr, dass ich nichts tun werde, dessen ich mich schämen müsste, sondern dass jetzt genauso wie bisher Christus an mir und durch mich in aller Öffentlichkeit groß gemacht wird – sei es durch mein Leben oder durch meinen Tod. 21 Denn das Leben heißt für mich Christus und das Sterben Gewinn! 22 Wenn ich am Leben bleibe, bedeutet das fruchtbare Arbeit für mich. Und dann weiß ich nicht, was ich wählen soll. 23 Ich fühle mich hin- und hergerissen. Einerseits sehne ich mich danach, hinüberzugehen und

bei Christus zu sein, denn das wäre bei weitem das Beste; 24 andererseits ist es wegen euch nötiger, am Leben zu bleiben. 25 Darauf baue ich und bin deshalb gewiss, dass ich euch zu eurer Förderung und Freude im Glauben erhalten bleibe. 26 Und wenn ich dann wieder zu euch komme, werdet ihr noch weit mehr Grund haben stolz und froh zu erzählen, was Jesus Christus alles an mir getan hat.

27 Auf jeden Fall müsst ihr so leben, wie es der Botschaft von Christus entspricht – ob ich nun komme und euch wiedersehe oder nur aus der Ferne von euch höre. Haltet in einem Geist fest zusammen und kämpft in derselben Gesinnung für den Glauben an die gute Botschaft. 28 Und lasst euch keinesfalls von den Widersachern einschüchtern. Für sie ist das ein Zeichen, dass sie verurteilt sind, für euch aber ein Beweis von Gott, dass ihr begnadigt seid. 29 Denn ihr habt das Vorrecht, nicht nur an Christus zu glauben, sondern auch für ihn zu leiden. 30 Diesen Kampf kämpfen wir gemeinsam. Und wie er aussieht, habt ihr schon früher an mir gesehen und jetzt hört ihr davon.

Nehmt euch ein Beispiel an Christus!

2 1 Gilt bei euch so etwas wie eine Ermutigung, Christus zu folgen? Gilt ein tröstender Zuspruch, der aus der Liebe kommt; eine Gemeinschaft durch den Heiligen Geist, ein herzliches Erbarmen? 2 Dann macht doch meine Freude vollkommen, indem ihr in derselben Einstellung und Liebe von ganzem Herzen zusammensteht 3 und nichts aus Streitsucht oder Ehrgeiz

tut! Seid vielmehr bescheiden und achtet andere höher als euch selbst! 4 Denkt nicht nur an euer eigenes Wohl, sondern auch an das der anderen! 5 Eure Einstellung soll der von Jesus Christus gleichen:

6 Er war genauso wie Gott / und hielt es nicht gewaltsam fest, Gott gleich zu sein. 7 Er legte alles ab und wurde einem Sklaven gleich. / Er wurde Mensch und alle sahen ihn auch so. 8 Er erniedrigte sich selbst und gehorchte Gott bis zum Tod – zum Verbrechertod am Kreuz. 9 Darum hat Gott ihn über alles erhöht / und ihm den Namen geschenkt, der über allen Namen steht: 10 Denn vor dem Namen Jesus wird einmal jedes Knie gebeugt; / von allen, ob sie im Himmel sind, auf der Erde oder unter ihr. 11 Und jede Zunge wird bekennen: / »Jesus Christus ist der Herr!« So wird Gott, der Vater, geehrt.

Vernachlässigt eure Rettung nicht!

12 Meine Lieben! Als ich bei euch war, habt ihr meine Anweisungen immer befolgt. Jetzt, in meiner Abwesenheit, müsst ihr noch mehr darauf achten, euch mit aller Ehrfurcht und Gewissenhaftigkeit darum zu bemühen, dass eure Rettung sich auswirkt. 13 Denn Gott bewirkt den Wunsch in euch, ihm zu gehorchen, und gibt euch auch die Kraft, zu tun, was ihm gefällt. 14 Tut alles ohne Murren und Diskussion, 15 damit euch niemand Vorwürfe machen kann. Als untadelige Kinder Gottes sollt ihr wie Himmelslichter mitten unter den verdrehten und verdorbenen Menschen dieser Welt leuchten, 16 indem ihr die Botschaft des Lebens darstellt. Dann werdet ihr am Tag, an dem Christus wiederkommt, Grund meiner stolzen Freude sein, dass ich das Rennen nicht verloren habe und meine Arbeit nicht vergeblich war. 17 Und wenn mein Leben auch wie bei einer Opferzeremonie als Trankopfer für euren Glauben ausgeschüttet wird, so bin ich doch froh und freue mich mit euch allen. 18 Und auch ihr solltet glücklich darüber sein und euch mit mir freuen.

Zwei meiner treuesten Mitarbeiter

19 Im Vertrauen auf Jesus, unseren Herrn, hoffe ich, Timotheus bald zu euch zu schicken; damit auch ich ermutigt werde, wenn er mir dann berichten kann, wie es euch geht. 20 Ich habe sonst niemand, der so ganz meines Sinnes ist und sich so aufrichtig um euch kümmern wird wie er. 21 Alle anderen sind nur auf sich selbst bedacht und kümmern sich nicht um das, was Jesus Christus wichtig ist. 22 Aber ihr wisst ja selbst, wie gut Timotheus sich bewährt hat. Wie ein Sohn seinem Vater hilft, so hat er sich mit mir zusammen für die gute Botschaft eingesetzt. 23 Ihn also hoffe ich zu euch schicken zu können, sobald ich meine Lage hier übersehe. 24 Ich vertraue aber dem Herrn, dass ich auch selbst bald zu euch kommen kann.

25 In der Zwischenzeit hielt ich es allerdings für nötig, Epaphroditus zu euch zurückzuschicken, meinen Bruder, Mitarbeiter und Mitkämpfer. Ihr hattet ihn als Helfer in meiner Not zu

mir geschickt. *26* Und jetzt hat er große Sehnsucht nach euch und war sehr beunruhigt, weil ihr von seiner Krankheit erfahren hattet. *27* Er war auch wirklich sehr krank und wäre fast gestorben. Aber Gott hatte Erbarmen mit ihm – und auch mit mir, damit ich nicht von Kummer überwältigt würde. *28* Umso schneller schicke ich ihn jetzt zu euch zurück, damit ihr durch seinen Anblick wieder froh werdet und auch ich eine Sorge weniger habe. *29* Nehmt ihn also im Namen des Herrn mit Freude in Empfang und haltet solche Männer in Ehren. *30* Denn er hat sein Leben für Christus aufs Spiel gesetzt und hat sich an eurer Stelle für mich aufgeopfert. Er tat für mich das, was ihr aus der Ferne nicht tun konntet.

Baut nicht auf menschliche Vorzüge!

3 *1* Übrigens, liebe Geschwister, freut euch im Herrn! Das zu schreiben ist mir keine Last, und euch macht es sicher. *2* Doch nehmt euch in Acht vor diesen bösartigen Kötern, den falschen Missionaren, den Propheten der Verstümmelung*! *3* Ich nenne sie so, weil wir die echten Beschnittenen sind, wir, die Gott durch den Geist anbeten. Wir verlassen uns nicht auf menschliche Anstrengungen, sondern

sind stolz darauf, zu Jesus Christus zu gehören. *4* Natürlich könnte ich mich auch auf menschliche Vorzüge berufen. Wenn andere Grund haben, darauf zu vertrauen, hätte ich das noch viel mehr. *5* Ich wurde beschnitten, als ich acht Tage alt war. Von Geburt bin ich ein Israelit aus dem Stamm Benjamin, ein Hebräer reinster Abstammung. Und was das Gesetz betrifft, gehörte ich zur strengen Richtung der Pharisäer. *6* Dem Eifer nach war ich ein unerbittlicher Verfolger der Gemeinde; und gemessen an der Gerechtigkeit, die aus der Befolgung des Gesetzes kommt, war ich ohne Tadel.

7 Früher hielt ich diese Dinge für einen Gewinn, aber jetzt, wo ich Christus kenne, betrachte ich sie als Verlust. *8* Ja wirklich, alles andere erscheint mir wertlos, wenn ich es mit dem unschätzbaren Gewinn vergleiche, Jesus Christus als meinen Herrn kennen zu dürfen. Durch ihn habe ich alles andere verloren und betrachte es auch als Dreck. Nur er besitzt Wert für mich. *9* Und zu ihm möchte ich um jeden Preis gehören. Deshalb vertraue ich nicht mehr auf meine Gerechtigkeit, die aus dem Befolgen des Gesetzes kam, sondern auf die Gerechtigkeit, die ich durch den Glauben an Christus habe, auf die Gerechtigkeit, die von Gott kommt und dem Glaubenden zugesprochen wird. *10* Ich möchte nichts anderes mehr kennen als Christus, und ich will die mächtige Kraft, die ihn aus den Toten auferstehen ließ, an meinem eigenen Leib erfahren. Ich möchte lernen, was es heißt, mit ihm zu leiden und in ihm zu sterben, *11* um dann auch unter

---

3,2 *Verstümmelung.* Sarkastisches Wortspiel. Es meint die »Verstümmelung« des männlichen Gliedes bei der Beschneidung von nichtjüdischen Erwachsenen durch Abtrennen der Vorhaut. Gott hatte die Beschneidung für die Israeliten, aber nicht für alle Völker angeordnet (1. Mose 17,9-14).

denen zu sein, die aus den Toten heraus auferstehen* werden.

Lauft wie ich auf das Ziel zu!

12 Ich will nicht behaupten, das Ziel schon erreicht zu haben oder schon vollkommen zu sein; doch ich strebe danach, das alles zu ergreifen, nachdem auch Christus von mir Besitz ergriffen hat. 13 Nein, ich bilde mir nicht ein, es schon geschafft zu haben, liebe Geschwister; aber eins steht fest: Ich vergesse das Vergangene und schaue auf das, was vor mir liegt. 14 Ich laufe mit aller Kraft auf das Ziel zu, um den Siegespreis droben zu gewinnen, für den Gott uns durch Jesus Christus bestimmt hat. 15 Und zu allen »Vollkommenen« sage ich: Lasst uns das bedenken! Doch wenn ihr in irgendeinem Punkt anderer Meinung seid, wird Gott euch auch darüber Klarheit schenken. 16 Auf jeden Fall sollen wir festhalten, was wir schon erreicht haben.

17 Nehmt mich als Vorbild, Geschwister; und lernt auch von denen, die unserem Beispiel folgen. 18 Denn es gibt viele, vor denen ich euch schon oft gewarnt habe und es jetzt unter Tränen wiederholen muss. Durch ihr Verhalten zeigen sie, dass sie Feinde der Kreuzesbotschaft von Christus sind. 19 Sie werden im Verderben enden, denn ihr Bauch ist ihr Gott, und sie sind stolz auf das, was ihre Schande ist. Sie denken nur an die irdischen Dinge. 20 Doch wir haben unser Bürgerrecht im Himmel. Von dort her erwarten wir auch unseren Retter und Herrn Jesus Christus. 21 Er wird unseren armseligen vergänglichen Leib verwandeln, sodass er dann seinem verherrlichten Körper entsprechen wird. Das geschieht mit der Kraft, mit der er sich alle Dinge unterwerfen kann.

4 1 Deshalb bleibt dem Herrn absolut treu, meine lieben Geschwister! Ich sehne mich nach euch, denn ihr seid meine Freude und die Belohnung für meine Arbeit.*

Vertragt euch!

2 Und nun habe ich eine herzliche Bitte an Evodia und Syntyche: Bitte vertragt euch als Schwestern im Glauben! 3 Und dich, mein treuer Syzygus*, bitte ich, den beiden zu helfen! Sie haben ja mit mir zusammen für die Verbreitung der guten Botschaft gekämpft; auch mit Klemens und meinen anderen Mitarbeitern, deren Namen im Buch des Lebens stehen.

Freut euch!

4 Freut euch in Gemeinschaft mit dem Herrn! Ich sage es noch einmal: Freut euch! 5 Lasst alle sehen, wie herzlich und freundlich ihr seid! Der Herr kommt bald. 6 Macht euch

---

3,11 *heraus auferstehen.* Der Begriff »Heraus-Auferstehung« kommt nur hier vor und bezieht sich auf die Auferstehung der Gläubigen wie 1. Thessalonicher 4,16; 1. Korinther 15,23.

4,1 *und ... Arbeit.* Wörtlich: Und mein Siegeskranz.

4,3 *Syzygus* heißt »Gefährte«. Hier als Eigenname gebraucht.

keine Sorgen, sondern bringt eure Anliegen im Gebet mit Bitte und Danksagung vor Gott! *7* Und sein Frieden, der alles menschliche Denken weit übersteigt, wird euer Innerstes und eure Gedanken beschützen, denn ihr seid ja mit Jesus Christus verbunden.

8 Ansonsten denkt über das nach, meine Geschwister, was wahr, was anständig und gerecht ist! Richtet eure Gedanken auf das Reine, das Liebenswerte und Bewundernswürdige; auf alles, was Auszeichnung und Lob verdient! *9* Und handelt nach dem, was ihr von mir gelernt und gehört, und was ihr auch an mir gesehen habt! Dann wird der Gott des Friedens mit euch sein.

Ich danke euch herzlich

10 Es war mir eine große Freude und ein Geschenk vom Herrn, dass eure Fürsorge für mich wieder aufgeblüht ist. Ich weiß natürlich, dass ihr immer um mich besorgt wart, aber eine Zeit lang hattet ihr keine Gelegenheit dazu. *11* Ich sage das nicht, weil ich unbedingt etwas gebraucht hätte; denn ich habe gelernt, mit dem zufrieden zu sein, was ich habe. *12* Ich kann in Armut leben und mit Überfluss umgehen. Ich bin in alles eingeweiht. Ich weiß, wie es ist, satt zu sein oder zu hungern; ich kenne Überfluss und Mangel. *13* Durch den, der mich stark macht, kann ich in allem bestehen. *14* Aber es war sehr lieb von euch, dass ihr an meinen Schwierigkeiten Anteil genommen habt. *15* Ihr wisst ja, dass ihr Philipper am Beginn meines Dienstes, damals, als ich das Evangelium von Mazedonien aus weitertrug, die einzige Gemeinde wart, die mich finanziell unterstützt hat. *16* Schon nach Thessalonich habt ihr mir mehrmals Hilfe zukommen lassen. *17* Nicht dass ich es auf euer Geld abgesehen hätte; mir liegt viel mehr daran, dass euer Guthaben reichlich Zinsen trägt. *18* Im Augenblick habe ich alles, was ich brauche. Es ist mehr als genug. Durch das, was Epaphroditus von euch überbracht hat, bin ich reichlich versorgt. Diese Gabe ist wie der Duft eines Opfers, das Gott sehr erfreut. *19* Mein Gott wird euch durch Jesus Christus aus seiner überaus reichen Herrlichkeit alles geben, was ihr braucht. *20* Gott, unserem Vater, gebührt alle Ehre für immer und ewig. Amen.

21 Grüßt alle Gläubigen, alle, die Jesus Christus für sich ausgesondert hat! Es grüßen euch die Brüder, die bei mir sind. *22* Auch alle anderen Gläubigen hier lassen euch grüßen; besonders die, die im kaiserlichen Dienst sind. *23* Die Gnade des Herrn Jesus Christus sei mit euch!

Brief des Paulus an die Christen in Kolossä

K urze Zeit nachdem Paulus seinen Brief an die Epheser geschrieben hatte, trafen Timotheus, einer der treusten Mitarbeiter des Paulus, und Epaphras, der Gründer der Gemeinde von Kolossä, in Rom ein. Als der Apostel den Bericht des Epaphras vernommen hatte, verfasste er zusammen mit Timotheus einen Brief an die Gemeinde in Kolossä. Dieser Brief ist dem Epheserbrief sehr ähnlich, ist aber kein Rundschreiben, sondern richtet sich an eine einzelne Gemeinde. Tychikus wird ihn zusammen mit dem Epheserbrief (Epheser 6,21) überbringen und dabei von Onesimus begleitet werden (Kolosser 4,7-9).

1 *1* Paulus, nach dem Willen Gottes ein Apostel von Jesus Christus, und Timotheus, der Bruder, *2* an die treuen Geschwister, die Christus in Kolossä* für sich ausgesondert hat. Wir wünschen euch Gnade und Frieden von Gott, unserem Vater.

Welche Beziehung Paulus zu den Kolossern hat

3 Immer, wenn wir für euch beten, danken wir Gott, dem Vater unseres Herrn Jesus Christus, *4* weil wir von eurem Glauben an Christus gehört haben und von eurer Liebe zu allen, die Gott geheiligt hat. *5* Und wir danken für die Hoffnung, deren Erfüllung euch im Himmel erwartet. Davon habt ihr ja schon gehört, als euch die Wahrheit der guten Botschaft erreichte. *6* Diese Botschaft ist nicht nur bei euch, sondern auch in der ganzen Welt bekannt. Überall breitet sie sich aus und bringt Frucht. So ist es ja auch bei euch geschehen, seit ihr sie gehört und die Wahrheit der Gnade Gottes erkannt habt. *7* Es war Epaphras, unser lieber Mitsklave, der euch diese Lehre gebracht hat. Er ist ein treu-

er Diener von Christus; und das kommt euch zugute. *8* Er hat uns auch von der Liebe erzählt, die der Heilige Geist euch geschenkt hat.

9 Seitdem hören wir nicht auf, inständig für euch zu beten. Wir bitten Gott, dass er euch erkennen lässt, was sein Wille ist, und dass er euch mit Weisheit und geistlichem Verständnis erfüllt. *10* Denn ihr sollt den Herrn mit eurem Leben ehren und ihn erfreuen mit allem, was ihr tut. Euer Leben wird dann als Frucht alle Art von guten Werken hervorbringen, und ihr werdet Gott immer besser verstehen. *11* Und ihr werdet auch die herrliche Kraft Gottes an euch erfahren, damit

---

1,2 Jahrhunderte lang war *Kolossä* eine führende Stadt in Kleinasien. Sie lag im fruchtbaren Tal des Lykos-Flusses und an der großen west-östlichen Handelsroute, die bis zum Euphrat ging. Zur Zeit des Paulus hatte Kolossä an Bedeutung verloren, war aber immer noch eine wohlhabende Stadt. Etwa ein Jahr, nachdem Paulus diesen Brief geschrieben hatte, wurde Kolossä durch ein Erdbeben zerstört, wovon sich die Stadt nie mehr erholte.

ihr alles geduldig und standhaft ertragen könnt. *12* Dann werdet ihr mit Freude dem Vater danken, dass er euch fähig gemacht hat, an dem Erbe teilzuhaben, das für sein heiliges Volk im Licht bestimmt ist. *13* Er hat uns aus der Gewalt der Finsternismächte befreit und uns unter die Herrschaft seines lieben Sohnes gestellt. *14* Ja, durch ihn, unseren Herrn, wurden wir freigekauft, und durch ihn sind uns die Sünden vergeben.

Was für einen großartigen Herrn wir haben

15 Er, Christus, ist das Abbild des unsichtbaren Gottes und steht über allem Geschaffenen. *16* Denn durch ihn ist alles, was es im Himmel und auf der Erde gibt, erschaffen worden: das Sichtbare und das Unsichtbare; Thronende und Herrschende; Mächte und Gewalten; alles ist durch ihn und für ihn geschaffen. *17* Er steht über allem und alles besteht durch ihn. *18* Er ist auch das Haupt der Gemeinde, und die Gemeinde ist sein Leib. Er ist der Anfang, und er ist als Erster von den Toten zu einem unvergänglichen Leben auferstanden. In jeder Hinsicht sollte er der Erste sein. *19* Denn Gott wollte mit seiner ganzen Fülle in ihm wohnen *20* und durch ihn alles mit sich versöhnen. Durch sein Blut am Kreuz schloss er Frieden mit allem, was es auf der Erde und im Himmel gibt. *21* Das gilt auch für euch. Ihr wart weit von Gott entfernt, ihr wart seine Feinde; und eure Gesinnung zeigte sich in eurem bösen Tun. *22* Doch nun hat er euch durch den Tod seines irdischen Leibes zu seinen Freunden gemacht,

um euch heilig, rein und makellos vor sich treten zu lassen. *23* Das wird geschehen, wenn ihr im Glauben fest gegründet bleibt und euch auch nicht von der Hoffnung abbringen lasst, die euch mit dem Hören des Evangeliums geschenkt wurde. Diese gute Botschaft ist in der ganzen Welt gepredigt worden; und ich, Paulus, stehe in ihrem Dienst.

Wie Paulus für die Gemeinde kämpft

24 Jetzt freue ich mich in den Leiden, die ich für euch ertrage. Ich setze also meinen Körper für das ein, was von den Leiden des Messias für seine Gemeinde noch aussteht. *25* Gott hat mich beauftragt, ihr zu dienen und so auch bei euch sein Wort voll und ganz zu verkündigen. *26* Es geht nämlich um das Geheimnis, das seit ewigen Zeiten und Generationen verborgen war, jetzt aber denen enthüllt wurde, die zu ihm gehören. *27* Ihnen, seinen Heiligen, wollte Gott diesen herrlichen Reichtum zeigen. Denn sein Geheimnis ist auch für die anderen Völker bestimmt: und das ist Christus – Christus, der in euch lebt und nun auch euch die Hoffnung schenkt, an seiner Herrlichkeit teilzuhaben. *28* Diesen Christus verkündigen wir, indem wir die Menschen ermahnen und sie mit aller Weisheit, die Gott uns geschenkt hat, belehren. Denn wir möchten sie als Menschen, die in Christus erwachsen geworden sind, vor Gott hinstellen. *29* Für dieses Ziel setze ich mich mit aller Kraft ein und vertraue dabei auf das, was er in mir schafft, er, der so mächtig in mir wirkt.

2 *1* Ihr sollt wissen, wie sehr ich um euch und um die Geschwister in Laodizea* kämpfe und um viele andere, die mich nie persönlich gesehen haben. *2* Denn ich möchte, dass sie ermutigt werden und in Liebe zusammenhalten, um die tiefe und reiche Gewissheit zu erhalten, die mit der Erkenntnis von Christus zusammenhängt. Denn er ist das Geheimnis Gottes, *3* und in ihm sind alle Schätze der Weisheit und Erkenntnis verborgen. *4* Ich sage das, damit euch niemand durch seine Überredungskünste zu Trugschlüssen verleitet. *5* Denn obwohl ich nicht direkt bei euch sein kann, im Geist bin ich euch nah. Und ich freue mich, weil ich euer ordentliches Leben und die Festigkeit eures Glaubens an Christus sehe. *6* Lebt nun auch so mit Jesus Christus, wie ihr ihn als Herrn angenommen habt! *7* Seid in ihm verwurzelt, und gründet euch ganz auf ihn! Steht fest in dem Glauben, der euch gelehrt worden ist, und seid immer voller Dankbarkeit!

Woran man Verführer erkennt

8 Lasst euch nicht durch spekulative Weltanschauungen und anderen hochtrabenden Unsinn einfangen. So etwas kommt nicht von Christus, sondern beruht nur auf menschlichen Überlieferungen und entspringt den Prinzipien dieser Welt. *9* Denn in Christus allein wohnt die ganze Fülle des Göttlichen, *10* und durch die Verbindung mit ihm seid auch ihr mit diesem Leben erfüllt. Er ist der Herr über alle Herrscher und alle Mächte.

11 Und weil ihr ihm gehört, seid ihr auch beschnitten*, aber nicht durch einen äußeren Eingriff. Eure Beschneidung kam durch Christus und besteht im Ablegen eurer alten Natur. *12* In der Taufe wurdet ihr ja mit ihm begraben. Durch ihn wurdet ihr auch zu neuem Leben erweckt, weil ihr auf die wirksame Kraft Gottes vertraut habt, der Christus aus den Toten auferweckte. *13* Ihr wart ja auch tot in Schuld und eurer unbeschnittenen sündigen Natur. Doch nun hat Gott euch mit ihm lebendig gemacht und uns die ganze Schuld vergeben. *14* Er hat den Schuldschein, der mit seinen Forderungen gegen uns gerichtet war, für ungültig erklärt. Er hat ihn ans Kreuz genagelt und damit für immer beseitigt. *15* Er hat die Herrscher und Gewalten völlig entwaffnet und vor aller Welt an den Pranger gestellt. Durch das Kreuz hat er einen triumphalen Sieg über sie errungen.

16 Lasst euch deshalb von niemand verurteilen, nur weil ihr bestimmte Dinge esst oder trinkt, oder weil ihr bestimmte Feste oder Feiertage oder Sabbate nicht beachtet. *17* Denn das alles sind nur Schattendinge von dem, was in Christus leibhaftige Wirklichkeit geworden ist. *18* Und lasst euch durch niemand von eurem Ziel ablenken, durch keinen, der sich in Demutsübungen gefällt und Engel verehrt

---

2,1 *Laodizea* lag nur 15 km nordwestlich von Kolossä. Auch dort gab es eine Gemeinde (Offenbarung 3,14-22).

2,11 *beschnitten*. Siehe 1. Mose 17,9-11.

und das mit Visionen begründet, die er gesehen haben will. Solche Menschen haben eine ungeistliche Gesinnung und sind ganz ohne Grund stolz und aufgeblasen. *19* Sie halten sich nicht an das Haupt, von dem doch der ganze Leib zusammengehalten und durch Gelenke und Bänder gestützt wird und nach Gottes Willen wächst.

20 Wenn ihr zusammen mit Christus den Grundprinzipien dieser Welt weggestorben seid, weshalb tut ihr dann so, als würdet ihr noch unter ihrer Herrschaft leben? Ihr lasst euch vorschreiben: *21* »Mit diesem sollst du nichts zu tun haben! Das darfst du nicht essen und jenes nicht berühren!« *22* Solche Regeln sind nichts als menschliche Vorschriften für Dinge, die doch nur dazu da sind, um von uns benutzt und verbraucht zu werden. *23* Es sieht zwar so aus, als ob solche eigenwilligen Gottesdienste, Demutsübungen und Misshandlungen des Körpers Zeichen besonderer Weisheit seien. Aber in Wirklichkeit haben sie keinen Wert, sondern dienen nur zur Befriedigung der menschlichen Natur.

Wie man als neuer Mensch lebt

3 *1* Wenn ihr nun zusammen mit dem Messias zu einem neuen Leben auferstanden seid, dann richtet euch auch ganz nach dem aus, was oben ist, wo Christus, der Messias, sitzt: auf dem Ehrenplatz neben Gott.

2 Seid auf das Himmlische bedacht und nicht auf das Irdische. *3* Denn ihr seid gestorben und euer Leben ist zusammen mit Christus verborgen in Gott. *4* Wenn Christus, euer Leben, einmal allen sichtbar werden wird, dann wird auch offenbar werden, dass ihr seine Herrlichkeit mit ihm teilt.

5 Darum tötet alles, was zu eurer irdischen Natur gehört: sexuelle Unmoral, Schamlosigkeit, Leidenschaft, böse Lüste und Habgier, die Götzendienst ist. *6* Diese Dinge ziehen Gottes Zorn nach sich.* *7* Auch ihr habt früher so gelebt, als ihr noch ganz vom Irdischen bestimmt wart. *8* Doch jetzt müsst ihr solche Dinge wie Zorn, Wut, Bosheit, Beleidigungen und hässliche Redensarten aufgeben. So etwas darf nicht mehr über eure Lippen kommen. *9* Hört auf, euch gegenseitig zu belügen, denn ihr habt doch den alten Menschen mit seinen Gewohnheiten ausgezogen *10* und seid neue Menschen geworden, die ständig erneuert werden und so immer mehr dem Bild entsprechen, das der Schöpfer schon in euch sieht. *11* Dann kommt es nicht mehr darauf an, ob ihr Juden oder Griechen seid, beschnitten oder unbeschnitten, ob euer Volk zivilisiert oder primitiv ist, ob ihr Sklaven oder freie Bürger seid; entscheidend ist allein, ob Christus in uns lebt und alles wirkt.

12 Weil Gott euch nun auserwählt hat, zu seinen Heiligen und Geliebten zu gehören, bekleidet euch mit barmherziger Zuneigung, mit Güte, Demut, Milde und Geduld! *13* Ertragt einander und vergebt euch gegenseitig, wenn einer dem anderen etwas vorzuwerfen hat! Wie der Herr euch

---

3,6 Spätere Handschriften fügen hinzu: »Er wird die treffen, die ihm nicht gehorchen.«

vergeben hat, müsst auch ihr vergeben! *14* Doch das Wichtigste von allem ist die Liebe, die wie ein Band alles umschließt und vollkommen macht. *15* Wir wünschen euch, dass der Frieden, der von Christus kommt, eure Herzen regiert, denn als Glieder des einen Leibes seid ihr zum Frieden berufen. Und seid dankbar! *16* Gewährt der Botschaft des Messias viel Raum und lasst sie ihren ganzen Reichtum in euch entfalten! Belehrt und ermahnt euch gegenseitig mit aller Weisheit! Und weil ihr Gottes Gnade erfahren habt, singt Gott aus vollem Herzen Psalmen, Lobgesänge und geistliche Lieder! *17* Doch alles, was ihr tut und sagt, sollt ihr im Namen des Herrn Jesus tun und durch ihn Gott, dem Vater, danken!

Wie das neue Leben in der Familie sichtbar wird

18 Ihr Frauen, ordnet euch euren Männern unter, wie es der Herr von euch erwartet! *19* Ihr Männer, liebt eure Frauen und lasst euch nicht gegen sie aufbringen! *20* Ihr Kinder, gehorcht euren Eltern in allem, denn das gefällt dem Herrn! *21* Ihr Väter, provoziert eure Kinder nicht, sonst verlieren sie den Mut! *22* Ihr Sklaven, gehorcht euren irdischen Herren in jeder Hinsicht! Tut es aber nicht nur, wenn ihr gesehen werdet, um euch anzubiedern, sondern gehorcht ihnen bereitwillig, weil ihr Furcht vor dem Herrn im Himmel habt! *23* Bei allem, was ihr tut, arbeitet von Herzen, als würdet ihr dem Herrn dienen und nicht den Menschen! *24* Ihr wisst ja, dass ihr vom Herrn mit dem himmlischen Erbe belohnt werdet. Ihr dient doch Christus, dem Herrn! *25* Wer jedoch Unrecht tut, wird den Lohn für sein Unrecht erhalten, da wird niemand bevorzugt.

4 *1* Ihr Herren, behandelt eure Sklaven gerecht. Denkt daran, dass auch ihr einen Herrn im Himmel habt!

Wie es Paulus und seinen Mitarbeitern geht

2 Seid treu, ausdauernd und wach im Gebet und im Dank an Gott! *3* Vergesst auch nicht, für uns zu beten, dass Gott uns eine Tür öffnet und wir die Botschaft vom Geheimnis des Messias weiter bekannt machen dürfen, für die ich auch im Gefängnis bin! *4* Betet, dass ich diese Botschaft so klar verkündige, wie ich sollte! *5* Seid weise im Umgang mit Menschen von draußen und nutzt die Gelegenheiten, die Gott euch gibt! *6* Eure Worte seien immer freundlich und angenehm gewürzt! Ihr sollt wissen, wie ihr jedem Einzelnen antworten müsst! *7* Wie es mir geht, wird euch mein geliebter Bruder Tychikus ausführlich berichten. Er ist ein treuer Diener und mit mir zusammen ein Sklave für den Herrn. *8* Ich habe ihn gerade deshalb zu euch geschickt, damit ihr alles über uns erfahrt und er euch ermutigen kann. *9* Außerdem schicke ich euch den treuen und lieben Bruder Onesimus mit, der ja einer von euch ist. Sie werden euch alles berichten, was hier geschehen ist. *10* Aristarch, der mit mir im Gefängnis sitzt, lässt euch grüßen, ebenso Markus, der

Neffe von Barnabas. Seinetwegen habt ihr ja schon Anweisungen erhalten. Nehmt ihn freundlich auf, wenn er zu euch kommt! *11* Auch Jesus, den wir Justus nennen, lässt euch grüßen. Von den Juden sind sie die einzigen, die hier mit mir für das Reich Gottes arbeiten. Sie sind mir ein wirklicher Trost. *12* Es grüßt euch auch Epaphras, der ja ebenfalls von euch kommt. Er ist ein treuer Diener von Jesus Christus und kämpft in seinen Gebeten ständig für euch, damit ihr euch als gereifte Christen voller Überzeugung nach Gottes Willen richtet. *13* Ich kann bezeugen, dass er viel Mühe für euch und auch für die Gläubigen in Laodizea* und Hierapolis* auf sich nimmt. *14* Unser lieber Arzt Lukas grüßt euch und ebenso Demas. *15* Grüßt auch ihr die Geschwister in Laodizea, besonders auch Nympha* und die Gemeinde in ihrem Haus! *16* Und wenn ihr diesen Brief bei euch vorgelesen habt, sorgt dafür, dass er auch in der Gemeinde von Laodizea gelesen wird! Und lest auch den Brief, den ich an sie geschrieben habe! *17* Sagt Archippus: »Bemühe dich, die Aufgabe zu erfüllen, die der Herr dir aufgetragen hat!« *18* Und hier mein Gruß an euch mit eigener Hand. Denkt an meine Fesseln! Gottes Gnade sei mit euch!

4,13 *Laodizea.* Die Stadt am unteren Ende des fruchtbaren Lykos-Tals war durch Wollindustrie und eine medizinische Schule bekannt. Sie besaß nicht genügend Wasserquellen und musste das Wasser aus 10 km nördlich gelegenen Heißwasserquellen über Aquädukte heranleiten.

Hierapolis. 10 km von Laodizäa und 23 km von Kolossä entfernt. Der Ort ist durch seine heißen Quellen berühmt, die über Terrassen von Tropfsteinbildungen herabfließen.

4,15 *Nympha.* Vom Grundtext her ist nicht sicher zu entscheiden, ob es sich um einen Mann oder eine Frau handelt.

Erster Brief des Paulus an die Christen in Thessalonich

Einige Zeit nach der Apostelversammlung im Jahr 48 n.Chr. besuchte Paulus die von ihm gegründeten Gemeinden im südlichen Galatien. In Lystra gewann er Timotheus als Mitarbeiter und zog mit ihm und Silas weiter bis nach Troas. Von dort setzten sie ihre Reise nach Philippi fort, wo ebenfalls eine Gemeinde entstand. Als sie die Stadt verlassen mussten, reisten sie auf der »Via Egnatia« Richtung Westen über Amphipolis nach Thessalonich weiter. In dieser Großstadt lebten damals schon 200.000 Menschen. Nachdem Paulus an drei aufeinander folgenden Sabbaten in der Synagoge gepredigt hatte, kamen viele von den Griechen, die sich der Synagoge angeschlossen hatten, zum Glauben an Jesus Christus. Das machte die Juden eifersüchtig, und sie sorgten dafür, dass Paulus die Stadt verlassen musste. Doch inzwischen war eine Gemeinde entstanden, die aber jederzeit mit Verfolgung rechnen musste.

In dem 80 km entfernten Beröa arbeiteten die Missionare weiter und es entstand durch die Gnade Gottes wieder eine Gemeinde. Aber die Juden aus Thessalonich stifteten auch hier Unruhe, sodass Männer der Gemeinde Paulus nach Athen brachten. Dorthin ließ Paulus seine Mitarbeiter später nachkommen. Aus der Sorge um die weitere Entwicklung der Gemeinden schickte er sie aber bald wieder nach Mazedonien zurück. Er selbst reiste nach seiner berühmten Areopag-Rede weiter nach Korinth und wartete dort sehnsüchtig auf die Rückkehr seiner Mitarbeiter.

Endlich trafen Silas und Timotheus in Korinth ein und brachten gute Nachrichten von den Gemeinden – besonders aus Thessalonich – mit, und außerdem eine finanzielle Unterstützung. Voller Freude setzte sich Paulus hin und schrieb mit ihnen zusammen einen ersten Brief an die Christen in Thessalonich. Das wird im Jahr 50 oder 51 n.Chr. geschehen sein.

1 *1* Paulus, Silvanus* und Timotheus* an die Gemeinde der Thessalonicher*, die in Gott, dem Vater, und dem Herrn Jesus Christus geborgen ist. Gnade und Frieden seien mit euch!

Eine vorbildliche Gemeinde

2 Jeden Tag danken wir Gott für euch alle und erwähnen euch jedes Mal in unseren Gebeten. *3* So erinnern wir uns vor Gott, unserem Vater, an euer tatkräftiges Glaubensleben, eure aufopfernde Liebe und eure

---

1,1 *Silvanus (Silas)* stammte aus Jerusalem und war ein enger Mitarbeiter des Paulus.

Timotheus. Ausgezeichneter Mitarbeiter des Paulus aus Lystra, vgl. Apostelgeschichte 16,1-3.

Thessalonich war die bedeutendste Stadt Mazedoniens, etwa 200.000 Einwohner groß. Es war Hauptstadt des zweiten mazedonischen Bezirks und ein wichtiger Seehafen. Heute: Thessaloniki.

unerschütterliche Hoffnung, die ganz auf Jesus Christus, unseren Herrn, ausgerichtet ist. *4* Ihr seid von Gott geliebt, Geschwister, und wir wissen, dass er euch erwählt hat. *5* Das wurde schon deutlich, als wir euch die gute Botschaft brachten. Gott sprach damals nicht nur durch unsere Worte zu euch; seine Macht zeigte sich auch im Wirken des Heiligen Geistes und in der großen Zuversicht, mit der wir bei euch auftreten konnten. Ihr wisst ja, dass es uns um euch ging. *6* Und als ihr das Wort trotz vieler Anfeindungen mit einer Freude aufgenommen habt, wie sie nur der Heilige Geist schenken kann, seid ihr unserem Beispiel gefolgt und auch dem des Herrn. *7* So wurdet ihr für alle Gläubigen in Mazedonien und Achaja* selbst zu Vorbildern. *8* Ja, von euch aus hat sich die Botschaft des Herrn in ganz Mazedonien und Achaja verbreitet. Es gibt inzwischen kaum noch einen Ort, wo man nicht von eurem Glauben an Gott gehört hätte. Wir brauchen niemand etwas davon zu erzählen. *9* Denn wo wir hinkommen, redet man davon, welche Wirkung unser Besuch bei euch hatte. Die Leute erzählen, wie ihr euch von den Götzen abgewandt habt und zu dem wahren und lebendigen Gott umgekehrt seid, um ihm zu dienen *10* und auf seinen Sohn zu warten, der aus dem Himmel zurückkommen wird, das ist der, den er aus den Toten erweckt hat, Jesus der uns vor dem kommenden Gericht rettet.

Das Vorbild der Missionare

2 *1* Ihr wisst ja selbst, liebe Geschwister, dass unser Besuch bei euch nicht vergeblich war. *2* Vorher, in Philippi*, hatten wir noch viel zu leiden und waren misshandelt worden, wie ihr ebenfalls wisst. Doch dann schenkte Gott uns neuen Mut, euch trotz vieler Widerstände das Evangelium offen zu verkündigen. *3* Denn unsere mahnende Botschaft ist keinem Irrtum entsprungen, und wir hatten auch keine unsauberen oder betrügerischen Absichten dabei. *4* Nein, Gott hat uns geprüft, für geeignet gehalten, und uns so mit dem Evangelium betraut. Deshalb verkünden wir diese Botschaft – nicht um Menschen zu gefallen, sondern wir tun es in der Verantwortung vor Gott, der unsere Motive hinterfragt. *5* Ihr wisst, dass wir nie versucht haben, uns mit schönen Worten bei euch einzuschmeicheln oder uns gar an euch zu bereichern. Dafür ist Gott unser Zeuge. *6* Wir haben auch niemals die Ehre von Menschen gesucht – weder von euch noch von anderen. *7* Obwohl wir als Apostel des Messias mit Autorität hätten auftreten können, sind wir behutsam mit euch umgegangen wie eine Mutter, die liebevoll für ihre Kleinen sorgt. *8* Wir hatten euch so sehr ins Herz geschlossen, dass wir bereit waren, euch nicht nur die gute Botschaft von Gott weiterzugeben, sondern unser eigenes Leben mit euch zu teilen.

9 Ihr erinnert euch doch noch an unsere Mühe und Anstrengung, liebe

---

1,7 *Mazedonien und Achaja.* Römische Provinzen, die den nördlichen bzw. südlichen Teil Griechenlands umfassten.

2,2 *Philippi.* Vergleiche Apostelgeschichte 16,12-14!

Geschwister, dass wir – als wir euch die gute Botschaft Gottes predigten – Tag und Nacht gearbeitet haben, um niemand von euch zur Last zu fallen. *10* Ihr selbst könnt es bestätigen und auch Gott ist unser Zeuge, wie unser Verhalten in jeder Hinsicht korrekt und tadellos war, und von der Ehrfurcht zu Gott bestimmt wurde. *11* Ihr wisst ja, dass wir uns um jeden Einzelnen von euch gekümmert haben wie ein Vater um seine Kinder, *12* und dass wir euch ermahnt, ermutigt und beschworen haben so zu leben, dass es Gott Ehre macht; dem Gott, der euch dazu beruft, an seiner Herrschaft und an seiner Herrlichkeit teilzuhaben.

13 Immer wieder danken wir Gott dafür, dass ihr die Botschaft, die wir euch in seinem Auftrag gebracht haben, nicht als Lehre von Menschen aufgenommen habt, sondern als das, was sie tatsächlich ist: als Wort Gottes. Und weil ihr diesem Wort glaubt, erweist es seine Wirksamkeit an euch. *14* Denn ihr, liebe Geschwister, seid dem Beispiel der Gemeinden Gottes in Judäa gefolgt, die mit Christus verbunden sind. Ihr habt von euren Landsleuten dasselbe erdulden müssen wie die Christen in Judäa von den Juden. *15* Das sind die Juden, die unseren Herrn Jesus getötet und das Gleiche schon mit den Propheten gemacht haben und auch uns verfolgen. Sie missfallen Gott und sind mit allen Menschen verfeindet, *16* weil sie uns hindern wollen, den anderen Völkern die rettende Botschaft zu verkündigen. So machen sie das Maß ihrer Sünden endgültig voll, und der Zorn Gottes wird unweigerlich über sie hereinbrechen.*

17 Seit wir von euch getrennt sind, liebe Geschwister, kamen wir uns richtig verwaist vor – natürlich nur äußerlich und nicht in unseren Herzen. Wir sehnten uns danach, euch wiederzusehen, und haben schon alles Mögliche dazu unternommen. *18* Wir waren entschlossen, zu euch zu kommen. Ich, Paulus, habe es mehr als einmal versucht, aber der Satan hat uns daran gehindert. *19* Wer ist denn unsere Hoffnung und unsere Freude? Wer ist unser Ehrenkranz, wenn unser Herr Jesus wiederkommt? Seid nicht gerade ihr das? *20* Ja, ihr seid unsere Ehre und unsere Freude.

Nachsorge für die Gemeinde

3 *1* Schließlich hielten Silvanus und ich es nicht länger aus und beschlossen, allein in Athen zurückzubleiben. *2* Wir schickten Timotheus, unseren Bruder, der als Mitarbeiter Gottes die gute Botschaft des Messias verkündigt, zu euch. Er sollte euch im Glauben stärken und ermutigen, *3* damit niemand von euch unsicher wird – bei allem, was ihr jetzt ertragen und erleiden müsst. Ihr wisst ja selbst, dass wir als Christen leiden müssen. *4* Schon als wir bei euch waren, haben wir euch immer wieder gesagt, dass sie uns verfolgen werden. Und was das bedeutet, wisst ihr jetzt.

2,16 *hereinbrechen.* Paulus war keineswegs Antisemit. Schließlich war er selbst Jude und liebte sein Volk sehr (siehe Römer 9, 1-3). Doch er berichtet die Tatsachen, wie sie waren, und hat vor allem die Juden im Auge, die das Evangelium ablehnten.

5 Aus diesem Grund habe ich Timotheus zu euch geschickt. Ich wollte unbedingt erfahren, wie es um euren Glauben steht. Meine Sorge war, dass es dem Versucher gelungen sein könnte, euch zu Fall zu bringen, und unsere Arbeit vergeblich gewesen wäre. 6 Doch jetzt ist Timotheus mit guten Nachrichten von eurem Glauben und eurer Liebe zu uns zurückgekommen. Er hat uns erzählt, dass ihr uns in guter Erinnerung habt und euch ebenso wie wir nach einem Wiedersehen sehnt. 7 Dass ihr euren Glauben bewahrt habt, liebe Geschwister, das hat uns in unserer eigenen Not und Bedrängnis getröstet. 8 Ja, wir leben richtig auf, wenn wir wissen, dass ihr treu zum Herrn steht. 9 Wie können wir unserem Gott nur genug für die Freude danken, die ihr uns gemacht habt? 10 Tag und Nacht bitten wir ihn inständig um ein Wiedersehen mit euch. Gern würden wir euch an den Punkten weiterhelfen, wo es euch im Glauben vielleicht noch fehlt. 11 Wir bitten Gott, unseren Vater, und Jesus, unseren Herrn, dass er uns den Weg zu euch frei macht. 12 Und für euch erbitten wir eine immer größere Liebe zueinander und zu allen Menschen; eine Liebe, wie wir sie auch für euch empfinden. 13 Unser Herr möge euch innerlich so stark machen, dass nichts Tadelnswertes an euch zu finden ist

---

4,4 unter Kontrolle haben. Wörtlich: *sein eigenes Gefäß gewinnen.* Das kann den Körper, aber auch die Ehefrau meinen. Andere übersetzen deshalb: Jeder von euch soll seine Ehefrau so zu gewinnen suchen (so mit ihr zusammenleben), dass es Gott und Menschen gefällt.

und ihr in Heiligkeit vor Gott, unseren Vater, treten könnt, wenn Jesus, unser Herr, mit allen seinen Heiligen wiederkommt.

Die Ordnung der Sexualität

4 1 Noch eins, liebe Geschwister: Wir haben euch gelehrt, wie ihr euch verhalten sollt, um Gott zu gefallen. Und ihr tut das ja auch. Nun bitten und ermahnen wir euch im Namen unseres Herrn Jesus, dass ihr weitere Fortschritte darin macht. 2 Ihr wisst ja, welche Anweisungen wir euch im Auftrag des Herrn Jesus gegeben haben. 3 Gott will, dass ihr heilig lebt, dass ihr ihm ganz gehört. Das bedeutet, dass ihr euch von allen sexuellen Sünden fernhaltet. 4 Jeder von euch soll seinen eigenen Körper so unter Kontrolle haben*, dass es Gott und den Menschen gefällt. 5 Lasst euch nicht von Leidenschaften und Begierden beherrschen wie Menschen, die Gott nicht kennen. 6 Keiner darf sich in dieser Sache Übergriffe erlauben und seinen Bruder betrügen. Denn solche Vergehen wird der Herr selbst rächen. All das haben wir euch auch schon früher mit aller Deutlichkeit gesagt. 7 Gott hat uns nicht dazu berufen, ein unmoralisches, sondern ein geheiligtes Leben zu führen. 8 Wer sich deshalb über diese Anweisungen hinwegsetzt, verachtet nicht einen Menschen, sondern den, der seinen Heiligen Geist in euch wohnen lässt – Gott.

Ein ordentlicher Lebenswandel

9 Was allerdings die geschwisterliche Liebe betrifft, muss man euch nicht extra schreiben. Denn Gott selbst hat

euch schon gelehrt, einander zu lieben, *10* und das befolgt ihr ja auch gegenüber allen Geschwistern in ganz Mazedonien. Wir bitten euch aber dringend, liebe Geschwister, darin noch vollkommener zu werden. *11* Und setzt eure Ehre darein, ruhig und besonnen zu leben. Kümmert euch um eure eigenen Angelegenheiten, wie wir euch das gesagt haben, und sorgt selbst für euren Lebensunterhalt, *12* damit ihr auch für Außenstehende als anständige Menschen geltet und niemand zur Last fallt.

Das Wiederkommen des Herrn

13 Nun zur Frage nach den Gläubigen, die schon gestorben sind. Wir wollten euch darüber nicht im Unklaren lassen, liebe Geschwister, denn ihr müsst nicht traurig sein wie die Menschen, die keine Hoffnung haben. *14* Wenn wir nämlich glauben, dass Jesus gestorben und wieder auferstanden ist, dann können wir auch darauf vertrauen, dass Gott die, die im Glauben an Jesus gestorben sind, ebenso auferwecken wird. *15* Denn mit einem Ausspruch des Herrn kann ich euch versichern, dass sie uns gegenüber – soweit wir bei der Wiederkunft des Herrn noch am Leben sind – nicht benachteiligt sein werden. *16* Denn der Herr selbst wird vom Himmel herabkommen. Ein Kommando wird gerufen und die Stimme eines Engelfürsten und der Schall der Posaune Gottes werden zu hören sein. Dann werden zuerst die Menschen auferstehen, die im Glauben an Christus gestorben sind. *17* Danach werden wir, die noch am Leben sind, mit ihnen zusammen in Wolken fortgerissen werden zur Begegnung mit dem Herrn in der Luft. Und dann werden wir für immer bei ihm sein. *18* Damit sollt ihr euch gegenseitig trösten.

5 *1* Was aber die Frage nach Zeit und Stunde betrifft, brauche ich euch nichts zu schreiben, liebe Geschwister. *2* Ihr wisst ja genau, dass der Tag des Herrn so unerwartet kommen wird wie ein Dieb in der Nacht. *3* Wenn die Leute sagen: »Jetzt haben wir Frieden und Sicherheit!«, wird plötzlich Gottes vernichtendes Strafgericht über sie hereinbrechen wie die Wehen über eine Schwangere. Da gibt es kein Entkommen. *4* Doch ihr lebt ja nicht in der Finsternis, liebe Geschwister, dass euch der Tag wie ein Dieb überraschen könnte, *5* denn ihr seid Menschen des Lichts und Kinder des kommenden Tages. Nein, wir gehören nicht zu Finsternis und Nacht! *6* Deshalb wollen wir auch nicht schlafen, wie die anderen, sondern wachen und nüchtern sein. *7* Denn wer schläft, schläft in der Nacht, und wer sich betrinkt, tut es in der Nacht. *8* Wir aber gehören zum Tag und wollen darum nüchtern sein, gerüstet mit dem Brustpanzer des Glaubens und der Liebe und mit dem Helm der Hoffnung auf Rettung. *9* Denn Gott hat uns nicht dazu bestimmt, dass wir seinem Zorngericht verfallen, sondern dass wir durch unseren Herrn Jesus Christus das Heil in Besitz nehmen. *10* Er ist ja für uns gestorben, damit wir für immer mit ihm leben, ganz gleich ob wir noch am Leben sind, wenn er kommt, oder nicht. *11* Macht also einander Mut und baut euch gegenseitig auf, wie ihr es ja auch jetzt schon tut.

Gemeinderegeln

12 Wir bitten euch aber, liebe Geschwister: Erkennt die an, die sich besonders für euch einsetzen und sich im Auftrag des Herrn um euch kümmern und euch den rechten Weg zeigen. *13* Wegen ihrer Mühe sollt ihr ihnen besondere Achtung und Liebe entgegenbringen. Haltet Frieden untereinander!

14 Außerdem bitten wir euch, liebe Geschwister: Weist die zurecht, die ein ungeordnetes Leben führen! Ermutigt die Ängstlichen! Helft den Schwachen! Habt Geduld mit allen! *15* Achtet darauf, dass niemand von euch Böses mit Bösem vergilt! Bemüht euch vielmehr bei jeder Gelegenheit, einander und auch allen Menschen Gutes zu tun!

16 Freut euch allezeit! *17* Hört niemals auf zu beten! *18* Dankt Gott unter allen Umständen! Das will Gott von euch und das ermöglicht er euch durch Christus.

19 Unterdrückt nicht das Wirken des Heiligen Geistes! *20* Verachtet prophetische Aussagen nicht, *21* prüft aber alles und behaltet das Gute! *22* Meidet das Böse in jeder Gestalt!

23 Gott selbst, der Gott des Friedens, möge euch geben, ein völlig geheiligtes Leben zu führen. Er bewahre euch ganz nach Geist, Seele und Leib, damit bei der Wiederkunft unseres Herrn Jesus Christus nichts Tadelnswertes an euch ist. *24* Der, der euch beruft, ist treu. Er wird euch auch ans Ziel bringen.

25 Betet auch für uns, liebe Geschwister! *26* Grüßt alle in der Gemeinde mit einem heiligen Kuss!* *27* Ich beschwöre euch beim Herrn, diesen Brief allen Brüdern und Schwestern vorzulesen. *28* Die Gnade unseres Herrn Jesus Christus sei mit euch!

5,26 einem heiligen Kuss. Der Begrüßungskuss auf Stirn oder Wange war unter Familienangehörigen und Freunden üblich. Unter Gläubigen drückte ein keuscher Kuss die geistliche Verwandtschaft aus.

Zweiter Brief des Paulus an die Christen in Thessalonich

In der Folgezeit predigte Paulus mit großer innerer Freiheit in der Synagoge in Korinth und machte den Juden deutlich, dass der Messias, den sie erwarteten, schon gekommen war und Jesus hieß, Jesus von Nazaret. Daraufhin kam es – wie überall – zur Trennung von der Synagoge. So entstand in Korinth eine große Gemeinde, die anderthalb Jahre lang von Paulus betreut wurde. In dieser Zeit erhielt der Apostel wieder Nachrichten aus der Gemeinde in Thessalonich, die einerseits sehr erfreulich waren, ihn andererseits aber veranlassten, zusammen mit Silas und Timotheus einen zweiten Brief an die Christen dort zu schreiben. In der Gemeinde waren nämlich falsche Lehren über den sogenannten »Tag des Herrn« aufgetaucht, hatten die Gläubigen verwirrt und einige sogar dazu gebracht, ihren Beruf aufzugeben.

1 *1* Paulus, Silvanus* und Timotheus* an die Gemeinde der Thessalonicher*, die in Gott, unserem Vater, und dem Herrn Jesus Christus geborgen ist.

2 Gnade und Frieden sei mit euch von Gott, dem Vater, und von Jesus Christus, dem Herrn.

Verfolgung und Vergeltung

3 Wir müssen Gott immerzu für euch danken, liebe Geschwister. Und das ist richtig so, denn euer Glaube wächst überaus stark und die gegenseitige Liebe nimmt bei jedem Einzelnen von euch zu. *4* Mit stolzer Freude erzählen wir den Gemeinden Gottes von eurer Standhaftigkeit und Glaubenstreue in allen Verfolgungen und Bedrückungen, denen ihr ausgesetzt seid. *5* Daran lässt sich jetzt schon erkennen, dass Gottes Entscheidung gerecht ist und ihr gewürdigt seid, zum Reich Gottes zu gehören, für das ihr ja auch leidet.* *6* Denn so zeigt sich, dass Gott

gerecht ist: Er wird es denen, die euch unter Druck setzen, mit Unterdrückung heimzahlen *7* und euch, den Bedrängten, mit dem Ende alles Leidens. Das werden wir miteinander erleben, wenn sich der Herr Jesus vom Himmel her mit den Engeln seiner Macht *8* in loderndem Feuer zeigen wird. Dann wird er es denen heimzahlen, die von Gott nichts wissen wollten und dem Evangelium unseres Herrn Jesus

---

1,1 *Silvanus (Silas)* stammte aus Jerusalem und war ein enger Mitarbeiter des Paulus.

Timotheus. Ausgezeichneter Mitarbeiter des Paulus aus Lystra, vgl. Apostelgeschichte 16,1-3.

Thessalonich war die bedeutendste Stadt Mazedoniens, etwa 200.000 Einwohner groß. Es war Hauptstadt des zweiten mazedonischen Bezirks und ein wichtiger Seehafen. Heute: Thessaloniki.

1,5 *leidet.* Wer bereitwillig Nachteile auf sich nimmt, beweist damit, dass er zu Gott gehört.

nicht gehorcht haben. *9* Sie werden mit ewigem Verderben bestraft: Sie sind dann für immer vom Herrn getrennt und von seiner Macht und Herrlichkeit ausgeschlossen. *10* Das wird an dem Tag geschehen, an dem er kommt und seine Herrlichkeit sich in seinen Heiligen spiegelt. Dann wird er von denen, die ihm geglaubt haben, umjubelt werden – auch von euch, denn ihr habt ja unserem Zeugnis Glauben geschenkt. *11* Im Blick darauf beten wir immer für euch. Wir bitten Gott, dass er euch dieser Berufung würdige und durch seine Macht jede gute Absicht und jede Tat des Glaubens zur Vollendung führe. *12* So soll der Name unseres Herrn Jesus durch euch geehrt werden und auch ihr durch ihn – wie es der Gnade unseres Gottes und des Herrn Jesus Christus entspricht.

Der Antichristus

2 *1* Was nun das Kommen unseres Herrn Jesus Christus und unsere Vereinigung mit ihm betrifft, bitten wir euch, liebe Geschwister: *2* Lasst euch durch die Behauptung, der Tag des Herrn wäre schon angebrochen, nicht so schnell aus der Fassung bringen oder gar in Schrecken versetzen. Glaubt es nicht, auch wenn sich jemand auf eine Geistesoffenbarung, eine angebliche Aussage oder einen Brief von uns beruft. *3* Lasst euch von niemand und auf keine Weise täuschen! Zuerst muss es zum Aufruhr gegen Gott kommen und der »Mensch der Gesetzlosigkeit«*, der zur Vernichtung bestimmt ist, muss auftreten. *4* Er wird sich auflehnen und über alles hinwegsetzen, was Gott oder Heiligtum genannt wird, bis er sich schließlich im Tempel Gottes niederlässt und für Gott ausgibt.

5 Erinnert ihr euch nicht, dass ich euch das alles schon gesagt habe, als ich noch bei euch war? *6* Und nun wisst ihr ja, wodurch es noch zurückgehalten wird, denn er soll erst dann auftreten, wenn seine Zeit gekommen ist. *7* Zwar ist die geheime Kraft der Gesetzlosigkeit schon am Werk, doch muss erst der, der sie noch zurückhält, aus dem Weg sein. *8* Dann erst wird der Gesetzlose offen hervortreten. Aber der Herr Jesus wird ihn durch einen Hauch seines Mundes beseitigen, ihn vernichten durch die Erscheinung seiner Wiederkunft.

9 Dieser Gesetzlose wird mit Satans Hilfe auftreten und alle möglichen Machttaten, Zeichen und Wunder vollbringen und die Menschen verblenden. *10* Alle, die ins Verderben gehen, wird er mit seinen Verführungskünsten zum Bösen verleiten. Sie werden ihm erliegen, weil sie es abgelehnt haben, die Wahrheit zu lieben, die sie gerettet hätte. *11* Aus diesem Grund liefert Gott sie der Macht der Täuschung aus, dass sie der Lüge glauben. *12* Denn alle, die der Wahrheit nicht geglaubt und Gefallen am Unrecht gefunden haben, werden verurteilt werden.

2,3 *Mensch der Gesetzlosigkeit.* Ein Mensch, der alles Böse verkörpert und der Anführer der endzeitlichen Rebellion gegen Gott sein wird.

Fest bleiben!

13 Aber für euch, vom Herrn geliebte Geschwister, sind wir immer zum Dank verpflichtet. Denn Gott hat euch von Anfang an dazu ausgewählt, dass ihr gerettet werdet, gerettet durch das heiligende Wirken des Geistes und durch den Glauben an die Wahrheit. 14 Und durch unser Evangelium hat er euch dazu berufen, denn ihr sollt einmal an der Herrlichkeit unseres Herrn Jesus Christus teilhaben. 15 Bleibt also standhaft, liebe Geschwister, und haltet euch an die Überlieferungen, an alles, was wir euch mündlich oder schriftlich gelehrt haben. 16 Gott, unser Vater, hat uns geliebt und uns in seiner Gnade ewigen Trost und gute Hoffnung geschenkt. 17 Er möge zusammen mit unserem Herrn Jesus Christus eure Herzen ermutigen und sie in jedem guten Werk und Wort stark machen.

Gebetsanliegen

3 1 Übrigens, liebe Geschwister, betet für uns, dass die Botschaft des Herrn sich schnell ausbreitet und in ihrer Herrlichkeit offenbar wird, wie es auch bei euch geschehen ist. 2 Betet darum, dass Gott uns vor den niederträchtigen und bösartigen Menschen bewahrt. Denn nicht alle wollen etwas vom Glauben wissen.

Anweisungen und Mahnungen

3 Aber der Herr ist treu. Er wird euch stärken und vor dem Bösen beschützen. 4 In ihm haben wir das Vertrauen zu euch, dass ihr jetzt und auch in Zukunft tun werdet, was wir euch anweisen. 5 Der Herr lenke eure Herzen zur Liebe Gottes und zur Geduld des Messias. 6 Im Namen unseres Herrn Jesus Christus ordnen wir an: Zieht euch von jedem Bruder und von jeder Schwester zurück, die unordentlich leben und den Anweisungen, die ihr von uns bekommen habt, nicht folgen. 7 Ihr wisst ja, wie ihr unserem Beispiel folgen müsst, denn wir haben weder unsere Pflichten bei euch vernachlässigt, 8 noch je auf Kosten anderer gelebt. Im Gegenteil: Wir haben mit Mühe und Anstrengung Tag und Nacht gearbeitet, um keinem von euch zur Last zu fallen. 9 Nicht dass wir kein Recht auf eure Hilfe gehabt hätten, nein, wir wollten euch ein Vorbild sein, damit ihr uns folgt. 10 Denn schon als wir bei euch waren, haben wir ausdrücklich gesagt: »Wer nicht arbeiten will, der soll auch nicht essen.« 11 Nun hören wir, dass einige von euch ein unordentliches Leben führen: Sie arbeiten nicht, sondern treiben sich nur herum. 12 Solchen Leuten befehlen wir im Namen des Herrn Jesus Christus mit allem Nachdruck: Sie sollen Ordnung in ihr Leben bringen, einer geregelten Arbeit nachgehen und sich ihren Lebensunterhalt selbst verdienen.

13 Doch ihr, liebe Geschwister, werdet nicht müde, das zu tun, was gut und richtig ist. 14 Sollte aber jemand unserer brieflichen Weisung nicht gehorchen wollen, dann merkt ihn euch*

3,14 *merkt ihn euch.* Oder: *kennzeichnet ihn.* Das könnte dadurch geschehen, dass die Gemeinde sich öffentlich von seinem Verhalten distanziert.

und geht ihm aus dem Weg, damit er beschämt wird. *15* Betrachtet ihn aber nicht als Feind, sondern weist ihn als Bruder zurecht.

Gruß und Unterschrift

16 Der Herr des Friedens selbst schenke euch allezeit und auf jede Weise seinen Frieden. Der Herr sei mit euch allen.

17 Den Gruß schreibe ich, Paulus, mit eigener Hand. So sieht meine Handschrift aus, das Kennzeichen in jedem meiner Briefe. *18* Die Gnade unseres Herrn Jesus Christus sei mit euch allen.

Erster Brief des Paulus an Timotheus

Während Lukas noch an seinem Evangelium arbeitete, wartete Paulus im Gefängnis in Cäsarea auf seine Freilassung. Von dort aus schrieb er um das Jahr 58 n.Chr. einen Brief an Timotheus, den er gebeten hatte in Ephesus zu bleiben. Zu dieser Zeit hoffte er noch, Timotheus bald besuchen zu können. Falls sich dieser Besuch aber verzögern würde, wollte Paulus seinem Mitarbeiter noch einige Instruktionen über die geistlichen Ordnungen im Haus Gottes geben.

Bemerkenswert ist, dass Paulus in diesem Brief ein Jesus-Wort als Schriftwort zitiert, das sich aber nur im Lukasevangelium findet (1Tim 5,18; Lk 10,7). Das bedeutet, er könnte das gerade verfasste Evangelium seines Mitarbeiters Lukas schon als Heilige Schrift betrachtet haben.

1 *1* Paulus, ein Apostel von Jesus Christus, der diesen Dienst im Auftrag von Gott, unserem Retter, ausübt und im Auftrag von Jesus Christus, der unsere Hoffnung ist: *2* An Timotheus, der durch den Glauben ein richtiger Sohn für mich geworden ist.

Ich wünsche dir Gnade, Barmherzigkeit und Frieden von Gott, unserem Vater, und von Jesus Christus, unserem Herrn.

Warnung vor falschen Lehrern

3 Schon als ich nach Mazedonien reiste, bat ich dich, in Ephesus zu bleiben. Du solltest einigen Leuten dort verbieten, falsche Lehren zu verbreiten. Das gilt immer noch. *4* Sie sollten sich nicht mit jüdischen Legenden und endlosen Geschlechtsregistern abgeben, denn das führt nur zu spekulativen Streitereien und fördert nicht den Heilsplan Gottes, der zum Glauben führt. *5* Das Ziel jeder Weisung und Unterweisung ist aber die Liebe, und zwar Liebe aus reinem Herzen, gutem Gewissen und ungeheucheltem Glauben. *6* Dieses Ziel haben einige Leute aus den Augen verloren und sich nutzlosem Geschwätz hingegeben. *7* Sie bilden sich ein, Gesetzeslehrer zu sein und verstehen überhaupt nichts von dem, was sie sagen und was sie so sicher behaupten.

8 Wir alle wissen, dass das Gesetz gut ist, wenn man es sachgemäß gebraucht. *9* Man muss sich nämlich darüber im Klaren sein, für wen es bestimmt ist. Es ist nicht für Menschen da, die tun, was vor Gott recht ist, sondern für die, die nicht nach Gottes Willen leben und sich gegen ihn auflehnen. Es richtet sich an gottlose und sündige Menschen, denen nichts heilig ist, die keine Ehrfurcht kennen, die sich an Vater und Mutter vergreifen und selbst vor einem Mord nicht zurückschrecken. *10* Es gilt für Menschen, die in sexueller Unmoral leben und für Männer, die sich an Knaben oder ihresgleichen vergehen, für solche, die Menschenhandel treiben, Lügen verbreiten, falsche Eide schwören oder sonst etwas tun, was mit der gesunden Lehre nicht vereinbar ist. *11* Es richtet sich gegen alles, was dem Evangelium nicht entspricht; dem Evangelium, das mir anvertraut wurde und in dem Gott seine Herrlichkeit sichtbar macht; Gott, der in sich selbst vollkommen glücklich ist.

Dankbarkeit für Gottes Gnade

12 Ich danke unserem Herrn Jesus Christus, der mir die nötige Kraft schenkt, dass er mich überhaupt für vertrauenswürdig hielt und in seinen Dienst genommen hat, 13 obwohl ich ihn doch früher verhöhnt und seine Gemeinde mit grausamer Härte verfolgt habe. Doch er hat sich über mich erbarmt, weil ich in meinem Unglauben nicht wusste, was ich tat. 14 Die Gnade unseres Herrn hat mich förmlich überschüttet. Er hat mir einen Glauben und eine Liebe geschenkt, wie nur Jesus Christus sie geben kann.

15 Ja, diese Botschaft ist absolut zuverlässig und verdient unser volles Vertrauen: »Jesus Christus ist in die Welt gekommen, um Sünder zu retten.« Ich war der schlimmste von ihnen. 16 Aber gerade deshalb hatte er Erbarmen mit mir. Jesus Christus wollte an mir demonstrieren, welche Menschen durch den Glauben ins ewige Leben hineingerettet werden können.

17 Dem König der Ewigkeit, dem unvergänglichen, unsichtbaren, alleinigen Gott gebührt Ehre und Herrlichkeit für immer und ewig! Amen.

Verantwortung des Timotheus

18 Diese Anordnung lege ich dir ans Herz, Timotheus, mein lieber Sohn. Sie schließt sich genau an die prophetischen Worte an, die damals über dich gesagt wurden. Lass dich von ihnen ermutigen, den guten Kampf zu kämpfen. 19 Bleib in deinem Glauben fest und bewahre dir ein reines Gewissen. Einige haben das leider von sich gestoßen und dadurch im Glauben Schiffbruch erlitten. 20 Zu ihnen gehören auch Hymenäus und Alexander, die ich dem Satan ausgeliefert habe, damit sie erzogen werden, Gott nicht mehr zu lästern.

Gebete im Gottesdienst

2 1 Zuallererst fordere ich die Gemeinde zum Gebet für alle Menschen auf: zum Bitten und Flehen, zu Fürbitten und Danksagungen, 2 besonders für die Regierenden, und alle, die Macht haben. Wir beten für sie, damit wir in Ruhe und Frieden ein Leben führen können, das Gott in jeder Hinsicht ehrt und das auch von Menschen geachtet werden kann. 3 Das ist gut, und es gefällt Gott, unserem Retter. 4 Er will ja, dass alle Menschen gerettet werden und die Wahrheit erkennen. 5 Denn es gibt nur einen Gott und nur einen Vermittler zwischen Gott und den Menschen: Das ist Jesus Christus, der Mensch wurde 6 und sich selbst als Lösegeld für alle ausgeliefert hat. Damit wurde zur rechten Zeit das Zeugnis erbracht, dass Gott die Menschen retten will. 7 Und dafür hat er mich als Verkündiger und Apostel eingesetzt – das ist die Wahrheit, ich lüge nicht – als Lehrer, der die nichtjüdischen Völker im Glauben und in der Wahrheit unterrichten soll.

8 Ich will nun, dass die Männer an jedem Versammlungsort beten und dabei ihre Hände mit reinem Gewissen

erheben, frei von Zorn und Streit. 9 Und genauso will ich, dass die Frauen mit ihrer Kleidung keinen Anstoß erregen und sich bescheiden und zurückhaltend schmücken. Sie sollen nicht durch aufwendige Frisuren, Gold, Perlen oder teure Gewänder auffallen, 10 sondern durch gute Werke. Das ist der Schmuck von Frauen, die Ehrfurcht vor Gott haben. 11 Eine Frau suche Belehrung durch stilles Zuhören in aller Unterordnung. 12 Zu lehren erlaube ich einer Frau jedoch nicht, auch nicht, über den Mann zu herrschen, sondern ich will, dass sie sich still verhalte. 13 Denn zuerst wurde Adam geschaffen, dann Eva. 14 Es war auch nicht Adam, der betrogen wurde. Die Frau ließ sich verführen und übertrat das Gebot. 15 Doch auch sie wird gerettet werden – gerade wenn sie Kinder gebiert – vorausgesetzt, dass sie im Glauben und in der Liebe bleibt und verantwortungsbewusst ein geheiligtes Leben führt.

Leiter in der Gemeinde

3 1 Es ist ein wahres Wort: Wenn sich jemand um einen Aufseherdienst in der Gemeinde bemüht, dann sucht er eine schöne Aufgabe. 2 Doch ein Aufseher muss ein Mann ohne Tadel sein, der seiner Frau treu ist. Er muss sich besonnen und verantwortungsbewusst verhalten, darf keinen Anstoß erregen, muss gastfreundlich und zum Lehren befähigt sein. 3 Er soll kein Trinker und gewalttätiger Mensch sein, sondern ein freundlicher und rücksichtsvoller Mann. Er darf auch nicht am Geld

hängen. 4 Er muss sich in vorbildlicher Weise um seine Familie kümmern und seine Kinder mit aller Ehrbarkeit zum Gehorsam erziehen. 5 Denn wenn jemand seiner eigenen Familie nicht vorstehen kann, wie soll der für die Gemeinde Gottes sorgen können? 6 Er darf nicht erst vor Kurzem zum Glauben gekommen sein, sonst könnte er sich schnell etwas einbilden und zu Recht vom Teufel angeklagt werden. 7 Auch außerhalb der Gemeinde muss er einen guten Ruf haben, damit er nicht in übles Gerede kommt und der Teufel ihm daraus einen Strick drehen kann.

8 Auch die Diakone müssen ehrbare Männer sein. Auf ihr Wort muss man sich verlassen können. Sie dürfen weder dem Alkohol noch dem Geld verfallen sein 9 und müssen das Geheimnis des Glaubens in einem reinen Gewissen bewahren. 10 Doch auch sie müssen zuerst auf ihre Eignung geprüft werden. Nur wenn nichts an ihnen auszusetzen ist, sollen sie ihren Dienst ausüben.

11 Dasselbe gilt für Frauen, denen eine solche Aufgabe übertragen wird. Man muss sie achten können. Sie dürfen nicht verleumderisch sein und müssen sich durch Besonnenheit und Zuverlässigkeit in jeder Hinsicht auszeichnen.

12 Verheiratete Diakone müssen ihrer Frau treu sein und sich in vorbildlicher Weise um ihre Kinder und die ganze Familie kümmern. 13 Wer seinen Diakonendienst gut versieht, erwirbt sich hohes Ansehen und große Zuversicht im Glauben an Jesus Christus.

Geheimnisvolle Wahrheit des Glaubens

14 Lieber Timotheus, ich schreibe dir das alles, obwohl ich hoffe, dich bald besuchen zu können. *15* Wenn sich mein Kommen aber verzögert, dann sollst du durch den Brief wissen, wie man sich im Haus Gottes verhalten muss. Damit meine ich die Gemeinde des lebendigen Gottes, den Stützpfeiler und das Bollwerk der Wahrheit. *16* Und niemand kann bestreiten, wie groß und einzigartig die geheimnisvolle Wahrheit unseres Glaubens ist:

Er hat sich gezeigt in Fleisch und Blut / und wurde beglaubigt durch Gottes Geist, / und so haben ihn die Engel gesehen. / Er wird gepredigt unter den Völkern / und findet Glauben in aller Welt / und ist im Himmel mit Ehre gekrönt.

Am Ende der Zeit

4 *1* Der Geist Gottes sagt ausdrücklich, dass am Ende der Zeit manche vom Glauben abfallen werden. Sie werden auf betrügerische Geister achten und den Lehren dunkler Mächte folgen – *2* getäuscht von scheinheiligen Lügnern, die in ihrem eigenen Gewissen gebrandmarkt sind. *3* Diese Lügner verbieten das Heiraten und fordern den Verzicht auf bestimmte Speisen, die Gott doch geschaffen hat, damit sie von denen, die an ihn glauben und die Wahrheit erkannt haben, mit Dankbarkeit genossen werden. *4* Denn alles, was Gott geschaffen hat, ist gut. Wir müssen nichts davon ablehnen, wenn wir es mit Dank an Gott angenommen haben. *5* Es wird ja durch Gottes Wort für rein erklärt und durch das Gebet geheiligt.

Ein guter Diener von Christus

6 Wenn du das den Geschwistern ans Herz legst, wirst du ein guter Diener von Jesus Christus sein. Du zeigst damit, dass du von den Worten des Glaubens lebst, von der guten Lehre, der du gefolgt bist. *7* Doch all die gottlosen und kindischen Legenden jener Lügner weise ab. Übe dich aber darin, Gott immer eine liebevolle Ehrerbietung entgegenzubringen. *8* Sich in körperlichen Entbehrungen zu üben bringt nur wenig Nutzen. Aber zu üben, wie man Gott liebt und ehrt, ist in jeder Hinsicht nützlich, weil das ein Versprechen für das jetzige und das zukünftige Leben in sich trägt. *9* Das ist ein wahres Wort und verdient unser volles Vertrauen. *10* Denn dafür arbeiten und kämpfen wir, weil wir unsere Hoffnung auf den lebendigen Gott gesetzt haben, den Wohltäter für alle Menschen und besonders die Gläubigen.

11 Das sollst du lehren und den Geschwistern einschärfen. *12* Niemand soll dich wegen deiner Jugend verachten! Du musst aber den Gläubigen in allem, was du sagst und tust ein Vorbild sein, ein Vorbild in deiner Liebe, in deinem Glauben, in deiner Reinheit. *13* Widme dich bis zu meinem Kommen ganz dem Vorlesen der Heiligen Schrift, dem Ermutigen der Gläubigen und dem Lehren. *14* Lass die Gabe, die Gott dir aufgrund eines prophetischen Wortes und durch Handauflegung der Ältesten geschenkt hat, nicht ungenutzt! *15* Mühe dich um das, was dir aufgetragen ist! Dann werden deine

Fortschritte allen offenbar sein. *16* Pass immer gut auf dich auf und auf das, was du lehrst. Wenn du das tust, wirst du sowohl dich selbst retten als auch die, die auf dich hören.

5 *1* Wenn du einen Älteren ermahnen musst, dann fahre ihn nicht hart an, sondern rede mit ihm, als wäre er dein Vater. Jüngere ermahne wie Brüder, *2* ältere Frauen wie Mütter, jüngere wie Schwestern mit allem Anstand!

Umgang mit Witwen

3 Kümmere dich darum, dass die Witwen, die auf sich allein gestellt sind, versorgt werden! *4* Wenn eine Witwe nämlich Kinder oder Enkel hat, dann sollen diese zuerst lernen, ihre Pflicht in der eigenen Familie zu erfüllen. Sie sollen ihre Ehrfurcht vor Gott dadurch zeigen, dass sie für ihre Eltern und Großeltern sorgen. So können sie sich dankbar für das erweisen, was sie von ihnen empfangen haben, denn das gefällt Gott. *5* Die Gemeinde soll nur für die Witwen sorgen, die wirklich auf sich allein gestellt sind. Solche Witwen hoffen auf Gott. Sie bitten ihn Tag und Nacht um Hilfe und hören überhaupt nicht auf, zu ihm zu beten. *6* Wenn eine Witwe jedoch ihrem Vergnügen nachgeht, ist sie schon bei lebendigem Leibe tot.

7 Wenn du ihnen das einschärfst, wird man ihnen nichts vorwerfen können. *8* Wenn aber jemand sich weigert, für seine Angehörigen zu sorgen – vor allem für die, die mit ihm unter einem Dach leben –, dann hat er seinen Glauben verleugnet und ist schlimmer als ein Ungläubiger.

9 Eine Frau darf erst dann in das Witwenverzeichnis aufgenommen werden, wenn sie mindestens 60 Jahre alt ist und ihrem Mann treu war. *10* Sie muss bekannt dafür sein, dass sie Gutes getan hat, dass sie zum Beispiel Kinder aufgezogen hat und gastfreundlich gewesen ist, dass sie Gläubigen die Füße gewaschen* und Menschen in Not geholfen hat. Sie muss sich in jeder Hinsicht bemüht haben, Gutes zu tun.

11 Nimm keine jüngeren Witwen in das Verzeichnis auf. Denn das Verlangen nach einem Mann kann bei ihnen dazu führen, die Verpflichtung zu vergessen, die sie Christus gegenüber eingegangen sind, als sie sich ins Verzeichnis aufnehmen ließen. Dann wollen sie wieder heiraten *12* und ziehen sich den Vorwurf zu, ihrem vorher gegebenen Versprechen untreu geworden zu sein. *13* Außerdem werden sie faul und gewöhnen sich daran, in den Häusern von anderen herumzusitzen. Dann werden sie geschwätzig, mischen sich in fremde Angelegenheiten ein und reden über Dinge, die sie nichts angehen. *14* Ich möchte deshalb, dass jüngere Witwen heiraten, Kinder bekommen und sich um ihren Haushalt kümmern. Dann werden sie auch einem Gegner des Evangeliums keinen Anlass zu übler Nachrede geben. *15* Denn einige haben sich tatsächlich schon abgewandt und sind dem Satan gefolgt.

5,10 *Füße gewaschen.* Einem Besucher die staubig gewordenen Füße zu waschen war ein Zeichen der Gastfreundschaft (vgl. Lukas 7,44; Johannes 13,4-5).

[16] Wenn also eine gläubige Frau Witwen in ihrer Verwandtschaft hat, soll sie für sie sorgen. Dadurch wird die Gemeinde nicht belastet und kann den alleinstehenden Witwen helfen.

Umgang mit Ältesten

[17] Älteste, die gute Vorsteher in der Gemeinde sind, haben nicht nur Anerkennung verdient, sondern auch den entsprechenden Lohn, besonders wenn sie im Predigt- und Lehrdienst arbeiten. [18] Denn die Schrift sagt: »Du sollst einem Ochsen beim Dreschen nicht das Maul zubinden« und: »Wer arbeitet, hat Anrecht auf Lohn.«* [19] Anschuldigungen gegen Älteste höre dir nur dann an, wenn sie durch zwei oder drei Zeugen bestätigt werden. [20] Doch wenn ein Ältester sich wirklich etwas zuschulden kommen lässt, dann weise ihn vor allen* zurecht, damit auch die anderen gewarnt sind. [21] Ich beschwöre dich vor Gott, vor Christus und den auserwählten Engeln: Befolge dies alles ohne Vorurteil und begünstige niemand. [22] Lege niemand vorschnell die Hände auf, um ihm so eine Aufgabe in der Gemeinde zu übertragen, sonst machst du dich mitschuldig, wenn er sich versündigt. Bewahre dich rein.

5,18 5. Mose 25,4. Das zweite Zitat findet sich nicht im Alten Testament, sondern in Lukas 10,7 (und Matthäus 10,10). Das ist bemerkenswert, weil dadurch im Neuen Testament eine neutestamentliche Schrift dem Alten Testament gleichgestellt wird.

5,20 *vor allen.* Es ist nicht sicher zu entscheiden, ob hier die ganze Gemeinde oder die ganze Ältestenschaft gemeint ist.

Eigene Krankheit und fremde Sünde

[23] Trink übrigens nicht immer nur Wasser. Nimm aus Rücksicht auf deinen Magen und dein häufiges Kranksein auch ein wenig Wein zu dir. [24] Bei einigen Menschen liegen die Sünden schon jetzt offen zutage. Sie laufen dem Gericht Gottes gleichsam voraus. Bei anderen kommen sie erst dann ans Licht. [25] Ebenso sind auch die guten Taten schon jetzt für alle sichtbar. Und selbst wenn es einmal nicht so ist, können sie doch nicht verborgen bleiben.

Ratschläge für Sklaven

6 [1] Alle, die das Joch der Sklaverei zu tragen haben, sollen ihren Herren uneingeschränkte Achtung entgegenbringen, damit der Name Gottes und die Lehre des Evangeliums nicht in Verruf kommen. [2] Und wer einen gläubigen Herrn hat, soll sich ihm gegenüber nicht weniger respektvoll verhalten, nur weil er sein Bruder ist. Er muss ihm sogar noch besser dienen, denn sein Dienst kommt jemand zugute, der an Christus glaubt und von ihm geliebt wird.

Hochmut und Habsucht

Das sollst du lehren und alle in diesem Sinn ermutigen. [3] Wenn jemand von den gesunden Worten unseres Herrn Jesus Christus nichts wissen will und sich nicht an die Lehre hält, die einer liebevollen Ehrfurcht vor Gott entspricht, [4] dann ist er von Hochmut verblendet und weiß überhaupt nichts. Er hat einen krankhaften Hang zu Streitfragen und Wortgefechten. Das führt aber nur zu Neid und Streit, Beleidigungen, bösen Verdächtigungen 5 und endlosen Auseinandersetzungen. Das Denken solcher Menschen ist so verdorben, dass sie von der Wahrheit abgekommen sind und meinen, die Gottesfurcht sei ein Mittel, um sich zu bereichern. 6 Freilich ist die Ehrfurcht vor Gott ein großer Gewinn, aber nur wenn sie mit persönlicher Genügsamkeit verbunden ist. 7 Was haben wir denn in die Welt mitgebracht? Nichts! Und wir werden auch nichts mitnehmen können, wenn wir sie verlassen. 8 Wenn wir also Nahrung und Kleidung haben, soll uns das genügen. 9 Wer unbedingt reich werden will, wird sich in einem Netz von Versuchungen verfangen und allen möglichen unsinnigen und schädlichen Wünschen erliegen, die einen Menschen zugrunde richten und ins Verderben stürzen. 10 Denn die Liebe zum Geld ist eine Wurzel für alles Böse. Manche sind ihr so verfallen, dass sie vom Glauben abgeirrt sind und sich selbst die schlimmsten Qualen bereitet haben.

Hinweise für Timotheus

11 Aber du, als Mann Gottes, fliehe vor alldem. Strebe dagegen nach Gerechtigkeit, Ehrfurcht vor Gott, Glauben, Liebe, Standhaftigkeit und Freundlichkeit. 12 Kämpfe den guten Kampf, der zu einem Leben im Glauben gehört, und ergreife das ewige Leben, zu dem Gott dich berufen hat und für das du vor vielen Zeugen das gute Bekenntnis abgelegt hast. 13 Vor dem Gott, von dem alles Leben kommt, und vor Jesus Christus, der vor Pontius Pilatus das klare Bekenntnis abgelegt hat, fordere ich dich auf: 14 Erfülle deinen Auftrag vorbildlich und untadelig, bis unser Herr Jesus Christus wiederkommt. 15 Wann das geschieht, wird bestimmen

der in sich vollkommene und alleinige Herrscher, / der König aller Könige und Herr aller Herren, 16 der als einziger Unsterblichkeit besitzt / und ein unzugängliches Licht bewohnt, / den kein Mensch je gesehen hat und kein Mensch jemals sehen kann. / Ihm gebührt Ehre und ewige Macht! Amen.

17 Ermahne die, die nach den Maßstäben dieser Welt reich sind, nicht überheblich zu sein und ihre Hoffnung nicht auf den unsicheren Reichtum zu setzen, sondern auf Gott. – Denn Gott gibt uns alles reichlich, was wir brauchen, und wir dürfen es genießen. – 18 Sie sollen Gutes tun, freigebig sein und ihren Besitz mit anderen teilen. Wenn sie so in guten Werken reich werden, 19 schaffen sie sich einen sicheren Grundstock für die Zukunft und werden das wirkliche Leben gewinnen.

20 Lieber Timotheus, bewahre, was dir anvertraut ist, und meide das gottlose Geschwätz dieser Leute und die fragwürdigen Behauptungen einer fälschlich so genannten »Erkenntnis«. 21 Schon manche, die sich darauf eingelassen haben, sind vom Weg des Glaubens abgekommen.

Die Gnade sei mit euch allen!

Zweiter Brief des Paulus an Timotheus

Als Paulus diesen Brief schrieb, war er in Ketten gelegt (2,9) und Onesiphorus musste lange suchen, bis er ihn im Gefängnis in Rom gefunden hatte (1,16-17). Die Haftbedingungen des Apostels hatten sich sehr verschlechtert, und er erwartete seine Hinrichtung (4,6). Es war wohl im Herbst 62 n.Chr. als er Timotheus bat, möglichst bald zu ihm zu kommen (4,21). Nach der Überlieferung wurde die Todesstrafe dann auch bald unter Nero vollstreckt.

1

1 Paulus – durch den Willen Gottes ein Apostel von Jesus Christus mit dem Auftrag, das Leben zu verkünden, das in Jesus Christus versprochen ist – *2* schreibt an Timotheus, seinen lieben Sohn. Ich wünsche dir Gnade, Barmherzigkeit und Frieden von Gott, dem Vater, und von Jesus Christus, unserem Herrn.

Ermutigung

3 In meinen Gebeten denke ich immer wieder an dich. Tag und Nacht danke ich Gott, dem ich wie meine Vorfahren mit reinem Gewissen diene. *4* Und wenn ich an deine Abschiedstränen denke, sehne ich mich nach der Freude des Wiedersehens. *5* Ich habe deinen aufrichtigen Glauben vor Augen, den Glauben, der zuerst deine Großmutter Loïs und deine Mutter Eunike erfüllte und der nun auch – da bin ich ganz sicher – dein Leben bestimmt.

6 Darum erinnere ich dich an die Gabe Gottes, die du empfangen hast, als ich dir die Hände auflegte: Entfache sie neu in dir! *7* Denn Gott hat uns nicht einen Geist der Zaghaftigkeit gegeben, sondern den Geist der Kraft, der Liebe und der Selbstbeherrschung.

8 Darum schäme dich nicht, unseren Herrn zu bekennen und auch zu mir zu stehen, seinem Gefangenen. Sei bereit, für die Heilsbotschaft zu leiden. Gott wird dir die Kraft dazu geben – *9* Gott, der uns gerettet und berufen hat, zu seinem heiligen Volk zu gehören. Er hat sich dabei nicht nach unseren Leistungen gerichtet, sondern nach dem, was er lange vorher selbst beschlossen hatte, und der Gnade, die er uns in Jesus Christus schon vor allen Zeiten geben wollte. *10* Das ist jetzt mit dem Kommen unseres Retters Jesus Christus Wirklichkeit geworden. Er hat den Tod entmachtet und uns durch die gute Botschaft unvergängliches Leben geschenkt. *11* Für diese Heilsbotschaft bin ich als Verkündiger, Apostel und Lehrer eingesetzt. *12* Deshalb muss ich auch dies alles hier erdulden. Aber dafür schäme ich mich nicht, denn ich weiß ja, wem ich geglaubt habe, und ich bin überzeugt, dass er die Macht hat, das mir anvertraute Gut bis zum Tag seines Kommens sicher zu verwahren. *13* Nimm die gesunden Worte, die du von mir gehört hast, als Muster für deine eigene Verkündigung, und tritt für diese Botschaft mit dem Glauben und der Liebe ein, die in Jesus Christus zu finden sind. *14* Verwahre dieses kostbare Gut, das dir anvertraut wurde, sicher durch den Heiligen Geist, der in uns wohnt.

15 Wie du weißt, haben sich alle in der Provinz Asia* von mir abgewandt, auch Phygelus und Hermogenes. *16* Nur Onesiphorus stand mir bei. Möge der Herr seiner Familie Barmherzigkeit schenken. Er hat mich oft ermutigt und sich meiner Ketten nicht geschämt. *17* Im Gegenteil: Als er in Rom war, hat er so lange nach mir gesucht, bis er mich gefunden hatte. *18* Der Herr möge ihm sein Erbarmen an jenem großen Tag schenken, an dem er vor dem Herrn stehen wird. Und was er in Ephesus* für die Gemeinde getan hat, weißt du besser als ich.

Weisungen

2 *1* Timotheus, mein lieber Sohn, sei stark in der Gnade, die uns in Jesus Christus gegeben ist. *2* Und die Wahrheit, die du vor vielen Zeugen von mir gehört hast, sollst du treuen und zuverlässigen Menschen anvertrauen, die fähig sind wieder andere zu belehren. *3* Und sei als ein guter Soldat von Jesus Christus bereit, die dazugehörigen Leiden auf dich zu nehmen. *4* Kein Soldat, der in den Krieg zieht, lässt sich in Alltagsgeschäfte verwickeln, denn er will dem gefallen, der ihn angeworben hat. *5* Auch wenn jemand an einem sportlichen Wettkampf teilnimmt, kann er nur dann den Siegeskranz gewinnen, wenn er sich an die Regeln des Kampfes gehalten hat. *6* Ein Bauer, der sich auf dem Feld abmüht, hat immer das erste Anrecht an den Früchten seiner Arbeit. *7* Ich denke du verstehst, was ich damit sagen will. Der Herr wird dir in allem das nötige Verständnis geben.

8 Richte deine Gedanken immer wieder auf Jesus Christus aus – auf ihn, der von den Toten auferweckt wurde und aus der Nachkommenschaft Davids stammt. Er ist der Inhalt der guten Botschaft, die mir anvertraut wurde. *9* Ihretwegen habe ich Böses erfahren und bin jetzt wie ein Verbrecher gefesselt. Doch das Wort Gottes kann man nicht in Fesseln legen. *10* Deshalb ertrage ich das alles für die, die Gott erwählt hat, damit auch sie durch Jesus Christus gerettet werden und an der ewigen Herrlichkeit teilhaben. *11* Es ist ein wahres Wort:

Wenn wir mit Christus gestorben sind, / werden wir auch mit ihm leben. *12* Wenn wir standhaft bleiben, / werden wir auch mit ihm herrschen. / Wenn wir ihn aber verleugnen, / wird er auch uns verleugnen *13* und wenn wir untreu sind, / bleibt er dennoch treu, / denn er kann sich selbst nicht verleugnen.

1,15 *Asia.* Römische Provinz, die den westlichen Teil Kleinasiens umfasste.

1,18 *Ephesus* war die Hauptstadt der Provinz Asia und zweitgrößte Stadt des römischen Reiches. Der reiche Handelsknotenpunkt lag etwa 5 km vom Meer entfernt am Fluss Kaystros, auf dem man praktisch bis in den Hafen der Stadt segeln konnte. Berühmt war Ephesus durch seinen Artemis-Tempel (römisch: Diana), der zu den sieben Weltwundern zählte.

14 Daran musst du sie immer wieder erinnern. Beschwöre sie vor Gott, sich nicht auf Diskussionen einzulassen, bei denen nur um Worte gezankt wird. Das führt zu nichts und schadet den Zuhörenden. 15 Setze alles daran, dich Gott als bewährter Mitarbeiter zur Verfügung zu stellen, der sich für sein Tun nicht schämen muss und das Wort der Wahrheit klar und unverkürzt vertritt. 16 Lass dich nicht auf das leere Geschwätz gewisser Leute ein, die alles Heilige in den Schmutz ziehen. Solche Menschen werden immer tiefer in der Gottlosigkeit versinken 17 und ihre Lehre wird wie ein Krebsgeschwür um sich fressen. Hymenäus und Philetus gehören auch zu ihnen. 18 Sie haben sich so weit von der Wahrheit entfernt, dass sie behaupten, die Auferstehung sei schon geschehen. Und damit zerstören sie bei manchen den Glauben. 19 Aber Gott hat ein massives, unverrückbares Fundament gelegt. Es trägt den Abdruck seines Siegels mit folgender Inschrift: »Der Herr kennt die, die zu ihm gehören« und: »Wer den Namen des Herrn nennt, meide das Unrecht.«

20 In einem großen Haushalt gibt es nicht nur Gefäße aus Gold und Silber, sondern auch aus Holz und Ton. Die einen sind für besondere Anlässe bestimmt, die anderen dienen als Behälter für den Abfall. 21 Wer sich nun von Menschen fernhält, die Abfallbehältern gleichen, wird ein Gefäß sein, das ehrenvollen Zwecken dient, das heilig ist, dem Hausherrn nützt und zu jedem guten Werk bereitsteht.

22 Hüte dich vor den Leidenschaften, die besonders junge Menschen in Gefahr bringen! Strebe zusammen mit denen, die den Herrn aufrichtig und mit reinem Gewissen anbeten, nach einem Leben, das von Gerechtigkeit, Glauben, Liebe und Frieden erfüllt ist! 23 Weise dumme Spitzfindigkeiten und unsinnige Spekulationen ab! Du weißt ja, dass sie nur zu Streitigkeiten führen.

24 Ein Diener des Herrn darf aber nicht streiten, sondern soll allen freundlich begegnen. Er muss die Lehre klar vermitteln, darf sich aber nicht provozieren lassen, 25 sondern muss die Widerspenstigen mit Güte und Geduld zurechtweisen. Vielleicht gibt ihnen Gott die Möglichkeit zur Änderung ihrer Einstellung, dass sie die Wahrheit erkennen, 26 wieder zur Besinnung kommen und sich aus der Schlinge befreien, in der sie der Teufel gefangen hält, um sie für seine Absichten zu missbrauchen.

3 1 Du musst wissen, dass die Zeit vor dem Ende sehr schlimm sein wird. 2 Die Menschen werden selbstsüchtig sein, geldgierig, großtuerisch und eingebildet. Sie werden Gott und Menschen beleidigen, ihren Eltern nicht gehorchen und vor nichts mehr Ehrfurcht haben. Sie sind undankbar, 3 lieblos und unversöhnlich. Sie werden ihre Mitmenschen verleumden und sich hemmungslos ausleben. Sie sind gewalttätig und hassen das Gute. 4 Zu jedem Verrat bereit, sind sie leichtsinnig und werden vom Hochmut verblendet. Sie leben nur für ihr Vergnügen und kümmern sich nicht um Gott. 5 Sie geben sich zwar einen frommen Anschein, aber von der

Kraft wahrer Gottesfurcht wollen sie nichts wissen.

Halte dich von solchen Menschen fern! 6 Zu ihnen gehören nämlich auch die, die sich in Häuser einschleichen und das Vertrauen solcher Weibsbilder gewinnen, in deren Leben sich viel Sünde angesammelt hat und die von allen möglichen Begierden getrieben werden; 7 die immerzu etwas Neues hören wollen und doch unfähig sind, jemals zur Erkenntnis der Wahrheit zu kommen. 8 So wie Jannes und Jambres* sich einst gegen Mose stellten, so widersetzen sich auch diese Verführer der Wahrheit. Es sind durch und durch verdorbene Menschen, deren Glaube keiner Prüfung standhält. 9 Doch sie werden nicht weit damit kommen, denn ihr Unverstand wird sich allen zeigen, wie es auch bei jenen Ägyptern der Fall war.

10 Doch du bist meiner Lehre gefolgt, du hast dich an meinem Verhalten und meinen Lebenszielen ausgerichtet. Du hast dir meinen Glauben, meine Geduld und meine Liebe zum Vorbild genommen. Du kennst meine Standhaftigkeit 11 in den Verfolgungen und Leiden, wie sie mir in Antiochia*, Ikonion* und Lystra* widerfahren sind. Welche Verfolgungen ertrug ich da! Und aus allen hat der Herr mich gerettet. 12 Übrigens werden alle, die zu Jesus Christus gehören und so leben wollen, wie es Gott gefällt, mit Verfolgung rechnen müssen. 13 Böse und betrügerische Menschen dagegen werden es immer schlimmer treiben, andere in die Irre führen und selbst irregeführt werden.

14 Du aber bleib bei dem, was du gelernt hast und wovon du völlig überzeugt bist! Du weißt ja, wer deine Lehrer waren, 15 und bist von frühester Kindheit an mit den heiligen Schriften vertraut, die dir die Weisheit vermitteln können, die zur Rettung nötig ist – zur Rettung durch den Glauben an Jesus Christus. 16 Die ganze Schrift ist von Gottes Geist gegeben und von ihm erfüllt. Ihr Nutzen ist entsprechend: Sie lehrt uns die Wahrheit zu erkennen, überführt uns von Sünde, bringt uns auf den richtigen Weg und erzieht uns zu einem Leben, wie es Gott gefällt. 17 Mit der Schrift ist der Mensch, der Gott gehört und ihm dient, allen seinen Aufgaben gewachsen und zu jedem guten Werk gerüstet.

3,8 *Jannes und Jambres.* Wahrscheinlich waren das die ägyptischen Zauberer, die die Wunder Moses nachahmten (siehe 2. Mose 7-9).

3,11 *Antiochia.* Stadt in der römischen Provinz Galatien dicht an der Grenze zu der Landschaft Pisidien, etwa 1000 Meter hoch gelegen, römische Kolonie. Die Juden dort hatten dafür gesorgt, dass Paulus aus der Stadt vertrieben wurde (Apostelgeschichte 13,50-52).

Ikonion, das heutige Konja, lag 140 km südöstlich vom pisidischen Antiochia, in der römischen Provinz Galatien an der »Via Sebaste«. Als römische Ehrenkolonie erhielt es Verfassung einer hellenistischen Stadt. Man sprach Griechisch. Von den Juden war ein Teil der Bevölkerung gegen Paulus aufgehetzt worden, um ihn zu misshandeln und zu steinigen, sodass er aus der Stadt fliehen musste (Apostelgeschichte 14,1-6).

Lystra. 30 km südwestlich von Ikonion, römische Kolonie, Heimatstadt des Timotheus. In Lystra schafften es die Juden aus Antiochia und Ikonion, die Bevölkerung zu überreden, und Paulus wirklich zu steinigen (Apostelgeschichte 14,19-20).

Persönliches

4 *1* Ich beschwöre dich vor Gott und vor Jesus Christus, der über die Lebenden und die Toten Gericht halten wird; und im Blick auf seine sichtbare Wiederkunft und die Aufrichtung seines Reiches flehe ich dich an: *2* Verkündige die Botschaft Gottes! Tritt für sie ein, ob es den Leuten passt oder nicht. Rede ihnen ins Gewissen, warne und ermahne sie! Verliere dabei aber nicht die Geduld; unterweise sie gründlich! *3* Denn es

wird eine Zeit kommen, da werden sie die gesunde Lehre unerträglich finden und sich Lehrer nach ihrem Geschmack aussuchen, die ihnen nur das sagen, was sie gern hören wollen. *4* Vor der Wahrheit werden sie dann ihre Ohren verschließen und sich stattdessen mit Legenden und Spekulationen abgeben.

5 Doch du musst in jeder Hinsicht nüchtern bleiben! Sei bereit, Druck zu ertragen, und erfülle deinen Auftrag als Verkündiger des Evangeliums. Tu alles, was zu deinem Dienst gehört! *6* Für mich ist die Zeit des Abschieds gekommen. Denn ich werde schon ausgegossen wie ein Trankopfer. *7* Ich habe einen guten Kampf gekämpft und habe das Ziel erreicht! Den Glauben habe ich unversehrt bewahrt. *8* Jetzt liegt der Ehrenkranz für mich bereit, die Gerechtigkeit, die der Herr als gerechter Richter mir an jenem großen Tag zuerkennen wird – aber nicht nur mir, sondern auch allen anderen, die sich auf sein sichtbares Wiederkommen freuen.

9 Beeile dich und komm so bald wie möglich zu mir! *10* Denn Demas hat mich verlassen und ist nach Thessalonich* gegangen. Ihm war diese Welt lieber. Kreszens ging nach Galatien* und Titus nach Dalmatien*. *11* Nur Lukas ist noch bei mir. Wenn du kommst, bring Markus mit,* denn ich könnte ihn hier gut gebrauchen. *12* Tychikus habe ich nach Ephesus geschickt. *13* Bring auch das Futteral* mit, wenn du kommst, – ich habe es bei Karpus in Troas* liegen gelassen – und dazu die Schriftrollen, vor allem aber die Notizhefte*.

4,10 *Thessalonich.* Bedeutendste Stadt Mazedoniens, etwa 200.000 Einwohner, Hauptstadt des zweiten mazedonischen Bezirks, wichtiger Seehafen. Heute: Thessaloniki.

Galatien ist der Name einer Landschaft im nördlichen Kleinasien. Die römische Provinz Galatien schloss aber seit einigen Jahrzehnten auch die südlicher liegenden Landschaften Pisidien, Phrygien und Lykaonien ein.

Dalmatien. Römische Provinz im Gebirge nordöstlich der Adria.

4,11 *bring Markus mit.* Wahrscheinlich hielt Markus sich noch in Kolossä auf, wohin er nach Aussage von Kolosser 4,10 kommen sollte.

4,12 *Tychikus* war zuletzt in Kolossä gewesen und hatte dort Onesimus seinem Herrn zurückgebracht und den Kolosserbrief übergeben (Kolosser 4,7-9). Nun sollte er offenbar Timotheus in Ephesus ablösen.

4,13 *Futteral.* Das griechische Wort meint hier nicht »Mantel«, wie es meist übersetzt wird, sondern »Schutzhülle für Schriftrollen«.

Troas. Ein bedeutender Hafen im Nordwesten der römischen Provinz Asia, 20 km südlich von Troja.

Notizhefte. Das waren zusammengeheftete Pergamentblätter, die Vorläufer für unsere Bücher.

14 Alexander, der Schmied, hat mir viel Böses angetan. Der Herr wird ihm seine Untaten vergelten. 15 Nimm dich sehr in Acht vor ihm, denn er hat sich unserer Verkündigung heftig widersetzt.

16 Als ich das erste Mal vor Gericht stand und mich verteidigen musste, stand mir niemand bei. Sie haben mich alle im Stich gelassen. Möge es ihnen nicht angerechnet werden. 17 Aber der Herr stand mir zur Seite und gab mir Kraft, sodass ich meinen Auftrag, allen Völkern seine Botschaft zu verkündigen, auch bei dieser Gelegenheit zu Ende führen konnte. Und so hat er mich noch einmal aus dem Rachen des Löwen gerettet. 18 Er wird mich auch weiterhin vor allen bösen Anschlägen retten und mich sicher in sein himmlisches Reich bringen. Ihm gebührt die Ehre für immer und ewig. Amen.

19 Grüße Priska und Aquila* und die Familie des Onesiphorus. 20 Erastus ist in Korinth* geblieben, und Trophimus habe ich krank in Milet* zurücklassen müssen. 21 Beeile dich, dass du noch vor dem Winter hier bist. Eubulus, Pudens, Linus, Klaudia und alle anderen Geschwister lassen dich grüßen. 22 Der Herr sei mit dir und seine Gnade mit euch allen!

4,19 *Priska und Aquila.* Das missionarische Ehepaar, das die letzten fünf Jahre in der Gemeinde in Rom mitgearbeitet hatte (Römer 16,3-5), wohnte inzwischen wieder in Ephesus.

4,20 *Erastus ist in Korinth.* Paulus gibt Timotheus nun zwei Nachrichten von Mitarbeitern weiter, die er gut kennt. Erastus war mit ihm zusammen auf eine Reise nach Mazedonien geschickt worden (Apostelgeschichte 19,22). Er befindet sich jetzt in Korinth, dieser wichtigen Stadt in Griechenland, die auf der Landenge zum Peloponnes den Handel vom Norden nach dem Süden beherrschte und durch zwei Häfen auch den Seehandel von Ost nach West. Es war Hauptstadt der römischen Provinz Achaja.

Trophimus stammte aus Ephesus und hatte Paulus auf der Rückreise von Griechenland (bis nach Ephesus war auch Timotheus dabei Apostelgeschichte 20,4) bis nach Jerusalem begleitet, wo er ungewollt der Anlass für dessen Gefangennahme gewesen war (Apostelgeschichte 21,29). Vermutlich hatte er ihn dann mit dem Gefangenentransport noch bis nach Milet begleiten können.

krank in Milet. Hier ist wahrscheinlich das Melite von Apostelgeschichte 28,1-10 gemeint, nämlich der südliche Rumpf der westgriechischen Insel Kephallenia, an der das Schiff mit dem gefangenen Paulus gestrandet war. Dort grassierte alljährlich im Herbst die gefährliche Malaria, deren Hauptsymptome hohes wiederkehrendes Fieber und kolikartige Durchfälle und Krämpfe sind. Weil Paulus selbst als Gefangener weiter nach Rom gebracht wurde, musste er seinen Mitarbeiter Trophimus krank zurücklassen.

Brief des Paulus an Titus

Nach dem Amtsantritt des Prokurators Porcius Festus im Jahr 59 n.Chr. in Cäsarea fand endlich die öffentliche Gerichtsverhandlung gegen Paulus statt. Dabei berief sich dieser auf den Kaiser in Rom und wurde deshalb in einem Gefangenentransport nach Rom eingeschifft. Einige Freunde begleiteten den Apostel, unter ihnen waren Lukas, Titus und Aristarch. Widrige Winde zwangen die Seeleute, Kurs auf Kreta zu nehmen. Dort hatten Paulus und seine Freunde offenbar genügend Zeit, die christlichen Gemeinden auf der Insel zu besuchen und vielleicht sogar einige zu gründen (Apostelgeschichte 2,11; 27,3; Titus 3,13). Deswegen ließ der Apostel seinen Mitarbeiter Titus auf Kreta zurück, um die Missionsarbeit fortzusetzen und die Gemeinden zu stabilisieren. Doch kurz nach seiner Abreise geriet das Schiff in einen schweren Sturm. Das Schiff trieb nach Nordwesten in die äußere Adria und strandete nach 14-tägiger Irrfahrt an einer Insel. Die Gestrandeten wurden von den Inselbewohnern sehr freundlich behandelt und erfuhren, dass sie auf Melite gelandet waren, einem Küstenstreifen der westgriechischen Insel Kephallenia (Apostelgeschichte 28,1).

Paulus vermutete, dass der Hauptmann in der aufstrebenden westgriechischen Großstadt Nikopolis überwintern wollte. Diese war nur 60 Kilometer entfernt und verfügte über geeignete Unterkünfte für die mehr als 200 Gefangenen und Soldaten. Deshalb schrieb Paulus bald nach der Ankunft auf Kephallenia den Titusbrief, in dem er seinen Mitarbeiter auf Kreta bittet, zu ihm nach Nikopolis zu kommen.

1 *1* Paulus, ein Sklave Gottes und ein Botschafter von Jesus Christus. Gott hat mich dazu berufen, den Glauben der Menschen zu fördern, die er sich erwählt hat, und sie in der Erkenntnis jener Wahrheit voranzubringen, die der Ehrfurcht vor Gott entspricht. *2* Sie sollen erfahren, dass es die Hoffnung auf das ewige Leben gibt, das Leben, das der wahrhaftige Gott, schon vor dem Anfang der Zeit angekündigt hat. *3* Und jetzt hat er es durch die Predigt ans Licht gebracht, die mir im Auftrag von unserem Gott und Retter anvertraut worden ist.

4 An Titus, der mir im Glauben wie ein echter Sohn verbunden ist. Ich wünsche dir Gnade und Frieden von Gott, dem Vater, und von Jesus Christus, unserem Retter.

Schwierige Aufgaben anpacken

5 Ich habe dich auf Kreta zurückgelassen, damit du das noch nicht Erledigte in Ordnung bringst und so, wie ich es dir aufgetragen habe, in den einzelnen Städten Älteste einsetzt. *6* Einem Ältesten darf niemand etwas nachsagen können. Er muss seiner Frau treu sein und vertrauenswürdige

Kinder haben, die nicht als zügellos oder ungehorsam bekannt sind. 7 Wenn einer der Gemeinde vorsteht, darf er keinerlei Anlass zum Tadel geben, denn er verwaltet das Haus Gottes. Er darf nicht eigenmächtig oder jähzornig sein, kein Trinker und kein Schläger. Er darf nicht darauf aus sein, sich zu bereichern*, 8 sondern soll gastfreundlich und ein Freund des Guten sein. Er soll einen gesunden Menschenverstand besitzen, gerecht und gottgefällig leben und sich selbst beherrschen können. 9 Es muss ein Mann sein, der sich an das zuverlässige Wort Gottes hält, wie es gelehrt worden ist. Dann wird er in der Lage sein, die Gläubigen mit der gesunden Lehre zu ermahnen und die Gegner zu widerlegen.

10 Es gibt ja viele Schwätzer und Schwindler, die sich nicht unterordnen wollen, besonders unter denen, die sich früher beschneiden* ließen. 11 Ihnen muss man den Mund stopfen, weil sie ganze Familien mit ihren ungehörigen Lehren durcheinanderbringen, und das nur in der schändlichen Absicht, sich zu bereichern. 12 Einer von den Kretern muss ein Prophet gewesen sein, als er sagte: »Die Kreter sind immer Lügner, wilde Bestien und faule Bäuche.«* 13 Er hat die Wahrheit gesagt. Darum musst du diese Leute scharf zurechtweisen, damit ihr Glaube gesund wird. 14 Sie dürfen sich nicht mehr mit jüdischen Fabeleien beschäftigen und sich von Leuten, die der Wahrheit den Rücken gekehrt haben, Vorschriften machen lassen. 15 Für Reine ist nämlich alles rein; für Ungläubige und Unreine

dagegen ist nichts rein. Ihr Denken ist genauso beschmutzt wie ihr Gewissen. 16 Sie behaupten zwar, Gott zu kennen, verleugnen ihn aber durch ihr ganzes Tun. Solch unbelehrbare Menschen sind abscheulich; sie sind nicht in der Lage, irgendetwas Gutes zu tun.

Gesunde Lehre fördern

2 1 Aber du musst ihnen sagen, was der gesunden Lehre entspricht: 2 Die älteren Männer sollen sachlich sein, ehrbar und besonnen, außerdem gesund im Glauben, in der Liebe und in der Standhaftigkeit. 3 Den älteren Frauen musst du sagen, dass ihre Lebensführung dem Heiligen angemessen sein soll. Dazu gehört, dass sie niemand verleumden und sich nicht dem Trunk ergeben. Als Lehrmeisterinnen guten Verhaltens 4 sollen sie die jungen Frauen anleiten, ihre Männer und Kinder zu lieben, 5 besonnen, zuchtvoll und gütig zu sein, ihren Haushalt gut zu versorgen und ihren Männern zu gehorchen, und zwar deshalb, damit das Wort Gottes nicht in Verruf kommt. 6 Die jüngeren Männer ermahne ebenfalls, vernünftig zu sein; 7 und sei du selbst ihnen ein Vorbild im Tun des Guten. In deiner Lehre

---

1,7 *sich zu bereichern.* Oder: Er darf kein unsauberes Gewerbe treiben.

1,10 *beschneiden.* Siehe 1. Mose 17,9-14!

1,12 Das Zitat stammt von dem Dichterphilosophen Epimenides aus Knossos auf Kreta, 6. Jh. v.Chr.

zeige Unverdorbenheit und den gebührenden Ernst 8 in gesunden, unanfechtbaren Worten, damit jeder Gegner sich beschämt fühlt und uns nichts Schlechtes nachsagen kann. 9 Die Sklaven sollen ihren Herren in allem gehorchen und ihnen gefällig sein. Sie sollen nicht widersprechen 10 und nichts unterschlagen, sondern ihnen treu und zuverlässig dienen, damit sie in allem der Lehre von unserem Gott und Retter Ehre machen.

11 Denn die Gnade Gottes ist jetzt sichtbar geworden, um allen Menschen die Rettung zu bringen. 12 Sie erzieht uns dazu, die Gottlosigkeit und die weltlichen Begierden zu verleugnen und besonnen, gerecht und mit Ehrfurcht vor Gott in der heutigen Welt zu leben, 13 als Menschen, die auf die beglückende Erfüllung ihrer Hoffnung warten und auf das Erscheinen der Herrlichkeit unseres großen Gottes und Retters Jesus Christus. 14 Er hat sich für uns ausgeliefert, damit er uns von aller Gesetzlosigkeit loskaufen und sich ein reines Volk schaffen könne, das darauf brennt, Gutes zu tun. 15 So sollst du zu ihnen reden, sie ermahnen und zurechtweisen. Rede ihnen mit allem Nachdruck ins Gewissen und lass dich von niemand geringschätzig behandeln.

Gute Werke tun

3 1 Schärfe ihnen ein, sich den staatlichen Autoritäten und den Behörden unterzuordnen. Sie sollen die Gesetze befolgen und zu jedem guten Werk bereit sein. 2 Ermahne sie, über niemand schlecht zu reden,

nicht streitsüchtig zu sein und allen Menschen gütig und freundlich zu begegnen. 3 Denn auch wir waren früher unverständig und ungehorsam und waren vom rechten Weg abgeirrt. Wir waren Sklaven aller möglichen Leidenschaften und Begierden. Unser Leben war von Bosheit und Neid erfüllt, wir waren verhasst und hassten uns gegenseitig. 4 Als dann aber die Güte und Menschenliebe von Gott, unserem Retter, sichtbar wurde, 5 hat er uns aus reinem Erbarmen gerettet und nicht, weil wir gute und gerechte Taten vorweisen konnten. Durch die Wiedergeburt hat er uns gewaschen und durch den Heiligen Geist uns erneuert. 6 Diesen Geist hat er durch Jesus Christus, unseren Retter, in reichem Maß über uns ausgegossen. 7 So sind wir durch seine Gnade gerecht gesprochen und zu Erben des ewigen Lebens eingesetzt worden, auf das wir voller Hoffnung warten.

8 Diese Botschaft ist absolut vertrauenswürdig und ich will, dass du mit Nachdruck dafür eintrittst, damit alle, die zum Glauben an Gott gekommen sind, sich ernsthaft um gute Werke bemühen. Das ist gut und bringt den Menschen Nutzen. 9 Beteilige dich dagegen nicht an törichten Streitfragen, Diskussionen über Geschlechtsregister und Auseinandersetzungen über das jüdische Gesetz. Das ist nutzlos und führt zu nichts. 10 Einen Menschen, der Irrlehren in der Gemeinde verbreitet, verwarne einmal und noch ein zweites Mal. Dann weise ihn ab, 11 denn du weißt ja, dass er auf verkehrte Wege geraten

ist und sündigt. Damit spricht er sich selbst das Urteil.

12 Wenn ich Artemas oder Tychikus zu dir schicke, komm so bald wie möglich zu mir nach Nikopolis*, wo ich voraussichtlich den Winter verbringen* werde. *13* Sorge dafür, dass der gesetzeskundige Zenas und Apollos alles bekommen, was sie für ihre Weiterreise brauchen. *14* Auch unsere Leute sollen lernen, überall da, wo es die Bedürfnisse erfordern, Gutes zu tun, damit sie kein fruchtloses Leben führen.

15 Alle, die hier bei mir sind, lassen dich grüßen. Grüße unsere Freunde im Glauben. Die Gnade sei mit euch allen!

3,12 *Nikopolis.* Westgriechische Küstenmetropole, die durch eine wichtige Straße mit Apollonia verbunden war, das gegenüber der süditalienischen Hafenstadt Brundusium lag.

Winter verbringen. Offenbar änderte der Hauptmann seine Meinung, nachdem Paulus den Titusbrief abgeschickt hatte, und entschloss sich den großen Frachter, der im Hafen von Kephallenia lag und bei günstigem Wetter nach Italien auslaufen sollte, zur Weiterreise zu benutzen (Apostelgeschichte 28,11).

Brief des Paulus an Philemon

Ein Mitarbeiter des Paulus, Tychikus, brach wahrscheinlich noch im Jahr 60 n.Chr. von Rom auf und nahm den Epheserbrief, den Kolosserbrief und den entlaufenen Sklaven Onesimus mit nach Kleinasien. Für Onesimus gab Paulus ein Begleitschreiben an dessen Herrn Philemon mit. In diesem Brief setzte sich Paulus mit großer seelsorgerlicher Weisheit bei seinem Freund Philemon für dessen entlaufenen Sklaven Onesimus ein.

1 *1* Paulus, der für Jesus Christus im Gefängnis sitzt, und Timotheus, der Bruder. An Philemon, unseren geliebten Mitarbeiter, *2* sowie an unsere Schwester Aphia, unseren Mitstreiter Archippus und an die Gemeinde, die sich in deinem Haus versammelt. *3* Ich wünsche euch Gnade und Frieden von Gott, unserem Vater, und von Jesus Christus, unserem Herrn.

4 Immer wenn ich für dich bete, Philemon, danke ich meinem Gott, *5* denn ich höre ja von deinem Glauben an Jesus, den Herrn, und deiner Liebe zu allen Heiligen*. *6* Ich bete, dass unser gemeinsamer Glaube in dir zunimmt und du erkennst, wie viel Gutes wir in Christus haben. *7* Es hat mir viel Freude und Trost gebracht, Bruder, dass durch dich und deine Liebe die Heiligen ermutigt worden sind.

8 Nun könnte ich dir als Apostel von Christus befehlen, was sich eigentlich von selbst versteht. *9* Doch um der Liebe Raum zu geben, bitte ich dich nur – ich, Paulus, ein alter Mann, der jetzt für Jesus Christus im Gefängnis sitzt. *10* Ich bitte dich für meinen geistlichen Sohn Onesimus, der hier durch mich zum Glauben gefunden hat. *11* Er war ein Nichtsnutz, als er noch bei dir war; doch jetzt ist er für uns beide ein wirklich brauchbarer Mitarbeiter, ein rechter Onesimus* geworden. *12* Ich schicke ihn zu dir zurück und damit mein eigenes Herz. *13* Eigentlich wollte ich ihn bei mir behalten, damit er mir an deiner Stelle dient, jedenfalls solange ich für die Verbreitung der guten Botschaft im Gefängnis bin. *14* Aber ohne deine Zustimmung wollte ich nichts tun, denn du solltest dich nicht gezwungen fühlen, mir Gutes zu erweisen. *15* Vielleicht ist er ja nur deshalb eine Zeit lang von dir getrennt gewesen, damit du ihn für immer zurückbekommst, *16* jetzt aber nicht mehr als einen Sklaven, sondern viel mehr als das: als einen geliebten Bruder. Das ist er besonders für mich, wie viel mehr aber für dich – als Mensch und als Christ.

1,5 *Heilige.* Damit sind im Neuen Testament immer alle gemeint, die durch Christus geheiligt sind, also alle wiedergeborenen Christen.

1,11 *Onesimus* heißt »der Nützliche«.

17 Wenn du mich nun als Freund betrachtest, dann nimm ihn auf wie mich. *18* Wenn er dir aber in irgendeiner Weise Schaden zugefügt hat oder dir etwas schuldet, dann stell es mir in Rechnung. *19* Ich, Paulus, schreibe das hier mit eigener Hand: Ich werde es dir erstatten. – Natürlich brauche ich dir nicht zu sagen, dass du dich selbst mir schuldig bist. *20* Ja, Bruder, ich möchte dich ausnutzen bei unserer Liebe zum Herrn. Mach mir doch diese Freude, Christus zuliebe.

21 Im Vertrauen auf deine Einwilligung und in der Zuversicht, dass du noch mehr tust, als ich erbitte, schreibe ich dir diesen Brief. *22* Halt bitte ein Gästezimmer für mich bereit, denn ich hoffe, dass Gott eure Gebete erhört und mich bald zu euch zurückkehren lassen wird. *23* Epaphras, der mit mir für Christus im Gefängnis sitzt, lässt dich grüßen, *24* ebenso Markus, Aristarch, Demas und Lukas, meine Mitarbeiter. *25* Die Gnade unseres Herrn Jesus Christus sei mit euch!

Brief an die Hebräer

Der jüdische Aufstand gegen die Römer, der im Jahr 66 n.Chr. begonnen hatte, wurde immer blutiger. Auch jüdische Parteien bekämpften sich untereinander. In Galiläa mussten Christen für einige Zeit ins Ostjordanland flüchten. Erst als die Römer die entsprechenden Gebiete erobert hatten, konnten sie zurückkommen.

Gegen Ende des Jahres 67 wurde Petrus in Rom hingerichtet. Timotheus, der dort eine Zeit lang in Haft war, kam nach dem Tod des Kaisers Nero im Jahr 68 frei (13,23). Irgendwo in Italien (13,24) wurde in dieser Zeit der Hebräerbrief geschrieben. Wer der Verfasser war, ist uns nicht bekannt. Der Brief ist an Christen gerichtet, die stark vom jüdischen Denken herkamen und in Gefahr standen, in ihren alten Glauben zurückzufallen.

Jetzt redet Gott durch seinen Sohn

1 *1* Früher hat Gott viele Male und auf unterschiedlichste Weise durch Propheten zu unseren Vorfahren gesprochen. *2* Jetzt, in dieser Endzeit, sprach er durch den Sohn zu uns, den er zum Erben über alles eingesetzt hat und durch den er das ganze Universum schuf. *3* Seine Herrlichkeit leuchtet aus ihm und sein Wesen ist ihm völlig aufgeprägt. Durch die Macht seines Wortes trägt er das ganze All. Und nachdem er das Opfer gebracht hat, das von Sünden reinigt, hat er den Ehrenplatz im Himmel eingenommen, den Platz an der rechten Seite der höchsten Majestät.

4 Er steht so hoch über den Engeln, wie der Sohnesname, den er erbte, jeden Engelsnamen übertrifft. *5* Oder hat Gott je zu einem der Engel gesagt: »Du bist mein Sohn. Ich, ich habe dich heute gezeugt.«*? Oder: »Ich werde ihm Vater und er wird mir Sohn sein.«*? *6* Wenn er den Erstgeborenen aber wieder in die Welt einführt, sagt er: »Alle Engel Gottes sollen ihn anbeten!«* *7* Von den Engeln heißt es zwar: »Seine Engel macht er zu Sturmwinden, seine Diener zu Feuerflammen«*, *8* vom Sohn aber: »Dein Thron, o Gott, hat für immer Bestand. Dein Zepter bürgt für eine Herrschaft in Gerechtigkeit. *9* Du hast das Recht geliebt und das Unrecht gehasst. Darum, o Gott, hat dein Gott dich gesalbt mit dem Öl der Freude wie keinen deiner Begleiter.«* *10* Und: »Du, Herr, hast am Anfang die Erde geschaffen und die Himmel mit deinen Händen geformt. *11* Sie werden vergehen, du aber bleibst. Sie werden veralten wie ein Gewand. *12* Wie einen Umhang wirst du sie zusammenrollen und wie ein Kleidungsstück sie auswechseln. Du aber bleibst der, der du

---

1,5 Psalm 2,7; 2. Samuel 7,14; 1. Chronik 17,13

1,6 Psalm 97,7

1,7 Psalm 104,4

1,9 Psalm 45,7-8

bist, und deine Jahre enden nicht.«*
13 Oder hätte Gott jemals zu einem
Engel gesagt: »Setz dich an meine
rechte Seite bis ich deine Feinde zur
Fußbank für dich gemacht habe.«*?
14 Nein, die Engel sind alle nur Diener. Es sind Wesen der himmlischen
Welt, die Gott als Helfer zu denen
schickt, die an der kommenden Rettung teilhaben sollen.

Wir müssen ihm unbedingt zuhören!

2 1 Deshalb müssen wir im höchsten Maß auf das achten, was
wir gehört haben, damit wir nicht am
Ziel vorbeitreiben. 2 Denn schon das
Gesetz, das durch Engel verkündet
wurde, war verbindlich, und wer es
übertrat oder nicht darauf hören wollte, erhielt die verdiente Strafe. 3 Wie
sollen wir da der Strafe entgehen,
wenn wir eine so großartige Rettungs-
botschaft missachten? Es war ja der
Herr selbst, durch den die Rettung
zuerst verkündet wurde. Und uns
wurde die Botschaft von denen bestätigt, die ihn mit eigenen Ohren gehört
haben. 4 Deren Zeugnis wiederum
hatte Gott selbst durch Zeichen und
Wundertaten und viele Beweise seiner
Macht bestätigt, und auch dadurch,
dass er den Heiligen Geist nach seinem Ermessen austeilte.

5 Außerdem sind es nicht die Engel,
denen er die zukünftige Welt, von der
wir hier sprechen, unterstellt hat,
6 denn es gibt eine Stelle in der
Schrift, an der ausdrücklich gesagt
wird: »Was ist der Mensch, dass du,
Gott, an ihn denkst? Was ist der Menschensohn, dass du für ihn sorgen
solltest? 7 Für kurze Zeit hast du ihn

geringer gemacht als die Engel, dann
aber hast du ihn mit Herrlichkeit und
Ehre gekrönt 8 und hast ihm alles
unter die Füße gelegt.«* Ihm hat Gott
alles unterworfen. Es gibt nichts, worüber er nicht Herr wäre. Im Moment
können wir das freilich noch nicht erkennen. 9 Doch Jesus sehen wir bereits, der für kurze Zeit geringer als
die Engel gemacht wurde und jetzt
wegen seines Todesleidens mit Herrlichkeit und Ehre gekrönt ist. Denn er
hatte den Tod auf sich genommen,
damit auf diese Weise Gottes Gnade
zu allen Menschen käme.

10 Weil Gott viele Menschen als
seine Kinder in die Herrlichkeit führen wollte, hat er den Wegbereiter
ihrer Rettung durch Leiden vollkommen gemacht. Das war der angemessene Weg für ihn, der Ursprung und
Ziel aller Dinge ist. 11 Er, der heilig
macht, und die, die von ihm geheiligt
werden, haben nämlich alle denselben
Vater. Deshalb schämt er sich auch
nicht, sie seine Geschwister zu nennen. 12 So sagt er zum Beispiel: »Deinen Namen will ich meinen Brüdern
bekannt machen; mitten in der Gemeinde will ich dir Loblieder singen.«* 13 oder: »Ich will mein Vertrauen auf ihn setzen!« und dann:
»Hier bin ich mit den Kindern, die
Gott mir gegeben hat.«*

14 Weil diese Kinder nun Menschen
von Fleisch und Blut sind, ist auch er

1,12 Psalm 102,26-28
1,13 Psalm 110,1
2,8 Psalm 8,5-7
2,12 Psalm 22,23
2,13 Jesaja 8,17-18

ein Mensch von Fleisch und Blut geworden. So konnte er durch seinen Tod den Teufel entmachten, der die Macht über den Tod hatte, *15* und konnte die befreien, die durch Angst vor dem Tod ihr ganzes Leben lang versklavt waren. *16* Außerdem wissen wir ja, dass er sich nicht für Engel einsetzt, sondern für die Nachkommen Abrahams. *17* Deshalb musste er seinen Geschwistern in jeder Hinsicht gleich werden, um vor Gott ein barmherziger und treuer Hoher Priester für uns sein zu können; ein Hoher Priester, durch den die Sünden des Volkes gesühnt werden. *18* Und weil er selbst gelitten hat, als er versucht wurde, kann er auch denen helfen, die in Versuchungen geraten.

Auf Jesus sehen!

3 *1* Aus diesem Grund sollt ihr euer Augenmerk auf Jesus richten, liebe Geschwister, auf den Apostel* und Hohen Priester unseres Bekenntnisses. Ihr seid ja auch für Gott ausgesondert und zur Teilnahme an der himmlischen Welt berufen. *2* Haltet euch vor Augen, wie treu er dem dient, der ihn eingesetzt hat. In dieser Hinsicht war er wie Mose, der ein treuer Diener für das ganze Haus Gottes war. *3* Ihm jedoch kommt größere Ehre zu als Mose. Denn der Erbauer eines Hauses genießt größeren Ruhm als das Haus. *4* Jedes Haus hat ja einen

Erbauer, aber der, der alles erbaut hat, ist Gott. *5* Und wenn Mose sich in Gottes ganzem Haus als treu erwies, bezieht sich das auf seinen Dienst als Verwalter. Damit war er ein Hinweis auf das, was später verkündigt werden sollte. *6* Christus aber erweist seine Treue als Sohn und damit als Herr über das Haus Gottes. Und dieses Haus sind wir – vorausgesetzt, wir halten voll Zuversicht und Stolz an der Hoffnung fest bis wir am Ziel sind.

Auf Gott hören!

7 Darum beherzigt, was der Heilige Geist sagt:»Wenn ihr heute die Stimme Gottes hört, *8* verschließt euch seinem Reden nicht, wie es das Volk in der Wüste an dem Tag tat, als es gegen ihn rebellierte.« *9* »Damals«, sagt Gott,»haben eure Vorfahren mich herausgefordert und meine Geduld auf die Probe gestellt, obwohl sie vierzig Jahre lang meine Wunder gesehen hatten. *10* Deshalb hat mich diese ganze Generation angewidert. ›Ihr Eigenwille führt sie ständig in die Irre‹, sagte ich, ›sie begreifen einfach nicht, welche Wege ich sie leiten will.‹ *11* Schließlich schwor ich in meinem Zorn: ›Sie werden niemals die Ruhe finden, die ich ihnen geben wollte!‹«*

12 Achtet also darauf, liebe Geschwister, dass keiner von euch durch inneren Widerspruch dem Unglauben Raum gibt und sich von dem lebendigen Gott abwendet. *13* Ermahnt euch gegenseitig jeden Tag, solange es dieses »Heute«, von dem die Schrift spricht, noch gibt, damit niemand auf den Betrug der Sünde hereinfällt und hart wird. *14* Denn wir gehören wirklich zum Messias und haben Anteil an

---

3,1 *Apostel.* Jesus wird hier selbst Apostel, Gesandter, genannt, weil er vom Vater auf die Erde gesandt worden war (siehe Johannes 20,21).

3,11 Psalm 95,7-11

allem, was ihm gehört – vorausgesetzt, wir halten die Zuversicht, die wir am Anfang hatten, mit aller Entschiedenheit fest.

15 Noch einmal zu dem, was gesagt ist: »Wenn ihr heute die Stimme Gottes hört, verschließt euch seinem Reden nicht, wie damals bei der Rebellion.« 16 Wer waren denn die Menschen, die sich gegen Gott auflehnten, obwohl sie seine Stimme hörten? Waren es nicht gerade die Leute, die Mose aus Ägypten geführt hatte? 17 Und wer erregte vierzig Jahre lang den Zorn Gottes? Waren es nicht gerade die, die gesündigt hatten und deren Leiber dann tot in der Wüste lagen? 18 Und wen meinte Gott mit seinem Schwur, dass sie nie die von ihm versprochene Ruhe finden würden – wenn nicht die, die ihm den Gehorsam verweigerten? 19 Wir sehen also, dass sie wegen ihres Unglaubens nicht hineinkamen.

Das Ziel erreichen!

4 1 Hüten wir uns also davor, zu meinen, jemand sei zu spät gekommen. Denn die Zusage, in Gottes Ruhe hineinzukommen, gilt ja noch. Wir müssen deshalb alles tun, dass so etwas nicht geschieht. 2 Denn die gute Botschaft wurde uns genauso verkündigt, wie jenen damals in der Wüste. Aber ihnen nützte es nichts, weil ihr Hören nicht mit Glauben verbunden war. 3 Denn nur wir, die zum Glauben gefunden haben, werden in Gottes Ruhe hineinkommen, in die Ruhe, auf die Gott sich bezog als er sagte: »So schwor ich in meinem Zorn: ›Sie werden niemals in meine Ruhe hineinkommen!‹«* Nun sind

Gottes Werke zwar schon seit Vollendung der Schöpfung fertig, 4 denn wo vom siebten Schöpfungstag die Rede ist, steht geschrieben: »Am siebten Tag, nach Vollendung seiner Werke, ruhte Gott.«* 5 Doch an der vorhin genannten Stelle sagte Gott: »Sie werden niemals in meine Ruhe hineinkommen!«

6 Es bleibt also dabei, dass einige in die Ruhe hineinkommen werden, obwohl die, denen die gute Botschaft damals gesagt wurde, durch ihren Ungehorsam ausgeschlossen blieben. 7 Gott hat nun für eine neue Gelegenheit gesorgt, ein neues »Heute«, von dem er lange nach jenem Geschehen durch David gesagt hat: »Wenn ihr heute Gottes Stimme hört, verschließt euch seinem Reden nicht!« 8 Denn wenn Josua das Volk schon in die eigentliche Ruhe hineingeführt hätte, würde Gott nicht später von einem anderen Tag geredet haben. 9 Es gibt also noch eine besondere Ruhe* für das Volk Gottes. 10 Denn wer in diese Ruhe hineinkommt, wird sich von all seiner Arbeit ausruhen so wie Gott von der seinen ruht. 11 Wir wollen deshalb alles dransetzen, zu dieser Ruhe zu gelangen, um nicht wie jene frühere Generation durch den gleichen Ungehorsam zu Fall zu kommen.

12 Das Wort Gottes ist lebendig und wirksam. Es ist schärfer als das schärfste zweischneidige Schwert, das die Gelenke durchtrennt und das Knochenmark freilegt. Es dringt bis in

---

4,3 Psalm 95,11

4,4 1. Mose 2,2

4,9 *besondere Ruhe.* Wörtlich: Sabbatruhe.

unser Innerstes ein und trennt das Seelische vom Geistlichen. Es richtet und beurteilt die geheimen Wünsche und Gedanken unseres Herzens. *13* Vor Gott ist ja nichts verborgen. Alles liegt nackt und bloß vor den Augen dessen da, vor dem wir Rechenschaft ablegen müssen.

Am Bekenntnis festhalten!

14 Weil wir nun einen großen Hohen Priester haben, der alle Himmel bis zum Thron des Höchsten durchschritten hat – Jesus, den Sohn Gottes –, lasst uns am Bekenntnis zu ihm festhalten! *15* Dieser Hohe Priester versteht unsere Schwächen, weil ihm die gleichen Versuchungen begegnet sind, wie uns – aber er blieb ohne Sünde. *16* Darum wollen wir mit Zuversicht vor den Thron unseres überaus gnädigen Gottes treten, damit wir Gnade und Erbarmen finden und seine Hilfe zur rechten Zeit empfangen.

5 *1* Denn jeder menschliche Hohe Priester wird für seine Mitmenschen eingesetzt. Er hat die Aufgabe, vor Gott für sie einzutreten und soll Gaben und Opfer für ihre Sünden darbringen. *2* Und weil er die menschliche Schwäche aus eigener Erfahrung kennt, kann er nachsichtig mit denen umgehen, die aus Unwissenheit oder Versehen vom richtigen Weg abgekommen sind. *3* Deshalb muss er

nicht nur für ihre, sondern auch für seine eigenen Sünden opfern.

4 Niemand kann sich selbst zum Hohen Priester ernennen; man muss von Gott zu diesem Dienst berufen werden – wie es einst bei dem ersten Hohen Priester Aaron geschah. *5* So hat auch der Messias sich nicht selbst die Würde eines Hohen Priesters verliehen, sondern es war der, der zu ihm gesagt hatte:»Du bist mein Sohn. Ich, ich habe dich heute gezeugt.«* *6* An einer anderen Stelle sagt Gott nämlich:»Du sollst für immer Priester sein, ein Priester nach der Art des Melchisedek.«*

7 Als Jesus noch hier auf der Erde lebte, hat er unter Tränen und mit lautem Schreien gebetet und zu dem gefleht, der ihn aus der Gewalt des Todes retten konnte. Und wegen seiner ehrerbietigen Scheu vor Gott wurde er auch erhört. *8* Obwohl er Gottes Sohn war, hat er an dem, was er durchmachen musste, gelernt, was Gehorsam bedeutet. *9* Doch jetzt, wo er zur Vollendung gelangt ist, wurde er für alle, die ihm gehorchen, der Begründer des ewigen Heils. *10* Und Gott selbst hat ihn als Hohen Priester begrüßt, einen Hohen Priester nach der Art des Melchisedek.

Ihr solltet endlich erwachsen werden!

11 Darüber könnten wir noch viel sagen, aber es lässt sich schwer darlegen, weil ihr nicht mehr richtig hinhören wollt. *12* Eigentlich müsstet ihr längst andere unterrichten können, stattdessen braucht ihr jemand, der euch noch einmal die Anfangselemente der Botschaft Gottes beibringt. Ihr

---

5,5 Psalm 2,7
5,6 Psalm 110,4; vergleiche 1. Mose 14, 18-20.

braucht wieder Milch statt fester Nahrung. *13* Wer aber nur Milch verträgt, ist noch ein Kind. Er ist nicht in der Lage, die Lehre von der Gerechtigkeit Gottes zu begreifen. *14* Feste Nahrung dagegen ist für Erwachsene, für reife Menschen, die aufgrund ihrer Gewohnheit trainierte Sinne haben, um zwischen Gut und Böse zu unterscheiden.

6 *1* Weil uns aber daran liegt, dass ihr im Glauben erwachsen werdet, wollen wir nicht bei den Anfangslektionen in der Botschaft des Messias bleiben, sondern uns dem zuwenden, was zum Erwachsenwerden im Glauben führt. Wir müssen doch nicht immer wieder neu erklären, wie wichtig es ist, an Gott zu glauben und sich von Werken abzuwenden, die nur den Tod zur Folge haben. *2* Ihr braucht keine weitere Unterweisung über die Bedeutung der Taufe im Unterschied zu anderen Waschungen, über die Handauflegung, die Auferstehung der Toten und das letzte Gericht mit seinem ewig gültigen Urteil. *3* Nein, wir werden jetzt weitergehen; und wenn Gott will, wird es gelingen.

4 Denn eins steht fest: Wenn Menschen schon einmal die Augen für die Wahrheit geöffnet bekamen, wenn sie die gute Gabe des Himmels gekostet haben und Anteil am Wirken des Heiligen Geistes erhielten, *5* wenn sie schon Erfahrungen mit dem guten Wort Gottes und den Kräften der kommenden Welt machten *6* und dann doch den rechten Weg verließen, ist es unmöglich, sie wieder zur Änderung ihrer Einstellung zu bewegen. Denn sie nageln den Sohn Gottes praktisch noch einmal ans Kreuz und setzen ihn dem öffentlichen Spott aus. *7* Wenn ein Stück Land durch häufigen Regen gut bewässert wird und nützliche Pflanzen für die wachsen lässt, die es bebaut haben, ist es von Gott gesegnet. *8* Wenn es aber nichts als Dornen und Disteln hervorbringt, ist es unbrauchbar. Es zieht den Fluch Gottes auf sich und wird am Ende abgebrannt.

9 Doch wir sind trotz des Gesagten überzeugt, liebe Geschwister, dass für euch der bessere Teil dieses Vergleichs zutrifft und eure Rettung keineswegs in Frage gestellt ist. *10* Denn Gott ist nicht ungerecht. Er vergisst nicht, wie ihr ihm eure Liebe bewiesen und für ihn gearbeitet habt, indem ihr den anderen Gläubigen dientet und das noch immer tut. *11* Wir wünschen nur, dass jeder von euch diesen Eifer bis ans Ende beweist, damit ihr voller Zuversicht an der Hoffnung festhalten könnt. *12* Dann werdet ihr auch nicht träge, sondern folgt dem Vorbild derer, die durch Glauben und Geduld empfingen, was Gott ihnen zugesagt hatte.

13 Ein Beispiel dafür ist Abraham. Als Gott ihm die Zusage machte, schwor er bei sich selbst, weil es keinen Größeren gibt, bei dem er hätte schwören können: *14* »Ich versichere dir«, sagte er, »ich werde dich mit Segen überschütten und dir eine zahllose Nachkommenschaft geben.«* *15* Und so wartete Abraham geduldig und empfing schließlich, was Gott ihm versprochen hatte.

6,14 1. Mose 22,16-17

16 Wenn Menschen schwören, tun sie das bei einem Größeren. Ihr Eid bekräftigt die Aussage und beseitigt jeden Widerspruch. *17* So hat auch Gott sich mit einem Eid für seine Zusage verbürgt, denn er wollte den Erben des Versprechens die feste Gewissheit geben, dass er seine Zusage wirklich einlöst. *18* Zwar ist es sowieso unmöglich, dass Gott lügen kann, doch hier wollte er sich in doppelter Weise festlegen – durch die Zusage und den Eid, die beide unumstößlich sind. Das ist für uns eine starke Ermutigung, denn wir haben ja unsere Zuflucht zu dieser Hoffnung genommen und wollen alles daran setzen, sie zu erreichen. *19* In ihr haben wir einen sicheren und festen Anker, der uns mit dem Innersten des himmlischen Heiligtums verbindet. *20* Dorthin ist Jesus bereits vorausgegangen, er, der unser ewiger Hoher Priester geworden ist, ein Hoher Priester nach der Art des Melchisedek.

Unser Hoher Priester ist wie Melchisedek

7 *1* Denn dieser Melchisedek war König von Salem und Priester des höchsten Gottes. Er ging Abraham entgegen, als dieser vom siegreichen Kampf gegen die Könige heimkehrte, und segnete ihn. *2* Abraham gab ihm damals den zehnten Teil von seiner Beute. Der Name Melchisedek bedeutet »König der Gerechtigkeit«, und König von Salem bedeutet »König des Friedens«. *3* Es gibt keinen Hinweis auf seinen Vater, seine Mutter oder einen seiner Vorfahren. Es wird uns weder der Anfang noch das Ende seines Lebens mitgeteilt. Darin gleicht er

dem Sohn Gottes und bleibt sozusagen für immer Priester. *4* Wie groß dieser Mann war, seht ihr daran, dass selbst Abraham, der Stammvater unseres Volkes, ihm den zehnten Teil von seiner Beute gab. *5* Nach den Bestimmungen des Gesetzes steht der Zehnte den Nachkommen Levis zu, denen das Priesteramt übertragen ist. Sie erheben ihn vom Volk obwohl das ihre eigenen Brüder sind, also auch Nachkommen Abrahams wie sie. *6* Melchisedek aber gehörte gar nicht zu Abrahams Volk und hat dennoch den Zehnten von Abraham entgegengenommen. Und außerdem hat er den Träger der Zusage gesegnet. *7* Dabei ist zweifellos derjenige, der segnet, größer als der, der gesegnet wird. *8* Im Fall der Leviten nehmen sterbliche Menschen den Zehnten entgegen, doch im Fall von Melchisedek einer, von dem bezeugt wird, dass er lebt. *9* Man könnte sogar sagen, dass durch Abraham auch Levi den Zehnten gegeben hat, obwohl der doch normalerweise den Zehnten empfängt; *10* denn als Melchisedek und Abraham sich begegneten, war Levi als späterer Nachkomme Abrahams sozusagen schon dabei.

11 Wenn nun das levitische Priestertum zur Vollkommenheit hätte führen können – denn das Gesetz, das unserem Volk gegeben wurde, beruhte ja darauf – warum hätte Gott dann noch einen Priester einsetzen sollen, der zu einer ganz anderen Priesterordnung gehört, nämlich zu der von Melchisedek, anstatt zu der von Aaron? *12* Denn sobald das Priestertum geändert wird, ändert sich notwendigerweise auch das Gesetz. *13* Denn der, von dem wir reden, gehört zu einem anderen Stamm, von dem nie jemand den Dienst am Altar versehen hat. 14 Denn wie wir wissen, kommt unser Herr aus Juda. Doch Mose hat Juda nie in Verbindung mit dem Priestertum erwähnt.

15 Das Ganze wird noch viel deutlicher, wenn sich die Einsetzung dieses Priesters – genau wie bei Melchisedek – 16 nicht auf eine vom Gesetz vorgeschriebene Abstammung gründet, sondern auf die Kraft eines unzerstörbaren Lebens. 17 Denn die Schrift sagt über ihn: »Du sollst für immer Priester sein, ein Priester nach der Art des Melchisedek.«* 18 Damit wird die frühere Bestimmung außer Kraft gesetzt, weil sie schwach und nutzlos war. 19 Denn das Gesetz hat nichts zur Vollkommenheit führen können. Stattdessen wird etwas eingeführt, das uns eine viel bessere Hoffnung gibt und uns den ungehinderten Zugang zu Gott verschafft.

20 Außerdem wurde der neue Priester durch einen Eid bestätigt. Bei den früheren Priestern gab es keinen solchen Eid. 21 Nur ihm sagte Gott das Priestertum mit einem Eid zu: »Der Herr hat geschworen und wird diese Zusage nie zurücknehmen: ›Du sollst für immer Priester sein, ein Priester nach der Art des Melchisedek.‹«* 22 Deshalb ist Jesus auch der Garant eines besseren Bundes geworden.

23 Es gibt noch einen weiteren Unterschied: Nach der alten Ordnung musste es viele Priester geben, denn wenn einer starb, musste ein anderer seinen Platz einnehmen. 24 Jesus aber bleibt in Ewigkeit, sein Priestertum wird nie enden. 25 Deshalb kann er auch alle, die

durch ihn zu Gott kommen, vollkommen retten, weil er immer lebt, um sich für sie einzusetzen.

26 Ein solcher Hoher Priester war auch für uns notwendig, einer der vollkommen heilig und ohne Sünde ist, an dem Gott nichts auszusetzen hat; einer, der sich grundsätzlich von uns sündigen Menschen unterscheidet und den höchsten Ehrenplatz über allen Himmeln erhalten hat. 27 Er muss nicht Tag für Tag Opfer darbringen wie die Hohen Priester vor ihm, er muss auch nicht zuerst für die eigenen Sünden und dann für die des ganzen Volkes opfern. Nein, er hat das ein für allemal getan, als er sich selbst zum Opfer brachte.

28 Das Gesetz konnte nur schwache, mit Fehlern behaftete Menschen zu Hohen Priestern machen, das Wort des Eidschwurs aber, das viel später als das Gesetz kam, ernannte den Sohn, der für immer und ewig vollkommen ist.

Unser Hoher Priester ist Vermittler eines besseren Bundes

8 1 Der entscheidende Punkt bei allem Gesagten ist der: Wir haben einen Hohen Priester, der sich auf den höchsten Ehrenplatz an der rechten Seite der göttlichen Majestät im Himmel gesetzt hat, 2 und der seinen Dienst im wahren Heiligtum versieht, in dem Zelt, das nicht von Menschen, sondern von Gott errichtet wurde. 3 Jeder Hohe Priester wird ja eingesetzt, um Gaben und Opfer darzubrin-

---

7,17 Psalm 110,4
7,21 Psalm 110,4

gen. Deshalb muss auch der Hohe Priester, von dem wir sprechen, etwas haben, das er Gott opfern kann. *4* Wäre er hier auf der Erde, dann wäre er nicht einmal Priester, denn hier gibt es schon Priester, die vom Gesetz dazu bestimmt sind, die Opfer darzubringen. *5* Ihr Dienst vollzieht sich allerdings in einem Heiligtum, das nur ein Schatten, eine unvollkommene Nachbildung des himmlischen Heiligtums ist. Denn als Mose daranging, das heilige Zelt zu errichten, erhielt er von Gott die Weisung: »Achte darauf, dass alles genau nach dem Vorbild angefertigt wird, das dir auf dem Berg gezeigt wurde.«*

6 Der Dienst, der Jesus übertragen wurde, hat dagegen eine unvergleichlich größere Bedeutung. Er ist ja auch der Vermittler eines viel besseren Bundes geworden, der sich auf viel weitreichendere Zusagen stützt. *7* Hätte der erste Bund keine Mängel gehabt, so wäre kein zweiter nötig gewesen. *8* Denn Gott tadelte sein Volk als er sagte: »Es wird ein Tag kommen, sagt der Herr, an dem ich mit dem Volk von Israel und dem Volk von Juda einen neuen Bund schließen werde. *9* Er wird anders sein als der, den ich damals mit ihren Vätern schloss, als ich sie bei der Hand nahm und aus Ägypten herausführte. Denn diesem Bund sind sie nicht treu

geblieben, und ich ließ sie auch gehen, spricht der Herr. *10* Der neue Bund, den ich dann mit dem Volk Israel schließen will, wird so aussehen: Ich werde ihnen meine Gesetze in Herz und Gewissen schreiben. Ich werde ihr Gott, und sie werden mein Volk sein. *11* Keiner muss dann noch seinen Mitbürger belehren und niemand zu seinem Bruder sagen: ›Komm und lerne den Herrn kennen!‹ Denn alle – vom Kleinsten bis zum Größten – werden mich bereits kennen. *12* Und ich werde ihnen ihr Unrecht vergeben und nie mehr an ihre Sünden denken.«* *13* Wenn Gott also von einem neuen Bund spricht, hat er den ersten für veraltet erklärt. Was aber alt ist und ausgedient hat, wird bald verschwunden sein.

Unser Hoher Priester ist Vermittler des neuen Bundes

9 *1* Nun hatte auch schon der erste Bund Vorschriften für den Gottesdienst und das irdische Heiligtum, *2* das damals ein Zelt war. Es hatte einen vorderen Teil, das Heiligtum, in dem sich der Leuchter und der Tisch mit den geweihten Broten befanden. *3* Dahinter lag, durch einen weiteren Vorhang abgetrennt, das sogenannte Höchstheilige. *4* Dort stand der goldene Räucheraltar und die ganz mit Gold überzogene Bundeslade, in der sich ursprünglich der goldene Krug mit dem Manna befand, der Stab Aarons, der Blüten getrieben hatte und die beiden Steintafeln mit dem Bundesgesetz. *5* Auf der Bundeslade standen zwei Cherubim*, die auf die Anwesenheit Gottes hinwiesen, und die ihre Flügel über die Deckplatte der

---

8,5 2. Mose 25,40

8,12 Jeremia 31,31-34

9,5: *Cherub,* Mehrzahl: *Cherubim*: Majestätisches (Engel-)Wesen, das Gottes Herrlichkeit repräsentiert. Sie erscheinen vor allem dort, wo Gott persönlich gegenwärtig ist, vgl. 2. Mose 25,17-21; Hesekiel 1 und 10.

Lade, den Platz der Sühne, ausbreiteten. Aber davon soll jetzt nicht im Einzelnen die Rede sein. 6 So jedenfalls sah das Heiligtum aus. Jeden Tag gingen die Priester in den vorderen Teil des Zeltes, um dort ihre gottesdienstlichen Pflichten zu tun. 7 Den hinteren Teil aber durfte nur der Hohe Priester betreten, und zwar nur ein einziges Mal im Jahr, und auch nicht ohne Blut. Dieses Blut opferte er für sich und für die Verfehlungen des Volkes. 8 Damit macht der Heilige Geist deutlich, dass der Weg ins eigentliche Heiligtum solange nicht offen ist, wie die Bestimmungen des vorderen Zeltes gelten. 9 Das Ganze ist nämlich ein Bild für unsere heutige Zeit: Die vom Gesetz verlangten Gaben und Opfer können das Gewissen der Opfernden nicht wirklich von Schuld befreien. 10 Denn diese Vorschriften beziehen sich auf Essen und Trinken und rituelle Waschungen, also auf äußere Bestimmungen, die nur so lange gelten, bis eine neue und bessere Ordnung eingeführt wird.

11 Aber jetzt ist Christus als Hoher Priester der wirklichen Heilsgüter gekommen. Er hat das größere und vollkommenere Zelt durchschritten, das nicht von Menschen gemacht wurde – also nicht von dieser Schöpfung ist – 12 und hat das eigentliche Heiligtum ein für allemal betreten. Er kam auch nicht mit dem Blut von Böcken und Kälbern, sondern mit seinem eigenen Blut, und hat uns eine Erlösung gebracht, die für immer gilt. 13 Zwar reinigte auch das Blut von Böcken und Stieren und die in Wasser aufgelöste Asche einer jungen Kuh von ritueller Unreinheit, wenn es auf die Unreinen

gesprengt wurde. Doch diese Reinheit war nur äußerlich. 14 Aber das Blut des Messias hat eine weitaus größere Wirkung, weil er sich in der Kraft des ewigen Geistes Gott dargebracht hat, als Opfer ohne Fehl und Tadel. Dieses Blut reinigt unser Gewissen von all den Dingen, die wir getan haben und die uns letztlich nur zum Tod führen würden. So können wir nun dem lebendigen Gott dienen.

15 Christus ist also der Vermittler eines neuen Bundes, damit alle, die Gott berufen hat, als Erlöste das ewige Erbe empfangen können, das er ihnen zugesagt hat. Denn Christus ist in den Tod gegangen, um so für die Übertretungen zu bezahlen, die unter dem ersten Bund begangen wurden. 16 Mit dem neuen Bund ist es wie mit einem Testament. Ein Testament kann erst vollstreckt werden, wenn der Tod des Erblassers eingetreten ist. 17 Erst durch seinen Tod tritt es in Kraft; solange er lebt, hat es keine Bedeutung.

18 Aus demselben Grund konnte schon der erste Bund nicht ohne Blut als Beweis für den Tod in Kraft treten. 19 Denn nachdem Mose dem Volk alle Bestimmungen des Gesetzes vorgelesen hatte, nahm er das Blut von Kälbern und Böcken zusammen mit Wasser und besprengte mit Hilfe von roter Wolle und Ysopzweigen* das Gesetzbuch und das ganze Volk. 20 Dabei erklärte er: »Das ist das Blut des Bundes, den Gott für euch angeordnet

---

9,19 *Ysop,* ein Busch mit stark riechenden Blättern, der bei Reinigungsopfern zum Besprengen verwendet wurde. Seine Stängel werden bis zu 80 Zentimeter lang.

hat.«* ²¹ Auch das heilige Zelt und alles, was für den Gottesdienst gebraucht wurde, besprengte Mose mit dem Blut. ²² Nach dem Gesetz muss fast alles mit Blut gereinigt werden. Und ohne das Blut eines Opfers gibt es keine Vergebung.

²³ Mit solchen Mitteln müssen also die Einrichtungen des alten Bundes, die ja nur Abbilder der himmlischen Dinge sind, gereinigt werden. Die himmlischen Dinge selbst brauchen bessere Opfer. ²⁴ Denn um sich vor Gott für uns einzusetzen, ist Christus ja nicht in ein von Menschen gemachtes Heiligtum eingetreten, eine Nachbildung des eigentlichen, sondern in den Himmel selbst. ²⁵ Er ging aber nicht in den Himmel, um sich immer wieder zu opfern, so wie der irdische Hohe Priester Jahr für Jahr mit dem Blut von Tieren das Höchstheilige betritt. ²⁶ Wenn das nötig gewesen wäre, hätte Christus seit Erschaffung der Welt viele Male leiden und sterben müssen. Er kam aber nur einmal in die Welt, jetzt, am Ende der Zeiten, um durch seinen Opfertod die Sünde rechtskräftig zu tilgen. ²⁷ Und so wie jeder Mensch nur einmal sterben muss und dann vor das Gericht Gottes gestellt wird, ²⁸ so wurde auch der Messias nur einmal geopfert, um die Sünden vieler Menschen wegzunehmen. Wenn er zum zweiten Mal erscheinen wird, kommt er nicht mehr wegen der Sünde, sondern wird die endgültige Rettung für die bringen, die auf ihn warten.

9,20 2. Mose 24,8
10,7 Psalm 40,7-9

Das Gesetz kann nie vollkommen machen, aber Christus

10 ¹ Das Gesetz lässt also nur ein Schattenbild der künftigen Güter erkennen, nicht die Gestalt der Dinge selbst. Deshalb kann es die Menschen, die Jahr für Jahr mit denselben Opfern vor Gott hintreten, niemals völlig von ihrer Schuld befreien. ² Hätte man sonst nicht längst mit den Opfern aufgehört? Denn der Opfernde wäre ja mit einem Mal rein, weil die Sünden sein Gewissen dann nicht mehr belasten würden. ³ Doch das Gegenteil ist der Fall. Durch das Opfer wurden die Menschen jedes Jahr nur wieder an ihre Sünden erinnert. ⁴ Das Blut von Stieren und Böcken ist eben nicht imstande, Sünden wegzunehmen.

⁵ Deshalb sagte Christus bei seinem Eintritt in die Welt: »Opfer und Gaben hast du nicht verlangt, doch einen Leib hast du mir gegeben. ⁶ Über Brand- und Sündopfer freust du dich nicht. ⁷ Da habe ich gesagt: ›Hier bin ich! Ich bin gekommen, um deinen Willen zu tun – so wie es in der Schrift von mir steht.‹«* ⁸ Zuerst sagte er: »Opfer und Gaben hast du nicht verlangt, über Brand- und Sündopfer freust du dich nicht«, obwohl diese Opfer doch vom Gesetz vorgeschrieben sind. ⁹ Und dann fährt er fort: »Hier bin ich! Ich bin gekommen, um deinen Willen zu tun.« Auf diese Weise hebt er die erste Ordnung auf, um die zweite in Kraft zu setzen. ¹⁰ Und aufgrund dieses Willens sind wir geheiligt, weil Jesus Christus seinen Leib ein für allemal als Opfer dargebracht hat.

¹¹ Jeder andere Priester steht Tag für Tag vor dem Altar und bringt Gott viele Male die gleichen Opfer, die doch niemals Sünden wegnehmen können. ¹² Dieser Hohe Priester aber hat nur ein einziges Opfer für die Sünden dargebracht und sich dann für immer auf den Ehrenplatz an Gottes rechter Seite gesetzt. ¹³ Dort wartet er, bis Gott ihm seine Feinde als Schemel unter die Füße legt. ¹⁴ Denn mit einem einzigen Opfer hat er alle, die er für sich ausgesondert hat, völlig und für immer von ihrer Schuld befreit. ¹⁵ Auch der Heilige Geist versichert uns das, denn er hat in der Schrift gesagt: ¹⁶ »Der neue Bund, den ich dann mit ihnen schließen will, wird so aussehen: ›Ich werde ihnen meine Gesetze in Herz und Gewissen schreiben‹, spricht der Herr.« ¹⁷ Und dann fährt er fort: »Nie mehr werde ich an ihre Sünden und ihre Gesetzwidrigkeiten denken.«* ¹⁸ Wo aber die Sünden vergeben sind, ist kein Opfer mehr nötig.

Wir haben freien Zugang zu Gott

¹⁹ Wir haben also jetzt einen freien und ungehinderten Zugang zum wirklichen Heiligtum, liebe Geschwister. Jesus hat ihn durch sein Blut für uns eröffnet. ²⁰ Er hat uns einen neuen Weg durch den Vorhang hindurch gebahnt, einen Weg, der zum Leben führt. Der Vorhang war praktisch sein irdischer Körper. ²¹ Und wir haben auch einen Hohen Priester, dem das ganze Haus Gottes unterstellt ist. ²² Deshalb wollen wir mit aufrichtigem Herzen voller Vertrauen und Zuversicht in die Gegenwart Gottes treten. Denn unsere Herzen wurden ja mit dem Blut von Christus* besprengt.

So ist unser Gewissen von Schuld gereinigt und unser Leib mit dem Reinigungswasser gewaschen.

Unbeirrbar festhalten!

²³ Wir wollen unbeirrbar an der Hoffnung festhalten, zu der wir uns bekennen. Denn Gott, der uns das Versprechen gegeben hat, steht treu zu seinen Zusagen. ²⁴ Und lasst uns aufeinander achten und uns gegenseitig zur Liebe und zu guten Taten anspornen. ²⁵ Deshalb ist es wichtig, unsere Zusammenkünfte nicht zu versäumen, wie es sich leider einige schon angewöhnt haben. Wir müssen uns doch gegenseitig ermutigen, und das umso mehr, je näher ihr den Tag heranrücken seht, an dem der Herr kommt.

²⁶ Wenn wir nämlich bewusst weitersündigen, nachdem wir mit Gottes Hilfe die Wahrheit erkannt haben, verwerfen wir das einzige Opfer, das Sünden wegnehmen kann. ²⁷ Dann bleibt nur noch das furchtbare Warten auf das Gericht und das wütende Feuer, das die verzehren wird, die sich gegen Gott gestellt haben. ²⁸ Schon wenn jemand das Gesetz des Mose gebrochen hat, muss er auf die Aussage von zwei oder drei Zeugen hin sterben. ²⁹ Was meint ihr denn, um wie viel schlimmer der bestraft werden muss, der den Sohn Gottes mit Füßen tritt und das Blut des Bundes entweiht, das ihn doch geheiligt hat, und der den Heiligen Geist verhöhnt, ohne den er Gottes

10,17 Jeremia 31,33-34
10,22 *mit dem Blut von Christus.* Zusatz zur Verdeutlichung.

Gnade nie erkannt hätte? *30* Denn wir kennen den, der gesagt hat: »Die Rache gehört mir; ich werde vergelten!«, und auch: »Der Herr wird sein Volk richten!«* *31* Es wird schrecklich sein, dem lebendigen Gott in die Hände zu fallen.
32 Denkt doch einmal an die Zeit zurück, als Gott euch die Augen für die Wahrheit geöffnet hat. Damals musstet ihr so viel ertragen, und wie standhaft habt ihr durchgehalten. *33* Einige von euch wurden öffentlich beleidigt und misshandelt; und die anderen standen denen, die das ertragen mussten, treu zur Seite. *34* Ihr habt mit den Gefangenen mitgelitten. Und als man euch den Besitz wegnahm, habt ihr das mit Freude ertragen; weil ihr wusstet, dass ihr etwas Besseres besitzt, das ihr nie verlieren werdet.
35 Werft dieses Vertrauen auf den Herrn, das einmal so reich belohnt werden soll, doch jetzt nicht weg! *36* Was ihr braucht, ist Standhaftigkeit. Denn wenn ihr weiterhin nach Gottes Willen handelt, werdet ihr alles bekommen, was er euch zugesagt hat. *37* »Es ist nur noch eine ganz, ganz kurze Zeit, dann wird der kommen, der kommen soll«, hat Gott gesagt, *38* und: »Durch seinen Glauben wird der Gerechte leben. Wenn er sich aber von mir abwendet, werde ich kein Gefallen mehr an ihm haben.«* *39* Doch wir gehören nicht zu denen, die sich von Gott abwenden und so in ihr Verderben rennen. Nein, wir gehören zu denen, die am Glauben festhalten und das Leben gewinnen.

Wir gehören zu denen, die glauben

11 *1* Was ist also der Glaube? Er ist die Grundlage unserer Hoffnung, ein Überführtsein von Wirklichkeiten, die man nicht sieht. *2* Darin haben unsere Vorfahren gelebt und die Anerkennung Gottes gefunden.

3 Aufgrund des Glaubens verstehen wir, dass die Welt durch Gottes Befehl entstand, dass also das Sichtbare aus dem Unsichtbaren kam.

4 Aufgrund des Glaubens brachte Abel ein besseres Opfer dar als Kain. Deshalb nahm Gott seine Gaben an und stellte ihm das Zeugnis aus, vor ihm bestehen zu können. Durch seinen Glauben redet er heute noch, obwohl er doch gestorben ist.

5 Aufgrund des Glaubens wurde Henoch in den Himmel aufgenommen, ohne zu sterben. Niemand konnte ihn mehr finden, weil Gott ihn zu sich genommen hatte. Bevor die Schrift von diesem Geschehen berichtet, stellt sie ihm das Zeugnis aus, dass sein Leben Gott gefallen hatte.* *6* Aber ohne Glauben ist es unmöglich, Gott zu gefallen. Wer zu Gott kommen will, muss glauben, dass es ihn gibt und dass er die belohnt, die ihn aufrichtig suchen.

7 Aufgrund des Glaubens baute Noah eine Arche, um seine Familie zu retten. Er gehorchte der göttlichen Weisung in ehrfürchtiger Scheu, obwohl von dem angedrohten Unheil noch nichts zu sehen war. Durch dieses Vertrauen auf Gott verurteilte er

---

10,30 5. Mose 32,35-36; Psalm 135,14
10,38 Habakuk 2,3-4; sinngemäß nach der LXX zitiert.
11,5 1. Mose 5,24

die damalige Welt und wurde ein Erbe jener Gerechtigkeit, die aus dem Glauben stammt.

8 Aufgrund des Glaubens gehorchte Abraham dem Ruf Gottes. Er verließ seine Heimat und zog in ein anderes Land, das Gott ihm zum Erbbesitz geben wollte. Er ging, ohne zu wissen, wohin er kommen würde. 9 Aufgrund des Glaubens siedelte er sich in dem zugesagten Land an, auch wenn er dort wie ein Fremder lebte und mit Isaak und Jakob, denen Gott dieselbe Zusage gegeben hatte, in Zelten wohnte. 10 Er wartete auf die Stadt, die feste Fundamente hat, deren Baumeister und Schöpfer Gott selbst ist. 11 Aufgrund des Glaubens erhielt selbst Sara die Kraft, Mutter zu werden, obwohl sie unfruchtbar war und schon ein Alter erreicht hatte, in dem sie nicht mehr schwanger werden konnte. Sie war nämlich überzeugt, dass Gott sein Versprechen halten würde. 12 Und deshalb stammt von einem einzigen Mann, noch dazu von einem, der schon so gut wie tot war, ein ganzes Volk ab, ein Volk, so unzählbar wie die Sterne am Himmel und wie die Sandkörner am Ufer des Meeres.

13 All diese Menschen, von denen wir jetzt sprachen, haben Gott bis zu ihrem Tod vertraut, obwohl sie noch nicht erhielten, was er ihnen zugesagt hatte. Doch sie sahen die Erfüllung der Zusagen von fern und freuten sich darauf. Ganz offen sagten sie, dass sie hier auf der Erde nur Gäste und Fremde seien. 14 Damit gaben sie zu verstehen, dass sie noch auf der Suche nach einer Heimat waren. 15 Hätten sie dabei an das Land gedacht, aus dem sie gekommen waren, dann hätten sie genügend Zeit gehabt dorthin zurückzukehren. 16 Aber sie suchten nach etwas Besserem, einer Heimat im Himmel. Deshalb schämt Gott sich nicht, ihr Gott genannt zu werden, denn er hat ihnen eine Stadt im Himmel gebaut.

17 Aufgrund des Glaubens war Abraham bereit, Isaak zu opfern, als Gott ihn auf die Probe stellte. Abraham, der die Zusage Gottes empfangen hatte, war bereit, seinen einzigen Sohn zu opfern, 18 obwohl Gott ihm versprochen hatte: »Durch Isaak gebe ich dir die zugesagte Nachkommenschaft.«* 19 Denn Abraham ging davon aus, dass Gott Isaak wieder zum Leben erwecken konnte. Und bildlich gesprochen hat er seinen Sohn ja auch vom Tod zurückerhalten.

20 Aufgrund des Glaubens segnete Isaak seine Söhne Jakob und Esau im Blick auf das, was kommen würde.

21 Aufgrund des Glaubens segnete Jakob auf seinem Sterbebett jeden der Söhne Josefs besonders; und auf seinen Stab gestützt neigte er sich anbetend vor Gott.

22 Aufgrund des Glaubens sprach Josef kurz vor seinem Tod vom Auszug der Israeliten aus Ägypten und bestimmte, was dann mit seinen Gebeinen geschehen sollte.

23 Aufgrund des Glaubens wurde Mose nach seiner Geburt drei Monate lang von seinen Eltern versteckt gehalten. Sie sahen seine Schönheit und hatten keine Angst, dem Befehl des Königs zu trotzen.

11,18 1. Mose 21,12

24 Aufgrund des Glaubens wollte Mose, als er groß geworden war, sich nicht mehr Sohn der Pharaotochter nennen lassen. *25* Lieber wollte er mit dem Volk Gottes misshandelt werden, als sich dem flüchtigen Genuss der Sünde hinzugeben. *26* Er war sicher, dass die Schätze Ägyptens nicht so viel wert waren wie die Schmach, die auch wir für den Messias tragen. Denn er sah auf die Belohnung, die Gott für ihn bereithielt. *27* Aufgrund des Glaubens verließ er Ägypten ohne sich vor dem Zorn des Königs zu fürchten. Er ging entschlossen seinen Weg, weil er den unsichtbaren Gott vor Augen hatte. *28* Aufgrund des Glaubens führte er das Passafest* ein und ließ das Blut der Passalämmer an die Türpfosten streichen, damit der Tod bringende Engel ihre Erstgeborenen nicht antastete.

29 Aufgrund des Glaubens zogen die Israeliten durch das Rote Meer als wäre es trockenes Land. Als die Ägypter das auch versuchten, gingen sie unter. *30* Aufgrund des Glaubens stürzten die Mauern Jerichos ein, nachdem die Israeliten sieben Tage um die Stadt gezogen waren.

31 Aufgrund des Glaubens blieb die Hure Rahab vor dem Verderben bewahrt, das über Jericho hereinbrach. Sie hatte die Kundschafter freundlich aufgenommen, während die anderen Einwohner sich Gott widersetzten. *32* Wie viele andere wären noch zu nennen! Doch die Zeit würde mir fehlen, wenn ich von Gideon und Barak erzählen wollte, von Simson, Jiftach und David, von Samuel und den Propheten. *33* Aufgrund des Glaubens haben sie Königreiche niedergezwungen, für Gerechtigkeit gesorgt und bekommen, was Gott ihnen versprochen hatte. Sie verschlossen Löwen das Maul, *34* löschten glühendes Feuer und entkamen dem tödlichen Schwert. Aus Schwäche gewannen sie Kraft, im Kampf wurden sie stark und schlugen feindliche Heere zurück. *35* Es kam sogar vor, dass Frauen, die Gott vertrauten, ihre geliebten Angehörigen auferstanden aus dem Tod zurückerhielten.

Andere dagegen, die auch Gott vertrauten, wurden zu Tode gefoltert. Sie wollten lieber sterben, als sich von Gott loszusagen und auf diese Weise freizukommen. Sie wollten eine bessere Auferstehung erhalten. *36* Wieder andere ertrugen Spott und Auspeitschungen, Ketten und Gefängnis. *37* Sie wurden gesteinigt, sie wurden zersägt und mit dem Schwert hingerichtet. Heimatlos zogen sie umher, in Schaf- und Ziegenfelle gehüllt, Not leidend, bedrängt, misshandelt. *38* Die Welt war es nicht wert, solche Menschen zu tragen, die dann auch noch in der Wüste und in den Bergen, in Höhlen und in Klüften ihre Zuflucht suchen mussten.

39 Doch sie alle, die durch ihr Vertrauen auf Gott ein rühmliches Zeugnis erhielten, haben die Erfüllung der Zusagen nicht erlebt, *40* und zwar deshalb, weil Gott für unsere Zeit etwas Besseres vorgesehen hat. Deshalb können sie erst zusammen mit uns die Vollendung erreichen.

11,28 Passa. Siehe 2. Mose 12-13.

Werdet nicht müde!

12 ¹ Wir sind also von einer ganzen Wolke von Zeugen umgeben. Deshalb wollen auch wir den Wettkampf bis zum Ende durchhalten und jede Last ablegen, die uns behindert, besonders die Sünde, die uns so leicht umschlingt. ² Und dabei wollen wir auf Jesus schauen. Er hat uns gezeigt, wie man diesen Lauf beginnt und als Sieger ans Ziel kommt. Weil er wusste, welche Freude auf ihn wartete, hat er das Kreuz und die Schande dieses Todes auf sich genommen. Nun sitzt er auf dem Ehrenplatz an Gottes rechter Seite. ³ Schaut euch an, wie er die Anfeindung sündiger Menschen ertragen hat. Dann werdet auch ihr nicht müde und verliert nicht den Mut. ⁴ Immerhin habt ihr im Kampf gegen die Sünde noch nicht euer Leben lassen müssen. ⁵ Trotzdem werdet ihr schon mutlos. Ihr habt vergessen, was Gott zu seinen Kindern sagt: »Mein Sohn, missachte nicht die strenge Hand des Herrn, verliere nicht den Mut, wenn er dich straft! ⁶ Denn wen der Herr liebt, den erzieht er streng und wen er als Sohn annimmt, dem gibt er auch Schläge.«* ⁷ Was ihr ertragen müsst, dient also eurer Erziehung. Gott behandelt euch so wie ein Vater seine Söhne. Oder habt ihr je von einem Sohn gehört, der nie bestraft wurde? ⁸ Wenn Gott euch nicht mit strenger Hand erziehen würde, wie er das bei allen macht, dann hätte er euch nicht als Kinder anerkannt.

⁹ Auch unsere menschlichen Väter hatten uns streng erzogen. Trotzdem achteten wir sie. Müssen wir uns nicht noch viel mehr unserem himmlischen Vater unterordnen, der allen Wesen Geist und Leben gibt? ¹⁰ Unsere leiblichen Väter haben uns auch nur für kurze Zeit in Zucht genommen, und zwar so, wie es ihren Vorstellungen entsprach. Unser himmlischer Vater aber weiß wirklich, was zu unserem Besten dient. Er erzieht uns, damit wir Anteil an seiner Heiligkeit bekommen. ¹¹ Jede Bestrafung tut weh. Sie ist alles andere als eine Freude. Später jedoch trägt eine solche Erziehung reiche Frucht: Menschen, die durch diese Schule gegangen sind, führen ein friedfertiges und gerechtes Leben.

¹² Stärkt also eure müden Hände und die zitternden Knie ¹³ und geht auf geraden Wegen, damit die lahm gewordenen Füße nicht auch noch verrenkt, sondern vielmehr geheilt werden!

¹⁴ Bemüht euch ernstlich um Frieden mit allen und um ein geheiligtes Leben, ohne das niemand den Herrn sehen wird. ¹⁵ Achtet aufeinander, damit niemand sich von Gottes Gnade ausschließt! Lasst nicht zu, dass eine bittere Wurzel zur Giftpflanze wird, durch die dann viele von euch zu Schaden kommen! ¹⁶ Achtet auch darauf, dass keiner von euch ein ausschweifendes Leben führt oder mit heiligen Dingen so geringschätzig umgeht wie Esau, der für eine einzige Mahlzeit sein Erstgeburtsrecht verkaufte! ¹⁷ Ihr wisst, wie es ihm später erging, als er den Segen von seinem Vater bekommen wollte: Er wurde von Gott verworfen und fand keine Möglichkeit mehr, das rückgängig zu machen, obwohl er sich unter Tränen darum bemühte.

12,6 Sprüche 3,11-12; nach der LXX zitiert.

18 Nun habt ihr Gott nicht so erfahren wie die Israeliten damals am Sinai. Sie kamen zu einem Berg, den man anfassen konnte, auf dem ein Feuer loderte und der in dunkle Wolken gehüllt war. Es herrschte Finsternis und ein Sturm tobte. *19* Sie hörten einen gewaltigen Posaunenschall und eine mächtige Stimme, vor der sie sich so fürchteten, dass sie darum baten, kein weiteres Wort mehr hören zu müssen. *20* Sie wichen zurück, als Gott anordnete: »Wenn auch nur ein Tier den Berg berührt, soll es gesteinigt werden.«* *21* Das ganze Geschehen war so Furcht erregend, dass selbst Mose sagte: »Ich zittere vor Angst.«*

22 Ihr dagegen seid zum Berg Zion und zur Stadt des lebendigen Gottes gekommen, zu dem Jerusalem im Himmel, wo sich unzählbare Engelscharen zu einem Fest versammelt haben. *23* Ihr seid zur Gemeinde der erstgeborenen Kinder Gottes gekommen, deren Namen im Himmel aufgeschrieben sind. Ihr seid zu Gott selbst gekommen, dem Richter von allen und zu den Gerechten, die schon am Ziel sind, deren Geist schon bei Gott ist. *24* Ihr seid zu Jesus gekommen, dem Vermittler eines neuen Bundes und zu dem Reinigungsblut, das viel besser redet als das Blut Abels.

25 Hütet euch also davor, den abzuweisen, der zu euch spricht. Schon die Israeliten entkamen ihrer Strafe nicht, als sie den abwiesen, der von einem Ort auf der Erde zu ihnen sprach. Wie viel schlimmer wird es uns ergehen, wenn wir den ablehnen, der vom Himmel her zu uns spricht. *26* Damals erschütterte seine Stimme die Erde, aber jetzt hat er angekündigt: »Ich werde noch einmal eine Erschütterung kommen lassen, aber nicht nur über die Erde, sondern auch über den Himmel.«* *27* Die Worte »noch einmal« zeigen, dass bei dieser Erschütterung die ganze geschaffene Welt umgewandelt werden soll; bleiben wird nur das, was nicht erschüttert werden kann. *28* Auf uns wartet also ein unerschütterliches Reich. Deshalb wollen wir dankbar sein, denn dadurch dienen wir Gott wie es ihm gefällt: in Ehrfurcht und heiliger Scheu. *29* Denn auch unser Gott ist ein verzehrendes Feuer.

Lebt so, wie es ihm gefällt!

13 *1* Die geschwisterliche Liebe möge euch ganz erhalten bleiben! *2* Vergesst nicht, Gastfreundschaft zu üben! Denn auf diese Weise haben einige, ohne es zu wissen, Engel bei sich aufgenommen. *3* Denkt an die Gefangenen, als wärt ihr selbst mit im Gefängnis! Habt Mitgefühl mit den Misshandelten, als würdet ihr an eurem Leib die Schmerzen spüren!

4 Haltet die Ehe in Ehren und bleibt einander treu! Denn Menschen, die in sexueller Unmoral und fortwährendem Ehebruch leben, werden von Gott gerichtet. *5* Lasst nicht die Geldgier euer Leben bestimmen! Begnügt euch mit dem, was ihr habt! Denn Gott hat gesagt: »Nie werde ich dich aufgeben, niemals dich im Stich lassen.«* *6* Deshalb

---

12,20 2. Mose 19,13
12,21 5. Mose 9,19
12,26 Haggai 2,6
13,5 5. Mose 31,6

können wir getrost sagen: »Der Herr steht mir bei, nun fürchte ich nichts! Was kann ein Mensch mir schon tun?«*

7 Denkt an eure Führer, die euch damals das Wort Gottes gebracht haben. Erinnert euch an das, was aus ihrem Leben hervorgegangen ist, und nehmt euch ihren Glauben zum Vorbild. 8 Denn Jesus Christus ist immer derselbe – gestern, heute und in alle Ewigkeit. 9 Lasst euch nicht von irgendwelchen fremden Lehren mitreißen! Denn es ist gut, durch die Gnade Gottes stark zu werden und nicht durch das Befolgen von Speisegeboten. Sich daran zu halten hat noch niemand Nutzen gebracht.

10 Wir haben einen Altar, an dem die Priester des irdischen Heiligtums keinen Anteil haben. 11 Denn die Körper der Tiere, deren Blut vom Hohen Priester zur Sühnung der Sünden ins innere Heiligtum hineingebracht wird, werden ja draußen vor dem Lager verbrannt. 12 Darum hat auch Jesus außerhalb der Stadtmauern gelitten, um das Volk durch sein Blut zu heiligen. 13 Lasst uns also zu ihm hinausgehen, vor das Lager, und die Schande tragen, die er getragen hat! 14 Denn hier auf der Erde haben wir keine Heimat. Unsere Sehnsucht gilt jener künftigen Stadt, zu der wir unterwegs sind.

15 Durch Jesus wollen wir Gott immer wieder ein Lobopfer bringen, das heißt, wir wollen ihn preisen und uns zu seinem Namen bekennen! 16 Vergesst auch nicht, Gutes zu tun und mit anderen zu teilen! Denn solche Opfer gefallen Gott.

17 Hört auf eure Führer in der Gemeinde und fügt euch ihren Weisungen! Es ist ihre Aufgabe, über eure Seelen zu wachen, und sie werden Gott einmal Rechenschaft über ihren Dienst geben müssen. Sorgt also dafür, dass sie ihre Aufgabe mit Freude tun können, anstatt mit Seufzen und Stöhnen, denn das wäre sicher nicht gut für euch.

18 Betet für uns! Wir sind überzeugt, ein gutes Gewissen zu haben, denn wir möchten in jeder Weise ein Leben führen, wie es gut und richtig ist. 19 Gerade jetzt brauche ich eure Gebete besonders, weil ich hoffe, dann umso eher wieder zu euch zu kommen.

20 Es ist der Gott des Friedens, der den großen Hirten seiner Schafe, unseren Herrn Jesus, von den Toten zurückbrachte, und der vorher mit dessen Blut den ewigen Bund in Kraft gesetzt hat. 21 Dieser Gott rüste euch mit allem Guten aus, damit ihr seinen Willen tun könnt. Durch Jesus Christus möge er das, was ihm gefällt, in euch bewirken. Ihm sei die Ehre für immer und ewig. Amen.

22 Ich bitte euch, liebe Geschwister, weist dieses Wort der Ermutigung nicht ab! Ich habe mich ja so kurz wie möglich gefasst. 23 Ihr sollt wissen, dass unser Bruder Timotheus freigelassen worden ist. Wenn er rechtzeitig hier eintrifft, werden wir euch gemeinsam besuchen.

24 Grüßt eure Führer und die ganze Gemeinde der Heiligen. Die Geschwister aus Italien lassen euch grüßen. 25 Die Gnade sei mit euch allen!

13,6 Psalm 118,6 nach der LXX zitiert.

Brief des Jakobus an das Volk Gottes

Jakobus stammte aus der gleichen Familie, in der auch Jesus Christus aufgewachsen war. Doch erst nach der Auferstehung seines Halbbruders Jesus begann er an ihn zu glauben. Von Anfang an gehörte er aber zur Gemeinde der »Nazoräer« in Jerusalem. So nannte man die Christen damals in Israel. Als nach zwei bis drei Jahren ungestörten Wachstums die erste Verfolgung über die Gemeinde hereinbrach, blieb er mit den anderen Aposteln in der Stadt. Sein Dienst in der weiter wachsenden Gemeinde bestand vor allem im Gebet und der persönlichen Seelsorge. Nachdem im Jahr 42 n.Chr. Jakobus Ben-Zebedäus hingerichtet worden war und Petrus die Stadt verlassen musste, wurde Jakobus eine der »Säulen« der Gemeinde. Auch von seinen jüdischen Mitbürgern wurde er so hoch geachtet, dass sie ihm den Beinamen »der Gerechte« verliehen.

Jakobus hatte sich nie eine Führerrolle angemaßt. Dennoch wurde er für fast 30 Jahre der anerkannte Führer der Gemeinde in Jerusalem. Seine Autorität reichte noch weit darüber hinaus und übertraf sogar die von Petrus und Johannes. Tausende von Juden, die an Jesus Christus gläubig geworden waren, hatten in ihm einen Hirten, der die Liebe zu seinem Herrn, zu seinen jüdischen und nichtjüdischen Glaubensgeschwistern und zu seinem eigenen Volk jeden Tag neu unter Beweis stellte. Seine tiefe Demut, sein großer Eifer zum Gebet, seine herzliche Brüderlichkeit und seine praktische Art machen ihn bis heute zu einem ausgezeichneten Vorbild für alle Gläubigen.

Etwa 15 Jahre nach der Auferstehung des Herrn, um 45 n.Chr., schrieb Jakobus einen Brief an jüdische Christen, von denen sich ein Großteil wohl schon während der ersten Verfolgung in jüdische und ausländische Städte geflüchtet hatte. Jakobus ermutigte sie, die Echtheit ihres Glaubens an den Messias Jesus vor allem durch ihr Handeln zu beweisen. Nur so würden sie ihren jüdischen Mitbürgern zeigen können, dass ihr Glaube an den gekreuzigten und auferstandenen Herrn nicht tot war.

1,1 *in der Fremde lebt.* Wörtlich: *die zwölf Stämme in der Diaspora.* Gemeint sind jüdische Christen, die sich in der ersten Christenverfolgung von Jerusalem aus in ausländische Städte geflüchtet und an vielen Stellen neue christliche Gemeinden gegründet hatten (Apostelgeschichte 8,1; 11,19).

1,2 *Geschwister.* Wörtlich: *Brüder.* Die Mehrzahlform des griechischen Wortes für Bruder meint je nach Zusammenhang auch Geschwister. Hier ist die ganze christliche Gemeinschaft am Ort angesprochen, nicht nur die Männer.

Bewährungsproben und Versuchungen

1 ¹ Jakobus, ein Sklave Gottes und des Herrn Jesus, des Messias, grüßt das Volk Gottes, das in der Fremde lebt*.

² Haltet es für reine Freude, meine Geschwister*, wenn ihr in verschiedener Weise auf die Probe gestellt werdet. ³ Ihr wisst ja, dass ihr durch solche Bewährungsproben für euren Glauben Standhaftigkeit erlangt.

4 Die Standhaftigkeit wiederum soll zu einem vollkommenen Werk führen: Ihr sollt in jeder Hinsicht zur Reife kommen, zu einer Vollkommenheit, der nichts mehr hinzuzufügen ist. 5 Wenn jemand von euch die Einsicht fehlt, um richtige Entscheidungen treffen zu können, dann soll er Gott um diese Weisheit bitten. Er wird sie ihm ohne weiteres geben und ihm deshalb keine Vorwürfe machen, denn er gibt allen gern. 6 Doch wenn er diese Bitte vorbringt, soll er das mit Gottvertrauen tun, und sich nicht Zweifeln hingeben. Ein Zweifler ist nämlich wie eine vom Wind gepeitschte hin- und herwogende Meereswelle. 7 Ein solcher Mensch kann nicht erwarten, etwas vom Herrn zu empfangen. 8 Er ist in sich gespalten und unbeständig in allem, was er unternimmt.

9 Wenn ein Bruder niedrig gestellt ist, rühme er sich des Ansehens, das er bei Gott genießt. 10 Wenn er reich ist, rühme er sich seiner Armseligkeit vor Gott, denn er wird wie eine Wiesenblume vergehen. 11 Wenn nämlich die Sonne aufgeht und mit ihr die Hitze kommt, lässt sie das Gras verdorren. Die Blüte verwelkt und es ist vorbei mit ihrer ganzen Schönheit. So wird auch der Reiche samt seinen Unternehmungen dahinschwinden.

12 Wie glücklich ist der, der die Erprobung standhaft erträgt. Denn nachdem er sich so bewährt hat, wird er den Ehrenkranz des Lebens erhalten, den Gott denen *versprochen hat,* die ihn lieben.

13 Wenn jemand in Versuchung gerät, soll er nicht sagen: »Gott hat mich in die Versuchung geführt.«

Denn Gott kann nicht vom Bösen versucht werden und führt auch selbst niemand in Versuchung. 14 Nein, jeder wird von seiner eigenen Begehrlichkeit hingerissen und gelockt. 15 Wenn dann die Begierde schwanger geworden ist, bringt sie Sünde zur Welt, und die Sünde, wenn sie voll ausgewachsen ist, den Tod. 16 Täuscht euch nicht, liebe Geschwister! 17 Vom Vater der Himmelslichter kommen nur gute und vollkommene Gaben. Bei ihm gibt es keine Veränderung, auch nicht den Schatten eines Wechsels. 18 Aus freiem Liebeswillen hat er uns durch das Wort der Wahrheit neues Leben geschenkt, damit wir gewissermaßen die ersten Geschöpfe seiner neuen Schöpfung wären.

19 Denkt daran, liebe Geschwister: »Jeder Mensch sei schnell zum Hören bereit – zum Reden und zum Zorn, da lasse er sich Zeit.« 20 Denn im Zorn tut keiner, was vor Gott recht ist. 21 Legt deshalb jede Gemeinheit und alle Bosheit von euch ab und nehmt das Wort, das in euch hineingepflanzt wurde, bereitwillig auf. Denn das hat die Macht, euch zu retten. 22 Es genügt aber nicht, das Wort nur zu hören, denn so betrügt man sich selbst. Man muss danach handeln. 23 Jeder, der das Wort nur hört und nicht danach tut, der ist wie ein Mann, der in den Spiegel sieht. 24 Er betrachtet sich, läuft davon und hat schon vergessen, wie er aussah. 25 Wer aber tief in das vollkommene Gesetz Gottes, in das Gesetz der Freiheit, hineinschaut und das immer wieder tut, wer nicht vergisst, was er gehört hat, sondern danach handelt, der wird in dem,

was er tut, glücklich und gesegnet sein. *26* Wenn jemand sich einbildet, Gott zu dienen, aber seine Zunge nicht im Zaum hält, der macht sich selbst etwas vor und seine Gottesverehrung ist wertlos. *27* Eine Frömmigkeit, die Gott, der Vater, als fleckenlos rein betrachtet, sieht so aus: Man besuche Waisen und Witwen in ihrer Not und beschmutze sich nicht am Treiben der Welt.

Das königliche Gesetz

2 *1* Meine Brüder, haltet den Glauben an Jesus, den Messias, unseren herrlichen Herrn, frei von jeder Parteilichkeit. *2* Nehmen wir an, es kommt ein Mann in eure Versammlung, der goldene Ringe an den Fingern hat und teure Sachen trägt, und dann kommt ein Armer in schmutziger Kleidung herein. *3* Und ihr wendet euch dem gut gekleideten Mann zu und sagt: »Hier ist ein schöner Platz für dich!« Zu dem Armen aber sagt ihr: »Du kannst dort stehen bleiben!« oder: »Setz dich hier an meinen

---

2,7 *dem ihr gehört.* Wörtlich: *der über euch ausgerufen wurde.* Das ist vielleicht ein Hinweis auf die Taufe, denn die Gläubigen wurden auf den Namen von Jesus Christus getauft (Apostelgeschichte 2,38).

2,11 2. Mose 20,13-14.

2,12 *Gesetz der Freiheit.* Menschliche Gesetze werden oft als Einengung der Freiheit verstanden. Gottes Wort und Gesetz macht Menschen frei, ihrer Bestimmung zu leben und ihre Nächsten zu lieben.

2,13 *gezeigt hat.* Denn solch ein Mensch beweist damit, dass er weder Glauben noch Liebe im Herzen hat.

Fußschemel!« *4* Seid ihr da nicht in Widerspruch mit euch selbst geraten und zu Richtern mit bösen Hintergedanken geworden? *5* Hört zu, meine lieben Brüder! Hat Gott nicht gerade die, die in den Augen der Welt arm sind, ausgewählt, reich im Glauben und Erben jenes Reiches zu sein, das er denen versprochen hat, die ihn lieben? *6* Aber ihr habt den Armen zurückgesetzt! Sind es nicht gerade die Reichen, die euch tyrannisieren? Ziehen nicht sie euch vor die Gerichte? *7* Sind nicht sie es, die den guten Namen dessen, dem ihr gehört*, in Verruf bringen?

8 Wenn ihr wirklich das königliche Gesetz in der Schrift erfüllt: »Liebe deinen Nächsten wie dich selbst!«, dann tut ihr recht. *9* Wenn ihr aber bestimmte Menschen bevorzugt, dann begeht ihr eine Sünde und werdet vom Gesetz als Übertreter überführt. *10* Denn wer das ganze Gesetz hält, aber in einem Punkt dagegen verstößt, der ist am ganzen Gesetz schuldig geworden. *11* Denn der, der gesagt hat: »Du sollst die Ehe nicht brechen!«, hat auch gesagt: »Du sollst nicht morden!«* Wenn du nun keinen Ehebruch begehst, aber jemand umbringst, dann hast du das Gesetz übertreten. *12* Redet und handelt als Menschen, die im Begriff stehen, durch das Gesetz der Freiheit* gerichtet zu werden. *13* Denn das Gericht wird erbarmungslos mit dem verfahren, der kein Erbarmen gezeigt hat.* Barmherzigkeit aber ist dem Gericht überlegen.

14 Was für einen Wert hat es, liebe Geschwister, wenn jemand behauptet, Glauben zu haben, aber keine

Werke aufweisen kann? Kann solcher Glaube ihn etwa retten? 15 Stellt euch vor, jemand von euren Brüdern oder Schwestern hat nicht genug anzuziehen und zu essen. 16 Und dann sagt einer von euch zu ihnen: »Lasst es euch gut gehen! Hoffentlich könnt ihr euch warm anziehen und habt genug zu essen!«, aber er gibt ihnen nicht, was sie zum Leben brauchen. Was nützt ihnen das? 17 Genauso ist es mit einem Glauben, der keine Werke aufweist. Für sich allein ist er tot.

18 Aber es könnte jemand sagen: »Der eine hat eben Glauben und der andere Werke.« Zeig mir doch einmal deinen Glauben, wenn du keine Werke vorweisen kannst. Und ich werde dir meinen Glauben aus meinen Werken beweisen. 19 Du glaubst, dass es nur einen Gott gibt. Gut! Aber die Dämonen glauben das auch – und zittern vor Angst. 20 Du gedankenloser Mensch! Willst du nicht begreifen, dass der Glaube ohne Werke tot ist? 21 Wurde unser Stammvater Abraham nicht wegen seines Handelns als gerecht betrachtet – eben weil er Isaak, seinen Sohn, auf den Opferaltar legte? 22 Du siehst also: Der Glaube wirkte mit seinem Tun zusammen. Erst durch das Tun wurde der Glaube vollendet. 23 Erst so erfüllte sich das Wort der heiligen Schrift: »Abraham glaubte Gott, und das wurde ihm als Gerechtigkeit angerechnet.«* Er wurde sogar »Freund Gottes« genannt*. 24 Ihr seht also, dass ein Mensch durch seine Taten gerecht gesprochen wird und nicht aus Glauben allein.

25 Wurde nicht sogar die Hure Rahab aufgrund ihrer Taten gerecht gesprochen? Denn sie nahm die Boten auf und ließ sie auf einem anderen Weg entkommen.*

26 Genauso wie der Körper ohne Geist tot ist, so ist auch der Glaube ohne die Werke tot.

Die Weisheit von oben

3 1 Drängt euch nicht danach, Lehrer zu sein, meine Brüder. Ihr wisst ja, dass wir als Lehrer ein strengeres Gericht zu erwarten haben, 2 denn wir alle machen oft Fehler. Wer beim Reden keine Fehler macht, der ist ein vollkommener Mann und kann auch seinen Körper im Zaum halten. 3 Wenn wir den Pferden Zaumzeug ins Maul legen, um sie uns gefügig zu machen, lenken wir damit das ganze Tier. 4 Seht euch die großen Schiffe an, die von starken Winden getrieben werden. Von einem sehr kleinen Ruder werden sie dorthin gesteuert, wohin der Steuermann es will. 5 So ist auch die Zunge nur ein kleines Glied und kann sich doch großer Wirkungen rühmen. Und ein kleines Feuer kann einen großen Wald in Brand stecken. 6 Auch die Zunge ist so ein Feuer, das von der Hölle angezündet wird, eine Welt voll Unrecht unter unseren Gliedern. Sie beschmutzt den ganzen Menschen und macht ihm das Leben zur Hölle. 7 Der Mensch hat es

---

2,23 1. Mose 15,6; 2. Chronik 20,7
2,25 *entkommen.* Vergleiche die Begebenheit, die in Josua 2 berichtet wird.

12 Vor allem aber lasst das Schwören, liebe Geschwister! Schwört weder beim Himmel noch bei der Erde noch sonst einen Eid. Lasst vielmehr euer Ja ein Ja sein und euer Nein ein Nein! Ihr wollt doch nicht dem Gericht verfallen! *13* Wenn jemand von euch Schweres durchmacht, soll er beten. Ist jemand voller Zuversicht, soll er Loblieder singen. *14* Wenn jemand von euch schwach oder krank ist, soll er die Ältesten der Gemeinde zu sich rufen, damit sie ihn im Namen des Herrn mit Öl einreiben und über ihm beten. *15* Das vertrauensvolle Gebet wird den Kranken retten. Der Herr wird ihn aufrichten und ihm vergeben, wenn er Sünden begangen hat. *16* Bekennt also einander die Sünden und betet füreinander, damit ihr geheilt werdet. Das Gebet eines Gerechten vermag viel und erweist sich als wirksam. *17* Elija war ein Mensch wie wir. Er betete, dass es nicht regnen solle. Da regnete es dreieinhalb Jahre lang nicht mehr im Land. *18* Er betete noch einmal, da schenkte der Himmel Regen und die Erde brachte ihre Frucht.

19 Wenn jemand unter euch von der Wahrheit abirrt, meine Brüder, und einer bringt ihn zur Umkehr, *20* dann denkt daran: Wer einen Sünder von seinem falschen Weg zurückbringt, wird dessen Seele vom Tod retten und eine Menge Sünden zudecken.

Erster Brief des Petrus

»**D**urch den Bruder Silvanus, dessen Treue ich sehr schätze, habe ich euch diese wenigen Zeilen geschrieben ... Die Gemeinde in dem Babylon hier lässt euch grüßen, auch Markus, der mir wie ein Sohn ist«, schreibt Petrus am Ende seines Briefes. Silvanus (Silas), der auch mit Paulus zusammengearbeitet hatte, verfasste den Brief für Petrus auf Griechisch. Sie befanden sich damals offenbar in Rom, das wegen seinem dekadenten Luxus auch von römischen Schriftstellern mehrfach als »babylonisch« bezeichnet wurde.

Der Brief könnte schon im Jahr 59 entstanden sein, kurz bevor der Apostel Paulus als Gefangener in Rom eintraf.

Petrus will die Gläubigen in der Erkenntnis ihres Heils befestigen und ihnen die Größe ihrer gegenwärtigen und zukünftigen Rettung zeigen, damit sie die Kraft haben, bei allen Anfeindungen und Bedrohungen ihrem Herrn treu zu bleiben. Die im ersten Vers genannten Provinzen und Landschaften umfassen praktisch die ganze nördliche Hälfte der heutigen Türkei, ein Gebiet von etwa 300 km Breite und 1500 km Länge südlich des Schwarzen Meeres, das westlich von dem Ägäischen Meer und östlich von Armenien begrenzt wird.

1 *1* Petrus, ein Apostel von Jesus Christus, grüßt die von Gott Erwählten, die als Fremde unter ihren Landsleuten leben und zwar in Pontus, Galatien, Kappadozien, der Provinz Asia und in Bithynien. *2* Gott, der Vater, hat euch aufgrund seiner Allwissenheit erwählt und durch das Wirken seines Geistes zu geheiligten Menschen gemacht. Ihr seid Menschen geworden, die Jesus Christus gehorsam sind und durch sein Blut gereinigt werden. Mögen Gnade und Frieden sich bei euch immer weiter vermehren.

Das Ziel des Glaubens

3 Gepriesen sei Gott, der Vater unseres Herrn Jesus Christus! In seinem großen Erbarmen hat er uns wiedergeboren und uns mit einer lebendigen Hoffnung erfüllt. Sie gründet sich darauf, dass Jesus Christus von den Toten auferstanden ist *4* und richtet sich auf das unvergängliche, unbefleckte und unverderbliche Erbe, das Gott im Himmel für euch bereithält. *5* Und weil ihr an ihn glaubt, wird Gott euch durch seine Macht für die Rettung bewahren, die schon bereitliegt, um dann in der letzten Zeit offenbar zu werden. *6* Deshalb jubelt ihr voller Freude, obwohl ihr jetzt für eine Weile den unterschiedlichsten Prüfungen ausgesetzt seid. *7* Doch dadurch soll sich euer Glaube bewähren und es wird sich zeigen, dass er wertvoller ist als das vergängliche Gold, das ja auch durch Feuer geprüft wird. Denn euer Glaube wird zu Ehre und Herrlichkeit werden wenn Jesus Christus sich offenbart. *8* Ihn liebt ihr ja, obwohl ihr ihn noch nie gesehen habt, an ihn glaubt ihr, obgleich ihr ihn auch jetzt nicht seht, und jubelt in unsagbarer, von Herrlichkeit erfüllter Freude. ⁹ So werdet ihr das Ziel eures Glaubens erreichen: eure Rettung.

¹⁰ Nach dieser Rettung suchten und forschten schon die Propheten, die angekündigt haben, welches Gnadengeschenk für euch bestimmt ist. ¹¹ Sie forschten danach, auf welche Zeit und welche Umstände der Geist von Christus, der schon in ihnen wirkte, hinwies. Er zeigte ihnen nämlich im Voraus die Leiden, die über Christus kommen und die Herrlichkeiten, die danach folgen würden. ¹² Gott ließ sie erkennen, dass sie nicht sich selbst, sondern euch dienten. Euch ist das alles jetzt von denen verkündigt worden, die euch mit der guten Botschaft vertraut gemacht haben. Sie taten das in der Kraft des Heiligen Geistes, den Gott vom Himmel gesandt hat. Selbst Engel brennen darauf, Einblick in diese Dinge zu bekommen.

Das heilige Leben

¹³ Deshalb kontrolliert eure persönliche Einstellung und seid immer zum Aufbruch bereit. Bleibt nüchtern und setzt eure Hoffnung ganz auf die Gnade, die euch angetragen wird, wenn Jesus Christus sich offenbaren wird. ¹⁴ Und weil ihr jetzt vom Gehorsam bestimmt seid, lasst euch nicht mehr von den Begierden beherrschen, wie ihr das früher getan habt, als ihr noch unwissend wart. ¹⁵ Im Gegenteil:

Euer Leben soll jetzt ganz von dem heiligen Gott geprägt sein, der euch berufen hat, ¹⁶ denn die Schrift sagt: »Seid heilig, denn ich bin heilig!*«

¹⁷ Und weil ihr den als Vater anruft, der ein unparteiisches Urteil über die Taten jedes Menschen sprechen wird, führt ein Leben in Gottesfurcht, so lange ihr noch hier in der Fremde seid. ¹⁸ Ihr wisst ja, dass ihr nicht mit vergänglichen Dingen wie Silber oder Gold von dem sinnlosen Lebensstil befreit worden seid, den ihr von euren Vorfahren übernommen hattet, ¹⁹ sondern mit dem kostbaren Blut eines reinen, makellosen Opferlammes, dem Blut von Christus. ²⁰ Schon vor Erschaffung der Welt ist er zu diesem Opfer ausgesucht worden, wegen euch aber ist er erst in dieser letzten Zeit erschienen. ²¹ Durch ihn glaubt ihr an Gott, der Jesus aus den Toten auferweckt und ihm dann die Herrlichkeit verliehen hat. Damit ist euer Glaube zugleich Hoffnung auf Gott.

²² Ihr habt der Wahrheit gehorcht und euch dadurch gereinigt, sodass ihr jetzt zu aufrichtiger geschwisterlicher Liebe fähig seid. Bleibt nun auch dabei, euch gegenseitig mit reinem Herzen zu lieben, ²³ denn ihr seid ja von neuem geboren worden. Dazu kam es nicht durch die Zeugung eines sterblichen Menschen, sondern durch den Samen des unvergänglichen, lebendigen und bleibenden Wortes Gottes. ²⁴ Denn »alle Menschen sind wie das Gras und ihre ganze Schönheit wie die Blumen auf der Wiese. Das Gras vertrocknet und die Blumen verwelken, ²⁵ aber das Wort des Herrn bleibt ewig in Kraft.«* Und

---

1,16 3. Mose 19,2
1,25 Jesaja 40,6-8

genau dieses Wort ist euch als gute Botschaft verkündigt worden.

2 ¹ Legt also alle Bosheit von euch ab, alle Falschheit und Heuchelei, allen Neid und alle Verleumdungen! ² Verlangt stattdessen wie Neugeborene nach der unverfälschten Milch des Wortes Gottes, damit ihr durch sie heranwachst und das Ziel, eure endgültige Rettung, erreicht. ³ Ihr habt ja schon erfahren, wie gütig der Herr ist.

Der lebendige Stein

⁴ Kommt zu ihm, dem lebendigen Stein! Die Menschen haben ihn zwar als unbrauchbar weggeworfen, vor Gott aber ist er eine ausgesuchte Kostbarkeit. ⁵ Und lasst euch selbst als lebendige Steine zu einem geistlichen Haus aufbauen, zu einer heiligen Priesterschaft, die geistliche Opfer bringt. Durch Jesus Christus nimmt Gott solche Opfer gern an. ⁶ Darum steht auch in der Schrift: »Seht her, ich lege in Zion einen ausgesucht kostbaren Eckstein als Grund. Wer sich auf ihn verlässt, wird nicht zugrunde gehen.«* ⁷ Für euch, die ihr glaubt, ist dieser Stein eine Kostbarkeit. Für die Ungläubigen aber gilt: »Gerade der Stein, der von den Bauleuten als unbrauchbar verworfen wurde, ist zum Eckstein geworden.«* ⁸ Er ist ein Stein, an dem die Menschen sich stoßen, ein Felsblock, an dem sie zu Fall kommen.«* Weil sie dem Wort Gottes *nicht gehorchen*, stoßen sie sich an ihm. Doch dazu sind sie auch bestimmt. ⁹ Aber ihr seid ein ausgewähltes Geschlecht, eine königliche Priesterschaft, ein heiliges Volk, das

Gott selbst gehört. Er hat euch aus der Finsternis in sein wunderbares Licht gerufen, damit ihr verkündigt, wie unübertrefflich er ist. ¹⁰ Früher wart ihr nicht sein Volk, aber jetzt seid ihr Gottes Volk, früher gab es für euch kein Erbarmen, aber jetzt habt ihr sein Erbarmen gefunden.

Christen im Staat

¹¹ Ihr wisst, liebe Geschwister, dass ihr in dieser Welt nur Ausländer und Fremde seid. Deshalb ermahne ich euch: Gebt den Leidenschaften eurer eigenen Natur nicht nach, denn sie kämpft gegen euch. ¹² Euer Leben muss gerade unter Menschen, die Gott nicht kennen, einwandfrei sein. Wenn sie euch als Böse verleumden, sollen sie eure guten Taten sehen, damit sie zur Einsicht kommen und Gott preisen, wenn er einmal in ihr Leben eingreift.

¹³ Fügt euch allen von Menschen gesetzten Ordnungen, weil der Herr das so will. Das gilt sowohl für den König, der an höchster Stelle steht, ¹⁴ als auch für die Statthalter. Er hat sie eingesetzt, um Verbrecher zu bestrafen und Menschen, die Gutes tun, zu belohnen. ¹⁵ Denn Gott will, dass ihr durch gute Taten das dumme Gerede unwissender Menschen zum Schweigen bringt. ¹⁶ Lebt als freie Menschen, die Sklaven Gottes sind, und missbraucht eure Freiheit nicht als Deckmantel für das Böse. ¹⁷ Begegnet allen mit Achtung, liebt die

---

2,6 Jesaja 28,16
2,7 Psalm 118,22
2,8 Jesaja 8,14

Gemeinschaft mit den Glaubensge-schwistern, fürchtet Gott, ehrt den König!

Abhängige Christen

18 Ihr Sklaven in den Häusern! Gehorcht euren Dienstherren mit aller Ehrerbietung, und zwar nicht nur den guten und gerechten, sondern auch den verbogenen. 19 Es ist nämlich eine Freundlichkeit Gottes, wenn jemand Kränkungen erträgt und unschuldig leidet, weil er in seinem Gewissen an Gott gebunden ist. 20 Denn was wäre das für ein Ruhm, wenn ihr wegen einer Verfehlung Misshandlungen ertragt? Wenn ihr aber Gutes tut und dafür leiden müsst, dann ist das eine Gnade von Gott, 21 denn genau dazu seid ihr berufen worden. Auch Christus hat für euch gelitten und euch ein Beispiel gegeben, damit ihr seinen Fußspuren folgt. 22 Er hat keine Sünde begangen und kein unwahres Wort ist je über seine Lippen gekommen.* 23 Er wurde beleidigt und schimpfte nicht zurück, er litt und drohte nicht mit Vergeltung, sondern überließ seine Sache dem, der gerecht richtet. 24 In seinem Körper hat er unsere Sünden auf das Holz hinaufgetragen,* damit wir – für die Sünden gestorben – nun so leben, wie es vor Gott recht ist. Durch seine Striemen seid ihr heil geworden. 25 Denn ihr wart wie Schafe, die sich

verlaufen haben. Jetzt aber seid ihr zu eurem Hirten, dem Hüter eurer Seelen zurückgekehrt.

Christen in der Ehe

3 1 In derselben Weise sollt auch ihr Frauen euch euren Männern unterordnen. Damit werden auch solche Männer gewonnen, die nicht auf das Wort Gottes hören wollen. Das geschieht ohne Worte, einfach durch das Verhalten ihrer Frauen, 2 denn sie sehen, wie rein und gottesfürchtig ihr lebt. 3 Ihr sollt nicht durch äußerlichen Schmuck wirken wollen, durch aufwendige Frisuren, durch Gold oder prächtige Kleider. 4 Vor Gott ist der Mensch wertvoll, der das, was man nicht sehen kann, sein Herz, mit den unvergänglichen Werten eines sanften und stillen Geistes schmückt. 5 Das ist die Schönheit, mit der die heiligen Frauen sich früher geschmückt haben. Sie haben ihre Hoffnung auf Gott gesetzt und sich ihren Männern untergeordnet. 6 Sara, zum Beispiel, gehorchte Abraham und nannte ihn »Herr«. Und wenn ihr Gutes tut und euch nicht von Furcht überwältigen lasst, dann seid ihr ihre Töchter geworden.

7 Ihr Männer müsst euch entsprechend verhalten, damit eure Gebete nicht vergeblich sind. Seid also rücksichtsvoll im Umgang mit euren Frauen, denn sie sind die Schwacheren. Achtet und ehrt sie, denn sie haben genau so wie ihr Anteil am Geschenk des ewigen Lebens.

Christen untereinander

8 Schließlich sage ich euch allen: Seid euch in der gleichen Gesinnung einig,

---

2,22 Das ist ein Zitat aus Jesaja 53,9

2,24 Andere übersetzen: »auf dem Holz getragen«. In der LXX wird diese Wendung für das Darbringen des Opfers gebraucht (Hesekiel 43,18; Psalm 51,21; Esra 3,2).

habt Mitgefühl füreinander und begegnet euch in geschwisterlicher Liebe. Seid barmherzig und demütig. 9 Vergeltet Böses nicht mit Bösem und Schimpfwort nicht mit Schimpfwort, sondern tut das Gegenteil: wünscht ihnen Gutes und segnet sie so. Das erwartet Gott von euch, damit er euch an seinem Segen teilhaben lässt.

10 »Denn wer das Leben liebt und gute Tage sehen will, der hüte seine Zunge. Kein böses Wort und keine Lüge verlasse seinen Mund. 11 Er wende sich vom Bösen ab und tue das Gute und mühe sich um Frieden! 12 Denn der Herr hat die im Blick, die das Rechte tun und für deren Bitten ein offenes Ohr. Doch wer Böses tut, hat ihn immer gegen sich und spürt seinen Zorn.«*

Leiden für gute Taten

13 Und wer würde euch schaden wollen, wenn ihr euch bemüht das Gute zu tun? 14 Wenn ihr aber trotzdem leiden müsst, weil ihr tut, was vor Gott recht ist, dann dürft ihr euch glücklich preisen. ›Habt also keine Angst und seid unbesorgt. 15 Lasst Christus, den Herrn, die Mitte eures Lebens sein!‹* Und wenn man euch nach eurer Hoffnung fragt, seid immer zur Rechenschaft bereit. 16 Doch antwortet freundlich und mit dem gebotenen Respekt. Bewahrt euch ein reines Gewissen! Wenn die Leute euch dann etwas Böses nachsagen, werden sie beschämt werden, weil euer vorbildliches Leben mit Christus sie Lügen straft. 17 Auf jeden Fall ist es besser, für gute Taten zu leiden, wenn Gott das so will, als für schlechte.

18 Auch Christus hat einmal für die Sünden gelitten, der Gerechte starb für die Ungerechten, um uns zu Gott hinführen zu können. Als Mensch wurde er getötet, durch den Geist aber wieder lebendig gemacht. 19 In diesem Geist hatte er auch den in der Sünde gefangenen Geistern gepredigt*, 20 den Menschen, die zur Zeit Noahs ungehorsam waren. Damals wartete Gott geduldig auf ihre Umkehr, bis Noah die Arche fertig gebaut hatte. Doch nur acht Menschen wurden in der Arche durch das Wasser der Sintflut hindurch gerettet. 21 Das ist ein Bild für die Taufe, die jetzt euch rettet. Die Taufe dient ja nicht zur körperlichen Reinigung. Sie ist vielmehr Ausdruck einer Bitte an Gott um ein gutes Gewissen. Das alles ist nur möglich geworden, weil Jesus Christus von den Toten auferstanden ist. 22 Und nachdem er zum Himmel aufgestiegen war, nahm er den Ehrenplatz an Gottes rechter Seite ein. Alle Engel, Gewalten und Mächte sind ihm unterworfen.

Leben für Gott

4 1 Weil nun Christus als Mensch gelitten hat, solltet auch ihr dazu bereit sein. Denn wer körperlich leidet, hat von der Sünde abgelassen.

3,12 Psalm 34,13-17

3,15 Jesaja 8,12-13

3,19 *Geistern gepredigt.* Offenbar tat Christus das durch Noah. Dass er ins Totenreich gegangen wäre, um den Toten dort zu predigen, geht weder aus dem Wortlaut noch aus dem Zusammenhang dieser Stelle hervor.

2 Der Rest eures Lebens wird dann nicht mehr von euren Leidenschaften bestimmt, sondern von dem, was Gott will. 3 Es ist schlimm genug, dass ihr früher getan habt, was die Menschen ohne Gott von euch wollten. In hemmungsloser Gier habt ihr euch mit ihnen zusammen Ausschweifungen hingegeben, ihr habt euch betrunken, habt an wüsten Fress- und Saufgelagen teilgenommen und wart in einem abscheulichen Götzendienst gefangen. 4 Eure früheren Freunde sind jetzt natürlich befremdet, dass ihr euch nicht mehr in diesen Strudel der Leidenschaften hineinreißen lasst, und beschimpfen euch deswegen. 5 Aber sie werden sich vor dem verantworten müssen, der bald sein Urteil über alle Menschen sprechen wird, über die Lebenden und über die Toten. 6 Denn aus diesem Grund ist die gute Botschaft auch denen gepredigt worden, die inzwischen gestorben sind, damit sie wie Gott das Leben im Geist haben, obwohl ihr Körper wie bei allen Menschen mit dem Tod bestraft werden musste.

7 Das Ende aller Dinge ist nahe. Seid also besonnen und klar in euren Gebeten. 8 Vor allem aber hört nicht auf, euch gegenseitig zu lieben, denn die Liebe deckt viele Sünden zu. 9 Seid gastfrei untereinander, ohne zu murren.

10 Gott hat jedem von euch Gaben geschenkt, mit denen ihr einander dienen könnt. Tut das als gute Verwalter

---

4,18 Sprüche 11,31; nach der LXX zitiert.

der vielfältigen Gnade Gottes. 11 Wenn jemand redet, soll Gott durch ihn sprechen können. Wenn jemand anderen hilft, soll er es in der Kraft tun, die Gott ihm schenkt. Dann wird Gott in allem geehrt werden. Möglich ist das durch Jesus Christus geworden, dem die Herrlichkeit gehört und die Macht in alle Ewigkeit. Amen.

Christen unter Druck

12 Liebe Geschwister, wundert euch nicht über die Feuerprobe, die über euch gekommen ist, als wäre das etwas Außergewöhnliches. 13 Freut euch vielmehr darüber, dass ihr so Anteil an den Leiden des Messias habt. Denn wenn er dann in seiner Herrlichkeit erscheint, werdet ihr mit Jubel und Freude erfüllt sein. 14 Wenn ihr beschimpft werdet, weil ihr zu Christus gehört, seid ihr glücklich zu nennen, denn dann ruht der Geist der Herrlichkeit Gottes auf euch. 15 Natürlich darf es nicht sein, dass jemand von euch leiden muss, weil er ein Mörder ist oder ein Dieb oder ein anderer Verbrecher, oder weil er sich in fremde Angelegenheiten einmischt. 16 Wenn er aber leidet, weil er Christ ist, muss er sich nicht schämen. Er preise vielmehr Gott, dass er diesen Namen tragen darf. 17 Denn in der jetzigen Zeit nimmt das Gericht bei der Familie Gottes seinen Anfang. Wenn aber selbst wir gerichtet werden müssen, was wird dann erst die erwarten, die der guten Botschaft Gottes nicht gehorchen wollten? 18 Denn »wenn schon die Gerechten kaum auf Rettung hoffen dürfen, wo werden sich dann die

Gottlosen und Sünder wiederfinden?«* *19* Wer also nach dem Willen Gottes zu leiden hat, soll sich seinem treuen Schöpfer anbefehlen und nicht aufhören, Gutes zu tun.

Die Hirten und die Herde

5 *1* Als Mitältester wende ich mich jetzt an eure Gemeindeältesten, weil ich sowohl Zeuge vom Leiden des Messias bin als auch Teilhaber an seiner Herrlichkeit, die bald erscheinen wird. *2* Sorgt gut für die Herde Gottes, die euch anvertraut ist. Tut es nicht, weil ihr euch dazu gezwungen fühlt, sondern freiwillig, wie es Gott gefällt. Hütet sie aber nicht, um euch Vorteile zu verschaffen, sondern weil ihr dem Herrn dienen wollt. *3* Führt euch auch nicht als Herrscher in euren Gemeinden auf, sondern seid Vorbilder für eure Geschwister. *4* Dann werdet ihr den unvergänglichen Ehrenkranz der Herrlichkeit erhalten, wenn der höchste Hirte erscheinen wird.

5 Euch Jüngeren sage ich: »Ordnet euch den Ältesten unter!« Doch alle müsst ihr im Umgang miteinander Bescheidenheit an den Tag legen. Denn »Gott widersetzt sich den Hochmütigen, nur den Demütigen erweist er Gnade.«* *6* Demütigt euch deshalb unter Gottes mächtige Hand, dann wird er euch auch zur richtigen Zeit erhöhen. *7* Und werft in Demut alle eure Sorgen auf ihn, denn er sorgt sich um alles, was euch betrifft.

8 Seid nüchtern und wachsam! Euer Todfeind, der Teufel, streicht wie ein brüllender Löwe herum und sucht nach einem Opfer, das er verschlingen kann. *9* Dem müsst ihr im Glauben widerstehen! Dabei sollt ihr wissen, dass eure Geschwister in der ganzen Welt die gleichen Leiden durchmachen.

10 Der Gott, von dem alle Gnade kommt, hat euch berufen, mit Christus zusammen für immer in seiner Herrlichkeit zu leben. Er wird euch aufbauen, stärken, kräftigen und auf festen Grund stellen, auch, wenn ihr jetzt eine Weile leiden musstet. *11* Ihm gehört die Macht in Zeit und Ewigkeit! Amen.

Briefschluss

12 Durch den Bruder Silvanus, dessen Treue ich sehr schätze, habe ich euch diese wenigen Zeilen geschrieben. Ich wollte euch ermutigen und euch bestätigen, dass es die wahre Gnade Gottes ist, die ihr erlebt.

13 Die Gemeinde in dem Babylon hier* lässt euch grüßen, auch Markus, der mir wie ein Sohn ist. *14* Grüßt euch mit dem Kuss geschwisterlicher Liebe. Friede sei mit euch allen, die ihr in Christus verbunden seid!

5,5 Sprüche 3,34 nach der LXX zitiert.

5,13 *Babylon hier.* Damit meint Petrus offenbar Rom, siehe Einleitung zum Brief.

Zweiter Brief des Petrus

Petrus, der sich immer noch in Rom aufhielt, hatte bisher der Verfolgung durch Kaiser Nero im Jahr 64 n.Chr. entkommen können, der Paulus bereits zum Opfer gefallen war. Inzwischen wusste er aber, dass auch er nicht mehr lange zu leben hatte (1,14-15) und verfasste deshalb einen zweiten Brief an die Christen in Kleinasien (3,1). Diesmal schrieb er ihn entweder selbst oder bediente sich eines anderen Sekretärs als im ersten Brief.

Petrus hatte erfahren, dass falsche Lehrer in einige Gemeinden Kleinasiens eingedrungen waren. Leider musste er davon ausgehen, dass diese Lehrer in Zukunft noch mehr Ärger machen würden und wollte die Gläubigen deshalb dringend warnen.

Der Brief ist so etwas wie das geistliche Vermächtnis des Petrus. Es ist bemerkenswert, dass er ebenso wie Paulus in seinem letzten Brief die Gläubigen auf die Heilige Schrift verweist. Kurze Zeit später (67 n.Chr.) wurde auch er hingerichtet.

1 *1* Simon Petrus, ein Sklave und Apostel von Jesus Christus, grüßt alle, die den gleichen wertvollen Glauben empfangen haben wie wir. Das ist der Glaube, der uns durch die Gerechtigkeit unseres Gottes und Retters Jesus Christus geschenkt wurde. *2* Gnade und Frieden vermehre sich bei euch dadurch, dass ihr Gott und unseren Herrn Jesus immer besser erkennt.

Geistliches Wachstum

3 In seiner göttlichen Macht hat er uns alles geschenkt, was wir zu einem Leben in liebevoller Ehrfurcht vor Gott brauchen. Er hat uns den erkennen lassen, der uns kraft seiner Herrlichkeit und Wundermacht berufen hat. *4* Durch diese Macht haben wir auch die kostbaren und allergrößten Zusagen erhalten. Er hat versprochen, dass ihr Anteil an seiner göttlichen Natur bekommt. Denn ihr seid ja dem Verderben entflohen, dem diese Welt durch ihre Leidenschaften verfallen ist.

5 Deshalb müsst ihr nun auch allen Fleiß daransetzen, eurem Glauben ein vorbildliches Leben beizufügen, und diesem Leben die Erkenntnis. *6* Der Erkenntnis muss die Selbstbeherrschung folgen, der Selbstbeherrschung die Geduld und der Geduld die liebevolle Ehrfurcht vor Gott. *7* Diese Gottesfurcht wiederum führt zur geschwisterlichen Liebe und aus der Liebe zu den Gläubigen folgt schließlich die Liebe zu allen Menschen. *8* Je mehr ihr in dieser Hinsicht vorankommt, desto mehr wird sich das auswirken und Frucht bringen, und ihr werdet unseren Herrn Jesus Christus immer besser erkennen. *9* Wer das alles aber nicht hat, ist blind oder doch sehr kurzsichtig. Er hat vergessen, dass Gott ihn von seinen früheren Sünden gereinigt hat. *10* Ihr müsst deshalb alles daransetzen, liebe Geschwister, eure Berufung und Erwählung fest zu machen. Dann werdet ihr auch nicht ins Stolpern kommen, 11 und Gott wird euch die Tore weit öffnen und euch in das ewige Reich unseres Herrn und Retters Jesus Christus einziehen lassen.

Glaubwürdige Zeugen

12 Aus diesem Grund will ich euch immer wieder an diese Dinge erinnern, auch wenn ihr die Wahrheit schon kennt und fest in ihr gegründet seid. 13 Aber ich halte es für meine Pflicht, euch durch die Erinnerung wach zu halten, so lange ich lebe. 14 Denn ich weiß, dass mein Zelt hier auf der Erde bald abgebrochen wird. Das hat unser Herr Jesus Christus mir zu erkennen gegeben. 15 Deshalb will ich dafür sorgen, dass ihr euch auch nach meinem Tod jederzeit an diese Dinge erinnern könnt.

16 Denn wir haben uns keineswegs auf Mythen oder frei erfundene Geschichten gestützt, als wir euch von der Macht unseres Herrn Jesus Christus und seinem Wiederkommen erzählten. Nein, wir haben seine herrliche Größe mit eigenen Augen gesehen. 17 Denn er empfing von Gott, dem Vater, Ehre und Herrlichkeit, damals, als Gott diese Worte mit herrlicher hoheitsvoller Stimme an ihn richtete: »Dies ist mein lieber Sohn. An ihm habe ich meine Freude.« 18 Wir haben diese himmlische Stimme gehört, als wir mit ihm auf dem heiligen Berg waren.* 19 Aber eine noch festere Grundlage haben wir im prophetischen Wort, und ihr tut gut daran, darauf zu achten wie auf ein Licht, das an einem dunklen Ort leuchtet, bis der Tag anbricht und der Morgenstern in euren Herzen aufgeht. 20 Vor allem aber müsst ihr wissen, dass keine prophetische Aussage der Schrift aus einer eigenen Deutung stammt.* 21 Denn niemals wurde eine Weissagung ausgesprochen, weil der betreffende Mensch das wollte. Diese Menschen wurden vielmehr vom Heiligen Geist gedrängt, das zu sagen, was Gott ihnen aufgetragen hatte.

Gefährliche Irrlehrer

2 1 Doch es gab in Israel auch falsche Propheten, so wie es unter euch falsche Lehrer geben wird. Sie werden ihre verderblichen Sonderlehren heimlich einschleusen. Doch damit verleugnen sie den Gebieter, der sie freigekauft hat, und werden sich selbst bald ins Verderben stürzen. 2 Mit ihrem zügellosen Lebensstil werden sie jedoch viele Anhänger finden, und ihretwegen wird der Weg der Wahrheit in Verruf geraten. 3 In ihrer Habgier werden sie geschickte Lügen erfinden, um an euer Geld zu kommen. Doch das Urteil über sie ist längst gefällt, sie werden ihrem Verderben nicht entgehen.

Göttliches Urteil

4 Gott hat nicht einmal die Engel verschont, die sich gegen ihn vergangen hatten, sondern hat sie bis zum Tag

---

1,18 Siehe Markus 9,2-9!

1,20 *aus einer eigenen Deutung stammt.* Entweder ist gemeint: aus einer eigenen Deutung (Erfindung) des Propheten, oder: eine eigene (eigenwillige) Deutung zulässt.

des Gerichts mit Finsternis gefesselt und in Höhlen des Abgrunds verwahrt. *5* Er hat auch die frühere Welt nicht verschont. Nur Noah, der die Menschen ermahnte, Gott zu gehorchen, wurde mit den sieben Mitgliedern seiner Familie gerettet, als Gott die Flut über die Welt der Gottlosen brachte. *6* Auch die Städte Sodom und Gomorra hat Gott in Schutt und Asche sinken lassen, um an ihrem Beispiel zu zeigen, wie es den Gottlosen künftiger Zeiten ergehen würde. *7* Nur Lot hat er gerettet, weil der ein gerechter Mann war, der unter dem zügellosen Leben der Gottesverächter litt. *8* Denn täglich musste dieser Mann bei seinen Mitbürgern Dinge sehen und hören, die seinem Gewissen Qualen bereiteten, obwohl er selber tat, was vor Gott recht war. *9* Ihr seht also, dass der Herr weiß, wie er die Gottesfürchtigen aus der Versuchung retten, die Ungerechten aber bis zum Tag des Gerichts festhalten kann, wo sie bestraft werden, *10* und zwar besonders die, die ihren schmutzigen Begierden folgen und niemand als Herrn über sich anerkennen.

Verkommene Menschen

Solche Menschen sind frech und anmaßend. Sie schrecken nicht davor zurück, überirdische Mächte zu lästern. *11* Das wagen nicht einmal die Engel, die doch viel stärker und mächtiger sind. Niemals würden sie solche Mächte mit ihrem Urteil vor Gott lächerlich machen. *12* Aber diese Menschen handeln wie unvernünftige Tiere, die nur geschaffen sind, um gefangen und getötet zu werden. Sie machen sich über Mächte lustig, die sie nicht einmal kennen, und sie werden mit ihnen zusammen umkommen. *13* So bekommen sie den verdienten Lohn für ihre Bosheit. Sie lieben es ja sogar, schon am helllichten Tag üppige Gelage zu veranstalten. Diese Schmutz- und Schandflecken schwelgen in ihren Betrügereien und mästen sich auch noch genüsslich an euren Liebesmahlen. *14* Keine leichtsinnige Frau entgeht ihren lüsternen Blicken. Ständig sind sie auf Sünde aus. Es macht ihnen Freude, unsichere Menschen zur Sünde zu verleiten. Habgier ist ihre zweite Natur geworden; sie sind verloren und verflucht. *15* Wie Bileam haben sie den geraden Weg verlassen. Ja, sie sind dem Sohn Beors gefolgt, der das Geld liebte, das er für seine böse Tat bekommen sollte. *16* Doch er musste sich sein Unrecht vorhalten lassen: Ein stummes Lasttier, ein Esel, sprach ihn mit der Stimme eines Menschen an und stellte sich dem irrsinnigen Vorhaben des Propheten in den Weg. *17* Diese Menschen sind wie Brunnen, die kein Wasser haben, wie Nebelschwaden im Sturm. Sie werden in der dunkelsten Finsternis enden. *18* Mit hochtrabenden Worten schwingen sie große Reden, und durch die Verlockung ihres ausschweifenden Lebens ziehen sie Menschen an, die doch gerade erst solch einem falschen Leben entkommen sind. *19* Sie versprechen ihnen Freiheit und sind doch selbst Sklaven ihrer moralischen Verkommenheit. Wovon man sich beherrschen lässt, von dem ist man versklavt. *20* Denn wenn sie vom Schmutz der Welt losgekommen sind, weil sie Jesus Christus, unseren Herrn und Retter, kennengelernt haben, sich dann aber wieder davon fangen und überwältigen lassen, dann wären sie am Ende schlimmer dran als am Anfang. *21* Dann wäre es besser für sie gewesen, sie hätten den rechten Weg nie gekannt, als ihn zu erkennen und sich dann doch von der heiligen göttlichen Weisung, die ihnen übergeben wurde, wieder abzuwenden. *22* Es ist ihnen genauso ergangen wie das Sprichwort sagt: »Ein Hund kommt zum Erbrochenen zurück und eine gewaschene Sau wälzt sich wieder im Dreck:«*

Leichtfertige Spötter

3 *1* Das ist bereits mein zweiter Brief an euch, liebe Geschwister. Durch meine Schreiben wollte ich längst Bekanntes auffrischen und euch in eurer guten Einstellung bestärken. *2* Ich möchte, dass ihr euch an das erinnert, was die heiligen Propheten vor langer Zeit sagten, und an das, was die Apostel euch als Weisung unseres Herrn und Retters übergeben haben. *3* Vor allen Dingen müsst ihr wissen, dass in den letzten Tagen Spötter auftreten werden, die sich über die Wahrheit lustig machen, aber doch nur ihren selbstsüchtigen Wünschen folgen. *4* Sie werden sagen: »Er hat doch versprochen wiederzukommen! Wo bleibt er denn? Inzwischen sind unsere Väter gestorben, aber alles ist immer noch so, wie es seit Anfang der Schöpfung war.« *5* Wer das behauptet, will nicht wahrhaben, dass es die Himmel schon längst gab und die Erde aus dem Wasser hervorgetreten und mit Wasser umgeben war. Gott hatte sie durch sein Wort geschaffen. *6* Dennoch wurde die Welt damals bei der großen Flut auf Gottes Wort hin durch Wasser überschwemmt und vernichtet. *7* Durch dasselbe Wort Gottes werden nun auch die jetzigen Himmel und die jetzige Erde für das Feuer aufgespart. Sie werden bewahrt bis zum Tag des Gerichts, an dem die Gottlosen zugrunde gehen.

Gnädige Verzögerung

8 Eins dürft ihr dabei nicht übersehen, liebe Geschwister: Für den Herrn ist das, was für uns ein Tag ist, wie tausend Jahre und was für uns tausend Jahre sind, ist für ihn wie ein einziger Tag. *9* Der Herr verzögert seine Zusage nicht, wie manche das meinen. Im Gegenteil: Er hat Geduld mit euch, denn er will nicht, dass irgendjemand ins Verderben geht, sondern dass alle Gelegenheit haben, zu ihm umzukehren. *10* Der Tag des Herrn wird aber so unerwartet kommen wie ein Dieb. Dann wird der Himmel unter schrecklichem Lärm vergehen und die Himmelskörper im Feuer verglühen. Die Erde und alles, was der Mensch auf ihr gemacht hat, werden dann verbrannt* werden. *11* Wenn sich das alles nun so auflösen wird, was für ein Anliegen müsste es euch dann sein, ein Leben in Heiligkeit und Ehrfurcht vor Gott zu führen, *12* den Tag Gottes zu erwarten und seine Ankunft zu beschleunigen – den Tag, an dem Himmel im Feuer verbrennen und die Elemente im Brand zerschmelzen

---

2,22 Sprüche 26,11

3,10 Nach anderen Handschriften: »gefunden«.

werden. *13* Aber nach dem, was Gott uns versprochen hat, erwarten wir neue Himmel und eine neue Erde, in denen Gerechtigkeit regiert.

Heilige Konsequenzen

14 Weil ihr das alles erwartet, liebe Geschwister, beeilt euch, dass ihr rein und tadellos und innerlich im Frieden vor euren Herrn hintreten könnt. *15* Und haltet die Geduld unseres Herrn für eine Chance zur Rettung. Genau das hat euch auch unser lieber Bruder Paulus geschrieben, dem Gott in all diesen Fragen viel Weisheit geschenkt hat. *16* In seinen Briefen redet er mehrfach davon. Freilich ist einiges darin auch schwer zu verstehen, was dann von unverständigen oder im Glauben nicht gefestigten Leuten verdreht wird. Aber so machen sie es ja auch mit den anderen Texten der Heiligen Schrift – zu ihrem eigenen Verderben.

17 Weil ihr das alles jetzt schon wisst, liebe Geschwister, passt auf, dass ihr nicht von dem Irrsinn der Gesetzesverächter mitgerissen werdet und euren festen Stand verliert. *18* Nehmt vielmehr in der Gnade zu und lernt unseren Herrn und Retter Jesus Christus immer besser kennen. Ihm gehört alle Herrlichkeit und Ehre, schon jetzt und auch in alle Ewigkeit! Amen.

Erster Brief des Johannes

Um das Jahr 90 herum schrieb Johannes seine drei Briefe, vermutlich von Ephesus aus. Bei den Empfängern handelte es sich wahrscheinlich um Christen in der römischen Provinz Asia. Vermutlich sind es dieselben Empfänger, die auch die Offenbarung erhielten. Anlass seines Schreibens war die mangelnde Heilsgewissheit bei den Gläubigen und das Eindringen von Irrlehren in den Gemeinden.

Das Leben

1 *1* Es war von Anfang an da; wir haben es gehört und mit eigenen Augen gesehen; wir haben es angeschaut und mit unseren Händen berührt: das Wort des Lebens. *2* Ja, das Leben ist erschienen. Das können wir bezeugen. Wir haben es gesehen und verkündigen es euch: das ewige Leben, das beim Vater war und bei uns sichtbar geworden ist. *3* Und was wir selbst gesehen und gehört haben, verkündigen wir auch euch, denn wir möchten, dass ihr mit uns verbunden seid. Und die Gemeinschaft, die uns verbindet, ist zugleich Gemeinschaft mit dem Vater und mit seinem Sohn Jesus Christus. *4* Wir schreiben euch das, damit unsere gemeinsame Freude vollkommen wird.

Das Licht

5 Folgende Botschaft haben wir von ihm gehört und geben sie hiermit an euch weiter: »Gott ist Licht; in ihm gibt es keine Spur von Finsternis.« *6* Wenn wir behaupten, mit Gott Gemeinschaft zu haben und trotzdem in der Finsternis leben, dann lügen wir: Unser Tun steht im Widerspruch zur Wahrheit. *7* Wenn wir aber im Licht leben, so wie Gott im Licht ist, sind wir miteinander verbunden, und das Blut seines Sohnes Jesus macht uns von jeder Sünde rein. *8* Wenn wir behaupten, ohne Schuld zu sein, betrügen wir uns selbst und verschließen uns der Wahrheit. *9* Doch wenn wir unsere Sünden bekennen, zeigt Gott sich treu und gerecht: Er vergibt uns die Sünden und reinigt uns von allem Unrecht. *10* Wenn wir behaupten, wir hätten nicht gesündigt, machen wir Gott zum Lügner. Dann lebt sein Wort nicht in uns.

Unser Anwalt

2 *1* Meine lieben Kinder, ich schreibe euch das, damit ihr nicht sündigt. Wenn es aber doch geschieht, sollt ihr wissen: Wir haben einen Anwalt beim Vater – Jesus Christus, den Gerechten. Er, der nie Unrecht getan hat, *2* ist zum Sühnopfer für unsere Sünden geworden und nicht nur für unsere Sünden, sondern auch für die der ganzen Welt.

Seine Gebote

3 Wenn wir seine Gebote halten, wird uns bewusst, dass wir ihn kennen. *4* Wenn jemand behauptet: »Ich kenne Gott!«, aber seine Gebote nicht hält, ist er ein Lügner. In ihm wohnt die Wahrheit nicht. *5* Wer sich aber nach seinem Wort richtet, bei dem ist die Liebe Gottes zum Ziel gekommen. Und genau daran erkennen wir, dass wir mit Christus verbunden sind. *6* Wer also behauptet, mit Christus verbunden zu sein, soll auch so leben wie Christus gelebt hat.

7 Was ich euch jetzt schreibe, meine Lieben, ist kein neues Gebot, sondern das alte, das ihr von Anfang an kennt. Es ist die Botschaft, die euch verkündigt wurde. *8* Und doch ist es auch ein neues Gebot, das ich euch schreibe. Das Neue ist eine Tatsache, die sich in Christus und in euch als wahr erweist. Die Finsternis weicht ja zurück und das wahre Licht leuchtet schon. *9* Wer behauptet, im Licht zu leben und dabei seinen Bruder oder seine Schwester hasst, ist immer noch in der Dunkelheit. *10* Doch wer seine Geschwister liebt, lebt im Licht und dort gibt es nichts, was ihn zu Fall bringen kann. *11* Wer seine Geschwister hasst, lebt in der Finsternis. Er tappt im Finstern umher und weiß nicht wohin er geht. Die Dunkelheit hat ihn blind gemacht.

Die Briefempfänger

12 Euch, meinen Kindern, schreibe ich, weil euch die Sünden vergeben sind. Das verbürgt uns sein Name.

13 Euch Vätern schreibe ich, weil ihr den erkannt habt, der von Anfang an da ist. Euch Jugendlichen schreibe ich, weil ihr den Bösen besiegt habt.

14 Ich will es noch einmal sagen: Ihr Kinder, ich erinnere euch daran, dass ihr den Vater kennt. Ihr Väter, ich erinnere euch daran, dass ihr den erkannt habt, der von Anfang an da ist. Ihr Jugendlichen, ich erinnere euch daran, dass ihr stark seid und das Wort Gottes in euch lebt und in euch bleibt und ihr den Bösen überwunden habt.

Die Welt

15 Liebt nicht die Welt und auch nicht, was zu ihr gehört! Wer die Welt liebt, hat keinen Platz für die Liebe zum Vater. *16* Denn nichts von dem, was in der Welt ist, kommt vom Vater: Die Gier des eigenwilligen Menschen, seine begehrlichen Blicke, sein Prahlen mit Besitz und Macht – das alles gehört zur Welt. *17* Und die Welt mit ihren Begierden wird verschwinden. Doch wer tut, was Gott will, bleibt und lebt in Ewigkeit.

Die Christusfeinde

18 Kinder, die letzte Stunde ist da. Ihr habt gehört, dass der Antichristus kommen wird. Und inzwischen sind viele solche Christusfeinde aufgetreten. Daran erkennen wir, dass die letzte Stunde angebrochen ist. *19* Diese Christusfeinde waren früher mit uns zusammen, aber sie gehörten nie wirklich zu uns. Hätten sie zu uns gehört, wären sie bei uns geblieben. Doch sie haben sich von uns getrennt damit jedem klar würde, dass sie nie zu uns gehörten. *20* Ihr aber habt vom Heiligen den Heiligen Geist*

2,20 *den Heiligen Geist.* Wörtlich: das Salböl, bzw. die Salbung. Im Alten Testament wurden König und Hoher Priester bei ihrer Einsetzung gesalbt. Diese Symbolik sollte daran erinnern, dass Gott sie berufen und für ihren Auftrag ausgerüstet hatte.

erhalten. Und durch diese Salbung kennt ihr alle die Wahrheit. *21* Ich schreibe euch also nicht, weil ihr die Wahrheit nicht kennt, sondern weil ihr sie kennt und wisst, dass aus der Wahrheit keine Lüge hervorgehen kann. *22* Wer ist nun der Lügner? Es ist der, der abstreitet, dass Jesus der Messias*, der Christus, ist. Wer das leugnet, ist der Christusfeind. Er lehnt nicht nur den Sohn, sondern auch den Vater ab. *23* Denn wer den Sohn leugnet, hat keine Verbindung zum Vater. Wer sich aber zum Sohn bekennt, gehört auch zum Vater.

24 Doch ihr, haltet an der Botschaft fest, die ihr von Anfang an gehört habt! Wenn ihr das tut, dann bleibt ihr mit dem Sohn und mit dem Vater verbunden. *25* Und durch diese Verbindung erfüllt sich seine Zusage: Wir haben das ewige Leben.

26 Soviel zu denen, die euch verführen wollen. *27* Für euch aber gilt: Der Heilige Geist, mit dem Christus euch gesalbt hat, bleibt in euch! Deshalb braucht ihr keinen, der euch darüber belehrt, sondern der Geist* lehrt euch das alles. Und was er lehrt, ist wahr, es ist keine Lüge. Bleibt also bei dem, was er euch lehrt und lebt mit Christus vereint.

Gottes Kinder

28 Ja, meine lieben Kinder, bleibt in Christus, denn wenn wir so mit ihm verbunden sind, werden wir bei seinem Wiederkommen zuversichtlich vor ihn treten können und müssen nicht fürchten, beschämt zu werden. *29* Wenn ihr wisst, dass der Sohn Gottes gerecht ist, dann könnt ihr auch sicher sein, dass jeder, der

sich wie er nach dem Willen Gottes richtet, die Neugeburt aus Gott empfangen hat.

3 *1* Seht doch, welche Liebe der Vater uns erwiesen hat: Wir sollen seine Kinder heißen – und wir sind es tatsächlich! Die Menschen dieser Welt verstehen das nicht, weil sie den Vater nicht kennen. *2* Ihr Lieben, schon jetzt sind wir Kinder Gottes und was das in Zukunft bedeuten wird, können wir uns jetzt noch nicht einmal vorstellen. Aber wir wissen, dass wir von gleicher Art sein werden wie er, denn wir werden ihn so sehen wie er wirklich ist. *3* Wer auf so etwas hofft, wird immer darauf achten, sich von Sünde zu reinigen, um rein zu sein wie er.

Die Sünde

4 Wer absichtlich sündigt*, lehnt sich gegen Gottes Ordnung auf, denn Sünde ist Auflehnung gegen Gott. *5* Und ihr wisst, dass Jesus auf der Erde erschien, er, der selbst ganz ohne Sünde ist, um die Sünden der Menschen wegzunehmen. *6* Wer mit ihm verbunden lebt, der sündigt nicht bedenkenlos weiter*. Wer

---

2,22 *der Messias.* Siehe Vorwort des Übersetzers.

2,27 *der Geist.* Wörtlich: das Salböl. Siehe Fußnote zu Vers 20.

3,4 *absichtlich sündigt.* Wörtlich: »der die Sünde Tuende«. Es kann auch übersetzt werden: »Wer gewohnheitsmäßig sündigt«.

3,6 *bedenkenlos weiter.* Der Zusatz ergibt sich aus der grammatischen Form des Verbs. Ebenso die Beifügung »gewohnheitsmäßig« im nächsten Satz.

gewohnheitsmäßig sündigt, hat ihn nie gesehen und nie begriffen wer er ist. *7* Meine Kinder, lasst euch doch von niemand verführen! Nur wer das Rechte tut, ist gerecht, und kann wie Christus vor Gott bestehen. *8* Wer in der Sünde lebt, stammt vom Teufel, denn der sündigte von Anfang an. Der Sohn Gottes ist jedoch erschienen, um die Taten des Teufels zu vernichten. *9* Wer Gott zum Vater hat, lebt nicht mehr in der Sünde, weil das Erbgut seines Vaters jetzt in ihm wirkt. Deshalb kann er nicht immer weiter* sündigen, denn er stammt von Gott. *10* Man kann also erkennen, wer ein Kind Gottes und wer ein Kind des Teufels ist: Wer nicht das Rechte tut, stammt nicht von Gott, und wer seinen Bruder und seine Schwester nicht liebt, auch nicht.

Die Liebe

11 Denn darum geht es bei der Botschaft, die ihr von Anfang an gehört habt: Wir sollen einander lieben. *12* Wir dürfen nicht wie Kain sein, der zum Bösen gehörte und seinen Bruder umbrachte. Und weshalb ermordete er ihn? Weil die Taten Kains böse waren, die seines Bruders aber gerecht. *13* Wundert euch also nicht, Geschwister, wenn die Welt euch hasst. *14* Wir sind ja aus dem geistlichen Tod ins Leben übergewechselt. Das wissen wir, weil wir unsere Geschwister lieben. Wer nicht liebt, ist noch immer tot. *15* Jeder, der seinen Bruder oder seine Schwester hasst, ist ein Mörder. Und ihr wisst, dass kein Mörder ewiges Leben in sich trägt. *16* Die Liebe haben wir ja daran erkannt, dass Christus sein Leben für uns hergegeben hat. So müssen auch wir bereit sein, das Leben für unsere Geschwister herzugeben. *17* Stellt euch vor, da ist jemand, der seinen Lebensunterhalt gut verdienen kann, und er sieht einen von den Gläubigen in Not; aber er verschließt sein Herz vor ihm und hat kein Mitleid. Wie kann da Gottes Liebe in ihm bleiben? *18* Meine Kinder, unsere Liebe darf nicht nur in schönen Worten bestehen; unser Tun muss ein glaubwürdiger Beweis dafür sein.

Das Gewissen

19 Denn daran erkennen wir, dass die Wahrheit Gottes unser Leben bestimmt. Wir bringen unser Gewissen vor ihm zur Ruhe *20* weswegen es uns auch anklagen mag, denn Gott ist größer als unser Gewissen und weiß um alles. *21* Wenn das Gewissen uns nicht verurteilt, liebe Geschwister, können wir uns voller Zuversicht an Gott wenden *22* und werden alles bekommen, was wir von ihm erbitten, denn wir halten ja seine Gebote und tun, was ihm gefällt. *23* Sein Gebot ist: Wir sollen an seinen Sohn Jesus Christus glauben und einander lieben, wie er es uns aufgetragen hat. *24* Wer Gottes Gebote befolgt, lebt in Gemeinschaft mit Gott und Gott lebt in ihm. Dass Gott wirklich in uns lebt, wissen wir durch den Heiligen Geist, den er uns gegeben hat.

3,9 *immer weiter.* Der Zusatz ergibt sich aus der grammatischen Form des Verbs. Gemeint ist: Er kann in seinem Leben keine Sünde mehr dulden.

Falsche Propheten

4 *1* Ihr Lieben, glaubt nicht jedem, der behauptet, er sei mit Gottes Geist erfüllt, sondern prüft was er sagt, ob es wirklich von Gott kommt. Denn viele falsche Propheten verbreiten ihre Lehren in der Welt. *2* Ob jemand den Geist Gottes hat, könnt ihr an diesem Merkmal erkennen: Wer bekennt, dass Jesus Christus als wirklicher Mensch zu uns kam, hat den Geist Gottes. *3* Wer sich nicht zu Jesus bekennt, gehört nicht zu Gott. Aus ihm spricht der Geist des Antichristus. Ihr habt ja gehört, dass dieser Geist in die Welt kommen soll, und er ist auch schon da. *4* Ihr gehört zu Gott, Kinder, und habt diese Lügenpropheten besiegt, weil der, der in euch lebt, stärker ist als der in der Welt. *5* Jene gehören zur Welt, und was sie sagen, hat seinen Ursprung in der Welt und deshalb hört alle Welt auf sie. *6* Wir dagegen gehören zu Gott. Wer Gott kennt, hört auf uns. Wer nicht zu Gott gehört, hört nicht auf uns. So können wir den Geist der Wahrheit vom Geist der Verführung unterscheiden.

Einander lieben

7 Liebe Geschwister, wir wollen einander lieben, denn die Liebe kommt von Gott. Jeder, der liebt, ist von Gott geboren und kennt Gott. *8* Wer nicht liebt, hat Gott nicht erkannt, denn Gott ist Liebe. *9* Gottes Liebe zu uns ist darin sichtbar geworden, dass er seinen einzigen Sohn in die Welt sandte, um uns in ihm das Leben zu geben. *10* Die Liebe hat ihren Grund nicht darin, dass wir Gott geliebt haben, sondern dass er uns geliebt und seinen Sohn als Sühnopfer für unsere Sünden gesandt hat.

11 Ihr Lieben, wenn Gott uns so geliebt hat, müssen auch wir einander lieben. *12* Ihn selbst hat nie jemand gesehen. Doch wenn wir einander lieben, lebt Gott in uns und seine Liebe ist in uns zum Ziel gekommen. *13* Dass wir in ihm leben und er in uns, erkennen wir an dem Anteil, den er uns von seinem Geist gegeben hat.

14 Außerdem haben wir mit eigenen Augen gesehen und können bezeugen, dass der Vater den Sohn als Retter der Welt gesandt hat. *15* Und wenn sich jemand zu ihm als dem Sohn Gottes bekennt, dann lebt Gott in ihm und er in Gott. *16* Wir haben jedenfalls erkannt, dass Gott uns liebt; und wir glauben an seine Liebe. Gott ist Liebe und wer in der Liebe lebt, der lebt in Gott und Gott lebt in ihm.

17 Auch darin ist die Liebe in uns zum Ziel gekommen. Und dem Tag des Gerichts können wir mit Zuversicht entgegensehen, denn wir sind hier in dieser Welt ebenso mit dem Vater verbunden, wie Jesus es war. *18* In der Liebe gibt es keine Furcht, denn Gottes vollkommene Liebe vertreibt jede Angst. Wer noch Angst hat, rechnet mit Strafe. Bei dem hat die Liebe ihr Ziel noch nicht erreicht. *19* Wir lieben doch, weil er uns zuerst geliebt hat.

20 Wenn jemand sagt: »Ich liebe Gott!«, aber seinen Bruder oder seine Schwester hasst, ist er ein Lügner. Denn wer seine Geschwister nicht liebt, die er ja sieht, wie kann er da Gott lieben, den er nie gesehen hat?

21 Denkt an das Gebot, das Gott uns gegeben hat: Wer Gott liebt, soll auch seine Geschwister lieben.

Der Sieg

5 *1* Wer glaubt, dass Jesus der Messias, der Christus, ist, der wurde aus Gott geboren. Und jeder, der Gott als seinen Vater liebt, liebt auch die anderen Kinder dieses Vaters. *2* Dass wir die Kinder Gottes lieben, erkennen wir daran, dass wir Gott lieben und seine Gebote halten. *3* Unsere Liebe zu Gott zeigt sich im Befolgen seiner Gebote, und das ist nicht schwer. *4* Denn jeder, der aus Gott geboren ist, siegt über die Welt; er besiegt sie durch den Glauben. *5* Aber wer würde denn die Welt besiegen können, wenn nicht der, der glaubt, dass Jesus der Sohn Gottes ist?

Drei Zeugen

6 Jesus Christus ist gekommen mit der Bestätigung Gottes durch das Wasser seiner Taufe und das Blut seines Kreuzes; nicht nur durch das Wasser, sondern durch das Wasser und das Blut*. Auch der Geist bestätigt uns das, denn der Geist Gottes ist die Wahrheit.

7 Wir haben also drei Zeugen – *8* den Geist, das Wasser und das Blut – und alle drei stimmen überein. *9* Wenn wir schon menschlichen Zeugen Glauben schenken, wie viel mehr dann dem Zeugnis Gottes. Gottes Aussage hat ungleich größeres Gewicht, zumal er damit für seinen Sohn eingetreten ist. *10* Wer an den Sohn Gottes glaubt, weiß in seinem Inneren, dass wahr ist, was Gott sagt. Wer es nicht glaubt, macht Gott zum Lügner, weil er nicht wahrhaben will, was Gott über seinen Sohn ausgesagt hat. *11* Und was bedeutet das für uns? Es besagt: Gott hat uns ewiges Leben geschenkt, denn dieses Leben haben wir durch seinen Sohn. *12* Wer mit dem Sohn verbunden ist, hat das Leben. Wer nicht mit dem Sohn Gottes verbunden ist, hat das Leben nicht.

Zuversichtlich beten

13 Ich habe euch das alles geschrieben, damit ihr wisst, dass ihr das ewige Leben habt, denn ihr glaubt ja an Jesus als den Sohn Gottes. *14* Deshalb können wir auch voller Zuversicht sein, dass Gott uns hört, wenn wir ihn um etwas bitten, das seinem Willen entspricht. *15* Und wenn wir wissen, dass er uns bei allem erhört, was wir erbitten, können wir auch sicher sein, dass er uns das Erbetene gibt – so, als hätten wir es schon erhalten.

16 Wenn jemand sieht, dass sein Bruder oder seine Schwester sündigt, und es sich dabei um eine Sünde handelt, die nicht zum Tod führt, dann soll er für sie bitten und Gott wird ihnen das Leben geben. Das betrifft aber nur

---

5,6 *Blut.* Diese Bemerkung bezieht sich wahrscheinlich auf eine frühgnostische Irrlehre (Doketismus), die behauptete, dass bei der Taufe ein vom Himmel kommender Christus auf den Menschen Jesus herabkam und diesen vor seinem Tod am Kreuz wieder verlassen habe. Johannes betont deshalb, dass gerade das Kreuzestod, also das Blut, das Jesus vergossen hat, ihn als Sohn Gottes bestätigte.

die, deren Sünde nicht zum Tod führt. Denn es gibt auch Sünde, die den Tod nach sich zieht*. Die habe ich nicht gemeint, wenn ich sagte, dass ihr beten sollt. 17 Zwar ist jedes Unrecht Sünde, aber nicht jede Sünde führt zum Tod.

Dreifache Gewissheit

18 Wir wissen, dass jemand, der ein Kind Gottes geworden ist, nicht bedenkenlos weiter* sündigt, denn wer von Gott gezeugt worden ist, hütet sich vor der Sünde und der Böse tastet ihn nicht an.

19 Wir wissen, dass wir von Gott stammen und dass die ganze Welt um uns herum vom Bösen beherrscht wird.

20 Und wir wissen, dass der Sohn Gottes gekommen ist, und uns fähig gemacht hat, den einzig wahren Gott zu erkennen. Mit ihm, der die Wahrheit ist, sind wir durch Jesus Christus verbunden. Er ist der wahre Gott und das ewige Leben.

21 Kinder, hütet euch vor den falschen Göttern!

5,16 *Tod nach sich zieht.* Johannes meint hier vielleicht das bewusste Festhalten an einem Leben in Sünde, wie es bei vielen Anhängern gnostischer Irrlehren der Fall war, die sich selbst ja als Christen betrachteten. Die vorsätzliche Weigerung, wirklich zu Christus umzukehren, führt in die Gottesferne, den ewigen Tod. Es ist aber auch möglich, dass Johannes hier Gläubige meint, die Gott mit dem physischen Tod bestraft, weil sie trotz grundsätzlicher Bekehrung immer weiter sündigten (1. Korinther 11,30).

5,18 *bedenkenlos weiter.* Der Zusatz ergibt sich aus der grammatischen Form des nachfolgenden Verbs.

Zweiter Brief des Johannes

Der zweite Johannesbrief sieht wie ein persönlicher Brief aus, ist vom Inhalt und den Anredeformen her aber wohl eher an eine Gemeinde gerichtet. Er warnt vor der Gefahr, reisende Irrlehrer aufzunehmen.

1 *1* Der Älteste an die von Gott erwählte Herrin und ihre Kinder, an die Gemeinde*, die ich aufrichtig liebe, wie es alle tun, die Gottes Wahrheit kennen – *2* die Wahrheit, die in uns bleibt und für immer in unseren Herzen sein wird. *3* Gnade, Barmherzigkeit und Frieden von Gott, dem Vater, und von Jesus Christus, seinem Sohn, werden auch künftig mit uns sein, und damit auch die Wahrheit und die Liebe.

Das grundlegende Gebot

4 Ich habe mich sehr gefreut, unter deinen Kindern einige zu finden, die so in der Wahrheit leben, wie es uns der Vater aufgetragen hat. *5* Und damit bin ich bei dem eigentlichen Anliegen meines Schreibens, liebe Herrin. Freilich sage ich dir dadurch nichts Neues; ich möchte dich aber an das Gebot erinnern, das uns von Anfang an gegeben war. Es lautet: Wir sollen einander lieben! *6* Und die Liebe wird gerade darin deutlich, dass wir uns nach Gottes Geboten richten. Einander zu lieben, ist nämlich das Gebot, das ihr von Anfang an gehört

habt, das alle anderen zusammenfasst und das euer Leben bestimmen soll.

Vorsicht vor Verführern!

7 Ich schreibe euch das, weil viele Verführer in der Welt unterwegs sind. Sie leugnen, dass Jesus Christus ein Mensch von Fleisch und Blut wurde. Wer das tut, ist der Verführer schlechthin, der Antichristus. *8* Achtet darauf, dass ihr nicht verliert, was wir erarbeitet haben, sondern sorgt dafür, dass ihr einst den vollen Lohn empfangt. *9* Denn wer nicht bei der Lehre vom menschgewordenen Christus bleibt, sondern darüber hinausgeht, wird keine Gemeinschaft mit Gott haben. Aber wer bei dieser Lehre bleibt, bleibt auch mit dem Vater und dem Sohn verbunden. *10* Wenn jemand zu euch kommt und diese Lehre nicht vertritt, dann nehmt ihn nicht auf und heißt ihn nicht willkommen, *11* denn wer ihn willkommen heißt, macht sich mitschuldig an seinem bösen Tun.

12 Ich hätte euch noch viel zu sagen, will das aber nicht mit Papier und Tinte tun. Ich hoffe vielmehr, dass ich zu euch kommen und persönlich mit euch sprechen kann. Dann wird nichts mehr unsere Freude trüben. *13* Die Kinder deiner ebenfalls von Gott erwählten Schwester, der Gemeinde, lassen dich grüßen.

1,1 *an die Gemeinde* ist hinzugefügt. Entweder schreibt Johannes an eine unbekannte Christin in Kleinasien oder – was nach dem übrigen Text wahrscheinlicher ist – an eine örtliche Gemeinde und ihre Mitglieder.

Dritter Brief des Johannes

Der dritte Johannesbrief ist an einen Mann namens Gajus gerichtet, der sich um durchreisende Missionare kümmerte. Es ist ein sehr persönliches Schreiben, setzt sich aber zugleich mit einem innergemeindlichen Problem auseinander.

Gajus

1 *1* Der Älteste an seinen lieben Freund Gajus, dem ich durch die Wahrheit verbunden bin. *2* Mein lieber Gajus, ich wünsche, dass es dir in jeder Hinsicht gut geht und dass dein Körper so gesund ist wie deine Seele. *3* Vor kurzem kamen einige Brüder zu mir und berichteten, wie treu du zur Wahrheit stehst. Darüber habe ich mich sehr gefreut. *4* Es gibt keine größere Freude für mich, als zu hören, dass meine Kinder der Wahrheit gemäß leben.

5 Mein Lieber, du bist sehr treu in deinen Bemühungen um die Brüder, selbst wenn sie dir unbekannt sind. *6* Sie haben hier vor der ganzen Gemeinde von deiner liebevollen Freundlichkeit berichtet. Es ist gut und richtig, wenn du sie auch künftig mit allem versorgst, was sie für ihre Reise brauchen. Damit ehrst du Gott, *7* denn sie sind unterwegs, um den Namen unseres Herrn bekannt zu machen, und sie nehmen nichts von Leuten an, die den Herrn nicht kennen. *8* Ja, wir sind verpflichtet, solche Menschen aufzunehmen, denn so werden wir Mitarbeiter im Dienst für die Wahrheit.

Diotrephes

9 Ich habe der Gemeinde einen Brief geschrieben. Aber Diotrephes, der sich für den ersten Mann in der Gemeinde hält, will nicht auf uns hören. *10* Ich werde deshalb sein Verhalten zur Sprache bringen, wenn ich komme. Denn er lügt und verbreitet unglaubliche Dinge über uns. Vor allem aber verweigert er den durchreisenden Brüdern die Gastfreundschaft. Und wenn andere sie aufnehmen wollen, hindert er sie nicht nur daran, sondern stößt sie sogar aus der Gemeinde.

Demetrius

11 Lieber Gajus, lass dich aber nicht vom Bösen beeinflussen, sondern vom Guten. Denk daran: Wer Gutes tut, ist Gottes Kind. Wer Böses tut, hat Gott nie gekannt. *12* Von Demetrius berichten alle nur Gutes. Ja, die Wahrheit selbst, die sich in seinem Leben zeigt, stellt ihm das beste Zeugnis aus. Auch wir verbürgen uns für ihn, und du weißt, dass wir wahrhaftig sind.

Die Freunde

13 Ich hätte dir noch viel zu sagen, will das aber nicht mit Papier und Tinte tun. *14* Ich hoffe vielmehr, dass ich bald zu dir kommen und persönlich mit dir reden kann. *15* Friede sei mit dir! Deine Freunde hier lassen dich grüßen. Grüße auch unsere Freunde persönlich von mir!

Der Brief des Judas

Nach mehrjähriger Belagerung wurde Jerusalem im Jahr 70 n.Chr. von den Römern erobert. Der Tempel ging in Flammen auf. 73 n.Chr. fiel die letzte jüdische Festung Massada. Um diese Zeit kehrte ein Teil der Gemeinde nach Jerusalem zurück, fing an, die Ruinen zu bewohnen und baute den Abendmahlssaal wieder auf.

Um das Jahr 80 n.Chr. schrieb Judas, der Halbbruder des Herrn, einen Brief an jüdische und nichtjüdische Christen. Er stellte fest, dass die falschen Lehrer, die Petrus in seinem zweiten Brief angekündigt hatte, sich bereits in die Gemeinde eingeschlichen hatten und ermutigte die Gläubigen, für den Glauben, den Gott uns übergeben hat, zu kämpfen.

1 *1* Judas, ein Sklave von Jesus Christus und Bruder des Jakobus: An die zum Glauben Berufenen, die von Gott, dem Vater, geliebt und durch Jesus Christus bewahrt werden. *2* Die Barmherzigkeit Gottes, sein Friede und seine Liebe mögen euch immer mehr erfüllen.

Kämpft für den Glauben!

3 Liebe Geschwister, ich hatte schon lange vor, euch über unsere gemeinsame Rettung zu schreiben, sah mich aber jetzt genötigt, euch mit diesem Brief zu ermahnen. Kämpft für den Glauben, der allen, die Gott für sich ausgesondert hat, ein für alle Mal übergeben worden ist! *4* Bei euch haben sich nämlich gewisse Leute eingeschlichen, die schon längst für das Gericht Gottes vorgemerkt sind. Es sind Menschen, denen die Ehrfurcht vor Gott fehlt. Sie missbrauchen die Gnade Gottes, um ein zügelloses Leben zu führen, und verleugnen damit Jesus Christus, unseren einzigen Herrscher und Herrn.

Die Schandflecke unter euch

5 Und obwohl ihr das Folgende alles wisst, will ich euch dennoch daran erinnern: Zunächst hat der Herr sein Volk aus Ägypten gerettet, dann aber doch alle vernichtet, die ihm nicht glauben wollten. *6* Auch die Engel, die ihre Vollmacht überschritten und den Platz verließen, den Gott ihnen zugewiesen hatte, hat er mit ewigen Fesseln in der Finsternis verwahrt, um sie an jenem großen Tag zu richten. *7* Mit Sodom und Gomorra und mit ihren Nachbarstädten war es ähnlich. Ihre Bewohner lebten in maßloser sexueller Unmoral und trieben widernatürlichste Dinge. Sie sind ein warnendes Beispiel und müssen die Strafe ewigen Feuers erleiden.

8 Genauso schänden diese Wirrköpfe auch ihren eigenen Körper. Sie ordnen sich keiner Herrschaft unter und verspotten überirdische Mächte. *9* Selbst der Engelsfürst Michael wagte es nicht, ein abwertendes Urteil über den Teufel zu fällen, als er mit ihm über den Leichnam von Mose stritt. Er sagte nur: »Der Herr bestrafe dich!« *10* Aber diese Menschen machen alles schlecht, was sie nicht kennen. Wie unvernünftige Tiere folgen sie ihrem inneren Trieb und laufen so in ihr eigenes Verderben. *11* Es wird ihnen schlimm ergehen! Sie haben denselben Weg eingeschlagen wie Kain. Wie Bileam waren sie für Geld zu allem bereit und wie Korach gehen sie an ihrer Aufsässigkeit zugrunde. *12* Diese Leute sind Schandflecke bei euren Liebesmahlen. Sie besitzen die Frechheit, überhaupt daran teilzunehmen und mästen sich an euch. Es sind Wolken ohne Wasser, die der Wind vorbeitreibt, Bäume ohne Frucht, kahl, abgestorben und entwurzelt. *13* Es sind wilde Meereswogen, die den Schmutz ihrer Schändlichkeiten aufschäumen, aus der Bahn geworfene Kometen. Sie werden für immer in der dunkelsten Finsternis bleiben müssen. *14* Schon Henoch, der Nachkomme Adams in siebter Generation, hat ihnen diese Strafe angekündigt: »Passt auf! Der Herr kommt mit Abertausenden, die alle zu ihm gehören, *15* und wird Gericht halten. Er wird all die Gottlosen von ihrer Auflehnung gegen ihn überführen und sie für ihr bösartiges Treiben und ihr gottloses Reden verurteilen.« *16* Diese Menschen haben ständig etwas zu meckern, sie begehren auf und sind mit ihrem Schicksal unzufrieden. Dabei folgen sie doch nur ihren Begierden. Sie sind großspurige Angeber und schleimige Schmeichler, die nur auf den eigenen Vorteil aus sind. *17* Doch ihr, liebe Geschwister, solltet euch daran erinnern, was die Apostel unseres Herrn Jesus Christus euch vorausgesagt haben. *18* Sie sagten nämlich, dass in der letzten Zeit Spötter auftreten werden, die nur ihren gottlosen Begierden folgen. *19* Und genau diese Leute sind es, die Spaltungen unter euch verursachen. Es sind triebhafte Menschen, die den Geist Gottes nicht besitzen.

Baut auf das richtige Fundament!

20 Doch ihr, meine lieben Geschwister, habt euer Leben auf das Fundament eures höchst heiligen Glaubens gegründet. Baut weiter darauf und betet so, wie der Heilige Geist es euch lehrt. *21* Bleibt im Schutz der Liebe Gottes und wartet darauf, dass unser Herr Jesus Christus euch in seiner Barmherzigkeit zum ewigen Leben bringen wird. *22* Seid auch selbst barmherzig mit denen, die ins Zweifeln gekommen sind! *23* Andere könnt ihr vielleicht gerade noch aus den Flammen des Gerichts herausreißen. Mit wieder anderen sollt ihr zwar Erbarmen haben, müsst euch aber sehr vorsehen und den Kontakt mit ihnen meiden, dass ihr nicht von ihren Sünden angesteckt werdet.

24 Dem, der die Macht hat, euch vor jedem Fehltritt zu bewahren, und der euch makellos und mit Freude erfüllt vor seine Herrlichkeit treten lassen kann, *25* diesem einzigartigen und alleinigen Gott, der durch unseren Herrn Jesus Christus unser Retter geworden ist, ihm gebührt Herrlichkeit, Majestät, Gewalt und Macht – vor aller Zeit, jetzt und in alle Ewigkeit! Amen.

Offenbarung von Jesus Christus an Johannes

Anfang der 90er Jahre begann Kaiser Domitian das Denunziantentum im Römischen Reich zu fördern und ließ die Christen systematisch verfolgen. So musste sich um 95 n.Chr. ein Enkel jenes Judas, der den Judasbrief verfasst hatte und ein Halbbruder von Jesus war, vor Domitian verantworten.

Zur gleichen Zeit wurde der Apostel Johannes auf die Insel Patmos verbannt. Dort empfing er eine besondere Offenbarung seines Herrn und schrieb auf, was ihn Gott sehen und hören ließ. Anschließend schickte er das Buch als Rundschreiben an sieben ausgewählte Gemeinden in Kleinasien.

Diese Offenbarung hat als letztes inspiriertes Buch der Bibel eine besondere Bedeutung, weil in ihm die Linien der Heilsgeschichte, die im 1. Buch Moses beginnen, zusammengeführt werden.

Für wen diese prophetischen Worte bestimmt sind

1 *1* In diesem Buch enthüllt Jesus Christus, was Gott ihm für seine Diener anvertraut hat. Sie sollten wissen, was bald geschehen muss. Deshalb schickte er seinen Engel mit dem Auftrag zu seinem Diener Johannes, ihn das alles sehen zu lassen. *2* Dieser Johannes berichtet nun alles genauso, wie es ihm gezeigt worden ist und wie er es als Wort Gottes von Jesus Christus empfangen hat. *3* Glücklich ist, wer diese prophetischen Worte liest, und alle, die sie hören und danach handeln. Denn schon bald wird sich alles erfüllen.

4 Johannes an die sieben Gemeinden in der Provinz Asia*: Gnade und Frieden wünsche ich euch von dem, der immer gegenwärtig ist, der schon immer war und der kommen wird, von den sieben Geistern vor seinem Thron *5* und von Jesus Christus, dem vertrauenswürdigen Zeugen für diese Dinge, der als Erster von den Toten zu dauerndem Leben auferstand und Herr ist über die Herrscher der Erde. Ihm, der uns liebt und uns durch sein Blut von unseren Sünden gereinigt hat; *6* ihm, der uns zu Königen gemacht hat und zu Priestern für seinen Gott und Vater: Ihm sei Ehre und Macht für immer und ewig! Amen*.

7 Passt auf! Mit den Wolken wird er wiederkommen. Alle werden ihn sehen, auch die, die ihn durchbohrt haben! Sein Anblick wird alle Völker auf der Erde in schmerzliche Trauer versetzen. Das ist gewiss! Amen. *8* »Ich bin der Ursprung und das Ziel«, sagt Gott, der Herr, der immer gegenwärtig ist, der immer war und der kommen wird, der Allmächtige.

Wie Johannes den Auftrag bekam

9 Ich, Johannes, euer Bruder, teile mit euch die Bedrängnis, aber auch den An-

---

1,4 *Asia*. Römische Provinz im westlichen Teil Kleinasiens.

1,6 *Amen*. Hebräisch: *Es werde wahr!* Oder: *So sei es!*

teil an Gottes Reich und das geduldige Warten darauf, weil ich wie ihr mit Jesus verbunden bin. Und weil ich das Wort Gottes verkündige und für die Botschaft von Jesus eintrete, bin ich auf die Insel Patmos* verbannt worden. 10 An einem Sonntag*, dem Tag des Herrn, wurde ich vom Geist Gottes ergriffen: Ich hörte hinter mir eine laute Stimme, die wie eine Fanfare klang 11 und mir befahl: »Schreibe das, was du siehst, in ein Buch und schicke es an die sieben Gemeinden in den Städten* Ephesus, Smyrna, Pergamon, Thyatira, Sardes, Philadelphia und Laodizea.«

12 Als ich mich umdrehte, um zu sehen, wer da mit mir sprach, sah ich sieben goldene Leuchter 13 und mitten zwischen den Leuchtern jemand, der aussah wie der Menschensohn*. Er trug ein Gewand, das bis zu seinen Füßen reichte, und ein breites goldenes Band um die Brust. 14 Das Haar auf seinem Kopf war weiß wie schneeweiße Wolle. Seine Augen brannten wie lodernde Flammen. 15 Seine Füße glänzten wie leuchtendes Gold, das im Schmelzofen glüht, und seine Stimme klang wie das Donnern der Brandung. 16 Sieben Sterne hielt er in seiner rechten Hand und aus seinem Mund kam ein scharfes, auf beiden Seiten geschliffenes Schwert. Sein Gesicht leuchtete wie die Sonne in ihrem höchsten Stand.

17 Als ich ihn sah, fiel ich wie tot vor seine Füße. Aber er legte seine rechte Hand auf mich und sagte: »Hab keine Angst! Ich bin der Erste und der Letzte 18 und der Lebendige. Ich war tot, aber jetzt lebe ich in alle Ewigkeit und habe die Schlüssel für Hölle* und Tod. 19 Schreib alles auf, was du gezeigt bekommst, ob es die Gegenwart betrifft oder erst in späteren Zeiten geschehen wird. 20 Ich will dir erklären, was das Geheimnis der sieben Sterne ist, die du in meiner rechten Hand gesehen hast, und was die sieben goldenen Leuchter bedeuten: Die sieben Sterne sind die Engel* der sieben Gemeinden und die sieben Leuchter sind die sieben Gemeinden.«

1,9 *Patmos.* Felsige Insel in der Ägäis, 90 km südwestlich von Ephesus, 12 km lang und 7 km breit.

1,10 *einem Sonntag.* Hinzufügung, weil von frühester nachapostolischer Zeit an der erste Tag der Woche als Tag des Herrn bezeichnet wurde. Vergleiche auch Johannes 20,19; Apostelgeschichte 20,7; 1. Korinther 16,2.

1,11 Die *Städte* lagen alle in der römischen Provinz Asia.

1,13 *Menschensohn* ist eine von Jesus bevorzugte Selbstbezeichnung. Er knüpft damit an Daniel 7,13 an, wo der zukünftige Herrscher des Gottesreiches angekündigt wird.

1,18 *Hölle.* Griechisch: *Hades.* Das Neue Testament meint damit aber kein neutrales Totenreich, sondern den Todeszustand, der für Ungläubige schon vor dem Endgericht eine schreckliche Qual bedeutet (Lukas 16,23).

1,20 *Engel.* Oder: Boten. Entweder handelt es sich um Boten der Gemeinden, die bei Johannes waren oder zu ihm kommen würden, oder um himmlische Repräsentanten der genannten Gemeinden oder der Begriff ist ein symbolischer Ausdruck für die jeweilige Gemeinde selbst.

2,1 *Ephesus* war die Hauptstadt der Provinz Asia und zweitgrößte Stadt des römischen Reiches. Der reiche Handelsknotenpunkt lag etwa 5 km vom Meer entfernt am Fluss Kaystros, auf dem man praktisch bis in den Hafen der Stadt segeln konnte. Berühmt war Ephesus durch seinen Artemis-Tempel (römisch: Diana), der zu den sieben Weltwundern zählte.

Die Botschaft an die Gemeinde in Ephesus

2 *1* »Schreibe an den Engel der Gemeinde in Ephesus*: Der, der die sieben Sterne in seiner rechten Hand hält und zwischen den sieben goldenen Leuchtern umhergeht, lässt der Gemeinde Folgendes sagen: *2* Ich kenne dein Tun, deinen unermüdlichen Einsatz und deine Ausdauer. Ich weiß auch, dass du niemand ertragen kannst, der Böses tut. Du hast die, die sich als Apostel ausgeben, geprüft und sie als Lügner entlarvt. *3* Du hast geduldig für mich gelitten und nicht aufgegeben. *4* Doch den einen Vorwurf muss ich dir machen: Du hast deine Anfangsliebe vernachlässigt! *5* Denk einmal darüber nach, wie weit du davon abgekommen bist! Ändere deine Einstellung und handle so wie am Anfang! Wenn du dich nicht änderst, werde ich gegen dich vorgehen und deinen Leuchter von seinem Platz unter den Gemeinden wegstoßen. *6* Doch es spricht für dich, dass du die

Taten der Nikolaiten* genauso verabscheust wie ich. *7* Wer hören will, achte auf das, was der Geist den Gemeinden sagt! Wer den Kampf besteht, dem werde ich im Paradies Gottes vom Baum des Lebens zu essen geben.«

Die Botschaft an die Gemeinde in Smyrna

8 »Schreibe an den Engel der Gemeinde in Smyrna*: Der Erste und der Letzte, der tot war und wieder lebendig wurde, lässt der Gemeinde Folgendes sagen: *9* Ich weiß von deiner Bedrängnis und Armut – obwohl du eigentlich reich bist! Ich weiß auch, wie bösartig du von Leuten verleumdet wirst, die behaupten, Juden zu sein, aber in Wirklichkeit eine Synagoge des Satans sind. *10* Es werden noch manche Leiden auf dich zukommen. Der Teufel wird einige von euch ins Gefängnis bringen, um euch auf die Probe zu stellen, und ihr werdet zehn Tage lang Schweres durchmachen. Hab keine Angst davor und bleibe mir treu, selbst wenn es dich das Leben kostet. Dann werde ich dir als Ehrenkranz das ewige Leben geben. *11* Wer hören will, achte auf das, was der Geist den Gemeinden sagt! Wer den Kampf besteht, dem wird der zweite Tod nichts anhaben können.«

Die Botschaft an die Gemeinde in Pergamon

12 »Schreibe an den Engel der Gemeinde in Pergamon*: Der, der das scharfe zweischneidige Schwert hat, lässt der Gemeinde Folgendes sagen: *13* Ich weiß, dass du dort wohnst, wo

---

2,6 *Nikolaiten.* Anhänger einer frühchristlichen Irrlehre, die freizügig okkulte und sexuelle Praktiken ihrer ungläubigen Umwelt mit dem Glauben verbinden wollten.

2,8 *Smyrna.* Die Stadt lag etwa 55 km nördlich von Ephesus und war für ihre Schönheit berühmt. Das heutige Izmir war damals eine wohlhabende Stadt und stark mit dem römischen Kaiserkult verbunden. Die große jüdische Bevölkerungsgruppe war der Gemeinde feindlich gesonnen.

2,12 *Pergamon.* Die Stadt lag ungefähr 80 km nördlich von Smyrna und war auf einem kegelförmigen Hügel erbaut, der sich 300 Meter über dem umliegenden Tal erhob.

der Thron des Satans* steht. Trotzdem hast du dich zu mir bekannt und den Glauben an mich nicht verleugnet, auch damals nicht, als mein treuer Zeuge Antipas in eurer Stadt, dieser Hochburg Satans, ermordet wurde. *14* Doch den einen Vorwurf muss ich dir machen: Du duldest Leute in deiner Mitte, die an der Lehre Bileams* festhalten. Bileam hatte Balak gezeigt, wie er die Israeliten zu Fall bringen könnte. Er verführte sie zum Essen von Opferfleisch, das den Götzen geweiht war, und zu sexueller Zügellosigkeit. *15* Demnach gibt es bei euch auch Leute, die den Lehren der Nikolaiten folgen. *16* Ändere deine Einstellung! Wenn du nicht umkehrst, werde ich nicht zögern, gegen dich vorzugehen und diese Leute mit dem Schwert meines Mundes zu bekämpfen. *17* Wer hören will, achte auf das, was der Geist den Gemeinden sagt! Wer den Kampf besteht, dem werde ich von dem Manna zu essen geben, das jetzt noch verborgen ist. Und ich werde ihm einen weißen Stein geben, auf dem ein neuer Name eingraviert sein wird, den nur der kennt, der ihn empfängt.«

Die Botschaft an die Gemeinde in Thyatira

18 »Schreibe an den Engel der Gemeinde in Thyatira*: Der Sohn Gottes, dessen Augen wie lodernde Flammen brennen und dessen Füße wie leuchtendes Gold glänzen, lässt der Gemeinde Folgendes sagen: *19* Ich kenne dein Tun, dein Lieben, deinen Glauben, dein Dienen und deine Geduld. Ich weiß auch, dass du heute noch mehr tust als früher. *20* Doch den einen Vorwurf muss ich dir machen: Du unternimmst nichts gegen diese Isebel, die sich als Prophetin ausgibt. Und dabei verführt sie mit ihrer Lehre meine Leute zu sexueller Zügellosigkeit und zum Essen von Götzenopferfleisch. *21* Ich habe ihr Zeit gelassen, ihre Einstellung zu ändern. Doch sie weigert sich, ihre unmoralische Lebensweise aufzugeben. *22* Darum werfe ich sie jetzt aufs Krankenbett. Und alle, die Sex mit ihr hatten, lasse ich in größte Not geraten, es sei denn, sie ändern ihre Einstellung und wenden sich von dem ab, was diese Frau tut. *23* Isebels Kinder werde ich nicht am Leben lassen. Sie müssen sterben. Dann werden alle Gemeinden wissen, dass mir auch die geheimsten Gedanken und Wünsche nicht verborgen bleiben und dass ich jedem von euch das gebe, was er verdient. *24* Aber ihr anderen in Thyatira, die dieser Lehre nicht gefolgt sind und von den sogenannten ›Tiefen des Satans‹ nichts wissen wolltet, euch sage ich: Ich werde nichts weiter von euch

---

2,13 *Thron des Satans.* Pergamon war das Zentrum des Kaiserkultes in der Provinz Asia. Auf der Akropolis stand der berühmte Zeusaltar, der sich heute im Pergamonmuseum in Berlin befindet. Außerdem besaß die Stadt ein Heiligtum des Asklepios Soter, des Gottes der Heilkunst. Welcher dieser Tempel oder Altäre mit dem Thron Satans gemeint ist, bleibt unsicher.

2,14 *Bileam.* Vergleiche die Geschichte Bileams 4. Mose 22-24 und besonders 4. Mose 25,1-3 und 31,16.

2,18 *Thyatira.* Handels- und Industriestadt mit Färbereien, Textilproduktion, Kupferverarbeitung, 60 km südöstlich von Pergamon.

verlangen; *25* haltet nur fest, was ihr habt, bis ich komme. *26* Wer den Kampf besteht und bis zuletzt das tut, was ich will, dem werde ich Macht über die Völker geben. *27* Er wird sie mit eisernem Zepter beherrschen und wie Tontöpfe zerschmettern. *28* Ich verleihe ihm die Macht, die auch ich von meinem Vater bekommen habe. Und als Zeichen dafür werde ich ihm den Morgenstern geben. *29* Wer hören will, achte auf das, was der Geist den Gemeinden sagt!«

Die Botschaft an die Gemeinde in Sardes

3 *1* »Schreibe an den Engel der Gemeinde in Sardes*: Der, bei dem die sieben Geister Gottes sind und der die sieben Sterne in seiner Hand hält, lässt der Gemeinde Folgendes sagen: Ich kenne dein Tun und weiß, dass du im Ruf stehst, eine lebendige Gemeinde zu sein, aber in Wirklichkeit bist du tot. *2* Werde wach und stärke den Rest, der noch Leben hat, damit er nicht vollends stirbt! Was du tust, kann vor meinem Gott noch nicht bestehen. *3* Denk daran, wie bereitwillig du die Botschaft gehört und angenommen hast. Daran halte fest und ändere deine jetzige Einstellung! Wenn du weiter schläfst, werde ich dich wie ein Dieb überraschen und du weißt nicht, wann ich komme. *4* Doch einige bei euch in Sardes haben sich nicht besudelt. Sie werden einmal in weißen Festgewändern neben mir hergehen, denn sie sind es wert. *5* Wer den Kampf besteht, wird mit einem weißen Festgewand bekleidet werden. Ich werde seinen Namen nicht aus dem Buch des Lebens streichen, sondern mich vor meinem Vater und seinen Engeln zu ihm bekennen. *6* Wer hören will, achte auf das, was der Geist den Gemeinden sagt!«

Die Botschaft an die Gemeinde in Philadelphia

7 »Schreibe an den Engel der Gemeinde in Philadelphia*: Der Heilige und Wahrhaftige, der den Schlüssel Davids hat, der öffnet, so dass niemand schließen kann, und der zuschließt, so dass niemand öffnen kann, lässt der Gemeinde Folgendes sagen: *8* Ich kenne dein Tun und ich habe dir eine Tür geöffnet, die niemand schließen kann. Du hast nur wenig Kraft, aber du hast dich nach meinem Wort gerichtet und dich zu meinem Namen bekannt. *9* Pass auf, ich werde dafür sorgen, dass Leute aus der Synagoge des Satans zu dir kommen und sich vor dir niederwerfen. Diese Leute behaupten, Juden zu sein, obwohl sie das gar nicht wirklich sind. Sie sollen erkennen, dass ich dich liebe. *10* Weil du meine Aufforderung zur Standhaftigkeit beherzigt hast, werde auch ich dich bewahren vor der Zeit der Versuchung, in der die ganze Menschheit den Mächten der Verführung ausgesetzt sein wird. *11* Ich komme bald. Halte fest, was du hast, damit dir niemand deinen Ehrenkranz nimmt. *12* Wer den Kampf besteht, den werde ich zu einer Säule

---

3,1 *Sardes.* 50 km südlich von Thyatira. Der Wohlstand von Sardes galt zur Zeit des Königs Krösus als sprichwörtlich für Reichtum.

3,7 *Philadelphia.* 50 km südöstlich von Sardes. Philadelphia war auf Textil- und Lederproduktion spezialisiert.

im Tempel meines Gottes machen und er wird diesen Platz für immer behalten. Ich werde ihn mit dem Namen meines Gottes kennzeichnen und mit dem Namen der Stadt meines Gottes, des neuen Jerusalem, das von ihm aus dem Himmel herabkommen wird. Und mein eigener, neuer Name wird auf ihm geschrieben stehen. *13* Wer hören will, achte auf das, was der Geist den Gemeinden sagt!«

Die Botschaft an die Gemeinde in Laodizea

14 »Schreibe an den Engel der Gemeinde in Laodizea*: Der, der Amen heißt, der treue und wahrhaftige Zeuge, der Ursprung von allem, was Gott geschaffen hat, lässt der Gemeinde Folgendes sagen: *15* Ich kenne dein Tun und weiß, dass du weder heiß noch kalt bist. Wenn du doch das eine oder andere wärst! *16* Doch du bist lau, weder heiß noch kalt. Darum werde ich dich aus meinem Mund ausspucken. *17* Du sagst: ›Ich bin reich und wohl versorgt; mir fehlt nichts.‹ Aber du weißt nicht, wie erbärmlich und jämmerlich du dran bist: arm, nackt und blind. *18* Ich rate dir, Gold von mir zu kaufen, Gold, das im Feuer geläutert ist, damit du reich wirst, und weiße Kleider, damit du etwas anzuziehen hast und man die Schande deiner Nacktheit nicht sieht, und Salbe für deine Augen, damit du sie einsalben und dann wieder sehen kannst. *19* Alle, die ich gern habe, weise ich zurecht und erziehe sie. Mach darum Ernst und ändere deine Einstellung. *20* Merkst du nicht, dass ich vor der Tür stehe und anklopfe? Wer mich rufen hört und mir öffnet, zu dem gehe ich

hinein und wir werden miteinander essen – ich mit ihm und er mit mir. *21* Wer den Kampf besteht, dem werde ich das Recht geben, mit mir auf meinem Thron zu sitzen, so wie auch ich den Kampf bestanden und mich mit meinem Vater auf seinen Thron gesetzt habe. *22* Wer hören will, achte auf das, was der Geist den Gemeinden sagt!«

Der Thron im Himmel

4 *1* Danach blickte ich auf und sah im Himmel eine offene Tür. Die gleiche Stimme, die schon vorher mit mir gesprochen hatte, und die wie eine Fanfare klang, sagte:»Komm hier herauf! Ich werde dir zeigen, was nach diesen Dingen geschehen muss.« *2* Im gleichen Augenblick wurde ich vom Geist ergriffen. Ich sah einen Thron im Himmel stehen, und auf dem Thron saß jemand. *3* Seine Gestalt funkelte wie ein Diamant und glühte wie ein roter Karneol. Über dem Thron leuchtete ein Regenbogen wie ein grüner Smaragd. *4* Um den Thron herum standen im Kreis 24 andere Throne. Darauf saßen 24 Älteste, die in weiße Gewänder gehüllt waren und goldene Siegeskränze trugen. *5* Aus dem Thron in der Mitte zuckten Blitze, man hörte ein Dröhnen und Donnerschläge. Vor dem Thron loderten sieben Fackeln. – Das sind die sieben Geister Gottes. – *6* Die Fläche vor dem Thron war wie ein gläsernes Meer von kristaller Klarheit. In der Mitte, im innersten

---

3,14 Laodizea. Reiche Handelsstadt, 50 km südlich von Philadelphia. Sie wurde von lauwarmem Wasser aus den 10 km nördlich gelegenen Heißwasserquellen versorgt.

Kreis um den Thron, standen vier mächtige Wesen, die vorn und hinten voller Augen waren. *7* Das erste Wesen glich einem Löwen, das zweite einem jungen Stier. Das dritte hatte ein Gesicht wie ein Mensch und das vierte glich einem fliegenden Adler. *8* Jedes der vier hatte sechs Flügel, die ebenfalls innen und außen mit Augen besetzt waren. Und immer wieder, bei Tag und Nacht, rufen diese mächtigen Wesen:

»Heilig, heilig, heilig / ist Gott,
der Herr, / der allmächtige
Herrscher, / der war, der ist
und der kommt!«

9 Immer wenn diese Wesen dem, der auf dem Thron sitzt und in alle Ewigkeit lebt, Ehre erweisen, wenn sie ihn rühmen und ihm ihren Dank bringen, *10* werfen sich auch die 24 Ältesten nieder und beten ihn an – ihn, der auf dem Thron sitzt und in alle Ewigkeit lebt. Sie legen ihre Siegeskränze vor dem Thron nieder und sagen: *11* »Würdig bist du, unser Herr und Gott, dir gebührt Ehre und Ruhm und alle Macht, denn du hast alle Dinge erschaffen. Du hast es gewollt, und die Schöpfung entstand.«

Wer die Siegel brechen darf

5 *1* Jetzt sah ich eine Schriftrolle auf der rechten Hand dessen liegen, der auf dem Thron saß. Sie war innen und außen beschrieben und mit sieben Siegeln verschlossen. *2* Dann sah ich, wie ein mächtiger Engel mit lauter Stimme ausrief: »Wer ist würdig, das Buch zu öffnen? Wer hat das Recht, die Siegel zu lösen?« *3* Aber im ganzen Himmel, auf der Erde und selbst unter der Erde war niemand, der das Buch öffnen und hineinblicken konnte. *4* Es war keiner zu finden, der würdig gewesen wäre, das Buch zu öffnen und zu sehen, was darin stand. Deshalb weinte ich sehr. *5* Da sagte einer der Ältesten zu mir: »Weine nicht! Einer hat gesiegt. Es ist der Löwe aus dem Stamm Juda, der Spross, der aus dem Wurzelstock Davids herauswuchs. Er wird die sieben Siegel aufbrechen und das Buch öffnen.«

6 Da sah ich mitten im Thron, in der Mitte der vier mächtigen Wesen und der Ältesten, ein Lamm stehen, das wie geschlachtet aussah. Es hatte sieben Hörner und sieben Augen. – Die sieben Augen sind die sieben Geister Gottes, die in alle Teile der Erde ausgesandt sind. – *7* Das Lamm trat zu dem, der auf dem Thron saß und nahm das Buch aus seiner rechten Hand. *8* Als das geschah, warfen sich die vier mächtigen Wesen und die 24 Ältesten vor dem Lamm nieder. Jeder von den Ältesten hatte eine Harfe und außerdem goldene Schalen, die mit Weihrauch gefüllt waren. – Das sind die Gebete der von Gott geheiligten Menschen. – *9* Und sie singen ein neues Lied:

»Du bist würdig, das Buch zu
nehmen / und seine Siegel zu
öffnen! / Denn du wurdest als
Opfer geschlachtet. / Und mit
deinem vergossenen Blut /
hast du Menschen erkauft, /
Menschen aus allen Stämmen
und Völkern, / aus jeder Sprache
und Kultur. / Du hast sie freigekauft für unseren Gott *10* und sie
zu Mitherrschern und Priestern
für ihn gemacht. / Sie regieren
in Zukunft die Welt.«

11 Dann sah und hörte ich eine unzählbar große Schar von Engeln, es waren Tausende und Abertausende. Sie standen im Kreis um den Thron, um die mächtigen Wesen und die Ältesten 12 und riefen in gewaltigem Chor:
»Würdig ist das Lamm,
das geopfert worden ist, /
würdig zu empfangen die Macht /
und Reichtum und Weisheit, /
Stärke und Ehre, /
Ruhm und Anbetung!«

13 Und jedes Geschöpf, das es gibt – im Himmel und auf der Erde, unter der Erde und im Meer – hörte ich mit einstimmen: »Dem, der auf dem Thron sitzt und dem Lamm gebühren Preis und Ehre, Ruhm und Macht für immer und ewig!« 14 »Amen!«, sagten die vier mächtigen Wesen. Und die Ältesten warfen sich nieder und beteten an.

Das Lamm bricht die ersten sechs Siegel

6 1 Dann sah ich, wie das Lamm das erste von den sieben Siegeln der Schriftrolle aufbrach, und ich hörte eines der vier mächtigen Wesen mit Donnerstimme rufen: »Komm!« 2 Da erblickte ich ein weißes Pferd. Der Reiter auf ihm trug einen Bogen und erhielt jetzt einen Siegeskranz. Triumphierend ritt er hinaus, um den Sieg zu erringen.

3 Als das Lamm das zweite Siegel aufbrach, hörte ich das zweite mächtige Wesen rufen: »Komm!« 4 Wieder erschien ein Pferd. Es war feuerrot. Seinem Reiter wurde ein großes Schwert gegeben und er bekam die Macht, den Frieden von der Erde wegzunehmen, so dass die Menschen sich gegenseitig abschlachten würden.

5 Dann brach das Lamm das dritte Siegel auf und ich hörte das dritte der mächtigen Wesen rufen: »Komm!« Jetzt sah ich ein schwarzes Pferd. Sein Reiter hatte eine Waage in der Hand. 6 Und eine Stimme, die aus der Mitte der vier Lebewesen zu kommen schien, rief: »Ein Kilo* Weizen für einen Denar*! Drei Kilo Gerste für einen Denar! Öl und Wein zum alten Preis!«

7 Als das Lamm das vierte Siegel aufbrach, hörte ich das vierte mächtige Wesen rufen: »Komm!« 8 Dann sah ich ein leichenfahles Pferd. Sein Reiter hieß Tod und der Hades* folgte ihm. Sie wurden ermächtigt, ein Viertel der Menschen durch Krieg, Hunger, tödliche Seuchen und wilde Tiere umkommen zu lassen.

9 Nun brach das Lamm das fünfte Siegel auf. Da sah ich unten am Altar die Seelen der Menschen, die man umgebracht hatte, weil sie an Gottes Wort festhielten und ihm als seine Zeugen treu geblieben waren. 10 Sie riefen mit lauter Stimme: »Du heiliger und wahrhaftiger Herrscher! Wie lange dauert es noch, bis du unser Blut an den Bewohnern der Erde rächst und sie

---

6,6 *Kilo.* Griechisch: *Choinix.* Das Getreidemaß fasste etwa einen Liter und stellte eine Tagesration für eine Person dar.

Denar. Tageslohn eines Arbeiters. Eine Tagesration Weizen für einen Tageslohn entsprach einer acht- bis zwölffachen Verteuerung.

6,8 *Tod* und *Hades* werden hier symbolisch personifiziert. Zu Hades siehe Fußnote zu Offenbarung 1,18!

richtest?« *11* »Habt noch eine kurze Zeit Geduld!«, bekamen sie zur Antwort, während jeder von ihnen ein weißes Gewand erhielt. Erst müsse noch eine bestimmte Zahl ihrer Glaubensgeschwister zum Ziel kommen und so wie sie getötet werden. *12* Als das Lamm das sechste Siegel aufbrach, erschütterte ein schweres Beben die Erde. Die Sonne wurde dunkel wie ein Trauersack und der Mond erschien auf einmal rot wie von Blut. *13* Dann fielen Sterne vom Himmel auf die Erde wie vom Sturm geschüttelte Feigen. *14* Der Himmel verschwand wie eine Schriftrolle, die man zusammenrollt, und kein Berg und keine Insel blieben an ihrer Stelle. *15* Da versteckten sich die Könige der Erde, die Herrscher und die Generäle, die Reichen und die Mächtigen, aber auch alle anderen Menschen – Sklaven wie Freie. Sie versteckten sich in Höhlen und Felsspalten *16* und flehten die Berge und Felsen an: »Fallt auf uns und verbergt uns vor den Blicken dessen, der auf dem Thron sitzt, und vor dem Zorn des Lammes! *17* Denn jetzt ist der furchtbare Tag ihres Zorns gekommen. Wer kann da bestehen?«

Wer das besondere Siegel Gottes bekommt

7 *1* Danach sah ich vier Engel an den äußersten Enden der Erde stehen. Sie hielten die Winde zurück, die aus allen vier Himmelsrichtungen über das Land, das Meer und die Bäume kommen wollten. *2* Und von da, wo die Sonne aufgeht, sah ich noch einen anderen Engel herkommen, der das Siegel des lebendigen Gottes in der Hand hatte. Er rief den vier Engeln, denen Gott die Macht gegeben hatte, der Erde und dem Meer Schaden zuzufügen, mit lauter Stimme zu: *3* »Verwüstet weder das Land noch das Meer und richtet auch an den Bäumen noch keinen Schaden an! Erst müssen wir allen, die Gott gehören und ihm dienen, sein Siegel auf die Stirn drücken.« *4* Ich hörte, wie viele Menschen das Siegel bekamen: Es waren 144.000 aus allen Stämmen Israels: *5* 12.000 aus Juda, 12.000 aus Ruben, 12.000 aus Gad, *6* 12.000 aus Ascher, 12.000 aus Naftali, 12.000 aus Manasse, *7* 12.000 aus Simeon, 12.000 aus Levi, 12.000 aus Issachar, *8* 12.000 aus Sebulon, 12.000 aus Josef, 12.000 aus Benjamin.

Die Menschenmenge vor dem Thron Gottes

9 Danach sah ich eine riesige Menschenmenge aus allen Stämmen und Völkern, Sprachen und Kulturen. Es waren so viele, dass niemand sie zählen konnte. Sie standen mit Palmzweigen in den Händen weißgekleidet vor dem Thron und dem Lamm *10* und riefen mit lauter Stimme: »Die Rettung kommt von unserem Gott, von dem, der auf dem Thron sitzt, und dem Lamm!« *11* Und alle Engel, die vier mächtigen Wesen und die Ältesten, die um den Thron herum standen, warfen sich nieder und beteten Gott an. *12* »Amen!«, sagten sie.

»Anbetung, Ehre und Dank, / Herrlichkeit und Weisheit, / Macht und Stärke / gehören ihm, unserem Gott, / für immer und ewig! / Amen!«

13 Dann fragte mich einer der Ältesten: »Weißt du, wer diese weißgekleideten Menschen sind und woher sie kommen?« 14 Ich erwiderte: »Du musst es mir sagen, mein Herr, du weißt es.« Er sagte: »Diese Menschen haben die größte Bedrängnis überstanden, die es je gegeben hat. Sie haben ihre Gewänder gewaschen und im Blut des Lammes weiß gemacht. 15 Darum stehen sie vor dem Thron Gottes und dienen ihm Tag und Nacht in seinem Tempel. Und der, der auf dem Thron sitzt, wird immer bei ihnen sein. 16 Sie werden keinen Hunger mehr haben und auch Durst wird sie nie mehr quälen. Die Sonne wird nicht mehr auf sie herabbrennen und auch keine andere Glut wird sie versengen. 17 Denn das Lamm, das mitten auf dem Thron sitzt, wird sie weiden und zu den Quellen führen, wo das Wasser des Lebens ist. Und Gott wird jede Träne von ihren Augen abwischen.«

**Der Aufbruch
des letzten Siegels löst sieben
weitere Katastrophen aus**

8 1 Als das Lamm das siebte Siegel aufbrach, war es im Himmel eine halbe Stunde lang völlig still. 2 Dann sah ich die sieben Engel, die zum Dienst für Gott abgestellt sind. Ich sah, wie ihnen sieben Posaunen gegeben wurden. 3 Dann trat ein anderer Engel, der ein goldenes Räucherfass trug, an den Altar. Er bekam eine große Menge Weihrauch und sollte ihn zusammen mit den Gebeten aller Menschen, die Gott geheiligt hat, auf dem goldenen Altar darbringen, der vor dem Thron stand. 4 So stiegen die Gebete der Heiligen mit dem Duft des Weihrauchs zu Gott auf. 5 Dann füllte der Engel das Räucherfass mit Glut vom Altar und schleuderte es auf die Erde. Da donnerte und dröhnte es heftig, es blitzte und die Erde bebte. 6 Jetzt machten sich die sieben Engel bereit, die sieben Posaunen zu blasen.

7 Nachdem der erste Engel die Posaune geblasen hatte, prasselten Hagel und Feuer mit Blut vermischt auf die Erde. Ein Drittel der Erdoberfläche und ein Drittel aller Bäume und alles Gras verbrannten.

8 Nachdem der zweite Engel die Posaune geblasen hatte, wurde etwas ins Meer gestürzt, das wie ein großer brennender Berg aussah. Ein Drittel des Meeres wurde zu Blut. 9 Ein Drittel aller Lebewesen im Meer starb und ein Drittel aller Schiffe wurde zerstört.

10 Nachdem der dritte Engel die Posaune geblasen hatte, stürzte ein großer Stern vom Himmel herab, der wie eine Fackel brannte. Er fiel auf ein Drittel aller Flüsse und auf die Quellen. 11 Der Stern hieß Wermut und machte ein Drittel von allem Süßwasser bitter. Viele Menschen starben an diesem verseuchten Wasser.

12 Nachdem der vierte Engel die Posaune geblasen hatte, wurde ein Drittel der Sonne, des Mondes und der Sterne getroffen, sodass ein Drittel des Tages und ein Drittel der Nacht kein Licht mehr schien. 13 Dann sah ich einen Adler hoch am Himmel fliegen und hörte ihn mit lauter Stimme schreien: »Weh denen, die auf der Erde leben! Weh ihnen, wenn die letzten drei Engel in ihre Posaunen stoßen, weh ihnen!«

9 *1* Nachdem der fünfte Engel die Posaune geblasen hatte, sah ich einen Stern, der vom Himmel auf die Erde gestürzt war. Dieser Stern erhielt den Schlüssel zum Schacht in den Abgrund *2* und öffnete ihn. Da quoll Rauch heraus wie von einem riesigen Schmelzofen und verdunkelte die Luft und die Sonne. *3* Aus dem Rauch kamen Heuschrecken hervor, die wie Skorpione stechen konnten, und schwärmten über die ganze Erde aus. *4* Doch es wurde ihnen verboten, das Gras abzufressen oder an Bäumen und anderen Pflanzen irgendwelchen Schaden anzurichten. Sie durften nur Menschen angreifen und zwar die Menschen, die das Siegel Gottes nicht auf der Stirn trugen. *5* Töten durften sie diese Menschen zwar nicht, aber sie hatten die Macht, sie fünf Monate lang zu quälen. Die Menschen würden unerträgliche Schmerzen erleiden, wie durch den Stich eines Skorpions. *6* In dieser Zeit werden die Menschen den Tod suchen, aber nicht finden. Sie werden sich danach sehnen zu sterben, aber der Tod wird vor ihnen fliehen. *7* Die Heuschrecken sahen aus wie Pferde, die in die Schlacht ziehen. Auf ihren Köpfen hatten sie etwas, was wie ein goldener Kranz aussah, und ihre Gesichter glichen denen von Menschen. *8* Sie hatten lange Haare wie Frauen und Zähne wie Löwen. *9* Ihr Rumpf war wie mit eisernen Rüstungen gepanzert und ihre Flügel machten einen Lärm wie ein Heer von Pferden und Streitwagen, die in die Schlacht ziehen. *10* Ihre Hinterleiber waren wie die Schwänze eines Skorpions geformt und mit Stacheln bestückt. Damit verursachen sie die Qualen, denen die Menschen fünf Monate lang ausgesetzt sein werden. *11* Als König haben sie den Engel des Abgrunds über sich. Er heißt »Verderber«, auf Hebräisch Abaddon, auf Griechisch Apollyon.

12 Das erste Unheil, das der Weheruf angekündigt hat, ist vorüber, doch zwei weitere stehen noch bevor.

13 Nachdem der sechste Engel die Posaune geblasen hatte, hörte ich eine Stimme, die aus den vier Hörnern des goldenen Altars zu kommen schien, der vor Gott stand. *14* Sie sagte zu dem sechsten Engel mit der Posaune: »Lass die vier Engel frei, die am großen Strom, dem Euphrat, in Ketten liegen!« *15* Da wurden die vier Engel von ihren Fesseln befreit. Auf dieses Jahr, diesen Monat, diesen Tag, ja genau auf diese Stunde hatten sie gewartet, um ein Drittel der Menschen zu töten. *16* Sie verfügten über ein Heer von zweihundert Millionen berittenen Soldaten – ich hörte, wie ihre Zahl genannt wurde. *17* Und dann sah ich sie in meiner Vision: Die Reiter trugen feuerrote, violette und schwefelgelbe Brustpanzer. Die Köpfe der Pferde sahen wie Löwenköpfe aus und aus ihren Mäulern schossen Feuer, Rauch und Schwefel. *18* Mit diesen drei Waffen – dem Feuer, dem Rauch und dem Schwefel – töteten sie ein Drittel der Menschheit. *19* Die tödliche Macht der Pferde geht sowohl von ihrem Maul als auch von ihren Schwänzen aus, denn diese Schwänze glichen Schlangen mit Köpfen, die ebenfalls Menschen angriffen. *20* Aber die Menschen, die diese Plage überlebten, waren nicht bereit, ihre Einstellung zu ändern. Sie hörten nicht auf, Dämonen anzubeten und sich vor Götterbildern aus Gold, Silber, Bronze, Stein und Holz niederzuwerfen, die sie mit eigenen Händen gemacht hatten und die weder sehen noch hören noch gehen können. 21 Nein, sie kehrten nicht um, sie hörten nicht auf zu morden, sich mit okkulten Dingen zu beschäftigen, außerehelichen Sex zu haben und zu stehlen.

Der Engel mit dem kleinen Buch

10 1 Dann sah ich, wie ein anderer mächtiger Engel aus dem Himmel herabkam. Er war von einer Wolke umgeben und ein Regenbogen stand über seinem Kopf. Sein Gesicht leuchtete wie die Sonne und seine Beine glichen Feuersäulen. 2 Er hielt eine kleine geöffnete Schriftrolle in der Hand und setzte seinen rechten Fuß auf das Meer und seinen linken auf das Festland. 3 Seine Stimme dröhnte wie das Brüllen eines Löwen und laut krachend antworteten ihm sieben Donnerschläge. 4 Als es wieder still war, wollte ich aufschreiben, was die sieben Donner gesagt hatten. Aber da hörte ich eine Stimme aus dem Himmel rufen:»Halte geheim, was die sieben Donner gesagt haben. Schreibe es nicht auf!«

5 Der Engel, den ich auf dem Meer und auf dem Festland stehen sah, hob jetzt seine rechte Hand zum Himmel 6 und sagte:»Ich schwöre bei dem, der in alle Ewigkeit lebt, der den Himmel, die Erde, das Meer und alles Lebendige in ihnen geschaffen hat, ich schwöre: Die Frist ist abgelaufen! 7 Denn wenn der siebte Engel seine Posaune geblasen hat, wird Gottes geheimer Plan zur Vollendung kommen, so, wie er es seinen Dienern, den Propheten, als gute Botschaft verkündigt hat.« 8 Dann sprach die Stimme aus dem Himmel mich noch einmal an. Sie sagte:»Geh zu dem Engel, der auf dem Meer und dem Land steht und lass dir die kleine offene Schriftrolle geben!« 9 Ich ging zu dem Engel und bat ihn um die kleine Schriftrolle. Er sagte:»Nimm und iss sie auf! Sie ist so bitter, dass sich dein Magen zusammenziehen wird, aber solange du sie im Mund hast, wird sie süß wie Honig sein.« 10 Ich nahm die kleine Schriftrolle aus seiner Hand und aß sie auf. Tatsächlich war sie so süß wie Honig, als ich sie im Mund hatte. Aber als ich sie hinunterschluckte, war sie so bitter, dass sich mir der Magen zusammenkrampfte. 11 Dann wurde mir gesagt:»Du musst noch mehr prophetische Worte aussprechen und verkünden, was Gott mit den Völkern, Sprachen, Kulturen und mit vielen Königen vorhat.«

Die zwei Zeugen

11 1 Dann wurde mir eine Art Messstab aus Schilfrohr gegeben und jemand sagte:»Geh und miss den Tempel Gottes, auch den Altar, und zähle die Menschen, die dort anbeten! 2 Den äußeren Vorhof des Tempels lass beim Messen aus, denn er ist den nichtjüdischen Völkern preisgegeben worden. Sie werden die heilige Stadt unterwerfen und 42 Monate lang besetzt halten. 3 Doch ich werde meine beiden Zeugen zu ihnen schicken und sie werden die ganze Zeit, nämlich 1260 Tage lang, mit dem Trauersack bekleidet als Propheten zu ihnen reden.«

4 Diese zwei Zeugen sind die zwei Ölbäume und die zwei Leuchter, die vor dem Herrn der Erde stehen. *5* Und wenn ihnen jemand schaden will, wird Feuer aus ihrem Mund fahren und ihn vernichten. So wird es allen ihren Feinden gehen, die ihnen schaden wollen; sie werden umkommen. *6* Sie haben die Macht, den Himmel zu verschließen, damit in der Zeit ihres prophetischen Wirkens kein Regen fällt, sie haben auch die Macht, jedes Gewässer in Blut zu verwandeln. Sie können jedes erdenkliche Unheil über die Erde bringen. *7* Und wenn sie ihren Auftrag erfüllt haben, wird das Tier aus dem Abgrund kommen und gegen sie kämpfen. Es wird sie besiegen und sie töten. *8* Ihre Leichen wird man auf offener Straße mitten in der großen Stadt liegen lassen, in der Stadt, in der auch ihr Herr gekreuzigt wurde und die geistlich gesprochen Sodom oder auch Ägypten heißt. *9* Dreieinhalb Tage lang werden Menschen aus allen Völkern und Stämmen, Sprachen und Kulturen sich an ihren Leichnamen weiden. Sie werden nicht gestatten, dass sie in ein Grab gelegt werden. *10* Überall auf der Welt werden die Menschen jubeln und feiern und sich gegenseitig Geschenke schicken, denn diese beiden Propheten hatten ihnen das Leben zur Qual gemacht. *11* Doch nach den dreieinhalb Tagen wird der Lebensgeist Gottes in die Propheten zurückkehren. Sie werden lebendig werden und aufstehen. Das blanke Entsetzen wird alle überfallen, die das beobachten. *12* Dann werden die beiden Propheten eine mächtige Stimme aus dem Himmel hören: »Kommt hier herauf!« Und vor den Augen ihrer Feinde werden sie in einer Wolke zum Himmel hinaufsteigen. *13* In diesem Augenblick wird ein heftiges Erdbeben die Stadt erschüttern und ein Zehntel von ihr vernichten. 7000 Menschen werden dabei umkommen. Die Überlebenden werden zu Tode erschrocken sein und Gott im Himmel die Ehre erweisen, die ihm zusteht. *14* Das zweite Unheil, das der Wehruf angekündigt hat, ist vorüber, doch das dritte steht unmittelbar bevor.

Das Unheil, das die siebente Posaune bringt

15 Nachdem nun der siebte Engel die Posaune geblasen hatte, erklang ein mächtiger Lobgesang im Himmel: »Jetzt gehört die Herrschaft über die Welt unserem Herrn und seinem Messias*! Und er wird in alle Ewigkeit regieren!« *16* Die 24 Ältesten, die vor Gott auf ihren Thronen sitzen, warfen sich nieder und beteten ihn an:

17 »Wir danken dir, Herr, unser Gott, / du allmächtiger Herrscher, / der du bist und immer warst! / Denn nun hast du deine große Macht bewiesen / und die Herrschaft angetreten. *18* Die Völker hatten sich wütend gegen dich aufgelehnt, / doch jetzt entlädt sich dein Zorn über sie. / Jetzt ist die Zeit gekommen, / wo du Gericht über die Toten hältst / und wo du die verdirbst, die die

---

11,15 *Messias.* Siehe Vorwort des Übersetzers.

Erde verderben*. / Doch es ist auch die Zeit, / wo deine Diener ihren Lohn erhalten: / die Propheten und alle, die du geheiligt hast, / alle Kleinen und Großen, / alle, die deinen Namen ehren.«

19 Dann wurde der Tempel Gottes im Himmel geöffnet und man konnte die Lade seines Bundes sehen. Blitze zuckten auf, Donnerschläge dröhnten, die Erde bebte und ein schwerer Hagel ging nieder.

Die Frau und der Drache

12 1 Dann war am Himmel eine außergewöhnliche Erscheinung zu sehen: Eine Frau, die mit der Sonne bekleidet war; unter ihren Füßen hatte sie den Mond und auf dem Kopf trug sie einen Kranz von zwölf Sternen. 2 Sie war schwanger und stand kurz vor der Geburt. Die Wehen hatten bereits begonnen und sie schrie vor Schmerzen. 3 Dann kam es zu einer anderen Erscheinung am Himmel: Man sah einen riesigen feuerroten Drachen, der sieben Köpfe und zehn Hörner hatte und auf jedem seiner Köpfe ein Diadem* trug. 4 Mit seinem Schwanz fegte er ein Drittel der Sterne vom Himmel und schleuderte sie auf die Erde. Dann stellte er sich vor die Frau hin und wollte das Kind gleich nach der Geburt verschlingen. 5 Doch ihr Kind wurde sofort zu Gott hinaufgenommen und vor seinen Thron gebracht. Es war der Sohn, der einmal alle Völker der Erde mit eisernem Stab regieren würde. 6 Die Frau selbst floh in die Wüste, wo ihr Gott einen Zufluchtsort geschaffen hatte, an dem sie 1260 Tage lang mit allem Nötigen versorgt würde.

7 Dann brach im Himmel ein Krieg aus: Der Engelfürst Michael kämpfte mit seinen Engeln gegen den Drachen. Der Drache und seine Engel wehrten sich, 8 aber sie konnten nicht standhalten. Von da an war für ihn und seine Engel kein Platz mehr im Himmel. 9 Der große Drache, die uralte Schlange, die auch Teufel oder Satan genannt wird und die ganze Welt verführt hatte, wurde mit all seinen Engeln auf die Erde hinabgestürzt. 10 Da hörte ich eine laute Stimme im Himmel rufen:

»Jetzt ist es geschehen! / Die Rettung ist da! / Gott hat seine Macht unter Beweis gestellt / und die Herrschaft gehört ihm. / Von jetzt an regiert Christus, / sein gesalbter König! / Und der, der unsere Geschwister Tag und Nacht bei Gott verklagt hat, / ist aus dem Himmel hinausgeworfen worden. 11 Doch sie haben ihn besiegt, / weil das Lamm sein Blut für sie vergossen hat / und weil sie ohne Rücksicht auf ihr Leben / sich zur Botschaft des Lammes bekannten, / bereit, auch dafür zu sterben. 12 Darum freue dich,

---

11,18 *die Erde verderben.* Damit sind nicht etwa Verursacher von Umweltschäden gemeint, sondern solche, die Gottlosigkeit und Götzendienst gefördert haben, vergleiche 1. Mose 6,11.

12,3 Ein *Diadem* ist keine Krone sondern ein schmales Band aus Seide, Leinen oder Edelmetall, das oft mit Perlen oder Edelsteinen besetzt ist. Es symbolisiert königliche Würde und Macht.

haben. Sie haben es nicht anders verdient!« 7 Dann hörte ich eine Stimme vom Altar her sagen: »Ja, Herr, du allmächtiger Gott! Wahr und gerecht sind die Urteile deines Gerichts.«

8 Der vierte Engel goss seine Schale über der Sonne aus und die Menschen wurden von ihrer Glut versengt. 9 Die Hitze war so schlimm, dass ihnen die Haut am Körper verbrannte. Da lästerten sie Gott, der für diese Plagen verantwortlich war, und verfluchten seinen Namen. Doch ihre Einstellung änderten sie nicht und verweigerten Gott die Ehre, die ihm gebührt.

10 Der fünfte Engel goss seine Schale über den Thron des Tieres aus. Da wurde sein ganzes Reich in Finsternis gestürzt und die Menschen zerbissen sich die Zunge vor Qual. 11 Sie verfluchten Gott im Himmel wegen ihrer Schmerzen und ihrer Geschwüre. Doch ihre Taten bereuten sie nicht.

12 Der sechste Engel goss seine Schale über den großen Strom aus, den Euphrat. Da trocknete dieser völlig aus, so dass ein Weg für die Könige gebahnt wurde, die vom Osten her kommen würden. 13 Dann sah ich aus dem Rachen des Drachen, aus dem Maul des Tieres und aus dem Mund des falschen Propheten drei böse Geister hervorkommen, die wie Frösche aussahen. 14 Es waren Dämonen, die Aufsehen erregende Wunder taten. Sie brachten alle Könige der Erde dazu, ihre Truppen zu dem Krieg aufmarschieren zu lassen, der an jenem großen Tag des allmächtigen Gottes beginnt.

– 15 »Passt auf! Ich komme so unerwartet wie ein Dieb. Wie glücklich wird dann der sein, der wach geblieben ist und seine Kleider bei sich hat. Dann wird er nicht nackt dastehen und sich schämen müssen, wenn ich komme.«*

16 Jene Geistesmacht führte die Könige an einen Ort, der auf Hebräisch Harmagedon*, Berg von Megiddo, heißt.

17 Der siebte Engel goss seine Schale in die Luft aus. Da verkündete eine mächtige Stimme, die vom Thron aus dem Tempel herkam: »Jetzt ist alles geschehen!« 18 Blitze zuckten über dem Himmel auf, der Donner krachte und dröhnte und ein schreckliches Beben erschütterte die Erde. Seit Menschen auf der Erde leben, hat es noch nie ein so schweres Erdbeben gegeben. 19 Die große Stadt zerriss in drei Teile und die Städte aller Völker wurden zerstört. Jetzt wurde mit dem großen Babylon abgerechnet. Gott ließ es den Kelch austrinken, der mit dem Wein seines unerbittlichen Zorns gefüllt war. 20 Alle Inseln versanken im Meer und auch die Berge verschwanden spurlos. 21 Ein furchtbarer Hagel ging über die Erde nieder; zentnerschwer fielen die Eisbrocken vom Himmel auf die Menschen. Und die Menschen verfluchten Gott wegen des Hagels, der eine außerordentlich schreckliche Plage für sie war.

16,15 Das ist eine Zwischenbemerkung für die Leser der Offenbarung.

16,16 *Harmagedon.* Eine strategisch wichtige Stadt in der Jesreel-Ebene im Norden Israels, die auch Schauplatz wichtiger Schlachten in der alttestamentlichen Geschichte war.

Die große Hure auf dem Tier

17 ^{1} Nun trat einer von den sieben Engeln, die die Schalen gehabt hatten, zu mir. »Komm«, sagte er, »ich will dir zeigen, wie Gott die große Hure richten wird, die an den vielen Wasserläufen thront, ^{2} mit der sich die Mächtigen der Erde eingelassen haben und die mit dem Wein ihrer sexuellen Unmoral die ganze Menschheit betrunken gemacht hat.«

^{3} Da versetzte mich der Engel im Geist in eine Wüste. Dort sah ich eine Frau auf einem scharlachroten Tier sitzen, das über und über mit Namen bedeckt war, die Gott beleidigen sollten. Es hatte sieben Köpfe und zehn Hörner. ^{4} Die Frau selbst trug Purpur und scharlachrote Kleidung und alles an ihr glitzerte von Gold, Edelsteinen und Perlen. Sie hielt einen goldenen Becher in der Hand, der von Abscheulichkeiten überquoll und mit dem widerlichen Dreck ihrer sexuellen Unmoral gefüllt war. ^{5} Ein geheimnisvoller Name stand auf ihrer Stirn: »Babylon, die Große, die Mutter aller Huren und Abscheulichkeiten der Erde.«

^{6} Ich sah, dass die Frau betrunken war, berauscht vom Blut der Menschen, die Gott geheiligt hat und die als Zeugen für Jesus umgebracht worden waren. Erschüttert und betroffen starrte ich sie an. ^{7} »Warum bist du so betroffen?«, fragte mich der Engel. »Ich werde dir zeigen, was das Geheimnis dieser Frau ist und was sich hinter dem Tier mit den sieben Köpfen und zehn Hörnern verbirgt, auf dem sie sitzt. ^{8} Das Tier, das du gesehen hast, war schon einmal da. Jetzt ist es nicht mehr da, aber es wird wieder aus dem Abgrund heraufsteigen, um dann endgültig ins Verderben zu gehen. Alle Bewohner der Erde – alle außer denen, deren Namen seit Erschaffung der Welt im Lebensbuch stehen – werden über die Rückkehr des Tieres staunen, das schon einmal da war.

^{9} Hier braucht es einen Verstand, der Weisheit von Gott hat. Die sieben Köpfe bedeuten zunächst die sieben Hügel, auf denen die Frau thront. Gleichzeitig stehen sie für sieben Könige, ^{10} von denen fünf schon gestürzt sind. Einer ist gerade an der Macht und der letzte ist noch nicht gekommen. Wenn er dann kommt, wird er nur eine kurze Zeit herrschen. ^{11} Und das Tier, das schon einmal da war, ist der achte König, aber zugleich auch einer von den sieben, und es läuft seinem Untergang entgegen. ^{12} Die zehn Hörner, die du gesehen hast, sind zehn Könige, die ihre Herrschaft noch nicht angetreten haben. An der Seite des Tieres werden sie für eine Stunde königliche Macht erhalten. ^{13} Alle verfolgen sie das gleiche Ziel und stellen ihre Macht und ihren ganzen Einfluss dem Tier zur Verfügung. ^{14} Gemeinsam werden sie gegen das Lamm Krieg führen. Doch das Lamm wird sie besiegen, denn es ist Herr über alle Herren und König über alle Könige. Und bei ihm sind die, die Gott berufen und ausgewählt hat, seine treuen Mitstreiter.«

^{15} Und weiter erklärte mir der Engel: »Die Wasserläufe, die du gesehen hast, an denen die Hure thront, bedeuten Scharen von Menschen und Völkern aller Sprachen und Kulturen. ^{16} Und die zehn Hörner, die du gesehen hast, und das Tier selbst werden von Hass auf die Hure erfüllt sein. Sie werden sie verwüsten und nackt dastehen lassen. Sie werden ihr Fleisch fressen und alles Übrige im Feuer verbrennen. *17* Denn Gott hat ihnen den Plan eingegeben, mit dem Tier gemeinsame Sache zu machen und ihm ihre Herrschaftsgewalt zu überlassen, bis sich Gottes Voraussagen erfüllt haben. *18* Die Frau, die du gesehen hast, ist die große Stadt, die über alle Könige der Erde herrscht.«

Der Untergang Babylons

18 *1* Danach sah ich einen anderen Engel vom Himmel herabkommen. Er war mit großer Vollmacht ausgestattet, und die Erde wurde von seiner Herrlichkeit erleuchtet. *2* Er rief mit mächtiger Stimme: »Babylon ist gefallen! Die große Stadt ist gefallen! Sie ist zu einer Behausung für Dämonen geworden, zu einem Schlupfwinkel für böse Geister aller Art, zu einem Tummelplatz für alles unreine und Abscheu erregende Getier. *3* Alle Völker haben von dem schweren Wein ihrer gierigen sexuellen Unmoral getrunken. Die Könige der Erde haben es mit ihr getrieben, und die Kaufleute der Welt sind durch ihren verschwenderischen Luxus reich geworden.« *4* Dann hörte ich eine andere Stimme aus dem Himmel sagen: »Verlass die Stadt, mein Volk! Komm heraus, damit du nicht in ihre Sünden verstrickt wirst und ihre Plagen nicht dich treffen! *5* Denn ihre Sünden türmen sich bis zum Himmel auf, und Gott wird sie dafür zur Rechenschaft ziehen.

6 Vergeltet ihr, wie sie auch euch vergolten hat! / Zahlt ihr doppelt heim, was sie anderen antat! / Gießt ihr ein doppelt so starkes Getränk in ihren eigenen Kelch! *7* Gebt ihr so viel Qual und Trauer wie sie in Prunk und Luxus schwelgte!

Denn sie dachte ja: ›Ich bin Königin auf meinem Thron! Ich bin keine hilflose Witwe, mir wird nichts geschehen!‹ *8* Darum werden die Nöte des Todes und der Trauer und des Hungers an einem einzigen Tag über sie kommen und sie wird in Schutt und Asche gelegt. Denn stark ist Gott, der Herr, der sie gerichtet hat.

9 Wenn dann die Mächtigen der Erde, die sich mit ihr eingelassen und das ausschweifende Leben in vollen Zügen genossen haben, wenn sie dann den Rauch sehen, der von den brennenden Trümmern aufsteigt, werden sie klagen und jammern. *10* ›Was für ein Unglück!‹, werden sie rufen und aus Furcht vor ihrer Qual weit entfernt stehen bleiben. ›Was für ein Unglück! Babylon, du große und mächtige Stadt! In einer einzigen Stunde ist das Unglück über dich gekommen!‹

11 Auch die Kaufleute in aller Welt werden um sie klagen und trauern, denn niemand kauft ihnen ihre Waren mehr ab: *12* das Gold und das Silber, die Edelsteine und Perlen, die Gewänder aus Seide und feinem Leinen, die Purpurstoffe und scharlachroten Kleider, das Sandelholz, die Gegenstände aus Elfenbein, Edelholz, Bronze, Eisen und Marmor, *13* den Zimt und den Haarbalsam, Duftstoffe, Salböl und Weihrauch, Wein und Olivenöl, Feinmehl und Weizen, Rinder und Schafe, Pferde und Wagen, Leibeigene und Sklaven.

14 Auch die Früchte, die du so sehr liebtest, / gibt es nicht mehr! / Dahin ist all dein Glanz und deine Pracht! / Und nichts davon kommt jemals zurück!

15 So werden die Kaufleute jammern, die durch ihren Handel mit Babylon reich geworden sind. Aus Furcht vor ihrer Qual sehen sie alles aus der Ferne an und weinen vor Trauer und Schmerz. 16 ›Was für ein Unglück!‹, werden sie rufen. ›Was für ein Unglück! Diese mächtige Stadt! Sie war es gewohnt, sich in feines Leinen zu kleiden, sie hüllte sich in Purpur und scharlachrote Stoffe und schmückte sich mit Gold, Edelsteinen und Perlen. 17 In einer einzigen Stunde ist solch ein Reichtum verschwunden!‹

Und alle Steuerleute, alle Handelsreisenden, alle Matrosen, überhaupt alle, die auf See ihren Unterhalt verdienten, beobachteten von fern 18 den Rauch, der von den brennenden Trümmern aufstieg, und riefen: ›An diese großartige Stadt kam keiner heran!‹ 19 Vor Trauer streuten sie sich Staub auf den Kopf und klagten weinend: ›Was für ein Unglück! Wie furchtbar für diese großartige Stadt. Durch ihre Schätze sind alle reich geworden, die Schiffe auf dem Meer haben. Und nun ist sie in einer einzigen Stunde vernichtet worden!‹

20 Ihr Himmel, jubelt über ihren Untergang! / Freut euch ihr Heiligen, freut euch Apostel und Propheten! / Für alles, was sie euch antat, / hat Gott nun sein Urteil an ihr vollstreckt!«

21 Dann hob ein starker Engel einen Felsbrocken hoch, der so groß wie ein Mühlstein war, und warf ihn ins Meer. Dabei sagte er: »Genauso wird es Babylon, der großen Stadt, ergehen. Mit Gewalt wird sie in die Tiefe geschleudert werden und für immer verschwinden.

22 Nie mehr wird man Harfenklänge / und Gesang in deinen Mauern hören, / nie mehr Flötenspiel und Trompetenklang! / Nie mehr wird ein Handwerker in dir arbeiten; / und das Geräusch der Mühle wird verstummen. 23 Das Licht der Lampen ist für immer erloschen; / und der Jubel von Bräutigam und Braut für immer verstummt. / Denn deine Kaufleute waren die Großen der Welt / und mit deiner Magie hast du alle Völker verführt.

24 Blut klebt an ihren Händen, das Blut von Propheten und von Menschen, die Gott geheiligt hat, ja das Blut von allen, die auf der Erde ermordet worden sind.«

Jubel über den gerechten Richter

19 1 Danach hörte ich im Himmel einen gewaltigen Chor singen und jubeln:

»Halleluja!* Gepriesen sei Gott! / Die Rettung kommt von ihm allein! / Unserem Gott gehört alle

---

19,1 *Halleluja.* Hebräischer Jubelruf: »Lobet Jahwe!«, kommt im Neuen Testament nur in diesem Kapitel vor.

Ehre und Macht! *2* Denn seine Urteile sind wahr und gerecht. / Die große Hure hat er hingerichtet, / die mit ihrer Unmoral die ganze Erde verdarb, / und das Blut seiner Sklaven hat er an ihr gerächt.«

3 Und von neuem klangen die Jubelrufe auf:

»Halleluja! Gepriesen sei Gott! / Der Rauch dieser Stadt / wird aufsteigen in alle Ewigkeit!«

4 Auch die 24 Ältesten und die vier mächtigen Wesen beteten Gott an. Sie fielen vor seinem Thron nieder und sagten: »Amen! Halleluja!« *5* Dann war eine Stimme zu hören, die vom Thron herkam und rief: »Lobt unseren Gott, ihr Geringen und ihr Großen, alle, die ihr ihm gehört und ihm ehrfürchtig dient!«

Die Hochzeit des Lammes

6 Dann hörte ich einen Jubelgesang, der von einem vielstimmigen Chor zu kommen schien. Er klang wie das Tosen einer starken Brandung und gleichzeitig wie lautes Donnerrollen:

»Halleluja! Gepriesen sei Gott! / Unser Herr, der allmächtige Gott, / hat nun die Herrschaft angetreten! *7* Wir wollen uns freuen und jubeln / und ihm die

Ehre geben! / Denn jetzt ist die Hochzeit des Lammes gekommen / und seine Braut hat sich dafür schön gemacht, *8* eingekleidet in strahlend weißes Leinen.«

Die feine Leinwand steht für die gerechten Taten der Heiligen. *9* Dann befahl mir der Engel: »Schreibe: Glücklich sind alle, die zum Hochzeitsmahl des Lammes eingeladen sind!« Und er fügte hinzu: »Das sind Gottes zuverlässige Worte.«

10 Da warf ich mich ihm zu Füßen, um ihn anzubeten. Aber er sagte zu mir: »Tu das nicht! Ich bin auch nur ein Sklave Gottes wie auch du und deine Brüder, die ihr an der Botschaft von Jesus festhaltet. Bete Gott an! Denn die prophetische Botschaft ist die Botschaft von Jesus.«

Christus, der Sieger

11 Dann sah ich den Himmel geöffnet und auf einmal erschien ein weißes Pferd. Der Reiter heißt »der Treue und Wahrhaftige«. Er führt einen gerechten Krieg und richtet gerecht. *12* Seine Augen lodern wie Feuerflammen, auf seinem Kopf trägt er eine Krone, die aus vielen Diademen* besteht, und an seiner Stirn steht ein Name, dessen Bedeutung nur er selber kennt. *13* Sein Mantel ist voller Blut. Er heißt »das Wort Gottes«. *14* Die Heere des Himmels folgen ihm. Sie reiten auf weißen Pferden und sind in reines weißes Leinen gekleidet. *15* Aus dem Mund des Reiters kommt ein scharfes Schwert heraus, mit dem er die Völker besiegen wird. Und mit eisernem Zepter wird er über sie herrschen. Er

---

19,12 Ein *Diadem* ist keine Krone sondern ein schmales Band aus Seide, Leinen oder Edelmetall, das oft mit Perlen oder Edelsteinen besetzt ist. Es symbolisiert königliche Würde und Macht.

vollstreckt den furchtbaren Zorn des allmächtigen Gottes und wird die Völker wie reife Trauben in der Kelter zertreten. *16* Auf der Seite seines Mantels steht noch ein Name: »König der Könige und Herr der Herren!«

17 Dann sah ich einen Engel in der Sonne stehen, der allen Vögeln, die oben am Himmel flogen, laut zurief: »Kommt her! Sammelt euch zum großen Mahl, das Gott euch gibt. *18* Fresst euch satt am Fleisch von Königen und Generälen, fresst das Fleisch von Mächtigen, von Pferden und ihren Reitern, fresst das Fleisch von Freien und Sklaven, von Großen und Geringen!«

19 Schließlich sah ich, wie das Tier die Könige der Erde zusammenbrachte, und wie sie mit ihren Heeren gegen den Reiter auf dem weißen Pferd und seinem Heer in den Kampf zogen. *20* Doch das Tier wurde gefangen genommen und mit ihm der falsche Prophet, der unter den Augen des Tieres all die auffälligen Wunder getan hatte, durch die alle verführt worden waren, die das Zeichen des Tieres angenommen und sein Standbild angebetet hatten. Beide wurden lebendig in den Feuersee geworfen, einen See der mit brennendem Schwefel gefüllt ist. *21* Alle anderen wurden mit dem Schwert umgebracht, das aus dem Mund des Reiters auf dem weißen Pferd kam. Und alle Vögel fraßen sich an ihrem Fleisch satt.

Die tausend Jahre

20 *1* Dann sah ich einen Engel aus dem Himmel herabsteigen, der den Schlüssel zum Abgrund und eine schwere Kette in der Hand hatte. *2* Er packte den Drachen, die alte Schlange, die auch Teufel oder Satan genannt wird, und legte ihn für tausend Jahre in Ketten. *3* Dann warf er ihn in den Abgrund, verschloss den Eingang und versiegelte ihn, sodass der Teufel bis zum Ablauf der tausend Jahre die Völker nicht mehr verführen konnte. Danach muss er nach dem Willen Gottes noch einmal für kurze Zeit losgelassen werden.

4 Dann sah ich Throne und sah, wie alle, die darauf Platz nahmen, ermächtigt wurden Gericht zu halten. Ich sah auch die Seelen derer, die enthauptet worden waren, weil sie sich zur Botschaft von Jesus bekannt hatten und öffentlich für Gottes Wort eingetreten waren. Sie hatten das Tier und sein Standbild nicht angebetet und das Kennzeichen des Tieres an Hand oder Stirn nicht angenommen. Jetzt wurden sie wieder lebendig und herrschten tausend Jahre lang zusammen mit dem Messias. *5* Das ist die erste Auferstehung. Die übrigen Toten wurden erst nach dem Ende der tausend Jahre zum Leben erweckt. *6* Alle, die an dieser ersten Auferstehung teilhaben dürfen, sind glücklich zu preisen. Sie gehören zu Gottes heiligem Volk und der zweite Tod wird keine Macht über sie haben. Sie werden Gott und Christus als Priester dienen und die tausend Jahre zusammen mit Christus regieren.

Der letzte Aufstand gegen Gott

7 Wenn die tausend Jahre dann vorüber sind, wird Satan aus seinem

Gefängnis freigelassen. *8* Er wird in alle vier Himmelsrichtungen losziehen, um die Völker der ganzen Erde, die Gog und Magog* genannt werden, zu verführen. Er wird sie dazu bringen, gemeinsam in den Krieg zu ziehen. Ihre Zahl wird sein wie der Sand am Meer. *9* Sie werden die Erde überschwemmen und das Heerlager der Heiligen und die von Gott geliebte Stadt umzingeln. Doch dann wird Feuer vom Himmel fallen und sie vernichten. *10* Und der Teufel, der sie verführt hatte, wird in den Feuersee geworfen, den See, der mit brennendem Schwefel gefüllt ist, in dem sich schon das Tier und der falsche Prophet befinden. Dort werden sie für immer und ewig Tag und Nacht schreckliche Qualen erleiden.

Das letzte Gericht

11 Dann sah ich einen großen weißen Thron und sah, wie Erde und Himmel vor dem, der darauf saß, entflohen. Sie konnten seine Gegenwart nicht ertragen und verschwanden ohne Spur. *12* Vor dem Thron aber sah ich die Toten stehen, die Geringen und die Großen. Es wurden Bücher aufgeschlagen, in denen alle Taten

aufgeschrieben sind. Und aufgrund dieser Eintragungen wurden die Toten gerichtet. Jeder bekam das Urteil, das seinen Taten entsprach. Gleichzeitig wurde noch ein anderes Buch geöffnet: das Buch des Lebens. *13* Auch das Meer gab seine Toten heraus, ebenso der Tod und der Hades. Jeder Einzelne bekam das Urteil, das seinen Taten entsprach. *14* Schließlich wurde der Tod selbst in den Feuersee geworfen, und der Hades* dazu. Der Feuersee ist der zweite Tod. *15* Wenn also jemand nicht im Buch des Lebens eingetragen war, wurde er in den Feuersee geworfen.

Das neue Jerusalem

21 *1* Dann sah ich einen ganz neuen Himmel und eine völlig neuartige Erde. Der erste Himmel und die erste Erde waren vergangen, auch das Meer gab es nicht mehr. *2* Ich sah, wie die heilige Stadt, das neue Jerusalem, von Gott aus dem Himmel herabkam. Sie war schön wie eine Braut, die sich für ihren Bräutigam geschmückt hat. *3* Und vom Thron her hörte ich eine laute Stimme rufen: »Jetzt ist Gottes Wohnung* bei den Menschen. Unter ihnen wird er wohnen und sie werden alle sein Volk sein. Gott selbst wird als ihr Gott bei ihnen sein. *4* Jede Träne wird er von ihren Augen wischen. Es wird keinen Tod mehr geben und auch keine Traurigkeit, keine Klage, keinen Schmerz. Was früher war, ist für immer vorbei.«

Wort an die Leser

5 »Seht, ich mache alles ganz neu!«, sagte der, der auf dem Thron saß, und wandte sich dann zu mir: »Schreib

---

20,8 *Gog und Magog.* Symbolische Namen für alle Völker der Endzeit, die Gott feindlich gegenüberstehen. Vergleiche Hesekiel 38-39.

20,14 *Hades.* Siehe Fußnote zu Offenbarung 6,8.

21,3 Das griechische Wort für *Wohnung* bedeutet auch Zelt und ruft das Zeltheiligtum der Israeliten in der Zeit der Wüstenwanderung in Erinnerung.

diese Worte auf! Sie sind wahr und zuverlässig.« 6 Und er fuhr fort: »Nun ist alles erfüllt. Ich bin das Alpha und das Omega*, der Ursprung und das Ziel. Wer Durst hat, dem werde ich umsonst zu trinken geben: Wasser aus der Quelle des Lebens. 7 Wer den Kampf besteht, wird das alles erben. Ich werde sein Gott und er wird mein Sohn sein. 8 Aber die Feiglinge, die Treulosen und die, die sich mit abscheulichen Dingen abgeben, die sexuell unmoralisch leben, und alle, die okkulte Praktiken ausüben, die Mörder, die Götzendiener und alle Lügner – sie erwartet der See, der mit brennendem Schwefel gefüllt ist, das heißt: der zweite Tod.«

Beschreibung der Stadt

9 Einer von den sieben Engeln, die die Schalen mit den sieben letzten Plagen ausgeschüttet hatten, kam zu mir und sagte: »Komm her! Ich will dir die Braut des Lammes zeigen, die Frau, die zu ihm gehört.« 10 Dann nahm er mich im Geist auf einen sehr hohen Berg mit und zeigte mir die heilige Stadt Jerusalem, die von Gott aus dem Himmel herabgekommen war. 11 Gottes Herrlichkeit erfüllte sie, und sie leuchtete wie ein überaus kostbarer Edelstein, sie funkelte wie ein Diamant. 12 Die Stadt war von einer sehr hohen Mauer umgeben und hatte zwölf Tore, auf denen zwölf Namen standen, die Namen der zwölf Stämme Israels. Sie wurden von zwölf Engeln bewacht. 13 Drei Tore gingen nach Osten, drei nach Norden, drei nach Süden und drei nach Westen. 14 Die Stadtmauer war auf zwölf Grundsteinen errichtet, auf denen ebenfalls

zwölf Namen standen, die Namen der zwölf Apostel des Lammes.

15 Der Engel, der mit mir sprach, hatte einen goldenen Messstab in der Hand, womit er die Stadt, die Tore und ihre Mauern ausmessen wollte. 16 Die Stadt war quadratisch angelegt, Länge und Breite waren gleich. Als er die Stadt ausmaß, ergaben sich je 2200 Kilometer* in Länge, Breite und Höhe. 17 Dann maß er die Höhe der Stadtmauer. Sie betrug, nach menschlichem Maß gerechnet, wie der Engel es gebrauchte, 72 Meter*. 18 Die Mauer bestand aus Diamant*. Die Stadt selbst war aus reinem Gold gebaut, das wie Kristallglas schimmerte. 19 Die Fundamente der Stadtmauer waren mit verschiedenartigsten kostbaren Steinen geschmückt. Beim ersten Grundstein war es Diamant, beim zweiten Saphir, beim dritten Rubin, beim vierten Smaragd, 20 beim fünften Achat, beim sechsten Karneol, beim siebten Chrysolith, beim achten Beryll, beim neunten Topas, beim

---

21,6 *Alpha und Omega.* Erster und letzter Buchstabe des griechischen Alphabets.

21,16 *2200 Kilometer.* Zwölftausend Stadien. Ein Stadion ist die Strecke von 185 m. Alle im Text angegebenen Maße sind durch 12 teilbar.

21,17 *72 Meter.* Wörtlich: 144 Ellen.

21,18 *Diamant.* Der in Offenbarung 21, 11.18-19 erwähnte Edelstein wird im Griechischen als *Jaspis* bezeichnet, aber gleichzeitig als überaus glänzend und wertvoll beschrieben. Diese Eigenschaften treffen viel mehr auf den *Diamant* zu, als auf den heute bekannten minderwertigen Halbedelstein Jaspis, der undurchsichtig und bräunlich bis grün gefärbt ist.

zehnten Chrysopras, beim elften Hyazinth, beim zwölften Amethyst. *21* Die zwölf Stadttore bestanden aus zwölf Perlen, jedes Tor war aus einer einzigen Perle geformt. Die Hauptstraße war aus reinem Gold, durchsichtig wie Kristallglas. *22* Einen Tempel sah ich nicht in der Stadt. Der Herr selbst ist ihr Tempel, der allmächtige Gott und das Lamm. *23* Die Stadt braucht weder Sonne noch Mond, damit es hell in ihr wird. Ihr Licht ist das Lamm, und die Herrlichkeit Gottes erleuchtet sie. *24* Die Völker der Erde werden in ihrem Licht leben, und ihre Könige werden kommen und ihren Reichtum in die Stadt tragen. *25* Ihre Tore werden den ganzen Tag offen stehen, ja noch mehr: Weil es dort keine Nacht gibt, werden sie immer offen sein. *26* Die herrlichsten Schätze und Kostbarkeiten der Völker werden in die Stadt gebracht.

Wort an die Leser

27 In diese Stadt wird nie etwas Unreines kommen. Wer immer wieder tut, was Gott verabscheut, wer vom Lügen bestimmt ist, wird niemals dort hineinkommen, sondern nur der, der im Lebensbuch des Lammes eingetragen ist.

Beschreibung der Stadt

22 *1* Der Engel zeigte mir auch einen kristallklaren Strom, der aus dem Thron von Gott und dem Lamm hervorkam. Es war der Strom mit dem Wasser des Lebens, *2* der in der Mitte der Hauptstraße durch die Stadt floss. An seinen beiden Ufern wuchs der Baum des Lebens, der zwölfmal im Jahr Früchte trägt, jeden Monat einmal, und dessen Blätter zur Gesundheit der Völker dienen. *3* Dort wird es nichts mehr geben, was unter dem Fluch Gottes steht. Der Thron von Gott und dem Lamm wird in der Stadt sein und ihre Bewohner werden ihm als Priester dienen. *4* Sie werden sein Gesicht sehen und seinen Namen an ihren Stirnen tragen. *5* Dann wird es keine Nacht mehr geben, so dass man keine Beleuchtung mehr braucht, nicht einmal das Sonnenlicht. Denn Gott, der Herr, wird über ihnen leuchten. Und sie werden als Könige in alle Ewigkeit herrschen.

Schlusswort an die Leser

6 Er sprach zu mir: »Alles, was dir gesagt wurde, ist wahr und zuverlässig. Der Herr selbst – der Gott, dessen Geist durch die Propheten redet – hat seinen Engel gesandt, um seinen Dienern zu zeigen, was bald geschehen muss. *7* Gebt Acht! Ich komme bald! Jeder, der sich nach den prophetischen Worten dieses Buches richtet, ist glücklich zu nennen.«

8 Ich, Johannes, habe alles gesehen und gehört, was hier berichtet ist. Überwältigt von dem, was ich gehört und gesehen hatte, warf ich mich vor dem Engel nieder, der mir das alles gezeigt hatte, und wollte ihn anbeten. *9* Doch er sagte: »Tu das nicht! Ich bin ein Sklave Gottes genauso wie du und deine Brüder, die Propheten, und wie alle, die sich nach den Worten dieses Buches richten. Bete Gott an!«

10 Dann sagte er zu mir: »Versiegle dieses Buch nicht! Halte seine prophetischen Worte nicht geheim, denn sie werden sich bald erfüllen! *11* Wer Böses tut, mag es weiterhin tun, wer an schmutzigen Dingen Gefallen hat, mag sich weiter beschmutzen. Wer aber gerecht ist, soll weiter gerecht handeln und wer heilig ist, soll weiterhin ein geheiligtes Leben führen. *12* Ja, ich komme bald. Und ich bringe jedem den Lohn mit, der seinen Taten entspricht. *13* Ich bin das Alpha und das Omega, der Erste und der Letzte, der Ursprung und das Ziel.«

14 Wie glücklich werden dann alle sein, die ihre Kleider gewaschen haben. Die Tore der Stadt werden ihnen offenstehen und sie haben das Recht, vom Baum des Lebens zu essen. *15* Doch die Hunde* müssen draußen bleiben und mit ihnen alle, die okkulte Praktiken betreiben oder in sexueller Unmoral leben, alle Mörder und Götzenanbeter, überhaupt alle, die sich für die Lüge entschieden haben, die sie lieben und tun.

Jesus selbst bürgt für die Wahrheit

16 »Ich, Jesus, habe meinen Engel gesandt, damit diese Botschaft den Gemeinden bekanntgemacht wird. Ich bin der Wurzelspross und Nachkomme Davids, der glänzende Morgenstern.«

17 Der Geist Gottes und die Braut rufen: »Komm!« Und wer es hört, soll in den Ruf mit einstimmen: »Komm!« Und wer Durst hat, der komme. Wer will, der trinke vom Wasser des Lebens! Er bekommt es umsonst.

18 Ich erkläre jedem, der die prophetische Botschaft dieses Buches hört: »Wenn jemand etwas zu dem hinzufügt, was hier geschrieben steht, dem wird Gott die Plagen zufügen, die in diesem Buch beschrieben sind. *19* Und wenn jemand irgendetwas von den prophetischen Worten dieses Buches unterschlägt, dem wird Gott das wegnehmen, was ihm in diesem Buch als Anteil zugesprochen ist, das Recht, in der heiligen Stadt zu wohnen und vom Baum des Lebens zu essen.«

20 Der, der sich für die Wahrheit dieser Dinge verbürgt, sagt: »Ja, ich komme bald!« – »Amen, komm doch, Herr Jesus!« *21* Die Gnade des Herrn Jesus sei mit allen!

22,15 *Hunde.* Ein Ausdruck, der nach Philipper 3,2 dem Evangelium feindliche Personen bezeichnet, nach 5. Mose 23,18-19 sogar männliche Prostituierte.

Bibelleseplan
In einem Jahr durch die ganze Bibel

Mit dem nachstehenden Bibelleseplan kann man in einem Jahr die ganze Bibel lesen. Die Reihenfolge und Zusammenstellung der Texte richtet sich nach dem Bibellesebuch »Neue Tiefenschärfe« von Karl-Heinz Vanheiden (Christliche Verlagsgesellschaft mbH, Dillenburg 2010, ISBN 978-3-89436-818-0). Die Einteilung versucht, Zusammenhänge der Bibel zu bewahren und für Abwechslung beim Lesen zu sorgen, indem z. B. die Psalmen (ausgenommen Psalm 119) über das ganze Jahr hinweg verteilt gelesen werden. Den Psalm 119 liest man am besten versweise an den ersten 176 Tagen dazu (an jedem Tag einen Vers).

Die Tage eines Jahres sind in der Tabelle von 1 bis 365 durchgezählt (**Spalte 2**). Die Kapitelangaben (**Spalte 3**) beziehen sich jeweils auf das vorher fett gedruckte Bibelbuch. Über den ganzen Plan hinweg gestreute einzelne Texte wie z.B. die Psalmen sind kursiv gedruckt. Die Gesamtzahl der an einem Tag zu lesenden Verse ist in **Spalte 4** angegeben und soll den Leseumfang vermitteln. Jede angegebene Textpassage kann mit Hilfe des Kästchens in **Spalte 1** als gelesen markiert werden. So bleiben ggf. nicht gelesene Texte erkennbar und können später noch gelesen werden.

Tag	Bibeltexte	Verse
	1. Mose	
001	1-3	80
002	4-6	80
003	7-9	
	Psalm 104	110
004	10-11	
	Psalm 5	77
005	12-14	62
006	15-17	64
007	18-20	89
008	21-23	78
009	24	
	Hiob	
	1-2	102
010	3-5	74
011	6-8	73
012	9-11	77
013	12-15	110
014	16-19	88
015	20-22	93
016	23-26	62
017	27-30	107
018	31-33	95
019	34-37	110
020	*Psalm 88*	

Tag	Bibeltexte	Verse
	38-39	90
021	40-42	75
	1. Mose	
022	25-27	115
023	28-30	100
024	31-33	107
025	34-36	103
026	37-40	112
027	41-43	129
028	44-46	
	Psalm 128	102
029	47-50	112
	Lukas	
030	1-2	132
031	3-5	121
032	6-7	99
033	8-9	118
034	10-11	96
035	12-13	
	Psalm 117	96
036	14-16	98
037	17-19	128
038	20-22,1-38	123
039	22,39-71	
	23,1-43	

Tag	Bibeltexte	Verse
	Psalm 31	101
040	23,44-56	
	24	
	Psalm 24	119
	2. Mose	
041	1-4	100
042	5-7	82
043	8-10	92
044	11-13	83
045	14-16	94
046	17-19	68
047	20-23	126
048	24-26	95
049	27-28	
	Psalm 11	71
050	29-30	
	Psalm 15	89
051	31-34	111
052	35-36	
	Psalm 84	86
053	37-38	
	Psalm 20	70
054	39-40	
	4Mo 9,15-23	
	Psalm 23	96

Bibelleseplan

Spalte 1

Nr.	Lesung	
	Apostelgeschichte	
055	1-2	
	Psalm 16	84
056	3-4	
	Psalm 2	
	5	117
057	6-8	115
058	9-11	121
	3. Mose	
059	1-3	
	Psalm 6	61
060	4-5	
	Psalm 25	83
061	6-7	
	Psalm 33	83
062	8-10	80
063	11-13	114
064	14-15	
	Psalm 130	98
065	16-18	80
066	19-20	
	Psalm 36	77
067	21-22	
	Psalm 47	67
068	Psalm 92	
	23-24	83
069	25	
	Psalm 105	100
070	Psalm 50	
	26-27	103
	Apostelgeschichte	
071	12	
	Jakobus	
	1-2	78
072	Psalm 133	
	3-5	58
	4. Mose	
073	9,1-14	
	1-2	102
074	3-4	
	Psalm 37	140
075	5-6	
	Psalm 38	
076	7-8	
	Psalm 42	127
077	10-11	
	Psalm 12	80
078	12-14	
	Psalm 13	100
079	15-17	104
080	18-19	
	Psalm 27	68
081	20-21	
	Psalm 39	78
082	22-24	
	Psalm 131	99
083	25-27	106
084	28-29	

Spalte 2

Nr.	Lesung	
	Psalm 65	84
085	30-31	
	Psalm 58	84
086	32-33,1-49	
	Psalm 66	111
087	33,50-56	
	34-36	
	Psalm 81	100
	Apostelgeschichte	
088	13-14	
	Gal 2,1-14	94
	Galater	
089	1-4	105
090	5-6	
	Apg. 15,1-35	79
	5. Mose	
091	1-2	
	Psalm 106	131
092	3-4	
	Psalm 68	114
093	5-7	84
094	8-10	
	Psalm 10	89
095	11-12	
	Psalm 9	84
096	13-14	
	Psalm 64	59
097	15-16	
	Psalm 63	57
098	17-19	
	Psalm 49	84
099	20-22	
	Psalm 53	79
100	23-24	
	Psalm 17	63
101	25-27	64
102	28	
	Psalm 73	97
103	29-31,1-8	
	Psalm 43	62
104	31,9-30	
	32	
	Psalm 67	82
105	33-34	
	Psalm 90	58
	Matthäus	
106	1-4	90
107	5-7	111
108	8-10	114
109	11-13	138
110	14-16	103
111	17-19	92
112	20-22	
	Psalm 110	133
113	23-25	136
114	26-28	161
	Josua	
115	1-4	83

Spalte 3

Nr.	Lesung	
116	5-7	68
117	8-10	105
118	11-12	
	Psalm 91	63
119	13-14	
	Psalm 71	72
120	15	
	Psalm 78	135
121	16-19	
	Psalm 100	112
122	20-21	
	Psalm 28	63
123	22-24	83
	Apostelgeschichte	
124	16-18	102
	1. Thessalonicher	
125	1-5	89
	2. Thessalonicher	
126	1-3	47
	Richter	
127	1-3	90
128	4-5	
	Psalm 114	63
129	6-8	100
130	9-11	115
131	12-15	80
132	16-18	75
133	19-21	103
	Rut	
134	Richter 6,1-5	
	1-4	90
	1. Samuel	
135	1-3	85
136	4-7	72
137	8-11	91
138	12-14	100
139	15-17	116
140	18-20	
	Psalm 59	114
141	21	
	Psalm 34	
	22	
	Psalm 52	73
142	23	
	Psalm 54	
	24	
	Psalm 57	72
143	25-27	
	Psalm 56	95
144	28-31	80
	2. Samuel	
145	1-3	98
146	4	
	Psalm 26	
	5-6	72
147	7	
	Psalm 21	
	8-9	74

Bibelleseplan

Spalte 1

☐	Nr.	Text	Psalm-Nr.
☐	255	30-31	
☐		Psalm 125	69
☐	256	32-33	
☐		Psalm 111	80
☐	257	34-36	73
☐	258	37-39	67
☐	259	40-42	56
☐	260	43-45	
☐		Psalm 124	54
		Apostelgeschichte	
☐	261	26-28	107
☐	262	**Titus** 1-3	46
☐	263	**Habakuk** 1-3	56
		Epheser	
☐	264	1-3	66
☐	265	4-6	89
		Jeremia	
☐	266	46-48	82
☐	267	49-50	85
☐	268	51	
☐		2. Kön. 24-25	114
		Kolosser	
☐	269	1-2	52
☐	270	3-4	
		Philemon 1	68
		Jeremia	
☐	271	52	
		Klagelieder	
		1-2	78
☐	272	3-5	110
☐	273	**Philipper** 1-4	104
		Hesekiel	
☐	274	1-3	
☐		Psalm 99	74
☐	275	4-7	75
☐	276	8-11	76
☐	277	12-14	
☐		Psalm 102	103
☐	278	15-16	
☐		Psalm 112	81
☐	279	17-18	
☐		Psalm 1	62
☐	280	19-20	
☐		Psalm 115	76
☐	281	21-22	
☐		Psalm 86	85
☐	282	23-24	
☐		Psalm 116	95
☐	283	25-26	
☐		Psalm 94	61
☐	284	27-28	
☐		Psalm 93	67
☐	285	29-30	
☐		Psalm 97	59
☐	286	31-32	
☐		Psalm 101	58
☐	287	33-34	
☐		Psalm 107	107

Spalte 2

☐	Nr.	Text	Psalm-Nr.
☐	288	35-36	
☐		Psalm 108	67
☐	289	37-39	80
		2. Timotheus	
☐	290	1-2	
☐		Psalm 143	56
☐	291	3-4	
☐		Psalm 70	45
		Hesekiel	
☐	292	40-41	
☐		Psalm 132	93
☐	293	42-43	
☐		Psalm 74	70
☐	294	44-45	
☐		Psalm 122	65
☐	295	46-48	82
☐	296	**2. Petrus** 1-3	
☐		Psalm 148	75
		Daniel	
☐	297	1-2	
☐		Psalm 121	78
☐	298	3-4	
☐		Psalm 146	77
☐	299	5-6	
☐		Psalm 142	67
☐	300	7-9	82
☐	301	10-12	79
		Hebräer	
☐	302	1-3	
☐		Psalm 8	61
☐	303	4-6	
☐		Psalm 95	61
☐	304	7-9	69
☐	305	10-11	
☐		Psalm 40	97
☐	306	12-13	
		Judas 1	79
		Esra	
☐	307	1-3	94
☐	308	Psalm 126	
☐		4,1-5.26	
		Haggai 1-2	50
		Sacharja	
☐	309	1-4	58
☐	310	5-8	
☐		Psalm 96	76
☐	311	9-11	
☐		Psalm 44	73
☐	312	12-14	
☐		Psalm 77	65
		Esra	
☐	313	5-6	
☐		Psalm 118	68
		Johannes	
☐	314	1-3	112
☐	315	4-5	
☐		Psalm 136	127
☐	316	6-7	124

Spalte 3

☐	Nr.	Text	Psalm-Nr.
☐	317	8-9	
☐		Psalm 4	109
☐	318	10-12	149
☐	319	13-15	96
☐	320	16-18	99
☐	321	19-21	98
		Ester	
☐	322	1-5	91
☐	323	6-10	76
☐		**Esra**	
☐	324	7-8	
☐		Psalm 85	78
☐	325	4,6-23	
☐		9-10	77
		Nehemia	
☐	326	1-3	69
☐	327	4-6	55
☐	328	7-9	128
☐	329	10-13	154
		Maleachi	
☐	330	**Maleachi** 1-3	55
☐	331	**1. Johannes**	
☐		1-3	
☐		Psalm 30	76
☐	332	4-5	
☐		**2. Johannes** 1	
☐		**3. Johannes** 1	70
		1. Chronik	
☐	333	1-2	
☐		Psalm 76	122
☐	334	3-4	
☐		Psalm 29	78
☐	335	5-6	
☐		Psalm 80	127
☐	336	7-8	
☐		Psalm 123	84
☐	337	9-10	
☐		Psalm 18	109
☐	338	11-12	
☐		Psalm 61	97
☐	339	13-16	103
☐	340	17-20	71
☐	341	Psalm 60	
☐		21-22	63
☐	342	23-24	
☐		Psalm 134	66
☐	343	25-27	
☐		Psalm 82	105
☐	344	28-29	
☐		Psalm 72	71
		2. Chronik	
☐	345	1-3	
☐		Psalm 46	64
☐	346	4-5	
☐		Psalm 113	45
☐	347	6-7	
☐		Psalm 137	73
☐	348	8-9	

□	349	*Psalm 138*	57	□	355	29-30		□	359	1-3	71
□		10-12		□		*Psalm 135*	84	□	360	4-7	59
□		*Psalm 89*	111	□	356	31-32		□	361	8-10	45
□	350	13-16	70	□		*Psalm 149*	63	□	362	11-13	55
□	351	17-19	101	□	357	33-34		□	363	14-16	
□	352	*Psalm 48*		□		*Psalm 145*	79	□		*Psalm 98*	58
□		20-23	105	□	358	35		□	364	17-19	
□	353	24-26	78	□		*Psalm 144*		□		*Psalm 147*	83
□	354	27-28		□		36	65	□	365	20-22	
□		*Psalm 140*	50	□		**Offenbarung**		□		*Psalm 150*	69

Karten und Übersichten

Der Kalender Israels im Vergleich zum christlichen Kalender

Das israelische Jahr zählt 353-355 Tage, d.h. 12 Monate mit je 29 bzw. 30 Tagen. Um den Unterschied zum Sonnenjahr auszugleichen, wird in jedem 3., 6., 8., 11., 14., 17. und 19. Jahr ein zusätzlicher zweiter Monat Adar eingeschoben.

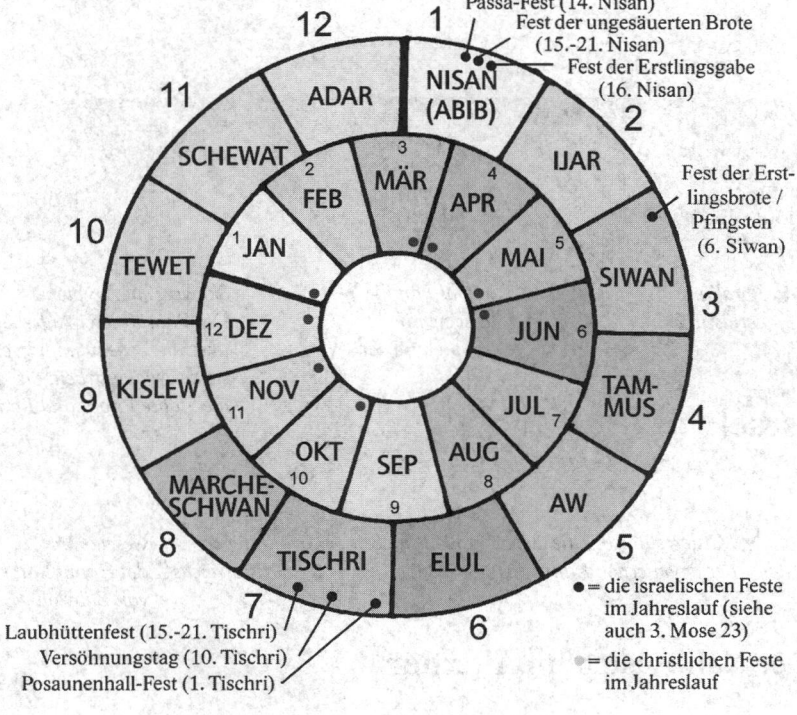

Passa-Fest (14. Nisan)
Fest der ungesäuerten Brote (15.-21. Nisan)
Fest der Erstlingsgabe (16. Nisan)

Fest der Erstlingsbrote / Pfingsten (6. Siwan)

Laubhüttenfest (15.-21. Tischri)
Versöhnungstag (10. Tischri)
Posaunenhall-Fest (1. Tischri)

● = die israelischen Feste im Jahreslauf (siehe auch 3. Mose 23)

● = die christlichen Feste im Jahreslauf

Zeittafel zum Alten Testament

2. Mose

Vom Buch 1. Mose abgedeckte Zeit

Erzväterzeit

Abraham
(ca. 2150)   Isaak   Jakob   Josef

←—▶ *Abraham*   *Jakobs Familie* ▶   *Sklaverei in Ägypten.*
verlässt Ur   *lässt sich in*   *Der Pharao setzt Aufseher*
                            Ägypten nieder   *über die Israeliten und verpflichtet*
                                                         sie zu Zwangsarbeit. Sie erbauen
                                                         die Städte Pitom und Ramses

Israel

▶ *Mittleres Reich – die zweite große Blütezeit*   *Gründung* ▶   *Gesetze* ▶
der ägyptischen Kultur (2134–1786)   *des Hetiterreichs*   *des Hammurabi*
                                                                           von Babylon

Der Nahe Osten im Altertum

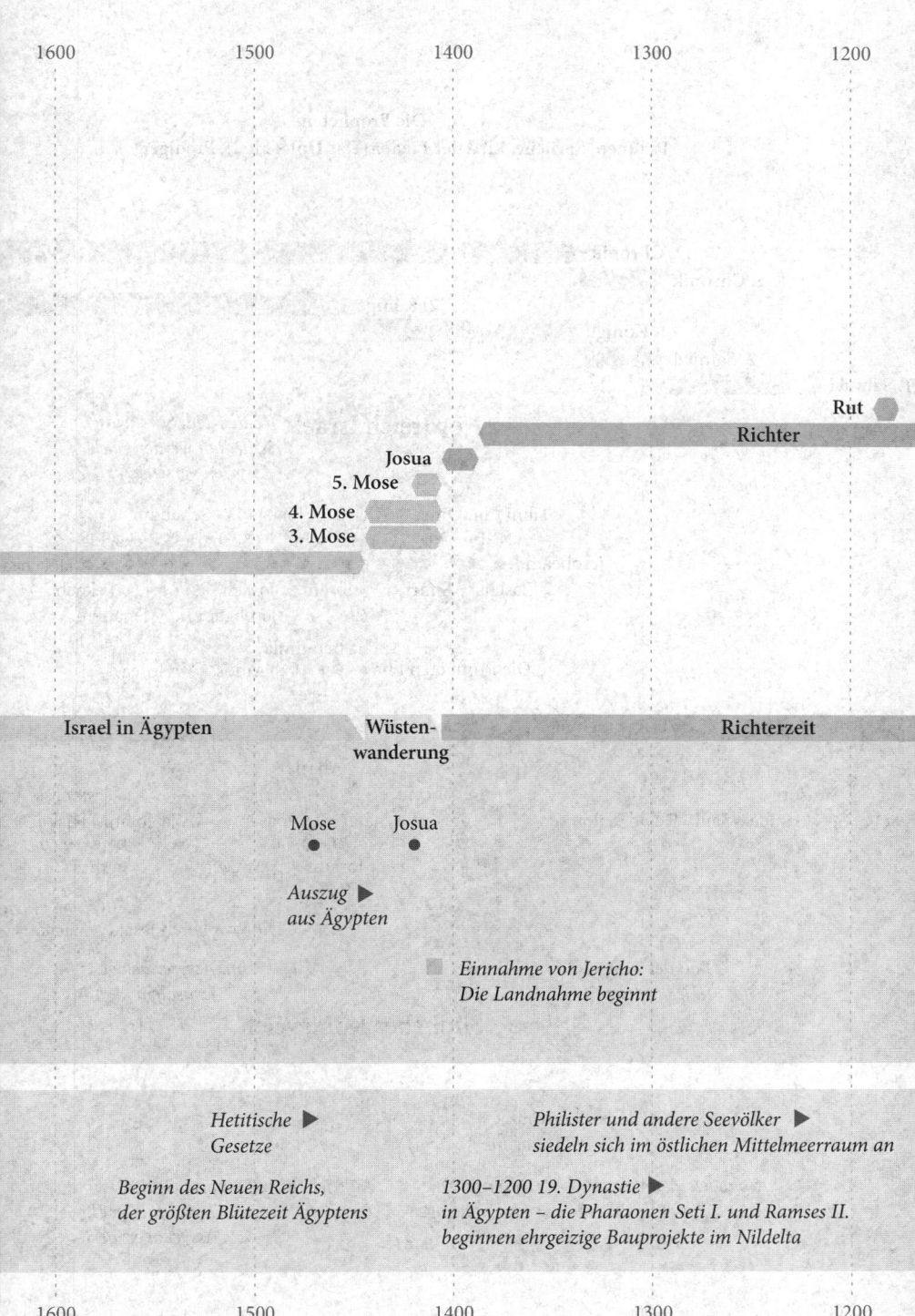

1600	1500	1400	1300	1200

Rut

Richter

Josua

5. Mose

4. Mose

3. Mose

Israel in Ägypten

Wüsten-
wanderung

Richterzeit

Mose

Josua

Auszug ▶
aus Ägypten

Einnahme von Jericho:
Die Landnahme beginnt

Hetitische ▶
Gesetze

Philister und andere Seevölker ▶
siedeln sich im östlichen Mittelmeerraum an

Beginn des Neuen Reichs,
der größten Blütezeit Ägyptens

1300–1200 19. Dynastie ▶
in Ägypten – die Pharaonen Seti I. und Ramses II.
beginnen ehrgeizige Bauprojekte im Nildelta

1600	1500	1400	1300	1200

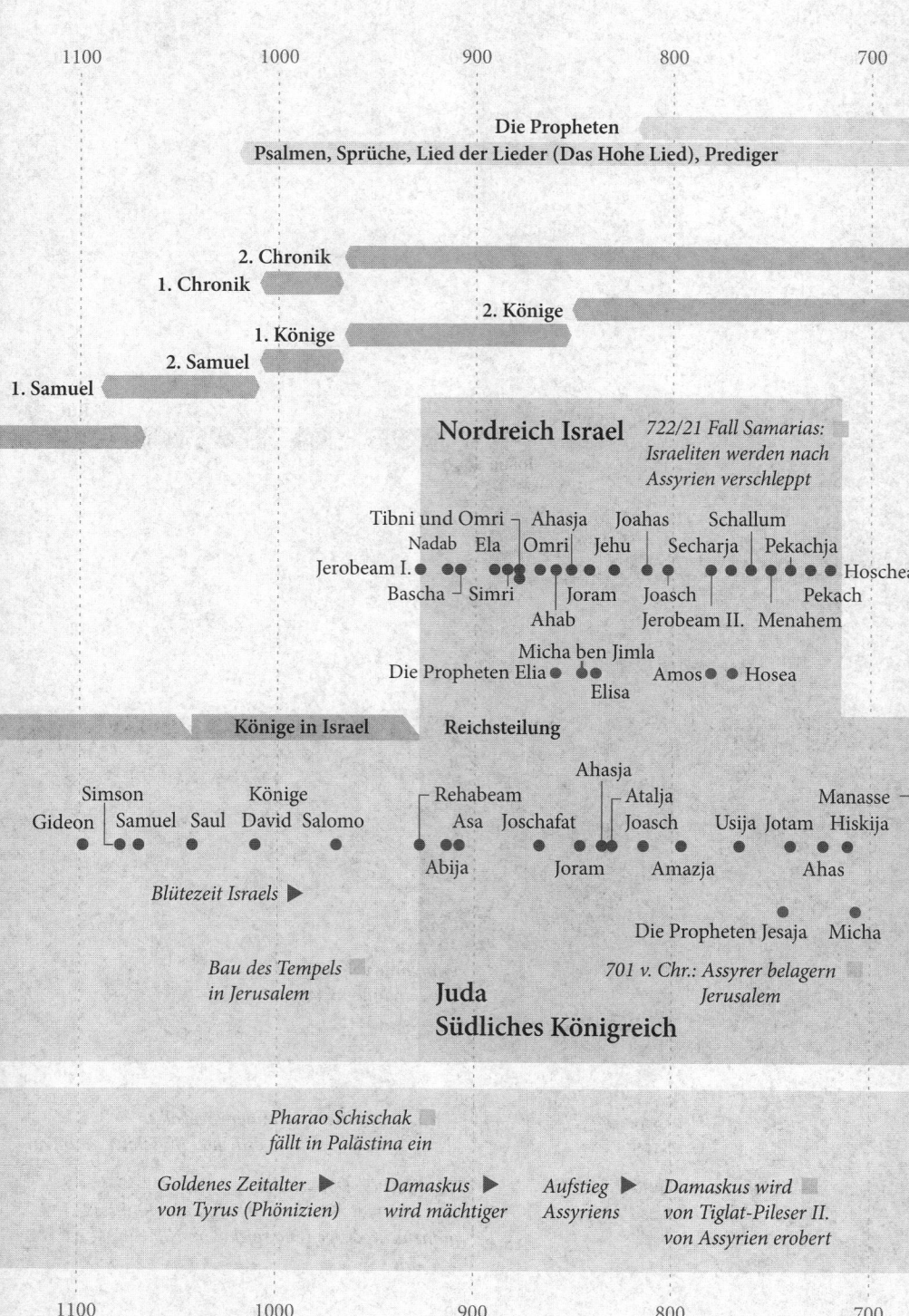

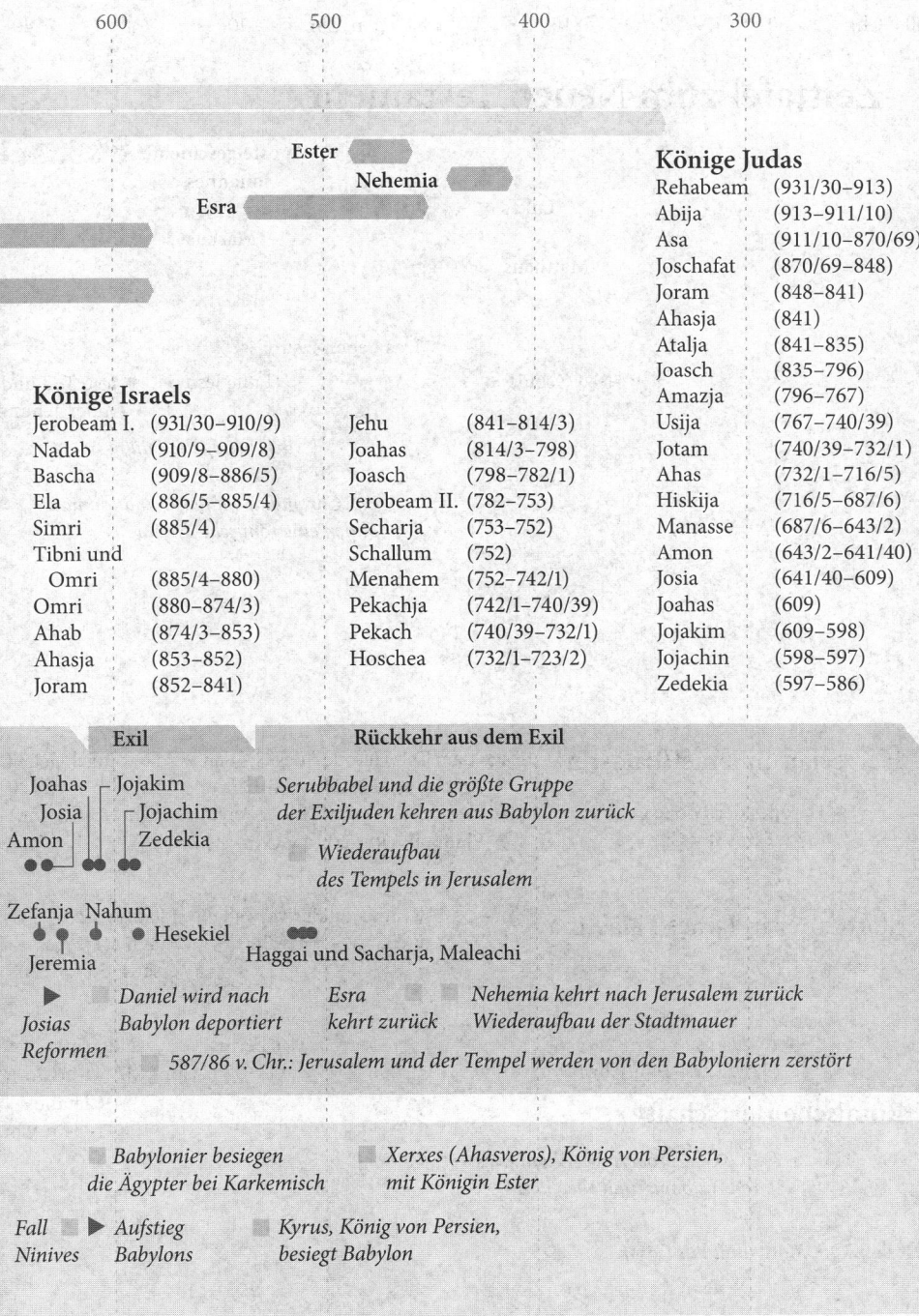

600   500   400   300

Ester
Nehemia
Esra

Könige Judas

Rehabeam	(931/30–913)
Abija	(913–911/10)
Asa	(911/10–870/69)
Joschafat	(870/69–848)
Joram	(848–841)
Ahasja	(841)
Atalja	(841–835)
Joasch	(835–796)
Amazja	(796–767)
Usija	(767–740/39)
Jotam	(740/39–732/1)
Ahas	(732/1–716/5)
Hiskija	(716/5–687/6)
Manasse	(687/6–643/2)
Amon	(643/2–641/40)
Josia	(641/40–609)
Joahas	(609)
Jojakim	(609–598)
Jojachin	(598–597)
Zedekia	(597–586)

Könige Israels

Jerobeam I.	(931/30–910/9)	Jehu	(841–814/3)
Nadab	(910/9–909/8)	Joahas	(814/3–798)
Bascha	(909/8–886/5)	Joasch	(798–782/1)
Ela	(886/5–885/4)	Jerobeam II.	(782–753)
Simri	(885/4)	Secharja	(753–752)
Tibni und		Schallum	(752)
Omri	(885/4–880)	Menahem	(752–742/1)
Omri	(880–874/3)	Pekachja	(742/1–740/39)
Ahab	(874/3–853)	Pekach	(740/39–732/1)
Ahasja	(853–852)	Hoschea	(732/1–723/2)
Joram	(852–841)		

Exil   **Rückkehr aus dem Exil**

Joahas ┌ Jojakim
Josia   │├ Jojachim
Amon │││ Zedekia

*Serubbabel und die größte Gruppe
der Exiljuden kehren aus Babylon zurück*

*Wiederaufbau
des Tempels in Jerusalem*

Zefanja Nahum
● ● ● ● Hesekiel
Jeremia

Haggai und Sacharja, Maleachi

▶ *Daniel wird nach   Esra   Nehemia kehrt nach Jerusalem zurück*
Josias *Babylon deportiert   kehrt zurück   Wiederaufbau der Stadtmauer*
Reformen

587/86 v. Chr.: Jerusalem und der Tempel werden von den Babyloniern zerstört

*Babylonier besiegen   Xerxes (Ahasveros), König von Persien,
die Ägypter bei Karkemisch   mit Königin Ester*

Fall ▶ *Aufstieg   Kyrus, König von Persien,*
Ninives *Babylons   besiegt Babylon*

600   500   400   300

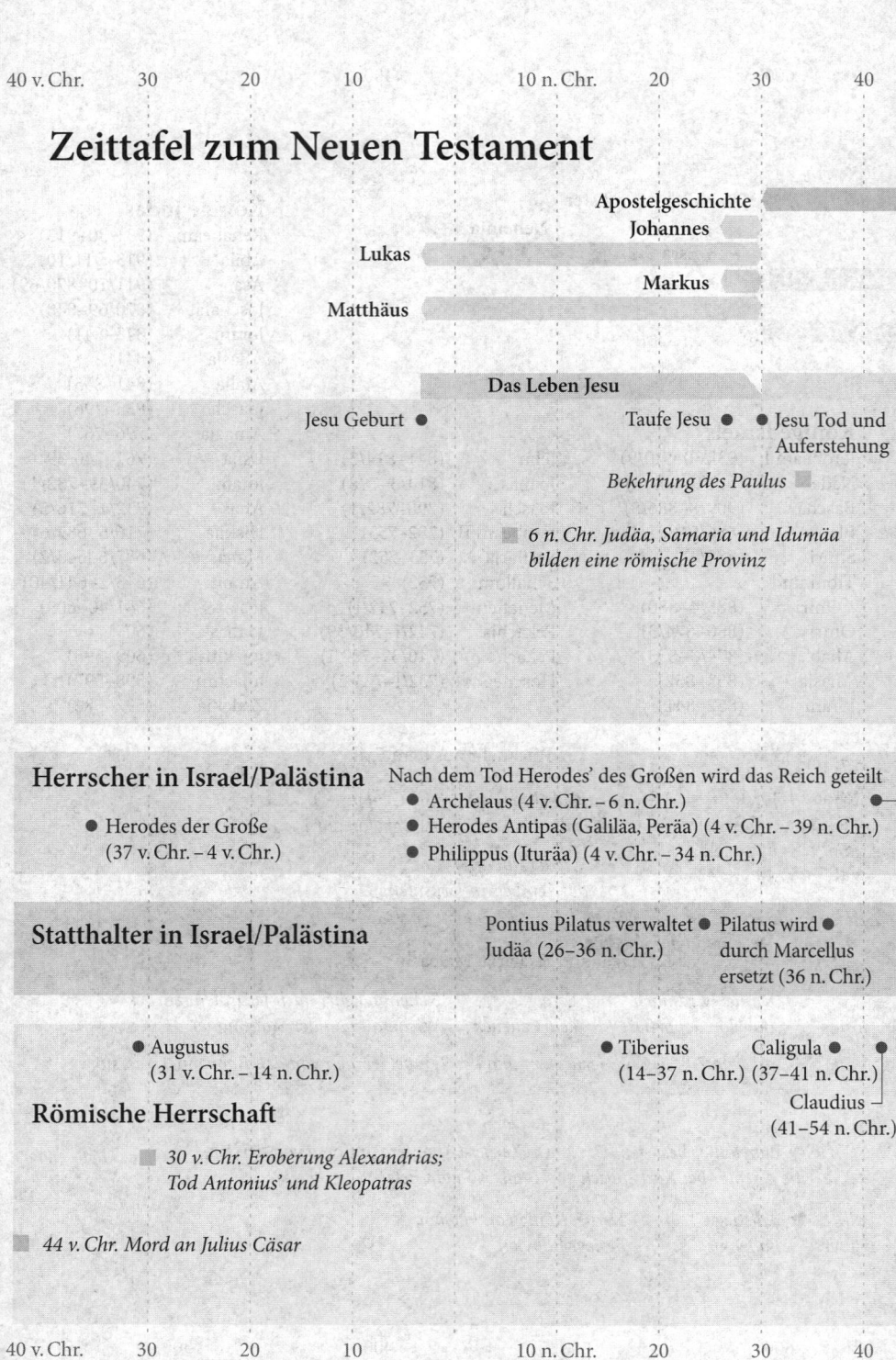

Zeittafel zum Neuen Testament

| 40 v. Chr. | 30 | 20 | 10 | 10 n. Chr. | 20 | 30 | 40 |

Apostelgeschichte

Johannes

Lukas

Markus

Matthäus

Das Leben Jesu

Jesu Geburt ●   Taufe Jesu ●   ● Jesu Tod und Auferstehung

Bekehrung des Paulus ▪

▪ *6 n. Chr. Judäa, Samaria und Idumäa bilden eine römische Provinz*

Herrscher in Israel/Palästina

Nach dem Tod Herodes' des Großen wird das Reich geteilt

● Archelaus (4 v. Chr. – 6 n. Chr.)

● Herodes der Große (37 v. Chr. – 4 v. Chr.)

● Herodes Antipas (Galiläa, Peräa) (4 v. Chr. – 39 n. Chr.)

● Philippus (Ituräa) (4 v. Chr. – 34 n. Chr.)

Statthalter in Israel/Palästina

Pontius Pilatus verwaltet ● Judäa (26–36 n. Chr.)

Pilatus wird ● durch Marcellus ersetzt (36 n. Chr.)

● Augustus (31 v. Chr. – 14 n. Chr.)

● Tiberius (14–37 n. Chr.)

Caligula ● (37–41 n. Chr.)

●

Claudius ─ (41–54 n. Chr.)

Römische Herrschaft

▪ *30 v. Chr. Eroberung Alexandrias; Tod Antonius' und Kleopatras*

▪ *44 v. Chr. Mord an Julius Cäsar*

| 40 v. Chr. | 30 | 20 | 10 | 10 n. Chr. | 20 | 30 | 40 |

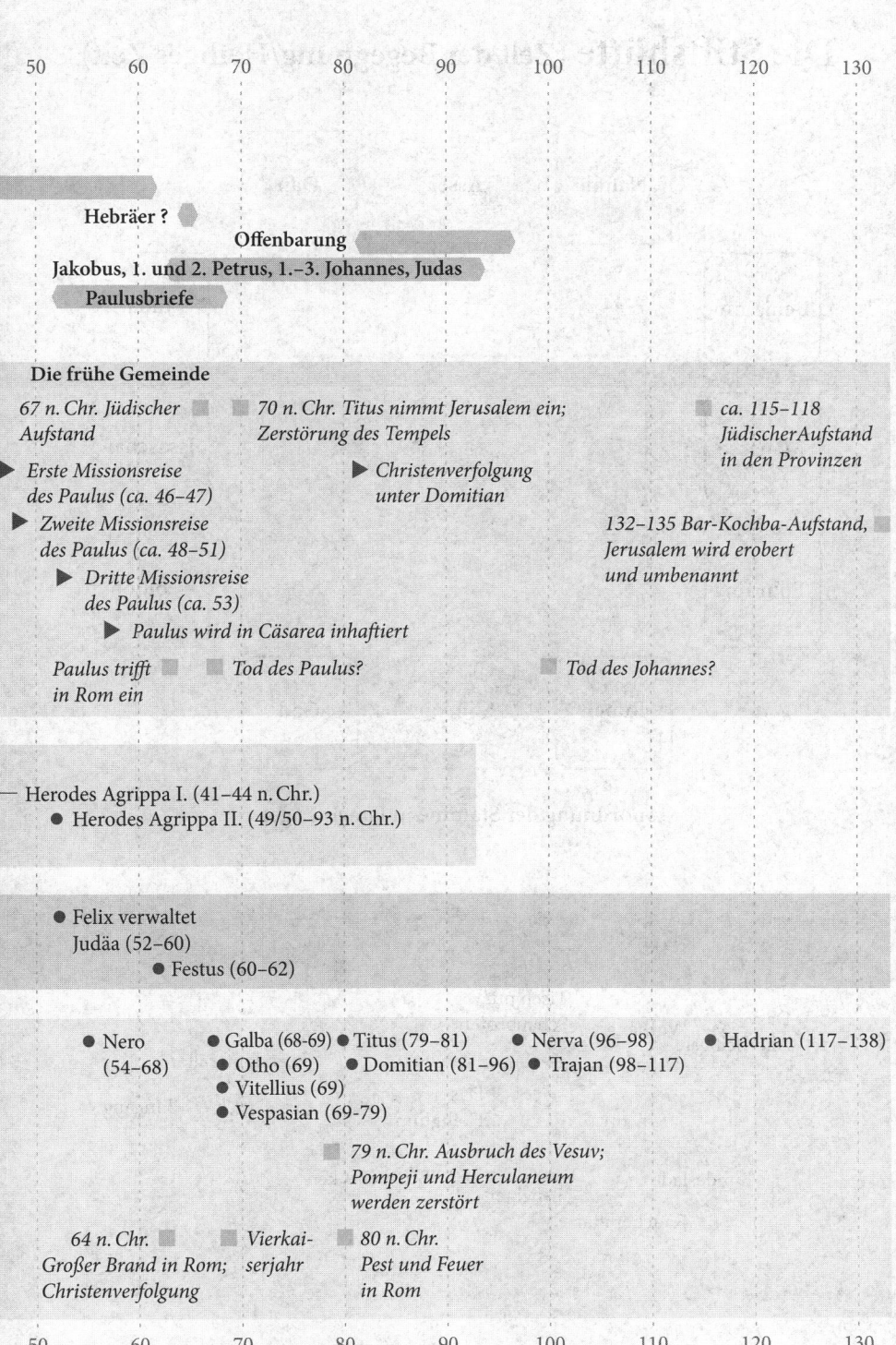

50   60   70   80   90   100   110   120   130

Hebräer ?

Offenbarung

Jakobus, 1. und 2. Petrus, 1.–3. Johannes, Judas

Paulusbriefe

Die frühe Gemeinde

67 n. Chr. Jüdischer Aufstand

70 n. Chr. Titus nimmt Jerusalem ein; Zerstörung des Tempels

ca. 115–118 JüdischerAufstand in den Provinzen

▶ *Erste Missionsreise des Paulus (ca. 46–47)*

▶ *Christenverfolgung unter Domitian*

▶ *Zweite Missionsreise des Paulus (ca. 48–51)*

132–135 Bar-Kochba-Aufstand, Jerusalem wird erobert und umbenannt

▶ *Dritte Missionsreise des Paulus (ca. 53)*

▶ *Paulus wird in Cäsarea inhaftiert*

Paulus trifft in Rom ein

Tod des Paulus?

Tod des Johannes?

— Herodes Agrippa I. (41–44 n. Chr.)
● Herodes Agrippa II. (49/50–93 n. Chr.)

● Felix verwaltet Judäa (52–60)
● Festus (60–62)

● Nero (54–68)
● Galba (68-69)
● Otho (69)
● Vitellius (69)
● Vespasian (69-79)
● Titus (79–81)
● Domitian (81–96)
● Nerva (96–98)
● Trajan (98–117)
● Hadrian (117–138)

79 n. Chr. Ausbruch des Vesuv; Pompeji und Herculaneum werden zerstört

64 n. Chr. Großer Brand in Rom; Christenverfolgung

Vierkai- serjahr

80 n. Chr. Pest und Feuer in Rom

50   60   70   80   90   100   110   120   130

Die Stiftshütte (Zelt der Begegnung/Heiliges Zelt)

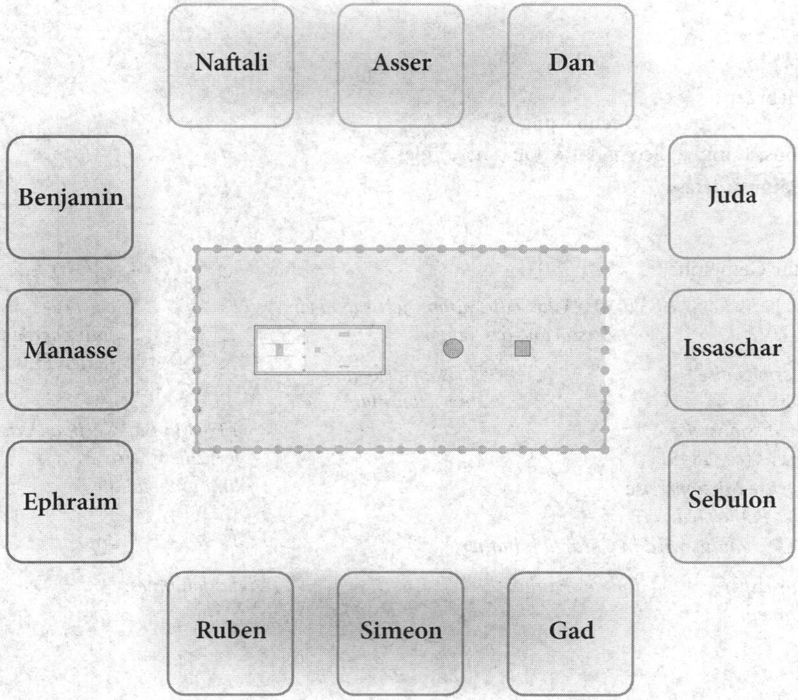

Naftali

Asser

Dan

Benjamin

Juda

Manasse

Issaschar

Ephraim

Sebulon

Ruben

Simeon

Gad

Anordnung der Stämme in Israels Lager

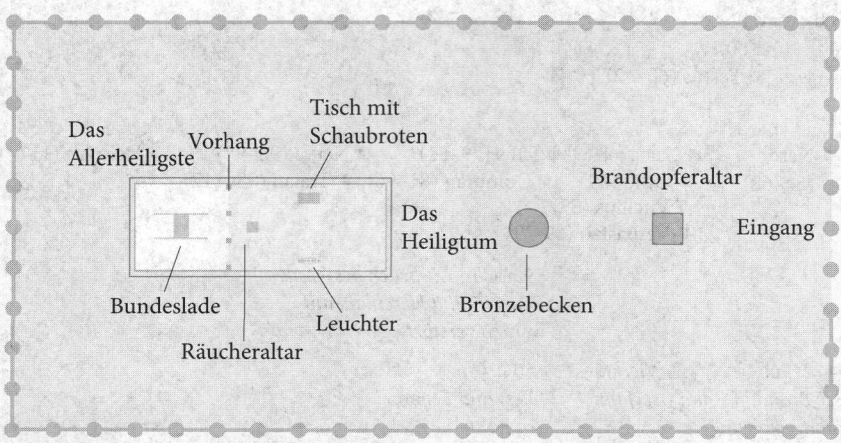

Das Allerheiligste

Vorhang

Tisch mit Schaubroten

Brandopferaltar

Das Heiligtum

Eingang

Bundeslade

Leuchter

Bronzebecken

Räucheraltar

Aufbau der Stiftshütte

Jerusalem in alttestamentlicher Zeit

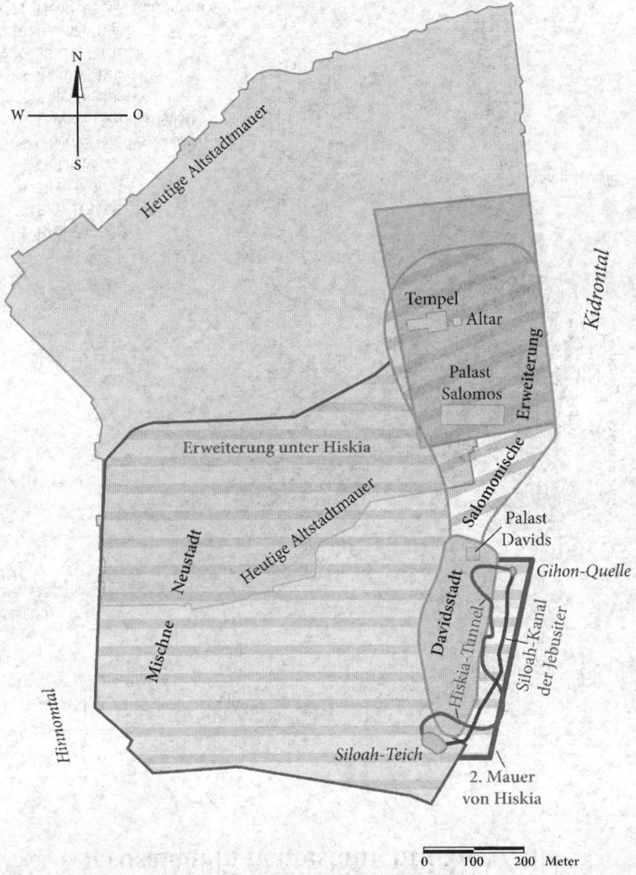

Der Tempel Salomos

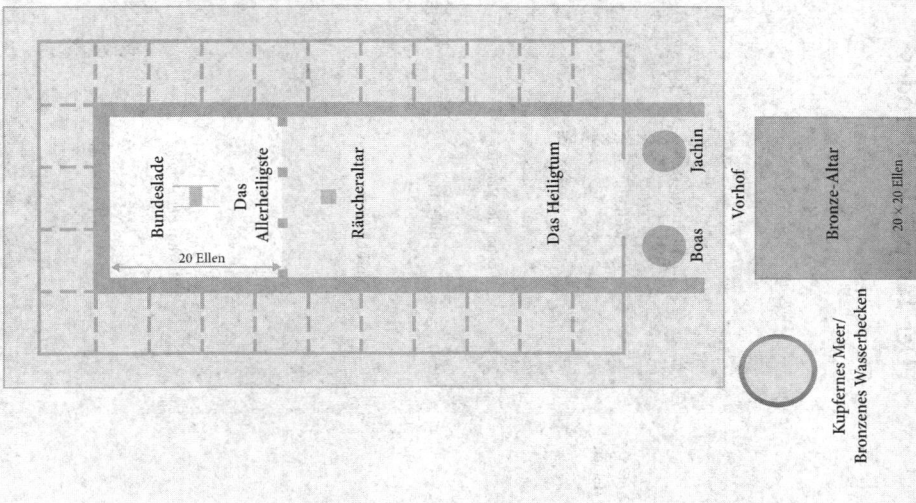

Jerusalem in alttestamentlicher Zeit (Karte):

- Kidrontal
- Heutige Altstadtmauer
- Tempel
- Altar
- Palast Salomos
- Erweiterung
- Salomonische Erweiterung
- Palast Davids
- Gihon-Quelle
- Siloah-Kanal der Jebusiter
- Davidsstadt
- Hiskia-Tunnel
- 2. Mauer von Hiskia
- Erweiterung unter Hiskia
- Heutige Altstadtmauer
- Neustadt
- Mischne
- Siloah-Teich
- Hinnomtal

N O S W

0 100 200 Meter

Der Tempel Salomos (Grundriss):

- Bundeslade
- Das Allerheiligste
- 20 Ellen
- Räucheraltar
- Das Heiligtum
- Jachin
- Boas
- Vorhof
- Bronze-Altar
- 20 × 20 Ellen
- Kupfernes Meer / Bronzenes Wasserbecken

Der Tempel des Herodes

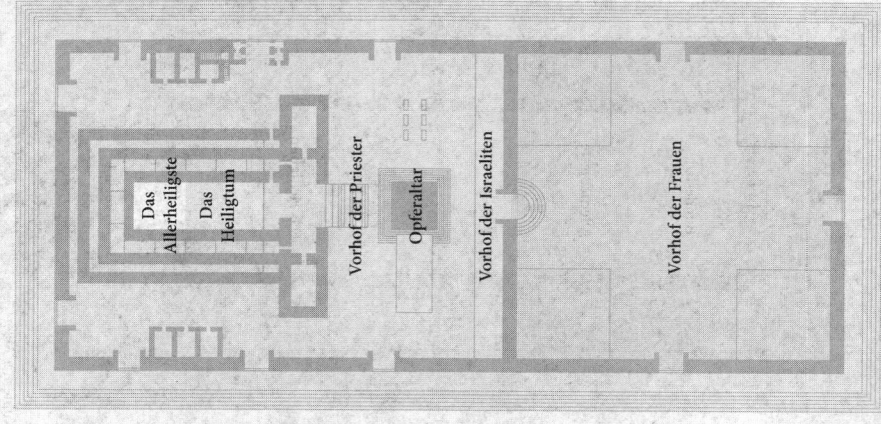

Das Allerheiligste

Das Heiligtum

Vorhof der Priester

Opferaltar

Vorhof der Israeliten

Vorhof der Frauen

Vorhof der Heiden

Jerusalem in neutestamentlicher Zeit

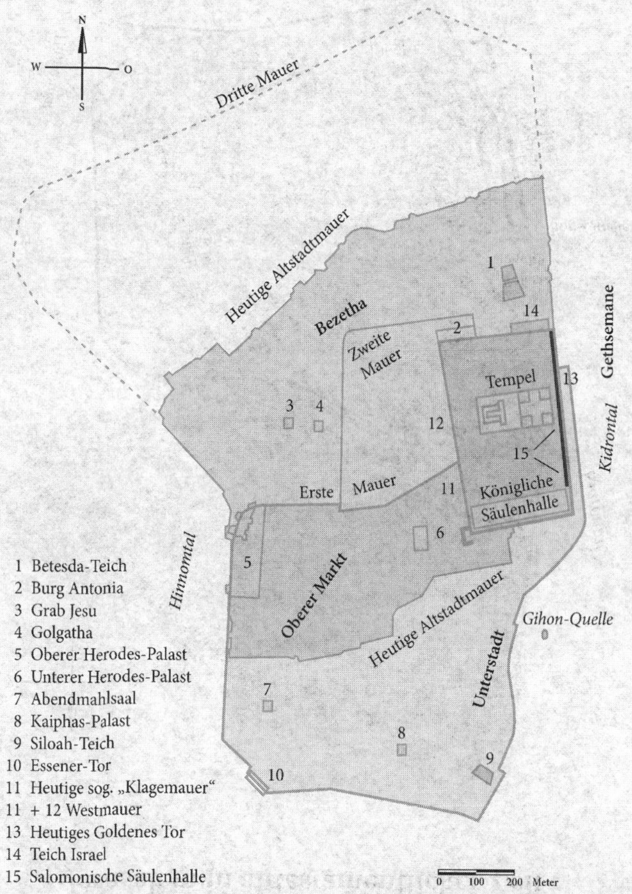

Gethsemane

Kidrontal

Gihon-Quelle

Tempel

Königliche Säulenhalle

Unterstadt

Betzetha

Zweite Mauer

Heutige Altstadtmauer

Erste Mauer

Oberer Markt

Dritte Mauer

Heutige Altstadtmauer

Hinnomtal

N
W — O
S

0   100   200 Meter

1 Betesda-Teich
2 Burg Antonia
3 Grab Jesu
4 Golgatha
5 Oberer Herodes-Palast
6 Unterer Herodes-Palast
7 Abendmahlssaal
8 Kaiphas-Palast
9 Siloah-Teich
10 Essener-Tor
11 Heutige sog. „Klagemauer"
11 + 12 Westmauer
13 Heutiges Goldenes Tor
14 Teich Israel
15 Salomonische Säulenhalle

KASPISCHES MEER

PERSISCHER GOLF

SCHWARZES MEER

MITTELMEER

ROTES

Persien

Madai Medien

Elam

Babylonien

Chaldäer

Assyrien

Mesopotamien
Aram-Naharaïm

ARABIEN

Kedar

Ekbatana Achmeta

Susa

Sumer
Ereb
Ellasar Ur
Babel
Schinar
Akkad
Kisch Akkad?

Ninive Kelach
Assur
Mari

Gosan (Tell Halaf)
Haran
Karkemisch
Apad Eden
Hadrak?
Ebla
Kirkar Tifsach
Rezef
Hamat
Kadesch
Ebla
Tadmor
Palmyra
Damaskus

Duma

Tema

Basan
Edrei
Ammon

Kasius
Ugarit
Arwad
Gebal Byblos
Sidon
Tyrus
Megiddo
Jafo
Gaza
Jerusalem
Tamar
Moab
Maon
Bozra

Gilead
Edom
Punon
Mat
Ezjon-Geber

Amalek
Kadesch
Wüste Zin
Paran
Midian

Gold- und Weihrauchstraße

Tubal? Urastu, Ararat
Togarma Aschkenas
Meschech?
Gomer
Beth...bal?
Meschech?

Hattrusch
Hattuscha

Lud

Sardes
Ephesus

Kasius
Zypern
Elischa?
Kittim

Rhodos

Jawan

Knossos
Kreta
Kaftor

Delphi
Athen

Jawan

Kasius
Baal-Zefon
Migdol?

Zoan (Avaris)
Piton
On (Helio-polis)
Goschen
Sukkoth
Bach
Ägyptens
Wüste Schur

Nof (Memfis)

Ägypten

Ephraïm Patr...

(Tell el-) Amarna

Der Alte Orient zur Zeit des Alten Testaments

km	m
0	unter 0 m
100	0 bis 200 m
200	200 bis 500 m
300 km	500 bis 1000 m
	1000 bis 2000 m
	2000 bis 3000 m
	über 3000 m

Handels- und Verbindungswege

CHALKIS

Abila

Damaskus

V

ABILĒNE

Hermon Antilibanon-Geb.

2814

1940

Libanon-Gebirge

Sidon

Sarepta

IV

SYROPHÖNIZIEN

Tyrus

Cäsarea Philippi

1204

III

BATANÄA

TRACHONITIS

See Semacho-nitis

70

Gischala

1208

Chorazin

Ptolemaïs

IIa

Kapernaum

Julias
Betsaida

Jotapata

Genezareth

Kana

Magdala

See Ge-nezareth

-209 m

Gamala?

Rafana?

Sephoris

Tiberias

Hippos

Dion

GAULANITIS

AURANITIS

Sebulon

546

388

Nazareth

Tabor

Abila

Karmel

Gaba

Nain

Gadara

G A L I L Ä A

Dora

VI

Cäsarea

Skythopolis

Pella

Ginäa

SAMARIEN

1247

Gerasa

Sebaste

940

Neapolis

Sychar

Mabortha

881

Amathus

Apollonia

Garizim

Akrabata

Joppe

Antipatris

Alexandreion ★

Arimathäa

Fasaëlis

IIb

Gadora

I

Tamna

1016

Archelaïs

Philadelphia

Lydda

Gofna

Ephraim

Modein

Jericho

Abila ★

Herodeion?

Jamnia

Emmaus

821

Kypros ★

Livias

Esebon

Jerusalem

Betanien

JUDÄA

Hyrkaneion ★

Azotos

Hyrkaneion

Qumran

Medeba

Betletefa

997

Bethlehem ★

Aschkelon

Herodeion ★

Kallirhoë ★

Anthedon

Betogabri

1019

Macharus ★

Gaza

Hebron

IDUMÄA

Engadi

Totes
Meer

-392 m

Malatha

1065

Masada ★

Elusa

Zoar

N a b a t ä e r

Scharon

Jordan

PERÄA

DEKAPOLIS

MOABITIS

Nabatäer

Israel zur Zeit
des Neuen Testaments

0   10   20   30 km

	unter 0 m
	0 bis 200 m
	200 bis 500 m
	500 bis 1000 m
	1000 bis 2000 m
	2000 bis 3000 m
	über 3000 m

I Römische Provinz Judäa
(4 v. bis 6 n. Chr. Vier-
fürstentum des Archelaus)

· · · · Nordgrenze des eigentlichen Judäa

IIa und **IIb** Vierfürstentum des
Herodes Antipas
(4 v. bis 39 n. Chr.)

III Vierfürstentum des Philippus
(4 v. bis 34 n. Chr.)

IV Römische Provinz Syrien

V Vierfürstentum des Lysanias

VI Gebiet der Zehnstädte

MITTELMEER